BV

Bundesverfassung der Schweizerischen Eidgenossenschaft

BV

Bundesverfassung der Schweizerischen Eidgenossenschaft

und Auszüge aus der EMRK, den UNO-Pakten sowie dem BGG

Prof. Dr. Giovanni Biaggini
unter Mitarbeit von lic. iur. Stefan Schürer

Ausgabe 2007

orell füssli Verlag AG

Stand der Gesetzgebung: 1. Januar 2007
(wenn nicht anders vermerkt)
Die voraussichtlich auf 1.1.2008 in Kraft tretende NFA-Reform
ist bereits berücksichtigt und kommentiert
Stand der Praxis: BGE bis und mit Band 132
(vereinzelt Entscheidungen aus Band 133),
VPB bis und mit Band 70 (2006)

Änderungen bei den im Buch enthaltenen Erlassen können
abgerufen werden unter:
www.navigator.ch/updates

Zitiervorschlag: BIAGGINI, Komm. BV, Art. _, N _

Ausgabe 2007

© 2007 Orell Füssli Verlag AG, Zürich
www.ofv.ch
Alle Rechte vorbehalten
Dieses Werk ist urheberrechtlich geschützt. Dadurch begründete Rechte, insbesondere der
Übersetzung, des Nachdrucks, des Vortrags, der Entnahme von Abbildungen und Tabellen,
der Funksendung, der Mikroverfilmung oder der Vervielfältigung auf andern Wegen und der
Speicherung in Datenverarbeitungsanlagen, bleiben, auch bei nur auszugsweiser Verwertung,
vorbehalten. Vervielfältigungen des Werkes oder von Teilen des Werkes sind auch im Einzelfall
nur in den Grenzen der gesetzlichen Bestimmungen des Urheberrechtsgesetzes in der jeweils
geltenden Fassung zulässig. Sie sind grundsätzlich vergütungspflichtig. Zuwiderhandlungen
werden straf- und zivilrechtlich verfolgt.

Druck: Ebner & Spiegel, Ulm
ISBN 978-3-280-07119-9

Bibliografische Information der Deutschen Bibliothek:
Die Deutsche Bibliothek verzeichnet diese Publikation in der Deutschen Nationalbibliografie;
detaillierte bibliografische Daten sind im Internet abrufbar über http://dnb.ddb.de

Vorwort

Die Bundesverfassung ist Grundlage und Schranke staatlichen Handelns. Sie ist zugleich – in weit grösserem Ausmass als kantonale oder ausländische Verfassungen – Spiegelbild und Gegenstand politischer Auseinandersetzungen. Der vorliegende Kurzkommentar will die für das Verständnis der Bundesverfassung wesentlichen Begriffe und Zusammenhänge kompakt und praxisnah erläutern, Orientierung bieten in der bereits umfangreichen Rechtsprechung des Bundesgerichts zu den Grundrechten und den rechtsstaatlichen Grundsätzen, die Aufgaben und den oft unterschätzten Handlungsspielraum des Bundes und seiner politischen Behörden aufzeigen und eine Brücke zur Bundesgesetzgebung und zum internationalen Recht schlagen. Ein durchgehendes Grundanliegen ist es, den Blick für die Vielschichtigkeit des Verfassungsrechts und die Dynamik der Verfassungsentwicklung zu schärfen. Die von Volk und Ständen am 18. April 1999 angenommene dritte Bundesverfassung ist, entgegen dem ersten Anschein, nicht «aus einem Guss». Die in der Verfassungsurkunde vereinigten Normen entstammen unterschiedlichen Zeitschichten und Entstehungskontexten. Manche sind sehr jungen Datums; umgekehrt gehen nicht wenige auf die Totalrevision von 1874 oder gar auf die erste Bundesverfassung zurück, mit der im Jahr 1848 die Fundamente der modernen, bundesstaatlichen Schweiz gelegt wurden. Dieser für die Verfassungsauslegung und das Verfassungsverständnis sehr wichtige Sachverhalt war in der Bundesverfassung vom 29. Mai 1874 dank der offiziellen Fussnoten, die man den neu erlassenen oder geänderten Bestimmungen beifügte, permanent sichtbar (wenn man von den nicht kenntlich gemachten, oft wörtlichen Übernahmen aus der Bundesverfassung von 1848 absieht).

Die neue Verfassungsurkunde lässt eine zeitliche Einordnung nur noch bei den nach 1998 eingetretenen Änderungen zu. Damit droht eine Eigenheit des schweizerischen Verfassungsrechts aus dem Blickfeld zu geraten: Die Verfassungsordnung des Bundes ist eine (im Wesentlichen geglückte) Synthese aus sehr stabilen Elementen und beweglichen Elementen. Ein Ziel und wichtiges Anliegen dieser Kommentierung ist es, die Aufmerksamkeit auf das nicht immer spannungsfreie, aber auch produktive «Nebeneinander» von Normen unterschiedlicher Herkunft und Entstehungszeit zu lenken und dadurch der immer wieder zu beobachtenden Tendenz entgegenzuwirken, Verfassungsbestimmungen aus ihrem Zusammenhang zu reissen und isoliert zu lesen und zu deuten.

Die Verfassungsentwicklung in der Schweiz steht nicht still. Seit dem Inkrafttreten der neuen Verfassung haben Volk und Stände zehn Verfassungsvorlagen gutgeheissen (darunter drei Volksinitiativen), welche mehr als 50 Verfassungsartikel betreffen (teilweise noch nicht in Kraft); eine erstaunliche Zahl, auch wenn man berücksichtigt, dass es sich zu einem guten Teil um Reformen in den Bereichen Justiz, Volksrechte und Föderalismus handelt, die man bewusst aus der Totalrevision von 1998/9 ausgeklammert hatte. Diese und andere Neuerungen sind Ausdruck einer zentralen Aufgabe moderner Verfassungsstaatlichkeit – nämlich der Verarbeitung eines mitunter raschen Wandels unter Wahrung von Stabilität – und zugleich Ausdruck der spezifisch schweizerischen Methode, diese Herausforderung anzugehen: schrittweise, konsensorientiert, demokratisch breit abgestützt. Trotz unmittelbarer zeitlicher Nähe zur Totalrevision fügen sich die jüngsten Neuerungen allerdings nicht durchweg organisch in die neue Bundesverfassung ein. Ein Beispiel dafür ist die im Rahmen der Finanzausgleichsreform beschlossene Überlagerung des traditionsreichen (wenn auch suboptimal funktionierenden) kooperativen Föderalismus durch Zwangsinstrumente (BV 48a) und stark ökonomisch geprägte Maximen (BV 43a). Auch hat sich gezeigt, dass kooperativ erarbeitete «Paket-Lösungen» für handwerkliche Mängel anfällig sind.

Die schweizerische Staatsrechtswissenschaft sieht ihre Aufgabe traditionell nicht in erster Linie darin, die Errichtung verfassungsrechtlicher Theoriegebäude oder die «Systembildung» voranzutreiben, sondern darin, den Wandel des Verfassungsrechts kritisch zu begleiten (nötigenfalls anzustossen), Prämissen und Defizite (die den politischen Akteuren nicht immer bewusst sind) aufzudecken und Lösungsmöglichkeiten aufzuzeigen. Wenn die Praxis der Verfassungsgebung, gerade auch die jüngere, hier manche Kritik erfährt, so liegt dies nicht an mangelndem Respekt vor der Verfassung, sondern ist im Gegenteil Ausdruck von hoher Achtung (oder «Liebe zur Verfassung»), ohne die niemand ein derartiges Kommentarprojekt in Angriff nehmen wird. Sollten die in den Erläuterungen enthaltenen Hinweise auf Probleme und Defizite den einen oder anderen Impuls für die Weiterentwicklung des Verfassungsrechts geben, so wäre ein wichtiges Nebenziel dieser Kommentierung erreicht.

Der vorliegende Kurzkommentar ist die Frucht jahrelanger intensiver Beschäftigung mit der neuen Bundesverfassung, bis 1999 als Mitarbeiter im Bundesamt für Justiz, seither im Rahmen meiner Lehr-, Forschungs- und Expertentätigkeit. Zu etlichen Fragen habe ich mich bereits an anderer Stelle geäussert; diese Überlegungen haben in die Erläuterungen Eingang gefunden, wobei es nicht immer nötig schien, dies speziell kenntlich zu machen. Für wertvolle Unterstützung danke ich Doris Bianchi, Marco Donatsch, Heidrun Gutmannsbauer, Philipp Mäder, Alexander Misic, Roberto Peduzzi, Chasper Sarott, Sandrine Schilling, Stefan Schürer, Claude Sutter und Anja Tschirky, die als (ehemalige) MitarbeiterInnen und Mitarbeiter meines Lehrstuhls Material zusammengetragen haben, sei es für den Kommentar selbst, sei es für andere Projekte mit Verfassungsbezug, deren Ergebnisse in die Erläuterungen eingeflossen sind. Sandrine Schilling hat das Sachregister erstellt und war eine grosse Hilfe bei der Durchsicht der Druckfahnen. Ein besonderer Dank geht an Stefan Schürer, der die Arbeiten am Kommentar vom Beginn bis zum Abschluss begleitet hat und unermüdlich, umsichtig und sehr kompetent zur Klärung konzeptioneller, inhaltlicher und formeller Fragen beigetragen hat.

Gewidmet ist das Buch Claudia und unseren Kindern Elena und Giulio.

Zürich, im April 2007   Giovanni Biaggini

Hinweise zur Benutzung

Die Erläuterungen zu den einzelnen Artikeln sind in der Regel nach Absätzen gegliedert, mitunter auch nach thematischen Gesichtspunkten. Vorangestellt ist jeweils ein kurzer Hinweis auf die Herkunft der Regelung, allenfalls ergänzt durch weitere Hinweise allgemeiner Natur. Auf eine detaillierte Schilderung der Entstehungsgeschichte der zu kommentierenden Bestimmungen wurde verzichtet, da die Materialien zur Totalrevision anderweitig gut dokumentiert sind (vgl. insb. den *Petit Commentaire* von AUBERT/MAHON und den *St. Galler Kommentar*).

Die zitierte *Gesetzgebung* befindet sich, wenn nicht anders vermerkt, auf dem *Stand vom 1. Januar 2007.* Absehbare Änderungen wurden nach Möglichkeit berücksichtigt.

Die *Entscheidungen des Bundesgerichts* (BGE) sind bis und mit Band 132 verarbeitet (vereinzelt konnten Entscheidungen aus dem 133. Band berücksichtigt werden), die *Verwaltungspraxis der Bundesbehörden* (VPB) bis und mit Band 70 (2006).

Genauere Angaben zur abgekürzt zitierten *Literatur* finden sich entweder in den *speziellen* Literaturverzeichnissen am Ende des jeweiligen Artikels oder im *allgemeinen* Literaturverzeichnis. Bei den Literaturhinweisen wurde keine Vollständigkeit angestrebt. Berücksichtigt wurden in erster Linie jüngere Beiträge, welche weitere Literatur erschliessen. Nicht mehr einbezogen werden konnten das im Frühjahr erschienene Lehrbuch REGINA KIENER/WALTER KÄLIN, Grundrechte (Bern 2007) sowie die Beiträge im «Schweizer» Band des Handbuchs der Grundrechte in Deutschland und Europa (hrsg. von Detlef Merten und Hans Jürgen Papier, im Druck). Literatur und Praxis zu den (in den Erläuterungen jeweils angeführten) *Vorgängerbestimmungen* der *«alten» Bundesverfassung* von 1874 können mit Hilfe des nach wie vor unentbehrlichen «Komm.aBV» (Kommentar zur Bundesverfassung der schweizerischen Eidgenossenschaft vom 29. Mai 1874, hrsg. von Jean-François Aubert, Basel/Zürich/Bern 1987-1996) erschlossen werden.

Inhaltsverzeichnis

Vorwort 5
Hinweise zur Benutzung 7
Abkürzungen 20
Allgemeines Literaturverzeichnis 35
Wichtigste Materialien 41
Einleitung 43
    Geschichtliches 43
    Zur Entstehung der Bundesverfassung von 1999 45
    Ergebnisse der Verfassungsreform von 1999 47
    Die Bundesverfassung im Lichte der Verfassungsfunktionen 49
    Merkmale und Eigenheiten der Verfassungsordnung 52
    Besonderheiten der Verfassungsauslegung 54

Nr. 1   *Bundesverfassung der Schweizerischen Eidgenossenschaft (BV)* 57

    Präambel 57

    1. Titel: Allgemeine Bestimmungen 61
    Art. 1   Schweizerische Eidgenossenschaft 62
    Art. 2   Zweck 65
    Art. 3   Kantone 68
    Art. 4   Landessprachen 72
    Art. 5   Grundsätze rechtsstaatlichen Handelns 75
    Art. 5a   Subsidiarität [bei Drucklegung noch nicht in Kraft] 85
    Art. 6   Individuelle und gesellschaftliche Verantwortung 89

    2. Titel: Grundrechte, Bürgerrechte und Sozialziele 91

        1. Kapitel: Grundrechte 91
    Art. 7   Menschenwürde 95
    Art. 8   Rechtsgleichheit 99
    Art. 9   Schutz vor Willkür und Wahrung von Treu und Glauben 112
    Art. 10   Recht auf Leben und auf persönliche Freiheit 117

Art. 11	Schutz der Kinder und Jugendlichen	126
Art. 12	Recht auf Hilfe in Notlagen	128
Art. 13	Schutz der Privatsphäre	131
Art. 14	Recht auf Ehe und Familie	136
Art. 15	Glaubens- und Gewissensfreiheit	138
Art. 16	Meinungs- und Informationsfreiheit	144
Art. 17	Medienfreiheit	149
Art. 18	Sprachenfreiheit	154
Art. 19	Anspruch auf Grundschulunterricht	159
Art. 20	Wissenschaftsfreiheit	162
Art. 21	Kunstfreiheit	165
Art. 22	Versammlungsfreiheit	167
Art. 23	Vereinigungsfreiheit	171
Art. 24	Niederlassungsfreiheit	176
Art. 25	Schutz vor Ausweisung, Auslieferung und Ausschaffung	179
Art. 26	Eigentumsgarantie	181
Art. 27	Wirtschaftsfreiheit	194
Art. 28	Koalitionsfreiheit	204
Art. 29	Allgemeine Verfahrensgarantien	210
Art. 29a	Rechtsweggarantie	220
Art. 30	Gerichtliche Verfahren	223
Art. 31	Freiheitsentzug	228
Art. 32	Strafverfahren	233
Art. 33	Petitionsrecht	238
Art. 34	Politische Rechte	240
Art. 35	Verwirklichung der Grundrechte	251
Art. 36	Einschränkungen von Grundrechten	257
	2. Kapitel: Bürgerrecht und politische Rechte	265
Art. 37	Bürgerrechte	265
Art. 38	Erwerb und Verlust der Bürgerrechte	268
Art. 39	Ausübung der politischen Rechte	273
Art. 40	Auslandschweizerinnen und Auslandschweizer	275
	3. Kapitel: Sozialziele	277
Art. 41		277

3. Titel: Bund, Kantone und Gemeinden 281

1. Kapitel: Verhältnis von Bund und Kantonen 288

1. Abschnitt: Aufgaben von Bund und Kantonen 290

- **Art. 42** Aufgaben des Bundes 290
- **Art. 43** Aufgaben der Kantone 291
- **Art. 43a** Grundsätze für die Zuweisung und Erfüllung staatlicher Aufgaben [bei Drucklegung noch nicht in Kraft] 292

2. Abschnitt: Zusammenwirken von Bund und Kantonen 295

- **Art. 44** Grundsätze 295
- **Art. 45** Mitwirkung an der Willensbildung des Bundes 298
- **Art. 46** Umsetzung des Bundesrechts 301
- **Art. 47** Eigenständigkeit der Kantone 304
- **Art. 48** Verträge zwischen Kantonen 307
- **Art. 48a** Allgemeinverbindlicherklärung und Beteiligungspflicht [bei Drucklegung erst teilweise in Kraft] 313
- **Art. 49** Vorrang und Einhaltung des Bundesrechts 318

3. Abschnitt: Gemeinden 330

- **Art. 50** 331

4. Abschnitt: Bundesgarantien 334

- **Art. 51** Kantonsverfassungen 335
- **Art. 52** Verfassungsmässige Ordnung 342
- **Art. 53** Bestand und Gebiet der Kantone 345

2. Kapitel: Zuständigkeiten 351

1. Abschnitt: Beziehungen zum Ausland 351

- **Art. 54** Auswärtige Angelegenheiten 351
- **Art. 55** Mitwirkung der Kantone an aussenpolitischen Entscheiden 360
- **Art. 56** Beziehungen der Kantone mit dem Ausland 363

2. Abschnitt: Sicherheit, Landesverteidigung, Zivilschutz 366

- **Art. 57** Sicherheit 367
- **Art. 58** Armee 371
- **Art. 59** Militär- und Ersatzdienst 374
- **Art. 60** Organisation, Ausbildung und Ausrüstung der Armee 378
- **Art. 61** Zivilschutz 379

3. Abschnitt: Bildung, Forschung und Kultur 380

- **Art. 61a** Bildungsraum Schweiz 381
- **Art. 62** Schulwesen 383
- **Art. 63** Berufsbildung 388
- **Art. 63a** Hochschulen 389
- **Art. 64** Forschung 395

Art. 64a	Weiterbildung	398
Art. 65	Statistik	399
Art. 66	Ausbildungsbeiträge	401
Art. 67	Förderung von Kindern und Jugendlichen	403
Art. 68	Sport	404
Art. 69	Kultur	405
Art. 70	Sprachen	409
Art. 71	Film	415
Art. 72	Kirche und Staat	417
	4. Abschnitt: Umwelt und Raumplanung	420
Art. 73	Nachhaltigkeit	420
Art. 74	Umweltschutz	422
Art. 75	Raumplanung	426
Art. 75a	Vermessung [bei Drucklegung noch nicht in Kraft]	429
Art. 76	Wasser	430
Art. 77	Wald	434
Art. 78	Natur- und Heimatschutz	435
Art. 79	Fischerei und Jagd	438
Art. 80	Tierschutz	439
	5. Abschnitt: Öffentliche Werke und Verkehr	442
Art. 81	Öffentliche Werke	443
Art. 82	Strassenverkehr	445
Art. 83	Nationalstrassen	447
Art. 84	Alpenquerender Transitverkehr	450
Art. 85	Schwerverkehrsabgabe	453
Art. 86	Verbrauchssteuer auf Treibstoffen und übrige Verkehrsabgaben	455
Art. 87	Eisenbahnen und weitere Verkehrsträger	458
Art. 88	Fuss- und Wanderwege	462
	6. Abschnitt: Energie und Kommunikation	463
Art. 89	Energiepolitik	464
Art. 90	Kernenergie	466
Art. 91	Transport von Energie	468
Art. 92	Post- und Fernmeldewesen	471
Art. 93	Radio und Fernsehen	475
	7. Abschnitt: Wirtschaft	480
Art. 94	Grundsätze der Wirtschaftsordnung	482
Art. 95	Privatwirtschaftliche Erwerbstätigkeit	488
Art. 96	Wettbewerbspolitik	492
Art. 97	Schutz der Konsumentinnen und Konsumenten	496

Art. 98	Banken und Versicherungen	498
Art. 99	Geld- und Währungspolitik	502
Art. 100	Konjunkturpolitik	508
Art. 101	Aussenwirtschaftspolitik	512
Art. 102	Landesversorgung	514
Art. 103	Strukturpolitik	516
Art. 104	Landwirtschaft	518
Art. 105	Alkohol	523
Art. 106	Glücksspiele	524
Art. 107	Waffen und Kriegsmaterial	527
	8. Abschnitt: Wohnen, Arbeit, soziale Sicherheit und Gesundheit	529
Art. 108	Wohnbau- und Wohneigentumsförderung	529
Art. 109	Mietwesen	531
Art. 110	Arbeit	533
Art. 111	Alters-, Hinterlassenen- und Invalidenvorsorge	537
Art. 112	Alters-, Hinterlassenen- und Invalidenversicherung	539
Art. 112a	Ergänzungsleistungen [bei Drucklegung noch nicht in Kraft]	542
Art. 112b	Förderung der Eingliederung Invalider [bei Drucklegung noch nicht in Kraft]	543
Art. 112c	Betagten- und Behindertenhilfe [bei Drucklegung noch nicht in Kraft]	544
Art. 113	Berufliche Vorsorge	545
Art. 114	Arbeitslosenversicherung	547
Art. 115	Unterstützung Bedürftiger	549
Art. 116	Familienzulagen und Mutterschaftsversicherung	550
Art. 117	Kranken- und Unfallversicherung	552
Art. 118	Schutz der Gesundheit	554
Art. 119	Fortpflanzungsmedizin und Gentechnologie im Humanbereich	558
Art. 119a	Transplantationsmedizin	563
Art. 120	Gentechnologie im Ausserhumanbereich	566
	9. Abschnitt: Aufenthalt und Niederlassung von Ausländerinnen und Ausländern	568
Art. 121		568
	10. Abschnitt: Zivilrecht, Strafrecht, Messwesen	571
Art. 122	Zivilrecht	571
Art. 123	Strafrecht	574
Art. 123a		577
Art. 124	Opferhilfe	578
Art. 125	Messwesen	580

3. Kapitel: Finanzordnung 581

Art. 126	Haushaltführung	582
Art. 127	Grundsätze der Besteuerung	586
Art. 128	Direkte Steuern	590
Art. 129	Steuerharmonisierung	594
Art. 130	Mehrwertsteuer	597
Art. 131	Besondere Verbrauchssteuern	600
Art. 132	Stempelsteuer und Verrechnungssteuer	603
Art. 133	Zölle	605
Art. 134	Ausschluss kantonaler und kommunaler Besteuerung	607
Art. 135	Finanzausgleich	608
Art. 135	Finanz- und Lastenausgleich [bei Drucklegung noch nicht in Kraft]	608

4. Titel: Volk und Stände 616

1. Kapitel: Allgemeine Bestimmungen 621

Art. 136	Politische Rechte	621
Art. 137	Politische Parteien	622

2. Kapitel: Initiative und Referendum 624

Art. 138	Volksinitiative auf Totalrevision der Bundesverfassung	625
Art. 139	Formulierte Volksinitiative auf Teilrevision der Bundesverfassung	628
Art. 139alt	Volksinitiative auf Teilrevision der Bundesverfassung	637
Art. 139a	Allgemeine Volksinitiative [bei Drucklegung noch nicht in Kraft]	639
Art. 139b	Verfahren bei Initiative und Gegenentwurf	642
Art. 140	Obligatorisches Referendum	643
Art. 141	Fakultatives Referendum	647
Art. 141a	Umsetzung von völkerrechtlichen Verträgen	653
Art. 142	Erforderliche Mehrheiten	655

5. Titel: Bundesbehörden 659

1. Kapitel: Allgemeine Bestimmungen 662

Art. 143	Wählbarkeit	662
Art. 144	Unvereinbarkeiten	664
Art. 145	Amtsdauer	668
Art. 146	Staatshaftung	670
Art. 147	Vernehmlassungsverfahren	672

2. Kapitel: Bundesversammlung ... 675
1. Abschnitt: Organisation ... 676
Art. 148 Stellung ... 676
Art. 149 Zusammensetzung und Wahl des Nationalrates ... 679
Art. 150 Zusammensetzung und Wahl des Ständerates ... 683
Art. 151 Sessionen ... 686
Art. 152 Vorsitz ... 689
Art. 153 Parlamentarische Kommissionen ... 690
Art. 154 Fraktionen ... 698
Art. 155 Parlamentsdienste ... 700

2. Abschnitt: Verfahren ... 702
Art. 156 Getrennte Verhandlung ... 702
Art. 157 Gemeinsame Verhandlung ... 706
Art. 158 Öffentlichkeit der Sitzungen ... 708
Art. 159 Verhandlungsfähigkeit und erforderliches Mehr ... 709
Art. 160 Initiativrecht und Antragsrecht ... 713
Art. 161 Instruktionsverbot ... 717
Art. 162 Immunität ... 720

3. Abschnitt: Zuständigkeiten ... 724
Art. 163 Form der Erlasse der Bundesversammlung ... 724
Art. 164 Gesetzgebung ... 728
Art. 165 Gesetzgebung bei Dringlichkeit ... 733
Art. 166 Beziehungen zum Ausland und völkerrechtliche Verträge ... 736
Art. 167 Finanzen ... 741
Art. 168 Wahlen ... 747
Art. 169 Oberaufsicht ... 749
Art. 170 Überprüfung der Wirksamkeit ... 757
Art. 171 Aufträge an den Bundesrat ... 759
Art. 172 Beziehungen zwischen Bund und Kantonen ... 763
Art. 173 Weitere Aufgaben und Befugnisse ... 764

3. Kapitel: Bundesrat und Bundesverwaltung ... 772
1. Abschnitt: Organisation und Verfahren ... 775
Art. 174 Bundesrat ... 775
Art. 175 Zusammensetzung und Wahl ... 776
Art. 176 Vorsitz ... 783
Art. 177 Kollegial- und Departementalprinzip ... 785
Art. 178 Bundesverwaltung ... 790
Art. 179 Bundeskanzlei ... 800

2. Abschnitt: Zuständigkeiten ... 802

Art. 180	Regierungspolitik	803
Art. 181	Initiativrecht	806
Art. 182	Rechtsetzung und Vollzug	808
Art. 183	Finanzen	811
Art. 184	Beziehungen zum Ausland	812
Art. 185	Äussere und innere Sicherheit	817
Art. 186	Beziehungen zwischen Bund und Kantonen	820
Art. 187	Weitere Aufgaben und Befugnisse	822

4. Kapitel: Bundesgericht und andere richterliche Behörden ... 828

Art. 188	Stellung des Bundesgerichts	834
Art. 189	Zuständigkeiten des Bundesgerichts	841
Art. 190	Massgebendes Recht	849
Art. 191	Zugang zum Bundesgericht	856
Art. 191a	Weitere richterliche Behörden des Bundes	860
Art. 191b	Richterliche Behörden der Kantone	863
Art. 191c	Richterliche Unabhängigkeit	864

6. Titel: Revision der Bundesverfassung und Übergangsbestimmungen ... 867

1. Kapitel: Revision ... 867

Art. 192	Grundsatz	867
Art. 193	Totalrevision	871
Art. 194	Teilrevision	873
Art. 195	Inkrafttreten	874

2. Kapitel: Übergangsbestimmungen ... 876

Art. 196	Übergangsbestimmungen gemäss Bundesbeschluss vom 18. Dezember 1998 über eine neue Bundesverfassung	877
Art. 197	Übergangsbestimmungen nach Annahme der Bundesverfassung vom 18. April 1999	885

Schlussbestimmungen des Bundesbeschlusses vom 18. Dezember 1998 ... 892

Inhaltsverzeichnis

Nr. 2 *Konvention zum Schutze der Menschenrechte und Grundfreiheiten (EMRK) (Auszug)* 895
    Art. 1 Verpflichtung zur Achtung der Menschenrechte 897
    Abschnitt I: Rechte und Freiheiten 897
    Art. 2 Recht auf Leben 897
    Art. 3 Verbot der Folter 898
    Art. 4 Verbot der Sklaverei und der Zwangsarbeit 898
    Art. 5 Recht auf Freiheit und Sicherheit 899
    Art. 6 Recht auf ein faires Verfahren 900
    Art. 7 Keine Strafe ohne Gesetz 901
    Art. 8 Recht auf Achtung des Privat- und Familienlebens 901
    Art. 9 Gedanken-, Gewissens- und Religionsfreiheit 901
    Art. 10 Freiheit der Meinungsäusserung 902
    Art. 11 Versammlungs- und Vereinigungsfreiheit 902
    Art. 12 Recht auf Eheschliessung 903
    Art. 13 Recht auf wirksame Beschwerde 903
    Art. 14 Diskriminierungsverbot 903
    Art. 15 Abweichen im Notstandsfall 904
    Art. 16 Beschränkungen der politischen Tätigkeit ausländischer Personen 904
    Art. 17 Verbot des Missbrauchs der Rechte 904
    Art. 18 Begrenzung der Rechtseinschränkungen 904

Nr. 3 *Protokoll Nr. 6 zur Konvention zum Schutz der Menschenrechte und Grundfreiheiten über die Abschaffung der Todesstrafe (Auszug)* 905

Nr. 4 *Protokoll Nr. 7 zur Konvention zum Schutz der Menschenrechte und Grundfreiheiten (Auszug)* 906

Nr. 5 *Protokoll Nr. 13 zur Konvention zum Schutz der Menschenrechte und Grundfreiheiten über die vollständige Abschaffung der Todesstrafe (Auszug)* 909

Nr. 6 *Internationaler Pakt über wirtschaftliche, soziale und kulturelle Rechte (Auszug)* 910

Nr. 7 *Internationaler Pakt über bürgerliche und politische Rechte (Auszug)* 918

Nr. 8 *Bundesgesetz über das Bundesgericht (Bundesgerichtsgesetz, BGG) (Auszug)* 932

3. Kapitel: Das Bundesgericht als ordentliche Beschwerdeinstanz 932

3. Abschnitt: Beschwerde in öffentlich-rechtlichen Angelegenheiten 932

Art. 82	Grundsatz	932
Art. 83	Ausnahmen	933
Art. 84	Internationale Rechtshilfe in Strafsachen	935
Art. 85	Streitwertgrenzen	935
Art. 86	Vorinstanzen im Allgemeinen	935
Art. 87	Vorinstanzen bei Beschwerden gegen Erlasse	936
Art. 88	Vorinstanzen in Stimmrechtssachen	936
Art. 89	Beschwerderecht	936

4. Kapitel: Beschwerdeverfahren 937

1. Abschnitt: Anfechtbare Entscheide...937

Art. 90	Endentscheide	937
Art. 91	Teilentscheide	937
Art. 92	Vor- und Zwischenentscheide über die Zuständigkeit und den Ausstand	937
Art. 93	Andere Vor- und Zwischenentscheide	937
Art. 94	Rechtsverweigerung und Rechtsverzögerung	938

2. Abschnitt: Beschwerdegründe..938

Art. 95	Schweizerisches Recht	938
Art. 96	Ausländisches Recht	938
Art. 97	Unrichtige Feststellung des Sachverhalts	938
Art. 98	Beschränkte Beschwerdegründe	939

3. Abschnitt: Neue Vorbringen...939

Art. 99		939

4. Abschnitt: Beschwerdefrist...939

Art. 100	Beschwerde gegen Entscheide	939
Art. 101	Beschwerde gegen Erlasse	940

5. Abschnitt: Weitere Verfahrensbestimmungen 940

Art. 102	Schriftenwechsel	940
Art. 103	Aufschiebende Wirkung	940
Art. 104	Andere vorsorgliche Massnahmen	941
Art. 105	Massgebender Sachverhalt	941
Art. 106	Rechtsanwendung	941
Art. 107	Entscheid	941

		6. Abschnitt: Vereinfachtes Verfahren 942
Art. 108		Einzelrichter oder Einzelrichterin 942
Art. 109		Dreierbesetzung 942
		7. Abschnitt: Kantonales Verfahren 943
Art. 110		Beurteilung durch richterliche Behörde 943
Art. 111		Einheit des Verfahrens 943
Art. 112		Eröffnung der Entscheide 943
		5. Kapitel: Subsidiäre Verfassungsbeschwerde 944
Art. 113		Grundsatz 944
Art. 114		Vorinstanzen 944
Art. 115		Beschwerderecht 945
Art. 116		Beschwerdegründe 945
Art. 117		Beschwerdeverfahren 945
Art. 118		Massgebender Sachverhalt 945
Art. 119		Gleichzeitige ordentliche Beschwerde 945
		6. Kapitel: Klage 946
Art. 120		 946

Sachregister 947

Abkürzungen

Für die Kantone werden die gebräuchlichen Abkürzungen verwendet.

a.A.	anderer Ansicht
a.a.O.	am angeführten Ort
AB (N/S)	Amtliches Bulletin der Bundesversammlung (Nationalrat bzw. Ständerat) (bis 1966 Sten. Bull.)
AB SD (N/S)	Amtliches Bulletin der Bundesversammlung, Separatdruck zur Reform der Bundesverfassung, Bern 1998
ABl	Amtsblatt der Europäischen Union
Abs.	Absatz/Absätze
aBV	Bundesverfassung der Schweizerischen Eidgenossenschaft vom 29. Mai 1874
a.F.	alte Fassung
AFSG	Bundesgesetz vom 21. März 1973 über Fürsorgeleistungen an Auslandschweizer (SR 852.1)
AHV	Alters- und Hinterlassenenversicherung
AHVG	Bundesgesetz vom 20. Dezember 1946 über die Alters- und Hinterlassenenversicherung (SR 831.10)
AJP	Aktuelle Juristische Praxis/Pratique Juridique Actuelle (PJA) (Zürich/St. Gallen)
a.M.	anderer Meinung
ANAG	Bundesgesetz vom 26. März 1931 über Aufenthalt und Niederlassung der Ausländer (SR 142.20)
Anm.	Anmerkung
AöR	Archiv des öffentlichen Rechtes
ArG	Bundesgesetz vom 13. März 1964 über die Arbeit in Industrie, Gewerbe und Handel (Arbeitsgesetz; SR 822.11)
Art.	Artikel
AS	Amtliche Sammlung des Bundesrechts (Bern)
ASA	Archiv für Schweizerisches Abgaberecht
AsylG	Asylgesetz vom 26. Juni 1998 (SR 1422.31)

AT	Allgemeiner Teil
ATSG	Bundesgesetz vom 6. Oktober 2000 über den Allgemeinen Teil des Sozialversicherungsrechts (SR 830.1)
Aufl.	Auflage
AufRBGer	Reglement des Bundesgerichts vom 11. September 2006 betreffend die Aufsicht über das Bundesstrafgericht und das Bundesverwaltungsgericht (SR 173.110.132)
AuG	Bundesgesetz vom 16. Dezember 2005 über die Ausländerinnen und Ausländer (BBl 2005 7365, noch nicht in Kraft)
AVE	Allgemeinverbindlicherklärung
AVIG	Bundesgesetz vom 25. Juni 1982 über die obligatorische Arbeitslosenversicherung und die Insolvenzentschädigung (Arbeitslosenversicherungsgesetz; SR 837.0)
AwG	Bundesgesetz vom 22. Juni 2001 über die Ausweise für Schweizer Staatsangehörige (Ausweisgesetz; SR 143.1)
AZG	Bundesgesetz vom 8. Oktober 1971 über die Arbeit in Unternehmen des öffentlichen Verkehrs (Arbeitszeitgesetz; SR 822.21)
BAKOM	Bundesamt für Kommunikation
BankG	Bundesgesetz vom 8. November 1934 über die Banken und Sparkassen (Bankengesetz; SR 952.0)
BankV	Verordnung vom 17. Mai 1972 über die Banken und Sparkassen (Bankenverordnung; SR 952.02)
BauPV	Verordnung vom 27. November 2000 über Bauprodukte (Bauprodukteverordnung; SR 933.01)
BB	Bundesbeschluss
BBl	Bundesblatt
BBVers	Beschluss der Bundesversammlung
Bd./Bde.	Band/Bände
BEHG	Bundesgesetz vom 24. März 1995 über die Börsen und den Effektenhandel (Börsengesetz; SR 954.1)
BehiG	Bundesgesetz vom 13. Dezember 2002 über die Beseitigung von Benachteiligungen von Menschen mit Behinderungen (Behindertengleichstellungsgesetz; SR 151.3)
Bem.	Bemerkung(en)
bes.	besonders
betr.	betreffend(-e/-en)
BFS	Bundesamt für Statistik
BG	Bundesgesetz

BGBM	Bundesgesetz vom 6. Oktober 1995 über den Binnenmarkt (Binnenmarktgesetz; SR 943.02)
BGE	Entscheidungen des Schweizerischen Bundesgerichts (Amtliche Sammlung)
BGer	Bundesgericht
BGerR	Reglement für das Bundesgericht vom 20. November 2006 (SR 173.110.131)
BGFA	Bundesgesetz vom 23. Juni 2000 über die Freizügigkeit der Anwältinnen und Anwälte (Anwaltsgesetz; SR 935.61)
BGG	Bundesgesetz vom 17. Juni 2005 über das Bundesgericht (Bundesgerichtsgesetz; SR 173.110).
BGMK	Bundesgesetz vom 22. Dezember 1999 über die Mitwirkung der Kantone an der Aussenpolitik des Bundes (SR 138.1)
BGÖ	Bundesgesetz vom 17. Dezember 2004 über das Öffentlichkeitsprinzip der Verwaltung (Öffentlichkeitsgesetz; SR 152.3)
BJ	Bundesamt für Justiz
BJM	Basler Juristische Mitteilungen (Basel)
BoeB	Bundesgesetz vom 16. Dezember 1994 über das öffentliche Beschaffungswesen (SR 172.056.1)
Botsch.	Botschaft
BPG	Bundespersonalgesetz vom 24. März 2000 (SR 172.220.1)
BPR	Bundesgesetz vom 17. Dezember 1976 über die politischen Rechte (SR 161.1)
BPUK	Schweizerische Bau-, Planungs- und Umweltdirektoren-Konferenz
BPV	Bundespersonalverordnung vom 3. Juli 2001 (SR 172.220.111.3)
BR	Bundesrat
BRB	Bundesratsbeschluss
BS	Bereinigte Sammlung der Bundesgesetze und Verordnungen 1848–1947
bspw.	beispielsweise
Bst.	Buchstabe
BStP	Bundesgesetz vom 15. Juni 1934 über die Bundesstrafrechtspflege (SR 312.0)
BTJP	Berner Tage für die juristische Praxis (Bern)
BTJP 1999	Zimmerli Ulrich (Hrsg.), Die neue Bundesverfassung: Konsequenzen für Praxis und Wissenschaft, BTJP 1999, Bern 2000
BüG	Bundesgesetz vom 29. September 1952 über Erwerb und Verlust des Schweizer Bürgerrechts (Bürgerrechtsgesetz; SR 141.0)

BÜPF	Bundesgesetz vom 6. Oktober 2000 betreffend die Überwachung des Post- und Fernmeldeverkehrs (SR 780.1)
BV	Bundesverfassung der Schweizerischen Eidgenossenschaft vom 18. April 1999 (SR 101)
BV 1848	Bundesverfassung der Schweizerischen Eidgenossenschaft vom 12. September 1848 (Offizielle Sammlung der das Schweizerische Staatsrecht betreffenden Aktenstücke, Bundesgesetze, Verträge und Verordnungen, Bern 1850, S. 1)
BV 1874	Bundesverfassung der Schweizerischen Eidgenossenschaft vom 29. Mai 1874
BV-CF 2000	Fleiner Thomas et al., BV-CF 2000, Die neue schweizerische Bundesverfassung, Föderalismus, Grundrechte, Wirtschaftsrecht und Staatsstruktur, Basel/Genf/München 2000
BVerfGE	Entscheidungen des deutschen Bundesverfassungsgerichts
BVers	Bundesversammlung
BVG	Bundesgesetz vom 25. Juni 1982 über die berufliche Alters-, Hinterlassenen- und Invalidenvorsorge (SR 831.40)
BWIS	BG vom 21. März 1997 über Massnahmen zur Wahrung der inneren Sicherheit (SR 120)
BZG	Bundesgesetz vom 4. Oktober 2002 über den Bevölkerungsschutz und den Zivilschutz (Bevölkerungs- und Zivilschutzgesetz; SR 520.1)
bzw.	beziehungsweise
c.	contre/contra
CEDH	Convention européenne des droits de l'homme (vgl. EMRK)
CH	Confoederatio helvetica
Comm.	Aubert Jean-François/Mahon Pascal, Petit commentaire de la Constitution fédérale de la Confédération suisse du 18 avril 1999, Zürich 2003
CVP	Christlichdemokratische Volkspartei
DBG	Bundesgesetz vom 14. Dezember 1990 über die direkte Bundessteuer (SR 642.11)
ders.	derselbe(-n)
d.h.	das heisst
dies.	dieselbe
Diss.	Dissertation
DSG	Bundesgesetz vom 19. Juni 1992 über den Datenschutz (Datenschutzgesetz; SR 235.1)
DVBl	Deutsches Verwaltungsblatt
E	Entwurf
E.	Erwägung

EBG	Eisenbahngesetz vom 20. Dezember 1957 (SR 742.101)
EBK	Eidgenössische Bankenkommission
EDA	Eidgenössisches Departement für auswärtige Angelegenheiten
EDI	Eidgenössisches Departement des Innern
EDK	Schweizerische Konferenz der kantonalen Erziehungsdirektoren
EFD	Eidgenössisches Finanzdepartement
EFTA	European Free Trade Association (Europäische Freihandelsassoziation)
EFZD	Eidgenössisches Finanz- und Zolldepartement (heute EFD)
EG	Europäische Gemeinschaft(en)
EGKS	Europäische Gemeinschaft für Kohle und Stahl
EGMR	Europäischer Gerichtshof für Menschenrechte
EGV	Vertrag zur Gründung der Europäischen Gemeinschaft vom 25. März 1957
EJPD	Eidgenössisches Justiz- und Polizeidepartement
EleG	Bundesgesetz vom 24. Juni 1902 betreffend die elektrischen Schwach- und Starkstromanlagen (Elektrizitätsgesetz; SR 734.0)
EMD	Eidgenössisches Militärdepartement
EMPA	Eidgenössische Materialprüfungsanstalt
EMRK	Konvention vom 4. November 1950 zum Schutze der Menschenrechte und Grundfreiheiten (Europäische Menschenrechtskonvention; SR 0.101)
EntG	Bundesgesetz vom 20. Juni 1930 über die Enteignung (SR 711)
EOG	Bundesgesetz vom 25. September 1952 über den Erwerbsersatz für Dienstleistende und bei Mutterschaft (Erwerbsersatzgesetz; SR 834.1)
ESBK	Eidgenössische Spielbankenkommission
et al.	und andere
ETH	Eidgenössische Technische Hochschule(n)
EU	Europäische Union
EuGH	Gerichtshof der Europäischen Gemeinschaften
EuGRZ	Europäische Grundrechte-Zeitschrift
EVD	Eidgenössisches Volkswirtschaftsdepartement
EVG	Eidgenössisches Versicherungsgericht
evtl.	eventuell
EWR	Europäischer Wirtschaftsraum
f./ff.	und folgende (Seite/Seiten bzw. Ziffer/Ziffern)
FAO	Food and Agriculture Organization of the United Nations (Ernährungs- und Landwirtschaftsorganisation der UNO)
FDK	Konferenz der kantonalen Finanzdirektoren

Abkürzungen

FDP	Freisinnig-Demokratische Partei
FG	Bundesgesetz vom 7. Oktober 1983 über die Forschung (Forschungsgesetz; SR 420.1)
FHG	Bundesgesetz vom 7. Oktober 2005 über den eidgenössischen Finanzhaushalt (Finanzhaushaltgesetz; SR 611.0)
FHSG	Bundesgesetz vom 6. Oktober 1995 über die Fachhochschulen (Fachhochschulgesetz; SR 414.71)
FHV	Finanzhaushaltverordnung vom 5. April 2006 (SR 611.01)
FiLaG	Bundesgesetz vom 3. Oktober 2003 über den Finanz- und Lastenausgleich (SR 613.2)
FinDel	Finanzdelegation
FINMAG	Bundesgesetz vom 22. Juni 2007 über die Eidgenössische Finanzmarktaufsicht (Finanzmarktaufsichtsgesetz; BBl 2007 4625, Referendumsvorlage)
FK	Finanzkommission
FKG	Bundesgesetz vom 28. Juni 1967 über die Eidgenössische Finanzkontrolle (SR 614.0)
FMG	Fernmeldegesetz vom 30. April 1997 (SR 784.10)
Fn.	Fussnote
frz./franz.	französisch
FS/Festg.	Festschrift/Festgabe
FZA	Abkommen vom 21. Juni 1999 zwischen der Schweizerischen Eidgenossenschaft einerseits und der Europäischen Gemeinschaft und ihren Mitgliedstaaten andererseits über die Freizügigkeit (SR 0.142.112.681)
G	Gesetz
GarG	Bundesgesetz vom 26. März 1934 über die politischen und polizeilichen Garantien zugunsten der Eidgenossenschaft (BS 1 152)
GATT	Allgemeines Zoll- und Handelsabkommen vom 30. Oktober 1947 (SR 0.63221)
GAV	Gesamtarbeitsvertrag
GG	Grundgesetz für die Bundesrepublik Deutschland vom 23. Mai 1949 (BGBl 1949, 1)
ggf.	gegebenenfalls
GlG	Bundesgesetz vom 24. März 1995 über die Gleichstellung von Frau und Mann (Gleichstellungsgesetz; SR 151.1)
GKG	Bundesgesetz vom 13. Dezember 1996 über die Kontrolle zivil und militärisch verwendbarer Güter sowie besonderer militärischer Güter (Güterkontrollgesetz; SR 946.202)
gl.A./gl.M.	gleicher Ansicht/gleicher Meinung

GPDel	Geschäftsprüfungsdelegation
GPK	Geschäftsprüfungskommission
GRN	Geschäftsreglement des Nationalrates vom 3. Oktober 2003 (SR 171.13)
GRS	Geschäftsreglement des Ständerats vom 20. Juni 2003 (SR 171.14)
GSchG	Bundesgesetz vom 24. Januar 1991 über den Schutz der Gewässer (Gewässerschutzgesetz; SR 814.20)
GTG	Bundesgesetz vom 21. März 2003 über die Gentechnik im Ausserhumanbereich (Gentechnikgesetz; SR 814.91)
GVG	Bundesgesetz vom 23. März 1962 über den Geschäftsverkehr der Bundesversammlung sowie über die Form, die Bekanntmachung und das Inkrafttreten ihrer Erlasse (Geschäftsverkehrsgesetz; AS 1962 773)
GVG 1902	Bundesgesetz vom 9. Oktober 1902 über den Geschäftsverkehr zwischen Nationalrat, Ständerat und Bundesrat sowie über die Form des Erlasses und der Bekanntmachung von Gesetzen und Beschlüssen (BS 1, 245)
HGR VII	Merten Detlef/Papier Hans Jürgen (Hrsg.), Handbuch der Grundrechte in Deutschland und Europa, Band VII: Grundrechte in Österreich, der Schweiz und Liechtenstein (im Erscheinen)
h.L.	herrschende Lehre
Hrsg.	Herausgeber
hrsg. von	herausgegeben von
i.d.F.	in der Fassung
i.d.R.	in der Regel
i.e.S.	im engeren Sinne
IGE	Eidgenössisches Institut für Geistiges Eigentum
IGEG	Bundesgesetz vom 24. März 1995 über Statut und Aufgaben des Eidgenössischen Instituts für Geistiges Eigentum (SR 172.010.31)
IHG	Bundesgesetz vom 21. März 1997 über Investitionshilfe für Berggebiete (SR 901.1)
ILO	International Labour Organization (Internationale Arbeitsorganisation)
insb.	insbesondere
IPE	Ius Publicum Europaeum (Hrsg.: Armin von Bogdandy u.a.)
IPRG	Bundesgesetz vom 18. Dezember 1987 über das Internationale Privatrecht (SR 291)
IRSG	Bundesgesetz vom 20. März 1981 über internationale Rechtshilfe in Strafsachen (Rechtshilfegesetz; SR 351.1)
i.S.	in Sachen
i.S.v.	im Sinne von
ius.full	ius.full – Forum für juristische Bildung (Zürich)

IV	Invalidenversicherung
IVG	Bundesgesetz vom 19. Juni 1959 über die Invalidenversicherung (SR 831.20)
i.V.m.	in Verbindung mit
IVöB	Interkantonale Vereinbarung über das öffentliche Beschaffungswesen vom 25. November 1994 bzw. revidierte Fassung vom 15. März 2001
IWF	Internationaler Währungsfonds
JAAC	Jurisprudence des autorités administratives de la Confédération (VPB)
JFG	Bundesgesetz vom 6. Oktober 1989 über die Förderung der ausserschulischen Jugendarbeit (Jugendförderungsgesetz; SR 446.1)
JKR	Jahrbuch des Schweizerischen Konsumentenrechts (Bern)
JöR	Jahrbuch des öffentlichen Rechts (Tübingen, Deutschland)
Kap.	Kapitel
KdK	Konferenz der Kantonsregierungen
KEG	Kernenergiegesetz vom 21. März 2003 (SR 732.1)
KG	Bundesgesetz vom 6. Oktober 1995 über Kartelle und andere Wettbewerbsbeschränkungen (Kartellgesetz; SR 251)
KKJPD	Konferenz der kantonalen Justiz- und Polizeidirektorinnen und -direktoren
KMG	Bundesgesetz vom 13. Dezember 1996 über das Kriegsmaterial (Kriegsmaterialgesetz; SR 514.51)
Komm.	Kommentar
Komm. aBV	Aubert Jean-François et al. (Hrsg.), Kommentar zur (alten) Bundesverfassung der Schweizerischen Eidgenossenschaft vom 29. Mai 1874, Loseblatt, Basel/Zürich/Bern 1987–1996
Kt./Kte.	Kanton/Kantone
kt.	kantonal
KV	Kantonsverfassung
KVF	Kommission für Verkehr und Fernmeldewesen
KVG	Bundesgesetz vom 18. März 1994 über die Krankenversicherung (SR 832.10)
LeGes	Gesetzgebung heute, Mitteilungsblatt der Schweizerischen Gesellschaft für Gesetzgebung (Bern)
LGV	Lebensmittel- und Gebrauchsgegenständeverordnung vom 23. November 2005 (SR 817.02)
lit.	littera, Buchstabe
LMG	Bundesgesetz vom 9. Oktober 1992 über Lebensmittel und Gebrauchsgegenstände (Lebensmittelgesetz; SR 817.0)
LMV	Lebensmittelverordnung vom 1. März 1995 (AS 1995 1491)

LSVA	Leistungsabhängige Schwerverkehrsabgabe
LVG	Bundesgesetz vom 8. Oktober 1982 über die wirtschaftliche Landesversorgung (Landesversorgungsgesetz; SR 531)
LwG	Bundesgesetz vom 29. April 1998 über die Landwirtschaft (Landwirtschaftsgesetz; SR 910.1)
m.a.W.	mit anderen Worten
medialex	medialex, Zeitschrift für Kommunikationsrecht (Bern)
MepV	Medizinprodukteverordnung vom 17. Oktober 2001 (SR 812.213)
Mia.	Milliarde/Milliarden
Mio.	Million/Millionen
MG	Bundesgesetz vom 3. Februar 1995 über die Armee und die Militärverwaltung (Militärgesetz; SR 510.10)
MStG	Militärstrafgesetz vom 13. Juni 1927 (SR 321.0)
MStP	Militärstrafprozess vom 23. März 1979 (SR 322.1)
m.w.H./N.	mit weiteren Hinweisen/Nachweisen
MWSTG	Bundesgesetz vom 2. September 1999 über die Mehrwertsteuer (Mehrwertsteuergesetz; SR 641.20)
N, Nr., no	Note, Nummer
-N	des Nationalrates (Kommission)
NATO	North Atlantic Treaty Organization (Nordatlantikvertrag)
NBG	Bundesgesetz vom 3. Oktober 2003 über die Schweizerische Nationalbank (Nationalbankgesetz; SR 951.11)
NFA	Neugestaltung des Finanzausgleichs und der Aufgaben zwischen Bund und Kantonen
NHG	Bundesgesetz vom 1. Juli 1966 über den Natur- und Heimatschutz (SR 451)
NPM	New Public Management
NR	Nationalrat
NSG	Bundesgesetz vom 8. März 1960 über die Nationalstrassen (SR 725.11)
NZZ	Neue Zürcher Zeitung
OECD	Organisation for Economic Cooperation and Development (Organisation für wirtschaftliche Zusammenarbeit und Entwicklung)
OG	Bundesgesetz vom 16. Dezember 1943 über die Organisation der Bundesrechtspflege (BS 3, 531)
OHG	Bundesgesetz vom 4. Oktober 1991 über die Hilfe an Opfer von Straftaten (Opferhilfegesetz; SR 312.5)
OR	Bundesgesetz vom 30. März 1911 betreffend die Ergänzung des Schweizerischen Zivilgesetzbuches (Fünfter Teil: Obligationenrecht; SR 220)

OSZE	Organisation für Sicherheit und Zusammenarbeit in Europa
OV-BK	Organisationsverordnung vom 5. Mai 1999 für die Bundeskanzlei (SR 172.210.10)
OV-EJPD	Organisationsverordnung vom 17. November 1999 für das Eidgenössische Justiz- und Polizeidepartement (SR 172.213.1)
Pa.Iv.	Parlamentarische Initiative
ParlG	Bundesgesetz vom 13. Dezember 2002 über die Bundesversammlung (Parlamentsgesetz; SR 171.10)
PartG	Bundesgesetz vom 18. Juni 2004 über die eingetragene Partnerschaft gleichgeschlechtlicher Paare (Partnerschaftsgesetz; SR 211.231)
PG	Postgesetz vom 30. April 1997 (SR 783.0)
PKB	Pensionskasse des Bundes
Pr/Pra.	Die Praxis des Bundesgerichts (Basel)
PRG	Bundesgesetz vom 18. März 1988 über Bezüge und Infrastruktur der Mitglieder der eidgenössischen Räte und über die Beiträge an die Fraktionen (Parlamentsressourcengesetz; SR 171.21)
PublG	Bundesgesetz vom 18. Juni 2004 über die Sammlungen des Bundesrechts und das Bundesblatt (Publikationsgesetz; SR 170.512)
PUK	Parlamentarische Untersuchungskommission
PüG	Preisüberwachungsgesetz vom 20. Dezember 1985 (SR 942.20)
RDAF	Revue de droit administratif et de droit fiscal (et Revue genevoise de droit public) (Lausanne/Genève)
Rec.	Recueil des arrêts de la Cour européenne des droits de l'homme
recht	recht. Zeitschrift für juristische Ausbildung und Praxis (Bern)
RekK	Rekurskommission
RK	Rechtskommission
RLG	Bundesgesetz vom 4. Oktober 1963 über Rohrleitungsanlagen zur Beförderung flüssiger oder gasförmiger Brenn- oder Treibstoffe (Rohrleitungsgesetz; SR 746.1)
RPG	Bundesgesetz vom 22. Juni 1979 über die Raumplanung (Raumplanungsgesetz; SR 700)
RPW	Recht und Politik des Wettbewerbs: Publikationsorgan der schweizerischen Wettbewerbsbehörden (Bern)
RTVG	Bundesgesetz vom 24. März 2006 über Radio- und Fernsehen (SR 784.40)
RVOG	Regierungs- und Verwaltungsorganisationsgesetz vom 21. März 1997 (SR 172.010)
RVOV	Regierungs- und Verwaltungsorganisationsverordnung vom 25. November 1998 (SR 172.010.1)

Rn./Rz.	Randnummer(-n)/Randziffer(-n)
S.	Seite(-n)
-S	des Ständerates (Kommission)
s.	siehe
s.a.	siehe auch
SBG	Bundesgesetz vom 18. Dezember 1998 über Glücksspiele und Spielbanken (Spielbankengesetz; SR 935.52)
SBVR	Koller Heinrich et al. (Hrsg.), Schweizerisches Bundesverwaltungsrecht, Basel usw. 1996 ff.
SchKG	Bundesgesetz vom 11. April 1889 über Schuldbetreibung und Konkurs (SR 281.1)
SchlB	Schlussbestimmungen
SchlT	Schlusstitel
SemJud	La semaine judiciaire (Genève)
SEV	Verband für Elektro-, Energie- und Informationstechnik
SG-Komm.	Ehrenzeller Bernhard et al. (Hrsg.), Die Schweizerische Bundesverfassung. Kommentar, Zürich usw. 2002 (St. Galler-Kommentar)
SGG	Bundesgesetz vom 4. Oktober 2002 über das Bundesstrafgerichtsgesetz (Strafgerichtsgesetz; SR 173.71)
sic!	Zeitschrift für Immaterialgüter-, Informations- und Wettbewerbsrecht (Zürich)
SIWR	Schweizerisches Immaterialgüter- und Wettbewerbsrecht (Basel/Frankfurt a.M.)
SJIR	Schweizerisches Jahrbuch für Internationales Recht (ab 1991 SZIER)
SJK	Schweizerische Juristische Kartothek (Genf)
SJKR	Schweizerisches Jahrbuch für Kirchenrecht
SJZ	Schweizerische Juristen-Zeitung (Zürich)
SKOS	Schweizerische Konferenz für Sozialhilfe
SNB	Schweizerische Nationalbank
sog.	sogenannter, sogenannte, sogenanntes usw.
SP	Sozialdemokratische Partei
SPK	Staatspolitische Kommission
SPK-N, Anpassung GVG	Parlamentarische Initiative. Geschäftsverkehrsgesetz. Anpassungen an die neue BV. Bericht der staatspolitischen Kommission des Nationalrates vom 7. Mai 1999, BBl 1999 4809 ff.
SPK-N, Bericht ParlG	Parlamentarische Initiative. Parlamentsgesetz (ParlG). Bericht der Staatspolitischen Kommission des Nationalrates vom 1. März 2001, BBl 2001 3467 ff.

SPK-S, Bericht Volksrechte Parlamentarische Initiative. Beseitigung von Mängeln der Volksrechte. Bericht der Staatspolitischen Kommission des Ständerates vom 2. April 2001, BBl 2001 4803 ff.

SPK-N/S, ZB-BV Bundesversammlung. Organisation, Verfahren, Verhältnis zum Bundesrat. Zusatzbericht der Staatspolitischen Kommissionen der eidgenössischen Räte vom 6. März 1997 zur Verfassungsreform, BBl 1997 III 245 ff.

SR	Systematische Sammlung des Bundesrechts
SRG	Schweizerische Radio- und Fernsehgesellschaft
Sten.Bull.	Stenographisches Bulletin der Bundesversammlung (ab 1967: AB)
StG	Bundesgesetz vom 27. Juni 1973 über die Stempelabgaben (SR 641.101)
StGB	Schweizerisches Strafgesetzbuch vom 21. Dezember 1937 (SR 311.0)
StHG	Bundesgesetz vom 14. Dezember 1990 über die Harmonisierung der direkten Steuern der Kantone und Gemeinden (Steuerharmonsierungsgesetz; SR 642.14)
StPO	Strafprozessordnung
StR	Ständerat
SuG	Bundesgesetz vom 5. Oktober 1990 über Finanzhilfen und Abgeltungen (Subventionsgesetz; SR 616.1)
SUVA	Schweizerische Unfallversicherungsanstalt (Luzern)
SVG	Strassenverkehrsgesetz vom 19. Dezember 1958 (SR 741.01)
SVP	Schweizerische Volkspartei
SZIER	Schweizerische Zeitschrift für internationales und europäisches Recht (bis 1990 SJIR) (Zürich)
SZS	Schweizerische Zeitschrift für Sozialversicherung und berufliche Vorsorge (Bern)
TSchG	Tierschutzgesetz vom 9. März 1978 (SR 455)
TSG	Tierseuchengesetz vom 1. Juli 1966 (SR 916.40)
TUG	Bundesgesetz vom 30. April 1997 über die Organisation der Telekommunikationsunternehmung des Bundes (Telekommunikationsunternehmungsgesetz; SR 784.11)
u.a.(m.)	und andere(s) (mehr)
u.Ä.	und Ähnliches
UBI	Unabhängige Beschwerdeinstanz für Radio und Fernsehen
ÜB/UeB	Übergangsbestimmung(en)
UFG	Bundesgesetz vom 8. Oktober 1999 über die Förderung der Universitäten und über die Zusammenarbeit im Hochschulbereich (Universitätsförderungsgesetz; SR 414.20)

UNESCO	United Nations Educational, Scientific and Cultural Organization (Organisation der Vereinten Nationen für Bildung, Wissenschaft, Kultur und Kommunikation)
UNO	United Nations Organization (Vereinte Nationen)
UNO-Charta	Charta der Vereinten Nationen vom 26. Juni 1945 (SR 0.120)
UNO-Pakt I	Internationaler Pakt über wirtschaftliche, soziale und kulturelle Rechte vom 16. Dezember 1966 (SR 0.103.1)
UNO-Pakt II	Internationaler Pakt über bürgerliche und politische Rechte vom 16. Dezember 1966 (SR 0.103.2)
USG	Bundesgesetz vom 7. Oktober 1983 über den Umweltschutz (Umweltschutzgesetz; SR 814.01)
usw.	und so weiter
u.U.	unter Umständen
UVEK	Eidgenössisches Departement für Umwelt, Verkehr, Energie und Kommunikation
UVG	Bundesgesetz vom 20. März 1981 über die Unfallversicherung (SR 832.20)
UWG	Bundesgesetz vom 19. Dezember 1986 gegen den unlauteren Wettbewerb (SR 241)
v.a.	vor allem
VAG	Bundesgesetz vom 17. Dezember 2004 betreffend die Aufsicht über Versicherungsunternehmen (Versicherungsaufsichtsgesetz; SR 961.01)
VBS	Eidgenössisches Departement für Verteidigung, Bevölkerungsschutz und Sport
VE	Vorentwurf
VE 77	Verfassungsentwurf der Expertenkommission für die Vorbereitung einer Totalrevision der Bundesverfassung, Bern 1977
VE 95	Verfassungsentwurf 1995 (Vernehmlassungsentwurf)
VE 96	Verfassungsentwurf des Bundesrates vom 20. November 1996 (BBl 1997 I 589 ff.)
VEB	Verwaltungsentscheide der Bundesbehörden (ab 1964 VPB) (Bern)
VE VK 97	Entwürfe der Verfassungskommissionen der Eidgenössischen Räte vom 21. November 1997 (NR) / 27. November 1997 (StR)
VE-SpG	Vorentwurf für ein Bundesgesetz über die Landessprachen und die Verständigung zwischen den Sprachgemeinschaften (2001)
VG	Bundesgesetz vom 14. März 1958 über die Verantwortlichkeit des Bundes sowie seiner Behördenmitglieder und Beamten (Verantwortlichkeitsgesetz; SR 170.32)

VGG	Bundesgesetz vom 17. Juni 2005 über das Bundesverwaltungsgericht (Verwaltungsgerichtsgesetz; SR 173.32)
vgl.	vergleiche
VK-N/S	Verfassungskommission (des Nationalrates bzw. des Ständerates)
VlG	Bundesgesetz vom 18. März 2005 über das Vernehmlassungsverfahren (Vernehmlassungsgesetz; SR 172.061)
VPB	Verwaltungspraxis der Bundesbehörden (bis 1963 VEB)
VPG	Postverordnung vom 26. November 2003 (SR 783.01)
VPR	Verordnung vom 24. Mai 1978 über die politischen Rechte (SR 161.11)
VPRG	Verordnung der Bundesversammlung vom 18. März 1988 zum Parlamentsressourcengesetz (SR 171.211)
VRdCH	Thürer Daniel/Aubert Jean-François/Müller Jörg Paul (Hrsg.), Verfassungsrecht der Schweiz, Zürich 2001
vs	versus
VStrR	Bundesgesetz vom 22. März 1974 über das Verwaltungsstrafrecht (SR 313.0)
VTS	Verordnung vom 19. Juni 1995 über die technischen Anforderungen an Strassenfahrzeuge (SR 741.41)
VVDStRL	Veröffentlichungen der Vereinigung der Deutschen Staatsrechtslehrer
VwOG	Bundesgesetz vom 19. September 1978 über die Organisation und die Geschäftsführung des Bundesrates und der Bundesverwaltung (Verwaltungsorganisationsgesetz; AS 1979 114; vgl. heute RVOG)
VwVG	Bundesgesetz vom 20. Dezember 1968 über das Verwaltungsverfahren (Verwaltungsverfahrensgesetz; SR 172.021)
WaG	Bundesgesetz vom 4. Oktober 1991 über den Wald (Waldgesetz; SR 921.0)
WAK	Kommission für Wirtschaft und Abgaben
WBK	Kommission für Wissenschaft, Bildung und Kultur
Weko	Eidgenössische Wettbewerbskommission
WG	Bundesgesetz vom 20. Juni 1997 über Waffen, Waffenzubehör und Munition (Waffengesetz; 514.54)
WHO	World Health Organization (Weltgesundheitsorganisation)
WPEG	Bundesgesetz vom 12. Juni 1959 über den Wehrpflichtersatz (SR 661)
WRG	Bundesgesetz vom 22. Dezember 1916 über die Nutzbarmachung der Wasserkräfte (Wasserrechtsgesetz; SR 721.80)
WTO	World Trade Organization (Welthandelsorganisation)
WuR	Wirtschaft und Recht (Zeitschrift) (Zürich)

WVK	Wiener Übereinkommen vom 23. Mai 1969 über das Recht der Verträge (Wiener Vertragsrechtskonvention; SR 0.111)
Z.	Ziffer(n)
ZaöRV	Zeitschrift für ausländisches öffentliches Recht und Völkerrecht (Heidelberg, Deutschland)
z.B.	zum Beispiel
ZB-BV	Zusatzbericht der Staatspolitischen Kommissionen der eidgenössischen Räte vom 6. März 1997 zur Verfassungsreform, BBl 1997 III 245 ff.
ZBl	Schweizerisches Zentralblatt für Staats- und Verwaltungsrecht (Zürich)
ZBJV	Zeitschrift des Bernischen Juristenvereins (Bern)
ZDG	Bundesgesetz vom 6. Oktober 1995 über den zivilen Ersatzdienst (Zivildienstgesetz; SR 824.0)
ZGB	Schweizerisches Zivilgesetzbuch vom 10. Dezember 1907 (SR 210)
Ziff.	Ziffer(n)
zit.	zitiert
ZÖR	Zeitschrift für öffentliches Recht (Wien, Österreich)
ZP	Zusatzprotokoll
ZPO	Zivilprozessordnung
ZSR	Zeitschrift für Schweizerisches Recht (Basel)
ZStV	Zivilstandsverordnung vom 28. April 2004 (SR 211.112.2)
z.T.	zum Teil
ZUG	Bundesgesetz vom 24. Juni 1977 über die Zuständigkeit für die Unterstützung Bedürftiger (Zuständigkeitsgesetz; SR 851.1)

Allgemeines Literaturverzeichnis

Die nachfolgenden Werke werden, wo nicht anders vermerkt, mit dem Nachnamen des/der Verfassers/in (allenfalls mit dem kursiv gesetzten Titelstichwort) oder gemäss separatem Hinweis zitiert.

AUBERT JEAN-FRANÇOIS, Die Schweizerische *Bundesversammlung* von 1848 bis 1998, Basel 1998.

AUBERT JEAN-FRANÇOIS, Bundesstaatsrecht der Schweiz, Fassung von 1967 und bearbeiteter Nachtrag, Band I mit Nachtrag bis 1990, Band II mit Nachtrag bis 1994, Basel/Frankfurt a.M. 1991 und 1995 (zit.: AUBERT, BuStR I bzw. II).

AUBERT JEAN-FRANÇOIS, Traité de droit constitutionnel suisse, 2 Bde., Paris/Neuchâtel 1967; Supplément 1967–1982, Neuchâtel 1982 (zit.: AUBERT, Traité I bzw. II, Suppl.).

AUBERT JEAN-FRANÇOIS/EICHENBERGER KURT/MÜLLER JÖRG PAUL/RHINOW RENÉ A./SCHINDLER DIETRICH (Hrsg.), Kommentar zur Bundesverfassung der Schweizerischen Eidgenossenschaft vom 29. Mai 1874, Loseblatt, Basel/Zürich/Bern 1987–1996 (zit.: VERFASSER, Komm. aBV, Art. ..., N ...).

AUBERT JEAN-FRANÇOIS/MAHON PASCAL, Petit commentaire de la Constitution fédérale de la Confédération suisse du 18 avril 1999, Zürich 2003 (zit.: VERFASSER, Comm., Art. ..., N ...).

AUER ANDREAS, La *juridiction constitutionnelle* en Suisse, Basel/Frankfurt a.M., 1983 (dt.: Die schweizerische *Verfassungsgerichtsbarkeit*, Basel/Frankfurt a.M., 1984).

AUER ANDREAS/MALINVERNI GIORGIO/HOTTELIER MICHEL, Droit constitutionnel suisse, 2 Bde., 2. Aufl., Bern 2006 (zit.: AUER/MALINVERNI/HOTTELIER I bzw. II).

BIAGGINI GIOVANNI, Grundstrukturen staatlichen Verfassungsrechts: Schweiz, in: Armin von Bogdandy/Pedro Cruz Villalón/Peter M. Huber (Hrsg.), Handbuch des Öffentlichen Rechts in Europa / Ius Publicum Europaeum (IPE), Band I, Heidelberg 2007 (im Erscheinen), § 10 (zit.: BIAGGINI, IPE).

BIAGGINI GIOVANNI, *Verfassungsinterpretation* in der Schweiz – oder: Die Mühen der schweizerischen Verfassungspraxis mit dem Mythos «Gold», Festschrift Heinz Schäffer, Wien 2006, 109 ff.

BIAGGINI GIOVANNI, Das *Verhältnis* der Schweiz zur internationalen Gemeinschaft, AJP 1999, 722 ff.

BIAGGINI GIOVANNI, *Verfassungsreform* in der Schweiz. Die neue schweizerische Bundesverfassung vom 18. April 1999 im Zeichen von «Verfassungsnachführung» und Verfassungspolitik, ZÖR 1999, 433 ff.

BIAGGINI GIOVANNI, *Theorie und Praxis* des Verwaltungsrechts im Bundesstaat, Basel/Frankfurt a.M. 1996.

BIAGGINI GIOVANNI, *Verfassung und Richterrecht*, Verfassungsrechtliche Grenzen der Rechtsfortbildung im Wege der bundesgerichtlichen Rechtsprechung, Basel 1991.

BIAGGINI GIOVANNI/EHRENZELLER BERNHARD, Studienausgabe Öffentliches Recht, 3. Aufl., Zürich 2007.
BIAGGINI GIOVANNI/MÜLLER GEORG/RICHLI PAUL/ZIMMERLI ULRICH, Wirtschaftsverwaltungsrecht des Bundes, 4. Aufl., Basel/Genf/München 2005.
BIEDERMANN DIETER, Was bringt die *neue Bundesverfassung?*, AJP 1999, 743 ff.
BURCKHARDT WALTHER, *Kommentar* der schweizerischen Bundesverfassung vom 29. Mai 1874, 3. Aufl., Bern 1931.
BÜSER DENISE, Kantonales Staatsrecht, Basel usw. 2004.
COTTIER THOMAS, Die *Verfassung* und das Erfordernis der gesetzlichen Grundlage, 2. Aufl., Chur/Zürich 1991.
COTTIER THOMAS/KOPŠE ALWIN (Hrsg.), Der Beitritt der Schweiz zur Europäischen Union, Zürich 1998.
EHRENZELLER BERNHARD, Legislative Gewalt und *Aussenpolitik*, Basel/Frankfurt a.M. 1993.
EHRENZELLER BERNHARD/MASTRONARDI PHILIPPE/SCHWEIZER RAINER J./ VALLENDER KLAUS A. (Hrsg.), Die Schweizerische Bundesverfassung. Kommentar, Zürich usw. 2002 (zit.: VERFASSER, SG-Komm., Art. ..., N ...).
FLEINER FRITZ, Schweizerisches Bundesstaatsrecht, Tübingen 1923 (zit.: FLEINER, BuStR).
FLEINER FRITZ/GIACOMETTI ZACCARIA, Schweizerisches Bundesstaatsrecht, Zürich 1949 (zit.: FLEINER/GIACOMETTI).
FLEINER THOMAS ET AL., BV-CF 2000, Die neue schweizerische Bundesverfassung, Föderalismus, Grundrechte, Wirtschaftsrecht und Staatsstruktur, Basel/Genf/München 2000 (zit.: VERFASSER, ..., BV-CF 2000).
FLEINER THOMAS/MISIC ALEXANDER/TÖPPERWIEN NICOLE, Swiss Constitutional Law, Bern 2005.
FROWEIN JOCHEN ABR./PEUKERT WOLFGANG, Europäische Menschenrechtskonvention: EMRK-Kommentar, 2. Aufl. Kehl a. Rhein 1996 (zit.: FROWEIN/PEUKERT, Art. ..., N ...).
GAUCH PETER/THÜRER DANIEL (Hrsg.), Die neue Bundesverfassung – Analysen, Erfahrungen, Ausblick, Zürich usw. 2002.
GIACOMETTI ZACCARIA, Das *Staatsrecht* der schweizerischen Kantone, Zürich 1941.
GIACOMETTI ZACCARIA, Die *Verfassungsgerichtsbarkeit* des schweizerischen Bundesgerichts, Zürich 1933.
GÄCHTER THOMAS/BERTSCHI MARTIN (Hrsg.), Neue Akzente in der «nachgeführten» Bundesverfassung, Zürich 2000 (zit.: VERFASSER, ..., in: Gächter/Bertschi).
GRABENWARTER CHRISTOPH, Europäische Menschenrechtskonvention, 2. Aufl., München 2005.
GRISEL ANDRE, *Traité* de droit administratif, 2 Bde., Neuchâtel 1984.
GRISEL ETIENNE, *Initiative et référendum* populaires, Traité de la démocratie semidirecte en droit suisse, 3. Aufl., Bern 2004.
GYGI FRITZ/RICHLI PAUL, Wirtschaftsverfassungsrecht, 2. Aufl., Bern 1997.
HAEFLIGER ARTHUR/SCHÜRMANN FRANK, Die Europäische Menschenrechtskonvention: die Bedeutung der Konvention für die schweizerische Rechtspraxis, 2. Aufl., Bern 1999.
HÄFELIN ULRICH, Der kooperative *Föderalismus* in der Schweiz, ZSR 1969 II, 549 ff.
HÄFELIN ULRICH/HALLER WALTER, Schweizerisches Bundesstaatsrecht, 6. Aufl., Zürich 2005.
HÄFELIN ULRICH/HALLER WALTER/KELLER HELEN, Schweizerisches Bundesstaatsrecht, *Supplement* zur 6. Aufl., Bundesgericht und Verfassungsgerichtsbarkeit nach der Justizreform, Zürich 2006.

HÄFELIN ULRICH/MÜLLER GEORG/UHLMANN FELIX, Allgemeines Verwaltungsrecht, 5. Aufl., Zürich/ St. Gallen 2006.
HALLER WALTER/KÖLZ ALFRED, Allgemeines Staatsrecht, 3. Aufl., Basel/Genf/München 2004.
HANGARTNER YVO, Recht auf *Rechtsschutz*, AJP 2002, 131 ff.
HANGARTNER YVO, Grundzüge des schweizerischen Staatsrechts, Band I: Organisation, Zürich 1980; Band II, Grundrechte, Zürich 1982 (zit.: HANGARTNER, Grundzüge I bzw. II).
HANGARTNER YVO, Die *Kompetenzverteilung* zwischen Bund und Kantonen, Bern 1974.
HANGARTNER YVO/EHRENZELLER BERNARD (Hrsg.), Reform der Bundesverfassung, Beiträge zum Verfassungsentwurf vom 19. Juni 1995, St. Gallen 1995 (zit.: VERFASSER, ..., Hangartner/Ehrenzeller).
HANGARTNER YVO/KLEY ANDREAS, Die demokratischen Rechte in Bund und Kantonen der Schweizerischen Eidgenossenschaft, Zürich 2000.
HIS EDUARD, Geschichte des neueren schweizerischen Staatsrechts (1798–1918), 3 Bde., Basel 1918–1938 (zit.: HIS, Geschichte I, II, III).
IMBODEN MAX/RHINOW RENÉ A., Schweizerische Verwaltungsrechtsprechung, 2 Bde., 6. Aufl., Basel/Frankfurt a.M. 1986; Ergänzungsband zur 5. und (unveränderten) 6. Aufl.: RHINOW RENÉ A./KRÄHENMANN BEAT, Schweizerische Verwaltungsrechtsprechung, Basel/Frankfurt a.M. 1990 (zit.: IMBODEN/RHINOW I, II bzw. RHINOW/KRÄHENMANN).
JAAG TOBIAS/MÜLLER GEORG/TSCHANNEN PIERRE, Ausgewählte Gebiete des Bundesverwaltungsrechts, 6. Aufl., Basel usw. 2006.
KÄLIN WALTER, *Grundrechte* im Kulturkonflikt, Freiheit und Gleichheit in der Einwanderungsgesellschaft, Zürich 2000.
KÄLIN WALTER, Das Verfahren der *staatsrechtlichen Beschwerde*, 2. Aufl., Bern 1994.
KÄLIN WALTER/BOLZ URS (Hrsg.), Handbuch des bernischen Verfassungsrechts, Bern 1995 (zit.: VERFASSER, ..., in: Kälin/Bolz).
KÄLIN WALTER/EPINEY ASTRID/CARONI MARTINA/KÜNZLI JÖRG, Völkerrecht, 2. Aufl., Bern 2006.
KÄLIN WALTER/MALINVERNI GIORGIO/NOWAK MANFRED, Die Schweiz und die UNO-Menschenrechtspakte, 2. Aufl., Basel/Frankfurt a.M. 1997.
KAYSER MARTIN/RICHTER DAGMAR, Die neue schweizerische Bundesverfassung, ZaöRV 1999, 985 ff.
KIENER REGINA, Richterliche Unabhängigkeit, Bern 2001.
KLEY ANDREAS, Der *Grundrechtskatalog* der nachgeführten Bundesverfassung, ZBJV 1999, 301 ff.
KLEY ANDREAS, Der richterliche *Rechtsschutz* gegen die öffentliche Verwaltung, Zürich 1995.
KLÖTI ULRICH ET AL. (Hrsg.), Handbuch der Schweizer Politik, 4. Aufl., Zürich, 2006 (zit.: VERFASSER, ..., in: Klöti et al.).
KOLLER HEINRICH, Der *Einleitungstitel* und die Grundrechte in der neuen Bundesverfassung, AJP 1999, 656 ff.
KOLLER HEINRICH, Die Aufnahme staatsgestaltender *Grundsätze* in die neue Bundesverfassung, Solothurner Festgabe zum Schweizerischen Juristentag, Solothurn 1998, 15 ff.
KOLLER HEINRICH/BIAGGINI GIOVANNI, Die neue schweizerische Bundesverfassung/Neuerungen und Akzentsetzungen im Überblick, EuGRZ 2000, 337 ff.
KOLLER HEINRICH ET AL. (Hrsg.), Schweizerisches Bundesverwaltungsrecht, Basel usw., seit 1996 (zit.: VERFASSER, ..., SBVR).
KÖLZ ALFRED, Neuere schweizerische *Verfassungsgeschichte*, Bern Band I 1992; Band II 2004.

KÖLZ ALFRED, *Quellenbuch* zur neuen schweizerischen Verfassungsgeschichte, Bern Band I 1992; Band II 1996.

KÖLZ ALFRED/HÄNER ISABELLE, Verwaltungsverfahren und Verwaltungsrechtspflege des Bundes, 2. Aufl., Zürich 1998.

KÖLZ ALFRED/MÜLLER JÖRG PAUL, Entwurf für eine neue Bundesverfassung vom 16. Mai 1984, 3. Aufl., Basel/Frankfurt a.M. 1995 (zit.: Entwurf KÖLZ/MÜLLER).

KONFERENZ DER KANTONSREGIERUNGEN (KDK), Verfassungsreform als Föderalismusreform, Der Verfassungsentwurf aus der Sicht der Kantone, Zürich 1997 (mit Beiträgen von Blaise Knapp, Thomas Pfisterer, Alexander Ruch und Rainer J. Schweizer).

LINDER WOLF, Schweizerische Demokratie, Institutionen – Prozesse – Perspektiven, 2. Aufl., Bern/Stuttgart/Wien, 2005.

LOMBARDI ALDO, *Volksrechte* und Bundesbehörden in der neuen Bundesverfassung, AJP 1999, 706 ff.

MASTRONARDI PHILIPPE, *Verfassungslehre*. Allgemeines Staatsrecht als Lehre vom guten und gerechten Staat, Bern usw. 2007.

MASTRONARDI PHILIPPE, Der *Zweck* der Eidgenossenschaft als Demokratie – Essay zu einer schweizerischen Demokratietheorie, ZSR 1998 II, 317 ff.

MASTRONARDI PHILIPPE, *Kriterien* der demokratischen Verwaltungskontrolle: Analyse und Konzept der demokratischen Oberaufsicht im Bund, Basel 1991.

MASTRONARDI PHILIPPE, *Strukturprinzipien* der Bundesverfassung?, Beiheft Nr. 7 zur ZSR, Basel 1988.

MERTEN DETLEF/PAPIER HANS JÜRGEN (Hrsg.), Handbuch der Grundrechte in Deutschland und Europa, Band VII: Grundrechte in Österreich, der Schweiz und Liechtenstein (im Erscheinen) (zit.: VERFASSER, HGR, § ...).

MOOR PIERRE, Droit administratif, Band I: Les fondements généraux, 2. Aufl., Bern 1994; Band II: Les actes administratifs et leur contrôle, 2. Aufl., Bern 2002; Band III: L'organisation des activités administratives, Les biens de l'Etat, Bern 1992 (zit.: MOOR I, II, III).

MÜLLER GEORG, *Elemente* einer Rechtssetzungslehre, 2. Aufl., Zürich 2006.

MÜLLER GEORG, *Inhalt und Formen* der Rechtssetzung als Problem der demokratischen Kompetenzverteilung, Basel/Stuttgart 1979.

MÜLLER JÖRG PAUL, *Grundrechte* in der Schweiz, 3. Aufl., Bern 1999; mit Ergänzungsband, Bern 2005, verfasst von MARKUS SCHEFER (zit.: als J.P. MÜLLER, Grundrechte; J.P. MÜLLER, Grundrechte, ..., Ergänzungsband, ... oder SCHEFER, Ergänzungsband).

MÜLLER JÖRG PAUL/WILDHABER LUZIUS, Praxis des Völkerrechts, 3. Aufl., Bern 2000.

NEIDHARDT LEONHARD, Die politische Schweiz, Fundamente und Institutionen, Zürich 2002.

NOWAK MANFRED, UNO-Pakt über bürgerliche und politische Rechte und Fakultativprotokoll, Kehl a.R. 1989.

NUSPLIGER KURT, Bernisches Staatsrecht und Grundzüge des Verfassungsrechts der Kantone, 2. Aufl., Bern 2006.

PARLAMENTSDIENSTE (Hrsg.), Das Parlament, «oberste Gewalt des Bundes»; Festschrift der Bundesversammlung zur 700-Jahr-Feier der Eidgenossenschaft, Bern 1991 (zit.: VERFASSER, ..., Oberste Gewalt).

RHINOW RENÉ A., *Grundzüge* des Schweizerischen Verfassungsrechts, Basel usw. 2003.

RHINOW RENÉ A., Die Bundesverfassung 2000, Eine Einführung, Basel 2000. (zit.: Rhinow, BV 2000).

RHINOW RENÉ A., *Grundprobleme* der schweizerischen Demokratie, ZSR 1984 II, 111 ff.

RHINOW RENÉ A./KOLLER HEINRICH/KISS CHRISTINA, Öffentliches Prozessrecht und Justizverfassungsrecht des Bundes, Basel/Frankfurt a.M. 1996.

RHINOW RENÉ/SCHMID GERHARD/BIAGGINI GIOVANNI, Öffentliches Wirtschaftsrecht, Basel/Frankfurt a.M. 1998.

RHINOW RENÉ A./KRÄHENMANN BEAT, Schweizerische Verwaltungsrechtsprechung, Ergänzungsband zur 5. und (unveränderten) 6. Aufl. von IMBODEN MAX/RHINOW RENÉ A., Schweizerische Verwaltungsrechtsprechung Basel/Frankfurt a.M. 1990.

RICHLI PAUL, Zweck und Aufgaben der Eidgenossenschaft im Lichte des *Subsidiaritätsprinzips*, ZSR 1998 II, 139 ff.

RIKLIN ALOIS/HAUG HANS/PROBST RAYMOND (Hrsg.), Neues Handbuch der schweizerischen Aussenpolitik, Bern/Stuttgart/Wien 1992 (zit.: VERFASSER, ..., in: Riklin et al).

SÄGESSER THOMAS (Hrsg.), Die Bundesbehörden, Bundesversammlung – Bundesrat – Bundesgericht, Kommentar, Beiträge und Materialien zum 5. Titel der schweizerischen Bundesverfassung, Bern 2000 (zit.: VERFASSER, in: Sägesser bzw. SÄGESSER, Bundesbehörden, Art. ..., N ...).

SÄGESSER THOMAS, Die Bestimmungen über die Bundesbehörden in der neuen Bundesverfassung, LeGes 1999/1, 22 ff. (zit.: Bundesbehörden nBV).

SÄGESSER THOMAS, Neuordnung der *Erlassformen* der Bundesversammlung, AJP 1998, 677 ff.

SALADIN PETER, *Bund und Kantone*, Autonomie und Zusammenwirken im schweizerischen Bundesstaat, ZSR 1984 II, 431 ff.

SALADIN PETER, *Grundrechte* im Wandel, 3. Aufl., Bern 1982.

SCHEFER MARKUS, Grundrechte in der Schweiz, *Ergänzungsband* zur dritten Auflage des gleichnamigen Werks von Jörg Paul Müller, Bern 2005 (zit. als SCHEFER, Ergänzungsband, allenfalls als J.P. MÜLLER, Grundrechte, ..., Ergänzungsband, ...).

SCHEFER MARKUS, Die *Kerngehalte* der Grundrechte, Bern 2001.

SCHWEIZER RAINER J., Die erneuerte schweizerische *Bundesverfassung* vom 18. April 1999, JöR 2000, 263 ff.

SCHWEIZER RAINER J., Die neue Bundesverfassung: die revidierte *Bundesstaatsverfassung*, AJP 1999, 666 ff.

SCHWEIZER RAINER J., Zum *Entwurf* der nachgeführten Bundesverfassung, ZBl 1997, 481 ff.

SEILER HANSJÖRG, Gewaltenteilung: allgemeine Grundlagen und schweizerische Ausgestaltung, Bern 1994.

SITTER-LIVER BEAT (Hrsg.), Herausgeforderte Verfassung: die Schweiz im globalen Kontext, Freiburg 1998.

SPÜHLER KARL, Die Praxis der Staatsrechtlichen Beschwerde, Bern 1994.

THÜRER DANIEL/AUBERT JEAN-FRANÇOIS/MÜLLER JÖRG PAUL (Hrsg.), Verfassungsrecht der Schweiz, Zürich 2001 (zit.: VERFASSER, ..., VRdCH).

TSCHANNEN PIERRE, *Staatsrecht* der Schweizerischen Eidgenossenschaft, Bern 2004.

TSCHANNEN PIERRE, Eidgenössisches *Organisationsrecht*, Bern 1997.

TSCHANNEN PIERRE, *Stimmrecht* und politische Verständigung, Basel/Frankfurt a.M. 1995.

TSCHANNEN PIERRE/ZIMMERLI ULRICH, Allgemeines Verwaltungsrecht, 2. Aufl., Bern 2005.

VALLENDER KLAUS A., Grundzüge der «neuen» *Wirtschaftsverfassung*, AJP 1999, 677 ff.

VALLENDER KLAUS A., *Nachführung* der Wirtschaftsverfassung, ZBl 1997, 489 ff.

VALLENDER KLAUS A./HETTICH PETER/LEHNE JENS, *Wirtschaftsfreiheit* und begrenzte Staatsverantwortung, 4. Aufl., Bern 2006.

VILLIGER MARK E., Handbuch der Europäischen Menschenrechtskonvention (EMRK), 2. Aufl., Zürich 1999.

WEBER-DÜRLER BEATRICE, Der Grundrechtseingriff, VVDStRL 57, 1998, 57 ff.

WILDHABER LUZIUS, *Wechselspiel* zwischen Innen und Aussen, Schweizer Landesrecht, Rechtsvergleichung, Völkerrecht, Basel/Frankfurt a.M. 1996.

WILDHABER LUZIUS, Das Projekt einer *Totalrevision* der schweizerischen Bundesverfassung, JöR 1977, 239 ff.

ZIMMERLI ULRICH (Hrsg.), Die neue Bundesverfassung: Konsequenzen für Praxis und Wissenschaft, Berner Tage für die juristische Praxis 1999, Bern 2000 (zit.: VERFASSER, ..., BTJP 1999).

ZIMMERLI ULRICH/KÄLIN WALTER/KIENER REGINA, Grundlagen des öffentlichen Verfahrensrechts, Bern 2003.

Wichtigste Materialien
(chronologisch)

Arbeitsgruppe für die Vorbereitung einer Totalrevision der Bundesverfassung (Arbeitsgruppe Wahlen), Schlussbericht, Bern 1973.

Expertenkommission für die Vorbereitung einer Totalrevision der Bundesverfassung, Bericht und Verfassungsentwurf, Bern 1977 (zit.: Expertenbericht 1977 bzw. VE 77).

Bericht des Bundesrates über die Totalrevision der Bundesverfassung vom 6. November 1985, BBl 1985 III 1 ff., inkl. Modell-Studie EJPD «So könnte eine neue Bundesverfassung aussehen» (zit.: Modellstudie EJPD).

Bundesbeschluss über die Totalrevision der Bundesverfassung vom 3. Juni 1987, BBl 1987 II 963 ff.

Botschaft des Bundesrates über ein Regierungs- und Verwaltungsorganisationsgesetz (RVOG) vom 20. Oktober 1993, BBl 1993 III 937 ff. (zit.: Botsch. RVOG 1993).

Bericht des Bundesrates vom 29. November 1993 über die Aussenpolitik der Schweiz in den 90er Jahren mit Anhang zur Neutralität, BBl 1994 I 153 ff., 210 ff. (zit.: Bericht Aussenpolitik).

Erläuterungen zum Verfassungsentwurf vom 26. Juni 1995 (zit.: VE 95, Erläuterungen).

Kompetenzverteilung zwischen Bundesversammlung und Bundesrat. Bericht der von den Staatspolitischen Kommissionen der eidgenössischen Räte eingesetzten Expertenkommission vom 15. Dezember 1995, BBl 1996 II 428 ff. (zit.: Expertenbericht Müller).

Botschaft des Bundesrates vom 20. November 1996 über eine neue Bundesverfassung, BBl 1997 I 1 ff. (zit.: Botsch. BV); darin: zur Reform der Volksrechte, BBl 1997 I 436 ff. (zit.: Botsch. Volksrechte); zur Justizreform, BBl 1997 I 487 ff. (zit.: Botsch. Justizreform).

Botschaft des Bundesrates über ein neues Regierungs- und Verwaltungsorganisationsgesetz (RVOG) vom 25. November 1996, BBl 1996 V 1 ff. (zit.: Botsch. RVOG 1996).

Bundesversammlung. Organisation, Verfahren, Verhältnis zum Bundesrat. Zusatzbericht der Staatspolitischen Kommissionen der eidgenössischen Räte vom 6. März 1997 zur Verfassungsreform, BBl 1997 III 245 ff. (zit.: SPK-N/S, ZB-BV).

Amtliches Bulletin der Bundesversammlung, Nationalrat und Ständerat, Separatdruck zur Reform der Bundesverfassung, Bern 1998 (zit.: AB SD 1998 N/S).

Parlamentarische Initiative. Geschäftsverkehrsgesetz. Anpassungen an die neue BV. Bericht der staatspolitischen Kommission des Nationalrates vom 7. Mai 1999, BBl 1999 4809 ff. (zit.: SPK-N, Anpassung GVG).

Parlamentarische Initiative. Geschäftsverkehrsgesetz. Anpassungen an die neue BV. Bericht der staatspolitischen Kommission des Nationalrates vom 7. Mai 1999. Stellungnahme des Bundesrates vom
7. Juni 1999, BBl 1999 5979 ff. (zit.: Stellungnahme BR, Anpassung GVG).

Botschaft zur Totalrevision der Bundesrechtspflege vom 28. Februar 2001, BBl 2001 4202 ff. (zit.: Botsch. Bundesrechtspflege).

Parlamentarische Initiative Parlamentsgesetz (ParlG), Bericht der Staatspolitischen Kommission des Nationalrates vom 1. März 2001, BBl 2001 3467 ff. (zit.: SPK-N, Bericht ParlG).

Parlamentarische Initiative. Beseitigung von Mängeln der Volksrechte. Bericht der Staatspolitischen Kommission des Ständerates vom 2. April 2001, BBl 2001 4803 ff. (zit.: SPK-S, Bericht Volksrechte).

Parlamentarische Initiative. Beseitigung von Mängeln der Volksrechte. Stellungnahme des Bundesrates vom 15. Juni 2001, BBl 2001 6080 ff. (zit.: Stellungnahme BR Volksrechte).

Parlamentarische Initiative Parlamentsgesetz, Stellungnahme des Bundesrates vom 22. August 2001, BBl 2001 5428 ff. (zit.: Stellungnahme BR ParlG).

Botschaft zur Neugestaltung des Finanzausgleichs und der Aufgaben zwischen Bund und Kantonen (NFA) vom 14. November 2001, BBl 2002 2291 ff. (zit.: [1.] Botsch. NFA).

Botschaft des Bundesrates zur Staatsleitungsreform vom 19. Dezember 2001, BBl 2002 2095 ff. (zit.: Botsch. Staatsleitungsreform).

Bundesbeschluss über die Änderung der Volksrechte vom 4. Oktober 2002, BBl 2002 6485 ff. (zit.: BB Volksrechte).

Einleitung

Geschichtliches

1   Die *Grundstrukturen* der Verfassungsordnung des Bundes gehen auf die *Bundesstaatsgründung* zurück: Mit der Bundesverfassung von 1848 wurden die noch heute im Wesentlichen gültigen Grundlagen des schweizerischen Bundesstaates geschaffen. Die Totalrevision von 1874 bewirkte einen substanziellen Ausbau der Verfassungsordnung des Bundes. Die jüngste Totalrevision (N 3 ff.) brachte trotz zahlreicher Neuerungen keinen tiefen Einschnitt, sondern in erster Linie eine Konsolidierung und behutsame Modernisierung des Bestehenden. Als Hauptmerkmale der Verfassungsentwicklung seit 1848 sind somit zu nennen: Ausbau, Konsolidierung und Erneuerung – in bundesstaatlicher, demokratischer wie rechtsstaatlicher Hinsicht (näher BIAGGINI, IPE, N 3 ff.).

2   Verfassungs-Chronologie: 1848 – 1874 – 1999 – 2008

   1847:   Einsetzung einer Reformkommission durch die Tagsatzung (16.8.; Mehrheitsbeschluss). Sonderbundskrieg (November).

   1848:   Ausarbeitung des Entwurfs für eine Bundesverfassung durch die Reformkommission (17.2.–8.4.); Verabschiedung des Texts der Verfassung durch die Tagsatzung (Mehrheitsbeschluss) zuhanden der Kantone (27.6.). Beschlussfassung in den Kantonen, überwiegend in Form von Volksabstimmungen (August/Anfang September).

   1848:   Die Tagsatzung erklärt die neue Bundesverfassung am *12. September* für angenommen (Mehrheitsbeschluss) und setzt sie für die ganze Eidgenossenschaft in Kraft (dies obwohl das gemäss Bundesvertrag von 1815 massgebliche Erfordernis der Einstimmigkeit nicht erfüllt ist).

   1866:   In der Volksabstimmung vom 14.1. scheitern 8 von 9 Verfassungsvorlagen.

   1870/2: Neuer Anlauf; die bundesrätliche Reformvorlage wird im Verlauf der parlamentarischen Beratungen zu einer Vorlage für eine neue Bundesverfassung umgeformt.

   1872:   Die von der Bundesversammlung am 5.3. verabschiedete Revisionsvorlage wird in der Volksabstimmung vom 12.5. bei einer Stimmbeteiligung von 85% knapp verworfen. Umgehend neuer Anlauf.

   1874:   Die von der Bundesversammlung am 31.1. verabschiedete totalrevidierte Verfassung wird in der Volksabstimmung vom 19.4. relativ deutlich angenommen (rund 340'000 Ja zu rund 200'000 Nein; 14½ gegen 7½ Ständestimmen). Die neue Bundesverfassung tritt am *29. Mai* in Kraft.

   1879–1999: Zahlreiche Teilrevisionen.

1965: Die Bundesversammlung beauftragt den Bundesrat, die Frage einer Totalrevision der Bundesverfassung zu prüfen (Motionen Obrecht und Dürrenmatt). Einsetzung einer Arbeitsgruppe unter der Leitung von alt Bundesrat F. T. Wahlen (Schlussbericht 1973).

1977: Entwurf und Bericht der Expertenkommission (Leitung: Bundesrat K. Furgler) für die Vorbereitung einer Totalrevision der Bundesverfassung.

1985: Bericht des Bundesrates an die Bundesversammlung «über die Totalrevision der Bundesverfassung» vom 6.11.1985 (mit Modell-Studie EJPD).

1987: Formelle Einleitung der Totalrevision (Bundesbeschluss vom 3.6.1987, BBl 1987 II 963).

1993/4: Wiederaufnahme der faktisch sistierten Arbeiten nach Ablehnung des EWR-Beitritts in der Volksabstimmung vom 6.12.1992.

1995: Vorentwurf des Eidgenössischen Justiz- und Polizeidepartements für eine neue Bundesverfassung; Vernehmlassung («Volksdiskussion») von Juni 1995 bis Februar 1996.

1996: Verfassungsentwurf des Bundesrates für eine «nachgeführte Bundesverfassung» vom 20.11.1996, begleitet von Regierungsvorlagen zur Reform der Volksrechte und zur Reform der Justiz (BBl 1997 I 1 ff.).

1997: Beratungen in den Verfassungskommissionen der beiden Räte.

1998: Beratungen im Nationalrat und im Ständerat; Verabschiedung des Texts der neuen Bundesverfassung am 18.12.1998 (die Einigungskonferenz vom 11.12.1998 hatte nicht weniger als 14 Differenzen zu bereinigen).

1999: Annahme der neuen Bundesverfassung in der Volksabstimmung vom *18. April* mit 969'310 Ja zu rund 669'158 Nein bzw. 13 (12+2/2) gegen 10 (8+4/2) Standesstimmen (bei einer Stimmbeteiligung von gut 35%).

2000: Die neue Bundesverfassung tritt am *1. Januar* in Kraft.

2000: Annahme des BB vom 8.10.1999 «über die Reform der Justiz» in der Volksabstimmung vom 12.3.2000 (gestaffeltes Inkrafttreten: 2003/2007). Vgl. N 12 f. vor BV 188.

2003: Annahme des BB vom 4.10.2002 «über die Änderung der Volksrechte» in der Volksabstimmung vom 9.2.2003 (teilweise in Kraft seit 1.8.2003). Vgl. N 12 vor BV 136.

2004: Annahme des BB vom 3.10.2003 «zur Neugestaltung des Finanzausgleichs und der Aufgaben zwischen Bund und Kantonen (NFA)» in der Volksabstimmung vom 28.11.2004 (Inkraftsetzung per 1.1.2008 vorgesehen). Vgl. N 2 zu BV 135.

2006: Annahme des BB vom 16.12.2005 «über die Neuordnung der Verfassungsbestimmungen zur Bildung» in der Volksabstimmung vom 21.5.2006. Vgl. N 2 vor BV 61a.

2007: Vollständiges Inkrafttreten des BB über die Reform der Justiz (1.1.).

2008: Voraussichtliches Inkrafttreten des BB NFA. – (Vorläufiger) Abschluss der «Reformpaket»-Revisionen.

Zur Entstehung der Bundesverfassung von 1999

3   *Lange Leidens- oder kurze Erfolgsgeschichte?* Die am 18. April 1999 angenommene Bundesverfassung ersetzt die aus dem Jahr 1874 stammende zweite Bundesverfassung. Die Geschichte der Totalrevision kann, je nach Betrachtungsweise, erzählt werden als eine kurze, 1993/4 beginnende Erfolgsgeschichte oder als eine lange Leidensgeschichte mit Anfängen in den 1960er Jahren (Motionen Obrecht und Dürrenmatt). Beide Erzählungen haben im Wesentlichen ein *happy end*, welches auf das Jahr 1999 (18.4.) oder 2000 (1.1.) oder auf ein späteres Datum fällt, je nachdem, ob man auf die Annahme der neuen Verfassung in der Volksabstimmung oder auf das Inkrafttreten abstellt oder aber auf die Annahme bzw. das (zum Teil noch ungewisse) Inkrafttreten der in der Totalrevisionsbotschaft enthaltenen bzw. in Aussicht gestellten «Bereichsreformen» (Justiz: 2000/03/05/07; Volksrechte: 2003/ungewiss; NFA: 2004/voraussichtlich 2008; Staatsleitung: ungewiss). Die Unsicherheiten bei der Datierung des Abschlusses der Verfassungsreform sind eine Folge des vom Bundesrat vorgeschlagenen und von der Bundesversammlung übernommenen Reformkonzepts (N 5 f.).

4   *Idee der «Verfassungsnachführung»:* Die Idee einer Totalrevision der BV 1874 wurde aus einem gewissen «Unbehagen im Kleinstaat» (KARL SCHMID) geboren, das sich in der Schweiz seit Beginn der 1960er Jahre auch auf politischer Ebene immer stärker bemerkbar machte (vgl. auch N 17 zu BV 169 zur sog. Mirage-Affäre). Der in Basel lehrende Staatsrechtsprofessor und Politiker MAX IMBODEN (1915–1969) sprach treffend von einem «Helvetischen Malaise» (1964) und plädierte für eine «Verfassungsrevision als Weg in die Zukunft» (1965; so die Titel zweier Schriften, beide in: DERS., Staat und Recht, Basel und Stuttgart 1971, 279 ff. bzw. 309 ff.). Die Idee fasste in Parlamentskreisen Fuss. Der Bundesrat setzte eine kleine Expertenkommission ein (Arbeitsgruppe Wahlen), die in ihrem ausführlichen Schlussbericht von 1973 eine Totalrevision der Bundesverfassung empfahl. Ende 1977 legte die 46-köpfige Expertenkommission für die Vorbereitung einer Totalrevision der Bundesverfassung (unter dem Vorsitz von Bundesrat Kurt Furgler) nach gut zweieinhalb Jahren Arbeit einen *Expertenentwurf für eine neue Bundesverfassung* (VE 77) samt Begleitbericht vor. Der Verfassungsentwurf fand grosse Beachtung, auch über die Landesgrenzen hinaus, erwies sich jedoch als zu ehrgeizig. Auf Kritik stiessen vor allem die offen formulierten Bestimmungen über die Wirtschafts- und Sozialordnung und die Aufgabenteilung zwischen Bund und Kantonen. Nachdem der Reform-Elan der 1970er Jahre verflogen war (und der Bundesrat in seinem Bericht zur Totalrevision von 1985 auf einen klaren Positionsbezug verzichtet hatte), gelang es, die Totalrevisionsidee durch eine Änderung der Zielsetzung zu retten. Entscheidende Impulse gab der in Basel lehrende Staatsrechtsprofessor KURT EICHENBERGER (1922–2005). In einem Aufsatz mit dem Titel «Realitätsgebundene Verfassungsrevision», der am 12. Mai 1986 in der «Neuen Zürcher Zeitung» erschien, plädierte EICHENBERGER für eine Verfassungsreform, die sich auf das «politisch Machbare» beschränkt und sich darauf konzentriert, die Bundesverfassung «in Ordnung zu bringen, ihre Mängelliste abzubauen […], sie also nachzuführen» (Nachweise bei KOLLER, 51 ff.). Die Idee einer *Nachführung der Verfassung* fand im Parlament Unterstützung. Mit Bundesbeschluss vom 3. Juni 1987 wurde – nach einem Vorspiel von mehr als zwanzig Jahren – das Verfahren der Totalrevision der Bundesverfassung formell eingeleitet. In Art. 3 des Bundesbeschlusses legte die Bundesversammlung im Sinne einer inhaltlichen Leitlinie fest, dass der vom Bundesrat vorzulegende Verfassungsentwurf «das geltende

geschriebene und ungeschriebene Verfassungsrecht nachführen, es verständlich darstellen, systematisch ordnen sowie Dichte und Sprache vereinheitlichen» soll (BBl 1987 II 963). Dem Auftrag an den Bundesrat lag die Überzeugung zugrunde, dass sich die 1848 geschaffene, 1874 totalrevidierte Verfassungsordnung grundsätzlich bewährt hatte und dank Partialrevisionen in vielen Fragen durchaus auf der Höhe der Zeit war. Gerade die zahlreichen Änderungen hatten indes die Verfassungsurkunde zu einem Flickwerk werden lassen und erhebliche Einbussen hinsichtlich Klarheit und Kohärenz nach sich gezogen. Zudem wies das geschriebene Verfassungsrecht empfindliche Lücken auf, dies namentlich im Bereich der Grundrechte (vgl. die Erläuterungen vor BV 7) und der rechtsstaatlichen Grundsätze (vgl. N 1 zu BV 5). Nach allgemein geteilter Auffassung konnten derartige Mängel nur im Rahmen einer Gesamtrevision angegangen und beseitigt werden. Die Verfassungsreform geriet allerdings schon bald nach der förmlichen Einleitung ins Stocken. Hauptgrund dafür waren die 1989 aufgenommenen Verhandlungen über den Einbezug der EFTA-Staaten in den EG-Binnenmarkt (EWR). Die Arbeiten an der Totalrevision wurden faktisch eingestellt.

5   *Wiederbelebung der Verfassungsreform unter neuen Vorzeichen:* Nach dem knappen Nein zum EWR-Abkommen in der Volksabstimmung vom 6.12.1992 (vgl. N 5 vor BV 136) setzte sich bei den reformwilligen Kräften die Überzeugung durch, dass für grössere integrationspolitische Schritte die Handlungsfähigkeit der Schweiz und ihrer Institutionen gestärkt werden müsse. Hierfür bot sich das Totalrevisionsprojekt an. Gefragt war nun jedoch nicht mehr eine «blosse» Verfassungsnachführung, sondern eine umfassendere Reform, die auch vor institutionellen Neuerungen nicht haltmacht. Der Bundesrat entwickelte in den Jahren 1993/94 das Konzept einer *Verfassungsreform «in Etappen»*. Aufbauend auf der von der Bundesversammlung 1987 in Auftrag gegebenen «Nachführung» des geltenden Verfassungsrechts sollten, in formell getrennten Verfahren, schrittweise weiterführende Reformen verwirklicht werden. Bereits im Juni 1995 stellte der Bundesrat den im EJPD erarbeiteten *Vorentwurf* für eine neue Bundesverfassung vor. Diesem wurden zwei «Reformpakete» zur Seite gestellt, ein erstes zum Thema *Volksrechte*, ein zweites betreffend *Reformen im Justizbereich*. Nach der breit angelegten öffentlichen Vernehmlassung («Volksdiskussion») verabschiedete der Bundesrat am 20.11.1996 seine «Botschaft über eine neue Bundesverfassung» (BBl 1997 I 1). Diese umfasste neben dem Entwurf für eine «nachgeführte» Bundesverfassung (Vorlage A) den Entwurf für einen BB «über die Reform der Volksrechte» (Vorlage B) sowie für einen BB «über die Reform der Justiz» (Vorlage C; vgl. BBl 1997 I 436 ff., 635 ff.). Weitere «Reformpakete» betreffend die Bereiche Regierung (Staatsleitung), Parlament und Föderalismus wurden in Aussicht gestellt.

6   *Umsetzung des Reformkonzepts:* Dank zügiger Beratung, zunächst in den beiden im National- und im Ständerat eigens eingesetzten Verfassungskommissionen (1997), dann parallel («über Kreuz») im Plenum des National- bzw. des Ständerates (vgl. N 4 zu BV 156), konnte die Schlussabstimmung über die neue Bundesverfassung, wie angestrebt, noch im Dezember des Jubiläumsjahres 1998 stattfinden. Die Abstimmungsergebnisse in den Räten fielen deutlich aus (Nationalrat: 134 Ja- zu 14 Nein-Stimmen bei 31 Enthaltungen; Ständerat: einstimmig). Die auf den 18.4.1999 angesetzte Volksabstimmung ging (zur Überraschung vieler) ziemlich knapp (N 2), aber doch positiv aus. Das Schicksal der weiterführenden Reformen war unterschiedlich:

Justizreform: Die parlamentarischen Beratungen (Vorlage C) wurden 1999 abgeschlossen. Es kam zu nicht unbedeutenden Abstrichen gegenüber den bundesrätlichen Anträgen (insb. keine Ausdehnung der Verfassungsgerichtsbarkeit auf Bundesgesetze). Die Verfassungsvorlage wurde in der Volksabstimmung vom 12.3.2000 deutlich angenommen (N 12 vor BV 188). Die zentralen Teile traten allerdings erst nach einer (vor allem mit Blick auf BV 29a) unbefriedigend langen Schwebezeit am 1.1.2007 zusammen mit der revidierten Gesetzgebung in Kraft.

Volksrechte: Die bundesrätlichen Anträge (Vorlage B) fanden im Parlament nicht die nötige Unterstützung (N 12 vor BV 136). Die Bundesversammlung erarbeitete in der Folge eine eigene (reduzierte) Vorlage, die am 4.10.2002 verabschiedet und in der Volksabstimmung vom 9.2.2003 angenommen wurde. Teile der Vorlage traten am 1.8.2003 in Kraft. Das Schicksal der Bestimmungen betreffend die allgemeine Volksinitiative ist noch ungewiss (vgl. N 1 zu BV 139a).

Parlamentsreform: Die nicht an den «Nachführungsauftrag» von 1987 gebundene Bundesversammlung nutzte die Gelegenheit, um im Rahmen der Totalrevision einige schon länger erörterte «Reformen in eigener Sache» zu beschliessen (vgl. z.B. BV 152, 166 Abs. 1, 169 Abs. 2, 170).

Föderalismusreform: Die bereits zu Beginn der 1990er Jahre eingeleitete Reform des bundesstaatlichen Finanzausgleichs (NFA) wurde in der Ende 2001 verabschiedeten bundesrätlichen Botschaft als «zweite Phase der Föderalismusreform» vorgestellt (Botsch. NFA, BBl 2002 2303), der später allenfalls weitere Reformen folgen sollen. Als «erste Phase» wurden die im Rahmen der BV-Totalrevision beschlossenen Neuerungen (N 5 vor BV 42) bezeichnet. Der BB NFA (vom 3.10.2003), der in enger Zusammenarbeit mit den Kantonsregierungen entstanden war, wurde in der Volksabstimmung vom 28.11.2004 angenommen (N 2 zu BV 135).

Staatsleitungsreform: Der Bundesrat stellte in seiner Ende 2001 verabschiedeten Botschaft Reformen beim Regierungsorgan in den Mittelpunkt (BBl 2002 2095). Die Staatsleitungsreform wurde im März 2004 im Nationalrat vorläufig gestoppt (N 6 vor BV 174).

Diese knappen Hinweise machen deutlich, dass das gewählte Reformkonzept nicht den landläufigen Vorstellungen von einer «Totalrevision» – als einer Gesamterneuerung in einem einzigen, einmaligen Rechtsetzungsakt – entspricht. Die Verfassungsreform wurde vielmehr als ein zeitlich und inhaltlich offener *Erneuerungsprozess* konzipiert, der in mehreren verfahrensmässig selbstständigen Schritten abläuft. Damit wurde die bereits bei Schaffung der Bundesverfassungen von 1848 und 1874 praktizierte «Kunst des Ausklammerns» von heiklen bzw. noch nicht entscheidungsreifen Fragen um eine neue Variante bereichert («Auslagerung» in separate Reformpakete). Mit der Bildung von Reformpaketen ging allerdings eine nicht unproblematische Verwischung der für das schweizerische Verfassungsrecht charakteristischen Unterscheidung von Total- und Partialrevision einher (vgl. N 8 zu BV 192).

Ergebnisse der Verfassungsreform von 1999

7 *Äusseres Erscheinungsbild:* Formal unterscheidet sich die neue Bundesverfassung von der BV 1874 vor allem durch die wesentlich stärkere *Gliederung* und eine konsequentere Systematik. Der 1. Titel (BV 1–6) enthält «Allgemeine Bestimmungen». Der 2. Titel (BV 7–41) hat

«Grundrechte, Bürgerrechte und Sozialziele» zum Thema. Der 3. Titel «Bund, Kantone und Gemeinden» (BV 42–135) regelt das Verhältnis der drei Ebenen des Bundesstaates und legt die Zuständigkeiten beziehungsweise Aufgaben des Bundes fest. Der 4. Titel «Volk und Stände» (BV 136–142) behandelt die politischen Rechte, der 5. Titel die «Bundesbehörden» (BV 143–191c, ursprünglich 143–191). Mit «Revision der Bundesverfassung und Übergangsbestimmungen» ist der abschliessende 6. Titel (BV 192–197, ursprünglich 192–196) überschrieben. Trotz leicht erhöhter Artikelzahl ist die neue Bundesverfassung wesentlich kürzer als ihre Vorgängerin.

8 *Inhaltliche Neuerungen:* Ungeachtet des eher bescheidenen Reformansatzes (N 4 f.) begnügte sich die neue Bundesverfassung bereits in der ursprünglichen, am 1.1.2000 in Kraft getretenen Fassung nicht mit einer Konsolidierung und Systematisierung vorbestehenden Verfassungsrechts. Sie enthielt vielmehr eine ganze Reihe von inhaltlichen Neuerungen (vgl. BIEDERMANN, AJP 1999, 743 ff.), wenn auch überwiegend mit punktuellem Charakter und ohne eigentlichen thematischen Schwerpunkt. Zu verdanken war dies dem Umstand, dass die Bundesversammlung bei der Beratung des («nachführenden») bundesrätlichen Verfassungsentwurfs nicht an das Nachführungskonzept gebunden war. Die Mitglieder der Räte nutzten ihr Antragsrecht rege. Verschiedene Versuche, «das Rad zurückzudrehen» und verfassungsrechtliche Errungenschaften (etwa im Bereich der Sozialpolitik oder des Umweltschutzes) rückgängig zu machen, hatten keinen Erfolg. Umgekehrt wurden etliche «konsensfähige» Neuerungen, welche die Annahme der Verfassung durch Volk und Stände vermutungsweise nicht gefährdeten, in die neue Verfassung integriert. Viele dieser Neuerungen hätten ausserhalb eines Totalrevisionsverfahrens (mangels Reformdruck) wohl kaum eine Chance auf rasche Verwirklichung gehabt. Zu den bedeutsamsten Neuerungen gehört die Zusammenführung und Ergänzung der zuvor verstreuten Grundrechtsbestimmungen in einem *Grundrechtskatalog* (BV 7–36), der unter anderem ein für die Schweiz neuartiges allgemeines Diskriminierungsverbot (BV 8 Abs. 2), eine Grundrechtsbestimmung über den «Schutz der Kinder und Jugendlichen» (BV 11), eine ausdrückliche Gewährleistung des Redaktionsgeheimnisses (BV 17 Abs. 3) und ein Bekenntnis zur konstitutiven Funktion der Grundrechte (BV 35) umfasst. Die zentralen Maximen des schweizerischen Föderalismus wurden zum Teil erstmals textlich fixiert und neu in einem allgemeinen Verfassungskapitel über das «Verhältnis von Bund und Kantonen» (BV 42–53) zusammengeführt. Bei den Bundeszuständigkeiten sind einige punktuelle Neuerungen zu verzeichnen, ebenso im Behördenbereich (insb. Reformen im Parlamentsrecht; vgl. N 1 vor BV 148). Praktische Konsequenzen hat auch die Vereinheitlichung der Normierungsdichte. Die Eliminierung von Unwesentlichem aus der Verfassungsurkunde («Herabstufungen»; z.B. das Absinth-Verbot, vgl. N 1 zu BV 105) und die Konstitutionalisierung von bisher nicht in der Verfassungsurkunde verankerten grundlegenden Normgehalten («Heraufstufungen»; z.B. das Vorsorge- und Verursacherprinzip im Umweltrecht, BV 74) verändern zwangsläufig den Gestaltungsspielraum des Gesetzgebers und der übrigen Staatsorgane. Ein neu gefasster und neu geordneter Text eröffnet, in Grenzen, neue Möglichkeiten der Auslegung und Rechtsfortbildung (vgl. N 22). Im Zuge der Reform zeigten sich aber auch politisch-psychologische Grenzen einer Modernisierung und Straffung des Verfassungstexts, so etwa beim «Souveränitäts-Artikel» (BV 3), der fast wortgleich schon in der

BV 1848 figurierte (vgl. N 1 zu BV 3), oder beim Alpenschutzartikel (BV 1874 Art. 36sexies; jetzt BV 84). Hier wurden ganz bewusst textliche «Traditionsanschlüsse» gesucht.

9 *Einflüsse:* Vor allem im Grundrechtsteil ist der Einfluss der Verfassungsvergleichung und des internationalen Rechts (namentlich der EMRK) sichtbar (vgl. insb. BV 13, BV 29–32). Eine wichtige Quelle der Inspiration waren auch neuere Kantonsverfassungen. Nicht zu unterschätzen ist sodann die Rolle früherer amtlicher Verfassungsentwürfe (Expertenentwurf 1977, Modellstudie 1985) und des «Privatentwurfs» von ALFRED KÖLZ und JÖRG PAUL MÜLLER von 1984.

10 *Entwicklungstendenzen:* Nach den Massstäben der Verfassungstheorie gehört die neue Bundesverfassung (wie ihre Vorgängerin von 1874) zu den «rigiden» Verfassungen. In der Praxis erweist sie sich freilich (wie ihre Vorgängerin) als leicht veränderbar und entwicklungsoffen. In den ersten sechs Jahren ihres Bestehens wurde die neue Bundesverfassung bereits mehreren grösseren und kleineren Revisionen unterzogen. Von den beschlossenen Ergänzungen, Änderungen und Streichungen (die noch nicht durchweg in Kraft sind) sind weit über 50 Verfassungsartikel betroffen. Verfassungssprache und -systematik beginnen unter nachlassender redaktioneller Disziplin zu leiden (vgl. z.B. BV 43a, 48a, 62 Abs. 3, 63a Abs. 5, 75a, 139a, 197 Ziff. 6). Dennoch verfügt die Schweiz heute über ein modernes, bürgernahes Grundgesetz, das die tragenden Grundwerte des schweizerischen Bundesstaates – den freiheitlichen Rechtsstaat, den Föderalismus, die halb-direkte Demokratie, die Sozialstaatlichkeit – deutlicher als früher hervortreten lässt. In Rechtslehre und Praxis hat es sich eingebürgert, thematisch zusammengehörende Verfassungsbestimmungen zu «Bereichsverfassungen» zusammenzufassen. Schon länger etabliert sind Begriffe wie «Wirtschaftsverfassung», «Sozialverfassung» oder «Finanzverfassung». In jüngerer Zeit haben sich hinzugesellt: die «Aussenverfassung» (vgl. BIAGGINI, AJP 1999, 722 ff.), die «Sicherheitsverfassung» (vgl. RUCH, VRdCH, 896), die «Bildungsverfassung» (vgl. WBK-N, Bericht vom 23.6.2005, BBI 2005 5516), die «Hochschulverfassung» (vgl. BBI 2005 5524), die «Umweltverfassung» (vgl. RAUSCH, VRdCH, 915), die «Lebensraumverfassung» (vgl. LENDI, SG-Komm., Art. 75, N 4), die «Kulturverfassung» (vgl. SCHWEIZER, SG-Komm., Vorb. zu Art. 69–72, N 1), die «Verkehrsverfassung» (vgl. LENDI, SG-Komm., Art. 87, N 6 f.), die «Gesundheitsverfassung» (vgl. Pa.Iv. 06.444), und bald wird man sich vielleicht schon an Begriffe wie «Tierverfassung» (vgl. BV 78–80, 118, 120), «Wettbewerbsverfassung» (vgl. BV 94, 96, 97) oder «Wasserverfassung» (vgl. BV 76, 105) zu gewöhnen haben. Die Figur der «Bereichsverfassung» öffnet den Blick für Zusammenhänge und wirkt einer isolierten Betrachtung der einzelnen Verfassungsbestimmungen entgegen, birgt aber zugleich die Gefahr einer Segmentierung des Verfassungsrechts und des Verfassungsdenkens (zur Bedeutung einer Gesamtsicht vgl. RHINOW/SCHMID/BIAGGINI, 59 ff.). Es wird zu einer immer wichtigeren Aufgabe der Verfassungsrechtslehre, solchen Segmentierungstendenzen entschieden entgegenzutreten.

Die Bundesverfassung im Lichte der Verfassungsfunktionen

11 *Begriff und Funktionen der Verfassung:* Als Verfassung bezeichnet man das auf Dauer angelegte, zentrale Rechtsdokument eines Gemeinwesens, in welchem die für die Einrichtung und Ausübung der Staatsgewalt *grundlegenden Normen* zusammengefasst sind. Die Verfassung *bindet alle Staatsorgane*. Als oberstes Gesetz beansprucht die Verfassung *Vorrang* gegenüber

den gewöhnlichen Gesetzen. Mit dem Vorrang der Verfassung geht typischerweise eine (im Vergleich zu den Gesetzen) *erschwerte Abänderbarkeit* einher. Die Bundesverfassung weist all diese Eigenschaften auf. – Als «rechtliche Grundordnung des Staates» (WERNER KÄGI) soll die Verfassung gewisse staatsrechtliche und -politische Funktionen erfüllen. Nach dem in der Schweiz heute vorherrschenden Grundverständnis soll die Verfassung:

– den Staat und seine Organe einrichten und funktionsfähig machen *(Ordnungs- und Organisationsfunktion)*; stabile Strukturen und wohlgeordnete Entscheidungsverfahren sind unentbehrliche Voraussetzungen für nachhaltige Problemlösungen;
– dem Staat und seinen Organen Schranken setzen und so deren Macht begrenzen und die Freiheit der Bürgerinnen und Bürger sichern *(Machtbegrenzungs- und Freiheitsgewährleistungsfunktion)*;
– die inhaltliche Ausrichtung der Staatstätigkeit bestimmen, indem Ziele, Aufgaben und weitere Handlungsvorgaben festgelegt werden, vorzugsweise ohne dabei zu sehr ins Detail zu gehen *(Gestaltungs- und Steuerungsfunktion)*.

Neben diesen Eigenschaften und Hauptfunktionen – in denen sich die Grundelemente des aufklärerischen Verfassungsbegriffs widerspiegeln: Menschenrechte, Gewaltenteilung, verfassungsgebende Gewalt des Volkes (näher BIAGGINI, ZSR 2000 I, 445 ff.) – werden einer Verfassung regelmässig weitere Funktionen zugeschrieben. So soll die Verfassung den Bürgerinnen und Bürgern ein wirklichkeitsgetreues Bild des Staates und seiner Aufgaben vermitteln *(Orientierungsfunktion)*. Die demokratisch beschlossene Verfassung verschafft sodann der auf ihr beruhenden Rechtsordnung und den staatlichen Organen eine besondere Legitimation *(Legitimationsfunktion)*. Weiter soll die Verfassung dazu beitragen, dass der für ein gedeihliches Zusammenleben notwendige gesellschaftliche Zusammenhalt gefördert und befestigt wird *(Integrations- bzw. Einheitsstiftungsfunktion)*. In Zeiten zunehmender Internationalisierung des Rechts gewinnt die Aufgabe der Verfassung an Bedeutung, die Beziehungen zur internationalen Gemeinschaft sowie das Verhältnis von Landesrecht und Völkerrecht zu ordnen *(Einbettungs- oder Brückenfunktion)*.

12   Die *Bundesverfassung* begründet ein System der *organisatorisch und personell strikt getrennten*, aber funktional aufeinander bezogenen («kooperierenden») *Gewalten* (näher N 6 und 9 vor BV 143). Im System der *checks and balances* ist ein leichtes «Übergewicht» der Bundesversammlung auszumachen, die aber durch die «Rechte von Volk und Ständen» (BV 148 Abs. 1) zurückgebunden wird. Die bei Bundesstaatsgründung noch beträchtlichen Defizite in *rechtsstaatlicher* Hinsicht wurden nach und nach abgebaut, wenn auch auf Bundesebene nicht vollständig (vgl. BV 190). Gegenüber der kantonalen Staatsgewalt konnte sich die Verfassungsgerichtsbarkeit schon früh entfalten. Lange bevor in Österreich unter dem Einfluss HANS KELSENS das erste eigenständige Verfassungsgericht modernen Typs geschaffen wurde (1920), kannte man in der Schweiz bereits eine Form der *Verfassungsbeschwerde* als spezifisches Rechtsmittel zum Schutz verfassungsmässiger Individualrechte (zu Funktion und Entwicklung der staatsrechtlichen Beschwerde GIACOMETTI, Verfassungsgerichtsbarkeit, 17, 38 ff.). Der nachträglich durch eine Rechtsweggarantie (BV 29a) angereicherte Grundrechtskatalog (BV 7 ff.) bietet heute umfangreichen Individualrechtsschutz auf hohem Niveau. Der Rückgriff auf die EMRK, unter der BV 1874 in manchen Bereichen fast zur Routine geworden,

hat dadurch merklich an Bedeutung eingebüsst, diese aber nicht ganz verloren, insb. als Kontrollmassstab gegenüber dem Bundesgesetzgeber (N 16 zu BV 190). Dank ausgebauter Volksrechte treten in weltweit einmaliger Häufung die *Stimmberechtigten als Entscheidungsträger* in Erscheinung (vgl. N 4 ff. vor BV 136). Diese Überlagerung des herkömmlichen Systems der Gewaltenteilung und -verschränkung bedeutet nicht, dass «das Volk» in jeder Frage das letzte Wort hat oder haben müsste. Angesichts der Volksrechte geht vielfach vergessen, dass das durch die Bundesverfassung eingerichtete Regierungssystem (historisch und aktuell) auf *parlamentarisch-repräsentativen* Strukturen aufbaut, ohne die das Instrumentarium der direkten Demokratie nicht funktionsfähig wäre. Entgegen verbreiteter Auffassung dienen die Volksrechte weniger der Legitimierung als der *Kontrolle* staatlichen Handelns; sie sind Ergänzung und *Korrektiv* zu parlamentarischem Tun (oder Nichttun). Zu den Eigenheiten des schweizerischen Systems gehört ein im Vergleich zu anderen Verfassungsordnungen ausgeprägter *Kontrolldualismus*, der das staatliche Handeln sowohl rechtsstaatlich-justiziell als auch (direkt-)demokratisch zu bändigen trachtet, was durchaus wirksam, aber nicht immer spannungsfrei geschieht (vgl. z.B. N 15 ff. zu BV 38).

13 Die Verfassung soll, nach vorherrschendem Verfassungsverständnis, nicht nur Herrschaft konstituieren und limitieren, sondern auch eine *gestaltende* Funktion übernehmen (N 11). Die Bundesverfassung tut dies, indem sie dem Bund, teils auch den Kantonen, in zahlreichen allgemeinen und besonderen *Zweck-, Ziel- und Aufgabennormen* eine Fülle von – mitunter gegensätzlichen – Handlungsvorgaben erteilt (vgl. z.B. BV 2, 41, 54 Abs. 2, 94, 100). Dies ist nicht zuletzt auch eine Folge der Mechanismen und Zwänge der Abstimmungsdemokratie. Die Bundesverfassung ist nicht nur Grundlage und Rahmen *für* die Politik, sondern selbst in hohem Masse *Gegenstand der Politik*. Mit der Verwirklichung der Verfassungsvorgaben tut man sich mitunter schwer, wie die Verzögerungen bei der Einführung einer Mutterschaftsversicherung (vgl. N 6 zu BV 116) oder bei der Umsetzung des Alpenschutz-Artikels (vgl. N 1 und 9 zu BV 84) beispielhaft zeigen. Man sollte dies nicht einfach nur dem Fehlen wirksamer Durchsetzungsmechanismen anlasten. Vielmehr werden hier auch Grenzen der Verfassung deutlich. Die Gefahr einer Überforderung der Verfassung ist durchaus real – nicht nur im Bereich der Gestaltungsfunktion. Die Verfassung – äusserlich ein blosses «Blatt Papier» (FERDINAND LASSALLE, Über Verfassungswesen, 4. Aufl. Leipzig 1872, 24), d.h. ohne Macht – kann ihre normative Kraft nur wirksam entfalten, wenn sie von einem Grundkonsens getragen ist (vgl. JÖRG PAUL MÜLLER, Demokratische Gerechtigkeit, München 1993, 20 ff.).

14 Bemerkenswert ist, dass die Bundesverfassung nicht den Anspruch erhebt, alleine die rechtliche Grundordnung des durch sie konstituierten Bundesstaates zu bilden. Dies zeigt sich zum einen beim Blick nach «innen»: Die Kantone bilden eigenständige Gemeinwesen mit vollständiger Behördenorganisation (Legislative, Exekutive, Judikative). Die Bundesverfassung knüpft in mehrfacher Hinsicht an die kantonale Staatsorganisation an, ja setzt eine funktionierende kantonale Ordnung voraus (vgl. z.B. BV 46: Umsetzung des Bundesrechts; BV 150 Abs. 3: Wahl des Bundesorgans Ständerat; BV 122, 123, 191b: kantonale Justiz). Zum andern zeigt sich dies beim Blick nach «aussen» bzw. bei der Art und Weise, wie die Bundesverfassung ihr *Verhältnis zur Völkerrechtsordnung* bestimmt (näher BIAGGINI, Festschrift Hangartner, 957 ff.). Ungeachtet der starken Betonung staatlicher Eigenständigkeit und Unabhängigkeit (BV 2) und der relativ hohen direktdemokratischen Hürden, die bei einer

Öffnung nach aussen zu überwinden sind (BV 140 und 141), erweist sich die schweizerische Verfassungsordnung insgesamt als *völkerrechtsfreundlich* (vgl. PETERSMANN, AöR 1990, 537 ff.). Dem System des Monismus verpflichtet (vgl. N 28 zu BV 5), zeichnet sich die Bundesverfassung durch günstige *structures d'accueil* für das internationale Recht aus. Ein besonderer Akt der Transformation ist nicht erforderlich. Auf der Ebene der Rechtsanwendung geht das Völkerrecht im Konfliktfall dem Landesrecht grundsätzlich vor (N 29 ff. zu BV 5). Die Grundrechte der EMRK wurden vom Bundesgericht in verfahrensmässiger Hinsicht den verfassungsmässigen Rechten der Bundesverfassung gleichgestellt (vgl. BGE 101 Ia 67, 69). Die Bundesverfassung kann somit charakterisiert werden als kantonal- und völkerrechtlich flankierte rechtliche Grundordnung des schweizerischen Bundesstaates.

15 Vor besonderen Herausforderungen steht die Bundesverfassung im Zusammenhang mit der *Integrationsfunktion*. Ein schweizerisches Volk im hergebrachten ethno-linguistisch-kulturellen Sinn gibt es nicht. Dies hinderte die Verfassungsväter von 1848 nicht, in der Verfassungspräambel die «Einheit [...] der schweizerischen Nation» zu beschwören (so auch bis Ende 1999 die Präambel der BV 1874) und auf Bundesebene gewisse direktdemokratische Verfahren einzurichten. Hingegen verzichte(te)n die BV 1848 und ihre Nachfolgerinnen von 1874 und 1999 auf Nationalsymbolik wie Flagge, Wappen, Währung, Wahlspruch oder Hymne (zur Aufnahme des «Bundesfeiertags» in die Verfassungsurkunde vgl. N 1 und 12 ff. zu BV 110). Trotz hohem Identitätsstiftungsbedarf überlässt die Bundesverfassung das Feld der Symbolik den kantonalen Verfassungen (ohne dass dem nationalen Zusammenhalt daraus bisher Schaden erwachsen wäre). Die Schweiz wird oft und gerne als «Willensnation» bezeichnet (vgl. MACHERET, VRdCH, 135, 138), da der Zusammenhalt nicht auf einer gemeinsamen Kultur beruht, sondern in langer gemeinsamer Geschichte immer wieder aktualisierten Willen, eine Nation zu bilden. Aus heutiger Sicht sind es nicht zuletzt Verfassungsinstitutionen wie Bundesversammlung, Bundesrat, Referendum und Volksinitiative (sowie die daraus resultierenden Volksabstimmungen), die als dauerpräsente «Klammer» für nationalen Zusammenhalt sorgen. Man kann daher die Schweiz auch als *Verfassungsnation* bezeichnen. Zu den (nicht allzu zahlreichen) «Schönheitsfehlern» der neuen Bundesverfassung gehört, dass der Begriff der «Nation» aus der Verfassungspräambel verschwunden ist (vgl. auch N 9 zur Präambel). Neu taucht dort (und in BV 1) der dem bisherigen Verfassungsvokabular fremde Begriff «Schweizervolk» auf (N 11 ff. zu BV 1), womit der im staatsrechtlichen Kontext ohnehin schon schillernde Begriff «Volk» um eine Facette reicher wurde.

Merkmale und Eigenheiten der Verfassungsordnung

16 Als *systemprägende Grundelemente* der Verfassungsordnung der Schweizerischen Eidgenossenschaft gelten zu Recht ein tief verwurzelter *Föderalismus* – mit sehr eigenständigen Gliedstaaten (vgl. die Erläuterungen zu BV 3, 47, 51) – sowie die nach und nach errungenen *Institutionen der direkten Demokratie* (vgl. N 3 vor BV 136). Hinzu kommen verschiedene weitere charakteristische Elemente, die für das Verständnis der schweizerischen Verfassungsordnung und Staatsidee ebenfalls wichtig sind. Dazu gehört das in alter Tradition von unten nach oben aufgebaute, nach wie vor durch föderalistische Vielfalt geprägte *dreifache Bürgerrecht* (BV 37). Die kompetenzrechtliche Beschränkung des Bundes auf Mindestvorschriften bei der ordentlichen Einbürgerung (BV 38 Abs. 2) verunmöglicht eine nationale Einbürgerungspolitik

(vgl. N 12 zu BV 38). Es steht ausser Zweifel, dass die Schweiz ein demokratischer, freiheitlicher und sozialer Bundesstaat ist. Eine Selbstcharakterisierung nach dem Muster von Art 20 GG fehlt allerdings (zu den Gründen vgl. N 2 vor BV 1). Auch andere Schlüsselbegriffe der allgemeinen Staats- und Verfassungslehre spielen im Verfassungstext nur eine marginale Rolle, so beispielsweise die Begriffe «gerecht»/«Gerechtigkeit» (vgl. immerhin BV 2, 29, 43a Abs. 5, 119a) oder «gesellschaftlich»/«Gesellschaft» (vgl. immerhin BV 6, 61a Abs. 3, 65, 196 Ziff. 2 Abs. 2 Bst. c). Hingegen ist vielfach die Rede von «Schutz» / «schützen» (vgl. z.B. BV 2, 7, 9, 11, 13, 25, 34, 36, 41, 52, 53, 57, 61, 74, 76, 77, 78, 80, 84, 86, 97, 101, 110, 116, 118, 119, 119a, 120, 177, 196), «Rechnung tragen» (vgl. z.B. BV 46, 67, 89, 98, 105, 120), «Rücksicht nehmen» (vgl. z.B. BV 50, 54, 63a, 69, 70, 78, 88, 93, 128, 175) oder «berücksichtigen» (vgl. z.B. BV 75, 76, 85, 89, 100, 106, 108, 116, 129). In Anbetracht der fast schon inflationären «Rücksichtnahme»-, «Rechnungstragungs»- und «Berücksichtigungs»-Pflichten ist der mit der Umsetzung der Verfassung betraute Gesetzgeber nicht zu beneiden. Die praktischen Auswirkungen der «Berücksichtigungs»-Formeln dürfen indes nicht überschätzt werden. Es handelt sich vielfach um «une enveloppe juridique» für «quelques préceptes de sagesse politique» (AUBERT, Comm., Art. 89, N 18) mit begrenztem Nutzen und kaum messbaren Effekten. Gravierender ist, dass in jüngerer Zeit vermehrt Grundsätze mit schwer fassbarem juristischem Gehalt Aufnahme in die Verfassungsurkunde fanden (vgl. BV 5a und insb. BV 43a). Weiter fallen auf: die staatenbündisch anmutende Namensgebung in den Landessprachen lateinischen Ursprungs *(Confédération suisse* usw.; vgl. N 4 zu BV 1) sowie die Verleihung des Attributs «souverän» an die Kantone (BV 3). Fast könnte der Eindruck entstehen, die «Schweizerische Eidgenossenschaft» (so die amtliche deutschsprachige Bezeichnung) sei ein «Staat wider Willen». Die Namensgebung ist insofern treffend, als in der schweizerischen Staats- und Verfassungsidee traditionell viel genossenschaftliches Gedankengut mitschwingt (Milizprinzip, vgl. BV 58; Betonung von Solidarität und Eigenverantwortung, vgl. BV 6, BV 41 Abs. 1), während – anders als in sehr vielen westlichen Verfassungen – monarchisches Erbgut ganz und gar fehlt.

17 *Austarieren von Gleichheit und Ungleichheiten:* Zum festen Grundbestand der schweizerischen Verfassungsordnung gehört die Idee der *demokratischen Gleichheit* (vgl. BV 136 Abs. 1 Satz 2). Ein Kennzeichen ist aber auch, dass die demokratische Gleichheit und das eng mit ihr verbundene Mehrheitsprinzip auf Bundesebene mehrfach *föderalistisch «gebrochen»* werden (insb. Zusammensetzung des Ständerats, BV 150; Ständemehr, BV 142; vgl. auch N 16 zu BV 149: Verzerrungen der Erfolgswertgleichheit bei den Nationalratswahlen). Darin allein eine Beeinträchtigung der Idee der demokratischen Gleichheit zu erblicken, wäre eine eindimensionale Sicht. Es geht hier vor allem auch um den in einem Bundesstaat schweizerischen Zuschnitts elementaren Schutz vor Majorisierung. Die Relativierungen der demokratischen Gleichheit sind Ausdruck eines allgemeinen Grundzugs der schweizerischen Verfassungsordnung, die ein *hohes Mass an Ungleichheit* zulässt. Bei der Verwirklichung der angestrebten «Vielfalt in der Einheit» (Präambel) liegt der Akzent gewöhnlich auf «Vielfalt». Die Kantone besitzen nach wie vor beträchtliche Kompetenzen. Sie erlassen Regelungen, die der binnenschweizerischen Mobilität und dem Ziel eines einheitlichen Wirtschaftsraums (BV 95) nicht immer zuträglich sind. Hinzu kommt eine hohe Toleranzschwelle bei unterschiedlich strengem Vollzug von Bundesrecht (vgl. N 19 zu BV 49). Solche Kehrseiten eines lebendigen

Föderalismus wurden bisher, um der vielen Vorzüge willen, im Allgemeinen in Kauf genommen. Die Bereitschaft, Disparitäten zu akzeptieren, ist indes nicht unbegrenzt, wie einige Verfassungsbestimmungen jüngeren Datums zeigen (BV 95 Abs. 2: Sorge «für einen einheitlichen schweizerischen Wirtschaftsraum»; BV 61a: «Bildungsraum Schweiz»; BV 62 Abs. 4: «Harmonisierung des Schulwesens»). Das Anliegen der Sicherstellung einer gleichmässigen Grundversorgung (ansatzweise schon BV 1848 Art. 33 und BV 1874 Art. 36: Postwesen; BV 92: Fernmeldedienste) dürfte an Bedeutung gewinnen (vgl. BV 43a Abs. 4, noch nicht in Kraft: Zugang zu «Leistungen der Grundversorgung») – und damit auch die Aufgabe, Vielfalt und Einheit bzw. Ungleichheiten und Gleichheit auszutarieren. Ein genereller Auftrag zur «Herstellung gleichwertiger Lebensverhältnisse» besteht heute indes nicht.

Besonderheiten der Verfassungsauslegung

18 *Ausgangspunkte:* Die Auslegung von Verfassungsbestimmungen richtet sich, so das Bundesgericht, «grundsätzlich nach denselben methodischen Regeln [...], wie sie für die Auslegung der einfachen Gesetze entwickelt wurden» (BGE 116 Ia 359, 367; vgl. auch BGE 131 I 74, 80 f.; BGE 128 I 288, 291; BGE 112 Ia 208, 212). Die schweizerische Verfassungsrechtslehre teilt diese Auffassung im Wesentlichen (vgl. statt vieler RHINOW, Grundzüge, 79 ff., 88; TSCHANNEN, Staatsrecht, 55 ff.; aus der älteren Literatur HANS HUBER, Der Formenreichtum der Verfassung und seine Bedeutung für ihre Auslegung, ZBJV 1971, 172 ff.). Regelmässig wird darauf hingewiesen, dass verfassungsbedingte Besonderheiten – wie die für viele Verfassungsnormen charakteristische Offenheit und Weite oder der Gedanke der «Einheit der Verfassung» (vgl. TSCHANNEN, VRdCH, 151 ff.; VPB 65.2, 2001) – zu berücksichtigen sind. Immer häufiger wird auf die Verfassungsvergleichung als «Quelle der Inspiration» hingewiesen (HALLER, Festschrift Fleiner, 312). Dieser Ansatz verdient prinzipiell Zustimmung.

19 Nach den sog. *«anerkannten Auslegungsregeln»* (BGE 130 I 26, 31) gilt es, ausgehend vom *Wortlaut* (grammatikalisches Element) und unter Berücksichtigung des *Zwecks* der Regelung (teleologisches Element), der *Entstehungsgeschichte* und der Materialien (historisches Element) sowie des *Zusammenhangs* mit anderen Bestimmungen (systematisches Element) den Sinn der Regelung zu ermitteln (vgl. BGE 131 II 13, 31; BGE 129 II 145, 155; BGE 128 I 34, 40 ff.). Bei verhältnismässig jungen Gesetzen hat der Wille des historischen Gesetzgebers besonderes Gewicht (vgl. BGE 112 Ia 97, 104). Das Bundesgericht lehnt es indes zu Recht ab, «die einzelnen Auslegungselemente einer hierarchischen Prioritätsordnung zu unterstellen» (BGE 128 I 34, 41). Zur Charakterisierung des eigenen Vorgehens verwendet das Bundesgericht seit 1984 den Begriff «Methodenpluralismus» (BGE 110 Ib 1, 8; vgl. BGE 132 V 93, 101; BGE 131 III 314, 316). Dies hat dem Bundesgericht viel Kritik eingetragen (Nachweise bei HANS PETER WALTER, Der Methodenpluralismus des Bundesgerichts bei der Gesetzesauslegung, recht 1999, 158). Das höchstrichterliche Vorgehen ist besser als sein Ruf. Missverständlich, ja irreführend ist die Kennzeichnung als «Methodenpluralismus». Dieser *Begriff* sollte daher möglichst rasch aus dem Methodenvokabular verbannt werden. Gegen einen problembewussten, regelgeleiteten *Methodenpragmatismus* bestehen hingegen keine prinzipiellen Bedenken, solange die verfassungsrechtlichen Grenzen richterlicher Rechtsfortbildung respektiert werden.

20 *Besonderheiten:* Bei der *Verfassungsinterpretation* ist zu berücksichtigen, dass die Verfassung im System der Rechtsquellen eine herausgehobene Position einnimmt und dass das Verfassungsrecht verschiedene *strukturell-funktionelle Eigenarten* aufweist (N 18). Die für verfassungsrechtliche Begriffe typische Weite und Offenheit lädt, insbesondere bei Grundrechtsnormen, zu aktualisierender Interpretation ein. Der historische Bezug («Antwortcharakter») vieler Verfassungsbestimmungen legt umgekehrt ein eher am Entstehungszeitpunkt anknüpfendes Verständnis nahe. Im Fall der neuen schweizerischen Bundesverfassung kommt hinzu, dass sie im Zeichen der «Verfassungsnachführung» entstanden ist (N 4 f.) und dass sich die Verfassungsinterpretation unter besonderen *organisatorisch-strukturellen Rahmenbedingungen* abspielt. So ist bei der Auslegung die Gleichwertigkeit der deutschen, französischen und italienischen Fassung zu berücksichtigen (vgl. N 5 zu BV 70; zu den praktischen Vorzügen einer Mehrzahl von Sprachversionen vgl. N 4 zu BV 94, N 7 zu BV 132). Bedeutsam ist weiter, dass die Schweiz auf Bundesebene kein spezialisiertes Verfassungsgericht kennt und nicht ein konzentriertes, sondern ein «diffuses» System der Verfassungsgerichtsbarkeit besitzt (was es dem Bundesgericht gelegentlich erschwert, die Einheit der Verfassungsrechtsprechung bzw. -auslegung zu gewährleisten). Die Verfassungsgerichtsbarkeit ist zudem stark auf den Individualrechtsschutz (Schutz verfassungsmässiger Rechte) ausgerichtet (vgl. N 2 zu BV 189). Zu weiten Teilen der Bundesverfassung ist die Rechtsprechung des Bundesgerichts sehr *spärlich*. Dies gilt insbesondere für den Behördenteil, aber auch für viele bundesstaatlich relevante Verfassungsbestimmungen. Häufig haben politische Instanzen (faktisch) das «letzte Wort». Die Disziplinierung der Auslegungspraxis erfolgt hier im Wesentlichen über die Kraft des guten Arguments. Bundesgesetze (und Völkerrecht) sind zudem für das Bundesgericht und die anderen rechtsanwendenden Behörden «massgebend»« (BV 190). Dies verschafft dem Bundesgesetzgeber aber keinen Freibrief zur Missachtung der Verfassung, sondern auferlegt ihm, im Gegenteil, eine gesteigerte Verantwortung für besonders sorgfältige Verfassungsauslegung.

21 *Konsequenzen für die Auslegung der neuen Bundesverfassung:* Wie bei verhältnismässig jungen Erlassen generell (N 19) sind auch bei der Auslegung der neuen Bundesverfassung *entstehungszeitliche* Gesichtspunkte von besonderem Gewicht. Wichtig ist, dass die Totalrevision zwar unter dem Zeichen der «Verfassungsnachführung» stand, dass der Verfassungsgeber aber nicht gehindert war, Neuerungen zu beschliessen (N 8). Bei bewusst im Zeichen der «Nachführung» stehenden Verfassungsartikeln liegt es nahe, auf das Verständnis abzustellen, welches Praxis und Lehre der Vorgängerbestimmung aus der BV 1874 *im Zeitpunkt der Totalrevision* beimassen (nach wie vor wichtig und wertvoll daher der zwischen 1987 und 1996 erschienene Komm. aBV). Dabei fliessen, entsprechend den anerkannten Auslegungsregeln, auch Gesichtspunkte der historischen und systematischen Auslegung der nachgeführten Vorgängerbestimmungen ein (in diesem Sinne schon das Vorgehen von BURCKHARDT in seinem einflussreichen Kommentar zur – über weite Strecken die BV 1848 «nachführenden» – BV 1874, wo ganz selbstverständlich die Materialien und die Auslegungspraxis zu den entsprechenden Bestimmungen der BV 1848 herangezogen werden).

22 *Verfassungsfortbildung:* Dies bedeutet freilich nicht, dass man nun blindlings der Devise «neue Worte, alter Sinn» (kritisch-differenzierend TSCHANNEN, BTJP 1999, 242, 247) folgen soll. Die an der Totalrevision Beteiligten waren sich bewusst, dass «neue Worte» neue Ausle-

gungsmöglichkeiten eröffnen (stellvertretend Botsch. BV, 46; vgl. auch VPB 65.2, 2001) und dass es über kurz oder lang via aktualisierende Auslegung zu Akzentverschiebungen kommen wird. Mit zunehmender Zeit verringert sich wegen des sich wandelnden normativen und rechtstatsächlichen Umfelds das Gewicht der historischen Argumentation, bei *Grundrechtsnormen* und verwandten Bestimmungen rascher als bei organisatorischen Vorschriften. Grundrechte bedürfen (wie schon unter der BV 1874) eher der *Konkretisierung* als der Auslegung, «einer Konkretisierung, welche auch sich wandelnden geschichtlichen Bedingungen und gesellschaftlichen Vorstellungen Rechnung zu tragen vermag» (BGE 112 Ia 208, 213). Allerdings wird man in unmittelbarer zeitlicher Nähe zur Grundrechtskodifikation von 1998/99 nicht gleich mit grösseren richterlichen Innovationen zu rechnen haben. Bei organisatorischen Bestimmungen ist der Auslegungsspielraum gewöhnlich enger begrenzt; hier ist «vermehrt den historischen Elementen Rechnung zu tragen» (BGE 128 I 327, 330). Verfassungsfortbildung durch Auslegung ist hier zwar nicht prinzipiell ausgeschlossen, doch ist «allenfalls sich wandelnden Auffassungen» (BGE 112 Ia 208, 213) gewöhnlich nicht durch interpretative Rechtsschöpfung, sondern durch förmliche Verfassungsänderung zu begegnen.

Weiterführende Literatur

Zu Entstehung und Charakterisierung der neuen Bundesverfassung: BIAGGINI GIOVANNI, Verfassungsreform in der Schweiz, ZÖR 1999, 433 ff.; BIEDERMANN DIETER, Was bringt die neue Bundesverfassung?, AJP 1999, 743 ff.; EHRENZELLER BERNHARD, Konzept und Gründe der Verfassungsreform, AJP 1999, 647 ff.; DERS., Die Totalrevision der schweizerischen Bundesverfassung, ZaöRV 1987, 699 ff.; HANGARTNER YVO/EHRENZELLER BERNARD (Hrsg.), Reform der Bundesverfassung, St. Gallen 1995; KAYSER MARTIN/RICHTER DAGMAR, Die neue schweizerische Bundesverfassung, ZaöRV 1999, 985 ff.; KOLLER HEINRICH, Die Nachführung der Bundesverfassung, in: Hangartner/Ehrenzeller, 51 ff.; KOLLER HEINRICH/BIAGGINI GIOVANNI, Die neue schweizerische Bundesverfassung, EuGRZ 2000, 337 ff.; RHINOW RENÉ A., Die Bundesverfassung 2000, Basel 2000; SCHWEIZER RAINER J., Die erneuerte schweizerische Bundesverfassung vom 18. April 1999, JöR 2000, 263 ff. – *Zu den Verfassungsfunktionen:* BIAGGINI GIOVANNI, Die Idee der Verfassung – Neuausrichtung im Zeitalter der Globalisierung? ZSR 2000 I, 445 ff.; DERS., Die Öffnung des Verfassungsstaates als Herausforderung für Verfassungsrecht und Verfassungslehre, Festschrift Yvo Hangartner, St. Gallen/Lachen 1998, 957 ff.; KURT EICHENBERGER, Komm. aBV, Verfassungsrechtliche Einleitung, N 79; MACHERET AUGUSTIN, Buts et spécifités du droit constitutionnel suisse, VRdCH, 129 ff.; PETERSMANN ERNST-ULRICH, Die Verfassungsentscheidung für eine völkerrechtskonforme Rechtsordnung als Strukturprinzip der Schweizer Bundesverfassung, AöR 1990, 537 ff.; RHINOW, Grundzüge, 10 ff.; TSCHANNEN, Staatsrecht, 50 ff. – *Zur Verfassungsauslegung:* BIAGGINI GIOVANNI, Verfassungsinterpretation in der Schweiz, Festschrift Heinz Schäffer, Wien 2006, 109 ff.; HALLER WALTER, Verfassungsfortbildung durch Richterrecht, ZSR 2005 I, 5 ff.; DERS., Verfassungsvergleichung als Impuls für die Verfassungsgebung, Festschrift Thomas Fleiner, Freiburg 2003, 311 ff.; RHINOW, Grundzüge, 79 ff.; SZEMERÉDY JULIA, Verfassungsauslegung als methodologisches Grundproblem im Lichte der revidierten Bundesverfassung, in: Gächter/Bertschi, 33 ff.; TSCHANNEN PIERRE, Verfassungsauslegung, VRdCH, 149 ff.; DERS., Die Auslegung der neuen Bundesverfassung, BTJP 1999, 223 ff.

Nr. 1 — Bundesverfassung der Schweizerischen Eidgenossenschaft (BV)

vom 18. April 1999

SR 101

Zu Titel und Datum

1   Die Bundesverfassung trägt denselben Titel wie ihre beiden Vorgängerinnen von 1848 und 1874. – Zum Staatsnamen vgl. N 3 zu BV 1.

2   Das Datum ist jenes der Volksabstimmung (anders die BV 1874: Datum des Erwahrungsbeschlusses). Die Beratungen in der Bundesversammlung endeten am 18. Dezember 1998 mit der Schlussabstimmung über den «Bundesbeschluss über eine neue Bundesverfassung». Dessen Ziff. I enthält den Text der Bundesverfassung (zur Bedeutung von Ziff. II.–IV. siehe dort). Volk und Stände hiessen den BB am 18. April 1999 gut; dies mit 969'310 Ja (59,2 % der Stimmenden, was 20,9 % der Stimmberechtigten entspricht) gegen 669'158 Nein und mit 13 (12+2/2) gegen 10 (8+4/2) Standesstimmen. Abgelehnt haben die Kantone UR, SZ, OW, NW, GL, SH, AR, AI, SG, AG, TG, VS (sechs dieser Kantone hatten sich auch schon gegen die Bundesverfassungen von 1848 und 1874 ausgesprochen). Die Stimmbeteiligung betrug lediglich 35,89 % (SH: 63,22%; VD: 17,49%). Vgl. BBl 1999 6986 f.

Präambel

Im Namen Gottes des Allmächtigen!

Das Schweizervolk und die Kantone,

in der Verantwortung gegenüber der Schöpfung,

im Bestreben, den Bund zu erneuern, um Freiheit und Demokratie, Unabhängigkeit und Frieden in Solidarität und Offenheit gegenüber der Welt zu stärken,

im Willen, in gegenseitiger Rücksichtnahme und Achtung ihre Vielfalt in der Einheit zu leben,

im Bewusstsein der gemeinsamen Errungenschaften und der Verantwortung gegenüber den künftigen Generationen,

gewiss, dass frei nur ist, wer seine Freiheit gebraucht, und dass die Stärke des Volkes sich misst am Wohl der Schwachen,

geben sich folgende Verfassung[1]:

---

1   Angenommen in der Volksabstimmung vom 18. April 1999 (BB vom 18. Dez. 1998, BRB vom 11. Aug. 1999 – AS 1999 2556; BBl 1997 I 1, 1999 162 5986).

Bauelemente und rechtliche Tragweite

1 Wie schon die Vorgängerinnen von 1874 und 1848 weist die Bundesverfassung einen *feierlichen Vorspruch* auf, der «in konzentrierter Form den ‹Geist der Verfassung› zu Wort kommen» lassen soll (Botsch. BV 122) und über die leitenden Motive Aufschluss geben soll. Die Präambel umfasst drei Elemente: Anrufung Gottes *(invocatio dei)*, Bezeichnung der Handelnden («Das Schweizervolk und die Kantone»), Nennung der Motive (sog. *narratio* oder Erzählung).

2 Die Präambel ist Teil des Verfassungsdokuments, gehört jedoch nicht zu deren «effective parts», sondern zu den «dignified parts» (WALTER BAGEHOT). Sie soll den Leser in erster Linie auf die nachfolgenden Teile der Verfassung einstimmen. Sie weist nach zutreffender h.L. *keine eigene rechtliche Tragweite* auf (vgl. MAHON, Comm., Préambule, N 3; Botsch. BV 122; AB SD 1998 N 119, 461; a.M. EHRENZELLER, SG-Komm., Präambel, N 10 ff.), begründet weder individuelle Rechte noch Staatsaufgaben oder Handlungsaufträge, weder Bundeskompetenzen noch Verpflichtungen der Kantone, ebenso wenig eine materielle Schranke der Verfassungsrevision. Dennoch war die Präambel Gegenstand einer breiten und intensiven Debatte sowohl in der Öffentlichkeit (Eingaben von rund 100 Organisationen und 6400 Privatpersonen) als auch im Parlament (AB SD 1998 S 23, 48, 203, 225; N 119, 404, 459, 489; Beilegung der Differenzen erst in der Einigungskonferenz). Hierin zeigt sich der grosse *symbolische* und *(staats-)politische Gehalt* einer Präambel (ähnlich die Erfahrungen beim EU-Verfassungsvertrag).

3 Es ist nicht ausgeschlossen, aber nach bisherigen Erfahrungen eher unwahrscheinlich (vgl. auch MAHON, Comm., Préambule, N 3), dass die Präambel eines Tages als Auslegungshilfe dienen könnte (BERTSCHI/GÄCHTER, 12 m.w.H.; EHRENZELLER, FS Hangartner, 990), ähnlich wie man dies von den Präambeln internationaler Abkommen her kennt (vgl. z.B. BGE 130 II 1, 6 betreffend die Präambel des FZA).

Anrufung Gottes (invocatio dei)

4 Die aus der BV 1874 (und 1848) ohne Änderung übernommene altehrwürdige Formel (zur Herkunft näher EHRENZELLER, SG-Komm., Präambel, N 14) soll verdeutlichen, dass «neben den Menschen und dem Staat eine höhere Macht existiert» und auf diese Weise den Wert des Irdischen relativieren (Botsch. BV, 122 f.). Aus den Materialien ergibt sich, dass der angerufene allmächtige Gott nicht «nur im christlichen Sinne verstanden werden» darf (Botsch. BV, 123: «Jede Person kann ‹Gott dem Allmächtigen› einen persönlichen Sinn geben»; vgl. auch AB SD 1998 S 24, N 129, Voten BR Koller). Entgegen gewissen Andeutungen im Parlament (vgl. z.B. AB SD 1998 N 121, S 405) macht die *invocatio* aus der Bundesverfassung keine «christliche Verfassung» und aus der Eidgenossenschaft keinen «christlichen Staat» (so wenig wie der Wortteil «Eid-» im Landesnamen). Die Kantone bleiben frei, Kirche und Staat strikt zu trennen (vgl. KV/NE 1, SR 131.233: «république [...] laïque»). Die entscheidenden rechtlichen Determinanten sind die Religionsfreiheit (BV 15) und das darin enthaltene *Gebot konfessioneller Neutralität des Staates*. Letzteres gilt nicht absolut (vgl. N 15 zu BV 15), was einen gewissen Spielraum für Bezugnahmen auf «christlich-humanistisch(e) Grundlagen» eröffnet (vgl. z.B. KV/SG 1, SR 131.225; KV/GR 89, SR 131.226).

«Das Schweizervolk und die Kantone» als Verfassungsgeber

5   Im Unterschied zur Bundesverfassung von 1874 bezeichnet die neue Bundesverfassung nicht mehr die «Schweizerische Eidgenossenschaft», sondern *das Schweizervolk und die Kantone»* als die handelnden Akteure. Die Präambel knüpft hier an die Revisionsbestimmungen der BV 1874 an (Art. 123). Angesprochen sind die Organe der Verfassungsgebung auf Bundesebene, nicht die real handelnden (oder etwa nur die zustimmenden) Akteure (a.M. wohl MAHON, Comm., Préambule, N 9).

Beweggründe (narratio)

6   *Funktion:* In der Präambel kommen die Motive bzw. Grundanliegen zur Sprache, von denen sich der Verfassungsgeber leiten liess. Dass die Präambel dabei auch tiefere historische Schichten anspricht («Bund erneuern»; vorbundesstaatliche Zeit), ist nicht zu beanstanden (anders MAHON, Comm., Préambule, N 12). Von der Funktion her geht es um eine «Momentaufnahme» der Beweggründe, die Ende der 1990er Jahre massgeblich waren, weshalb es wenig Sinn macht, die Präambel mittels Partialrevision von Zeit zu Zeit «nachzuführen» und neu auftauchende Grundanliegen einzubauen (zur Frage der Partialrevision vgl. auch AUBERT, Komm. aBV, Präambel, N 20 f.).

7   *Gehalt:* Man kann in der *narratio* eine geistige «Wegweisung» erblicken, verbindlichen Charakter hat diese «Wegweisung» jedoch nicht (anders EHRENZELLER, SG-Komm., Präambel, N 12). Verpflichtende Handlungsaufträge oder -anweisungen oder ein «Grundsatzprogramm» (AB SD 1998 S 23) formuliert die Präambel nicht, weder für den eidgenössischen noch für die kantonalen Gesetzgeber (a.M. EHRENZELLER, SG-Komm., Präambel, N 10 ff.). «Text und Sprache» der Präambel verweisen gerade nicht auf die *eingesetzten* Gewalten in Bund und Kantonen, sondern auf die verfassungsgebenden Instanzen («Schweizervolk und Kantone») und deren «Bestreben», Willen», «Bewusstsein», Vorstellungen, Einsichten usw. Für die Erteilung verbindlicher Vorgaben steht der eigentliche Verfassungstext zur Verfügung. Aus der Präambel ergeben sich allenfalls «Impulse» (vgl. BERTSCHI/GÄCHTER, 26 f.).

8   *Die fünf Elemente der* narratio: Der Entwurf des Bundesrates wurde mehrfach modifiziert. Auf den Nationalrat geht das 1. Element («Verantwortung gegenüber der Schöpfung») zurück, ebenso die Nennung der «Demokratie» im 2. Element und die Einfügung des 5. Elements, welches der Muschg'schen Präambel des VE 77 entlehnt ist; auf den Ständerat die Nennung der «gemeinsamen Errungenschaften» im 4. Element.

- *Verantwortung gegenüber der Schöpfung:* Es werden, wie schon bei der Anrufung Gottes, die Grenzen menschlichen Handelns und staatlicher Macht in Erinnerung gerufen.

- *Erneuerung des Bundes:* Das 2. Element bringt grundlegende Werte zum Ausdruck, denen sich der Verfassungsgeber verpflichtet sieht. Handlungsaufträge resultieren aus den einschlägigen Ziel- und Aufgabennormen (insb. BV 2, 35, 54 Abs. 2).

- *«Vielfalt in der Einheit»:* Das 3. Element (ähnlich der Leitspruch der EU gemäss Art. I–8 Abs. 3 des Verfassungsvertrages) gründet im Wunsch nach einer toleranten Gesellschaft, begründet jedoch nicht ein «Toleranzgebot» (so aber EHRENZELLER, SG-Komm., Präambel, N 24).

- *«Bewusstsein der gemeinsamen Errungenschaften und der Verantwortung gegenüber den künftigen Generationen»:* Im 4. Element widerspiegelt sich der *janusköpfige* Charakter von Verfassungen, die typischerweise nicht nur in die Zukunft, sondern auch in die Vergangenheit blicken.
- *Muschg'sche Formel:* Das 5. Element («gewiss, dass ...») ruft grundlegende Einsichten betreffend das menschliche (Zusammen-)Leben in Erinnerung.

9 Nicht mehr erwähnt wird in der Präambel die «schweizerische Nation» (deren «Einheit, Kraft und Ehre [...] zu erhalten und zu fördern» ein zentraler Beweggrund der Verfassungsväter von 1848 und 1874 gewesen war). Dass der nicht unproblematische, aber im schweizerischen Kontext hilfreiche und bisher nicht missbrauchte Begriff aus der Verfassungspräambel verschwunden ist, gehört zu den (zum Glück nicht allzu zahlreichen) «Schönheitsfehlern» der neuen Bundesverfassung. Der neue Verfassungsbegriff «Schweizervolk» bietet keinen angemessenen Ersatz. Nach der Umbenennung der «Nationalsprachen» in «Landessprachen» (1996) verbleiben in der deutschen Fassung die Bezeichnungen «Nationalrat» (BV 148), «-bank» (BV 99) und «-strassen» (BV 83) sowie die Bezugnahme auf die «Vereinten Nationen» (BV 197 Ziff. 1), denen die Schweiz seit 2002 angehört.

10 Die Präambel erfüllt die ihr zugedachten Funktionen. Sie hat passagenweise geradezu literarische Qualitäten und verdient das Lob, das ihr allgemein zuteil wird, auch wenn sie nicht ganz frei von Redundanzen ist (vgl. MAHON, Comm., Préambule, N 11) und, sprachlich wenig elegant, den Kantonen menschliche Qualitäten («Bewusstsein», Einsichten usw.) zuschreibt.

Literaturhinweise

BERTSCHI MARTIN/GÄCHTER THOMAS, Schöne Worte?, in: Gächter/Bertschi, 3 ff.; EHRENZELLER BERNHARD, «Im Bestreben, den Bund zu erneuern», Festschrift Yvo Hangartner, St. Gallen/Lachen 1998, 981 ff.; SALADIN PETER, Zur Präambel einer revidierten Verfassung, Reformatio 1996/4, 270 ff.; WEILER J.H.H., Un'Europa cristiana, Milano 2003 (rechtsvergleichend).

1. Titel: Allgemeine Bestimmungen

1 Der kurze 1. Titel fasst einige grundlegende Bestimmungen zusammen, die das Gesamt-Staatswesen namens Schweizerische Eidgenossenschaft näher kennzeichnen sollen.

2 *Verzicht auf eine Strukturprinzipien-Bestimmung:* Zur Charakterisierung der Verfassungsordnung greift man in der neueren Lehre gerne auf Begriffe wie Demokratie, Rechtsstaatlichkeit, Bundesstaatlichkeit, Sozialstaatlichkeit bzw. Demokratie-, Rechtsstaats-, Bundesstaats- und Sozialstaatsprinzip zurück (vgl. z.B. TSCHANNEN, Staatsrecht, 81 ff.). Diese vier «tragenden Grundwerte» (HÄFELIN / HALLER) oder «verfassungsgestaltenden Prinzipien» (RHINOW) werden, je nach Autor, ergänzt durch das Nationalstaats- und das Wirtschaftsstaatsprinzip (vgl. PHILIPPE MASTRONARDI, Strukturprinzipien in der Bundesverfassung? Basel 1988), das Subsidiaritäts- und das Nachhaltigkeitsprinzip oder das Prinzip des «weltoffenen und kooperativen Verfassungsstaates» (RHINOW, Grundzüge, 39), bald vielleicht auch schon durch das Prinzip der Eigenverantwortung (vgl. BV 6). Über den rechtlichen Stellenwert solcher strukturbestimmender Prinzipien besteht keine letzte Klarheit. Der Verfassungstext selbst ist *(struktur-)prinzipienscheu*. Auf eine plakative «Selbstcharakterisierung» – etwa nach dem Muster von KV/BE 1 (SR 131.212) oder Art 20 des deutschen Grundgesetzes – hat der Verfassungsgeber mit gutem Grund verzichtet (vgl. H. KOLLER, Grundsätze, 27 ff.): Der demokratische, freiheitliche, soziale und bundesstaatliche Charakter der Eidgenossenschaft tritt in den Einzelbestimmungen der Verfassung genügend deutlich hervor; zudem kann man so der Gefahr von vorschnellen Ableitungen aus formelhaft-abstrakten Prinzipien besser entgegenwirken. Selbst der Begriff «Bundesstaat/bundesstaatlich» taucht im Verfassungstext nicht auf (eine Art Ersatz-Bundesstaatsklausel bietet BV 1), ebenso das Wort «Sozialstaat/sozialstaatlich». Der Begriff «Rechtsstaat/rechtsstaatlich» findet sich einzig in einer Sachüberschrift (BV 5: «Grundsätze rechtsstaatlichen Handelns»). Dreifach erwähnt wird der Begriff «Demokratie/demokratisch», allerdings nicht an Stellen mit zentraler Bedeutung für das politische System (Präambel; BV 51; BV 54). Das Wort «Republik/republikanisch» fehlt ganz (anders noch BV 1874 Art. 6 betreffend die Kantone); dennoch kann man sich in der Schweiz nur in der gesellschaftlichen Sphäre (z.B. als Schütze, Schwinger oder Walliser Kuh) Hoffnungen auf königliche Titel machen.

3 *Verzicht auf Staatssymbolik:* Anders als viele ausländische und etliche kantonale Verfassungen (vgl. z.B. KV/JU 5; KV/NE 3; KV/VD 2; KV/TI 3) oder der EU-Verfassungsvertrag (vgl. Art. I–8) verzichtet die Bundesverfassung – ungeachtet des hohen Identitätsstiftungsbedarfs – darauf, Attribute der Staatlichkeit (wie Flagge, Wappen, Wahlspruch, Nationalhymne) festzulegen. Einzig der «Bundesfeiertag» hat es zu verfassungsrechtlichen Weihen gebracht, wenn auch erst spät (1993) und (heute) eher verschämt im letzten Absatz der Bestimmung über die «Arbeit» platziert (BV 110). Mangels ausdrücklicher Kompetenzzuweisungen müssen sich Bundesregelungen weiterhin auf ungeschriebene Kompetenzen (kraft Bundesstaatlichkeit) stützen.

Art. 1 Schweizerische Eidgenossenschaft

Das Schweizervolk und die Kantone Zürich, Bern, Luzern, Uri, Schwyz, Obwalden und Nidwalden, Glarus, Zug, Freiburg, Solothurn, Basel-Stadt und Basel-Landschaft, Schaffhausen, Appenzell Ausserrhoden und Appenzell Innerrhoden, St. Gallen, Graubünden, Aargau, Thurgau, Tessin, Waadt, Wallis, Neuenburg, Genf und Jura bilden die Schweizerische Eidgenossenschaft.

1   Die Bestimmung geht im Kern auf die Bundesstaatsgründung zurück (BV 1848 Art. 1). Neu ist nicht mehr von den «vereinigten Völkerschaften der dreiundzwanzig souveränen Kantone» die Rede (so noch BV 1874 Art. 1 i.d.F. vom 24.9.1978), sondern vom «Schweizervolk», das zusammen mit den namentlich aufgeführten Kantonen die Schweizerische Eidgenossenschaft bildet. BV 1 gibt damit nicht nur Auskunft über den Bestand der Eidgenossenschaft (N 6), sondern äussert sich auch – wenn auch nicht abschliessend und eindeutig – zur Frage der «Konstruktion» des schweizerischen Bundesstaates (N 14).

2   *Statistisches:* Die ständige Wohnbevölkerung betrug Ende 2006 rund 7,507 Millionen. Die Einwohnerzahl der Kantone bewegt sich zwischen 1,273 Millionen (ZH) und rund 15'000 (AI), deren Fläche zwischen rund 7'100 km^2 (GR) und 37 km^2 (BS) bei einer Gesamtfläche von knapp 41'300 km^2.

Offizieller Name: Schweizerische Eidgenossenschaft

3   In der amtlichen *deutschsprachigen* Bezeichnung (vgl. auch BV 2 sowie den Titel der Verfassung) widerspiegelt sich ein «genossenschaftlicher» Grundzug schweizerischen Staats- und Verfassungsdenkens. Im Unterschied zur hergebrachten Genossenschaft als «Verbindung einer nicht geschlossenen Zahl von Personen», die «in gemeinsamer Selbsthilfe» bestimmte Zwecke verfolgen und dabei grundsätzlich «in gleichen Rechten und Pflichten» stehen (OR 828 und 854; SR 220), ist die Eidgenossenschaft allerdings ein Zwangsverband, dem sich das Individuum nur sehr bedingt entziehen kann (zur Auswanderungsfreiheit vgl. BV 24 Abs. 2; zur Möglichkeit der Entlassung aus dem Bürgerrecht vgl. BüG 42, SR 141.0).

4   In den Landessprachen lateinischen Ursprungs lässt der offizielle Staatsname *Confédération suisse, Confederazione svizzera, Confederaziun svizra* an einen Staatenbund (Konföderation) denken. Trotz solcher staatenbündischer Reminiszenzen steht ausser Zweifel, dass die Schweiz ein Bundesstaat ist. Erst nach der Bundesstaatsgründung eingeführt wurde die offizielle lateinische Bezeichnung *Confoederatio helvetica* (abgekürzt: CH; vgl. Art. 45 bzw. Anhang des internationalen Strassenverkehrsübereinkommens von 1968, SR 0.741.10; VTS 45, SR 741.41). Sie findet sich u.a. auf Münzen (seit 1879), auf dem Bundeshaus-Giebel (1902), auf dem Bundessiegel (seit 1948), bis vor kurzem (2005) im Internet-Auftritt der Bundesbehörden – vor allem, um keine der Landessprachen zu bevorzugen. Erst im Verlauf des Jahres 2006 gelang es dem Bund, sich die Domain-Namen Schweiz.ch, Suisse.ch, Svizzera.ch zu sichern.

5   Wo die Verfassung von der Eidgenossenschaft spricht, sind die Kantone mitenthalten (BV 1) und grundsätzlich mitverpflichtet (BV 2: allgemeine Staatsziele). Meist unterscheidet die Bundesverfassung indes zwischen Bund und Kantonen (vgl. BV 3, 41, 42, 43). Man könnte ver-

sucht sein, aus der gelegentlichen Verwendung des Begriffs «Schweizerische Eidgenossenschaft» abzuleiten, dass die Bundesverfassung der Theorie des dreigliedrigen Bundesstaates (Kelsen, Nawiasky) folgt und – neben Bund und Kantonen – noch einen (Bund und Kantone umschliessenden) «Gesamtstaat» kennt. Diese Lesart ist angesichts der Materialien (vgl. Botsch. BV, 125) alles andere als zwingend und wenig hilfreich.

Aufzählung der Kantone (Bestand und Staatsgebiet)

6 Die Aufzählung der 26 Kantone ist *abschliessend*. Jede Änderung im Bestand (Kantonstrennung, -vereinigung) bedarf der Verfassungsänderung (zur daraus resultierenden Bestandesgarantie vgl. N 4 zu BV 53). BV 53 Abs. 2 verschafft den betroffenen Kantonen und Bevölkerungen in Bezug auf die Revision von BV 1 ein (der Bundesverfassung sonst fremdes) Vetorecht. Da der Bund über kein eigenes Gebiet verfügt, ergibt sich aus BV 1 – Nennung der Kantone (implizit: ihres Gebietes) – das Territorium der Eidgenossenschaft (zum damit nicht deckungsgleichen Zollgebiet vgl. N 1 zu BV 133; zum ungeklärten Grenzverlauf am Bodensee vgl. MARIE-LOUISE GÄCHTER-ALGE, Der Bodensee, in: Jusletter 23.10.2006, Rz. 17 ff.).

7 Die *Reihenfolge* – zuerst die drei Vororte gemäss Bundesvertrag von 1815, dann die übrigen Kantone in der Reihenfolge ihres Eintritts in den Bund – ist Ausdruck geschichtlicher Entwicklungen und rechtlich ohne Belang. Die Kantone sind gleichwertig und gleichberechtigt (zu Relativierungen vgl. N 8, 10).

8 *Kantone mit halber Standesstimme* (früher: Halbkantone): Die neue Bundesverfassung kennt *keine Halbkantone* mehr (so noch BV 1874 Art. 72, 73, 123), sondern nur noch Kantone mit halber statt ganzer Standesstimme (BV 142) und mit bloss einem statt zwei Abgeordneten im Ständerat (BV 150). Die historischen Halbkantone sind in BV 1 jeweils an der Konjunktion «und» (eingefügt auf Wunsch der Halbkantone und der KdK; vgl. Botsch. BV, 125) zu erkennen (Ausnahme: «und» vor Jura). Ihre Aufwertung zu vollwertigen Kantonen hätte den Rahmen der «Nachführung» gesprengt (vgl. AB SD 1998 S 24, Votum Plattner).

Gleichbehandlung der Kantone

9 Die BV geht, ohne es ausdrücklich zu sagen, vom Grundsatz der *Gleichbehandlung der Kantone* aus (vgl. Botsch. BV, 125; SCHINDLER, 371 ff.; AUBERT, Bundesstaatsrecht I, 228 f.). Inhalt und Tragweite dieses *ungeschriebenen* – aus BV 1 und weiteren Bestimmungen ableitbaren – Grundsatzes sind auch nach über 150 Jahren Bundesstaat nicht restlos geklärt. Die BV ist in Bezug auf die Behandlung der Kantone nicht prinzipiell differenzierungsfeindlich (vgl. BV 46 Abs. 2: Umsetzung des Bundesrechts; BV 135: bundesstaatlicher Finanzausgleich). Sogar ein gewisser «Wettbewerb» um (knapp bemessene) Bundessubventionen oder die Honorierung besonderer Anstrengungen bei der Umsetzung des Bundesrechts erscheinen nicht von vornherein unzulässig (vgl. Botsch. NFA, BBl 2002 2347, 2550).

10 Ungleichbehandlungen bedürfen jedoch (ähnlich wie bei BV 8) stets einer *Rechtfertigung*, an die – je nach Regelungsmaterie – unterschiedlich strenge Anforderungen gestellt sind. Die Kernfrage ist, unter welchen Voraussetzungen der Bund die Kantone ungleich behandeln darf; damit verbunden sind die Frage nach den *Kriterien* (und ihrer rechtlichen Verankerung) sowie jene nach der Instanz, die dazu berufen ist, eine allfällige Differenzierung vorzunehmen. Je gewichtiger die Ungleichbehandlung, desto grösser das Bedürfnis nach solider de-

mokratischer Abstützung. Manches mag die Exekutive, anderes wird nur der Bundesgesetzgeber beschliessen können (vgl. BV 164; zum bundesstaatlichen Legalitätsprinzip vgl. auch N 7 zu BV 46), allenfalls sogar nur der Verfassungsgeber (vgl. BV 142 Abs. 4, BV 150 Abs. 2). Überlagert wird die Thematik durch den (freilich noch konturlosen) Grundsatz, dass Leistungen der Grundversorgung bundesweit in vergleichbarer Weise zugänglich sein müssen (vgl. BV 43a; vgl. Botsch. NFA, BBl 2002 2459).

Zu Stellung und Bedeutung des «Schweizervolks»

11 Die jüngste BV-Totalrevision ist die Geburtsstunde des Verfassungsbegriffs «Schweizervolk» *(peuple suisse, popolo svizzero, pievel svizzer)*. Ein Volk im herkömmlichen – ethno-linguistisch-kulturellen – Sinn existiert freilich nicht. So war es 1848, als man von den «Völkerschaften» (Plural) der Kantone sprach (Art. 1), so ist es noch heute (vgl. RHINOW, Grundzüge, 46). Die wesentlichen verbindenden Elemente sind die gemeinsame Geschichte sowie das gemeinsame «verfassungsrechtliche Dach» mit seinen Bundesinstitutionen und direktdemokratischen Verfahren. Die Schweizerische Eidgenossenschaft ist denn auch nicht eine Nation im hergebrachten Sinn, sondern in erster Linie eine «Verfassungsnation» (vgl. GIOVANNI BIAGGINI, Die Öffnung des Verfassungsstaates als Herausforderung für Verfassungsrecht und Verfassungslehre, Festschrift Yvo Hangartner, St. Gallen/Lachen 1998, 968) oder «Willensnation» (vgl. MACHERET, VRdCH, 135, 138), wenn man den älteren Begriff vorzieht.

12 Die Tragweite der Neuerung ist unklar. Der Begriff «Schweizervolk» dürfte primär eine Reminiszenz an die Doppelstruktur des Verfassungsgebers sein (vgl. N 14). Der ohnehin schon schillernde Begriff «Volk», der in der BV manchmal die Gesamtheit der Staatsangehörigen, manchmal nur die Stimmberechtigten, manchmal die gesamte (Wohn-)Bevölkerung meint (so z.B. in der Präambel und BV 149 Abs. 1; vgl. RHINOW, Grundzüge, 46 f.; BIAGGINI, Festschrift Moor, 3 ff.), wurde um eine weitere Facette bereichert (vgl. auch die italienische Fassung von BV 53 BV, wo der Eindruck entsteht, dass die Bürgerinnen und Bürger gleichzeitig zwei Völkern, nämlich dem «Schweizervolk» und dem Volk ihres Kantons, angehören). Am Fehlen eines Staatsvolkes (vgl. FLEINER/GIACOMETTI, Bundesstaatsrecht, 38) im ethno-linguistisch-kulturellen Sinn ändert sich dadurch nichts. Angesichts vieler Unklarheiten empfiehlt es sich, den Begriff (Schweizer-)«Volk» nicht substanzhaft zu deuten, sondern in einem formalen Sinn zu verstehen: als Gesamtheit der Staatsangehörigen (gegebenenfalls der Stimmberechtigten).

13 Die schweizerischen Erfahrungen zeigen, dass das Fehlen eines (relativ) homogenen Volkes kein Hinderungsgrund für die Demokratisierung einer Rechtsordnung sein muss. So haben die Väter des Bundesstaates nicht gezögert, auf Bundesebene sofort demokratische Strukturen und Verfahren einzurichten – mit nachhaltigem Erfolg. Faktoren wie eine gemeinsame Sprache, eine gemeinsame Identität, eine mehr oder weniger homogene Kultur erleichtern die Herausbildung einer gut funktionierenden Demokratie natürlich sehr. Aber die «Homogenität» darf nicht als Vorbedingung aufgefasst werden. In der heutigen EU sind die Schwierigkeiten beträchtlich. Eine europäische Öffentlichkeit und einen europäischen Diskurs gibt es heute erst ansatzweise. Dies spricht aber nicht gegen einen Auf- und Ausbau der Demokratie auf europäischer Ebene (GIOVANNI BIAGGINI, Direktdemokratische Legitimation der EU-Verfassung? in: Francis Cheneval u.a. [Hrsg.], Legitimationsgrundlagen der Europäischen Union, Münster 2005, 349 ff.).

Zur «Konstruktion» des Bundesstaates

14 Gemäss BV 1848 und 1874 Art. 1 bildeten «(d)ie durch gegenwärtigen Bund vereinigten Völkerschaften der (...) souveränen Kantone (...) in ihrer Gesamtheit die Schweizerische Eidgenossenschaft». Nach den Worten des BV 1 (kritisch AUBERT, Comm., Art. 1, N 14) bilden fortan das «Schweizervolk und die Kantone» die Schweizerische Eidgenossenschaft. Diese (in VE 96 Art. 1 noch nicht enthaltene) eigenartige «Doppelkonstruktion», in welcher Gesamtbevölkerung und Gebietskörperschaften zu einer neuen Einheit zu verschmelzen scheinen, darf natürlich nicht wörtlich genommen werden. Es handelt sich in erster Linie um einen Verweis auf die traditionelle Doppelstruktur des Verfassungsgebers («Volk und Stände»; vgl. auch RHINOW, Grundzüge, 106 f.). Dieser Verweis darf nicht überinterpretiert werden: Eine abschliessende Aussage zum Bundesstaatsverständnis hat der Verfassungsgeber nicht angestrebt, erst recht nicht einen Paradigmenwechsel. Auch sonst entzieht sich die Bundesverfassung durch Mehrdeutigkeiten mit Erfolg einer Vereinnahmung durch eine bestimmte Bundesstaatstheorie (vgl. N 3 vor BV 42). Immerhin zeigt die Entstehungsgeschichte (vgl. z.B. AB SD 1998 S 24, Votum Frick), dass man – durch Einbezug des «Schweizervolks» – den Eindruck vermeiden wollte, die Kantone allein seien die «Träger der Eidgenossenschaft» (HAFNER/SCHWEIZER, SG-Komm., Art. 1, N 2). Wie die Präambel zeigt, leugnet die neue BV nicht, dass die Eidgenossenschaft (historisch) «von unten» her, d.h. von den (freilich teils widerwilligen) Kantonen her gewachsen ist. Richtig ist aber auch, dass die moderne Eidgenossenschaft neben der föderalistisch-historischen eine demokratisch-nationale Dimension aufweist (jetzt im Begriff «Schweizervolk» verkörpert) und dass sie nicht zur Disposition der Kantone steht. Im Übrigen hat und braucht die Eidgenossenschaft keine «Träger», steht sie doch seit Bundesstaatsgründung fest auf eigenen Beinen. – Ironie der Geschichte: Ohne die Intervention der KdK, die zur «historisierenden» Formulierung in VE 96 Art. 1 führte (vgl. Botsch. BV, 124), wäre es vielleicht nicht zur Geburt des «Schweizervolks» (in den parlamentarischen Beratungen) gekommen.

Literaturhinweise

BIAGGINI GIOVANNI, Das «Problem» des fehlenden europäischen Volkes, Festschrift Pierre Moor, Bern 2005, 3 ff.; GERBER ANTON, Die strukturellen Grundlagen des Schweizerischen Bundesstaates, BV-CF 2000, 7 ff.; HUBER HANS, Die Gleichheit der Gliedstaaten im Bundesstaat, ZÖR 1968, 247 ff.; SCHINDLER DIETRICH (jun.), Differenzierter Föderalismus, Festschrift Ulrich Häfelin, Zürich 1989, 371 ff.; SCHINDLER DIETRICH (sen.), Die Gleichheit der Kantone im Bundesstaat, in: DERS., Recht, Staat, Völkergemeinschaft, Ausgewählte Schriften, Zürich 1948, 147 ff.

Art. 2   Zweck

¹ Die Schweizerische Eidgenossenschaft schützt die Freiheit und die Rechte des Volkes und wahrt die Unabhängigkeit und die Sicherheit des Landes.

² Sie fördert die gemeinsame Wohlfahrt, die nachhaltige Entwicklung, den inneren Zusammenhalt und die kulturelle Vielfalt des Landes.

³ Sie sorgt für eine möglichst grosse Chancengleichheit unter den Bürgerinnen und Bürgern.
⁴ Sie setzt sich ein für die dauerhafte Erhaltung der natürlichen Lebensgrundlagen und für eine friedliche und gerechte internationale Ordnung.

1   Die Bestimmung geht im Kern auf die Bundesstaatsgründung zurück (vgl. BV 1848 Art. 2; BV 1874 Art. 2). Die Zielvorgaben in Abs. 2–4 sind, mit Ausnahme des Wohlfahrtsziels, Zutaten von 1999.

BV 2 als Staatszielbestimmung

2   *Rechtsnatur und Adressat:* Ungeachtet des Sachtitels ist BV 2 eine *Staatszielbestimmung* und, entgegen verbreiteter Auffassung (vgl. Botsch. BV, 126), nicht ein «Zweckartikel» im Sinne der klassischen Staatszwecklehre (trotz inhaltlicher Parallelen). Denn es geht hier nicht primär um die Rechtfertigung des Staates an sich bzw. der Eidgenossenschaft im Besonderen (was ohnehin nicht Aufgabe einer einzelnen Verfassungsbestimmung sein kann), sondern (nur, aber immerhin) um die rechtlich verbindliche *Vorgabe* von relativ allgemein gehaltenen *Zielen* und Aufgaben. BV 2 zeichnet ein beeindruckendes Porträt moderner Staatlichkeit, ohne allerdings die Erreichung der genannten Ziele sicherstellen zu können. *Adressat* ist die Eidgenossenschaft als Ganze, d.h. nicht nur der Bund, sondern, in ihrem Zuständigkeitsbereich, auch die Kantone.

3   *Geschichtlicher Hintergrund:* Die (verfassungsvergleichend singuläre) Bezeichnung («Zweckartikel») bzw. Artikel-Überschrift («Zweck») erklärt sich historisch: Ein Staatenbund als relativ lose Verbindung auf vertraglicher Grundlage dient naturgemäss der Verfolgung – vertraglich vereinbarter – *gemeinsamer Zwecke*. Die «Zweckartikel» der BV 1848 und der BV 1874 knüpften sprachlich an diese staatenbündische Tradition an («Der Bund hat zum Zweck»; vgl. auch MONNIER, 415 ff.), was im aktuellen Titel (BV 2) nachklingt.

4   *Normativer Gehalt:* Als Staatszielbestimmung hat BV 2 in erster Linie *programmatische* Bedeutung (vgl. AUBERT, Comm., Art. 2, N 2). «Positiv» gewendet: BV 2 ist eine *Impulsnorm* (vgl. RHINOW, Komm. aBV, Art. 31bis, N 24 ff.), die vor allem die staatsleitenden Behörden (Parlament, Regierung) anspricht und diese, gegebenenfalls, zum Handeln anhält. Auch wenn der Gestaltungsspielraum ganz erheblich ist, handelt es sich um eine verpflichtende Bestimmung – weshalb von einem «fliessende(n) Übergang» zwischen BV 2 und der (unverbindlichen) Präambel allenfalls in thematischer (EHRENZELLER, SG-Komm., Art. 2, N 11), nicht jedoch in normativer Hinsicht gesprochen werden kann. BV 2 kann weiter als Konkretisierungs- und Auslegungshilfe dienen, sei es bei anderen Verfassungsnormen (z.B. BV 5, BV 36: Begriff des öffentlichen Interesses), sei es bei Normen des einfachen Rechts (vgl. BGE 132 II 305, 321; vgl. auch AUBERT, Comm., Art. 2, N 12). «Negativ» gesprochen: BV 2 begründet weder Bundeskompetenzen noch einklagbare individuelle Rechte, etwa auf Herstellung gleicher Chancen (AUBERT, Comm., Art. 2, N 11). Aus der Sicht der Bürgerinnen und Bürger hat BV 2 daher vor allem «Orientierungsfunktion» (EHRENZELLER, SG-Komm., Art. 2, N 2). – Den Kantonen bleibt es unbenommen, sich (z.B. in der KV) weitere grundlegende Ziele zu setzen. Insoweit hat BV 2 keinen abschliessenden Charakter (vgl. AUBERT, Comm., Art. 2, N 7). Auch muss BV 2 nicht vorgängig revidiert werden, wenn der Bund eine neue grundlegende Aufga-

be angehen will; die Ziele des BV 2 dürfen jedoch nicht in Mitleidenschaft gezogen werden. BV 2 wird wohl (wie schon seine Vorgänger) kaum Partialrevisionen erleben, vielmehr Zeitzeugnis bleiben (vgl. auch EHRENZELLER, SG-Komm., Art. 2, N 5).

5 *Innere Systematik:* Aus der Abfolge der einzelnen Absätze bzw. Ziele lässt sich keine allgemeine Rangordnung ableiten. BV 2 nennt keine Kriterien für die Auflösung von Zielkonflikten (vgl. Botsch. BV, 126). Die genannten Staatsziele haben somit prinzipiell gleiches Gewicht. Dass der bundesrätliche Entwurf die Reihenfolge «entsprechend der praktischen Wichtigkeit» festlegte (Botsch. BV, 127) und, im Vergleich zu BV 1874 Art. 2, gewisse Umstellungen vornahm, bedeutet keine Gewichtsverlagerung.

Hinweise zu den einzelnen Elementen (Staatszielen)

6 Die Zielvorgaben des BV 2 werden in der Verfassung an anderer Stelle durchweg wieder aufgegriffen, meist in etwas konkreterer Form. Daraus ergibt sich eine Art «Ziel- bzw. Konkretisierungspyramide» (für das Wohlfahrtsziel: BV 2 – BV 41 – BV 112, AHV). Mit den vier zuerst genannten hergebrachten Zielen (vgl. BV 1848 Art. 2) knüpft BV 2 thematisch an die vier klassischen Staatszwecke an (vgl. Botsch. BV, 126: Freiheits-, Sicherheits-, Gemeinschafts- und Wohlfahrtszweck).

7 *Schutz der Freiheit und der Rechte des Volkes:* Neben den aus heutiger Sicht im Vordergrund stehenden *individuellen* Freiheiten bzw. politischen Rechten (vgl. BV 7 ff., BV 34) klingt auch eine kollektiv-genossenschaftliche Dimension an («Freiheit», im Singular, des Kollektivsubjekts «Volk»), weiter auch die Rolle des (liberalen) Staates als Beschützer der Freiheit (AUBERT, Komm. aBV, Art. 2, N 16) und die Figur der staatlichen Schutzpflicht (vgl. auch Botsch. BV, 126; deutlicher: BV 35). – Das Ziel wird wieder aufgegriffen und konkretisiert, insb. in BV 7 ff. (Grundrechtskatalog), BV 51, BV 52, BV 136 ff.

8 *Wahrung der Unabhängigkeit und der Sicherheit des Landes:* Die Eidgenossenschaft ist heute nicht mehr wie Mitte Februar 1848 (als sich die Revisionskommission an die Ausarbeitung der ersten Bundesverfassung machte) von lauter Monarchien umgeben. Das Unabhängigkeitsziel ist im Lichte zunehmender internationaler Interdependenzen und des friedenssichernden Einigungsprozesses in Europa auszulegen und zu verwirklichen (vgl. MALINVERNI, 1 ff.; DANIEL THÜRER, Der Verfassungsstaat als Glied einer europäischen Gemeinschaft, VVDStRL 50, 1991, 97 ff.). Weil der aktuelle «Zweckartikel» das Unabhängigkeitsziel nicht mehr an erster Stelle nennt (sondern gleichsam in einem Atemzug mit anderen Zielen, Abs. 1), sollte der neue BV 2 besser als seine Vorgänger gegen «isolationistische» Missdeutungen gewappnet sein. Neben der äusseren ist auch die innere Sicherheit angesprochen. – Die beiden Ziele werden wieder aufgegriffen und konkretisiert in BV 54 Abs. 2, BV 57 ff.

9 *Förderung der gemeinsamen Wohlfahrt:* Der Passus kann heute als ein grundsätzliches Bekenntnis zur Sozialstaatlichkeit («Sozialstaatsklausel») verstanden werden (EHRENZELLER, SG-Komm., Art. 2, N 17; vgl. auch RHINOW, Komm. aBV, Art. 31bis, N 31). Angesprochen sind auch die Förderung des wissenschaftlichen, wirtschaftlichen und zivilisatorischen Fortschritts (Errichtung öffentlicher Werke, Verkehrs-, Bildungs-, Kreditwesen; vgl. Botsch. BV, 127; KÖLZ, Verfassungsgeschichte I, 283, 286, 612 f.). – Das Ziel wird wieder aufgegriffen und konkretisiert, insb. in BV 41, BV 94, BV 100.

10 *Förderung der nachhaltigen Entwicklung:* Die Zielvorgabe knüpft begrifflich und inhaltlich an den sog. Brundtland-Bericht (WELTKOMMISSION FÜR UMWELT UND ENTWICKLUNG, Unsere gemeinsame Zukunft, Greven 1987) an (vgl. AB SD 1998 N 130; vgl. auch BGE 132 II 305, 320), ohne dass damit eine exakte Übernahme oder verfassungsrechtliche Versteinerung jenes Konzepts verbunden wäre. – Das Ziel wird wieder aufgegriffen und konkretisiert in BV 54 Abs. 2, BV 73, BV 74, BV 104, BV 126.

11 *Förderung des inneren Zusammenhalts* (franz.: cohésion) *und der kulturellen Vielfalt des Landes.* – Die inhaltlich nicht leicht fassbaren Ziele werden wieder aufgegriffen und konkretisiert in BV 69, BV 70.

12 *Herstellung möglichst grosser Chancengleichheit unter den Bürgerinnen und Bürgern:* Die normative Tragweite der im Parlament umstrittenen Bestimmung ist begrenzt, da sich keine einklagbaren Rechte ableiten lassen. Gemeint sind nicht nur *Staats*bürgerinnen und -bürger. – Das Ziel wird wieder aufgegriffen und konkretisiert in BV 8 Abs. 3 und Abs. 4, BV 41.

13 *Einsatz für die dauerhafte Erhaltung der natürlichen Lebensgrundlagen:* Das Ziel wird wieder aufgegriffen und konkretisiert in BV 54 Abs. 2, BV 73, BV 74, BV 89, BV 104.

14 *Einsatz für eine friedliche und gerechte internationale Ordnung:* Die Zielklausel verlangt «in keiner Weise eine bestimmte Form der internationalen Zusammenarbeit» (Botsch. BV, 128), präjudiziert mithin nicht die Frage des Beitritts der Schweiz zu internationalen oder supranationalen Organisationen. – Das Ziel wird wieder aufgegriffen und konkretisiert in BV 54 Abs. 2.

Literaturhinweise

BERTSCHI MARTIN/GÄCHTER THOMAS, Schöne Worte?, in: Gächter/Bertschi, 3 ff.; HEBEISEN MICHAEL W., Staatszwecke, Staatsziele, Staatsaufgaben, Chur/Zürich 1996; KÄGI-DIENER REGULA, Zweck und Aufgaben der Eidgenossenschaft aus bundesstaatlicher Sicht, ZSR 1998 II 491 ff.; MALINVERNI GIORGIO, L`indépendance de la Suisse dans un monde interdépendant, ZSR 1998 II, 1 ff.; MASTRONARDI PHILIPPE, Der Zweck der Eidgenossenschaft als Demokratie, ZSR 1998 II, 317 ff.; MONNIER VICTOR, Les origines de l`Art. 2 de la Constitution fédérale de 1848, ZSR 1998 II, 415 ff.; RICHLI PAUL, Zweck und Aufgabe der Eidgenossenschaft im Lichte des Subsidiaritätsprinzips, ZSR 1998 II, 139 ff.

Art. 3 Kantone

Die Kantone sind souverän, soweit ihre Souveränität nicht durch die Bundesverfassung beschränkt ist; sie üben alle Rechte aus, die nicht dem Bund übertragen sind.

1 Die Bestimmung geht – im Sinn eines gezielten «Traditionsanschlusses» (vgl. Botsch. BV, 129; AB SD 1998 N 136) – wörtlich (1. Halbsatz) bzw. mit geringfügigen redaktionellen Anpassungen (2. Halbsatz) auf BV 1848 Art. 3 zurück (wortgleich: BV 1874 Art. 3), wenn man vom Verlegenheitstitel («Kantone») absieht, der nicht zu erkennen gibt, dass es hier um die *Grundregel* der bundesstaatlichen Kompetenzverteilung *par excellence* geht. Geblieben sind damit auch die Fragen und Schwierigkeiten terminologischer wie inhaltlicher Natur, die die Bestimmung von jeher aufwirft.

2 Der Begriff *«Souveränität»* («Zuhöchstsein») meint – in der von JEAN BODIN (Six Livres de la République, 1576, I.8.) begründeten Tradition – die dem *Staat* eigene *höchste* (unabgeleitete), *unbeschränkte* (absolute), *zeitlich unbegrenzte* (permanente), *unteilbare* Befehls- und Zwangsgewalt (vgl. HALLER/KÖLZ, 12 ff.). Der souveräne Machtträger hat niemanden über oder neben sich, ist nicht von anderen abhängig und muss seine Macht nicht teilen, weder in den äusseren Beziehungen (äussere Souveränität) noch im Inneren (innere Souveränität). – Zur Problematik des Souveränitätsbegriffs vgl. N 3 und 20.

Stellung und Funktion der Bestimmung

3 Die Bestimmung handelt – nicht als einzige (vgl. BV 43 ff.) – von der *Stellung der Kantone im Bundesstaat*. Vordergründig scheint es um die Frage der Souveränität (im Bundesstaat) zu gehen. Für die heutige Leserschaft etwas überraschend attestiert BV 3 den Kantonen ausdrücklich «Souveränität». Auch wenn sich BV 3 zur Stellung des Bundes nicht direkt äussert, scheint die Vorstellung einer zwischen Bund und Gliedstaaten «geteilten» Souveränität (DE TOCQUEVILLE) anzuklingen. Bei genauerem Hinsehen verkehrt sich die vordergründige Aussage des BV 3 in ihr Gegenteil: Der Bundesverfassungsgeber hat es in der Hand, die kantonale Souveränität zu «beschränken»; die Entscheidung über die Zuweisung der Kompetenzen im Bundesstaat wird auf *Bundesebene* durch *Organe des Bundes* (Volk und Stände) getroffen. Die «Souveränität» der Kantone ist somit dem Bund (Bundesverfassungsgeber) überantwortet. Dieser besitzt die sog. «Kompetenz-Kompetenz» und ist der «eigentliche» Träger von Souveränität, wenn man am althergebrachten, aber problematischen Begriff (vgl. HALLER/KÖLZ, 12 ff.) überhaupt festhalten will. – In historischer Sicht handelt es sich um einen formelhaften Kompromiss in der Auseinandersetzung zwischen den Befürwortern einer festeren staatlichen Einheit und den Verteidigern der «Kantonssouveränität» (föderalistisches Lager). Die Kompromissformel ist von hohem Symbolgehalt, stellt aber letztlich doch wohl nur ein «Trostpflaster» dar für den unwiderruflichen Souveränitätsverlust, den die Kantone, die schon vor Bundesstaatsgründung nicht im vollen Sinne souverän waren (vgl. SCHWEIZER, SG-Komm., Art. 3, N 6), im Jahr 1848 mehr oder weniger freiwillig hingenommen haben.

4 Die eigentliche (rechtliche) Bedeutung des BV 3 liegt darin, dass hier – wenn auch in verklausulierter Form – das praktisch äusserst wichtige bundesstaatliche *Prinzip der* (begrenzten) *Einzelermächtigung* normiert wird (ähnlich BV 42).

Prinzip der Einzelermächtigung (Verfassungsvorbehalt)

5 Der Bund verfügt – wegen BV 3 – nur über jene Zuständigkeiten, die ihm die Bundesverfassung zuweist *(Prinzip der Einzelermächtigung)*. Will der Bund eine neue Aufgabe aufgreifen und besitzt er dafür noch keine Grundlage in der Bundesverfassung, so muss er die Verfassung zuerst im Verfahren gemäss BV 192 ff. entsprechend ergänzen. Für Bundesaufgaben besteht mit anderen Worten ein *Verfassungsvorbehalt* (Botsch. BV, 129).

6 Die Kompetenzzuweisung geschieht im Wesentlichen im «Aufgabenteil» der Bundesverfassung (3. Titel, 2. und 3. Kapitel: BV 54–135), vereinzelt auch an anderer Stelle (z.B. BV 40).

7 Die nicht (via Bundesverfassung) dem Bund zugewiesenen Zuständigkeiten verbleiben bei den Kantonen, die grundsätzlich selbst bestimmen können, welche Aufgaben sie im Rahmen ihrer Zuständigkeiten erfüllen wollen (vgl. BV 43). BV 3 hat insoweit die Funktion einer (sub-

sidiären) *Generalklausel* zu Gunsten der Kantone. Neu anfallende Staatsaufgaben fallen in den Kompetenzbereich der Kantone, soweit und solange nicht eine Bundeskompetenz schon besteht bzw. neu geschaffen wird. Die in BV 43 primär angesprochene Freiheit des «Ob» reduziert sich allerdings nicht selten auf eine Freiheit des «Wie», weil die Bundesverfassung mit allgemeinen und speziellen Zielvorgaben häufig nicht nur den Bund, sondern auch die Kantone zum Handeln verpflichtet (vgl. insb. BV 2: allgemeine Staatsziele; BV 41: Sozialziele; BV 57: innere Sicherheit; BV 89: Energiepolitik; BV 94: günstige Rahmenbedingungen für die private Wirtschaft).

8   BV 3 begründet keine «Kompetenzvermutung» zu Gunsten der Kantone. Die Bundesverfassung (und die in ihr enthaltenen kompetenzrelevanten Bestimmungen) sind vielmehr nach den allgemeinen Regeln auszulegen – weder *per se* restriktiv noch *per se* bundesfreundlich (vgl. SCHWEIZER, SG-Komm., Art. 3, N 10; vgl. auch BGE 130 I 156, 162). Das schweizerische Bundesverfassungsrecht kennt neben ausdrücklichen Bundeskompetenzen auch sog. *stillschweigende* oder implizite Bundeskompetenzen. Man unterscheidet (näher N 10 vor BV 42):
- stillschweigende Kompetenzen kraft Sachzusammenhangs (sinnvollerweise mit inbegriffene Befugnisse);
- stillschweigende Kompetenzen kraft bundesstaatlicher Struktur betreffend Aufgaben, die in einem Bundesstaat sinnvollerweise nur der Bund erfüllen kann (z.B. Festlegung von Flagge und Wappen; von bundesstaatlichen Kollisionsregeln, BGE 130 I 156, 162).

Ob es darüber hinaus ungeschriebene Bundeskompetenzen gibt, ist umstritten (näher N 10 vor BV 42).

9   *Keine «Kompetenzverteilungsregel»:* BV 3 äussert sich nicht zur Frage, nach welchen Kriterien die Kompetenzen zwischen Bund und Kantonen verteilt werden sollen. Vgl. zu diesem Problem BV 5a, BV 43a.

10   Vereinzelt werden in der BV Kompetenzen der Kantone erwähnt (vgl. z.B. BV 62 Abs. 1: Schulwesen; BV 69 Abs. 1: Kultur; BV 78 Abs. 1: Natur- und Heimatschutz). Solche Vorschriften haben in der Regel nur *deklaratorische* (klarstellende) Bedeutung, da sie der Grundregel des BV 3 nichts hinzufügen. Anders verhält es sich bei BV 56 (kantonale Kompetenz zum Abschluss bestimmter völkerrechtlicher Verträge), der eine Ausnahme von einer allgemeineren Regel (BV 54) statuiert.

11   Zu den Methoden der Kompetenzumschreibung, den Kompetenzarten und ihren Wirkungen auf die Kantone vgl. N 9 ff. vor BV 42. Zur Auflösung von Konflikten vgl. BV 44 (Verhandlung und Vermittlung), BV 49 (Vorrang des Bundesrechts) sowie BV 189 (Klage).

12   *Beschränkungen der kantonalen Souveränität:* Entgegen dem etwas zu engen Wortlaut des BV 3 können sich Beschränkungen nicht nur aus der Bundesverfassung selbst, sondern auch aus der verfassungsausführenden Bundes*gesetzgebung* ergeben. «Souveränitätsbeschränkend» wirken aufgrund von BV 190 auch kompetenzwidrig erlassene Bundesgesetze. Beschränkungen der kantonalen Souveränität ergeben sich zudem aus dem Völkerrecht, namentlich aus den vom Bund abgeschlossenen Verträgen.

13   Eine *Selbstbeschränkung* ergibt sich durch Verträge, welche ein Kanton mit dem Ausland (vgl. BV 56), mit anderen Kantonen (BV 48) oder (soweit zulässig) mit dem Bund abschliesst.

«Rechte, die nicht dem Bund übertragen sind» (2. Halbsatz)

14 *Funktion:* Der aus sich heraus nicht ohne weiteres verständliche 2. Halbsatz spricht, im Sinne einer Auffangklausel, Hoheitsbefugnisse oder «Hoheitsrechte» (vgl. VE 96 Art. 35; Botsch. BV, 210) an, welche – wie die aus der Gebietshoheit fliessende Polizeihoheit (Botsch. BV, 130) – mit den herkömmlichen Begriffen der bundesstaatlichen Kompetenzlehre möglicherweise nicht zureichend erfasst werden. Eine analoge Wendung war bereits in der Mediationsakte enthalten. Darüber, ob der Passus wirklich nötig oder nicht doch überflüssig ist, lässt sich trefflich (aber letztlich fruchtlos) streiten. Das Verteilungsprinzip ist dasselbe: Was nicht dem Bund übertragen ist, steht den Kantonen zu. Immerhin kann man den Passus als fortwirkende Bestätigung dafür lesen, dass bei der Bundesstaatsgründung nicht die Absicht bestand, die Kantone zu blossen Selbstverwaltungskörpern des Bundes zu degradieren (als die sie mitunter bezeichnet wurden; vgl. FLEINER/GIACOMETTI, 47, Zweitbearbeiter).

15 Zu den Rechten im Sinne des 2. Halbsatzes kann man auch das Recht, sich eine eigene Verfassung zu geben, zählen («Verfassungshoheit»). Die Kantonsverfassungen (vgl. BV 51) leiten sich nicht vom Bund ab. Bester Beleg dafür ist die vom 24. Mai 1847 datierende *Constitution de la République et Canton de Genève*.

16 Nicht angesprochen sind hier die den Kantonen kraft Bundesrecht zustehenden Mitwirkungsrechte im Bund (vgl. BV 45).

17 Das Wort «Rechte» ist insofern missverständlich, als es suggeriert, die Kantone seien von Bundesrechts wegen frei, diese Rechte auszuüben oder nicht. Dies trifft nicht durchweg zu (vgl. BV 51: Pflicht, sich eine Verfassung zu geben; vgl. auch AUBERT, Comm., Art. 3, N 13).

Staatlichkeit der Kantone

18 Auch wenn die Kantone nicht im hergebrachten Sinn «souverän» sind und als Gliedstaaten fest in das unauflösliche Gebilde des Bundesstaates eingebunden sind, kann man den Kantonen dennoch «Staatlichkeit» attestieren (vgl. BGE 128 I 280, 285; GERHARD SCHMID, Die Bedeutung gliedstaatlichen Verfassungsrechts in der Gegenwart, VVDStRL 46, 1988, 92 ff.): Sie verfügen über eine vollständige Staatsorganisation (Parlament, Regierung, Justiz), besitzen eine (verfassungsvergleichend) sehr weitgehende Verfassungs-, Organisations-, Aufgaben- und Finanzautonomie (vgl. BV 51), üben Gebietshoheit aus, besitzen sogar (wenn auch eng begrenzte) Befugnisse im völkerrechtlichen Verkehr (vgl. BV 56). Die Kantone verstehen sich zu Recht als eigenständige Gemeinwesen und tun dies in ihren Verfassungen meist deutlich kund. – Wer nach einer «Staatlichkeitsgarantie» zu Gunsten der Kantone Ausschau hält, wird sich in erster Linie im 1. Kapitel des 3. Titels umsehen müssen (vgl. insb. BV 47, 51); in BV 3 wird man nicht fündig (anders z.T. Botsch. BV, 130).

Zum Souveränitätsbegriff

19 «Souveränität» ist ein schillernder Begriff. In der allgemeinen Staats- und Verfassungslehre entwickelt und entfaltet, hat der Souveränitätsbegriff auch in der politischen Alltagssprache («Souverän» als Synonym für «Volk und Stände») und vereinzelt im positiven Recht Fuss gefasst, so in verschiedenen, auch neueren, Kantonsverfassungen (vgl. z.B. KV/LU § 1, KV/VS 1, KV/SH 1, KV/ZH 1), auf völkerrechtlicher Ebene nicht zuletzt in Art. 2 der UNO-Charta (SR 0.120; «Grundsatz der souveränen Gleichheit» aller Mitglieder); im Bundesrecht einzig in BV 3.

20 *Relativierungen der Souveränität:* Das klassische Souveränitätsverständnis (vgl. vorne N 2) ist zu Recht in die Kritik geraten, sowohl was die Innenseite als auch was die Aussenseite betrifft. Im Zeitalter des grundrechtsgewährleistenden, international verflochtenen demokratischen Verfassungsstaates ist für eine unbeschränkte, gegen Kontrollen und rechtliche Bindungen immune Gewalt kein Platz. Von den überkommenen Attributen der Souveränität bleibt heute im Wesentlichen:
– (nach innen) dass ein Staat das demokratisch legitimierte, grundrechtskonforme Recht notfalls mit Zwangsgewalt durchsetzen können muss;
– (nach aussen) dass nur Staaten, nicht aber Gliedstaaten vollberechtigte Mitglieder der internationalen Staatengemeinschaft sein können.

Die Schweizerische Eidgenossenschaft kann heute nur in einem stark relativierten Sinn «Souveränität» beanspruchen. Auch der «Souverän» (Volk und Stände) ist rechtlich verfasst und eingebunden, mithin nicht «souverän» im klassischen Verständnis (vgl. BV 193).

21 *Antiquierte Terminologie?* Vor diesem Hintergrund erstaunt es, dass der Bundesverfassungsgeber den Kantonen «Souveränität» attestiert (nicht: «zuerkennt», wie man gelegentlich liest, denn entweder sind die Kantone, unabhängig von der Aussage in BV 3, souverän, oder sie sind es nicht, was BV 3 zwar übertünchen, aber nicht ändern kann). Man kann sich mit Fug fragen, ob es sinnvoll war, das «Trostpflaster» von 1848 in eine Verfassung für das 21. Jahrhundert aufzunehmen (und damit eine Renaissance des Souveränitätsbegriffs in den kantonalen Verfassungen auszulösen, vgl. KV/SH 1, KV/ZH 1). Man sollte indes nicht vorschnell urteilen, denn die antiquierte Formel des BV 3 weist einen geradezu modernen Zug auf, indem sie die Beschränkbarkeit, letztlich auch die Beschränktheit, der Souveränität herausstreicht.

Literaturhinweise

HANGARTNER YVO, Artikel 3 der Bundesverfassung, Festschrift Martin Lendi, Zürich 1998, 155 ff.; JAAG TOBIAS, Die Rechtsstellung der Kantone in der Bundesverfassung, VRdCH, 473 ff.; SALADIN PETER, Bund und Kantone, ZSR 1984 II, 431 ff.

Art. 4 Landessprachen

Die Landessprachen sind Deutsch, Französisch, Italienisch und Rätoromanisch.

1 *Herkunft und Kontext:* Die auf die Bundesstaatsgründung zurückgehende Regelung (BV 1848 Art. 109; BV 1874 Art. 116) wurde 1938 (Aufnahme des Rätoromanischen) sowie 1996 modifiziert (Umbenennung der *National-* in *Landes*sprachen) und, redaktionell angepasst, in die neue BV überführt. Mit Sprachenfragen befassen sich auch: BV 18 (Sprachenfreiheit), BV 70 (Sprachen), ferner BV 8 Abs. 2 (Verbot der Diskriminierung wegen der Sprache), BV 31 Abs. 2 (Freiheitsentzug), BV 175 Abs. 4 (Wahl des Bundesrates), früher auch BV 188 (i.d.F. vom 18.4.1999). – Zum bewegten Werdegang des Sprachenverfassungsrechts vgl. BIAGGINI, DVBl 2005, 1090 ff.; zum früher aus BV 1874 Art. 116 abgeleiteten sog. Territorialitätsprinzip vgl. N 11 zu BV 70.

2 *Viersprachigkeit:* Die Bestimmung handelt von der *Viersprachigkeit* der Schweiz, die heute als ein identitätsprägendes Wesensmerkmal gilt. In geschichtlicher Perspektive war die Eidgenossenschaft zunächst ein ausschliesslich, später hauptsächlich einsprachiges Gebilde. Die Idee der Dreisprachigkeit fasste erst im Gefolge der Französischen Revolution Fuss (1798). Die BV 1848 begnügte sich damit, die «drei Hauptsprachen» zu – grundsätzlich gleichgestellten – «Nationalsprachen des Bundes» zu erklären (Art. 109). Zu einer ersten Polarisierung entlang der Sprachgrenzen kam es im Zusammenhang mit der ersten Totalrevision der Bundesverfassung, ohne dass sich dies in sprachenbezogenen Verfassungsbestimmungen niedergeschlagen hätte. Die «Sprachenverfassung» blieb unverändert, bis die Schweizer Stimmberechtigten in der Volksabstimmung vom 20.2.1938 (unter dem Eindruck der Ereignisse in den Nachbarstaaten) der vom Kanton Graubünden initiierten *Aufwertung des Rätoromanischen* zur vierten «Nationalsprache» (BV 1874 Art. 116) mit überwältigender Mehrheit zustimmten (91,4% Ja-Stimmen, alle Standesstimmen). An der Dreiheit der Amtssprachen änderte sich bis 1996 nichts (vgl. N 1 zu BV 70). Im Rückblick erscheint die «feierliche Anerkennung» der rätoromanischen Sprache (und Kultur) in erster Linie als nationalbewusstseinsprägender Akt symbolischer Verfassungsgebung.

3 *Realien:* Die Verbreitung der vier Landessprachen ist sehr unterschiedlich (Ergebnisse der Volkszählung 2000, Einwohner nach Hauptsprache; Quelle: Statistisches Jahrbuch 2004 bzw. www.statistik.admin.ch):
– Deutsch: 4,64 Mio. (63,7% – über 72%, wenn man nur Personen mit schweizerischer Staatsangehörigkeit zählt);
– Französisch: 1,485 Mio. (20,4%);
– Italienisch: 0,471 Mio. (6,5%);
– Rätoromanisch: 35'100 (0,5% – 1941 waren es noch rund 1,1%);
– weitere Sprachen: 0,65 Mio. (9,0%).

Die Situation des Rätoromanischen ist nicht nur in quantitativer Hinsicht eine besondere, denn die vierte Landessprache besteht aus mehreren recht unterschiedlichen Idiomen und kennt fünf regionale Schriftsprachen (vgl. N 6 zu BV 70). Zudem fehlt der sprachgeografische Bezug zu einem grösseren Sprachgebiet im angrenzenden Ausland, während Deutsch, Französisch und Italienisch je auf ein sprachliches und kulturelles «Hinterland» (so BBl 1991 II 322) zählen können. Von nicht zu unterschätzender Bedeutung ist weiter, dass auch die *Deutschschweiz* und die *Romandie* keine homogenen Gebilde sind. Identitätsprägend sind in erster Linie die Kantone als traditionsreiche politische Grundeinheiten. Bedeutsam ist weiter, dass die Sprachgrenzen nicht durchwegs entlang den Kantonsgrenzen verlaufen und es neben drei *zweisprachigen* Kantonen (Bern/Berne, Fribourg/Freiburg, Valais/Wallis) einen *dreisprachigen* Kanton (Graubünden/Grischun/Grigioni) gibt. Die Kantone Tessin und Jura gelten als einsprachig, obwohl es je eine traditionell deutschsprachige Gemeinde gibt (Bosco Gurin bzw. Ederswiler). Hinzu kommen zweisprachige Gemeinden und Städte, darunter Biel/Bienne, mit rund 50'000 Einwohnern die neuntgrösste Stadt der Schweiz. Das Bündner Dorf Bivio/Beiva (mit rund 200 Einwohnern) ist *de facto* dreisprachig (vgl. BGer, Urteil vom 7.5.1982, ZBl 1983, 356 ff.; gemäss Volkszählung 2000: 113 Deutsch, 60 Italienisch, 25 Romanisch; andere: 6).

4   Die *normative Tragweite* des «grundsatzartigen» BV 4 ist wenig klar. Immerhin hat die Bestimmung mehr als nur deklaratorische Bedeutung: Sie soll eine *prinzipielle Gleichberechtigung* zum Ausdruck bringen (Botsch. BV, 136; vgl. auch BGE 131 V 35, 40) und verpflichtet die *Adressaten* (neben dem Bund auch die Kantone) in genereller Weise zur Respektierung und Erhaltung der vier Sprachen. Unmittelbar praxisrelevant sind indes vorab die übrigen Bestimmungen des «Sprachenverfassungsrechts», namentlich BV 70 als Grundlage für die Sprachen(vielfalts)politik. BV 4 hat dagegen (ähnlich wie BV 2) primär den Charakter einer allgemeinen Zielvorgabe.

5   Die *prinzipielle Gleichberechtigung* wird im Bund nicht immer konsequent praktiziert. So begnügt sich LGV 26 (SR 817.02), anders als in einem mehrsprachigen Land zu erwarten, bei Lebensmitteln grundsätzlich mit der Kennzeichnung in *einer* Amtssprache. Die bundesrätliche Regelung, die aus der LMV (1995) übernommen wurde, ist nicht zuletzt deshalb bemerkenswert, weil sich der Bundesrat in der Botschaft zur Revision des Sprachenartikels darüber beklagt hatte, dass «auf Anschriften zahlreicher Konsumartikel sowie vieler Heilmittel das Italienische und das Romanische» fehlen (BBl 1991 II 317). Dass italienisch- und romanischsprachige Voten im Parlament die Ausnahme bilden, kann nicht weiter verwundern. «Denn niemand wird in der Regel in einer Sprache reden wollen, welche die überwältigende Mehrheit des Rates nicht versteht, es sei denn, es liege ein besonderer gelegentlicher Grund vor oder er rede zum Fenster hinaus» (so die bundesrätliche Botschaft vom 1.6.1937 über die Anerkennung des Rätoromanischen als Nationalsprache, BBl 1937 II 8, aus einem Schreiben der Bündner Regierung zitierend; vgl. immerhin die Beratungen zum geplanten BG über die Landessprachen, AB 2007 N, 21.6.2007, Voten Gadient, Simoneschi, Cathomas, Robbiani).

6   Die rechtliche Tragweite lässt sich im Übrigen vor allem «negativ» charakterisieren: BV 4 begründet *keine einklagbaren Rechtsansprüche* (weder für Individuen noch für Sprachgruppen) und *keine Bundeskompetenz* und verlangt weder vom Bund noch von den Kantonen, die Landessprachen als Amtssprachen anzuerkennen. Auch steht BV 4 der Nutzung anderer Sprachen im Verkehr zwischen Behörden und Privaten nicht prinzipiell im Weg, sofern weder gesetzliche Vorschriften noch Drittinteressen entgegenstehen (vgl. immerhin die bundesgerichtliche Ermahnung an die Adresse des BAKOM im Urteil 2A.206/2001 vom 24.7.2001, Swisscom AG, Erw.3.b.bb, Verfügungen in einer Amtssprache des Bundes abzufassen und nicht, wie geschehen, in Englisch). Auch der Einführung einer Nicht-Landessprache als Unterrichtssprache an Hochschulen (vgl. ETH-Gesetz 12 Abs. 1, SR 414.110) oder als erste Fremdsprache in der Grundschule (sog. «Frühenglisch») steht BV 4 nicht prinzipiell entgegen. Doch sollte man erwarten dürfen, dass Diplomurkunden, die standardmässig in einer deutschen und englischen Fassung abgegeben werden, auf Verlangen auch in einer anderen Landessprache erhältlich sind (so jetzt § 53 der Rahmenordnung der Rechtswissenschaftlichen Fakultät der Universität Zürich vom 13.4.2005). – Ein Hang zum Englischen zeigt sich auch bei der Benennung von Amtsstellen der öffentlichen Verwaltung: Bezeichnungen wie Swissmint, Swissmedic, Swisstopo oder Skyguide lassen sich nur schwer auf eine der Landessprache zurückführen. Allerdings sollte man nicht vorschnell von einem Verstoss gegen BV 4 sprechen. Sonst werden auch eingelebte Bezeichnungen wie «Pro Helvetia» problematisch, die belegen, dass die Schweiz trotz Vormarsch des Englischen mit ihrem Latein noch nicht am Ende ist (zur offiziellen lateinischen Landesbezeichnung *Confoederatio helvetica* vgl. N 3 zu BV 1).

Literaturhinweise (vgl. auch die Hinweise bei BV 18 und BV 70)

BIAGGINI GIOVANNI, Sprache als Kultur- und Rechtsgut, Deutsches Verwaltungsblatt (DVBl) 2005, 1090 ff.; BORGHI MARCO, Langues nationales et langues officielles, VRdCH, 593 ff.; GUCKELBERGER ANNETTE, Das Sprachenrecht der Schweiz, ZBl 2005, 609 ff.; RICHTER DAGMAR, Sprachenordnung und Minderheitenschutz im schweizerischen Bundesstaat, Berlin usw. 2005; SCHWEIZER RAINER J., Sprache als Kultur- und Rechtsgut, VVDStRL 65, 2006, 346 ff.; WIDMER JEAN u.a., Die Schweizer Sprachenvielfalt im öffentlichen Diskurs, Bern 2004; «Zustand und Zukunft der viersprachigen Schweiz»: Abklärungen, Vorschläge und Empfehlungen einer Arbeitsgruppe des Eidgenössischen Departements des Innern» (Bern 1989).

Art. 5   Grundsätze rechtsstaatlichen Handelns

¹ Grundlage und Schranke staatlichen Handelns ist das Recht.

² Staatliches Handeln muss im öffentlichen Interesse liegen und verhältnismässig sein.

³ Staatliche Organe und Private handeln nach Treu und Glauben.

⁴ Bund und Kantone beachten das Völkerrecht.

1   Die Bestimmung, die keine direkte Vorläuferin hat, vereint fünf Grundsätze rechtsstaatlichen Handelns, welche unter der BV 1874 noch überwiegend zum (in Lehre und Praxis anerkannten) ungeschriebenen Verfassungsrecht gehörten. Zur Entwicklung der Rechtsstaatlichkeit vgl. GIOVANNI BIAGGINI, Grundstrukturen staatlichen Verfassungsrechts: Schweiz (§ 10), in: Armin von Bogdandy u.a. (Hrsg.), Handbuch des Öffentlichen Rechts in Europa, Band I: Nationales Verfassungsrecht, Heidelberg 2007, N 45 ff., 64 ff.

Rechtsstaatlichkeit und Verfassung

2   Die BV äussert sich weder hier noch an anderer Stelle näher dazu, was unter Rechtsstaat *(État régi par le droit)* oder Rechtsstaatlichkeit zu verstehen ist. Diese Offenheit hat Tradition (und System) und ihren guten Grund (vgl. N 2 vor BV 1). Der Begriff «Rechtsstaat» hat seine Karriere im 19. Jahrhundert als (rechtspolitischer) «Kampfbegriff» begonnen. Auch heute noch ist er zu konturlos, um als Grundlage für handfeste Ableitungen dienen zu können. Das Wort «Rechtsstaat/rechtsstaatlich» kommt denn auch im Bundesrecht nur gelegentlich vor: auf Verfassungsstufe bloss einmal (BV 5), in der Bundesgesetzgebung vereinzelt, so etwa in BWIS 1, StGB 260quinquies, im Dienstreglement der Schweizerischen Armee vom 22.6.1994 (SR 510.107.0) oder in OV-EJPD 6 und 7 (SR 172.213.1), wo das Bundesamt für Justiz (BJ) als (verwaltungsinterner) Hüter der Rechtsstaatlichkeit präsentiert wird. Dazu passt, dass in der höchstrichterlichen Rechtsprechung das «Rechtsstaatsprinzip» nur beiläufig erwähnt wird (vgl. BGE 128 I 113, 126; BGE 130 I 388, 391: «Grundsatz der Rechtsstaatlichkeit»).

3   Wichtiger als der Begriff («Rechtsstaat») und seine Definition ist die wirksame Absicherung rechtsstaatlicher Grundanliegen. Diesem Thema widmet die neue BV viel Aufmerksamkeit (BV 5, 7 ff., 35 f., 189, 191c u.a.m.; vgl. KOLLER/BIAGGINI, EuGRZ 2000, 337 ff.). Hinzu kommen völkerrechtliche Sicherungen (insb. EMRK).

4   *Rechtsnatur:* Bei den in BV 5 versammelten rechtsstaatlichen Grundsätzen handelt es sich, mit einzelnen Ausnahmen, um «blosse» *Verfassungsgrundsätze*, nicht um verfassungsmässige (Individual-)*Rechte* (i.S.v. BGG 116; vgl. BGE 131 I 91, 99; N 5 zu BV 189). Dies kann bei der Rechtsdurchsetzung im Rahmen der Verfassungsgerichtsbarkeit von Belang sein (vgl. BGE 130 I 1, 5), spielt jedoch im Rahmen der ordentlichen (Verwaltungs-) Gerichtsbarkeit gewöhnlich keine entscheidende Rolle (vgl. z.B. BGE 131 II 13, 44: Gutheissung einer Beschwerde wegen Verletzung des Legalitätsprinzips). – *Ausnahmen* (verfassungsmässige Rechte) sind das früher aus BV 1874 Art. 4 abgeleitete, heute in BV 5 Abs. 1 enthaltene strafrechtliche Legalitätsprinzip («keine Strafe ohne Gesetz»; *nulla poena sine lege*) und das abgabenrechtliche Legalitätsprinzip (BGE 129 I 161, 162 f.; Einordnung bei BV 127 in BGE 132 I 117, 120).

5   Die Aufzählung ist *nicht abschliessend*. Weitere rechtsstaatlich motivierte Grundsätze werden an anderer Stelle genannt (vgl. z.B. BV 35, BV 146, BV 191c), andere, wie z.B. das Verbot der Rückwirkung, gehören auch unter der neuen BV im Wesentlichen zum ungeschriebenen Verfassungsrecht. Das teils rechtsstaatlich, teils demokratisch motivierte Prinzip der Gewaltenteilung ist gemäss Bundesgericht «durch sämtliche Kantonsverfassungen explizit oder implizit» garantiert (vgl. N 12 zu BV 51) und als verfassungsmässiges Recht anerkannt (BGE 130 I 1, 5) und geschützt (BV 189), allerdings nicht als Teil der Verfassungsordnung des *Bundes* (wenn man vom Verhältnis Bundesrat – Bundesversammlung absieht).

6   *Adressaten* (Verpflichtete) sind sowohl der Bund als auch die Kantone (unter Einschluss der Gemeinden). Erfasst werden – unabhängig davon, ob es um Fragen der eingreifenden oder der leistenden Verwaltung geht (vgl. BGE 130 I 1, 5 für das Legalitätsprinzip) – alle Staatsorgane (inkl. Gesetzgeber, Volk), auch der in Privatrechtsform auftretende Staat (MAHON, Comm., Art. 5, N 5), ebenfalls Private, die mit der Erfüllung öffentlicher Aufgaben betraut sind (vgl. HANGARTNER, SG-Komm., Art. 5, N 3).

Abs. 1: Grundsatz der Gesetzmässigkeit (Legalitätsprinzip)

7   *Inhalt:* Das hier verankerte Legalitätsprinzip (auch: Grundsatz der Gesetzmässigkeit) weist zwei Komponenten auf:
   – *Erfordernis der gesetzlichen (rechtssatzmässigen) Grundlage* (auch: Vorbehalt des Gesetzes, Rechtssatzvorbehalt, vgl. N 8 ff.);
   – *Bindung* aller staatlichen Instanzen an das vorgegebene (geltende und gültige) Recht (auch: Vorrang des Gesetzes; vgl. hinten N 12 f.).

8   *Gesetzesvorbehalt (Vorbehalt des Rechtssatzes):* Dieser (zum Teil auch demokratisch motivierte) Teilgrundsatz «besagt, dass ein staatlicher Akt sich auf eine materiellgesetzliche Grundlage stützen muss, die hinreichend bestimmt und vom staatsrechtlich hierfür zuständigen Organ erlassen worden ist» (BGE 130 I 1, 5). Es geht hier um die Absicherung der grundlegenden rechtsstaatlichen Postulate der *Rechtssicherheit* (Voraussehbarkeit) und der *Rechtsgleichheit*. Die Regelung muss ordnungsgemäss kundgemacht worden sein (für den Bund: PublG, SR 170.512; zur Frage der Vorwirkung vgl. HANGARTNER, SG-Komm., Art. 5, N 10.), eine *generell-abstrakte* Struktur aufweisen (Rechtssatz) und so formuliert sein, dass Private ihr Verhalten danach ausrichten können (vgl. HANGARTNER, SG-Komm., Art. 5, N 9). Ein blosser Gesetzgebungsauftrag bildet gewöhnlich keine taugliche Grundlage für das Handeln rechtsanwendender Behörden (zum

Doppelbesteuerungsverbot gemäss BV 1874 Art. 46, heute BV 127, und anderen Ausnahmefällen vgl. BIAGGINI, Verfassung und Richterrecht, 455 ff.).

9   BV 5 Abs. 1 verlangt *nicht*, dass sich die rechtliche Grundlage in einem Gesetz im formellen Sinn (erlassen vom Gesetzgeber, d.h. vom Parlament, allenfalls in Verbindung mit dem Volk) findet. Es genügt grundsätzlich auch eine – kompetenzgemäss – von einer Exekutivbehörde erlassene Verordnung. Das – mehr demokratisch als rechtsstaatlich motivierte – Erfordernis der Gesetzesform (Gesetzesvorbehalt i.e.S.) kann sich jedoch aus anderen Verfassungsnormen ergeben: BV 36 Abs. 1 (Gesetzesform für schwerwiegende Einschränkungen von Grundrechten); BV 127 Abs. 1 (Gesetzesform im Steuerrecht des Bundes); BV 164 (Gesetzesform für wichtige rechtsetzende Bestimmungen des Bundes).

10   *Bestimmtheitsgebot als Element des Legalitätsprinzips:* Die Anforderungen an die sog. *Normbestimmtheit* (Klarheit, Präzision) variieren. Sie sind im Bereich der eingreifenden Verwaltung gewöhnlich strenger als im Bereich der leistenden Verwaltung oder im Bereich des Organisationsrechts (näher N 12 zu BV 36; vgl. BGE 132 I 49, 58 ff.; BGE 132 II 13, 29; BGE 128 I 327, 339; vgl. auch BGE 131 II 271, 278: Bestimmtheitsgebot bei BV 127).

11   *Ausnahmen:* In Fällen ernster, unmittelbarer und nicht anders abwendbarer Gefahr kann ausnahmsweise ohne besondere rechtssatzmässige Grundlage direkt gestützt auf die sog. *polizeiliche Generalklausel* gehandelt werden (vgl. aus grundrechtlicher Sicht BV 36 Abs. 1). Die übrigen rechtsstaatlichen Bindungen (insb. Verhältnismässigkeit, Grundrechte) bestehen weiterhin. – Eine Abstützung auf *ungeschriebenes Recht* (Richterrecht, Gewohnheitsrecht) kommt nur ausnahmsweise in Betracht (vgl. HANGARTNER, SG-Komm., Art. 5, N 17). – Die früher mitunter zugelassene Abstützung staatlichen Handelns auf blosse Sachherrschaft (insb. über öffentlichen Grund und Boden; vgl. BGE 121 I 279, 283: Festlegung einer Bewilligungspflicht) dürfte unter der neuen Bundesverfassung nicht mehr zulässig sein, jedenfalls dann nicht, wenn Grundrechte tangiert sind (vgl. auch TSCHANNEN/ZIMMERLI, 440.)

12   *Vorrang des Gesetzes* (näher BIAGGINI, Verfassung und Richterrecht, 289 ff.): BV 5 Abs. 1 verlangt

– von den *rechtsanwendenden* Behörden, dass sie sich an das gesetzte Recht halten (Rechts- bzw. *Gesetzesbindung);*

– von den *rechtsetzenden* Behörden, dass sie die durch das übergeordnete Recht gesetzten Schranken nicht überschreiten *(Respektierung der Normenhierarchie);* die Verordnung muss sich im Rahmen des Gesetzes, das Gesetz im Rahmen der Verfassung bewegen (zum Völkerrecht vgl. hinten N 26 ff.); eine gesetzliche Regelung darf nur im Verfahren der Gesetzgebung geändert werden, nicht durch blosses Verordnungsrecht *(Grundsatz der Parallelität der Formen).*

Die Bundesverfassung enthält keine Bestimmung, die in allgemeiner Weise über die Hierarchie der Normen (bzw. das System der Rechtsquellen) Auskunft gibt. Unter Ausblendung etlicher Besonderheiten ergibt sich die folgende Reihung: Bundesverfassung – Bundesgesetz (BV 164) – Verordnung der Bundesversammlung (BV 163) – Verordnung des Bundesrates (BV 182) – interkantonales Recht (BV 48 Abs. 5 i.d.F. vom 3.10.2003, noch nicht in Kraft) – kantonales Recht (BV 49).

13 Die Bindung an das gesetzte Recht bezieht sich auf *gültige*, mit dem übergeordneten Recht in Einklang stehende Normen. Die rechtsanwendenden Behörden sind – jedenfalls dem Grundsatz nach – verpflichtet, die anzuwendende Vorschrift *vorfrageweise* auf ihre Vereinbarkeit mit dem übergeordneten Recht zu überprüfen (zu Grenzen der Normenkontrolle vgl. N 4 ff. zu BV 190). Dabei stellen sich u.U. schwierige Auslegungs- und Vorgehensfragen, auf die hier nicht näher eingegangen werden kann (vgl. HANGARTNER, SG-Komm., Art. 5, N 18 ff.; BERNHARD RÜTSCHE, Rechtsfolgen von Normenkontrollen, ZBl 2005, 273 ff.; GIOVANNI BIAGGINI, Abstrakte und konkrete Normenkontrolle, ius.full 2006, 164 ff.).

14 *Zur Kritik am Legalitätsprinzip:* Das Gesetzmässigkeitsprinzip wird in jüngerer Zeit (vor allem in der heute stark betriebswirtschaftlich geprägten Verwaltungsreformdiskussion) häufig als «zu starr» und «reformfeindlich» kritisiert. Bei näherem Hinsehen erweist sich die oft pauschal vorgetragene Kritik am Legalitätsprinzip häufig als unberechtigt, denn das Problem sind in der Regel nicht «überhöhte» Anforderungen an die Ausgestaltung der gesetzlichen Grundlage (Normstufe und -bestimmtheit) – die einschlägigen Verfassungsnormen (BV 5, BV 36, BV 164) lassen gewöhnlich durchaus Raum für flexible Regelungen –, sondern *vorbestehende* Regelungen, die (aus heutiger Sicht) viel zu detailliert sind (ohne dass aber das Legalitätsprinzip eine derart detaillierte Regelung gefordert hätte). Wenn das bestehende Gesetz den gewünschten Spielraum nicht gewährt, so ist es Sache des *Gesetzgebers* (nicht der reformfreudigen Verwaltungseinheiten), das bestehende «Korsett» durch entsprechende Rechtsänderungen zu lockern (Parallelität der Formen). Das kann zeitaufwändig und mühsam sein, ist aber aus rechtsstaatlich-demokratischen Gründen unabdingbar. Der Grundsatz des Gesetzesvorbehalts, der die Regelung bestimmter grundlegender Fragen im Gesetz selbst verlangt (vgl. N 3 ff. zu BV 164), stellt dabei gewöhnlich keine übermässig hohe Hürde dar.

Abs. 2: Erfordernis des öffentlichen Interesses

15 *Funktion:* Dass staatliches Handeln stets am Allgemeinwohl ausgerichtet sein muss, ist zwar eine Selbstverständlichkeit, verdient aber dennoch ausdrücklich festgehalten zu werden. Denn die Gefahr, dass Mandatsträger oder Staatsangestellte das staatliche Handlungsinstrumentarium zur Verwirklichung rein privater Interessen (oder von Sonderinteressen bestimmter Gruppen) zu nutzen versuchen, besteht heute auch in unseren Breitengraden durchaus (auch wenn derart eklatante Beispiele, wie sie sich während der Legislatur 2001/06 in Italien zutrugen, hierzulande nicht zu verzeichnen sind).

16 *Ermittlung:* Die Bundesverfassung definiert den *Begriff* des öffentlichen Interesses nicht näher, spielt aber gleichwohl eine wichtige Rolle bei der Ermittlung des öffentlichen Interesses, denn aus den zahlreichen Zielbestimmungen und Aufgabennormen ergeben sich wichtige Rückschlüsse. Ein Verfassungsvorbehalt für öffentliche Interessen besteht indes nicht: Diese können, müssen aber nicht in der Verfassung erwähnt sein. Es gibt keinen *numerus clausus* der öffentlichen Interessen. Entgegen einer früher recht verbreiteten Auffassung gehören auch *fiskalische Interessen* zu den öffentlichen Interessen (ebenso HANGARTNER, SG-Komm., Art. 5, N 29), doch fallen sie nicht überall gleich ins Gewicht.

17 Die Vielfalt und Gegenläufigkeit der legitimen öffentlichen Interessen hat fast zwangsläufig Ziel- bzw. *Interessenkollisionen* zur Folge. BV 5 Abs. 1 äussert sich nicht zum Umgang mit solchen Kollisionen. Praxis und Lehre wenden die Methode der *Interessenabwägung* an (vgl. TSCHANNEN/ZIMMERLI, 196 ff.; BGE 128 II 1, 10).

18 Bei der Interessenermittlung und -abwägung steht dem Gesetzgeber ein beträchtlicher *Bewertungs-, Prognose- und Gestaltungsspielraum* zu. Bei Grundrechtseinschränkungen sind die tendenziell strengeren Anforderungen gemäss BV 36 Abs. 2 zu beachten (vgl. auch MAHON, Comm., Art. 5, N 13). – Zum öffentlichen Interesse bei der Aufgabenauslagerung vgl. N 27 zu BV 178.

Abs. 2: Grundsatz der Verhältnismässigkeit

19 Der Grundsatz der Verhältnismässigkeit gehört zu den traditionsreichen allgemeinen Rechtsgrundsätzen des Verwaltungsrechts (näher MOOR, I, 416 ff.). Die neue Bundesverfassung erhebt das Verhältnismässigkeitsprinzip in den Rang eines *geschriebenen Verfassungsgrundsatzes*.

20 Von grosser praktischer Bedeutung war und ist das Verhältnismässigkeitsprinzip als Voraussetzung für Grundrechtseinschränkungen (BV 36 Abs. 3). Zur Bedeutung für die Bundesaufsicht über die Kantone vgl. N 26 zu BV 49; HANGARTNER, SG-Komm., Art. 5, N 32 (mit Hinweisen).

21 Als allgemeiner Verfassungsgrundsatz (jenseits grundrechtsbezogener Fragen) hat das Verhältnismässigkeitsprinzip noch keine sehr klaren Konturen erlangt. Man darf aber davon ausgehen, dass staatliches Handeln auch hier im Wesentlichen drei Teilanforderungen zu genügen hat (vgl. auch HANGARTNER, SG-Komm., Art. 5, N 33 ff.), nämlich dass es:

- *geeignet* sein muss, den angestrebten Zweck zu erfüllen (wobei hier wohl kein allzu strenger Massstab anzulegen ist);
- *erforderlich* sein muss, d.h. in sachlicher, örtlicher, zeitlicher, persönlicher usw. Hinsicht nicht weiter gehen darf als nötig, um das verfolgte öffentliche Interesse zu verwirklichen;
- *angemessen* sein muss, d.h. dass der verfolgte Zweck und die getroffene Massnahme nicht in einem Missverhältnis zueinander stehen dürfen.

Ob BV 5 Abs. 2 einer «überschiessende(n) Verrechtlichung» Vorschub leistet (so die Befürchtung von HANGARTNER, SG-Komm., Art. 5, N 32), bleibt abzuwarten. Zur Tragweite beim (baurechtlichen) Wiederherstellungsbefehl BGE 132 II 21, 40.

Abs. 3: Grundsatz von Treu und Glauben

22 Im Rahmen der Totalrevision wurde der in Rechtsprechung und Lehre allgemein anerkannte, auch im Zivilrecht bedeutsame (ZGB 2) Grundsatz von Treu und Glauben gleich doppelt verfassungstextlich verankert:

- als allgemeiner Verfassungsgrundsatz (BV 5 Abs. 3);
- als verfassungsmässiges Individualrecht, das Anspruch darauf gibt, «von den staatlichen Organen (...) nach Treu und Glauben behandelt zu werden» (BV 9).

23 *Inhalt:* Gefordert ist loyales Verhalten im Rechtsverkehr (HANGARTNER, SG-Komm., Art. 5, N 39). Verletzt wird der Grundsatz etwa durch widersprüchliches oder missbräuchliches Verhalten oder durch Täuschung (MAHON, Comm., Art. 5, N 15). Praktische Bedeutung hat vor allem der (auch grundrechtlich garantierte) Anspruch auf Schutz des berechtigten Vertrauens in behördliche Zusicherungen und Auskünfte (näher N 13 ff. zu BV 9).

24 *Adressaten (Verpflichtete):* Das Gebot des Handelns nach Treu und Glauben richtet sich nicht nur an *alle staatlichen Organe* (unter Einschluss von Gesetzgeber, Parlament und Regierung), sondern ausdrücklich *auch an Private* (vgl. BGE 131 I 166, 177). Der Verfassungswortlaut lässt offen, ob generell (d.h. auch im Privatrechtsverkehr) oder nur im Verhältnis zu den Behörden. Da für beide Bereiche auf Gesetzesstufe Regeln bestehen, die dem Schutz von Treu und Glauben dienen (für den Privatrechtsverkehr vgl. insb. ZGB 2), ist die Frage von eher theoretischem Interesse. Im Übrigen ist der grundsatzartig formulierte Abs. 3 für sich allein nicht geeignet, zu Lasten Privater direkt sanktionierbare Handlungspflichten (i.S.v. verfassungsmässigen Grundpflichten) zu begründen. Praktisch bedeutsam ist, dass widersprüchliches Verhalten eines Beschwerdeführers keinen Rechtsschutz findet (vgl. z.B. VPB 69.16 [2005], Entscheid der Eidgenössischen Zollrekurskommission vom 29.7.2004; zum Zusammenhang mit der Frage des *Rechtsmissbrauchs*, verstanden als zweckwidrige Verwendung eines Rechtsinstituts, vgl. auch BGE 131 I 166, 177).

25 Ein Handeln nach Treu und Glauben ist auch im Verkehr *zwischen* verschiedenen Gemeinwesen – vertikal (z.B. Bund–Kanton) wie horizontal (z.B. Kanton–Kanton) – und zwischen verschiedenen Staatsorganen (z.B. Regierung–Parlament) geboten.

Abs. 4: Beachtung des Völkerrechts

26 *Problematik:* Das Verhältnis Völkerrecht – Landesrecht (Zuordnung, Rangfrage usw.) gehört nicht nur in der Schweiz zu den schwierigsten und umstrittensten (und interessantesten) juristischen Fragestellungen der Gegenwart. Indem BV 5 Abs. 4 dem Bund und den Kantonen in allgemeiner Weise vorgibt, «das Völkerrecht» zu «beachten», nimmt die neue Bundesverfassung zu dieser Thematik Stellung, allerdings ohne alle offenen Fragen beantworten zu wollen. Der Verfassungsgeber war bestrebt, die Vorrangfrage möglichst im Sinne der «Nachführungsidee» (vgl. N 4 der Einleitung), d.h. entsprechend der in der zweiten Hälfte der 1990er Jahre vorherrschenden Auffassung, zu regeln (was hier nur in knapper Form nachgezeichnet werden kann).

27 *Völkerrechtliche Aspekte:* Zu den Grundprinzipien des allgemeinen Völkerrechts gehört, dass die Staaten ihre vertraglich eingegangenen Verpflichtungen nach Treu und Glauben zu erfüllen haben *(pacta sunt servanda).* Die Missachtung völkerrechtlicher Normen kann nicht durch eine Berufung auf innerstaatliche Rechtsnormen gerechtfertigt werden. Diese völkergewohnheitsrechtlichen Grundregeln sind heute auch in Art. 26 und 27 der Wiener Vertragsrechtskonvention vom 23.5.1969 (SR 0.111) niedergelegt (vgl. BGE 125 II 417, 224 f.; BGE 122 II 485, 487). Das Völkerrecht überlässt es jedoch den Staaten, *wie* sie diesen völkerrechtlichen Grundregeln landesintern Nachachtung verschaffen. Eine Grundregel «Völkerrecht bricht Landesrecht» kennt das Völkerrecht nicht (SCHINDLER, Festschrift Heini, 323).

28 *Unmittelbare Geltung und unmittelbare Anwendbarkeit:* Wie schon die BV 1874 (vgl. SCHINDLER, in: Riklin et al., 110 ff.) geht auch die neue Bundesverfassung, ohne es ausdrücklich zu sagen, von einem *monistischen* Grundkonzept aus: Völkerrecht und Landesrecht bilden danach Teile einer einheitlichen Rechtsordnung. Völkerrechtliche Verträge erlangen mit ihrer völkerrechtlichen Verbindlichkeit ohne weiteres auch innerstaatlich Geltung und sind für alle staatlichen Organe verbindlich. Anders als in Staaten, die in der Tradition des Dualismus stehen, ist ein besonderer Akt der Überführung (Transformation) in die nationale Rechtsordnung entbehrlich (vgl. Botsch. BV, 134; VPB 64.20 [2000]; KELLER, Rezeption, 344 ff.; DIES., Rechtsvergleichende Aspekte zur Monismus-Dualismus-Diskussion, SZIER 1999, 225 ff.; zur Scharnier- und Brückenfunktion der Verfassung vgl. BIAGGINI, FS Hangartner, 970 f.). Von parlamentarischer Seite erhobene Forderungen nach einem Systemwechsel (u.a. Motion Baumann, 3.10.1996, 96.3482n; vgl. auch HANGARTNER, SJZ 1998, 206) blieben ohne Erfolg. Aus der unmittelbaren Geltung folgt nicht automatisch die *unmittelbare Anwendbarkeit* (Behördensicht) bzw. die Möglichkeit, sich *direkt* auf eine völkerrechtliche Norm zu berufen (Bürgerperspektive). Hier sind nicht nur *völkerrechtliche*, sondern auch *landesrechtliche* Faktoren im Spiel (insb. Stellung des Rechtsanwenders im Gewaltengefüge), was in Rechtsprechung und Lehre nicht immer deutlich genug betont wird. Das Bundesgericht bejaht die direkte Anwendbarkeit einer staatsvertraglichen Bestimmung, «wenn die Bestimmung inhaltlich hinreichend bestimmt und klar ist, um im Einzelfall Grundlage eines Entscheides zu bilden; die Norm muss mithin justiziabel sein, die Rechte und Pflichten des Einzelnen zum Inhalt haben, und Adressat der Norm müssen die rechtsanwendenden Behörden sein» (BGE 124 III 90, 91, mit weiteren Hinweisen) und nicht nur der Gesetzgeber. Massgeblich ist nicht die Natur eines Vertrags insgesamt; zu klären ist vielmehr, ob die im konkreten Fall anzuwendende vertragliche Einzelnorm *self-executing* (unmittelbar anwendbar) oder *non self-executing* ist. Bei Normen mit menschenrechtlichem Hintergrund bejaht die schweizerische Praxis die unmittelbare Anwendbarkeit meist recht grosszügig, wenn auch nicht durchgehend (vgl. z.B. BGE 120 Ia 1 ff. zu UNO-Pakt I Art. 13 Abs. 2 Bst. c, SR 0.103.1: Erhöhung der Studiengebühren an der Universität Zürich); im Bereich des internationalen Wirtschaftsrechts herrscht (manchmal über-)grosse Zurückhaltung (vgl. BGE 131 II 13, 40 f., mit Hinweisen; BGE 131 II 271, 297; BGE 125 II 293, 306), wobei sich (auch hier) das Problem oft durch völkerrechtskonforme Auslegung lösen lässt (vgl. z.B. VPB 70.18 [2006], Erw.13.5; Rekurskommission für Infrastruktur und Umwelt, Entscheid vom 20.10.2005).

29 *Die Rangfrage unter der BV 1874:* In der BV 1874 fehlte eine ausdrückliche Stellungnahme zum Verhältnis von Völkerrecht und Landesrecht. In der Gerichts- und Behördenpraxis sowie in der Lehre war die Auffassung vorherrschend, dass das Völkerrecht im Konfliktfall grundsätzlich dem nationalen Recht vorgehe. Praxis und Lehre sahen freilich – in unterschiedlichem Umfang und mit unterschiedlichen Begründungen – Ausnahmen vor (statt vieler THÜRER, Komm. aBV, Bundesverfassung und Völkerrecht, N 13 ff.). Unter Berufung auf eine Gemeinsame Stellungnahme des Bundesamtes für Justiz und der Direktion für Völkerrecht zum «Verhältnis zwischen Völkerrecht und Landesrecht im Rahmen der schweizerischen Rechtsordnung» (VPB 53.54 [1989], insb. §§ 9 ff.) sprach sich der Bundesrat wiederholt für den Vorrang des Völkerrechts aus (vgl. z.B. EWR-Botschaft, BBl 1992 IV 88; Botschaft zur Volksinitiative «für eine vernünftige Asylpolitik», BBl 1994 III 1493 ff.). Viele Konflikte liessen (und

lassen) sich gestützt auf den Grundsatz der völkerrechtskonformen Auslegung zwar auflösen (vgl. z.B. BGE 94 I 669, 678 f., Frigerio; BGE 123 IV 236, 248). Im Grossen wie im Kleinen blieb indes bis zuletzt vieles unklar und umstritten, vor allem im Verhältnis *Staatsvertrag– Bundesgesetz* (beide gemäss BV 1874 Art. 113 Abs. 3, heute BV 190, «massgebend»). Im viel zitierten Urteil *Schubert* aus dem Jahr 1973 (BGE 99 Ib 39, 44; vgl. auch BGE 120 II 384, 387; BGE 117 IV 124, 128; etwas offener BGE 122 III 414, 416) entschied das Bundesgericht, dass dem *Bundesgesetz* Vorrang gebührt, wenn der Gesetzgeber *bewusst* von einer staatsvertraglichen Verpflichtung abweichen und eine Völkerrechtsverletzung in Kauf nehmen wollte. Die in diesem Entscheid begründete Rechtsprechungslinie (sog. Schubert-Praxis) stiess in der Rechtslehre überwiegend auf Kritik (Hinweise bei SCHINDLER, in: Riklin et al., 115), ohne dass sich allerdings eine bestimmte Gegenauffassung als herrschend hätte etablieren können. Auch das Bundesgericht selbst entfernte sich in einer ganzen Reihe von völkerrechtsfreundlichen Urteilen von dieser Linie, ohne jedoch die Schubert-Praxis je förmlich zu widerrufen (vgl. BGE 125 II 417, 425; BGE 122 II 485, 487; BGE 117 Ib 367, 373).

30 *Die Rangfrage in der neuen Bundesverfassung:* Der in dieser (auch) politisch heiklen Frage auf blosse «Nachführung» bedachte Verfassungsgeber stand vor der schwierigen Aufgabe, eine komplexe und nicht eindeutig feststehende Rechtslage in eine zugleich treffende und griffige Verfassungsformel zu fassen. Nach eingehenden Vorarbeiten fand eine mehrstufige Lösung Eingang in den bundesrätlichen Verfassungsentwurf (vgl. Botsch. BV, 134 f.). Diese Lösung, von der sich auch die Eidgenössischen Räte überzeugen liessen, umfasst die folgenden drei Elemente:

– *Allgemeine Regelung im Einleitungstitel:* Die den (Verfassungs-)*Grundsätzen* rechtsstaatlichen Handelns gewidmete Bestimmung des Einleitungstitels (BV 5) statuiert im vierten Absatz, dass das Völkerrecht zu «beachten» ist. Diese bewusst *«prinzipienhaft» formulierte Grundnorm* über das Verhältnis von Völkerrecht und Landesrecht erhebt nicht den Anspruch, «selbst eine eigentliche Kollisionsnorm aufzustellen» (so der zu nächtlicher Stunde entstandene sibyllinische Passus in Botsch. BV, 135). Eine Fortführung der sog. Schubert-Praxis (für Bundesgesetze) unter der neuen Bundesverfassung erscheint daher *nicht ausgeschlossen* (vgl. MAHON, Comm., Art. 5, N 20, mit Hinweisen auf die parlamentarischen Beratungen), freilich umgekehrt auch nicht zwingend geboten, zumal sich aus der Entstehungsgeschichte der neuen Verfassung nicht ableiten lässt, dass eine Fortbildung bzw. Änderung der höchstrichterlichen Rechtsprechung ausgeschlossen sein soll (ebenso MAHON, Comm., Art. 5, N 21). BV 5 Abs. 4 belässt der Rechtsprechung einen gewissen Spielraum (vgl. hinten N 31), der freilich durch andere (verfassungs-)rechtliche Determinanten (Stellung des Rechtsanwenders im Gewaltengefüge, Frage der Justiziabilität) mit geprägt wird. – Zum Problem des völkerrechtlichen Eingriffs in Kerngehalte nationaler Grundrechte vgl. COTTIER, Einleitung, in: ders. u.a., Der Staatsvertrag im schweizerischen Verfassungsrecht, Bern 2001, 20 f.

– *Zwingende Bestimmungen des Völkerrechts:* Für einen besonders heiklen Problemfall statuiert die neue Verfassung eine ausdrückliche Lösung: Volksinitiativen, welche gegen «zwingende Bestimmungen des Völkerrechts» (BV 139; zum Begriff dort N 13; Direktion für Völkerrecht, SZIER 1998, 616) verstossen, sind von der Bundesversammlung für ungültig zu erklären (obgleich die Völkerrechtsverletzung sich noch gar nicht aktualisiert hat). Vgl. auch BV 193 und 194. – Nicht gesagt wird, was mit Volksinitiativen zu geschehen hat, die gegen «einfaches» Völkerrecht verstossen (vgl. N 13, 17 zu BV 139). Zum Verhältnis Staatsvertrag–Bundesverfassung vgl. HÄFELIN / HALLER, 569.

– *Rechtsanwendung: Massgeblichkeit (auch) des Völkerrechts:* In BV 191 (i.d.F. vom 18.4.1999) bzw. BV 190 (ab 1.1.2007) führt die neue Bundesverfassung – mit leicht modifiziertem Wortlaut – BV 1874 Art. 113 Abs. 3 BV fort. Neben den Bundesgesetzen ist danach auch das Völkerrecht für alle rechtsanwendenden Behörden (inkl. Bundesgericht) «massgebend». Zum Verhältnis Völkerrecht–Bundesgesetz äussert sich die Bestimmung nicht (wie zuvor schon BV 1874 Art. 113 Abs. 3). Doch ergibt sich aus BV 190, dass das Völkerrecht dem *untergesetzlichen* Bundesrecht und dem *kantonalen* Recht im Konfliktfall vorgeht.

Man mag bedauern, dass die neue Verfassung nicht weiter Klarheit schafft. Zu berücksichtigen ist jedoch, dass jede Klarstellung – in welche Richtung auch immer – nicht nur den Rahmen einer *mise-à-jour* gesprengt hätte, sondern auch zwangsläufig zu (letztlich wenig fruchtbaren) Kontroversen geführt und die Verfassungsreform insgesamt belastet hätte. Im Übrigen sollten die Dinge nicht dramatisiert werden. Auf der Ebene der Rechtsanwendung dürften sich die auftretenden Konflikte im Regelfall mittels völkerrechtskonformer Auslegung oder anderer allgemein anerkannter Methoden auflösen lassen (vgl. BGE 128 IV 201, 205). Heikler ist die Lage auf der Ebene der Rechtsetzung (Verfassungs- und Gesetzgebung im Bund).

31 *Rechtsprechung:* In seiner neueren Rechtsprechung hat das Bundesgericht den grundsätzlichen Vorrang des Völkerrechts wiederholt bekräftigt (vgl. BGE 130 I 312, 319; BGE 131 II 352, 355 betreffend das FZA). In BGE 125 II 417, 225 (sog. PKK-Urteil) führte das Bundesgericht, bereits unter Bezugnahme auf BV 5 Abs. 4, aus, «dass im Konfliktfall das Völkerrecht dem Landesrecht prinzipiell vorgeht (...). Dies hat zur Folge, dass eine völkerrechtswidrige Norm des Landesrechts im Einzelfall nicht angewendet werden kann. Diese Konfliktregelung drängt sich umso mehr auf, wenn sich der Vorrang aus einer völkerrechtlichen Norm ableitet, die dem Schutz der Menschenrechte dient. Ob in anderen Fällen davon abweichende Konfliktlösungen in Betracht zu ziehen sind (vgl. z.B. BGE 99 Ib 39 E. 4 S. 44 f. [=Urteil Schubert]), ist vorliegend nicht zu prüfen.» Unter Berufung auf EMRK 6 Ziff. 1 versagte das Bundesgericht in der Folge OG 98 lit. a und OG 100 Abs.1 lit. a die Anwendung (und trat auf das Rechtsmittel gegen den Entscheid des Bundesrates betreffend Einziehung von Propagandamaterial der Kurdischen Arbeiterpartei PKK als Verwaltungsgerichtsbeschwerde ein). – Konsequenterweise müsste das Bundesgericht fortan EMRK-widrigen Bestimmungen in Bundesgesetzen die Anwendung versagen (vgl. BGE 128 III 113, 116). Ob dies künftig stets geschehen wird, erscheint nicht restlos sicher, da innerhalb des Bundesgerichts keine gefestigte einheitliche Haltung zu bestehen scheint (vgl. BGE 125 II 417, 425 f.; BGE 117 Ib 367, 373 einerseits, BGE 120 II 384, 387 andererseits). Aus grundrechtlicher Sicht bleibt die Situation vor allem bei jenen Garantien unbefriedigend, die durch die EMRK und die von der Schweiz ratifizierten Zusatzprotokolle nicht oder nicht voll abgedeckt werden (BV 8 Abs. 1, BV 26, BV 27).

Literaturhinweise

Allgemein: WIEDERKEHR RENÉ, Fairness als Verfassungsgrundsatz, Bern 2006. – *Speziell zu Abs. 1:* COTTIER THOMAS, Die Verfassung und das Erfordernis der gesetzlichen Grundlage, 2. Aufl., Chur 1991; GRISEL ANDRÉ, A propos de la hiérarchie des normes juridiques, ZBl 1987, 377 ff.; ZIMMERLI ULRICH, Das Gesetzmässigkeitsprinzip im Verwaltungsrecht, recht 1984, 73 ff. – *Speziell zu Abs. 2:* WEBER-DÜRLER BEATRICE, Zur neusten Entwicklung des Verhältnismässigkeitsprinzips, Festschrift Pierre Moor, Bern 2005, 593 ff.; WYSS MARTIN PHILIPP, Öffentliche Interessen – Interessen der Öffentlichkeit, Bern 2001; ZIMMERLI ULRICH, Der Grundsatz der Verhältnismässigkeit im öffentlichen Recht, ZSR 1978 II 1 ff. – *Speziell zu Abs. 3:* GÄCHTER THOMAS, Rechtsmissbrauch im öffentlichen Recht – unter besonderer Berücksichtigung des Bundessozialversicherungsrechts. Ein Beitrag zu Treu und Glauben, Methodik und Gesetzeskorrektur im öffentlichen Recht, Zürich 2005; WEBER-DÜRLER BEATRICE, Vertrauensschutz im öffentlichen Recht, Basel/Frankfurt a.M. 1983; DIES., Neuere Entwicklungen des Vertrauensschutzes, ZBl 2002, 281 ff. – *Speziell zu Abs. 4:* ACHERMANN ALBERTO, Der Vorrang des Völkerrechts im schweizerischen Recht, in: Thomas Cottier u.a., Der Staatsvertrag im schweizerischen Verfassungsrecht, Bern 2001, 33 ff.; BIAGGINI GIOVANNI, Das Verhältnis der Schweiz zur internationalen Gemeinschaft – Neuerungen im Rahmen der Verfassungsreform, AJP 1999, 722 ff.; COTTIER THOMAS u.a., Der Staatsvertrag im schweizerischen Verfassungsrecht, Bern 2001; COTTIER THOMAS/HERTIG MAYA, Das Völkerrecht in der neuen Bundesverfassung: Stellung und Auswirkung, BTJP 1999, 1 ff.; EJPD/EDA, Das Verhältnis zwischen Völkerrecht und Landesrecht im Rahmen der schweizerischen Rechtsordnung, VPB 53.54 (1989), 393 ff.; EPINEY ASTRID, Das Primat des Völkerrechts als Bestandteil des Rechtsstaatsprinzips, ZBl 1994, 537 ff.; GRISEL ETIENNE, Das Verhältnis zwischen direkter Demokratie und völkerrechtlichen Verträgen, ZBl 1995, 437 ff.; HANGARTNER YVO, Das Verhältnis von Völkerrecht und Landesrecht, SJZ 1998, 201 ff.; JACOT-GUILLARMOD OLIVIER, La primauté du droit international face à quelques principes directeurs de l'Etat fédéral suisse, ZSR 1985 I, 383 ff.; KÄLIN WALTER, Der Geltungsgrund des Grundsatzes «Völkerrecht bricht Landesrecht», Festgabe zum schweizerischen Juristentag 1988, Bern 1988, 45 ff.; DERS., Schubert und der Rechtsstaat oder: Sind Bundesgesetze massgeblicher als Staatsverträge?, ZSR 1993 I, 73 ff.; KELLER HELEN, Rezeption des Völkerrecht, Berlin usw. 2003; DIES., Offene Staatlichkeit: Schweiz, in: Armin von Bogdandy u.a. (Hrsg.), Handbuch des Öffentlichen Rechts in Europa, Band II, Heidelberg 2007 (im Druck); SCHINDLER DIETRICH, Der Vorrang des Völkerrechts und des Europarechts vor dem nationalen Recht als Problem der demokratischen Legitimation des Rechts, Festschrift für Anton Heini, Zürich 1995, 321 ff.; DERS., Die Schweiz und das Völkerrecht, in: Riklin et al., 99 ff.; SEILER HANSJÖRG, Das völkerrechtswidrige Bundesgesetz; Art. 113 Absatz 3 BV im Verhältnis zu Völkerrecht, EG und EWR, SJZ 1992, 377 ff.; DERS., Noch einmal: Staatsvertrag und Bundesgesetz, ZBl 1995, 451 ff.; THÜRER DANIEL, Völkerrecht und Landesrecht, SZIER 1999, 217 ff.

Art. 5a Subsidiarität[1]
[bei Drucklegung noch nicht in Kraft]

Bei der Zuweisung und Erfüllung staatlicher Aufgaben ist der Grundsatz der Subsidiarität zu beachten.

1 Die im Rahmen des BB NFA gutgeheissene Bestimmung, die in der BV 1874 kein direktes Vorbild hat, wird voraussichtlich 2008 in Kraft treten. Gleichzeitig wird der thematisch verwandte (aber etwas verunglückte) BV 42 Abs. 2 aufgehoben und ein neuer BV 43a (betreffend Zuweisung und Erfüllung staatlicher Aufgaben) eingefügt. – Die Kantone hatten bereits im Rahmen der Totalrevision auf eine ausdrückliche Verankerung des Subsidiaritätsprinzips gedrängt. Trotz Unterstützung seitens des Bundesrates (vgl. Botsch. BV, 209, 595; VE 96 Art. 34 Abs. 3: «Der Bund beachtet den Grundsatz der Subsidiarität.») fand sich in der Bundesversammlung keine Mehrheit. Der gute Vorsatz – «Vermeidung unklarer, vieldeutiger neuer Begriffe» (AB SD 1998 S 61, *Rhinow)* – hielt sich leider nicht lange.

Grundidee des bundesstaatlichen Subsidiaritätsprinzips

2 Beim Grundsatz der Subsidiarität handelt es sich um ein ursprünglich theologisch-gesellschaftspolitisches Prinzip (vgl. SCHÖPSDAU, Spalte 2422 ff.), das man zunehmend auf das Verhältnis zwischen den verschiedenen Ebenen gegliederter Staatswesen übertragen hat.

3 Eine klassische Formulierung findet sich in der 1931 von Papst Pius XI. veröffentlichten Enzyklika «Quadragesimo anno»: «(...) wie dasjenige, was der Einzelmensch aus eigener Initiative und mit seinen eigenen Kräften leisten kann, ihm nicht entzogen und der Gesellschaftstätigkeit zugewiesen werden darf, so verstösst es gegen die Gerechtigkeit, das, was die kleineren und untergeordneten Gemeinwesen leisten und zum guten Ende führen können, für die weitere und übergeordnete Gemeinschaft in Anspruch zu nehmen (...). Jedwede Gesellschaftstätigkeit ist ja ihrem Wesen und Begriff nach subsidiär; sie soll die Glieder des Sozialkörpers unterstützen, darf sie aber niemals zerschlagen oder aufsaugen.»

4 Der auf den Vertrag von Maastricht (1992) zurückgehende Art. 5 EGV bestimmt, dass die Europäische Gemeinschaft in «Bereichen, die nicht in ihre ausschliessliche Zuständigkeit fallen», nur tätig wird, sofern und soweit die Ziele der in Betracht gezogenen Massnahmen auf Ebene der Mitgliedstaaten nicht ausreichend erreicht werden können und daher wegen ihres Umfangs oder ihrer Wirkungen besser auf Gemeinschaftsebene erreicht werden können» (vgl. auch das Protokoll Nr. 30 von 1997 über die Anwendung der Grundsätze der Subsidiarität und der Verhältnismässigkeit sowie Art. I–11 Abs. 1 und 3 des Verfassungsvertrages).

5 Auf einen Bundesstaat wie die Schweiz gemünzt, bedeutet Subsidiarität (vereinfacht gesagt), dass die Bundesebene nicht Kompetenzen und Aufgaben an sich ziehen soll, die auf gliedstaatlicher (kantonaler) Ebene besser oder ebenso gut aufgehoben sind (vgl. Botsch. NFA, BBl 2002 2457).

---

1 Angenommen in der Volksabstimmung vom 28. Nov. 2004 (BB vom 3. Okt. 2003, BRB vom 26. Jan. 2005 – BBl 2002 2291, 2003 6591, 2005 951). – Der Bundesrat bestimmt das Inkrafttreten.

6 Die schweizerische Staatspraxis ist dieser staatspolitischen Maxime schon von jeher verpflichtet. Die verfassungsrechtliche Aufteilung der Kompetenzen und Aufgaben auf Bund und Kantone (BV 54 ff.) ist Spiegelbild historischer und aktueller Auseinandersetzungen über die «richtige» Regelungs- und Handlungsebene. Gesamthaft gesehen erfolgen Kompetenzübertragungen auf den Bund (BV 3) tendenziell eher (zu) spät als (zu) früh. Der Maxime der Subsidiarität verpflichtet sind auch traditionsreiche Verfassungsfiguren wie die Grundsatzgesetzgebungskompetenz (vgl. N 12 vor BV 42) oder der sog. «Vollzugsföderalismus» (vgl. N 3 zu BV 46) sowie Ausgestaltung und Ausübung der Bundesaufsicht (vgl. N 20 zu BV 49). Nicht selten schöpft der Bund eine ihm zustehende Regelungskompetenz nur teilweise (z.B. BV 74, Umweltschutz), nicht sofort (vgl. BV 1874 Art. 64bis: 1898; StGB: ab 1942) oder gar nicht aus (vgl. BV 1874 Art. 27 bzw. BV 63a: Bundes-Universität). Gelegentlich nimmt der Bund Regelungen zurück und eröffnet den Kantonen neue Handlungsspielräume und Aufgabenfelder, so zuletzt vor allem im Rahmen der Finanzausgleichs- und Aufgabenreform (NFA; vgl. N 5 zu BV 135 sowie Botschaft vom 7.9.2005 zur NFA-Ausführungsgesetzgebung, BBl 2005 6029 ff.; vgl. auch BBl 1996 I 71 ff., Landwirtschaftsgesetzgebung). Die Staatspraxis bietet reiches Anschauungsmaterial für ein Wirksamwerden des Subsidiaritätsprinzips *avant la lettre*. Man kann «Subsidiarität» durchaus als althergebrachte Maxime schweizerischer Verfassungspolitik bezeichnen.

7 Vordergründig verdankt das Subsidiaritätsprinzip die erhöhte Aufmerksamkeit wohl vor allem den Diskussionen auf europäischer Ebene (wo der Begriff mit «Maastricht» fast schon zu einem Modewort wurde). Der Wunsch nach verfassungsrechtlicher Verankerung hat indes tieferliegende Wurzeln. Die Entwicklung der bundesstaatlichen Ordnung steht seit Bundesstaatsgründung im Zeichen der Ausweitung der Bundeskompetenzen. In zahlreichen Bereichen sind die Kantone heute im Wesentlichen als Vollzugsorgane des Bundes tätig. Zentralisierende Wirkungen entfalten auch die zunehmende Internationalisierung des Rechts, eine gewisse «Föderalismusblindheit» des Verwaltungsrechts des Bundes und mitunter auch die Verfassungsrechtsprechung des Bundesgerichts (vgl. Walter Kälin, Verfassungsgerichtsbarkeit in der Demokratie, Bern 1987, 177 ff.; Biaggini, Theorie und Praxis, 308 ff.). Allerdings sind die Kantone (im Vergleich mit den Gliedstaaten anderer Bundesstaaten) noch immer sehr eigenständig (vgl. N 2 zu BV 47). Ob man den genannten Entwicklungen mit der verfassungstextlichen Verankerung des Subsidiaritätsprinzips Einhalt gebieten kann, ist sehr fraglich (vgl. hinten N 13).

Anwendungsbereich und Tragweite der Bestimmung

8 *Bundesstaatliches Subsidiaritätsprinzip:* BV 5a hat die Zuweisung und Erfüllung *staatlicher* Aufgaben (zum Begriff vgl. auch N 11 zu BV 35) und damit die bundesstaatliche Dimension des Subsidiaritätsprinzips zum Thema (vgl. Botsch. NFA, BBl 2002 2457). Das Verhältnis Individuum–Gesellschaft–Staat bleibt ausgeblendet (anders z.B. KV/ZH 5: «Subsidiarität»), wird aber in anderen Bestimmungen angesprochen (vgl. insb. BV 6, BV 41, BV 94, BV 102, BV 104 Abs. 2: «Selbsthilfe»).

9 *Anwendungsbereich:* BV 5a beansprucht Anwendung sowohl bei der *Zuweisung* als auch bei der *Erfüllung* staatlicher Aufgaben. In der Lehre spricht man häufig vom:
— Subsidiaritätsprinzip als Kompetenz-*Verteilungs*-Regel: Bestimmung der für die Regelung (und Kontrolle) *zuständigen* Ebene des Gemeinwesens;
— Subsidiaritätsprinzip als Kompetenz-*Ausübungs*-Regel: Nutzung der Regelungskompetenz; Umsetzung bzw. Vollzug der Regelung.

Entgegen dem ersten Eindruck ist die verpflichtende Kraft des BV 5a in Bezug auf Aufgabenzuweisung und Aufgabenerfüllung nicht dieselbe (vgl. N 13).

10 *Adressaten:* Erfasst werden sowohl der *Bund* (wenn auch nicht alle Organe gleichermassen, vgl. N 13) als auch die *Kantone* (Platzierung der Bestimmung im 1. Titel), somit das Verhältnis zwischen den staatlichen Ebenen, d.h. unter Einschluss des Verhältnisses *Kantone–Gemeinden* (Botsch. NFA, BBI 2002 2458), welches im «asymmetrischen» – nur den Bund verpflichtenden – VE 96 Art. 34 noch ausgeblendet war.

11 *Das Subsidiaritätsprinzip als inhaltlich offener, konkretisierungsbedürftiger Rechtsgrundsatz:* BV 5a statuiert einen Rechtsgrundsatz, ist mithin keine bloss programmatische Erklärung. Allerdings ist der verfassungsrechtliche Schlüsselbegriff «Grundsatz der Subsidiarität», trotz eingehender Untersuchungen zum Thema, hochgradig unbestimmt und konkretisierungsbedürftig. Auch steht sein Inhalt nicht ein für alle Mal fest. Der Text des BV 5a trägt nichts zur Konkretisierung bei, die Materialien enthalten kaum mehr als Allgemeinplätze (vgl. Botsch. NFA, BBI 2002 2306, 2457 f.). Gewisse Anhaltspunkte bieten der (noch geltende) BV 42 Abs. 2 bzw. der künftige BV 43a (die aber zugleich deutlich machen, dass einer Verrechtlichung von Konkretisierungshilfen enge Grenzen gesetzt sind). Bereits unter der BV 1874 wurde in der Rechtslehre postuliert, dass der Bundesgesetzgeber von den ihm zustehenden Kompetenzen *schonenden Gebrauch* machen soll (vgl. SALADIN, Komm. aBV, Art. 3, N 56). – Aus BV 5a lässt sich nicht ableiten, dass eine (gesamtschweizerische) Konkordatslösung (zur Problematik vgl. N 3 zu BV 48) einer Vereinheitlichung via Bundesgesetz vorzuziehen wäre.

12 *Konkretisierungsspielraum:* Die Tragweite des Subsidiaritätsprinzips lässt sich nicht im vornherein, gleichsam «abstrakt», bestimmen. Den zur Konkretisierung berufenen Organen in Bund (insb. Bundesgesetzgeber) und Kantonen (insb. Verfassungs- und Gesetzgeber) verbleibt ein weiter, in hohem Masse *sachbereichsgeprägter* Bewertungs-, Gestaltungs- und Prognosespielraum. Das von der Verfassung mit Bedacht gewählte Wort «Grundsatz» signalisiert, dass der Subsidiaritätsgedanke keinen absoluten Geltungsanspruch erhebt. Nicht jede durch gegenläufige Normen bzw. Interessen bedingte Abschwächung bzw. Relativierung ist bereits als Verfassungsverstoss zu qualifizieren. Im Ergebnis bewirkt BV 5a in erster Linie einen «verstärkten Rechtfertigungs- und Begründungszwang» (so Botsch. NFA, BBI 2002 2458). Auch bei gegebener Kompetenz muss der Bundesgesetzgeber prüfen, ob eine einheitliche gesetzliche Regelung nötig ist (vgl. AUBERT, Comm., Art. 42, N 20). Das Subsidiaritätsprinzip entpuppt sich in dieser Optik als ein mehr *prozedurales* denn materielles Rechtsprinzip von sehr begrenzter Leistungsfähigkeit.

13 *Normativer Gehalt:* Hinsichtlich der *rechtlichen Bindungswirkung* des Subsidiaritätsprinzips im *Bund* ist zu differenzieren:
- Der (Bundes-)*Verfassungsgeber*, dem nach der Grundregel des BV 3 die Kompetenzverteilung im Verhältnis zwischen Bund und Kantonen obliegt, wird durch BV 5a *nicht gebunden*. *Rechtlich* gesehen sind Volk und Stände (von hier nicht einschlägigen Ausnahmen abgesehen; vgl. BV 193 und 194 sowie N 9 ff. zu BV 139) frei, die Bundesverfassung zu ändern: Der Verfassungsgeber *kann* dem Subsidiaritätsprinzip folgen (und hat dies in der Vergangenheit bisher gewöhnlich getan; vgl. KOLLER, 678), *muss* es aber *nicht*. Das Subsidiaritätsprinzip hat insoweit lediglich die Bedeutung einer «staatspolitischen Maxime» (Botsch. NFA, BBl 2002 2336, 2458) *ohne rechtliche Bindungswirkung*. Immerhin wird der Bundesrat sich bei der *Vorbereitung* seiner Verfassungsvorlagen nicht einfach über BV 5a hinwegsetzen können (vgl. auch AUBERT, Comm., Art. 42, N 20). – Vereinzelt wird dem Subsidiaritätsprinzip weitergehende Bedeutung (in Richtung verbindliche Kompetenzverteilungsregel) beigemessen (vgl. z.B. EPINEY, 20 ff., relativierend 32).

    Übersehen wird dabei, dass damit im Grunde postuliert wird, aus dem Subsidiaritätsprinzip lasse sich eine materielle Schranke der Verfassungsrevision ableiten. Für die Anerkennung einer solchen Schranke besteht weder Anlass noch Grund (andernfalls die Bundesversammlung eine Volksinitiative, welche – was durchaus vorkommen kann – das Subsidiaritätsprinzip nicht beachtet, für ungültig erklären müsste). Die Bundesverfassung liefert im Übrigen die Kantone und ihren Aufgabenbestand keineswegs schutzlos politischer Willkür aus. Für Schutz sorgt indes nicht ein materieller Verfassungsgrundsatz, sondern ein *demokratischer Mechanismus:* das obligatorische Verfassungsreferendum, verbunden mit dem Erfordernis des doppelten Mehrs (BV 3, BV 142, BV 192 ff.). Dieses Verfahren hat sich bisher insgesamt als durchaus taugliches Instrument zur Schonung kantonaler «Souveränität» (BV 3) erwiesen. – Fazit: BV 5a vermag keine förmliche (Selbst-)Bindung des Verfassungsgebers zu begründen.

- Beim *Bundesgesetzgeber* als dem «primären Adressaten» des Subsidiaritätsprinzips (Botsch. NFA, BBl 2002 2458) ist zu differenzieren: Der Gesetzgeber ist an die BV und somit auch an den in BV 5a verankerten (freilich im Wesentlichen von ihm selbst zu konkretisierenden) Subsidiaritätsgrundsatz (als Kompetenz*ausübungs*regel) *gebunden*. Die Maxime der schonenden Kompetenzausübung ist nicht nur ein Gebot praktischer Gesetzgebungsvernunft. Allerdings darf BV 5a (wie BV 42 Abs. 2 oder BV 43a) *nicht isoliert* gelesen werden. Stets ist das Verhältnis von *allgemeiner* (Grundsatz-)Norm und *besonderer* (Kompetenz-)Norm zu klären. Die Verfassung räumt dem Bund oft nicht nur «blosse» Kompetenzen ein (Ermächtigung; vgl. z.B. BV 71), sondern erteilt ihm häufig eigentliche Gesetzgebungs*aufträge* (z.B. BV 122). Hier hat der Bundesgesetzgeber gewöhnlich nicht freie Hand: Er muss tätig werden, selbst wenn die Kantone, beispielsweise in Konkordatsform, in der Lage wären, für eine adäquate Erfüllung der Aufgabe zu sorgen. In dem Mass wie die spezielle Norm die allgemeine Norm (BV 5a) zurückdrängt, reduziert sich die Bindungskraft des Subsidiaritätsprinzips.

Zusammenfassend: Das – naturgemäss in einem Spannungsverhältnis zum Demokratieprinzip stehende – Subsidiaritätsprinzip weist je nach Adressat eine unterschiedliche Tragweite auf und hat gleichsam «zwitterhafte» Natur: Aus der Sicht des *Verfassungsgebers* handelt es sich um eine *staatspolitische Maxime,* aus der Sicht des *Bundesgesetzgebers* um eine an sich *rechtlich verbindliche* Vorgabe, deren Tragweite allerdings entscheidend von der Ausgestaltung der jeweils einschlägigen Kompetenznorm abhängt. Auch für den *Verordnungsgeber* im Bund kommt es darauf an, ob Verfassung und Gesetz ihn zu einer Regelung (bloss) ermächtigen oder verpflichten.

14 *Fehlende Justiziabilität.* In Anbetracht des bescheidenen normativen Gehalts überrascht es nicht, dass das Subsidiaritätsprinzip gemeinhin als «nicht justiziabel» gilt. Gemäss Botsch. NFA wäre es «dem schweizerischen Staatsverständnis fremd, die Interpretation des Subsidiaritätsprinzips gerichtlichen Institutionen übertragen zu wollen» (a.a.O., 2458). Ohnehin unterliegt der Bundesgesetzgeber als primärer Adressat keiner nachträglichen verfassungsrichterlichen Kontrolle (BV 190), nachdem die vom Bundesrat auf Drängen der Kantone vorgeschlagene «Kompetenzgerichtsbarkeit» (vgl. N 2 zu BV 190) von den Eidgenössischen Räten abgelehnt wurde. Seitens der Gerichte ist somit kein substanzieller Beitrag zur Klärung des BV 5a zu erwarten.

Literaturhinweise

AUBERT JEAN-FRANÇOIS, Le principe de subsidiarité dans la Constitution fédérale de 1999, Mélanges Henri-Robert Schüpbach, Basel usw. 2000, 3 ff.; EPINEY ASTRID, Subsidiarität als verfassungsrechtlicher Grundsatz, Rapports suisses présentés au XIVe Congrès international de droit comparé, Zürich 1994, 3 ff.; DROEGE MIACHAEL/SCHÖPSDAU WALTER, «Subsidiaritätsprinzip», Evangelisches Staatslexikon, Stuttgart 2006, Spalte 2415 ff.; KOLLER HEINRICH, Subsidiarität als Verfassungsprinzip, Festschrift Yvo Hangartner, St.Gallen/Lachen, 675 ff.; RICHLI PAUL, Zweck und Aufgaben der Eidgenossenschaft im Lichte des Subsidiaritätsprinzips, ZSR 1998 II, 139 ff.; DERS., Zum rechtlichen Gehalt und zur Prozeduralisierung des Subsidiaritätsprinzips, ZSR 2007 I, 47 ff.; THALMANN URS, Subsidiaritätsprinzip und Kompetenzverteilung, 2007 I, BV-CF 2000, 149 ff.; VOYAME JOSEPH, Le principe de la subsidiarité dans la répartition des tâches entre Confédération et cantons, Festschrift Kurt Eichenberger, Basel/Frankfurt a.M., 1982, 121 ff.

Art. 6 Individuelle und gesellschaftliche Verantwortung

Jede Person nimmt Verantwortung für sich selber wahr und trägt nach ihren Kräften zur Bewältigung der Aufgaben in Staat und Gesellschaft bei.

1 Die Bestimmung, die in BV 1848 und BV 1874 kein direktes Vorbild hat, erinnert entfernt an Art. 163 der Weimarer Reichsverfassung sowie Art. 2 und Art. 4 Abs. 2 der italienischen Verfassung von 1947 (Hinweise auf andere ausländische Vorbilder bei HÄBERLE, SG-Komm., Art. 6, N 3; vgl. auch KV/BE 8, ähnlich KV/AR 26 sowie neuerdings KV/SG 6, KV/GR 6, KV/VD 8, KV/SH 6, KV/ZH 1, 5, 6). BV 6 wurde erst im Zuge der parlamentarischen Beratungen eingefügt – nicht zuletzt als eine Art «Gegenpol» zum umfangreichen Katalog individueller Rechte (BV 7 ff.) und als «Ersatz» für eine Bestimmung mit eigentlichen Grundpflichten, auf

die man bewusst verzichtet hat (vgl. Botsch. BV, 139; AB SD 1998 S 56, N 144; vgl. auch BBl 1985 III 54 f., 81 f.).

2   BV 6 ist als *verfassungsrechtlicher Appell* an die Verantwortung des Einzelnen formuliert und ist zusammen mit weiteren Bestimmungen Ausdruck der Bemühungen um eine (Wieder-)Belebung verfassungsstaatlicher Verantwortungsethik (vgl. Präambel; BV 41 Abs. 1; KV/BE 21: Verantwortung der in Wissenschaft, Forschung und Lehre tätigen Personen; allgemein SALADIN; HALDEMANN). Mit dem Brückenschlag zur Sozialethik (vgl. HÄBERLE, SG-Komm., Art. 6, N 7) versucht sich die Verfassung gewissermassen als Erzieherin des Menschengeschlechts. Die rechtlich kaum fassbare Bestimmung dogmatisch einzuordnen, fällt nicht leicht (vgl. auch RHINOW, BV 2000, 102). Klar ist, dass BV 6 für sich genommen keine *sanktionierbaren* verfassungsrechtlichen Pflichten des Individuums begründet (was freilich auch für traditionelle «Grundpflichten» wie die Militärdienstpflicht, BV 59, oder das Grundschulobligatorium, BV 62, gilt, die auf Verfassungsstufe keine Sanktionen kennen, mithin der gesetzlichen Flankierung bedürfen). Dies heisst jedoch nicht, dass BV 6 «sans doute aucune portée normative» (MAHON, Comm., Art. 6, N 4) besitzt (vgl. HÄBERLE, SG-Komm., Art. 6, N 4, 7). Zwar ist der normative Gehalt bescheiden, doch ist denkbar, dass BV 6 bei der Auslegung und Anwendung anderer Vorschriften Bedeutung erlangt, z.B. im Zusammenhang mit dem Ausrichten von Nothilfe (BV 12) oder der Festlegung von Fürsorgeleistungen (vgl. auch BV 41 Abs. 1 sowie HÄBERLE, SG-Komm., Art. 6, N 4).

3   Der Verfassungsappell an die Verantwortung des Einzelnen umfasst zwei *Elemente:*
   –   Der erste Halbsatz spricht die *Eigenverantwortung* an und erscheint als Ausdruck der Idee der *Subsidiarität* (vgl. KV/ZH 5, Sachüberschrift);
   –   der zweite Halbsatz spricht die Verantwortung des Einzelnen gegenüber Gesellschaft und Staat an und damit die *Idee der Solidarität* (vgl. MAHON, Comm., Art. 6, N 4), weshalb er von liberaler Seite bekämpft wurde (Hinweise bei BERTSCHI/GÄCHTER, 23).

4   *Adressat* ist vordergründig der Einzelne, in der Sache jedoch vor allem der Gesetzgeber, der die Rechtsordnung im Sinne der in BV 6 zum Ausdruck kommenden «Grundwerte» (HÄBERLE, SG-Komm., Art. 6, N 4) auszugestalten hat. Insofern bestehen Parallelen zu BV 2.

Literaturhinweise

BERTSCHI/GÄCHTER, Schöne Worte?, in: Gächter/Bertschi, 3 ff.; HALDEMANN FRANK, Verantwortung als Verfassungsprinzip, Zürich 2003; SALADIN PETER, Verantwortung als Staatsprinzip, Bern/Stuttgart 1984.

2. Titel: Grundrechte, Bürgerrechte und Sozialziele

1   Als *Grundrechte (droits fondamentaux, diritti fondamentali)* bezeichnet man jene (gewöhnlich in einer Verfassung verurkundeten) einklagbaren Rechte des Individuums, die – wegen ihres Inhalts – als *grundlegend* eingestuft werden und *erhöhten* (Rechts-)*Schutz* geniessen (nicht zuletzt im Rahmen der Verfassungsgerichtsbarkeit, vgl. N 5 f. zu BV 189). Die Grundrechte verpflichten in erster Linie den *Staat* (vgl. N 9 zu BV 35). Dieser stellt nicht nur die traditionelle Hauptgefahrenquelle für die Grundrechte dar, sondern ist, unter den Bedingungen moderner Verfassungsstaatlichkeit, zunehmend auch in der Rolle des aktiven (Be-)Schützers der Grundrechte gefordert (vgl. N 7 zu BV 35). – Zum ähnlich gelagerten (aber nicht deckungsgleichen), vorab prozessrechtlich relevanten (vgl. BGG 116) Begriff des *«verfassungsmässigen Rechts»* vgl. hinten N 11 sowie N 5 zu BV 189.

2   Der Begriff *«Bürgerrechte» (citoyenneté, diritti civici)* steht stellvertretend für die in BV 37–40 zusammengefassten Regeln, die im Wesentlichen den sog. *status activus* betreffen. – Zum Verzicht auf eine Bestimmung über «Grundpflichten» vgl. N 1 zu BV 6; Botsch. BV, 139.

3   *Sozialziele* sind sozialpolitisch motivierte Anliegen grundlegenden Charakters. Sie begründen Handlungsverpflichtungen des Staates (Bund und Kantone), lassen aber nach dem erklärten Willen des Verfassungsgebers «keine unmittelbaren Ansprüche auf staatliche Leistungen» entstehen (BV 41 Abs. 4). – Leistungsansprüche begründen hingegen die zur Kategorie der Grundrechte gehörenden *Sozialrechte* (oder sozialen Grundrechte), so das Recht auf Hilfe in Notlagen (BV 12), auf unentgeltlichen, ausreichenden Grundschulunterricht (BV 19), auf unentgeltliche Rechtspflege (BV 29).
Die Normen des 2. Titels verpflichten grundsätzlich Bund *und* Kantone.

1. Kapitel: Grundrechte

4   Der umfangreiche Grundrechtskatalog (1. Kapitel des 2. Titels; BV 7–36) ist eine der auffälligsten Neuerungen der BV-Totalrevision. Etliche Bestimmungen wurden im parlamentarischen Stadium kaum diskutiert, was die Ermittlung der rechtlichen Tragweite nicht eben erleichtert. Die BV 1874 kannte vergleichsweise wenige (je nach Zählweise: 10–15) verstreute Bestimmungen mit Grundrechtscharakter (Überblick bei MAHON, Comm., vor Art. 7). Der Zuwachs erklärt sich vor allem durch drei Faktoren:
   – *Kodifikation von zuvor ungeschriebenen Grundrechten des Bundes: Meinungsäusserungsfreiheit* (1961; BGE 87 I 114, 117, Sphinx-Film S.A.); *persönliche Freiheit* (1963; BGE 89 I 92, 98, Kind X.); *Sprachenfreiheit* (1965; BGE 91 I 480, 486, Association de l'Ecole française); *Versammlungsfreiheit* (1970; BGE 96 I 219, 224, Nöthiger und Pinkus); *Recht auf Existenzsicherung* (1995; BGE 121 I 367, 371, V.). Bereits 1969 war die (1959/1960 anerkannte) Eigentumsgarantie kodifiziert worden (BV 1874 Art. 22ter). Offen blieb unter der BV 1874 die Frage nach der Existenz eines verfassungsmässigen Rechts auf Streik (vgl. BGE 125 III 277, 279 ff.).

- *Textliche Verselbstständigung* von (bisher ungeschriebenen) Garantien, welche das Bundesgericht in schöpferischer Rechtsprechung aus geschriebenen Grundrechten, insb. aus dem Rechtsgleichheitsgebot (BV 1874 Art. 4) *abgeleitet* hatte (G. MÜLLER, Komm. aBV, Art. 4, N 48 ff.; vgl. heute insb. BV 9, BV 29–32). – Eine Ausnahme bildet das Rückwirkungsverbot, das jedoch weiterhin Geltung beanspruchen kann (vgl. HÄFELIN/MÜLLER/UHLMANN, 66).
- *Konstitutionalisierung* verschiedener Garantien der EMRK (vgl. z.B. BV 13 Abs. 1: Schutz der Privatsphäre in Anlehnung an EMRK 8; BV 31: Garantien betreffend den Freiheitsentzug in Anlehnung an EMRK 5).

Die im Vergleich zu den Grundrechtslehren des 17. und 18. Jahrhunderts sehr stark fortgeschrittene *Auffächerung und Ausdifferenzierung* in Einzelgarantien ist aus der Sicht des Individuums zu begrüssen. Der Zuwachs birgt aber auch Gefahren, könnten doch Rechtsprechung und Lehre sich leicht in Abgrenzungsfragen verzetteln und den Blick für das Ganze verlieren. Nicht minder wichtig als die Zahl der Garantien ist die Qualität des Grundrechtsschutzes.

5 *Entwicklungsoffenheit:* Die gelegentlich heraufbeschworene Gefahr einer kodifikationsbedingten «Versteinerung» des Grundrechtsschutzes auf dem Stand des ausgehenden 20. Jahrhunderts ist als gering einzustufen. Die Garantien sind durchwegs entwicklungsoffen formuliert. Zudem wurde im Rahmen der parlamentarischen Beratungen mehrfach betont, dass das Bundesgericht auch künftig die Möglichkeit haben soll, den Katalog gemäss den Grundsätzen der bisherigen Praxis weiterzuentwickeln, sei es durch *Fortbildung* bestehender Garantien (z.B. neue Teilgehalte), sei es durch *Anerkennung ungeschriebener Grundrechte.* Der Antrag auf Einfügung einer «Grundrechtsentwicklungsklausel» oder grundrechtlichen «Auffangklausel» (vgl. BBl 1998 370) wurde daraufhin zurückgezogen. – Gemäss Bundesgericht können in der Verfassung nicht genannte Individualrechte als ungeschriebene Grundrechte des Bundes anerkannt werden, wenn sie eine «Voraussetzung für die Ausübung anderer (in der Verfassung genannter) Freiheitsrechte bilden oder sonst als unentbehrliche Bestandteile der demokratischen und rechtsstaatlichen Ordnung des Bundes erscheinen»; mit Blick auf die «dem Verfassungsrichter gesetzten Schranken» ist nach Bundesgericht weiter zu prüfen, «ob die in Frage stehende Gewährleistung bereits einer weitverbreiteten Verfassungswirklichkeit in den Kantonen entspreche und von einem allgemeinen Konsens getragen sei» (BGE 121 I 367, 370 f.; ähnlich bereits BGE 100 Ia 392, 400 f.). – Auch wenn der Grundrechtskatalog nicht abschliessend ist, wird man in unmittelbarer zeitlicher Nähe zur aktualisierenden Kodifikation (1999) nicht gleich mit grösseren richterlichen Innovationen zu rechnen haben.

6 *Charakter der Normen:* Neben zahlreichen *gerichtlich einklagbaren* individuellen Rechtspositionen umfasst der Katalog vereinzelt auch blosse Gesetzgebungs- und Handlungsaufträge (z.B. BV 8 Abs. 3 Satz 2; BV 8 Abs. 4) sowie Normen mit eher grundsatzartigem Charakter (z.B. BV 7 und BV 11). BV 35 bringt zum Ausdruck, dass die Grundrechte nicht nur Individualgarantien sind, sondern auch *fundamentale Ordnungsprinzipien (objektive Grundsatznormen),* deren Gehalt das ganze staatliche Recht durchdringt (Abs. 1), gegebenenfalls auch die Rechtsbeziehungen zwischen Privaten (Abs. 3). Grundrechtsnormen begründen keine Bundeskompetenzen.

2. Titel: Grundrechte, Bürgerrechte und Sozialziele Nr. 1 BV **Vorbem. Art. 7–36**

7   *Systematik:* Die rund dreissig Artikel des Grundrechtskatalogs sind mehr oder weniger thematisch geordnet. Eine Untergliederung fehlt. Aus der Abfolge lässt sich keine Rangordnung ableiten. Die Platzierung der grundsatzartigen Bestimmung über die Menschenwürde (BV 7) an der Spitze des Katalogs betont deren übergreifenden Charakter. Auf die in der Rechtslehre übliche Unterteilung in:

– *Freiheitsrechte*, die eine (natürliche oder rechtlich geschaffene) Freiheitssphäre gegen übermässige Eingriffe des Staates schützen und von diesem typischerweise ein Unterlassen oder Dulden verlangen;

– *rechtsstaatliche Garantien*, welche elementare Aspekte der Gerechtigkeit und der (Verfahrens-)Fairness verbürgen;

– *soziale Grundrechte*, welche dem Einzelnen einen direkt einklagbaren Anspruch auf bestimmte staatliche Leistungen verschaffen;

– *politische Rechte*, welche bestimmte Formen der Partizipation am politischen Entscheidungsprozess (Wahlen, Sachentscheidungen) sowie die freie Willensbildung und die unverfälschte Stimmabgabe verbürgen;

wurde verzichtet. Solche Unterteilungen (vgl. AUER/MALINVERNI/HOTTELIER II, 5 ff.; HÄFELIN/HALLER, 69 f.) sind nützliche Orientierungshilfen, widerspiegeln jedoch die komplexe verfassungsrechtliche Situation nur bedingt. Keine der hergebrachten Einteilungen geht restlos und ohne Überschneidungen auf. So leiten sich aus Freiheitsrechten u.U. gewisse Leistungsansprüche (vgl. N 6 und 28 zu BV 10) oder Gleichbehandlungsgebote ab (vgl. N 23 ff. zu BV 27, N 10 zu BV 34), gelegentlich auch Verfahrensgarantien (vgl. z.B. BGE 126 I 26 betreffend das Grundrecht der persönlichen Freiheit).

8   Obwohl sich die Grundrechtsverbürgungen in Europa stark angenähert haben, weist der Grundrechtskatalog der BV verfassungsvergleichend zahlreiche *Besonderheiten* auf, so namentlich:

– BV 8 Abs. 2: Nennung von «Lebensform» und «Alter» bei den Diskriminierungstatbeständen;

– BV 9: ausdrücklicher Anspruch auf Behandlung nach Treu und Glauben;

– BV 11: «Kinderschutz-Artikel»;

– BV 13 Abs. 2: spezifisches Recht auf Schutz vor Datenmissbrauch;

– BV 17: Nennung des Zensurverbots und des Redaktionsgeheimnisses;

– BV 18: ausdrückliche Gewährleistung der Sprachenfreiheit;

– BV 25: verfassungsrechtliche Absicherung des völkerrechtlichen *Non-Refoulement*-Prinzips (vgl. Art. 33 Flüchtlingskonvention, SR 0.142.30);

– BV 27: umfassende Gewährleistung der Wirtschaftsfreiheit;

– BV 34: umfassende grundrechtliche Absicherung der politischen Rechte;

– BV 35 und 36: Kodifikation allgemeiner Grundrechtsfragen (Grundrechtsverständnis, Adressaten, Drittwirkung, Schrankenlehre).

9   *Grundrechtsträger:* Eine allgemeine Regelung fehlt. Der Wortlaut ist kein durchweg verlässlicher Indikator (vgl. z.B. BV 8 Abs. 1: «Menschen», obwohl selbstredend auch juristische Personen sich auf das Rechtsgleichheitsgebot berufen können). Entscheidend ist die Auslegung

der einzelnen Bestimmung. Bei den meisten Grundrechten handelt es sich um *Menschenrechte*, auf die man sich unabhängig von der Staatsangehörigkeit berufen kann. Die wichtigsten Ausnahmen sind: BV 24 (Niederlassungsfreiheit), BV 25 Abs. 1 (Ausweisungsverbot), BV 34 (politische Rechte), teilweise auch BV 27 (Wirtschaftsfreiheit). Zur nicht unproblematischen Tendenz der Schaffung von Sonder(grund)rechten zu Gunsten bestimmter Personengruppen vgl. N 2 zu BV 11. – *Juristische Personen des Privatrechts* (Verein, Genossenschaft, AG usw.) sind dank einer allgemein grosszügigen Haltung in Rechtsprechung (Ausnahme: Kirchensteuer, BGE 126 I 122, 125 ff.) und Lehre gewöhnlich ebenfalls geschützt, sofern es beim fraglichen Grundrecht nicht ausschliesslich um Eigenschaften geht, die nur einer natürlichen Person zukommen können.

10 *Juristische Personen des öffentlichen Rechts?* Verfassungsmässige Rechte stehen nach ständiger Rechtsprechung des Bundesgerichts «grundsätzlich nur Privaten zu, nicht dagegen dem Gemeinwesen als Inhaber hoheitlicher Gewalt» (BGE 125 I 173, 175). Die Rechtspraxis macht indes verschiedene Ausnahmen (Überblick bei HANGARTNER, FS Häfelin, 111 ff.), nicht zuletzt bei den Verfahrensgarantien (vgl. z.B. BGE 131 I 91, 95 und BGE 116 Ia 52, 54 betreffend rechtliches Gehör der Gemeinden bei Zwangsfusion bzw. im Autonomiebereich). Die Berufung auf die Eigentumsgarantie ist möglich, wenn das Gemeinwesen von einer Eigentumsbeschränkung *wie eine Privatperson* betroffen ist (vgl. BGE 118 Ib 614, 616). Noch wenig geklärt ist die Frage der Grundrechtsträgerschaft von Hochschulen (vgl. VERENA SCHWANDER, Grundrecht der Wissenschaftsfreiheit, Bern usw. 2002, 173 f.) und von *öffentlichen Unternehmen* (offen gelassen in BGE 127 II 8, 17 betreffend die Swisscom AG; vgl. auch BGE 131 II 13, 27 f.; eingehend PHILIPP HÄSLER, Geltung der Grundrechte für öffentliche Unternehmen, Bern 2006). Angezeigt erscheint eine *differenzierende* Betrachtung im Lichte des jeweiligen Grundrechts und seiner Funktionen, etwa der Binnenmarktfunktion im Fall der Wirtschaftsfreiheit (vgl. BIAGGINI, FS Forstmoser, 625 ff.). – Aus prozessualer Sicht (Beschwerdelegitimation) vgl. BGE 120 Ia 95, 97; BGE 125 I 173, 175; KÄLIN, Staatsrechtliche Beschwerde, 270 ff.

11 *Verfassungsmässige Rechte:* Das Bundesgericht stuft auch diverse grundlegende Normen mit individualschützender Funktion *ausserhalb* des Grundrechtsteils als verfassungsmässige Rechte ein (vgl. BGE 131 I 366; N 5 zu BV 189). Diese geniessen, wie die Grundrechte, qualifizierten Rechtsschutz (Verfassungsbeschwerde, BGG 116; früher: staatsrechtliche Beschwerde, OG 84). Dazu gehören: der Vorrang des Bundesrechts (BV 49; vgl. z.B. BGE 130 I 82, 86), das Verbot der interkantonalen Doppelbesteuerung (BV 127 Abs. 3; vgl. z.B. BGE 130 I 205, 210), ferner das abgaberechtliche und das strafrechtliche Legalitätsprinzip (vgl. z.B. BGE 128 I 317, 321: Abgaberecht; BGE 118 Ia 137, 139: «nulla poena sine lege»), nicht jedoch Normen von bloss organisatorischer oder programmatischer Natur wie z.B. KV/SO 60 (vgl. BGE 131 I 366, 369). – Zum speziell gelagerten Fall des Gewaltenteilungsgrundsatzes, welcher die Einhaltung der verfassungsmässigen (Organ-)Zuständigkeitsordnung schützt, vgl. N 17 zu BV 51; BGE 131 I 291, 297.

12 *Weitere Quellen* von Grundrechten sind die *Kantonsverfassungen* (vgl. BV 189) sowie das für die Schweiz verbindliche *Völkerrecht*. Bedeutsam sind vor allem die *EMRK* und der Internationale Pakt vom 16. Dezember 1966 über bürgerliche und politische Rechte, SR 0.103.2 (näher VILLIGER, EMRK und UNO-Menschenrechtspakte, VRdCH, 647 ff.; WALTER KÄLIN/JÖRG

KÜNZLI, Universeller Menschenrechtsschutz, Basel usw. 2005). Das Bundesgericht pflegt die Garantien der Bundesverfassung (in zum Teil durchaus schöpferischer Weise) so auszulegen, dass diese in ihrem Schutz mindestens so weit gehen wie die internationalen Verbürgungen (für eine der seltenen Ausnahmen vgl. BGE 114 Ia 84, 87). Von *praktischer Bedeutung* ist die EMRK vor Schweizer Gerichten insb. dann, wenn die Anforderungen an das gundrechtstangierende staatliche Handeln präziser umschrieben werden als in der BV (z.B. EMRK 2, 5, 8 Ziffer 2), sodann weil die «Immunisierung» der Bundesgesetze (BV 190) gegenüber der EMRK nicht greift (vgl. BGE 125 II 417, 424; N 31 zu BV 5 und N 16 zu BV 190). – Zur gewöhnlich bescheidenen Tragweite *kantonaler* Grundrechte vgl. GIOVANNI BIAGGINI/ HEIDRUN GUTMANNSBAUER, Die Bedeutung der Grundrechtsgarantien der basellandschaftlichen Kantonsverfassung in der Verfassungsrechtsprechung, in: Giovanni Biaggini u.a. (Hrsg.), Staats- und Verwaltungsrecht des Kantons Basel-Landschaft, Band II, Liestal 2005, 5 ff.

13 Zur problematischen (und verzichtbaren) Kategorie der *unverzichtbaren und unverjährbaren* Grundrechte vgl. BGE 126 I 26, 30 f.; HÄFELIN/HALLER, 582.

Literaturhinweise

BIAGGINI GIOVANNI, Sind öffentliche Unternehmen grundrechtsberechtigt?, Festschrift Peter Forstmoser, Zürich 2003, 623 ff.; GRABENWARTER CHRISTOPH, Europäische Menschenrechtskonvention, 2. Aufl., München/Wien 2005; HANGARTNER YVO, Verfassungsmässige Rechte juristischer Personen des öffentlichen Rechts, Festschrift Ulrich Häfelin, Zürich 1989, 111 ff.; KÄLIN WALTER, Grundrechte im Kulturkonflikt, Zürich 2000; KÄLIN WALTER/KÜNZLI JÖRG, Universeller Menschenrechtsschutz, Basel usw. 2005; KLEY ANDREAS, Der Grundrechtskatalog der nachgeführten Bundesverfassung – ausgewählte Neuerungen, ZBJV 1999, 301 ff.; KOLLER HEINRICH, Der Einleitungstitel und die Grundrechte in der neuen Bundesverfassung, AJP 1999, 656 ff.; MARTIN CÉLINE, Grundrechtskollisionen, Basel usw. 2007; MISIC ALEXANDER, Der Grundrechtskatalog, BV-CF 2000, 71 ff.; MÜLLER JÖRG PAUL, Grundrechte in der Schweiz, 3. Aufl., Bern 1999 (mit Ergänzungsband, verfasst von Markus Schefer, Bern 2005); PETERS ANNE, Einführung in die Europäische Menschenrechtskonvention, München 2003; SCHEFER MARKUS, Gefährdung von Grundrechten – Eine grundrechtsdogmatische Skizze, Basler Festgabe zum Schweizerischen Juristentag 2004, Basel/Bern 2004, 441 ff.; SCHINDLER BENJAMIN, Zu Begriff und Verständnis der «Grundrechte» in der neuen Bundesverfassung, in: Gächter/Bertschi, 51 ff.; WEBER-DÜRLER BEATRICE, Grundrechtseingriffe, BTJP 1999, 131 ff.

Art. 7 Menschenwürde

Die Würde des Menschen ist zu achten und zu schützen.

1 Die Bestimmung ist für die Verfassungsordnung des Bundes neuartig, nicht jedoch der Begriff «Menschenwürde», der 1992 Eingang in die BV 1874 fand (Art. 24novies Abs. 2, heute BV 119; vgl. auch BV 1874 Art. 24decies, heute BV 119a). Das Bundesgericht hatte die Menschenwürde schon unter der BV 1874 als «allgemeines Schutzobjekt und generelles Verfassungsprinzip» eingestuft (BGE 127 I 6, 13 mit Verweis auf BGE 115 Ia 234, 269, BGE 121 I 367, 372) und einen Bezug zum (ungeschriebenen) Grundrecht der persönlichen Freiheit hergestellt (z.B. BGE 124 I 40, 42; vgl. auch BGE 126 I 112, 114).

2 BV 7 lehnt sich (wie schon VE 96 Art. 6) – ungeachtet bewusster Formulierungsunterschiede (vgl. AB SD 1998 S 32 ff., N 146 ff.) – an die Menschenwürdeklausel des deutschen Grundgesetzes an: «Die Würde des Menschen ist unantastbar. Sie zu achten und zu schützen ist Verpflichtung aller staatlichen Gewalt.» (Art. 1 Abs. 1 GG) Dies heisst aber nicht, dass die in Deutschland entwickelten Deutungen (vgl. BVerfGE 102, 370, 388 f.; 96, 375, 398 ff.; 50, 166, 175; 45, 187, 227; Überblick bei HÄBERLE, 338 ff.) – und die neuerdings ausgebrochenen Kontroversen (insb. betreffend die Neudeutung durch HERDEGEN, in: Maunz u.a. [Hrsg.], Kommentar zum GG, Art. 1) – unbesehen in die schweizerische Rechtsordnung übertragen werden könnten.

3 Die Menschenwürde und ihr Schutz sind seit längerer Zeit auch ein fundamentales Anliegen des *Völkerrechts* (vgl. insb. EMRK 3 und 7; Art. 10 UNO-Pakt II, SR 0.103.2; Art. 23, 37 und 40 des Übereinkommens vom 20.11.1989 über die Rechte des Kindes, SR 0.107). Menschenwürdeklauseln finden sich auch in verschiedenen neueren Kantonsverfassungen (vgl. z.B. KV AG § 9; KV/BL § 5; KV/UR 10; KV/BE 9; KV/ZH 9; dazu BIAGGINI, Kommentar KV ZH, Art. 9, im Druck). – Zur Würde der Kreatur vgl. N 6 zu BV 120.

Einordnung

4 Der grundsatzartig formulierte BV 7 verurkundet ein *fundamentales Prinzip*, das die *gesamte Verfassungsordnung durchdringt*. Die Platzierung an der Spitze des Grundrechtskapitels unterstreicht die Bedeutung der Menschenwürde als grundlegendes Konstitutionsprinzip und Leitgrundsatz für jegliche Staatstätigkeit. Man kann den in BV 7 verankerten Grundsatz als «materielle Grundnorm» des Rechtsstaates und der Demokratie begreifen (dazu MASTRONARDI, VRdCH, 233 ff.). Damit ist die Frage nach Stellung und Rechtsnatur des Menschenwürde-Artikels freilich erst teilweise beantwortet.

5 Deutungsschwierigkeiten und -unsicherheiten ergeben sich daraus, dass es heute keine allgemein geteilte «gültige» Auffassung darüber gibt, was den *Menschen* und was seine *Würde* ausmacht (zum Bild des Menschen im geschichtlichen Wandel vgl. JAKOB TANNER, Historische Anthropologie, Hamburg 2004). Verbreitet ist die Bezugnahme auf die Philosophie Immanuel Kants, der verlangt, dass der Mensch niemals bloss als Mittel (Objekt), sondern stets auch als Zweck (Subjekt) behandelt wird (vgl. MASTRONARDI, VRdCH, 234, 237). Mit der Menschenwürdeklausel wird indes keine bestimmte philosophische Fundierung der Verfassungsordnung verbindlich festgeschrieben. Das Bundesgericht hebt zu Recht den offenen Normgehalt hervor, der «nicht abschliessend positiv festgelegt werden» kann, weil es um das «letztlich nicht fassbare Eigentliche des Menschen und der Menschen» geht (BGE 132 I 49, 55). Ein zentrales Anliegen ist die «Anerkennung des Einzelnen in seiner eigenen Werthaftigkeit und individuellen Einzig- und allfälligen Andersartigkeit» (a.a.O.).

6 Auch wenn die Menschenwürdeklausel eine philosophische Perspektive eröffnet (vgl. J.P. MÜLLER, Grundrechte, 4), bleibt die Ermittlung von Gehalt und Tragweite des BV 7 eine juristische Aufgabe, die – für die juristische Methode nicht ungewöhnlich – mit interdisziplinärer Unterstützung anzugehen ist. Dabei geht es nicht um eine positive Festlegung oder gar Definition – die höchst problematisch wäre (vgl. J.P.MÜLLER, Grundrechte, 4 f.; MASTRONARDI, SG-Komm., Art. 7, N 38) –, sondern – wiederum nicht atypisch – um ein von konkreten Problemstellungen ausgehendes Herantasten, das primär «negativ» fragt: Was ist mit der

Würde des Menschen *un*vereinbar? (vgl. auch J.P.MÜLLER, Grundrechte, 5). – Hilfreich ist dabei die Überlegung, dass der Schutz der Menschenwürde nicht Aufgabe einer einzelnen Verfassungsnorm ist, sondern der Verfassungsordnung insgesamt (vgl. z.B. BV 41; BV 119; BV 119a), speziell des Grundrechtskatalogs (vgl. z.B. BV 8 Abs. 2 und dazu BGE 130 I 140, 147; BV 10 Abs. 2 und dazu BGE 131 I 16, 18; BV 10 Abs. 3; BV 12 und dazu BGE 131 I 166, 179; BV 25 Abs. 3; BV 29 Abs. 2 und dazu BGE 127 I 6, 13; BV 36 Abs. 4).

Rechtsnatur und praktische Tragweite

7   *Grundrecht oder blosser Grundsatz?* Die Rechtsnatur des BV 7 liegt nicht auf der Hand: Die Platzierung im Grundrechtskapitel (und nicht im ersten Titel) lässt an ein Grundrecht denken, die (an einen Schutz- oder Handlungsauftrag erinnernde) Formulierung an einen (blossen) objektiven Verfassungsgrundsatz, dessen Gehalt vorab bei der Anrufung spezifischer Grundrechte (wie BV 8 Abs. 2, BV 10, BV 12) aktiviert wird. Aus der Entstehungsgeschichte resultiert, dass aus BV 7 *jedenfalls* ein *einklagbarer Anspruch* auf ein *schickliches Begräbnis* abgeleitet werden kann (früher explizit BV 1874 Art. 53 Abs. 2, in der BV 1999 nicht eigens nachgeführt; vgl. Botsch. BV, 141; BGE 125 I 300, 306). Auch sonst lassen die Materialien eher auf einen grundrechtlichen Charakter der Menschenwürdeklausel schliessen (vgl. Botsch. BV, 141). Die in der Lehre kontrovers diskutierte Frage der Rechtsnatur (Überblick bei MAHON, Comm., Art. 7, N 4) wurde vom Bundesgericht – zu Recht – mit einem «Sowohl-als-auch» beantwortet (vgl. BGE 127 I 6, 14; BGE 132 I 49, 55):

- BV 7 hat zunächst die Bedeutung eines «Leitgrundsatzes» (BGE 132 I 49, 55) für jegliche Staatstätigkeit. Der Grundsatz der Menschenwürde «bildet als innerster Kern zugleich die Grundlage der Freiheitsrechte und dient daher zu deren Auslegung und Konkretisierung» (BGE 127 I 6, 14).

- Darüber hinaus ist BV 7 ein Auffanggrundrecht: «Für besonders gelagerte Konstellationen kann der Menschenwürde ein eigenständiger Gehalt zukommen» (BGE 132 I 49, 55; vgl. auch BGE 131 I 16, 18, BGE 127 I 6, 14; Botsch. BV, 140; J.P.MÜLLER, Grundrechte, 1 f.; RHINOW, BV 2000, 33, 98). BV 7 begründet insoweit auch ein gerichtlich einklagbares (justiziables) Grund*recht.* – Vgl. auch BGE 130 I 169, 171: Verbot des Schuldverhafts als Ausfluss der Menschenwürde und des Rechts auf persönliche Freiheit.

Dass es dem Bundesgericht ernst ist mit dem einklagbaren Gehalt des BV 7, zeigt ein Blick auf dessen bis Ende 2006 gültiges Reglement (vom 14.12.1978; SR 173.111.1, AS 1979 46, 2004 2343), wo die Beschwerden wegen Verletzung der Menschenwürde eine eigene Rubrik bildeten (vgl. Art. 2 Abs. 1 Ziff. 2; anders jetzt BGerR 29 ff.).

8   *Zur praktischen Tragweite:* So paradox es klingen mag: Gerade weil der Grundsatz der Menschenwürde einen derart fundamentalen Charakter hat, wird seine unmittelbare Bedeutung auch in der künftigen juristischen Praxis eher gering bleiben (ähnlich RHINOW, BV 2000, 33; MAHON, Comm., Art. 7, N 6). Der Gehalt des BV 7 widerspiegelt sich in zahlreichen speziellen Grundrechten, Verfassungsprinzipien und -geboten (vgl. BGE 127 I 6, 13). Erst wenn diese «spezialisierten» Garantien nicht greifen, stellt sich für die Praxis die Frage, ob BV 7 zusätzlichen Schutz bietet, was nicht leichthin zu bejahen ist (vgl. BGE 132 I 49, 55, Berner Wegweisungsartikel, wonach das Verbot, sich an einem bestimmten Ort in Alkohol konsu-

mierenden Personenansammlungen aufzuhalten, nicht in eigenständiger Weise die Menschenwürde betrifft). Angesichts der unvermeidlichen Schwierigkeiten, den Gehalt der Menschenwürdeklausel näher zu bestimmen, empfiehlt es sich, jeweils zu prüfen, ob nicht die Anerkennung eines neuen Teilgehalts eines bestehenden Grundrechts (insb. BV 10 Abs. 2) oder die Anerkennung eines neuen ungeschriebenen Grundrechts (dazu N 5 vor BV 7) von geringerer Abstraktionshöhe besser geeignet sind, ein festgestelltes Schutzdefizit zu beheben (anders MASTRONARDI, SG-Komm., Art. 7, N 9, 18, 50, der es vorzuziehen scheint, die Funktion eines «Auffanggrundrechts» weg von der persönlichen Freiheit hin zur Menschenwürdeklausel zu verlagern).

9 *Auslegung und Konkretisierung anderer Grundrechte:* Nicht zu unterschätzen ist die Rolle, die BV 7, aus der Sicht der Rechtspraxis, bei der Konkretisierung und Handhabung anderer Grundrechte spielen kann (BGE 132 I 49, 55), sei es bei der Ermittlung des *Schutzbereichs,* sei es bei der Bestimmung von *Kerngehalten* (vgl. J.P.MÜLLER, Grundrechte, 1), sei es bei der Beurteilung der *Schwere* eines Grundrechtseingriffs (vgl. BGE 130 I 16, 18, medikamentöse Zwangsbehandlung), sei es bei der Prüfung der Verhältnismässigkeit (Zumutbarkeit). – Der Schutzauftrag aus BV 7 kann umgekehrt von Bedeutung sein, wenn es um die *Rechtfertigung* grundrechtsbeeinträchtigender Massnahmen (öffentliches Interesse, BV 36 Abs. 2) geht, beispielsweise einer Zwangsmedikation (BGE 130 I 16, 18) oder im Zusammenhang mit der Wissenschafts- oder Kunstfreiheit (BV 20 und BV 21, vgl. MAHON, Comm., Art. 7, N 7).

10 *Verfassungskonforme Auslegung:* Schliesslich kann die Menschenwürdeklausel bei der Auslegung *einfachen Rechts* Bedeutung erlangen (vgl. z.B. BGE 128 III 12, 14 betreffend den Einweisungsgrund der schweren Verwahrlosung gemäss ZGB 397a Abs. 1; BGE 128 IV 201, 205, betreffend StGB 197, Pornographie). – Der Straftatbestand der Rassendiskriminierung (StGB 261bis) verschafft dem Grundsatz der Menschenwürde eine gewisse indirekte Drittwirkung (vgl. PETER MÜLLER, Die neue Strafbestimmung gegen Rassendiskriminierung – Zensur im Namen der Menschenwürde?, ZBJV 1994, 241 ff.; vgl. auch BGE 129 IV 95, 101 ff.; BGE 130 IV 111, 118)

Literaturhinweise

HÄBERLE PETER, Die Menschenwürde als Grundlage der staatlichen Gemeinschaft, in: Josef Isensee/Paul Kirchhof (Hrsg.), Handbuch des Staatsrechts der Bundesrepublik Deutschland, Band II, 3. Aufl., Heidelberg 2004, 317 ff.; KLEY ANDREAS, Sakralisierung von Staatsrecht und Politik, Mélanges Pierre Moor, Bern 2005, 95 ff.; MASTRONARDI PHILIPPE, Menschenwürde als materielle «Grundnorm» des Rechtsstaates?, VRdCH, 233 ff.; DERS., Der Verfassungsgrundsatz der Menschenwürde in der Schweiz, Berlin 1978; SCHLAURI REGULA, Ist die Menschenwürde Grundrecht oder Verfassungsprinzip?, in: Gächter/Bertschi, 73 ff.

Art. 8 Rechtsgleichheit

¹ Alle Menschen sind vor dem Gesetz gleich.

² Niemand darf diskriminiert werden, namentlich nicht wegen der Herkunft, der Rasse, des Geschlechts, des Alters, der Sprache, der sozialen Stellung, der Lebensform, der religiösen, weltanschaulichen oder politischen Überzeugung oder wegen einer körperlichen, geistigen oder psychischen Behinderung.

³ Mann und Frau sind gleichberechtigt. Das Gesetz sorgt für ihre rechtliche und tatsächliche Gleichstellung, vor allem in Familie, Ausbildung und Arbeit. Mann und Frau haben Anspruch auf gleichen Lohn für gleichwertige Arbeit.

⁴ Das Gesetz sieht Massnahmen zur Beseitigung von Benachteiligungen der Behinderten vor.

1   Die Bestimmung übernimmt einerseits das auf die Bundesstaatsgründung zurückgehende *allgemeine Rechtsgleichheitsgebot* (BV 1848 Art. 4; wortgleich BV 1874 Art. 4) und den in der Volksabstimmung vom 14.6.1981 angenommenen *«Gleichberechtigungsartikel»* (BV 1874 Art. 4 Abs. 2, Gegenvorschlag zu einer zurückgezogenen Volksinitiative), statuiert andererseits *neu* ein *allgemeines Diskriminierungsverbot* (Abs. 2; vgl. immerhin BV 1874 Art. 4 Abs. 1 Satz 2: «keine Vorrechte des Orts, der Geburt, der Familien oder Personen») sowie einen (im VE 96 noch nicht enthaltenen) *Gesetzgebungsauftrag* betreffend *Beseitigung von Benachteiligungen Behinderter* (Abs. 4). – In der Volksabstimmung vom 12.3.2000 wurde die 1995 eingereichte Volksinitiative «für eine gerechte Vertretung der Frauen in den Bundesbehörden (Initiative 3. März)» (BBl 1995 III 112) abgelehnt.

2   Viele früher bei BV 1874 Art. 4 eingeordnete rechtsstaatliche Grundsätze und Garantien sind heute eigenständig kodifiziert. Vgl. insb. BV 5, 9, 29 ff.

3   Fragen der Gleichbehandlung und Nichtdiskriminierung sind auch Gegenstand des für die Schweiz einschlägigen internationalen Rechts. Zu nennen sind insbesondere: EMRK 14, UNO-Pakt I Art. 2 Abs. 2 (SR 0.103.1), UNO-Pakt II Art. 2 Abs. 1 und Art. 26 (mit Vorbehalt der Schweiz, SR 0.103.2); weiter das Internationale Übereinkommen vom 21.12.1965 zur Beseitigung jeder Form von Rassendiskriminierung (SR 0.104), das Übereinkommen vom 18.12.1979 zur Beseitigung jeder Form von Diskriminierung der Frau (SR 0.108). Bisher nicht unterzeichnet hat die Schweiz das 12. Zusatzprotokoll zur EMRK (Allgemeines Diskriminierungsverbot) vom 4.11.2000.

4   Verhältnis zu anderen Grundrechten: zum Willkürverbot vgl. BGE 129 I 346, 357; zum Gleichbehandlungsanspruch der wirtschaftlichen Konkurrenten (BV 27) vgl. BGE 130 I 26, 54. – Zur Zielvorgabe der Chancengleichheit vgl. N 12 zu BV 2.

Allgemeines

5   Das mit der Gerechtigkeitsfrage eng verknüpfte fundamentale Problem der Gleichheit durchzieht wie ein roter Faden die Geschichte der abendländischen Philosophie und die Verfassungsentwicklung der Neuzeit (worauf hier nicht näher eingegangen werden kann).

6   *Rechtsnatur und Grundrechtsträger:* BV 8 begründet – mit einzelnen Ausnahmen (Abs. 3 Satz 2, Abs. 4) – einklagbare verfassungsmässige Individualrechte. Auf die Garantien des BV 8 be-

rufen können sich grundsätzlich alle *natürlichen Personen* (unabhängig von der Staatszugehörigkeit; missverständlich BV 1874 Art. 4: «Alle Schweizer ...»; vgl. aber BGE 93 I 1, 3 und bereits BGE 14, 493), auf das allgemeine Rechtsgleichheitsgebot (BV 8 Abs. 1) – entgegen dem Wortlaut – auch *juristische* Personen, u.U. auch Gemeinden (BGE 131 I 91, 103).

7 *Anwendungsbereich:* Ein Grund für die grosse praktische Bedeutung von BV 8 (insb. Abs. 1) ist, dass (anders als bei Freiheitsrechten) nicht ein bestimmter Lebensbereich geschützt wird, sondern grundsätzlich, unabhängig vom Sachgebiet, jede Staatstätigkeit (vgl. BV 35 Abs. 2) erfasst wird. Eine zentrale Anwendungsvoraussetzung des BV 8 ist die *Vergleichbarkeit* der geregelten Verhältnisse bzw. Ausgangstatsachen (WEBER-DÜRLER, VRdCH, 661 f.). Der kniffligen Frage, ob eine Kindergärtnerin sich auf eine «Ungleichbehandlung berufen kann, wenn sie zwei Behandlungen vergleicht, die sie selber erfahren hat» (unterschiedliche Entlöhnung als Stellvertreterin einerseits, als Teilzeitangestellte andererseits), konnte das Bundesgericht in BGE 129 I 161, 165 gerade noch ausweichen.

8 *Frage der Drittwirkung:* BV 8 verpflichtet, mit Ausnahme des Lohngleichheitssatzes (Abs. 3 Satz 3; siehe N 33), *nur den Staat.* Zahlreiche Normen unterhalb der Verfassungsstufe sorgen indes dafür, dass die Gehalte des BV 8 auch unter Privaten wirksam werden (vgl. insb. das GlG).

Abs. 1: Das allgemeine Rechtsgleichheitsgebot

9 *Sachlicher Anwendungsbereich:* Das Rechtsgleichheitsgebot bindet, ungeachtet des Wortlauts («vor dem Gesetz»), nicht nur die Rechtsanwendung (N 12), sondern auch die Rechtsetzung (Gleichheit *im* Gesetz, N 10).

10 *Rechtsgleichheit in der Rechtsetzung:* Nach ständiger Rechtsprechung verstösst ein Erlass gegen BV 8 Abs. 1,

> «wenn er rechtliche Unterscheidungen trifft, für die ein vernünftiger Grund in den zu regelnden Verhältnissen nicht ersichtlich ist, oder Unterscheidungen unterlässt, die sich aufgrund der Verhältnisse aufdrängen, wenn also Gleiches nicht nach Massgabe seiner Gleichheit gleich und Ungleiches nicht nach Massgabe seiner Ungleichheit ungleich behandelt wird [– welch schöne Formel, nur leider nichtssagend –]. Vorausgesetzt ist, dass die ungerechtfertigte Gleich- bzw. Ungleichbehandlung auf eine wesentliche Tatsache bezieht. Die Frage, ob für eine rechtliche Unterscheidung ein vernünftiger Grund in den zu regelnden Verhältnissen ersichtlich ist, kann zu verschiedenen Zeiten unterschiedlich beantwortet werden. Dem Gesetzgeber bleibt im Rahmen dieser Grundsätze ein weiter Spielraum der Gestaltung» (BGE 131 I 1, 7 f.; vgl. auch BGE 132 I 68, 74; BGE 131 V 107, 114; BGE 129 I 265, 268 f.; BGE 127 V 448, 454, je mit Hinweisen).

Im Steuerrecht wird das Rechtsgleichheitsgebot «konkretisiert durch die Grundsätze der Allgemeinheit und Gleichmässigkeit der Besteuerung sowie durch das Prinzip der Besteuerung nach der wirtschaftlichen Leistungsfähigkeit» (BGE 132 I 157, 163; vgl. N 7 ff. zu BV 127).

11   *Relativierungen und richterliche Zurückhaltung:* Das Rechtsgleichheitsgebot gilt nicht absolut. Eine Ungleichbehandlung kann:
   – *gerechtfertigt* und daher *zulässig* sein, ja sogar (je nach Sachlage)
   – *geboten* sein (BV 8 Abs. 1 als Differenzierungsgebot).

   Das Bundesgericht gesteht dem Gesetzgeber gewisse Typisierungen und Schematismen zu, wenn sie «tendenziell vernünftig [!] und sachgerecht erscheinen» (BGE 131 I 205, 215). Ob ein «vernünftiger Grund» besteht, ist von den «herrschenden Anschauungen und Zeitverhältnissen» abhängig (BGE 131 V 107, 114; BGE 127 I 185, 192). Prominentes Beispiel für einen relevanten Wandel der Anschauungen ist die Frage der Zulassung von Frauen zur anwaltlichen Tätigkeit: 1887 erachtete das Bundesgericht den Ausschluss der Frauen für rechtsgleichheitskonform (BGE 13, 1, *Kempin-Spyri*); 36 Jahre später stufte es ihn als verfassungswidrig ein (BGE 49 I 14, *Roeder*). – Die in der höchstrichterlichen Formel zum Ausdruck kommende *Zurückhaltung* gegenüber dem Gesetzgeber ist einerseits *demokratisch*, andererseits (in Bezug auf kantonales bzw. kommunales Recht) *föderalistisch* motiviert. Je nach Sachfrage und Gewicht dieser Motive fällt der Gestaltungsspielraum des Gesetzgebers unterschiedlich aus: Im («differenzierungsfeindlichen») Bereich der politischen Rechte ist er meist klein (vgl. BGE 124 I 55, 62, Parteienfinanzierung; BGE 123 I 152, 173; BV 136 Abs. 1 Satz 2), «bei den öffentlichen Abgaben und bei der Verteilung der Last auf die Abgabepflichtigen» dagegen gewöhnlich «gross» (BGE 131 I 1, 8; vgl. auch BGE 114 Ia 321, 323 f.). Sachlich begründete Ungleichbehandlungen aufgrund der Nationalität oder des Anwesenheitsstatus (vgl. BGE 131 I 166, 180) bleiben, ungeachtet des nun auch textlich verdeutlichten menschenrechtlichen Charakters des Rechtsgleichheitsgebotes, weiterhin möglich. – Zur Befugnis zur Anfechtung eines Erlasses wegen rechtsungleicher Begünstigung Dritter vgl. BGE 131 I 198, 201, mit Hinweisen (in Bestätigung des Leiturteils BGE 109 Ia 252).

12   *Rechtsgleichheit in der Rechtsanwendung:* Nach ständiger Rechtsprechung verlangt BV 8 Abs. 1, dass die zuständige Behörde das Gesetz in allen gleichgelagerten Fällen in gleicher Weise anwendet (vgl. BGE 129 I 113, 125; BGE 125 I 161, 163; BGE 112 Ia 193, 196). Erhöhte praktische Bedeutung erlangt das Gleichbehandlungsgebot, wenn das Gesetz der Behörde Ermessen einräumt oder, durch unbestimmte Begriffe, Beurteilungsspielräume eröffnet. Die Behörde ist gehalten, «nach einheitlichen, über den Einzelfall hinaus gültigen Kriterien vorzugehen, mit anderen Worten eine Praxis zu bilden» (BGE 125 II 152, 162).

13   *Insb. Anforderungen an eine Praxisänderung:* Da «jede Änderung der bisherigen Rechtsanwendung zwangsläufig mit einer Ungleichbehandlung der früheren und der neuen Fälle verbunden ist», muss sich die Praxisänderung «auf ernsthafte, sachliche Gründe stützen können, die umso gewichtiger sein müssen, je länger die als falsch oder nicht mehr zeitgemäss erkannte Rechtsanwendung praktiziert worden ist.» (BGE 125 II 152, 163, mit Hinweisen; vgl. auch BGE 131 V 107, 110; BGE 127 I 49, 52; N 17 zu BV 9).

14   *Grundsätzlich kein Anspruch auf «Gleichbehandlung im Unrecht»:* Der Umstand, dass das Gesetz in anderen Fällen nicht oder nicht richtig angewendet worden ist, gibt «dem Bürger grundsätzlich keinen Anspruch darauf, ebenfalls abweichend vom Gesetz behandelt zu werden» (BGE 123 II 248, 254). Ein «Anspruch auf Gleichbehandlung im Unrecht» wird ausnahmsweise anerkannt, «wenn eine ständige gesetzwidrige Praxis einer rechtsanwendenden

Behörde vorliegt und die Behörde zu erkennen gibt, dass sie auch in Zukunft nicht von dieser Praxis abzuweichen gedenke» (BGE 127 I 1, 3; vgl. BGE 122 II 446, 451; BGE 125 II 152, 166; VPB 68.63, 2004). Dem können wiederum «gewichtige öffentliche Interessen oder das berechtigte Interesse eines privaten Dritten an gesetzmässiger Rechtsanwendung entgegenstehen», worüber im Rahmen einer Abwägung zu befinden ist (BGE 123 II 248, 254).

15 *Referenz-Handeln:* Von einer rechtsungleichen Behandlung kann gemäss Bundesgericht nur gesprochen werden, «wenn ein und dieselbe Behörde eine Frage ohne sachlichen Grund das eine Mal so und das andere Mal anders beantwortet» (BGE 90 I 1, 8). Eine derartige Fixierung auf «ein und dieselbe Behörde» vermag aus verschiedenen Gründen nicht zu befriedigen (kritisch auch HANGARTNER, II, 186). Zwar verstösst die Verschiedenheit des kantonalen Rechts und der kantonalen Rechtsanwendung nicht schon per se gegen das Rechtsgleichheitsgebot (vgl. BGE 125 I 173, 179). Problematisch ist jedoch, wenn den Rechtssuchenden jede Möglichkeit genommen wird, eine je nach Kanton sehr unterschiedliche Anwendung von *Bundesrecht* (vgl. z.B. BGE 124 IV 44 betreffend BetmG) zum Beschwerdethema zu machen.

Kriterien bei der Beurteilung von Ungleichbehandlungen

16 Der primär auf Freiheitsrechte zugeschnittene BV 36 findet nach herrschender Auffassung keine Anwendung auf das Rechtsgleichheitsgebot (kritisch MARKUS SCHEFER, Die Beeinträchtigung von Grundrechten, Bern 2006, 106 ff.). Angesichts der besonderen Regelungsstruktur des BV 8 Abs. 1 (vgl. N 7) leuchtet dies zunächst ein. Im Interesse einer rationalen, transparenten Prüfung sollte man es gleichwohl nicht versäumen, die in BV 36 verkörperten Leitgedanken als Richtlinie heranzuziehen, wenn die Zulässigkeit von Ungleichbehandlungen zu beurteilen ist (vgl. z.B. BGE 131 I 205, 215; mit Bezug auf BV 8 Abs. 3, BGE 131 II 361, 376, 385 ff.; ähnlich im Grunde bereits die Rechtsprechung zur Wahlrechtsgleichheit als Teilaspekt der Wahl- und Abstimmungsfreiheit, heute BV 34; vgl. z.B. BGE 123 I 152, 169 ff.):

– Im demokratischen Verfassungsstaat liegt die Forderung nahe, dass *wichtige* Ungleichbehandlungen auf Stufe *Gesetz* vorgesehen werden (vgl. in diesem Sinn Kantonsgericht BL, zit. in BGE 130 I 1, 7).

– Die Frage der sachlichen Rechtfertigung hängt eng mit dem verfolgten Regelungsziel (bzw. öffentlichen Interesse) zusammen (vgl. BGE 132 I 157, 165: Eigentumsförderung; Differenzierungen beim Eigenmietwert).

– Eine Unterscheidung kann in grundsätzlicher Hinsicht gerechtfertigt (Regelungsziel), aber im Einzelnen mangelhaft sein, weil sie in sachlicher, persönlicher, zeitlicher, örtlicher Hinsicht mehr Sachverhalte erfasst als nötig (over-inclusive classification) oder weil sie weniger Sachverhalte erfasst als angezeigt (under-inclusive classification); die konkrete Massnahme ist zur Erreichung des an sich legitimen Ziels nicht geeignet bzw. nicht erforderlich.

– Das Diskriminierungsverbot (BV 8 Abs. 2) bewirkt eine Art Kerngehaltsschutz (vgl. N 19).

17 *Kasuistik:* Aus der reichhaltigen jüngeren Rechtsprechung (je mit weiteren Hinweisen) vgl. insb. BGE 132 I 153 (Allgemeinheit der Besteuerung; Finanzierung kantonaler Familienzulagen); BGE 132 I 157 und BGE 131 I 377 (beide betreffend Eigenmietwertbesteuerung);

BGE 131 I 166 (Zulässigkeit von Differenzierungen aufgrund des Anwesenheitsstatus); BGE 131 I 313 (als Vorzugslast konzipierte Strassenbeleuchtungsgebühr; BV 8 mangels eines massgeblichen Sondervorteils verletzt); BGE 131 I 1 (Arbeitsleistungspflicht, Ersatzabgabe); BGE 130 I 1 (Bemessung der Sozialhilfe); BGE 129 I 392 (Ungültigkeit der stadtzürcherischen Initiative «SchweizerInnen zuerst!»); BGE 129 I 161 (gleicher Lohn für gleichwertige Arbeit im öffentlichen Dienstrecht; grosser Spielraum in der Ausgestaltung von Besoldungsordnungen); BGE 128 I 240 (Bemessung des Eigenmietwerts; maximal 70 Prozent des Marktwerts nicht verfassungswidrig; BGE 128 I 102 (Zulässigkeit einer umsatzbezogenen Sondergewerbesteuer: Solothurner gastgewerbliche Jahrespatentgebühr). Zum Problem der sog. «umgekehrten Diskriminierung» vgl. BGE 129 II 249, 261 ff. und BGE 130 II 137, 143 ff. (Benachteiligung von Schweizern beim Familiennachzug im Vergleich zu Angehörigen von EG- und EFTA-Staaten; vgl. jetzt AuG 42). – *Wichtige ältere Entscheidungen (zu BV 1874 Art. 4):* BGE 124 I 289, 292 ff. (Strassenreinigungsbeiträge); BGE 123 I 241, 243 ff. (Erbschaftssteuer für Konkubinatspartner); BGE 117 Ia 97, 101 (Kinder- und Ausbildungszulagen für Kinder mit Wohnsitz im Ausland); BGE 110 Ia 7 ff. (Besteuerung von Ehepaaren und Konkubinatspaaren).

Abs. 2: Diskriminierungsverbot

18 *Das Diskriminierungsverbot als besonderes Gleichheitsgebot:* Trotz vieler offener Fragen zeichnet sich in Rechtsprechung und Lehre zum neuen Diskriminierungsverbot in einigen grundsätzlichen Fragen ein recht breiter Konsens ab (Überblick und weitere Hinweise bei J.P. MÜLLER, BTJP 1999, 103 ff.; MARTENET, 388 ff.; SCHEFER, Ergänzungsband, 245 ff.; WALDMANN):

- Abs. 2 statuiert ein *besonderes Gleichheitsgebot:* Eine Diskriminierung setzt grundsätzlich eine rechtsungleiche Behandlung voraus (vgl. BGE 126 II 377, 392); Anwendungsvoraussetzung ist (wie bei Abs. 1, vgl. N 7) die *Vergleichbarkeit* der geregelten Verhältnisse bzw. Ausgangstatsachen.

- Erfasst und geschützt werden (nur) Personen, die einer benachteiligten Gruppe angehören (vgl. MAHON, Comm., Art. 8, N 14).

- Eine Diskriminierungsabsicht wird nicht vorausgesetzt.

- Untersagt sind auch *indirekte* (mittelbare) Diskriminierungen (vgl. N 20).

- Das Diskriminierungsverbot richtet sich an den Staat und entfaltet *keine direkte Drittwirkung* unter Privaten. Eine Horizontalwirkung kann über Normen der Gesetzesstufe (wie BehiG 6, StGB 261bis) herbeigeführt werden. Zur indirekten Drittwirkung via Kontrahierungszwang vgl. SCHWEIZER, SG-Komm., Art. 8, N 57.

- Abs. 2 begründet *keine Bundeskompetenz* (BGE 132 I 82, 84), beinhaltet (anders als Abs. 3) *kein Egalisierungsgebot* (WEBER-DÜRLER, VRdCH, 669; kritisch WYSS, 124 ff.) und steht Förderungsmassnahmen zur Beseitigung bisheriger Diskriminierungen nicht entgegen.

19 *Formel des Bundesgerichts:* Eine Diskriminierung im Sinne von Abs. 2 liegt gemäss Bundesgericht dann vor (Hervorhebungen hinzugefügt),

>   «wenn eine Person *allein aufgrund ihrer Zugehörigkeit zu einer bestimmten Gruppe*, welche historisch und in der gegenwärtigen sozialen Wirklichkeit tendenziell *ausgegrenzt* oder als *minderwertig* behandelt wurde, *rechtsungleich behandelt* wird. Die Diskriminierung stellt eine *qualifizierte* Art der Ungleichbehandlung von Personen in vergleichbaren Situationen dar, indem sie eine Benachteiligung von Menschen bewirkt, die als *Herabwürdigung* oder *Ausgrenzung* einzustufen ist, weil sie an ein Unterscheidungsmerkmal anknüpft, das einen wesentlichen und nicht oder nur schwer aufgebbaren Bestandteil der *Identität* der betreffenden Person ausmacht. Insoweit beschlägt die Diskriminierung auch Aspekte der Menschenwürde» (BGE 132 I 49, 65 f.; erstmals BGE 126 II 377, 392 f.; vgl. auch BGE 132 I 167, 169; BGE 129 I 217, 223; BGE 130 I 352, 357: «Gefahr der Stigmatisierung und des gesellschaftlichen Ausschlusses», in casu: wegen körperlicher oder geistiger Anormalität).

Das Verbot, sich an einem bestimmten Ort (in casu: Bahnhof Bern) in Personenansammlungen aufzuhalten, in welchen Alkohol konsumiert wird (Wegweisungs- und Fernhalteverfügung), trifft nicht eine spezifische, sozial bestimmbare Minderheit oder Gruppe bzw. Lebensform (BGE 132 I 49, 66).

20 *Indirekte* (mittelbare) *Diskriminierung:* Eine solche ist gemäss Bundesgericht gegeben, wenn eine Regelung, die nicht an ein verpöntes Merkmal anknüpft (d.h. neutral formuliert ist), «in ihren tatsächlichen Auswirkungen Angehörige einer solchen [spezifisch gegen Diskriminierung geschützten] Gruppe besonders stark benachteiligt, ohne dass dies sachlich begründet wäre» (BGE 129 I 217, 224, unter Berufung auf KÄLIN/CARONI, 86 ff.; J.P. MÜLLER, Grundrechte, 441 ff.; DERS., BTJP 1999, 124 ff.; vgl. auch BGE 132 I 167, 169; BGE 132 I 49, 66; BGE 132 I 68, 74; BGE 131 V 9, 16).

21 *Zum Wortgebrauch der Verfassung:* Im *menschenrechtlichen* Kontext des BV 8 Abs. 2 meint das Verb «diskriminieren»: «ausgrenzen», «herabwürdigen», «herabsetzen» (vgl. J.P. MÜLLER, Grundrechte, 418 ff.; vgl. auch RHINOW, BV 2000, 140; zum französischen Wortlaut vgl. GRISEL, 69 ff.). In anderen Bereichen, namentlich im Zusammenhang mit der Gleichberechtigung von Mann und Frau (vgl. z.B. GlG 3, SR 151.1), wird der Begriff «diskriminieren/Diskriminierung» gewöhnlich im (weniger wertenden) Sinne von «benachteiligen/Benachteiligung» verstanden. Wegen des ungleichen (vgl. N 27) Wortgebrauchs ist beim Heranziehen von Rechtsprechung und Doktrin aus anderen Bereichen grosse Vorsicht geboten. – Entsprechendes gilt für Praxis und Lehre zu Art. 14 EMRK oder zu Art. 3 Abs. 3 des deutschen Grundgesetzes («Niemand darf (...) benachteiligt oder bevorzugt werden.») oder zu den diversen an die Staatsangehörigkeit anknüpfenden Diskriminierungsverboten des EG-Rechts (z.B. Art. 12 EGV).

22 *Kein striktes Anknüpfungsverbot:* Das Diskriminierungsverbot des Abs. 2 ist als *absolutes*, ausnahmslos geltendes *Verbot* formuliert. Eine Rechtfertigungsmöglichkeit ist nicht vorgesehen (anders SCHWEIZER, SG-Komm., Art. 8, Titel vor N 54). Nicht damit verwechselt werden darf die anders gelagerte Frage, ob das *Anknüpfen* an ein verpöntes *Merkmal* allenfalls gerechtfertigt werden kann. Lehre und Rechtsprechung bejahen dies im Grundsatz, und zwar zu

Recht, wie ein Blick auf die Entstehungsgeschichte zeigt (vgl. AB SD 1998 S 37, N 171 ff.). Denn BV 8 Abs. 2 statuiert *kein Anknüpfungsverbot* (ungenau Botsch. BV, 142). Die Anknüpfung an ein verpöntes Merkmal begründet nur – aber immerhin! – den «Verdacht einer unzulässigen Differenzierung»; die Ungleichbehandlung bedarf einer *qualifizierten Rechtfertigung* (BGE 126 II 377, 393; bestätigt in BGE 130 I 352, 357; vgl. auch BGE 129 I 217, 224; BGE 129 I 232, 240; BGE 129 I 392, 398). Der Staat unterliegt einer «qualifizierten Begründungspflicht» (BGE 126 V 70, 73 f.). BV 8 Abs. 2 ist insofern strenger als das allgemeine Rechtsgleichheitsgebot (in diesem Sinne schon BGE 106 Ib 182, 188). – Zu den Anforderungen an den Nachweis einer Diskriminierung vgl. BGE 129 I 217, 226.

23   *Verdachtsbegründende (verpönte) Merkmale* («namentlich ...»): Die Aufzählung der verpönten Merkmale ist nicht abschliessend (vgl. BGE 130 V 9, 16). Welche weiteren Kriterien ebenfalls als verdachtsbegründend einzustufen sind, wird das Bundesgericht zu entscheiden haben. Als Richtschnur dienen dabei der Grundsatz der Menschenwürde (BV 7) sowie die in Abs. 2 genannten Kriterien (weshalb die Liste, entgegen gewissen Äusserungen in den parlamentarischen Beratungen, juristisch nicht funktionslos ist). Der gemeinsame Nenner besteht im Wesentlichen darin, dass es um nicht oder nur schwer aufgebbare Bestandteile der *Identität* der betreffenden Person geht (BGE 132 I 49, 66).

24   *Zu den einzelnen Merkmalen:* Sechs der neun Merkmale figurierten bereits im VE 95 (Art. 7); der VE 96 fügte das Merkmal «Behinderung» hinzu (Art. 7). In den Räten gab die Liste der Merkmale Anlass zu längeren Auseinandersetzungen. Ein im Ständerat gutgeheissener Antrag auf Streichung der Aufzählung fand im Nationalrat keine Mehrheit. Schliesslich wurde die Liste um die beiden Merkmale «Lebensform» und «Alter» sowie um die *psychische* Behinderung erweitert (vgl. AB SD 1998 S 33 ff., 155, N 152 ff., 408 ff.). – Die Abfolge der Merkmale in Abs. 2 hat eine gewisse politisch-symbolische, aber keine rechtliche Bedeutung. Neben Merkmalen mit langer, unrühmlicher Präsenz in der Geschichte der Menschheit (wie Rasse, Herkunft) enthält die etwas heterogen wirkende Liste auch Merkmale, deren Verwendung erst in jüngerer Vergangenheit als problematisch erkannt wurde (z.B. Lebensform). Verzichtet wurde auf die ausdrückliche Nennung von früher bedeutsamen Kriterien (vgl. BV 1874 Art. 4: «Untertanenverhältnisse»), die heute ohne Aktualität sind.

– *Herkunft:* Gemeint sind identitätsprägende, nicht veränderbare Aspekte wie die geografische, ethnische, nationale, kulturelle Herkunft bzw. Verankerung einer Person (vgl. BGE 129 I 392, 398; BGE 129 I 217, 227: Verfassungswidrigkeit einer pauschalen Ablehnung aller Einbürgerungsgesuche von Bewerbern aus dem ehemaligen Jugoslawien). – Die kantonale Herkunft (Bürgerrecht) wird durch BV 37 Abs. 2 spezifisch geschützt. Die auf die *Staatsangehörigkeit* abstellende Unterscheidung zwischen Schweizern und Ausländern beurteilt sich primär nach Abs. 1 (differenzierend SCHEFER, Ergänzungsband, 250).

– *Rasse:* Der fragwürdige Begriff (SCHWEIZER, SG-Komm., Art. 8, N 69) bezeichnet ein letztlich soziales Konstrukt aus Merkmalen wie Hautfarbe, Abstammung, Körperbau. Nach einhelliger Auffassung besteht hier grundsätzlich kein Spielraum für Relativierungen. – BV 8 Abs. 2 schützt Menschen und steht einer Anknüpfung an die Rasse bei Hunden nicht entgegen. Als Massstab fungieren hier gegebenenfalls Abs. 1 oder BV 9 (vgl. BGE 132 I 7, 13).

- *Geschlecht:* Das Verbot der herabwürdigenden, ausgrenzenden Benachteiligung wegen des Geschlechts – erfasst und geschützt sind hier, historisch bedingt, die Frauen – dürfte neben dem «Gleichberechtigungsartikel» (Abs. 3) kaum eigenständige Bedeutung haben (wie hier SCHWEIZER, SG-Komm., Art. 8, N 70; anders wohl J.P. MÜLLER, BTJP 1999, 110 ff.).
- *Alter:* Erfasst und geschützt sind (wie die Entstehungsgeschichte zeigt) nicht nur betagte Personen, sondern auch Kinder und Jugendliche. Die Rechtsordnung kennt eine Fülle von oberen oder unteren Altersgrenzen. Diese sind nicht schon per se diskriminierend; hinzu kommen muss ein qualifizierendes Moment (näher SCHEFER, Ergänzungsband, 253 ff.; Bundesrat, Bericht vom 21.4.2004 über Altersschranken auf kantonaler und kommunaler Ebene für Mitglieder der Exekutive und der Legislative, BBl 2004 2113 ff.; die Gemeinde Madiswil, BE, die im Mai 2002 mit der Einführung einer Alterslimite von 70 Jahren für öffentliche Ämter die Debatte angestossen hatte, krebste ein gutes Jahr später wieder zurück; vgl. auch N 23 zu BV 51, N 7 zu BV 150). – Der Ausschluss der Minderjährigen vom Hilfsmittelanspruch gemäss HVI Anhang Ziff. 10.05 (SR 831.232.51) einzig auf Grund des Alters verletzt BV 8 Abs. 2 (BGE 126 V 70, 74).
- *Sprache:* Der Schutz aus BV 8 Abs. 2 dürfte neben dem Grundrecht der Sprachenfreiheit (BV 18) kaum eigenständige Bedeutung haben.
- *Soziale Stellung:* Das bisher wenig fassbare Kriterium könnte allenfalls Schutz bieten gegen eine Ausgrenzung wegen Arbeitslosigkeit, Armut, (Unter-)Schichtzugehörigkeit. Es ermöglicht den Einbezug von international gängigen Merkmalen, die in Abs. 2 nicht ausdrücklich erwähnt sind (wie Geburt, Vermögen, vgl. EMRK 14), und könnte die Funktion eines Auffangkriteriums übernehmen (wie in EMRK 14 der «sonstige Status»).
- *Lebensform:* Aus der Entstehungsgeschichte geht hervor, dass darunter nicht zuletzt «auch die Homosexualität fällt» bzw. das Zusammenleben gleichgeschlechtlicher Paare (BGE 126 II 425, 433; vgl. AB SD 1998 N 153, 171, 172; RHINOW, BV 2000, 143, 145; vgl. aber GRISEL, 80). Erfasst und vor Diskriminierungen geschützt werden sollen auch andere nichteheliche Lebensformen (insb. Konkubinat) sowie die Lebensform der Fahrenden (vgl. RIEDER, Indirekte Diskriminierung, 149 ff.; VPB 66.50 [2002], Gutachten des Bundesamtes für Justiz vom 27.3.2002; Bundesrat, Bericht vom 18.10.2006: «Die Situation der Fahrenden»). – Entgegen HANGARTNER (AJP 2001, 254, 257, relativierend 258 f.) lässt sich BV 8 Abs. 2 keine Grundsatzentscheidung «zu Gunsten absoluter Gleichbehandlung» entnehmen; ebenso wenig die Pflicht, ein «rechtliches Pendant zum Institut der Zivilehe und eine daran anknüpfende Gleichstellung von Partnern registrierter Partnerschaften für gleichgeschlechtliche Paare mit Verheirateten in grundsätzlich allen Belangen» vorzusehen (zur Verfassungsentscheidung für einen spezifischen Schutz der Ehe vgl. N 8 zu BV 14). Mit der Nennung des Kriteriums «Lebensform» wollte der Verfassungsgeber nicht die Grundlage für ein Recht auf Adoption oder auf Zugang zu fortpflanzungsmedizinischen Verfahren für gleichgeschlechtliche Paare schaffen. Eine entsprechende Ungleichbehandlung im Gesetz ist daher mit BV 8 Abs. 2 grundsätzlich vereinbar (a.M. SCHEFER, Ergänzungsband, 71). Zur Frage der Nicht-/Zulassung zu fortpflanzungsmedizinischen Verfahren vgl. auch BV 119 Abs. 2 Bst. c.

- *Überzeugung* (religiöse, weltanschauliche oder politische): Überzeugungen sind die grössten Wohl- und Übeltäter der Menschheit (GMÜR). – Der Schutz aus BV 8 Abs. 2 dürfte neben den einschlägigen Freiheitsrechten (insb. BV 15, 16, 21, 34) eher sekundäre praktische Bedeutung haben (vgl. immerhin BGE 132 I 167, 169).
- *Behinderung* (körperliche, geistige oder psychische): Die Tragweite dieses noch jungen Kriteriums ist nicht restlos klar. Gegen gesellschaftlichen Ausschluss und Stigmatisierung geschützt (BGE 130 I 352, 357) werden alle Formen *dauerhafter* Beeinträchtigungen mit einer gewissen *Schwere* (vgl. SCHEFER, Ergänzungsband, 258 f., mit Hinweisen). Eine behinderungsbedingte Ungleichbehandlung (wie die Nichteinschulung in der Regelschule) lässt sich mit BV 8 Abs. 2 vereinbaren, muss aber «qualifiziert gerechtfertigt werden» (BGE 130 I 352, 358). Die Nichtverlängerung der Aufenthaltsbewilligung eines invalid gewordenen Ausländers stellt keine verbotene Diskriminierung dar (BGE 126 II 377, 393 f.).

25 *Merkmalsspezifische Anforderungen:* Die Verschiedenheit der Merkmale erfordert eine je gesonderte Betrachtung und die Entwicklung einer merkmalsspezifischen Dogmatik (so auch RHINOW BV 2000, 144; vgl. auch GRISEL, 74; WEBER-DÜRLER, VRdCH, 669; J.P. MÜLLER, BTJP 1999, 110 ff.). Dies gilt um so mehr, als BV 8 Abs. 2 nicht isoliert ausgelegt und angewendet werden darf. Zu berücksichtigen ist, dass fast alle Kritierien in einen je eigenen verfassungsrechtlichen Kontext eingebettet sind (Geschlecht: BV 8 Abs. 3; Alter: BV 11; Sprache: BV 18; Lebensform: BV 13 und 14 usw.). Bei der Rechtfertigung der Anknüpfung an ein verpöntes Merkmal ist zwar durchweg eine *qualifizierte* Rechtfertigung verlangt. Die Anforderungen sind jedoch *nicht einheitlich*, sondern – je nach berührtem Kriterium – unterschiedlich streng. Besonders verpönte Unterscheidungskriterien (wie insb. die Rasse) lassen grundsätzlich keinen Spielraum für Relativierungen. Das gängige Kriterium «Alter» wird dagegen weiterhin eine bedeutende Rolle spielen können (gesetzliche Altersgrenzen).

26 *Operationalisierung des Diskriminierungsverbotes:* In Anlehnung an die internationale Praxis (vgl. WALTER KÄLIN/JÖRG KÜNZLI, Universeller Menschenrechtsschutz, Basel usw. 2005, 344 ff., 352) und an erste Überlegungen in Rechtsprechung und Lehre zu BV 8 Abs. 2 (vgl. BGE 126 I 377, 393; BGE 126 V 70, 73 f.; KÄLIN/CARONI, 80) empfiehlt sich bis auf weiteres das folgende Prüfverfahren:
- Liegt eine benachteiligende *rechtsungleiche* Behandlung vor? Allenfalls: Benachteiligt eine unterschiedslos geltende Regelung in ihren tatsächlichen Auswirkungen bestimmte Personen besonders stark?
- Beruht die Unterscheidung auf einem gemäss Abs. 2 verpönten *Merkmal?* Steht sie sonstwie *im Verdacht,* herabwürdigend oder ausgrenzend zu sein? Wenn ja:
- Liegt eine *qualifizierte* Rechtfertigung vor? Dies setzt jedenfalls voraus, dass das verfolgte *Ziel legitim* und die Ungleichbehandlung in Bezug auf dieses Ziel *verhältnismässig* ist. Je nach Merkmal sind an die Rechtfertigung besonders strenge Anforderungen zu stellen.

Wichtig ist, dass BV 8 Abs. 2 so ausgelegt und angewendet wird, dass einerseits *alle*, andererseits aber *nur* diskriminierende – und nicht auch «gewöhnliche» – Ungleichbehandlungen erfasst und unterbunden werden.

Abs. 3: Gleichberechtigung von Mann und Frau

27 *Anspruch auf Gleichbehandlung (Abs. 3 Satz 1):* Auch wenn im Normtext nicht deutlich erkennbar, verschafft der wörtlich aus BV 1874 Art. 4 (i.d.F. von 1981) übernommene Satz 1 ein *einklagbares Individualrecht* auf *Gleichbehandlung unabhängig vom Geschlecht;* dies in allen Bereichen und «ohne Rücksicht auf gesellschaftliche Verhältnisse und Vorstellungen (...). Die Verfassung schliesst die Geschlechtszugehörigkeit als taugliches Kriterium für rechtliche Differenzierungen grundsätzlich aus» (BGE 129 I 265, 269; vgl. auch BGE 127 III 207, 214). Neben dem strengen Gleichbehandlungsgebot des Abs. 3 dürfte das Verbot der Diskriminierung «wegen (...) des Geschlechts» (Abs. 2) kaum eigenständige Bedeutung entfalten. Auch geschlechtsneutral gefasste Vorschriften können gegen BV 8 Abs. 3 verstossen, wenn sie in ihren tatsächlichen Auswirkungen typischerweise die Angehörigen des einen Geschlechts benachteiligen. – Mitunter ist im Zusammenhang mit Abs. 3 von «Geschlechterdiskriminierung» (BGE 132 I 167, 170) oder von «indirekter Diskriminierung» die Rede; der hierbei verwendete Diskriminierungsbegriff entspricht nicht jenem des Abs. 2 (vgl. vorne N 21).

28 *Ausnahmen:* Die Gleichberechtigung von Mann und Frau gilt nicht absolut. Vorbehalten sind gegenteilige Regelungen in der Verfassung selbst (vgl. BV 59, BV 61). Eine unterschiedliche Behandlung ist abgesehen davon «nur noch zulässig, wenn auf dem Geschlecht beruhende biologische oder funktionale Unterschiede eine Gleichbehandlung absolut ausschliessen» (BGE 129 I 265, 269, mit Hinweisen; so schon BGE 108 Ia 22, 29). Angesprochen sind damit vor allem der Schutz von Schwanger- bzw. Mutterschaft. Was genau mit «funktionalen» Unterschieden gemeint ist, lässt sich der bisherigen Rechtsprechung nicht schlüssig entnehmen. Nicht zulässig sind aber jedenfalls Unterscheidungen, die auf der traditionellen Rollenverteilung im Familienleben oder sonstwie auf Tradition und Herkommen beruhen, wie etwa die Beschränkung der Feuerwehrdienstpflicht (bzw. -abgabepflicht) auf Männer (vgl. BGE 123 I 56, 59 ff.) oder das ungleiche Rentenalter. Die aktuelle Rechtslage (Männer: 65, Frauen: 64; vgl. AHVG 21; zur geplanten Anpassung per 2009 vgl. Botschaft vom 21.12.2005, BBl 2006 1979 ff.) ist den Anforderungen aus BV 8 Abs. 3 angenähert, aber noch immer nicht verfassungskonform. Unzulässig ist auch die Verneinung der geschlechtlichen Identität einer Person bei der Eintragung des ausländischen Familiennamens (BGE 131 III 201, 208: Anspruch auf Endung «-ski», statt «-ska» bei einem Knaben polnischer Herkunft). – Als zulässig gelten Massnahmen, die der Umsetzung des *Gleichstellungsauftrags* (Abs. 3 Satz 2) dienen, sofern es sich um *angemessene* Massnahmen handelt (vgl. GlG 3 Abs. 3).

29 *Kasuistik:* Ein Verstoss gegen die Gleichberechtigung wurde u.a. konstatiert in: BGE 132 I 68, 78 (Weitergabe des Bürgerrechts und des Familiennamens); BGE 123 I 56 (Feuerwehrersatzabgabe); BGE 116 Ia 359 (aus methodischer Sicht kritisch Biaggini, Die Einführung des Frauenstimmrechts im Kanton Appenzell I.Rh. kraft bundesgerichtlicher Verfassungsinterpretation, recht 1992, 65 ff.); BGE 117 V 318 und BGE 109 Ib 81 (Pensionierungsalter); BGE 116 V 198 (Witwerrente); BGE 108 Ia 22 (Zulassung zur Mittelschule). Die vom Bundesgericht nach Annahme des «Gleichberechtigungsartikels» (BV 1874 Art. 4 Abs. 2, 1981) zugestandenen Anpassungsfristen (vgl. ZBl 1986, 485) sind mittlerweile längst abgelaufen (vgl. BGE 123 I 56, 61).

30 *Gleichstellungsauftrag (Abs. 3 Satz 2):* Der Gesetzgebungsauftrag begründet *keine* einklagbaren Rechte und auch *keine* Bundeskompetenz. Verlangt wird nicht nur die rechtliche, sondern auch – früher implizit, heute ausdrücklich (zu der erst in der Einigungskonferenz gefundenen Lösung AB SD 1998 S 225, N 489) – die *tatsächliche* Gleichstellung «in der sozialen Wirklichkeit» (BGE 116 Ib 270, 283). BV 8 Abs. 3 umfasst insofern ein «Egalisierungsgebot als Auftrag, materielle Chancengleichheit zu schaffen» (so schon BGE 116 Ib 270, 283, zu BV 1874 Art. 4 Abs. 2). – Gemäss einer Untersuchung der Schweizerischen Vereinigung für den Rat der Gemeinden und Regionen Europas (vgl. «Tages-Anzeiger» vom 29.8.2005, S. 2) stellten Frauen 21% der Mitglieder in Schweizer Gemeindeexekutiven; 12% der Gemeinden wurden von Frauen präsidiert. In den Parlamenten der Schweizer Städte lag der Frauenanteil 2003 im Schnitt bei 30,4%, in den Kantonsparlamenten bei 24,2%, im Bund (Wahlen 2003) bei 27,2% (NZZ Nr. 42 vom 20.2.2004, S. 15).

31 *Umsetzung:* Abs. 3 Satz 2 gibt ein verbindliches – wenn auch nicht klar konturiertes – *Ziel* vor, ohne sich direkt zur Frage der möglichen Instrumente zu äussern. Der Gesetzgebungsauftrag ist umfassend. Die ausdrücklich genannten Gesetzgebungsbereiche (Familie, Ausbildung, Arbeit) gelten als besonders sensibel, sind aber lediglich Beispiele. Bei der (schon wegen Abs. 3 Satz 1 geschuldeten) *formalrechtlichen* Gleichstellung (geschlechtsneutrale Gesetzgebung) kommen gewöhnlich verschiedene gesetzgeberische Lösungsansätze in Betracht. Der *tatsächlichen* Gleichstellung können *Schutz-* und (positive) *Förderungsmassnahmen* unterschiedlicher Ausgestaltung dienen (siehe insb. das auf das Erwerbsleben gemünzte Gleichstellungsgesetz, SR 151.1 GlG; vgl. auch BGE 131 II 361, 373; Bericht des Bundesrates über das Rechtsetzungsprogramm «Gleiche Rechte für Mann und Frau», BBl 1986 I 1144). Der Bundesrat hat in seinen Botschaften zu Erlassentwürfen die Auswirkungen auf die Gleichstellung von Frau und Mann zu erläutern, «soweit substanzielle Angaben dazu möglich sind» (ParlG 141).

32 *Zur Zulässigkeit von Quotenregelungen:* Aus BV 8 Abs. 3 folgt weder eine allgemeine Pflicht noch ein «Freipass», das viel diskutierte Instrument einzusetzen. Die Problematik von Fördermassnahmen, speziell von Quotenregelungen, liegt darin begründet, dass zwischen Egalisierungsgebot (Satz 2) und formalrechtlicher Gleichstellung (Differenzierungsverbot, Satz 1) ein Spannungsverhältnis besteht. Nach richtiger Auffassung kann weder das eine noch das andere Anliegen generell Vorrang beanspruchen. Es ist somit ein Ausgleich zu suchen. Dabei spielen Überlegungen der Verhältnismässigkeit eine zentrale Rolle (vgl. G. MÜLLER, ZBl 1990, 308 ff.; DERS., Komm. aBV, Art. 4, N 137c; BGE 131 II 361, 375; BGE 125 I 21; BGE 123 I 152). In diesem Sinne erklärt GlG 3 Abs. 3 *angemessene* Massnahmen zur Verwirklichung der tatsächlichen Gleichstellung für zulässig («keine Diskriminierung»). Bei der Beurteilung der Verfassungsmässigkeit spielt die Unterscheidung zwischen starren und flexiblen Quoten eine zentrale Rolle (vgl. BGE 131 II 361, 376, mit Hinweisen). Die im früheren Bundes-Förderungsprogramm für den akademischen Nachwuchs vorgesehene starre Frauenquote dürfte kaum verhältnismässig gewesen sein; sie beruhte jedenfalls nicht auf einer genügenden gesetzlichen Grundlage (BGE 131 II 361, 389). Im Urteil zur Urner Volksinitiative «für gleiche Wahlchancen» (BGE 125 I 21) gelangte das Bundesgericht zum Ergebnis, dass eine *starre* quotenmässige Zuteilung von Volkswahl-Mandaten (Kantonsparlament, Regierung, Kommissionen) nicht mit dem allgemeinen und gleichen Wahlrecht vereinbar sei. In Präzisierung von BGE 123 I 152 ff. (Ungültigerklärung der Solothurner Volksinitiative «Für eine

gleichberechtigte Vertretung der Frauen und Männer in den kantonalen Behörden – Initiative 2001») hielt das Bundesgericht weiter fest, dass ergebnisbezogene Quoten grundsätzlich in Betracht kommen (BGE 125 I 21, 29; vgl. auch BGE 131 II 361, 374). Nicht beanstandet wurden die Wahlvorschlagsquote für die Landratswahlen sowie eine Geschlechterquote für Behörden und Kommissionen, die nicht durch das Volk, sondern durch (volksgewählte) Behörden gewählt werden. – Zur «Initiative 3. März» vgl. vorne N 1.

33 Das *Lohngleichheitsgebot (Abs. 3 Satz 3):* begründet «ein unmittelbar anwendbares, justiziables subjektives Individualrecht» (BGE 131 I 105, 108). Verpflichtet sind nicht nur alle öffentlichen Arbeitgeber (was sich auch bereits aus BV 8 Abs. 1 ergibt; vgl. BGE 129 I 161, 165; BGE 103 Ia 517), sondern auch die *privaten* Arbeitgeber (vgl. 125 II 368, 371). – Der Lohngleichheitssatz gilt gemeinhin als *das* Paradebeispiel für die unmittelbare (direkte) Drittwirkung eines Grundrechts; eine Deutung als (verfassungs- und zivilrechtliche) «Doppelnorm» erscheint indes nicht ausgeschlossen (vgl. BGE 113 Ia 107, 110 f.; BIGLER-EGGENBERGER, SG-Komm., Art. 8, N 92).

34 *Lohn:* Unter Lohn ist «nicht nur der Geldlohn im engeren Sinne zu verstehen, sondern jedes Entgelt, das für geleistete Arbeit entrichtet wird»; dazu gehören «auch soziale Lohnkomponenten wie ein Anspruch auf Besoldung während des Mutterschaftsurlaubs, Familien-, Kinder- und Alterszulagen» (BGE 126 II 217, 223, mit Hinweisen) oder Naturalleistungen und Gratifikationen (vgl. BIGLER-EGGENBERGER, SG-Komm., Art. 8, N 94). Eine Witwerrente gilt nicht als Lohn (BGE 116 V 198, 207). Unterschiede in der Entlöhnung verstossen dann nicht gegen Satz 3, wenn sie auf *objektiven Gründen* wie Alter, Dienstalter, familiäre Belastungen, Erfahrung, Qualifikationsgrad, Risiken usw. beruhen (BGE 118 Ia 35, 37). Zur geschlechtsspezifischen Benachteiligung bei Beförderungen in einem Unternehmen vgl. BGE 127 III 207, 217. Der Anspruch auf gleiche Entlöhnung kann im Rahmen der fünfjährigen Verjährungsfrist auch für die Zeit vor Einreichen der Lohnklage geltend gemacht werden (BGE 131 I 105, 108; vgl. auch BGE 125 I 14).

35 *Gleichwertigkeit der Arbeit:* Als Referenzgrösse verwendet die Verfassung bewusst nicht die *«gleiche»*, sondern *«gleichwertige»* Arbeit, dies nicht zuletzt, um dem Problem der «typischen Frauenberufe» gerecht zu werden. Vgl. z.B. BGE 131 II 393, Solothurner Krankenpflegende; BGE 126 II 217, St.Galler Lehrerinnen für psychiatrische Krankenpflege; BGE 125 I 71 ff., Berner Krankenschwestern; BGE 125 II 530 ff. und 541 ff., Zürcher Kindergartenlehrkräfte; BGE 125 II 385 ff., Solothurner Physiotherapeutinnen; BGE 124 II 409 ff., Zürcher Handarbeitslehrerinnen; BGE 124 II 436 ff., Solothurner Kindergärtnerinnen; vgl. auch BGE 130 III 145, 159.

Abs. 4: Beseitigung von Benachteiligungen der Behinderten

36 *Abs. 4 als Gesetzgebungsauftrag:* Der erst von der Bundesversammlung eingefügte Abs. 4 erteilt den Gesetzgebern aller Stufen einen Handlungsauftrag, begründet aber *weder einklagbare Rechte* (dies im Unterschied zu BV 8 Abs. 2 oder KV/ZH 11) *noch eine Bundeskompetenz* (vgl. BGE 132 I 82, 84; BGE 131 V 9, 17; irreführend daher der Ingress zum Behindertengleichstellungsgesetz, BehiG, SR 151.3, wo neben BV 87, 92 Abs. 1 und 112 Abs. 6 auch BV 8 Abs. 4 figuriert; kritisch HANGARTNER, AJP 2001, 476 ff.). Die in BehiG 20 enthaltenen «(b)esondere(n) Bestimmungen für die Kantone» sind, auch wenn gut gemeint, kompetenz-

rechtlich (BV 3) problematisch, soweit sie nicht bloss wiederholen, was sich bereits aus BV 8 Abs. 4 oder anderen Verfassungsdirektiven (z.B. BV 41, BV 62 Abs. 2) ergibt.

37 *Instrumente:* Anders als die am 18.5.2003 abgelehnte Volksinitiative «Gleiche Rechte für Behinderte» (vgl. BBl 2001 1715 ff.) begnügt sich Abs. 4 damit, ein allgemein gehaltenes Ziel zu nennen, ohne sich zu den Instrumenten zu äussern. Abs. 4 ist nicht als «Gleichstellungs»- oder «Förderungs»-, sondern als «Beseitigungsauftrag» formuliert (vgl. auch BehiG 1). Ein «Förderungsauftrag» kann sich u.U. im Zusammenwirken mit anderen Bestimmungen (wie BV 11, BV 41 Abs. 1) ergeben (vgl. BGE 131 V 9, 16). Dem Gesetzgeber verbleibt ein grosser Beurteilungs- und Gestaltungsspielraum. – Der Umsetzung auf Bundesebene dient heute das bereits erwähnte Behindertengleichstellungsgesetz (BehiG), das am 1.1.2004 in Kraft trat (vgl. auch die dazugehörigen Verordnungen, SR 151.31 und SR 151.34). Das BehiG soll Rahmenbedingungen schaffen, die es Menschen mit Behinderungen erleichtern, am gesellschaftlichen Leben teilzunehmen und insbesondere selbstständig soziale Kontakte zu pflegen, sich aus- und fortzubilden und eine Erwerbstätigkeit auszuüben (BeHiG 1). Bei der Anordnung von Massnahmen (z.B. im baulichen Bereich) ist dem Gedanken der Verhältnismässigkeit Rechnung zu tragen (BehiG 11). – Gemäss BGE 130 I 352, 358 (vgl. auch BBl 2001 1715 ff., 1786) können die Kantone weiterhin, unter Wahrung der Interessen der behinderten Schüler, entweder eine integrierte Schulung in der Regelschule *oder* eine Sonderschulung vorsehen.

Literaturhinweise

Allgemein/Abs. 1: GRISEL ETIENNE, Egalité – Les garanties de la Constitution fédérale du 18 avril 1999, Bern 2000; HAEFLIGER ARTHUR, Alle Schweizer sind vor dem Gesetze gleich, Bern 1985; MARTENET VINCENT, Géométrie de l'égalité, Zürich 2003; MÜLLER GEORG, Der Gleichheitssatz, VVDStRL 47, 1989, 37 ff.; WEBER-DÜRLER BEATRICE, Die Rechtsgleichheit in ihrer Bedeutung für die Rechtsetzung, Bern 1973; DIES., Chancengleichheit und Rechtsgleichheit, Festschrift Ulrich Häfelin, Zürich 1989, 205 ff.; DIES., Rechtsgleichheit, VRdCH, 657 ff.; DIES., Zum Anspruch auf Gleichbehandlung in der Rechtsanwendung, ZBl 2004, 1 ff. – *Zu Abs. 2:* AUER ANDREAS, Constitution et politique d'immigration: la quadrature des trois cercles, AJP 1996, 1230 ff.; HANGARTNER YVO, Verfassungsrechtliche Grundlagen einer registrierten Partnerschaft für gleichgeschlechtliche Paare, AJP 2001, 252 ff.; DERS., Diskriminierung – ein neuer verfassungsrechtlicher Begriff, ZSR 2003 I, 97 ff.; KÄLIN WALTER, Ausländerdiskriminierung, Festschrift Yvo Hangartner, St.Gallen 1998, 561 ff.; KÄLIN WALTER (Hrsg.), Das Verbot ethnisch-kultureller Diskriminierung: verfassungs- und menschenrechtliche Aspekte (Bibliothek zur ZSR, Band 29), Basel usw. 1999 (darin: Kälin Walter/Caroni Martina, Das verfassungsrechtliche Verbot der Diskriminierung wegen der ethnisch-kulturellen Herkunft, 67 ff.; Wyss Martin Philipp, Gesetzgeberische Massnahmen zum Abbau von Diskriminierungen. Handlungsbedarf und Modelle für die Schweiz? 115 ff.; Rieder Andreas, Indirekte Diskriminierung – das Beispiel der Fahrenden, 149 ff.); MARTENET VINCENT, La protection contre les discriminations émanant de particuliers, ZSR 2006 I, 419 ff.; MÜLLER JÖRG PAUL, Die Diskriminierungsverbote nach Art. 8 Abs. 2 der neuen Bundesverfassung, BTJP 1999, 103 ff.; PULVER BERNHARD, L'interdiction de la discrimination, Basel 2003; RIEDER ANDREAS, Form oder Effekt? Bern 2003; WALDMANN BERNHARD, Das Diskriminierungsverbot von Art. 8 Abs. 2 BV als besonderer Gleichheitssatz, Bern 2003. – *Zu Abs. 3:* ARIOLI KATHRIN (Hrsg.), Frauenförderung durch Quoten, Basel/Frankfurt a.M. 1997; BIGLER-EGGENBERGER MARGRITH, Art. 4 Abs. 2/8 Abs. 3 BV – eine Erfolgsgeschichte? ZBl 2005, 57 ff.; DIES., Justitias Waage – wagemutige Justitia? Basel usw. 2003; BIGLER-EGGENBERGER MARGRITH/KAUFMANN CLAUDIA, Kommentar zum Gleichstellungsgesetz, Basel 1997; KAUFMANN CLAUDIA, Die Gleichstellung von Frau und Mann in der Familie gemäss Artikel 4 Absatz 2 der Bundesverfassung, Basel 1985; KLETT KATHRIN, Das Gleichstellungsgesetz, ZBl 1997, 49 ff.; MÜLLER GEORG, Quotenregelungen – Rechtssetzung im Spannungsfeld von Gleichheit und Verhältnismässigkeit, ZBl 1990, 306 ff.; SCHWANDER CLAUS MARIANNE, Verfassungsmässigkeit von Frauenquoten, Bern 1995; SEILER HANSJÖRG, Gleicher Lohn für gleichwertige Arbeit, ZBl 2003, 113 ff.; WEBER-DÜRLER BEATRICE, Auf dem Wege zur Gleichberechtigung, ZSR 1985 I, 1 ff.; DIES., Aktuelle Aspekte der Gleichberechtigung von Mann und Frau, ZBJV 1992, 337 ff. – *Zu Abs. 4:* HANGARTNER YVO, Grundrechtliche Gesetzgebungsaufträge und bundesstaatliche Kompetenzordnung, AJP 2001, 476 ff.; KLEIN CAROLINE, La discrimination des personnes handicapées, Bern 2002; LUGINBÜHL BEATRICE, Zur Gleichstellung der Behinderten in der Schweiz, in: Gächter/Bertschi, 99 ff.; MANFREDI OLGA, Gleiche Chancen für Menschen mit Behinderungen, in: Martin Eckner/Tina Kempin (Hrsg.), Recht des Stärkeren – Recht des Schwächeren, Zürich 2005, 173 ff.; PREVITALI ADRIANO, Handicap e diritto, Fribourg 1998; SPRECHER FRANZISKA/SUTTER PATRICK, Das behinderte Kind im schweizerischen Recht, Zürich 2006.

Art. 9 Schutz vor Willkür und Wahrung von Treu und Glauben

Jede Person hat Anspruch darauf, von den staatlichen Organen ohne Willkür und nach Treu und Glauben behandelt zu werden.

1 Die Bestimmung fasst zwei vom Bundesgericht früher aus BV 1874 Art. 4 abgeleitete rechtsstaatlich motivierte Garantien zusammen.

Allgemeines (Gemeinsamkeiten)

2 Bei beiden Garantien handelt es sich um gerichtlich einklagbare *verfassungsmässige Individualrechte* (vgl. N 5 zu BV 189), die sowohl von natürlichen als auch von juristischen Personen angerufen werden können, u.U. auch von Trägern öffentlicher Gewalt (z.B. von Gemeinden im Rahmen einer Autonomiebeschwerde, vgl. z.B. BGE 131 I 91, 93; von einem Kanton, vgl. BGE 132 II 153, 159: Vertrauensschutz im Zusammenhang mit der Berechnung von Rechtsmittelfristen). Verpflichtet sind, über den etwas engen Wortlaut hinaus, auch Private, die staatliche Aufgaben wahrnehmen (BV 35 Abs. 2). Eine direkte Horizontal- oder Drittwirkung besteht nicht, doch stellen verschiedene Normen des einfachen Rechts sicher, dass der Grundsatz von Treu und Glauben auch unter Privaten wirksam wird (vgl. insb. ZGB 2) und dass privater Willkür gewisse Schranken gesetzt sind (z.B. Kündigungsschutzvorschriften im OR).

Anspruch auf Schutz vor Willkür (Willkürverbot)

3 *Funktion:* Das Willkürverbot soll einerseits dem Einzelnen ein *Mindestmass an Gerechtigkeit* sichern (menschenrechtlich-rechtsstaatliche Dimension); andererseits dient es in der (bundes-)gerichtlichen Rechtsprechung dazu, Umfang und Intensität der (verfassungsrichterlichen)

Kontrolle zu bestimmen (vgl. N 9; eingehend UHLMANN, 261 ff.; zur Rolle des Willkürverbots als «flexibles Korrektiv gegen grobes Unrecht» vgl. auch ROHNER, SG-Komm., Art. 9, N 16; THÜRER, ZSR 1987 II, 425 f.).

4 *Praktische Bedeutung:* Auf den ersten Blick etwas paradox mutet an, dass das Willkürverbot einerseits von «überragender praktischer Bedeutung» sein soll (so z.B. UHLMANN, 1), andererseits aber in der Rechtspraxis *kaum präsent* ist, wenn man von der Rechtsprechung des *Bundesgerichts* absieht, wo die Anrufung des Willkürverbots speziellen Bedürfnissen und Funktionen dient (ähnlich gelagert: Willkürkognition des Zürcher Kassationsgericht; vgl. BGE 127 I 38, 42). Die Diskrepanz erklärt sich dadurch, dass das Willkürverbot im schweizerischen Rechtsschutzsystem eine Art letzter Rettungsanker ist, auf den man zurückgreift, wenn, nach Ausschöpfung aller sonstigen Möglichkeiten, im (verfassungs-)gerichtlichen Verfahren kein anderes (Grund-)Recht mehr weiterhilft (vgl. z.B. BGE 102 Ia 321). Nicht zufällig ist die Berufung auf das Willkürverbot nur sehr selten von Erfolg gekrönt. Ebenfalls nicht zufällig hat das schweizerische Willkürverbot kaum Parallelen in anderen Verfassungsordnungen und im internationalen Recht (vgl. UHLMANN, 99 ff.).

5 *Anwendungsbereich und Wirkung* des Willkürverbots können charakterisiert werden als: «umfassend, absolut und subsidiär» (UHLMANN, 258). Als *Auffanggrundrecht* erlangt das Willkürverbot erst dann eigenständige Bedeutung, wenn kein anderes Recht Schutz bietet. Erfasst werden *alle* Erscheinungsformen staatlichen Handelns; ähnlich wie bei der Rechtsgleichheit pflegt man zwischen Willkür in der Rechtsetzung und Willkür in der Rechtsanwendung zu unterscheiden (N 7 f.). *Absoluten* Charakter hat das Willkürverbot insofern, als es einen rechtsstaatlich motivierten Minimalstandard normiert, der auf keinen Fall unterschritten werden darf. Trotz menschenrechtlicher Dimension und engem Gerechtigkeitsbezug ist das Willkürverbot aber nicht mit einer Kerngehaltsgarantie (im Sinne von BV 36 Abs. 4) gleichzusetzen (ebenso UHLMANN, 229 ff.; a.M. MARKUS SCHEFER, Beeinträchtigung von Grundrechten, Bern 2006, 113).

6 *Objektives Verständnis:* «Willkür ist ein Fehler des Ergebnisses, nicht der Motive» der handelnden Instanz (IMBODEN/RHINOW I, 452). Auf Absicht oder Schuld kommt es nicht an. Es genügt nicht, wenn bloss die Entscheidbegründung sich als unhaltbar erweist; «eine Aufhebung rechtfertigt sich erst, wenn der Entscheid auch im Ergebnis verfassungswidrig ist» (BGE 127 I 38, 41). Eine sog. Substitution der Motive ist somit grundsätzlich möglich.

7 *Willkür in der Rechtsetzung:* Das Willkürverbot ist verletzt, wenn sich eine Regelung «nicht auf ernsthafte sachliche Gründe stützen lässt oder sinn- und zwecklos ist» (BGE 131 I 1, 7; ständige Rechtsprechung). Anders als bei BV 8 muss nicht eine Ungleichbehandlung vergleichbarer Sachverhalte vorliegen. Unerheblich ist, ob die Norm im Zeitpunkt des Erlasses vernünftig und sinnvoll war (J.P. MÜLLER, Grundrechte, 471).

8 *Willkür in der Rechtsanwendung:* Willkür liegt nach ständiger Rechtsprechung nicht schon dann vor, wenn eine andere Lösung ebenfalls vertretbar erscheint oder gar vorzuziehen wäre. Aufzuheben ist ein Entscheid nur, wenn er (Zitate aus BGE 131 I 467, 474; vgl. auch BGE 131 I 57, 61):

– «offensichtlich unhaltbar ist» (z.B. weil der Entscheid an einem inneren Widerspruch leidet; vgl. BGE 124 I 11, 23),

- «mit der tatsächlichen Situation in klarem Widerspruch steht» (vgl. z.B. BGE 127 I 38, 41: Willkür in der Beweiswürdigung; BGE 126 I 97, 111: Ausserachtlassen wesentlicher Sachverhaltselemente),
- «eine Norm oder einen unumstrittenen Rechtsgrundsatz krass verletzt» (vgl. BGE 129 III 417, 419: Verbot der *reformatio in peius* als unumstrittener Rechtsgrundsatz) oder
- «in stossender Weise dem Gerechtigkeitsgedanken zuwiderläuft».

Die einzelnen Kriterien sind wertungsbedürftig und haben (nicht zufällig) in Rechtsprechung und Lehre bisher keine sonderlich scharfen Konturen erlangt. Der Praxis zum Willkürverbot haftet mitunter selbst etwas Willkürliches an.

9 *Zur sog. Kognitionsfrage:* Im Rahmen der Verfassungsgerichtsbarkeit überprüft das Bundesgericht die Auslegung und Anwendung kantonalen Gesetzesrechts «nur unter dem Gesichtswinkel der Willkür. Mit freier Kognition prüft es dagegen, ob die als vertretbar erkannte Auslegung» mit dem angerufenen Grundrecht vereinbar ist (BGE 131 I 113, 115; vgl. auch BGE 129 I 35, 43; BGE 128 I 3, 9; BGE 126 I 68, 73). Entgegen gewissen Äusserungen in Lehre und Rechtsprechung geht es bei der «blossen» Willkürprüfung nicht etwa um eine «Einschränkung der Kognition» (so BGE 124 I 32, 37), sondern darum, jenen Massstab zu Anwendung zu bringen, welcher der Stellung des Bundesgerichts in seiner Funktion als Verfassungsgericht angemessen ist. Wenn ein Grundrechtseingriff von besonderer Schwere zu beurteilen ist, erhöht das Bundesgericht die Kontrollintensität, indem es die «Auslegung und Anwendung der gesetzlichen Grundlage» frei überprüft (BGE 124 I 32, 37). Dahinter steht letztlich die (materiellrechtliche) Forderung, dass bei *schwerwiegenden* Grundrechtsbeschränkungen (BV 36 Abs. 1) eine hinreichend bestimmte, «klare und eindeutige» (BGE 130 I 360, 362) Grundlage (in einem formellen Gesetz) gegeben sein muss.

10 *Durchsetzung des Willkürverbotes (vor Bundesgericht):* Bei Willkürrügen stellt das Bundesgericht gewöhnlich hohe Anforderungen an die Begründung der Beschwerde (BGE 117 Ia 10, 12). Streng ist das Bundesgericht auch bei der Beschwerdelegitimation: Unter der BV 1874 begründete das allgemeine Willkürverbot, soweit es um Mängel in der Rechtsanwendung ging, «*für sich allein noch keine geschützte Rechtsstellung* im Sinne von Art. 88 OG; die Legitimation zur Willkürrüge ist nur gegeben, wenn das *Gesetzesrecht*, dessen willkürliche Anwendung gerügt wird, dem Beschwerdeführer einen *Rechtsanspruch* einräumt oder den Schutz seiner Interessen bezweckt» (BGE 121 I 267, 269, Hervorhebungen hinzugefügt). Daran fehlt es häufig bei ausländerrechtlichen Bewilligungen (BGE 121 I 267; BGE 127 II 161, 165; BGE 126 I 81), beim Steuererlass (BGE 122 I 373), bei Kündigung im öffentlichen Dienst (BGE 120 Ia 110), bei der Vergabe von staatlichen Aufträgen. Im Rahmen der Verfassungsreform fand das Willkürverbot Eingang in die Verfassungsurkunde. Die Bundesversammlung verfolgte nicht zuletzt das Ziel, die als zu restriktiv kritisierte (vgl. G. Müller, Komm. aBV, Art. 4, N 58) höchstrichterliche Rechtsprechung zu korrigieren (vgl. AB SD 1998 S 40). Der Versuch einer Stärkung der prozessualen Stellung des Willkürverbots ist vorerst gescheitert: Nach Inkrafttreten der neuen BV entschied das Bundesgericht bei der ersten sich bietenden Gelegenheit, an seiner Praxis zur «Willkürlegitimation» festzuhalten (BGE 126 I 81). Trotz erneuter dezidierter Kritik in der Lehre (vgl. z.B. Rhinow, Grundzüge, 315 f.; Schefer, Ergänzungsband, 268; vgl. auch Uhlmann, 400 ff.; anders Rohner, SG-Komm.,

Art. 9, 25 ff.) ist das Bundesgericht von seiner Haltung nicht abgerückt (vgl. BGE 131 I 366, 371). Willkürliches Handeln bleibt zwar unzulässig. Doch greift das Willkürverbot aus prozessualen Gründen ausgerechnet dann nicht, wenn es (aus Sicht der Betroffenen) am Nötigsten wäre. Im Ergebnis wird das Fortbestehen gewisser «Reservate staatlicher Willkür» (G. MÜLLER) hingenommen. Ob sich mit dem Übergang zum Bundesgerichtsgesetz diesbezüglich etwas ändern wird, ist ungewiss (vgl. UHLMANN, 440; BIAGGINI, Basler Kommentar zum BGG, Art. 115, im Druck; Nachtrag: Die vereinigten Abteilungen des Bundesgerichts lehnten am 30.4.2007 eine Erweiterung der Beschwerdebefugnis mit 20 zu 19 Stimmen ab). – Als Trost bleibt, dass die Rechtsweggarantie (BV 29a) künftig eine *richterliche* Kontrolle gewährleistet und dass die Rüge betreffend Missachtung von Verfahrensgarantien unabhängig vom Vorliegen eines Rechtsanspruchs möglich ist (BGE 127 II 161, 167).

11 *Berührungspunkte und Überschneidungen* bestehen insb. im Verhältnis zum allgemeinen Rechtsgleichheitsgebot (BV 8; vgl. BGE 129 I 346, 357) und zum Grundsatz der Menschenwürde (BV 7; vgl. UHLMANN, 94 ff.). Das Willkürverbot kann als Vehikel zur Durchsetzung rechtsstaatlicher Grundsätze (BV 5) dienen (vgl. BGE 128 I 46, 52).

12 *Neuere Kasuistik* (vgl. auch den Überblick bei UHLMANN, 457 ff.): Die auf den ersten Blick sehr heterogen wirkende höchstrichterliche Rechtsprechung zum Willkürverbot ist nicht ohne Interesse, weil sich darin – tatsächliche oder empfundene – Schutzdefizite im Grundrechtssystem widerspiegeln. Vgl. BGE 132 I 175 (willkürliche Verweigerung steuerlicher Abschreibung); BGE 132 I 7, 13 (zulässiges Anknüpfen an die Rasse bei Hunden); BGE 131 I 467, 474 (Bewertung einer Hausarbeit im Anwaltsexamen); BGE 130 I 115 (Studiengebühren: zulässige Erhöhung); BGE 130 I 174 (bedenkliche, aber nicht willkürliche Verzögerung der Inkraftsetzung einer Steuergesetzrevision durch die Zürcher Regierung); BGE 130 I 241 und 258 sowie BGE 129 I 313 (Beschaffungsverfahren); BGE 130 III 225 (Festsetzung von Verwaltungsgebühren); BGE 129 I 1 (zulässiger Einbezug des Einkommens des Konkubinatspartners bei der Alimentenbevorschussung); BGE 129 I 49, 61 (willkürliches Abstellen auf ein in sich widersprüchliches Gutachten); BGE 129 I 65 (willkürliche Kürzung des Honorars eines Offizialanwaltes); BGE 129 I 345 (willkürliche Kostenanlastungssteuer für Patienten); BGE 127 I 97 (willkürliche Weigerung der Ausstellung einer Abmeldebestätigung wegen offener Steuerschulden); aus der älteren Rechtsprechung vgl. etwa BGE 121 I 113 ff. (willkürliche Bemessung des Anwaltshonorars bei amtlicher Verteidigung); BGE 101 Ia 392, 398 f. (willkürliches Friedhofsreglement, weil dieses Grabmäler aus Stein untersagt).

Anspruch auf Vertrauensschutz (Treu und Glauben)

13 *Inhalt:* BV 9 verleiht «Anspruch auf Schutz des berechtigten Vertrauens in behördliche Zusicherungen oder sonstiges, bestimmte Erwartungen begründendes Verhalten der Behörden» (BGE 129 I 161, 170). Anders als das Gebot von Treu und Glauben gemäss BV 5 Abs. 3, das (als blosser Verfassungsgrundsatz) lediglich eine *objektive* Handlungspflicht statuiert, begründet BV 9 ein *einklagbares* verfassungsmässiges Individualrecht.

14 *Anwendungsbereich:* Der Anspruch ist *umfassend*. Er besteht nicht nur im Bereich der *Rechtsanwendung* (wo seine Hauptbedeutung liegt), sondern grundsätzlich auch im Bereich der *Rechtsetzung* (BGE 123 II 385, 400; zu eng BGE 130 I 26, 60), wo aber besondere Rahmenbedingungen herrschen (N 19).

15 *Rechtsanwendung:* Eine erfolgreiche Berufung auf BV 9 setzt voraus (Zitate aus BGE 129 I 161, 170; ständige Rechtsprechung; vgl. auch BGE 129 II 381; BGE 127 I 31; BGE 125 I 274; VPB 69.21 [2005]; Häfelin/Müller/Uhlmann, 132 ff.):

1. eine *Vertrauensgrundlage:* ein «bestimmte Erwartungen begründendes Verhalten der Behörden» (z.B. Zusicherung, gefestigte Praxis, unrichtige – u.U. auch: unterbliebene – Auskunft; vgl. BGE 131 V 472, 480);

2. *berechtigtes Vertrauen*, d.h. «dass die Person, die sich auf Vertrauensschutz beruft, berechtigterweise auf diese Grundlage vertrauen durfte». Eine generelle Ansichtsäusserung genügt nicht (BGE 125 I 267, 274), ebenso wenig der «blosse Umstand, dass die Behörde einer Person in einer bestimmten Situation eine bestimmte Behandlung hat zuteil werden lassen» (BGE 126 II 377, 387 betreffend eine früher erteilte Aufenthaltsbewilligung; vgl. auch BGE 131 I 105, 111). Das Verhalten der Behörde muss sich auf eine konkrete Angelegenheit beziehen (BGE 125 I 267, 274);

3. *eine Vertrauensbetätigung*, d.h. dass die betroffene Person «nachteilige Dispositionen getroffen hat, die sie nicht mehr rückgängig machen kann» (vgl. BGE 119 V 302, 306: Austritt aus einer Krankenkasse; BGE 107 V 157, 161: Ausreise aus der Schweiz). Auskunft und Disposition (u.U. auch in Form des Unterlassens einer vorteilhaften Disposition, vgl. BGE 121 V 65, 67; VPB 69.21, 2005) müssen in einem ursächlichen Zusammenhang stehen, wobei an den Beweis «nicht allzu strenge Anforderungen» gestellt werden (BGE 121 V 65, 67);

4. *Interessenabwägung:* «schliesslich scheitert die Berufung auf Treu und Glauben dann, wenn ihr überwiegende öffentliche Interessen gegenüberstehen».

In der Rechtslehre wird kritisiert, dass die Praxis sich bei der Gewährung von Vertrauensschutz eher zu zurückhaltend zeigt (Schefer, Ergänzungsband, 272, 274; Weber-Dürler, ZBl 2002, 285, 288 ff.).

16 Zum Spezialfall der *unrichtigen Rechtsmittelbelehrung:* Den Beschwerdeführern darf grundsätzlich kein prozessualer Nachteil erwachsen (BGE 124 I 255, 259), was jedoch die Partei bzw. ihren Anwalt nicht von der Aufwendung einer gewissen Sorgfalt entbindet (vgl. BGE 129 II 125, 134 f.; vgl. auch Weber-Dürler, ZBl 2002, 292 ff.).

17 *Zulässigkeit von Praxisänderungen:* Einer ernsthaften, sachlich begründeten Praxisänderung (vgl. auch N 13 zu BV 8) stehen der Anspruch auf Vertrauensschutz bzw. das «Postulat der Rechtssicherheit» (BGE 131 V 107, 110) gewöhnlich nicht entgegen (vgl. BGE 125 II 152, 162 f.; BGE 125 I 267, 274). Die Änderung muss aber u.U. angekündigt werden, insbesondere wenn sie sich auf die Eintretensvoraussetzungen einer Beschwerde bezieht (BGE 132 II 153, 159; BGE 122 I 57, 59). BV 9 «verbietet es, dem Beschwerdeführer Verfahrens- und Parteikosten aufzuerlegen, wenn seine Anträge infolge einer Praxisänderung als unzulässig erklärt wurden» (BGE 122 I 57, Regeste).

18 Die vorübergehende *Duldung eines rechtswidrigen Zustandes* hindert die Behörden grundsätzlich nicht am späteren Eingreifen (zu möglichen Ausnahmen vgl. Häfelin/Müller/Uhlmann, 137).

19 *Rechtsetzung:* BV 9 bindet auch den Gesetzgeber (BGE 128 II 112, 126), jedoch entfällt der Schutz «in der Regel bei Änderungen von Erlassen, da gemäss dem demokratischen Prinzip

die Rechtsordnung grundsätzlich jederzeit geändert werden kann. Der Vertrauensgrundsatz vermag einer Rechtsänderung nur entgegenzustehen, wenn diese gegen das Rückwirkungsverbot verstösst oder in wohlerworbene Rechte eingreift» (BGE 130 I 26, 60, mit Hinweisen). Immerhin kann es «aus Gründen der Rechtsgleichheit, der Verhältnismässigkeit und des Willkürverbots sowie des Vertrauensschutzes (...) geboten sein, gegebenenfalls eine angemessene Übergangsregelung zu schaffen», die z.B. verhindert, dass gutgläubig getätigte Investitionen nutzlos werden (BGE 130 I 26, 60; BGE 125 II 152, 165).

20 *Rechtsfolge(n):* Die Rechtsprechung bemüht sich jeweils, eine dem Einzelfall gerecht werdende Lösung zu finden. Ziel ist die Abwendung oder der Ausgleich von Nachteilen. In Betracht fallen etwa eine Behandlung des konkreten Falls in Abweichung vom Gesetz (Bindung an die Vertrauensgrundlage), die Wiederherstellung einer Frist (kritisch WEBER-DÜRLER, ZBl 2002, 293 f.), die Zulassung späterer Anfechtung (vgl. BGE 129 I 313, 321), die Abmilderung von Härten durch eine Übergangsregelung. Unter Umständen kann finanzieller Ausgleich angezeigt sein (Ersatz des Vertrauensschadens; vgl. z.B. BGE 122 I 328, 340; BGE 125 II 431, 438 f.).

21 *Berührungspunkte und Überschneidungen* bestehen insb. im Verhältnis zu den rechtsstaatlichen Grundsätzen des BV 5 und zur Eigentumsgarantie (BV 26; eingehend CHIARIELLO). Das einfache (Gesetzes-)Recht begründet mitunter weitergehende Ansprüche.

22 *Neuere Kasuistik:* BGE 132 II 485, 513; BGE 130 I 26, 60 ff. (Zulassungsstopp für Ärzte); BGE 129 I 161 (Besoldung); BGE 128 II 112 (Wasserkraftsteuer des Kantons Wallis; wohlerworbene Rechte); BGE 126 II 377 (Aufenthaltsbewilligung).

Literaturhinweise (vgl. auch die Hinweise bei BV 5)

CHIARIELLO ELISABETH, Treu und Glauben als Grundrecht nach Art. 9 der schweizerischen Bundesverfassung, Bern 2003; GÄCHTER THOMAS, Rechtsmissbrauch im öffentlichen Recht, Zürich 2005; GRISEL ETIENNE, Egalité, Bern 2000; MOOR PIERRE, De la place de la prohibition de l'arbitraire dans l'ordre juridique, Festschrift Yvo Hangartner, St. Gallen 1998, 605 ff.; MÜLLER GEORG, Reservate staatlicher Willkür, Festschrift Hans Huber, Bern 1981, 109 ff.; ROUILLER CLAUDE, La protection de l'individu contre l'arbitraire de l'Etat, ZSR 1987 II, 225 ff.; DERS., Protection contre l'arbitraire et protection de la bonne foi, VRdCH, 677; SAMELI KATHARINA, Treu und Glauben im öffentlichen Recht, ZSR 1977 II, 289 ff.; SCHMITHÜSEN BERNHARD, Aspekte des Anspruchs auf willkürfreie Behandlung, in: Gächter/Bertschi, 117 ff.; THÜRER DANIEL, Das Willkürverbot nach Art. 4 [a]BV, ZSR 1987 II, 415 ff.; UHLMANN FELIX, Das Willkürverbot (Art. 9 BV), Bern 2005; WEBER-DÜRLER BEATRICE, Vertrauensschutz im öffentlichen Recht, Basel/Frankfurt a.M. 1983; DIES., Neuere Entwicklung des Vertrauensschutzes, ZBl 2002, 281 ff.

Art. 10 Recht auf Leben und auf persönliche Freiheit

[1] Jeder Mensch hat das Recht auf Leben. Die Todesstrafe ist verboten.

[2] Jeder Mensch hat das Recht auf persönliche Freiheit, insbesondere auf körperliche und geistige Unversehrtheit und auf Bewegungsfreiheit.

[3] Folter und jede andere Art grausamer, unmenschlicher oder erniedrigender Behandlung oder Bestrafung sind verboten.

1 Die Bestimmung, die kein direktes Vorbild in der BV 1874 hat, vereint verschiedene eng mit der menschlichen Person verknüpfte Garantien unterschiedlichen Hintergrunds.

2 Die erste Bundesverfassung hatte sich damit begnügt, die Verhängung der Todesstrafe wegen *politischer* Vergehen zu verbieten (BV 1848 Art. 54). Mit der Totalrevision von 1874 wurde die Todesstrafe abgeschafft, wenn auch nicht vollständig (Vorbehalt der Militärstrafgesetzgebung in Kriegszeiten). Zugleich wurden körperliche Strafen und der sog. Schuldverhaft ausdrücklich untersagt (BV 1874 Art. 65 bzw. 59). Mit einer Teilrevision im Jahr 1879 wurde das Rad wieder zurückgedreht und das verfassungsmässige Verbot der Todesstrafe (wie 1848) auf *politische* Vergehen begrenzt; etliche Kantone nutzten den neuen Spielraum (vgl. N 13). Im Jahr 1963 anerkannte das Bundesgericht das Recht auf persönliche Freiheit als ungeschriebenes Grundrecht des Bundes (BGE 89 I 92 ff.). Zu den anerkannten Teilgehalten gehörten neben dem Schutz der körperlichen und geistigen Unversehrtheit auch das Recht auf Leben (BGE 98 Ia 508, 514) und die Bewegungsfreiheit (vgl. HALLER, Komm. aBV, Persönliche Freiheit, N 16 ff.). Mit der Ratifikation der EMRK (1974) wurden das Recht auf Leben (EMRK 2) und das Folterverbot (EMRK 3) zu geschriebenen Garantien des Bundesrechts.

3 Mit BV 10 werden in erster Linie ungeschriebene Bundesgrundrechte kodifiziert und völkerrechtliche Garantien konstitutionalisiert. Neu spricht BV 10 erstmals ein *generelles verfassungsrechtliches* Verbot der Todesstrafe aus (Abs. 1). Das frühere Verbot des Schuldverhafts (BV 1874 Art. 59 Abs. 3) wird durch BV 10 (und BV 7) verfassungsrechtlich fortgeführt (BGE 130 I 169, 171).

4 *Garantien des internationalen Rechts* mit paralleler Stossrichtung finden sich u.a. in EMRK 2–5 und 8; in UNO-Pakt II Art. 6–12, 17 (SR 0.103.2); im (UNO-)Übereinkommen vom 10.12.1984 gegen Folter und andere grausame, unmenschliche oder erniedrigende Behandlung oder Strafe (SR 0.105); im Europäischen Übereinkommen vom 26.11.1987 zur Verhütung von Folter und unmenschlicher oder erniedrigender Behandlung oder Strafe (SR 0.106); in den hinten N 14 und 27 genannten Übereinkommen.

5 BV 10 statuiert Menschenrechte im engeren Sinne. Grundrechtsträger sind *alle natürlichen Personen*, unabhängig von ihrer Staatszugehörigkeit («Jeder Mensch»), nicht jedoch juristische Personen, wenn man von einzelnen Ausnahmen im Bereich spezieller Teilgehalte des BV 10 Abs. 2 absieht (z.B. Schutz des guten Rufs; vgl. MAHON, Comm., Art. 10, N 6; weiter als hier SCHWEIZER, SG-Komm., Art. 10, N 8). Dank Garantien wie BV 23 oder BV 27 geniessen auch juristische Personen grundrechtlichen Schutz gegen Auflösung und Beeinträchtigung der Entscheidungsfreiheit.

6 BV 10 begründet in erster Linie gegen den Staat gerichtete *Abwehrrechte*. Dem Staat erwachsen sodann auch gewisse (im Einzelnen nicht leicht zu bestimmende) *Schutzpflichten*, die in erster Linie den Gesetzgeber verpflichten und im Allgemeinen nicht einklagbar sind. So hat der Staat durch gesetzliche und andere Massnahmen (in Bereichen wie dem Straf-, Zivil- oder Umweltrecht) dafür zu sorgen, dass das Recht auf Leben und auf persönliche Freiheit auch unter Privaten respektiert wird (vgl. BV 35 Abs. 3; BGE 126 II 300, 314 f.; näher SCHWEIZER, SG-Komm., Art. 10, N 28 ff.; SCHEFER, Ergänzungsband, 19 f.). – Das verschiedentlich postulierte (einklagbare) «Recht auf gute Luft» lässt sich heute nicht aus BV 10 ableiten.

7 *Prozessrechtlich* gehört die persönliche Freiheit zur Kategorie der unverzichtbaren und unverjährbaren Grundrechte (BGE 126 I 30), was sich u.a. darin manifestiert, dass grundsätzlich jederzeit Haftentlassungsgesuche gestellt werden können (vgl. BV 31; zu Beschränkungen vgl. BGE 126 I 26 ff.).

Recht auf Leben (Abs. 1 Satz 1)

8 *Sachlicher Schutzbereich:* Als *einklagbares Individualrecht* schützt das Grundrecht aus Satz 1 das *Leben des einzelnen Menschen*, das – auch wenn sich der Verfassungstext darüber nicht klar ausspricht – mit der *Geburt* beginnt (strittig) und mit dem *Tod* endet. – Zur Bestimmung des *Todeszeitpunkts* (Hirntod) vgl. N 7 zu BV 119a und BGE 123 I 112, 127 ff. – Zur Frage des *Beginns* vgl. den Überblick bei HANGARTNER, Schwangerschaftsabbruch, 22 ff., der das Grundrecht auch dem werdenden Leben zuspricht; ähnlich SCHWEIZER, SG-Komm., Art. 10, N 9, unter Berufung auf BV 119 Abs. 2 Bst. c (aus dem sich freilich für den Umfang des Individualrechts nichts ableiten lässt). – Zum Umfang des (deutschen) Rechts auf Leben nach Art. 2 Abs. 2 GG: BVerfGE 39, 1 (Schwangerschaftsabbruch I; zu Recht kritisch SCHEFER, Ergänzungsband, 4 f.).

9 *Schutzwirkungen für ungeborenes Leben:* Davon zu trennen ist die Frage, ob bzw. inwieweit das Grundrecht aus Abs. 1 Satz 1 *Schutzwirkungen* für das ungeborene Leben entfaltet. Obgleich in erster Linie ein Abwehrrecht, auferlegt BV 10 Abs. 1 Satz (i.V.m. BV 35) dem Staat die Pflicht, sich aktiv für die Verwirklichung des Grundrechts auf Leben einzusetzen (vgl. SCHWEIZER, SG-Komm., Art. 10, N 9; SCHEFER, Ergänzungsband, 6 ff.; zu den Grenzen aufschlussreich BVerfGE 46, 160, Entführungsfall Schleyer), wenn erforderlich auch in Form von *präventiven* Massnahmen, die u.U. schon beim «werdenden» (vorgeburtlichen) Leben anzusetzen haben. Insofern ist es nicht falsch zu sagen, dass das Grundrecht aus Abs. 1 Satz 1 auch ungeborenes Leben schützt. Wie bei grundrechtlichen Schutzpflichten generell (vgl. N 7 zu BV 35) lassen sich auch im Zusammenhang mit dem Recht auf Leben kaum präzise Angaben über Bestand, Umfang und Erfüllung der staatlichen Pflicht machen. Der Gesetzgeber verfügt typischerweise über einen erheblichen Gestaltungsspielraum. So wird man aus BV 10 nicht ableiten können, dass der Gesetzgeber dem Problem des Schwangerschaftsabbruchs in bestimmter Weise mit den Mitteln des Strafrechts begegnen müsse (anders, gestützt auf Art. 1 Abs. 1 und Art. 2 Abs. 2 GG, BVerfGE 39, 1 ff., vom 25.2.1975; relativierend das zweite Schwangerschaftsabbruch-Urteil, BVerfGE 88, 203 ff., vom 28.5.1993). Verfassungsrechtlichen Schutz geniesst das werdende Leben auch über den Grundsatz der Menschenwürde (vgl. auch BV 119). – Die in der Volksabstimmung vom 2.6.2002 angenommene Neuordnung des Schwangerschaftsabbruchs (StGB 118 ff.; näher DONATSCH, in: Donatsch/Flachsmann/Hug/Weder, Kommentar StGB, Zürich 2004) und die darin enthaltene Form der Fristenregelung (StGB 119 Abs. 2) sind durch BV 190 «immunisiert»; sie dürften mit BV 10 in Einklang stehen. Die Zahl der Schwangerschaftsabbrüche blieb, ungeachtet der Rechtsänderung, stabil (2005: knapp 10'800; Pressemitteilung BFS vom 27.3.2007).

10 Das *Recht auf Sterben* findet seine Grundlage nicht in Abs. 1, sondern in Abs. 2 (vgl. N 23; ähnlich für die EMRK der EGMR im Urteil Pretty c. Grossbritannien, Rep. 2002-III 155).

11 *Einschränkungen:* Das verfassungsmässige Recht auf Leben ist umfassend geschützt, gilt jedoch – entgegen einer gelegentlich vertretenen Auffassung (vgl. BGE 98 Ia 508, 514; vgl. auch Botsch. BV, 146) – nicht «absolut» im Sinne einer Kerngehaltsgarantie (BV 36). Dies wird deutlich beim Blick auf die Parallelgarantie in der EMRK, nach der eine absichtliche Tötung unter bestimmten Voraussetzungen nicht konventionswidrig ist (EMRK 2). – Die gezielte Tötung eines Menschen, von dem eine akute Gefahr für Leib und Leben anderer Menschen ausgeht, durch ein Polizeiorgan – beschönigend als «finaler Rettungsschuss» bezeichnet – stellt einen gravierenden Eingriff in das Recht auf Leben dar, kann aber unter ausserordentlichen Umständen verfassungsrechtlich zulässig (und auch strafrechtlich gerechtfertigt) sein (vgl. J.P. MÜLLER, Grundrechte, 14 f.). Zum umstrittenen Freispruch für den Kommandanten der Bündner Kantonspolizei durch das Bündner Kantonsgericht im Fall der Tötung des Churer Amokschützen (SJZ 2002, 365 ff.) kritisch SCHEFER, Ergänzungsband, 3. – Mangels gesetzgeberischen Übereifers blieben in der Schweiz bisher Diskussionen darüber aus, ob eine Vorschrift nach dem Muster von § 14 des deutschen Luftsicherungsgesetzes mit BV 10 Abs. 1 vereinbar wäre (vgl. BVerfGE, 1 BvR 357/05, vom 15.2.2006: Verfassungswidrigkeit des im Gesetz vorgesehenen gezielten Abschusses von Zivilflugzeugen zur Verhinderung «eines besonders schweren Unglücksfalles»). Vgl. immerhin Art. 9 der bundesrätlichen Verordnung vom 23.3.2005 über die Wahrung der Lufthoheit (VWL; SR 748.111.1); zur Problematik (im Lichte von BV 36) vgl. HELEN KELLER/LUCY KELLER, in: NZZ Nr. 17 vom 22.1.2007, S. 9.

Verbot der Todesstrafe (Abs. 1 Satz 2)

12 *Todesstrafe* meint die ein Strafverfahren abschliessende Sanktion, nicht die (absichtliche) Tötung durch staatliche Organe in anderen Situationen (wie etwa den in EMRK 2 genannten Fällen). Das absolute Verbot der Todesstrafe kann man als ausdrücklich geregelte Kerngehaltsgarantie (i.S.v. BV 36) einstufen.

13 Bis zum Inkrafttreten des gesamtschweizerischen StGB (1.1.1942) kannten verschiedene Kantone die Todesstrafe. Sie wurde vereinzelt noch nach Verabschiedung des StGB (21.12.1937) vollstreckt (für ein Beispiel vgl. die Hinweise in BGE 109 II 353 ff.). Das Militärstrafgesetz vom 13.6.1927 (MStG; SR 321.0) sah noch bis Ende August 1992 in Kriegszeiten für bestimmte Delikte die Todesstrafe vor. Im Verlauf des Zweiten Weltkriegs wurden 17 Todesurteile vollstreckt (vgl. PETER NOLL, Landesverräter, Zürich 1980).

14 Mit der Ratifikation des 6.ZP zur EMRK (SR 0.101.06) verpflichtete sich die Schweiz völkerrechtlich zum Verzicht auf die Todesstrafe in Friedenszeiten (1987), mit der Ratifikation des 13.ZP (SR 0.101.093) zur *vorbehaltlosen, vollständigen* Abschaffung der Todesstrafe (mit Wirkung per 1.7.2003). Vgl. auch das (1994 ratifizierte) 2. Fakultativprotokoll zum Internationalen Pakt über bürgerliche und politische Rechte zur Abschaffung der Todesstrafe (vom 15.12.1989; SR 0.103.22). Mit Inkrafttreten der neuen BV ist die Wiedereinführung der Todesstrafe in der Schweiz nun auch *verfassungsrechtlich* untersagt.

15 Angesichts der jüngeren Rechtsentwicklung in Europa spricht vieles dafür, dass eine eidgenössische Volksinitiative auf Wiedereinführung der Todesstrafe wegen Verletzung (regionalen) zwingenden Völkerrechts (vgl. N 13 zu BV 139) für ungültig erklärt werden müsste (vgl. GIOVANNI BIAGGINI, Fall Nr. 9, in: ders. u.a., Fallsammlung Öffentliches Recht, Zürich 2000, 117 ff.). – Weltweit wird die Todesstrafe noch in rund 70 Staaten praktiziert (worunter sich

leider auch demokratische Verfassungsstaaten wie die USA und Japan befinden). Für die schweizerische Rechtspraxis ist dies insofern bedeutsam, als BV 10 Abs. 1 der Auslieferung einer Person an ausländische Staaten entgegensteht, wenn dem Betroffenen die Todesstrafe droht; es muss sichergestellt sein, dass diese im ausländischen Staat weder beantragt noch ausgesprochen noch vollstreckt wird (BGE 131 II 228, 233 ff.; BGE 130 II 217, 233). Zum analogen Fall bei drohender Folter (Abs. 3) vgl. BV 25 Abs. 3 und BGE 123 II 511, 522 f.

Recht auf persönliche Freiheit (Abs. 2)

16 *Sachlicher Schutzbereich:* Die persönliche Freiheit schützt neben den drei genannten Teilgehalten (körperliche und geistige Unversehrtheit, Bewegungsfreiheit) «alle Freiheiten, die elementaren Erscheinungen der Persönlichkeitsentfaltung darstellen» (BGE 118 Ia 427, 434).

17 *Verhältnis zu anderen Normen:* Da einzelne Elemente des früheren ungeschriebenen Grundrechts der persönlichen Freiheit in andere Bestimmungen der neuen BV (wie BV 11, 13, 31) Eingang fanden, gibt es heute weit mehr Berührungspunkte und Überschneidungen als früher. Gemäss Bundesgericht stellt BV 10 Abs. 2 eine Art «verfassungsrechtliche Grundgarantie zum Schutz der Persönlichkeit» dar (BGE 128 II 259, 368), welche bei der gerichtlichen Prüfung der Verfassungsmässigkeit einer Massnahme gewöhnlich hinter die spezielleren Garantien zurücktritt (vgl. BGE 126 I 50, 60 f.; BGE 133 I 77, 81). Dies heisst nicht, dass der Schutzbereich der persönlichen Freiheit mit der neuen BV reduziert worden wäre oder dass BV 10 in solchen Fällen verdrängt wird und gar nicht erst angerufen werden kann (so aber wohl SCHWEIZER, SG-Komm., Art. 10, N 7, wonach BV 31 «vorgeht»). – Zum Verhältnis von BV 10 und BV 7 (Menschenwürde) vgl. BGE 127 I 6,12 und N 8 zu BV 7. Zur Abgrenzung zwischen dem aus BV 10 Abs. 2 und BV 13 Abs. 2 abgeleiteten Akteneinsichtsrecht einerseits und dem Anspruch auf rechtliches Gehör (BV 29 Abs. 2) andererseits vgl. BGE 126 I 7 ff. – Angesichts der «Hypertrophie» der Grundrechtsgarantien im Bereich des verfassungsrechtlichen Persönlichkeitsschutzes ist zu hoffen, dass Rechtsprechung und Lehre den Blick für das Ganze bewahren und sich nicht in Abgrenzungsfragen verzetteln.

18 *Zeitlich* wirkt die persönliche Freiheit gemäss Bundesgericht über den Tod hinaus und erlaubt es, «zu Lebzeiten das Schicksal des Leichnams festzulegen und jeden unzulässigen Eingriff zu untersagen, ob es sich um eine Organentnahme handle oder eine Autopsie» (BGE 129 I 302, 309; BGE 127 I 115, 119; zum postmortalen Persönlichkeitsschutz auch BGE 129 I 173 ff.).

19 *Bewegungsfreiheit:* Die Bewegungsfreiheit – gelegentlich unpräzise als *«droit d'aller et de venir»* umschrieben (vgl. z.B. BGE 90 I 29, 36) – erfasst neben dem eigentlichen *Freiheitsentzug* auch weniger intensive Formen der *Freiheitsbeschränkung* (vgl. BAUMANN, ZBl 2004, 505 ff.; BGE 132 I 49, 56).

– Der *Freiheitsentzug* (zum Begriff vgl. N 2 zu BV 31) stellt stets einen schweren Eingriff in die persönliche Freiheit dar (vgl. BGE 127 I 6, 12; BGE 123 I 221, 226; für die Untersuchungshaft: BGE 126 I 26, 32; für die Verwahrung: BGE 127 IV 1, 4 f.); nicht ohne Grund wird das Freiheitsrecht traditionell durch weitreichende Verfahrensgarantien flankiert *(Habeas Corpus).* – Zum *Verbot des Schuldverhafts* (früher BV 1874 Art. 59) vgl. BGE 130 I 169. – Zur grundrechtlichen Problematik der lebenslangen Verwahrung (vgl. auch BV 123a) SCHEFER, Ergänzungsband, 26, mit weiteren Hinweisen.

– Die Bewegungsfreiheit ist auch bei weniger intensiven Formen der *Freiheitsbeschränkung* betroffen, so z.B. bei einer vier bis sechs Stunden dauernden polizeilichen Festnahme (BGE 107 Ia 138, 140) oder bei Wegweisungs- und Fernhaltemassnahmen (BGE 128 I 327, 337). Doch bedeutet nicht jede noch so geringfügige Beschränkung des Kommens und Gehens oder Fahrens (z.B. Verkehrskontrollen, Geschwindigkeitsbeschränkungen; vgl. SCHEFER, Ergänzungsband, 23 f.) einen Eingriff in die Bewegungsfreiheit. Praxis und Lehre tun sich mit der Grenzziehung eher schwer. Neben der Intensität sind Zweck und Kontext der staatlichen Massnahme zu berücksichtigen. Gemäss BGE 130 I 369, 373 war die Bewegungsfreiheit tangiert, aber im konkreten Fall nicht verletzt, als ein Medienschaffender während des Weltwirtschaftsforums (WEF) daran gehindert wurde, auf öffentlicher Strasse mit einem öffentlichen Verkehrsmittel nach Davos zu gelangen (kritisch AXEL TSCHENTSCHER, ZBJV 2005, 655). Hingegen wird die Bewegungsfreiheit nicht berührt durch ein umweltschutzrechtlich motiviertes Schifffahrtsverbot für bestimmte Teile eines Sees (BGE 108 Ia 59), ebenso wenig durch ein Verbot, sich an einem bestimmten Ort (Bahnhof Bern) in Personenansammlungen aufzuhalten, in welchen Alkohol konsumiert wird (BGE 132 I 49, 56, wonach das mit Alkoholkonsum verbundene Zusammensein aber als Teil der verfassungsrechtlichen Persönlichkeitsentfaltung zu betrachten sei).

20 Das *Recht auf körperliche Unversehrtheit* schützt den menschlichen Körper vor Einwirkungen jeglicher Art, auch wenn damit keine «eigentliche Schädigung oder die Verursachung von Schmerzen» verbunden ist (BGE 118 Ia 427, 434). Auch eine (dem Staat zuzurechnende) medizinische Behandlung, welche die Wiederherstellung der physischen und psychischen Unversehrtheit bezweckt (Therapieakt), stellt gemäss Bundesgericht einen Eingriff in die persönliche Freiheit des Patienten dar (BGE 118 Ia 427, 434; vgl. auch BGE 114 Ia 350, 357). Der medizinische Eingriff kann unter den Bedingungen von BV 36 gerechtfertigt werden. Dies setzt in der Regel die Einwilligung des vorgängig aufgeklärten Patienten voraus (BGE 118 Ia 427, 434; vgl. auch BGE 126 I 112, 115 f.; BGE 114 Ia 350, 358 f.; zu möglichen Ausnahmen, etwa bei Urteilsunfähigen, vgl. WOLFGANG WIEGAND, Die Aufklärungspflicht und die Folgen ihrer Verletzung, in: Honsell u.a., Hrsg., Handbuch des Arztrechts, Zürich 1994, 172 f.). – *Kasuistik:* Als berührt gilt die körperliche Unversehrtheit u.a. bei staatlichen Massnahmen wie: Blutentnahme (BGE 124 I 80, 82; BGE 89 I 92, 99); Wangenschleimhautabstrich zwecks Erstellung eines DNA-Profils (BGE 128 II 259 ff.); Entnahme einiger Haare zwecks Untersuchung auf Drogenkonsum (BGer, Urteil vom 19.12.1995, EuGRZ 1996, 470); Zwangsrasur (Bartrasur zwecks Konfrontation des Beschuldigten mit Zeugen; BGE 112 Ia 161, 162); Erhebung und Aufbewahrung von erkennungsdienstlichem Material wie Fingerabdrücke, Fotografien (BGE 120 Ia 147, 150); Trinkwasserfluoridierung (BGer, Urteil vom 29. Juni 1990, ZBl 1991, 25 ff.); obligatorische Durchleuchtung zur Bekämpfung der Tuberkulose (BGE 104 Ia 480, 486); obligatorische Schutzimpfung gegen Diphtherie (BGE 99 Ia 747, 749), nicht hingegen durch Anordnung einer Urinprobe (BGer, Urteil vom 4.1.1983, ZBl 1984, 45 f.). Gemäss Bundesgericht handelt es sich in der Regel um leichte Eingriffe in die persönliche Freiheit, die gewöhnlich einer Rechtfertigung nach Massgabe des BV 36 zugänglich sind.

21 Das *Recht auf geistige Unversehrtheit* (auch: geistige oder psychische Integrität, vgl. BGE 118 Ia 427, 434) – seit 1964 als eigenständiger Teilgehalt ausgewiesen (BGE 90 I 29, 36) – schützt die *Entscheidungsfreiheit* des Individuums. Ursprünglich vor allem gedacht als Schutzinstrument gegen staatliche Versuche, eine Person psychisch unter Druck zu setzen (BGE 90 I 29, 36: «faculté [...] d'apprécier une situation donnée et de se déterminer d'après cette appréciation»), drohte das Grundrecht der persönlichen Freiheit in der Folge zu einer konturlosen allgemeinen Handlungsfreiheit auszuufern (BGE 97 I 839, 842; BGE 97 I 45, 49 f.). 1975 kehrte das Bundesgericht zu einem engeren Konzept zurück. Danach schützt die persönliche Freiheit nicht jede Entscheidung über Fragen der persönlichen Lebensgestaltung, sondern nur «elementare Möglichkeiten, die für die Persönlichkeitsentfaltung wesentlich sind und jedem Menschen zustehen sollen» (BGE 101 Ia 336, 347) oder, wie das Bundesgericht heute sagt, nur «jene Freiheiten, die elementare Erscheinungen der Persönlichkeitsentfaltung darstellen und ein Mindestmass an persönlicher Entfaltungsmöglichkeit erlauben» (BGE 127 I 6, 12).

22 *Schutz elementarer Erscheinungsformen der Persönlichkeitsentfaltung:* Rechtsprechungsgeschichtlich aus der Präzisierung des Teilgehalts der psychischen Unversehrtheit hervorgegangen (vgl. N 21; BGE 107 Ia 52, 55), erscheint das Kriterium heute gelegentlich wie ein eigenständiger ungeschriebener Teilgehalt der persönlichen Freiheit (vgl. z.B. BGE 128 II 259, 268). Nach wie vor hat BV 10 Abs. 2 jedoch *nicht* die Funktion einer allgemeinen Handlungsfreiheit, «auf die sich der Einzelne gegenüber jedem staatlichen Akt, der sich auf die persönliche Lebensgestaltung auswirkt, berufen» könnte; die persönliche Freiheit schützt «nicht vor jeglichem physischen oder psychischen Missbehagen» (BGE 130 I 369, 373). – *Kasuistik:* Nicht geschützt ist die Möglichkeit des Windsurfings auf dem Sihlsee (BGE 108 Ia 59, 61), mit Spielautomaten um Geld zu spielen (BGE 101 Ia 336), Tiere zu halten (BGer, Urteil vom 5.10.1977, ZBl 1978, 34; offen gelassen in BGE 132 I 7, 9 betreffend Hunde), Waffen zu erwerben (BGE 114 Ia 286, 290), Cannabis zu konsumieren (BGer, Urteil 6S.53/2006 vom 27.4.2006), und wohl auch, Waffen zu tragen (offen gelassen in BGE 103 Ia 169, 171 und BGE 118 Ia 305, 315); ob BV 10 das Rauchen schützt, ist umstritten (vgl. JAAG/RÜSSLI, AJP 2006, 28; AUER, AJP 2006, 9), aber doch wohl eher zweifelhaft (offen gelassen in BGE 133 I 110, 121). – Elementar und somit geschützt sind hingegen gemäss Bundesgericht: der *Wunsch nach Kindern* (vgl. BGE 119 Ia 460, BS, und BGE 115 Ia 234, SG, je zu kantonalen Gesetzen betreffend Fortpflanzungsmedizin); bestimmte Aspekte der *Ehre* (BGE 107 Ia 52, 57: Unzulässigkeit der wie eine «Anprangerung» wirkenden Veröffentlichung der Namen von Verlustscheinschuldnern); das (mit Alkoholkonsum verbundene) Zusammensein im öffentlichen Raum (BGE 132 I 49, 56).

23 *Recht auf Sterben:* Grundrechtlich geschützt ist auch die freie, selbstbestimmte Entscheidung über die Beendigung des eigenen Lebens. Eine Bestrafung der (versuchten) Selbsttötung wäre mit BV 10 Abs. 2 nicht vereinbar. Dies heisst nicht, dass der Staat sich jeder Regelung betreffend Selbsttötung bzw. Sterbehilfe (zum facettenreichen Begriff vgl. HANGARTNER, Schwangerschaftsabbruch, 69 ff.) enthalten muss. Auch das Recht auf Sterben kann unter den Voraussetzungen des BV 36 eingeschränkt werden. Der Staat kann (wegen BV 35) zum Treffen von Schutzvorkehren verpflichtet sein. Zur Problematik eingehend JAAG/RÜSSLI, ZBl 2001, 113 ff.; HANGARTNER, Schwangerschaftsabbruch, 69 ff. Was aus BV 10 für die Beurteilung von schwierigen Grenzfällen (wie dem weltweit beachteten Fall der US-amerikanischen Koma-

Patientin Terri Schiavo) folgt, ist nicht restlos klar. Auf der Grundlage des Berichts «Sterbehilfe und Palliativmedizin – Handlungsbedarf für den Bund?» (vom 24. April 2006) hat der Bundesrat am 31.5.2006 gesetzgeberischen Handlungsbedarf verneint. Gemäss Bundesgericht lässt sich aus BV 10 kein Anspruch auf die Abgabe eines todbringenden Mittels ohne ärztliches Rezept ableiten (BGE 133 I 58, 65 ff.).

24 *Einschränkungen des Rechts auf persönliche Freiheit:* Die Zulässigkeit beurteilt sich nach BV 36. Beim Freiheitsentzug sind die Voraussetzungen gemäss BV 31 und EMRK 5 zu beachten. Zum absolut geschützten Kerngehalt der persönlichen Freiheit gehören die in Abs. 1 Satz 2 (vgl. N 12) und in Abs. 3 (N 25) genannten Garantien. Generell als unvereinbar mit der persönlichen Freiheit gelten die Verwendung von Lügendetektoren, Wahrheitsseren u.Ä. gegen den Willen der betroffenen Person (vgl. BGE 109 Ia 273, 289; J.P. MÜLLER, Grundrechte, 29, SCHEFER, Ergänzungsband, 21). – *Kasuistik:* In jüngerer Zeit musste sich das Bundesgericht wiederholt mit Fragen des *Zugangs zu persönlichen Daten* (vgl. BGE 128 I 63; BGE 125 I 257; BGE 122 I 153), des *postmortalen Persönlichkeitsschutzes* (vgl. BGE 129 I 173; BGE 127 I 115; BGE 123 I 112), der *medikamentösen Zwangsbehandlung* (BGE 130 I 16, 18; BGE 127 I 6, 10; BGE 126 I 112; vgl. MARKUS MÜLLER, ZBJV 2000, 725 ff., vgl. auch BGE 118 Ia 427 betreffend zahnmedizinische Zwangsbehandlung) sowie mit der Ausgestaltung des *Haftvollzugs* befassen (vgl. BGE 123 I 221; BGE 122 II 299 und BGE 122 I 222 betreffend ausländerrechtliche Administrativhaft; BGE 118 Ia 64; BGE 106 Ia 277 und BGE 99 Ia 262 betreffend Strafvollzug und Untersuchungshaft; BGE 103 Ia 293 betreffend strenge Einzelhaft; näher J.P. MÜLLER, Grundrechte, 65 ff. und SCHEFER, Ergänzungsband, 48 ff.). Vgl. auch BGE 130 I 65 betreffend *Sicherheitskontrollen* für Gefängnisbesucher (inkl. Anwälte) und BGE 128 I 184 betreffend Anordnung von Sicherheitshaft.

Verbot der Folter und jeder anderen Art grausamer, unmenschlicher oder erniedrigender Behandlung (Abs. 3)

25 *Absoluter Charakter des Verbots:* Folter und alle anderen Arten grausamer, unmenschlicher oder erniedrigender Behandlung oder Bestrafung sind unter keinen Umständen erlaubt. Wie die Parallelbestimmung in EMRK 3 (vgl. GRABENWARTER, 143) statuiert Abs. 3 ein absolutes Verbot (und zugleich eine Kerngehaltsgarantie im Bereich der körperlichen und geistigen Unversehrtheit). Der «Umstand, dass Terroristen vor der Folter nicht zurückschrecken, [vermag] deren Anwendung durch den Rechtsstaat nicht zu rechtfertigen» (so das Bundesgericht 1983 mit erfreulicher Deutlichkeit in BGE 109 Ia 273, 289). Die heute in den USA, zum Teil auch in Deutschland erhobenen Forderungen nach einer Relativierung des Folterverbots (vgl. z.B. WINFRIED BRUGGER, Darf der Staat ausnahmsweise foltern?, Der Staat 1996, 67 ff.) haben in der Schweiz nicht Fuss gefasst.

26 *Tragweite:* Bei der Konkretisierung der unbestimmten Begriffe «Folter» bzw. «grausame, unmenschliche oder erniedrigende» Behandlung oder Bestrafung, die in BV 10 und den Materialien nicht näher umschrieben werden, bietet die einschlägige (und bedauerlicherweise recht umfangreiche) *Strassburger Praxis* zu EMRK 3 wichtige Orientierungspunkte. Für die EGMR-Rechtsprechung ist ein Herantasten von Fall zu Fall kennzeichnend (Überblick bei GRABENWARTER, 135 ff.; vgl. auch BGE 131 I 455, 463; KÄLIN/KÜNZLI, 324 ff.; SCHEFER, Ergänzungsband, 10 ff.). In der EMRK-Doktrin wird meist davon ausgegangen, dass Folter, un-

menschliches und erniedrigendes Handeln in einem Stufenverhältnis zueinander stehen (vgl. GRABENWARTER, 136 f.; ebenso für BV 10 Abs. 3 MAHON, Comm., Art. 10, N 21; für eine Differenzierung nach der Zielrichtung KÄLIN/KÜNZLI, 327 f.). Als *Folter* gilt danach eine absichtliche unmenschliche oder erniedrigende Behandlung, die sehr ernstes und grausames Leiden hervorruft; als *unmenschlich* eine Behandlung, die absichtlich schwere psychische oder körperliche Leiden verursacht; bei der *erniedrigenden* Behandlung steht das Moment der Demütigung im Vordergrund. Auf schönfärberische Bezeichnungen (z.B. als «harsche, aber notwendige» Verhörmethoden) kommt es nicht an. – Zum sog. Todeszellensyndrom als Fall von EMRK 3 vgl. EGMR, Urteil vom 7.7.1989, i.S. Soering, Série A 161; EuGRZ 1989, 314.

27 *Einzelfragen:* «Behandlung oder Bestrafung»: Das Begriffspaar will alle erdenklichen Formen staatlichen Handelns erfassen. – Mit dem Adjektiv «grausam» nennt BV 10 ein Element, das im Text der EMRK fehlt, dort aber der Sache nach mitenthalten ist, weshalb inhaltlich kein Unterschied bestehen dürfte (wie BV 10 die einschlägigen UNO-Übereinkommen: Art. 7 UNO-Pakt II, SR 0.103.2; Art. 16 des Folterübereinkommens, SR 0.105; Art. 37 des Übereinkommens über die Rechte des Kindes, SR 0.107). – Eine redaktionelle Differenz zeigt sich auch im Vergleich mit BV 25 Abs. 3, wo das Adjektiv «erniedrigend» fehlt.

28 *Praktische Bedeutung:* In der höchstrichterlichen Rechtsprechung ist BV 10 Abs. 3 bislang wenig präsent (vgl. beiläufig BGE 131 I 455, 462 und BGE 126 II 506, 512). Daraus folgt nicht, dass in der Schweiz alles zum Besten bestellt sein muss. Im Rahmen der Besuche des Europäischen Anti-Folter-Ausschusses (vgl. Art. 7 ff. der Anti-Folter-Konvention des Europarates, SR 0.106; KÄLIN/KÜNZLI, 236) kam es auch gegenüber der Schweiz gelegentlich zu Beanstandungen in Bezug auf Haftbedingungen (vgl. etwa die Berichte vom 25.3.2002 und vom 13.12.2004 betreffend ärztliche Betreuung). Praktisch bedeutsam ist, dass das Folterverbot gemäss Rechtsprechung Anspruch gibt auf eine wirksame und vertiefte amtliche Untersuchung von «in vertretbarer Weise» («de manière défendable») behaupteten Vorwürfen gegen Polizeibeamte (vgl. BGE 131 I 455, 462, mit Hinweisen auf die EGMR-Judikatur). Hingegen begründet BV 10 Abs. 3 keinen Anspruch auf Erteilung einer Aufenthaltsbewilligung (SCHEFER, Ergänzungsband, 16).

Literaturhinweise (vgl. auch die Hinweise bei BV 13)

BAUMANN FELIX, Inhalt und Tragweite der Bewegungsfreiheit (Art. 10 Abs. 2 BV), ZBl 2004, 505 ff.; GRABENWARTER CHRISTOPH, Europäische Menschrechtskonvention, 2. Aufl., München/Wien 2005; HALLER WALTER, Menschenwürde, Recht auf Leben und persönliche Freiheit, in: HGR, Band VII (im Erscheinen); HANGARTNER YVO, Schwangerschaftsabbruch und Sterbehilfe, Zürich 2000; HOTTELIER MICHEL, Recht auf Leben und auf persönliche Freiheit (Art. 10 BV), SJK Nr. 1389; JAAG TOBIAS/RÜSSLI MARKUS, Sterbehilfe an staatlichen Spitälern, Kranken- und Altersheimen, ZBl 2001, 113 ff.; KÄLIN WALTER/KÜNZLI JÖRG, Universeller Menschenrechtsschutz, Basel usw. 2005; SCHWEIZER RAINER J., Verfassungsrechtlicher Persönlichkeitsschutz, VRdCH, 691 ff.

Art. 11   Schutz der Kinder und Jugendlichen

¹ Kinder und Jugendliche haben Anspruch auf besonderen Schutz ihrer Unversehrtheit und auf Förderung ihrer Entwicklung.
² Sie üben ihre Rechte im Rahmen ihrer Urteilsfähigkeit aus.

1   Die Bestimmung, die kein Vorbild in der BV 1874 hat, fand im Verlauf der parlamentarischen Beratungen (gegen den Willen des Bundesrates) Eingang in die neue Verfassung (Hinweise in BGE 126 II 377, 389). Auf die Formulierung konnte man sich erst in der Einigungskonferenz verständigen. – BV 11 wird oft zu den «materiellen Neuerungen» gerechnet, dies obwohl seine rechtliche Tragweite alles andere als klar (J.P. MÜLLER, Grundrechte, 118) und im Ergebnis wohl bescheiden ist. Dem Verfassungsgeber scheint es vor allem darum gegangen zu sein, im Sinne eines jugendpolitischen Bekenntnisses «etwas für die Jugend» zu tun und «entsprechende Zeichen» zu setzen (vgl. neben BV 11 auch BV 8 Abs. 2, BV 41 Abs. 1 Bst. f und g., BV 67). Ein sympathisches Anliegen macht leider noch keine gute Verfassungsnorm.

Kinder und Jugendliche

2   Als «begünstigt» werden in der Lehre (vgl. REUSSER/LÜSCHER, SG-Komm., Art. 11, N 7) die Minderjährigen angesehen, d.h. Personen, die das 18. Altersjahr noch nicht vollendet haben (ZGB 14; vgl. auch Art. 1 der Kinderrechte-Konvention, SR 0.107); dies unabhängig von Nationalität und Aufenthaltsstatus (MAHON, Comm., Art. 11, N 3). Angesichts der Eigenheiten des BV 11 ist eine exakte Grenzziehung zwischen den beiden Kategorien «Kinder» und «Jugendliche» entbehrlich, ebenso letztlich eine trennscharfe Abgrenzung zur Kategorie der Erwachsenen. – BV 11 ist Ausdruck einer gewissen Tendenz zur Verbürgung von Sonder(grund)rechten zu Gunsten bestimmter Personengruppen (vgl. auch BGE 124 I 40, 46 betreffend hochbetagte gebrechliche Menschen). Angesichts der Herkunft der Grundrechtsidee – Grundrechte als Menschenrechte – handelt es sich um eine zweischneidige Entwicklung (kritisch auch KOLLER/WYSS, 442 f.).

Anspruch auf besonderen Schutz und auf Förderung (Abs. 1)

3   *Regelungszweck:* Anliegen des Verfassungsgebers war es, in den Worten des Bundesgerichts (BGE 126 II 377, 389), «die Gleichbehandlung und die Chancengleichheit der Kinder und Jugendlichen zu gewährleisten, die Verpflichtung des Staates und jedes Einzelnen, Kinder vor jeglicher Form von Gewalt und erniedrigender Behandlung zu schützen, zum Ausdruck zu bringen sowie den Begriff des Schutzes, wie er sich aus der UNO-Kinderrechtekonvention ergibt, verfassungsrechtlich zu verankern». Mitgespielt haben mag die Idee, dem Kindeswohl «Verfassungsrang» (BGE 132 III 359, 373) zu verleihen, der ihm freilich auch ohne BV 11 Abs. 1 zukommt.

4   *Rechtsnatur und Gegenstand:* Obwohl im Grundrechtsteil platziert und im «Grundrechtsstil» formuliert, handelt es sich bei BV 11 Abs. 1, genauer besehen, nicht um ein eigenständiges Grundrecht (anders beiläufig BGE 132 III 359, 373: «soziales Grundrecht»; offen gelassen in BGE 126 II 377, 391; vgl. dagegen KLEY, ZBJV 1999, 316), sondern um eine Konkretisierung anderer Grundrechtspositionen und eine Vorgabe für die rechtsetzenden und rechtsanwendenden Behörden (Schutzauftrag):

- *Anspruch «auf besonderen Schutz ihrer Unversehrtheit»:* Der an BV 10 Abs. 2 anknüpfende Satzteil bietet eine Art «Präzisierung zur persönlichen Freiheit» (KOLLER, AJP 1999, 664; vgl. BGE 126 II 377, 390; BGE 127 I 6, 12). Der «besondere» Schutz kann etwa darin bestehen, dass bei der Beurteilung der Intensität (BV 36 Abs. 1) oder der Verhältnismässigkeit (BV 36 Abs. 3) eines Grundrechtseingriffs die Situation der Kinder und Jugendlichen besonders berücksichtigt wird (vgl. KOLLER/WYSS, 439). – Rücksichtnahme ist auch bei allfälligen polizeilichen oder strafprozessualen Massnahmen geboten (zur Problematik vgl. den in NZZ Nr. 286 vom 7.12.2004, S. 53 geschilderten Fall des Polizeieinsatzes im Bahnhof Altstetten gegen Fans des FC Basel).
- *Anspruch «auf Förderung ihrer Entwicklung»:* Begründet wird hier in erster Linie eine sozialziel-ähnliche (vgl. BV 41 Art. 1 Bst. g) objektive Verpflichtung des Gesetzgebers (vgl. BGE 126 II 377, 391), was die Berücksichtigung bei der Auslegung anderer Normen (z.B. BV 19) nicht ausschliesst.

5   *Zur Frage der Justiziabilität:* Die in der Lehre immer wieder in Zweifel gezogene Justiziabilität des BV 11 Abs. 1 (vgl. auch AB SD 1998 N 420 f., 469 f.) ist differenzierend zu beurteilen: *Eigenständig* einklagbare Rechtspositionen werden durch BV 11 Abs. 1 nicht begründet (vgl. auch BGE 129 I 12, 32, unter Hinweis auf MEYER-BLASER/GÄCHTER, VRdCH, 562; anders REUSSER/LÜSCHER, SG-Komm., Art. 11, N 12: Anspruch auf Sonderschulung für behinderte Kinder aus BV 11); jedoch können anderweitige (einklagbare) Grundrechtspositionen durch BV 11 *verstärkt* werden. Wer eine («besondere») kind- bzw. jugendlichengerechte Beurteilung (Abwägung usw.) fordert, wird mit Vorteil das einschlägige Grundrecht (z.B. BV 10, BV 19) *in Verbindung mit* BV 11 Abs. 1 als verletzt rügen. Weiter kann die Bestimmung in gerichtlichen Verfahren bei der *Auslegung und Anwendung* anderer Verfassungsnormen (insb. BV 10, weiter z.B. BV 13, 19 und 62) bzw. des einfachen Rechts (z.B. ZGB 133, 301: Kindeswohl; ZGB 30: Familiennamen des Vaters für ein aussereheliches Kind, BGE 132 III 497; StGB 126: Tätlichkeiten; vgl. BGE 129 IV 216, 221) eine Rolle spielen (vgl. KOLLER/WYSS, 443). – Im Übrigen spricht BV 11 Abs. 1 vor allem auch den Gesetzgeber an im Sinne einer objektiven, nicht einklagbaren Verpflichtung, sich der Anliegen des BV 11 anzunehmen.

6   *Kasuistik:* Es ist kein Zufall, dass BV 11 Abs. 1 in der Verfassungsrechtsprechung des Bundesgerichts bisher keine entscheidende Rolle spielte (vgl. BGE 126 II 377, 389 ff.) und meist nur beiläufig erwähnt wurde (vgl. z.B. BGE 126 V 70, 73; BGE 128 IV 154, 162; BGE 129 III 250, 255; BGE 129 IV 216, 221). Gemäss BGE 126 II 377, 392 ist BV 11 Abs. 1 zu unbestimmt formuliert, um einen Anspruch auf Erteilung bzw. Verlängerung einer Aufenthaltsbewilligung zu begründen. Vgl. auch BGE 129 I 12, 32 f.: Zulässigkeit des befristeten Ausschlusses vom Grundschulunterricht auch unter dem Aspekt von BV 11.

Ausübung der «Rechte» (Abs. 2)

7   *Tragweite:* Aus den Materialien ergibt sich, dass als Inspirationsquelle nicht zuletzt ZGB 19 Abs. 2 diente (AB SD 1998 S 226; vgl. auch AB SD 1998 N 490 f.). Was mit dem «Anheben» dieses Grundgedankens auf die Verfassungsebene erreicht werden soll bzw. kann, bleibt unklar. Klar ist:

- Es geht um die *Ausübung* von Rechten, nicht um die Trägerschaft. Kinder und Jugendliche sind, ungeachtet des Alters, Träger von (Grund-)Rechten, wenn man von einzelnen Ausnahmen (wie BV 34) absieht.
- Die *Urteilsfähigkeit* ist kontextbezogen zu beurteilen.

Unklar ist, *welche* Rechte gemeint sind. Obwohl BV 11 Abs. 2 schlicht von «Rechten» spricht, dürfte der Kreis enger gezogen sein. Der Regelungsort (Verfassung) spricht dafür, dass es um Rechte im Verhältnis Bürger–*Staat* geht, nicht um das durch ZGB 19 Abs. 2 bereits hinreichend erfasste «Horizontalverhältnis» zwischen Privaten. Im Übrigen liegt (in Anlehnung an ZGB 19 Abs. 2) eine Beschränkung auf *persönlichkeitsnahe* Rechte nahe (so auch J.P. MÜLLER, Grundrechte, 423; REUSSER/LÜSCHER, SG-Komm., Art. 11, N 19), wobei es aber, jedenfalls dem Wortlaut nach, nicht notwendig nur um *Grundrechte* gehen muss, sondern auch *gesetzlich* eingeräumte Rechte in Betracht fallen. So oder so dürfte der Innovationsgrad des Abs. 2 bescheiden sein, zumal das Bundesgericht den urteilsfähigen Minderjährigen schon unter der BV 1874 die Befugnis zuerkannte, bestimmte Rechte selber (bzw. durch Vertreter ihrer Wahl) wahrzunehmen (vgl. BGE 120 Ia 369, 371; KÄLIN, Staatsrechtliche Beschwerde, 218). – Die Kinderanhörung (ZGB 144) ist im Sinne einer Richtlinie ab vollendetem 6. Altersjahr möglich (BGE 131 I 553).

Literaturhinweise

BIAGGINI GIOVANNI, Wie sind Kinderrechte in der Schweiz geschützt? in: Regula Gerber Jenni/Christina Hausammann (Hrsg.), Die Rechte des Kindes, Basel usw. 2002, 25 ff.; KOLLER HEINRICH/WYSS MARTIN PHILIPP, «Kinder und Jugendliche haben Anspruch auf besonderen Schutz ...», Festschrift Heinz Hausheer, Bern 2002, 435 ff.; WYTTENBACH JUDITH, Grund- und Menschenrechtskonflikte zwischen Eltern, Kind und Staat, Basel 2006.

Art. 12 Recht auf Hilfe in Notlagen

Wer in Not gerät und nicht in der Lage ist, für sich zu sorgen, hat Anspruch auf Hilfe und Betreuung und auf die Mittel, die für ein menschenwürdiges Dasein unerlässlich sind.

1 Die Bestimmung kodifiziert – unter neuem Namen – das vom Bundesgericht 1995 anerkannte ungeschriebene (Grund-)«Recht auf Existenzsicherung» (BGE 121 I 367 ff.; so auch VE 96 Art. 10, Sachüberschrift). Ein im Jahr 2005 ergangenes Urteil, welches dem Bundesgericht Gelegenheit bot, einige in Praxis und Lehre zuvor strittige Punkte zu klären (BGE 131 I 166 ff., dazu hinten N 5; vgl. auch BGE 130 I 71 ff.), löste heftige politische Debatten aus, die in Überlegungen mündeten, die Rechtsprechung auf dem Weg der Bundesgesetzgebung (Asyl- bzw. Ausländerrecht) oder durch Änderung von BV 12 zu korrigieren (vgl. BREINING-KAUFMANN/WINTSCH, 505 ff.). In den von der Bundesversammlung im Dezember 2005 verabschiedeten Texten bleibt die «Nothilfe nach [BV 12]» (so AuG 72, BBl 2005 7365) – nicht zu verwechseln mit der «Nothilfe» im Sinne von StGB 128 (vgl. BGE 121 IV 18) – formal unberührt.

Gegenstand und Funktion

2 *Leistungsbegründendes soziales Grundrecht:* Als eines der (seltenen) sozialen Grundrechte (MAHON, Comm., Art. 12, N 3) begründet BV 12 einen einklagbaren Anspruch auf *staatliche Leistungen* (BGE 131 I 166, 168). BV 12 garantiert nicht ein Mindesteinkommen, sondern «nur, was für ein menschenwürdiges Dasein unabdingbar ist» (BGE 131 I 166, 172; so auch schon BGE 121 I 367, 373; BGE 130 I 71, 74 f.). Die Charakterisierung als «leistungsrechtliches Auffanggrundrecht» (BGE 131 I 166, 173) ist insofern nicht ganz präzis, als BV 12 nicht dazu dient, «Lücken» im Bereich anderer Grundrechte zu füllen, sondern ein letztes sozialstaatliches Netz bildet, das jene Menschen auffangen soll, die durch die Maschen der Sozialversicherungen und der allgemeinen Sozialhilfe fallen (vgl. BIGLER-EGGENBERGER, SG-Komm., Art. 12, N 12; SCHEFER, Ergänzungsband, 117; BGE 131 I 256, 262). Gemäss bundesstaatlicher Kompetenzverteilung (vgl. BV 115) obliegt die Erbringung der Leistungen grundsätzlich den Kantonen (allenfalls den Gemeinden); mitunter ist eine Abgeltung durch den Bund vorgesehen (vgl. ANAG 14f; AuG 72).

3 *Grundrechtsträger* sind *alle natürlichen* Personen – unabhängig von Staatszugehörigkeit, Aufenthaltsstatus usw., inkl. illegal Anwesende (vgl. BGE 131 I 166, 172; BGE 121 I 367, 374) –, nicht jedoch juristische Personen.

Anspruchsvoraussetzungen

4 *Notlage* («Wer in Not gerät»): Erste Voraussetzung ist das Vorliegen «einer aktuellen, d.h. tatsächlich eingetretenen oder unmittelbar drohenden Notlage» (BGE 131 I 166, 173). Wie im Sozialhilferecht allgemein (vgl. FELIX WOLFFERS, Grundriss des Sozialhilferechts, 2. Aufl., Bern usw. 1999, 34, 165) kommt es beim Anspruch aus BV 12 auf die *Ursachen* der Bedürftigkeit grundsätzlich *nicht* an (BGE 131 I 166, 174: «Verschuldensunabhängigkeit»; vgl. auch BGE 121 I 367, 375).

5 *Subsidiarität:* Der Passus «(...) und nicht in der Lage ist, für sich zu sorgen» soll «klarstellen, dass für das Recht auf Hilfe in Notlagen der Grundsatz der Subsidiarität gilt» (BGE 131 I 166, 172). Subsidiarität besteht z.B. im Verhältnis zur (Verwandten-)Unterstützungspflicht gemäss ZGB 328 (BIGLER-EGGENBERGER, SG-Komm., Art. 12, N 16). Keinen Anspruch aus BV 12 hat, wer «objektiv in der Lage wäre, sich aus eigener Kraft die für das Überleben erforderlichen Mittel selbst zu verschaffen» (BGE 131 I 166, 172), so etwa, wer die Annahme einer zumutbaren Arbeit im Rahmen von Beschäftigungs- und Integrationsmassnahmen verweigert (vgl. BGE 130 I 71, 75; differenzierend SCHEFER, Ergänzungsband, 114 ff.). Hingegen darf die Verweigerung der minimalen Überlebenshilfe gemäss Bundesgericht nicht als Druckmittel zur Erreichung ausländerrechtlicher Zwecke eingesetzt werden (Papierbeschaffung, Ausreise); die Behörden sind auf ausländerrechtliche Instrumente (Ausschaffungshaft, andere Zwangsmassnahmen; ANAG 13b ff.) verwiesen (BGE 131 I 166, 175 ff.). – Während das Ergebnis aus grundrechtlicher Sicht überzeugt, gilt dies für die dogmatische Herleitung nur sehr bedingt: Das Bundesgericht stützt sich massgeblich auf die verwaltungsrechtliche Figur der «Nebenbestimmungen» (Auflagen und Bedingungen), deren Übertragbarkeit auf einen verfassungsmässigen Anspruch einer vertieften Erörterung bedurft hätte, zumal es hier nicht primär um Individuell-Konkretes geht, sondern im Wesentlichen um Fragen generell-abstrakter Natur

(Umschreibung der Anspruchsberechtigung) bzw. um *Beweis(last)fragen* (Nachweis der Anspruchsberechtigung).

Umfang des Anspruchs und Art der Leistung

6 *Umfang:* Der Anspruch aus BV 12 umfasst (nur) das, «was für ein menschenwürdiges Dasein unabdingbar ist und vor einer unwürdigen Bettelexistenz zu bewahren vermag» (BGE 131 I 166, 181 f.; vgl. auch BGE 130 I 71, 75), was den Gesetzgeber nicht hindert, grosszügigere Leistungen vorzusehen (vgl. jetzt allerdings AsylG 80 ff., insb. 82 Abs. 3 i.d.F. vom 16.12.2005, BBl 2005 7425). – Bei der Konkretisierung des Anspruchs sind gemäss Bundesgericht der gesamtgesellschaftliche Kontext und die individuellen Umstände der Notlage zu berücksichtigen (BGE 131 I 166, 182). Der auch im Verfassungstext ersichtliche enge Bezug zur Menschenwürde spricht für eine nicht allzu kleinliche Umsetzung in die Praxis (in diesem Sinne auch BIGLER-EGGENBERGER, SG-Komm., Art. 12, N 23).

7 Die *Art der Leistung* wird durch BV 12 nicht vorgeschrieben. Im Sinne einer «Überbrückungshilfe» (BGE 131 I 166, 172) bzw. «Überlebenshilfe» (AB SD 1998 S 39) sollen elementarste menschliche Bedürfnisse wie Nahrung, Kleidung, Obdach und auch (obwohl in Botsch. BV, 151, offen gelassen) die medizinische Grundversorgung befriedigt werden (BGE 131 I 166, 172; BGE 130 I 71, 75; vgl. auch BGE 130 I 16, 20). Die Hilfe kann die Form von Sach-, aber auch von Geldleistungen annehmen (zu den Vor- und Nachteilen vgl. BGE 131 I 166, 184; vgl. auch Botsch. BV, 149; BIGLER-EGGENBERGER, SG-Komm., Art. 12, N 24: Beratung, Begleitung). Unterscheidungen, die auf den Aufenthaltsstatus abstellen (z.B. Asylbewerber mit hängigem Verfahren, mit Nichteintretensentscheid), sind gemäss Bundesgericht grundsätzlich zulässig; doch haben «die Leistungen als solche stets die physische Integrität (...) zu respektieren» (BGE 131 I 166, 182 f.). Ein Taggeld von Fr. 13.– für Unterkunft (neben einem nicht angefochtenen Betrag für Nahrung und Hygiene von Fr. 8.–) erschien dem Bundesgericht zwar als gering, nicht jedoch als verfassungswidrig (BGE 131 I 166, 183 ff.).

Verneinung und Verlust des Anspruchs

8 BV 12 begründet eine menschenrechtlich fundierte Minimalgarantie. Eine Beschränkung («Kürzung») ist nicht zulässig (wogegen eine Kürzung der Sozialhilfe bis zum menschenrechtlichen Minimum grundsätzlich möglich ist). – Das Bundesgericht geht davon aus, dass bei BV 12 «Schutzbereich und Kerngehalt zusammenfallen» (BGE 131 I 166, 172 und BGE 130 I 71, 75, unter Berufung auf J.P.MÜLLER, Grundrechte, 178). Es zieht dann allerdings doch eine «sinngemäss[e] (Teil-)Anwendung von Art. 36 BV» in Erwägung und setzt an zur Prüfung der Frage, ob «allfällig[e] durch den Gesetzgeber erlassen[e] einschränkend[e] Konkretisierungen» mit dem Verfassungsminimalgehalt zu vereinbaren sind (vgl. BGE 131 I 166, 176).

9 Der höchstrichterliche «Umweg» über BV 36 vermag nicht zu überzeugen. Entscheidend ist, ob die Anspruchsvoraussetzungen gegeben sind oder nicht. Sind sie (von vornherein) nicht erfüllt, oder fallen sie (im Laufe der Zeit) weg, so ist ein Anspruch aus BV 12 zu verneinen. Insofern folgt BV 12 dem Muster «schwarz-weiss». Allerdings sind die Anspruchsvoraussetzungen mit *unbestimmten Rechtsbegriffen* umschrieben, die den zuständigen staatlichen Behörden einen gewissen Konkretisierungsspielraum eröffnen. Insofern besteht auch bei BV 12 ein

«Graubereich», in welchem freilich für eine sinngemässe (Teil-)Anwendung von BV 36 kein Platz ist (so am Ende auch BGE 131 I 166, 177).

10 Eine andere Frage ist, ob eine Abschaffung oder Reduktion des Rechts auf Nothilfe (BV 12) durch den *Verfassungsgeber* zulässig wäre (verneinend BREINING-KAUFMANN/WINTSCH, 511 ff.). Wer ungeschriebene Schranken der Verfassungsänderung ablehnt (vgl. N 14 und 17 zu BV 139), wird die Frage bejahen müssen, soweit nicht zwingendes Völkerrecht verletzt wird.

11 *Verwirkung bei Rechtsmissbrauch?* Die Lehre geht davon aus, dass BV 12 grundsätzlich keinen Raum für die Figur des Rechtsmissbrauchs (mit Verwirkungsfolge) lässt (vgl. J.P. MÜLLER, Grundrechte, 179 f.; SCHEFER, Kerngehalte, 348 ff.; BREINING-KAUFMANN/WINTSCH, 508 ff.; weitere Hinweise in BGE 131 I 166, 178). Das Bundesgericht hielt dies in seiner früheren Rechtsprechung für möglich (vgl. BGE 130 I 71, 76; BGE 122 II 193, 198), liess aber jüngst die Frage mangels Entscheidrelevanz offen (BGE 131 I 166, 178). Gemäss AsylG 83a (i.d.F. vom 16.12.2005, BBl 2005 7425) obliegt es der betroffenen Person, bei der Ermittlung der Voraussetzungen der «Nothilfe» mitzuwirken.

Literaturhinweise

AMSTUTZ KATHRIN, Das Grundrecht auf Existenzsicherung, Bern 2002; DIES., Anspruchsvoraussetzungen und -inhalt, in: Carlo Tschudi (Hrsg.), Das Grundrecht auf Hilfe in Notlagen, Bern/Stuttgart/Wien 2005, 17 ff.; BREINING-KAUFMANN CHRISTINE/WINTSCH SANDRA, Rechtsfragen zur Beschränkung der Nothilfe, ZBl 2005, 497 ff.; MALINVERNI GIORGIO/HOTTELIER MICHEL, La réglementation des décisions de non-entrée en matière dans le domaine du droit d'asile – Aspects constitutionnels, AJP 2004, 1348 ff.; TSCHUDI CARLO (Hrsg.), Das Grundrecht auf Hilfe in Notlagen, Bern/Stuttgart/Wien 2005; UEBERSAX PETER, Die bundesgerichtliche Rechtsprechung zum Recht auf Hilfe in Notlagen im Überblick, in: Carlo Tschudi (Hrsg.), Das Grundrecht auf Hilfe in Notlagen, Bern/Stuttgart/Wien 2005, 41 ff.; WALDMANN BERNHARD, Das Recht auf Nothilfe zwischen Solidarität und Eigenverantwortung, ZBl 2006, 341 ff.

Art. 13 Schutz der Privatsphäre

[1] Jede Person hat Anspruch auf Achtung ihres Privat- und Familienlebens, ihrer Wohnung sowie ihres Brief-, Post- und Fernmeldeverkehrs.

[2] Jede Person hat Anspruch auf Schutz vor Missbrauch ihrer persönlichen Daten.

1 Die Bestimmung hat kein direktes Vorbild in der BV 1874 (wenn man vom Post- und Telegrafengeheimnis, BV 1874 Art. 36 Abs. 4, absieht). Abs. 1 übernimmt, wenn auch nicht wörtlich, EMRK 8 Ziff. 1, weshalb das Bundesgericht die beiden Garantien oft in einem Atemzug nennt und um harmonisierende Auslegung bemüht ist (vgl. BGE 130 II 281, 285). Abs. 2 kodifiziert Rechtspositionen, die das Bundesgericht u.a. aus BV 1874 Art. 4 abgeleitet hat (vgl. BGE 113 Ia 1; BGE 113 Ia 257). – Die Ende 2003 (zur Verhinderung vor Zugeständnissen gegenüber der EG) lancierte Idee, dem Bank(kunden)geheimnis besondere verfassungsrechtliche Weihen zu verleihen, wurde im Herbst 2006 fallen gelassen.

Gegenstand und Funktion

2 BV 13 ist eines der zentralen Grundrechte im Bereich des *verfassungsrechtlichen Persönlichkeitsschutzes* (eingehend J.P. MÜLLER, Grundrechte, 7 ff.). Die vielen Berührungspunkte, Überschneidungen – insbesondere mit BV 7, BV 10, BV 14 – und offenen Abgrenzungsfragen (BGE 128 II 259, 268; 127 I 6, 12; BGE 126 I 50, 60 f.) sind nicht zuletzt eine Folge der unterschiedlichen Herkunft und Entstehungszeit der diversen persönlichkeitsrelevanten Grundrechte. Für die Rechtsuchenden erschwert dies die Orientierung; die Praxis weiss sich im Allgemeinen zu arrangieren. Oft dürfte es sich empfehlen, neben BV 13 auch das Auffanggrundrecht der persönlichen Freiheit (BV 10) anzurufen, dies selbst im Zusammenhang mit dem Datenschutz, zumal das Bundesgericht auch in jüngerer Zeit das Sammeln, Bearbeiten und Aufbewahren von Daten wiederholt als Eingriff in die persönliche Freiheit behandelt hat (vgl. BGE 128 I 63, 69; BGE 125 I 257, 260), ungeachtet des spezielleren und «jüngeren» Grundrechts gemäss BV 13 Abs. 2.

3 BV 13 begründet in erster Linie *Abwehransprüche*, teils auch Ansprüche auf staatliches Tätigwerden, darüber hinaus (i.V.m. BV 35) Schutzpflichten, die in erster Linie den Gesetzgeber ansprechen (vgl. hinten N 16 zu Abs. 2; BREITENMOSER, SG-Komm., Art. 13, N 6). Auf verschiedene Teilgehalte können sich auch juristische Personen berufen (insb. in Bezug auf Daten, Kommunikation, Räumlichkeiten). Die Gesetzgebung (insb. betreffend den privat- und strafrechtlichen Persönlichkeitsschutz) sorgt für indirekte (Dritt-)Wirkung zwischen Privaten.

Schutzbereich des Abs. 1

4 *Abschliessende Aufzählung?* Abs. 1 scheint die geschützten Teilgehalte abschliessend aufzuzählen, dürfte aber einer abrundenden Erweiterung durch noch unbenannte Teilgehalte grundsätzlich zugänglich sein, zumal die Sachüberschrift weit gespannt ist und das Bundesgericht anerkanntermassen zur Fortbildung der Grundrechte berufen ist (vgl. N 5 vor BV 7). Eine transparent gemachte Rechtsfortbildung ist einer gekünstelt wirkenden ausdehnenden Interpretation (z.B. Ausdehnung des Begriffs «Wohnung» auf Automobile) allemal vorzuziehen.

5 Der Anspruch auf *Achtung des Privatlebens* umfasst u.a. das Recht
   – auf Respektierung eines persönlichen Geheimbereichs (vgl. BGE 120 Ia Ia 147, 149);
   – auf Selbstbestimmung in Fragen der Sexualität, unter Einschluss des Wunsches zur Geschlechtsumwandlung (vgl. BGE 119 II 264, 268);
   – darauf, vom Staat nicht an der freien Gestaltung des Lebens und des Verkehrs mit anderen Personen gehindert zu werden (Botsch. BV, 152; ähnlich MAHON, Comm., Art. 13, N 2; kritisch BREITENMOSER, SG-Komm., Art. 13, N 10).

Eingriffe stellen etwa dar (z.T. abweichend BREITENMOSER, SG-Komm., Art. 13, N 11 ff.): erkennungsdienstliche Massnahmen, technische und andere verdeckte Überwachungsmassnahmen, beispielsweise die von der SUVA veranlasste Observierung durch eine Detektei (zur grundsätzlichen Zulässigkeit vgl. BGE 129 V 323, 325; vgl. auch BGE 132 V 241), grundsätzlich wohl auch der verdeckte Einsatz von sog. «Sozialdetektiven» durch Fürsorgebehörden. Der Schutz besteht nicht nur in geschlossenen privaten Räumen, sondern im Prinzip auch im Freien oder in öffentlichen Räumen. Würde, Ehre und guter Ruf werden auch durch BV 10 Abs. 2 geschützt (vgl. BGE 107 Ia 52). – Den *Fahrenden* gibt Abs. 1 einen Anspruch auf Wahrung ihrer Identität und ihrer traditionellen Lebensform, der jedoch eingeschränkt werden kann (BGE 129 II 321, 329, betreffend Standplatz). Die Verpflichtung uniformierter Polizeibeamter, ein Namensschild zu tragen, berührt EMRK 8 (und somit BV 13), kann aber im konkreten Fall verfassungsmässig sein (BGE 124 I 85, 88).

6   *Anspruch auf Achtung des Familienlebens:* Der Begriff «Familie» ist hier, anders als in BV 14 (siehe dort N 6), *weit* zu verstehen. Neben der traditionellen Zwei-Eltern-Familie mit minderjährigen Kindern, werden auch andere Beziehungsformen erfasst (z.B. Ein-Eltern-Familie, Patchwork-Familie, Grossfamilie; erwachsene Kinder, nicht-eheliche Kinder, Grosseltern, Enkel), sofern die Beziehung *tatsächlich gelebt* wird und eine *gewisse Intensität* und *Stabilität* besitzt (vgl. J.P.MÜLLER, Grundrechte, 110 ff., Ergänzungsband, 75 ff.; CARONI, 32 ff.). Nach BGE 130 I 352, 359, stellt die Einschulung eines behinderten Kindes ausserhalb des Kantons einen Eingriff in den Schutzbereich des Familienlebens dar, der allerdings gerechtfertigt sein kann.

7   *Spezialfragen (Privat- und Familienleben):* Aus BV 13 Abs. 1 kann u.U. ein Anspruch auf Anwesenheit in der Schweiz bzw. auf Erteilung einer fremdenpolizeilichen Bewilligung resultieren. Für eine Zusammenfassung der fein verästelten Rechtsprechung vgl. BGE 130 II 281, 285 ff., betreffend Voraussetzungen des Anspruchs auf Familiennachzug (vgl. auch BGE 126 II 377, 382; BGE 126 II 425, 430 f.; BGE 131 II 265; Überblick bei BERTSCHI/GÄCHTER, ZBl 2003, 225 ff.; SCHEFER, Ergänzungsband, 75 ff.; UEBERSAX, 177 ff.; SPESCHA/STRÄULI, Kommentar Ausländerrecht, 2.Aufl., Zürich 2004, zu ANAG 4). Mit dem Inkrafttreten des FZA (SR 0.142.112.681) sind die *verfassungsrechtlichen* Aspekte des Familiennachzugs in der Praxis etwas in den Hintergrund getreten (vgl. z.B. BGE 130 II 1 ff.; SCHEFER, Ergänzungsband, 82 ff.). Im Zusammenhang mit dem FZA resultierten beim Familiennachzug gewisse Benachteiligungen für Schweizer («umgekehrte Diskriminierung»). Diese sind gemäss Bundesgericht hinzunehmen (BGE 129 II 252, 263 ff.), weil die einschlägigen gesetzlichen Regelungen (ANAG 7, 17 Abs. 2) «massgebend» sind (BV 190 i.V.m. ANAG 7 und 17 Abs. 2; bestätigt in BGE 130 II 137, 146); die Beseitigung der Benachteiligung sei Sache des Gesetzgebers. – In prozessualer Hinsicht ist bedeutsam, dass bei Bejahung eines aus BV 13 (bzw. EMRK 8) fliessenden Anspruchs der Beschwerdeweg ans Bundesgericht offen steht (vgl. BGE 109 Ib 183; BGE 126 II 425: «Gegenausnahme» zu OG 100 Abs. 1 Bst. b Ziff. 3, jetzt BGG 83 Bst. c Ziff. 2).

8   *Konkubinate und gleichgeschlechtliche Partnerschaften:* Das Konkubinat ist vom Schutzbereich des BV 13 erfasst; die Ablehnung der ausdrücklichen Verankerung eines Rechts auf «freie Wahl einer anderen Form des gemeinschaftlichen Zusammenlebens» (AB SD 1998 N 188 ff., S 41) ändert daran nichts. Stabile *gleichgeschlechtliche Partnerschaften* sind unter dem Aspekt des Privatlebens (sowie im Rahmen von BV 8 Abs. 2) grundsätzlich geschützt (vgl. BGE 126 II 425 ff., in Änderung älterer Rechtsprechung), nicht jedoch unter dem Aspekt des Familienlebens. Dank einer Änderung der Ausländergesetzgebung im Rahmen des Partnerschaftsgesetzes (vom 18.6.2004, PartG; angenommen in der Volksabstimmung vom 5.6.2005) besteht ein gesetzlicher Anspruch auf Erteilung und Verlängerung der Aufenthaltsbewilligung (ANAG 7 Abs. 3 i.d.F. vom 18.6.2004, in Kraft seit 1.1.2007; vgl. auch AuG 52).

9   *Wohnung:* Gegen staatliche Beeinträchtigungen (wie Eindringen, Durchsuchen, Aushorchen, Ausspähen) geschützt sind nicht nur Wohnungen (und Wohnhäuser), sondern auch Geschäftsräumlichkeiten, Nebenräume, Balkone, Garagen, umzäunte Gärten; grundsätzlich

auch bloss vorübergehend bewohnte Räume (z.B. Hotelzimmer, Wohnwagen). Keine Rolle spielt, ob die betroffene Person Eigentümerin oder Mieterin ist. Strittig ist, ob auch nichtrechtmässiger Besitz geschützt ist (zu Recht verneinend BREITENMOSER, Privatsphäre, 271 und 275; anders J.P. MÜLLER, Grundrechte 122). Zur Frage, inwieweit auch Automobile in den Schutzbereich fallen, vgl. J.P. MÜLLER, Grundrechte, 126, sowie vorne N 4. – Die Gesetzgebung legt die Entscheidung über eine Durchsuchung gewöhnlich in die Hände eines Richters (vgl. z.B. BStP 67, ANAG 14, künftig AuG 70 Abs. 2). Ob BV 13 einen eigentlichen Richtervorbehalt (wie ihn BV 31 Abs. 3 kennt) begründet, ist fraglich (beiläufig bejahend SCHEFER, Ergänzungsband, 88).

10 *Brief-, Post- und Fernmeldeverkehr:* Geschützt sind neben traditionellen Formen der schriftlichen oder fernmündlichen Übermittlung (Post, Telegraf, Telefon) auch neuere Kommunikationsmittel (wie E-Mail-Verkehr, vgl. BGE 126 I 50, 65), unabhängig davon, ob die Mitteilung privater oder geschäftlicher Natur ist, ob sie verschlossen oder offen (z.B. Postkarte) übermittelt wird (so auch BREITENMOSER, SG-Komm., Art. 13, N 35). Als Grundrechtseingriff gelten auch die (nachträgliche) Teilnehmeridentifikation im Telefonverkehr und die Feststellung von Randdaten im E-Mail-Verkehr (BGE 126 I 50, 62, 66 f.; BGE 130 III 28, 32). Aus BV 13 allein ergibt sich keine Bindung privater Dienstleistungserbringer an das Post- und Fernmeldegeheimnis (weitergehend wohl SCHEFER, Ergänzungsband, 94); doch ist der Gesetzgeber kraft BV 35 verpflichtet, für entsprechenden Schutz zu sorgen (vgl. FMG 43; StGB 321ter). Die Erwähnung des «Briefverkehrs» stellt sicher, dass der Schutz auch bei Übermittlungsformen ausserhalb herkömmlicher Postdienste greift (z.B. Kommunikation von Patienten in staatlichen Spitälern, Untersuchungs- und Strafgefangenen, Angehörigen der Armee; vgl. BGE 119 Ia 71 ff., BGE 117 Ia 465 ff.). Die Voraussetzungen der Überwachung des Post- und Fernmeldeverkehrs regelt das gleichnamige BG vom 6.10.2000 (BÜPF; SR 780.1). Gemäss BÜPF 7 ist eine richterliche Genehmigung erforderlich. – Zur Zulässigkeit der Verwertung von «Zufallsfunden» auch ohne vorbestehenden Tatverdacht BGE 132 IV 70. Zur Zulässigkeit der Verwertung von unrechtmässig erlangten (aber nicht *per se* unzulässigen) Beweismitteln vgl. BGE 131 I 272, 280 ff. (Interessenabwägung).

Grundrechtlicher Datenschutz (Abs. 2)

11 *Stellung und Schutzumfang:* Der «Anspruch auf Datenschutz» (Botsch. BV, 153) – in der jüngeren Lehre und Rechtsprechung auch gerne als (Grund-)*Recht* auf *informationelle Selbstbestimmung* bezeichnet (vgl. BGE 129 I 232, 245; BGE 128 II 259, 270; J.P. MÜLLER, Grundrechte, 44; begriffsprägend BVerfGE 65, 1, 41 ff., vom 15.12.1983, «Volkszählungsurteil»; kritisch zum Begriff BEAT RUDIN, Kollektives Gedächtnis und informationelle Integrität, AJP 1998, 248 f.) – ist ein durch ausdrückliche Nennung hervorgehobener *Unterfall* des in BV 13 Abs. 1 verankerten Rechts auf Privat- bzw. Geheimsphäre (BGE 128 II 259, 268). Entgegen dem zu eng geratenen Wortlaut soll Abs. 2 nicht nur Schutz vor Daten*missbrauch* bieten, sondern grundsätzlich *jede staatliche Bearbeitung* von persönlichen Daten (insb. Erheben, Sammeln, Verarbeiten, Aufbewahren, Weitergeben) erfassen (vgl. BGE 128 II 259, 268; SCHWEIZER, SG-Komm., Art. 13, N 40, mwH).

12 *«Persönliche Daten»:* Geschützt sind Angaben, die einen hinreichend engen Bezug zu einer (natürlichen oder juristischen) Person aufweisen. BV 13 kennt (anders als das DSG; vgl. Art. 3

Bst. c) die Kategorie der *besonders* schützenswerten Daten nicht (z.B. über religiöse, weltanschauliche, politische Ansichten, Gesundheit, Rassenzugehörigkeit u.a.m.; vgl. auch N 17 f. zu BV 119; vgl. REUSSER/SCHWEIZER, SG-Komm., Art. 119, N 34). Beim Umgang mit solchen Daten oder mit Persönlichkeitsprofilen (DSG 3 Bst. d) bestehen indes gewöhnlich erhöhte verfassungsrechtliche Anforderungen (z.B. in Bezug auf die Rechtsgrundlage, BV 36; vgl. SCHWEIZER, SG-Komm., Art. 13, N 41, 49).

13 *Schutzgehalte:* Die einzelnen Schutzgehalte von Abs. 2 haben in der noch jungen Praxis und Lehre zur neuen Bundesverfassung noch keine klaren Konturen gewonnen. In Fortführung bewährter Rechtsprechung und Doktrin kann man davon ausgehen, dass der verfassungsrechtliche Datenschutz folgenden Grundsätzen verpflichtet ist: rechtmässige Beschaffung, Bearbeitung nach Treu und Glauben, Transparenz («Erkennbarkeit»), Zweckbindung, Verhältnismässigkeit, Richtigkeit, Wahrung der Datensicherheit, Beschränkung der Datenweitergabe ins Ausland, wenn kein gleichwertiger Persönlichkeits- bzw. Datenschutz besteht (näher SCHWEIZER, SG-Komm., Art. 13, N 43; vgl. auch DSG 4 ff.). Entgegen dem Wortlaut von Abs. 2 greift der grundrechtliche Datenschutz nicht erst bei eigentlichem Datenmissbrauch.

14 Als *Instrumente* zur Wahrung des Datenschutzes dienen drei in Abs. 2 nicht genannte Ansprüche, die unstrittig grundrechtlichen Charakter haben (vgl. BGE 128 II 259, 279; BGE 126 I 7; 12; RHINOW, BV 2000, 113), nämlich der Anspruch

– auf *Berichtigung* falscher Daten;
– auf *Löschung* ungeeigneter und nicht (mehr) benötigter Daten;
– auf *Auskunft* bzw. *Einsicht.*

Der zuletzt genannte Anspruch ist eine unentbehrliche Voraussetzung für die Verwirklichung der beiden anderen Ansprüche und somit «Grundpfeiler des Datenschutzrechts» (SCHWEIZER, SG-Komm., Art. 13, N 45). Für die Abgrenzung zu den prozessualen Einsichtsrechten (BV 29) vgl. BGE 126 I 7, 11.

15 *Einschränkungen:* Ein Umgang mit persönlichen Daten ist nur zulässig, wenn die allgemeinen Voraussetzungen für die Beschränkung von Grundrechten (BV 36) erfüllt sind, d.h. die Bearbeitung insb. notwendig ist, zweckgebunden erfolgt und verhältnismässig ist (vgl. J.P. MÜLLER, Grundrechte, 45 f.; BGE 133 I 77, 81 ff.; Botsch. BV, 153). Schwer vorstellbar ist, dass das Sammeln oder Aufbewahren *unrichtiger* Daten im öffentlichen Interesse liegt. Anerkanntermassen darf unter bestimmten Umständen vom Grundsatz der Erkennbarkeit der Beschaffung abgewichen werden (vgl. z.B. BGE 109 Ia 273 ff.: verdeckte Überwachung des Fernmeldeverkehrs im Fall schwerwiegender Straftaten). Der Auskunfts- bzw. Einsichtsanspruch kann beschränkt werden, wenn ein überwiegendes (Geheimhaltungs-) Interesse des Staates oder Dritter besteht (vgl. BGE 126 I 7, 13; DSG 9; BWIS 18; kritisch SCHWEIZER, SG-Komm., Art. 13, N 45).

16 *Grundrechtliche Schutzpflichten:* Aus BV 13 Abs. 2 (i.V.m. BV 35) ergeben sich auch gewisse staatliche Schutzpflichten. Viele Regelungen der Datenschutzgesetzgebung und des Persönlichkeitsschutzes gemäss ZGB entpuppen sich bei näherer Betrachtung als Ausdruck dieser (objektiven) Grundrechtsdimension (vgl. BIAGGINI, «Durchnummerieren», 81 ff.; vgl. auch BGE 129 I 232, 245 ff. und BGE 130 I 140, 154 betreffend Anforderungen an den Schutz persönlicher Daten im Einbürgerungsverfahren). – Zur verfassungsrechtlichen Problematik der Schaf-

fung einer allgemeinen «Bürgernummer» (Personenidentifikator) vgl. BIAGGINI, «Durchnummerieren», 71 ff.; vgl. auch die Botschaften des Bundesrates vom 23.11.2005 betreffend Teilrevision des AHVG (Neue AHV-Versichertennummer, BBl 2006 501 ff.) und betreffend Harmonisierung amtlicher Personenregister (BBl 2006 427 ff.).

Literaturhinweise

BERTSCHI MARTIN/GÄCHTER THOMAS, Der Anwesenheitsanspruch aufgrund der Garantie des Privat- und Familienlebens, ZBl 2003, 225 ff.; BIAGGINI GIOVANNI, «Durchnummerieren» der Bevölkerung und Verfassung, Festschrift Magdalena Rutz, Liestal 2004, 71 ff.; BREITENMOSER STEPHAN, Der Schutz der Privatsphäre gemäss Art. 8 EMRK, Basel/Frankfurt a.M. 1986; CARONI MARTINA, Privat- und Familienleben zwischen Menschenrecht und Migration, Berlin 1999; GRANT PHILIP, La protection de la vie familiale et de la vie privée en droit des étrangers, Genf 2000; MAURER URS/VOGT NEDIM PETER, Kommentar zum schweizerischen Datenschutzgesetz, 2. Aufl., Basel usw. 2006; RUDIN BEAT, Die Erosion der informationellen Privatheit – oder: Rechtsetzung als Risiko, Basler Festgabe zum Schweizerischen Juristentag 2004, Basel/Bern 2004, 415 ff.; SCHWEGLER IVO, Datenschutz im Polizeiwesen von Bund und Kantonen, Bern 2001; SCHWEIZER RAINER J., Grundsatzfragen des Datenschutzrechts, Basel 1986; UEBERSAX PETER, Einreise und Anwesenheit, in: ders. u.a. (Hrsg.), Ausländerrecht, Basel usw. 2002, 133 ff.; VON GUNTEN JEAN-MARC, Das Grundrecht der Unverletzlichkeit der Wohnung, Zürich 1992; WALTER JEAN-PHILIPPE, La protection de la personnalité lors du traitement de données à des fins statistiques, Fribourg 1988.

Art. 14   Recht auf Ehe und Familie

Das Recht auf Ehe und Familie ist gewährleistet.

1   BV 14 übernimmt, in geraffter Form, den 1874 geschaffenen und 1983 geänderten früheren Ehe-Artikel (BV 1874 Art. 54), ergänzt um eine (im VE 96 noch nicht enthaltene) Gewährleistung des Rechts auf Familie i.S.v. EMRK 12. – Im Jahr 2006 wurden rund 40'300 Ehen geschlossen und rund 21'400 Scheidungen ausgesprochen (BFS, Medienmitteilung vom 22.2.2007).

Recht auf Ehe

2   *Gegenstand:* Gewährleistet wird das Recht, ohne Beeinträchtigung seitens des Staates eine Ehe *einzugehen* bzw. auf Eingehung einer Ehe zu verzichten. BV 14 geht vom Verständnis der Ehe als einer *umfassenden, auf Dauer angelegten* Lebensgemeinschaft zwischen *zwei Menschen unterschiedlichen Geschlechts* aus, die häufig, aber nicht notwendigerweise zwecks Zeugung von Kindern und Gründung einer Familie eingegangen wird; «der Ehebegriff umfasst nicht auch die gleichgeschlechtliche Partnerschaft» (BGE 126 II 425, 431 f.; vgl. auch BBl 2003 1303: «monogame Verbindung von Mann und Frau»). – Die Wahl sonstiger Lebensformen ist Gegenstand anderer Garantien (insb. BV 8 Abs. 2, BV 13 Abs. 1, EMRK 8). – Das eheliche bzw. familiäre Zusammenleben wird in erster Linie durch BV 13, allenfalls BV 8 Abs. 2 geschützt. Inwieweit BV 14 angerufen werden kann, ist unklar.

3 *Funktion:* BV 14 gewährleistet nicht nur ein gegen staatliche Massnahmen gerichtetes *Abwehrrecht*, sondern will zugleich, wie aus den Materialien hervorgeht, die Ehe auch als *Rechtsinstitut* schützen (vgl. N 7).

4 *Grundrechtsträger:* Das Recht auf Ehe ist ein Menschenrecht, doch reduziert sich angesichts des Ehebegriffs (N 2) der Kreis der Personen, die sich auf BV 14 berufen können. Das Recht auf Ehe besteht auch für Inhaftierte (vgl. auch BGE 117 Ia 465, 467) und transsexuelle Personen (vgl. J.P. Müller, Grundrechte, 108; Schefer, Ergänzungsband, 71). BV 14 nennt kein Mindestalter (vgl. dagegen EMRK 12: «im heiratsfähigen Alter»). Gesetzliche Altergrenzen (vgl. ZGB 94: 18 Jahre) sind, wie andere Ehevoraussetzungen bzw. -hindernisse (vgl. ZGB 94 ff.), als Grundrechtsbeschränkungen zu betrachten (vgl. Botsch. BV, 154) und müssen den Anforderungen des BV 36 genügen. Das (per 1.1.2007 weggefallene) Eheverbot zwischen Stiefeltern und Stiefkindern (ZGB 95) verstiess gemäss Bundesgericht nicht gegen das Recht auf Ehe gemäss EMRK 12 (BGE 128 III 113). – Die frühere Straf-Wartefrist nach Scheidung wurde abgeschafft, nachdem der EGMR die Konventionswidrigkeit festgestellt hatte (VPB 51.86, 1987).

Recht auf Familie

5 *Recht auf Familie:* Gemeint ist das Recht, eine Familie zu *gründen*, insb. das Recht, Kinder zu haben und zu erziehen, weiter das prinzipielle Recht, unter gesetzlich näher zu bestimmenden Voraussetzungen Kinder zu adoptieren (vgl. Botsch. BV, 154; BGE 115 Ia 234, 248; a.M. Reusser, SG-Komm., Art. 14, N 24). BV 14 bietet Schutz gegen Massnahmen wie Zwangssterilisation, Verpflichtung zur Empfängnisverhütung, staatlich festgelegte Kinderzahl pro Familie, gibt jedoch (anders als BV 13) keinen Anspruch auf Zusammenleben (BGE 131 II 265, 269). Allfällige Eingriffe sind nicht per se unzulässig (wie Reusser, SG-Komm., Art. 14, N 26, anzunehmen scheint), jedoch an BV 36 zu messen. Die Frage des Zugangs zu Verfahren der medizinisch unterstützten Fortpflanzung wurde vom Bundesgericht unter dem Aspekt der persönlichen Freiheit behandelt (vgl. BGE 115 Ia 234, 248; BGE 119 Ia 460, 477, wo die Frage der Anwendbarkeit von EMRK 12 offen gelassen wurde). Vgl. auch die Begrenzungen kraft BV 119 (Verbot von Leihmutterschaft und Embryonenspende) sowie FMedG 4 (zusätzlich: Eispende).

6 Der *Begriff der Familie* ist enger als in BV 13 (siehe dort N 6). Der Ständerat gab seinen Widerstand gegen die Nennung der Familie in BV 14 erst auf, als klargestellt war, dass damit die «heute gängige» Form («Eltern und Kinder im gemeinsamen Zusammenleben») gemeint sei, der Zusatz mithin keine materiellen Konsequenzen habe (AB SD 1998 S 157, 226).

BV 14 als «Institutsgarantie»

7 Das Recht auf Ehe gewährleistet den «Bestand der Ehe als Institut» (Botsch. BV, 154; vgl. auch AB SD 1998 S 54). Aus BV 14 i.V.m. BV 35 Abs. 1 erwächst dem Staat die Pflicht, die für die Verwirklichung des Grundrechts erforderlichen gesetzlichen Vorschriften zu erlassen. Zusätzliche Regelungs- und Schutzpflichten resultieren aus BV 41 und BV 116. BV 14 belässt dem Gesetzgeber einen weiten Gestaltungsspielraum. Eine bestimmte Ausgestaltung des Instituts der Ehe (inkl. Auflösung) lässt sich aus BV 14 nicht ableiten.

8 Aus den Materialien geht hervor, dass die Grundrechtsnorm (BV 14) auch die *besondere Schutzwürdigkeit* der Ehe (im Vergleich zu anderen Formen des Zusammenlebens) zum Ausdruck bringen soll (vgl. Botsch. BV, 154; AB SD 1998 S 41, 157 und 209; vgl. auch HANGARTNER, AJP 2001, 256). Dieser Umstand ist u.a. beim Erlass *steuerlicher* Vorschriften (vgl. BGE 110 Ia 7, 25) und bei der Gesetzgebung über *gleichgeschlechtliche Partnerschaften* (die unter dem Schutz von BV 8 Abs. 2 und BV 13 stehen) zu berücksichtigen.

9 *Öffnung der Ehe für gleichgeschlechtliche Partnerschaften?* Da der Verfassungsgeber die Ehe unter besonderen Schutz stellen wollte, ist der Gesetzgeber aus *heutiger* Sicht nicht nur nicht verpflichtet, sondern gar nicht befugt, die Ehe für gleichgeschlechtliche Paare zu öffnen oder ein ehegleiches Institut zu schaffen (wie hier REUSSER, SG-Komm., Art. 14, N 17; anders SCHEFER, Ergänzungsband, 70; MAHON, Comm., Art. 14, N 7). Auch aus dem Diskriminierungsverbot (BV 8 Abs. 2) folgt nicht, dass nur eine ehegleiche Partnerschaft verfassungskonform wäre. Der Gesetzgeber ist indes nicht gehindert, ein mehr oder weniger *eheähnliches* Rechtsinstitut zu schaffen, wie dies im Bundesgesetz vom 18.6.2004 über die eingetragene Partnerschaft für gleichgeschlechtliche Paare geschehen ist (PartG, SR 211.231, vom Volk angenommen am 5.6.2005, in Kraft seit 1.1.2007). Ob eine allfällige Öffnung der Ehe dereinst ohne förmliche Verfassungsänderung geschehen kann («stiller Verfassungswandel», in diese Richtung HANGARTNER, AJP 2001, 255 f.), erscheint sehr fraglich.

Literaturhinweise

HANGARTNER YVO, Verfassungsrechtliche Grundlagen einer registrierten Partnerschaft für gleichgeschlechtliche Paare, AJP 2001, 252 ff.; SCHODER CHARLOTTE, Die Bedeutung des Grundrechts auf Ehe für das Ehe- und Familienrecht, AJP 2002, 1287 ff.

Art. 15   Glaubens- und Gewissensfreiheit

¹ Die Glaubens- und Gewissensfreiheit ist gewährleistet.

² Jede Person hat das Recht, ihre Religion und ihre weltanschauliche Überzeugung frei zu wählen und allein oder in Gemeinschaft mit anderen zu bekennen.

³ Jede Person hat das Recht, einer Religionsgemeinschaft beizutreten oder anzugehören und religiösem Unterricht zu folgen.

⁴ Niemand darf gezwungen werden, einer Religionsgemeinschaft beizutreten oder anzugehören, eine religiöse Handlung vorzunehmen oder religiösem Unterricht zu folgen.

1 Die Bestimmung übernimmt in modernisierter Form die grundrechtlichen Gehalte von BV 1874 Art. 49 (Glaubens- und Gewissensfreiheit) und Art. 50 (Kultusfreiheit, mit einem auf die «anerkannten christlichen Konfessionen» beschränkten Vorläufer in BV 1848 Art. 44). – Mit der Totalrevision wurden die letzten Spuren der beiden 1973 aufgehobenen *konfessionellen Ausnahmeartikel* (Jesuiten- bzw. Klosterneugründungsverbot) getilgt (Wegfall der durch die Streichung von BV 1874 Art. 51 und 52 entstandenen «Leerstelle»). Weggefallen ist auch die frühere Beschränkung des passiven Wahlrechts (Bund) auf Personen «weltlichen Standes»

(BV 1874 Art. 75). Erst in der Volksabstimmung vom 10.6.2001 aufgehoben wurde der ebenfalls vorab antikatholisch motivierte sog. Bistumsartikel (früher BV 72 Abs. 3).

2   *Verhältnis zu anderen Grundrechten:* Als speziellere Garantie drängt BV 15 andere Freiheitsrechte (wie BV 16, 17, 22, 23) gewöhnlich zurück. Die Garantien des internationalen Rechts (insb. EMRK 9; UNO-Pakt II Art. 18) gehen nach herrschender Auffassung nicht weiter als BV 15 (vgl. BGE 129 I 74, 76). Berührungspunkte bestehen mit dem Diskriminierungsverbot (BV 8 Abs. 2; vgl. N 24 zu BV 8) und mit BV 27 (vgl. BGE 126 I 133, wonach bestimmte Werbeaktionen nicht unter die Religionsfreiheit fallen).

Sachlicher Schutzbereich

3   Abs. 1 enthält eine *sachlich umfassende* Gewährleistung der traditionsreichen, nichtsdestotrotz immer wieder angefochtenen Glaubens- und Gewissensfreiheit – häufig auch *Religionsfreiheit* genannt (z.B. BGE 129 I 12, 23) –, d.h. des Rechts, eine religiöse oder weltanschauliche *Überzeugung zu haben, zu äussern, zu verbreiten, zu praktizieren* und gemäss dieser Überzeugung *zu handeln* (vgl. BGE 125 I 347, 354). Geschützt ist somit nicht nur die *innere* Freiheit, dem eigenen Gewissen zu folgen und die Religion bzw. Weltanschauung frei zu wählen, sondern auch die *äussere* Freiheit, diese innerhalb gewisser Schranken zu praktizieren und zu verbreiten (BGE 119 Ia 178, 184). Die Absätze 2–4 konkretisieren den Schutzgehalt.

4   *Glauben/Religion:* Der Schutzbereich wird im Wesentlichen mit Hilfe der Schlüsselbegriffe «Glauben» (Abs. 1) bzw. «Religion» (Abs. 2–4) bestimmt, die in Rechtsprechung und Lehre gewöhnlich nicht genauer voneinander abgegrenzt werden. Erfasst werden gemäss Bundesgericht «grundsätzlich alle Arten von Vorstellungen über die Beziehung des Menschen zum Göttlichen beziehungsweise zum Transzendenten», sofern sie «eine gewisse grundsätzliche, weltanschauliche Bedeutung erlangen» und «eine religiös fundierte, zusammenhängende Sicht grundlegender Probleme zum Ausdruck» bringen (BGE 119 Ia 178, 183; vgl. auch BGE 123 I 296, 301; BGE 116 Ia 252, 258). Das Bundesgericht ordnete einen (allenfalls indirekt mit religiösen Anschauungen verbundenen) Verzicht auf tierische Nahrungsmittel der persönlichen Freiheit zu (BGer in Pra 1993, 420 f.; vgl. HAFNER, VRdCH, 713). Unter dem Schutz des BV 15 stehen «nicht nur die traditionellen Glaubensformen der christlich-abendländischen Kirchen und Religionsgemeinschaften, sondern alle Religionen, unabhängig von ihrer quantitativen Verbreitung in der Schweiz» (BGE 119 Ia 178, 184; für statistische Angaben vgl. N 4 zu BV 72), auch sog. Sekten (Botsch. BV, 156). Die Frage, ob «Scientology» eine Religion sei, wurde vom Bundesgericht trotz Zweifeln bejaht (BGE 125 I 369, 372, mit Hinweisen auf die international uneinheitliche Praxis; vgl. immerhin BGE 126 I 133, dazu hinten N 16).

5   *Weltanschauliche Überzeugung* (Abs. 2): Die ausdrückliche Nennung soll klarstellen, dass neben der Freiheit, an Gott oder an mehrere Götter zu glauben, auch die Freiheit geschützt ist, *nicht* zu glauben (Atheismus) oder an der Existenz Gottes zu zweifeln oder der Existenz Gottes gegenüber gleichgültig zu sein (ungeachtet der *invocatio dei* in der Präambel).

6   *Gewissen:* Die Gewissensfreiheit «schützt den inneren Bereich menschlicher Überzeugung» (HAFNER, VRdCH, 712; vgl. auch BGE 123 I 296, 300) in religiöser wie in weltanschaulicher Hinsicht. Zur Gewissensfreiheit als zentraler Garantie der persönlichen und moralischen Unversehrtheit des Menschen vgl. J.P. MÜLLER, Mélanges Morand, 293 ff. – Auf das Gewissen

nehmen ausdrücklich Bezug: das BG vom 6.10.1995 über den zivilen Ersatzdienst (vgl. insb. ZDG 1 und 18b) sowie MG 16 (waffenloser Dienst).

Zu einzelnen Schutzgehalten

7 *Betätigungs- und Bekenntnisfreiheit (inkl. Kultusfreiheit):* Geschützt ist das Recht, «sein ganzes Verhalten nach den Lehren des Glaubens auszurichten und seinen inneren Glaubensüberzeugungen gemäss zu handeln» (BGE 119 Ia 178, 184; Gebet, rituelle Waschung usw.), sei es allein, sei es in Gemeinschaft mit anderen. BV 15 gewährleistet insbesondere auch das Recht, die eigene Überzeugung kundzutun (in Wort, Schrift, Bild usw.) und dafür zu werben. Ein zentraler Teilgehalt (BGE 129 I 74, 76) ist die früher eigenständig gewährleistete «freie Ausübung gottesdienstlicher Handlungen» oder *Kultusfreiheit* (BV 1874 Art. 50; vgl. schon BV 1848 Art. 44), die u.a. auch Prozessionen, das gemeinsame Gebet, die Erteilung der Sakramente oder rituelle Tänze erfasst (vgl. Botsch. BV, 156).

8 Grundrechtlich geschützt ist nicht nur die Befolgung imperativer *Glaubenssätze*, sondern auch die Befolgung religiöser *Gebräuche* und alltagsbezogener *Verhaltensregeln* (z.B. Fasten, Bekleidungsvorschriften; betreffend das Kopftuch im Islam vgl. BGE 123 I 296, 300), vorausgesetzt, dass die Regeln *unmittelbarer Ausdruck der religiösen Überzeugung* bzw. moralisch-ethischer Wertvorstellungen einer Religion sind (auch wenn allenfalls nur von einer Minderheit tatsächlich praktiziert). Bei der Abgrenzung auferlegt sich das Bundesgericht zu Recht grosse Zurückhaltung: «Eine Bewertung der Glaubenshaltung und -regeln oder gar eine Überprüfung ihrer theologischen Richtigkeit, insbesondere eine Interpretation der einschlägigen Stellen heiliger Schriften, bleibt dem Bundesgericht jedenfalls so lange verwehrt, als nicht die Grenzen der Willkür überschritten sind» (BGE 119 Ia 178, 185, mit Ausführungen zur Tragweite von Sure 24, Vers 31). In einem 1993 entschiedenen Fall stufte das Bundesgericht die Verpflichtung, auf der Primarschulstufe am gemischtgeschlechtlichen Schwimmunterricht teilzunehmen, als unverhältnismässig ein (BGE 119 Ia 178 ff.), was in der Rechtslehre Kritik auslöste (vgl. z.B. PAUL ZWEIFEL, Religiöse Symbole und Kleidervorschriften im Zwielicht, ZBJV 1995, 591 ff.) und in der aktuellen Schulpraxis vielfach anders beurteilt wird.

9 *Kollektive Dimension:* Abs. 3 hebt gewisse Aspekte der «positiven» Dimension des Grundrechts («Freiheit zu») hervor und gewährleistet eine religionsspezifische Vereinigungs- und Unterrichtsfreiheit. Geschützt ist auch der Konfessionswechsel (vgl. BGE 125 I 347, 354; BGE 123 I 296, 301).

10 *Freiheit von religiösem Zwang:* Der in Abs. 4 konkretisierte Schutz gegen staatlich verordneten Religionszwang hat vor allem im Bereich der öffentlichen Schule praktische Bedeutung. Religionsunterricht darf nicht zum obligatorischen Schulfach erklärt werden (zu den Modalitäten des freiwilligen biblischen Unterrichts vgl. BGer, Urteil vom 19.1.1993, ZBl 1993, 219 ff.). BV 15 schützt auch das Recht, jederzeit aus einer Religionsgemeinschaft *auszutreten* (BGE 129 I 68, 71), was gewisse öffentlich-rechtliche Formalitäten im Hinblick auf den Austritt nicht ausschliesst. Der Staat ist nicht verpflichtet, einen sog. partiellen Kirchenaustritt (lediglich aus der Kirchgemeinde bzw. Landeskirche, nicht aber aus der römisch-katholischen Kirche) zu ermöglichen (BGE 129 I 68). Als zulässig gilt das System der sog. Mitgliedschaftspräsumption (BGE 129 I 68, 73; vgl. schon BGE 31 I 81, 88; BGE 55 I 113, 126; ZBl 1979, 78 ff.).

11 *Kultussteuern:* BV 1874 Art. 49 Abs. 6 sah ausdrücklich vor, dass niemand gehalten ist, «Steuern zu bezahlen, welche speziell für eigentliche Kultuszwecke einer Religionsgenossenschaft, der er nicht angehört, auferlegt werden». Dies gilt nach wie vor (zur Tragweite vgl. BGE 107 Ia 126, 130; BGE 99 Ia 739, 742). Zur Frage der Besteuerung konfessionell gemischter Ehen (mit Steuerpflicht in verschiedenen Kantonen) vgl. BGE 128 I 317; BGE 100 Ia 255. – Gemäss Bundesgericht weiterhin grundsätzlich verfassungskonform ist, ungeachtet der berechtigten Kritik in der Lehre, die Kirchensteuerpflicht *juristischer* Personen (BGE 126 I 122; vgl. auch BGE 102 Ia 468 und ZBl 1977, 172 ff., wo die in der öffentlichen Urteilsberatung geäusserte abweichende Meinung eines überstimmten Richters wiedergegeben ist).

Schutzrichtung und Neutralitätsgebot

12 BV 15 begründet in erster Linie ein *Abwehrrecht*, das den Staat zu einem Unterlassen oder Dulden verpflichtet (BGE 125 I 300, 306: «negative Funktion»). Unter Umständen kann der Staat gehalten sein, durch aktives Handeln die Grundrechtsausübung zu erleichtern oder überhaupt erst zu ermöglichen (BGE 125 I 300, 306), namentlich im Rahmen besonderer Rechtsverhältnisse (vgl. BGE 113 Ia 304 ff.: Gottesdienst für nicht den Landeskirchen angehörende Häftlinge, wenn ohne übermässige Belastung des Anstaltsbetriebs möglich; BGE 118 Ia 64, 79: Sonderkost aus religiösen Gründen; zu den Grenzen vgl. BGE 129 I 74), aber auch im Bau- und Planungsrecht (Ermöglichung von Kultusbauten auch für nicht-christliche Religionsgemeinschaften). BV 15 vermittelt einen bedingten Anspruch auf gesteigerten Gemeingebrauch des öffentlichen Grundes (z.B. für eine Prozession) bzw. auf gewisse staatliche Leistungen (z.B. wenn eine zulässige Religionsausübung polizeilichen Schutz erfordert; vgl. BGE 125 I 300, 306; BGE 97 I 221, 230). Weder aus BV 15 noch aus dem Anspruch auf ein schickliches Begräbnis (früher BV 1874 Art. 53 Abs. 2; vgl. N 7 zu BV 7) «ergibt sich ein Recht darauf, in einem öffentlichen Friedhof eine nach den Regeln des Islams ausgestaltete – insbesondere auf unbeschränkte Zeit garantierte – Grabstätte zugesichert zu erhalten» (BGE 125 I 300).

13 *Zur Frage der Drittwirkung:* BV 15 vermittelt keine direkten Ansprüche gegenüber anderen Privaten bzw. privaten Religionsgemeinschaften. Gegen allfällige Beeinträchtigungen seitens Privater helfen grundrechtskonform auszulegende Normen des Privatrechts (wie ZGB 28, OR 336; vgl. BGE 130 III 699 betreffend Kündigungsschutz bei Angestellten von sog. «Tendenzbetrieben») und strafrechtliche Normen wie StGB 261 (Störung der Glaubens- und Kultusfreiheit) oder StGB 261bis (Rassendiskriminierung; zum Schutz der Würde des Einzelnen in seiner Eigenschaft als Angehöriger einer Religion BGE 123 IV 202). BV 15 schützt die Allgemeinheit nicht vor der Konfrontation mit religiösen Überzeugungen anderer, doch sind Massnahmen des Staates gegen Belästigungen möglich (vgl. BGE 125 I 369, 387, Verein «Scientology Kirche Basel»: zulässige Beschränkung des Missionierens auf öffentlichem Grund).

14 *Neutralitätsgebot:* Nach allgemein geteilter Auffassung beinhaltet BV 15 auch die *Verpflichtung des Staates zu religiöser und konfessioneller Neutralität* (die man in Abs. 4 oder auch in Abs. 1 lokalisieren kann). Obwohl mitunter als «Grundsatz» (BGE 125 I 347, 355) bezeichnet, ist das Neutralitätsgebot ein einklagbares verfassungsmässiges Recht (BGE 118 Ia 46). Der Staat ist verpflichtet, «alle religiösen Bekenntnisse gleich zu behandeln», und «darf niemanden aufgrund seiner Konfession oder sonst wie aus religiösen Motiven bevorzugen bzw. benachteili-

gen oder die Ausübung bürgerlicher und politischer Rechte von einer Konfessionszugehörigkeit abhängig machen» (BGE 125 I 347, 354; vgl. auch BGE 123 I 296, 308 f.; BGE 116 Ia 252, 260). Das Hauptanwendungsgebiet des Neutralitätsgebots liegt heute im Bereich der öffentlichen Schulen. Dazu gehören jedenfalls alle Schulen, die vom Gemeinwesen getragen werden, allenfalls auch Schulen mit privater Trägerschaft, die eine öffentliche Aufgabe erfüllen und von Rechts wegen allen Interessenten offen stehen, namentlich dann, wenn sie im Wesentlichen vom Staat finanziert werden (BGE 125 I 347, 355). Alle öffentlichen Schulen (nicht nur Primarschulen) sollen – wie BV 1874 Art. 27 Abs. 3 noch ausdrücklich festhielt – «von den Angehörigen aller Bekenntnisse ohne Beeinträchtigung ihrer Glaubens- und Gewissensfreiheit besucht werden können». Konfessionell ausgerichtete Lehrinhalte und -methoden oder Organisationsformen sind unzulässig, ebenso nach Konfessionen getrennte öffentliche Schulen (BGE 125 I 347, 357, mit Hinweisen auf die frühere Beschwerdepraxis des Bundesrates). Neutralität ist auch in weltanschaulicher Hinsicht geboten; behinderte Kinder haben Anspruch darauf, nicht in eine öffentliche (Sonder-)Schule mit anthroposophischer Ausrichtung geschickt zu werden (zum Fall der Winterthurer Michaelschule vgl. ZBl 2007, 152). Angesichts der Neutralitätsverpflichtung rechtfertigt es sich, einer Lehrerin in der öffentlichen Schule das religiös motivierte Tragen eines Kopftuchs zu verbieten (BGE 123 I 296, 309 ff.; die Beschwerde an den EGMR blieb ohne Erfolg). Das Anbringen eines Kruzifixes in den Schulzimmern einer Primarschule verletzt das Neutralitätsgebot (BGE 116 Ia 252, Comune di Cadro). Es ist nicht ersichtlich, weshalb im Gerichtssaal anderes gelten sollte (was vom Bundesgericht in BGE 121 I 42, 48, aus prozessualen Gründen offen gelassen werden konnte).

15 Das Neutralitätsgebot gilt indes *«nicht absolut»* (BGE 125 I 347, 354). Es verlangt nicht, dass der Staat eine Haltung einnimmt, «die frei von jeglichen religiösen oder philosophischen Aspekten ist» (Botsch. BV, 156). Weder müssen kirchliche Insignien aus Kantonswappen entfernt noch muss aus althergebrachten Orts-, Pass- oder Strassennamen das Wort «Sankt» getrichen werden. Als zulässig gilt namentlich auch, bestimmten Religionsgemeinschaften einen *öffentlich-rechtlichen Status* zuzuerkennen und ihnen, in gewissen Grenzen (BGE 125 I 300, 310), besondere Rechte zu verleihen (vgl. BGE 125 I 347, 354; Famos, 116 f.; N 7 zu BV 72). Der Staat darf sich jedoch nicht mit einer bestimmten Konfession identifizieren. Zur Tragweite des Neutralitätsgebots vgl. auch BGE 118 Ia 46 (staatliche Beiträge aus dem Lotteriefonds an den Verein infoSekta; nicht verfassungswidrig).

Persönlicher Schutzbereich (Grundrechtsträger)

16 Die Glaubens- und Gewissensfreiheit steht allen natürlichen Personen – unabhängig von Nationalität oder Alter – zu, ferner jenen juristischen Personen des Privatrechts, die religiöse oder kirchliche Ziele verfolgen (BGE 118 Ia 46, 52; BGE 95 I 350, 355; anders noch BGE 52 I 108, 115). Auf das Grundrecht berufen können sich jedoch nur «Gruppierungen», die eine genügend «grundsätzliche, gesamtheitliche Sicht der Welt zum Ausdruck» bringen, was das Bundesgericht in BGE 125 I 369, 372 für den Verein «Scientology Kirche Basel» bejahte, womit nicht entschieden ist, dass dessen Lehren und Praktiken in jeder Hinsicht religiösen Charakter haben und den Schutz des BV 15 geniessen (vgl. BGE 126 I 133 betreffend Werbung). Nicht einzusehen ist, weshalb den öffentlich-rechtlich anerkannten kirchlichen Körperschaften gegenüber dem Staat nur die Berufung auf ihre Autonomie (vgl. BGE 108 Ia 82, 85;

BGE 108 Ia 264, 268) gestattet sein soll, nicht jedoch die Berufung auf BV 15 (so aber z.B. Mahon, Comm., Art. 15, N 4; grosszügiger – für die Kultusfreiheit – Häfelin, Komm. aBV, Art. 50, N 23; J.P. Müller, Grundrechte, 87; vgl. auch Cavelti, SG-Komm., Art. 15, N 12).

17 Träger der Religionsfreiheit sind auch Kinder. BV 1874 Art. 49 Abs. 3 bestimmte, dass «der Inhaber der väterlichen (...) Gewalt» (nach neuerer Lesart: die Eltern) über die religiöse Erziehung verfügt, bis ein Kind das 16. Altersjahr zurückgelegt hat. BV 15 äussert sich zur Grundrechtsmündigkeit nicht mehr. Die entsprechende Regelung in ZGB 303 stellt sich heute als staatliche Beschränkung der Religionsfreiheit dar, die aber den Anforderungen von BV 36 (i.V.m. BV 11) genügen dürfte. ZGB 303 steht einer Anrufung von BV 15 durch ein Kind (im Rahmen des BV 11 Abs. 2) grundsätzlich nicht im Wege (vgl. auch J.P. Müller, Grundrechte, 87). Unter dem Regime von BV 1874 Art. 49 ging das Bundesgericht von einer «doppelten Trägerschaft» (Kind *und* Eltern) aus (BGE 119 Ia 178, 182). Ob diese etwas künstlich anmutende Lösung nach der Verfassungsreform noch Bestand hat, erscheint fraglich (anders beiläufig BGE 129 III 689, 692).

Beschränkungen

18 *Anforderungen:* Grundrechtseinschränkungen müssen BV 36 genügen und das Neutralitätsgebot (N 14) beachten. Dem Bundesgericht bereitet es eingestandenermassen (BGE 119 Ia 178, 187) oft Mühe zu entscheiden, ob ein Eingriff schwer wiegt oder nicht. Das *Geläut von Kirchenglocken* kann, auch soweit es als Teil der Religionsausübung durch BV 15 geschützt ist, im Interesse der öffentlichen Ruhe gewissen Einschränkungen unterworfen werden (BGE 126 II 366 betreffend Frühgeläut der reformierten Kirche Bubikon; vgl. auch BGE 36 I 374, 378); die Umweltschutzgesetzgebung ist grundsätzlich auch auf Kirchengeläut anwendbar (zur Zulässigkeit des nicht unter BV 15 fallenden viertelstündlichen Glockenschlags vgl. BGer, 1A.159/2005, vom 20.2.2006, Gossau ZH). Das gegenüber einer Lehrerin ausgesprochene Verbot, in der öffentlichen Schule eine den Anforderungen des Korans entsprechende Kopfbedeckung zu tragen (vgl. N 14), entspricht gemäss Bundesgericht einem überwiegenden öffentlichen Interesse (insb. konfessionelle Neutralität bzw. Religionsfrieden in der Schule) und gilt als verhältnismässig (BGE 123 I 296). Die Religionsfreiheit hindert den Richter nicht, der einseitigen Verstossung der Ehefrau durch den Ehemann gemäss libanesischem Recht wegen Verstosses gegen den schweizerischen Ordre public die Anerkennung zu versagen (vgl. BGE 126 III 327). – Zur Zulässigkeit von baurechtlich begründeten Beschränkungen vgl. BGer, 1P.149/2004, vom 21.6.2004 (in: SJKR 2004, 158 ff.: zulässiger Abbruchbefehl für ein 7,38 m hohes, beleuchtetes Kreuz vor einem Einfamilienhaus). Zu Beschränkungen gegenüber *Strafgefangenen* eingehend BGE 129 I 74, 76 (Teilnahme an Gottesdiensten, Disziplinarmassnahmen wegen Verweigerung der Arbeit an orthodoxen Feiertagen). Zur Problematik des *Schächtverbots* Yvo Hangartner, Rechtsprobleme des Schächtverbots, AJP 2002, 1022 ff.; Schefer, Ergänzungsband, 54 ff.; Botschaft zur eidgenössischen Volksinitiative «Für einen zeitgemässen Tierschutz (Tierschutz – Ja!)» (BBl 2004 3283 ff.).

19 *Bürgerpflichten:* BV 1874 Art. 49 Abs. 5, wonach die «Glaubensansichten (...) nicht von der Erfüllung der bürgerlichen Pflichten» entbinden, wurde nicht in die neue BV übernommen. Damit sollten gewisse mit diesem Passus verbundene Missverständnisse und dogmatische Probleme (vgl. BGE 66 I 157, 158) der Vergangenheit angehören. Die Bürgerpflichten gehen

der Religionsfreiheit nicht per se vor (so schon BGE 117 Ia 311, 315); nur verhältnismässige Einschränkungen der Religionsfreiheit sind zulässig. Auch wenn die Helmtragpflicht wohl nicht zu den (früheren) «bürgerlichen Pflichten» (BV 1874 Art. 49 Abs. 5) gehört, gilt deren Durchsetzung auch gegenüber Angehörigen der Religionsgemeinschaft der Sikhs als verfassungskonform (BGE 119 IV 260). Beim *Schuldispens* aus religiösen Gründen nimmt das Bundesgericht seit geraumer Zeit eine grosszügige Haltung ein (vgl. insb. BGE 114 Ia 129, Laubhüttenfest; BGE 117 Ia 311, Schuldispens an Samstagen; BGE 119 Ia 178, Befreiung vom gemischtgeschlechtlichen Schwimmunterricht; dazu vorne N 8; dezidiert anders noch BGE 66 I 157, 158).

20 Zum absolut geschützten *Kerngehalt* gehört das Recht, die religiöse Überzeugung frei zu wählen, d.h. zu glauben oder nicht zu glauben (innere Freiheit; vgl. BGE 123 I 296, 302; BGE 101 Ia 392, 397), weiter auch der Anspruch, vom Staat nicht zu einer religiösen Handlung gezwungen zu werden (vgl. Mahon, Comm., Art. 15, N 11), nicht hingegen das Recht auf Einhaltung von religiösen Feiertagen (vgl. BGE 129 I 74, 81) oder von Bekleidungsvorschriften (BGE 123 I 296, 301, Kopftuch).

Literaturhinweise

Aubert Jean-François, L'Islam à l'école publique, Festschrift Yvo Hangartner, St.Gallen 1998, 479 ff.; Famos Cla Reto, Die öffentlich-rechtliche Anerkennung von Religionsgemeinschaften im Lichte des Rechtsgleichheitsprinzips, Fribourg 1999; Hafner Felix, Glaubens- und Gewissensfreiheit, VRdCH, 707 ff.; Ders., Kirchen im Kontext der Grund- und Menschenrechte, Fribourg 1991; Karlen Peter, Das Grundrecht der Religionsfreiheit in der Schweiz, Zürich 1988; Ders., Umstrittene Religionsfreiheit, ZSR 1997 I, 193 ff.; Kiener Regina/Kuhn Mathias, Die bau- und planungsrechtliche Behandlung von Kultusbauten im Lichte der Glaubens- und Gewissensfreiheit, ZBl 2003, 617 ff.; Kraus Dieter, Schweizerisches Staatskirchenrecht, Tübingen 1993; Müller Jörg Paul, Ist die Gewissensfreiheit noch aktuell? Mélanges Charles-Albert Morand, Basel usw. 2001, 293 ff; Pahud de Mortanges René (Hrsg.), Die Religionsfreiheit der neuen Bundesverfassung, Fribourg 2001; Rhinow René, Religionsfreiheit heute, recht 2002, 45 ff.; Rüegg Christoph, Die privatrechtlich organisierten Religionsgemeinschaften in der Schweiz, Zürich 2002; Sahlfeld Konrad, Aspekte der Religionsfreiheit, Zürich 2004; Winzeler Christoph, Einführung in das Religionsverfassungsrecht der Schweiz, Zürich 2005; Ders., Fremde Religionen in der Schweiz, ZSR 1998 I, 237 ff.; Wyss Martin Philipp, Glaubens- und Religionsfreiheit zwischen Integration und Isolation, ZBl 1994, 385 ff.; Ders., Vom Umgang mit dem Transzendenten, recht 1998, 173 ff.

Art. 16   Meinungs- und Informationsfreiheit

1 Die Meinungs- und Informationsfreiheit ist gewährleistet.

2 Jede Person hat das Recht, ihre Meinung frei zu bilden und sie ungehindert zu äussern und zu verbreiten.

3 Jede Person hat das Recht, Informationen frei zu empfangen, aus allgemein zugänglichen Quellen zu beschaffen und zu verbreiten.

2. Titel: Grundrechte, Bürgerrechte und Sozialziele Nr. 1 BV **Art. 16**

1   Das hier erstmals ausdrücklich bundesverfassungsrechtlich gewährleistete traditionsreiche Grundrecht wurde 1961 vom Bundesgericht als ungeschriebener Bestandteil der Verfassungsordnung des Bundes anerkannt (BGE 87 I 114, 117; in Bezug auf die Informationsfreiheit: BGE 104 Ia 88, 93).

2   Die entsprechenden Garantien des internationalen Rechts (vgl. insb. EMRK 10; UNO-Pakt II Art. 19, SR 0.103.2) bieten nach herrschender Auffassung gewöhnlich keinen weitergehenden Schutz (BGE 130 I 369, 375).

3   Die Abs. 2 und 3 konkretisieren die allgemeine Gewährleistung (Abs. 1), ohne den Schutzbereich auszudehnen. Im Verhältnis zu Grundrechten, die auf spezielle Kommunikationsformen oder -inhalte gemünzt sind (BV 15, BV 17, BV 20, BV 21), stellt BV 16 «ein subsidiäres Auffanggrundrecht» dar, weshalb man die Meinungsfreiheit auch «als allgemeines Grundrecht der freien Kommunikation» bezeichnen kann (so BGE 127 I 145, 151). Die vom Verfassungsgeber vernachlässigte Systematisierung der Kommunikationsgrundrechte wirft viele Fragen auf (näher PEDUZZI). Die Bundesverfassung kennt (anders als z.B. KV/BL § 6 Bst. d) keine eigenständige Kundgebungs- oder Demonstrationsfreiheit. Die Durchführung von Kundgebungen auf öffentlichem Grund wird durch BV 22 (Versammlungsfreiheit) i.V.m. BV 16 geschützt (vgl. BGE 127 I 164; näher N 6 zu BV 22). Vgl. auch BV 13 (Kommunikationsgeheimnis) und BV 34 (freie Willensbildung im politischen Bereich).

Funktionen und Träger

4   BV 16 begründet in erster Linie ein gegen staatliche Massnahmen gerichtetes *Abwehrrecht*. Hingegen verleiht BV 16 «keinen allgemeinen Anspruch, für die Verbreitung seiner Meinung vorhandene Medien beliebig in Anspruch nehmen zu können» (BGE 127 I 84, 88). Der Staat ist grundsätzlich nicht zur Erbringung von Leistungen verpflichtet (BGE 98 Ia 362, 367). Immerhin begründet BV 16 einen *«bedingten»* (d.h. den Rechtsweg an das Bundesgericht als Verfassungsgericht öffnenden, aber nicht absoluten) *Anspruch* auf Nutzung von *öffentlichem Grund und Boden* für Zwecke der Meinungsäusserung, insb. für öffentliche Kundgebungen (vgl. BGE 127 I 164; BGE 124 I 267; zum Anspruch auf Nutzung eines Gemeindesaals vgl. BGer, 18.2.1991, ZBl 1992, 40). Die Bewilligungsbehörde hat dem besonderen Gehalt der ideellen Grundrechte Rechnung zu tragen (BGE 124 I 267, 268). Das blosse Verteilen von unentgeltlichen Flugblättern auf öffentlichem Grund darf nicht bewilligungspflichtig erklärt werden (BGE 96 I 586). BV 16 gibt keinen Freipass für das Aufstellen von Wahlplakaten am Strassenrand. Es besteht kein grundrechtlicher Anspruch auf Nutzung von (zum Verwaltungsvermögen zählenden) Fahrzeugen eines öffentlichen Betriebes als bewegliche Werbeflächen (BGE 127 I 84, 89, «Ganzbemalung» von Bussen). – Zur Frage grundrechtlicher Schutzpflichten aus Kommunikationsfreiheiten vgl. PEDUZZI, 314 ff. (insb. Schutz vor Informationsflut; kommunikative Chancengleichheit).

5   Das Grundrecht steht natürlichen und juristischen Personen zu. Äusserungen bestimmter Amtsträger geniessen u.U. gesteigerten Schutz (relative bzw. absolute Immunität; vgl. BV 162; ParlG 16, 17).

Sachlicher Schutzbereich der Meinungsfreiheit (Abs. 1 und 2)

6 *Weiter Begriff der «Meinung»:* Die Meinungsfreiheit schützt die freie, staatlich ungehinderte Bildung, Äusserung und Verbreitung von Meinungen (auch der Meinungen Dritter: BGE 131 III 480, 491). Darunter fallen nach allgemein geteilter Auffassung nicht nur *Meinungen* i.e.S., sondern auch *alle anderen* Arten von *Mitteilungen* menschlichen Denkens und Empfindens (vgl. BGE 127 I 145, 151; J.P. MÜLLER, Grundrechte, 186 ff.), auch die Mitteilung von Tatsachen, Vermutungen, Gefühlen, fremden Gedanken usw., d.h. «Informationen» (so BV 16 Abs. 3, BV 17) aller Art, prinzipiell auch unbewiesene oder unwahre Tatsachenbehauptungen (vgl. PEDUZZI, 185 ff.). Grundrechtlich geschützt sind auch provozierende, schockierende oder beunruhigende Äusserungen. Ob man die kommerzielle Werbung BV 16 zuordnet (so Praxis und Lehre zur «Parallelnorm» EMRK 10) oder der Wirtschaftsfreiheit (BV 27; so BGE 128 I 295, 308; BGE 123 I 12, 18; vgl. SCHEFER, Ergänzungsband, 125, 129) oder aber – was nahe liegt – grundsätzlich beiden Grundrechten, ist praktisch unerheblich, solange die Anforderungen an eine Beschränkung im Ergebnis nicht differieren.

7 Grundrechtlich geschützt sind *alle Formen und Mittel* der Kommunikation, d.h. nicht nur Wort, Schrift und Bild, sondern auch Gebärden, Spruchbänder, Lautsprecher, Tonträger, Filme, Ansteckknöpfe, Fahnen, das Sich-Vermummen (BGE 117 Ia 472, 478; Botsch. BV, 158), «Darbietungen» (i.S.v. BV 17), eigenartigerweise jedoch laut Bundesgericht nicht das demonstrative Verlassen des Gerichtssaals durch einen Anwalt (so BGE 108 Ia 316, 318, zu EMRK 10).

Sachlicher Schutzbereich der Informationsfreiheit (Abs. 1 und 3)

8 *Informationsfreiheit als Teilgehalt der Meinungsfreiheit:* Die Informationsfreiheit garantiert das Recht, ohne behördliche Kontrollen oder Eingriffe und «ohne Rücksicht auf Staatsgrenzen» (so ausdrücklich EMRK 10) Nachrichten und Ideen zu empfangen (BGE 130 I 369, 374; 192; vgl. auch BGE 108 Ia 277; BGE 107 Ia 305). Obwohl in einem Atemzug mit der Meinungsfreiheit genannt (Sachüberschrift, Abs. 1), ist die Informationsfreiheit nur ein (wenn auch wichtiger) Teilgehalt der allgemeineren Meinungsfreiheit. Die Informationsfreiheit selbst ist allgemein und subsidiär im Verhältnis zu spezielleren Informations(zugangs)garantien (z.B. aus der Pressefreiheit).

9 *Empfang und Verbreitung:* Der freie Empfang von Informationen wird z.B. berührt durch ein Antennenverbot (vgl. BGE 120 Ib 64, Dachantenne; vgl. auch EGMR, Urteil vom 22.5.1990 i.S. Autronic, Série A 178, EuGRZ 1990, 261 ff., Empfang ausländischer Fernsehprogramme). Das Recht auf freie Verbreitung von Informationen ist schon durch die allgemeine Meinungsfreiheit abgedeckt und nicht auf «allgemein zugängliche» Informationen begrenzt, begründet aber kein «Recht auf Antenne» (vgl. BGE 123 II 402, 414; vgl. auch N 7 zu BV 17).

10 *Aktive Informationsbeschaffung:* Das Recht auf freie Informationsbeschaffung bezieht sich nur auf *allgemein zugängliche Quellen*, wodurch Reichweite und praktische Bedeutung des Grundrechts entscheidend begrenzt werden. Ob eine Informationsquelle im Sinne von BV 16 Abs. 3 «allgemein zugänglich» ist, bestimmt sich gemäss Bundesgericht grundsätzlich nach der entsprechenden Gesetzgebung (vgl. BGE 108 Ia 275), womit der Schutzumfang des Grundrechts mehr oder weniger dem Belieben des Gesetzgebers ausgeliefert zu sein scheint (kritisch insb. J.P. MÜLLER, Grundrechte, 282, 294 ff.). Als allgemein zugänglich gelten etwa:

2. Titel: Grundrechte, Bürgerrechte und Sozialziele   Nr. 1   BV   **Art. 16**

- Parlamentsverhandlungen (BGE 105 Ia 181; zu möglichen Beschränkungen vgl. N 7 f. zu BV 158), nicht jedoch gewöhnlich Kommissionsberatungen (vgl. N 7 zu BV 153),
- öffentliche Verhandlungen von Gerichten (BGE 113 Ia 309, 318; vgl. auch BV 30 Abs. 3; zur Bedeutung der Gerichtsberichterstattung als Form der mittelbaren Gerichtsöffentlichkeit vgl. BGE 129 III 529),
- bestimmte behördlich geführte Register (BGE 107 Ia 234, 236; BGE 124 I 176, 182: Steuerregister nach Massgabe kantonalen Rechts),
- öffentliche Radio- und Fernsehprogramme (BGE 127 I 145, 153).

Bei Registern, die nicht «allgemein zugänglich» sind, kann ein besonderer Interessensnachweis verlangt werden (vgl. BGE 111 II 48, 50, Öffentlichkeit des Grundbuchs). Zur Zugänglichkeit von *Archiven* vgl. BGE 127 I 145, 151 ff. (wonach die Informationsfreiheit während der Schutzfrist keinen generellen Anspruch auf Zugang zu archivierten Informationen begründet) sowie das Bundesgesetz vom 26.6.1998 über die Archivierung (Archivierungsgesetz, BGA; SR 152.1). Zur Frage der grundrechtskonformen Auslegung von Bestimmungen über den Zugang zu öffentlichen Registern und Archiven BGE 127 I 145, 153; BGE 126 III 512, 518; J.P. MÜLLER, Grundrechte, 289, 319. Zu Berührungspunkten im Verhältnis zur Wissenschaftsfreiheit vgl. BGE 127 I 145, 151 ff. – BV 16 Abs. 3 verleiht kein Recht auf Durchführung eines Fernsehinterviews in einer Strafvollzugsanstalt (BGer, Urteil vom 6.2.2006, 1P.772/2005).

11   *Öffentliche Verwaltung und Öffentlichkeitsprinzip:* Die staatliche Verwaltung gehörte nach lange vorherrschendem Verständnis «grundsätzlich nicht zu den allgemein zugänglichen Informationsquellen» (BGE 104 Ia 88, 102; bestätigt in BGE 107 Ia 304 ff.; kritisch z.B. J.P. MÜLLER, Grundrechte, 282 ff.). Der grundrechtliche Schutz erschöpfte sich in einem Anspruch auf *rechtsgleiche und willkürfreie* amtliche Information betreffend die Verwaltungs- und Regierungstätigkeit (vgl. BGE 104 Ia 377 ff.), ausser bei Bestehen eines spezifischen Anspruchs (z.B. Akteneinsicht, heute BV 29 Abs. 2; Zugang zu persönlichen Daten, heute BV 13 Abs. 2). Nach und nach vollzogen verschiedene *Kantone* den Wechsel zum *Öffentlichkeitsprinzip* mit «Geheimnisvorbehalt» (vgl. z.B. KV/BE 17 Abs. 3; KV/ZH 17). Danach besteht Zugang zu amtlichen Dokumenten, soweit nicht überwiegende öffentliche oder private Interessen entgegenstehen. Auf *Bundesebene* wurde der im Rahmen der Totalrevision zur Diskussion gestellte Wechsel zum Öffentlichkeitsprinzip (vgl. VE 95 Art. 154, Variante) zunächst nicht weiterverfolgt, dann aber auf Gesetzesebene beschlossen (Bundesgesetz vom 17.12.2004 über das Öffentlichkeitsprinzip der Verwaltung, Öffentlichkeitsgesetz, BGÖ, SR 152.3, in Kraft seit 1.7.2006) – ohne dass die Bundesverwaltung bisher, wie mitunter befürchtet, von einer Flut von Anfragen lahmgelegt worden wäre. In Verbindung mit diesen Öffnungen hat sich der Wirkungskreis der grundrechtlichen Informationsfreiheit (BV 16 Abs. 3) erheblich erweitert. Wo dagegen «die Verwaltung nicht dem so genannten Öffentlichkeitsprinzip unterstellt ist», bedarf es nach wie vor «der Geltendmachung eines spezifischen schützenswerten Interesses» (BGE 129 I 249, 253).

Beschränkungen

12   Beschränkungen der Meinungs- und Informationsfreiheit müssen BV 36 genügen. Wegen der besonderen Bedeutung des (ideellen) Grundrechts für eine demokratische Gesellschaft sind die Anforderungen hoch. Das *forum internum* als innerster Bereich der persönlichen Überzeu-

gungen gehört zum unantastbaren Grundrechtskern (BV 36 Abs. 4; vgl. MAHON, Comm., Art. 16, N 16). Das *Zensurverbot* (vgl. N 14 ff. zu BV 17) gilt auch im Bereich des BV 16. Anwälten ist bei Behördenkritik eine grosse Freiheit zuzugestehen, doch hindert BV 16 eine disziplinarische Verwarnung nicht, wenn (unberechtigterweise) der Vorwurf eines Verbrechens gegen die Menschlichkeit erhoben wird (BGer, Urteil vom 3.8.2004, 2A.448/2003).

13 Für bestimmte Personengruppen (z.B. Staatspersonal, Richter, Angehörige der Armee usw.) können u.U. weiter gehende Beschränkungen statuiert werden (näher KLEY/TOPHINKE, SG-Komm., Art. 16, N 19 ff.). – *Kasuistik:* BGE 108 Ia 172, 176 (politische Betätigung eines Richters); BGE 101 Ia 172, 181 (Entzug der Wahlfähigkeit eines Lehrers nach Verurteilung wegen fortgesetzter Aufforderung zur Verletzung militärischer Dienstpflichten, StGB 276); BGE 125 I 417; BGE 123 I 12 (Werbebeschränkungen für Rechtsanwälte; vgl. jetzt BGFA 12 Bst. d); BGE 106 Ia 100, 108 (Grenzen der Justizkritik); BGE 122 I 222, 234 und BGE 103 Ia 165 (Meinungs- und Informationsfreiheit Inhaftierter). Angesichts gewandelter Verhältnisse und Anschauungen dürfte der eine oder andere Urteilsspruch heute anders ausfallen. – Der vielfach kritisierte Bundesratsbeschluss vom 24.2.1948 betreffend politische Reden von Ausländern (AS 1948 119), welcher Beschränkungen für Nicht-Niedergelassene vorsah, wurde 1998 ersatzlos aufgehoben (AS 1998 1174).

14 Zu den besonders heiklen Eingriffen gehören *präventiv* wirkende Massnahmen (wie Bewilligungspflichten oder vorsorgliche Massnahmen, vgl. ZGB 28c Abs. 3). Eine Kundgebung darf nicht einzig wegen der zu erwartenden Meinungsäusserungen verboten werden; ob die Auffassungen, die verbreitet werden sollen, der Behörde wertvoll erscheinen oder nicht, darf beim Bewilligungsentscheid nicht ausschlaggebend sein (BGE 124 I 267, 269). Es ist unzulässig, zu verlangen, dass im Bewilligungsgesuch die Namen allfälliger Redner bekanntgegeben werden (BGE 107 Ia 292, 298). Das Aufstellen eines Informationsstandes auf öffentlichem Grund zur Verteilung von Flugblättern darf bewilligungspflichtig erklärt werden (BGE 105 Ia 15). Der Bewilligungsbehörde zuzugestehen, sich vor dem Entscheid über Art und ungefähren Inhalt der Flugblätter ins Bild zu setzen (so BGE 105 Ia 15, 22), erscheint höchst fragwürdig (vgl. jetzt aber BGE 127 I 164, 171). – Eine Vorschrift, die es erlaubt, einen Gerichtsberichterstatter von Gerichtsverhandlungen auszuschliessen, hält gemäss Bundesgericht vor der Meinungs- und Informationsfreiheit grundsätzlich stand (BGE 113 Ia 309); dass dies auch für die Verpflichtung gelten soll, eine durch das Gericht formulierte Berichtigung zu veröffentlichen (so BGE 113 Ia 309), ist weniger selbstverständlich. – Zur grundsätzlichen Zulässigkeit eines Verbots, sich bei bewilligungspflichtigen Kundgebungen unkenntlich zu machen (sog. *Vermummungsverbot)* vgl. BGE 117 Ia 472, 477 ff.

15 Nicht selten sind Beschränkungen durch den Schutz der (Grund-)*Rechte anderer Privater* motiviert (vgl. insb. ZGB 28 ff. und StGB 173 ff. betreffend den zivil- und strafrechtlichen Persönlichkeitsschutz). Bei der strafrechtlichen Würdigung von Äusserungen in der politischen Auseinandersetzung übt das Bundesgericht (zu Recht) eine gewisse Zurückhaltung (BGE 128 IV 53, 58, Giroud, betreffend StGB 173). Auch die Herabsetzung oder Diskriminierung einer Bevölkerungsgruppe (StGB 261bis) darf nicht leichthin bejaht werden, solange die Kritik im Gesamtzusammenhang sachlich bleibt und sich auf objektive Umstände stützt (BGE 131 IV 23, Scherrer; vgl. auch PETER MÜLLER, ZBJV 1994, 241 ff.). Verfassungskonform auszulegen sind auch Strafnormen wie StGB 135, 197, 261. Dass organisiertes Langsamfahren auf der

Autobahn (50–60 km/h) politisch motiviert ist, hindert die Ausfällung von Bussen nicht (BGE 111 IV 167: «Bummelfahrt» des Westschweizer Fahrlehrerverbandes und des «Trucker-Teams Schweiz»). – Zum Spannungsfeld von freier Meinungsäusserung und Schutz des lauteren Wettbewerbs vgl. die Mikrowellen-Urteile des Bundesgerichts (BGE 120 II 76; BGE 125 III 185) und des EGMR (vom 25.8.1998, Rec. 1998-VI, 2298, Hertel) sowie BGE 117 IV 193 («Bernina»).

Literaturhinweise (vgl. auch die Hinweise bei BV 17)

BARRELET DENIS, Les libertés de la communication, VRdCH, 721 ff.; HÄNER ISABELLE, Öffentlichkeit und Verwaltung, Zürich 1990; DIES., Das Öffentlichkeitsprinzip in der Verwaltung im Bund und in den Kantonen, ZBl 2003, 281 ff.; MAHON PASCAL, L'information par les autorités, ZSR 1999 II, 199 ff.; PEDUZZI ROBERTO, Meinungs- und Medienfreiheit in der Schweiz, Zürich 2004; SCHWEIZER RAINER J./BURKERT HERBERT, Verwaltungsinformationsrecht, SBVR, Basel/Frankfurt a.M. 1996; VORBRODT STELZER SIBYLLE A., Informationsfreiheit und Informationszugang im öffentlichen Sektor, St. Gallen 1995; ZELLER FRANZ, Gerichtsöffentlichkeit als Quelle der Medienberichterstattung, Medialex 2003, 15 ff.

Art. 17 Medienfreiheit

¹ Die Freiheit von Presse, Radio und Fernsehen sowie anderer Formen der öffentlichen fernmeldetechnischen Verbreitung von Darbietungen und Informationen ist gewährleistet.

² Zensur ist verboten.

³ Das Redaktionsgeheimnis ist gewährleistet.

1 BV 17 vereint eine Reihe von speziellen Schutzgehalten im Bereich der Meinungs- und Informationsfreiheit (BV 16). Mit Ausnahme der Pressefreiheit – einem Bundes-Grundrecht der ersten Stunde (BV 1848 Art. 45, wörtlich in den später modifizierten BV 1874 Art. 55 übernommen) – handelt es sich um erstmals in dieser Form gewährleistete Rechte, die freilich nichts grundlegend Neues normieren (vgl. Botsch. BV, 159 ff.). Als Verfassungsbegriff neu ist der zusammenfassende Ausdruck «Medienfreiheit» (Sachüberschrift). Vieles spricht dafür, die Gewährleistungen des Abs. 1 als *einheitliches Grundrecht* der Medienfreiheit aufzufassen (PEDUZZI, 118 ff.; vgl. auch BGE 130 I 369, 374). Eine je nach Medium differenzierende Konkretisierung bzw. Beschränkung des Grundrechts schliesst dies nicht aus.

2 Die «Parallelgarantien» gemäss EMRK 10 bieten laut Bundesgericht keinen weiter gehenden Schutz (vgl. BGE 127 I 164, 173; BGE 130 I 369, 375).

Medienfreiheit: Presse, Radio und Fernsehen, andere fernmeldetechnische Verbreitungsformen (Abs. 1)

3 Die *Pressefreiheit* als «Teil der allgemeinen Medienfreiheit» (BGE 130 I 369, 374 f.) schützt das Recht, «seine Meinung mit den Mitteln der Druckerpresse in der Öffentlichkeit zu verbreiten» (BGE 120 Ib 142, 144; vgl. BGE 113 Ia 309, 316). Dass die Presse an erster Stelle genannt wird, ist nicht nur eine historische Reminiszenz, sondern auch Ausdruck ihrer auch im

Zeitalter der elektronischen Medien äusserst bedeutsamen gesellschaftlich-politischen Funktion im demokratischen Gemeinwesen (vgl. BGE 95 II 481, 492 ff.). – Zum weiten Verfassungsbegriff der *Meinung* vgl. N 6 zu BV 16. – Als *Presseerzeugnisse* gelten Zeitungen, Zeitschriften, Bücher, vervielfältigte Flugblätter (BGE 96 I 586, 588), aber «auch Lithographien, Photographien, Heliographien oder Vervielfältigungen», die «zur Veröffentlichung bestimmt sind und mit denen ideelle Zwecke verfolgt werden» (BGE 120 Ib 142, 144), unabhängig von den Erscheinungs- und Verbreitungsmodalitäten. – Zum Schutz der Quelle des Journalisten als «Eckpfeiler der Pressefreiheit» vgl. N 10.

4   Die *Radio- und Fernsehfreiheit* als Teilaspekt der allgemeinen Meinungsfreiheit (BV 16, EMRK 10) und der spezielleren Medienfreiheit gewährleistet das Recht, Informationen oder Gedanken über die Medien «Radio» und «Fernsehen» (vgl. N 4 zu BV 93) ohne staatliche Einmischung mitzuteilen bzw. zu erhalten. BV 17 verdeutlicht, dass die in BV 93 Abs. 3 (zuvor BV 1874 Art. 55bis) gewährleistete *Unabhängigkeit* von Radio und Fernsehen und die *Programmautonomie* auch eine (einklagbare) individualrechtliche Komponente aufweisen (vgl. Botsch. BV, 159; BGE 131 II 253, 258). – Ein Konzessionssystem gilt aus grundrechtlicher Sicht als zulässig. Weitere Rahmenbedingungen für die Ausübung der Radio- und Fernsehfreiheit ergeben sich aus BV 93 (siehe dort N 9 ff.) und der ausführenden Gesetzgebung (insb. RTVG, RTVV). – Zur Bedeutung der Radio- und Fernsehfreiheit als objektive Grundsatznorm vgl. PEDUZZI, 131 ff.

5   *«Andere Formen»:* Die Nennung der «anderen Formen» – gemeint sind neben Internet, E-Mail, Teletext, Videotext auch künftige Phänomene (AB SD 1998 S 42) – hat die Funktion einer *Auffang- und Entwicklungsklausel*. Sie rundet Abs. 1 zu einer «allgemeinen Medienfreiheit» ab. – Das Internet vereinigt presse-, rundfunk- und telekommunikationsartige Dienste und erfordert aus grundrechtlicher Sicht eine differenzierende Zuordnung (vgl. PEDUZZI, 147 ff.).

6   *Träger:* Die Medienfreiheit schützt Medienschaffende (Journalisten, Kameraleute usw.; vgl. BGE 121 III 359, 367; BGE 131 II 253, 258), Programmveranstalter bzw. Medienunternehmen und auch Empfänger (Zuschauer, Hörer; z.T. strittig; vgl. BURKERT, SG-Komm., Art. 17, N 27).

7   *Adressat und Schutzrichtung:* Die Medienfreiheit ist in erster Linie ein gegen den Staat gerichtetes *Abwehrrecht*. Sie entfaltet keine unmittelbaren Wirkungen im Verhältnis zwischen Medienschaffenden und Medienunternehmen, doch haben die rechtsetzenden und -anwendenden Behörden dafür zu sorgen, dass die Grundgehalte des BV 17 auch unter Privaten wirksam werden (*mittelbare* Drittwirkung, verfassungskonforme Auslegung). Ein «Recht auf Vergessen» wird vom Bundesgericht verneint (vgl. BGE 111 II 209, 213, *«Die unheimliche Patrioten»*, zu ZGB 28). Ein Anspruch auf Massnahmen der Presseförderung besteht nicht, ebenso wenig ein generelles «Recht auf Antenne» im Sinne eines einklagbaren Rechts auf Teilnahme an Rundfunksendungen bzw. auf Verbreitung bestimmter Inhalte (vgl. RTVG 6 Abs. 3; vgl. auch BGE 127 I 84, 88). Forderungen auf Medienzugang lassen sich u.U. auf das Gebot der Chancengleichheit und der Neutralität des Staates, insb. vor Wahlen und Abstimmungen, oder auf den Persönlichkeitsschutz (Gegendarstellungsrecht, ZGB 28g) stützen (zur Wahrung der kommunikativen Chancengleichheit vgl. BGE 119 Ib 241, 249; BGE 119 Ib 250, 252, betreffend SRG-Richtlinien von 1991; BGE 97 I 731 ff.; vgl. auch BGE 127 I 84, 88; BGE 125 II 497, 502; BGE 123 II 402, 414 ff.; PEDUZZI, 314 ff., 393 ff.).

8 *Beschränkungen* der Medienfreiheit unterliegen den Anforderungen gemäss BV 36. – Zum Verbot religiöser und politischer Werbung in Radio und Fernsehen (RTVG 10 Abs. 1 Bst. d) vgl. SCHEFER, Ergänzungsband, 181 f.; THÖNEN; MÄDER; sowie den Entscheid der UBI vom 16.3.2007 i.S. Santésuisse/Volksabstimmung vom 11.3.3007. – Zum Zensurverbot vgl. hinten N 14 ff. – Zur Beschränkung durch Konzentrationskontrolle ROLF H. WEBER, Medienkonzentration und Meinungspluralismus, Zürich 1995. – Zum Spannungsfeld Medienfreiheit – unlauterer Wettbewerb vgl. BGE 117 IV 193 («Bernina»); BGE 123 IV 211 (kritisch z.B. KLEY, 209). – Zum Gebot verfassungskonformer Auslegung strafrechtlicher Normen vgl. BGE 132 IV 160, 163 (zu StGB 173). Es verstösst gemäss Bundesgericht nicht gegen die Pressefreiheit, einen Journalisten zu einer Busse (von 250 Franken) zu verurteilen, der gemeinsam mit einer Gruppe von Flüchtlingen rechtswidrig in die Schweiz eingereist ist, um Informationen aus «erster Hand» zu sammeln (BGE 127 IV 166, 170). – Zu den Schranken der Presseberichterstattung aufgrund der Unschuldsvermutung (indirekte Drittwirkung von BV 32) vgl. z.B. BGE 116 Ia 14, 27. – Der EGMR stufte im Urteil Monnat c. Suisse (vom 21.9.2006, 73604/01) die Rechtsprechung von UBI und Bundesgericht zu den beruflichen Sorgfaltspflichten des Fernsehjournalisten (unter dem Aspekt von EMRK 10) als zu streng ein.

9 *Sanktionierung von Indiskretionen:* In einem Urteil vom 5.12.2000 bestätigte das Bundesgericht die Verurteilung eines Journalisten zu einer Busse von 800 Franken wegen «Veröffentlichung amtlicher geheimer Verhandlungen» (Art. 293 StGB); Quellenschutz (heute StGB 28a) bzw. Redaktionsgeheimnis (BV 17 Abs. 3) stünden dem nicht entgegen (vgl. BGE 126 IV 236, 252, i.S. Stoll, betreffend Strategiepapier des Schweizer Botschafters in den USA; kritisch z.B. SCHEFER, Ergänzungsband, 158, mit Hinweisen). In einem Urteil vom 5.1.2001 betreffend das ähnlich gelagerte Problem der Anstiftung zur Verletzung des Amtsgeheimnisses (StGB 320) hielt das Bundesgericht fest, das in der «Erklärung der Pflichten und Rechte der Journalistinnen und Journalisten» proklamierte «Recht der Öffentlichkeit (...), die Wahrheit zu erfahren», vermöge tatbestandsmässiges Verhalten nicht zu rechtfertigen; es bestätigte die Verhängung einer Busse von 500 Franken (vgl. BGE 127 IV 122, 134, i.S. Dammann; «Fraumünsterpostraub»). Beide Urteile des Bundesgerichts wurden vom EGMR am 25. April 2006 für konventionswidrig eingestuft (Urteile der IV. Kammer i.S. Stoll c. Suisse, 69698/01; Dammann c. Suisse, 77551/01, VPB 70.118, 2006). Die Schweiz hat im Fall Stoll die Grosse Kammer angerufen (EMRK 43). Deren Urteil steht noch aus. Im Fall Dammann hat das Bundesgericht den Schuldspruch inzwischen aufgehoben (Urteil 6S.362/2006 vom 3.11.2006).

Redaktionsgeheimnis (Abs. 3)

10 *Schutzbereich:* Die Gewährleistung des Redaktionsgeheimnisses bezweckt den Schutz der *journalistischen Quellen* (Informanten, selbst recherchiertes Material; vgl. J.P. MÜLLER, Grundrechte, 260) und fördert damit «die in einer demokratischen Gesellschaft unentbehrliche Wächterfunktion der Medien» (BGE 132 I 181, 184). Abs. 3 verleiht zwei bereits in BV 16 enthaltenen Aspekten besondere Nachachtung, nämlich der negativen Meinungsäusserungsfreiheit (Recht zu schweigen) und der Informationsbeschaffungsfreiheit. Der Schutz besteht sowohl im Bereich der Presse als auch der übrigen, insb. elektronischen Medien (missverständlich Botsch. BV, 159).

11 *Entstehungshintergrund:* Die zunächst als Variante (Neuerung) zur Diskussion gestellte Verankerung des Redaktionsgeheimnisses (VE 95 Art. 13 Abs. 5) wurde in der Vernehmlassung mehrheitlich abgelehnt (Botsch. BV, 159). Dennoch fand das Redaktionsgeheimnis (jetzt unter dem Titel «Nachführung») Aufnahme in den Verfassungsentwurf des Bundesrates (VE 96 Art. 14) und schliesslich in den definitiven Verfassungstext. Grund für den Stimmungswandel war das Urteil des EGMR vom 27.3.1996 i.S. Goodwin gegen Vereinigtes Königreich (Rec. 1996-II, 483 ff.), wonach die Verpflichtung eines Journalisten zur Bekanntgabe eines Informanten nur dann mit EMRK 10 vereinbar ist, wenn ein gewichtiges öffentliches Interesse vorliegt.

12 *Träger:* Dem weiten Schutzzweck entsprechend soll Abs. 3 nicht nur Redaktoren, sondern auch anderen Medienschaffenden (inkl. Hilfspersonen) und Medienunternehmen zugute kommen (BGE 123 IV 236, 344, zu EMRK 10).

13 *Tragweite:* Das Redaktionsgeheimnis kann angerufen werden, wenn der Staat (Strafverfolgungsorgane, Gerichte) auf die internen Bereiche der Medien bzw. ihrer Redaktionen (Tatsachen, Notizen usw.) zugreifen will. Zentrales Instrument zur Wahrung des Redaktionsgeheimnisses ist die Einräumung eines *Zeugnisverweigerungsrechts*. Der Umsetzung von BV 17 Abs. 3 dienen insb. die Bestimmungen über den «Quellenschutz» in StGB 28a (früher StGB 27bis, in Kraft seit 1.4.1998, modifiziert durch Ziff. I 1 des BG vom 21.3.2003) und in MStG 26b. Danach dürfen weder Strafen noch prozessuale Zwangsmassnahmen verhängt werden, wenn «Personen, die sich beruflich mit der Veröffentlichung von Informationen im redaktionellen Teil eines periodisch erscheinenden Mediums befassen, oder ihre Hilfspersonen das Zeugnis über die Identität des Autors oder über Inhalt und Quellen ihrer Informationen» verweigern. Der Quellenschutz greift nicht, wenn der Richter feststellt, dass das Zeugnis erforderlich ist, um eine Person aus einer unmittelbaren Gefahr für Leib und Leben zu retten, oder ohne das Zeugnis bestimmte gravierende Delikte nicht aufgeklärt bzw. die Beschuldigten nicht ergriffen werden können. Die Regelung wird in der Lehre als zu «starr» kritisiert (vgl. z.B. SCHEFER, Ergänzungsband, 164), erhöht aber immerhin die Rechtssicherheit (vgl. BGE 132 I 181, 186) und ist einer verfassungskonformen Auslegung zugänglich. Im Leiturteil BGE 132 I 181 (Quellenschutz im Zusammenhang mit einer tödlich verlaufenen Herztransplantation in Zürich) betont das Bundesgericht die Notwendigkeit einer sorgfältigen Abwägung der einander entgegengesetzten Interessen (Strafverfolgungsinteresse c. Quellenschutz) im Einzelfall, wobei es «dem Schutz der Quelle» als «Eckpfeiler der Pressefreiheit» ein «erhebliches Gewicht» (und im konkreten Fall, entgegen dem Zürcher Obergericht, den Vorrang) zuspricht (a.a.O., 193). – Der Fernmeldeverkehr von Journalisten (als Dritten) darf grundsätzlich nicht überwacht werden, wenn der Quellenschutz dadurch illusorisch würde (BGE 123 IV 236 i.S. A., B., C. und TA-Media AG: Unzulässigkeit einer rückwirkenden Teilnehmeridentifikation; die Amtsgeheimnisverletzung, die es einer Wochenzeitschrift ermöglichte, in einem Beitrag mit dem Titel «Dreifuss vs. Ogi / Ruth weist Dölf in die Bahnschranken» Akten aus dem bundesrätlichen Mitberichtsverfahren fotografisch wiederzugeben, war nicht hinreichend bedeutsam).

Zensurverbot (Abs. 2)

14   *Zensur* meint die *behördliche Inhaltskontrolle* – historisch: von Schriftstücken (insb. Druckerzeugnissen), heute: auch anderer Formen – sowie die damit verbundenen präventiven oder repressiven Massnahmen (Publikationsverbot, Bestrafung usw.).

15   *Funktion und Tragweite:* Das Zensurverbot des Abs. 2 erfasst (gemäss Botsch. BV, 160) sowohl die *vor* dem Druck bzw. vor der Publikation oder Ausstrahlung stattfindende (präventive) *Vorzensur* als auch die nach der Publikation oder Ausstrahlung greifende (repressive) *Nachzensur* (vgl. auch J.P. MÜLLER, Komm. aBV, Art. 55, N 24 ff.). Das Verbot gilt, ungeachtet seiner systematischen Einordnung, nicht nur bei der Medienfreiheit (BV 17), sondern auch beim «Muttergrundrecht» der Meinungsfreiheit (BV 16) und bei anderen Ableitungen wie der Kunstfreiheit (BV 20; vgl. auch PEDUZZI, 244 ff.; Botsch. BV, 161). Als *Eingriff* in die Freiheit der Meinungsäusserung (BV 16) und ihrer verschiedenen Ausprägungen (insb. BV 17, 20, 21) ist Zensur nur unter den Bedingungen des BV 36 zulässig (vgl. auch BGE 127 I 84, 88; problematisch daher, jedenfalls aus heutiger Sicht, BGE 105 Ia 15; vgl. N 14 zu BV 16).

16   *Vorzensur* meint die *systematische* vorgängige Kontrolle durch *Behörden*. Keine Vorzensur in diesem Sinn (aber sehr wohl eine an BV 36 zu messende Grundrechtsbeschränkung) ist der präventive *richterliche* Eingriff im *Einzelfall*, z.B. in Gestalt einer vorsorglichen Massnahme (vgl. auch J.P. MÜLLER, Grundrechte, 194 f.). Das Verbot der Vorzensur gehört nach herrschender Auffassung zum *unantastbaren Kerngehalt* (BV 36 Abs. 4) der Freiheit von Presse, Radio und Fernsehen (Botsch. BV, 160) und der übrigen Kommunikationsgrundrechte (vgl. z.B. KLEY/TOPHINKE, SG-Komm., Art. 16, N 17). In dieser allgemeinen Form ist die Aussage zumindest missverständlich. So wird die aus Gründen des Jugendschutzes erfolgende Film(vor)zensur (vgl. BGE 93 I 305; Botsch. BV, 161; PEDUZZI, 250; anders wohl J.P. MÜLLER, Grundrechte, 193; BURKERT, SG-Komm., Art. 17, N 7) oder die Vorkontrolle der Arzneimittelwerbung (PEDUZZI, 253; anders BERTIL COTTIER, medialex 2002, 5 f.) zu Recht als grundsätzlich zulässig angesehen. Nicht jede vorgängige Inhaltskontrolle betrifft den unantastbaren Grundrechtskern. Auch mit Blick auf die Eventualität einer (Vor-)Zensur in Kriegszeiten ist die Aussage zu überdenken. – Nicht thematisiert wurde die Problematik einer behördlichen Inhaltskontrolle im sog. PKK-Urteil (BGE 125 II 417, 429 betreffend Einziehung von Propagandamaterial; zu Recht kritisch SCHEFER, Ergänzungsband, 120 f., 149 f.).

Literaturhinweise (vgl. auch die Hinweise bei BV 16 und 93)

BARRELET DENIS, Droit de la communication, Bern 1998; DERS., Les libertés de la communication, VRdCH, 721 ff.; KLEY ANDREAS, Die Medien im neuen Verfassungsrecht, BTJP 1999, 183 ff.; MÄDER PHILIPP, Werbeverbote und Chancengleichheit im politischen Willensbildungsprozess, in: Martin Eckner/Tina Kempin (Hrsg.), Recht des Stärkeren – Recht des Schwächeren, Zürich 2005, 135 ff.; PEDUZZI ROBERTO, Meinungs- und Medienfreiheit in der Schweiz, Zürich 2004; PFISTER BEATRICE, Präventiveingriffe in die Meinungs- und Pressefreiheit, Bern 1986; SAXER URS, Wirtschaftsfreiheit vs. Medienfreiheit, AJP 1994, 1136 ff.; THÖNEN URS, Politische Radio- und Fernsehwerbung, Basel 2004; VONLANTHEN BEAT, Das Kommunikationsgrundrecht «Radio- und Fernsehfreiheit», Fribourg 1987; ZELLER FRANZ, Öffentliches Medienrecht, Bern 2004; ZIMMERLI ULRICH, Zur Medienfreiheit in der neuen Bundesverfassung, medialex 1999, 14 ff.

Art. 18 Sprachenfreiheit

Die Sprachenfreiheit ist gewährleistet.

1 Die Bestimmung kodifiziert das früher ungeschriebene Grundrecht der Sprachenfreiheit, das vom Bundesgericht 1965 im – zwar innovativen, aber im konkreten Ergebnis wenig sprachminderheitenfreundlichen – Urteil BGE 91 I 480, 486 *(Association de l'Ecole française)* erstmals anerkannt worden war. – Die Kodifikation hätte man bereits im Rahmen der 1996 abgeschlossenen Teil-Revision des Sprachenartikels (BV 1874 Art. 116) vornehmen können, doch standen damals die Kontroversen um die Tragweite des sog. Territorialitätsprinzips (oder Sprachgebietsprinzips) im Wege. Schon kurze Zeit später bot sich im Rahmen der Totalrevision der Bundesverfassung die Gelegenheit, das Versäumte nachzuholen.

2 Eine Art «Gegengewicht» zu BV 18 bildet der *Sprachenartikel* (BV 70), der allerdings – entgegen verbreiteter Auffassung (vgl. z.B. KÄGI-DIENER, SG-Komm., Art. 70, N 14) – nicht «das» Territorialitätsprinzip (weder dem Begriff noch der Sache nach), sondern zwei Gebote statuiert (vgl. N 9 ff. zu BV 70). Die «Sprache» ist weiter Gegenstand von BV 4 (Landessprachen); BV 8 Abs. 2 (Verbot der Diskriminierung wegen der Sprache); BV 31 Abs. 2 (Anspruch auf Unterrichtung über die Gründe des Freiheitsentzugs in einer verständlichen Sprache; vgl. auch EMRK 5); BV 69 (Pflicht zur Rücksichtnahme auf die sprachliche Vielfalt des Landes); BV 175 Abs. 4 («angemessene» Vertretung der Sprachregionen im Bundesrat). Die Bestimmung betreffend die «Vertretung der Amtssprachen» am Bundesgericht (vormals BV 188 Abs. 4) wurde im Rahmen der Justizrefrom (per 1.1.2007) gestrichen (vgl. jetzt BGG 18 Abs. 2). – Sprachbezogene Garantien des internationalen Rechts finden sich in EMRK 5, 14; UNO-Pakt II Art. 2, 4, 24, 26 und 27 (SR 0.103.2).

Bedeutung und Funktion

3 Sprache ist das Kommunikations- und Ausdrucksmittel des Individuums *par excellence* und gehört zu den identitätsprägenden Merkmalen. Sie erfüllt vielfältige grundlegende Funktionen in Gesellschaft und Staat. Ohne Sprache keine mündigen Bürgerinnen und Bürger, kein öffentlicher Diskurs, keine freie Meinungs- und Willensbildung, keine Demokratie. Die «persönlichkeitsessentiell(e)» (SALADIN, Grundrechte 87) Freiheit der Sprache ist «eine wesentliche, ja bis zu einem gewissen Grade notwendige Voraussetzung für die Ausübung anderer Freiheitsrechte» wie der Meinungsäusserungs- und der Pressefreiheit, der politischen Rechte, der Vereinsfreiheit oder der wirtschaftlichen Freiheiten (BGE 91 I 480, 486). Die Sprachenfreiheit ist zwar auch, aber nicht nur ein «kulturelles» Grundrecht, als das sie mitunter eingestuft wird.

Schutzbereich

4 *Sachlicher Schutzbereich:* Das Bundesgericht bezeichnete die Sprachenfreiheit zunächst als «Befugnis zum Gebrauche der Muttersprache» (BGE 91 I 480, 486). Gute Gründe sprechen dafür, den grundrechtlichen Schutz darüber hinaus auf *weitere* Sprachen auszudehnen, zumindest auf die «nahestehenden anderen» (in diesem Sinn BGE 122 I 236, 238; vgl. auch Bundesgericht, Urteil vom 7.5.1982, ZBl 1983, 361: Schutz von Zweit- und Drittsprachen), besser noch auf grundsätzlich jede Sprache, «deren sich jemand bedienen will» (offen gelas-

sen in BGE 122 I 236, 238). Angesichts des engen menschenrechtlichen Bezugs liegt im Übrigen ein grosszügiges Verständnis des Schutzgegenstands «Sprache» nahe: gesprochene und geschriebene Sprache, Standardsprache und Dialekte, Mehrheits- und Minderheitensprachen, natürlich gewachsene und «künstliche» Sprachen, wie z.B. Esperanto oder die (in KV/ZH 12 neuerdings ausdrücklich geschützte) Gebärdensprache, deren Gebrauch, auch wenn höchstrichterlich noch nicht entschieden, durch BV 18 geschützt sein dürfte. Ob die Sprachenfreiheit auch eine «Rechtschreibefreiheit» umfasst, ist für die Schweiz noch offen. Selbst wenn man dies bejahte, wäre es dem Staat indes nicht prinzipiell verwehrt, massvoll gestaltend auf die Entwicklung der Rechtschreibung Einfluss zu nehmen (vgl. auch BVerfGE 98, 218, 252 ff.).

5 *Persönlicher Schutzbereich:* Auf die Sprachenfreiheit berufen können sich nicht nur alle natürlichen Personen, unabhängig von der Staatsangehörigkeit (Menschenrecht), sondern grundsätzlich auch juristische Personen (vgl. BORGHI, VRdCH, 609; J.P. MÜLLER, Grundrechte, 148; in diese Richtung bereits BGE 91 I 480).

Einschränkungen

6 Die Sprachenfreiheit ist nicht schrankenlos gewährleistet. Einschränkungen müssen den Anforderungen von BV 36 genügen. Die freie Sprachwahl im rein privaten Bereich wird in der Lehre mitunter als absolut geschützter Kerngehalt eingestuft (vgl. BORGHI, 610). – Entgegen verbreiteter Auffassung stellt auch die Kanalisierung der Kommunikation zwischen Grundrechtsträgern und Behörden mittels Festlegung von Amtssprachen eine Grundrechtsbeschränkung dar (in diesem Sinne BGE 121 I 196, 204). Amtssprachenregelungen sind letztlich nichts anderes als eine Form von staatlichem Zwang, welcher der Rechtfertigung bedarf, einer solchen allerdings gewöhnlich zugänglich ist (vgl. immerhin die treffende Aussage in den Erläuterungen zum Vorentwurf für ein eidgenössisches Sprachengesetz, wonach es bei gewissen technischen Unterlagen «unverhältnismässig wäre, eine Übersetzung zu verlangen»; in diesem Sinn bereits BauPV 3 ff., SR 933.01, wonach der Antrag des Herstellers auf technische Zulassung in Englisch abgefasst sein kann).

7 Die *Motive* für staatliche Interventionen sind vielfältig. Sprachenpolitik hat oft dienende Funktion; sie kann etwa im Dienst der Integrations- oder Verständigungspolitik, der Zuwanderungs- und Einbürgerungspolitik (vgl. auch VPB 65.72 [2001] betreffend Beschränkung der Sprachenfreiheit im Asylverfahren) oder auch der allgemeinen Befriedung stehen (der immer wieder bemühte, aber unnötig dramatisierende Begriff «Sprachfrieden», vgl. z.B. BGE 121 I 196, 206, fand glücklicherweise nicht Eingang in den Text der Bundesverfassung). Nicht immer geht es um hochrangige staatspolitische Ziele und Interessen. So dient die Festlegung bestimmter Amts- oder Unterrichtssprachen nicht zuletzt dem Anliegen einer *kostengünstigen* Wahrnehmung öffentlicher Aufgaben (vgl. BGE 122 I 236, 239). Eine Rolle spielt auch die *Gefahrenabwehr,* so z.B. in der Lebensmittel- und Heilmittel-Gesetzgebung und im technischen Sicherheitsrecht, wenn für Produkte-Angaben und (Warn-)Hinweise die Verwendung bestimmter Sprachen verlangt wird (typischerweise, aber nicht immer: von Amtssprachen; vgl. z.B. MepV 7; SR 812.213; weitere Beispiele bei BIAGGINI, DVBl 2005, 1097 f.). Mitunter verbirgt sich hinter (vorgeschobenen) sprachenpolitischen Motiven *wirtschaftlicher Protektionismus* (z.B. Quotenregelungen für Musik oder Filme, die oft mehr dem Schutz des «einheimi-

schen Schaffens» bzw. der eigenen Industrie dienen als dem Schutz der Sprache; vgl. RTVG 25 Abs. 3 Bst. c).

8   *Schulsprachenpolitik:* Dass die Unterrichtssprache in der öffentlichen Schule gewöhnlich der Amtssprache des Einzugsgebiets entspricht, ist unter dem Aspekt von BV 18 in der Regel nicht zu beanstanden. Immerhin kann sich gemäss Bundesgericht «in traditionell zwei- oder mehrsprachigen Gebieten aus der Sprachenfreiheit ein Anspruch darauf ergeben, in einer der mehreren traditionellen Sprachen unterrichtet zu werden, sofern dies nicht zu einer unverhältnismässigen Belastung des Gemeinwesens führt» (BGE 125 I 347, 359; vgl. auch BGE 122 I 236, 239). Zulässig ist es auch, als Unterrichtssprache «grundsätzlich die Standardsprache» festzulegen (so § 24 des Zürcher Volksschulgesetzes vom 7.2.2005). Die staatlich auferlegte Pflicht, in der obligatorischen Schule auch Fremdsprachen zu erlernen, erscheint in einem mehrsprachigen Land wie der Schweiz – als eine Art von «eingreifender Förderung» – grundsätzlich gerechtfertigt. Umstritten sind allerdings Umfang, Zeitpunkt, Gewichtung und vor allem die Frage der zu lernenden Fremdsprache(n). Die (auch staatspolitisch brisante) Einführung von «Frühenglisch» (Englisch als erste Fremdsprache) erscheint aus grundrechtlicher Sicht nicht unproblematisch, wenn sie, wie in manchen Kantonen, ohne Einschaltung des Gesetzgebers auf der Grundlage von Entscheidungen von Exekutivbehörden geschieht. – Auch der schrittweise Übergang zur einheitlichen Schriftsprache *Rumantsch Grischun* (vgl. N 6 zu BV 70) wurde bisher erstaunlicherweise kaum unter grundrechtlichem Blickwinkel erörtert.

9   *Staatspersonal:* Stärkere Beschränkungen als die Allgemeinheit muss das Staatspersonal gewärtigen (vgl. Biaggini, DVBl 2005, 1099). Unter dem Blickwinkel von BV 18 ist es grundsätzlich nicht zu beanstanden, wenn von Bewerbern für den Staatsdienst Kenntnisse der Amtssprachen verlangt werden (vgl. auch Ziffer 7 der Weisungen des Bundesrates vom 22.1.2003 «zur Förderung der Mehrsprachigkeit in der Bundesverwaltung [Mehrsprachigkeitsweisungen]», Text in BBl 2003 1441 ff.). Heikler ist die Frage, inwieweit der Staat seinem Personal Vorgaben betreffend die internen Arbeitssprachen machen darf. Der Staat kann – er muss aber aus grundrechtlicher Sicht nicht – so grosszügig sein wie der Vorentwurf für ein eidgenössisches Sprachengesetz, dessen Art. 9 es den Bediensteten des Bundes (und ausdrücklich auch den Mitgliedern des Bundesrates!) zugesteht, «in der Amtssprache ihrer Wahl» zu arbeiten.

10 *Zuwanderung:* In älteren Entscheidungen legte das Bundesgericht viel Wert darauf, dass Zugewanderte «sich sprachlich assimilieren» (BGE 91 I 480, 487). Heute erklärt es (mit Blick auf schweizerische «Binnenwandererfamilien» und BV 70) die Entwicklung einer «zweisprachigen Identität» für erwünscht (BGE 122 I 236, 245). Noch nicht restlos klar ist, ob bzw. inwieweit aus dem Ausland Zuwandernde verpflichtet werden können, Sprachkurse zu absolvieren und sich an den Kosten zu beteiligen (vgl. Doris Bianchi, Die Integration der ausländischen Bevölkerung, Zürich 2003, 45 f.).

11 *Kasuistik:* Die höchstrichterliche Rechtsprechung zum Sprachenverfassungsrecht umfasst ein knappes Dutzend Entscheidungen (Überblick bei J.P. Müller, Grundrechte, 141 ff., Ergänzungsband, 100 ff.): vgl. insb. BGE 122 I 236, *Althaus* (1996) betreffend Unterrichtssprache; BGE 121 I 196, *Noth* (1995); Urteil vom 7.5.1982, ZBl 1983, 356 ff., 361, *Albula;* BGE 106 Ia 299, *Brunner* (1980), alle drei betreffend Verfahrenssprache; BGE 100 Ia 462, *Derungs* (1974) betreffend Unterrichtssprache. – Vgl. auch BGE 116 Ia 345 *(Bar Amici),* wo die Wirt-

schaftsfreiheit den Prüfungsmassstab bildete: Die vom Bundesgericht geschützte Massnahme der Gemeinde *Disentis* (Pflicht, bei Leuchtreklamen eine romanische Beschriftung zu verwenden) zeigt vordergründig Parallelen zur französischen *Loi relative à l'emploi de la langue française* (Loi n° 94-665 vom 4.8.1994, auch bekannt unter dem Namen *«Loi Toubon»*), doch diente die Massnahme hier dem Schutz einer akut bedrohten Sprache (problematischer das Urteil des Bundesgerichts vom 12.12.1992, *«Zürich» Versicherungs-Gesellschaft*, ZBl 1993, 133 ff., wonach die Pflicht, die gesamte Firmenbezeichnung, einschliesslich Ortsbezeichnung, zu übersetzen – *Turitg segiradas* oder *Segiradas turitgesas* – verfassungsmässig sei).

12   Die Sprachenfreiheit war lange Zeit eine stumpfe Waffe (vgl. AUER, AJP 1992, 955 ff.). Im Jahr 1996 hiess das Bundesgericht, soweit ersichtlich, erstmals eine staatsrechtliche Beschwerde wegen Verletzung der Sprachenfreiheit gut (BGE 122 I 236 ff.). Dass das Grundrecht schon vorher Konturen und Wirkung zeigte, ist dem Umstand zu verdanken, dass das Bundesgericht immer wieder mit grossem Geschick das Instrument des *obiter dictum* einsetzte. So stufte das Bundesgericht die Weigerung eines Bündner Bezirksgerichts, die rätoromanisch verfasste Eingabe aus einer traditionell auch romanischsprachigen Gemeinde entgegenzunehmen, als mit der Sprachenfreiheit «kaum vereinbar» ein (Urteil vom 7.5.1982, ZBl 1983, 356 ff., 361, *Albula*). Nicht minder bemerkenswert ist, wie oft das Bundesgericht in seiner Sprachenjudikatur die sonst geübte (nicht zuletzt föderalistisch motivierte) Zurückhaltung abstreifte, um mit deutlichen Worten engstirniges Behördenverhalten (obwohl als verfassungsmässig eingestuft) zu missbilligen (vgl. z.B. BGE 121 I 196, 206, wonach die Haltung der Behörden «von wenig Entgegenkommen» zeuge und «wenig tolerant» erscheine; vgl. auch BGE 100 Ia 462, 471; ähnlich in einem Parallelverfahren der Bundesrat: VPB 40.37 [1976] 46 f.).

Zum Stellenwert des sog. «Territorialitätsprinzips»

13   *Hergebrachte Sichtweise:* Nach verbreiteter Auffassung bildet das *Territorialitätsprinzip* (oder Sprachgebietsprinzip, so beiläufig BGE 110 II 401, 402), obwohl im Verfassungstext nicht ausdrücklich erwähnt, neben der Sprachenfreiheit den zweiten Hauptpfeiler des schweizerischen Sprachenrechts. Inhaltlich soll das Territorialitätsprinzip «die überkommene sprachliche Zusammensetzung des Landes» garantieren und Massnahmen erlauben, «um die überlieferten Grenzen der Sprachgebiete und deren Homogenität zu erhalten, selbst wenn dadurch die Freiheit des einzelnen, seine Muttersprache zu gebrauchen, beschränkt wird» (so BGE 121 I 196, 198). – Das Bundesgericht verwendete den Begriff offenbar erstmals im Jahr 1974 (BGE 100 Ia 462, 466). Lehre und Rechtsprechung neigen dazu, das Grundrecht der Sprachenfreiheit und das Territorialitätsprinzip einander gleichsam abstrakt als «Gegenprinzipien» gegenüberzustellen (BGE 121 I 196, 205; BGE 122 I 236, 241 ff.), was sich im Ergebnis nicht selten zu Lasten des menschenrechtlichen (und minderheitenschützenden) Gehalts der Sprachenfreiheit auswirkt (eingehend ROSSINELLI, 170 ff.).

14   *Interessenkonflikte «hinter» dem Territorialitätsprinzip:* Näher besehen handelt es sich beim Territorialitätsprinzip – entgegen verbreiteter Auffassung – nicht um ein eigenständiges Institut des Bundesverfassungsrechts (vgl. BIAGGINI, recht 1997, 120 ff.), sondern um eine dogmatische Figur, die dazu dient, bestimmte typische Interessen bzw. Abwägungsergebnisse (zu Gunsten der lokalen Amsstprache) abgekürzt zu benennen. Sprachenrechtliche Konflikte sind

nicht (abstrakte) Konflikte zwischen Sprachenfreiheit und Territorialitätsprinzip, sondern – wie bei Freiheitsrechten üblich – mehr oder weniger konkrete Konflikte zwischen (individuellen und kollektiven) grundrechtlichen Interessen einerseits und bestimmten, grundsätzlich legitimen öffentlichen Eingriffsinteressen andererseits. Im Bereich der Sprache handelt es sich insb. um das «allgemeine staatspolitische Interesse an der Erhaltung sprachlich homogener Gebiete» (BGE 122 I 245), das öffentliche Interesse an der «Befriedung» in sprachlichen Belangen (BGE 100 Ia 466), das Interesse am Fortbestand und am *Schutz nationaler Minderheitssprachen,* das Interesse an der Erhaltung *besonders bedrohter Landessprachen*, namentlich der rätoromanischen Sprache (BGE 100 Ia 469, 471), das Anliegen der *kostengünstigen Wahrnehmung öffentlicher Aufgaben*, insbesondere das öffentliche Interesse an einer kostengünstigen Gestaltung des Schulwesens (BGE 122 I 239); ferner Praktikabilitäts- und Planungsinteressen (BGE 122 I 245). Das Bundesgericht betont mit gutem Grund, dass das Territorialitätsprinzip «kein Selbstzweck» sei (BGE 122 I 236, 239). Der *pauschale* Hinweis auf *das* Territorialitätsprinzip (und/oder die daraus resultierende Amtssprachenregelung) kann als Rechtfertigung für Einschränkungen der Sprachenfreiheit nicht genügen. In diesem Sinne hat das Bundesgericht in BGE 121 I 196, 198 erstmals seit langem wieder die Begrenzung des Territorialitätsprinzips durch das *Verhältnismässigkeitsprinzip* und durch den Grundsatz «möglichster Schonung der Würde und Freiheit des einzelnen» in Erinnerung gerufen und die *Differenzierungsbedürftigkeit* des «Territorialitätsprinzips» je nach betroffenem *Sachbereich* hervorgehoben (BGE 121 I 196, 203). – Eine andere Frage ist, ob ein Kanton für sich bzw. seine Behörden bestimmte Handlungsvorgaben setzen will (Territorialitätsprinzip als kantonalrechtliches Prinzip, vgl. z.B. KV/FR 6 Abs. 2).

Literaturhinweise (vgl. auch die Hinweise bei BV 4 und BV 70)

AUER ANDREAS, D'une liberté non écrite qui n'aurait pas dû l'être: la «liberté de la langue», AJP 1992, 955 ff.; BIAGGINI GIOVANNI, Sprache als Kultur- und Rechtsgut, Deutsches Verwaltungsblatt (DVBl) 2005, 1090 ff.; DERS., Sprachenfreiheit und Territorialitätsprinzip, recht 1997, 112 ff.; BORGHI MARCO, La liberté de la langue et ses limites, VRdCH, 607 ff.; GUCKELBERGER ANNETTE, Das Sprachenrecht der Schweiz, ZBl 2005, 609 ff.; HEGNAUER CYRIL, Das Sprachenrecht der Schweiz, Zürich 1947; MORAND CHARLES-ALBERT, Liberté de la langue et principe de territorialité, ZSR 1993 I, 11 ff.; RICHTER DAGMAR, Sprachenordnung und Minderheitenschutz im schweizerischen Bundesstaat, Berlin usw. 2005; THÜRER DANIEL, Zur Bedeutung des sprachenrechtlichen Territorialitätsprinzips für die Sprachenlage im Kanton Graubünden, ZBl 1984, 241 ff.; ROSSINELLI MICHEL, La question linguistique en Suisse, ZSR 1989 I, 163 ff.; WILSON BARBARA, La liberté de la langue des minorités dans l'enseignement, 1999.

Art. 19 Anspruch auf Grundschulunterricht

Der Anspruch auf ausreichenden und unentgeltlichen Grundschulunterricht ist gewährleistet.

1 Die Bestimmung, die weder im Text der BV 1874 noch im VE 96 eine direkte Vorläuferin hat, steht in engem Zusammenhang mit BV 62 und dessen Vorgängerbestimmung (BV 1874 Art. 27 Abs. 2) betreffend Ausgestaltung des Schulwesens. Praxis und Lehre leiteten aus BV 1874 Art. 27 Abs. 2 einen verfassungsmässigen Individualanspruch ab (vgl. BGE 117 Ia 27, 31). Dieser wird in BV 19 weitergeführt. – Zum Grundschul*obligatorium* vgl. BV 62.

2 Vgl. auch UNO-Pakt I Art. 13 Abs. 2 (SR 0.103.1), dessen unmittelbare Anwendbarkeit vom Bundesgericht verneint wird (vgl. BGE 120 Ia 1, 10), sowie Art. 28 der UNO-Kinderrechte-Konvention (SR 0.107), wo gemäss Bundesgericht «nur Handlungsaufträge an die Vertragsstaaten und keine direkt klagbaren Ansprüche» begründet werden (vgl. BGE 129 I 12, 33).

Funktion und Bedeutung

3 BV 19 begründet einen einklagbaren *verfassungsmässigen Anspruch* auf eine *staatliche Leistung* (BGE 129 I 12, 17; BGE 129 I 35, 38; vgl. hinten N 9). Der Anspruch auf Grundschulunterricht gehört zu den (wenigen) *sozialen Grundrechten* (vgl. N 7 vor BV 7) der BV (Botsch. BV, 278). BV 19 wird verletzt, «wenn die Ausbildung des Kindes in einem Masse eingeschränkt wird, dass die Chancengleichheit nicht mehr gewahrt ist bzw. wenn es Lehrinhalte nicht vermittelt erhält, die in der hiesigen Wertordnung als unverzichtbar gelten» (BGE 129 I 35, 38 f.; vgl. auch BGE 130 I 352, 354; BGE 119 Ia 178, 194 f.).

4 Erst seit der Aufhebung von VwVG 73 (BG vom 8.10.1999, in Kraft seit 1.3.2000) führt der Beschwerdeweg zum Bundesgericht (davor zum Bundesrat, mit Weiterzugsmöglichkeit an die Bundesversammlung; für ein Beispiel vgl. VPB 64.1 [2000], Entscheid des Bundesrates vom 1.7.1998, sowie Beschluss der Bundesversammlung vom 6.10.1999, AB 1999 N 2364).

Inhalt und Umfang des Anspruchs

5 BV 19 gewährleistet «jedem Kind eine unentgeltliche, seinen Fähigkeiten entsprechende Grundschulbildung während der obligatorischen Schulzeit von mindestens neun Jahren» (BGE 129 I 35, 39; vgl. auch BGE 129 I 12, wo der Aspekt der Persönlichkeitsentwicklung betont wird). Zur Frage der vorzeitigen Entlassung vgl. BGE 129 I 35, 40 f.

6 *Grundrechtsträger* ist das «Kind» (BGE 129 I 35, 39), unabhängig von Staatsangehörigkeit oder Aufenthaltsstatus. Auch nicht legal Anwesende (sog. *sans-papiers*) sollen BV 19 anrufen können, wie sich aus der Entstehungsgeschichte ergibt (vgl. Mahon, Comm., Art. 19, N 4). Hingegen können sich Erwachsene nicht auf BV 19 berufen, selbst wenn sie keinen Grundschulunterricht geniessen konnten oder Erworbenes (z.B. Lesefähigkeit) verloren haben (so auch Kägi-Diener, SG-Komm., Art. 19, N 9). – Dass es gegebenenfalls die Eltern sind, die sich (im Namen des Kindes) auf BV 19 berufen, macht sie nicht zu Grundrechtsträgern (a.M. Häfelin/Haller, 263). Ein verfassungsmässiges Recht der Eltern darauf, dass sich ihre Kinder zu bestimmten, im Stundenplan vorgesehenen Stunden in der Schule befinden (gewissermassen als «Gegenstück» zum Schulobligatorium), lässt sich aus BV 19 nicht ableiten (so implizit BGE 129 I 12, 26).

7   *Adressat:* Bundesstaatlich stehen die *Kantone* in der Pflicht; innerkantonal kann die Erbringung der Leistung den Gemeinden obliegen.

8   *Grundschule:* BV 19 bezieht sich nur auf die *öffentliche* Grundschule während der *obligatorischen Schulzeit.* Der Unterricht ist grundsätzlich am Wohnort der Schüler zu erteilen (BGE 129 I 12, 16). Was zur «Grundschule» gehört, ist strittig (Nachweise bei PLOTKE, ZBl 2005, 558):

– Die Rechtsprechung und Teile der Lehre nehmen an, dass Mittelschulen (z.B. Untergymnasien) nicht erfasst sind (BGE 129 I 35, 39).

– Für einige Autoren gehört grundsätzlich jede Ausbildung während der obligatorischen Schulzeit dazu (z.B. MAHON, Comm., Art. 19, N 6; PLOTKE, ZBl 2005, 558), mit Konsequenzen vor allem für die Kostentragung (z.B. Lehrmittel, Schülertransport).

Aus historisch-entstehungsgeschichtlicher und föderalistischer Sicht verdient die erste Position den Vorzug. Eine andere Frage ist, welche Ansprüche Absolventen von Mittelschulen aus anderen Verfassungsbestimmungen (insb. BV 8) ableiten können. Eine *künftige* richterliche Rechtsfortbildung (vgl. N 5 vor BV 7) in Richtung der zweiten Position erscheint nicht von vornherein ausgeschlossen (vgl. BGer, Urteil vom 7.5.2007, 2P. 314/2006, wo das Bundesgericht offen liess, ob BV 19 der Erhebung von Schulgeld für das Untergymnasium entgegensteht). Die Weiterentwicklung von BV 19 zu einem allgemeinen verfassungsmässigen Recht auf berufliche Aus- und Weiterbildung (BGE 125 I 173, 176) oder auf Bildung schlechthin übersteigt dagegen aus heutiger Sicht die funktonellrechtlichen Grenzen der Verfassungsgerichtsbarkeit (vgl. schon BGE 103 Ia 369, 377, *Wäffler).* – Dies hindert die Kantone nicht, weiter gehende Ansprüche zu begründen (vgl. z.B. BGE 129 I 12, 18 betreffend KV/BE 29 Abs. 2; KV/ZH 14: Recht auf Bildung).

9   *Anforderungen an den Grundschulunterricht:* Die Verfassung belässt den Kantonen bei der Regelung des Grundschulwesens einen erheblichen Gestaltungsspielraum. BV 19 nennt zwei Mindestanforderungen (vgl. auch BV 62); das Gebot der konfessionellen Neutralität (BV 1874 Art. 27 Abs. 3; vgl. BGE 125 I 347) findet seine Grundlage in BV 15 (vgl. dort N 14):

– *ausreichend:* Der Unterricht muss sowohl *qualitativ* als auch räumlich/organisatorisch ausreichend sein (Botsch. BV, 277). Die Ausbildung «muss angemessen und geeignet sein und genügen, um die Schüler auf ein selbstverantwortliches Leben im Alltag vorzubereiten» (BGE 130 I 352, 354). Das Bundesgericht stuft die Mindestschuldauer von *neun Jahren* (zu mindestens 38 Schulwochen), auf die sich die Kantone geeinigt haben (vgl. Art. 2 des Konkordates über die Schulkoordination vom 29.10.1970, früher SR 411.9, vgl. etwa Schwyzer Gesetzessammlung, 611.110.1), als genügend ein (BGE 129 I 12, 16). – Behinderte Kinder haben Anspruch auf eine ihren Fähigkeiten angepasste Schulbildung (Botsch. BV, 277).

– *unentgeltlich:* Mit diesem «egalitären Element» (Botsch. BV, 278) möchte die Verfassung nicht zuletzt die Chancengleichheit sicherstellen. Es darf kein Schulgeld erhoben werden. Nach neuerer Lehre müssen auch die Lehrmittel unentgeltlich zur Verfügung gestellt werden (vgl. z.B. MEYER-BLASER/GÄCHTER, VRdCH, 561; BORGHI, Komm. aBV, Art. 27, N 60; anders beiläufig das BGer, ZBl 1994, 305). Der Anspruch besteht gegenüber *öffentlichen* Schulen (vgl. BV 62 Art. 2).

10 *Schulweg:* Der Unterricht ist grundsätzlich am Wohnort der Schüler zu erteilen; die räumliche Distanz zwischen Wohn- und Schulort darf den Zweck der ausreichenden Grundschulausbildung nicht gefährden. Ob das staatliche Schulangebot genügend ist, beurteilt sich auch danach, ob der Schulweg wegen seiner Länge, Beschwerlichkeit oder Gefährlichkeit allenfalls unzumutbar ist (BGE 117 Ia 27, 31; VPB 48.38 [1984], VPB 44.19 [1980]). Bei langem Schulweg und Fahrplanproblemen ist es zumutbar, an einem von der Schule organisierten Mittagstisch teilzunehmen (VPB 63.59 [1999], Entscheid des Bundesrates vom 7.12.1998). Ein Schulweg von 1,7 km und von 30 Minuten Dauer mit einer nur geringfügigen Steigung ist in Bezug auf die Länge annehmbar; bei übermässiger Länge oder grosser Gefährlichkeit dürfen die erforderlichen Massnahmen (z.B. Busservice) für die Eltern keine Kostenfolge haben (VPB 64.1 [2000], Entscheid des Bundesrates vom 1.7.1998).

11 *Behinderte* Kinder haben Anspruch auf eine den individuellen Fähigkeiten und der Persönlichkeitsentwicklung angepasste unentgeltliche Grundschulausbildung. Ein schwer behindertes Kind nicht in eine Einführungsklasse aufzunehmen, die auf normal begabte Kinder mit verzögerter Entwicklung ausgerichtet ist, verstösst nicht gegen BV 19, selbst wenn eine Sonderschulung nur ausserhalb des Heimatkantons möglich sein sollte (BGE 130 I 352, 356; vgl. auch VPB 56.38,1992). «Ein Mehr an individueller Betreuung, das theoretisch immer möglich wäre, kann mit Rücksicht auf das staatliche Leistungsvermögen nicht gefordert werden»; ein «grundsätzlicher Anspruch auf Sonderschulung am Wohnort» besteht nicht (BGE 130 I 352, 355 und 359).

Sog. «einschränkende Konkretisierungen»

12 Bei Grundrechten, die wie BV 19 Ansprüche auf positive Leistungen des Staates begründen, «stellt der Staat keine Schranken auf, sondern nennt die Voraussetzungen», unter denen der Anspruch gegeben ist (BGE 129 I 12, 19; vgl. auch BGE 131 I 166, 176; Botsch. BV, 194 f.). Obwohl BV 36 «im Wesentlichen auf Freiheitsrechte zugeschnitten» ist, prüft das Bundesgericht bei «einschränkenden Konkretisierungen» des Anspruchs aus BV 19 «in sinngemässer (Teil-)Anwendung» von BV 36, ob die Voraussetzungen der gesetzlichen Grundlage, des überwiegenden öffentlichen oder privaten Interesses sowie der Verhältnismässigkeit erfüllt sind (BGE 129 I 12, 19 f.).

13 Dieser in der Lehre (etwas vorschnell) überwiegend abgelehnte Ansatz (Hinweise in BGE 129 I 12, 19; HÄFELIN/HALLER, 94; differenzierend TSCHANNEN, Staatsrecht, 140) mag dogmatisch (noch) nicht ganz ausgereift sein (vgl. z.B. die Bezugnahme auf die Figur des unantastbaren «Kerngehalts», BGE 129 I 12, 20, 24), hat jedoch den grossen Vorzug, die Grundrechtskonkretisierung in einem schwierigen Umfeld – das durch unbestimmte Rechtsbegriffe (Anspruchsvoraussetzungen) geprägt ist und den Richter an «die funktionellen Grenzen» seiner Tätigkeit führt (BGE 129 I 12, 20) – zu systematisieren und zu rationalisieren.

14 *Anspruchsgrenzen am Beispiel des Schulausschlusses:* So wie die Freiheit des Einzelnen ihre Grenze findet an der Freiheit der anderen (vgl. Art. 4 der Erklärung der Menschenrechte von 1789), so findet der grundrechtliche Anspruch eines den Unterricht fortgesetzt störenden Schülers seine Grenze an den verfassungsmässigen Rechten der übrigen Schüler. Ungeachtet der «bedingungslos» formulierten Grundrechtsnorm, erscheint ein vorübergehender Ausschluss vom Unterricht aus disziplinarischen Gründen zulässig, sofern die Verhältnismässig-

keit gewahrt bleibt (vgl. BGE 129 I 12, 23, wo allerdings vor allem das «abstrakte» öffentliche Interesse an einem «geordnete[n] Schulbetrieb» betont wird). Die Zulässigkeit eines Schulausschlusses bedeutet nicht, dass das Gemeinwesen aus der Pflicht entlassen ist; vielmehr besteht in der Regel ein Anspruch auf weitere Betreuung oder Schulung in einer öffentlichen Einrichtung bis zum Ende der obligatorischen Schulpflicht (vgl. BGE 129 I 35, 48 f.; vgl. auch BGE 129 I 12, 22). – *Kasuistik:* BGE 129 I 12, 24 ff. (Zulässigkeit einer kantonalen Regelung, die als letzte und schärfste Massnahme einen Ausschluss während höchstens zwölf Schulwochen pro Schuljahr vorsieht); BGE 129 I 35, 45 ff. (Ausschluss für den Rest des dritten Oberstufenschuljahres aus disziplinarischen Gründen nach Schlag mit der Faust ins Gesicht des Hauswarts und mehreren früheren Beanstandungen); BGer, Urteil vom 31.5.2006, ZBl 2007, 146 ff. (unzulässiger definitiver Ausschluss).

Literaturhinweise

GEBERT PIUS, Das Recht auf Bildung nach Art. 13 des UNO-Paktes über wirtschaftliche, soziale und kulturelle Rechte, St. Gallen 1996; MEYER-BLASER ULRICH/GÄCHTER THOMAS, Der Sozialstaatsgedanke, VRdCH, 549 ff.; PLOTKE HERBERT, Bildung und Schule in den kantonalen Verfassungen, in: Strukturen des schweizerischen Bildungswesens, Beiheft zur ZSR Nr. 17, Basel 1994; DERS., Schweizerisches Schulrecht, 2. Aufl., Bern/Stuttgart 2003; DERS., Die Bedeutung des Begriffes Grundschulunterricht in Art. 19 und Art. 62 Abs. 2 der Bundesverfassung, ZBl 2005, 553 ff.

Art. 20 Wissenschaftsfreiheit

Die Freiheit der wissenschaftlichen Lehre und Forschung ist gewährleistet.

1   Die Bestimmung verschafft dem Grundrecht der Wissenschaftsfreiheit – das früher teils der Meinungsfreiheit, teils anderen Grundrechten zugeordnet oder als ungeschriebenes Grundrecht verstanden wurde (offen gelassen in BGE 115 Ia 234, 269 und BGE 119 Ia 460, 501) – erstmals eine eigene Verfassungsgrundlage (anders noch VE 95 Art. 15: im Verbund mit der Kunstfreiheit). Eine inhaltliche Neuerung war nicht beabsichtigt.

2   Vgl. auch die (gesetzliche) Verankerung in FG 3 (BG vom 7.10.1983 über die Forschung; SR 420.1) sowie EMRK 10; UNO-Pakt II Art. 19 (SR 0.103.2); UNO-Pakt I Art. 15 (SR 103.1).

Bedeutung und Funktion

3   Die grosse Bedeutung des Grundrechts der Wissenschaftsfreiheit für die moderne Wissensgesellschaft kontrastiert mit einer bisher eher spärlichen höchstrichterlichen Rechtsprechung (vgl. BGE 127 I 145, 156, Einsicht in archivierte Strafakten durch Drittpersonen; BGE 119 Ia 460, 501 und BGE 115 Ia 234, 267 ff., Fortpflanzungsmedizin; beiläufig BGE 128 IV 201, 204; BGE 120 II 76, 82; BGE 118 IV 153, 162). Der sachliche Schutzbereich hat kaum scharfe Konturen erlangt. Die Eigenart der Wissenschaftsfreiheit zeigt sich aber ohnehin weniger beim (auch durch andere Grundrechte erfassten, vgl. BV 16, EMRK 10) Schutzbereich als bei der Frage allfälliger staatlicher Handlungspflichten (BV 35) und bei den (u.U. erhöhten) Anforderungen an Grundrechtsbeschränkungen (BV 36). – Zur Berücksichtigung der Wissen-

schaftsfreiheit bei der Auslegung des einfachen Rechts vgl. BGE 128 IV 201, 205 (StGB 197 Ziff. 5); BGE 118 IV 153, 162 f. (StGB 173 und 175).

4 BV 20 begründet in erster Linie einen *Abwehranspruch* gegenüber dem Staat. Ein einklagbarer Anspruch auf staatliche Leistungen lässt sich aus BV 20 nicht ableiten. Doch obliegt es dem Staat, im Interesse der Verwirklichung der Grundrechte (BV 35) eine angemessene Infrastruktur sicherzustellen, zumal sich die Wissenschaftsfreiheit ohne einen gewissen institutionellen (universitären) Rahmen nicht entfalten kann. Seiner Grundidee nach müsste das Grundrecht der Wissenschaftsfreiheit die in der universitären Forschung und Lehre Tätigen auch in Schutz nehmen vor Zumutungen im administrativen Bereich, welche die Lehr- und Forschungstätigkeit beeinträchtigen.

5 *Wissenschaftsfreiheit und Forschungsförderung:* Bei den (gewöhnlich nicht mit eigentlichen Eingriffen verbundenen) Entscheidungen über staatliche Forschungsförderung (inkl. Planung, Schwerpunktsetzung) haben die zuständigen Behörden und Organe neben der Rechtsgleichheit (BV 8) auch dem freiheitlichen Gehalt des BV 20 Rechnung zu tragen (vgl. FG 2 und 3).

6 *Anspruch auf Zugang zu Quellen?* Die Wissenschaftsfreiheit (Forschungsfreiheit) vermag laut Bundesgericht «nicht ohne weiteres den Zugang zu Quellen zu öffnen, die unter dem Gesichtswinkel der allgemeineren Informationsfreiheit als nicht öffentlich zugänglich gelten». Ein über BV 16 Abs. 3 hinaus gehender Anspruch wird vom Bundesgericht immerhin nicht kategorisch verneint; dieser müsse aber im Einzelfall mit dem Schutz der Privatsphäre (BV 13) in Beziehung gesetzt und gegebenenfalls beschränkt werden (BGE 127 I 145, 156: Strafakten betreffend den damaligen Chef der «Hell's Angels»; weitergehend J.P. MÜLLER, Grundrechte, 289 und 319 f.; SCHEFER, Ergänzungsband, 208, der von einem «bedingten Anspruch» auf Akteneinsicht spricht). – Zur Zugänglichkeit von Archiven vgl. BGE 127 I 145, 151 ff. (wonach die Wissenschaftsfreiheit während der Schutzfrist keinen generellen Anspruch auf Information begründet). Vgl. auch N 10 zu BV 16.

Gegenstand und Grundrechtsträger

7 *Wissenschaft:* Die Schwierigkeiten, den Begriff exakt zu definieren, sind notorisch. Für die Zwecke des BV 20 kann man Wissenschaft (mit J.P. MÜLLER, Grundrechte, 319) grob umschreiben als methodische Gewinnung und Weitergabe von Erkenntnissen im Rahmen eines kommunikativ-kritischen Prozesses (der nicht auf die *scientific community* beschränkt bleiben muss).

8 *Wissenschaftliche Forschung:* «Die Forschungsfreiheit betrifft die Gewinnung und Weitergabe menschlicher Erkenntnisse durch freie Wahl von Fragestellung, Methode und Durchführung» (BGE 127 I 145, 152). Erfasst sind (wie das Bundesgericht unnötigerweise betont) neben naturwissenschaftlichen Arbeiten «auch solche geistes- und sozialwissenschaftlicher und historischer Natur» (BGE 127 I 145, 157). Unter dem Schutz des BV 20 stehen auch die Auftrags- und die im Schoss der Verwaltung betriebene Ressortforschung (vgl. J.P. MÜLLER, Grundrechte, 320 f.), ebenso die wissenschaftliche Forschung in privaten Institutionen oder Unternehmen (BARRELET, VRdCH, 735).

9 *Wissenschaftliche Lehre:* BV 20 schützt die *akademische* Lehre, d.h. die Weitergabe der Ergebnisse (eigener oder fremder) wissenschaftlicher Forschung im Hochschulrahmen. Der Schutz erstreckt sich nicht nur auf den Inhalt, sondern auch auf Unterrichtsmethoden, Abläuf und Stoffauswahl (vgl. Botsch. BV, 165). Die *nicht* spezifisch wissenschaftliche Lehre steht

unter dem Schutz anderer Grundrechte (insb. BV 15, BV 16), weshalb die exakte Grenzziehung praktisch kein vorrangiges Anliegen ist.

10 *Keine allgemeine Unterrichts- bzw. Lernfreiheit:* Die verfassungsrechtliche Verankerung einer allgemeinen *Unterrichtsfreiheit*, wie sie einige Kantone kennen (z.B. KV/BE 21; KV/SH 12), wurde in den parlamentarischen Beratungen abgelehnt (AB SD 1998 S 43); ebenso die Verankerung einer – schwer fassbaren – *Lernfreiheit* (AB SD 1998 N 211; was MEYER/HAFNER, SG-Komm., Art. 20, N 5, zu übersehen scheinen). Dies heisst nicht, dass die Lernenden sich der «Autorität der Lehrenden» ausliefern müssten (J.P. MÜLLER, Grundrechte, 323).

11 *Grundrechtsträger:* Auf BV 20 berufen können sich natürliche und juristische Personen. Die bisher wenig thematisierte Frage, ob neben den Forschenden und Lehrenden auch die *Hochschulen* selbst als Grundrechtsträger in Betracht kommen, ist grundsätzlich zu bejahen (ebenso RHINOW, Grundzüge, 268; SCHWANDER, 173 f.).

Einschränkungen

12 Einschränkungen der Wissenschaftsfreiheit müssen sich an BV 36 messen lassen. Dies gilt auch für die in jüngerer Zeit in Mode gekommenen Evaluationen, soweit sie die freie Ausübung der wissenschaftlichen Lehre und Forschung tangieren (ebenso SCHEFER, Ergänzungsband, 207). – Zu beachten ist auch das Zensurverbot (BV 17 Abs. 2). BV 20 verzichtet auf eine Klausel betreffend die Verantwortung der Forschenden (anders etwa KV/BE 21 Abs. 2), ebenso auf eine ausdrückliche Verknüpfung der Lehrfreiheit mit der «Treue zur Verfassung» (so Art. 5 Abs. 3 des deutschen Grundgesetzes).

13 Die *Lehrfreiheit* erfährt mannigfache Beschränkungen durch Lehrpläne, Prüfungsreglemente, verfügbare Infrastruktur, Pflichtenhefte der Lehrpersonen usw. (Botsch. BV, 165). Der Staat hat sich detaillierter Einwirkungen zu enthalten und den akademischen Lehrpersonen einen Bereich eigener Verantwortung zu belassen.

14 Beschränkungen der *Forschungsfreiheit* ergeben sich u.a. aus dem zivil- und strafrechtlichen Persönlichkeitsschutz, aus dem Heilmittelgesetz (vgl. HMG 53 ff., Anforderungen an klinische Versuche mit Heilmitteln am Menschen), dem BG vom 18.12.1998 über die medizinisch unterstützte Fortpflanzung (FMedG; SR 810.11) oder dem BG vom 19.12.2003 über die Forschung an embryonalen Stammzellen (StFG; SR 810.31); vgl. auch das geplante BG über die Forschung am Menschen, Vernehmlassungsvorlage vom 1.2.2006. Zentrale Motive sind der Schutz der Grundrechte Dritter (z.B. BV 10, BV 13) und die Wahrung der Menschenwürde (BV 7, BV 119, BV 119a). Die Rahmenbedingungen sind zunehmend ein Thema der Verfassung (BV 119, BV 120; vgl. auch den geplanten BV 118a betreffend Forschung am Menschen, Vernehmlassungsvorlage vom 1.2.2006). – Ein generelles Verbot der Forschung an (unbefruchteten) Keimzellen wurde vom Bundesgericht als verfassungswidrig eingestuft (BGE 115 Ia 234, 269 ff.). – Zum Spannungsfeld *Wissenschaftsfreiheit – Wettbewerbsrecht* aufschlussreich das Urteil Hertel (BGE 120 II 76, 82), das der EGMR für konventionswidrig erklärte (Rec.1998-VI, 2298 ff.; vgl. BGE 125 III 286; N 15 zu BV 16): «Wer (...) Wissenschaftsfreiheit für sich beansprucht, ist im akademischen Rahmen durchaus frei, seine Erkenntnisse darzulegen, darf im Wettbewerbsbezug dagegen nicht die Richtigkeit für sich in Anspruch nehmen, wenn die so vertretene Auffassung umstritten ist. Eine ungesicherte wissenschaftli-

che Meinung darf namentlich nicht missbraucht werden, um getarnte positive oder negative Werbung für eigene oder fremde Leistung zu betreiben.»

Literaturhinweise

BREINING-KAUFMANN CHRISTINE, Akademische Freiheit im Zeitalter der Globalisierung, ZSR 2004 I, 307 ff.; GRUBER HANS, Forschungsförderung und Erkenntnisfreiheit, Bern 1986; HALLER WALTER, Die Forschungsfreiheit, Festschrift Hans Nef, Zürich 1989, 125 ff.; DERS., Die akademische Lehrfreiheit als verfassungsmässiges Recht, ZSR 1976 I, 113 ff.; KOECHLIN BÜTTLER MONICA, Schranken der Forschungsfreiheit bei Forschung an menschlichen Embryonen, Basel/Frankfurt a.M. 1997; SCHWANDER VERENA, Grundrecht der Wissenschaftsfreiheit, Bern 2002; DIES., Von der akademischen Lehrfreiheit zum Grundrecht der Wissenschaftsfreiheit, ZBl 2006, 285 ff.; WILDHABER LUZIUS, Professor Pfürtner und die Lehrfreiheit, ZSR 1972 I, 395 ff.

Art. 21   Kunstfreiheit

Die Freiheit der Kunst ist gewährleistet.

1   Die Bestimmung verschafft dem Grundrecht der Kunstfreiheit – früher der Meinungs(äusserungs)freiheit zugeordnet (vgl. BGE 101 Ia 252, 255; BGE 117 Ia 472, 478, 487) – erstmals eine eigene Verfassungsgrundlage (anders noch VE 95 Art. 15: im Verbund mit der Wissenschaftsfreiheit). Eine inhaltliche Neuerung wurde damit nicht bezweckt. Der Antrag auf Verankerung einer «Freiheit der Kultur» fand keine Zustimmung (AB SD 1998 N 205).

2   Die Kunst steht auch unter dem Schutz von EMRK 10 (implizit), UNO-Pakt II Art. 19 Abs. 2 (SR 0.103.2), UNO-Pakt I Art. 15 (SR 0.103.1).

Gegenstand und Funktion

3   *Gegenstand:* BV 21 schützt neben dem Schaffen und der Präsentation von Kunst auch das Kunstwerk selbst (Botsch. BV, 164).

4   *Kunst:* Eine abschliessende Definition des Schlüsselbegriffs der Grundrechtsnorm kann nicht gegeben werden; dies nicht nur, weil ein allgemein akzeptierter Kunstbegriff fehlt (vgl. WOLFGANG ULLRICH, Was war Kunst?, Frankfurt a.M. 2005), sondern auch, weil es nicht Sache des Verfassungsgebers oder -interpreten ist, ein für alle Mal festzulegen, was «Kunst» heisst bzw. heissen darf und was nicht (für einen offenen verfassungsrechtlichen Kunstbegriff insb. J.P. MÜLLER, Grundrechte, 303 ff.; vgl. auch RHINOW, Grundzüge, 269). Dass sich der Begriff «Kunst» nicht genau fassen lässt, ist nicht weiter gravierend, weil im Grenzbereich gewöhnlich das Auffanggrundrecht der Meinungsfreiheit (BV 16) greift (vgl. BGE 127 I 164, 168). Im Kulturartikel (BV 69) wird dem Bund unter anderem die Befugnis zugesprochen, «Kunst und Musik» zu fördern. Daraus darf nicht gefolgert werden, dass der Verfassungsgeber die Tonkunst aus dem Kreis der (durch BV 21 geschützten) Künste hätte ausklammern wollen (BIAGGINI, ZÖR 1999, 445; so auch HÄFELIN/HALLER, 157). – Nach richtiger Auffassung ist es bei der Berufung auf BV 21 unerheblich, ob neben künstlerischen auch kommerzielle Ziele verfolgt werden (so auch MEYER/HAFNER, SG-Komm., Art. 21, N 6).

5   *Träger:* Auf BV 21 berufen können sich nicht nur die Kunstschaffenden, sondern auch jene, die Kunst vermitteln (Ausstellungsmacher, Galeristen, Agenten, Verleger usw., unter Einschluss juristischer Personen).

6   *Schutzrichtung:* BV 21 begründet in erster Linie einen *Abwehranspruch* gegenüber dem Staat. Einen einklagbaren Anspruch auf staatliche Leistungen vermittelt die Kunstfreiheit nicht. Den Staat trifft jedoch die objektive Verpflichtung (BV 35), angemessene Rahmenbedingungen zu schaffen, in denen sich Kunstschaffen und Kunst entfalten können (Botsch. BV, 164). Dies kann durch Berücksichtigung der Kunstfreiheit bei der Auslegung des einfachen Rechts geschehen (vgl. BGE 131 IV 64, 68 f. betreffend StGB 197 und, beiläufig, BGE 128 IV 201, 205), aber auch aktiv in Gestalt der Kunstförderung (für den Bund im Rahmen der Förderungskompetenzen gemäss BV 69 und BV 71).

7   Staatliche *Kunst- und Kulturförderung* muss auf die Freiheit der Kunst (und der Kunstschaffenden) Rücksicht nehmen (vgl. J.P. MÜLLER, Grundrechte, 314 f.). Dass dies nicht immer leicht fällt, hat der Wirbel rund um die von der Kulturstiftung «Pro Helvetia» (mit 180'000 Franken) unterstützte Ausstellung «Swiss-Swiss Democracy» des Künstlers Thomas Hirschhorn im Centre Culturel Suisse in Paris (Dezember 2004) gezeigt; eine überhastete «Straf(re)aktion» in den Eidgenössischen Räten führte zur Kürzung des «Pro Helvetia»-Budgets für das Jahr 2005 um 1 Million Franken (AB 2004 N 2138, S 941). Aus grundrechtlicher Sicht (BV 21 i.V.m. BV 35) erscheint dies bedenklich.

Einschränkungen

8   Auch die Kunstfreiheit gilt nicht absolut. Beschränkungen müssen den Anforderungen von BV 36 genügen (näher J.P. MÜLLER, Grundrechte, 308 ff.); zu beachten ist auch das Zensurverbot (BV 17 Abs. 2). Grundsätzlich zulässig sind namentlich Beschränkungen zum *Schutz der Rechte Dritter,* insb. im Rahmen des *straf- und zivilrechtlichen Persönlichkeitsschutzes* (vgl. z.B. BGE 131 IV 64, 68 f.) oder des Eigentumsschutzes (StGB 144: Sachbeschädigung), aber auch etwa zum Schutz der Überzeugung anderer in Glaubenssachen (StGB 261: Störung der Glaubens- und Kultusfreiheit) oder zum Schutz von Minderheiten (StGB 261bis: Rassendiskriminierung). Das Bundesgericht betont, dass in einer rechtsstaatlichen Demokratie nicht «jede Persönlichkeitsverletzung (…) mit der Kunstfreiheit gerechtfertigt werden» kann (BGE 120 II 225, 227; vgl. auch BGE 77 II 127, Hodler).

9   *Gebot verfassungskonformer Auslegung:* Die Kunstfreiheit schützt nicht vor strafrechtlicher Verurteilung, doch sind strafrechtliche Normen grundrechtskonform auszulegen und anzuwenden. Gemäss Bundesgericht soll der Strafrichter beim Entscheid über den kulturellen Wert eines Werkes weder auf das Selbstverständnis des Kunstschaffenden noch (wie nach früherer Rechtsprechung) auf das Kunstverständnis des Durchschnittsmenschen abstellen, sondern den Blickwinkel «eines künstlerisch aufgeschlossenen Betrachters» einnehmen, was dem Richter, wie das Bundesgericht (optimistisch) annimmt, «in der Regel möglich sein (wird), ohne einen Sachverständigen beizuziehen» (BGE 131 IV 64, 68 f., betreffend StGB 197).

10 *Kasuistik:* Im Fall Müller stufte der EGMR sowohl die Beschlagnahme anstössiger Bilder als auch die dem betreffenden Künstler, gestützt auf StGB 204 (unzüchtige Veröffentlichungen), auferlegte Busse von 300 Franken als EMRK-konform ein (Urteil vom 24.5.1988, Série A Nr. 133, EuGRZ 1988, 543 ff.). – Die Gemüter bewegt hat auch der Fall des sog. *«Sprayers*

von Zürich» (Harald Naegeli), der Ende der 1970er Jahre mit seinen «Strichfiguren» fremdes Eigentum ver(un)zierte (und damit den Straftatbestand der Sachbeschädigung erfüllte), über längere Zeit die Zürcher Polizei narrte und 1981 exemplarisch hart bestraft wurde (neun Monate Gefängnis unbedingt). Auf eine gegen die Auslieferung an die Schweiz gerichtete Beschwerde trat das deutsche Bundesverfassungsgericht nicht ein, was die Strassburger Menschenrechtskommission nicht beanstandete (Entscheid vom 13.10.1983, DR 34, 208, EuGRZ 1984, 259 ff.; vgl. auch MAHRENHOLZ, in: Benda/Maihofer/Vogel, 1311 f.). Vor kurzem wurde eine 1978 an die Fassade des heutigen Deutschen Seminars der Universität Zürich gesprühte Figur («Undine») aufwändig restauriert, um sie für die Nachwelt zu erhalten (vgl. Medienmitteilung der kantonalen Baudirektion vom 22.9.2004; Unimagazin 4/2006, S. 9, mit Abbildung).

Literaturhinweise (vgl. auch die Hinweise bei BV 16)

AUER ANDREAS, La liberté de l'art ou l'art de libérer la conscience: un essai, in: SIR (Hrsg.), Kunstfreiheit und Unabhängigkeit der Kunstschaffenden, Zürich 2004, 81 ff.; GLAUS BRUNO/ STUDER PETER, Kunstrecht, Zürich 2003; HEMPEL HEINRICH, Die Freiheit der Kunst, Zürich 1991.

Art. 22   Versammlungsfreiheit

¹ Die Versammlungsfreiheit ist gewährleistet.

² Jede Person hat das Recht, Versammlungen zu organisieren, an Versammlungen teilzunehmen oder Versammlungen fernzubleiben.

1   Die vom Bundesgericht im Jahr 1970 als *ungeschriebenes Grundrecht* anerkannte Versammlungsfreiheit (BGE 96 I 218, 224, *Nöthiger und Pinkus)* wird in BV 22 erstmals ausdrücklich gewährleistet. Ein vom Bundesrat beantragter Passus betreffend Bewilligungspflicht für Kundgebungen auf öffentlichem Grund (VE 96 Art. 18 Abs. 3) wurde von den Räten gestrichen (vgl. N 13).

2   Entsprechende Garantien des internationalen Rechts finden sich insb. in EMRK 11 und UNO-Pakt II Art. 21 (SR 0.103.2). Berührungspunkte und Überschneidungen bestehen vor allem im Verhältnis zu BV 16 (vgl. N 6).

Gegenstand

3   Die Versammlungsfreiheit bietet Schutz vor staatlichen Massnahmen «gegen Einberufung, Organisation, Durchführung oder Gestaltung einer Versammlung oder gegen die Teilnahme bzw. Nichtteilnahme an einer solchen» (BGE 132 I 49, 56).

4   Unter *«Versammlung»* versteht man die Zusammenkunft mehrerer Menschen während einer *begrenzten* Zeit (im Unterschied zur Vereinigung, die auf Dauer angelegt ist, vgl. N 8 zu BV 23) «mit einem weit verstandenen gegenseitig meinungsbildenden, -äussernden oder -austauschenden Zweck» (BGE 132 I 49, 56; vgl. auch BGE 127 I 164, 168). Versammlungen sind zu unterscheiden von zufälligen *Ansammlungen* von Einzelpersonen ohne kommunikativen Zweck (z.B. Schaulustige nach einem Unfall). Wohl vor allem zu Abgrenzungszwecken verlangt das Bundesgericht, dass die Zusammenkunft «im Rahmen einer gewissen Organisation» stattfindet (BGE 127 I 164, 168; BGE 132 I 49, 56; kritisch SCHEFER, Ergänzungsband, 210). Im Interesse

des Grundrechtsschutzes ist hier Grosszügigkeit angezeigt (vgl. auch J.P. MÜLLER, Grundrechte, 327 f.). Das Bundesgericht scheint dies zu beherzigen, wenn es im Berner Wegweisungs-Fall (BGE 132 I 49) freundschaftliche oder unterhaltende Absichten oder die Pflege von persönlichen Kontakten genügen lässt und das (letztlich bestätigte) Verbot, sich an einem bestimmten Ort (Bahnhof Bern) «in Personenansammlungen aufzuhalten, in welchen Alkohol konsumiert wird», unter dem Aspekt der Versammlungsfreiheit prüft (BGE 132 I 49, 56 ff.).

5 *Kundgebungen* (Demonstrationen) sind Versammlungen, die an die Öffentlichkeit appellieren wollen *(Appellfunktion)* und typischerweise öffentlichen Grund und Boden in gesteigerter Weise in Anspruch nehmen (zur verwaltungsrechtlichen Figur des gesteigerten Gemeingebrauchs vgl. HÄFELIN/MÜLLER/UHLMANN, 510 ff.).

6 *Keine eigenständige Demonstrationsfreiheit:* Das Bundesgericht und der eidgenössische Verfassungsgeber haben (bisher) von der Anerkennung einer eigenständigen Demonstrations- oder Kundgebungsfreiheit abgesehen (vgl. BGE 96 I 218, 224; vgl. demgegenüber KV/BL § 6). Kundgebungen stehen jedoch anerkanntermassen unter dem Schutz der Meinungs- und der Versammlungsfreiheit (vgl. BGE 107 Ia 226, 230; zum grundrechtlichen Schutz des Mitmarschierens vgl. BGE 111 Ia 322). Dieser Schutz, so wie er heute verstanden und gehandhabt wird (zum «bedingten Anspruch» auf Nutzung öffentlichen Grunds vgl. N 7), erscheint ausreichend. Eine Verselbstständigung der Demonstrationsfreiheit würde nichts daran ändern, dass Kundgebungen eingeschränkt, gegebenenfalls verboten werden dürfen.

Bedeutung und Funktion

7 Die Versammlungsfreiheit bildet eine zentrale Voraussetzung für die freie demokratische Willensbildung und die Ausübung der politischen Rechte und ist ein unentbehrlicher Bestandteil jeder demokratischen Verfassungsordnung (vgl. BGE 96 I 218, 224). BV 22 beinhaltet in erster Linie ein gegen den Staat gerichtetes *Abwehrrecht*, erschöpft sich jedoch nicht in einer bloss negativen Funktion (BGE 124 I 267, 269), sondern begründet u.U. auch (positive) staatliche Handlungspflichten:

– *Zurverfügungstellen öffentlichen Grundes:* Gemäss gefestigter Rechtsprechung besteht ein *bedingter Anspruch* auf Nutzung des *öffentlichen Grund und Bodens* für Kundgebungen. Gemeindesäle, die für Versammlungen benutzt werden können, sind wie öffentlicher Grund zu behandeln (BGer, Urteil vom 18.2.1991, ZBl 1992, 40 ff.; anders noch BGE 98 Ia 362 betreffend Räumlichkeiten einer Universität). Vgl. auch BGE 127 I 164, 178 f., betreffend dem Gemeingebrauch gewidmete Strassen und Plätze, die nicht im Eigentum des Gemeinwesens stehen. – Da der verfassungsmässige Anspruch nur «bedingt» gilt (d.h. eingeschränkt werden kann), besteht der praktische Nutzen vor allem darin, dass das Bundesgericht im Rahmen seiner Funktion als Verfassungsgericht angerufen werden kann (vgl. BGG 116).

– *Schutzpflichten:* Die Behörden sind «verpflichtet, durch geeignete Massnahmen – namentlich durch Gewährleistung eines ausreichenden Polizeischutzes – dafür zu sorgen, dass öffentliche Kundgebungen stattfinden können und sie nicht durch gegnerische Kreise gestört oder verhindert werden» (BGE 124 I 267, 269). Dies scheint der Gemeinderat von Bassecourt (JU) übersehen bzw. nicht beherzigt zu haben, als er wegen angekündigter Gegenkundgebungen die SVP-Delegiertenversammlung wieder auslud (vgl. NZZ Nr. 209 vom 9./10.9.2006, S. 16).

Fragen des Schutzbereichs

8   Geschützt sind Versammlungen (N 4) in geschlossenen Räumen und im Freien, sei es auf privatem, sei es auf öffentlichem Grund. Auf den Inhalt der ausgetauschten Meinungen kommt es nicht an (Botsch. BV, 166). Virtuelle Zusammenkünfte (Video-Konferenzen, Internet-Diskussionsforen usw.) werden durch andere Grundrechte hinreichend geschützt (ebenso MAHON, Comm., Art. 22, N 5; für eine Ausdehnung von BV 22 SCHEFER, Ergänzungsband, 211).

9   Der die allgemeine Garantie (Abs. 1) konkretisierende Abs. 2 führt verschiedene Teilaspekte an, ohne den Inhalt des Grundrechts abschliessend umschreiben zu wollen (Botsch. BV, 166). Geschützt ist neben der Vorbereitung (Organisation) auch die unbehinderte Anreise (vgl. ROHNER, SG-Komm., Art. 22, N 18). Die in Abs. 2 erwähnte Freiheit des Fernbleibens ist in der Rechtsprechung bisher (zum Glück) ohne praktische Relevanz geblieben.

10 Dass in BV 22 – anders als in EMRK 11 (und UNO-Pakt II Art. 21) – das Wort «friedlich» fehlt, bedeutet nicht, dass die Versammlungsfreiheit Freiraum für rechtswidrige Handlungen wie Randalieren, «Beschmieren und Bekleben von Schaufenstern, Einschlagen von Scheiben, Beschädigung von Autos, Stillegung des Strassenverkehrs, Belästigung von Passanten etc.» (BGE 111 Ia 322) schafft. Das StGB ist anwendbar (vgl. BGE 108 IV 33 betreffend StGB 260, Landfriedensbruch). Immerhin ist auf eine grundrechtskonforme Auslegung und Anwendung der einschlägigen Straftatbestände zu achten, namentlich wenn diese unter dem Aspekt des Bestimmtheitsgebotes problematisch sind (wie z.B. StGB 181, Nötigung; vgl. BGE 129 IV 6, 9). Diese grundrechtliche Dimension wird in höchstrichterlichen Urteilserwägungen nicht immer mit der nötigen Sorgfalt thematisiert (vgl. z.B. BGE 108 IV 165: «Menschenteppich»; Nötigung im Sinne von StGB 181 bejaht; vgl. auch SCHEFER, Ergänzungsband, 215 f.). – Die verbreitete Auffassung, wonach die Versammlungsfreiheit «nur für friedliche Versammlungen und Demonstrationen angerufen werden» könne (vgl. z.B. Botsch. BV, 166; MAHON, Comm., Art. 22, N 5), bedarf gleichwohl der Präzisierung: Die Berufung auf die Versammlungsfreiheit darf nicht schon deshalb versagt werden, weil im Stadium des Bewilligungsverfahrens ein unfriedlicher Verlauf nicht von vornherein ausgeschlossen werden kann (vgl. auch BGE 111 Ia 322) oder weil es im Verlauf einer Kundgebung zu Auseinandersetzungen kommt.

11 *Grundrechtsträger:* Auf BV 22 berufen können sich nicht nur natürliche Personen, sondern grundsätzlich auch juristische Personen (insb. organisierende Vereinigungen; vgl. z.B. BGE 92 I 24, 29, Rassemblement Jurassien; zum Teil strittig, Hinweise bei ROHNER, SG-Komm., Art. 22, N 12).

Beschränkungen

12 Das Bundesgericht hatte sich in mehreren Entscheidungen mit der Zulässigkeit von Einschränkungen der Versammlungsfreiheit zu befassen. Zu nennen sind insb.: BGE 132 I 256 (Brunnen: generelles Verbot am 1. August 2006); BGE 127 I 164 (WEF 2000); BGE 124 I 267 (Verein gegen Tierfabriken; Klosterplatz Einsiedeln); BGE 117 Ia 472 (Vermummungsverbot Basel-Stadt); BGE 108 Ia 300 («Lôzane bouge»; «Fête du Cannabis»); BGE 107 Ia 64 (POCH; Verwendung von Lautsprechern); BGE 103 Ia 310 (Rassemblement Jurassien; Gegende-

monstration); BGE 100 Ia 392 (Komitee für Indochina); vgl. auch, beiläufig, BGE 130 I 369, 384 (WEF). Häufig geht es um die Tragweite des Grundrechts bei *Kundgebungen auf öffentlichem Grund* und das Erfordernis einer *vorgängigen Bewilligung*.

13 Das *Bewilligungserfordernis* ist grundsätzlich zulässig, muss sich aber (spätestens seit Inkrafttreten der neuen Verfassung) auf eine gesetzliche Grundlage (i.S.v. BV 36) stützen können (inkl. polizeiliche Generalklausel gemäss Abs. 1 Satz 3). Die blosse Sachherrschaft des Gemeinwesens über den öffentlichen Grund genügt nicht (anders noch, unter der BV 1874, BGE 107 Ia 64, 66; kritisch statt vieler J.P. MÜLLER, Grundrechte, 216). Das Bewilligungserfordernis soll Spontandemonstrationen nicht verunmöglichen (J.P. MÜLLER, Grundrechte, 215). Das Bundesgericht lässt sich von folgenden Grundsätzen leiten (Zitate aus BGE 124 I 267, Hervorhebungen hinzugefügt).

- Kundgebungen auf öffentlichem Grund als Form des gesteigerten Gemeingebrauchs dürfen *«weitergehenden Beschränkungen* unterworfen werden als Versammlungen auf privatem Boden und andere Formen der Meinungsäusserung.» (268)

- Die Bewilligungsbehörde darf «neben den polizeilichen *auch andere öffentliche Interessen* berücksichtigen und namentlich dem Gesichtspunkt der *zweckmässigen Nutzung* der vorhandenen öffentlichen Anlagen im *Interesse der Allgemeinheit und der Anwohner* Beachtung schenken.» (268 f.)

- Sie hat «den besonderen ideellen Gehalt der Meinungsäusserungs- und Versammlungsfreiheit, um deren Ausübung es geht, in die Interessenabwägung einzubeziehen» und nach objektiven Kriterien abzuwägen (269; vgl. auch BGE 127 I 164, 171). Ob die Auffassungen, die verbreitet werden sollen, «der Behörde wertvoll erscheinen oder nicht», darf beim Entscheid «nicht ausschlaggebend sein» (269). – Es darf nicht darauf ankommen, ob der Gesuchsteller eine spezifische Beziehung zum Kundgebungsort hat. Vgl. BGE 132 I 256, 260 (betreffend Kundgebung des antifaschistischen Bündnisses für ein buntes Brunnen).

- Angesichts der aus dem Grundrecht fliessenden (polizeilichen) Schutzpflichten (269; vgl. vorne N 7) kommt bei Ankündigung von (möglicherweise unfriedlichen) Gegendemonstrationen ein allgemeines Verbot für politische Kundgebungen, das auch die Versammlungsfreiheit von Nichtstörern einschränkt, nur als *ultima ratio* in Betracht (problematisch BGE 103 Ia 310, Rassemblement Jurassien, Moutier). Vgl. jetzt BGE 132 I 256, 268 (Brunnen): Zulässigkeit eines generellen Verbots am 1. August 2006 wegen «konkreter Gefahr von gewaltsamen Tumulten und Sachbeschädigungen», die sich auch durch «massiven Einsatz von Polizeikräften» nicht hätten zügeln lassen.

- Der Grundsatz der *Verhältnismässigkeit* gebietet, dass ein Areal zur Verfügung gestellt wird, das dem Publizitätsbedürfnis angemessen Rechnung trägt; es besteht jedoch kein Recht auf Durchführung einer Kundgebung an einem ganz bestimmten Ort zu der von den Gesuchstellern gewünschten Zeit (272; vgl. auch BGE 127 I 164, 180).

- Die *besondere Zweckbestimmung* des fraglichen Ortes darf beim Bewilligungsentscheid berücksichtigt werden (270: Klosterplatz Einsiedeln als Zugang zur Klosterkirche als Marienwallfahrtsstätte).

14 Ein generelles Verbot der Benützung von Lautsprechern bei politischen Veranstaltungen im Freien während vier Wochen vor Abstimmungen und Wahlen verletzt die Meinungs- und die Versammlungsfreiheit (BGE 107 Ia 64). Verfassungswidrig ist auch die Pflicht, im Bewilligungsgesuch die Namen allfälliger Redner bekanntzugeben (BGE 107 Ia 292, 297). Veranstaltungen in privaten Lokalen dürfen nur aus besonders schwerwiegenden Gründen untersagt werden (BGE 107 Ia 292, 300; BGE 103 Ia 310, 312).

Literaturhinweise

HANGARTNER YVO/KLEY-STRULLER ANDREAS, Demonstrationsfreiheit und Rechte Dritter, ZBl 1995, 101 ff.; MANFRINI PIERRE LOUIS, La liberté de réunion et d'association, VRdCH, 739 ff.; RÜESCH ADRIAN, Die Versammlungsfreiheit nach schweizerischem Recht, Zürich 1983; UEBERSAX PETER, La liberté de manifestation, RDAF 2006, 25 ff.; WYSS MARTIN PHILIPP, Appell und Abschreckung: Verfassungsrechtliche Betrachtungen zur Versammlungsfreiheit, ZBl 2002, 393 ff.

Art. 23 Vereinigungsfreiheit

¹ Die Vereinigungsfreiheit ist gewährleistet.

² Jede Person hat das Recht, Vereinigungen zu bilden, Vereinigungen beizutreten oder anzugehören und sich an den Tätigkeiten von Vereinigungen zu beteiligen.

³ Niemand darf gezwungen werden, einer Vereinigung beizutreten oder anzugehören.

1 Die «Vereinsfreiheit» ist ein Bundes-Grundrecht der ersten Stunde (BV 1848 Art. 46; wortgleich BV 1874 Art. 56). BV 23 schreibt das Grundrecht unter neuer Bezeichnung («Vereinigungsfreiheit») in etwas abgewandelter Form, aber mit unveränderter Substanz fort.

2 Die entsprechenden Garantien des internationalen Rechts (insb. EMRK 11; UNO-Pakt II Art. 22, SR 0.103.2) bieten nach herrschender Auffassung keinen weitergehenden Schutz.

3 Die aus der Vereinsfreiheit hervorgegangene, heute eigenständig gewährleistete *Koalitionsfreiheit* (BV 28), die Religionsfreiheit (BV 15) und die Wirtschaftsfreiheit (BV 27) sind als speziellere Garantien gewöhnlich vorrangig heranzuziehen. Berührungspunkte bestehen auch im Verhältnis zur Versammlungs- (BV 22) und zur Meinungsfreiheit (BV 16) sowie zu den politischen Rechten (BV 34; vgl. BGE 115 Ia 148, 153: Schutz von politischen Parteien, Initiativ- und Abstimmungskomitees).

Bedeutung und Funktionen

4 Die Vereinigungsfreiheit ist für ein demokratisches Gemeinwesen von grösster Bedeutung. Sie ermöglicht es den Bürgerinnen und Bürgern, ihre Kräfte zu bündeln, um politische, kulturelle und andere Zwecke zu verfolgen (J.P. MÜLLER, Grundrechte, 339: Verein als «Rückgrat der schweizerischen Demokratie»). Das Grundrecht war in den letzten Jahrzehnten eher selten Gegenstand höchstrichterlicher Urteile. Eine wesentliche Rolle spielte es zuletzt in BGE 110 Ia 36 (betreffend eine studentische Zwangskörperschaft). Eine Phase intensiverer Rechtsprechung ist in den 1930er Jahren zu verzeichnen, als das Bundesgericht mehrere Beschwerden der Nationalen Front abwies (BGE 65 I 236; BGE 61 I 103; BGE 60 I 349) und das Verbot der Kommunistischen Partei im Kanton Neuenburg schützte (BGE 63 I 281).

5   BV 23 begründet in erster Linie ein gegen den Staat gerichtetes *Abwehrrecht*, aus dem sich grundsätzlich keine verfassungsmässigen Leistungsansprüche ableiten lassen. Die charakteristische kollektive Dimension sollte nicht dazu verleiten, von einem «Kollektivrecht» zu sprechen. Verfassungsrechtlicher Ausgangspunkt ist das Individuum, das gegebenenfalls auch alleine gegen eine Verletzung seines – inhaltlich kollektivbezogenen – Grundrechts vorgehen kann.

6   Die Vereinigungsfreiheit ist keine «naturwüchsige» Freiheit: Die Grundrechtsverwirklichung ist auf gesetzgeberische Vorleistungen angewiesen. Aus BV 23 i.V.m. BV 35 erwächst dem Gesetzgeber die Pflicht, die nötige zivilrechtliche «Infrastruktur» zur Verfügung zu stellen und dabei «auf die berechtigten [Interessen] des Vereinslebens Rücksicht zu nehmen» (BURCKHARDT, Komm., 527). Die Vereinigungsfreiheit entfaltet *keine direkte Drittwirkung* (BGE 75 II 305, 309). Aufnahme und Ausschluss von Mitgliedern fallen grundsätzlich in den Bereich der Privatautonomie; doch haben Gesetzgeber und Gerichte im Rahmen von BV 35 dafür zu sorgen, dass minimale Garantien greifen (Anhörung, Verfahrensfairness, Schutz vor willkürlichem Ausschluss; vgl. BGE 131 I 97, 102 betreffend Berufs- und Wirtschaftsorganisationen).

Sachlicher und persönlicher Schutzbereich

7   *Verhältnis der Absätze zueinander:* Die in Abs. 2 und 3 genannten (positiven und negativen) Teilaspekte verdeutlichen die allgemeine Garantie (Abs. 1) im Sinne nicht abschliessender Konkretisierungen (Botsch. BV, 168).

8   *Begriff der «Vereinigung»:* Grundrechtlich geschützt sind nicht nur Vereine (im Sinne von ZGB 60), sondern grundsätzlich alle *Personenzusammenschlüsse*, die auf eine gewisse *Dauer* angelegt sind *und* – so die herrschende Lehre – einen *ideellen Zweck* verfolgen (vgl. z.B. MAHON, Comm., Art. 23, N 6; MALINVERNI, Komm. aBV, Art. 56, N 2 f.; ROHNER, SG-Komm., Art. 23, N 6 ff.). In der Lehre wird oft, meist ohne nähere Erläuterung, auch die *Stiftung* genannt (z.B. MAHON, COMM., Art. 23, N 6; J.P. MÜLLER, Grundrechte, 341), obwohl diese, genau genommen, nicht zu den Personenzusammenschlüssen gehört. Dies ist Ausdruck einer verbreiteten (und grundsätzlich zu begrüssenden) Grundhaltung, die den verfassungsrechtlichen Vereinigungsbegriff nicht formalistisch fassen will. Der Einbezug von Personenzusammenschlüssen in der Form der *Kollektiv-* und der *Kommanditgesellschaft* erscheint, trotz fehlender Rechtspersönlichkeit, sachgerecht (im Ergebnis ebenso AUBERT, Bundesstaatsrecht II, 944). Personenverbindungen in der Form der *einfachen Gesellschaft* sollten nicht prinzipiell ausgeklammert, aber auch nicht unbesehen einbezogen werden, namentlich nicht wenn es sich um blosse *Ad'-hoc*-Gruppierungen handelt, deren Ziele nur vage definiert sind (vgl. BIAGGINI, HGR § 223, N 11 ff.; differenzierend auch J.P. MÜLLER, Grundrechte, 342; MANFRINI, VRdCH, 745).

9   *Nur Vereinigungen mit ideellem Zweck?* Nach herrschender Lehre (vgl. N 8) schützt BV 23 nur Zusammenschlüsse mit ideellem Zweck *(but idéal)*. Gemeint ist damit meist, dass die Verfolgung *erwerbs*wirtschaftlicher Zwecke *(but lucratif)* nicht in den Schutzbereich von BV 23 falle, da hier die Wirtschaftsfreiheit (BV 27) einschlägig sei. Diese Überlegung erscheint fragwürdig, denn es ist nicht einzusehen, weshalb gerade im Verhältnis von Vereinigungs- und Wirtschaftsfreiheit eine Überlappung grundrechtlicher Schutzbereiche von vornherein ausgeschlossen und eine gleichzeitige Anrufung des einen *und* des anderen Grundrechts prinzipiell unmöglich sein sollte. Ausgangspunkt einer zeitgemässen Dogmatik der Vereinigungsfreiheit

sollte nicht die überkommene zivilistische Gegenüberstellung «ideell–wirtschaftlich» (vgl. ZGB 60) sein, sondern ein Satz, den das Bundesgericht 1961 (in anderem Zusammenhang) prägte: Die Vereinigungsfreiheit «garantiert die Verfolgung beliebiger Zwecke (...), sofern sie nicht rechtswidrig oder staatsgefährlich sind» (BGE 87 I 275, 286; vgl. hinten N 15).

10 *Zwangskörperschaften:* BV 23 bietet nicht nur Schutz bei Zusammenschlüssen, die auf Freiwilligkeit beruhen, sondern kann auch (anders als etwa Art. 9 des deutschen Grundgesetzes) gegen die staatlich angeordnete *Zwangsmitgliedschaft* in öffentlich-rechtlichen Körperschaften angerufen werden (Freiheit des Sich-Zusammenschliessens, inkl. Freiheit des Fernbleibens; vgl. BGE 110 Ia 36, 37; HANGARTNER, 231 ff.; einschlägig können auch andere Grundrechte, namentlich die Wirtschaftsfreiheit, sein; vgl. BGE 78 I 409, 415). – Zwangskörperschaften haben eine gewisse Tradition im Hochschulbereich (sog. Studentenschaften; vgl. BGE 110 Ia 36, 42), in einzelnen Kantonen auch im Bereich der freien Berufe (Berufsorganisationen mit obligatorischer Mitgliedschaft; vgl. GRISEL, 135 ff.). Das Bundesgericht stufte Zwangskörperschaften vereinzelt als verfassungswidrig ein (Urteil vom 4.7.1990, Rivista di diritto amministrativo e tributario ticinese 1991 II, 58 ff.; anders BGE 78 I 409 ff., beide betreffend die Tessiner Ärzteschaft).

11 *Grundrechtsträger* sind nicht nur, unabhängig von ihrer Staatszugehörigkeit, alle *natürlichen Personen*, sondern grundsätzlich auch die *juristischen Personen* des Privatrechts (vgl. MAHON, Comm., Art. 23, N 4; anders zum Teil noch das Bundesgericht unter der BV 1874: BGE 100 Ia 277, 286, unter Berufung auf ein *obiter dictum* in BGE 97 I 116, 121).

Einzelne Schutzgehalte

12 *Positive Komponente (Abs. 2):* BV 23 schützt nicht nur die in Abs. 2 direkt angesprochenen Aspekte *(Gründungs-, Beitritts-, Betätigungsfreiheit)*. Geschützt sind auch die Auflösungs-, Austritts-, Organisations- bzw. Werbefreiheit und die Freiheit, nicht an die Öffentlichkeit zu treten (zur Privatsphäre des Vereins vgl. J.P. MÜLLER, Grundrechte, 345; BGE 97 II 97).

13 *Betätigungsfreiheit:* Bei der Konkretisierung dieses Teilgehalts ist darauf zu achten, dass eine Tätigkeit, die nicht speziell grundrechtlich geschützt ist (wie beispielsweise das Glücksspiel; vgl. N 22 zu BV 10), nicht über den «Umweg» des BV 23 unvermittelt besonderen verfassungsrechtlichen Schutz erlangt, sobald die Tätigkeit im Rahmen einer Vereinigung *kollektiv* ausgeübt wird (z.B. *gemeinsames* Glücksspiel als Vereinsbetätigung). Die Betätigungsfreiheit ist daher so zu konzipieren, dass sie grundsätzlich *nicht weiter* reicht als der individuumsbezogene Grundrechtsschutz im jeweiligen Tätigkeitsfeld (in diese Richtung schon BURCKHARDT, Komm., 524).

14 *Negative Komponente (Abs. 3):* Geschützt ist die Freiheit des Fernbleibens. Abs. 3 hat, entgegen dem ersten Eindruck («Niemand darf ...»), *nicht* den Zweck, einen grundrechtlichen Kerngehalt (i.S.v. BV 36 Abs. 4) zu umschreiben (so auch MAHON, Comm., Art. 23, N 12). Eine staatlich angeordnete Zwangsmitgliedschaft kann u.U. zulässig sein (vgl. N 10).

Beschränkungen

15 Beschränkungen der Vereinigungsfreiheit müssen den Anforderungen von BV 36 genügen (vgl. auch EMRK 11 Ziff. 2). Die Klausel betreffend *rechtswidrige und staatsgefährliche Vereinigungen*, deren Auslegung in der Doktrin zu BV 1874 Art. 56 viel Aufmerksamkeit auf sich

zog (vgl. MALINVERNI, Komm. aBV, Art. 56, N 10 ff.), wurde nicht in die neue Verfassung überführt. Die Rechtslage hat sich im Ergebnis nicht geändert (RHINOW, Grundzüge, 274), doch ist nun klar, dass Massnahmen gegen rechtswidrige oder staatsgefährliche Vereine grundsätzlich in den Schutzbereich der Vereinigungsfreiheit fallen (anders zum Teil Rechtsprechung und Lehre zu BV 1874 Art. 56: vgl. BGE 60 I 349, 352; MALINVERNI, Komm. aBV, Art. 56, N 9; vgl. immerhin BURCKHARDT, Komm., 523) und somit als Grundrechtseingriffe den verfassungsrechtlichen Anforderungen (BV 36) genügen müssen.

16 Die Gesetzgebungspraxis zeichnet sich im Allgemeinen durch eine *liberale Grundhaltung* aus. Das schweizerische Recht kennt «sozusagen keine besonderen polizeilichen Einschränkungen des Vereinslebens», allerdings kann, wie BURCKHARDT (Komm., 524) schon 1931 treffend bemerkte, die «tendenziöse Anwendung *allg[emeiner]* Polizeigesetze» zu Grundrechtsgefährdungen und -verletzungen führen. – Einige gängige Aussagen zur Tragweite der Vereinigungsfreiheit halten näherer Prüfung nicht durchweg stand. So ist zwar eine Bewilligungs- oder Registrierungspflicht bei der Gründung von Vereinen dem schweizerischen Recht fremd geblieben. Entgegen verbreiteter Auffassung heisst dies jedoch nicht, dass die Einführung solcher Instrumente von vornherein verfassungswidrig wäre (so aber J.P. MÜLLER, Grundrechte, 339 f.; wie hier BURCKHARDT, Komm., 525; vgl. auch BGE 96 I 219, 229). Die Wahl von Verbandsorganen oder -angestellten einer staatlichen Einflussnahme zu unterwerfen, dürfte zwar in aller Regel unzulässig sein, doch sind begründete Ausnahmen zumindest denkbar (vgl. z.B. den – freilich nicht unproblematischen – RTVG 1991 Art. 29, AS 1992 601, der die Möglichkeit vorsah, dass der Bundesrat gewisse Mitglieder von leitenden Organen der als Verein organisierten SRG wählt bzw. bestätigt). Auch die Verpflichtung zur Offenlegung einer Vereinsmitgliedschaft ist nicht von vornherein verfassungswidrig (strenger wohl J.P. MÜLLER, Grundrechte, 345). – Erst wenig Klarheit besteht darüber, inwieweit der Staat berechtigt oder gar verpflichtet ist, gegen Vereinspraktiken mit diskriminierendem Charakter (z.B. betreffend Aufnahme oder Ausschluss von Mitgliedern) vorzugehen (zur Problematik BESSON, 66 ff.).

17 Zu einschneidenden staatlichen Massnahmen kam es namentlich in den Kriegs- und Krisenjahren der ersten Hälfte des 20. Jahrhunderts (näher AUBERT, Bundesstaatsrecht II, 940 ff.). Unter den häufig auf der Grundlage verfassungsunmittelbarer Verordnungen (BV 1874 Art. 102) getroffenen Massnahmen seien hier erwähnt:
– die sog. Demokratieschutzverordnung von 1938 (AS 1938 856 ff.), u.a. mit Massnahmen gegen Vereinigungen, welche die innere oder äussere Sicherheit des Landes gefährdeten;
– die vom Bundesrat ausgesprochenen gesamtschweizerischen Verbote der Nationalen Bewegung und der Kommunistischen Partei (vom 19.11.1940, AS 1940 1814, bzw. vom 26.11.1940, AS 1940 1861), denen Massnahmen auf kantonaler Ebene vorausgegangen waren. – Das vom Neuenburger Gesetzgeber verhängte Verbot der Kommunistischen Partei wurde 1937 vom Bundesgericht geschützt (BGE 63 I 281, 289). Vgl. auch BGE 60 I 349, 352 (zulässiges Verbot der Organisationen «Harst der Nationalen Front» und «Kampfbund gegen den Faschismus»). – Parteiverbote sind heute keine in Kraft.

18 In jüngerer Zeit ergingen verschiedene gesetzliche Massnahmen, die sich speziell gegen rechtswidrige bzw. gefährliche *Organisationen* richten. Zum älteren Straftatbestand der

«Rechtswidrigen Vereinigung» (StGB 275ter) gesellte sich 1994 jener der «Kriminellen Organisation» (StGB 260ter; vgl. BGE 131 II 235, 241: mafiaähnliche sowie terroristische Organisationen, jedoch nicht extremistische Parteien oder Befreiungsbewegungen, die angemessene, nicht-verbrecherische Mittel einsetzen – mit Beispielen und theoretischen Überlegungen zum Problem des Tyrannenmordes). Mit dem 1997 erlassenen Staatsschutzgesetz (BWIS, SR 120) wurde die Beobachtung von Organisationen, welche die innere oder äussere Sicherheit gefährden, auf solidere Rechtsgrundlagen gestellt (zur prekären früheren Rechtslage vgl. den Bericht der Parlamentarischen Untersuchungskommission vom 22.11.1989, BBl 1990 I 637 ff., sowie BGE 117 Ia 202, 211 ff.). Neben straf- und zivilrechtlichen Sanktionen (vgl. ZGB 57) sieht die Bundesgesetzgebung auch gewisse (präventiv-)polizeiliche Massnahmen vor (vgl. BWIS 11). Das schweizerische Recht kennt indes kein «Verbotsverfahren» vor einer Exekutivbehörde, sondern nur die Auflösung durch den Richter (vgl. für den Verein ZGB 78: Klage der zuständigen Behörde oder eines Beteiligten). Die unschöne Nebenfolge dieser freiheitlichen Lösung ist, dass in den 1930er und 1940er Jahren sowie jüngst wieder beim Verbot der Gruppierung «Al-Qaïda» jeweils ein rechtsstaatlich fragwürdiges *Ad-hoc*-Vorgehen auf der Grundlage von sog. Polizeinotverordnungen zur Anwendung kam (vgl. AUBERT, Bundesstaatsrecht II, 940 f.; BIAGGINI, ius.full, 2002, 22 ff.; vgl. N 9 ff. zu BV 185).

19 *Personen in besonderen Rechtsverhältnissen* (Verwaltungspersonal, Lehrende und Lernende an staatlichen Schulen und Universitäten, Gefangene usw.) geniessen den Schutz der Vereinigungsfreiheit. Das Beamtengesetz des Bundes statuierte allerdings noch bis 1987 das Verbot, «einer Vereinigung anzugehören, die den Streik von Beamten vorsieht oder anwendet» (Art. 13). Das neue Personalrecht ist in dieser Hinsicht wesentlich freiheitsfreundlicher (vgl. BPG 24; N 20 zu BV 28). Auch einige ältere beamtenrechtliche Urteile des Bundesgerichts (vgl. z.B. BGE 65 I 236, 244, betreffend Treuepflicht und Vereinszugehörigkeit; BGE 99 Ib 129, 139, betreffend Entlassung einer jungen Postbediensteten, die einer bundespolizeilich überwachten oppositionellen Organisation angehörte) dürften heute kaum mehr wegweisend sein.

Literaturhinweise

BELLANGER FRANÇOIS, La liberté d'association, Fiches juridiques suisses Nr. 698, Genf 2002; BESSON SAMANTHA, Liberté d'association et égalité de traitement, ZSR 2001 I, 43 ff.; BIAGGINI GIOVANNI, Vereinigungsfreiheit und Koalitionsfreiheit (§ 223), in: Detlef Merten/Hans-Jürgen Papier (Hrsg.), Handbuch der Grundrechte in Deutschland und Europa (HGR), Band VII, Heidelberg (im Druck); DERS., Die Vereinigungsfreiheit – Streiflichter auf ein Bundes-Grundrecht der ersten Stunde, Festgabe zum Schweizerischen Juristentag 2006, Zürich 2006, 415 ff.; DERS., Die «Al-Qaïda»-Verordnung, ius.full, 2002, 22 ff.; GRISEL ETIENNE, Les professions libérales organisées en corporations de droit public, Mélanges Charles-André Junod, Basel 1997, 135 ff.; GUERY MICHAEL, Wie weiter mit dem schweizerischen Al-Qaïda-Verbot?, Anwaltsrevue 2005, 427 ff.; HANGARTNER YVO, Grundrechtliche Fragen der Zwangsmitgliedschaft in öffentlich-rechtlichen Personalkörperschaften, Festschrift Hans Giger, 1989, 231 ff.; KUGLER JÜRG, Zwangskörperschaften, Zürich 1984; MANFRINI PIERRE LOUIS, La liberté de réunion et d'association, VRdCH, 739 ff.; SCHIESS RÜTIMANN PATRICIA M., Von Ausländern mit Wohnsitz in der Schweiz gegründete Vereinigungen, recht 2003, 59 ff.

Art. 24   Niederlassungsfreiheit

¹ Schweizerinnen und Schweizer haben das Recht, sich an jedem Ort des Landes niederzulassen.

² Sie haben das Recht, die Schweiz zu verlassen oder in die Schweiz einzureisen.

1   Das bundesstaatlich wichtige, in der Verfassungsrechtsprechung heute wenig präsente Grundrecht der Niederlassungsfreiheit geht im Kern auf die Bundesstaatsgründung zurück (BV 1848 Art. 41). Es unterlag zunächst mannigfachen Voraussetzungen und Vorbehalten, die von den Schwierigkeiten des Übergangs vom Staatenbund zum Bundesstaat zeugen und nur nach und nach abgebaut wurden. Meilensteine waren:

–   1866: Ausdehnung auf (Schweizer) Nicht-Christen; Aufhebung besonderer Beschränkungen für «naturalisierte» (eingebürgerte) Schweizer.

–   1874: Liberalisierung im Zuge der ersten Totalrevision (BV 1874 Art. 45), Beschränkungen, insb. bei Unterstützungsbedürftigkeit, bleiben möglich.

–   1975: Abschaffung von Beschränkungen für Unterstützungsbedürftige (Teilrevision von BV 1874 Art. 45 und 48 vom 7.12.1975, in Kraft ab 1.1.1979); Unterstützung Bedürftiger als Sache des Wohnkantons.

Ohne direkten Vorläufer ist Abs. 2, der indes kein neues Recht, sondern lediglich mehr Transparenz schafft.

2   BV 24 hat kein direktes Pendant im internationalen Recht. Das im 4.ZP zur EMRK (von der Schweiz nicht ratifiziert) enthaltene Recht auf (innerstaatliche) Freizügigkeit (Art. 2) setzt den rechtmässigen Aufenthalt im betreffenden Vertragsstaat voraus (BGE 123 II 472, 477); ähnlich UNO-Pakt II Art. 12 Abs. 1 (SR 0.103.2), mit Vorbehalt der Schweiz. – Fragen des Aufenthalts und der Niederlassung von Ausländerinnen und Ausländern sind Gegenstand zahlreicher Abkommen, neuerdings insb. des FZA (vgl. N 7).

3   Berührungspunkte bestehen insb. mit BV 27 (Wirtschaftsfreiheit). – Das Grundrecht aus BV 24 ist nicht zu verwechseln mit der (gewerblichen) Niederlassungsfreiheit im schweizerischen Binnenmarkt, die jetzt in BGBM 2 Abs. 4 (i.d.F. vom 16.12.2005, in Kraft seit 1.7.2006) ausdrücklich garantiert wird (nachdem das Bundesgericht die Anerkennung im Wege der Auslegung abgelehnt hatte; vgl. BGE 125 I 276, 280).

Gegenstand und Träger der Niederlassungsfreiheit (Abs. 1)

4   *Gegenstand:* Das Recht, sich an jedem Ort des Landes niederlassen, schliesst die *Wohnsitzbegründung* ebenso ein wie den bloss *vorübergehenden Aufenthalt* (BGE 128 I 280, 282). BV 24 verbietet es dem Gemeinwesen, die Wohnsitzverlegung zu verhindern oder zu erschweren (BGE 128 I 280, 282; BGE 108 Ia 248). Das Grundrecht gilt nicht nur im *inter*kantonalen Verhältnis, sondern auch *innerhalb* eines Kantons («an jedem Ort»). – BV 24 steht der (früher möglichen, vgl. N 1) Rückschiebung Bedürftiger in den Heimatkanton entgegen (vgl. auch N 5 zu BV 115). Die in BV 1874 Art. 62 für abgeschafft erklärten «Abzugsrechte» und «Zugrechte» (näher DICKE, Komm. aBV, Art. 62, N 1 ff.) können, auch wenn die BV 1999 dies nicht ausdrücklich statuiert, wegen BV 24 nicht wieder eingeführt werden (Botsch. BV, 170).

5 *Schutzrichtung:* BV 24 begründet in erster Linie ein *Abwehrrecht*. Ein Anspruch auf staatliche Leistungen besteht grundsätzlich nicht, doch umfasst BV 24 ein verfassungsmässiges Recht auf Ausstellung und Aushändigung der für die Grundrechtsausübung erforderlichen *Ausweisschriften* bzw. *Reisedokumente*, was insb. für ausreisewillige Personen (Abs. 2) von Bedeutung ist. Die Ausstellung von Reisedokumenten «darf nur verweigert werden, wenn dem Wegzug des Betroffenen besondere öffentlich-rechtliche Pflichten entgegenstehen (so z.B. eine Passsperre im Rahmen einer hängigen Strafuntersuchung), nicht aber wegen ungetilgter Steuerschulden»: BGE 127 I 97, 102). Zu Verweigerung und Entzug vgl. auch Art. 6 und 7 des BG vom 22.6.2001 über die Ausweise für Schweizer Staatsangehörige (SR 143.1). Vgl. auch BGE 133 I 27.

6 *Grundrechtsträger:* Die Niederlassungsfreiheit gehört (wie die Einreisefreiheit des Abs. 2) zu den wenigen «echten» Bürgerrechten (i.e.S.), die nur (und allen) Personen mit Schweizer Bürgerrecht zustehen. Juristische Personen können zwar BV 24 nicht anrufen, doch bieten andere Grundrechte vergleichbaren Schutz (insb. BV 23 bzw. BV 27; vgl. ZUFFEREY, VRdCH, 757).

7 *Ausländerinnen und Ausländer* können sich nicht auf BV 24 berufen, doch kann sich ein Anspruch auf Erteilung einer Niederlassungs- oder Aufenthaltsbewilligung aus völkerrechtlichen Normen ergeben (vgl. N 4, 10 zu BV 121; N 7 zu BV 13), insbesondere aus bi- oder multilateralen Abkommen. Praktisch bedeutsam ist heute vor allem das im Verhältnis zur EG und ihren Mitgliedstaaten geltende Freizügigkeitsabkommen (FZA, SR 0.142.112.681; in Kraft seit 1.6.2002, für die 10 «neuen» Mitgliedstaaten seit dem 1.4.2006, nach Gutheissung der FZA-Erweiterung in der Volksabstimmung vom 5.6.2005), wie auch die Parallelregelung im Rahmen der EFTA (Anhang K zur Vaduzer Fassung vom 21.6.2001 des EFTA-Übereinkommens vom 4. Januar 1960; SR 0.632.31). Vielfach besteht ein staatsvertraglicher Anspruch auf Kantonswechsel (vgl. z.B. BGE 127 II 177, 180), so dass die in ANAG 8 statuierte Regel, wonach die Aufenthalts- oder Niederlassungsbewilligung «nur für den Kanton, der sie ausgestellt hat», gilt, überspielt wird (grosszügiger jetzt AuG 37, BBl 2005 7365). – Zur Tragweite des FZA vgl. z.B. BGE 131 II 352; BGE 131 II 339; BGE 131 V 215; BGE 130 II 493; BGE 130 II 388; BGE 130 II 113; BGE 130 II 49; BGE 130 II 1; BGE 129 II 249; BGE 129 II 215.

Aus- und Einreisefreiheit bzw. Aus- und Einwanderungsfreiheit

8 *«Verlassen»:* Neben der vorübergehenden Ausreise ist auch die Auswanderung geschützt. – *«Einreisen»:* Die in den Eidgenössischen Räten beschlossene Präzisierung («einzureisen» statt «zurückzukehren») verdeutlicht, dass auch im Ausland geborene Auslandschweizer (inkl. Doppel- und Mehrfachbürger; vgl. BV 40) das verfassungsmässige Recht haben, jederzeit in die Schweiz zu kommen, sei es vorübergehend, sei es, um sich hier niederzulassen (Abs. 1).

Einschränkungen, insbesondere Wohnsitzpflicht

9 Einschränkungen müssen den Anforderungen des BV 36 genügen. Diese sind auch in besonderen Rechtsverhältnissen zu beachten (BGE 128 I 280, 283). Dies ist vor allem bedeutsam für die Begründung einer *Wohnsitzpflicht* für Staatsangestellte oder Amtsträger (z.B. Urkundsperson), die in der eher spärlichen jüngeren Rechtsprechung zur Niederlassungsfreiheit im Zentrum stand (Überblick in BGE 128 I 280, 283; BGE 118 Ia 410, 412). In der Wohnsitzpflicht widerspiegelt sich, dass nach schweizerischer Auffassung «eine gewisse Verbunden-

heit des Beamten mit der Bevölkerung und dem Gemeinwesen anzustreben (ist), dessen Probleme der Beamte nicht nur aus amtlicher, sondern auch aus privater Sicht kennen sollte» (BGE 128 I 280, 283). Dies ändert nichts daran, dass es sich um einen schwerwiegenden Grundrechtseingriff handelt, der einer hinreichend klaren *gesetzlichen Grundlage* bedarf. Die früher als genügend erachtete generelle Befugnis, die Arbeitsbeziehungen zu regeln (vgl. BGE 106 Ia 28, 30), genügt nicht (mehr).

10   *Öffentliches Interesse und Verhältnismässigkeit:* Die Niederlassungsfreiheit darf nur eingeschränkt werden, «wo zwingende Gründe des Dienstes oder das Erfordernis besonderer Beziehungen zur Bevölkerung dies gebieten» (BGE 120 Ia 203, 205). *Grundsätzlich* bejaht wurde das öffentliche Interesse an einer Residenzpflicht unter anderem für Beamte des Polizei- oder Feuerwehrkorps (BGE 103 Ia 455, 457), für Lehrer (BGE 115 Ia 207; BGE 108 Ia 248), für den Chef einer kommunalen Einwohnerkontrolle (vgl. den Hinweis in BGE 118 Ia 410), für den Aufseher einer Strafanstalt (BGE 116 Ia 382), für den Gerichtsschreiber an einem Bezirksgericht (Urteil P.388/1986 vom 27. März 1987), für die Regierungsstatthalter im Kanton Bern (BGE 128 I 34, 43), nicht dagegen etwa bei einem Ambulanzfahrer (BGE 118 Ia 410). Das Bundesgericht stellte mehrfach klar, dass «überwiegende (objektive oder subjektive) Gründe nach dem Verhältnismässigkeitsprinzip eine Ausnahme erfordern» können (bejaht in BGE 116 Ia 382, Gefängnisaufseher; BGE 111 Ia 214, Universitätsprofessor, beide betreffend den Kanton Genf). Die Verweigerung des auswärtigen Wohnsitzes darf nicht den Charakter einer Disziplinarmassnahme annehmen (BGE 114 Ib 163). Es dauerte recht lange, bis die (zu) wohnsitzpflicht-freundliche Rechtsprechung (selbstkritisch BGE 128 I 280, 285), die im Ergebnis oft fiskalischen Interessen zugute kam (vgl. z.B. BGE 106 Ia 28: Wohnsitzpflicht für Professoren der Hochschule St. Gallen), einer liberaleren Sichtweise Platz machte. Noch heute legt das Bundesgericht Wert darauf, sich «in Grenzfällen eine gewisse Zurückhaltung gegenüber dem kantonalen Gesetzgeber» aufzuerlegen (BGE 128 I 280, 285, Wohsitzpflicht für Urkundsperson im Kanton Appenzell I.Rh.); so auch im Fall der recht apodiktisch bejahten Wohnsitzpflicht für Berner Regierungsstatthalter (BGE 128 I 34, 43; zu Recht kritisch SCHEFER, Ergänzungsband, 110).

11   Zu *mittelbaren Beeinträchtigungen* der Niederlassungsfreiheit kann es u.U. im Bereich des Sozialversicherungsrechts kommen: Obwohl die Ablehnung von Versicherungsleistungen gemäss Bundesgericht «keinen Grundrechtseingriff im herkömmlichen Sinne» darstellt, kann dadurch die Wohnsitzverlegung erschwert oder unmöglicht werden, «wodurch der Versicherte in der Wahrnehmung seiner Grundrechte mittelbar beeinträchtigt wird; es kann daraus eine faktische Grundrechtsverletzung resultieren» (BGE 113 V 22, 32). Sozialversicherungsrechtliche Leistungsnormen (bzw. die Anforderungen an die Schadenminderungspflicht) sind daher im Lichte der einschlägigen Grundrechte (insb. auch BV 24) auszulegen (BGE 126 V 334, 340).

12   *Zivil- und strafrechtliche Beschränkungen:* Zum Wohnsitz nicht selbstständiger Personen (Kinder, Bevormundete) vgl. ZGB 25, ZGB 377; vgl. auch BGE 131 I 266 (Bewilligung des Wohnsitzwechsels). Ehegatten sind berechtigt, je einen selbstständigen Wohnsitz zu begründen (BGE 115 II 120). Im StGB ist die Möglichkeit von Weisungen betreffend Aufenthalt vorgesehen.

Literaturhinweise

ZUFFEREY JEAN-BAPTISTE, La liberté d'établissement, VRdCH, 753 ff.

Art. 25 Schutz vor Ausweisung, Auslieferung und Ausschaffung

¹ Schweizerinnen und Schweizer dürfen nicht aus der Schweiz ausgewiesen werden; sie dürfen nur mit ihrem Einverständnis an eine ausländische Behörde ausgeliefert werden.

² Flüchtlinge dürfen nicht in einen Staat ausgeschafft oder ausgeliefert werden, in dem sie verfolgt werden.

³ Niemand darf in einen Staat ausgeschafft werden, in dem ihm Folter oder eine andere Art grausamer und unmenschlicher Behandlung oder Bestrafung droht.

1. Die Bestimmung führt das Ausweisungsverbot gemäss BV 1874 Art. 45 Abs. 2 weiter (angenommen in der Volksabstimmung vom 4.12.1983) und konstitutionalisiert das im Völkerrecht wurzelnde Rückschiebungsverbot (Grundsatz des Non-Refoulement; vgl. Art. 33 der Genfer Flüchtlingskonvention vom 28.7.1951, SR 0.142.30; vgl. auch EMRK 3).

Gegenstand und Funktionen

2. *Gemeinsamer Nenner:* BV 25 schützt die (Bewegungs-)Freiheit gegen staatliche (Zwangs-)Massnahmen, die darauf abzielen, dass die betroffene Person das schweizerische Staatsgebiet verlässt.

3. *Ausweisung:* Staatliche Anordnung, die von einer Person verlangt, das Staatsgebiet zu verlassen (gewöhnlich verbunden mit einem Rückkehrverbot).

4. *Auslieferung:* Übergabe einer Person an die Behörden eines anderen Staates, gewöhnlich auf Ersuchen einer ausländischen Behörde im Rahmen von Strafverfolgung oder –vollzug (vgl. dazu näher insb. das IRSG, SR 351.1; das Europäische Auslieferungsübereinkommen vom 13.12.1957, SR 0.353.1)

5. *Ausschaffung:* Beendigung der Anwesenheit mit Hilfe von Zwangsmitteln, gewöhnlich als Vollstreckungsmassnahme im Zusammenhang mit einer förmlich angeordneten Ausweisung (vgl. ANAG 14, künftig AuG 69, BBl 2005 7365). Zur sog. Ausschaffungshaft vgl. ANAG 13a ff., künftig AuG 76 f.

6. *Grundrechtsträger:* Der Kreis der geschützten Personen variiert von Absatz zu Absatz. Juristische Personen können sich nicht auf BV 25 berufen.

Schweizer: Ausweisungs- und Auslieferungsverbot (Abs. 1)

7. Das Ausweisungsverbot für Schweizer gilt ohne Einschränkungen. Das Auslieferungsverbot hat insofern «relativen» Charakter (BREITENMOSER, SG-Komm., Art. 25, N 5, 9), als es bei Zustimmung des Betroffenen (vgl. ISRG 7) nicht greift. Falls es nicht zur Auslieferung kommt, wird der Schweizer für die im Ausland begangene Tat in der Schweiz abgeurteilt (StGB 6; *aut dedere aut iudicare).*

8   Nicht als Auslieferung i.S.v. BV 25 gilt die *Überstellung* an einen *Internationalen (Straf-) Gerichtshof* (zu Rechtsnatur und Besonderheiten vgl. BREITENMOSER, SG-Komm., Art. 25, N 2, 12 ff.). Die Überstellung an die Internationalen Gerichtshöfe für Ex-Jugoslawien und für Ruanda – errichtet auf der Grundlage der UN-Sicherheitsrats-Resolutionen 827 (1993) und 955 (1994) – ist an die Zusicherung zu knüpfen, dass der betreffende Schweizer nach Abschluss des Verfahrens wieder an die Schweiz überstellt wird (vgl. Art. 10 des BB vom 21.12.1995 über die Zusammenarbeit [usw.], SR 351.20). Im Fall des *Internationalen Strafgerichtshofs* (ICC) – geschaffen durch das Römer Statut vom 17. Juli 1998 (SR 0.312.1) – ist eine entsprechende Bedingung aus völkerrechtlichen Gründen nicht möglich. Die zuständige Behörde (Zentralstelle) ist aber gehalten, um Rückführung nach Abschluss des Verfahrens zu ersuchen (Art. 16 Abs. 3 des BG vom 22.6.2001 über die Zusammenarbeit mit dem Internationalen Strafgerichtshof, ZISG; SR 351.6).

9   Für *Ausländerinnen und Ausländer* gilt Abs. 1 *nicht*. Bei der Anwendung der einschlägigen (Ausländer- bzw. Rechtshilfe-)Gesetzgebung und der zahlreichen Rechtshilfe- und Auslieferungsabkommen sind die Garantien gemäss Abs. 2 und 3 sowie weitere allenfalls tangierte Grundrechte zu beachten (z.B. BV 10, 13).

Flüchtlinge: Allgemeines Verbot der Rückschiebung (Abs. 2)

10 Auf das allgemeine Rückschiebungsverbot können sich (anders als im Fall von Abs. 3) nur *Flüchtlinge* berufen (VPB 69.103). Zum Flüchtlingsbegriff vgl. Art. 1 der Genfer Flüchtlingskonvention, SR 0.142.30, sowie AsylG 3. Geschützt sind auch Gesuchsteller (vgl. MAHON, Comm., Art. 25, N 7). – Zur Problematik quasi-staatlicher Strukturen vgl. VPB 68.142 (2004), Asylrekurskommission (betreffend Somalia).

11 Die Ausschaffung, Auslieferung oder Rückstellung in den Verfolgerstaat ist grundsätzlich unzulässig (vgl. BGE 132 II 342, 351), jedoch, auch wenn dies im Verfassungswortlaut nicht deutlich zum Ausdruck kommt, *nicht kategorisch ausgeschlossen* (anders: Abs. 3). Zu beachten ist Art. 33 Abs. 2 der Genfer (UN-)Flüchtlingskonvention (SR 0.142.30), wonach einem Flüchtling die Berufung auf das Rückschiebungsverbot nur dann verwehrt ist, wenn er als «eine Gefahr für die Sicherheit des Aufenthaltsstaates angesehen werden muss oder wenn er eine Bedrohung für die Gemeinschaft dieses Landes bedeutet, weil er wegen eines besonders schweren Verbrechens oder Vergehens rechtskräftig verurteilt worden ist». AsylG 5 Abs. 2 sieht entsprechende Ausnahmen vom Rückschiebungsverbot vor (vgl. auch AsylG 53 und 63).

Absolutes Rückschiebungsverbot (Abs. 3)

12 Abs. 3 ruft die Geltung bereits anderweitig statuierter absoluter (Kerngehalts-)Garantien in Erinnerung (insb. EMRK 3, BV 10 Abs. 3; vgl. auch Art. 3 der UNO-Antifolterkonvention, SR 0.105, und UNO-Pakt II Art. 7, SR 0.103.2, vgl. auch N 13 zu BV 139). Dass hier (anders als in BV 10 Abs. 3) das Adjektiv «erniedrigend» fehlt, ist eine redaktionelle Unstimmigkeit ohne rechtliche Bedeutung. – Abs. 3 begründet (wie Abs. 2) keinen Anspruch auf eine Aufenthaltsbewilligung (vgl. BREITENMOSER, SG-Komm., Art. 25, N 20). – Zur Zulässigkeit des Wegweisungsvollzugs eines HIV-Infizierten vgl. VPB 68.115 und 68.116 (2004), Asylrekurskommission. Zur Unzulässigkeit des Wegweisungsvollzugs im Fall einer abgewiesenen Asylbewerberin in ein Land, in dem ihr eine der dort üblichen Formen der Genitalverstümmelung

ernsthaft droht, vgl. VPB 68.142 (2004), Asylrekurskommission (zu EMRK 3). – Vgl. BGE 131 II 228, 233 ff., wonach die Auslieferung nur zulässig ist, wenn dem Betroffenen nicht die Todesstrafe droht (vgl. N 15 zu BV 10; vgl. auch VPB 68.80 [2004], Direktion für Völkerrecht, zu EMRK 3).

13 Das Verbot erfasst nicht nur die Ausschaffung, sondern auch die Ausweisung und Auslieferung. Es geht allfälligen vertraglichen Auslieferungsverpflichtungen vor. Eine Auslieferung kommt immerhin dann in Betracht, wenn der ersuchende Staat die Beachtung des Folterverbots garantiert (BREITENMOSER, SG-Komm., Art. 25, N 23 ff., mit Hinweisen auf die Rechtsprechung des EGMR). Vgl. auch IRSG 2 und 37 sowie ANAG 14a Abs. 3. Eine schlechte Menschenrechtslage im Heimatstaat lässt den Wegweisungsvollzug nicht schon als unzulässig erscheinen (VPB 69.103 [2005], Asylrekurskommission, Urteil vom 20.12.2004).

Literaturhinweise

BREITENMOSER STEPHAN, Internationale Amts- und Rechtshilfe, in: Peter Uebersax u.a. (Hrsg.), Ausländerrecht, Basel usw. 2002, 861 ff.; HEIMGARTNER STEFAN, Auslieferungsrecht, Zürich 2002; KÄLIN WALTER, Das Prinzip des non-refoulement, Bern 1982; ZIMMERMANN ROBERT, La coopération judiciaire internationale en matière pénale, Bern 1999.

Art. 26 Eigentumsgarantie

¹ Das Eigentum ist gewährleistet.

² Enteignungen und Eigentumsbeschränkungen, die einer Enteignung gleichkommen, werden voll entschädigt.

1 Die Bestimmung übernimmt den 1969 (gleichzeitig mit der Raumplanungskompetenz, heute BV 75) geschaffenen BV 1874 Art. 22ter in redaktionell angepasster Form, ohne den Gehalt zu ändern. Das Bundesgericht hatte bereits zuvor die Eigentumsgarantie als *ungeschriebenes Grundrecht* des Bundes anerkannt – bemerkenswerterweise in einem nicht in die amtliche Sammlung aufgenommenen Entscheid (vgl. Urteil vom 11.5.1960, ZBl 1961, 69, wo auf zwei 1959 ergangene unveröffentlichte Urteile verwiesen wird). Für den Eigentumsschutz war die praktische Tragweite dieses Schritts eher gering, denn das Bundesgericht hatte schon in den Jahren davor das in fast allen Kantonsverfassungen ausdrücklich gewährleistete Eigentumsgrundrecht zu einem «gemeineidgenössischen» Schutzstandard geformt (vgl. SALADIN, Grundrechte im Wandel, 114 ff.). – Der Grundsatz der *vollen Entschädigung* hat eine lange Verfassungstradition (vgl. BV 1848 Art. 21 Abs. 2: Enteignung für öffentliche Werke des Bundes).

2 Von eher untergeordneter Bedeutung ist für einmal der *völkerrechtliche* Schutz. Die Schweiz hat das (erste) ZP zur EMRK (vom 20.3.1952) bisher nicht ratifiziert (das freilich nach allgemein geteilter Auffassung weniger weit geht als BV 26; vgl. VILLIGER, Handbuch EMRK, N 670). Zu beachten sind der fremdenrechtliche Mindeststandard sowie die zahlreichen bilateralen Investitionsschutzabkommen (SR 0.975 ff.). – Von erheblicher praktischer Bedeutung sind die bei Eigentumsstreitigkeiten zu beachtenden *Verfahrensgarantien* gemäss EMRK 6 Ziff. 1 (vgl. BGE 131 I 12, 14; BGE 120 Ia 209, 213 ff.).

3   Keinen Eingang in die BV fand die gelegentlich geforderte (vgl. Botsch. BV, 173; AB SD 1998 N 213 ff.) Verankerung der «Sozialpflichtigkeit» des Eigentums nach dem Muster von Art. 14 Abs. 2 Satz 1 GG (vgl. immerhin den Appell an die «gesellschaftliche Verantwortung» des Individuums – und damit auch des Eigentümers – in BV 6).

Bedeutung und Funktionen der Eigentumsgarantie

4   Anders als die klassischen Freiheitsrechte schützt die (ebenfalls in der Tradition der Aufklärung stehende) Eigentumsgarantie nicht eine menschliche Eigenschaft, Befähigung oder Tätigkeit. Das Schutzgut «Eigentum» ist ein Produkt der Rechtsordnung (HANGARTNER, 714). Man sollte daher besser von «Eigentumsgarantie» (Sachüberschrift), nicht von «Eigentumsfreiheit» sprechen.

5   Das private Eigentum verringert als «Quelle der Freiheit» die «Abhängigkeit von den Wechselfällen des Lebens, vom Arbeitgeber und vom Markt» (VALLENDER/HETTICH/LEHNE, Wirtschaftsfreiheit, 243). Das Rechtsinstitut des Privateigentums ist daneben auch ein *Grundpfeiler* der freiheitlich-wettbewerbsorientierten *Wirtschaftsverfassung* (RHINOW/SCHMID/BIAGGINI, 133 ff.). Diese Dimension ist in der höchstrichterlichen Rechtsprechung allerdings kaum präsent, was in einem auffälligen Gegensatz zur hohen Aufmerksamkeit steht, die dem Privateigentum in Staatsphilosophie und Ökonomie zuteil wird.

6   *Schutzrichtung:* Die Eigentumsgarantie begründet in erster Linie ein gegen den Staat gerichtetes *Abwehrrecht.* Sie vermittelt grundsätzlich *keine einklagbaren Leistungsansprüche* (BGE 119 Ia 28, 30; BGE 105 Ia 330, 337; BGE 92 I 503, 509), wenn man vom (praktisch sehr bedeutsamen) Entschädigungsanspruch gemäss Abs. 2 absieht (zur Erschliessungspflicht vgl. BGE 131 II 72, 80). Als *Grundsatznorm* und *Element objektiver Ordnung* verlangt die Eigentumsgarantie von den staatlichen Organen, sich für die Verwirklichung des Grundrechts einzusetzen (BV 26 i.V.m. BV 35) und namentlich die für Erwerb, Ausübung und Veräusserung vermögenswerter Rechte erforderliche rechtliche «Infrastruktur», inkl. Zivilgerichte, bereitzustellen (vgl. G. MÜLLER, ZSR 1981 II, 53). Konkrete Aufträge für eine staatliche *Eigentumspolitik* ergeben sich nicht schon aus BV 26, sondern erst aus speziellen Verfassungsbestimmungen wie BV 108 (Wohneigentumsförderung) oder BV 111 (Förderung der Selbstvorsorge). – Aus der Eigentumsgarantie kann dem Staat u.U. die Verpflichtung erwachsen, gegen private Eigentumsstörer vorzugehen. Bei gravierenden Beeinträchtigungen ist es denkbar, dass sogar ein *einklagbarer Anspruch* des Beeinträchtigten *auf Ergreifung polizeilicher Massnahmen* zum Schutz seines Eigentums besteht (vgl. J.P. MÜLLER, Grundrechte, 603; RIVA/MÜLLER-TSCHUMI, VRdCH, 770; offen gelassen in BGE 119 Ia 28, 31: polizeiliche Intervention gegen Hausbesetzer). Die Eigentumsgarantie entfaltet jedoch *keine* Direktwirkung im Verhältnis zwischen Privaten (BGE 111 II 330, 337 f. betreffend das Verhältnis zwischen Stockwerkeigentümern). Zur Frage der indirekten Drittwirkung vgl. SALADIN, Grundrechte im Wandel, 208 ff.

7   *Verfahrensgarantien:* Aus der Eigentumsgarantie ergeben sich gewisse Verfahrensgarantien, so namentlich ein verfassungsmässiger Anspruch auf gerichtliche Beurteilung von Streitigkeiten im Zusammenhang mit Enteignungen und Entschädigungsansprüchen (vgl. BGE 128 I 129, 134), der heute neben EMRK 6 bzw. BV 29a kaum eigenständige Bedeutung aufweist.

8   *Verhältnis zu anderen Grundrechtsbestimmungen:* Berührungspunkte und Überschneidungen bestehen vor allem im Verhältnis zur Wirtschaftsfreiheit (BV 27), zur Rechtsgleichheit (BV 8)

und zum verfassungsmässigen Anspruch auf Wahrung von Treu und Glauben (BV 9). Zum Verhältnis von Eigentumsgarantie und Vertrauensschutz bei wohlerworbenen Rechten vgl. z.B. BGE 132 II 485, 513; BGE 128 II 112, 126; BGE 118 Ia 245, 255; ELISABETH CHIARIELLO, Treu und Glauben als Grundrecht nach Art. 9 der schweizerischen Bundesverfassung, Bern 2003, 176 ff. Mit Blick auf die Wirtschaftsfreiheit strebt das Bundesgericht eine «Schrankenharmonisierung» an: Die Wirtschaftsfreiheit ist verletzt, wenn eine eigentumsbeschränkende Massnahme «unter dem Deckmantel der Raumplanung einen Eingriff in den wirtschaftlichen Wettbewerb» bezweckt; hat eine raumplanerische Massnahme unbeabsichtigt wirtschaftspolitische «Nebenwirkungen», so ist «auf dem Wege einer Interessenabwägung abzuklären, ob das raumplanerische Anliegen das erforderliche Gewicht besitzt», um wettbewerbsverzerrende Auswirkungen zu rechtfertigen (BGE 102 Ia 104, 116; vgl. auch BGE 110 Ia 167).

Eigentumsgarantie als Bestandes-, Wert- und Institutsgarantie

9   Die Eigentumsgarantie wird in Lehre und Rechtsprechung regelmässig in drei relativ eigenständige, wenn auch nicht unverbundene Teilgehalte gegliedert (vgl. RIVA/MÜLLER-TSCHUMI, VRdCH, 771 ff.; BGE 92 I 503, 509):

– Als *Bestandesgarantie* schützt die Eigentumsgarantie konkrete vermögenswerte Rechtspositionen (N 12 ff.) vor staatlichen Eingriffen (N 11).

– Die *Wertgarantie* verschafft bei Enteignungen und bestimmten Eigentumsbeschränkungen Anspruch auf volle Entschädigung (N 27).

– Die *Institutsgarantie* bewahrt das Rechtsinstitut «Privateigentum» davor, seines Wesensgehalts beraubt oder ganz beseitigt zu werden (N 23, 40 ff.).

Daran kann die Dogmatik der Eigentumsgarantie auch künftig anknüpfen. Es ist jedoch zu beachten, dass das Grundrecht Facetten aufweist, die nicht ohne weiteres einer dieser drei Komponenten zugeordnet werden können, weshalb es nicht ratsam ist, die Bestandes-, die Wert- und die Institutsgarantie (im Stil einer abschliessenden Aufzählung) als *die* drei Teilgehalte der Eigentumsgarantie zu bezeichnen (so aber J.P. MÜLLER, Grundrechte, 605).

Inhaltsbestimmung und Schrankenziehung

10   Eine Besonderheit der Eigentumsgarantie besteht darin, dass es in erster Linie Sache des *Gesetzgebers* ist, den *Schutzgegenstand* («Eigentum» im Sinne von BV 26 Abs. 1) näher zu bestimmen. Er verfügt dabei über einen grossen Gestaltungsspielraum (vgl. N 6).

11   In Lehre und Rechtsprechung pflegt man bei eigentumsbezogenen Regelungen zwischen «Inhaltsbestimmung» und (an BV 36 zu messender) «Schrankenziehung» zu unterscheiden (vgl. z.B. RIVA, 54 ff., 259 ff.; BGE 122 II 326, 329; anders namentlich G. MÜLLER, ZSR 1981 II, 22 ff.). Eine klare Abgrenzung ist bisher nicht gelungen. Einzelne Äusserungen des Bundesgerichts wecken sogar den Eindruck, dass es auf die Unterscheidung nicht ankomme (BGE 105 Ia 134, 140). Bei näherer Betrachtung relativiert sich die Bedeutung der Frage, da nicht nur der «eigentumsbeschränkende», sondern auch der «inhaltsbestimmende» Gesetzgeber verfassungsrechtlich mannigfach eingebunden ist (neben Institutsgarantie und BV 35: verschiedene Aufgabennormen wie BV 74, BV 75, BV 78; vgl. auch BGE 127 II 184, 193). – Von praktischer Bedeutung ist, ob die einseitige Anpassung einer Konzession ein (allenfalls ent-

schädigungspflichtiger) *Eingriff* in ein wohlerworbenes Recht (N 13) ist oder nur dessen Inhalt näher bestimmt (vgl. z.B. BGE 126 II 171, 179 ff.; vgl. auch BGE 131 I 321, 327).

Verfassungsrechtlicher Eigentumsbegriff

12 Ausgehend von einem autonomen (d.h. nicht zivilrechts-abhängigen) Eigentumsbegriff schützt BV 26:

- (Grund- und Fahrnis-)*Eigentum im sachenrechtlichen Sinn* (ZGB 641 ff.; aus der spärlichen Rechtsprechung zum *Fahrniseigentum* vgl. z.B. BGE 118 Ia 305: Waffen; BGE 113 Ia 368: archäologische Sammlung);
- *Tiere*, auch wenn sie seit dem 1.4.2003 zivilrechtlich nicht mehr als «Sache» gelten (ZGB 641a);
- weitere *vermögenswerte Rechtspositionen des Privatrechts* (vgl. BGE 128 I 295, 311), so z.B. beschränkte dingliche Rechte, Immaterialgüterrechte, Besitz, obligatorische Rechte (zum Schutz des Patentinhabers: BGE 126 III 129, 148; des Besitzes: BGE 128 I 327, 337; BGE 120 Ia 120, 121; des Mieters: BGE 105 Ia 43, 46; des Aktionärs: BGE 121 I 326, 333);
- bestimmte vermögenswerte Rechtspositionen des *öffentlichen Rechts*, nämlich die sog. *wohlerworbenen Rechte* (näher N 13).

13 Bei den *wohlerworbenen Rechten* handelt es sich um eine dem Verfassungsgrundsatz des Vertrauensschutzes nahe stehende heterogene Rechtsfigur mit Wurzeln in «vorkonstitutioneller» Zeit. Gemäss Bundesgericht gelten Ansprüche als «wohlerworben, wenn das Gesetz die entsprechenden Beziehungen ein für allemal festlegt und von den Einwirkungen der gesetzlichen Entwicklung ausnimmt oder wenn bestimmte individuelle Zusicherungen abgegeben oder Verträge geschlossen worden sind» (BGE 130 I 26, 60; BGE 122 I 328, 340). Dazu gehören namentlich folgende Kategorien von Rechtspositionen (vgl. VALLENDER, SG-Komm. Art. 26, N 19 ff.; G. MÜLLER, Komm. aBV, Art. 22ter, N 2):

- seit unvordenklichen Zeiten bestehende *«ehehafte» Rechte* (Weiderechte, Nutzungsrechte an öffentlichen Gewässern usw.; vgl. BGE 117 Ia 35);
- Rechte aus öffentlich-rechtlichen *Verträgen;*
- bestimmte Rechte aus *vertragsähnlichen Rechtsverhältnissen* des Verwaltungsrechts (Konzessionen, u.U. auch wirtschaftspolitische Bewilligungen; vgl. BGE 128 II 112, 126; BGE 113 Ia 357, 361 f.; vgl. auch BGE 132 II 485, 513; BGE 131 II 735, 743; BGE 130 II 18 ff.; BGE 127 II 69 f.; BGE 126 II 171 ff.);
- ausnahmsweise gewisse finanzielle *Ansprüche aus dem Dienstverhältnis* des Staatspersonals (insb. wenn gesetzlich ein für alle Mal fixiert bzw. bei individuellen Zusicherungen; BGE 118 Ia 245, 255).

Die wohlerworbenen von den übrigen Rechten abzugrenzen, fällt Praxis und Lehre häufig schwer. Nicht zufällig nimmt die Argumentation gelegentlich zirkelhafte Züge an: Als «wohlerworben» werden am Ende jene Rechte eingestuft, die des besonderen Schutzes durch die Eigentumsgarantie bedürftig und würdig angesehen werden. – Keine eigenständige Rolle spielt in der Schweiz das (aus Deutschland bekannte) Recht am eingerichteten und ausgeübten Gewerbebetrieb (vgl. RIVA, Hauptfragen, 244; BGE 118 Ib 241, 251).

14 Bei der Konkretisierung des verfassungsrechtlichen Eigentumsbegriffs empfiehlt es sich, die *Eigentumsfunktionen* (vgl. G. MÜLLER, ZSR 1981 II, 66, 76) einzubeziehen. Da der Lohn (bzw. der Lohnersatz in Form von Alters-, Invaliden- oder Hinterbliebenen-Renten) für weite Teile der Bevölkerung die Funktion der ökonomischen Daseinssicherung übernimmt, sprechen gute Gründe dafür, grundsätzlich auch *Ansprüche aus Sozialversicherungen* einzubeziehen, soweit diese als funktionales Äquivalent des klassischen Eigentums angesehen werden können und nicht bereits anderweitig (etwa durch BV 9) grundrechtlich abgesichert sind (ähnlich J.P. MÜLLER, Grundrechte, 600; zurückhaltend HÄFELIN/MÜLLER/UHLMANN, 432; vgl. auch VPB 70.68 [2006], Bundesamt für Justiz).

15 *Faktische Interessen?* Nach traditionellem Verständnis schützt BV 26 die aus dem Eigentum fliessenden *rechtlichen* (Nutzungs- und Verfügungs-)Befugnisse, nicht jedoch faktische Interessen, die mit der Ausübung jener Rechte zusammenhängen (BGE 105 Ia 219, 222; kritisch z.B. G. MÜLLER, Komm. aBV, Art. 22ter, N 4 ff.). Die Schliessung einer öffentlichen Strasse stellt nach dieser Auffassung keinen Eingriff in die Eigentumsgarantie dar (vgl. BGer, Urteile vom 18.4.1958 und vom 11.11.1959, ZBl 1959, 48 f., bzw. ZBl 1960, 80 ff.; vgl. auch BGE 105 Ia 219, 222). Aufgrund der in BGE 126 I 213, 216, vollzogenen Praxisänderung sind nun auch «gewisse faktische Voraussetzungen» der Eigentümerbefugnisse geschützt, da «der Entzug faktischer Vorteile den Eigentümer im Ergebnis gleichermassen treffen kann wie eine Einschränkung seiner rechtlichen Befugnisse» (BGE 126 I 213, 216: Festsetzung einer Zutrittsverbotslinie als Eingriff in die Eigentumsgarantie des Anstössers, obwohl ein Recht auf Zugang zur Strasse nicht besteht). – Die praktische Tragweite der Praxisänderung darf nicht überschätzt werden: In erster Linie verbessert sich *prozessual* der Zugang zum Bundesgericht (als Verfassungsgericht), in der Sache selbst wird der Erfolg wohl häufig ausbleiben.

16 *Vermögen?* Seit 1979 ist die Berufung auf die Eigentumsgarantie grundsätzlich auch im Zusammenhang mit der Abgabenerhebung möglich, obschon öffentliche Abgaben keine «Eigentumsbeschränkungen, sondern persönliche Leistungspflichten» darstellen und lediglich «das Vermögen in seinem wertmässigen Bestand beeinträchtigen», nicht jedoch die eigentlichen «Eigentumsbefugnisse» (BGE 105 Ia 134, 139). In der Lehre geht man zum Teil weiter, nicht zuletzt mit dem Ziel einer noch stärkeren Disziplinierung der «Steuergewalt» (vgl. z.B. ERNST HÖHN, Verfassungsmässige Schranken der Steuerbelastung, ZBl 1979, 241 ff.; G. MÜLLER, ZSR 1981 II, 93 ff.; dagegen SCHEFER, Ergänzungsband, 336). Nicht erstrebenswert erscheint ein undifferenzierter allgemeiner Vermögensschutz (in diese Richtung aber BGE 124 I 6, 8, wo eine Ersatzforderung des Staates betreffend unrechtmässigen Vorteil ohne nähere Erörterung als Eigentumseingriff eingestuft wird).

Persönlicher Schutzbereich (Grundrechtsträger)

17 Die Eigentumsgarantie kann von natürlichen und juristischen Personen des Privatrechts angerufen werden, weiter auch von juristischen Person des *öffentlichen Rechts*, sofern sie «sich auf dem Boden des Privatrechts bewegen und vom angefochtenen Entscheid in gleicher Weise wie ein Privater betroffen sind» (BGE 112 Ia 356, 363 f.; vgl. auch BGE 97 I 639, 640 f.). Zur Frage der Grundrechtsträgerschaft öffentlicher Unternehmen, speziell der Swisscom, vgl. BGE 131 II 13, 28 (offen gelassen); SCHEFER, Ergänzungsband, 338 (mit Hinweisen auf gegensätzliche Stellungnahmen in der Lehre).

Eigentumsgarantie als Bestandesgarantie (Abs. 1 i.V.m. BV 36)

18 Als Bestandesgarantie schützt das Eigentumsgrundrecht den *Bestand konkreter vermögenswerter Rechte* des Einzelnen (des Eigentümers usw.) vor staatlichen Eingriffen, dies jedoch nicht absolut. Beschränkungen sind zulässig (auch bei sog. wohlerworbenen Rechten; vgl. BGE 119 Ia 154, 162, und vorne N 13), sofern die Anforderungen gemäss BV 36 gewahrt sind (näher N 21 ff.). Selbst ein vollständiger Entzug von Eigentumspositionen *(Enteignung;* näher N 24 ff., 30 ff.) ist unter bestimmten Voraussetzungen zulässig (vgl. Abs. 2).

19 Nicht mit der Bestandesgarantie verwechselt werden darf die sog. *Besitzstandsgarantie*, die in der Praxis häufig angerufen wird, um den Fortbestand von altrechtlichen Bauten und Anlagen zu sichern oder, trotz geänderter Gesetzgebung, einen Um- oder Ausbau zu ermöglichen (vgl. BGE 113 Ia 119, 122; KONRAD WILLI, Die Besitzstandsgarantie für vorschriftswidrige Bauten und Anlagen innerhalb der Bauzonen, Zürich 2003). Verfassungsrechtlich betrachtet weist die Besitzstandsgarantie keinen eigenständigen normativen Gehalt auf (so auch GRIFFEL, 187). Sie ist Ausfluss der Eigentumsgarantie und des Vertrauensschutzgrundsatzes, die den Gesetzgeber zu einer schonungsvollen Einführung neuen Rechts verpflichten. Als *gesetzliches* Institut hat die Besitzstandsgarantie im Sozialversicherungsrecht praktische Bedeutung (vgl. BGE 131 V 371, 375; BGE 129 V 305, 307 ff.).

20 *Arten von Einschränkungen* (Abs. 2): Man kann unterscheiden zwischen
 – Massnahmen, welche Nutzungs- oder Verfügungsbefugnisse nur (aber immerhin) *beschränken* (Eigentumsbeschränkungen), und
 – Massnahmen, die den *Entzug* geschützter Rechtspositionen bewirken.

Der Eigentumsentzug erfolgt gewöhnlich in Gestalt der sog. *formellen Enteignung* (näher N 24). Praktisch bedeutsam ist daneben das Institut der *Einziehung* (vgl. BGE 118 Ia 305, 317, betreffend Waffen). – Für Eigentumsbeschränkungen, die einer Enteignung gleichkommen (und daher voll zu entschädigen sind; vgl. Abs. 2), hat sich der Begriff *materielle Enteignung* eingebürgert (näher N 30).

21 *Gesetzliche Grundlage:* Beschränkungen der Eigentumsgarantie müssen den Anforderungen von BV 36 genügen. Ein *schwerwiegender* Eingriff (BV 36 Abs. 1), der eine hinreichend bestimmte, d.h. «klare und eindeutige» (BGE 130 I 360, 362) Grundlage in einem Gesetz im formellen Sinn erfordert, liegt vor, wenn *Grundeigentum zwangsweise entzogen* wird oder wenn durch Verbote und Gebote der bisherige oder der künftig mögliche *bestimmungsgemässe Gebrauch* eines Grundstücks *verunmöglicht oder stark erschwert* wird (vgl. z.B. BGE 126 I 213, 218; BGE 124 II 538, 540). Auch die Beschlagnahme kann einen schweren Grundrechtseingriff darstellen (BGE 130 I 360, betreffend Hanfpflanzen).

22 *Öffentliches Interesse und Verhältnismässigkeit:* Gemäss Bundesgericht ist «grundsätzlich jedes öffentliche Interesse geeignet (...), einen Eingriff in das Eigentum zu rechtfertigen, sofern das angestrebte Ziel nicht rein fiskalischer Natur ist oder gegen anderweitige Verfassungsnormen verstösst» (BGE 106 Ia 94, 96 f.; vgl. auch BGE 111 Ia 93, 98). Im Zentrum standen bisher Interessen der Raumplanung, des Umweltschutzes, des Denkmalschutzes, des Landschaftsschutzes, der Verkehrs- und Energiepolitik und der Sozialpolitik (Überblick bei MAHON, Comm., Art. 26, N 10; vgl. BGE 119 Ia 348, 355 f.). Ein kategorischer Ausschluss fiskalischer Interessen (BGE 116 Ia 81, 84: «Deckung des allgemeinen Finanzbedarfs») er-

scheint nicht mehr sachgerecht, seit das Bundesgericht auch die Abgabenerhebung an der Eigentumsgarantie misst (Verbot der «konfiskatorischen Besteuerung»; vgl. N 43). Fiskalische Interessen sind aber nach wie vor kein legitimer Grund für eine Enteignung. – In der Lehre wird die Praxis des Bundesgericht betreffend das Erfordernis des öffentlichen Interesses als zu grosszügig kritisiert (vgl. G. MÜLLER, Komm. aBV, Art. 22ter, N 35; VALLENDER, SG-Komm., Art. 26, N 42; vgl. immerhin jetzt BGE 132 II 408, 415). Die Kritik mag in manchem Einzelfall berechtigt sein. Aus funktionellrechtlicher Sicht ist es jedoch grundsätzlich legitim, wenn sich das Bundesgericht bei der Überprüfung der Ergebnisse von demokratischen Entscheidungsprozessen eine gewisse Zurückhaltung auferlegt. Zurückhaltung übt das Bundesgericht auch bei der *Verhältnismässigkeitsprüfung*, wenn die zuständige Behörde über einen eigenen Gestaltungsspielraum verfügt oder wenn die Beurteilung von der Würdigung örtlicher Verhältnisse abhängt (vgl. BGE 114 Ia 233, 243; BGE 111 Ia 23, 27; G. MÜLLER, Komm. aBV, Art. 22ter, N 38).

23 *Schutz des Kerngehalts:* In seiner Rechtsprechung zu BV 1874 Art. 22ter sprach das Bundesgericht wiederholt von einem «Kern» (BGE 103 Ia 417, 418), «Wesenskern» (BGE 99 Ia 35, 37) oder «Kerngehalt» (BGE 105 Ia 330, 336) des Eigentums (vgl. auch BGE 92 I 503, 509: «Wesensgehalt»). Dabei stellte das Bundesgericht regelmässig einen Zusammenhang mit der *Institutsgarantie* her (vgl. z.B. BGE 106 Ia 342, 350). Ein Teil der Doktrin neigt dazu, die Institutsgarantie als Erscheinungsform der Kerngehaltsgarantie (BV 36 Abs. 4) aufzufassen, ja Instituts- und Kerngehaltsgarantie miteinander gleichzusetzen (vgl. z.B. J.P. MÜLLER, Grundrechte, 605, 612). Auch wenn Parallelen bestehen, sind die menschenrechtlich motivierte Kerngehaltsgarantie und die primär «objektivrechtlich» begründete Institutsgarantie (vgl. N 40 ff.) je eigenständige Rechtsfiguren. Die Kerngehaltsgarantie reicht weiter als die Institutsgarantie: Sie verbietet auch Eingriffe, «welche die Institution (…) in Geltung lassen, jedoch einen oder wenige Bürger in ihrem unantastbaren Person-Sein beeinträchtigen würden» (so bereits SALADIN, Grundrechte, 366; vgl. auch SCHEFER, Kerngehalte, 294 f., 466 f.). Umgekehrt lässt sich die Institutsgarantie nicht auf die Funktion einer eigentumsspezifischen Ausprägung von BV 36 Abs. 4 reduzieren (vgl. N 44).

Formelle Enteignung (Abs. 2)

24 *Enteignungsbegriff:* Praxis und Lehre gehen im Wesentlichen vom klassischen Enteignungsbegriff aus, den man stichwortartig wie folgt fassen kann: *Entziehung eines vermögenswerten Rechts gegen volle Entschädigung in einem speziellen Verfahren durch einseitigen, hoheitlichen Akt zwecks Erfüllung einer spezifischen öffentlichen Aufgabe* (vgl. HÄFELIN/MÜLLER/UHLMANN, 437 f.). Gewöhnlich geht das enteignete Recht vom Berechtigten an den Enteigner über. Ausnahmsweise (z.B. bei Enteignung eines Wegrechts) geht das Recht «nicht über, sondern unter» (so prägnant G. MÜLLER, Komm. aBV, Art. 22ter, N 43), oder es entsteht ein neues, dem Enteigner zufallendes Recht (z.B. bei zwangsweiser Begründung einer Dienstbarkeit). Bisweilen wird, in Erweiterung des klassischen Begriffs, auch der direkt *durch Gesetz* erfolgende Entzug von Rechten als Enteignung eingestuft (anders HESS/WEIBEL, Band II, 42). Nach herrschender Auffassung kann die Enteignung nur nach *vorheriger* Entrichtung der verfassungsrechtlich geschuldeten vollen Entschädigung gültig vorgenommen werden, weshalb die Entschädigung häufig als «Voraussetzung» der formellen Enteignung bezeichnet

wird (J.P. MÜLLER, 612; BGE 93 I 130, 143; vgl. auch EntG 91, SR 711). Diese Lösung steht in der Tradition des Art. 17 der Déclaration des droits de l'homme et du citoyen vom 26.8.1789. – Die Einziehung und weitere besonders gelagerte Fälle des zwangsweisen Entzugs (wie Landumlegung, militärrechtliche Requisition) gelten nach herrschender Auffassung nicht als (voll zu entschädigende) Enteignung i.S.v. Abs. 2. Immerhin kann hier eine Entschädigung auf anderer (verfassungsrechtlicher oder gesetzlicher) Grundlage geschuldet sein (vgl. G. MÜLLER, Komm. aBV, Art. 22ter, N 47; BGE 118 Ia 305, 318, Einziehung von Waffen; BGE 110 Ia 145, Landumlegung; Art. 1 der bundesrätlichen Verordnung vom 9.12.1996 über die Requisition, SR 519.7: «angemessene Entschädigung»).

25 Als *Gegenstand* der Enteignung (Expropriation) kommen nicht nur Sacheigentum und beschränkte dingliche Rechte in Betracht, sondern auch obligatorische Rechte (z.B. Nutzungsrechte von Mietern und Pächtern), wohlerworbene Rechte des öffentlichen Rechts (BGE 131 I 321, 330) oder aus dem Sacheigentum fliessende Rechtspositionen. Bei der (das Bundesgericht immer wieder beschäftigenden) Enteignung von *nachbarrechtlichen Abwehransprüchen* im Zusammenhang mit öffentlichen Werken, wie z.B. Autobahnen oder Flughäfen, wird dem Anlieger das Recht entzogen, sich gegen die vom öffentlichen Werk ausgehenden übermässigen Immissionen zu wehren (die somit geduldet werden müssen, was man als Ausdruck der «Sozialpflichtigkeit» des Eigentums deuten kann; vgl. G. MÜLLER, Komm. aBV, Art. 22ter, N 64). Bei Lärmimmissionen ist gemäss Bundesgericht ein entschädigungspflichtiger Enteignungsfall nur dann gegeben, wenn die Immissionen für den Nachbarn nicht voraussehbar waren, ihn in spezieller Weise treffen und einen schweren Schaden verursachen (vgl. etwa BGE 131 II 137; 129 II 72; BGE 128 II 329; BGE 123 II 560; BGE 123 II 481; vgl. auch BGE 132 II 427, betreffend NEAT, Anspruch bejaht). Zum Ganzen (kritisch) G. MÜLLER, Komm. aBV, Art. 22ter, N 62 ff.; GRÉGORY BOVEY, L'expropriation des droits de voisinage, Lausanne 2000.

26 Entsprechend der aktuellen Kompetenzlage verfügen sowohl der Bund als auch die Kantone je über eigene allgemeine Enteignungsgesetze. Diese werden mitunter durch spezialgesetzliche Regelungen ergänzt. Zu den typischen Etappen des Enteignungsverfahrens HESS/WEIBEL; JAGMETTI, Komm. aBV, Art. 23, N 71 ff. Das Enteignungsrecht kann unter Umständen auch einem Dritten übertragen werden (vgl. EntG 2; BGE 124 II 219, 222). Das Rückforderungsrecht (vgl. z.B. EntG 102 ff.) hat seine Grundlage letztlich in der Eigentumsgarantie.

Wertgarantie: Pflicht zu voller Entschädigung (Abs. 2)

27 Als Wertgarantie begründet die Eigentumsgarantie bei bestimmten gravierenden Grundrechtseingriffen (vgl. N 21) einen direkt aus der Verfassung fliessenden *Anspruch* auf *volle* (nicht bloss angemessene) *Entschädigung*, was jetzt auch aus dem französischen Text deutlich hervorgeht *(pleine indemnité* statt zuvor *juste indemnité;* vgl. auch BGE 127 I 185, 188). Dieser vor allem in der höchstrichterlichen Rechtsprechung entwickelte (verfassungsvergleichend bemerkenswerte) Lösungsansatz fand 1969 nach längeren Debatten (die später gelegentlich wieder auflebten; vgl. AB SD 1998 N 1998 213 ff., 421) Eingang in die Verfassungsurkunde (BV 1874 Art. 22ter). Die Ersatzleistung gemäss Abs. 2 (zu Art und Bemessung vgl. N 36 ff.), die im System der staatlichen Entschädigungsleistungen zu den Entschädigungen

für *rechtmässiges* staatliches Handeln zählt, erfüllt eine für den Einzelnen wie für die freiheitliche Wirtschaftsordnung unentbehrliche Stabilisierungsfunktion.

28 *Anwendungsbereich:* Entschädigungspflichtig sind zum einen *förmliche Enteignungen* (vgl. vorne N 24), zum anderen alle «Eigentumsbeschränkungen, die einer Enteignung gleichkommen» (sog. *materielle Enteignung*, vgl. hinten N 30 f.). Andere Beschränkungen sind im Rahmen des BV 26 entschädigungslos hinzunehmen (vgl. N 33), was nicht ausschliesst, dass die Betroffenen gestützt auf andere Rechtstitel Ansprüche erheben können.

29 Vereinzelt sieht das *kantonale Recht* im Zusammenhang mit der Enteignungsentschädigung einen sog. *Unfreiwilligkeitszuschlag* vor. Gemäss Bundesgericht schliesst das Gebot der «vollen Entschädigung» einen solchen Zuschlag (der eher Genugtuungs- als Kompensationscharakter hat) nicht prinzipiell aus. Bei materiellen Enteignungen im Rahmen der Raumplanungsgesetzgebung des Bundes (RPG 5) ist es den Kantonen jedoch untersagt, den Betroffenen mehr zuzusprechen, als nach den bundesrechtlichen Entschädigungsgrundsätzen geschuldet ist (BGE 127 I 185, 189 ff., betreffend den Unfreiwilligkeitszuschlag im Kanton Wallis).

Zur Rechtsfigur der materiellen Enteignung

30 *Ausgangspunkt:* Blosse *Beschränkungen* von Nutzungs- oder Verfügungsmöglichkeiten sind grundsätzlich *entschädigungslos* zu dulden. Eine Ausnahme von dieser Grundregel gilt, wenn Nutzungs- oder Verfügungsbefugnisse in einer Art und Weise eingeschränkt werden, die den Eigentümer *enteignungsähnlich* trifft (sog. *materielle Enteignung);* das Gemeinwesen schuldet volle Entschädigung. Rechtsprechung und Lehre haben die Figur der materiellen Enteignung in einem langen, wechselvollen Prozess hervorgebracht (eingehend RIVA, Hauptfragen, 13 ff.). Die Rechtsfigur fand im Jahre 1969 Eingang in die Bundesverfassung (BV 1874 Art. 22ter Abs. 3, heute BV 26 Abs. 2). Von der formellen Enteignung unterscheidet sich die *materielle* nach hergebrachter Auffassung hauptsächlich dadurch, dass *kein Rechtsübergang* stattfindet und dass die Entschädigung nicht Gültigkeitsvoraussetzung, sondern Folge des Eigentumseingriffs ist (vgl. G. MÜLLER, Komm. aBV, Art. 22ter, N 44; RIVA, 99, 247 ff.). – Eine Art Gegenstück bildet die Mehrwertabschöpfung gemäss RPG 5 (vgl. BGE 131 II 571).

31 *Kriterien:* Nach ständiger Rechtsprechung des Bundesgerichts, die auf das Jahr 1965 zurückgeht (BGE 91 I 329, 338 f.) – entgegen der seinerzeitigen Selbsteinschätzung (a.a.O. 329) handelte es sich um mehr als eine blosse «Präzisierung» der vormaligen Rechtsprechung (vgl. RIVA, Hauptfragen, 105 ff.) –, liegt eine entschädigungspflichtige materielle Enteignung dann vor:

> «wenn dem Eigentümer der bisherige oder ein voraussehbarer künftiger Gebrauch einer Sache untersagt oder in einer Weise eingeschränkt wird, die besonders schwer wiegt, weil der betroffenen Person eine wesentliche aus dem Eigentum fliessende Befugnis entzogen wird. Geht der Eingriff weniger weit, so wird gleichwohl eine materielle Enteignung angenommen, falls einzelne Personen so betroffen werden, dass ihr Opfer gegenüber der Allgemeinheit unzumutbar erscheint und es mit der Rechtsgleichheit nicht vereinbar wäre, wenn hierfür keine Entschädigung geleistet würde» (so statt vieler BGE 131 II 728, 730, mit Hinweisen; zur Anwendung der Formel auf bewegliche Sachen vgl. BGE 113 Ia 368, 376; auf wohlerworbene Rechte BGE 113 Ia 357, 362).

> «In beiden Fällen ist die Möglichkeit einer künftigen besseren Nutzung der Sache (...) nur zu berücksichtigen, wenn im massgebenden Zeitpunkt anzunehmen war, sie lasse sich mit hoher

Wahrscheinlichkeit in naher Zukunft verwirklichen. Unter besserer Nutzung eines Grundstücks ist in der Regel die Möglichkeit seiner Überbauung zu verstehen» (BGE 131 II 728, 730).

32 Die einzelnen Elemente der höchstrichterlichen Formel sind Gegenstand einer sehr umfangreichen Rechtsprechung, auf die hier nicht im Einzelnen eingegangen werden kann (vgl. z.B. BGE 131 II 728; 122 II 326, 330, beide betreffend Abgrenzung zwischen *Auszonung* und *Nichteinzonung*). Zu unterscheiden sind zwei Tatbestände:

- *Entzug einer wesentlichen Eigentümerbefugnis:* Als *schwere*, entschädigungspflichtige Eingriffe gelten gewöhnlich Bauverbote, insb. infolge Auszonung von Bauland (vgl. BGE 122 II 326, 330; BGE 121 II 417, 427 ff.). – Fälle, in denen das Bundesgericht eine materielle Enteignung bejaht, sind seltener geworden (für ein Beispiel: BGE 132 I 218, betreffend Baulücke).

- *Sonderopfer:* Eine gewisse (nach objektiven Kriterien zu ermittelnde) Schwere des Eingriffs wird auch hier vorausgesetzt. Als mögliche Anwendungsfälle nennt das Bundesgericht etwa: die Unterschutzstellung eines einzelnen Gebäudes in einem Strassenzug mit der Folge, dass allein auf dieser Liegenschaft die gemäss Zonenordnung an sich zulässige Geschosszahl nicht ausgeschöpft werden kann; ein partielles Bauverbot für eine einzelne baureife Parzelle aus Gründen des Landschafts- und Heimatschutzes; die Unterschutzstellung einer privaten archäologischen Sammlung (BGE 108 Ib 352, 355 f.; BGE 107 Ib 380, 384; BGE 113 Ia 368, 376). Auch eine Einziehung kann unter Umständen eine Entschädigungspflicht nach den Grundsätzen der materiellen Enteignung auslösen (vgl. BGE 118 Ia 305, 318, Einziehung von rechtmässig erworbenen, später jedoch verbotenen Waffen).

33 *«Entschädigungslos hinzunehmen»* (BGE 125 II 431, 434) sind Eigentumsbeschränkungen, welche die Voraussetzungen der materiellen Enteignung nicht erfüllen. Denkbar bleibt eine Entschädigung unter anderem Rechtstitel (vgl. z.B. BGE 108 Ib 352, 357: Vertrauensschutzgrundsatz). In aller Regel zu verneinen ist ein Entschädigungsanspruch bei den üblichen baupolizeilichen und raumplanerischen Massnahmen (z.B. Festlegung von Ausnutzungsziffern, Grenz- und Gebäudeabständen oder Baulinien), aber auch bei einer auf fünf bis zehn Jahre befristeten Bausperre (vgl. BGE 109 Ib 20, 22 f.). Keinen Anspruch auf Entschädigung hat, wer einer bloss vagen Hoffnung auf Wertsteigerung oder Realisierung einer Nutzungsmöglichkeit verlustig geht. Im Weiteren gilt der «Grundsatz, dass die Festlegung des Eigentumsinhaltes auf der Stufe der einfachen Gesetzgebung keine Entschädigungsfolgen auslöst» (RIVA/MÜLLER-TSCHUMI, VRdCH, 774).

34 *Grundsatz der Entschädigungslosigkeit polizeilicher Massnahmen?* Gemäss langjähriger Rechtsprechung des Bundesgerichts lösen *polizeilich motivierte* Eigentumsbeschränkungen – unabhängig von der Schwere des Eingriffs – grundsätzlich keine Entschädigungspflicht aus (BGE 96 I 350, 359). In Reaktion auf die Kritik in der Rechtslehre (Hinweise bei WEBER-DÜRLER, ZBl 1984, 296 ff.) präzisierte das Bundesgericht im Jahr 1980 seine Rechtsprechung: Entschädigungslos zu dulden sind «nur die im Sinne des Verhältnismässigkeitsgrundsatzes notwendigen» Eigentumsbeschränkungen «polizeilicher Natur im engeren Sinne», nicht dagegen «Anordnungen, die weiter gehen, als zur Abwendung der ernsthaften und unmittelbaren Gefahr erforderlich ist» (BGE 106 Ib 336, 338 f.; vgl. auch BGE 106 Ib 330, 334 f.).

Überdies anerkennt das Bundesgericht nunmehr ausdrücklich einzelne Ausnahmen vom Grundsatz der Entschädigungslosigkeit polizeilicher Massnahmen (nach wie vor kritisch HÄFELIN/MÜLLER/UHLMANN, 468; vgl. auch, differenzierend, J.P. MÜLLER, Grundrechte, 622).

35 *Weitere Grenzen der Wertgarantie:* Die Wertgarantie kann gemäss Bundesgericht nur angerufen werden, wenn «unmittelbar Befugnisse aus dem Eigentum beschränkt» werden, nicht jedoch dann, «wenn staatliche Massnahmen nur sekundär und indirekt Auswirkungen auf das Eigentum» haben, denn sonst verliere «der Begriff der materiellen Enteignung seine Konturen» (BGE 118 Ib 241, 251, betreffend bäuerliche Entschädigungsforderungen gegen die Eidgenossenschaft wegen verschärfter Lenkungsmassnahmen im Bereich der Fleischproduktion: Tierhöchstbestände). Finanzielle Kompensation zur Abmilderung übergangsrechtlicher Härten vorzusehen, sei grundsätzlich Sache des Gesetzgebers. Ebenfalls 1992 entschied das Bundesgericht, dass ein im Nachgang zu behördlichen Warnungen vor Listeriose-verseuchtem Käse eingetretener Verkaufsrückgang weder unter dem Titel der Eigentumsgarantie noch unter dem Titel der Wirtschaftsfreiheit Entschädigungsansprüche gegenüber dem Staat entstehen lasse (BGE 118 Ib 473, 477).

Art und Bemessung der Entschädigung

36 Es gilt die Maxime: Wer von einer formellen oder materiellen Enteignung betroffen ist, soll «keinen Verlust erleiden, aber auch keinen Gewinn erzielen» (BGE 122 I 168, 177). Nach herrschender Auffassung ist die Entschädigung grundsätzlich in Form von Geld zu leisten. Ein Anspruch auf Realersatz lässt sich aus BV 26 nicht ableiten, doch ist nicht ausgeschlossen, dass die Gesetzgebung eine Pflicht zur Leistung oder zur Annahme von Realersatz festlegt oder Sachleistungen vorsieht (z.B. Schalldämmung bei Lärmimmissionen; vgl. BGE 122 II 337, 342, 347 ff.; BGE 119 Ib 348, 362 ff.).

37 Die Fein- und Eigenheiten der Entschädigungsrechtsprechung können hier nicht näher dargestellt werden (vgl. BGE 131 II 458; BGE 128 II 74, 77, Zürcher Kantonalbank gegen Kanton Zürich u.a.; VALLENDER, SG-Komm., Art. 26, N 65 ff.). Die Enteignungsentschädigung bemisst sich gemäss Bundesgericht (BGE 113 Ib 39, 41 f.) bei einem Grundstück «in erster Linie am Verkehrswert, das heisst am Wert, den es aufgrund der bisherigen Nutzung oder einer möglichen besseren Verwendung für einen beliebigen Käufer aufweist», was oft nicht dem Ankaufs-, Wiederbeschaffungs- oder Ertragswert entspricht. Der *Verkehrswert* ist gemäss Bundesgericht primär anhand von *Vergleichspreisen* festzulegen (sog. statistische Methode oder Vergleichsmethode); nur wenn keine Vergleichspreise vorhanden sind, darf ausschliesslich nach anderen Methoden vorgegangen werden, die (wie die sog. Lageklassenmethode oder die Methode der Rückwärtsrechnung) auf blosse Hypothesen abstellen (BGE 122 I 168, 173 f.; vgl. auch BGE 128 II 74, 80 ff.; BGE 131 II 458, 465 ff. zur Lageklassenmethode).

38 Hinzu kann eine *Entschädigung für weitere Nachteile* (sog. Inkonvenienzen) kommen, wie z.B. Umzugskosten, Anpassungskosten oder Auslagen für unnütz gewordene Planungen. Umgekehrt muss sich der Betroffene enteignungsbedingte *Vorteile anrechnen lassen*. Bei einer Teilenteignung sind auch Wertminderungen beim nicht betroffenen Teil zu berücksichtigen. Übersteigt das finanzielle Interesse des Enteigneten an der Weiternutzung seiner Liegenschaft deren Verkehrswert, so ist gemäss Bundesgericht der missverständlich so genannte «subjektive Schaden» zu vergüten, welcher «dadurch entsteht, dass die gegenwärtige oder in

Aussicht genommene Verwendung des Grundstücks verunmöglicht oder eingeschränkt wird» (BGE 113 Ib 39, 42). Es versteht sich, dass darauf geachtet werden muss, dass nicht Schadensposten doppelt entschädigt werden.

39 Sinngemäss kommen diese Grundsätze auch bei der materiellen Enteignung zur Anwendung. Als massgeblicher Stichtag gilt hier das Inkrafttreten der Eigentumsbeschränkung (BGE 132 II 218, 222). Bei der formellen Enteignung stellt die Gesetzgebung meist auf den Zeitpunkt der Entscheidung durch die zuständige Schätzungskommission ab.

Eigentumsgarantie als Institutsgarantie: Inhalt und Tragweite

40 Die Eigentumsgarantie schützt (auch) das Privateigentum «als fundamentale Einrichtung der schweizerischen Rechtsordnung» (BGE 105 Ia 134, 140; vgl. auch BGE 127 I 60, 67; G. MÜLLER, Komm. aBV, Art. 22ter, N 12 ff.). Diese in Rechtsprechung und Lehre gewöhnlich als Institutsgarantie bezeichnete Dimension der Eigentumsgarantie findet ihre Grundlage heute in BV 26 Abs. 1 (BGE 127 I 60, 67), nicht in der Kerngehaltsgarantie (vgl. N 23).

41 *Adressat* der Institutsgarantie ist in erster Linie der *Gesetzgeber* (vgl. BGE 96 I 557, 558). Dieser muss, so das Bundesgericht, «die sich aus dem Eigentum ergebenden privaten Verfügungs- und Nutzungsrechte im wesentlichen» erhalten (BGE 105 Ia 134, 140). Das Eigentum als Rechtsinstitut darf nicht ausgehöhlt und seiner Substanz entleert oder gar beseitigt werden. Privatpersonen müssen Sachen und Rechte als etwas Eigenes erwerben, innehaben, nutzen und darüber verfügen können. Die Institutsgarantie hat eine doppelte Stossrichtung: Sie verbietet nicht nur «eine zu intensive generelle Einschränkung der Eigentümer in ihrer Verfügungs- und Nutzungsmacht», sondern auch «zu umfangreiche Übertragungen von Eigentumsrechten auf den Staat» (SALADIN, Grundrechte, 123). Insgesamt belässt die Institutsgarantie dem Gesetzgeber einen recht weiten Spielraum bei der Ausgestaltung der Eigentumsordnung (zur Bedeutung der traditionellen Vorstellungen betreffend das Rechtsinstitut Eigentum G. MÜLLER, Komm. aBV, Art. 22ter, N 1).

42 In der *Rechtsprechung des Bundesgerichts* hat die Institutsgarantie als Begriff und Rechtsfigur in den 1960er Jahren Fuss gefasst (vgl. BGE 88 I 248, 255). Ihre praktische Bedeutung ist allerdings gering geblieben. In keinem seiner amtlich veröffentlichten Urteile sah das Bundesgericht bisher die Institutsgarantie als verletzt an (Hinweise auf einzelne nicht amtlich publizierte Urteile, in denen eine Verletzung der Institutsgarantie zur Diskussion stand, bei MAHON, Comm., Art. 26, N 15 f.; HÄFELIN/MÜLLER/UHLMANN, 430). Nicht gegen die Institutsgarantie verstösst eine Regelung, welche bei akuter Wohnungsnot die vorübergehende Enteignung der Nutzung leer stehender Wohnungen (Zwangsvermietung) ermöglicht; ebenso wenig ein (sozialpolitisch motiviertes) prinzipielles Abbruch-, Umbau- und Zweckänderungsverbot für Wohnbauten, die nicht abbruchreif oder sanierungsbedürftig sind (vgl. BGE 119 Ia 348, 355; BGE 103 Ia 417, 419; vgl. auch BGE 113 Ia 119; BGE 101 Ia 502, 514; BGE 99 Ia 35). Die in Lehre und Rechtsprechung angeführten Beispiele für mögliche Verletzungen der Institutsgarantie (vgl. z.B. BGE 105 Ia 134, 140; J.P. MÜLLER, Grundrechte, 626) sind zum Glück recht hypothetischer Natur.

43 *Schutz gegen konfiskatorische Besteuerung:* Das Bundesgericht leitet aus der Eigentumsgarantie ein Verbot der «konfiskatorischen Besteuerung» ab. Danach ist es dem Staat untersagt, «den Abgabepflichtigen ihr privates Vermögen oder einzelne Vermögenskategorien

(z.B. das Immobilienvermögen) durch übermässige Besteuerung nach und nach zu entziehen» (BGE 106 Ia 342, 349; vgl. auch BGE 128 II 112, 126). Ob ein Verstoss gegen BV 26 vorliegt, ist gemäss Bundesgericht im Einzelfall unter Beizug eines ganzen Bündels von Kriterien zu ermitteln. Bis heute hat das Bundesgericht den Tatbestand der «konfiskatorischen Besteuerung» noch in keinem der amtlich publizierten Urteile als erfüllt angesehen (vgl. auch BGE 128 II 112, 126; BGE 127 I 60, 68; BGE 122 I 305, 322):

- *nicht* bei einer bis zu 60%-igen Abschöpfung des durch Planungsmassnahmen geschaffenen Mehrwerts (BGE 105 Ia 134, 139);
- *nicht* bei einer einmaligen hohen Steuerbelastung, die den betroffenen Steuerpflichtigen im streitigen Einzelfall dazu nötigte, vorübergehend die Vermögenssubstanz anzugreifen (BGE 106 Ia 342, 348 ff.);
- *nicht* im Fall der im Kanton Basel-Landschaft per Volksinitiative geforderten Einführung einer «Reichtumssteuer» (BGE 99 Ia 638, 649 f.), die im Falle ihrer Annahme bei einem steuerbaren Einkommen von 500'000 Franken zu einer Steuergesamtbelastung von über 46% (statt 26%) geführt hätte (die Initiative wurde abgelehnt).

44 *Entbehrlichkeit der Institutsgarantie?* Die Bilanz nach gut vier Jahrzehnten höchstrichterlicher Rechtsprechung zur Institutsgarantie fällt zwiespältig aus. Einerseits betont das Bundesgericht (zu Recht) deren *fundamentalen* Charakter (vgl. auch z.B. R.H. WEBER, 181). Andererseits wurden bei der Konkretisierung der Institutsgarantie *kaum Fortschritte* erzielt. Bei diesem Befund verwundert es nicht, dass die Einschätzungen der Institutsgarantie in der Rechtslehre stark auseinander gehen und mitunter von einer bloss «deklaratorischen» Bedeutung der Institutsgarantie die Rede ist (vgl. AUER/MALINVERNI/HOTTELIER, II, 371; MAHON, Comm., Art. 26, N 16). Bei näherer Betrachtung zeigt sich, dass die Institutsgarantie, trotz geringer direkter Wirkungen, keineswegs entbehrlich ist. Dies wird deutlich, wenn man die Institutsgarantie mit den (in der Doktrin zu BV 26 mitunter etwas vernachlässigten) allgemeinen Grundrechtslehren in Verbindung bringt. Die Institutsgarantie steht in engem Zusammenhang mit der Funktion der Eigentumsgarantie als einer objektiven Grundsatznorm (BV 26 i.V.m. BV 35). Angesprochen ist in erster Linie der Gesetzgeber, der dafür zu sorgen hat, dass das Grundrecht «in der ganzen Rechtsordnung zur Geltung» kommt (BV 35 Abs. 1). Die Institutsgarantie ist nicht bloss eine «letzte Bastion», die lediglich dem Schutz eines «innersten Kerns» des Eigentums dient (gegen diese Vorstellung auch G. MÜLLER, ZSR 1981 II, 100), sondern Ausdruck des allgemeinen Grundrechtsverwirklichungsauftrags. Das Besondere (und Bemerkenswerte) an der Figur der Institutsgarantie ist, dass sie der besagten objektiven (nicht-einklagbaren) Komponente des Grundrechts unter bestimmten Voraussetzungen eine *justiziable* (abwehrrechtliche) Komponente hinzufügt, die es dem Einzelnen ermöglicht, gerichtlich gegen staatliche Massnahmen vorzugehen, die das Eigentum als Rechtsinstitut auszuhöhlen drohen.

Literaturhinweise

BIAGGINI GIOVANNI, Eigentumsgarantie (§ 221), in: Detlef Merten/Hans-Jürgen Papier (Hrsg.), Handbuch der Grundrechte in Deutschland und Europa, Band VII, Heidelberg (im Druck); GRIFFEL ALAIN, Bauen im Spannungsfeld zwischen Eigentumsgarantie und Bauvorschriften, ZBl

2002, 169 ff.; HANGARTNER YVO, Besonderheiten der Eigentumsgarantie, Festschrift Dietrich Schindler, Basel/Frankfurt a. M. 1989, 711 ff.; HÄNNI PETER, Eigentumsschutz, Sozialbindung und Enteignung bei der Nutzung von Boden und Umwelt, VVDStRL 51, 1992, 252 ff.; HESS HEINZ/WEIBEL HEINRICH, Das Enteignungsrecht des Bundes, 2 Bände, Bern 1986; HOTTELIER MICHEL, La garantie constitutionnelle de la propriété en droit fédéral Suisse, Revue internationale de droit comparé 1997, 135 ff.; MEIER-HAYOZ ARTHUR, Zur Eigentumsordnung, ZSR 1978 I, 313 ff.; MOOR PIERRE, Aménagement du territoire et propriété privée, ZSR 1976 II, 365 ff.; MÜLLER GEORG, Privateigentum heute, ZSR 1981 II, 1 ff.; RHINOW RENÉ A., Wohlerworbene und vertragliche Rechte im öffentlichen Recht, ZBl 1979, 1 ff.; RIVA ENRICO, Hauptfragen der materiellen Enteignung, Bern 1990; DERS., Wohlerworbene Rechte - Eigentum - Vertrauen, Bern 2007; RIVA ENRICO/MÜLLER-TSCHUMI THOMAS, Eigentumsgarantie, VRdCH, 765 ff.; RUCH ALEXANDER, Die expansive Kraft der materiellen Enteignung, ZBl 2000, 617 ff.; VEIT MARC D., Die Ordnungsfunktion der Eigentumsgarantie – Eine ökonomische Analyse der bundesgerichtlichen Rechtsprechung, Bern 1999; WEBER ROLF H., Eigentum als Rechtsinstitut, ZSR 1978 I, 161 ff.; WEBER-DÜRLER BEATRICE, Der Grundsatz des entschädigungslosen Polizeieingriffs, ZBl 1984, 289 ff.; ZEN-RUFFINEN PIERMARCO/GUY-ECABERT CHRISTINE, Aménagement du territoire, construction, expropriation, Bern 2001.

Art. 27 Wirtschaftsfreiheit

¹ Die Wirtschaftsfreiheit ist gewährleistet.

² Sie umfasst insbesondere die freie Wahl des Berufes sowie den freien Zugang zu einer privatwirtschaftlichen Erwerbstätigkeit und deren freie Ausübung.

1 Die Bestimmung führt die seit 1874 gewährleistete Handels- und Gewerbefreiheit (BV 1874 Art. 31) unter neuem Namen, in der Substanz jedoch unverändert, weiter (Botsch. BV, 174 ff., 289 ff.; BIAGGINI, ZBl 2001, 225 ff.). Historisch richtete sich die Gewährleistung des Grundrechts vor allem gegen Zunftwesen, Privilegienwirtschaft und zwischenkantonale Handelshemmnisse. Es ging (und geht) aber nicht darum, eine sozusagen schrankenlose ökonomische Freiheit im Sinn des sog. Manchester-Liberalismus zu etablieren. Im Unterschied zur BV 1874 regelt die neue BV Fragen der Grundrechtsbeschränkung nicht mehr in unmittelbarem Zusammenhang mit der Grundrechtsgewährleistung (BV 1874 Art. 31 Abs. 2 und 31bis Abs. 2), sondern in einer allgemeinen (BV 36) sowie in einer besonderen Bestimmung (BV 94).

2 Das für die Schweiz massgebliche internationale Recht enthält kein direktes Gegenstück zur Wirtschaftsfreiheit. Auch verfassungsvergleichend ist eine allgemeine Garantie der Wirtschaftsfreiheit selten (vgl. immerhin Art. 36 der liechtensteinischen Verfassung: Handels- und Gewerbefreiheit).

3 Unter den mannigfachen Berührungspunkten und Überschneidungen mit anderen Grundrechtsbestimmungen sind vor allem jene mit der Eigentumsgarantie von praktischer Bedeutung (vgl. N 8 zu BV 26). Für das Verhältnis zur Meinungsäusserungsfreiheit vgl. N 6 zu BV 16. Die Angehörigen der sog. wissenschaftlichen Berufsarten (insb. Anwälte, Apotheker, Architekten, Ärzte) stehen seit 1874 im Genuss einer besonderen verfassungsrechtlichen Freizügigkeitsgarantie, welche die Berufsausübung in der ganzen Schweiz gewährleistet (BGE

111 Ia 110; BGE 122 I 116). Die neue Bundesverfassung dehnt diese Freizügigkeitsgarantie auf alle Personen aus, die über einen staatlich anerkannten Ausbildungsabschluss verfügen (BV 95 Abs. 2 i.V.m. BV 196 Ziff. 5). Die Niederlassungsfreiheit (BV 24) hat im Wirtschaftsleben kaum eigenständige Bedeutung, weil BV 27 in dieser Hinsicht umfassenden Schutz bietet (vgl. BGE 125 I 279). – Bei der Beurteilung staatlicher Massnahmen ist jeweils der Sinngehalt aller berührten Grundrechte zu berücksichtigen (BGE 125 I 422).

Gegenstand und Funktionen

4 Die Wirtschaftsfreiheit, die in der Grundrechtsjudikatur des Bundesgerichts eine bedeutende Rolle spielt, schützt die privatwirtschaftliche Erwerbstätigkeit (BGE 131 I 333, 339; näher N 8 ff.), insbesondere die freie Wahl des Berufes, den freien Zugang zu einer Erwerbstätigkeit und deren freie Ausübung (BV 27 Abs. 2). Bund und Kantone müssen sich an den «Grundsatz der Wirtschaftsfreiheit» halten (BV 94 Abs. 1). Der in der Wirtschaftsfreiheit enthaltene Grundsatz der Gleichbehandlung der Konkurrenten (näher N 23 ff.) verlangt, dass staatliche Massnahmen *wettbewerbsneutral* sind, d.h. den Wettbewerb unter direkten Konkurrenten nicht verzerren. Neben der *individualrechtlichen* Komponente (N 8 ff.) weist das Grundrecht auch eine *institutionelle* («wirtschaftssystembezogene», «ordnungspolitische») sowie eine *bundesstaatliche* Komponente («Binnenmarktdimension») auf (vgl. N 31 f. und 21 f.). Die Wirtschaftsfreiheit ist ein zentrales Element der freiheitlichen, sozialverpflichteten und wettbewerbsorientierten schweizerischen Wirtschaftsverfassung (näher N 3 ff. zu BV 94).

5 Zu den Besonderheiten der Wirtschaftsfreiheit gehört, neben der Vielfalt der Funktionen, die damit zusammenhängende spezielle verfassungsrechtliche Schrankenordnung (näher N 28 ff.; vgl. auch BIAGGINI, ius.full 2003, 2 ff.), die durch ein Zusammenspiel von *allgemeinen Erfordernissen* (gesetzliche Grundlage usw.; BV 36) und *besonderen Regeln* (vgl. insb. BV 94) geprägt ist. Die in langjähriger Rechtsprechung des Bundesgerichts entwickelte «Schrankentrias» – die auf der Unterscheidung von *wirtschaftspolizeilichen, sozialpolitischen* (und verwandten) sowie *wirtschaftspolitischen* Massnahmen beruht – wird zunehmend als problematisch erkannt (vgl. z.B. AUER/MALINVERNI/HOTTELIER II, 449 f.; BIAGGINI, VRdCH, 788 f.) und sollte zu Gunsten der im Verfassungstext angelegten Grundunterscheidung zwischen *grundsatzwidrigen und grundsatzkonformen* Massnahmen aufgegeben werden.

6 Allgemein fordert die Wirtschaftsfreiheit eine Ausgestaltung der Rechtsordnung, die den Entfaltungsbedürfnissen des wirtschaftenden Menschen gerecht wird. Nicht zuletzt schützt die Wirtschaftsfreiheit als «Hüterin einer privatwirtschaftlichen Ordnung» (BGE 124 I 18; BGE 124 I 31) auch den «freien Wettbewerb» (BGE 125 I 422; 123 I 15; BGE 116 Ia 240); dies allerdings zunächst nur «negativ» gegen wettbewerbsverzerrende *staatliche* Massnahmen (näher N 23, 32). Eine umfassende «positive» Wettbewerbsgarantie kann dem Grundrecht nicht entnommen werden. *Wettbewerbsbeschränkendes* Handeln *Privater* geniesst grundsätzlich den Schutz der Wirtschaftsfreiheit. Die Gewährleistung des Wettbewerbs zwischen Privaten ist Sache der Kartellgesetzgebung (N 5 ff. zu BV 96). Immerhin ergibt sich aus der Wirtschaftsfreiheit eine Verpflichtung des Staates, für möglichst wettbewerbsfreundliche Verhältnisse zu sorgen (Wettbewerbsoptimierungsgebot: BGE 121 I 287; RHINOW/SCHMID/BIAGGINI, 520).

7 Aus dem Grundrecht der Wirtschaftsfreiheit lässt sich keine Bundeskompetenz ableiten, weshalb der Hinweis auf BV 27 Abs. 1 im Ingress zum Kartellgesetz (SR 251) i.d.F. 20.6.2003

fehlgeht. Beim Binnenmarktgesetz (SR 943.02) konnte der Fehler vermieden werden (BBl 1995 I 1283).

Sachlicher Schutzbereich (Abs. 1 und 2)

8   Die Wirtschaftsfreiheit schützt *jede privatwirtschaftliche Tätigkeit*, die der Erzielung eines Gewinns oder Erwerbs dient. Der Erwerbszweck ist schon dann zu bejahen, wenn nur eine Deckung der Betriebs- und Verwaltungskosten angestrebt wird (BGE 128 I 19, 29; vgl. auch RHINOW, Komm. aBV, Art. 31, N 70). Grundrechtlich geschützt ist neben der *selbstständigen* (unternehmerischen) auch die *unselbstständige* Erwerbstätigkeit (BGE 84 I 21; BGE 123 I 15). Unerheblich ist, ob die Erwerbstätigkeit hauptberuflich, nebenberuflich oder nur gelegentlich ausgeübt wird (BGE 118 Ia 176: Verkauf von Medikamenten durch Ärzte). – Trotz Kritik in der Lehre (vgl. J.P. MÜLLER, 645; RHINOW/SCHMID/BIAGGINI, 97) hat das Bundesgericht es bisher abgelehnt, eine *Konsumfreiheit* als Teilgehalt der Wirtschaftsfreiheit zu anerkennen (BGE 102 Ia 121 f.; BGer, Urteil vom 12.9.1994, ZBl 1995, 279).

9   *Verfassungsrechtliche Konkretisierungen:* Abs. 2 hebt drei praktisch bedeutsame individualrechtliche Teilgehalte der Wirtschaftsfreiheit hervor:
– Als *Berufswahlfreiheit* verbietet die Wirtschaftsfreiheit (unter anderem) eine «staatliche Ausbildungslenkung nach dem Bedarf» (BGE 103 Ia 401). Sie verschafft allerdings gemäss Bundesgericht «keine Teilhaberechte (...), die einen Zugang zu staatlichen Bildungseinrichtungen garantierten» (BGE 121 I 24; vgl. auch BGE 103 Ia 377). BV 27 kann somit nicht gegen Zulassungsbeschränkungen (z.B. in Form eines *numerus clausus)* angerufen werden (kritisch dazu z.B. J. P. MÜLLER, Grundrechte, 651).
– Als *Berufszugangsfreiheit* bietet die Wirtschaftsfreiheit Schutz gegen staatliche Massnahmen, die den Marktzutritt (z.B. die Aufnahme einer selbstständigen Erwerbstätigkeit: BGE 125 I 335 ff., BGE 117 Ia 440 ff.) verhindern oder übermässig erschweren.
– Als *Berufsausübungsfreiheit* schützt die Wirtschaftsfreiheit grundsätzlich alle mit der Erwerbstätigkeit zusammenhängenden Aspekte, namentlich die Wahl der sachlichen Mittel, der betrieblichen Organisation und der Unternehmensform, die Wahl des Geschäftsdomizils, die Auswahl der Mitarbeiter, die Werbung, die Wahl der Vertragspartner und die Gestaltung der Vertragsinhalte (Vertragsfreiheit, unter Einschluss der Preisbildungsfreiheit). Aus der neueren Rechtsprechung vgl. BGE 131 I 333, 339; BGE 128 I 9; BGE 128 I 304, 308; BGE 124 I 113; BGE 123 I 209; BGE 123 I 15. Im Bereich der obligatorischen Krankenversicherung gilt die Vertragsfreiheit nur stark eingeschränkt (BGE 130 I 26, 41). Nach einem älteren höchstrichterlichen Präjudiz (1937), das vielleicht wieder Aktualität erlangen könnte, verstösst ein staatliches Verbot, arbeitskräftesparende Maschinen einzusetzen, gegen die Wirtschaftsfreiheit (BGE 63 I 213).

10 *Aussenwirtschaftsfreiheit:* Die Wirtschaftsfreiheit schützt als Export- bzw. Importfreiheit auch den grenzüberschreitenden Wirtschaftsverkehr (vgl. BGE 124 III 331), erleidet hier jedoch mitunter weitreichende Beschränkungen (vgl. N 5 f. zu BV 101).

11 *Staatliche Abgaben:* Die Wirtschaftsfreiheit bietet Schutz gegen prohibitiv wirkende *besondere Gewerbesteuern* (vgl. BGE 128 I 102, 109 ff.), nach bisheriger Rechtsprechung jedoch

2. Titel: Grundrechte, Bürgerrechte und Sozialziele Nr. 1 BV **Art. 27**

nicht gegen *allgemeine Steuern* (BGE 125 II 347; BGE 125 I 198 f.; BGE 99 Ia 647; Kritik bei RHINOW/SCHMID/BIAGGINI, 98 f., 111).

12 *Bereichsausnahmen:* Vom sachlichen Schutzbereich des Grundrechts ausgenommen sind die rechtmässig errichteten staatlichen *Monopole oder Regale* (näher GYGI/RICHLI, 70). Die *Errichtung* muss sich an BV 27 messen lassen (vgl. BGE 124 I 25, Glarner Gebäudeversicherungsmonopol), soweit sich nicht aus der Bundesverfassung ein entsprechender Vorbehalt ergibt (BV 94 Abs. 4). Ob es sachgerecht ist, im Monopolbereich von einer völligen «Beseitigung» der Wirtschaftsfreiheit auszugehen, kann man bezweifeln; namentlich dann wenn wie etwa im Rahmen der Monopolkompetenz gemäss BV 92 BV (Post- und Fernmeldewesen) «wirksamer Wettbewerb» angestrebt (vgl. FMG 1 Abs. 2) und ein Konkurrenzsystem regelrecht «organisiert» wird. Gute Gründe sprechen dafür, die Wirtschaftsfreiheit vermehrt auch in solche Ausnahmebereiche hinein «ausstrahlen» zu lassen (vgl. PAUL RICHLI, Zur Leitung der Wirtschaftspolitik durch Verfassungsgrundsätze, Bern 1983, 256 f.; BIAGGINI, ZBl 2001, 243 ff.; zögernd BGE 132 II 485, 510).

13 *Nicht* unter dem Schutz der Wirtschaftsfreiheit steht, wer eine *staatliche Tätigkeit oder ein öffentliches Amt* ausübt (BGE 130 I 26, 40; BGE 128 I 280; BGE 121 I 326, 328 f.; BGE 103 Ia 394, 401), also etwa der Notar als öffentliche Urkundsperson (BGE 131 II 639, 645) oder der Anwalt als Offizialverteidiger (BGE 113 Ia 71; anders verhält es sich in Bezug auf die Entschädigung: BGE 132 I 201, 205). Dies gilt auch für die ärztliche Tätigkeit, soweit sie im Rahmen einer öffentlich-rechtlichen Anstalt in einem entsprechenden Dienstverhältnis erfolgt; die Wirtschaftsfreiheit gibt keinen Anspruch darauf, an staatlich subventionierten Spitälern eine private Erwerbstätigkeit ausüben zu können (BGE 130 I 36, 40; BGE 121 I 230, 240; vgl. auch BGE 113 Ia 101 betreffend privatärztliche Tätigkeit öffentlich-rechtlich angestellter Klinikdirektoren).

14 *Beamte* können die Wirtschaftsfreiheit anrufen, wenn ihnen eine *private Nebenerwerbstätigkeit* untersagt wird (BGE 121 I 329; anders noch BGE 113 Ia 101); gewichtige öffentliche Interessen rechtfertigen allerdings regelmässig weitreichende Beschränkungen. – Das Grundrecht schützt auch Tätigkeiten, die zu den traditionell vom Staat wahrgenommenen Aufgaben zählen (z.B. BGE 97 I 121: Betreiben einer Schule) oder nach dem Empfinden einer Mehrheit als sittlich anstössig erscheinen mögen (BGE 120 Ia 132: Betreiben von Spielautomaten; BGE 106 Ia 269: «Peep-Show»; BGE 101 Ia 476: Prostitution). Auch die Anwaltstätigkeit, sei es im sog. Monopolbereich (BGE 130 II 87, 92), sei es im Bereich der Beratung (BGE 131 I 223, 231), sowie die Tätigkeit von Ärzten und anderen Medizinalpersonen (BGE 130 I 26, 40; BGE 128 I 92, 94; BGE 125 I 267, 269; BGE 118 Ia 175, 176 f.) fallen in den Schutzbereich von BV 27, ebenso grundsätzlich das Veranstalten von Lotterien mit gemeinnützigem oder wohltätigem Zweck (BGE 127 II 264, 270).

15 *Ausdehnung des Schutzbereichs* auf «gewerbliche Verrichtungen im Rahmen eines öffentlichen Dienstes»? Im Rahmen der Teilrevision des Binnenmarktgesetzes wurde die Aufnahme eines Passus vorgeschlagen, der «jede auf Erwerb gerichtete Tätigkeit, die den Schutz der Wirtschaftsfreiheit geniesst, einschliesslich gewerblicher Verrichtungen im Rahmen eines öffentlichen Dienstes», dem Gesetz unterstellt hätte (E-BGBM 1 Abs. 3; dazu BBl 2005 482; ohne entsprechenden Passus BGBM 1 Abs. 3 i.d.F. vom 16.12.2005). Ein Versuch, den Schutzbereich des verfassungsmässigen Rechts gewissermassen per Legaldefinition zu erwei-

tern, muss scheitern. Dazu berufen sind Verfassungsgeber und Verfassungsgerichtsbarkeit, nicht der Bundesgesetzgeber (was diesen nicht daran hindert, Regelungskompetenz vorausgesetzt, per Gesetz für Freizügigkeit auch im Bereich der nicht von der Wirtschaftsfreiheit erfassten Tätigkeiten zu sorgen).

16 *«Bedingter» Anspruch auf Nutzung des öffentlichen Grundes:* Das Bundesgericht anerkennt einen *«bedingten» Anspruch auf Benutzung des öffentlichen Grundes* (in der Form des *gesteigerten* Gemeingebrauchs) für die Ausübung privatwirtschaftlicher Erwerbstätigkeiten (so erstmals BGE 101 Ia 480 f.; vgl. seither z.B. BGE 132 I 97, 99; BGE 126 I 140; BGE 121 I 282). Entsprechendes gilt für die Benutzung des Luftraums (BGE 128 II 292, 297) und von öffentlichen Gewässern (BGer, Urteil vom 10.8.2005, ZBl 2006, 254, 266, betreffend Wakeboard-Verordnung des Kantons Zug). Verneint hat das Bundesgericht einen Anspruch auf Nutzung von Fahrzeugen der städtischen Verkehrsbetriebe als Werbeträger (BGE 127 I 88). – Das Bundesgericht stellt die Verweigerung einer entsprechenden Bewilligung einem Grundrechtseingriff gleich: Die Bewilligungsverweigerung muss «im öffentlichen Interesse notwendig sein, wobei freilich nicht nur polizeilich motivierte Einschränkungen zulässig sind, auf sachlich vertretbaren Kriterien beruhen und den Grundsatz der Verhältnismässigkeit wahren» (BGE 126 I 140).

17 *Kein Anspruch auf staatliche Leistungen:* Hingegen verschafft die Wirtschaftsfreiheit nach ständiger Rechtsprechung grundsätzlich *keine Ansprüche auf staatliche Leistungen* (zusammenfassend BGE 130 I 26, 40): weder auf Zusprechung von Subventionen, noch auf Vergabe eines öffentlichen Auftrags, noch auf Erteilung einer fremdenpolizeilichen Bewilligung, noch auf Schutz vor privater Konkurrenz, noch auf Entschädigung im Fall eines Eingriffs in das Grundrecht, noch auf Zulassung zur Kassenpraxis, noch auf Benützung eines Flughafens zu kommerziellen Zwecken (vgl. BGE 130 I 40; BGE 125 I 182, 199; BGE 125 I 161, 165 f.; BGE 124 I 107, 113; BGE 122 I 47; BGE 121 I 240; BGE 118 Ib 249; BGE 117 Ib 395; BGE 102 Ia 542; BGer, 21.3.1997, in: Pra 1998, 1 ff.). Einen aus BV 27 fliessenden «bedingten» Anspruch auf Schutz gegen staatliche Konkurrenz, wie er in der Rechtslehre postuliert wird, hat das Bundesgericht bisher nicht anerkannt (vgl. BIAGGINI, ZBl 2001, 240 ff.).

Persönlicher Schutzbereich

18 Die Wirtschaftsfreiheit schützt sowohl *natürliche Personen* als auch *juristische Personen* des Privatrechts. Das Bundesgericht dehnte den Grundrechtsschutz, der ursprünglich nur *Schweizern* zustand, seit 1982 sukzessive aus:

– zunächst in zwei Teilschritten (1982/1990) auf *ausländische* Staatsangehörige mit *Niederlassungsbewilligung* (BGE 108 Ia 150 f., BGE 116 Ia 238 ff.; vgl. auch BGE 123 I 22);

– in einem weiteren Schritt (1997) auf bestimmte Inhaber einer *Aufenthaltsbewilligung*, und zwar dann, wenn eine Person (z.B. als Ehegatte einer Schweizerin oder eines Schweizers) von den arbeitsmarktlichen Begrenzungsmassnahmen ausgenommen ist und Anspruch auf Erneuerung der Aufenthaltsbewilligung hat (BGE 123 I 214).

Nicht restlos geklärt sind die grundrechtlichen Konsequenzen des mit der EG und ihren (zunächst 15, dann 25) Mitgliedstaaten abgeschlossenen Personenfreizügigkeitsabkommens (FZA, SR 0.142.112.681; die Ausdehnung auf Bulgarien und Rumänien ist eingeleitet).

19 Nachdem das Bundesgericht lange Zeit offen liess, ob sich eine *ausländische juristische Person* auf die Wirtschaftsfreiheit berufen kann (BGE 125 I 182, 198), bejahte es in BGE 131 I 223, 227 die Frage für ein Unternehmen mit Sitz in Deutschland, das einen *staatsvertraglichen* Anspruch auf wirtschaftliche Betätigung in der Schweiz besass.

20 Nicht zu den Trägern der Wirtschaftsfreiheit gehört das *Gemeinwesen*. Noch nicht abschliessend geklärt ist die Frage, inwieweit sich *öffentliche Unternehmen* auf die Wirtschaftsfreiheit berufen können (offen gelassen in BGE 127 II 8, 17 betreffend die Swisscom AG; zum Meinungsstand SCHEFER, Ergänzungsband, 355; PHILIPP HÄSLER, Geltung der Grundrechte für öffentliche Unternehmen, Bern 2006). Angezeigt erscheint eine differenzierende Betrachtung im Lichte der Binnenmarktfunktion (vgl. N 21) der Wirtschaftsfreiheit (vgl. BIAGGINI, FS Forstmoser, 625 ff.).

Interkantonale (bundesstaatliche) Komponente

21 Die Wirtschaftsfreiheit verbürgt unter anderem die *bundesweite* freie Zirkulation von Gütern, Dienstleistungen und Erwerbstätigen (Binnenmarktfunktion) und untersagt Diskriminierungen aufgrund des Geschäftsdomizils. Diese *«interkantonale Komponente»* der Wirtschaftsfreiheit (BGE 125 I 279; vgl. auch BGE 116 Ia 240: Garantie eines «einheitlichen schweizerischen Wirtschaftsraums») wurde in der höchstrichterlichen Rechtsprechung über längere Zeit vernachlässigt (BIAGGINI, VRdCH, 791).

22 *Binnenmarktgesetz:* Um die Verfassungsrechtsprechung vermehrt für die in der Wirtschaftsfreiheit angelegte «Binnenmarktidee» zu sensibilieren, erliess der Bundesgesetzgeber das vom europarechtlichen *Cassis-de-Dijon*-Prinzip inspirierte Bundesgesetz vom 6.10.1995 über den Binnenmarkt (SR 943.02) – als eine Art von «gesetzgeberische(m) Nachhilfe-Unterricht in Sachen helvetischer (Wirtschafts-)Integration» (BIAGGINI, ZBl 1996, 78). Die zentralen materiellen Bestimmungen des Gesetzes (BGBM 2, 3) haben im Wesentlichen die Funktion, die im Grundrecht seit je enthaltene interkantonale Komponente zu präzisieren und im Hinblick auf die Rechtsanwendung besser zu strukturieren (BGE 125 I 276, 278 f.). Dank dem Binnenmarktgesetz konnte die eine oder andere unnötige Behinderung des interkantonalen Wirtschaftsverkehrs abgebaut werden (BGE 125 I 474: Versandhandel mit Medikamenten; BGE 123 I 313, BGE 125 II 56, BGE 125 II 406: Ausübung des Anwaltsberufes; vgl. auch BGE 128 I 295: Anwendbarkeit des BGBM offen gelassen). Das BGBM vermag jedoch nicht zu verhindern, «dass verschiedene Kantone unterschiedliche Regelungen kennen oder gleiche Sachverhalte rechtlich unterschiedlich qualifizieren» (BGE 125 I 335, 338; vgl. auch BGE 125 I 322). Von den praktischen Wirkungen des Gesetzes enttäuscht, beauftragte die Bundesversammlung den Bundesrat, eine Revision einzuleiten. Die am 16.12.2005 verabschiedete Teilrevision (in Kraft seit 1.7.2006) dehnt das Prinzip des freien Marktzugangs auf die Niederlassung (BGBM 2 Abs. 4) aus, erschwert Beschränkungen des freien Marktzuganges (BGBM 3) und verschafft der Wettbewerbskommission ein besonderes Beschwerderecht (BGBM 9 Abs. 2bis). Die nächsten Enttäuschungen sind vorprogrammiert, da dem Regelungsansatz des BGBM immanente Schranken gesetzt sind (insb. mit Blick auf die Gewährleistung von Rechtssicherheit), die letztlich nur durch bundeseinheitliche Regelungen überwunden werden können.

Gleichbehandlung der Konkurrenten

23 Das Bundesgericht und die neuere Lehre leiteten aus BV 1874 Art. 31 ein *besonderes Gleichbehandlungsgebot* ab (so erstmals nach längerem Zögern BGE 121 I 135; vgl. seither etwa BGE 125 I 436; BGE 128 I 136, 141 ff.; BGE 130 I 26, 54): Nach diesem sog. *Grundsatz der Gleichbehandlung der Konkurrenten* (früher: «Gewerbegenossen») sind staatliche Massnahmen *unzulässig*, wenn sie den Wettbewerb unter direkten Konkurrenten *verzerren*. Der den Konkurrenten zustehende spezifische Gleichbehandlungsanspruch dient der Verwirklichung des «Grundsatzes der Wirtschaftsfreiheit» (BV 94 Abs. 1; vgl. N 31) bzw. des Grundsatzes der staatlichen Wettbewerbsneutralität (vgl. N 32) und bildet gewissermassen deren individualrechtliche (Kehr-)Seite (vgl. BGE 131 II 271, 291; BGE 125 I 435 f.; BGE 123 II 401; BGE 121 I 134; BGE 121 I 285). Unter der neuen Bundesverfassung dürfte es sich empfehlen, das Gleichbehandlungsgebot als Ausfluss von BV 27 i.V.m. BV 94 einzustufen (so auch, beiläufig, BGE 128 II 292, 297; nur aus BV 27: BGE 132 I 97, 100).

24 Als *direkte Konkurrenten* gelten gemäss Bundesgericht «Angehörige der gleichen Branche, die sich mit dem gleichen Angebot an dasselbe Publikum richten, um das gleiche Bedürfnis zu befriedigen» (BGE 125 I 436; vgl. auch BGE 128 I 136; BGE 125 II 149; BGE 121 I 285).

Kasuistik:

– *Bejaht* wurde die direkte Konkurrenz im Verhältnis zwischen Zirkusunternehmen unterschiedlicher Grösse (BGE 119 Ia 448; 121 I 286), im Verhältnis von Bäckereien-Konditoreien mit angeschlossenem Café einerseits und Bäckereien-Konditoreien ohne Café andererseits (BGE 120 Ia 236 ff.), im Verhältnis zwischen Taxiunternehmen mit unterschiedlichen Betriebsbewilligungen (BGE 121 I 132) sowie bei Schaustellern mit Riesenrädern unterschiedlicher Grösse (32 bzw. 44 m Durchmesser; BGE 128 I 136).

– *Verneint* wurde ein direktes Konkurrenzverhältnis dagegen im Verhältnis zwischen einem Zirkusunternehmen und einem Jugendzirkus (BGE 121 I 286), zwischen Gastwirten und Detaillisten (BGer, Urteil vom 22.4.1983, ZBl 1983, 359), zwischen «Peep-Shows» einerseits, Kiosken, Kinos und Night-Clubs andererseits (BGE 106 Ia 275), zwischen Apotheken und Drogerien (BGE 89 I 35; BGE 119 Ia 437), im Verhältnis zwischen Kinos einerseits, Theatern und Cabaret-Dancings andererseits (BGE 93 I 309), im Verhältnis zwischen Ärzten und Apothekern hinsichtlich des Verkaufs von Medikamenten (BGE 119 Ia 438; vgl. auch BGE 131 I 205, 211) sowie im Verhältnis zwischen abonnierter Presse und Gratispublikationen (BGE 120 Ib 145).

25 Das Bundesgericht zieht den Kreis der direkten Konkurrenten meist recht eng. In der Lehre wird zu Recht gefordert, es sei weniger auf das (etwas zünftisch anmutende) Kriterium der Branchenzugehörigkeit («Gewerbegenossen») als auf das Kriterium des *relevanten Markts* abzustellen (Rhinow/Schmid/Biaggini, 124 ff.; Gygi/Richli, 17).

26 *Inhalt:* Der vom Bundesgericht aus der Wirtschaftsfreiheit abgeleitete Gleichbehandlungsgrundsatz geht weiter (und ist mithin «strenger») als das allgemeine Rechtsgleichheitsgebot (BV 8): Der Grundsatz gewährt gemäss Bundesgericht «einen Schutz vor staatlichen Ungleichbehandlungen, die zwar auf ernsthaften, sachlichen Gründen beruhen mögen, gleichzeitig aber (...) einzelne Konkurrenten namentlich durch unterschiedliche Belastungen oder staatlich geregelten Marktzugang bzw. -ausschluss begünstigen oder benachteiligen» (BGE

125 I 436). Auch das wirtschaftsverfassungsrechtliche Gleichbehandlungsgebot gilt jedoch *nicht absolut* (BGE 128 I 136, 146; BGE 125 I 436; BGE 125 I 200; BGE 125 II 150; BGE 121 I 287). Gewisse Relativierungen sind möglich. So lässt das Bundesgericht eine Bevorzugung von Konkurrenten oder Konkurrentengruppen zu, wenn es durch gewichtige öffentliche Interessen gerechtfertigt erscheint (z.B. «aus Gründen des Umweltschutzes», BGE 125 II 150; zwecks Kosteneindämmung im Gesundheitswesen, BGE 130 I 26, 50). Zu vermeiden sind jedoch «spürbare Wettbewerbsverzerrungen» (BGE 125 II 150; vgl. auch BGE 125 I 436; BGE 121 I 288 ff.).

27 *Grenzen:* Nicht vermeiden lassen sich gewisse systemimmanente Ungleichheiten, so beispielsweise bei der Regelung des Zugangs zu staatlich administrierten knappen Gütern (Zuteilung von Standplätzen für gewerbliche Veranstaltungen auf öffentlichem Grund, von Sendefrequenzen usw.; vgl. BGE 128 I 136, 145). Eine strikte Gleichbehandlung kann hier von vornherein nicht gewährleistet werden. Das Bundesgericht verpflichtet die Behörden aber, «dem institutionellen Gehalt» des Grundrechts Rechnung zu tragen, d.h. Ungleichheiten zu minimieren und «möglichst faire Wettbewerbsverhältnisse» zu schaffen (BGE 128 I 136, 146; BGE 121 I 287). So muss die Zuteilung von öffentlichem Grund und Boden für Erwerbszwecke «regelmässig überprüft werden, um eine Zementierung einmal geschaffener Privilegien zu vermeiden» (BGE 121 I 289; vgl. auch BGE 132 I 97, 101: «une certaine rotation»). Gemäss Bundesgericht widerspricht es dem Gebot des fairen Wettbewerbs indes nicht, wenn eine Gemeinde von mehreren Angeboten für ein Riesenrad am Herbstjahrmarkt jeweils das objektiv deutlich beste auswählt, auch wenn es immer wieder vom gleichen Anbieter stammt (BGE 128 I 136). Problematisch BGE 132 I 97, 103 (Abbaye de Fleurier; betreffend Teilnahme an einem lokalen Markt), wo das Bundesgericht die Möglichkeit «d'accorder une certaine préférence» (zu Gunsten Einheimischer) andeutet.

Beschränkungen der Wirtschaftsfreiheit

28 Die Frage, wie die zulässigen von den unzulässigen Beschränkungen der Wirtschaftsfreiheit abzugrenzen sind, ist anspruchsvoll und nach wie vor umstritten. Hauptgrund dafür ist das Nebeneinander von allgemeinen (BV 36) und besonderen Regeln (BV 94), das schon unter der BV 1874 bestand (vgl. BV 1874 Art. 31 Abs. 2 und Art. 31bis Abs. 2) und in Rechtsprechung und Lehre zu einer nicht durchweg überzeugenden wirtschaftsfreiheits-spezifischen «Schrankenordnung» verarbeitet wurde (zur Problematik RHINOW/SCHMID/BIAGGINI, 116 ff.; BIAGGINI, VRdCH, 788 sowie N 5 zu BV 94). Hinzu kommt das höchstrichterliche Schwanken beim «Prüfprogramm» (vgl. z.B. BGE 125 I 267, 269, einerseits, BGE 128 I 3, 9, andererseits; zur Pluralität der Prüfprogramme näher BIAGGINI, ius.full 2003, 2 ff.).

29 *Allgemeine Voraussetzungen* (BV 36): Einschränkungen der Wirtschaftsfreiheit müssen, entsprechend den allgemeinen Regeln, auf einer genügenden *gesetzlichen Grundlage beruhen*, im *öffentlichen Interesse liegen* und *verhältnismässig* sein (vgl. z.B. BGE 125 I 327; BGE 122 I 134). Eine *faktische* Beschränkung oder Erschwerung der Berufsausübung ist (ausnahmsweise) als Grundrechtseingriff einzustufen, «wenn die entsprechenden Auswirkungen die Betroffenen im Ergebnis in ihrer wirtschaftlichen Tätigkeit gleich beeinträchtigen wie die Einschränkung einer rechtlichen Befugnis» (zu Recht bejaht in BGE 130 I 26, 42, Nichtzulassung als Leistungserbringer im Rahmen der Krankenversicherung; vgl. auch BGE 125 I 182). Staatliche Massnahmen müssen zudem stets den *unantastbaren Kerngehalt* (BV 36 Abs. 4)

der Wirtschaftsfreiheit wahren. Über dessen Umfang und Tragweite herrscht allerdings heute wenig Klarheit (namentlich was einen allfälligen wirtschaftssystembezogenen Kerngehalt anbelangt; vgl. RHINOW/SCHMID/BIAGGINI, 127 f.). Der *menschenrechtliche* Kerngehalt der Wirtschaftsfreiheit kann etwa verletzt sein, wenn eine Massnahme elementare Aspekte der Berufswahlfreiheit beschneidet. Nicht betroffen ist der Kerngehalt durch ein Werbeplakatverbot für Alkohol und Tabak (BGE 128 I 295, 310).

30 *Kasuistik:* Aus der neueren Rechtsprechung vgl. BGE 131 I 333, 339 (Auswahl von 15 Prozent der Mieter durch die Behörden in subventionierten Gebäuden); BGE 131 I 223, 230 ff. (Verbot der Prozessfinanzierung: unzulässig); BGE 130 I 26, 40 ff. (Kassenpraxis: Zulassungsstopp für Medizinalpersonal); BGE 128 I 102, 110 (Sondergewerbesteuer); BGE 128 I 165 (Kontrollmassnahmen); BGE 128 I 92 (Anforderungen an die selbstständige Berufsausübung im Medizinalbereich); BGE 128 I 295, 308, 314 ff. (Werbeplakatverbot für Alkohol und Tabak); BGE 128 I 3, 9 (Plakatanschlag auf privatem Grund: unzulässig). Zur älteren Rechtsprechung BIAGGINI, VRdCH, 785 f.; RHINOW, Komm. aBV, Art. 31, N 128 ff.

31 *Wahrung des Grundsatzes der Wirtschaftsfreiheit als besondere Voraussetzung:* Zu den (vier) allgemeinen Voraussetzungen kommt – im Regelfall – eine fünfte Voraussetzung hinzu: Staatliche Massnahmen müssen den *Grundsatz der Wirtschaftsfreiheit* wahren (BV 94 Abs. 1). Dieser ist sowohl vom Bund als auch von den Kantonen zu beachten. Abweichungen *(dérogations, deroghe)* vom Grundsatz sind nicht von vornherein ausgeschlossen, müssen allerdings in der Bundesverfassung vorgesehen sein (BV 94 Abs. 4). Dieser *Verfassungsvorbehalt* für abweichende (grundsatzwidrige) Massnahmen ist für Bund und Kantone von unterschiedlicher Bedeutung:

– Die *Kantone* dürfen heute nur ganz vereinzelt vom Grundsatz der Wirtschaftsfreiheit abweichen, nämlich bei den sog. historischen Regalrechten (BV 94 Abs. 4; siehe dort N 15) sowie (bis Ende 2009) im Bereich des Gastwirtschaftsgewerbes (BV 196 Ziff. 7). – Die Errichtung eines *neuen* kantonalen Monopols lässt das Bundesgericht zu, sofern dieses «durch hinreichende Gründe des öffentlichen Wohls, namentlich polizeiliche oder sozialpolitische Gründe, gerechtfertigt und verhältnismässig» ist und nicht als «Fiskalmonopol» ausgestaltet wird (sog. Polizei- bzw. Wohlfahrtsmonopole). – *Kasuistik:* BGE 124 I 11 und 25 (Zulässigkeit des Gebäudeversicherungsmonopols); BGE 125 I 221 (grundsätzliche Zulässigkeit des sog. Plakatanschlagmonopols). Vgl. auch BGE 129 II 497, 535 (Stromlieferungsmonopol; offen gelassen); BGE 132 I 282, 287 (Elektrizitätsversorgung). Nicht zu den echten Monopolen «im Rechtssinn» zählt das sog. Anwaltsmonopol (BGE 130 II 87, 92), weshalb die Anwaltstätigkeit im sog. Monopolbereich grundsätzlich in den Schutzbereich von BV 27 fällt.

– Der *Bund* darf auf zahlreichen Gebieten vom Grundsatz der Wirtschaftsfreiheit abweichen, sei es aufgrund *ausdrücklicher* (z.B. BV 101, 104), sei es aufgrund *stillschweigender* Ermächtigungen (näher N 14 zu BV 94).

32 *Zu Rechtsnatur und Tragweite des Grundsatzes* (näher N 3 ff. zu BV 94): Beim «Grundsatz der Wirtschaftsfreiheit» handelt es sich um einen in hohem Masse *konkretisierungsbedürftigen Verfassungsgrundsatz*. Anhaltspunkte für die Konkretisierung des Grundsatzes ergeben sich namentlich:

- *aus dem Verfassungswortlaut:* Zu den Abweichungen gehören «insbesondere (...) Massnahmen, die sich gegen den Wettbewerb richten» (BV 94 Abs. 4), wobei nicht jede noch so geringfügige staatliche Beeinflussung des Wettbewerbs bereits als Abweichung zu qualifizieren ist (BGE 125 I 436);
- *aus der Praxis zum «Grundsatz der Handels- und Gewerbefreiheit»* (BV 1874 Art. 31 Abs. 2, Art. 31bis Abs. 2), der in BV 94 weitergeführt wird: Nach allgemein geteilter Auffassung verlangte BV 1874 Art. 31 vom Staat ein grundsätzlich *wettbewerbsneutrales* Verhalten (zum Grundsatz der Wettbewerbsneutralität vgl. z.B. BGE 120 Ib 144; BGE 118 Ia 177). Das Bundesgericht leitete aus BV 1874 Art. 31 sodann ein grundsätzliches *Verbot* von (sog. wirtschaftspolitischen) Massnahmen ab, «die den freien Wettbewerb behindern, um gewisse Gewerbezweige oder Bewirtschaftungsformen zu sichern oder zu begünstigen» (BGE 123 I 15) bzw. «um einzelne Konkurrenten gegenüber anderen zu bevorzugen oder zu benachteiligen» (BGE 121 I 288), oder die darauf abzielen, «das Wirtschaftsleben nach einem festen Plan zu lenken» (BGE 111 Ia 186). Dem Grundsatz der Wettbewerbsneutralität steht ein grundsätzliches *Verbot wettbewerbsverzerrender Massnahmen* zur Seite, dessen Beachtung von betroffenen Grundrechtsträgern gerichtlich eingefordert werden kann.

Etwas allgemeiner gesprochen, meint Wahrung des Grundsatzes der Wirtschaftsfreiheit: Respektierung der zentralen Voraussetzungen und Elemente des Marktmechanismus, Verbot einer Verzerrung oder gar Ausschaltung des Spiels von Angebot und Nachfrage durch den Staat (Rhinow, BTJP 1999, 165; Vallender, AJP 1999, 682 ff.). Nicht von vornherein unzulässig sind gemäss Bundesgericht staatliche Preisvorschriften, die polizeilich oder sozialpolitisch motiviert sind (BGE 120 Ia 286 und BGE 119 Ia 59: Höchstzinsen im Bereich des Konsumkredits; BGE 110 Ia 111: Maximalentschädigung für Wohnungsmakler; BGE 109 Ia 33: Preisrelation zwischen alkoholhaltigen und -freien Getränken im Gastgewerbe).

33 *Zulassung gewisser sog. «wirtschaftspolitischer Nebenwirkungen»:* Eine Massnahme kann nicht nur wegen ihres wettbewerbswidrigen Ziels bzw. Motivs grundsatzwidrig sein, sondern auch wegen ihrer wettbewerbsverzerrenden *Wirkungen* (Biaggini, VRdCH, 787). Rechtsprechung und Lehre sind allerdings bereit, gewisse *Beeinträchtigungen* des Wettbewerbs hinzunehmen, die sich als mehr oder weniger unbeabsichtigte *Nebenfolge* einer nicht primär gegen den Wettbewerb gerichteten Massnahme darstellen (sog. «wirtschaftspolitische» *Nebenwirkungen;* vgl. z.B. BGE 121 I 128, 132; BGE 102 Ia 104, 117). Es zeigt sich hier eine Parallele zum Grundsatz der Gleichbehandlung der Konkurrenten, der gewisse Relativierungen duldet, nicht jedoch «spürbare Wettbewerbsverzerrungen» (vgl. vorne N 26). Die Parallele ist nicht zufällig, da das wirtschaftsverfassungsrechtliche Gleichbehandlungsgebot (BV 27 i.V.m. BV 94) eine Art individualrechtliche (Kehr-)Seite des Grundsatzes der Wirtschaftsfreiheit bzw. der staatlichen Wettbewerbsneutralität ist (vgl. N 23).

34 *Kasuistik:* Zu den grundsätzlich unzulässigen Massnahmen zählen etwa: die zahlenmässige Beschränkung der Betriebe eines bestimmten Gewerbes (z.B. mittels Bedürfnisklausel oder *numerus clausus);* Kontingentsordnungen; wirtschaftspolitisch motivierte Preisvorschriften; Gewerbesteuern, die eine Gewinnerzielung faktisch ausschliessen; standespolitische Massnahmen zur Abschirmung einer Berufsgruppe vor neuer Konkurrenz (BGE 117 Ia 446 f.; BGE 125 I 339; BGE 125 I 326 ff.; BGE 132 I 97, 100). Unzulässig sind gewöhnlich auch Vor-

schriften, die ein Wohnsitz- oder Geschäftsdomizilerfordernis aufstellen (BGE 116 la 357; BGE 106 la 130). – Lange Zeit galten Massnahmen der Wirtschaftsförderung, insbesondere staatliche Finanzhilfen, als verfassungsrechtlich unproblematisch. Der neueren Lehre folgend prüft das Bundesgericht nunmehr, ob Förderungsmassnahmen den Wettbewerb unter direkten Konkurrenten verzerren (BGE 120 lb 144 f.).

Literaturhinweise (vgl. auch die Hinweise vor und bei BV 94)
BIAGGINI GIOVANNI, Wirtschaftsfreiheit, VRdCH, 779 ff.; DERS., Schweizerische und europäische Wirtschaftsverfassung im Vergleich, ZBl 1996, 49 ff.; DERS., Von der Handels- und Gewerbefreiheit zur Wirtschaftsfreiheit, ZBl 2001, 225 ff.; DERS., Die Wirtschaftsfreiheit und ihre Einschränkungen, ius.full 2003, 2 ff.; BIAGGINI GIOVANNI/MÜLLER GEORG/RICHLI PAUL/ZIMMERLI ULRICH, Wirtschaftsverwaltungsrecht des Bundes, 4. Aufl., Basel/Genf/München 2005; GRISEL ETIENNE, Liberté économique, Bern 2006; DERS., Liberté du commerce et de l'industrie, 2 vol., Bern 1993/1995; DERS., La définition de la police, Festgabe der schweizerischen Rechtsfakultäten zur Hundertjahrfeier des Bundesgerichts, Basel 1975, 91 ff.; GYGI FRITZ/RICHLI PAUL, Wirtschaftsverfassungsrecht, 2. Aufl., Bern 1997; GYGI FRITZ, Abweichungen, Festschrift Nef, Zürich 1981, 73 ff.; DERS., Zum Polizeibegriff, Festschrift Eichenberger, Basel/Frankfurt a.M. 1982, 235 ff.; HANGARTNER YVO, Das Grundrecht der Wirtschaftsfreiheit, recht 2002, 53 ff.; HOFMANN DAVID, La liberté économique suisse face au droit européen, Bern 2005; KNAPP BLAISE, Les limites à l'intervention de l'Etat dans l'économie, ZBl 1990, 241 ff.; LIENHARD ANDREAS, Zum Anspruch der Gewerbegenossen auf wettbewerbsneutrale Behandlung durch den Staat, recht 1995, 210 ff.; MARTI HANS, Die Wirtschaftsfreiheit der schweizerischen Bundesverfassung, 2. Aufl., Basel 1976; OBERSON XAVIER, Fiscalité et liberté économique, Mélanges Ch.-A. Junod, Basel/Frankfurt a.M. 1997, 343 ff.; RHINOW RENE/SCHMID GERHARD/BIAGGINI GIOVANNI, Öffentliches Wirtschaftsrecht, Basel/Frankfurt a.M. 1998; RUEY CLAUDE, Monopoles cantonaux et liberté économique, Lausanne, 1988; UHLMANN FELIX, Gewinnorientiertes Staatshandeln, Basel/Frankfurt a.M. 1997; VALLENDER KLAUS A./HETTICH PETER/LEHNE JENS, Wirtschaftsfreiheit und begrenzte Staatsverantwortung, 4. Aufl. 2006; VALLENDER KLAUS A., Die Konzeption der Wirtschaftsfreiheit, Festschrift Yvo Hangartner, St. Gallen/Lachen 1998, 891 ff.; VALLENDER KLAUS A./VEIT MARC. D., Skizze des Wirtschaftsverfassungs- und Wirtschaftsverwaltungsrechts, Bern 1999; VEIT MARC D., Die Gleichbehandlung der Gewerbegenossen, AJP 1998, 569 ff.; VOGEL STEFAN, Der Staat als Marktteilnehmer, Zürich 2000; WUNDER KILIAN, Die Binnenmarktfunktion der schweizerischen Handels- und Gewerbefreiheit im Vergleich zu den Grundfreiheiten in der Europäischen Gemeinschaft, Basel 1998.

Art. 28   Koalitionsfreiheit

[1] Die Arbeitnehmerinnen und Arbeitnehmer, die Arbeitgeberinnen und Arbeitgeber sowie ihre Organisationen haben das Recht, sich zum Schutz ihrer Interessen zusammenzuschliessen, Vereinigungen zu bilden und solchen beizutreten oder fernzubleiben.

[2] Streitigkeiten sind nach Möglichkeit durch Verhandlung oder Vermittlung beizulegen.

³ Streik und Aussperrung sind zulässig, wenn sie Arbeitsbeziehungen betreffen und wenn keine Verpflichtungen entgegenstehen, den Arbeitsfrieden zu wahren oder Schlichtungsverhandlungen zu führen.

⁴ Das Gesetz kann bestimmten Kategorien von Personen den Streik verbieten.

1   Mit BV 28 wird die – früher durch die Vereinsfreiheit (BV 1874 Art. 56) mitgarantierte (vgl. BGE 124 I 107, 114; MALINVERNI, Komm. aBV, Art. 56, N 42 ff.) – Koalitionsfreiheit verselbstständigt. Statt als «Schwester» der Vereinsfreiheit (VALLENDER, SG-Komm., Art. 28, N 1) sollte man die Koalitionsfreiheit freilich besser als deren – mittlerweile recht eigenständige – «Tochter» bezeichnen. Unter der BV 1874 blieb bis zuletzt unklar, ob bzw. in welchem Umfang die Verfassung die sog. *Arbeitskampffreiheiten* (Recht auf Streik bzw. Aussperrung) schützte (vgl. BGE 125 III 277; BGE 111 II 245). BV 28 bringt diesbezüglich eine gewisse Klärung (Abs. 3), wenn auch nicht restlose Klarheit (näher hinten N 14).

2   Die Koalitionsfreiheit wird auch durch mehrere von der Schweiz ratifizierte internationale Übereinkommen garantiert (Überblick bei GARRONE, VRdCH, 797), wobei häufig die gewerkschaftliche Freiheit im Mittelpunkt steht. Vgl. insb. EMRK 11, UNO-Pakt I Art. 8, UNO-Pakt II Art. 22 sowie das ILO-Übereinkommen Nr. 87 vom 9.7.1948 (SR 0.822.719.7). Bisher nicht ratifiziert hat die Schweiz die Europäische Sozialcharta.

Gegenstand und Funktionen der Koalitionsfreiheit

3   Die Koalitionsfreiheit ist in erster Linie ein gegen den Staat gerichtetes *Abwehrrecht*. Zugleich dient sie der grundrechtlichen Absicherung wichtiger Funktionsvoraussetzungen einer freiheitlichen Wirtschaftsordnung, was durch die Platzierung unmittelbar nach der Wirtschaftsfreiheit unterstrichen wird. Auch wenn das Grundrecht vor allem die Stellung der strukturell schwächeren Arbeitnehmerseite verbessert und somit eine soziale Komponente aufweist, drängt sich die Einordnung bei den sozialen Grundrechten nicht auf (anders für das Recht auf Streik AUER/MALINVERNI/HOTTELIER II, 713 ff.).

4   *Kollektive Dimension:* Die Koalitionsfreiheit ermöglicht es den Grundrechtsträgern, ihre Kräfte zu bündeln und ihre «soziale Potenz» (J.P. MÜLLER, Grundrechte, 340) zu steigern. Trotz der für die Koalitionsfreiheit charakteristischen kollektiven Dimension sollte man jedoch nicht von einem «Kollektivrecht» sprechen. Verfassungsrechtlicher Ausgangspunkt ist (wie bei der Vereinsfreiheit, vgl. N 5 zu BV 23) das *Individuum*. Gegen eine Verletzung des – inhaltlich kollektivbezogenen – Grundrechts kann vor Gericht grundsätzlich auch ein *einzelner* Arbeitnehmer oder Arbeitgeber vorgehen (missverständlich VALLENDER, SG-Komm., Art. 28, N 27).

5   Die Verfassung auferlegt dem Staat die allgemeine Verpflichtung, sich für die Verwirklichung der Koalitionsfreiheit einzusetzen (BV 28 i.V.m. BV 35). Ein Mittel ist das den Sozialpartnern durch die Bundesgesetzgebung zur Verfügung gestellte Institut des *Gesamtarbeitsvertrags*, GAV (vgl. OR 356 ff.; Bundesgesetz vom 28.9.1956 über die Allgemeinverbindlicherklärung von Gesamtarbeitsverträgen, AVEG; SR 221.215.311; vgl. REHBINDER, 223 ff.; PORTMANN/STÖCKLI, 39 ff.). Das Institut bezweckt, «die schwächere Partei zu schützen, eine einheitliche Behandlung der Arbeitnehmer zu sichern, sozialen Konflikten vorzubeugen und die Anstellungsbedingungen mit relativ flexiblen Normen zu ordnen» (BGE 121 III 168, 171 f.; vgl. auch VALLENDER, SG-Komm., Art. 28, N 18). Gesamtarbeitsverträge können durch Beschluss

der zuständigen Behörde u.U. für *allgemeinverbindlich* erklärt (AVE), d.h. auf am Vertrag nicht beteiligte Arbeitgeber und Arbeitnehmer des betreffenden Wirtschaftszweiges oder Berufes ausgedehnt werden (vgl. BV 110; AVEG 2; zur Rechtsnatur der Allgemeinverbindlicherklärung vgl. N 10 zu BV 110).

6 *Frage der Drittwirkung:* Anders als das deutsche Grundgesetz (Art. 9 Abs. 3) verleiht die BV der Koalitionsfreiheit *keine direkte* Drittwirkung. Die Bundesgesetzgebung verschafft der Koalitionsfreiheit verschiedentlich *mittelbare* Wirkung im Horizontalverhältnis (vgl. OR 336: arbeitsvertraglicher Kündigungsschutz; OR 356a: Nichtigkeit von sog. *closed-shop*-Klauseln in Gesamtarbeitsverträgen). – Für die Arbeitskampffreiheiten näher hinten N 16, 18.

Schutzbereich der Koalitionsfreiheit

7 Trotz etwas knapper ausgefallenem Verfassungswortlaut schützt die Koalitionsfreiheit grundsätzlich dieselben Sachverhalte wie das «Muttergrundrecht» der Vereinigungsfreiheit (BV 23): Gründung und Auflösung, Beitritt und Austritt, Fern- und Verbleiben u.a.m. (vgl. BGE 129 I 113, 121; GARRONE, VRdCH, 796 f.). Erfasst werden allerdings nicht alle Vereinigungen, sondern nur *Koalitionen*, d.h. Zusammenschlüsse von Arbeitnehmern oder von Arbeitgebern, sowie Koalitionszusammenschlüsse (Dachverbände).

8 Die in BV 28 mitenthaltene *Betätigungsfreiheit* umfasst namentlich auch das Recht, an Kollektivverhandlungen teilzunehmen und mittels Gesamtarbeitsvertrag Arbeitsbedingungen zu regeln (sog. *Tarifautonomie;* vgl. BGE 129 I 113, 121; BGE 124 I 107, 113 f.). Das Recht auf Kollektivverhandlungen besteht grundsätzlich auch im Bereich des öffentlichen Dienstes, hier allerdings mit gewissen Abstrichen, da die Festlegung der Arbeitsbedingungen zum Teil auf dem Gesetzgebungsweg erfolgt; beim Erlass von Vorschriften ist den betroffenen Arbeitnehmerorganisationen in angemessener Weise Gehör zu gewähren. Auch darf der Staat nicht einzelne Organisationen diskriminieren (vgl. BGE 129 I 113, 121). Ausprägungen der Betätigungsfreiheit sind auch die *Freiheiten des Arbeitskampfes* (Streikfreiheit, Aussperrungsfreiheit; vgl. N 15).

9 *Grundrechtsträger* sind neben den einzelnen Arbeitnehmern und Arbeitgebern auch «ihre Organisationen» (d.h. Gewerkschaften, Arbeitgeberverbände), die gewöhnlich in der Rechtsform des Vereins organisiert sind. Nach verbreiteter Auffassung (vgl. z.B. PORTMANN, 79), die allerdings dem «symmetrischen» Aufbau von BV 28 nicht Rechnung trägt, soll die von einem *einzelnen* Arbeitgeber geführte Tarifverhandlung (bzw. die von ihm allein verhängte Aussperrung) unter BV 28 fallen, während auf Arbeitnehmerseite stets nur kollektives Handeln Schutz finden soll.

Beschränkungen der Koalitionsfreiheit

10 Beschränkungen der Koalitionsfreiheit müssen den Anforderungen von BV 36 (und EMRK 11 Ziff. 2) genügen. Die Rechtsprechung ist eher spärlich. Gemäss Bundesgericht ist es verfassungswidrig, von einem Unternehmen, das staatliche Finanzhilfen in Anspruch nehmen möchte, zu verlangen, dass es sich einem durch Gesamtarbeitsvertrag gebundenen Arbeitgeberverband anschliesst (BGE 124 I 107, 113 ff.). Die gesetzliche Ordnung schränkt die Privatautonomie der GAV-Parteien ein; dies wird durch den Zweck des Instituts gerechtfertigt (BGE 121 III 168, 172). Wie BV 110 Abs. 2 in Erinnerung ruft, darf bei einer AVE die Koaliti-

onsfreiheit nicht beeinträchtigt werden. Eine an die Behörden gerichtete gesetzgeberische Ermahnung zu Gunsten der Koalitionsfreiheit enthält auch das Staatsschutzgesetz (vgl. BWIS 3, SR 120).

Der verfassungsrechtliche Status von Streik und Aussperrung

11 *Streik* meint die «kollektive Verweigerung der geschuldeten Arbeitsleistung zum Zwecke der Durchsetzung von Forderungen nach bestimmten Arbeitsbedingungen gegenüber einem oder mehreren Arbeitgebern» (BGE 125 III 277, 283). – Die *Aussperrung* ist das Gegenstück auf Arbeitgeberseite (PORTMANN/STÖCKLI, 17).

12 *Tradition des Arbeitsfriedens:* In der Schweiz ist der Streik eine seltene Erscheinung. Die Statistik verzeichnet für die Jahre 1995 bis 2004 insgesamt 51 Streiks mit einer Mindestdauer von 24 Stunden. Entsprechend rar sind höchstrichterliche Urteile (die beiden Leiturteile sind BGE 111 II 245 und BGE 125 III 277). Die Aussperrung ist noch seltener (keine statistisch relevanten Fälle in den letzten Jahren) und war bisher, soweit ersichtlich, nicht Gegenstand (veröffentlichter) höchstrichterlicher Judikatur. Die lange Tradition des Arbeitsfriedens, deren Beginn das sog. Friedensabkommen in der Maschinen- und Metallindustrie (1937) markiert, widerspiegelt sich heute auch im (an die Sozialpartner gerichteten) verfassungsrechtlichen «Friedensappell» (Abs. 2).

13 *Verfassungsrechtlicher Status unter der BV 1874:* In der *Rechtslehre* war man sich im Grundsatz darin einig, dass Streik und Aussperrung (als *ultima ratio)* durch die Verfassung stillschweigend mitgewährleistet seien. Die Frage der verfassungsrechtlichen Anknüpfung wurde nicht einheitlich beantwortet (Überblick bei RHINOW/SCHMID/BIAGGINI, 138 ff.). Das *Bundesgericht* konnte der Frage lange ausweichen. In BGE 111 II 245 ff. (betreffend die zivilrechtliche Zulässigkeit einer streikbedingten fristlosen Entlassung) liess es durchblicken, dass die Anerkennung eines (ungeschriebenen) Rechts auf Streik nicht ausgeschlossen sei (a.a.O., 253). In einem Urteil vom 18.6.1999 – zwei Monate nach der Volksabstimmung über die neue Bundesverfassung, aber ein halbes Jahr bevor diese in Kraft trat – hielt das Bundesgericht etwas sibyllinisch fest: «Lückenfüllend ist somit auch im schweizerischen Arbeitsrecht ein Streikrecht zu bejahen», der neue BV 28 Abs. 3 normiere indes «den Streik nicht als verfassungsmässiges Individualrecht» (BGE 125 III 277, 283, 284).

14 *Zulässigkeit von Streik und Aussperrung unter der BV 1999:* Ermutigt durch die Stellungnahmen in der Rechtslehre schlug der Bundesrat vor, sowohl das «Recht auf Streik» als auch das «Recht auf Aussperrung» ausdrücklich zu gewährleisten (VE 96 Art. 24 Abs. 3; PORTMANN, 73 ff.). In der Bundesversammlung wurde der «Streikartikel» sehr kontrovers aufgenommen. Nach langem Ringen fand man schliesslich eine Kompromisslösung, welche den Streik und die Aussperrung unter bestimmten Voraussetzungen für «zulässig» erklärt, jedoch den Ausdruck «Recht auf» vermeidet. – Heute werden meist *vier* (teils ausdrückliche, teils stillschweigende) verfassungsrechtliche *Voraussetzungen* unterschieden (vgl. statt vieler MAHON, Comm., Art. 28, N 8 ff.; vgl. auch BGE 125 III 277, 284). Streik und Aussperrung sind zulässig:

- «wenn sie Arbeitsbeziehungen betreffen» (BV 28 Abs. 3);
- «wenn keine Verpflichtungen entgegenstehen, den Arbeitsfrieden zu wahren oder Schlichtungsverhandlungen zu führen» (BV 28 Abs. 3; vgl. auch OR 357a);

- wenn die Arbeitskampfmassnahme als *letztes Mittel* eingesetzt wird und *nicht unverhältnismässig* ist (vgl. BV 28 Abs. 2; BGE 132 III 122, 133: Zulässigkeit von Streikposten, soweit diese keine Gewalt anwenden; zur Verpflichtung auf «fair(e) Kampfführung» vgl. PORTMANN, 88); und
- wenn (im Fall des Streiks) der Arbeitskampf von einer tariffähigen Organisation getragen wird (ungeschrieben; vgl. BGE 132 III 122, 134).

In der Rechtslehre scheint sich (trotz BGE 125 III 277, 284) die – zutreffende – Auffassung durchzusetzen, dass Streik und Aussperrung «Grundrechtsqualität» besitzen (so RHINOW, Grundzüge, 530; MAHON, Comm., Art. 28, N 10; PORTMANN, 82). Nach wie vor bestehen aber Unsicherheiten, die nicht zuletzt darauf zurückzuführen zu sind, dass man sich in den Räten und in der Rechtslehre (wie zuvor schon in der Rechtsprechung) in erster Linie für die – speziell gelagerte – Frage nach den Konsequenzen einer verfassungsrechtlichen «Anerkennung» des Streiks für das *horizontale* Verhältnis zwischen Privaten (Arbeitsverhältnis) interessierte. Diese «zivilistische» Perspektive führt leicht zu einer verzerrten Wahrnehmung des verfassungsrechtlichen Problems (näher BIAGGINI, HGR, § 223, N 35 ff.).

15 *Streikfreiheit und Aussperrungsfreiheit als verfassungsmässige Rechte:* Die Klärung des verfassungsrechtlichen Status von Streik und Aussperrung sollte ihren Ausgangspunkt beim Grundrecht der *Koalitionsfreiheit* (Abs. 1) nehmen. Die darin mitgarantierte *Betätigungsfreiheit* (N 8) schützt auch den Einsatz der Arbeitskampfinstrumente Streik und Aussperrung. Dieser Schutz greift in erster Linie im *Vertikalverhältnis*, d.h. gegenüber *staatlichen* Massnahmen, die den Arbeitskampf unterbinden, übermässig erschweren oder – in Missachtung des Neutralitätsgebotes (vgl. N 19) – verzerren. Um Missverständnissen vorzubeugen, erscheint es ratsam, von der Streik- bzw. Aussperrungs*freiheit* zu sprechen.

16 *Wirkungen der Streik- und Aussperrungsfreiheit im Verhältnis zwischen Privaten* (Horizontalverhältnis): Nach der allgemeinen Regel (BV 35 Abs. 3) haben alle staatlichen Organe dafür zu sorgen, «dass die Grundrechte, soweit sie sich dazu eignen, auch unter Privaten wirksam werden». Bei den Freiheiten des Arbeitskampfes zeigt sich folgende *Besonderheit:* Die Verfassung überlässt die Frage, ob und inwieweit die Arbeitskampffreiheiten auch im Horizontalverhältnis «wirksam werden» sollen, nicht – wie bei anderen Grundrechten – dem Gesetzgeber oder den (Zivil-)Gerichten, sondern nimmt in BV 28 Abs. 3 selbst dazu Stellung, nämlich indem festgelegt wird, unter welchen Voraussetzungen Streik und Aussperrung *«zulässig»* sind. BV 28 Abs. 3 ist nicht ein Fall der *direkten* Drittwirkung (anders beiläufig SCHWEIZER, SG-Komm., Art. 35, N 22), sondern regelt *Modalitäten* der *indirekten* Drittwirkung (als *lex specialis* zum allgemeinen Grundrechtsverwirklichungsauftrag, BV 35). – Das Bundesgericht folgt (im Einklang mit der herrschenden Lehre) der sog. *Suspendierungstheorie:* Die Teilnahme an einem rechtmässigen Streik stellt danach keine Verletzung der vertraglichen Arbeitspflicht dar, da der Arbeitsvertrag «in seinen Hauptpflichten (Arbeits- und Lohnzahlungspflicht) für die Dauer des Arbeitskampfs suspendiert» ist (BGE 111 II 245, 256 f.). Eine streikbedingte Kündigung gilt als rechtsmissbräuchlich (OR 336), «weil andernfalls das Streikrecht illusorisch bliebe»; ebenso wenig besteht ein legitimer Grund für eine fristlose Auflösung des Arbeitsvertrages (BGE 125 III 277, 285; vgl. auch MAHON, Comm., Art. 28, N 15; PORTMANN, 83).

17 Die Aussage, die Verfassung gewährleiste den Streik «nicht als verfassungsmässiges Individualrecht» (BGE 125 III 277, 284), erweist sich am Ende in zweifacher Hinsicht als unzutreffend. BV 28 gewährleistet die *Streikfreiheit* als *verfassungsmässiges Recht;* dieses hat allerdings seine Grundlage, entgegen verbreiteter Auffassung (vgl. z.B. PORTMANN/STÖCKLI, 17), nicht in Abs. 3 (wo die Streikfreiheit – wie in Abs. 4 – vorausgesetzt wird), sondern in Abs. 1 (Teilgehalt der Koalititionsfreiheit). Die Streikfreiheit als verfassungsmässiges Recht ist sodann nicht ein blosses «Kollektivrecht», sondern ein (kollektivbezogenes) *Individualrecht* (a.M. VALLENDER, SG-Komm., Art. 28, N 27; wie hier GARRONE, VRdCH, 803; PORTMANN, 84).

18 Als «unzulässig» bzw. «verboten» gelten nach verbreiteter Auffassung:
  – der sog. *wilde Streik*, der nicht von einer tariffähigen Organisation getragen wird (vgl. z.B. VALLENDER, SG-Komm., Art. 28, N 25; BGE 125 III 277, 284; differenzierend J.P. MÜLLER, Grundrechte, 357; SCHIESS RÜTIMANN, 145 ff.; vgl. auch Botsch. BV, 179);
  – der sog. *politische Streik*, welcher Druck auf die staatlich-politischen Entscheidungsträger (und nicht auf die Arbeitgeberseite) erzeugen soll (vgl. z.B. PORTMANN, 84; BGE 125 III 277, 284; Botsch. BV, 179; für beschränkte Zulässigkeit SCHIESS RÜTIMANN, 143 ff.; differenzierend SCHEFER, Ergänzungsband, 226).

Diesen (zu einseitig aus der zivilrechtlichen Optik des Horizontalverhältnisses formulierten) Aussagen kann aus *verfassungsrechtlicher* Sicht nicht vorbehaltlos zugestimmt werden. Auch wenn die Verfassung die Grenze zwischen «zulässigen» (Abs. 3) und «unzulässigen» Streiks nicht messerscharf zieht, spricht manches dafür, dass der politische Streik und wohl auch der wilde Streik – im Horizontalverhältnis – in der Regel als «unzulässig» einzustufen sind (so dass die Teilnehmenden zivilrechtliche Sanktionen gewärtigen müssen). Diese Qualifikation darf jedoch nicht unbesehen auf das *Vertikalverhältnis* übertragen werden. So bildet BV 28 Abs. 3 für sich allein keine hinreichende Grundlage, um gegen (zivilrechtlich «verbotene») politische Streiks einzuschreiten. Ob und gegebenenfalls welche Massnahmen der Staat ergreifen kann, bedarf gesonderter Prüfung im Lichte der einschlägigen Gesetzgebung und der betroffenen Grundrechte (z.B. BV 16). Differenzierend zu beurteilen sind auch der wilde Streik, weitere Phänomene wie Warn-, Protest-, Sympathie- oder Solidaritätsstreiks (differenzierend J.P. MÜLLER, Grundrechte, 358; vgl. auch BIAGGINI, HGR, § 223, N 42 f.) sowie die Angriffsaussperrung (dazu MAHON, Art. 28, N 13; PORTMANN, 82).

19 *Neutralitätsgebot:* Der Staat muss sich in Arbeitskonflikten grundsätzlich *neutral* verhalten. Er darf den Arbeitskampf weder durch Zwangsschlichtung noch durch zivil- oder strafrechtliche Normen und Massnahmen funktionsunfähig machen (vgl. J.P. MÜLLER, Grundrechte, 352; BGE 125 III 277, 280). Die Tragweite des Neutralitätsgebots ist noch nicht in allen Einzelheiten geklärt. Jedenfalls darf die Polizei nicht gegen den Streik als solchen vorgehen (wie dies vor 1914 wiederholt geschehen war). Umgekehrt sind polizeiliche Massnahmen zum Schutz von Leib und Leben, Eigentum und öffentlicher Sicherheit unter den allgemeinen Voraussetzungen polizeilichen Handelns grundsätzlich zulässig (vgl. AUBERT-PIGUET, AJP 1996, 1503 ff.).

20 *Beschränkungen der Streikfreiheit (Abs. 4):* Die Streikfreiheit ist nicht absolut geschützt. Streikaktionen können u.U. strafrechtliche Folgen haben (zur Baregg-Blockade vgl. Urteil des Bezirksgerichts Baden, NZZ Nr. 195 vom 24.8.2006, S. 15). Beschränkungen müssen indes den Anforderungen von BV 36 (und EMRK 11) genügen. – Zu beachten ist überdies BV 28

Abs. 4: Ein *generelles* Streikverbot für das *Staatspersonal*, wie es früher der Bund und zahlreiche Kantone in ihrer Beamtengesetzgebung vorsahen (Nachweise bei AUBERT-PIGUET, AJP 1996, 1502), wäre demnach heute verfassungswidrig. Die gelegentlich in Frage gestellte Funktionalität des Arbeitskampfmittels «Streik» im Verhältnis zum Arbeitgeber «Staat» ist heute grundsätzlich zu bejahen (vgl. RHINOW, Grundzüge, 531; BGE 129 I 113, 121; zögernd VALLENDER, SG-Komm., Art. 28, N 34; AUER/MALINVERNI/HOTTELIER II, 720 f.). Als zulässig gelten Beschränkungen der Streikfreiheit für Angehörige der Polizei und andere Erbringer *unerlässlicher Dienstleistungen* (wie Feuerbekämpfung, Behandlung und Pflege von Kranken u.Ä.). Als Adressaten eines gesetzlichen Streikverbots kommen, bei gegebenem öffentlichem Interesse und unter Wahrung der Verhältnismässigkeit, grundsätzlich auch Arbeitnehmer in der Privatwirtschaft in Betracht (so auch AUER/MALINVERNI/HOTTELIER II, 721; Botsch. BV, 181). – BPG 24 ermächtigt den Bundesrat, das Streikrecht für «bestimmte Kategorien von Angestellten» zu beschränken oder aufzuheben, soweit dies «für die Staatssicherheit, für die Wahrung von wichtigen Interessen in auswärtigen Angelegenheiten oder für die Sicherstellung der Landesversorgung mit lebensnotwendigen Gütern und Dienstleistungen erforderlich ist». Näher BPV 96 (SR 172.220.111.3) und Art. 8 der Verordnung vom 18.12.1995 über den Flugsicherungsdienst (SR 748.132.1); kritisch KUSTER ZÜRCHER, 394 ff.

Literaturhinweise

AUBERT-PIGUET BÉATRICE, L'exercice du droit de grève, AJP 1996, 1497 ff.; BIAGGINI GIOVANNI, Vereinigungsfreiheit und Koalitionsfreiheit (§ 223), in: Detlef Merten/Hans-Jürgen Papier (Hrsg.), Handbuch der Grundrechte in Deutschland und Europa (HGR), Band VII, Heidelberg (im Druck); GARRONE PIERRE, Liberté syndicale, VRdCH, 795 ff.; KUSTER ZÜRCHER SUSANNE, Streik und Aussperrung – vom Verbot zum Recht, Zürich 2004; PORTMANN WOLFGANG, Der Einfluss der neuen Bundesverfassung auf das schweizerische Arbeitsrecht, Festschrift Manfred Rehbinder, Bern 2002, 73 ff.; DERS., Das Streikrecht: Recht des Individuums oder des Verbandes?, AJP 2007, 352 ff.; PORTMANN WOLFGANG/STÖCKLI JEAN-FRITZ, Kollektives Arbeitsrecht, Zürich 2004; REHBINDER MANFRED, Schweizerisches Arbeitsrecht, 15. Aufl., Bern 2002; SANNA FEDERICA, La garantie du droit de grève en Suisse et dans l'UE, Bâle 2004; SCHIESS RÜTIMANN PATRICIA M., Politische und wilde Streiks im Lichte von Art. 28 Abs. 3 BV besehen, in: Gächter/Bertschi, 135 ff.; STÄHELIN SALOME, Das Streikrecht in unerlässlichen Diensten, Basel usw. 2001; STÖCKLI JEAN-FRITZ, Das Streikrecht in der Schweiz, BJM 1997, 169 ff.

Art. 29   Allgemeine Verfahrensgarantien

¹ Jede Person hat in Verfahren vor Gerichts- und Verwaltungsinstanzen Anspruch auf gleiche und gerechte Behandlung sowie auf Beurteilung innert angemessener Frist.

² Die Parteien haben Anspruch auf rechtliches Gehör.

³ Jede Person, die nicht über die erforderlichen Mittel verfügt, hat Anspruch auf unentgeltliche Rechtspflege, wenn ihr Rechtsbegehren nicht aussichtslos erscheint. Soweit es zur Wahrung ihrer Rechte notwendig ist, hat sie ausserdem Anspruch auf unentgeltlichen Rechtsbeistand.

1   Die Bestimmung fasst mehrere vom Bundesgericht ursprünglich aus BV 1874 Art. 4 «abgeleitete» Verfahrensgarantien allgemeiner Natur zusammen (vgl. G. MÜLLER, Komm. aBV, Art. 4, N 85). Zentrale Anliegen sind die Gewährleistung von Verfahrensfairness *(procès équitable, fair trial)* und von Chancengleichheit (SALADIN, Festgabe Bundesgericht, 41 ff.). Im internationalen Recht finden sich ähnliche Garantien (vgl. EMRK 6 Ziffer 1, UNO-Pakt II Art. 14, SR 0.103.2), wenn auch mit engerem Anwendungsbereich (vgl. BGE 130 I 269, 272).

Bedeutung und Anwendungsbereich

2   BV 29 – eine der raren Verfassungsbestimmungen, in denen das Wort «gerecht» auftaucht – verspricht *Verfahrens*gerechtigkeit (und stellt sich damit in den Dienst eines zentralen rechtsstaatlichen Leitgedankens). Das ist viel, aber nicht alles, denn für die Betroffenen steht natürlich die gerechte (und für sie günstige) Entscheidung im Zentrum. Wie die reichhaltige Rechtsprechung zu BV 1874 Art. 4 und BV 29 zeigt (die hier nicht erschöpfend dargestellt werden kann), ist gelebte Verfahrensgerechtigkeit nicht immer selbstverständlich. Selbst das Bundesgericht muss sich gelegentlich zurechtweisen lassen (vgl. jüngst etwa EGMR, Urteil Nr. 45228/99 vom 11.10.2005: Missachtung des Äusserungsrechts des Beschwerdeführers; vgl. auch BGE 133 I 100, 102 f.).

3   *Anwendungsbereich:* Die Garantien des BV 29 sind in *allen* (zivil-, straf- oder verwaltungsrechtlichen) staatlichen Verfahren zu beachten, in denen über individuelle Rechte und Pflichten entschieden wird (vgl. BGE 129 I 232, 236; BGE 119 Ia 141, 149), d.h. nicht nur «vor Gerichts- und Verwaltungsinstanzen», wie der Verfassungswortlaut etwas ungenau sagt, sondern auch vor anderen Instanzen (z.B. Regierungen, Parlamente), wenn das Entscheidungsverfahren die Rechtsstellung des Einzelnen unmittelbar berührt. Gemäss Bundesgericht dürfen allerdings an parlamentarische Verfahren unter dem Gesichtswinkel des rechtlichen Gehörs «keine allzu hohen Anforderungen gestellt werden» (BGE 119 Ia 141, 151). Da bei einer Urnenabstimmung «eine den verfassungsrechtlichen Anforderungen genügende Begründung nicht möglich» ist, wurde die Ungültigerklärung der Stadtzürcher Volksinitiative «Einbürgerungen vors Volk!» vom Bundesgericht (zu Recht) geschützt (BGE 129 I 232, 237 ff.; zu möglichen Konsequenzen für die Institution des Verwaltungsreferendum allgemein: VPB 68.81 [2004], Bundesamt für Justiz).

4   *Abgrenzungsfragen: Rechtsetzungsverfahren* liegen ausserhalb des Anwendungsbereichs von BV 29 (vgl. BGE 131 I 91, 95; BGE 129 I 232, 237). Bei *Allgemeinverfügungen*, welche sich an einen mehr oder weniger grossen Adressatenkreis richten, besteht in der Regel kein Anspruch auf individuelle Anhörung (vgl. BGE 119 Ia 141, 150). Bei *Nutzungsplänen* haben die Grundeigentümer einen Gehörsanspruch; die Äusserungsmöglichkeit muss allerdings nicht notwendigerweise schon vor der Beschlussfassung über den Plan bestehen (BGE 114 Ia 238). Das Bundesgericht verneint ein Recht auf Anhörung (Einzelne und/oder Initiativkomitee), wenn ein kantonales Parlament über die Gültigkeit einer Volksinitiative entscheidet (BGE 123 I 63, 66 ff.). – *Dritte ohne Parteistellung* können sich nicht auf die Garantien des BV 29 berufen (BGE 130 II 521, 529, betreffend das Kartellverfahren).

5   In bestimmten Verfahren bestehen *zusätzliche* Garantien: vgl. BV 30–32.

6   *Charakter der Garantien:* Es handelt sich durchwegs um verfassungsrechtliche *Minimalgarantien*. Die Praxis unterer Instanzen orientiert sich (zu Recht und mit gutem Grund) zunächst an

der einschlägigen Verfahrensgesetzgebung, deren Vorschriften gewöhnlich präziser gefasst sind und vielfach weiter gehen als der aus BV 29 fliessende Anspruch (z.B. Rechtsmittelbelehrung, unentgeltliche Rechtspflege usw.). Die Anrufung der Verfassungsgarantien wird dann aktuell, wenn die einschlägige Gesetzgebung oder deren Anwendung im konkreten Fall hinter den verfassungsrechtlichen Anforderungen zurückbleibt.

7   In Rechtsprechung und Lehre zu BV 1874 Art. 4 kristallisierten sich die folgenden *Unterkategorien* heraus: Verbot der *Rechtsverweigerung*, der *Rechtsverzögerung* und des *überspitzten Formalismus*, Anspruch auf *rechtliches Gehör* (mit zahlreichen Teilgehalten) und auf *unentgeltliche Rechtspflege*. BV 29 knüpft erkennbar an diese Aufteilung an. Der Bestimmung liegt aber kein geschlossenes System zugrunde. Die Minimalgarantien erinnern in ihrer Funktion und Funktionsweise vielmehr an das (alles andere als homogene) Willkürverbot (vgl. N 5 zu BV 9). Ähnlich wie dieses (wenn auch strenger) wirken die Garantien des BV 29 als eine Art Prisma, das eine kritische Betrachtung der Verfahrensgesetzgebung und -praxis ermöglicht und, gegebenenfalls, Anstoss gibt für eine *(verfassungs-)richterliche Intervention und punktuelle Korrektur* (in den Grenzen von BV 190).

8   *«Formelle Natur».:* Die Verfahrensgarantien des BV 29 stehen den Parteien auch dann zu, wenn sie in der Sache selbst keinen Rechtsanspruch besitzen (BGE 129 I 232, 238: Anspruch auf Begründung, auch wenn kein Anspruch auf Einbürgerung besteht; vgl. auch BGE 132 I 167, 168; BGE 129 I 217, 222; BGE 122 II 186, 192). Die Verletzung des verfassungsmässigen Anspruchs führt gemäss Bundesgericht, «ungeachtet der Erfolgsaussichten der Beschwerde in der Sache selber, zur Aufhebung des angefochtenen Entscheids» (BGE 127 I 128, 132 betreffend richtige Zusammensetzung der Behörde; vgl. auch BGE 126 V 130, 132 betreffend rechtliches Gehör; BGE 129 I 361, 364).

9   *Heilung?* Gemäss Bundesgericht «kann eine – nicht besonders schwerwiegende – Verletzung des rechtlichen Gehörs als geheilt gelten, wenn die betroffene Person die Möglichkeit erhält, sich vor einer Beschwerdeinstanz zu äussern, die sowohl den Sachverhalt wie die Rechtslage frei überprüfen kann. Die Heilung eines – allfälligen – Mangels soll aber die Ausnahme bleiben» (BGE 126 V 130, 132; vgl. auch BGE 133 I 100, 105; BGE 132 V 387, 390; BGE 131 II 271, 304; BGE 130 I 234, 239; BGE 129 I 361, 264; BGE 129 I 129, 135). Die Rechtslehre mahnt zu Zurückhaltung, da eine (Rechtsmittel-)Instanz verloren gehe (vgl. J.P. MÜLLER, Grundrechte, 517 f.; G.MÜLLER, Komm. aBV, Art. 4, N. 103; kritisch HANSJÖRG SEILER, Abschied von der formellen Natur des rechtlichen Gehörs, SJZ 2004, 380; dagegen SCHEFER, Ergänzungsband, 289). – Eine gewisse Zurückhaltung leuchtet ein, doch sollte der für die Betroffenen oft nicht minder wichtige Aspekt der Verfahrensbeschleunigung gebührend berücksichtigt werden.

10   *Künftiger Bedeutungsverlust?* Die heute (auch verfassungsvergleichend) überaus grosse praktische Bedeutung der Verfahrensgarantien in der höchstrichterlichen Rechtsprechung verdankt sich zu einem guten Teil dem Umstand, dass das (Zivil-, Straf- und Verwaltungs-)Verfahrensrecht bisher im Wesentlichen in der Zuständigkeit der *Kantone* lag. Anders als anderen obersten nationalen Gerichten blieb es dem Bundesgericht, von punktuellen Ausnahmen abgesehen, verwehrt, sich im klassischen Weg der Auslegung und Fortbildung der einschlägigen *Gesetzes*normen (bzw. durch Entwicklung von allgemeinen Grundsätzen der *Gesetzes*stufe) an der Modernisierung des (Zivil-, Straf- und Verwaltungs-) Verfahrensrechts

zu beteiligen. Als Möglichkeit legitimer «Intervention» verblieb dem Bundesgericht oft nur der Rekurs auf die *Bundesverfassung* (bzw. auf die von ihm selbst entwickelten, nur notdürftig an BV 1874 Art. 4 festgemachten Garantien, in welchen sich nicht zufällig die neuralgischen Punkte des Verfahrensrechts widerspiegeln). Nach der Vereinheitlichung des Zivil- und des Strafverfahrensrechts (BV 122, BV 123) wird es dem Bundesgericht obliegen, für die richtige und einheitliche Auslegung des *Bundesprozessrechts* (Bundes-ZPO bzw. -StPO) zu sorgen. Das Bedürfnis nach höchstrichterlicher Intervention gestützt auf *verfassungsrechtliche* Verfahrensgarantien dürfte sich merklich verringern.

Allgemeiner Anspruch auf ein faires Verfahren (Abs. 1)

11 Die im «Anspruch auf gleiche und gerechte Behandlung» zum Ausdruck kommende allgemeine «Garantie eines fairen Prozesses» (BGE 131 II 169) umfasst eine Reihe von Einzeltatbeständen, welche Rechtsprechung und Lehre nach und nach aus BV 1874 Art. 4 «abgeleitet» haben. Die Formel ist offen genug, um als (verfassungs-)textlicher Anknüpfungs- oder Kristallisationspunkt für neue Konkretisierungen oder Fallgruppen zu dienen. So kann z.B. das grundsätzliche (aber nicht kategorische) Verwertungsverbot für unrechtmässig erlangte Beweismittel (vgl. EMRK 6 Ziff. 1) als ein Teilgehalt von BV 29 Abs. 1 aufgefasst werden (BGE 131 I 272, 275 f.), der durch BV 31 Abs. 2 (BG 130 I 126, 133) oder BV 32 Abs. 1 bzw. 2 flankiert wird.

12 Das *Verbot der (formellen) Rechtsverweigerung* ist eine Art «Generaltatbestand», der in Betracht zu ziehen ist, wenn keine der spezielleren Figuren angesprochen ist. Ein Verstoss liegt vor, wenn eine Behörde, obwohl sie eine Entscheidung treffen müsste, diese verweigert oder nur eine Teil-Entscheidung trifft (MAHON, Comm., Art. 29, N 4; BGE 116 Ia 106, 112; vgl. auch BGE 129 I 91, 100). Verwaltungsbehörden sind aufgrund von BV 29 «verpflichtet, auf einen rechtskräftigen Entscheid zurückzukommen und eine neue Prüfung vorzunehmen, wenn ein klassischer Revisionsgrund vorliegt. Dies ist der Fall, wenn der Gesuchsteller erhebliche Tatsachen oder Beweismittel anführt, die ihm im früheren Verfahren nicht bekannt waren oder die schon damals geltend zu machen für ihn rechtlich oder tatsächlich unmöglich war oder keine Veranlassung bestand» (BGE 127 I 133, 137, mit Hinweisen: Anspruch auf Revision im Strafverfahren; vgl. auch BGE 130 IV 72: Revisionsgesuch betreffend Strafbefehl).

13 Das Verbot der *Rechtsverzögerung* («innert angemessener Frist») – eine Art abgeschwächte Form von Rechtsverweigerung (Botsch. BV, 181) – bezieht sich auf Rechtsanwendungs-, nicht jedoch auf Rechtsetzungsverfahren (BGE 130 I 174, Inkraftsetzung von Erlassen). Die Angemessenheit der Frist hängt von den Einzelumständen ab (Bedeutung und Komplexität der Sache, Verhalten der Partei(en) usw.; vgl. auch HOTZ, SG-Komm., Art. 29, N 16 ff.). Gemäss Bundesgericht hat BV 29 Abs. 1 zwar einen im Vergleich mit EMRK 6 Ziff. 1 (Beschleunigungsgebot) weiteren Anwendungsbereich, inhaltlich aber dieselbe Tragweite (BGE 130 I 312, 325; vgl. auch BGE 131 III 334, 337). – *Kasuistik:* BGE 130 I 269, 272 (Strafvollzug); BGE 130 I 312, 331 ff.; BGE 126 V 244, 249 (schematische Frist von vier Monaten für die Beschwerdeantwort: BV 29 verletzt); BGE 125 V 373 (Rechtsverzögerung bejaht bei 33 Monaten Anhängigkeit und 27 Monaten Behandlungsreife); BGE 125 V 188. Zur Frage der Sanktion bei Rechtsverzögerung: BGE 129 V 411, 422 (Feststellung im Dispositiv des Urteils, hingegen keine Zusprechung einer Sozialversicherungsleistung).

14 Beim *Verbot des überspitzten Formalismus* geht es insofern um eine «besondere Form der Rechtsverweigerung», als der Recht suchenden Person «durch übertriebene formelle Anforderungen der Rechtsweg erschwert oder versperrt wird» (Botsch. BV, 182; BGE 119 Ia 4, 6). Das Verbot «wendet sich gegen prozessuale Formenstrenge, die als exzessiv erscheint, durch kein schutzwürdiges Interesse gerechtfertigt ist, zum blossen Selbstzweck wird und die Verwirklichung des materiellen Rechts in unhaltbarer Weise erschwert oder gar verhindert» (BGE 127 I 31, 34 betreffend Zustellfiktion sieben Tage nach erfolglosem Zustellungsversuch, nicht überspitzt formalistisch). – *Kasuistik:* BGE 128 II 142; BGE 125 I 166; BGE 120 V 413 (fehlende gültige Unterschrift: angemessene Nachfrist zur Behebung des Mangels); BGE 117 Ia 126 (an Laienbeschwerden dürfen keine allzu hohen Anforderungen gestellt werden); BGE 113 Ia 84, 92 (Zusammenfassung der älteren Rechtsprechung; BGE 108 Ia 289 (überspitzt formalistisch: Nichteintreten auf ein Rechtsmittel, das von einem Anwaltspraktikanten «im Namen von Rechtsanwalt...» eingelegt und mit einer unleserlichen Unterschrift versehen wurde).

15 *Weitere Fallgruppen:* Das Bundesgericht nennt als eigenständige Fallgruppen (vgl. BGE-Generalregister): Anspruch auf rechtmässige Zusammensetzung der entscheidenden Behörde (vgl. BGE 129 V 338; BGE 127 I 130: verletzt bei Entscheidung in Sechser- statt Siebnerbesetzung); Anspruch auf *Ausstand* bei Anschein von Befangenheit oder Voreingenommenheit (vgl. BGE 127 I 196: Untersuchungsrichter, Anklagebehörde; BGE 125 II 541: gerichtlicher Experte; vgl. auch BGE 130 I 388, 393; BGE 125 I 119); Grundsatz der «Waffengleichheit» bzw. Verbot der rechtsungleichen Behandlung im Verfahren (vgl. BGE 126 V 244, 250; für das Strafverfahren vgl. N 9 zu BV 32). – Der Gehalt von BV 30 Abs. 1 darf gemäss Bundesgericht nicht unbesehen auf nicht-richterliche Behörden übertragen werden, doch hat BV 29 hinsichtlich der Unparteilichkeit bzw. Unbefangenheit des Untersuchungsrichters einen mit BV 30 weitgehend übereinstimmenden Inhalt (BGE 127 I 196, 198; vgl. Schindler, 66, 78 f.).

16 BV 29 Abs. 1 begründet weder eine allgemeine Rechtsschutzgarantie noch einen Anspruch auf gerichtlichen Rechtsschutz (vgl. jetzt BV 29a), auf ein Rechtsmittel (vgl. BV 32 Abs. 3) oder auf Rechtsmittelbelehrung (vgl. aber VwVG 35, BGG 112 oder kantonale Garantien wie KV/ZH 18; dazu BGE 132 I 92, 96).

Anspruch auf rechtliches Gehör (Abs. 2)

17 Das rechtliche Gehör als elementarer Teilaspekt der Verfahrensfairness erfüllt eine doppelte Funktion: Es «dient einerseits der Sachaufklärung, andererseits stellt es ein persönlichkeitsbezogenes Mitwirkungsrecht beim Erlass eines Entscheids dar, welcher in die Rechtsstellung des Einzelnen eingreift» (BGE 127 I 54, 56). – Zum Anwendungsbereich vorne N 3 f. und BGE 129 I 232, 236; BGE 131 I 91, 95 (Gemeinde). Vgl. auch N 16 zu BV 38. – Zum Verhältnis zu EMRK 6: vgl. BGE 129 I 249, 254 (weiter gehender Anspruch auf Akteneinsicht); zu BV 32: vgl. BGE 129 I 154; zu BV 10 und 13: vgl. BGE 128 I 63 (Anspruch auf Kenntnis der Abstammung bei Adoption); BGE 127 I 145 (Einsicht in Strafakten) und BGE 126 I 7 (Einsicht in Polizeiakten). – Zur Bedeutung für die Eröffnung von Verfügungen vgl. BGE 127 V 119 (Rentenverfügung bei Ehepaaren).

18 Der *Umfang* des rechtlichen Gehörs bestimmt sich zunächst nach den einschlägigen Verfahrensvorschriften. Die Auslegung und Handhabung kantonaler Vorschriften prüft das Bundesgericht nur unter dem Gesichtswinkel der Willkür; mit «freier Kognition» wird geprüft, ob der

2. Titel: Grundrechte, Bürgerrechte und Sozialziele   Nr. 1   BV   **Art. 29**

bundesrechtliche Minimalanspruch verletzt ist (BGE 126 I 19, 22). Obwohl als Minimalgarantie konzipiert, sind gewisse Relativierungen des Gehörsanspruchs nicht von vornherein ausgeschlossen (vgl. HOTTELIER, VRdCH, 812), so z.B. bei der Akteneinsicht (siehe N 21) oder im Dringlichkeitsfall (nachträgliche Anhörung bei superprovisorischen Massnahmen; vgl. auch VwVG 30). – Traditionsreiche Teilgarantien des verfassungsmässigen Gehörsanspruchs sind:

19 *Recht auf Orientierung* (das praktisch dann besonders bedeutsam ist, wenn die Behörde nicht auf Gesuch hin, sondern von Amtes wegen tätig wird; in diesem Sinn auch die spezifischen Garantien in BV 31 Abs. 2, Freiheitsetzug, und BV 32 Abs. 2, Strafverfahren). BV 29 umfasst das Recht, von sämtlichen verfahrensbezogenen Eingaben oder Vernehmlassungen Kenntnis zu erhalten (vgl. BGE 133 I 100, 102). – Die verfassungskonforme Gewährung des rechtlichen Gehörs erfordert u.U., dass die Behörde, bevor sie «in Anwendung einer unbestimmt gehaltenen Norm oder in Ausübung eines besonders grossen Ermessensspielraums einen Entscheid fällt, der von grosser Tragweite für die Betroffenen ist, diese über ihre Rechtsauffassung orientiert und ihnen Gelegenheit bietet, dazu Stellung zu nehmen» (vgl. BGE 127 V 431, 435; vgl. auch BGE 126 I 19, 24: andere rechtliche Würdigung im Strafverfahren). Droht im Rechtsmittelverfahren eine Schlechterstellung (sog. *reformatio in peius*), so hat die Rechtsmittelinstanz der betroffenen Partei vorgängig Gelegenheit zur Stellungnahme zu geben (BGE 129 II 385, 395; vgl. auch VwVG 62 Abs. 3) bzw. sie auf die Möglichkeit des Rückzugs aufmerksam zu machen (BGE 131 V 414, 416).

20 *Äusserungsrecht:* Das aus Abs. 2 fliessende Recht des Betroffenen, sich vor Erlass des Entscheids zur Sache zu äussern (BGE 127 I 54, 56), verleiht «keinen Anspruch auf mündliche Anhörung» (BGE 127 V 491, 494; vgl. auch BGE 125 I 219; zum Teil strenger ist die EGMR-Rechtsprechung zu EMRK 6; vgl. SCHEFER, Ergänzungsband, 294). Zum Recht auf Replik vgl. BGE 133 I 98 ff.; BGE 133 I 100 ff.; BGE 132 I 42, 45 ff.; BGE 127 I 73, 83. – Das Bundesgericht leitet aus BV 29 u.a. ein Recht auf rechtzeitige Vorladung zu einer gerichtlichen Verhandlung ab (BGE 131 I 185, 188; BGE 117 Ib 347, 350 f.). BV 29 begründet aber keinen Anspruch auf persönliche Teilnahme an der Gerichtsverhandlung (zur Wahrung der minimalen Verteidigungsrechte des abwesenden Angeklagten vgl. BGE 129 II 56, 59). Auch garantiert BV 29 (wie EMRK 6 Ziff. 1) dem in Abwesenheit Verurteilten «kein bedingungsloses Recht, eine Neubeurteilung zu verlangen» (BGE 127 I 213, 215; zur Bedeutung von BV 29 bei Abwesenheitsurteilen vgl. auch BGE 129 II 56, BGE 129 I 361).

21 *Akteneinsichtsrecht:* Aus BV 29 Abs. 2 ergibt sich «das grundsätzlich uneingeschränkte Recht, in alle für das Verfahren wesentlichen Akten Einsicht zu nehmen». Das Akteneinsichtsrecht soll sicherstellen, dass eine Verfahrenspartei von den Entscheidgrundlagen Kenntnis nehmen und sich wirksam und sachbezogen verteidigen kann; die «effektive Wahrnehmung dieses Anspruchs setzt notwendig voraus, dass die Akten vollständig sind» (BGE 129 I 85, 88, Anspruch des Angeklagten). Der Anspruch besteht am Sitz der Behörde und umfasst das Recht, Notizen zu machen und Fotokopien zu erhalten, falls dadurch kein übermässiger Aufwand für die Behörde entsteht (vgl. BGE 129 V 35, 41; BGE 126 I 7, 10). Werden im Sinne einer Verfahrenserleichterung Akten an praktizierende Anwälte herausgegeben, so gebietet die Verfahrensfairness eine Gleichbehandlung aller, d.h. auch der nicht im Kanton niedergelassenen Anwälte (BGE 122 I 109, 112). Zur Protokollierungs- bzw. Aktenführungspflicht vgl. BGE 130 II 473, 477 (Personen-Sicherheitsprüfungen); BGE 126 I 15 (Zeugenaussagen); BGE

126 I 213, 217 (Augenschein). – Der Anspruch aus BV 29 Abs. 2 besteht (über EMRK 6 Ziff. 1 hinausgehend) *auch nach Abschluss* eines Verfahrens, sofern noch ein hinreichender Bezug besteht (BGE 129 I 149, 254: Einsicht in die Ergebnisse einer Administrativuntersuchung; strenger BGE 126 I 7, 11; zu Abgrenzungsfragen VPB 70.82, 2006, Eidg. Datenschutz- und Öffentlichkeitskommission); andernfalls richtet sich der Zugang nach anderen Regeln (z.B. BV 13 Abs. 2; DSG; BGÖ). – *Grenzen:* Die Akteneinsicht kann *beschränkt* oder *verweigert* werden, wenn und soweit ein überwiegendes (von der Behörde nachzuweisendes) öffentliches Interesse (BGE 126 I 7) oder aber berechtigte Geheimhaltungsinteressen Privater entgegenstehen, nach etwas paternalistisch anmutender Rechtsauffassung auch wegen entgegenstehender Interessen der Partei selbst (vgl. BGE 126 I 7, 10; BGE 122 I 153, 161). Der Verfügungantrag einer Instruktionsbehörde stellt gemäss Bundesgericht «ein rein verwaltungsinternes Dokument dar, das nicht dem rechtlichen Gehör der Parteien untersteht, wenn das Gesetz nicht ausdrücklich eine anderslautende Sonderregelung enthält» (BGE 131 II 13, 21; vgl. auch BGE 129 II 497). – Zur Abwägung der für und gegen eine Einsichtnahme sprechenden Interessen: BGE 129 I 249, 257 ff. Gemäss BGE 128 I 63 steht der Anspruch auf Kenntnis der Abstammung dem volljährigen Adoptivkind *unabhängig* von einer Abwägung mit entgegenstehenden Interessen zu (vgl. jetzt auch ZGB 268c, in Kraft seit 1.1.2003).

22 *Beweis und Beweiswürdigung:* BV 29 umfasst das Recht, Beweisanträge zu stellen, sowie das Recht, «an der Erhebung wesentlicher Beweise entweder mitzuwirken oder sich zumindest zum Beweisergebnis zu äussern, wenn dieses geeignet ist, den Entscheid zu beeinflussen» (BGE 127 I 54, 56). Zum Anspruch auf Teilnahme an der Einvernahme von Zeugen und Auskunftspersonen vgl. BGE 130 II 169, 174 (vgl. auch VwVG 18). Die Erhebung beantragter Beweise darf unterbleiben, «notamment lorsque les faits dont les parties veulent rapporter l'authenticité ne sont pas importants pour la solution du litige. Ce refus d'instruire ne viole leur droit d'être entendues que si l'appréciation anticipée de la pertinence du moyen de preuve offert, à laquelle le juge a ainsi procédé, est entachée d'arbitraire» (BGE 131 I 153, 157; vgl. auch Hotz, SG-Komm., Art. 29, N 33).

23 *Recht auf Prüfung und Begründung:* BV 29 «verlangt, dass die Behörde die Vorbringen des (...) Betroffenen auch tatsächlich hört, sorgfältig und ernsthaft prüft und in der Entscheidfindung berücksichtigt», was aber nicht bedeutet, dass sich die Behörde «ausdrücklich mit jeder tatbeständlichen Behauptung und jedem rechtlichen Einwand auseinander setzen muss» (BGE 126 I 97, 102; vgl. auch VPB 69.50 [2005], Asylrekurskommission, Urteil vom 19.7.2004). Die Behörde hat jene Argumente aufzuführen, die tatsächlich ihrem Entscheid zugrunde liegen. Bei der Auslegung der einschlägigen Vorschriften wird sie selbstverständlich «bewährter Lehre und Überlieferung» folgen (ZGB 1). Dass dies mit Tücken verbunden sein kann, veranschaulicht BGE 126 I 97 (betreffend Auslegung einer Kommentarstelle durch die Staatsanwaltschaft des Kantons Zürich): «Versteht die Behörde eine bestimmte Lehrmeinung nicht im Sinne ihres Autors [Niklaus Schmid], so verletzt sie ihre Begründungspflicht nicht, wenn sie ihren Entscheid tatsächlich auf diejenige Auffassung gestützt hat, die sie in der Begründung des Entscheids darlegt» (a.a.O., 103). – Zur Verletzung des Rechts auf Prüfung durch unzulässige Beschränkung der Kognition vgl. BGE 131 II 271, 303 f.

24 *Recht auf Verbeiständung:* Aus dem Gehörsanspruch ergibt sich das Recht, sich vor Gericht vertreten und beraten zu lassen. – Das Verbot der Vertretung durch Anwälte in Arbeitsstreitigkeiten, insbesondere vor Gewerbegerichten, verletzt laut Bundesgericht den Gehörsanspruch nicht, ausser der Streitwert sei gross und die Streitsache kompliziert (BGE 105 Ia 288).

25 *Begründungspflicht* (vgl. insb. BGE 129 I 232, 236; BGE 112 Ia 107, 109): Der geschuldete Umfang der Begründung variiert je nach Art des Entscheids; die Begründung muss «so abgefasst sein, dass der Betroffene ihn gegebenenfalls sachgerecht anfechten kann» (BGE 126 I 97, 102). Ein bundesverfassungsrechtlicher Anspruch auf Begründung besteht im Einbürgerungsverfahren (vgl. BGE 132 I 196; BGE 129 I 232, 238; BGE 129 I 217, 231; vgl. auch N 16 zu BV 38; zur Möglichkeit verfassungskonformer Einbürgerungsentscheide im Rahmen einer Gemeindeversammlung BGE 130 I 140, 154 f.; Hinweise auf die Literatur bei Schefer, Ergänzungsband, 301), nicht hingegen bei der Begnadigung (BGE 107 Ia 103, 105; zu Recht kritisch Georg Müller, Reservate staatlicher Willkür, Festschrift Hans Huber, Bern 1981, 123). Im Einbürgerungsverfahren haben Ehegatten grundsätzlich Anspruch auf eine individuelle Begründung; wird ein ablehnender Gemeinderatsantrag in der Gemeindeversammlung bestätigt, so ergibt sich die Begründung in der Regel aus der Antragsbegründung (BGE 131 I 18; vgl. auch BGE 132 I 197).

26 *Zur Rechtsnatur des Gehörsanspruchs:* «Das Recht, angehört zu werden, ist formeller Natur»; die Verletzung des Gehörsanspruchs führt zur Aufhebung der angefochtenen Verfügung. Es kommt nicht darauf an, ob die Anhörung im konkreten Fall für den Ausgang der materiellen Streitentscheidung von Bedeutung war, d.h. die Behörde zu einer Änderung ihres Entscheides veranlasst hätte (BGE 126 V 130, 132; vgl. vorne N 8). – Die wirksame Wahrnehmung des Gehörsanspruchs kann es erfordern, der betroffenen Person die unentgeltliche Rechtspflege oder den unentgeltlichen Beistand eines Dolmetschers zu gewähren (näher N 27 ff., N 6 zu BV 31).

Anspruch auf unentgeltliche Rechtspflege (Abs. 3)

27 *Charakterisierung und Anwendungsbereich:* Der verfassungsmässige (Minimal-)Anspruch auf unentgeltliche Rechtspflege (allenfalls inkl. Rechtsbeistand) gehört zu den wenigen sozialen Grundrechten i.e.S. (vgl. N 7 vor BV 7). Der Anspruch besteht – wie der Ort der Regelung zeigt (BV 29, nicht BV 30) – grundsätzlich in *allen* (Rechtsanwendungs-)Verfahren, d.h. auch im *nicht*-gerichtlichen Verfahren, unter Einschluss des nicht-streitigen *erstinstanzlichen* Verwaltungsverfahrens (so erstmals BGE 112 Ia 14, 17; vgl. auch BGE 121 I 60, mit Hinweisen auf die Entwicklung der Rechtsprechung; zur Anwendbarkeit im Straf- und Massnahmenvollzug: BGE 128 I 225).

28 *Praktische Bedeutung:* Beschwerden betreffend Verletzung des Anspruchs auf unentgeltliche Rechtspflege spielen in der Praxis des Bundesgerichts eine nicht unbedeutende Rolle (vgl. BGE 130 I 180; BGE 129 I 129; BGE 129 I 281; BGE 128 I 225; BGE 127 I 202; BGE 126 I 165; aus der älteren Rechtsprechung vgl. BGE 124 I 97 und BGE 119 Ia 11 (Bedürftigkeit); BGE 112 Ia 14 und BGE 121 I 60 (Verwaltungs- bzw. Rechtsöffnungsverfahren). – In der Praxis richtet sich die Frage der unentgeltlichen Rechtspflege und Verbeiständung zunächst nach dem einschlägigen (d.h. heute meist kantonalen) Prozessrecht. Die Auslegung und Anwendung kantonalen Gesetzesrechts und die tatsächlichen Feststellungen der kantonalen Instanz prüft das Bundesgericht unter dem Gesichtswinkel des Willkürverbots (BGE 129 I 129, 133;

vgl. auch BGE 126 I 165; BGE 124 I 1, je mit Hinweisen). Der Gesetzgeber wäre an sich nicht gehindert, weiter zu gehen, als es BV 29 Abs. 3 gebietet; die Gesetzgebungspraxis neigt indes dazu, sich an der Minimalgarantie zu orientieren (für das Verfahren vor Bundesgericht vgl. jetzt BGG 64).

29 *Grundrechtsträger:* Obwohl der Verfassungswortlaut («Jede Person») eine andere Deutung durchaus zuliesse, können sich nach ständiger Rechtsprechung (vgl. BGE 131 II 306, 326) auf BV 29 Abs. 3 grundsätzlich nur *natürliche* Personen berufen (unabhängig von Staatsangehörigkeit, Aufenthaltsstatus usw.). Juristische Personen «sind nicht arm oder bedürftig, sondern bloss zahlungsunfähig oder überschuldet und haben in diesem Fall die gebotenen gesellschafts- und konkursrechtlichen Konsequenzen zu ziehen» (BGE 131 II 306, 326; für die Konkurs- oder Nachlassmasse vgl. BGE 116 II 651, 656). Ein Anspruch kann ausnahmsweise dann bestehen, wenn das einzige Aktivum der juristischen Person im Streit liegt und neben ihr auch die wirtschaftlich Beteiligten mittellos sind (BGE 131 II 306, 327; BGE 119 Ia 337, 340).

30 *Unentgeltliche Rechtspflege (i.e.S.)* bedeutet im Wesentlichen: Verzicht auf Erhebung eines Kostenvorschusses (BGE 121 I 60) bzw. auf Erhebung der Verfahrenskosten, dies allerdings (nach bisher vorherrschendem Verständnis) nur *vorläufig* (vgl. auch HOTZ, SG-Komm., Art. 29, N 51; BGG 64), was den Verfahrensgesetzgeber nicht hindert, über die Minimalgarantie hinaus definitive Kostenbefreiung vorzusehen. – Beim Rückzug der Schweizer Vorbehalte zur EMRK (AS 2002 1142) gingen die Bundesbehörden davon aus, dass EMRK 6 Ziff. 3 Bst. c (Anspruch der angeklagten Person auf unentgeltlichen Beistand eines Verteidigers) nur eine vorläufige Kostenbefreiung garantiere (BBl 1999 3664). – BV 29 Abs. 3 befreit nicht von der Bezahlung einer *Parteientschädigung* an die obsiegende Gegenpartei (BGE 122 I 322, 324 f.; vgl. immerhin J. P. MÜLLER, Grundrechte, 545).

31 *Anspruch auf unentgeltlichen (amtlichen) Rechtsbeistand:* Ziel ist eine gewisse Waffengleichheit (BGE 131 I 350, 355). Die von der Verfassung vorausgesetzte sachliche Notwendigkeit «beurteilt sich nach den konkreten Umständen des Einzelfalles» (BGE 130 I 180, 182; vgl. auch BGE 128 I 225, 227 mit Hinweisen). Eine entscheidende Rolle spielt, in welcher Weise die Interessen der bedürftigen Partei betroffen sind und ob der Fall «in tatsächlicher und rechtlicher Hinsicht Schwierigkeiten bietet» (BGE 130 I 180, 182, betreffend Verfahren vor der Vormundschaftsbehörde und den vormundschaftlichen Aufsichtsbehörden: Notwendigkeit bejaht; vgl. auch VPB 68.117 [2004], Asylrekurskommission; BGE 129 I 129; BGE 129 I 285). Der Anspruch besteht jeweils nur für ein konkretes Verfahren (BGE 128 I 225); die Art des Verfahrens ist ohne Belang. Die Ernennung eines Anwaltspraktikanten verletzt Abs. 3 nicht (BGE 126 I 194, 197; zu Recht kritisch SCHEFER, Ergänzungsband, 304). – Der unentgeltliche Rechtsbeistand wird amtlich bestellt (nach Möglichkeit unter Berücksichtigung der Wünsche der bedürftigen Partei) und steht in einem öffentlich-rechtlichen Verhältnis zum Staat (BGE 132 V 200, 205; BGE 117 Ia 23). Er wird nach einem staatlich festgesetzten Ansatz entschädigt. Dieser darf zwar unter den üblichen Tarifen liegen, muss aber der Natur, Bedeutung und Schwierigkeit der Streitsache gerecht werden und darf, entgegen früherer Praxis (BGE 122 I 1 ff.), nicht nur gerade kostendeckend sein (BGE 132 I 201, 217, wo von einem schweizerischen Durchschitts-Stundenansatz von Fr. 180.– die Rede ist). Für das Verwaltungsverfahren der Invalidenversicherung ist unter dem (an BV 29 Abs. 3 anknüpfenden; vgl. BGE 132 V 200, 201) Regime von ATSG 37 gemäss EVG ein genereller Stundenansatz von Fr. 160.– zu niedrig,

ein solcher von Fr. 200.– (zuzüglich Mehrwertsteuer) im konkreten Fall bundesrechtskonform (BGE 131 V 153; zur überholten früheren Ordnung vgl. BGE 125 V 408).

32 *Voraussetzungen:* Der verfassungsmässige Leistungsanspruch besteht nicht voraussetzungslos. Anknüpfend an die Rechtsprechung unter der BV 1874 normiert Abs. 3 abschliessend zwei Voraussetzungen:

– *Bedürftigkeit:* «Als bedürftig gilt, wer die Kosten eines Prozesses nicht aufzubringen vermag, ohne jene Mittel anzugreifen, deren er zur Deckung des notwendigen Lebensunterhalts für sich und seine Familie bedarf; dabei sind die Einkommens- wie die Vermögensverhältnisse in Betracht zu ziehen» (BGE 124 I 97). Werden die Kosten von einer Rechtsschutzversicherung getragen, fehlt die Bedürftigkeit (vgl. SCHEFER, Ergänzungsband, 306). Zu berücksichtigen ist die gesamte finanzielle Situation des Gesuchstellers im Zeitpunkt der Gesuchseinreichung (zum Einbezug der Eltern eines mündigen, aber sich noch in Ausbildung befindenden Kindes vgl. BGE 127 I 202). Die Einkommens- und Vermögensverhältnisse sind umfassend darzustellen und soweit möglich zu belegen (BGE 120 Ia 179).

– *Nicht-Aussichtslosigkeit:* Die vage formulierte zweite Voraussetzung eröffnet dem Bundesgericht die Chance einer fallbezogenen (einzelfallgerechten) Praxis. Als aussichtslos gelten Prozessbegehren, bei denen «die Gewinnaussichten beträchtlich geringer sind als die Verlustgefahren»; abgestellt wird darauf, «ob eine Partei, die über die nötigen finanziellen Mittel verfügt, sich bei vernünftiger Überlegung zu einem Prozess entschliessen würde» (BGE 129 I 129, 135 f.; vgl. auch BGE 128 I 225, 236 mit Hinweisen; BGE 131 II 306, 327: Aussichtslosigkeit wegen von vornherein fehlender Legitimation). Massgeblich ist der Zeitpunkt der Gesuchseinreichung (vgl. BGE 129 I 129, 136). – Ein Richter, der ein Gesuch wegen Aussichtslosigkeit abgewiesen hat, gilt nicht allein schon deswegen als voreingenommen (BGE 131 I 113, 121). – Von den Erfolgsaussichten unabhängig ist dagegen der Anspruch auf *notwendige* (bei Bedürftigkeit: unentgeltliche) Verteidigung (BGE 129 I 281, 287; näher N 11 zu BV 32).

Der Anspruch ist verletzt, wenn einem Ehegatten die unentgeltliche Rechtspflege für den Scheidungsprozess deshalb verweigert wird, weil es sich um eine Scheinehe handle (BGE 126 I 165).

Literaturhinweise

ALBERTINI MICHELE, Der verfassungsmässige Anspruch auf rechtliches Gehör im Verwaltungsverfahren des modernen Staates, Bern 2000; BÜHLER ALFRED, Die neuere Rechtsprechung im Bereich der unentgeltlichen Rechtspflege, SJZ 1998, 225 ff.; COTTIER THOMAS, Der Anspruch auf rechtliches Gehör, recht 1984, 1 ff., 122 ff.; DUBACH ALEXANDER, Das Recht auf Akteneinsicht, Zürich 1990; HOTTELIER MICHEL, Les garanties de procédure, VRdCH, 809 ff.; IQBAL YASMIN, SchKG und Verfassung – untersteht auch die Zwangsvollstreckung dem Grundrechtsschutz?, Zürich 2005; KIENER REGINA/KRÜSI MELANIE, Die Unabhängigkeit von Gerichtssachverständigen, ZSR 2006 I, 487 ff.; KNEUBÜHLER LORENZ, Die Begründungspflicht, Bern 1998; SALADIN PETER, Das Verfassungsprinzip der Fairness, Festgabe Bundesgericht, Basel 1975, 41 ff.; SCHINDLER BENJAMIN, Die Befangenheit der Verwaltung, Zürich 2002; STADLER PATRICK, Akteneinsicht in Administrativuntersuchungen, recht 2004, 31 ff.; TRECHSEL STEFAN, Akteneinsicht, Festschrift Jean-Nicolas Druey, Zürich 2002, 993 ff.

Art. 29a[1]   Rechtsweggarantie

Jede Person hat bei Rechtsstreitigkeiten Anspruch auf Beurteilung durch eine richterliche Behörde. Bund und Kantone können durch Gesetz die richterliche Beurteilung in Ausnahmefällen ausschliessen.

1. Die auf die Justizreform (angenommen in der Volksabstimmung vom 12.3.2000) zurückgehende Bestimmung trat nach einem aus grundrechtlicher Sicht unwürdigen Schwebezustand von fast sieben Jahren per 1.1.2007 in Kraft. Die Inkraftsetzung ist Ergebnis eines verschachtelten Zusammenwirkens von *Bundesrat* (Beschluss vom 1.3.2006 betreffend Inkraftsetzung des BGG) und *Bundesversammlung* (BB über das vollständige Inkrafttreten der Justizreform, an die Bedingung des Inkrafttretens des BGG geknüpft; vgl. AB 2004 N 1660, AB 2005 S 145). – Durch nachträgliche Einräumung von (gesetzlichen) Übergangsfristen zu Gunsten der Kantone (vgl. BGG 130 i.d.F. vom 23.6.2006) verlängert sich der Schwebezustand in verfassungsrechtlich höchst fragwürdiger Weise (entgegen BBl 2006 3075 f. lassen sich die Übergangsfristen keineswegs pauschal als «gesetzliche Ausnahmen von der Rechtsweggarantie» i.S.v. BV 29a Satz 2 qualifizieren). – Das Bundesgericht lehnte es ab, der Rechtsweggarantie vor Inkrafttreten Rechtswirkungen zuzumessen (BGE 129 I 12, 35).

2. Die Rechtsweggarantie des BV 29a begründet ein in dieser allgemeinen Form neues (vgl. BGE 130 I 388) verfassungsmässiges Recht (mit institutionellem Einschlag). Die BV 1874 enthielt immerhin eine (allerdings nicht uneingeschränkte; vgl. BV 1874 Art. 113 Abs. 2) Rechtsweggarantie bei behaupteter Verletzung *verfassungsmässiger Rechte* (vgl. Botsch. BV, 503). Bei strafrechtlichen Anklagen und Streitigkeiten um sog. *civil rights (droits et obligations de caractère civil)* war und ist der Zugang zu einem Gericht durch EMRK 6, seit dem 1.1.2000 auch durch BV 30 gewährleistet (vgl. BGE 126 I 228). Spezielle Zugangsgarantien finden sich in BV 31 Abs. 3 und 4 (vgl. auch EMRK 5) sowie BV 32 Abs. 3 (vgl. auch 7.ZP zur EMRK Art. 2, SR 0.101.07). Anders als BV 29a (und EMRK 6) begründet EMRK 13 nur einen Anspruch auf wirksame Beschwerde, nicht auf richterliche Beurteilung.

3. *Bedeutung:* Die Rechtsweggarantie war ursprünglich vor allem als Kompensation für die geplanten weitreichenden Zugangsbeschränkungen zum Bundesgericht gedacht, bleibt aber auch nach dem diesbezüglichen Rückzieher (vgl. N 1 zu 191) von Bedeutung. Wie stark das Grundrecht aus BV 29a in der (höchstrichterlichen) Rechtsprechung präsent sein wird, hängt von der Sorgfalt bei den gesetzgeberischen Umsetzungsarbeiten (vgl. N 10) und von der Sensibilisierung der Gerichte ab. Auch wenn die Rechtsweggarantie wohl keine allzu hohen Wellen werfen dürfte, könnte doch die eine oder andere liebgewonnene Praxis ins Wanken geraten (z.B. betreffend die akzessorische Überprüfung von KV-Bestimmungen; vgl. N 25 zu BV 51).

---

1   Angenommen in der Volksabstimmung vom 12. März 2000, in Kraft seit 1. Jan. 2007 (BB vom 8. Okt. 1999, BRB vom 17. Mai 2000, BB vom 8. März 2005 – AS 2002 3148 3147; AS 2006 1059; BBl 1997 I 1, 1999 8633, 2000 2990, 2001 4202, 2005 2363).

Anwendungsbereich

4 *Bei «Rechtsstreitigkeiten»:* Erfasst werden *alle* Rechtsstreitigkeiten, ob privat-, ob straf-, ob öffentlich-rechtlich, d.h. neu – über EMRK 6 hinaus – auch alle Verwaltungssachen. Dazu gehören grundsätzlich nicht nur Streitigkeiten über die Rechtmässigkeit von *Verfügungen* oder Verträgen, sondern prinzipiell auch Streitigkeiten betreffend die Rechtmässigkeit *tatsächlichen* Verwaltungshandelns (eher missverständlich AB SD 1998 S 256; zur Rechtslage vor dem 1.1.2007 vgl. BGE 130 I 388: kein Anspruch auf gerichtliche Überprüfung von Grundrechtseingriffen infolge polizeilicher Realakte). «Technisch» kann dies etwa durch die Einräumung eines Anspruchs auf Erlass einer feststellenden «Verfügung über Realakte» geschehen (so VwVG 25a i.d.F. vom 17.6.2005, in Kraft ab 1.1.2007). – Nach allgemein geteilter Auffassung verlangt BV 29a nicht die Möglichkeit einer abstrakten Normenkontrolle (Anfechtung eines Erlasses; vgl. N 5 zu BV 190).

5 *Grundrechtsträger:* Auf BV 29a berufen können sich Private (natürliche und juristische Personen). Noch unklar ist, ob bzw. unter welchen Voraussetzungen dies auch für juristische Personen des *öffentlichen Rechts* (bzw. das Gemeinwesen selbst) gilt. Man wird dies (in Analogie zu anderen Grundrechten) wohl bejahen dürfen, wenn das Gemeinwesen gleich oder ähnlich «wie ein Privater betroffen» ist, ferner im Schutzbereich der Gemeindeautonomie (ebenso TOPHINKE, ZBl 2006, 92).

6 *Abgrenzungen:* Nicht jede Streitigkeit um die rechtliche Zulässigkeit eines bestimmten Handelns, Duldens oder Unterlassens ist eine «Rechtsstreitigkeit» i.S.v. BV 29a. Als verfassungsmässiges Individualrecht will BV 29a Rechtspositionen *Einzelner* verfahrensmässig schützen. Die Garantie greift daher nur bei Streitigkeiten, die im Zusammenhang mit einer *individuellen* Rechtsbeziehung stehen. Daran fehlt es beispielsweise beim Streit um die Schliessung einer Poststelle (auch wenn sich viele dadurch sehr direkt betroffen fühlen mögen und gewisse rechtliche Vorgaben bestehen, vgl. PG 2 Abs. 3). Unter dem Aspekt von BV 29a erscheint es deshalb zulässig, von förmlichen Rechtsschutzmöglichkeiten abzusehen (vgl. VPG 7; SR 783.01). Entsprechendes gilt bei Zuständigkeitskonflikten zwischen Bund und Kantonen oder Streitigkeiten zwischen Parlament und Regierung usw. (vgl. auch N 10 betreffend Anfechtbarkeit von Akten der Bundesversammlung und des Bundesrates). Bei einer ganzen Reihe der in der Literatur diskutierten «Ausnahmen» – insbesondere bei vielen Entscheidungen mit «überwiegend politischem Charakter» *(actes de gouvernement;* vgl. auch BGE 129 II 193, 206) – handelt es sich, genau besehen, um *unechte* Ausnahmen, da sie gar nicht in den sachlichen Anwendungsbereich von BV 29a fallen, der enger ist, als es zunächst den Anschein macht (vgl. auch TOPHINKE, ZBl 2006, 99, anders aber 104).

Inhalt

7 *«richterliche Behörde»:* Der Rechtsweg darf nur noch in Ausnahmefällen bei einer nichtrichterlichen Instanz *enden.* BV 29a verlangt nur (aber immerhin), dass der Zugang zu *einer* Gerichtsinstanz gewährleistet ist. In Zivil- und Strafsachen sind dies gewöhnlich kantonale Gerichte. Für die Beurteilung von öffentlich-rechtlichen Streitigkeiten aus dem Zuständigkeitsbereich der Bundesverwaltung ist dies hauptsächlich das neue Bundesverwaltungsgericht (BV 191a; VGG). BV 29a schliesst nicht aus, dass zunächst eine Verwaltungsbehörde entscheidet und erst dann der Zugang zum Richter offen steht (Botsch. BV, 523). Die richterliche

Behörde muss allen Anforderungen an ein Gericht (BV 30) genügen. Als richterliche Behörden gelten u.a. auch Militärgerichte (vgl. Rhinow/Koller/Kiss, N 413 ff., 518 ff.; vgl. auch N 11 zu BV 30), nicht jedoch Bundesversammlung und Bundesrat sowie verwaltungsinterne Beschwerdeinstanzen.

8   *«Beurteilung»:* BV 29a garantiert den Zugang zu einer Gerichtsinstanz, die *alle Rechts- und Sachverhaltsfragen voll* überprüfen kann. BV 29a schliesst nicht aus, dass das Gesetz das Einlegen eines Rechtsmittels an gewisse sachliche und persönliche Voraussetzungen knüpft (Einhaltung von Fristen, anfechtbarer Akt, Legitimation, Kostenvorschuss usw.), sofern damit nicht wirksamer Rechtsschutz vereitelt wird (vgl. BGE 132 I 134, 137 betreffend Sicherstellung der Parteientschädigung, zu EMRK 6 und BV 30). Mit BV 29a vereinbar ist richterliche Zurückhaltung in Fachfragen (BGE 132 II 257, 263, zu EMRK 6). BV 29a verlangt *nicht* (schliesst aber auch nicht aus):
- *eine Angemessenheitskontrolle* bzw. Ermessensüberprüfung (wie sie das Bundesverwaltungsgericht kraft VGG 37 i.V.m. VwVG 49 vornehmen kann). – Um Rechtsstreitigkeiten i.S.v. BV 29a geht es hingegen bei Ermessens*überschreitung* oder *-missbrauch;*
- *ein Rechtsmittel* an eine weitere richterliche Instanz. – Eine verfassungsrechtliche *Rechtsmittelgarantie* (Recht auf eine *zweite richterliche* Instanz) besteht nur im Bereich der Strafgerichtsbarkeit (BV 32 Abs. 3);
- eine Beurteilung durch das *Bundesgericht* (vgl. auch BV 191 Abs. 2–4).

Ausnahmen vom Anspruch auf richterliche Beurteilung

9   Die Rechtsweggarantie gilt nicht absolut. Ausnahmen müssen den Anforderungen von Satz 2 genügen.
- *Bund und Kantone:* je für ihren Zuständigkeitsbereich;
- *durch Gesetz:* Handeln muss der Gesetzgeber (Gesetz im *formellen* Sinn); eine Verordnung genügt nicht (ebenso Tophinke, ZBl 2006, 96);
- *«ausschliessen»:* Der Gesetzgeber könnte auch, *minus in maiore*, den Weg an ein Gericht ermöglichen, aber beispielsweise eine reduzierte Prüfung (N 8) vorsehen (z.B. nur bestimmte Rechtsfragen);
- *«in Ausnahmefällen»:* Der Schlüsselbegriff ist ausgesprochen vage und konkretisierungsbedürftig. Orientierungspunkte ergeben sich aus den Materialien (vgl. N 10). Eine völkerrechtliche Grenze zieht weiterhin EMRK 6 Ziff. 1. An die Begründung von Ausnahmen sind hohe Anforderungen zu stellen (vgl. Kälin, 58 ff.).

Die Aussage des Bundesgerichts, wonach der Anspruch auf Zugang zu einer richterlichen Behörde «est soumis aux restrictions prévues à l'Art. 36 Cst.» (BGE 130 I 312, 327), ist zu apodiktisch ausgefallen (vgl. N 4 zu BV 36).

10 Als Rechtfertigung für Ausnahmen von der Rechtsweggarantie kommen in Betracht (vgl. Botsch. BV, 524; Tophinke, ZBl 2006, 98 ff.):
- die «mangelnde Justiziabilität»; zu denken ist etwa an (individuumsbezogene) Akte im Bereich der inneren und äusseren Sicherheit (vgl. VGG 32 Abs. 1 Bst. a und BGG 83 Bst. a) oder an den Akt der Begnadigung (vgl. auch N 29 zu BV 173; BGE 117 Ia 84, 86);

– die «spezielle Ausgestaltung der demokratischen Mitwirkungsrechte in einem Kanton und damit verbunden Argumente der Gewaltentrennung (z. B. referendumsfähige Beschlüsse des Parlamentes)» (Botsch. BV, 524). – Wie bei den oft zitierten *actes de gouvernement* (Entscheidungen mit «überwiegend politischem Charakter») dürfte es sich bei dieser Kategorie vielfach um *unechte* Ausnahmen handeln (vgl. vorne N 6).

Die (anspruchsvolle) Konkretisierung der Rechtsweggarantie ist noch im Fluss. Fest steht, dass ein pauschaler Ausschluss von «technischen» Materien (wie früher im Rahmen von OG 99) unter dem Regime des BV 29a nicht mehr gerechtfertigt ist. Ob der Ausnahmekatalog in VGG 32 den Anforderungen des BV 29a in jeder Hinsicht genügt, kann man durchaus bezweifeln (kritisch auch KLEY, SG-Komm., Art. 29a, N 18), doch ist die Regelung durch BV 190 «immunisiert».

Literaturhinweise

BEUSCH MICHAEL, Auswirkungen der Rechtsweggarantie von Art. 29a BV auf den Rechtsschutz im Steuerrecht, ASA 73, 709 ff.; HANGARTNER YVO, Recht auf Rechtsschutz, AJP 2002, 131 ff.; KÄLIN WALTER, Die Bedeutung der Rechtsweggarantie für die kantonale Verwaltungsjustiz, ZBl 1999, 49 ff.; KOLLER HEINRICH, Rechtsweggarantie als Grundrecht, in: Rapports suisses présentés au XVe Congrès international de droit comparé, Zürich 1998, 305 ff.; KISS CHRISTINA, Rechtsweggarantie und Totalrevision der Bundesrechtspflege, ZBJV 1998, 288 ff.; KLEY ANDREAS, Der richterliche Rechtsschutz gegen die öffentliche Verwaltung, Zürich 1995; MÜLLER MARKUS, Die Rechtsweggarantie – Chancen und Risiken, ZBJV 2004, 161 ff.; TOPHINKE ESTHER, Bedeutung der Rechtsweggarantie für die Anpassung der kantonalen Gesetzgebung, ZBl 2006, 88 ff.

Art. 30   Gerichtliche Verfahren

¹ **Jede Person, deren Sache in einem gerichtlichen Verfahren beurteilt werden muss, hat Anspruch auf ein durch Gesetz geschaffenes, zuständiges, unabhängiges und unparteiisches Gericht. Ausnahmegerichte sind untersagt.**

² **Jede Person, gegen die eine Zivilklage erhoben wird, hat Anspruch darauf, dass die Sache vom Gericht des Wohnsitzes beurteilt wird. Das Gesetz kann einen anderen Gerichtsstand vorsehen.**

³ **Gerichtsverhandlung und Urteilsverkündung sind öffentlich. Das Gesetz kann Ausnahmen vorsehen.**

1   Die Bestimmung fasst Verfahrensgarantien unterschiedlichen Alters und Herkommens zusammen. Abs. 1 und Abs. 2 gehen im Kern auf die Bundesstaatsgründung zurück (vgl. BV 1848 Art. 53 und BV 1874 Art. 58: Garantie des verfassungsmässigen Richters; BV 1848 Art. 50 und BV 1874 Art. 59). Abs. 3 knüpft an EMRK 6 Ziff. 1 (und UNO-Pakt II Art. 14 Ziff. 1) an.

2   Die Garantien des BV 30 sollen einerseits ein korrektes und faires Verfahren und damit ein gerechtes Urteil gewährleisten. Andererseits dient BV 30 der Konkretisierung und grundrecht-

lichen Absicherung der richterlichen Unabhängigkeit (BV 191c) und des Grundsatzes der Gewaltenteilung (vgl. N 3 ff. vor BV 143).

3 *Verhältnis zu BV 29 und BV 29a:* Anders als BV 29a begründet BV 30 keinen Anspruch auf Zugang zu einem Gericht (BGE 129 I 290, 301). Anders als BV 29 gilt BV 30 ausschliesslich für *gerichtliche* Verfahren (vgl. BGE 127 I 196, 198; zum – mehr oder weniger analogen – Schutz durch BV 29 vgl. dort N 15).

Anforderungen an ein Gericht (Abs. 1)

4 Der *Anwendungsbereich* wird etwas verklausuliert umschrieben («deren Sache ... muss»). Der fragliche Passus – ursprünglich ein impliziter Verweis auf EMRK 6 Ziffer 1 (vgl. Botsch. BV, 183; BGE 130 I 312, 323; BGE 129 V 335, 338) – ist heute im Lichte der allgemeinen Rechtsweggarantie (BV 29a) auszulegen (siehe N 4 ff. zu BV 29a). Die Berufung auf BV 30 sollte freilich nicht nur möglich sein, wenn der Gesetzgeber (wegen BV 29a bzw. EMRK 6) den Weg an ein Gericht vorsehen *«muss»*, sondern auch dann, wenn er die Möglichkeit, eine Sache von der richterlichen Beurteilung auszunehmen (vgl. N 9 zu BV 29a), nicht genutzt hat, weiter natürlich auch im Verfahren vor der (durch BV 29a bzw. EMRK 6 nicht verlangten) zweiten oder dritten Gerichtsinstanz. Um als Gericht i.S.v. BV 30 gelten zu können, muss die Instanz drei Eigenschaften aufweisen (vgl. J.P. MÜLLER, Grundrechte, 569 ff.):

5 *«durch Gesetz geschaffen»:* Die Rechtsgrundlage muss ein Gesetz im formellen Sinn sein, was die Regelung gewisser Detailfragen unterhalb der Gesetzesstufe (Verordnung bzw. Reglement) nicht ausschliesst (BGE 129 V 196, 198; vgl. auch BGE 130 I 367). Das Gericht muss *ordnungsgemäss bestellt* und *zusammengesetzt* sein (Botsch. BV, 183; BGE 131 I 31; BGE 129 V 335: verfassungswidrige Unterbesetzung; vgl. auch BGE 125 V 499: Mitwirkung des Gerichtssekretärs). Die Verfassung verlangt, «que la compétence des tribunaux, ainsi que leur composition soient déterminées par des normes générales et abstraites» (BGE 129 V 196, 198). Nichtsdestotrotz belässt die Gesetzgebung bei der Spruchkörper-Bildung häufig Handlungsspielräume, was eine Rücksichtnahme auf Arbeitsbelastung, besondere Kenntnisse usw. erlaubt und die Flexibilität erhöht, jedoch unter dem Aspekt von BV 30 nicht unproblematisch ist (zu Recht kritisch J.P. MÜLLER, Grundrechte, 573). Auch wenn sich die für die Spruchkörper-Bildung zuständigen Stellen gegen die Versuchung einer Manipulation der Richterbank als resistent erweisen: Schon der Anschein eines möglichen Missbrauchs kann das Vertrauen in die Justiz beeinträchtigen (zur computerisierten Lösung am Bundesverwaltungsgericht vgl. NZZ Nr. 83 vom 11.4.2007: «Bandlimat»). Das vom Bundesgericht in BGE 105 Ia 172 gutgeheissene «Ersatzrichter-Training» am Bezirksgericht March – neben dem Gerichtspräsidenten urteilten sechs Ersatzrichter – ist aus heutiger Sicht nicht akzeptabel. Mehr als problematisch ist auch MStP 126. – Der Verzicht auf Beurteilung durch den gesetzlichen Richter ist grundsätzlich möglich, doch darf das Vorliegen einer entsprechenden Schiedsvereinbarung nicht leichthin angenommen werden (BGE 128 III 50, 58).

6 *«zuständig»:* Es besteht Anspruch auf Beurteilung durch das Gericht, das örtlich, zeitlich und sachlich (BGE 129 V 198: «ratione personae, loci, temporis et materiae») zuständig ist. In der Praxis wird es gewöhnlich schon genügen, die fehlerhafte Anwendung der einschlägigen Prozessgesetzgebung zu rügen.

7 *«unabhängig und unparteiisch»:* BV 30 Abs. 1 verleiht (wie EMRK 6 Ziff. 1) dem Einzelnen Anspruch darauf, dass seine Sache «ohne Einwirken sachfremder Umstände entschieden wird» (BGE 127 I 196, 198); es soll «verhindert werden, dass jemand als Richter tätig wird, der unter solchen Einflüssen steht und deshalb kein ‹rechter Mittler› (BGE 33 I 146) mehr sein kann» (BGE 114 Ia 50, 54).

- Die richterliche *Unabhängigkeit* bezieht sich auf die anderen Staatsgewalten (Exekutive, Legislative), auf die Parteien, aber auch auf die Justiz selbst (grundlegend EICHENBERGER). Die Gerichte und ihre Mitglieder sind in ihrer Rechtsprechungstätigkeit «nur dem Recht verpflichtet» (BV 191c) und dürfen keine Befehle oder Weisungen entgegennehmen (ausser in Gestalt des Rechtsmittelentscheids einer übergeordneten Instanz).

- *Unparteilichkeit* meint: Fehlen von Voreingenommenheit und Befangenheit. Ein solcher innerer Zustand lässt sich nur schwer beweisen. Gemäss Praxis ist die Garantie (bereits) verletzt, wenn «bei objektiver Betrachtungsweise Gegebenheiten vor(liegen), die den Anschein der Befangenheit und die Gefahr der Voreingenommenheit zu begründen vermögen» (BGE 127 I 196, 198; vgl. auch BGE 133 I 1, 6; BGE 126 I 68, 73; BGE 125 I 109, 119; BGE 120 Ia 184). Solche Umstände können in der Person des betreffenden Richters liegen (vgl. z.B. BGE 116 Ia 14, wonach aber scherzhafte Äusserungen allein nicht genügen, um den Verdacht der Parteilichkeit zu begründen), aber auch auf gewisse äussere Gegebenheiten (z.B. Gerichtsorganisation) zurückzuführen sein (BGE 114 Ia 50, 54 f.). Gesetzliche Ausstandsregeln (vgl. z.B. BGG 34 ff.; VGG 38; OG 22 und 23: Ausschliessungs- und Ablehnungsgründe) sind grundrechtskonform auszulegen.

Aus BV 30 ergibt sich ein Anspruch auf Kenntnis der am Entscheid mitwirkenden Personen, da sonst nicht beurteilt werden kann, ob der Anspruch auf unparteiische Beurteilung und auf richtige Besetzung des Gerichts gewahrt ist (BGE 117 Ia 322, 323).

8 *Rechtsprechung zur sog. Vorbefassung:* Die vom Bundesgericht schon früh aus BV 1874 Art. 58 abgeleiteten Garantien betreffend Unabhängigkeit und Unparteilichkeit des Gerichts haben durch den EMRK-Beitritt entscheidende zusätzliche Impulse empfangen. Die vom Bundesgericht Mitte der 1980er Jahre in Respektierung der Strassburger Praxis zu EMRK 6 vollzogene Änderung der Rechtsprechung zur sog. *Vorbefassung bzw. Rollenkumulation* (BGE 112 Ia 290) hatte weit reichende Konsequenzen für Gesetzgebung und Gerichtsorganisation. Die Zulässigkeit der Mehrfachbefassung mit derselben Streitsache in unterschiedlichen Rollen bzw. Verfahrensabschnitten ist differenzierend zu beurteilen (vgl. BGE 131 I 113, 117, mit Zusammenfassung der Rechtsprechung; BGE 131 I 24):

- als *unzulässig* gelten namentlich: die Personalunion von Untersuchungsrichter und erkennendem Strafrichter (BGE 112 Ia 290; BGE 113 Ia 72; BGE 114 Ia 275; BGE 115 Ia 217); die personelle Identität zwischen Haftrichter und Anklagevertreter (BGE 117 Ia 199); vgl. auch BGE 117 Ia 157; BGE 115 Ia 224; BGE 114 Ia 50;

- als *zulässig* gelten namentlich: die Mitwirkung der Richter, die ein Abwesenheitsurteil gefällt haben, bei der Neubeurteilung der Strafsache im ordentlichen Verfahren (BGE 116 Ia 32, 33 ff.); die personelle Identität von Haft- und Sachrichter (BGE 117 Ia 182); vgl. auch BGE 126 I 68; BGE 124 I 76; BGE 116 Ia 135.

Die für den Strafprozess entwickelten Grundsätze können nicht ohne weiteres auf das zivilprozessuale Verfahren übertragen werden (vgl. BGE 131 I 113, 119; vgl. auch BGE 123 I 87; BGE 120 Ia 82; BGE 113 Ia 407). Ein Richter erscheint nicht schon deswegen als voreingenommen, weil er ein Gesuch um unentgeltliche Rechtspflege wegen Aussichtslosigkeit der Rechtsbegehren abgewiesen hat (BGE 131 I 113, 120 ff.; vgl. auch VPB 68.42, 2000).

9   *Richterbestellung:* Der Umstand allein, dass die Mitglieder einer richterlichen Behörde durch die Exekutive ernannt werden (so z.B. bis Ende 2006 in VwVG 71b vorgesehen für Eidgenössische Rekurskommissionen), stellt ihre Unabhängigkeit und Unparteilichkeit nicht in Frage. Der Sicherung der Unabhängigkeit dient die Wahl auf feste Amtsdauer (vgl. BV 145). Die Möglichkeit einer *Amtsenthebung* (vgl. SGG 10 und, gleichlautend, VGG 10) kann, je nach Voraussetzungen und Verfahrensmodalitäten, verfassungsrechtlich problematisch sein. – Unter dem Aspekt des BV 30 nicht immer unproblematisch ist die in der Schweiz verbreitete nebenamtliche Richtertätigkeit (dazu KIENER, 109 ff.; SCHEFER, Ergänzungsband, 328 f.).

10   *«Gesamtbild»:* Bei der Beurteilung der Gerichtsqualität ist das gesamte *äussere Erscheinungsbild* zu berücksichtigen (BGE 123 I 87, 91). Nach herrschender Auffassung ist die Gerichtsqualität bei den Militärgerichten wie bei den früheren Eidgenössischen Rekurskommissionen (VwVG 71a ff.) zu bejahen. – *Kasuistik:* BGE 129 I 91 sowie BGE 127 I 128 (Rekurskommission der Evangelisch-Reformierten Landeskirche des Kantons Aargau: trotz gewisser Defizite einem Gericht gleichgestellt); BGE 126 I 228 (Aufsichtskommission über die Rechtsanwälte im Kanton Zürich: Gerichtsqualität verneint); BGE 124 I 255 (bernische Bodenverbesserungskommission: Gerichtsqualität bejaht). – Zu Rechtsnatur und Stellung der Unabhängigen Beschwerdeinstanz (UBI) für Radio und Fernsehen vgl. N 19 zu BV 93.

11   *Verbot von Ausnahmegerichten* (Satz 2): Das (implizit) bereits in Satz 1 enthaltene (Botsch. BV, 183) Verbot richtet sich gegen Instanzen, die *ad hoc* bzw. *ad personam* eingesetzt werden, um einen bestimmten Fall bzw. eine bestimmte Person zu beurteilen. – Von den Ausnahmegerichten zu unterscheiden (und durch Satz 2 nicht erfasst) sind sog. *Spezialgerichte* (wie Arbeits-, Miet-, Handels- oder Militärgerichte) mit begrenztem sachlichem Zuständigkeitsbereich (und oft auch mit Besonderheiten bei der personellen Zusammensetzung); sie müssen den Anforderungen von BV 30 genügen (vgl. BGE 126 I 235).

12   Die gemäss BV 1874 Art. 58 Abs. 2 «abgeschaffte» geistliche Gerichtsbarkeit wird durch BV 30 (stillschweigend) untersagt. Zulässig bleibt (wie bis anhin) «die Rechtsprechung kirchlicher Organe in Anwendung eigener kirchlicher Satzungen» in Angelegenheiten, welche die Kirche und ihre Mitglieder betreffen (BGE 129 I 91, 98; vgl. auch BIAGGINI, VRdCH, 1163).

Garantie des Wohnsitzrichters (Abs. 2)

13   *(Begrenzte) Tragweite:* Die persönlich und gegenständlich begrenzte Wohnsitzrichtergarantie gemäss BV 1874 Art. 59 – nur für «aufrechtstehende» Schuldner und nur für «persönliche Ansprachen» (näher KNAPP, Komm. aBV, Art. 59, N 18 ff.) – wurde durch Abs. 2 Satz 1 formal auf *alle Personen* und auf *Zivilklagen* aller Art erweitert. Die sehr weit gefasste Garantie wird indes postwendend entscheidend geschmälert: Gemäss Abs. 2 Satz 2 kann das Gesetz (inkl. Staatsverträge; vgl. Botsch. BV, 184) eine andere Lösung treffen, ohne dass der Verfassungstext erkennbare Vorgaben machen würde (dies im Unterschied zu Abs. 3 oder BV 29a,

wo Abweichungen als «Ausnahmen» deklariert sind). – *Gericht des Wohnsitzes* meint: des Wohnsitzkantons (MAHON, Comm., Art. 30, N 10).

14 *Funktion:* Mit der eigenartigen Konstruktion wird das Grundrecht mehr oder weniger dem Gutdünken des Gesetzgebers ausgeliefert. Die Lösung ergab sich, weil man einerseits der Rechtsentwicklung, die sich immer mehr von der Grundidee des BV 1874 Art. 59 entfernt hatte (besondere Gerichtsstände in grosser Zahl), Rechnung tragen wollte, andererseits die «Nachührungsidee» nicht ganz aufgeben wollte.

15 *Gesetzgebung:* Zusammenfassend jetzt das Bundesgesetz vom 24.3.2000 über den Gerichtsstand in Zivilsachen (GestG; SR 272). Das Gerichtsstandsgesetz stützt sich gemäss seinem Ingress nicht nur auf BV 122, sondern (zu Unrecht) auch auf BV 30 (der dem Bund *keine* Regelungskompetenz verleiht). – Zur Vereinbarkeit des kantonalen Widerklagegerichtsstandes mit BV 30 Abs. 2 vgl. BGE 129 III 230, 237. Zur (wegen des IPRG) begrenzten Bedeutung von Abs. 2 im internationalen Verhältnis vgl. BGE 129 III 745.

Öffentlichkeitsgrundsatz (Abs. 3)

16 *Funktion:* Die Öffentlichkeit von Gerichtsverhandlung und Urteilsverkündung dient der Herstellung von Transparenz in Bezug auf Justiztätigkeit und Rechtsfindung: «Für den Bürger soll ersichtlich sein, wie der Richter die ihm (...) übertragene Verantwortung wahrnimmt»; dabei erfüllen die Medien «eine wichtige Brückenfunktion» (BGE 129 III 529, 532, dort auch zum Problem der Persönlichkeitsverletzung durch Gerichtsberichterstattung; vgl. auch BGE 127 IV 122, 129; BGE 113 Ia 309, 318).

17 *Anwendungsbereich:* Das Bundesgericht legt Abs. 3 (unter Berufung auf die Materialien) eng aus: Die Bestimmung verleiht «dem Rechtsuchenden kein Recht auf eine öffentliche Verhandlung; er garantiert einzig, dass, wenn eine Verhandlung stattzufinden hat, diese öffentlich sein muss, abgesehen von den im Gesetz vorgesehenen Ausnahmen» (BGE 128 I 288; zur Möglichkeit des Verzichts vgl. BGE 132 I 42, 45, mit Hinweisen). – Der Anspruch auf eine öffentliche Parteiverhandlung besteht somit nur bei Streitigkeiten über zivilrechtliche Ansprüche und bei strafrechtlichen Anklagen i.S.v. EMRK 6 Ziff. 1 (vgl. auch VGG 40), obwohl BV 30 Abs. 3, wörtlich genommen, alle gerichtlichen Verfahren (ob privat-, straf- oder öffentlich-rechtlich) einschliesst. – Angesichts der grundlegenden Funktion der Gerichtsöffentlichkeit (vgl. BGE 129 III 529, 532) vermag die enge Auslegung nicht zu befriedigen. Eine etwas grosszügigere Lesart von Abs. 3 Satz 1 wäre möglich und würde (angesichts von Satz 2) nicht gleich zu einer Lahmlegung der Justiz führen.

18 *Umfang:* Der Öffentlichkeitsgrundsatz erfasst nur bestimmte Ausschnitte des Verfahrens (Gerichtsverhandlung, Urteilsverkündung). Nicht erfasst ist das Untersuchungsverfahren im Strafprozess (vgl. SCHEFER, Ergänzungsband, 190, mit Hinweisen betreffend Information der Öffentlichkeit). Ebenfalls nicht erfasst ist die *Urteilsberatung*. Dies schliesst nicht aus, dass das Gesetz die Urteilsberatung für öffentlich erklärt. Gemäss OG 17 war dies für das Bundesgericht – rechtsvergleichend ziemlich singulär – die Grundregel. Auch künftig wird das Bundesgericht (nicht zuletzt zur Freude der Schweizer Rechtsfakultäten und ihrer Studierenden und Dozierenden) die Tradition der öffentlichen mündlichen Urteilsberatung pflegen dürfen (BGG 59 Abs. 1 i.V.m. BGG 58 Abs. 1), ja sogar müssen, «wenn sich» in einem Fall «keine Einstimmigkeit ergibt» (BGG 58 Abs. 1 Bst. b) – was, entgegen allgemein-juristischer Le-

benserfahrung, in Lausanne offenbar eher selten vorzukommen scheint, wenn man auf das zahlenmässige Verhältnis zwischen den im Rahmen einer Sitzung abgeschlossenen Verfahren (2005: 93) und den (Einstimmigkeit voraussetzenden) besonderen Verfahren abstellt (2005: 4521 Verfahren gemäss OG 36a und 36b).

19 *Öffentlichkeit der Gerichtsverhandlung:* Gewährleistet ist nicht nur die Partei-, sondern auch die Publikumsöffentlichkeit der Verhandlungen.

20 *Öffentlichkeit der Urteilsverkündung:* Abs. 3 verlangt keine öffentliche Verlesung des gesamten Urteils samt Begründung. Die Praxis lässt das öffentliche Auflegen des Entscheid-Dispositivs während einer bestimmten Zeitspanne genügen (vgl. z.B. VGG 42, BGG 59 Abs. 3). Zur Bundesgerichtspraxis vgl. BGE 133 I 106, 108; Raselli, Festschrift Nay, 23 ff.

21 *Ausnahmen:* Als Gründe für einen Ausschluss der *Öffentlichkeit* von den Parteiverhandlungen – sei es ganz, sei es teilweise (vgl. BGE 117 Ia 387: Ausschluss des allgemeinen Publikums, nicht aber der Presse) – kommen namentlich in Betracht: die Gefährdung der Sicherheit, der öffentlichen Ordnung oder der Sittlichkeit, das Interesse einer beteiligten Person (vgl. BGG 59; VGG 40; früher OG 17; vgl. auch OHG 5 Abs. 3 sowie den detaillierten Katalog in EMRK 6 Ziff. 1). Auch die Durchführung eines rein schriftlichen Verfahrens (ohne Parteiverhandlungen) kann legitim sein. Kaum vorstellbar sind dagegen Gründe für einen völligen Verzicht auf *Urteilspublizität*, wenn man von sehr speziell gelagerten Ausnahmen absieht, wie sie z.B. in UNO-Pakt II Art. 14 erwähnt sind (Jugendschutz, Ehestreitigkeiten, Vormundschaft über Kinder). Ein «Recht auf Nichtöffentlichkeit» wird durch Abs. 3 Satz 2 nicht begründet (vgl. BGE 119 Ia 99, 100), doch kann u.U. der verfassungsrechtliche Persönlichkeitsschutz (BV 10, BV 13) angerufen werden. Gerechtfertigt sein kann eine Urteils-Anonymisierung (vgl. BGE 133 I 106, 109; Saxer, ZSR 2006 I, 482). Man kann es damit aber auch übertreiben.

Literaturhinweise

Biaggini Giovanni, Rechtsprechung, VRdCH, 1153 ff.; Eichenberger Kurt, Die richterliche Unabhängigkeit als staatsrechtliches Problem, Bern 1960; Hottelier Michel, Les garanties de procédure, VRdCH, 809 ff.; Kiener Regina, Richterliche Unabhängigkeit, Bern 2001; Müller Jörg Paul, Die Garantie des verfassungsmässigen Richters in der Bundesverfassung, ZBJV 1970, 249 ff.; Raselli Niccolò, Das Gebot der öffentlichen Urteilsverkündung, Festschrift Giusep Nay, Luzern 2002, 23 ff.; Saxer Urs, Vom Öffentlichkeitsprinzip zur Justizkommunikation, ZSR 2006 I, 459 ff.; Sutter Patrick, Der Anwalt als Richter, die Richterin als Anwältin, AJP 2006, 30 ff.

Art. 31 Freiheitsentzug

1 Die Freiheit darf einer Person nur in den vom Gesetz selbst vorgesehenen Fällen und nur auf die im Gesetz vorgeschriebene Weise entzogen werden.

2 Jede Person, der die Freiheit entzogen wird, hat Anspruch darauf, unverzüglich und in einer ihr verständlichen Sprache über die Gründe des Freiheitsentzugs und über ihre Rechte unterrichtet zu werden. Sie muss die Möglichkeit haben, ihre Rechte geltend zu machen. Sie hat insbesondere das Recht, ihre nächsten Angehörigen benachrichtigen zu lassen.

2. Titel: Grundrechte, Bürgerrechte und Sozialziele Nr. 1 BV **Art. 31**

³ Jede Person, die in Untersuchungshaft genommen wird, hat Anspruch darauf, unverzüglich einer Richterin oder einem Richter vorgeführt zu werden; die Richterin oder der Richter entscheidet, ob die Person weiterhin in Haft gehalten oder freigelassen wird. Jede Person in Untersuchungshaft hat Anspruch auf ein Urteil innert angemessener Frist.

⁴ Jede Person, der die Freiheit nicht von einem Gericht entzogen wird, hat das Recht, jederzeit ein Gericht anzurufen. Dieses entscheidet so rasch wie möglich über die Rechtmässigkeit des Freiheitsentzugs.

1   BV 31, der in der BV 1874 keinen direkten Vorgänger hat, normiert in Anlehnung an den etwas detaillierteren EMRK 5 (vgl. auch UNO-Pakt II Art. 9, SR 0.103.2) verschiedene in der *Habeas-corpus*-Tradition stehende Verfahrensgarantien. Diese kommen in erster Linie (Untersuchungs- bzw. Straf-)Gefangenen zugute, bieten aber auch Schutz bei anderen Formen des Freiheitsentzugs (z.B. Ausschaffungshaft, Massnahmenvollzug). Berührungspunkte und Überschneidungen bestehen insbesondere im Verhältnis zur persönlichen Freiheit (BV 10) und zu anderen Verfahrensgarantien (BV 29, 30, 32). – *Statistisches:* Am 6.9.2006 waren in der Schweiz 5888 Personen inhaftiert (in rund 120 Anstalten und Institutionen); rund ein Drittel davon befand sich in U-Haft (BFS, Medienmitteilung vom 27.2.2007).

2   Der Freiheitsentzug ist abzugrenzen von der blossen *Freiheitsbeschränkung*, die nicht durch BV 31, wohl aber durch BV 10 erfasst wird (vgl. N 19 zu BV 10). Die Grenze lässt sich nicht gestützt auf ein einheitliches Kriterium exakt bestimmen. Neben der Dauer sind auch die Gesamtumstände zu berücksichtigen. Unter BV 31 fallen neben den klassischen Fällen (U-Haft, strafrechtliche Sanktion): ein mehrtägiges Festhalten in der internationalen Zone eines Flughafens (BGE 123 II 193), die fürsorgerische Freiheitsentziehung (ZGB 397a; vgl. z.B. BGE 130 III 729), die vorübergehende polizeiliche Anhaltung oder Festnahme je nach Umständen (vgl. VEST, SG-Komm., Art. 31, N 6), nicht jedoch die polizeiliche Hinderung des Zugangs nach Davos anlässlich des Weltwirtschaftsforums 2001 (BGE 130 I 369, 374).

3   *Funktion:* BV 31 statuiert einen verfassungsrechtlichen *Mindeststandard*, der bei Anwendung der einschlägigen Gesetzgebung (StPO, ZGB 397a ff. usw.) nicht unterschritten, wohl aber überschritten werden darf.

Gesetzmässigkeit (Abs. 1)

4   Der Freiheitsentzug als schwerwiegender Grundrechtseingriff bedarf einer *(formell-)* gesetzlichen Grundlage. Abs. 1 wiederholt (und präzisiert) das sich bereits aus BV 10 i.V.m. BV 36 ergebende Erfordernis (vgl. auch BGE 124 I 40, 42). Eine blosse Verordnung genügt nicht. Abs. 1 ist im Lichte von EMRK 5 Ziff. 1 auszulegen, wo abschliessend sechs Fallgruppen zulässigen Freiheitsentzugs genannt werden (vereinfacht): Verurteilung; Nichtbefolgung einer gerichtlichen Anordnung bzw. Erzwingung einer gesetzlichen Verpflichtung; Tatverdacht bzw. Fluchtgefahr (zur Verdunkelungs- oder Kollusionsgefahr als Haftgrund vgl. BGE 132 I 21, 23; BGE 133 I 27); Erziehungsmassnahme bei Minderjährigen; gesundheitliche Gründe; Abschiebung bzw. Auslieferung). Bei Missachtung des gesetzlich vorgeschriebenen Verfahrens ist auch die Verfassungsgarantie verletzt (vgl. VEST, SG-Komm., Art. 31, N 11).

Aufklärungspflicht und Wahrung der Rechte (Abs. 2)

5 *Funktion:* Der für alle Arten des Freiheitsentzugs geltende Abs. 2 dient in erster Linie der situationsgerechten Konkretisierung (und Stärkung) des allgemeinen Gehörsanspruchs (BV 29).

6 *Anspruch auf Unterrichtung (Satz 1):* Die Verfassung äussert sich einerseits (eher vage) zum *Inhalt*, andererseits zu den *Modalitäten* der Unterrichtung (ohne eine bestimmte Form vorzuschreiben).

- *Unterrichtung* über die *Gründe des Freiheitsentzugs:* Im Fall der Verhaftung müssen die zur Last gelegte Straftat und die Tatsachen, auf die sich die Festnahme bezieht, mitgeteilt werden (vgl. VEST, SG-Komm., Art. 31, N 15; vgl. auch BV 32 Abs. 2: «Beschuldigungen»).

- *Unterrichtung* über *«ihre Rechte» (Belehrungspflicht):* Abs. 2 benennt die Rechte nicht (Ausnahme: Satz 3). Gemäss Bundesgericht sind all jene Ansprüche gemeint, «welche die betroffene Person nach der Bundesverfassung, den internationalen Abkommen und der eidgenössischen und kantonalen Gesetzgebung geltend machen kann» (vgl. BGE 130 I 126, 130), d.h. insb. die Garantien aus BV 31 Abs. 3 und 4 bzw. EMRK 5 und 6, weiter auch Ansprüche aus BV 29 (inkl. Abs. 3). Einstweilen offen liess das Bundesgericht, wo das früher an EMRK 6 Ziff. 1 bzw. BV 1874 Art. 4 festgemachte Recht des Beschuldigten, *zu schweigen* und *sich nicht selbst belasten* zu müssen *(nemo tenetur se ipsum accusare vel prodere)*, heute verankert ist (vgl. N 5 zu BV 32); die *Aufklärungspflicht* betreffend das Schweigerecht ergibt sich aus BV 31 Abs. 2 (BGE 130 I 126, 129 und 132). – Zu den Verteidigungsrechten im Strafverfahren vgl. N 9 zu BV 32. Zum Anspruch auf freien Verkehr mit dem Anwalt bzw. Konsulat während des Polizeigewahrsams vgl. BGE 126 I 153, 156; vgl. auch SCHMID, Festschrift Trechsel, 745 ff.;

- *«in einer ihr verständlichen Sprache»:* Der Passus bewirkt eine Relativierung des Amtssprachenprinzips (vgl. BV 70). Zum Anspruch auf Beizug eines unentgeltlichen Dolmetschers vgl. BGE 118 Ia 462;

- *«unverzüglich» (aussitôt, immediatamente):* Abs. 2 verwendet denselben Begriff wie Abs. 3 (anders EMRK 5 Ziff. 2: «in möglichst kurzer Frist»). Die Belehrung muss so zeitig erfolgen, dass die wirksame Wahrung der Rechte (Satz 2) möglich ist. – Nach vorherrschender Auffassung ist nicht verlangt, dass die ausdrückliche Unterrichtung, in der aus US-amerikanischen Kriminalfilmen bekannten Manier (sog. *Miranda warnings)*, bereits im Moment des polizeilichen Zugriffs erfolgt (vgl. das Urteil des US-Supreme Court vom 13.6.1966, *Miranda v. Arizona* [384 U.S. 436]: «Prior to any questioning, the person must be warned that he has a right to remain silent, that any statement he does make may be used as evidence against him, and that he has a right to the presence of an attorney, either retained or appointed.»)

7 *Formeller Charakter des Anspruchs auf Belehrung:* Aussagen, die in Unkenntnis des Schweigerechts gemacht wurden, sind grundsätzlich nicht verwertbar. Ausnahmen sind unter gewissen Voraussetzungen in Abwägung der entgegenstehenden Interessen möglich (BGE 130 I 126, 131, mit Hinweisen auf gegensätzliche Auffassungen in der Rechtslehre).

8   *«Benachrichtigungsrecht» (Satz 3):* Das (durch die Räte eingefügte) Recht, die nächsten Angehörigen benachrichtigen *zu lassen* (ein Anspruch auf Direktkontakt wird hier nicht begründet), ist weniger Ausdruck besonderer Nächstenliebe des Verfassungsgebers als vielmehr der bundesstaatlichen Kompetenzordnung (BV 3). Solange der Bund keine einschlägige Gesetzgebungsbefugnis (der revidierte BV 123 trat erst am 1.4.2003 in Kraft) und Gesetzgebung (eidgenössische StPO) besass, blieb für die Festlegung bundesrechtlicher (Mindest-)Standards kein anderer Weg als die Regelung in der BV selbst (ähnlich BV 62 Abs. 2, früher BV 1874 Art. 27). Vgl. jetzt E-StPO, BBl 2006 1389.

9   *Geltendmachung der Rechte (Satz 2):* Die etwas diffus formulierte Garantie bezweckt in erster Linie die Sicherung der Wirksamkeit von anderweitig begründeten Rechten. Die Behörden dürfen deren Wahrnehmung nicht behindern oder (z.B. durch Vorenthalten von Informationen) vereiteln.

Besondere Garantien bei Untersuchungshaft (Abs. 3)

10 *Funktion:* Abs. 3 soll eine erste, unabhängige und unparteiische Kontrolle der Haft sicherstellen (Botsch. BV, 185). Zu den einzelnen Garantien:

11 *Anspruch auf unverzügliche Vorführung:* «Vorführung» meint die *persönliche mündliche* Anhörung des Angeschuldigten (BGE 126 I 172, 175; vgl. BGE 125 I 113, 115). «Unverzüglich» *(aussitôt, prontamente)* heisst: «grundsätzlich innert ca. 24 bis 48 Stunden» (so BGE 131 I 36, 44; vgl. auch BGE 119 Ia 221, mit Hinweisen auf die EGMR-Rechtsprechung).

12 *Haftrichter:* Abs. 3 verlangt die Vorführung vor einen *Richter.* Die in EMRK 5 Ziff. 3 genannte Alternative («oder einer anderen gesetzlich zur Wahrnehmung richterlicher Aufgaben ermächtigten Person») fehlt im Text. Das Bundesgericht sieht indes keinen Anlass, von der bisherigen, auf der Grundlage von EMRK 5 Ziff. 3 entwickelten Rechtsprechung abzurücken (zusammenfassend BGE 131 I 36, 40 f.). Es genügt daher, wenn es sich bei der «haftanordnenden» Person «um eine unparteiische Instanz handel(t), die von der Exekutive und den Parteien unabhängig und bei der Ausübung ihres Amtes nicht weisungsgebunden ist» (BGE 130 I 36, 40, mit Hinweisen; vgl. auch BGE 131 I 66; EGMR, Urteil vom 5.4.2001, i.S. H.B. gegen Schweiz, VPB 65.120 [2001], Ziff. 55; weiter gehend z.B. Vest, SG-Komm., Art. 31, N 24). Der Haftrichter muss in einem justiziellen Verfahren entscheiden und nötigenfalls die Haftentlassung anordnen können. Die eidgenössischen Untersuchungsrichter erfüllen die Anforderungen von Abs. 3 (BGE 131 I 66; bestätigt in BGE 131 I 436, dort auch zur Frage der Haftprüfung durch den Bundesanwalt), nicht jedoch ein weisungsgebundener Untersuchungsrichter, der teilweise auch Anklagefunktionen erfüllt (BGE 131 I 36: Amtsstatthalter im Kanton Luzern). – Die künftige eidgenössische StPO sieht als haftanordnende Instanz ein (nicht mit Untersuchungsaufgaben betrautes) Zwangsmassnahmengericht vor (vgl. E-StPO 219, 223 ff., BBl 2006 1389).

13 *Haftprüfungsverfahren:* Während die Vorführung unverzüglich erfolgen muss, darf sich der Haftrichter für die Haftprüfungsentscheidung etwas Zeit lassen, nach einem Leiturteil des Bundesstrafgerichts vom 23.11.2004 (BK-H 125/04/b; vgl. NZZ Nr. 305 vom 30.12.2004) «im Normalfall» längstens 10 Tage. Bei *unrechtmässigem* Freiheitsentzug ist die Freilassung anzuordnen (BGE 131 I 436, 439), nicht jedoch bei jedem Verfahrensmangel (vgl. BGE 131 I 36, 44: erneutes Haftanordnungsverfahren und Neuüberprüfung).

14 *Anspruch auf Aburteilung innert angemessener Frist:* Das (auch im Grundrecht der persönlichen Freiheit wurzelnde) *Beschleunigungsgebot* soll einer übermässig langen Untersuchungshaft entgegenwirken. Ob die Haftdauer übermässig ist, muss aufgrund der konkreten Verhältnisse beurteilt werden (vgl. BGE 132 I 21, 23, mit Hinweisen). Unverhältnismässig wäre es, wenn die Haftfrist die mutmassliche Dauer der zu erwartenden freiheitsentziehenden Sanktion übersteigt (BGE 128 I 149, 151). Bei der Beurteilung ist der Schwere der untersuchten Straftaten Rechnung zu tragen. Die zulässige Dauer kann auch überschritten sein, «wenn das Strafverfahren nicht genügend vorangetrieben wird» (BGE 126 I 172, 176).

15 *Sanktionierung:* Die Verletzung des *Beschleunigungsgebotes* hat als Sanktion die *Haftentlassung* zur Folge (vgl. BGE 126 I 172, 180; vgl. auch BVerfGE, 2 BvR 2056/05 vom 1.2.2006). In BV 31 nicht erwähnt, aber durch EMRK 5 Ziff. 5 grundrechtlich garantiert, ist ein Anspruch auf Schadenersatz bei Verletzung der einschlägigen Verfahrensgarantien (vgl. BGE 113 Ia 177). Kein konventions- oder verfassungsrechtlicher (u.U. aber ein gesetzlicher; vgl. z.B. BGE 112 Ib 446) Entschädigungsanspruch besteht, wenn die Haftvoraussetzungen erfüllt waren, die Haft sich aber im Nachhinein als ungerechtfertigt erweist.

Anspruch auf Anrufung eines Gerichts (Abs. 4)

16 Der für alle Arten des Freiheitsentzugs geltende Abs. 4 verleiht ein Recht auf *jederzeitige* Anrufung eines Gerichts (das nicht ein ordentliches sein muss, aber organisatorisch, personell und funktionell unabhängig sein muss), falls der Freiheitsentzug *nicht* auf einem gerichtlichen Entscheid gründet.

17 *Recht auf erneute Haftprüfung:* Wenn ein *Gericht* den Freiheitsentzug angeordnet oder bereits überprüft hat, besteht ein Recht auf *erneute* richterliche Haftprüfung *in angemessenen, «vernünftigen» Abständen*, falls der Freiheitsentzug auf Gründen beruht, die wegfallen können (vgl. BGE 116 Ia 60; Botsch. BV, 186). Im Falle offensichtlich unzulässiger Beschwerden ist es gemäss Bundesgericht zulässig, die Häufigkeit von Rekursen zu begrenzen (BGE 130 III 729, 731) oder eine gesetzliche Sperrfrist für erneute Haftentlassungsgesuche vorzusehen (BGE 126 I 26, 28 ff.). ANAG 13c sieht eine Sperrfrist von 1 bzw. 2 Monaten vor (vgl. auch AuG 80, BBl 2005 7365; kritisch HUGI YAR, 267 ff.).

18 *Modalitäten des Haftprüfungsverfahrens:* Der Entscheid muss «so rasch wie möglich» *(dans les plus brefs délais, il più presto possibile;* d.h. nicht unverzüglich) getroffen werden (z.B. BGE 126 I 172, 175). Für die ausländerrechtliche Haft verlangt das Gesetz eine Überprüfung innert 96 Stunden (ANAG 13c; künftig AuG 80, BBl 2005 7365; zur Problematik HUGI YAR, 262 ff.). Gemäss Bundesgericht verlangt Abs. 4 «ein Mindestmass an kontradiktorischer Ausgestaltung des Haftprüfungsverfahrens»; ein *mündliches* Verfahren kann sich «in Ausnahmefällen als sachlich geboten aufdrängen» (BGE 126 I 172, 175 f.). Anders als bei Abs. 3 (Haftanordnung) besteht jedoch kein genereller Anspruch auf persönliche Vorführung und Anhörung. Dieser kann aber gesetzlich vorgesehen sein (vgl. ANAG 13c bzw. AuG 80). Der Angeschuldigte hat das Recht, zu jeder Vernehmlassung der Strafverfolgungsbehörden zu replizieren, unbekümmert darum, ob darin neue Tatsachen vorgebracht werden oder nicht (BGE 125 I 113, 115).

Literaturhinweise (vgl. auch die Hinweise bei BV 29, 30 und 32)

FORSTER MARC, Die Rechte der Inhaftierten, in: Franz Riklin (Hrsg.), Von der Verhaftung bis zum Vollzug, Luzern 2004, 53 ff.; GOLLWITZER WALTER, Menschenrechte im Strafverfahren: MRK und IPBPR, Berlin 2005; HUGI YAR THOMAS, Zwangsmassnahmen im Ausländerrecht, in: Peter Uebersax u.a. (Hrsg.), Ausländerrecht, Basel usw. 2002; KÄLIN WALTER, Zwangsmassnahmen im Ausländerrecht, AJP 1995, 835 ff.; SCHINDLER BENJAMIN, *Miranda Warning* – bald auch in der Schweiz?, Festschrift Niklaus Schmid, Zürich 1999, 467 ff.; SCHMID NIKLAUS, Strafprozessrecht, 4. Aufl., Zürich 2004; DERS., «Anwalt der ersten Stunde», Festschrift Stefan Trechsel, Zürich 2002, 745 ff.; TRECHSEL STEFAN (with the assistance of SARAH J. SUMMERS), Human Rights in Criminal Proceedings, Oxford 2005; WYSS MARTIN PHILIPP, Miranda Warnings im schweizerischen Verfassungsrecht?, recht 2001, 132 ff.; ZIMMERLIN SVEN, Miranda-Warning und andere Unterrichtungen nach Art. 31 Abs. 2 BV, ZStrR 2003, 311 ff.

Art. 32 Strafverfahren

¹ Jede Person gilt bis zur rechtskräftigen Verurteilung als unschuldig.

² Jede angeklagte Person hat Anspruch darauf, möglichst rasch und umfassend über die gegen sie erhobenen Beschuldigungen unterrichtet zu werden. Sie muss die Möglichkeit haben, die ihr zustehenden Verteidigungsrechte geltend zu machen.

³ Jede verurteilte Person hat das Recht, das Urteil von einem höheren Gericht überprüfen zu lassen. Ausgenommen sind die Fälle, in denen das Bundesgericht als einzige Instanz urteilt.

1   BV 32, der in der BV 1874 keinen direkten Vorgänger hat, normiert verschiedene Verfahrensgarantien betreffend das *Strafverfahren*, dies in Anlehnung an die zum Teil etwas detailliertere EMRK (EMKR 6 Ziff. 2 und 3; 7.ZP zur EMRK Art. 2, SR 0.101.07; vgl. auch UNO-Pakt II Art. 14, SR 0.103.2), jedoch ohne vollständig zu sein (zum Fehlen des Grundsatzes *ne bis in idem* vgl. HOTTELIER, VRdCH, 820 f.). – Berührungspunkte und Überschneidungen bestehen namentlich im Verhältnis zu BV 29, 30 und 31.

2   *Strafverfahren:* Erfasst werden, wie im Falle von EMRK 6 (vgl. VILLIGER, EMRK, N 393 ff.), auch Übertretungs-, Steuerstraf- und Ordnungswidrigkeitenverfahren (VEST, SG-Komm., Art. 32, N 2).

3   *Künftige Bedeutung:* Mit der Vereinheitlichung des Strafprozessrechts (vgl. N 4 zu BV 123; vgl. E-StPO vom 21.12.2005, BBl 2006 1085, 1389) werden viele Fragen, die das Bundesgericht heute nur als Verfassungsfragen erörtern kann, primär zu Fragen der richtigen und einheitlichen Auslegung des Bundesrechts, was nicht ohne Folgen für die Präsenz von BV 32 in der höchstrichterlichen Rechtsprechung bleiben wird (aber dessen rechtliche Bedeutung als Minimalgarantie nicht schmälert).

Unschuldsvermutung (Abs. 1)

4   *Gegenstand:* Abs. 1 verankert (entsprechend EMRK 6 Ziff. 2) den Anspruch der angeschuldigten bzw. angeklagten Person, bis zum gesetzgemässen Nachweis ihrer Schuld als unschuldig

zu gelten. Die Unschuldsvermutung ist sowohl Beweislast- als auch Beweiswürdigungsregel (so nach längerem Zögern BGE 120 Ia 31, 35 ff.; bestätigt in BGE 127 I 38 ff.):

- *Beweislastregel:* Es ist Sache der Strafverfolgungs- bzw. Anklagebehörden, die Schuld zu beweisen, nicht Sache des Angeschuldigten bzw. Angeklagten, seine Unschuld zu beweisen. Ob diese Maxime verletzt ist, prüft das Bundesgericht wie schon unter der BV 1874 frei (BGE 127 I 38, 40).

- *Beweiswürdigungsregel:* Der Strafrichter darf sich «nicht von der Existenz eines für den Angeklagten ungünstigen Sachverhalts überzeugt erklären (...), wenn bei objektiver Betrachtung erhebliche und nicht zu unterdrückende Zweifel bestehen, ob sich der Sachverhalt so verwirklicht hat» (BGE 127 I 38, 41 mit Hinweisen). Ob dieser Grundsatz *(in dubio pro reo)* verletzt ist, prüft das Bundesgericht wie unter der BV 1874 nur unter dem Gesichtspunkt des *Willkürverbotes.* Das Bundesgericht greift nur ein, wenn der Angeklagte verurteilt wird, «obgleich bei objektiver Würdigung des Beweisergebnisses offensichtlich erhebliche bzw. schlechterdings nicht zu unterdrückende Zweifel an dessen Schuld fortbestanden». Willkür in der Beweiswürdigung liegt vor, wenn der Richter «von Tatsachen ausgeht, die mit der tatsächlichen Situation in klarem Widerspruch stehen, auf einem offenkundigen Fehler beruhen oder in stossender Weise dem Gerechtigkeitsgedanken zuwiderlaufen» (BGE 127 I 38, 41; kritisch u.a. TOPHINKE, 348; SCHEFER, Ergänzungsband, 315 f.). – *Kasuistik:* BGE 129 I 49, 58 ff. (Glaubhaftigkeitsbegutachtung von Zeugenaussagen); BGE 128 I 81, 86 (Begutachtung bei Verdacht auf sexuellen Kindsmissbrauch); BGE 131 II 228 (Zusicherungen betreffend Unschuldsvermutung im Rahmen der Rechtshilfe mit Taiwan).

Bei der Prognoseentscheidung betreffend Verwahrung geistig Abnormer gilt der Grundsatz *in dubio pro reo* nicht (BGE 127 IV 1, 5, zu StGB 43 Ziff. 1 a.F.).

5   *Adressaten und Inhalt:* Die Unschuldsvermutung richtet sich nicht nur an die *Rechtsanwendung*, sondern auch an die politischen Behörden (Regierung, Gesetzgeber) und verbietet z.B. gesetzliche Verdachtsstrafen (näher VEST, SG-Komm., Art. 32, N 5 f.). Die Unschuldsvermutung wird u.a. verletzt (vgl. VEST, SG-Komm., Art. 32, N 7 ff.):

- durch behördliche Äusserungen, die auf eine *Vorverurteilung* hinauslaufen oder Zweifel an der Unschuld einer freigesprochenen Person aufkommen lassen (vgl. BGer, Urteil vom 25.9.2000, Pra 2000, Nr. 192, 1167 ff.; BGE 116 Ia 14, 22 ff.; vgl. auch GPK-S, Bericht vom 10.7.2006, Untersuchung von öffentlichen Aussagen des Vorstehers des EJPD zu Gerichtsurteilen, BBl 2006 9051, mit Rügen wegen Bezeichnung von zwei albanischen Flüchtlingen als «Kriminelle»). – Auf eine Vorverurteilung hinauslaufen kann auch eine (nicht prinzipiell ausgeschlossene; vgl. BGE 103 Ia 490) *antizipierte Beweiswürdigung*, nicht jedoch die blosse Eröffnung einer Untersuchung (BGE 131 I 455, 466);

- durch *Kostenauflage bei Freispruch oder Einstellung* des Verfahrens. – Als zulässig gilt die Kostenauflage gemäss Bundesgericht dann, wenn der Angeschuldigte in *zivilrechtlich vorwerfbarer Weise* klar gegen eine Verhaltensnorm verstossen hat und dadurch das Strafverfahren veranlasst oder dessen Durchführung erschwert hat (so BGE 116 Ia 162; weniger streng noch BGE 109 Ia 160, der seinerseits eine ältere Praxis korrigiert hatte, die vom EGMR im Urteil vom 25.3.1983, *Minelli*, EuGRZ 1983, 475 ff., als

EMRK-widrig eingestuft worden war; kritisch TOPHINKE, 427 ff.). Vgl. auch BGE 119 Ia 332 (betreffend Kostenauflage bei einer negativen Blutalkoholgehaltprobe).

Einstweilen offen gelassen hat das Bundesgericht, ob das aus EMRK 6 Ziff. 1 bzw. BV 1874 Art. 4 hergeleitete Recht des Beschuldigten, zu schweigen und sich nicht selbst belasten zu müssen und zur eigenen Verurteilung beitragen zu müssen *(nemo tenetur se ipsum accusare vel prodere)*, seine Grundlage nunmehr in Abs. 1 (Unschuldsvermutung) oder in Abs. 2 (Verteidigungsrechte) findet (BGE 130 I 126, 129). Vgl. dazu BGE 131 IV 36: Ein Fahrzeuglenker kann nicht verpflichtet werden, einen Selbstunfall ohne Drittschaden zu melden; die Verurteilung wegen Vereitelung einer Blutprobe durch Nachtrunk nach Unfall mit Drittschaden verletzt indes den *nemo tenetur*-Grundsatz nicht. – Vgl. auch EGMR, Urteil vom 3.5.2001 i.S. J.B. c. Schweiz (Rec. 2001-III, 455; VPB 65.128 [2001], Ziff. 64), wonach EMRK 6 Ziff. 1 verletzt ist, wenn ein Steuerpflichtiger im Hinterziehungsverfahren mit Bussen gezwungen wird, Belege über hinterzogene Beträge vorzulegen (anders noch BGE 121 II 273). Zur Neuregelung in DBG und StHG per 1.1.2008 (BBl 2007 5 ff., Referendumsvorlage) vgl. WAK-S, Bericht vom 13.2.2006 (BBl 2006 4021). – Das grundsätzliche Verwertungsverbot für unrechtmässig erlangte Beweismittel hat sein Grundlage in erster Linie in BV 29 Abs. 1 (BGE 131 I 272, 275 f.).

6 *Bedeutung für Private:* Die Unschuldsvermutung entfaltet indirekt (via den zivilrechtlichen Persönlichkeitsschutz) Horizontalwirkungen zwischen Privaten. – *Kasuistik:* BGE 129 III 529, 532 f., *Tages-Anzeiger/Kraska*, wonach (trotz BV 30) der Namen des Angeklagten in Medienberichten «normalerweise» nicht genannt werden darf (mit Ausnahmen, z.B. bei Amtsträgern oder «Personen der Zeitgeschichte»); BGE 116 Ia 14, *Baragiola* (Auswirkungen einer virulenten Pressekampagne auf die richterliche Unabhängigkeit); BGE 116 IV 31, *Proksch* (Ehrverletzung durch Vorverurteilung in der Presse).

Anspruch auf Unterrichtung (Abs. 2 Satz 1)

7 *Gegenstand:* Abs. 2 konkretisiert und stärkt den allgemeinen Gehörsanspruch (BV 29). Gegenstand der Unterrichtungspflicht sind (weitergehend als in BV 31 Abs. 2) die «erhobenen Beschuldigungen», d.h. die genauen tatsächlichen Vorwürfe und deren vorläufige rechtliche Qualifikation.

8 *Modalitäten der Unterrichtung:* Die Konkretisierung der unbestimmten Begriffe («möglichst rasch», «umfassend») darf nicht schematisch erfolgen. Sie muss sich leiten lassen vom Zweck der Garantie: Der Beschuldigte soll seine Verteidigungsrechte wirksam wahren können (Abs. 2 Satz 2).

Verteidigungsrechte und Aufklärungspflicht (Abs. 2 Satz 2)

9 Abs. 2 garantiert die *wirksame Geltendmachung* der *Verteidigungsrechte*, ohne die Rechte selbst zu nennen. Die Verfassung knüpft hier (wie BV 31 Abs. 2) an völkerrechtlich (insb. EMRK 5 und 6), verfassungsrechtlich (insb. BV 29, BV 31) oder gesetzlich verankerte Ansprüche an (vgl. BGE 130 I 126, 130 zu BV 31; vgl. jetzt E-StPO 105 f., 146 Abs. 5, BBl 2006 1389). Ein zentraler Gedanke ist der – schon in der allgemeinen Garantie gleicher und gerechter Behandlung (BV 29 Abs. 1) enthaltene – *Grundsatz der «Waffengleichheit»* (vgl. N 15 zu BV 29). Die Verteidigungsrechte umfassen u.a. (vgl. VEST, SG-Komm., Art. 32, N 18 ff.):

- das Recht, sich selbst zu verteidigen, einen Wahlverteidiger zu bestellen oder gegebenenfalls einen Offizialverteidiger zu erhalten (vgl. BGE 131 I 350 ff.; BGE 131 I 185, 191; BGE 129 I 281; EMRK 6 Ziff. 3 Bst. c). BV 32 Abs. 2 verleiht Anspruch auf *freien, unüberwachten Verkehr mit dem Anwalt* (BGE 121 I 164, 167 ff.; BGE 130 I 65, 67). Eine Regelung, welche den Kontakt mit dem Anwalt unmittelbar nach der polizeilichen Einvernahme, spätestens aber nach 24 Stunden vorsieht, steht mit BV 32 in Einklang (BGE 126 I 153, 160 ff.; kritisch SCHEFER, Ergänzungsband, 312). Zum Anspruch auf freien Verkehr mit dem Anwalt während des *Polizeigewahrsams* vgl. auch BGE 126 I 153, 156 f. (zu BV 31 Abs. 2). – Die verfassungsmässigen «Rechte auf Beizug eines Verteidigers nach eigener Wahl (Art. 32 Abs. 2 BV), auf amtliche Verteidigung (Art. 32 Abs. 2 und Art. 29 Abs. 3 BV) sowie auf wirksame Verteidigung (Art. 32 Abs. 2 BV) dürfen einem Beschuldigten nicht wegen einer unentschuldigten Abwesenheit an der Verhandlung verweigert werden» (BGE 127 I 213, 216; vgl. auch BGE 131 I 185, 191: Durchführung der Hauptverhandlung ohne Anwesenheit des Verteidigers bei fakultativer Verteidigung nicht zwingend verfassungswidrig; BGE 133 I 12, mit Hinweisen zur Frage der Verwirkung);

- das Recht auf ausreichend Zeit und Gelegenheit zur Vorbereitung der Verteidigung (vgl. BGE 122 I 109, 113; EMRK 6 Ziff. 3 Bst. b). – Zur Bedeutung von rechtzeitiger Vorladung und genügend langer Vorbereitungszeit vgl. BGE 131 I 185, 190, 192. – Zur Bedeutung von Akteneinsichtsrecht und Aktenvollständigkeit für die wirksame Wahrnehmung der Verteidigungsrechte vgl. BGE 129 I 85, 89;

- das Recht, Fragen an die Belastungszeugen zu stellen oder stellen zu lassen; der Anspruch ist dann «absolut, wenn das Zeugnis für den Schuldspruch ausschlaggebend ist» (BGE 131 I 476; vgl. auch BGE 133 I 33, 41 ff.; BGE 132 I 127, 130, mit Hinweisen auf Kritik an der – strengen – EGMR-Rechtsprechung; BGE 129 I 151, 153 ff.; BGE 125 I 127, 131; EMRK 6 Ziff. 3 Bst. d). – Zu Möglichkeiten und Grenzen des Abstellens auf Zeugenaussagen von sog. V-Leuten BGE 125 I 127, 158; vgl. auch BGE 112 Ia 18 (welcher der Schweiz eine Verurteilung durch den EGMR eintrug: Urteil vom 15.6.1992, *Lüdi*, EuGRZ 1992, 300 ff.; WOLFGANG WOHLERS, Festschrift Trechsel, 813 ff.; PETER ALBRECHT, AJP 2002, 633). – Zur Tragweite des Anspruchs auf Befragung des *minderjährigen Opferzeugen* vgl. BGE 129 I 151 (Abwägung zwischen Verteidigungsrechten und Interessen des Opfers; mögliche Ersatzmassnahmen). Zur Konfrontation der amtlichen Sachverständigen mit dem Privatgutachter vgl. BGE 127 I 73, 83;

- das Recht, die Ladung und Vernehmung von Entlastungszeugen unter denselben Bedingungen zu erwirken, wie sie für Belastungszeugen gelten (vgl. EMRK 6 Ziff. 3 Bst. d);

- gegebenenfalls das Recht auf Beizug eines unentgeltlichen Dolmetschers (vgl. EMRK 6 Ziff. 3 Bst. e).

Zur *Aufklärungspflicht* betreffend Verteidigungsrechte vgl. BGE 131 I 350, 361.

10 Zum *Aussageverweigerungsrecht* vgl. vorne N 5 sowie N 6 zu BV 31. – Bereits aus BV 10 bzw. 13 folgt das Verbot des Einsatzes bestimmter Beweismethoden (Lügendetektor u.a.m.; vgl. N 24 zu BV 10). Verfassungs- und völkerrechtswidrig ist jede Folter oder andere Art grausamer, unmenschlicher oder erniedrigender Behandlung (BV 10 Abs. 3, EMRK 3).

11 Das Institut der *notwendigen* (oder obligatorischen) *Verteidigung* (zur Terminologie klärend BGE 131 I 350, 352) «soll sicherstellen, dass in Verfahren, in denen dies Voraussetzung für einen fairen Prozess bildet, der Angeschuldigte über einen Vertreter verfügt, der der Anklagebehörde Paroli bieten kann. Das ist namentlich dann der Fall, wenn für den Angeschuldigten ein jahrelanger Freiheitsentzug auf dem Spiel steht, seine Verteidigungsfähigkeit durch Krankheit oder Untersuchungs- bzw. Sicherheitshaft eingeschränkt ist oder die Sache zu komplex ist, um sich ohne Anwalt angemessen verteidigen zu können» (BGE 129 I 281, 287; vgl. auch BGE 131 I 350; zum Status des notwendigen Verteidigers vgl. BGE 131 I 217). Die Durchführung der Berufungsverhandlung ohne Anwesenheit des Rechtsbeistands stellt einen Verstoss gegen die Verteidigungsrechte dar (BGE 131 I 185, 191 f.; vgl. auch BGE 127 I 213, 216; BGE 113 Ia 218, 223). Die Behörden dürfen nicht untätig dulden, dass ein privat bestellter Verteidiger seine anwaltlichen Berufs- und Standespflichten in schwerwiegender Weise vernachlässigt (BGE 124 I 185, 190).

12 Zur Frage der rechtsmissbräuchlichen Berufung auf Verteidigungsrechte vgl. BGE 131 I 185, 192 ff. (im konkreten Fall bejaht). – Zur Bedeutung der minimalen Verteidigungsrechte im Rahmen der Rechtshilfe vgl. BGE 131 II 228 (Taiwan); BGE 129 II 54 (Italien).

Rechtsmittel-Garantie für den Verurteilten (Abs. 3)

13 Abs. 3 statuiert, über BV 29a hinaus, eine Rechtsmittel-Garantie. Die höhere Gerichtsinstanz muss den Anforderungen von BV 30 genügen. Es ist dem Gesetzgeber unbenommen, Rechtsmittel an gewisse Voraussetzungen zu knüpfen (vgl. BGE 128 I 237, 239), sofern dadurch die Wirksamkeit der Garantie nicht geschmälert wird (vgl. auch N 8 zu BV 29a). Rechtsschutz muss nicht kostenlos gewährt werden; entsprechend ist es nicht zu beanstanden, wenn die Rechtsmittelinstanz einen Kostenvorschuss verlangt. Wie die entsprechenden völkerrechtlichen Garantien (Art. 2 Prot. Nr. 7 zur EMRK, UNO-Pakt II Art. 14 Abs. 5; dazu BGE 124 I 92) verlangt auch BV 32 Abs. 3 nicht, dass das Gericht volle Prüfungsbefugnis hat; blosse *Rechtskontrolle* genügt (BGE 129 I 281, 287; Botsch. BV, 187 f.). Die Beschränkung der notwendigen Verteidigung (N 11) auf das Verfahren vor erster Instanz verletzt die Rechtsmittel-Garantie und BV 32 Abs. 2 (BGE 129 I 281, 287).

14 Die *Ausnahme-Klausel* (Satz 2) ist rechtsetzungstechnisch verunglückt:
– einerseits ist sie *unvollständig*, denn eine Ausnahme muss – wie in Art. 2 des 7.ZP zur EMRK (SR 0.101.07) vorgesehen – vernünftigerweise auch dann gelten, wenn eine Person nach einem unterinstanzlichen Freispruch durch die höhere Instanz verurteilt wird;
– andererseits ist sie (so, wie sie formuliert ist) heute *überflüssig*, denn das Bundesgericht hat im Rahmen der Justizreform die erstinstanzliche Bundesstrafgerichtsbarkeit abgegeben (vgl. N 3 ff. zu BV 191a).

Literaturhinweise (vgl. auch die Hinweise bei BV 29, 30 und 31)

SCHLAURI REGULA, Das Verbot des Selbstbelastungszwangs im Strafverfahren, Zürich 2003; SCHMID NIKLAUS, Strafprozessrecht, 4. Aufl., Zürich 2004; SEILER HANSJÖRG, Das (Miss-)Verhältnis zwischen strafprozessualem Schweigerecht und verwaltungsrechtlicher Mitwirkungs- und Auskunftspflicht, recht 2005, 11 ff.; TOPHINKE ESTHER, Das Grundrecht der Unschuldsvermutung, Bern 2000; TRECHSEL STEFAN (with the assistance of SARAH J. SUMMERS),

Human Rights in Criminal Proceedings, Oxford 2005; ZELLER FRANZ, Zwischen Vorverurteilung und Justizkritik, Bern 1998.

Art. 33 Petitionsrecht

¹ Jede Person hat das Recht, Petitionen an Behörden zu richten; es dürfen ihr daraus keine Nachteile erwachsen.

² Die Behörden haben von Petitionen Kenntnis zu nehmen.

1   Das traditionsreiche, bereits seit Bundesstaatsgründung gewährleistete Grundrecht (BV 1848 Art. 47; BV 1874 Art. 57) hat kein direktes Pendant in EMRK und UNO-Pakten. Berührungspunkte und Überschneidungen bestehen im Verhältnis zu den Kommunikationgrundrechten (insb. BV 16), den politischen Rechten (BV 34) und den Verfahrensgarantien (insb. BV 29 Abs. 2), weiter zum Vernehmlassungsverfahren als eine Art formalisierte Ausübung des Petitionsrechts (BV 147; vgl. RHINOW, Komm. aBV, Art. 32, N 1), zur Aufsichtsbeschwerde (VwVG 71) und zur Institution der Ombudsstelle.

Gegenstand und Tragweite (Abs. 1)

2   *Inhalt:* BV 33 schützt das Recht, «ungehindert Bitten, Vorschläge, Kritiken oder Beschwerden an die Behörden zu richten, ohne deswegen Belästigungen oder Rechtsnachteile irgendwelcher Art befürchten zu müssen» (BGE 119 Ia 53, 55, zu BV 1874 Art. 57; eingehend BGE 98 Ia 484; vgl. auch BGE 100 Ia 77). Vom Schutzbereich erfasst sind insbesondere auch Vorbereitungshandlungen wie das Sammeln von Unterschriften (BGE 104 Ia 434).

3   *Schutzobjekt:* Geschützt sind Bitten usw. *(petita)* jeglichen Inhalts und jeglicher Form. Dies macht die Petition auch in Zeiten halbdirekter Demokratie attraktiv. Die Petition kann von Einzelnen (individuelle P.) oder von vielen ausgehen (kollektive P.; vgl. BGE 104 Ia 434, wonach das Petitionsrecht verletzt ist, wenn eine «Massenpetition» von vornherein für unzulässig erklärt wird mit der Begründung, sie enthalte einige ungültige Unterschriften).

4   *Keine Nachteile:* BV 33 bietet nicht nur Schutz gegen Strafen und andere direkte Sanktionen (vgl. auch hinten N 9), sondern gegen Nachteile aller Art, d.h. auch gegen «subtilere» Formen (vgl. STEINMANN, SG-Komm., Art. 33, N 8) wie Verfahrensverzögerungen, Erschwerung von Haftbedingungen, unautorisierte Namensbekanntgabe, Auferlegung von Kosten usw.

5   *Grundrechtsträger* sind alle natürlichen Personen, gerade auch jene, die (noch) *nicht* stimmberechtigt sind, weiter auch Personen in besonderen Rechtsverhältnissen (Schüler, Armeeangehörige, Gefangene usw.; zur Möglichkeit der Beschränkung vgl. N 9), juristische Personen des Privatrechts, u.U. auch Gemeinden (so ausdrücklich KV/LU § 7; offen gelassen in BGE 98 Ia 484, 487 f.). Das Recht, Petitionen zu unterzeichnen, steht auch Parlamentsmitgliedern zu; ob es immer klug ist, das Recht zu nutzen, ist eine andere Frage (wie sich am Beispiel der im Dezember 2005 von einer Boulevard-Zeitung eingereichten Pitbull-Petition zeigen liesse).

6   *Adressat* kann grundsätzlich *jede staatliche Behörde* (Parlament, Regierung, Verwaltungs-, Justizbehörde) auf eidgenössischer, kantonaler oder kommunaler Ebene sein. Bei *Gerichten* gilt es allerdings wegen des Konflikts mit der richterlichen Unabhängigkeit (BV 30, BV 191c) zu differenzieren. Durch das Petitionsrecht

- *geschützt* sind Eingaben betreffend Fragen, die nicht direkt mit einem bestimmten Verfahren in Verbindung stehen (z.B. Gerichtsverwaltung);
- *nicht* geschützt sind Eingaben, die ein konkretes Gerichtsverfahren betreffen. Die Verfahrensbeteiligten haben ihre prozessualen Mittel zu nutzen; auf andere Eingaben darf der Richter nicht eingehen, weil sonst der Anschein unzulässiger Beeinflussung entstehen kann. Die «ungelesene» Rücksendung solcher Eingaben verletzt das Petitionsrecht nicht. Vgl. BGE 119 Ia 53, 56, wo offen blieb, ob dies auch bei Eingaben Dritter gilt (was grundsätzlich zu bejahen ist; vgl. Hotz, VRdCH, 832).

Inwieweit dem Staat aus BV 33 i.V.m. BV 35 eine Pflicht erwächst, dafür zu sorgen, dass das Petitionsrecht (inkl. Schutz vor Nachteilen) auch im Verhältnis zwischen *Privaten* «wirksam werden» kann, ist noch kaum erörtert.

7   *Rechtswirkungen:* Eine Petition kann u.U. erhebliches politisches Gewicht entfalten. Die *rechtlichen* Wirkungen sind indes bescheiden. Von Bundesrechts wegen besteht kraft Abs. 2 eine (blosse) Pflicht zur Kenntnisnahme (siehe N 10). Petenten haben keine Parteistellung, mithin auch keine der in BV 29 gewährleisteten Garantien. Dass eine Petition bei heutiger Verfassungslage je als «wirksame Beschwerde» im Sinne von EMRK 13 (zu den Anforderungen etwa Grabenwarter, EMRK, 350 ff.; BGE 128 I 167, 174) durchgehen könnte, ist derart unwahrscheinlich, dass das Zögern des Bundesgerichts in BGE 129 II 193, 203, nicht leicht nachvollziehbar ist.

8   *Sprache:* In der mehrsprachigen Schweiz sprechen gut Gründe für eine Lockerung des Amtssprachenprinzips (vgl. auch Mahon, Comm., Art. 70, N 4). Vorbildlich KV/BL § 57, welcher die Behörden anhält, Eingaben in sämtlichen Amtssprachen des Bundes entgegenzunehmen.

9   *Beschränkungen:* Das Petitionsrecht bietet einen weit gehenden, aber keinen absoluten Schutz. Beschränkungen müssen den Anforderungen von BV 36 genügen (vgl. Hotz, VRdCH, 833; für bloss analoge Anwendung Häfelin/Haller, 257). Während eine vorgängige Inhaltskontrolle unzulässig ist, sind (wie bei BV 16) repressive Massnahmen (z.B. Strafverfolgung wegen des Inhalts) nicht ausgeschlossen (vgl. BGE 129 IV 95 betreffend Vorwurf der Leugnung von Völkermord. – Zur Zulässigkeit von Beschränkungen auf *öffentlichem Grund* vgl. BGE 102 Ia 50 und BGE 109 Ia 208 (Zulässigkeit der Bewilligungspflicht); in *besonderen Rechtsverhältnissen* vgl. BGE 100 Ia 77 (Zulässigkeit disziplinarischer Bestrafung wegen heimlicher Kontaktnahme unter Strafgefangenen); im *Militärdienst* vgl. DR 04 Ziff. 96 (SR 510.107.0; vgl. Alain Griffel, Der Grundrechtsschutz in der Armee, Zürich 1991, 103 ff.).

Pflicht zur Kenntnisnahme (Abs. 2) und Nebenpflichten

10   Abs. 2 statuiert eine Selbstverständlichkeit, die schon unter BV 1874 Abs. 57, ohne ausdrückliche Normierung, galt. Interessanter ist, was Abs. 2 nicht sagt. Die Rechtsprechung zu BV 1874 Art. 57 deutete das Petitionsrecht als Freiheitsrecht, das keine positiven Ansprüche verleiht (insb. kein Recht darauf, dass die Eingabe materiell behandelt wird und erst recht nicht, dass ihr entsprochen wird). Demgemäss besteht, so das traditionelle Verständnis, keine behördliche Prüfungs- oder Beantwortungspflicht, sondern lediglich eine Pflicht zur Kenntnisnahme (vgl. BGE 119 Ia 53, 55; BGE 98 Ia 484).

11 *Nebenpflichten:* Abs. 2 schliesst die Pflicht der unzuständigen Behörde ein, die Petition an die zuständige Stelle weiterzuleiten (so schon BGE 1, 11; vgl. BGE 119 Ia 53, 55). Die zuständige Behörde hat den Eingang zu bestätigen (so auch Hotz, VRdCH, 830). Nach BGE 98 Ia 484, 488, muss der Einzelne «aufgrund des Petitionsrechts die Möglichkeit haben, von der Behörde gehört zu werden (...). Sonst hätte die Petition kaum einen Sinn.»

12 Abs. 2 ist, trotz nicht ganz eindeutiger Formulierung, als Minimalgarantie zu verstehen, die einer *grosszügigeren Regelung bzw. Behördenpraxis* in Bund und Kantonen nicht entgegensteht. Das *kantonale* (Verfassungs-)Recht statuiert vielfach weiter gehende Pflichten (Behandlungspflicht, Antwortfristen; vgl. z.B. KV/ZH 16; KV/BE 20; KV/NE 21; Denise Buser, Kantonales Staatsrecht, Basel 2004, 160). Auch die *Bundesversammlung* behandelt und beantwortet heute usanzgemäss alle an sie gerichteten Petitionen (vgl. SPK-N, Bericht ParlG, BBl 2001 3584; zum Verfahren ParlG 126 ff.; die Idee einer selbstständigen Erledigung durch Kommissionen, BV 153 Abs. 3, wurde erwogen, jedoch wegen verfassungsrechtlicher Bedenken fallen gelassen).

13 Obwohl die Praxis seit langem grosszügig ist (vgl. Botsch. BV, 188), begnügte sich VE 96 Art. 29 mit einer blossen Kenntnisnahmepflicht. Diese wurde in Abs. 2 derart exponiert platziert, dass man fast vermuten könnte, der Bundesrat habe die (nicht an den «Nachführungsauftrag» gebundenen) Räte einladen wollen, eine Erweiterung der Behördenpflichten (entsprechend kantonalen Vorbildern) in Abs. 2 festzuschreiben. Die stille Hoffnung, so man sie denn gehegt haben sollte, erfüllte sich nicht. Mitgespielt haben dürfte die Befürchtung, dass dann auch «jede Eingabe von Querulanten» materiell hätte behandelt werden müssen (AB SD 1998 N 235); eine Annahme, die angesichts der Beschränkbarkeit des Petitionsrechts keineswegs zwingend ist. – Bei oberflächlicher Betrachtung könnte man Abs. 2 als Beleg dafür sehen, dass man heutzutage den Behörden ausdrücklich vorschreiben müsse, Eingaben zu lesen, ansonsten dies nicht geschehe. Für eine solche Lesart gibt es in den Materialien zu BV 33 keine Stütze (vgl. AB SD 1998 S 51). – Die Entstehungsgeschichte des Abs. 2 steht einer künftigen Erweiterung der Behördenpflichten durch *höchstrichterliche Grundrechtsfortbildung* (vgl. N 5 vor BV 7) nicht prinzipiell entgegen (ebenso Schefer, Ergänzungsband, 241).

Literaturhinweise

Buser Walter, Betrachtungen zum schweizerischen Petitionsrecht, Festschrift H.P. Tschudi, Bern 1973, 37 ff.; Hotz Reinhold, Petitionsfreiheit, VRdCH 823 ff.; Muheim Franz-Xaver, Das Petitionsrecht ist gewährleistet, Bern 1981; Raissig Jürgen, Das Petitionsrecht in der Schweiz, Zürich 1977.

Art. 34 Politische Rechte

¹ Die politischen Rechte sind gewährleistet.

² Die Garantie der politischen Rechte schützt die freie Willensbildung und die unverfälschte Stimmabgabe.

1 Die Bestimmung führt das vom Bundesgericht in der Rechtsprechung zu OG 85 Bst. a entwickelte (ungeschriebene) *verfassungsmässige Recht* der *Wahl- und Abstimmungsfreiheit* (vgl. BGE 121 I 138, 141, mit Hinweisen) weiter: inhaltlich unverändert (BGE 129 I 232, 244),

aber grundsätzlich entwicklungsoffen, einerseits in *allgemeiner* Weise (Abs. 1), andererseits einen besonderen Aspekt herausstreichend (Abs. 2). – Eine Ergänzung von BV 34 um zwei Absätze strebt die im August 2004 eingereichte Volksinitiative «Volkssouveränität statt Behördenpropaganda» an (vgl. BBl 2005 4373). Zum geplanten indirekten Gegenentwurf vgl. SPK-N, Parlamentarische Initiative «Rolle des Bundesrates bei Volksabstimmungen» (BBl 2006 9259; vgl. auch VPB 71.1, 2007). Der Bundesrat soll dazu verpflichtet werden, die Position der Bundesversammlung zu vertreten («Maulkorb statt Maulkorb»). Zu Recht kritisch dazu die Stellungnahme des Bundesrates vom 18.11.2006 (BBl 2006 9279). Der Ständerat hat sich im März 2007 gegen den indirekten Gegenentwurf ausgesprochen (Nichteintreten, AB 2007 S 224).

2   Als Garantie (auch) der *politischen Gleichheit* ist BV 34 eng mit der Rechtsgleichheit (BV 8 Abs. 1) verknüpft (BGE 131 I 74, 78). Berührungspunkte und Überschneidungen bestehen insb. auch im Verhältnis zu UNO-Pakt II Art. 25 Bst. b (Garantie echter, wiederkehrender, allgemeiner, gleicher und geheimer Wahlen; mit Vorbehalt der Schweiz betreffend Versammmlungsdemokratie, SR 0.103.2). Ein «Recht auf freie Wahlen» garantiert auch das von der Schweiz nicht ratifizierte (1.) ZP zur EMRK (Art. 3).

Allgemeine Fragen (Gegenstand, Funktion, Sanktion)

3   *Doppelnatur:* Das Stimm- und Wahlrecht ist zugleich verfassungsmässiges *Recht* des Individuums und *Organkompetenz* (BGE 116 Ia 359, 365) – mit Folgen für die Beschwerdelegitimation (vgl. N 4).

4   *Grundrechtsträger:* Auf BV 34 berufen können sich *natürliche* Personen, die gemäss den einschlägigen Vorschriften *stimm-* bzw. *wahlberechtigt* sind bzw. es richtigerweise sein müssten (vgl. BGE 116 Ia 359, 364, betreffend Frauen in Appenzell Innerhoden); ferner auch Ausländer, wenn und soweit ihnen (gemäss kantonalem bzw. kommunalem Recht) politische Rechte zustehen (ebenso STEINMANN, SG-Komm., Art. 34, N 5; PIERRE HEUSSER, Stimm- und Wahlrecht für Ausländerinnen und Ausländer, Zürich 2001, 181; a.M. HANGARTNER/KLEY, 34). Angesichts der Doppelnatur des Stimmrechts muss im Beschwerdefall nicht dargetan werden, dass persönliche Interessen tangiert sind; es genügt, einschlägige Vorschriften als verletzt zu rügen (BGE 130 I 290, 293; in diesem Sinne auch BGG 89 Abs. 3). Weiter können sich u.U. auch *juristische Personen* auf BV 34 berufen, nämlich:

– *politische Parteien* (BGE 123 I 41, 46) und andere politische Organisationen wie z.B. Initiativkomitees (sofern als juristische Person konstituiert; BGE 121 I 252, 255; BGE 115 Ia 148, 152);

– *Verbände,* wenn sie (unter den üblichen Voraussetzungen: statutarischer Zweck; Grosszahl der Mitglieder betroffen) die Interessen ihrer Mitglieder wahren, wobei im Fall der politischen Rechte kein *persönliches* Interesse der Verbandsmitglieder verlangt ist (vgl. BGE 130 I 290, 292, Zürcher Anwaltsverband und Demokratische Juristinnen und Juristen Zürich).

Gemeinden als Grundrechtsträger (und beschwerdebefugt) anzusehen, geht zu weit (in diese Richtung aber GRISEL, Initiative et référendum, 155); Schutz bietet die Autonomiebeschwerde.

5   *Schutzgehalte und Funktion:* BV 34 schützt neben dem aktiven und passiven Wahlrecht (BGE 128 I 34, 38; zu Begriff und Inhalt vgl. BGE 123 I 97, 100 ff.) auch die Teilnahme an Abstimmungen und das Ergreifen von Volksinitiativen und Referenden (zum Schutz bei Konsultativabstimmungen vgl. BGE 104 Ia 226 und BGE 104 Ia 236). Die durch Abs. 1 gewährleisteten *einzelnen* politischen Rechte haben ihre Grundlage allerdings *nicht* in BV 34, sondern in den einschlägigen (Verfassungs- bzw. Gesetzes-)Bestimmungen des Bundes (BV 136 ff.) bzw. der Kantone. BV 34 Abs. 1 anerkennt «die kantonalen Volksrechte auch als Grundrechte des Bundes, insoweit sie vom Kanton eingeräumt worden sind» (BGE 129 I 232, 248; vgl. auch BGE 131 I 442, 447; BGE 131 I 126, 131). Entsprechend bietet BV 34 keinen Schutz gegen einen auf demokratischem Weg beschlossenen Abbau politischer Rechte. BV 34 dient (nur, aber immerhin) dem Schutz der *Ausübung* bestehender politischer Rechte, setzt dabei allerdings nicht nur der Rechtsanwendung, sondern auch der Rechtsetzung Schranken (vgl. z.B. 121 I 187: Regelung der brieflichen Stimmabgabe). Der auf die Rechtsausübung bezogene Schutzgehalt kommt auch in der gängigen Formel zum Ausdruck, wonach BV 34 – auf allen Ebenen (BGE 129 I 292, 294; BGE 120 Ia 194, betreffend Kirchgemeinden) – gewährleistet, «dass kein Abstimmungs- oder Wahlergebnis anerkannt wird, das nicht den freien Willen der Stimmberechtigten zuverlässig und unverfälscht zum Ausdruck bringt» (BGE 129 I 366, 369; vgl. auch Abs. 2 sowie BGE 129 I 232, 244; BGE 121 I 138, 141). – Umgekehrt begründet BV 34 keinen Anspruch auf Anerkennung eines Abstimmungsergebnisses, das materiell rechtswidrig ist; ein rechtswidriger Erlass oder Beschluss kann gerichtlich auch dann aufgehoben werden, wenn er unter Mitwirkung der Stimmberechtigten zustande gekommen ist (vgl. BGE 129 I 217, 225).

6   *Anwendung von BV 36?* Angesichts des vielfältigen Charakters der gewährleisteten Ansprüche – die teils freiheitsrechtsähnlich, teils rechtsgleichheitsähnlich, teils eigenständig sind – kann es nicht überraschen, dass eine Anwendung von BV 36 bzw. der darin normierten Kriterien für Grundrechtseinschränkungen weder durchweg möglich noch kategorisch ausgeschlossen ist (vgl. BGE 123 I 97, 108 ff.: Prüfung einer Einschränkung des aktiven Wahlrechts nach Massgabe der jetzt in BV 36 kodifizierten Kriterien).

7   *Rechtsschutz:* Der *(verfassungs-)richterliche* Schutz der politischen Rechte in *kantonalen und kommunalen* Angelegenheiten ist traditionell gut ausgebaut (vgl. BGG 88; davor OG 85 Bst. a: Stimmrechtsbeschwerde). In *eidgenössischen* Angelegenheiten war er bisher recht bescheiden. Mit dem Inkrafttreten der Justizreform verbessert sich die Situation (vgl. BV 189 Abs. 1 Bst. f; BGG 88), wenn auch nicht wirklich substanziell (BV 139 Abs. 2, BV 189 Abs. 4).

8   *Sanktionierung:* Die Schutzwirkung von BV 34 ist begrenzt, weil eine Verletzung einschlägiger Regeln nicht automatisch die Ungültigkeit und Aufhebung eines Urnengangs zur Folge hat: Stellt das Bundesgericht «Verfahrensmängel fest, so hebt es die betroffenen Wahlen oder Abstimmungen nur auf, wenn die gerügten Unregelmässigkeiten erheblich sind und das Ergebnis beeinflusst haben könnten», wobei es «genügt, dass nach dem festgestellten Sachverhalt eine derartige Auswirkung im Bereich des Möglichen liegt»; dabei sind «auch die Grösse des Stimmenunterschiedes, die Schwere des festgestellten Mangels und dessen Bedeutung im Rahmen der Abstimmung mit zu berücksichtigen» (so BGE 130 I 290, 296; vgl. BGE 132 I 104, 110; BGE 129 I 185, 204, mit Hinweisen). In dieser Formel kommt nur unzureichend zum Ausdruck, wie zentral in einer Demokratie das Vertrauen in den ordnungsgemässen Ablauf der Entschei-

dungsprozesse ist (kritisch auch J.P.MÜLLER, Grundrechte, 376 ff.). Für eine sachgerechte Kontrollpraxis lässt die Formel aber Raum. Die Aufhebung eines Urnengangs durch das Bundesgericht ist selten und erregt um so mehr Aufsehen. Beispiele:

- BGE 114 Ia 427, *Heinz Aebi und Mitb. gegen den Grossen Rat des Kantons Bern:* Aufhebung der Abstimmung vom 11.9.1983 über die politische Zukunft des Laufentals (vgl. N 13 zu BV 53);
- BGE 113 Ia 291, *Geissberger gegen Gemeinderat Kleinandelfingen und Regierungsrat ZH:* Aufhebung der Gemeinderats-Erneuerungswahlen wegen Finanzierung von Wahlinseraten durch das Gemeinwesen;
- BGE 104 Ia 236, *Bauert gegen Gemeinde Richterswil und Regierungsrat ZH:* Aufhebung einer kommunalen (Konsultativ-)Abstimmung wegen zu späten Versands der Abstimmungsunterlagen.

Im Fall der (knapp ausgegangenen) Volksabstimmung vom 28.6.1987 über die totalrevidierte KV/TG wurde vor Bundesgericht mit Erfolg (BGE 114 Ia 42) eine erneute Überprüfung (durch die Vorinstanz) verlangt, die dann eine Wiederholung der Abstimmung zur Folge hatte (4.12.1988). Vgl. dagegen BGE 129 I 185: Verzicht auf Aufhebung der Stadtzürcher Parlamentswahlen aus Gründen der Rechtssicherheit und der Verhältnismässigkeit (vgl. N 11).

Allgemeine Gewährleistung der politischen Rechte (Abs. 1)

9 BV 34 fordert die Einhaltung *aller Vorschriften*, die den Inhalt des Stimm- und Wahlrechts normieren oder mit diesem in engem Zusammenhang stehen; konsequenterweise prüft das Bundesgericht auch die Auslegung und Anwendung von (kantonalen) Vorschriften unterhalb der Verfassungsstufe frei (BGE 129 I 185, 190). Viele der in Praxis und Lehre zur «Wahl- und Abstimmungsfreiheit» (BV 1874) entwickelten Schutzgehalte werden heute Abs. 2 zugeordnet (vgl. N 15 ff.). Im Zentrum von Abs. 1 steht die Wahlrechtsgleichheit.

10 *Wahlrechtsgleichheit:* Die Kantone sind bei der Ausgestaltung ihres politischen Systems weitgehend frei (vgl. N 16 zu BV 51). Für Parlaments- wie für Regierungswahlen sind sowohl das Verhältniswahlverfahren (Proporzsystem) als auch das Mehrheitswahlverfahren (Majorzsystem) grundsätzlich zulässig. Die in der bundesrätlichen Botschaft zur Gewährleistung der KV/GR angemeldeten Bedenken gegen das Majorzsystem bei der Wahl zum Kantonsparlament (BBl 2004 1115) wurden von der Bundesversammlung zu Recht zurückgewiesen (Bericht SPK-S vom 24.5.2004, BBl 2004 3635; AB 2004 S 260 ff., N 1057 f.). – Bei der *Ausgestaltung* des Wahlverfahrens ist die (eng mit BV 8 verknüpfte) Wahlrechtsgleichheit (vgl. BGE 131 I 74, 78; BGE 129 I 185, 199) zu beachten. Die Wahlrechtsgleichheit verlangt

- als *Zählwertgleichheit:* die formelle Gleichbehandlung aller Wähler, insb. die Zuteilung einer gleichen Anzahl von Stimmen;
- als *Stimmkraftgleichheit:* insb. gleich grosse (Einer-)Wahlkreise bzw. ein möglichst gleichmässiges Verhältnis von Sitzen und Einwohnerschaft;
- als *Erfolgswertgleichheit:* «dass sich der Wählerwille möglichst unverfälscht in der Zusammensetzung des Parlamentes widerspiegelt» (BGE 123 I 97, 105). «Alle Stimmen sollen in gleicher Weise zum Wahlergebnis beitragen, und möglichst alle Stimmen sind

bei der Mandatsverteilung zu berücksichtigen.» Verlangt ist eine gleiche Verwirklichung des Erfolgswertes über das gesamte Wahlgebiet hinweg (BGE 129 I 185, 200).

Dem Grundsatz der Zählwertgleichheit misst das Bundesgericht absoluten Charakter zu, während es gewisse Relativierungen der Stimmkraft- und der Erfolgswertgleichheit gelten lässt, etwa zum Schutz regionaler oder sprachlicher Minderheiten (BGE 125 I 21, 33).

11 *Probleme der Proporzwahl:* Die Bundesverfassung verlangt nicht, dass das Verhältniswahlrecht in reiner Form zur Anwendung kommt. Abweichungen bedürfen aber der sachlichen Rechtfertigung. Je kleiner ein Wahlkreis ist, desto grösser ist bei der Proporzwahl das sog. *natürliche Quorum*, d.h. der Stimmenanteil, den eine Liste benötigt, um bei der ersten Sitzverteilung einen Sitz zu erhalten (vgl. BGE 129 I 185, 198); desto grösser ist damit auch die Zahl der Wähler, die im Parlament nicht vertreten, deren Stimmen mithin «gewichtlos» sind (BGE 131 I 74, 79). Die «Einteilung in verschieden grosse Wahlkreise hält vor der Wahlrechtsgleichheit nur stand, wenn die kleinen Wahlkreise, sei es aus historischen, föderalistischen, kulturellen, sprachlichen, ethnischen oder religiösen Gründen, Einheiten mit einem gewissen Zusammengehörigkeitsgefühl bilden» (BGE 131 I 74, 79; vgl. auch die Zusammenfassung der Rechtsprechung in BGE 129 I 185). «Die zulässige Obergrenze sowohl für direkte als auch für natürliche Quoren liegt bei 10%. Für erstere gilt sie absolut, für letztere ist sie als Zielwert zu verstehen, der bei einer Neuordnung des Wahlsystems anzustreben ist» (BGE 131 I 74; in Bezug auf direkte Quoren oder Sperrklauseln vgl. BGE 124 I 55, 65 ff.). Die Wahlrechtsgleichheit setzt auch der (heute beliebten) Verkleinerung von Parlamenten Grenzen. – *Kasuistik:* In jüngerer Zeit kam es wiederholt zu Beanstandungen:

– BGE 129 I 185 (Stadt Zürich): Bundesverfassungswidrigkeit der Wahlkreiseinteilung für die Gemeinderatswahl (Parlament), aber Verzicht auf Aufhebung der Wahlen vom 3.3.2002 aus Gründen der Rechtssicherheit und der Verhältnismässigkeit. – Bei den Stadtzürcher Wahlen vom 12.2.2006 kam erstmals die doppeltproportionale Divsormethode mit Standardrundung nach Pukelsheim zur Anwendung («doppelter Pukelsheim»; vgl. Pukelsheim/Schuhmacher, AJP 2004, 505 ff.).

– BGE 131 I 74 (Kanton Aargau: Grossratswahlen): Verkleinerung des Grossen Rates von 200 auf 140 Mitglieder; bundesverfassungswidrige natürliche Quoren von bis zu 14,29%; «Appellentscheid» mit dem Auftrag der Korrektur für die übernächste Wahl (2008).

– BGE 131 I 85 (Kanton Wallis: Grossratswahlen): Zulässigkeit der überkommenen Einteilung in die historischen, sehr unterschiedlich grossen Bezirke und Halb-Bezirke.

Aus der Rechtsprechung zur BV 1874 vgl. BGE 123 I 97; BGE 107 Ia 223; BGE 103 Ia 611; BGE 103 Ia 57. – Bei den Nationalratswahlen liegt das natürliche Quorum in 19 der 26 Wahlkreise (Kantone) bei 11,1% oder höher, d.h. über der vom Bundesgericht gewöhnlich akzeptierten Schwelle (vgl. N 16 zu BV 149).

12 *Probleme der Landsgemeindedemokratie:* Die heute nur noch in AR und GL bestehende Institution der Landsgemeinde als «einer besondern herkömmlichen Form der direktdemokratischen Beteiligung der Stimmbürger» mit «ihren offen durchgeführten Wahlen und Abstimmungen» (BGE 121 I 138, 143) weist bekanntermassen systembedingte Mängel auf (Stimmgeheimnis, Beteiligungsmöglichkeit, Ermittlung der Ergebnisse). In einem 1995 gefällten Leiturteil betreffend den Kanton AR ist das Bundesgericht sichtlich bemüht, die traditionsreiche

Institution nicht als solche in Frage zu stellen (nachdem es fünf Jahre zuvor den Frauen den Weg an die Landsgemeinde im Nachbarkanton AI geebnet hatte; BGE 116 Ia 359). Gemäss Bundesgericht ist die Abstimmungsfreiheit nicht verletzt, wenn eine wichtige Sachabstimmung (Erlass der neuen Kantonsverfassung) der Landsgemeinde zur Abstimmung unterbreitet wird (BGE 121 I 138, 143 ff.; vgl. auch BGE 132 I 291, betreffend Abänderungsanträge).

13 *Stille Wahlen* gelten als grundsätzlich zulässig (vgl. BGer, 1P.390/2005, Urteil vom 11.10.2005, betreffend Regierungsratswahlen in Neuchâtel, Verzicht auf 2. Wahlgang; vgl. auch ZBl 1998, 415). – Die Erkenntnis, dass *Losentscheide* (die bereits im antiken Griechenland beliebt waren) «mit dem Demokratieprinzip schwerlich vereinbar» sind (so SPK-N, Bericht ParlG, BBl 2001 3588), scheint sich erst langsam Bahn zu brechen: Bis zum Inkrafttreten des ParlG (Dezember 2003) war bei Bundesrats- und Bundesrichterwahlen im Fall der Stimmengleichheit in der Stichwahl der Losentscheid vorgesehen (Art. 4 und 8 des Reglements der Vereinigten Bundesversammlung vom 8.12.1976; AS 1977 231); gemäss § 79 des Zürcher Gesetzes vom 1.9.2003 über die politischen Rechte bereits bei Stimmengleichheit im 1. Wahlgang (für ein Beispiel: Exekutivwahlen in der Gemeinde Aesch vom 12.2.2006).

14 *Parteienförderung:* Die direkte staatliche Parteienfinanzierung hat in der Schweiz keine grosse Tradition und Bedeutung (vgl. N 6 zu BV 137). Der Ausschluss kleiner Parteien von der staatlichen Wahlkampfkostenerstattung hält vor der Stimm- und Wahlfreiheit nicht stand (BGE 124 I 55).

Freie Willensbildung und unverfälschte Stimmabgabe (Abs. 2)

15 Bei der Konkretisierung des Anspruchs auf freie Willensbildung und unverfälschte Stimmabgabe haben sich in Rechtsprechung und Lehre verschiedene Fallgruppen herauskristallisiert (vgl. HÄFELIN/HALLER, 400 ff.):

16 *Korrekte Ermittlung von Wahl- und Abstimmungsergebnissen:* Ein Anspruch auf *Nachzählung* im Falle eines knappen Ergebnisses besteht nicht generell, sondern nur wenn Anhaltspunkte für Unregelmässigkeiten bestehen (zusammenfassend, im konkreten Fall bejahend, BGE 131 I 442, 447, mit Hinweisen auf weiter gehende Lehrmeinungen). Als die Volksinitiative «gegen Asylrechtsmissbrauch» am 24.11.2002 nur knapp das Volksmehr verfehlte (50,1% Nein, Stimmendifferenz: rund 4'200 Stimmen; BBl 2003 726 ff.) und man sich für die Auszählungsmethoden zu interessieren begann, wurde publik, dass einige Gemeinden – frei nach dem Motto «Man soll die Stimmen wägen und nicht zählen.» (SCHILLER, Demetrius-Fragment) – Präzisionswaagen eingesetzt hatten, zum Teil ohne Genehmigung (vgl. BPR 84). Zum Glück (aber nicht ganz überraschend) stellte es sich heraus, dass diese Methode nicht weniger zuverlässig war als das Auszählen von Hand. – Problemanfällig ist die Versammlungsdemokratie. Das Bundesgericht stuft die an der Glarner Landsgemeinde praktizierte Feststellung des Stimmenverhältnisses durch *blosses Abschätzen* als zulässig ein (BGE 104 Ia 428; vgl. jetzt KV/GL 67, gewährleistet am 4.12.1989; vgl. auch BGE 100 Ia 362). – Neuartige Fragen zieht das *E-Voting* nach sich (vgl. hinten N 25).

17 *Schutz vor Beeinflussung durch die Behörden:* Dieser (demokratisch wie rechtsstaatlich) elementare Teilgehalt wirft in der Praxis immer wieder heikle Fragen auf (zusammenfassend BGE 130 I 290, 294 ff.). Heute ist anerkannt, dass es zu den Aufgaben der Behörden gehört, die Öffentlichkeit über die staatlichen Tätigkeiten zu informieren (vgl. BV 180 Abs. 2) und

dass, wenn informiert wird, dies *sachlich und ausgewogen* geschehen muss. Namentlich im Hinblick auf Sachentscheide kommt den Behörden auch «eine gewisse Beratungsfunktion zu; in Einzelfällen ergibt sich aus Art. 34 Abs. 2 BV eine Informationspflicht» (BGE 129 I 232, 244; vgl. auch BGE 132 I 104, 111 f.; BGE 116 Ia 466, 472; VPB 64.104, 2000, Bundesrat). Dies gilt auch im Vor- und Umfeld von Urnengängen, doch ist hier, wie das Bundesgericht zu Recht festhält, «Zurückhaltung zu üben, weil die Willensbildung den gesellschaftlichen und politischen Kräften vorbehalten bleiben soll». Eine unerlaubte Beeinflussung liegt vor, wenn die Behörde (BGE 130 I 190, 294):

- ihre Pflicht zu objektiver Information verletzt und über den Zweck und die Tragweite der Vorlage falsch orientiert,
- in unzulässiger Weise in den Abstimmungskampf eingreift und dabei (stimm- und wahlrechtliche) gesetzliche Vorschriften verletzt,
- sich in anderer Weise verwerflicher Mittel bedient (vgl. BGE 114 Ia 427, verdeckte finanzielle Unterstützung eines Abstimmungskomitees; dazu N 13 zu BV 53).

«Sachlichkeit» ist laut Bundesgericht auch dann noch gegeben, wenn die Informationen «trotz einer gewissen Überspitzung nicht unwahr und unsachlich bzw. lediglich ungenau und unvollständig sind» (BGE 130 I 190, 294). Die Pressekampagne der Genfer Kantonsregierung (Strassenüberquerung des Seebeckens) im Vorfeld eines Urnenganges (BGE 121 I 252) wurde nicht beanstandet.

18 Zur Frage der Zulässigkeit eines *(finanziellen) Engagements:*
- des *Gemeinwesens* vgl. BGE 132 I 104, 115 (grundsätzliche Unzulässigkeit der finanziellen Unterstützung privater Komitees); BGE 119 Ia 271 (unzulässige Unterstützung); BGE 116 Ia 466 und BGE 108 Ia 155 (zulässige Intervention direkt betroffener Gemeinden im Vorfeld einer kantonalen Abstimmung); BGE 112 Ia 232 (unzulässige Veröffentlichung einer Informationsseite in zwei Zeitungen durch den Regierungsrat);
- eines *öffentlichen Unternehmens* vgl. BGer, Urteil vom 11.12.1991, ZBl 1993, 119 (zulässiges Engagement der SBB vor einer Stadtzürcher Abstimmung) und vom 26.5.1995, ZBl 1996, 233 (vgl. auch GRISEL, Initiative et référendum, 114, betreffend gemischtwirtschaftliche Unternehmen). – Auf eine heikle Gratwanderung begaben sich die SBB im Vorfeld der Abstimmung vom 27.11.2005 (Sonntagsarbeit in Zentren des öffentlichen Verkehrs).

Näher MAHON, ZSR 1999 II, 243 ff.; G. MÜLLER, Mélanges Aubert, 255 ff.; BESSON; Überblick bei SCHEFER, Ergänzungsband, 234 ff. Vgl. auch den Bericht der Konferenz der Informationsdienste, «Das Engagement von Bundesrat und Bundesverwaltung im Vorfeld von eidgenössischen Abstimmungen» (Bern 2001) und das daraus hervorgegangene Leitbild (Januar 2003). Die Öffentlichkeitsarbeit des Bundes bei einzelnen Vorlagen (z.B. EWR) erscheint unter dem Blickwinkel des BV 34 Abs. 2 (in der bisherigen Auslegung des Bundesgerichts) problematisch. Eine Beschränkung behördlicher Information strebt die (in der Sache allerdings weit über das Ziel hinausschiessende) Volksinitiative «Volkssouveränität statt Behördenpropaganda» an (vgl. vorne N 1). – Dass sich kantonale Regierungen bzw. die KdK im Vorfeld föderalistisch bedeutsamer eidgenössischer Vorlagen zu Wort melden, ist grundsätzlich nicht zu beanstanden; im Fall eines Kantonsreferendums stellen sich besondere Fragen, die noch nicht abschliessend geklärt sind.

19 *Abstimmungsunterlagen:* Die seit längerem gebräuchlichen *Abstimmungserläuterungen* – meist durch die Regierung verfasst – müssen objektiv und hinreichend vollständig sein (vgl. BGE 129 I 232, 244, zum Dilemma zwischen notwendiger Information und Persönlichkeitsschutz im Einbürgerungsverfahren; vgl. auch BGE 119 Ia 271, 273 ff.; VPB 64.101, 2000, Bundesrat), doch besteht keine Pflicht, auf jede Einzelheit der Vorlage einzugehen (BGE 130 I 190, 294). Den Stimmberechtigten «kann zugemutet werden, sich nötigenfalls aus anderen geeigneten Quellen näher zu informieren, falls aus ihrer persönlichen Sicht spezifische Fragen (etwa fachjuristischer oder technischer Natur) auftauchen» (BGE 130 I 290, 297 ff., zur Teilrevision der Zürcher StPO). «Die Abstimmungszeitung kann kein juristischer Aufsatz sein» (so zutreffend RR Notter, zit. in BGE 130 I 290, 303). – Die Praxis der Neuenburger Regierung, den Abstimmungsunterlagen einen eigenen Aufruf zu den eidgenössischen Vorlagen beizulegen (vgl. Tages-Anzeiger vom 31.8.2006, S. 2), erscheint höchst problematisch. Vgl. jetzt auch die Rüge des Bundesrates an die Adresse der basel-städtischen Regierung im Beschwerdeentscheid vom 22.11.2006, ZBl 2007, 326 ff. – Zur Frage, unter welchen Voraussetzungen dem Stimmberechtigten der Text der Gesetzesvorlage zugestellt werden muss, vgl. BGE 132 I 104, 108 ff.

20 *Äusserungen einzelner Behördenmitglieder im Abstimmungskampf:* Die Teilnahme am Abstimmungskampf steht unter dem Schutz der Meinungsäusserungsfreiheit (BV 16; vgl. BGE 119 Ia 271, 275). Unzulässig ist es jedoch, individuellen (privaten) Meinungsäusserungen einen amtlichen Anstrich zu geben und den Anschein zu erwecken, es handle sich dabei um eine offizielle Verlautbarung. Zusammenfassung und Bestätigung der Rechtsprechung in BGE 130 I 290, 294 ff. (zurückhaltender BGE 108 Ia 155, 157 f.); dort auch eine einlässliche Analyse der Polemik (unter Juristen) betreffend die in den Abstimmungserläuterungen enthaltene Aussage, die zürcherische Nichtigkeitsbeschwerde und die staatsrechtliche Beschwerde seien «sozusagen deckungsgleich» (BGE 130 I 303 ff.).

21 *Wahlen:* Den Behörden kommt, anders als bei Sachentscheiden, keinerlei Beratungsfunktion zu. Behördliches Eingreifen in einen Wahlkampf ist daher grundsätzlich unzulässig. Die Praxis ist zu Recht streng, deutet aber die Möglichkeit von Ausnahmen an, wenn eine Intervention im Interesse der freien und unverfälschten Willensbildung und -betätigung unerlässlich ist (BGE 118 Ia 259, 262; mit dem dort angeführten Beispiel – «Richtigstellung offensichtlich falscher Informationen» – wird die Logik etwas strapaziert, denn bei einer klar erkennbar falschen Information ist die Intervention wohl kaum unerlässlich). Vgl. auch BGE 117 Ia 452; BGE 113 Ia 291; wohl ohne Absicht etwas weniger dezidiert dagegen BGE 130 I 290, 294.

22 *Grundsatz der Einheit der Materie:* Der Grundsatz (vgl. auch N 12 zu BV 139) gilt von Bundesrechts wegen auch für die Kantone (vgl. BGE 129 I 366, 369; so schon BGE 90 I 69, 74; vgl. auch BGE 130 I 185, 195 ff.; BGE 123 I 63, 71). Der Grundsatz besagt, «dass eine Vorlage grundsätzlich nur einen Sachbereich zum Gegenstand haben darf und zwei oder mehrere Sachfragen und Materien, die keinen inneren sachlichen Zusammenhang aufweisen, nicht zu einer einzigen Abstimmungsfrage verbunden werden dürfen»; die Stimmberechtigten sollen nicht «in eine Zwangslage» kommen, die «ihnen keine freie Wahl zwischen den einzelnen Teilen» belässt (BGE 129 I 366, 370, mit Hinweisen auf die in der Lehre entwickelten Kriterien und Fallgruppen; Urteil vom 12.9.2006, ZBl 2007, 332 ff., betreffend ein kantonales Gesetz). Die Stimmberechtigten haben keinen Anspruch darauf, «dass ihnen einzelne, allenfalls

besonders wichtige Teile einer Vorlage gesondert zur Abstimmung vorgelegt werden» (BGE 129 I 366, 372; vgl. auch BGE 111 Ia 196, 198). Das Bundesgericht pflegt eine einzelfallbezogene Praxis und gesteht den Behörden einen weiten Gestaltungsspielraum zu. Formulierte Initiativen werden strenger beurteilt als allgemeine (vgl. BGE 129 I 366, 370 ff.; BGE 128 I 190, 196). Strittig ist, ob *Behördenvorlagen* weniger streng beurteilt werden dürfen als *Initiativen* (so etwa GRISEL, Initiative et référendum, 265; RHINOW, Grundzüge, N 436; siehe auch BGE 99 Ia 731 f.; ablehnend SCHEFER, Ergänzungsband, 230, mit weiteren Hinweisen; TSCHANNEN, Stimmrecht, 78). Bei Verfassungsvorlagen sollte derselbe Massstab gelten. Bei Gesetzesvorlagen kann eine Relativierung zu Gunsten von Behördenvorlagen angezeigt sein. Die Bundesversammlung ist (mit sich selbst) gelegentlich mehr als grosszügig (vgl. BBl 2005 5518, betreffend Neuordung der «Bildungsverfassung»). – Als *Sanktion bei Verletzung des Grundsatzes* steht die Ungültigerklärung im Vordergrund (BGE 129 I 381, 387; so BPR 75; vgl. auch BGer 1P.223/2006, Urteil vom 12.9.2006, ZBl 2007, 332 ff., Aufhebung der Abstimmung vom 21.5.2006 im Kanton AI über die Verteilung der Nationalbank Goldüberschüsse sowie eine grundlegende Änderung des Steuersystems; N 12, 16 zu BV 139). Die Kantone können die Aufteilung einer Vorlage vorsehen, wobei wiederum die Anforderungen des BV 34 beachtet werden müssen. Vgl. BGE 129 I 381 (keine Aufteilung bei offensichtlicher Verletzung der Einheit der Materie); BGE 130 I 185, 195 ff. (Teilungültigerklärung; Abstimmung über den gültigen Kern der Initiative).

23 *Behandlung von Volksinitiativen* (vgl. auch N 9 ff. zu BV 139): BV 34 kann angerufen werden gegen die Ungültigerklärung bzw. Teilungültigerklärung einer Volksinitiative (vgl. z.B. BGE 130 I 185; BGE 129 I 232). Die Ungültigerklärung einer Volksinitiative, die gegen übergeordnetes Recht verstösst, verletzt die Garantie der politischen Rechte nicht. Umgekehrt begründet BV 34 *keinen Anspruch* darauf, dass eine bundesrechtswidrige Volksinitiative ungültig erklärt und der Abstimmung entzogen wird (vgl. BGE 114 Ia 267). Das kantonale Recht kann einen solchen Anspruch begründen (BGE 128 I 190, 194; vgl. auch BGE 133 I 110). Der Grundsatz der *Verhältnismässigkeit* gebietet es, eine Initiative nicht gesamthaft für ungültig zu erklären, «wenn nur ein Teil davon rechtswidrig ist und vernünftigerweise anzunehmen ist, die Unterzeichner der Initiative hätten den gültigen Teil auch unterzeichnet, wenn er ihnen allein unterbreitet worden wäre. Dies ist dann der Fall, wenn der verbleibende Teil der Initiative nicht von untergeordneter Bedeutung ist, sondern noch ein sinnvolles Ganzes im Sinne der ursprünglichen Stossrichtung ergibt, so dass die Initiative nicht ihres wesentlichen Gehaltes beraubt worden ist» (BGE 121 I 334, 338; vgl. auch BGE 125 I 21, 44; zurückhaltend noch BGE 98 Ia 637, 645; für den Bund jetzt BV 139 Abs. 2; kritisch GRISEL, Initiative et référendum, 272, der für völlige Ungültigkeit als Regelfall plädiert). – Zu den Grundsätzen betreffend *Auslegung und Prüfung* von (kantonalen) *Volksinitiativen* vgl. z.B. BGE 132 I 282; BGE 129 I 392, 394 f.; BGE 125 I 227; BGE 123 I 175; BGE 121 I 334. – Zur Ungültigerklärung wegen *Unvereinbarkeit mit übergeordnetem Recht* vgl. BGE 129 I 232 (mit Hinweisen); wegen Verletzung der *Einheit der Form* vgl. BGE 114 Ia 413, 416; wegen *Undurchführbarkeit* vgl. BGE 128 I 190, 201 ff.; BGE 101 Ia 354, 367.

24 *Weitere Schutzgehalte* sind der Anspruch auf:
- *ordnungsgemässe Durchführung* von Wahlen und Abstimmungen (vgl. BGE 104 Ia 236; BGE 104 Ia 360; zur Untersuchungspflicht bei knappem Abstimmungsresultat vgl. BGE 114 Ia 42);
- *richtige Zusammensetzung* des Organs «Volk» (vgl. BGE 116 Ia 359, 365: gegen den Ausschluss der Frauen können auch Männer vorgehen);
- *korrekte Formulierung* der Abstimmungsfrage (vgl. BGE 131 I 126, 132; BGE 106 Ia 20: erfolgreiche Beanstandung einer suggestiven Fragestellung; BGE 121 I 1, 13: drucktechnische Gestaltung der Abstimmungsfrage; vgl. auch BGE 133 I 110, 127); bei Volksinitiativen ist ein Verbot irreführender Titel (BPR 69) zulässig, ja wohl gar geboten;
- *geheime Stimmabgabe* (BGE 113 Ia 161, 164); zur Problematik der Versammlungsdemokratie vgl. BGE 121 I 138, 143 ff. (vorne N 12). – Bei der *brieflichen Stimmabgabe* (vgl. BPR 8) darf die Anonymisierung nicht so weit gehen, dass die Kontrolle der Stimmberechtigung nicht mehr möglich ist (BGE 121 I 187). Zu praktischen und rechtlichen Problemen des sehr beliebten Instruments (mehr als 80% bei der eidgenössischen Volksabstimmung vom 27.11.2005) vgl. auch das Kreisschreiben des Bundesrates vom 31.5.2006 (BBl 2006 5225);
- *korrekte Konkretisierung* einer Initiative in Form der allgemeinen Anregung (BGE 121 I 357; BGE 115 Ia 148; vgl. auch N 2 zu BV 139a).

BV 34 kann auch angerufen werden gegen Unvereinbarkeitsregelungen, parlamentarische Ausstandsvorschriften, Wohnsitzpflichten (vgl. BGE 128 I 34; BGE 123 I 97) sowie gegen die Aufteilung zusammengehörender Finanzvorlagen zwecks Umgehung des Finanzreferendums (vgl. BGE 118 Ia 184).

25 *Elektronische Stimmabgabe* (sog. E-Voting): Der grundrechtliche Schutz der politischen Rechte wird durch die heute in Erprobung befindliche (BPR 8a, VPR 27a ff.) *Stimmabgabe* via Internet bzw. SMS vor neue Fragen und Herausforderungen gestellt (vgl. Hanna Muralt Müller et al., Hrsg., E-Voting, Bern 2003; Braun). Den Auftakt bildete die kommunale Abstimmung vom 19.1.2003 in der Genfer Gemeinde Anières (wo 43,7% der Stimmenden ihre Stimme via Internet abgaben). Am 26.9.2004 wurde erstmals im Rahmen einer *eidgenössischen* Abstimmung elektronisch abgestimmt (Anières, Cologny, Carouge und Meyrin; über 20% Stimmen per Internet). Das Abstimmen via SMS hatte am 30.10.2005 in Bülach Premiere (nach einer Vorpremiere bei den Wahlen zum Zürcher Studierendenrat vom November 2004). Die erste Pilotphase im Bund endete mit der Abstimmung vom 27.11.2005 (vgl. Bundesrat, Bericht vom 31.5.2006 über die Pilotprojekte zum Vote électronique, BBl 2006 5459, worin eine «schrittweise und risikobewusste Einführung» vorgeschlagen wird).

26 *Beeinflussung durch Private:* «Verstösse von privater Seite gegen die guten Abstimmungssitten und die Verwendung von falschen und irreführenden Angaben im Abstimmungskampf lassen sich, so verwerflich sie auch immer sein mögen, nicht völlig ausschliessen und sind in gewissem Ausmasse in Kauf zu nehmen»; die Aufhebung bzw. Wiederholung einer Abstimmung ist nur mit grösster Zurückhaltung bei ganz schwerwiegenden Verstössen in Betracht zu ziehen (BGE 119 Ia 271, 274 f., wohl nicht zufällig mehr in der Sprache der Tugend- als der Rechtslehre abgefasst; vgl. auch BGE 125 I 441, 444; BGE 98 Ia 73, 80). Entgegen gele-

gentlichen (missverständlichen) Äusserungen (vgl. z.B. Botsch. BV, 190; MAHON, Comm., Art. 34, N 4) werden die Privaten durch BV 34 nicht unmittelbar verpflichtet. Es geht hier *nicht* um einen Fall direkter Drittwirkung (vgl. N 15 zu BV 35), sondern allein um die Frage, ob ein staatlicher Akt (Abstimmung, Wahl) zu kassieren sei, weil die Willensbildung der Stimmberechtigten nicht frei war. – Zur Frage der Begrenzung der Wahlkampf-Finanzierung vgl. BGE 125 I 441 (in casu: unzulässig); zum Problem der Finanzierung von Abstimmungskampagnen vgl. Bericht SPK-N vom 21.2.2003 (BBl 2003 3916) zur parlamentarischen Initiative NR A.Gross «Abstimmungskampagnen. Offenlegung höherer Beiträge». – Zur Programmautonomie der SRG bei Wahl- und Abstimmungssendungen vgl. BGE 125 II 497; N 10, 14 zu BV 93.

27 *Vom Menschenbild der richterlichen Praxis:* Die Rechtsprechung zu BV 34 gibt nicht nur reiche Einblicke in die Welt der (direkt-)demokratischen Institutionen, sondern auch Aufschluss über das (höchst-)richterliche Bild vom Menschen (als Stimmbürger). Es ist das Bild des verständigen, wohl informierten (bzw. sich informierenden), aufgeklärten Menschen, der in der Lage ist, «vernunftgemäss zu entscheiden» (BGE 98 Ia 73, 80), der sich durch öffentlich ausgetragene Kontroversen rund um eine «komplexe formaljuristische Differenzierung» (BGE 130 I 290, 305) nicht beirren lässt und dem «zugetraut werden [darf], zwischen verschiedenen bekundeten Meinungen zu unterscheiden, offensichtliche Übertreibungen als solche zu erkennen und sich aufgrund [seiner] eigenen Überzeugung zu entscheiden» (BGE 119 Ia 271, 274; vgl. auch BGE 117 Ia 41, 47 f.; TSCHANNEN, Staatsrecht, 378). – Bleibt zu hoffen, dass sich dieses (wie es scheint: über die Jahre kaum veränderte) Bild nicht als (demokratienotwendige) Fiktion entpuppt.

Literaturhinweise (vgl. auch die Hinweise bei BV 39 und 136 ff.)

BALMELLI TIZIANO, Le financement des parties politiques et des campagnes électorales, Fribourg 2000; BESSON MICHEL, Behördliche Information vor Volksabstimmungen, Bern 2003; BORBELY CORNEL, Der Grundsatz der geheimen Abstimmung, Bern 2004; BRAUN NADJA, Stimmgeheimnis, Bern 2005; DECURTINS GION-ANDRI, Die rechtliche Stellung der Behörde im Abstimmungskampf, Freiburg 1992; EGLI PATRICIA, Die Einheit der Materie bei kantonalen Gesetzesvorlagen, ZBl 2006, 397 ff.; HUGENSCHMIDT CRISPIN, Einheit der Materie – überholtes Kriterium zum Schutze des Stimmrechts?, Basel 2001; DERS., Die behördliche Kommunikation vor Abstimmungen, recht 2004, 185 ff.; HURST ROBERT, Der Grundsatz der Einheit der Materie, Zürich 2002; KÖLZ ALFRED, Die kantonale Volksinitiative in der Rechtsprechung des Bundesgerichts, ZBl 1982, 1 ff.; DERS., Probleme des kantonalen Wahlrechts, ZBl 1987, 1 ff. und 49 ff.; DERS., Die Zulässigkeit von Sperrfristen für kantonale Volksinitiativen, ZBl 2001, 168 ff.; MÜLLER GEORG, Die Behörden im Abstimmungskampf, Mélanges Jean-François Aubert, Basel/Frankfurt a.M. 1996, 255 ff.; ODERMATT LUZIAN, Ungültigerklärung von Volksinitiativen, AJP 1996, 710 ff.; POLEDNA TOMAS, Wahlrechtsgrundsätze und kantonale Parlamentswahlen, Zürich 1988; POLEDNA TOMAS/WIDMER STEPHAN, Die Wahl- und Abstimmungsfreiheit – ein verfassungsmässiges Recht des Bundes?, ZBl 1987, 281 ff.; PUKELSHEIM FRIEDRICH/ SCHUHMACHER CHRISTIAN, Das neue Zürcher Zuteilungsverfahren für Parlamentswahlen, AJP 2004, 505 ff.; RAMSEYER JEANNE, Zur Problematik der behördlichen Information im Vorfeld von Wahlen und Abstimmungen, Basel 1992; SCHWAB RENÉ, Wahlkampf und Verfassung, Zürich

2001; SEILER HANSJÖRG, Auf dem Weg zur gelenkten Demokratie?, Festschrift Thomas Fleiner, Freiburg 2003, 573 ff.; STEINMANN GEROLD, Interventionen des Gemeinwesens im Wahl- und Abstimmungskampf, AJP 1996, 255 ff.; DERS., Die Gewährleistung der politischen Rechte durch die neue Bundesverfassung, ZBJV 2003, 481 ff.; TSCHANNEN PIERRE, Stimmrecht und politische Verständigung, Basel/Frankfurt a.M. 1995; WIDMER STEPHAN, Wahl- und Abstimmungsfreiheit, Zürich 1989; ZEN-RUFFINEN PIERMARCO, L'expression fidèle et sûre de la volonté du corps électoral, VRdCH, 349 ff.

Art. 35 Verwirklichung der Grundrechte

¹ Die Grundrechte müssen in der ganzen Rechtsordnung zur Geltung kommen.

² Wer staatliche Aufgaben wahrnimmt, ist an die Grundrechte gebunden und verpflichtet, zu ihrer Verwirklichung beizutragen.

³ Die Behörden sorgen dafür, dass die Grundrechte, soweit sie sich dazu eignen, auch unter Privaten wirksam werden.

1   Die Bestimmung hat kein direktes Vorbild in der BV 1874. Als Kodifikation bestimmter Aspekte der allgemeinen Grundrechtslehren gedacht, beinhaltet BV 35 zwar möglicherweise keine eigentliche Innovation (so Botsch. BV, 191); die entwicklungsoffen formulierte Bestimmung könnte aber (i.V.m. konkreten Grundrechten) durchaus zum «Auslöser» oder zumindest formellen «Aufhänger» für die eine oder andere Neuerung werden.

2   Bei Auslegung und Anwendung von BV 35 sollte man stets ein Grundanliegen vor Augen haben: Grundrechtsschutz dient nicht zuletzt der Begrenzung, Bändigung und Kontrolle von Macht. Macht ist nicht nur im Staat verkörpert. Ob staatliche, ob private Macht: Das Gefährdungspotenzial variiert je nach Lebensbereich und Situation – und damit auch das Schutzbedürfnis (vgl. auch N 21).

Allgemeiner Grundrechtsverwirklichungsauftrag

3   Abs. 1 scheint eine Selbstverständlichkeit auszusprechen. Problematik und potenzielle Sprengkraft werden deutlich, sobald man sich (fürs Erste nur theoretisch) die möglichen Folgen eines wörtlichen Verständnisses bei einigen Grundrechten ausmalt. «In der ganzen Rechtsordnung» heisst: auch unter Privaten. Für Grundrechte wie das Recht auf Leben oder auf körperliche Unversehrtheit (BV 10) leuchtet dies ohne weiteres ein. Bei Grundrechten wie der Rechtsgleichheit (BV 8) oder dem Recht auf Nothilfe (BV 12) bereitet der Gedanke erhebliche Mühe. Der allgemeine Grundrechtsverwirklichungsauftrag bedarf differenzierender Deutung.

4   *Grundrechte als Individualrechte und objektive Grundsatznormen:* BV 35 bringt den heute weithin akzeptierten Gedanken zum Ausdruck, dass sich die Funktion der Grundrechte nicht darin erschöpft, dem staatlichen Handeln *Schranken zu setzen* und die Bürgerinnen und Bürger *vor staatlichen Eingriffen* zu bewahren *(negatorische oder Abwehrfunktion).* Die Grundrechte haben darüber hinaus die Bedeutung von *fundamentalen Ordnungsprinzipien*, die als objektive Grundsatznormen die gesamte Rechtsordnung durchdringen und gegebenenfalls auf Verwirklichung durch schützende, fördernde «positive» Massnahmen angewiesen sind und drängen *(konstitutive Funktion)*. Vgl. (statt vieler) J.P.MÜLLER, VRdCH, 633 ff., sowie BGE 126 II 300, 314.

5   *Adressaten* sind (wie Abs. 2, letzter Satzteil, verdeutlicht) die *staatlichen Instanzen aller Stufen* (Legislative, Exektuive, Judikative) und *Ebenen* (Bund, Kantone, Gemeinden) sowie *andere Träger* staatlicher Aufgaben (vgl. N 9 f. sowie N 27 zu BV 178). Abs. 1 gibt ein *Ziel* vor, ohne sich zur Frage der einzusetzenden Mittel zu äussern. Die Wahl der geeigneten Mittel obliegt den Verpflichteten im Rahmen ihrer jeweiligen Zuständigkeiten, Befugnisse und Möglichkeiten. Für die *politischen Behörden* kann Abs. 1 die Bedeutung eines *Rechtsetzungsauftrags* annehmen, aber auch die Verpflichtung beinhalten, organisatorische, verfahrensmässige und finanzielle Vorkehren zu treffen. Für die *Rechtsanwendung* steht die Verpflichtung zu grundrechtskonformer Auslegung im Vordergrund (vgl. z.B. BGE 131 III 201, 208 betreffend ZStV 24 Abs. 1; BGE 130 II 353, 355 betreffend OR 340 ff.; BGE 129 I 12 betreffend kantonale Schulgesetzgebung; BGE 116 IV 31 betreffend StGB 173). Bereits hier (nicht erst in Abs. 3) ist die Frage nach der Bedeutung der Grundrechte im horizontalen *Verhältnis zwischen Privaten* angelegt (vgl. hinten N 15 ff.). – Eine Verletzung von BV 35 Abs. 1 für sich allein ist schwer vorstellbar (anders, beiläufig, BGE 126 V 70, 74).

6   *Schichten und Dimensionen:* Breite Resonanz hat zu Recht die vor allem von JÖRG PAUL MÜLLER entwickelte «Schichtenlehre» (zusammenfassend: VRdCH, 633 ff.) gefunden, in der unterschieden werden:
    – eine *justiziable Schicht:* Grundrechte als *subjektive*, einklagbare *Rechte des Individuums* auf *Unterlassung, allenfalls Duldung oder Leistung;* Letzteres übrigens nicht nur bei sog. sozialen Grundrechten (N 7 vor BV 7), sondern u.U. auch bei klassischen Freiheitsrechten (vgl. z.B. BGE 123 I 221, 235: Anspruch des Gefangenen auf ärztliche Betreuung als Ausfluss der persönlichen Freiheit);
    – eine *programmatische Schicht:* Grundrechte als Gesetzgebungsauftrag;
    – eine *flankierende* (indirekt-justiziable) *Schicht:* Grundrechte als Ausgangspunkt grundrechtskonformer Auslegung und Konkretisierung des einfachen (Zivil-, Straf-, Verwaltungs-)Rechts.

Das eingängige, aber etwas statische Bild der «Schichten» wird der Grundrechtswirklichkeit insofern nicht ganz gerecht, als die verschiedenen Gehalte einander durchdringen und häufig fliessende Übergänge aufweisen (J.P.MÜLLER, VRdCH, 634). Mit der Zeit können sich objektive Gehalte zu einklagbaren Rechten verdichten (vgl. N 7), die wiederum das Verständnis des konkreten Grundrechts als Grundsatznorm mitprägen. Angesichts solcher Wechselwirkungen dürfte es angemessener sein, von verschiedenen *Grundrechtsdimensionen* zu sprechen. Da BV 35 nicht eine bestimmte («Schichten»-)Theorie kodifizieren will, steht einer begrifflichen Neuausrichtung nichts entgegen.

7   *Grundrechtliche Schutzpflichten:* Der Grundrechtsverwirklichungsauftrag des BV 35 kann, je nach Gegebenheiten, die Gestalt eines *Schutzauftrags* annehmen. Der Staat darf nicht einfach untätig zusehen, wenn Grundrechte gefährdet werden, sei es durch das Verhalten staatlicher Organe, sei es durch Private. BV 35 verlangt, jedenfalls dem Grundsatz nach, dass der Staat die erforderlichen (gesetzgeberischen, organisatorischen, verfahrensmässigen, finanziellen usw.) Schutzvorkehrungen trifft. Insofern bietet BV 35 einen «Aufhänger» für die Lehre von den grundrechtlichen Schutzpflichten. Diese hat sich vereinzelt in höchstrichterlichen Urteilserwägungen niedergeschlagen (vgl. BGE 126 II 300, 314), steckt aber als solche in der

Schweiz eher noch in den Kinderschuhen, wie u.a. die noch wenig gefestigte Terminologie zeigt (Überblick bei SCHEFER, Kerngehalte, 235 ff.; vgl. auch BESSON, ZSR 2003 I, 49 ff.; EGLI, Drittwirkung, 135 ff.; J.P.MÜLLER, VRdCH, 636 f.; verfassungsvergleichend MICHAEL HOLOUBEK, Grundrechtliche Gewährleistungspflichten, Wien/New York 1997, 15 ff.). Wie die (eng verwandte) Drittwirkungsfrage (N 21) ist die Schutzpflichtenproblematik nicht durch Auslegung oder Konkretisierung von BV 35 allein, sondern *grundrechtsspezifisch* anzugehen. Es ist nicht ausgeschlossen, dass mit einer (objektiven) Schutzpflicht auch gewisse einklagbare *Schutzansprüche* des Einzelnen einhergehen, z.B. auf polizeiliches Einschreiten zum Schutz von Leib, Leben oder Eigentum (vgl. BGE 119 Ia 28, 31 und dazu N 6 zu BV 26). Ein verfassungsmässiges Recht auf staatliche Lösegeld-Zahlungen (etwa bei Entführung im Ausland) wird man indes aus BV 10 i.V.m. BV 35 kaum herleiten können. – Da der Grundrechtsverwirklichungsauftrag nicht von der Beachtung anderer Verfassungsnormen (insb. BV 3, BV 5, BV 36) entbindet, sollte die Gefahr einer Aushöhlung des Legalitätsprinzips (vgl. TSCHANNEN, Staatsrecht, 130 f.), des demokratischen Prozesses (vgl. HÄFELIN/HALLER, N 267) oder der bundesstaatlichen Ordnung nicht überbewertet werden.

8   *«in der ganzen Rechtsordnung»:* Die Grundrechte kommen – z.B. im Zusammenhang mit der internationalen Rechtshilfe – sogar über die Landesgrenzen hinaus zur Geltung, was aber nicht heisst, dass man aus BV 35 ein Auslieferungsverbot ableiten könnte (so indes die Deutung von BGE 126 II 324, 327 bei SCHEFER, Ergänzungsband, 15).

Grundrechtsbindung bei Wahrnehmung staatlicher Aufgaben

9   *Umfassende Bindung des Staates:* Der Bindung an die Grundrechte unterliegt der Staat in *allen seinen Erscheinungsformen, unabhängig von Rechtsnatur und Form* seines Handelns, ob hoheitlich, ob nicht-hoheitlich, ob öffentlich-, ob privatrechtlich. Der Einsatz privatrechtlicher Handlungs- oder Organisationsformen ist prinzipiell zulässig, darf aber die Grundrechtsbindung nicht unterlaufen (vgl. BGE 127 I 84, 90; vgl. auch BGE 109 Ib 146, 155, wo allerdings erst von einer «sinngemässen» Beachtung der Grundrechte gesprochen wird). Die Grundrechtsbindung besteht auch dann, wenn der Staat *unternehmerisch handelt* (ob durch rechtlich verselbstständigte öffentliche Unternehmen, ob durch Verwaltungseinheiten); einen Grenzfall bilden gemischtwirtschaftliche Unternehmen (vgl. RHINOW/SCHMID/BIAGGINI, 384). – Zur Grundrechtsbindung öffentlich-rechtlich anerkannter kirchlicher Körperschaften vgl. FELIX HAFNER, Kirchen im Kontext der Grund- und Menschenrechte, Fribourg 1992, insb. 311 ff.

10 *Gebunden* sind die für das Gemeinwesen handelnden (Legislativ-, Exekutiv-, Justiz-)*Organe aller Ebenen* (Bund, Kantone, Gemeinden), auch das Staatsorgan *Volk* (Gesamtheit der jeweiligen Stimmberechtigten), wenn es Sachentscheidungen rechtsetzender oder rechtsanwendender Natur trifft (BGE 129 I 217, 225, Einbürgerung). Wegen des Stimmgeheimnisses unterliegt der einzelne Stimmberechtigte indes keiner Kontrolle oder Sanktion; bei der Ausübung seines aktiven Wahlrechts (einem letzten Reservat reiner Willkür?) wohl auch keiner Bindung.

11 Der Begriff der *«staatlichen Aufgabe»* ist im Kontext des BV 35 Abs. 2 *weit* zu verstehen. Der Bindung unterliegt, wie noch deutlicher aus BV 5 Abs. 2 hervorgeht, das *gesamte staatliche Handeln*, nicht etwa nur die Erfüllung von verpflichtend vorgegebenen Aufgaben. Dies ist bedeutsam für ein öffentliches Unternehmen, das wie die Post neben den gesetzlichen Pflicht-

leistungen (Universaldienst; vgl. PG 3, 4) auch weitere Dienstleistungen erbringen *kann* (sog. Wettbewerbsdienste, PG 9). Entgegen BGE 129 III 35 ff. bleibt die Post als staatlich beherrschtes Unternehmen durchgehend an die Grundrechte gebunden, unabhängig von der Art des Postdienstes. Der Post «im freien Wettbewerb mit Privaten» «gleich lange Spiesse» zu verschaffen (vgl. AB 1996 N 2337 ff., zu PG 9 Abs. 3; BGE 129 III 35, 41), ist zwar ein legitimes Anliegen, doch steht es nicht in der Macht des Gesetzgebers, die Post von der Beachtung der Grundrechte zu dispensieren. – Ironie der Geschichte: In BGE 129 III 35 ff. blieb dem «Befreiungsversuch» der Erfolg versagt, denn unter Hinweis auf die gegebene «Machtkonstellation» und unter Aufbietung der konturlosen Figur der privatrechtlichen Kontrahierungspflicht (kritisch E. BUCHER, recht 2003, 101 ff.) und des reichlich vagen «Verbot(s) des Verstosses gegen die guten Sitten» (BGE 129 III 35, 45 ff.) unterwirft die I. Zivilabteilung des Bundesgerichts die Post einer Bindung, die sich im konkreten Ergebnis kaum von jener unterscheidet, die sich auf dem naheliegenden Weg der Anwendung von BV 35 Abs. 2 ergibt.

12 *Intensität der Grundrechtsbindung:* Mit der Bejahung der Grundrechtsbindung ist noch nicht über deren Intensität entschieden. Diese kann durchaus variieren. Bei (zulässiger) staatlicher Unternehmenstätigkeit etwa dürften die Anforderungen an die Rechtfertigung einer Ungleichbehandlung weniger streng sein als bei herkömmlichem Verwaltungshandeln (vgl. BGE 127 I 84, 90). Neben weiteren Faktoren wird man bei der Erbringung von Leistungen auch berücksichtigen müssen, ob der Staat als Monopolist oder im Wettbewerb mit Privaten agiert.

13 *Private als Träger staatlicher Aufgaben:* Private sind nicht direkt an die Grundrechte gebunden. Eine erste Ausnahme bildet der seltene Fall der direkten Drittwirkung (vgl. N 18 f.), eine zweite die *Übertragung* (auch: Delegation, Auslagerung) von staatlichen Aufgaben an Private (BGE 127 I 84, 90, mit Hinweisen; vgl. auch BGE 133 I 49, 56; Botsch. BV, 193). Die *ausgelagerte* Aufgabe bleibt eine *staatliche* Aufgabe, für deren richtige und grundrechtskonforme Erfüllung der Staat weiterhin Verantwortung trägt. Der Staat ist verpflichtet, durch entsprechende Gestaltung des Übertragungsakts (z.B. Konzession) und durch vorbehaltene Interventionsmöglichkeiten dafür zu sorgen, dass der aufgabenerfüllende Private «den Grundsatz der Gleichbehandlung sowie das Willkürverbot im gebotenen Masse beachtet» (BGE 127 I 84, 90, betreffend einen Konzessionär). Die *Intensität* der Grundrechtsbindung (N 12) kann auch hier, je nach Umständen, variieren (vgl. auch Botsch. BV, 193). Vom Gesetzgeber bewusst eingeräumte Spielräume sollen nicht im Nachhinein durch ein zu strikt gehandhabtes Gleichbehandlungsgebot wieder zunichte gemacht werden. Eine unterschiedliche Ausgestaltung von Tarifen (z.B. für Gross- und Kleinkunden) kann durchaus vor dem Rechtsgleichheitsgebot standhalten. Zu berücksichtigen ist auch, inwieweit die Spezialgesetzgebung (im Sinne von Abs. 3) bereits Sicherungen vorsieht. – Im Zusammenhang mit der Aufgabenauslagerung weist der Verfassungsbegriff der *«staatlichen Aufgabe»* noch keine klaren Konturen auf (vgl. etwa RHINOW, BV 2000, 153; HANGARTNER, AJP 2000, 517). Anders als im Fall der *staatlichen* Unternehmen (N 11) ist ein weites Begriffsverständnis hier nicht zwingend. Dass an der Erbringung und der Regulierung gewisser Dienstleistungen ein öffentliches Interesse besteht, macht die Konzessionierung (z.B. FMG 22 ff.) nicht schon zur Übertragung einer *staatlichen* Aufgabe i.S.v. BV 35, die eine direkte Grundrechtsbindung nach sich zöge (zur «indirekten» Einbindung via Gesetzgebung usw. allgemein N 15; für den Bereich der Telekommunikation etwa FMG 43, der die Bindung Privater an das Fernmeldegeheimnis statuiert).

14 Der letzte Satzteil wiederholt (aus Adressatensicht) den allgemeinen Grundrechtsverwirklichungsauftrag des Abs. 1. Im Verb «beitragen» klingt an, dass dem Auftrag Begrenzungen innewohnen. Diese können nicht nur *rechtlicher* Art sein (Wahrung der Zuständigkeiten, Bindung an rechtsstaatliche Grundsätze bzw. Grundrechte, BV 5, 7 ff.), sondern auch *faktischer* Natur: Auch der Staat kann nicht alles.

Grundrechtsverwirklichung unter Privaten: Drittwirkungsfrage

15 *Ausgangspunkte:* Weite Teile des Privat- und Strafrechts, aber auch des Verwaltungsrechts dienen dem traditionsreichen Zweck, die Freiheitssphären der Individuen voneinander abzugrenzen (vgl. Art. 4 der franz. Menschenrechtserklärung von 1789). In einem demokratischen Verfassungsstaat versteht es sich von selbst, dass der Gesetzgeber und, im Rahmen ihrer Zuständigkeiten, die übrigen Staatsorgane (Exekutive, Judikative) für einen gerechten Ausgleich der u.U. gegenläufigen privaten Freiheitsinteressen sorgen. Weil die Freiheitsinteressen heute gewöhnlich auch durch verfassungsmässige Rechte geschützt sind, läuft dies im Ergebnis regelmässig darauf hinaus, dass die entsprechenden Grundrechtsgehalte (vermittelt über die Gesetzgebung und deren Anwendung) in den Rechtsbeziehungen zwischen Privaten präsent sind und wirksam werden.

16 *Funktion:* Abs. 3 übersetzt diesen allgemeinen Gedanken in eine Verfassungsnorm und verweist zugleich auf eine *immanente Grenze*. Die Pflicht der Behörden, den Grundrechten unter Privaten Wirkung zu verschaffen, besteht nur, soweit die Grundrechte «sich dazu eignen». Dies lässt sich nicht generell (durch Auslegung oder Konkretisierung von BV 35), sondern nur *grundrechtsspezifisch* bestimmen. Hier liegt – praktisch und theoretisch – der Kern eines Problems, das durch BV 35 weder geschaffen noch gelöst, sondern lediglich verdeutlicht wird.

17 *«Behörden»:* Die Verfassung geht (auch) hier von einem weiten Behördenbegriff aus, der neben den politischen und administrativen Behörden (Gesetzgeber, Regierung, Verwaltung) auch die Gerichte umfasst (Botsch. BV, 193; vgl. auch Titel vor BV 143).

18 *Verhältnis zur Drittwirkungslehre:* Abs. 3 kann als Ausdruck (und Anerkennung) der Theorie der Drittwirkung der Grundrechte verstanden werden (vgl. Botsch. BV, 192), die in Lehre und Rechtsprechung schon seit geraumer Zeit postuliert und praktiziert wird (eingehend BGE 111 II 245, 253 ff.; zuvor schon BGE 86 II 365, 376: Schutz gegen privaten Boykott via ZGB 28, ausgelegt im Lichte der Wirtschaftsfreiheit; vgl. auch BGE 116 IV 31; BGE 118 Ia 56; BGE 109 II 8). In Lehre und Rechtsprechung wird üblicherweise unterschieden zwischen *direkter* und *indirekter* Drittwirkung.

- *direkte* (unmittelbare) Drittwirkung: Ein Grundrecht kann (vor Gericht) direkt gegen einen anderen Privaten angerufen werden.
- *indirekte* (mittelbare) Drittwirkung: Vermittelt durch einen Akt des Gesetzgebers oder die Tätigkeit rechtsanwendender Organe fliesst der Gehalt eines Grundrechts in die Rechtsbeziehungen unter Privaten ein. Vor Gericht wird gefordert, dass die einschlägigen Normen (insb. Ermessensklauseln, unbestimmte Rechtsbegriffe) grundrechtskonform ausgelegt und angewendet werden.

Nach allgemein geteilter Auffassung ist grundsätzlich von einer bloss *indirekten* Drittwirkung auszugehen. Eine *direkte* Drittwirkung ist nur ganz ausnahmsweise zu bejahen.

19 *Beispiele:* Als Paradebeispiel gilt der Lohngleichheitsanspruch (vgl. N 34 zu BV 8). Ob es weitere Beispiele gibt, ist strittig. Als «Kandidaten» werden in der Lehre etwa genannt: BV 10 Abs. 1 und 3, BV 17 Abs. 3, BV 28 Abs. 3 (SCHWEIZER, SG-Komm., Art. 35, N 22); BV 28 und BV 29 (vgl. MAHON, Comm., Art. 35, N 11, Fn. 18); Teile von BV 119 Abs. 2 (SCHWEIZER, SG-Komm., Art. 35, N 22) – nach der hier vertretenen Auffassung durchweg zu Unrecht, da die besagten Grundrechtsnormen als Grundlage für ein Vorgehen gegen Private vor Gericht nicht ausreichen. Selbst beim Lohngleichheitssatz (BV 8 Abs. 3 Satz 3) kann man sich fragen, ob es sich nicht eher (wie beim ähnlich gelagerten, aber selten erörterten BV 110 Abs. 3: bezahlter Bundesfeiertag) um eine «Privatrechtsnorm im Verfassungsgewand» handelt. Das Bundesgericht hat eine direkte Drittwirkung verschiedentlich abgelehnt:

– BGE 120 V 312 (privatrechtliche Vorsorgeeinrichtung): kein Anspruch auf Witwerrente aus BV 1874 Art. 4 Abs. 2 (heute BV 8 Abs. 3);
– BGE 118 Ia 46, 56: kein Anspruch aus der Religionsfreiheit, von Kritik (an der eigenen Glaubensauffassung) durch Private verschont zu bleiben;
– BGE 111 II 330, 337: keine direkte Wirkung der Eigentumsgarantie im Verhältnis zwischen Stockwerkeigentümern.

20 *Begrenzungen:* Der Auftrag aus Abs. 3 begründet keine Bundeskompetenzen und entbindet die Behörden nicht von der Beachtung anderer Verfassungsvorgaben: Erfordernis der gesetzlichen Grundlage (BV 5, BV 36), Grundsatz der Gewaltenteilung (vgl. z.B. BGE 131 I 74, 85; BGE 123 I 56, 61).

21 *Praktische Bedeutung:* Die Annahme, dass die früher mitunter heftig ausgetragene Drittwirkungsdebatte (mahnend RENÉ RHINOW, So nicht! Zum Stil wissenschaftlicher Kritik, SJZ 1987, 99) dank BV 35 ein Ende findet (vgl. MAHON, Comm., Art. 35, N 12), ist etwas zu optimistisch. Die Debatte ist vielmehr mit BV 35 in eine neue Phase getreten. Als Hauptproblem erscheint nun auch vom Verfassungstext her nicht mehr das «ob», sondern das «wie», d.h. die Frage des *Ausmasses* bzw. der *Voraussetzungen und Modalitäten* der (grundsätzlich indirekten) Drittwirkung. Zur Beantwortung trägt BV 35 (mit dem hochgradig unbestimmten Passus: «soweit sie sich dazu eignen»), wenn überhaupt, nur marginal bei. Die Fragen sind *grundrechtsspezifisch* anzugehen, unter Klärung der jeweiligen Bedeutung des Machtproblems (vgl. N 2 und 16; zum «Streikartikel», BV 28 Abs. 3, als *lex specialis* zu BV 35 vgl. N 16 zu BV 28). Eine mitunter verkannte Schlüsselrolle spielen funktionell-rechtliche Überlegungen (vgl. BIAGGINI, Verfassung und Richterrecht, 410 ff.): Inwieweit ist es Sache der *Gerichte,* inwieweit allein Sache des *Gesetzgebers,* den Grundrechten im Horizontalverhältnis Wirkung zu verleihen?

Literaturhinweise

BESSON SAMANTHA, Les obligations positives de protection des droits fondamentaux, ZSR 2003 I, 49 ff.; BIAGGINI GIOVANNI, Rechtsstaatliche Anforderungen an die Auslagerung und an den ausgelagerten Vollzug staatlicher Aufgaben sowie Rechtsschutz, in: René Schaffhauser/Tomas Poledna (Hrsg.), Auslagerung und Privatisierung von staatlichen und kommunalen Einheiten, St. Gallen 2002, 143 ff.; CAMPRUBI MADELEINE, Kontrahierungszwang gemäss BGE 129 III 35: ein Verstoss gegen die Wirtschaftsfreiheit, AJP 2004, 384 ff.; EGLI PATRICIA, Drittwirkung von Grundrechten, Zürich 2002; HÄNER EGGENEBERGER ISABELLE, Grundrechtsgeltung bei der Wahrnehmung staatlicher Aufgaben durch Private, AJP 2002, 1144 ff.; Hangartner Yvo, Grundrechtsbindung öffentlicher Unternehmen, AJP 2000, 515 ff.; Ders., Öffentlichrechtliche Bindungen privatrechtlicher Tätigkeit des Gemeinwesens, Festschrift Mario M. Pedrazzini, Bern 1990, 129 ff.; Häsler Philipp, Geltung der Grundrechte für öffentliche Unternehmen, Bern 2005; Martenet Vincent, La protection contre les discriminations émanant de particuliers, ZSR 2006 I, 419 ff.; Müller Jörg Paul, Allgemeine Bemerkungen zu den Grundrechten, VRdCH, 621 ff.; Schefer Markus, Grundrechtliche Schutzpflichten und die Auslagerung staatlicher Aufgaben, AJP 2002, 1131 ff.; Ders., Die Kerngehalte von Grundrechten, Bern 2001; Ders., Gefährdung von Grundrechten, Basler Festgabe zum Juristentag 2004, Basel/Bern 2004, 441 ff.; Uebersax Peter, Privatisierung der Verwaltung, ZBl 2001, 393 ff.; Uhlmann Felix, Gewinnorientiertes Staatshandeln, Basel 1997; Vogel Stefan, Der Staat als Marktteilnehmer, Zürich 2000.

Art. 36 Einschränkungen von Grundrechten

¹ Einschränkungen von Grundrechten bedürfen einer gesetzlichen Grundlage. Schwerwiegende Einschränkungen müssen im Gesetz selbst vorgesehen sein. Ausgenommen sind Fälle ernster, unmittelbarer und nicht anders abwendbarer Gefahr.

² Einschränkungen von Grundrechten müssen durch ein öffentliches Interesse oder durch den Schutz von Grundrechten Dritter gerechtfertigt sein.

³ Einschränkungen von Grundrechten müssen verhältnismässig sein.

⁴ Der Kerngehalt der Grundrechte ist unantastbar.

1   Die Bestimmung hat zwar kein direktes Vorbild in der BV 1874, will jedoch nicht Neues schaffen, sondern – anknüpfend an Rechtsprechung und Lehre – Bestehendes in allgemeiner, eingängiger Form sichtbar machen (vgl. Botsch. BV, 194). Der Verfassungsgeber hat sich am traditionellen «Quartett» der Erfordernisse orientiert: gesetzliche Grundlage, öffentliches Interesse, Verhältnismässigkeit, Wahrung des Kerngehaltes (vgl. BGE 119 Ia 460, 478; J.P. Müller, VRdCH, 641 ff.). Gegebenenfalls mitzubedenken sind die ähnlich strukturierten, aber nicht durchweg identischen Erfordernisse gemäss EMRK (vgl. EMRK 5, EMRK 8–11, je Ziff. 2).

Anwendungsbereich und weitere allgemeine Fragen

2   *Grundaussage:* BV 36 bringt zunächst und vor allem zum Ausdruck, dass die im 1. Kapitel (BV 7 ff.) gewährleisteten Grundrechte im Allgemeinen *nicht absolut* gelten, jedoch einen *qualifizierten Schutz* gegen staatliche (näher N 9 ff. zu BV 35) Beeinträchtigungen geniessen.

3   *Tragweite:* BV 36 listet vier Erfordernisse auf, erhebt damit aber *weder den Anspruch*, die Zulässigkeit grundrechtsrelevanten staatlichen Handelns *abschliessend* zu regeln, *noch den Anspruch,* eine auf *alle* Grundrechte *gleichermassen* anwendbare Ordnung zu normieren. Je nach Grundrecht können weitere Anforderungen hinzutreten (z.B. BV 94 Abs. 1 bei BV 27). Bei manchen Grundrechten sind die Elemente des BV 36 nur zum Teil oder gar nicht relevant (siehe N 4). Praktisch bedeutet dies: Ein schematisches «Durchprüfen» der Kriterien gemäss BV 36 ist kein Garant für eine richtige Antwort auf die Frage der Zulässigkeit des betreffenden staatlichen Handelns.

4   *Zur Frage des «Anwendungsbereichs»:* Der Blick auf Bedeutung und Funktion des BV 36 wird eher verstellt als erhellt durch die Debatte um dessen Anwendungsbereich. Nach verbreiteter Auffassung «passt» BV 36 nur auf die klassischen Freiheitsrechte, nicht jedoch auf Grundrechte, wie sie in BV 7–9, 10 Abs. 3, 12, 19 oder 29–32 gewährleistet sind (vgl. z.B. SCHWEIZER, SG-Komm., Art. 36, N 7; RHINOW, Grundzüge, N 1102 f.; Botsch. BV, 194; weniger apodiktisch als noch in der Vorauflage HÄFELIN/HALLER, 94; differenzierend TSCHANNEN, Staatsrecht, 140; J.P. MÜLLER, VRdCH, 641). Dieser Ansatz erfüllt zwar einen guten Zweck, indem verhindert wird, dass Grundrechte mit dem Charakter einer rechtsstaatlichen Minimalgarantie (z.B. BV 9, Willkürverbot) oder einer Kerngehaltsgarantie (z.B. BV 10 Abs. 3, Folterverbot) unter Berufung auf gesetzliche Regelungen und rechtfertigende öffentliche Interessen aufgeweicht oder ausgehöhlt werden. Ein pauschales Beiseiteschieben von BV 36 erweist sich indes, bei näherem Hinsehen, als wenig hilfreich, ja letztlich kontraproduktiv. Dies lässt sich etwa am Beispiel der Verfahrensgarantien oder des Rechtsgleichheitsgebotes zeigen.

– Trotz Minimalstandard-Charakter sind bei Verfahrensgarantien gewisse Relativierungen u.U. zulässig (vgl. z.B. N 18 und 21 zu BV 29 betreffend Beschränkung der Akteneinsicht bzw. nicht-sofortige Gewährung des rechtlichen Gehörs). Es erhöht die Rationalität der Entscheidung (und verbessert den Grundrechtsschutz), wenn man die in BV 36 normierten Erfordernisse, gegebenenfalls in adaptierter Form, zur Überprüfung des staatlichen Handelns mit heranzieht (z.B. Normbestimmtheit, Eignung, Zweck-Mittel-Relation; vgl. auch die Bezugnahme auf BV 36 in BGE 126 I 26, 28 ff. betreffend Sperrfrist für Haftentlassungsgesuche, BV 31).

– Ähnlich lassen sich die tragenden Gedanken des BV 36 für die Prüfung von Ungleichbehandlungen fruchtbar machen (vgl. N 16 zu BV 8).

Ein differenzierendes Heranziehen der Kriterien des BV 36 auch ausserhalb der klassischen Freiheitsrechte erscheint daher geboten (vgl. auch SCHEFER, Beeinträchtigung, 9 ff., der für einen je spezifischen Anwendungsbereich der vier Absätze plädiert). – Dass das Bundesgericht bei den *sozialen* (Leistungs-)*Grundrechten* aus BV 19 (Grundschulunterricht) und BV 12 (Recht auf Nothilfe) eine «sinngemässe (Teil-)Anwendung» von BV 36 in Betracht zieht (BGE 129 I 12, 19; BGE 131 I 166, 176) und eine analoge Anwendung gewisser Aspekte des BV 36 bei der *Gemeindeautonomie* nicht ausschliesst (BGE 129 I 290, 300; vgl. auch BGE 131 I 91, 99: Verhältnismässigkeit: implizit via BV 5), ist daher grundsätzlich zu begrüssen, auch wenn der höchstrichterliche Lösungsansatz noch nicht ganz ausgereift erscheint (vgl. auch BGE 132 I 134, 137: analoge Anwendung beim Anspruch auf Gerichtszugang; BGE 131 I 126: Gesetzesvorbehalt im Zusammenhang mit BV 34 Abs. 2; zu weitgehend, beiläufig, BGE 130 I 312, 327: vorbehaltlose Anwendung bei BV 29a!).

5   Ein Grundrecht kann nicht nur durch förmliche Rechtsakte (Erlass, Verfügung, Entscheid), sondern auch durch *faktisches* Handeln in Mitleidenschaft gezogen werden (vgl. J.P. MÜLLER, VRdCH, 639). Die Garantien des BV 36 gelten hier ebenfalls. Auch bei der Beurteilung der Frage, ob eine «faktische Grundrechtsverletzung» vorliegt (BGE 113 V 22, 32; BGE 118 V 206, 211; vgl. auch WEBER-DÜRLER, BTJP 1999, 131 ff.; SCHEFER, Gefährdungen, 451) – etwa infolge Verweigerung einer mobilitätsfördernden IV-Leistung (mit Blick auf BV 24, 27) – empfiehlt sich ein differenzierendes Heranziehen von BV 36.

6 Jüngere *Beispiele* für eine (mehr oder weniger) einlässliche, systematische Prüfung anhand der Kriterien des BV 36: BGE 130 I 16, 18 ff.; BGE 128 II 259, 269 ff.; für eine «sinngemässe Teilanwendung» von BV 36: BGE 129 I 12, 19 ff. (zu BV 19); BGE 131 I 166, 176 (zu BV 12).

7 *Prozedurale Sicherung:* ParlG 141 verpflichtet den Bundesrat, in seinen Botschaften zu Erlassentwürfen die «Auswirkungen auf die Grundrechte» darzutun, «soweit substanzielle Angaben dazu möglich sind» (Abs. 2).

8 *Kognition:* Im Rahmen der staatsrechtlichen Beschwerde (und wohl auch im Rahmen der neuen Rechtsmittel: BGG 95, BGG 116) prüft das Bundesgericht *grundsätzlich frei*, ob ein überwiegendes Interesse vorliegt, ob die Massnahme verhältnismässig ist und ob der Kerngehalt des angerufenen Grundrechts gewahrt ist (zum Prüfungsprogramm vgl. BGE 130 I 65, 68; BGE 127 I 6, 18). Es auferlegt sich mitunter (nicht immer zu Recht) eine gewisse Zurückhaltung, namentlich wenn es um die Abwägung von Interessen oder die Würdigung der örtlichen Verhältnisse geht (BGE 127 I 164, 172; vgl. auch BGE 128 I 280, 285; N 22 zu BV 26). – Zur Überprüfung der *gesetzlichen Grundlage* vgl. N 15. Soweit Sachverhaltsfeststellungen (und damit Fragen der Beweiswürdigung) zu beurteilen sind, «greift das Bundesgericht grundsätzlich nur ein, wenn die tatsächlichen Feststellungen der kantonalen Instanzen willkürlich sind» (BGE 126 I 112, 116; vgl. jetzt BGG 97, 105, 118). Im Rahmen der abstrakten Normenkontrolle hebt das Bundesgericht den angefochtenen Erlass nur auf, sofern er sich einer grundrechtskonformen Auslegung entzieht (BGE 128 I 327, 334).

Erfordernis der gesetzlichen Grundlage (Abs. 1): Struktur

9 Das Erfordernis der gesetzlichen Grundlage umfasst mehrere (in Abs. 1 teils nur stillschweigend normierte) Komponenten:

- Satz 1: Erfordernis der *generell-abstrakten* Regelung (Vorbehalt des *Rechtssatzes*) – als vorab rechtsstaatlich motivierte *Minimalanforderung;*
- Satz 2: Erfordernis einer gesetzlichen Grundlage *im formellen Sinn* (vom Gesetzgeber erlassen) bei *qualifizierten* Grundrechtsbeschränkungen (Vorbehalt des *Gesetzes*) – als vorab demokratisch motivierte *erhöhte* Anforderung betreffend die Normstufe;
- (implizit bzw. BV 5): Erfordernis der *hinreichend bestimmten* Regelung *(Bestimmtheitsgebot)* – als teils rechtsstaatlich (i.V.m. Satz 1), teils demokratisch (i.V.m. Satz 2) motivierte allgemeine Anforderung.

Ausnahme (Satz 3): Bei *qualifizierten Gefahrenlagen* darf die zuständige Behörde u.U. ohne Grundlage i.S.v. Satz 1 bzw. Satz 2 handeln und dabei auch Grundrechte beschränken. Im klar formulierten Regel-Ausnahme-Regime des Abs. 1 vermögen gewohnheitsrechtliche Normen oder eine konstante Praxis die erforderliche gesetzliche Grundlage nicht zu ersetzen (anders noch z.T. die ältere Rechtsprechung; Hinweise in BGE 105 Ia 2, 5; BGE 111 Ia 31, 32). – Zur Frage, inwieweit die Einwilligung der betroffenen Person die gesetzliche Grundlage zu «ersetzen» vermag, vgl. HÄNER, ZBl 2002, 57 ff.; RALPH MALACRIDA, Der Grundrechtsverzicht, Zürich 1992; SCHEFER, Beeinträchtigung, 70 ff.

Erfordernis der generell-abstrakten Regelung (Abs. 1 Satz 1)

10 *«Gesetzliche»* Grundlage meint *rechtssatzmässige* Grundlage (sog. Gesetz im materiellen Sinn, BGE 108 Ia 33, 35), d.h. eine – von der dafür zuständigen Behörde erlassene – Vorschrift, die *generell* und *abstrakt* ist, d.h. auf unbestimmt viele Personen und Sachverhalte Anwendung findet (vgl. BGE 125 I 361, 364; BGE 128 I 327, 330), die zugleich jedoch *hinreichend bestimmt* sein soll (vgl. N 11). Eine kompetenzgemäss erlassene Regierungsverordnung kann mit anderen Worten als Grundlage für eine Grundrechtsbeschränkung ausreichen. Insoweit steht BV 36 Abs. 1 einer Übertragung von Rechtsetzungszuständigkeiten vom *Gesetzgeber* an den Verordnungsgeber nicht entgegen (zu den Anforderungen im Einzelnen vgl. BGE 128 I 327, 337, mit Hinweisen; N 9 ff. zu BV 164). Ausgeschlossen ist die Delegation aber von Verfassungsrechts wegen (Abs. 1 Satz 2), soweit es um schwerwiegende Grundrechtsbeschränkungen geht.

Bestimmtheitsgebot

11 *Inhalt und Funktion:* Eine Vorschrift muss so präzise formuliert sein, «dass der Bürger sein Verhalten danach richten und die Folgen eines bestimmten Verhaltens mit einem den Umständen entsprechenden Grad an Gewissheit erkennen kann» (BGE 117 Ia 472, 480). Das Bestimmtheitsgebot findet seine Grundlage vorab im Legalitätsprinzip (N 10 zu BV 5; für den Bund: vgl. BV 164), für Grundrechtsbeschränkungen auch in BV 36 Abs. 1 (BGE 132 I 49, 58). Das Erfordernis steht im Dienst der Rechtssicherheit (Berechenbarkeit und Vorhersehbarkeit staatlichen Handelns), der rechtsgleichen Rechtsanwendung und, in Verbindung mit dem Gesetzesvorbehalt, im Dienst der Demokratie (vgl. BGE 128 I 327, 339).

12 *Tragweite* (vgl. BGE 128 I 327, 340): Das Bestimmtheitsgebot gehört, paradoxerweise, selbst zur Familie der vagen und unbestimmten Normen. Die Anforderungen variieren zwangsläufig, denn: «Der Gesetzgeber kann nicht darauf verzichten, allgemeine und mehr oder minder vage Begriffe zu verwenden, deren Auslegung und Anwendung der Praxis überlassen werden muss» (BGE 132 I 49, 58). «Der Grad der erforderlichen Bestimmtheit lässt sich nicht abstrakt festlegen. Der Bestimmtheitsgrad hängt unter anderem von der Vielfalt der zu ordnenden Sachverhalte, von der Komplexität und der Vorhersehbarkeit der im Einzelfall erforderlichen Entscheidung, von den Normadressaten, von der Schwere des Eingriffs in Verfassungsrechte und von der erst bei der Konkretisierung im Einzelfall möglichen und sachgerechten Entscheidung ab» (BGE 128 I 327, 340, mit Hinweisen; BGE 132 I 49, 58; BGE 125 I 369, 379; BGE 109 Ia 273, 284). Die Anforderungen an die Normbestimmtheit dürfen weder überspannt noch vorschnell herabgesetzt werden. Verlangt ist «eine hinreichende und angemessene Bestimmtheit» (BGE 132 I 49, 58). Als Faustregel mag dienen: Je gewichtiger die Einschränkung ist, desto klarer muss die Ermächtigung dazu aus der Rechtsgrundlage resultieren (ähnlich SCHEFER, Beeinträchtigung, 53 f.). Zu berücksichtigen ist, dass Unbestimmtheit bis zu einem gewissen Grad «durch verfahrensrechtliche Garantien gleichsam kompensiert werden» kann (BGE 128 I 327, 340; vgl. BGE 109 Ia 273, 284 betreffend Telefonüberwachung; grundlegend COTTIER) und dass das Bestimmtheitserfordernis im Polizeirecht auf besondere Schwierigkeiten stösst, weshalb Abs. 1 Satz 3 die polizeiliche Generalklausel als Ersatz anerkennt (N 16).

Frage der Normstufe: Vorbehalt des Gesetzes (Abs. 1 Satz 2)

13 *«im Gesetz selbst»:* Bei *schwerwiegenden* Grundrechtsbeschränkungen ist eine «klare und eindeutige» (BGE 130 I 360, 362), d.h. hinreichend bestimmte Grundlage «im Gesetz selbst» (d.h. im formellen Sinn) erforderlich:

- auf *Bundesebene:* referendumspflichtiger Erlass (BV 141), d.h. Bundesgesetz (BV 164), allenfalls völkerrechtlicher Vertrag;
- auf *kantonaler Ebene:* Die Bundesverfassung verlangt nicht, dass die Kantone ihre Gesetze dem Referendum unterstellen (vgl. N 15 zu BV 51); daher genügt im Prinzip ein vom *Parlament* verabschiedeter Erlass (vgl. BGE 128 I 327, 338; BGE 124 I 216, 218; vgl. auch BGE 132 I 157, 159; G.MÜLLER, 756 f.; a.M. SCHEFER, Beeinträchtigung, 58 f.);
- auf *Gemeindeebene:* Den formellen Gesetzen grundsätzlich gleichwertig ist kommunales Recht, das von den Stimmberechtigten oder von der volksgewählten Vertretung (Gemeindeparlament) beschlossen wurde (vgl. HANGARTNER, SG-Komm., Art. 5, N 7).

14 *«schwerwiegend»:* Die Unterscheidung zwischen schwerwiegenden und weniger schwerwiegenden Grundrechtseingriffen ist Gegenstand einer umfangreichen, stark verästelten, richtigerweise einzelgrundrechtsbezogenen Rechtsprechung, die hier nicht resümiert werden kann (vgl. jüngst etwa BGE 130 I 65, 68, mit Beispielen zur persönlichen Freiheit; vgl. auch BGE 131 I 424, 434; BGE 130 I 362). Ob eine Einschränkung *schwer* wiegt, bestimmt sich nach *objektiven* Kriterien, nicht nach dem subjektiven Empfinden Betroffener (BGE 130 I 65, 68). Wiegt eine Beschränkung *weniger* schwer, so genügt ein «Gesetz im materiellen Sinn», d.h. eine kompetenzgemäss erlassene generell-abstrakte Norm (vgl. BGE 108 Ia 33, 35; vgl. auch N 10).

15 *Kognition:* Das Erfordernis der gesetzlichen Grundlage steht in einem engen (freilich nicht immer klar ausgewiesenen) Zusammenhang mit der prozessualen Frage der richterlichen *Kognition* (Intensität der Überprüfung). Das Bundesgericht (als Verfassungsgericht) übt gewöhnlich bei der Auslegung und Überprüfung *kantonaler* Vorschriften, zu Recht, eine gewisse Zurückhaltung. Bei *schwerwiegenden* Grundrechtsbeschränkungen legt es diese Zurückhaltung ab und überprüft Existenz und Anwendung der Rechtsgrundlage mit freier Kognition (BGE 130 I 16, 18; BGE 126 I 112, 116).

Ausnahme: Handeln auf der Grundlage der polizeilichen Generelklausel (Abs. 1 Satz 3)

16 *Funktion:* Die vorausschauende generell-abstrakte Normierung stösst im Bereich der Gefahrenabwehr (sog. Polizeirecht) sachbedingt an Grenzen (näher BGE 128 I 327, 340, mit Hinweisen). Dem trägt Satz 3 Rechnung. Im Fall einer *qualifizierten Gefahrensituation* schadet das Fehlen einer herkömmlichen gesetzlichen Grundlage (i.S.v. Abs. 1) *nicht;* es genügt die Abstützung auf die sog. polizeiliche Generalklausel (eingehend BGE 130 I 369, 383 ff.; vgl. BGE 132 I 229, 243; BGE 126 I 112, 118; aus der älteren Rechtsprechung BGE 111 Ia 246, 248; BGE 106 Ia 58, 60 f.; BGE 103 Ia 310, 311). Dies gilt selbst bei einer schwerwiegenden Grundrechtsbeschränkung (ebenso MAHON, Comm., Art. 36, N 11; SCHWEIZER, SG-Komm., Art. 36, N 12; in diesem Sinn auch BGE 125 II 417, 428, noch zu BV 1874 Art. 102 Ziff. 8–10). – Entgegen verbreiteter Auffassung besteht beim Handeln gestützt auf die polizeiliche Generalklausel durchaus eine Rechtsgrundlage (i.S.v. BV 5 Abs. 1), allerdings nicht eine ge-

setzliche, sondern eine *verfassungsrechtliche*, nämlich in Gestalt von Abs. 1 Satz 3 (allenfalls in Gestalt spezieller Ermächtigungen des kantonalen oder eidgenössischen Verfassungsrechts mit u.U. erhöhten Anforderungen; vgl. z.B. BV 185 Abs. 3).

17 *Tragweite:* Die polizeiliche Generalklausel ist auf «echte und unvorhersehbare sowie gravierende Notfälle ausgerichtet»; sie kann «nicht angerufen werden, wenn typische und erkennbare Gefährdungslagen trotz Kenntnis der Problematik nicht normiert werden» (BGE 130 I 369, 381, betreffend WEF 2001; Anwendbarkeit der polizeilichen Generalklausel bejaht).

– *ernst und unmittelbar:* Vorausgesetzt ist eine *schwere, zeitlich* unmittelbar drohende Gefahr für die öffentliche Ordnung bzw. für fundamentale Rechtsgüter des Staates oder Privater (BGE 126 I 112, 118);

– *nicht anders abwendbar:* Unter den konkreten Umständen darf die Abwendung der Gefahr nicht anders möglich sein als mit gesetzlich nicht vorgesehenen Mitteln (zur Vorhersehbarkeit vgl. BGE 130 I 369, 382 f.).

Die polizeiliche Generalklausel entbindet nicht von der Beachtung der «allgemeinen Prinzipien des Verfassungs- und Verwaltungsrechts», insbesondere des Verhältnismässigkeitsprinzips (BGE 126 I 112, 118).

Rechtfertigung durch öffentliche Interessen oder den Schutz von Grundrechten Dritter (Abs. 2)

18 *Begriff des öffentlichen Interesses:* Die beliebte Feststellung, dass der Begriff örtlich und zeitlich wandelbar sei (Botsch. BV, 195; BGE 106 Ia 267, 271), ist trivial und lenkt nur ab von der eigentlichen Frage, nämlich: wer die *Definitionshoheit* besitzt und (legitimerweise) das letzte Wort hat oder doch zumindest einen gewissen (Bewertungs-)Vorrang, wenn es zu ermitteln bzw. zu prüfen gilt, ob ein rechtfertigendes Interesse gegeben ist. In einer Demokratie – zumal einer stark direkt-demokratisch geprägten – wird die Verfassungsjustiz dem Gesetzgeber einen erheblichen Bewertungs- und Beurteilungsspielraum zugestehen müssen.

19 *Arten:* Traditionsreiche (und meist gewichtige, aber nicht immer durchschlagende) Interessen repräsentieren die so genannten *Polizeigüter:* öffentliche Sicherheit, Gesundheit, Sittlichkeit, Ruhe und Ordnung, Treu und Glauben im Geschäftsverkehr (vgl. BGE 125 I 369, 383; BGE 128 I 327, 342). In Betracht kommen auch, je nach Grundrecht und Umständen, soziale, kulturelle, ökologische oder wissenschaftliche Interessen. Als gewichtig hat das Bundesgericht auch schon das Interesse an der Durchführung eines sportlichen Grossanlasses taxiert (vgl. BGE 112 Ib 195, 204: Rodung im Hinblick auf die Alpine Ski-Weltmeisterschaft 1987 in Crans Montana). Eine abschliessende Liste der möglichen Interessen gibt es nicht. Die Nennung eines Anliegens in der Bundes- oder einer Kantonsverfassung ist ein starkes Indiz, aber keine zwingende Voraussetzung. Dass in der Abwägung mit den betroffenen Grundrechtsinteressen das öffentliche Interesse *überwiegen* muss, ergibt sich ohne weiteres aus dem verwendeten Verb («gerechtfertigt»; vgl. Botsch. BV, 195). Beispiele für eine Interessenabwägung: BGE 128 I 327, 343 ff.; BGE 132 II 408, 415 ff.

20 *Ausschluss bestimmter Interessen?* Abs. 2 schliesst kein öffentliches Interesse von vornherein aus. Entgegen verbreiteter Auffassung fällt das sog. *fiskalische* Interesse – d.h. das Interesse «an der Deckung des allgemeinen Finanzbedarfs» (BGE 116 Ia 81, 84) – nicht kategorisch

ausser Betracht (vgl. auch G.MÜLLER, Komm. aBV, Art. 22ter, N 34). Fiskalische Interessen sind aber nach wie vor kein legitimer Grund für eine Enteignung (vgl. N 16 zu BV 26). Nach einer älteren Formel genügte «für Eingriffe in die Handels- und Gewerbefreiheit nicht jedes irgendwie geartete öffentliche Interesse» (BGE 109 Ia 33, 37 f., mit Hinweisen). Unter der neuen Bundesverfassung hat diese Formel ausgedient (vgl. N 32 zu BV 27; anders beiläufig BGE 131 I 223, 231).

21 *Schutz von Grundrechten Dritter:* Der zweite Satzteil «gibt dem klassischen Gedanken Ausdruck, dass die Freiheit eines jeden da ihre Schranke findet, wo die Freiheit des anderen beginnt» (Botsch. BV, 196; vgl. auch N 15 zu BV 35). Das Abstecken der Grenzen ist in erster Linie Sache des Gesetzgebers (Abs. 1). Das Bundesgericht bemüht sich, im Einzelfall «Lösungen für eine optimale Grundrechtsgewährung und -koordination» zu finden (BGE 128 I 327, 344; vgl. z.B. BGE 127 I 164, 169 betreffend Prioritätenordnung für Kundgebungen auf öffentlichem Grund; BGE 129 I 12, 22 f. betreffend Disziplinarmassnahmen zum Schutz eines geordneten Schulbetriebs). – Blosse Unannehmlichkeiten für Drittpersonen vermögen einen schweren Eingriff wie die Zwangsmedikation nicht zu rechtfertigen; anders verhält es sich bei einer unmittelbaren, schweren Gefährdung des Lebens oder der Gesundheit Dritter (BGE 130 I 16, 20).

22 *Schutz des Grundrechtsträgers vor sich selbst?* Der Grundrechtsträger selbst ist *kein Dritter.* Praxis und Lehre scheinen davon auszugehen, dass Massnahmen wie das Helm- oder das Gurtentragobligatorium (SVG 57 Abs. 5), soweit Grundrechte tangiert sind, durch ein *öffentliches* Interesse gerechtfertigt sind.

Verhältnismässigkeit der Einschränkung (Abs. 3)

23 *Inhalt:* Fast lehrbuchmässig führt das Bundesgericht in BGE 132 I 49, 62 aus (ähnlich BGE 126 I 112, 119): «Das Gebot der Verhältnismässigkeit verlangt, dass eine behördliche Massnahme für das Erreichen des im öffentlichen (oder privaten) Interesse liegenden Zieles geeignet und erforderlich ist und sich für die Betroffenen in Anbetracht der Schwere der Grundrechtseinschränkung zumutbar und verhältnismässig erweist. Erforderlich ist eine vernünftige Zweck-Mittel-Relation. Eine Massnahme ist unverhältnismässig, wenn das Ziel mit einem weniger schweren Grundrechtseingriff erreicht werden kann». Der Grundsatz der Verhältnismässigkeit ergibt sich bereits aus BV 5. Im Rahmen der Verfassungsgerichtsbarkeit kann er indes «jeweils nur zusammen mit einem besonderen Grundrecht» geltend gemacht werden» (a.a.O., 120). – Zu den drei in der Formel genannten Kriterien besteht eine reiche Rechtsprechung, die hier nicht detailliert referiert werden kann (vgl. z.B. BGE 129 I 173, 181 ff.):

– *Eignung:* Aus teils demokratisch-gewaltenteilig, teils föderalistisch motivierter Zurückhaltung prüft das Bundesgericht im Rahmen der Verfassungsgerichtsbarkeit häufig nur, ob die Massnahme *nicht ungeeignet* ist (vgl. z.B. BGE 109 Ia 33, 38, wonach es genügte, dass der «Sirup»-Artikel des Berner Gastgewerbegesetzes ein «tendenziell taugliches Mittel» zur Bekämpfung des Alkoholismus ist).

– *Erforderlichkeit (Notwendigkeit):* «Der Eingriff darf in sachlicher, räumlicher, zeitlicher und personeller Hinsicht nicht einschneidender sein als notwendig» (BGE 126 I 112, 120).

- *Verhältnismässigkeit im engeren Sinn (Zumutbarkeit):* Die berührten Interessen sind gegeneinander abzuwägen (Beispiel: BGE 132 I 49, 63 ff.). Zum möglichst schonenden Ausgleich zwischen gegenläufigen Grundrechtspositionen: BGE 129 I 173, 181 (postmortaler Persönlichkeitsschutz c. Interesse der Angehörigen an der Totenfürsorge); BGE 132 I 181 (Vorrang des Quellenschutzes).

Die Verhältnismässigkeitsprüfung ist naturgemäss stark situationsgeprägt. Bei Personen in *besonderen Rechtsverhältnissen* (z.B. Staatspersonal, Armeeangehörige, Inhaftierte) können u.U. weiter reichende Beschränkungen gerechtfertigt sein, doch dürfen Grundrechte auch hier nicht stärker beschränkt werden, als es das jeweilige öffentliche Interesse erfordert (vgl. BGE 129 I 73: Religionsfreiheit des Inhaftierten). Im Zusammenhang mit der Ausübung von Grundrechten auf öffentlichem Grund und Boden kann der Grundsatz der Verhältnismässigkeit es gebieten, dass die Behörden Alternativen prüfen (BGE 127 I 164, 177 betreffend Versammlungsfreiheit). – Bei der Konkretisierung von grundrechtlichen Leistungsansprüchen kann dem Verhältnismässigkeitsgrundsatz die Funktion eines Untermassverbotes zukommen (vgl. BGE 129 I 12, 20, zu BV 19; SCHEFER, Kerngehalte, 66 ff.).

Wahrung des Kerngehalts (Abs. 4)

24 *Tragweite:* Kerngehalte von Grundrechten sind unantastbar, d.h. gegen Eingriffe absolut geschützt, selbst wenn die Voraussetzungen nach BV 36 Abs. 1–3 erfüllt wären (BGE 131 I 166, 177) – was allerdings praktisch kaum vorstellbar ist (vgl. N 26). Der Begriff «Kerngehalt» ist in der Rechtsprechung seit 1983 heimisch (BGE 109 Ia 273, 290; vgl. zuvor BGE 105 Ia 330, 336, dort allerdings mit Blick auf die speziell gelagerte Eigentumsgarantie, vgl. N 23 zu BV 26). Der Verfassungsgeber hat darauf verzichtet, den Begriff näher zu bestimmen. Ohnehin ergibt sich der Inhalt nicht aus BV 36, sondern aus der Analyse der einzelnen Grundrechtsgarantien (in diesem Sinn KV/BE 28 Abs. 4), wobei heute keineswegs gesichert ist, dass alle Grundrechte einen Kerngehalt besitzen. Eine zentrale Rolle spielt die Garantie der Menschenwürde (BV 7; vgl. SCHEFER, Kerngehalte, 5 ff.). Insofern hat Abs. 4 primär den Charakter einer Verweisung. Ob die «Unantastbarkeit» i.S.v. Abs. 4 neben *menschenrechtlich* fundierten Gehalten auch institutionelle Grundrechtsgehalte (z.B. Eigentum als Institutsgarantie) meint, ist (entgegen verbreiteter Auffassung) zu bezweifeln (vgl. N 23 zu BV 26).

25 *Verhältnis von Schutzbereich und Kerngehalt:* Gewöhnlich ist der Kerngehalt nicht deckungsgleich mit dem Anwendungs- oder Schutzbereich des Grundrechts (das dementsprechend eingeschränkt bzw. relativiert werden kann). Anders verhält es sich bei Grundrechten, deren Schutzbereich und Kerngehalt zusammenfallen. Dies gilt anerkanntermassen für das Verbot der Todesstrafe und das Folterverbot (BV 10), gemäss Bundesgericht auch für das Recht auf Hilfe in Notlagen (BGE 131 I 166, 172, 177; BGE 130 I 71, 75; J.P.MÜLLER, Grundrechte, 178), gemäss verbreiteter – hier nicht vollauf geteilter – Lehrmeinung (vgl. MAHON, Comm., Art. 36, N 19) auch für das Recht auf Leben (vgl. N 11 zu BV 10) und das Zensurverbot (vgl. N 16 zu BV 17). Solche Grundrechte bieten absoluten Schutz (so dass das Bild vom speziell geschützten «Kern» nicht so recht passen will).

26 *Kasuistik:* Dass eine Massnahme nur und allein wegen Verletzung des unantastbaren Kerngehalts für unzulässig erklärt wird, kommt selten vor (für einen speziell gelagerten Fall vgl. BGE 131 I 166, 177, betreffend Hilfe in Notlagen, BV 12) und ist im Bereich der klassischen

Freiheitsrechte kaum vorstellbar, da die Massnahme in aller Regel bereits an der fehlenden Verhältnismässigkeit scheitern wird. Eine Kerngehaltsverletzung wurde u.a. verneint in BGE 130 I 71, 81 (betreffend Hilfe in Notlagen, BV 12); BGE 129 I 173, 181 (betreffend Bestattungsort, BV 10 Abs. 2); BGE 129 V 323, 326 (betreffend Schutz der Privatsphäre, BV 13 Abs. 2); BGE 128 I 280, 283 (betreffend Wohnsitzpflicht, BV 24); BGE 128 II 259, 277 (betreffend Erstellung, Speicherung und Verwendung eines DNA-Profils, BV 13 Abs. 2); BGE 127 I 6, 30 und BGE 126 I 112 (je betreffend die medikamentöse Zwangsbehandlung in einer psychiatrischen Klinik).

Literaturhinweise

COTTIER THOMAS, Die Verfassung und das Erfordernis der gesetzlichen Grundlage, 2. Aufl., Chur 1991; HÄNER ISABELLE, Die Einwilligung der betroffenen Person als Surrogat der gesetzlichen Grundlage bei individuell-konkreten Staatshandlungen, ZBl 2002, 57 ff.; MÜLLER GEORG, Legalitätsprinzip und kantonale Verfassungsautonomie, Festschrift Dietrich Schindler, Basel/Frankfurt a.M. 1989, 747 ff.; MÜLLER JÖRG PAUL, Allgemeine Bemerkungen zu den Grundrechten, VRdCH, 621 ff.; MÜLLER MARKUS, Das besondere Rechtsverhältnis, Bern 2003; SCHEFER MARKUS, Die Kerngehalte von Grundrechten, Bern 2001; DERS., Gefährdung von Grundrechten – Eine grundrechtsdogmatische Skizze, Basler Festgabe zum Schweizerischen Juristentag 2004, Basel/Bern 2004, 441 ff.; DERS., Die Beeinträchtigung von Grundrechten, Bern 2006; WEBER-DÜRLER BEATRICE, Grundrechtseingriffe, BTJP 1999, 131 ff.; DIES., Der Grundrechtseingriff, VVDStRL 57, 1998, 57 ff.; WYSS MARTIN PHILIPP, Öffentliche Interessen – Interessen der Öffentlichkeit, Bern 2001; DERS., «Wer Grundrechte ausübt, muss die Grundrechte anderer beachten», Solothurner Festgabe zum Juristentag, Solothurn 1998, 59 ff.

2. Kapitel: Bürgerrecht und politische Rechte

1   Die Verfassungsgrundlagen des Schweizer Bürgerrechts sind im 2. Kapitel konzentriert. Dagegen werden die zentralen Aspekte der politischen Rechte an anderer Stelle geregelt (BV 34, 51, 136 ff., 149, 150).

2   Obwohl nicht im 3. Titel eingeordnet, handelt das 2. Kapitel mehrfach auch von der bundesstaatlichen Kompetenzverteilung (BV 38, 39, 40).

Art. 37   Bürgerrechte

[1] Schweizerbürgerin oder Schweizerbürger ist, wer das Bürgerrecht einer Gemeinde und das Bürgerrecht des Kantons besitzt.

[2] Niemand darf wegen seiner Bürgerrechte bevorzugt oder benachteiligt werden. Ausgenommen sind Vorschriften über die politischen Rechte in Bürgergemeinden und Korporationen sowie über die Beteiligung an deren Vermögen, es sei denn, die kantonale Gesetzgebung sehe etwas anderes vor.

1 Die Regelung geht im Kern auf die Bundesstaatsgründung zurück (BV 1848 Art. 42 Satz 1 und Art. 48). Sie wurde 1866 (Art. 48) und 1874 modifiziert (BV 1874 Art. 43 Abs. 1 und 4, 44 Abs. 3, 46 Abs. 1, 47 und 60) und im Rahmen der Totalrevision redaktionell erneuert und gestrafft.

Dreifaches Bürgerrecht (Abs. 1)

2 Die Schweiz kennt ein *dreifaches* Bürgerrecht, das Abs. 1 (in alter Tradition) als «von unten nach oben» aufgebaut vorstellt: Das Schweizer Bürgerrecht beruht auf dem Kantonsbürgerrecht, dieses wiederum regelmässig (jedoch nicht von Bundesrechts wegen) auf dem Bürgerrecht einer Gemeinde. Die normative Kernaussage des (weder Kompetenzen noch Individualrechte begründenden) grundsatzartigen Abs. 1 ist, dass alle Schweizerinnen und Schweizer zwingend das Bürgerrecht dreier staatlicher Ebenen besitzen; nur eines oder zwei der genannten Bürgerrechte innezuhaben, ist nicht möglich. Das dreifache Bürgerrecht begründet ein besonderes rechtliches Band («Sonderverbindung») zwischen Bürger und Staatswesen: die *Staatsangehörigkeit (nationalité)*, die mit typischen Rechten (insb. politischen Rechten, vgl. BV 136; Niederlassungsfreiheit, BV 24) und Pflichten (insb. Militär- bzw. Ersatzdienst, vgl. BV 59; vgl. auch MStG 94) einhergeht. Vgl. auch das Bundesgesetz vom 22.6.2001 über die Ausweise für Schweizer Staatsangehörige (Ausweisgesetz; SR 143.1); Reglement des schweizerischen diplomatischen und konsularischen Dienstes vom 24.11.1967 (SR 191.1).

3 Die Verfassungslage ist komplexer, als es die Auslegeordnung in Abs. 1 (Gemeinde–Kanton–Bund) erwarten lässt. Streng von unten nach oben geht der Aufbau nur im Fall der ordentlichen Einbürgerung (BV 38 Abs. 2), und auch dort nur bedingt, da die Kantone befugt, jedoch nicht verpflichtet sind, das Gemeindebürgerrecht als Grundlage des Kantonsbürgerrechts vorzusehen (so z.B. KV/ZH 20; KV/BE 7). In den Anwendungsfällen des BV 38 Abs. 1 (inkl. erleichterte Einbürgerung) gibt das Bundesrecht den Ton an. Kinder sowie erleichtert eingebürgerte Ehegatten erwerben mit dem Schweizer Bürgerrecht automatisch das Bürgerrecht eines Kantons und einer Gemeinde (BüG 4 und 27 Abs. 2), zu denen u.U. keinerlei nähere Beziehung besteht.

4 *Rechtlich* gesehen haben das Gemeinde- (Abs. 2) und das Kantonsbürgerrecht (vgl. z.B. ZGB 376, 378, IPRG 38: Behördenzuständigkeit; BPR 3: politischer Wohnsitz der Fahrenden) nur noch eine *eng begrenzte eigenständige* Bedeutung. Abs. 1 hat heute vorab den Charakter einer historischen Reminiszenz (mit mehr symbolischem als normativem Gehalt), dient aber immerhin dazu, ideell den Boden für den eigentlichen Kernpunkt der schweizerischen Bürgerrechtsordnung zu bereiten: die weiterhin bedeutsame Rolle der Kantone und vor allem der Gemeinden als *Entscheidungsträger* im *Verfahren* der Einbürgerung (vgl. BV 38 Abs. 2).

5 Abs. 1 äussert sich nicht zu Fragen des Mehrfachbürgerrechts (dazu z.B. ZGB 22, 161; IPRG 23; BüG 48; MG 5, MStG 94) und des Ehrenbürgerrechts (vgl. BüG 16).

Verbot der Ungleichbehandlung wegen der Bürgerrechte

6 *Charakterisierung:* Abs. 2 Satz 1 begründet ein einklagbares *verfassungsmässiges Individualrecht* (vgl. N 5 zu BV 189). Inhaltlich wird ein allgemeines und striktes *Gleichbehandlungsgebot* mit eng begrenzten Ausnahmen (vgl. N 8) statuiert, nicht etwa – wie man mitunter liest – ein (blosses) Diskriminierungsverbot (vgl. auch den von BV 8 Abs. 2 abweichenden Sprach-

gebrauch: «bevorzugt oder benachteiligt»). Eine Genfer Regelung, welche für arbeitslose Schweizer, die nicht Genfer Kantonsbürger sind, erst nach einem Jahr Aufenthalt die Möglichkeit einer zeitweiligen Beschäftigung vorsah, wurde vom Bundesgericht zu Recht als verfassungswidrig eingestuft (BGE 122 I 209, zu BV 1874 Art. 43 Abs. 4; vgl. auch BGE 99 Ia 630). Ob KV/TI 30, der den «Auslands-Tessinern» *(ticinesi all'estero)* politische Rechte einräumt, mit Abs. 2 Satz 1 vereinbar ist, erscheint zweifelhaft (kritisch auch MAHON, Comm., Art. 37, N 15; vgl. aber GRISEL, Initiative et référendum, 95). – *Nicht* untersagt werden Unterscheidungen, die am *Wohnsitz* anknüpfen. Diese sind nach Massgabe von BV 8 zu beurteilen. Vgl. BGE 95 I 497 (Differenzierungen im Rahmen des Fischereiregals); BGE 103 Ia 369, 374 (Hochschulzugang); BGE 122 I 109, 116; GRISEL, Komm. aBV, Art. 60, N 7.

7 *Berechtigte und Verpflichtete:* Berechtigt sind alle Inhaber des Schweizer Bürgerrechts, nicht nur die niedergelassenen Bürgerinnen und Bürger anderer Kantone und Gemeinden oder Eingebürgerte (vgl. auch MAHON, Comm., Art. 37, N 12; anders beiläufig SCHAFFHAUSER, VRdCH, 329), verpflichtet ist neben den Kantonen und Gemeinden auch der Bund (ungenau Botsch. BV, 222).

8 *Ausnahmen vom Gleichbehandlungsgebot (Satz 2):* Die Kantone sind befugt (Organisationsautonomie, vgl. BV 47), neben den herkömmlichen (politischen) Gemeinden besondere Gemeinwesen zuzulassen, welche bestimmte Güter verwalten und ihren Mitgliedern besondere Rechte (z.B. Ertragsanteile) einräumen. Solche *Bürgergemeinden oder Korporationen* können je nach Kanton oder Gemeinde ganz verschieden ausgestaltet sein. Einzelnen Kantonen sind sie gänzlich fremd (BGE 125 III 209, mit Hinweisen; vgl. auch GRISEL, Komm. aBV, Art. 43, N 53 ff.; SCHAFFHAUSER, VRdCH, 329 f.). Die Kantone sind berechtigt (nicht verpflichtet), im Bereich der Bürgergemeinden und Korporationen gewisse Ausnahmen vom Gleichbehandlungsgebot vorzusehen. Die etwas merkwürdig anmutende Konstruktion der Regelung («es sei denn ...») beschneidet, wenn auch nur minim, die Autonomie der Kantone und stärkt, wenn auch im Ergebnis nur übergangsrechtlich, die Bürgergemeinden und Korporationen: Letztere bedürfen keiner kantonalen Ermächtigung; vielmehr müssen die Kantone aktiv werden, wenn deren Handlungsspielraum (Abs. 2) beschränkt werden soll. – Andere als die in Satz 2 genannten Ausnahmen sind unter der neuen Bundesverfassung unzulässig (anders wohl TSCHANNEN, Staatsrecht, 202, mit Blick auf BV 39 Abs. 4). Zum Begriff der politischen Rechte vgl. N 5 zu BV 34. – Aus der Judikatur: BGE 132 I 68 (Genossame Lachen SZ; Geschlechterkorporation; Weitergabe des Korporationsbürgerrechts; BV 37 nicht berührt, BV 8 verletzt); BGE 125 III 209 und BGE 117 Ia 107 (beide betreffend die Korporation Zug, bestehend aus Bürgerinnen und Bürgern der Stadtgemeinde Zug, die den Familiennamen eines der 36 Korporationsgenossen-Geschlechter tragen); BGE 116 Ia 359, 378 (zur Frage des Frauenstimmrechts in Bürger- und Korporationsgemeinden).

Literaturhinweise

SCHAFFHAUSER RENÉ, Bürgerrechte, VRdCH, 317 ff.

Art. 38   Erwerb und Verlust der Bürgerrechte

¹ Der Bund regelt Erwerb und Verlust der Bürgerrechte durch Abstammung, Heirat und Adoption. Er regelt zudem den Verlust des Schweizer Bürgerrechts aus anderen Gründen sowie die Wiedereinbürgerung.

² Er erlässt Mindestvorschriften über die Einbürgerung von Ausländerinnen und Ausländern durch die Kantone und erteilt die Einbürgerungsbewilligung.

³ Er erleichtert die Einbürgerung staatenloser Kinder.

1   Die Bestimmung führt – redaktionell angepasst, inhaltlich durch die Räte leicht erweitert (Abs. 3) – den 1983 revidierten BV 1874 Art. 44 nach.

2   In der Volksabstimmung vom 26.9.2004 scheiterten zwei Verfassungsvorlagen, die dem Bund zusätzliche Kompetenzen verschafft hätten (Ausländer der 2. bzw. 3. Generation; Grundsatzgesetzgebung betreffend Einbürgerung; vgl. BBl 2003 6599). Von drei Gesetzesvorlagen, welche die Bundesversammlung am 3.3.2003 verabschiedet hatte (vgl. BBl 2003 6807), konnte nur eine in Kraft treten (betreffend Bürgerrechtserwerb von Personen schweizerischer Herkunft und Gebühren, in Kraft seit 1.1.2006). – Die am 9.1.2006 eingereichte eidgenössische Volksinitiative «für demokratische Einbürgerungen» (BBl 2006 843) verlangt die Ergänzung von BV 38 um einen Abs. 4: «Die Stimmberechtigten jeder Gemeinde legen in der Gemeindeordnung fest, welches Organ das Gemeindebürgerrecht erteilt. Der Entscheid dieses Organs über die Erteilung des Gemeindebürgerrechts ist endgültig.» (vgl. BBl 2004 2425). Die Initiative ist aus rechtsstaatlicher, föderalistischer und völkerrechtlicher Sicht höchst problematisch, erfüllt aber keinen der Ungültigkeitstatbestände gemäss BV 139 (vgl. auch N 17).

Überblick

3   *Werdegang:* Wie aus BV 38 implizit hervorgeht, folgt die Schweiz bei der Regelung des Bürgerrechtserwerbs der Maxime des *ius sanguinis* (Abstammung), nicht jener des *ius soli* (Geburtsort). Bei Bundesstaatsgründung hatte sich der Bund damit begnügt, das Schweizer Bürgerrecht dem Kantonsbürgerrecht gewissermassen überzustülpen (BV 1848 Art. 42). Mit der ersten Totalrevision erlangte der Bund die Kompetenz, «Bedingungen» betreffend den Bürgerrechtserwerb festzulegen (BV 1874 Art. 44 Abs. 2; vgl. auch Art. 54 Abs. 4, Bürgerrechtserwerb der Ehefrau kraft Heirat; aufgehoben in der Volksabstimmung vom 4.12.1983). Nach einer ersten Teilrevision des BV 1874 Art. 44 im Jahr 1928 und einer Totalrevision der Ausführungsgesetzgebung im Jahr 1952 (BG vom 29.9.1952 über Erwerb und Verlust des Schweizer Bürgerrechts; SR 141.0) ebnete die Teilrevision von 1983 den Weg für die geschlechtsneutrale Regelung betreffend den Bürgerrechtserwerb des ausländischen Ehegatten (Abkehr von der direkten Bürgerrechtswirkung der Eheschliessung für die ausländische Gattin, erleichterte Einbürgerung; vgl. auch Änderung des BüG vom 23.3.1990, in Kraft seit 1.1.1992). Die früher hoch gehaltene Maxime der «Einheit des Bürgerrechts in der Familie» (BGE 97 I 692; vgl. auch BüG 33) hat sich stark relativiert (vgl. BGE 131 I 18). – Anders als im frühen Bundesstaat (vgl. BV 1848 Art. 64, passives Wahlrecht) trifft die Verfassung heute keine Unterscheidung nach dem Erwerbsgrund mehr.

4   *Grundkonzept:* BV 38 sieht eine bundesweit einheitliche Regelung nur für bestimmte, in der Verfassung abschliessend aufgezählte Tatbestände vor (Abs. 1 und 3), nicht hingegen für den nach wie vor bedeutsamen Fall der sog. *ordentlichen Einbürgerung* (Abs. 2). Der Bund ist hier darauf beschränkt, *Mindestvorschriften* aufzustellen und deren Einhaltung zu kontrollieren. Im Übrigen ist die ordentliche Einbürgerung Sache der Kantone, die dabei, neben BüG 12 ff., diverse allgemeine Vorgaben des Bundes zu beachten haben, insb. aus Grundrechten wie BV 8 Abs. 2, BV 9, BV 29 (vgl. BGE 132 I 17; BGE 129 I 217; BGE 129 I 232). Die Kantone können, immer im Rahmen des Bundesrechts, *weitere Anforderungen* statuieren (vgl. hinten N 13). Eine nationale Einbürgerungspolitik wird dadurch weithin verunmöglicht, was um so anachronistischer anmutet, als das Gemeinde- und vor allem das Kantonsbürgerrecht, neben dem Schweizer Bürgerrecht, kaum eigenständige Bedeutung haben (vgl. N 4 zu BV 37; kritisch auch TSCHANNEN, Staatsrecht, 214). Die schweizerische Bürgerrechtsordnung zeigt noch zu Beginn des 21. Jahrhunderts gewisse staatenbündische Züge.

5   *Entscheidungsträger:* Bei der ordentlichen Einbürgerung müssen alle drei Staatsebenen zustimmen. In der Praxis ist gewöhnlich der Einbürgerungsentscheid auf *Gemeindestufe* das «Nadelöhr» beim Erwerb des Schweizer Bürgerrechts. Der Entscheid kann einer Exekutivbehörde oder dem kommunalen Parlament obliegen. Vielfach, vor allem in kleineren Gemeinden, sind die in der (Bürger-)Gemeindeversammlung zusammentretenden Stimmberechtigten zuständig (zur Problematik der Versammlungsdemokratie in Bezug auf die Wahrung grundrechtlicher Garantien vgl. insb. BGE 129 I 217; BGE 130 I 140; vgl. auch BGE 132 I 196, BGE 131 I 18, BGE 129 I 232: Anspruch auf Begründung des negativen Einbürgerungsentscheids).

6   *Statistisches:* Die Zahl der Einbürgerungen belief sich im (Rekord-)Jahr 2006 auf 46'700 (2005 38'400; Quelle: BFS, Medienmitteilung vom 22.2.2007). Im Jahr 2004 kamen auf 100 ausländische Personen 2,43 Einbürgerungen. Die *erleichterten* Einbürgerungen machten 1992–2004 rund ein Drittel aller Fälle aus.

Thematisch begrenzte umfassende Bundeskompetenz (Abs. 1)

7   Abs. 1 begründet eine *verpflichtende* Gesetzgebungskompetenz des Bundes mit nachträglich derogatorischer Wirkung. Während der Bund den Bürgerrechtsverlust und die Wiedereinbürgerung umfassend regeln kann, ist er in Bezug auf den Bürgerrechtserwerb thematisch auf drei familienrechtliche Vorgänge beschränkt. Die Bundeskompetenz erfasst, konsequenterweise (vgl. BV 37 Abs. 1), auch den Erwerb bzw. Verlust des Kantons- und Gemeindebürgerrechts (vgl. BüG 4 und 11). – Der Bund kann, anders als bei Abs. 2, die Einzelentscheidung einer Bundesbehörde zuweisen (vgl. BüG 32). – Die Abstützung des Ausweisgesetzes (SR 143.1) auf BV 38 Abs. 1 (vgl. Ingress AwG; BBl 2000 4775) ist mit dessen Wortlaut nur schwer zu vereinbaren.

8   *Ausführende Gesetzgebung:* Der Bund hat die Materie abschliessend geregelt (vgl. insb. BüG 1–11). Bürgerrechtsrelevante Vorschriften finden sich auch im ZGB (ZGB 161, 267a, 271). Die dortigen Regelungen betreffend Bürgerrechtserwerb durch *Heirat* und kraft *Abstammung* (Privilegierung der Ehefrau, ZGB 161, bzw. des Vaters, ZGB 271) widersprechen dem Gebot der Gleichbehandlung der Geschlechter (so ausdrücklich auch das Bundesgericht: BGE 125 III 209, 216; BGE 116 II 657, 665, zu BV 1874 Art. 4 Abs. 2); diese Bestimmungen fallen aber nicht in den Anwendungsbereich von EMRK 14 und sind für die rechtsanwendenden Behör-

den massgebend (BV 190). – Die Scheidung berührt das Kantons- und Gemeindebürgerrecht nicht (ZGB 119).

9 *Abstammung, Heirat, Adoption (Erwerb):* Die Verfassung überlässt es dem Bundesgesetzgeber, ob er in den genannten Fällen einen *Automatismus* vorsehen will (Erwerb von Gesetzes wegen) – so BüG 1 für die Abstammung (Geburt und gleichgestellte Sachverhalte) und BüG 7 für die Adoption – oder eine Einbürgerung durch *behördlichen Akt* vorsehen will – so BüG 27 bzw. 28 seit dem 1.1.1992 für die Heirat (erleichterte Einbürgerung). Entgegen Botsch. BV, 223, ergibt sich die Kompetenz des Bundes für die Regelung der erleichterten Einbürgerung in den genannten Fällen bereits aus Abs. 1, nicht erst aus Abs. 2. Ob ein Rechtsanspruch auf erleichterte Einbürgerung besteht, ist umstritten (bejahend Mahon, Comm., Art. 38, N 15; ablehnend BGE 129 II 401, 404; Häfelin/Haller, 383; Schaffhauser, VRdCH, 326).

10 *«Heirat»* meint die Ehe im hergebrachten Sinn (vgl. N 2 zu BV 14). Dementsprechend eröffnet die eingetragene Partnerschaft für gleichgeschlechtliche Paare (PartG, SR 211.231, in Kraft seit 1.1.2007) nicht den Weg der erleichterten Einbürgerung i.S.v. BV 38 Abs. 1 (und BüG 26 ff.). Vielmehr führt BüG 15 (Abs. 5 und 6 i.d.F. vom 18.6.2004) eine Art «erleichterte ordentliche» Einbürgerung ein (mit verkürzten Wohnsitzfristen analog zu BüG 27). – Jüngere *Kasuistik:* BGE 132 II 113; BGE 130 II 482, BGE 130 II 169 und BGE 128 II 97 (Nichtigerklärung bzw. Widerruf der erleichterten Einbürgerung); BGE 129 II 401 (Tod des schweizerischen Ehegatten im Verfahren; Härtefall).

11 *Bürgerrechtsverlust und Wiedereinbürgerung:* Mit dem Verlust des Schweizer Bürgerrechts (Satz 2) erlöschen auch die anderen Bürgerrechte. – Zum Verlust von Gesetzes wegen vgl. BüG 8 ff., zum Verlust durch behördlichen Beschluss (Entlassung auf Gesuch hin bzw. Entzug) vgl. BüG 42 ff. – Zur Wiedereinbürgerung vgl. BüG 18 ff.

Einbürgerung von Ausländern: begrenzte Bundeskompetenz (Abs. 2)

12 *Natur der Kompetenz:* Abs. 2 begründet eine besonders geartete *Gesetzgebungs*kompetenz sowie eine partielle *Administrativ*kompetenz des Bundes in Bezug auf die sog. *ordentliche* Einbürgerung von *Ausländern* bzw. Staatenlosen *(naturalisation, naturalizzazione).* Die Regelung der Einbürgerung von Personen aus anderen Kantonen ist Sache der Kantone.

13 *Gesetzgebungskompetenz («Mindestvorschriften»):* Abs. 2 bildet eine eigene Kompetenzkategorie, die einer Grundsatzgesetzgebungskompetenz (vgl. N 12 vor BV 42) ähnelt, aber teils weiter geht (Detaillierungsgrad), teils weniger weit (nur Minimal-, keine Maximalvorgaben). Die Umwandlung in eine Grundsatzgesetzgebungskompetenz (die den Handlungsspielraum des Bundes erweitert hätte) scheiterte in der Volksabstimmung vom 26.9.2004. – Regelungszweck ist, historisch, die Verhinderung eines kantonalen Bürgerrechts-«Dumpings» (das auch gesamtschweizerische Auswirkungen hätte). – Die geltende Gesetzgebung statuiert minimale Anforderungen betreffend den *Wohnsitz* in der Schweiz (BüG 15: 12 Jahre als Regelfall) und betreffend die *Eignung* (BüG 14: insb. in die schweizerischen Verhältnisse eingegliedert und mit den schweizerischen Lebensgewohnheiten, Sitten und Gebräuchen vertraut sein). – Ein bundesrechtlicher Anspruch auf Einbürgerung besteht nicht, doch können die Kantone einen Anspruch einräumen, was vereinzelt geschehen ist (vgl. BGE 90 I 276, 279, Basel-Stadt). Umgekehrt können die Kantone (und je nach Kanton: auch die Gemeinden) *weitere* Anforderungen festlegen (z.B. betreffend Wohnsitzdauer in Kanton und Gemeinde, Sprachkenntnisse,

Integration), was bundesweit zu beträchtlichen Ungleichheiten führt, zusätzliche Hürden für jene Bewerber schafft, die gelegentlich den Wohnort innerhalb der Schweiz wechseln, und eine nationale Einbürgerungspolitik weithin verunmöglicht. Seit dem 1.1.2006 dürfen die zuständigen Behörden «höchstens Gebühren erheben, welche die Verfahrenskosten decken» (BüG 38). Mit den, je nach Gemeinde, prohibitiven Einbürgerungstaxen (vgl. BBl 2002 1986: z.T. bis 50'000 Franken bzw. ein Zwölftel des Jahreseinkommens) hat es somit ein Ende. Dass es sich bei der neuen Bundesvorgabe klar nicht um eine Mindest-, sondern um eine (kompetenzrechtlich höchst fragwürdige) Maximalvorschrift handelt, scheint den Bundesgesetzgeber wenig gekümmert zu haben.

14 *Vorgaben betreffend Vollzugsordnung:* Die Einbürgerungsentscheidung liegt von Bundesverfassungsrechts wegen in der Zuständigkeit der Kantone. Im Einbürgerungsverfahren kommt kraft kantonalen Rechts gewöhnlich den Gemeinden (allenfalls: Bürgergemeinden; vgl. BGE 125 III 209) eine zentrale Rolle zu (vgl. BGE 131 I 18; BGE 130 I 140). Die ausdrücklich vorgesehene *Einbürgerungsbewilligung* des Bundes dient dazu, die Einhaltung der Mindestvorschriften zu kontrollieren (vgl. BüG 12: Gültigkeitserfordernis).

15 *Rechtsnatur des Einbürgerungsentscheids:* Die einschlägigen Entscheidungen ergehen in Anwendung der eidgenössischen, kantonalen, allenfalls kommunalen Bürgerrechtsgesetzgebung. Es handelt sich um *Akte der Rechtsanwendung* (so zu Recht BGE 129 I 232, 238); dies auch dann, wenn die Entscheidung von den Stimmberechtigten zu treffen ist. Das Bundesgericht spricht in diesem Zusammenhang, wohl um die Grundrechtsbindung (BV 35) zu unterstreichen, von einer «individuell-konkreten Anordnung, die alle Merkmale einer Verfügung erfüllt», und von der Ausübung einer (blossen) «Verwaltungsfunktion» (BGE 129 I 232, 238 bzw. 240). Letzteres ist zwar nicht falsch, aber wenig sensibel, unnötig und möglicherweise kontraproduktiv; *wenig sensibel,* weil es sich im Selbstverständnis vieler Entscheidungsträger um einen «politischen» Akt handelt (vgl. BGE 129 I 232, 237); *unnötig,* weil auch ein politischer Akt rechtsstaatlichen Bindungen unterliegt (BV 35); möglicherweise kontraproduktiv, weil der Gesetzgeber versucht sein könnte, den Einbürgerungsentscheid per Legaldefinition zu einem (unangreifbaren) Akt «eigener Art» zu erheben. Die missglückte Qualifikation sollte bei nächster Gelegenheit korrigiert werden.

16 *Einbürgerungsverfahren und Grundrechte:* Erst spät setzte sich die (richtige) Erkenntnis durch, dass es rechtsstaatlich gesehen möglich sein muss, negative Entscheide im Falle einer Verletzung verfassungsmässiger Rechte anzufechten (wegweisend das Urteil des Verfassungsgerichts BL vom 29.3.2000, BLVGE 2000, 15 ff.). Das Bundesgericht hat in zwei am 9.7.2003 ergangenen Leiturteilen sowohl die *Beschwerdemöglichkeit* als auch die *Grundrechtsbindung* bejaht (BGE 129 I 217, *A. und Mitb./«Emmen»;* BGE 129 I 232, *Schweizerische Volkspartei der Stadt Zürich;* vgl. auch N 24 zu BV 8, N 3 und 25 zu BV 29). Da im Einbürgerungsverfahren über den rechtlichen Status einer Einzelperson entschieden wird, besteht Anspruch auf rechtliches Gehör sowie, bei Abweisung des Gesuchs, auf Begründung. Die zuständige Behörde muss zudem «den Anspruch der Bewerber auf möglichste Wahrung ihres Persönlichkeitsrechts, insbesondere im Bereich des Datenschutzes, beachten; sie darf weder willkürlich noch diskriminierend entscheiden» (BGE 129 I 232, 238). Daraus leitete das Bundesgericht richtigerweise ab, dass Einbürgerungsentscheidungen in der Form der *Urnenabstimmung unzulässig* seien (BGE 129 I 232; zur Problematik individueller Verwaltungsreferenden vgl. auch

VPB 65.35 [2001], Bundesamt für Justiz), in der Form des Gemeindeversammlungsbeschlusses hingegen zulässig, sofern bestimmte Rahmenbedingungen beachtet werden (BGE 130 I 140; vgl. auch BGE 132 I 196; BGE 131 I 18). Ehegatten, die je ein Einbürgerungsgesuch stellen, haben grundsätzlich Anspruch auf eine selbstständige Beurteilung ihres Gesuchs und auf individuelle Begründung. – Entscheidungen über die ordentliche Einbürgerung sind von der Beschwerde in öffentlich-rechtlichen Angelegenheiten ausgenommen (BGG 83 Bst. b), können aber mit Verfassungsbeschwerde angefochten werden (vgl. AB 2004 N 1603, Votum Blocher).

17 *Zurück zu Urnenabstimmungen via Bundesgesetz?* Im Rahmen der parlamentarischen Initiative «Bürgerrechtsgesetz» (vgl. SPK-S, Bericht vom 27.10.2005, BBl 2005 6941) wird eine Korrektur der höchstrichterlichen Rechtsprechung angestrebt (ähnlich die am 9.1.2006 eingereichte Volksinitiative, vgl. N 1). Das kantonale Recht soll Urnenabstimmungen vorsehen können (E-BüG 15a). Die Stimmberechtigten sollen ein Einbürgerungsgesuch nur ablehnen können, wenn ein entsprechender Antrag gestellt und begründet wurde (E-BüG 15b). Schliesslich sollen die Kantone dafür sorgen, dass «die Privatsphäre beachtet wird» (E-BüG 15c). Die vom Bundesgericht herausgearbeiteten Probleme werden nicht wirklich gelöst, sondern verschoben. Die parlamentarische Initiative ist im Zweitrat hängig.

Erleichterte Einbürgerung staatenloser Kinder (Abs. 3)

18 *Kind:* Gemeint sind alle Personen, die das Mündigkeitsalter noch nicht erreicht haben, d.h. auch Personen, die an anderer Stelle als «Jugendliche» angesprochen werden (z.B. BV 11, BV 41). Vgl. auch das Übereinkommen vom 28.9.1954 über die Rechtsstellung der Staatenlosen (SR 0.142.40). – Der Umsetzung dient BüG 30 (i.d.F. vom 3.3.2003, in Kraft seit 1.1.2006). – Für andere Fälle der erleichterten Einbürgerung vgl. vorne N 9 (sowie BüG 27 ff.).

Literaturhinweise

AUER ANDREAS, Direkte Demokratie ohne Grenzen? AJP 2000, 923 ff.; BIANCHI DORIS, Paradigmenwechsel im Einbürgerungsrecht, ZBl 2004, 401 ff.; DIES., Vereinheitlichungstendenzen im Einbürgerungsverfahren, in: Benjamin Schindler/Regula Schlauri (Hrsg.), Auf dem Weg zu einem einheitlichen Verfahren, Zürich 2001, 301 ff.; EHRENZELLER BERNHARD, Entwicklungen im Bereich des Bürgerrechts, in: Alberto Achermann u.a. (Hrsg.), Jahrbuch für Migrationsrecht 2004/2005, 13 ff.; HARTMANN KARL, Erwerb und Verlust des Schweizer Bürgerrechts, in: Peter Uebersax u.a. (Hrsg.), Ausländerrecht, Basel usw. 2002, 383 ff.; KIENER REGINA, Rechtsstaatliche Anforderungen an Einbürgerungsverfahren, recht 2000, 213 ff.; KREIS GEORG/KURY PATRICK, Die schweizerischen Einbürgerungsnormen im Wandel der Zeit, Bern 1996; SCHAFFHAUSER RENÉ, Bürgerrechte, VRdCH, 317 ff.; SCHÖNBERGER CHRISTOPH, Unionsbürger, Tübingen 2005 (insb. 80 ff.); THÜRER DANIEL/FREI MICHAEL, Einbürgerung im Spannungsfeld zwischen direkter Demokratie und Rechtsstaatlichkeit, ZSR 2004 I, 205 ff.; TÖNDURY ANDREA MARCEL, Existiert ein ungeschriebenes Grundrecht auf Einbürgerung? in: Patricia M. Schiess Rütimann (Hrsg.), Schweizerisches Ausländerrecht in Bewegung, Zürich 2003, 189 ff.

Art. 39   Ausübung der politischen Rechte

¹ Der Bund regelt die Ausübung der politischen Rechte in eidgenössischen, die Kantone regeln sie in kantonalen und kommunalen Angelegenheiten.

² Die politischen Rechte werden am Wohnsitz ausgeübt. Bund und Kantone können Ausnahmen vorsehen.

³ Niemand darf die politischen Rechte in mehr als einem Kanton ausüben.

⁴ Die Kantone können vorsehen, dass Neuzugezogene das Stimmrecht in kantonalen und kommunalen Angelegenheiten erst nach einer Wartefrist von höchstens drei Monaten nach der Niederlassung ausüben dürfen.

1   BV 39 vereint Vorgaben unterschiedlicher Art und Substanz, die zumeist auf die Bundesstaatsgründung (vgl. BV 1848 Art. 42; BV 1874 Art. 43) zurückgehen. Vgl. auch BV 136 sowie N 25 zu BV 34.

Kompetenzen von Bund und Kantonen (Abs. 1)

2   *Rechtsnatur:* Abs. 1 ist hybrider Natur, teils konstitutiv, teils deklaratorisch: Er *begründet* einerseits eine (in BV 136 ff. vorausgesetzte) umfassende, durch das BPR im Wesentlichen ausgeschöpfte *Gesetzgebungskompetenz* des Bundes mit nachträglich derogierender Wirkung (konkurrierende Kompetenz; vgl. BV 1874 Art. 74 Abs. 3; a.M. KLEY, SG-Komm., Art. 39: ausschliessliche Kompetenz); andererseits *bekräftigt* er die (sich bereits aus BV 3 ergebende) Regelungskompetenz der Kantone. Diese verfügen im Bereich der politischen Rechte über sehr grosse Autonomie. Abs. 1 entbindet die Kantone indes nicht von der Beachtung *bundesrechtlicher Schranken* (insb. aus BV 8, BV 34, teils aus der Gesetzgebung, vgl. BPR 9). – BV 39 bietet keine Grundlage für allgemeine Presseförderungsmassnahmen (vgl. VPB 69.47, 2005). – Zu Begriff, Umfang und Schutz der politischen Rechte vgl. N 5 und 9 ff. zu BV 34, N 2 ff. vor BV 136; N 2 ff. zu BV 136.

3   *Eidgenössische Angelegenheiten:* vgl. BV 136 ff., BV 149; BG vom 17. Dezember 1976 über die politischen Rechte (BPR; SR 161.1); ParlG 96 ff. – Der Vollzug obliegt zu einem guten Teil den Kantonen. Das Bundesrecht belässt einen gewissen Raum für kantonales (Ausführungs-)Recht (vgl. z.B. BPR 5–8a, 67, 83). Kantonales Ausführungsrecht bedarf der Genehmigung des Bundes (Gültigkeitserfordernis; vgl. BPR 91 und BV 186 Abs. 2).

4   *Kantonale und kommunale Angelegenheiten:* Die Wahl der Mitglieder des Bundesorgans «Ständerat» gilt als kantonale Angelegenheit (BV 150 Abs. 3). Das Bundesrecht enthält nur minimale Vorgaben betreffend den *Bestand* der politischen Rechte auf *kantonaler* Ebene (vgl. N 11 ff. zu BV 51). Inhaltliche Vorgaben an die Ausgestaltung des politischen Systems ergeben sich nicht aus BV 39 Abs. 1 (so aber BGE 131 I 74, 79), sondern aus Bestimmungen wie BV 8, 34, 51 (vgl. BGE 129 I 232, 248). Zur Demokratie auf *kommunaler* Ebene äussert sich die Bundesverfassung nur beiläufig (BV 39). Inwieweit aus dem Demokratiegebot des BV 51 (in BGE 129 I 185, 190, irrtümlich BV 39 zugeordnet) ein Mindestbestand abgeleitet werden kann, ist noch kaum geklärt.

Wohnsitzprinzip (Abs. 2)

5 *Grundsatz:* Die traditionsreiche Regel will die ordnungsgemässe Zusammensetzung des Staatsorgans «Volk» sicherstellen (MAHON, Comm., Art. 39, N 8). Wichtiges Umsetzungsinstrument ist das Stimmregister (BPR 4).

6 *Wohnsitzbegriff:* Unter dem Titel «Politischer Wohnsitz» konkretisiert BPR 3 den Verfassungsbegriff als «Gemeinde, wo der Stimmberechtigte wohnt und angemeldet ist» (und von Amtes wegen im Stimmregister einzutragen ist). Für Fahrende gilt die Heimatgemeinde als politischer Wohnsitz (BPR 3 Abs. 1). Der politische deckt sich meist mit dem zivilrechtlichen Wohnsitz (ZGB 23), wenn auch nicht zwangsläufig und durchweg (vgl. VPR 1, SR 161.11: Bevormundete; Wochenaufenthalter; Ehegatten in bestimmten Fällen).

7 *Abweichungen vom Wohnsitzprinzip:* Die wichtigsten Ausnahmen im *Bund* sind Gegenstand eigener Verfassungsnormen: BV 143 (Wählbarkeit); BV 40 (Auslandschweizer). Zu den Ausnahmen zählen auch die Möglichkeit der brieflichen bzw. elektronischen Stimmabgabe (Bund: BPR 8, 8a, 9), ferner die Ausübung der politischen Rechte an der Landsgemeinde, nicht jedoch die in VPR 1 aufgezählten Sonderfälle (a.M. MAHON, Comm., Art. 39, N 11).

Einheit des politischen Wohnsitzes (Abs. 3)

8 Die im traditionsreichen Abs. 3 (vgl. BV 1848 Art. 42) verankerte «Einheit des politischen Wohnsitzes» dient vor allem der Sicherstellung demokratischer Gleichheit (vgl. BV 136). Erfasst werden die politischen Rechte in Bund, Kanton und Gemeinde. Wie Abs. 2 gilt Abs. 3 auch *innerhalb* eines Kantons.

9 *Auslandschweizer:* Abs. 3 (i.V.m. Abs. 2) verhindert (wie BV 37 Abs. 2), dass ein Kanton seinen in *anderen* Kantonen wohnenden Bürgern politische Rechte einräumt. Hingegen schliesst Abs. 3 es nicht aus, Auslandschweizern politische Rechte in kantonalen bzw. kommunalen Angelegenheiten zu verleihen. Wegen Abs. 3 muss jedoch sichergestellt sein, dass niemand in mehreren Kantonen registriert ist (so auch MAHON, Comm., Art. 39, N 13). – Ob der blosse frühere Wohnsitz im Kanton ein hinreichend festes Band begründet, ist mit KLEY, SG-Komm., Art. 39, N 10, zu bezweifeln.

10 *Nationalratswahl:* Es ist zwar möglich, in einem *anderen* als dem Wohnkanton für den Nationalrat zu kandidieren (vgl. vorne N 7). BPR 27 Abs. 2 schliesst jedoch die Kandidatur in *mehr* als *einem* Kanton aus. Diese seit 1939 bestehende Einschränkung ist die gesetzgeberische Reaktion auf die Mehrfachkandidatur des Migros-Gründers Gottlieb Duttweiler, der im Jahr 1935 in drei Kantonen antrat – und gewählt wurde. Die (sich in erster Linie Doppelbürgern eröffnende) Ausübung politischer Rechte in mehr als einem *Staat* wird durch Abs. 3 nicht berührt.

Kantonale Wartefristen (Abs. 4)

11 *Ermächtigung zur Grundrechtsbeschränkung:* Eine Karenz- oder Wartefrist erschwert kurzfristige taktische Bevölkerungsbewegungen vor Wahlen und Abstimmungen. Als Einschränkung der politischen Rechte bedarf sie einer Grundlage in einem kantonalen *Gesetz*. Abs. 4 bejaht (in aus heutiger Sicht reichlich grosszügiger Weise) das öffentliche Interesse und die Verhältnismässigkeit für eine Wartefrist von maximal drei Monaten. Die Ermächtigung wird von immer weniger Kantonen genutzt (vgl. den Überblick bei GRISEL, Initiative et référendum, 93, wonach 22 Kantone keinen Gebrauch machen).

12 *Anwendungsbereich:* Die Ermächtigung besteht, über den ungenauen Wortlaut («Stimmrecht») hinaus, für *alle* kantonalen und kommunalen politischen Rechte (so auch MAHON, Comm., Art. 39, N 15), nicht jedoch in *eidgenössischen* Angelegenheiten. Als mit BV 39 vereinbar gelten «technisch» bedingte Wartefristen von wenigen Tagen vor Wahlen und Abstimmungen. – In der Lehre findet sich mitunter (beiläufig) eine Eingrenzung auf Neuzuzüger mit *auswärtigem* Bürgerrecht (TSCHANNEN, Staatsrecht, 202; missverständlich auch Botsch. BV, 224). Diese findet im Wortlaut von BV 39 keine Stütze und ist mit BV 37 Abs. 2 nicht vereinbar (wie hier MAHON, Comm., Art. 39, N 16).

13 *Rechtsschutz:* Bei Verletzung des Stimmrechts ist in erster Linie BV 34 anzurufen (anders GRISEL, Initiative et référendum, 38: BV 39).

Literaturhinweise

AUER ANDREAS, Les droits politiques dans les cantons suisses, Genève 1978; GRISEL ETIENNE, Les droits populaires au niveau cantonal, VRdCH, 397 ff.

Art. 40   Auslandschweizerinnen und Auslandschweizer

¹ Der Bund fördert die Beziehungen der Auslandschweizerinnen und Auslandschweizer untereinander und zur Schweiz. Er kann Organisationen unterstützen, die dieses Ziel verfolgen.

² Er erlässt Vorschriften über die Rechte und Pflichten der Auslandschweizerinnen und Auslandschweizer, namentlich in Bezug auf die Ausübung der politischen Rechte im Bund, die Erfüllung der Pflicht, Militär- oder Ersatzdienst zu leisten, die Unterstützung sowie die Sozialversicherungen.

1 Die Bestimmung geht auf den 1966 geschaffenen BV 1874 Art. 45bis zurück. Aus Förderungs- und Gesetzgebungsbefugnissen sind Aufträge geworden (Abs. 1 Satz 1 und Abs. 2), aus der (jetzt nur noch in BV 78, Natur- und Heimatschutz, fortlebenden) «Heimat» die «Schweiz».

2 *Auslandschweizerinnen und Auslandschweizer:* Personen, die nach dem BüG (SR 141.0) das Schweizer Bürgerrecht besitzen, jedoch im Ausland Wohnsitz haben (zum Wohnsitzbegriff Botsch. BV, 225). Als Auslandschweizer gelten grundsätzlich *auch Doppel- oder Mehrfachbürger*, doch finden nicht alle Regelungen gleichermassen Anwendung (vgl. z.B. AFSG 6).

3 *Statistisches:* Bei schweizerischen Vertretungen waren Ende 2006 rund 645'000 Auslandschweizer (460'000 Doppelbürger) immatrikuliert, darunter gut 390'000 in EU-Staaten (rund 170'000 in Fankreich, rund 72'000 in Deutschland), zusammen knapp 110'000 in den USA und in Kanada. Etwa 110'000 (oder 22,5% der über 18-Jährigen) waren im Stimmregister einer Gemeinde eingetragen (Quelle: EDA, Auslandschweizerdienst).

Förderungsauftrag und Unterstützungsbefugnis (Abs. 1)

4 Die *Förderungskompetenz* lässt Raum für kantonale Massnahmen. Als *Instrumente zur Förderung der Beziehungen* dienen u.a.: BG vom 9.10.1987 über die Förderung der Ausbildung junger Auslandschweizerinnen und Auslandschweizer (AAG; SR 418.0 – welches Fi-

nanzhilfen an die von Auslandschweizervereinigungen getragenen sog. *Schweizerschulen* ermöglicht); RTVG 24 Abs. 1 Bst. c und 28 (SRG-Radioprogramm für das Ausland); BG vom 24.3.2000 über die Pflege des schweizerischen Erscheinungsbildes im Ausland (SR 194.1); Reglement des schweizerischen diplomatischen und konsularischen Dienstes vom 24.11.1967 (SR 191.1); Verordnung vom 7.6.2004 über die Vernetzte Verwaltung der Auslandschweizerinnen und Auslandschweizer (VERA-Verordnung; SR 235.22).

5 *Unterstützung von Organisationen:* Vgl., neben dem AAG (N 4), den BB vom 22.6.1962 über die Gewährung einer Ausfallgarantie an die Genossenschaft «Solidaritätsfonds der Auslandschweizer» (SR 852.8) sowie die gestützt auf BV 184 Abs. 3 (und BV 40 Abs. 1) erlassene Verordnung vom 26.2.2003 über die finanzielle Unterstützung von Auslandschweizer-Institutionen (SR 195.11).

Gesetzgebungsauftrag (Abs. 2)

6 *Ausübung der politischen Rechte:* Das Stimmrecht der Auslandschweizer – geregelt im BG vom 19.12.1975 über die politischen Rechte der Auslandschweizer (SR 161.5; vgl. dazu auch die Verordnung vom 16.10.1991, SR 161.51) – steht in einem Spannungsverhältnis zur primär territorial ausgerichteten Idee der Demokratie und ist daher alles andere als eine Selbstverständlichkeit (kritisch auch MAHON, VRdCH, 343). Gemäss Art. 1 des Gesetzes werden die politischen Rechte persönlich in der Stimmgemeinde oder brieflich ausgeübt. Als Stimmgemeinde kann eine Heimat- oder eine frühere Wohnsitzgemeinde gewählt werden. Das Gesetz ermöglicht sowohl die Teilnahme an Wahlen und Abstimmungen als auch die Unterzeichnung von Initiativ- und Referendumsbegehren. Die Wahl in den Nationalrat ist möglich (vgl. BV 143), doch sind, anders als etwa in Italien, im nationalen Parlament keine Sitze für die Auslandsbürger reserviert. Die politischen Rechte in kantonalen und kommunalen Angelegenheiten (insbesondere die Teilnahme an den Ständeratswahlen) richten sich nach kantonalem Recht (vgl. GRISEL, Initiative et référendum, 94 f.; N 9 zu BV 39).

7 *Militär- und Ersatzdienst:* Auslandschweizer sind in Friedenszeiten von der Rekrutierung und der Militärdienstpflicht grundsätzlich befreit (vgl. MG 4), können jedoch freiwillig Ausbildungsdienste leisten. Zur Befreiung der Auslandschweizer von der Ersatzpflicht vgl. WPEG 4a (SR 661); zur Militärdienstpflicht der Doppelbürger vgl. die Verordnung vom 24.9.2004 (VMAD; SR 511.13) und VPB 69.119 (2005), Entscheid des Bundesrates vom 19.1.2005 betreffend Ausübung des Optionsrechts.

8 *Unterstützungsleistungen:* Vgl. das BG vom 21.3.1973 über Fürsorgeleistungen an Auslandschweizer (AFSG; SR 852.1) und die zugehörige Verordnung vom 26.11.1973 (ASFV; SR 852.11). – Davon zu unterscheiden ist der *diplomatische bzw. konsularische Schutz*, in dessen Genuss *alle* Schweizer im Ausland kommen. Ein einklagbarer Anspruch auf diplomatischen Schutz und Beistand (oder gar auf Lösegeldzahlung im Entführungsfall) besteht nicht; der Bund verfügt über weites Ermessen, das einzig durch das Willkürverbot begrenzt ist (VPB 68.78 [2004], Entscheid des Bundesrates vom 14.1.2004). Vgl. immerhin Staatsrechnung 2003, S. 117 (nicht vorhersehbare Mehraufwendungen im Umfang von 6 Mio. Franken); BB vom 13.6.1957 über eine ausserordentliche Hilfe an Auslandschweizer und Rückwanderer, die infolge des Krieges von 1939 bis 1945 Schäden erlitten haben (SR 983.1).

9 *Sozialversicherungen:* Auslandschweizer mit EU-Wohnsitz können seit dem 1.4.2001 nicht mehr der freiwilligen AHV beitreten (vgl. Schlussbestimmungen der Verordnung vom 26.5.1961 über die freiwillige AHV, VFV, SR 831.111; näher ROLAND A. MÜLLER, Soziale Sicherheit, in: Daniel Thürer u.a. [Hrsg.], Bilaterale Verträge Schweiz–EG, 2. Aufl., Zürich 2007, 213 ff.).

Literaturhinweise

HANGARTNER YVO, Das Stimmrecht der Auslandschweizer, Mélanges Jean-François Aubert, Basel/Frankfurt a.M. 1996, 241 ff.; MAHON PASCAL, La citoyenneté active en droit public suisse, VRdCH 335 ff.

3. Kapitel: Sozialziele

1 Die Platzierung der Sozialziele in einem eigenen Kapitel (mit einem einzigen Artikel, weshalb BV 41 keinen eigenen Sachtitel trägt) soll klarstellen, dass (anders als im Grundrechtskapitel) keine einklagbaren Rechte begründet, sondern lediglich Ziele vorgegeben werden (vgl. BV 41 Abs. 4). Wegleitend war das Anliegen, die unbestrittene Sozialstaatlichkeit der Eidgenossenschaft anschaulich zu machen (Botsch. BV, 201).

Art. 41

¹ Bund und Kantone setzen sich in Ergänzung zu persönlicher Verantwortung und privater Initiative dafür ein, dass:

a. jede Person an der sozialen Sicherheit teilhat;
b. jede Person die für ihre Gesundheit notwendige Pflege erhält;
c. Familien als Gemeinschaften von Erwachsenen und Kindern geschützt und gefördert werden;
d. Erwerbsfähige ihren Lebensunterhalt durch Arbeit zu angemessenen Bedingungen bestreiten können;
e. Wohnungssuchende für sich und ihre Familie eine angemessene Wohnung zu tragbaren Bedingungen finden können;
f. Kinder und Jugendliche sowie Personen im erwerbsfähigen Alter sich nach ihren Fähigkeiten bilden, aus- und weiterbilden können;
g. Kinder und Jugendliche in ihrer Entwicklung zu selbstständigen und sozial verantwortlichen Personen gefördert und in ihrer sozialen, kulturellen und politischen Integration unterstützt werden.

² Bund und Kantone setzen sich dafür ein, dass jede Person gegen die wirtschaftlichen Folgen von Alter, Invalidität, Krankheit, Unfall, Arbeitslosigkeit, Mutterschaft, Verwaisung und Verwitwung gesichert ist.

³ Sie streben die Sozialziele im Rahmen ihrer verfassungsmässigen Zuständigkeiten und ihrer verfügbaren Mittel an.

⁴ Aus den Sozialzielen können keine unmittelbaren Ansprüche auf staatliche Leistungen abgeleitet werden.

1   Die Bestimmung ist ohne direktes Vorbild in der BV 1874, doch besteht eine enge innere Verwandtschaft zum Zweckartikel (BV 1874 Art. 2, heute BV 2), zum «Wohlfahrtsartikel» (BV 1874 Art. 31bis) sowie zu den Zielklauseln diverser Aufgabennormen. Nicht zu übersehen sind die Anleihen beim Internationalen Pakt vom 16.12.1966 über wirtschaftliche, soziale und kulturelle Rechte (SR 0.103.1) sowie bei jüngeren Kantonsverfassungen (z.B. KV/BE 30). Ausländische Beobachter meinen, kommunitaristisches Gedankengut ausmachen zu können (so WINFRIED BRUGGER, A Communitarian Gem: Article 41 of the New Swiss Constitution, in: The Responsive Community 13/2003, 83 ff.). Die bewegte Entstehungsgeschichte (RHINOW, BTJP 1999, 173) steht in einem gewissen Kontrast zur begrenzten rechtlichen Tragweite des BV 41.

2   *Rechtlicher Stellenwert:* BV 41 gibt im Sinne einer *Staatszielbestimmung* grundlegende Ziele vor, ohne sich konkret zur Frage des einzuschlagenden Wegs oder der einzusetzenden Mittel zu äussern. Aus BV 41 ergeben sich *Handlungsaufträge*, die sich hauptsächlich an den (eidgenössischen und kantonalen, Abs. 3) *Gesetzgeber* richten (Botsch. BV, 200), aber auch für die übrigen Organe des Staates von Belang sind, so z.B. als Auslegungshilfe bei der Rechtsanwendung (vgl. BGE 130 I 16, 20: Heranziehen u.a. von Abs. 1 Bst. b bei der Ermittlung des öffentlichen Interesses i.S.v. BV 36 Abs. 2; zurückhaltend BGE 126 II 377, 391). – Die in Abs. 1–3 verwendeten Verben («setzen sich ein», «streben an») unterstreichen einerseits die Permanenz des Handlungsauftrags, machen andererseits deutlich, dass die Sozialziele keinen absoluten Charakter besitzen. BV 41 auferlegt Bund und Kantonen *sozialpolitische Verantwortung*, nicht aber eine eigentliche *Erfolgsgarantie*. Auch wenn man es angesichts der grundlegenden Bedeutung der angesprochenen Lebenssachverhalte bedauern mag: Die *rechtliche* Tragweite der «Grundnorm der schweizerischen Sozialpolitik» (MEYER-BLASER/GÄCHTER, VRdCH, 557) erschliesst sich vor allem *«negativ»*: BV 41 begründet *keine* Kompetenzen (vgl. Abs. 3), *keine* verfassungsmässigen Individualrechte (vgl. Abs. 4) und *keine* Grundlage für Abweichungen vom Grundsatz der Wirtschaftsfreiheit (BV 94). Die Zielvorgaben des BV 41 gehören zum Bundesrecht, über dessen Einhaltung der Bund zu wachen hat (BV 49, 186). Angesichts der grossen Unbestimmtheit der Vorgaben ist nicht zu erwarten, dass der Bund gegen zurückhaltend agierende Kantone vorgehen wird. – Ein Gradmesser für den *praktischen* Stellenwert des BV 41 wird sein, welchen Weg die Verfassungsfortbildung geht. Es würde nicht überraschen, wenn sich das künftige Ringen um die Sozialstaatlichkeit in erster Linie im Aufgabenteil der Verfassung niederschlägt – und nicht in BV 41, der somit wohl auf längere Sicht eine Art Momentaufnahme der sozialpolitischen Errungenschaften und Desiderata (Stand: ausgehendes 20. Jahrhundert) bieten wird.

Katalog der Sozialziele im engeren Sinn (Abs. 1)

3   Bei den in Abs. 1 herausgehobenen Handlungsfeldern geht es um *elementare Aspekte* menschlichen Daseins (soziale Sicherheit, Gesundheit, Familie, Arbeit, Wohnen, Bildung, Jugend). Der Ingress hebt den *ergänzenden,* insofern *subsidiären* Charakter der staatlichen Bemühungen hervor und stellt eine Verbindung zum verfassungsrechtlichen Appell an die Ei-

2. Titel: Grundrechte, Bürgerrechte und Sozialziele

genverantwortung in BV 6 her. Die Auslegung und Abgrenzung der einzelnen Elemente (näher BIGLER-EGGENBERGER, SG-Komm., Art. 41, N 28 ff.) tritt angesichts der begrenzten Funktion des BV 41 in den Hintergrund. Wichtiger ist der Brückenschlag zu konkretisierenden Verfassungsnormen:

a. Teilhabe an der *sozialen Sicherheit:* Vgl. Abs. 2 sowie BV 111 ff.

b. notwendige *Gesundheitspflege:* Angesprochen sind heute in erster Linie die Kantone. Vgl. auch BV 12 und 117 sowie BGE 130 I 16, 20 (Bst. b als Ausdruck eines öffentlichen Interesses).

c. *Familien* (Schutz und Förderung): Der Familienbegriff ist entwicklungsoffen und weiter gefasst als in BV 14. Vgl. auch Bst. e und, aus Bundessicht, BV 13, BV 116 und BV 119 Abs. 2.

d. *Arbeit:* Vgl. BV 110 und BV 122 (Arbeitsvertragsrecht); weiter, aus Bundessicht, BV 8 Abs. 3, BV 100, BV 114 Abs. 2 Bst. a. Eine verfassungsmässige *Verpflichtung* zur Festlegung von Minimallöhnen ergibt sich weder aus BV 41 noch aus BV 110. – Zwei Volksinitiativen, die ein Recht auf Arbeit forderten, wurden 1946 bzw. 1947 verworfen.

e. *Wohnung:* Vgl. BV 108, BV 109 und BV 12 (Obdach). – Eine Volksinitiative, welche die Verankerung eines Rechts auf Wohnung forderte, wurde in der Volksabstimmung vom 27.9.1970 abgelehnt.

f. *Bildung, Aus- und Weiterbildung:* Angesprochen sind in hohem Masse auch die Kantone. Vgl. BV 19 und BV 61a ff. – Die verfassungsrechtliche Verankerung eines Rechts auf Bildung wurde in der Volksabstimmung vom 4.3.1973 verworfen. Das Bundesgericht lehnte in der Folge die Anerkennung eines ungeschriebenen verfassungsmässigen Rechts auf Bildung ab (vgl. BGE 103 Ia 369, 378; BGE 121 I 22, 24).

g. *Kinder und Jugendliche:* Vgl., aus Bundessicht, BV 67 und 68, weiter auch Bst. c und f sowie BV 11, BV 19, BV 38 Abs. 3 und BV 62.

Der Kreis der «Begünstigten» *(nicht:* Träger verfassungsmässiger Ansprüche, vgl. Abs. 4) umfasst je nach Sozialziel die gesamte Bevölkerung oder Teile davon (durchwegs unabhängig von der Staatsangehörigkeit).

Weitere Rahmenbedingungen (Abs. 2, 3 und 4)

4 *Soziale Sicherungssysteme* (Abs. 2): Angesprochen sind die im 20. Jahrhundert nach und nach entwickelten (vgl. TSCHUDI, Sozialverfassung) Sicherungssysteme, die Schutz bieten gegen die *wirtschaftlichen* Folgen des Alters oder bestimmter Ereignisse, die typischerweise mit wirtschaftlichen Einbussen verbunden sind. – Die eigenständige Normierung verdankt sich vor allem dem Wunsch zu verdeutlichen, dass sich die staatliche Sicherung hier (anders als bei Abs. 1) nicht als blosse Ergänzung zu persönlicher Verantwortung und privater Initiative versteht. – Eine konkrete Ausgestaltung wird nicht vorgegeben. Die Kompetenzen liegen heute vor allem beim Bund. Massgeblich sind BV 111 ff. (Alter, Verwaisung, Verwitwung, Invalidität), BV 114 (Arbeitslosigkeit), BV 116 (Mutterschaft), BV 117 (Krankheit, Unfall). Aus BV 41 resultiert weder eine konkrete Verpflichtung zum Leistungsausbau noch eine konkrete Garantie gegen Leistungsabbau (vgl. Abs. 3).

5 Abs. 3 verdeutlicht, dass es Sache des zuständigen Gemeinwesens und des politischen Entscheidungsprozesses ist, den Weg und die einzusetzenden Mittel zu bestimmen (bzw. sozial- und finanzpolitische Prioritäten zu setzen). Der gesetzgeberische Spielraum ist gross, wenn auch nicht unbegrenzt.

6 *Keine Grundlage für Individualansprüche:* Abs. 4 lässt keine Zweifel aufkommen: BV 41 begründet (im Unterschied zu sozialen Grundrechten wie BV 12, 19, 29 Abs. 3) *keine einklagbaren (Sozial-)Rechte* (vgl. BGE 129 I 12, 17; missverständlich die Zwischentitel bei BIGLER-EGGENBERGER, SG-Komm., Art. 41, vor N 61 und 66). Abs. 4 schliesst indes nicht aus (vgl. N 5 vor BV 7):

- die Ableitung von Leistungsansprüchen aus bestehenden Grundrechten (vgl. z.B. BGE 102 Ia 302: ärztliche Betreuung für Gefangene);
- die Anerkennung von ungeschriebenen Grundrechten sozialer Ausrichtung (wie 1995 das Recht auf Existenzsicherung, BGE 121 I 367).

Etwas missverständlich ist das Wort «unmittelbar», denn das logische Gegenstück («mittelbare Ansprüche») gibt es nicht. Abs. 4 spielt hier wohl darauf an, dass die Gesetzgebung, die den Zielen des BV 41 dient, durchaus Ansprüche begründen kann – wenn auch «nur» gesetzliche.

Literaturhinweise

BIGLER-EGGENBERGER MARGRITH, Nachgeführte Verfassung: Sozialziele oder Sozialrechte, Festschrift Yvo Hangartner, St. Gallen 1998, 497 ff.; MADER LUZIUS, Die Sozial- und Umweltverfassung, AJP 1999, 698 ff.; MEYER-BLASER ULRICH/GÄCHTER THOMAS, Der Sozialstaatsgedanke, VRdCH, 549 ff.; RHINOW RENÉ, Wirtschafts-, Sozial- und Arbeitsverfassung, BTJP 1999, 157 ff.; TSCHUDI HANS PETER, Die Sozialverfassung der Schweiz (Der Sozialstaat), Zürich 1996; DERS., Die Sozialziele der neuen Bundesverfassung, SZS 1999, 364 ff.; UEBERSAX PETER, Stand und Entwicklung der Sozialverfassung in der Schweiz, AJP 1998, 3 ff.

3. Titel: Bund, Kantone und Gemeinden

1 *Hauptgegenstand* des 3. Titels sind die (auch in BV 1 und 3 angesprochenen) *bundesstaatlichen Strukturen* der Schweizerischen Eidgenossenschaft. Das 1. Kapitel (BV 42–53) ist allgemeinen Fragen gewidmet. Das umfangreiche 2. Kapitel (BV 54–125) befasst sich nicht nur (wie die Überschrift ankündigt) mit der Verteilung von *«Zuständigkeiten»* (in «Umsetzung» von BV 3), sondern begründet zugleich zahlreiche *Staatsaufgaben*, oft verbunden mit inhaltlichen Vorgaben (und gleicht eher dem EGV als entsprechenden Teilen anderer bundesstaatlicher Verfassungen; vgl. z.B. Art. 70–75 GG). Gegenstand des 3. Kapitels ist die praktisch-politisch wichtige bundesstaatliche *Finanzordnung*.

2 Die auf den *«dreistufigen»* Aufbau des Bundesstaates Bezug nehmende Überschrift kann nicht darüber hinwegtäuschen, dass die Rollen im 3. Titel ungleich verteilt sind. Die Hauptrolle spielt – wegen BV 3 – zwangsläufig der Bund (insb. BV 54 ff.), eine tragende Rolle fällt auch den Kantonen zu (vgl. insb. BV 42 ff.), während den Gemeinden nur ein marginaler Part zukommt (vgl. neben BV 50: BV 89, 100, 128, 129, 134; ferner BV 189) – entsprechend der Maxime, dass der Bund mit den Gemeinden nicht direkt, sondern über die Kantone verkehrt («Mediatisierung»).

3 *Bundesstaatlichkeit:* In der neuen Verfassung fehlt (wie schon in jenen von 1848 und 1874) der Begriff «Bundesstaat». Dennoch ist die Schweiz, ungeachtet des staatenbündisch anmutenden offiziellen Namens (vgl. N 4 zu BV 1), unzweifelhaft ein *Bundesstaat* – der älteste in Europa. Die Bundesstaatsform – als wichtige, aber nicht einzige Ausprägung des politischen Ordnungsprinzips «Föderalismus» (vgl. ARMIN VON BOGDANDY, Supranationaler Föderalismus als Wirklichkeit und Idee einer neuen Herrschaftsform, 1999) – besitzt neben einigen Nachteilen (Schwerfälligkeit, unklare Verantwortlichkeiten) auch viele gewichtige Vorzüge (Machtteilung, Ausgleich, Bürgernähe, grösseres Vertrauen in die Politik, Wettbewerb), was jetzt selbst seitens internationaler Organisationen (die oft föderalismusskeptisch, wenn nicht -blind sind) gelegentlich (an-)erkannt wird (vgl. z.B. den OECD-Bericht zur schweizerischen Regulierungspolitik, März 2006). Darauf ist hier nicht näher einzugehen (vgl. z.B. HALLER/KÖLZ, 140 ff.). Festzuhalten ist, dass die Bundesverfassung darauf verzichtet, im Theorienstreit um Konstruktion und Rechtsnatur des Bundesstaates (Überblick bei PETER PERNTHALER, Allgemeine Staatslehre und Verfassungslehre, 2. Aufl., Wien usw. 1996, 294 ff.) klar Stellung zu beziehen: Die «Souveränität» scheint bei den Kantonen angesiedelt (N 3 zu BV 3), zugleich werden gewisse Andeutungen in Richtung «geteilte» Souveränität gemacht, an anderer Stelle wird dann aber doch der Bund klar über die Kantone gestellt, die jedoch wiederum als eigenständige Verfassungsstaaten mit vollständiger Staatsorganisation vorgestellt werden (vgl. BV 47, 51, 122, 123, 191b) – gleichsam in Bestätigung des Dictums von DENIS DE ROUGEMONT: «Le fédéralisme repose sur l'amour de la complexité» (zitiert bei MACHERET, VRdCH, 138). Bundesstaatstheoretiker werden daher weiterhin über die richtige Erfassung und Einordnung des schweizerischen Bundesstaates rätseln können.

4 *Grundpfeiler schweizerischer Bundesstaatlichkeit:* Der besseren Orientierung dient die Unterscheidung von – je nach Zählweise drei oder fünf – bundesstaatlichen Säulen oder Pfeilern (vgl. SALADIN, Komm. aBV, Art. 3, N 16 ff.):
- substanzielle *Aufgabenautonomie* der Kantone (vgl. BV 3, 43, 47);
- substanzielle *finanzielle* Autonomie der Kantone (vgl. BV 3, 47);
- substanzielle *Organisations- und Verfassungsautonomie* (BV 3, 47, 51);
- *Mitwirkungsrechte* der Kantone auf Bundesebene, ob «substanziell» (so SCHWEIZER, SG-Komm., Vorb. zu Art. 42–135, N 13), ist eher zu bezweifeln (vgl. N 4 zu BV 45);
- Pflicht von Bund und Kantonen zu *loyalem Zusammenwirken* (BV 44).

5 *Föderalismusreform:* Die Verfassungsreform bot Gelegenheit, einen Teil der (sich in den frühen 1990er Jahren intensivierenden) Bestrebungen zur Erneuerung des Föderalismus zu verwirklichen (Botsch. BV, 33, 206 ff.). Zentrale Maximen wurden zum Teil erstmals textlich fixiert und neu im allgemeinen Verfassungskapitel über das «Verhältnis von Bund und Kantonen» (BV 42–53; vgl. N 20 vor BV 42) zusammengefasst. Etliche Formulierungen gehen auf Interventionen der Kantone (bzw. die im Schoss der KdK entstandene sog. Kernvernehmlassung) zurück, deren Hauptanliegen es war, mit der neuen Verfassung das Bild eines partnerschaftlichen Föderalismus zu vermitteln (vgl. Botsch. BV, 79 f., 205 ff.; KONFERENZ DER KANTONSREGIERUNGEN, Verfassungsreform als Föderalismusreform. Der Verfassungsentwurf aus der Sicht der Kantone, Zürich 1997). – Als «zweite Phase der Föderalismusreform» versteht sich das von Bund und Kantonen gemeinsam vorangetriebene Projekt «Neugestaltung des Finanzausgleichs und der Aufgaben zwischen Bund und Kantonen» (vgl. Botsch. NFA, BBl 2002 2303). Die Zielsetzung ist eine vierfache: Vereinfachung des bundesstaatlichen Finanz- und Lastenausgleichs; Aufgaben- und Finanzierungsentflechtung in zahlreichen Aufgabenbereichen; Verbesserung der Zusammenarbeit von Bund und Kantonen in den nicht entflochtenen Bereichen; Förderung der horizontalen Zusammenarbeit der Kantone und des interkantonalen Lastenausgleichs (näher N 2 ff. zu BV 135). Der am 3.10.2003 verabschiedete Bundesbeschluss (BB NFA), der die rund zwei Dutzend betroffenen Verfassungsbestimmungen vereint (BBl 2003 6591), wurde in der Volksabstimmung vom 28.11.2004 angenommen, ist aber bei Drucklegung noch nicht in Kraft. Die Reform beschert der bundesstaatlichen Ordnung das wenig demokratie- und föderalismusfreundliche Instrumentarium der Zwangskooperation (vgl. N 3 zu BV 48a) sowie einige eher diffuse (wenn nicht symbolische) Grundsätze, die geeignet sind, falsche Erwartungen zu wecken (so die zutreffende Einschätzung bei RHINOW, Bundesstaatsreform, 75 und 77; vgl. N 11 zu BV 5a und N 3 zu BV 43a). Die schon fast ins Inflationäre gehende Zunahme föderalistischer Grundsatzbekenntnisse, selbstverständlicher bundesstaatlicher Maximen und substanzarmer ökonomischer Lehrsätze droht die Verfassung in ihrer Funktion als normative Grundordnung des Staates zu entwerten.

Grundbegriffe: Zuständigkeit (Kompetenz) – Aufgabe

6 Die Grundbegriffe «Zuständigkeit» (auch: Kompetenz) und «Aufgabe» werden in der Alltagssprache und in (rechts-)politischen Debatten nicht immer konsequent gehandhabt und unterschieden (mitunter selbst in der Verfassungsurkunde nicht, vgl. N 3 zu BV 187):

3. Titel: Bund, Kantone und Gemeinden   Nr. 1   BV   **Vorbem. Art. 42–135**

- *Zuständigkeit* (vgl. Titel vor BV 54 und passim): Befugnis (Berechtigung), eine bestimmte Regelung oder Massnahme zu treffen.
- *Kompetenz:* im bundesstaatlichen Kontext gewöhnlich ein *Synonym* für Zuständigkeit; der verbreitete Begriff taucht im Verfassungstext nicht auf (wenn man von zwei Fussnoten zu BV 130 absieht).
- *Aufgabe* (vgl. Titel vor BV 42 und passim): Recht und *Pflicht*, etwas zu regeln bzw. zu handeln.

In der Zuweisung einer *Aufgabe* ist (vernünftigerweise) die Zuständigkeit inbegriffen. Aus der Zuweisung einer *Zuständigkeit* ergibt sich hingegen für den Bund nicht automatisch eine Handlungsverpflichtung (Zuständigkeit als blosse Ermächtigung), auch wenn bei der Begründung einer Bundeszuständigkeit gewöhnlich die Vorstellung besteht, dass der Bund «etwas» (das Erforderliche) tun werde bzw. solle. Eine eigentliche Handlungsverpflichtung kann i.V.m. anderen (Verfassungs-)Normen entstehen (vgl. Botsch. BV, 228; zurückhaltend AUBERT, Comm., Remarques liminaires, 3. Titel, 1. Kapitel, 1. Abschnitt, N 3). Die bundesstaatliche Zuständigkeits(ver)teilung deckt sich mithin nicht zwingend mit der Aufgabenteilung, erst recht nicht mit der Aufgabenfinanzierung (auch wenn BV 43a dereinst in Kraft ist). Nicht immer ist die Wortwahl der Verfassung glücklich. So muss man wohl verschiedentlich die «Zuständigkeiten» einschliessen, auch wenn bloss von «Aufgaben» die Rede ist, so z.B. in BV 35 Abs. 2 (Grundrechtsbindung), BV 44 (Unterstützung), BV 67, 69, 75, 76 Abs. 6, 78 u.a.m. (Rücksichtnahme). Den Kantonen kommt umgekehrt zugute, dass BV 55 die Mitwirkung an der Vorbereitung aussenpolitischer Entscheide schon dann vorsieht, wenn kantonale *Zuständigkeiten* betroffen sind.

7   *Schillernder Aufgabenbegriff:* Die Verfassung unterscheidet zwischen *Aufgaben des Bundes* (BV 42) und *Aufgaben der Kantone* (BV 43). Bundesaufgaben müssen indes nicht zwingend durch den Bund selbst wahrgenommen werden (vgl. BV 178 Abs. 3: «Aufgabenauslagerung», wenn auch unter Beibehaltung der «Aufgabenverantwortung» des Bundes). – Von *Staats*aufgaben/*staatlichen* Aufgaben ist die Rede, wenn es nicht um das bundesstaatliche Verhältnis (Bund–Kantone), sondern um das Verhältnis Staat–Bürger und die «Aufgaben» (so missverständlich BV 93 Abs. 4: Medien; BV 104 Abs. 2: Landwirtschaft) – besser Tätigkeiten – Privater geht. Von verfassungsrechtlicher Relevanz ist der Begriff der «staatlichen Aufgabe» insb. in BV 35 Abs. 2 (Grundrechtsbindung, siehe dort N 11). – Irgendwo «dazwischen» angesiedelt ist der Begriff der *«öffentlichen Aufgabe»*, der in der BV selbst nicht verwendet wird, aber in der Lehre und in etlichen Kantonsverfassungen präsent ist (bisher allerdings ohne scharfe Konturen).

8   *Verantwortung:* Mit der Totalrevision hat auch der Begriff «Verantwortung» in die Verfassungsurkunde Eingang gefunden, allerdings – anders als im VE 77 (Art. 48 ff.) – nicht im bundesstaatlichen Kontext (vgl. Präambel, BV 6, BV 41).

Einteilung der Kompetenzen

9   Bei den Zuständigkeiten ist zunächst zu unterscheiden zwischen den (aus bundesstaatlicher Sicht interessierenden) *Verbandskompetenzen* und den *Organkompetenzen* (vgl. BV 163 ff.: Bundesversammlung; BV 180 ff.: Bundesrat). Bei den Verbandskompetenzen geht die Bundesverfassung vom System der Einzelermächtigung aus. Wegen der «subsidiären Generalklau-

sel» des BV 3 (Botsch. BV, 227) müssen die kantonalen Zuständigkeiten in der Verfassungsurkunde nicht erwähnt werden. Es resultiert ein «lückenloses» System der Kompetenzaufteilung, das aber nicht immer leicht anzuwenden ist. Der Versuch, die verschiedenen Arten von Bundeskompetenzen in der neuen Bundesverfassung möglichst systematisch und einheitlich zu umschreiben (Botsch. BV, 227), ist nur bedingt geglückt und wird in der seitherigen Praxis der Verfassungsgebung immer wieder unterlaufen. – Herkömmlicherweise wird unterschieden:

10 ... *nach der Art der Verankerung in der Verfassungsurkunde:* zwischen *ausdrücklichen* und *stillschweigenden* Zuständigkeiten. Weder BV 3 noch BV 42 verlangen eine ausdrückliche Verfassungsgrundlage. Eine Bundeskompetenz kann in einer Verfassungsnorm stillschweigend *mit enthalten* oder *vorausgesetzt* sein. Bei den stillschweigenden Kompetenzen unterscheidet man üblicherweise zwischen:

- *impliziten* Zuständigkeiten (kraft Sachzusammenhangs; *implied powers*); früher z.B. Teile des Fernmeldewesens (BV 1874 Art. 36); seit der Verfassungsreform: selten;
- *inhärenten* Zuständigkeiten (kraft bundesstaatlichen Staatsaufbaus; *inherent powers*): z.B. Festlegung von Hoheitszeichen; Regelung des öffentlichen Beschaffungswesens (für Behörden der Bundesebene), dies auf der Grundlage der (in BV 164 Abs. 1 Bst. g vorausgesetzten) Organisationskompetenz des Bundes; Erlass von Kollisionsregeln, z.B. betreffend das anwendbare Recht im Fall einer gemeinsamen Beschaffung Bund–Kanton (vgl. BGE 130 I 156, 165: «compétence implicite»; vgl. auch AUBERT, Comm., Art. 106, N 12). – Im Grundsatz anerkannt, in ihrer Tragweite umstritten ist die Bundeskompetenz zur Wahrung der inneren Sicherheit (vgl. N 6 ff. zu BV 57).

Die Begriffe «stillschweigend» und «ungeschrieben» sollten besser nicht synonym verwendet werden (so aber BGE 117 Ia 202, 212; zu Recht kritisch TSCHANNEN, Staatsrecht, 279). – Unzulässig ist die Begründung von Bundeszuständigkeiten durch Vertrag (vgl. AUBERT, Comm., Art. 42, N 6). Für eine Begründung durch Gewohnheitsrecht fehlt heute der Raum (so auch TSCHANNEN, Staatsrecht, 280).

11 ... *nach den Rechtswirkungen* (Auswirkungen auf die Zuständigkeiten der Kantone):

- *konkurrierende Kompetenzen* (mit *nachträglich* derogatorischer Wirkung; in der steuerrechtlichen Literatur mitunter missverständlich als «bedingt ausschliesslich» bezeichnet): Die Begründung der Bundeskompetenz hat keine unmittelbaren Auswirkungen auf allfällige kantonale Regelungen. Diese werden nur hinfällig, wenn und soweit der Bund von seiner Kompetenz Gebrauch macht. Solange dies nicht geschieht, bleiben die Kantone zuständig;
- *parallele Kompetenzen:* Bund und Kantone sind gleichzeitig und grundsätzlich unabhängig voneinander zuständig. Weder die Begründung der Bundeskompetenz noch die Umsetzung durch den Bundesgesetzgeber haben unmittelbare Auswirkungen auf die kantonale Zuständigkeit; kantonale Regelungen können fortbestehen. Hauptbeispiel sind die diversen Förderungskompetenzen des Bundes;
- *ausschliessliche Bundeskompetenzen* (mit *ursprünglich* derogatorischer Wirkung oder Kraft): Bereits mit Begründung der Bundeskompetenz werden alle einschlägigen Regelungen der Kantone hinfällig (selbst wenn auf Bundesebene noch keine konkretisierende Gesetzgebung besteht).

Der Normalfall ist die *konkurrierende* Kompetenz. Recht häufig begegnet man (mehr oder weniger «reinen») Parallelkompetenzen. Für ausschliessliche Bundeskompetenzen gibt es nur vereinzelte Beispiele (vorab im oft übersehenen Bereich des Staatsorganisationsrechts, vgl. z.B. BV 188 Abs. 2), die nicht selten umstritten sind (so z.B. BV 54). Eine der wenigen wahrhaft ausschliesslichen Bundeskompetenzen findet sich paradoxerweise in einer Domäne der Kantone, nämlich bei den direkten Steuern (direkte *Bundes*steuer, BV 128) – wenn man für ein Mal «begriffsjuristisch» argumentieren darf. Ein kantonales Gegenstück zu den ausschliesslichen Kompetenzen des Bundes gibt es in der Bundesverfassung nicht. Die Nennung kantonaler Kompetenzen (z.B. BV 62, 69, 78, 122) erscheint wegen BV 3 *prima vista* nicht erforderlich, kann aber der Klarstellung bzw. als Auslegungshilfe (Tragweite der Bundeskompetenz) dienen (vgl. AUBERT, Comm., Art. 122, N 11). – Nicht heimisch geworden ist in der Schweiz der Typus der (echten) «Gemeinschaftsaufgabe» (vgl. Art. 91a des deutschen GG), doch gibt es gewisse terminologische Annäherungen (vgl. BV 124, Opferhilfe, sowie neuerdings BV 61a und BV 63a).

12   ... *nach dem Umfang* oder der Intensität: Eine Bundeskompetenz kann:
   – *umfassend* sein, d.h. einen Regelungsbereich ganz erfassen (Beispiele: BV 122, BV 123; ein Indiz ist die Formel «ist Sache des Bundes»);
   – auf *Teilaspekte* eines grösseren Regelungsthemas beschränkt – d.h. mehr oder weniger *fragmentarisch* – sein (Beispiel: BV 118);
   – auf die Festlegung von *Grundsätzen* beschränkt sein, sog. *Grundsatzgesetzgebungskompetenz*. Mit der Totalrevision wurde der früher gelegentlich verwendete (missverständliche) Begriff «Rahmengesetzgebungskompetenz» verabschiedet; allerdings scheint sich die Staatspraxis darum bereits nicht mehr zu kümmern (vgl. BBl 2005 5484, zu BV 64a). Beispiele: BV 75 (Raumplanung); BV 76 Abs. 2 (Wasser), BV 77 (Wald) u.a.m. – Die recht grosszügige Staatspraxis (kritisch AUBERT, Comm., Art. 42, N 10) schliesst die Regelung gewisser Detailfragen nicht prinzipiell aus (vgl. z.B. N 3 zu BV 75, N 5 zu BV 77).

13   ... *nach Staatsfunktionen bzw. Handlungsformen:* Die Kompetenzzuweisung kann:
   – *alle* Staatsfunktionen umfassen (Rechtsetzung, Vollzug, Rechtsprechung);
   – sich auf *bestimmte* Staatsfunktionen beschränken (z.B. nur Gesetzgebung);
   – in anderer Weise die Handlungsmöglichkeiten begrenzen (z.B durch Beschränkung auf Förderung, Unterstützung usw.).

Reine Gesetzgebungskompetenzen sind weniger häufig, als man allein aufgrund des Verfassungswortlauts annehmen könnte, denn «Gesetzgebungskompetenzen» schliessen meist die Vollzugs- und Rechtsprechungskompetenz stillschweigend ein. Die Zuweisung reiner Verwaltungskompetenzen ist theoretisch denkbar, aber in der Praxis kaum umsetzbar; die in der Literatur genannten Beispiele (z.B. BV 81, öffentliche Werke; vgl. RUCH, VRdCH, 931 f.) erweisen sich bei näherer Prüfung gewöhnlich als Kompetenzgrundlagen für den Erlass von (sachlich u.U. eng begrenzten) Vorschriften.

14   ... *nach dem Verpflichtungsgrad:* Anders als in der BV 1874 werden heute Bundeskompetenzen in der Regel

- *verpflichtend* formuliert («erlässt», «fördert»), gelegentlich im Sinn einer
- blossen *Ermächtigung* («kann» regeln, fördern usw.; vgl. z.B. BV 63a, Errichtung einer Bundesuniversität; BV 71, Filmförderung).

Nur auf den ersten Blick erstaunt, dass die Verfassung im Bereich der Steuern fast durchweg «kann»-Formulierungen verwendet (vgl. BV 86, 128, 130, 131, 132). – Eine verpflichtende Formulierung macht die Kompetenz zur *Aufgabe;* über Art und Umfang der Aufgabenerfüllung ist damit noch nicht abschliessend entschieden. Zu beachten sind allfällige Relativierungen der Verpflichtung durch BV 42 Abs. 2, künftig BV 5a und 43a (vgl. N 9 zu BV 5a). Umgekehrt kann aus einer blossen Ermächtigung in Verbindung mit anderen Verfassungsbestimmungen (z.B. BV 41) eine Verpflichtung werden. – Die Bundesverfassung erteilt mitunter Handlungs- bzw. Regelungsaufträge, ohne gleichzeitig eine Kompetenz zu begründen. (z.B. BV 8 Abs. 4, BV 94 Abs. 3). Die Aufgabe ist auf der Grundlage und im Rahmen von anderweitig begründeten Zuständigkeiten zu erfüllen.

15 ... *nach der Art der Handlungsvorgaben:* Eine Bundeskompetenz kann:
- allein über den Regelungsgegenstand definiert sein, ohne dass inhaltliche Vorgaben genannt werden (z.B. BV 95 Abs. 1, BV 98 Abs. 3);
- mit *Zielvorgaben verknüpft* (z.B. BV 89: Energiepolitik) oder sogar über ein *Ziel definiert* sein (z.B. BV 97: Schutz der Konsumenten).

Nach wie vor ist es eher unüblich, in Kompetenzbestimmungen konkrete Instrumente zu nennen (vgl. z.B. BV 100: Arbeitsbeschaffungsreserven). Die Festlegung des Instrumentariums ist eine Domäne des Bundesgesetzgebers, der dabei gewöhnlich über einen weiten Gestaltungsspielraum verfügt.

Zur Ermittlung des Kompetenztragweite

16 Die Ermittlung der Kompetenztragweite ist eine Frage der *Verfassungsauslegung*, die nach den üblichen («anerkannten») Auslegungsregeln erfolgt (vgl. Einleitung, N 18 ff.). Der (vom Verfassungsgeber nicht zufällig gewählte) *Wortlaut* ist wichtig, aber nicht immer aussagekräftig (stillschweigende Bundeskompetenzen, N 10) und nicht immer verlässlich. So kann die Wendung *«ist Sache des Bundes»* für Verschiedenes stehen (vgl. Botsch. BV, 228; anders noch VE 95, vgl. Botsch. BV, 227): ausschliessliche Bundeskompetenz (z.B. BV 133, Zölle), umfassende Bundeskompetenz (z.B. BV 122, Zivilrecht), (umfassende) Bundeskompetenz, die es erlaubt, vom Grundsatz der Wirtschaftsfreiheit (BV 94) abzuweichen (z.B. BV 87, Eisenbahnen usw.). Der Passus soll sogar (wenn man Botsch. BV, 336 f., folgt) in ein und derselben Bestimmung (BV 121) zwei verschiedene Bedeutungen haben können (Ausländerrecht: umfassend; Asylgesetzgebung: ausschliesslich)! – Mehrdeutig ist auch der Begriff «sorgen für»: Er steht gewöhnlich für eine blosse (nicht kompetenzbegründende) Zielvorgabe (z.B. BV 77 Abs. 1) oder Handlungsvorgabe (BV 62 Abs. 2), kann aber u.U. eine Regelungskompetenz des Bundes begründen (BV 95 Abs. 2; BV 124).

17 *Bedeutung der Verfassungssystematik:* Bundeszuständigkeiten finden sich nicht nur im 2. Kapitel des 3. Titels (wo nicht alle Bestimmungen von Kompetenzfragen handeln; vgl. etwa BV 73, BV 94), sondern über die ganze Bundesverfassung verstreut. So stützt sich das BPR (gemäss Fussnote zum Ingress) auf Verfassungsnormen des 2., 4., 5. und 6. Titels

(BV 39, 136, 149, 192). Nach einhelliger Lehre lassen sich aus Grundrechtsbestimmungen (BV 7–36) keine Bundeskompetenzen ableiten (anders freilich mitunter die Staatspraxis; vgl. hinten N 19). Viele Gesetzgebungskompetenzen ergeben sich (mehr oder weniger) stillschweigend aus dem 5. Titel (Bundesbehörden).

Frag- und Merkwürdiges aus der Staatspraxis

18 Die Staatspraxis ist vielfältiger, als es ein Blick in die Kommentar- und Lehrbuchliteratur vermuten lässt. Zu den atypischen Fälle gehören etwa (vgl. auch N 6 zu BV 66; N 3 zu BV 67):

- «Harmonisierungskompetenzen»: BV 65 Abs. 2, BV 75a Abs. 3, vielleicht auch BV 95 Abs. 2 (bei der Steuerharmonisierungskompetenz, BV 129, handelt es sich formell um eine Grundsatzgesetzgebungskompetenz). – Der kompetenzumschreibende Begriff «Harmonisierung» hat bisher noch kaum klare Konturen erlangt;
- «Mindestkompetenzen»: BV 38 Abs. 2 betreffend Einbürgerung von Ausländern (von Botsch. BV, 228, und AUBERT, Comm., Art. 42, N 10 zu Unrecht den Grundsatzgesetzgebungskompetenzen zugerechnet);
- Kompetenzen, die als konkurrierende beginnen und im Laufe der Zeit zu ausschliesslichen Kompetenzen mutieren (vgl. KLEY, recht 1999, 189 ff., mit Beispielen, insb. Münzwesen);
- neuerdings «subsidiäre» Bundeskompetenzen (BBl 2005 5481, 5505, 5521, zu BV 62 bzw. 63a).

19 In der *Gesetzgebungspraxis* begegnet man – in jüngerer Zeit vermehrt – «unorthodoxen» Abstützungsversuchen. Das Spektrum geht von der Verlegenheitslösung bis zum klaren Fehlgriff. Eine beliebte *Verlegenheitslösung* ist die Berufung:

- auf BV 173 Abs. 2, der freilich nur eine *Organ*kompetenz begründet (vgl. z.B. Ingress zum BPG, SR 172.220.1; zum BGMK, SR 138.1; vgl. auch Botsch. BG über die polizeilichen Informationssysteme des Bundes vom 24.5.2006, BBl 2006 5090),
- auf den ebenfalls nicht kompetenzbegründenden BV 164 Abs. 1 Bst. g (vgl. z.B. Ingress zum Parlamentsgesetz, ParlG) bzw. die Pendants in der BV 1874 (vgl. RVOG; BoeB).

Reichlich merkwürdig ist die Nennung von BV 1874 Art. 64 (heute BV 122) als alleinige Grundlage für das BG vom 10.10.1997 über die Rüstungsunternehmen des Bundes (BGRB; SR 934.21). Um klare *Fehlgriffe* handelt es sich bei der Nennung (je neben anderen Bestimmungen) von:

- BV 8 Abs. 4 im Ingress zum BehiG (SR 151.3),
- BV 27 Abs. 1 (Wirtschaftsfreiheit) im Ingress zum KG (SR 251),
- BV 94 Abs. 2 im Ingress zum Bauproduktegesetz (SR 933.0),
- BV 1874 Art. 22ter (gemäss Fussnote: heute BV 26 und 36!) im Ingress zum Enteignungsgesetz (SR 711), zum Anschlussgleisegesetz (SR 742.141.5) und zum BGBB (SR 211.412.11).

Bisher unübertroffen ist der Ingress zum neuen Finanz- und Lastenausgleichsgesetz (BG vom 3.10.2003, FiLaG; SR 613.2; mit Ausnahme von Art. 20 noch nicht in Kraft), wo (neben

BV 135) BV 47 (!), BV 48 (!) und BV 50 (!!) angeführt werden, während der nahe liegende BV 48a Abs. 3 fehlt.

Literaturhinweise

BIAGGINI GIOVANNI, Föderalismus im Wandel, ZÖR 2002, 359 ff.; DERS., Theorie und Praxis des Verwaltungsrechts im Bundesstaat, Basel/Frankfurt a.M. 1996; DERS., Asymmetrien im schweizerischen Föderalismus, in: Francesco Palermo u.a. (Hrsg.), Auf dem Weg zum asymmetrischen Föderalismus? (im Druck); FLEINER THOMAS/MISIC ALEXANDER, Föderalismus als Ordnungsprinzip der Verfassung, VRdCH, 429 ff.; FRENKEL MAX, Föderalismus und Bundesstaat, 2 Bände, Bern 1984/6; HANGARTNER YVO, Die Kompetenzverteilung zwischen Bund und Kantonen, Bern usw. 1974; IMBODEN MAX, Die staatsrechtliche Problematik des schweizerischen Föderalismus, ZSR 1955 I, 209 ff.; JAAG TOBIAS, Die Rechtsstellung der Kantone in der Bundesverfassung, VRdCH, 473 ff.; KLEY ANDREAS, Bundeskompetenzen mit ursprünglich derogatorischer Wirkung aus historischer Perspektive, recht 1999, 189 ff.; KNAPP BLAISE, Le fédéralisme, ZSR 1984 II, 275 ff.; KNAPP BLAISE, La répartition des compétences et la coopération de la Confédération et des cantons, VRdCH, 457 ff.; KONFERENZ DER KANTONSREGIERUNGEN, Verfassungsreform als Föderalismusreform. Der Verfassungsentwurf aus der Sicht der Kantone, Zürich 1997; MÄCHLER AUGUST, Föderalismus in der Krise: Geleitete Zusammenarbeit als Ausweg?, ZSR 2004 I, 571 ff.; RHINOW RENÉ, Bundesstaatsreform und Demokratie, in: René L. Frey (Hrsg.), Föderalismus zukunftstauglich?!, Zürich 2005, 63 ff.; SALADIN PETER, Bund und Kantone, ZSR 1984 II, 431 ff.; DERS., Lebendiger Föderalismus, in: DERS., Die Kunst der Verfassungserneuerung, Basel/Frankfurt a.M. 1998, 167 ff.; SCHINDLER DIETRICH, Differenzierter Föderalismus, Festschrift Ulrich Häfelin, Zürich 1989, 371 ff.; SCHWEIZER RAINER J., Die neue Bundesverfassung: die revidierte bundesstaatliche Verfassungsordnung, AJP 1999, 666 ff.; DERS., Homogenität und Vielfalt im schweizerischen Staatsrecht, VRdCH, 161 ff.; VATTER ADRIAN, Föderalismusreform, Zürich 2006; ZIMMERLI ULRICH, Bund–Kantone–Gemeinden, BTJP 1999, 35 ff.; DERS., Neue Bundesverfassung und föderalistische Strukturen, in: Peter Gauch/Daniel Thürer (Hrsg.), Die neue Bundesverfassung, Zürich 2002, 79 ff.

1. Kapitel: Verhältnis von Bund und Kantonen

20 Im Bereich der bundesstaatlichen Beziehungen wurde die Leitidee der «Verfassungsnachführung» (nicht zuletzt unter dem Einfluss der Kantone) als Auftrag gedeutet, ein anschauliches Bild des «gelebten», «partnerschaftlichen» Föderalismus zu skizzieren. Entstanden ist eine Art «Allgemeiner Teil» über das «Verhältnis von Bund und Kantonen», in welchem neben bewährten Maximen des schweizerischen Föderalismus auch einige unbestrittene («konsensfähige») Neuerungen (mit allerdings oft geringem Innovationsgehalt) Aufnahme fanden. Erwähnt seien:

- der (missglückte) Versuch, das bundesstaatliche Subsidiaritätsprinzip in der Verfassung zu verankern, ohne das Wort Subsidiarität zu verwenden (BV 42 Abs. 2; vgl. jetzt die «Nachbesserung» im Rahmen des BB NFA (BV 5a und BV 43a, beide noch nicht in Kraft);
- die ausdrückliche Verankerung des Systems des Vollzugsföderalismus (BV 46 Abs. 1) und der Garantie kantonaler Eigenständigkeit (BV 47);

- die Thematisierung der heterogenen dritten Ebene (Gemeinden, BV 50);
- die Regelung des Verfahrens für Bestandes- und Gebietsänderungen (BV 53);
- die Garantie kantonaler Mitwirkung bei der Vorbereitung aussenpolitischer Entscheide (BV 55; nicht mehr im «Allgemeinen Teil»).

Die Grundpfeiler des schweizerischen Bundesstaates wurden im Zuge der Totalrevision der Bundesverfassung nicht grundlegend geändert, sondern sanft renoviert. Die Verfassungsgerichtsbarkeit greift zwar auch im Bereich der bundesstaatlichen Beziehungen (BV 189). Die bundesstaatlichen Grundsätze des 1. Kapitels dürften indes (nicht nur wegen BV 190) in der Rechtsprechung auch künftig keine grosse Rolle spielen.

21 *NFA:* Entsprechendes gilt auch für die im Rahmen des Projekts NFA (reichlich) hinzugefügten bzw. verdeutlichten Grundsätze, nämlich:
- den nun im 1.Titel ausdrücklich genannten Grundsatz der Subsidiarität (BV 5a);
- die Grundsätze für die Zuweisung und Erfüllung staatlicher Aufgaben (BV 43a, insb. Abs. 2 und 3: Grundsatz der «fiskalischen Äquivalenz»);
- die textlich verdeutlichte Organisations- und Finanzautonomie (BV 47).

Weitere Änderungen im Rahmen des BB NFA (noch nicht in Kraft) betreffen das Regime der interkantonalen Verträge (Ergänzungen bei BV 48; Einführung der Instrumente «Allgemeinverbindlicherklärung» und «Beteiligungspflicht», BV 48a). – Erwogen, aber (zum Glück) fallen gelassen wurde die verfassungsrechtliche Verankerung einer dritten Aufgabenkategorie, nämlich der sog. *«Verbundaufgaben»* (vgl. Botsch. NFA, BBl 2002 2335 ff.), die (wenn auch nicht der «Kompetenzlogik» folgend) gleichsam «zwischen» den Bundesaufgaben (BV 42) und den kantonalen Aufgaben (BV 43) angesiedelt gewesen wären (kritisch auch SCHWEIZER, Vereinbarungen über Programme und Leistungsangebote als neue Form der Zusammenarbeit zwischen Bund und Kantonen, Festschrift Yvo Hangartner, St. Gallen/Lachen 1998, 472).

1. Abschnitt: Aufgaben von Bund und Kantonen

Art. 42 Aufgaben des Bundes

1 Der Bund erfüllt die Aufgaben, die ihm die Bundesverfassung zuweist.
2 Er übernimmt die Aufgaben, die einer einheitlichen Regelung bedürfen.[1]

1 Die Bestimmung, die ohne direktes Vorbild ist, greift (in Abs. 1), wenn auch in etwas anderer Perspektive, die bundesstaatliche «Grundnorm» des BV 3 auf, ergänzt um eine verkappte Subsidiaritätsklausel (Abs. 2), deren Ablösung (durch BV 5a und 43a) beschlossen, aber noch nicht vollzogen ist. Zur bewegten Vorgeschichte (inkl. Einigungskonferenz) SCHWEIZER, SG-Komm., Art. 42, N 1 ff.

2 *Abs. 1* wiederholt, mit dem Akzent auf «Aufgabe», das bereits in BV 3 normierte Prinzip der Einzelermächtigung (Enumerationsprinzip, subsidiäre Generalklausel zu Gunsten der Kantone; näher N 5 ff. zu BV 3) und hat kaum eigenständige rechtliche Bedeutung (SCHWEIZER, SG-Komm., Art. 42, N 6; vgl. immerhin KNAPP, VRdCH, 458, wonach BV 42 den Bund verpflichte, die zugewiesenen Aufgaben tatsächlich zu erfüllen). Ob die BV dem Bund eine Aufgabe zuweist, ist durch Auslegung zu ermitteln (vgl. N 16 vor BV 42). Aus dem Verb «zuweisen» folgt nicht (so wenig wie aus «übertragen» in BV 3), dass die Aufgabe ausdrücklich genannt sein müsste (vgl. auch AUBERT, Comm., Art. 42, N 5).

3 Zum Begriff der «Aufgabe» vgl. N 6 vor BV 42. Die Aufgabenzuweisungen finden sich ganz überwiegend im Zuständigkeitskapitel der Bundesverfassung (BV 54 ff.), teilweise auch ausserhalb (vgl. N 17 vor BV 42).

4 *Adressat* ist der Bund als solcher (vor allem der Bundesgesetzgeber). Eine Übertragung der Aufgabenwahrnehmung (Vollzug) an die Kantone oder an ausserhalb der Bundesverwaltung stehende Aufgabenträger wird durch BV 42 nicht ausgeschlossen. Die (Letzt-)Verantwortung für die Aufgabenerfüllung bleibt beim Bund.

5 *Abs. 2:* Der hier unternommene Versuch, dem Subsidiaritätsgedanken verfassungsrechtlich Ausdruck zu geben (zu Möglichkeiten, Grenzen und Problemen näher N 11 ff. zu BV 5a), gilt allgemein als verunglückt (vgl. AUBERT, Comm., Art. 42, N 19), zumal beim unbefangenen Leser der – falsche (statt vieler SCHWEIZER, SG-Komm., Art. 42, N 5; a.M. FLEINER, BV-CF 2000, 2) – Eindruck entsteht, der Bund könne allein gestützt auf Abs. 2 Aufgaben an sich ziehen, sobald der Bedarf nach einer einheitlichen Regelung bejaht wird (in diese Richtung BGE 130 I 156, 165). Die (erwogene) Einfügung des Wörtchens «nur» hätte in dieser Hinsicht Klarheit gebracht, dies allerdings zum Preis neuer Unklarheiten.

Literaturhinweise: siehe vor BV 42

---

1 Aufhebung beschlossen in der Volksabstimmung vom 28. Nov. 2004 (BB vom 3. Okt. 2003, BRB vom 26. Jan. 2005 – BBl 2002 2291, 2003 6591, 2005 951). – Der Bundesrat bestimmt das Inkrafttreten.

Art. 43   Aufgaben der Kantone

Die Kantone bestimmen, welche Aufgaben sie im Rahmen ihrer Zuständigkeiten erfüllen.

1   Die Bestimmung hat weder in der BV 1874 noch im VE 96 ein direktes Vorbild. Zur Vorgeschichte vgl. SCHWEIZER, SG-Komm., Art. 43, N 1 ff. – Zu den Begriffen «Zuständigkeit» und «Aufgabe» vgl. N 6 vor BV 42.

2   *Tragweite:* Angesichts der Grundaussage des BV 3 (siehe dort N 7) drückt BV 43 etwas Selbstverständliches aus, nämlich dass den Kantonen im Rahmen ihrer Zuständigkeiten grundsätzlich *Autonomie* zukommt. Die Bestimmung figuriert wohl mehr aus Symmetriegründen denn aus rechtlicher Notwendigkeit in der Verfassungsurkunde.

3   *Aufgabenfelder:* Die meist umfangreichen Staatsaufgabenkataloge neuerer Kantonsverfassungen vermitteln einen Eindruck von den bedeutenden Zuständigkeiten und Tätigkeitsfeldern, welche die Bundesverfassung den Kantonen auch heute noch belässt. Sogar für eine eigene «kleine» kantonale Aussenpolitik bleibt Raum (vgl. N 2 zu BV 56). Auch wenn es nach wie vor gerechtfertigt erscheint, von Polizeihoheit (implizit BV 57), Schulhoheit (ausdrücklich erwähnt in BV 66 Abs. 2), Kirchenhoheit (implizit BV 72), Wasserhoheit (implizit BV 76 Abs. 4), Strassenhoheit (implizit BV 82) und, zurzeit noch, «Verfahrenshoheit» der Kantone (so Botsch. BV, 339, zu BV 122) zu sprechen, ist nicht zu verkennen, dass die kantonalen Zuständigkeiten zunehmend überlagert und begrenzt werden durch Bundeszuständigkeiten und inhaltliche Vorgaben des Bundes (zum Teil auch des Völkerrechts). Der Bund hat vor allem in der zweiten Hälfte des 20. Jahrhunderts zahlreiche Zuständigkeiten und Aufgaben an sich gezogen, in aller Regel nach sorgfältiger Abwägung von Für und Wider. Bei der Aufgabenverlagerung folgte man in der Regel nicht der problematischen US-amerikanischen Methode einer kreativ-extensiven Verfassungsinterpretation, sondern man wählte den beschwerlicheren Weg der förmlichen Verfassungsänderung (vgl. zuletzt etwa BV 62 und BV 63a i.d.F. vom 21.5. 2006), manchmal selbst dann, wenn es kompetenzrechtlich nicht zwingend erforderlich war.

4   *Relativierungen:* Bundes(verfassungs)rechtliche Vorgaben bestehen nicht nur für das «Wie» kantonaler Zuständigkeits- und Aufgabenwahrnehmung (z.B. Begrenzung durch rechtsstaatliche Vorgaben, vgl. BV 5, 35); sie betreffen vielfach auch das «Ob». Beispiele dafür sind etwa BV 8 Abs. 3 und 4 (Gleichstellung), BV 41 (Sozialziele), BV 57 (Sorge für die innere Sicherheit), BV 62 (Sorge für ausreichenden Grundschulunterricht), BV 94 Abs. 3 (günstige Rahmenbedingungen für die private Wirtschaft), BV 124 (Opferhilfe), die den Kantonen verbindlich vorschreiben, *dass* sie bestimmte Aufgaben zu erfüllen haben, so dass sie im Rahmen ihrer Zuständigkeiten (die man ihnen nicht nimmt) nicht einfach untätig bleiben dürfen. Insofern ist der eine völlige Freiheit suggerierende Wortlaut des BV 43 ungenau.

Literaturhinweise: siehe vor BV 42

Art. 43a[1] Grundsätze für die Zuweisung und Erfüllung staatlicher Aufgaben
[bei Drucklegung noch nicht in Kraft]

[1] Der Bund übernimmt nur die Aufgaben, welche die Kraft der Kantone übersteigen oder einer einheitlichen Regelung durch den Bund bedürfen.

[2] Das Gemeinwesen, in dem der Nutzen einer staatlichen Leistung anfällt, trägt deren Kosten.

[3] Das Gemeinwesen, das die Kosten einer staatlichen Leistung trägt, kann über diese Leistung bestimmen.

[4] Leistungen der Grundversorgung müssen allen Personen in vergleichbarer Weise offen stehen.

[5] Staatliche Aufgaben müssen bedarfsgerecht und wirtschaftlich erfüllt werden.

1   Die Bestimmung geht zurück auf einen im Rahmen des Projekts NFA (vgl. N 21 vor BV 42, N 2 zu BV 135) gemeinsam mit den Kantonen ausgearbeiteten Vorschlag des Bundesrates, der in den Eidgenössischen Räten Anpassungen von vorab redaktioneller Natur erfuhr (Einfügung von «nur» und «durch den Bund» in Abs. 1; Straffung von Abs. 4).

Funktion

2   BV 43a soll das neu in der Verfassung verankerte Subsidiaritätsprinzip (BV 5a) durch Festlegung von Aufgabenzuweisungskriterien «konkretisieren und ergänzen» (SCHWEIZER, SG-Komm., Art. 42, N 10). Viel gewonnen ist damit freilich nicht (kritisch auch AUBERT, Comm., Art. 42, N 21). Denn die «Grundsätze» des BV 43a haben selbst nur unscharfe Konturen. Ihre rechtliche Tragweite bleibt diffus (vgl. auch RHINOW, Bundesstaatsreform, 77: «symbolische Grundsätze»). Als Massstab richterlicher Beurteilung taugen sie kaum. Als Adressaten nennt die Botsch. NFA (BBl 2002 2458):
   –   den Verfassungsgeber. – Volk und Stände sind freilich an derartige verfassungsrechtliche Direktiven nicht gebunden (vgl. N 13 zu BV 5a);
   –   den Gesetzgeber und die Vollzugsbehörden (sowohl des Bundes als auch der Kantone, mit Ausnahme von Abs. 1). – Im Vergleich zu BV 5a wird die Bindungskraft für die Adressaten kaum erhöht.

Die «Erfüllungsgrundsätze» (Abs. 2–5) sollen «im Sinne von Leitlinien (nicht justiziabler Art) auch die horizontale Aufgabenerfüllung betreffen, z.B. als Grundideen im Hinblick auf die Gestaltung von Verträgen unter den Kantonen» (Botsch. NFA, BBl 2002 2458).

3   Die Bestimmung zeigt, dass der Verfassungsgeber auch nach der Kodifikation verschiedener föderalismusrelevanter Prinzipien im Rahmen der Totalrevision (BV 5, 44) nicht «prinzipienmüde» geworden ist, im Gegenteil. BV 43a vereint einige zunächst plausibel klingende Maximen, die einem ökonomischen Lehrbuch gewiss gut anstehen würden, die aber, in eine Verfassungs-

---

1   Angenommen in der Volksabstimmung vom 28. Nov. 2004 (BB vom 3. Okt. 2003, BRB vom 26. Jan. 2005 – BBl 2002 2291, 2003 6591, 2005 951). – Der Bundesrat bestimmt das Inkrafttreten.

urkunde verpflanzt und mit normativer Kraft ausgestattet, mehr Probleme schaffen als lösen. Begrifflichkeit und Regelungsperspektive wollen nicht recht zum System des BV 3 passen. Irritierend ist der Begriff «Zuweisung» im Titel, zumal die Kantone (wegen BV 3) nicht darauf angewiesen sind (und nicht darauf warten), dass ihnen Aufgaben «zugewiesen» werden.

Aufgabenzuweisungskriterien (Abs. 1)

4 *Funktion und Adressat:* Abs. 1 soll den (im Rahmen der NFA aufgehobenen) BV 42 Abs. 2 weiterführen und ergänzen (und zugleich BV 5a konkretisieren). Adressat ist «der Bund», genauer: der Gesetzgeber und die weiteren Behörden, nicht aber der Verfassungsgeber (vgl. N 2), für ihn formuliert Abs. 1 bloss eine politische Maxime ohne rechtliche Bindungskraft.

5 *Inhalt* (Gegenstand): Abs. 1 statuiert zwei (alternative) Voraussetzungen für die «Übernahme» von Aufgaben (vgl. N 6 vor BV 42) durch den Bund. Die zu übernehmende Aufgabe muss:
   – entweder *einer einheitlichen Regelung durch den Bund bedürfen*. Die Formulierung lässt offen, wer dies nach welchen Kriterien beurteilt. Im Rahmen gegebener Bundeszuständigkeiten ist es in erster Linie der Bundesgesetzgeber, der dabei über einen weiten (gerichtlich nicht überprüfbaren) Beurteilungsspielraum verfügt;
   – oder *«die Kraft der Kantone übersteigen»;* die bereits im Rahmen der Totalrevision erörterte (und von der VK-S nicht ohne Grund verworfene) Ergänzung soll gemäss Botsch. NFA (BBl 2002 2459) «das eher abstrakte Erfordernis der einheitlichen Regelung» konkretisieren. Die grundlegende Frage, ob die Kantone als einzelne oder in ihrer Gesamtheit angesprochen sind, bleibt unbeantwortet, so dass das Kriterium als Massstab kaum taugt.

Ist keine der beiden Voraussetzungen erfüllt, so muss der Bund (Bundesgesetzgeber) nach Abs. 1 von der «Übernahme» der Aufgabe Abstand nehmen («nur»). Dies kann freilich nicht absolut gelten. Einmal wird man es dem Bund wohl kaum verwehren können zu handeln, wenn es nicht einer *einheitlichen,* sondern (bloss) einer harmonisierenden Regelung bedarf. Insofern darf der fragliche Passus nicht wörtlich genommen werden. Weit bedeutender ist eine zweite Relativierung. Wenn eine spezielle Kompetenz- oder Aufgabennorm der BV es dem Bund(esgesetzgeber) imperativ aufträgt, eine Aufgabe zu erfüllen (vgl. z.B. BV 104), so tritt die allgemeine Norm (BV 43a Abs. 1) zurück. Der Verfassungsgeber hat diesfalls das Bedürfnis nach einer einheitlichen Regelung bereits verbindlich bejaht. In diesen Fällen entfaltet Abs. 1 für seine Adressaten (N 2) im Ergebnis keine Wirkung. Man wird den Eindruck nicht los, dass hier eine «missglückte» Norm (BV 42 Abs. 2) durch eine andere «missglückte» Norm ersetzt wird.

«Prinzip fiskalischer Äquivalenz» (Abs. 2 und 3)

6 *Funktion:* Die beiden Abs. 2 und 3 dienen gemäss Botsch. NFA der Verankerung des «Prinzip(s) fiskalischer Äquivalenz», welches «eine dreifache Kongruenz verlangt», nämlich: «Nutzniesser, Kostenträger und Entscheidträger sollen möglichst übereinstimmen» (BBl 2002 2459). Abs. 2 bezieht sich auf die beiden ersten, Abs. 3 auf die beiden letzten Elemente. – Der in beiden Absätzen verwendete Begriff *«Gemeinwesen»* war als Verfassungsbegriff bisher nicht gebräuchlich. Da im 1. Abschnitt platziert, sind sicher auch die Kantone gemeint; mittelbar (vermittelt über die Kantone) wohl auch die Gemeinden.

7 *Erster Teilgrundsatz* (Abs. 2): Der Kreis der Nutzniesser und der Kreis der Kostenträger («Steuerzahler») sollen übereinstimmen; Letztere sollen über die Finanzierung demokratisch mit entscheiden können. Wiederum gehen speziellere Verfassungsregelungen vor.

8 *Zweiter Teilgrundsatz* (Abs. 3): Wer zahlt, soll auch befehlen können. Beim Wort genommen und zu Ende gedacht, hätte Abs. 3 eine tiefgreifende Umgestaltung des bisherigen föderalistischen Modells zur Folge. In der Botsch. NFA wird die Problematik (wohl unfreiwillig) auf den Punkt gebracht: «Wenn somit der Nutzen einer staatlichen Leistung nicht auf dem ganzen Gebiet der Eidgenossenschaft anfällt, sondern bloss in einem oder mehreren Kantonen, dann sollen diese Kantone auch für den Entscheid und die Finanzierung aufkommen. Umgekehrt sollen Leistungen, deren Nutzen breit über das Gebiet der Schweiz streut, vom Bund geregelt und gegebenenfalls auch vollzogen werden» (BBl 2002 2459). Nach dieser Logik bliebe für eine nationale Verkehrspolitik, aber auch für den Vollzugsföderalismus alter Schule kaum mehr Platz.

Grundversorgung (Abs. 4)

9 Die *rechtliche und praktische Bedeutung* des Abs. 4 bleibt diffus, solange nicht klar ist, was (von Bundesverfassungsrechts wegen) zur «Grundversorgung» gehört. Dies ist heute nicht der Fall. Die Nennung des Begriffs in BV 92 Abs. 2 (Post- und Fernmeldedienste) hilft kaum weiter (siehe dort N 9 ff.). Auch der neuerdings angestrebte «allgemeine Verfassungsartikel über die Grundversorgung» (vgl. Motion 05.3232 der KVF-S, «Verfassungsbestimmung über die Grundversorgung», entgegen dem Antrag des Bundesrates überwiesen am 6.3.2006) dürfte das Problem kaum befriedigend lösen können. – Dass Abs. 4 «keine einklagbaren Rechte schafft» (wie die Botsch. NFA unterstreicht, BBl 2002 2459), liegt auf der Hand.

10 *Adressaten* sind, je in ihrem Zuständigkeitsbereich, Bund und Kantone; mittelbar (vermittelt über die Kantone) wohl auch die Gemeinden (z.B. Wasserversorgung). Abs. 4 verschafft dem Bund *keine Kompetenz* für gesamtschweizerische Massnahmen, wenn ihm im fraglichen Sachbereich die Zuständigkeit fehlt.

Gebot bedarfsgerechter, wirtschaftlicher Aufgabenerfüllung

11 Abs. 5 formuliert zwei Gebote, deren Bezug zum Grundthema des Verfassungskapitels (Verhältnis von Bund und Kantonen) sehr lose ist:

- *Gebot bedarfsgerechter Aufgabenerfüllung:* Der Passus darf wohl nicht ganz beim Wort genommen werden, da sonst ein erhöhter Bedarf (z.B. an Bildung, Sicherheit usw.) automatisch einen Leistungsausbau nach sich ziehen müsste.
- *Gebot wirtschaftlicher Aufgabenerfüllung:* Die Leistungserbringung soll möglichst geringe volkswirtschaftliche Kosten verursachen und die angestrebten Wirkungen tatsächlich erreichen (BBl 2002 2459).

12 *Tragweite:* Die Botsch. NFA (BBl 2002 2459) misst Abs. 5 die Funktion eines *zusätzlichen* Erfordernisses zu. Vor allem dem zweiten Element der Maxime wohnt eine gewisse *zentralisierende Tendenz* inne, wenn die u.U. von Grössenvorteilen profitierende nächst höhere Ebene Leistungen wirtschaftlicher zu erbringen vermag (vgl. BBl 2002 2459).

Literaturhinweise: siehe bei BV 5a und vor BV 42

2. Abschnitt: Zusammenwirken von Bund und Kantonen

1 Der 2. Abschnitt befasst sich mit verschiedenen Aspekten der «Grundpfeiler» des schweizerischen Föderalismus: Aufgaben-, Organisations-, Finanzautonomie (BV 46, 47); Mitwirkung (BV 45); loyales Zusammenwirken (BV 44, 49; vgl. auch BV 46, 48). Die «Grundpfeiler» werden auch an anderer Stelle thematisiert (vgl. insb. BV 3, 5a, 51, 55, 135, 140, 141). Für das Zusammenwirken von Bund und Kantonen sind weitere Verfassungsnormen einschlägig, so insb. das – u.a. bei der Bundesaufsicht bedeutsame – Verhältnismässigkeitsprinzip (BV 5), das (bundesstaatliche) Legalitätsprinzip (vgl. BV 5, 164), die Grundsätze der Aufgabenerfüllung (BV 43a), u.U. auch Grundrechte (insb. Verfahrensgarantien).

Art. 44   Grundsätze

¹ Bund und Kantone unterstützen einander in der Erfüllung ihrer Aufgaben und arbeiten zusammen.

² Sie schulden einander Rücksicht und Beistand. Sie leisten einander Amts- und Rechtshilfe.

³ Streitigkeiten zwischen Kantonen oder zwischen Kantonen und dem Bund werden nach Möglichkeit durch Verhandlung und Vermittlung beigelegt.

1 Die Bestimmung hat keine direkte Entsprechung in der BV 1874. Vor ihrer Kodifikation hatten die hier versammelten «Maximen des schweizerischen Föderalismus» (Botsch. BV, 207) über lange Jahre den Rang anerkannter ungeschriebener Verfassungsgrundsätze, wenn man von einigen punktuellen Festlegungen absieht (vgl. BV 1874 Art. 14, Art. 16, Art. 61, Art. 67). – Aus dem bundesrätlichen Verfassungsentwurf (VE 96 Art. 34) eliminierten die Räte das Wort «solidarisch», nicht aber den *Gedanken* der Solidarität (vgl. Abs. 1, 2).

2 Der Grundsatz der *«Bundestreue» (fidélité confédérale)*, der in der schweizerischen Lehre und Praxis, trotz gelegentlichen Bezugnahmen (vgl. z.B. BGE 118 Ia 196, 204; VPB 65.92 (2001), Ziff. 6.1.; BBl 1977 II 274), nicht richtig heimisch werden wollte (vgl. KÖLZ, ZBl 1980, 145 ff.), fand nicht als solcher Eingang in den Verfassungstext (vgl. immerhin Abs. 2 Satz 1). Ebenfalls nicht ausdrücklich genannt wird der (anerkannte) Grundsatz der *Gleichbehandlung der Kantone* (vgl. KNAPP, SG-Komm., Art. 44, N 13), der indes in erster Linie BV 1 zuzuordnen ist (vgl. N 9 f. zu BV 1). – Zum Grundsatz (besser: Gebot) der *bundesrechtskonformen Auslegung* kantonalen Rechts vgl. N 5 zu BV 49.

3 Der Föderalismus schweizerischer Prägung versteht sich als Staatsform des Dialogs und der Kooperation (Botsch. BV, 208). Bund und Kantone schulden einander ein Verhalten nach Treu und Glauben (BV 5 Abs. 3) sowie Unterstützung und Beistand (BV 44) – fast wie in einer Ehe (vgl. ZGB 159). Dem Gedanken der Partnerschaft und Kooperation wird in der Staatspraxis von jeher nachgelebt, wenn auch nicht immer gleich intensiv. Die in BV 44 Abs. 1 und 2 vereinten Grundsätze bzw. Gebote weisen einen hohen Abstraktionsgrad auf, dennoch sind die Anrufung vor Gericht (BV 189) und eine richterliche Konkretisierung nicht prinzipiell ausgeschlossen (vgl. N 6).

Unterstützungs- und Kooperationsgebot (Abs. 1)

4 *Adressaten* sind Bund und Kantone (Letztere auch untereinander).

5 *Inhalt:* Die Verfassung unterscheidet zwischen einem *Unterstützungsgebot*, das bei der Aufgabenerfüllung greift, und einem generellen Gebot loyaler *Kooperation* («coopération loyale entre collectivités publiques»; vgl. BGE 125 I 458, 470). BV 44 äussert sich nicht zur Frage der Instrumente (vgl. dazu insb. BV 48). Abs. 1 schliesst nicht aus, «dass die Kantone eine eigenständige Politik führen und sich in gewissen Fragen als Konkurrenten gegenübertreten» (so zu Recht Botsch. BV, 208). Es gibt keine allgemeine Verpflichtung, «alles zu tun, was im gemeinsamen Interesse liegt» (so indes KNAPP, SG-Komm., Art. 44, N 11), sich mithin einem (wo möglich «von oben herab» definierten) «gemeinsamen Interesse» unterzuordnen. – Verschiedene Verfassungsbestimmungen fordern den Bund bzw. Bund und Kantone nochmals ausdrücklich zu Unterstützung bzw. Zusammenarbeit auf (vgl. z.B. BV 75 Abs. 2; BV 88 Abs. 2; BV 100 Abs. 2, BV 111 Abs. 4). – Zur Tradition des «kooperativen Föderalismus» schweizerischer Prägung eingehend HÄFELIN, ZSR 1969 II, 549 ff.

6 *Justiziablität:* Entgegen Botsch. BV, 208, erscheint es nicht von vornherein ausgeschlossen, Abs. 1 justiziable Normgehalte abzugewinnen (zurückhaltend AUBERT, Comm., Art. 44, N 2). Es ist indes zu beachten, dass auch im bundesstaatlichen Verhältnis der Gesetzmässigkeitsgrundsatz gilt (vgl. N 7 zu BV 46), so dass für weit reichende kantonale Verpflichtungen eine besondere Rechtsgrundlage (z.B. in einem Gesetz oder Vertrag) zu verlangen ist.

Rücksicht und Beistand; Amts- und Rechtshilfe (Abs. 2)

7 *Adressaten* sind Bund und Kantone (Letztere auch untereinander).

8 *Rücksicht und Beistand* sind «geschuldet» (rechtliche Verpflichtung). Die gegenseitige Rücksichtnahme und die darin angelegte «schonende Kompetenzausübung» sind der berühmte «Tropfen Öl», dessen «das juristische Räderwerk» bedarf, wenn «ein so kompliziertes Getriebe wie das der schweizerische Bundesstaat im Gange erhalten werden und die Zusammenarbeit von Bund und Kantonen zu einem erspriesslichen Ergebnis führen» soll (BURCKHARDT, Komm., 17; Abgekürztes ausgeschrieben). In besonders sensiblen Bereichen wird der Bund nochmals ausdrücklich zur Rücksichtnahme ermahnt: vgl. z.B. BV 54 Abs. 3 (Aussenpolitik), BV 69 Abs. 3 (kulturelle und sprachliche Vielfalt). Für die Kantone resultiert aus BV 44 die Verpflichtung, den Bund bei der Erfüllung seiner Aufgaben nicht zu behindern (VPB 65.92 [2001], Ziff. 6.1.; BGE 119 I 39, 403; 118 Ib 569, 579). Das allgemeine Gebot loyalen Verhaltens kann sich in besonders gelagerten Situationen zu einer «Pflicht zu aktiver Hilfeleistung verdichten» (Botsch. BV, 208; vgl. auch BV 1874 Art. 16; SALADIN, Komm. aBV, Art. 3, N 24 ff.).

9 Das Gebot, wechselseitig *Amtshilfe (entraide administrative* im Verkehr zwischen Administrativbehörden) und *Rechtshilfe (entraide judiciaire* im gerichtlichen Verkehr) zu leisten, ist eine beispielhafte spezifische Ausprägung des allgemeinen Zusammenarbeits- (Abs. 1) und Beistandsgebotes (Abs. 2 Satz 1) mit grosser Bedeutung im Rechtsalltag. Konkretisierungen finden sich etwa in StGB 349 ff.; VwVG 43; ParlG 165; DBG 111 f.

Konfliktbewältigung (Abs. 3)

10 Abs. 3 ist Ausdruck der Kultur des föderalistischen Dialogs und der politischen *courtoisie*. Bundesstaatliche Konflikte sollen möglichst gesprächsweise geklärt und beigelegt werden. In Abs. 3 lebt auch das Verbot der Selbsthilfe (BV 1874 Art. 14) fort (Botsch. BV, 209). Wie sich aus der Entstehungsgeschichte ergibt, ist der direkte Gang an ein Gericht rechtlich nicht ausgeschlossen; man kann sich denn auch schwer vorstellen, dass das Bundesgericht eine (staatsrechtliche) Klage (BV 189, BGG 120) wegen «Missachtung» von BV 44 Abs. 3 für unzulässig erklärt und nicht an die Hand nimmt (so auch AUBERT, Comm., Art. 44, N 6; vgl. auch BGE 125 I 458, 470; missverständlich Botsch. BV, 209, wonach ein «späterer» Gang an das Bundesgericht offen stehe). Dies ändert nichts daran, dass das Bundesgericht – für ausländische Beobachter erstaunlich, in der Schweiz kaum wahrgenommen – nur selten mit bundesstaatlichen Streitigkeiten befasst wird (vgl. N 9 ff. zu BV 189). – Abgesehen von der Klage (BV 189) sieht die Verfassung eine Reihe von zumeist vorbeugenden, zum Teil auch repressiven Mitteln zur Durchsetzung bundesstaatlicher Verpflichtungen vor (vgl. z.B. BV 48 Abs. 3, BV 49 Abs. 2, BV 51, BV 173, BV 186).

11 *Streitigkeiten:* Neben rechtlichen Streitigkeiten (z.B. im Zusammenhang mit interkantonalen Verträgen; vgl. BV 48 Abs. 3, BV 172 und RVOG 62 i.d.F. vom 7.10.2005) ist auch an politische Streitigkeiten zu denken.

12 Für *Verhandlung* (unter den Beteiligten) und *Vermittlung* (durch einen, allenfalls mehrere «Dritte») macht BV 44 Abs. 3 keine näheren Vorgaben. Der Vermittler im Streit zwischen Kantonen kann, muss aber nicht der Bund sein. Wird der Bund um Vermittlung angegangen, so kann er sich dem nicht ohne weiteres entziehen. Als «Pilotfall» für eine Vermittlung durch den Bund gilt der im April 2006 durch Kompromiss beigelegte sog. Kulturgüterstreit zwischen den Kantonen St. Gallen und Zürich. Er betraf alte Handschriften und einen Erd- und Himmelsglobus, die 1712 im Verlauf des Zweiten Villmergerkrieges aus der Stiftsbibliothek St. Gallen nach Zürich verbracht worden waren (vgl. Pressemitteilung EDI vom 27.4.2006; MARIE THERES FÖGEN, Milchsuppe für eine Million Franken, ius.full 2006, 211). Vermittlungsdienste leistet der Bund bereits seit längerer Zeit in der Jura-Frage (heute z.B. im Rahmen der sog. Tripartite-Konferenz). – Im Zusammenhang mit dem Abschluss von Verträgen der Kantone unter sich oder mit dem Ausland (BV 48, 56, 173) schreibt RVOG 62 Abs. 3 (i.d.F. vom 7.10.2005) vor, dass eine einvernehmliche Lösung gesucht wird, bevor das Einspracheverfahren vor der Bundesversammlung angehoben wird (vgl. ParlG 129a).

Literaturhinweise (vgl. auch die Hinweise bei BV 48)

BELLANGER FRANÇOIS/TANQUEREL THIERRY (Hrsg.), L'entraide administrative, Zürich 2005; BUSSMANN WERNER, Mythos und Wirklichkeit der Zusammenarbeit im Bundesstaat, Bern 1986; HÄFELIN ULRICH, Der kooperative Föderalismus in der Schweiz, ZSR 1969 II, 549 ff.; KÖLZ ALFRED, Bundestreue als Verfassungsprinzip?, ZBl 1980, 145 ff.; MEYER MARKUS, Die interkantonale Konferenz, Bern 2006.

Art. 45 Mitwirkung an der Willensbildung des Bundes

¹ Die Kantone wirken nach Massgabe der Bundesverfassung an der Willensbildung des Bundes mit, insbesondere an der Rechtsetzung.

² Der Bund informiert die Kantone rechtzeitig und umfassend über seine Vorhaben; er holt ihre Stellungnahmen ein, wenn ihre Interessen betroffen sind.

1 Die Bestimmung hat keine direkte Entsprechung in der BV 1874, wenn man von Einzelaspekten absieht (z.B. BV 1874 Art. 32, Anhörung).

Mitwirkung der Kantone (Abs. 1)

2 Die Mitwirkung der Kantone an der Willensbildung im Bund gilt als einer der «Grundpfeiler» schweizerischer Bundesstaatlichkeit (vgl. N 4 vor BV 42). Abs. 1 soll die besondere Stellung der Kantone im Prozess der Willensbildung im Bund hervorheben (Botsch. BV, 210). Dies gelingt allerdings nur sehr bedingt, denn die Bestimmung begnügt sich damit, auf (nicht spezifizierte) andere Verfassungsbestimmungen zu verweisen. Ihr normativer Gehalt liegt bei null, ihr Informationsgehalt nur knapp darüber (a.M. KNAPP, SG-Komm., Art. 45, N 16, der Abs. 1 «eine eigenständige Bedeutung» beimisst). – Ein eigentliches «Gegenrecht» des Bundes (Mitwirkung in kantonalen Verfahren) besteht nicht (BGE 130 I 156, 165), doch verfügt der Bund im Rahmen der Bundesaufsicht über Einflussnahmemöglichkeiten.

3 *Überblick* (näher die Erläuterungen zu den jeweiligen Bestimmungen): Gewöhnlich werden die folgenden Instrumente genannt:
 – *Ständemehr* (BV 142; vgl. auch BV 53 Abs. 2, 165 Abs. 3) als kollektives Mitwirkungsrecht der Kantone besonderer Art;
 – fakultatives *Kantonsreferendum* (BV 141), ausgelöst durch 8 Kantone;
 – *Standesinitiative* (BV 160): Recht eines Kantons, bei der Bundesversammlung Beratungsgegenstände einzubringen;
 – *Mitwirkung* bei der *Vorbereitung* bestimmter *aussenpolitischer Entscheide* (BV 55 Abs. 1);
 – *Anhörung* (BV 45 Abs. 2, BV 147).

In der Literatur wird mitunter die *Wahl der Mitglieder des Ständerates* in der Liste der kantonalen Mitwirkungsrechte aufgeführt (vgl. z.B. HÄFELIN/HALLER, 275, relativierend 276). Die «Abgeordneten der Kantone» (BV 150) üben indes ein *freies* Mandat aus (BV 161), sind mithin nicht «Kantonsvertreter». In BV 100 und BV 111 Abs. 3 werden (entgegen KNAPP, SG-Komm., Art. 45, N 17) keine Mitwirkungsrechte i.S.v. BV 45 begründet. – Die vom Bundesrat im Rahmen der Reform der Volksrechte vorgeschlagene Einführung des Initiativrechts für acht Kantone (vgl. VE 96, Vorlage B, Art. 128, 129 und 129a) fand keinen Eingang in das vom Parlament geschnürte Paket (vgl. N 12 vor BV 136).

4 *Würdigung:* Die Liste der Mitwirkungsmöglichkeiten wirkt auf den ersten Blick sehr ansehnlich. Wenn man sie unter dem Aspekt der kantonalen Interessenvertretung betrachtet (bzw. von der Warte der Kantonsregierungen aus), kommt man indes rasch zum Schluss, dass die Wirksamkeit dieser Rechte begrenzt ist:

- Das Erfordernis des *Ständemehrs* gibt den bevölkerungsschwachen Kantonen ein stärkeres Gewicht und bewirkt, neben einer Disziplinierung der Bundesgewalt, vor allem eine Relativierung des demokratischen Mehrheitsprinzips. Abgestellt wird auf das Ergebnis der Volksabstimmung im jeweiligen Kanton (BV 142), das nicht mit der Haltung von Parlament oder Regierung übereinzustimmen braucht. Die Standesstimme steht nicht in der Verfügungsgewalt der kantonalen Behörden.

- Das *Kantonsreferendum* verschafft keine Vetomöglichkeit. Der Entscheid liegt bei den Stimmberechtigten auf eidgenössischer Ebene. Ein Kantonsreferendum kam erstmals knapp 130 Jahre nach Einführung des Instruments zustande. Ungeachtet des Erfolgs (Ablehnung des sog. Steuerpakets am 16.5.2004; vgl. N 2 zu BV 141) dürfte der Fall wohl eher singulär bleiben.

- *Standesinitiative:* Das Instrument erfreut sich zwar einer gewissen Beliebtheit, begründet jedoch nur eine Befassungspflicht der Bundesversammlung, die in der Behandlung frei bleibt und das Anliegen – anders als bei einer Volksinitiative – ohne Mühe abblocken kann.

- Die *Mitwirkung* gemäss BV 55 bezieht sich auf die *Vorbereitung bestimmter* Entscheide, nicht auf die Aussenpolitik schlechthin.

- Die *Anhörungsrechte* der Kantone (BV 45, 55, 147) begründen auf der Seite der Bundesinstanzen keine Pflicht, den kantonalen Stellungnahmen zu folgen, auch nicht bei Einstimmigkeit der Kantone (vgl. auch N 9 zu BV 55).

Zwar darf man die Bedeutung von kantonalen Stellungnahmen sowie von formellen Treffen (z.B. seit 1997 im Rahmen des sog. Föderalistischen Dialogs zwischen Delegationen des Bundesrates und der KdK) und von informellen Kontakten nicht unterschätzen (Letztere jetzt erleichtert durch den symbolträchtigen Umzug der KdK und der Sekretariate von GDK und FDK Mitte 2005 in die unnmittelbare Nähe des Bundeshauses, wenn auch noch nicht in das geplante «Haus der Kantone»). Die Mitwirkung der Kantone i.S.v. BV 45 verwirklicht sich zu einem guten Teil *mittelbar*, nämlich über die *Volksrechte* bzw. über *gewählte Volksvertreter*, die nicht weisungsgebunden sind und sich auch anderen als kantonalen Interessen «verpflichtet» fühlen. Was die Verfassung den Kantonen bietet, ist weniger aktive Mitgestaltung (oder eigentliche «Machtbeteiligung», welche die Kantone als «mitverantwortliche Träger der Bundespolitik» erscheinen liesse; so indes SCHWEIZER, SG-Komm., Vorb. zu Art. 42–135, N 2 und 23) als vielmehr eine Art kollektives Abwehrmittel, das seine Wirkungen im Zusammenspiel mit den Stimmberechtigten entfaltet (Ständemehr, Kantonsreferendum). Das schon länger gebräuchliche, jetzt auch verfassungsrechtlich fixierte Wort «Mitwirkung» ist daher etwas unglücklich (und geeignet, übersteigerte Erwartungen zu wecken, die sich nicht einlösen lassen). Die Totalrevision hat zwar eine gewisse Erweiterung der Mitsprache gebracht (BV 55), von einer unverkennbaren Annäherung an das deutsche Grundgesetz kann jedoch (entgegen FLEINER/MISIC, VRdCH, 438) nicht die Rede sein. Im Vergleich mit anderen europäischen Bundesstaaten erweist sich die Stellung der *kantonalen Regierungen* (und der Parlamente) im Entscheidungsprozess auf Bundesebene weiterhin als recht schwach. Dass immer wieder der Wunsch nach einer Stärkung kantonaler Mitwirkungsmöglichkeiten laut wird, erscheint zunächst durchaus verständlich. Man sollte indes nicht vergessen, dass es sich bei den genannten Instrumenten um durchaus wirksame Mittel gegen ein Ausufern der Bundesgewalt handelt (wenn auch nicht um effektvolle Instrumente kantonaler Regierungsinteressenpolitik). Da eine Stärkung der Kantone im Willensbildungsprozess auf Bundesebene exekutivstaatliche Tendenzen fördert und der (unter verschiedenen Aspekten nicht unproblematischen) Verflechtung der bundesstaatlichen Ebenen Vorschub leistet, wollen allfällige Reformschritte (etwa in Richtung des deutschen Modells) sehr gut bedacht sein.

Information und Anhörung (Abs. 2)

5   Abs. 2 auferlegt dem Bund eine *zweistufige* Verpflichtung und verleiht den Kantonen entsprechende (notfalls einklagbare) *Rechte* (vgl. AUBERT, Comm., Art. 45, N 5):

– *Informationspflicht:* Die Pflicht zur rechtzeitigen und umfassenden Information erfasst prinzipiell *alle* Vorhaben des Bundes (unabhängig davon, ob Interessen der Kantone direkt tangiert sind oder nicht); sie geht weiter als die allgemeine Informationspflicht gegenüber der Öffentlichkeit (BV 180). Die nicht näher bestimmten Begriffe «Vorhaben», «rechtzeitig» und «umfassend» lassen den Behörden des Bundes einen gewissen Konkretisierungsspielraum. Unklar ist, inwieweit sich der Bund (allenfalls auch nur vorübergehend) auf entgegenstehende (öffentliche oder private) Interessen berufen darf.

– *Anhörung:* Die Pflicht, bei den Kantonen Stellungnahmen einzuholen, besteht bereits, wenn deren *Interessen* (und nicht erst, wenn deren Zuständigkeiten) tangiert sind. Zu Form und Verfahren äussert sich Abs. 2 nicht (vgl. N 5 ff. zu BV 147). Eine Bindungswirkung kommt den Stellungnahmen der Kantone selbst bei Einstimmigkeit nicht zu; die Berücksichtigung durch den Bund ist kein rechtliches, sondern ein politisches Gebot von, je nach Sachgebiet und Situation, unterschiedlichem Gewicht.

6   *Adressat:* In die Pflicht genommen wird nicht nur der *Bundesrat* (und mit ihm die Bundesverwaltung), sondern auch die *Bundesversammlung*, z.B. bei parlamentarischen Initiativen (vgl. N 7 zu BV 160; ParlG 112) oder wenn eine Vorlage des Bundesrats in den Räten Änderungen erfährt, welche die Interessen der Kantone tangieren.

7   Die Stossrichtung der in BV 55 Abs. 2 (Aussenpolitik) und BV 147 (Vernehmlassungsverfahren) vorgesehenen speziellen Informations- und Anhörungsrechte ist grundsätzlich dieselbe, der Anwendungsbereich teils enger (BV 55), teils sogar etwas weiter (vgl. N 3 zu BV 147: auch wenn keine kantonalen Interessen berührt sind). Der Bund muss jeweils allen einschlägigen Bestimmungen genügen (AUBERT, Comm., Art. 45, N 6).

Literaturhinweise (vgl. auch vor BV 42 und bei BV 55, 147, 160)

WILI HANS-URS, Kollektive Mitwirkungsrechte von Gliedstaaten in der Schweiz und im Ausland, Bern 1988.

Art. 46 Umsetzung des Bundesrechts

¹ Die Kantone setzen das Bundesrecht nach Massgabe von Verfassung und Gesetz um.

² Der Bund belässt den Kantonen möglichst grosse Gestaltungsfreiheit und trägt den kantonalen Besonderheiten Rechnung.

³ Der Bund trägt der finanziellen Belastung Rechnung, die mit der Umsetzung des Bundesrechts verbunden ist, indem er den Kantonen ausreichende Finanzierungsquellen belässt und für einen angemessenen Finanzausgleich sorgt.

Neue Fassung [gemäss BB NFA, bei Drucklegung noch nicht in Kraft]:

² Bund und Kantone können miteinander vereinbaren, dass die Kantone bei der Umsetzung von Bundesrecht bestimmte Ziele erreichen und zu diesem Zweck Programme ausführen, die der Bund finanziell unterstützt.[1]

³ [Der bisherige Abs. 2 wird zu Abs. 3; alt Abs. 3 entfällt.]

1   Die – aufgrund der Vernehmlassung der Kantone (KdK) vom Bundesrat überarbeitete, im Parlament erneut modifizierte – Bestimmung hat keine direkte Entsprechung in der BV 1874 (zur nicht ganz reibungslos verlaufenen Entstehungsgeschichte vgl. AUBERT, Comm., Art. 46, N 3 ff.; KNAPP, SG-Komm., Art. 46, N 12 ff.). Die BV 1874 enthielt eine Reihe von punktuellen Vollzugsvorbehalten zu Gunsten der Kantone (vgl. RHINOW, Komm. aBV, Art. 32, N 48 ff.), die nun in BV 46 verallgemeinert (aber nicht verabsolutiert; vgl. N 4) werden. Abs. 2 und 3 i.d.F. vom 18.4.1999 kodifizieren bewährte Maximen des schweizerischen Föderalismus. – Die am 28.11.2004 von Volk und Ständen im Rahmen des BB NFA gutgeheissene Neufassung bewirkt (voraussichtlich per 2008) folgende Änderungen: Der neugefasste Abs. 2 konstitutionalisiert das (schon heute pilotversuchsweise eingesetzte) Instrument der «Programmvereinbarung». Der bisherige Abs. 2 wird zu Abs. 3. Der bisherige Abs. 3 wird, leicht modifiziert, in BV 47 bzw. BV 135 überführt.

Umsetzung durch die Kantone als Regel (Abs. 1)

2   *Umsetzung* meint die gesamte der Gesetzesverwirklichung dienende Staatstätigkeit, unter Einschluss des *administrativen Vollzugs* (Entscheid im Einzelfall, übrige Verwaltungstätigkeit), des *Erlasses von Vorschriften* (Gesetzes- oder Verordnungsstufe), der Errichtung von Behörden, der Bereitstellung der nötigen Sach- und Finanzmittel usw. (vgl. KNAPP, SG-Komm., Art. 46, N 22). Der neue Verfassungsbegriff tritt an die Stelle des bisher üblichen Begriffs «Vollzug» (wenn auch nicht ganz konsequent: vgl. BV 74, 80, 164). Damit soll verdeutlicht werden, dass die Kantone nicht blosse «Vollzugshelfer» des Bundes sind, sondern bei der Bundesrechtsverwirklichung auch gewisse eigene Gestaltungsbefugnisse besitzen (sollen).

3   *«Vollzugsföderalismus»:* Die Verwirklichung des Bundesrechts obliegt in der Schweiz traditionell den Kantonen, ähnlich wie in den benachbarten Bundesstaaten Deutschland und Öster-

---

1   Angenommen in der Volksabstimmung vom 28. Nov. 2004 (BB vom 3. Okt. 2003, BRB vom 26. Jan. 2005 – BBl 2002 2291, 2003 6591, 2005 951). – Der Bundesrat bestimmt das Inkrafttreten.

reich, aber anders als in den USA (vgl. BIAGGINI, Theorie und Praxis, 5 ff.). Dank dem System des «Vollzugsföderalismus» bewahren die Kantone im Bereich der auf den Bund übergegangenen Regelungskompetenzen einen gewissen Einfluss. Der «Preis» dafür sind die Vollzugskosten, die grundsätzlich von den Kantonen zu tragen sind (vgl. N 14). – Ob die eingelebte Bezeichnung «Vollzugsföderalismus» *(«fédéralisme d'exécution»)* dem weniger eingängigen Wort «Umsetzungsföderalismus» weichen wird, muss sich noch weisen.

4 *Regel und Ausnahme:* Die frühere staatspolitische Maxime, wonach die Verwirklichung des Bundesrechts grundsätzlich den Kantonen obliegt, wird mit BV 46 zur verfassungsrechtlichen Regel. Abs. 1 lässt es aber zu, dass der Bund den Vollzug *per Gesetz an sich zieht* (selbstverständlich auch per Verfassung; vgl. auch BGE 127 II 49, 51). Gleichzeitig bringt Abs. 1 (implizit) zum Ausdruck, dass eine blosse *Verordnung* (bzw. ein Entscheid des Bundesrates) *nicht genügt*, um vom System des «Vollzugsföderalismus» abzurücken, d.h. den Vollzug (ganz oder teilweise) dem Bund und seinen Verwaltungsorganen zuzuweisen. Abs. 1 statuiert insoweit einen allgemeinen Gesetzesvorbehalt zu Gunsten der Kantone. Damit sind spezielle Gesetzesvorbehalte, wie sie in BV 74 Abs. 3 und BV 80 Abs. 3 enthalten sind, überflüssig.

5 *Staatspraxis:* Die Gesetzgebung orientiert sich an der Maxime des BV 46 Abs. 1. Beim Bund konzentriert («Eigenvollzug» des Bundes) sind nicht zufällig vor allem Rechtsgebiete, welche die Wirtschaft (bzw. die Einheit des Wirtschaftsraums) betreffen, so namentlich die Wettbewerbs- (BV 96) und die Versicherungsaufsicht (BV 98), die Umsetzung der Banken- und Börsengesetzgebung (BV 98), der Vollzug der Mehrwertsteuer- (BV 130) und der Zollgesetzgebung (BV 133).

6 *Bundesstaatliches Vollzugsverhältnis:* Die Umsetzungsaufgabe lässt ein ganzes Bündel von wechselseitigen Rechten und Pflichten entstehen, die man als Elemente eines bundesverfassungsrechtlich fundierten Rechtsverhältnisses auffassen kann, das durch das umzusetzende Bundesgesetz näher ausgestaltet wird. Bei der Umsetzung des Bundesrechts stehen nicht nur die Kantone in der Pflicht, sondern auch der Bund (vgl. insb. Abs. 2 i.d.F. vom 18.4.1999, künftig Abs. 3; BV 44; BV 47 Abs. 2 i.d.F. vom 28.11.2004). – Zu den allgemeinen Rechten und Pflichten in Vollzugsverhältnissen (Gebot der fristgerechten Umsetzung; Verpflichtung, die nötigen organisatorischen Vorkehren zu treffen; Gebot der bundesrechtskonformen Auslegung des einschlägigen kantonalen Rechts usw.) näher BIAGGINI, Theorie und Praxis, 34 ff., 134 ff.; BIAGGINI, Festschrift Fleiner, 3 ff.; BERTSCHI, 347 ff.

7 *Bedeutung des Legalitätsprinzips:* Aus Sicht der *Kantone* ist bedeutsam, dass sie von Verfassungsrechts wegen *verpflichtet* sind, das Bundesrecht umzusetzen (soweit der Bundesgesetzgeber nicht eine andere Lösung wählt), und sich der Auferlegung von Vollzugs- bzw. Umsetzungsaufgaben nicht unter Hinweis auf ihre Autonomie entziehen können. Umgekehrt müssen sich die Kantone die Auferlegung von neuen (nicht schon im Gesetz angelegten) Umsetzungsverpflichtungen durch den Verordnungsgeber (Bundesrat) nicht gefallen lassen (Abs. 1 implizit; deutlicher noch VE 96 Art. 37). Nicht ausgeschlossen ist die Auferlegung von weniger bedeutenden («sekundären») Vollzugspflichten durch Verordnung (im Rahmen von BV 164). Diese Garantien zu Gunsten der Kantone sind Ausfluss der (in der Rechtslehre eher vernachlässigten) *bundesstaatlichen* Komponente des Legalitätsprinzips, die ausser in BV 5 in BV 164 Abs. 1 Bst. f wurzelt (vgl. BIAGGINI, Festschrift Fleiner, 10; vgl. auch Botsch. BV, 212; BIAGGINI, Theorie und Praxis, 86 ff. und passim; STEIMEN, Umsetzung, 168).

Programmvereinbarungen (Abs. 2 i.d.F. vom 28.11. 2004)

8   Der im Rahmen des BB NFA beschlossene neue Abs. 2 verschafft dem Instrument der «Programmvereinbarung» verfassungsrechtliche «Anerkennung» (auf die das Instrument gar nicht angewiesen wäre). Damit sollen gemäss Botsch. NFA «allfällige Zweifel an der Zulässigkeit von ‹staatsrechtlichen› Verträgen im Verhältnis zwischen Bund und Kantonen» beseitigt werden und «Rechtssicherheit für die neuen Zusammenarbeits- und Finanzierungsformen» geschaffen werden (BBl 2002 2460).

9   Programmvereinbarungen i.S.v. Abs. 2 dienen der Festlegung von Zielen und finanziellen Rahmenbedingungen betreffend die Umsetzung von Bundesrecht (vgl. LIENHARD/KETTIGER, 23 ff.). Der Sache nach geht es um die Regelung bundesstaatlicher Subventionsverhältnisse im Geist des New Public Management. Finanzielle Leistungen des Bundes sollen grundsätzlich global für ein ganzes (in der Regel mehrjähriges) Programm zugesprochen werden. Rahmenvorgaben sollen partnerschaftlich durch «Vereinbarung» festgelegt werden. Diese kann die Form eines Vertrags annehmen, ebenso gut (wenn nicht besser) die Form eines mitwirkungsbedürftigen einseitigen Aktes (Verfügung; vgl. Botsch. NFA, BBl 2002 2346 f.). Das bereits in einzelnen Pilotprojekten (Amtliche Vermessung, Wald) erprobte Instrument wirft viele schwierige, zum Teil neuartige (auch verfassungs-)rechtliche Fragen auf, welche BV 46 Abs. 2 nur sehr bedingt beantwortet (z.B. rechtliche Abstützung der massgebenden Leistungsindikatoren, Möglichkeiten und Grenzen von Anreizsystemen bzw. von Controlling im bundesstaatlichen Verhältnis). – Ob das neue Instrument hält, was man sich von ihm verspricht (vgl. Botsch. NFA, BBl 2002 2345 ff.), und ob der vom Bundesrat aus Abs. 2 herausgelesene «Appell zu Handen der zuständigen Instanzen, im Bereich der Verbundaufgaben partnerschaftliche Instrumente und vertragliche Formen zur Anwendung zu bringen» (BBl 2002 2460), fruchtet, wird sich weisen.

10 Zu begrüssen ist, dass der Verfassungsgeber darauf verzichtet hat, den Begriff der «Verbundaufgabe» (vgl. N 21 vor BV 42) einzuführen und mit dem Instrument der «Programmvereinbarung» zu koppeln.

Gestaltungsfreiraum (Abs. 2 i.d.F. vom 18.4.1999/Abs. 3 n.F.)

11 *Gegenstand:* Die Kantone sollen nicht nur in ihren angestammten Tätigkeitsbereichen (BV 47), sondern auch bei der Umsetzung des Bundesrechts über möglichst viel Spielraum verfügen. Die Konkretisierung der Verfassungsvorgabe obliegt dem Bundesgesetzgeber, der dabei einen weiten Beurteilungsspielraum besitzt und keiner verfassungsrichterlichen Kontrolle unterliegt (BV 190). Disziplinierend wirkt die gesetzliche Verpflichtung des Bundesrates (ParlG 141), in seinen Botschaften die personellen und finanziellen Auswirkungen des Erlasses und des Vollzugs auf Kantone und Gemeinden zu erläutern (soweit substanzielle Angaben dazu möglich sind). – Die Verpflichtung des Bundes, den kantonalen Besonderheiten (z.B. im gesellschaftlichen, wirtschaftlichen, kulturellen Bereich) Rechnung zu tragen, konkretisiert das allgemeine Rücksichtnahmegebot des BV 44 Abs. 2.

12 Die Verfassungsvorgabe hindert den Bundesgesetzgeber nicht, wo angezeigt, einheitliche Standards festzulegen (z.B. für die Lebensmittelkontrolle) und durch geeignete Vorkehren für deren Durchsetzung zu sorgen.

13 Nicht (direkt) thematisiert wird das Problem der allfälligen Überforderung einzelner (kleiner) Kantone bei komplexeren Vollzugsaufgaben (vgl. BV 43a).

Finanzielles (Abs. 3 i.d.F. vom 18.4.1999, vgl. künftig BV 47 Abs. 2)

14 *Gegenstand:* Abs. 3 i.d.F. vom 18.4.1999 auferlegt dem Bund zwei allgemein gehaltene Verpflichtungen (die der BB NFA an andere Stelle verlegt):
– Schonung des Steuersubstrats der Kantone (Botsch. BV, 213; vgl. auch BGE 128 II 56, 64 f.); vgl. künftig BV 47 Abs. 2 (wo der Gedanke verdeutlicht und generalisiert wird).
– Sorge für einen «angemessenen» Finanzausgleich. Vgl. künftig BV 135.

Abs. 3 bringt, wenn auch verklausuliert, zum Ausdruck, dass die *Kosten* der Umsetzung von Bundesrecht, wie schon unter der BV 1874 (SALADIN, Komm. aBV, Art. 3, N 116), grundsätzlich von den *Kantonen* zu tragen sind (vgl. Botsch. BV, 213; ebenso, wenn auch weniger deutlich, künftig BV 46 und BV 47 i.d.F. vom 28.11.2004). Verfassung (vgl. BV 128 Abs. 4) oder Gesetz können Abgeltungen vorsehen.

Literaturhinweise

BERTSCHI MARTIN, Die Umsetzung von Art. 15 lit. b RPG über die Dimensionierung der Bauzonen, Zürich 2001; BIAGGINI GIOVANNI, Allgemeine Pflichten und Rechte bei der Umsetzung von Bundesrecht durch die Kantone, Festschrift Thomas Fleiner, Freiburg 2003, 3 ff.; LIENHARD ANDREAS/KETTIGER DANIEL, Gesetzgeberischer Handlungsbedarf der Kantone im Umweltrecht als Folge der NFA, Bern 2006; STEIMEN URS, Die Umsetzung von Bundesrecht durch die Kantone gemäss Art. 46 Abs. 1 und 2 der neuen Bundesverfassung, in: Gächter/Bertschi, 161 ff.

Art. 47   Eigenständigkeit der Kantone

Der Bund wahrt die Eigenständigkeit der Kantone.

² *Er belässt den Kantonen ausreichend eigene Aufgaben und beachtet ihre Organisationsautonomie. Er belässt den Kantonen ausreichende Finanzierungsquellen und trägt dazu bei, dass sie über die notwendigen finanziellen Mittel zur Erfüllung ihrer Aufgaben verfügen.*[1] *[bei Drucklegung noch nicht in Kraft]*

1 Die Bestimmung, die in der BV 1874 kein direktes Vorbild hat, führt BV 1874 Art. 3 sowie ungeschriebenes Verfassungsrecht (vgl. SALADIN, Komm. aBV, Art. 3, N 55 ff., 222 ff.) weiter und ist als «Bekenntnis zur kantonalen Aufgaben-, Finanz- und Organisationsautonomie» zu lesen (Botsch. BV, 213). Wie die im Rahmen des BB NFA beschlossene Ergänzung zeigt (Abs. 2; noch nicht in Kraft), verspürte der Verfassungsgeber schon sehr bald das Bedürfnis nach weiterer Verdeutlichung.

---

1 Angenommen in der Volksabstimmung vom 28. Nov. 2004 (BB vom 3. Okt. 2003, BRB vom 26. Jan. 2005 – BBl 2002 2291, 2003 6591, 2005 951). – Der Bundesrat bestimmt das Inkrafttreten.

Wahrung der Eigenständigkeit (Abs. 1)

2 *Eigenständigkeit:* Der nicht leicht fassbare, für das Verfassungsrecht des Bundes neuartige Begriff (vgl. RHINOW, BV 2000, 83 ff.) meint

- weniger als Selbstständigkeit *(indépendance)* oder «staatliche Selbstbestimmung» (KÄGI-DIENER, SG-Komm., Art. 47, N 4), aber
- mehr als Autonomie im bisher üblichen Sinn (vgl. BV 50), auch wenn im französischen und italienischen Wortlaut, *faute de mieux* (AUBERT, Comm., Art. 47, N 1), von *autonomie/autonomia* die Rede ist.

Angesprochen sind im Wesentlichen drei (der fünf) «Grundpfeiler» der Bundesstaatlichkeit, nämlich die Aufgaben-, Organisations- und Finanzautonomie (vgl. N 4 vor BV 42), wie der neue Abs. 2 (noch nicht in Kraft) bekräftigen wird. Man kann BV 47 auch als (definitive) Absage an die vor allem von GIACOMETTI vertretene Theorie sehen, wonach die Kantone den Status von blossen «Selbstverwaltungskörpern» besitzen (vgl. FLEINER/GIACOMETTI, 47). «Im schweizerischen Bundesstaat kommt Staatlichkeit auch den Kantonen zu» (BGE 128 I 280, 285). Was Eigenständigkeit bzw. Staatlichkeit der Kantone im Einzelnen bedeutet, ergibt sich freilich nicht schon aus BV 47 Abs. 1, sondern erst in Verbindung mit anderen Verfassungsbestimmungen (insb. BV 46 Abs. 2 i.d.F. vom 18.4.1999, künftig Abs. 3, BV 47 Abs. 2, BV 51). BV 47 Abs. 1 setzt den Akzent auf die *Pflicht*, die Eigenständigkeit zu *wahren*.

3 *«wahren»:* BV 47 Abs. 1 erwartet vom Bund nicht in erster Linie ein aktives Schützen, sondern ein konservierendes Respektieren kantonaler Eigenständigkeit. Dieser Respekt ist eine wichtige Grundlage für Partnerschaftlichkeit und Toleranz im Bundesstaat (vgl. KÄGI-DIENER, SG-Komm., Art. 47, N 6), die sich freilich nicht verordnen lassen.

4 *Adressat:* BV 47 verpflichtet nur den *Bund*, nicht die Kantone (für die jedoch aus BV 44 entsprechende Rücksichtnahmepflichten resultieren). Ob BV 47 Abs. 1 geeignet ist, «einen substantiellen Föderalismus, insbesondere eine wesentliche Gestaltungsfreiheit der Kantone auf dem Gebiet der Organisation und der Finanzen» zu garantieren (Botsch. BV, 213), ist zu bezweifeln. Denn der Bundesverfassungsgeber selbst ist (im Unterschied zum Bundesgesetzgeber) nicht gebunden. Er darf die Eigenständigkeit in Frage stellen (vgl. auch N 13 zu BV 5a), wird dies aber aus *staatspolitischen* Gründen nicht ernstlich tun wollen. Aus BV 47 kann auch nicht abgeleitet werden, der Bund habe alles zu unterlassen, was die Selbstbestimmung der Kantone tangiert (nicht restlos klar KÄGI-DIENER, SG-Komm., Art. 47, N 7). Insbesondere hindert BV 47 den Bund nicht, dem Vorrang des Bundesrechts zum Durchbruch zu verhelfen und die Bundesaufsicht auszuüben (BV 49).

5 *Praktische Bedeutung:* Welche Bedeutung BV 47 in der Rechtspraxis erlangen kann, hängt ab von der Bestimmtheit (oder Vagheit) jener Regelungen, die den Inhalt und Umfang der Eigenständigkeit festlegen, die BV 47 Abs. 1 zu wahren verspricht. Es erscheint nicht ausgeschlossen, BV 47 (etwa im Zusammenspiel mit BV 46, Umsetzung von Bundesrecht) gewisse justiziable Komponenten abzugewinnen. So wenig die Kantone die Umsetzung des Bundesrechts vereiteln dürfen, so wenig darf der Bund seinerseits mit Vorgaben übermässig in die kantonale Organisations- und Verfahrensautonomie eingreifen (vgl. N 8). Zur Abwehr eines übermässigen Eingriffs (z.B. durch den Bundesrat als Verordnungsgeber) müsste eine Berufung auf BV 47 auch vor (Bundes-)Gericht prinzipiell möglich sein.

Aufgaben-, Organisations-, Finanzautonomie (Abs. 2)

6 Die Ergänzung von BV 47 durch einen zweiten Absatz im Rahmen des BB NFA verschafft der Trias «Aufgaben-, Organisations-, Finanzautonomie» erhöhte verfassungsrechtliche Präsenz, ohne allerdings viel normative Substanz hinzuzufügen (so auch AUBERT, Comm., Art. 47, N 4) – am ehesten noch in Satz 2.

7 *«ausreichend eigene Aufgaben» belassen:* Zum «System» der bundesstaatlichen Kompetenz- und Aufgabenverteilung vgl. die Erläuterungen zu BV 3, BV 5a, BV 42, BV 43 und BV 43a. – Im Unterschied zu BV 5a oder BV 43a zielt BV 47 Abs. 2 Satz 1 weniger auf die einzelne Aufgabe als auf die «Gesamtsubstanz»: Wenn über Aufgabenzuweisungen zu entscheiden ist, soll nicht nur der Subsidiaritätsgedanke beherzigt, sondern stets auch eine Gesamtbetrachtung vorgenommen werden, damit es nicht zu einer schleichenden Aushöhlung kantonaler Aufgabenverantwortung kommt. Der Bundesverfassungsgeber selbst wird allerdings durch BV 47 nicht gebunden.

8 *Respektierung der Organisationsautonomie:* Dass die Kantone über Organisationsautonomie verfügen, ergibt sich aus Bestimmungen wie BV 3, BV 46 und BV 51, auf welche BV 47 implizit verweist. Die kantonale Organisationsautonomie gilt nicht absolut. Praxis und Lehre anerkennen, dass die Organisationsautonomie bei Vorliegen hinreichend gewichtiger Gründe beschränkt werden darf (vgl. ALFRED KÖLZ/PETER KOTTUSCH, Bundesrecht und kantonales Verwaltungsverfahrensrecht, ZBl 1978, 421 ff.; BIAGGINI, Theorie und Praxis, 121 ff.), dies auch im Fall einer blossen Grundsatzgesetzgebungskompetenz (BGE 128 I 254, 265). Als Rechtfertigung steht die Sicherstellung der *richtigen und einheitlichen Anwendung des Bundesrechts* in den Kantonen im Vordergrund. Wie weit der Bund in die kantonalen Organisations- und Verfahrensstrukturen eingreifen darf, hängt von den konkreten Sach- und Regelungsumständen ab. Eingriffe müssen aber «notwendig und verhältnismässig» sein (BGE 128 I 254, 265). Bei der entsprechenden Abwägung bildet das Anliegen der kantonalen Eigenständigkeit ein gewichtiges Kriterium, wie BV 47 Abs. 2 in Erinnerung ruft.

9 *«ausreichende Finanzierungsquellen» und finanzielle Mittel:* Substanzielle Autonomie im Bereich der Finanzen gilt zu Recht als «Rückgrat des Föderalismus» (REICH, VRdCH, 1203), denn ohne angemessene Finanzausstattung bleibt Aufgabenautonomie ein leeres Wort. In diesem Sinne richtet sich Abs. 2 Satz 2 mit einem allgemeinen Appell zur Schonung des (kantonalen) Steuersubstrats an den Bund (konkreter BV 128 Abs. 2 Satz 2; vgl. auch BGE 128 II 56, 64 f.). Es ist Sache der Kantone, darüber zu befinden, in welchem Mass sie ihr jeweiliges Steuersubstrat ausschöpfen wollen (BV 3, BV 43, BV 47); dies schliesst indes nicht aus, dass im Rahmen des Finanzausgleichs (BV 135) die «finanzielle Leistungsfähigkeit» der Kantone (d.h. ihr «Ressourcenpotenzial», FiLaG 3, noch nicht in Kraft) berücksichtigt wird. – Der *Beitrag* des Bundes zur Sicherstellung einer genügenden finanziellen Dotation der Kantone wird im Rahmen des bundesstaatlichen Finanzausgleichs näher bestimmt (auf welchen BV 47 Abs. 2 implizit verweist). Vgl. insb. BV 135 Abs. 2 Bst. b: Gewährleistung «minimale[r] finanzielle[r] Ressourcen»; FiLaG 6 Abs. 3: mindestens 85% des schweizerischen Durchschnitts. – Wiederum belässt die Verfassung dem Bund(esgesetzgeber) einen weiten Beurteilungs-, Konkretisierungs- und Abwägungsspielraum.

Literaturhinweise (vgl. auch die Hinweise vor BV 42)

FORSTER PETER, Eigenständigkeit der Kantone, Vorrang und Einhaltung des Bundesrechts und Bundesgarantien, BV–CF 2000, 131 ff.; JAAG TOBIAS, Die Rechtsstellung der Kantone in der Bundesverfassung, VRdCH, 473 ff.; MARTENET VINCENT, L'autonomie constitutionnelle des cantons, Basel usw. 1999; PIPPIG ANNA, Verfassungsrechtliche Grundlagen des Finanzausgleichs, Zürich 2002; REICH MARKUS, Grundzüge der föderalistischen Finanzverfassung, VRdCH, 1199 ff.

Art. 48 Verträge zwischen Kantonen

1 Die Kantone können miteinander Verträge schliessen sowie gemeinsame Organisationen und Einrichtungen schaffen. Sie können namentlich Aufgaben von regionalem Interesse gemeinsam wahrnehmen.

2 Der Bund kann sich im Rahmen seiner Zuständigkeiten beteiligen.

3 Verträge zwischen Kantonen dürfen dem Recht und den Interessen des Bundes sowie den Rechten anderer Kantone nicht zuwiderlaufen. Sie sind dem Bund zur Kenntnis zu bringen.

4 Die Kantone können interkantonale Organe durch interkantonalen Vertrag zum Erlass rechtsetzender Bestimmungen ermächtigen, die einen interkantonalen Vertrag umsetzen, sofern der Vertrag:

a. nach dem gleichen Verfahren, das für die Gesetzgebung gilt, genehmigt worden ist;

b. die inhaltlichen Grundzüge der Bestimmungen festlegt.[1]

5 Die Kantone beachten das interkantonale Recht.[2]

1 Die Bestimmung geht im Kern auf BV 1874 Art. 7 (und BV 1848 Art. 7) zurück, die Ergänzung um Abs. 4 und 5 (noch nicht in Kraft) auf den BB NFA. Das Verbot, «(b)esondere Bündnisse und Verträge politischen Inhalts» einzugehen (BV 1874 Art. 7), ist nicht etwa «obsolet» geworden (missverständlich Botsch. BV, 214), sondern nach wie vor gerechtfertigt und gültig (vgl. N 12).

Allgemeines

2 *Gegenstand:* BV 48 handelt von einem zentralen *Instrument* des *kooperativen Föderalismus*, spricht freilich überwiegend Selbstverständliches aus, das sich im Wesentlichen bereits aus anderen Verfassungsnormen ergibt.

3 Der horizontale kooperative Föderalismus besitzt unzweifelhaft viele Vorzüge und Verdienste (vgl. HÄNNI, VRdCH, 443 ff.; DERS., Renaissance, 659 ff.), hat aber auch immanente Schwä-

---

1 Angenommen in der Volksabstimmung vom 28. Nov. 2004 (BB vom 3. Okt. 2003, BRB vom 26. Jan. 2005 – BBl 2002 2291, 2003 6591, 2005 951). – Der Bundesrat bestimmt das Inkrafttreten.
2 Vgl. vorstehende Anmerkung.

chen und Grenzen (vgl. RHINOW, Bundesstaatsreform, 79 ff.). Diese zeigen sich besonders deutlich bei den (nach wie vor beliebten) *gesamtschweizerischen Konkordaten:*

- *Konsenserfordernis:* Jeder einzelne Kanton – faktisch: dessen Regierung – kann eine gesamtschweizerische Lösung verhindern. Die Überwindung eines «Veto» wird zwar künftig mittels Allgemeinverbindlicherklärung möglich sein, doch ist dieses neuartige Instrument seinerseits nicht unproblematisch (vgl. N 3 zu BV 48a).
- *Stark durch die Exekutive geprägte Inhaltsgebung:* Die Gestaltungsmöglichkeiten der kantonalen Parlamente sind stark reduziert. Ihr vermehrt angestrebter systematischer Einbezug in die wichtige Verhandlungsphase (vgl. insb. die allen Kantonen offen stehende Vereinbarung der Westschweizer Kantone vom 9.3.2001 «über die Aushandlung, Ratifikation, Ausführung und Änderung der interkantonalen Verträge und der Vereinbarungen der Kantone mit dem Ausland», AS 2002 559; vgl. auch KV/BL § 64 Abs. 3) vermag am Grundproblem nichts zu ändern: Am Ende kann das Parlament nur gesamthaft ja oder nein sagen, nicht aber Änderungen am Wortlaut beschliessen. Dass 26 kantonale Parlamente beteiligt sind und u.U. Referendumsabstimmungen in beträchtlicher Zahl stattfinden, gleicht das strukturelle demokratische Defizit nicht wirklich aus.
- *Schwerfälligkeit des Änderungsverfahrens:* Die Weiterentwicklung eines gesamtschweizerischen Konkordats ist, im Vergleich zum Gesetzgebungsverfahren im Bund, sehr aufwändig und langwierig (Beispiel: Revision der IVöB). Unterschiedlich starker Reformwille bzw. unterschiedliche Geschwindigkeiten in den Genehmigungsverfahren führen leicht zu grossen Verzögerungen oder aber zu einem Nebeneinander unterschiedlicher Regimes (vgl. IVöB 21 Abs. 3 i.d.F. vom 15.3.2001).

Zu Recht betont die Botschaft zur neuen BV: «Wo eine einheitliche eidgenössische Regelung angestrebt wird, drängt sich der Weg der Bundesgesetzgebung auf» (Botsch. BV, 214). Diese Erkenntnis scheint schon kurze Zeit später in Vergessenheit geraten zu sein (vgl. BV 48a).

Kantonale Vertragsautonomie (Abs. 1)

4   *Tragweite:* Dass die Kantone Verträge eingehen können, ist Ausdruck kantonaler «Souveränität» (BV 3), Eigenständigkeit (BV 47) bzw. Aufgaben- und Organisationsautonomie (BV 43, BV 51). Die Kantone bedürfen dazu keiner «Ermächtigung» (missverständlich Botsch. BV, 214). Abs. 1 hat insoweit klarstellende Funktion. Die normative Substanz ist bescheiden.

5   *Verträge:* Rechtslehre und Staatspraxis unterscheiden:
- *rechtsgeschäftliche* Verträge (z.B. über den Verlauf von Grenzen);
- *rechtsetzende* Verträge (genauer: Verträge mit Bestimmungen rechtsetzender Natur); diese können direkt anwendbares Recht schaffen *(unmittelbar* rechtsetzende Verträge) oder zum Erlass von kantonalen Vorschriften verpflichten (sog. *mittelbar* rechtsetzende Verträge).

Die Verträge können alle im Zuständigkeitsbereich der Kantone liegenden Materien regeln (auch z.B. die Umsetzung von Bundesrecht, BV 46) und Angelegenheiten aller Staatsgewalten beschlagen (Gesetzgebung, Regierung, Verwaltung, Gerichtswesen; vgl. z.B. das Konkordat vom 27.3.1969 über die Schiedsgerichtsbarkeit, KSG, früher SR 279). – Früher wurden rechtsetzende Verträge, die allen Kantonen zum Beitritt offenstehen, in der AS und in der

SR veröffentlicht (vgl. Art. 3 des früheren Publikationsgesetzes vom 21.3.1986, AS 1987 600). Das totalrevidierte PublG (SR 170.512; in Kraft seit 1.1.2005) setzt dieser Tradition bedauerlicherweise ein Ende. Der gelegentlich anzutreffenden Klausel, wonach eine Vereinbarung in Kraft tritt, wenn eine bestimmte Zahl von Kantonen beigetreten ist und die Vereinbarung in der AS veröffentlicht ist, ist damit der Boden entzogen.

6 Vertragsparteien können zwei oder mehrere Kantone sein (bilateraler bzw. multilateraler Vertrag), allenfalls auch alle. Gesamtschweizerisch angelegte, prinzipiell allen Kantonen offen stehende Verträge werden häufig als «Konkordate» bezeichnet (der Begriff findet sich aber auch im Titel regional begrenzter Verträge und von Verträgen zur Regelung des Verhältnisses zu einem Bistum). Der alte Verfassungsbegriff «Verkommnis» (vgl. BV 1874 Art. 7) wurde Ende 1999 verabschiedet. Die Terminologie ist nicht weiter von Belang, da sich daran keine rechtlichen Folgen knüpfen.

7 *Gemeinsame Organisationen und Einrichtungen* (vgl. auch Abs. 4, noch nicht in Kraft) als besondere Form des horizontalen kooperativen Föderalismus haben heute eine nicht zu unterschätzende praktische Bedeutung. Erwähnt seien hier: die 1993 durch interkantonale (Regierungs-)Vereinbarung gegründete Konferenz der Kantonsregierungen (KdK; vgl. Biaggini/Ehrenzeller, Nr. 33); die 1897 gegründete EDK, die (so BBl 2005 5495) als «einzige Fachdirektorenkonferenz (...) auf staatsvertraglicher Grundlage beruht» (vgl. Art. 5 des Konkordats vom 29.10.1970 über die Schulkoordination, früher SR 411.9); das «Interkantonale Organ» (Art. 4 IVöB), das die «Mitglieder der an der [IVöB] beteiligten Kantone in der Schweizerischen Bau-, Planungs- und Umweltdirektoren-Konferenz» umfasst. Zur Rechtsstellung der KKJPD Rainer J. Schweizer/Lukas Gschwend, Geschichte der KKJPD (1905–2005), Zürich 2005. – Eine Kernfrage ist, inwieweit es zulässig ist, gemeinsamen Organisationen und Einrichtungen *Entscheidungsbefugnisse*, allenfalls in Gestalt von Rechtsetzungsbefugnissen, zu übertragen. Neben den Schranken des jeweiligen kantonalen Rechts sind die rechtsstaatlich-demokratischen Standards des Bundesrechts zu beachten (insb. BV 5, BV 5a, BV 35, BV 51). Vgl. die Klarstellungen im künftigen Abs. 4 (dazu N 14).

8 *Streitigkeiten zwischen den Kantonen* sollen nach der allgemeinen Regel (BV 44) nach Möglichkeit durch Verhandlung und Vermittlung beigelegt werden. Als Rechtsmittel stehen auf Bundesebene die Klage (BV 189 Abs. 2, BGG 120) sowie (für Private) die Beschwerde wegen Verletzung «von interkantonalem Recht» (BV 189 Abs. 1 Bst. c; BGG 95 Bst. e) zur Verfügung. – Zur Einsprachemöglichkeit von Drittkantonen bzw. des Bundesrates anlässlich des Vertragsabschlusses (BV 172 Abs. 3) vgl. hinten N 13.

Beteiligung des Bundes (Abs. 2)

9 *Funktion:* Der Bund hat sich schon unter der BV 1874 (ohne ausdrückliche Ermächtigung) an gemeinsamen Vorkehren beteiligt, sei es informell, sei es durch förmlichen Beitritt zu einem Vertrag (vgl. z.B. die Übereinkunft vom 23.6.1909 betreffend die Polizeitransporte, SR 354.1, abgeschlossen zwischen dem EJPD und den Polizeidirektionen sämtlicher Kantone). Dass dies nur im Rahmen seiner Zuständigkeiten zulässig ist (und dass Abs. 2 keine solche begründet), versteht sich von selbst, ebenso, dass die Beteiligung des Bundes nicht auf eine vertragliche Verlagerung von Zuständigkeiten der Kantone auf die Bundesebene hinauslaufen darf (vgl. Knapp, SG-Komm., Art. 48, N 18). Für ein Beispiel vgl. die öffentlich-rechtliche Vereinbarung

über die Zusammenarbeit von Bund und Kantonen für den Betrieb des Informationsportals www.ch.ch vom 6.10.2004 (BBl 2005 525). – Für den Bildungsbereich vgl. jetzt BV 61a Abs. 2 und BV 63a Abs. 4.

10 *Tragweite:* Abs. 2 dient vorab der Klarstellung und hat kaum normative Substanz. Zur Lösung der zahlreichen Fragen, die eine Beteiligung des Bundes aufwirft, trägt die Bestimmung nichts bei. Namentlich bleibt offen, in welcher Form Bundesversammlung und Stimmberechtigte einzubeziehen sind. Ein Pendant zum formalisierten Verfahren beim Abschluss völkerrechtlicher Verträge (BV 166; ParlG 152; gegebenenfalls referendumspflichtiger BB) existiert heute nicht (zur Möglichkeit der Einführung eines Referendums im Rahmen von BV 141 Abs. 1 Bst. c: siehe dort). Der für die Zusammenarbeits-Vereinbarung im universitären Hochschulbereich (vom 14.12.2000, SR 414.205) gewählte Weg der «Vorwegermächtigung» per Gesetz (vgl. UFG 5 Abs. 1) vermag unter demokratisch-rechtsstaatlichem Blickwinkel nicht in jeder Hinsicht zu befriedigen, soll aber weiter beschritten werden (vgl. jetzt BV 63a Abs. 4).

11 *Gemeinsame Organe:* Bund und Kantone können auf vertraglicher Grundlage auch gemeinsame Organe schaffen. Auch hier stellt sich die (durch Abs. 2 nicht beantwortete) Frage, inwieweit solchen gemeinsamen Organen Entscheidungs-, allenfalls sogar Rechtsetzungsbefugnisse übertragen werden dürfen. Gemäss Botsch. BV, 214, bleiben solche Organe auf Beratungs-, Koordinations- und Planungsaufgaben beschränkt. Die Staatspraxis hat sich darüber hinweggesetzt (vgl. das Beispiel der Schweizerischen Universitätskonferenz, SUK, beruhend auf der [Regierungs-]Vereinbarung vom 14.12.2000 zwischen dem Bund und den Universitätskantonen über die Zusammenarbeit im universitären Hochschulbereich, SR 414.205, die sich einerseits auf UFG 5, andererseits auf das Interkantonale Konkordat vom 9.12.1999 über universitäre Koordination stützt). Im Rahmen des (in der Volksabstimmung vom 21.5.2006 angenommenen) Bundesbeschlusses über die Neuordnung der Verfassungsbestimmungen zur Bildung wurde für den Bildungsbereich eine ausdrückliche Verfassungsgrundlage «nachgeschoben» (vgl. BV 63a Abs. 4). Für andere Bereiche bleibt die Rechtslage weiterhin unklar, da die Delegationsregelung des künftigen Abs. 4 (vgl. hinten N 14) nur die Kantone, nicht den Bund, anspricht.

Bundesverfassungsrechtliche Schranken (Abs. 3)

12 *Schranken der Vertragsautonomie:* Zu wahren sind (ähnlich BV 56):
- das *Recht des Bundes*, unter Einschluss des für die Schweiz verbindlichen Völkerrechts (so schon BV 49; siehe dort N 2 ff.), wobei vage Grundsätze, wie sie künftig z.B. in BV 43a Abs. 2 und 3 statuiert werden, wohl kaum dazu taugen, einen interkantonalen Vertrag zu verhindern;
- die *«Interessen des Bundes»:* Ein Blick auf den historischen Hintergrund macht deutlich, dass der Passus missverständlich formuliert ist. Gemäss BV 1874 Art. 7 durften Verträge der Kantone nichts «dem Bunde (…) Zuwiderlaufendes» enthalten. «Bund» meinte dort allerdings nicht, wie man heute denken könnte, die Bundesebene (im Gegensatz zur Ebene der Kantone), sondern (vgl. BV 1874 Art. 2) die Eidgenossenschaft als Ganze. Bei den «Interessen des Bundes» *(intérêts de la Confédération)* geht es mithin um das *gesamteidgenössische (nationale)* Interesse, nicht um das (nicht zwingend deckungsgleiche) blosse Bundesinteresse (Interesse der Bundesebene). – In der Praxis war der Passus

bisher nicht von Bedeutung (vgl. AUBERT, Comm., Art. 48, N 9). Daran dürfte sich wenig ändern, da Loyalität und Rücksichtnahme heute *Rechtsgebote* sind (BV 44).

- die *Rechte anderer Kantone* (Drittkantone): In der Lehre wird als mögliches Beispiel der Vertrag genannt, der in Widerspruch zu früher gegenüber Drittkantonen eingegangenen Verpflichtungen steht (HÄFELIN, Komm. aBV, Art. 7, N. 50).

Das frühere Verbot, «(b)esondere Bündnisse und Verträge politischen Inhalts» einzugehen (vgl. BV 1874 Art. 7 Abs. 1), wird in Abs. 3 stillschweigend weitergeführt.

13   *Durchsetzung der Schranken (Verfahren):* Die neue Bundesverfassung verzichtet (anders noch VE 95 Art. 34 Abs. 3) auf das frühere – durch die Praxis immer wieder unterlaufene – Erfordernis einer Genehmigung (BV 1874 Art. 102 Ziff. 7 und Art. 85 Ziff. 5), ohne aber diese Rechtsfigur ganz fallen zu lassen (vgl. BV 172: «Genehmigung» durch die Bundesversammlung im Streitfall). Die «Vertragskantone» sind nur noch zur *Kenntnisgabe* an den Bund verpflichtet (RVOG 61c). Diese Informationspflicht bildet die Grundlage für ein allfälliges Einspracheverfahren. Einsprache erheben kann zum einen der Bundesrat (BV 186 Abs. 3), zum anderen ein Kanton (BV 172 Abs. 3), wobei wohl hier die selbst am Vertrag beteiligten Kantone mangels «Beschwer» ausscheiden. Die Verfassung äussert sich zu Zeitpunkt und Modalitäten des Einspracheverfahrens nicht näher (vgl. jetzt RVOG 61c, 62 und ParlG 129a, alle i.d.F. vom 7.10.2005, in Kraft seit 1.6.2006; für Einzelheiten RVOV 27o ff.). Der Bundesgesetzgeber (BV 164 Abs. 1 Bst. g) hat zu gewährleisten, dass der Verfahrenszweck (Durchsetzung der Schranken) erreicht werden kann. Der Verzicht auf eine Kenntnisgabepflicht bei bestimmten Vertragskategorien (so RVOG 61c Abs. 2, insb. Bst. b) ist unter diesem Aspekt problematisch. Die mit Blick auf BV 48 Abs. 3 wichtige Information der Drittkantone erfolgt durch Publikation im Bundesblatt (Beispiel: BBl 2006 8197). In Einklang mit BV 44 Abs. 3 ist «eine unvernehmliche Lösung mit den Vertragskantonen» anzustreben (RVOG 62 Abs. 3). Einwände müssen innert zwei Monaten erhoben werden (RVOG 62 Abs. 2). Das Einhalten der Frist ist Voraussetzung für die Einsprache (vgl. BBl 2004 7116), die innert sechs Monaten seit der Orientierung im Bundesblatt erhoben werden muss. – Ob die Möglichkeit besteht, das Bundesgericht zu befassen, ist unklar (vgl. N 11, 21 zu BV 189), aber wohl zu bejahen (vgl. AUBERT, Comm., Art. 48, N 10 f.).

Interkantonales «Sekundärrecht» (Abs. 4, noch nicht in Kraft)

14   Abs. 4 statuiert *bundesrechtliche* Rahmenbedingungen für den Erlass von *interkantonalem «Sekundärrecht»*. Entgegen dem ersten Anschein («können») hat der künftige Abs. 4 für die Kantone nicht die Bedeutung einer Ermächtigung (auf welche die Kantone angesichts ihrer Organisationsautonomie nicht angewiesen sind), sondern die Bedeutung einer (rechtsstaatlich-demokratisch motivierten) *Beschränkung* (i.S.v. Abs. 3) ihrer Vertragsautonomie. Die – schon heute praktizierte (vgl. z.B. IVöB 4 Abs. 2 i.d.F. vom 15.3.2001: Anpassung von Schwellenwerten) – Übertragung von Rechtsetzungsbefugnissen an interkantonale Organe ist unter dem Regime von Abs. 4 von Bundesrechts wegen nur noch zulässig, sofern der Vertrag:

   a.   «nach dem gleichen Verfahren, das für die Gesetzgebung gilt, genehmigt worden» ist: Der Passus ist nicht ganz wörtlich zu nehmen, denn anders als im Gesetzgebungsverfahren kann, typischerweise, im Vertragsgenehmigungsverfahren der Normtext nicht geändert werden. Gemeint ist, dass dieselben Entscheidungsträger (Parlament, allenfalls Volk) zustimmen sowie dieselben Referendumsmöglichkeiten (zum Freiraum der Kantone vgl. N 15 zu BV 51) bestehen; sonst prinzipiell zulässige Differenzierungen (z.B. obligatorisches Referendum für Gesetze, bloss fakultatives für Verträge usw.) sind im Anwendungsbereich des Abs. 4 bundesrechtlich untersagt;

b. «die inhaltlichen Grundzüge der Bestimmungen festlegt»: Auch wenn Terminologie und Regelungsansatz nicht nahtlos an andere Verfassungsbestimmungen anschliessen (BV 5, BV 36, BV 164), wird man wohl auch hier auf die hergebrachten Delegations-Kriterien (dazu N 9 ff. zu BV 164) abstellen können.

Für den Hochschulbereich statuiert BV 63a Abs. 4 eine Spezialregel. – BV 48 Abs. 4 hindert die Kantone nicht, in ihrem Recht zusätzliche Anforderungen vorzusehen; die (Schein-) «Ermächtigung» gemäss Abs. 4 vermag bestehende kantonale Erfordernisse nicht zu beseitigen.

15 Abs. 4 vermag das dem interkantonalen Vertrags- und Sekundärrecht strukturell innewohnende Demokratiedefizit zwar etwas zu mildern, nicht aber zu beheben.

Vorrang interkantonalen Rechts (Abs. 5, noch nicht in Kraft)

16 *Funktion:* In Praxis und Lehre ist schon seit langem anerkannt, dass interkantonales Recht entgegenstehendem kantonalem Recht vorgeht (vgl. Botsch. BV 214). Abs. 5 scheint daher etwas Selbstverständliches auszudrücken. Genauer besehen handelt es sich (ähnlich wie bei Abs. 4) um einen (nicht allzu schwerwiegenden) Eingriff des Bundes in die (Rechtsquellen-)Autonomie der Kantone, dessen Hauptzweck wohl darin bestehen dürfte, das Vertrauen in «die Bindungskraft des interkantonalen Rechts» zu stärken und kantonalen «Alleingängen» vorzubeugen (vgl. Botsch. NFA, BBl 2002 2463).

17 *Tragweite:* Der Wortlaut orientiert sich nicht, wie vom Bundesrat ursprünglich beantragt (vgl. BBl 2002 2561), an BV 49 Abs. 1 (Vorrang des Bundesrechts), sondern an BV 5 Abs. 4 (Beachtung des Völkerrechts). Ob Abs. 5 daher ebenfalls nur als eine allgemeine Grundregel zu verstehen ist, die gewisse Relativierungen duldet (vgl. N 29 f. zu BV 5), bleibt vorderhand unklar; ebenso das Verhältnis des interkantonalen Rechts zur höchsten Erlassstufe des kantonalen Rechts, der – dem obligatorischen Referendum unterstehenden und von der Bundesversammlung zu gewährleistenden – Kantonsverfassung (etwas sibyllinisch Botsch. NFA, BBl 2002 2463; für strikten Vorrang des interkantonalen Rechts AUBERT, Comm., Art. 48, N 12).

18 Nicht ausdrücklich angesprochen wird das «Sekundärrecht». Dieses ist Bestandteil des interkantonalen Rechts i.S.v. Abs. 5. Hier stellt sich noch drängender die (wohl zu bejahende) Frage, ob die allgemeine Grundregel Ausnahmen (z.B. zu Gunsten des kantonalen Verfassungsrechts) kennt.

Literaturhinweise

ABDERHALDEN URSULA, Möglichkeiten und Grenzen der interkantonalen Zusammenarbeit, Fribourg, 1999; DIES., Der kooperative Föderalismus, BV–CF 2000, 213 ff.; DIES., Verfassungsrechtliche Überlegungen zur interkantonalen Rechtsetzung, LeGes 2006/1, 9 ff.; BRUNNER STEPHAN C., Möglichkeiten und Grenzen regionaler interkantonaler Zusammenarbeit, St. Gallen, 2000; HÄFELIN ULRICH, Der kooperative Föderalismus in der Schweiz, ZSR 1969 II, 549 ff.; HÄNNI PETER, Verträge zwischen den Kantonen und zwischen dem Bund und den Kantonen, VRdCH, 443 ff.; DERS., Vor einer Renaissance des Konkordates?, Festschrift Yvo Hangartner, St. Gallen/Lachen 1998, 659 ff.; SALADIN PETER, Holzwege des kooperativen Föderalismus, Festschrift Hans Peter Tschudi, Bern 1973, 237 ff.; SIEGRIST ULRICH K., Die schweizerische Verfassungsordnung als Grundlage und Schranke des interkantonalen kooperativen Föderalismus, Zürich 1977/1978.

Art. 48a[1] Allgemeinverbindlicherklärung und Beteiligungspflicht
[bei Drucklegung erst teilweise in Kraft]

[1] Auf Antrag interessierter Kantone kann der Bund in folgenden Aufgabenbereichen interkantonale Verträge allgemein verbindlich erklären oder Kantone zur Beteiligung an interkantonalen Verträgen verpflichten:

a. Straf- und Massnahmenvollzug;
b.[2] *Schulwesen hinsichtlich der in Artikel 62 Absatz 4 genannten Bereiche;*
c.[3] *kantonale Hochschulen;*
d. Kultureinrichtungen von überregionaler Bedeutung;
e. Abfallbewirtschaftung;
f. Abwasserreinigung;
g. Agglomerationsverkehr;
h. Spitzenmedizin und Spezialkliniken;
i. Institutionen zur Eingliederung und Betreuung von Invaliden.

[2] *Die Allgemeinverbindlicherklärung erfolgt in der Form eines Bundesbeschlusses.*
[3] *Das Gesetz legt die Voraussetzungen für die Allgemeinverbindlicherklärung und für die Beteiligungsverpflichtung fest und regelt das Verfahren.*[4]

---

1 Angenommen in der Volksabstimmung vom 28. Nov. 2004 (BB vom 3. Okt. 2003, BRB vom 26. Jan. 2005 – BBl 2002 2291, 2003 6591, 2005 951). [Gemäss Fussnote zur deutschen Fassung der SR ist dieser Art. mit Ausnahme von Abs. 1 Bst. b und c (vgl. die beiden nachstehenden Fussnoten) noch nicht in Kraft. – Vgl. aber den Hinweis in der Fussnote zu Abs. 3 sowie N 2 betreffend den Einleitungssatz in Abs. 1.]

2 Angenommen in der Volksabstimmung vom 21. Mai 2006 (BB vom 16. Dez. 2005, BRB vom 27. Juli 2006 – AS 2006 3033; BBl 2005 5479 5547 7273, 2006 6725). [Die ursprüngliche Fassung von Bst.b («kantonale Universitäten»), angenommen in der Volksabstimmung vom 28. Nov. 2004 (BB vom 3. Okt. 2003, BRB vom 26. Jan. 2005 – BBl 2002 2291, 2003 6591, 2005 951), trat nie in Kraft.]

3 Angenommen in der Volksabstimmung vom 21. Mai 2006 (BB vom 16. Dez. 2005, BRB vom 27. Juli 2006 – AS 2006 3033; BBl 2005 5479 5547 7273, 2006 6725). [Die ursprüngliche Fassung von Bst.c («Fachhochschulen»), angenommen in der Volksabstimmung vom 28. Nov. 2004 (BB vom 3. Okt. 2003, BRB vom 26. Jan. 2005 – BBl 2002 2291, 2003 6591, 2005 951), trat nie in Kraft.]

4 Angenommen in der Volksabstimmung vom 28. Nov. 2004 (BB vom 3. Okt. 2003, BRB vom 26. Jan. 2005 – BBl 2002 2291, 2003 6591, 2005 951). [Gemäss Fussnote zur französischen Fassung ist Abs. 3 in der Fassung des BB vom 16.12.2005 (angenommen in der Volksabstimmung vom 21. Mai 2006) bereits in Kraft.]

1   BV 48a geht auf den – noch nicht in Kraft gesetzten – BB NFA zurück. Die ursprünglich geplante (knappere) Regelung in BV 48 (als Abs. 4; vgl. Botsch. NFA, BBl 2002 2561) wurde im Zuge der parlamentarischen Beratungen verselbstständigt (BV 48a) und durch zwei Kautelen ergänzt:
    –   abschliessende Liste der Bereiche, in denen die beiden Instrumente zum Einsatz kommen können (ursprünglich auf Gesetzesstufe vorgesehen);
    –   Form des referendumspflichtigen BB (zwingend) für die Allgemeinverbindlicherklärung.

2   *Kuriositäten:* Im Rahmen der Verfassungsvorlage über die Neuordnung des Bildungswesens (BB vom 16.12.2005) wurde auch über eine Anpassung von BV 48a abgestimmt. Nach der allgemeinen Regel (BV 195) traten die entsprechenden Teile mit Annahme durch Volk und Stände (21.5.2006) in Kraft – mit dem doch etwas kuriosen Resultat (Stand August 2006),
    –   dass BV 48a als Torso in Kraft ist (Abs. 1 Bst. b und Bst. c, wenn man auf die offiziellen Fussnoten in der SR, Stand August 2006, abstellt);
    –   dass das Schicksal des Einleitungssatzes in Abs. 1 – Teil des BB vom 16.12.2005 und damit der Abstimmungsvorlage vom 21.5.2006, aber in den offiziellen Fussnoten in der SR nicht speziell erwähnt – ungewiss ist (dies obwohl Volk und Stände dem bedeutungsschweren Satz kurz nacheinander zwei Mal zugestimmt haben, beim ersten Mal mit 64,4% Ja-Stimmen und 20½ gegen 2½ Ständestimmen, beim zweiten Mal sogar mit 85,6% Ja-Stimmen und allen Ständestimmen, bei einer allerdings äusserst bescheidenen Stimmbeteiligung von 27,2%);
    –   dass, weil der BB vom 16.12.2005 auch eine Änderung der französischen Fassung von Abs. 3 zum Gegenstand hatte (FF 2005 6793; RO 2006 3033), gemäss Fussnoten in der französischen Ausgabe der SR neben Abs. 1 Bst. b und Bst. c auch Abs. 3 in Kraft steht (nur in der Romandie?).
    Die ursprüngliche Fassung von Bst. b und Bst. c (BB NFA) trat gar nie in Kraft (ebenso möglicherweise die ursprüngliche französische Fassung von Abs. 3).

Zwangsinstrumentarium (Abs. 1 Einleitungssatz, Abs. 3)

3   *Zwangskooperation:* BV 48a begründet nicht selber schon eine Pflicht der Kantone zur Zusammenarbeit, sondern legt bestimmte sachliche und verfahrensmässige Rahmenbedingungen fest, unter denen eine (Zwangs-)Verpflichtung möglich ist (vgl. auch AB 2002 S 831). BV 48a kennt zwei Formen des Zwangs:
    –   *«allgemein verbindlich erklären»:* Ausdehnung der normativen Wirkung eines auf gesamtschweizerische Geltung angelegten interkantonalen Vertrags (vgl. Botsch. NFA, BBl 2002 2479) auf all jene Kantone, die nicht zustimmungswillig sind. Das Institut der Allgemeinverbindlicherklärung (AVE) ist der Verfassungsordnung des Bundes nicht fremd (vgl. BV 110: AVE von Gesamtarbeitsverträgen; BV 109: AVE von Rahmenmietverträgen; zur Rechtsnatur – Akt der Rechtsanwendung, nicht der Rechtsetzung – vgl. N 10 zu BV 110), doch wird es in BV 48a in einen neuartigen Kontext gestellt: Gegenstand der AVE sind nicht Verträge zwischen Privaten, sondern Verträge zwischen Gemeinwesen.
    –   *«zur Beteiligung verpflichten»:* Ausdehnung der normativen Wirkung eines (z.B. regional) begrenzten Vertrags auf einen oder mehrere nicht zustimmungswillige Kantone.

Der Bund kann somit (wenn auch nur im Zusammenwirken mit interessierten Kantonen; vgl. N 11) einen widerstrebenden Kanton «zur vertraglichen Zusammenarbeit verpflichten» (so die von einem eigenartigen Verständnis des Vertragsbegriffs zeugende Formel in Botsch. NFA, BBl 2002 2461). Der Sache nach geht es um verordnete Zwangskooperation, was zu Recht als wenig autonomie- und demokratiefreundlich und staatspolitisch bedenklich kritisiert wird (insb. RHINOW, Bundesstaatsreform, 63 ff.; vgl. dagegen SCHWEIZER, 15). Zwar werden die beiden Instrumente vermutlich nur selten zur Anwendung kommen. Als Druckmittel werden sie indes ihre Wirkung nicht verfehlen.

4 *Anwendungsbereich:* BV 48a ist nicht unmittelbar anwendbar, sondern bedarf der Umsetzung durch den Bundesgesetzgeber (Abs. 3). Obwohl im Rahmen des Projekts NFA entstanden und auf die interkantonale Zusammenarbeit *mit Lastenausgleich* (vgl. N 17 zu BV 135) gemünzt, können die Zwangsinstrumente des BV 48a grundsätzlich auf *alle* Verträge Anwendung finden, die in den erfassten Aufgabenbereichen (N 9) liegen, d.h. auch auf solche, die *nicht* dem Lastenausgleich (i.S. der NFA) dienen (keine verfassungsrechtliche Koppelung an den Lastenausgleich; eine Koppelung besteht indes im Rahmen des FiLaG).

5 *Vertrag:* Der Beschluss über den Einsatz der Zwangsinstrumente gemäss BV 48a setzt voraus, wie schon der Wortlaut deutlich macht, dass ein *Vertrag* (i.S.v. BV 48 Abs. 1) vorliegt, d.h. ein fertig ausgehandelter, von den willigen Kantonen unterzeichneter Text (der allerdings nicht schon förmlich in Kraft stehen muss, so dass ein gleichzeitiges Inkrafttreten für alle, auch die zum Beitritt gezwungenen Kantone, möglich bleibt), nicht ein blosser Vertragsentwurf. Andernfalls könnte sich die zuständige Bundesbehörde (Bundesversammlung) kein abschliessendes Urteil über die Rechte und insb. die Pflichten bilden, die sie einem nicht mitwirkungswilligen Kanton zwangsweise auferlegt. – Dies schliesst nicht von vornherein aus, dass der (Bundes-)Gesetzgeber (Abs. 3) einzelne Verfahrensschritte (z.B. die Antragsstellung) bereits in einem früheren Stadium zulässt (vgl. FiLaG 15 Abs. 1).

6 *Voraussetzungen:* Inhaltlich muss der Vertrag den Anforderungen des BV 48 Abs. 3 genügen; ein allfälliges Einspracheverfahren (BV 173; vgl. N 13 zu BV 48) muss abgeschlossen sein. Weitere Voraussetzungen können sich aus dem Gesetz (Abs. 3) ergeben. – Ausführungsrecht wurde bisher für die interkantonale Zusammenarbeit *mit Lastenausgleich* verabschiedet (FiLaG 10 ff., SR 613.2; noch nicht in Kraft), d.h. nicht für den gesamten potenziellen Einsatzbereich der Instrumente gemäss BV 48a (N 4). – FiLaG 14 und 15 (je Abs. 3) verlangen *Gleichbehandlung* der zwangsverpflichteten Kantone in Bezug auf Rechte und Pflichten (vgl. auch FiLaG 11 und 12).

7 *Ermächtigung des Bundes:* BV 48a begründet keinen Anspruch der vertragswilligen Kantone darauf, dass der Bund die Zwangsmittel tatsächlich einsetzt (der Bund «kann»). – Umgekehrt kann es sich herausstellen, dass der Bund, obwohl alle in BV 48a und in der ausführenden Gesetzgebung genannten Voraussetzungen erfüllt sind, die Zwangsinstrumente *nicht* einsetzen *darf*, weil allgemeine Verfassungsnormen (wie z.B. BV 5a, BV 44, BV 47) dem entgegenstehen. – Im Bildungsbereich (Bst. b und c) soll das Instrumentarium des BV 48a verhindern, dass der Bund wegen des Verhaltens weniger Kantone auf die subsidiären Bundeskompetenzen (BV 62, BV 63a) zurückgreifen muss. Ob dies besonders «föderalismusfreundlich» ist (in diesem Sinn BBl 2005 5535), bleibe hier dahingestellt.

8 *Kreis der Verpflichteten:* Zur *Beteiligung* verpflichtet werden können nur Kantone (so ausdrücklich Abs. 1), nicht der Bund. Bei der AVE fehlt eine entsprechende Einschränkung, so dass man die (wohl eher theoretische, aber doch interessante) Frage aufwerfen könnte, ob die Bundesversammlung das Instrument der AVE auch nutzen könnte, um (in einem Bereich, in welchem auch der Bund über Kompetenzen verfügt und als Vertragspartner in Betracht kommt, z.B. im Hochschulbereich) den Widerstand des vertragsunwilligen Bundesrates zu überwinden.

Erfasste Aufgabenbereiche (Abs. 1 Bst. a–Bst. i)

9 Die Liste der möglichen Anwendungsfelder, die abschliessenden Charakter hat, sollte ursprünglich im neuen Finanzausgleichsgesetz, und zwar im Abschnitt über die interkantonale Zusammenarbeit mit Lastenausgleich (jetzt FiLaG 10 ff., SR 613.2; noch nicht in Kraft), verankert werden (Botsch. NFA, BBl 2002 2570). Durch die «Heraufstufung» wurden die Zwangsinstrumente aus dem Finanz(ausgleichs)kontext gelöst; ihre Anwendung ist nicht auf den Rahmen des Projekts NFA begrenzt (wie jetzt der nicht auf Lastenausgleich, sondern auf Rechtsharmonisierung gemünzte neue Bst. b verdeutlicht):

a. Straf- und Massnahmenvollzug: vgl. BV 123 (und BBl 2005 6090 ff.);

b. Schulwesen hinsichtlich der in Artikel 62 Absatz 4 genannten Bereiche: siehe dort N 12. Die ursprüngliche Fassung (nie in Kraft) nannte die kantonalen Universitäten (vgl. UFG 3); siehe jetzt Bst. c;

c. kantonale Hochschulen: vgl. BV 63a. Die in der ursprünglichen Fassung (nie in Kraft) genannten Fachhochschulen sind eingeschlossen, nicht jedoch private Hochschulen (BBl 2005 5534 f.);

d. Kultureinrichtungen von überregionaler Bedeutung, z.B. Theater, Opern- und Konzerthäuser, Museen, Bibliotheken (Botsch. NFA, BBl 2002 2448);

e. Abfallbewirtschaftung (im Entwurf: Abfallentsorgung): vgl. USG 7, 30 ff.;

f. Abwasserreinigung: vgl. GSchG 61;

g. Agglomerationsverkehr: vgl. BV 86 Abs. 3 b^{bis}; Botsch. NFA, BBl 2002 2428 ff.; BBl 2005 6165 ff.; vgl. auch BV 50 Abs. 3 sowie Art. 2 der Verkehrstrennungsverordnung (vom 6.11.1991; SR 725.121) mit Anhang 1 (Aufzählung und Umschreibung von rund 50 Agglomerationen);

h. Spitzenmedizin und Spezialkliniken: vgl. Botsch. NFA, BBl 2002 2453. Erfasst werden sollen neben den Universitätskliniken auch Spitäler von gesamtregionaler Bedeutung, die in hohem Masse Spezialleistungen für Bewohnerinnen und Bewohner anderer Kantone erbringen;

i. Institutionen zur Eingliederung und Betreuung von Invaliden: vgl. IVG 73 und Art. 3 des BG vom 8.10.2006 über die Institutionen zur Förderung der Eingliederung von invaliden Personen, IFEG (BBl 2006 8385, Referendumsvorlage).

Die veröffentlichten Materialien bieten nur begrenzt Auslegungshilfen. Entsprechendes gilt für die aktuelle Gesetzgebung, da die in Bst. a–i verwendeten Verfassungsbegriffe nicht einfach mit den heutigen Legaldefinitionen gleichgesetzt werden dürfen.

10 Gemäss FiLaG 14 Abs. 1 (SR 613.2; noch nicht in Kraft) soll die Möglichkeit der AVE auch bei der sog. Interkantonalen Rahmenvereinbarung für die interkantonale Zusammenarbeit mit Lastenausgleich (IRV) bestehen, zu deren Abschluss die Kantone von Bundesrechts wegen verpflichtet sind, sobald FiLaG 13 in Kraft ist (vgl. IRV vom 24.6.2005, noch nicht in Kraft; Entwurf und Erläuterungen in Botsch. NFA, BBl 2002 2357 ff., 2574 ff.; vgl. auch BBl 2005 6082). Die IRV figuriert nicht im abschliessenden Katalog des BV 48a (wohl als Folge des Transfers der Liste von der Gesetzes- auf die Verfassungsstufe), lässt sich wohl aber als eine Art «Allgemeiner Teil» der interkantonalen Kooperation ebenfalls unter BV 48a Abs. 1 subsumieren.

Zuständigkeit, Form und Verfahren (Abs. 1, 2 und 3)

11 *Antrag:* Eingeleitet werden kann das Verfahren nur auf Antrag interessierter *Kantone*. Der Bund hat es mithin nicht allein in der Hand, die Kantone zur Zusammenarbeit zu verpflichten (missverständlich z.B. BBl 2005 6092, 6218, 6220). Im Bildungsbereich erzeugt die bereitstehende «subsidiäre» Bundeskompetenz Druck auf die Kantone. Die Verfassung nennt keine Mindestzahl. Für den Einsatz im Bereich der interkantonalen Zusammenarbeit mit Lastenausgleich trifft das FiLaG eine differenzierende Regelung (AVE: 18 Kantone, 21 bei der IRV; Beteiligungspflicht: mindestens die Hälfte der am Vertrag bzw. Vertragsentwurf beteiligten Kantone). Tiefere Quoren wären verfassungsrechtlich nicht ausgeschlossen, aber föderalismuspolitisch heikel. Für die (blosse) Harmonisierung im Bildungsbereich (d.h. ohne Lastenausgleich) wird noch eine Regelung zu treffen sein.

12 *Zuständigkeit und Form:* Die AVE erfolgt von Verfassungsrechts wegen in der Form des – referendumspflichtigen (BV 163 Abs. 2) – Bundesbeschlusses (klarstellend FiLaG 14). Bei der Beteiligungspflicht ist der Gesetzgeber grundsätzlich frei. Im FiLaG hat er sich für die Form des einfachen Bundesbeschlusses entschieden (FiLaG 15 Abs. 1). Für die Beschlussfassung zuständig ist mithin die Bundesversammlung und nicht (wie ursprünglich vorgeschlagen, Botsch. NFA, BBl 2002 2480 ff.) der Bundesrat. Der Einbezug der Bundesversammlung verleiht zwar dem Zwang eine erhöhte demokratische Legitimation, schafft aber neue praktische und theoretische Probleme (vgl. Rhinow, Bundesstaatsreform, 84 ff.).

13 *Verfahren:* Vorschriften wurden bisher für die interkantonale Zusammenarbeit *mit Lastenausgleich* verabschiedet (FiLaG 10 ff., SR 613.2; noch nicht in Kraft). Das Gesetz unterscheidet zwischen dem Verfahren der AVE (FiLaG 14) und dem Verfahren betreffend Beteiligungspflicht (FiLaG 15), mit unterschiedlichen Antragserfordernissen (vgl. vorne N 11), aber ähnlichen Verfahrensstrukturen. In beiden Fällen (FiLaG 14 und 15, je Abs. 2–6):

  – sind die betroffenen Kantone vor dem Entscheid anzuhören (vgl. BV 45);
  – beträgt die Maximaldauer der Zwangsverpflichtung 25 Jahre;
  – kann ein Antrag auf Aufhebung der Zwangsverpflichtung (AVE bzw. Beteiligungspflicht) frühestens nach fünf Jahren gestellt werden;
  – kann die Bundesversammlung ihrerseits eine vorzeitige Aufhebung (in Form eines einfachen Bundesbeschlusses) vorsehen bzw. beschliessen.

Die Möglichkeit einer «Verlängerung» der Zwangsverpflichtung ist weder ausdrücklich vorgesehen noch ausgeschlossen – und dürfte unter denselben Voraussetzungen wie die erstmalige Verpflichtung zulässig sein.

14 *Rechtsschutz:* Das FiLaG sieht Rechtsmittel und Klagemöglichkeiten vor (FiLaG 16), allerdings nicht gegen die Zwangsverpflichtung bzw. die Verweigerung der Aufhebung. Daraus darf nicht abgeleitet werden, dass die Möglichkeit der staatsrechtlichen Klage ausgeschlossen ist (vgl. N 9, 21 zu BV 189).

15 *Verfassungskonforme Handhabung:* BV 48a und die bisher verabschiedete Gesetzgebung (FiLaG) gestehen der Bundesversammlung einen weiten Entscheidungsspielraum zu, der verfassungskonform – d.h. unter Berücksichtigung auch von Bestimmungen wie BV 5a, BV 44, BV 46, BV 47 usw. – auszufüllen ist. Die Bundesversammlung sollte stets auch die vom Bundesrat beispielhaft genannten Entscheidungskriterien beherzigen, d.h. prüfen: ob alle Kantone ausreichend Gelegenheit hatten, ihre Anliegen in die Verhandlungen einzubringen; ob allen Kantonen für ihren Entscheidungsprozess ausreichend Zeit zur Verfügung stand; ob die Anliegen sämtlicher Kantone ausreichend berücksichtigt werden; ob das gesamtschweizerische Interesse eine Allgemeinverbindlichkeit erfordert (Botsch. NFA, BBl 2002 2480 f.).

Literaturhinweise

MÄCHLER AUGUST, Föderalismus in der Krise: Geleitete Zusammenarbeit als Ausweg?, ZSR 2004 I, 571 ff.; RHINOW RENÉ, Bundesstaatsreform und Demokratie, in: René L. Frey (Hrsg.), Föderalismus zukunftstauglich?!, Zürich 2005, 63 ff.; RHINOW RENÉ, Wenig autonomie- und demokratieverträglich, NZZ Nr. 104 vom 7.5.2002, S. 15; SCHWEIZER RAINER J., Welchen Föderalismus wollen wir?, NZZ Nr. 144 vom 25.6.2002, S. 15.

Art. 49   Vorrang und Einhaltung des Bundesrechts

¹ Bundesrecht geht entgegenstehendem kantonalem Recht vor.

² Der Bund wacht über die Einhaltung des Bundesrechts durch die Kantone.

1 Die Bestimmung hat keine direkte Entsprechung in der BV 1874. Sie statuiert einerseits (Abs. 1), in neuer Form, den traditionsreichen Grundsatz des Vorrangs des Bundesrechts (der früher vor allem mit BV 1874 ÜB Art. 2, teils auch mit BV 1874 Art. 3 in Verbindung gebracht wurde), gibt andererseits (Abs. 2) dem früher nur im Behördenteil (BV 1874 Art. 85 Ziff. 8 und 102 Ziff. 2) angesprochenen bundesstaatlichen Rechtsinstitut der *Bundesaufsicht* eine allgemeine Grundlage (ohne die Rechtslage ändern zu wollen; Botsch. BV, 216; anders offenbar RUCH, SG-Komm., Art. 49, N 2, 29).

Vorrang des Bundesrechts (Abs. 1)

2 *Bundesstaatliche Normenhierarchie:* Die Vorrangregel – in der Praxis des Bundesgerichts stark präsent (vgl. z.B. BGE 131 I 137, 242, 394; BGE 131 III 243; BGE 130 I 82, 96, 279, 306) – ist Ausdruck des *hierarchischen* Aufbaus der bundesstaatlichen Ordnung und des Anliegens der Widerspruchsfreiheit der Rechtsordnung. Das Recht des Bundes ist dem Recht der kantonalen Ebene übergeordnet und geht im Konfliktfall dem *entgegenstehenden* (dazu

N 10) kantonalen Recht vor – noch immer häufig als *derogatorische Kraft* (oder Wirkung) des Bundesrechts bezeichnet (vgl. BGE 131 I 137; BGE 131 I 228; Botsch. BV, 216; TSCHANNEN, Staatsrecht, 304). So selbstverständlich, klar und einfach die Formel klingt (wie sonst nur wenige!), so schwierig kann ihre Anwendung im Einzelfall sein (näher TSCHANNEN, Staatsrecht, 302 ff.; vgl. auch HÄFELIN/HALLER, 335 ff.; RHINOW, Grundzüge, 127 ff.). – Vergleichsweise wenig problematisch sind die beiden Grundbegriffe «Bundesrecht» und «kantonales Recht»:

3 *Bundesrecht* (i.S.v. BV 49): das Recht des Bundes *aller* Rechtsetzungsstufen (Verfassung, Gesetz, Verordnung), unter Einschluss des für die Schweiz verbindlichen Völkerrechts (TSCHANNEN, Staatsrecht, 305), nicht jedoch «Einzelentscheidungen» (anders RUCH, SG-Komm., Art. 49, N 7). – Die herrschende Auffassung spricht den sog. Verwaltungsverordnungen pauschal den Rechtsnormcharakter ab (kritisch GIOVANNI BIAGGINI, Die vollzugslenkende Verwaltungsverordnung: Rechtsnorm oder Faktum?, ZBl 1997, 1 ff.) – mit entsprechenden Konsequenzen für die Vorrangfrage.

4 *Kantonales Recht* (i.S.v. BV 49): die gesamte der kantonalen Ebene zuzuordnende Rechtsmasse, unter Einschluss des Rechts der *kommunalen* Ebene (und allfälliger Zwischenebenen) und des (vertraglich fundierten) interkantonalen und interkommunalen Rechts. Zur Rangordnung innerhalb der kantonalen Sphäre äussert sich BV 49 nicht (vgl. N 16 ff. zu BV 48 Abs. 5, noch nicht in Kraft: Vorrang des interkantonalen Rechts). Zum besonders gelagerten Fall der Verträge der Kantone mit dem Ausland vgl. BV 56.

5 *Theoretische und praktische Probleme:* Auf den ersten Blick mag überraschen, dass eine (demokratisch hochgradig legitimierte) kantonale Verfassungsbestimmung gegebenenfalls gegenüber einer Verordnung des Bundesrates zurückstehen muss (vgl. BGE 118 Ia 299, 301; TSCHANNEN, Staatsrecht, 305). In der Praxis relativiert sich das Problem, da präventive Verfahren (vgl. BV 51, BV 186) und die *bundes(verfassungs)rechtskonforme Auslegung* kantonalen Rechts (vgl. z.B. BGE 129 I 12, 30; BGE 125 I 474, 480) das Konfliktpotenzial erheblich verringern und oft auch eine föderalismus-freundliche Auslegung des zunächst unnachgiebig scheinenden Bundesrechts in Betracht kommen wird. Angesprochen ist damit das eigentliche Hauptproblem: Häufig tritt nicht offen zutage, was das vorrangige Bundesrecht genau vorgibt. Auch ist oft nicht ohne weiteres zu erkennen, ob eine Regelung des Bundes abschliessenden Charakter hat oder Raum für kantonales Recht lässt (mit welchem u.U. andere öffentliche Interessen verfolgt werden sollen). Das Problem verschärft sich noch, wenn im fraglichen Regelungsbereich Bundes- und kantonale Kompetenzen miteinander verschränkt sind (z.B. Luftfahrt einerseits, Natur- und Heimatschutz und Planungs- und Baurecht andererseits; vgl. BGE 122 I 70, 75: «Kompetenzkumulation») oder Bundesrecht durch die Kantone zu vollziehen ist (Gefahr der Vereitelung des materiellen Bundesrechts durch das kantonale Verfahrens- oder Organisationsrecht).

6 *Methode der Konfliktbewältigung:* Die Idealvorstellung klar getrennter und abgrenzbarer Rechtssphären lässt sich im (vollzugs)föderalistischen System schweizerischer Prägung aus verschiedenen Gründen (u.a. BV 46, künftig auch BV 5a) bestenfalls teilweise verwirklichen. Die traditionsreiche, aber etwas holzschnittartige Regel «Bundesrecht bricht kantonales Recht» (dazu z.B. BURCKHARDT, Festschrift Fleiner, 59 ff.; IMBODEN; so noch VE 96 Art. 40; Art. 31 des deutschen Grundgesetzes) erweist sich als wenig angemessen (vgl. SALADIN,

Komm. BV, Art. 2 ÜB, N 42 f.). Die neue BV verwendet eine weichere Formel («geht vor»), welche für subtile Konfliktlösungen offen ist.

7 *Verhältnis der Vorrangregel zur Kompetenzfrage:* Die Vorrangregel (so wie in BV 49 formuliert) ist zugeschnitten auf die Lösung von *Normkonflikten,* d.h. auf den Fall, dass inhaltlich gegensätzliche Normen auf denselben Sachverhalt Anwendung zu finden beanspruchen (ähnlich wie die *lex posterior*-Regel oder die *lex specialis*-Regel). Im Verhältnis Bund–Kantone geht mit dem Normkonflikt häufig, aber nicht zwingend ein (manchmal nur unterschwelliger) *Kompetenzkonflikt* einher (zum Neben- und Ineinander von Norm- und Kompetenzkonflikten z.B. TSCHANNEN, Staatsrecht, 302 ff.; HÄFELIN/HALLER, 337 ff.). Typische Fälle eines Kompetenzkonflikts sind:

– Ein Kanton erlässt Vorschriften, die vorbestehendem (kompetenzkonformem) Bundesrecht zuwiderlaufen.
– Der Bund erlässt neue Vorschriften, mit denen er eine bisher nicht ausgeschöpfte Kompetenz nutzt (bisher kantonal geregelte Materie).

In beiden Fällen steht das kantonale Recht im Widerspruch zur bundesstaatlichen Kompetenzordnung und ist wegen Missachtung der «Grundegel» von BV 3 ungültig. Der Vorrangregel des BV 49 Abs. 1 bedarf es hier im Grunde nicht (ähnlich AUBERT, Comm., Art. 49, N 4, 7), so wenig man BV 49 Abs. 1 eigens bemühen muss, wenn kantonales Recht gegen ein Bundesgrundrecht (BV 7 ff.) verstösst. Insoweit erscheint die routinemässige *Gleichsetzung* des Grundsatzes der derogatorischen Kraft des Bundesrechts mit BV 49 Abs. 1 (z.B. BGE 131 I 137) etwas *übereilt.* In der Praxis wird die auf Normkonflikte zugeschnittene Vorrangregel des Abs. 1 gleichwohl gerne zur Bewältigung von Kompetenzkonflikten herangezogen, so dass BV 49 Abs. 1 (statt BV 3) zum Vehikel für die Durchsetzung der Kompetenzordnung wird. Dies mag praktische Vorteile haben, verstellt aber mitunter den Blick für angemessene Antworten auf die Frage nach den Rechtsfolgen.

8 *Rechtsfolge («geht vor»):* Die Rechtsfolge(n)-Frage ist in der Rechtslehre umstritten (Überblick bei RUCH, SG-Komm., Art. 49, N 21 ff.) – was die Praxis bemerkenswerterweise (oder sollte man sagen: bezeichnenderweise) nicht sonderlich zu belasten scheint. Auf der einen Seite ist von *Nichtigkeit* (TSCHANNEN, Staatsrecht, 309) oder doch *Ungültigkeit* die Rede (vgl. Botsch. BV, 215). Auf der anderen Seite wird das «Nichtigkeitsdogma» kritisiert und eine Abschwächung befürwortet (vgl. AUER/MALINVERNI/HOTTELIER I, 381 f.; SALADIN, Komm. aBV, Art. 2 ÜB, N 42 f.). Richtigerweise ist je nach Konfliktlage und prozessualer Situation zu differenzieren (vgl. auch AUBERT, Comm., Art. 49, N 4, Fn. 2):

– *Kompetenzkonflikt:* Angemessene Rechtsfolge ist die Ungültigkeit. Die neue, in Überschreitung kantonaler Kompetenzen erlassene Vorschrift ist *von vornherein ungültig* (eine eher seltene Konstellation; vgl. BGE 108 Ib 392: Kantons- und Gemeindebürgerrecht der Ehegattin; erfolgreiche staatsrechtliche Klage der Eidgenossenschaft gegen den Kanton Basel-Stadt). Eine vorbestehende kantonale Vorschrift *wird ungültig* mit Inkrafttreten der Bundesregelung, die den entsprechenden Rechtsbereich (in Ausführung einer Bundeskompetenz) erstmalig normiert (häufig und meist unproblematisch).
– *Normkonflikt:* Ungültigkeit (oder «Nichtigkeit») der kantonalen Vorschrift ist aus verschiedenen Gründen oft nicht die angemessene Rechtsfolge. Ein Hauptgrund dafür ist,

dass häufig nur ein bestimmter Aspekt der kantonalen Bestimmung (und nicht die Bestimmung als solche) bundesrechtswidrig ist und es oft Mühe bereitet, den gültigen und den ungültigen Teil klar zu benennen und zu trennen (weshalb auch die Figur der Teilungültigkeit nicht weiter hilft). In solchen Fällen erscheint die Verdrängung im fraglichen Anwendungsfall (*«Anwendungsvorrang»*) adäquat, welche die Gültigkeit der kantonalen Vorschrift (im Vertrauen auf künftige bundesrechtskonforme Auslegung) nicht berührt.

Die Differenzierung drängt sich um so mehr auf, als der im *konkreten* Anwendungsfall zur Entscheidung berufene Rechtsanwender im schweizerischen «System» der Normenkontrolle (vgl. N 18 zu BV 190) ohnehin gewöhnlich nicht die Befugnis zur förmlichen Ungültigerklärung und Aufhebung der bundesrechtswidrigen Norm besitzt (die somit *formell* in Kraft bleibt). Aktuell wird die Frage der förmlichen Beseitigung «entgegenstehender» kantonaler Vorschriften hingegen im Rahmen der abstrakten Normenkontrolle. Das Bundesgericht pflegt die angefochtene Vorschrift (aktiv) *aufzuheben* (vgl. z.B. BGE 130 I 279, 287; BGE 122 I 18, 31; BGE 108 Ib 392, 407; für einen Ausnahmefall vgl. BGE 131 I 74: blosser Appellentscheid); es begnügt sich also nicht damit, Nichtigkeit festzustellen (entgegen dem Ansatz von TSCHANNEN, Staatsrecht, 320). Dieses Vorgehen (Ungültigerklärung und förmliche Aufhebung) verdient in der Regelfall den Vorzug. – Formell rechtskräftige *Einzelakte*, die sich auf bundesrechtswidriges kantonales Recht abstützen, bleiben aus Gründen der Rechtssicherheit und des Vertrauensschutzes grundsätzlich gültig. Nur ganz ausnahmsweise kommt die Rechtsfolge der Nichtigkeit in Betracht (vgl. TSCHANNEN, Staatsrecht, 310).

9   *Fragen des Anwendungsbereichs:* Vor diesem Hintergrund wird deutlich, dass die Vorrangregel eine stillschweigende Anwendungsvoraussetzung hat. Vorrang beanspruchen (i.S.v. BV 49) kann nur *kompetenzgemäss* erlassenes Bundesrecht. Überschreitet der Bund seine Regelungskompetenzen (BV 3), so muss das kantonale Recht – obwohl es der bundesrechtlichen Regelung «entgegensteht» – nicht weichen; die in BV 49 angesprochene Normenhierarchie wird durch die bundesstaatliche Kompetenzordnung überlagert (vgl. z.B. BGE 104 Ib 171: eine das Rechtsmittelverfahren betreffende Bestimmung der inzwischen abgelösten Verordnung vom 20.12.1971 über den Militärpflichtersatz, AS 1972 6, musste einer kantonalen Regel weichen; vgl. auch AUBERT, Comm., Art. 49, N 8; TSCHANNEN, Staatsrecht, 305 f.). – Die Tragweite dieser allgemeinen Regel wird durch die Spezialregel des BV 190 stark eingeschränkt: *Bundesgesetze* (soweit gesetzlich gedeckt: auch *Verordnungen;* vgl. BGE 129 II 249, 263; N 12 zu BV 190) sind für die rechtsanwendenden Behörden massgebend, selbst wenn der Bundesgesetzgeber die bundesstaatliche Kompetenzordnung missachtet haben sollte (zum gescheiterten Versuch einer Relativierung der Spezialregel vgl. N 10 ff. zu BV 190). Hier passt der Satz «Bundesrecht bricht kantonales Recht» (AUBERT, Comm., Art. 49, N 7).

10   *«entgegenstehend» (qui lui est contraire):* Der Begriff soll verdeutlichen, dass bei «gleichlaufenden» kantonalen Normen (TSCHANNEN, Staatsrecht, 307), die keinen «Schaden anrichten» können, BV 49 nicht greift. Beispiele:

– Verbürgung *«paralleler» kantonaler Grundrechtsgarantien*, die nur den Inhalt der bundesrechtlichen Garantie wiederholen wollen: Sie sind gemessen an BV 49 Abs. 1 zulässig (wie hier TSCHANNEN, Staatsrecht, 307; so im Ergebnis auch das Bundesgericht, wenn es betont, dass kantonale Grundrechte nur dort «selbstständige Bedeutung» haben, «wo sie über die entsprechenden Rechte der Bundesverfassung» hinausgehen (BGE 121 I 267, 269 f.). – Die Annahme, es handle sich um einen Kompetenzkonflikt ohne Normkonflikt (in diese Richtung HÄFELIN/HALLER, 338), wird der Sache nicht gerecht, wie deutlich wird, sobald man sich auszumalen versucht, wie das Bundesgericht auf eine staatsrechtliche Klage des Bundes reagieren müsste, welche die Beseitigung «kompetenzwidriger» *kantonaler Grundrechtsgarantien* verlangt.

- *Wiederholung von Normen des Bundesrechts* in kantonalen Erlassen im Interesse der «besseren Lesbarkeit»: Das gemäss herrschender (Rechtsetzungs-)Lehre verpönte Vorgehen (vgl. GEORG MÜLLER, Elemente einer Rechtssetzungslehre, 2. Aufl., Zürich 2006, 223) wird durch BV 49 Abs. 1 nicht untersagt. Die Vorrangfrage aktualisiert sich, sobald wegen späterer Änderung des Bundesrechts der zunächst unechte zu einem echten Konflikt wird. Dass die Kantone zum Erlass «gleichlaufender» kantonaler Vorschriften «zuständig» sind (TSCHANNEN, Staatsrecht, 307), sollte man besser in Anführungsstriche setzen, denn bei der bloss wiederholenden kantonalen «Vorschrift» handelt es sich rechtlich um ein *nullum*, das grundsätzlich keine Rechtswirkungen zu entfalten vermag (im Ergebnis ähnlich AUBERT, Comm., Art. 49, N 6) und später auch nicht einfach «aufleben» kann, wenn die «gleichlaufende» Mutterbestimmung des Bundesrechts wegfällt (so indes TSCHANNEN, Staatsrecht, 307).

11 *Adressaten und Durchsetzung:* Der Vorrang des Bundesrechts ist *von Amtes wegen* zu beachten, dies jedenfalls von allen (kantonalen wie eidgenössischen) Gerichten, grundsätzlich aber auch von anderen rechtsanwendenden Instanzen (vgl. TSCHANNEN, Staatsrecht, 319). Nach ständiger Rechtsprechung des Bundesgerichts ist der Vorrang des Bundesrechts ein – auch Ausländern zustehendes (BGE 130 I 82, 86) – *verfassungsmässiges (Individual-)Recht* (BGE 127 I 60, 68), weshalb der Weg ans Bundesgericht in seiner Funktion als Verfassungsgericht (Verfassungsbeschwerde, BGG 116; früher staatsrechtliche Beschwerde, OG 84) offen steht (vgl. z.B. BGE 131 I 198, 201). Weitere Instrumente zur Durchsetzung des Bundesrechts sind die eher selten zum Einsatz kommende Staatsrechtliche Klage (BV 189; BGG 120, früher OG 83 Bst. a; vgl. z.B. BGE 108 Ib 392) und das Institut der Bundesaufsicht (vgl. hinten N 15 ff.). – Vom Gebot der Anwendung *von Amtes wegen* nahm sich das Bundesgericht bisher selbst aus, indem es auch bei Beschwerden wegen Verletzung der «derogatorischen Kraft» des Bundesrechts das Rügeprinzip (OG 90 Abs. 1 Bst. b; vgl. heute BGG 106 Abs. 2) strikte anwendete (vgl. jetzt immerhin BGE 131 I 377, 385, wonach das Bundesgericht sich die Möglichkeit vorbehält, in den Urteilserwägungen auf eine allfällige Bundesrechtswidrigkeit hinzuweisen). Angesichts der gesteigerten Verantwortung des Bundesgerichts für Wahrung und Einheit des Bundesrechts (vgl. N 4 zu BV 188) sollte diese Praxis überdacht werden, wofür BGG 106 durchaus Raum lässt (vgl. BIAGGINI, Basler Kommentar zum BGG, Art. 117, im Druck).

12 *Tragweite:* Das Bundesgericht umschreibt die Tragweite wie folgt: «Nach dem Grundsatz der derogatorischen Kraft des Bundesrechts (Art. 49 Abs. 1 BV) können Kantone in Sachgebieten, welche die Bundesgesetzgebung abschliessend geregelt hat, keine Rechtsetzung mehr betreiben. In Sachgebieten, die das Bundesrecht nicht abschliessend ordnet, dürfen die Kantone nur solche Vorschriften erlassen, die nicht gegen den Sinn und Geist des Bundesrechts verstossen und dessen Zweck nicht beeinträchtigen oder vereiteln» (BGE 131 I 223, 228; vgl.

auch BGE 130 I 279, 283). Keine Bundesrechtswidrigkeit bewirken blosse Zielkonflikte. Bund und Kantone als je eigenständige Gebietskörperschaften dürfen im Rahmen ihrer Zuständigkeiten auch unterschiedliche Ziele verfolgen (BGE 122 I 70, 74; vgl. auch BGE 112 Ia 382 ff.). In BV 49 geht es um den Vorrang des Bundes*rechts*, nicht der Bundes*politik* (AUBERT, Comm., Art. 49, N 10).

13 *Kasuistik:* Die überaus reichhaltige Praxis kann hier nicht im Einzelnen nachgezeichnet werden (Überblick etwa bei TSCHANNEN, Staatsrecht, 310 ff.; HÄFELIN/HALLER, 337 ff.). Wiederkehrende Themen und Schlüsselfragen sind:

– Verhältnis Bundeszivilrecht–kantonales öffentliches Recht: Neben den genannten Kriterien (nicht abschliessend, nicht gegen Sinn und Geist; vgl. N 12) verlangt das Bundesgericht, dass die kantonale Regelung ein schutzwürdiges öffentliches Interesse verfolgt (vgl. BGE 122 I 18, 21; näher ARNOLD MARTI, in: Zürcher Kommentar zum Schweizerischen ZGB, 1. Band, Zürich 1998, Art. 6, N 230 ff.).

– Mit Blick auf die Frage des *abschliessenden* Charakters spielt die Figur des *qualifizierten Schweigens* eine bedeutsame Rolle. Selbst bei ausdrücklicher Festlegung (z.B. StGB 335) bleiben oft Zweifelsfragen.

Beispiele für *Bundesrechtswidrigkeit* der kantonalen Regelung wegen abschliessenden Charakters der bundesrechtlichen Ordnung: BGE 131 I 242 (BS: «Kleine Appellation» und OR 274g); BGE 130 I 279 (BS: Ladenschlussvorschrift und ArbG); BGE 129 I 402 (ZH: Zweitbeurteilung durch einen Facharzt und StGB 119 Abs. 1); BGE 122 I 18 (ZH: Fürsorgerische Freiheitsentziehung); BGE 120 Ia 89 (GE: Arbeitsvermittlungsgesetzgebung). – *Beispiele* für *Zulässigkeit* angesichts des *fehlenden* abschliessenden Charakters der bundesrechtlichen Ordnung: BGE 130 I 82 (ZH: Kürzung von Fürsorgeleistungen für Asylsuchende und AsylG); BGE 130 I 306 (BS: Spitaltarife; Zuschläge für Privatpatienten); BGE 122 I 70 (AI: Starten und Landen von Deltaseglern und Luftfahrtrecht des Bundes); BGE 119 Ia 390, NAGRA (NW: Konzessionshoheit betreffend Untergrund und Sachenrechtsordnung des Bundes); BGE 117 Ia 472 (BS: kantonalrechtliches Vermummungsverbot und StGB 335).

14 *«Immunitäten» des Bundes:* Um das Verhältnis Bundesrecht–kantonales Recht im Allgemeinen, nicht um das Vorrangproblem, geht es bei der Frage, ob der Bund und seine Organe dem einschlägigen (bundesrechtskonformen) kantonalen Recht unterworfen sind oder nicht (z.B. Steuer- oder Baugesetzgebung). Das Bundesrecht kennt zahlreiche Bestimmungen, die den Bund freistellen (vgl. insb. RVOG 62d, vormals GarG 10 Abs. 1, betreffend Besteuerung; MG 126 betreffend militärische Bauten und Anlagen; weitere Hinweise in VPB 65.92 [2001], Ziff. 5). Solche Immunitätsklauseln darf der Bund nicht nach Belieben einführen (BV 5, BV 44, BV 47).

Einhaltung des Bundesrechts (Bundesaufsicht, Abs. 2)

15 Das traditionsreiche Institut der Bundesaufsicht wird in BV 49 Abs. 2 mehr angedeutet als geregelt, so dass, wie schon unter der BV 1874, viele Fragen offen bleiben. Dies ist aus der Sicht der Aufsichtsbehörden wie der Beaufsichtigten nicht unproblematisch. In der Praxis leidet darunter nicht zuletzt die (wichtige) Präventivwirkung. – Die Aufsicht des Bundes über die Kantone ist (trotz struktureller Parallelen) zu unterscheiden von der (gewöhnlich intensiveren)

Aufsicht des Bundesrates über die Verwaltung und andere Träger öffentlicher Aufgaben des Bundes (vgl. N 5 ff. zu BV 187).

16 *Zweck und Anwendungsbereich:* Die Bundesaufsicht soll sicherstellen, dass die Kantone ihre *bundesrechtlichen Verpflichtungen* erfüllen. Im Zentrum steht die Gewährleistung der *richtigen* und (vorbehältlich kantonaler Gestaltungsspielräume, vgl. BV 46) *gleichmässigen Verwirklichung* der Bundes(verwaltungs)gesetzgebung (vgl. VPB 69.1 [2005], Ziff.I.). Die Bundesaufsicht ist unverzichtbares Gegenstück zur «vollzugsföderalistischen» Umsetzung des Bundesrechts durch die Kantone (BV 46). Sie erfasst aber nicht nur das Verhalten (inkl. Unterlassungen) der Kantone im sog. *übertragenen* (delegierten) Wirkungskreis (BV 46), sondern richtigerweise grundsätzlich auch das Handeln der Kantone im sog. *eigenen* (autonomen, originären) Wirkungskreis. Denn auch hier gelten bestimmte bundesrechtliche Anforderungen (insb. BV 5, BV 7 ff.), deren Einhaltung der Bund in geeigneter Weise sicherstellen können muss (vgl. EICHENBERGER, Komm. aBV, Art. 102, N 22 ff.; TSCHANNEN, Staatsrecht, 349; anders wohl SCHWEIZER/KÜPFER, SG-Komm., Art. 52, N 15). – Grundelemente der Bundesaufsicht sind Beobachtungsfunktion und Berichtigungsfunktion (nachträgliche Korrektur).

17 *Allgemeines Institut und besondere Formen:* Es ist hilfreich zu unterscheiden zwischen:
- dem *allgemeinen* verfassungsrechtlichen Institut der Bundesaufsicht (BV 49 Abs. 2; vgl. auch BV 182 Abs. 2 und 186 Abs. 4), das zum Zuge kommt, wenn keine Spezialregelung besteht, und
- den *besonderen* Erscheinungsformen (bzw. Instrumenten), die in verschiedenen Verfassungsbestimmungen angelegt sind und mitunter speziellen Regeln folgen.

Zu den *besonderen* verfassungsrechtlichen Erscheinungsformen gehören namentlich: das Gewährleistungsverfahren bei Kantonsverfassungen (BV 51); die Prüfung, allenfalls Genehmigung von Verträgen der Kantone untereinander bzw. mit dem Ausland (BV 48, BV 56, BV 172); die Genehmigung bestimmter kantonaler Erlasse (BV 186 Abs. 4). – Näheres siehe dort.

18 *(Individual-)Rechtsschutzsystem im Dienst der Bundesaufsicht:* Die Überprüfung des kantonalen Handelns im Rahmen von Rechtsmittelverfahren im Bund dient nicht nur dem Rechtsschutz des Einzelnen, sondern zugleich auch der Verwirklichung des objektiven (Bundes-)Rechts. Insoweit wird in der (Verwaltungs- und Verfassungs-)Gerichtsbarkeit des Bundes funktionell Bundesaufsicht ausgeübt, wenn auch unter besonderen verfahrensmässigen Rahmenbedingungen. Im Fall der Behördenbeschwerde (vgl. N 25) kann man geradezu von einer Instrumentalisierung des Rechtsschutzsystems für Aufsichtszwecke sprechen (näher BIAGGINI, Theorie und Praxis, 190 ff.). Im Dienst der Verwirklichung des objektiven Rechts steht auch die (in jüngerer Zeit in die Kritik geratene) sog. «ideelle» Verbandsbeschwerde (vgl. BGE 118 Ib 1, 5; ZIMMERLI/KÄLIN/KIENER, 113 ff.; BIAGGINI, Theorie und Praxis, 207 ff.). – In Dienst genommen werden auch kantonale Instanzen (Pflicht zur vorfrageweisen Überprüfung der Bundesrechtskonformität kantonaler Akte; vgl. N 11).

19 *Grundfragen* aller Formen der Bundesaufsicht sind die Fragen nach *Gegenstand, Zuständigkeiten, Adressaten, Massstäben, Instrumenten und Einsatzmodalitäten* sowie nach dem *Verfahren* (eingehend BIAGGINI, Theorie und Praxis, 135 ff.; VPB 69.1 [2005] und VPB 64.24 [2000], Bundesamt für Justiz, 31.8.2004 bzw. 10.11.1998). In der Rechtslehre hat sich für die Bundesaufsicht ein *dogmatisches Leitbild* (oder Grundverständnis) herauskristallisiert. Da-

nach «ist» die Bundesaufsicht Verbandsaufsicht (nicht Dienstaufsicht), Rechtskontrolle (nicht Zweckmässigkeitskontrolle) und mit föderalistisch gebotener Zurückhaltung zu üben usw. (VPB 64.24 [2000]; kritisch BIAGGINI, Theorie und Praxis, 137 ff.). Die traditionsreiche bundesstaatliche *courtoisie* (vgl. AUBERT, BuStR I, N 787, 804) findet in der Tat im Bereich der Bundesaufsicht ein breites Anwendungsfeld (und nimmt mitunter Formen einer «binnenföderalen Diplomatie» an). Die kantonale Umsetzung des Bundesrechts (BV 46) erfolgt in etlichen Bereichen recht unterschiedlich streng und konsequent (z.B. SVG, LMG, TSchG). Das dogmatische Leitbild darf indes nicht vorschnell gleichgesetzt werden mit dem (in BV 49 Abs. 2 mehr angedeuteten als geregelten) *verfassungsrechtlichen* Institut. Die Verfassung lässt vielmehr durchaus Raum für «Abweichungen» vom dogmatischen Leitbild (vgl. auch TSCHANNEN, Staatsrecht, 351). – In der staatsrechtlichen Literatur gerät mitunter aus dem Blickfeld, dass sich (zunehmend) spezialgesetzliche (verwaltungsrechtliche) Aufsichtsstrukturen herausgebildet haben (in denen sich gewisse Schwächen des allgemeinen verfassungsrechtlichen Instituts spiegeln). – Für das *allgemeine* verfassungsrechtliche Institut gilt im Wesentlichen Folgendes:

20 *Gegenstand (Umfang):* Erfasst wird das gesamte der kantonalen Ebene zuzurechnende Handeln gleich welcher Stufe (Kanton, Gemeinden, zwischenkantonale Einrichtungen; RUCH, SG-Komm., Art. 49, N 26), ob rechtsförmig (Rechtsetzungsakte, Verwaltungsakte, vertragliches Handeln), ob tatsächlich (informelles Handeln, Unterlassen), sei es im delegierten, sei es im autonomen Bereich. Allerdings soll der Bund, in Respektierung kantonaler Eigenständigkeit (BV 47), den Kantonen die Chance belassen, die bundesrechtlichen Verpflichtungen eigenverantwortlich zu erfüllen *(Subsidiarität* der Bundesaufsicht gegenüber der Aufsicht im Kanton). – Erfasst wird, entgegen einer früher weit verbreiteten Auffassung (z.B. SCHAUB, 146 ff.; vgl. auch VPB 64.24 [2000], Ziff.I.), grundsätzlich auch die *Rechtsprechung*, doch ergeben sich aufgrund des Verfassungsgebots der richterlichen Unabhängigkeit weit reichende Einschränkungen (N 25; ähnlich wie hier EICHENBERGER, Komm. aBV, Art. 102, N 45).

21 *Zuständigkeit* (Organkompetenz): Aus dem Behördenteil der Verfassung ergibt sich, dass die Bundesaufsicht in erster Linie dem *Bundesrat* obliegt (BV 186; vgl. auch BV 182). Für bestimmte Fragen ist die *Bundesversammlung* zuständig (BV 172: kantonale Verfassungen, Verträge der Kantone; BV 173 Abs. 1 Bst. e: Bundesexekution). – Zur Rolle des *Bundesgerichts* vgl. vorne N 18. Die speziellen Aufsichtsaufgaben im Schuldbetreibungs- und Konkurswesen (SchKG 15) wurden im Rahmen der Reform der Bundesrechtspflege dem Bundesrat übertragen (per 1.1.2007). Auch wenn nicht mehr aktuell, macht das Beispiel deutlich, dass die Bundesverfassung einer gesetzlichen Modifikation der Generalzuweisung an den Bundesrat (BV 186 Abs. 4) nicht prinzipiell entgegensteht. – *Delegation:* Auch wenn in der Verfassung nicht ausdrücklich erwähnt, kommt eine Delegation von Aufsichtsaufgaben an nachgeordnete Organe (Departemente, Bundesämter, andere Verwaltungseinheiten) grundsätzlich in Betracht (vgl. auch BV 177 Abs. 3). Die Delegation hat den Vorzug, dass die Bundesaufsicht an staatspolitischer Dramatik verliert. Unsicherheiten betreffend das von nachgeordneten Stellen einsetzbare aufsichtsrechtliche Instrumentarium machen diesen Vorzug mitunter zunichte (vgl. BIAGGINI, Theorie und Praxis, 148). Die Delegation ist kein reines «Internum» des Bundes; zu wahren ist das (bundesstaatliche) Gesetzmässigkeitsprinzip. Vielfach wird eine Delegation durch Verordnung (auf der Grundlage von RVOG 43 bzw. 47) genügen (vgl. VPB

69.1 [2005], Ziff.II.A; VPB 64.24 [2000] Ziff.IX., X.). Als nicht delegierbar anzusehen sind *wichtige* Entscheidungen (vgl. BV 177; RVOG 47; RVOG 61b), namentlich betreffend den Einsatz einschneidender Mittel (vgl. hinten N 25). Kaum problematisch ist die Delegation der Informationsbeschaffung (Ermittlung, Untersuchung, Inspektionen); siehe hinten N 26. – Die Bundesaufsicht ist keine blosse Befugnis, sondern eine *verpflichtende Aufgabe* (BV 49 Abs. 2: «wacht»; BV 186 Abs. 4: «sorgt für»; vgl. auch VPB 69.1 [2005], Ziff.I.). Als «Offizialaufsicht» ist sie nicht auf Anstoss von aussen (Aufsichtsanzeigen u.Ä.) angewiesen. Aus Bürgersicht besteht indes *kein Anspruch* auf ein aufsichtsrechtliches Einschreiten des Bundes.

22 *Aufsichtsadressaten* sind zunächst (entsprechend dem allgemeinen Leitbild) «die Kantone» (Abs. 2) *als solche* (Bundesaufsicht als *Verbandsaufsicht*), nicht Verwaltungsteile oder gar einzelne Personen (keine Dienstaufsicht). Adressatin von allfälligen Beanstandungen, Kreisschreiben, Informationsbegehren usw. ist grundsätzlich die kantonale Regierung (als Vertreterin des Kantons nach aussen). Dies ist auch Ausdruck der «souveränitäts»-schonenden *Subsidiarität* der Bundesaufsicht im Verhältnis zur innerkantonalen Aufsicht. – BV 49 Abs. 1 schliesst es indessen nicht von vornherein aus, dass zur Wahrung gewichtiger Interessen (und unter Rücksichtnahme auf die kantonale Organisationsautonomie und Eigenständigkeit) bereichsweise andere Regelungen getroffen werden, die in Richtung einer Dienstaufsicht weisen können (vgl. z.B. HRegV 4 Abs. 2, SR 221.411; ZStV 87, SR 211.112.2).

23 *Prüfungsmassstab:* Massstab ist gemäss BV 49 das *Bundesrecht*, unter Einschluss des Völkerrechts (vgl. vorne N 3; VPB 64.24 [2000], Ziff. VIII.) und unter Einschluss von Verwaltungsverordnungen des Bundes, in welchen Vollzugsverpflichtungen der Kantone konkretisiert werden (vgl. VPB 64.24 [2000], Ziff. VIII.). Bundesaufsicht ist grundsätzlich *Recht(mässigkeit)skontrolle*. Dies ist stets der Fall im *eigenen* Wirkungskreis der Kantone (vorbehältlich verfassungsrechtlicher Ausnahmen, vgl. BV 48 und BV 56: «Interessen des Bundes» als Massstab). Im *übertragenen* Wirkungskreis (Umsetzung von Bundesrecht) ist eine *Zweckmässigkeitskontrolle* – auch wenn in BV 49 nicht erwähnt – nicht prinzipiell ausgeschlossen (näher BIAGGINI, Theorie und Praxis, 155 ff.; vgl. auch JAAG, VRdCH, 485; LENDI, SG-Komm., Art. 83, N 23, betreffend Nationalstrassen; kritisch AUBERT, Comm., Art. 49, N 15). Das zulässige Mass hängt entscheidend ab von der Kompetenz- und Gesetzeslage im jeweiligen Aufgabenbereich. Die gemäss BV 46 anzustrebende (und vom Bundesgesetzgeber zu präzisierende) «möglichst grosse Gestaltungsfreiheit» der Kantone darf nicht via Bundesaufsicht unterlaufen werden.

24 *Instrumente (Aufsichtsmittel) und Einsatzmodalitäten:* BV 49 äussert sich nicht näher zur Frage der Aufsichtsmittel und der Modalitäten. An anderer Stelle nennt die Verfassung einzelne Mittel (BV 51, BV 172, BV 186 Abs. 2). Im Übrigen begnügt sie sich (wie schon die BV 1874) damit, von den «erforderlichen Massnahmen» zu sprechen (BV 186 Abs. 4). In Lehre und Praxis geht man von jeher davon aus, dass grundsätzlich «alle zweckdienlichen Mittel» in Betracht kommen (F.FLEINER, Bundesstaatsrecht, 60; Überblick in VPB 69.1 [2005], Ziff. II.D). Es gibt mit anderen Worten keinen *numerus clausus* der Aufsichtsmittel. – Die üblichen Einteilungen dienen in erster Linie der Orientierung; gewöhnlich knüpfen sich daran keine direkten rechtlichen Folgen. Im Vordergrund stehen (nicht zuletzt aus Gründen der Verhältnismässigkeit, vgl. N 26) *präventiv wirkende* Aufsichtsmittel (z.B. Genehmigung von Erlassen). *Repressive* Mittel kommen in Betracht, sind allerdings praktisch ausser Gebrauch. Als

3. Titel: Bund, Kantone und Gemeinden Nr. 1 BV **Art. 49**

ausserordentlich werden Mittel bezeichnet, die einer besonderen gesetzlichen Grundlage bedürfen. – Nach Art der Einwirkung lassen sich die Aufsichtsmittel grob dreiteilen in: *Aufsicht i.e.S.* (bis hin zur Aufforderung zur Korrektur), *Selbsteintritt* des Bundes (Ersatzvornahme), eigentliche *Bundessanktionen* (näher BIAGGINI, Theorie und Praxis, 135 ff.). Die Zuordnung (und Rechtsnatur) der einzelnen Aufsichtsmittel ist vielfach strittig (insb. Ersatzvornahme, Finanzzwang). Entscheidend ist allerdings letztlich nicht die Einordnung in dogmatische Kategorien, sondern die dadurch nicht zwingend präjudizierte Frage nach den *rechtlichen Rahmenbedingungen* eines Einsatzes des betreffenden Mittels (Rechtsgrundlage, Zulässigkeit der Delegation usw.).

25 In Praxis und Lehre werden gewöhnlich die folgenden Instrumente näher erörtert (vgl. TSCHANNEN, Staatsrecht, 352 ff.; VPB 69.1 [2005], Ziff. II.D.3):

– *Genehmigungspflicht für kantonale Erlasse* in den verfassungsrechtlich (bzw. gesetzlich) vorgesehenen Fällen (vgl. BV 186: Gesetze und Verordnungen; vgl. auch RVOG 61b; zum besonders gelagerten Fall der Kantonsverfassungen vgl. N 18 ff. zu BV 51). – Die Bundesgenehmigung ändert nichts am *kantonalen* Charakter des betreffenden Erlasses;

– *Verträge der Kantone* mit anderen Kantonen (BV 48) oder mit dem Ausland (BV 56): Prüfung (RVOG 61b und 62) und, im Fall einer Einsprache (vgl. BV 172 Abs. 3), Nicht-/Genehmigung;

– *Massnahmen der Informationsbeschaffung:* Einfordern von Auskünften, Pflicht zur Berichterstattung, Inspektionen;

– *einfache aufsichtsrechtliche Anordnung im Einzelfall:* Mahnung, förmliche Beanstandung, Aufforderung zur (Selbst-)Korrektur; angesichts der geringen Intensität dürfte BV 49 Abs. 2 i.V.m. BV 186 Abs. 4 als Grundlage genügen *(pouvoir implicite);*

– *Kassation* eines kantonalen Rechtsanwendungsakts *ausserhalb eines Rechtsmittelverfahrens:* Die Kassation kommt selten zum Einsatz. Die *cause célèbre* ist der Fall «Fextal» (1974): Mangels Möglichkeit einer Behördenbeschwerde schritt der Bundesrat zur *aufsichtsrechtlichen Aufhebung* eines kantonalen (Verwaltungs-)Gerichtsurteils (Beschluss vom 4.9.1974, ZBl 1974, 529 ff.). Die Zulässigkeit des Vorgehens war und ist in der Rechtslehre heftig umstritten (contra z.B. HANGARTNER, ZBl 1975, 1 ff.; RHINOW, Grundzüge, 133; HÄFELIN/HALLER, 349; pro z.B. MOOR, ZBl 1975, 191 ff.; TSCHANNEN, Staatsrecht, 357, mit weiteren Hinweisen; SCHWEIZER/KÜPFER, SG-Komm., Art. 52, N 15). Die Kritik hat ihre Wirkung nicht verfehlt: Die Möglichkeit der Behördenbeschwerde wurde ausgebaut. Auch hat der Bund das Instrument der staatsrechtlichen Klage für Zwecke der Bundesaufsicht «entdeckt» (vgl. BGE 117 Ia 202 ff.). Eine Intervention vom Typus «Fextal» (Kassation eines Gerichtsurteils) – nach *damaliger* Rechtslage im konkreten Fall als *ultima ratio* wohl gerade noch knapp vertretbar (obwohl die richterliche Unabhängigkeit, entgegen TSCHANNEN, Staatsrecht, 357, auch im bundesstaatlichen Verhältnis sehr wohl im Spiel ist) – müsste *heute*, angesichts veränderter (verfassungs-) rechtlicher Rahmenbedingungen (BV 29a, 30, BV 191c; Beitritt zur EMRK), als *unzulässig* eingestuft werden (anders TSCHANNEN, Staatsrecht, 357). Äusserst fragwürdig ist daher die Intervention des Bundesrates in ein laufendes Gerichtsverfahren im November 2005 (Deblockierung der durch vorsorgliche Anordnung eines Walliser Gerichts arrestierten Bilder des Puschkin-Museums, unter Berufung auf höhere Landesinteressen: BV 184 Abs. 3).

- *Beschreiten des Rechtswegs*, sei es mittels aufsichtsrechtlich motivierter *Behördenbeschwerde* (vgl. BGG 76 Abs. 2, 81 Abs. 3, 89 Abs. 2, früher OG 103 Bst. b), sei es mittels *Klage* (BV 189; vgl. BGE 117 Ia 202). – Die *Behördenbeschwerde* ist ein probates Mittel, um Bundesaufsicht und richterliche Unabhängigkeit miteinander zu versöhnen, kennt aber (rechtsschutz-)systemimmanente Schwächen und «blinde Flecken» (vgl. TSCHANNEN, Staatsrecht, 355 f.; BIAGGINI, Theorie und Praxis, 142 f., 191 ff., 225 ff.). Der Ausbau des Verwaltungsrechtsschutzes und der Behördenbeschwerde macht daher andere Aufsichtsmittel nicht entbehrlich.

- *Selbsteintritt:* Beseitigung des bundesrechtswidrigen Zustandes durch den Bund (Fremdnicht Selbstberichtigung), im Unterschied zur Bundesexekution (siehe sogleich) jedoch ohne direkten Zwang. Selbsteintrittscharakter hat auch die aufsichtsrechtliche *Ersatzvornahme:* Die von einem Kanton bundesrechtlich geschuldete, aber nicht oder nicht korrekt vorgenommene Handlung wird durch den Bund selbst (allenfalls in seinem Auftrag durch Dritte) ausgeführt – «an Stelle und auf Kosten des säumigen Kantons» (TSCHANNEN, Staatsrecht, 359). – Strittig ist vor allem, inwieweit das Mittel der Ersatzvornahme einer gesetzlichen Regelung bedarf. Entgegen verbreiteter Auffassung (vgl. z.B. TSCHANNEN, Staatsrecht, 359; BELLANGER, VRdCH, 1265) genügt die «Aufsichtskompetenz» allein (BV 49 Abs. 2 bzw. BV 186 Abs. 4) nicht ohne weiteres, zumal die Ersatzvornahme u.U. stark in die kantonale Vollzugsverantwortung eingreift. Je nach Sachbereich und Umständen kann das bundesstaatliche Legalitätsprinzip (vgl. N 7 zu BV 46) eine besondere gesetzliche Grundlage erfordern (näher BIAGGINI, Theorie und Praxis, 163). Für ein Beispiel vgl. NSG 55.

- *Finanzieller Druck (auch «Finanzzwang»):* Die Verweigerung, Aussetzung oder Rückforderung von Geldleistungen des Bundes ist – entgegen verbreiteter Auffassung (vgl. z.B. TSCHANNEN, Staatsrecht, 358) – ebenfalls kein Fall der eigentlichen Bundesexekution, zumal nur Druck, jedoch kein Zwang ausgeübt wird. Dieses Mittel wird zu Recht nur dann als zulässig angesehen, wenn ein hinreichend enger Zusammenhang zur Pflichtverletzung besteht (für Bundessubventionen vgl. SuG 28 ff.). Unzulässig wäre das Vorenthalten von *nicht* zweckgebundenen Mitteln (vgl. N 12 zu BV 135).

- *Zwangsweise Durchsetzung:* Die Bundesexekution als zwangsbewehrte Disziplinierung des säumigen Kantons ist (entgegen VPB 64.24 [2000], Ziff.IV.) Teil der Bundesaufsicht, nicht ein eigenständiges Rechtsinstitut. Die Entscheidung über die zwangsweise «Durchsetzung des Bundesrechts» fällt in die Zuständigkeit der Bundesversammlung (BV 173 Abs. 1 Bst. e; früher: BV 1874 Art. 85 Ziff. 8: «Massregeln»). Zu einer zwangsweisen Durchsetzung dieser Art ist es bisher nicht gekommen (AUBERT, Comm., Art. 49, N 16). – Von der Bundes*intervention* (BV 52) unterscheidet sich die Bundesexekution dadurch, dass das Handeln des Bundes *aufsichtsrechtlich* motiviert ist und gegen (bundes-)*rechtswidrig* handelnde kantonale Behörden gerichtet ist (und nicht zu Gunsten überforderter Behörden erfolgt).

- *Militärische (Bundes-)Exekution:* Im Falle schwerwiegender Bedrohungen der inneren Sicherheit und zur Bewältigung anderer ausserordentlicher Lagen (BV 58 Abs. 2) kommt – als äusserstes Mittel – der Einsatz der Armee in Betracht *(militärische Bundesexekution)*. Zuständig ist die Bundesversammlung (BV 173), im Dringlichkeitsfall der Bundesrat (BV 185 Abs. 4). Zu einer aufsichtsrechtlich motivierten militärischen Exekution ist es bisher (glücklicherweise) nicht gekommen.

In der Literatur werden die (oft als Kreisschreiben bezeichneten) *generellen Weisungen* über den Vollzug des Bundesrechts häufig als Mittel der Bundesaufsicht eingestuft. Diese Einordnung ist in vielen Fällen fragwürdig, denn meist geht es primär um eine *Präzisierung* der kantonalen (Vollzugs-)*Verpflichtungen*, d.h. um Lenkung, nicht (oder nur am Rande) um Aufsicht.

26 *Allgemeine rechtliche Rahmenbedingungen:* Beim Einsatz aufsichtrechtlicher Mittel sind auch die allgemeinen Grundsätze (rechts-)staatlichen Handelns zu beachten (BV 5, BV 5a, BV 44), insb.:

- *hinreichende Rechtsgrundlage* (BV 5 Abs. 1): Die Anforderungen variieren je nach Art und Intensität des Instruments. Während für gewisse (milde) Massnahmen relativ offene (Verfassungs-)Normen wie BV 49 Abs. 2, BV 186 Abs. 4 oder BV 44 Abs. 2 gewöhnlich genügen, ist bei tiefer einschneidenden Massnahmen eine besondere gesetzliche Grundlage erforderlich (vgl. BV 186 Abs. 2 und TSCHANNEN, Staatsrecht, 352). Es geht hier um die bundesstaatliche Dimension des Gesetzmässigkeitsprinzips. Die herrschende Lehre und Praxis ist eher grosszügig und verlangt nur in wenigen Fällen eine besondere gesetzliche Grundlage (Überblick in VPB 69.1 [2005], Ziff.II.D.2.; strenger u.a. RHINOW, Grundzüge, 133; BIAGGINI, Theorie und Praxis, 163).

- Wahrung der Verhältnismässigkeit (BV 5; vgl. auch BV 44): Einsatz des mildesten unter den geeigneten Mitteln, d.h. (gewöhnlich) Aufforderung zur Korrektur *vor* Kassation, Kassation *vor* Selbsteintritt usw.

- Subsidiarität (vgl. BV 5a): Die verantwortlichen obersten Behörden im Kanton sollen die Chance haben, allfällige Bundesrechtswidrigkeiten selber zu beseitigen, bevor eine Bundesbehörde interveniert.

27 *Verfahrensfragen und Rechtsschutz:* Verfahrensgarantien wie der Anspruch auf rechtliches Gehör (BV 29 Abs. 2) sind, *mutatis mutandis*, auch im bundesstaatlichen Verhältnis zu beachten. Bei Streitigkeiten im Zusammenhang mit dem Einsatz von Aufsichtsmitteln ist die Anrufung des Bundesgerichts möglich (BV 189 Abs. 2; BGG 120; enger noch BV 1874 Art. 113 und OG 83, welche nur «Kompetenzkonflikte» erfassten, vgl. BGE 117 Ia 202, 206; kritisch BIAGGINI, Theorie und Praxis, 171). – Zur Frage der Angreifbarkeit von Akten des Bundesrates und der Bundesversammlung mittels Klage (trotz BV 189 Abs. 4) vgl. N 11, 21 zu BV 189. – Zu den Besonderheiten bei der richterlichen Überprüfung gewährleisteter kantonaler Verfassungen vgl. N 25 zu BV 51.

Literaturhinweise

BIAGGINI, Theorie und Praxis, 133 ff. (Bundesaufsicht); BURCKHARDT WALTHER, Eidgenössisches Recht bricht kantonales Recht, Festschrift Fritz Fleiner, Tübingen 1927, 59 ff.; FORSTER PETER, Eigenständigkeit der Kantone, Vorrang und Einhaltung des Bundesrechts und Bundesgarantien, BV-CF 2000, 131 ff.; HANGARTNER YVO, Bundesaufsicht und richterliche Unabhängigkeit, ZBl 1975, 1 ff.; HAUSER EDWIN, Gibt es eine Bindung des Bundes an das kantonale Recht?, ZBl 1964, 457 ff.; IMBODEN MAX, Bundesrecht bricht kantonales Recht, Aarau 1940; MOOR PIERRE, Pouvoir de surveillance fédéral et autorités cantonales, ZBl 1975, 191 ff.; SCHAUB BERNHARD, Die Aufsicht des Bundes über die Kantone, Zürich 1957.

3. Abschnitt: Gemeinden

1 Gemeinden sind gebietsbezogene selbstständige Körperschaften des (kantonalen) öffentlichen Rechts (Gebietskörperschaften), die typischerweise mit der eigenverantwortlichen Besorgung bestimmter lokaler Angelegenheiten betraut sind (Selbstverwaltungskörperschaften). Häufig nehmen sie darüber hinaus übertragene Aufgaben wahr. 1850 gab es in der Schweiz rund 3200 Gemeinden; heute sind es noch immer rund 2750 (Stand 2006). Fast ein Drittel der Gemeinden hat weniger als 500 Einwohner, weit über 2'000 Gemeinden haben weniger als 5'000 Einwohner. Die Gemeinden bilden, nach einem beliebten, staatsrechtlich nicht ganz zutreffenden Bild, die «dritte Ebene» (Botsch. BV, 217) des schweizerischen Bundesstaates. Als demokratische Basiseinheiten tragen sie entscheidend zu bürgernaher Staatlichkeit bei.

2 Obwohl in der Überschrift des 3. Titels prominent aufgeführt und mit einem eigenen Abschnitt (mit allerdings nur einem Artikel) bedacht, spielen die Gemeinden in der BV nur eine marginale Rolle. Grund dafür ist die relativ strikt durchgeführte «Mediatisierung» der Gemeinden: Der Bund richtet sich grundsätzlich an die Kantone, nicht direkt an die Gemeinden. Der Bund rechnet zwar damit, dass es Gemeinden gibt (vgl. N 2, 7 zu BV 50; zur Rolle beim Bürgerrecht vgl. N 2 zu BV 37, N 5 zu BV 38); er könnte es aber einem Kanton wie Basel-Stadt (mit heute drei Gemeinden) nicht verwehren, auf eine Untergliederung zu verzichten. Die Kantone, nicht der Bund, bestimmen Stellung, Organisation, Aufgaben und Autonomie der Gemeinden (vgl. VE 96 Art. 41). Diese sind «Schöpfungen des kantonalen Rechts» (TSCHANNEN, Staatsrecht, 244).

3 Auch auf Gesetzesstufe dominiert der Grundsatz der Mediatisierung durch die Kantone. Doch spricht der Bund die Gemeinden hier etwas häufiger direkt an (z.B. MWSTG 23; MG 131 ff.; BG vom 4. Dezember 1947 über die Schuldbetreibung gegen Gemeinden und andere Körperschaften des kantonalen öffentlichen Rechts, SchGG; SR 282.11). Dies ist zulässig, sofern der Bund über eine einschlägige Sachkompetenz verfügt und nicht übermässig in die kantonale Organisationsautonomie eingreift. Problematisch erscheint es, wenn die Bundesgesetzgebung die Gemeinden ausdrücklich dazu ermächtigt, eine (im Vergleich zum Kanton) eigenständige Politik zu betreiben (so BewG 13 Abs. 2, SR 211.412.41, betreffend weiter gehende Beschränkungen des Erwerbs von Grundstücken durch Personen im Ausland).

Art. 50

¹ Die Gemeindeautonomie ist nach Massgabe des kantonalen Rechts gewährleistet.
² Der Bund beachtet bei seinem Handeln die möglichen Auswirkungen auf die Gemeinden.
³ Er nimmt dabei Rücksicht auf die besondere Situation der Städte und der Agglomerationen sowie der Berggebiete.

1 Die Bestimmung hat kein direktes Pendant in der BV 1874. Abs. 2 und 3 gehen auf die parlamentarischen Beratungen zurück. Die Gemeinden werden vereinzelt in weiteren Verfassungsbestimmungen erwähnt: BV 37 (Bürgerrechte), BV 89 (Energiepolitik), BV 100 (Konjunkturpolitik), BV 128, 129 und 134 (Steuern), BV 189 (Autonomiebeschwerde). Wenn die BV von Gemeinden spricht, sind in erster Linie die *politischen* Gemeinden gemeint. Sofern sich aus dem Kontext nichts anderes ergibt, sind aber auch andere Gemeindetypen (z.B. Bürgergemeinden, Schulgemeinden) mit gemeint (insb. bei der Autonomiebeschwerde; vgl. SEILER, VRdCH, 502).

Gemeindeautonomie als bundesrechtlich geschütztes Institut des kantonalen Rechts (Abs. 1)

2 Abs. 1 lassen sich die folgenden Grundaussagen zum traditionsreichen Institut der *Gemeindeautonomie* entnehmen. Die Gemeindeautonomie:
– wird *durch die Kantone definiert;* es handelt sich um ein *Institut des kantonalen Rechts;*
– muss von allen kantonalen Organen (inkl. Justiz) im kantonal festgelegten Umfang respektiert werden (was selbstverständlich sein sollte, aber nicht immer beherzigt wird);
– wird – im kantonal definierten Umfang – *zusätzlich* auch durch den *Bund* geschützt und insoweit mit garantiert (vor allem durch Ermöglichung der Anrufung des Bundesgerichts; vgl. N 6 zu BV 189).

3 Die normative Funktion und Tragweite von Abs. 1 ist bescheiden. Den Kantonen erwächst aus Abs. 1 weder eine Verpflichtung, Gemeinden einzurichten, noch eine Verpflichtung, ihren Bestand zu garantieren. Abs. 1 scheint immerhin vorauszusetzen, dass ein Kanton seinen Gemeinden (so er solche vorsieht) nicht jegliche Autonomie vorenthalten darf (so auch AUBERT, Comm., Art. 50, N 6). Doch werden die Kantone durch BV 50 nicht gehindert, ihre Gemeinden an die «kurze Leine» zu nehmen (vgl. auch SEILER, VRdCH, 503). Aus Abs. 1 lässt sich kaum mehr als ein moralischer Appell zu Gunsten der Gemeinden (als den scheinbar primären «Normadressaten») ableiten. Etwas stärker in die Pflicht genommen werden die Kantone künftig wohl durch BV 5a und BV 43a (siehe dort).

4 In etlichen Kantonsverfassungen wird die Gemeindeautonomie *(autonomie communale* oder *des communes)* ausdrücklich gewährleistet (z.B. KV/GR 65; KV/FR 129; KV/SH 105; KV/VD 139, dazu BGE 133 I 128; KV/NE 94; KV/BE 108, mit Rückverweis auf das eidgenössische Recht), mitunter gleich mehrfach (vgl. KV/ZH 1, 85), gelegentlich verknüpft mit einer (bundesrechtlich nicht geschuldeten) verfassungsmässigen Bestandesgarantie (KV/TI 16; KV/VS 77 und dazu BGE 131 I 91, 94).

5 *Begriff:* Unabhängig von solchen kantonalverfassungsrechtlichen Garantien aktualisiert sich die Schutzverpflichtung des Bundes immer dann, wenn das kantonale (Gesetzes-)Recht einen Sachbereich «nicht abschliessend ordnet, sondern ihn ganz oder teilweise der Gemeinde zur Regelung überlässt und ihr dabei eine *relativ erhebliche Entscheidungsfreiheit* einräumt. Der Autonomiebereich kann sich auf die Befugnis zum *Erlass* oder Vollzug eigener kommunaler Vorschriften beziehen oder einen entsprechenden *Spielraum* bei der *Anwendung* kantonalen oder eidgenössischen Rechts betreffen» (BGE 129 I 290, 294, Hervorhebungen hinzugefügt; vgl. auch BGE 129 I 410, 414; BGE 128 I 3, 7 f.). Die Gemeindeautonomie ist verletzt, wenn «eine kantonale Behörde in einem Rechtsmittel- oder Genehmigungsverfahren ihre Prüfungsbefugnis überschreitet oder die den betreffenden Sachbereich ordnenden kommunalen, kantonalen oder bundesrechtlichen Normen falsch anwendet; eine Autonomieverletzung kann aber auch vorliegen, wenn der Kanton durch anderweitige Anordnungen – z.B. durch den Erlass einer generell-abstrakten Regelung oder einer kantonalen Planungszone – zu Unrecht in geschützte Autonomiebereiche eingreift» (BGE 129 I 290, 295; BGE 128 I 3, 18).

6 *Tragweite:* Die Gemeindeautonomie entbindet nicht von der Beachtung übergeordneten Rechts, insb. der Grundrechte (vgl. BGE 128 I 136, 145). Nicht jede Ermessensklausel verschafft den Gemeinden einen geschützten Entscheidungsspielraum (vgl. BGE 118 Ia 218, 221, betreffend vorzeitige Einschulung). Es ist vielmehr zu prüfen, ob die zu vollziehende Vorschrift *allgemein* den rechtsanwendenden Behörden oder aber *spezifisch* den *Gemeinden* einen Freiraum sichern will. Nur im zweiten Fall ist die Gemeindeautonomie im Spiel. Es sollte allerdings nicht verlangt werden, dass die Entscheidungsfreiheit «in einem funktionellen Bezug zur lokalen Selbstverwaltung» steht, d.h. «gemeindefreiheitsbezogen» ist (so T SCHANNEN, Staatsrecht, 246, hier ohne Hervorhebungen), besteht doch sonst die Gefahr, dass die Tragweite der Autonomie unbewusst von einem (historisch geprägten) Vorverständnis statt vom konkreten Gesetzgebungsakt her bestimmt wird.

7 *Rechtsschutz:* Der Bund nimmt sich des Schutzes der Gemeindeautonomie an, indem er ein Verfahren zur Verfügung stellt, das eine Beurteilung von (innerkantonalen) Autonomiestreitigkeiten durch eine *ausserhalb der Kantonsgrenzen stehende, unabhängige richterliche Instanz* (Bundesgericht) ermöglicht (BV 189 Abs. 1 Bst. e). Die Gemeindeautonomie wird dadurch nicht zu einem Institut des Bundesrechts. Insofern besteht eine Parallele zu den *kantonalen* verfassungsmässigen Individualrechten, die, obwohl kantonal garantiert und definiert, den Schutz des Bundes geniessen (BV 189 Abs. 1 Bst. d).

Rücksichtnahmepflichten des Bundes (Abs. 2 und Abs. 3)

8 *Tragweite:* Aus den eher vage formulierten *(Rücksichtnahme-)Pflichten,* die in erster Linie Abwägungs-, nicht Ergebnisverpflichtungen beinhalten, lassen sich keine einklagbaren Ansprüche ableiten. Verpflichtet wird allein der Bund, nicht die Kantone. Die Pflicht besteht bei der Wahrnehmung *aller* Aufgaben und Befugnisse des Bundes, nicht nur in der Gesetzgebung, sondern z.B. auch im Bereich der Infrastrukturplanung (vgl. auch BV 92). Die Abs. 2 und 3 verschaffen dem Bund keine Kompetenzen, bilden keine Grundlage für die Ausrichtung von Finanzhilfen (vgl. AB SD 1998 N 471) und bewirken nicht eine Bindung des Bundes an die Gemeindeautonomie.

9   *Frage der Gleichbehandlung:* Während Abs. 2 eher auf eine prinzipielle Gleichbehandlung aller Gemeinden angelegt scheint (ohne dass Differenzierungen von vornherein ausgeschlossen wären), ist Abs. 3 auf *Differenzierung* angelegt.

10 *Städte* und *Agglomerationen:* Die Begriffe werden in BV 50 nicht näher bestimmt (so wenig wie in BV 86 Abs. 3 Bst. b bis i.d.F. vom 28.11.2004; vgl. auch N 9 zu BV 48a). Die Materialien sind wenig ergiebig. Einen besonderen rechtlichen Status kennt das Bundesrecht nicht (und sollte mit BV 50 auch nicht eingeführt werden). Ende 2002 zählte man in der Schweiz 16 Gemeinden (Städte) mit mehr als 30'000 Einwohnern (Statistisches Jahrbuch 2004, 65) und 10 Agglomerationen mit zwischen 90'000 und 980'000 Einwohnern. Ansätze zu Legaldefinitionen (vor allem im Kontext der Verkehrs- und Finanzausgleichsgesetzgebung) fallen, nicht zufällig, meist weit aus:

– *Städte:* Als *«städtisches Gebiet»* gelten gemäss Art. 1 der bundesrätlichen Verkehrstrennungsverordnung (vom 6.11.1991; SR 725.121): *Gemeinden mit über 10'000 Einwohnern* sowie Agglomerationen. Gemäss Art. 3 der Statuten des (privatrechtlich organisierten) Städteverbandes kann jede Gemeinde, die infolge ihrer Tradition oder ihrer Entwicklung städtischen Charakter aufweist, Mitglied werden; Kantonshauptorte und Gemeinden mit mehr als 5'000 Einwohnern gelten als Gemeinden mit städtischem Charakter. – Eine bundesrechtliche Legaldefinition wäre unumgänglich, wenn sich die im Herbst 2006 lancierte Idee eines «Städtereferendums» realisieren sollte.

– Für das Phänomen der *Agglomeration* ist typisch, dass mehrere politische Einheiten (Gemeinden, allenfalls Kantone) erfasst werden. Art. 2 Verkehrstrennungsverordnung (SR 725.121) versteht darunter «zusammenhängende Gebiete mehrerer Gemeinden mit insgesamt mindestens 20'000 Einwohnern nach Anhang 1» (dort auch in Art. 21 die Gegenüberstellung von «Stadtkern» und «Kernstadt»; vgl. auch SEILER, VRdCH, 505); diesen Status haben rund 50 Gebiete erlangt, die das Territorium von nicht weniger als 22 Kantonen berühren (nicht: UR, OW, GL, AI).

Worin genau die «besondere Situation» der Städte und Agglomerationen besteht, lässt der Verfassungstext offen. Zu denken ist an soziodemografische Faktoren (sog. A-Problematik: hoher Anteil an Armen, Arbeitslosen usw.; vgl. FiLaG 8, noch nicht in Kraft), aber auch an besondere Bedürfnisse im Verkehrsbereich (vgl. IFG 7, Referendumsvorlage, BBl 2006 8433).

11 *«Berggebiete»:* Die Erwähnung der Berggebiete – ein bezeichnender Fremdkörper in BV 50 – ist Ergebnis eines auf «Symmetrie» bedachten Kompromisses (vgl. AB SD 1998 N 471 f., S 69 f., 211 ff.). Legaldefinitionen auf Gesetzesstufe (die allerdings den Verfassungsbegriff nicht zwingend erschöpfen) bieten eine Orientierungshilfe. Vgl. Art. 2 und Anhang des IHG (SR 901.1); VWBG 2 (SR 844) oder FLG 6 (SR 836.1), jeweils mit Bezugnahme auf den landwirtschaftlichen Produktionskataster (vgl. dazu die bundesrätliche Verordnung vom 7.12.1998; SR 912.1). – Die «besondere Situation» der Berggebiete hängt vor allem mit geografisch-topografischen Gegebenheiten zusammen (vgl. FiLaG 7, noch nicht in Kraft): hoch gelegene Siedlungsgebiete und produktive Flächen, disperse Siedlungsstrukturen, geringe Bevölkerungsdichte.

12 *Staatspraxis (Umsetzung):* Den Anliegen von Abs. 2 und 3 dienen (neben den bereits genannten Vorschriften) auch VlG 4 (Anhörung der gesamtschweizerischen Dachverbände der Gemeinden, Städte und Berggebiete) sowie zwei Neuerungen im SuG im Rahmen der 2. NFA-

Botsch. (Art. 19 Abs. 2 und 20a betreffend Programmvereinbarungen; BBl 2005 6297 ff.). Vgl. auch die Richtlinien des Bundesrates vom 16.10.2002 zuhanden der Bundesverwaltung betreffend die Zusammenarbeit zwischen dem Bund, den Kantonen und den Gemeinden (BBl 2002 8385) sowie den Bericht über die Agglomerationspolitik des Bundes (vom 19.12.2001). Zur Vereinfachung der Kontakte wurde am 20.2.2001 die Tripartite Agglomerationskonferenz (TAK) geschaffen, in der Vertreter aller drei Ebenen zusammenkommen (vgl. RHINOW, Grundzüge, 112). – Eine Sache für sich sind die *Ortsnamen*. Wie heikel und komplex das Thema ist, erhellt ein Blick auf die bundesrätliche Verordnung vom 30.12.(!)1970 über Orts-, Gemeinde- und Stationsnamen (SR 510.625), deren Vollzug nicht weniger als vier Departementen überantwortet wird (Art. 22).

Literaturhinweise

BRAAKER CHRISTA, Die Gemeindeautonomie, BV-CF 2000, 225 ff.; DILL MARKUS, Die staatsrechtliche Beschwerde wegen Verletzung der Gemeindeautonomie, Bern 1996; JAGMETTI RICCARDO, Die Stellung der Gemeinden, ZSR 1972 II, 246 ff.; KÖLZ ALFRED/KUSTER SUSANNE, Der Städteartikel der neuen Bundesverfassung, ZSR 2002 I, 137 ff.; SEILER HANSJÖRG, Gemeinden im schweizerischen Staatsrecht, VRdCH, 491 ff.; THÜRER DANIEL, Bund und Gemeinden, Berlin usw. 1986; DERS., Die Stellung der Städte und Gemeinden im Bundesstaat, recht 1995, 217 ff.; UEBERSAX PETER, Erfahrungen und Lehren aus dem «Fall Leukerbad» – Denkanstösse für das schweizerische Gemeinderecht, Bibliothek zur ZSR, Heft 42, 2005; ZIMMERLI ULRICH, Bund–Kantone–Gemeinden, BTJP 1999, 35 ff.

4. Abschnitt: Bundesgarantien

1 Der 4. Abschnitt vereint traditionsreiche Regelungen, die einerseits den Kantonen *föderalistisch* motivierte *Verpflichtungen* auferlegen, andererseits dem *Bund* die Rolle eines *Garanten* (zu Gunsten der Kantone) zuweisen. Der Bund hat diese Rolle 1848 übernommen (vgl. BV 1848 Art. 5; gleichlautend BV 1874 Art. 5). Zuvor hatten, im *Bundesvertrag* von 1815, die «souverainen Kantone der Schweiz» einander «gegenseitig ihre Verfassungen» und «ihr Gebiet» garantiert (Art. 1).

2 *«Gewährleisten»* bzw. «garantieren» meint: «einstehen (müssen) für», «verbürgen» (vgl. TSCHANNEN, Staatsrecht, 253). Es versteht sich, dass der Bund nicht bereit ist, im Fall der *Kantonsverfassungen* ohne weiteres und ungeprüft die Garantenstellung zu übernehmen, welche mit u.U. weit reichenden Pflichten verbunden ist (BV 52). Das Gewährleistungsverfahren (BV 51) soll nicht zuletzt sicherstellen, dass der Bund nicht plötzlich für eine kantonale Verfassung einstehen muss, die minimalen rechtsstaatlich-demokratischen Anforderungen nicht genügt bzw. im Widerspruch zum Bundesrecht steht. Die Schutzverpflichtung des Bundes soll nur greifen, wenn und soweit die Bundesversammlung (BV 172) die Garantie durch besonderen Beschluss übernommen hat. – Wegen der geänderten Artikelfolge (KV-Gewährleistung, BV 51, *vor* den Bundesgarantien) und der modifizierten Terminologie («bedürfen der Gewährleistung», mehr im Sinne von Genehmigung, statt «übernimmt diese Gewährleistung», BV 1874 Art. 6) treten Natur und Bedeutung des Gewährleistungsverfahrens heute weniger deutlich hervor als in der BV 1874. – In der Praxis tritt der Bund kaum sichtbar als Garant in

Erscheinung, wenn man von der Verfassungsgerichtsbarkeit des Bundes absieht, die traditionell gerade auch dem Schutz des kantonalen (Verfassungs-)Rechts dient (vgl. BV 189).

Literaturhinweise (vgl. auch die Hinweise bei BV 51, 52, 53)
FORSTER PETER, Eigenständigkeit der Kantone, Vorrang und Einhaltung des Bundesrechts und Bundesgarantien, BV-CF 2000, 131 ff.; JAAG TOBIAS, Die Rechtsstellung der Kantone in der Bundesverfassung, VRdCH, 473 ff.

Art. 51 Kantonsverfassungen

¹ Jeder Kanton gibt sich eine demokratische Verfassung. Diese bedarf der Zustimmung des Volkes und muss revidiert werden können, wenn die Mehrheit der Stimmberechtigten es verlangt.

² Die Kantonsverfassungen bedürfen der Gewährleistung des Bundes. Der Bund gewährleistet sie, wenn sie dem Bundesrecht nicht widersprechen.

1 Die Bestimmung geht im Wesentlichen auf BV 1848 Art. 6 zurück (gleichlautend BV 1874 Art. 6) und hat, was nicht immer hinreichend bedacht wird, eine mehrfache Funktion: Sie normiert bestimmte (teils allgemeine, teils besondere) *Anforderungen* an die Adresse der Kantone, verknüpft diese Anforderungen dann mit einem speziellen *Prüfverfahren* (sog. Gewährleistungsverfahren), das nicht einfach nur ein Genehmigungsverfahren ist, sondern zugleich auch ein zentrales Element im althergebrachten System der *Bundesgarantien* (siehe N 2 vor BV 51 und hinten N 21).

2 Entgegen verbreitetem Sprachgebrauch geht es beim Institut der Gewährleistung nicht darum, bundesstaatliche «Homogenität» her- oder sicherzustellen (vgl. aber etwa SCHWEIZER, SG-Komm., Vorb. zu Art. 42–135, N 6: «Homogenitätsgarantien»; TSCHANNEN, Staatsrecht, 251, 254: eine «gewisse staatsrechtliche Homogenität im Bund»). Der prägende Grundgedanke ist vielmehr: wenige Mindestanforderungen, grösstmögliche Freiheit (Staatsorganisation), Bundesgarantien, die dieser Freiheit (nicht der Homogenität) dienen. Dass die Verfassungsordnungen der Kantone zunehmend konvergieren, hat verschiedene – teils rechtliche (BV 7 ff., 41, 54), teils tatsächliche – Gründe, liegt aber nicht an den spezifischen Vorgaben des BV 51 Abs. 1 (N 11).

3 Seit 1980 haben 18 Kantone ihre Verfassung totalrevidiert:
   – (1980er Jahre) 1980: AG; 1984: BL, UR; 1986: SO; 1987: TG; 1988: GL.
   – (1990er Jahre) 1993: BE; 1995: AR; 1997: TI.
   – (nach Abschluss der Totalrevision BV) 2000: NE; 2001: SG; 2002: SH, VD; 2003: GR; 2004: FR; 2005: ZH und BS; 2007: LU.

Vorangegangen waren in den 1960er Jahren die Kantone NW (1965) und OW (1968). Am 1. Januar 1979 trat die Verfassung des neu gegründeten Kantons Jura in Kraft. – Weitere Totalrevisionen sind in Gang (SZ).

Verfassungsbegriff (Abs. 1)

4   Die Verfassung als «rechtliche Grundordnung des Staates» (WERNER KÄGI) soll nach dem heute in der Schweiz vorherrschenden Grundverständnis (vgl. z.B. RHINOW, Grundzüge, 10 ff.; TSCHANNEN, Staatsrecht, 50 ff.; EICHENBERGER, Komm. aBV, Verfassungsrechtliche Einleitung, N 79 ff.):

– den Staat und seine Organe einrichten und funktionsfähig machen *(Ordnungs- und Organisationsfunktion);*

– den Staat und seine Organe in die Schranken weisen und Freiheit sichern *(Machtbegrenzungs- und Freiheitsgewährleistungsfunktion);*

– die inhaltliche Ausrichtung der Staatstätigkeit bestimmen *(Gestaltungs- und Steuerungsfunktion;* sog. materiales Verfassungsverständnis).

Zum hergebrachten Verfassungsbegriff gehört weiter, dass es sich um eine besondere *Urkunde* handelt, die *erhöhte Geltungskraft* besitzt und nur in einem *qualifizierten Verfahren* geändert werden kann (vgl. auch Einleitung, N 11).

5   *Der Verfassungsbegriff des BV 51* steht zwar in der Tradition der europäisch-nordatlantischen Verfassungsstaatlichkeit (dazu BIAGGINI, ZSR 2000 I, 445 ff.), entspricht jedoch nicht in jeder Hinsicht dem heute gängigen Bild. Bei der Ausgestaltung ihrer «Kantonalverfassungen» (Begriff gemäss BV 1874 Art. 85) besitzen die Kantone viele Freiheiten.

6   *Form:* BV 51 verlangt von den Kantonen eine *geschriebene* Verfassung und geht stillschweigend davon aus, dass es sich dabei um eine einheitliche Verfassungsurkunde (mit passender Bezeichnung) handelt. Der Erlass von speziellen Verfassungsgesetzen oder -zusätzen aus besonderem Anlass ist aber nicht kategorisch ausgeschlossen (vgl. z.B. den Zusatz zur KV/BE hinsichtlich des jurassischen Landesteiles vom 1.3.1970 und das Verfassungsgesetz vom 13.6.1999 über die Totalrevision der KV/ZH, beide von der Bundesversammlung gewährleistet; BBl 1970 II 1011 bzw. 2000 3643; vgl. auch SALADIN, Komm. aBV, Art. 6, N 5 und allgemein EWALD WIEDERIN, Über Inkorporationsgebote und andere Strategien zur Sicherung der Einheit der Verfassung, ZÖR 2004, 175 ff.).

7   *Minimaler Inhalt:* Die Kantonsverfassung darf sich darauf beschränken, die unerlässlichen organisatorisch-verfahrensrechtlichen Vorschriften aufzustellen (Verfassung als blosses «Organisationsstatut»), sofern die Ausgestaltung «demokratisch» i.S.v. BV 51 und im Übrigen bundesrechtskonform ist (N 11, 19). Die Kantone sind mithin nicht verpflichtet, dem neueren (materialen) Verfassungsverständnis (N 4) zu folgen; sie tun dies heute aber in aller Regel in Gestalt von allgemeinen Zielbestimmungen und umfangreichen Aufgabenkatalogen. Diese inhaltlichen Erweiterungen können dem Bund (angesichts seiner Garantenstellung) nicht gleichgültig sein. Die Frage nach einem «Maximalinhalt» war zwar bisher praktisch nicht relevant; dies könnte sich aber ändern.

8   *Geltungskraft und Verfahren:* BV 51 geht stillschweigend davon aus, dass die Kantonsverfassung dem sonstigen kantonalen Recht, insbesondere den Gesetzen, vorgeht (vgl. AUBERT, Comm., Art. 51, N 2). BV 51 verlangt hingegen *nicht* zwingend, dass die Kantonsverfassung in einem (im Vergleich zur einfachen Gesetzgebung) erschwerten Verfahren ergeht (vgl. N 13), zumal die Kantone auch für Gesetze das obligatorische Referendum vorsehen können.

9 Aus BV 51 ergibt sich keine allgemeine Verpflichtung der Kantone, spezielle Garantien zum Schutz der eigenen Verfassung einzurichten (wie z.B. eine verselbstständigte Verfassungsgerichtsbarkeit). Die BV sieht es umgekehrt als wichtige eigene Aufgabe an, Instrumente zum Schutz der kantonalen Verfassungen bereitzustellen (vgl. insb. BV 52, BV 189: Bundesintervention, Verfassungsbeschwerde, insb. auch Gewaltenteilungsbeschwerde).

10 BV 51 steht der Verfassungsfortbildung durch die Staatspraxis und der Herausbildung ungeschriebenen kantonalen Verfassungsrechts nicht entgegen. Es könnte sich jedoch die Frage stellen, ob die entsprechenden Rechtsgehalte ohne weiteres i.S.v. BV 51 und 52 mit gewährleistet sind.

Anforderungen an Kantonsverfassungen (Abs. 1)

11 Neben den allgemeinen Anforderungen, denen das gesamte kantonale Recht, inkl. Kantonsverfassung genügen muss (Vereinbarkeit mit dem Bundesrecht; vgl. N 19 sowie BV 49), nennt BV 51 Abs. 1 drei *besondere* Anforderungen. Diese sind teils inhaltlicher Natur (N 12: «demokratisch»), teils verfahrensmässiger Natur (N 13: Zustimmung des Volkes, Revidierbarkeit). Insgesamt belässt die Bundesverfassung den Kantonen sehr grosse Gestaltungsfreiheit, nicht zuletzt bei den Volksrechten (BGE 131 I 126, 131).

12 *«Demokratisch»:* Das Wort «demokratisch» (vgl. auch N 2 vor BV 1) hat hier eine spezielle, geradezu unschweizerisch enge Bedeutung: Kantonale Verfassungen genügen dieser Anforderung nach herrschender Auffassung bereits dann, wenn sie zwei Voraussetzungen erfüllen, nämlich (Botsch. BV, 218; vgl. TSCHANNEN, Staatsrecht, 255; SALADIN, Komm. aBV, Art. 6, N 62):

– ein *gewähltes Parlament* vorsehen: Verlangt ist eine *direkte Volkswahl*, in der die Wahlberechtigten ohne Zwischenschaltung anderer Instanzen direkt den Kandidierenden ihre Stimme geben können. Das Wahlverfahren muss (schon wegen BV 49 und BV 5) den Anforderungen von BV 8, BV 34 bzw. UNO Pakt II Art. 25 (SR 0.103.2) genügen (echte, wiederkehrende, allgemeine, gleiche, geheime, freie Wahlen).

– den *Grundsatz der Gewaltenteilung* beachten: Der herrschenden Auffassung kann gefolgt werden (kritisch AUBERT, Comm., Art. 51, N 7), sofern das Kriterium «Gewaltenteilung» nicht schematisch verstanden wird, sondern im Sinne eines *Grundsatzes*, der (wie das Demokratieprinzip) verschiedenste Ausprägungen zulässt (HALLER/KÖLZ, 194 ff.) und vielfältige Relativierungen duldet (vgl. auch N 3 ff. BV 143). Das Bundesgericht hält sich richtigerweise zurück: «Welche Behörde wofür zuständig ist, ergibt sich in erster Linie aus dem kantonalen Staatsrecht» (BGE 130 I 1, 5).

13 *Zustimmung des Volkes:* Die verbreitete Aussage, wonach die Kantone kraft BV 51 verpflichtet sind, das *obligatorische Verfassungsreferendum* vorzusehen, trifft nicht ganz zu, denn auch die Zustimmung im Rahmen einer *Landsgemeinde* genügt den bundesverfassungsrechtlichen Anforderungen (vgl. BGE 121 I 138 betreffend Abstimmung über die neue KV/AR an der Landsgemeinde 1995, zu BV 1874 Art. 6). – BV 51 ist eine Minimal- und nicht auch (entgegen TSCHANNEN, Staatsrecht, 256) eine Maximalvorschrift, die es den Kantonen kategorisch verbieten würde, ein qualifiziertes Mehr zu verlangen. Eine andere Frage ist, ob höhere Hürden noch mit dem Kriterium «demokratisch» (N 12) zu vereinbaren sind. Vorausgesetzt ist die Einhaltung der Anforderungen gemäss BV 34 (Abstimmungsfreiheit); die Bundesversammlung sieht es allerdings seit kurzem (AB 1997 N 1010, S 228) nicht mehr als ihre Aufgabe an, dies im Rahmen des Gewährleistungsverfahrens zu überprüfen (vgl. TSCHANNEN,

Staatsrecht, 258; zur Möglichkeit der Überprüfung durch das Bundesgericht: BGG 82 Bst. c, früher OG 85 Bst. a).

14 *Revidierbarkeit:* BV 51 verlangt von den Kantonen zweierlei:
 – einerseits eine *rudimentäre Form der Volksinitiative* auf Verfassungsrevision. Die hohe Schwelle («Mehrheit»; früher sogar: «absolute Mehrheit der Bürger», BV 1874 Art. 6 Abs. 2 Bst. c) mutet heute merkwürdig an, ist jedoch kein redaktionelles Versehen, sondern (in Überspitzung der Nachführungsidee) Reminiszenz an einen alten, kaum mehr gebräuchlichen Typus der Volksinitiative, bei dem (wie heute noch bei der Totalrevisionsinitiative; vgl. BV 138, 140 und 193; vgl. auch die bis 1891 geltende Fassung von BV 1874 Art. 120 Abs. 1) zunächst eine *Vorabstimmung* stattfindet, in der sich das Volk nur (allgemein) zur Frage des «Ob» äussert. – Zur Einführung der Volksinitiative auf Partialrevision sind die Kantone nicht verpflichtet; es geht nicht an, die Verfassungsautonomie unter Berufung auf einen (angeblichen) stillen Verfassungswandel einzuschränken (so aber TSCHANNEN, Staatsrecht, 257);
 – andererseits die prinzipiell *jederzeitige* Revidierbarkeit in beliebiger Richtung (d.h. auch «zurück»), weshalb *Karenz- oder Sperrfristen* für vom Volk initiierte Verfassungsänderungen unzulässig sind und die umgehende erneute Lancierung eines Volksbegehrens nach erfolglosem erstem Anlauf zugelassen werden muss (vgl. KÖLZ, ZBl 2001, 169 ff., zur Baselbieter Sperrfrist-Initiative). Unzulässig wäre es auch, bestimmte Verfassungsnormen für unabänderlich zu erklären (so auch RUCH, SG-Komm., Art. 51, N 13; TSCHANNEN, Staatsrecht, 256). – Dass in den Landsgemeinde-Kantonen gewöhnlich nur einmal jährlich über Verfassungsänderungen abgestimmt werden kann, steht nicht im Widerspruch zum Gebot der *jederzeitigen* Revidierbarkeit.

15 *Nicht Gesetzesreferendum:* Weitere direktdemokratische Elemente werden *nicht* verlangt (auch nicht unter dem Titel «demokratische Verfassung», N 12). Die Kantone sind daher nicht verpflichtet, «ihre Gesetze dem Referendum zu unterstellen» (BGE 126 I 180, 182; vgl. auch BGE 132 I 157, 159; AUBERT, Comm., Art. 51, N 6). Die Kantone können sich damit begnügen, ein (fast reines) *Repräsentativsystem* einzurichten, das die Gesetzgebung in die Hände des kantonalen Parlaments legt (so deutlich BV 1874 Art. 6 Abs. 2 Bst. b, der durch BV 51 nachgeführt wird). Daher kann u.U. auch ein bloss vom Parlament verabschiedeter Erlass eine formell-gesetzliche Grundlage i.S.v. BV 36 Abs. 1 sein (anders SCHEFER, Beeinträchtigung, 58 f.). Wenn heute die Kantone durchweg ein gut ausgebautes direktdemokratisches Instrumentarium besitzen (näher HANGARTNER/KLEY, 525 ff.; GRISEL, VRdCH, 398 ff.), so beruht dies im Wesentlichen auf freier Entscheidung, nicht auf bundesrechtlichem Zwang.

16 *Grosse Freiheit bei der Bestimmung des Regierungssystems:* BV 51 ermöglicht (theoretisch) ein breites Spektrum von Regierungssystemen – von der im Wesentlichen *repräsentativen Demokratie* (die heute kein Kanton kennt) über die vielfältigen Formen der *Referendumsdemokratie* bis hin zur sog. *Landsgemeindedemokratie* (heute nur noch in AI und GL; vgl. KV/AI 19 ff., KV/GL 61 ff.; abgeschafft in ZG 1840, in SZ 1848, in UR 1928, in NW 1996, in AR 1997, in OW 1998). *Ausgeschlossen* ist die Staatsform der Monarchie (vgl. BV 1874 Art. 6, der von «republikanischen» Formen spricht), weshalb sich das Fürstentum Liechtenstein zwar durchaus an interkantonalen Konkordaten beteiligen, in heutiger Verfassungsgestalt jedoch

nicht der Eidgenossenschaft beitreten kann (vgl. N 4 zu BV 56). – Die Kantone sind nicht verpflichtet, ein Parlaments- und ein Regierungsmandat für unvereinbar zu erklären (vgl. MARTENET, Autonomie, 297 f.; a.M. wohl TSCHANNEN, Staatsrecht, 255). Auch besteht gemäss Bundesgericht «kein allgemein anerkannter Rechtsgrundsatz, wonach ein Bediensteter des Kantons nicht Mitglied seiner eigenen Aufsichtsbehörde» (d.h. des Parlaments) sein kann (vgl. BGE 123 I 97, 107). – Bei aller Verschiedenheit zeigen die kantonalen Regierungssysteme viele *gemeinsame Grundzüge* (insb. Volkswahl der Regierungsmitglieder auf eine feste Amtsdauer, ausgebaute Referendums- und Initiativrechte des Volkes). Kein Kanton kennt ein Präsidialsystem oder ein parlamentarisches Regierungssystem (weder nach britischem noch nach deutschem Muster), obwohl solche «Abweichungen» von alten schweizerischen Traditionslinien mit den Vorgaben des BV 51 grundsätzlich vereinbar wären (vgl. auch AUBERT, Comm., Art. 51, N 5). – Den Kantonen ist es auch nicht verwehrt, für die Schweiz atypische Institutionen einzurichten wie etwa einen unabhängigen Rechnungshof (GE) oder einen «Justizrat» als unabhängige Aufsichtsbehörde über die Justiz (KV/FR 125).

17 *Besonderer Schutz des Gewaltenteilungsgrundsatzes:* «Das Bundesgericht hat seit jeher das durch sämtliche Kantonsverfassungen explizit oder implizit garantierte Prinzip der Gewaltenteilung, das in Art. 51 Abs. 1 BV (vormals Art. 6 aBV) vorausgesetzt wird, als verfassungsmässiges [Individual-]Recht anerkannt» (BGE 130 I 1, 5; vgl. auch BGE 131 I 291, 297; BGE 128 I 113, 116; BGE 127 I 60, 63; BGE 126 I 180, 182). Dieses verfassungsmässige Recht «schützt die Einhaltung der verfassungsmässigen Zuständigkeitsordnung». Im Zusammenhang mit dem Gewaltentrennungsgrundsatz kann gemäss Bundesgericht auch eine Verletzung des Legalitätsprinzips (BV 5 Abs. 1) geltend gemacht werden (BGE 130 I 1, 5; vgl. auch BGE 128 I 113, 121).

Gewährleistungsverfahren (Abs. 2)

18 *Pflichten der Kantone und des Bundes:* Die Kantone sind verpflichtet, aktiv zu werden und um Gewährleistung nachzusuchen (Satz 1). Die Verpflichtung besteht nicht nur beim Erlass einer neuen Kantonsverfassung, sondern auch bei jeder Verfassungsänderung, mag sie noch so geringfügig sein. Umgekehrt ist der Bund zur Erteilung der Gewährleistung *verpflichtet*, wenn die Kantonsverfassung dem Bundesrecht nicht widerspricht (Satz 2).

19 *Massstab:* Das Gewährleistungsverfahren beinhaltet eine *Rechtskontrolle*. Massstab ist das gesamte Bundesrecht (vgl. N 3 zu BV 49; vgl. auch BGE 132 I 282, 290), unter Einschluss des für die Schweiz verbindlichen Völkerrechts und der aus BV 51 Abs. 1 resultierenden Anforderungen (vgl. N 11). Auch wenn bei der Konkretisierung von Verfassungsvorgaben (wie z.B. den Rücksichtnahmegeboten des BV 44) mitunter staatspolitische Erwägungen eine Rolle spielen mögen, muss der Charakter der (blossen) Rechtskontrolle gewahrt bleiben (missverständlich TSCHANNEN, Staatsrecht, 259).

20 *Gewährleistungsverfahren und -entscheid:* Die Entscheidung liegt in der Zuständigkeit der Bundesversammlung (BV 172 Abs. 2). Diese entscheidet in der Form des *einfachen* (nicht dem Referendum unterliegenden) *Bundesbeschlusses* (BV 163). Es handelt sich um einen Einzelakt, nicht um einen Akt der Rechtsetzung. Der Sache nach geht es um eine abstrakte Normenkontrolle (vgl. N 5 zu BV 190). Eine Beschwerdemöglichkeit besteht nicht (TSCHANNEN, Staatsrecht, 259), doch ist nicht einzusehen, weshalb eine staatsrechtliche Klage (vgl.

N 9, 21 zu BV 189) von vornherein ausgeschlossen sein sollte. – Das Begehren um Gewährleistung wird mit dem Einreichen bei der Bundeskanzlei in den Räten hängig (ParlG 72 Abs. 2). Eintreten ist folgerichtigerweise obligatorisch (ParlG 74). Die Differenzbereinigung unterliegt dem abgekürzten Verfahren (ParlG 95). Grundlage der Entscheidung bildet eine bundesrätliche Botschaft (Einzelbotschaft bei Totalrevisionen; periodische Sammelbotschaften betreffend mehrere Kantone für Teilrevisionen). Bis vor kurzem waren die Gewährleistungsbotschaften meist recht aussagekräftig. Neuerdings ist die Antragsbegründung sehr rudimentär (wenn man von einer solchen überhaupt noch sprechen kann: vgl. z.B. die Botschaft vom 17.8.2005 über die Gewährleistung der totalrevidierten KV/ZH, BBl 2005 5239).

21 *Rechtsnatur des Gewährleistungsverfahrens:* Das Verfahren hat zwar Genehmigungscharakter, erfüllt aber einen besonderen, sich nicht in der Bundesaufsicht erschöpfenden Zweck (zu eng RUCH, SG-Komm., Art. 51, N 16): Der Bund «übernimmt» die Gewährleistung und damit eine *Garantenstellung* im Sinne einer Dauerverpflichtung (vgl. BV 52).

22 *Rechtsfolgen:* Vor diesem Hintergrund fällt es leichter, die *zwitterhafte* Natur des Gewährleistungsbeschlusses zu erkennen und zu verstehen:

- *Gewährleistung:* Die Wirkung eines *positiven* Beschlusses ist in Bezug auf die *Gültigkeit* der Kantonsverfassung *deklaratorisch*. Die Kantone dürfen ihre Verfassungen (bzw. Verfassungsänderungen) auch vor Abschluss des Gewährleistungsverfahrens in Kraft setzen. Die *Garantenstellung* des Bundes entsteht jedoch erst mit dem Gewährleistungsbeschluss, der insofern – entgegen verbreitetem Sprachgebrauch (vgl. z.B. TSCHANNEN, Staatsrecht, 259; RUCH, SG-Komm., Art. 51, N 17) – doch *nicht rein* deklaratorisch ist, sondern Rechtswirkungen zeitigt. Gegenstand der Garantie sind die entsprechenden Normen der Kantonsverfassung (und deren Einhaltung), nicht etwa die Einhaltung des Bundesrechts (missverständlich TSCHANNEN, Staatsrecht, 251 und 253). – Zur Frage der «Bindung» des Bundesgerichts vgl. hinten N 25.

- Die *Nichtgewährleistung* entfaltet gemäss herrschender Auffassung ihre Wirkung nicht nur für die Zukunft *(ex nunc)*. Die KV bzw. die fragliche Einzelbestimmung gilt als von vornherein ungültig (Wirkung *ex tunc*; Botsch. BV, 219; SALADIN, Komm. aBV, Art. 6, N 17). Die Praxis folgt nicht immer dieser Linie. Im Fall von KV/JU 138 (vgl. N 23) begnügte sich die Bundesversammlung mit der Feststellung, die Bestimmung verletze Bundesrecht und werde nicht gewährleistet (vgl. BB vom 28.9.1977, BBl 1977 III 256).

Ein *Widerruf* des Gewährleistungsbeschlusses ist grundsätzlich möglich.

23 *Gewährleistungspraxis:* Die Verweigerung der Gewährleistung stand in den letzten Jahrzehnten nur selten zur Debatte; regelmässig ging es nur um einzelne Bestimmungen, nicht um ganze Verfassungen (vgl. zuletzt BBl 2006 8785, AB 2007 S 9, betreffend KV GE, Wählbarkeit). Berühmtheit erlangten:

- die Verweigerung der Gewährleistung der Verfassungsänderungen, mit denen die Kantone BS und BL das Verfahren der Wiedervereinigung einleiten wollten (BB vom 10.3.1948). Die Bundesversammlung kam auf ihren fragwürdigen Entscheid zurück (BBl 1959 II 1355; BBl 1960 II 221);

- die Verweigerung der Gewährleistung des sog. *Wiedervereinigungsartikels* der jurassischen Verfassung (KV/JU 138).

Hingegen sah die Bundesversammlung (zu Unrecht) keinen Anlass, der sog. Lex Hefti (KV/GL 78 Abs. 4) die Gewährleistung zu versagen. Danach scheiden – neben Gerichtspräsidenten, Richtern und Mitgliedern des Regierungsrates (ähnlich KV/AR 66; dazu BBl 1996 I 1029 und 1996 IV 866) – auch die beiden Ständeräte nach Vollendung des 65. Altersjahres aus ihrem Amte aus (BBl 1989 III 1723; kritisch jetzt der bundesrätliche Bericht vom 21.4.2004 über Altersschranken, BBl 2004 2113, insb. 2136 ff., 2141 f., 2146 ff., freilich ohne dass man einen Widerruf der Gewährleistung in die Wege geleitet hätte). – Die Anti-AKW-Artikel der basellandschaftlichen Verfassung (KV/BL § 115 Abs. 2) und der Genfer Verfassung (GE/KV 160 E Abs. 5, ursprünglich 160 C) gewährleistete die Bundesversammlung nur *«unter Vorbehalt»* von BV Art. 24quinquies (heute BV 90) und der darauf beruhenden Bundesgesetzgebung (BB vom 11.6.1986, BBl 1986 II 681; BB vom 20.6.1988, BBl 1988 II 1159, I 249). Auf einen entsprechenden Vorbehalt verzichteten die Räte im Fall der neuen KV/BS richtigerweise, wenn auch erst nach ausgiebiger Diskussion im Ständerat (vgl. BB vom 28.09.2006, BBl 2006 8663; AB 2006 S 790 ff.). – Nicht zu bestanden sind die übergangsrechtlich bedingten Vorbehalte zur KV/JU (vgl. BBl 1977 III 256).

24   *Veröffentlichung der Kantonsverfassungen:* Dem Ständerat ist es zu verdanken (vgl. AB 2004 S 3 f.), dass die kantonalen Verfassungen (entgegen dem Antrag des Bundesrates, vgl. BBl 2003 7717 f.) weiterhin in der SR veröffentlicht werden (PublG 11; vgl. SR 131.211–235). Dem Sparstift zum Opfer fiel bedauerlicherweise die Übersetzung in andere Amtssprachen des Bundes (im Rahmen der bundesrätlichen Gewährleistungsbotschaft).

25   *Überprüfung kantonaler Verfassungsnormen durch das Bundesgericht:*
– *keine abstrakte Normenkontrolle:* Obwohl die einschlägige Gesetzgebung (BGG 82 Bst. b, früher OG 84 Abs. 1) keine entsprechende Ausnahme vorsieht, pflegt das Bundesgericht (gemäss einer auf 1891 zurückgehenden Rechtsprechung; BGE 17, 622) Beschwerden gegen kantonale Verfassungsbestimmungen direkt im Anschluss an deren Erlass unter Hinweis auf die Zuständigkeit der Bundesversammlung nicht an die Hand zu nehmen. Dass das Bundesgericht der Bundesversammlung den Vortritt lässt und eine Doppelprüfung vermeidet, ist nachvollziehbar (vgl. TSCHANNEN, Staatsrecht, 261), wenn auch nicht wirklich zwingend (vgl. die Hinweise auf Kritik in BGE 89 I 389, 393).
– *beschränkte konkrete Normenkontrolle:* Bis 1985 weigerte sich das Bundesgericht, eine gewährleistete kantonale Verfassungsnorm *vorfrageweise* auf Vereinbarkeit mit dem übergeordneten Recht zu überprüfen. Heute nimmt das Bundesgericht die Überprüfung vor, sofern sich *nach* dem Gewährleistungsbeschluss der Bundesversammlung der rechtliche Beurteilungsmassstab (d.h. das übergeordnete Recht) geändert hat, sei es, weil neue Vorgaben in Kraft getreten sind (so seit 1985: BGE 111 Ia 239, 241 f., betreffend EMRK; BGE 116 Ia 359, 366 f., betreffend BV 1874 Art. 4 Abs. 2), sei es, weil sich *ungeschriebene* Verfassungsprinzipien inzwischen weiterentwickelt haben (so seit 1995: BGE 121 I 138, 147; vgl. auch BGE 131 I 126, 130). – Mit dem Inkrafttreten der neuen Bundesverfassung hat sich das übergeordnete Recht (wenn auch nicht grundlegend) geändert, so dass vor dem 1.1.2000 gewährleistete kantonale Verfassungsbestimmungen einer vorfrageweisen Überprüfung auf Bundesverfassungskonformität grundsätzlich zugänglich sind (sehr zurückhaltend BGE 131 I 85, 89; zu Recht kritisch PIERRE TSCHANNEN, ZBJV 2006, 796).

Die (Zurück-)Haltung des Bundesgerichts vermag noch immer nicht voll zu überzeugen (kritisch auch TSCHANNEN, Staatsrecht, 263; KÄLIN, Staatsrechtliche Beschwerde, 148). – Mit der höchstrichterlichen Feststellung, dass eine kantonale Verfassungsbestimmung gegen übergeordnetes Recht verstösst, endet die Garantenstellung des Bundes (und zwar wohl auch ohne förmlichen Widerruf des Gewährleistungsbeschlusses durch die Bundesversammlung).

26 *Zukunft:* Das Institut der Gewährleistung spielte in den Anfangsjahren des Bundesstaates eine wichtige Rolle. Heute stellt sich die Frage, welche Daseinsberechtigung ein Verfahren hat, das einer *politischen* Behörde eine *Rechtskontrolle* abverlangt, dies im Hinblick auf die Übernahme einer Garantie, die in der Praxis kaum eine Rolle spielt, weil Rechtsstaatlichkeit und Demokratie in den Kantonen durch andere Mechanismen hinlänglich geschützt sind.

Literaturhinweise (vgl. auch die Hinweise vor BV 51)

AUER ANDREAS, Les constitutions cantonales: une source négligée du droit constitutionnel suisse, ZBl 1990, 14 ff.; BIAGGINI GIOVANNI, Die Idee der Verfassung – Neuausrichtung im Zeitalter der Globalisierung?, ZSR 2000 I, 445 ff.; BUSER DENISE, Kantonales Staatsrecht, Basel 2004; CEREGHETTI REMO, Die Überprüfung der Kantonsverfassungen durch die Bundesversammlung und das Bundesgericht, Winterthur 1956; GRISEL ETIENNE, Les droits populaires au niveau cantonal, VRdCH, 397 ff.; EICHENBERGER KURT, Von der Bedeutung und von den Hauptfunktionen der Kantonsverfassung, Festschrift Hans Huber, Bern 1981, 155 ff.; HOTZ REINHOLD, Probleme bei der eidgenössischen Gewährleistung kantonaler Verfassungen, ZBl 1982, 193 ff.; KÄLIN WALTER, Überprüfung kantonaler Verfassungsbestimmungen durch das Bundesgericht, recht 1986, 131 ff.; KÖLZ ALFRED, Die Zulässigkeit von Sperrfristen für kantonale Volksinitiativen, ZBl 2001, 169 ff.; MARTENET VINCENT, L'autonomie constitutionnelle des cantons, Basel usw. 1999; TÖNDURY ANDREA MARCEL, Bundesstaatliche Einheit und kantonale Demokratie: Die Gewährleistung der Kantonsverfassungen nach Art. 51 BV, Zürich 2004; DERS., Der jurassische Wiedervereinigungsartikel und die Bundesversammlung als «Hüterin der bundesstaatlichen Einheit», Beiträge für Alfred Kölz, Zürich 2003, 105 ff.

Art. 52   Verfassungsmässige Ordnung

¹ Der Bund schützt die verfassungsmässige Ordnung der Kantone.

² Er greift ein, wenn die Ordnung in einem Kanton gestört oder bedroht ist und der betroffene Kanton sie nicht selber oder mit Hilfe anderer Kantone schützen kann.

1   Die Regelung geht auf die Bundesstaatsgründung zurück (vgl. BV 1848 Art. 5 und 16; ebenso BV 1874 Art. 5 und 16). Vgl. auch N 1 vor BV 51.

Schutzverpflichtung des Bundes (Abs. 1)

2   *Funktion:* Abs. 1 legt in allgemeinen Worten eine Bundesaufgabe fest.

3   *Schutzgegenstand:* Der Begriff «verfassungsmässige Ordnung» meint das Insgesamt des *kantonalen Verfassungsrechts* (vgl. BV 186 Abs. 4; AUBERT, Comm., Art. 52, N 1; anderer Ansatz bei SCHWEIZER/KÜPFER, SG-Komm., Art. 52, N 4: «Verfassungsautonomie der Kantone» als Schutzobjekt), wenn und soweit der Bund dafür die *Gewährleistung* übernommen hat

(BV 51). Die Verpflichtung des Bundes besteht nicht nur im «Garantiefall» des Abs. 2. Im Zentrum steht der Schutz der kantonalen *Organe* und ihrer *verfassungsmässigen Befugnisse* gegenüber Machtanmassung, Aufruhr, Putsch-Versuchen (zur Herkunft des Wortes: EMIL ZOPFI, Schrot und Eis – Als Zürichs Landvolk gegen die Regierung putschte, Zürich 2005) und anderen Bedrohungen der «Ordnung im Innern» (wie sich BV 1848 und 1874, je Art. 16, ausdrückten; vgl. auch hinten N 8), aber auch vor (heute hypothetischen) Angriffen von Seiten anderer Kantone oder des Auslands (Botsch. BV, 219). Wenn Abs. 1 von der *kantonalen* verfassungsmässigen Ordnung spricht, so heisst dies nicht, dass die Ordnung im *ganzen* Kanton tangiert sein muss.

4   *Mittel:* Abs. 1 äussert sich nicht zur Frage der Mittel, überlässt es mithin (ähnlich wie bei der Bundesaufsicht; vgl. N 24 zu BV 49) dem zuständigen Organ des Bundes (vgl. N 6), geeignete Mittel zu bestimmen. Eine wichtige (gemessen an der Intervention, Abs. 2) präventive Rolle spielen die vom Bund eingerichteten Rechtsschutzmöglichkeiten (vgl. N 6 zu BV 189), insb. die Beschwerde Privater bei Verletzung kantonaler verfassungsmässiger Rechte (unter Einschluss des Grundsatzes der Gewaltenteilung; vgl. N 17 zu BV 51) sowie die staatsrechtliche Klage (BGG 120). Das System der Bundesrechtspflege stellt kein Klageverfahren für *inner*kantonale Organstreitigkeiten (z.B. zwischen Regierung und Parlament) bereit. Hier muss der Bund gegebenenfalls andere Wege zur Erfüllung seiner Schutzaufgabe finden. – Beim Einsatz der Mittel sind allgemeine bundesstaatliche Normen wie der Verhältnismässigkeitsgrundsatz (BV 5, vgl. auch BV 44) zu beachten. Ein Eingreifen i.S.v. Abs. 2 (sog. Bundesintervention) mit militärischen Mitteln kommt nur im äussersten Fall in Betracht.

5   *Handlungspflicht?* Abgesehen vom besonders gelagerten Fall des Abs. 2 äussert sich BV 52 nicht ausdrücklich zur Frage, wann die allgemeine Schutzaufgabe (N 3) sich zu einer eigentlichen Handlungspflicht (Interventionspflicht) des Bundes verdichtet. Entsprechend allgemeinen bundesstaatlichen Grundsätzen (insb. BV 5: Verhältnismässigkeit; BV 5a: Subsidiarität) soll nicht in erster Linie der Bund, sondern der betreffende Kanton, allenfalls unterstützt durch andere Kantone (Abs. 2, vgl. N 12), für die Einhaltung der kantonalen Verfassungsordnung besorgt sein. – Ähnlich wie bei der Bundesaufsicht (vgl. N 26 zu BV 49) wird sich der Bund zudem gewöhnlich zurückhalten dürfen, ja müssen, solange Rechtsschutzmöglichkeiten offen stehen.

6   *Zuständig* ist in erster Linie der Bundesrat (BV 186); für die Anordnung einer militärischen Intervention (Aktivdienst) die Bundesversammlung (BV 173 Abs. 1 Bst. d), im Dringlichkeitsfall der Bundesrat (BV 185 Abs. 4).

Interventionsrecht und -pflicht (Abs. 2: Bundesintervention)

7   *Gegenstand:* Abs. 2 regelt bestimmte Aspekte eines (historisch wichtigen) Anwendungsfalls von Abs. 1. Die sog. Bundesintervention *(zu Gunsten* eines Kantons und seiner verfassungsmässigen Ordnung) darf nicht verwechselt werden mit einem Eingreifen im Rahmen der Bundesaufsicht *(gegen* einen bundesrechtswidrig handelnden Kanton; vgl. N 25 zu BV 49).

8   *Eingriffspflicht:* Abs. 2 begründet unter bestimmten Voraussetzungen eine Pflicht des Bundes, *aktiv einzugreifen* (als Garant, BV 51), nötigenfalls unter Aufbietung militärischer Kräfte (BV 173 Abs. 1 Bst. d, BV 185 Abs. 4):

- bei einer *eingetretenen oder unmittelbar drohenden Gefahr*. Das Schutzgut *«Ordnung»* ist hier enger gefasst als im allgemeinen Polizeirecht: Nicht irgendeine Störung oder Bedrohung der öffentlichen (Ruhe und) Ordnung (ordre *public)* löst die Verpflichtung aus, sondern nur eine qualifizierte Gefahr, die sich auf die kantonale Verfassungsordnung (insb. das ordnungsgemässe Funktionieren der verfassungsmässigen Organe) bezieht (ordre *constitutionnel);*
- wenn der betroffene Kanton die Ordnung nicht selber oder mit Hilfe anderer Kantone schützen kann *(Subsidiarität;* vgl. BGE 125 I 227, 246).

Mit der Pflicht des Bundes korrespondiert ein entsprechendes Recht des betroffenen Kantons. Eine vorherige «Mahnung» seitens des Kantons (zu der die zuständigen Behörden u.U. gar nicht mehr in der Lage sind) gehört nicht zu den Voraussetzungen (vgl. Botsch. BV, 220; vgl. auch AB SD 1998 N 259; BBl 1889 I 317, 1094). – Zur Möglichkeit, ein Truppenaufgebot des Bundes (Ordnungsdienst) zu beantragen, vgl. MG 83.

9 *Eingriffsbefugnis:* Abs. 2 regelt nicht ausdrücklich, ab wann der Bund eingreifen *darf.* Allgemeine Überlegungen (Verhältnismässigkeit, Subsidiarität) sprechen dafür, dass der Bund zum Eingreifen *befugt* ist, auch wenn eine Handlungs*pflicht* noch nicht entstanden ist (anders wohl TSCHANNEN, Staatsrecht, 265 f.). Im Einzelnen ist freilich vieles unklar (vgl. RUCH, VRdCH, 899). Zur verästelten früheren Regelung MACHERET, Komm. aBV, Art. 16, N 3 ff.

10 Das *Ziel der Intervention* ist ein *begrenztes:* Wiederherstellung der verfassungsmässigen Ordnung. Entgegen einer gelegentlich vertretenen Auffassung (z.B. SCHWEIZER/KÜPFER, SG-Komm., Art. 52, N 16) kann sich die Bundesintervention nicht nur gegen Private (Aufrührer) richten, sondern auch gegen Behörden (z.B. Putsch «von oben» – was bei einer rechtlich angreifbaren «Teil-Entmachtung» eines Regierungsmitglieds durch die übrigen Kollegen nicht schon der Fall ist). Wenn zugleich Bundesrecht verletzt wird, sind auch Massnahmen der Bundesaufsicht (Bundesexekution) möglich; die Anwendungsbereiche von BV 49 Abs. 2 und BV 52 Abs. 2 können sich (theoretisch) überschneiden (anders TSCHANNEN, Staatsrecht, 266).

11 *Mittel:* Abs. 2 äussert sich nicht ausdrücklich zur Frage der Mittel. Herkunft und Entstehungsgeschichte der Bestimmung zeigen, dass neben zivilen hier auch *militärische* Mittel in Betracht kommen. Denkbar ist die Entsendung eines Bundeskommissärs, der den Bund vor Ort vertritt (TSCHANNEN, Staatsrecht, 266) und die nötigen Massnahmen trifft (und mit einem Vermittlungsmandat betraut sein kann). In Betracht kommen auch andere Mittel. Zum sog. *Ordnungsdienst* vgl. MG 83, zum Assistenzdienst für zivile Behörden MG 67 (vgl. auch BV 58). Der Mitteleinsatz unterliegt, wie überall, dem Grundsatz der Verhältnismässigkeit (BV 5, vgl. auch BV 44). – Zur *Zuständigkeit:* oben N 6.

12 Abs. 2 begründet kein Recht des betroffenen Kantons auf Inanspruchnahme von Polizeikräften anderer Kantone (vgl. Botsch. BV, 220). Ein Anspruch auf Hilfeleistung kann aber aus interkantonalen Verträgen resultieren, u.U. auch aus der allgemeinen Beistandspflicht (BV 44), dies jedenfalls unter den früher in BV 1874 Art. 16 Abs. 1 Satz 2 ausdrücklich normierten (heute stillschweigend nachgeführten) Voraussetzungen: in «dringenden Fällen» bei entsprechender vorheriger Mahnung (vgl. MACHERET, Komm. aBV, Art. 16, N 20; SCHWEIZER/KÜPFER, SG-Komm., Art. 52, N 16).

13 *Kasuistik:* In der Literatur zählt man neun Anwendungsfälle im 19. Jahrhundert (einige mit militärischer Intervention) und einen tragisch endenden zehnten Fall im 20. Jahrhundert, mit dem das Institut diskreditiert wurde (vgl. MACHERET, Komm. aBV, Art. 16, N 25; AUBERT, BuStR I, 327 f.):
   – Tessin: 1855 (Abrechnung zwischen Radikalen und Konservativen, ein Toter); 1870 (Streit um die Hauptstadt); 1876 (Abrechnung zwischen Radikalen und Konservativen, vier Tote); 1889 (Aufruhr nach Wahlen); 1890 (Aufruhr, wiederum im Zusammenhang mit Wahlen, ein Toter);
   – Neuenburg: 1856 (royalistischer Aufstand);
   – Genf: 1864 (Wahlbetrug und anschliessende Strassenkämpfe);
   – Zürich: 1871 (sog. Tonhalle-Krawall zwischen Deutschen und Franzosen anlässlich einer deutschen Siegesfeier);
   – Uri: 1875 (Aufstand der im Gotthardtunnel beschäftigten Arbeiter);
   – Genf: 1932 (Zusammenstösse zwischen Linken und Rechten; Einsatz von Rekruten; dreizehn Tote, 60 Verwundete).

14 *Kostentragung:* Abs. 2 verzichtet auf eine ausdrückliche Regelung der Kostentragung (anders VE 96 Art. 43: Kostentragung durch den anlassgebenden Kanton als Regelfall, vorbehältlich anderer Entscheidung durch die Bundesversammlung; ähnlich schon BV 1874 Art. 16). Die Frage wird nun einzelfallweise von der Bundesversammlung zu entscheiden sein (Form: einfacher BB). In der bisherigen Praxis übernahm der Bund die Kosten mit einer Ausnahme (Zürich 1871: Fr. 60'000).

Literaturhinweise (vgl. auch die Hinweise bei BV 58)
JAAG TOBIAS, Die Rechtsstellung der Kantone in der Bundesverfassung, VRdCH, 473 ff.; RUCH ALEXANDER, Äussere und innere Sicherheit, VRdCH, 889 ff.

Art. 53 Bestand und Gebiet der Kantone

¹ Der Bund schützt Bestand und Gebiet der Kantone.

² Änderungen im Bestand der Kantone bedürfen der Zustimmung der betroffenen Bevölkerung, der betroffenen Kantone sowie von Volk und Ständen.

³ Gebietsveränderungen zwischen den Kantonen bedürfen der Zustimmung der betroffenen Bevölkerung und der betroffenen Kantone sowie der Genehmigung durch die Bundesversammlung in der Form eines Bundesbeschlusses.

⁴ Grenzbereinigungen können Kantone unter sich durch Vertrag vornehmen.

1 Mit Ausnahme einzelner Aspekte des Abs. 3 (vgl. hinten N 12) geht die Bestimmung auf die Bundesstaatsgründung zurück (BV 1848 und BV 1874, je Art. 1 und 5) bzw. auf ungeschriebene Grundsätze, die im Zusammenhang mit der Gründung des *Kantons Jura* (per 1.1.1979) und dem Kantonswechsel des *Laufentals* (per 1.1.1994) bzw. der *Gemeinde Vellerat* (per 1.7.1996) entwickelt oder bekräftigt wurden (vgl. Botsch. BV, 220).

Bestandes- und Gebietsgarantie (Abs. 1)

2   *Funktion:* Abs. 1 bestimmt den Bund zum Garanten für den Bestand der in BV 1 aufgezählten Kantone und für deren territoriale Unversehrtheit. Die der Wahrung des Bundesfriedens dienende Bestimmung soll nicht nur eigenmächtige Bestandes- oder Gebietsänderungen bzw. einseitig erklärte Austritte eines Kantons oder Gebiets aus der Eidgenossenschaft (Sezession) verhindern, sondern auch einen Rahmen für einvernehmliche Änderungen setzen. Bestandes- oder Gebietsänderungen anzustreben, ist grundsätzlich zulässig. Aufgrund seiner Schutzverpflichtung muss der Bund dafür Sorge tragen, dass die Bestrebungen in verfassungsrechtlich geordneten Bahnen verlaufen.

3   *Anwendungsbereich und Gegenstand:* Verpflichtet wird allein der Bund. Das *Verbot der Verletzung der territorialen Integrität* anderer Kantone wird in BV 53 *stillschweigend* vorausgesetzt (ausdrücklich früher BV 1874 Art. 15 und 16). (Unterlassungs-)Pflichten der Kantone resultieren aus Bestimmungen wie BV 1, BV 44, BV 53 Abs. 2 ff. Die Staatspraxis geht davon aus, dass das Verbot nicht erst bei gewaltsamem Vorgehen verletzt ist, sondern u.U. bereits dann, wenn ein Kanton Anspruch auf Gebietsteile eines anderen Kantons erhebt (vgl. BGE 118 Ia 195, 202; RUCH, SG-Komm., Art. 53, N 9; vgl. auch N 23 zu BV 51 zur Nichtgewährleistung von KV/JU 138). Neben den Kantonen hat *auch der Bund* selbst den Bestand und das Gebiet seiner Gliedstaaten zu respektieren, weshalb er, trotz seiner Zuständigkeit in auswärtigen Angelegenheiten (BV 54), keine «eigenmächtige» Abtretung von Gebietsteilen an das Ausland vornehmen darf (vgl. TSCHANNEN, Staatsrecht, 271). – «Schützen» meint: die geeigneten, erforderlichen Massnahmen treffen im Falle einer Störung oder Gefährdung des Bestands oder der territorialen Integrität durch Dritte (andere Kantone; Ausland, wobei hier auch BV 2, BV 58 greifen).

4   *Bestandesgarantie:* Garantiert wird die *Existenz* der in BV 1 aufgezählten Kantone als Gliedstaaten des schweizerischen Bundesstaates. Eine Bestandesänderung ist nur unter Beachtung der Anforderungen gemäss Abs. 2 zulässig. Der Ausschluss eines Kantons gegen dessen Willen ist mit BV 53 nicht vereinbar. Die Wahrung des (für den gedeihlichen Fortbestand der Eidgenossenschaft eminent wichtigen) politischen und kulturellen Gleichgewichts ist ein zentrales Anliegen der Verfassung; dieses Gleichgewicht selbst ist aber nicht Gegenstand der Bestandesgarantie, sondern deren erhoffte Folge (missverständlich Botsch. BV, 221).

5   *Gebietsgarantie:* Garantiert wird das Territorium (im geografischen Sinn) gemäss den Grenzen von 1848, unter Berücksichtigung der seither rechtmässig beschlossenen Gebietsänderungen und Grenzbereinigungen (vgl. KNAPP, Komm. aBV, Art. 5, N 24 ff.; aus den Anfängen des Bundesstaates vgl. BB vom 23.7.1870 betreffend die Grenzstreitigkeiten im Kanton Appenzell, SR 132.224). – Bei Grenzstreitigkeiten, die nicht auf andere Weise beigelegt werden können (BV 44), entscheidet auf *staatsrechtliche Klage* hin das Bundesgericht. *Kasuistik:* BGE 106 Ib 154 (VS/TI: Nufenenpass); BGE 120 Ib 512 (VS/BE: Glacier de la Plaine Morte). Als Entscheidungsgrundlage zieht das Bundesgericht (neben offiziellen Kartenwerken) Regeln des Völkerrechts analog heran (vgl. BGE 106 Ib 160; BGE 120 Ib 516). Ob die Schutzpflicht des Bundes gemäss BV 53 Abs. 1 auch bei (kantons-)grenzüberschreitenden Umweltimmissionen besteht (tendenziell bejahend RUCH, SG-Komm., Art. 53, N 11), ist angesichts des Entstehungshintergrunds fraglich, aber letztlich nicht entscheidend, solange der Bund den Kantonen Rechtsschutzmöglichkeiten (BV 189) zur Verfügung stellt.

6   *Mittel:* Abs. 1 äussert sich nicht zur Frage der zulässigen Mittel. Im Vordergrund steht der Rechtsschutz im Rahmen der Bundesrechtspflege (BV 189), insbesondere die staatsrechtliche Klage (Beispiel: BGE 118 Ia 195: Gutheissung der Klage des Kantons Bern gegen den Kanton Jura; Ungültigerklärung einer jurassischen Volksinitiative, die auf die Einheit des ehemaligen Berner Juras abzielte). Als Instrument kommt auch das Gewährleistungsverfahren (BV 51) in Betracht. – Inwieweit BV 53 Abs. 1 den Kantonen gegenüber dem Garanten (Bund) ein einklagbares Recht auf Ergreifung von Schutzmassnahmen einräumen will, ist nicht restlos klar.

Verfahren der Bestandesänderung (Abs. 2)

7   Eine *Bestandesänderung* ist in verschiedensten Formen denkbar: Zusammenschluss bestehender Kantone (z.B. BS und BL) zu einem neuen Kanton; Kantonsteilung (zwei neue Kantone); Gründung eines neuen Kantons (z.B. JU) aus Teilen eines weiter bestehenden Kantons; Aufnahme eines ausländischen Gebiets als Kanton; Ausscheiden eines Kantons aus der Eidgenossenschaft (vgl. TSCHANNEN, Staatsrecht, 270). Dies erschwert eine zugleich knappe und präzise verfassungsrechtliche Regelung. Der prima vista elegante Wortlaut erfasst nur einige (wichtige) Aspekte des Verfahrens und beantwortet viele Fragen nicht eindeutig (vgl. N 8 f.), was unbefriedigend ist, da das (Verfassungs-)Recht sich gerade in heiklen Situationen bewähren und nicht zusätzliche Probleme schaffen sollte. Für die Durchführung einer grundlegenden Gebietsreform, wie sie von Zeit zu Zeit diskutiert wird, eignet sich das Verfahren gemäss BV 53 nicht (ebenso AUBERT, Comm., Art. 53, N 17).

8   Im Zentrum stehen *Zustimmungserfordernisse*. Zustimmen müssen:

– auf Bundesebene *Volk und Stände:* Bestandesänderungen bedingen Änderungen der BV (BV 1, BV 150, allenfalls weiterer Artikel). Mit der Gutheissung der Änderungen erteilen Volk und Stände zugleich ihre Zustimmung im Sinne von BV 53 Abs. 2. Die Verfassungsänderungen können nicht wirksam werden, wenn die übrigen Beteiligten die Bestandesänderung ablehnen. Abs. 2 verschafft der betroffenen Bevölkerung sowie jedem der betroffenen Kantone insoweit eine Vetoposition (und begründet eine zusätzliche Schranke der Verfassungsrevision; allgemein N 15 f. zu BV 192). – BV 53 äussert sich nicht zur Rolle der Bundesversammlung, scheint aber stillschweigend davon auszugehen, dass ein entsprechender Bundesbeschluss zu verabschieden ist (vgl. auch AUBERT, Comm., Art. 53, N 14).

– *die betroffenen Kantone:* Das Verfahren bestimmt sich nach kantonalem Recht. Ein obligatorisches Referendum ist durch BV 53 nicht vorgeschrieben (ebenso AUBERT, Comm., Art. 53, N 14: kantonales Gesetz genügt; anders TSCHANNEN, Staatsrecht, 270). – Eine kantonale Volksabstimmung ist zwingend (BV 51), sobald die Kantonsverfassung geändert werden muss (was regelmässig der Fall sein wird).

– *die betroffene Bevölkerung* (corps électoral concerné), d.h. die (nach kantonalem Recht) *Stimmberechtigten* mit *Wohnsitz* im fraglichen Gebiet (AUBERT, Comm., Art. 53, N 14). Die Zustimmung hat in Form einer *Volksabstimmung (obligatorisches Referendum)* zu geschehen. BV 53 Abs. 2 äussert sich nicht näher zur Frage, wie die «betroffene Bevölkerung» zu bestimmen ist. Dies kann u.U. mehrere Abstimmungsrunden erfordern (so im Fall der sog. «Jura-Plebiszite», N 11).

9   Zum *Vorgehen* äussert sich Abs. 2 nicht näher (zu den Optionen AUBERT, Comm., Art. 53, N 4 ff.). – Bei den Volksbefragungen handelt es sich um Abstimmungen «in kantonalen Angelegenheiten» nach Massgabe kantonalen Rechts (BV 39), die formell getrennt von der eidgenössischen Volksabstimmung durchzuführen sind (was eine Abstimmung am selben Termin nicht ausschliesst). Bei der Fusion zweier Kantone liegt die Zusammenlegung der Befragung der betroffenen Bevölkerung und der kantonalen Volksabstimmung nahe (ebenso TSCHANNEN, Staatsrecht, 271). – Die Aufzählung in Abs. 2 will die zeitliche *Abfolge* der Abstimmungen nicht präjudizieren. Praktische und rechtliche Überlegungen sprechen dafür, die obligatorische eidgenössische Volksabstimmung an den Schluss zu stellen. Sollten die betroffene Bevölkerung oder ein betroffener Kanton die Bestandesänderung im Rahmen der eidgenössischen Abstimmung ablehnen, so hätte dies rechtlich nicht die Bedeutung einer Rücknahme der zuvor erteilten Zustimmung; politisch entstünde jedoch eine ausgesprochen heikle Situation.

10 *Blosse Statusänderung:* Nach herrschender Lehre findet Abs. 2 auch auf die Änderung des Status als Kanton mit voller oder halber Standesstimme, früher «Voll»- bzw. «Halbkanton», Anwendung (vgl. AUBERT, Comm., Art. 53, N 1, 9 f.; TSCHANNEN, Staatsrecht, 270). Hier scheint eine Differenzierung angezeigt: Die besonderen Zustimmungserfordernisse (bzw. Volksabstimmungen) machen als Schutzvorkehren Sinn, wenn es um die (kaum wahrscheinliche) «Degradierung» eines Kantons zum «Halbkanton» geht, sie passen jedoch nicht auf den umgekehrten Fall der Aufwertung zu einem «Vollkanton». Hier sollte die Änderung der einschlägigen Bestimmungen (BV 1, BV 142, BV 150) im üblichen Verfahren genügen.

11 *Kasuistik:*
    – Die *Vereinigung* der (seit 1833 getrennten) Kantone *Basel-Stadt und Basel-Landschaft* zu einem neuen Kanton Basel scheiterte am Nein der Baselbieter Stimmberechtigten in der Volksabstimmung vom 7.12.1969 (wogegen die Baselstädter dem Vorhaben gleichentags zustimmten).
    – Die *Bildung des Kantons Jura* per 1.1.1979 erfolgte auf der Grundlage eines gestuften Verfahrens (mit drei Abstimmungsrunden im Jura: Juni 1974, März und September 1975), das mehr oder weniger *ad hoc* festgelegt wurde (und sich in vereinfachter Form in BV 53 Abs. 2 wiederfindet). Volk und Stände hiessen die Kantonsgründung am 24.9.1978 gut (rund 1'310'000 Ja gegen rund 280'000 Nein, 22 zu 0 Ständestimmen; vgl. AUBERT, Comm., Art. 53, N 6 ff.; HÄFELIN/HALLER, 287 ff.).
    – Die Stimmberechtigten der Kantone *Waadt und Genf* lehnten (unter dem Regime der neuen BV) in parallelen Volksabstimmungen (2.6.2002) zwei Volksinitiativen ab, die mit Blick auf eine *Kantonsfusion* die Einsetzung einer gemeinsamen verfassungsgebenden Versammlung verlangten.

Verfahren der Gebietsveränderung (Abs. 3)

12 *Zustimmungserfordernisse:* Der Einschnitt in die bundesstaatlichen Strukturen ist weniger tief, die Anforderungen geringer. Zustimmen müssen:

- die *betroffene Bevölkerung*, d.h. die (nach kantonalem Recht) *Stimmberechtigten* mit *Wohnsitz* im fraglichen Gebiet (AUBERT, Comm., Art. 53, N 14). Die Bestimmung des veränderungswilligen Gebiets kann u.U. mehrere Abstimmungen erforderlich machen. Im Übrigen siehe N 8.
- die *betroffenen Kantone:* siehe oben N 8.
- der *Bund:* Grund für den Einbezug ist, dass auch Gebietsveränderungen geeignet sind, das politische Gleichgewicht im Innern der Eidgenossenschaft zu verschieben (vgl. Botsch. BV, 221). Im Unterschied zur Bestandesänderung (N 8) obliegt die Entscheidung nicht Volk und Ständen, sondern der *Bundesversammlung* in der Form eines dem fakultativen Referendum unterstehenden Bundesbeschlusses (vgl. BV 163); dies in bewusster Abkehr von der Behördenpraxis unter der BV 1874 (vgl. N 13), die – im Einklang mit der herrschenden Lehre (vgl. z.B. BURCKHARDT, Kommentar, 59 f., 73 f.; anders WILDHABER, 346 ff.) – ein obligatorisches Referendum mit Doppelmehr für erforderlich hielt (ebenso noch, im Sinne des «Nachführungsauftrags», VE 96 Art. 44; vgl. Botsch. BV, 91, 222; vgl. dagegen die Variante zu VE 95 Art. 39). – Auch wenn die Figur des «negativen» Referendums problematisch ist (vgl. N 13 zu BV 141), erscheint es mit Blick auf die besondere Entscheidungskonstellation (keine «blosse Bundesangelegenheit») angezeigt, auch eine allfällige Verweigerung der Zustimmung in die Form eines referendumspflichtigen BB zu kleiden (zögernd AUBERT, Comm., Art. 53, N 14).

Der französische Wortlaut des Abs. 3 («ensuite») signalisiert, dass die Zustimmung des Bundes das Verfahren abschliesst (vgl. auch N 9 zu Abs. 2).

13 *Kasuistik:* Im Nachgang zur Gründung des Kantons Jura kam es, noch unter dem Regime der BV 1874, zu zwei Gebietsveränderungen:
- *Laufental:* Volk und Stände stimmten am 26.9.1993 dem Wechsel des Bezirks Laufental vom Kanton Bern zum Kanton Basel-Landschaft per 1.1.1994 zu (BB vom 18.6.1993; SR 132.222.2; vgl. BBl 1993 I 1029 ff., 1993 IV 262). Zunächst hatten sich die Laufentaler in der Abstimmung vom 11.9.1983 bei einer Stimmbeteiligung von 92,9% mit 3575 Ja gegen 4675 Nein *gegen* den Anschluss an den Kanton Basel-Landschaft ausgesprochen. Der Urnengang musste wiederholt werden, nachdem das Bundesgericht auf Stimmrechtsbeschwerde hin die Abstimmung kassiert hatte (BGE 114 Ia 427, Heinz Aebi und Mitb.; vgl. davor BGE 113 Ia 146; Heinz Aebi und Mitb., betreffend Wiedererwägung des Erwahrungsbeschlusses). Grund für die Aufhebung war die (erst spät aufgedeckte) unzulässige Intervention der Berner Regierung in den Abstimmungskampf (verdeckte finanzielle Unterstützung der «Aktion Bernisches Laufental» im Umfang von insgesamt rund 330'000 Franken). Die Wiederholung der Abstimmung (12.11.1989) ergab eine knappe Mehrheit für den Kantonswechsel (4652 Ja gegen 4343 Nein; Stimmbeteiligung 93,5%). Der Berner Grosse Rat kassierte am 5.2.1990 die zweite Abstimmung unter Berufung auf Unregelmässigkeiten. Auf erneute Abstimmungsbeschwerde hin wies das Bundesgericht den Grossen Rat an, das Ergebnis zu erwahren (BGE 117 Ia 41, Heinz Aebi und Mitb.).
- *Vellerat:* Volk und Stände stimmten am 10.3.1996 dem Wechsel der Gemeinde Vellerat (mit rund 70 Einwohnern) vom Kanton Bern zum Kanton Jura per 1.7.1996 zu (BB vom

21.12.1995; SR 132.223; vgl. BBl 1995 III 1432 ff.). Die Stimmberechtigten der Gemeinde hatten sich am 18.6.1995 einstimmig (!) für den Kantonswechsel ausgesprochen. Die Zustimmung der Kantone erfolgte per Gesetz (BE: vom 7.11.1994; JU: vom 26.4.1995) und Volksabstimmung (BE: 12.3.1995; JU 25.6.1995).

Die Stimmberechtigten von Risch ZG lehnten am 5.6.2005 die Aufnahme von Verhandlungen über eine Fusion mit der Gemeinde Meierskappel LU ab (was einen Kantonswechsel bedingt hätte). Verschiedentlich debattiert wurde ein Kantonswechsel der Berner Gemeinde Moutier. Die im Jahr 2003 im Kanton Jura eingereichte Volksinitiative «Un seul Jura» (allgemeine Anregung) dürfte entgegen der Einschätzung des Kantonsparlaments (vgl. Journal des débats, no 17/2004, 600 ff.) kaum bundesrechtskonform gewesen sein (vgl. jetzt die Loi «Un seul Jura» vom 26.4.2006).

Grenzbereinigungen (Abs. 4)

14 *Funktion:* Abs. 4 ist von bescheidener normativer Substanz. Die Bestimmung stellt klar, dass es «unterhalb» der Kategorie der Gebietsveränderungen (Abs. 3) noch jene der (blossen) Grenzbereinigungen gibt, die (aus Bundessicht) in einem wesentlich vereinfachten Verfahren abgewickelt werden dürfen (Zustimmung der beteiligten Kantone).

15 *Grenzbereinigung:* BV 53 verlangt eine Grenzziehung zwischen den Begriffen «Gebietsveränderung» und «Grenzbereinigung», nennt aber kein Kriterium. Als (blosse) Grenzbereinigung gelten nach Staatspraxis und Lehre geringfügige Gebietsveränderungen ohne politische Bedeutung (vgl. BGE 120 Ib 512, 523), die auf einen zweckmässigeren Grenzverlauf abzielen. Angesichts der Entstehungsgeschichte und des Regelungszwecks von BV 53 fällt der Kantonswechsel einer Gemeinde nicht unter Abs. 4, sondern unter Abs. 3 (vgl. AUBERT, Comm., Art. 53, N 15; RUCH, SG-Komm., Art. 53, N 22).

16 *«durch Vertrag»* (i.S.v. BV 48): Das Verfahren des Vertragsabschlusses richtet sich nach kantonalem Recht, welches auch darüber befindet, ob das Referendum greift und inwieweit betroffene Gemeinden einzubeziehen sind. – Zu den bundesrechtlichen Anforderungen und Kontrollverfahren, die BV 53 Abs. 4 nicht ausschalten will, siehe N 12 zu BV 48. Wegen des möglichen Einspracheverfahrens (BV 48, BV 172) ist der Bund (entgegen RUCH, SG-Komm., Art. 53, N 23) nicht ganz unbeteiligt.

Literaturhinweise

KOLLER HEINRICH, Gebietsveränderungen im Bundesstaat, Festschrift Alfred Rötheli, Solothurn 1990, 181 ff.; NEF HANS, Wandlungen im Bestand der Kantone, ZSR 1958 I, 1 ff.; PFIRTER DIETER, Bundesrechtliche Vorschriften für einen Kantonswechsel einzelner Gemeinden, ZSR 1989 I, 539 ff.; THÜRER DANIEL, Das Selbstbestimmungsrecht der Völker – mit einem Exkurs zur Jurafrage, Zürich 1976; WILDHABER LUZIUS, Ederswiler und Vellerat – zur Gebietsveränderung im Bundesstaat, Festschrift Hans Huber, Bern 1981, 343 ff.

2. Kapitel: Zuständigkeiten
1. Abschnitt: Beziehungen zum Ausland

1 Der Bund darf nur tätig werden, wenn er über eine verfassungsmässige (Kompetenz-)Grundlage verfügt (vgl. N 5 ff. zu BV 3; zu den Kompetenzarten vgl. N 9 ff. vor BV 42). Die Kantone sind auf allen Gebieten, die nicht dem Bund zugewiesen sind, originär zuständig (Botsch. BV, 205).

2 Die Platzierung an der Spitze des Verfassungskapitels über die Bundeszuständigkeiten zeigt, dass der Verfassungsgeber der Regelung der Aussenbeziehungen einen hohen Stellenwert beimisst. Ausgehend vom «Nachführungsauftrag» von 1987 blieben politisch umstrittene Schritte wie der Beitritt zur UNO (vgl. jetzt BV 197 Ziffer 1) oder die Klärung des Verhältnisses zur Europäischen Union ausgeklammert. Die neue Bundesverfassung gibt sich bewusst Europa-neutral *(euro-impartial;* Botsch. BV, franz. Fassung, FF 1997 I 552). Dennoch fanden auch einige neuartige Regelungen mit Bedeutung für die Aussenbeziehungen Eingang in die Verfassungsurkunde:

- Beachtung des Völkerrechts (BV 5); zwingende Bestimmungen des Völkerrechts als Schranke der Verfassungsrevision (BV 139);
- verfassungsrechtliche Zielvorgaben für die Aussenpolitik (BV 54);
- Sicherung der Mitwirkung und der Interessen der Kantone (BV 54, 55).

3 *Charakterisierung der Aussenverfassung:* Im Bereich der auswärtigen Beziehungen beschäftigen sich Verfassungen traditionell in erster Linie mit organisatorischen Fragen. Im Text der durchaus völkerrechtsfreundlichen (vgl. PETERSMANN, AöR 1990, 537 ff.) BV 1874 fehlten substanzielle Aussagen über die inhaltliche Ausrichtung der Aussenpolitik. Dies hat sich mit der neuen Bundesverfassung, wenn auch nicht radikal, geändert. An prominenter Stelle findet sich ein Bekenntnis zur «Solidarität und Offenheit gegenüber der Welt» (Präambel). In BV 2 wird die Eidgenossenschaft aufgefordert, sich «für eine friedliche und gerechte internationale Ordnung» einzusetzen (Abs. 4). BV 54 Abs. 2 nennt mehrere Ziele der Aussenpolitik und bekräftigt das Unabhängigkeits- und das Wohlfahrtsziel des BV 2. Die Eidgenossenschaft präsentiert sich als weltoffener, «kooperativer Verfassungsstaat» (HÄBERLE). Auch in den auswärtigen Beziehungen zeigt sich ein *materiales* Verfassungsverständnis (vgl. Einleitung, N 11 und N 13; N 4 zu BV 51). Der hohe Abstraktionsgrad der Vorgaben bringt es allerdings mit sich, dass die Steuerungskraft der Verfassung begrenzt bleibt.

Art. 54 Auswärtige Angelegenheiten

¹ Die auswärtigen Angelegenheiten sind Sache des Bundes.

² Der Bund setzt sich ein für die Wahrung der Unabhängigkeit der Schweiz und für ihre Wohlfahrt; er trägt namentlich bei zur Linderung von Not und Armut in der Welt, zur Achtung der Menschenrechte und zur Förderung der Demokratie, zu einem friedlichen Zusammenleben der Völker sowie zur Erhaltung der natürlichen Lebensgrundlagen.

³ Er nimmt Rücksicht auf die Zuständigkeiten der Kantone und wahrt ihre Interessen.

1 Die Bestimmung hat keine direkte Entsprechung in der BV 1874. Die Bundeszuständigkeit (Abs. 1) wurde seit Bundesstaatsgründung stillschweigend vorausgesetzt (vgl. BV 1848 Art. 8; BV 1874 Art. 8; vgl. SCHINDLER, Komm. aBV, Art. 8, N 30 ff.). In Abs. 2 (aussenpolitische Ziele) und Abs. 3 (bundesstaatlich motivierte «Leitplanken» für die Kompetenzausübung) wird «gelebte Verfassungswirklichkeit» wiedergegeben. – Die Verteilung der (Organ-)Kompetenzen im Bund (Bundesversammlung, Bundesrat; Volk bzw. Volk und Stände) ergibt sich aus BV 140, 141, 166 und 184 (siehe dort).

Zum Begriff der «auswärtigen Angelegenheiten» (Abs. 1)

2 *Sprachgebrauch der Verfassung:* Der Schlüsselbegriff «auswärtige Angelegenheiten» wird in BV 54 nicht näher bestimmt. An andere Stelle ist von den «Beziehungen zum Ausland» die Rede (vgl. Abschnittstitel vor BV 54–56; BV 166: Titel und Text; BV 184: Titel). Die Wendungen dürften im Wesentlichen dasselbe bedeuten (anders EHRENZELLER, SG-Komm., Art. 54, N 2: «Beziehungen zum Ausland» als Oberbegriff).

3 Die *«auswärtigen Angelegenheiten»* lassen sich umschreiben als das *Insgesamt der Vorgänge mit grenzüberschreitender Dimension*, welche Beziehungen – seien es rechtliche, seien es tatsächliche – zwischen der Schweiz und anderen Völkerrechtssubjekten bzw. zwischen schweizerischen und ausländischen, internationalen oder supranationalen Behörden begründen, verändern, aufheben oder feststellen (AUBERT, BuStR I, 271 ff.; EHRENZELLER, SG-Komm., Art. 54, N 3; zur Frage des Einbezugs von Rechtsbeziehungen zu Personen im Ausland vgl. N 13).

4 Neben der eigentlichen *Aussenpolitik* (Gestaltung der auswärtigen Beziehungen unter primär politischen Gesichtspunkten) gehören zu den «auswärtigen Angelegenheiten» auch Massnahmen primär *administrativer Natur* (z.B. konsularische Angelegenheiten). Die Mitwirkungsrechte der Kantone (BV 55) und die Mitgestaltungsrechte der Bundesversammlung (BV 166) knüpfen beim engeren Begriff der «Aussenpolitik» an. – Eine thematische Eingrenzung nach Sachgebieten oder Politikfeldern ist wegen des umfassenden Charakters der Aussenkompetenz (N 5) nicht erforderlich.

Art und Wirkung der Bundeskompetenz (BV 54 i.V.m. BV 56)

5 BV 54 begründet eine *umfassende* Kompetenz, nicht nur für die («hohe» und «niedere») Aussenpolitik, sondern für die gesamten auswärtigen Angelegenheiten (zum Begriff näher N 3). Nach herrschender Auffassung erfasst die Aussenkompetenz des Bundes – gewissermassen «überschiessend» – auch Gegenstände, die rein innerstaatlich gesehen (BV 3, 57 ff.) in den Kompetenzbereich der Kantone fallen (vgl. BGE 96 I 737, 747; BGE 9 175, 178; stillschweigend vorausgesetzt in Abs. 3 und BV 55 Abs. 3). Dem Bund steht es insb. zu, *Verträge* in diesen Materien abzuschliessen (z.B. Doppelbesteuerungsabkommen) und auf diesem Weg kantonales Recht zu verdrängen. – Zu beachten ist das neu ausdrücklich verfassungsrechtlich verankerte Rücksichtnahmegebot des Abs. 3 (N 23). Dem Bund ist es (auch wegen BV 5 Abs. 2, Treu und Glauben, und BV 44) verwehrt, mit Hilfe eines völkerrechtlichen Alibi-Vertrages (so sich dafür ein internationaler Vertragspartner findet) in Umgehung von BV 192 ff. einen Regelungsbereich an sich zu ziehen.

6 Welche *Wirkungen* die Bundeskompetenz hat, ist umstritten:
- Ein Teil der Lehre geht für den gesamten Bereich der auswärtigen Angelegenheiten von einer *ausschliesslichen* Kompetenz des Bundes aus, die aber (zu Gunsten der Kantone, BV 56) bestimmte Beschränkungen erfährt (vgl. TSCHANNEN, Staatsrecht, 288; SCHMITT, 195);
- andere Autoren gehen von einer *subsidiären* Kompetenz des Bundes aus (vgl. MAHON, Comm., Art. 54, N 3, unter Bezugnahme auf BV 56);
- für wieder andere ist die auswärtige Kompetenz eine «konkurrierende», allenfalls sogar «parallele» Kompetenz (zögernd EHRENZELLER, SG-Komm., Art. 54, N 6: «nicht rein ausschliesslich[e]» Kompetenz).

Die Kompetenzlage ergibt sich aus dem Zusammenwirken mehrerer Faktoren und verlangt eine differenzierende Beurteilung.

7 *Ausschliessliche Zuständigkeit* des Bundes als *Ausgangspunkt:* Auch wenn der Wortlaut («Sache des Bundes») nicht schlüssig ist (vgl. N 16 vor BV 42), begründet BV 54 Abs. 1 (für sich genommen), in Fortführung von BV 1874 Art. 8, eine *ausschliessliche* Bundeskompetenz, welche für die Kantone, vorbehältlich spezifischer Ermächtigung, eine Sperrwirkung entfaltet (vgl. N 11 vor BV 42). Dies gilt jedenfalls in den *hergebrachten Kernbereichen* der Aussenpolitik, welche BV 1874 Art. 8 dem Bund exklusiv zuwies («Dem Bunde allein steht das Recht zu, Krieg zu erklären und Frieden zu schliessen, Bündnisse und Staatsverträge, namentlich Zoll- und Handelsverträge mit dem Auslande, einzugehen»; vgl. SCHINDLER, Komm. aBV, Art. 9 N 3). «Ausschliesslichkeit» ist Ausgangs-, aber nicht Endpunkt der Überlegungen: Einzubeziehen ist (im Sinne systematischer Auslegung) BV 56, der die Berücksichtigung der «internen» Zuständigkeitsverteilung (BV 57 ff.) verlangt.

8 *Bedingte Zuständigkeit der Kantone in ihrem Zuständigkeitsbereich:* BV 56 verleiht den Kantonen (in Relativierung von BV 54) die Befugnis im *eigenen Zuständigkeitsbereich* (zum Begriff vgl. N 5 zu BV 56) nach aussen zu handeln. In diesem Bereich bestehen im Ergebnis *konkurrierende* Kompetenzen: Die Kantone dürfen handeln, solange und soweit der Bund nicht von seiner (General-)Kompetenz Gebrauch macht (insb. durch Abschluss eines völkerrechtlichen Vertrages). Akte der kantonalen Ebene werden durch einen vom Bund abgeschlossenen Vertrag verdrängt (auf übergangsrechtliche Probleme ist hier nicht einzugehen). Vgl. auch MÜLLER, Rechtsetzung und Staatsverträge, VRdCH, 1113; Bericht des Bundesrates vom 7.3.1994 über die Grenzüberschreitende Zusammenarbeit und die Mitwirkung der Kantone an der Aussenpolitik, BBl 1994 II 620 ff.; vgl. auch BGE 104 III 68 (vor Bundesstaatsgründung abgeschlossene Verträge der Kantone). – Obwohl BV 56 in Abs. 1 und 2 nur von Verträgen spricht, darf angenommen werden (vgl. den weiten Sachtitel), dass die beschriebene Kompetenzlage *(konkurrierende* Kompetenz) auch für das übrige, «nicht-vertragliche» auswärtige Handeln der Kantone innerhalb ihres Zuständigkeitsbereichs gilt. – Das europäische Rahmenübereinkommen vom 21.5.1980 über die grenzüberschreitende Zusammenarbeit zwischen Gebietskörperschaften (SR 0.131.1) hat die bundesstaatliche Kompetenzverteilung nicht modifiziert (BGE 125 I 227, 235).

9   *Spezifische Kompetenzausübungsschranken für die Kantone:* Verträge der Kantone mit dem Ausland müssen nicht nur das Bundesrecht und die Rechte anderer Kantone respektieren, sie dürfen auch nicht «den Interessen des Bundes» zuwiderlaufen (BV 56 Abs. 2). Eine «kantonale Diplomatie im Taschenformat» (PFISTERER, ZBl 1996, 552) ist kein erstrebenswertes Ziel. Wird das *gesamteidgenössische* (nationale) Interesse (zum Begriff N 12 zu BV 48) tangiert, ist ausschliesslich der Bund zuständig. – Diese Regel, obwohl nur für das vertragliche Handeln ausdrücklich statuiert (BV 56 Abs. 2), kann auch für das sonstige («nicht-vertragliche») Handeln mit «Aussenbezug» Geltung beanspruchen (in diesem Sinne schon BGE 65 I 106, 117: «die kantonale Inkompetenz» kann sich «aus allfälligen Rückwirkungen auf die Beziehungen nach aussen ergeben»; Kompetenzwidrigkeit eines kantonalen Verbots nationalsozialistischer Organisationen). Immerhin kann – in den Worten des Bundesgerichts – nicht jede «kantonale Massnahme innerpolitischer Natur auf das Verhältnis zum Ausland eine so erhebliche Rückwirkung haben, dass dem Bunde vorbehalten sein muss, sie allfällig zu treffen» (BGE 65 I 106, 118). Den Kantonen versagt sind Massnahmen, welche die Beziehungen der Schweiz zu anderen Staaten stören oder konterkarieren könnten (vgl. SCHINDLER, Komm. aBV, Art. 8, N 42; BGE 125 I 227, 235). Von entscheidender Bedeutung sind «die Art und die Intensität der Richtung nach aussen» (BGE 65 I 106, 118).

10 Die Frage ist von erheblicher *Aktualität*, seit sich die Kantone vermehrt im Einzugsbereich der Aussenpolitik bewegen: Im Urteil zur kantonalen Verfassungsinitiative «Genève, République de Paix» (die vom Kanton u.a. verlangte, internationale Abrüstungsinitiativen u.a.m. zu unterstützen und bei internationalen Institutionen zu intervenieren) hielt das Bundesgericht zu Recht fest, dass jede direkte kantonale Intervention bei einer internationalen Organisation, die geeignet ist, die Führung einer nationalen Aussenpolitik zu behindern, grundsätzlich unstatthaft sei (BGE 125 I 227, 236, unter Berufung auf BV 56 Abs. 3). Hingegen gesteht das Bundesgericht es dem Kanton Genf angesichts seiner speziellen Situation zu, Beziehungen zu NGOs im Bereich der humanitären Hilfe (z.B. IKRK) zu unterhalten und, im engen Rahmen der kantonalen Kompetenzen, Kontakte zu «entités internationales» zu pflegen (BGE 125 I 227, 236 f.; kritisch EHRENZELLER, SG-Komm., Art. 54 N 14). Dass die Kantone die Beziehungen der Schweiz zu anderen Staaten nicht konterkarieren dürfen (N 9), ist auch Richtschnur für die Beurteilung von Massnahmen wie:

– *Resolutionen* kantonaler Behörden *zu Ereignissen im Ausland* (wie z.B. die Armenien-Resolutionen des Genfer Grossen Rates vom 25.6.1998 und des Waadtländer Kantonsparlaments vom 23.09.2003; mit ähnlicher Zielrichtung, jedoch auf Bundesebene das am 16.12.03 überwiesene Postulat Vaudroz, 02.3096, «Anerkennung des Völkermordes an den Armeniern im Jahr 1915», vgl. AB 2003 N 2015 ff.);

– kantonale *Boykotte* gegenüber anderen Staaten nach dem Muster des vom US-Bundesstaat Massachusetts beschlossenen Burma-Boykotts (vom Supreme Court für verfassungswidrig erklärt: 530 U.S. 363 [2000], Crosby v. National Foreign Trade Council);

– Ausrufung einer «GATS-freien Zone» durch ein städtisches Parlament.

11 *Ergebnis:* Die Bundeskompetenz in den auswärtigen Angelegenheiten ist grundsätzlich *ausschliesslich,* wird aber durch die BV *teilweise* zu Gunsten einer *konkurrierenden* Kompetenz *zurückgenommen* (BV 56 Abs. 1) und *partiell* wieder *ausgedehnt* (nationales Interesse; BV 56 Abs. 2). Die Reichweite der Bundeskompetenz kann nicht ohne eine (heikle) Interessenabwägung (betreffend «Sperrwirkung» des nationalen Interesses) bestimmt werden. – Von einer «compétence principale» des Bundes zu sprechen (AUER/MALINVERNI/HOTTELIER I, 448), ist nicht falsch, aber wenig hilfreich. Zumindest missverständlich ist es, in genereller Weise von einer «subsidiären» (Vertragsabschluss-)Kompetenz der Kantone zu sprechen (so EHRENZELLER, SG-Komm., Art. 54, N 3) oder die Kompetenzen von Bund und Kantonen als (beschränkt) «parallel» zu qualifizieren (so PFISTERER, SG-Komm., Art. 54, N 32; SCHWEIZER, Bundesstaatsverfassung, 671). Von einer parallelen Kompetenz könnte man allenfalls (wenn auch, wegen BV 56 Abs. 2, nicht ganz ohne Vorbehalt) in besonders gelagerten Fällen (z.B. internationale humanitäre Hilfe, Entwicklungshilfe) sprechen (vgl. SCHINDLER, Komm. aBV, Art. 8, N 42; VPB 51.20 [1987] 137 ff.; vgl. auch Art. 12 des Entwicklungszusammenarbeitsgesetzes, SR 974.0; BGE 125 I 227, 235). Aus dem Phänomen des «Zusammenwachsens» von Innen- und Aussenpolitik folgt nicht schon, dass die Annahme einer ausschliesslichen Bundeskompetenz realitätsfremd wäre (vgl. aber PFISTERER, ZBl 1996, 551).

Instrumentarium (Abs. 1)

12 BV 54 äussert sich (anders zum Teil BV 1874 Art. 8) *nicht* zur Frage des aussenpolitischen *Instrumentariums.* Zur Verfügung stehen grundsätzlich *alle zweckdienlichen* Instrumente bzw. Handlungsformen (kein *numerus clausus).* Neben dem zentralen Instrument des (zwei- oder mehrseitigen) *völkerrechtlichen Vertrags* (näher BV 166 und BV 184) – in älterer Terminologie: Staatsvertrag – gehören dazu auch sonstige (einseitige) Instrumente des *völkerrechtlichen* bzw. *diplomatischen* Verkehrs, *tatsächliches* Handeln oder *interne Akte* (vgl. z.B. die Aktivitäten im Rahmen der sog. Partnerschaft für den Frieden; zur Kulturpolitik vgl. Botschaft zur «Eidgenössischen Kulturinitiative», BBl 1984 II 526).

13 *Interne Akte:* Der Bund kann gestützt auf seine auswärtige Kompetenz grundsätzlich auch *innerstaatliche* (interne) Akte, insb. Rechtsvorschriften in Gestalt von Gesetzen oder Verordnungen erlassen (vgl. MAHON, Komm., Art. 54, N 5). Voraussetzung ist, dass sie einen hinreichenden Aussenbezug aufweisen (vgl. EHRENZELLER, SG-Komm., Art. 54, N 3, 14; SCHINDLER, Komm. aBV, Art. 8, N 34). Die Behördenpraxis wird in der Lehre gelegentlich kritisiert. Die meisten Beispiele (N 14) erscheinen indes unproblematisch. Ein Grenzfall ist die Regelung der Rechtsbeziehungen zu Einzelpersonen gestützt auf die Aussenkompetenz (kritisch MONNIER, 107 ff.; AUBERT, Traité I, 256).

14 *Behördenpraxis:* Auf BV 54 (bzw. die frühere ungeschriebene «Zuständigkeit des Bundes in auswärtigen Angelegenheiten», so Ingress zu SR 351.20) stützen sich zahlreiche Erlasse, u.a. das BG über Massnahmen zur zivilen Friedensförderung und Stärkung der Menschenrechte vom 19.12.2003 (SR 193.9); das BG über die Pflege des schweizerischen Erscheinungsbildes im Ausland vom 24.3.2000 (SR 194.1); das BG über die Teilung eingezogener Vermögenswerte (TEVG) vom 19.3.2004 (SR 312.4; auch gestützt auf BV 123); der BB vom 21.12.1995 über die Zusammenarbeit mit den Internationalen Gerichten zur Verfolgung von schwerwiegenden Verletzungen des humanitären Völkerrechts (SR 351.20); das Kriegsmaterialgesetz

vom 13.12.1996 (KMG, SR 514.51; auch gestützt auf BV 1874 Art. 41 Abs. 2 und 3, BV 1874 Art. 64bis; heute BV 107 und BV 123); der BB vom 24.3.1995 (künftig BG vom 24.3.2006) über die Zusammenarbeit mit den Staaten Osteuropas (SR 974.1); das BG vom 25.6.1982 über aussenwirtschaftliche Massnahmen (SR 946.201; auch gestützt auf BV 1874 Art. 28, 29, heute BV 101, BV 133); das BG vom 22.3.2002 über die Durchsetzung von internationalen Sanktionen (Embargogesetz, EmbG; SR 946.231); das BG vom 16. Dezember 2005 zur Förderung der Information über den Unternehmensstandort Schweiz (SR 194.2); künftig das Gaststaatgesetz (GStG; BBl 2007 4541, Referendumsvorlage). – Weniger evident, aber grundsätzlich zu bejahen ist die Tragfähigkeit der auswärtigen Kompetenz auch in folgenden Fällen: BG vom 16.12.1983 über den Erwerb von Grundstücken durch Personen im Ausland (BewG, SR 211.412.41; auch gestützt auf BV 1874 Art. 64, 64bis, heute BV 122, BV 123); BG 18.12.1987 über das Internationale Privatrecht (IPRG, SR 291; auch gestützt auf BV 1874 Art. 64, heute BV 122); BG vom 20.3.1981 über internationale Rechtshilfe in Strafsachen (IRSG, SR 351.1; auch gestützt auf BV 1874 Art. 103, 114bis, heute BV 164 Abs. 1 Bst. g, BV 189); BG vom 19.6.1987 über Stipendien an ausländische Studierende und Kunstschaffende in der Schweiz (SR 416.2; auch gestützt auf BV 1874 Art. 27quater Abs. 2, heute BV 66 Abs. 2). Auf schmalem Grat bewegt sich der Bundesgesetzgeber bei der Abstützung von BWIS 24c auf BV 54 (BBl 2005 5638).

Innerstaatliche Durchführung

15 *Interne Zuständigkeitsordnung als Ausgangspunkt:* Die Durchführung von völkerrechtlichen Verträgen wird in der BV nicht ausdrücklich geregelt. Die Praxis orientiert sich traditionell an der für das entsprechende Sachgebiet geltenden «internen» Zuständigkeitsordnung (vgl. EHRENZELLER, SG-Komm., Art. 54 BV, N 13; VPB 59.24 [1995] 213; BGE 105 IV 218, 220), d.h. Umsetzung (soweit erforderlich) und Vollzug durch die *Kantone*, wenn und soweit die Regelungsmaterie innerstaatlich in ihre Zuständigkeit fällt (in diesem Sinne der von den Räten als nicht erforderlich erachtete VE 96 Art. 50 Abs. 3, vgl. AB SD 1998 N 68, S 274). – Dass dieses Modell erhebliche Probleme nach sich ziehen kann, zeigt die überaus komplexe Rechtslage im Bereich des öffentlichen Beschaffungswesens (vgl. BIAGGINI, Das Abkommen über bestimmte Aspekte des öffentlichen Beschaffungswesens, in: Daniel Thürer u.a., Hrsg., Bilaterale Verträge Schweiz - EG, 2. Aufl., Zürich 2007, 685 ff., 712 ff.).

16 *Verantwortlichkeit des Bundes:* Auch wenn die Umsetzung den Kantonen obliegt, bleibt auf völkerrechtlicher Ebene der *Bund* für die Erfüllung der schweizerischen Verpflichtungen verantwortlich. Der Bund muss daher die Kantone zur korrekten Umsetzung der völkerrechtlichen Verpflichtungen anhalten können. Im Sinne einer *ultima ratio* ist dem Bund die Befugnis zuzugestehen, nötigenfalls ersatzweise selber die erforderlichen Vorschriften aufzustellen (sog. Ersatzvornahme als Unterfall der Bundesaufsicht, BV 49 Abs. 2; vgl. EHRENZELLER, SG-Komm., Art. 54 BV, N 13; SCHINDLER, Komm. aBV, Art. 8, N 12; allgemein BIAGGINI, Theorie und Praxis, 133 ff.).

Ziele im Bereich der auswärtigen Angelegenheiten (Abs. 2)

17 Abs. 2 enthält eine *nicht abschliessende* Liste von Zielen, an denen sich der *Bund* bei der Besorgung der *auswärtigen Angelegenheiten* (nicht nur der Aussenpolitik) auszurichten hat. Auch für die nicht ausdrücklich erwähnten Kantone ist Abs. 2 nicht ohne Bedeutung (BV 55;

vgl. SCHWEIZER, Bundesstaatsverfassung, 671). – Die Ziele bewegen sich durchwegs auf hoher Abstraktionsebene und belassen den zuständigen Organen einen sehr weiten Konkretisierungs- und Gestaltungsspielraum. – Die Verfolgung anderer Zielsetzungen darf nicht zu Lasten der ausdrücklich genannten Ziele erfolgen (vgl. EPINEY, VRdCH, 873 ff.).

18 *Herkunft der Ziele:* Die Liste ist inspiriert durch die im Aussenpolitischen Bericht 1993 genannten Zielsetzungen (BBl 1994 I 155), ohne mit diesen identisch zu sein. Dieser Bericht brach mit der Tradition monistischer Zieldefinitionen (Unabhängigkeitsziel mit vier darauf bezogenen aussenpolitischen «Maximen»: Neutralität, Solidarität, Universalität, Disponibilität). Man geht jetzt von einer pluralistischen Konzeption der Aussenpolitik aus. Der Verfassungsgeber hat der Versuchung widerstanden, ein detailliertes aussenpolitisches Programm in die Verfassung aufzunehmen.

19 Die *Reihenfolge* ist nicht zufällig gewählt, sondern Ausdruck bewährter Tradition. Die beiden zuerst genannten (durch den Satzbau etwas abgesetzten) Ziele «Wahrung der Unabhängigkeit und Wohlfahrt der Schweiz» werden mitunter als «Oberziele» behandelt (so z.B. im Aussenpolitischen Bericht 2000, 294; kritisch R.KLEY/LUTZ, SG-Komm., Art. 54, N 29). Die Reihenfolge sollte indes nicht überbewertet werden. BV 54 Abs. 2 kann keine abschliessende Aussage über die Auflösung allfälliger Zielkonflikte entnommen werden (vgl. auch EPINEY, VRdCH, 879 ff.; RENÉ SCHWAB, Ziele der Aussenpolitik (Art. 54 BV), in: Gächter/Bertschi, 183 ff.; Botsch. BV, 126). Die eher altruistischen Ziele des zweiten Satzteils (kritisch zur Kategorisierung EPINEY, VRdCH, 871) – in denen die humanitäre Tradition fortlebt und aktualisiert wird – stehen nicht auf einer tieferen Rangstufe. Sie sind «Ausdruck vorrangiger Verpflichtungen des Staates gegenüber der Völkergemeinschaft» (BERNHARD EHRENZELLER, Festschrift Steinberger, 705). Gefordert sind Abwägung und Optimierung, wobei auch unter BV 54 Abs. 2 berücksichtigt werden darf, dass die Aussenpolitik nicht zuletzt «die Interessenwahrung der Schweiz nach aussen, insbesondere ihre Unabhängigkeit und Existenzsicherung, zum Ziel» hat (Botsch. BV, 228). Die diesen Sachverhalt zuspitzende Aussage eines Bundesratsmitglieds, wonach die Schweiz zwar moralische Prinzipien verteidige, aber «nicht der heilige Stuhl der Menschenrechte» sei (vgl. NZZ Nr. 12 vom 16.1.2006, S. 9), ist dennoch deplatziert. Zur Ausrichtung der Interessenpolitik an ethischen Grundsätzen und den Menschenrechten vgl. den Aussenpolitischen Bericht 2000, BBl 2001 263, und den Bericht zur Menschenrechtsaussenpolitik 2006, BBl 2006 6071 ff.; vgl. auch den Bericht der GPK-N vom 7.11.2006 (betreffend Rüstungsexporte).

20 Die einzelnen *Ziele* haben eine (mehr oder weniger ausdrückliche) Entsprechung in BV 2 (näher dort N 6 ff.). Erwähnung verdient, dass Abs. 2:
- die Idee der Universalität der Menschenrechte bekräftigt (zur «Menschenrechtsaussenpolitik» vgl. Bericht vom 31.5.2006, BBl 2006 6071 ff., mit Hinweisen betreffend den Einsatz der Schweiz für den am 15.3.2006 geschaffenen UNO-Menschenrechtsrat, zu dessen Mitglied die Schweiz am 9.5.2006 gewählt wurde; vgl. auch die jährlichen Berichte des Bundesrates über die Tätigkeiten der Schweiz im Europarat, z.B. vom 31.5.2006, BBl 2006 5539 ff.);
- das in der Verfassung sonst nur beiläufig gebrauchte (Präambel, BV 51) Wort *«Demokratie»* verwendet;

- das finanziell nicht unbedeutende *entwicklungspolitische Engagement* des Bundes (2003: rund 1,7 Milliarden Franken) erstmals im Verfassungstext anspricht («Linderung von Not und Armut»);
- den traditionsreichen *«Guten Diensten»* (zur Förderung einer friedlichen internationalen Ordnung, vgl. BV 2) verfassungsrechtlichen Rückhalt gibt; auch wenn die «Guten Dienste» der Schweiz nicht mehr so gefragt sein mögen wie früher, bleibt doch Raum für Vermittlungstätigkeit auf internationalem Feld (vgl. etwa die Vermittlungstätigkeit im Hinblick auf ein humanitäres Abkommen zwischen der kolumbianischen Regierung und der FARC auf der Grundlage eines im Frühling 2004 erteilten formellen Mandats; im Hinblick auf die Erweiterung der Rotkreuzbewegung und die Anerkennung des Roten Kristalls als drittes Emblem, besiegelt anlässlich der Rotkreuzkonferenz im Juni 2006; vgl. dazu: Aussenpolitischer Bericht 2007, Ziff. 3.5).

Bemerkenswert ist auch, was im Zielkatalog *fehlt*, nämlich die – in der Schweiz oft geradezu mythisch überhöhte – *Neutralität*. Der Bundesrat und, ihm folgend, die Bundesversammlung haben von einer Verankerung der Neutralität im Katalog der aussenpolitischen Ziele bewusst abgesehen. Die Wahrung der Neutralität figuriert aber weiterhin (wie schon in BV 1874 Art. 85 und BV 1874 Art. 102) in den verfassungsrechtlichen Aufgabenkatalogen der Bundesversammlung und des Bundesrates (vgl. BV 173, BV 185). Dies bedeutet, dass die Neutralität *nicht ein Ziel* für sich ist, sondern als *Mittel* staatlicher Politik und Instrument zur Sicherung der Unabhängigkeit zu verstehen ist (RIKLIN, Die Neutralität der Schweiz, in: Riklin et al., 191 ff.; BBl 1982 I 543; vgl. immerhin KÄLIN, ZSR 1986 II, 332). – Nicht ausdrücklich erwähnt, aber stillschweigend mitgemeint ist das Ziel der Förderung, Sicherung und Weiterentwicklung des (Völker-)Rechts, das für die Verwirklichung aller genannten Ziele von eminenter Bedeutung ist.

21 BV 54 Abs. 2 nennt keine spezifischen Ziele für den Bereich der *Aussenwirtschaftspolitik*. Die dem Bund in BV 101 aufgegebene Wahrung der «Interessen der schweizerischen Wirtschaft im Ausland» kann mit den Zielen des BV 54 Abs. 2 in Konflikt geraten (vgl. z.B. AB 1996 N 2089 f., AB 1997 N 2338; ERIKA SCHLÄPPI/WALTER KÄLIN, Schweizerische Aussenwirtschaftshilfe und Meschenrechtspolitik: Konflikte und Konvergenzen, Bern 2001). Die Auflösung des Zielkonflikts erfolgt nicht durch die Verfassung selbst, sondern ist der verfassungskonkretisierenden Praxis überantwortet (vgl. etwa den umstrittenen Entscheid des Bundesrates betreffend Exportrisikogarantien im Zusammenhang mit dem Wasserkraftwerk Ilisu vom 28.3.2007).

Rücksichtnahme auf die Kantone (Abs. 3)

22 *Funktion:* Über lange Jahre war beim Abschluss von Staatsverträgen «föderalistische Zurückhaltung» selbstverständlich (vgl. WILDHABER, Kompetenzausscheidung, 243). Unter den Bedingungen einer intensivierten Europäisierung und Internationalisierung der Rechtsentwicklung lässt sich diese Praxis nicht mehr ohne weiteres aufrecht halten. Ausdruck dieser veränderten Situation ist – neben den Mitwirkungsgarantien zu Gunsten der Kantone (BV 55 Abs. 1) – das Rücksichtnahmegebot gemäss Abs. 3.

23 *Inhalt:* Der Sache nach handelt es sich um eine (wohl nicht justiziable) Kompetenzausübungsregel, deren Konturen allerdings unscharf sind (und es auf absehbare Zeit wohl bleiben werden). Fest steht, dass Abs. 3 den Bund nicht daran hindert, völkerrechtliche Verträge abzuschliessen, deren Gegenstand innerstaatlich gesehen (ganz oder teilweise) in den Kompe-

tenzbereich der Kantone fällt (vorne N 5). Insofern enthält Abs. 3 keine Garantie eines «Kernbestands» kantonaler Kompetenzen (so aber wohl PFISTERER, VRdCH, 536 f.). Eine (von kantonaler Seite vorgeschlagene) strengere Fassung, welche den Bund zur «Wahrung der Zuständigkeiten» der Kantone verpflichtet hätte (vgl. KdK, Verfassungsreform, 34), wurde mit gutem Grund abgelehnt, da die internationale Handlungsfähigkeit der Schweiz über Gebühr eingeschränkt worden wäre (Botsch. BV, 231; RHINOW, Grundzüge, 583 ff.). Abs. 3 beinhaltet einen *Abwägungsauftrag*, nicht aber eine eigentliche «Kooperationsregel» (anders PFISTERER, SG-Komm., Art. 54 Abs. 3, N 34). – Wichtiges jüngeres Beispiel: das Abkommen vom 26.10.2004 zwischen der Schweizerischen Eidgenossenschaft, der Europäischen Union und der Europäischen Gemeinschaft über die Assoziierung dieses Staates bei der Umsetzung, Anwendung und Entwicklung des Schengen-Besitzstands (vgl. BBl 2004 6447, BBl 2004 7149, noch nicht in Kraft).

24 *Wahrung kantonaler Interessen:* Zur Interessenwahrung ist der Bund unabhängig von der Kompetenzlage verpflichtet. Auch im Rahmen des Interessenwahrungsauftrags muss dem Bund eine Abwägung mit gegenläufigen (nationalen) Interessen zustehen.

25 Zu den *Instrumenten* äussert sich Abs. 3 nicht. – Eine zentrale Rolle spielt die Mitwirkung der Kantone i.S.v. BV 55 (vgl. BGMK 2). Vgl. auch BV 56 Abs. 3 sowie die Einsetzung eines «Groupe permanent conjoint Confédération-canton de Genève», dem die Aufgabe übertragen wurde, eine gemeinsame Strategie für «la Genève internationale» zu entwickeln (vgl. BGE 125 I 227, 236 f.).

Literaturhinweise

BUNDESRAT, Bericht über die Aussenpolitik der Schweiz in den 90er Jahren mit Anhang: Bericht zur Neutralität (vom 29.11.1993), BBl 1994 I 153, 210 ff. (Aussenpolitischer Bericht 1993); BUNDESRAT, Aussenpolitischer Bericht 2000: Präsenz und Kooperation: Interessenwahrung in einer zusammenwachsenden Welt (vom 15.11.2000), BBl 2001 261 ff. (Aussenpolitischer Bericht 2000); BUNDESRAT, Aussenpolitischer Bericht 2007 (vom 15.6.2007), mit drei Anhängen (u.a. zur Neutralität); BUNDESRAT, Sicherheit durch Kooperation, Bericht an die Bundesversammlung über die Sicherheitspolitik der Schweiz vom 7.6.1999, BBl 1999 7657 ff. (SIPOL B 2000); BUNDESRAT, Bericht über die Menschenrechtsaussenpolitik der Schweiz (2003–2007) vom 31.5.2006, BBl 2006 6071 ff.; EHRENZELLER BERNHARD, Legislative Gewalt und Aussenpolitik, Basel/Frankfurt a. M. 1993; DERS., Aussenpolitische Handlungsfähigkeit und Verfassung, Festschrift Helmut Steinberger, Heidelberg 2002, 703 ff.; EPINEY ASTRID, Beziehungen zum Ausland, VRdCH, 871 ff.; GOETSCHEL LAURENT u.a., Schweizerische Aussenpolitik, Zürich 2002; KÄLIN WALTER, Verfassungsgrundsätze der schweizerischen Aussenpolitik, ZSR 1986 II, 251 ff.; MONNIER JEAN, Les principes et les règles constitutionnels de la politique étrangère suisse, ZSR 1986 II, 121 ff.; PETERSMANN ERNST-ULRICH, Die Verfassungsentscheidung für eine völkerrechtskonforme Rechtsordnung als Strukturprinzip der Schweizer Bundesverfassung, AöR 1990, 537 ff.; PFISTERER THOMAS, Auslandbeziehungen der Kantone, VRdCH, 525 ff.; DERS., Von der Rolle der Kantone in der Aussenpolitik, ZBl 1996, 544 ff.; SCHMITT NICOLAS, La participation des cantons au processus de décision au niveau fédéral et aux affaires étrangères, BV-CF 2000, 191 ff.; SCHWAB RENÉ, Ziele der Aussenpolitik (Art. 54 BV), in: Gächter/Bertschi, 183 ff.; THALMANN URS, Die Umsetzung internationalen

Rechts durch die Kantone, in: Peter Hänni (Hrsg.): Schweizer Föderalismus und europäische Integration, Zürich 2000, 267 ff.; WILDHABER LUZIUS, Aussenpolitische Kompetenzordnung im schweizerischen Bundesstaat, in: Riklin et al., 121 ff.

Art. 55 Mitwirkung der Kantone an aussenpolitischen Entscheiden

1 Die Kantone wirken an der Vorbereitung aussenpolitischer Entscheide mit, die ihre Zuständigkeiten oder ihre wesentlichen Interessen betreffen.

2 Der Bund informiert die Kantone rechtzeitig und umfassend und holt ihre Stellungnahmen ein.

3 Den Stellungnahmen der Kantone kommt besonderes Gewicht zu, wenn sie in ihren Zuständigkeiten betroffen sind. In diesen Fällen wirken die Kantone in geeigneter Weise an internationalen Verhandlungen mit.

1 Die Bestimmung, die keine direkte Entsprechung in der BV 1874 hat, ging aus einer Variante zum VE 95 (Art. 44) hervor, die indes (so Botsch. BV 231) «keine rechtspolitische Neuerung darstellt» und daher in die «Nachführung» integriert wurde. In der Tat sichert BV 55 in erster Linie eine Ende der 1990er Jahre bereits eingespielte Praxis (vgl. BBl 1999 6144) verfassungsrechtlich ab (vgl. ZIMMERLI, BTJP 1999, 57). Ein erster «Konstitutionalisierungsversuch» scheiterte zufolge Ablehnung des EWR-Beitritts in der Volksabstimmung vom 6.12.1992 (vgl. BB vom 9.10.1992, u.a. mit BV 1874 Art. 21 ÜB; BBl 1992 VI 56). – Der Ausführung von BV 55 dient das BG vom 22.12.1999 über die Mitwirkung der Kantone an der Aussenpolitik des Bundes (BGMK; SR 138.1), das allerdings kaum über eigene normative Substanz verfügt und neben BV 55 eigentlich entbehrlich ist. – Ein spezielles Mitwirkungsrecht begründet BV 76 Abs. 5 (Entscheidung über Rechte an internationalen Wasservorkommen durch den Bund «unter Beizug der betroffenen Kantone»). – Ob die «bestehenden Rechtsbestimmungen» (BV 55 und BGMK) im Falle eines EU-Beitritts wirklich «ausreichend» wären, wie der Europabericht 2006 annimmt (BBl 2006 6941), erscheint keineswegs gesichert.

Mitwirkungsgarantie (Abs. 1 und Abs. 3 Satz 2)

2 *Funktion und Gegenstand:* Die Bestimmung sichert den Kantonen ein Mitwirkungsrecht (i.S.v. BV 45) zu. Gegenstand sind *aussenpolitische* Entscheide des Bundes, mithin nicht die auswärtigen Angelegenheiten insgesamt (vgl. N 4 zu BV 54). Die Bestimmung dient ein Stück weit als «Kompensation» für die umfassende Bundeskompetenz nach BV 54 (N 5; vgl. EPINEY, VRdCH, 882). BV 55 setzt nicht eine bestimmte Art oder Form des Entscheids voraus. Die Mitwirkungsgarantie greift daher nicht nur bei völkerrechtlichen Verträgen (die aber den Hauptanwendungsfall bilden), sondern grundsätzlich bei allen Massnahmen, welche die Beziehungen zum Ausland betreffen (vgl. MAHON, Comm., Art. 55, N 6). Die Aussenpolitik bleibt indes in der Zuständigkeit und Verantwortung des Bundes; die Mitwirkung der Kantone darf daher die aussenpolitische Handlungsfähigkeit des Bundes nicht beeinträchtigen (so ausdrücklich BGMK 1 Abs. 3). – BGMK 2 nennt als «Zweck der Mitwirkung» nicht nur die Wahrung kantonaler Interessen und Zuständigkeiten, sondern auch die innenpolitische Abstützung der Bundesaussenpolitik. – So sehr die Sicherung kantonaler

Mitwirkung aus föderalistischer Sicht zu begrüssen ist: Die künftige Staatspraxis wird dazu Sorge tragen müssen, dass andere berechtigte Grundanliegen (wie die aussenpolitische Handlungsfähigkeit des Bundes) nicht zu kurz kommen und dass die tendenziell «exekutivlastige» Mitwirkung der Kantone nicht auf Kosten der (direkt-)demokratischen Mitwirkung und Kontrolle geht.

3   *Anwendungsbereich:* Die verfassungsrechtliche Mitwirkungsgarantie:
   – bezieht sich (nur) auf die *Vorbereitung* aussenpolitischer Entscheidungen; BV 55 begründet keine Mitentscheidungsbefugnisse oder gar Vetopositionen (vgl. auch N 9);
   – greift (nur), wenn kantonale *Zuständigkeiten* oder *wesentliche* kantonale *Interessen* betroffen sind; dies hindert den Bund grundsätzlich nicht, die Kantone auch in anderen Fällen in die Vorbereitung einzubeziehen. – Wesentliche Interessen sind gemäss BGMK 1 Abs. 2 namentlich dann berührt, wenn der aussenpolitische Entscheid wichtige *Vollzugsaufgaben* der Kantone betrifft. Der Begriff «Zuständigkeiten» wird weder in BV 55 noch im BGMK näher bestimmt. Gemeint sind in erster Linie die den Kantonen verbliebenen Gesetzgebungszuständigkeiten (BV 3), im Kontext des BV 55 allenfalls auch Befugnisse wie sie sich aus BV 56 oder BV 46 (Umsetzung) ergeben (vgl. PFISTERER, SG-Komm., Art. 55, N 38).

Ein qualifiziertes Mitwirkungsrecht besteht gemäss Abs. 3 Satz 2, wenn nicht nur die Interessen, sondern die Zuständigkeiten der Kantone betroffen sind: Die Kantone sind «in geeigneter Weise» an internationalen Verhandlungen zu beteiligen. Der Passus lässt die Frage der Vertretung der Kantone in Verhandlungsdelegationen bewusst offen (Botsch. BV, 232; differenzierend BGMK 5; vgl. auch COTTIER/GERMANN, VRdCH, 89 f., die zu Recht zu Zurückhaltung mahnen).

Informations-, Anhörungs- und Berücksichtigungspflicht (Abs. 2 und 3)

4   *Funktion:* Die wirksame Wahrnehmung der Mitwirkungsrechte (Abs. 1) setzt voraus, dass der Bund die Kantone rechtzeitig und umfassend informiert (Informationspflicht, Abs. 2) und ihnen die Gelegenheit zur Stellungnahme gibt (Anhörungspflicht, Abs. 2; vgl. auch BV 45 Abs. 2 und BV 147). Aus Abs. 3 ergibt sich eine qualifizierte Berücksichtigungspflicht (N 9), die eine (stillschweigende) allgemeine Berücksichtigungspflicht voraussetzt. – Bei Auslegung und Handhabung von BV 55 (und der ausführenden Gesetzgebung) ist zu berücksichtigen, dass die besondere Regelung für die Aussenpolitik nicht zuletzt deshalb getroffen wurde, weil bei völkerrechtlichen Verträgen das herkömmliche Vernehmlassungsverfahren (BV 147), das grundsätzlich erst nach Vertragsunterzeichnung zum Zuge kommt, nicht in gewohnter Weise greifen kann (vgl. Botsch. BV, 232; BGMK 4 Abs. 2).

5   Der *Anwendungsbereich* der Abs. 2 und 3 entspricht jenem des Abs. 1.

6   *Adressaten:* Abs. 2 und 3 sprechen in erster Linie den für die Besorgung der auswärtigen Angelegenheiten zuständigen Bundesrat (BV 184) an. Die Anhörungspflicht kann sich im parlamentarischen Verfahren erneut aktualisieren, wenn es zu mehr als bloss geringfügigen Veränderungen gegenüber den ursprünglichen bundesrätlichen Anträgen kommt. Die Berücksichtigungspflicht trifft nicht nur den Bundesrat (vgl. BGMK 4), sondern auch die Bundesversammlung (nicht jedoch die einzelnen Stimmberechtigten im Rahmen einer allfälligen Referendumsabstimmung).

7 *Informationspflicht* (Abs. 2): Die unbestimmten Begriffe «rechtzeitig» und «umfassend» (ebenso BV 45) lassen den Behörden des Bundes einen gewissen Konkretisierungsspielraum. Dabei ist dem Zweck der Regelung (insb.: wirksame Interessenwahrung) Rechnung zu tragen (vgl. BGMK 3). Die Unterrichtung wird zweckmässigerweise mehrstufig erfolgen (BBl 1998 1168; vgl. auch PFISTERER, SG-Komm., Art. 55 Abs. 1, N 29). Das Informationsrecht ist für die Kantone mit Pflichten verbunden (insb. Wahrung der Vertraulichkeit, vgl. BGMK 6).

8 *Anhörungspflicht* (Abs. 2; vgl. auch BV 45 Abs. 2 und BV 147): Damit eine wirksame Interessenwahrung möglich ist, muss die Anhörung grundsätzlich bereits vor Aufnahme von Verhandlungen erfolgen (vgl. BGMK 4 Abs. 2).

9 *Qualifizierte Berücksichtigungspflicht* (Abs. 3): Das *besondere* Gewicht der Stellungnahmen der Kantone – auch im Verhältnis zu den Stellungnahmen anderer Vernehmlasser (vgl. MAHON, Comm., Art. 55, N 11) – entsprach im Prinzip schon den Gepflogenheiten vor Inkrafttreten der neuen BV (Botsch. BV, 232). «Besonderes Gewicht» kommt naturgemäss vor allem einer Stellungnahme zu, die von einer grossen Mehrheit der Kantone getragen wird. Selbst eine einheitliche Stellungnahme kann den Bund indes rechtlich nicht binden. Er muss auch Entscheide treffen können, welche «den Vorstellungen der Kantone nicht entsprechen» (Botsch. BGMK, BBl 1998 1170 f.). Eine Bindung würde die Zuständigkeitsordnung im Bereich der Aussenpolitik verändern und zu einer Verwischung von Verantwortlichkeiten führen (Botsch. BV, 232; vgl. auch RHINOW, Grundzüge, 586). Von einem «materiellen Vorrang» der kantonalen Stellungnahmen zu sprechen (so PFISTERER, SG-Komm, Art. 55, N 39), ist missverständlich. – Aus verfassungsrechtlicher Sicht nicht zu beanstanden ist die Verpflichtung, die massgeblichen Gründe für das Abweichen mitzuteilen (vgl. BGMK 4 Abs. 3).

10 *Zeitpunkt und Instrumente:* BV 55 lässt die Frage nach dem Zeitpunkt der Mitwirkung und den Modalitäten des Austauschs zwischen Bund und Kantonen offen. Richtschnur muss auch hier die wirksame Interessenwahrung sein. Nicht präzisiert wird im Verfassungstext, ob es sich um Garantien zu Gunsten der *einzelnen* Kantone oder um gewissermassen *kollektive* Rechte zu Gunsten der «Gesamtheit» der Kantone handelt. Richtigerweise ist von Rechten der einzelnen Kantone auszugehen (vgl. auch PFISTERER, SG-Komm., Art. 55, N 11), nach Massgabe kantonalen Staatsrechts gewöhnlich vertreten durch ihre Regierungen. – Die Beteiligung der Kantone an der Umsetzung und Weiterentwicklung des Schengen- und Dublin-Besitzstands soll gemäss Art. 1 Abs. 2 des Genehmigungsbeschlusses vom 17.12.2006 (BBl 2004 7149) vor Inkrafttreten dieser Abkommen in einer Vereinbarung zwischen Bund und Kantonen geregelt werden (vgl. auch Europabericht 2006, BBl 2006 6886).

11 *Behördenpraxis:* Obwohl der vom Bundesrat im Zusammenhang mit der Informations- und Anhörungspflicht vorgeschlagene Passus «oder deren gemeinsame Organisationen» (VE 96 Art. 50) fallen gelassen wurde – nicht zuletzt, weil man eine «Konstitutionalisierung» der KdK vermeiden wollte (MAHON, Comm., Art. 55, N 9; AB SD 1998 S 68, N 274 f.) –, spielen kollektive Formen in der Praxis eine bedeutende Rolle (vgl. etwa die Hinweise im Europabericht 2006, BBl 2006 6885, und in der Botschaft des Bundesrates vom 23.6.1999 zur Genehmigung der sektoriellen Abkommen zwischen der Schweiz und der EG, BBl 1999 6144: von der KdK vorgeschlagene Experten als vollwertige Mitglieder der Schweizer Verhandlungsdelegationen; Sicherstellung des täglichen Informationsflusses zwischen Bund und Kantonsregierungen durch den Informationsbeauftragten der Kantone im Integrationsbüro

EDA/EVD; uneingeschränkter Zugang zu internen Akten und Sitzungen; Einbezug der KdK und der kantonalen Fachdirektorenkonferenzen). – Gegen solch kollektive Formen, die für beide Seiten von Vorteil sind, bestehen keine Einwände prinzipieller Natur. Die einzelnen Kantone müssen sich jedoch eine «Mediatisierung» durch gesamtschweizerische Gremien nicht gefallen lassen, soweit dazu weder eine Grundlage in der Bundesverfassung noch eine sachliche Notwendigkeit (so z.b. bezüglich Beteiligung an Verhandlungen) besteht.

Literaturhinweise (vgl. auch die Hinweise bei BV 54 und 56)

COTTIER THOMAS/GERMANN CHRISTOPHE, Die Partizipation bei der Aushandlung neuer völkerrechtlicher Bindungen: verfassungsrechtliche Grundlagen und Perspektiven, VRdCH, 77 ff.; EHRENZELLER BERNARD, Aussenpolitische Handlungsfähigkeit und Verfassung, Festschrift Helmut Steinberger, Heidelberg 2002, 703 ff.; KONFERENZ DER KANTONSREGIERUNGEN (Hrsg.), Zwischen EU-Beitritt und bilateralem Weg, Zürich 2006; PFISTERER THOMAS, Von der Rolle der Kantone in der Aussenpolitik – Ein Beitrag zur aktuellen politischen Diskussion, ZBl 1996, 544 ff.; SCHMITT NICOLAS, La participation des cantons au processus de décision au niveau fédéral et aux affaires étrangères, BV-CF 2000, 191 ff.; STURNY THIEMO, Mitwirkungsrechte der Kantone an der Aussenpolitik des Bundes, Freiburg 1998; STURNY THIEMO, Die Mitwirkung der Kantone an der Aussenpolitik des Bundes, in: Peter Hänni (Hrsg.): Schweizer Föderalismus und europäische Integration, Zürich 2000, 201 ff.

Art. 56 Beziehungen der Kantone mit dem Ausland

¹ Die Kantone können in ihren Zuständigkeitsbereichen mit dem Ausland Verträge schliessen.

² Diese Verträge dürfen dem Recht und den Interessen des Bundes sowie den Rechten anderer Kantone nicht zuwiderlaufen. Die Kantone haben den Bund vor Abschluss der Verträge zu informieren.

³ Mit untergeordneten ausländischen Behörden können die Kantone direkt verkehren; in den übrigen Fällen erfolgt der Verkehr der Kantone mit dem Ausland durch Vermittlung des Bundes.

1 Die Bestimmung geht im Wesentlichen auf die Bundesstaatsgründung zurück (vgl. BV 1848 und BV 1874, je Art. 9 und 10; vgl. D.SCHINDLER, Komm. aBV, Art. 9 und 10). An die Stelle des früheren Genehmigungsverfahrens, das die Praxis oft nicht beachtete (Botsch. BV, 233), trat eine Informationspflicht (Abs. 2 Satz 2; anders noch VE 95 Art. 45), verbunden mit einem Einspracheverfahren (BV 172; RVOG 61b ff.). – Eine ähnliche Regelung trifft BV 48 für Verträge zwischen Kantonen.

2 Die grenzüberschreitende Zusammenarbeit ist für die Kantone heute von erheblicher praktischer Bedeutung. Nur acht Kantone haben keine Grenze zum Ausland. Auf internationaler Ebene bestehen mittlerweile mehrere Übereinkommen, welche die *grenzüberschreitende Zusammenarbeit zwischen Gebietskörperschaften* erleichtern sollen. Vgl. insb. das gleichnamige Europäische Rahmenübereinkommen vom 21.5.1980 (SR 0.131.1; «Madrider Übereinkommen»; vgl. auch N 8 zu BV 54 und BGE 125 I 227, 235), mit zwei Zusatzprotokollen vom

9.11.1995 (SR 0.131.11) und vom 5.5.1998 (SR 0.131.12), das Rahmenabkommen Schweiz–Italien vom 24.2.1993 (SR 0.131.245.4), das Übereinkommen vom 23.1.1996 zwischen dem Schweizerischen Bundesrat, handelnd im Namen der Kantone Solothurn, Basel-Stadt, Basel-Landschaft, Aargau und Jura, der Regierung der Bundesrepublik Deutschland, der Regierung der Französischen Republik und der Regierung des Grossherzogtums Luxemburg über die grenzüberschreitende Zusammenarbeit zwischen Gebietskörperschaften und örtlichen öffentlichen Stellen (Syst. Sammlung AG Nr. 181.100; sog. «Karlsruher Übereinkommen»). Vgl. PFISTERER, SG-Komm., Art. 56, N 10 ff.; ABDERHALDEN, 138 ff.; VPB 70.74 (2006).

Vertragsschlusskompetenz der Kantone (Abs. 1)

3   *Funktion:* BV 54 weist die auswärtigen Angelegenheiten (inkl. Vertragsschlusskompetenz) exklusiv dem Bund zu. BV 56 nimmt diese Entscheidung für einen bestimmten Bereich zurück (näher N 8 und 11 zu BV 54), signalisiert damit «föderalistisch(e) Offenheit des Staates nach aussen» (THÜRER, VRdCH, 204) und bekennt sich zur (beschränkten) Völkerrechtssubjektivität der Kantone (vgl. BREITENMOSER, VRdCH, 521; MONNIER, ZSR 1986 II, 181: «petite personnalité»). – Im Unterschied zur «Parallelnorm» für Verträge zwischen Kantonen (BV 48) beinhaltet Abs. 1 eine echte – *kompetenzbegründende* – Ermächtigung der Kantone. In der Lehre wird von einer subsidiären Vertragskompetenz der Kantone gesprochen (vgl. MAHON, Comm., Art. 56, N 3; RHINOW, BV 2000, 385), um eine originäre kantonale Kompetenz oder eine Parallelkompetenz handelt es sich indes nicht. – Fast wichtiger noch als förmliche Verträge mit dem Ausland (rund 140 gemäss Schätzung bei RHINOW, Grundzüge, 588, ebenso schon MONNIER, ZSR 1986 II, 161) ist in der Praxis die Ad-hoc-Kooperation und die institutionalisierte Zusammenarbeit im Rahmen von Kommissionen (vgl. SCHINDLER, Komm. aBV, Art. 10, N 20; WILDHABER, 127 f., TSCHUDI, SJZ 2004, 449 ff., mit Beispielen) – als Form der «Integration von unten» (THÜRER).

4   *Verträge:* Gemeint sind Verträge völkerrechtlicher Natur, nicht jedoch Verträge mit privatrechtlichem Charakter (Botsch. BV, 233). Die Praxis behandelt Konkordate unter Beteiligung des Fürstentums Liechtenstein als Konkordatsrecht (BV 48), Verträge einzelner Kantone mit Liechtenstein stellen dagegen völkerrechtliche Abkommen dar (SCHINDLER, Komm. aBV, Art. 10, N 17, 19). – Einordnung: Die Verträge sind dem *kantonalen* Recht zuzuordnen, auch wenn der Bund sie (in kantonalem Namen handelnd) abgeschlossen hat. Nach wohl herrschender Auffassung erstreckt sich die Massgeblichkeit des Völkerrechts (BV 190, früher BV 191 bzw. BV 1874 Art. 113 Abs. 3) auch auf Verträge der Kantone (zögernd RHINOW, BV 2000, 372; kritisch, allerdings noch unter der BV 1874, KÄLIN, Staatsrechtliche Beschwerde, 32). Die Verträge gehen dem internen kantonalen Recht vor, müssen aber später abgeschlossenen Verträgen des Bundes weichen (vgl. N 8 zu BV 54). Völkerrechtliche Verträge der Kantone werden durch spätere widersprechende Bundesgesetze gewöhnlich nicht verdrängt (vgl. BV 5 Abs. 4; PFISTERER, SG-Komm., Art. 56, N 8). Der Vermeidung von Konflikten mit dem Bundesrecht dienen das Einspracheverfahren und die völkerrechtskonforme Auslegung des Landesrechts, allenfalls die Vertragskündigung.

5   *mit dem Ausland:* Als Vertragspartner der Kantone kommen grundsätzlich alle Subjekte mit völkerrechtlicher Vertragsfähigkeit in Betracht (SCHINDLER, Komm. aBV, Art. 9 N 6), seien es ausländische *Staaten* (so z.B. im Fall des sog. Karlsruher Übereinkommens, vgl. N 2), seien es

(nach Massgabe des betreffenden Staates und einschlägiger völkerrechtlicher Regeln) ausländische *Gebietskörperschaften* (z.B. Gliedstaaten eines Bundesstaates).

6 *In ihrem Zuständigkeitsbereich:* Gemeint sind die nicht dem Bund übertragenen, somit (BV 3) den Kantonen verbliebenen Zuständigkeiten. Das ist mehr als nur Staatswirtschaft, nachbarlicher Verkehr und Polizei (so noch BV 1874 Art. 9, der allerdings grosszügig interpretiert wurde).

Bundesverfassungsrechtliche Schranken (Abs. 2)

7 *Recht und Interessen des Bundes sowie Rechte anderer Kantone* als Schranken: BV 56 Abs. 2 verwendet dieselbe Formel wie BV 48 Abs. 3. Zu den einzelnen Schranken vgl. N 12 zu BV 48. Auch hier meint «Interessen des Bundes» *(intérêts de la Confédération)* das *gesamteidgenössische (nationale)* Interesse, nicht das (blosse) Bundesinteresse.

8 *Durchsetzung der Schranken (Verfahren):* Wie bei den interkantonalen Verträgen (N 13 zu BV 48) wurde das Genehmigungserfordernis fallen gelassen, nicht jedoch die Rechtsfigur der «Genehmigung», die allerdings nur noch im Streitfall zum Zuge kommt (vgl. BV 172). Der betreffende Kanton ist nur noch zur *Kenntnisgabe* an den Bund verpflichtet, anders als bei Verträgen zwischen Kantonen immer schon *vor Abschluss* des Vertrags (so ausdrücklich Abs. 2; vgl. auch RVOV 27o Abs. 2). Die Informationspflicht (mit eng begrenzten Ausnahmen, vgl. RVOG 61c Abs. 2) bildet die Grundlage für ein allfälliges Einspracheverfahren nach Massgabe von BV 172 Abs. 3, BV 186 Abs. 3, RVOG 61c, 62 und ParlG 129a (näher N 13 zu BV 48). Die am Abkommen nicht beteiligten Kantone (Drittkantone) werden via Bundesblatt gebeten, allfällige Einwände anzumelden (Beispiel in BBl 2005 7130; für Einzelheiten vgl. jetzt RVOV 27o ff.).

Amtlicher Verkehr mit ausländischen Behörden (Abs. 3)

9 *Funktion:* Abs. 3 spricht im 1. Satzteil eine sachlich begrenzte *Ermächtigung* aus (Direktverkehr mit untergeordneten Behörden). Die Regel – umfassende, prinzipiell ausschliessliche Zuständigkeit des Bundes (BV 54, bekräftigt in Abs. 3, 2. Satzteil) – wird dadurch relativiert, aber nicht beseitigt.

10 *«Vermittlung des Bundes»* (Regel) heisst: Das Führen von Verhandlungen, die Unterzeichnung und die Ratifikation obliegen dem Bund. Der Vertragsschluss erfolgt grundsätzlich im Namen der Kantone (Beispiel in N 2; zur Frage der Kündigung MONNIER, ZSR 1986 II, 174 ff.). Zuständig ist grundsätzlich der Bundesrat (BV 184), soweit nicht eine Delegation i.S.v. BV 177 Abs. 2 greift. – Der amtliche Verkehr der Kantone mit ausländischen Regierungen erfolgt via Bund. Zum Sonderfall des direkten Verkehrs der Kantone Graubünden und St.Gallen mit der Regierung des Fürstentums Liechtenstein vgl. SCHINDLER, Komm. aBV, Art. 10, N 10. Zum diplomatischen und konsularischen Verkehr mit Vertetern ausländischer Staaten in der Schweiz vgl. MONNIER, ZSR 1986 II, 178.

11 *«Untergeordnete ausländische Behörden»:* Gemeint sind Regierungen und Verwaltungen von Gliedstaaten und Behörden auf lokaler Ebene (Botsch. BV, 233). Gegenüber diesen Behörden können die Kantone selbständig auftreten. Verträge müssen aber, entsprechend Abs. 2, vor dem Abschluss dem Bund zur Kenntnis gebracht werden (Botsch. BV, 229). – Das Bundesgericht schliesst im (besonders gelagerten) Fall des Kantons Genf direkte Kontakte zu internationalen Organisationen nicht kategorisch aus, doch dürfen Interventionen der kantonalen Behörden keinesfalls die Führung einer nationalen Aussenpolitik behindern (BGE 125 I 227, 236).

Literaturhinweise (vgl. auch die Hinweise bei BV 54 und 56)

ABDERHALDEN URSULA, Die Kompetenzen von Bund und Kantonen in der Aussenpolitik, in: Peter Hänni (Hrsg.), Schweizer Föderalismus und europäische Integration, Zürich 2000, 118 ff.; BREITENMOSER STEPHAN, Regionalismus – insbesondere grenzüberschreitende Zusammenarbeit, VRdCH, 507 ff.; LEJEUNE YVES, Recueil des accords internationaux conclus par les cantons suisses, Bern 1982; MONNIER JEAN, Les principes et les règles constitutionnels de la politique étrangère suisse, ZSR 1986 II, 107 ff.; PFISTERER THOMAS, Auslandbeziehungen der Kantone, VRdCH, 525 ff.; SCHMITT NICOLAS, The Foreign Relations of Swiss Cantons, in: Lidija R. Basta/Thomas Fleiner (Hrsg.), Federalism and Multiethnic States. The Case of Switzerland, Freiburg 1996, 131 ff.; SCHOCH JÖRG, Grenzüberschreitende Zusammenarbeit im Bodenseeraum: Verfassungsrechtliche Aspekte, SJZ 2000, 429 ff.; THÜRER DANIEL, Verfassungsrecht und Völkerrecht, VRdCH, 179 ff.; TSCHUDI HANS MARTIN, Neuere Entwicklungen in den Aussenbeziehungen des Kantons Basel-Stadt, SJZ 2004, 449 ff.; WILDHABER LUZIUS, Aussenpolitische Kompetenzordnung im schweizerischen Bundesstaat, in: Riklin et al., 121 ff.

2. Abschnitt: Sicherheit, Landesverteidigung, Zivilschutz

1 Der Sorge für die Sicherheit des Landes und der Bevölkerung – traditionell eine staatliche Kernaufgabe (BV 2) – widmet die neue BV einen eigenen Abschnitt, der indes wesentlich kürzer ausfällt als die entsprechenden Bestimmungen der BV 1874. – Zum Thema (innere und äussere) «Sicherheit» vgl. auch BV 173, 185 (Bundesversammlung, Bundesrat).

2 Der Begriff «Sicherheit» hat viele Facetten (vgl. RUCH, VRdCH, 889 ff.; SCHWEIZER/KÜPFER, SG-Komm., vor Art. 57, N 1). Die BV verwendet ihn auch in anderen Kontexten: «soziale Sicherheit» (BV 41; Abschnittstitel vor BV 108), «wirtschaftliche Sicherheit» (BV 94); ferner in BV 140 (Organisationen für kollektive Sicherheit), BV 76 (Sicherheit von Stauanlagen), BV 120 (Sicherheit von Mensch, Tier und Umwelt). Für die BV als Ganze genommen mag zutreffen, dass sie von einem «umfassenden Sicherheitsbegriff» ausgeht. Für den 2. Abschnitt (insb. BV 57) trifft dies nicht zu (entgegen RUCH, VRdCH, 892). «Sicherheit» ist hier im hergebrachten Sinn zu verstehen: Sicherheit *des Landes* (BV 57), *innere* und *äussere* Sicherheit (BV 173, BV 185), in der Sprache der BV 1874: «Handhabung von Ruhe und Ordnung im Innern», «Behauptung ... gegen aussen» (BV 1874 Art. 2; vgl. auch EMRK 10: nationale Sicherheit, territoriale Unversehrtheit, öffentliche Sicherheit). – Ob sich der vielfältige Begriff «Sicherheit» als Kristallisationspunkt einer «Sicherheitsverfassung» oder einer Unterdisziplin «Sicherheitsrecht» eignet (Begriffe bei RUCH, VRdCH, 896; SCHWEIZER/KÜPFER, SG-Komm., vor Art. 57, N 1), sei hier dahingestellt.

Literaturhinweise

RHINOW RENÉ, Zur Rechtmässigkeit des Armeeeinsatzes im Rahmen der inneren Sicherheit, Basler Festgabe zum Schweizerischen Juristentag 2004, Basel/Bern 2004, 361 ff.; RUCH ALEXANDER, Äussere und innere Sicherheit, VRdCH, 889 ff.; SCHWEIZER RAINER J., Staats- und völkerrechtliche Aspekte des schweizerischen Engagements in der auswärtigen Sicherheitspolitik, Festschrift Lendi, Zürich 1998, 465 ff.

Art. 57 Sicherheit

¹ Bund und Kantone sorgen im Rahmen ihrer Zuständigkeiten für die Sicherheit des Landes und den Schutz der Bevölkerung.

² Sie koordinieren ihre Anstrengungen im Bereich der inneren Sicherheit.

1 BV 57 hat keine direkte Entsprechung in der BV 1874. Seine rechtliche Tragweite ist begrenzt (vgl. N 2). Der Begriff «Sicherheit» findet sich bereits in der BV 1874 (insb. in Art. 16, 85, 102), ebenso die Unterscheidung zwischen *innerer und äusserer* Sicherheit. Begriff und Unterscheidung haben keine klaren Konturen erlangt. Die neue BV hat die Unschärfen geerbt (N 4).

Nicht-kompetenzbegründender Handlungsauftrag (Abs. 1)

2 *Tragweite:* Abs. 1 begründet keine neuen Kompetenzen (anders RUCH, VRdCH, 892), sondern verweist in allgemeiner Weise auf anderweitig begründete Zuständigkeiten des Bundes (dazu N 6) bzw. die subsidiäre Generalkompetenz der Kantone (BV 3). Entsprechend bietet BV 57 keine Grundlage für umfassende bundesrechtliche Regelungen im Bereich Erdbebensicherheit oder Schutz vor gefährlichen Hunden (vgl. VPB 65.1, 2001). Normative Kraft entfaltet immerhin die imperative Formulierung: Abs. 1 statuiert für Bund *und* Kantone einen verpflichtenden Auftrag. Entgegen Botsch. BV, 237, handelt es sich *nicht* um eine «gemeinsame Aufgabe von Bund und Kantonen», sondern um je eigene Aufgaben (Bundes- bzw. kantonale Aufgaben), deren Erfüllung zu koordinieren ist (Abs. 2). – Zum «Wie» der Aufgabenerfüllung äussert sich Abs. 1 nicht näher. Die zuständigen Staatsorgane (Gesetzgeber, Regierung) besitzen einen weiten Spielraum, haben aber die allgemeinen demokratisch-rechtsstaatlichen Rahmenbedingungen zu beachten.

3 Abs. 1 nennt zwei (überlappende) *Handlungsfelder*, die im Rahmen des BV 57 nicht exakt abgegrenzt werden müssen (AUBERT, Comm., Art. 57, N 3):
- Die *Wahrung der «Sicherheit des Landes»* ist einer der zentralen Zwecke des Bundes (BV 2; vgl. auch BV 121). Der Begriff «Land» scheint in erster Linie auf das Territorium zu verweisen (vgl. BV 24, BV 75), meint aber auch die Menschen in diesem Land (vgl. BV 2: «Vielfalt des Landes»; BV 102: Versorgung des Landes) und wohl auch die Institutionen.
- *«Schutz der Bevölkerung»*, d.h. aller Einwohner, nicht nur der Bürger. «Bevölkerungsschutz» ist mehr als *Zivil*schutz (BV 61) und umfasst auch Bereiche wie Sanitätsdienst, Feuerwehr, Polizei, nicht jedoch die soziale (BV 41) und die wirtschaftliche Sicherheit (BV 94). Die *Verteidigung* der Bevölkerung ist Aufgabe der Armee (BV 58 Abs. 2).

Zur (in BV 57 vorausgesetzten) Kompetenzverteilung

4 *Innere und äussere Sicherheit:* Die Verteilung der Kompetenzen wird in BV 57 nicht geregelt, sondern vorausgesetzt. Die Rechtslage ist komplex. Eine gewisse *Orientierungshilfe* bietet die überkommene, aber immer schwieriger gewordene Unterscheidung zwischen *innerer und äusserer* Sicherheit (vgl. BV 1874 Art. 85, Art. 102), die in verschiedenen Verfassungsbestimmungen angesprochen ist (vgl. BV 57 Abs. 2; BV 58, BV 173, BV 185). Bei der Grenzziehung wird traditionell auf Ausgangspunkt und Natur der Bedrohung (bzw. der Reaktion) abgestellt:

- *äussere* Sicherheit: Bedrohung von aussen (Ausland); militärische, allenfalls machtpolitische Natur; Reaktion u.U. mit militärischen Mitteln;
- *innere* Sicherheit: Bedrohung von innen; kriminelle Natur; Reaktion mit polizeilichen Mitteln (Aufrechterhaltung von Ruhe und Ordnung), doch ist der Einsatz *militärischer* Mittel (ultima ratio) nicht kategorisch ausgeschlossen (vgl. N 4 und 11 zu BV 52; vgl. BV 1874 Art. 16). – *Wahrung* der *inneren* Sicherheit meint: Sicherstellung der grundlegenden Aspekte des friedlichen Zusammenlebens, Schutz der staatlichen Institutionen (verlässliches Funktionieren), Verhinderung elementarer Gefährdungen der Gesellschaft und der Einzelnen (vgl. EICHENBERGER, Komm. aBV, Art. 102 Ziff. 10, N 150; SCHWEIZER/KÜPFER, SG-Komm., Art. 57, N 5). Angesprochen sind dabei auch die klassischen verwaltungsrechtlichen Polizeigüter «öffentliche Ordnung» und «öffentliche Sicherheit» (vgl. BV 58 Abs. 3 i.d.F. vom 18.4.1999; RUCH, VRdCH, 890 f.).

Die Unterscheidung von innerer und äusserer Sicherheit wird zunehmend als überholt eingestuft (vgl. z.B. RUCH, VRdCH, 892; SCHWEIZER/KÜPFER, SG-Komm., vor Art. 57, N 4). Die verbreitete Kritik an der Weiterführung der Unterscheidung in der neuen BV wiegt nicht sonderlich schwer, zumal die Unterscheidung kaum direkte (kompetenz-)rechtliche Relevanz hat (marginal in BV 57 Abs. 2, BV 58 Abs. 2 und, zeitlich limitiert, Abs. 3): Die Grenze zwischen den Kompetenzbereichen des Bundes bzw. der Kantone verläuft im Allgemeinen *nicht* entlang dieser tradierten Unterscheidung.

5 *Ausgangspunkte:* Der *Bund* besitzt neben seiner grundsätzlich umfassenden (und überwiegend ausschliesslichen) Kompetenz im Bereich der *äusseren* Sicherheit (BV 54 und BV 58: überlappend; vgl. RUCH, VRdCH, 896; SCHWEIZER/KÜPFER, SG-Komm., vor Art. 57, N 11) auch gewisse punktuelle Zuständigkeiten im Bereich der *inneren* Sicherheit (vgl. AUBERT, Comm., Art. 57, N 2). Umgekehrt sind die Kantone gemäss BV 3 (und BV 42) für die *innere* Sicherheit ihres Gebietes verantwortlich (sog. *Polizeihoheit* der Kantone), wenn und soweit nicht Zuständigkeiten des Bundes bestehen.

6 *Bundeskompetenzen im Bereich der inneren Sicherheit:* Wie schon ihre Vorgängerin setzt die neue BV bundesrechtliche Zuständigkeiten im Bereich der inneren Sicherheit voraus (vgl. Abs. 2; BV 173 und BV 185). Der Umfang wird aus der Verfassungsurkunde nicht klar ersichtlich. Grundlagen bieten:
- Normen wie BV 52 (Bundesintervention) und BV 58 Abs. 2 (Unterstützung ziviler Behörden);
- die in den Armeekompetenzen (BV 58 ff.) implizit enthaltenen polizeilichen Zuständigkeiten im militärischen Bereich (vgl. MG 92);
- die völkerrechtlich fundierte Pflicht, den Schutz bestimmter Personen und Gebäude (insb. ausländische Botschaften) sicherzustellen (vgl. Art. 22 Abs. 2 des Wiener Übereinkommens über diplomatische Beziehungen, SR 0.191.01; Art. 24 BWIS), wobei der Bund zunehmend auf eigene Mittel zurückgreift (zur Problematik des Einsatzes von WK-Formationen der Armee vgl. SiK-N, Motion 06.3013 vom 20.2.2007; N 7 zu BV 58);
- die *inhärente* Kompetenz (vgl. N 10 vor BV 42) des Bundes zum *Schutz der eigenen Institutionen und Organe bzw. des Gesamtstaates* (vgl. RUCH, VRdCH, 891; SCHWEIZER/ KÜPFER, SG-Komm., Art. 57, N 4; vgl. BWIS 23; BBl 2005 5637). Diese Kompetenz um-

fasst auch den präventivpolizeilichen Bereich. Der sog. *Staatsschutz* wurde früher auf sehr prekärer Grundlage in öffentlich ungeahntem Ausmass betrieben (vgl. Bericht der Parlamentarischen Untersuchungskommission vom 22.11.1989, BBl 1990 I 637) und erfuhr erst mit dem Inkrafttreten des BWIS (SR 120) am 1.7.1998 eine umfassendere gesetzliche Regelung. Zum geplanten Ausbau (besondere Mittel der Informationsbeschaffung) die umstrittene «BWIS II»-Vorlage (Entwurf und Botschaft des Bundesrates vom 15.6.2007).

Das *Bundesgericht* hat die vom Bund beanspruchte Kompetenz zur Wahrung der inneren Sicherheit geschützt: Dem Bund fällt «wegen seiner Staatlichkeit» die «notwendige mitgegebene primäre Staatsaufgabe» zu, «für seine innere und äussere Sicherheit zu sorgen» (BGE 117 Ia 202, 212: «ungeschriebene oder stillschweigende» Kompetenz; vgl. auch KURT EICHENBERGER, Komm. aBV, Art. 102, N 149, 156; SCHWEIZER, ZBl 1991, 299). Daran vermag die Ablehnung verschiedener Gesetzesvorlagen durch das Volk nichts zu ändern (sog. Lex Häberlin II vom 13.10.1933, verworfen am 11.3.1934; BG vom 9.3.1978 über die Erfüllung sicherheitspolizeilicher Aufgaben des Bundes, BBl 1978 I 652, betreffend die sog. «Busipo», verworfen am 3.12.1978). Der Bund hat «die verfassungsrechtliche Ordnung zu beachten», wozu neben den Grundrechten auch die «Zuständigkeiten anderer Staatsorgane und insbesondere der Kantone» gehören, denen «für ihr Gebiet primär die allgemeine Polizeihoheit» zukommt (BGE 117 Ia 216). Gemäss Bundesgericht bestehen somit «parallele oder konkurrierende Zuständigkeiten» (BGE 117 Ia 216 – präziser wäre: teils parallele, teils konkurrierende).

7   Daneben beansprucht der Bund auch Zuständigkeiten im Bereich der *Strafverfolgung* (vgl. StGB 340 ff., BStP 17 ff.; MStG, MStP). Eine Bundesanwaltschaft wurde bereits 1849 eingerichtet (BG vom 5.6.1849 über die Organisation der Bundesrechtspflege). Die im Bundesamt für Polizei angesiedelte Bundeskriminalpolizei fungiert heute als gerichtliche Polizei des Bundes sowie als Zentralstelle für die Bekämpfung des organisierten Verbrechens, des unerlaubten Betäubungsmittelverkehrs, der Falschmünzerei, des Mädchenhandels, der Verbreitung unzüchtiger Veröffentlichungen (vgl. BG vom 7.10.1994 über kriminalpolizeiliche Zentralstellen des Bundes, ZentG, SR 360, das sich auf BV 1874 Art. 64bis und Art. 85 Ziffer 7, heute BV 123 und BV 173 Abs. 1 Bst. b, stützt). – Nicht alle polizeilichen Aufgaben, die der Bund wahrnimmt, sind Massnahmen zur Wahrung der inneren Sicherheit (vgl. z.B. die Flugsicherung gemäss LFG 40).

8   *Zusammenfassend:* Die gängige, nunmehr auch in BWIS 4 aufgegriffene Formel, wonach für die innere Sicherheit «in erster Linie» die Kantone verantwortlich sind, bemüht sich, einen komplexen Sachverhalt auf einen kurzen Nenner zu bringen, ist jedoch verfassungsrechtlich gesehen ohne grossen Erkenntniswert. Treffender, wenn auch weniger plakativ, ist es, im Bereich der inneren Sicherheit von *fragmentarischen* – teils ausschliesslichen (vgl. SCHWEIZER, ZBl 1991, 300), teils konkurrierenden, teils parallelen – Kompetenzen des Bundes zu sprechen (AB SD 1998 N 277, *Koller*), welche die originären Kompetenzen der Kantone (BV 3) überlagern und zum Teil verdrängen. Mit Auseinandersetzungen in der Kompetenzfrage – wie jüngst in der Diskussion betreffend die interne Umsetzung des Abkommens über die Assoziierung der Schweiz bei Umsetzung, Anwendung und Entwicklung des Schengen-Besitzstands (BBl 2004 6447) – muss auch in Zukunft gerechnet werden.

9   Der Bund hat in jüngerer Zeit eine rege (Gesetzgebungs- und Verordnungs-)Tätigkeit entfaltet (vgl. etwa SCHWEIZER/KÜPFER, SG-Komm., Art. 57, N 11 ff.), die unter rechtsstaatlich-demokratischem Blickwinkel nicht immer über jeden Zweifel erhaben ist (vgl. GIOVANNI BIAGGINI, Die «Al-Qaïda»-Verordnung, ius.full 2002, 28; SCHEFER, 60 ff.). Den Bogen überspannt hat der Bundesgesetzgeber, als er im Rahmen einer Änderung des BWIS Vorschriften über Rayonverbote, Meldeauflage und Polizeigewahrsam erliess (BWIS 24b, 24d und 24e i.d.F. vom 24.3.2006). Dass «fast alle Kantone» mit Blick auf die EURO 2008 eine bundesrechtliche Regelung von Rayonverboten, Meldeauflagen und Polizeigewahrsam «ausdrücklich gewünscht» haben (Botsch. BWIS-Revision vom 17.8.2005, BBl 2005 5638), hat keine kompetenzbegründende Wirkung. Die Befristung der Massnahmen (nicht, wie vom Bundesrat vorgeschlagen, bis Ende 2008, sondern bis Ende 2009), mit welcher man «der kontroversen Beurteilung über das Vorliegen der Verfassungsgrundlagen Rechnung» tragen wollte (BBl 2005 5638), macht die Sache nicht besser und bestätigt letztlich nur, dass bei der BWIS-Revision das schlechte Gewissen über das juristische Gewissen gesiegt hat. (Im Januar 2007 wurde die Vernehmlassung zu einer Verfassungsbestimmung betreffend Bekämpfung des «Hooliganismus» eröffnet: E-BV 68 Abs. 4 neu). – In jüngerer Zeit stellt sich vermehrt die heikle Frage, inwieweit Sicherheitsaufgaben an Private delegiert werden dürfen (vgl. Entwurf und Botschaft zum BG über den Sicherheitsdienst der Transportunternehmen, BGST, BBl 2005 2573 und BBl 2007 2681, sowie zum BG über die Anwendung von Zwang im Ausländerrecht und beim Transport von Personen im Auftrag der Bundesbehörden, ZAG, BBl 2006, 2499; Bericht des Bundesrats zu den privaten Sicherheits- und Militärfirmen, BBl 2006 623 ff., Ziff. 4.4 und 6.1.1).

Koordinationspflicht (Abs. 2)

10   *Rechtsnatur und Adressaten:* Der vor allem auf Wunsch der Kantone eingefügte Abs. 2 statuiert Koordinations*pflichten* sowohl im horizontalen (Kanton–Kanton) als auch im vertikalen Verhältnis (Bund–Kantone). Die Bestimmung setzt voraus (und bestätigt somit), dass der Bund Zuständigkeiten im Bereich der inneren Sicherheit besitzt, hat jedoch (entgegen Botsch. zum Zwangsanwendungsgesetz, ZAG, BBl 2006 2515, unter Berufung auf BBl 2005 5638; vgl. auch Botsch. BG über die polizeilichen Informationssysteme des Bundes vom 24.5.2006, BBl 2006 5090) *keine kompetenzbegründende* Wirkung, sondern knüpft an anderweitig begründete (ausdrückliche oder stillschweigende) Kompetenzen an (ebenso SCHEFER, 61).

11   Dass der Begriff «innere Sicherheit» keine scharfen Konturen aufweist (N 4), ist nicht sonderlich belastend, da Bund und Kantone generell zur Zusammenarbeit und wechselseitigen Unterstützung verpflichtet sind (vgl. BV 44). – Bei sicherheitspolitischen Entscheiden des Bundes mit Aussenbezug müssen die Kantone im Rahmen des BV 55 einbezogen werden.

12   Gesetzliche *Konkretisierungen* finden sich vor allem in BWIS 4 ff. und im ZentG (SR 360) sowie im ausführenden Verordnungsrecht; für die Strafverfolgung im BStP. Die Umsetzung des Schengen-Abkommens im Grenzraum ist Gegenstand einer im Frühjahr 2006 vorgestellten Mustervereinbarung betreffend Zusammenarbeit Grenzwachtkorps–Polizei. – Für die horizontale Koordination vgl. z.B. die Interkantonale Vereinbarung vom 21. Januar 1976 über die polizeiliche Zusammenarbeit (Ostschweizer Polizeikonkordat; früher SR 133.6). – Für Ko-

ordination und Zusammenarbeit mit dem Ausland vgl. die unter SR 0.360 eingereihten Abkommen der Schweiz mit den benachbarten Staaten.

Literaturhinweise

BUNDESAMT FÜR POLIZEI, Überprüfung des Systems der inneren Sicherheit der Schweiz (USIS), Bericht: Teil I (vom 5.4.2001), Teil II (vom 12.9.2001), Teil III (vom 24.9.2002), Teil IV (vom 30.11.2003); BUNDESRAT, Bericht an die Bundesversammlung über die Sicherheitspolitik der Schweiz (SIPOL B 2000) vom 7. Juni 1999 («Sicherheit durch Kooperation»), BBl 1999 7657 ff.; EICHENBERGER KURT, Die Sorge für den inneren Frieden als primäre Staatsaufgabe, ZBl 1977, 433 ff.; KELLER ANDREAS, Die politische Polizei im Rahmen des schweizerischen Staatsschutzes, Basel 1996; LOBSIGER ADRIAN, «Verbrechensbekämpfung» durch den Bund?, Bern 2000; PFANDER URS, Garantie Innerer Sicherheit, Basel 1990; RHINOW RENÉ, Zur Rechtmässigkeit des Armeeeinsatzes im Rahmen der inneren Sicherheit, Basler Festgabe zum Schweizerischen Juristentag 2004, Basel/Bern 2004, 361 ff.; RUCH ALEXANDER, Äussere und innere Sicherheit, VRdCH, 889 ff.; SCHEFER MARKUS, BWIS I: Kompetenzen und Grundrechte, digma 2006, 60 ff.; SCHELBERT BEAT, Die rechtliche Bewältigung ausserordentlicher Lagen im Bund, Bern 1986; SCHWEIZER RAINER J., Notwendigkeit und Grenzen einer gesetzlichen Regelung des Staatsschutzes, ZBl 1991, 285 ff.; DERS., Staats- und völkerrechtliche Aspekte des schweizerischen Engagements in der auswärtigen Sicherheitspolitik, Festschrift Martin Lendi, Zürich 1998, 465 ff.

Art. 58 Armee

¹ Die Schweiz hat eine Armee. Diese ist grundsätzlich nach dem Milizprinzip organisiert.

² Die Armee dient der Kriegsverhinderung und trägt bei zur Erhaltung des Friedens; sie verteidigt das Land und seine Bevölkerung. Sie unterstützt die zivilen Behörden bei der Abwehr schwerwiegender Bedrohungen der inneren Sicherheit und bei der Bewältigung anderer ausserordentlicher Lagen. Das Gesetz kann weitere Aufgaben vorsehen.

³ Der Einsatz der Armee ist Sache des Bundes. Die Kantone können ihre Formationen zur Aufrechterhaltung der öffentlichen Ordnung auf ihrem Gebiet einsetzen, wenn die Mittel der zivilen Behörden zur Abwehr schwerwiegender Bedrohungen der inneren Sicherheit nicht mehr ausreichen.[1]

1   Die Wurzeln der Bestimmung reichen zurück bis 1848. Das ursprüngliche «Bundesheer» wurde aus Kontingenten der Kantone gebildet (vgl. BV 1848 Art. 19). Mit der Totalrevision von 1874 wurde eine gewisse Zentralisierung erreicht (Art. 19), die Weiterführung der Zent-

---

[1]   Streichung von Satz 2 angenommen in der Volksabstimmung vom 28. Nov. 2004 (BB vom 3. Okt. 2003, BRB vom 26. Jan. 2005 – BBl 2002 2291, 2003 6591, 2005 951). – Der Bundesrat bestimmt das Inkrafttreten.

ralisierung scheiterte jedoch in der Volksabstimmung vom 3.11.1895 deutlich (58% gegen 42%; 17½ gegen 4½ Standesstimmen, BBl 1895 IV 609; KÖLZ, Quellenbuch II, 196). Selbst ein Jahrhundert später war die Zeit für eine vollständige Zentralisierung (Beschaffungswesen) noch nicht reif (abgelehnt in der Volksabstimmung vom 10.3.1996, BBl 1996 II 1056, dies wohl vor allem aus regionalwirtschaftlichen Gründen). Die neue BV stellt die Armee auf eine (im Vergleich zur BV 1874) knappe, zeitgemässe Grundlage. Mit der Streichung von Abs. 3 Satz 2 im Rahmen des BB NFA (noch nicht in Kraft) werden die letzten Spuren der kantonalen Formationen und der früher ausgedehnten kantonalen «Militärhoheit» (vgl. BV 1874 Art. 19, insb. Abs. 4) aus der Verfassungsurkunde getilgt.

Fundierung und Charakterisierung der Armee (Abs. 1)

2   BV 58 spricht nicht direkt an, setzt aber offenkundig voraus, dass die Landesverteidigung eine *umfassende und ausschliessliche* Kompetenz des Bundes ist (so auch SCHWEIZER/KÜPFER, SG-Komm., vor Art. 57, N 11). Die Armee stellt ein bedeutendes, aber nicht das einzige Instrument zur Wahrung der äusseren Sicherheit dar und steht, unter engen Voraussetzungen, als subsidiäres Mittel zur Aufrechterhaltung der inneren Sicherheit zur Verfügung.

3   Abs. 1 Satz 1 sichert die *Existenz* der Schweizer Armee verfassungsrechtlich ab. Bemerkenswert ist die Wortwahl: Nicht der Bund (oder die Eidgenossenschaft), sondern *«die Schweiz»* hat (nicht: ist) eine Armee, denn der Begriff «Schweiz» fungiert in der Verfassung gewöhnlich als Synonym für das Territorium oder das Land (vgl. BV 24, 25 und 121, BV 65, BV 95, BV 187), nicht für den Staat (Ausnahmen: BV 54, 173 und 186: Unabhängigkeit und Neutralität), und dient gewöhnlich auch nicht der Bezeichnung eines handelnden Subjekts (Ausnahme: BV 197, Beitritt zur UNO). – Der Wortlaut von Satz 1 klingt wie ein fernes (trotziges) Echo auf den Titel der Volksinitiative «für eine Schweiz ohne Armee und für eine umfassende Friedenspolitik» (vgl. BBl 1988 II 967), die am 26.11.1989 zur Überraschung vieler immerhin 35,6% Ja-Stimmen und 2 Ständestimmen auf sich vereinigte. Eine zweite Volksinitiative mit ähnlicher Stossrichtung wurde am 2.12.2001 sehr viel deutlicher abgelehnt (vgl. BBl 2000 4825; BBl 2002 1209).

4   Aus der Existenzgarantie lässt sich nichts Konkretes über *Grösse und Ausstattung* der Armee ableiten. In der Frage, was zur Erfüllung des Auftrags (Abs. 2) erforderlich ist, besitzt die Bundesversammlung einen weiten Beurteilungsspielraum. – Gemäss Art. 5 der Verordnung der Bundesversammlung über die Organisation der Armee (SR 513.1) verfügt die Armee über einen Bestand von höchstens 220'000 Militärdienstpflichtigen (140'000 aktiv, 80'000 Reserve). Im Jahr 2005 leisteten 242'136 Armee-Angehörige rund 6 Mio. Diensttage (1986: 13,3 Mio. Diensttage); auf die Landesverteidigung fielen 8,9% der Gesamtausgaben des Bundes (1980: 20,3%; 1990: 16,2%), d.h. weniger als 1% des BIP (1990: 1,57%). (Quellen: Medienmitteilung VBS vom 30.1.2006; Medienmitteilung EFD zum Rechnungsabschluss 2005).

5   *Milizprinzip:* Grundlage des Milizsystems ist der persönliche, nebenamtliche, zeitlich befristete Einsatz von Bürgern zur Erfüllung einer staatlichen Aufgabe, hier der Landesverteidigung (MEYER, SG-Komm., Art. 58, N 2). Milizprinzip meint nicht Freiwilligkeit (vgl. BV 59: allgemeine Wehrpflicht), sondern steht als Gegensatz zur Berufsarmee (AUBERT, Comm., Art. 58, N 4; vgl. BV 1874 Art. 13: Verbot, «stehende Truppen zu halten»). Das Milizprinzip gilt «grundsätzlich». Gewisse Abweichungen sind verfassungsrechtlich zulässig, solange das Mi-

lizprinzip die Regel bleibt (VPB 65.38, 2001). So ist etwa die sachlich begründete Bildung bestimmter *Berufsformationen*, z.B. zur Wahrung der Lufthoheit (vgl. MG 101), oder die Einführung der Möglichkeit, die Ausbildungsdienstpflicht ohne Unterbrechung zu erfüllen (sog. Durchdiener, vgl. MG 54a, Sollbestand heute rund 2'500), nicht ausgeschlossen (näher SCHINDLER, VPB 65.38 [2001] 452 ff.). – Zur Stellung der Berufsoffiziere, -unteroffiziere und -soldaten vgl. die Verordnung des VBS vom 9. Dezember 2003 über das militärische Personal (SR 172.220.111.310.2); das traditionsreiche Überwachungsgeschwader wurde per Ende 2005 aufgelöst (neu besteht ein Berufsfliegerkorps). Nicht zur Armee gehört das militärisch organisierte *Grenzwachtkorps* (ZG 91), das die Zollgrenze überwacht und den Zolldienst sicherstellt.

Armeeauftrag (Abs. 2)

6 Der Armeeauftrag wird hier erstmals ausdrücklich in der Verfassungsurkunde formuliert. Pate stand der 1995 beschlossene MG 1. Im Zentrum stehen die traditionellen Aufgaben der *Kriegsverhinderung* und *Friedenserhaltung* (präventiv) sowie der *Landesverteidigung*. Verfassungsrechtlich abgestützt ist jetzt auch der Einsatz *zu Gunsten ziviler Behörden* bei der Abwehr schwerwiegender Bedrohungen der inneren Sicherheit (Ordnungsdienst; vgl. N 10; vgl. auch N 11 zu BV 52) und bei der *Bewältigung anderer ausserordentlicher Lagen* (z.B. Assistenzdienst zur Bewältigung von Katastrophen). Zum Armeeauftrag und zur Bedeutung von Übungen vgl. auch VPB 71.2, 2007 sowie die Botschaft vom 13.9.2006 über die Volksinitiative «Gegen Kampfjetlärm in Tourismusgebieten» (BBl 2006 7640 ff.).

7 Abs. 2 legt den Armeeauftrag nicht abschliessend fest. Trotz offen formulierter Ermächtigungsklausel (Satz 3: «kann») dürfte der Spielraum des Bundesgesetzgebers eng begrenzt sein. Im Bereich der inneren Sicherheit kommt schon aus Kompetenzgründen (vgl. BV 57) ein weitergehender Einsatz der Armee kaum in Betracht. Ein nicht nur vorübergehender Armee-Einsatz zur Bewachung von ausländischen Botschaften (wie er jetzt schon seit über einem Jahrzehnt praktiziert wird; vgl. BB vom 5.10.2004, BBl 2004 5509, gültig bis zum 31.12.2007) erscheint nicht unproblematisch. – Die Verfassung lässt die Herstellung von Interoperabilität (Befähigung zum Zusammenwirken in multinationalen Verbänden) zu (VPB 65.38, 2001). – Zur Abwägung zwischen Landesverteidigungs- und Naturschutzinteressen vgl. BGE 128 II 1, 10.

Einsatz (Abs. 3)

8 *Einsatzarten:* Die BV selbst nennt den unter Eid geleisteten (vgl. MG 78) *Aktivdienst* (BV 173 Abs. 1 Bst. d, BV 185 Abs. 4), ohne ihn genauer zu definieren (dazu MG 76). Der Aktivdienst umfasst den Landesverteidigungsdienst, den *Ordnungsdienst* (näher MG 83) und, seit 1.1.2004, den Dienst zur Erhöhung des Ausbildungsstandes bei steigender Bedrohung (MG 76 Abs. 1 Bst. c). Daneben kennt die Bundesgesetzgebung den *Assistenzdienst* (MG 67 ff.) zu Gunsten ziviler Behörden (Wahrung der Lufthoheit; Schutz von Personen und besonders schutzwürdigen Sachen; Bewältigung von Katastrophen; Erfüllung anderer Aufgaben von nationaler Bedeutung; Unterstützung humanitärer Hilfeleistungen im Ausland u.a.m.) und den *Friedensförderungsdienst* (MG 66 ff. i.d.F. vom 6.10.2000, angenommen in der Referendumsabstimmung vom 10.6.2001) auf der Grundlage eines UNO- oder OSZE-Mandates (inkl. Möglichkeit der Bewaffnung im Dienst der Auftragserfüllung bzw. des Selbstschutzes, aber

ohne Teilnahme an Kampfhandlungen zur Friedenserzwingung). – Grössere Einsätze zu Gunsten ziviler Behörden (Assistenzdienst) erfolgten in jüngerer Zeit anlässlich des World Economic Forum (WEF) in Davos (2004 erstmals mit einem von der Bundesversammlung zu genehmigenden Aufgebot von mehr als 2000 Armeeangehörigen; Hinweise in BBl 2006 5623 ff.) und des G-8-Gipfels in Evian, demnächst anlässlich der EURO 2008 (vgl. den von der Bundesversammlung im März 2007 verabschiedeten, auf MG 70 abgestützten BB, BBl 2006 8193). Nicht zu den «Einsatzarten» rechnet man den Ausbildungsdienst (MG 41 ff.).

9 *Anordnung:* Für den Entscheid sind durchwegs die *zivilen Behörden* des Bundes zuständig. Die Armeeleitung ist nicht befugt, Truppen aufzubieten. Die Anordnung des *Aktivdienstes* obliegt der *Bundesversammlung* (BV 173 Abs. 1 Bst. d), im Dringlichkeitsfall dem Bundesrat (näher N 13 zu BV 185; vgl. MG 77 Abs. 2). Über die Entlassung von Truppen entscheidet der Bundesrat (MG 77 Abs. 5). Beim *Assistenz- und Friedensförderungsdienst* sind es – je nach Art und Umfang des Einsatzes – der Bundesrat (MG 66b Abs. 1; MG 70 Abs. 1), u.U. das VBS (MG 70 Abs. 1 Bst. d: Assistenzdienst bei Katastrophen im Inland), bei grösseren oder längeren Einsätzen die *Bundesversammlung* (Genehmigung gemäss MG 66b Abs. 4, MG 70 Abs. 2).

10 Die *Kantone* haben ihre begrenzten Entscheidungsbefugnisse betreffend Einsatz von Truppen mit der Abschaffung der kantonalen Formationen im Rahmen der «Armee XXI» (per 1.1.2004) eingebüsst (vgl. N 4 zu BV 60; vgl. auch vorne N 1). Die Kantone können nunmehr beantragen, dass der Bund Truppen zum Ordnungsdienst aufbietet, wenn die Mittel der zivilen Behörden zur Abwehr schwerwiegender Bedrohungen der inneren Sicherheit nicht mehr ausreichen (MG 83). – Den Kantonen verbleiben im Rahmen der «Armee XXI» nur noch einzelne Vollzugsaufgaben (vgl. z.B. MG 11, 121, 122, 125).

Literaturhinweise (vgl. auch die Hinweise bei BV 57)

KÜPFER GABRIELA, Völkerrechtliche, staats- und verwaltungsrechtliche Grundlagen und Rahmenbedingungen militärischer Sicherheitskooperation der Schweiz, St. Gallen 2002; RHINOW RENÉ, Zur Rechtmässigkeit des Armeeeinsatzes im Rahmen der inneren Sicherheit, Basler Festgabe zum Schweizerischen Juristentag 2004, Basel/Bern 2004, 361 ff.; SCHINDLER DIETRICH, Verfassungsrechtliche Schranken für das Projekt «Armee XXI», VPB 65.38 (2001) 433 ff.; WIEGANDT MARIUS, Der Einsatz der Armee, Bern 1999.

Art. 59   Militär- und Ersatzdienst

¹ Jeder Schweizer ist verpflichtet, Militärdienst zu leisten. Das Gesetz sieht einen zivilen Ersatzdienst vor.

² Für Schweizerinnen ist der Militärdienst freiwillig.

³ Schweizer, die weder Militär- noch Ersatzdienst leisten, schulden eine Abgabe. Diese wird vom Bund erhoben und von den Kantonen veranlagt und eingezogen.

⁴ Der Bund erlässt Vorschriften über den angemessenen Ersatz des Erwerbsausfalls.

⁵ Personen, die Militär- oder Ersatzdienst leisten und dabei gesundheitlichen Schaden erleiden oder ihr Leben verlieren, haben für sich oder ihre Angehörigen Anspruch auf angemessene Unterstützung des Bundes.

1 Die Kernaussage der Bestimmung geht auf die BV 1848 zurück. Der Begriff «Wehrpflicht» wird vermieden (anders BV 1874 Art. 18 und Art. 45bis).

Allgemeine Wehrpflicht für Männer (Abs. 1 und 2)

2 *Zweck:* Die Verfassung will «die Last des Militärdienstes möglichst gleichmässig» verteilen (Botsch. BV, 240). – Die zum blossen Gesetzesbegriff degradierte «Wehrpflicht» (MG 2) umfasst neben der *Militärdienstpflicht* (Dienst in der Armee, Abs. 1 Satz 1; den einzelnen Elementen MG 12 ff.) die Stellungspflicht (MG 7 ff.), die Zivildienstpflicht (Ersatzdienst i.S.v. Abs. 1 Satz 2), die Ersatzpflicht (Abgabe i.S.v. Abs. 3) und die Meldepflicht (MG 27). Angesichts stark reduzierter Armee-Sollbestände dürfte das Abrücken von der allgemeinen Wehrpflicht (wie im Ausland) früher oder später zu einem breiter erörterten bundespolitischen Thema werden. Eine Motion, welche den Ersatz der Wehrpflicht durch eine allgemeine Dienstpflicht verlangte, wurde in der Wintersession 2005 abgelehnt (zu den rechtlichen Bedenken unter dem Aspekt von EMRK 4 vgl. VPB 70.64, 2006, Direktion für Völkerrecht). – Militärdienst und ziviler Ersatzdienst sind vom völkerrechtlichen Zwangsarbeitsverbot ausgenommen (EMRK 4 Ziff. 3 Bst. b; UNO-Pakt II Art. 8 Abs. 3 Bst. c, SR 0.103.2).

3 *Rechtsnatur:* Abs. 1 begründet eine allgemeine, das Milizprinzip (BV 58) konkretisierende Pflicht, nicht aber ein verfassungsmässiges Recht des Einzelnen. Das Gesetz kann, im Rahmen von BV 8, den Ausschluss von der Dienstpflicht nach Zweckmässigkeitsgesichtspunkten regeln (Botsch. BV, 240).

4 *Grenzen und Ausnahmen:* Die *Dauer* der Militärdienstpflicht wird erst auf Gesetzesstufe fixiert. Sie beginnt gemäss MG 13 am Anfang des Jahres, in dem der Pflichtige das 20. Altersjahr vollendet und dauert (seit der Novelle vom 4.10.2002, in Kraft seit 1.1.2004), abgestuft nach Grad (und mit einzelnen Ausnahmen) bis zum Ende des Jahres, in dem das 30. (Mannschaft und Unteroffiziere), das 36. (höhere Unteroffiziere, Subalternoffiziere), das 42. (Hauptleute) bzw. das 50. Altersjahr (Stabsoffiziere und höhere Stabsoffiziere) vollendet wird. Die Mitglieder der Bundesversammlung sind während der Dauer der Sessionen und der Sitzungen der Kommissionen und Fraktionen vom Ausbildungsdienst und vom Assistenzdienst befreit (MG 17). Zu Besonderheiten bei Auslandschweizern und Doppelbürgern vgl. MG 4 f. und N 7 zu BV 40. – Wie die *Altersgrenzen* (MG 13) müssen auch die *Ausnahmen* (vgl. MG 4 f., MG 18 ff.; ZDG 1, 5) vor dem Gebot der Rechtsgleichheit (BV 8) standhalten, ebenso die Kriterien der Dienstbefreiung aus medizinischen Gründen (und ihre praktische Handhabung). Die Tauglichkeitsrate lag 2006 bei rund 64,5% (Medienmitteilung VBS vom 16.2.2007). – Zur Befreiung vom Militärdienst für Personen, welche unentbehrliche Tätigkeiten ausüben (z.B. Polizeidienst), vgl. VPB 68.95 (2004), Bundesrat. – Eine Änderung des MG, die u.a. Ausbildung und Einsätze im Ausland zum Gegenstand hat, ging im August 2006 in die Vernehmlassung.

5 *Ziviler Ersatzdienst (Satz 2):* Die Möglichkeit, einen zivilen Ersatzdienst (nicht zu verwechseln mit dem Zivilschutzdienst i.S.v. BV 61) zu leisten, wurde in der Schweiz vergleichsweise spät, nach mehreren erfolglosen Anläufen, eingeführt (Volksabstimmung vom 17.5.1992). Das Zivildienstgesetz (ZDG; SR 824.0) trat im Wesentlichen am 1.10.1996 in Kraft, die umfassende Teilrevision vom 21.3.2003 am 1.1.2004. Aus der Entstehungsgeschichte der Bestimmung

(1992) wird abgeleitet, dass *keine freie Wahl* zwischen Militär- und Ersatzdienst bestehen soll (vgl. AUBERT, Comm., Art. 59, N 6; VPB 65.38, 2001). Die Festlegung von Dauer, Einsatzbereich, Ausgestaltung und weiteren Modalitäten überlässt Abs. 1 Satz 2 dem Gesetzgeber. Die Regelungen betreffend Ersatzabgabe (Abs. 3), Erwerbsausfall (Abs. 4) und Unterstützung (Abs. 5) finden auch beim zivilen Ersatzdienst Anwendung. Dass die Belastung einer zivildienstleistenden Person insgesamt derjenigen eines Soldaten in seinen Ausbildungsdiensten entsprechen muss (Gleichwertigkeit, ZDG 5), ist ein Gebot der Rechtsgleichheit (BV 8). Die längere Dauer (vgl. ZDG 8: 1,5-mal; bei Offizieren und höheren Unteroffizieren: 1,1-mal) muss Ausgleichs-, darf mithin nicht Strafcharakter haben. Das Gesetz verlangt, dass der militärdienstpflichtige Gesuchsteller glaubhaft darlegt, dass er den Militärdienst – auch den waffenlosen (vgl. MG 16; vgl. VPB 68.154, 2001) – mit seinem Gewissen nicht vereinbaren kann (ZDG 1: unauflösbarer Gewissenskonflikt, moralische Forderung, die im Einklang mit dem persönlichen Moralverständnis steht; vgl. VPB 64.126 und 64.131, 2000). Die Gesuchsprüfung obliegt der im EVD (nicht VBS) angesiedelten sog. Zulassungskommission (ZDG 18 ff.; zur Funktion vgl. VPB 64.126, 2000), die in Dreier-Ausschüssen entscheidet (VKZD 15; SR 824.013), mit Weiterzugsmöglichkeit an eine Rekurskommission bzw. (seit 1.1.2007) an das Bundesverwaltungsgericht (ZDG 63). – *Statistisches:* Seit 1996 wurden rund 15'000 Personen zum Zivildienst zugelassen. Im Schnitt werden über 90% der Gesuche (rund 1'600 bis 2'100 pro Jahr) gutgeheissen (2005: 92,7%; vgl. auch BBl 2001 6127). – Die Abschaffung der sog. Gewissensprüfung steht zur Diskussion (vgl. Motion Studer, 04.3672, Einführung des Tatbeweises; Vernehmlassungsvorlage vom 27.6.2007). Der Auffassung, wonach dies eine Verfassungsänderung voraussetze (AUBERT, Comm., Art. 59, N 9, Fn. 18), wird zunehmend widersprochen (vgl. Bericht der SiK-S vom 2.5.2006; VPB 71.4 [2007]).

6   *Schweizerinnen (Abs. 2):* Die unterschiedliche Stellung von Mann und Frau in Bezug auf die Dienstpflicht ist in der Bundesverfassung selbst angelegt, weshalb *kein Verstoss gegen BV 8 Abs. 3* vorliegt. Abs. 2 hat keinen direkten Vorläufer in der BV 1874, jedoch eine lange Tradition auf Stufe Gesetz. Schweizerinnen, die sich freiwillig zum Militärdienst anmelden, für diensttauglich befunden werden und bereit sind, die für sie vorgesehene Funktion zu übernehmen, werden *militärdienstpflichtig* (MG 3). Sie haben die gleichen Rechte und Pflichten wie die militärdienstpflichtigen Schweizer. Der Austritt steht nicht im Belieben der Frau. Ein späteres Gesuch um Zulassung zum Ersatzdienst ist möglich (aber selten). Der Bundesrat kann Spezialregelungen treffen (Entlassung, Dauer der Dienste, Verwendung, Beförderung). Mit dem Übergang zur «Armee XXI» (per 1.1.2004) stehen den weiblichen Armee-Angehörigen alle Funktionen in der Armee offen. Im Jahr 2006 meldeten sich knapp 200 Frauen freiwillig zur Armee.

Ersatzabgabe (Abs. 3)

7   Die in Abs. 3 vorgesehene traditionsreiche Abgabe (vgl. BV 1874 Art. 18 Abs. 4) soll einen Ausgleich schaffen zwischen jenen, die Militärdienst oder zivilen Ersatzdienst leisten, und jenen, die keine persönliche Dienstleistung erbringen (können). Es handelt sich nicht um eine Steuer, sondern um eine Ersatzabgabe (vgl. HÖHN, Komm. aBV, Art. 18 Abs. 4, N 10). Die Verfassung schweigt sich über die Höhe der Abgabe aus; diese muss – der Abgabenfunktion entsprechend – einen angemessenen Lastenausgleich zwischen Dienstleistenden und Nicht-

dienstleistenden bewirken. Die Einzelheiten regelt das Bundesgesetz vom 12.6.1959 über die Wehrpflichtersatzabgabe (WPEG). Die Befreiung von der Abgabe (vgl. WPEG 4) und die Berechnung (inkl. Ermässigung; vgl. WPEG 13 ff.) müssen vor dem Rechtsgleichheitsgebot (BV 8) standhalten, was heikle Fragen aufwirft (z.B. im Fall einer Behinderung). Die Ungleichbehandlung von Mann und Frau ist in der Verfassung selbst angelegt und gemäss Bundesgericht auch nicht völkerrechtswidrig (Urteil 2A.47/2002 vom 23.5.2002). – Die Kantone werden für ihren Verwaltungsaufwand (Veranlagung und Einziehung) traditionsgemäss mit 20 Prozent des Rohertrages entschädigt (WPEG 45); die neue Bundesverfassung verpflichtet den Bund nicht mehr zur Entrichtung einer solchen «Bezugsprovision» (anders noch BV 1874 Art. 6 ÜB).

Erwerbsausfall und Unterstützung (Abs. 4 und 5)

8 *Erwerbsausfall:* Der Gesetzgebungsauftrag gemäss Abs. 4 wird durch das am 25.9.1952 verabschiedete, mehrfach revidierte Erwerbsersatzgesetz (EOG, SR 834.1) umgesetzt, das neuerdings auch der Erfüllung des Gesetzgebungsauftrags aus BV 116 Abs. 3 (Mutterschaftsversicherung) dient (Änderung vom 3.10.2003, gutgeheissen in der Referendumsabstimmung vom 26.9.2004). – Die Erwerbsersatzordnung geht auf das Vollmachtenregime zurück und diente nach dem Krieg als eine Art «Startrampe» für die AHV (vgl. MAHON, Komm. aBV, Art. 34ter Abs. 1 Bst. d, N 5 und 13). Sie wurde 1947 für den Militärdienst (BV 1874 Art. 34ter), 1959 für den Schutzdienst (BV 1874 Art. 22bis) in der Verfassung verankert und 1995 per Gesetz auf den zivilen Ersatzdienst erweitert. Die Finanzierung erfolgt über Zuschläge zu den Beiträgen gemäss AHVG (2005: 835 Mio. Franken) sowie über den Ausgleichsfonds der Erwerbsersatzordnung (EOG 26). Der Begriff «angemessen» (franz. *juste*, ital. *adeguata)* ist eine (nicht justiziable) Richtlinie für den Bundesgesetzgeber (MAHON, Komm. aBV, Art. 34ter Abs. 1 Bst. d, N 12).

9 *Unterstützungspflicht bei Gesundheitsschäden oder Tod:* Die traditionsreiche Unterstützungspflicht (vgl. BV 1874 Art. 18 Abs. 2; Bundesgesetze von 1874, 1901, 1949, 1992) ist Ausdruck einer *Fürsorgepflicht* des Staates. Die sog. Militärversicherung (vgl. heute das BG vom 19. Juni 1992 über die Militärversicherung, MVG; SR 833.1) ist denn auch nicht eine Versicherung im technischen Sinn. Sie wird allein vom Bund finanziert. Leistungen sind gemäss MVG 5 geschuldet für «jede Gesundheitsschädigung, die während des Dienstes in Erscheinung tritt und gemeldet oder sonstwie festgestellt wird», d.h. auch wenn keine Kausalität zwischen Schädigung und Dienst im üblichen haftpflichtrechtlichen Sinn besteht. Damit geht das Gesetz weiter, als der verfassungsrechtliche Auftrag erfordert. Die Durchführung obliegt seit kurzem (BG vom 18.3.2005, in Kraft seit 1.7.2005) der SUVA (zuvor Bundesamt für Militärversicherung). – Gemäss Botsch. BV, 241 soll Abs. 5 (in Fortführung von BV 1874 Art. 18 Abs. 2) einen individuellen Anspruch begründen. Vgl. auch BV 61 Abs. 5 (Zivilschutz).

Literaturhinweise

MAESCHI JÜRG, Kommentar zum Bundesgesetz über die Militärversicherung (MVG) vom 19.6.1992, Bern 2000; MAHON PASCAL, Le régime des allocations pour perte de gain, SBVR XIV, Soziale Sicherheit, 2. Aufl., Basel usw. 2006; SCHINDLER ROXANE, Die allgemeine Dienstpflicht, Zürich 1997; SCHLAURI FRANZ, Die Militärversicherung, SBVR, Soziale Sicherheit, 2. Aufl., Basel usw. 2006; WALTI PETER RUDOLF, Der schweizerische Militärpflichtersatz, Zürich 1979.

Art. 60 Organisation, Ausbildung und Ausrüstung der Armee

¹ Die Militärgesetzgebung sowie Organisation, Ausbildung und Ausrüstung der Armee sind Sache des Bundes.

² Die Kantone sind im Rahmen des Bundesrechts zuständig für die Bildung kantonaler Formationen, für die Ernennung und Beförderung der Offiziere dieser Formationen sowie für die Beschaffung von Teilen der Bekleidung und Ausrüstung.[1]

³ Der Bund kann militärische Einrichtungen der Kantone gegen angemessene Entschädigung übernehmen.

1   Die Regelung geht im Wesentlichen auf das Jahr 1874 zurück (vgl. BV 1874 Art. 19–22).

2   Die *Gesetzgebungskompetenz* des Bundes ist umfassend (AUBERT, Comm., Art. 60, N 2), wenn nicht sogar ausschliesslich (so Botsch. BV 242). Das Militärgesetz (BG vom 3.2.1995 über die Armee und die Militärverwaltung, MG; SR 510.10), das jüngst grundlegend revidiert wurde («Armee XXI», in Kraft seit 1.1.2004, vgl. BBl 2002 858 ff.), delegiert einige Vollzugsaufgaben an die Kantone (z.B. MG 11, 121, 122, 125), lässt aber keinen Raum für eigenständige kantonale Regelungen. Die Gesetzgebungskompetenz bietet auch eine Grundlage für das Militärstrafrecht und das Militärstrafprozessrecht (MStG, MStP). – Eine grössere Revision der Armeeorganisation (Entwicklungsschritt 2008/11; vgl. BBl 2006 6197; VPB 71.2, 2006) wurde im Herbst 2006 im Nationalrat vorerst gestoppt, dann aber von den Räten im Juni 2007 verabschiedet (AS 2007 2971).

3   *«Organisation, Ausbildung und Ausrüstung»* stehen stellvertretend für das Armeewesen insgesamt. Zum Einsatz der Armee vgl. N 8 zu BV 58.

4   Abs. 2 i.d.F. vom 18.4.1999 nennt einige *Restkompetenzen der Kantone*, auf die sich die einstige kantonale Militärhoheit reduziert hat. Die im Rahmen des BB NFA beschlossene Streichung (Volksabstimmung vom 28.11.2004) ist noch nicht in Kraft. Da Abs. 2 die Bildung *kantonaler Formationen* nur ermöglicht, nicht jedoch garantiert (vgl. Botsch. BV 242; Botschaft zur Armee XXI, BBl 2002 858 ff.), konnte deren Abschaffung per 1.1.2004 ohne Verfassungsänderung beschlossen werden. Damit wurden auch die Ernennungskompetenzen obsolet. Die Streichung von Abs. 2 ebnet den Weg für die (in der Volksabstimmung vom 10.3.1996 noch abgelehnte; vgl. N 1 zu BV 58) vollständige Zentralisierung des Beschaffungswesens (heute MG 106; vgl. Medienmitteilung VBS vom 24.11.2006).

5   *Übernahme militärischer Einrichtungen:* Abs. 3 spricht dem Bund das Recht der Enteignung zu, wobei im Unterschied zu BV 26 Abs. 2 nicht volle, sondern nur «angemessene» (bis 1999 «billige») Entschädigung entrichtet werden muss. Daneben steht selbstverständlich der vertragliche Weg offen. Die Möglichkeit der Zwangsübernahme kam nie zur Anwendung (Botsch. BV 243), hat aber ihre indirekte Wirkung (als mehr oder weniger stilles Druckmittel) gewiss nicht verfehlt.

---

1   Aufhebung beschlossen in der Volksabstimmung vom 28. Nov. 2004 (BB vom 3. Okt. 2003, BRB vom 26. Jan. 2005 – BBl 2002 2291, 2003 6591, 2005 951). – Der Bundesrat bestimmt das Inkrafttreten.

Art. 61 Zivilschutz

¹ Die Gesetzgebung über den zivilen Schutz von Personen und Gütern vor den Auswirkungen bewaffneter Konflikte ist Sache des Bundes.

² Der Bund erlässt Vorschriften über den Einsatz des Zivilschutzes bei Katastrophen und in Notlagen.

³ Er kann den Schutzdienst für Männer obligatorisch erklären. Für Frauen ist dieser freiwillig.

⁴ Der Bund erlässt Vorschriften über den angemessenen Ersatz des Erwerbsausfalls.

⁵ Personen, die Schutzdienst leisten und dabei gesundheitlichen Schaden erleiden oder ihr Leben verlieren, haben für sich oder ihre Angehörigen Anspruch auf angemessene Unterstützung des Bundes.

1 Die Bestimmung führt den 1959 – im zweiten Anlauf – geschaffenen BV 1874 Art. 22bis (eingehend MALINVERNI, Komm. aBV, Art. 22bis) in leicht angepasster Fassung weiter. Obwohl der Zivilschutz keinen militärischen Charakter hat (vgl. BGE 112 IV 130) und unbewaffnet ist, wurde er 1998 vom EJPD ins VBS transferiert. Die neue Verfassungsbestimmung enthält keine ausdrückliche Vollzugsgarantie zu Gunsten der Kantone mehr.

2 Die Tragweite der *Gesetzgebungskompetenzen* ist nicht restlos klar:
- *Zivilschutz bei bewaffneten Konflikten:* Abs. 1 begründet eine *umfassende* Gesetzgebungskompetenz des Bundes (AUBERT, Comm., Art. 61, N 4), nicht eine ausschliessliche Kompetenz (anders RUCH, VRdCH, 895; SCHWEIZER/KÜPFER, SG-Komm., vor Art. 57, N 11).
- *Zivilschutz bei Katastrophen und Notlagen:* Abs. 2 begründet für die Regelung des *Einsatzes* eine umfassende Kompetenz. Für die Regelung anderer Belange verbleiben den Kantonen gewisse eigene («parallele») Kompetenzen (so auch AUBERT, Comm., Art. 61, N 4; Botsch. BV, 244; dagegen RUCH, VRdCH, 895: umfassend), was sich im Gesetz widerspiegelt (BZG 2 ff.).

Dass BV 61 auf den Begriff «Zivilschutz» abstellt, schliesst Massnahmen eines umfassender verstandenen Bevölkerungsschutzes nicht aus (VPB 65.38, 2001). Die Aufteilung der Aufgaben des Zivilschutzes auf zwei Absätze soll kein Rangverhältnis zum Ausdruck bringen (Botsch. BV, 243).

3 *Gegenstand:* Neben dem zivilen Schutz von Personen fällt auch der Schutz von *Gütern* in die Zuständigkeit des Bundes (enger noch VE 96 Art. 57 sowie die Gesetzgebung: Kulturgüter; vgl. BZG 3, SR 520.1, und BG vom 6.10.1966 über den Schutz der Kulturgüter bei bewaffneten Konflikten, SR 520.3). – Auf Gesetzesebene erlebte der Zivilschutz verschiedene Neuausrichtungen (vgl. Leitbild Bevölkerungsschutz, Bericht des Bundesrates vom 17.10.2001, BBl 2002 1745 ff.; vgl. auch BBl 1992 II 924; 1993 III 830 ff.). Das jüngste Ausführungsgesetz, in Kraft seit 1.1.2004, setzt (wie aus dem Titel ersichtlich) den Akzent vermehrt auf den Bevölkerungsschutz (Bevölkerungs- und Zivilschutzgesetz, BZG; SR 520.1) und regelt, entsprechend den verschränkten Kompetenzen, Fragen der Zusammenarbeit von Bund und Kantonen (BZG 2 ff.). – Anlässlich der Hochwasserkatastrophe von August 2005 leistete der Bevölkerungsschutz rund 85'000 Einsatztage, darunter entfielen 65'000 auf den Zivilschutz (Quelle: Pressemitteilung VBS vom 20.12.2005).

4 *Obligatorium (Abs. 3):* Der Zivilschutzdienst kann für «Männer» – d.h. auch für Ausländer (AUBERT, Comm., Art. 61, N 5) – obligatorisch erklärt werden, nicht jedoch für Frauen (anders der in der Volksabstimmung vom 3.3.1957, gerade deswegen, gescheiterte erste Zivilschutz-Artikel). Altersgrenzen und Ausnahmen müssen das Gebot der Rechtsgleichheit (BV 8) respektieren. Anders als im Fall des Militärdienstes (BV 59) ist kein Ersatzdienst vorgesehen. – Das Gesetz lässt die Schutzdienstpflicht mit dem Jahr beginnen, in dem die Pflichtigen 20 Jahre alt werden; sie dauert bis zum Ende des Jahres, in dem diese 40 Jahre alt werden (BZG 13). Der Bundesrat kann die Schutzdienstpflicht für den Fall bewaffneter Konflikte erweitern (BZG 14). Für Ausländer ist der Zivilschutzdienst freiwillig (BZG 15).

5 *Erwerbsausfall und Unterstützung (Abs. 4):* Die beiden letzten Absätze sind BV 59 Abs. 4 und 5 nachgebildet (siehe dort). – Die ausführenden Regelungen finden sich im EOG und im MVG (BZG 23, 25). Schutzdienstpflichtige unterliegen der Wehrpflichtersatzabgabe (BZG 24).

3. Abschnitt: Bildung, Forschung und Kultur

1 Der eher heterogene Abschnitt wurde im Vergleich zum VE 96 (dort: 5. Abschnitt) weiter vorne platziert, um den hohen Stellenwert des Bildungswesens zu unterstreichen. Mehrere Bestimmungen haben kein unmittelbares Vorbild in der BV 1874 (insb. BV 61a, 65, 67 Abs. 2, 69). Bildung, Forschung und Kultur sind auch Gegenstand zahlreicher Bestimmungen ausserhalb dieses Abschnitts (vgl. BV 2, 11, 18–21, 41). In auffälliger Manier, aber nicht zufällig, bekräftigen BV 62 Abs. 1 (Schulwesen), BV 69 Abs. 1 (Kultur) und BV 72 Abs. 1 (Kirchen) die *Zuständigkeit der Kantone*, bevor dann Befugnisse oder Vorgaben des Bundes festgelegt werden.

2 *Neue «Bildungsverfassung»:* Der Bundesbeschluss vom 16.12.2005 über die Neuordnung der Verfassungsbestimmungen zur Bildung (BBl 2005 7273) – am 21.5.2006 mit seltener Deutlichkeit vom Volk (85,58% Ja) und allen Ständen angenommen, bei allerdings sehr bescheidener Stimmbeteiligung (27,2%) – hat den 3. Abschnitt grundlegend verändert und die Kohärenz verbessert, jedoch auch neue Probleme geschaffen. Die Verfassungsvorlage – welche zehn Verfassungsbestimmungen berührte und den Grundsatz der Einheit der Materie (entgegen BBl 2005 5518) überstrapazierte – wurde auf der Grundlage einer Parlamentarischen Initiative («Bildungsrahmenartikel in der Bundesverfassung»; vgl. BBl 2005 5516 ff.) in enger Zusammenarbeit mit der Konferenz der kantonalen Erziehungsdirektoren (EDK) ausgearbeitet (die sich im Vorfeld der Abstimmung stark engagierte). Wie bei fein austarierten Kompromisswerken üblich, waren in den Räten kaum mehr Änderungen zu verzeichnen (zu den Ausnahmen gehört BV 61a Abs. 3). Bezeichnend ist auch das Vorgehen des Bundesrates, der in seiner Stellungnahme vom 17.8.2005 (BBl 2005 5547) verschiedene, zum Teil ausformulierte Änderungsvorschläge unterbreitete (vgl. BBl 2005 5548, 5549, 5552, 5553), dann aber in einem späteren Briefwechsel von seinem verfassungsmässigen Antragsrecht (BV 160 Abs. 2) Abstand nahm und feierlich erklärte, keine Anträge stellen zu wollen (BBl 2005 5556; entgegen BBl 2005 5548) – mit dem Ergebnis, dass verschiedene Hinweise auf redaktionelle Mängel der Vorlage folgenlos blieben.

Literaturhinweise

BIAGGINI GIOVANNI, Die neue schweizerische «Bildungsverfassung» als Experimentierfeld, Jahrbuch des Föderalismus 2007 (im Druck); GASSMANN JEAN-LUC, La répartition des compétences dans le domaine de la formation, de la recherche et des médicaments, BV-CF 2000, 171 ff.; HÖRDEGEN STEPHAN, Grundziele und -werte der «neuen» Bildungsverfassung, ZBl 2007, 113 ff.; KIENER REGINA, Bildung, Forschung und Kultur, VRdCH, 903 ff.; WBK-N, Bericht vom 23.6.2005, Parlamentarische Initiative «Bildungsrahmenartikel in der Bundesverfassung», BBl 2005 5516.

Art. 61a[1]   Bildungsraum Schweiz

[1] Bund und Kantone sorgen gemeinsam im Rahmen ihrer Zuständigkeiten für eine hohe Qualität und Durchlässigkeit des Bildungsraumes Schweiz.

[2] Sie koordinieren ihre Anstrengungen und stellen ihre Zusammenarbeit durch gemeinsame Organe und andere Vorkehren sicher.

[3] Sie setzen sich bei der Erfüllung ihrer Aufgaben[2] dafür ein, dass allgemein bildende und berufsbezogene Bildungswege eine gleichwertige gesellschaftliche Anerkennung finden.

1   *Rechtsnatur:* Die auf den BB vom 16.12.2005 (vgl. N 2 vor BV 61a) zurückgehende Bestimmung stellt dem «Bildungsabschnitt» eine allgemeine, den ganzen Bildungsbereich überspannende *Ziel- und Programmnorm* voran, die allerdings etwas technisch und menschenleer wirkt. Der «Bildungsrahmenartikel» (BBl 2005 5518) richtet sich gleichermassen an Bund und Kantone, lässt jedoch die Kompetenzverteilung (BV 62 ff.) unberührt und begründet insbesondere keine «Gemeinschaftsaufgaben» (so zutreffend BBl 2005 5518) und will auch die kulturelle Vielfalt des Landes nicht einebnen.

Zielvorgaben (Abs. 1 und 3)

2   *«Bildungsraum Schweiz» («Espace suisse de formation»):* Die (wohl dem «Wirtschaftsraum», BV 95 Abs. 1, nachempfundene) Wortneuschöpfung soll zum Ausdruck bringen, dass es bei aller Vielfalt «gemeinsame bildungspolitische Vorstellungen, erzieherische Werte und Bildungsziele gibt, die auf allen Bildungsstufen zum Tragen kommen» sollen (WBK-Bericht, BBl 2005 5518 f.). Mitgemeint ist der «Hochschul- und Forschungsraum Schweiz».

3   *«hohe Qualität und Durchlässigkeit»:* Wiewohl (oder weil) eher vage, leuchten die Zielvorgaben unmittelbar ein. Die «hohe Qualität» ist umfassend gemeint: organisatorisch wie inhaltlich, für jede Bildungsstufe, für jeden Bildungsgang usw. (BBl 2005 5519; zur Qualitätssicherung vgl. auch BV 63a und BV 64). Prüfstein für die «Durchlässigkeit» sind, neben der inner- und interkantonalen sowie internationalen Kompatibilität, die Übergänge zwischen den Bil-

---

1   Angenommen in der Volksabstimmung vom 21. Mai 2006 (BB vom 16.12.2005, BRB vom 27.7.2006 – AS 2006 3033; BBl 2005 5479, 5547, 7273, 2006 6725).
2   Berichtigt von der Redaktionskommission der BVers, Art. 58 Abs. 1 ParlG (SR 171.10).

dungs- bzw. Studienstufen (vgl. BV 62 Abs. 4, BV 63a Abs. 5). – Die Zahl der Hochschulabsolventen pro Jahrgang liegt in der Schweiz mit 25,9% (2004, inkl. Fachhochschulen) zwar deutlich unter dem OECD-Schnitt (34,8%), doch erhält das Bildungssystem im internationalen Vergleich gute Noten (Quelle: OECD; NZZ Nr. 212 vom 13.9.2006, S. 14).

4 *«gemeinsam im Rahmen ihrer Zuständigkeiten»:* Das Wort «gemeinsam» fehlt in vergleichbaren Formeln (BV 57, 94). Die paradoxe Wendung (die auch den Bundesrat irritierte, vgl. N 2 vor BV 61a; BBl 2005 5548) wird etwas verständlicher, wenn man sich vergegenwärtigt, dass es teils um parallele Kompetenzen (vgl. z.B. BV 63a), teils um die kantonale Umsetzung von Bundesrecht (BV 46) geht (vgl. z.B. BV 63, 64a), wo horizontale und vertikale Kooperation ineinandergreifen können. Im Übrigen kann es Bund und Kantonen nicht verwehrt sein, im eigenen Zuständigkeitsbereich je für sich noch mehr Qualität anzustreben.

5 Der erst in den Plenarberatungen eingefügte Abs. 3 verfolgt das Ziel, die Wertschätzung für berufsbezogene Bildungswege zu erhöhen (vgl. AB 2005 N 1398 ff.) und hat mehr symbolisch-programmatischen als substanziell-normativen Gehalt. Ungeachtet der nicht unsympathischen Zielsetzung fragt es sich, inwieweit es Sache des Staates ist, auf «gesellschaftliche Anerkennung» (hier: von Bildungswegen) hinzuwirken, und ob die Verpflichtung, gesellschaftliche Prozesse zu lenken, den Staat (insb. die mitangesprochenen Kantone) hier nicht doch überfordert.

Koordinations- und Kooperationspflicht (Abs. 2)

6 *Anstrengungen:* Abs. 2 statuiert eine allgemeine *Koordinations- und Kooperationspflicht*, die für sich allein genommen (ohne BV 62, BV 63a) nicht erheblich über das Mass des BV 44 hinausgehen dürfte (entgegen BBl 2005 5519). Dass der Bund gehalten ist, seine eigenen bildungspolitischen Anstrengungen intern abzustimmen, ergibt sich nicht erst aus Abs. 2, sondern bereits aus BV 178 und BV 180 und einschlägigem Gesetzesrecht.

7 *«durch gemeinsame Organe»:* Neu ist die *Verpflichtung*, die Zusammenarbeit «durch gemeinsame Organe» sicherzustellen. Atypischerweise nennt hier die Verfassung ein bestimmtes – aus demokratietheoretischer und praktischer Sicht nicht unproblematisches – *Mittel*. Der Verfassungsgeber dürfte wohl vor allem an die Fortführung bzw. Weiterentwicklung bereits *bestehender* Organe gedacht haben (SUK, CRUS; vgl. UFG 5, N 13 zu BV 63a). Wegen der verpflichtenden, aber offenen Formulierung wohnt Abs. 2 eine überschiessende Tendenz inne, über deren Grenzen bzw. Konsequenzen man sich bisher nicht hinreichend Rechenschaft gegeben hat. Dass in BV 61a (bzw. BV 63a Abs. 4) die Möglichkeit angelegt ist, eine Art (suprakantonal-eidgenössische) «Bildungs- oder Hochschul-Tagsatzung» zu schaffen, gab erstaunlicherweise kaum zu Diskussionen Anlass, obwohl das mit derartigen Entscheidungsstrukturen einhergehende Demokratieproblem (bzw. -defizit) in anderem Zusammenhang (EU-Strukturen) intensive Erörterungen auszulösen pflegt.

8 *«andere Vorkehren»:* Der Begriff hat den Vor- und Nachteil der Offenheit.

Literaturhinweise: siehe vor BV 61a

Art. 62[1] Schulwesen

[1] Für das Schulwesen sind die Kantone zuständig.

[2] Sie sorgen für einen ausreichenden Grundschulunterricht, der allen Kindern offen steht. Der Grundschulunterricht ist obligatorisch und untersteht staatlicher Leitung oder Aufsicht. An öffentlichen Schulen ist er unentgeltlich. [...]

[3 Die Kantone sorgen für eine ausreichende Sonderschulung aller behinderten Kinder und Jugendlichen bis längstens zum vollendeten 20. Altersjahr.[2]]

[4] Kommt auf dem Koordinationsweg keine Harmonisierung des Schulwesens im Bereich des Schuleintrittsalters und der Schulpflicht, der Dauer und Ziele der Bildungsstufen und von deren Übergängen sowie der Anerkennung von Abschlüssen zustande, so erlässt der Bund die notwendigen Vorschriften.

[5] Der Bund regelt den Beginn des Schuljahres.

[6] Bei der Vorbereitung von Erlassen des Bundes, welche die Zuständigkeit der Kantone betreffen, kommt der Mitwirkung der Kantone besonderes Gewicht zu.

1 Die Bestimmung geht im Kern auf die BV 1874 zurück (vgl. Art. 27 Abs. 2 und 3, die teils auch in BV 15 und 19 nachgeführt werden). Im Rahmen des BB NFA (N 2 zu BV 135) und der Bildungsvorlage vom 21.5.2006 (N 2 vor BV 61a) wurde BV 62 in zwei Schritten (Abs. 3 bzw. Abs. 4–6) erweitert. Bis zum Inkrafttreten des Abs. 3 klafft zwischen Abs. 2 und 4 eine Lücke.

2 Die beiden aus der ursprünglichen Fassung des BV 62 (18.4.1999) stammenden ersten Absätze sind insofern *atypisch*, als sie in erster Linie kantonale Zuständigkeiten bekräftigen (Abs. 1) und gewisse verfassungsunmittelbare Bundesvorgaben statuieren (Abs. 2), aber keinerlei Bundeszuständigkeiten begründen. Nach den Plänen der Bundesversammlung im Jahr 1872 hätten die Bundesvorgaben an den Primarschulunterricht (seit 2000: Grundschulunterricht) durch eine Gesetzgebungskompetenz des Bundes (Minimalanforderungen) ergänzt und durch ein entsprechendes Bundesgesetz näher ausgeführt werden sollen. Das Schreckensbild des eidgenössischen «Schulvogtes» war mit ein Grund für die Verwerfung der Totalrevisionsvorlage durch Volk und Stände. Die Vorlage von 1874 sah keine Gesetzgebungskompetenz des Bundes mehr vor. Die als unabdingbar angesehenen Minimalvorgaben des Bundes wurden in den Verfassungstext selbst eingebaut (ähnlich das Vorgehen 1985 beim Schuljahresbeginn, neuerdings bei Abs. 3; vgl. N 9).

Kantonale Schulhoheit (Abs. 1)

3 Abs. 1 bekräftigt, ohne den Begriff zu verwenden, die schon durch BV 3 gegebene «kantonale Schulhoheit» (vgl. BV 66 Abs. 2). Vorbehalte dieser Art gelten als «deklaratorisch», es

---

1 Streichung von Abs. 2 Satz 4 und Ergänzung um Abs. 4–6, angenommen in der Volksabstimmung vom 21. Mai 2006 (BB vom 16.12.2005, BRB vom 27.7.2006 – AS 2006 3033; BBl 2005 5479, 5547, 7273, 2006 6725).

2 Angenommen in der Volksabstimmung vom 28. Nov. 2004 (BB vom 3. Okt. 2003, BRB vom 26. Jan. 2005 – BBl 2002 2291, 2003 6591, 2005 951). – Der Bundesrat bestimmt das Inkrafttreten.

kann ihnen jedoch bei der Auslegung eine wichtige (limitierende) Bedeutung zukommen, wenn im fraglichen Bereich auch Bundeskompetenzen bestehen, wie dies nun auch bei BV 62 der Fall ist. Einen gewissen Einbruch in die kantonale Schulhoheit bewirkt die Kompetenz des Bundes, den Sportunterricht an Schulen *obligatorisch* zu erklären und darüber hinaus generell den Jugendsport zu regeln (vgl. N 6 zu BV 68).

4   Die Kantone verfügen nicht über ein Schulmonopol (WAGNER PFEIFER, 256). Die Gründung und der Betrieb von Privatschulen, auch im Grundschulbereich, ist im Gegenteil grundrechtlich geschützt (vgl. KIENER, VRdCH, 904). Dies schliesst staatliche Aufsicht nicht aus; im Grundschulbereich ist sie sogar zwingend (Abs. 2).

5   Das unter kantonaler Hoheit stehende «Schulwesen» gemäss Abs. 1 umfasst – über den obligatorischen Bereich (Abs. 2 Satz 2) hinaus – die gesamte *Grund- und Mittelschule* (Primar- und Sekundarschule; Gymnasium, Diplommittelschule usw.), *nicht jedoch* das in BV 63 bzw. neu BV 63a geregelte *Berufsbildungs- und Hochschulwesen* (ebenso MAHON, Comm., Art. 62, N 3). – Die mitunter vertretene gegenteilige Ansicht (BBl 2005 5520; noch zur Fassung vom 18.4.1999 SCHMID/SCHOTT, SG-Komm., Art. 62, N 3) hätte weit reichende Konsequenzen (z.B. Anwendbarkeit von Abs. 4–6 auf Hochschulen), die der Verfassungsgeber wohl kaum gewollt haben dürfte.

Bundesvorgaben im Grundschulbereich (Abs. 2)

6   Abs. 2 begrenzt die kantonale Schulhoheit durch eine Reihe von bundes(verfassungs)-rechtlichen Minimalvorgaben inhaltlicher Natur. Der Grundschulunterricht (d.h. der allgemeinbildende, nicht weiterführende Elementarunterricht für Kinder, SCHMID/SCHOTT, SG-Komm., Art. 62, N 13):

– muss qualitativ und organisatorisch *ausreichend* (Botsch. BV, 277) und an öffentlichen Schulen *unentgeltlich* sein: Die näheren Anforderungen ergeben sich aus der Praxis zum grundrechtlich geschützten Individualanspruch gemäss BV 19 (vormals BV 1874 Art. 27 Abs. 2);

– muss *obligatorisch* sein; das Obligatorium dient nicht nur der Chancengleichheit (vgl. BV 2 Abs. 3), sondern liegt auch im allgemeinen Interesse eines funktionstüchtigen demokratisch-rechtsstaatlichen Gemeinwesens. Über den zeitlichen Umfang sagt der Verfassungstext nichts. Die Praxis orientiert sich an der harmonisierenden Regelung in Art. 2 Bst. b des interkantonalen Konkordats vom 29. Oktober 1970 über die Schulkoordination (SR 411.9), dem alle Kantone mit Ausnahme des Tessins angehören (obligatorische Schulzeit mindestens 9 Jahre bei mindestens 38 Schulwochen; vgl. BGE 129 I 12, 16). – Zum Obligatorium des Turn- und Sportunterrichts vgl. BV 68 Abs. 3;

– muss *allen Kindern offen stehen*, ohne Ansehen des Aufenthaltsstatus (d.h. auch z.B. für sog. *sans-papiers*-Kinder; vgl. RHINOW, BV 2000, 44; MAHON, Comm., Art. 62, N 9); die erst mit der Totalrevision textlich fixierte Bundesvorgabe will insb. auch behinderten bzw. lern- oder bildungsschwachen Kindern eine ihnen gemässe Schulbildung sichern (vgl. neuerdings Abs. 3);

– muss *staatlicher Leitung oder* – im Falle von Privatschulen – einer ausreichenden *staatlichen Aufsicht* unterstehen (sichergestellt etwa durch Bewilligungserfordernisse und In-

3. Titel: Bund, Kantone und Gemeinden   Nr. 1 BV **Art. 62**

spektionen); historisch diente diese Vorgabe vor allem der Abwehr kirchlichen Einflusses. Eine vollständige «Privatisierung» des Grundschulwesens ist ausgeschlossen, ebenso die Entlassung staatlicher Grundschulen in eine umfassende Autonomie.

Zum aufgehobenen Satz 4 (Schuljahresbeginn) vgl. jetzt Abs. 5. – Zum Gebot der konfessionellen Neutralität der öffentlichen Schulen (unter Einschluss der Hochschulen, vgl. BGE 125 I 347) N 14 zu BV 15.

7   Auf das (Sekundar-)Schulwesen der Kantone wirkt der Bund durch die Verordnung vom 15.2.1995 über die Anerkennung von gymnasialen Maturitätsausweisen (MAV; SR 413.11) stark ein (zur verfassungsrechtlichen Problematik vgl. BORGHI, Komm. aBV, Art. 27, N 22).

8   Der *Durchsetzung* der bundesverfassungsrechtlichen Vorgaben dienen die allgemeinen Mittel der Bundesaufsicht (vgl. BV 49) und die Rechtsmittel der Betroffenen (BV 19 i.V.m. BV 189). Eine aufsichtsrechtlich begründete Kompetenz des Bundes(gesetzgebers) zur Konkretisierung der inhaltlichen Anforderungen ist (entgegen MAHON, Comm., Art. 62, N 13) angesichts der Entstehungsgeschichte von BV 1874 Art. 27 (vgl. vorne N 2) zu verneinen.

Sonderschulung (Abs. 3)

9   Der neue Abs. 3 (noch nicht in Kraft) überträgt den Kantonen die volle (sachliche und finanzielle) Verantwortung für die Sonderschulung (inkl. heilpädagogische Früherziehung und nachobligatorischer Bereich) von Kindern und Jugendlichen, denen der Besuch der Volksschule wegen ihrer Behinderung nicht möglich oder nicht zumutbar ist (näher BBl 2002 2467). Die Kompetenzen des Bundes (bzw. der IV) entfallen (vgl. auch BV 197 Ziff. 2, worin die Kantone verpflichtet werden, die bisherigen Leistungen der IV an die Sonderschulung während mindestens drei Jahren zu übernehmen).

10   *«Individualanspruch» oder blosser Verfassungsauftrag?* Abs. 3 setzt die traditionsreiche Methode (vgl. Abs. 2) der eher vage gehaltenen bundesverfassungsrechtlichen (Ziel-)Vorgabe – unter gleichzeitigem Verzicht auf Regelungskompetenz und konkretisierende Bundesgesetzgebung – fort. Der Rechtssicherheit und Rechtsgleichheit ist dies nicht eben förderlich. Da Abs. 3 kein direktes Pendant im Grundrechtsteil hat (anders Abs. 2: BV 19), wird sich die Frage stellen, ob aus der an die Kantone gerichteten Bestimmung ein einklagbares verfassungsmässiges Individualrecht auf «ausreichende Sonderschulung» abgeleitet werden kann (in diese Richtung Botsch. NFA, BBl 2002 2467). Selbstverständlich erscheint dies nicht. – Im Unterschied zu Abs. 2 reicht der Verfassungsauftrag (und der Anspruch?) zeitlich über das Schulobligatorium hinaus (bis 20). Unklar bleibt, ob der Verfassungsauftrag Unentgeltlichkeit verlangt. So oder so stellen sich heikle Fragen der (Un-)Gleichbehandlung mit anderen Gruppen (z.B. nicht-behinderten Gymnasiasten).

Bedingte Gesetzgebungskompetenz des Bundes (Abs. 4)

11   *Rechtsnatur:* Abs. 4 begründet (ähnlich wie BV 63a Abs. 5) einen neuartigen, komplexen Regelungsmechanismus, dessen (unausgesprochener) Hauptzweck darin bestehen dürfte, Druck auf harmonisierungs*un*willige Kantone zu erzeugen. Die (im Verfassungstext etwas versteckte) Grundaussage des Abs. 4 ist die, dass der Bund (neu) eine *verpflichtend* formulierte, *konkurrierende* (BBl 2005 5522) Gesetzgebungskompetenz besitzt, die in mehrfacher Hinsicht *begrenzt* und *bedingt* ist:

12 *Gegenstand:* Eine Bundesregelung ist von vornherein nur in bestimmten abschliessend aufgezählten «Harmonisierungsbereichen» möglich:
   - *Schuleintrittsalter und Schulpflicht* (d.h. obligatorische Schulzeit): die Formulierung lehnt sich an das Schulkonkordat an (BBl 2005 5522);
   - *Dauer und Ziele der Bildungsstufen und deren Übergänge:* materielle Zugangsvoraussetzungen, inkl. Zugang zum Tertiärbereich (Hochschulzugang) (vgl. BBl 2005 5523);
   - *Anerkennung von Abschlüssen* (Diplome usw.; vgl. N 16 zu BV 63a).

   Eine Art gemeinsamer Nenner ist, dass es um Schnittstellen (bzw. «Eckwerte») des Bildungswesens geht (BBl 2005 5521). Aus BV 62 ergibt sich weder eine allgemeine Förderungs- oder Unterstützungskompetenz des Bundes im Schulwesen noch eine finanzielle (Mit-)Verantwortung.

13 *Verfahrensmässig* wird gefordert:
   - *Scheitern einer Harmonisierung:* Abs. 4 äussert sich nicht dazu, welches Mass an (Rechts-)Angleichung erreicht sein muss, damit von einer erfolgreichen Harmonisierung gesprochen werden kann. Die «primäre Verantwortung für das Zustandekommen» einer Harmonisierung liegt zwar bei den Kantonen (BBl 2005 5521). Zur Feststellung des Scheiterns ist jedoch der Bund (BBl 2005 5522, 5550), genauer der *Bundesgesetzgeber* berufen (nicht etwa die EDK), der dabei keiner gerichtlichen Kontrolle unterliegt (BV 190). Bei einem Scheitern ist der Bund zum Legiferieren nicht nur ermächtigt, sondern auch *verpflichtet*.
   - *«auf dem «Koordinationsweg»:* Gemeint (und verlangt) sein dürfte eine *vertraglich abgestützte* Regelung. – *Verhältnis zu BV 48a* (Möglichkeit der Allgemeinverbindlicherklärung): Aufgrund der Materialien ist davon auszugehen, dass, jedenfalls gewöhnlich, der Weg gemäss BV 48a beschritten werden muss, bevor der Bundesgesetzgeber tätig werden darf (vgl. BBl 2005 5535, 5550), dies obwohl die Allgemeinverbindlicherklärung nicht weniger einschneidend, sondern aus der Sicht widerstrebender Kantone und des föderalistischen Systems wohl insgesamt gravierender ist als eine moderate (und reversible) Harmonisierung qua Bundesgesetz (vgl. N 7 zu BV 48a).

   Die Arbeiten an einem neuen Schulkonkordat (Projekt HarmoS) wurden im Juni 2007 abgeschlossen (Verabschiedung des Konkordats durch die EDK).

14 *Inhaltliche Begrenzung der Bundeskompetenz* (Umfang und Intensität): Auch wenn Abs. 4 dies nicht wörtlich sagt, darf der Bund (gegebenenfalls) nur eine *harmonisierende* Regelung erlassen, die sich zudem auf die «notwendigen» Vorschriften zu beschränken hat (vgl. BBl 2005 5522) – notwendig im Hinblick auf die Harmonisierung und die in BV 61a genannten allgemeinen Ziele (hohe Qualität, Durchlässigkeit). Regelungen, die bloss nützlich oder «dienend» (vgl. auch N 5 zu BV 141a) sind, müssten, wenn man Abs. 4 beim Wort nimmt, unterbleiben. Kurz: Im Falle eines Scheiterns der interkantonalen *Harmonisierung* betreffend Schuleintrittsalter hat der Bund nicht automatisch die Befugnis oder Pflicht, per Gesetz ein *einheitliches* Schuleintrittsalter festzulegen (vgl. BBl 2005 5522).

15 *Fazit:* Man kann die Kompetenz des Bundes als *bedingte Harmonisierungskompetenz* qualifizieren, die mehr ermöglicht als eine (blosse) Grundsatzgesetzgebung, nicht jedoch eine umfassende Regelung. – Von einer «subsidiären Bundeskompetenz» zu sprechen (BBl 2005 5481, 5505, 5521), erscheint angesichts der vielen Facetten des Subsidiaritätsbegriffs (vgl. N 2 ff. zu BV 5a) nicht sehr hilfreich. – Von den drei grossen Problemen der Rechtsharmonisierung auf dem Konkordatsweg (Scheitern mangels Konsens, langwieriges Revisionsverfahren, strukturelles Demokratiedefizit; vgl. N 3 zu BV 48) vermag der Mechanismus des Abs. 4 das Erste einigermassen zu lösen, das Dritte etwas zu entschärfen. Dem Zweiten scheint man wenig Aufmerksamkeit gewidmet zu haben, obwohl es durchaus praxisrelevant ist (Scheitern der Revision eines bestehenden Konkordats: Was alles darf nun der Bund?). Offen ist bisher auch, was zu geschehen hat, wenn gestützt auf Abs. 4 ein Bundesgesetz erlassen wurde, später aber doch noch eine Harmonisierung auf dem Konkordatsweg gelingt. – An umstrittenen inhaltlichen Fragen, die zu ersten Bewährungsproben für den neuen Mechanismus werden könnten, fehlt es nicht (z.B. Frage der ersten Fremsprache, die auch im Rahmen des Sprachengesetzes erörtert wird, vgl. N 12 zu BV 70).

Schuljahresbeginn (Abs. 5)

16 Abs. 5 begründet – als Ersatz für den gestrichenen vierten (letzten) Satz des Abs. 2 – eine (zuvor nicht bestehende) verpflichtend formulierte Gesetzgebungskompetenz des Bundes. Bei Ausarbeitung der neuen «Bildungsverfassung» scheint man sich über Bedeutung und Tragweite dieser Änderung nicht hinreichend Rechenschaft gegeben zu haben. Stuft man Abs. 5 (was nahe liegt) als *konkurrierende* Gesetzgebungskompetenz ein, so hiesse dies, dass mangels einschlägiger bundesgesetzlicher Regelung seit dem 21.5.2006 keine verbindlichen Bundesvorgaben mehr bestehen und die Kantone bundesrechtlich (vorübergehend) frei wären, den Schuljahresbeginn ausserhalb der 1985 festgelegten Zeitspanne (Mitte August bis Mitte September) festzusetzen, bis der Bundesgesetzgeber gestützt auf Abs. 5 legiferiert. Umgekehrt ist der Bund nicht gehindert, vom Herbstschuljahresbeginn abzurücken. Die Regelung beschlägt (anders als der frühere Abs. 2 Satz 4) nicht nur die Grundschule, sondern das Schulwesen insgesamt, nach einer – hier abgelehnten (vgl. N 5) – Lesart womöglich sogar das Hochschulwesen (und somit den Beginn des «Hochschuljahrs»). – Die Neuordnung hat immerhin den Vorzug, dass nicht mehr um die Auslegung des (dehnbaren) Begriffs «Mitte Monat» gestritten werden muss.

17 Unklar bleibt, weshalb der Verfassungsgeber die Frage des Schuljahresbeginns nicht (wie vom Bundesrat angeregt) in Abs. 4 integrierte, sondern die (systemwidrige) unilaterale Lösung beibehielt (BBl 2005 5550).

Mitwirkung der Kantone (Abs. 6)

18 Ein Recht auf Mitwirkung bei der Willensbildung des Bundes steht den Kantonen schon nach den allgemeinen Regeln zu (BV 45, BV 147). Die Zutat des Abs. 6 besteht darin, dass der «Mitwirkung» – allerdings nur bei *Erlassen* – «besonderes Gewicht» zuzumessen ist, wenn die «Zuständigkeit der Kantone» betroffen ist (vernünftigerweise wohl auch im Fall des Abs. 5). In einer nach wie vor ausgesprochen kantonalen Domäne wie dem Schulwesen (BV 62 Abs. 1) versteht sich dies eigentlich von selbst, weshalb Abs. 6 entbehrlich gewesen wäre (so auch der Bundesrat in BBl 2005 5550). Bei BV 63a wurde auf eine entsprechende

Klausel verzichtet. – Die Formulierung erinnert an BV 55 Abs. 3 (aussenpolitische Entscheide), wo allerdings den «Stellungnahmen», nicht der Mitwirkung, besonderes Gewicht zukommt. Eine Veto-Position besitzen die Kantone weder einzeln noch als Gruppe.

Literaturhinweise (vgl. auch die Hinweise bei BV 19 und vor BV 61a)
HÖRDEGEN STEPHAN, Chancengleichheit und Schulverfassung, Zürich 2005; MASCELLO BRUNO, Elternrecht und Privatschulfreiheit, St. Gallen 1995; PLOTKE HERBERT, Schweizerisches Schulrecht, 2. Aufl., Bern usw. 2003; DERS., Bildung und Schule in den kantonalen Verfassungen, Beiheft zur ZSR Nr. 17, Basel 1994, 5 ff.; RECHSTEINER WERNER A., Die Volksschule im Bundesstaat, Zürich 1978; RICHLI PAUL/MASCELLO BRUNO, Zur Privatschulfreiheit in der Schweiz, Beiheft zur ZSR Nr. 17, Basel 1994, 119 ff.; WAGNER PFEIFER BEATRICE, Staatlicher Bildungsauftrag und staatliches Bildungsmonopol, ZBl 1998, 249 ff.

Art. 63[1] Berufsbildung

¹ Der Bund erlässt Vorschriften über die Berufsbildung.
² Er fördert ein breites und durchlässiges Angebot im Bereich der Berufsbildung.

1 Die geltende Fassung geht auf den BB vom 16.12.2005 (BBl 2005 7273; vgl. N 2 vor BV 61a) zurück. Abs. 1 blieb unverändert, der neue Abs. 2 (im Antrag der WBK-N noch Satz 2) verdrängte den Abs. 2 i.d.F. vom 18.4.1999 (Hochschulen; vgl. jetzt BV 63a), weshalb die Sachüberschrift (früher: «Berufsbildung und Hochschulen») anzupassen war. – Rund zwei Drittel der Jugendlichen treten über die Berufsbildung ins Erwerbsleben.

Umfassende Gesetzgebungskompetenz (Abs. 1)

2 *Rechtsnatur:* Erst seit Inkrafttreten der neuen Bundesverfassung verfügt der Bund im Bereich der Berufsbildung über eine *umfassende,* sich auf *alle Berufe* erstreckende Kompetenz (mit nachträglich derogierender Wirkung; anders KIENER, VRdCH, 907, die von einer «ausschliesslichen» Kompetenz spricht). Der 1947 erlassene BV 1874 Art. 34ter hatte die Bundeskompetenz auf Berufe in «Industrie, Gewerbe, Handel, Landwirtschaft und Hausdienst» beschränkt (BIGA-Berufe); ausgeklammert blieben namentlich die Berufe des Gesundheitswesens und des Sozialbereichs (vgl. die Negativliste in alt BBG 1, AS 1979 1687; zu früheren Abgrenzungsproblemen vgl. VPB 50.12, 1986).

3 *Berufsbildung:* Neben der beruflichen Grundbildung (einschliesslich Berufsmaturität) werden auch die höhere Berufsbildung, die berufsorientierte Weiterbildung und die Bildung der Berufsbildungsverantwortlichen erfasst (BBG 2). Ende 2006 nahm das Eidgenössische Hochschulinstitut für Berufsbildung (EHB) seine Tätigkeit auf (vormals Institut für Berufspädagogik).

---

1 Angenommen in der Volksabstimmung vom 21. Mai 2006 (BB vom 16.12.2005, BRB vom 27.7.2006 – AS 2006 3033; BBl 2005 5479, 5547, 7273, 2006 6725).

4   *Ausführung:* Das neue Berufsbildungsgesetz (vom 13.12.2002, BBG; SR 412.10; in Kraft seit 1.1.2004) fusst (wie die frühere Gesetzgebung) auf dem sog. *dualen System* (Bildung in beruflicher Praxis sowie allgemeine und berufskundliche schulische Bildung; vgl. BBG 16; dazu Botsch. BBG, BBl 2000 5686 ff.; BORGHI, Komm. aBV, Art. 34ter Abs. 1 Bst. g, N 2).

Förderungskompetenz (Abs. 2)

5   *Rechtsnatur:* Abs. 2 begründet eine (parallele) Förderungskompetenz des Bundes mit verpflichtendem Charakter. Die Verfassungsnorm umschreibt die Kompetenz durch eine Zielvorgabe (breites und durchlässiges Angebot; vgl. bereits BBG 9) und belässt dem Gesetzgeber in Bezug auf Umfang und Mittel einen weiten Gestaltungsspielraum.

6   *Regelungsmotiv* ist das Anliegen, die Chancengleichheit zwischen Berufsbildung und akademischer Ausbildung sicherzustellen. Zugleich wollte man mit Abs. 2 ein «bedeutsames» (aber kaum mehr als symbolisches) «Zeichen» setzen (BBl 2005 5507): Die Berufsbildung ist dem Bund ebenso wichtig wie andere Ausbildungen (vgl. auch BV 61a Abs. 3).

Art. 63a[1]   Hochschulen

¹ Der Bund betreibt die Eidgenössischen Technischen Hochschulen. Er kann weitere Hochschulen und andere Institutionen des Hochschulbereichs errichten, übernehmen oder betreiben.

² Er unterstützt die kantonalen Hochschulen und kann an weitere von ihm anerkannte Institutionen des Hochschulbereichs Beiträge entrichten.

³ Bund und Kantone sorgen gemeinsam für die Koordination und für die Gewährleistung der Qualitätssicherung im schweizerischen Hochschulwesen. Sie nehmen dabei Rücksicht auf die Autonomie der Hochschulen und ihre unterschiedlichen Trägerschaften und achten auf die Gleichbehandlung von Institutionen mit gleichen Aufgaben.

⁴ Zur Erfüllung ihrer Aufgaben schliessen Bund und Kantone Verträge ab und übertragen bestimmte Befugnisse an gemeinsame Organe. Das Gesetz regelt die Zuständigkeiten, die diesen übertragen werden können, und legt die Grundsätze von Organisation und Verfahren der Koordination fest.

⁵ Erreichen Bund und Kantone auf dem Weg der Koordination die gemeinsamen Ziele nicht, so erlässt der Bund Vorschriften über die Studienstufen und deren Übergänge, über die Weiterbildung und über die Anerkennung von Institutionen und Abschlüssen. Zudem kann der Bund die Unterstützung der Hochschulen an einheitliche Finanzierungsgrundsätze binden und von der Aufgabenteilung zwischen den Hochschulen in besonders kostenintensiven Bereichen abhängig machen.

1   Die Bestimmung geht zurück auf den BB vom 16.12.2005 (BBl 2005 7273; vgl. N 2 vor BV 61a). Die Regelungsgehalte des ursprünglichen Hochschulartikels (BV 63 Abs. 2 i.d.F. vom

   1   Angenommen in der Volksabstimmung vom 21. Mai 2006 (BB vom 16.12.2005, BRB vom 27.7.2006 – AS 2006 3033; BBl 2005 5479, 5547, 7273, 2006 6725).

18.4.1999; vgl. BV 1848 Art. 22 bzw. BV 1874 Art. 27 Abs. 1) sind – zum Teil leicht abgewandelt – in BV 63a Abs. 1–3 eingeflossen. BV 63a Abs. 4 und 5 haben keine direkten Vorläufer.

2 Der Begriff *Hochschulen* umfasst universitäre Hochschulen (kantonale Universitäten, ETHs; BBl 2005 5526) und Fachhochschulen (vgl. UFG 3).

– *Universitäre Hochschulen* zeichnen sich namentlich durch ihren besonderen wissenschaftlichen Anspruch in Forschung und Lehre sowie eine gewisse Breite (Mehrzahl von Fakultäten) aus (vgl. UFG 11 Abs. 1).

– *Fachhochschulen* bauen grundsätzlich auf einer beruflichen Grundausbildung auf und bereiten praxisorientiert auf berufliche Tätigkeiten vor, welche die Anwendung wissenschaftlicher Erkenntnisse und Methoden (allenfalls: besondere gestalterische und künstlerische Fähigkeiten) erfordern; sie betreiben anwendungsorientierte Forschung (vgl. FHSG 2, 3 und 9). Den Fachhochschulen zugerechnet werden auch Kunsthochschulen und Pädagogische Hochschulen (BBl 2005 5511). Fachhochschulen sind abzugrenzen von den Berufsschulen, die BV 63 zuzuordnen sind.

Hochschulträger ist heute gewöhnlich die öffentliche Hand. *Private* Hochschulen bzw. Institutionen sind in BV 63a nicht explizit erwähnt, jedoch zulässig (ja grundrechtlich geschützt) und grundsätzlich mit gemeint (vgl. BBl 2005 5527). Ebenfalls nicht direkt erwähnt, aber elementar betroffen, sind *Studierende, Dozierende* und andere an Hochschulen tätige Personen. – Das Hochschulsystem umfasst derzeit zehn kantonale Universitäten (NE, FR, Lausanne, GE, BE, ZH, SG, Basel, LU, Svizzera italiana), die beiden ETHs (N 6), die Pädagogische Hochschule SG und acht vom Bund anerkannte Fachhochschulen sowie einzelne (noch) nicht integrierte Fachhochschulen und Pädagogische Hochschulen (Quelle: BFS, WS 2005/2006). – Zur Zulässigkeit einer kantonalen Bewilligungspflicht für die Verwendung der Bezeichnung «Universität» vgl. BGE 128 I 19 (betreffend den Kanton Tessin).

3 *Andere Institutionen* des Hochschulbereichs: Zu denken ist in erster Linie an Institutionen, die Aufgaben der *universitären* Aus- und Weiterbildung und Forschung wahrnehmen, aber (aus Zweckmässigkeitsgründen) nicht in eine Universität eingegliedert sind (so UFG 11 Abs. 2). Abs. 1 Satz 2 erfasst aber auch Institutionen der Fachhochschulstufe. Für «Forschungsstätten» besteht eine eigene Verfassungsgrundlage (BV 64 Abs. 3).

4 Die BV gewährleistet weder hier noch an anderer Stelle ein allgemeines Recht auf Bildung oder einen Anspruch auf unbeschränkten Zugang zu öffentlichen Bildungseinrichtungen. BV 63a spricht die heikle Frage des Hochschulzugangs (bzw. der Zulässigkeit von Zugangsbeschränkungen) nur mittelbar an (Abs. 5: «Übergänge»). Die zuständigen Behörden haben eine Reihe von Verfassungsvorgaben zu beachten (insb. BV 8: Rechtsgleichheitsgebot; BV 5 und 164: Delegationsgrundsätze; vgl. BGE 103 Ia 369 ff., *Wäffler;* SALADIN/AUBERT; vgl. auch Art. 10 der Interkantonalen Universitätsvereinbarung vom 20.2.1997, früher SR 414.23).

Bund als Träger von Institutionen der Hochschulstufe (Abs. 1)

5 Die *Zuständigkeit* des Bundes belässt als *Parallelkompetenz* (MAHON, Comm., Art. 63, N 10) den Kantonen die Möglichkeit eigener Tätigkeit. Für die eigenen Anstalten verfügt der Bund über eine *ausschliessliche* Zuständigkeit (vgl. Botsch. BV, 279). Bundeseigene Institutionen gab und gibt es nur wenige (vgl. z.B. N 3 zu BV 63).

6 *Eidgenössische Technische Hochschulen:* Der Bund betreibt seit 1855 (ursprünglich gestützt auf BV 1848 Art. 22, später auf BV 1874 Art. 27) die Eidgenössische Technische Hochschule (früher Eidgenössische Polytechnische Schule) in Zürich (ETHZ) und seit 1969 die (vom Kanton Waadt übernommene) Ecole Polytechnique Fédérale de Lausanne (EPFL), beide seit 1991 autonome öffentlich-rechtliche Anstalten des Bundes mit Rechtspersönlichkeit. ETHZ und EPFL sind zusammen mit (heute) vier sog. Forschungsanstalten (PSI, WSL, EMPA, EAWAG) unter dem «Dach» des ETH-Bereichs (Verwaltungseinheit der dezentralen Bundesverwaltung; vgl. Anhang RVOV) vereint (vgl. ETH-Gesetz Art. 1; SR 414.110). – Abs. 1 Satz 1 statuiert einen Verfassungsauftrag (anders KIENER, VRdCH, 907: Befugnis); der Verzicht auf die Führung eigener Technischer Hochschulen (Plural!) würde eine Verfassungsänderung bedingen.

7 *Keine Universität des Bundes:* Die bereits 1798 ins Auge gefasste Gründung einer «Landesuniversität» – als «Brennpunkt der intellektuellen Kräfte» und «Stapelort der Kultur der drei gebildeten Nationen (...), deren Mittelpunkt Helvetien ausmacht» (so Minister Stapfer; zit. nach BBl 1937 II 14) – erhielt mit BV 1848 Art. 22 (BV 1874 Art. 27) eine Verfassungsgrundlage, die dann nicht genutzt wurde (zur bewegten Debatte GUGERLI u.a., 15 ff.), aber nach wie vor besteht (anders GASSMANN, BV-CF 2000, 176). Die an der ETHZ ersatzweise eingerichtete geisteswissenschaftliche Abteilung besteht zwar noch, musste sich aber in jüngerer Zeit erhebliche Abstriche gefallen lassen.

Bund als Förderer des Hochschulbereichs (Abs. 2)

8 *Rechtsnatur:* Abs. 2 begründet eine Förderungskompetenz des Bundes (inkl. Befugnis zum Erlass der erforderlichen Vorschriften), die teils fakultativ, teils (neu) verpflichtend ist (zu den Bedenken des Bundesrates BBl 2005 5551). Die Kantone behalten parallele Förderungskompetenzen.

– Prinzipiell *verpflichtend* (relativierend Abs. 5 Satz 2) ist die Unterstützung der *kantonalen* Hochschulen (Universitäten, Fachhochschulen). Bei der Festsetzung des Umfangs hat der Bund (bzw. die Bundesversammlung als Inhaberin der Budgethoheit) einen weiten Gestaltungsspielraum; ein bestimmtes Mass an Unterstützung (oder gar ein Ausgabenwachstum) lässt sich (auch) aus der neuen «Bildungsverfassung» nicht ableiten.

– *Fakultativ* ist die finanzielle Unterstützung *weiterer* anerkannter (kantonaler, privater) Institutionen des Hochschulbereichs (zum Begriff N 2).

Die Unterstützung *weiterer* Institutionen setzt eine Anerkennung durch den Bund voraus (vgl. UFG 11 Abs. 2; zur erstmaligen Anerkennung einer privaten Fachhochschule vgl. NZZ vom 2./3.4.2005, S. 13 und vom 7.4.2005, S. 13). Dass BV 63a für *kantonale* Universitäten und Fachhochschulen eine «Anerkennung» nicht verlangt, hindert den Bund nicht, Voraussetzungen festzulegen, denen kantonale Institutionen genügen müssen, um als Hochschule i.S.v. BV 63a gelten zu können (vgl. UFG 11 Abs. 1; FHSG 14). – Nach dem Willen von Bund und

Kantonen sollen die pädagogischen Hochschulen allein durch die Kantone finanziert werden (BBl 2005 5551), was sich mit dem Wortlaut von Abs. 2 schlecht verträgt.

9 *Ausführende Gesetzgebung:* Von zentraler Bedeutung sind

- das Universitätsförderungsgesetz (vom 8.10.1999, UFG; SR 414.20), welches das kurzlebige Hochschulförderungsgesetz vom 22.3.1991 (AS 1992 1027) ablöste und selbst nur von begrenzter Dauer sein soll (vorerst befristet bis zum 31.12.2007, UFG 29; Verlängerung absehbar). Das UFG sieht Grundbeiträge, Investitionsbeiträge und zusätzliche projektgebundene Beiträge vor (UFG 13 ff.). Die Bundesversammlung beschliesst für eine jeweils vierjährige Beitragsperiode den *Zahlungsrahmen für die Grundbeiträge* und bewilligt die *Verpflichtungskredite für die Investitionsbeiträge* und die zusätzlichen projektgebundenen Beiträge (2004–2007 für Bildung, Forschung und Technologie zusammen 17,3 Milliarden Franken, BBl 2003 6871 ff.; 2008–2011 voraussichtlich rund 21 Milliarden Franken; Kosten der 10 Universitäten und der beiden ETHS im Jahr 2005: 5,5 Milliarden Franken, ohne Medizin).
- das Fachhochschulgesetz (vom 6.10.1995, FHSG; SR 414.71), das sich auf BV 1874 Art. 27 Abs. 1 und Art. 34ter Abs. 1 Bst. g (heute BV 63a und BV 63) stützt. Die Bundesbeiträge werden im Gesetz als Abgeltungen eingestuft (FHSG 18) und an bestimmte Voraussetzungen geknüpft (u.a. Eigenleistung von Standortkanton oder Trägerschaft).

Die Hochschulgesetzgebung ist im Umbruch. UFG und FHSG sollen durch ein Hochschulrahmengesetz abgelöst werden (BBl 2005 5526 ff.), dessen Verabschiedung aber noch geraume Zeit beanspruchen wird.

Ziele und weitere Handlungsvorgaben (Abs. 3)

10 *Rechtsnatur:* Abs. 3 begründet keine Kompetenzen, sondern legt Ziele und Handlungsanweisungen fest, die im Rahmen anderweitig begründeter Kompetenzen (z.B. BV 63a Abs. 1, 2) massgeblich sind.

11 *Koordination und Qualitätssicherung:* Satz 1 konkretisiert BV 61a.

- Das *Koordinationsgebot* erfasst auch die Hochschulen des Bundes und gilt nicht nur in den Bereichen gemäss Abs. 5 (BBl 2005 5526 f.).
- *Gemeinsame Sorge für die Gewährleistung der Qualitätssicherung:* Das etwas komplizierte begriffliche Konstrukt signalisiert, dass die Qualitätssicherung primär Sache der einzelnen Hochschulen ist; Bund und Kantone haben, gewissermassen subsidiär, zu gewährleisten, dass die Qualität tatsächlich und nachhaltig gesichert wird (BBl 2005 5527).

Hauptinstrument für Koordination und Qualitätssicherung ist heute das UFG (insb. UFG 4, 5, 7); vgl. auch ETH-Gesetz 10a; FHSG 17a; FSHV 11 und Anhang; Vereinbarung vom 14.12.2000 zwischen dem Bund und den Universitätskantonen über die Zusammenarbeit im universitären Hochschulbereich (SR 414.205). – Die Abkehr von der ursprünglichen Koordinationsklausel (BV 63 Abs. 2 i.d.F. vom 18.4.1999; ähnlich heute BV 64 Abs. 2, Forschungsförderung) signalisiert einen Paradigmenwechsel in der Hochschulpolitik: weg vom Konzept der Steuerung über Subventionierung, hin zu einer (noch nicht recht fassbaren) «materiellen Gesamtsteuerung des schweizerischen Hochschulwesens» unter «leitender Mitwirkung» des Bundes (BBl 2005 5526).

12 *Rücksichtnahmegebote (Autonomie, Gleichbehandlung):* Satz 2 statuiert zwei allgemein gehaltene Handlungsgebote, aus denen sich keine gerichtlich einklagbaren Ansprüche ableiten lassen. Bemerkenswert ist, dass BV 63a in Abs. 3 von der *Autonomie der Hochschulen* spricht und somit *voraussetzt*, dass die Hochschulen (zum Begriff vgl. N 2) Autonomie *besitzen*, woraus man eine (neue) stillschweigende (bundes-)verfassungsrechtliche Verpflichtung des Bundes und der Kantone ableiten kann, Autonomie zu *gewähren* (und zu schützen; vgl. BV 189 Abs. 2 Bst. e).

Instrumente (Abs. 4)

13 Abs. 4 bezeichnet – in ungewohnt imperativer Form – zwei Instrumente, die der angestrebten «gesamtschweizerischen Steuerung» dienen sollen (BBl 2005 5526):
- *Abschluss von Verträgen:* Abs. 4 bekräftigt die Zulässigkeit von («vertikalen») Konkordaten mit Beteiligung des Bundes (vgl. BV 48 Abs. 2); als Gegenstand steht dabei im Vordergrund die gesondert erwähnte:
- *Übertragung von Entscheidungsbefugnissen* rechtsetzender oder exekutiver Natur (z.B. strategische Planung) *an gemeinsame Organe.* Der Plural erklärt sich damit, dass man nicht nur an ein Organ mit «strategisch-politischen» Funktionen dachte (heute: die aus der 1969 gegründeten Hochschulkonferenz hervorgegangene Schweizerische Universitätskonferenz, SUK/CUS, UFG 6; künftig eine Hochschulträgerkonferenz mit erweiterten Befugnissen), sondern auch an allgemeine oder spezialisierte Organe mit primär vollziehenden Aufgaben (wie die 1904 gegründete Rektorenkonferenz der Schweizer Universitäten, CRUS/SURK). – Der Bund kann (wie die Kantone) nur Entscheidungsbefugnisse *übertragen*, die er schon *besitzt* (BV 3), weshalb es etwas merkwürdig anmutet, wenn dazu auch Befugnisse gehören sollen (so BBl 2005 5528), die sich erst aktualisieren, wenn die (in Abs. 4 angestrebte) Koordination gescheitert ist (Abs. 5).

Die *Funktion* des Abs. 4 besteht nicht zuletzt darin, die heutigen (nicht ganz unbegründeten) Zweifel an der Verfassungsmässigkeit einer Delegation von Regelungs- und Entscheidungskompetenzen auszuräumen (BBl 2005 5524; vgl. auch AUER, 712 ff.). Die dogmatische Erfassung und Durchdringung solcher gemischt «eidgenössisch-(supra)kantonaler» Organismen steht noch aus (bis hin zur Frage der Amts- und Arbeitssprachen: Zulässigkeit der – bereits einsetzenden – Verdrängung der Landessprachen durch Englisch?).

14 *Demokratisch-rechtsstaatliche Sicherungen:* Satz 2 legt – zur Sicherung grundlegender demokratisch-rechtsstaatlicher Anliegen und in Konkretisierung allgemeiner Prinzipien (BV 164) – ein kompliziertes gestuftes Vorgehen fest (BBl 2005 5528), das sich an der heute praktizierten Methode orientiert (UFG 5 und 6) und von dem in BV 48 Abs. 4 (noch nicht in Kraft) vorgezeichneten «Direkt»-Verfahren abweicht:
- *Gesetzgebungsphase:* Festlegung von Grundsätzen per Gesetz (Entscheidzuständigkeiten, Organisation, Verfahren der gemeinsamen Organe, inkl. Zusammensetzung, Abstimmungsregeln, Stimmgewichte).
- *Vertragsphase:* Abschluss der (gemäss Satz 1 geschuldeten) Verträge auf der Grundlage und im Rahmen der gesetzlichen Regelungen.

Aus demokratischer Sicht wird man besonders darauf zu achten haben, dass die von gemeinsamen Organen getroffenen Entscheidungen *reversibel* sind, d.h. mit vernünftigem Aufwand und innert vernünftiger Frist an geänderte Verhältnisse, Bedürfnisse oder Mehrheiten angepasst werden können. – Das Nebeneinander unterschiedlicher Anforderungen (BV 48 Abs. 4 bzw. BV 63a Abs. 4) ist wohl im Sinne eines grundsätzlichen Vorrangs der *lex specialis* (BV 63a Abs. 4) zu entscheiden. Die Kantone sind nicht verpflichtet (aber auch nicht gehindert), den «gesetzesumsetzenden» Zusammenarbeitsvertrag mit dem Bund im (erschwerten) Verfahren gemäss BV 48 Abs. 4 zu genehmigen.

Regulatorische und finanzielle Druckmittel des Bundes (Abs. 5)

15 *Begrenzte und bedingte Regelungskompetenz:* Abs. 5 Satz 1 begründet eine verpflichtend formulierte, *konkurrierende* Gesetzgebungskompetenz des Bundes, deren Besonderheit (ähnlich wie bei BV 62 Abs. 4) darin besteht, dass sie mehrfach *begrenzt* und *bedingt* ist, nämlich:

16 *Gegenstand:* Die Gesetzgebungskompetenz aktualisiert sich nur in bestimmten, abschliessend aufgezählten Regelungsbereichen (Satz 1):

- *Studienstufen und deren Übergänge* (Bachelor-, Master-, Doktoratsstufe): Hauptanliegen ist hier die Durchlässigkeit (vgl. BV 61a).

- *Weiterbildung:* Gemeint ist, ungeachtet des Wortlauts, allein die *akademisch-universitäre* Weiterbildung (vgl. N 3 zu BV 64a).

- *Anerkennung von Institutionen und Abschlüssen:* Hier geht es neben der Durchlässigkeit auch um Qualitätssicherung und Transparenz. – Eine Regelungskompetenz des Bundes betreffend Schutz akademischer Titel und betreffend Freizügigkeit ergibt sich schon aus BV 95 Abs. 2.

Der *Hochschulzugang* wurde nicht in Abs. 5 aufgenommen, weil dieser, wie aus den Materialien hervorgeht (BBl 2005 5510), bereits unter BV 62 Abs. 4 fällt (wo die Handlungsmodalitäten nicht genau dieselben sind). Auf den Einbezug der *Studiengebühren* wurde aus Rücksicht auf die «kantonale Hochschulhoheit» (BBl 2005 5532) – was bleibt sonst noch von ihr? – verzichtet.

17 *Verfahrensmässig* wird gefordert:

- das *Nicht-Erreichen der «gemeinsamen Ziele»*, wozu neben den verfassungsmässigen Zielen (Koordination; Gewährleistung der Qualitätssicherung) auch die in der Zusammenarbeitsvereinbarung (Abs. 4) formulierten Ziele zählen (so BBl 2005 5529). Nach den Materialien soll der Bund (entgegen dem Wortlaut von Abs. 5) «von seinen subsidiären Kompetenzen direkt Gebrauch machen» können, wenn es nicht gelingt, gemeinsame Ziele zu vereinbaren (BBl 2005 5530). – Die Feststellung des Scheiterns ist (wie bei BV 62 Abs. 4) Sache des Bundes, genauer des Bundesgesetzgebers, der dabei keiner gerichtlichen Kontrolle unterliegt (BV 190).

- *«auf dem Weg der Koordination»:* Gemeint ist (wie in BV 62 Abs. 4) eine vertraglich abgestützte Regelung. Die Frage des Verhältnisses zu den Instrumenten des BV 48a (Allgemeinverbindlicherklärung bzw. Beitrittszwang) ist hier aus verschiedenen Gründen noch komplexer (und noch weniger klar) als beim Schulwesen. Wegen der Beteiligung des Bundes sind die hier interessierenden Verträge zwangsläufig nicht rein interkantonal, und sie betreffen definitionsgemäss nicht allein die kantonalen Hochschulen (wie dies BV 48a eigentlich voraussetzt). Selbst wenn man über diese Ungereimtheiten hinwegsieht (wie dies BBl 2005 5529 zu tun scheint), bleibt der Weg via BV 48a hochproblematisch, da der Bund im (politischen) Regelungsstreit zugleich Partei und «Schiedsrichter» ist. Hier werden mehr Probleme geschaffen als gelöst.

18 *Finanzielle Druckmittel (Satz 2):* Die «subsidiäre» (BBl 2005 5529) oder «sekundäre» Regelungskompetenz des Bundes (BBl 2005 5530) gemäss Satz 1 erstreckt sich *nicht* auf die *Aufgabenteilung in besonders kostenintensiven Bereichen* (wie z.B. Spitzenmedizin) und auf die *Finanzierungsgrundsätze*. Hier besitzt der Bund *nur* – dies ist die nicht gleich ins Auge springende Kernaussage von Satz 2 – *finanzielle*, nicht jedoch regulatorische Druckmittel (anders: Materien gemäss Satz 1). Wie schon im «alten» Hochschulartikel (vgl. BV 63 Abs. 2 Satz 2 i.d.F. vom 18.4.1999) geht es in Satz 2 um die *Modalitäten* der Ausübung einer anderweitig begründeten (Förderungs-)Kompetenz. Bei Misslingen der Koordination (vgl. vorne N 17) *kann* der Bund bei Ausrichtung seiner finanziellen Leistungen (Abs. 2) auf (bundesrechtlich definierte) Standardkosten abstellen oder seine Unterstützung (Abs. 2) davon abhängig machen, dass in besonders kostenintensiven Bereichen eine vom Bund für zweckmässig erachtete Aufgabenteilung (die er selbst nicht dekretieren könnte) umgesetzt wird. – Abs. 5 Satz 2 führt zu einer Relativierung des verpflichtend formulierten Unterstützungsauftrags des Abs. 2 (vgl. vorne N 8).

Literaturhinweise (vgl. auch die Hinweise vor BV 61a)

AUER ANDREAS, La déclaration de Bologne et le fédéralisme universitaire en Suisse, AJP 2004, 712 ff.; GUGERLI DAVID u.a., Die Zukunftsmaschine, Zürich 2005; SALADIN PETER/AUBERT MARTIN, Zulassungsbeschränkungen an schweizerischen Hochschulen, Beiheft zur ZSR Nr. 17, Basel 1994, 153 ff.

Art. 64   Forschung

¹ Der Bund fördert die wissenschaftliche Forschung und die Innovation.[1]
² Er kann die Förderung insbesondere davon abhängig machen, dass die Qualitätssicherung und die Koordination sichergestellt sind.[2]
³ Er kann Forschungsstätten errichten, übernehmen oder betreiben.

1   Der «Forschungsartikel» geht auf das Jahr 1973 zurück (BV 1874 Art. 27sexies). Seit der Totalrevision besteht ein Förderungs*auftrag*, ohne dass die Verfassung das Mass näher bestimmen würde. Im Rahmen des BB vom 16.12.2005 (vgl. N 2 vor BV 61a) wurde in Abs. 1 «die Innovation», in Abs. 2 «die Qualitätssicherung» eingefügt. – Im Zeitraum 2004–2007 standen für Bildung, Forschung, Technologie (BFT) 17,3 Mia. Franken bereit; der Bund

---

1   Angenommen in der Volksabstimmung vom 21. Mai 2006 (BB vom 16.12.2005, BRB vom 27.7.2006 – AS 2006 3033; BBl 2005 5479, 5547, 7273, 2006 6725).

2   Angenommen in der Volksabstimmung vom 21. Mai 2006 (BB vom 16.12.2005, BRB vom 27.7.2006 – AS 2006 3033; BBl 2005 5479, 5547, 7273, 2006 6725).

gab 2005 für Bildung und Grundlagenforschung rund 4 Mia. Franken aus (7,6% der Gesamtausgaben). Vgl. auch die Botschaft vom 24.1.2007 über die Förderung von Bildung, Forschung und Innovation in den Jahren 2008–2011, BBl 2007 1223 ff. (Förderung im Umfang von voraussichtlich gut 21 Mia. Franken).

2 Förderung bzw. Grenzen der Forschung sind Gegenstand vieler weiterer Bestimmungen (vgl. BV 100, 104; BV 119, 120). Vgl. auch N 8 und 14 zu BV 20. – Zur Ressortforschung vgl. N 11.

Förderungsauftrag (Abs. 1)

3 Abs. 1 begründet eine umfassende, *parallele* Kompetenz, die den Bund zum Handeln (Fördern) *verpflichtet* (Botsch. BV, 281), wenn auch nur bedingt (Abs. 2). Den Kantonen bleibt es unbenommen, eigene Forschungsförderung zu betreiben. Auch wenn Hochschulbildung und Forschung eng zusammenhängen, soll die Forschungsförderung nicht in die Zuständigkeit der gemeinsamen Organe (BV 63a) gelegt werden (BBl 2005 5531).

4 Die Forschungsförderung muss, wie FG 3 in Erinnerung ruft, die Wissenschaftsfreiheit (BV 20) respektieren (vgl. KIENER, VRdCH, 909) – auch in ihrer objektiv-konstitutiven Funktion (vgl. BV 35) – und mit dem Grundsatz der Menschenwürde vereinbar sein. Weder BV 64 noch BV 20 begründen einen Individualanspruch auf Leistungen der Forschungsförderung (Botsch. BV, 281).

5 Als *Forschung* bezeichnet man die nach wissenschaftlicher Methode ausgeführte Suche nach Erkenntnissen; oft wird auch die (durch BV 20 geschützte) Bekanntgabe an die *scientific community* oder ein weiteres Publikum durch Vortrag, Gespräch oder Publikation eingeschlossen (vgl. J.P. MÜLLER, Grundrechte, 319). Das (eigentlich überflüssige) Adjektiv «wissenschaftlich» soll den objektiv-methodischen Aspekt des Forschens unterstreichen (vgl. BORGHI, Komm. aBV, Art. 27sexies, N 20) und nicht etwa die (bloss) *angewandte* Forschung – die ohnehin nicht immer leicht von der *Grundlagenforschung* abzugrenzen ist – aus dem Anwendungsbereich von BV 64 ausklammern (vgl. SCHMID/SCHOTT, SG-Komm., Art. 64, N 3). Traditionell steht die Förderung von (staatlichen) Hochschulen und deren Angehörigen im Zentrum. Eine direkte Förderung *privater* Forschung(sinstitutionen) ist im Rahmen des BV 64 grundsätzlich möglich, kann aber im Einzelnen problematisch sein (SCHMID/SCHOTT, SG-Komm., Art. 64, N 8; strenger KIENER, VRdCH, 909; differenziert Botsch. BV, 281).

6 *Innovation:* Der 2005 eingefügte Begriff meint anwendungs- und marktorientierte Nutzung wissenschaftlicher Erkenntnisse (Entwicklung von Produkten und Dienstleistungen; vgl. BBl 2005 5512). Die Ergänzung hat primär klarstellenden Charakter (BBl 2005 5553, mit Hinweis auf die Tätigkeit der Kommission für Technologie und Innovation, KTI; vgl. Verordnung vom 17.12.1982, SR 823.312, letztlich gestützt auf den Konjunkturartikel, BV 1874 Art. 31quinquies, heute BV 100). Der Passus bietet keine Grundlage für eine (ordnungspolitisch problematische) Wirtschaftsförderung im Sinne umfassender Industriepolitik (vgl. BBl 2005 5553).

7 *Instrumente:* Das Bundesgesetz vom 7.10.1983 über die Forschung (FG; SR 420.1) nennt drei Kategorien von Forschungsorganen des Bundes (FG 5):
- die Institutionen der *Forschungsförderung*, insb. der *Schweizerische Nationalfonds* mit einem Jahresbudget von rund 447 Mio. Franken (2005), die wissenschaftlichen Akademien und andere anerkannte Institutionen;
- die Organe der *Hochschulforschung*, insb. ETHs samt Annexanstalten;
- die *Bundesverwaltung* (soweit sie selber forscht oder forschen lässt).

Als *beratendes* Organ des Bundesrates für alle Fragen der Wissenschafts-, Forschungs- und Technologiepolitik fungiert der 1965 geschaffene (2000 unbenannte) Schweizerische Wissenschafts- und Technologierat (SWTR, früher SWR; FG 5a). – Im Dienst der Forschungsförderung steht auch das UFG (vgl. N 9 zu BV 63a). Quantitativ immer bedeutsamer wird die *internationale Zusammenarbeit* (vgl. SCHMID/SCHOTT, SG-Komm., Art. 64, N 13). Vgl. z.B. das Übereinkommen mit der EG/EAG (6. Forschungsrahmenprogramm), BBl 2004 275.

Modalitäten (Abs. 2)

8 Der Bund kann seine Forschungsförderung von Verfassungsrechts wegen von *Koordinationsanstrengungen* abhängig machen (ähnlich früher für den Hochschulbereich BV 63 Abs. 2 i.d.F. vom 18.4.1999; vgl. jetzt BV 63a). Das Gesetz setzt in erster Linie auf «Selbstkoordination» zwischen und in den Forschungsorganen (FG 17 f.; vgl. auch Botsch. BV, 281).

9 *Sicherstellung der Qualitätssicherung:* Die wenig elegante Wendung soll zum Ausdruck bringen (BBl 2005 5531), dass der Staat hinsichtlich der Kriterien auf die Wissenschaftsgemeinschaft angewiesen bleibt.

Forschungsstätten (Abs. 3)

10 Abs. 3 begründet wie Abs. 1 eine Parallelkompetenz des Bundes, die aber hier fakultativ ist («kann»). Der Bund betreibt (im Rahmen des ETH-Bereichs) vier sog. Forschungsanstalten (PSI, WSL, EMPA und EAWAG), weiter das Schweizerische Institut für Rechtsvergleichung in Lausanne (als selbstständige öffentlich-rechtliche Anstalt des Bundes; vgl. BG vom 6.10.1978, SR 425.1) und landwirtschaftliche Forschungsanstalten wie die Agroscope (vgl. Verordnung vom 9.6.2006 über die landwirtschaftliche Forschung). Die Errichtung bzw. Übernahme erfolgen durch Parlamentsverordnung (FG 16).

11 *Ressortforschung:* Obgleich in BV 64 nicht erwähnt, kann der Bund – bei gegebenem öffentlichem Interesse und gestützt auf eine ausreichende Rechtsgrundlage (BV 5) – zur Erfüllung seiner Aufgaben unbestrittenermassen auch *eigene Forschung* betreiben oder betreiben lassen (sog. *Ressortforschung;* vgl. BORGHI, Komm. aBV, Art. 27sexies, N 36 ff.). Beispiel: Bundesamt für Meteorologie und Klimatologie (MeteoSchweiz), gestützt auf MetG 1; Sportwissenschaftliches Institut am Bundesamt für Sport, gestützt auf Art. 11 des BG vom 17. März 1972 über die Förderung von Turnen und Sport (SR 415.0). – Zur Definition und zur (suboptimalen) rechtlichen Verankerung der Ressortforschung vgl. den Bericht der GPK-N, Steuerung der Ressortforschung des Bundes (vom 23.8.2006), BBl 2007 771; vgl. auch www.ressortforschung.admin.ch.

Literaturhinweise (vgl. auch die Hinweise bei BV 20, BV 119 ff.)

GRUBER HANS, Forschungsfreiheit und Erkenntnisfreiheit, Bern 1986; KIENER REGINA, Bildung, Forschung und Kultur, VRdCH, 903 ff.; SCHWARZMANN RENÉ, Der Schweizerische Nationalfonds zur Förderung der wissenschaftlichen Forschung, Zürich 1985.

Art. 64a[1] Weiterbildung

¹ Der Bund legt Grundsätze über die Weiterbildung fest.
² Er kann die Weiterbildung fördern.
³ Das Gesetz legt die Bereiche und die Kriterien fest.

1 Die Bestimmung geht zurück auf den BB vom 16.12.2005 (vgl. N 2 vor BV 61a). Sie führt Regelungsgehalte des früheren BV 67 Abs. 2 (Unterstützung der Erwachsenenbildung) weiter, ergänzt um eine neue Grundsatzgesetzgebungskompetenz. – Im internationalen Vergleich (OECD) gilt die berufliche Weiterbildung als vorbildlich (NZZ Nr. 212 vom 13.9.2006, S. 14).

Grundsätze über die Weiterbildung (Abs. 1)

2 *Rechtsnatur:* Abs. 1 begründet eine *Grundsatzgesetzgebungskompetenz* (vgl. N 12 vor BV 42) des Bundes (in BBl 2005 5533 fälschlich als «Rahmengesetzgebungskompetenz» bezeichnet), die ungeachtet der Bedenken des Bundesrates (BBl 2005 5554) *verpflichtend* formuliert wurde (Gesetzgebungsauftrag). Es bleibt Raum für ergänzendes kantonales Recht.

3 *Weiterbildung* (sog. Quartärbereich): Der Begriff «Weiterbildung» (statt «Erwachsenenbildung», BV 67 Abs. 2 i.d.F. vom 18.4.1999) ist eine Reminiszenz an die zunehmende Bedeutung des lebenslangen Lernens (BBl 2005 5532). Erfasst werden sowohl die berufsorientierte als auch die allgemein bildende Weiterbildung (inkl. Erwachsenenbildung im hergebrachten Sinn), nicht jedoch – wie nur aus den Materialien hervorgeht (BBl 2005 5533, 5554) – die akademische Weiterbildung an den Hochschulen (dazu BV 63a Abs. 3 ff.).

4 *Umfang:* Die Grundsätze gemäss Abs. 1 können *öffentliche* wie *private* Weiterbildungsinstitutionen erfassen und auch Fragen wie Qualitätssicherung, Anerkennung von Abschlüssen, Schutz von Treu und Glauben beschlagen (vgl. BBl 2005 5533). Der Bund hat die einschlägigen Grundrechte Privater (z.B. BV 27) und die kantonale Organisationsautonomie zu beachten.

Förderung der Weiterbildung (Abs. 2 und 3)

5 Mit dem *Wegfall* der früheren Subsidiaritätsklausel («in Ergänzung zu kantonalen Massnahmen») und der Anknüpfung an den Begriff «Weiterbildung» (statt «Erwachsenenbildung») hat sich der Handlungsspielraum des Bundes erweitert. Man kann nun von einer (fakultativen) *parallelen* Förderungskompetenz sprechen, was bei der Vorgängerbestimmung (entgegen SCHMID/SCHOTT, SG-Komm., Art. 67, N 6) fraglich war. Einen verfassungsmässigen Anspruch auf Unterstützung der Weiterbildung begründet BV 64a nicht. Als *Adressaten* von

---

1 Angenommen in der Volksabstimmung vom 21. Mai 2006 (BB vom 16.12.2005, BRB vom 27.7.2006 – AS 2006 3033; BBl 2005 5479, 5547, 7273, 2006 6725).

Förderungsmassnahmen des Bundes kommen Anbieter wie Nutzer in Betracht (SCHMID/ SCHOTT, SG-Komm., Art. 67, N 11).

6   Abs. 3 bezieht sich, wie aus den Materialien hervorgeht, nur auf die Förderung gemäss Abs. 2. Der Bundesgesetzgeber soll die Unterstützung auf bestimmte Weiterbildungssektoren oder Personenkategorien beschränken können (BBl 2005 5533), was freilich auch ohne Abs. 3 möglich wäre. – Ein spezifisches *Instrumentarium* wurde bisher nicht geschaffen.

Art. 65   Statistik

[1] Der Bund erhebt die notwendigen statistischen Daten über den Zustand und die Entwicklung von Bevölkerung, Wirtschaft, Gesellschaft, Bildung, Forschung, Raum und Umwelt in der Schweiz.[1]

[2] Er kann Vorschriften über die Harmonisierung und Führung amtlicher Register erlassen, um den Erhebungsaufwand möglichst gering zu halten.

1   BV 65 hat kein direktes Pendant in der BV 1874 und im VE 96 (vgl. immerhin Botsch. BV, 281). Die Erhebung statistischer Daten durch den Bund musste früher teils auf punktuelle, teils auf stillschweigende (implizite) Bundeskompetenzen (oder «Annexkompetenzen», vgl. Botsch. BV, 281) abgestützt werden (bezeichnend: der Ingress des Bundesstatistikgesetzes vom 9.10.1992, BStatG, SR 431.01: BV 1874 Art. 27sexies, Art. 31quinquies Abs. 5 und Art. 85 Ziff. 1, heute BV 64, 100 und 164 Abs. 1 Bst. g). Die Verbreiterung und Abrundung der Verfassungsgrundlage ist zu begrüssen angesichts der stetig zunehmenden, grundrechtlich nicht immer unproblematischen und immer stärker europäisch vernetzten Sammeltätigkeit (vgl. z.B. Abkommen vom 26.10.2004 zwischen der Schweiz und der EG über die Zusammenarbeit im Bereich der Statistik, BBl 2004 6347; genehmigt mit BB vom 17.12.2004, BBl 2004 7141, in Kraft seit 1.1.2007). – Im Rahmen des BB vom 16.12.2005 (vgl. N 2 vor BV 61a) wurde die Aufzählung in BV 65 Abs. 1 um die Begriffe «Bildung» und «Forschung» ergänzt. Die eigentliche Neuerung findet sich nicht in Abs. 1, sondern in Abs. 2 (i.d.F. vom 18.4.1999).

2   *Statistik* (lat. *statisticum*, den Staat betreffend; franz. *statistique*, Staatswissenschaft): meint die «systematische Aufbereitung und Aufstellung von Daten zum Zweck der Information mittels quantitativer Methoden» (SCHMID/SCHOTT, SG-Komm., Art. 65, N 3). Die Statistik liefert Orientierungshilfen und Grundlagen für politische Planung, Politikvollzug und Evaluation. Es handelt sich um eine traditionsreiche Infrastrukturaufgabe: Ein erstes Statistikgesetz erging 1870 (BBl 1870 II 900, 1870 III 57). Seit 1850 finden alle zehn Jahre eidgenössische Volkszählungen statt (vgl. BG vom 26. Juni 1998, SR 431.112; zu Vorläufern 1789/99 SCHMID/SCHOTT, SG-Komm., Art. 65, N 7). Vgl. auch N 7.

---

1   Angenommen in der Volksabstimmung vom 21. Mai 2006 (BB vom 16.12.2005, BRB vom 27.7.2006 – AS 2006 3033; BBl 2005 5479, 5547, 7273, 2006 6725).

Erhebung statistischer Daten (Abs. 1)

3   *Rechtsnatur:* Die Kompetenz des Bundes ist nicht ausschliesslich und – da die Kantone nicht gehindert sind, selbst statistische Daten zu erheben – auch nicht im eigentlichen Sinn konkurrierend (so aber MAHON, Comm., Art. 64, N 5), mithin wohl (mehr oder weniger) parallel (SCHMID/SCHOTT, SG-Komm., Art. 65, N 6).

4   *Gegenstand:* Inhaltlich ist die Bundeskompetenz weit gefasst. Die aufgezählten Handlungsfelder grenzen die Datenerhebung kaum spürbar ein. Die Ergänzung im Rahmen des BB vom 16.12.2005 mag als bildungs- und forschungspolitisches Signal bedeutsam sein (vgl. BBl 2005 5533 und 5544), hat indes, kompetenzrechtlich gesehen, kaum mehr als symbolisch-kosmetischen Gehalt. – Der Begriff «Gesellschaft» wird hier offenkundig enger verstanden als in BV 6.

5   *Einschränkend* wirken das Gebot der «Notwendigkeit» (Abs. 1), die allgemeinen rechtsstaatlichen Grundsätze (BV 5) sowie insb. die Grundrechte, hier namentlich der verfassungsrechtliche Persönlichkeitsschutz (BV 13, insb. Abs. 2) und die Wirtschaftsfreiheit (BV 27). – Zum Spannungsverhältnis zwischen Erhebung statistischer Daten und Datenschutz grundlegend das sog. Volkszählungsurteil des deutschen Bundesverfassungsgerichts (BVerfGE 65, 1, 41 ff.). Zum dort entwickelten Recht auf informationelle Selbstbestimmung vgl. aus schweizerischer Sicht BGE 128 II 259; J.P. MÜLLER, Grundrechte, 44; sowie N 11 zu BV 13. Zur Anonymisierung der Daten vgl. BStatG 14 ff.

6   *Instrumente:* vgl. BStatG (SR 431.01) sowie Abs. 2. – Die amtlichen Statistiken des Bundes sollen nicht nur staatlichen Entscheidungsträgern (Bund, Kantone, Gemeinden) dienen, sondern auch Privaten zugänglich sein (BStatG 1, 18).

Harmonisierung und Führung amtlicher Register (Abs. 2)

7   *Funktion:* Abs. 2 weitet die bereits bestehenden Kompetenzen des Bundes im Registerbereich (BV 122, Zivilrecht; BV 123, Strafrecht; BV 121, Ausländerrecht) aus und begründet eine gegenständlich begrenzte Kompetenz, deren Reichweite im Wesentlichen durch ein *Ziel* bestimmt wird (Rationalisierung der Datenerhebung), weshalb die Kompetenzgrenzen nicht leicht zu ermitteln sind. Die «Harmonisierungskompetenz» (mit nachträglich derogatorischer Wirkung, SCHMID/SCHOTT, SG-Komm., Art. 65, N 15) gestattet dem Bund zwar nicht eine umfassende Regelung des Registerwesens, jedoch immerhin den Erlass von Minimal- und Rahmenvorschriften. Insofern besteht eine gewisse Verwandtschaft zu einer Grundsatzgesetzgebungskompetenz (vgl. z.B. BV 129) und zur Kompetenzlage bei der ordentlichen Einbürgerung (BV 38 Abs. 2). Die ebenfalls auf das Rationalisierungsziel ausgerichtete «Registerführungskompetenz» hat vor allem die laufende Aktualisierung im Auge (vgl. BBl 2006 484). Von der neuen Gesetzgebung verspricht man sich Erleichterungen bei der Volkszählung 2010. Mit dem BG vom 22.6.2007 über die eidgenössische Volkszählung (BBl 2007 4559, Referendumsvorlage) wird der Wechsel zu einem primär registerbasierten System eingeleitet (vgl. Botschaft des Bundesrates vom 29.11.2006, BBl 2007 53).

8   *Ausführende Gesetzgebung:* vgl. BG vom 23.6.2006 über die Harmonisierung der Einwohnerregister und anderer amtlicher Personenregister (Registerharmonisierungsgesetz, RHG; SR 431.02). Eine Schlüsselrolle spielt die in verschiedenen Registern zu führende neue «anonymisierte» (nicht-sprechende) AHV-Versichertennummer (AHVG 50c i.d.F. vom

23.6.2006, i.V.m. RHG 2, 6, 13). – Zur verfassungsrechtlichen Problematik einer register-übergreifenden allgemeinen Personenidentifikationsnummer vgl. BIAGGINI, Festschrift Rutz, 71 ff. und BBl 2006 533 ff. – Die mit der Registerharmonisierung einhergehende Schmälerung der kantonalen Organisationsautonomie findet in BV 65 Abs. 2 eine (bundes)verfassungsrechtliche Rechtfertigung.

Literaturhinweise

BIAGGINI GIOVANNI, «Durchnummerieren» der Bevölkerung und Verfassung, Festschrift Magdalena Rutz, Liestal 2004, 71 ff.; WALTER JEAN-PHILIPPE, La protection de la personnalité lors du traitement de données à des fins statistiques, Fribourg 1988.

Art. 66[1] Ausbildungsbeiträge

[1] Der Bund kann den Kantonen Beiträge an ihre Aufwendungen für Ausbildungsbeiträge an Studierende von Hochschulen und anderen Institutionen des höheren Bildungswesens gewähren. Er kann die interkantonale Harmonisierung der Ausbildungsbeiträge fördern und Grundsätze für die Ausrichtung von Ausbildungsbeiträgen festlegen.[2]

[2] Er kann zudem in Ergänzung zu den kantonalen Massnahmen und unter Wahrung der kantonalen Schulhoheit eigene Massnahmen zur Förderung der Ausbildung ergreifen.

1   Die Bestimmung geht auf das Jahr 1963 zurück (BV 1874 Art. 27quater). Redaktionell leicht angepasst in die neue BV übernommen, wurde die Unterstützungskompetenz des Bundes im Rahmen des BB NFA auf den Tertiärsektor (Hochschulen) begrenzt (Abs. 1 i.d.F. vom 28.11.2004). Die NFA-Fassung trat allerdings nie in Kraft, denn im Rahmen des BB vom 16.12.2005 (BBl 2005 7273; vgl. N 2 vor BV 61a) wurde ein neuer Abs. 1 beschlossen (seit 21.5.2006 in Kraft), der redaktionelle Mängel der NFA-Fassung beheben soll und die Kompetenzen des Bundes erweitert (Satz 2).

Akzessorische Förderungskompetenz (Abs. 1 Satz 1)

2   *Funktion und Gegenstand:* Hauptanliegen ist die Förderung der Chancengleichheit im Hochschulbereich (Unterstützung sozial Benachteiligter). Die Bundesunterstützung ist auf Aufwendungen der Kantone für *Studierende* (Tertiärsektor) beschränkt (anders noch die Fassung vom 18.4.1999). Bis und mit Sekundarstufe II tragen die Kantone die Aufwendungen allein.

3   *Subventionierung kantonaler Aufwendungen:* Satz 1 begründet eine akzessorische («unselbstständige», vgl. SCHMID/SCHOTT, SG-Komm., Art. 66, N 5) Kompetenz des Bundes. Dieser kann nur tätig werden, wenn und soweit die Kantone Aufwendungen tätigen (Botsch.

1   Angenommen in der Volksabstimmung vom 21. Mai 2006 (BB vom 16.12.2005, BRB vom 27.7.2006 – AS 2006 3033; BBl 2005 5479, 5547, 7273, 2006 6725).
2   Angenommen in der Volksabstimmung vom 21. Mai 2006 (BB vom 16.12.2005, BRB vom 27.7.2006 – AS 2006 3033; BBl 2005 5479, 5547, 7273, 2006 6725).

BV, 283). Dies kommt im nicht sonderlich eleganten neuen Wortlaut *(Beiträge* an Aufwendungen für *Beiträge)* deutlicher als früher zum Ausdruck. Da die Kompetenz keinen verpflichtenden Charakter hat («kann»), könnte der Bund von einer Unterstützung ganz absehen oder (im Rahmen von BV 8) seine Beiträge auf bestimmte Sachverhalte konzentrieren. – Bezugspunkt sind *individuelle* Beihilfen der Kantone. Die Bundeskompetenz liefert keine Grundlage für Beiträge an den Bau und Unterhalt von Bildungsstätten oder Einrichtungen mit sozialen Zwecken (z.B. Studierendenheime; vgl. MAHON, Comm., Art. 66, N 6).

4 *Instrumente:* Der Umsetzung von Abs. 1 Satz 1 wird das Bundesgesetz vom 6.10.2006 über Beiträge an die Aufwendungen der Kantone für Stipendien und Studiendarlehen im tertiären Bildungsbereich (Ausbildungsbeitragsgesetz) dienen, das im Rahmen der NFA-Ausführungsgesetzgebung verabschiedet wurde (vgl. BBl 2006 8379, Referendumsvorlage). Bis zu dessen Inkrafttreten (geplant 1.1.2008) gilt noch das BG vom 19.3.1965 über die Gewährung von Beiträgen an die Aufwendungen der Kantone für Ausbildungsbeihilfen (Ausbildungsbeihilfengesetz, StipG; SR 416.0), das wegen des «vorzeitigen» Inkrafttretens des neuen, engeren BV 66 Abs. 1 (21.5.2006) verfassungsrechtlich nicht mehr voll abgestützt ist (vgl. StipG 4) – ein weiteres Beispiel für die in jüngerer Zeit gehäuft auftretenden handwerklichen Mängel bei der Verfassungsgebung.

Harmonisierung (Abs. 1 Satz 2)

5 Die neue Fassung (BB vom 16.12.2005) verschafft dem Bund eine – im Rahmen der Totalrevision BV noch abgelehnte (AB SD 1998 N 294 ff.) – Grundsatzgesetzgebungskompetenz (vgl. N 12 vor BV 42) zur Harmonisierung im Stipendienwesen sowie die Befugnis, die interkantonale «Selbstharmonisierung» zu fördern (vgl. BBl 2005 5533 f.). Gestützt auf Satz 2 kann der Bund gesamtschweizerische Kriterien für die Vergabe von Ausbildungsbeiträgen aufstellen, nicht jedoch einheitliche Ausbildungsbeiträge festlegen (BBl 2005 5534). Die Ausführung soll im Hochschulrahmengesetz (vgl. N 9 zu BV 63a) erfolgen.

Eigene Massnahmen des Bundes (Abs. 2)

6 Abs. 2 begründet eine *selbstständige* (d.h. nicht an eine kantonale Massnahme gekoppelte) Förderungskompetenz, die der Bund allerdings nur gewissermassen lückenfüllend (vgl. Botsch. BV, 283) nutzen darf (weshalb man nicht von einer parallelen Kompetenz sprechen sollte). Die Verfassung betont die *Grenzen* der Bundeskompetenz, indem er auf die «kantonale Schulhoheit» Bezug nimmt (die in BV 62 vorausgesetzt, aber nicht genannt wird).

7 Der Bund hat seine Kompetenz bisher wenig genutzt. Vgl. das BG vom 19.6.1987 über Stipendien an ausländische Studierende und Kunstschaffende in der Schweiz (SR 416.2); das BG vom 8.10.1999 über die internationale Zusammenarbeit im Bereich der Bildung, der Berufsbildung, der Jugend und der Mobilitätsförderung (SR 414.51, gestützt auf BV 54 und 66). – Nicht auf BV 66, sondern auf BV 1874 Art. 45bis (heute BV 40) stützt sich das Auslandschweizer-Ausbildungsgesetz vom 9.10.1987 (AAG; SR 418.0); auf die Forschungsförderungskompetenz (BV 64) das Stipendienwesen des SNF (FG 8; SR 420.1).

Art. 67[1] Förderung von Kindern und Jugendlichen

[1] Bund und Kantone tragen bei der Erfüllung ihrer Aufgaben den besonderen Förderungs- und Schutzbedürfnissen von Kindern und Jugendlichen Rechnung.
[2] Der Bund kann in Ergänzung zu kantonalen Massnahmen die ausserschulische Arbeit mit Kindern und Jugendlichen unterstützen.[2]

1 Die Bestimmung hat keine direkte Entsprechung in der BV 1874. Der Einbau einer «staatsbürgerlichen» Klausel (vgl. AB SD 1998 N 294 ff.) fand keine Mehrheit. Im Rahmen des BB vom 16.12.2005 (vgl. N 2 vor BV 61a) wurde die Erwachsenenbildung aus BV 67 herausgelöst und in den neuen BV 64a überführt, was eine Anpassung der «Marginalie» (BBl 2005 5534; recte: Sachüberschrift) nach sich zog.

«Jugendartikel» (Abs. 1)

2 Der «Jugendartikel» begründet weder Kompetenzen noch Individualansprüche, sondern eine (Bund und Kantone treffende) «Rechnungstragungspflicht» (vgl. auch BV 46, 89, 98, 105, 120; ähnlich den «Rücksichtnahmepflichten» etwa in BV 50, 54, 69, 70, 78, 88, 93, 128 und den «Berücksichtigungspflichten» etwa in BV 75, 76, 85, 89, 93, 100, 106, 108, 116, 129). – In ihrer Offenheit und Weite hat die Bestimmung eher den Charakter einer allgemeinen Sozialzielbestimmung (BV 41) als den einer (Querschnitts-)Aufgabennorm. Abs. 1 hat gleichwohl nicht bloss «une valeur symbolique» (so indes MAHON, Comm., Art. 67, N 6) und kann insb. bei der Auslegung anderer Normen (Verfassung, Gesetz) eine Rolle spielen. – Auf die besondere Stellung von Kindern bzw. Jugendlichen nimmt die Verfassung auch in zahlreichen weiteren Bestimmungen Bezug (vgl. BV 11; 38 Abs. 3; 41 Abs. 1 Bst. c, f, g; 62; 68; 119; 123).

Unterstützung ausserschulischer «Jugendarbeit» (Abs. 2)

3 *Natur:* Abs. 2 begründet eine *selbstständige,* fakultative («kann») Förderungskompetenz des Bundes, deren Tragweite freilich eng begrenzt bleibt, weil der Bund sie nur «in Ergänzung zu kantonalen Massnahmen», d.h. gewissermassen lückenfüllend («subsidiär»), ausüben kann (weshalb man nicht von einer *parallelen* Kompetenz sprechen sollte; so indes MAHON, Comm., Art. 67, N 8).

4 Die *ausserschulische Arbeit mit Kindern und Jugendlichen* wird oft – kurz und missverständlich – als «Jugendarbeit» bezeichnet (vgl. z.B. den Titel des einschlägigen Gesetzes, JFG). Der eindeutig zweideutige Begriff «Kinderarbeit» (vgl. ILO-Übereinkommen Nr. 182 vom 17.6.1999 über das Verbot und unverzügliche Massnahmen zur Beseitigung der schlimmsten Formen der Kinderarbeit, SR 0.822.728.2) wird dagegen, soweit ersichtlich, gemieden. – Gemeint sind alle von Jugendlichen selbst oder von Erwachsenen organisierten Aktivitäten ausserhalb des Schulbereichs (Spiel, Sport, Kultur usw.), welche Kindern und Jugendlichen

---

1 Angenommen in der Volksabstimmung vom 21. Mai 2006 (BB vom 16.12.2005, BRB vom 27.7.2006 – AS 2006 3033; BBl 2005 5479, 5547, 7273, 2006 6725).
2 Angenommen in der Volksabstimmung vom 21. Mai 2006 (BB vom 16.12.2005, BRB vom 27.7.2006 – AS 2006 3033; BBl 2005 5479, 5547, 7273, 2006 6725).

(wie JFG 2 sagt) «Gelegenheit zur Persönlichkeitsentfaltung sowie zur Wahrnehmung staatspolitischer und sozialer Verantwortung (...), beispielsweise durch Übernahme von leitenden, betreuenden oder beratenden Funktionen», vermitteln (z.B. Sportvereine, Jugendorchester usw.; vgl. BBl 1988 I 837 ff.).

5   *Unterstützungs-Instrumentarium:* Im Zentrum steht das seinerzeit noch ohne (ausdrückliche) Verfassungsgrundlage (vgl. BBl 1988 I 863 ff.) erlassene BG vom 6.10.1989 über die Förderung der ausserschulischen Jugendarbeit (Jugendförderungsgesetz, JFG; SR 446.1), das sich mit kantonsübergreifenden Aktivitäten befasst (vgl. JFG 2 Abs. 3: mehrere Kantone oder eine Sprachregion). Vgl. auch OR 329e (Anspruch auf zusätzlichen, grundsätzlich unbezahlten Urlaub von bis zu einer Arbeitswoche pro Jahr; sog. «Jugendurlaub»). Gemäss JFG 4 besteht eine eidgenössische Kommission für Jugendfragen mit beratender Funktion. – Zur Förderung im Sportbereich vgl. N 3 f. zu BV 68.

Art. 68   Sport

¹ Der Bund fördert den Sport, insbesondere die Ausbildung.

² Er betreibt eine Sportschule.

³ Er kann Vorschriften über den Jugendsport erlassen und den Sportunterricht an Schulen obligatorisch erklären.

1   Der Sport(förderungs)artikel geht im Wesentlichen auf das Jahr 1970 zurück (vgl. BV 1874 Art. 27quinquies); das Sportunterrichts-Obligatorium (Abs. 3) hat seine Wurzeln in den 1874 begründeten Militärkompetenzen (BV 1874 Art. 18–20; vgl. bereits Art. 81 des BG vom 13.11.1874 über die Militärorganisation, AS 1874/1875 I 284); der sog. «Vorunterricht» wurde im Jahre 1972 in die Organisation Jugend+Sport überführt. – Im Januar 2007 wurde die Vernehmlassung zu einem neuen Abs. 4 eröffnet (Bekämpfung des «Hooliganismus»; vgl. auch N 9 zu BV 57).

2   Der Begriff «Sport» wird in BV 68 nicht näher definiert, sondern (wie selbstverständlich) vorausgesetzt. Er umfasst heute auch das in BV 1874 Art. 27quinquies noch separat genannte «Turnen».

Allgemeine Sportförderungskompetenz (Abs. 1)

3   Abs. 1 begründet für den Bund einen (verpflichtenden) Förderungsauftrag, der parallele kantonale Kompetenzen bestehen lässt, verschafft dem Bund aber keine Kompetenz, den Sport generell zu regeln (vgl. Zen-Ruffinen, SG-Komm., Art. 68, N 6). In den Genuss von Förderung können Breiten- wie Spitzensport, Amateur- wie Berufssport kommen. Die vom Parlament beschlossene Fassung setzt einen deutlichen Akzent bei der *Ausbildung*.

4   Die Bundesförderung kann unterschiedliche Formen annehmen, z.B. in Form von Beiträgen (Finanzhilfen) an *Verbände*, an die Errichtung von *Sportstätten* (vgl. dazu das Nationale Sportanlagenkonzept vom 23.10.1996), an die *Durchführung von Veranstaltungen*, etwa in Gestalt von sog. Defizitgarantien (erstmals 1973, heute auf der Grundlage von Art. 10 des BG vom 17.3.1972 über die Förderung von Turnen und Sport; SR 415.0; für Beispiele vgl. BBl 1997 IV 897, 1998 II 1480 und BBl 2002 2644, 6597: Kandidatur «Sion 2002» bzw. «Sion

2006» für die Olympischen Winterspiele, Kandidatur Fussball-Europameisterschaft 2008 Österreich – Schweiz). Heute wird (dem Zeitgeist entsprechend) auch die Bekämpfung des «Missbrauch(s) von Mitteln und Methoden zur Steigerung der körperlichen Leistungsfähigkeit im Sport (Doping)» unter den Begriff der Sportförderung subsumiert (Art. 1 Bst. h i.d.F. vom 15.12.2000).

Eidgenössische Sportschule (Abs. 2)

5 Dank Abs. 2 ist die Existenz einer Eidgenössischen Sportschule verfassungsrechtlich gesichert – wenn auch nicht zwingend jener in Magglingen (früher ESSM, heute EHSM: Eidgenössische Hochschule für Sport Magglingen), 1944 gegründet, 1999 integriert in das zum VBS gehörende Bundesamt für Sport (vgl. Art. 1 des BG vom 17.3.1972, SR 415.0).

Jugend- und Schulsport (Abs. 3)

6 Abs. 3 ermächtigt den Bund
- punktuell in die kantonale Schulhoheit einzugreifen und den Sportunterricht an Schulen *obligatorisch* zu erklären (vgl. Art. 1 der Sportförderungsverordnung, SR 415.01: «durchschnittlich wöchentlich drei Lektionen», woran man sich nicht in der ganzen Schweiz zu halten scheint);
- den Jugendsport zu *regeln*, nicht nur zu fördern (konkurrierende Kompetenz; so auch MAHON, Comm., Art. 68, N 10); vgl. etwa die Regelungen betreffend Ausbildung der Sportlehrer und betreffend die (hauptsächlich vom Bund finanzierte, von den Kantonen mitgetragene) Institution Jugend+Sport (Art. 5 bzw. 7 ff. des BG vom 17.3.1972, SR 415.0).

Literaturhinweise

ZEN-RUFFINEN PIERMARCO, Droit du sport, Zürich 2002.

Art. 69 Kultur

¹ Für den Bereich der Kultur sind die Kantone zuständig.

² Der Bund kann kulturelle Bestrebungen von gesamtschweizerischem Interesse unterstützen sowie Kunst und Musik, insbesondere im Bereich der Ausbildung, fördern.

³ Er nimmt bei der Erfüllung seiner Aufgaben Rücksicht auf die kulturelle und die sprachliche Vielfalt des Landes.

1 BV 69 hat keine Entsprechung in der BV 1874. – Schon seit den ersten Anfängen des Bundesstaates betrieb der Bund indes Kulturpolitik (Überblick in VPB 50.47, 1986), wenn auch in sachlich und finanziell begrenztem Rahmen: vgl. z.B. den BB vom 1.2.1854 betreffend Beitrag zum Winkelried-Denkmal; den BB vom 27.6.1890 über die Errichtung eines Schweizerischen Landesmuseums (SR 432.31, vgl. BBl 1889 III 209, BBl 2003 538); den BB vom 28.6.1894 über die Errichtung einer Schweizerischen Landesbibliothek, neuerdings Nationalbibliothek (heute: Landesbibliotheksgesetz vom 18.12.1992, SR 432.21). In Erlass-Ingressen

und bundesrätlichen Botschaften wurde die Frage der Kompetenzgrundlage oft nicht thematisiert (vgl. z.B. BB vom 22.12.1887 betreffend die Förderung und Hebung der schweizerischen Kunst, SR 442.1; BBl 1987 III 515). Nach und nach erlangte der Bund punktuelle Kultur-Kompetenzen (z.B. BV 1874 Art. 24sexies, Natur- und Heimatschutz; BV 1874 Art. 27ter, Film; BV 1874 Art. 55bis, Radio und Fernsehen). – In der Botschaft zum BG vom 17.12.1965 betreffend die Stiftung «Pro Helvetia» (SR 447.1) und zum Landesbibliotheksgesetz vom 18.12.1992 (SR 432.21) berief sich der Bund auf die langjährige Praxis in Kulturbelangen und darauf, dass die Übernahme kulturpolitischer Aufgaben «gewissermassen zu den Persönlichkeitsrechten des Staates» gehöre (BBl 1965 I 1448), vor allem wenn es um Tätigkeiten von gesamtschweizerischem Interesse gehe, bei denen der Bund nicht in kantonale Kompetenzen eingreife (vgl. BBl 1992 II 1475). Dazwischen lag das Scheitern der «Eidgenössischen Kulturinitiative» (die jährlich ein «Kulturprozent» im Bundesbudget forderte, BBl 1984 II 501) und des behördlichen Gegenentwurfs (1986). – Auch nach dem Scheitern einer weiteren Behördenvorlage für einen Kulturförderungsartikel in der Bundesverfassung (1994) setzte der Bund seine Unterstützung in gewohntem Rahmen fort (vgl. z.B. BBl 1996 III 374 betreffend Bundesunterstützung der Landesausstellung Expo.02, ursprünglich Expo.01: ungeschriebene Kompetenz auf dem Gebiet der Kulturpflege). – Erst im Rahmen der Totalrevision gelang es, die – im Grundsatz von niemandem mehr bestrittene, aber hinsichtlich Grundlage und Ausmass unklare – «stillschweigende oder gewohnheitsrechtliche» Bundeskompetenz (Botsch. BV, 285; VPB 50.47 [1986] 313; vgl. auch VPB 50.41: «ungeschriebene» Bundeskompetenz) in der Verfassungsurkunde zu verankern.

2 *Kulturbegriff:* Die Bundesverfassung verzichtet auf eine eigene Definition des Begriffs «Kultur» – die ohnehin problematisch wäre, denn es ist nicht Sache des Staates, das Phänomen Kultur abschliessend zu bestimmen. Dennoch greift man in Literatur und Praxis gerne (verlegen-dankbar) auf «amtliche» Umschreibungen zurück (UNESCO, Europarat, vgl. BBl 1992 I 572). – Alltagssprachlich und im politischen Diskurs pflegt man den Begriff «Kultur» weit zu fassen, z.B. als das Insgesamt der «Strukturen, Ausdrucksformen und Bedingungen des Lebens einer Gesellschaft und die verschiedenen Arten, mit denen sich das Individuum in dieser Gesellschaft zum Ausdruck bringt und erfüllt» (so die UNESCO-Definition, zit. nach KIENER, VRdCH, 910). So sympathisch ein weites, zukunftsoffenes Kulturverständnis ist: Für die bundesstaatliche Kompetenzordnung wäre es höchst folgenreich, wenn (fast) «alles» (z.B. auch das Recht) «irgendwie» Kultur ist. Für die Zwecke des BV 69 muss der Begriff enger gefasst werden (in diesem Sinn auch z.B. MAHON, Comm., Art. 69, N 4 f.), dies auch mit Blick auf die Abgrenzung zu anderen Kompetenzen (in Bereichen wie Sprache, Bildung, Wissenschaft). – Im Übrigen verwendet die neue Bundesverfassung den Begriff nicht einheitlich: manchmal etwas weiter (BV 2: kulturelle Vielfalt), manchmal etwas enger (BV 41, 93), manchmal sogar mit pekuniärem Akzent (BV 196, Ziff. 14 i.d.F. vom 18.4.1999: MwSt-Befreiung für «kulturell(e) Leistungen»; vgl. auch BV 71, 78, 104). – Keine Antwort gibt der Kulturartikel auf das eigentliche Kernproblem: das notwendige Fehlen einer «Nationalkultur» im Land der vier «Kulturen» bzw. Sprachen (vgl. N 2 zu BV 4) bei gleichzeitiger Notwendigkeit, einen minimalen nationalen Zusammenhalt zu sichern (Einheit in der Vielfalt). Jeder Versuch, eine einigermassen konsistente «Kulturverfassung» herauszuarbeiten (vgl. z.B. SCHWEIZER, SG-Komm., Vorb. zu Art. 69–72, N 1 ff.), muss mit Schwierigkeiten prinzipieller Natur rechnen.

Kompetenz der Kantone als Ausgangspunkt (Abs. 1)

3   *Funktion und Gegenstand:* Abs. 1 hat (kompetenzrechtlich gesehen) nur *deklaratorische* Bedeutung. Die Kantone sind, wie die deutsche und italienische Fassung des Abs. 1 (anders die französische) zutreffend sagen, «für den Bereich der Kultur» – nicht: «für die Kultur» – zuständig, denn «Kultur» ist nicht eine staatliche Veranstaltung, weshalb man auch besser nicht von einer «Kulturhoheit» der Kantone sprechen sollte (so indes SCHWEIZER, SG-Komm., Art. 69, N 8). So wenig es eine «schweizerische Kultur» gibt, so unangebracht ist es, von «kantonalen Kulturen» zu sprechen. Es gibt in der Schweiz eine Vielfalt regionaler und lokaler Kulturen, die nicht an feste territoriale Grenzen gebunden sind. Auch wenn Städte und Gemeinden in der Kulturpolitik traditionell eine bedeutende Rolle spielen, werden sie in Abs. 1 zu Recht nicht erwähnt, denn die *inner*kantonale Zuständigkeitsordnung ist Sache der Kantone.

4   *Keine «Exklusivitätsgarantie» zu Gunsten der Kantone:* Abs. 1 hindert den Bund nicht, in seinem Zuständigkeitsbereich (BV 54 ff.) auch kulturelle Belange zu berücksichtigen (vgl. Abs. 3). – Das im Rahmen des BB NFA neu geschaffene Instrumentarium der Zwangskooperation (vgl. N 3 ff. zu BV 48a) gibt dem Bund u.U. die Möglichkeit, gleichsam durch die (NFA-)Hintertür über kulturelle Belange von nicht-gesamtschweizerischer Bedeutung (mit) zu entscheiden.

Begrenzte Bundeskompetenz (Abs. 2)

5   *Funktion:* Abs. 2 begründet eine nicht-verpflichtende («kann») Förderungskompetenz, welche den Bund auch zum Erlass der erforderlichen Vorschriften ermächtigt (Gesetzgebungskompetenz) und im Übrigen Raum lässt für kantonale Kulturförderung. Über weiter reichende Kulturförderungsbefugnisse verfügt der Bund im Aussenverhältnis (MONNIER, ZSR 1986 II, 153; vgl. auch BBl 1984 II 1437: Kompetenzgrundlagen der 700-Jahr-Feier), wobei der Bund (auch hier) zur Rücksichtnahme gegenüber den Kantonen verpflichtet ist. – Zur Bedeutung der Grundrechte vgl. N 7 zu BV 21.

6   Die geläufige *Charakterisierung* der Bundeskompetenz als «parallel» bzw. «subsidiär» (vgl. MAHON, Comm., Art. 69, N 8; KIENER, VRdCH, 910 f.) bedarf in verschiedener Hinsicht der Präzisierung.

- Weil die Bundeskompetenz *gegenständlich* auf Bestrebungen von *gesamtschweizerischem* (in den lateinischen Fassungen: nationalem) Interesse begrenzt ist, läuft die Kulturförderungskompetenz des Bundes nicht genau «parallel» zu jener der Kantone. Nicht ausgeschlossen ist, dass der Bund regionale oder lokale Bestrebungen unterstützt, die aus nationaler Sicht bedeutsam sind, z.B. die Kultur der rätoromanischen Minderheit (ebenso SCHWEIZER, SG-Komm., Art. 69, N 12) oder Kulturinstitutionen mit (inter-)nationaler Ausstrahlung («Leuchttürme»).

- Das Verb «unterstützen» zeigt zwar an, dass die Förderung durch den Bund an Aktivitäten *anderer* anzuknüpfen hat (vgl. z.B. BG vom 19.12.2003 über die Ausrichtung von Finanzhilfen an die Stiftung Bibliomedia) und insofern subsidiär ist. Ungeachtet des Wortlauts dürften indes, angesichts der Entstehungsgeschichte (vgl. N 1), heute auch gewisse *Eigenaktivitäten* von gesamtschweizerischer Bedeutung (wie z.B. die Führung des Landesmuseums) durch Abs. 2 gedeckt sein.

Für die Unterstützung von *bloss regional oder lokal* bedeutsamen Aktivitäten verschafft Abs. 2 dem Bund keine Kompetenz (Botsch. BV, 286).

7 *Ausführende Gesetzgebung:* Auf BV 69 Abs. 2 stützen sich u.a. das Kulturgütertransfergesetz (KGTG; SR 444.1; zusätzlich BV 95 Abs. 1); das Bundesgesetz vom 16.12.2005 über die Ausrichtung von Finanzhilfen an den Verein Memoriav (SR 432.61, vgl. BBl 2005 3307); das Bundesgesetz vom 6.10.2006 über die Ausrichtung eines Investitionsbeitrages an das Verkehrshaus der Schweiz (BBl 2006 8337, Referendumsvorlage). In Vorbereitung sind ein Bundesgesetz über die Kulturförderung (Kulturförderungsgesetz, KFG) sowie eine Totalrevision des Pro Helvetia-Gesetzes (vgl. die Entwürfe und Botschaften des Bundesrates vom 8.6.2007). Im Dienst der Kulturförderung stehen (vgl. auch vorne N 1) z.B. auch Spezialerlasse wie das Auslandschweizer-Ausbildungsgesetz vom 9.10.1987 (SR 418.0), das Filmgesetz vom 14.12.2001 (SR 443.1), das NHG (SR 451), das Bundesgesetz vom 6.10.1966 über den Schutz der Kulturgüter bei bewaffneten Konflikten (SR 520.3), das Bundesgesetz vom 24.3.2000 über die Pflege des schweizerischen Erscheinungsbildes im Ausland (SR 194.1)

8 *Förderung von Kunst und Musik:* Der zweite Satzteil begründet eine Förderungskompetenz, die vor 2000 in dieser Form noch nicht bestand (vgl. MAHON, Comm., Art. 69, N 3, 10; AB SD 1998 S 172, N 304). Anders als beim ersten Satzteil (vgl. N 6) handelt es sich um eine eigentliche Parallelkompetenz (vgl. MAHON, Comm., Art. 69, N 10), doch gilt es auch diese Kompetenz im Geist der Subsidiarität (vgl. BV 42 Abs. 2, künftig BV 5a), d.h. in erster Linie ergänzend zu kantonalen und privaten Massnahmen auszuüben. Der Zusatz («insbesondere ...») soll, ähnlich wie bei BV 68 Abs. 1 (Sport), die Hauptstossrichtung der Bundesförderung anzeigen. Auch wenn (anders als in BV 66) nicht ausdrücklich vorbehalten, ist die kantonale Schulhoheit zu wahren (SCHWEIZER, SG-Komm., Art. 69, N 18). – Dass die Verfassung in BV 69 Musik und Kunst getrennt aufführt, bedeutet nicht, dass das Grundrecht der Kunstfreiheit (BV 21) nur die Kunst, nicht die Musik schützen würde (vgl. BIAGGINI, Verfassungsreform, ZÖR 1999, 445). – Eine stärkere Förderung der musikalischen Bildung verlangt die eidgenössische Volksinitiative «jugend + musik», die einen neuen BV 67a fordert (BBl 2007 4283).

Rücksichtnahmeklausel (Abs. 3)

9 Die Verpflichtung zur Rücksichtnahme besteht bei der Erfüllung von Bundesaufgaben *generell*, nicht nur bei der Erfüllung von kulturellen Aufgaben. Abs. 3 verleiht dem Bund keine Kompetenzen. Die ursprünglich geplante Abstützung des Kulturförderungsgesetzes und des totalrevidierten Pro Helvetia-Gesetzes (vgl. N 7) auf *Abs. 3* (neben Abs. 2) geht daher fehl.

Literaturhinweise

HEMPEL HEINRICH, Die Freiheit der Kunst, Zürich 1991; HOLLAND ANDREW, Bundesstaatliche Kunstförderung in der Schweiz, Zürich 2002; KESSLER FRANZ, Die schweizerische Kulturstiftung «Pro Helvetia», Zürich 1993; KIENER REGINA, Bildung, Forschung und Kultur, VRdCH, 903 ff.; RASCHÈR ANDREA F.G. et al., Kulturgütertransfer, Zürich 2005; RASCHÈR ANDREA F.G. et al., Kulturförderung des Bundes, AJP 2001, 1035 ff.; RASCHÈR ANDREA F.G./KOSLOWSKI STEFAN, Die Umsetzung des Kulturartikels der Bundesverfassung, in: SIR (Hrsg.), Kunstfreiheit und Unabhängigkeit der Kunstschaffenden, Zürich 2004, 11 ff.; SCHWEIZER RAINER J., Der neue Kulturartikel der Bundesverfassung, ZSR 2001 I, 187 ff.; STALDER HANSJÖRG, Die verfassungsrechtlichen Befugnisse des Bundes zur Förderung der Kultur, Freiburg 1984; WYSS MARTIN PHILIPP, Kultur als eine Dimension der Völkerrechtsordnung, Zürich 1992. – Beiträge für eine Kulturpolitik in der Schweiz (Bericht der eidgenössischen Expertenkommission für Fragen einer schweizerischen Kulturpolitik), Bern 1975 (sog. Bericht Clottu)

Art. 70 Sprachen

¹ Die Amtssprachen des Bundes sind Deutsch, Französisch und Italienisch. Im Verkehr mit Personen rätoromanischer Sprache ist auch das Rätoromanische Amtssprache des Bundes.

² Die Kantone bestimmen ihre Amtssprachen. Um das Einvernehmen zwischen den Sprachgemeinschaften zu wahren, achten sie auf die herkömmliche sprachliche Zusammensetzung der Gebiete und nehmen Rücksicht auf die angestammten sprachlichen Minderheiten.

³ Bund und Kantone fördern die Verständigung und den Austausch zwischen den Sprachgemeinschaften.

⁴ Der Bund unterstützt die mehrsprachigen Kantone bei der Erfüllung ihrer besonderen Aufgaben.

⁵ Der Bund unterstützt Massnahmen der Kantone Graubünden und Tessin zur Erhaltung und Förderung der rätoromanischen und der italienischen Sprache.

1   Die Bestimmung übernimmt im Wesentlichen den 1996 im Zuge der «Verständigungspolitik» nach der EWR-Abstimmung (vom 6.12.1992) auf der Basis langjähriger Vorarbeiten grundlegend revidierten Sprachenartikel der BV 1874 (Art. 116). Letzterer hatte allerdings (anders als jetzt BV 70) noch kein direktes Gegenstück in Gestalt einer ausdrücklichen Gewährleistung der Sprachenfreiheit (heute: BV 18). Mit der Revision von 1996 erfolgte die Aufwertung der rätoromanischen Sprache zur, *sit venia verbo*, «dreieinhalbten» Amtssprache des Bundes (vgl. jetzt BV 70 Abs. 1 Satz 2). Zuvor war Rätoromanisch in der Volksabstimmung vom 20.2.1938 – unter dem Eindruck der Ereignisse in den Nachbarstaaten – in einem Akt symbolischer Verfassungsgebung die «feierliche Anerkennung» als vierte Nationalsprache (BV 1874 Art. 116) zuteil geworden (vgl. N 2 zu BV 4). Mit der zweifach (1996 und 1999) direktdemokratisch besiegelten Neuordnung des Sprachenrechts ist auf Verfassungsstufe etwas Ruhe eingekehrt. Die Probleme und Spannungslagen sind freilich nicht verschwunden, wie sich bei der (noch nicht abgeschlossenen) gesetzgeberischen Umsetzung des Sprachenartikels zeigt (vgl. das Schicksal des am 29.3.2001 von einer paritätischen Arbeitsgruppe Bund–Kantone vorgelegten, vom Bundesrat im April 2004 fallen gelassenen Vorentwurfs für ein Sprachengesetz des Bundes, VE-SpG, und die «Wiederaufnahme» durch die Bundesversammlung im Rahmen der Parlamentarische Initiative Levrat, 04.429; vgl. Bericht WBK-N vom 19.9.2006, BBl 2006 8977, mit Gesetzesentwurf, E-SpG).

2   Zur *Viersprachigkeit* als Wesensmerkmal der heutigen Schweiz vgl. N 2 f. zu BV 4 (mit statistischen Angaben). – Zur Sprachenfrage vgl. nebst BV 4 (Landessprachen) auch BV 8 Abs. 2 (Diskriminierungsverbot); BV 18 (Sprachenfreiheit); BV 31 Abs. 2 (Garantien bei Freiheitsent-

zug); BV 69 (Rücksichtnahme auf die sprachliche Vielfalt des Landes). Auf internationaler Ebene vgl.:

- Europäische Charta vom 5.11.1992 der Regional- oder Minderheitensprachen (SR 0.441.2; für die Schweiz: seit 1.4.1998); die Schweiz hat Rätoromanisch und Italienisch als in der Schweiz weniger verbreitete Amtssprachen bezeichnet, auf welche gewisse Schutzbestimmungen der Charta Anwendung finden;
- Rahmenübereinkommen des Europarates vom 1.2.1995 zum Schutz nationaler Minderheiten (SR 0.441.1, für die Schweiz: seit 1.2.1999).

Die Sprachenordnung des Bundes wird ergänzt durch *kantonales* Sprachen(verfassungs)recht. Erwähnung verdient das Sonderstatut für den französischsprachigen Berner Jura (KV/BE 5).

Amtssprachen (Abs. 1 und Abs. 2 Satz 1)

3   *Amtssprache* meint jene Sprache (es können auch mehrere sein), in der die Behörden mit den Bürgerinnen und Bürgern bzw. mit anderen Amtsstellen verkehren und Aktenstücke abfassen. Nach gängiger Auffassung ist die Verwendung der Amtssprache für die Bürgerinnen und Bürger zugleich Recht und Pflicht, ebenso für die Behörden (vgl. BGE 131 V 35; zur Zulässigkeit der Verwendung einzelner fremdsprachiger Fachausdrücke vgl. BGer, Urteil 2A.206/2001 vom 24.7.2001, Swisscom AG, Erw.3.; dazu auch N 6 zu BV 4). – Für bestimmte Lebensbereiche kann die Sprachenfrage abweichend geregelt sein (z.B. Unterrichts- bzw. Prüfungssprache, vgl. etwa Art. 18 der Verordnung vom 16.12.2000 über das Doktorat an der ETHZ, SR 414.133.1).

4   Die *Amtssprachen des Bundes* sind (anders als in manchen Kantonen) *verfassungs*rechtlich fixiert. *Deutsch, Französisch und Italienisch* sind seit Bundesstaatsgründung Amtssprachen des Bundes, *Rätoromanisch* seit 1996, wenn auch (im Sinne einer Teil-Amtssprache) nur im Verkehr mit Personen rätoromanischer Sprache (vgl. WYSS, ZSR 1997 I, 158 ff.). Eine systematische Regelung der Amtssprachen fehlt im Bund noch (vgl. jetzt die Bestrebungen zur Schaffung eines Sprachengesetzes, N 1). – Grundsätzlich zulässig erscheinen Vorgaben an das Staatspersonal betreffend die *Rechtschreibung*. Immerhin wäre es wohl unverhältnismässig, einen Bundesangestellten, der das Wort «Schifffahrt» weiterhin standhaft mit zwei «f» schreibt statt mit drei, mit Sanktionen zu belegen, solange in der amtlichen Gesetzessammlung Doppel- und Dreifach-«f» friedlich koexistieren. – Rechtsnormen des nationalen oder internationalen Rechts können Abweichungen vom Amtssprachenprinzip bedingen (vgl. BV 31 Abs. 2 und EMRK 5 Ziff. 2; zum Petitionsrecht vgl. N 8 zu BV 33). BV 70 Abs. 1 schliesst nicht kategorisch aus, dass die Behörden des Bundes andere Sprachen zulassen (vgl. MAHON, Comm., Art. 70, N 8), solange keine Drittinteressen betroffen sind. – Zur Verfahrenssprache am Bundesgericht vgl. BGG 42, 54, früher OG 30, 37; im Asylverfahren vgl. VPB 69.49 (in der Regel: Sprache, die am Wohnort der Asyl suchenden Person Amtssprache ist).

5   *Gleichstellung:* Die drei hergebrachten Amtssprachen sind grundsätzlich gleichgestellt (unschön daher Art. 13 der Tabakverordnung vom 27.10.2004, SR 817.06, wonach bestimmte Angaben auf Verpackungen «in der Reihenfolge Deutsch, Französisch, Italienisch» angebracht werden müssen). Bei Rechtsvorschriften «sind die drei Fassungen in gleicher Weise verbindlich» (PublG 14). In der Praxis ist eine gewisse faktische Zurücksetzung des Italieni-

schen zu beobachten. Über lange Jahre war diese Sprache bei den Simultanübersetzungen der Nationalratsdebatten benachteiligt (für Gleichstellung sorgt jetzt GRN 37, SR 171.13).

6 *Zum sprachenrechtlichen Sonderfall Rumantsch Grischun* (näher BIAGGINI, DVBl 2005, 1090 ff.): In Graubünden haben sich zahlreiche rätoromanische Idiome und fünf regionale Schriftsprachen entwickelt. Vor die Frage gestellt, in welcher Form sich die Eidgenossenschaft an die Angehörigen der rätoromanischen Sprachgemeinschaft wenden soll, entschied der Bundesrat 1986 – d.h. bereits ein Jahrzehnt vor der Aufwertung zur Teil-Amtssprache – im Einvernehmen mit der Regierung des Kantons Graubünden, dass für Übersetzungen von Gesetzen und weiteren Drucksachen und Texten «grundsätzlich» die neue einheitliche Schriftsprache Rumantsch Grischun zu verwenden sei (vgl. jetzt E-SpG Art. 6 Abs. 3). Diese war auf private Initiative hin (Lia Rumantscha) vom Zürcher Romanisten Heinrich Schmid im Sinne einer sog. Ausgleichssprache entwickelt worden, ausgehend von den bestehenden Schriftidiomen (insb. Sursilvan, Vallader und Surmiran). In einem 1996 ergangenen Urteil schloss sich das Bundesgericht an (BGE 122 I 93 ff., *Sentenzia dals 6 da zercladur* [Juni] *en il cas Corporaziun da vaschins da Scuol cunter Regenza dal chantun Grischun).* Dem bisher einzigen in die Amtliche Sammlung aufgenommenen Urteil in rätoromanischer Sprache wurde eine deutsche Übersetzung beigegeben (BGE 122 I 95 f.). – Den Bürgerinnen und Bürgern rätoromanischer Zunge wird man es bis auf weiteres nicht verwehren können, sich in ihrem (grundrechtlich geschützten) Idiom an die Bundesbehörden zu wenden (vgl. auch N 6 zu BV 18).

7 *Arbeitssprachen:* Von den Amtssprachen zu unterscheiden sind die Arbeitssprachen in der Bundesverwaltung (typischerweise Deutsch und, in geringerem Ausmass, Französisch). BV 70 verbietet es den Mitarbeitern einer Bundesbehörde nicht, *interne* Mitteilungen in einer Landessprache zu verfassen, welche nicht die im Verkehr mit dem betroffenen Bürger verwendete Amtssprache ist (BGE 131 V 35). Der Bund kann – er muss aber aus grundrechtlicher Sicht nicht – so grosszügig sein wie VE-SpG 9 (vgl. N 1), der es den Bediensteten des Bundes (und ausdrücklich auch den Mitgliedern des Bundesrates!) zugesteht, «in der Amtssprache ihrer Wahl» zu arbeiten. – Zur Förderung der Mehrsprachigkeit in der Bundesverwaltung vgl. die gleichnamigen Weisungen des Bundesrates vom 22.1.2003 («Mehrsprachigkeitsweisungen»; Text in BBl 2003 1441 ff.), die der Tradition der «Überrepräsentation» von Minderheiten verpflichtet sind (vgl. Ziffer 21: «Abweichungen zu Gunsten der lateinischen Sprachen sind möglich.»). Vgl. auch BPG 4.

8 *Amtssprachen der Kantone:* Die Kantone bestimmen ihre Amtssprache(n) in den Grenzen des Abs. 2 (vgl. N 9 ff.) und der einschlägigen Grundrechtsgarantien (insb. BV 8, 18, 31; vgl. N 6 zu BV 18) selbst. Nicht unproblematisch ist Art. 16 des Bündner Sprachengesetzes (vom 19.10.2006), wonach «Gemeinden mit einem Anteil von mindestens 40 Prozent von Angehörigen einer angestammten Sprachgemeinschaft» als einsprachig gelten. Ungeachtet der imperativen Formulierung sind die Kantone nicht gezwungen, die Amtssprache in einem förmlichen (rechtsetzenden) Akt festzusetzen (KÄGI-DIENER, SG-Komm., Art. 70, N 13). Nur wenige Kantonsverfassungen (überwiegend jene der mehrsprachigen Kantone) legen die Amtssprache fest (vgl. jetzt immerhin KV/ZH 48). – Neben den 22 einsprachigen Kantonen (17 deutsch, 4 französisch, 1 italienisch) gibt es drei *zweisprachige* Kantone – nämlich BE (84,0% d; 7,6% f), FR (63,2% f; 29,2% d), VS (62,8% f; 28,4% d) – und einen *dreisprachigen* Kanton (GR: 68,3% d; 14,5% r; 10,2% i) – Zahlenangaben gemäss Volkszählung 2000 (vgl.

auch N 3 zu BV 4). Die Kantone Tessin und Jura verstehen sich als einsprachig, obwohl es angestammte sprachliche Minderheiten gibt, einerseits in der alten Walser-Siedlung Bosco/Gurin (79 Einwohner, 2002), mit einer inzwischen allerdings italienischsprachigen Mehrheit (52,1%), andererseits in der Gemeinde Ederswiler (124 Einwohner, 2002; 84,5% d), die trotz Votum für den Verbleib bei Bern aufgrund der Plebiszit-Regeln dem Kanton Jura zufiel (vgl. BBl 1995 III 1434 f.).

Pflichten der Kantone (Abs. 2 Satz 2)

9   Abs. 2 statuiert nicht, wie man öfters liest, ein Prinzip *(«das»* Territorialitätsprinzip), sondern *zwei Gebote.* Die Kantone haben:
   - «auf die herkömmliche sprachliche Zusammensetzung der Gebiete» zu «achten». Daraus kann abgeleitet werden, dass die Kantone (inkl. Gemeinden) die angestammte(n) Hauptsprache(n) als Amtssprache(n) vorsehen müssen und dass es ihnen untersagt ist, eine Politik der bewussten, aktiven Verschiebung der Sprachgrenzen zu betreiben (KÄGI-DIENER, SG-Komm., Art. 70, N 14 f.). Eine *Verpflichtung* der Kantone zu Massnahmen, «welche die Homogenität der einzelnen Sprachgebiete gewährleisten» (so KÄGI-DIENER, SG-Komm., Art. 70, N 14), lässt sich dem Passus indes nicht entnehmen.
   - Rücksicht zu nehmen auf die *angestammten (landes-)sprachlichen Minderheiten* (vgl. auch MAHON, Comm., Art. 70, N 10). Es handelt sich – für ein «Land der Minderheiten» erstaunlich – um die einzige Stelle, an der die Verfassung den Begriff «Minderheiten» verwendet (was nicht etwa ein Zeichen für «Minderheitenfeindlichkeit» der BV ist, sondern Ausdruck eines primär territorial-demokratisch-grundrechtlichen Lösungsansatzes). – «Rücksichtnahme» heisst zunächst Unzulässigkeit jeder Unterdrückung oder Verdrängung, kann aber u.U. auch aktive Schutzmassnahmen erfordern. Instrumente und Methoden sind z.B.: Festlegung von Unterrichtssprachen, Verfahrenssprachen (vor Gericht), Delegation des Entscheids über die lokale(n) Amtssprache(n) auf die Ebene der Bezirke oder Gemeinden usw.

   Zur einschlägigen höchstrichterlichen Rechtsprechung vgl. N 11 zu BV 18. Zum internationalen Schutz der Minderheitensprachen vgl. vorne N 2.

10 Die beiden Gebote sind nicht Selbstzweck, sondern werden statuiert, «(u)m das Einvernehmen zwischen den Sprachgemeinschaften zu wahren». Abs. 2 handelt nicht vom Schutz des Territoriums (oder des «Territorialitätsprinzips»), sondern von der *Verständigung* (vgl. auch Abs. 3), die darauf abzielt, dass Konflikte gar nicht erst aufkommen und eine Befriedung gar nicht erst nötig ist. Einer verfassungsrechtlichen Verankerung des geläufigen, aber problembehafteten Begriffs «Sprachfrieden» hat sich der Ständerat standhaft und mit Erfolg widersetzt (AB SD 1998 S 173, 215; MAHON, Comm., Art. 70, N 9). Der Erhalt der herkömmlichen sprachlichen Zusammensetzung der Sprachgebiete wird in BV 70 nicht absolut gesetzt («achten», nicht «verteidigen»). Verschiebungen der Sprachgrenze dürfen zwar nicht aktiv betrieben werden (N 9), lassen sich jedoch als soziodemografisch-historisches Phänomen nicht verbieten (wie der Bundesverfassungsgeber in weiser Selbstbescheidung anerkennt).

11 *«Territorialitätsprinzip»:* Die in den Geboten des Abs. 2 verkörperten öffentlichen Interessen können bei der Beschränkung der Sprachenfreiheit eine Rolle spielen (vgl. N 14 zu BV 18). Vor allem in diesem Zusammenhang ist häufig – oft undifferenziert – die Rede vom «Territo-

rialitätsprinzip» als einer Schranke der Sprachenfreiheit oder vom Amtssprachenregime als einer Konkretisierung «des» Territorialitätsprinzips. Der pauschale Verweis auf «das» Territorialitätsprinzip darf die grundrechtlich geforderte Abwägung nicht ersetzen (so auch J.P.Müller, Grundrechte, 144.). Besser ist es noch, den Begriff «Territorialitätsprinzip» ganz zu vermeiden (vgl. Biaggini, recht 1997, 112 ff.; N 14 zu BV 18), was um so leichter fällt, als der Verfassungsgeber in den 1990er Jahren zweimal bewusst auf eine textliche Verankerung dieses Grundsatzes verzichtet hat (vgl. Botsch. BV, 162 f.).

«Verständigungspolitik» (Abs. 3)

12 *Funktion:* Der auf die Revision von 1996 zurückgehende «Verständigungsartikel» (vgl. BV 1874 Art. 116 Abs. 2) begründet eine *Förderungskompetenz* des Bundes und einen an Bund und Kantone gerichteten allgemeinen *Handlungsauftrag.* Zum Ziel und zu den Instrumenten äussert sich Abs. 3 nur vage. Die «Verständigung» dient letztlich dem «inneren Zusammenhalt» (BV 2) und der Wahrung kultureller Vielfalt (BV 2, BV 69). Neben dem «Austausch» (von Schülerinnen und Schülern, aber auch z.B. von Lehrpersonen, Lehrlingen, Studierenden) kommen als Instrumente etwa Massnahmen im Bereich der *Personalpolitik* (vgl. z.B. die vorne N 7 erwähnten Mehrsprachigkeitsweisungen des Bundesrates) oder der *Medienpolitik* (vgl. z.B. RTVG 24 und 30, SR 784.40) in Betracht. Der traditionelle SRG-«Finanzausgleich» zwischen den Sprachregionen beschert der TSR 32,3% und der TSI 22,9% der gesamten Mittel bei einem Bevölkerungsanteil von 23,6% bzw. 4,4% (Quelle: SRG). Obwohl die «Dialekt-Welle» in der Deutschschweiz etwas abgeebbt ist, wird den Romands und Tessinern die Verständigung nicht immer leicht gemacht (so etwa wenn in einer Hauptnachrichtensendung des Deutschschweizer Fernsehens Interviews regelmässig nur in Dialekt geführt werden). – Zu nennen ist weiter die von sämtlichen Kantonen getragene «ch Stiftung für eidgenössische Zusammenarbeit».

13 *Erste Fremdsprache:* Im Rahmen der Totalrevision wurde ein Antrag abgelehnt, der die Kantone verpflichtet hätte, in der Schule als erste Fremdsprache eine Landessprache vorzusehen (AB SD 1998 N 300 ff.). Nachdem sich zahlreiche Kantone für die Einführung des sog. *Frühenglisch* entschieden haben, hat sich der Nationalrat im Rahmen der Beratungen zum Sprachengesetz – auf sehr unsicherer verfassungsrechtlicher Grundlage – für eine Landessprache als erste Fremdsprache ausgesprochen (AB N 2007, 21.6., zu E-SpG 15). Die Erziehungsdirektorenkonferenz (EDK) tritt für ein «Modell 3/5» ein. Danach sind in der Grundschule zwei Fremdsprachen vorgesehen, spätestens ab dem 3. und ab dem 5. Schuljahr; eine davon ist die zweite Landessprache. Politische wie verfassungsrechtliche Auseinandersetzungen sind vorprogrammiert (vgl. BV 62 Abs. 4). – Kein Grund für «Sprachunfrieden» war dagegen bisher, dass der «Lac Léman» offiziell mit «Genfersee» übersetzt wird; dies vielleicht auch deshalb, weil der «Bodensee» im amtlichen Französisch mit «Lac de Constance» übersetzt wird (vgl. Bodensee-Schifffahrts-Ordnung, franz. Fassung; SR 747.223.1).

Unterstützung der Kantone durch den Bund (Abs. 4 und 5)

14 In Abs. 4 und 5 werden Förderungskompetenzen des Bundes begründet. Diese sind verpflichtend formuliert, setzen jedoch als blosse «Unterstützungskompetenzen» Massnahmen der angesprochenen Kantone voraus, d.h. erlauben es dem Bund nicht, eigene (selbstständige) Massnahmen zu initiieren. Bundesunterstützung kommt in Betracht für:

- die *mehrsprachigen* Kantone (Abs. 4; d.h. BE, FR, VS, GR) zur Erfüllung ihrer nicht näher bezeichneten «besonderen Aufgaben». Zu denken ist nicht nur an die Schule, sondern auch etwa an die mehrsprachige Arbeit in politischen Behörden, Justiz und Verwaltung (vgl. E-SpG 22; N 1);
- die Kantone GR und TI (Abs. 5) im Zusammenhang mit Massnahmen zur Erhaltung und Förderung der *rätoromanischen und der italienischen Sprache*, die gleichsam von Verfassungsrechts wegen als gefährdet gelten. – Bereits vor Annahme des neuen Sprachenartikels (1996) erbrachte der Bund (gestützt auf ein BG vom 24.6.1983, AS 1983 1444) Leistungen von rund 5 Millionen Franken jährlich (vgl. BBl 1991 II 343); heute sind es 4,559 (GR) bzw. 2,28 (TI) Millionen Franken (Voranschlag 2006) auf der Grundlage des BG vom 6.10.1995 über Finanzhilfen für die Erhaltung und Förderung der rätoromanischen und der italienischen Sprache und Kultur (SR 441.3). – Die Beträge mögen bescheiden wirken, sind aber aus staatspolitischer Sicht sehr bedeutsam.

Die Förderung kann auch Privaten zugute kommen. Denkbar, wenn auch verfassungsrechtlich und staatspolitisch nicht unproblematisch, ist die Mitunterstützung der Presse (vgl. Art. 4 der ausführenden Verordnung vom 26.6.1996, SR 441.31). Direkt unterstützt wird zurzeit der Betrieb einer romanischen Nachrichtenagentur (Agentur da Novitads Rumantscha, anr), nicht jedoch die überregionale Zeitung «La Quotidiana».

Literaturhinweise (vgl. auch die Hinweise bei BV 4 und BV 18)

BIAGGINI GIOVANNI, Sprache als Kultur- und Rechtsgut, Deutsches Verwaltungsblatt (DVBl) 2005, 1090 ff.; DERS., Sprachenfreiheit und Territorialitätsprinzip, recht 1997, 112 ff.; BORGHI MARCO, Langues nationales et langues officielles, VRdCH, 593 ff.; GUCKELBERGER ANNETTE, Das Sprachenrecht der Schweiz, ZBl 2005, 609 ff.; HEGNAUER CYRIL, Das Sprachenrecht der Schweiz, Zürich 1947; KÄGI-DIENER REGULA, Die Kompetenzen von Bund und Kantonen im Sprachenrecht, ZBl 2001, 505 ff.; LÜTHI AMBROS, Die Sprachenfrage in der neuen Verfassung des Kantons Freiburg, LeGes 2004/2, 65 ff.; MADER LUZIUS, La nouvelle loi fédérale sur les langues, in: Lingua e diritto, Basel 2004, 331 ff.; NAY GIUSEP, La posiziun dal rumantsch sco linguatg giudizial, LeGes 1991/1, 9 ff.; PREVITALI ADRIANO, Della prisunta inutilità della nuova legge federale sulle lingue nazionali, LeGes 2004/2, 177 ff.; DERS., L'encouragement du plurilinguisme en Suisse, l'exemple du domaine scolaire, AJP 2000, 379 ff.; RICHTER DAGMAR, Sprachenordnung und Minderheitenschutz im schweizerischen Bundesstaat, Berlin usw. 2005; ROSSINELLI MICHEL, La question linguistique en Suisse, ZSR 1989 I, 163 ff.; SCHWEIZER RAINER J., Sprache als Kultur- und Rechtsgut, VVDStRL 65, 2006, 346 ff.; THÜRER DANIEL, Zur Bedeutung des sprachenrechtlichen Territorialitätsprinzips für die Sprachenlage im Kanton Graubünden, ZBl 1984, 241 ff.; VILETTA RUDOLF, Grundlagen des Sprachenrechts, Zürich 1978; WIDMER JEAN et al., Die Schweizer Sprachenvielfalt im öffentlichen Diskurs, Bern 2005; WYSS MARTIN PHILIPP, Das Sprachenrecht in der Schweiz nach der Revision von Art. 116 BV, ZSR 1997 I, 141 ff.; «Zustand und Zukunft der viersprachigen Schweiz»: Abklärungen, Vorschläge und Empfehlungen einer Arbeitsgruppe des Eidgenössischen Departementes des Innern (Bern 1989).

Art. 71 Film

¹ Der Bund kann die Schweizer Filmproduktion und die Filmkultur fördern.
² Er kann Vorschriften zur Förderung der Vielfalt und der Qualität des Filmangebots erlassen.

1 Der «Filmartikel» hat sich im Zuge der Totalrevision BV vom «Geist des Kalten Krieges», aus dem er 1958 geboren wurde (BV 1874 Art. 27ter), befreit und sich zu einer gewöhnlichen sachbereichsspezifischen Kulturförderungsbestimmung (mit leicht protektionistischer Note) gewandelt. Gegenstand ist nicht mehr die (staatspolitisch motivierte) Abwehr ideologischer Beeinflussung aus dem Ausland (vgl. Botsch. BV, 274), sondern (nur noch) die primär kulturpolitisch motivierte Förderung der Filmkultur und der schweizerischen Filmproduktion. – Die Ausführungsgesetzgebung (vgl. jetzt das BG vom 14.12.2001 über Filmproduktion und Filmkultur, FiG; SR 443.1) hatte diesen Wandel bereits früher vollzogen. Die 1938 vor allem zur Abwehr nationalsozialistischen Gedankengutes eingeführte Kontingentierung der Filmeinfuhr (vgl. GEISER/GRABER, SG-Komm., Art. 71, N 1) wurde 1993 durch ein Bewilligungssystem ersetzt (vgl. AS 1992 II 1554); die wirtschaftspolitisch motivierte Bewilligungspflicht (Bedürfnisklausel) für die «Eröffnung und Umwandlung von Betrieben der Filmvorführung» (BV 1874 Art. 27ter; vgl. auch Art. 18 des früheren Filmgesetzes vom 28.9.1962, AS 1962 1706; BGE 113 Ib 97; BGE 113 Ib 108) wurde 2002 fallen gelassen.

2 *Verhältnis zum Grundsatz der Wirtschaftsfreiheit (BV 94):* Im neuen Filmartikel findet sich keine Klausel mehr, die den Bund zu kultur- oder staatspolitisch motivierten Abweichungen vom Grundsatz der Wirtschaftsfreiheit ermächtigen würde (anders BV 1874 Art. 27ter: für Filmeinfuhr, Filmverleih sowie Eröffnung und Umwandlung von Kinos). Wie sich aus den Materialien unzweideutig ergibt, wollte der Verfassungsgeber die Möglichkeit von Abweichungen indes nicht abschaffen, sondern stillschweigend weiterführen (AB SD 1998 S 76; Botsch. BV, 275; BBl 2000 5465; MAHON, Comm., Art. 71, N 10 f.).

3 Als *Film* gilt gemäss Legaldefinition in FiG 2 Abs. 1 «jede für die Wiedergabe festgehaltene gestaltete Folge von Bildern mit oder ohne Ton, die bei der Betrachtung den Eindruck einer Bewegung hervorruft, unabhängig vom gewählten technischen Aufnahme-, Speicher- oder Wiedergabeverfahren».

Förderung von Filmproduktion und Filmkultur (Abs. 1)

4 *Funktion:* Abs. 1 begründet eine (nicht verpflichtende) *parallele* Förderungskompetenz des Bundes (ebenso MAHON, Comm., Art. 71, N 5; fragwürdig Botsch. BV, 284; a.M. KIENER, VRdCH, 911: konkurrierend).

5 *Schweizer Filmproduktion:* Zu definieren, was als *«schweizerisch»* (und somit grundsätzlich förderungsfähig) gelten darf, erweist sich im Filmmetier als tückenreich (vgl. die Liste teils kumulativer, teils alternativer Kriterien in FiG 2, wo u.a. auf Nationalität oder Herkunft der Autorenschaft, der Mitarbeitenden, der Geldmittel und den Sitz der filmtechnischen Betriebe abgestellt wird). Gemäss FiG 3 können auch schweizerisch-ausländische Koproduktionen in den Genuss von Finanzhilfen oder Unterstützung kommen. Die Schweiz hat mit mehreren Staaten Koproduktionsabkommen abgeschlossen (vgl. SR 0.443 ff.) und ist überdies Vertragsstaat des Europäischen Übereinkommens über die Gemeinschaftsproduktion von Kino-

filmen (SR 0.443.2.). – FiG 8 sieht vor, dass die Finanzhilfen nach Qualitätskriterien (selektive Förderung) oder nach Erfolgskriterien (erfolgsabhängige Förderung) zugesprochen werden. Zu den *Förderungsbereichen und -instrumenten* im Einzelnen vgl. FiG 3 ff. sowie die Filmförderungsverordnung des EDI vom 20.12.2002 (FiFV, SR 443.113).

6   Der Förderung der *«Filmkultur»* dienen etwa die Unterstützung von Filmfestivals und die Archivierung und Restaurierung von Filmen (vgl. FiG 5).

Förderung von Vielfalt und Qualität des Filmangebots (Abs. 2)

7   Die konkurrierende (nachträglich derogatorische) Gesetzgebungskompetenz (anders GEISER/ GRABER, SG-Komm., Art. 71, N 6: ausschliesslich) zielt (ohne es ausdrücklich zu sagen) auf die Vielfalt und Qualität *öffentlich vorgeführter Filme*. – Das neue Filmgesetz (SR 443.1) verzichtet bewusst auf dirigistische Massnahmen wie die Kontingentierung der Filmeinfuhr oder eine Bedürfnisklausel für Filmvorführbetriebe (vgl. BBl 2000 5429 ff.). Zu den *Instrumenten* im Einzelnen vgl. FiG 17 ff. – Das Gesetz statuiert eine (die Wirtschaftsfreiheit einschränkende) Verpflichtung der Verleih- und Vorführunternehmen, zur Angebotsvielfalt beizutragen. Für den Fall, dass in einer Kinoregion (vgl. FiV 2 ff.) die in FiG 18 näher umschriebene Angebotsvielfalt nicht gegeben ist, sieht das Gesetz neu die (bisher noch nicht genutzte) Möglichkeit vor, eine *Lenkungsabgabe* von höchstens 2 Franken pro Kino-Eintritt einzuführen (FiG 21). Das politisch nicht unumstrittene Instrument ist aus kompetenzrechtlicher (verfassungsrechtlicher) Sicht nicht weiter problematisch, sofern der Ertrag der Abgabe zweckgemäss verwendet wird (und die Grundrechte der Belasteten beachtet werden).

Literaturhinweise

BARRELET DENIS, Droit de la communication, Bern 1998; EFFENBERGER JULIUS, Die Praxis der schweizerischen Filmproduktionsförderung aus rechtlicher Sicht, Bern 1982; KIENER REGINA, Bildung, Forschung und Kultur, VRdCH, 903 ff.; WEBER ROLF H./UNTERNÄHRER ROLAND/ZULAUF RENA, Schweizerisches Filmrecht, Zürich 2003; ZUFFEREY NATHALIE/AUBRY PATRICE, Loi sur le cinéma, Bern 2006.

Art. 72 Kirche und Staat

¹ Für die Regelung des Verhältnisses zwischen Kirche und Staat sind die Kantone zuständig.

² Bund und Kantone können im Rahmen ihrer Zuständigkeit Massnahmen treffen zur Wahrung des öffentlichen Friedens zwischen den Angehörigen der verschiedenen Religionsgemeinschaften.

³ ...¹

1. Die Bestimmung hat ihre Wurzeln im Jahr 1874 (BV 1874 Art. 50).

2. *Aufhebung der sog. konfessionellen Ausnahmeartikel:* Das Erfordernis einer *Bundesgenehmigung* für die Errichtung von Bistümern auf schweizerischem Gebiet (BV 72 Abs. 3 i.d.F. vom 18.4.1999; sog. *Bistumsartikel)* – 1874 eingeführt, im Rahmen der Totalrevision vorerst beibehalten (nach Stichentscheid: AB SD 1998 S 181) – wurde in der Volksabstimmung vom 10.6.2001 mit klarer Mehrheit (alle Stände, rund 64% der Stimmenden) aufgehoben. Andere verfassungsrechtliche Relikte aus der Epoche der konfessionellen Auseinandersetzungen waren bereits 1973 – im Hinblick auf den Beitritt der Schweiz zur EMRK (vgl. BBl 1972 I 158) – aufgehoben worden, nämlich:

   – der sog. *Jesuitenartikel* (BV 1874 Art. 51; vgl. auch BV 1848 Art. 58), der es dem Jesuitenorden untersagte, sich in der Schweiz niederzulassen, und den Ordensangehörigen jede Tätigkeit in Kirche und Schule verbot;

   – der sog. *Klosterartikel* (BV 1874 Art. 52), der die Errichtung neuer und die Wiederherstellung aufgehobener Klöster und Orden untersagte.

   Bis Ende 1999 blieb das *passive Wahlrecht* den Stimmberechtigten weltlichen Standes vorbehalten (vgl. N 6 zu BV 143; BV 1874 Art. 75; BV 1848 Art. 64). Nach wie vor in Kraft (wenn auch seit 1978 nicht mehr auf Verfassungsstufe) ist das 1893 per Volksinitiative eingeführte Schächtverbot (vgl. N 1 zu BV 80).

3. Nach Streichung des Bistumsartikels besitzt BV 72 kaum noch normative Substanz. Die verbleibenden Absätze (ursprünglich vor allem als «Aufhänger» für Abs. 3 gedacht) sind rein deklaratorisch (Kantone) bzw. durch andere Normen abgedeckt (BV 36, 173 Abs. 1, 185 Abs. 3). Die Aufhebung von Abs. 3 hat keine direkte Bindungswirkung für die Kantone. Diese müssen jedoch ihre Zuständigkeiten grundrechtskonform ausüben (vgl. SPK-N, BBl 2000 4046). Die Einführung eines kantonalen Genehmigungserfordernisses dürfte aus heutiger Sicht mit der Religionsfreiheit und dem Rechtsgleichheitsgebot nicht vereinbar sein (vgl. immerhin hinten N 12).

4. Gemäss Volkszählung 2000 machen die beiden traditionellen Hauptkonfessionen 41,8% (römisch-katholisch) bzw. 35,3% (protestantisch) aus; die drittgrösste Gruppe waren die Muslime (4,3%). Rund 11% gaben an, keiner Kirche oder Religionsgemeinschaft anzugehö-

---

1   Aufgehoben in der Volksabstimmung vom 10. Juni 2001 (BB vom 15. Dez. 2000, BRB vom 22. Aug. 2001 – AS 2001 2262; BBl 2000 4038 5581 6108, 2001 4660).

ren (Quelle: Statistisches Jahrbuch 2004). In den Städten Zürich und Genf, zwei einstigen Hochburgen der Reformation, wohnen heute mehr Katholiken als Reformierte.

Zuständigkeit der Kantone (Abs. 1)

5   Der (unechte) Zuständigkeitsvorbehalt zu Gunsten der Kantone (BV 3) gilt für das Verhältnis zu Religionsgemeinschaften generell, d.h. auch zu solchen, die sich selbst nicht als «Kirche» verstehen. Abs. 1 schliesst nicht aus, dass der Bund in seinem Zuständigkeitsbereich Fragen mit kirchlichem Bezug regelt (vgl. z.B. ZGB 52 Abs. 2: Erlangung der Rechtspersönlichkeit bei kirchlichen Stiftungen; MG 18 und MDV 75: Dienstbefreiung für bestimmte Geistliche; DBG 56 betreffend Befreiung der Kirchgemeinden von der Steuerpflicht; USG 11 und kirchlich-religiöses Glockengeläut, vgl. BGE 126 II 367 f.).

6   *Schranken:* BV 72 Abs. 1 entbindet die Kantone nicht von der Beachtung bundes(verfassungs)rechtlicher und völkerrechtlicher Vorgaben, insb. der einschlägigen Grundrechte (BV 8, BV 15, EMRK 9) unter Einschluss des Gebotes konfessioneller Neutralität (näher N 14 zu BV 15). Letzteres verlangt nicht absolute Indifferenz oder eine strikte Trennung von Kirche und Staat. Die Kantone sind vielmehr befugt (aber nicht verpflichtet), für Kirchen bzw. Religionsgemeinschaften einen besonderen öffentlich-rechtlichen Status vorzusehen.

7   *Öffentlich-rechtliche Anerkennung:* Die Frage der Anerkennung wird in den Kantonen unterschiedlich beantwortet (vgl. FAMOS, 47 ff.; CAVELTI, SG-Komm., Art. 72, N 6 f.; MAHON, Comm., Art. 72, N 6).

–   In GE und NE sind Staat und Kirche grundsätzlich getrennt (KV/GE 164 ff.; KV/NE 97), was einzelne staatliche Hilfestellungen (z.B. beim Einzug von Mitgliederbeiträgen; MAHON, Comm., Art. 72, N 6) nicht ausschliesst.

–   Die übrigen Kantone anerkennen die *evangelisch-reformierte und die römisch-katholische Kirche*, etliche auch die christkatholische Kirche als *Landeskirchen bzw. öffentlich-rechtliche Körperschaften* mit eigener Rechtspersönlichkeit (was gewöhnlich mit gewissen Vorzugsbehandlungen, etwa betreffend Erhebung und Einzug der sog. Kirchensteuern, verbunden ist).

–   Einige Kantone anerkennen inzwischen auch in der einen oder anderen Form die *israelitische bzw. jüdische Gemeinde* (z.B. KV/BE 126; KV/BS § 126; KV/SG 109; KV/ZH 131: sogar zwei Gemeinden).

Die Kantone können «die Organisation und die Mitgliedschaft in den von ihnen anerkannten Kirchen regeln», allerdings geschieht dies (entgegen BGE 129 I 68, 72) nicht «gestützt auf» BV 72 Abs. 1, sondern im Rahmen der den Kantonen verbliebenen originären Kompetenz (BV 3). – Den Besonderheiten der römisch-katholischen Kirche wird die Bezeichnung «Landeskirche» nicht gerecht (CAVELTI, SG-Komm., Art. 72, N 8), was manche Kantone nicht gehindert hat, den Begriff trotzdem zu verwenden (vgl. z.B. KV/UR 7, KV/GL 135; anders etwa KV/ZH 130: römisch-katholische Körperschaft). Die staatskirchenrechtlich geregelte Körperschaft ist zu unterscheiden vom Bistum als kirchenrechtlichem Institut. Die Beziehungen zwischen den staatskirchenrechtlichen und den kirchenrechtlichen Strukturen sind Gegenstand spezifischer Regelungen (Überblick bei CAVELTI, SG-Komm., Art. 72, N 19; vgl. auch SR 0.181–0.183).

8 *Kirchliche Gerichtsbarkeit:* Den öffentlich-rechtlich anerkannten Religionsgemeinschaften ist es im Rahmen ihrer Autonomie unbenommen, eine kirchliche Gerichtsbarkeit zur Beurteilung von Streitigkeiten betreffend innere Angelegenheiten einzurichten. Dass der Bundesverfassungsgeber 1874 die «geistliche Gerichtsbarkeit» für abgeschafft erklärte (BV 1874 Art. 58), steht dem nicht entgegen (vgl. BGE 129 I 91, 98; BIAGGINI, VRdCH, 1163).

9 Die Anerkennung *weiterer* Religionsgemeinschaften ist je nach Kanton unterschiedlich gestaltet: Sie kann eine Änderung der Kantonsverfassung erfordern (z.B. ZH, SZ, SG) oder durch Gesetz (z.B. OW, GR, TI) oder durch Beschluss des kantonalen Parlaments (z.B. GL, SO, SH, AG, JU) oder in einem vom Gesetzgeber festzulegenden Verfahren (z.B. BE, BL) erfolgen. – Nach einer traditionsreichen, aber heute problematischen Auffassung ist es den Kantonen gestattet, Religionsgemeinschaften zu privilegieren, ohne die Privilegien auch anderen Religionsgemeinschaften gewähren zu müssen (vgl. HÄFELIN, Komm. aBV, Art. 50, N 15; BGE 55 I 113, 129 f.; BGE 21 674, 676; Botsch. BV, 287). Die Kantone haben das Gebot der Gleichbehandlung (BV 8) zu beachten. Die pauschale Verneinung eines einklagbaren Anspruchs auf öffentlich-rechtliche Anerkennung (so z.B. CAVELTI, SG-Komm., Art. 72, N 5) erscheint aus heutiger Sicht fragwürdig (vgl. Urteil des Oberverwaltungsgerichts Berlin vom 24.3.2005 betreffend Anerkennung der Zeugen Jehovas).

Wahrung des öffentlichen (Religions-)Friedens (Art. 2)

10 Abs. 2 begründet keine Zuständigkeiten und, wörtlich genommen, nicht einmal einen Handlungsauftrag, obwohl die Wahrung des *öffentlichen* Friedens unbestritten eine *Aufgabe* des Staates ist, nicht nur eine Befugnis. Das Einschreiten kann zur Pflicht, aus dem «können» ein «müssen» werden. – Allerdings führt nicht jede irgendwie geartete Verletzung religiöser Gefühle zu einer Störung des konfessionellen Friedens, die staatliches Eingreifen erfordert oder rechtfertigt (vgl. BGE 108 Ia 41: Verfassungswidrigkeit eines generellen Verbots von Prozessionen). Von allen Religionsgemeinschaften darf ein Mindestmass an Toleranz erwartet werden (auch wenn sich Toleranz nicht verordnen lässt).

11 Der *Bund* kann sich auf die in BV 52 angesprochene (in BV 57, 173 Abs. 1 Bst. b, 185 Abs. 3 vorausgesetzte) Zuständigkeit zur Wahrung der öffentlichen Ordnung und inneren Sicherheit berufen (vgl. N 6 zu BV 57). Eine Intervention des Bundes kommt wohl nur in Betracht bei überkantonalen Konflikten oder wenn die Kräfte des betroffenen Kantons nicht ausreichen. – Für eine umfassende «Sektenpolitik» fehlt dem Bund die Kompetenz (zu punktuellen Grundlagen vgl. GPK-N, Bericht vom 1.7.1999, BBl 1999 9923 ff.).

12 Zu den *Instrumenten* äussert sich Abs. 2 nicht näher. Nicht kategorisch ausgeschlossen ist (trotz Aufhebung von Abs. 3) ein Eingriff in die kirchliche Bistumsorganisation (so auch HAFNER, VRdCH, 718).

Literaturhinweise

FAMOS CLA RETO, Die öffentlich-rechtliche Anerkennung von Religionsgemeinschaften im Lichte des Rechtsgleichheitsprinzips, Freiburg 1999; FRIEDRICH UELI, Kirchen und Glaubensgemeinschaften im pluralistischen Staat, Bern 1993; KARLEN PETER, Das Grundrecht der Religionsfreiheit in der Schweiz, Zürich 1988; KRAUS DIETER, Schweizerisches Staatskirchenrecht, Tübingen 1993; PAHUD DE MORTANGES RENÉ u.a., Die Zukunft der öffentlich-rechtlichen Anerkennung von Religionsgemeinschaften, Freiburg 2000; PAHUD DE MORTANGES RENÉ/TANNER ERWIN (Hrsg.) Kooperation zwischen Staat und Religionsgemeinschaften nach schweizerischem Recht, Zürich 2005; Schweizerisches Jahrbuch für Kirchenrecht (seit 1996); WYSS MARTIN PHILIPP, Glaubens- und Religionsfreiheit zwischen Integration und Isolation, ZBl 1994, 385 ff.

4. Abschnitt: Umwelt und Raumplanung

1 Die ursprünglich bescheidenen Kompetenzen des Bundes im Umweltbereich (1874: Wasserbau- und Forstpolizei, Fischerei, Jagd) wurden sukzessive erweitert: Tierschutz (1893/1973), Wasser und Gewässerschutz (1897/1908/1953/1975), Natur- und Heimatschutz (1962), Raumplanung (1969), Umweltschutz (1971). Die Ergänzungen und Abrundungen im Rahmen der Totalrevision BV, vor allem in Form von allgemeinen (BV 2, BV 54) und speziellen Zielvorgaben (vgl. insb. die prominent platzierte neuartige Bestimmung zur «Nachhaltigkeit», BV 73), kann man als weitere Schritte in Richtung «ökologischer Verfassungsstaat» deuten. Umwelt- und raumplanungsrelevante Bestimmungen finden sich auch in anderen Abschnitten (vgl. z.B. BV 84; BV 89; BV 104; BV 120). Die Chance zu einer nicht nur oberflächlichen Bereinigung und Systematisierung der heterogenen «Umweltverfassung» (RAUSCH, VRdCH, 915) wurde nicht genutzt. – Eine einschneidende Beschränkung des sog. Verbandsbeschwerderechts «in Umwelt- und Raumplanungsangelegenheiten nach den Artikeln 74–79» der Verfassung verlangt eine am 11.5.2006 eingereichte Volksinitiative (BBl 2007 4347). Eine Reform auf Gesetzesstufe wurde von der Bundesversammlung am 20.12.2006 verabschiedet (vgl. BBl 2007 9, Referendumsvorlage). Vgl. auch N 8 zu BV 78.

Literaturhinweise

EPINEY ASTRID/SCHEYLI MARTIN, Strukturprinzipien des Umweltvölkerrechts, Baden-Baden 1998; GRIFFEL ALAIN, Die Grundprinzipien des schweizerischen Umweltrechts, Zürich 2001; HÄNNI PETER, Planungs-, Bau- und besonderes Umweltschutzrecht, 4. Aufl., Bern 2002; MADER LUZIUS, Die Sozial- und Umweltverfassung, AJP 1999, 698 ff.; DERS., Die Umwelt in neuer Verfassung?, URP 2000, 105 ff.; PETITPIERRE-SAUVAIN ANNE, Fondements écologiques de l'ordre constitutionnel suisse, VRdCH, 579 ff.; RAUSCH HERIBERT, Umwelt und Raumplanung, VRdCH, 915 ff.; RAUSCH HERIBERT/MARTI ARNOLD/GRIFFEL ALAIN, Umweltrecht. Ein Lehrbuch, Zürich 2004; VALLENDER KLAUS A./MORELL RETO, Umweltrecht, Bern 1997.

Art. 73 Nachhaltigkeit

Bund und Kantone streben ein auf Dauer ausgewogenes Verhältnis zwischen der Natur und ihrer Erneuerungsfähigkeit einerseits und ihrer Beanspruchung durch den Menschen anderseits an.

1 *Herkunft und Einordnung:* Die neuartige, auf Anstoss der VK-S in die Verfassung aufgenommene Bestimmung hat keine direkte Entsprechung in der BV 1874, jedoch Vorbilder in kantonalen Verfassungen (insb. KV/BL § 112; vgl. VPB 65.2 [2001], A.II), die ihrerseits durch den USG-Vernehmlassungsentwurf von 1973 inspiriert wurden (vgl. RAUSCH, VRdCH, 917). Der

Nachhaltigkeitsgedanke war dem schweizerischen Recht auch davor nicht fremd, ja kann zum Teil auf eine lange Tradition zurückblicken (so insb. im Forstpolizeirecht, vgl. BV 1874 Art. 24 Abs. 2; ansatzweise Art. 16 Abs. 3 des ersten Forstpolizeigesetzes vom 24.3.1876, AS 2 353, später explizit Art. 18 Abs. 2 des zweiten Forstpolizeigesetzes vom 11.10.1902, BS 9, 521, nunmehr WaG 20). – Der Gedanke der Nachhaltigkeit kommt auch zum Ausdruck in: BV 2 Abs. 2 und Abs. 4, BV 54 Abs. 2 («nachhaltige Entwicklung»; natürliche Lebensgrundlagen), BV 75 (Raumplanung), BV 104 (Landwirtschaft), BV 126 (Haushalt).

2   Auf internationaler Ebene ist der Nachhaltigkeitsgedanke seit den 1970er Jahren im Vormarsch. Als Wegmarken gelten der Bericht der 1983 eingesetzten (UNO-)Weltkommission für Umwelt und Entwicklung (Our Common future/Unsere gemeinsame Zukunft, 1987), die daran anschliessenden Konferenzen (Erdgipfel in Rio, 1992; Johannesburg, 2002) sowie einige neuere (nichtbindende und bindende) völkerrechtliche Instrumente, darunter insb. die sog. Rio-Deklaration (1992), die Agenda 21, das UNO-Rahmenübereinkommen vom 9.5.1992 über Klimaänderungen (SR 0.814.01; in Kraft für die Schweiz seit 21.3.1994), das Übereinkommen vom 5.6.1992 über die Biologische Vielfalt (SR 0.451.43; in Kraft für die Schweiz seit 19.2.1995), das sog. Kyoto-Protokoll (UNFCCC) vom 11.12.1997 (vgl. Bericht des Bundesrates vom 8.11.2006 betreffend Umsetzung der Kyoto-Verpflichtungen; für einen Überblick vgl. BBl 2002 6518 f.; EPINEY/SCHEYLI, Strukturprinzipien, 189 ff.).

3   Der *Begriff der Nachhaltigkeit* wird in BV 73 mehr umschrieben als definiert. Mit dem Streben nach «Gleichgewicht» («établissement d'un équilibre durable») nimmt sich die Verfassung einiges vor, wenn man sich die Dynamik der Natur und der menschlichen Bedürfnisse vergegenwärtigt. Hoffnungsträger und Gegenstand besonderer Sorge ist die Erneuerungsfähigkeit der Natur. Nicht direkt ausgesprochen, aber spürbar präsent, ist das (Präambel-) Grundanliegen der Rücksichtnahme auf künftige Generationen.

4   *Rechtliche Bedeutung:* Auch wenn es sich eingebürgert hat, von einem «Nachhaltigkeitsprinzip» zu sprechen (vgl. VALLENDER/MORELL, SG-Komm., Art. 73, N 5, 23 ff.; ähnlich EPINEY/SCHEYLI, Strukturprinzipien, 76 ff.), handelt es sich *nicht* um ein (Rechts- oder Verfassungs-)Prinzip i.e.S., sondern um eine verfassungsrechtliche Zielvorgabe. Diese steht grundsätzlich *gleichrangig* neben anderen verfassungsrechtlichen Zielvorgaben und ist von den verfassungsumsetzenden und -konkretisierenden Organen mit jenen in Ausgleich zu bringen. Eine Besonderheit der Vorgabe besteht darin, dass das Ziel selbst nicht «fix» ist, sondern über eine Relation definiert wird («ausgewogenes Verhältnis»), die sich «auf Dauer» einstellen soll. Die rechtliche Tragweite der Zielvorgabe ist nicht leicht zu fassen. Am ehesten gelingt dies (ähnlich wie z.B. bei BV 94 Abs. 3) «negativ»: BV 73 begründet weder Kompetenzen noch Individualansprüche noch eine Grundlage für die Erhebung von Abgaben (vgl. BGE 132 II 305, 320; VPB 65.2 [2001] 39). Umgekehrt handelt es nicht um eine blosse Deklaration oder Auslegungshilfe, «sondern um eine verbindliche Handlungsanweisung an die Adresse der zuständigen Behörden» (VPB 65.2 [2001], A.III). Die Verfassung versteht das Streben nach Nachhaltigkeit als (nie abgeschlossene) Daueraufgabe.

5   *Adressaten* sind Bund und Kantone, dies je im Rahmen ihrer Zuständigkeiten, auch wenn der Zusatz hier fehlt (vgl. dagegen BV 57, BV 72, BV 89, BV 94). Angesprochen sind in erster Linie die *politischen Behörden* (Gesetzgeber, Parlament und Regierungen), erst in zweiter Linie – im Rahmen ihrer Möglichkeiten (insb. verfassungskonforme Auslegung; vgl. BGE 132 II

305, 321) – auch die rechtsanwendenden Behörden. BV 73 selbst dürfte nicht direkt anwendbar sein (vgl. MAHON, Comm., Art. 73, N 6; GRIFFEL, Grundprinzipien, 27 ff.; VPB 65.2 [2001], A. III), bleibt mithin programmatische Leitmaxime, die dem umweltrelevanten Recht als «roter Faden» eingewoben ist (RAUSCH, VRdCH, 918).

6   Für eine Zielnorm durchaus typisch, nennt BV 73 keine Vorgaben betreffend das *Instrumentarium* zur Sicherung von Nachhaltigkeit und belässt somit den zuständigen Instanzen einen grossen Beurteilungs- und Entscheidungsspielraum. Aus BV 73 i.V.m. BV 54 Abs. 2 lässt sich ableiten, dass die schweizerischen Behörden gehalten sind, auch auf internationaler Ebene aktiv zu sein. – In der Literatur findet man eine Fülle von Beispielen für eine Berücksichtigung des Nachhaltigkeitsgedankens in der neueren und älteren Gesetzgebung (vgl. VALLENDER/MORELL, SG-Komm., Art. 73, N 33 ff.). Dies deutet darauf hin, dass BV 73 nicht zuletzt auch der verfassungsrechtlichen «Abrundung» einer schon länger laufenden Rechtsentwicklung dient.

Literaturhinweise (vgl. auch die Hinweise vor BV 73)

BUNDESRAT, «Strategie Nachhaltige Entwicklung 2002», BBl 2002 3946 ff. (vgl. auch BBl 1997 III 1045 ff.); EPINEY ASTRID/SCHEYLI MARTIN, Le concept de développement durable en droit international public, SZIER 1997, 247 ff.; GLASER ANDREAS, Nachhaltige Entwicklung und Demokratie, Tübingen 2006; JOSITSCH DANIEL, Das Konzept der nachhaltigen Entwicklung [Sustainable Development] im Völkerrecht und seine innerstaatliche Umsetzung, URP 1997, 93 ff.; KÄGI-DIENER REGULA, Der Rat für nachhaltige Entwicklung: Fragen der institutionellen Ausgestaltung einer politischen Leitidee, recht 1999, 167 ff.; KELLER HELEN/VON ARB CHRISTINE, Nachhaltige Entwicklung im Völkerrecht, URP 2006, 439 ff.; PETITPIERRE-SAUVAIN ANNE, Que fait le développement durable dans la constitution fédérale?, Mélanges Ch.-A. Morand, Basel 2001, 553 ff.; SALADIN PETER/ZENGER CHRISTOPH ANDREAS, Rechte künftiger Generationen, Basel 1988; WELTKOMMISSION FÜR UMWELT UND ENTWICKLUNG («Brundtland-Kommission»), Unsere gemeinsame Zukunft, Greven 1987.

Art. 74   Umweltschutz

¹ Der Bund erlässt Vorschriften über den Schutz des Menschen und seiner natürlichen Umwelt vor schädlichen oder lästigen Einwirkungen.

² Er sorgt dafür, dass solche Einwirkungen vermieden werden. Die Kosten der Vermeidung und Beseitigung tragen die Verursacher.

³ Für den Vollzug der Vorschriften sind die Kantone zuständig, soweit das Gesetz ihn nicht dem Bund vorbehält.

1   Die Bestimmung geht im Wesentlichen auf das Jahr 1971 zurück (BV 1874 Art. 24septies). Sie wurde im Rahmen der Totalrevision redaktionell angepasst und durch einen neuen Abs. 2 ergänzt. Das (noch nicht abschliessend geklärte) komplexe Verhältnis zu anderen BV-Bestimmungen lässt sich grob wie folgt umschreiben: BV 74 dient als allgemeine Kompetenz- und Aufgabennorm im Umwelt(schutz)bereich; die weit gefasste Bestimmung wird ergänzt, teils überlagert, gelegentlich zurückgedrängt und begrenzt (vgl. z.B. BV 77 Abs. 2; BV 78

Abs. 1) durch die – auf gleicher Stufe stehenden – speziellen Kompetenz- und Aufgabennormen (vgl. VPB 65.2, 2001) innerhalb und ausserhalb (z.B. BV 84) des 4. Abschnitts. – Eine Ergänzung der BV um eine Spezialvorschrift betreffend «Lärmschutz» (BV 74a) verlangt die Volksinitiative «Gegen Kampfjetlärm in Tourismusgebieten» (vgl. Botschaft vom 13.9.2006, BBl 2006 7629).

2   Zu den immer umfangreicheren Vorgaben des internationalen Rechts EPINEY/SCHEYLI, Strukturprinzipien, 189 ff.; KELLER, Komm. USG, Einleitung.

Gesetzgebungsauftrag und Vollzug (Abs. 1 und 3)

3   Abs. 1 begründet – in Form eines Gesetzgebungsauftrags – eine *umfassende, konkurrierende* Kompetenz des Bundes (MAHON, Comm., Art. 74, N 5). Diese wird oft als «Querschnittskompetenz» (z.B. FLEINER, Komm. aBV, Art. 24septies, N 66) oder «Bundesaufgabe mit Querschnittfunktion» (RAUSCH, VRdCH, 919) bezeichnet, womit freilich nicht viel gewonnen ist. BV 74 begründet keine verfassungsmässigen Individualansprüche, insb. kein «Recht auf Schutz der Umwelt» oder «auf Ruhe» usw. (vgl. BGE 126 II 300, 307; BGE 126 II 366, 368; BGE 107 Ib 112, 113). – Der Bund hat von seiner Regelungskompetenz regen Gebrauch gemacht, insb. durch Erlass des BG vom 7.10.1983 über den Umweltschutz (USG; SR 814.01), das sich auch auf BV 1874 Art. 24novies (heute BV 120) stützt und sich als Grunderlass versteht, der Raum lässt für strengere Bundesvorschriften (USG 3) sowie für gewisse kantonale Regelungen (wie u.a. BV 48a Abs. 1 – Abfallbewirtschaftung, Abwasserreinigung – indirekt bestätigt).

4   Unter *Umweltschutz* versteht die Bundesverfassung den Schutz des *Menschen* und *seiner natürlichen Umwelt* (Tiere und Pflanzen, ihre Lebensgemeinschaften und Lebensräume; Luft, Klima, Boden, Wasser; vgl. USG 1, Botsch. BV, 248) vor *schädlichen oder lästigen Einwirkungen*. Der Ansatz ist – nicht überraschend – eher «anthropozentrisch» als «ökozentrisch». – Nicht zur natürlichen Umwelt gehören menschliche Hervorbringungen. Zu schützen ist jedoch die durch den Menschen veränderte und gestaltete «natürliche» Umwelt (vgl. MORELL, SG-Komm., Art. 74, N 7). Naturdenkmäler werden primär durch BV 78 erfasst. Dass die neue Bundesverfassung die Bekämpfung von Luftverunreinigung und Lärm nicht mehr gesondert erwähnt, ändert nichts daran, dass der Bund auch hierzu verpflichtet bleibt (MAHON, Comm., Art. 74, N 4).

5   Der Begriff *«Einwirkungen»* ist gemäss herrschender Auffassung weit zu verstehen. Erfasst sind insb. (vgl. die Legaldefinition in USG 7) Luftverunreinigungen, Lärm, Erschütterungen, Strahlen, Gewässerverunreinigungen, Bodenbelastungen, Veränderungen des Erbmaterials von Organismen oder der biologischen Vielfalt. Aus BV 74 ausgeklammert bleiben Einwirkungen mit natürlichen Ursachen (Naturkatastrophen wie Erdbeben, Stürme, Überschwemmungen; vgl. MAHON, Comm., Art. 74, N 8). Hier greifen gegebenenfalls andere Kompetenzgrundlagen (z.B. BV 75, 76, 77). Der Gesetzgebungsauftrag erstreckt sich auf den Schutz vor:

– *schädlichen* (gesundheitsrelevanten) Einwirkungen *(nuisibles)* und

– («bloss») *lästigen* Einwirkungen *(incommodantes)*, welche die Betroffenen in ihrem Dasein (Leistungsfähigkeit, Naturgenuss usw.) beeinträchtigen (vgl. BGE 126 II 522, 574; MORELL, SG-Komm., Art. 74, N 13).

In der Literatur wird weiter unterschieden zwischen *direkten* und *indirekten* Einwirkungen. Bei Massnahmen auf der Grundlage des BV 74 steht der Schutz vor *indirekten schädlichen* Einwirkungen auf den Menschen (z.B. durch Luftverunreinigungen) im Zentrum. Direkte Einwirkungen (z.B. Vergiftungen durch Chemikalien) werden häufig durch andere Kompetenznormen und die dazu ergangene Ausführungsgesetzgebung erfasst. Doch ist es nicht ausgeschlossen, gestützt auf BV 74 auch den Schutz vor direkten Einwirkungen zu regeln (differenzierend VPB 65.1 [2001], B.2; anders, ziemlich apodiktisch, Botsch. BV, 248); eine Grundlage für Regeln betreffend den Schutz des Publikums vor gefährlichen Hunden (bzw. Tieren) bietet BV 74 nicht (VPB 65.1, B.2).

6   Zum *Instrumentarium* äussert sich Abs. 1 nicht näher (zu den Vorgaben aus Abs. 2 vgl. N 12 f.). Dem Gesetzgeber steht grundsätzlich die ganze Palette an Handlungsinstrumenten zur Verfügung: Verbote und Gebote, Bewilligungspflichten, Finanzhilfen, schlichtes Verwaltungshandeln, sog. marktwirtschaftliche Instrumente (die ein umweltfreundliches Verhalten vor allem via *finanzielle Anreize* erreichen wollen; vgl. BIAGGINI, URP 2000, 430 ff.), unter Einschluss von sog. Lenkungsabgaben (vgl. VPB 65.2; MORELL, SG-Komm., Art. 74, N 15), mit welchen aber die verfassungsmässige Finanzordnung nicht unterlaufen werden darf (Beschränkung auf sog. reine Lenkungsabgaben; vgl. KLAUS A. VALLENDER, URP 1988, 76 ff.; BBl 1997 III 472; BBl 1993 II 1538 f. sowie dortige Hinweise). – Der Bundesgesetzgeber hat gestützt auf BV 1874 Art. 24septies (und partiell Art. 24octies) die gesetzliche Grundlage geschaffen für eine Abgabe auf flüchtigen organischen Verbindungen (USG 35a), auf dem Schwefelgehalt von Heizöl (USG 35b) und auf CO_2-Emissionen (BG vom 8.10.1999 über die Reduktion der CO_2-Emissionen, CO_2-Gesetz; SR 641.71; BB vom 20.3.2007 über die Genehmigung des CO_2-Abgabesatzes für Brennstoffe, BBl 2007 3377).

7   Das *Umweltschutzgesetz* als bedeutendster Ausführungserlass (in Kraft seit 1.1.1985) enthält, neben allgemeinen Grundsätzen und Legaldefinitionen (USG 1 ff.), Vorschriften über die Begrenzung der Umweltbelastung durch Massnahmen bei der Quelle (Emissionsbegrenzungen, USG 11 f.) und am Ort ihres Einwirkens (Immissionsbegrenzungen, USG 13 ff.), die Sanierung von Anlagen (USG 16 ff.) und von Deponien (USG 32c), den Schutz vor Lärm (USG 19 ff.), den Umgang mit umweltgefährdenden Stoffen (USG 26 ff.) und mit Organismen (USG 29a ff.), die Vermeidung und Entsorgung von Abfällen (USG 30 ff.) und den Bodenschutz (USG 33 ff.). – Unter den zahlreichen wichtigen *Verordnungen* (mit mehr oder weniger «sprechenden» Abkürzungen) seien erwähnt: die Stoffverordnung (StoV, SR 814.013); die Störfallverordnung (StFV, 814.012); die Lärmschutz-Verordnung (LSV; SR 814.41); die Luftreinhalte-Verordnung (LRV; SR 814.318.142.1); die Umweltverträglichkeitsprüfungs-Verordnung (UVPV, SR 814.011); die Technische Verordnung über Abfälle (TVA; SR 814.12); die Getränkeverpackungs-Verordnung (VGV; SR 814.621); die Altlasten-Verordnung (AltlV; SR 814.680); die Freisetzungsverordnung (FrSV; SR 814.911); die Verordnung über den Schutz vor nichtionisierender Strahlung (NISV; SR 814.710).

8   Der *Vollzug* – in neuer Terminologie (vgl. BV 46) eigentlich: die «Umsetzung» – der gestützt auf BV 74 erlassenen Vorschriften obliegt (entsprechend BV 46) den Kantonen (Abs. 3), sofern der Bund den Vollzug nicht durch Gesetz an sich zieht. Eine blosse Verordnung genügt nicht (vollzugsrechtlicher Gesetzesvorbehalt; vgl. Botsch. BV, 249). Der Bundesgesetzgeber hat, auch wenn in Abs. 3 nicht erwähnt, die allgemeinen Beschränkungen (z.B. BV 5a,

BV 46) zu beachten. – Die aktuelle Gesetzgebung überlässt den Vollzug in vielen Bereichen den Kantonen.

«Vorsorgeprinzip» und «Verursacherprinzip» (Abs. 2)

9   *Herkunft:* Im Rahmen der Totalrevision wurden die beiden zuvor bereits auf Gesetzesebene verankerten grundlegenden umweltrechtlichen Maximen (USG 1 Abs. 2, USG 2) verfassungsrechtlich verankert; formell für den Anwendungsbereich des Abs. 1, was den Bundesgesetzgeber nicht hindert, die Maximen auch im Bereich anderer umweltbezogener Kompetenzen umzusetzen (z.B. beim Gewässerschutz, BV 76; vgl. GSchG 3a: «Verursacherprinzip»).

10 *Rechtliche Natur:* Auch wenn sich die Bezeichnung «Prinzip» eingebürgert hat (vgl. z.B. MAHON, Comm., Art. 74, N 11 ff.; RAUSCH, VRdCH, 919; Botsch. BV, 245, 247), handelt es sich, genau besehen, gerade *nicht* um Prinzipien im herkömmlichen Rechtssinn oder um (grundsätzlich justiziable) Verfassungsgrundsätze (vgl. z.B. BV 5), sondern um verfassungsrechtliche *Vorgaben* bzw. *Richtpunkte* für den Gesetzgeber, ähnlich wie sie etwa in BV 112 ff. für die verschiedenen Zweige der Sozialversicherung festgelegt sind.

11 *Adressat* ist in erster Linie der verfassungsumsetzende *Bundesgesetzgeber* (bei der Ausgestaltung des umweltschutzrechtlichen Instrumentariums). Abs. 2 begründet *nicht selbstständig anwendbares Recht* (so auch MAHON, Comm., Art. 74, N 14; MORELL, SG-Komm., Art. 74, N 17). Die rechtsanwendenden Behörden (auch: der Kantone) haben jedoch den Vorgaben des BV 74 Abs. 2 im Rahmen und in den Grenzen verfassungskonformer Auslegung Rechnung zu tragen (vgl. BGE 132 II 305, 321, betreffend Vorsorgegedanken und TSG 9). Über die allfällige direkte Anwendung von USG 1 Abs. 2 oder USG 2 ist damit nicht entschieden (Frage der Gesetzesauslegung; aus der Rechtsprechung zum Vorsorge- bzw. Verursacherprinzip vgl. z.B. BGE 131 II 431; BGE 131 II 271; BGE 129 I 290). Entgegen verbreiteter Auffassung handelt es sich bei Abs. 2 nicht um eine «Heraufstufung» von USG 1 Abs. 2 und USG 2 im Massstab 1:1, sondern um die Festschreibung einer konzeptionellen Leitidee (vgl. GRIFFEL, 58, 182), die in etwas anderer Form zuvor bereits auf Gesetzesstufe Fuss gefasst hatte.

12 Das (zur verfassungsrechtlichen Leitvorgabe aufgewertete) *«Vorsorgeprinzip»* soll verhindern, dass fehlende wissenschaftliche Gewissheit zum Vorwand für staatliche Untätigkeit wird (BGE 132 II 305, 320). Abs. 2 belässt dem (Bundes-)Gesetzgeber (ungeachtet des etwas apodiktischen Wortlauts von Satz 1) einen gewissen Beurteilungs- und Gestaltungsspielraum, wie sich aus den Materialien und aus Abs. 2 Satz 2 ergibt (wo die Verfassung realistischerweise davon ausgeht, dass sich nicht alle Einwirkungen vermeiden lassen). Durchaus im Einklang mit BV 74 Abs. 2 deutet USG 1 Abs. 2 den Auftrag dahin, dass Einwirkungen, die schädlich oder lästig werden könnten, «frühzeitig zu begrenzen» sind (statt «vermieden werden»). – Zur Umsetzung des Vorsorgegedankens vgl. etwa die Vorschriften betreffend Emissionsbegrenzung durch Massnahmen an der Quelle (USG 11 f.), die UVP (USG 9); weitere Beispiele bei MORELL, SG-Komm., Art. 74, N 19 ff. Ob die Gesetzgebung der Verfassungsvorgabe in jeder Hinsicht genügt, sei dahingestellt.

13 *«Verursacherprinzip»:* Auch Abs. 2 Satz 2 will weder eine direkt anwendbare Norm schaffen noch dem Gesetzgeber ein rigides Korsett auferlegen (vgl. auch GRIFFEL, 176). Der Passus soll dafür sorgen, dass die Kosten der Vermeidung und Beseitigung von schädlichen und lästigen Einwirkungen nicht beim Betroffenen oder bei der Allgemeinheit anfallen, sondern vom Ver-

ursacher getragen werden (der freilich nicht immer eruiert werden kann). Angesichts der engen Formulierung des Gedankens in Abs. 2 Satz 2 kann (wie bei USG 2) *nicht* von einer eigentlichen Internalisierung der durch umweltbelastende Tätigkeiten entstehenden externen Kosten (im herkömmlichen ökonomischen Sinn) gesprochen werden (so treffend RAUSCH, VRdCH, 919; vgl. auch SEILER, Komm. USG, 2. Aufl., Art. 2, N 1, N 22 ff.). Auf eine Internalisierung von externen Kosten zielt dagegen die gestützt auf BV 85 i.V.m. BV 74 erhobene LSVA (vgl. SVAG; SR 641.81). – Zur Umsetzung des Leitgedankens vgl. z.B. USG 59; GSchG 54 (vgl. MORELL, SG-Komm., Art. 74, N 24 ff.).

Literaturhinweise (vgl. auch die Hinweise vor BV 73)

BIAGGINI GIOVANNI, Umweltabgaben, marktwirtschaftliche Instrumente, URP 2000, 430 ff.; FRICK MARTIN, Das Verursacherprinzip in Verfassung und Gesetz, Bern 2004; GRIFFEL ALAIN, Die Grundprinzipien des schweizerischen Umweltrechts, Zürich 2001; KAPPELER THOMAS, Verfassungsrechtliche Rahmenbedingungen umweltpolitisch motivierter Lenkungsabgaben, Zürich 2000; PETITPIERRE-SAUVAIN ANNE, Le principe pollueur-payeur en relation avec la responsabilité du pollueur, ZSR 1989 II, 429 ff.; RAUSCH HERIBERT, Umwelt und Raumplanung, VRdCH, 915 ff.; VEREINIGUNG FÜR UMWELTRECHT/KELLER HELEN (Hrsg.), Kommentar zum Umweltschutzgesetz, 2. Aufl., Zürich/Basel/Genf 1998 ff.; WAGNER BEATRICE, Das Verursacherprinzip im schweizerischen Umweltschutzrecht, ZSR 1989 II, 321 ff.

Art. 75   Raumplanung

¹ Der Bund legt Grundsätze der Raumplanung fest. Diese obliegt den Kantonen und dient der zweckmässigen und haushälterischen Nutzung des Bodens und der geordneten Besiedlung des Landes.

² Der Bund fördert und koordiniert die Bestrebungen der Kantone und arbeitet mit den Kantonen zusammen.

³ Bund und Kantone berücksichtigen bei der Erfüllung ihrer Aufgaben die Erfordernisse der Raumplanung.

1   Die Bestimmung übernimmt mit geringfügigen Anpassungen den auf das Jahr 1969 zurückgehenden BV 1874 Art. 22quater (damals mit BV 1874 Art. 22ter Teil der Vorlage «verfassungsrechtliche Ordnung des Bodenrechts»).

2   Die Raumplanung als Bundesaufgabe mit Querschnittfunktion (RAUSCH, VRdCH, 919) weist zwangsläufig enge Bezüge zu anderen Verfassungsnormen auf. Vgl. insb. BV 73, BV 74 und die Abschnitte «Verkehr» bzw. «Wirtschaft»; vgl. auch BV 50 (Agglomerationen) und BV 26 (Eigentumsgarantie; vgl. BGE 130 II 394; BGE 127 I 185; BGE 91 I 329, *Barret*, worin die höchstrichterliche Formel betreffend materieller Enteignung geprägt wurde; vgl. N 31 zu BV 26).

Grundsatzgesetzgebungskompetenz des Bundes (Abs. 1)

3   *Rechtsnatur und Funktion:* Abs. 1 begründet einerseits eine *Grundsatzgesetzgebungskompetenz* (vgl. N 12 vor BV 42) – noch immer gelegentlich als Rahmengesetzgebungskompetenz bezeichnet –, gibt andererseits dem Bund und den Kantonen gewisse Ziele vor (N 5). Der

Bund ist zum Erlass von Grundsätzen nicht nur ermächtigt, sondern auch *verpflichtet* (Gesetzgebungsauftrag). Abs. 1 schliesst nach herrschender Auffassung nicht aus, dass der Bundesgesetzgeber zur Verwirklichung der verfassungsrechtlichen Ziele für bestimmte Fragen auch *detaillierte(re) Regelungen* aufstellt, ja sogar *direkt anwendbare* Normen erlässt (vgl. z.B. RPG 24 ff. betreffend Ausnahmebewilligungen für Bauten und Anlagen ausserhalb der Bauzonen; vgl. etwa BGE 129 II 396), wenn und soweit eine bundesweit einheitliche Regelung bzw. Rechtspraxis dies erfordert. Die Kompetenzgrenzen sind nicht immer leicht zu bestimmen (vgl. HÄNNI, 66). – Auch wenn nur eine Grundsatzgesetzgebungskompetenz begründet wird, sind Eingriffe des Bundesgesetzgebers in die kantonale Organisationsautonomie nicht ausgeschlossen (BGE 128 I 254, 264). – Die *Kantone* sind verpflichtet, die nötigen konkretisierenden Rechtsvorschriften zu erlassen. Da es sich um eine *konkurrierende* Kompetenz (mit nachträglich derogatorischer Wirkung) handelt, können die Kantone selber Grundsätze statuieren, wenn und soweit die Bundesgesetzgebung dafür Raum lässt (MAHON, Comm., Art. 75, N 4). – Weitergehende Regelungskompetenzen des Bundes begründet BV 108 (Erschliessung von Land für den Wohnungsbau; vgl. Botsch. BV, 318).

4 Die *Raumplanung* i.S.v. Abs. 1 umfasst «die Ordnung der Bodennutzung (Flächennutzungsplanung) und die Koordination raumwirksamer Aufgaben (koordinative Raumplanung, Querschnittplanung)» (so Botsch. BV, 246; zum Raumplanungsbegriff eingehend LENDI, SG-Komm., Art. 75, N 10 ff.). Die Raumplanung weist zwei Dimensionen auf: einerseits die *Festlegung von Regeln*, nach denen sich Bodennutzung und Besiedlung des Landes richten sollen (Rechtsetzung), andererseits die Planung selbst (Festsetzung, Umsetzung und Durchsetzung von raumrelevanten Plänen). Ersteres (Rechtsetzung) ist nach Abs. 1 von Bund und Kantonen arbeitsteilig zu leisten (vgl. N 3). Letzteres «obliegt den Kantonen» (Planungspflicht). Der Vorbehalt zu Gunsten der Kantone (Satz 2) schliesst nicht aus, dass der Bund gestützt auf *andere* Sachkompetenzen (z.B. Verkehr, Energie, Waffenplätze; vgl. auch RPG 13) raumwirksame Planung betreibt (LENDI, SG-Komm., Art. 75, N 28). Auch sind Einwirkungen des Bundes auf die kantonale Planungstätigkeit im Rahmen der allgemeinen (BV 49 Abs. 2) und speziellen Bundesaufsicht (z.B. Genehmigung von Richtplänen, vgl. RPG 11) zulässig.

5 *Verfassungsrechtliche Zielvorgaben:* Bund und Kantone sind im Bereich der Raumplanung einer dreifachen Zielsetzung verpflichtet. Das traditionelle Ziel der *zweckmässigen* Nutzung des Bodens (mit seinen verschiedenen Funktionen: Wohnen, Arbeiten, Erholung usw.) wurde im Zuge der Totalrevision BV um das Ziel der *haushälterischen* Nutzung ergänzt (vgl. zuvor schon RPG 1). Die innere Verbindung von Raumplanung und Nachhaltigkeitsidee kommt im Ziel der *geordneten Besiedlung* des Landes zum Ausdruck. Bund und Kantone sollen nicht nur eine weitere Zersiedlung verhindern, sondern auch der Verschwendung des knappen Gutes Boden entgegenwirken (vgl. RPG 1 Abs. 2).

6 Der *Umsetzung* des Gesetzgebungsauftrags dient vor allem das BG vom 22. Juni 1979 über die Raumplanung (Raumplanungsgesetz, RPG; SR 700), das am 1.1.1980 in Kraft trat (nachdem eine erste Gesetzesvorlage in der Referendumsabstimmung vom 13.6.1976, vorab aus «föderalistischen» Gründen, knapp gescheitert war). Das RPG trat an die Stelle eines (zweimal verlängerten) dringlichen BB über Massnahmen auf dem Gebiet der Raumplanung. – Zentrale Instrumente sind der Richtplan und der Nutzungsplan (RPG 6 ff. und 14 ff.; zur Rechtsnatur HALLER/KARLEN, 48, 71 f.).

Kooperation und Rücksichtnahme (Abs. 2 und 3)

7 Abs. 2 bekräftigt und konkretisiert das allgemeine Kooperationsgebot (BV 44). Als allgemeines Koordinationsmittel dient die Grundsatzgesetzgebung des Bundes (Botsch. BV, 247); die Ausgestaltung der einzelnen Instrumente ist dem Bundesgesetzgeber überlassen (vgl. etwa RPG 7, 13, 29). Vom allgemeinen Koordinationsgebot (BV 75 Abs. 2) zu unterscheiden ist das spezielle Gebot der (Verfahrens-)Koordination bei der Errichtung oder Änderung von Bauten und Anlagen, welche in die Zuständigkeit mehrerer (kantonaler, evtl. auch Bundes-)Behörden fallen (RPG 25a).

8 Koordinationsbedarf besteht vor allem dann, wenn der Bund selber raumwirksame Aufgaben zu erfüllen und entsprechende Sachplanungen vorzunehmen hat (vgl. N 4), aber auch im Zusammenhang mit der Infrastruktur- und Wirtschaftspolitik des Bundes (insb. Regionalpolitik, vgl. z.B. das BG vom 21.3.1997 über Investitionshilfe für Berggebiete, IHG, SR 901.1, das sich auch auf BV 75 abstützt). – Die Koordination darf nicht an der Landesgrenze Halt machen (vgl. auch LENDI, SG-Komm., Art. 75, N 31).

9 Abs. 3 begründet eine *Berücksichtigungspflicht* (die auf Probleme mehr aufmerksam macht als sie zu lösen). Die Pflicht besteht *generell*, d.h. bei der Wahrung aller – nicht nur der direkt raumplanungsrelevanten – Aufgaben und (anders noch BV 1874 Art. 22quater) ausdrücklich auch für die *Kantone* (was im «Kampf» um die Ansiedlung neuer Unternehmen mitunter vergessen zu gehen scheint).

Literaturhinweise (vgl. auch die Hinweise vor BV 73)

AEMISEGGER HEINZ et al. (Hrsg.), Kommentar zum Bundesgesetz über die Raumplanung, Zürich 1999; BERTSCHI MARTIN, Die Umsetzung von Art. 15 lit. b. RPG über die Dimensionierung der Bauzonen, Zürich 2001; HALLER WALTER/KARLEN PETER, Raumplanungs-, Bau- und Umweltrechtrecht, 3. Aufl., Zürich 1999; HÄNNI PETER, Planungs-, Bau- und besonderes Umweltschutzrecht, 4. Aufl., Bern 2002; LENDI MARTIN, Recht und Politik der Raumplanung, 2. Aufl., Zürich 1997; RAUSCH HERIBERT, Umwelt und Raumplanung, VRdCH, 915 ff.; RUCH ALEXANDER, Das Recht in der Raumordnung, Basel/Frankfurt a.M. 1997; STEINLIN CHRISTOPH, Eidgenössische und kantonale Raumplanungskompetenzen, Bern 1978; WALDMANN BERNHARD/HÄNNI PETER, Raumplanungsgesetz, Bern 2006; ZEN-RUFFINEN PIERMARCO/GUY-ECABERT CHRISTINE, Aménagement du territoire, construction, expropriation, Bern 2001.

Art. 75a[1] Vermessung
[bei Drucklegung noch nicht in Kraft]

[1] Die Landesvermessung ist Sache des Bundes.
[2] Der Bund erlässt Vorschriften über die amtliche Vermessung.
[3] Er kann Vorschriften erlassen über die Harmonisierung amtlicher Informationen, welche Grund und Boden betreffen.

1 Mit der im Rahmen des BB NFA beschlossenen Bestimmung (Volksabstimmung vom 28.11.2004) wird die (auf der Grundlage der Zivilrechtskompetenz schon lange praktizierte) Amtliche Vermessung (vgl. ZGB 950) in den Rang einer Verfassungsaufgabe erhoben. – Die Bedeutung und Tragweite des unverändert aus dem Antrag des Bundesrates übernommenen BV 75a ist in vielerlei Hinsicht unklar (auch wegen der nicht durchweg erhellenden Ausführungen in der Botsch. NFA); dies ist insofern nicht gravierend, als mit BV 75a erklärtermassen an der bundesstaatlichen Zuständigkeitsordnung «grundsätzlich nichts geändert werden» sollte (Botsch. Ausführungsgesetzgebung NFA, BBl 2005 6085). – Das der Umsetzung von BV 75a dienende neue Bundesgesetz über Geoinformation (GeoIG) wurde aus dem Rahmen der NFA herausgelöst (vgl. jetzt Botschaft und Entwurf vom 6.9.2006, BBl 2006 7817 ff.).

Landesvermessung (Abs. 1)

2 *«Landesvermessung»* meint die Erstellung eines Koordinaten- und Höhensystems, das die Grundlage für weitere geografische und topografische Informationen (u.a für die Amtliche Vermessung, Abs. 2) bildet. Die Landesvermessung dient als Referenzinformation für Landinformationssysteme (BBl 2005 6029). Vgl. E-GeoIG 22 ff. (BBl 2006 7887 ff.).

3 Abs. 1 begründet eine *umfassende* Kompetenz, die entgegen gewissen Äusserungen in den Materialien (vgl. Botsch. NFA, BBl 2002 2421; 2005 6085; 2006 7827) wohl nicht als «abschliessend» oder «ausschliesslich» einzustufen ist, sondern – im Sinne systematischer, teleologischer und allgemeiner Überlegungen (N 16 f. vor BV 42) – als *konkurrierend* (nachträglich derogatorisch).

Amtliche Vermessung (Abs. 2)

4 Die *Amtliche Vermessung* dient (i.V.m. dem Grundbuch) der Sicherung von Rechten und Pflichten im Zusammenhang mit Grundstücken und liefert (wie die Landesvermessung) Referenzinformationen für Landinformationssysteme. Vgl. E-GeoIG 29 ff. (BBl 2006 7887). Die amtlichen Pläne für das Grundbuch stellen einen grafischen Auszug der Amtlichen Vermessung dar.

5 *Funktion:* Abs. 2 bekräftigt die bereits aus BV 122 (früher BV 1874 Art. 64) ableitbare (konkurrierende) Gesetzgebungskompetenz des Bundes. Der Bund wird zum Erlass von Vorschriften betreffend die amtliche Vermessung von Grund und Boden *verpflichtet*. Die Bestimmung

---

1   Angenommen in der Volksabstimmung vom 28. Nov. 2004 (BB vom 3. Okt. 2003, BRB vom 26. Jan. 2005 – BBl 2002 2291, 2003 6591, 2005 951). – Der Bundesrat bestimmt das Inkrafttreten.

soll dem Bund gemäss Botsch. NFA die Grundlage verschaffen, um «mittels einer zentralen, unabhängigen und weisungsbefugten Führungsstelle» eine «effiziente Koordination der Vermessungswerke an den Kantonsgrenzen» sicherzustellen (BBl 2002 2468). Für den Vollzug der einschlägigen Bundesgesetzgebung sollen, unter der «strategischen Führung» des Bundes, weiterhin die Kantone zuständig sein (die für die Vermessung auf private, patentierte Ingenieur-Geometer zurückgreifen können). Die Zusammenarbeit mit den Kantonen soll auf der Basis von (in Pilotprojekten bereits erprobten) Leistungsaufträgen und Programmvereinbarungen erfolgen (vgl. BBl 2005 6085). – Auf all diese Reformen geht die Verfassungsbestimmung freilich nicht ein.

Harmonisierung der Landinformation (Abs. 3)

6   Abs. 3 begründet eine fakultative, gegenständlich begrenzte Gesetzgebungskompetenz des Bundes im Bereich der (amtlichen) Landinformation. Der Begriff «Harmonisierung» ist als kompetenzumschreibender Begriff relativ jung und noch wenig konturiert (vgl. BV 65 Abs. 2, Registerharmonisierung; bei der sog. Steuerharmonisierung, BV 127, handelt es sich um eine Grundsatzgesetzgebungskompetenz). Durch Abs. 3 erfasst sein soll auch die Harmonisierung der geografischen Namengebung (über Orts-, Gemeinde- und Stationsnamen hinaus; vgl. E-GeoIG 7, BBl 2006 7849). – Von der Harmonisierung verspricht man sich eine effiziente(re) Aufgabenerfüllung auf allen Ebenen (Bund, Kantone, Gemeinden) und verifizierte, vollständige Informationen für die Akteure im Bodenmarkt (Botsch. NFA, BBl 2002 2468).

Literaturhinweise

HUSER MEINRAD, Geo-Informationsrecht, Zürich 2005.

Art. 76   Wasser

¹ Der Bund sorgt im Rahmen seiner Zuständigkeiten für die haushälterische Nutzung und den Schutz der Wasservorkommen sowie für die Abwehr schädigender Einwirkungen des Wassers.

² Er legt Grundsätze fest über die Erhaltung und die Erschliessung der Wasservorkommen, über die Nutzung der Gewässer zur Energieerzeugung und für Kühlzwecke sowie über andere Eingriffe in den Wasserkreislauf.

³ Er erlässt Vorschriften über den Gewässerschutz, die Sicherung angemessener Restwassermengen, den Wasserbau, die Sicherheit der Stauanlagen und die Beeinflussung der Niederschläge.

⁴ Über die Wasservorkommen verfügen die Kantone. Sie können für die Wassernutzung in den Schranken der Bundesgesetzgebung Abgaben erheben. Der Bund hat das Recht, die Gewässer für seine Verkehrsbetriebe zu nutzen; er entrichtet dafür eine Abgabe und eine Entschädigung.

⁵ Über Rechte an internationalen Wasservorkommen und damit verbundene Abgaben entscheidet der Bund unter Beizug der betroffenen Kantone. Können sich Kantone über Rechte an interkantonalen Wasservorkommen nicht einigen, so entscheidet der Bund.

⁶ Der Bund berücksichtigt bei der Erfüllung seiner Aufgaben die Anliegen der Kantone, aus denen das Wasser stammt.

1. Das «Wasserverfassungsrecht» des Bundes entwickelte sich vom «Schutz des Menschen vor dem Wasser» über die Wasserkraftnutzung zum «Schutz des Wassers vor dem Menschen» (vgl. JAGMETTI, Komm. aBV, Art. 24, N 3). Der etwas überladen wirkende «Wasserartikel» geht zurück:
   - im Wesentlichen auf BV 1874 Art. 24bis in der massgeblich von der Bundesversammlung geprägten Fassung von 1975, die eine ältere – 1908 eingefügte, 1975 mit dem ursprünglichen BV 1874 Art. 24quater (1953–1975) verschmolzene – Fassung ablöste;
   - teilweise auf BV 1874 Art. 24 (Wasserbaupolizei), dessen Geltungsbereich ab 1897 nicht mehr auf das Hochgebirge beschränkt war.

2. Wie schon die Vorgängerbestimmungen begründet BV 76 ein komplexes Geflecht von Vorgaben (Abs. 1 und 6), unterschiedlich weit reichenden Gesetzgebungskompetenzen (Abs. 2 und 3) und Verfügungs- bzw. Entscheidbefugnissen (Abs. 4 und 5). – «Wasser» ist (mehr oder weniger direkt) auch Gegenstand anderer Bestimmungen (BV 87: Schifffahrt; BV 105: gebrannte Wasser; vgl. auch BV 73, 74). Die dringend erforderliche Klärung und Bereinigung der verschiedenen Kompetenzen und ihres gegenseitigen Verhältnisses erwies sich im Rahmen der (primär «nachführenden») Totalrevision als zu ambitiös (vgl. TRÖSCH, SG-Komm., Art. 76, N 17) und bleibt noch zu leisten. – Die Volksinitiative «Lebendiges Wasser» verlangt Massnahmen zur «Renaturierung von Gewässern» (BV 76a neu; vgl. Botschaft des Bundesrates vom 28.6.2007).

Zielvorgaben für den Bund (Abs. 1)

3. Abs. 1 beschränkt sich darauf, in recht allgemeiner Weise Ziele vorzugeben, die der Bund «im Rahmen seiner Zuständigkeiten» (nicht nur jenen aus BV 76 Abs. 2 und 3) verwirklichen soll, nämlich:
   - *haushälterische Nutzung* und *Schutz* der *Wasservorkommen;*
   - *Abwehr schädigender Einwirkungen* des Wassers; bei dieser historisch ältesten Zielsetzung geht es in erster Linie um den Hochwasserschutz.

   Der Begriff *Wasservorkommen* wird in der BV nicht näher bestimmt. Er ist im Kontext des Abs. 1 grundsätzlich weit zu verstehen: unterirdische und oberirdische Vorkommen, private und öffentliche Gewässer, natürliche und künstliche Wasserläufe (vgl. JAGMETTI, Komm. aBV, Art. 24bis, N 31).

Grundsatzgesetzgebungskompetenzen (Abs. 2)

4. Die hier begründete – konkurrierende, inhaltlich begrenzte, zum Handeln verpflichtende – Grundsatzgesetzgebungskompetenz erstreckt sich auf drei Gebiete, die zum Teil auch durch Abs. 3 (und weitere Bestimmungen wie BV 74) erfasst werden. Der Gestaltungsspielraum des Bundesgesetzgebers im Einzelfall – nur Grundsätze, auch Details? – ist oft nicht leicht zu ermitteln (vgl. JAGMETTI, Komm. aBV, Art. 24bis, N 29 ff.; MAHON, Comm., Art. 76, N 10).

- *Erhaltung und Erschliessung der Wasservorkommen:* Angesprochen sind hier in erster Linie die in BV 1874 Art. 24bis noch ausdrücklich genannten Aspekte Trinkwasserversorgung und Grundwasser; für den Gewässerschutz besitzt der Bund eine umfassende Kompetenz (Abs. 3);
- *Nutzung der Gewässer zur Energieerzeugung* (Elektrizität) *und für Kühlzwecke* (z.B. für Kernkraftwerke). – Der Passus bildet die Grundlage für das Konzessionssystem im mehrfach revidierten BG vom 22.12.1916 über die Nutzbarmachung der Wasserkräfte (WRG; SR 721.80);
- *andere Eingriffe in den Wasserkreislauf:* Angesprochen sind vor allem die (in BV 1874 Art. 24bis noch ausdrücklich genannten) Aspekte: Regulierung von Wasserständen und Abflüssen ober- und unterirdischer Gewässer, Wasserableitungen ausserhalb des natürlichen Abflusses, Bewässerungen und Entwässerungen (vgl. JAGMETTI, Komm. aBV, Art. 24bis, N 44); zur Verfügungsbefugnis im Einzelfall vgl. Abs. 4 und 5.

Der Blick in die Gesetzgebung (insb. WRG) zeigt, dass der Bundesgesetzgeber sich nicht scheut, auch relativ detaillierte Vorschriften zu erlassen.

Umfassende Gesetzgebungskompetenzen (Abs. 3)

5   Über eine umfassende (konkurrierende und verpflichtende) Gesetzgebungskompetenz verfügt der Bund auf den Gebieten:

- *qualitativer Gewässerschutz* (seit 1953, als frühe Umweltkompetenz);
- *quantitativer* Gewässerschutz: Restwassermengen (seit 1975, nur zögerlich umgesetzt unter dem Druck der Volksinitiative «zur Rettung unserer Gewässer», eingereicht am 9.10.1984, abgelehnt am 17.5.1992);
- *Wasserbau:* das (traditionsreiche) zentrale Anliegen ist der Hochwasserschutz (Naturkatastrophen); in Betracht kommen auch Massnahmen wie Aufforstungen, Entsiegelung von Böden (Botsch. BV, 250);
- *Sicherheit der Stauanlagen* (Absperrbauwerke mit Stauraum), die ein Fliessgewässer aufstauen, Wasser, Geschiebe usw. speichern oder der Absetzung von Schwebestoffen (z.B. Sand) dienen (vgl. BBl 2006 6040). Den Laufkraftwerken an Flüssen des Mittellandes folgten die grossen Speicherwerke im Alpenraum, darunter (zwischen 1950 und 1970) diverse Talsperren mit Höhen von über 200 m (Grande Dixence, Mauvoisin, Contra, Luzzone).
- *Beeinflussung der Niederschläge* (seit 1975): Gemeint ist die künstliche Beeinflussung *des Wetters* (Botsch. BV, 251). Trotz verpflichtender Formulierung liegt die Kompetenz (zufolge gewachsener Skepsis) weitgehend brach (vgl. immerhin LFV 23, SR 748.01: Hagelabwehrgeschosse).

6   Die wichtigsten *Ausführungserlasse* sind das (dritte) BG vom 24.1.1991 über den Schutz der Gewässer (GSchG; SR 814.20), gutgeheissen in der Referendumsabstimmung vom 17.5.1992, mit Vorläufern aus den Jahren 1955 (AS 1956 1533) und 1971 (AS 1972 950); das heute nur noch skelettartig erhaltene BG vom 22.6.1877 über die Wasserbaupolizei (WBPG; SR 721.10; Titel i.d.F. vom 19.12.1972) und das am 1.1.1993 in Kraft getretene BG vom 21.6.1991 über den Wasserbau (WBG; SR 721.100). – Mit Botschaft vom 9.6.2006 lei-

tete der Bundesrat der Bundesversammlung den Entwurf zu einem BG über die Stauanlagen zu (BBl 2006 6037 ff.). – Durch die Hintertür der NFA kann der Bund künftig auf Antrag interessierter Kantone auf den Bereich der Abwasserreinigung Einfluss nehmen (vgl. BV 48a, noch nicht in Kraft).

Modalitäten der Wassernutzung (Abs. 4–6)

7 Abs. 4 bekräftigt die (schon wegen BV 3 bestehende) sog. «Wasserhoheit» der Kantone, die sich auf alle (nach kantonalem Recht) als «öffentlich» eingestuften Wasservorkommen erstreckt (vgl. JAGMETTI, Komm. aBV, Art. 24bis, N 59; WRG 1 Abs. 2). – Von der (volkswirtschaftlich motivierten) Befugnis, die kantonalen Abgaben zu begrenzen, hat der Bund in WRG 49 Gebrauch gemacht. Das politisch sehr sensible Wasserzinsmaximum (vgl. die Debatten in AB 1995 N 1058 ff., S 71 ff.) beträgt gemäss Fassung vom 13.12.1996 (in Kraft seit 1.5.1997) 80 Franken pro Kilowatt Bruttoleistung und Jahr. Davon kann der Bund höchstens 1 Franken zur Sicherstellung von Ausgleichsleistungen an Kantone und Gemeinden (WRG 22 Abs. 3 ff. i.V.m. WRG 49 Abs. 1) beziehen. – Zur bundesrechtlichen Begrenzung besonderer kantonaler Steuern vgl. WRG 49 Abs. 2; BGE 128 II 112, 115 ff. (besondere Wasserkraftsteuer im VS).

8 Das erst 1975 auf Verfassungsstufe gehobene (zuvor WRG 12 ff.) *Recht* des Bundes zur Gewässernutzung (gegen Entgelt) ist vor allem auf die SBB gemünzt, hat jedoch kaum praktische Bedeutung erlangt, da man gewöhnlich den ordentlichen Weg der Konzessionierung beschreitet. Die Rechtsform des Verkehrunternehmens ist unerheblich (TRÖSCH, SG-Komm., Art. 76, N 14). Eine Existenzgarantie für die SBB lässt sich aus BV 76 nicht ableiten. – Das Hauptproblem ist heute weniger die Elektrizitätsproduktion als vielmehr das Stromnetz der SBB, wie sich beim «grossen Stillstand» am Abend des 22.6.2005 zeigte.

9 *Internationale Wasservorkommen:* Abs. 5 erfasst nicht nur die Wasserkraftnutzung. –der Kantone: Abs. 5 verlangt nicht mehr als die allgemein geschuldete Anhörung (vgl. TRÖSCH, SG-Komm., Art. 76, N 15).

10 *Interkantonale Wasservorkommen:* Zu beachten ist die allgemeine Regel des BV 44 Abs. 3 (Verhandlung, Vermittlung). Ist eine Konzession von mehreren Kantonen erteilt worden, so erlässt das Departement im Streitfall eine Verfügung, die nach den allgemeinen Regeln der Bundesrechtspflege angefochten werden kann (WRG 71 i.d.F. vom 17.6.2005). Vgl. auch WBG 5, 16.

11 Abs. 6 hat neben BV 44 und BV 46 kaum mehr praktische Bedeutung.

Literaturhinweise (vgl. auch die Hinweise vor BV 73)

BOSE JAYA RITA, Der Schutz des Grundwassers vor nachteiligen Einwirkungen, Zürich 1996; CADONAU GALLUS/CHRIST ISABELLE, Mangelnde Verfassungsgrundlage für wohlerworbene Rechte im Wasserrecht, ZGRG 1994, 12 ff., 36 ff.; ECKERT MAURUS, Rechtliche Aspekte der Sicherung angemessener Restwassermengen, Zürich usw. 2002; LAGGER SIEGFRIED, Überblick über das neue Gewässerschutzrecht, URP 1999, 470 ff.; PETITPIERRE-SAUVAIN ANNE, Le principe pollueur-payeur dans la loi sur la protection des eaux, URP 1999, 492 ff.; WYER HANS, Rechtsfragen der Wasserkraftnutzung, Visp 2000.

Art. 77 Wald

[1] Der Bund sorgt dafür, dass der Wald seine Schutz-, Nutz- und Wohlfahrtsfunktionen erfüllen kann.

[2] Er legt Grundsätze über den Schutz des Waldes fest.

[3] Er fördert Massnahmen zur Erhaltung des Waldes.

1. Die Bestimmung geht im Kern (Forstpolizei) auf das Jahr 1874 (Hochgebirge) bzw. 1897 (bundesweit) zurück. Zur ursprünglichen Ausrichtung (Schutz vor Naturgefahren) traten zunehmend weitere Zielsetzungen (vgl. jetzt Abs. 1).

2. Der Begriff «Wald» wird in der Verfassung nicht näher bestimmt. Die zirkuläre Legaldefinition in WaG 2 ist repräsentativ für die Definitionsschwierigkeiten. Auf die Eigentumsverhältnisse kommt es nicht an (auch Privatwald).

Waldfunktionen (Abs. 1)

3. Als blosse Zielnorm begründet Abs. 1 keine Bundeskompetenzen. Die in BV 1874 Art. 24 noch nicht enthaltenen Vorgaben orientieren sich an den zuvor schon gesetzlich verankerten Waldfunktionen (WaG 1). Angesprochen sind neben der traditionellen Schutzfunktion des Waldes (gegen schädliche Naturereignisse wie Lawinen, Rutschungen, Erosion, Steinschlag) auch dessen Regulierungsfunktion (Atmosphäre, Klima, Wasserhaushalt) und dessen Funktion als Produktionsgrundlage (Holzwirtschaft), als Lebensraum für Pflanzen und Tiere sowie als – traditionell allgemein zugänglicher (ZGB 699; BGE 114 Ib 239) – Erholungsraum für Menschen. Beim *quantitativen* Waldschutz geht es um die Erhaltung der Waldfläche (WaG 3) und die Nachhaltigkeit der Waldnutzung, beim *qualitativen* Waldschutz um die Bekämpfung von Schäden (vgl. Botsch. BV, 252; BBl 1988 III 181 betreffend Unwetterschäden 1987).

Grundsatz- und Förderungskompetenz des Bundes (Abs. 2, 3)

4. Die (konkurrierende und verpflichtende) Grundsatzgesetzgebungskompetenz des Bundes (früher als «Oberaufsicht» bezeichnet, vgl. BV 1874 Art. 24) ist Grundlage für das BG vom 4.10.1991 über den Wald (Waldgesetz, WaG; SR 921.0). Zentrale Themen sind ein grundsätzliches Rodungsverbot (mit Ausnahmen), die Nutzung (Bewirtschaftung) und die Pflege des Waldes.

5. Der Bundesgesetzgeber hat sich (ähnlich wie bei anderen Grundsatzgesetzgebungskompetenzen) nicht gehindert gesehen, Vorschriften mit zum Teil recht hohem Detaillierungsgrad zu erlassen (vgl. z.B. WaG 26 und WaV 28 ff., SR 921.01, betreffend Verhütung und Behebung von Waldschäden) und den Vollzug gewisser direkt anwendbarer Bestimmungen in die Zuständigkeit der Bundesbehörden zu legen (vgl. z.B. WaG 6 für bestimmte Rodungsbewilligungen). Auch wenn man nicht von einer «umfassenden», «weitestgehend abschliessenden» Bundesregelung sprechen sollte (so indes RAUSCH, VRdCH, 923), zumal sich das WaG vielfach an die Kantone richtet, entfernt sich das eidgenössische Waldrecht doch recht weit vom herkömmlichen Verständnis einer Grundsatzgesetzgebung (wogegen allerdings wegen BV 190 nichts ausgerichtet werden kann). Über einen gewissen Spielraum verfügen die Kantone bei der Definition des Waldbegriffs (WaG 2 Abs. 4); allerdings neigt das Bundesgericht dazu, den Spielraum einzuengen (vgl. RAUSCH, VRdCH, 923, mit Verweis auf BGE 125 II 440 und BGE 124 II 165).

6   Die verpflichtende (parallele) Förderungskompetenz führt in redaktionell überarbeiteter Form Elemente von BV 1874 Art. 24 Abs. 2 weiter. Die Festlegung des Instrumentariums bleibt dem Gesetzgeber überlassen (vgl. WaG 29 ff.: Ausbildung, Beratung, Grundlagenbeschaffung, Mitfinanzierung von Schutzmassnahmen, Schadenbehebung, Waldbewirtschaftung).

Literaturhinweise (vgl. auch die Hinweise vor BV 73)

BLOETZER GOTTHARD, Die Oberaufsicht über die Forstpolizei nach schweizerischem Bundesstaatsrecht, Zürich 1978; JAISSLE STEFAN M., Der dynamische Waldbegriff und die Raumplanung, Zürich 1994; HEIMANN-KRÄHEMANN BEATRICE ANNI, Der Schutz des Waldes vor Immissionen, Bern 1995; KELLER PETER M., Rechtliche Aspekte der neuen Waldgesetzgebung, AJP 1993, 144 ff.; WILD FLORIAN, Die Rodungsbewilligung im Rahmen der Neuregelungen des Bundes über die Verfahrenskoordination und über die Aufsicht des Bundes im Bereich der Walderhaltung, ZBl 2002, 113 ff.

Art. 78   Natur- und Heimatschutz

¹ Für den Natur- und Heimatschutz sind die Kantone zuständig.

² Der Bund nimmt bei der Erfüllung seiner Aufgaben Rücksicht auf die Anliegen des Natur- und Heimatschutzes. Er schont Landschaften, Ortsbilder, geschichtliche Stätten sowie Natur- und Kulturdenkmäler; er erhält sie ungeschmälert, wenn das öffentliche Interesse es gebietet.

³ Er kann Bestrebungen des Natur- und Heimatschutzes unterstützen und Objekte von gesamtschweizerischer Bedeutung vertraglich oder durch Enteignung erwerben oder sichern.

⁴ Er erlässt Vorschriften zum Schutz der Tier- und Pflanzenwelt und zur Erhaltung ihrer Lebensräume in der natürlichen Vielfalt. Er schützt bedrohte Arten vor Ausrottung.

⁵ Moore und Moorlandschaften von besonderer Schönheit und gesamtschweizerischer Bedeutung sind geschützt. Es dürfen darin weder Anlagen gebaut noch Bodenveränderungen vorgenommen werden. Ausgenommen sind Einrichtungen, die dem Schutz oder der bisherigen landwirtschaftlichen Nutzung der Moore und Moorlandschaften dienen.

1   Die Bestimmung geht im Wesentlichen auf das Jahr 1962 zurück (BV 1874 Art. 24sexies), Abs. 5 (Moorschutz, 1987) auf die erfolgreiche – in erster Linie gegen die Errichtung eines Waffenplatzes gerichtete – «Rothenthurm-Initiative» (die ÜB zu Abs. 5 wurde im Zuge der Totalrevision fallen gelassen, vgl. N 10).

2   Die Schlüsselbegriffe «Natur- und Heimatschutz» werden weder in der Verfassung noch auf Gesetzesstufe (vgl. BG vom 1.7.1966 über den Natur- und Heimatschutz, NHG; SR 451) genauer definiert, doch lässt die Umschreibung der Bundesaufgaben (Abs. 2 und 4) erkennen, worum es geht:
   –   *Schutz der Natur* meint: «Erhaltung bestimmter Güter der natürlich vorhandenen Umwelt um ihrer selbst willen» (Botsch. BV, 253). Zwischen Umweltschutz und Natur-

schutz bestehen Überschneidungen, doch ist die Stossrichtung nicht dieselbe: Während es in BV 74 um den Schutz der Natur um des *Menschen* willen geht («und *seiner* natürlichen Umwelt»), geht es bei BV 78 um den Schutz der Natur um ihrer *selbst* willen;

- *Schutz der Heimat (patrimoine)* meint: «Erhaltung bestimmter Güter der menschlich gestalteten Umwelt, soweit sie Identifikationswert aufweisen, wie Ortsbilder, Kulturlandschaften und Kulturdenkmäler» (Botsch. BV, 253). Es bestehen Überschneidungen mit BV 75 und BV 69.

Im Zentrum stehen hier wie da ideelle Interessen, doch sind intakte Landschaften usw. auch von hohem Wert für den Wirtschaftszweig Tourismus.

Bundesstaatliche Kompetenzaufteilung (Abs. 1, 3, 4)

3   Der (angesichts BV 3 deklaratorische) «Kompetenzvorbehalt» zu Gunsten der Kantone (Abs. 1) vermag nicht zu verdecken, dass der Bund über umfangreiche Kompetenzen verfügt. BV 78 Abs. 1 für sich allein begründet für die Kantone keinen verpflichtenden Handlungsauftrag (ebenso MAHON, Comm., Art. 78, N 4; anders ZUFFEREY, in: Keller u.a., NHG-Komm., 32, 43).

4   *Abs. 3* räumt dem Bund zwei unterschiedlich gelagerte Befugnisse ein:

- *Unterstützung von Bestrebungen des Natur- und Heimatschutzes:* Angesprochen ist vorab die finanzielle Unterstützung (NHG 13 ff.), die insofern «subsidiären» (besser: akzessorischen) Charakter hat, als sie an Massnahmen anderer (Kantone, Private) anknüpft. Es handelt sich um eine *parallele* Kompetenz, die Raum lässt für kantonale Massnahmen. – Vgl. jetzt auch die Teilrevision vom 6.10.2006 betreffend Pärke von nationaler Bedeutung (NHG 23e ff., BBl 2006 8429, Referendumsvorlage; vgl. Botschaft, BBl 2005 2170, unter Bezugnahme auf Abs. 3, 4 und 5).

- *Erwerb oder Sicherung von Objekten gesamtschweizerischer Bedeutung durch den Bund:* Der Passus begründet eine *konkurrierende* Kompetenz des Bundes. Nicht restlos klar ist, ob der Bund von seiner Kompetenz nur Gebrauch machen darf, wenn Massnahmen auf kantonaler Ebene nicht zum Ziel führen (vgl. MAHON, Comm., Art. 78, N 9); jedenfalls ist Zurückhaltung angebracht (vgl. BV 44, BV 46; BBl 1961 I 1093, 1107 f.; TRÖSCH, SG-Komm., Art. 78, N 9). Entsprechend dem Grundsatz der Verhältnismässigkeit ist die Enteignung (vgl. NHG 15 i.V.m. EntG) *ultima ratio* (und bisher offenbar ohne Anwendungsbeispiel; RAUSCH, VRdCH, 922). NHG 16 ermöglicht vorsorgliche Massnahmen.

5   *Artenschutz* und *Biotopschutz:* Abs. 4 begründet eine (verpflichtende) umfassende Kompetenz des Bundes mit nachträglich derogierender Wirkung (konkurrierende Kompetenz) betreffend den Schutz der *Tier- und Pflanzenwelt* und die Erhaltung ihrer *Lebensräume* (d.h. räumlich abgegrenzter Gebiete von besonderer Schutzwürdigkeit). Im Unterschied zu BV 80 zielt BV 78 Abs. 4 nicht auf den Schutz des einzelnen Tiers, sondern auf den Artenschutz. In erster Linie geht es um die *einheimische* Tier- und Pflanzenwelt. Schutzbestimmungen betreffend fremde Tier- und Pflanzenarten (z.B. Einfuhrverbote für gefährdete Arten) sind aber möglich. – Das gesetzliche Instrumentarium findet sich in NHG 18 ff., teilweise auch im Jagdgesetz (BG vom 20.6.1986 über die Jagd und den Schutz wildlebender Säugetiere und Vögel, JSG; SR 922.0) und im Fischereigesetz (BG vom 21.6.1991 über die Fischerei, SR 923.0). In den

Anhängen zur Verordnung vom 16.1.1991 über den Natur- und Heimatschutz (NHV; SR 451.1) finden sich die Listen mit den geschützten Pflanzen- und Tierarten sowie eine Liste der schützenswerten Lebensraumtypen. – Dem Arten- und Biotopschutz dienen auch verschiedene vom Bund ratifizierte internationale Abkommen (vgl. SR 0.45) wie z.B. das Übereinkommen über die Erhaltung der europäischen wildlebenden Pflanzen und Tiere und ihrer natürlichen Lebensräume (sog. «Berner Konvention», SR 0.455) und das Übereinkommen der Vereinten Nationen vom 5.6.1992 über die Biologische Vielfalt (SR 0.451.43; für die Schweiz seit 19.2.1995 in Kraft).

Vorgaben: Rücksichtnahmepflicht und Moorschutz (Abs. 2, 5)

6 Abs. 2 begründet eine (sachgebietsübergreifende) *generelle* Rücksichtnahme- bzw. Schonungspflicht (z.B. bei Infrastrukturvorhaben), die u.U. zu einer Erhaltungspflicht werden kann (Konservierung). Das Gesetz dehnt die Schonungs- und Erhaltungspflicht auf die Kantone aus, soweit sie bei der Erfüllung von Bundesaufgaben mitwirken (NHG 3; zum Begriff der Bundesaufgabe vgl. BGE 131 II 545, 547: Baubewilligung für Mobilfunkantenne, bejaht). Die Wirksamkeit des Regelungsansatzes (Interessenabwägung) wird in der Literatur bezweifelt (vgl. RAUSCH, VRdCH, 921). Der starre («absolute») Ansatz beim Moorschutz (vgl. BGE 127 II 184, 192; N 9) ist jedoch ebenfalls Quelle erheblicher Schwierigkeiten. – *Kasuistik:* BGE 128 II 1, 10 (Interessenkonflikt zwischen Landesverteidigung und Naturschutz, Wildtierkorridor); VPB 67.89 (Entscheid des Bundesrates vom 14.3.2003 betreffend Konzession für Luftseilbahn in Jagdbanngebiet).

7 Die Verfassungsbegriffe «Landschaften», «Ortsbilder», «geschichtliche Stätten», «Natur- und Kulturdenkmäler» werden auch im Gesetz nicht näher definiert. Die Praxis geniesst einen weiten Beurteilungsspielraum. Eine Konkretisierung ergibt sich aus den *Inventaren der Objekte mit nationaler Bedeutung*, die der Bund zu führen gesetzlich verpflichtet ist (vgl. NHG 5 ff.). Vgl. die Verordnungen vom 10.8.1977 über das Bundesinventar der Landschaften und Naturdenkmäler (VBLN; SR 451.11) und vom 9.9.1981 über das Bundesinventar der schützenswerten Ortsbilder der Schweiz (VISOS; SR 451.12).

8 Der Durchsetzung des öffentlichen Interesses dient – eine Pionierleistung des NHG – das sog. *Verbandsbeschwerderecht* der gesamtschweizerischen Organisationen, die sich dem Naturschutz, dem Heimatschutz, der Denkmalpflege oder verwandten, rein ideellen Zielen widmen und mindestens seit zehn Jahren bestehen (NHG 12). Vgl. auch N 1 vor BV 73.

9 *Moorschutz (Abs. 5):* Die auf das Jahr 1987 zurückgehende Moorschutz-Bestimmung (vgl. N 1) bezeichnet bestimmte Moore und Moorlandschaften als Schutzobjekte und statuiert ein direkt anwendbares (BGE 127 II 184, 192) Bau- und Bodenveränderungsverbot, das nur einige eng begrenzte Ausnahmen kennt (Satz 3). Die gesetzlichen Konkretisierungen finden sich in NHG 23a ff. Die in NHG 23d eingeräumten Gestaltungs- und Nutzungsmöglichkeiten wirken im Vergleich zum Verfassungstext recht grosszügig (kritisch WALDMANN, 283 ff.; nuanciert TRÖSCH, SG-Komm., Art. 78, N 13). Mit der in Kenntnis der Gesetzgebung erfolgten «Novellierung» des Moorschutzartikels im Rahmen der Totalrevision BV dürften allfällige Verfassungswidrigkeiten nunmehr behoben sein. – Zum Spielraum der Kantone bei der Abgrenzung von Moorlandschaften vgl. BGE 127 II 184, 188 f. (Moorlandschaft Pfäffikersee).

10   Die frühere ÜB zu BV 1874 24sexies Abs. 5 (vgl. AS 1988 352), die vor allem auf die Moorlandschaft von Rothenthurm (Kantone Schwyz und Zug) gemünzt war und eine Reihe von heiklen Rechtsfragen aufwarf (vgl. WALDMANN, 327 ff.), wurde nicht in die neue Bundesverfassung übernommen, auch nicht übergangsweise, wie der Bundesrat vorgeschlagen hatte (vgl. Botsch. BV, 254). NHG 25b als Ausführungsvorschrift zur früheren Übergangsbestimmung wird als obsolet angesehen (vgl. TRÖSCH, SG-Komm., Art. 78, N 13). – Zur umstrittenen Rechtslage im Fall der Moorlandschaft Grimsel vgl. ein Gutachten des BJ vom 30.10.1996, auszugsweise in URP 1997, 66 ff.

Literaturhinweise (vgl. auch die Hinweise vor BV 73)

BIBER-KLEMM SUSETTE, Rechtsinstrumente des Völkerrechts zum Schutze der natürlichen Lebensräume von Tieren und Pflanzen, Basel 1992; KELLER MARTIN, Aufgabenverteilung und Aufgabenkoordination im Landschaftsschutz, Bern 1977; LEIMBACHER JÖRG, Die Rechte der Natur, Bern 1988; MUNZ ROBERT/BRYNER ANDRI/SIEGRIST DOMINIK, Landschaftsschutz im Bundesrecht, Zürich 1996; RIVA ENRICO, Die Beschwerdebefugnis der Natur- und Heimatschutzvereinigungen im schweizerischen Recht, Bern 1980; TANQUEREL THIERRY, Les voies de droit des organisations écologistes en Suisse et aux Etats-Unis, Basel 1996; WALDMANN BERNHARD, Der Schutz von Mooren und Moorlandschaften: Inhalt, Tragweite und Umsetzung des «Rothenthurmartikels» (Art. 24sexies Abs. 5 BV), Freiburg 1997; WIEDERKEHR SCHULER ELSBETH, Denkmal- und Ortsbildschutz. Die Rechtsprechung des Bundesgerichts und des Zürcher Verwaltungsgerichts, Zürich 1999; ZUFFEREY JEAN-BAPTISTE, Le fondement constitutionnel et la systématique de la LPN, in: Peter M. Keller u.a. (Hrsg.), Kommentar NHG, Zürich 1997.

Art. 79   Fischerei und Jagd

Der Bund legt Grundsätze fest über die Ausübung der Fischerei und der Jagd, insbesondere zur Erhaltung der Artenvielfalt der Fische, der wild lebenden Säugetiere und der Vögel.

1   Die Bestimmung geht auf das Jahr 1874 zurück (BV 1874 Art. 25, worin erstmals eine Kompetenznorm mit Zielvorgaben verknüpft wurde).

2   *Jagd und Fischerei* gehören zu den traditionellen Regalbereichen (vgl. N 15 zu BV 94), in welchen die Kantone *Monopole* errichten dürfen (und meist auch errichtet haben). Daran will BV 79 nichts ändern. Die Begriffe «Jagd» und «Fischerei» werden weder in der Verfassung noch in der ausführenden Bundesgesetzgebung genauer definiert (vgl. BG vom 20.6.1986 über die Jagd und den Schutz wildlebender Säugetiere und Vögel, JSG; SR 922.0; BG vom 21.6.1991 über die Fischerei, BGF; SR 923.0, dessen Zweckartikel immerhin erkennen lässt, dass die «Fischerei» auch den Fang von Krebsen erfasst).

3   *Funktion:* BV 79 weist dem Bund eine – konkurrierende, verpflichtende, mit Zielvorgaben verbundene – Grundsatzgesetzgebungskompetenz betreffend die *Ausübung* von Fischerei und Jagd zu (so, entgegen dem weiten Wortlaut, schon BV 1874 Art. 25). Der Bund ist nicht befugt, ein generelles Jagd- oder Fischereiverbot zu verhängen, auch nicht im Interesse des

Artenschutzes (TRÖSCH, SG-Komm., Art. 79, N 6); anders die Kantone (zur Zulässigkeit des Verbots in KV/GE 178A, eingefügt 1974, vgl. BBl 1976 III 1036 ff.).

4   Die Modifikation der Zielvorgabe im Rahmen der BV-Totalrevision gibt der Bestimmung einen stärker ökologischen Akzent *(Artenschutz)* und verdeutlicht zugleich die Überschneidungen mit BV 78 Abs. 4 und die Unterschiede zu BV 80 (wo primär das einzelne Tier und nicht, wie bei BV 79, die Regulierung und Pflege der Tierbestände im Zentrum steht).

5   Die beiden zentralen *Ausführungsgesetze* zu BV 79 – das Jagdgesetz (SR 922.0) und das Fischereigesetz (SR 923.0) – stützen sich nicht nur auf BV 79, sondern auch auf weitere Bestimmungen (JSG: BV 74, 78 Abs. 4, 80; BGF: BV 78). Die Zweckartikel der beiden Gesetze (JSG 1, BGF 1) fügen eine Reihe weitere Zielvorgaben hinzu. Zu den Instrumenten gehören u.a. die Festlegung von Schonzeiten (JSG 5, BGF 4), von Fangmindestmassen (BGF 4), von geschützten Arten (JSG 5), die Ausscheidung («im Einvernehmen mit den Kantonen») von eidgenössischen Jagdbanngebieten (JSG 11; vgl. die Liste mit rund 40 Banngebieten im Anhang 1 der Verordnung vom 30.9.1991, VEJ; SR 922.31) sowie von Wasser- und Zugvogelreservaten von internationaler und nationaler Bedeutung (vgl. die Liste mit zusammen knapp 30 Gebieten im Anhang der Verordnung vom 21.1.1991, WZVV; SR 922.32). Beide Bundesgesetze enthalten auch Strafbestimmungen (JSG 17 ff.) und Sanktionen (Verbot der Fischereiausübung, BGF 19; Entzug der Jagdberechtigung, JSG 20), befassen sich jedoch nicht näher mit dem Jäger- oder Fischerlatein.

Art. 80   Tierschutz

¹ Der Bund erlässt Vorschriften über den Schutz der Tiere.
² Er regelt insbesondere:
a.   die Tierhaltung und die Tierpflege;
b.   die Tierversuche und die Eingriffe am lebenden Tier;
c.   die Verwendung von Tieren;
d.   die Einfuhr von Tieren und tierischen Erzeugnissen;
e.   den Tierhandel und die Tiertransporte;
f.   das Töten von Tieren.
³ Für den Vollzug der Vorschriften sind die Kantone zuständig, soweit das Gesetz ihn nicht dem Bund vorbehält.

1   Die Bestimmung geht auf den 1973 beschlossenen Tierschutzartikel zurück, welcher den ursprünglichen BV 1874 Art. 25bis (1893) abgelöst hatte. Letzterer hatte das Schlachten der Tiere ohne vorherige Betäubung vor dem Blutentzug (sog. Schächten) «ausnahmslos» untersagt. Die Bestimmung war das Ergebnis einer am 20.8.1893 gutgeheissenen eidgenössischen Volksinitiative (der ersten unter dem Regime von 1891 überhaupt), welche nicht zuletzt antisemitisch motiviert war (vgl. AUBERT, BuStR II, 922). Auslöser waren Beschwerdeentscheidungen des Bundesrates (vom 17.3.1890) und der Bundesversammlung (vom 11.12.1891) gewesen, welche entsprechende Gesetze der Kantone Bern und Aargau für unvereinbar mit der Glaubens- und Gewissensfreiheit erklärt hatten (vgl. BURCKHARDT, Komm., 188).

2 Anlässlich der Revision des BV 1874 Art. 25bis und der Tierschutzgesetzgebung in den 1970er Jahren wurde das Schächtverbot zunächst (1973) in eine Übergangsbestimmung überführt (BV 1874 ÜB Art. 12), später auf Gesetzesstufe relegiert (1978), wo es noch heute figuriert (TSchG 20), relativiert durch die Zulassung der Einfuhr von Koscher- und Halalfleisch zur Versorgung der jüdischen und der islamischen Gemeinschaft (so jetzt ausdrücklich TSchG 9 i.d.F. vom 20.6.2003; nach der Totalrevision, vgl. N 5: TSchG 21 bzw. 14). Das emotionsgeladene Thema bewegt noch immer die Gemüter. Eine rechtlich höchst problematische (HANGARTNER, 1031 ff.) Volksinitiative «gegen das betäubungslose Schächten» (die auch Import, Vertrieb und Konsum von Fleisch geschächteter Tiere verbieten wollte, vgl. BBl 2002 2602), scheiterte im Unterschriftenstadium (BBl 2003 6513). Die eidgenössische Volksinitiative «Für einen zeitgemässen Tierschutz (Tierschutz – Ja!)», die u.a. eine «Re-Konstitutionalisierung» des Schächtverbotes verlangte (vgl. BBl 2002 492), wurde nach Abschluss der Beratungen zum neuen TSchG zurückgezogen (BBl 2006 355).

3 Der Tierschutzartikel überschneidet sich mit etlichen anderen Bestimmungen des Zuständigkeitskapitels (insb. BV 74, BV 78 Abs. 4, BV 79, BV 118, BV 120) und berührt verschiedene Grundrechtspositionen (BV 15, 20, 26, 27). Das Besondere an BV 80 ist das *Regelungsziel* (und die damit verbundene spezifisch ethische Komponente), nämlich der Schutz des *einzelnen* Tieres (auch wenn es nicht einer geschützten Art angehört) vor Verhaltensweisen des Menschen, «durch die dem Tier Schmerzen, Leiden und körperliche Schäden zugefügt werden oder durch die es Angstzuständen ausgesetzt wird» (BBl 1972 II 1479). Hier wird die in der Verfassungspräambel angesprochene «Verantwortung gegenüber der Schöpfung» konkret. Vgl. auch den jüngst vollzogenen Paradigmenwechsel im Privatrecht: «Tiere sind keine Sachen.» (ZGB 641a Abs. 1 i.d.F. vom 4.10.2002). – Die Platzierung von BV 80 im Abschnitt «Raumplanung und Umwelt» ist offenkundig eine «Verlegenheitslösung» (RAUSCH, VRdCH, 924). – Zur «Würde der Kreatur» vgl. N 6 zu BV 120.

Allgemeine Bundeskompetenz (Abs. 1)

4 Abs. 1 überträgt dem Bund eine umfassende, verpflichtende Gesetzgebungskompetenz mit nachträglich derogatorischer Wirkung (konkurrierende Kompetenz). Der Tierbegriff wird (wie in BV 78, 84, 118, 120) nicht näher bestimmt, sondern vorausgesetzt. – Rechtliche Vorgaben für den Gesetzgeber resultieren aus Abs. 2 sowie aus mehreren von der Schweiz ratifizierten internationalen (insb. europäischen) Abkommen (vgl. SR 0.452–0.458), auf die hier nicht näher eingegangen werden kann (vgl. insb. BOLLIGER). – Obwohl in BV 80 auch die «Tierhaltung» angesprochen ist (Abs. 2 Bst. a), bietet der Tierschutzartikel keine Grundlage für Bundesvorschriften, die dem unmittelbaren Schutz *vor* Tieren (z.B. vor Kampfhunden) dienen sollen (vgl. VPB 65.1 [2001], B.3., Bundesamt für Justiz, 5.9.2000). Vgl. jetzt den Vorschlag der WBK-N für einen neuen Abs. 2bis (Vernehmlassungsvorlage, Juni 2007).

5 Das Tierschutzgesetz vom 9.3.1978 (TSchG; SR 455), gutgeheissen in der Referendumsabstimmung vom 3.12.1978, dient gemäss seinem Zweckartikel dem Schutz und Wohlbefinden des Tiers. Es gilt grundsätzlich nur für Wirbeltiere (Säugetiere, Vögel, Reptilien, Amphibien, Fische). Der Bundesrat kann den Schutz auf wirbellose Tiere ausdehnen (TSchG 1 Abs. 2), was im Bereich der Tierversuche für Zehnfusskrebse (Decapoda) und Kopffüssler (Cephalopoda) geschehen ist (TSchV 58, SR 455.1). – Am 16.12.2005 wurde ein neues TSchG verab-

schiedet (vgl. BBl 2006 327, Referendumsvorlage, nicht vor Ende 2007 in Kraft), mit dem vor allem bisherige Defizite im Vollzug angegangen werden sollen (vgl. Botschaft vom 9.12.2002, BBl 2003 657 ff.).

Einzelne Gesetzgebungsaufträge (Abs. 2)

6   In Konkretisierung von Abs. 1 (und Weiterführung von BV 1874 Art. 25bis, wenn auch mit geänderter Abfolge) stellt Abs. 2 eine nicht abschliessende Liste der zu regelnden Gegenstände auf:

- *Tierhaltung und Tierpflege (Bst. a):* vgl. TSchG 3 ff., TSchV 1 ff. (u.a. betreffend Verbot bzw. Bewilligungspflicht für gewisse Haltungsarten).
- *Tierversuche und Eingriffe am lebenden Tier (Bst. b):* Schmerzverursachende Eingriffe sind (ausser bei Tierversuchen) Tierärzten vorbehalten (TSchG 11). Tierversuche (vgl. die Legaldefinition in TSchG 12) unterliegen einer Meldepflicht; Versuche, die dem Tier Schmerzen, Leiden oder Schäden zufügen, es in schwere Angst versetzen oder sein Allgemeinbefinden erheblich beeinträchtigen können, sind auf das unerlässliche Mass zu beschränken und unterliegen einer Bewilligungspflicht (TSchG 13, 13a; vgl. auch TSchV 58 ff.). – Ein Spannungsverhältnis besteht zur Wissenschafts- bzw. Forschungsfreiheit (BV 20), allenfalls auch zur Wirtschaftsfreiheit (BV 27). Welches Gewicht dabei der in BV 120 angesprochenen (und vorausgesetzten) «Würde der Kreatur» zukommt, muss sich noch weisen (vgl. auch rev. TSchG 1, 17, BBl 2006 327). – Die Zahl der eingesetzten Versuchstiere lag 2005 bei rund 550'000, zwei Drittel davon in der Industrie, ein knappes Drittel an Hochschulen und Spitälern (Quelle: BVET, Medienmitteilung vom 29.6.2006).
- *Verwendung von Tieren (Bst. c):* Das Gesetz verbietet das Verwenden von Tieren zur Schaustellung, zur Werbung, zu Filmaufnahmen oder zu ähnlichen Zwecken, wenn damit für das Tier offensichtlich Schmerzen, Leiden oder Schäden verbunden sind (TSchG 22); das Verwenden lebender Tiere zur Werbung ist bewilligungspflichtig (TSchG 8, TSchV 45 ff.). – Denkbar wären auch Vorschriften betreffend Verwendung im Sport.
- *Einfuhr von Tieren und tierischen Erzeugnissen (Bst. d):* vgl. TSchG 9 und die Verordnung vom 20.4.1988 über die Ein-, Durch- und Ausfuhr von Tieren und Tierprodukten (EDAV, SR 916.443.11). Als Grundlage für Importregelungen dient auch BV 78 (vgl. die Artenschutzverordnung vom 19.8.1981, AschV; SR 453).
- *Tierhandel und Tiertransporte (Bst. e):* vgl. TSchG 8 ff., TSchV 45 ff.
- *Töten von Tieren (Bst. f):* vgl. TSchG 22, wo das Töten auf qualvolle Art und aus Mutwillen sowie das Veranstalten von Kämpfen zwischen oder mit Tieren, bei denen Tiere gequält oder getötet werden, untersagt wird. – Das generelle Schächtverbot (TSchG 20; vgl. vorne N 2; vgl. auch TSchV 64g betreffend Geflügel) erscheint unter dem Aspekt der Glaubens- und Gewissensfreiheit (EMRK 9 und BV 15) problematisch (vgl. AUBERT, BuStR II, 922 f.; HANGARTNER, 1031 ff.).

Im Zusammenhang mit dem Gentechnikgesetz (vom 21.3.2003, GTG; SR 814.91) wurde das TSchG um einen Abschnitt 2a (Zucht und gentechnische Veränderung von Tieren) ergänzt (in Kraft seit dem 2.5.2006, AS 2006 1425).

Vollzug (Abs. 3)

7 Der *Vollzug* – in neuer Terminologie (vgl. BV 46) eigentlich: die «Umsetzung» – der gestützt auf BV 80 erlassenen Vorschriften obliegt (entsprechend BV 46) den Kantonen (Abs. 3), sofern der Bund den Vollzug nicht durch Gesetz an sich zieht. Eine blosse Verordnung genügt nicht (vollzugsrechtlicher Gesetzesvorbehalt). Der Bundesgesetzgeber hat dabei die allgemeinen Beschränkungen (z.B. BV 5a, BV 46) zu beachten. – Die aktuelle Gesetzgebung überlässt den Vollzug weithin den Kantonen. Das totalrevidierte TSchG soll die chronischen Vollzugsprobleme beheben (vgl. BBl 2003 664 ff.).

Literaturhinweise

BOLLIGER GIERI, Europäisches Tierschutzrecht, Bern/Zürich 2000; GEHRIG TANJA KATHARINA, Struktur und Instrumente des Tierschutzrechts, Zürich 1999; GOETSCHEL ANTOINE F., Kommentar zum Eidgenössischen Tierschutzgesetz, Bern/Stuttgart 1986; DERS., Tierschutz und Grundrechte, Bern 1989; HANGARTNER YVO, Rechtsprobleme des Schächtverbots, AJP 2002, 1022 ff.; KRAUTHAMMER PASCAL, Das Schächtverbot in der Schweiz 1854–2000, Zürich 2000; REBSAMEN-ALBISSER BRIGITTA, Der Vollzug des Tierschutzrechts durch Bund und Kantone, Bern 1994; WIRTH PETER E., Gesetzgebung und Vollzug im Bereich der Tierversuche, Bern 1991.

5. Abschnitt: Öffentliche Werke und Verkehr

1 Die im 5. Abschnitt vereinten Bestimmungen zum Thema Verkehr (vom Fussgängerverkehr bis zur Raumfahrt, mit einem Schwerpunkt beim Strassenverkehr) sind sektoriell ausgerichtet. Eine überdachende Bestimmung fehlt (zu den gescheiterten Bemühungen um Verankerung einer koordinierten Verkehrspolitik vgl. LENDI, SG-Komm., Art. 83, N 30); ebenso eine klare Aussage zur Freiheit bei der Wahl des Verkehrsmittels, die allerdings stillschweigend vorausgesetzt wird (vgl. z.B. BV 84 Abs. 2; vgl. auch Art. 1 Abs. 2 des Abkommens vom 21.6.1999 zwischen der Schweiz und der EG über den Güter- und Personenverkehr auf Schiene und Strasse; SR 0.740.72). Die Kantone verfügen weiterhin über Entscheidungsbefugnisse im Bereich der Verkehrspolitik (vgl. auch BV 48a, noch nicht in Kraft: Agglomerationsverkehr). Der Gestaltungsspielraum im Bereich der Verkehrspolitik wird zunehmend durch internationales, insb. europäisches Recht mitbestimmt. – Zu den früheren Bestrebungen betreffend Schaffung einer Verfassungsbestimmung über die Kostenwahrheit im Verkehr vgl. VPB 65.2 (2001).

2 Der Begriff *«öffentlicher Verkehr»* taucht im Bundesrecht erst auf Gesetzesstufe auf (z.B. im Transportgesetz vom 4.10.1985, SR 742.40; BehiG 2, 3, 22; StGB 237; vgl. dagegen etwa KV/BE 36). Eine eigentliche Legaldefinition scheint zu fehlen (ansatzweise: AZG 1, SR 822.21; VböV 2 Abs. 2).

Literaturhinweise

JAAG TOBIAS/MÜLLER GEORG/TSCHANNEN PIERRE (Hrsg.), Ausgewählte Gebiete des Bundesverwaltungsrechts, 6. Aufl., Basel usw. 2006; LENDI MARTIN, Das Recht der koordinierten Verkehrspolitik, Festschrift Ulrich Häfelin, Zürich 1989, 499 ff.; DERS., Verkehrsfreiheit, Festschrift Jean-François Aubert, Basel 1996, 371 ff.; DERS., Gibt es ein Grundrecht auf Mobilität?, Collezione Assista, Genf 1998, 308 ff.; DERS., Offene Fragen im Bereich des Verkehrs – die neue Bundesverfassung als Vorgabe, ZSR 2001 I, 473 ff.; POLTIER ETIENNE, Energie, Transports, Logement, Lausanne 1983; RUCH ALEXANDER, Öffentliche Werke und Verkehr, VRdCH, 929 ff.; SOLLBERGER KASPAR/EPINEY ASTRID, Verkehrspolitische Gestaltungsspielräume auf der Grundlage des Landverkehrsabkommens, Bern/Zürich 2001.

Art. 81   Öffentliche Werke

Der Bund kann im Interesse des ganzen oder eines grossen Teils des Landes öffentliche Werke errichten und betreiben oder ihre Errichtung unterstützen.

1   Die traditionsreiche Bestimmung, die ähnlich bereits in der BV 1848 (Art. 21 Abs. 1) und in der BV 1874 (Art. 23 Abs. 1) figurierte, hat wegen des sukzessiven Ausbaus der Bundeskompetenzen im Infrastrukturbereich merklich an Bedeutung eingebüsst und erfüllt nur noch eine Auffangfunktion (z.B. beim Furka-Basistunnel, bei der Doppelspur am Lötschberg oder beim Vereina-Eisenbahn-Tunnel; vgl. BBl 1971 I 1508; BBl 1976 II 1063; BBl 1987 I 61). Die Ergänzung von BV 81 durch einen Abs. 2 (betreffend Verkehrsinfrastruktur) scheiterte in der Volksabstimmung vom 8.2.2004 (Ablehnung des Gegenvorschlags zur sog. Avanti-Initiative; vgl. auch N 11 zu BV 86). – Eine Art Spezialbestimmung bildet BV 196 Ziffer 3 (Eisenbahn-Grossprojekte). Die in BV 81 nicht weitergeführten (praktisch bedeutungslos gebliebenen) Gehalte von BV 1874 Art. 23 (Abs. 2: Enteignungsrecht; Abs. 3: Wahrung militärischer Interessen) sollen gemäss Botsch. BV, 259, an anderer Stelle hinreichend abgestützt sein (zu Recht kritisch AUBERT, Comm., Art. 81, N 1).

Zum Begriff des öffentlichen Werks

2   *Werk:* Der Begriff wird weder hier noch in der Gesetzgebung genauer definiert. Gemeint sind Bauten, Anlagen, aber auch etwa Gewässerverbauungen, Gewässerkorrektionen, weiter auch Bestrebungen, die den früheren Zustand wiederherstellen (RUCH, VRdCH, 930). In der bisherigen Praxis handelte es sich jeweils um Einrichtungen mit einem mehr oder weniger festen Bezug zum Boden. – Wie weit im Zeitalter der Informations- und Dienstleistungsgesellschaft eine aktualisierende Auslegung des Werkbegriffs gehen darf, ist noch kaum ausgelotet (virtuelle Bibliothek? elektronisches Verkehrsleitsystem?; vgl. auch LENDI, SG-Komm., Art. 81, N 7 ff.).

3   *Öffentlich:* Werk, an dem ein öffentliches Interesse besteht. Nicht ausschlaggebend sind die Eigentumsverhältnisse. Mit der Bejahung des öffentlichen Charakters ist nicht schon das öffentliche Interesse an einer Enteignung gegeben (vgl. HEINZ HESS/HEINRICH WEIBEL, Das Enteignungsrecht des Bundes, Band II, Bern 1986, 5).

4   *Beispiele:* Inbegriff eines öffentlichen Werks ist die von der Eidgenössischen Tagsatzung am 28.7.1804 beschlossene Entsumpfung der Linthebene; das Linthwerk ging per 1.1.2004 vom

Bund in die Hände der Kantone GL, SZ, SG und ZH über (vgl. BG vom 5.10.2001, SR 721.21). Weitere Beispiele: Rheinkorrektion (1854), Jura-Gewässer-Korrektion (1857); Pass-Strassen (Brünig, 1856, Furka und Oberalp, 1861); Luganerseeregulierung (vgl. BB vom 7.12.1956; SR 721.325). Zu denken wäre auch etwa an ein «Nationalstadion». – Die Werk-Kompetenz der BV 1848 diente als Grundlage für die ersten Eisenbahngesetze des Bundes von 1852 und 1874; BV 1874 Art. 23 figuriert nach wie vor im Ingress des EBG und des RLG (SR 746.1).

Natur und Tragweite der Bundeskompetenz

5   BV 81 begründet eine (blosse) Ermächtigung des Bundes. Es handelt sich um eine *parallele* Kompetenz. Sie ermöglicht es dem Bund, die zur Ausschöpfung der Kompetenz erforderlichen Rechtsvorschriften zu erlassen (vgl. den Ingress zu WRG, NSG, EleG, EBG, RLG, Alpentransit-Beschluss, SR 742.104 u.a.m.), gibt dem Bund indes keine allgemeine Gesetzgebungskompetenz im Bereich der öffentlichen Werke (vgl. auch RUCH, VRdCH, 931). – Dem Bund bleibt es unbenommen, öffentliche Werke gestützt auf besondere Sachzuständigkeiten zu errichten.

6   *Organzuständigkeit im Bund:* Die verbreitete Auffassung, wonach der Bund unmittelbar gestützt auf BV 81, d.h. ohne Dazwischentreten des Bundesgesetzgebers, tätig werden können soll (so Botsch. BV, 258; vgl. auch LENDI, SG-Komm., Art. 81, N 19), ist aus heutiger Sicht unzutreffend, denn die mit Errichtung, Betrieb bzw. Unterstützung des Werks verbundenen finanziellen Leistungen bedürfen einer konkreteren Rechtsgrundlage, als sie BV 81 bietet. Einfache Bundesbeschlüsse (ohne Referendumsklausel), wie sie ab der Zwischenkriegszeit gang und gäbe waren (vgl. AUBERT, Comm., Art. 81, N 10), genügen nicht (so auch AUBERT, Comm., Art. 81, N 11; LENDI, SG-Komm., Art. 81, N 25; RUCH, VRdCH, 931, 933; zur Problematik der in ParlG 29 Abs. 2 vorgesehenen Lösung vgl. N 24 zu BV 173).

7   Bei der *Interessenprüfung* – Interesse des ganzen oder eines grossen Teils des Landes (früher: «der Eidgenossenschaft») – verfügt die Bundesversammlung (bzw. der Gesetzgeber) über einen weiten Spielraum, der verschiedentlich recht grossherzig ausgeschöpft wurde (z.B. Bahnlinie Hergiswil–Stansstad, 1959; Vereina-Tunnel, 1986; vgl. auch AUBERT, Comm., Art. 81, N 7). Mitunter mag die Idee der *Vervollständigung* eines Netzes mit im Spiel gewesen sein.

8   *Errichtung und Betrieb von bundeseigenen Werken:* Wenn man vom Linthwerk (N 4) absieht, hat die Eidgenossenschaft bisher auf die Errichtung eigener Werke verzichtet (Botsch. BV, 258). Die Auslagerung eines vom Bund errichteten Werks aus der Zentralverwaltung wird durch BV 81 nicht ausgeschlossen (so auch LENDI, SG-Komm., Art. 81, N 13). Der Bund hat bei der Errichtung Vorgaben raumplanerischer, umwelt- und heimatschützerischer usw. Natur zu beachten (vgl. BV 75 Abs. 3, BV 76 Abs. 6, BV 78 Abs. 2). BV 81 schliesst Beiträge Dritter (z.B. interessierter Kantone) nicht aus, bildet aber keine Grundlage dafür, solche Beiträge zu erzwingen (LENDI, SG-Komm., Art. 81, N 23). Eine Public-Private-Partnership-Lösung dürfte nicht von vornherein ausgeschlossen sein (strenger wohl LENDI, SG-Komm., Art. 81, N 23).

9   *Unterstützung von Werken Dritter* (Kantone, Private): BV 81 bildet eine Grundlage nur für die Unterstützung der Errichtung, nicht aber für Betriebs- und Unterhaltsbeiträge an die Werke Dritter (kritisch LENDI, SG-Komm., Art. 81, N 12).

Literaturhinweise

RUCH ALEXANDER, Öffentliche Werke und Verkehr, VRdCH, 929 ff.

3. Titel: Bund, Kantone und Gemeinden　　　　　　　　　　　　　　Nr. 1　BV　**Art. 82**

Art. 82　　Strassenverkehr

¹ Der Bund erlässt Vorschriften über den Strassenverkehr.

² Er übt die Oberaufsicht über die Strassen von gesamtschweizerischer Bedeutung aus; er kann bestimmen, welche Durchgangsstrassen für den Verkehr offen bleiben müssen.

³ Die Benützung öffentlicher Strassen ist gebührenfrei. Die Bundesversammlung kann Ausnahmen bewilligen.

1　Die Bestimmung geht teils auf das Jahr 1848 zurück (Oberaufsicht, Verbot von Weg- und Brückengeldern; vgl. BV 1874 Art. 35 und Art. 31 Abs. 2), teils auf das Jahr 1921 (Abs. 1, Abs. 2 Satz 2; vgl. BV 1874 Art. 37bis), teils auf das Jahr 1958 (Abs. 3; Änderung von BV 1874 Art. 37, Grundsatz der Gebührenfreiheit). – Obwohl im Zuständigkeitskapitel angesiedelt, bildet Abs. 3 die Grundlage für ein verfassungsmässiges *Individualrecht* (vgl. N 8).

Kompetenzen des Bundes (Abs. 1 und 2)

2　Abs. 1 verschafft dem Bund eine umfassende, konkurrierende (verpflichtende) Gesetzgebungskompetenz (BGE 127 I 60, 69). Der Begriff Strassenverkehr ist weit zu verstehen (inkl. Fussgängerverkehr). Abs. 1 ermöglicht nicht nur den Erlass von polizeilichen Regeln für den Verkehr auf allen Strassen, die der Öffentlichkeit zugänglich sind, auch wenn sie in privatem Eigentum stehen sollten *(öffentliche Strassen;* vgl. SVG 1), sondern auch betreffend die *Zulassung* von Fahrzeugen und Fahrzeugführern, betreffend versicherungs- und haftpflichtrechtliche Fragen und betreffend das Verkehrsstrafrecht, begründet jedoch keine fiskalischen Kompetenzen. Die Erhebung von Motorfahrzeugsteuern ist Sache der Kantone (2002: rund 1,9 Milliarden Franken). Die vom Bund erhobene Automobilsteuer hat ihre Grundlage in BV 131 (siehe dort).

3　Die Ausführungsgesetzgebung zu Abs. 1 findet sich im Wesentlichen im Strassenverkehrsgesetz vom 19.12.1958 (SVG; SR 741.01) und in den zahlreichen dazu ergangenen Verordnungen des Bundesrates (vgl. insb. VRV, SR 741.11; SSV, SR 741.21; VVV, SR 741.31; VTS, SR 741.41; FAV, SR 741.435.1; VZV, SR 741.51; TGV, SR 741.511; ADMAS-Register-Verordnung, SR 741.55; ferner im Ordnungsbussengesetz vom 24.6.1970 (OBG; SR 741.03) und der zugehörigen Verordnung (OBV, SR 741.031) sowie im Unfallverhütungsbeitragsgesetz (vom 25.6.1976; SR 741.81). – Das Bundesrecht lässt den Kantonen keinen Raum, den motorisierten Verkehr auf ihrem Hoheitsgebiet per Rechtssatz generell zu beschränken (BGE 130 I 136, 138: Ungültigkeit der Initiative für ein Sonntagsfahrverbot in AR). – Gegen das in der Schweiz geltende Verbot öffentlicher Rundstreckenrennen mit Motorfahrzeugen (SVG 52) richtet sich die parlamentarische Initiative «Wiederzulassung von Formel-1-Rennen» (vgl. Bericht KVF-N vom 22.11.2005, BBl 2006 1861).

4　*Grundrechtsbeschränkende* Massnahmen – wie z.B. die Pflicht, «Rückhaltevorrichtungen» (Sicherheitsgurten u. dgl.) zu benützen oder einen Schutzhelm zu tragen – bedürfen einer hinreichenden Grundlage im Gesetz (vgl. BGE 103 IV 192, *Favre,* und den in der Folge erlassenen SVG 57 Abs. 5, in Kraft seit 1.7.1981; vgl. auch BGE 119 IV 260 ff.: Helmtragpflicht für Angehörige der Religionsgemeinschaft der Sikhs).

5   Die sog. *Strassenhoheit* (d.h. das Recht, Strassen zu planen, zu bauen, darüber zu verfügen) liegt bei den Kantonen. Sie wird begrenzt durch bundesrechtliche Vorgaben (z.B. Nacht- und Sonntagsfahrverbote; SVG 2 Abs. 2) und die Oberaufsicht des Bundes gemäss Abs. 2.

6   *Oberaufsicht (Abs. 2):* Die vom Bund beanspruchte «Oberaufsicht» bezieht sich ausschliesslich auf Strassen von *gesamtschweizerischer* Bedeutung; traditionell sind dies (auch) jene Strassen, die für Bundesinstitutionen wie die Armee oder die Post von Bedeutung sind oder vom Bund (mit)finanziert wurden (vgl. AUBERT, Comm., Art. 82, N 8). Der Begriff «Strassen» schliesst auch einzelne Bauwerke, wie z.B. Brücken ein (Botsch. BV, 260). Abs. 2 verschafft dem Bund keine Gesetzgebungs-, sondern (lediglich) umfassende, jederzeitige Kontrollbefugnisse (insb. betreffend Zustand). Im 19. Jahrhundert kam es gelegentlich zu Interventionen des Bundes.

7   Bei den (offen zu haltenden) *Durchgangsstrassen (Abs. 2)* geht es nicht um Oberaufsicht (N 6), sondern um eine Begrenzung der *Verfügungsbefugnis* der Kantone. Die Bezeichnung erfolgt in der bundesrätlichen Durchgangsstrassenverordnung vom 18.12.1991 (SR 741.272), und zwar in den Anhängen 1 (Autobahnen und Autostrassen), 2 (Hauptstrassen) und 3 (Europastrassen). – Die in BV 82 Abs. 2 genannten Strassenkategorien sind zu unterscheiden von den Hauptstrassen, denen zweckgebundene Bundesmittel zugute kommen können (vgl. N 10 zu BV 86).

Gebührenfreiheit (Abs. 3)

8   Die Gebührenfreiheit ist verfassungsrechtlich vorgegeben:
   – nur für *öffentliche*, nicht jedoch für private Strassen; entscheidend sind nicht die Eigentumsverhältnisse, sondern die «Zweckbestimmung» (Widmung; vgl. BV 1874 Art. 37 Abs. 2; VPB 62.51, 1997);
   – nur für den «gemeinverträglichen» (schlichten) *Gemeingebrauch* (Befahren, kurzzeitiges Parkieren; für Letzteres darf daher höchstens eine Kontrollgebühr verlangt werden, vgl. BGE 112 Ia 39). Die Vorgabe der Gebührenfreiheit gilt jedoch nicht für intensivere Formen der Nutzung (gesteigerter Gemeingebrauch, Sondernutzung), zu denen auch das längere Parkieren zählt (dazu – in Änderung der früher grosszügigeren Rechtsprechung – BGE 122 I 278, 284 ff.).

Wie schon BV 1874 37 Abs. 2 garantiert auch BV 82 Abs. 3 ein *verfassungsmässiges Individualrecht* (vgl. Botsch. BV, 261), dessen Verletzung gegebenenfalls mit Verfassungsbeschwerde geltend gemacht werden kann (früher OG 84; heute BGG 116; ständige Rechtsprechung seit BGE 89 I 533, 537; vgl. BGE 122 I 284). – Die Gebührenfreiheit steht in einem Spannungsverhältnis zum sog. Verursacherprinzip (BV 74 Abs. 2; vgl. VPB 65.2 [2001], Bundesamt für Justiz). BV 82 Abs. 3 steht der Erhebung von (an den Besitz anknüpfenden) kantonalen Motorfahrzeugsteuern (N 2) nicht entgegen, ebenso wenig der Erhebung der (leistungsabhängigen) Schwerverkehrabgabe und der Autobahn-Vignette, die ihre Grundlage auf Verfassungsstufe haben (BV 85 und BV 86 Abs. 2).

9   *Ausnahmen* bedürfen einer Bewilligung des Bundes in der Form des einfachen (nichtreferendumspflichtigen) Bundesbeschlusses (BV 163 Abs. 2). Die Verfassung gibt der Bundesversammlung keine Entscheidungskriterien vor. Die Abgabe selbst bedarf wegen des Legali-

tätsprinzips (zusätzlich) einer hinreichenden gesetzlichen Abstützung. – *Kasuistik:* Der einzige bisherige Anwendungsfall ist die Bewilligung zur Erhebung von Gebühren für den Tunnel am Grossen St. Bernhard, ausgesprochen in Art. 2 des BB vom 17.12.1958 betreffend die Genehmigung des Abkommens Schweiz – Italien über Bau und Betrieb eines Strassentunnels unter dem Grossen St. Bernhard (SR 725.151); für die Höhe der Gebühren verweist der BB auf die Konzession der Betreibergesellschaft. Gemäss VPB 62.51 (1997), Bundesamt für Justiz, ist es der (autofreien) Gemeinde Saas-Fee gestattet, ohne Bewilligung der Bundesversammlung mittels einer Lenkungsabgabe darauf hinzuwirken, dass sich der Elektromobilverkehr zu bestimmten Tageszeiten reduziert.

10 *Road pricing:* Die Bewilligung gemäss Abs. 3 hat Ausnahmecharakter. Eine breiter angelegte Einführung des sog. *road pricing* (z.B. für ganze Agglomerationen) wäre nicht ohne vorherige Verfassungsänderung möglich (ebenso LENDI, Verkehrspolitik, 13; vgl. auch SCHAFFHAUSER, SG-Komm., Art. 82, N 8; Botsch. BV, 261; AB 2006 N 1408). Eine vom Bundesrat im Rahmen des Projekts NFA beantragte Modifikation und Verlagerung der Entscheidungskompetenz («Der Bundesrat kann Ausnahmen bewilligen, insbesondere für Strassen in Städten und Agglomerationen.») fand in den Räten keine Mehrheit (AB 2002 S 866 f.; 2003 N 1000). Vgl. jetzt den bundesrätlichen Bericht vom 16.3.2007 über die «Einführung eines Road Pricing» (Postulat 04.3619 KVF-N).

Literaturhinweise (vgl. auch die Hinweise vor BV 81)

GIGER HANS, Kommentar SVG, 6. Aufl., Zürich 2002; HAAS ADRIAN, Staats- und verwaltungsrechtliche Probleme bei der Regelung des Parkierens von Motorfahrzeugen auf öffentlichem und privatem Grund, Bern 1994; JAAG TOBIAS, Gemeingebrauch und Sondernutzung öffentlicher Sachen, ZBl 1992, 145 ff.; DERS., Gebührenpflichtiges Parkieren auf öffentlichem Grund, AJP 1994, 179 ff.; LENDI MARTIN, Verkehrspolitik – die Verfassung weist den Weg, Küsnacht/Zürich 2004; SCHAFFHAUSER RENÉ, Grundriss des schweizerischen Strassenverkehrsrechts, 3 Bände, Bern 1984–1995; DERS. (Hrsg.), Jahrbuch zum Strassenverkehrsrecht 2004, St. Gallen 2004.

Art. 83   Nationalstrassen

[1] Der Bund stellt die Errichtung eines Netzes von Nationalstrassen und deren Benützbarkeit sicher.

[2] Die Kantone bauen und unterhalten die Nationalstrassen nach den Vorschriften und unter der Oberaufsicht des Bundes. *[Abs. 2 i.d.F. gemäss BB vom 3.10.2003*[1]*: [2] Der Bund baut, betreibt und unterhält die Nationalstrassen. Er trägt die Kosten dafür. Er kann diese Aufgabe ganz oder teilweise öffentlichen, privaten oder gemischten Trägerschaften übertragen.]*

---

1   Angenommen in der Volksabstimmung vom 28. Nov. 2004 (BB vom 3. Okt. 2003, BRB vom 26. Jan. 2005 – BBl 2002 2291, 2003 6591, 2005 951). – Der Bundesrat bestimmt das Inkrafttreten.

Nr. 1 BV **Art. 83** 3. Titel: Bund, Kantone und Gemeinden

³ Bund und Kantone tragen die Kosten der Nationalstrassen gemeinsam. Der Kostenanteil der einzelnen Kantone richtet sich nach ihrer Belastung durch die Nationalstrassen, nach ihrem Interesse an diesen Strassen und nach ihrer Finanzkraft.[1]

1 Die Bestimmung geht auf das Jahr 1958 zurück (BV 1874 Art. 36bis; Gegenvorschlag zu einer zurückgezogenen Volksinitiative, BBl 1957 II 817). Das ursprüngliche Konzept eines vom Bund geplanten, von den Kantonen gebauten und unterhaltenen und *gemeinsam finanzierten* Nationalstrassennetzes wird im Rahmen des Projekts NFA ersetzt durch eine Bundeslösung, in der die Kantone allenfalls als Beauftragte zum Zuge kommen (Abs. 2 neu).

Bundeskompetenz (Abs. 1)

2 Abs. 1 begründet (implizit) eine (in Abs. 2 vorausgesetzte) *umfassende Gesetzgebungskompetenz* des Bundes mit grundsätzlich nachträglich derogierender Wirkung, die es jedoch den Kantonen nicht verwehrt, selber Schnellstrassen zu erstellen, zu betreiben und zu unterhalten. Der Ausführung dient das BG vom 8.3.1960 über die Nationalstrassen (NSG; SR 725.11), das sich auf BV 1874 Art. 23, 36ter und 37 (heute BV 81, 82 und 86) stützt.

3 Abs. 1 begründet darüber hinaus einen *spezifischen Handlungsauftrag* und eine spezifische (Gewährleistungs-)Verantwortung des Bundes («Benützbarkeit»), klugerweise ohne einen Endtermin für die Fertigstellung des Netzes zu nennen (so auch die Materialien von 1957: 1665 km; davon 2/3 bis 1970; vgl. BBl 1957 II 831). Die ersten Autobahnteilstücke (N2 Luzern–Ennethorw; N1 Grauholz bei Bern; N1 zwischen Genf und Lausanne als Zubringer zur «Expo 64») wurden zum Teil begeistert begrüsst (in der Innerschweiz erschienen Wohnungsinserate mit der Affiche: «Blick auf die Autobahn»). – Das Nationalstrassennetz umfasst heute rund 1800 km. Bei Fertigstellung des geplanten Netzes sollen es (bis 2020) knapp 1900 km sein.

4 Die Festlegung des Netzes obliegt der Bundesversammlung (vgl. NSG 11 sowie den Anhang des nicht dem Referendum unterstehenden BB vom 21.6.1960 über das Nationalstrassennetz, NSB, SR 725.113.11). Der Gestaltungsspielraum der Bundesversammlung ist weit. Neben (regional-)politischen Überlegungen sind auch allgemeine und besondere (verfassungs-)rechtliche Vorgaben zu beachten (BV 73 ff.; BV 83 Abs. 1: Netzgedanke; BV 84 Abs. 3: Transitstrassen-Kapazität; vgl. auch NSG 12 ff., 21 ff.; BGE 122 II 165 ff.; BGE 119 Ib 458 ff.). – Ein Anspruch auf Nationalstrassen-Anschluss (für eine bestimmte Region) besteht nicht, ebenso wenig ein Recht auf Verschonung.

5 *Nationalstrassen:* Die Verfassung bestimmt den Begriff nicht näher, doch ergibt sich aus Entstehungsgeschichte und Kontext klar, dass es sich um ein *Netz von Hochleistungsstrassen von überregionaler Bedeutung* handelt. – Das NSG definiert die Nationalstrassen als die «wichtigsten Strassenverbindungen von gesamtschweizerischer Bedeutung» (NSG 1 Abs. 1) und unterscheidet (vor allem nach dem Ausbaustand) zwischen Nationalstrassen erster, zwei-

---

1 Abs. 3: Aufhebung beschlossen in der Volksabstimmung vom 28. Nov. 2004 (BB vom 3. Okt. 2003, BRB vom 26. Jan. 2005 – BBl 2002 2291, 2003 6591, 2005 951). – Der Bundesrat bestimmt das Inkrafttreten.

ter und dritter Klasse (NSG 1 ff.) – nicht zu verwechseln mit der Einteilung in Autobahnen, Autostrassen und weitere Strassenkategorien unter dem Aspekt der Verkehrsregeln (vgl. VRV 1). Die sog. «Autobahn-Vignette» ist, genau besehen, eine Nationalstrassen-Abgabe (vgl. BV 86 Abs. 2) und wird daher im Titel der EFD-Verordnung vom 7.11.1994 (SR 741.724) mit gutem Grund in Anführungsstriche gesetzt.

6   Rechtlich gehören die Nationalstrassen heute den Kantonen. Im Zuge der Umsetzung der NFA soll das Eigentum an den Nationalstrassen – nicht jedoch an den Nebenanlagen (z.B. Raststätten) – auf den Bund übergehen (vgl. NSG 8 i.d.F. vom 6.10.2006, noch nicht in Kraft). – Ähnlich wie die «Strassen von gesamtschweizerischer Bedeutung» (vgl. N 6 zu BV 82) unterstehen die Nationalstrassen (noch) der «Oberaufsicht» des Bundes; die Überprüfung der *Zweckmässigkeit* kantonaler Planungen, Projektierungen, Bau- und Betriebsmassnahmen ist darin eingeschlossen (vgl. LENDI, SG-Komm., Art. 83, N 23; vgl. auch AUBERT, Comm., Art. 83, N 10, sowie NSG 54 und die bundesrätliche Verordnung vom 9.11.1965, SR 725.115).

Bau, Betrieb und Unterhalt (Abs. 2 und 3)

7   *Aufgabenteilung:* Bis zum Inkrafttreten der Neuordnung gemäss BB NFA besteht im Bereich der Nationalstrassen eine Aufgabe mit «Gemeinschaftscharakter» (RUCH, VRdCH, 936). *Künftig* werden Bau, Betrieb (Massnahmen betreffend Betriebsbereitschaft, Sicherheit, Verkehrslenkung und -information) und Unterhalt (Erhaltung des gebauten Werkes in seiner Substanz) sowie die Finanzierung in der Zuständigkeit (und Verantwortung) des Bundes liegen. Eine Delegation der Aufgaben*wahrnehmung* an Kantone oder Dritte ist grundsätzlich zulässig (Botsch. NFA, BBl 2002 2423; vgl. NSG 49a i.d.F. vom 6.10.2006, noch nicht in Kraft). Die Idee der Errichtung einer öffentlich-rechtlichen Anstalt des Bundes (Schweizerische Nationalstrassen, SNS) wurde fallen gelassen (Botschaft Ausführungsgesetzgebung NFA, BBl 2005 6143 ff.).

8   *Finanzierung (Abs. 3):* Die ursprüngliche Kostenaufteilung (gemeinsame Tragung der Erstellungskosten; Beiträge des Bundes an Betrieb und Unterhalt nur in besonderen Fällen) wurde durch eine Verfassungsänderung im Jahr 1983 (vgl. BBl 1982 III 125, AS 1983 444) zu Gunsten der Kantone modifiziert (BV 1874 Art. 36bis Abs. 4). Die Bundesbeiträge sind abgestuft, je nach der Belastung der einzelnen Kantone durch die Nationalstrassen, ihrem Interesse an diesen Strassen und ihrer Finanzkraft (vgl. Anhang zur Verordnung vom 18.12.1995 über die Nationalstrassen, NSV; SR 725.111). Der Bundesanteil (Bau 58–97%, Unterhalt 80–97%, im Schnitt 87%; Betrieb 40–95%, im Schnitt 67% der anrechenbaren Kosten) wird aus allgemeinen Steuermitteln und aus Erträgen der Schwerverkehrsabgabe (BV 85 Abs. 2), der Verbrauchsteuer auf Treibstoffen und der Nationalstrassenabgabe (BV 86 Abs. 3) finanziert. Mit dem Inkrafttreten des BB NFA (voraussichtlich per 2008) wird Abs. 3 hinfällig.

9   *Übergangsregelung* (BV 197 Ziffer 3): Die neue *Aufgabenteilung* (Abs. 2 i.d.F. vom 3.10.2003, noch nicht in Kraft) gilt nur für *Neu- und Ausbauten* (z.B. Ausbau auf sechs Spuren), nicht jedoch für die *Fertigstellung* des Nationalstrassennetzes gemäss Festlegung im NSB (vgl. N 4), Stand bei Inkrafttreten des BB NFA (was theoretisch Anpassungen in letzter Minute ermöglicht). Für die Fertigstellung gilt weiterhin die gemeinsame Kostentragung.

Literaturhinweise: siehe vor BV 81

Art. 84 Alpenquerender Transitverkehr*

¹ Der Bund schützt das Alpengebiet vor den negativen Auswirkungen des Transitverkehrs. Er begrenzt die Belastungen durch den Transitverkehr auf ein Mass, das für Menschen, Tiere und Pflanzen sowie ihre Lebensräume nicht schädlich ist.

² Der alpenquerende Gütertransitverkehr von Grenze zu Grenze erfolgt auf der Schiene. Der Bundesrat trifft die notwendigen Massnahmen. Ausnahmen sind nur zulässig, wenn sie unumgänglich sind. Sie müssen durch ein Gesetz näher bestimmt werden.

³ Die Transitstrassen-Kapazität im Alpengebiet darf nicht erhöht werden. Von dieser Beschränkung ausgenommen sind Umfahrungsstrassen, die Ortschaften vom Durchgangsverkehr entlasten.

1   BV 84 geht auf die am 20.2.1994 von Volk und Ständen angenommene sog. *Alpenschutz-Initiative* zurück (BV 1874 Art. 36sexies; BV 1874 ÜB Art. 22). Hauptanliegen der Initianten war die Reduktion der transitverkehrbedingten Umweltbelastung im Alpenraum, vor allem auf der Gotthard-Achse. Der Text der Initiative wurde fast wörtlich übernommen (redaktionelle Änderungen in Abs. 2 zweiter Satz und in Abs. 3 zweiter Satz); dies in Kenntnis der grossen praktischen und rechtlichen Probleme, welche die Bestimmung nicht zuletzt wegen ihres erheblichen Diskriminierungspotentials aufwirft (vgl. das auf die Dauer von zwölf Jahren mit der EG abgeschlossene Abkommen vom 2.5.1992 über den Güterverkehr auf der Strasse und auf der Schiene [sog. Transitabkommen], AS 1993 1197, und das am 21.6.1999 abgeschlossene Abkommen mit der EG über den Güter- und Personenverkehr auf Schiene und Strasse, SR 0.740.72; vgl. BBl 1999 6305 ff.). Statt die sich im Rahmen der Totalrevision bietende Gelegenheit zur Bereinigung zu nutzen, verlegte man sich auf Auslegungsakrobatik (vgl. z.B. Botsch. BV, 262 f.; BBl 1999 6305; BBl 1996 IV 684). Die Geschichte von BV 1874 Art. 36sexies bzw. BV 84 ist zugleich ein Lehrstück für eine verfehlte – nämlich zu isolierte, den sich ändernden verfassungsrechtlichen Kontext (vgl. BV 5 Abs. 4) nicht berücksichtigende – Auslegung einer Verfassungsbestimmung. Die Kritik am Verfassungstext (z.B. bei AUBERT, Comm., Art. 84, N 7, 9) relativiert sich, sobald man im Sinne systematischer Auslegung BV 74 und BV 8 einbezieht (vgl. N 5, 7).

Schutz des Alpengebiets (Abs. 1)

2   *Schutzauftrag:* BV 84 Abs. 1 begründet eine *spezielle* Umweltschutzkompetenz (konkurrierende Kompetenz), die sich von der allgemeinen Kompetenz (BV 74) durch eine geografische Fokussierung und eine inhaltliche Akzentsetzung (Bekämpfung bestimmter Ursachen) unterscheidet und als eigentlicher *Schutzauftrag* formuliert ist. Neue Zuständigkeiten verschafft die Bestimmung dem Bund nicht, wohl aber zusätzliche Pflichten, wenn man auf den Wortlaut abstellt sogar eine (wohl nicht intendierte) «Erleichterung», denn gemäss Abs. 1 hat der Bund die Belastungen auf ein Mass zu begrenzen, das *«nicht schädlich»* ist, während der Umweltschutzartikel auch die Bekämpfung *bloss lästiger* Einwirkungen verlangt (N 5 zu

*   Mit Übergangsbestimmung

3. Titel: Bund, Kantone und Gemeinden — Nr. 1 BV **Art. 84**

BV 74). Hier sollte man die allgemeine Norm (BV 74) für einmal nicht hinter die speziellere zurücktreten lassen. – Abs. 1 gibt ein (Schutz-)Ziel vor, ohne sich näher zu den *Instrumenten* zu äussern.

3   *Auswirkungen des Transitverkehrs:* Gemeint sind Belastungen, die negativ für den Menschen und seine alpine Umwelt sind (vgl. auch BV 74).

4   *Alpengebiet:* Der Begriff wird weder in BV 84 noch in anderen Verfassungsbestimmungen definiert. Auch auf Gesetzesebene findet sich keine Definition; anders noch der Entwurf STVG (BBl 1994 II 1313), fast deckungsgleich mit dem «Alpenraum» gemäss Alpenkonvention (vom 7.1.1991, SR 0.700.1), wo 10 Kantone ganz (AR, AI, GL, GR, NW, OW, UR, SZ, TI, VS), 5 teilweise (BE, FR, LU, SG, VD) erfasst werden.

5   *Transitverkehr:* In den Anwendungsbereich von Abs. 1 (Schutzauftrag, N 2) fallen alle Verkehrsarten, d.h. (anders als in Abs. 2) *auch der Personenverkehr*, sowie *alle Verkehrsträger* (inkl. Schienenverkehr, formal auch Luftverkehr und Raumfahrt). Erfasst wird vom Wortlaut der *gesamte* alpenquerende Verkehr, d.h. (anders als in Abs. 2) auch der *innerschweizerische Verkehr,* nicht nur jener von Landesgrenze zu Landesgrenze (anders, wenn auch mit Kritik, AUBERT, Comm., Art. 84, N 7). Vom Wortlaut *nicht* erfasst ist der *Binnen*verkehr im Alpengebiet selbst, auch nicht der alpenquerende Verkehr mit Ausgangs- oder Endpunkt im Alpengebiet. (Schutz-)Massnahmen sind dennoch möglich (z.B. gestützt auf BV 74 i.V.m. 8); eine Auslegung von Abs. 1 in Abweichung vom Wortlaut (Botsch. BV, 263) muss dazu nicht bemüht werden.

Verlagerung des alpenquerenden Gütertransitverkehrs (Abs. 2)

6   *Auftrag:* Abs. 2 statuiert nicht bloss ein Ziel (so indes wohl LENDI, SG-Komm., Art. 84, N 5 und 14), sondern erteilt dem Bund einen *Verkehrsumlagerungsauftrag* (auf die Schiene). Der Auftrag ist zwar apodiktisch formuliert, in der Sache jedoch begrenzt und für gewisse Ausnahmen offen. Ohne es ausdrücklich zu sagen, richtet sich Abs. 2 (anders als Abs. 1) nur gegen den Gütertransitverkehr auf der Strasse (nicht etwa auch gegen den alpenquerenden Luftgütertransitverkehr). *Ausnahmen* von der Verfassungsvorgabe, wonach Güter auf der Schiene zu transportieren sind, können nur durch Gesetz eingeräumt werden und nur wenn sie «unumgänglich» sind. Zu denken ist etwa an den Transport verderblicher Güter. Die Konkretisierung obliegt dem Bundesgesetzgeber. Die Verlagerung auf die Schiene gemäss Abs. 2 muss nach BV 196 Ziff. 1 (ursprünglich BV 1874 ÜB Art. 22) «zehn Jahre nach der Annahme der Volksinitiative (...) abgeschlossen sein» (nicht etwa nur «grundsätzlich», wie Botsch. BV, 263, sagt). Diese Frist lief am 20.2.2004 ab. Im Juni 2007 reichte der Verein Alpen-Initiative bei der Bundesversammlung eine Aufsichtsbeschwerde gegen den Bundesrat ein.

7   *Anwendungsbereich:* Das Gebot der Schienenbenutzung gilt (nur) für den *alpenquerenden* Gütertransitverkehr *von Grenze zu Grenze*, der Ende der 1990er Jahre zu rund 97% durch ausländische Unternehmen erfolgte (AB 1999 N 1539, BR Leuenberger). Der Bund ist nicht gehindert (ja u.U. verfassungs- oder völkerrechtlich dazu verpflichtet), gestützt auf andere Verfassungsgrundlagen (z.B. BV 74) und dort verfügbare Instrumente (d.h. per Gesetz statt durch verfassungsunmittelbare Massnahmen des Bundesrates) und unter Beachtung der einschlägigen verfassungsrechtlichen Schranken (z.B. BV 27) auch den schweizerischen Binnenverkehr bzw. den Ziel- und Quellverkehr mit End- bzw. Anfangspunkt im Alpengebiet zu er-

fassen. Eine Abstützung des Verkehrsverlagerungsgesetzes (SR 740.1) auch auf BV 74 wäre der fragwürdigen ausdehnenden Interpretation des Anwendungsbereichs von BV 84 allemal vorzuziehen.

8 *Instrumente:* In eigenwilligem Umgang mit dem Stufenbau der Rechtsordnung sieht Abs. 2 vor, dass die notwendigen Massnahmen vom *Bundesrat* getroffen werden, d.h. soweit es um rechtsetzende Massnahmen geht in Gestalt der *verfassungsunmittelbaren Verordnung* (vgl. BV 182 Abs. 1), wie BV 1874 Art. 36sexies noch ausdrücklich vermerkte. – Ein Tätigwerden des Gesetzgebers soll dadurch nicht ausgeschlossen werden. Zur Umsetzung des Abs. 2 (und zugleich in Ausführung des Landverkehrsabkommens vom 21.6.1999 mit der EG) erging das befristete Bundesgesetz vom 8.10.1999 zur Verlagerung von alpenquerendem Güterschwerverkehr auf die Schiene (Verkehrsverlagerungsgesetz; SR 740.1), das bis Ende 2010 gilt und durch ein Ausführungsgesetz zu BV 84 abgelöst werden soll, dessen Entwurf der Bundesrat der Bundesversammlung bis Ende 2006 hätte unterbreiten müssen (Art. 7 Abs. 3; vgl. Entwurf und Botschaft zu einem Güterverkehrsverlagerungsgesetz, GVVG, vom 8.6.2007, BBl 2007 4513).

9 *Umsetzung in der Praxis:* Die nicht nur zeitlich, sondern auch inhaltlich recht präzise bestimmte (Verlagerungs-)*Vorgabe* hat sich im Lauf der Zeit – auf wundersame, verfassungsrechtlich schwer nachvollziehbare Weise – in ein eher dehnbares (Verlagerungs-)*Ziel* verwandelt. Das Verkehrsverlagerungsgesetz nennt für den verbleibenden alpenquerenden Güterschwerverkehr «eine Zielgrösse von 650'000 Fahrten pro Jahr, welche möglichst rasch, spätestens zwei Jahre nach Eröffnung des Lötschberg-Basistunnels» (Juni 2007) erreicht werden soll (Art. 1 Abs. 2). Auch wenn das Gesetz (anders als BV 84 Abs. 2) nicht nur den Verkehr von Grenze zu Grenze anvisiert, erscheint die Zielsetzung – gemessen an der Verfassungsvorgabe – «grosszügig» bemessen. Angesichts der aktuellen Fahrtenzahlen (2005: rund 1,2 Millionen; Quelle: UVEK, 24.2.2006) überrascht es nicht, dass über eine zeitliche oder quantitative Anpassung des Reduktionsziels diskutiert wird.

Einfrieren der Transitstrassen-Kapazität (Abs. 3)

10 *Anwendungsbereich:* Im Unterschied zu Abs. 2 erfasst Abs. 3 (wie Abs. 1) nicht allein den Güterverkehr, sondern insbesondere (vgl. BBl 1992 II 901) auch den Personenverkehr. Vom Ausbau- und Neubauverbot ausgenommen sind Umfahrungsstrassen, die Ortschaften vom Durchgangsverkehr (nicht, wie der französische Wortlaut denken lassen könnte: vom Transitverkehr) entlasten. Die Legaldefinition der «Transitstrassen im Alpengebiet» findet sich im BG vom 17.6.1994 über den Strassentransitverkehr im Alpengebiet (STVG; SR 725.14). Erfasst werden ausschliesslich die folgenden vier Strecken (STVG 2).

– San Bernardinoroute: Strecke Thusis–Bellinzona Nord;
– Gotthardroute: Strecke Amsteg–Göschenen–Airolo–Bellinzona Nord;
– Simplonroute: Strecke Brig–Gondo/Zwischbergen (Landesgrenze);
– Grosse St.Bernhardroute: Strecke Sembrancher–Tunnel-Nordportal.

Pikanterweise fehlt in dieser Liste die Strecke Sierre–Brig, die im Vorfeld der Abstimmung über die Alpenschutz-Initiative von Initiativgegnern wie Befürwortern (die erklärtermassen den Bau einer vierspurigen Autobahn verhindern wollten) gerne als Anwendungsfall angeführt wurde (vgl. AB 1994 N 893; BBl 1992 II 901). Dank STVG 2 blieb der Weg frei für den Bau der geplanten vierspurigen Nationalstrasse. Der Bau einer zweiten «Gotthard-Röhre» ist indes nach allgemein geteilter Auffassung nur nach einer Verfassungsänderung möglich. Ein entsprechender Versuch scheiterte in der Volksabstimmung vom 8.2.2004 (Ablehnung des Gegenvorschlags zur sog. Avanti-Initiative).

Literaturhinweise

BEUSCH MICHAEL, Lenkungsabgaben im Strassenverkehr, Zürich 1999; EPINEY ASTRID/GRUBER RETO, Verkehrspolitik und Umweltschutz in der Europäischen Union, Fribourg 1997; RÜTSCHE BERNHARD/SOLLBERGER KASPAR, Verkehrspolitik und Alpenraum, Bern 1996; SIEGWART KARINE/ GRUBER RETO/BEUSCH MICHAEL, Stand und Perspektiven der Umsetzung des Alpenschutz-Artikels (Art. 36sexies BV), AJP 1998, 1033 ff.; WEBER/FRIEDLI, Abkommen über den Güter- und Personenverkehr auf Schiene und Strasse, in: Thürer et al. (Hrsg.), Bilaterale Verträge Schweiz - EG: ein Handbuch, 2. Aufl., Zürich 2007, 407 ff.

Art. 85 Schwerverkehrsabgabe*

¹ Der Bund kann auf dem Schwerverkehr eine leistungs- oder verbrauchsabhängige Abgabe erheben, soweit der Schwerverkehr der Allgemeinheit Kosten verursacht, die nicht durch andere Leistungen oder Abgaben gedeckt sind.

² Der Reinertrag der Abgabe wird zur Deckung von Kosten verwendet, die im Zusammenhang mit dem Strassenverkehr stehen.

³ Die Kantone werden am Reinertrag beteiligt. Bei der Bemessung der Anteile sind die besonderen Auswirkungen der Abgabe in Berg- und Randgebieten zu berücksichtigen.

1   Die Bestimmung geht in Inhalt und Struktur auf den 1994 angenommenen BV 1874 Art. 36quater zurück. Mit der Einführung der leistungsabhängigen Schwerverkehrsabgabe (LSVA) per 1.1.2001 (vgl. BG vom 19.12.1997 über eine leistungsabhängige Schwerverkehrsabgabe, SVAG; SR 641.81) wurde die Übergangsbestimmung zu BV 85 (BV 196 Ziffer 2) hinfällig. Diese hatte in Fortführung von BV 1874 ÜB Art. 21 (1994) bis längstens Ende 2004 die Erhebung der 1984 eingeführten (BV 1874 ÜB Art. 17) *pauschalen* (distanzunabhängigen) Schwerverkehrsabgabe vorgesehen.

Abgabenerhebungskompetenz (Abs. 1)

2   Abs. 1 begründet eine Abgabenerhebungskompetenz des Bundes (unter Einschluss der entsprechenden Gesetzgebungsbefugnis). Der Bund ist zur Erhebung der Abgabe ermächtigt, nicht verpflichtet. Der *Umsetzung* dient das Schwerverkehrsabgabengesetz (SVAG), das sich auch auf BV 1874 Art. 24septies, 36sexies und ÜB Art. 23 (heute BV 74, 84 und 196 Ziff. 12) stützt.

*   Mit Übergangsbestimmung

3   *Zweck:* Die Schwerverkehrsabgabe zielt in erster Linie auf eine Internalisierung von externen Kosten (vgl. VALLENDER, SG-Komm., Art. 85, N 7) im Sinne des sog. «Verursacherprinzips» (vgl. N 13 zu BV 74). Zugleich erhofft man sich ökologisch erwünschte *Lenkungs*wirkungen (Reduzierung von Leerfahrten, Umlagerung auf die Schiene usw.). Dem Kostenanlastungsziel entsprechend ist die Erhebung der Abgabe von Verfassungsrechts wegen an die *Voraussetzung* geknüpft, dass der Schwerverkehr «der Allgemeinheit Kosten verursacht, die nicht durch andere Leistungen oder Abgaben gedeckt sind» (zum Einbezug der «zurechenbaren Wegekosten» vgl. SVAG 1, 7; BBl 1996 V 555). Entsprechend ist der Bund verfassungsrechtlich verpflichtet, die externen Kosten und Nutzen des Schwerverkehrs periodisch in nachvollziehbarer Weise zu erheben. Der Schwerverkehr deckte gemäss Strassenrechnung 2002 die Strassenkosten zu über 130%, in dieser Rechnung sind indes die externen Kosten (Unfälle, Umweltbelastung) nicht berücksichtigt (Quelle: BFS, Mitteilung Juni 2005).

4   *Schwerverkehr:* Der Begriff wird erst auf Stufe Gesetz unter Bezugnahme auf die Strassenverkehrsgesetzgebung (im Lichte der früheren Übergangsbestimmungen) näher definiert (vgl. SVAG 3 in Verbindung mit SVAV 2 und VTS 7, 11 und 20; Gesamtgewicht: über 3,5 Tonnen).

5   *Gesetzliche Ausgestaltung:* Der Gesetzgeber hat sich für eine *leistungsabhängige* – und gegen eine verbrauchsabhängige – Schwerverkehrsabgabe entschieden (SVAG 6), die sich nach dem höchstzulässigen *Gesamtgewicht* des Fahrzeuges und den *gefahrenen Kilometern* bemisst. Der vom Bundesrat innerhalb einer gesetzlichen Bandbreite festzulegende Tarif (SVAG 8) wurde per 1.1.2005 auf (je nach Kategorie) 2,15 bis 2,88 Rp./pro t und km angehoben (SVAV 14); die Erhöhung um rund 50% hatte eine spürbare Reduktion der Leerfahrten zur Folge. Für bestimmte Fahrzeugkategorien (z.B. Gesellschaftswagen) ist weiterhin eine pauschale Abgabe vorgesehen (SVAG 9, SVAV 4).

6   *Rechtsnatur der Abgabe:* Der Bundesgesetzgeber verfügt bei der Ausgestaltung der Abgabe über einen erheblichen Gestaltungsspielraum. Er kann die Abgabe als Kausalabgabe oder als Steuer ausgestalten (vgl. HÖHN/WALDBUGER, Steuerrecht I, 790). Die Rechtsnatur der Abgabe ist umstritten: Kausalabgabe (vgl. VALLENDER, SG-Komm., Art. 85, N 16; Botsch. BV, 264; Botsch. SVAG, BBl 1996 V 545), Sonderumsatzsteuer (vgl. BÖCKLI, 12, zur frühern Ausgestaltung), Zwitter (vgl. HÖHN/WALDBURGER, Steuerrecht I, 791).

Zweckbindung und Verteilung des Ertrags (Abs. 2)

7   Der Reinertrag der Abgabe (gemäss Staatsrechnung 2005: rund 1,23 Milliarden Franken) – an welchem die Kantone zurzeit mit einem Drittel beteiligt sind (SVAG 19) – ist *zweckgebunden* einzusetzen für die Deckung von «Kosten, die im Zusammenhang mit dem Strassenverkehr stehen». Die offene Umschreibung verschafft dem Gesetzgeber einen erheblichen Konkretisierungsspielraum. Aus BV 196 Ziffer 3 Abs. 2 Bst. b ergibt sich eine befristete Modifikation: Danach kann der *Bundesrat* höchstens zwei Drittel des Ertrags der Schwerverkehrsabgabe zur Finanzierung der vier dort genannten Eisenbahngrossprojekte einsetzen (2005: rund 650 Millionen Franken).

8   In Konkretisierung von BV 85 Abs. 3 und SVAG 19 werden 20% des Kantonsanteils vorab auf die Kantone mit Berg- und Randgebieten verteilt (vgl. SVAV 38 Abs. 2). Die verbleibenden 80% werden, ebenfalls ausserhalb des neuen Finanzausgleichs, nach einem ausgeklügelten Schlüssel (Länge der verschiedenen Strassenkategorien, Strassenlasten, Bevölkerung,

steuerliche Belastung des Motorfahrzeugverkehrs) auf alle Kantone verteilt (SVAG 19 i.V.m. SVAV 40).

Literaturhinweise

BÖCKLI PETER, Die Schwerverkehrssteuer und ihre Einordnung in das System der Abgaben, ASA 49 (1980/81), 1 ff.; HÖHN/WALDBUGER, Steuerrecht I, 9.Aufl., Bern usw. 2001; VALLENDER KLAUS A./JACOBS RETO, Ökologische Steuerreform, Bern usw. 2002.

Art. 86   Verbrauchssteuer auf Treibstoffen und übrige Verkehrsabgaben

¹ Der Bund kann auf Treibstoffen eine Verbrauchssteuer erheben.

² Er erhebt eine Abgabe für die Benützung der Nationalstrassen durch Motorfahrzeuge und Anhänger, die nicht der Schwerverkehrsabgabe unterstehen.

³ Er verwendet die Hälfte des Reinertrags der Verbrauchssteuer auf Treibstoffen sowie den Reinertrag der Nationalstrassenabgabe für folgende Aufgaben und Aufwendungen im Zusammenhang mit dem Strassenverkehr:

a. die Errichtung, den Unterhalt und den Betrieb von Nationalstrassen;
b. Massnahmen zur Förderung des kombinierten Verkehrs und des Transports begleiteter Motorfahrzeuge sowie zur Trennung des Verkehrs;
c. Beiträge an die Errichtung von Hauptstrassen;
d. Beiträge an Schutzbauten gegen Naturgewalten und an Massnahmen des Umwelt- und Landschaftsschutzes, die der Strassenverkehr nötig macht;
e. allgemeine Beiträge an die kantonalen Kosten für Strassen, die dem Motorfahrzeugverkehr geöffnet sind, und an den Finanzausgleich im Strassenwesen;
f. Beiträge an Kantone ohne Nationalstrassen und an Kantone mit Alpenstrassen, die dem internationalen Verkehr dienen.

⁴ Reichen diese Mittel nicht aus, so erhebt der Bund einen Zuschlag zur Verbrauchssteuer.

[Künftige Fassung[1] von Abs. 3 Bst. b, b^{bis}, c, e und f:

³ Er verwendet die Hälfte des Reinertrags der Verbrauchssteuer auf Treibstoffen sowie den Reinertrag der Nationalstrassenabgabe für folgende Aufgaben und Aufwendungen im Zusammenhang mit dem Strassenverkehr:

b. Massnahmen zur Förderung des kombinierten Verkehrs und des Transports begleiteter Motorfahrzeuge;

b^{bis}. Massnahmen zur Verbesserung der Verkehrsinfrastruktur in Städten und Agglomerationen;

---

1   Angenommen in der Volksabstimmung vom 28. Nov. 2004 (BB vom 3. Okt. 2003, BRB vom 26. Jan. 2005 – BBl 2002 2291, 2003 6591, 2005 951). – Der Bundesrat bestimmt das Inkrafttreten.

c. Beiträge an die Kosten für Hauptstrassen;
e. allgemeine Beiträge an die kantonalen Kosten für Strassen, die dem Motorfahrzeugverkehr geöffnet sind;
f. Beiträge an Kantone ohne Nationalstrassen.]

1. Die Bestimmung markiert den (vorläufigen) Endpunkt einer bewegten Entwicklung im Bereich der Verkehrs- und Finanzpolitik, die sich – nach provisorischen Lösungen – verfassungsurkundlich erstmals in BV 1874 36ter (1958) niedergeschlagen hat. Zugleich dokumentiert BV 86 (insb. Abs. 3) die Auswirkungen der direkten Demokratie auf die Verfassungsurkunde: Man muss «geben» (Verwendungszweck, Zweckbindung), um «nehmen» zu können. Die in BV 86 zusammengefassten Regelungen gehen zurück auf die Jahre:
   - 1958/1971/1993: *Erhebung einer Verbrauchssteuer* (bis 1993: eines Zolls) *auf Treibstoffen* (vgl. BB vom 21.3.1958; BV 1874 Art. 41ter Abs. 1 Bst. b und Abs. 4 Bst. a); vgl. BBl 1993 II 882; BBl 1958 I 649; vgl. auch schon BB vom 21.9.1928 (Zoll auf Treibstoffen).
   - 1958/1993: *Erhebung eines* (Zoll-, heute Verbrauchssteuer-)*Zuschlags* (BV 1874 Art. 36ter Abs. 2); vgl. BBl 1958 I 649, BBl 1993 II 882.
   - 1984/1994: *Erhebung einer pauschalen Nationalstrassenabgabe* in Form der sog. «Autobahn-Vignette» (BV 1874 Art. 36quinquies; ÜB Art. 18); vgl. BBl 1983 II 708; BBl 1993 II 892.
   - 1928/1950/1958/1983/1993/1996: diverse Bundesbeschlüsse mit Bezug zur Finanzordnung, mitunter als Verfassungszusatz (BBl 1950 III 31), oft befristet und später verlängert (vgl. LOCHER, Komm. aBV, Art. 36ter, N 2).

2. *Statistisches:* Gemäss Strassenrechnung 2002 wurden die folgenden Einnahmen erzielt (in Millionen Franken): Mineralölsteuer: 4'755; Nationalstrassenabgabe: 270; Anteil LSVA für Strassenzwecke (vgl. BV 85): 378; Automobilsteuer (vgl. BV 131): 229; kantonale Motorfahrzeug-Steuern: 1'899. Dem standen Strassenkosten (ohne externe Kosten) von rund 6,8 Milliarden Franken gegenüber (Deckungsgrad: 111%; Quelle: BFS, Mitteilung Juni 2005).

Verbrauchssteuer auf Treibstoffen (Abs. 1 und 4)

3. Die (fakultative) Abgabenerhebungskompetenz des Bundes, die auch eine entsprechende Gesetzgebungskompetenz einschliesst (zur Rechtsnatur vgl. N 1 zu BV 134), ist – wie schon in der BV 1874 – unnötigerweise doppelt in der Verfassung verankert (vgl. BV 131 Abs. 1 Bst. e).

4. *Verbrauchssteuer:* Die ursprünglich (bis 1993) als Zoll ausgestaltete Abgabe wurde in eine besondere Verbrauchssteuer (vgl. BV 131) umgewandelt, um internationalen Verpflichtungen Rechnung zu tragen (vgl. BBl 1992 I 807). Wegen der (partiellen) Zweckbindung (Abs. 3) wird die Abgabe in der Literatur auch als (partielle) Zwecksteuer qualifiziert (vgl. BEHNISCH, SG-Komm., Art. 86, N 4).

5. *Treibstoff:* Eine Legaldefinition des Begriffs findet sich in Art. 2 des Mineralölsteuergesetzes vom 21.6.1996 (MinöStG; SR 641.61), das als Ausführungsgesetz fungiert. Für den Steuertarif vgl. MinöStG 12 bzw. Anhang. Seit der Umwandlung in eine besondere Verbrauchssteuer

stehen dem Bundesrat nicht mehr die aussenhandelsrechtlichen Instrumente zur Verfügung, die es früher erlaubten, Tariferhöhungen gleichsam «über Nacht» herbeizuführen (Hinweise in BGE 114 Ib 17, 22).

6   *Zuschlag (Abs. 4):* Da die Mittel gemäss Abs. 1 und 2 (chronisch) nicht ausreichen, hat die Erhebung eines – nicht geringen (heute: 30 Rp./l, bei einem Grundtarif von 43,12 Rp./l; vgl. MinöStG 12) – Zuschlags zur Verbrauchssteuer auf Treibstoffen (bis 1993: eines Zollzuschlags) mittlerweile Tradition (vgl. BV 1874 Art. 36ter Abs. 2; BB vom 21.3.1958). Der Zuschlag unterliegt vollumfänglich der Zweckbindung gemäss Abs. 3 (Botsch. BV, 266).

Nationalstrassenabgabe (Abs. 2)

7   Abs. 2 ermächtigt und verpflichtet den Bund zur Erhebung einer Abgabe für die Benützung von Nationalstrassen (vgl. N 5 zu BV 83) durch Motorfahrzeuge und Anhänger, die nicht der Schwerverkehrsabgabe (vgl. BV 85: gesamtes Strassennetz) unterstehen. Die Nationalstrassenabgabe wurde 1984 für zunächst 10 Jahre eingeführt (30 Franken/Jahr), 1994 auf eine dauerhafte Grundlage gestellt und auf 40 Franken/Jahr erhöht. Die Höhe der Abgabe soll künftig nur noch auf Gesetzesstufe festgelegt werden.

8   Die *Rechtsnatur* der Abgabe ist umstritten. Gemäss Botsch. BV, 265, handelt sich um eine Gebühr, der auch fiskalischer Charakter zukommt (vgl. auch RUCH, VRdCH, 937), nach anderen Stimmen um eine Aufwandsteuer (HÖHN/VALLENDER, Komm. aBV, Art. 36quinquies, N 3 ff.; BEHNISCH, SG-Komm., Art. 86, N 3), da pauschal erhoben und distanz- bzw. leistungsunabhängig).

9   *Umsetzung:* Die Regelung durch Bundesgesetz steht noch aus. Massgeblich ist die (verfassungsunmittelbare) *Verordnung* vom 26.10.1994 über die Abgabe für die Benützung von Nationalstrassen (Nationalstrassenabgabe-Verordnung, NSAV; SR 741.72), die sich auf den gemäss Schlussbestimmungen des BB vom 18.12.1998 (Ziffer II Abs. 2 Bst. b) vorläufig teilweise weitergeltenden BV 1874 Art. 36quinquies stützt.

Zweckbindung (Abs. 3)

10 Der Abgaben-Reinertrag der Verbrauchssteuer auf Treibstoffen ist seit 1983 zur Hälfte (zuvor: zu 60%), jener der Nationalstrassenabgabe vollumfänglich *zweckgebunden* für Aufgaben und Aufwendungen *im Zusammenhang mit dem Strassenverkehr* einzusetzen, und zwar in einer Reihe von Bereichen, die in der Verfassung abschliessend aufgezählt werden (hier unter Berücksichtigung der Änderungen gemäss BB NFA, noch nicht in Kraft; Hinweise in Botsch. NFA, BBl 2002 2469 f.):

a.   Errichtung, Unterhalt und Betrieb von Nationalstrassen: vgl. BV 83;

b.   Förderung des kombinierten Verkehrs (künftig nicht mehr: Verkehrstrennung; vgl. immerhin Bst. b bis);

b.[bis]   Verbesserung der Verkehrsinfrastruktur in Städten und Agglomerationen (vgl. N 10 zu BV 50); begrenzt: Verkehrstrennungsmassnahmen;

c.   Errichtung (künftig auch: Betrieb und Unterhalt) von bestimmten Hauptstrassen (vgl. N 7 zu BV 82); vgl. Verordnung vom 8.4.1987 über die Hauptstrassen (SR 725.116.23), Anhang (Netz von rund 2300 km);

d. Schutzbauten, Umwelt- und Landschaftsschutz (vgl. auch USG 50);
e. Beiträge an Strassenkosten (künftig: vom Finanzausgleich abgekoppelt);
f. Beiträge an Kantone ohne Nationalstrassen; die Beiträge an Kantone mit «internationalen» Alpenstrassen entfallen künftig (vgl. immerhin Bst. c) – und damit eine der ältesten Bundessubventionen überhaupt (seit 1848).

Einzelfragen regelt das BG vom 22.3.1985 (künftig: i.d.F. vom 6.10.2006) über die Verwendung der zweckgebundenen Mineralölsteuer (SR 725.116.2), das eine Reihe älterer Erlasse (aus den Jahren 1959, 1964 und 1972) ablöste.

11 *Infrastrukturfonds:* Auf Abs. 3 stützt sich das am 6.10.2006 verabschiedete BG über den Infrastrukturfonds für den Agglomerationsverkehr, das Nationalstrassennetz sowie Hauptstrassen in Berggebieten und Randregionen (Infrastrukturfondsgesetz, IFG; Referendumsvorlage, BBl 2006 8433, in Kraft voraussichtlich per 1.1.2008). Der mit gut 20 Milliarden dotierte Infrastrukturfonds wird geäufnet durch eine Ersteinlage von 2,6 Milliarden Franken und durch einen jährlich mit dem Voranschlag zu bestimmenden Teil der Reinerträge gemäss BV 86 Abs. 3 (vgl. BBl 2006 763). Seine Wurzeln hat der Infrastrukturfonds im behördlichen Gegenvorschlag zur sog. Avanti-Initiative (abgelehnt in der Volksabstimmung vom 8.2.2004).

12 Eine geplante Änderung von Abs. 3 (Vernehmlassungsvorlage Oktober 2006) soll dafür sorgen, dass ein Teil der Einnahmen aus der Kerosinbesteuerung (rund 60 Millionen Franken) künftig der Luftfahrt zugute kommt.

Literaturhinweise: siehe vor BV 81 und zu BV 131

Art. 87   Eisenbahnen und weitere Verkehrsträger*

Die Gesetzgebung über den Eisenbahnverkehr, die Seilbahnen, die Schifffahrt sowie über die Luft- und Raumfahrt ist Sache des Bundes.

1 Die Regelung geht zurück auf die Jahre 1874 (Eisenbahnen, BV 1874 Art. 26), 1919 (Schifffahrt, BV 1874 Art. 24ter) bzw. 1921 (Luftschifffahrt, BV 1874 Art. 37ter). Die ausdrückliche Bundeskompetenz im Bereich der Seilbahnen und der Raumfahrt hat keine direkte Vorläuferin.

Natur der Bundeskompetenz

2 BV 87 begründet eine *umfassende* Gesetzgebungskompetenz. Aus der Art der Kompetenzumschreibung kann – in Verbindung mit der Entstehungsgeschichte – abgeleitet werden, dass der Bund in den genannten Bereichen:
– nicht nur zur Gesetzgebung, sondern auch zum Vollzug berufen ist;
– eine spezifische Verantwortung trägt, die gewöhnlich mit einer Handlungsverpflichtung einhergeht (mit Ausnahme vielleicht der Raumfahrt);

---

*   Mit Übergangsbestimmung

- ein (rechtliches) Monopol besitzt, das er mittels Konzession (allenfalls Bewilligung) übertragen oder selber nutzen kann; das internationale Recht lässt für die (verfassungsrechtlich grundsätzlich zulässige) staatliche Monopolisierung kaum mehr Raum.

In der Literatur wird die Bundeskompetenz mitunter als ausschliessliche Kompetenz qualifiziert (vgl. z.B. AUBERT, Comm., Art. 87, N 2). Dies lässt sich mit dem Passus «ist Sache des Bundes» allein nicht begründen (weder historisch noch systematisch; vgl. N 16 vor BV 42) und wäre letztlich auch nicht sachgemäss. Vielmehr ist auch unter der neuen Bundesverfassung von einer *konkurrierenden* Bundeskompetenz auszugehen (so auch LENDI, SG-Komm., Art. 87, N 22), die der Bund allerdings in weitem Mass ausgeschöpft hat, weshalb kaum mehr Raum für kantonales Recht besteht.

3 *Punktuelle Kompetenzen:* Auch wenn die Sachüberschrift den Eindruck weckt, BV 87 sei eine «Sammelnorm» für alle erdenklichen Verkehrsträger, ist die Aufzählung der Kompetenzbereiche als *abschliessend* zu verstehen (vgl. RUCH, VRdCH, 939; anders wohl LENDI, SG-Komm., Art. 87, N 19).

4 *Verhältnis zum Personenbeförderungsregal:* Bei Erlass des EBG und des LFG wurde neben dem einschlägigen «Verkehrsartikel» auch BV 1874 Art. 36 (Postregal, heute BV 92) als Verfassungsgrundlage angerufen (ebenso beim BG vom 29.3.1950 über die Trolleybusunternehmungen, SR 744.21). Das BSG stützt sich dagegen allein auf BV 1874 Art. 24ter (heute BV 87), woraus man wohl folgern muss, dass das Personenbeförderungsregal in BV 87 mitinbegriffen ist.

Eisenbahnverkehr

5 *Umfang:* Erfasst werden Planung, Bau und Betrieb von schienengebundenen öffentlichen Verkehrsmitteln (Botsch. BV, 266; vgl. auch die Legaldefinition in EBG 1 Abs. 2), weiter auch die Regelung und Ausübung der *Bahnpolizei* (vgl. das BG vom 18.2.1878 betreffend Handhabung der Bahnpolizei; SR 742.147.1, das gemäss seinem Ingress «in Ausführung» einer anderen Gesetzesbestimmung, heute EBG 23, erging!; zur geplanten Ablösung durch ein BG über den Sicherheitsdienst der Transportunternehmen vgl. BBl 2007 2681). Auf BV 1874 Art. 26 (heute BV 87) stützt sich das BG vom 5.10.1990 über die Anschlussgleise (SR 742.141.5).

6 *SBB:* BV 87 gestattet es dem Bund, eine eigene Bahnunternehmung zu gründen und zu betreiben. In der Volksabstimmung vom 20.2.1898 hiessen die Stimmberechtigten das BG vom 15.10.1897 betreffend die Erwerbung und den Betrieb von Eisenbahnen für Rechnung des Bundes und die Organisation der Verwaltung der Schweizerischen Bundesbahnen und damit die Gründung der SBB gut. Ab 1902 wurden nach und nach fünf grosse sowie zahlreiche kleinere Bahnunternehmen vom Bund übernommen («verstaatlicht»), die Gotthardbahn erst 1909. Als sog. «Regiebetrieb» waren die SBB lange formell ein (mehr oder weniger selbstständiger) Teil der Bundesverwaltung ohne Rechtspersönlichkeit (vgl. BBl 1997 I 944). Erst mit Inkrafttreten des totalrevidierten SBBG (BG vom 20. März 1998 über die Schweizerischen Bundesbahnen; SR 742.31) wurden die SBB per 1.1.1999 zu einer spezialgesetzlichen Aktiengesellschaft, die zurzeit im alleinigen Eigentum des Bundes steht.

7   Das früher gesetzlich vorgesehene Konzessionssystem (vgl. Art. 5 ff. des Eisenbahngesetzes vom 20.12.1957, EBG, SR 742.101, AS 1958 335) wurde im Zuge einer Liberalisierung (Teilrevision des EBG vom 20.3.1998, in Kraft seit 1.1.1999) in ein gemischtes System überführt:
    – *Konzessionspflicht* für Bau und Betrieb der Infrastruktur (EBG 5);
    – *Bewilligungssystem* für Nutzung der Infrastruktur einer anderen Eisenbahnunternehmung (EBG 9).
    Die SBB bedürfen keiner Konzession; sie sind verpflichtet, den Transportunternehmungen, denen der Netzzugang bewilligt wurde, den diskriminierungsfreien Zugang zur Infrastruktur zu gewähren (SBBG 4).

8   Der Bahnverkehr ist schon seit den ersten Jahren des Bundesstaates Gegenstand internationaler Abkommen (vgl. z.B. den Vertrag vom 27.7.1852 mit dem Grossherzogtum Baden; SR 0.742.140.313.61; vgl. weiter SR 0.742.101–0.742.422). Staatspolitisch und verfassungshistorisch bedeutsam (als auslösendes Moment für die Einführung des Staatsvertragsreferendums; vgl. N 3 vor BV 138) ist der Staatsvertrag vom 13.10.1909 zwischen der Schweiz, Deutschland und Italien betreffend die Gotthardbahn (SR 0.742.140.11). Heute geht es zunehmend auch um die (europäische) *Liberalisierung* und *Marktöffnung* im Bereich des Bahnverkehrs (vgl. Art. 23 ff. und 32 f. des Landverkehrsabkommens vom 21.6.1999 mit der EG, SR 0.740.72; vgl. auch LENDI, SZW-Sondernummer 1999, 40 ff.).

9   Zur Finanzierung von vier Eisenbahngrossprojekten vgl. BV 196 Ziffer 3.

Seilbahnen

10 Unter der BV 1874 konnte der Bund die Seilbahnen gestützt auf das Personenbeförderungsmonopol (BV 1874 Art. 36; heute BV 92), teilweise (soweit schienengebunden, z.B. Standseilbahnen) über das Eisenbahnmonopol regeln (vgl. LENDI, SG-Komm., Art. 87, N 30). Mit der neuen BV wird der Bund nun umfassend zuständig (vgl. AB SD 1998 S 215 f., N 289). Die Gesetzgebung (vgl. SR 743.01–743.25) blieb längere Zeit ein Spiegelbild der alten Kompetenzlage. Vgl. jetzt das BG vom 23.6.2006 über Seilbahnen zur Personenbeförderung (SR 743.01; vgl. auch BBl 2005 895 ff.).

Schifffahrt

11 Die *Schifffahrt* (wie die neue BV rechtschreibereformkonform schreibt) umfasst Binnen- wie Seeschifffahrt, Personen- wie Güterschifffahrt, die Schifffahrtspolizei sowie Bau und Betrieb von Wasserstrassen. – Die wichtigsten ausführenden Gesetze sind das BG vom 3.10.1975 über die Binnenschifffahrt (BSG; SR 747.201) und das BG vom 23.9.1953 über die Seeschifffahrt unter der Schweizer Flagge (Seeschifffahrtsgesetz, SSG; SR 747.30).

12 Der Bund beansprucht für sich das *Beförderungsmonopol* im Bereich der Personenschifffahrt (BSG 7), hingegen entsprechend langer Tradition nicht für die Güterschifffahrt (LENDI, SG-Komm., Art. 87, N 31). Wer regelmässig und gewerbsmässig Personen befördern will, benötigt eine Konzession oder Bewilligung, wer Hafenanlagen für öffentliche Schifffahrtsunternehmen erstellen, ändern oder betreiben will, eine Plangenehmigung des Bundesamtes für Verkehr (BSG 8). Im Übrigen befasst sich die Bundesgesetzgebung mit Anforderungen an Schiffe und Schiffsführer, mit Verkehrsregeln u.a.m. Die (als Gemeingebrauch von öffentlichen Gewässern zu qualifizierende) individuelle, nicht-gewerbsmässige Kleinschifffahrt auf

Seen und Flüssen fällt in den Regelungsbereich des kantonalen Rechts (unter Vorbehalt polizeilicher Bestimmungen des Bundes, vgl. BSG 25 ff.).

13 Neben der Hochseeschifffahrt ist auch die Binnenschifffahrt für Grenzgewässer (wie Genfersee/Lac Léman, Bodensee/Lac de Constance, Lago Maggiore, Ceresio oder Rhein) Gegenstand zahlreicher *völkerrechtlicher Abkommen* (vgl. SR 0.747.201–0.747.711).

Luft(schiff)fahrt

14 BV 87 schafft die Grundlage für Regelungen betreffend Zulassung von Luftfahrzeugen und Luftfahrtpersonal, Flugbetrieb, Flugsicherung sowie Bau und Betrieb von Flugplätzen und Flugsicherungsanlagen (Botsch. BV, 267). Als Luftfahrzeuge gelten Fluggeräte, die sich durch Einwirkungen der Luft (jedoch ohne die Wirkung von Luft gegen den Boden: Luftkissenfahrzeuge) in der Atmosphäre halten können (LFG 1).

15 Gemäss Luftfahrtgesetz (BG vom 21.12.1948 über die Luftfahrt, LFG; SR 748.0) besteht eine Konzessionspflicht für den Linienverkehr (Streckenkonzessionen, LFG 28, 30) und den Betrieb öffentlicher Flugplätze (Betriebskonzession, LFG 36a). Für Flugplatzanlagen ist ein besonderes Plangenehmigungsverfahren vorgesehen (LFG 37 ff.; vgl. auch BGE 130 II 394; BGE 124 II 293). Flugunternehmen bedürfen einer Betriebsbewilligung (LFG, 27, 29). – Vgl. auch den Luftfahrtbericht des Bundesrates, von welchem die Räte im Juni 2005 Kenntnis nahmen.

16 Die Luftschifffahrt ist Gegenstand zahlreicher völkerrechtlicher Abkommen (vgl. SR 0.748.0– 0.748.921.63), insb. des sog. Chicagoer Übereinkommens von 1944 (Übereinkommen vom 7.12.1944 über die internationale Zivilluftfahrt; SR 0.748.0). Über das Abkommen vom 21.6.1999 mit der EG über den Luftverkehr (SR 0.748.127.192.68) partizipiert die Schweiz an der Liberalisierung des Luftverkehrs im europäischen Rahmen.

17 Die am 26.3.1931 gegründete *Swissair* genoss früher als nationale Fluggesellschaft eine Monopolstellung im Zusammenhang mit Streckenkonzessionen; das sog. «Swissair»-Monopol wurde 1998 aufgehoben (Aufhebung von LFG 103 a.F. durch Ziff.I des BG vom 26.6.1998, AS 1998 2566). Ihren Tiefpunkt erreichte die Swissair – über lange Jahre «Stolz der Nation» und «Tor zur Welt» – im denkwürdigen Herbst 2001 (symbolisiert durch das sog. *Grounding* am 2.10.2001). Zur Sicherung des Flugbetriebs bewilligte der Bund Kredite von 1,45 Milliarden Franken (vgl. auch N 8 zu BV 167). Weiter beteiligte sich der Bund mit 600 Millionen Franken am Aktienkapital der (aus der Crossair hervorgegangenen) «neuen» Swiss (Swiss International Air Lines), die ab März 2002 den Flugbetrieb sicherstellte (zur Rolle von Bundesrat und Bundesverwaltung im Zusammenhang mit der Swissair-Krise vgl. Bericht GPK-S vom 19.9.2002, BBl 2003 5403). Die Swiss wurde im Frühjahr 2005 von der deutschen Lufthansa übernommen (vollständig ab 1.7.2007). Die Eidgenossenschaft ist noch in der «Swiss Luftfahrtstiftung» vertreten (mit Sitz in Zug, am 3.10.2005 auf 10 Jahre gegründet), welche die Entwicklung des schweizerischen Luftverkehrs und der Infrastruktur begleiten soll, um eine möglichst gute internationale Anbindung zu gewährleisten.

Raumfahrt

18 Die Raumfahrt hat sich in der nationalen *Gesetzgebung* kaum niedergeschlagen. Die Schweiz ist Gründungsmitglied der Europäischen Weltraumorganisation (European Space Agency, ESA; vgl. das Übereinkommen vom 30.5.1975, SR 0.425.09) und beteiligt sich (auf der Grundlage von BV 54) an verschiedenen die Raumfahrt betreffenden internationalen Abkommen (vgl. z.B. die Vereinbarung vom 21.9.1973 über die Durchführung des Raumfahrzeugträger-Programms ARIANE, SR 0.425.12). – Von grosser Bedeutung ist der sog. Weltraumvertrag (Vertrag vom 27.1.1967; SR 0.790), der die Erforschung und Nutzung des Weltraums (einschliesslich des Mondes und anderer Himmelskörper) zur Sache der gesamten Menschheit erhebt und unter anderem die Vertragsstaaten (nicht aber Privatpersonen) dazu verpflichtet (Art. V), die anderen Vertragsstaaten oder den UNO-Generalsekretär sofort über alle im Weltraum entdeckten «Erscheinungen» zu unterrichten, die eine Gefahr für Leben oder Gesundheit von Raumfahrern darstellen könnten.

Literaturhinweise

BOSONNET ROGER, Das eisenbahnrechtliche Plangenehmigungsverfahren, Zürich 1999; BUCHER OLIVER, Open Access im Schienenverkehr, Zürich 2006; DETTLING-OTT REGULA, Internationales und schweizerisches Lufttransportrecht, Zürich 1993; DIES., Marktöffnung im Luftverkehr, SZW-Sondernummer 1999, 34 ff.; EPINEY ASTRID/GRUBER RETO, Verkehrsrecht in der EU, Baden-Baden 2001; DIES./DERS., Verkehrspolitik und Umweltschutz in der Europäischen Union, Fribourg 1997; FLÜCKIGER ANDREAS, Gemeingebrauch an oberirdischen öffentlichen Gewässern, Basel 1987; LENDI MARTIN, Offene Fragen im Bereich des Verkehrs – die neue Bundesverfassung als Vorgabe, ZSR 2001 I, 473 ff.; DERS., Privatisierung und Marktöffnung im Eisenbahnwesen, SZW-Sondernummer 1999, 40 ff., POLEDNA TOMAS, Staatliche Bewilligungen und Konzessionen, Bern 1994; RUCH ALEXANDER, Eisenbahnrecht des Bundes und Raumordnungsrecht der Kantone, ZBl 1989, 523 ff.

Art. 88   Fuss- und Wanderwege

1 Der Bund legt Grundsätze über Fuss- und Wanderwegnetze fest.

2 Er kann Massnahmen der Kantone zur Anlage und Erhaltung solcher Netze unterstützen und koordinieren.

3 Er nimmt bei der Erfüllung seiner Aufgaben Rücksicht auf Fuss- und Wanderwegnetze und ersetzt Wege, die er aufheben muss.

1 Die auf das Jahr 1979 zurückgehende Bestimmung (BV 1874 Art. 37quater, als Gegenvorschlag zu einer schliesslich zurückgezogenen Volksinitiative) folgt in Aufbau und Regelungsstruktur dem Modell des Raumplanungsartikels (BV 75). Der Fuss- und Wanderweg-Artikel fällt daher wesentlich ausführlicher aus als der verkehrspolitisch sehr viel bedeutsamere BV 87. – Zum Fussgängerverkehr vgl. N 2 zu BV 82.

2 Regelungsziele sind die Erhaltung und der Ausbau von Fuss- und Wanderweg*netzen* gestützt auf eine Gesamtschau, die nicht an Gemeinde- oder Kantonsgrenzen Halt macht (Botsch. BV,

267). Ein verfassungsrechtliches Pendant zu BV 88 für Fahrradwege fehlt, was die Realisierung vergleichbarer Bestrebungen erschweren mag, aber nicht verunmöglicht.

3   *Abs. 1* verschafft dem Bund eine verpflichtende, aber sachlich eng begrenzte *Grundsatzgesetzgebungskompetenz* mit nachträglich derogatorischer Wirkung (konkurrierende Kompetenz). Abs. 1 verpflichtet (entgegen Botsch. BV, 267) *nicht* die Kantone, sondern den Bund. Pflichten der Kantone ergeben sich erst aus der ausführenden Gesetzgebung. Vgl. das BG vom 4.10.1985 über Fuss- und Wanderwege (FWG; SR 704) und die gleichnamige Verordnung des Bundesrates vom 26.11.1986 (FWV; SR 704.1). Die Begriffe *Fusswegnetze* (im Siedlungsgebiet, mit Trottoirs und Fussgängerstreifen als Verbindungsstücken) und *Wanderwegnetze* (ausserhalb des Siedlungsgebietes) werden in FWG 2 bzw. 3 näher bestimmt. Zum Handlungsspielraum der Kantone vgl. BGE 129 I 337, 340. – Das FWG kennt das Instrument der Verbandsbeschwerde (vgl. auch die Verordnung vom 16.4.1993; SR 704.5) und der Behördenbeschwerde (FWG 14).

4   Der Bund ist zur finanziellen und fachlichen *Unterstützung* kantonaler Massnahmen berechtigt («kann»), aber nicht verpflichtet (Abs. 2). Verfassung und Gesetz (FWG 5) geben der Selbstkoordination der Kantone den Vortritt.

5   Die *Rücksichtnahmepflicht* des Bundes besteht generell (d.h. bei allen Aufgaben). Die Rücksichtnahmepflicht wird per Gesetz auch den Kantonen auferlegt (FWG 6). Ähnlich wird die verfassungsrechtliche Pflicht des Bundes, aufgehobene Wege zu ersetzen (Abs. 3), durch eine gesetzliche Ersatzpflicht der Kantone ergänzt (FWG 7).

Literaturhinweise

SCHMID GERHARD, Des Müllers Lust – Ein unziemlicher Beitrag über die Paragraphenlandschaft des Fuss- und Wanderwegrechts, Festschrift O.K. Kaufmann, Bern/Stuttgart 1989, 327 ff.; SCHÜPBACH HENRI-ROBERT, Chemins pédestres, Mélanges Jean-François Aubert, Basel/Frankfurt a.M. 1996, 553 ff.

6. Abschnitt: Energie und Kommunikation

1   Der 6. Abschnitt handelt von zwei traditionell stark staatlich regulierten (teils monopolisierten) Bereichen, die in jüngerer Zeit – im Sog internationaler Entwicklungen (insb. im Rahmen der EU) – Gegenstand von Liberalisierungsbestrebungen (Marktöffnung), teilweise auch von Privatisierungen geworden sind (vgl. WEBER, VRdCH, 943 f., 948 f.). Für Energie und Kommunikation bedeutsame Bestimmungen finden sich auch an anderer Stelle (z.B. BV 76, Wasser). Umgekehrt wären einzelne Bestimmungen des 6. Abschnitts im 5. ebenso gut aufgehoben (insb. BV 92: Personenbeförderungsmonopol).

Literaturhinweise

JAAG TOBIAS/MÜLLER GEORG/TSCHANNEN PIERR (Hrsg.), Ausgewählte Gebiete des Bundesverwaltungsrechts, 6. Aufl., Basel usw. 2006; JAGMETTI RICCARDO, Energierecht, SBVR VII, Basel 2005; KILCHENMANN FRITZ, Rechtsprobleme der Energieversorgung, Bern 1991; MÜLLER GEORG/HÖSLI PETER, Einführung in das Energierecht der Schweiz, Baden 1994; VALLENDER KLAUS A./JACOBS RETO, Ökologische Steuerreform, Bern usw. 2000; WEBER ROLF H., Energie und Kommunikation, VRdCH, 943 ff.; Ders., Vom Monopol zum Wettbewerb, Zürich 1994; Ders., Wirtschaftsregulierung in wettbewerbspolitischen Ausnahmebereichen, Baden-Baden 1986; Ders. (Hrsg.), Informations- und Kommunikationsrecht, SBVR V, 2. Aufl., Basel 2003; Ders./Kratz Brigitta, Elektrizitätswirtschaftsrecht, Bern 2005. – UVEK; Energieperspektiven 2035 (Bern, Februar 2007).

Art. 89   Energiepolitik

¹ Bund und Kantone setzen sich im Rahmen ihrer Zuständigkeiten ein für eine ausreichende, breit gefächerte, sichere, wirtschaftliche und umweltverträgliche Energieversorgung sowie für einen sparsamen und rationellen Energieverbrauch.

² Der Bund legt Grundsätze fest über die Nutzung einheimischer und erneuerbarer Energien und über den sparsamen und rationellen Energieverbrauch.

³ Der Bund erlässt Vorschriften über den Energieverbrauch von Anlagen, Fahrzeugen und Geräten. Er fördert die Entwicklung von Energietechniken, insbesondere in den Bereichen des Energiesparens und der erneuerbaren Energien.

⁴ Für Massnahmen, die den Verbrauch von Energie in Gebäuden betreffen, sind vor allem die Kantone zuständig.

⁵ Der Bund trägt in seiner Energiepolitik den Anstrengungen der Kantone und Gemeinden sowie der Wirtschaft Rechnung; er berücksichtigt die Verhältnisse in den einzelnen Landesgegenden und die wirtschaftliche Tragbarkeit.

1   Die auf das Jahr 1990 (BV 1874 Art. 24octies) zurückgehende Bestimmung (die einer 1982 am Ständemehr gescheiterten Vorlage nachgebildet ist) vereint verschiedenste Normtypen. Sie erfasst alle Energieträger, begründet jedoch keine umfassende Kompetenz des Bundes im Bereich der Energiepolitik. Die Energiepolitik ist seit der Energiekrise der 1970er Jahre ein beliebter Gegenstand von Volksinitiativen und behördlichen Vorlagen bzw. Gegenentwürfen. Ungeachtet der weit gefassten Zielbestimmung (Abs. 1) erfasst BV 89 vor allem den *Verbrauch*, während Fragen der Produktion und Verteilung im Wesentlichen ausgespart bleiben (dazu BV 76, 90, 91). – Energiepolitische Motive können Beschränkungen der Wirtschaftsfreiheit rechtfertigen (anders noch BGer, 23.10.1981, i.S. Anex, ZBl 1983, 495). – Der Umsetzung von BV 89 dient vor allem das Energiegesetz vom 26.6.1998 (EnG; SR 730.0), welches am 1.1.1999 eine befristete Regelung ablöste (Energienutzungsbeschluss vom 14.12.1990; AS 1991 1018).

2   Das Thema *«Energieabgaben»* wird in BV 89 nicht direkt angesprochen. Das Scheitern einer Volksinitiative («für einen Solarrappen», sog. Solar-Initiative; vgl. BBl 1997 II 805) und von zwei behördlichen Gegenvorschlägen (Förderabgabe für erneuerbare Energien, BB vom 8.10.1999, BBl 1999 8639; Energielenkungsabgabe, BB vom 8.10.1999, als Gegenentwurf zur zurückgezogenen «Energie-Umwelt-Initiative», BBl 1999 8636) in der Volksabstimmung vom 24.9.2000 bedeutet nicht, dass die Abstützung einer reinen Lenkungsabgabe auf BV 89, allenfalls i.V.m. weiteren Verfassungsbestimmungen (wie insb. BV 74), ausgeschlossen wäre (vgl. Ingress zum CO_2-Gesetz; SR 641.71; zur Problematik vgl. auch Vallender/Jacobs, 75 ff.).

3 *Statistisches:* Endverbrauch nach Energieträgern gemäss Gesamtenergiestatistik (2004): Erdölprodukte 57%, Elektrizität 23,1%, Gas 12,1%, Rest 7,8%. Stromproduktion gemäss Elektrizitätsstatistik (2006): Wasserkraftwerke 52,4%, Kernkraftwerke 42,2%, Konventionell-thermische Kraftwerke und andere 5,4% (Quelle: Bundesamt für Energie).

Energiepolitische Zielvorgaben (Abs. 1)

4 Abs. 1 legt als nicht kompetenzbegründende Zielnorm energiepolitische Vorgaben für Bund und Kantone fest (vgl. auch EnG 3 und 5). Der adjektivreiche Satz kreist nicht zufällig um die beiden Pole Energieversorgung und Energieverbrauch. Die Zielvorgaben sind bei *allen* staatlichen Aktivitäten zu beachten, so auch etwa im Bereich der Landesverteidigung (vgl. VVA 152). Die Auflösung allfälliger Zielkonflikte (innerhalb von Abs. 1 bzw. im Verhältnis zu anderen Verfassungsvorgaben, vgl. z.B. BV 27, 78) ist in erster Linie Sache des (eidgenössischen oder kantonalen) Gesetzgebers.

Grundsatzgesetzgebungskompetenzen des Bundes (Abs. 2)

5 Abs. 2 begründet eine – verpflichtende, konkurrierende – Grundsatzgesetzgebungskompetenz (N 12 vor BV 42) des Bundes für zwei Teilgebiete:
- *Nutzung einheimischer und erneuerbarer Energien* (d.h. Wasser und Wind, Holz, Biomasse, Sonne, Bodenwärme, Abwärme, allenfalls Erdöl, Erdgas, Kohle, soweit in der Schweiz gefördert). Anvisiert ist (i.V.m. Abs. 1) die *verstärkte* Nutzung (so EnG 1).
- *Sparsamer und rationeller Energieverbrauch* (d.h. insb. quantitativ möglichst tief, mit möglichst hohem Wirkungsgrad; vgl. auch EnG 3).

Weitergehende Kompetenzen ergeben sich aus Abs. 3 oder aus BV 89 i.V.m. anderen Verfassungsbestimmungen (z.B. BV 74). Aus der Entstehungsgeschichte von BV 1874 Art. 24octies (1990) geht hervor, dass es dem Gesetzgeber verwehrt ist, gestützt auf Abs. 2 Grundsätze über die Preisgestaltung zu erlassen (AUBERT, Comm., Art. 89, N 12; zur Frage der Tarife für elektrische Energie vgl. N 4 zu BV 91).

Gesetzgebungs- und Förderungskompetenz (Abs. 3)

6 Abs. 3 begründet einerseits eine *sachlich begrenzte*, *konkurrierende* Gesetzgebungskompetenz des Bundes (Energieverbrauch), andererseits eine ebenfalls sachlich begrenzte, *parallele* Förderungskompetenz (Entwicklung von Energietechniken). Beide Kompetenzen sind verpflichtender Natur. Der Umsetzung des Gesetzgebungs- und Förderungsauftrags dienen vor allem das EnG und die gestützt darauf ergangenen Verordnungen (EnV, SR 730.01; weitere Verordnungen SR 730.010.1–730.111.3)

7 *Energieverbrauch:* Neben der gegenständlichen Begrenzung aus Abs. 3 (Anlagen, Fahrzeuge, Geräte; näher EnG 8 und EnV 7 ff.) hat der Bundesgesetzgeber zu beachten, dass Massnahmen betreffend den Energieverbrauch in Gebäuden vor allem von den Kantonen zu treffen sind (Abs. 4). Zur Frage des Instrumentariums vgl. WEBER ROLF H./JÜRG DE SPINDLER, Marktbeeinflussungen durch das Programm «Energie 2000» [lanciert 1991], Bern 1999.

8 *Entwicklung von Energietechniken:* Zum gesetzlichen Förderungsinstrumentarium vgl. EnG 10 ff., EnV 12 ff.

Kantonale «Domänen» (Abs. 4)

9 In Relativierung der Bundeskompetenz gemäss Abs. 3 sind für Massnahmen betreffend Energieverbrauch in Gebäuden (z.B. Wärmeisolation) «vor allem» die Kantone zuständig. Die (singuläre) sybillinische Formel verpflichtet den Bundesgesetzgeber zu Zurückhaltung (vgl. heute EnG 9), doch lässt sich aus Abs. 4 nicht ableiten, der Bund sei hier (analog zu Abs. 2) auf den Erlass von Grundsätzen beschränkt (anders wohl SCHAFFHAUSER, SG-Komm., Art. 89, N 11). Weiter kann das Zurückhaltungsgebot durch andere Kompetenzen überlagert werden (vgl. das Bauproduktegesetz vom 8.10.1999, SR 933.0, abgestützt auf BV 94 Abs. 2, 95, 97 und 101; dort Art. 3: sparsame und rationelle Energieverwendung als Voraussetzung für das Inverkehrbringen).

10 Daneben verbleibt den Kantonen Gestaltungsspielraum in den Materien des Abs. 2 sowie in den weder von Abs. 2 noch Abs. 3 erfassten Energiefragen (soweit nicht anderweitig bundesrechtlich geregelt, z.B. BV 90, 91).

Rücksichtnahmepflichten (Abs. 5)

11 Die Berücksichtigungs- und Rechnungstragungsverpflichtungen aus Abs. 5 sind sehr vage; es handelt sich um «une enveloppe juridique» für «quelques préceptes de sagesse politique» (so treffend AUBERT, Comm., Art. 89, N 18). Abs. 5 hebt das aus der Umweltschutzgesetzgebung bekannte Konzept der «wirtschaftlichen Tragbarkeit» (vgl. USG 11, 30d) erstmals ausdrücklich auf Verfassungsstufe (vgl. auch EnG 3), ohne allerdings die damit verbundenen Schwierigkeiten, Unklarheiten und Unschärfen zu beseitigen. – Nicht speziell erwähnt ist das Gebot der Kooperation (oder «Kooperationsprinzip»), was den Bundesgesetzgeber nicht hindert, im Rahmen seiner Zuständigkeiten für Kooperation zu sorgen (vgl. z.B. EnG 2 sowie EnG 15 ff. betreffend Vollzug).

Literaturhinweise: siehe vor BV 89

Art. 90 Kernenergie*

Die Gesetzgebung auf dem Gebiet der Kernenergie ist Sache des Bundes.

1 Die Bestimmung geht auf das Jahr 1957 zurück (BV 1874 Art. 24quinquies), ist mithin wesentlich älter als der allgemeine Energieartikel (heute BV 90). Seit der zweiten Hälfte der 1970er Jahre wurde verschiedentlich mittels Volksinitiative versucht, den Bau und Betrieb von Kernkraftwerken zu beschränken bzw. zu verhindern. Gutgeheissen wurde die (unter dem Eindruck des gravierenden Reaktorunfalls in Tschernobyl, 26.4.1986, lancierte) sog. Moratoriums-Initiative (BV 1874 ÜB Art. 19, vgl. heute BV 196 Ziffer 4; vgl. hinten N 6). Neben BV 90 bestimmen auch verschiedene internationale Abkommen die Kernenergie-Gesetzgebung mit (vgl. SR 0.515.01–0.515.04). – Der terminologische Wechsel von «Atomenergie» (BV 1874) zu «Kernenergie» ist ohne rechtliche Bedeutung. Kernenergie meint «jede Art von Energie, die bei der Spaltung oder Verschmelzung von Atomkernen frei wird» (KEG 3).

* Mit Übergangsbestimmung

3. Titel: Bund, Kantone und Gemeinden   Nr. 1   BV   **Art. 90**

2   *Rechtsnatur:* BV 90 begründet eine *umfassende* Gesetzgebungskompetenz mit nachträglich derogierender Wirkung (konkurrierende Kompetenz; vgl. Botsch. BV, 269; BGE 111 Ia 303, 306 f.; unklar BGE 99 Ia 247, 256; offen gelassen bei AUBERT, Comm., Art. 90, N 4) ohne spezifische inhaltliche Richtschnur. BV 90 erlaubt es dem Bund, für die Kernenergie ein Konzessionssystem einzurichten; er kann sich aber auch mit weniger weit gehenden Regelungen begnügen (vgl. N 3 sowie BGE 103 Ia 329, 336 f.; AUBERT, Comm., Art. 90, N 6). – Der Umsetzung dient heute das Kernenergiegesetz (KEG) vom 21.3.2003 (SR 732.1), das per 1.2.2005 an die Stelle des Atomgesetzes vom 23.12.1959 und des BB zum Atomgesetz vom 6.10.1978 trat (ursprünglich befristet bis Ende 1983, verlängert in den Jahren 1983, 1990 und 2000). Zur Neuordnung der nuklearen Sicherheitsaufsicht (in Anstaltsform) vgl. das BG vom 22.6.2007 über das Eidgenössische Nuklear-Sicherheitsinspektorat (ENSIG; BBl 2007 4691, Referendumsvorlage; vgl. auch BBl 2006 8831).

3   *Bewilligungssystem:* Wer eine Kernanlage errichten bzw. betreiben will, benötigt nicht nur eine Bau- (KEG 15 ff.) und eine Betriebsbewilligung des Departementes (KEG 19 ff.), sondern auch eine *Rahmenbewilligung* des Bundesrates (KEG 12), auf die kein Rechtsanspruch besteht. Verlangt wird u.a. der Nachweis für die Entsorgung der anfallenden radioaktiven Abfälle (KEG 13), nicht mehr jedoch ein Bedarfsnachweis (zur «Politisierung» unter dem früheren Recht vgl. RHINOW/SCHMID/BIAGGINI, 544). Der Standortkanton sowie die in unmittelbarer Nähe des vorgesehenen Standorts liegenden Nachbarkantone und Nachbarländer sind an der Vorbereitung des Rahmenbewilligungsentscheides zu beteiligen (KEG 44). Ihre Anliegen sind zu berücksichtigen, soweit das Projekt dadurch nicht unverhältnismässig eingeschränkt wird. Die Rahmenbewilligung bedarf der Genehmigung durch die Bundesversammlung (KEG 48). Der Beschluss der Bundesversammlung untersteht dem *fakultativen Referendum* (BB i.S.v. BV 163 Abs. 2); das Bewilligungsverfahren bleibt (wenn auch in anderer Form) «politisiert».

4   *Verhältnis zu den Kompetenzen der Kantone:* Unter dem alten Regime (AtG und BB zum AtG) verblieben den Kantonen raumplanerische, baupolizeiliche und wasserrechtliche Kompetenzen (eingehend BGE 103 Ia 329, *Verbois;* vgl. auch BGE 119 Ia 390, *NAGRA;* BGE 111 Ia 303, *SP Graubünden;* BGE 111 Ib 102, *NAGRA;* vgl. auch die umstrittenen Gewährleistungsentscheidungen der Bundesversammlung in den Fällen KV/BL § 115, 1986, und KV/GE 160, 1988: Gewährleistung nur unter Vorbehalt des Bundesrechts; vgl. N 23 zu BV 51). Mit dem Inkrafttreten des KEG hat sich die Rechtslage grundlegend geändert. Kantonale Bewilligungen und Pläne sind nicht mehr erforderlich. Die zuständige Behörde des Bundes hat immerhin das kantonale Recht «zu berücksichtigen, soweit es das Projekt nicht unverhältnismässig einschränkt» (KEG 49 Abs. 3). Lehnt der Standortkanton das Gesuch ab und erteilt das Departement die Bewilligung dennoch, so ist der Kanton zur Beschwerde berechtigt (vgl. auch Botschaft KEG, BBl 2001 2665 ff.).

5   *Umsetzung:* Im Zentrum stand ursprünglich vor allem die Ermöglichung der Nutzbarmachung der Kernenergie und der Schutz der Beschäftigten und der Bevölkerung vor den schädlichen Auswirkungen radioaktiver Strahlen. Später traten Fragen der Anlagensicherheit, haftungsrechtliche Aspekte (vgl. das KHG; SR 732.44), die Stilllegung von Kernanlagen (vgl. KEG 77) und Fragen der Entsorgung radioaktiver Abfälle in den Vordergrund. Für die Entsorgung und Lagerung radioaktiver Abfälle aus weiteren Bereichen (Medizin, Forschung) stehen andere

Verfassungsgrundlagen bereit (BV 118 Abs. 2 Bst. c, vormals BV 1874 Art. 24quinquies Abs. 2; vgl. auch KEG 2 Abs. 2).

6 *Bewilligungspraxis:* Unter dem Regime des AtG und des BB AtG wurden in der Schweiz fünf Kernkraftwerke errichtet und in Betrieb genommen: Beznau I (1969) und II (1971), Mühleberg (1971), Gösgen (1978) und Leibstadt (1984). Aus diesen fünf in den Kantonen Bern (1) und Aargau (4) gelegenen Kraftwerken stammen heute rund 40% der in der Schweiz produzierten elektrischen Energie (Quelle: Elektrizitätsstatistik 2004 des Bundes). – Nicht verwirklicht wurden die Projekte Verbois (GE; vgl. auch BGE 103 Ia 329), Kaiseraugst (AG) und Graben (BE). Im Fall des KKW Kaiseraugst kam es nach längeren Phasen des zivilen Ungehorsams (Geländebesetzung ab 1.4.1975; vgl. BBl 2001 2679) und nach Erteilung der Rahmenbewilligung (Bundesrat, 28.10.1981; genehmigt durch die Bundesversammlung am 20.3.1985, BBl 1985 I 873) zu einem Verzicht aus vorab politischen Gründen (Verzichtsvereinbarung zwischen der Schweizerischen Eidgenossenschaft und der Kernkraftwerk Kaiseraugst AG vom 7.11.1988, von der Bundesversammlung am 17.3.1989 genehmigt in der Form eines allgemeinverbindlichen, referendumspflichtigen BB gemäss BV 1874 Art. 89 Abs. 2; vgl. BBl 1989 I 1035; Botschaft vom 9.11.1988, BBl 1988 III 1253). In der Folge hiessen Volk und Stände am 23.9.1990 die sog. Moratoriums-Initiative gut (BV 1874 ÜB Art. 19). Danach durften für die Dauer von zehn Jahren keine Rahmen-, Bau-, Inbetriebnahme- oder Betriebsbewilligungen für neue Einrichtungen zur Erzeugung von Atomenergie erteilt werden. Die in Art. 196 Ziffer 4 überführte Regelung wurde am 23.9.2000 durch Zeitablauf hinfällig. Eine per Volksinitiative verlangte Erneuerung des Moratoriums wurde am 18.5.2003 (BBl 2003 5164) von Volk und Ständen abgelehnt.

Literaturhinweise (vgl. auch die Hinweise vor BV 89)

RAUSCH HERIBERT, Schweizerisches Atomenergierecht, Zürich 1980; RICHLI PAUL, Die Bewilligung von Endlagern für radioaktive Abfälle im Spannungsfeld zwischen Machbarkeit und Verfahrensgerechtigkeit, AJP 1994, 772 ff.; SALADIN PETER, Kernenergie und schweizerische Staatsordnung, Festschrift Hans Huber, Bern 1981, 297 ff.; SEILER HANSJÖRG, Das Recht der nuklearen Entsorgung in der Schweiz, Bern 1986.

Art. 91   Transport von Energie

¹ Der Bund erlässt Vorschriften über den Transport und die Lieferung elektrischer Energie.

² Die Gesetzgebung über Rohrleitungsanlagen zur Beförderung flüssiger oder gasförmiger Brenn- oder Treibstoffe ist Sache des Bundes.

1   Die Bestimmung vereinigt zwei Regelungen unterschiedlicher Entstehungszeit und Stossrichtung. *Abs. 1:* BV 1874 Art. 24bis Abs. 9 (1908; 1975 in BV 1874 24quater Abs. 1 überführt). *Abs. 2:* BV 1874 Art. 26bis (1961). – Das frühere Bewilligungserfordernis für den Export von Energie aus Wasserkraft – 1908 beschlossen (BV 1874 Art. 24bis Abs. 7; ab 1975: BV 1874 24quater Abs. 2), in der Praxis durch «Globalbewilligungen» ausgehöhlt – wurde nicht in die

neue BV übernommen. Massnahmen zur Wahrung der Landesversorgung bleiben gestützt auf BV 102 möglich.

Elektrische Energie (Abs. 1)

2 *Zweck:* Abs. 1 dient (unausgesprochen) dem Ziel der möglichst sicheren, gleichmässigen und preisgünstigen Versorgung des Landes mit elektrischer Energie (Botsch. BV, 270). Nach herrschender Auffassung gestattet die Bestimmung dem Bund neben der Regelung polizeilicher Fragen auch eine weit reichende Ordnung des Elektrizitäts*marktes*, nicht jedoch eine umfassende Regelung der Elektrizitäts*wirtschaft* (in der die Kantone bzw. öffentliche Unternehmen noch immer eine bedeutende Rolle spielen).

3 *Rechtsnatur:* Abs. 1 begründet eine (innerhalb des eng abgesteckten Anwendungsbereichs) umfassende, konkurrierende (und verpflichtende) Gesetzgebungskompetenz, die es dem Bund nach heute wohl herrschender Auffassung sogar erlaubt, ein vollständiges oder teilweises Monopol der *Übertragung* einzurichten und dieses selber zu bewirtschaften oder mittels Konzession auf Dritte zu übertragen (so Botsch. EMG, BBl 1999 7463; vgl. auch Botsch. EleG und StromVG, BBl 2005 1674; SCHAFFHAUSER, SG-Komm., Art. 91, N 3; zu Recht kritisch AUBERT, Comm., Art. 91, N 9).

4 *Transport* (früher: Fortleitung) und *Lieferung* (früher: Abgabe): Anerkanntermassen umfasst die Bundeskompetenz auch die Befugnis zum Erlass von *Vorschriften über Tarife* (Verkaufspreise) im Bereich der elektrischen Energie, unabhängig von Produktionsart und Herkunft (vgl. AUBERT, Comm., Art. 91, N 6; JAGMETTI, Komm. aBV, Art. 24quater, N 37; BURCKHARDT, Komm., 182 f.; Botsch. EMG, BBl 1999 7463). – Nicht erfasst ist hingegen die Produktion.

5 *Polizeiliche Regelungen* (Gefahrenabwehr): Im Zentrum steht das BG vom 24.6.1902 betreffend die elektrischen Schwach- und Starkstromanlagen (Elektrizitätsgesetz, EleG; SR 734.0). Als Kontrollbehörde (ohne sog. Hausinstallationen, EleG 26) und, im Regelfall, als Plangenehmigungsbehörde (EleG 16) fungiert das Eidgenössische Starkstrominspektorat (EleG 21 ff.; vgl. schon die Bundesratsbeschlüsse vom 23.1.1903 und vom 29.12.1947, BS 4, 911). Dabei handelt es sich (vgl. Verordnung vom 7.12.1992; SR 734.24) um «eine besondere Dienststelle des [privaten] Schweizerischen Elektrotechnischen Vereins (SEV)», die mit hoheitlichen Befugnissen beliehen ist, unter Einschluss der Befugnis Verfügungen zu erlassen und Gebühren zu erheben (vgl. VpeA, SR 734.25; NIV, SR 734.27). Einzelheiten regelt ein Vertrag zwischen dem zuständigen Departement (UVEK) und dem SEV.

6 *Elektrizitätsmarkt-Gesetzgebung:* Abs. 1 ermöglicht auch den Erlass einer *«Marktordnung»* für den Elektrizitätsbereich. Umstritten ist das Ausmass (vgl. N 3). Unter dem (Ein-)Druck europäischer Liberalisierungsbestrebungen wurde auch in der Schweiz eine Marktöffnung in die Wege geleitet. Das am 15.12.2000 verabschiedete Elektrizitätsmarktgesetz (BBl 2000 6189 ff.) scheiterte in der Referendumsabstimmung vom 22.9.2002 (vgl. WEBER/KRATZ, 389 ff.). Ein zentrales Anliegen war die Schaffung einer privatrechtlichen nationalen Netzgesellschaft, die (als Monopolistin) das schweizerische Übertragungsnetz hätte betreiben (Art. 8) und Wettbewerb in den nachgelagerten Märkten (diskriminierungsfreie Durchleitung) ermöglichen sollen (Botsch. EMG, BBl 1999 7431 ff.). Die Gesetzgebungsarbeiten wurden wieder aufgenommen (vgl. Botschaft vom 3.12.2004, BBl 2005 1611 ff.). Wiederum sollen die Übertragungsnetzbetreiber verpflichtet werden, den Betrieb der Netze in einer privat-

rechtlich organisierten AG zusammenzulegen (vgl. BBl 2005 1683 und 1689). Die Übertragungsnetzbetreiber beschlossen im Frühjahr 2004 auf freiwilliger Basis, den Betrieb der Netze in der Swissgrid AG zusammenzuführen (BBl 2005 1633 f.). Nach der Genehmigung des Zusammenschlusses (mit Auflagen) durch die Weko (7.3.2005) nahm die Swissgrid AG im Dezember 2006 ihre operative Tätigkeit auf. Die Auflagen wurden erfolgreich angefochten (vgl. BGer, Urteil 2A.325/2006 vom 13.2.2007, zur Veröffentlichung bestimmt). Das Stromversorgungsgesetz (BG vom 23.3.2007 über die Stromversorgung, StromVG) wurde von den Räten verabschiedet (BBl 2007 2335, Referendumsvorlage). – Zur Diskussion steht ein Abkommen mit der EG im Elektrizitätsbereich.

7 *Kartellrechtliche Marktöffnung:* Eine teilweise Marktöffnung bewirkt die vom Bundesgericht gutgeheissene Anwendung des Kartellgesetzes (SR 251) auf den Elektrizitätsmarkt (BGE 129 II 497 betreffend die Freiburger Elektrizitätswerke, die nur über ein faktisches, nicht aber über ein rechtliches Monopol für Transport und Lieferung von Elektrizität verfügen). – Zur eidgenössischen und kantonalen Gesetzgebung im Elektrizitätsbereich: WEBER/KRATZ, 88 ff.

Rohrleitungsanlagen (Abs. 2)

8 *Rechtsnatur:* Abs. 2 begründet eine konkurrierende (und verpflichtende) Gesetzgebungskompetenz. Diese ermöglicht es dem Bund, ein Monopol bzw. ein (Monopol-)Konzessionssystem zu errichten, lässt aber auch Raum für ein blosses Bewilligungssystem. Der Umsetzung dient das BG vom 4.10.1963 über Rohrleitungsanlagen zur Beförderung flüssiger oder gasförmiger Brenn- oder Treibstoffe (Rohrleitungsgesetz, RLG; SR 746.1), das früher ein Konzessionssystem vorsah (das einem Bewilligungssystem stark angenähert war) und seit dem 1.1.2000 ein Bewilligungssystem mit einem besonderen Plangenehmigungsverfahren betreffend den Bau kennt (RLG 2 ff., 21 ff.). Das Gesetz sieht eine Transportpflicht zu Gunsten von Dritten vor, wenn technisch möglich, wirtschaftlich zumutbar und angemessen entschädigt (RLG 15).

9 *Rohrleitungsanlagen:* Gemeint sind nicht nur die Transportleitungen selbst, sondern auch die damit notwendig verbundenen Einrichtungen wie Pumpanlagen usw. (vgl. RLG 1 Abs. 1). Mangels eleganter Neologismen (vgl. frz. *oléoducs, gazoducs)* hat sich im deutschsprachigen Raum das Wort «Pipeline» festgesetzt.

10 *Flüssige oder gasförmige Brenn- oder Treibstoffe:* Dazu gehören (unabhängig von der Herkunft) Erdöl, Erdgas und weitere vom Bundesrat bezeichnete Brenn- oder Treibstoffe (z.B. Raffineriegase, Erdöldestillate; vgl. RLV 1, SR 746.11). Nicht erfasst werden Rohrleitungsanlagen für Wasser, Erdwärme usw.

Literaturhinweise (vgl. auch die Hinweise vor BV 89)

BISCHOF JUDITH, Rechtsfragen der Stromdurchleitung, Zürich 2002; DETALLE MICHEL, La législation suisse sur les oléoducs et gazoducs, Genf 1969; HESS PETER, Die rechtliche Behandlung der Rohrleitungen zur Beförderung von flüssigen und gasförmigen Brenn- und Treibstoffen, Zürich 1969; JAGMETTI RICCARDO, Energierecht, SBVR VII, Basel 2005; KRATZ BRIGITTA, Anwendung des Kartellgesetzes auf den Elektrizitätsmarkt, AJP 2004, 1007 ff.; RECHSTEINER STEFAN, Rechtsfragen des liberalisierten Strommarktes in der Schweiz, Zürich 2001; RUCK ERWIN, Schweizerisches Elektrizitätsrecht im Grundriss, Zürich 1964; RÜEGGER PETER, Rechtsprobleme der Verteilung elektrischer Energie durch öffentlich-rechtliche Anstalten, Zürich 1991; WEBER

ROLF H., Bundesgerichtlicher Einstieg in die Liberalisierung des Elektrizitätsmarktes, SZW 2004, 147 ff.; WELTERT HANS MARTIN, Die Organisations- und Handlungsformen in der schweizerischen Elektrizitätsversorgung, Zürich 1990.

Art. 92   Post- und Fernmeldewesen

¹ Das Post- und Fernmeldewesen ist Sache des Bundes.

² Der Bund sorgt für eine ausreichende und preiswerte Grundversorgung mit Post- und Fernmeldediensten in allen Landesgegenden. Die Tarife werden nach einheitlichen Grundsätzen festgelegt.

1   Das Postwesen ist seit 1848 (BV 1848 Art. 33), das Telegrafenwesen seit 1874 (BV 1874 Art. 36) Sache des Bundes. Nach und nach kamen – mitunter gestützt auf kreativ-extensive Interpretation – weitere Aspekte des Fernmeldewesens hinzu (Telefon, Funk, Radio und Fernsehen). Erst die neue BV erfasst das «Fernmeldewesen» auch verfassungstextlich vollständig. Verfassungsvorgaben für die Tarifgestaltung (Abs. 2) haben eine lange Tradition. Der Grundversorgungsauftrag (Abs. 2) ist in der Formulierung neu, ansatzweise aber schon in den Verfassungen von 1848 und 1874 enthalten.

2   Im Bereich des Post- und Fernmeldewesens hat die (gewinnorientierte) *eigenwirtschaftliche Betätigung* des Staates – durch Regiebetriebe, allenfalls durch rechtlich verselbstständigte Unternehmen – eine lange Tradition (Bund: seit 1848). Diese kann auch unter dem Regime von BV 92 prinzipiell fortgesetzt werden (Botsch. BV, 272). Anders als BV 1874 Art. 36 Abs. 2 (mit Blick auf die damalige PTT) statuiert BV keine Gewinnablieferungspflicht mehr. – Der Bund ist umgekehrt nicht verpflichtet, die Grundversorgung selber (bzw. durch ein eigenes Unternehmen) zu erbringen (vgl. N 9). Ab den 1990er Jahren wurden das Fernmeldewesen, später auch das Postwesen von der europaweiten Liberalisierungswelle erfasst (FMG 1991: Endgeräte, Mehrwertdienste; FMG 1997: Marktöffnung; PG 1997: partielle Marktöffnung). Der frühere bundeseigene Regiebetrieb «PTT» wurde 1997 per Gesetz (TUG, PG) in eine Anstalt («Die Post») und in eine spezialgesetzliche AG (Telecom, heute Swisscom) aufgeteilt (vgl. RHINOW/SCHMID/BIAGGINI, 547 ff.).

Post- und Fernmelderegal (Abs. 1)

3   *Rechtsnatur:* Abs. 1 begründet eine *umfassende* Bundeskompetenz mit nachträglich derogierender Wirkung (konkurrierende Kompetenz; anders TSCHANNEN, Staatsrecht, 285: ausschliessliche Kompetenz), die den Bund dazu ermächtigt (nicht verpflichtet), ein *Bundesmonopol* bzw. *Konzessionssystem* zu errichten (sog. Post- und Fernmelderegal). Entsprechend ergibt sich aus BV 92 die Befugnis, vom Grundsatz der Wirtschaftsfreiheit (BV 94) abzuweichen (so ausdrücklich BGE 131 I 13, 43). Die bereits erfolgten Liberalisierungsschritte haben sich im Verfassungstext nicht niedergeschlagen.

4   Zum *Postwesen* gehören (vgl. Botsch. BV, 271) die traditionellen *Postleistungen* (insbesondere Brief- und Paketpost), weiter auch die *Personenbeförderung*, soweit sie *regelmässig und gewerbsmässig* betrieben wird (und nicht schon durch BV 87 abgedeckt ist, siehe dort N 12: Schifffahrt). Traditionell frei ist in der Schweiz der *allgemeine* gewerbsmässige *Güterverkehr*

(inkl. Transport von grösserem Stückgut und Schüttgut). Nicht erfasst wird das (durch BV 27 geschützte) Bankgeschäft (LENDI, Komm. aBV, Art. 36, N 1, 7 ff.). Auf das Personenbeförderungsregal stützen sich namentlich: das Personenbeförderungsgesetz vom 18.6.1993 (PBG; SR 744.10), das EBG, das LFG, das BG vom 29.3.1950 über die Trolleybusunternehmungen (SR 744.21).

5   Das *Fernmeldewesen* umfasst die *fernmeldetechnische* (insb. elektrische, magnetische, optische) *Übertragung* (Senden und Empfangen; über Leitungen oder Funk) von Informationen, die *nicht* an die Allgemeinheit gerichtet sind (vgl. FMG 3). Die fernmeldetechnische Seite von Radio und Fernsehen wurde früher über das Post- und Telegrafenregal erfasst. Obwohl für Radio und Fernsehen seit 1984 eine eigene Verfassungsgrundlage besteht (BV 93), stützt sich das neue RTVG (2006) auch auf BV 92.

6   Die *Konkretisierung des Regals* (Bestimmung der theoretischen Monopolreichweite) obliegt dem Bundesgesetzgeber. Davon zu unterscheiden ist die Frage, in welchem *Mass* der Bund das Fernmelde- und Postregal *ausschöpfen* bzw. das Fernmelde- oder Postwesen dem wirtschaftlichen Wettbewerb öffnen will. Auch diese Entscheidung obliegt dem Bundesgesetzgeber, der dabei verfassungsrechtlichen Vorgaben (vgl. insb. Abs. 2) und internationalen Entwicklungen Rechnung zu tragen hat, aber insgesamt einen grossen Gestaltungsspielraum besitzt (vgl. WEBER, VRdCH, 950, 952).

7   *Gesetzgebung:* Von zentraler Bedeutung sind das Postgesetz (PG; SR 783.0), das Postorganisationsgesetz (POG; SR 783.1), das Fernmeldegesetz (FMG; SR 784.10) und das Telekommunikationsunternehmungsgesetz (TUG; SR 784.11), alle vom 30.4.1997. – Die Postgesetzgebung verpflichtet die bundeseigene Post, bestimmte sog. «Universaldienste» (PG 2 ff.) anzubieten, bei denen es sich teils um sog. *reservierte* (d.h. monopolisierte) Dienstleistungen handelt, teils um *nicht reservierte* Dienste, die auch private Konkurrenten erbringen können. Neben der keine Konzession benötigenden Post bewegen sich auf dem Postmarkt rund ein Dutzend private Konzessionäre (Marktanteil rund 17 Prozent; Quelle: UVEK, 9.12.2004). – Die *Fernmeldegesetzgebung* sieht im Wesentlichen ein *Konzessionssystem* mit Anspruch auf Konzessionserteilung vor, bei Funkkonzessionen allerdings nur, wenn genügend Frequenzen zur Verfügung stehen (was gemäss BGE 125 II 293, 303 f. für den Mobilfunk nicht der Fall war). Das im März 2000 in Gang gesetzte (im Herbst 2000 vorübergehend suspendierte) Auktionsverfahren (vgl. FMG 39, FMV 11 f.) betreffend UMTS-Konzessionen brachte dem Bund weit weniger ein als die in der ersten Euphorie erträumten Riesenerträge. Für die vom Bund beherrschte Swisscom ist (anders als im Fall der Post) kein Dienst reserviert; über eine monopolartige Stellung verfügte sie indes bei der sog. «letzten Meile» (Teilnehmeranschluss). Der bundesrätliche Liberalisierungsversuch (auf dem Verordnungsweg) wurde vom Bundesgericht gestoppt (BGE 131 II 13). Die Liberalisierung der «letzten Meile» ist Gegenstand einer am 24.3.2006 beschlossenen Änderung des FMG (in Kraft seit 1.4.2007; vgl. auch Botschaft vom 12.11.2003, BBl 2003 7951). – Im Jahr 2004 gab es im Festnetzbereich neben der Swisscom (Marktanteil 65,4%) weit über 100 Konzessionäre.

8   Sind Dritte auf dem Post- oder Fernmeldemarkt zugelassen, so nimmt der *Bund* eine problematische *Doppelrolle* ein: als Marktregulierer und Marktteilnehmer zugleich. Die Verfassung sagt nicht näher, wie den daraus resultierenden Interessenkonflikten zu begegnen ist. Im Vordergrund stehen Vorkehren organisatorischer Natur (Unabhängigkeit der Aufsichtsbehör-

3. Titel: Bund, Kantone und Gemeinden Nr. 1 BV **Art. 92**

den; zur ComCom als Konzessions- und Aufsichtsbehörde vgl. FMG 56 ff.; WEBER/BIAGGINI, 62 ff.; zur fachlich unabhängigen Post-Regulationsbehörde vgl. VPG 40 ff.). Ein Rückzug des Bundes als Eigner ist denkbar (vgl. N 10), aber politisch hürdenreich, wie das Scheitern der Swisscom-Privatisierungspläne des Bundesrates (Botschaft vom 5.4.2006, BBl 2006 3763) in den Eidgenössischen Räten zeigt (vgl. AB 2006 N 622, S 327).

Grundversorgungsauftrag (Abs. 2)

9   Abs. 2 erteilt dem Bund einen *Grundversorgungsauftrag* («Leistungsauftrag», so Botsch. BV, 272). *Gegenstand* des Grundversorgungsauftrags sind Post- und Fernmeldedienste, unter Einschluss der regelmässigen gewerbsmässigen Personenbeförderung (soweit sie dem Postregal zuzuordnen ist).

10 BV 92 sagt nicht, wie die Grundversorgung sicherzustellen ist. Möglich ist dies aus *verfassungsrechtlicher* Sicht grundsätzlich (Vorgaben des internationalen Rechts bzw. ökonomische Erwägungen ausgeklammert):

– durch ein bundeseigenes Unternehmen mit oder ohne Monopolstellung;
– durch einen oder mehrere konzessionierte Anbieter (mit per Gesetz und Konzession festgelegten Leistungsaufträgen; vgl. FMG 14 ff.);
– durch mehrere Anbieter im freien Wettbewerb, so dieser genügend spielt und ausreichende Ergebnisse zeitigt (reines Marktmodell).

Grundsätzlich zulässig ist auch ein Nebeneinander von bundeseigenem Unternehmen und privaten Anbietern (vgl. heute PG 5 ff.; FMG 4 ff.). – Die Fernmeldegesetzgebung kennt die besondere Figur der *Grundversorgungskonzession* (FMG 14 ff.), d.h. eine periodisch auszuschreibende Konzession «mit der Auflage, im Konzessionsgebiet die Dienste der Grundversorgung allen Bevölkerungskreisen anzubieten» (übergangsweise per Gesetz dem bundeseigenen Unternehmen zugesprochen; FMG 66). – Von der Sicherung der Grundversorgung zu trennen ist die *Privatisierungsfrage:* BV 92 steht einer partiellen oder vollständigen Privatisierung der früheren Regiebetriebe (jetzt Post und Swisscom) nicht grundsätzlich entgegen (betreffend Swisscom vgl. BBl 2006 3837 ff.; BBl 1996 III 1365 ff.). Es bestehen jedoch gesetzliche Hürden: Die Aufgabe der Mehrheitsbeteiligung an der Swisscom ist nur bei vorheriger Änderung von TUG 6 möglich (Ende 2006 hielt der Bund noch 54,8% der Swisscom-Aktien, eine Senkung auf 50%+1 wird angestrebt; vgl. Mitteilung EFD vom 30.1.2006). Die Post (als Anstalt des Bundes) kann nur durch Gesetzesänderung (und Rechtsformwandel) für Private geöffnet werden. – Wieder eine andere Frage ist, inwieweit es den Unternehmen des Bundes gestattet ist, ausserhalb des Regalbereichs bzw. des eigentlichen Unternehmenszwecks liegende Neben(erwerbs)tätigkeiten auszuüben. Ob PG 9 (betreffend die vom Bundesrat zu bezeichnenden *Wettbewerbsdienste;* vgl. VPG 10 ff.) als Grundlage ausreicht, um die Post zu einem «Gemischtwarenladen» («PostShop») um- und auszubauen, ist zu bezweifeln. Zur Frage der *Grundrechtsbindung* vgl. N 11 zu BV 35.

11 Die einzelnen *Elemente des Auftrags* (Adressat: Bund) sind – auch wegen der 1998 nicht leicht abzuschätzenden Entwicklung – in eher vage, konkretisierungsbedürftige Worte gefasst, die dem Bundesgesetzgeber einen weiten Gestaltungsspielraum belassen (nur wenig konkreter ist die Umschreibung in PG 2 Abs. 3; Adressat: die Post):

- *ausreichend:* Es obliegt in erster Linie dem Gesetzgeber, den Begriff näher zu definieren. Für die *Postdienste* geschieht dies durch Festlegung von Dienstleistungen, die zum sog. «Universaldienst» (PG 2 ff.) zählen (N 7; vgl. auch VPB 70.86 und 70.87, 2006, Bundesamt für Justiz). Zum Umfang der Grundversorgung im Fernmeldebereich vgl. FMG 16; zur Möglichkeit eines Investitionsbeitrags des Bundes FMG 19.
- *in allen Landesgegenden:* Die Grunddienstleistungen müssen grundsätzlich flächendeckend angeboten werden und erhältlich sein. Zur Gewährleistung eines landesweiten Poststellennetzes vgl. PG 2 Abs. 3 (in Kraft seit 1.1.2004; vgl. auch VPG 6 ff.). Weiter gehen wollte die in der Volksabstimmung vom 26.9.2004 abgelehnte Volksinitiative «Postdienste für alle» (vgl. BBl 2001 4132 ff.). In «angemessener Distanz» (Art. 6 Abs. 1 VPG) meint, dass «in der Regel die Erreichbarkeit innert 20 Minuten mit öffentlichen Verkehrsmitteln» gegeben sein soll (so der Bundesrat im «Abstimmungsbüchlein» zur Postinitiative). VPG 7 normiert ein spezielles Konsultationsverfahren im Vorfeld geplanter Poststellenschliessungen. – Gemäss POG 4a (i.d.F. vom 20.12.2006; vgl. BBl 2007 3, Referendumsvorlage) soll die Post auch bei ihrer Organisation «den Anliegen der verschiedenen Regionen des Landes» Rechnung tragen (vgl. Bericht KVF-N vom 13.2.2006, BBl 2006 3967).
- *preiswert* meint nicht «möglichst billig» (so noch missverständlich BV 1874 Art. 36); es soll den Leistungsanbietern nicht versagt sein, «einen bescheidenen Gewinn» (so Botsch. BV, 272) zu erzielen.
- *Tarifgestaltung* «nach einheitlichen Grundsätzen» (Satz 2): Die konkretisierungsbedürftige Formel, die in der Literatur nicht einheitlich ausgelegt wird (Hinweise bei BURKERT, SG-Komm., Art. 92, N 9), verlangt nicht, dass die Tarife landesweit gleich sind, doch setzt das Erfordernis distanzabhängigen Tarifen Schranken (ohne sie ganz auszuschliessen).

Heute legt die *Post* (nicht mehr das Gesetz bzw. nach der Gesetzesrevision vom 17.12.1976 der Bundesrat) die Preise für ihre Dienstleistungen «nach wirtschaftlichen Grundsätzen» (PG 14) selber fest. Die Preise für *reservierte* Dienste (N 7) bedürfen der Genehmigung durch das zuständige Departement und müssen distanzunabhängig, kostendeckend und nach gleichen Grundsätzen festgelegt werden. Mit Grosskunden können abweichende Preise vereinbart werden. Für die Beförderung von abonnierten Zeitungen und Zeitschriften sind im Interesse der Erhaltung einer vielfältigen Presse Vorzugspreise vorgesehen (PG 15, gültig bis Ende 2007; eine Fortführung in modifizierter Form wurde am 22.6.2007 beschlossen, vgl. BBl 2007 4539, Referendumsvorlage). Nach einer Intervention des Preisüberwachers (Nov. 2005) verzichtete die Post auf einen erheblichen Teil der per April 2006 geplanten Tariferhöhungen.
– *Fernmeldedienste* mit Grundversorgungscharakter müssen landesweit in einer vom Bundesrat zu bestimmenden Qualität erhältlich sein. Der Bundesrat ist gehalten, distanzunabhängige Tarife anzustreben (FMG 17) und periodisch Preisobergrenzen festzulegen, die einheitlich für das ganze Konzessionsgebiet gelten (vgl. FDV 22; SR 784.101.1). Zur Einwirkung des Bundes auf die sog. Interkonnektionspreise (FMG 11; vgl. BGE 127 II 8, 16; vgl. auch BGE 132 II 257).

Literaturhinweise

BARRELET DENIS, Droit de la communication, Bern 1998; FISCHER PETER R./SIDLER OLIVER, Fernmelderecht, SBVR V/1, 2. Aufl., Basel usw. 2003; KNAPP BLAISE, La Constitution et les formes d'organisation des PTT, ZBl 1994, 489 ff.; REIST TANJA, Staatliche Aufgaben und deren Wahrnehmung, unter besonderer Berücksichtigung des Postwesens, Basel 2004; SCHÜRMANN LEO, Zur Verfassungsmässigkeit der Neuordnung der PTT-Gesetzgebung, Mélanges Charles-André Junod, Basel/Frankfurt a.M. 1997, 397 ff.; WEBER ROLF H., Energie und Kommunikation, VRdCH, 943 ff.

Art. 93   Radio und Fernsehen

¹ Die Gesetzgebung über Radio und Fernsehen sowie über andere Formen der öffentlichen fernmeldetechnischen Verbreitung von Darbietungen und Informationen ist Sache des Bundes.

² Radio und Fernsehen tragen zur Bildung und kulturellen Entfaltung, zur freien Meinungsbildung und zur Unterhaltung bei. Sie berücksichtigen die Besonderheiten des Landes und die Bedürfnisse der Kantone. Sie stellen die Ereignisse sachgerecht dar und bringen die Vielfalt der Ansichten angemessen zum Ausdruck.

³ Die Unabhängigkeit von Radio und Fernsehen sowie die Autonomie in der Programmgestaltung sind gewährleistet.

⁴ Auf die Stellung und die Aufgabe anderer Medien, vor allem der Presse, ist Rücksicht zu nehmen.

⁵ Programmbeschwerden können einer unabhängigen Beschwerdeinstanz vorgelegt werden.

1   Die Bestimmung geht zurück auf das Jahr 1984 (BV 1874 Art. 55bis). Zwei frühere Versuche, die prekäre Verfassungsrechtslage im Radio- und Fernseh-(Programm-)Bereich (vgl. J.P. MÜLLER/GROB, Komm. aBV, Art. 55bis, N 8 ff.) zu sanieren, waren in Volksabstimmungen gescheitert (1957 und 1976). Die im Rahmen der Totalrevision von der SRG vorgeschlagene Straffung der Bestimmung (insb. Abs. 4 und 5) fand kein Gehör (Botsch. BV, 273). – Die inzwischen weit vorangeschrittene Liberalisierung im Radio- und Fernsehbereich – angestossen nicht zuletzt durch «Radiopiraterie» vom nahen Ausland her (vgl. Urteil des EGMR vom 28.3.1990 i.S. Groppera Radio AG u.a. gegen die Schweiz) – hat sich im Verfassungstext nicht direkt niedergeschlagen.

2   Der Ausführung von BV 93 diente zunächst das BG vom 21.6.1991 über Radio und Fernsehen (AS 1992 601), welches am 1.4.2007 durch das gleichnamige BG vom 24.3.2006 (RTVG; SR 784.40) abgelöst wurde (die Referendumsfrist begann nach Berichtigung eines sinnentstellenden Fehlers ein zweites Mal zu laufen, BBl 2006 6301).

Gesetzgebungskompetenz des Bundes (Abs. 1)

3   Abs. 1 begründet eine Gesetzgebungskompetenz mit nachträglich derogierender Wirkung *(konkurrierende* Kompetenz; anders MÜLLER/GROB, Komm. aBV, Art. 55bis, N 16: ausschliessliche Kompetenz; so auch BGE 112 Ia 398, 407). Der Passus «ist Sache des Bundes» unter-

streicht einerseits den *umfassenden* Charakter der Kompetenz (inkl. Monopol bzw. Konzessionshoheit), andererseits deren *verpflichtenden* Charakter (Gesetzgebungsauftrag).

4 *Radio und Fernsehen:* Legaldefinitionen fehlen. Als Charakteristika gelten (vgl. MÜLLER/GROB, Komm. aBV, Art. 55bis, N 25 f.): *fernmeldetechnische* (elektromagnetische) *Verbreitung* (Kabel oder Äther) von Darbietungen und Informationen (Wort und Ton bzw. Bild, Wort und Ton); Ausstrahlung von an die Allgemeinheit gerichteten Programmen (vgl. RTVG 2 Bst. a); Entscheidung des Empfängers, ob er Sendungen empfangen will. – Die nicht restlos geklärte Abgrenzungsfrage wird, kompetenzrechtlich (Abs. 1), durch eine Abrundungsklausel (N 5) entschärft, kann aber bei Abs. 2 und 3 Bedeutung erlangen (vgl. N 11, 15).

5 *«andere Formen»:* Die Abrundungsklausel soll ein rasches Veralten der Verfassungsbestimmung verhindern. Erfasst wird etwa der Teletext, wohl auch das Internet, wenn und soweit das Kriterium der *Öffentlichkeit* erfüllt ist (VPB 64.75 [2000] 831 f.; vgl. auch AUBERT, Comm., Art. 93, N 6).

6 Nicht direkt angesprochen wird in BV 93 der Schlüsselbegriff des *«Veranstalters»* (dazu RTVG 2 Bst. d). – Ob man schon aus Abs. 1 das Verbot eines staatseigenen (Radio- oder Fernseh-)Senders ableiten kann (so AUBERT, Comm., Art. 93, N 8), ist sekundär, da einem «Staatssender» jedenfalls Abs. 3 entgegensteht (Botsch. BV, 273; vgl. N 13).

7 Das Gesetz bekräftigt die in BV 16 gewährleistete Empfangsfreiheit (RTVG 66), statuiert aber zugleich die Pflicht, für den Empfang von Radio- und Fernsehprogrammen eine Empfangsgebühr zu bezahlen (RTVG 68). Dabei handelt es sich um eine (vom Bundesrat festzusetzende) «Regalgebühr» (so BGE 121 II 183, 185; vgl. auch DUMERMUTH, medialex 2004, 145 ff.). Die Erhebung der Empfangsgebühren obliegt einer ausserhalb der Bundesverwaltung stehenden «Inkassostelle», die vom Departement aufgrund einer Ausschreibung bezeichnet wird (RTVG 69; RTVV 65).

8 Das Gesetz sieht ein *Konzessionssystem* vor (RTVG 3), welches zwischen der nationalen/sprachregionalen und der regionalen/lokalen Ebene (RTVG 3 ff., 38, 43) unterscheidet (mit über 170 konzessionierten Veranstaltern). Die *Schweizerische Radio- und Fernsehgesellschaft* (SRG; RTVG 23) – bei der es sich nicht etwa um eine staatliche Anstalt, sondern um ein privatrechtliches Gebilde handelt – besitzt eine herausgehobene Stellung. Sie erhält von Gesetzes wegen eine Konzession für die Veranstaltung nationaler und sprachregionaler Programme (RTVG 25) sowie den Löwenanteil (2004: rund 1,13 Milliarden Franken) der vom Bund erhobenen Empfangsgebühren (RTVG 14 Abs. 3, 34). Der für lokale und regionale Veranstalter bestimmte Anteil betrug 2004 rund 14 Millionen Franken (1,16%). Das neue RTVG sieht einen Anteil von 4% des jeweiligen Gebührenertrags vor (RTVG 40; vgl. auch BBl 2003 1569 ff.). – Die SRG muss gewisse organisatorische Rahmenbedingungen erfüllen (RTVG 31), den durch Gesetz und Konzession näher bestimmten Leistungsauftrag erfüllen (RTVG 24) und ein bestimmtes Programmangebot (RTVG 24) sicherstellen (Radioprogramme für alle Regionen der Landessprachen; Fernsehprogramme für die Regionen der Amtssprachen). Neben der SRG können auch andere Veranstalter eine Konzession für nationale und sprachregionale TV- bzw. Radio-Programme erlangen (RTVG 38; rund 10 bzw. 6).

Verfassungsvorgaben, insb. Leistungsauftrag (Abs. 2)

9 Die Vorgaben des Abs. 2 sind die verfassungsrechtliche Antwort auf zwei Grundphänomene bzw. -probleme:
- technisch-finanziell: Knappheit der Frequenzen (heute durch die technische Entwicklung stark relativiert) und hohe Kosten;
- gesellschaftlich-politisch: Bedeutung der Information in der Demokratie; grosser Einfluss der elektronischen Medien.

Zentrales Instrument ist das Statuieren eines verfassungsrechtlichen Leistungsauftrags. Der Leistungsauftrag des Abs. 2 bezieht sich nicht auf den einzelnen Veranstalter (oder gar auf das einzelne Programm), sondern auf das *Programmangebot der elektronischen Medien* («Mediensystem») *insgesamt* (Botsch. BV, 273; zur Frage der Einbindung «anderer Formen» vgl. N 11). *Adressat* sind, genauer besehen, nicht «Radio und Fernsehen» (kein identifizierbares Rechtssubjekt!), sondern in erster Linie der *Bundesgesetzgeber* – der gehalten ist, eine Ordnung zu schaffen, welche die Vorgaben des Abs. 2 erfüllt –, ferner die übrigen mit der Umsetzung von Gesetz und Verfassung betrauten Organe (insb. Konzessionsbehörde). Der Gesetzgeber verfügt über einen erheblichen Gestaltungsspielraum. Aus BV 93 lassen sich keine bestimmten Vorgaben betreffend die Struktur des elektronischen Mediensystems ableiten (vgl. J.P. Müller/Grob, Komm. aBV, N 40; Weber, VRdCH, 951). – Die Veranstalter werden in der Verfassung nicht direkt angesprochen; ihre Verpflichtungen ergeben sich aus Gesetz und Konzession. In die Pflicht genommen wird dort primär die SRG (RTVG 23 ff.), deren erklärte Aufgabe es ist, «einen Dienst für die Allgemeinheit» zu erbringen (RTVG 23). Zur Einbindung anderer Veranstalter vgl. etwa RTVG 38.

10 *Inhalt:* Die Verfassung nennt zunächst (Satz 1) vier Zielvorgaben unterschiedlichen Gewichts in nicht ganz einleuchtender Reihenfolge, denn Gegenstand der ersten Sorge müsste sein, dass Radio und Fernsehen einen Beitrag leisten zur *freien Meinungsbildung*, insb. auch in politischen Fragen (ähnlich Aubert, Comm., Art. 93, N 14). Wichtig, wenn auch nicht leicht zu fassen, sind der *Kulturauftrag* (vgl. auch BV 2 Abs. 2 und BV 41 Abs. 1 Bst. g) und der *Bildungsauftrag* (von der Bundesversammlung eingefügt). Dass der Verfassungsgeber 1984 glaubte, auch die «Unterhaltung» durch Aufnahme in den Leistungsauftrag verfassungsrechtlich absichern (und damit gleichsam «adeln») zu müssen (1998 bekräftigt), wirkt aus heutiger Sicht etwas kurios. – Ebenfalls nicht leicht zu fassen ist der Auftrag, die Besonderheiten des Landes und die Bedürfnisse der Kantone zu berücksichtigen (Satz 2; vgl. auch Aubert, Comm., Art. 93, N 16). Von erheblicher praktischer Bedeutung sind das *Sachgerechtigkeits-* und das *Vielfaltsgebot* (Satz 3), denen das Gesetz (vgl. RTVG 4) und vor allem die Rechtsprechung der UBI und des Bundesgerichts präzisere Konturen zu verleihen suchen:

- *Gebot der sachgerechten Berichterstattung:* Verlangt ist die Beachtung journalistisch-methodischer Grundregeln wie Wahrhaftigkeit, Transparenz, Sorgfalt in der Sachverhaltsermittlung, Unvoreingenommenheit gegenüber dem Ergebnis publizistischer Arbeit (vgl. BGE 121 II 359, 363 f.). Diese Sorgfaltspflichten gelten in besonderem Mass für Sendungen, die einen Anspruch auf Informationsvermittlung erheben. – Zur «abgeschwächten» Bedeutung bei «erkennbar nicht ernst gemeinten», humoristischen Beiträgen: BGE 132 II 290 (Kassensturz, «Patent angemeldet»).

- *Gebot, die Vielfalt der Ansichten angemessen zum Ausdruck zu bringen:* Die Vorgabe der Meinungsvielfalt steht in einem gewissen Spannungsverhältnis zur Programmautonomie (Abs. 3) und zu den Grundrechten der Veranstalter und Medienschaffenden (BV 16, 17). Ein Hauptanliegen der Verfassung ist es, «jede einseitige Tendenz in der Meinungsbildung durch Radio und Fernsehen» zu verhindern; verlangt ist «nicht nur eine thematische, sondern auch ‹politisch-weltanschauliche› Vielfalt» (so treffend MÜLLER/GROB, Komm. aBV, Art. 55bis, N 56). Man ist sich heute darin einig, dass das Vielfaltsgebot einer Zulassung spezialisierter (Sparten-)Veranstalter nicht entgegensteht (zur Möglichkeit, bestimmte Veranstalter vom Vielfaltsgebot zu entbinden, vgl. RTVG 4 Abs. 4).

Im Sachgerechtigkeits- und Vielfaltsgebot spiegeln sich (aus demokratischer Sicht: fundamentale) *überindividuelle Interessen.* Nicht zuletzt deshalb richtet die Verfassung ein besonderes Verfahren der Programmaufsicht ein (Abs. 5), das «dem Schutz der unverfälschten Willens- und Meinungsbildung der Öffentlichkeit» dienen soll (vgl. BGE 122 II 471, 475 f.). Zur Zulässigkeit des sog. «anwaltschaftlichen Journalismus» vgl. BGE 131 II 253, 256 ff. («Rentenmissbrauch»; mit Kritik an der als zu streng eingestuften Praxis der UBI).

11 Die *«anderen Formen»* (Abs. 1) werden vom Wortlaut des Abs. 2 nicht erfasst. Die innere Systematik und die Entstehungsgeschichte des Radio- und Fernsehartikels (vgl. BBl 1981 II 941) sprechen gegen eine direkte (verfassungsrechtliche) Einbindung (anders wohl BURKERT, SG-Komm., Art. 93, N 3). Entscheidend ist indes, dass der Bundesgesetzgeber grundsätzlich *befugt* ist (und u.U. sogar verpflichtet sein kann; BV 16, 17, 34 i.V.m. BV 35), die Gehalte des Abs. 2 (gestützt auf Abs. 1) auf «andere Formen» *auszudehnen.*

Unabhängigkeit und Programmautonomie (Abs. 3)

12 *Funktion:* Die unterschiedlich gearteten «Gewährleistungen» des Abs. 3 dienen nicht zuletzt der Sicherung von Grundrechten wie BV 16, 17, 34.

13 *Unabhängigkeit von Radio und Fernsehen:* Errichtung und Betrieb eines «Staatssenders» sind unzulässig (AUBERT, Comm., Art. 93, N 19). Höchst problematisch erscheint eine indirekte Beteiligung eines mehrheitlich dem Bund gehörenden Unternehmens (wie der Swisscom) an einem privaten Veranstalter, wessen sich der Bundesrat offenbar bewusst ist (vgl. UVEK, Medienmitteilung vom 27.4.2005 betreffend Teleclub: bloss provisorische Verlängerung der Konzession). Wie die Freiheitsrechte (BV 36) ist auch die Unabhängigkeit nicht absolut zu setzen. Zulässig sind staatliche Vorgaben, die aus dem verfassungsrechtlichen Leistungsauftrag (Abs. 2) und seinen Konkretisierungen resultieren (vgl. auch AUBERT, Comm., Art. 93, N 21; vgl. auch BGE 123 II 402, 408 f.). – Verfassungsrechtlich problematisch erscheint die in RTVG 1991 29 Abs. 3 vorgesehene Einflussnahme des Bundes auf personelle Entscheidungen der SRG (konkretisiert in Art. 9 der SRG-Konzession, wonach der Bundesrat u.a. den SRG-Präsidenten wählt und die Wahl des SRG-Generaldirektors genehmigt; weniger weitgehend jetzt RTVG 33). – Die Unabhängigkeitsgarantie will auch gegen einseitige Beeinflussung durch ausserstaatliche Kräfte und Interessen Schutz bieten (BBl 1981 II 889, 949).

14 Die *Autonomie in der Programmgestaltung* (sog. Programmautonomie) steht nicht nur den Veranstaltern zu, sondern nach herrschender Lehre auch den Programmschaffenden (vgl. AUBERT, Comm., Art. 93, N 20) – als Ausfluss bzw. Konkretisierung der ihnen zugute kommenden Radio- und Fernsehfreiheit (BV 17; vgl. auch BGE 131 II 253, 257). Ein verfassungs-

rechtlicher *Anspruch Dritter* auf Verbreitung bestimmter Darbietungen und Informationen durch einen Veranstalter («Recht auf Antenne»; vgl. BGE 126 II 7, 11) besteht nicht. Im Vorfeld von Wahlen und Abstimmungen besteht jedoch die Pflicht, auch die Positionen und Interessen kleinerer politischer Parteien oder Bewegungen zu berücksichtigen (BGE 97 I 731 ff., Vigilance). Diese können aber nicht gleichviel Sendezeit beanspruchen wie die wichtigeren politischen Parteien und Gruppierungen (zu den Richtlinien der SRG von 1991 vgl. BGE 119 Ib 250 ff.).

15 Die *«anderen Formen»* (Abs. 1) kommen gemäss Wortlaut von Abs. 3 nicht in den Genuss der spezifischen Unabhängigkeitsgarantie, stehen aber unter dem Schutz einschlägiger Grundrechte (insb. BV 16, 17).

Rücksichtnahmepflicht (Abs. 4)

16 Die Rücksichtnahmepflicht trifft den Bund (Bundesgesetzgeber), nicht die einzelnen Veranstalter. Die Hervorhebung der Presse erklärt sich aus der (historisch und auch heute) bedeutenden meinungsbildenden Funktion und der zunehmenden Gefährdung der Pressevielfalt. – Konkrete Massnahmen haben sich im *Gesetz* kaum niedergeschlagen. Doch profitiert die Presse mittelbar von *Werbebeschränkungen* (insb. zeitlichen) bzw. *-verboten*, die das Gesetz den elektronischen Medien auferlegt (RTVG 10: Verbot religiöser und politischer Werbung sowie von Werbung für alkoholische Getränke und Tabak; näher THÖNEN und MÄDER). Eine Rolle spielen kann das Rücksichtnahmegebot bei der *Konzessionsvergabe* oder bei der Festlegung von Rahmenbedingungen für den Internetauftritt elektronischer Medien (insb. der SRG). – Bestrebungen zur Schaffung eines Verfassungsartikels zur Medienpolitik (vgl. SPK-N, Bericht SPK-N vom 3.7.2003, BBl 2003 5357; Stellungnahme Bundesrat vom 3.9.2003, BBl 2003 6250) fanden keine Mehrheit (AB 2004 S 553; AB 2005 N 421). Bis auf weiteres bleibt es bei der indirekten Pressförderung in Gestalt verbilligter Posttaxen (N 11 zu BV 92).

Programmaufsicht (Abs. 5)

17 Abs. 5 verpflichtet den *Gesetzgeber*, die Möglichkeit zu schaffen, Programmbeschwerden bei einer *unabhängigen Beschwerdeinstanz* einzureichen. Diese soll nach dem Willen des Verfassungsgebers der Verwirklichung des im Leistungsauftrag mitenthaltenen Sachgerechtigkeits- und Vielfaltsgebots dienen. Diese Aufgabe wird durch die *Unabhängige Beschwerdeinstanz für Radio und Fernsehen* (UBI) wahrgenommen (gestützt auf den schon vor BV 1874 Art. 55bis erlassenen BB vom 7.10.1983, AS 1984 153; vgl. RTVG 82 ff.). Seit 1992 sind der UBI die Ombudsstellen der einzelnen Veranstalter vorgeschaltet (RTVG 91 ff.). Entscheide der UBI können beim Bundesgericht angefochten werden (RTVG 99; BGG 86 Abs. 1 Bst. c).

18 *Rechtsnatur:* Die Programmaufsicht (näher RTVG 86 ff.) wird in Literatur und Praxis meist als Rechtsprechungstätigkeit *sui generis* eingestuft (vgl. z.B. BGE 122 II 471, 475 f.). Der Verlegenheitsbegriff «*sui generis*» (der meist wenig hilfreich ist und mitunter offenbart, dass man mit dem Latein am Ende ist) hat hier eine gewisse Berechtigung, wie zahlreiche Besonderheiten belegen (vgl. WEBER/BIAGGINI, 194 ff.). Dazu gehört, dass das programmrechtliche Aufsichtsverfahren nicht in erster Linie *individuelle* Interessen schützt, sondern «dem Schutz der unverfälschten Willens- und Meinungsbildung der Öffentlichkeit» dient (vgl. z.B. BGE 122 II 471, 475 f.; vgl. auch BV 93 Abs. 2), und dass das Verfahren den Charakter einer Popularbeschwerde hat (RTVG 94 Abs. 2).

19 *Charakter der UBI:* Die heutige UBI wird überwiegend als *richterliche Behörde* (vgl. z.B. AUBERT, Comm., Art. 93, N 24; Botsch. Bundesrechtspflege, BBl 2001 4202 ff.) oder als zumindest «quasi-richterliches» Organ eingestuft (vgl. J.P.MÜLLER/GROB, Komm. aBV, Art. 55bis, N 70; DUMERMUTH, Rundfunkrecht, N 438; WEBER/BIAGGINI, 197 ff.). Von der verfassungsrechtlich garantierten Unabhängigkeit (Abs. 5) auf Gerichtsqualität zu schliessen, wäre übereilt. Denn BV 93 Abs. 5 belässt dem Gesetzgeber einen gewissen Handlungsspielraum und *zwingt* ihn *nicht,* die Programmaufsicht einer *richterlichen* Instanz zuzuweisen. Es ist daher verfassungsrechtlich nicht ausgeschlossen (wenn auch nicht unproblematisch), die UBI in eine Behördenkommission zu integrieren (wie vom Bundesrat im Rahmen der Totalrevision RTVG ursprünglich beantragt, vgl. BBl 2003 1649 ff.; zu diesen Plänen näher WEBER/BIAGGINI, 200 ff.). – Wichtigere Entscheidungen der UBI werden in VPB veröffentlicht. Vgl. etwa VPB 68.28 (2004) betreffend politische Werbung im Fernsehen; VPB 68.27 (2004) betreffend Satire und religiöse Gefühle (RSR); VPB 67.91 (2003) betreffend Programmautonomie und Musikvielfalt (DRS 1). Überblick z.B. bei BARRELET, Communication, 213.

Literaturhinweise

ACKERET MATTHIAS, Das duale Rundfunksystem der Schweiz, Bern 1998; BARRELET DENIS, Droit de la communication, Bern 1998; DERS., Les libertés de la communication, VRdCH, 721 ff.; DERS., La surveillance des programmes de radio-télévision à l'avenir, medialex 2000, 24 ff.; DUMERMUTH MARTIN, Die Programmaufsicht bei Radio und Fernsehen in der Schweiz, Basel 1992; DERS., Rundfunkrecht, SBVR, Informations- und Kommunikationsrecht, Basel 1996; DERS., Die Rechtsnatur der Radio- und Fernsehempfangsgebühr, medialex 2004, 145 ff.; GROB FRANZISKA, Die Programmautonomie von Radio und Fernsehen in der Schweiz, Zürich 1994; KLEY ANDREAS, Die Medien im neuen Verfassungsrecht, BTJP 1999, 183 ff.; MÄDER PHILIPP, Das Verbot politischer Werbung im Fernsehen, Diss. Zürich 2007 (im Druck); SCHÜRMANN LEO, Rechtsfragen der Organisation von Rundfunkunternehmen, Festschrift Arnold Koller 1993, 545 ff.; DERS./NOBEL PETER, Medienrecht, 2. Aufl., Bern 1993; THÖNEN URS, Politische Radio- und Fernsehwerbung in der Schweiz, Basel usw. 2004; VONLANTHEN BEAT, Das Kommunikationsgrundrecht «Radio- und Fernsehfreiheit», Fribourg 1987; WEBER ROLF H., Energie und Kommunikation, VRdCH, 943 ff.; DERS., Medienkonzentration und Meinungspluralismus, Zürich 1995; DERS., Neustrukturierung der Rundfunkordnung, Zürich 1999; DERS./DÖRR BIANKA, Digitale Verbreitung von Rundfunkprogrammen und Meinungsvielfalt, Zürich 2001; DERS./BIAGGINI GIOVANNI, Rechtliche Rahmenbedingungen für verwaltungsunabhängige Behördenkommissionen, Zürich 2002. – Vgl. auch die Beiträge in ZSR 2006 I, H.3 (Schwerpunkt «Das neue Radio- und Fernsehgesetz»).

7. Abschnitt: Wirtschaft

1 Der Abschnitt «Wirtschaft» ist (gemessen an der Artikelzahl) einer der umfangreichsten des Zuständigkeitskapitels. Der Begriff «Wirtschaft» wird darin nirgends definiert. Neben wirtschaftsbezogenen Bundeskompetenzen, oft mit inhaltlichen Vorgaben an den Bundesgesetzgeber verbunden, findet sich im 7. Abschnitt eine mit «Grundsätze» überschriebene einleitende Bestimmung, aus der man (i.V.m. BV 27, Wirtschaftsfreiheit) gewisse Aussagen über

den Charakter der schweizerischen «Wirtschaftsverfassung» ableiten kann. Dabei gilt es zu beachten, dass der Verfassungsgeber weder 1998/99 noch früher einen förmlichen «ordnungspolitischen Grundentscheid» getroffen hat, wie gelegentlich angenommen wird (so auch RHINOW, BTJP 1999, 165; anders z.B. VALLENDER, AJP 1999, 682: «Grundentscheid» für eine «marktorientierte Privatwirtschaft»; singulär geblieben ist BGE 116 Ia 237, 240: «wirtschaftspolitische Grundentscheidung für ein System des freien Wettbewerbs»). Ein solcher «Grundentscheid» lässt sich allenfalls mittels *Interpretation* konstruieren (wie nun auch VALLENDER, VRdCH, 956, einräumt). Auf der Grundlage einer Gesamtschau darf man indes von einer *freiheitlichen, sozialverpflichteten und wettbewerbsorientierten Wirtschaftsverfassung* sprechen (BIAGGINI, VRdCH, 790; vgl. auch RHINOW/SCHMID/BIAGGINI, 71 ff.; ähnlich GYGI/RICHLI, 41 ff.; Botsch. BV, 294). – Zur Funktion der Wirtschaftsfreiheit als «Hüterin einer privatwirtschaftlichen Ordnung» vgl. BGE 124 I 11, 18 f.; vgl. auch BGE 129 II 18, 22; N 6 zu BV 27.

2   *Zum Begriff der «Wirtschaftsverfassung»:* Der in der BV selbst nicht verwendete Begriff wird hier *juristisch*-normativ verstanden (nicht idealtypisch-theoretisch wie etwa bei den Vertretern der Freiburger Schule des Ordoliberalismus) als das *Insgesamt der geschriebenen und ungeschriebenen Normen mit Verfassungsrang*, die sich auf den Regelungsgegenstand «Wirtschaft/Wirtschaften» beziehen. Zur Wirtschaftsverfassung *im engeren Sinn* gehören all jene Verfassungsnormen, welche die Wirtschaftsordnung unmittelbar konstituieren: wirtschaftsrelevante *Grundrechte* (insb. BV 26–28, weiter auch BV 8, 24), *Verfassungsgrundsätze* (insb. BV 94) und *Gesetzgebungskompetenzen und -aufträge* (insb. BV 95 ff.). Zur Wirtschaftsverfassung im engeren Sinn kann man auch die Verfassungsnormen über die *Bundesmonopole* zählen (vgl. N 14 zu BV 94). Die Wirtschaftsverfassung *im weiteren Sinn* umfasst darüber hinaus jene Verfassungsnormen, die Auswirkungen auf die Wirtschaft zeitigen (z.B. BV 73 ff.: Umwelt und Raumplanung; BV 81 ff.: öffentliche Werke und Verkehr; BV 89 ff.: Energie und Kommunikation; BV 110 ff.: Arbeit und Soziales; BV 121: Zuwanderung, Arbeitsmarkt). Der 7. Abschnitt ist nicht *«die»* Wirtschaftsverfassung (vgl. insb. BV 27!). Auch nach der Totalrevision ist die (in «Schüben» entstandene) Wirtschaftsverfassung (zum Werdegang RHINOW/SCHMID/BIAGGINI, 27 ff.) nicht «aus einem Guss».

3   *Zum Begriff der «Wirtschaftspolitik»:* Der oft verwendete Begriff ist ebenfalls kein Verfassungsbegriff (wenn man von der Wortzusammensetzung in BV 101 absieht; vgl. immerhin die Titel zu BV 96, 99, 100, 103; merkwürdigerweise nicht bei BV 104, Landwirtschaft, dem traditionellen Feld des staatlichen Interventionismus). Im Übrigen gilt es zu beachten, dass der Begriff «Wirtschaftspolitik» in der schweizerischen Rechtssprache mitunter in einem sehr speziellen (engen) Sinn verwendet wird: Während man allgemein (alltagssprachlich und ökonomisch) unter Wirtschaftspolitik «die staatliche Beeinflussung der Volkswirtschaft zur Erreichung wirtschaftlicher und sozialer Ziele» (GYGI, Wirtschaftspolitik, 231) versteht, verwenden das Bundesgericht und ein Teil der Lehre den Begriff, um eine *bestimmte Art* von Wirtschaftspolitik zu kennzeichnen, nämlich jene, die mit Massnahmen operiert, die vom Grundsatz der Wirtschaftsfreiheit abweichen (vgl. BGE 121 I 288; BGE 130 I 26, 43; N 5, 32 ff. zu BV 27; N 5 zu BV 94).

Literaturhinweise (vgl. auch die Hinweise bei BV 27 und BV 94 ff.)

BIAGGINI GIOVANNI, Schweizerische und europäische Wirtschaftsverfassung im Vergleich, ZBl 1996, 49 ff.; DERS., Wirtschaftsfreiheit, VRdCH, 779 ff.; DERS./MÜLLER GEORG/RICHLI PAUL/ZIMMERLI ULRICH, Wirtschaftsverwaltungsrecht des Bundes, 4. Aufl., Basel/Genf/München 2005; COTTIER THOMAS/ARPAGAUS REMO (Hrsg.), Schweizerisches Aussenwirtschafts- und Binnenmarktrecht, SBVR, Basel/Genf/München, 1999 (2. Aufl., hrsg. von Thomas Cottier und Matthias Oesch, SBVR XI, im Erscheinen); GRISEL ETIENNE, Liberté du commerce et de l'industrie, 2 vol., Bern 1993/1995; DERS., Liberté économique, Bern 2006; GYGI FRITZ/RICHLI PAUL, Wirtschaftsverfassungsrecht, 2. Aufl., Bern 1997; JUNOD CHARLES-ANDRÉ, Problèmes actuels de la constitution économique suisse, ZSR 1970 II, 591 ff.; MARTI HANS, Die Wirtschaftsfreiheit der schweizerischen Bundesverfassung, 2. Aufl., Basel 1976; MASTRONARDI PHILIPPE, Strukturprinzipien der Bundesverfassung? Fragen zum Verhältnis von Macht und Recht anhand des Wirtschaftsstaatsprinzips, Basel 1988; RHINOW RENÉ, Wirtschafts-, Sozial- und Arbeitsverfassung, BTJP 1999, 157 ff.; DERS., Wirtschafts- und Eigentumsverfassung, VRdCH, 565 ff.; DERS./SCHMID GERHARD/BIAGGINI GIOVANNI, Öffentliches Wirtschaftsrecht, Basel/Frankfurt a.M. 1998; RICHLI PAUL, Zur Leitung der Wirtschaftspolitik durch Verfassungsgrundsätze, Bern 1983; RICHLI PAUL (Hrsg.), Wirtschaftsstrukturrecht, SBVR XIII; SCHLUEP WALTER R., Wirtschafts- und Sozialverfassung, ZSR 1978 I, 335 ff.; SCHÜRMANN LEO, Wirtschaftsverwaltungsrecht, 3. Aufl., Bern 1994; VALLENDER KLAUS A./HETTICH PETER/LEHNE JENS, Wirtschaftsfreiheit und begrenzte Staatsverantwortung, 4. Aufl., Bern 2006; VALLENDER KLAUS A., Nachführung der Wirtschaftsverfassung, ZBl 1997, 489 ff.; DERS., Grundzüge der neuen Wirtschaftsverfassung, AJP 1999, 677 ff.; DERS., Wirtschaft, VRdCH, 955 ff.; DERS./VEIT MARC D., Skizze des Wirtschaftsverfassungs- und Wirtschaftsverwaltungsrechts, Bern 1999; VOGEL STEFAN, Grundsätze der Wirtschaftsordnung (Art. 94 BV), in: Gächter/Bertschi, 203 ff.; ZÄCH ROGER, Geschlossene oder offene Wirtschaftsverfassung?, Festschrift Leo Schürmann, Fribourg 1987, 131 ff.

Art. 94 Grundsätze der Wirtschaftsordnung

¹ Bund und Kantone halten sich an den Grundsatz der Wirtschaftsfreiheit.

² Sie wahren die Interessen der schweizerischen Gesamtwirtschaft und tragen mit der privaten Wirtschaft zur Wohlfahrt und zur wirtschaftlichen Sicherheit der Bevölkerung bei.

³ Sie sorgen im Rahmen ihrer Zuständigkeiten für günstige Rahmenbedingungen für die private Wirtschaft.

⁴ Abweichungen vom Grundsatz der Wirtschaftsfreiheit, insbesondere auch Massnahmen, die sich gegen den Wettbewerb richten, sind nur zulässig, wenn sie in der Bundesverfassung vorgesehen oder durch kantonale Regalrechte begründet sind.

1. Die Bestimmung hat keine direkte Entsprechung in der BV 1874. Es gibt jedoch mehrere (in)direkte Vorläufer-Bestimmungen, insbesondere:
   - *Abs. 1:* BV 1874 Art. 31 Abs. 2 und Art. 31bis Abs. 2 i.d.F. von 1947 («Grundsatz der Handels- und Gewerbefreiheit»: bereits seit 1874);

- *Abs. 2:* BV 1874 31bis Abs. 1 («Wohlfahrtsartikel») und Abs. 2 (1947);
- *Abs. 3:* BV 1874 Art. 2 («Beförderung» der «gemeinsamen Wohlfahrt»);
- *Abs. 4:* BV 1874 Art. 31 Abs. 1 und 2 (Verfassungsvorbehalt, Regale).

Nach verbreiteter Auffassung verkörpert BV 94 die *institutionelle* oder *systembezogene* Dimension der Wirtschaftsfreiheit, während BV 27 dem *individualrechtlichen* Gehalt und BV 95 Abs. 2 dem *Binnenmarktgehalt* gewidmet seien. Diese vereinfachende Sichtweise blendet aus, dass sich die verschiedenen Dimensionen überlagern und durchdringen (näher BIAGGINI, VRdCH, 790; vgl. auch Botsch. BV, 292) und dass das Individualrecht nicht zuletzt der *Durchsetzung system- und binnenmarktbezogener* Gehalte dient (N 33 zu BV 27).

2 Die Überschrift spricht von «Grundsätzen» (Plural), der Normtext nennt (neben diversen Handlungsvorgaben) nur einen (Abs. 1). Der Widerspruch (Kritik bei AUBERT, Comm., Art. 94, N 3) relativiert sich, wenn man berücksichtigt, dass Rechtsprechung und Lehre aus BV 1874 Art. 31 Abs. 2 verschiedene (Teil-)Grundsätze abgeleitet haben, die man sich jetzt als unter dem «Dach» des BV 94 i.V.m. 27 (vgl. BGE 128 II 297) vereint vorstellen kann:

- *Grundsatz der Wettbewerbsneutralität* (N 23; vgl. N 32 zu BV 27);
- *Grundsatz der Gleichbehandlung der Konkurrenten* (früher «Gewerbegenossen», neuerdings auch «Wettbewerbsgenossen»: BGE 130 I 26, 42); dieser begründet einen einklagbaren Anspruch (N 23 ff. zu BV 27);
- *Grundsatz des freien Wettbewerbs*, sofern man die gängigen höchstrichterlichen Formeln (vgl. BGE 130 I 26, 43: Massnahmen, «die den freien Wettbewerb behindern») als Ausdruck eines entsprechenden Grundsatzes einstuft (vgl. VE 95, Erläuterungen, 55);
- *Grundsatz der Staatsfreiheit der Wirtschaft* (vgl. VOGEL, Staat, 107 ff.; RHINOW/SCHMID/BIAGGINI, 68 f., 75 f.; Botsch. BV, 290; eher kritisch UHLMANN, 174 ff.), welcher der eigenwirtschaftlichen Betätigung des Staates Schranken setzt; einen («bedingten») Anspruch auf Schutz gegen staatliche Konkurrenz, wie er in der Rechtslehre neuerdings postuliert wird (BIAGGINI, ZBl 2001, 240 ff.), hat das Bundesgericht bisher nicht anerkannt.

BV 94 verschafft dem Bund keine Kompetenzen, weshalb die Anrufung dieser Bestimmung im Ingress zum Binnenmarktgesetz (BGBM; SR 943.02) natürlich fehlgeht (unzutreffend auch Ingress zum Waldgesetz, SR 921.0, Fussnote 2).

Grundsatz der Wirtschaftsfreiheit (Abs. 1)

3 *Gegenstand und Adressat:* Die wirtschaftsverfassungsrechtliche Schlüsselbestimmung *untersagt* es sowohl dem *Bund* als auch den *Kantonen* (von bestimmten Ausnahmen abgesehen: Abs. 4), den *Grundsatz der Wirtschaftsfreiheit* zu beeinträchtigen. Es handelt sich um einen *Verfassungsgrundsatz* (für eine Deutung als verfassungsmässiges Recht dagegen HOFMANN, 80 ff.), welcher (ungeachtet des unüblichen Verbs: «halten sich an»; treffender französisch: «respectent») nicht bloss eine vage programmatische Maxime statuiert (wie Abs. 2), sondern eine bindende, wenn auch in hohem Mass *konkretisierungsbedürftige Vorgabe* (so schon der Vorgänger in der BV 1874).

4 *Konkretisierung:* Von zentraler Bedeutung ist die Unterscheidung zwischen *grundsatzkonformen* und *grundsatzwidrigen* (abweichenden) staatlichen Massnahmen. Erste Anhaltspunkte ergeben sich aus dem Verfassungswortlaut. Zu den «Abweichungen» zählt die Verfassung (in

Übereinstimmung mit bisheriger Praxis und Lehre) «insbesondere auch Massnahmen, die sich gegen den Wettbewerb richten» (BV 94 Abs. 4; zu diesem klarstellenden Passus vgl. RHINOW, BTJP 1999, 166; VOGEL, Grundsätze, 219 ff.). Entsprechend bisherigem Verständnis ist nicht jede noch so geringfügige staatliche Beeinflussung des Wettbewerbs bereits als Abweichung zu qualifizieren (vgl. BGE 125 I 431, 436: «Zu vermeiden sind spürbare Wettbewerbsverzerrungen.»). Eine Massnahme kann nicht nur wegen ihres wettbewerbswidrigen Ziels bzw. *Motivs* («richten») grundsatzwidrig sein, sondern auch wegen ihrer wettbewerbsverzerrenden *Wirkungen* (frz.: *les mesures menaçant la concurrence*). Weder «menacer» noch «richten» alleine geben den Gehalt des BV 94 treffend wieder (zu Recht kritisch AUBERT, Comm., Art. 94, N 15); dies leisten jedoch – Mehrsprachigkeit sei Dank – die beiden Verben zusammen.

5   *Weitere Anhaltspunkte* für die Konkretisierung des Grundsatzes ergeben sich aus den anerkannten bisherigen Deutungen des in BV 94 nachgeführten «Grundsatzes der Handels- und Gewerbefreiheit». Nach allgemein geteilter Auffassung verlangte BV 1874 Art. 31 vom Staat ein grundsätzlich *wettbewerbsneutrales* Verhalten (zum Grundsatz der Wettbewerbsneutralität vgl. BGE 120 Ib 142, 144; BGE 118 Ia 175, 177; JAAG, 477 ff.). Dem Grundsatz der Wettbewerbsneutralität entspricht das grundsätzliche Verbot wettbewerbsverzerrender Massnahmen (BGE 121 I 129, 135). In Konkretisierung des Grundsatzes der Handels- und Gewerbefreiheit leitete das Bundesgericht sodann aus BV 1874 Art. 31 ein grundsätzliches Verbot von sog. wirtschaftspolitischen Massnahmen ab, die «den freien Wettbewerb» behindern (vgl. N 32 ff. zu BV 27). – Die höchstrichterliche Praxis unter der neuen BV knüpft an die frühere Rechtsprechung an (vgl. BGE 130 I 26, 43; BGE 132 I 282, 287). Allerdings hat sich das Bundesgericht bedauerlicherweise noch immer nicht ganz von der überkommenen, primär auf das Motiv abstellenden Schrankentrias «wirtschaftspolizeilich, sozialpolitisch, wirtschaftspolitisch» gelöst (vgl. BGE 131 I 223, 231; BGE 128 I 3, 10), die sich auf einen problematischen (engen) Begriff der «Wirtschaftspolitik» stützt (vgl. N 3 vor BV 94; zur konzeptionellen Problematik BIAGGINI, VRdCH, 788 f.; RHINOW/SCHMID/BIAGGINI, 112 ff.; kritisch auch AUER/MALINVERNI/HOTTELIER I, 449 f.; GYGI/RICHLI, 10 ff.). Der Verfassungsgeber hat mit gutem Grund auf eine textliche Verankerung der drei Massnahmenkategorien verzichtet; diese sind bei der Anwendung der massgebenden Schrankennormen (BV 36, 94) entbehrlich.

6   *Abwägungsbedürftigkeit:* Nicht jede noch so geringfügige staatliche Beeinflussung des wirtschaftlichen Wettbewerbs verstösst gegen BV 94 Abs. 1. Die Prüfung der Grundsatzkonformität erfordert eine mitunter schwierige, wertungsbedürftige *Abwägung*, wie sie beim *Grundsatz der Wettbewerbsneutralität* bzw. beim Gebot der *Gleichbehandlung wirtschaftlicher Konkurrenten* (als dessen individualrechtliche Kehrseite, vgl. BIAGGINI, VRdCH, 790) seit Jahren praktiziert wird (vgl. z.B. BGE 121 I 132; vgl. N 23 ff. und 31 ff. zu BV 27). Je gewichtiger das öffentliche Regelungsinteresse, desto eher sind wettbewerbsverzerrende (Neben-)Wirkungen der fraglichen Massnahme hinzunehmen (vgl. RHINOW/SCHMID/BIAGGINI, 118 ff.).

7   *Bindung an den «Grundsatz der Wirtschaftsfreiheit»* bedeutet, auf einen kurzen Nenner gebracht: Respektierung der «zentralen Elemente des *Marktmechanismus,* Verbot einer Verzerrung oder gar Ausschaltung des Spiels von Angebot und Nachfrage» durch den Staat (RHINOW, VRdCH, 572). Der Grundsatz der Wirtschaftsfreiheit schliesst eine staatliche Bedürfnislenkung aus (BGE 131 I 223, 231). Der Grundsatz verbietet es dem Staat dagegen nicht

von vornherein, Massnahmen der Wirtschaftspolitik zu treffen. Es gibt Wirtschaftspolitik, die der Wirtschaftsfreiheit dient (HANGARTNER, Grundrecht, 57). Die Beeinflussung von volkswirtschaftlichen Gesamtgrössen (z.B. Geldmenge; günstige Rahmenbedingungen, Abs. 3) ist im Allgemeinen grundsatzkonform.

Wohlfahrt (Abs. 2)

8   *Rechtsnatur:* Die programmatische Bestimmung (RHINOW, VRdCH, 575) will offenkundig *keine Bundeskompetenzen* begründen, sondern dem Staat (Bund und Kantone) Richtpunkte allgemeiner Art vorgeben. Die Abstützung des Bauproduktegesetzes (SR 933.0) (auch) auf BV 94 Abs. 2 geht daher fehl. Umgekehrt kann Abs. 2 kompetenz(ausübungs)*begrenzend* wirken (vgl. N 9).

9   *Verpflichtung zur Interessenwahrung:* Das Gesamtwirtschaftsinteresse ist ein (ge)wichtiges, aber nicht das einzige Element im permanenten Prozess der Interessenabwägung auf Bundes- und kantonaler Ebene. Dass der Staat dem *Gesamtinteresse* (und nicht partikulären Wirtschaftsinteressen) verpflichtet ist, versteht sich eigentlich von selbst, kann aber als *aide-mémoire* gelegentlich von Nutzen sein. Aus bundesstaatlicher Sicht ist wichtig, dass *auch die Kantone* in die allgemeine Verantwortung eingebunden werden.

10 *Wohlfahrtsklausel:* In Fortführung des sog. Wohlfahrtsartikels der BV 1874 (Art. 31bis Abs. 1) will der zweite Satzteil Bund und Kantone auf *übergeordnete Ziele* hin ausrichten (vgl. auch BV 2 und, konkreter, BV 41). Die BV bringt hier nicht nur die sozialpolitische Verantwortung des Staates zum Ausdruck, sondern auch die Erkenntnis, «dass die Marktmechanismen nicht durchweg und nicht allein zu Ergebnissen führen, die den obersten Zielen und Wertentscheidungen der staatlichen Gemeinschaft gerecht werden» (Botsch. BV, 196; zur Ergänzungsbedürftigkeit der Marktwirtschaft GYGI, Wirtschaftsverfassungsrecht 20; zur *sozialen* Dimension RHINOW, Komm.BV, Art. 31, N 64). Aus der Nennung (auch) der *privaten Wirtschaft* ergeben sich keine Verpflichtungen (schon deshalb, weil der «privaten Wirtschaft» die Qualität eines Rechtssubjekts abgeht). Man wird den Passus wohl eher als eine Art Reverenz gegenüber der privaten Wirtschaft und ihren Leistungen für das allgemeine Wohlergehen verstehen müssen (und vielleicht als ein verklausuliertes Bekenntnis zur Idee der Subsidiarität staatlichen Handelns). Ein Appell an die Mitverantwortung der privaten Wirtschaft kann allenfalls aus BV 6 abgeleitet werden.

Günstige Rahmenbedingungen (Abs. 3)

11 *Rechtsnatur:* Abs. 3 hat verpflichtenden Charakter, begründet aber keine Kompetenzen oder oder gar justiziable Ansprüche. Adressat des Handlungsauftrags sind alle staatlichen Akteure (Bund, kantonale Ebene). Mit dem für die Verfassungssprache eher neuartigen (Mode-)Wort *Rahmenbedingungen* (vgl. immerhin KV/UR 52; KV/ZH 8, 107) sind staatliche Aktivitäten in Bereichen wie Bildung, Forschung, Verkehrsinfrastruktur, Währung angesprochen, darüber hinaus auch die *rechtlichen* Funktionsbedingungen einer Marktwirtschaft (Gewährleistung von Vertragsfreiheit und Privateigentum, Regeln über die Haftung, Polizeigüterschutz). Letztlich kommt hier wiederum (vgl. N 10) die Idee der Subsidiarität im Verhältnis Staat - Wirtschaft zum Ausdruck. – Zur staatlichen «Sorge für die Marktwirtschaft» RHINOW, Komm. aBV, Art. 31, N 60.

12 Aus *bundesstaatlicher* Sicht ist wichtig, dass nicht nur der Bund, sondern auch die *Kantone* eingebunden werden. Diese stehen mithin von Bundesverfassungsrechts wegen in einer wirtschaftspolitischen (Mit-)Verantwortung (vgl. auch BV 100 Abs. 4) – was nur Sinn macht, wenn ihnen ein gewisser Handlungsspielraum verbleibt (allgemein BV 47). – Einen Eindruck von den Möglichkeiten und Grenzen (bzw. vom «Selbstbild») (grundsatzkonformer) kantonaler *Wirtschafts(förderungs)politik* vermitteln z.B. KV/ZH 107 ff.; KV/BE 50 ff.

Anforderungen an Abweichungen vom Grundsatz (Abs. 4)

13 *Funktion:* Abs. 4 statuiert einen spezifischen Verfassungsvorbehalt für Massnahmen, die vom Grundsatz der Wirtschaftsfreiheit (N 3 ff.) abweichen. Abweichungen *(dérogations, deroghe)* sind nur zulässig, wenn sie:
  – «in der Bundesverfassung vorgesehen» sind; die Abweichungsermächtigung kann (wie schon unter der BV 1874; vgl. RHINOW, Komm. aBV, Art. 31, N 130) eine *ausdrückliche* oder eine bloss *implizite* («stillschweigende») sein (Botsch. BV, 297; BIAGGINI, VRdCH, 786); oder wenn sie
  – durch kantonale Regalrechte *(droits régaliens, regalie)* begründet sind.

Für *grundsatzkonforme* Beschränkungen der Wirtschaftsfreiheit gelten die allgemeinen Anforderungen (BV 36). Dass der (praktisch funktionslos gewordene) frühere *allgemeine* Verfassungsvorbehalt für wirtschaftsfreiheitsbeschränkende Massnahmen (BV 1874 Art. 31 Abs. 1) nicht mehr besteht, bedeutet im Ergebnis keine Schmälerung des Grundrechtsschutzes. Die gelegentlich vertretene Auffassung, wonach die Wirtschaftsfreiheit durch den Verfassungsvorbehalt «privilegiert» werde, trifft nicht zu (so auch AUBERT, Comm., Art. 94, N 22); sie gehört im Gegenteil zu den besonders oft und intensiv beschränkten Grundrechten.

14 *Bund:* Die Abweichungsermächtigungen sind zahlreich, freilich heute oft ungenutzt (wenn man von der Landwirtschaft absieht). Auf Verfassungsstufe wird indes die eidgenössische Tugend der «Vorratshaltung» gepflegt.
  – *ausdrückliche Ermächtigungen:* Konjunkturpolitik (BV 100 Abs. 3: Geld- und Kreditwesen, Aussenwirtschaft, öffentliche Finanzen), aussenwirtschaftspolitische Massnahmen (BV 101 Abs. 2), Landesversorgung (BV 102 Abs. 1), regionale und sektorielle Strukturpolitik (BV 103), Landwirtschaft (BV 104 Abs. 2).
  – *stillschweigende Ermächtigungen:* Die Rechtslage ist hier nicht immer eindeutig (vgl. RHINOW/SCHMID/BIAGGINI, 79). Als gesichert gelten darf, dass Bestimmungen, welche die Begründung von *Monopolen* oder *Konzessionssystemen* erlauben, auch eine Abweichungsermächtigung enthalten (BV 87: diverse Verkehrsträger; BV 90: Kernenergie; BV 91: Rohrleitungsanlagen; BV 92: Post- und Fernmeldewesen, dazu BGE 131 II 13, 43; BV 93: Radio und Fernsehen; BV 105: gebrannte Wasser; BV 106: Glücksspiele, Lotterien, Spielbanken; BV 117: Kranken- und Unfallversicherung, vgl. BGE 130 I 26, 50, mit Hinweis auf gegenteilige Auffassung). Grundsatzwidrige Massnahmen erlaubt auch, wie die Entstehungsgeschichte zeigt, der Filmartikel (vgl. N 2 zu BV 71). – Nicht restlos geklärt ist heute die Tragweite von BV 94 für wichtige Aufgabenbereiche wie das Bildungswesen, die Energiewirtschaft oder die obligatorische Krankenversicherung (dazu BGE 122 V 85, 96; BGE 130 I 26, 42: «relativ weitgehend der Wirtschaftsfreiheit entzogen»).

Im Fall der *ausdrücklichen* Ermächtigungen darf jeweils nur *«nötigenfalls»* abgewichen werden (was gewöhnlich als eine spezielle Ausprägung des Verhältnismässigkeitsprinzips gedeutet wird; vgl. AUBERT, Comm., Art. 94, N 21). Dies wird man auch bei den stillschweigenden Ermächtigungen fordern können. Im Übrigen bleibt festzuhalten, dass über die Abweichungsermächtigung hinaus die *allgemeinen* Anforderungen (BV 36) vorliegen müssen (was in der Literatur nicht immer hinreichend deutlich herausgearbeitet wird).

15 *Kantone:* Ausserhalb des Regalbereichs besteht nur noch im Bereich des *Gastwirtschaftsgewerbes* eine bis Ende 2009 *befristete* Befugnis, vom Grundsatz der Wirtschaftsfreiheit abzuweichen (BV 196 Ziffer 7). – *Regalrechte:* Der (traditionsreiche) Begriff des Regals ist im Kontext des Abs. 4 *enger* als der (oft synonym verwendete) Begriff des «Monopols» (vgl. N 15; vgl. auch N 31 zu BV 27). Ein staatliches Regal entzieht (wie ein Monopol) einen ganzen Wirtschaftsbereich dem Wettbewerb. Wie aus der Entstehungsgeschichte und aus der Praxis zur Vorläuferbestimmung (BV 1874 Art. 31 Abs. 2) hervorgeht, deckt der Regalvorbehalt des Abs. 4 nur die sog. *historischen Regalrechte* ab. Zu diesen gehören unbestrittenermassen (vgl. RHINOW, Komm. aBV, Art. 31, N 230) die auf die Zeit vor 1874 (bundesrechtliche Gewährleistung der Handels- und Gewerbefreiheit) zurückgehenden *Grund- und Bodenregale* (Bergregal, Jagd- und Fischereiregal, Wasserregal) sowie das *Salzregal* (inkl. Salzhandelsmonopol), nicht jedoch beispielsweise die Elektrizitätsversorgung (offen gelassen in BGE 129 II 497, 535), bei der allenfalls eine faktische Monopolstellung gegeben sein kann. Die *historischen* Regale dürfen auch zu *fiskalischen* Zwecken genutzt werden (zusammenfassend BGE 124 I 11; vgl. BGE 95 I 497, 501, Fischereiregal). – *Salzregal:* Die Kantone sind, im Unterschied zum Bundesrat, für die Beibehaltung des Salzregals; sie haben sich indes auf eine starke Senkung der Regalgebühr verständigt (vgl. NZZ Nr. 21 vom 26.1.2007, S. 14).

16 *Zulässigkeit sonstiger Monopole:* Lange war umstritten, ob das von vielen Kantonen bereits im letzten Jahrhundert errichtete sog. *Gebäudeversicherungsmonopol* (obligatorische staatliche Gebäudeversicherung) vom Regalvorbehalt abgedeckt wird. Das Bundesgericht verneinte die Frage im Jahr 1998 zu Recht, erklärte die Monopolisierung jedoch unter bestimmten Voraussetzungen für zulässig (BGE 124 I 11, 14 ff., *G. Müller/AG;* bestätigt in BGE 124 I 25 ff.). Dies war (mit Blick auf den Grundsatz der Wirtschaftsfreiheit) nur mit einer argumentativen Gratwanderung möglich, deren Bedeutung für andere Regelungsbereiche schwer abzuschätzen ist. Das Bundesgericht lässt (neue) kantonale Monopole zu, sofern diese «durch hinreichende Gründe des öffentlichen Wohls, namentlich polizeiliche oder sozialpolitische Gründe, gerechtfertigt und verhältnismässig» sind (Polizei- bzw. Wohlfahrtsmonopol) und sofern sie «nicht als Fiskalmonopole ausgestaltet» werden (BGE 124 I 18, wonach dies der Ablieferung eines «gewissen, unbedeutenden Reinertrag(s)» in die «allgemeine Staatskasse» nicht entgegenstehe). – Ob die frühere (monopolfreundliche) Rechtsprechung zu BV 1874 Art. 31 (vgl. RHINOW/SCHMID/BIAGGINI, 368; vgl. z.B. BGE 101 Ia 124: Schulunfallversicherung; BGE 96 I 204: Kaminfegermonopol; BGE 91 I 182: Schädlingsbekämpfung) heute noch Bestand hat, ist zu bezweifeln. Vgl. auch BGE 132 I 282, 287; BGE 129 II 497, 535. – Zur weiterhin bedeutsamen Unterscheidung zwischen rechtlichen Monopolen und *faktischen* Monopolen (kraft Herrschaft über den öffentlichen Grund) vgl. BGE 128 I 3, 10 f. (Plakate).

Literaturhinweise (vgl. auch die Hinweise bei BV 27 und vor BV 94)
BIAGGINI GIOVANNI, Wirtschaftsfreiheit, VRdCH, 779 ff.; GRISEL ETIENNE, Liberté économique, Bern 2006; GYGI FRITZ, Wirtschaftspolitik (aus verfassungsrechtlicher Sicht), ZSR 1981 I, 229 ff.; DERS., Abweichungen, Festschrift Hans Nef, Zürich 1981, 73 ff.; DERS./RICHLI PAUL, Wirtschaftsverfassungsrecht, 2. Aufl., Bern 1997; HANGARTNER YVO, Das Grundrecht der Wirtschaftsfreiheit, recht 2002, 53 ff.; HAUSER HEINZ/VALLENDER KLAUS A., Zur Bindung des Wirtschaftsgesetzgebers durch Grundrechte, Bern 1989; HOFMANN DAVID, La liberté économique suisse face au droit européen, Bern 2005; JAAG TOBIAS, Wettbewerbsneutralität bei der Gewährung von Privilegien im Wirtschaftsverwaltungsrecht, Festgabe zum Schweizerischen Juristentag 1994, Zürich 1994, 477 ff.; KNAPP BLAISE, Les limites à l'intervention de l'Etat dans l'économie, ZBl 1990, 241 ff.; LIENHARD ANDREAS, Zum Anspruch der Gewerbegenossen auf wettbewerbsneutrale Behandlung durch den Staat, recht 1995, 210 ff.; RHINOW RENÉ/SCHMID GERHARD/BIAGGINI GIOVANNI, Öffentliches Wirtschaftsrecht, Basel/Frankfurt a.M. 1998; RUEY CLAUDE, Monopoles cantonaux et liberté économique, Lausanne 1988; SCHÖNBÄCHLER PASCAL, Wettbewerbsneutralität staatlicher Massnahmen, Zürich 1998; SUTTER-SOMM KARIN, Das Monopol im schweizerischen Verwaltungs- und Verfassungsrecht, Basel/Frankfurt a.M. 1989; UHLMANN FELIX, Gewinnorientiertes Staatshandeln, Basel/Frankfurt a.M. 1997; VALLENDER KLAUS A., Die Konzeption der Wirtschaftsfreiheit, Festschrift Yvo Hangartner, St. Gallen/Lachen 1998, 891 ff.; DERS., Der ordnungspolitische Grundentscheid der schweizerischen Bundesverfassung, Festschrift Hartmut Maurer, München 2001, 1033 ff.; VEIT MARC D., Die Gleichbehandlung der Gewerbegenossen, AJP 1998, 569 ff.; VOGEL STEFAN, Der Staat als Marktteilnehmer, Zürich 2000; DERS., Grundsätze der Wirtschaftsordnung (Art. 94 BV), in: Gächter/Bertschi, 203 ff.

Art. 95 Privatwirtschaftliche Erwerbstätigkeit*

¹ Der Bund kann Vorschriften erlassen über die Ausübung der privatwirtschaftlichen Erwerbstätigkeit.

² Er sorgt für einen einheitlichen schweizerischen Wirtschaftsraum. Er gewährleistet, dass Personen mit einer wissenschaftlichen Ausbildung oder mit einem eidgenössischen, kantonalen oder kantonal anerkannten Ausbildungsabschluss ihren Beruf in der ganzen Schweiz ausüben können.

1   BV 95 Abs. 1 geht im Wesentlichen auf den aus dem Jahr 1947 stammenden BV 1874 Art. 31bis Abs. 2 zurück, der seinerseits im «Gewerbeartikel» von 1908 (BV 1874 34ter) einen Vorläufer hatte. Der «Binnenmarktartikel» (Abs. 2) hat seine Wurzeln in BV 1874 Art. 33 und ÜB Art. 5 sowie in BV 1874 Art. 31 Abs. 1 (Schutz der Handels- und Gewerbefreiheit «im ganzen Umfange der Eidgenossenschaft»; vgl. Botsch. BV, 298).

2   Zahlreiche Bundesgesetze beziehen sich im Ingress auf BV 95 Abs. 1 (bzw. seine Vorgänger), meist allerdings i.V.m. anderen Bestimmungen (z.B. DSG, SR 235.1; UWG, SR 241; PBG,

---

*   Mit Übergangsbestimmung

SR 744.10; HMG, SR 812.21; STEG, SR 819.1; ArG, SR 822.11; AVG, SR 823.11; ChemG, SR 813.1; TSG, 916.40; BauPG, SR 933.0; EMKG, SR 941.31; SprstG, SR 941.41; ZertES, SR 943.03; THG, SR 946.51; AFG, SR 951.31; BEHG, SR 954.1; GwG, SR 955.0, oder das BG vom 23.3.2001 über das Gewerbe der Reisenden, SR 943.1, künftig das BG vom 22.6.2007 über die Eidgenössische Finanzmarktaufsicht, FINMAG, BBl 2007 4625, und vielleicht ein BG betreffend private Sicherheitsunternehmen, vgl. Bericht des Bundesrats, BBl 2006 623 ff., Ziff. 4.7). Auf BV 95 allein stützen sich das Anwaltsgesetz (BGFA, SR 935.61) und das Medizinalberufegesetz (MedBG) vom 23.6.2006, früher das BGBM (vgl. N 2 zu BV 94).

Ausübung der privatwirtschaftlichen Erwerbstätigkeit (Abs. 1)

3   *Rechtsnatur:* Abs. 1 begründet eine sehr allgemein formulierte, *umfassende* Gesetzgebungs-*ermächtigung* («kann») des Bundes mit nachträglich derogatorischer Wirkung *(konkurrierende* Kompetenz, vgl. N 11 vor BV 42). Die Ermächtigung wird in Abs. 1 (atypischerweise) an keinerlei Vorgaben geknüpft. Der Bund kann bundesweit einheitliche Vorschriften erlassen oder sich auch mit einer Teilvereinheitlichung oder einer blossen Harmonisierung begnügen (Botsch. BV, 298). Handlungsbegrenzungen oder -verpflichtungen können aus anderen Verfassungsnormen resultieren, so insb. einerseits (künftig) aus BV 5a (Subsidiarität), andererseits aus BV 95 Abs. 2 (N 7 f.). – Die Ausübung privatwirtschaftlicher Erwerbstätigkeiten ist auch Gegenstand weiterer Normen (z.B. BV 98: Finanzsektor; BV 118: Lebensmittelhandel) mit zum Teil anderen Handlungsmodalitäten (z.B. Gesetzgebungsauftrag). Diese spezielleren Bestimmungen gehen gewöhnlich vor, stehen einer zusätzlichen Abstützung auf BV 95 Abs. 1 aber nicht kategorisch entgegen.

4   *Privatwirtschaftliche Erwerbstätigkeit:* Die Verfassung verwendet bewusst dieselben Begriffe wie in BV 27 Abs. 2 (siehe N 8 zu BV 27). – Abs. 1 für sich allein gibt dem Bund keine Kompetenz, privat*rechtlich* agierende Gemeinwesen (Kantone, Gemeinden, inkl. deren öffentliche Unternehmen) zu erfassen, soweit es nicht auch um privat*wirtschaftliches* Handeln geht (marktfähige Dienstleistungen; vgl. auch JACOBS, SG-Komm., Art. 95, N 8).

5   *Ausübung:* Der Begriff umfasst grundsätzlich alle Aspekte, Belange und Stufen privatwirtschaftlicher Erwerbstätigkeit, nicht nur die Ausübung i.e.S., sondern auch die (sachlichen, persönlichen) Voraussetzungen der Berufsausübung (Marktzugang; vgl. AB SD 1998 N 315 ff.). Die Bezeichnung als Generalkompetenz «betreffend Wirtschaftsaufsicht (Wirtschaftspolizei)» (VALLENDER, SG-Komm., Vorb. zu Art. 94–107, N 11) ist insofern nicht ganz präzis, als der Bund gestützt auf Abs. 1 nicht nur polizeilich motivierte Vorschriften (Gefahrenabwehr, Aufsicht) erlassen darf. Allerdings ist der Bundesgesetzgeber an den Grundsatz der Wirtschaftsfreiheit (BV 94 Abs. 1) gebunden. Aus diesem Grund bleiben dem Bund im Rahmen des BV 95 Abs. 1 lenkende («wirtschaftspolitische») Massnahmen prinzipiell verwehrt.

Einheitlicher Wirtschaftsraum («Binnenmarktartikel»; Abs. 2)

6   *Funktion:* Abs. 2 soll die schon unter der BV 1874 anerkannte *bundesstaatliche* Funktion oder *«Binnenmarktdimension»* der Wirtschaftsfreiheit (BGE 125 I 276, 287; vgl. auch BGE 116 Ia 237, 240) sichtbar machen und sichern helfen (Botsch. BV, 298); dies geschieht mittels einer allgemeinen (Satz 1) und einer speziellen Vorgabe (berufliche Freizügigkeit, Satz 2; N 10).

7 *Gegenstand und Rechtsnatur:* Abs. 2 Satz 1 beauftragt den Bund, für einen *«einheitlichen schweizerischen Wirtschaftsraum»* zu sorgen. Gemeint ist ein Raum, in welchem der Wirtschaftsverkehr nicht durch Kantonsgrenzen beeinträchtigt wird, in welchem sich die Marktteilnehmer (Anbieter, Abnehmer) bzw. Güter, Dienstleistungen und Kapital grundsätzlich frei bewegen können (vgl. RHINOW/SCHMID/BIAGGINI, 155). Auch wenn die Verfassung in Abs. 2 Satz 1 ein Verb verwendet («sorgen für»), das in anderem Zusammenhang gewöhnlich (nur) eine Zielvorgabe oder einen Handlungsauftrag markiert, aber dem Bund keine Kompetenzen verschafft (vgl. z.B. BV 61a, BV 77), begründet Abs. 2 Satz 1 eine *Gesetzgebungskompetenz* (ebenso AUBERT, Comm., Art. 95, N 10; vgl. auch BBl 2005 498) mit nachträglich derogatorischer Wirkung. Die Bestimmung setzt zugleich der «Globalkompetenz» von Abs. 1 «einen gewissen Akzent auf» (Botsch. BV, 298), so dass die dortige Ermächtigung (N 3) sich zu einer Verpflichtung (Rechtsvereinheitlichung) verdichten kann.

8 *Tragweite:* Abs. 2 Satz 1 erteilt einen umfassenden, verpflichtenden Handlungsauftrag («sorgt für»), der, wörtlich genommen, leicht zu einer Aushöhlung oder gar partiellen Abschaffung des Föderalismus führen könnte. Dies war nicht die Absicht des Verfassungsgebers. Der «Binnenmarktartikel» stellt die Möglichkeit unterschiedlicher kantonaler Regelungen nicht grundsätzlich in Frage. Dafür soll und darf grundsätzlich Platz sein, auch in wirtschaftsrelevanten Fragen (vgl. RHINOW/SCHMID/BIAGGINI, 155 ff.; JACOBS, SG-Komm., Art. 95, N 16; allgemein BGE 120 Ia 126, 145). Man darf den «Binnenmarktartikel» nicht isoliert lesen, sondern muss ihn im Kontext anderer Normen (wie BV 42 ff.; BV 127 ff.) auslegen und anwenden. Die Zielrichtung der Binnenmarktkompetenz ist nicht die Einebnung kantonaler Unterschiede, sondern (ähnlich wie im BGBM und im Binnenmarktrecht der EG) die Sicherstellung des *freien und gleichberechtigten Marktzugangs* auf dem ganzen Gebiet der Eidgenossenschaft. Es geht mithin vorab um die *Verhinderung der Diskriminierung* auswärtiger Anbieter und den *Abbau übermässiger zwischenkantonaler Beschränkungen* des Wirtschaftsverkehrs. Die Verwirklichung dieser Zielsetzungen setzt nicht eine umfassende Vereinheitlichung des Wirtschaftsrechts voraus (zur Tragweite vgl. auch AUBERT, Comm., Art. 95, N 8 ff.; JACOBS, SG-Komm., Art. 95, N 14 ff.; VALLENDER, VRdCH, 961; Botsch. BV, 298).

9 Der *Umsetzung* dient in erster Linie das BG vom 6.10.1995 über den Binnenmarkt (Binnenmarktgesetz, BGBM; SR 943.02). Die Aufnahme des «Binnenmarktartikels» in die neue BV setzt der früheren Kontroverse (vgl. COTTIER/WAGNER, AJP 1995, 1582; RICHLI, AJP 1995, 603; BBl 1995 I 1282) um die Kompetenzmässigkeit des 1995 erlassenen Gesetzes ein Ende. – Das BGBM – als eine Art «gesetzgeberischer Nachhilfe-Unterricht in Sachen helvetischer (Wirtschafts-)Integration» (BIAGGINI, ZBl 1996, 78) – hat nicht die erhofften breiten (Marktöffnungs-)Wirkungen erbracht (vgl. GPK-N, Bericht vom 27.6.2000, BBl 2000 6027; PVK, Bericht vom 11.2.2000, BBl 2000 6040), was angesichts des gewählten Regelungsansatzes allerdings wenig überrascht (und nicht einfach pauschal dem Bundesgericht angelastet werden darf). Auch die seit 1.7.2006 in Kraft stehende Teilrevision (vgl. BBl 2005 465) bleibt dem bisherigen Regelungsansatz verpflichtet (der das Bedürfnis nach Rechtssicherheit unterschätzt); profitieren dürfte vorab der Berufsstand der Rechtsanwälte (vgl. NZZ Nr. 219 vom 21.9.2006, S. 31). Neu werden alle auf Erwerb gerichteten Betätigungen nicht-hoheitlicher Natur erfasst (BGBM 1 Abs. 3), nicht mehr nur die unter dem Schutz der Wirtschaftsfreiheit

stehenden Erwerbstätigkeiten. Geschützt ist neu auch die Niederlassung auf dem gesamten Gebiet der Schweiz (BGBM 2 Abs. 4).

Gewährleistung der beruflichen Freizügigkeit (Abs. 2 Satz 2)

10   *Gegenstand und Funktion:* Satz 2 dient der Konkretisierung von Satz 1 und von Abs. 1 (vgl. JACOBS, SG-Komm., Art. 95, N 18). Die Gewährleistung beschränkt sich nicht mehr (wie noch in BV 1874 Art. 33 Abs. 2 und ÜB Art. 5) auf die «wissenschaftlichen Berufsarten», sondern erfasst alle Personen mit einer wissenschaftlichen Ausbildung oder einem anerkannten Ausbildungsabschluss. Die delikate Frage, welche Berufe (gerade noch) als «wissenschaftlich» gelten dürfen und welche nicht, bleibt der Verfassungspraxis erspart (vgl. z.B. BGE 80 I 13, 17, Chiropraktik; RHINOW/SCHMID/BIAGGINI, 707 ff.).

11   *Rechtsnatur:* Abs. 2 Satz 2 begründet nicht nur eine (sachlich begrenzte) konkurrierende *Gesetzgebungskompetenz* des Bundes (vgl. auch BV 196 Ziff. 5), sondern auch ein *verfassungsmässiges Recht* – ob allein oder erst i.V.m. BV 196 Ziff. 5 ist letztlich unerheblich (vgl. auch AUBERT, Comm., Art. 95, N 12; JACOBS, SG-Komm., Art. 95, N 22). Gemäss BGE 130 I 26, 58 wird «nicht nur die Anerkennung von Diplomen garantiert, sondern in allgemeiner Weise der gleiche Zugang zur Berufsausübung und das Verbot einer übermässigen, sachlich ungerechtfertigten Erschwerung der Berufsausübung, wie sie sich aus unterschiedlichen kantonalen Regelungen ergibt».

12   Der *Umsetzung* dienen neben dem altehrwürdigen BG vom 19.12.1877 betreffend die Freizügigkeit des Medizinalpersonals in der Schweizerischen Eidgenossenschaft (SR 811.11), an dessen Stelle per 1.9.2007 das neue MedBG treten wird, auch das Anwaltsgesetz (BGFA, SR 935.61; vgl. BGE 130 II 87, 109) sowie BGBM 4 (zur Tragweite vgl. BGE 125 I 267: nicht ausländische Diplome; vgl. jetzt FZA 9, SR 0.142.112.681, dazu BGE 130 I 26, 37). Gemäss BGBM 4 Abs. 4 tritt die Bundesregelung hinter allfälliges Konkordatsrecht zurück (vgl. die interkantonale Vereinbarung über die Anerkennung von Ausbildungsabschlüssen vom 18.2.1993, AS 1997 2399).

Literaturhinweise

COTTIER THOMAS/OESCH MATTHIAS (Hrsg.), Aussenwirtschafts- und Binnenmarktrecht, SBVR XI, 2. Aufl., Basel usw. 2007 (im Erscheinen); FELLMANN WALTER/ZINDEL GAUDENZ G. (Hrsg.), Kommentar zum Anwaltsgesetz, Zürich/Basel/Genf, 2005; WAGNER MANFRED, Das Bundesgesetz über den Binnenmarkt, in: Thomas Cottier/Remo Arpagaus (Hrsg.), Schweizerisches Aussenwirtschafts- und Binnenmarktrecht (SBVR), 1. Aufl., Basel usw. 1999; WUNDER KILIAN, Die Binnenmarktfunktion der schweizerischen Handels- und Gewerbefreiheit im Vergleich zu den Grundfreiheiten in der Europäischen Gemeinschaft, Basel usw. 1998.

Art. 96 Wettbewerbspolitik

¹ Der Bund erlässt Vorschriften gegen volkswirtschaftlich oder sozial schädliche Auswirkungen von Kartellen und anderen Wettbewerbsbeschränkungen.

² Er trifft Massnahmen

a. zur Verhinderung von Missbräuchen in der Preisbildung durch marktmächtige Unternehmen und Organisationen des privaten und des öffentlichen Rechts;

b. gegen den unlauteren Wettbewerb.

1 Die Bestimmung geht einerseits auf den 1947 geschaffenen Kartellartikel (BV 1874 Art. 31bis Abs. 3 Bst. d) zurück (Abs. 1), andererseits auf den Preisüberwachungsartikel (BV 1874 Art. 31septies), der 1982 dank einer erfolgreichen Volksinitiative Aufnahme in die Verfassung fand (Abs. 2 Bst. a). Die Erwähnung des unlauteren Wettbewerbs (Abs. 2 Bst. b) im Verfassungstext ist neu; die entsprechende Gesetzgebung stützte sich auf BV 1874 Art. 31bis Abs. 2, 31sexies, 64 und 64bis. Weggefallen ist die – überflüssige (RHINOW, Komm. aBV, Art. 31bis, N 109, 194 f.) – Klausel, wonach der Bund nötigenfalls vom Grundsatz der Wirtschaftsfreiheit abweichen kann; dies zu Recht, denn die in BV 96 anvisierte Wettbewerbspolitik dient der Sicherung einer wettbewerbsorientierten Wirtschaftsordnung und steht prinzipiell in Einklang mit dem Grundsatz der Wirtschaftsfreiheit (BV 94 Abs. 1). Wettbewerbspolitisch motivierte Massnahmen können indes eine Einschränkung grundrechtlich geschützter Positionen (z.B. BV 27, Vertragsfreiheit) nach sich ziehen und sind an BV 36 zu messen. – Der Umsetzung von BV 96 dienen in erster Linie das *Kartellgesetz* (BG vom 6.10.1995 über Kartelle und andere Wettbewerbsbeschränkungen, KG; SR 251), das *Preisüberwachungsgesetz* (BG vom 20.12.1985, PüG; SR 942.20) und das UWG (BG vom 19.12.1986 gegen den unlauteren Wettbewerb, SR 241).

2 BV 96 ist Ausdruck der Erfahrung, dass sich eine wettbewerbsorientierte Wirtschaftsordnung nicht «von allein» einstellt – durch blosse Gewährleistung der Wirtschaftsfreiheit bzw. von Klagemöglichkeiten bei persönlichkeitsverletzenden privaten Wettbewerbsbehinderungen (vgl. BGE 86 II 365, 376, noch zu ZGB 28). Wettbewerbspolitik ist *systemnotwendig;* daher ist die *verpflichtende* Formulierung des BV 96 («erlässt», «trifft») gerechtfertigt.

3 Der Begriff *«Wettbewerb»* (vgl. auch BV 94 Abs. 4, BV 97) wird in der Verfassung nicht näher definiert. Der Bundesgesetzgeber wird nicht auf eine bestimmte Wettbewerbstheorie fixiert. Er kann seinen Konkretisierungsspielraum nutzen, um neue praktische und theoretische Erkenntnisse einfliessen zu lassen. Auch der Bundesgesetzgeber verzichtet auf eine Definition, delegiert die Aufgabe somit an die rechtsanwendenden Behörden weiter, gibt diesen aber mit dem Schlüsselbegriff des «wirksamen Wettbewerbs» (KG 5, 10, 37) ein wettbewerbspolitisches «Leitbild» vor (vgl. Botsch. KG 1995, BBl 1995 I 511 ff.). – Zur Idee des Wettbewerbs im *föderalistischen* Kontext vgl. Botsch. NFA, BBl 2002 2308, 2347; BIAGGINI, ZÖR 2002, 359 ff.

4 BV 96 ist kein umfassender Wettbewerbsartikel. Das Verhältnis zu BV 27 und BV 94 (Grundsatz der staatlichen *Wettbewerbsneutralität)* lässt sich auf folgenden kurzen Nenner bringen: BV 94 i.V.m. BV 27 schützt (gleichsam *«negativ»)* die freie wirtschaftliche Entfaltung gegen wettbewerbsverzerrende staatliche Massnahmen *(negative Wettbewerbsgarantie;* vgl. BGE

125 I 417, 422; N 5 zu BV 94, N 6 zu BV 27) – und verpflichtet den Staat, für möglichst wettbewerbsfreundliche Verhältnisse zu sorgen *(Wettbewerbsoptimierungsgebot;* vgl. BGE 121 I 279, 287; RHINOW/SCHMID/BIAGGINI, 520). BV 96 bildet dagegen die Grundlage für aktive («positive») «Wettbewerbspolitik» (vgl. Sachüberschrift) im Sinne der Gewährleistung des Wettbewerbs zwischen Privaten.

«Kartellartikel» (Abs. 1)

5   *Rechtsnatur:* Abs. 1 begründet eine sachlich begrenzte, verpflichtende Kompetenz des Bundes mit nachträglich derogatorischer Wirkung (a.M. wohl AUBERT, Comm., Art. 96, N 2). Die Bundeskompetenz wird mittels einer *Zielvorgabe* umschrieben (Vorschriften «gegen»); der Gesetzgeber bleibt auf Massnahmen mit dieser Stossrichtung beschränkt. Die Terminologie («und anderen Wettbewerbsbeschränkungen», früher «und ähnlichen Organisationen») wurde aus dem KG in die BV «importiert». Der «Kartellartikel» bietet keine Grundlage für Presseförderungsmassnahmen des Bundes (VPB 69.47, 2005).

6   *Instrumentarium:* Abs. 1 äussert sich dazu nicht. Der Gestaltungsspielraum des Kartellgesetzgebers ist beträchtlich, wenn auch nicht unbegrenzt (RHINOW/BIAGGINI, 93 ff.). Der *partielle* Einsatz des Mittels des *(Kartell-)Verbotes* ist – entgegen einem früher häufig verwendeten Schlagwort («Verbot einer Verbotsgesetzgebung», SCHÜRMANN) – grundsätzlich möglich (vgl. schon RHINOW, Komm. aBV, Art. 31bis, N 215 f.; ebenso JACOBS, SG-Komm., Art. 96, N 21). BV 96 lässt es jedoch nach wie vor nicht zu, zum (EG-)System des generellen Kartellverbots mit Erlaubnisvorbehalt zu wechseln. Verfassungsrechtlich zulässig ist indes ein grundsätzliches Verbot von nachweislich *besonders schädlichen* Abreden (sog. selektives *per se*-Verbot). Der Kartellgesetzgeber hat diesen Schritt 1995 vollzogen (KG 5). Als verfassungsrechtlich prinzipiell zulässig gilt auch das seit 1.4.2004 bestehende Instrument der *direkten Sanktion* (KG 49a), ohne vorgängige Verfügung der Wettbewerbskommission (vgl. RHINOW/GUROVITS, 608 ff.). Die Weko trägt als Behördenkommission im Sinne der Kommissionenverordnung (SR 172.31; vgl. auch RVOV 6) die Hauptverantwortung für den Gesetzesvollzug (vgl. KG 18 ff.).

7   Das KG findet (in Einklang mit BV 96) Anwendung auf alle Nachfrager oder Anbieter von Gütern und Dienstleistungen im Wirtschaftsprozess, unabhängig von ihrer Rechts- oder Organisationsform (zum sachlichen, persönlichen und territorialen Anwendungsbereich vgl. KG 2; BORER, 71 ff.), d.h. nicht nur auf Unternehmen des privaten Rechts, sondern grundsätzlich auch auf Tätigkeiten des *Staates* und *öffentlicher* Unternehmen (vgl. z.B. RPW 1997, 161 ff.; RPW 1998, 425 ff.). Bei der Durchsetzung gegenüber Verwaltungseinheiten der Zentralverwaltung können sich wegen fehlender Rechtspersönlichkeit Schwierigkeiten einstellen (vgl. BGE 127 II 32, MeteoSchweiz). – Das von der Weko am 21.3.2005 ausgesprochene Verbot der Buchpreisbindung löste gerichtliche Auseinandersetzungen (vgl. BGer, Urteil vom 6.2.2007, 2A.430/2006: Bestätigung des Verbots) und gesetzgeberische Bestrebungen aus. Am 2.5.2007 lehnte der Bundesrat ein Gesuch um Erteilung einer Ausnahmegenehmigung (KG 8) ab.

«Preisüberwachungsartikel» (Abs. 2 Bst. a)

8 *Rechtsnatur:* Abs. 2 vereinigt – eher zufällig – zwei Handlungsaufträge, die sich (ungeachtet des Begriffs «Massnahmen») in erster Linie an den (Bundes-)*Gesetzgeber* richten (Gesetzgebungskompetenz mit nachträglich derogatorischer Wirkung). Da entsprechende Massnahmen bereits gestützt auf Abs. 1 (Bst. a) bzw. gestützt auf BV 95 Abs. 1 (Bst. b) möglich wären, ist Abs. 2 vor allem wegen der *Zielvorgaben* bedeutsam (insb. Bst. a).

9 Die Schlüsselbegriffe «Missbrauch», «Preis(bildung)», «Marktmacht» werden nicht näher bestimmt. Ihre Konkretisierung obliegt dem Gesetzgeber:

– Unter *«Preis»* versteht man gemeinhin den in Geld ausgedrückten Tauschwert eines Gutes (inkl. Arbeitsleistungen, Devisen). Das Gesetz gilt für Preise von Waren und Dienstleistungen (einschliesslich Kredite); ausgenommen sind Löhne u.Ä. sowie Kredite der SNB (PüG 1).

– *Preismissbrauch:* Das PüG geht wie das KG vom Konzept des wirksamen Wettbewerbs aus und gibt den rechtsanwendenden Behörden eine nicht abschliessende Liste von Beurteilungselementen vor (PüG 12, 13).

– Die *«Marktmacht»* wird im Gesetz nicht näher bestimmt. In Lehre und Praxis neigt man dazu, den aus der Volksinitiative stammenden Begriff mit dem gängigeren Begriff «Marktbeherrschung» (vgl. KG 4 und 7) gleichzusetzen (differenzierend BBl 1995 I 547 f.). Aus der Entstehungsgeschichte der 1982er Fassung ergibt sich, dass nachfragemächtige Unternehmen nicht erfasst sein sollen (JACOBS, SG-Komm., Art. 96, N 29).

10 Der Bundesgesetzgeber ist verpflichtet, auch Vorkehren gegen den Preismissbrauch von «Organisationen» des *öffentlichen* Rechts zu treffen. Gemeint sind nicht nur öffentliche Unternehmen, sondern auch die Gemeinwesen selbst (Bund, Kantone, Gemeinden). Eine Spannungslage ergibt sich bei Preisen, die behördlich festgesetzt oder genehmigt werden (z.B. Posttarife, Gebühren für Wasser, Abwasser, Abfallentsorgung, vgl. RPW 2004, 1317 ff.). Das Gesetz statuiert eine Anhörungs- und Begründungspflicht (PüG 14).

11 *Instrumentarium und Ausrichtung:* Die Verfassung belässt dem Gesetzgeber einen beträchtlichen Gestaltungsspielraum, doch sind ihm auch Schranken gesetzt: «Die Preisüberwachung soll Missbräuche und Monopolrenten bekämpfen, aber nicht Gewinne verunmöglichen, wie sie marktüblich und für das Funktionieren eines marktwirtschaftlichen Systems unabdingbar sind» (BGE 130 II 449, 466). Auch wenn BV 96 den Begriff nicht mehr verwendet, steht die *Überwachung* der Preise im Sinne einer *wettbewerbspolitisch* motivierten Daueraufgabe im Zentrum. Keine Grundlage bietet Bst. a für eine *konjunkturpolitisch* motivierte Preisüberwachung (Teuerungsbekämpfung; zu früheren Massnahmen, insb. in den 1970er Jahren, auf gesonderter Grundlage vgl. RHINOW/SCHMID/BIAGGINI, 435; vgl. auch N 1 zu BV 100). Die Zulässigkeit *sozialpolitisch* motivierter Preisregulierung (z.B. bei Arzneimitteln, Mietzinsen, Kreditzinsen) ist vor allem eine Frage der Vereinbarkeit mit BV 27 und BV 94 (vgl. N 32 zu BV 27; BGE 119 Ia 59; BGE 110 Ia 111; BGE 99 Ia 389). – In *organisatorischer* Hinsicht ist der Gesetzgeber nicht an die heutige Lösung (spezielle Preisüberwachungsbehörde; vgl. PüG 3 ff.) gebunden (vgl. auch JACOBS, SG-Komm., Art. 96, N 37 ff.); die schon mehrfach diskutierte Integration in die Weko wäre verfassungsrechtlich grundsätzlich zulässig.

Massnahmen gegen unlauteren Wettbewerb (Abs. 2 Bst. b)

12 Die zuvor (u.a.) auf BV 1874 Art. 31bis Abs. 2 abgestützte Bekämpfung des unlauteren Wettbewerbs wurde zum ausdrücklichen Verfassungsauftrag aufgewertet. Die Begriffe «unlauter» und «Wettbewerb» werden in der Verfassung nicht näher bestimmt. Die Konkretisierung obliegt in erster Linie dem Gesetzgeber. – Erfasst werden alle am Wettbewerb Beteiligten (Unternehmen, Konsumenten, Medien, Allgemeinheit); das Vorliegen eines Wettbewerbsverhältnisses zwischen den Beteiligten ist nicht Voraussetzung für eine Verletzung des Lauterkeitsrechts (vgl. BGE 117 IV 193, *Bernina;* BGE 120 II 76, *Hertel).* Als *«unlauter»* und widerrechtlich gilt «jedes täuschende oder in anderer Weise gegen den Grundsatz von Treu und Glauben verstossende Verhalten oder Geschäftsgebaren, welches das Verhältnis zwischen Mitbewerbern oder zwischen Anbietern und Abnehmern beeinflusst» (UWG 2, in nicht abschliessender Weise konkretisiert in UWG 3–8).

13 *Instrumentarium:* Das UWG sieht in erster Linie *zivilrechtliche* Instrumente vor (UWG 9 ff.; vgl. auch BV 97 Abs. 2). Wichtigstes verwaltungsrechtliches Instrument ist die Pflicht zur Preisbekanntgabe (UWG 16 ff.), konkretisiert in der Preisbekanntgabeverordnung (vom 11.12.1978, PBV; SR 942.211). Hinzu treten strafrechtliche Sanktionen (UWG 23 ff.).

Literaturhinweise (vgl. auch die Hinweise vor BV 94)

AMSTUTZ MARC, Neues Kartellgesetz und staatliche Wettbewerbsbeschränkungen, AJP 1996, 883 ff.; BAUDENBACHER CARL, Lauterkeitsrecht – Kommentar zum Bundesgesetz über den unlauteren Wettbewerb, Basel usw. 2001; BORER JÜRG, Kommentar Kartellgesetz, 2. Aufl., Zürich 2005; DAVID LUCAS/JACOBS RETO, Schweizerisches Wettbewerbsrecht, 4. Aufl., Bern 2005; FURRER ANDREAS/KRUMMENACHER PETER, Grundrechtskonflikte im UWG?, recht 2004, 169 ff.; GEISER THOMAS/KRAUSKOPF PATRICK/MÜNCH PETER (Hrsg.), Schweizerisches und europäisches Wettbewerbsrecht, Basel 2005; HANGARTNER YVO/PRÜMMER FELIX, Die ausnahmsweise Zulassung grundsätzlich unzulässiger Wettbewerbsbeschränkungen und Unternehmenszusammenschlüsse, AJP 2004, 1093 ff.; MÜLLER JÜRG (Hrsg.), Lauterkeitsrecht, SIWR V/1, 2. Aufl., Basel 1998; PEDRAZZINI MARIO M./PEDRAZZINI FEDERICO A., Unlauterer Wettbewerb, 2. Aufl., Bern 2002; RHINOW RENÉ/BIAGGINI GIOVANNI, Verfassungsrechtliche Aspekte der Kartellgesetzrevision, in: Roger Zäch/Peter Zweifel (Hrsg.), Grundfragen der schweizerischen Kartellrechtsreform, St. Gallen 1995, 93 ff.; RHINOW RENÉ/GUROVITS ANDRÁS A., Gutachten über die Verfassungsmässigkeit der Einführung von direkten Sanktionen im Kartellgesetz, RPW 2001, 592 ff.; RICHLI PAUL, Zum Gesetzgebungsauftrag für die Preisüberwachung, ZSR 1984 I, 47 ff. SCHÜRMANN LEO/SCHLUEP WALTER R., Kartellgesetz/Preisüberwachungsgesetz (Kommentar), Zürich 1988; STOFFEL WALTER A., Wettbewerbsrecht und staatliche Wirtschaftstätigkeit, Freiburg 1994; TERCIER PIERRE/BOVET CHRISTIAN (Hrsg.), Droit de la concurrence, Commentaire, Genève 2002; VON BÜREN ROLAND/DAVID LUCAS (Hrsg.), Grundzüge, SIWR I/1, 2. Aufl., Basel usw. 2002; VON BÜREN ROLAND/DAVID LUCAS (Hrsg.), Kartellrecht, SIWR V/2, Basel 2000; WEBER ROLF H., Wirtschaftsregulierung in wettbewerbspolitischen Ausnahmebereichen, Baden-Baden 1986; ZÄCH ROGER, Schweizerisches Kartellrecht, 2. Aufl., Bern 2005; DERS., Grundzüge des Europäischen Wirtschaftsrechts, 2. Aufl., Zürich usw. 2005; ZURKINDEN PHILIPP/TRÜEB HANS RUDOLF, Das neue Kartellgesetz: Handkommentar, Zürich/Basel/Genf 2004.

Art. 97 Schutz der Konsumentinnen und Konsumenten

1 Der Bund trifft Massnahmen zum Schutz der Konsumentinnen und Konsumenten.

2 Er erlässt Vorschriften über die Rechtsmittel, welche die Konsumentenorganisationen ergreifen können. Diesen Organisationen stehen im Bereich der Bundesgesetzgebung über den unlauteren Wettbewerb die gleichen Rechte zu wie den Berufs- und Wirtschaftsverbänden.

3 Die Kantone sehen für Streitigkeiten bis zu einem bestimmten Streitwert ein Schlichtungsverfahren oder ein einfaches und rasches Gerichtsverfahren vor. Der Bundesrat legt die Streitwertgrenze fest.

1 Der sog. «Konsumentenschutzartikel» geht auf das Jahr 1981 zurück (BV 1874 Art. 31sexies: Gegenvorschlag der Bundesversammlung zu einer zurückgezogenen Volksinitiative). Dem Konsumentenschutz dienen auch zahlreiche andere Verfassungsnormen (z.B. BV 118 Abs. 2 Bst. a; BV 125; vgl auch Botsch. BV, 302), nicht zuletzt auch BV 96, kommt doch wirksamer Wettbewerb auch den Konsumenten zugute (RHINOW, Komm. aBV, Art. 31sexies, N 32). – Gemäss Bundesgericht kennt die BV *keine* grundrechtlich gewährleistete *Konsumfreiheit* (vgl. BGE 102 Ia 104, 121 f.; BGer, 12.9.1994, ZBl 1995, 279; kritisch J.P. MÜLLER, Grundrechte, 645; RHINOW/SCHMID/BIAGGINI, 97; vgl. auch N 8 zu BV 27).

Allgemeiner Verfassungsauftrag (Abs. 1)

2 *Rechtsnatur:* Auch wenn Abs. 1 (wie BV 96 Abs. 2) von «Massnahmen» spricht, begründet die Bestimmung im Wesentlichen eine verpflichtende *Gesetzgebungs*kompetenz des Bundes (AUBERT, Comm., Art. 97, N 2, 6) mit nachträglich derogatorischer Wirkung (konkurrierende Kompetenz; vgl. BGE 120 Ia 286, 293). Als «Massnahmen» des Bundes kommen auch behördliche Warnungen in Betracht, doch ist, angesichts der Grundrechtsrelevanz, gewöhnlich eine spezifische gesetzliche Grundlage erforderlich (Beispiel: Warnungen der Bundesbehörden nach dem Auftauchen von Listeria monoeytogenes auf waadtländischem Vacherin Mont d'Or ab November 1987; vgl. EpG 3, 9–11, 27, SR 818.101; BGE 118 Ib 473 ff.: Haftung des Bundes verneint).

3 Die Bundeskompetenz ist mit einer «generalklauselartigen» (Botsch. BV, 302), weiten *Zielvorgabe* umschrieben. Der Bund wird hier mit einer «Querschnittsaufgabe» betraut, die weit in traditionelle kantonale Handlungsfelder hineinreichen kann, weshalb Rücksichtnahme bei der Kompetenzausübung (vgl. N 13 zu BV 5a) hier in besonderem Masse geboten ist. Kompetenzbegrenzend wirken weiter die Grundrechte (insb. BV 27) und BV 94.

4 *Schutz:* Der Begriff ist (gemäss Botsch. BV, 302) weit zu verstehen. Gemeint ist eine Verpflichtung zur Beachtung der *Interessen* der Konsumenten – insb. Stärkung der (Markt-)Transparenz, (Wieder-)Herstellung der sog. Konsumentensouveränität (zum Begriff RHINOW, Komm. aBV, Art. 31sexies, N 16) – in allen Bereichen. Konsumentenschutz kann aber auch sozialpolitisch motiviert sein (Ausgleich des Machtgefälles zwischen Anbietern und Nachfragern).

5 *Konsumentinnen und Konsumenten:* Gemeint sind *private Endverbraucher*, d.h. jene (natürlichen) Personen, die Waren oder Dienstleistungen zur privaten Verwendung übernehmen (vgl. auch REHBINDER, JKR 1995, 59 ff.).

6   *Ausführende Gesetzgebung:* BV 97 (bzw. BV 1874 Art. 31sexies) figuriert im Ingress zahlreicher Bundesgesetze, in der Regel i.V.m. weiteren Verfassungsbestimmungen (z.B. UWG, SR 241; KG, SR 251; BG vom 23. März 2001 über den Konsumkredit, KKG, SR 221.214.1; Lebensmittelgesetz, LMG, SR 817.0; vgl. auch die Preisbekanntgabeverordnung, PBV; SR 942.211). Ausschliesslich auf BV 97 stützt sich das Konsumenteninformationsgesetz (BG vom 5.10.1990, KIG; SR 944.0). Letzteres legt Grundsätze betreffend die Waren- und Dienstleistungsdeklaration fest (und ermächtigt den Bundesrat zum Erlass von Vorschriften in Verordnungsform, falls die prioritäre Selbstregulierung, KIG 3, nicht zum Ziel führt) und sieht Finanzhilfen an Konsumentenorganisationen vor (KIG 5 ff.; 2004: rund 650'000 Franken). Auf die geplante Revision des KIG wurde nach Abschluss der Vernehmlassung verzichtet (vgl. amtliche Medienmitteilung vom 21.12.2005 und N 11 zu BV 147).

Rechtsschutz (Abs. 2 und 3)

7   *Funktion:* BV 97 Abs. 2 und 3 formulieren Vorgaben an den Rechtsschutz und ermöglichen (sachlich begrenzte) Eingriffe des Bundes in die bis Ende 2006 bestehende Zivilprozessrechtskompetenz der Kantone. Mit dem Inkrafttreten des revidierten BV 122 (i.d.F. vom 12.3.2000) muss der (weiter bestehende) Abs. 3 wohl umgedeutet werden zu einem an den Bundesgesetzgeber gerichteten Auftrag (vgl. auch AUBERT, Comm., Art. 97, N 12).

8   *«Rechtsmittel»:* Gemeint sind neben Rechtsmitteln im technischen Sinn (Beschwerde usw.) auch Klagemöglichkeiten. Solche Rechtsmittel bestehen für «Organisationen von gesamtschweizerischer oder regionaler Bedeutung, die sich statutengemäss dem Konsumentenschutz widmen» – wie eine Standardformel lautet (vgl. auch BGE 120 IV 154, 162: nicht der Verein gegen Tierfabriken) –, insb. im Rahmen von UWG 10 (i.V.m. UWG 9), MSchG 56 (i.V.m. 52 und 55; SR 232.11), PüG 21, KG 43. Die Beschränkung auf Organisationen von «gesamtschweizerischer oder regionaler Bedeutung» ist, angesichts des Verfassungswortlauts, nicht ganz unproblematisch, kann aber verfassungskonform ausgelegt werden (vgl. RHINOW, Komm. aBV, Art. 31sexies, N 82; BGE 120 IV 154, 161). Abs. 2 Satz 1 begründet keine Pflicht zur Einführung von Sammelklagen US-amerikanischen Typs.

9   *Abs. 2 Satz 2:* Das Verfassungsgebot, die Konsumentenorganisationen im Bereich des UWG mit den *Berufs- und Wirtschaftsverbänden gleichzustellen*, hindert den Bundesgesetzgeber nicht, bestehende Klagemöglichkeiten von Berufs- und Wirtschaftsverbänden zu modifizieren oder abzuschaffen und damit auch die Klagemöglichkeiten von Konsumentenorganisationen zu schmälern (a.M. AUBERT, Comm., Art. 97, N 9; und, zur alten Fassung, RHINOW, Komm. aBV, Art. 31sexies, N 78), soweit der Gesetzgebungsauftrag von Abs. 2 Satz 1 dafür Raum lässt. Die Frage nach der unmittelbaren Anwendbarkeit von Abs. 2 Satz 2 hat wegen UWG 10 keine praktische Bedeutung.

10 *Abs. 3:* Mit der nun möglich gewordenen Vereinheitlichung des Zivilprozessrechts wird zwar nicht das Regelungsanliegen des Abs. 3, wohl aber der darin vorgesehene *Regelungsmechanismus* (Verpflichtung der Kantone, verfassungsunmittelbare Verordnung) früher oder später *obsolet* (vgl. N 7). Für einen Überblick über die verschiedenen kantonalen Lösungen vgl. z.B. BRÖNNIMANN, JKR 1999, 28 ff. – Der Bundesrat hat die Streitwertgrenze bei 20'000 (früher: 8'000) Franken angesetzt (vgl. die verfassungsunmittelbare Verordnung vom 7.3.2003; SR 944.8). Dieselbe Grenze gilt für Verfahren gemäss UWG 13.

Literaturhinweise (vgl. auch die Hinweise vor BV 94)

BRÖNNIMANN JÜRGEN, Kantonales Konsumentenverfahren, JKR 1999, 17 ff.; BRUNNER ALEXANDER u.a. (Hrsg.), Jahrbuch des Schweizerischen Konsumentenrechts, Bern (seit 1995); BÜHLMANN-ESCHMANN BARBARA, Der Konsumentenschutzartikel der Bundesverfassung im Rahmen der schweizerischen Wirtschaftsverfassung, Zürich 1991; FAVRE-BULLE XAVIER, L'article 31sexies de la Constitution fédérale: Bilan de plus de onze ans de protection des consomateurs, AJP 1993, 265 ff.; KRAMER ERNST A., Konsumentenschutz und Rechtsstaat, Schweizerische Aktiengesellschaft 1983, 1 ff.; MOSIMANN HANS-JAKOB, Befangenheit im Konsumentenschutzrecht?, Diessenhofen 1985; REHBINDER MANFRED, Konsumentenschutz im schweizerischen Recht, recht 1990, 123 ff.; STAUDER BERND/FAVRE-BULLE XAVIER, Droit de la consommation. Commentaire, Bâle 2004; SUTTER GUIDO, Die Preisbekanntgabepflicht als Instrument der Konsumenteninformation, JKR 1999, 199 ff.

Art. 98   Banken und Versicherungen

1 Der Bund erlässt Vorschriften über das Banken- und Börsenwesen; er trägt dabei der besonderen Aufgabe und Stellung der Kantonalbanken Rechnung.

2 Er kann Vorschriften erlassen über Finanzdienstleistungen in anderen Bereichen.

3 Er erlässt Vorschriften über das Privatversicherungswesen.

1   Die Bestimmung geht im Wesentlichen auf BV 1874 Art. 34 Abs. 2 (Privatversicherungen) und BV 1874 Art. 31quater (1947) zurück, der seinerseits (materiell) BV 1874 Art. 34ter von 1908 (sog. Gewerbeartikel) als Kompetenzgrundlage für das 1934 erlassene Bankengesetz (BankG; SR 952.0) abgelöst hatte. Das Börsenwesen (Abs. 1) und die (übrigen) «Finanzdienstleistungen» (Abs. 2) werden erstmals ausdrücklich erwähnt. – Teilweise oder ganz auf BV 98 (bzw. BV 1874 Art. 31quater) stützen sich neben dem BankG auch das BG vom 23.6.2006 über die kollektiven Kapitalanlagen (KAG, Kollektivanlagengesetz, SR 951.31; ebenso davor das Anlagefondsgesetz vom 18.3.1994, AFG), das Geldwäschereigesetz (BG vom 10.10.1997 zur Bekämpfung der Geldwäscherei im Finanzsektor, GwG; SR 955.0), das Börsengesetz (BG vom 24.3.1995 über die Börsen und den Effektenhandel, BEHG; SR 954.1) und das Versicherungsaufsichtsgesetz (BG vom 17.12.2004, VAG; SR 961.01), künftig das Finanzmarktaufsichtsgesetz (FINMAG; vgl. BBl 2007 4625, Referendumsvorlage).

Banken- und Börsenwesen (Abs. 1)

2   Abs. 1 begründet eine umfassende, verpflichtende Gesetzgebungskompetenz des Bundes mit nachträglich derogatorischer Wirkung (konkurrierende Kompetenz). Die Verfassung verzichtet darauf, die zentralen Begriffe «Bank», «Börse», «Kantonalbank» näher zu bestimmen. Dies obliegt dem Bundesgesetzgeber (vgl. N 3 ff.). Anders als viele Kompetenznormen knüpft Abs. 1 die Kompetenzausübung nicht an Zielvorgaben (wenn man von der heute nicht mehr zentralen Rahmenbedingung betreffend Kantonalbanken absieht, vgl. N 5). Ähnlich wie das Börsengesetz (BEHG 1) dient das mehrfach grundlegend teilrevidierte BankG (allerdings ohne es deutlich zu sagen):

- dem *Gläubigerschutz* (Treu und Glauben im Geschäftsverkehr),
- dem *Funktionsschutz* (Geld- und Kreditversorgung von Wirtschaft und Bevölkerung, Gewährleistung der Funktionsfähigkeit der Finanz- bzw. Effektenmärkte; vgl. BGE 126 II 111, 115) und
- (nach nicht unumstrittener Auffassung; vgl. RHINOW/SCHMID/BIAGGINI, 665) auch dem *Schutz des guten Rufes* des Finanzplatzes Schweiz.

3   *Bank/Bankgeschäft* (vgl. BankG 1 i.V.m. BankV 2a): Als Bank gilt gemeinhin ein im Finanzbereich tätiges Unternehmen, das gewerbsmässig Publikumsgelder entgegen nimmt sowie Kredite oder Darlehen gewährt und damit das *Zinsdifferenzgeschäft* betreibt (vgl. BIAGGINI/MÜLLER/RICHLI/ZIMMERLI, 116). Die Gesetzgebung sieht dies als Ausgangspunkt und wichtigsten Anwendungsfall (vgl. BankV 2a: «insbesondere»), lässt aber den Einbezug weiterer Fälle zu. Diese Offenheit erscheint demokratisch-rechtsstaatlich gesehen nicht unproblematisch.

4   *Kantonalbank:* Der Begriff Kantonalbank wird in BV 95 nicht definiert, sondern vorausgesetzt. Als Kantonalbank gilt (seit einer Gesetzesrevision vom 22.4.1999) eine Bank, die aufgrund kantonalen Rechts als Anstalt oder AG errichtet wird und bei welcher der Kanton eine Beteiligung von *mehr als einem Drittel* des Kapitals hält und über mehr als einen Drittel der Stimmen verfügt (BankG 3a). Den Kantonen bleibt es freigestellt, ob sie eine vollumfängliche oder teilweise Haftung (Staatsgarantie) übernehmen wollen.

5   *Tragweite der Kantonalbanken-Klausel:* Als wohlfahrtsstaatlich (struktur- und sozialpolitisch) motivierte öffentliche Unternehmen hatten die Kantonalbanken lange eine Sonderstellung inne (vgl. BV 1874 Art. 31quater Abs. 2; RHINOW/SCHMID/BIAGGINI, 389 ff.). Obwohl noch immer häufig mit besonderen Leistungsaufträgen versehen (vgl. z.B. KV/BE 53; KV BL 127), haben sich die Kantonalbanken immer mehr zu normalen Universalbanken entwickelt (vgl. BGE 120 II 321, 326), so dass eine Sonderbehandlung sich immer weniger rechtfertigt. Ungeachtet der Fortführung der Kantonalbanken-Klausel stösst eine differenzierende Behandlung auch verfassungsrechtlich an Grenzen (BV 94 Abs. 1: Bindung an den Grundsatz der Wirtschaftsfreiheit). Der Bundesgesetzgeber konnte daher, ohne die BV zu verletzten, die Stellung der Kantonalbanken schrittweise an jene der übrigen Banken *angleichen* (1994: Ermöglichung einer Beaufsichtigung durch die EBK; 1999: Bewilligungspflicht). Sondervorschriften (vgl. früher BankG 3 Abs. 4, 5 Abs. 2, 18 Abs. 2) bestehen heute kaum noch (vgl. BankG 3a, BankV 11b, 13). – Die Erwähnung der Kantonalbanken in BV 98 hat insofern bleibende Bedeutung, als damit das – dem Grundsatz der Staatsfreiheit der Wirtschaft (vgl. N 2 zu BV 94) zuwiderlaufende – unternehmerische Tätigwerden der Kantone von Bundesverfassungsrechts wegen als grundsätzlich zulässig gilt.

6   Als *Börsen* gelten «Einrichtungen des Effektenhandels, die den gleichzeitigen Austausch von Angeboten unter mehreren Effektenhändlern sowie den Vertragsabschluss bezwecken» (BEHG 2 Bst. b).

7   *Ausführende Gesetzgebung:* Im Banken- wie im Börsenbereich besteht heute ein Bewilligungssystem (BankG 3 ff.; BEHG 3; Bankenverordnung, BankV, vom 17.5.1972; SR 952.02) mit der Eidgenössischen Bankenkommission (EBK) als Bewilligungs- und Aufsichtsbehörde (BankG 23 ff.; BEHG 34; BankV 50 ff.). Aus verfassungsrechtlicher Sicht ist die Börsengesetzgebung von Interesse, weil diese auf gesetzlich orchestrierte *Selbstregulierung* setzt (BEHG 4)

und es den privatrechtlich organisierten Börsen auferlegt, bei der Zulassung von Effektenhändlern (im Sinne mittelbarer Drittwirkung; vgl. N 18 zu BV 35) den «Grundsatz der Gleichbehandlung» zu beachten (BEHG 7).

8   *Aufsichtsbehörde:* Bei der seit 1934 bestehenden, zunächst mit bescheidenem Instrumentarium ausgestatteten EBK (vgl. GRISEL, 151 ff.; BankG 23) handelt es sich um eine *Behördenkommission* (i.S.v. Art. 5 Abs. 3 der Kommissionenverordnung vom 3.6.1996; SR 172.31; vgl. auch N 6, 28 zu BV 178), d.h. um ein dem Milizprinzip verpflichtetes, *verwaltungsunabhängiges* (obwohl weder im BankG noch in der BankV ausdrücklich so bezeichnet) Kollegialorgan mit *Verfügungsbefugnis* (BankG 23bis), aber *ohne* Rechtspersönlichkeit (BGE 116 Ib 193, 195), mit weitreichenden, aber doch nicht umfassenden Zuständigkeiten und einem Sekretariat mit gut 150 Mitarbeitenden. Wie andere ausserhalb der Bundesverwaltung stehende Träger von Aufgaben des Bundes unterliegt die EBK der Aufsicht des Bundesrates (BV 187 Abs. 1 Bst. a) und der Oberaufsicht der Bundesversammlung (BV 169; zur Problematik BBl 1995 III 100 ff. und 109 ff.; BIAGGINI, FS Zobl, 40 f.). – Die organisatorische Zusammenführung der Finanzmarkt- und Versicherungsaufsicht in einer öffentlich-rechtlichen Anstalt (Finanzmarktaufsichtsbehörde, FINMA) ist beschlossen (BG vom 22.6.2007, BBl 2007 4625, Referendumsvorlage; vgl. auch BBl 2006 2829 ff.; zu den verfassungs- und verwaltungsrechtlichen Rahmenbedingungen vgl. WEBER u.a.; BIAGGINI, FS Zobl, 35 ff.).

9   *Aufsichtsabgabe:* Die Erhebung einer jährlichen pauschalen (d.h. nicht auf Individualäquivalenz beruhenden) Aufsichtsabgabe für die durch individuelle Gebühren nicht gedeckten Kosten (BankG 23octies; VAG 50) wird heute als verfassungskonform angesehen (vgl. BBl 2002 8076 f.; VPB 64.25 [2000], Bundesamt für Justiz, Gutachten vom 15.7.1999).

10 *Bank(kunden)geheimnis:* Bei diesem viel diskutierten und oft missverstandenen Rechtsinstitut handelt es sich um ein durch Strafdrohung abgesichertes Berufsgeheimnis (Offizialdelikt), welchem gemäss BankG 47 Organe, Angestellte, Beauftragte und Liquidatoren einer Bank und weitere Personen unterstehen. Der neuralgische Punkt ist nicht BankG 47, sondern die (im BankG nicht geregelte) Frage, unter welchen Voraussetzungen das Berufsgeheimnis (bzw. Bankkundengeheimnis) im Rahmen der Amts- oder Rechtshilfe gelüftet werden darf. – Im Zuge der Verhandlungen Schweiz-EG/EU («Bilaterale II») wurden verschiedene (parlamentarische bzw. Standes-)Initiativen zur Verankerung des Bankgeheimnisses in der Bundesverfassung (meist als BV 13 Abs. 3; vgl. AB 2003 N 1790, S 1094) weit vorangetrieben, schliesslich aber nicht weiter verfolgt (Ablehnung von sechs Standesinitiativen durch National- und Ständerat, vgl. AB 2006 S 1218; vgl. auch BBl 2004 6159 ff.).

Übrige Finanzdienstleistungen (Abs. 2)

11 Im Unterschied zu Abs. 1 und Abs. 3 begründet Abs. 2 nur eine Gesetzgebungs*ermächtigung,* die sich freilich in Zusammenschau mit anderen Verfassungsnormen (z.B. BV 8, 43a, 94 Abs. 2) zu einer Verpflichtung verdichten kann. Zu den «Finanzdienstleistungen in anderen Bereichen» gehört etwa die Tätigkeit von Vermögensverwaltern, welche Kundengelder verwalten, aber keinen Bankbetrieb führen (vgl. auch GwG 2: Finanzintermediäre).

Privatversicherungswesen (Abs. 3)

12 *Rechtsnatur und Gegenstand:* Abs. 3 begründet eine umfassende, verpflichtende Gesetzgebungskompetenz des Bundes mit nachträglich derogatorischer Wirkung (konkurrierende Kompetenz). Der Begriff *(Privat-)Versicherung* wird weder in der Verfassung noch im Gesetz abschliessend definiert. Als Kernelemente des Versicherungsgeschäfts gelten (vgl. BGE 114 Ib 244, 247; BGE 107 Ib 54, 56): Risiko (Gefahr); Leistung des Versicherten (Prämie); Leistung des Versicherers; Selbstständigkeit der Operation; Kompensation der Risiken nach den Gesetzen der Statistik (planmässiger Geschäftsbetrieb). – Nicht erfasst wird die soziale Krankenversicherung (obligatorischer Bereich; vgl. BV 117). – Der Liberalisierung im Verhältnis zur EG dient das Abkommen vom 10.10.1989 betreffend die Direktversicherung mit Ausnahme der Lebensversicherung (SR 0.961.1).

13 *Ausführende Gesetzgebung:* Hauptinstrumente sind eine (polizeilich motivierte) Bewilligungspflicht (VAG 3 ff.) und eine Beaufsichtigung des Geschäftsbetriebs (VAG 16 ff.). Mit der nach dem «Krisenjahr» 2002 (SCHMID, 489) eingeleiteten Totalrevision des VAG verschiebt sich der Akzent von der systematischen präventiven Kontrolle zur nachträglichen Produktekontrolle (vgl. Botschaft vom 9.5.2003, BBl 2003 3789 ff.). Bewilligungs- und Aufsichtsbehörde ist zurzeit noch das Bundesamt für Privatversicherungen (vgl. Verordnung vom 9.11.2005, SR 961.011.1). Zur künftigen integrierten Finanzmarktaufsichtsbehörde vgl. N 8.

Literaturhinweise (vgl. auch die Hinweise vor BV 94)

BIAGGINI GIOVANNI, Verfassungsfragen der Behördenorganisation im Bereich der Finanzmarktaufsicht, Festschrift Dieter Zobl, Zürich 2004, 35 ff.; DEN OTTER MATTHÄUS, Anlagefondsgesetz. Kommentar, 4. Aufl., Zürich 2001; GEY STEFANIE, Aufgaben und Bedeutung der staatlichen Aufsicht über die schweizerischen Privatversicherungen zu Beginn des 21. Jahrhunderts, Bern 2003; GRABER CHRISTOPH, GwG, Geldwäschereigesetz, 2. Aufl., Zürich 2003; GRISEL ANDRÉ, La Commission fédérale des banques sous le regard du juriste, in: EBK (Hrsg.), 50 Jahre eidgenössische Bankenaufsicht, Zürich 1985, 151 ff.; HERTIG GÉRARD et al. (Hrsg.), Kommentar zum Bundesgesetz über die Börsen und den Effektenhandel, Zürich 2000; KUHN MORITZ W. u.a., Privatversicherungsrecht, 2. Aufl., Zürich 2002; NOBEL PETER, Schweizerisches Finanzmarktrecht, 2. Aufl., Bern 2004; MAURER ALFRED, Schweizerisches Privatversicherungsrecht, 3. Aufl., Bern 1995; RAPPO AURÉLIA JOYCE, Le secret bancaire, Bern 2002; RHINOW RENÉ A./BAYERDÖRFER MANFRED, Rechtsfragen der schweizerischen Bankenaufsicht, Basel/Frankfurt a.M. 1990; SCHMID GERHARD, Risiken des Versicherungsgeschäfts und deren Eingrenzung, Basler Festgabe zum Schweizerischen Juristentag 2004, Basel/Bern 2004, 481 ff.; SCHNYDER ANTON K., Europäisches Banken- und Versicherungsrecht, Heidelberg 2005; THELESKLAF DANIEL/WYSS RALPH/ZOLLINGER DAVE, Kommentar GwG, Zürich 2003; VOGT NEDIM P./WATTER ROLF, Kommentar zum schweizerischen Kapitalmarktrecht, Basel/Genf/München 1999; WALDMEIER JÜRG et al. (Hrsg.), Aktuelle Entwicklungen im schweizerischen Versicherungsaufsichtsrecht, Zürich 2005; WATTER ROLF u.a. (Hrsg.), Basler Kommentar Bankengesetz, Basel 2005; WEBER ROLF H., Börsenrecht. Kommentar, Zürich 2001; WEBER ROLF H. u.a., Integrierte Finanzmarktaufsicht, Zürich 2006; WINZELER CHRISTOPH, Banken- und Börsenaufsicht, Basel 2000; ZOBL DIETER/KRAMER STEFAN, Schweizerisches Kapitalmarktrecht, Zürich 2004; ZOBL DIETER u.a. (Hrsg.), Kommentar zum Bundesgesetz über die Banken und Sparkassen vom 8. November

1934 (Loseblatt), Zürich; ZULAUF URS, Gläubigerschutz und Vertrauensschutz – zur Sorgfaltspflicht der Bank im öffentlichen Recht der Schweiz, ZSR 1994 II, 359 ff.

Art. 99   Geld- und Währungspolitik

¹ Das Geld- und Währungswesen ist Sache des Bundes; diesem allein steht das Recht zur Ausgabe von Münzen und Banknoten zu.

² Die Schweizerische Nationalbank führt als unabhängige Zentralbank eine Geld- und Währungspolitik, die dem Gesamtinteresse des Landes dient; sie wird unter Mitwirkung und Aufsicht des Bundes verwaltet.

³ Die Schweizerische Nationalbank bildet aus ihren Erträgen ausreichende Währungsreserven; ein Teil dieser Reserven wird in Gold gehalten.

⁴ Der Reingewinn der Schweizerischen Nationalbank geht zu mindestens zwei Dritteln an die Kantone.

1   Ein geordnetes Geld- und Währungswesen gilt zu Recht als zentrale Funktionsvoraussetzung einer arbeitsteilig organisierten Wirtschaft. Der Geld-, Währungs- und Notenbankartikel vereinigt in kompakter Form Regelungen unterschiedlicher Entstehungszeit, die zuvor in BV 1874 Art. 38 (seit 1874 unverändert) und BV 1874 Art. 39 (1891 und 1951 geändert) enthalten waren:

– *Münzregal* (Abs. 1): Dieses geht auf die Bundesstaatsgründung zurück (BV 1848 Art. 36). Volle Selbstständigkeit erlangte die Schweiz erst 1927 mit dem Ende der Lateinischen Münzunion (HIRSZOWICZ, Bankpolitik, 432), welche fremde Münzen als Zahlungsmittel vorgesehen hatte.

– *Banknotenmonopol* (Abs. 1): Dieses wurde dem Bund bis 1891 ausdrücklich vorenthalten (BV 1874 Art. 39 Abs. 2 a.F.). 1880 gab es 36 kantonale Notenbanken (vgl. HIRSZOWICZ, Bankpolitik, 432). – *Ausgeübt* wird das Monopol durch den Bund erst seit 1907 (auf der Grundlage des ersten Nationalbankgesetzes vom 6.10.1905).

– *Schweizerische Nationalbank,* SNB *(Abs. 2):* Die Befugnis zur Errichtung einer Bank erhielt der Bund erst 1891 («Staatsbank» oder «zentrale Aktienbank»). Die namentliche Nennung der SNB (Abs. 2 und 3) ist neu.

– Die SNB-*Aufgaben* gehen teils auf 1891 (Geldumlauf, Zahlungsverkehr), teils auf 1951 (Kredit- und Währungspolitik) zurück.

– Die Pflicht, *Währungsreserven* – teils in Gold (zu diesem in den parlamentarischen Beratungen eingefügten Zusatz vgl. AB SD 1998 S 91, N 322) – zu halten (Abs. 3), ist in dieser Form neu (zur Funktion vgl. N 15).

– Die *Gewinnbeteiligung* der Kantone (Abs. 4) war der «Preis», den der Bund 1891 politisch für die Übertragung des Banknotenmonopols zu entrichten hatte (BV 1874 Art. 39 Abs. 4 i.d.F. von 1891).

2 Für das Verständnis von BV 99 sind einige aus dem Wortlaut nicht ersichtliche Begebenheiten von Belang. Die Geld- und Währungsordnung befand sich im 20. Jahrhundert während Jahrzehnten in einem verfassungsrechtlich doppelt fragwürdigen Zustand (vgl. BIAGGINI, FS Schäffer, 119 ff.):

– Die in BV 1874 Art. 38 Abs. 3 (Münzfuss) i.V.m. Art. 39 Abs. 6 (Einlösungspflicht) vorausgesetzte *Bindung des Frankens an das Gold* und die vom Bundesrat ziffernmässig fixierte *Goldparität* (zuletzt BRB vom 9.5.1971: 1 kg Feingold = Fr. 4'595.74) wurden von der SNB im Einvernehmen mit dem Bundesrat am 23.1.1973 *aufgegeben*. Grund dafür war der Zusammenbruch des 1944 in Bretton Woods errichteten internationalen Systems der festen Wechselkurse. Seit dem IWF-Beitritt (Referendumsabstimmung vom 17.5.1992) ist es der Schweiz ausserdem völkerrechtlich verwehrt, den Franken an das Gold zu binden; vgl. Art. IV.2 des IWF-Übereinkommens vom 22.7.1944 i.d.F. von 1976, SR 0.979.1; für eine Zwischenbilanz betreffend Mitgliedschaft vgl. GPK-S, Bericht vom 14.10.2003, BBl 2004 897 ff.). – Verfassung und Gesetzgebung wurden den neuen Realitäten nicht angepasst. Die Goldparität diente der Nationalbank fortan nur noch zur Bilanzierung ihrer Goldvorräte. Diese waren wegen der unveränderten Goldparität und der steigenden Goldpreise zuletzt massiv unterbewertet (vgl. hinten N 18).

– Eine Diskrepanz zwischen Verfassungstext und (Geld- und Währungs-)Wirklichkeit bestand freilich schon vor 1973 seit Jahren: Die Pflicht der SNB, Banknoten gegen Gold einzulösen, wurde vom Bundesrat am 29.6.1954 (AS 1954 654) erneut *suspendiert* (sie war es schon von 1914 bis 1930 und seit 1936). Zu rechtfertigen war dies verfassungsrechtlich nur (vgl. BV 1874 Art. 39 Abs. 6), wenn man annahm, dass sich die Schweiz «in Zeiten gestörter Währungsverhältnisse» befand – und seither geblieben ist (was in Botsch. BV, 304, zu Recht als «Fiktion» bezeichnet wird). Die Wahrung des Scheins (Mythos der Goldumlaufwährung) war offenbar wichtiger als die Wahrung der Verfassung.

Parallel zu den Arbeiten an der BV-Totalrevision wurde der Versuch einer Modernisierung des Geld- und Währungsartikels per Teilrevision unternommen (vgl. Botschaft vom 27.5.1998, BBl 1998 4007 ff.). Das Vorhaben scheiterte im Juni 1999 in der Schlussabstimmung (83 gegen 86 Stimmen im NR) infolge einer «unheiligen» Allianz der letzten Minute (AB 1999 N 1402 ff.). Die Beseitigung der Anomalien gelang erst mit der BV-Totalrevision und der neuen ausführenden Gesetzgebung (BG vom 22.12.1999 über die Währung und die Zahlungsmittel, WZG SR 941.10; BG vom 3.10.2003 über die Schweizerische Nationalbank, NBG, SR 951.11).

Münzregal und Banknotenmonopol (Abs. 1)

3 *Rechtsnatur:* Abs. 1 begründet eine *umfassende* – nach verbreiteter Auffassung: ausschliessliche (zu Recht kritisch AUBERT, Comm., Art. 99, N 7; man denke an die Jahre 1891–1905) – Kompetenz des Bundes im Geld- und Währungsbereich (Botsch. BV, 303) und räumt dem Bund zugleich das *alleinige Recht* (Monopol) zur Ausgabe von Münzen und Banknoten ein. Die Bundesgesetzgebung lässt den Kantonen keinen Raum für eigenständiges Handeln. – Abs. 1 verleiht keine allgemeine Befugnis, vom Grundsatz der Wirtschaftsfreiheit (BV 94 Abs. 1) abzuweichen; für Massnahmen der Konjunkturpolitik ist dies im Bereich «Geld- und Kreditwesen» gestützt auf BV 100 «nötigenfalls» möglich.

4 *Geld- und Währungswesen:* Die Verfassung verzichtet darauf, die Begriffe «Geld» und «Währung» zu definieren. Die Wortwahl («-wesen») bekräftigt den umfassenden Charakter der Bundeskompetenz (alle einschlägigen Belange), was selbstverständlich nicht heisst, dass der Bund nun allgemein den privaten Umgang mit Geld regeln könnte (er tut dies partiell gestützt auf andere Verfassungsgrundlagen, z.B. BV 106, BV 128).

5 *Geld* ist ökonomisch gesehen ein allgemeines Tauschmittel und Ausdruck für Kaufkraft, rechtlich gesehen das vom Staat vorgeschriebene *Zahlungsmittel* mit *gesetzlichem Kurs*, d.h. es muss (vorbehältlich anderer Abrede) von jedermann im Staatsgebiet als Zahlung akzeptiert werden (gemäss WZG 2 und 3: die vom Bund ausgegebenen Münzen bis maximal 100 Stück; die von der SNB ausgegebenen Banknoten unbegrenzt; u.U. auf Franken lautende Sichtguthaben bei der SNB). – Vom gesetzlichen Kurs zu unterscheiden ist der sog. *Zwangskurs* (fehlende Konvertibilität von Banknoten gegen Gold; AUBERT, Comm., Art. 99, N 16; JUNOD, Komm. aBV, Art. 39, N 3).

6 *Münzen und Banknoten* bezeichnet man als *Bargeld*, Geld in Form von Forderungen (Guthaben) als (Zentralbank- oder Banken-)*Buchgeld*. Die Geldmenge in einer Volkswirtschaft hängt zunehmend von der Geldschöpfung privater Akteure ab. Unter *Währung* versteht man das Geld in seiner abstrakten Funktion als *Rechnungs- bzw. Standardwerteinheit*. Die schweizerische *Währungseinheit* ist seit der Bundesstaatsgründung (genauer: seit der Festlegung im ersten Münzgesetz, BG vom 7.5.1850, AS 1848–1850 310) der in 100 Rappen unterteilte *Franken* (nach ISO-Norm Nr. 4217: CHF). Die Bezeichnung setzte sich erst nach hitzigen öffentlichen Debatten gegenüber dem in weiten Teilen der Deutschschweiz favorisierten Gulden durch (vgl. heute WZG 1 sowie Art. 1 der Münzverordnung vom 12.4.2000, SR 941.101, eine der wenigen wahrhaft viersprachigen Normen des schweizerischen Rechts!).

7 *Bargeldmonopol:* Abs. 1 verleiht dem Bund das ausschliessliche Recht (rechtliches Monopol) zur Ausgabe von Münzen und Banknoten. Vom Monopol nicht erfasst ist das privat geschaffene Buchgeld (vgl. VEIT, SG-Komm., Art. 99, N 5). – Das *Münzregal* nimmt der Bund selbst wahr, zurzeit durch die eidgenössische Münzstätte (WZG 4), eine im EFD angesiedelte Dienststelle, die seit 1998 unter dem Namen «swissmint» auftritt (vgl. Verordnung vom 16.3.2001, SR 941.102; zur Ausgabe von Umlaufmünzen für Anlagezwecke und numismatischen Bedarf sowie von Gedenk- und Anlagemünzen vgl. WZG 6). Die Ausgabe von *Banknoten* ist der *SNB* übertragen (heute unbefristet; früher jeweils auf 20 Jahre, vgl. BBl 1997 I 821, NBG 1953 Art. 66, AS 1954 599). Die SNB legt auch die Nennwerte und die Gestaltung der Banknoten fest (WZG 7). Wohl singulär ist, dass die Übertretung einer Verfassungsnorm (BV 99 Abs. 1) mit einer Strafsanktion belegt ist (WZG 11).

Die SNB und ihre Aufgaben (Abs. 2)

8 *Geld- und Währungspolitik:* Abs. 2 überträgt der SNB – deren Existenz hier vorausgesetzt und somit verfassungsrechtlich gesichert ist – die Aufgabe, eine dem Gesamtinteresse des Landes dienende Geld- und Währungspolitik zu führen (früher weniger treffend: «Kredit- und Währungspolitik»). Eine verfassungsrechtliche Notwendigkeit, die beiden Begriffe genau voneinander abzugrenzen, besteht nicht. – Der konkretisierende Gesetzgeber unterscheidet fünf Aufgaben: Versorgung des Schweizerfranken-Geldmarkts mit Liquidität; Gewährleistung der Bargeldversorgung; Erleichterung und Sicherung des Funktionierens bargeldloser Zah-

lungssysteme; Verwaltung der Währungsreserven; Sorge für die Stabilität des Finanzsystems (NBG 5 Abs. 2).

9   Auch der Begriff *«Gesamtinteresse des Landes»* wird in der Verfassung nicht näher bestimmt. Obgleich BV 99 Abs. 2 die SNB anspricht, ist es dem Bundesgesetzgeber nicht verwehrt, die verfassungsrechtlichen Zielvorgaben bis zu einem gewissen Grad zu konkretisieren und dabei Akzente zu setzen. Eine solche Konkretisierung hat der Gesetzgeber in NBG 5 in verfassungskonformer Weise vorgenommen: Gewährleistung der Preisstabilität unter Wahrung des Gesamtinteresses. Nicht zulässig wäre es gewesen, das Ziel der Preisstabilität per Gesetz zu verabsolutieren.

10 *Instrumente:* Der SNB obliegt es, die verfassungsrechtlichen und gesetzlichen Rahmenvorgaben weiter zu konkretisieren und zu operationalisieren. Die SNB stützt sich auf verschiedene Indikatoren und Kriterien (näher HIRSZOWICZ, Bankpolitik, 446 ff.). «Preisstabilität» besteht nach dem neuen geldpolitischen Konzept der SNB (seit 2000) bei einer Inflation von unter 2% pro Jahr gemessen am Landesindex der Konsumentenpreise (vgl. Botsch. NBG, BBl 2002 6102, 6181). Ein wichtiger Referenzzinssatz ist der sog. Dreimonats-Libor (London Interbank Offered Rate) für Frankenanlagen. Der SNB stehen heute verschiedene *rechtsgeschäftliche* Instrumente zur Verfügung (vgl. NBG 9). Die verfassungsrechtlich grundsätzlich zulässigen sog. *hoheitlichen* Instrumente sind nicht mehr *en vogue* (Verzicht auf diverse Instrumente im Rahmen der NBG-Totalrevision). Ein zentrales geldpolitisches Instrument ist das – 1997 in das NBG aufgenommene – sog. *Repo-Geschäft* (Repurchase Agreement, Wertpapierpensionsgeschäft), rechtlich gesehen der Kauf einer Forderung verbunden mit dem Wiederverkauf auf Termin, ökonomisch gesehen ein gesichertes Darlehen, für das ein Zins entrichtet wird. – Die SNB hat die Grundrechte zu respektieren (vgl. BV 35) und «darf auch als Subjekt des Privatrechts insbesondere nicht rechtsungleich oder willkürlich Rechte erteilen oder Pflichten auferlegen» (BGE 109 Ib 146, 155).

11 *Weitere Aufgaben:* Abs. 2 schliesst die gesetzliche Zuweisung weiterer Aufgaben nicht aus (NBG 5: internationale Währungskooperation; NBG 11: Bankdienstleistungen für den Bund), sofern die Erfüllung der verfassungsmässigen Aufgaben und die Unabhängigkeit nicht gefährdet werden.

12 *Rechtsform:* Die Verfassung verzichtet – wie schon BV 1874 Art. 39 i.d.F. von 1891 («Staatsbank» oder «zentrale Aktienbank») – darauf, die Frage der Rechtsform zu entscheiden. Da die «Staatsbank»-Lösung in der Referendumsabstimmung vom 28.2.1897 verworfen wurde, wählte man im ersten NBG (vom 6.10.1905) die Form der «Aktienbank». Heute ist die SNB eine *spezialgesetzliche Aktiengesellschaft* (NBG 1) mit Sitzen in Bern und Zürich (NBG 3; Hinweise auf frühere abweichende Qualifikationen in BGE 121 I 30, 33 und BGE 105 Ib 348, 357). – Die Organe der SNB sind die Generalversammlung der Aktionäre, der Bankrat, das Direktorium und die Revisionsstelle (näher NBG 33 ff.; Hinweise zum Aktionariat bei RHINOW/SCHMID/BIAGGINI, 492). – Die rechtliche Tragweite der (auch im Gesetz wiederkehrenden) Bezeichnung als *«Zentralbank»* ist nicht ganz klar. Man kann darin eine Andeutung erblicken, dass die SNB weiterhin (vgl. BV 1874 Art. 39 Abs. 2) von Verfassungsrechts wegen mit der Ausübung des Banknotenmonopols betraut sein soll.

13 *Unabhängigkeit:* Gemeint (und verfassungsrechtlich zugesichert) ist die Unabhängigkeit bei der Erfüllung der geld- und währungspolitischen Aufgaben (Abs. 3; vgl. NBG 5), die durch keinerlei Weisungen seitens politischer Behörden (insb. Regierung, Parlament) beeinflusst werden soll (vgl. NBG 6; vgl. auch NBG 36 betreffend die Generalversammlung; AUBERT, Comm., Art. 99, N 10). – Die Unabhängigkeit einer mit nicht-richterlichen Staatsaufgaben betrauten Institution gegenüber den politischen Behörden ist in einem demokratisch-rechtsstaatlichen Staatswesen alles andere als selbstverständlich. Grund und Rechtfertigung für die Unabhängigkeit der SNB ist die *besonders gelagerte Aufgabe* in Verbindung mit der historisch erhärteten Erfahrung, dass Staaten (politische Behörden) leicht der Versuchung erliegen, zur Deckung allfälliger Haushaltdefizite die «Notenpresse» in Gang zu setzen. – Die Stellung der SNB als unabhängige Instanz wurde schon unter der BV 1874 respektiert; sie wird jetzt (nicht zuletzt unter dem Eindruck der Rechtsentwicklung in der EU: Währungsunion) erstmals ausdrücklich in der Verfassung verankert. Die verfassungsrechtliche Unabhängigkeitsgarantie schliesst eine gesetzliche Verpflichtung zur *Rechenschaftsablage* gegenüber der Bundesversammlung oder zu *Konsultationen* mit dem Bundesrat (NBG 7) nicht aus.

14 *«unter Mitwirkung und Aufsicht des Bundes»:* Mit Rücksicht auf die Unabhängigkeitsgarantie stehen nur Instrumente mit begrenzter Wirkung zur Verfügung. Im Zentrum stehen heute *Wahlbefugnisse,* nämlich die Wahl des Direktoriums durch den Bundesrat auf Vorschlag des Bankrats (NBG 43) und die Wahl von 6 (von 11) Mitgliedern des Bankrates (NBG 39). Die Möglichkeit einer Abberufung besteht, sie ist jedoch gesetzlich begrenzt auf Fälle, in denen die betreffende Person die Voraussetzungen für die Amtsausübung nicht mehr erfüllt oder eine schwere Verfehlung begangen hat (NBG 45 bzw. 41; zu den Gründen für die Erschwernisse gegenüber NBG 1953 Art. 60 vgl. Botsch. NBG, BBl 2002 6257). Neu ist eine richterliche Überprüfung von Abberufungsentscheidungen des Bundesrates möglich (NBG 53; VGG 33). – Das Organisationsreglement sowie Jahresbericht und -rechnung bedürfen der Genehmigung des Bundesrates (NBG 42 bzw. 7). – Im Übrigen hat der Bund nur die Möglichkeit einer Einflussnahme via «generelle Weisungen» in Gestalt gesetzlicher Normen (vgl. neben NBG und WZG z.B. Art. 5 und 6 des BG vom 4.10.1991 über die Mitwirkung der Schweiz an den Institutionen von Bretton Woods, SR 979.1). Dies ist verfassungsrechtlich nicht zu beanstanden, solange das Verbot einzelfallbezogener Weisungen nicht unterlaufen wird.

Währungsreserven und Reingewinn (Abs. 3 und 4)

15 *Funktion:* Abs. 3 und 4 gehen (in realistischer Einschätzung der Lage) von der Möglichkeit aus, dass bei der SNB Erträge bzw. Reingewinne anfallen (woraus sich ein entsprechender Regelungsbedarf ergibt). Die Pflicht, ausreichende Währungsreserven zu halten, ist ein funktionales Äquivalent für die frühere Deckungs- und Einlösungspflicht betreffend Banknoten (BV 1874 Art. 39 Abs. 6 und 7 i.d.F. von 1951; vgl. Botsch. BV, 304). Ziel ist die Herstellung bzw. das Aufrechthalten des *Vertrauens in die Währung*. Als unabhängige, mit der Erfüllung einer schwierigen (Staats-)Aufgabe (Geld- und Währungspolitik) betraute Zentralbank darf die SNB nicht in die Rolle eines auf Gewinnmaximierung ausgerichteten Unternehmens gedrängt werden.

16 *Ausreichende Währungsreserven (Abs. 3):* Die Verfassung bestimmt das erforderliche Mass («ausreichend», «ein Teil») nicht näher. Der früher bezüglich Golddeckung konkretisierungsfreudige Gesetzgeber (vgl. NBG 1953 Art. 19 in der bis 2000 gültigen Fassung: 25%) überlässt es nunmehr der SNB, den Goldanteil festzulegen (vgl. NBG 30, 46; vgl. BBl 2002 6237). Aus der Verpflichtung, ausreichende Währungsreserven zu halten, kann – bei ungenügenden Reserven – eine Verpflichtung, Erträge zu erzielen, resultieren.

17 *Verteilung des Reingewinns:* Die im Vergleich zur BV 1874 wesentlich gestraffte Verteilungsregel wird in NBG 31 näher ausgeführt. Vorweg ist vom Bilanzgewinn eine Dividende von höchstens 6% des Aktienkapitals auszurichten. Der Rest geht zu einem Drittel an den Bund, zu zwei Dritteln an die Kantone (NBG 31), dies unter Berücksichtigung ihrer Wohnbevölkerung (vgl. heute die Verordnung vom 7.12.1992; SR 951.181). – Die SNB und das EFD sind gemäss NBG 31 gehalten, die Höhe der jährlichen Gewinnausschüttungen an Bund und Kantone durch Vereinbarungen mittelfristig zu verstetigen (ursprünglich: jährlich 450 bis 600 Mio. Franken, BBl 1992 III 376 ff.; für die Geschäftsjahre 1998–2002: jährlich 1,5 Mia. Franken, für die Geschäftsjahre 2003 bis 2012: jährlich 2,5 Mia. Franken). Der damit verbundene Erwartungs- und Ertragsdruck ist unter dem Blickwinkel der Unabhängigkeitsgarantie nicht unproblematisch (vgl. auch N 19).

Überschüssige Goldreserven und nicht verteilte Gewinne

18 Die früheren Anomalien der Geld- und Währungsordnung (N 2) hatten zur Folge, dass sich bei der SNB Goldreserven im Umfang von 2'600 Tonnen ansammelten, die vorschriftsgemäss zum Goldparitätspreis (knapp 4'600 Fr./kg) in der Bilanz eingestellt einen «Wert» von rund 12 Mia. Franken repräsentierten. Angesichts eines Goldpreises von rund 16'000 Fr./kg hätte man im Jahr 1997 bei vorsichtiger Neubewertung einen «Aufwertungsgewinn» von 14 Mia. Franken verbuchen können. Im Bundeshaus wurde fieberhaft nach Möglichkeiten gesucht, die Aufwertung vorzunehmen (nicht zuletzt mit Blick auf die Alimentierung der 1997 lancierten, 2002 gescheiterten «Solidaritätsstiftung»; vgl. BBl 2000 3979 ff., AB 2001 S 406 ff., N 1120 ff., Volksabstimmung vom 22.9.2002), ohne die Verfassung zu verletzen und ohne sie ändern zu müssen (näher BIAGGINI, FS Schäffer, 124 ff.). Erst mit dem Inkrafttreten der neuen BV (1.1.2000) und des WZG (1.5.2000) waren die verfassungsrechtlichen und gesetzlichen Hindernisse beseitigt. Die Nationalbank konnte mit dem Verkauf des nun auch formell nicht mehr benötigten «überflüssigen» Goldes beginnen. Im Februar 2005 stellten der Bundesrat und die SNB die Weichen in Richtung Ausschüttung des Gegenwerts (rund 21,1 Mia. Franken) nach dem ordentlichen Verteilschlüssel (BV 99 Abs. 4; zur Kontroverse um die Zulässigkeit dieses Vorgehens im Lichte von NBG 31 vgl. BBl 2006 6251 ff., Bericht der GPK-N, bzw. 6293 ff., Stellungnahme des Bundesrates). Das Jahr 2005 wird den Finanzverantwortlichen in den Schweizer Kantone als «goldenes» Jahr in Erinnerung bleiben, denn neben dem Anteil am ordentlichen SNB-Jahresgewinn erhielten die Kantone, in mehreren Tranchen, rund 14 Mia. Franken (vgl. SNB, Geschäftsbericht 2004, 91 f.; BBl 2006 6260). Der Bundesanteil von 7 Mia. Franken kommt der AHV zugute (vgl. BG vom 16.12.2005, SR 951.19). Hinsichtlich der Mittelverwendung sind die Kantone prinzipiell frei (vgl. aber BV 100 Abs. 4). Nicht alle konnten der Versuchung widerstehen, den «Goldregen» für laufende Ausgaben einzusetzen.

19   Die im Jahr 2002 eingereichte eidgenössische Volksinitiative «Nationalbankgewinne für die AHV» (BBl 2001 1503; 2003 6133, 6176), politisch ein Kind der «Gold-Debatte», rechtlich davon unabhängig, verlangte eine Änderung der Gewinnverteilungsregel (1 Mia. Franken an die Kantone, Rest in den AHV-Fonds). Sie wurde in der Volksabstimmung vom 24.9.2006 abgelehnt.

Literaturhinweise (vgl. auch die Hinweise vor BV 94)
BELLANGER FRANÇOIS, Le régime juridique de la Banque nationale suisse, Zürich 1990; BIAGGINI GIOVANNI, Verfassungsinterpretation in der Schweiz – oder: Die Mühen der schweizerischen Verfassungspraxis mit dem Mythos «Gold», Festschrift Heinz Schäffer, Wien 2006, 109 ff.; HIRSZOWICZ CHRISTINE, Schweizerische Bankpolitik, 5. Aufl, Bern usw. 2003; NOBEL PETER, Goldfieber, Festschrift Yvo Hangartner, St. Gallen/Lachen 1998, 845 ff.; RICHLI PAUL, Zur internationalen Verflechtung der schweizerischen Währungsordnung, Festgabe zum Schweizerischen Juristentag, Bern 1988, 339 ff.; RIEBEN JÜRG, Verfassungsrechtliche Aspekte der Geldpolitik, Bern 1975; SCHMID GERHARD, Rechtliche Ausgestaltung und politische Bedeutung der Stellung der schweizerischen Nationalbank, ZSR 1981 I, 385 ff.; SCHÜRMANN LEO, Nationalbankgesetz und Ausführungserlasse, Bern 1980; WEBER ROLF H./HIRSZOWICZ CHRISTINE (Hrsg.), Perspektiven der Europäischen Währungsunion und die Schweiz, Zürich 1997.

Art. 100   Konjunkturpolitik

1 Der Bund trifft Massnahmen für eine ausgeglichene konjunkturelle Entwicklung, insbesondere zur Verhütung und Bekämpfung von Arbeitslosigkeit und Teuerung.

2 Er berücksichtigt die wirtschaftliche Entwicklung der einzelnen Landesgegenden. Er arbeitet mit den Kantonen und der Wirtschaft zusammen.

3 Im Geld- und Kreditwesen, in der Aussenwirtschaft und im Bereich der öffentlichen Finanzen kann er nötigenfalls vom Grundsatz der Wirtschaftsfreiheit abweichen.

4 Bund, Kantone und Gemeinden berücksichtigen in ihrer Einnahmen- und Ausgabenpolitik die Konjunkturlage.

5 Der Bund kann zur Stabilisierung der Konjunktur vorübergehend auf bundesrechtlichen Abgaben Zuschläge erheben oder Rabatte gewähren. Die abgeschöpften Mittel sind stillzulegen; nach der Freigabe werden direkte Abgaben individuell zurückerstattet, indirekte zur Gewährung von Rabatten oder zur Arbeitsbeschaffung verwendet.

6 Der Bund kann die Unternehmen zur Bildung von Arbeitsbeschaffungsreserven verpflichten; er gewährt dafür Steuererleichterungen und kann dazu auch die Kantone verpflichten. Nach der Freigabe der Reserven entscheiden die Unternehmen frei über deren Einsatz im Rahmen der gesetzlichen Verwendungszwecke.

1   Die Bestimmung geht im Wesentlichen auf den 1978 beschlossenen revidierten Konjunkturartikel zurück (BV 1874 Art. 31quinquies), welcher dem früher häufigen Rückgriff auf konjunkturpolitisch motiviertes extrakonstitutionelles Dringlichkeitsrecht (vgl. BV 165) ein Ende bereitete (zu den Massnahmen der 1960er und 1970er Jahre vgl. RHINOW/SCHMID/BIAGGINI,

67). Ein erster Anlauf zur Modernisierung des einseitig auf die Bewältigung von Rezessionen ausgerichteten Konjunkturartikels von 1947 (BV 1874 Art. 31quinquies i.d.F. vom 6.7.1947: «Krisenartikel») war 1975 am fehlenden Ständemehr gescheitert (11:11 Ständestimmen!).

2   Die Verfassung verzichtet darauf, den titelgebenden Begriff zu definieren. «Konjunkturpolitik» zielt – möglichst *vorbeugend* – darauf ab, das volkswirtschaftliche Gesamtangebot und die Gesamtnachfrage im Gleichgewicht zu halten und die mit konjunkturellen Schwankungen typischerweise einhergehenden nachteiligen Effekte (wie Arbeitslosigkeit bzw. Arbeitskräftemangel, Inflation bzw. Deflation) zu bekämpfen *(Stabilitätspolitik;* vgl. RHINOW/SCHMID/BIAGGINI, 494 ff.). Auch wenn in BV 100 keynesianisches Gedankengut anklingt (vgl. Abs. 4; AUBERT, Comm., Art. 100, N 14), sind die Träger der Konjunkturpolitik nicht auf eine bestimmte Theorie verpflichtet. Für die Konjunkturpolitik typisch sind *Zielantinomien.* Im Unterschied zur regionalen oder sektoralen Strukturpolitik (BV 102) versucht Konjunkturpolitik, die *gesamtwirtschaftliche* Entwicklung zu beeinflussen *(Gesamtwirtschaftspolitik).*

3   Konjunkturpolitik ist eine typische *Querschnittsaufgabe,* die weit über die in Abs. 3 genannten Gebiete hinausgreift. Von Bedeutung sind auch *andere Verfassungsnormen,* insb. BV 99 (Geld und Währung) und BV 126 (Haushaltführung); vgl. auch BV 101 (Aussenwirtschaft), BV 121 (Arbeitsmarkt). Auf den Konjunkturartikel stützen sich u.a.: das BG vom 30.9.1954 über die Vorbereitung der Krisenbekämpfung und Arbeitsbeschaffung (SR 823.31), das BG vom 20.12.1985 über die Bildung steuerbegünstigter Arbeitsbeschaffungsreserven (ABRG; SR 823.33; für ältere Reserven massgeblich ist das BG vom 3.10.1951, SR 823.32); das BG vom 20.6.1980 über die Konjunkturbeobachtung (SR 951.95), ferner etwa das BG vom 8.10.1999 über die Risikokapitalgesellschaften (SR 642.15; nebst BV 103 und BV 128) und das Exportrisikoversicherungsgesetz vom 16.12.2005 (SERVG; nebst BV 101). Die Ablösung des etwas in die Jahre gekommenen «Grunderlasses» von 1954 durch ein Stabilitätsgesetz wurde angesichts heftiger Kritik an der Vernehmlassungsvorlage von 1991 nicht weiterverfolgt (RHINOW/SCHMID/BIAGGINI, 517 f.).

Kompetenz- und Zielnorm (Abs. 1)

4   *Rechtsnatur:* Abs. 1 begründet eine verpflichtende, grundsätzlich umfassende (in der Praxis traditionell wenig ausgeschöpfte) *Bundeskompetenz* mit grundsätzlich nachträglich derogatorischer Wirkung *(konkurrierende* Kompetenz; missverständlich VALLENDER, VRdCH, 963: «ausschliesslich beim Bund»), die ihrer Natur nach Spielraum für kantonales Handeln lässt (z.B. Finanz-, Beschaffungspolitik). Die Kompetenzumschreibung erfolgt mittels – relativ unbestimmten – *Zielvorgaben.* Der Bundesgesetzgeber hat bei deren Konkretisierung verfassungsrechtliche Rahmenvorgaben zu beachten (insb. BV 8, 26, 27 sowie 94 Abs. 1, wenn man von BV 100 Abs. 3 absieht).

5   *Inhalt:* Konjunkturpolitik i.S.v. BV 100 ist eine *Daueraufgabe* des Bundes, die vorzugsweise *präventiv* anzugehen ist. Mit der «ausgeglichenen konjunkturellen Entwicklung» wird das *Stabilitätsziel* als konjunkturpolitisches Hauptziel fixiert (vgl. Abs. 5; vgl. auch GYGI/RICHLI, 162). Die Verfassung nennt daneben zwei Teilziele, nämlich Verhütung und Bekämpfung von *Arbeitslosigkeit* («Vollbeschäftigung») und *Teuerung* (Preisniveaustabilität; näher RHINOW, Komm. aBV, Art. 31quinquies, N 20 ff.). Nicht genannt, aber mitgemeint ist das Ziel des *Zah-*

lungsbilanzausgleichs (vgl. VALLENDER, VRdCH, 962), welches das «magische Vieleck» der Wirtschaftspolitik komplettiert (vgl. VALLENDER, VRdCH, 962).

6   *Instrumentarium:* BV 100 verzichtet klugerweise auf eine abschliessende Festlegung des Instrumentariums (vgl. immerhin N 11). Konjunkturpolitik wird vor allem mit dem Konzept einer *Globalsteuerung* verbunden (vgl. VEIT, SG-Komm., Art. 100, N 2). Dies gilt auch für BV 100, doch sind punktuelle Massnahmen nicht von vornherein ausgeschlossen. Aus Abs. 3 ergeben sich mögliche Handlungsfelder. Diese geniessen aber keine Exklusivität.

Rücksichtnahmepflichten (Abs. 2 und Abs. 4)

7   Konjunkturpolitik ist nicht *per se* strukturneutral und kann das Wohlstandsgefälle zwischen Landesgegenden verstärken. Dies ist vom Bund zu berücksichtigen (Abs. 2 Satz 1). Abs. 2 Satz 2 erhebt sodann einige an sich selbstverständliche Regeln politischer Klugheit zu Verfassungsvorgaben.

8   *Konjunkturgerechte Finanzpolitik (Abs. 4):* Auch wenn die Hauptverantwortung für die Konjunkturpolitik beim Bund liegt (RHINOW/SCHMID/BIAGGINI, 496), werden bewusst auch die *Kantone* und direkt, d.h. ohne die sonst übliche Mediatisierung, auch die *Gemeinden* eingebunden. Die Verpflichtung zu einer konjunkturgerechten Einnahmen- und Ausgabenpolitik (Haushaltspolitik) ist allerdings zurückhaltend formuliert und wird nicht durch spezifische Kontroll- und Disziplinierungsverfahren oder gar Sanktionen gesichert (vgl. demgegenüber die Sanktionierungsmechanismen im Rahmen der EU-Wirtschafts- und Währungsunion, EGV 98 ff.). Umgekehrt ist Abs. 4 kein Freibrief für Abweichungen vom Grundsatz der Wirtschaftsfreiheit (Abs. 3).

Abweichungen vom Grundsatz der Wirtschaftsfreiheit (Abs. 3)

9   In den drei genannten «klassischen» Bereichen der Konjunkturpolitik darf der Bund – «nötigenfalls» (vgl. N 14 zu BV 94) – aus *konjunkturpolitischen* Motiven vom Grundsatz der Wirtschaftsfreiheit (BV 94 Abs. 1) abweichen.

- *Geld- und Kreditwesen:* Angesprochen sind die Befugnisse und Aufgaben der SNB (vgl. N 8 ff. zu BV 99); historisch ging es vor allem um die verfassungsrechtliche Abstützung des 1978 neu geschaffenen Notenbankinstrumentariums (NBG 1953 Art. 16a ff.: Mindestreserven; im neuen NBG nicht weitergeführt);

- *Aussenwirtschaft* (nicht nur Aussenhandel; vgl. auch N 5 zu BV 101): Gedacht wurde vor allem an die Steuerung des Zuflusses von Geldern aus dem Ausland (NBG 1953 Art. 16i; im neuen NBG nicht weitergeführt, vgl. BBl 2002 6160) und an ein «Exportdepot» zur Disziplinierung der Exportwirtschaft (vgl. BBl 1972 II 1562 ff.). – Die Regulierung des *Arbeitsmarktes* findet ihre Grundlage in BV 121. Aufgrund völkerrechtlicher Verpflichtungen sind dem Einsatz aussenwirtschaftspolitischer Massnahmen heute insbesondere im Verhältnis zur EG/EU sehr enge Grenzen gesetzt;

- *öffentliche Finanzen* (N 11): Angesprochen ist (auch) der Steuerbereich.

10 Die Ermächtigungen wurden bisher nicht genutzt. – Aufschlussreich ist, was in der Aufzählung fehlt (verglichen mit der 1975 gescheiterten Vorlage), nämlich: die Dämpfung der Konjunktur in der *Bauwirtschaft* (die erfahrungsgemäss leicht zu «Überhitzung» neigt), die *Einkommenspolitik* (Beeinflussung der Lohn- bzw. Gewinngestaltung), die *Bekämpfung der Teu-*

erung. In diesen Bereichen ermächtigt BV 100 nicht zu Abweichungen. BV 100 erlaubt insb. keine konjunkturpolitisch motivierten wettbewerbsverzerrenden Eingriffe in die grundrechtlich geschützte (BV 27) freie Preisgestaltung (vgl. N 11 zu BV 96).

Instrumentarium (Abs. 5 und 6)

11 Der Erwähnung bedurften die beiden fiskalpolitischen Instrumente, da ihr Einsatz eine partielle Abweichung von anderen Verfassungsnormen bedingt.
   – *Steuerzuschläge bzw. -rabatte* (Abs. 5): weil die Höchstsätze verschiedener Abgaben des Bundes auf Verfassungsstufe festgelegt sind. Abs. 5 erlaubt *nicht* die Einführung *neuer* Steuern (vgl. BÖCKLI, 225 ff.);
   – *Arbeitsbeschaffungsreserven (réserves de crise, riserve di crisi;* Abs. 6): weil ein *Obligatorium* verbunden mit Steuervergünstigungen nur Sinn macht, wenn auch die Kantone einbezogen werden, was nicht ohne Eingriff in die kantonale Steuerhoheit (BV 3) möglich ist.

Die in Abs. 5 Satz 2 genannten Modalitäten hätten auch auf Gesetzesstufe geregelt werden können (Botsch. BV, 307). Die Stilllegung der abgeschöpften Mittel ist elementar, weil sonst die konjunkturdämpfende Wirkung ausbliebe. Ein verfassungsunmittelbarer individueller Anspruch auf Rückerstattung wird nicht begründet (RHINOW, Komm. aBV, Art. 31quinquies, N 56; VEIT, SG-Komm., Art. 100, N 19). Entsprechendes gilt auch für Abs. 6 Satz 2.

12 *Praxis zu Abs. 5 und 6:* In der Schweiz ist die öffentliche Hand der grösste Anbieter und Käufer von Waren und Dienstleistungen und der grösste Arbeitgeber (RHINOW/SCHMID/BIAGGINI, 10). Angesichts rechtlicher und faktischer Bindungen ist der finanzpolitische Spielraum oft nicht sehr gross; Massnahmen greifen tendenziell (zu) spät, so dass sie nicht mehr antizyklisch wirken und konjunkturelle Schwankungen allenfalls sogar verstärken. Nicht zufällig blieb das Instrumentarium gemäss Abs. 5 toter Buchstabe. Eine gewisse Bedeutung erlangte das Instrument der Arbeitsbeschaffungsreserven. Das ABRG als Instrument der indirekten Beschäftigungspolitik verzichtet auf ein Obligatorium und fördert durch Steuervergünstigungen die freiwillige Bildung von Reserven. Die Einlagen können von der direkten Bundessteuer abgezogen werden, sofern Kantone und Gemeinden ebenfalls eine steuerfreie Reservebildung zulassen (ABRG 14 f.). Die Verwendung der Reserven setzt voraus, dass diese für einzelne Unternehmungen oder allgemein freigegeben werden (vgl. z.B. die Verordnung des EVD vom 14.10.2002; SR 823.35).

13 *Weitere* (beschäftigungspolitische) *Massnahmen:* Zu nennen sind
   – das *Förderungsprogramm 1993:* Finanzhilfen für die Förderung der Beschäftigung im Wohnungsbau und im landwirtschaftlichen Hochbau; Beiträge zur Förderung der öffentlichen Investitionen (AS 1993 1068, 1072).
   – das *Investitionsprogramm 1997*, mit (u.a.): BB über die befristete Erhöhung der Beitragssätze im Nationalstrassenunterhalt; BB über die Förderung privater Investitionen im Energiebereich; BB über die Erhaltung der Substanz öffentlicher Infrastrukturanlagen (AS 1997 1036, 1038, 1042).

Zum Instrument des *Investitionbonus* vgl. BIAGGINI/MÜLLER/RICHLI/ZIMMERLI, 146 f. Vgl. auch Verordnung des Bundesrates vom 26.6.1991 über Sondermassnahmen zur Förderung neuer Technologien im Fertigungsbereich (CIM-Aktionsprogramm; SR 823.315), Verordnung des

EVD vom 17.12.1982 über Bundesbeiträge zur Förderung von Technologie und Innovation (SR 823.312).

Literaturhinweise (vgl. auch die Hinweise vor BV 94)
BAUMGARTNER IVO, Arbeitsbeschaffungsreserven, Zürich 1992; BÖCKLI PETER, Verfassungsrechtliche Anforderungen an die zur Konjunkturbeeinflussung erhobenen «Sonderabgaben», ZSR 1975 I, 225 ff.; KOLLER ARNOLD, Der neue Konjunkturartikel der Bundesverfassung aus wirtschaftsrechtlicher Sicht, WuR 1974, 1 ff.; KOLLER HEINRICH, Der öffentliche Haushalt als Instrument der Staats- und Wirtschaftslenkung, Basel 1983; WEISSEN BEAT, Der Konjunkturartikel der Bundesverfassung und die öffentlichen Finanzen, Bern 1982; YOUSSEF MAGDA, Verfassungsrechtliche Probleme der Konjunkturpolitik, Zürich 1978.

Art. 101   Aussenwirtschaftspolitik

¹ Der Bund wahrt die Interessen der schweizerischen Wirtschaft im Ausland.
² In besonderen Fällen kann er Massnahmen treffen zum Schutz der inländischen Wirtschaft. Er kann nötigenfalls vom Grundsatz der Wirtschaftsfreiheit abweichen.

1   BV 101 hat keine direkte Entsprechung in der BV 1874, knüpft inhaltlich indes an Bestimmungen wie BV 1874 Art. 2, 8, 23bis, 29, 31bis und 31quinquies an und soll die bisher einseitig unter dem Aspekt der «Zölle» angegangene Aussenwirtschaftspolitik auf eine breitere Grundlage stellen (Botsch. BV, 309). Die Aussenwirtschaftspolitik ist – auch historisch – Teil der auswärtigen Angelegenheiten (vgl. BV 1874 Art. 8: Zoll- und Handelsverträge), BV 101 bildet insofern eine Ergänzung zu BV 54. Vgl. auch BV 104, 133.

2   Isoliert gelesen, weckt BV 101 den Eindruck, die Verfassung strebe eine stark «nationalistisch» gefärbte, wenig liberale Aussenwirtschaftspolitik an. Der Eindruck täuscht (vgl. N 10 zu BV 27: Wirtschaftsfreiheit als Freiheit des grenzüberschreitenden Wirtschaftsverkehrs; vgl. auch BV 2 und 54 Abs. 2). Als rohstoffarmes, exportorientiertes Land ist die Schweiz am Freihandel sehr interessiert. Der Abbau von zwischenstaatlichen Handelsbeschränkungen ist das Ziel verschiedener internationaler Abkommen, an denen die Schweiz partizipiert (Überblick bei BIAGGINI/MÜLLER/RICHLI/ZIMMERLI, 96 ff.). Diese Stossrichtung der Aussenwirtschaftspolitik hat sich in der neuen Bundesverfassung allerdings nicht direkt niedergeschlagen. Im Zielkonflikt zwischen Exportförderung (BV 101) und menschenrechtsorientiertem Handeln (BV 54 Abs. 2) – exemplarisch etwa die Auseinandersetzungen in AB 1996 N 2518 ff. (ERG und Drei-Schluchten-Projekt) – verschafft BV 101 den primär ökonomischen Interessen keinen prinzipiellen Vorrang. Auch wenn nicht Mitglied der EU, wird die Schweiz vom Prozess der Internationalisierung von Wirtschaft, Politik und Recht voll erfasst (vgl. HEINRICH KOLLER, Globalisierung und Internationalisierung des Wirtschaftsrechts, ZSR 2000 II, 313 ff.).

Interessenwahrung (Abs. 1)

3   *Rechtsnatur:* Abs. 1 begründet eine umfassende, verpflichtende Kompetenz des Bundes, deren Inhalt (wie bei Abs. 2) durch eine allgemein gehaltene Zielvorgabe (die auch Förderungsmassnahmen einschliesst) umschrieben wird. Wie bei den auswärtigen Angelegenheiten (N 7 zu BV 54) handelt es sich um eine im Wesentlichen *ausschliessliche* Bundeskompetenz.

Die Kantone können jedoch im Rahmen der ihnen zugestandenen Kompetenzen (BV 56) auch Massnahmen im Wirtschaftsbereich treffen. Die Mitwirkungsrechte der Kantone gemäss BV 55 bestehen auch im Bereich des BV 101.

4 Die Bundesverfassung äussert sich nicht zur Frage der Instrumente. In Betracht kommt grundsätzlich die ganze Instrumentenpalette, unter Einschluss insbesondere des (staats)vertraglichen Handelns. – BV 101 (und nicht, wie gelegentlich angenommen wird, BV 103) dient heute als hauptsächliche Verfassungsgrundlage für Erlasse wie das Exportrisikoversicherungsgesetz vom 16.12.2005 (SERVG; SR 946.10); das BG vom 20.3.1970 über die Investitionsrisikogarantie (IRG; SR 977.0), das zugleich ein Instrument der Entwicklungspolitik ist; das Exportförderungsgesetz vom 6.10.2000 (SR 946.14), das vor allem die Interessen der schweizerischen KMU berücksichtigt sehen will; ferner das BG vom 6.10.1995 über die technischen Handelshemmnisse (THG; SR 946.51); zu Recht hingegen *nicht* für (durchaus aussenwirtschaftsrelevante) Erlasse wie das Kriegsmaterialgesetz (KMG; SR 514.51), das Güterkontrollgesetz (GKG; SR 946.202) oder das Embargogesetz (EmbG; SR 946.231). – Zur geplanten besseren Koordination der Landeswerbung vgl. die im Oktober 2006 eröffnete Vernehmlassung betreffend Zusammenlegung von Präsenz Schweiz, Schweiz Tourismus u.a.

Abweichungen vom Grundsatz der Wirtschaftsfreiheit (Abs. 2)

5 *Funktion:* Abs. 2 setzt einen – nicht sehr liberalen, aber grundsätzlich legitimen – Kontrapunkt. Schutzmassnahmen zu Gunsten der inländischen Wirtschaft sind allerdings nur in «besonderen Fällen», d.h. bei besonderer Rechtfertigung, möglich; der Hauptanwendungsfall (Landwirtschaft) hat eine eigene Verfassungsgrundlage (BV 104). Schutzmassnahmen dürfen überdies *nur «nötigenfalls»* grundsatzwidrig sein (vgl. N 14 zu BV 94). In erster Linie ist zu denken an (meist nicht unproblematische) Retorsionsmassnahmen in Reaktion auf ausländische Wirtschaftsbeschränkungen. Aufgrund völkerrechtlicher Verpflichtungen sind dem Einsatz grundsatzwidriger Massnahmen heute enge Grenzen gesetzt, insbesondere im Verhältnis zur EG/EU (vgl. auch VEIT, SG-Komm., Art. 101, N 17 ff.).

6 BV 101 Abs. 2 kann heute als Grundlage angesehen werden für das Art. 1 des BG vom 25.6.1982 über aussenwirtschaftliche Massnahmen (SR 946.201) errichtete *Schutzdispositiv* gegen Auswirkungen ausländischer Massnahmen bzw. bei ausserordentlichen Verhältnissen im Ausland (seinerzeit auf BV 1874 Art. 28 und 29 abgestützt; ähnlich Art. 7 des Zolltarifgesetzes vom 9.10.1986, SR 632.10; vgl. BIAGGINI/MÜLLER/RICHLI/ZIMMERLI, 92). Im Unterschied zu gewissen ausländischen (Antidumping-)Regelungen begründet das Aussenwirtschaftsgesetz keine einklagbaren (Schutz-)Ansprüche für einheimische Unternehmen.

Literaturhinweise (vgl. auch die Hinweise vor BV 94)

ANDRICH WILLIAM ELIO, Die Wirtschaftsfreiheit im schweizerischen Aussenwirtschaftsrecht, St. Gallen 1996; COTTIER THOMAS/ARPAGAUS REMO (Hrsg.), Schweizerisches Aussenwirtschafts- und Binnenmarktrecht, SBVR, Basel usw. 1999 (2. Aufl., hrsg. von Thomas Cottier und Matthias Oesch, SBVR XI, im Erscheinen); HAAS GIULIO C., Verfassungsrechtliche Aspekte der schweizerischen Aussenwirtschaftspolitik, Basel/Frankfurt a.M. 1989; KUONI WOLFRAM, Die Exportrisikogarantie des Bundes, Zürich 2004; OESCH MATTHIAS, Gewaltenteilung und Rechtsschutz im schweizerischen Aussenwirtschaftsrecht, ZBl 2004, 285 ff.; SENTI RICHARD, WTO,

Zürich 2000; SENTI RICHARD/ZIEGLER ANDREAS R. (Hrsg.), Die Schweiz und die internationalen Wirtschaftsorganisationen, Zürich 2005; VON TSCHARNER BENEDIKT, Aussenwirtschaft und Aussenwirtschaftspolitik der Schweiz, Zürich 1984; WEBER KARL, Die schweizerische Aussenhandelsgesetzgebung, Zürich 1975. – Vgl. auch die jährlichen Berichte zur Aussenwirtschaftspolitik (jeweils mit Botschaften zu Wirtschaftsvereinbarungen), zuletzt: BBl 2006 1665; BBl 2005 1089; BBl 2004 291.

Art. 102 Landesversorgung*

¹ Der Bund stellt die Versorgung des Landes mit lebenswichtigen Gütern und Dienstleistungen sicher für den Fall machtpolitischer oder kriegerischer Bedrohungen sowie in schweren Mangellagen, denen die Wirtschaft nicht selbst zu begegnen vermag. Er trifft vorsorgliche Massnahmen.

² Er kann nötigenfalls vom Grundsatz der Wirtschaftsfreiheit abweichen.

1   Die Bestimmung geht auf den 1947 geschaffenen, 1980 modifizierten «Landesversorgungsartikel» zurück (BV 1874 Art. 31bis Abs. 3 Bst. e; zur Tragweite vgl. VPB 39.63, 1975). Mit der inzwischen obsolet gewordenen Übergangsbestimmung (BV 196 Ziffer 6; vgl. N 7) wurden Reste des umfangreichen «Getreideartikels» von 1929 (BV 1874 Art. 23bis) nachgeführt. – Von der sicheren Versorgung der Bevölkerung handelt auch BV 104.

2   *Bundeskompetenz:* Abs. 1 begründet eine *umfassende*, *verpflichtende* Gesetzgebungskompetenz des Bundes mit nachträglich derogatorischer Wirkung *(konkurrierende* Kompetenz).

3   Wie schon der Landesversorgungsartikel von 1980 (anders die ursprüngliche Fassung von 1947) hat BV 102 eine *doppelte* – verteidigungspolitische und marktwirtschaftsbezogene – *Zielrichtung*. Sicherzustellen ist die Versorgung mit lebenswichtigen Gütern und Dienstleistungen:
  – für den Fall *machtpolitischer oder kriegerischer* Bedrohungen (wirtschaftliche Landesverteidigung, LVG 3 ff.); dieser Passus reflektiert die Erfahrungen der Kriegsjahre, aber auch jene des sog. Kalten Krieges;
  – in *schweren Mangellagen*, denen die Wirtschaft nicht selbst zu begegnen vermag (LVG 26 ff.: «schwere Mangellagen infolge von Marktstörungen»); dieser Passus spiegelt vor allem die Erfahrungen der sog. Erdölkrise (1973/74), greift aber unabhängig von der Ursache der Mangellage; der Verfassungswortlaut unterstreicht die *Subsidiarität* der staatlichen Vorkehrungen (Botsch. BV, 310), die sachlich wie zeitlich auf ein Minimum zu beschränken sind (RHINOW/SCHMID/BIAGGINI, 606).

Als *lebenswichtig* gelten namentlich (LVG 2): Nahrungsmittel, Heilmittel, Hilfs- und Rohstoffe für Landwirtschaft, Industrie und Gewerbe, Energieträger; Transport- und Fernmeldedienste; Lager- und Speichermöglichkeiten.

---

*   Mit Übergangsbestimmung

4   *Instrumentarium:* BV 102 äusserst sich nicht näher zum Instrumentarium, betont aber die Notwendigkeit der *Vorsorge* (vgl. Abs. 1 Satz 2). Die Ausführungsgesetzgebung findet sich vor allem im BG vom 8.10.1982 über die wirtschaftliche Landesversorgung (LVG; SR 531; mit Vorgängern aus den Jahren 1955 bzw. 1938) und den zugehörigen Verordnungen (SR 531.02–531.44) bzw. Bundesratsbeschlüssen (SR 531.54–55), teils auch im BG vom 29.4.1998 über die Landwirtschaft (LwG; SR 910.1); näher BIAGGINI/MÜLLER/RICHLI/ZIMMERLI, 79 ff. – Ein wichtiges Instrument ist auch heute noch die *Pflichtlagerhaltung* (vgl. LVG 6 ff. und 27), die mittels öffentlich-rechtlicher Verträge operiert (Pflichtlagervertrag, LVG 6), deren Verletzung das Gesetz unter Strafe stellt (LVG 42 ff.). In Betracht kommen auch ausfuhrbeschränkende Massnahmen (vgl. LVG 23 und 28, jeweils Abs. 1 Bst. e). Im Dienst der Landesversorgung steht auch der vom Bund zu erlassende Sachplan Fruchtfolgeflächen (vgl. RPV 26 ff.).

5   *Vollzugsorganisation:* Der Vollzug der einschlägigen Gesetzgebung obliegt dem vom Bundesrat zu ernennenden (aus der Wirtschaft stammenden) Delegierten für wirtschaftliche Landesversorgung (LVG 53); die Vollzugsorganisation ist dem *Milizgedanken* verpflichtet (vgl. Organisationsverordnung Landesversorgung vom 6.7.1983; SR 531.11).

6   *Abs. 2:* Zum Grundsatz der Wirtschaftsfreiheit N 3 ff. zu BV 94.

7   *Übergangsbestimmung (BV 196 Ziffer 6):* Im Rahmen der BV-Totalrevision wurde der landesversorgungspolitisch motivierte «Getreideartikel» (BV 1874 Art. 23bis) – 1929 erlassen, später mehrfach geändert (1980, 1985, 1994) – weitgehend dekonstitutionalisiert und die Sicherstellung der Versorgung mit Brotgetreide und Backmehl in die Verantwortung des Gesetzgebers entlassen. Mit der Aufhebung des Getreidegesetzes per 1.7.2001 (AS 2001 1539) wurde die Brotgetreidelagerhaltung in das LVG integriert.

Literaturhinweise (vgl. auch die Hinweise vor BV 94)

ACHERMANN-KNÖPFLI ALEX, Das Bundesgesetz über die wirtschaftliche Landesversorgung, Basel 1990; KAUFMANN URS, Die wirtschaftliche Landesversorgung im Rahmen der schweizerischen Sicherheitspolitik, in: Riklin et al., 617 ff.; PROBST RUDOLF, Landesversorgungsrecht, Berner Festgabe zum Schweizerischen Juristentag 1979, Bern/Stuttgart 1979, 529 ff.; RICHLI PAUL, Landesversorgungsrecht, SBVR XIII, 95 ff.; SCHELBERT BEAT, Die rechtliche Bewältigung ausserordentlicher Lagen im Bund, Bern 1986; SUTTER-SOMM KARIN, Rechtsschutz bei Massnahmen auf dem Gebiet der wirtschaftlichen Landesversorgung in Krisenzeiten, WuR 1990, 100 ff.

Art. 103 Strukturpolitik*

Der Bund kann wirtschaftlich bedrohte Landesgegenden unterstützen sowie Wirtschaftszweige und Berufe fördern, wenn zumutbare Selbsthilfemassnahmen zur Sicherung ihrer Existenz nicht ausreichen. Er kann nötigenfalls vom Grundsatz der Wirtschaftsfreiheit abweichen.

1   Die Bestimmung geht im Wesentlichen zurück auf BV 1874 Art. 31 bis Abs. 2 und (vor allem) Abs. 3 Bst. a und c (i.d.F. von 1947). – Weitere strukturpolitisch motivierte oder relevante Bestimmungen sind BV 75, 92, 104.

2   *Strukturpolitik* heisst jener Zweig der Wirtschafts(förderungs)politik, der die *Zusammensetzung* der Volkswirtschaft (regional, branchenmässig usw.) beeinflussen will mit dem Ziel, Strukturen zu erhalten, zu entwickeln oder neu zu schaffen. Strukturpolitik hatte (und hat), im Unterschied zur Konjunkturpolitik (BV 100), nicht selten eine *protektionistische* Note; die («künstliche») Erhaltung von Strukturen kann zu einer Belastung für die Gesamtwirtschaft werden. Weniger problematisch ist die staatliche *Infrastrukturpolitik*, welche die allgemeine Wohlfahrt (BV 2) durch Bereitstellung von öffentlichen Werken, Verkehrswegen, Bildungsstätten usw. fördern will (BV 62 ff., 81 ff.).

Tragweite der Bundeskompetenz (Satz 1)

3   *Rechtsnatur:* BV 103 begründet eine *sachlich begrenzte* (N 4) Gesetzgebungskompetenz des Bundes mit (grundsätzlich) nachträglich derogatorischer Wirkung (*konkurrierende* Kompetenz); angesichts der Zielrichtung («unterstützen», «fördern») bleibt vielfach Raum für kantonale Massnahmen und ist die Bundeskompetenz im Ergebnis über weite Strecken eher *paralleler* Natur (vgl. BIAGGINI/MÜLLER/RICHLI/ZIMMERLI, 110; VEIT, SG-Komm., Art. 103, N 5; MAURER). Anders als dem Bund fehlt den Kantonen indes die Befugnis, nötigenfalls vom Grundsatz der Wirtschaftsfreiheit abzuweichen (näher N 15 zu BV 94), wenn man von der befristeten Möglichkeit im Bereich des Gastgewerbes absieht (bis Ende 2009, vgl. BV 196 Ziffer 7, siehe hinten N 8). – Auch wenn BV 103 *nicht verpflichtend* formuliert ist («kann»), kann sich die Befugnis im Zusammenspiel mit anderen Verfassungsbestimmungen (z.B. BV 94 Abs. 2, 3) für den Bund zu einem Handlungsauftrag verdichten.

4   BV 103 benennt *zwei Handlungsfelder:* die regionale und die sektorielle (auch sektorale oder branchenbezogene) Strukturpolitik (BIAGGINI/MÜLLER/RICHLI/ZIMMERLI, 154 ff.). In beiden Bereichen ist der Gedanke der *Subsidiarität* wegleitend (Eigenanstrengungen der Betroffenen) – und zwar generell, nicht nur wenn es um grundsatzwidrige Massnahmen geht:

– *Regionale Strukturpolitik:* Die Begriffe «Landesgegenden» und «wirtschaftlich bedroht» lassen dem Bundesgesetzgeber einen beträchtlichen Konkretisierungsspielraum. *«Landesgegend»* meint hier (enger als in BV 175 Abs. 4) ein durch die geografische Lage als Einheit erscheinendes Gebiet, das gemäss Praxis nicht sonderlich gross sein muss (vgl. etwa den Anhang zum IHG oder die Verordnung des EVD vom 12.6.2002 über die Fest-

---

*   Mit Übergangsbestimmung

legung der wirtschaftlichen Erneuerungsgebiete, SR 951.931.1). Als *«wirtschaftlich bedroht»* gelten Landesgegenden, wenn die wirtschaftliche Existenz ihrer Bewohner als gefährdet erscheint.

- *Sektorielle Strukturpolitik:* Die Begriffe «Wirtschaftszweige» und «Berufe» signalisieren, dass die Unterstützung auf ganze *Branchen* abzielen muss, d.h. nicht auf die «Wirtschaft» insgesamt und auch nicht bloss auf die Rettung *einzelner* «krisengeschüttelter» Unternehmen (was nicht ausschliesst, dass auf der Ebene der Instrumente auch einzelbetriebliche Finanzhilfen vorgesehen werden). Wirtschaftsförderung im Rahmen von BV 103 muss darauf ausgerichtet sein, den unterstützten Wirtschaftszweig ökonomisch zu stärken. Förderungsmassnahmen zur Sicherung einer vielfältigen und eigenständigen Presselandschaft finden in BV 103 keine Grundlage (VPB 69.47, 2005), ebenso wenig die Rettungsmassnahmen zu Gunsten der Swissair (vgl. N 17 zu BV 87).

5 *Existenzgefährdung:* BV 103 wird mitunter als «allgemeine Förderungskompetenz» bezeichnet (vgl. VEIT, SG-Komm., Art. 103, N 3; Botsch. BV, 307, vgl. aber a.a.O., 312). Dies ist zumindest missverständlich, da BV 103 *keine allgemeine* Grundlage für *sektorielle* Wirtschaftsförderung bietet (anders noch BV 1874 Art. 31bis Abs. 2), sondern nur unter der – vom Gesetzgeber zu konkretisierenden – Voraussetzung der *Existenzgefährdung* (wie hier VALLENDER, VRdCH, 965; AUBERT, Comm., Art. 103, N 7). Daher können nicht alle strukturpolitisch motivierten Erlasse, die auf der Grundlage von BV 1874 Art. 31bis ergangen sind, heute unbesehen auf BV 103 abgestützt werden (als Verfassungsgrundlagen kommen etwa in Betracht: BV 101, 102, 104).

6 *Verhältnis zum Grundsatz der Wirtschaftsfreiheit (BV 94):* BV 103 geht davon aus, dass die Strukturpolitik des Bundes grundsätzlich wettbewerbsneutral ausgestaltet werden soll (Botsch. BV, 308). Zu Abweichungen vom Grundsatz der Wirtschaftsfreiheit (N 3 ff. zu BV 94) soll es nur «nötigenfalls» kommen, was nicht allein von der Wichtigkeit eines Wirtschaftszweigs oder Berufs abhängt, sondern auch von gesellschafts- und staatspolitischen Gesichtspunkten. Grundsatzwidrige Strukturpolitik ist heute wenig verbreitet, wenn man vom besonders gelagerten (BV 104) Hauptanwendungsfall «Landwirtschaft» absieht (welche gewissermassen von Verfassungsrechts wegen als existenzgefährdet und unterstützungswürdig gilt). Ein Grund dafür sind nicht zuletzt die negativen Erfahrungen der Vergangenheit, namentlich im Bereich der Uhrenindustrie (insb. mit dem sog. Uhrenstatut von 1951, das später gelockert und durch die – 1991 aufgehobene – offizielle Qualitätskontrolle in der Uhrenindustrie abgelöst wurde; vgl. BIAGGINI/MÜLLER/RICHLI/ZIMMERLI, 157). Weitere historische Beispiele betreffen Wirtschaftszweige wie die Textilindustrie oder das Schuhmacher-, Coiffeur-, Sattler- und Wagnergewerbe (vgl. den BB über den Fähigkeitsausweis in den genannten Gewerben, BBl 1953 III 1127, BBl 1954 II 262). Gelegentlich ertönt auch heute noch der Ruf nach strukturpolitischen Massnahmen (z.B. zu Gunsten des Detailhandels: gegen das sog. «Lädelisterben»).

7 *Instrumentarium:* Auf BV 103 bzw. die dort nachgeführten Kompetenzen stützen sich heute verschiedene (überwiegend regionalpolitisch motivierte) Erlasse (näher BIAGGINI/MÜLLER/RICHLI/ZIMMERLI, 154 ff.; RICHLI, Wirtschaftsstrukturrecht, 28 ff.), darunter namentlich das BG vom 21.3.1997 über Investitionshilfe für Berggebiete (IHG; SR 901.1, welches das gleichnamige BG vom 28.6.1974 ablöste); das BG vom 25.6.1976 über die Gewährung von Bürgschaften und Zinskostenbeiträgen in Berggebieten (SR 901.2), das BG (früher BB) vom

21.3.1997 über die Unterstützung des Strukturwandels im ländlichen Raum (SR 901.3; «Regio Plus») und das BG (früher BB) vom 6.10.1995 zugunsten wirtschaftlicher Erneuerungsgebiete (SR 951.93), die beiden Letzteren per BG vom 23.6.2006 verlängert bis Ende 2008 (AS 2006 4297, 4301). Der Erneuerungsgebiete-Erlass von 1995 erging in Nachfolge des 1978 beschlossenen, mehrfach verlängerten BB über Finanzierungsbeihilfen zugunsten wirtschaftlich bedrohter Regionen (sog. Bonny-Beschluss), der vorab Problemregionen mit einer *dominanten Branche* (Uhren-, Textilindustrie) im Visier hatte; die heutigen «wirtschaftlichen Erneuerungsgebiete», zu denen mittlerweile 17 Kantone ganz oder teilweise zählen (vgl. Verordnung des EVD vom 12.6.2002; SR 951.931.1), werden dagegen nach sozioökonomischen Kriterien (Arbeitslosigkeit, Verlust von Arbeitsplätzen) bestimmt. Das BG vom 6.10.2006 über Regionalpolitik (BBl 2006 8417, Referendumsvorlage; vgl. Botschaft vom 16.11.2005, BBl 2006 231 ff.) soll vier Erlasse ablösen (voraussichtlich per 1.1.2008). – Branchen- wie regionalpolitisch motiviert ist die *Tourismusförderung*. Die Instrumente finden sich heute vor allem im BG vom 20.6.2003 über die Förderung der Beherbergungswirtschaft (SR 935.12), welches an die Stelle des BG vom 1.7.1966 über die Förderung des Hotel- und Kurortkredites (AS 1966 1658) trat, und im BG vom 10.10.1997 über die Förderung von Innovation und Zusammenarbeit im Tourismus (SR 935.22); vgl. auch das BG vom 21.12.1955 über die Schweizerische Verkehrszentrale (SR 935.21). – Nach den interkantonalen Rivalitäten betreffend Ansiedlung eines US-amerikanischen Unternehmens im Frühjahr 2005 (Fall «Galmiz/Amgen») rückt die Frage der Koordination und der Rolle des Bundes in den Vordergrund.

Übergangsbestimmung

8 Die Übergangsbestimmung zu BV 103 (BV 196 Ziffer 7) gestattet die *Fortführung* (nicht: Neueinführung) der – grundsatzwidrigen (vgl. N 15 zu BV 94 BV) – Bedürfnisklausel im Gastgewerbe, und zwar *längstens* bis Ende 2009 (nicht «au moins», wie der französische Text fälschlicherweise sagt).

Literaturhinweise (vgl. auch die Hinweise vor BV 94)

MANGISCH MARCEL, Die Gastwirtschaftsgesetzgebung der Kantone im Verhältnis zur Handels- und Gewerbefreiheit, Bern 1982; MAURER BEAT, Kantonale Kompetenzen zur Wirtschaftsförderung, Bern 1992; RICHLI PAUL (Hrsg.), Wirtschaftsstrukturrecht, SBVR XIII, Basel 2005.

Art. 104 Landwirtschaft

1 Der Bund sorgt dafür, dass die Landwirtschaft durch eine nachhaltige und auf den Markt ausgerichtete Produktion einen wesentlichen Beitrag leistet zur:

a. sicheren Versorgung der Bevölkerung;

b. Erhaltung der natürlichen Lebensgrundlagen und zur Pflege der Kulturlandschaft;

c. dezentralen Besiedlung des Landes.

2 Ergänzend zur zumutbaren Selbsthilfe der Landwirtschaft und nötigenfalls abweichend vom Grundsatz der Wirtschaftsfreiheit fördert der Bund die bodenbewirtschaftenden bäuerlichen Betriebe.

³ Er richtet die Massnahmen so aus, dass die Landwirtschaft ihre multifunktionalen Aufgaben erfüllt. Er hat insbesondere folgende Befugnisse und Aufgaben:

a. Er ergänzt das bäuerliche Einkommen durch Direktzahlungen zur Erzielung eines angemessenen Entgelts für die erbrachten Leistungen, unter der Voraussetzung eines ökologischen Leistungsnachweises.
b. Er fördert mit wirtschaftlich lohnenden Anreizen Produktionsformen, die besonders naturnah, umwelt- und tierfreundlich sind.
c. Er erlässt Vorschriften zur Deklaration von Herkunft, Qualität, Produktionsmethode und Verarbeitungsverfahren für Lebensmittel.
d. Er schützt die Umwelt vor Beeinträchtigungen durch überhöhten Einsatz von Düngstoffen, Chemikalien und anderen Hilfsstoffen.
e. Er kann die landwirtschaftliche Forschung, Beratung und Ausbildung fördern sowie Investitionshilfen leisten.
f. Er kann Vorschriften zur Festigung des bäuerlichen Grundbesitzes erlassen.

⁴ Er setzt dafür zweckgebundene Mittel aus dem Bereich der Landwirtschaft und allgemeine Bundesmittel ein.

1 BV 104 geht auf den nahezu unverändert übernommenen «neuen» Landwirtschaftsartikel der BV 1874 (Art. 31octies) zurück, der 1996 den (ersten) Landwirtschaftsartikel von 1947 (BV 1874 Art. 31bis Abs. 3 Bst. b; näher RHINOW, Komm. aBV, Art. 31bis, N 154 ff.) abgelöst hatte. Im Streit um die Artikel-Überschrift setzten sich NR und BR gegenüber dem SR («Landwirtschaftspolitik») durch. BV 104 ist ein Schulbeispiel für einen «überladenen» Verfassungsartikel mit zahlreichen (konfligierenden) Zielvorgaben und einer nicht abschliessenden Auflistung von Instrumenten – zugleich Beleg für die faktischen Zwänge, denen der Verfassungsgeber in der halbdirekten Demokratie unterliegt (Gegenvorschlag zu einer zurückgezogenen Volksinitiative; ähnlich bereits die 1995 gescheiterte Behördenvorlage). In begrifflicher Hinsicht ist bemerkenswert, dass (ausgerechnet) der Landwirtschaftsartikel zu den (wenigen) Verfassungsnormen gehört, in denen das Wort «Markt» sowie mehrere Fremdwörter (z.B. «multifunktional») verwendet werden.

2 Die Verfassung verzichtet darauf, den titelgebenden Begriff zu definieren. Die «Landwirtschaft» umfasst sicher die Urproduktion im pflanzlichen und tierischen Bereich, bleibt aber nicht darauf beschränkt und kann am besten funktional von den erwarteten Leistungen her definiert werden (vgl. VALLENDER, SG-Komm., Art. 104, N 4; RHINOW, Komm. aBV, Art. 31bis, N 161).

3 BV 104 weist unzählige *Berührungspunkte* zu anderen Verfassungsnormen auf, vgl. insb. BV 74 (Umweltschutz), BV 75 (Raumplanung), BV 76 (Gewässerschutz), BV 78 (Natur- und Heimatschutz), BV 80 (Tierschutz), BV 102 (Landesversorgung), BV 105 (Alkohol), BV 110 (Arbeitnehmerschutz), BV 118 Abs. 2 (Seuchenbekämpfung, Nahrungsmittel), BV 120 und BV 197 Ziff. 7 (Gentechnologie), BV 122 (Zivilrecht). – Die Landwirtschaft steht unter dem Schutz der Wirtschaftsfreiheit (BV 27), doch dominiert hier noch immer der Schutz *vor* der Wirtschaftsfreiheit.

4   Auf BV 104 (bzw. seine Vorgänger) stützen sich zahlreiche Erlasse, darunter insb. das BG vom 29.4.1998 über die Landwirtschaft (Landwirtschaftsgesetz, LwG; SR 910.1); das BG vom 4.10.1985 über die landwirtschaftliche Pacht (LPG; SR 221.213.2); das BG vom 20.6.1952 über die Familienzulagen in der Landwirtschaft (FLG; SR 836.1).

5   Die schweizerische Landwirtschaftspolitik erlebt seit den 1990er Jahren einen tief greifenden Wandel, dies nicht zuletzt als Konsequenz der im Rahmen der WTO eingegangenen völkerrechtlichen Verpflichtungen (Übereinkommen über die Landwirtschaft, Anhang 1A.3 zum WTO-Abkommen vom 15.4.1994, SR 0.632.20; vgl. BBl 1994 IV 147 ff.; SENTI, WTO, 464 ff.), die u.a. Zollsenkungen sowie die Ablösung der bisherigen Mengenkontingente durch Zollkontingente nach sich zogen (vgl. BGE 128 II 34, 37; VPB 67.119 [2003], Entscheid der Eidgenössischen Zollrekurskommission vom 17.4.2003; BIAGGINI/MÜLLER/RICHLI/ZIMMERLI, 191). Zur Marktöffnung im Verhältnis zur EG vgl. das Abkommen vom 21.6.1999 über den Handel mit landwirtschaftlichen Erzeugnissen (SR 0.916.026.81, dazu BBl 1999 6129 ff. und 6225 ff.) und das Abkommen vom 26.10.2004 betreffend landwirtschaftliche Verarbeitungserzeugnisse (SR 0.632.401.23, vgl. BBl 2004 6033 ff.). – Wegmarken aus landesrechtlicher Sicht sind das Agrarpaket 1995, die Agrarpolitik 2002 (Botschaft BBl 1996 IV 1 ff.), das neue Landwirtschaftsgesetz (1998), der neue Getreideartikel (1998), die Liberalisierung des Brotgetreidemarktes (2001), die Agrarpolitik 2007 (Botschaft 2002, BBl 2002 4721 ff.) und die Agrarpolitik 2011 (Botschaft BBl 2006 6337 ff.; Teilrevision LwG vom 22.6.2007, BBl 2007 4677, Referendumsvorlage).

Handlungsauftrag und allgemeine Zielvorgaben (Abs. 1)

6   *Rechtsnatur:* Abs. 1 gibt der Landwirtschaftspolitik des Bundes *Ziele* und Rahmenbedingungen vor, begründet aber noch keine Kompetenzen (anders AUBERT, Comm., Art. 104, N 10). Die Vorgaben sind weit gefasst (und beschneiden den Gestaltungsspielraum des Bundes nicht wesentlich). In Bst. b kommt die nun auch allgemein verankerte Idee der Nachhaltigkeit (BV 2 und BV 73) zum Ausdruck. Die «Marktausrichtung» der Produktion ist in einer Marktwirtschaft (mit welchem Adjektiv auch immer) eine Selbstverständlichkeit. Dass sie in Abs. 1 eigens aufgeführt wird, erinnert einerseits an vergangene Fehlsteuerungen («Milchschwemme», «Butterberg»), ist andererseits ein verfassungsrechtlicher Fingerzeig für den Bundesgesetzgeber, möglichst marktorientierte Lösungen zu treffen, auch wenn er (gestützt auf Abs. 2) vom Grundsatz der Wirtschaftsfreiheit abweichen darf.

7   In den einzelnen Zielvorgaben kommen die Akzentverschiebungen in der Landwirtschaftspolitik zum Ausdruck (Bst. b: Landschaftspflege, Ökologisierung) sowie die neu-alte Idee der Multifunktionalität (Abs. 3; vgl. schon den 7. Landwirtschaftsbericht, BBl 1992 II 130 ff.). Nicht (mehr) eigens erwähnt ist das Ziel der Erhaltung eines «gesunden Bauernstandes» (so noch BV 1874 Art. 31bis Abs. 3 Bst. b). Die einzelnen Zielvorgaben haben ein Echo in anderen Verfassungsnormen: Versorgungssicherheit (Bst. a): vgl. BV 102; Erhaltung der natürlichen Lebensgrundlagen (Bst. b): vgl. BV 2, 54, 74; Pflege der Kulturlandschaft (Bst. b): vgl. BV 78; dezentrale Besiedlung des Landes (Bst. c): vgl. BV 75, 103. Die möglichen Zielkonflikte (vgl. etwa die kontrovers diskutierte Neuumschreibung der Landwirtschaftszonenkonformität in RPG 16, 16a per 1.9.2000) werden in BV 104 eher verdeckt als offengelegt.

3. Titel: Bund, Kantone und Gemeinden   Nr. 1 BV **Art. 104**

Förderungskompetenz (Abs. 2)

8 *Rechtsnatur:* Abs. 2 begründet eine (verpflichtende) *Förderungskompetenz* des Bundes. Diese ist zugleich *allgemein* (da nicht an bestimmte Instrumente gebunden) und (doppelt) *begrenzt*, zumal die Fördermassnahmen *subsidiär* sein sollen (ergänzend zur «zumutbaren Selbsthilfe») und beschränkt bleiben müssen auf *bodenbewirtschaftende* bäuerliche Betriebe (ein Pleonasmus, wenn man AUBERT, Comm., Art. 104, N 13, folgt). Andere Landwirtschaftsbetriebe (Hors-sol-Betriebe, der öffentlichen Hand gehörende Betriebe, vgl. Botsch. BV, 312) können dennoch in den Genuss von Fördermassnahmen des Bundes gelangen: indirekt als «Trittbrettfahrer» (allgemeine Massnahmen des Bundes, z.B. Forschung, Grenzschutz), u.U. direkt im Rahmen von Abs. 3 (Botsch. BV, 312). – Die Kompetenz gemäss Abs. 2 ist, wie alle Förderungskompetenzen, ihrer Natur nach eine *parallele* Kompetenz; kantonale Massnahmen dürfen die Massnahmen des Bundes nicht durchkreuzen und nicht vom Grundsatz der Wirtschaftsfreiheit abweichen.

9 Von der *Ermächtigung*, vom Grundsatz der Wirtschaftsfreiheit *abzuweichen* (vgl. auch N 14 zu BV 94), macht der Bund traditionell ausgiebig Gebrauch (insb. durch Massnahmen der Produktionslenkung; vgl. LwG 30 ff., 46, 60 ff.); allerdings sind Liberalisierungstendenzen nicht zu übersehen.

10 Abs. 2 ist Spezialbestimmung im Verhältnis zu BV 103 (der Nachweis einer Existenzbedrohung wird für die Landwirtschaft nicht verlangt; Botsch. BV, 312) sowie zu BV 101 Abs. 2 (Landwirtschaft als Hauptanwendungsfall für Massnahmen zum Schutz der *inländischen* Wirtschaft).

Einzelne Befugnisse und Aufgaben (Abs. 3)

11 *Rechtsnatur:* Abs. 3 begründet weitere konkurrierende Gesetzgebungskompetenzen des Bundes, die teils verpflichtend (Bst. a–d), teils fakultativ sind («kann»: Bst. e–f). Obwohl die Befugnis, vom Grundsatz der Wirtschaftsfreiheit abzuweichen, nur in Abs. 2 (N 9) erwähnt ist, dürften grundsatzwidrige Massnahmen zumindest in gewissen Bereichen des Abs. 3 möglich sein. Der nicht kompetenzbegründende einleitende Satz schlägt die Brücke zu den Zielvorgaben des Abs. 1 (Botsch. BV, 312).

12 Die *Liste der Aufgaben und Befugnisse* (Bst. a–f) wird eigenartigerweise mit einem «insbesondere» eingeleitet. Da Abs. 3 Satz 1 keine Kompetenzen begründet, müssen weitere Befugnisse und Aufgaben ihre Verfassungsgrundlage anderswo finden (z.B. in Abs. 2, BV 102, 103 usw.). Der Konkretisierung und Umsetzung von Abs. 3 dient vor allem das LwG:

   a. *nicht produktbezogene (allgemeine) Direktzahlungen* (vgl. LwG 72 ff.: z.B. Flächenbeiträge; Beiträge für die Tierhaltung unter erschwerenden Produktionsbedingungen): Leitidee ist hier die Abgeltung von «gemeinwirtschaftlichen Leistungen» (vgl. LwG 72; BBl 2002 4821 f.). Direktzahlungen als Instrument zur Entkoppelung von Preis- und Einkommenspolitik sollen ergänzenden Charakter haben; Haupteinkommensquelle sollen die Produkte-Erlöse bleiben. Vgl. auch die Direktzahlungsverordnung vom 7.12.1998 (DZV; SR 910.13). Die Voraussetzung des «ökologischen Leistungsnachweises» wird in LwG 70 näher bestimmt.

   b. zusätzliche *ökologische Direktzahlungen:* Gemeint sind Beiträge zur Förderung besonders umweltschonender oder tiergerechter Produktionsformen (vgl. LwG 76 ff., insb. Ökobeiträge, seit 1.1.2004 auch sog. Ethobeiträge). Die Anforderungen sind strenger als beim ökologischen Leistungsnachweis nach Bst. a bzw. beim allgemeinen Tierschutz (BV 80).

c. *Deklarationsvorschriften* (Ursprung, Produktionsmethode usw.) sollen Markttransparenz schaffen; sie dienen neben dem Konsumentenschutz auch der Absatzförderung. Erfasst werden können auch Lebensmittel, die nicht landwirtschaftlich produziert wurden (Botsch. BV, 312). Der Umsetzung dienen insb. LwG 14 ff.; die GUB/GGA-Verordnung vom 28.5.1997 (SR 910.12); die Bio-Verordnung vom 22.9.1997 (SR 910.18).

d. *Umweltschutz:* Der Gesetzgebungsauftrag (vgl. dazu LwG 158 ff.) kann auch als Grundlage für die Einführung von (reinen) Lenkungsabgaben dienen (Botsch. BV, 313).

e. *Förderung* von Forschung, Beratung und Ausbildung sowie von Investitionen im Landwirtschaftsbereich (insb. LwG 87 ff., 113 ff.). Gemeinsamer Nenner ist die Verbesserung der Produktionsgrundlagen und der Leistungsfähigkeit der Landwirtschaft (Botsch. BV, 313). Die Berufsbildung (früher LwG 118 ff.) wird in das allgemeine System gemäss BBG (SR 412.10) überführt.

f. *Festigung des bäuerlichen Grundbesitzes:* Vgl. das BG vom 4.10.1991 über das bäuerliche Bodenrecht (BGBB; SR 211.412.11), das LPG (SR 221.213.2) sowie RPG 16, 16a, 24 ff.

Finanzierung (Abs. 4)

13 Abs. 4 – der Selbstverständliches auszudrücken scheint – soll vor allem Transparenz schaffen (VALLENDER, SG-Komm., Art. 104, N 43). Die Erwähnung zweckgebundener Mittel hat insofern rechtliche Bedeutung, als der Gesetzgeber zu einer entsprechenden Ausgestaltung des landwirtschaftspolitischen Instrumentariums angehalten ist. Gemäss LwG 6 werden die finanziellen Mittel für die wichtigsten Aufgabenbereiche von der Bundesversammlung per einfachen Bundesbeschluss für jeweils höchstens vier Jahre bewilligt. Gemäss Agrarbericht 2005 betrugen die Ausgaben des Bundes für Landwirtschaft und Ernährung im Jahr 2004 rund 3,9 Mia. Franken.

Literaturhinweise (vgl. auch die Hinweise vor BV 94)

BIAGGINI/MÜLLER/RICHLI/ZIMMERLI, 164 ff.; AEBI P. et al., Das Abkommen über den Handel mit landwirtschaftlichen Erzeugnissen, in: Felder/Kaddous (Hrsg.), Bilaterale Abkommen Schweiz-EU, Basel usw. 2001, 577 ff.; DONZALLAZ YVES, Traité de droit agraire suisse, Bern 2004; MOOR PIERRE, Agriculture, Lausanne 1984; RICHLI PAUL, Agrarrecht, SBVR XIII, Basel 2005, 131 ff.; DERS., Entwicklungen im schweizerischen und europäischen Agrarrecht, BlAR 2002, 75 ff.; RÜEFLI CHRISTIAN, Die Milchkontingentierung: Evaluation eines staatlichen Marktlenkungsinstruments, LeGes 2003/1, 53 ff.; TSCHANNEN PIERRE, Zweierlei Landwirtschaft, ZSR 1992 I, 137 ff.; VALLENDER KLAUS A., Die Instrumente der schweizerischen Agrargesetzgebung, Romanshorn 1973.

Art. 105 Alkohol

Die Gesetzgebung über Herstellung, Einfuhr, Reinigung und Verkauf gebrannter Wasser ist Sache des Bundes. Der Bund trägt insbesondere den schädlichen Wirkungen des Alkoholkonsums Rechnung.

1   Die alte Bundesverfassung enthielt mehrere dem Alkohol gewidmete Bestimmungen (insb. BV 1874 Art. 32bis, 32ter und 32quater) unterschiedlicher Entstehungszeit (Besteuerung von gebrannten Wassern: 1885; Gesetzgebung über Herstellung, Einfuhr, Verkauf: 1930; Absinthverbot: 1908). Die neue Bundesverfassung begnügt sich mit BV 105 (wenn man von BV 131, Biersteuer, absieht), der das Wesentliche auf wenigen Zeilen zusammenfasst (näher Botsch. BV, 313 f.). – Das Absinthverbot wurde zunächst dekonstitutionalisiert und durch Gesetzesänderung per 1.3.2005 ganz aufgehoben (AS 2005 972); im ersten Jahr wurden rund 130'000 Liter legal produziert, vorab im Val-de-Travers (Quelle: Medienmitteilung EAV vom 27.3.2006). – Ungeachtet des Verzichts auf Weiterführung von BV 1874 Art. 32quater Abs. 1 und 2 sollen *gesundheitspolitisch* motivierte Bedürfnisklauseln im Gastwirtschaftsgewerbe (alkoholführende Betriebe) auch künftig nicht von vornherein ausgeschlossen sein (vgl. AUBERT, Comm., Art. 105, N 9; Botsch. BV, 314; AB SD 1998 N 237). – Zur Weiterführung des Verbots des Hausierens mit geistigen Getränken (BV 1874 Art. 32quater Abs. 6) vgl. Ziffer II Abs. 2 Bst. a der Schlussbestimmungen des BB vom 18.12.1998.

2   *Rechtsnatur:* Satz 1 begründet eine *umfassende, verpflichtende Gesetzgebungskompetenz* des Bundes, welche es ihm unbestrittenermassen erlaubt, vom Grundsatz der Wirtschaftsfreiheit abzuweichen und im Bereich der «gebrannten Wasser» ein *Monopol* zu errichten (AUBERT, Comm., Art. 105, N 4) und dieses zu fiskalischen Zwecken zu nutzen. – Die ausführende Gesetzgebung findet sich vor allem im BG vom 21.6.1932 über die gebrannten Wasser (Alkoholgesetz, AlkG; SR 680).

3   *Gegenstand:* Die Verfassung verzichtet darauf, den Begriff *«gebrannte Wasser»* zu definieren. Gemäss AlkG 2 Abs. 1 ist gemeint: «Äthylalkohol in jeder Form und ohne Rücksicht auf die Art seiner Herstellung» (in der Regel: auf dem Weg der Destillation; vgl. AUBERT, Comm., Art. 105, N 2). Vom Monopol erfasst wird auch der zu industriellen Zwecken gewonnene bzw. verwendete Alkohol (AUBERT, Comm., Art. 105, N 2). – BV 105 steht kantonalen Normen betreffend Alkoholwerbung nicht entgegen (BGE 128 I 295, 302).

4   *Satz 2* ruft die historische Motivation in Erinnerung (Schutz der öffentlichen Gesundheit) und erteilt dem Bund im Sinne einer Handlungsrichtlinie einen «gesundheitspolitischen Auftrag» (Botsch. BV, 314): Die Alkoholgesetzgebung soll nicht nur fiskalischen Zielsetzungen (Ertragsmaximierung) dienen.

5   *Umsetzung:* Der Bund beansprucht das ausschliessliche Recht zur Herstellung und zur Reinigung *gebrannter Wasser* (Monopol), übt es aber nicht selber aus, sondern überträgt es durch «Brennereikonzessionen» an genossenschaftliche und andere privatwirtschaftliche Unternehmen (AlkG 3; Konzessionssystem). Monopolisiert ist auch die Einfuhr gebrannter Wasser, die 80 oder mehr Volumenprozente Alkohol enthalten (AlkG 27). Der Handel mit gebrannten Wassern zu Trinkzwecken ist bewilligungspflichtig (AlkG 39a). Die Verwaltung des Monopols obliegt der Eidgenössischen Alkoholverwaltung. Diese gilt in verschiedener Hinsicht «als Ab-

teilung der Bundesverwaltung» (vgl. AlkG 59), besitzt jedoch «das Recht der Persönlichkeit» (AlkG 71 Abs. 1 Satz 2) und hat «eine eigene Rechnung zu führen» (AlkG 71 Abs. 3 Satz 1). Das Personal untersteht gemäss AlkG 71 dem Beamtengesetz (heute: BPG). – Das AlkG (nicht jedoch das Alkoholmonopol) erfasst neben gebrannten Wassern auch bestimmte weitere alkoholhaltige Erzeugnisse (AlkG 2 Abs. 2), um sie zu besteuern (vgl. AlkG 23bis); kritisch zu der bereits unter der BV 1874 begonnenen Praxis – die seither noch ausgebaut wurde (vgl. AlkG 23bis Abs. 2bis, betreffend sog. Alcopops) – AUBERT, Comm., Art. 105, N 2; AUBERT, Komm. aBV, Art. 32bis, N 46 und N 50; vgl. auch VPB 64.115 (2000). – Vom Reinertrag aus der Besteuerung der gebrannten Wasser gehen 10 % zweckgebunden an die Kantone (BV 131 Abs. 3). Der Anteil des Bundes wird für die AHV verwendet (AlkG 45).

Literaturhinweise (vgl. auch die Hinweise vor BV 94)

REICHMUTH ALFRED, Das schweizerische Alkoholmonopol, Freiburg 1971.

Art. 106   Glücksspiele*

1 Die Gesetzgebung über Glücksspiele und Lotterien ist Sache des Bundes.

2 Für die Errichtung und den Betrieb von Spielbanken ist eine Konzession des Bundes erforderlich. Er berücksichtigt bei der Konzessionserteilung die regionalen Gegebenheiten und die Gefahren des Glücksspiels.

3 Der Bund erhebt eine ertragsabhängige Spielbankenabgabe; diese darf 80 Prozent der Bruttospielerträge aus dem Betrieb der Spielbanken nicht übersteigen. Sie wird zur Deckung des Bundesbeitrags an die Alters-, Hinterlassenen- und Invalidenversicherung verwendet.

4 Für die Zulassung von Geschicklichkeitsspielautomaten mit Gewinnmöglichkeit sind die Kantone zuständig.

1   BV 106 ist der «Nachzügler» unter den Normen der neuen Bundesverfassung: Von Volk und Ständen bereits am 7.3.1993 gutgeheissen (BV 1874 Art. 35), erlangte der «Glücksspielartikel» unter der BV 1874 nie Geltung, sondern erst am 1. April 2000, d.h. nach mehr als siebenjähriger Karenzzeit, mit dem Inkrafttreten des BG vom 18.12.1998 über Glücksspiele und Spielbanken (SBG; SR 935.52; vgl. BV 196 Ziffer 8). Bis zu jenem Zeitpunkt galt ein *grundsätzliches Spielbankenverbot* (mit der 1928 konstitutionalisierten Ausnahme der sog. Kursaalspiele mit einem Maximaleinsatz von ursprünglich 2, seit 1958 5 Franken). – Die ursprüngliche Verfassungsnorm (BV 1874 Art. 35) ging im Kern auf das Jahr 1874 zurück. Das durch zwei Volksinitiativen (1920 und 1928) bekräftigte Spielbankenverbot galt zuletzt i.d.F. vom 7.12.1958. Die Bundeskompetenz zur Regelung des Lotteriewesens besteht seit 1874. – Im VE 95 war der Spielbankenartikel (Art. 86) noch zwischen dem Bankenartikel (Art. 85; heute BV 98) und dem Waffenartikel (Art. 87; heute BV 107) platziert.

*   Mit Übergangsbestimmung

3. Titel: Bund, Kantone und Gemeinden　　　　　　　　　　　　　　Nr. 1　BV　**Art. 106**

Gesetzgebungskompetenz des Bundes (Abs. 1)

2　*Rechtsnatur:* Abs. 1 begründet eine umfassende, verpflichtende Gesetzgebungskompetenz des Bundes mit nachträglich derogatorischer Wirkung. Im Bereich Spielbanken verbleibt den Kantonen wegen Abs. 2 freilich kein Spielraum. BV 106 enthält implizit die Ermächtigung, vom Grundsatz der Wirtschaftsfreiheit abzuweichen.

3　*Glücksspiele* sind Spiele, bei denen gegen Leistung eines Einsatzes ein Geldgewinn oder ein anderer geldwerter Vorteil in Aussicht steht, der ganz oder überwiegend vom Zufall abhängt (so die ihrerseits konkretisierungsbedürftige Legaldefinition in SBG 3). Nicht unter den Glücksspielbegriff fallen Börsengeschäfte. Zur Abgrenzung gegenüber *Geschicklichkeits*spielen N 11.

4　*Lotterien* gehören zwar zu den Glücksspielen (was der Wortlaut des Abs. 1 nicht adäquat wiedergibt; vgl. AUBERT, Comm., Art. 106, N 5), sind jedoch traditionell einem anderen Regime unterstellt (mit gewissen Spielräumen für die Kantone). Sie werden durch das BG vom 8.6.1923 betreffend die Lotterien und die gewerbsmässigen Wetten (LG; SR 935.51) geregelt (für eine Legaldefinition vgl. LG 1 Abs. 2; vgl. auch BGE 133 II 68: Finanzprodukt; BGE 132 II 240: TV-Gewinnspiel über Mehrwertdienstnummern als widerrechtliche lotterieähnliche Veranstaltung). Entscheidendes Abgrenzungskriterium ist die Planmässigkeit, durch welche der Veranstalter sein eigenes Spielrisiko ausschliesst (vgl. BGE 123 IV 175, 181 f.). – Das Gesetz statuiert ein grundsätzliches Lotterieverbot (LG 1); indes können Lotterien, die gemeinnützigen oder wohltätigen Zwecken dienen, von den Kantonen bewilligt werden (LG 3, 5 ff.; vgl. auch LG 2: Zulässigkeit einer sog. Tombola bei Unterhaltungsanlässen). Prinzipiell untersagt werden auch gewerbsmässige Wetten (LG 33), doch sind die Kantone befugt, Ausnahmen vorzusehen («bei Pferderennen, Bootsrennen, Fussballkämpfen und ähnlichen Veranstaltungen», LG 34). Der Jahresumsatz im schweizerischen Lotterie- und Wettmarkt betrug im Jahr 2006 2,8 Mia. Franken, der Bruttospielertrag 970 Mio. Franken (BJ, Medienmitteilung vom 2.7.2007). – Ob es sich bei den heute für Lotteriezwecke genutzten Apparaten des Typs «Tactilo» um (von den Kantonen zu bewilligende) automatisierte Lotterien oder um Glücksspielautomaten i.S. des SBG handelt (die nur in Spielbanken betrieben werden dürfen), ist seit dem Erlass eines superprovisorischen Aufstellungsverbots für die Deutschschweiz durch die Spielbankenkommission (Verfügung der ESBK vom 17.6.2004; die definitive Verbotsverfügung erging am 9.1.2007) Gegenstand gerichtlicher Auseinandersetzungen zwischen dem Bund (ESBK) und den Betreibern (bzw. den interessierten Kantonen).

Konzessionssystem für Spielbanken (Abs. 2)

5　Als *Spielbank* gilt eine Unternehmung, die gewerbsmässig Gelegenheit zum Glücksspiel anbietet (SBG 7).

6　Der Verfassungsgeber hat sich für ein *Konzessionssystem* entschieden, so dass – anders als bei einem eigentlichen Monopolsystem – der Betrieb einer Spielbank durch den Bund selbst (in Eigenregie) ausgeschlossen ist (vgl. AUBERT, Comm., Art. 106, N 7), während eine kantonale oder kommunale Trägerschaft grundsätzlich möglich ist (RICHLI, Komm. aBV, Art. 35, N 21). Der Gesetzgeber hat ein System mit zwei Konzessionstypen eingerichtet (SBG 8):

－　*Grand Casinos* (Konzession A) bieten Tischspiele (wie Boule, Roulette, Blackjack, Poker; vgl. GSV 21, SR 935.521.21) sowie das Spiel an Glücksspielautomaten an (gemäss

VSBG 47, SR 935.521: unbegrenzte Anzahl). Vgl. auch BGE 132 III 532 (betreffend Geschäftsfirma «Grand Casino»).

– *Kursäle* (Konzession B) können höchstens drei Tischspiele sowie das Spiel an Glücksspielautomaten (gemäss VSBG 48: höchstens 150) mit geringerem Verlust- und Gewinnpotential anbieten. Eine Vernetzung der Spiele ist allenfalls innerhalb eines Kursaals zulässig.

7 *Umsetzung:* Neben der Standort- ist eine Betriebskonzession erforderlich (SBG 10). Konzessionsbehörde ist der Bundesrat (SBG 16), womit man nicht zuletzt den Rechtsweg ausschliessen wollte. Das Gesetz gibt dem vorgesehenen Standortkanton und der Standortgemeinde ein Vetorecht (SBG 13). Die Beaufsichtigung der Spielbanken obliegt einer verwaltungsunabhängigen Kommission (ESBK; vgl. SBG 46 ff.). Weder Verfassung noch Gesetz legen eine (Höchst-)Zahl der Konzessionen fest. Aus Satz 2 ergeben sich nur vage Leitlinien. Mit Grundsatzbeschluss vom 24.10.2001 (BBl 2001 6220) entschied der Bundesrat, vorerst 7 A- und 14 B-Konzessionen zu erteilen (zwei B-Konzessionen werden inzwischen nicht mehr genutzt: Arosa und Zermatt).

Spielbankenabgabe (Abs. 3)

8 Abs. 3 gibt den eigentlichen Hauptgrund für die Abkehr vom Spielbankenverbot preis: Die vom Bund zu erhebende zweckgebundene Spielbankenabgabe soll den Bundesbeitrag an die AHV/IV decken helfen (BV 112 Abs. 5). – Eine Modifikation von Satz 2 im Rahmen des BB vom 3.10.2003 über die Finanzierung der AHV/IV scheiterte in der Volksabstimmung vom 16.5.2005.

9 *Rechtsnatur:* Es handelt sich um eine Sonderabgabe (VEIT, SG-Komm., Art. 106, N 8) mit Monopolabgabencharakter und verfassungsrechtlich festgelegtem Maximalsatz. Das Gesetz nennt eine Bandbreite (40–80 %; SBG 41); der Bundesrat hat einen Basissatz von 40% festgelegt, der progressiv ansteigt (VSBG 82 f.). – Der Bruttospielertrag der Schweizer Spielbanken betrug im Jahr 2006 rund 955 Mio. Franken; die Spielbankenabgabe brachte rund 495 Mio. Franken ein, wovon 417 Mio. an die AHV, 78 Mio. an die Standortkantone gingen (Quelle: Medienmitteilung ESBK vom 22.5.2007).

Kantonale Kompetenz für Geschicklichkeitsspielautomaten

10 *Funktion:* Abs. 4 stellt zum einen klar, dass Geschicklichkeitsspielautomaten mit Gewinnmöglichkeit nicht zu den Glücksspiel(automat)en gehören, d.h. nicht unter die Gesetzgebungskompetenz des Bundes fallen (was den Bund nicht hindert, die Abgrenzung, inkl. Verfahren, zu regeln: vgl. VSBG 61 ff.; AUBERT, Comm., Art. 106, N 12). Abs. 4 stellt zum anderen klar, dass die Entscheidung über die *Zulassung* den Kantonen obliegt. Diese sind grundsätzlich frei, ein Geschicklichkeitsspielautomaten-*Verbot* zu statuieren (vgl. BGE 106 Ia 191, BGE 101 Ia 336; kritisch RICHLI, Komm. aBV, Art. 35, N 18).

11 Die *Abgrenzung* ist, entgegen erstem Anschein, nicht eine primär technische Angelegenheit (die sich im Wesentlichen mit Hilfe von Expertisen klären liesse), sondern vor allem eine Rechtsfrage, wobei die einschlägigen Vorschriften (SBG 3, VSBG 63, GSV 1) den rechtsanwendenden Organen einen erheblichen Konkretisierungsspielraum belassen. Eine vom Bund 1998 (noch unter dem alten Recht) eingeleitete Praxisverschärfung wurde vom Bundesgericht

gebilligt (BGE 125 II 152; vgl. davor etwa BGE 97 I 748, BGE 101 Ia 336) und vom Gesetzgeber bekräftigt (mit einer am 31.3.2005 abgelaufenen Übergangsfrist). Wie bereits unter der alten Gesetzgebung tut sich die Praxis auch unter dem neuen Recht mit der Abgrenzung schwer. Fest steht, dass der Verfassungsgeber 1993 die Möglichkeit einer kommerziellen Nutzung von Geschicklichkeitsspielautomaten nicht verbauen wollte. Die Praxis darf daher nicht so streng sein, dass nur kommerziell uninteressante Apparate eine Chance auf Zulassung haben und Abs. 4 «toter Buchstabe» bleibt (vgl. VPB 66.104, 2002). Mittlerweile haben verschiedene Apparate die Homologierungs-Hürde genommen (z.B. BBl 2005 3292), teils mit Hilfe des Bundesgerichts (BGE 131 II 680), das weniger streng sein will als die Fachinstanz.

Literaturhinweise (vgl. auch die Hinweise vor BV 94)

DAENIKER HEINRICH, Das bundesrechtliche Verbot der Spielbanken (Art. 35 BV), Zürich 1944; MOUQUIN GÉRALD, La notion de jeu de hazard en droit public, Lausanne 1980; SCHOTT MARKUS, Les jeux, sont-ils faits?, Basler Festgabe zum Schweizerischen Juristentag 2004, Basel/Bern 2004, 495 ff.

Art. 107 Waffen und Kriegsmaterial

¹ Der Bund erlässt Vorschriften gegen den Missbrauch von Waffen, Waffenzubehör und Munition.

² Er erlässt Vorschriften über die Herstellung, die Beschaffung und den Vertrieb sowie über die Ein-, Aus- und Durchfuhr von Kriegsmaterial.

1   BV 107 vereint zwei Bundeskompetenzen, die auf die Jahre 1938 (BV 1874 Art. 41: Kriegsmaterial) bzw. 1993 zurückgehen (BV 1874 Art. 40bis: Waffenmissbrauch, wörtlich übernommen). – Das ursprünglich in BV 1874 Art. 41 statuierte sog. Pulverregal (Fabrikations- und Handelsmonopol für Schiesspulver) war 1997 (mit Blick auf die allgemeine Handelsliberalisierung) ersatzlos aufgehoben worden. – Kriegsmaterial- und andere Rüstungsfragen waren mehrfach Gegenstand von (erfolglosen) Volksinitiativen (zuletzt 1997).

2   Auf BV 107 (bzw. seine Vorgänger) stützen sich insb. das BG vom 20.6.1997 über Waffen, Waffenzubehör und Munition (Waffengesetz, WG; SR 514.54; modifiziert im Rahmen des BB über die Assoziierung an Schengen und an Dublin, vgl. BBl 2004 7166 ff.; vgl. auch BBl 2007 4567, Referendumsvorlage), das BG vom 13.12.1996 über das Kriegsmaterial (KMG; SR 514.51), das BG vom 25.3.1977 über explosionsgefährliche Stoffe (SprstG; SR 941.41).

Waffen: Missbrauchsbekämpfung (Abs. 1)

3   *Rechtsnatur:* Abs. 1 begründet eine sachlich begrenzte (Missbrauchsbekämpfung), verpflichtende Gesetzgebungskompetenz des Bundes mit nachträglich derogatorischer Wirkung (konkurrierende Kompetenz). Der Verfassungsgeber hat darauf verzichtet, die Begriffe «Missbrauch» (vgl. auch BV 13 Abs. 2, 96 Abs. 2 Bst. a; 109, 119, 120) sowie «Waffen», «Waffenzubehör» und «Munition» näher zu bestimmen. Legaldefinitionen finden sich in der ausführenden Gesetzgebung (WG 4). Ebenso wenig wird das Instrumentarium der Missbrauchsbekämpfung in der Verfassung genannt. Prinzipiell zulässig sind auch generelle Verbote (z.B. betreffend Erwerb besonders missbrauchsträchtiger Waffen wie Seriefeuerwaffen; vgl. WG 5).

4   Dass BV 107 nur den Missbrauch erfasst, bedeutet nicht, dass man im Umkehrschluss auf die Existenz einer grundrechtlich gesicherten «Waffenfreiheit» oder eines verfassungsmässigen Rechts «to keep and bear arms» (wie es im Amendment II zur US-Verfassung garantiert wird) schliessen kann (vgl. auch N 22 zu BV 10). Daran ändert die (nicht zuletzt referendumstaktisch motivierte) *gesetzliche Verankerung* eines «Recht(s) auf Waffenerwerb, Waffenbesitz und Waffentragen [...] im Rahmen dieses Gesetzes» (WG 3) nichts.

5   *Instrumentarium:* Dem Gesetz unterstellt sind *Hand- und Faustfeuerwaffen* sowie weitere gefährliche Gegenstände (z.B. bestimmte Sprays, Dolche, Messer sowie Schlagringe, Elektroschockgeräte usw.; vgl. WG 4). Als Waffenzubehör gelten Schalldämpfer sowie Laser- und Nachtsichtzielgeräte (WG 4 Abs. 2). Zu den verschiedenen gesetzlichen Instrumenten (Waffenerwerbsschein, Waffentragbewilligung, Waffenhandelsbewilligung usw.) vgl. WG 8 ff. und die zugehörige Verordnung vom 21.9.1998 (WV, SR 514.541). – Gestützt auf WG 7 hat der Bundesrat den Angehörigen einer Reihe von Staaten den Erwerb von Waffen, wesentlichen Waffenbestandteilen, Waffenzubehör, Munition und Munitionsbestandteilen sowie das Tragen von Waffen untersagt. Der Erlass verfassungsunmittelbarer Verordnungen (vgl. BGE 123 IV 29) ist seit Inkrafttreten der Waffengesetzgebung des Bundes ausser Gebrauch.

Kriegsmaterial (Abs. 2)

6   *Rechtsnatur:* Abs. 1 begründet eine *umfassende, verpflichtende Gesetzgebungskompetenz* des Bundes mit teils ursprünglich derogatorischer (Ein-, Aus- und Durchfuhr), teils nachträglich derogatorischer Wirkung (a.M. SAXER, SG-Komm., Art. 107, N 9, der generell von einer *ausschliesslichen* Kompetenz ausgeht, während AUBERT, Comm., Art. 107, N 4, Abs. 2 von einer konkurrierenden Kompetenz auszugehen scheint).

7   *Kriegsmaterial:* Die Verfassung verzichtet darauf, den Begriff näher zu bestimmen. Gemäss Legaldefinition (KMG 5) zählen dazu insb. Waffen, Waffensysteme, Munition sowie militärische Sprengmittel, ebenso Ausrüstungsgegenstände, die spezifisch für den Kampfeinsatz oder für die Gefechtsführung konzipiert oder abgeändert worden sind und die in der Regel für zivile Zwecke nicht verwendet werden (vgl. KMV vom 25.2.1998, Anhang 1; SR 514.511).

8   *Instrumentarium:* Das 1996 unter dem Eindruck der Volksinitiative «für ein Verbot der Kriegsmaterialausfuhr» (vgl. BBl 1995 II 1027) totalrevidierte Kriegsmaterialgesetz – das nicht zuletzt den altruistischen aussenpolitischen Zielen gemäss BV 54 Abs. 2 verpflichtet ist (vgl. AUBERT, Comm., Art. 107, N 8) – statuiert (in Umsetzung völkerrechtlicher Vorgaben) für bestimmte Waffentypen (Kernwaffen, biologische und chemische Waffen, Antipersonenminen, KMG 8) generelle (Herstellungs-, Erwerbs-, Vermittlungs-, Ein-, Aus- und Durchfuhr-)Verbote und operiert im Übrigen vor allem mit einem Bewilligungs- und Kontrollsystem (KMG 9 ff., 26 ff.). Für *Auslandsgeschäfte* gelten besondere Bewilligungsvoraussetzungen (KMG 22 ff.). Die Bewilligung wird erteilt, «wenn dies dem Völkerrecht, den internationalen Verpflichtungen und den Grundsätzen der schweizerischen Aussenpolitik nicht widerspricht» (KMG 22) und keine Zwangsmassnahmen nach dem EmbG (SR 946.231) bestehen. – Die Kontrolle zivil und militärisch verwendbarer Güter (Dual-use-Güter) regelt das *Güterkontrollgesetz* vom 13.12.1996 (GKG; SR 946.202), das sich auf die heute in BV 54 und 123 enthaltenen Kompetenzen stützt. – Im Jahr 2006 exportierte die Schweiz Kriegsmaterial im Wert von knapp

400 Mio. Franken (2005: 258 Mio. Franken) in 62 Länder (SECO, Medienmitteilung vom 15.2.2007).

Literaturhinweise (vgl. auch die Hinweise vor BV 94)

GODET FRANÇOIS, La politique suisse en matière d'exportation de matériel de guerre, in: Riklin et al., 973 ff.; MEYER HANSJÖRG, Das Kriegsmaterialgesetz, in: Thomas Cottier/Remo Arpagaus (Hrsg.), Schweizerisches Aussenwirtschafts- und Binnenmarktrecht, SBVR, Basel usw. 1999.

8. Abschnitt: Wohnen, Arbeit, soziale Sicherheit und Gesundheit

1 Der lange (und heterogene) 8. Abschnitt fasst Kompetenz- und Aufgabennormen mit Schwerpunkt bei der sozialen Sicherheit zusammen. Die in der Volksabstimmung vom 7.2.1999 gutgeheissene Bestimmung über die Transplantationsmedizin (kurzzeitig BV 1874 Art. 24decies) wurde auf das Inkrafttreten der neuen BV hin als BV 119a in den 8. Abschnitt integriert. Im Rahmen des Projekts NFA kommen mehrere Artikel sowie zwei Übergangsbestimmungen hinzu (BV 112a, 112b, 112c; BV 197 Ziff. 4 und 5; noch nicht in Kraft). – Die Gesamtausgaben für die soziale Sicherheit betrugen im Jahr 2005 rund 135 Mia. Franken (BFS, Medienmitteilung vom 22.5.2007).

Literaturhinweise

LOCHER THOMAS, Grundriss des Sozialversicherungsrechts, 3. Aufl., Bern 2003; MADER LUZIUS, Die Sozial- und Umweltverfassung, AJP 1999, 698 ff.; MEYER-BLASER ULRICH (Koord.), Soziale Sicherheit, SBVR XIV, 2. Aufl., Basel 2006; MURER ERWIN, Wohnen, Arbeit, Soziale Sicherheit und Gesundheit, VRdCH, 967 ff.; RHINOW, BTJP 1999, 157 ff.; TSCHUDI HANS PETER, Die Sozialverfassung der Schweiz, Bern 1986; DERS., Die neue Bundesverfassung als Grundlage des Sozialversicherungsrechts, SZS 2001, 63 ff.

Art. 108 Wohnbau- und Wohneigentumsförderung

1 Der Bund fördert den Wohnungsbau, den Erwerb von Wohnungs- und Hauseigentum, das dem Eigenbedarf Privater dient, sowie die Tätigkeit von Trägern und Organisationen des gemeinnützigen Wohnungsbaus.

2 Er fördert insbesondere die Beschaffung und Erschliessung von Land für den Wohnungsbau, die Rationalisierung und die Verbilligung des Wohnungsbaus sowie die Verbilligung der Wohnkosten.

3 Er kann Vorschriften erlassen über die Erschliessung von Land für den Wohnungsbau und die Baurationalisierung.

⁴ Er berücksichtigt dabei namentlich die Interessen von Familien, Betagten, Bedürftigen und Behinderten.

1 Die Bestimmung geht auf das Jahr 1972 zurück (BV 1874 Art. 34sexies), in Teilen auf das Jahr 1945 (vgl. BV 1874 Art. 34quinquies Abs. 3). Mit BV 109 (Mietwesen) ist BV 108 über das gemeinsame Anliegen der Behebung der Wohnungsknappheit verbunden (näher AUBERT, Comm., Art. 108, N 2). – Der Umsetzung dienen das Wohnbau- und Eigentumsförderungsgesetz vom 4.10.1974 (WEG; SR 843) und das BG vom 21.3.2003 über die Förderung von preisgünstigem Wohnraum (Wohnraumförderungsgesetz, WFG; SR 842), das eine stärkere Fokussierung der Bundesmittel anstrebt (vgl. BBl 2002 2845; zum gegenseitigen Verhältnis vgl. WEG 59). Vgl. auch das BG vom 20.3.1970 über die Verbesserung der Wohnverhältnisse in Berggebieten (VWBG; SR 844). – Eine Reform der Wohneigentumsbesteuerung (als Bestandteil des von der Bundesversammlung am 20.6.2003 verabschiedeten sog. «Steuerpakets») scheiterte in der Referendumsabstimmung vom 16. Mai 2004.

2 *Statistisches* (vgl. BBl 2002 2898 f.): Zwischen 1976 und 2001 wurden rund 107'000 Wohnungen mit direkter Bundeshilfe gefördert (Höchstzahl 1994: 9'714); zwischen 1975 und 1997 wurden entrichtet: rund 2,4 Mia. Franken für nicht rückzahlbare Beiträge; rund 600 Mio. Franken für rückzahlbare Beiträge; hinzu kamen Kredite im Rahmen von Beschäftigungs- und Investitionsprogrammen (93 bzw. 71 Mio. Franken).

Förderungskompetenzen (Abs. 1 und 2)

3 *Rechtsnatur:* Abs. 1 begründet eine *verpflichtende* Förderungskompetenz des Bundes, welche auch die erforderlichen Gesetzgebungsbefugnisse einschliesst (AUBERT, Comm., Art. 108, N 12) und (im Unterschied zu Abs. 3) grundsätzlich *paralleler* Natur ist (missverständlich Botsch. BV, 318). Die einzelnen Förderbereiche werden zum Teil bereits in der Verfassung näher spezifiziert. Der «Wohnungsbau» schliesst auch die Erneuerung des Altbestandes ein (Botsch. BV, 318). Zur Förderung des Erwerbs von selbstgenutztem Wohnungs- und Hauseigentum vgl. WEG 47 ff., WFG 22 ff. (vgl. auch BGE 132 I 157, 165); zur Förderung der Träger und Organisationen des gemeinnützigen Wohnungsbaus vgl. Abs. 2 sowie WEG 51 f., WFG 33 ff.

4 *Abs. 2* dient der Spezifizierung und Abrundung des in Abs. 1 begründeten Förderungsauftrags. Zur Erschliessungshilfe WEG 12 ff.; zur Wohnungsmarktforschung, Bauforschung und Baurationalisierung WEG 25 ff., WFG 41; zur Förderung preisgünstiger Mietwohnungen WEG 35 ff., WFG 10 ff.

5 *Instrumentarium:* BV 108 belässt dem Bundesgesetzgeber einen weiten Gestaltungsspielraum. Massnahmen des Bundes können objekt- oder personenbezogen sein. Die Förderung operiert in erster Linie mit Finanzhilfen.

Erschliessung und Baurationalisierung (Abs. 3)

6 *Rechtsnatur:* Abs. 3 begründet eine (nicht verpflichtende) sachlich begrenzte Gesetzgebungskompetenz des Bundes mit nachträglich derogatorischer Wirkung (konkurrierende Kompetenz; AUBERT, Comm., Art. 108, N 15). Im Unterschied zur Raumplanungskompetenz ist der Bund nicht auf die Festlegung von Grundsätzen beschränkt. Zum gesetzlichen Instrumentari-

um (mit eher geringer praktischer Bedeutung; vgl. MADER, SG-Komm., Art. 108, N 7) vgl. WEG 4 ff. (Erschliessungsrecht bzw. -pflicht, Umlegung von Bauland, Grenzregulierung), WEG 31 f. (Baurationalisierung). Zum Verhältnis von WEG 7 ff. (lex specialis) und RPG 20 (Landumlegung) vgl. BGE 118 Ib 417, 421.

Soziale Verpflichtung (Abs. 4)

7   Abs. 4 verdeutlicht die *soziale* Verpflichtung der Wohnbau- und Eigentumsförderung (vgl. Botsch. BV, 319), ohne Prioritäten festlegen zu wollen.

Literaturhinweise (vgl. auch die Hinweise vor BV 108)

Parlamentarische Verwaltungskontrollstelle (PVK), Wirksamkeit des Wohnbau- und Eigentumsförderungsgesetzes, Bern 1996.

Art. 109 Mietwesen

¹ Der Bund erlässt Vorschriften gegen Missbräuche im Mietwesen, namentlich gegen missbräuchliche Mietzinse, sowie über die Anfechtbarkeit missbräuchlicher Kündigungen und die befristete Erstreckung von Mietverhältnissen.

² Er kann Vorschriften über die Allgemeinverbindlicherklärung von Rahmenmietverträgen erlassen. Solche dürfen nur allgemeinverbindlich erklärt werden, wenn sie begründeten Minderheitsinteressen sowie regionalen Verschiedenheiten angemessen Rechnung tragen und die Rechtsgleichheit nicht beeinträchtigen.

1   Die Bestimmung geht auf die 1986 beschlossene Fassung von BV 1874 Art. 34septies zurück (welche die ursprüngliche, engere Version von 1972 abgelöst hatte). Die Regulierung des Mietwesens hat lange Tradition. Von 1936 bis Ende 1970 bestand (auf unterschiedlicher Rechtsgrundlage) eine Überwachung der Mietzinse (Überblick bei JUNOD, Komm. aBV, Art. 34septies, N 15; AUBERT, Comm., Art. 109, N 1 ff.). Zur Zulässigkeit kantonaler Massnahmen betreffend Mietzinskontrolle bzw. Bekämpfung der Wohnungsnot vgl. insb. BGE 99 Ia 604; BGE 101 Ia 502; BGE 113 Ia 126; BGE 116 Ia 401.

2   Die Schweiz gilt als ein «Volk von Mietern» (Volkszählung 2000: 58% der Gesamtbevölkerung in Miet- und Genossenschaftswohnungen). Um den Wortlaut von BV 109 wurde in der Bundesversammlung (bis in die Einigungskonferenz hinein) hart gerungen. Die Volksinitiative «Ja zu fairen Mieten», die eine umfangreiche Revision von BV 109 anstrebte, scheiterte in der Volksabstimmung vom 18.5.2003 (vgl. BBl 2003 5164; BBl 2002 2737).

Gesetzgebungsauftrag (Abs. 1)

3   *Rechtsnatur:* Abs. 1 begründet eine sachbereichsspezifische, verpflichtende Gesetzgebungskompetenz mit (an sich) nachträglich derogatorischer Wirkung (konkurrierende Kompetenz). Den Kantonen verbleibt kaum Spielraum, da der Bund den entsprechenden Bereich gestützt auf seine Zivilrechtskompetenz (BV 122) grundsätzlich erschöpfend geregelt hat. Der Handlungsauftrag wird teils über eine Zielvorgabe («gegen Missbräuche ...»), teils durch Nennung von Instrumenten (Anfechtung; Erstreckung) definiert, die der Gesetzgeber zur Verfügung zu stellen hat. Auch wenn nicht mehr ausdrücklich vom «Schutz der Mieter» die Rede ist (so

noch BV 1874 Art. 34septies), steht dieser doch im Zentrum. Der Bund verfügt indes auch über Kompetenzen zum Erlass von Vorschriften zum Schutz der Vermieter (vgl. BV 122). Der Gesetzgebungsauftrag ist weder zeitlich noch örtlich an Wohnungsknappheit gekoppelt und auch nicht auf Wohnobjekte beschränkt (MADER, SG-Komm., Art. 109, N 3).

4 *«Missbräuche»:* Die Verfassung verzichtet darauf, den Missbrauchsbegriff näher zu bestimmen. Neben dem in Abs. 1 genannten Instrument (Anfechtung missbräuchlicher Kündigungen) kann der Gesetzgeber weitere Instrumente festlegen. – Die befristete Erstreckung von Mietverhältnissen ist, vom Verfassungswortlaut her, nicht vom Vorliegen einer eigentlichen Missbrauchssituation abhängig (leicht abweichend MADER, SG-Komm., Art. 109, N 7).

5 Der *Umsetzung* des Gesetzgebungsauftrags dienen heute verschiedene Bestimmungen des 8. Titels des Obligationenrechts (SR 220), insb. OR 269 ff. (welche per 1.7.1990 die 1972 durch dringlichen Bundesbeschluss geschaffene, mehrfach verlängerte und modifizierte Ordnung ablösten; vgl. BB vom 30.6.1972 über Massnahmen gegen Missbräuche im Mietwesen, AS 1972 1502, 1977 1269, 1982 1234, 1987 1189). Eine am 13.12.2002 verabschiedete Revision des Mietrechts (Ablösung der Mietzinsentwicklung vom Hypothekarzinssatz) wurde in der Volksabstimmung vom 8.2.2004 verworfen.

Allgemeinverbindlicherklärung von Rahmenmietverträgen

6 *Rechtsnatur:* Abs. 2 begründet eine (sachlich begrenzte) *Gesetzgebungsermächtigung*, von welcher der Bundesgesetzgeber durch Erlass des BG vom 23.6.1995 über Rahmenmietverträge und deren Allgemeinverbindlicherklärung (SR 221.213.15) Gebrauch gemacht hat. Den Kantonen verbleibt kein Handlungsspielraum für eigene Massnahmen; dies jedoch nicht, weil Abs. 2 eine ausschliessliche Gesetzgebungskompetenz begründen würde (so indes MADER, SG-Komm., Art. 109, N 9), sondern weil entsprechende Massnahmen sich mit dem Bundeszivilrecht nicht vertragen (BV 122 i.V.m. BV 49).

7 Das Institut der *Allgemeinverbindlicherklärung* (AVE) hat seine Wurzeln im kollektiven Arbeitsrecht (vgl. N 9 zu BV 110; zur Notwendigkeit einer verfassungsrechtlichen Verankerung des Instituts AUBERT, Comm., Art. 109, N 15). Im Bereich des Mietwesens haben Rahmenverträge wenig Tradition; entsprechend gering ist heute die Bedeutung der AVE (für ein Beispiel vgl. BBl 2001 5767: AVE des Rahmenmietvertrags für die Westschweiz).

8 Die drei Voraussetzungen für eine AVE sind jenen für Gesamtarbeitsverträge (BV 110) nachgebildet. BV 1874 Art. 34septies Abs. 2 hatte sich noch damit begnügt, Art. 34ter Abs. 2 für «sinngemäss anwendbar» zu erklären.

Literaturhinweise (vgl. auch die Hinweise vor BV 108)

LACHAT DAVID, Le bail à loyer, Lausanne 1997; LACHAT DAVID ET AL. (Hrsg.), Das Mietrecht für die Praxis, 5. Aufl., Zürich 2002; PERMANN RICHARD/SCHANER MARC, Kommentar zum Mietrecht, Zürich 1999; POLTIER ETIENNE, Energie, Transports, Logements, Lausanne 1983.

3. Titel: Bund, Kantone und Gemeinden   Nr. 1   BV   **Art. 110**

Art. 110   Arbeit*

¹ Der Bund kann Vorschriften erlassen über:
a. den Schutz der Arbeitnehmerinnen und Arbeitnehmer;
b. das Verhältnis zwischen Arbeitgeber- und Arbeitnehmerseite, insbesondere über die gemeinsame Regelung betrieblicher und beruflicher Angelegenheiten;
c. die Arbeitsvermittlung;
d. die Allgemeinverbindlicherklärung von Gesamtarbeitsverträgen.

² Gesamtarbeitsverträge dürfen nur allgemeinverbindlich erklärt werden, wenn sie begründeten Minderheitsinteressen und regionalen Verschiedenheiten angemessen Rechnung tragen und die Rechtsgleichheit sowie die Koalitionsfreiheit nicht beeinträchtigen.

³ Der 1. August ist Bundesfeiertag. Er ist arbeitsrechtlich den Sonntagen gleichgestellt und bezahlt.

1   Die Bestimmung geht im Wesentlichen auf das Jahr 1947 zurück (BV 1874 Art. 34ter), wichtige Teile auf die Jahre 1874 (Fabrikarbeit, Arbeitszeit, Polizeigüterschutz; BV 1874 Art. 34) bzw. 1908 (Ausdehnung auf gewerbliche Arbeitnehmer: BV 1874 Art. 34ter). Die Aufwertung des 1. August zum gesamtschweizerisch arbeitsfreien Bundesfeiertag geht auf eine am 26.9.1993 angenommenen Volksinitiative zurück (BV 1874 Art. 116bis, in Kraft seit 1.7.1994).

2   Neben BV 110 sind für das Arbeitsrecht zahlreiche weitere Verfassungsbestimmungen von grosser Bedeutung, so insb. BV 27, BV 28, BV 41, BV 121 (ausländische Arbeitnehmer), BV 122 (Arbeitsvertragsrecht). Das Arbeitsrecht wird traditionell stark durch internationales Recht (mit-)bestimmt, insb. durch zahlreiche Übereinkommen im Rahmen der Internationalen Arbeitsorganisation ILO (vgl. SR 0.820.1 ff.), neuerdings durch das FZA (SR 0.142.112.681).

Gesetzgebungskompetenzen (Abs. 1)

3   *Rechtsnatur:* Abs. 1 begründet verschiedene, je umfassende Gesetzgebungskompetenzen des Bundes mit nachträglich derogatorischer Wirkung (*konkurrierende* Kompetenzen; vgl. BGE 97 I 499, 503). Wegen der Rechtslage im Zivilrechtsbereich (ausgeschöpfte Bundeskompetenz, BV 122) verbleibt den Kantonen allerdings bei Bst. b und Bst. d kein Spielraum. Die Gesetzgebungsermächtigungen können sich aufgrund allgemeiner Zielvorgaben (z.B. BV 41, BV 94) zu Handlungsaufträgen verdichten.

4   *Arbeitnehmerschutz (Abs. 1 Bst. a):* Die Bundeskompetenz wird über ein Ziel (Schutz der Arbeitnehmer) definiert. Der Begriff «Schutz» ist facettenreich und weit zu verstehen (vgl. MAHON, Comm., Art. 110, N 12); er umfasst nicht nur die Aspekte Gesundheit und Sicherheit (so noch BV 1874 Art. 34 Abs. 1), sondern auch z.B. den Persönlichkeitsschutz. Keine Rolle spielt, ob das Arbeitsverhältnis privat- oder öffentlich-rechtlicher Natur ist, ob der Arbeitgeber ein privates Unternehmen oder das Gemeinwesen ist, um welchen Wirtschaftssektor es sich

*   Mit Übergangsbestimmung

handelt. Erfasst wird jedoch nach h.L. nur die von Unselbstständigerwerbenden gegen Entgelt erbrachte Arbeit (MAHON, Comm., Art. 110, N 9). – Die wichtigsten ausführenden Erlasse sind das mehrfach geänderte BG vom 13.3.1964 über die Arbeit in Industrie, Gewerbe und Handel (Arbeitsgesetz, ArG; SR 822.11), das Heimarbeitsgesetz vom 20.3.1981 (HarG; SR 822.31), das BG vom 8.10.1999 über die in die Schweiz entsandten Arbeitnehmerinnen und Arbeitnehmer (SR 823.20), das BG vom 8.10.1971 über die Arbeit in Unternehmen des öffentlichen Verkehrs (Arbeitszeitgesetz, AZG; 822.21), das BG vom 17.6.2005 über Massnahmen zur Bekämpfung der Schwarzarbeit (BGSA, BBl 2005 4193, in Kraft ab 1.1.2008), weiter dient BV 110 als (Mit-)Grundlage für das Gleichstellungsgesetz (GlG; SR 151.1) und zahlreiche weitere Erlasse. Im Dienst des Arbeitnehmerschutzes steht auch die Gesetzgebung über das *öffentliche Beschaffungswesen* (vgl. z.B. BoeB 8 Abs. 1, SR 172.056.1). – In der Referendumsabstimmung vom 27.11.2005 wurde eine Änderung von ArG 27 gutgeheissen (Liberalisierung der Sonntagsarbeit in Bahnhöfen und Flughäfen). Zum Spannungsverhältnis Sonntagsruhe-Konkurrenzfähigkeit vgl. BGE 131 II 200. Auch im Bereich der Nachtarbeit zeigt sich ein gewisser Trend zu Liberalisierungen (vgl. ArGV 2, SR 822.112, dort z.B. Art. 23 Abs. 3 i.d.F. 25.5.2005: Lex Pizza-Kurier).

5   *Verhältnis Arbeitgeberseite–Arbeitnehmerseite (Abs. 1 Bst. b):* Die Tragweite der Bestimmung war und ist umstritten. Im Rahmen der Totalrevision wurde (entgegen dem Reformkonzept) bewusst keine Klärung angestrebt (vgl. AB SD 1998 S 93; Botsch. BV, 321). Beim Erlass von BV 1874 Art. 34ter hatte man (u.a.) an Vorschriften gedacht, die das Verhältnis zwischen «Kapital» und «Arbeit» (repräsentiert durch Unternehmens- bzw. Berufsgemeinschaften) regeln (vgl. G. AUBERT, Komm. aBV, Art. 34ter Abs. 1 Bst. a–c, N 14 ff.; Botsch. BV, 320). Die Bestimmung lag lange brach, bis man sich in den 1970er Jahren unter dem Eindruck der am 25.8.1971 eingereichten sog. Mitbestimmungsinitiative (1976 samt dem behördlichen Gegenvorschlag verworfen; vgl. BBl 1973 II 237 ff.) die Frage nach den bestehenden Regelungsmöglichkeiten stellte. Die Kontroverse leidet darunter, dass nicht immer deutlich genug unterschieden wird (vgl. z.B. Botsch. BV, 320; MAHON, Comm., Art. 110, N 18) zwischen der Frage der *Verbandskompetenz* (Bundeszuständigkeit), die zu bejahen ist (EICHENBERGER, 376 f.), und der Frage nach der *Vereinbarkeit* einer allfälligen gesetzlichen Regelung betreffend *betriebliche* und/oder *unternehmerische* Mitbestimmung mit anderen verfassungsrechtlichen Vorgaben (heute namentlich aus BV 8, 26, 27 und 94 Abs. 1). – Eine Regelung der *betrieblichen* Mitbestimmung steht prinzipiell im Einklang mit der Verfassung (so auch z.B. EICHENBERGER, 363 ff.; vgl. auch G. AUBERT, Komm. aBV, Art. 34ter Abs. 1 Bst. a–c, N 14 ff.; Botsch. BV, 321). Für eine Regelung der *unternehmerischen* Mitbestimmung erscheint BV 110 Abs. 1 Bst. b zu wenig tragfähig (vgl. auch MEIER-SCHATZ, SG-Komm., Art. 110, N 18). – Heute dient Bst. b u.a. als Grundlage für das BG vom 17.12.1993 über die Information und Mitsprache der Arbeitnehmerinnen und Arbeitnehmer in den Betrieben (Mitwirkungsgesetz; SR 822.14) und das BG vom 12.2.1949 über die eidgenössische Einigungsstelle zur Beilegung von kollektiven Arbeitsstreitigkeiten (SR 821.42).

6   *Arbeitsvermittlung (Abs. 1 Bst. c):* Gegenstand ist auch hier in erster Linie der Schutz der Arbeitnehmer (vgl. AVG 1 Bst. c). Auf Bst. c stützen sich insb. das Arbeitsvermittlungsgesetz vom 6.10.1989 (AVG; SR 823.11) und, teilweise, das Arbeitslosenversicherungsgesetz vom 25.6.1982 (AVIG; SR 837.0).

Allgemeinverbindlicherklärung von Gesamtarbeitsverträgen (Abs. 1 Bst. d und 2)

7   *Zweck:* Die BV anerkennt in BV 110 die Gruppenvereinbarung als legitime Methode zur Koordination des Arbeitsmarktes; dies im Wissen um das typische Machtgefälle im Verhältnis zwischen Arbeitgeber und einzelnem Arbeitnehmer, das durch Wettbewerb allein nicht ausgeglichen werden kann. Wegen der weitreichenden Wirkungen für Unbeteiligte (N 9) gilt eine Verfassungsgrundlage für das Institut der Allgemeinverbindlicherklärung (AVE) als unabdingbar (MAHON, Comm., Art. 110, N 21). Näher ausgeführt werden Abs. 1 Bst. d und Abs. 2 durch das BG vom 28.9.1956 über die Allgemeinverbindlicherklärung von Gesamtarbeitsverträgen (AVEG; SR 221.215.311).

8   *Gesamtarbeitsverträge* (GAV) sind Verträge, in denen Arbeitgeber oder Arbeitgeberverbände einerseits und Arbeitnehmerverbände andererseits gemeinsam Bestimmungen über Abschluss, Inhalt und Beendigung der einzelnen Arbeitsverhältnisse der beteiligten Arbeitgeber und Arbeitnehmer aufstellen (vgl. OR 356). – *Statistisches:* Am 1.5.2003 bestanden knapp 600 Gesamtarbeitsverträge mit rund 1,4 Mio. unterstellten Arbeitnehmern; auf Bundesebene waren 36 allgemeinverbindlich erklärte GAV in Kraft, die rund 360'000 Arbeitnehmer betrafen (Quelle: Bundesamt für Statistik). Das Instrument GAV kommt heute auch im öffentlichen Dienst zum Einsatz (BPG 38).

9   Als *Allgemeinverbindlicherklärung* (AVE) bezeichnet man die Anordnung der zuständigen Behörde, mit der auf Antrag aller Vertragsparteien der Geltungsbereich eines GAV auf nicht am GAV beteiligte Arbeitgeber und Arbeitnehmer des betreffenden Wirtschaftszweiges oder Berufes *ausgedehnt* wird (AVEG 1). Erstreckt sich der Geltungsbereich auf das Gebiet mehrerer Kantone, so ist der Bundesrat zuständig, sonst eine kantonale Behörde (AVEG 7) unter Vorbehalt der Genehmigung durch den Bund (AVEG 13).

10 Die *Rechtsnatur* der AVE ist umstritten (BGE 128 II 13 18 f., mit Hinweisen). Nach zutreffender Auffassung handelt es sich um einen *Verwaltungsakt*, dessen Rechtswirkungen im Ergebnis einem Rechtsetzungsakt nahe kommen (vgl. BGE 98 II 205, 208), ohne dass man deswegen von einer Verordnung sprechen kann (so aber REHBINDER, Arbeitsrecht, 256). Da der Verwaltungsakt eine unbestimmte Vielzahl von Personen erfasst, handelt es sich, prozessual gesehen, nicht um eine anfechtbare Verfügung (vgl. BGE 128 II 13, 19).

11 *Voraussetzungen für die AVE eines GAV (Abs. 2):* Die drei (Mindest-)Voraussetzungen werden in AVEG 2 und 3 konkretisiert und ergänzt. Abs. 2 verleiht den angesprochenen Grundrechten (BV 8, BV 28) keine direkte Wirkung im Verhältnis zwischen Privaten. – Kantonale Vorschriften, die einen Zwang zur Befolgung eines bestimmten GAV (trotz fehlender AVE) bewirken, sind bundesrechtswidrig (deutlich in diese Richtung BGE 130 I 279, 286).

Bundesfeiertag (Abs. 3, BV 196 Ziff. 9)

12 Die Bundesverfassung verzichtet – anders als die meisten europäischen Verfassungen (vgl. z.B. Art. 8a österr. B-VG; Art. 12 Cost. ital.; Art. 22 dt. GG; Art. 2 Const. franç.) – auf Staatssymbolik (Flagge, Wappen, Nationalhymne, Wahlspruch usw.). Die einzige – späte – Ausnahme bildet der «Bundesfeiertag» (1. August), der (erst) seit dem ausgehenden 19. Jahrhundert begangen wird (vgl. KLEY) und 1993/4 (bundes-)verfassungsrechtliche Weihen erlangte; dies im Rahmen einer Regelung, in der arbeitsrechtliche Aspekte dominieren (so auch BV 1874 Art. 116bis; vgl. N 1), womit die eher verschämte Unterbringung in BV 110 Abs. 3

aber nur teilweise zu erklären ist. Vor der Aufwertung zum gesamtschweizerisch arbeitsfreien Tag herrschte föderalistische Vielfalt.

13 Die Verfassungswürdigkeit der Regelung wurde in der Vernehmlassung in Frage gestellt (Botsch. BV, 322), wenn auch aus den falschen Gründen. Nüchtern betrachtet sollte der Bundesfeiertag auf einen Tag fallen, der mit der Schaffung der modernen (bundesstaatlichen) Schweiz in Verbindung steht (z.B. auf den Tag der feierlichen Tagsatzungserklärung über die Annahme der ersten Bundesverfassung, d.h. den 12. Herbstmonat [=September] 1848), nicht auf ein historisch nicht erhärtetes Datum, das für die mythisch überhöhten Urgründe der staatenbündischen Vergangenheit steht (vgl. auch Botsch. BV, 322, wo der Bundesfeiertag als «Gedenktag zur Entstehung des Bundesstaates» [!] bezeichnet wird – ein Freud'scher «Verschreiber»?).

14 *Rechtliche Tragweite:* Die Kernaussagen von Abs. 3 sind (wenn man von der patriotisch-symbolischen Dimension absieht):

- Arbeitsrechtliche Gleichstellung des Bundesfeiertags mit den Sonntagen: Da der Bundesfeiertag als «Feiertag eigener Art» (Botsch. BV, 322) weder religiös noch weltanschaulich begründet ist, muss er nicht kompensiert werden, wenn er auf einen Sonntag fällt (BV 196 Ziffer 9 Abs. 2).
- Bezahlter Feiertag: Der (erst in der Einigungskonferenz bereinigte) Verfassungswortlaut normiert, was bereits unter dem Regime von BV 1874 Art. 116bis praktiziert wurde (vgl. Art. 1 Abs. 3 der Verordnung vom 30.5.1994, SR 116: «volle Lohnzahlungspflicht» für den Arbeitgeber).

Zur Übergangsordnung vgl. BV 196 Ziff. 9 und die Verordnung vom 30.5.1994 über den Bundesfeiertag (SR 116). Die vom Bundesrat mit Botschaft vom 19.10.1994 verabschiedete Gesetzvorlage (BBl 1994 V 821) blieb in den Mühlen des Parlamentsbetriebs stecken (vgl. AB SD 1998 N 334); vgl. jetzt ArG 20a (in Kraft seit 1.8.2000) und BPV 66.

Literaturhinweise (vgl. auch die Hinweise vor BV 108)

EICHENBERGER KURT, Verfassungsrechtliche Festlegung über die Mitbestimmung der Arbeitnehmer, Festschrift Frank Vischer, Zürich 1983, 363 ff.; FENT REMIGIUS, Begriff, Gegenstand, allgemeine Voraussetzungen und Wirkungen der AVE nach dem Bundesgesetz über die Allgemeinverbindlicherklärung von Gesamtarbeitsverträgen (AVEG), Freiburg 1999; GEISER THOMAS/VON KAENEL ADRIAN/WYLER RÉMI, Handkommentar Arbeitsgesetz, Bern 2005; HELBLING PETER, Gesamtarbeitsverträge (GAV) für den Staatsdienst, AJP 1998, 899 ff.; KLEY ANDREAS, Geschichte als nationale Selbstbehauptung, Basel 2005; MÜLLER ROLAND A., Kommentar ArG, 6. Aufl., Zürich 2001; PORTMANN WOLFGANG/STÖCKLI JEAN-FRITZ, Kollektives Arbeitsrecht, 2004; REHBINDER MANFRED, Schweizerisches Arbeitsrecht, 15. Aufl., Bern 2002; RITTER ANDREAS, Das revidierte Arbeitsvermittlungsgesetz, Bern 1994; TSCHUDI HANS PETER, Geschichte des Schweizerischen Arbeitsrechts, Basel 1987; DERS., Die Ordnung der Arbeit durch die neue Bundesverfassung, ArbR 2000, 9 ff.; VISCHER FRANK, Art. 356–360, Zürcher Kommentar zum Schweizerischen Zivilgesetzbuch, 3. Aufl., Zürich 1996.

Art. 111 Alters-, Hinterlassenen- und Invalidenvorsorge

¹ Der Bund trifft Massnahmen für eine ausreichende Alters-, Hinterlassenen- und Invalidenvorsorge. Diese beruht auf drei Säulen, nämlich der eidgenössischen Alters-, Hinterlassenen- und Invalidenversicherung, der beruflichen Vorsorge und der Selbstvorsorge.

² Der Bund sorgt dafür, dass die eidgenössische Alters-, Hinterlassenen- und Invalidenversicherung sowie die berufliche Vorsorge ihren Zweck dauernd erfüllen können.

³ Er kann die Kantone verpflichten, Einrichtungen der eidgenössischen Alters-, Hinterlassenen- und Invalidenversicherung sowie der beruflichen Vorsorge von der Steuerpflicht zu befreien und den Versicherten und ihren Arbeitgeberinnen und Arbeitgebern auf Beiträgen und anwartschaftlichen Ansprüchen Steuererleichterungen zu gewähren.

⁴ Er fördert in Zusammenarbeit mit den Kantonen die Selbstvorsorge namentlich durch Massnahmen der Steuer- und Eigentumspolitik.

1   Die Bestimmung geht auf die 1972 beschlossene grundlegende Revision des aus dem 1925 stammenden BV 1874 Art. 34quater zurück. Sie legt gewissermassen das Fundament für die folgenden Bestimmungen betreffend AHV, IV und Berufliche Vorsorge (BV 112 ff.). Das zentrale Anliegen ist die Absicherung gegen die *wirtschaftlichen* Folgen von Alter, Tod und Invalidität. – Der Anteil der über 65-Jährigen an der Gesamtbevölkerung betrug im Jahr 2006 rund 16,2% (Quelle: BFS).

Allgemeine Zielvorgaben (Abs. 1 und 2)

2   *«Drei-Säulen-System»:* Abs. 1 nennt (erstmals so deutlich) die drei Säulen des Vorsorgesystems (vgl. Botsch. zur 6. AHV-Revision, BBl 1963 II 520): staatliche Alters-, Hinterlassenen- und Invalidenversicherung (1. Säule), berufliche Vorsorge (2. Säule), individuelle Vorsorge (3. Säule). Die Vorsorge darf weder ganz verstaatlicht noch ganz privatisiert werden.

3   *Rechtsnatur:* Abs. 1 ist eine *nicht* kompetenzbegründende allgemeine Zielvorgabe für die Ausgestaltung der Alters-, Hinterlassenen- und Invaliden*vorsorge* (nicht bloss für die zentrale Versicherungskomponente). Diese Vorgabe geht nicht wesentlich über BV 41 Abs. 2 hinaus. Was «ausreichend» meint, ergibt sich erst in der Zusammenschau mit BV 112 ff. Grundanliegen des ebenfalls *nicht* kompetenzbegründenden Abs. 2 ist die Gewährleistung des langfristigen Gleichgewichts der 1. und 2. Säule mit Blick auf die Zielsetzungen gemäss BV 112 Abs. 2 Bst. b bzw. 113 Abs. 2 Bst. a.

4   Die Definition der Ereignisse bzw. Risiken «Alter, Tod, Invalidität» bleibt dem Gesetzgeber überlassen, der u.a. auch die – weit über das Sozialversicherungssystem hinaus bedeutsame – AHV-Altersgrenze festzulegen hat.

Eingriffe in die kantonale Steuerhoheit (Abs. 3)

5   *Funktion:* Der für das Erreichen der gesteckten Ziele essentielle Einbezug (auch) der kantonalen Steuern bedeutet einen Eingriff in die verfassungsrechtlich geschützte (BV 3) kantonale Steuerhoheit und kann nur durch die Bundesverfassung selbst angeordnet werden (ähnlich

BV 100 Abs. 6). Erfasst werden können neben den Einkommenssteuern auch etwa kantonale Erbschafts- und Schenkungssteuern (vgl. z.B. BVG 80 Abs. 2). Von der Ermächtigung macht der Bund reichen Gebrauch. Vgl. AHVG 110, ATSG 80, StHG 9 Abs. 2 Bst. d, BVG 80 ff. Der Bundesgesetzgeber geht zu Recht davon aus, dass er die Kantone auch dazu verpflichten kann, Beiträge der Versicherten an die *3. Säule* steuerlich zu begünstigen (vgl. BVG 82, StHG 9 Abs. 2 Bst. e; BVV 3 Art. 7, SR 831.461.3; vgl. auch BV 111 Abs. 4).

6   Aus BV 111 Abs. 3 ergibt sich keine direkte Verpflichtung des Bundes, die Steuerbefreiungen bzw. -erleichterungen in gleichem Ausmass auch auf Bundesebene (Steuern des Bundes) vorzusehen (a.M. wohl MAHON, Comm., Art. 111, N 12; MADER, SG-Komm., Art. 111, N 10). Eine gegenteilige Lösung liesse sich freilich politisch kaum begründen und durchsetzen.

Förderung der individuellen Vorsorge (Abs. 4)

7   Der allgemeine «Förderungsauftrag» (MADER, SG-Komm., Art. 111, N 13) nimmt Bezug auf die (freiwillige) sog. *individuelle Vorsorge* (3. Säule) und begründet eine entsprechende (parallele) Gesetzgebungskompetenz des Bundes sowie föderalistische Kooperationsverpflichtungen. Als Hauptstossrichtung nennt die Verfassung die Bereiche Steuer- und Eigentumspolitik. Der «Ermutigung» zum Sparen (Botsch. BV, 323) dient heute vor allem die steuerliche Begünstigung der sog. gebundenen Selbstvorsorge (Säule 3a).

8   Dass die individuelle Vorsorge gegenüber den beiden ersten Säulen «subsidiär» (Botsch. BV, 323) sei – genauer: eine *ergänzende* Funktion hat –, ergibt sich nicht aus Abs. 4, sondern allenfalls aus Abs. 2 (keine Erwähnung der 3. Säule) sowie aus BV 112 Abs. 2 Bst. b und BV 113 Abs. 2 Bst. a.

Literaturhinweise

DUC JEAN-LOUIS, Les assurances sociales en Suisse, Lausanne 1995; GREBER PIERRE-YVES, Commentaire des articles 1 à 16 LAVS, Basel 1997; DERS./KAHIL-WOLFF BETTINA, Introduction au droit suisse de la sécurité sociale, 3. Aufl., Lausanne 2006; KIESER UELI, ATSG-Kommentar, Zürich 2003; DERS., Kommentar AHVG, Zürich 1996; MEYER-BLASER ULRICH, Kommentar IVG, Zürich 1997; MEYER-BLASER ULRICH (Koord.), Soziale Sicherheit, SBVR XIV, 2. Aufl., Basel 2006; RUMO-JUNGO ALEXANDRA, Kommentar ELG, Zürich 1994; TSCHUDI HANS PETER, Die neue Bundesverfassung als Grundlage des Sozialversicherungsrechts, SZS 2001, 63 ff.; DERS., Entstehung und Entwicklung der schweizerischen Sozialversicherungen, Basel 1989; UEBERSAX PETER, Stand und Entwicklung der Sozialverfassung der Schweiz, AJP 1998, 1 ff.; VALTERIO MICHEL, Nouvelle répartition des tâches entre la Confédération et les cantons et sécurité sociale, Sécurité sociale 2002/1, 42 ff.; WIDMER DIETER, Die Sozialversicherung in der Schweiz, 5. Aufl., Zürich 2005.

Art. 112 Alters-, Hinterlassenen- und Invalidenversicherung*

1 Der Bund erlässt Vorschriften über die Alters-, Hinterlassenen- und Invalidenversicherung.

2 Er beachtet dabei folgende Grundsätze:

a. Die Versicherung ist obligatorisch.

[a^{bis}. Sie gewährt Geld- und Sachleistungen.^{1}]

b. Die Renten haben den Existenzbedarf angemessen zu decken.

c. Die Höchstrente beträgt maximal das Doppelte der Mindestrente.

d. Die Renten werden mindestens der Preisentwicklung angepasst.

3 Die Versicherung wird finanziert:

a. durch Beiträge der Versicherten, wobei die Arbeitgeberinnen und Arbeitgeber für ihre Arbeitnehmerinnen und Arbeitnehmer die Hälfte der Beiträge bezahlen;

b. durch Leistungen des Bundes und, wenn das Gesetz es vorsieht, der Kantone. *[Künftige Fassung^2: b. durch Leistungen des Bundes.]*

4 Die Leistungen des Bundes und der Kantone betragen zusammen höchstens die Hälfte der Ausgaben. *[Künftige Fassung^3: ^{4} Die Leistungen des Bundes betragen höchstens die Hälfte der Ausgaben.]*

5 Die Leistungen des Bundes werden in erster Linie aus dem Reinertrag der Tabaksteuer, der Steuer auf gebrannten Wassern und der Abgabe aus dem Betrieb von Spielbanken gedeckt.

6 Der Bund fördert die Eingliederung Invalider und unterstützt Bestrebungen zugunsten Betagter, Hinterlassener und Invalider. Für diesen Zweck kann er Mittel aus der Alters-, Hinterlassenen- und Invalidenversicherung verwenden. *[Künftig^4: ^{6} Aufgehoben.]*

1 Die (Verfassungs-)Grundlage für die AHV/IV wurde 1925 gelegt (BV 1874 Art. 34quater, ursprüngliche Fassung). Damit wurde einer der Hauptforderungen des Generalstreiks von 1918 Rechnung getragen. Eine erste Gesetzesvorlage (sog. Lex Schulthess) scheiterte in der Referendumsabstimmung vom 6.12.1931. Die Ausführungsgesetzgebung konnte erst am 1.1.1948 (AVH) bzw. am 1.1.1960 (IV) in Kraft treten. – Das AHVG hat zehn grössere Refor-

---

* Mit Übergangsbestimmung

1 Angenommen in der Volksabstimmung vom 28. Nov. 2004 (BB vom 3. Okt. 2003, BRB vom 26. Jan. 2005 – BBl 2002 2291, 2003 6591, 2005 951). – Der Bundesrat bestimmt das Inkrafttreten.

2 Angenommen in der Volksabstimmung vom 28. Nov. 2004 (BB vom 3. Okt. 2003, BRB vom 26. Jan. 2005 – BBl 2002 2291, 2003 6591, 2005 951). – Der Bundesrat bestimmt das Inkrafttreten.

3 Angenommen in der Volksabstimmung vom 28. Nov. 2004 (BB vom 3. Okt. 2003, BRB vom 26. Jan. 2005 – BBl 2002 2291, 2003 6591, 2005 951). – Der Bundesrat bestimmt das Inkrafttreten.

4 Angenommen in der Volksabstimmung vom 28. Nov. 2004 (BB vom 3. Okt. 2003, BRB vom 26. Jan. 2005 – BBl 2002 2291, 2003 6591, 2005 951). – Der Bundesrat bestimmt das Inkrafttreten.

men erlebt (zuletzt: 10. AHV-Revision, in Kraft seit 1. Jan. 1997); ein erster Anlauf zur 11. AHV-Revision scheiterte in der Referendumsabstimmung vom 16.5.2004 (zum neuen Anlauf vgl. Botschaft vom 21.12.2005, BBl 2006 1979 ff.) – Am 1.1.2004 trat die 4. IV-Revision in Kraft. Die 5. IV-Revision (vgl. BBl 2006 8313) wurde in der Referendumsabstimmung vom 17.6.2007 gutgeheissen. Zur neuen AHV-Versichertennummer vgl. N 8 zu BV 65 (vgl. auch BBl 2006 501). – Wie die übrigen Sozialversicherungszweige blieben auch AHV und IV vom Inkrafttreten (per 1.1.2003) des BG vom 6.10.2000 über den Allgemeinen Teil des Sozialversicherungsrechts (ATSG; SR 830.1) nicht unberührt. – Das 1917 geschaffene Eidgenössische Versicherungsgericht in Luzern (EVG) fungierte (auch) im Bereich AHV/IV als letzte richterliche Instanz, bis es per 1.1.2007 (unter Beibehaltung des Sitzes Luzern) in das Bundesgericht integriert wurde (BGG 4).

Gesetzgebungskompetenz (Abs. 1)

2 *Rechtsnatur:* Abs. 1 begründet eine umfassende und verpflichtende Gesetzgebungskompetenz des Bundes mit nachträglich derogatorischer Wirkung *(konkurrierende* Kompetenz) für den Bereich der ersten («staatlichen») Säule («eidgenössische» Versicherung, vgl. BV 111). Die Verfassung sieht nicht zwingend vor, dass der Bund die Versicherung selber führt.

3 *Alter, Tod und Invalidität:* Bei der Konkretisierung der drei genannten Ereignisse bzw. Risiken und der daran anknüpfenden Leistungen verfügt der Bundesgesetzgeber über einen Gestaltungsspielraum, der indes durch verschiedene Verfassungsvorgaben eingeengt wird (insb. Abs. 2, Abs. 3–5, BV 111). Das AHV-Alter beträgt gemäss AHVG 21 für Männer 65, für Frauen 64 Jahre; die seit 1981 (BV 1874 Art. 4 Abs. 2, heute BV 8 Abs. 3) unausweichliche vollständige Angleichung ist per 2009 geplant (BBl 2006 1979 ff.). Für den Todesfall sind Witwen- bzw. Witwerrenten sowie Waisenrenten vorgesehen (AHVG 23 ff.). Als Invalidität gilt die voraussichtlich bleibende oder längere Zeit dauernde ganze oder teilweise Erwerbsunfähigkeit (ATSG 7 und 8). Heute beziehen rund 470'000 Personen IV-Leistungen (darunter: knapp 300'000 Rentenbezüger; NZZ Nr. 219 vom 21.9.2006, S. 15).

«Grundsätze» (Vorgaben) für die Ausgestaltung (Abs. 2)

4 *Rechtsnatur:* Abs. 2 begründet keine Kompetenzen. Die Verwendung des Worts «Grundsätze» ist problematisch. Es handelt sich weder um allgemeine Rechtsgrundsätze (etwa i.S.v. BV 5) noch um die Begründung einer blossen Grundsatzgesetzgebungskompetenz (etwa i.S.v. BV 75), sondern (wie in BV 113 und 114) um *rechtsverbindliche inhaltliche Vorgaben,* die der Gesetzgeber bei der Erfüllung seines Auftrags zu beachten hat. Der Charakter der Vorgaben variiert von Bst. zu Bst. (Ziel-, Rahmen- bzw. Minimalvorgaben):

a. *Versicherungsobligatorium* (Bst. a): Erfasst wird die *ganze Bevölkerung* (so noch ausdrücklich BV 1874 Art. 34quater), nicht nur die Erwerbstätigen (vgl AHVG 1a). Für Ausnahmen besteht ein (schmaler) Spielraum (z.B. Personen, welche die gesetzlichen Voraussetzungen nur für kurze Zeit erfüllen, vgl. AHVG 1a Abs. 2). Zur freiwilligen Versicherung für Schweizer und Angehörige von EU- bzw. EFTA-Staaten vgl. AHVG 2. – Zum Charakter der AHV als «Volksversicherung» BGE 131 V 97, 103.

a.[bis] *Leistungsarten* (Bst. a.[bis]): Mit dieser Ergänzung soll eine frühere Verfassungsvorgabe (BV 1874 Art. 34quater) rekonstitutionalisiert werden.

3. Titel: Bund, Kantone und Gemeinden　　　　　　　　　　　　　Nr. 1　BV **Art. 112**

b. *Angemessene Deckung des Existenzbedarfs* (Bst. b): «Existenzbedarf» meint mehr als die gemäss BV 12 geschuldete Nothilfe und nicht dasselbe wie das betreibungsrechtliche Existenzminimum (weshalb es verfassungskonform ist, IV-Taggelder, welche den Existenzbedarf übersteigen, als pfändbar einzustufen; vgl. BGE 130 III 400, 406). Die Rente soll «eine einfache, aber doch menschenwürdige Lebensführung» sichern (Botsch. BV, 324). Die Zielvorgabe belässt dem Bundesgesetzgeber einen beträchtlichen Konkretisierungsspielraum. Da die Vorgabe mit den allgemeinen Vorkehren trotz starker Erhöhung der Renten (vor allem mit der 8. AHV-Revision) nicht in allen Fällen gewährleistet ist, sieht die Verfassung Ergänzungsleistungen vor (BV 196 Ziffer 10, künftig BV 112a).

c. *Maximale Spannweite der Renten* (Bst. c): Die Begrenzung hat einen starken Solidaritätseffekt. Abweichungen sind nur nach «unten» möglich (z.B. Faktor 1,9 oder 1,5). Die aktuelle Gesetzgebung schöpft den Rahmen aus (vgl. AHVG 34 Abs. 3; IVG 37 Abs. 1).

d. *Rentenanpassung* (Bst. d): Die Verfassung gibt keinen konkreten Anpassungsrhythmus vor (in der Regel: zwei Jahre). Seit der 9. AHV-Revision (1.1.1979) ist ein *Mischindex* vorgesehen (AHVG 33ter: arithmetisches Mittel aus Lohnindex und Landesindex der Konsumentenpreise).

Finanzierung (Abs. 3, 4 und 5)

5　*Abs. 3* sieht zwei Finanzierungsquellen vor: Beiträge der Versicherten einerseits, Beiträge des Staates andererseits. Auf die AHV/IV-Renten kommt das Umlageverfahren zur Anwendung. – Die heutige Gesetzgebung macht von der Möglichkeit des Einbezugs der Kantone Gebrauch (vgl. AHVG 103 und IVG 78); künftig soll nur noch der Bund herangezogen werden (Abs. 4 i.d.F. vom 28.11.2004). Der Bundesbeitrag ist «in erster Linie» aus dem Reinertrag der Tabaksteuer (BV 131; 2004: rund 2 Mia. Franken), der Steuer auf gebrannten Wassern (BV 105; rund 220 Mio. Franken) und der Abgabe aus dem Betrieb von Spielbanken (BV 106; rund 290 Mio. Franken) zu decken. Heute kommen Mittel in Milliardenhöhe aus dem allgemeinen Bundeshaushalt (knapp 5 Mia. Franken, etwa zur Hälfte via MWST) und von den Kantonen (2004: rund 1,1 Mia. Franken). Gestützt auf BV 130 Abs. 3 kann der Satz der Mehrwertsteuer per Gesetz um höchstens 1 Prozentpunkt angehoben werden (so seit 1.1.1999; vgl. BB vom 20.3.1998, SR 641.203, sowie MWSTG 36).

6　*Abs. 4:* Die verfassungsrechtliche Begrenzung der Staatsbeiträge (künftig: Bundesbeiträge) soll dafür sorgen, dass der Versicherungscharakter des Sozialwerks gewahrt bleibt. Der Anteil der öffentlichen Hand liegt bei der AHV bei rund 20% der Gesamtausgaben (vgl. AHVG 103); bei der IV bei 50% (vgl. IVG 78). Für die Beiträge der zentralen Versichertenkategorie der Arbeitnehmer (zum Begriff ATSG 10) ist eine *paritätische* Finanzierung verfassungsrechtlich vorgegeben. Damit wird neben dem Solidaritätsgedanken auch die Idee der Sozialpartnerschaft unterstrichen. Obwohl die Mitglieder der Bundesversammlung nicht Angestellte des Bundes sind, sorgt sich der Bund um ihre Vorsorge (vgl. PRG 7, SR 171.21; vgl. auch VPRG 7 ff., SR 171.211). – Gestützt auf BV 112b und BV 112c kann der Bund Mittel aus der AHV/IV auch zur Eingliederung Invalider sowie für bestimmte Massnahmen zu Gunsten Betagter und Behinderter verwenden. – Eine Änderung von Abs. 5 und eine Ergänzung von Abs. 3 (Bst. c) im Rahmen des BB vom 3.10.2003 über die Finanzierung der AHV/IV scheiterten in der Volksabstimmung vom 16.5.2005. Im Zusammenhang mit dem Verkauf eines Teils der SNB-

Goldreserven kommt die AHV in den Genuss eines einmaligen «Zustupfs» im Umfang von 7 Mia. Franken (vgl. N 18 zu BV 99). Zur Frage der Sanierung der IV-Finanzierung vgl. Botschaft vom 22.6.2005 zur IV-Zusatzfinanzierung, BBl 2005 4623.

Abs. 6 und Übergangsbestimmung zu BV 112

7   Die Aufhebung von Abs. 6 (noch nicht in Kraft) steht im Zusammenhang mit der «Kantonalisierung» der darin vorgesehenen Aufgaben. Zu den künftigen Bundesvorgaben vgl. BV 112b und 112c sowie BV 197 Ziff. 4 und 5. – Zur Aufhebung der ÜB zu BV 112 vgl. N 1 zu BV 196 Ziff. 10 sowie die künftige *dauerhafte* Verfassungsgrundlage in BV 112a (noch nicht in Kraft).

Literaturhinweise: siehe bei BV 111

Art. 112a[1]   Ergänzungsleistungen
           [bei Drucklegung noch nicht in Kraft]

[1] Bund und Kantone richten Ergänzungsleistungen aus an Personen, deren Existenzbedarf durch die Leistungen der Alters-, Hinterlassenen- und Invalidenversicherung nicht gedeckt ist.
[2] Das Gesetz legt den Umfang der Ergänzungsleistungen sowie die Aufgaben und Zuständigkeiten von Bund und Kantonen fest.

1   Die im Rahmen des BB NFA beschlossene Bestimmung stellt das bisher nur übergangsrechtliche Institut der Ergänzungsleistungen (BV 196 Ziff. 10; BV 1874 ÜB Art. 11 Abs. 1) auf eine *dauerhafte* Verfassungsgrundlage (so schon VE 95 Art. 92; näher Botsch. NFA, BBl 2002 2434 ff.). Die ausführende Gesetzgebung findet sich im BG vom 19.3.1965 über Ergänzungsleistungen zur Alters-, Hinterlassenen- und Invalidenversicherung (ELG, SR 831.30), künftig im gleichnamigen BG vom 6.10.2006 (BBl 2006 8389, Referendumsvorlage).

2   Der *Handlungsauftrag* des Abs. 1 richtet sich an Bund und Kantone, ohne sich näher zur Kompetenz- und Aufgabenteilung zu äussern. Eine (implizite) Zielvorgabe ist, dass die Ergänzungsleistungen (zusammen mit den Renten) den Existenzbedarf (BV 112 Abs. 2 Bst. b) decken (vgl. ELG 3a; BBl 1997 I 1197 ff.).

3   *Abs. 2* begründet eine (verpflichtende) *Gesetzgebungskompetenz* des Bundes mit nachträglich derogatorischer Wirkung (konkurrierende Kompetenz). Während BV 196 Ziff. 10 (wie BV 1874 ÜB Art. 11 Abs. 1) dem Bund die Rolle des Mitfinanzierers eines grundsätzlich von den Kantonen zu tragenden Systems zuwies, lässt BV 112a Abs. 2 die Aufgabenteilung offen. – Zur Tragweite von BV 112a vgl. auch VPB 67.37 (2003), Bundesamt für Justiz.

Literaturhinweise: siehe bei BV 111

1   Angenommen in der Volksabstimmung vom 28. Nov. 2004 (BB vom 3. Okt. 2003, BRB vom 26. Jan. 2005 – BBl 2002 2291, 2003 6591, 2005 951). – Der Bundesrat bestimmt das Inkrafttreten.

Art. 112b[1] Förderung der Eingliederung Invalider
[bei Drucklegung noch nicht in Kraft]

[1] Der Bund fördert die Eingliederung Invalider durch die Ausrichtung von Geld- und Sachleistungen. Zu diesem Zweck kann er Mittel der Invalidenversicherung verwenden.
[2] Die Kantone fördern die Eingliederung Invalider, insbesondere durch Beiträge an den Bau und den Betrieb von Institutionen, die dem Wohnen und dem Arbeiten dienen.
[3] Das Gesetz legt die Ziele der Eingliederung und die Grundsätze und Kriterien fest.

1   Die im Rahmen des BB NFA beschlossene Bestimmung führt die bisher in BV 112 Abs. 6 enthaltene verpflichtende, parallele *Förderungskompetenz* des Bundes fort (vgl. Botsch. NFA, BBl 2002 2439 ff.) und nimmt neu die Kantone in die Pflicht (Abs. 2 und 3).

2   *Abs. 1:* Die Verfassung setzt der Bundeskompetenz neu durch Nennung der Instrumente (Geld- und Sachleistungen) Schranken. Der Akzent liegt auf den *individuellen Leistungen,* während die Kantone für kollektive Leistungen aufkommen sollen (vgl. Botsch. NFA, BBl 2002 2471).

3   *Invalide:* Personen, die voraussichtlich bleibend oder längere Zeit ganz oder teilweise *erwerbsunfähig* (vgl. ATSG 7) sind (ATSG 8; vgl. auch BGE 130 V 343, 345), d.h. nicht alle Behinderten (vgl. N 3 zu BV 112c).

4   *Eingliederung:* Massnahmen, die darauf zielen «die Erwerbsfähigkeit oder die Fähigkeit, sich im Aufgabenbereich zu betätigen, wieder herzustellen, zu erhalten oder zu verbessern» (IVG 8).

5   *Pflichten der Kantone (Abs. 2):* Neu sind die Kantone von Bundesverfassungsrechts wegen verpflichtet, die Eingliederung zu fördern und («insbesondere») bestimmte Massnahmen *kollektiver* Natur zu treffen. Verfassungsrechtlich nicht ausgeschlossen, aber angesichts der Stossrichtung der Reform («Kantonalisierung») unwahrscheinlich ist, dass sich auch der Bund in den genannten Bereichen engagiert. – Der Bund kann gestützt auf BV 48a (noch nicht in Kraft) interkantonale Verträge betreffend Institutionen zur Eingliederung und Betreuung von Invaliden für allgemein verbindlich erklären bzw. Kantone zur Beteiligung verpflichten.

6   *Abs. 3:* Die Konkretisierung der Eingliederungsziele und die Festlegung von Grundsätzen und Kriterien obliegt dem Bundesgesetzgeber. Die *Rechtsnatur der Bundeskompetenz* ist reichlich diffus. In der Botsch. NFA ist von einer «Kompetenz für eine Rahmengesetzgebung» die Rede – ein Typus, den es seit der BV-Totalrevision eigentlich nicht mehr gibt. Gemeint sein dürfte der Typus «Grundsatzgesetzgebungskompetenz» (vgl. N 12 vor BV 42). Doch entfernt sich Abs. 3 vom üblichen Muster, indem der Bund auch mit der Festlegung von *Kriterien* betraut wird (zu dieser im NR beschlossenen Ergänzung, die offenbar Befürchtungen der Behindertenorganisationen zerstreuen sollte, vgl. AB 2003 N 1161 ff., S 762 ff.). – Der Umsetzung

---

1   Angenommen in der Volksabstimmung vom 28. Nov. 2004 (BB vom 3. Okt. 2003, BRB vom 26. Jan. 2005 – BBl 2002 2291, 2003 6591, 2005 951). – Der Bundesrat bestimmt das Inkrafttreten.

von Abs. 3 dient das BG vom 6.10.2006 über die Institutionen zur Förderung der Eingliederung von invaliden Personen (IFEG; BBl 2006 8385, Referendumsvorlage).

7   Die erst im Verlauf der parlamentarischen Beratungen eingefügte *ÜB* zu BV 112b (BV 197 Ziffer 4) hebt die ursprünglich auf Gesetzesstufe vorgesehene Übergangsordnung auf die Verfassungsebene (AB 2002 S 870). Ziel ist die Absicherung des bisherigen Leistungsniveaus für mindestens drei Jahre.

Literaturhinweise: siehe bei BV 111

Art. 112c[1]   Betagten- und Behindertenhilfe
[bei Drucklegung noch nicht in Kraft]

[1] Die Kantone sorgen für die Hilfe und Pflege von Betagten und Behinderten zu Hause.
[2] Der Bund unterstützt gesamtschweizerische Bestrebungen zu Gunsten Betagter und Behinderter. Zu diesem Zweck kann er Mittel aus der Alters-, Hinterlassenen- und Invalidenversicherung verwenden.

1   Die im Rahmen des BB NFA beschlossene Bestimmung präzisiert den bisherigen Unterstützungsauftrag des Bundes (vgl. BV 112 Abs. 6) und nimmt neu die Kantone ausdrücklich in die Pflicht (Botsch. NFA, BBl 2002 2442 ff.).

2   *Abs. 1* begründet eine kantonale *Handlungsverpflichtung* für den Bereich der häuslichen Betagten- und Behindertenhilfe (anders noch der Entwurf des Bundesrates: blosse Bekräftigung der kantonalen Zuständigkeit).

3   *Behinderte:* Der Begriff ist weiter als der Begriff «Invalide» und erfasst auch jene Personen, die nicht mehr im erwerbsfähigen Alter stehen oder deren Behinderung keine Auswirkungen auf die Erwerbsfähigkeit i.S. der IV hat.

4   *Betagte:* In Botsch. NFA, BBl 2002 2399 f. werden bereits Personen ab 60 (!) zu den Betagten, ab 80 zu den Hochbetagten gezählt.

5   *Verpflichtungen des Bundes:* Abs. 2 erteilt dem Bund einen in *zweifacher* Hinsicht subsidiären Förderungsauftrag (im bundesrätlichen Entwurf: blosse Ermächtigung; vgl. AB 2003 N 1167). Die Leistungen des Bundes knüpfen an Bestrebungen *Dritter* an (so schon bisher BV 112 Abs. 6); gefördert werden *gesamtschweizerische* Bestrebungen (vgl. Botsch. NFA, BBl 2002 2471; vgl. auch BehiG 16).

6   Die *ÜB* zu BV 112c (BV 197 Ziff. 5) soll für eine Übergangszeit das bisherige Leistungsniveau sichern (vgl. AB 2002 S 872; AB 2003 N 1188 ff.).

Literaturhinweise: siehe bei BV 111

---

1   Angenommen in der Volksabstimmung vom 28. Nov. 2004 (BB vom 3. Okt. 2003, BRB vom 26. Jan. 2005 – BBl 2002 2291, 2003 6591, 2005 951). – Der Bundesrat bestimmt das Inkrafttreten.

Art. 113 Berufliche Vorsorge*

¹ Der Bund erlässt Vorschriften über die berufliche Vorsorge.

² Er beachtet dabei folgende Grundsätze:

a. Die berufliche Vorsorge ermöglicht zusammen mit der Alters-, Hinterlassenen- und Invalidenversicherung die Fortsetzung der gewohnten Lebenshaltung in angemessener Weise.
b. Die berufliche Vorsorge ist für Arbeitnehmerinnen und Arbeitnehmer obligatorisch; das Gesetz kann Ausnahmen vorsehen.
c. Die Arbeitgeberinnen und Arbeitgeber versichern ihre Arbeitnehmerinnen und Arbeitnehmer bei einer Vorsorgeeinrichtung; soweit erforderlich, ermöglicht ihnen der Bund, die Arbeitnehmerinnen und Arbeitnehmer in einer eidgenössischen Vorsorgeeinrichtung zu versichern.
d. Selbstständigerwerbende können sich freiwillig bei einer Vorsorgeeinrichtung versichern.
e. Für bestimmte Gruppen von Selbstständigerwerbenden kann der Bund die berufliche Vorsorge allgemein oder für einzelne Risiken obligatorisch erklären.

³ Die berufliche Vorsorge wird durch die Beiträge der Versicherten finanziert, wobei die Arbeitgeberinnen und Arbeitgeber mindestens die Hälfte der Beiträge ihrer Arbeitnehmerinnen und Arbeitnehmer bezahlen.

⁴ Vorsorgeeinrichtungen müssen den bundesrechtlichen Mindestanforderungen genügen; der Bund kann für die Lösung besonderer Aufgaben gesamtschweizerische Massnahmen vorsehen.

1   Die auf das Jahr 1972 zurückgehende Bestimmung (BV 1874 Art. 34quater) knüpft an die Tradition der betrieblichen Personalvorsorge an. Diese war ursprünglich freiwillig (vgl. OR 331 ff.). Mit der Revision von 1972 wurde sie als *2. Säule* in das System der AH/I-Vorsorge integriert und für obligatorisch erklärt. – Der Umsetzung dient das BG vom 25.6.1982 über die berufliche Alters-, Hinterlassenen- und Invalidenvorsorge (BVG; SR 831.40). Die 1. BVG-Revision (BG vom 3.10.2003; AS 2004 1677) trat am 1.1.2005 in Kraft. Zur Entwicklung der beruflichen Vorsorge vgl. BGE 131 II 593, 600 ff.

Gesetzgebungskompetenz (Abs. 1)

2   *Rechtsnatur:* Abs. 1 begründet eine verpflichtende, umfassende Gesetzgebungskompetenz des Bundes mit nachträglich derogatorischer Wirkung (konkurrierende Kompetenz; vgl. BGE 130 V 369, 373). – Auf BV 113 (bzw. BV 1874 Art. 34quater) stützen sich neben dem BVG auch das Freizügigkeitsgesetz vom 17.12.1993 (FZG; SR 831.42) und das BG vom 23.6.2000 über die Pensionskasse des Bundes (PKB-Gesetz; SR 172.222.0); ebenso das am 20.12.2006 verabschiedete BG über die Pensionskasse des Bundes (PUBLICA-Gesetz; SR 172.222.1).

---

*   Mit Übergangsbestimmung

«Grundsätze» (Vorgaben) für die Ausgestaltung (Abs. 2)

3   *Rechtsnatur:* Abs. 2 begründet (wie BV 112 Abs. 2) keine Kompetenzen, sondern *rechtsverbindliche inhaltliche Vorgaben* zuhanden des Gesetzgebers.

   a. *Leistungsziel* (Bst. a): Die – zusammen mit der AHV/IV zu erreichende – *Zielvorgabe* wird nur generalklauselartig umschrieben. Dem Gesetzgeber verbleibt ein erheblicher Gestaltungsspielraum. Aus Bst. a lassen sich keine klagbaren Leistungsansprüche ableiten (BGE 130 V 369, 374). Gemäss Botsch. BV, 324, ist davon auszugehen, dass die gewohnte Lebenshaltung im Allgemeinen aufrechterhalten werden kann, wenn eine Einzelperson ein Ersatzeinkommen von 60% des letzten Brutto-Arbeitseinkommens erzielt (vgl. auch BVG-Botsch., BBl 1976 I 157). Die Altersrente wird auf der Grundlage des Altersguthabens berechnet, das der Versicherte bei Erreichen des Rentenalters erworben hat (BVG 14; zur Kontroverse um die Senkung des sog. Umwandlungssatzes vgl. Botschaft vom 22.11.2006 zur «Anpassung des Mindestumwandlungssatzes in der beruflichen Vorsorge», BBl 2006 9477). – Mit dem Problem der sog. *Eintrittsgeneration* (Versicherte ohne volle Beitragszeit, BVG 31) befasst sich BV 196 Ziffer 11 (vgl. N 6).

   b. *Teil-Obligatorium für Arbeitnehmer/innen* (Bst. b): Der Gesetzgeber hat von der Möglichkeit, Ausnahmen vorzusehen, Gebrauch gemacht (BVG 2 i.V.m. BVV2 Art. 1j, SR 831.441.1, in Abhängigkeit vom Jahreslohn). Viele Teilzeitbeschäftigte (vielfach Frauen) unterstehen nicht dem Obligatorium, was unter dem Aspekt von BV 8 Abs. 3 nicht unproblematisch ist. – Dem Obligatorium unterliegt nur der sog. *koordinierte Lohn* (vgl. BVG 8 i.V.m. BVV2 Art. 5). Im darunter und im darüber liegenden *freiwilligen* (unter- bzw. überobligatorischen) Bereich (auch «Säule 2b») kommt, mit einzelnen Ausnahmen (Mahon, Comm., Art. 113, N 7, 15), nicht das BVG zur Anwendung, sondern das OR (OR 331 ff.), das auch den *vor*obligatorischen Bereich (aus der Zeit vor 1985) regelt.

   c. *Arbeitgeber-Pflichten* (Bst. c): Die Arbeitgeber sind bei der Wahl der Vorsorgeeinrichtung grundsätzlich frei, doch muss die «Pensionskasse» bestimmten Anforderungen genügen (vgl. Abs. 4). Der Bund ist verpflichtet, erforderlichenfalls eine eidgenössische Vorsorgeeinrichtung zu errichten (vgl. BVG 54 und 60; Botsch. BV, 325).

   d./e. *Stellung der Selbstständigerwerbenden* (Bst. d und e): Selbstständigerwerbende (vgl. ATSG 12) fallen nicht unter das in Bst. b vorgesehene Obligatorium (und kommen damit nicht in den Genuss der *dies*bezüglichen Steuervergünstigungen; vgl. BV 111 Abs. 3). Sie sollen sich aber freiwillig versichern können (vgl. BVG 4, 44, 46; BVV2 Art. 28 ff., SR 831.441.1). Die Möglichkeit gemäss Bst. e wurde bisher nicht genutzt.

   Das ordentliche Rentenalter für Frauen gemäss AHVG (heute: 64 Jahre) gilt auch als ordentliches BVG-Rentenalter der Frauen (BVV2 Art. 62a Abs. 1). Zur Frage der verfassungsrechtlichen Zulässigkeit von Rentenkürzungen bei den Pensionskassen des Bundes vgl. VPB 70.68 (2006), Bundesamt für Justiz.

Finanzierung und weitere Modalitäten (Abs. 3 und 4)

4   Finanzierung (Abs. 3): Anders als bei der 1. Säule (BV 112) ist eine Mitfinanzierung durch die öffentliche Hand nicht vorgesehen. Die *mindestens hälftige* Beteiligung des Arbeitgebers bezieht sich nicht auf die je individuellen Beiträge seiner Arbeitnehmer/innen (insofern missver-

ständlich der französische Wortlaut von Abs. 3; vgl. Mahon, Comm., Art. 113, N 13), sondern auf die *gesamten* Beiträge (globale Summe; vgl. auch BVG 66). Die Finanzierung der Leistungen erfolgt nach dem Kapitaldeckungsverfahren (im Unterschied zur AHV/IV, für die das Umlageverfahren zur Anwendung kommt); die Höhe der Rente hängt massgeblich von der Höhe der entrichteten Beiträge ab.

5 *Abs. 4* verdeutlicht den *dezentralen* Charakter der 2. Säule. Bei der Einführung des Obligatoriums knüpfte man an die bestehenden Einrichtungen an, auferlegte ihnen aber Mindestanforderungen (BVG 48 ff.; vgl. auch FZG 2 ff.). Das BVG ist weniger eine «législation-cadre» (Mahon, Comm., Art. 113, N 15) als vielmehr eine «Mindestgesetzgebung» für die berufliche Vorsorge (BVG 6). *Statistisches:* Die Zahl der registrierten Vorsorgeeinrichtungen lag 2002 bei 8134 (1998: 10409; 1970: 15581; Quelle: BFS). – *Gesamtschweizerische* Massnahmen: Der Bundesrat hat dafür zu sorgen, dass ein Sicherheitsfonds und eine Auffangeinrichtung eingerichtet werden (BVG 54 ff.; vgl. die Verordnungen vom 22.6.1998, SR 831.432.1, bzw. vom 28.8.1985, SR 831.434).

Übergangsbestimmung (BV 196 Ziffer 11)

6 BV 196 Ziffer 11 ist dem Problem der sog. *Eintrittsgeneration* gewidmet: Versicherte ohne volle Beitragszeit (die m.a.W. bei Inkrafttreten des BVG das 25. Altersjahr vollendet und das Rentenalter noch nicht erreicht hatten; BVG 31) sollen je nach Höhe ihres Einkommens innert 10 bis 20 Jahren den gesetzlich vorgeschriebenen Mindestschutz erhalten. Das BVG verpflichtet die Vorsorgeeinrichtungen, im Rahmen ihrer finanziellen Möglichkeiten Sonderregelungen zu Gunsten der Eintrittsgeneration zu erlassen und dabei namentlich ältere Versicherte, vor allem solche mit kleinen Einkommen, bevorzugt zu behandeln (BVG 32; vgl. BGE 131 II 593, 604; Mahon, Comm., Art. 113, N 17). Bei Versicherten mit kleinen und mittleren Einkommen wird das Leistungsziel wohl auch nach Inkrafttreten der 1. BVG-Revision nicht erreicht (näher Vetter-Schreiber, Vorbemerkungen zum BVG).

Literaturhinweise (vgl. auch die Hinweise bei BV 111)

Riemer-Kafka Gabriela/Riemer Hans Michael, Das Recht der beruflichen Vorsorge in der Schweiz, 2. Aufl., Bern 2006; Vetter-Schreiber Isabelle, Kommentar Berufliche Vorsorge, Zürich 2005.

Art. 114   Arbeitslosenversicherung

¹ Der Bund erlässt Vorschriften über die Arbeitslosenversicherung.

² Er beachtet dabei folgende Grundsätze:

a. Die Versicherung gewährt angemessenen Erwerbsersatz und unterstützt Massnahmen zur Verhütung und Bekämpfung der Arbeitslosigkeit.
b. Der Beitritt ist für Arbeitnehmerinnen und Arbeitnehmer obligatorisch; das Gesetz kann Ausnahmen vorsehen.
c. Selbstständigerwerbende können sich freiwillig versichern.

³ Die Versicherung wird durch die Beiträge der Versicherten finanziert, wobei die Arbeitgeberinnen und Arbeitgeber für ihre Arbeitnehmerinnen und Arbeitnehmer die Hälfte der Beiträge bezahlen.

⁴ Bund und Kantone erbringen bei ausserordentlichen Verhältnissen finanzielle Leistungen.

⁵ Der Bund kann Vorschriften über die Arbeitslosenfürsorge erlassen.

1   Die Bestimmung geht auf das Jahr 1947 zurück (BV 1874 Art. 34ter Abs. 3), die heutigen inhaltlichen Vorgaben (insb. das bundesweite Obligatorium) auf das Jahr 1976 (BV 1874 Art. 34novies). Erste Schritte des Bundes erfolgten in den 1920er Jahren (vgl. BBl 1975 II 1557 ff.; MAHON, Comm., Art. 114, N 2; zur Arbeitslosenfürsorge vgl. Bundesratsbeschluss vom 14.7.1942, AS 41, 235). – *Statistisches:* Die Arbeitslosenquote bewegt sich heute bei rund 3,1%, Stand November 2006; der Höchstwert in der Nachkriegszeit lag bei 5,2% im Jahr 1997; Quelle: BFS.

Gesetzgebungskompetenzen (Abs. 1 und Abs. 5)

2   *Abs. 1* begründet eine umfassende, verpflichtende Gesetzgebungskompetenz des Bundes mit nachträglich derogatorischer Wirkung (konkurrierende Kompetenz). Der Umsetzung dient das BG vom 25.6.1982 über die obligatorische Arbeitslosenversicherung und die Insolvenzentschädigung (Arbeitslosenversicherungsgesetz, AVIG; SR 837.0), das an die Stelle des BG vom 22.6.1951 (AS 1951 1163) und des dringlichen BB vom 8.10.1976 über die Einführung der obligatorischen Arbeitslosenversicherung trat (AS 1977 208).

3   *Abs. 5* begründet eine begrenzte Gesetzgebungsermächtigung zu Gunsten des Bundes (mit nachträglich derogatorischer Wirkung) im Bereich der *Fürsorge* (die sonst grundsätzlich in der Zuständigkeit der Kantone liegt, vgl. BV 115). Die Kompetenz wurde bisher nicht genutzt (vgl. Botsch. BV, 327).

«Grundsätze» (Vorgaben) für die Ausgestaltung (Abs. 2)

4   *Rechtsnatur:* Abs. 2 begründet (wie BV 112 Abs. 2) keine Kompetenzen, sondern *rechtsverbindliche inhaltliche Vorgaben* zuhanden des Gesetzgebers.

   – *Leistungsziel* (Bst. a): Die Konkretisierung obliegt dem Gesetzgeber, der über einen erheblichen Gestaltungsspielraum verfügt (vgl. AVIG 22, 27).

   – *Mittelverwendung* (Bst. a): Die Versicherung kann auch allgemeine bzw. kollektiv ansetzende Massnahmen unterstützen (vgl. AVIG 7, 59 ff., 71).

   – *Versicherungsobligatorium/Kreis der Versicherten* (Bst. b und c): Der Beitritt ist für Arbeitnehmerinnen und Arbeitnehmer (vgl. ATSG 10) *obligatorisch*, so dass (anders als früher) ein Solidaritätseffekt eintritt (MAHON, Comm., Art. 114, N 8). Zur Beitragspflicht (wie bei der AHV) und zu den Ausnahmen vgl. AVIG 2. – Obwohl über Jahrzehnte nicht umgesetzt, wurde der (in sich problematische, vgl. MAHON, Comm., Art. 114, N 9) Gesetzgebungsauftrag betreffend freiwillige Versicherung für Selbstständigerwerbende (zum Begriff ATSG 12) in die neue Verfassung übernommen.

In der Verfassung nicht mehr erwähnt (anders noch BV 1874 Art. 34novies Abs. 4) ist die Plafonierung des beitragspflichtigen Einkommens (dazu AVIG 3; zur vorübergehenden Erhöhung des Plafonds und des Beitragssatzes vgl. die ÜB zur Änderung vom 22.3.2002, AS 2003 1728, 1755).

5   Neben der Arbeitslosenentschädigung (AVIG 22 ff.; zur Voraussetzung der Vermittlungsfähigkeit vgl. AVIG 15) sieht das Gesetz auch eine Kurzarbeitsentschädigung (AVIG 31 ff.), eine Schlechtwetterentschädigung (AVIG 42 ff.) und eine Entschädigung bei Zahlungsunfähigkeit des Arbeitgebers (Insolvenzentschädigung; AVIG 51 ff.) vor. – Die Durchführung obliegt im Wesentlichen (AVIG 77 ff.) öffentlichen sowie anerkannten privaten Arbeitslosenkassen und einer Ausgleichsstelle (mit Ausgleichsfonds). Die Kantone sind verpflichtet, regionale Arbeitsvermittlungszentren einzurichten (AVIG 85b).

Finanzierung (Abs. 3 und 4)

6   Die Versicherung wird durch Beiträge der Versicherten und ihrer Arbeitgeber (zum Begriff ATSG 11) finanziert, und zwar je hälftig (AVIG 3) bezogen auf den *einzelnen* Versicherten und im Umlageverfahren (wie bei der AHV, anders als bei der 2. Säule). Der Bund beteiligt sich an den Kosten für Vermittlung und arbeitsmarktliche Massnahmen mit einem gesetzlich fixierten Prozentsatz (AVIG 90, 90a: 0,15% der Lohnsumme; für 2006–2008: 0,12%; vgl. AVIG 120a; zu einer früheren 5%-Beteiligung MAHON, Comm., Art. 114, N 11).

Literaturhinweise (vgl. auch die Hinweise bei BV 111)

GERHARDS GERHARD, Kommentar zum Arbeitslosenversicherungsgesetz, Bern 1987–1993; HOFMANN HEIDI, Arbeitslosenversicherung und Insolvenzentschädigung, Zürich 1998; NUSSBAUMER THOMAS, Arbeitslosenversicherung, in: Meyer-Blaser Ulrich (Koord.), SBVR XIV, 2. Aufl., Basel 2006.

Art. 115   Unterstützung Bedürftiger

Bedürftige werden von ihrem Wohnkanton unterstützt. Der Bund regelt die Ausnahmen und Zuständigkeiten.

1   Die Bestimmung geht im Wesentlichen auf eine 1975 beschlossene Änderung von BV 1874 Art. 45 und 48 zurück (bei der es um die Aufhebung von Beschränkungen der Niederlassungsfreiheit ging). Im System der sozialen Sicherheit (BV 41) bildet die Sozialhilfe ein wichtiges Auffangnetz. – Gemäss der erstmals erstellten nationalen Statistik zur Sozialhilfe waren im Jahr 2004 knapp 220'000 Personen (rund 3%) auf Unterstützung angewiesen (vgl. NZZ Nr. 112 vom 16.5.2006, S. 13). Die sog. Armutsquote lag im Jahr 2005 bei 8,5% (20- bis 59-Jährige), die Working-Poor-Quote bei 4,2% (BFS, Medienmitteilung vom 2.4.2007).

2   *Funktion:* BV 115 handelt von einem in der Kompetenz der Kantone liegenden Gegenstand (Fürsorge; vgl. immerhin BV 40 Abs. 2, BV 114 Abs. 3, BV 121: Auslandschweizer, Arbeitslose, Ausländer) und stellt in erster Linie eine bundes(verfassungs)rechtliche *Kollisionsregel* auf (vgl. aber N 4), die im BG vom 24.6.1977 über die Zuständigkeit für die Unterstützung Bedürftiger (Zuständigkeitsgesetz, ZUG; SR 851.1) konkretisiert wird.

3   *Bedürftige:* Die Verfassung bestimmt den Begriff nicht näher. Gemäss ZUG 2 gilt als bedürftig, «wer für seinen Lebensunterhalt nicht hinreichend oder nicht rechtzeitig aus eigenen Mitteln aufkommen kann». Anders als die Leistungen der Sozialversicherungen (BV 111–114, 116) ist die (Fürsorge-)Leistung an Bedürftige (Sozialhilfe) nicht an eine bestimmte Ursache gebunden. Die Finanzierung erfolgt über die allgemeinen Haushaltsmittel (Steuern). Die *Unterstützung* kann aus Geld- oder Naturalleistungen bestehen (ZUG 3).

4   *Kantonale Verpflichtungen:* BV 115 setzt stillschweigend voraus, dass die Kantone zur Unterstützung Bedürftiger *verpflichtet* sind (vgl. MADER, SG-Komm., Art. 115, N 4 ff.), und zwar in dem durch BV 41 angesprochenen Mass (d.h. grundsätzlich über BV 12, Nothilfe, hinaus). Insofern verbirgt sich hinter BV 115 *mehr* als nur eine «Konfliktregel für interkantonale Kompetenzstreitigkeiten» (Botsch. BV, 328). Doch kann der Bund aus BV 115 keine Befugnis zum Erlass von Rahmenvorgaben ableiten. Für eine gewisse Standardisierung sorgen die von der schweizerischen Konferenz für Sozialhilfe erarbeiteten sog. SKOS-Richtlinien (4. Ausgabe, 2005; vgl. www.skos.ch). – Zum Verhältnis Sozialhilfe und Verwandtenunterstützung vgl. BGE 132 III 97.

5   *Kollisionsregel:* Satz 1 begründet keine Bundeskompetenz. Abzustellen ist (in Abkehr vom früher praktizierten Heimatprinzip: BV 1874 Art. 48 alte Fassung) auf den *Wohnsitz* (ZUG 5 ff.), bei Fehlen eines Wohnsitzes auf den *Aufenthalt* (vgl. ZUG 15, 21). Eine andere Regelung der Kostentragung (z.B. Rückgriff) wird durch BV 115 nicht ausgeschlossen (vgl. Satz 2; ZUG 16). Den Kantonen ist ein grundsätzliches Abschiebungsverbot auferlegt (ZUG 10).

6   *Satz 2* begründet einen (sachlich begrenzten) Gesetzgebungsauftrag. Der Sache nach handelt es sich wohl um eine ausschliessliche Kompetenz des Bundes, zumal den Kantonen wegen Satz 1 kein Handlungsspielraum verbleibt. Satz 2 soll nicht zuletzt eine Benachteiligung grosszügiger Kantone («Unterstützungstourismus») verhindern. Ausnahmen finden sich etwa in ZUG 13 (Aufenthaltskanton in Notfällen), ZUG 16 und 23 (Kostenersatzpflicht).

Literaturhinweise

THOMET WERNER et al., Kommentar zum Bundesgesetz über die Zuständigkeit für die Unterstützung Bedürftiger (ZUG), 2. Aufl., Zürich 1994; WOLFFERS FELIX, Grundriss des Sozialhilferechts, 2. Aufl., Bern 1999.

Art. 116   Familienzulagen und Mutterschaftsversicherung

¹ Der Bund berücksichtigt bei der Erfüllung seiner Aufgaben die Bedürfnisse der Familie. Er kann Massnahmen zum Schutz der Familie unterstützen.

² Er kann Vorschriften über die Familienzulagen erlassen und eine eidgenössische Familienausgleichskasse führen.

³ Er richtet eine Mutterschaftsversicherung ein. Er kann auch Personen zu Beiträgen verpflichten, die nicht in den Genuss der Versicherungsleistungen gelangen können.

⁴ Der Bund kann den Beitritt zu einer Familienausgleichskasse und die Mutterschaftsversicherung allgemein oder für einzelne Bevölkerungsgruppen obligatorisch erklären und seine Leistungen von angemessenen Leistungen der Kantone abhängig machen.

1 Die Bestimmung geht im Wesentlichen auf den im Jahr 1945 angenommenen behördlichen Gegenentwurf zur Volksinitiative «Für die Familie» (BBl 1942 433) zurück (BV 1874 Art. 34quinquies). Der Sachtitel gibt den Inhalt nur unvollständig wieder (vgl. Abs. 1). Dem Schutz der Familie dienen auch BV 13, 14, 41 Abs. 1 Bst. c und e, 108 Abs. 4 und 119 Abs. 2 (vgl. auch EMRK 8).

Schutz der Familie (Abs. 1)

2 *Rechtsnatur:* Satz 1 statuiert eine allgemein gehaltene, sachbereichsunabhängige Berücksichtigungspflicht (vgl. schon BV 41 Abs. 1 Bst. c). Satz 2 begründet eine nicht-verpflichtende *Bundeskompetenz*, die im Wesentlichen *paralleler* Natur ist (vgl. Mahon, Comm., Art. 116, N 7) und nur eine begrenzte Tragweite hat, weil der Bund lediglich Massnahmen *Dritter* (Private, Kantone) unterstützen kann, d.h. nicht generell im Interesse des Familienschutzes legiferieren darf. Auf Abs. 1 stützt sich das BG vom 4.10.2002 über Finanzhilfen für familienergänzende Kinderbetreuung (SR 861); zur Tragfähigkeit der Kompetenz vgl. VPB 66.1 (2002). – Die frühere Staatspraxis berief sich mitunter auf den Vorgänger von Abs. 1 Satz 1, um Bundeskompetenzen zu begründen (so etwa in wenig überzeugender Weise BBl 1979 II 1073, 1980 III 1055 für das BG über Schwangerschaftsberatungsstellen; SR 857.5). Die Kompetenzlage dürfte mit dem neuen Satz 2 saniert sein.

3 Wie BV 41 liegt auch BV 116 ein offener («moderner») Familienbegriff zugrunde (vgl. N 3 zu BV 41; Mader, SG-Komm., Art. 116, N 4).

Familienzulagen (Abs. 2)

4 Der Bund hat von der durch Abs. 2 begründeten (nicht-verpflichtenden) Gesetzgebungskompetenz mit nachträglich derogatorischer Wirkung (konkurrierende Kompetenz; vgl. BGE 129 I 265, 268; zur Tragweite vgl. auch VPB 67.37 [2003] und 66.23 [2002], Bundesamt für Justiz) lange Zeit nur sehr punktuell Gebrauch gemacht (vgl. BG vom 20.6.1952 über die Familienzulagen in der Landwirtschaft, FLG; SR 836.1, in dessen Ingress freilich der Familienartikel fehlt). Eine «eidgenössische Familienausgleichskasse» wurde bisher nicht geschaffen (vgl. auch FLG 13). In der Referendumsabstimmung vom 26.11.2006 hiessen die Stimmberechtigten das BG vom 24.3.2006 über die Familienzulagen gut (Familienzulagengesetz, FamZG; vgl. BBl 2006 3515, Referendumsvorlage), das – als indirekter Gegenvorschlag zur Volksinitiative «Für faire Kinderzulagen!» (vgl. BBl 2004 1313) – einheitliche Kinder- bzw. Ausbildungsmindestzulagen vorsieht (200 bzw. 250 Franken/Monat, FamZG 5; bisher zwischen 160 und 340 bzw. 170 und 440 Franken/Monat) und insoweit eine Harmonisierung (wenn auch keine völlige Vereinheitlichung) herbeiführt. – Vgl. auch BGE 132 I 153 (rechtsgleichheitswidrige Finanzierung kantonaler Familienzulagen).

Mutterschaftsversicherung (Abs. 3)

5 *Rechtsnatur:* Abs. 3 begründet eine verpflichtende Regelungskompetenz des Bundes (Gesetzgebungsauftrag) mit nachträglich derogatorischer Wirkung (konkurrierende Kompetenz; vgl. auch VPB 65.92, 2001; VPB 68.49, 2004).

6 *Umsetzung:* Der seit 1945 bestehende Gesetzgebungsauftrag blieb trotz wiederholter Bestrebungen über Jahrzehnte unerfüllt (ungeachtet KVG 29). Verantwortlich dafür war u.a. auch die ablehnende Haltung einer Mehrheit der Stimmberechtigten in den Referendumsabstim-

mungen vom 6.12.1987 (Ablehnung einer Teilrevision der Krankenversicherungsgesetzgebung) und vom 13.6.1999 (Ablehnung des BG über die Mutterschaftsversicherung vom 18.12.1998). Der Gesetzgebungsauftrag wurde im Rahmen der Totalrevision der Bundesverfassung bewusst nicht fallen gelassen. Am 26.9.2004 hiessen die Stimmberechtigten (mit 55,5% zu 44,5%) eine Änderung (vom 3.10.2003) des BG vom 25.9.1952 über die Erwerbsersatzordnung für Dienstleistende in Armee, Zivildienst und Zivilschutz (Erwerbsersatzgesetz, EOG; SR 834.1) gut, das neu den Titel «über den Erwerbsersatz für Dienstleistende und bei Mutterschaft» trägt (in Kraft seit 1.7.2005). Erwerbstätigen Frauen (EOG 16b) steht während höchstens 14 Wochen nach der Geburt ein Ersatz von 80% des vorherigen Lohnes zu (max. 172 Franken/Tag; EOG 16e, 16f).

7   *Finanzierung:* Der 1945 als verfassungswesentlich angesehene Passus betreffend Mitfinanzierung durch Personen, die nicht direkt in den Genuss der Versicherungsleistungen gelangen können (insb. Männer), hätte angesichts der Verfassungspraxis in anderen Bereichen (vgl. MAHON, Comm., Art. 116, N 13: Heranziehen der Frauen im EOG) im Rahmen der BV-Totalrevision gestrichen werden können. Die Finanzierung erfolgt im Wesentlichen über Lohnprozente (EOG 26).

Modalitäten (Abs. 4)

8   *Rechtsnatur:* Abs. 4 äussert sich zur Tragweite von Abs. 2 und 3, ohne neue Bundeskompetenzen zu begründen. Die Mutterschaftsversicherung ist obligatorisch; beitragspflichtig sind die in AHVG 3 und 12 genannten Versicherten und Arbeitgeber mit Ausnahme der freiwillig Versicherten (EOG 27).

Literaturhinweise (vgl. auch die Hinweise bei BV 111)

CUENOD FRANÇOIS, Allocations familiales en Suisse et dans les cantons romands, Lausanne 1995; MAHON PASCAL, Les allocations familiales, in: Ulrich Meyer-Blaser (Koord.), SBVR XIV, 2. Aufl., Basel 2006; TSCHUDI HANS PETER, Vom Familienschutz zur Familienpolitik, SZS 2001, 513 ff.

Art. 117   Kranken- und Unfallversicherung

¹ Der Bund erlässt Vorschriften über die Kranken- und die Unfallversicherung.
² Er kann die Kranken- und die Unfallversicherung allgemein oder für einzelne Bevölkerungsgruppen obligatorisch erklären.

1   Die auf das Jahr 1890 zurückgehende Regelung (BV 1874 Art. 34bis) fand praktisch unverändert Eingang in die neue Bundesverfassung. Mit der BV-Totalrevision wurde der Schritt von der Klassen- zur Gruppengesellschaft vollzogen («Bevölkerungsgruppen» statt «-klassen»). – Vor allem die Krankenversicherung hat eine sehr bewegte Entwicklung durchlebt (Überblick bei MAHON, Comm., Art. 117, N 1 ff.). In jüngerer Zeit wurden viele Reformen eingeleitet, nicht immer mit Erfolg. Die Reformen haben sich bisher nur unterhalb der Verfassungsstufe niedergeschlagen, obwohl die Stimmberechtigten über eine ganze Reihe von Verfassungsvorlagen zu befinden hatten (vgl. insb. Volksinitiative «für eine finanziell tragbare Krankenversicherung» und Gegenentwurf, abgelehnt am 16.2.1992; Volksinitiative «für eine gesunde Krankenversicherung» und Gegenentwurf, abgelehnt am 4.12.1994; Volksinitiative «für tie-

fere Spitalkosten», abgelehnt am 26.11.2000; Volksinitiative «Gesundheit muss bezahlbar bleiben», abgelehnt am 18.5.2003; Volksinitiative «für eine soziale Einheitskrankenkasse», BBl 2006 5743, abgelehnt am 11.3.2007). – Die Volksinitiative «für tiefere Krankenkassenprämien in der Grundversicherung» (BBl 2005 4315) ist bei der Bundesversammlung hängig. Die am 15.9.2005 eingereichte Volksinitiative «Ja zur Komplementärmedizin» (neu BV 118a) verlangt eine umfassende Berücksichtigung der Komplementärmedizin im schweizerischen Gesundheitssystem, nicht zuletzt im Bereich der Krankenversicherung (vgl. BBl 2006 7591). – Im Zusammenhang mit Reformen stellen sich immer wieder heikle Verfassungsfragen, die allerdings regelmässig nicht BV 117 betreffen (vgl. z.B. BGE 130 I 26, «Ärztestopp», zu KVG 55a und zur Zulassungsverordnung des Bundesrates, SR 832.103). – Die Kosten des Gesundheitswesens betrugen im Jahr 2005 rund 53 Mia. Franken (BFS, Medienmitteilung vom 8.2.2007).

Gesetzgebungskompetenz (Abs. 1)

2 *Rechtsnatur:* Abs. 1 begründet eine umfassende, verpflichtende Gesetzgebungskompetenz des Bundes mit nachträglich derogatorischer Wirkung (konkurrierende Kompetenz). Im Vergleich zu andern Verfassungsbestimmungen im Sozialversicherungsbereich (insb. BV 111–114) ist BV 117 sehr offen formuliert. Begrenzungen des weiten gesetzgeberischen Gestaltungsspielraums können sich aus Verfassungsnormen wie BV 8, 27, 41 ergeben.

3 Der *Umsetzung* des Gesetzgebungsauftrags dienen das BG vom 18.3.1994 über die Krankenversicherung (KVG; SR 832.10) und das BG vom 20.3.1981 über die Unfallversicherung (UVG; SR 832.20). Die Vertragsfreiheit wird durch öffentlich-rechtliche Regelungen stark relativiert. Die Krankenversicherer können sich diesbezüglich nicht wie Private auf die Wirtschaftsfreiheit berufen (vgl. BGE 112 Ia 356, 36). In der Nichtzulassung als Leistungserbringer kann gemäss Bundesgericht «ausnahmsweise ein Grundrechtseingriff liegen, wenn die entsprechenden Auswirkungen die Betroffenen im Ergebnis in ihrer wirtschaftlichen Tätigkeit gleich beeinträchtigen wie die Einschränkung einer rechtlichen Befugnis» (BGE 130 I 26, 42, bejaht in Bezug auf die verweigerte Zulassung zur Kassenpraxis). – Der Rechtsweg führt nach Luzern (N 1 zu BV 112).

4 Die Verfassung verzichtet darauf, die beiden Schlüsselbegriffe «Krankheit» und «Unfall» näher zu bestimmen. Dies obliegt Gesetzgebung und Rechtsprechung. Als *«Krankheit»* gilt eine «Beeinträchtigung der körperlichen, geistigen oder psychischen Gesundheit, die nicht Folge eines Unfalles ist und die eine medizinische Untersuchung oder Behandlung erfordert oder eine Arbeitsunfähigkeit zur Folge hat» (ATSG 3; vgl. auch BGE 129 V 32, 38 sowie BGE 124 V 118, 120 f. betreffend den Krankheitswert der HIV-Infektion). Als *«Unfall»* gilt «die plötzliche, nicht beabsichtigte schädigende Einwirkung eines ungewöhnlichen äusseren Faktors auf den menschlichen Körper, die eine Beeinträchtigung der körperlichen, geistigen oder psychischen Gesundheit oder den Tod zur Folge hat» (ATSG 4; vgl. auch BGE 129 V 402, 406).

5 Sache der Gesetzgebung ist auch die Regelung der *Finanzierung:* Für die *Krankenversicherung* vgl. insb. KVG 60 ff. (Finanzierung grundsätzlich durch Prämien der Versicherten; genehmigungsbedürftige Prämientarife). Für die *Unfallversicherung* vgl. insb. UVG 91 ff. (Finanzierung durch Prämien in Form von Lohnpromillen, die teils vom Arbeitgeber, teils vom Arbeitnehmer getragen werden).

6 Die *Durchführung* der Krankenversicherung obliegt heute einer Vielzahl von Krankenkassen (zur Ablehnung der Errichtung einer Einheitskrankenkasse vgl. N 1); im Bereich der Unfallversicherung ist für bestimmte Versichertenkategorien von Gesetzes wegen die Schweizerische Unfallversicherungsanstalt (SUVA) zuständig (UVG 66). Die immer wieder erörterte Aufhebung des (Teil-)Monopols fand bisher keine Mehrheit. – Die SUVA ist eine öffentlichrechtliche Anstalt mit eigener Rechtspersönlichkeit (Sitz: Luzern). Ihr obliegt seit dem 1.7.2005 auch der Vollzug der Militärversicherung (MVG); vgl. N 9 zu BV 59.

Versicherungsobligatorium (Abs. 2)

7 *Rechtsnatur:* Abs. 2 begründet keine neue Bundeskompetenz, sondern stellt klar, dass der Bund befugt (nicht verpflichtet) ist, ein umfassendes oder partielles Kranken- bzw. Unfallversicherungsobligatorium vorzusehen.

– *Krankenversicherung:* Das neue KVG (1994, SR 832.10) sieht ein Obligatorium für die Krankenpflegeversicherung vor (KVG 3 ff.), während die Taggeldversicherung freiwillig ist (KVG 67 ff.). Freiwillige Zusatzversicherungen unterstehen dem VVG (SR 221.229.1; vgl. KVG 12 Abs. 3).

– *Unfallversicherung:* Das ursprünglich nur die Arbeitnehmer bestimmter Betriebe erfassende Obligatorium (rund 2/3 der Arbeitnehmer, vgl. BBl 1976 III 141 ff.) wurde bei Erlass des UVG (1981) auf alle Arbeitnehmer ausgeweitet (vgl. heute UVG 1a). Selbstständigerwerbende können sich freiwillig versichern (UVG 4).

Das Obligatorium gemäss KVG steht in einem gewissen Widerspruch zur Privatautonomie und zur Wirtschaftsfreiheit der Versicherer, wird aber durch BV 117 Abs. 2 ausreichend abgedeckt (BGE 130 I 26, 41).

Literaturhinweise (vgl. auch die Hinweise bei BV 111)

EUGSTER GEBHARD, Krankenversicherung; FRESARD JEAN-MAURICE/MOSER-SZELESS MARGIT, L'assurance-accidents obligatoire, beide in: SBVR XIV, 2. Aufl., Basel 2006; MAURER ALFRED, Schweizerisches Unfallversicherungsrecht, Bern 1985/Ergänzungsband Bern 1989; DERS., Das neue Krankenversicherungsrecht, Basel/Frankfurt a.M. 1996; POLEDNA TOMAS/BERGER BRIGITTE, Öffentliches Gesundheitsrecht, Bern 2002; RUMO-JUNGO ALEXANDRA, Bundesgesetz über die Unfallversicherung, 2. Aufl., Zürich 1995.

Art. 118   Schutz der Gesundheit

[1] Der Bund trifft im Rahmen seiner Zuständigkeiten Massnahmen zum Schutz der Gesundheit.

[2] Er erlässt Vorschriften über:

a. den Umgang mit Lebensmitteln sowie mit Heilmitteln, Betäubungsmitteln, Organismen, Chemikalien und Gegenständen, welche die Gesundheit gefährden können;

b. die Bekämpfung übertragbarer, stark verbreiteter oder bösartiger Krankheiten von Menschen und Tieren;

c. den Schutz vor ionisierenden Strahlen.

3. Titel: Bund, Kantone und Gemeinden   Nr. 1   BV   **Art. 118**

1   BV 118 geht auf mehrere Bestimmungen unterschiedlicher Entstehungszeit zurück: 1848: «Verfügungen» bei gemeingefährlichen Seuchen (BV 1848 Art. 59); 1874: Epidemien und Viehseuchen (BV 1874 Art. 69); 1897: Nahrungs- und Genussmittel u.a.m. (BV 1874 Art. 69bis); 1913: übertragbare usw. Krankheiten von Menschen und Tieren (BV 1874 Art. 69 i.d.F. vom 4.5.1913); 1957: Schutz vor ionisierenden Strahlen (BV 1874 Art. 24quinquies Abs. 2).

Zielvorgabe und Gesetzgebungsauftrag (Abs. 1 und 2)

2   Ungeachtet der weitgefassten Sachüberschrift besitzt der Bund im Bereich der Gesundheitspolitik nur punktuelle Kompetenzen (N 6 ff.). Für das Gesundheitswesen (insb. Spitalwesen) sind im Wesentlichen die Kantone zuständig (vgl. POLEDNA/BERGER, 16 ff.); diese müssen sich (wie der Bund) von Verfassungsrechts wegen (BV 41) dafür einsetzen, dass jede Person an der sozialen Sicherheit teilhat und die notwendige Gesundheitspflege erhält. – Eine punktuelle «Einmischung» des Bundes ermöglicht unter Umständen der im Rahmen des BB NFA geschaffene BV 48a Abs. 1 Bst. h (Spitzenmedizin und Spezialkliniken; noch nicht in Kraft); vgl. auch N 18 zu BV 63a.

3   *Abs. 1* beinhaltet einen an den Bund gerichteten, *nicht* kompetenzbegründenden *gesundheitspolizeilich* motivierten *Handlungsauftrag*, der im Rahmen *anderweitig* begründeter Zuständigkeiten (z.B. BV 58 ff.: Armee; BV 104: Landwirtschaft; BV 110: Arbeit; BV 119: Fortpflanzungsmedizin; BV 119a: Transplantationsmedizin) und insb. im Rahmen des Gesetzgebungsauftrags gemäss Abs. 2 zu erfüllen ist. Mittelbar kommen auch Massnahmen des Umweltschutzes (BV 74) der Gesundheit von Mensch und Tier zugute (vgl. N 4 zu BV 74). Berührungspunkte ergeben sich mit BV 80 (Tierschutz).

4   Mit «Massnahmen zum Schutz der Gesundheit» sind in erster Linie (polizeiliche) Massnahmen der *Gefahrenabwehr* angesprochen. Schutzgut ist die *öffentliche* Gesundheit. BV 118 überträgt dem Bund keine direkte Verantwortung für die Gesundheit des einzelnen Menschen oder Tiers (Vorrang der Eigenverantwortung; vgl. auch BV 6, 41). Doch kommen Massnahmen zum Schutz der öffentlichen Gesundheit naturgemäss auch den Individuen zugute. So wenig wie BV 41 Abs. 1 Bst. b begründet BV 118 einen (einklagbaren) Anspruch auf staatliche Massnahmen oder Leistungen; allenfalls kann sich ein einklagbarer Anspruch aus *grundrechtlichen Schutzpflichten* ergeben (vgl. N 6 zu BV 10; zur Problematik BGE 126 II 300, 314 f.; N 7 zu BV 35).

5   *Gesundheit:* Die Verfassung verzichtet darauf, den Begriff «Gesundheit» zu definieren. Eine Person gilt als gesund, wenn sie «konstruktiv Sozialbeziehungen aufbauen kann, sozial integriert ist, die eigene Lebensgestaltung an die wechselhaften Belastungen des Lebensumfeldes anpassen kann, dabei individuelle Selbstbestimmung sichern und den Einfluss mit den genetischen, physiologischen und körperlichen Möglichkeiten herstellen kann» (so HURRELMANN, Gesundheitswissenschaften, Wernheim usw. 1993, zit. nach POLEDNA/BERGER, 1).

6   *Abs. 2* begründet eine Reihe von *verpflichtenden Gesetzgebungskompetenzen* des Bundes mit nachträglich derogatorischer Wirkung (konkurrierende Kompetenzen). Auch wenn Sachüberschrift und Materialien eine Fokussierung auf den *Gesundheitsschutz* erkennen lassen (vgl. Botsch. BV, 333), kommen Abs. 2 Bst. a–c grundsätzlich auch als Kompetenzgrundlage für Massnahmen in Betracht, die nicht primär gesundheitspolizeilicher Natur sind, zumindest

soweit man solche unter der BV 1874 auf Art. 69bis (zur Tragweite MALINVERNI, Komm. aBV, Art. 69bis, N 14 ff.) hätte abstützen können. Neben dem klassischen polizeilichen Instrumentarium (Verbote, Gebote, Bewilligungspflichten, Warnungen) kommen auch finanzielle oder «sozialpädagogische» Massnahmen in Betracht (so Botsch. BV, 333). Bei der Umsetzung spielt heute die *Harmonisierung mit dem EU-Recht* eine sehr bedeutsame Rolle.

Lebensmittel, Heilmittel u.a.m. (Abs. 2 Bst. a)

7 *Zweck:* Abs. 2 Bst. a will in erster Linie die Allgemeinheit (Verbraucher usw.) vor Gesundheitsschädigungen schützen. Erfasst werden sollen Gegenstände (nicht unbedingt nur Endprodukte), die von Personen ohne besondere Kenntnisse oder spezielle Ausbildung verwendet werden, nicht hingegen «Gegenstände, die von Spezialisten in ihrer Berufsausübung in Industrie und Gewerbe eingesetzt werden» (Botsch. BV, 333).

8 Der Begriff *«Umgang mit»* (vgl. auch BV 119 Abs. 2, 120 Abs. 2) bringt besser als der frühere Begriff «Verkehr mit» (BV 1874 Art. 69bis) zum Ausdruck, dass prinzipiell *jede* erdenkliche Tätigkeit erfasst ist, namentlich das Herstellen, Verarbeiten, Einführen, Ausführen, Inverkehrbringen, Verwenden, Lagern, Transportieren, Entsorgen (vgl. Botsch. BV, 333; USG 7 Abs. 6ter). Nicht erfasst sein soll das Herstellen für den Eigenbedarf (Botsch. BV, 333). – Die frühere Zweiteilung (Nahrungs- und Genussmittel bzw. andere gefährliche Gegenstände) wurde zu Gunsten einer verfeinerten Aufzählung aufgegeben. Die erforderlichen Definitionen und Abgrenzungen obliegen dem Gesetzgeber.

9 *Lebensmittel:* Der Umsetzung des Gesetzgebungsauftrags dient in erster Linie das BG vom 9.10.1992 über Lebensmittel und Gebrauchsgegenstände (Lebensmittelgesetz, LMG; SR 817.0), näher ausgeführt durch die Lebensmittel- und Gebrauchsgegenständeverordnung vom 23.11.2005 (LGV; SR 817.02), die Tabakverordnung vom 27.10.2004 (TabV; SR 817.06) sowie zahlreiche weitere bundesrätliche und departementale Verordnungen (vgl. 817.023 ff.). Zum Begriff «Lebensmittel» (Nahrungs- und Genussmittel) vgl. LMG 3. Für weitere Definitionen vgl. LGV 2 und z.B. Art. 34 ff. der EDI-Verordnung vom 23.11.2005 über Zuckerarten, süsse Lebensmittel und Kakaoerzeugnisse (SR 817.022.101) mit (teils lehrreichen, teils zirkelhaften) Legaldefinitionen von «Schokolade» in allen Variationen bis hin zur Praline (Art. 46) und zum «Schokoladestreusel» (in Art. 39 definiert als «Schokolade in Form von Streuseln»). Vgl. auch BV 104 (Gesetzgebungskompetenz betreffend Deklaration von Herkunft, Qualität usw. für Lebensmittel). – Abs. 2 Bst. a begründet keine abschliessende Zuständigkeit des Bundes zur Regelung der Tabak- und Alkoholwerbung (vgl. BGE 128 I 295, 302: öffentlicher Grund).

10 *Heilmittel:* Der Umsetzung des Gesetzgebungsauftrags dient in erster Linie das BG vom 15.12.2000 über Arzneimittel und Medizinprodukte (Heilmittelgesetz, HMG; SR 812.21), welches an die Stelle des früheren Heilmittelkonkordats trat. Zu den Definitionen der Begriffe Arzneimittel und Medizinprodukte vgl. HMG 4. – Der Gesetzesvollzug obliegt dem Schweizerischen Heilmittelinstitut, einer öffentlich-rechtlichen Anstalt mit eigener Rechtspersönlichkeit, die der Bund «unter Mitwirkung der Kantone» betreibt (HMG 68).

11 *Betäubungsmittel:* Der Umsetzung des Gesetzgebungsauftrags dient in erster Linie das BG vom 3.10.1951 über die Betäubungsmittel und die psychotropen Stoffe (Betäubungsmittelgesetz, BetmG; SR 812.121). Zu den erfassten Stoffen und Präparaten vgl. BetmG 1.

3. Titel: Bund, Kantone und Gemeinden Nr. 1 BV **Art. 118**

12 *Organismen* sind «zelluläre und nichtzelluläre biologische Einheiten, die zur Vermehrung oder zur Weitergabe von Erbmaterial fähig sind» (so die gleich lautenden Definitionen in USG 7 Abs. 5bis und GTG 5 Abs. 1, SR 814.91) wie z.B. Bakterien, Algen, Pilze, Protozoen, Viren und Viroide. Näher USG 29a ff.; GTG 6 ff.; ferner etwa LMG 10; EpG 1 und 2. – Ob man unter den neuen (in den Materialien nicht näher erörterten) Verfassungsbegriff «Organismen» auch Tiere (insb. Kampfhunde) subsumieren kann – wie in VPB 65.1 (2001) angedeutet wird –, erscheint doch sehr fraglich. Vgl. auch N 4 zu BV 80.

13 *Chemikalien* (vgl. Botsch. BV, 333) steht als Oberbegriff für chemische Stoffe (Elemente und deren Verbindungen) und Zubereitungen (Produkte). Der Umsetzung dient das BG vom 15.12.2000 über den Schutz vor gefährlichen Stoffen und Zubereitungen (Chemikaliengesetz, ChemG; SR 813.1), welches an die Stelle des früheren Giftgesetzes trat (GG, AS 1972 430; nicht zu verwechseln mit dem deutschen GG). Vgl. auch das BG vom 25. 3.1977 über explosionsgefährliche Stoffe (Sprengstoffgesetz, SprstG; SR 941.41).

14 *Gegenstände, welche die Gesundheit gefährden können:* Unter dem Titel «Gebrauchs- und Verbrauchsgegenstände» erfasst das LMG Körperpflegemittel, Kosmetika, Kleidungsstücke, Textilien, Spielzeuge, Kerzen, Streichhölzer, Feuerzeuge, Scherzartikel sowie Gegenstände und Materialien, die zur Ausstattung und Auskleidung von Wohnräumen bestimmt sind (LMG 5; LGV 2, 30 ff.). Die Kompetenz erfasst auch technische Einrichtungen und Geräte (vgl. das BG vom 19.3.1976 über die Sicherheit von technischen Einrichtungen und Geräten, STEG; SR 819.1).

Übertragbare und andere Krankheiten (Abs. 2 Bst. b)

15 *Instrumentarium:* Die Verfassung gibt ein Ziel vor und überlässt es dem Gesetzgeber, die Instrumente zu bestimmen. In Betracht kommen neben polizeilichen Massnahmen (Abwehr von Gefahren) auch Massnahmen der leistenden Verwaltung (z.B. Finanzhilfen, Aufklärungsarbeit). Der Umsetzung dienen vor allem das BG vom 18.12.1970 über die Bekämpfung übertragbarer Krankheiten des Menschen (Epidemiengesetz, EpG; SR 818.101) und das Tierseuchengesetz vom 1.7.1966 (TSG; SR 916.40); vgl. auch das BG vom 13.6.1928 betreffend Massnahmen gegen die Tuberkulose (SR 818.102) und den früheren BB vom 22.3.1996 über die Kontrolle von Transplantaten (AS 1996 2296, aufgehoben per 30.6.2007).

16 Ursprünglich nur auf *gemeingefährliche* Krankheiten gemünzt (Cholera, Typhus, Pest und Pocken; vgl. Art. 1 des BG vom 2.7.1886 gegen Epidemien, BS 4 345), erfasst die Kompetenz heute:

– *übertragbare Krankheiten*, d.h. «durch Erreger verursachte Krankheiten, die unmittelbar oder mittelbar auf den Menschen übertragen werden können» (so EpG 2 Abs. 1); für Tiere vgl. TSG 1 und die umfangreichen Aufzählungen (rund 70 Krankheiten) in TSV 2 ff. (SR 916.401);

– *stark verbreitete Krankheiten:* heute z.B. rheumatische Krankheiten (vgl. BG vom 22.6.1962 über Bundesbeiträge an die Bekämpfung der rheumatischen Krankheiten, SR 818.21; MADER, SG-Komm., Art. 118, N 10);

– *bösartige Krankheiten* (Botsch. BV, 333), die das Leben bedrohen oder schwere und dauernde Beeinträchtigungen der Gesundheit nach sich ziehen, z.B. Krebs, Hepatitis, AIDS (AUBERT, Comm., Art. 118, N 13).

Auf Abs. 2 Bst. b könnten u.U. Massnahmen des Bundes zum Schutz vor dem Passivrauchen abgestützt werden (vgl. VPB 68.81 [2004], BJ; BGE 133 I 110, 116). – Zur Zulässigkeit der auf EpG 10 gestützten Sofortmassnahmen des Bundes betreffend das Schwere Akute Respiratorische Syndrom (SARS) vgl. BGE 131 II 670.

Ionisierende Strahlen (Abs. 2 Bst. c)

17 Der Umsetzung des Gesetzgebungsauftrags dient das Strahlenschutzgesetz vom 22.3.1991 (StSG, SR 814.50; auch gestützt auf die Entsprechungen von BV 64, 74, 122, 123), ferner das BG vom 18.6.1999 über die Meteorologie und Klimatologie (MetG, SR 429.1; auch gestützt auf BV 64, 74, 76, 87, 173). Nichtionisierende Strahlen und vergleichbare Einwirkungen (z.B. Laser, elektromagnetische Strahlen) werden von BV 74 erfasst (Botsch. BV, 334), der wohl bereits den Gesetzgebungsauftrag des Abs. 2 Bst. c abdeckt.

Literaturhinweise

EICHENBERGER THOMAS/JAISLI URS/RICHLI PAUL (Hrsg.), Kommentar HMG, Basel 2006; FINGERHUTH THOMAS/TSCHURR CHRISTOF, Kommentar BetmG, Zürich 2002; MÜLLER MARKUS, Zwangsmassnahmen als Instrument der Krankheitsbekämpfung, Basel 1992; POLEDNA TOMAS/BERGER BRIGITTE, Öffentliches Gesundheitsrecht, Bern 2002; POLEDNA TOMAS/ARTER OLIVER/GATTIKER MONIKA (Hrsg.), Lebensmittelrecht, Bern 2006.

Art. 119   Fortpflanzungsmedizin und Gentechnologie im Humanbereich

1 Der Mensch ist vor Missbräuchen der Fortpflanzungsmedizin und der Gentechnologie geschützt.

2 Der Bund erlässt Vorschriften über den Umgang mit menschlichem Keim- und Erbgut. Er sorgt dabei für den Schutz der Menschenwürde, der Persönlichkeit und der Familie und beachtet insbesondere folgende Grundsätze:

a. Alle Arten des Klonens und Eingriffe in das Erbgut menschlicher Keimzellen und Embryonen sind unzulässig.

b. Nichtmenschliches Keim- und Erbgut darf nicht in menschliches Keimgut eingebracht oder mit ihm verschmolzen werden.

c. Die Verfahren der medizinisch unterstützten Fortpflanzung dürfen nur angewendet werden, wenn die Unfruchtbarkeit oder die Gefahr der Übertragung einer schweren Krankheit nicht anders behoben werden kann, nicht aber um beim Kind bestimmte Eigenschaften herbeizuführen oder um Forschung zu betreiben; die Befruchtung menschlicher Eizellen ausserhalb des Körpers der Frau ist nur unter den vom Gesetz festgelegten Bedingungen erlaubt; es dürfen nur so viele menschliche Eizellen ausserhalb des Körpers der Frau zu Embryonen entwickelt werden, als ihr sofort eingepflanzt werden können.

d. Die Embryonenspende und alle Arten von Leihmutterschaft sind unzulässig.
e. Mit menschlichem Keimgut und mit Erzeugnissen aus Embryonen darf kein Handel getrieben werden.
f. Das Erbgut einer Person darf nur untersucht, registriert oder offenbart werden, wenn die betroffene Person zustimmt oder das Gesetz es vorschreibt.
g. Jede Person hat Zugang zu den Daten über ihre Abstammung.

1   Die etwas überladen wirkende Bestimmung übernimmt praktisch wörtlich die den *Humanbereich* betreffenden Teile von BV 1874 Art. 24novies (zur Aufteilung kritisch REUSSER/ SCHWEIZER, SG-Komm., Art. 119, N 2), der 1992 als behördlicher Gegenentwurf zur (zurückgezogenen) Volksinitiative «gegen Missbräuche der Fortpflanzungs- und Gentechnologie beim Menschen» (sog. Beobachter-Initiative; vgl. BBl 1989 III 989 ff.) beschlossen worden war. Die titelgebenden Regelungsbereiche weisen zwar keinen zwingenden Zusammenhang, aber doch gewisse Berührungspunkte auf, weshalb man im Rahmen der Totalrevision an einer einheitlichen Bestimmung festhielt. Der Versuch, die rasch voranschreitende wissenschaftlich-technische Entwicklung zu steuern, ist eine bemerkenswerte Pionierleistung des (schweizerischen) Verfassungsgebers. Zugleich liegt darin die Problematik der Bestimmung. – Die verfassungsrechtlichen werden zunehmend durch *völkerrechtliche Vorgaben* überlagert (vgl. SCHWEIZER, 24 ff.); vgl. das von der Schweiz am 7.5.1999 unterzeichnete, aber noch nicht ratifizierte Europarats-Übereinkommen vom 4.4.1997 über Menschenrechte und Biomedizin (sog. *Bioethik-Konvention)* und das Zusatzprotokoll vom 12.1.1998 über das Verbot des Klonens menschlicher Lebewesen (BBl 2002 271; Behandlung in den Räten sisitiert, die Wiederaufnahme der Beratungen zeichnet sich ab, vgl. Medienmitteilung WBK-N vom 16.2.2007). – Am 1.2.2006 wurde die Vernehmlassung zu einer Verfassungsbestimmung (und zu einem BG) über die Forschung am Menschen eröffnet (neu BV 118a).

Schutz des Menschen vor Missbräuchen (Abs. 1)

2   *Rechtsnatur:* Ungeachtet der apodiktisch-imperativen Wortwahl ist Abs. 1 keine unmittelbar wirkende Verbotsnorm, sondern eine – an Bund und Kantone gerichtete (Botsch. BV, 335) – verfassungsrechtliche *Zielvorgabe* (vgl. auch BGE 119 Ia 460, 476: programmatischer «Zweckartikel»), die nicht kompetenzbegründend wirkt (weshalb die Abstützung des Fortpflanzungsmedizingesetzes vom 18.12.1998, SR 810.11, auch auf BV 1874 Art. 24novies Abs. 1 fehlgeht). Die Charakterisierung als institutionelle Garantie (vgl. REUSSER/SCHWEIZER, SG-Komm., Art. 119, N 9) ist missverständlich.

3   *«Missbräuche»:* Der Begriff wird (wie in BV 120; vgl. auch BV 96, 107, 109) nicht näher bestimmt. Anhaltspunkte ergeben sich aus den Zielvorgaben und den einzelnen Tatbeständen des Abs. 2. Der «Missbrauchsansatz» verdeutlicht, dass der Verfassungsgeber Fortpflanzungsmedizin und Gentechnologie im Humanbereich nicht generell verbieten wollte. Eine *reine* Verbotsgesetzgebung wäre (wie bei BV 96) nicht verfassungskonform (vgl. auch BGE 115 Ia 234 ff.; BGE 119 Ia 460 ff.), was den Erlass von sachlich begründeten Verboten (über die in BV 119 selbst ausgesprochenen Verbote hinaus, vgl. z.B. Abs. 2 Bst. a) nicht ausschliesst (vgl. etwa FMedG 4: Verbot der Eispende; vgl. auch VPB 60.67 [1996], BJ, betr. Präimplantationsdiagnostik).

4 *Fortpflanzungsmedizin* (oder Reproduktionsmedizin): Gemeint ist die *medizinisch unterstützte* Fortpflanzung beim Menschen (vgl. Abs. 2 Bst. c), d.h. (wie FMedG 2 präzisiert) sämtliche «Methoden zur Herbeiführung einer Schwangerschaft ohne Geschlechtsverkehr», insb. durch Insemination, In-vitro-Fertilisation (IVF) mit Embryotransfer sowie Gametentransfer. – Der Anteil der mittels fortpflanzungsmedizinischer Unterstützung geborenen Kinder betrug im Zeitraum 2002–2004 rund 1,2%, im Jahr 2005 rund 1,7% (BFS, Mitteilung vom 2.11.2006 bzw. 31.5.2007).

5 *Gentechnologie* (auch Gentechnik; vgl. Titel des GTG): BV 119 handelt von Möglichkeiten und Grenzen des Einsatzes der Gentechnologie als Teilbereich der Biotechnologie *beim* Menschen, während BV 120 den Schutz *des* Menschen *vor* den Auswirkungen der Gentechnologie im *Ausserhumanbereich* zum Gegenstand hat. Der Begriff «Gentechnologie» wird in Verfassung und Gesetzgebung nicht definiert. «Gentechnisch verändert» meint nach der Legaldefinition im (für den Ausserhumanbereich geltenden) Gentechnikgesetz vom 21.3.2003 (GTG, SR 814.91) eine Veränderung des genetischen Materials, «wie dies unter natürlichen Bedingungen durch Kreuzen oder natürliche Rekombination nicht vorkommt» (GTG 5 Abs. 2; vgl. auch USG 7 Abs. 5ter; vgl. auch REUSSER/SCHWEIZER, SG-Komm., Art. 119, N 6).

Bundeskompetenz (Abs. 2 Satz 1)

6 *Rechtsnatur:* Abs. 2 Satz 1 begründet eine *verpflichtende*, umfassende *Gesetzgebungskompetenz* des Bundes mit nachträglich derogatorischer Wirkung (konkurrierende Kompetenz; vgl. BGE 119 Ia 460, 476), wobei den Kantonen wegen Abs. 2 kaum Spielraum verbleibt (auch schon, als die Bundesgesetzgebung noch ausstand). Regelungsgegenstand ist der Umgang – d.h. prinzipiell *jede* erdenkliche Tätigkeit (Gewinnen, Aufbewahren, Untersuchen, Verändern usw.) – mit *menschlichem* Keim- und Erbgut.

7 *Keimgut:* Der Verfassungsbegriff ist angesichts der Entstehungsgeschichte weit zu verstehen (vgl. REUSSER/SCHWEIZER, SG-Komm., Art. 119, N 11) und umfasst nicht nur Keimzellen (Gameten, d.h. Samen- und Eizellen) und Keimdrüsen (Hoden, Eierstöcke), sondern auch die sog. imprägnierte Eizelle (befruchtete Eizelle vor der Kernverschmelzung), den Embryo (Frucht von der Kernverschmelzung bis zum Abschluss der Organentwicklung) und den Fötus (Frucht bis zur Geburt); nicht jedoch die Placenta (vgl. auch Bst. e).

8 *Erbgut* meint die «Gesamtheit der genetischen Informationen eines Individuums», die in der DNS (Desoxyribonukleinsäure, englisch DNA) enthalten sind (REUSSER/SCHWEIZER, SG-Komm., Art. 119, N 12).

9 Der Umsetzung des Gesetzgebungsauftrags dienen vor allem das BG vom 18.12.1998 über die medizinisch unterstützte Fortpflanzung (Fortpflanzungsmedizingesetz, FMedG; SR 810.11) – das erst per 1.1.2001 (d.h. mehr als 8 Jahre nach Erteilung des Gesetzgebungsauftrags) in Kraft trat – und das BG vom 19.12.2003 über die Forschung an embryonalen Stammzellen (Stammzellenforschungsgesetz, StFG; SR 810.31). Auf BV 119 stützen sich auch das BG vom 20.7.2003 über die Verwendung von DNA-Profilen im Strafverfahren und zur Identifizierung von unbekannten oder vermissten Personen (DNA-Profil-Gesetz; SR 363), das BG vom 8.10.2004 über genetische Untersuchungen beim Menschen (GUMG; SR 810.12) und das Epidemiengesetz vom 18.12.1970 (EpG; SR 818.101; vgl. auch BV 118).

Allgemeine Verfassungsvorgaben (Abs. 2 Satz 2)

10 *Rechtsnatur:* Abs. 2 Satz 2 begründet keine Kompetenzen, sondern legt (i.V.m. den folgenden Bst.) *verfassungsrechtliche Vorgaben* fest, welche teils allgemeiner Natur sind (und sich schon aus anderen Bestimmungen ergeben; vgl. BV 7, 10, 13, 116; zu BV 7: BGE 127 I 6, 13), teils auf bestimmte Sachfragen gemünzt sind (Bst. a–g). Die Verwendung des Worts «Grundsätze» ist problematisch, denn bei den Vorgaben (Bst. a–g) handelt es sich (ähnlich wie bei BV 112) weder um allgemeine Rechtsgrundsätze (etwa i.S.v. BV 5) noch um blosse Grundsatzgesetzgebungskompetenzen (etwa i.S.v. BV 75), sondern um detaillierte Verfassungsvorgaben (zum Teil in Gestalt von unmittelbar wirksamen Verboten). Diese sind das Ergebnis einer bereits vom Verfassungsgeber vorgenommenen Güterabwägung, die den Gesetzgeber bindet (vgl. REUSSER/SCHWEIZER, SG-Komm., Art. 119, N 13; AUBERT, Comm., Art. 119, N 11).

11 *Tragweite:* Abs. 2 bringt zum Ausdruck, dass (auch) das ungeborene Leben Gegenstand eines verfassungsrechtlichen Schutzauftrags ist. Gemäss Bundesgericht kommt die Würde des Menschen «schon dem Embryo in vitro» zu (BGE 119 Ia 460, 503, unter Bezugnahme auf BV 1874 Art. 24novies; zustimmend REUSSER/SCHWEIZER, SG-Komm., Art. 119, N 13). Aus diesem Menschenwürdebezug lässt sich indes nicht eine *Grundrechts*trägerschaft (im herkömmlichen Sinn) von Embryonen ableiten (vgl. auch N 8 zu BV 10).

Verfassungsvorgaben für einzelne Bereiche (Abs. 2 Bst. a–g)

12 *Verbot des Klonens und von Eingriffen in das Erbgut (Bst. a):* Klonen meint die künstliche Erzeugung genetisch identischer Wesen (vgl. FMedG 2). Die Tragweite des – erst im Verlauf der parlamentarischen Beratungen eingefügten (AB SD 1998 N 342) – Klonverbots ist nicht restlos klar (vgl. REUSSER/SCHWEIZER, SG-Komm., Art. 119, N 18). Untersagt sind auch Methoden, die ohne Eingriff in das Erbgut auskommen (z.B. Teilung von Embryonen). Hingegen untersagt Bst. a nicht generell jede Art der Stammzellenforschung. Das in der Referendumsabstimmung vom 28.11.2004 angenommene StFG (SR 810.31) gestattet es unter gewissen Voraussetzungen, embryonale Stammzellen aus sog. überzähligen Embryonen zu gewinnen und für Forschungszwecke zu verwenden. – Das Erbgut menschlicher Keimzellen und Embryonen geniesst gegenüber Eingriffen (nicht schon: Beobachtung, Untersuchung; vgl. REUSSER/SCHWEIZER, SG-Komm., Art. 119, N 20) *unbedingten Schutz.* Dies bedeutet nicht, dass Bst. a ein «Grundrecht» (i.S.v. BV 7 ff.) oder verfassungsmässiges Recht (i.S.v. BGG 116) begründet (so indes REUSSER/SCHWEIZER, SG-Komm., Art. 119, N 19; SCHWEIZER, Komm. aBV, Art. 24novies, N 57). Es handelt sich vielmehr um eine unmittelbar wirksame Verbotsnorm, wie man sie auch in anderen Verfassungsbestimmungen antrifft (z.B. BV 119a Abs. 3), ohne dass man dort gleich von einem Grundrecht sprechen würde.

13 *Verbot von Interspeziesmanipulationen (Bst. b):* Zum Verbot der Chimären- und Hybridbildung (zu den Begriffen FMedG 2 Bst. m und n) näher FMedG 36 und REUSSER/SCHWEIZER, SG-Komm., Art. 119, N 22.

14 *Rahmenbedingungen für die medizinisch unterstützte Fortpflanzung (Bst. c):* Diese ist nur *als utlima ratio* und nur bei den beiden ausdrücklich genannten *Indikationen* zulässig; die Formulierung impliziert, dass die medizinisch unterstützte Fortpflanzung bei gleichgeschlechtlichen Paaren und bei alleinstehenden Personen ohne Partner nicht angewendet werden darf (vgl.

REUSSER/SCHWEIZER, SG-Komm., Art. 119, N 25; vgl. auch FMedG 3 Abs. 2). Ausdrücklich ausgeschlossen ist jede positive eugenische Selektion. Die wissenschaftliche Forschung wird durch Bst. c nicht schlechthin unterbunden (vgl. auch StFG 1, 5 ff.). – Die Verfassung lässt die medizinisch unterstützte Fortpflanzung nicht nur in der homologen Form zu (mit Keimzellen des betroffenen Paares), sondern grundsätzlich auch in der heterologen Form; das Gesetz erlaubt die Samenspende nur bei Ehepaaren (vgl. FMedG 3 Abs. 3 und 18 ff.). – Eine Volksinitiative («für menschenwürdige Fortpflanzung»), die ein Verbot der IVF und aller heterologen Verfahren in der Bundesverfassung verankern wollte, wurde in der Volksabstimmung vom 12.3.2000 abgelehnt.

15 Das *Verbot von Embryonenspende und Leihmutterschaft (Bst. d)* wird in FMedG 4 bekräftigt und um ein Verbot der *Eispende* ergänzt (vgl. auch FMedG 31, 37). Zum Begriff der *Leihmutter* vgl. FMedG 2. Das Verbot gilt unabhängig davon, ob das Ei von der Leih- oder von der Wunschmutter stammt. – Die *Samenspende* wird durch BV 119 nicht untersagt. Das Gesetz schränkt die Anwendung ein (vgl. N 14). Ein generelles Verbot wäre angesichts des Grundrechts der Persönlichen Freiheit (BV 10) nicht zulässig (vgl. BGE 119 Ia 460 ff. und BGE 115 Ia 249 ff.).

16 *Handelsverbot (Bst. e):* Handel meint jede Transaktion, die gegen Entgelt erfolgt. Das Verbot (das auch z.B. Spendersamen erfasst) will jeder Kommerzialisierung einen Riegel schieben. Nicht ausgeschlossen ist die Vergütung von Kosten (Aufwendungsersatz). Zu Schutzzweck und Umfang des Verbots vgl. VPB 68.113 (2004), BJ. – Vgl. auch N 10 zu BV 119a (Handelsverbot und Unentgeltlichkeitsprinzip bei menschlichen Organen usw.).

17 *Selbstbestimmung in Bezug auf genetische Informationen (Bst. f):* Die Untersuchung, Registrierung und Offenbarung bedarf entweder der (aufgeklärten) Einwilligung der betroffenen Person oder einer qualifizierten gesetzlichen Grundlage («vorschreiben»; vgl. DNA-Profil-Gesetz vom 20.6.2003, SR 363). In Betracht kommt prinzipiell auch ein *kantonales* Gesetz.

18 *Zugang zu Daten über die eigene Abstammung (Bst. g):* Die praktische Bedeutung der Regelung zeigt sich vor allem im Konflikt zwischen dem an der Kenntnis der eigenen Abstammung interessierten Kind und dem gewöhnlich an der Wahrung von Anonymität interessierten Samenspender. Der Konflikt wird auf Verfassungsebene zu Gunsten des Kindes entschieden. – Bst. g wird in der Lehre mitunter als Beispiel für ein – ausserhalb des Grundrechtskatalogs (BV 7 ff.) angesiedeltes – *Grundrecht* genannt (vgl. z.B. REUSSER/SCHWEIZER, SG-Komm., Art. 119, N 35; vgl. auch AUBERT, Comm., Art. 119, N 26, Anm. 46; SCHEFER, Ergänzungsband, 42, 44). Etwas genauer besehen handelt es sich (nur) um eine an den Bund gerichtete verfassungsrechtliche Vorgabe, die bei der Erfüllung des Gesetzgebungsauftrags zu beachten ist (vgl. Abs. 2, Einleitung; vgl. jetzt FMedG 27 i.V.m. 24 Abs. 2). Die Funktion von Bst. g besteht darin, die für Grundrechtskonflikte typische Abwägung (vgl. N 18 ff. zu BV 36) in einem bestimmten, für Gesetzgeber und Rechtsanwender verbindlichen Sinn vorwegzunehmen. Insofern ist Bst. g nicht eine grundrechtsbegründende, sondern eine *grundrechtsverdeutlichende* Norm (insb. in Bezug auf BV 13). – Der Anwendungsbereich von Bst. g ist begrenzt (vgl. Abs. 2, Einleitung) und erstreckt sich (entgegen gewissen Äusserungen in der Literatur; vgl. MANDOFIA BERNEY/GUILLOD, SJZ 1993, 205 ff.) nicht auf die Adoption. Der Zugang zu Abstammungsdaten für Adoptivkinder ist eine Frage der Tragweite von Grundrechten wie BV 13

und BV 8. Zur Problematik vgl. BGE 125 I 257 ff.; BGE 128 I 63 ff. sowie jetzt die gesetzgeberische Abwägung zu Gunsten des Adoptivkinds in ZGB 268c.

Literaturhinweise

AUGUSTIN ANGELA, Rechtliche Regelungen für Stammzellentherapien, ZSR 2001 I, 163 ff.; KOECHLIN BÜTTLER MONICA, Schranken der Forschungsfreiheit bei Forschung an menschlichen Embryonen, Basel/Frankfurt a.M. 1997; MANDOFIA BERNEY MARINA/GUILLOD OLIVIER, La liberté personelle et la procréation assistée, SJZ 1993, 205 ff.; MÜLLER JÖRG PAUL, Verfassungsrechtliche Aspekte des Klonens beim Menschen, ARSP Beiheft 86 (2002), 147 ff.; REUSSER RUTH/ SCHWEIZER RAINER J., Das Recht auf Kenntnis der Abstammung aus völker- und landesrechtlicher Sicht, ZBJV 2000, 605 ff.; SCHWANDER VERENA, Grundrecht der Wissenschaftsfreiheit, Bern 2002; SCHWEIZER RAINER J., Verfassungs- und völkerrechtliche Vorgaben für den Umgang mit Embryonen, Föten sowie Zellen und Geweben, Zürich 2002.

Art. 119a[1] Transplantationsmedizin

[1] Der Bund erlässt Vorschriften auf dem Gebiet der Transplantation von Organen, Geweben und Zellen. Er sorgt dabei für den Schutz der Menschenwürde, der Persönlichkeit und der Gesundheit.

[2] Er legt insbesondere Kriterien für eine gerechte Zuteilung von Organen fest.

[3] Die Spende von menschlichen Organen, Geweben und Zellen ist unentgeltlich. Der Handel mit menschlichen Organen ist verboten.

1   Die Bestimmung wurde in der Volksabstimmung vom 8.2.1999 – d.h. nach der Schlussabstimmung (18.12.1998), aber vor Inkrafttreten der neuen BV – gutgeheissen (BV 1874 Art. 24decies) und musste von der Bundesversammlung per BB in den Textkörper der neuen Verfassung transplantiert werden (vgl. N 1 zu Ziff. III der Schlussbestimmungen). Obgleich bloss *unechter* Einschalt-Artikel, ist BV 119a von (verfassungs-)historischer Bedeutung, denn man entschied sich – in Abkehr vom System der lateinischen Zusätze (bis, ter, ..., decies) – für die «Buchstabenlösung» (BV 119a). (Wer den lateinischen Zusätzen nachtrauert, kann sich auf das Inkrafttreten von BV 112 Abs. 2 Bst. a.bis i.d.F. vom 28.11.2004 freuen).

2   Es bestehen *Berührungspunkte* mit mehreren Verfassungsbestimmungen, insb. des Grundrechts-, aber auch des Zuständigkeitsteils (BV 7, 8, 10, 12, 41, 118; vgl. auch SCHOTT, Probleme, 127 ff.); Vorgaben enthält auch die (noch nicht ratifizierte) Bioethik-Konvention des Europarates (N 1 zu BV 119).

3   *Statistisches:* In der Schweiz bestehen sechs Transplantationszentren (Zürich, Bern, Basel, St. Gallen, Lausanne und Genf). Im Jahr 2005 fanden insgesamt 411 Organtransplantationen statt, mehrheitlich die Niere betreffend (ferner Herz: 33; Lunge: 31; Leber: 82; Bauchspeicheldrüsen: 12); 1159 Personen standen auf der Warteliste (Quelle: www.SwissTransplant.org).

---

1   Angenommen in der Volksabstimmung vom 7. Febr. 1999 (BB vom 26. Juni 1998, BRB vom 23. März 1999 – AS 1999 1341; BBl 1997 III 653, 1998 3473, 1999 2912 8768).

Ein chronisches Problem ist die (zu) geringe Zahl der verfügbaren Organe (Organmangel) und damit einhergehend die Frage der gerechten Zuteilung (N 9). – Die Frage einer stärkeren Konzentration im Bereich der (heute sechs) Transplantationszentren ist Gegenstand intensiver Debatten (vgl. auch BV 48 Abs. 1 Bst. h: Spitzenmedizin, sowie BBl 2002 123 f.).

Bundeskompetenz und Rahmenvorgaben (Abs. 1)

4 *Rechtsnatur:* Abs. 1 begründet eine umfassende, verpflichtende Gesetzgebungskompetenz des Bundes mit nachträglich derogatorischer Wirkung (konkurrierende Kompetenz). Der Erlass einer besonderen Bestimmung war erforderlich, weil die vorbestehenden Kompetenzen nur eine Teilregelung ermöglicht hätten (VPB 61.3 [1997]; BBl 1997 III 664 f.), mit der die problematisch gewordene Rechtszersplitterung nicht hätte überwunden werden können. – Bis zum Inkrafttreten des Transplantationsgesetzes vom 8.10.2004 (SR 810.21; am 1.7.2007) erfolgte die Umsetzung des Gesetzgebungsauftrags (teilweise) durch den befristeten BB vom 22.3.1996 über die Kontrolle von Transplantaten (AS 1996 2296), der den *sicheren* Umgang mit Transplantaten bezweckte, die Verteilungsproblematik jedoch ausklammerte. Das neue Gesetz verdrängt Regelungen auf kantonaler Ebene, die sich z.B. mit den Entnahmevoraussetzungen bei Organen toter Spender befassten.

5 *Transplantation:* Übertragung eines *belebten* Körperteils (Organ, Gewebe, Zellen), dies im Unterschied zur Implantation von lebloser Materie (Prothese, devitalisierter Körperteil; vgl. Art. 2 Abs. 2 Bst. a des Gesetzes).

6 *Organe, Gewebe, Zellen:* Der Gesetzgebungsauftrag erfasst nicht nur Organe (d.h. physiologische und funktionale Einheiten innerhalb eines Organismus), sondern auch Gewebe (aus verschiedenen Zelltypen bestehend, z.B. Hautteile) und Zellen (Legaldefinitionen in Art. 3 des Gesetzes), unabhängig davon ob menschlicher oder tierischer Herkunft (für Blut und Blutprodukte vgl. HMG 34 ff.).

7 *Rahmenvorgaben:* Die in Abs. 1 Satz 2 genannten Vorgaben ergeben sich bereits aus anderen Bestimmungen (BV 7, 10, 118 Abs. 1; zu BV 7: BGE 127 I 6, 13). Angesprochen sind alle Betroffenen (Spender, Empfänger, Angehörige, Ärzte, Pflegepersonal). *Keine* Vorgaben enthält BV 119a in Bezug auf die Voraussetzungen einer Organentnahme. Während bei der Lebendspende, die lediglich bei wenigen Organen möglich ist, kein Weg an der aufgeklärten, freien *Zustimmung* des Spenders vorbeiführt (so denn auch Art. 12 des Gesetzes), hat der Gesetzgeber mit Blick auf die (häufigere) sog. Totenspende namentlich die folgenden heiklen Fragen zu beantworten:

– *Festlegung des Todeszeitpunkts:* Der Bundesgesetzgeber hat sich für das Abstellen auf den sog. *Hirntod* ausgesprochen (vgl. Art. 9: irreversibler Ausfall der Hirnfunktionen, einschliesslich Hirnstamm), dies in Anlehnung an die heute weitgehend anerkannte medizinische Praxis, die sich u.a. in den Richtlinien der Schweizerischen Akademie der Medizinischen Wissenschaften (SAMV) zur Definition und Feststellung des Todes (zuletzt 20.6.2005) niedergeschlagen hat (auf welche der Gesetzgeber gemäss BGE 123 I 112, 127 ff.; BGE 98 Ia 508, 512 ff., verweisen darf);

– *Zustimmungs- oder Widerspruchsmodell?* Sowohl das sog. Zustimmungsmodell (ausdrückliche Zustimmung des Spenders zu Lebzeiten) – für das sich der Bundesgesetzgeber entschieden hat (vgl. Art. 12 Bst. b) – als auch das sog. Widerspruchsmodell (Vermutung der Zustimmung, wenn kein Widerspruch) gelten aus verfassungsrechtlicher Sicht als prinzipiell zulässig (BBl 2002 76 ff.). Letzteres zieht staatliche Aufklärungspflichten nach sich (BGE 123 I 112, 134 ff.; BGE 98 Ia 508, 524 ff.).

8 *Nicht* direkt angesprochen ist die Frage der *Xenotransplantation* (über die Speziesgrenze hinaus, insb. vom Tier auf den Menschen). Der Verfassungsgeber wollte sie nicht ausschliessen (vgl. AB 1997 N 2419 ff., 2426). Sie ist heute unter bestimmten Voraussetzungen erlaubt (vgl. Art. 18a des BB vom 22.3.1996 über die Kontrolle von Transplantaten, AS 1996 2296; Art. 43 Transplantationsgesetz; vgl. auch BV 119 Abs. 2 Bst. b).

Modalitäten (Abs. 2 und 3)

9 *Abs. 2:* Der (selbst nicht kompetenzbegründende) Abs. 2 erteilt dem Bund einen Regelungsauftrag betreffend *Organe* (nicht: Gewebe und Zellen). Die Verfassung begnügt sich dabei mit einer vom Bundesgesetzgeber zu konkretisierenden *Zielvorgabe* (gerechte Organzuteilung – eine der ganz wenigen Stellen, an denen die Verfassung das Wort «gerecht» verwendet!), schliesst jedoch in Abs. 3 eine Zuteilung über den Markt aus. Zu beachten sind weitere Verfassungsvorgaben (insb. Grundrechte wie BV 7 und 8; zur Problematik eingehend SCHOTT, Patientenauswahl, insb. 292 ff.). Das Gesetz verpflichtet den Bund (Art. 19), eine Nationale Zuteilungsstelle zu schaffen (bisher: Koordinationszentrale der SwissTransplant; BBl 2002 152). Massgeblich für die Zuteilung ist in erster Linie der Spenderwille. Ansonsten sind neben dem Gebot der Nichtdiskriminierung die medizinische Dringlichkeit, der medizinische Nutzen und die Wartezeit zu berücksichtigen (Art. 16 ff.).

10 *Unentgeltlichkeitsprinzip und Handelsverbot (Abs. 3):* Die Vorgaben dienen namentlich dem Schutz der Spender (zu Schutzzweck und Tragweite vgl. VPB 68.113 [2004], BJ). Abs. 3 begründet *direkt anwendbares* (Verfassungs-)Recht mit Wirkung auch für Private (SCHWEIZER/SCHOTT, SG-Komm., Art. 119a, N 26). Der Grundsatz der Unentgeltlichkeit gilt nicht für Xenotransplantate (BBl 1997 III 682). Verfassungsrechtlich zulässig ist die Vergütung der Kosten (für Entnahme, Transport, Verarbeitung, Implantation usw.) sowie der Ersatz des Erwerbsausfalls und Aufwands, welcher der spendenden Person unmittelbar entsteht (vgl. VPB 68.113 [2004], BJ; vgl. auch Art. 6 des Gesetzes). – Das verfassungsrechtliche *Handelsverbot* untersagt in Bezug auf Organe jedes vorteilsorientierte Austauschgeschäft (vgl. VPB 68.113 [2004], BJ); das Gesetz dehnt das Verbot auf menschliche *Gewebe und Zellen* aus (Art. 7).

Literaturhinweise

BORGHI MARCO/SPRUMONT DOMINIQUE (Hrsg.), La transplantation d'organes, Fribourg 1995; CHENAUX JEAN-PHILIPPE, Transplantation d'organes, Lausanne 2000; DUMOULIN JEAN-FRANÇOIS, Transplantation d'organes en Suisse, Neuchâtel 1997; GOUILLOD OLIVIER/DUMOULIN JEAN-FRANÇOIS, Définition de la mort et prélèvement d'organes – aspects constitutionnels, Neuchâtel 1999; HÖFLING WOLFRAM, Rechtsfragen der Transplantationsmedizin, ZBJV 1996, 787 ff.; SCHOTT MARKUS, Patientenauswahl und Organallokation, Basel/Frankfurt a.M. 2001; DERS., Verfassungsrechtliche Probleme der Organallokation, in: Paolo Becchi et al. (Hrsg.), Organallokation – Ethische und rechtliche Fragen, Basel 2004, 127 ff.

Art. 120 Gentechnologie im Ausserhumanbereich*

¹ Der Mensch und seine Umwelt sind vor Missbräuchen der Gentechnologie geschützt.

² Der Bund erlässt Vorschriften über den Umgang mit Keim- und Erbgut von Tieren, Pflanzen und anderen Organismen. Er trägt dabei der Würde der Kreatur sowie der Sicherheit von Mensch, Tier und Umwelt Rechnung und schützt die genetische Vielfalt der Tier- und Pflanzenarten.

1   Die Bestimmung geht zurück auf den Gegenentwurf zur sog. Beobachter-Initiative (BV 1874 Art. 24novies; näher N 1 zu BV 119). Die den Ausserhumanbereich betreffenden Teile wurden fast wörtlich übernommen. – Berührungspunkte ergeben sich zu BV 73, 74, 78, 80, 118, 119 u.a.m. Mit Annahme der Volksinitiative «für Lebensmittel aus gentechnikfreier Landwirtschaft» in der Volksabstimmung vom 27.11.2005 wurde BV 120 um eine Übergangsbestimmung ergänzt. Danach hat die schweizerische Landwirtschaft für die Dauer von fünf Jahren «gentechnikfrei» zu bleiben (vgl. BV 197 Ziff. 7)

Schutz vor Missbräuchen (Abs. 1)

2   Wie BV 119 statuiert auch BV 120 in seinem ersten Absatz nicht eine unmittelbar wirkende oder anwendbare Verbotsnorm, sondern eine an Bund und Kantone gerichtete (Botsch. BV, 335) verfassungsrechtliche *Zielvorgabe* (Schutz vor Missbräuchen), die nicht selbst kompetenzbegründend wirkt, sondern auf anderweitig begründete Kompetenzen verweist (vgl. N 2 zu BV 119).

3   Anders als der anthropozentrische BV 119 Abs. 1 schliesst BV 120 Abs. 1 auch die *Umwelt* als solche ein (nicht nur, wie in BV 74, die «natürliche»). Ungeachtet der gemeinsamen Genese (BV 1874 Art. 24novies Abs. 1) handelt es sich nicht um gänzlich parallele Regelungen. So ist die Fortpflanzungsmedizin nicht erwähnt. Daraus darf jedoch nicht gefolgert werden, dass der Bund diesbezüglich keine Regelungs- oder Schutzaufgabe hätte (vgl. BV 80 sowie Art. 7a ff. des Tierschutzgesetzes vom 9.3.1978, SR 455). – Der in Abs. 1 nicht näher bestimmte Begriff «Missbrauch» erhält durch die Vorgaben des Abs. 2 gewisse Konturen. – Zum Begriff «Gentechnologie» vgl. N 5 zu BV 119.

Bundeskompetenz und Verfassungsvorgaben (Abs. 2)

4   *Rechtsnatur:* Abs. 2 Satz 1 begründet eine *verpflichtende*, umfassende *Gesetzgebungskompetenz* des Bundes mit nachträglich derogatorischer Wirkung (konkurrierende Kompetenz). Regelungsgegenstand ist (im Unterschied und zugleich in «Parallele» zu BV 119 Abs. 2) der Umgang mit *nicht*-menschlichem Keim- und Erbgut. Eine exakte Abgrenzung zwischen Tieren, Pflanzen und anderen Organismen ist aus kompetenzrechtlicher Sicht somit nicht erforderlich. Nicht erfasst werden die althergebrachten Methoden der Genetik in Pflanzen- und Tierzucht unter natürlichen Bedingungen (vgl. in diesem Sinn Anhang 1 zur Freisetzungsverordnung, FrSV; SR 814.911). – Der Umsetzung des Gesetzgebungsauftrags dient vor allem das BG vom

     *   Mit Übergangsbestimmung

21.3.2003 über die Gentechnik im Ausserhumanbereich (Gentechnikgesetz, GTG; SR 814.91) das sich auch auf BV 74 und 118 stützt. Vgl. auch USG 29a ff.; LwG 27a und 146a; Art. 9a, 9b, 14a der Saatgut-Verordnung vom 7.12.1998 (SR 916.151) oder Art. 21 ff. der Futtermittel-Verordnung vom 26.5.1999 (SR 916.307). – Vgl. auch BV 197 Ziff. 7.

5 *Terminologisches:* Zu den Begriffen «Keimgut», «Erbgut», «Umgang mit» vgl. N 6 ff. zu BV 119. Als Organismen gelten «zelluläre und nichtzelluläre biologische Einheiten, die zur Vermehrung oder zur Weitergabe von Erbmaterial fähig sind» (GTG 5), u.a. auch Bakterien, Protozoen, Viren und Viroide.

6 *Verfassungsrechtliche Vorgaben:* Wie BV 119, aber etwas sparsamer, statuiert BV 120 Vorgaben, denen der Gesetzgeber Rechnung tragen muss:
   – *Würde der Kreatur (dignità della creatura, intégrité des organismes vivants):* Der für die Rechtssprache neuartige, ausgesprochen konkretisierungsbedürftige Begriff soll zum Ausdruck bringen, dass auch dem nichtmenschlichen Leben ein Eigenwert zukommt (vgl. SCHWEIZER, SG-Komm., Art. 120, N 3). Der Gesetzgeber hat sich dafür entschieden, die Achtung der Würde der Kreatur durch Normierung von *Abwägungsgesichtspunkten* und -regeln zu sichern (vgl. GTG 8, unter Ausklammerung der «anderen Organismen»; möglich bleibt eine Relativierung des Tier- bzw. Pflanzenschutzes bei Vorliegen überwiegender schutzwürdiger Interessen (z.B. Gesundheitsinteressen, Sicherung einer ausreichenden Ernährung, wesentlicher Nutzen für die Gesellschaft, Wissensvermehrung). Dies ist aus verfassungsrechtlicher Sicht nicht zu beanstanden, da die Würde der Kreatur (im Unterschied zur menschlichen Würde, BV 7) nicht für unantastbar erklärt wird. – Vgl. auch N 6 zu BV 80.
   – *Sicherheit* (von Mensch, Tier und Umwelt): Der Bestimmung liegt ein weiter Begriff der Sicherheit zugrunde (näher SCHWEIZER, SG-Komm., Art. 120, N 14 ff.). Die gesonderte Erwähnung des Tiers wäre an sich (da in der Umwelt inbegriffen) nicht erforderlich gewesen.
   – *Schutz der genetischen Vielfalt* (Tier- und Pflanzenarten, inkl. Unterarten): Die genetische Vielfalt dient der (umfassenderen) biologischen Vielfalt (vgl. GTG 6; vgl. auch N 5 zu BV 78).

Literaturhinweise

ERRASS CHRISTOPH, Öffentliches Recht der Gentechnologie im Ausserhumanbereich, Bern 2006; GEISSBÜHLER HERMANN, Die Kriterien der Würde der Kreatur und der Menschenwürde in der Gesetzgebung zur Gentechnologie, ZBJV 2001, 229 ff.; KREPPER PETER, Zur Würde der Kreatur in Gentechnik und Recht, Basel/Frankfurt a.M. 1998; PRAETORIUS INA/SALADIN PETER, Die Würde der Kreatur (Art. 24novies Abs. 3 BV), Bern 1996; SCHWEIZER RAINER J., Gentechnikrecht, Zürich 1996; SEILER HANSJÖRG, Kommentar zum USG, 2. Aufl., Art. 29a; WAGNER PFEIFER BEATRICE, Das Umweltrecht vor den Herausforderungen der Gentechnologie, Zürich 1997.

9. Abschnitt: Aufenthalt und Niederlassung von Ausländerinnen und Ausländern

Art. 121

¹ Die Gesetzgebung über die Ein- und Ausreise, den Aufenthalt und die Niederlassung von Ausländerinnen und Ausländern sowie über die Gewährung von Asyl ist Sache des Bundes.

² Ausländerinnen und Ausländer können aus der Schweiz ausgewiesen werden, wenn sie die Sicherheit des Landes gefährden.

1 Die Bestimmung geht teils (Abs. 2) auf das Jahr 1848 (BV 1848 Art. 57; BV 1874 Art. 70), teils (Abs. 1) auf das Jahr 1925 (BV 1874 Art. 69ter) zurück. In der Verfassungsentwicklung (späte allgemeine Bundeskompetenz, heute: Abs. 1) widerspiegelt sich die Geschichte der Schweiz, die noch im 19.Jh. ein Auswanderungsland war (vgl. BV 1874 Art. 34 Abs. 2: Aufsicht über «Auswanderungsagenturen») und Zufluchtsort für revolutionär gesinnte Flüchtlinge aus ganz Europa. Vor 1925 nahm der Bund vor allem über den Abschluss von Staatsverträgen Einfluss auf die Einwanderungspolitik. – BV 121 trägt, da einzige Bestimmung des 9. Abschnitts, keinen eigenen Sachtitel.

2 Die Ausländer- und Asylpolitik ist seit Mitte der 1960er Jahre Gegenstand zahlreicher *Volksinitiativen*. Obwohl diese bisher allesamt (wenn auch zum Teil sehr knapp) abgelehnt wurden – zuletzt die Volksinitiativen «gegen Asylrechtsmissbrauch» (24.11.2002, BBl 2003 726 ff.; vgl. N 16 zu BV 34) und «für eine Regelung der Zuwanderung» (sog. 18%-Initiative; 24.9.2000, BBl 2001 183 ff.) – blieb die behördliche Zuwanderungs- und Asylpolitik davon nicht unberührt.

3 Für die Rechtsstellung der Ausländer sind auch allgemeine Regeln des Völkerrechts (insb. Minimalstandard des allgemeinen Fremdenrechts; dazu Daniel Thürer, Einleitung, in: Uebersax u.a., 21 ff.) sowie – zunehmend – bilaterale und multilaterale *völkerrechtliche Abkommen* massgeblich.

4 Von grosser Bedeutung ist das am 21.6.1999 abgeschlossene *Freizügigkeitsabkommen* im Verhältnis zur EU (FZA, in Kraft seit 1.6.2002; SR 0.142.112.681; analog: Anhang K des EFTA-Übereinkommens i.d.F. des Vaduzer Abkommens vom 21.6.2001, SR 0.632.31). In der Referendumsabstimmung vom 25.9.2005 wurde die Ausdehnung auf die 10 neuen EU-Mitgliedstaaten gutgeheissen. Wichtig sind weiter die Abkommen mit der EG/EU über die Assoziierung bei der Umsetzung, Anwendung und Entwicklung des Schengen-Besitzstands («Schengen») sowie über die Kriterien und Verfahren zur Bestimmung des zuständigen Staates für die Prüfung eines Asylantrags («Dublin»), abgeschlossen am 26. Oktober 2004, gutgeheissen in der Referendumsabstimmung vom 5.6.2005.

5 *Statistisches:* Der Anteil ausländischer Personen an der ständigen Wohnbevölkerung ist im europäischen Vergleich hoch (rund 1,5 Millionen oder 20,7%, Stand 2006, Quelle: BFS). Im Jahr 2006 betrug der Einwanderungsüberschuss knapp 44'000 Personen (während bei den Schweizer Staatsangehörigen ein Auswanderungsüberschuss von rund 8'700 resultierte;

Quelle: BFS, 25.8.2006). Die Zahl der ausländischen Grenzgänger beläuft sich auf rund 180'000 (Ende März 2006; Quelle: BFS, 3.7.2006).

Allgemeines Ausländerrecht (Abs. 1 und 2)

6   *Rechtsnatur:* Abs. 1 begründet eine (grundsätzlich, N 9) umfassende, verpflichtende Gesetzgebungskompetenz des Bundes im Ausländerwesen mit nachträglich derogatorischer Wirkung (konkurrierende Kompetenz; vgl. auch BGE 127 II 49, 51; BGE 129 I 392, 400, wonach den Kantonen im Wesentlichen nur Vollzugsaufgaben verbleiben). Der Umsetzung dient heute in erster Linie das vielfach revidierte BG vom 26.3.1931 über Aufenthalt und Niederlassung der Ausländer (ANAG; SR 142.20). Ein erster Anlauf für eine Totalrevision (Text in BBl 1981 II 568) scheiterte in der Referendumsabstimmung vom 6.6.1982 knapp. Das in der Referendumsabstimmung vom 24.9.2006 gutgeheissene BG vom 16.12.2005 über die Ausländerinnen und Ausländer (AuG; BBl 2005 7365, voraussichtlich per 1.1.2008 in Kraft) wird das ANAG ablösen. Auf BV 121 (und BV 60) stützt sich gemäss Ingress das BG vom 20.6.2003 über die Aufhebung von Strafurteilen gegen Flüchtlingshelfer zur Zeit des Nationalsozialismus (SR 371; BBl 2002 7803).

7   Anders als viele Bestimmungen des Zuständigkeits-Kapitels nennt BV 121 *keine* Zielvorgaben. Die Definition der ausländerpolitischen Ziele des Bundes obliegt somit dem Gesetzgeber bzw., soweit ihm Raum verbleibt, dem Bundesrat. Über die Ziele gibt heute vor allem eine Verordnungsbestimmung Aufschluss (BVO 1, SR 823.21). Neu statuieren AuG 3 und 4 «Grundsätze der Zulassung und der Integration». Bei Erlass und Anwendung des Ausländer- und Asylrechts stellen sich immer wieder heikle Verfassungsfragen. Diese betreffen regelmässig nicht BV 121, sondern gewöhnlich die Tragweite von Grundrechtsgarantien (vgl. BV 10, 13).

8   *Ausländerinnen und Ausländer:* Personen, die nicht das Schweizer Bürgerrecht (BV 37) besitzen (inkl. Staatenlose), unabhängig vom Wohnsitz.

9   *Umfang der Kompetenz:* Abs. 1 umschreibt die Kompetenz mit einer Aufzählung von Einzelbegriffen *(Ein- und Ausreise, Aufenthalt und Niederlassung);* die Kompetenz ist indes umfassend (vgl. MAHON, Comm., Art. 121, N 11) und ermöglicht die Regelung grundsätzlich aller Fragen, welche Status und Stellung von Ausländern betreffen, vorbehältlich gegenteiliger Anordnung in der Bundesverfassung (z.B. BV 39 Abs. 1: politische Rechte in den Kantonen). In die Kompetenz des Bundes fällt somit etwa auch die Förderung der sozialen Integration (vgl. ANAG 25a; AuG 4 und 53 ff.), wobei der Bund, entsprechend der allgemeinen Regel (BV 44), auf kantonale Zuständigkeiten (z.B. Schulwesen, BV 62) Rücksicht zu nehmen hat.

10 *Umsetzung:* Die Instrumente kommen (wenn man vom speziell gelagerten BV 121 Abs. 2 absieht) erst auf Gesetzesebene zur Sprache. Aufenthalt und Niederlassung unterstehen einer Bewilligungspflicht (ANAG 1a; AuG 11 f.). Unter bestimmten Voraussetzungen, auf die hier nicht im Einzelnen einzugehen ist, besteht ein gesetzlicher, allenfalls ein verfassungsrechtlicher (vgl. auch N 7 zu BV 13) oder staatsvertraglicher Anspruch auf Bewilligungserteilung (vgl. etwa BGE 126 II 377 ff.; BGE 128 II 145 ff.; BGE 130 II 281, 285 ff.; BGE 133 II 6). Die Gesetzgebung hat ein differenzierendes System verschiedener Bewilligungskategorien (teils befristet, teils unbefristet) eingerichtet (vgl. ANAG 5, 6; künftig AuG 32 ff.: Kurzaufenthaltsbewilligung: befristet, für Aufenthalte bis zu einem Jahr; Aufenthaltsbewilligung: befristet; Niederlassungsbewilligung: unbefristet und ohne Bedingungen; Grenzgängerbewilligung).

Ende der 1990er Jahre begann die Ablösung des früheren Drei-Kreise-Modells, das unter dem Aspekt der Rechtsgleichheit und der Nichtdiskriminierung zu Recht kritisiert wurde (vgl. z.B. AUER, 1234 f.), durch ein neues (duales) System, das auf die europäische Personenfreizügigkeit abgestimmt ist (vgl. Verordnung vom 6.10.1986 über die Begrenzung der Zahl der Ausländer, BVO, SR 823.21, i.d.F. vom 21.10.1998, AS 1998 2726). Eine Bewilligung zur Ausübung einer Erwerbstätigkeit wird in erster Linie den Angehörigen von EU- und EFTA-Mitgliedstaaten erteilt. Kurzaufenthalts- und Aufenthaltsbewilligungen können darüber hinaus «Führungskräften, Spezialistinnen und Spezialisten und anderen qualifizierten Arbeitskräften erteilt werden» (so künftig AuG 23; vgl. BVO 8 Abs. 2). Die früher bedeutsame Saisonnierbewilligung fiel weg.

Asylrecht (Abs. 1)

11 *Rechtsnatur:* Abs. 1 erklärt die «Gewährung von Asyl» zur Sache des Bundes. Ob damit eine ausschliessliche Kompetenz begründet wird (so Botsch. BV, 337), ist zweifelhaft. Vieles spricht dafür, dass es sich – in Parallele zum Ausländerrecht (N 6) – um eine umfassende konkurrierende Kompetenz handelt, die der Bund ausgeschöpft hat und bei der er sich (anders als in der übrigen Ausländergesetzgebung) die erstinstanzliche Entscheidung über Zulassung/Abweisung selber vorbehalten hat. – Der *Umsetzung* des Gesetzgebungsauftrags dient in erster Linie das Asylgesetz vom 26.6.1998 (AsylG; SR 142.31). Die Asylgesetzgebung ist nach wie vor eine «Dauerbaustelle» (vgl. zuletzt die Teilrevision vom 16.12.2005, BBl 2005 7425, angenommen in der Referendumsabstimmung vom 24.9.2006, teilweise in Kraft seit 1.1.2007).

12 *Asyl* meint «den Schutz und die Rechtsstellung, die Personen aufgrund ihrer Flüchtlingseigenschaft in der Schweiz gewährt werden» (AsylG 2 Abs. 2). Das Asyl schliesst das Recht auf Anwesenheit in der Schweiz ein. Zum Flüchtlingsbegriff vgl. AsylG 3 und Art. 1 des Abkommens vom 28.7.1951 über die Rechtsstellung der Flüchtlinge (Genfer Flüchtlingskonvention, FK; SR 0.142.30; vgl. auch BV 25).

13 BV 121 nennt weder Voraussetzungen noch Rahmenbedingungen. Vorgaben für die Asylgesetzgebung (und die Asylpraxis) resultieren aus dem Völkerrecht (insb. FK; vgl. auch N 3) sowie aus anderen Verfassungsnormen (insb. BV 25 Abs. 2 und 3). Weder die Bundesverfassung noch das Asylgesetz gewährleisten ein subjektives Recht auf Asyl, doch geniessen Flüchtlinge aufgrund von BV 25 Abs. 2 und Ausländer aufgrund von Abs. 3 spezifischen Schutz vor Auslieferung und Ausschaffung. Anerkannte Flüchtlinge haben Anspruch auf eine Aufenthaltsbewilligung, nach fünf Jahren grundsätzlich auf eine Niederlassungsbewilligung (AsylG 60). AsylG 4 kennt den Status des vorübergehenden Schutzes für die Dauer einer schweren allgemeinen Gefährdung (insb. Krieg, Bürgerkrieg, Situationen allgemeiner Gewalt).

Ausweisung (Abs. 2)

14 Der Sinn und *Zweck* der Regelung erschliesst sich nicht auf den ersten Blick, denn eine Ausweisung kommt prinzipiell auch dann in Betracht, wenn die Sicherheit des Landes nicht gefährdet ist (z.B. bei Nicht-Verlängerung einer befristeten Bewilligung, bei Verweigerung des Asyls). Eine historische Betrachtung (unter Einbezug der Verfassungsmaterialien von 1996/8) zeigt, dass man es hier mit der «Nachführung» etwas übertrieben hat. Gemeint ist in

Abs. 2 die (früher in BV 1848 Art. 57 und BV 1874 Art. 70 geregelte) Möglichkeit der «politischen» Ausweisung. Die spezielle Normierung der Ausweisungskompetenz des Bundes machte Sinn, solange die Kantone über verfassungsrechtlich garantierte Vollzugskompetenzen (so noch BV 1874 Art. 69ter) verfügten. Nach der Straffung des «Ausländerartikels» (vgl. auch BGE 127 II 49, 51) hätte eine besondere Ausweisungsklausel nur Sinn gemacht, wenn darin nicht die *Verbands*kompetenz (Bund), sondern die *Organ*kompetenz (Bundesrat; so noch VE 96 Art. 112 Abs. 2) festgelegt worden wäre (vgl. auch BGE 129 II 193, 205). Aufgrund einer vermeintlich bloss redaktionellen Anpassung («Bund» statt «Bundesrat»; vgl. AB SD 1998 S 95) wurde Abs. 2 *funktionslos*. – Zur Zuständigkeit vgl. OV-EJPD 11 (SR 172.213.1).

15 Ausweisungsentscheidungen i.S.v. BV 121 Abs. 2 müssen verfassungs- und völkerrechtskonform sein (vgl. insb. BV 13, 25; EMRK 8, 13). Schweizer Staatsangehörige können nicht ausgewiesen werden (BV 25 Abs. 1).

Literaturhinweise

AUER ANDREAS, Constitution et politique d'immigration: la quadrature des trois cercles, AJP 1996, 1230 ff.; BIANCHI DORIS, Die Integration der ausländischen Bevölkerung, Zürich 2003; CARONI MARTINA, Privat- und Familienleben zwischen Menschenrecht und Migration, Berlin 1998; GÄCHTER THOMAS/BERTSCHI MARTIN, Der Anwesenheitsanspruch aufgrund der Garantie des Privat- und Familienlebens, ZBl 2003, 225 ff.; KÄLIN WALTER, Grundriss des Asylverfahrens, Basel 1990; NGUYEN MINH SON, Droit public des étrangers, Bern 2002; SPESCHA MARC, Handbuch zum Ausländerrecht, Bern 1999; SPESCHA MARC/STRÄULI PETER, Kommentar zum Ausländerrecht, 2. Aufl., Zürich 2004; UEBERSAX PETER u.a. (Hrsg.), Ausländerrecht, Basel usw. 2002. – Vgl. auch: Jahrbuch für Migrationsrecht, Bern, seit 2004/05.

10. Abschnitt: Zivilrecht, Strafrecht, Messwesen

1 Im Zentrum des 10. Abschnitts steht das von der Gründergeneration (1848) angestrebte, aber teils erst spät realisierte Anliegen der *Rechtseinheit*.

Art. 122[1]   Zivilrecht

¹ Die Gesetzgebung auf dem Gebiet des Zivilrechts und des Zivilprozessrechts ist Sache des Bundes.

² Für die Organisation der Gerichte und die Rechtsprechung in Zivilsachen sind die Kantone zuständig, soweit das Gesetz nichts anderes vorsieht.

1 Die Zivilrechtskompetenz des Bundes geht teils auf das Jahr 1874 (BV 1874 Art. 64 Abs. 1: insb. wirtschaftsrelevante Bereiche; vgl. auch BV 1874 Art. 53 Abs. 1), teils auf das Jahr

---

1   Angenommen in der Volksabstimmung vom 12. März 2000, in Kraft seit 1. Jan. 2007 (BB vom 8. Okt. 1999, BRB vom 17. Mai 2000, BB vom 8. März 2005 – AS 2002 3148, 2006 1059; BBl 1997 I 1, 1999 8633, 2000 2990, 2001 4202).

1898 (BV 1874 Art. 64 Abs. 2: übrige Gebiete des Zivilrechts), teils auf das Jahr 1905 (BV 1874 Art. 64 Abs. 1: Patente, Muster und Modelle) zurück, vereinzelt sogar auf das Jahr 1848 (BV 1848 Art. 49: Vollstreckung rechtskräftiger Zivilurteile). Das Programm der freisinnig-radikalen Reformer des 19. Jh. («eine Armee, ein Recht») liess sich nicht nur in Bezug auf die Armee (vgl. N 1 zu BV 58) bloss schrittweise verwirklichen. Wichtige Etappen bildeten: das BG vom 24.12.1874 betreffend Feststellung und Beurkundung des Zivilstandes und die Ehe (AS 1 506), das BG vom 22.6.1881 betreffend die persönliche Handlungsfähigkeit (AS 5 556), das BG vom 14.6.1881 über das Obligationenrecht (AS 5 635), das BG vom 11.4.1889 über Schuldbetreibung und Konkurs (SchKG; SR 281.1), das Schweizerische Zivilgesetzbuch vom 10.12.1907 (ZGB; SR 210) und das BG vom 30.3.1911 betreffend die Ergänzung des ZGB (Fünfter Teil: Obligationenrecht; OR, SR 220). – Erst im Rahmen der Justizreform erlangte der Bund die Gesetzgebungskompetenz für das Zivilprozessrecht (in Kraft seit 1.1.2007). Die per 1.1.2007 aufgehobene traditionsreiche Regel (1848) betreffend bundesweite Vollstreckbarkeit rechtskräftiger Zivilurteile (alt Abs. 3; vgl. VOGEL/SPÜHLER, 433 f.) ist durch andere Bestimmungen hinlänglich abgesichert (vgl. BV 44).

Zivilrecht und Zivilprozessrecht (Abs. 1)

2 *Rechtsnatur:* Abs. 1 begründet eine umfassende, verpflichtende Gesetzgebungskompetenz mit nachträglich derogatorischer Wirkung (konkurrierende Kompetenz). Für das *Zivilrecht* hat der Bund seine Kompetenz ausgeschöpft (ZGB 5 Abs. 1), so dass die Kantone nur noch bei bundesrechtlicher Ermächtigung zur Gesetzgebung befugt sind. Die Kantone werden «in ihren öffentlich-rechtlichen Befugnissen durch das Bundeszivilrecht nicht beschränkt» (ZGB 6). Die Kantone verstossen aber gegen den Bundesrechtsvorrang (BV 49), «wenn sie dort legiferieren, wo der Bundesgesetzgeber ein Gebiet selber abschliessend geregelt hat, wenn die von ihnen erlassenen Bestimmungen nicht durch ein schutzwürdiges öffentliches Interesse gedeckt sind und wenn sie dem Sinn und Geist des Bundeszivilrechts widersprechen» (BGE 122 I 18, 21; eingehend MARTI, Art. 6; vgl. auch N 13 zu BV 49). – Die im Werden begriffene eidgenössische Zivilprozessordnung, ein jahrzehnte-altes rechtspolitisches Desiderat, wird (frühestens 2009) an die Stelle der 26 kantonalen ZPOs treten (vgl. Botschaft und Entwurf vom 28.6.2006, BBl 2006 7221 ff.).

3 *«Zivilrecht»:* Der für den Kompetenzumfang entscheidende (Verfassungs-)Begriff ist nach wie vor nicht restlos geklärt. Das Kriterium, wonach das Zivilrecht die Rechtsbeziehungen zwischen Privaten, nicht das Verhältnis Staat–Bürger, regelt, ist für eine exakte Grenzziehung ungenügend; zu den unterschiedlichen Ansätzen (Subjekt-, Funktions-, Interessen-, Subordinations-, Fiskustheorie u.a.m.) vgl. KNAPP, Komm. aBV., Art. 64, N 17 ff.; AUBERT, Comm., Art. 122, N 4 ff. – Die Staatspraxis geht zu Recht von einem vermittelnden («typologischen») Verständnis aus (vgl. Botsch. BV, 338; VPB 63.83 [1999], BJ), denn ohne wertende Abwägung kommt man nicht zum Ziel (vgl. BGE 126 III 431, 436 f.). Auf die Zivilrechtskompetenz lassen sich Regelungen dann abstützen, «wenn sie typisch privatrechtliche Ziele verfolgen und herkömmlicherweise zum Privatrechtsbereich gehören, insbesondere wenn sie die Voraussetzungen für einen funktionierenden Privatrechtsverkehr schaffen oder wiederherstellen» (so BBl 1989 III 219). Sicher zum «Zivilrecht» i.S.v. BV 123 gehören die in BV 1874 Art. 64

genannten Regelungsfelder (z.B. Beurkundung des Zivilstandes, Betreibungs- und Konkursrecht, vgl. BGE 128 I 209), ungeachtet des allenfalls öffentlich-rechtlichen Einschlags.

4 Das *Zivilprozessrecht* regelt das Zweiparteienverfahren zur autoritativen Feststellung privatrechtlicher Rechtsverhältnisse (VOGEL/SPÜHLER, 33 ff.).

5 *Umsetzung:* Im Zentrum stehen die beiden grossen Kodifikationen von 1907/1911 (ZGB, OR). Bedeutsam sind weiter das SchKG und das IPRG (SR 291) sowie die Gesetzgebung zum Immaterialgüter- und Wettbewerbsrecht (insb. URG, SR 231.1; MSchG, SR 232.11; PatG, SR 232.14). Hinzu kommen Spezialerlasse in zunehmender Zahl, teils auch gestützt auf weitere Verfassungsgrundlagen (z.B. PartG, SR 211.231; VVG, SR 221.229.1; PrHG, SR 221.112.944; KKG, SR 221.214.1; FusG, SR 221.301; GIG, SR 151.1; BGBB, SR 211.412.11; BewG, SR 211.412.41; LPG, SR 221.213.2; DSG, SR 235.1; FZG, SR 831.42; ZertES, SR 943.03; Sterilisationsgesetz vom 17.12.2004, SR 211.111.1). Auf BV 1874 Art. 64 (heute BV 122) stützt sich eigenartigerweise das BG vom 10.10.1997 über die Rüstungsunternehmen des Bundes (SR 934.21). – Ungeachtet der bis Ende 2006 den Kantonen ausdrücklich vorbehaltenen Kompetenz im Bereich der «gerichtliche(n) Verfahren» (BV 122 Abs. 2 i.d.F. vom 18.4.1999) hat der *Bundesgesetzgeber* zahlreiche Regelungen verfahrensrechtlicher Natur erlassen, um die Verwirklichung des eidgenössischen Zivilrechts zu sichern (z.B. ZGB 135 ff. betreffend das Scheidungsverfahren; vgl. die zusammenfassende Regelung bundesrechtlicher Gerichtsstandsnormen im GestG vom 24.3.2000, SR 272, das sich laut Ingress auch auf den, entgegen BBl 1999 2876, nicht kompetenzbegründenden BV 30 beruft). Die früher (unter der BV 1874) prekäre Kompetenzlage dürfte spätestens seit dem Inkrafttreten des revidierten BV 122 saniert sein.

Organisation der Gerichte und Rechtsprechung (Abs. 2)

6 *Funktion:* Entgegen dem ersten Anschein besitzt der Bund – wie sich aus dem 2. Satzteil (i.V.m. BV 3) ergibt – seit der Justizreform auch eine allgemeine (konkurrierende) *Zuständigkeit* in Fragen der *Organisation der Gerichte* und der *Rechtsprechung* in Zivilsachen (eigentliche Urteiltätigkeit). Die Nennung der kantonalen Zuständigkeit in Abs. 2 hat in erster Linie die Funktion, den Bundesgesetzgeber zur Zurückhaltung zu mahnen. Die Kantone sollen weiterhin über eine «vollständige» Staatsorganisation, inkl. rechtsprechende Gewalt, verfügen (was indes den Bund kompetenzrechtlich nicht hindert, z.B. ein erstinstanzliches Patentgericht zu schaffen; vgl. N 10 zu BV 191a). Die Festlegung von Gerichtstypen und Zuständigkeiten, die Besetzung von Richterstellen, die Bildung der Gerichtskreise usw. soll in erster Linie Sache der Kantone sein. Der Bund soll seine Regelungsbefugnisse nur bei ausgewiesenem Bedarf in Anspruch nehmen. Dies ergibt sich freilich schon aus allgemeinen Verfassungsvorgaben, insb. aus der verfassungsrechtlich gewährleisteten Eigenständigkeit und Organisationsautonomie (vgl. N 2 und 8 zu BV 47; vgl. Botsch. BV, 525; AUBERT, Comm., Art. 122, N 13; vgl. künftig auch BV 5a). – Umgekehrt gilt für die Kantone weiterhin das *Verbot der Vereitelung* des materiellen Zivilrechts (vgl. VOGEL/SPÜHLER, 62 ff.; vorne N 5), künftig wohl neu auch ein Verbot der Vereitelung des eidgenössischen *Zivilprozessrechts*.

Literaturhinweise

GYGI FRITZ, Rechtssetzungszuständigkeit des Bundes auf dem Gebiet des Zivilrechts, ZSR 1976 I, 343 ff.; MARTI ARNOLD, Art. 5 und 6, (Zürcher) Kommentar zum schweizerischen Zivilgesetzbuch, Zürich 1998; VOGEL OSCAR/SPÜHLER KARL, Grundriss des Zivilprozessrechts, 8. Aufl., Bern 2006; WALTER HANS PETER, Auf dem Weg zur Schweizerischen Zivilprozessordnung, SJZ 2004, 313 ff.

Art. 123[1] Strafrecht

1 Die Gesetzgebung auf dem Gebiet des Strafrechts und des Strafprozessrechts ist Sache des Bundes.

2 Für die Organisation der Gerichte, die Rechtsprechung in Strafsachen sowie den Straf- und Massnahmenvollzug sind die Kantone zuständig, soweit das Gesetz nichts anderes vorsieht.

3 Der Bund kann *[Vorschriften zum Straf- und Massnahmenvollzug erlassen. Er kann*[2]*]* den Kantonen Beiträge gewähren:

a. für die Errichtung von Anstalten;
b. für Verbesserungen im Straf- und Massnahmenvollzug;
c. an Einrichtungen, die erzieherische Massnahmen an Kindern, Jugendlichen und jungen Erwachsenen vollziehen.

1 Die Bundeskompetenzen für die Vereinheitlichung des *materiellen Strafrechts* (Abs. 1) und für Bundessubventionen im Bereich des Straf- und Massnahmenvollzugs (Abs. 3) gehen auf das Jahr 1898 zurück (BV 1874 Art. 64bis), jene für die Vereinheitlichung des *Strafprozessrechts* (Abs. 1) auf die Teilrevision im Rahmen der Justizreform (in Kraft seit 1.4.2003). In der Volksabstimmung vom 28.11.2004 wurde im Rahmen des BB NFA eine neue Fassung von BV 123 Abs. 2 (recte Abs. 3) beschlossen (noch nicht in Kraft).

Strafrecht und Strafprozessrecht (Abs. 1)

2 *Rechtsnatur:* Abs. 1 begründet eine umfassende, verpflichtende Gesetzgebungskompetenz des Bundes mit nachträglich derogatorischer Wirkung (konkurrierende Kompetenz; so schon BV 1874 Art. 64bis, sonst hätte zwischen 1898 und dem Inkrafttreten des StGB am 1.1.1942 ein unerträgliches Rechtsvakuum geherrscht). Der Gesetzgeber unterliegt mannigfachen Beschränkungen aufgrund internationaler und nationaler Grundrechtsgarantien.

3 Der Begriff *«Strafrecht»* (vgl. AUBERT, Comm., Art. 123, N 5 ff.) verursacht in der Praxis weniger Probleme als der Begriff «Zivilrecht» (N 3 zu BV 122). Im Zentrum steht die Strafe,

---

1 Angenommen in der Volksabstimmung vom 12. März 2000, in Kraft seit 1. April 2003 (BB vom 8. Okt. 1999, BRB vom 17. Mai 2000, BB vom 24. Sept. 2002 – AS 2002 3148 3147; BBl 1997 I 1, 1999 8633, 2000 2990, 2001 4202).

2 Angenommen in der Volksabstimmung vom 28. Nov. 2004 (BB vom 3. Okt. 2003, BRB vom 26. Jan. 2005 – BBl 2002 2291, 2003 6591, 2005 951). – Der Bundesrat bestimmt das Inkrafttreten.

d.h. der ausgleichende Eingriff in die Rechtsgüter desjenigen, der schuldhaft ein Delikt verübt hat. BV 123 bildet auch die Grundlage für die Regelung von weiteren Sanktionen ohne Strafcharakter (sog. Massnahmen, vgl. Abs. 3; zur Massnahme der Verwahrung vgl. BV 123a). Das System der strafrechtlichen Sanktionen wurde per 1.1.2007 grundlegend reformiert (StGB 34 ff. i.d.F. vom 13.12.2002/24.3.2006, AS 2006 3539; zu den nachgeschobenen «Korrekturen am Sanktions- und Strafregisterrecht» vgl. Botsch. vom 29.6.2005, BBl 2005 4689; vgl. auch BRIGITTE TAG/MAX HAURI [Hrsg.], Die Revision des Strafgesetzbuches, Zürich 2006). Das *Strafprozessrecht* umfasst jene Normen, die den Verfahrensablauf bei der Durchsetzung des staatlichen Strafanspruches regeln (vgl. SCHMID, 1 f.).

4   *Umsetzung:* Mit dem Erlass des *Strafgesetzbuchs* (StGB; SR 311.0) vom 21.12.1937 (in Kraft seit dem 1.1.1942) hat der Bund seine Kompetenz grundsätzlich *ausgeschöpft*. Den Kantonen verbleibt die Gesetzgebung betreffend das *Übertretungsstrafrecht* (StGB 335), soweit das eidgenössische Recht den Angriff auf ein Rechtsgut nicht durch ein geschlossenes System von Normen erfasst (Botsch. BV, 340). – Rund 70 Jahre nach der Vereinheitlichung des materiellen Strafrechts ist die Vereinheitlichung des Strafprozessrechts auf guten Wegen (vgl. Entwurf und Botschaft zur Vereinheitlichung des Strafprozessrechts vom 21.12.2005, BBl 2006 1085 ff.). Die eidgenössische *Strafprozessordnung* (StPO), welche an die Stelle der 26 kantonalen Strafprozessordnungen und des BStP treten soll, gründet auf dem Staatsanwaltschaftsmodell; im Bund und in vielen Kantonen bedeutet dies das Ende der Figur des Untersuchungsrichters. In der Wintersession 2006 hat der Ständerat als Erstrat die föderalismuspolitisch nicht unsensible Vorlage ohne Gegenstimme verabschiedet (AB 2006 S 1043 ff.). – BV 123 (bzw. BV 1874 Art. 64bis) bildet (z.T. neben anderen Bestimmungen) die Grundlage für das Militärstrafgesetz vom 13.6.1927 (MStG; SR 321.0), das BG vom 22.3.1974 über das Verwaltungsstrafrecht (VStrR; SR 313.0), das BG vom 3.10.1951 über die Betäubungsmittel und die psychotropen Stoffe (Betäubungsmittelgesetz, BetmG; SR 812.121), das Opferhilfegesetz (OHG; SR 312.5; vgl. BV 124), das BG vom 7.10.1994 über kriminalpolizeiliche Zentralstellen des Bundes (ZentG; SR 360), das BG vom 20.6.2003 über die verdeckte Ermittlung (BVE; SR 312.8), das BG vom 19.3.2004 über die Teilung eingezogener Vermögenswerte (TEVG; SR 312.4), das BG vom 6.10.2000 betreffend die Überwachung des Post- und Fernmeldeverkehrs (BÜPF; SR 780.1). – Das BG vom 20.6.2003 über die Aufhebung von Strafurteilen gegen Flüchtlingshelfer zur Zeit des Nationalsozialismus stützt sich auf BV 60 Abs. 1 und 121 Abs. 1; das BG vom 20.3.1981 über internationale Rechtshilfe in Strafsachen (IRSG; SR 351.1) auf BV 1874 Art 103 und 114bis (heute BV 54 Abs. 1, 164 Abs. 1 Bst. g, 189). – Obwohl das Verhängen von verwaltungsstrafrechtlichen Sanktionen (Durchsetzung der Verwaltungsgesetzgebung) sich auf die jeweilige Sachkompetenz abstützen kann, führen zahlreiche Bundesgesetze in ihrem Ingress (unnötigerweise) auch BV 123 (bzw. BV 1874 Art. 64bis) an, so z.B. das BankG (SR 952.0), das SVG (SR 741.01); anders dagegen etwa das KG.

Organisation der Gerichte und Rechtsprechung (Abs. 2)

5   *Funktion:* Wie sich aus dem 2. Satzteil (i.V.m. der allgemeinen Regel des BV 3 ergibt) hat der Bund, entgegen dem ersten Anschein, seit der Justizreform auch eine (konkurrierende) *Zuständigkeit* in Fragen der *Organisation der Gerichte,* der *Rechtsprechung* in Strafsachen (Urteilstätigkeit) und des *Straf- und Massnahmenvollzugs.* Abs. 2 hat (wie BV 122 Abs. 2) in ers-

ter Linie die Funktion, den Bundesgesetzgeber zur Zurückhaltung zu mahnen (näher dort N 6 zu BV 122). – Die kantonale Gerichtsorganisation darf die Verwirklichung des Bundesstrafrechts nicht beeinträchtigen oder verhindern. – Auch nach Inkrafttreten der eidgenössischen StPO (geplant per 1.1.2010, für den Bund per 1.1.2009) wird die *Verfolgung und Beurteilung* von Straftaten überwiegend Sache der Kantone bleiben (Ausnahme: komplexe und aufwändige Verfahren im Bereich der sog. Bundesstrafgerichtsbarkeit; zum Bundesstrafgericht und seinen [erstinstanzlichen] Zuständigkeiten vgl. N 3 ff. zu BV 191a bzw. SGG 26, SR 173.71). Zur Frage der Abgeltung ausserordentlicher Kosten kantonaler Organe bei ihrer Tätigkeit als gerichtliche Polizei des Bundes vgl. Botschaft des Bundesrates vom 3.5.2006 zur Änderung des BStP (BBl 2006 4245).

Straf- und Massnahmenvollzug (Abs. 3)

6   *Funktion und Rechtsnatur:* Abs. 3 geht stillschweigend davon aus, dass grundsätzlich die Kantone (nicht der Bund) die Kosten des Straf- und Massnahmenvollzugs zu tragen haben. In Bezug auf bestimmte (wichtige) Aspekte des Straf- und Massnahmenvollzugs (Bst. a–c) begründet Abs. 3 eine nicht-verpflichtende, begrenzte (finanzielle) Förderungskompetenz des Bundes (näher das BG vom 5.10.1984 über die Leistungen des Bundes für den Straf- und Massnahmenvollzug, LSMG; SR 341). – Im Rahmen seiner Strafrechtskompetenz kann der Bund auch Vorschriften zum Straf- und Massnahmenvollzug erlassen (vgl. KOLLER, 393 ff.). In Praxis und Lehre wird dies mitunter bestritten, insb. mit Blick auf Erlass und Durchsetzung von Strafvollzugsgrundsätzen (vgl. Botsch. NFA, BBl 2002 2472). Die revidierte Fassung gemäss BB NFA (noch nicht in Kraft) dient insoweit der Klarstellung: Der Bund besitzt eine umfassende (konkurrierende) Kompetenz (mit nachträglich derogatorischer Wirkung); die «kann»-Formulierung soll es ermöglichen, auf kantonale Anliegen Rücksicht zu nehmen (vgl. Botsch. NFA, BBl 2002 2472).

7   Eine gewisse Einmischung des Bundes («durch die Hintertür») ermöglicht BV 48a (noch nicht in Kraft). Danach kann der Bund auf Antrag interessierter Kantone mit Blick auf den Straf- und Massnahmenvollzug interkantonale Verträge *allgemein verbindlich erklären* oder Kantone zur Beteiligung *verpflichten* (Zwangskooperation im Interesse des Lastenausgleichs).

Literaturhinweise

DONATSCH ANDREAS/FLACHSMANN STEFAN/HUG MARKUS/WEDER ULRICH, Kommentar StGB, 16. Aufl., Zürich 2004; KOLLER HEINRICH, Die Sicherstellung eines menschenwürdigen Strafvollzugs – Möglichkeiten und Grenzen des Bundes, Festschrift zum 50jährigen Bestehen der Schweizerischen Kriminalistischen Gesellschaft, Bern 1992, 393 ff; LOBSIGER ADRIAN, «Verbrechensbekämpfung» durch den Bund?, Bern 1999; SCHMID NIKLAUS, Strafprozessrecht, 4. Aufl., Zürich 2004; TRECHSEL STEFAN, Schweizerisches Strafgesetzbuch, 2. Aufl., Zürich 2005.

Art. 123a[1]

[1] Wird ein Sexual- oder Gewaltstraftäter in den Gutachten, die für das Gerichtsurteil nötig sind, als extrem gefährlich erachtet und nicht therapierbar eingestuft, ist er wegen des hohen Rückfallrisikos bis an sein Lebensende zu verwahren. Frühzeitige Entlassung und Hafturlaub sind ausgeschlossen.

[2] Nur wenn durch neue, wissenschaftliche Erkenntnisse erwiesen wird, dass der Täter geheilt werden kann und somit keine Gefahr mehr für die Öffentlichkeit darstellt, können neue Gutachten erstellt werden. Sollte auf Grund dieser neuen Gutachten die Verwahrung aufgehoben werden, so muss die Haftung für einen Rückfall des Täters von der Behörde übernommen werden, die die Verwahrung aufgehoben hat.

[3] Alle Gutachten zur Beurteilung der Sexual- und Gewaltstraftäter sind von mindestens zwei voneinander unabhängigen, erfahrenen Fachleuten unter Berücksichtigung aller für die Beurteilung wichtigen Grundlagen zu erstellen.

1   Die Bestimmung (ohne Sachtitel) geht zurück auf die in der Volksabstimmung vom 8.2.2004 angenommene Volksinitiative «Lebenslange Verwahrung für nicht therapierbare, extrem gefährliche Sexual- und Gewaltstraftäter». Die als Reaktion auf ein konkretes Delikt lancierte Volksinitiative zeigt (einmal mehr), dass verständliche Empörung über geschehenes Unrecht nicht der beste Ratgeber für (Verfassungs-)Gesetzgebung ist. Wie man bereits vor der Volksabstimmung wusste (zu zögerlich die bundesrätliche Botschaft, BBl 2001 3456), steht der für BV 123a zentrale Abs. 2 Satz 1 klar im Widerspruch zu dem in der EMRK garantierten elementaren Recht auf gerichtliche Überprüfung des Freiheitsentzugs (vgl. EMRK 5 Ziff. 4). Bei buchstabengetreuer Umsetzung der Volksinitiative droht der Schweiz (früher oder, wohl eher, später) eine Verurteilung durch den Gerichtshof für Menschenrechte in Strassburg. Eine menschenrechtskonforme Umsetzung wäre nur möglich, wenn man

– dem Initiativtext, entgegen allen herkömmlichen Auslegungsregeln, einen völkerrechtskonformen Sinn zuschreibt, d.h. wenn man BV 123a *umdeutet* statt auslegt, oder wenn man

– das Anliegen der Initiative in einem zentralen Punkt *nicht umsetzt*.

Bundesrat und Ständerat glaubten, einen Kompromiss gefunden zu haben (vgl. Botschaft vom 23.11.2005, BBl 2006 889 ff.). Die nationalrätliche Rechtskommission beschloss am 24.11.2006 (mit 16 zu 4 Stimmen), auf eine gesetzgeberische Umsetzung zu verzichten (in der nicht unbegründeten Hoffnung, die Rechtsanwendung werde im Einzelfall einen gangbaren Weg finden).

2   Das namenlose Sorgenkind «BV 123a» regelt Fragen, die auf die Regelungsstufe des Gesetzes gehörten (und hier nur knapp erläutert werden sollen; vgl. auch BBl 2006 902 ff.). Die Bestimmung ist nicht kompetenzbegründend.

---

1   Angenommen in der Volksabstimmung vom 8. Febr. 2004 (BB vom 20. Juni 2003, BRB vom 21. April 2004 – AS 2004 2341; BBl 2000 3336, 2001 3433, 2003 4434, 2004 2199).

3 Gemäss *Abs. 1* findet die Regelung Anwendung auf eine bestimmte (nicht präzise fixierte) Kategorie von Straftätern, nämlich Sexual- oder Gewaltstraftäter, die als *extrem* gefährlich *und* (kumulativ) *nicht therapierbar* eingestuft werden (vgl. BBl 2006 902 ff.). *Verwahrung* meint eine sichernde Massnahme (wie sie früher in StGB 42 ff. geregelt war und seit dem 1.1.2007 gemäss StGB 64 ff. bei bestimmten Anlasstaten gegenüber bestimmten Tätern verhängt werden kann). Gemäss Abs. 2 Satz 2 darf die lebenslängliche Verwahrung nicht durch Hafturlaub unterbrochen werden. *Nicht* vorgesehen ist in BV 123a die Möglichkeit einer nachträglichen Anordnung der lebenslänglichen Verwahrung gegenüber bereits verurteilten Tätern (vgl. demgegenüber StGB 65 Abs. 2 i.d.F. vom 24.3.2006: nachträgliche Anordnung der *ordentlichen* Verwahrung).

4 *Abs. 2* nennt die *Voraussetzungen*, unter denen eine Aufhebung der lebenslänglichen Verwahrung überhaupt *geprüft* werden darf (vgl. BBl 2006 902 ff.) – und missachtet dabei den bedingungsfeindlichen EMRK 5 Ziff. 4. Das Einstehen-Müssen («Haftung») der zuständigen Behörde für allfällige Rückfälle kann nicht wörtlich verstanden werden (vgl. auch BBl 2006 910 ff.), denn die *zivilrechtliche* Verantwortlichkeit trifft den Staat, allenfalls die für ihn handelnden Individuen, nicht jedoch eine Behörde; die *straf- und disziplinarrechtliche* Verantwortlichkeit erfasst allenfalls Individuen.

5 *Abs. 3* legt (erhöhte) Anforderungen an die Begutachtung fest (vgl. BBl 2006 900 f.).

Literaturhinweise (vgl. auch die Hinweise bei BV 123)
FORSTER MARC, Lebenslange Verwahrung: zur grundrechtskonformen Auslegung von Art. 123a BV, AJP 2004, 418 ff.; STRATENWERTH GÜNTHER, Weit übersteigerte Sicherungsbedürfnisse, NZZ Nr. 27 vom 2.2.2005, S. 15.

Art. 124 Opferhilfe

Bund und Kantone sorgen dafür, dass Personen, die durch eine Straftat in ihrer körperlichen, psychischen oder sexuellen Unversehrtheit beeinträchtigt worden sind, Hilfe erhalten und angemessen entschädigt werden, wenn sie durch die Straftat in wirtschaftliche Schwierigkeiten geraten.

1 Die Bestimmung geht auf den in der Volksabstimmung vom 2.12.1984 deutlich (84% Ja; alle Stände) angenommenen Gegenvorschlag (BV 1874 Art. 64ter) zur Volksinitiative «zur Entschädigung der Opfer von Gewaltverbrechen» zurück (sog. «Beobachter-Initiative»; vgl. BBl 1979 I 557 f.; BBl 1980 III 1287 ff.). Der Gegenvorschlag ging zum Teil sogar über die Anliegen der Initiative hinaus. Die Umsetzung nahm einige Jahre in Anspruch. Das BG vom 4.10.1991 über die Hilfe an Opfer von Straftaten (Opferhilfegesetz, OHG; SR 312.5) trat erst am 1.1.1993 in Kraft. Ausführungsbestimmungen finden sich auch im (kantonalen) Strafprozessrecht. Vgl. auch das Europäische Übereinkommen vom 24.11.1983 über die Entschädigung für Opfer von Gewalttaten (SR 0.312.5), von der Schweiz am 7.9.1992 ratifiziert.

2 *Rechtsnatur:* BV 124 begründet, ungeachtet des ungewohnten Verbs («sorgen dafür»), eine *verpflichtende Gesetzgebungskompetenz* des Bundes mit nachträglich derogatorischer Wirkung (konkurrierende Kompetenz; wie hier MADER, SG-Komm., Art. 124, N 3). Die Bundes-

3. Titel: Bund, Kantone und Gemeinden Nr. 1 BV **Art. 124**

kompetenz ist insofern begrenzt, als den Kantonen gewisse Aufgaben verbleiben müssen, da sonst die ausdrückliche Inpflichtnahme nicht nur des Bundes, sondern auch der Kantone leerlaufen würde (vgl. Botsch. BV, 341). BV 124 begründet aber doch eher ein *arbeitsteiliges* System (mit prägender Rolle des Bundes) als eine gemeinsame Aufgabe im eigentlichen Sinn (zu den Unklarheiten vgl. auch AUBERT, Comm., Art. 124, N 5). Auf BV 124 stützte sich der (vom Parlament abgelehnte) Entwurf für ein Gesetz zur Entschädigung der Opfer von Zwangssterilisation (BBl 2003 6349). – BV 124 begründet keine einklagbaren Ansprüche, schliesst indes nicht aus, dass solche auf Gesetzesstufe geschaffen werden.

3   *Opferbegriff:* Der durch BV 124 erteilte Auftrag erfasst nicht alle Opfer von Straftaten, sondern nur Personen, die in ihrer körperlichen, psychischen oder sexuellen *Unversehrtheit beeinträchtigt* worden sind (vgl. BGE 131 I 455, 459, wonach ein Bagatelldelikt, z.B. Tätlichkeit, nicht genügt). In den Genuss von Opferhilfe können u.U. auch nahestehende Personen kommen (OHG 2).

4   *Straftat:* Opferhilfe i.S.v. BV 124 knüpft stets an eine Straftat an, anders als BV 1874 Art. 64ter jedoch nicht mehr nur an bestimmte Straftaten gegen Leib und Leben. Nicht erfasst werden Opfer von Naturkatastrophen. Es genügt, wenn die objektiven Tatbestandsmerkmale erfüllt sind und kein Rechtfertigungsgrund vorliegt (vgl. BGE 126 II 348, 349); nicht erforderlich ist, dass der Täter ermittelt, angeklagt oder verurteilt wurde oder dass er schuldhaft gehandelt hat (vgl. OHG 2). Die Verfassung schreibt nicht vor, schliesst aber auch nicht aus, dass Leistungen auch bei Straftaten im Ausland erbracht werden (vgl. OHG 11 Abs. 2; vgl auch BGE 126 II 228, 231, 236; hinten N 7).

5   *Hilfe:* Die Verfassung legt die Art der Hilfe nicht fest. Der Gesetzgeber verfügt über einen erheblichen Beurteilungsspielraum. Die Opferhilfe basiert heute auf drei Pfeilern (OHG 1): Beratung, Schutz des Opfers (und Wahrung seiner Rechte) im Strafverfahren sowie Entschädigung und Genugtuung (näher OHG 3 ff.). In finanzieller Hinsicht geht es nicht um die Entrichtung von (vollem) Schadenersatz, sondern um eine angemessene Entschädigung (gegebenenfalls auch des sog. Haushaltschadens, vgl. BGE 131 II 656), wenn das Opfer durch die Straftat in wirtschaftliche Schwierigkeiten geraten ist (zu Voraussetzungen und Berechnung näher OHG 11 ff.; BGE 131 II 217, 222). Das OHG sieht neben der Entschädigung unter bestimmten Voraussetzungen auch (einkommens- und vermögensunabhängige) *Genugtuungsleistungen* vor (OHG 12 Abs. 2; zur Bemessung vgl. BGE 132 II 117). Diese haben (entgegen ursprünglichen Annahmen) in der Praxis grosse Bedeutung erlangt. – Die Opferhilfe soll eine Art Ausfallfunktion erfüllen und ist daher grundsätzlich subsidiär (OHG 14) zu anderen Leistungen (Haftpflicht- Unfall-, Kranken-, Sozialversicherungen). – *Kasuistik:* BGE 131 II 222; BGE 129 II 156; BGE 129 II 315; BGE 125 II 265; BGE 125 II 169; BGE 123 II 548; BGE 121 II 209.

6   *Statistisches* (Quelle: BFS): Die Zahl der Menschen, die sich erstmals an eine Beratungsstelle wenden, ist von Jahr zu Jahr gestiegen (1997: 10'483 Personen, 2006: 27'300; worunter 74% Frauen). Mehrheitlich handelte es sich um Opfer von Körperverletzungen (40%), von Sexualdelikten (13,8%) bzw. von Delikten gegen die sexuelle Integrität von Minderjährigen (16%). In rund 50% der Fälle bestand eine familiäre Täter-Opfer-Beziehung. – Genugtuung: 2005: 600 Fälle (2004: 728), insgesamt rund 5,3 (7) Mio. Franken; Entschädigung: 2005: 153 Fälle (2004: 196), insgesamt rund 1,1 (2,2) Mio. Franken.

7   *Reform der Opferhilfe:* Im Zentrum der Totalrevision des OHG stehen (neben Begriffsklärungen) eine Begrenzung der Genugtuungsleistungen und ein Verzicht auf Geldleistungen bei Straftaten im Ausland (vgl. Botschaft und Entwurf des Bundesrates vom 9.11.2005, BBl 2005 7165 ff.). Das totalrevidierte Gesetz wurde von der Bundesversammlung am 23.3.2007 verabschiedet (vgl. BBl 2007 2299, Referendumsvorlage).

Literaturhinweise

BUNDESAMT FÜR JUSTIZ (Hrsg.), Opferhilfe in der Schweiz, Erfahrungen und Perspektiven, Bern 2004; CORBOZ BERNARD, Les droits procéduraux découlant de la LAVI, SemJud 1996, 53 ff.; GOMM PETER/ZEHNTNER DOMINIK (Hrsg.), Opferhilfegesetz. Handkommentar, Bern 2005; HÄBERLI THOMAS, Das Opferhilferecht unter Berücksichtigung der Praxis des Bundesgerichts, ZBJV 2002, 361 ff.; WEISHAUPT EVA, Die verfahrensrechtlichen Bestimmungen des Opferhilfegesetzes, Zürich 1998; WINDLIN FRANZISKA, Grundfragen staatlicher Opferentschädigung, Bern 2005; ZIMMERLI BARABRA, Das Opferhilfegesetz – Umsetzung und Strukturen im Kanton Basel-Landschaft, in: Staats- und Verwaltungsrecht des Kantons Basel-Landschaft, Bd.II, Liestal 2005, 155 ff.

Art. 125   Messwesen

Die Gesetzgebung über das Messwesen ist Sache des Bundes.

1   Die Bestimmung geht auf die Bundesstaatsgründung zurück (BV 1848 Art. 37, wonach der Bund «gleiches Mass und Gewicht einführen» wird, dies auf der Grundlage des vorbestehenden eidgenössischen Konkordats; offener BV 1874 Art. 40). – Die internationale Harmonisierung ist weit fortgeschritten. Massgebend sind die von der Generalkonferenz über Mass und Gewicht festgelegten Einheiten (vgl. den Vertrag vom 20.5.1875 über die Errichtung eines internationalen Mass- und Gewichtsbüros, sog. Meterkonvention; SR 0.941.291).

2   *Gegenstand und Funktion:* «Messwesen» (BV 1874 Art. 40: «Mass und Gewicht») meint die Festlegung aller Einheiten, die der Messung von Quantitäten dienen können. Im Zentrum stehen *polizeiliche Motive* (Treu und Glauben im Geschäftsverkehr) sowie der Abbau von Handelshemmnissen.

3   *Rechtsnatur:* BV 125 begründet eine *umfassende* Gesetzgebungskompetenz des Bundes mit nachträglich derogatorischer Wirkung. Die Wendung «ist Sache des Bundes» (vgl. auch N 16 vor BV 42) begründet (entgegen verbreiteter Auffassung) hier nicht eine ausschliessliche Bundeskompetenz (a.M. MADER, SG-Komm., Art. 125, N 3). Angesichts des gegenwärtigen Stands der Gesetzgebung verbleibt den Kantonen allerdings kein Spielraum mehr. – Der Vollzug ist (anders als unter BV 1874 Art. 40 Abs. 2) nicht (mehr) von Verfassungsrechts wegen den Kantonen vorbehalten.

4   Der *Umsetzung* dient im Wesentlichen das BG vom 9.6.1977 über das Messwesen (SR 941.20). Dieses bezieht sich auf die Basiseinheiten des internationalen Einheiten-Systems (Système international d'Unités SI): Meter (Länge), Kilogramm (Masse), Sekunde (Zeit), Ampere (elektrische Stromstärke), Kelvin (thermodynamische Temperatur), Mol (Stoffmenge), Candela (Lichtstärke). Definitionen der Basiseinheiten sowie ergänzender Einheiten (Winkel)

und abgeleiteter Einheiten (Hertz, Newton u.a.m.) finden sich in der vom Bundesrat erlassenen sog. Einheiten-Verordnung vom 23.11.1994 (SR 941.202). – Nicht prinzipiell ausgeschlossen ist die Verwendung anderer Einheiten (z.B. Zoll, Fuss) im *privaten* Gebrauch (AUBERT, Comm., Art. 125, N 2; zu den Grenzen vgl. Art. 7 des Gesetzes).

5 Musterbeispiel für «schlanke» Gesetzgebung ist das nur 3 Artikel umfassende *Zeitgesetz* vom 21.3.1980 (SR 941.299), das für die Schweiz die mitteleuropäische Zeit festlegt und den Bundesrat dazu ermächtigt, die Sommerzeit einzuführen («um Übereinstimmung mit benachbarten Staaten zu erreichen») und den Umstellungszeitpunkt festzulegen (näher: Sommerzeitverordnung vom 24.9.1984; SR 941.299.1). – Das Scheitern eines ersten Zeitgesetzes in der Referendumsabstimmung vom 28.5.1978 hatte zur Folge, dass die Schweiz 1980 zur «Zeitinsel» (und zum echten «Sonderfall») wurde. Eine vom Bundesrat bald nachgeschobene zweite Vorlage wurde nicht mehr mit dem Referendum bekämpft. Seit 1981 werden die Uhren auf Sommerzeit umgestellt. Eine 1982 von der SVP des Kantons Zürich lancierte Volksinitiative «zur Abschaffung der Sommerzeit» (BBl 1982 II 969) scheiterte im Stadium der Unterschriftensammlung.

Literaturhinweise

PILLER OTTO, Die Bedeutung des Messens in unserer modernen Industriegesellschaft, Festschrift Arnold Koller, Bern usw. 1993, 123 ff.

3. Kapitel: Finanzordnung

1 Erstmals werden die finanzrelevanten Verfassungsbestimmungen, wenn auch nicht ganz vollständig (vgl. BV 85, 86, 106, 167, 183), in einem eigenen Kapitel vereint. Die Bundesverfassung von 1848 und ursprünglich auch jene von 1874 begnügten sich mit der Festlegung und näheren Ausgestaltung der Zollerhebungskompetenz (BV 1848 Art. 23 ff.; BV 1874 Art. 28 ff.) und einer Aufzählung der Einnahmequellen des Bundes (BV 1848 Art. 39; BV 1874 Art. 42: neben den Zöllen in erster Linie der Ertrag der Bundesmonopole). Von der (bis 1958 in der Verfassung figurierenden) staatenbündisch anmutenden Möglichkeit, Beiträge der Kantone zu erheben («vorzugsweise nach Massgabe der Steuerkraft», BV 1874 Art. 42 Bst. f i.d.F. von 1874), hat der Bund ausser 1849 keinen Gebrauch gemacht (BURCKHARDT, Komm., 355). Die Entwicklung im 20. Jahrhundert ist gekennzeichnet durch:

- Steuern, die im Rahmen des Vollmachtenregimes eingeführt und (bis vor kurzem) durch ein Zusammenspiel von detaillierten Verfassungsnormen und verfassungsunmittelbarem Verordnungsrecht geregelt wurden (unter Auslassung der Gesetzesstufe; vgl. N 1 zu BV 128, N 2 zu BV 130);
- «periodische» Abstimmungen über die Erneuerung befristeter Rechtsgrundlagen (1950, 1954, 1958, 1963, 1971, 1975, 1981, 1993, 2004);
- späte Schritte hin zur bundesstaatlichen Steuerharmonisierung (1977);
- ertragreiche Sonderabgaben (teils zweckgebunden): Strassenabgaben (heute BV 85, 86); Spielbankenabgabe (heute BV 106);

– zahlreiche Versuche zur Disziplinierung der *Haushaltspolitik:* vgl. insb. BV 1874 Art. 88 Abs. 2 und 3 (1995), sog. *«Ausgabenbremse»;* BV 1874 ÜB Art. 23/BV 196 Ziff. 12 (1998), sog. *«Haushaltsziel 2001»* (BBl 1997 IV 203 ff.); zum problematischen Konsensfindungsinstrument des «Runden Tisches» – unter Beteiligung der Kantone und der wichtigsten politischen Kräfte – vgl. BBl 1999 4 ff., 121 ff.); zuletzt BV 126 (i.d.F. vom 2.12.2001).

Zu den besonders wichtigen Etappen gehören: der BB über die verfassungsmässige Neuordnung des Finanzhaushaltes (BBl 1958 I 338; zehn Bestimmungen betreffend); der Wechsel von der Warenumsatzsteuer zur Mehrwertsteuer 1993 (vgl. N 1 zu BV 130); die Einführung der sog. «Schuldenbremse» im Jahr 2001 (vgl. N 1 zu BV 126); der BB NFA im Jahr 2004 (vgl. N 2 zu BV 135).

2 Noch heute haftet der Finanzordnung zum Teil der Charakter des *Provisorischen* an: Die direkte Bundessteuer und die Mehrwertsteuer – zwei Haupteinnahmequellen des Bundes (zusammen über 60%) – sind nach wie vor befristet (BV 196 Ziff. 13, 14 i.d.F. vom 28.11.2004: bis Ende 2020).

3 Bei den *Steuern* besteht nach herrschender Auffassung kein Spielraum für stillschweigende Kompetenzen des Bundes. Eine Ausnahme wird gemacht bei den (aufkommensneutralen) sog. reinen *Lenkungsabgaben*, für welche eine Sachkompetenz (z.B. BV 74) genügt (TSCHANNEN, Staatsrecht, 292).

Literaturhinweise

HÖHN ERNST/WALDBURGER ROBERT, Steuerrecht, 2 Bde., 9. Aufl., Bern usw. 2001/2; JAAG TOBIAS, Grundsätze der Finanzverfassung in der Schweiz, VVDStRL 52, 1993, 123 ff.; JÖRG ALEXANDER, Finanzverfassung und Föderalismus in Deutschland und in der Schweiz, Baden-Baden 1998; KOLLER HEINRICH, Der öffentliche Haushalt als Instrument der Staats- und Wirtschaftslenkung, Basel/Frankfurt a.M. 1983; LOCHER PETER, Finanzordnung des Bundes, VRdCH, 1211 ff.; REICH MARKUS, Grundzüge der föderalistischen Finanzverfassung, VRdCH, 1199 ff.; VALLENDER KLAUS A., Leitlinien der Bundesfinanzordnung, AJP 1999, 687 ff.; VALLENDER KLAUS A./JACOBS RETO, Ökologische Steuerreform, Bern usw. 2000.

Art. 126[1] Haushaltführung

[1] Der Bund hält seine Ausgaben und Einnahmen auf Dauer im Gleichgewicht.

[2] Der Höchstbetrag der im Voranschlag zu bewilligenden Gesamtausgaben richtet sich unter Berücksichtigung der Wirtschaftslage nach den geschätzten Einnahmen.

[3] Bei ausserordentlichem Zahlungsbedarf kann der Höchstbetrag nach Absatz 2 angemessen erhöht werden. Über eine Erhöhung beschliesst die Bundesversammlung nach Artikel 159 Absatz 3 Buchstabe c.

---

1   Angenommen in der Volksabstimmung vom 2. Dez. 2001 (BB vom 22. Juni 2001, BRB vom 4. Febr. 2002 – AS 2002 241; BBl 2000 4653, 2001 2387 2878, 2002 1209).

3. Titel: Bund, Kantone und Gemeinden   Nr. 1   BV   **Art. 126**

⁴ Überschreiten die in der Staatsrechnung ausgewiesenen Gesamtausgaben den Höchstbetrag nach Absatz 2 oder 3, so sind die Mehrausgaben in den Folgejahren zu kompensieren.

⁵ Das Gesetz regelt die Einzelheiten.

1   Die ursprüngliche Fassung des BV 126 hatte sich damit begnügt, BV 1874 Art. 42bis (1958) nachzuführen und einen allgemeinen Grundsatz der Haushaltsführung auf Verfassungsebene zu heben (Abs. 1). Bei der Revision von 2001 (vgl. Botschaft des Bundesrates vom 5.7.2000 zur Schuldenbremse, BBl 2000 4653 ff.; Zusatzbericht vom 10.1.2001, BBl 2001 2387 ff.) blieb Abs. 1 unverändert. Mit Aufnahme der Abs. 2–5 dürfte die in BV 196 Ziff. 12 Abs. 10 aufgestellte Bedingung erfüllt und die ÜB somit hinfällig geworden sein.

2   Die Schaffung des Ausgabensbegrenzungs-Mechanismus (sog. «Schuldenbremse») wurde nicht zuletzt angestossen durch die (nicht zustande gekommene) Volksinitiative «Schluss mit der Schuldenwirtschaft» (BBl 1995 I 358, Vorprüfung). Für das Verständnis der Verfassungsnorm sind die der Ausführung dienenden Gesetzesbestimmungen (FHG 13 ff.; früher FHG 1989 24a–24f und 40a, in Kraft seit 1.9.2002) dienlich. – Der Sanierung des Bundeshaushaltes dient auch das Kreditsperrungsgesetz (KSFG, SR 611.1; befristet bis Ende 2007; Dauerlösung geplant, vgl. BBl 2007 301). Danach kann die Bundesversammlung im Rahmen des BB zum Voranschlag Kreditsperren beschliessen, die der Bundesrat (anders als bei Budgetkürzungen) unter bestimmten Voraussetzungen (z.B. bei drohender schwerer Rezession) ganz oder teilweise aufheben kann (KSFG 1). Zwischen 1997 und 2006 kam das als wirksam geltende Instrument sechs Mal zum Einsatz. Entsperrt wurden 244 Millionen Franken (d.h. rund 20%) der gesperrten Mittel (Quelle: EFD, 8.12.2006).

3   Zu den Begriffen *Voranschlag* und *Staatsrechnung* vgl. BV 167.

4   *Statistisches* (Zahlen in Milliarden Franken; Quelle: EFD, Öffentliche Finanzen, Ausgabe Mai 2006, bzw. Mitteilung vom 30.1.2007): Die Einnahmen und Ausgaben des Bundes bewegen sich heute in der Grössenordnung von 50 Mia. Franken (Rechnung 2006: Einnahmen: 54,9; Ausgaben: 52,4). Die Schulden beliefen sich Ende 2006 auf rund 125 Mia. Zum Vergleich: Ausgaben der Kantone zusammen knapp 70 Mia.; Gemeinden knapp 46 Mia.; Öffentliche Hand insgesamt (ohne Doppelzählungen): rund 140 Mia. – Die grössten *Ausgabenposten* waren im Jahr 2005 (1990): soziale Wohlfahrt: 14,14 (6,87); Schuldzinsen und Kantonsanteile: 10,21 (4,33); Verkehr: 7,8 (4,68); Landesverteidigung: 4,57 (6,5); Landwirtschaft und Ernährung: 3,77 (2,68); Bildung und Grundlagenforschung: 3,92 (2,44); Beziehungen zum Ausland: 2,46 (1,58); übrige Aufgaben: 4,50 (2,99). – Die *Einnahmen* betrugen im Jahr 2005: Fiskaleinnahmen: 47,52; Regalien und Konzessionen: 1,3; Vermögenserträge: 0,959; Entgelte: 1,216; Investitionseinnahmen: 0,280. Die Fiskaleinnahmen verteilten sich wie folgt: Mehrwertsteuer: 18,119; Direkte Bundessteuer: 12,213; Mineralölsteuer: 2,957; Stempelabgaben: 2,703; Verrechnungssteuer: 4,0; Tabaksteuer: 2,051; Treibstoffsteuer-Zuschlag: 1,997; Einfuhrzölle: 0,974; Schwerverkehrsabgabe: 1,231; Nationalstrassenabgabe: 0,306; Spielbankenabgabe: 0,357; Lenkungsabgaben (Umweltschutz): 0,170; Biersteuer: 0,102; landwirtschaftliche Abgaben: 0,004; übrige Verbrauchssteuern: 0,335. Zur Gewinnablieferung durch die SNB vgl. N 17 zu BV 99. Die Mehrwertsteuer und die Direkte Bundessteuer (beide befristet) machen rund 60% der Einnahmen aus; die direkten Steuern insgesamt rund 30%, die indirekten Steuern zusammen rund

60%. Auf den Bund bezogen (in Klammer: Bund, Kantone und Gemeinden) liegt die Staatsquote offiziell bei 11,3% (31%), die Steuerquote bei 10,1% (22,2%), die Verschuldungsquote bei 28,5% (53,7%). Zahlen für 2004, in % des Bruttoinlandprodukts (BIP), das rund 447,3 Mia. betrug. (Letzteres misst die sog. Wertschöpfung im Laufe eines Jahres; es gibt den Wert der im Inland hergestellten Waren und Dienstleistungen an, soweit diese nicht als Vorleistungen anderer Waren und Dienstleistungen verwendet werden.)

Haushaltsgleichgewicht (Abs. 1)

5   Abs. 1 begründet einen an die Organe des Bundes gerichteten, allgemein gehaltenen *Handlungsauftrag* (für Kantone und Gemeinden vgl. BV 100 Abs. 4). Spezifische Verpflichtungen ergeben sich aus den Abs. 2–4. BV 126 liegt (stillschweigend) die Unterscheidung von (zu bekämpfenden) strukturellen Defiziten und (bis zu einem gewissen Grad in Kauf zu nehmenden) konjunkturell bedingten Defiziten zugrunde (vgl. AUBERT, Comm., Art. 126, N 9). BV 126 Abs. 1 nimmt (entgegen AUBERT, Comm., Art. 126, N 5) auch das Volk in die Pflicht; doch kommt die Verwerfung einer Massnahme durch das Volk nicht automatisch einer Verfassungsverletzung gleich (zumal wenn Alternativen bestehen).

6   Als *Ausgaben* gelten Zahlungen an Dritte, die das Vermögen vermindern oder Vermögenswerte schaffen, die unmittelbar Verwaltungszwecken dienen (Investitionsausgaben); als *Einnahmen* gelten Zahlungen Dritter, die das Vermögen vermehren (laufende Einnahmen) oder als Entgelt für die Veräusserung von Verwaltungsvermögen geleistet werden (FHG 3).

7   *Auf Dauer (à terme, a lungo termine) im Gleichgewicht* bedeutet zunächst vor allem: nicht jährlich. Die Formulierung soll jenen Spielraum schaffen, den es braucht, um angemessen auf die Wirtschaftslage Rücksicht nehmen zu können (BV 100 Abs. 4; Botsch. BV, 344). Nicht nur Ausgaben-, sondern auch Einnahmenüberschüsse sind verpönt.

Sog. «Schuldenbremse» (Abs. 2–5)

8   *Abs. 2* liegt die bewährte Maxime zugrunde, dass sich die Ausgaben nach den Einnahmen zu richten haben. Der Haushaltsausgleich soll grundsätzlich über Ausgabenkürzungen erreicht werden. Ausgangspunkt für die «Schuldenbremse» – die sich als recht wirksames Instrument zu erweisen scheint – ist die *Schätzung der Einnahmen*. Dabei sind ausserordentliche Einnahmen auszuklammern (FHG 13 Abs. 2; Beispiel aus früheren Jahren: Einnahmen aus dem Verkauf von Swisscom-Aktien: 3,7 Mia. Franken). Die geschätzten Einnahmen werden mit einem *Konjunkturfaktor* multipliziert (FHG 13 Abs. 3), welcher der Objektivierung und Quantifizierung des Kriteriums «Berücksichtigung der Wirtschaftslage» dient (zur Methode BBl 2000 4687 ff., 4721 ff.; für ein Beispiel vgl. BB I über den Voranschlag für das Jahr 2006 vom 15.12.2005, BBl 2006 1577, worin der Ausgabenplafond nach BV 126 Abs. 2 auf 53'052'438'276 Franken festgelegt wurde). – «im Voranschlag zu bewilligenden»: gemeint ist: «die bewilligt werden dürfen».

9   *Übergangsphase:* Angesichts des beträchtlichen *strukturellen Defizits* des Bundeshaushalts (zum Begriff vgl. Botschaft EP 03, BBl 2003 5624 ff.) sieht FHG 66 (vormals FHG 1989 40a) für die Rechnungsjahre 2003–2006 eine Erhöhung der Höchstbeträge der Gesamtausgaben vor; das strukturelle Defizit des Bundeshaushalts ist bis Ende 2007 zu beseitigen.

10 *Erhöhung des Höchstbetrags (Abs. 3):* In Konkretisierung von Abs. 3 ermächtigt FHG 13 die Bundesversammlung, den Höchstbetrag (BV 126 Abs. 2) unter bestimmten Voraussetzungen (Abs. 1 Bst. a–c) zu erhöhen (Hauptanwendungsfall: aussergewöhnliche, nicht steuerbare Entwicklungen, z.B. plötzliche Erhöhung der Ausgaben der Arbeitslosenversicherung oder im Flüchtlingswesen). Das Kriterium «angemessen» wird im Gesetz nicht präzisiert. Die Erhöhung erfordert ein qualifiziertes Mehr (Mehrheit der Mitglieder jedes der beiden Räte; BV 159 Abs. 3). Die gesetzliche Schwelle (zusätzlicher Zahlungsbedarf mindestens 0,5% des Höchstbetrags) soll verhindern, dass die Regel schleichend ausgehöhlt wird (STAUFFER, SG-Komm., Art. 126, N 16).

11 *Pflicht zur Kompensation (Abs. 4)* in den «Folgejahren» (Plural): Der (dekonstitutionalisierte) Sanktionierungsmechanismus (heute FHG 16–18; früher BV 196 Ziff. 12) sieht folgende Schritte vor:

- *Berichtigung und Ausgleichskonto* (FHG 16): Der Höchstbetrag gemäss FHG 13 oder 15 wird nach Genehmigung der Staatsrechnung auf Grund der tatsächlichen Einnahmen berichtigt. Die Differenz zwischen berichtigtem Höchstbetrag und effektiven Gesamtausgaben wird einem separaten Ausgleichskonto belastet oder gutgeschrieben.

- *Ausgleichsmechanismus* (FHG 17): Ein Fehlbetrag des Ausgleichskontos wird im Verlauf mehrerer Jahre durch *Kürzung* der Höchstbeträge (FHG 13 oder 15) ausgeglichen. Überschreitet ein Fehlbetrag 6% der im vergangenen Rechnungsjahr getätigten Gesamtausgaben, so muss diese Überschreitung innerhalb der drei folgenden Rechnungsjahre beseitigt werden (kritisch STAUFFER, SG-Komm., Art. 126, N 18).

- *Sparmassnahmen zur Umsetzung von Kürzungen* (i.S.v. FHG 17): Der Bundesrat ist verpflichtet, zusätzliche Einsparungen in seiner Zuständigkeit zu beschliessen und die für weitere Einsparungen notwendigen Gesetzesänderungen zu beantragen (FHG 18 Abs. 1; ähnlich bereits BV 196 Ziff. 12 Abs. 6). Bei Fehlbeträgen von mehr als 6% kommt es zu einer *Einschränkung der Beratungs- und Entscheidungsbefugnisse der Bundesversammlung* (FHG 18 Abs. 3): Vom Bundesrat beantragte Gesetzesänderungen *müssen* von beiden Räten in derselben Session beraten und *für dringlich erklärt werden* (BV 165); zudem ist die Bundesversammlung «an den Betrag der Sparvorhaben des Bundesrates gebunden» (ähnlich bereits BV 196 Ziff. 12 Abs. 8).

12 Der (überflüssige) *Abs. 5* belegt vor allem, wie rasch die Redaktionsdisziplin nach Abschluss der Totalrevision nachgelassen hat.

Literaturhinweise (vgl. auch die Hinweise vor BV 126)

KOLLER HEINRICH, Der öffentliche Haushalt als Instrument der Staats- und Wirtschaftslenkung, Basel/Frankfurt a.M. 1983; RICHLI PAUL, Rechtliche Schranken der Staatsverschuldung?, ZBl 1992, 529 ff.; STAUFFER THOMAS P., Instrumente des Haushaltsausgleichs – Ökonomische Analyse und rechtliche Umsetzung, St.Gallen 2001.

Art. 127 Grundsätze der Besteuerung

¹ Die Ausgestaltung der Steuern, namentlich der Kreis der Steuerpflichtigen, der Gegenstand der Steuer und deren Bemessung, ist in den Grundzügen im Gesetz selbst zu regeln.

² Soweit es die Art der Steuer zulässt, sind dabei insbesondere die Grundsätze der Allgemeinheit und der Gleichmässigkeit der Besteuerung sowie der Grundsatz der Besteuerung nach der wirtschaftlichen Leistungsfähigkeit zu beachten.

³ Die interkantonale Doppelbesteuerung ist untersagt. Der Bund trifft die erforderlichen Massnahmen.

1 Das Verbot der *interkantonalen Doppelbesteuerung* (Abs. 3) geht zurück auf den in BV 1874 Art. 46 Abs. 2 normierten, nur rudimentär erfüllten (ansatzweise StHG 3, 4) Gesetzgebungsauftrag, den das Bundesgericht in ein einklagbares *verfassungsmässiges* Individualrecht umdeutete (vgl. N 15). Diesen Weg hatte (seit 1862) die Rekurspraxis von Bundesrat und Bundesversammlung vorgezeichnet (HÖHN, Komm. aBV, Art. 46 Abs. 2, N 7, 16).

2 Das steuerrechtliche *Legalitätsprinzip* (Abs. 1) und die Besteuerungsgrundsätze (Abs. 2) haben ihre Wurzeln in der reichhaltigen, schöpferischen Rechtsprechung des Bundesgerichts zu BV 1874 Art. 4 (vgl. BGE 126 I 180, 182; BGE 120 Ia 1, 3; BGE 90 I 159, 162; G. MÜLLER, Komm. aBV, Art. 4, N 76 ff.). Die Grundsätze sind konkretisierungsbedürftig und entwicklungsoffen, d.h. wurden nicht auf dem (zufälligen) Stand von 1998/99 «eingefroren».

Abgabenrechtliches Legalitätsprinzip (Abs. 1)

3 *Funktion:* BV 127 begründet ein *verfassungsmässiges* Individualrecht (BGE 131 II 562, 565). Abs. 1 will erklärtermassen (Botsch. BV, 346; AB SD 1998 S 187) die Tragweite des *Gesetzmässigkeitsprinzips* oder Legalitätsprinzips (BV 5; siehe dort N 7 ff.) für den Bereich der Steuern *konkretisieren*, ohne die bisherige Praxis zu verschärfen oder abzuschwächen. Aufgrund einer missglückten Formulierung ist fraglich, ob Abs. 1 das gesteckte Ziel erreicht, denn der mit «namentlich» beginnende Einschub lässt den Eindruck entstehen, der Kreis der Steuerpflichtigen, der Gegenstand der Steuer und deren Bemessung müssten bloss «in den Grundzügen» im Gesetz selbst geregelt sein. Die Rechtsprechung war und ist zu Recht strenger (BGE 131 II 271, 278: Kreis, Gegenstand und Bemessungsgrundlagen im Gesetz); eine Delegation der Festlegung von Abgabesätzen an den Verordnungsgeber ist indes nicht kategorisch ausgeschlossen. – Zur Delegation an das Parlament vgl. BGE 132 I 157, 159.

4 *Anwendungsbereich:* Abs. 1 verpflichtet jedenfalls den Bund. Ob auch die Kantone in die Pflicht genommen werden, ist wegen der systematischen Stellung der Bestimmung fraglich (bejahend BGE 132 I 117, 120; BGE 132 I 157, 159; BGE 128 I 317, 320; HÄFELIN/HALLER, 249), aber letztlich ohne praktische Bedeutung (ebenso AUBERT, Comm., Art. 127, N 4). Denn die Kantone sind so oder so an das weiter geltende (in BV 5 zu lokalisierende) abgabenrechtliche Legalitätsprinzip gebunden, wie es früher aus BV 1874 Art. 4 abgeleitet wurde (N 1).

5 *Steuern:* BV 127 gilt gemäss Wortlaut nur für Steuern, d.h. für sog. «voraussetzungslos» geschuldete Geldleistungen (Abgaben), die dem Gemeinwesen unabhängig von einer spezifischen Gegenleistung oder einem besonderen Vorteil zu entrichten sind. Keine Steuern sind:

Gebühren, Ersatzabgaben und Vorzugslasten. Dessen ungeachtet lässt das Bundesgericht die Berufung auf BV 127 Abs. 1 auch bei Kausalabgaben zu (BGE 132 I 117, 120; BGE 131 II 735, 739; ohne genaue Lokalisierung: BGE 130 I 113, 115).

6 *Ausgestaltung:* Im «Gesetz selbst» (förmliches Gesetz) sind zu regeln (vgl. BGE 131 II 271, 278; vgl. auch N 3):
 – *Kreis der Steuerpflichtigen* (Steuersubjekt): steuerpflichtige (bzw. abgabepflichtige; BGE 131 II 735, 739 betreffend Gebühr) Personen;
 – *Gegenstand der Steuer* (Steuerobjekt): z.B. das Einkommen, das Vermögen, der Umsatz;
 – *Bemessung:* Gemeint sind alle für die Bemessung relevanten Grundlagen (inkl. Steuertarif, Steuersatz, zeitliche Bemessung; Botsch. BV, 346).

Unter dem Aspekt der Gesetzmässigkeit unterliegen Ersatzabgaben und Vorzugslasten grundsätzlich denselben Anforderungen wie Steuern (vgl. auch BV 164). Bei Gebühren sind die Anforderungen «gelockert, soweit das Mass der Abgabe durch überprüfbare verfassungsrechtliche Prinzipien (Kostendeckungs- und Äquivalenzprinzip) begrenzt wird und nicht allein der Gesetzesvorbehalt diese Schutzfunktion erfüllt» (BGE 126 I 180, 183). Nach dem *Kostendeckungsprinzip* «sollen die Gesamteingänge den Gesamtaufwand für den betreffenden Verwaltungszweig nicht oder nur geringfügig überschreiten»; das *Äquivalenzprinzip* verlangt «insbesondere, dass eine Gebühr nicht in einem offensichtlichen Missverhältnis zum objektiven Wert der bezogenen Leistung stehen darf und sich in vernünftigen Grenzen bewegen muss» (BGE 131 II 735, 739 f.). Die Lockerung gilt nur in Bezug auf die Bemessung, nicht jedoch in Bezug auf die Umschreibung des Kreises der Abgabepflichtigen und des Gegenstandes der Abgabe. Bei einer kostenunabhängigen Kausalabgabe muss die Höhe «in hinreichend bestimmter Weise bereits aus dem formellen Gesetz hervorgehen» (BGE 131 II 735, 740, betreffend Funkkonzessionsgebühr). – Aufgrund der allgemeinen Anforderungen an staatliches Handeln (BV 5, BV 164) sind auch weitere Aspekte (z.B. wichtige Fragen des Verfahrens) im Gesetz selbst zu regeln (Botsch. BV, 346).

Besteuerungsgrundsätze (Abs. 2)

7 *Funktion:* Der im Verlauf der parlamentarischen Beratungen eingefügte Abs. 2 macht einige besonders wichtige, von der Rechtsprechung des Bundesgerichts aus dem Rechtsgleichheitsgebot (BV 1874 Art. 4; heute BV 8 Abs. 1; vgl. BGE 128 I 240, 243) abgeleitete Prinzipien sichtbar – ohne die bisherige Praxis verschärfen oder abschwächen bzw. in ihrer Entwicklung hemmen zu wollen. Abs. 2 begründet (wie Abs. 1) einklagbare *verfassungsmässige* Individualansprüche. Das Wort «insbesondere» hält die Tür offen für eine Anerkennung weiterer Besteuerungsgrundsätze (insb. in Konkretisierung von BV 5 Abs. 1 und 8 Abs. 1; vgl. auch VALLENDER/WIEDERKEHR, SG-Komm., Art. 127, N 27 ff.). Das Bundesgericht betont (zu Recht), dass eine «mathematisch exakte Gleichbehandlung [...] nicht erreichbar» ist, und lässt entsprechend «eine gewisse Schematisierung und Pauschalierung» zu (BGE 131 I 291, 306).

8 *Anwendungsbereich:* Da sich die genannten Grundsätze auch schon aus dem allgemeinen Rechtsgleichheitsgebot (BV 8) ergeben (vgl. BGE 131 I 291, 306; BGE 126 I 76, 78; BGE 122 I 101, 103), ist die Frage, ob Abs. 2 neben dem Bund formell auch die Kantone zu Adressaten hat (vgl. N 4), auch hier ohne praktische Bedeutung.

9   «*Soweit es die Art der Steuer zulässt*»: Der vom Ständerat durchgesetzte Zusatz (AB SD 1998 S 187, 219) versteht sich – wenn man BV 127 Abs. 2 als Kodifizierung bisheriger Rechtsprechung ansieht – von selbst.

10 Der Grundsatz der *Allgemeinheit der Besteuerung* richtet sich vor allem *gegen die* (historisch verbreitete) *Privilegierung* (oder auch Schlechterstellung) einzelner Personen oder bestimmter Personengruppen durch Ausnahmeregeln bei den allgemeinen Steuern, steht jedoch der Erhebung von speziellen, durch eine sachliche Rechtfertigung getragenen Steuern (z.B. besondere Verbrauchssteuern, welche nur bestimmte Personengruppen treffen) nicht von vornherein im Weg (vgl. VALLENDER/WIEDERKEHR, SG-Komm., Art. 127, N 11) und lässt es auch zu, Minderjährige von der subjektiven Steuerpflicht auszunehmen (vgl. VALLENDER, SG-Komm., Art. 128, N 9). Als problematisch können sich *besondere Gewerbesteuern* erweisen (sehr grosszügig BGE 128 I 102, 110, betreffend Patentgebühr im Gastgewerbe). Vgl. auch BGE 128 I 155: Zulässigkeit der Sondergewerbesteuergesetze der Gemeinde Samnaun; BGE 126 I 76, 79: Unzulässigkeit einer kantonalen Grundsteuer, die einzig auf Liegenschaften von Personalvorsorgeeinrichtungen erhoben wird; BGE 124 I 289, 292: Unzulässigkeit der den Grundeigentümern auferlegten basel-städtischen Strassenreinigungsabgabe (Kostenanlastungssteuer); BGE 122 I 305, 313: verfassungswidrige Feuerschutzabgabe der Stadt Lausanne.

11 Der Grundsatz der *Gleichmässigkeit der Besteuerung* verlangt eine Gleichbehandlung *vergleichbarer Sachverhalte*, belässt indes (wie BV 8) dem Gesetzgeber einen gewissen Gestaltungsspielraum. Vgl. z.B. BGE 114 Ia 221, 224 ff.: Abschaffung der Besteuerung von Kapitalgewinnen auf beweglichem Privatvermögen als – in casu: zulässige – Relativierung.

12 Der Grundsatz der Besteuerung nach der *wirtschaftlichen Leistungsfähigkeit* zielt auf «vertikale» Steuergerechtigkeit. Der Gesetzgeber besitzt auch hier einen beträchtlichen Gestaltungsspielraum (näher VALLENDER/WIEDERKEHR, SG-Komm., Art. 127, N 16 ff.; BGE 126 I 76, 78 f.). BV 127 Abs. 2 lässt bei den Einkommenssteuern eine *progressive,* d.h. überproportional steigende Besteuerung grundsätzlich zu (vgl. auch BGE 114 Ia 221, 225; implizit BV 128 Abs. 3). Eine *degressive* Besteuerung (wie sie einzelne kantonale Steuergesetze neuerdings vorsehen: SH, OW) dürfte dagegen vor BV 127 nicht standhalten (ebenso LOCHER, recht 2006, 125 ff.; a.M. REICH, ASA 74, 689 ff., je mit Hinweisen). In einem viel beachteten Entscheid hob das Bundesgericht die Obwaldner Regelung kurz vor Drucklegung auf (Urteil 2P.43/2006 vom 1.6.2007, schriftliche Begründung noch ausstehend). Inwieweit eine «Gesamtschau» (Einbezug der progressiv verlaufenden direkten Bundessteuer) zu einer anderen Beurteilung führen kann, bedarf näherer Prüfung. Den Grundsatz der Besteuerung nach der wirtschaftlichen Leistungsfähigkeit missachtet StHG 11 Abs. 1 (BGE 131 II 697, 707; BGE 131 II 710, 718). – Zur verfassungsrechtlichen Problematik einer partiellen Dividendenbesteuerung vgl. die (gegensätzlichen) Gutachten von E. Grisel und des Bundesamtes für Justiz (beide vom 29.11.2006). – Bei indirekten Abgaben (wie der Mineralölsteuer oder der MWST), aber auch bei gewissen direkten Abgaben (z.B. Stempelabgabe) ist der Grundsatz nur schwer zu verwirklichen.

13 Die *Anwendung* der Grundsätze wirft mitunter schier unlösbare Probleme auf, so z.B. wenn es darum geht, Steuergerechtigkeit im Verhältnis Ehepaare, Konkubinatspaare, Alleinstehende zu verwirklichen (vgl. BGE 110 Ia 7 ff., *Hegetschweiler;* präzisiert in BGE 120 Ia 329, 334;

vgl. auch BGE 118 Ia 1 ff.). Die Ende 2006 eröffnete Vernehmlassung betreffend Reform der Ehegattenbesteuerung im Bund stellt vier Modelle zur Diskussion: Modifizierte Individualbesteuerung; Zusammenveranlagung mit Splitting; Wahlrecht für Ehepaare mit einem Teilsplitting als Grundsatz; neuer Doppeltarif (zu den Anfang 2008 in Kraft tretenden Sofortmassnahmen vgl. BBl 2006 4471).

Verbot der interkantonalen Doppelbesteuerung (Abs. 3)

14 *Funktion:* Weil die Kantone im Steuerbereich wesentliche Kompetenzen bewahrt haben, besteht aus der Sicht des Einzelnen die nicht geringe Gefahr, dass er zwei Mal für dasselbe (z.B. Einkommen) besteuert wird (z.B: vom Kanton des Wohnsitzes und vom Kanton des zeitweiligen Aufenthalts, des Arbeitsorts usw.). Die Abgrenzung der gliedstaatlichen «Steuerhoheiten» durch *Kollisionsregeln* ist typischerweise (wenn auch nicht unausweichlich, so aber wohl AUBERT, Comm., Art. 127, N 12) eine Aufgabe des *Bundes* (vgl. dagegen für das internationale Verhältnis: koordinationsrechtliche Regelung in Form von sog. Doppelbesteuerungsabkommen). – BV 127 Abs. 3 gilt *nicht* im *inner*kantonalen Verhältnis (vgl. BGE 110 Ia 50).

15 *Rechtsnatur:* Abs. 3 begründet (wie BV 1874 Art. 46 Abs. 2, vgl. N 1) ein einklagbares *verfassungsmässiges Individualrecht* (BGE 131 I 409, 412), darüber hinaus aber nach wie vor auch einen (jetzt etwas weniger spezifisch formulierten) *Handlungsauftrag* samt (konkurrierender) *Gesetzgebungs*kompetenz (Satz 2). Der Begriff «Bund» erfasst sowohl das Bundesgericht als auch den (bisher weitgehend untätig gebliebenen) Bundesgesetzgeber (Botsch. BV, 346).

16 Eine *Doppelbesteuerung* ist gegeben bei Identität des Steuersubjekts, des Steuerobjekts, der Steuerperiode und der Steuerart (vgl. LOCHER, Einführung, 36 ff.). Das Verbot erfasst grundsätzlich nur Steuern, nicht jedoch Kausalabgaben. Das Bundesgericht bezieht auch bestimmte steuerähnliche Ersatzabgaben ein. Umgekehrt bleiben gewisse Besitzsteuern (wie die Hunde- oder Pferdesteuer) ausgeklammert, ebenso Kurtaxen, die zweckgebunden und nicht als Aufenthaltssteuer ausgestaltet sind. Erfasst werden neben *direkten Steuern* grundsätzlich auch *indirekte* wie z.B. Handänderungssteuern (LOCHER, Einführung, 33). Untersagt ist neben der *aktuellen* auch die sog. *virtuelle* Doppelbesteuerung (BGE 132 I 29, 32), die sich dann einstellt, «wenn ein Kanton [...] seine Steuerhoheit überschreitet und eine Steuer erhebt, die einem anderen Kanton zustehen würde», auch wenn Letzterer von seiner Kompetenz keinen Gebrauch macht (BGE 125 I 54, 55). Hinzu tritt ein sog. Schlechterstellungsverbot (vgl. BGE 132 I 29, 32; BGE 131 I 249, 253; BGE 116 Ia 127, 130), das indes bei der Besteuerung von Liegenschaften gewisse Relativierungen duldet (BGE 131 I 285, 287).

17 *Praxis:* Das vom Bundesgericht entwickelte *Richterrecht* ist stark verfassungsgeprägt, enthält aber auch Regeln, die bloss gesetzesvertretend sind und daher den Bundesgesetzgeber grundsätzlich nicht binden, so er denn eine umfassendere Regelung in Angriff nehmen wollte (vgl. auch BGE 125 I 458, 468 f. betreffend Vorrang der Kollisionsregeln gemäss StHG). – *Kasuistik:* Auf die reichhaltige Rechtsprechung des Bundesgerichts zum Anwendungsbereich und zu den einzelnen Kollisionsnormen kann hier nicht näher eingegangen werden (dazu LOCHER, Einführung; HÖHN, Komm. aBV, Art. 46 Abs. 2, N 31 ff.). Aus der jüngeren Rechtsprechung vgl. z.B. BGE 133 I 19 (Liegenschaftenhändler); BGE 132 I 220 (Kapitalanlageliegenschaft); BGE 132 I 29 (Zusammenfassung der Kollisionsregeln betreffend das Steuerdomizil eines verheirateten Steuerpflichtigen in leitender Stellung); BGE 131 I 145 (Bestimmung

des Steuerdomizils, Rechtsmittelweg); BGE 131 I 249 (Betriebsliegenschaft; Ausscheidungsverlust); BGE 131 I 285 (Ausscheidungsverluste bei Liegenschaften im Privatvermögen; Präzisierung der Praxis); BGE 131 I 402 (Barwertvorteil aus «Lease-and-lease-back»-Geschäft); BGE 131 I 409 (Leibrente); BGE 130 I 205 (Kapitalleistungen aus beruflicher Vorsorge).

Literaturhinweise

BENZ ROLF, Verfassungsmässige Aspekte degressiver Einkommens- und Vermögenssteuertarife, zsis 2006/3, 4 ff.; BLUMENSTEIN ERNST/LOCHER PETER, System des Steuerrechts, 6. Aufl., Zürich 2002; BÖCKLI PETER, Indirekte Steuern und Lenkungssteuern, Basel/Stuttgart 1995; HANGARTNER YVO, Der Grundsatz der Allgemeinheit der Besteuerung, Festschrift Ernst Höhn, Bern 1995, 91 ff.; HENSEL JOHANNES WALTER, Die Verfassung als Schranke des Steuerrechts, St.Gallen 1972; HÖHN ERNST/MÄUSLI PETER, Interkantonales Steuerrecht, 4. Aufl., Bern usw. 2000; HÖHN ERNST/WALDBURGER ROBERT, Steuerrecht, 2 Bde., 9. Aufl., Bern usw. 2001/2; KLETT KATHRIN, Der Gleichheitssatz im Steuerrecht, ZSR 1992 II, 1 ff.; LOCHER PETER, Einführung in das interkantonale Steuerrecht, 2. Aufl., Bern 2003; LOCHER PETER, Degressive Tarife bei den direkten Steuern, recht 2006, 117 ff.; OBERSON XAVIER, Droit fiscal suisse, 3. Aufl., Basel 2007; REICH MARKUS, Das Leistungsfähigkeitsprinzip im Einkommenssteuerrecht, ASA 53 (1984/85), 5 ff.; DERS., Verfassungsrechtliche Beurteilung der partiellen Steuerdegression, ASA 74 (2005/6), 689 ff.; RICHNER FELIX, Degressive Einkommenssteuertarife in verfassungsrechtlicher Sicht, ZStP 2006, 183 ff.; RIVIER JEAN-MARC, Droit fiscal suisse, 2. Aufl., Lausanne 1998; RYSER WALTER/ROLLI BERNARD, Précis de droit fiscal suisse, 4. Aufl., Bern 2002; SENN SILVIA MARIA, Die verfassungsrechtliche Verankerung von anerkannten Besteuerungsgrundsätzen, Zürich 1999; VALLENDER KLAUS A. u.a., Schweizerisches Steuerlexikon, Band 1: Bundessteuern, 2. Aufl., Zürich 2006; WALDHOFF CHRISTIAN, Verfassungsrechtliche Vorgaben für die Steuergesetzgebung im Vergleich Deutschland–Schweiz, München 1997; WIDMER LUKAS, Das Legalitätsprinzip im Abgaberecht, Zürich 1988; YERSIN DANIELLE, L'égalité de traitement en droit fiscal, ZSR 1992 II, 145 ff.

Art. 128   Direkte Steuern*

[1] Der Bund kann eine direkte Steuer erheben:

a. von höchstens 11,5 Prozent auf dem Einkommen der natürlichen Personen;
b. von höchstens 8,5 Prozent[1] auf dem Reinertrag der juristischen Personen;
c. ...[2].

---

* Mit Übergangsbestimmung
1 Angenommen in der Volksabstimmung vom 28. Nov. 2004, in Kraft seit 1. Jan. 2007 (BB vom 19. März 2004, BRB vom 26. Jan. 2005, BRB vom 2. Febr. 2006, – AS 2006 1057 1058; BBl 2003 1531, 2004 1363, 2005 951).
2 Aufgehoben in der Volksabstimmung vom 28. Nov. 2004, mit Wirkung seit 1. Jan. 2007 (BB vom 19. März 2004, BRB vom 26. Jan. 2005, BRB vom 2. Febr. 2006 – AS 2006 1057 1058; BBl 2003 1531, 2004 1363, 2005 951).

3. Titel: Bund, Kantone und Gemeinden   Nr. 1   BV   **Art. 128**

² Der Bund nimmt bei der Festsetzung der Tarife auf die Belastung durch die direkten Steuern der Kantone und Gemeinden Rücksicht.

³ Bei der Steuer auf dem Einkommen der natürlichen Personen werden die Folgen der kalten Progression periodisch ausgeglichen.

⁴ Die Steuer wird von den Kantonen veranlagt und eingezogen. Vom Rohertrag der Steuer fallen drei Zehntel den Kantonen zu; davon wird mindestens ein Sechstel für den Finanzausgleich unter den Kantonen verwendet. *[Künftige Fassung: ⁴ Die Steuer wird von den Kantonen veranlagt und eingezogen. Vom Rohertrag der Steuer fallen ihnen mindestens 17 Prozent zu. Der Anteil kann bis auf 15 Prozent gesenkt werden, sofern die Auswirkungen des Finanzausgleichs dies erfordern.¹]*

1   Die Kompetenz des Bundes zur Erhebung von direkten Steuern hat erst spät einen festen Platz in der Verfassung gefunden (BV 1874 Art. 41ter, 1958; Abs. 2 und 3 gehen auf 1971 zurück, vgl. Art. 41ter Abs. 5 Bst. c). Direkte Steuern erhebt der Bund indes unter verschiedenen Bezeichnungen (mit kurzem Unterbruch) schon seit dem Ersten Weltkrieg – wenn auch auf teils prekärer rechtlicher Grundlage (vgl. HÖHN/VALLENDER, Komm. aBV, Art. 41ter; AUBERT, Comm., Art. 128, N 3). Noch heute ist die Erhebung *befristet* (N 4).

2   Die am 28.11.2004 beschlossene Aufhebung der Kompetenz zur Besteuerung des Kapitals und der Reserven juristischer Personen (Abs. 1 Bst. c) trat per 1.1.2007 in Kraft; die Kapitalsteuer selbst (früher DBG 73 ff.) wurde schon per 1.1.1998 abgeschafft (AS 1998 677). – Noch nicht in Kraft ist die ebenfalls am 28.11.2004 im Rahmen des BB NFA beschlossene Anpassung von Abs. 4.

Steuererhebungskompetenz (Abs. 1)

3   *Rechtsnatur:* Abs. 1 begründet eine nicht-verpflichtende («kann») Kompetenz zur Erhebung *bestimmter direkter Steuern* (unter Einschluss entsprechender Gesetzgebungsbefugnisse). Die Kompetenz des Bundes ist *paralleler* Natur. Die Kantone sind weiterhin berechtigt (ja gesetzlich sogar verpflichtet; vgl. StHG 2), direkte Steuern zu erheben. Als *«direkt»* gelten allgemein jene Steuern, bei denen Steuerobjekt (z.B. das Einkommen) und Berechnungsgrundlage übereinstimmen. Bei den *indirekten* Steuern (z.B. MWST) fallen Steuerobjekt und Berechnungsgrundlage sachlich auseinander (vgl. HÖHN/WALDBURGER I, 64). Die Bundeskompetenz umfasst (gemäss abschliessender Aufzählung) die Besteuerung:

a.   des *Einkommens* der natürlichen Personen (die Erhebung einer Vermögenssteuer bleibt dem Bund verwehrt);

b.   des *Reinertrags* der juristischen Personen. Die per 1.1.2007 in Kraft gesetzte Absenkung des Höchstsatzes (früher 9,8 %) sichert eine bereits per 1.1.1998 vollzogene Senkung (DBG 68) verfassungsrechtlich ab.

---

1   Angenommen in der Volksabstimmung vom 28. Nov. 2004 (BB vom 3. Okt. 2003, BRB vom 26. Jan. 2005 – BBl 2002 2291, 2003 6591, 2005 951). – Der Bundesrat bestimmt das Inkrafttreten.

Während die Verfassung (vgl. Titel) zu Recht (a.M. AUBERT, Comm., Art. 128, N 5) von einer Mehrzahl von direkten Steuern ausgeht, fasst der Bundesgesetzgeber die Einkommenssteuer und die Gewinnsteuer als «Unterarten» der direkten Bundessteuer auf (vgl. Titel DBG). – Die Nennung der Höchstsätze dient mehr dem Schutz des kantonalen Steuersubstrats vor dem Zugriff des Bundes als den einzelnen Steuerpflichtigen, für welche die auf Gesetzesstufe verankerten Tarife bzw. Freibeträge (früher noch verfassungsrechtlich verankert; vgl. BV 1874 Art. 41ter) bedeutsam sind.

4   *Befristung* (BV 196 Ziff. 13): Die per Ende 2006 auslaufende (BV 196 Ziff. 13 i.d.F. vom 18.4.1999) Erhebungskompetenz wurde rechtzeitig bis Ende 2020 verlängert (BV 196 Ziff. 13 i.d.F. vom 28.11.2004). Auch nach der BV-Totalrevision pflegt man die Fiktion, dass der Bund auf eine seiner *Haupteinnahmequellen* (vgl. N 4 zu BV 126) verzichten könnte.

5   BV 128 Abs. 1 ist (bemerkenswerterweise) die einzige Bestimmung der neuen Verfassung, in welcher der für die Rechtsordnung zentrale Begriff der *«juristischen Person»* verwendet wird (ohne nähere Definition). Der nicht an ZGB 52 ff. gebundene Steuergesetzgeber besitzt einen gewissen Spielraum, der es ihm erlaubt, neben den traditionellen privatrechtlichen Formen gemäss ZGB und OR (Kapitalgesellschaften: AG, Kommandit-AG, GmbH; Genossenschaften; Vereine; Stiftungen) und den juristischen Personen des öffentlichen Rechts bei Vorliegen triftiger Gründe auch weitere Gebilde zu erfassen (vgl. heute DBG 49: kollektive Kapitalanlagen mit direktem Grundbesitz nach KAG 58, SR 951.31; ausländische Handelsgesellschaften und andere ausländische Personengesamtheiten ohne juristische Persönlichkeit). Der Grundsatz der «rechtsformneutralen» Besteuerung (vgl. BV 1874 Art. 41ter Abs. 5: «ohne Rücksicht auf ihre Rechtsform») besteht auch unter der neuen BV weiter.

6   Der zentrale ausführende Erlass ist das BG vom 14.12.1990 über die direkte Bundessteuer (DBG; SR 642.11). Der Bundesgesetzgeber nutzt darin die Befugnisse gemäss Bst. a *(Einkommenssteuer:* DBG 16 ff., mit progressivem Tarif, vgl. DBG 36) und Bst. b *(Gewinnsteuer:* DBG 57 ff., mit gleichmässigem Satz, vgl. DBG 68). Das DBG enthält auch Regeln über die sog. *Quellensteuern* für natürliche und juristische Personen (DBG 83 ff.), welche z.B. von im Ausland wohnhaften Künstlern, Sportlern und Referenten für Einkünfte aus ihrer in der Schweiz ausgeübten persönlichen Tätigkeit erhoben werden. Auf BV 128 stützt sich auch das BG vom 8.10.1999 über die Risikokapitalgesellschaften (SR 642.15; nebst BV 100 und 103). – Ein auch das DBG betreffendes «Steuerpaket» (BG vom 30.6.2003 über die Änderung von Erlassen im Bereich der Ehe- und Familienbesteuerung, der Wohneigentumsbesteuerung und der Stempelabgaben) scheiterte in der Referendumsabstimmung vom 16.5.2004. Zur Reform der Ehegattenbesteuerung vgl. N 13 zu BV 127 und Botschaft vom 17.5.2006 betreffend Sofortmassnahmen, BBl 2006 4471). – Zur geplanten Vereinfachung der Nachbesteuerung in Erbfällen und zur Einführung der straflosen Selbstanzeige vgl. Botschaft vom 18.10.2006 (BBl 2006 8795, Änderungen von DBG und StHG per 1.1.2008).

Modalitäten (Abs. 2–4)

7   Eine *Pflicht zur Rücksichtnahme* (Abs. 2) ergibt sich gegenüber den Kantonen schon aus BV 44 und BV 46 Abs. 3 (künftig BV 47 Abs. 2). Hier kommt die Rücksichtnahme auf die Steuerpflichtigen hinzu (ohne dass diese aus Abs. 2 Ansprüche ableiten könnten).

8   *Ausgleich der sog. kalten Progression (Abs. 3):* Der Begriff «kalte Progression» bezeichnet eine (durch progressive Steuertarife verursachte) «teuerungsbedingte Zunahme der relativen Steuerlast» (VALLENDER, SG-Komm., Art. 128, N 15) bzw. eine entsprechende Einbusse an realer Kaufkraft. BV 128 Abs. 3 geht stillschweigend davon aus, dass die Einkommenssteuer gemäss Abs. 1 Bst. a *progressiv* ausgestaltet *ist*, d.h. die höheren Einkommen (vereinfachend gesagt) «überproportional» belastet werden (zur Frage der Zulässigkeit vgl. N 12 zu BV 127). Bei teuerungsbedingtem Anstieg der Einkommen steigen die Steuerpflichtigen nach und nach in höhere Tarifstufen auf (DBG 36), wodurch die Steuerbelastung kaufkraftbereinigt anwächst. Der *Verfassungsauftrag* zum *Ausgleich* der kalten Progression gibt dem Gesetzgeber ein Ziel vor (volle Kompensation des soeben beschriebenen Effekts; vgl. AUBERT, Comm., Art. 128, N 13), belässt dem Gesetzgeber aber einen gewissen Handlungsspielraum, weil Abs. 3 den Ausgleichsrhythmus nur mit einem unbestimmten Begriff («periodisch») umschreibt und das Instrumentarium nicht vorgibt. – Das DBG sieht einen vollen Ausgleich durch gleichmässige *Anpassung der Tarifstufen und der Abzüge* vom Einkommen vor. Bei einer aufgelaufenen *Teuerung* von *sieben Prozent* (gemessen am Landesindex der Konsumentenpreise) ist der Bundesrat ermächtigt und verpflichtet, die entsprechenden Anpassungen zu beschliessen (DBG 39), unter Kenntnisgabe an die Bundesversammlung (vgl. Verordnung vom 4.3.1996 über den Ausgleich der Folgen der kalten Progression für die natürlichen Personen bei der direkten Bundessteuer, VKP; SR 642.119.2). Im Vorfeld der Volksabstimmung vom 16.5.2004 über das sog. «Steuerpaket» (N 6) hat die erstmals seit 1996 anstehende Anpassung für einige Unruhe gesorgt (vgl. Änderung des DBG vom 19.3.2004, BBl 2004 1381, abhängig von der Annahme des «Steuerpakets»; vgl. jetzt die Änderungen der VKP vom 27.4.2005, AS 2005 1937, in Kraft seit 1.1.2006). Der Ausgleich hat Mindereinnahmen von 770 (Bund: 540) Mio. Franken zur Folge (EFD, Mitteilung vom 27.4.2005).

9   *Vollzug (Abs. 4 Satz 1):* Veranlagung (Festlegung der Steuer im Einzelfall durch Verfügung) und Einzug sind Sache der Kantone. In Abweichung von der allgemeinen Regel (BV 46) steht diese Ordnung nicht zur Disposition des Bundesgesetzgebers. Die Gesetzgebung verschafft dem Bund spezielle Aufsichts- und Kontrollbefugnisse (insb. DBG 103), die nicht zufällig über das bei der Bundesaufsicht sonst übliche Mass (vgl. BV 49) hinausgehen.

10 *Kantonsanteil (Abs. 4):* Der Anteil der Kantone am Steueraufkommen – historisch-politisch gesehen der «Preis» für die Bundeskompetenz – wird von heute 30% auf 17% reduziert, sobald die am 28.11.2004 beschlossene Änderung in Kraft tritt; dies entsprechend den im Rahmen der NFA (vgl. BV 135) vorgesehenen Lastenverschiebungen (vgl. Botsch. NFA, BBl 2002 2495). Die Verfassung lässt eine weitere Absenkung auf 15% zu (zum Anliegen, dem Gesetzgeber einen gewissen Spielraum zu belassen, vgl. AB 2002 S 874 f.).

Literaturhinweise (vgl. auch die Hinweise bei BV 127)

AGNER PETER/JUNG BEAT/STEINMANN GOTTHARD, Kommentar zum Bundesgesetz über die direkte Bundessteuer, Zürich 1995, Ergänzungsband Zürich 2000; BEHNISCH URS R./CADOSCH ROGER M., Kommentar DGB, Zürich 2004; LOCHER PETER, Kommentar zum DBG, Therwil/Basel 2001/2004; ZWEIFEL MARTIN/ATHANAS PETER (Hrsg.), Kommentar zum Schweizerischen Steuerrecht, Band I/2a+b, DBG, Basel usw. 2000 (2. Aufl. im Erscheinen).

Art. 129   Steuerharmonisierung

¹ Der Bund legt Grundsätze fest über die Harmonisierung der direkten Steuern von Bund, Kantonen und Gemeinden; er berücksichtigt die Harmonisierungsbestrebungen der Kantone.

² Die Harmonisierung erstreckt sich auf Steuerpflicht, Gegenstand und zeitliche Bemessung der Steuern, Verfahrensrecht und Steuerstrafrecht. Von der Harmonisierung ausgenommen bleiben insbesondere die Steuertarife, die Steuersätze und die Steuerfreibeträge.

³ Der Bund kann Vorschriften gegen ungerechtfertigte steuerliche Vergünstigungen erlassen.

1   Die Bestimmung geht hauptsächlich auf das Jahr 1977 (BV 1874 Art. 42quinquies) zurück, teilweise (Abs. 3) auf das Jahr 1958 (BV 1874 Art. 42quater). – Der Begriff *«Harmonisierung»* fand in jüngerer Zeit auch Eingang in andere Verfassungsbestimmungen – leider ohne dass der (relativ neue) Verfassungsbegriff klarere Konturen gewonnen hätte (BV 62 Abs. 4: Schulwesen; BV 65 Abs. 2: amtliche Register; BV 66 Abs. 1: Ausbildungsbeihilfen; BV 75a, noch nicht in Kraft: amtliche Informationen betreffend Grund und Boden).

Grundsatzgesetzgebungskompetenz (Abs. 1)

2   *Rechtsnatur:* Abs. 1 begründet eine *Grundsatzgesetzgebungskompetenz* des Bundes (vgl. N 12 vor BV 42), die ihn dazu ermächtigt und verpflichtet (Gesetzgebungsauftrag), in Bezug auf *ausgewählte* Fragen (Abs. 2) für die *Harmonisierung* der *direkten* Steuern aller Ebenen (Bund, Kantone, Gemeinden) zu sorgen. Es handelt sich um eine *konkurrierende* Kompetenz (mit nachträglich derogatorischer Wirkung); die Kantone können mithin auch selber (einzeln oder gemeinsam) Grundsätze statuieren (vgl. Satz 2), solange und soweit die Bundesgesetzgebung Raum dafür lässt. Da den Gemeinden (und allfälligen Zwischenebenen) im Allgemeinen nur eine abgeleitete Steuerhoheit zukommt (Behnisch, SG-Komm., Art. 129, N 6), richtet sich der Bundesgesetzgeber im Wesentlichen an die Kantone (StHG 1 Abs. 2). Wie der Begriff «Harmonisierung» deutlich macht, geht es nicht um eine einheitliche Ordnung. BV 129 schliesst indes nicht aus, dass der Bundesgesetzgeber, wenn und soweit die verfassungsrechtliche Zielsetzung es erfordert, auch detaillierte Vorgaben macht, die den Kantonen nur wenig Spielraum belassen und für eine *direkte Anwendung* in Betracht kommen (vgl. den «Sanktionsmechanismus» in StHG 72 Abs. 2; dazu BGE 130 II 202, 205; vgl. auch VPB 51.28, 1987). – Weitergehende Regelungskompetenzen besitzt der Bund im Rahmen des Abs. 3.

3   BV 129 bezweckt nicht nur eine *horizontale* Harmonisierung (zwischen den Kantonen), sondern auch eine *vertikale* Harmonisierung zwischen Bund und Kantonen (BGE 130 II 65, 73). Das *Berücksichtigungsgebot* signalisiert, dass der formell am «längeren Hebel» sitzende Bund die Harmonisierung nicht ohne Not in eine Richtung lenken soll, die den Bestrebungen der Kantone zuwiderläuft (vgl. Botsch. BV, 349; Behnisch, SG-Komm., Art. 129, N 23 f.).

4   *Gegenstand:* Erfasst werden nur die *direkten* Steuern, vor allem (aber nicht nur) Einkommens- und Vermögenssteuern bzw. Gewinn- und Kapitalsteuern. Die Harmonisierungskompetenz umfasst auch Steuern, die der Bund selber nicht erhebt (z.B. Vermögenssteuer bei natürlichen Personen; vgl. StHG 2). Nicht erfasst werden nach herrschender Auffassung Erbschafts- und

Schenkungssteuern (vgl. BEHNISCH, SG-Komm., Art. 129, N 16; vgl. auch CAGIANUT, Komm. aBV, Art. 42quinquies, N 4).

5 Der *Umsetzung* dient das BG vom 14.12.1990 über die Harmonisierung der direkten Steuern der Kantone und Gemeinden (StHG; SR 642.14), das seit 1993 in Kraft ist und bereits mehrfach geändert wurde (meist mit grosszügig bemessenen Übergangsfristen: vgl. StHG 72: acht Jahre; StHG 72a: fünf Jahre). Während der Übergangsfrist ist es den Kantonen untersagt, «harmonisierungswidriges» neues Recht zu setzen (BGE 124 I 101). Die Länge der Steuerperiode ist nicht gesetzlich harmonisiert (StHG 16, DBG 40 f.: grundsätzlich: zweijährig; als Option: einjährig). Die Kantone kennen heute alle das System der einjährigen Gegenwartsbemessung (vgl. auch BGE 132 I 29). – Zur Umsetzung und Durchsetzung der Harmonisierungsvorgaben des Bundes vgl. StHG 71 ff. Gegebenenfalls haben die kantonalen Regierungen vorläufige Regelungen zu erlassen (vgl. BGE 131 I 291, 298, zu StGH 72 Abs. 3). Auf die von den Kantonen (FDK) angeregte Schaffung einer speziellen Kontrollkommission (vgl. Vernehmlassungsvorlage vom April 2005) wird einstweilen verzichtet.

Gegenstand der Harmonisierung (Abs. 2)

6 *Funktion:* Abs. 2 stellt klar, dass sich die Harmonisierung nur auf bestimmte Bereiche der Steuergesetzgebung bezieht: Steuerpflicht (StHG 3 ff., 20 ff.), Gegenstand und zeitliche Bemessung (StHG 7 ff., 24 ff.), Verfahrensrecht (StHG 39 ff.; vgl. auch BGE 130 II 65, 72), Steuerstrafrecht (StHG 55 ff.). Drei besonders sensible Bereiche werden ausdrücklich *ausgeklammert: Steuertarife, Steuersätze, Steuerfreibeträge*. In diesen Bereichen kann der Steuerwettbewerb zwischen den Kantonen spielen – innerhalb der Grenzen, die das übergeordnete Recht anderweitig zieht (insb. BV 8, 127). In Abs. 2 nicht erwähnte Bereiche sind der Harmonisierung durch den Bund entzogen, soweit sie nicht einem der genannten Harmonisierungsthemen zugeordnet werden können. Wie das Bundesgericht unlängst feststellte, greift StGH 11 Abs. 1 unzulässig in die kantonale Tarifautonomie ein (vgl. BGE 131 II 697, 707; BGE 131 II 710, 718). – Nach langer Vorbereitungszeit wird ab 2007 ein einheitlicher Lohnausweis eingeführt.

7 Die Kompetenzlage im Bereich der Steuerharmonisierung wird gelegentlich (vereinfachend) dahingehend charakterisiert, dass dem Bund lediglich die *formelle* Harmonisierung zusteht (vgl. z.B. Locher, VRdCH, 1213; vgl. auch AUBERT, Comm., Art. 129, N 3), während ihm eine *materielle* Steuerharmonisierung versagt bleibe. – Angesichts der sehr unterschiedlichen Steuerbelastung in den Kantonen überrascht es nicht, dass die Frage einer materiellen Steuerharmonisierung immer wieder aufgeworfen wird. Eine (Neben-)Funktion der Finanzausgleichsreform (vgl. N 18 zu BV 135) ist es, entsprechenden Forderungen den Wind aus den Segeln zu nehmen.

Limitierung von sog. Steuerabkommen (Abs. 3)

8 *Rechtsnatur:* Abs. 3 begründet eine sachlich eng begrenzte, über ein Ziel definierte fakultative (nicht verpflichtende) Gesetzgebungskompetenz des Bundes mit nachträglich derogierender Wirkung *(konkurrierende* Kompetenz). – Die Gesetzgebungskompetenz liegt heute weitgehend brach (vgl. immerhin StHG 6 und 23 Abs. 3). Art. 5 des (alten) Finanzausgleichsgesetzes (vom 19.6.1959; SR 613.1) kennt eine dem Ziel des Abs. 3 verpflichtete Regelung mit Sanktionsmechanismus. Kantone, die mit Steuerpflichtigen Abkommen über ungerechtfertig-

te steuerliche Vergünstigungen treffen, werden danach «strafweise» in die nächsthöhere Gruppe der Finanzkraft versetzt bzw. müssen mit der Herabsetzung von Bundesbeiträgen unter den Mindestsatz rechnen.

9 Hauptgrund für die bisherige Zurückhaltung des Bundes ist das Konkordat «über den Ausschluss von Steuerabkommen» (früher SR 671.1; abgeschlossen am 10.12.1948, vom Bundesrat genehmigt am 26.9.1949, in Kraft getreten am 6.10.1949), dem alle Kantone beigetreten sind (zum Teil mit einigen Jahren Verzögerung). Das Konkordat bezeichnet erlaubte und unerlaubte Praktiken (Art. 1). Es sieht eine Beschwerdekommission sowie die Verhängung von Geldbussen gegen fehlbare Kantone vor (Art. 4). Im Zentrum stehen:

– *Pauschalbesteuerung nach dem Aufwand* für Ausländer, die nicht in der Schweiz geboren sind und in der Schweiz keine Erwerbstätigkeit ausüben (Art. 1 Abs. 3 Bst. a; vgl. auch StHG 6). – Im Oktober 2005 lehnte der Nationalrat eine parlamentarische Initiative ab, welche die Abschaffung der Pauschalbesteuerung verlangte (AB 2005 N 1483 ff.). – Die Aufwandbesteuerung wirft unter dem Blickwinkel von BV 8 Abs. 1 (Rechtsgleichheit) und BV 127 Abs. 2 Fragen auf. Entgegen verbreiteter Auffassung geht es indes nicht um ein Problem der «Diskriminierung» (i.S.v. BV 8 Abs. 2), zumal die Einheimischen (als Stimmberechtigte) es ohne weiteres in der Hand haben, für eine andere Ordnung zu optieren.

– *Steuererleichterungen* für neu eröffnete (Industrie-)Unternehmen, die im wirtschaftlichen Interesse des Kantons gefördert werden, für maximal zehn Jahre (Art. 1 Abs. 3 Bst. b; vgl. auch StHG 23 Abs. 3).

Was «gerechtfertigt» ist und was nicht, wird in BV 129 Abs. 3 nicht näher ausgeführt. Der Sache nach geht es um die Wahrung der Steuergerechtigkeit (und damit um die Verwirklichung von Anliegen aus BV 8 und 127) sowie um die Eindämmung von als «unfair» empfundenen Praktiken im interkantonalen (Standort-)Wettbewerb.

10 *Statistisches*: Im Kanton Zürich kamen im Jahr 2004 16 Unternehmen und 76 Privatpersonen in den Genuss von Erleichterungen bzw. Pauschalbesteuerung (vgl. NZZ Nr. 40 vom 17.2.2006, S. 41), gesamtschweizerisch rund 3700 Personen (vor allem in den Kantonen VD, VS, GE, TI und GR).

Literaturhinweise (vgl. auch die Hinweise bei BV 127 und 128)

BIAGGINI GIOVANNI, Allgemeine Pflichten und Rechte bei der Umsetzung von Bundesrecht durch die Kantone, Festschrift Thomas Fleiner, Freiburg 2003, 3 ff.; CAGIANUT FRANCIS, Das Verbot von Steuerabkommen im heutigen Steuerrecht, Festschrift Ulrich Häfelin, Zürich 1989, 325 ff.; CAVELTI ULRICH, Die Durchsetzung der Steuerharmonisierungsgrundsätze, ASA 62 (1993/4), 355 ff.; KNEUBÜHLER ADRIAN, Durchsetzung der Steuerharmonisierung, ASA 69 (2000/1), 209 ff.; LOCHER PETER, Steuerharmonisierung und interkantonales Steuerrecht, ASA 65 (1996/7), 609 ff.; MEISTER THOMAS, Rechtsmittelsystem der Steuerharmonisierung, Bern usw. 1995; VALLENDER KLAUS A., Mittelbare Rechtssetzung im Bereich der Steuerharmonisierung, Festschrift Ernst Höhn, Bern usw. 1995, 421 ff.; DERS., Steuerharmonisierung: Verfassungsmässiger Rahmen und allgemeine Bestimmungen, ASA 61 (1992/3), 263 ff.; ZWEIFEL MARTIN/ATHANAS PETER (Hrsg.), Kommentar zum Schweizerischen Steuerrecht, Band I/1, StHG, 2. Aufl., Basel usw. 2003.

Art. 130[1] Mehrwertsteuer*

[1] Der Bund kann auf Lieferungen von Gegenständen und auf Dienstleistungen einschliesslich Eigenverbrauch sowie auf Einfuhren eine Mehrwertsteuer mit einem Normalsatz von höchstens 6,5 Prozent und einem reduzierten Satz von mindestens 2,0 Prozent erheben.

[2] Das Gesetz kann für die Besteuerung der Beherbergungsleistungen einen Satz zwischen dem reduzierten Satz und dem Normalsatz festlegen.[2]

[3] Ist wegen der Entwicklung des Altersaufbaus die Finanzierung der Alters-, Hinterlassenen- und Invalidenversicherung nicht mehr gewährleistet, so kann in der Form eines Bundesgesetzes der Normalsatz um höchstens 1 Prozentpunkt und der reduzierte Satz um höchstens 0,3 Prozentpunkt erhöht werden.[3]

[4] 5 Prozent des nicht zweckgebundenen Ertrags werden für die Prämienverbilligung in der Krankenversicherung zu Gunsten unterer Einkommensschichten verwendet, sofern nicht durch Gesetz eine andere Verwendung zur Entlastung unterer Einkommensschichten festgelegt wird.

1 Die ursprüngliche Fassung von BV 130 (vom 18.4.1999) geht in der Sache auf 1993 zurück, als Volk und Stände den zuvor mehrfach abgelehnten (1977, 1979, 1991) Übergang von der früheren *Warenumsatzsteuer* (WUST) zu einer modernen (Allphasen-)«Umsatzsteuer mit Vorsteuerabzug» *(taxe sur la valeur ajoutée)* guthiessen (BV 1874 Art. 41ter). Die im Zweiten Weltkrieg eingeführte, zunächst nur durch Verordnungsrecht geregelte (später immerhin «konstitutionalisierte») WUST war als Einphasensteuer (Transaktion Grossist–Detailhändler) ausgestaltet. Die Mehrwertsteuer (MWST) erfasst neu auch Dienstleistungen. Am selben Abstimmungstermin (28.11.1993) wurde eine Erhöhung des Normalsatzes um 0,3 Prozentpunkte auf 6,5% angenommen, abstimmungstaktisch bedingt in einer separaten Vorlage (BB über einen Beitrag zur Gesundung der Bundesfinanzen, BBl 1993 II 875). Das Vorgehen ist unter dem Aspekt der unverfälschten Willenskundgabe (BV 34) nicht über jeden Zweifel erhaben.

2 Die Mehrwertsteuer wurde (ähnlich wie die WUST) zunächst auf der Grundlage einer blossen (verfassungsunmittelbaren) *Verordnung* erhoben (vgl. Verordnung vom 22.6.1994 über die Mehrwertsteuer, MWSTV, AS 1994 1464; in Kraft getreten am 1. Januar 1995; dazu VPB 68.126, 2004). In einer Übergangsbestimmung (BV 1874 ÜB Art. 8) erteilte der Verfassungs-

---

1 Angenommen in der Volksabstimmung vom 28. Nov. 2004, in Kraft seit 1. Jan. 2007 (BB vom 19. März 2004, BRB vom 26. Jan. 2005, BRB vom 2. Febr. 2006, – AS 2006 1057 1058; BBl 2003 1531, 2004 1363, 2005 951).
* Mit Übergangsbestimmung
2 Von dieser Kompetenz hat der Gesetzgeber Gebrauch gemacht; vgl. Art. 36 Abs. 2 des BG vom 2. Sept. 1999 über die Mehrwertsteuer (SR 641.20). Danach beträgt der Mehrwertsteuersatz mit Wirkung ab 1. Jan. 2001 3,6 % (Sondersatz für Beherbergungsleistungen bis zum 31. Dez. 2010).
3 Von dieser Kompetenz hat der Gesetzgeber Gebrauch gemacht; vgl. Art. 36 Abs. 1 und 3 des BG vom 2. Sept. 1999 über die Mehrwertsteuer (SR 641.20). Danach betragen die Mehrwertsteuersätze mit Wirkung ab 1. Jan. 2001 7,6 % (Normalsatz) und 2,4 % (ermässigter Satz).

geber dem Verordnungsgeber mehr oder weniger detaillierte Vorgaben (bis vor kurzem noch ersichtlich in BV 196 Ziff. 14 Abs. 1 i.d.F. vom 18.4.1999). Eine gesetzliche Regelung erhielt die Mehrwertsteuer erst per 1.1.2001 mit Inkrafttreten des unter der Regie der Bundesversammlung (zum Teil gegen bundesrätlichen Widerstand; vgl. die Stellungnahme des Bundesrates vom 15.1.1997, BBl 1997 II 389) ausgearbeiteten Mehrwertsteuergesetzes (vom 2.9.1999, MWSTG; SR 641.20; vgl. Bericht WAK-N vom 28.8.1996, BBl 1996 V 713). Eine Ergänzung des BV 130 (Abs. 4–7 neu) scheiterte in der Volksabstimmung vom 16. Mai 2004 (BB vom 3.10.2003 über die Finanzierung der AHV/IV durch Anhebung der Mehrwertsteuersätze).

3   Im Herbst 2004 – wieder an einem 28.11. (ein gutes Abstimmungsdatum für Finanzminister) – stimmten Volk und Stände im Rahmen des BB über die neue Finanzordnung einer Neufassung von BV 130 zu (in Kraft seit 1.1.2007). Zugleich wurde die Erhebungskompetenz bis Ende 2020 verlängert (BV 196).

4   *Statistisches:* Im Jahr 2005 betrug das Aufkommen 18,119 Mia. Franken. Die Zahl der gemeldeten aktiven Steuerpflichtigen beträgt über 300'000, über 70% entfallen auf den tertiären, rund 27% auf den sekundären Sektor.

Erhebungskompetenz (Abs. 1)

5   *Rechtsnatur:* Abs. 1 begründet eine (nicht verpflichtende) umfassende Kompetenz des Bundes zur Erhebung einer Mehrwertsteuer im Sinn einer *allgemeinen Verbrauchssteuer* (vgl. MWSTG 1; vgl. auch BGE 123 II 301 und BV 131). Der Begriff «Mehrwertsteuer» bringt (ähnlich wie die frühere Bezeichnung «Umsatzsteuer mit Vorsteuerabzug»; BV 1874 Art. 41ter) zum Ausdruck, dass es sich um eine Netto-*Allphasen-Umsatzsteuer* handelt (vgl. auch MWSTG 1), die grundsätzlich jede Transaktion (d.h. jeden umsatzrelevanten Verkehrsvorgang) erfasst, aber jeweils nur den zwischenzeitlich geschaffenen Mehrwert belastet *(taxe sur la valeur ajoutée)*. Der Steuerpflichtige schuldet aufgrund des ihm zustehenden Vorsteuerabzugs nur die Differenz zwischen der Steuer auf seinen Verkäufen und der Steuer, die ihm von seinen Lieferanten auf seinen Einkäufen berechnet wurde. Die Mehrwertsteuer ist eine typische *indirekte* Steuer, bei der Steuergut (Endverbrauch) und Steuerobjekt (Umsatz) auseinanderfallen; sie wird bei den Unternehmen erhoben, belastet jedoch den privaten Verbrauch (vgl. VPB 68.126, 2004).

6   *Tragweite der Kompetenz:* BV 130 begründet (wie ein Blick auf BV 134 verdeutlicht) eine Kompetenz mit nachträglich derogatorischer Wirkung *(konkurrierende* Kompetenz); für die Erhebung von Abgaben auf Einfuhren besitzt der Bund eine ausschliessliche Kompetenz (vgl. N 4 zu BV 133). Die in der steuerrechtlichen Literatur mitunter anzutreffende Charakterisierung der Kompetenz aus BV 130 als «bedingt ausschliesslich» (vgl. z.B. VALLENDER, SG-Komm., Art. 130, N 6) ist verwirrend und entbehrlich. Falsch wäre es, die Bundeskompetenz selbst als «bedingt» zu bezeichnen (so indes VALLENDER, SG-Komm., Art. 130, Titel vor N 6: «Bedingte Bundeskompetenz»). Da der Bund seine Kompetenz erschöpfend nutzt (vgl. BV 134), hat die Frage der Rechtsnatur heute keine praktische Bedeutung.

7   *Ausgestaltung der Mehrwertsteuer:* BV 130 Abs. 1 statuiert nur wenige Vorgaben. Die Mehrwertsteuer kann erhoben werden auf (jeweils einschliesslich Eigenverbrauch, vgl. MWSTG 5, 9): Lieferungen von Gegenständen (vgl. MWSTG 6), Dienstleistungen (vgl. MWSTG 7) und Einfuhren (MWSTG 73 ff.). Lieferungen unmittelbar ins Ausland sind umgekehrt von der Steuer befreit (vgl. MWSTG 19). Eine Bindung des Gesetzgebers an den früheren BV 196 Ziff. 14 Abs. 1 besteht *nicht;* die Charakterisierung jener Bestimmung als «Auslegungshilfe» (VALLENDER, SG-Komm., Art. 130, Titel vor N 31) ist aus verfassungsrechtlicher Sicht problematisch. Hingegen muss der Bundesgesetzgeber die allgemeinen Vorgaben des *übergeordneten* (nationalen und internationalen) Rechts beachten. Dazu gehören die *Grundsätze der Besteuerung* (BV 127), unter Einschluss (soweit es «die Art» der Mehrwertsteuer zulässt) der Grundsätze gemäss Abs. 2 (vgl. VALLENDER, SG-Komm., Art. 130, N 18 ff.), ebenso – auch wenn nicht mehr ausdrücklich erwähnt – der Grundsatz der *Wettbewerbsneutralität* (früher BV 196 Ziff. 14 Abs. 1 Bst. b und d; allgemein BV 94 Abs. 1). – Zur begrenzten Geltung des MWSTG in den Talschaften Samnaun und Sampuoir vgl. BGE 128 I 155.

Steuersatz (Abs. 1–3)

8   Die revidierte Fassung unterscheidet in Abs. 1 zwei Sätze, nämlich:
   – den *Normalsatz* von höchstens 6,5% (früher als «Höchstsatz» bezeichnet, der indes, nicht überraschend, durchweg ausgeschöpft wurde); die frühere (BV 1874 Art. 41ter) Dualität von Höchstsatz (6,2%) und Zuschlag (0,3%) wurde in der neuen Bundesverfassung aufgegeben;
   – einen *reduzierten Satz* von mindestens 2,0% (in der früheren Ordnung nur in BV 196 Ziff. 14 Abs. 1 Bst. e i.d.F. 18.4.1999 erwähnt).

9   Abs. 2 *ermächtigt* den Bundesgesetzgeber zur Festlegung eines *dritten* (mittleren) *Satzes* (vgl. früher BV 196 Ziff. 14 Abs. 3 i.d.F. vom 18.4.1999). Die Ermächtigung gilt für «Beherbergungsleistungen» (vgl. die Legaldefinition in MWSTG 36 Abs. 2: für Unterkunft einschliesslich Frühstück, auch wenn separat berechnet, nicht jedoch für Gaststätten generell; vgl. BBl 2003 1549; AB 2003 N 1954). Der Sondersatz, der nicht zuletzt die Wettbewerbsfähigkeit der Feriendestination Schweiz stärken soll, war zunächst bis Ende 2003, dann bis Ende 2006 befristet (AS 2003 4351 f.) und wurde jüngst bis Ende 2010 verlängert (MWSTG 36 Abs. 2 i.d.F. vom 16.12.2005, AS 2006 2673).

10 Die BV sieht zwei Möglichkeiten zur Erhöhung der MWST-Sätze vor:
   – Erhöhung *zu Gunsten der AHV* (BV 130 Abs. 3): Die Ermächtigung wird seit 1.1.1999 genutzt (vgl. BB vom 20.3.1998, SR 641.203);
   – Erhöhung um 0,1 Prozentpunkte zu Gunsten von *vier Eisenbahngrossprojekten* (BV 196 Ziff. 3 Abs. 2 Bst. e): Die (etwas missverständlich auf die «Sätze» gemäss BV 130 Abs. 1–3 Bezug nehmende) Ermächtigung wird seit 1.1.2001 genutzt (Verordnung vom 23.12.1999, AS 2000 1134).

Seit 1.1.2001 liegt der Normalsatz bei 7,6%, der reduzierte Satz bei 2,4%, der Sondersatz (vgl. N 9) bei 3,6% (MWSTG 36). – Der Übergang zu einem Einheitssatz steht zur Diskussion (vgl. Vernehmlassungsvorlage vom 15.2.2007: 6%, allenfalls 6,4%).

Teilzweckbindung (Abs. 4)

11 Die «Teilzweckbindung» (VALLENDER, SG-Komm., Art. 130, N 39) entspringt dem Bedürfnis, dem Grundsatz der Besteuerung nach der wirtschaftlichen Leistungsfähigkeit (BV 127 Abs. 2) Rechnung zu tragen, was bei indirekten Steuern gewöhnlich nur über einen Umweg geschehen kann. Die 1993 beschlossene Übergangsbestimmung (BV 1874 ÜB Art. 8 Abs. 4; analog BV 196 Ziff. 14 Abs. 2 i.d.F. vom 18.4.1999) legte fest, dass während der ersten fünf Jahre nach Einführung der Mehrwertsteuer (d.h. bis Ende 1999) jährlich zwingend 5% des Steuerertrags für die Prämienverbilligung in der Krankenversicherung zu Gunsten unterer Einkommensschichten zu verwenden sind. Die Entscheidung über die Fortführung oblag gemäss BV 196 Ziff. 14 Abs. 2 der Bundesversammlung (unbestimmt formuliert daher BV 130 Abs. 2 i.d.F. vom 18.4.1999: 5% «zur Entlastung unterer Einkommensschichten»). Die Bundesversammlung beschloss am 16.12.1999, an der bisherigen Verwendung festzuhalten (verlängert durch die Verordnung der Bundesversammlung vom 4.6.2004; SR 641.204). In der revidierten Fassung (vom 28.11.2004) wird wieder ein Verwendungszweck verfassungsrechtlich vorgegeben (Prämienverbilligung in der Krankenversicherung), nun allerdings mit der Möglichkeit, per Gesetz eine andere Verwendung vorzusehen.

Literaturhinweise

CAMENZIND ALOIS/HONAUER NIKLAUS/VALLENDER KLAUS A., Handbuch zum Mehrwertsteuergesetz, 2. Aufl., Bern usw. 2003; KOMPETENZZENTRUM MWST DER TREUHAND-KAMMER (Hrsg.), Kommentar zum Bundesgesetz über die Mehrwertsteuer, Basel usw. 2000; METZGER DIETER, Kurzkommentar zum Mehrwertsteuergesetz, Muri/Bern 2000.

Art. 131 Besondere Verbrauchssteuern*

¹ Der Bund kann besondere Verbrauchssteuern erheben auf:
a. Tabak und Tabakwaren;
b. gebrannten Wassern;
c. Bier;
d. Automobilen und ihren Bestandteilen;
e. Erdöl, anderen Mineralölen, Erdgas und den aus ihrer Verarbeitung gewonnenen Produkten sowie auf Treibstoffen.

² Er kann auf der Verbrauchssteuer auf Treibstoffen einen Zuschlag erheben.

³ Die Kantone erhalten 10 Prozent des Reinertrags aus der Besteuerung der gebrannten Wasser. Diese Mittel sind zur Bekämpfung der Ursachen und Wirkungen von Suchtproblemen zu verwenden.

---

* Mit Übergangsbestimmung

3. Titel: Bund, Kantone und Gemeinden

1 Die Bestimmung vereint Regelungen unterschiedlicher Entstehungszeit betreffend mehrere *besondere* Verbrauchssteuern, die als einphasige Zusatzsteuern die allgemeine Verbrauchssteuer (BV 130) überlagern (Kumulierung):
   - 1885: *Alkoholsteuer* (auf gebrannten Wassern), gestützt auf den 1930 modifizierten BV 1874 Art. 32bis;
   - 1925: *Tabaksteuer* (auf Tabak und Tabakwaren), eingeführt im Hinblick auf die (Mit-)Finanzierung der AHV (ursprünglich BV 1874 Art. 41ter; später BV 1874 Art. 41bis Abs. 1 Bst. c);
   - 1933/35: *Biersteuer*, eingeführt auf der Grundlage eines dringlichen BB von 1933 (vgl. zuletzt BV 1874 Art. 41ter Abs. 4 Bst. b und ÜB Art. 9);
   - 1993: *Mineralölsteuer* (auf Erdöl, anderen Mineralölen, Erdgas und Verarbeitungsprodukten und auf Treibstoffen) und *Automobilsteuer* (auf Automobilen und ihren Bestandteilen), je ursprünglich ein Zoll, 1993 umgewandelt in eine Steuer, die auch inländische Stoffe und Produkte belastet (vgl. BV 1874 Art. 36ter, Art. 41ter Abs. 4 Bst. a bzw. Art. 41ter Abs. 4 Bst. c).

Die einzelnen besonderen Verbrauchssteuern (Abs. 1 und 2)

2 *Rechtsnatur:* Abs. 1 begründet *nicht verpflichtende* («kann») Kompetenzen des Bundes – mit nachträglich derogatorischer Wirkung (*konkurrierende* Kompetenzen; vgl. BV 134) – zur Erhebung von *Verbrauchs*steuern (nicht von Besitzessteuern) in *abschliessend* aufgezählten Bereichen:
   a. *Tabak und Tabakwaren* (Bst. a): Trotz (im Vergleich zur BV 1874) geraffter Umschreibung soll der Bund weiterhin auch verwandte Stoffe und Erzeugnisse sowie Zigarettenpapierchen besteuern dürfen (Botsch. BV, 353). Vgl. das BG vom 21.3.1969 über die Tabakbesteuerung (SR 641.31), das an die Stelle von AHVG 113–153 trat. Zur Zweckbindung vgl. N 5 zu BV 112. – Ertrag (2005): 2,051 Mia. Franken. – Eine Ende 2006 lancierte Volksinitiative «Prävention statt Abzockerei» verlangt eine Neuausrichtung der Tabaksteuer (BBl 2006 9551).
   b. *Gebrannte Wasser* (Bst. b): Bst. b bildet keine Grundlage für eine allgemeine Alkoholsteuer (Botsch. BV, 353). Vgl. BG vom 21.6.1932 über die gebrannten Wasser (Alkoholgesetz, AlkG; SR 680; vgl. N 5 zu BV 105).
   c. *Bier* (Bst. c): «Bier» ist gemäss Art. 40 der Verordnung des EDI vom 23.11.2005 über alkoholische Getränke (SR 817.022.110) ein alkoholisches, kohlensäurehaltiges Getränk, das aus mit Hefe vergorener Würze gewonnen wird, der Doldenhopfen oder Hopfenprodukte zugegeben werden (vgl. auch VPB 64.115, 2000). Von der Biersteuer erfasst werden neben Bier aus Malz auch alkoholfreies Bier sowie Mischungen von Bier aus Malz mit nichtalkoholischen Getränken und mit ausschliesslich durch Vergärung gewonnenen alkoholischen Produkten (vgl. BStG 3). – Die Rechtsgrundlage bildete bis Ende Juni 2007 ein (blosser) Bundesratsbeschluss vom 4.8.1934 über die eidgenössische Getränkesteuer, von der Bundesversammlung genehmigt am 29.9.1934 (SR 641.411). Durch BV 1874 ÜB Art. 9 bzw. (nunmehr) BV 196 Ziff. 15 wurde die fiskalische Belastung des Biers bis zum Inkrafttreten eines Biersteuergesetzes «eingefroren»;

zugleich wurde die Biersteuer gegen den Vorwurf der fehlenden formellgesetzlichen Grundlage immunisiert (vgl. auch BB vom 21.12.1967 über die Anpassung der Biersteuer, SR 632.112.21; Verordnung vom 25.11.1998 über den Ansatz der Biersteuer, SR 641.413). Der (überfälligen) Sanierung der Rechtslage dient das BG vom 6.10.2006 über die Biersteuer (BStG, SR 641.411). Gemäss BStG 11 beträgt der Steuersatz je nach Alkoholgehalt zwischen Fr. 16.88 (Leichtbier) und Fr. 33.76 (Starkbier) je Hektoliter. Auf Bier mit einem Alkoholgehalt von höchstens 0,5 Volumenprozent (sog. alkoholfreies Bier) wird keine Steuer erhoben. EU-kompatibel, aber wirtschaftsverfassungsrechtlich fragwürdig (BV 94; vgl. bereits G.MÜLLER, Mélanges Junod, 309 ff.) sind die in BStG 14 vorgesehenen (und kraft BV 190 immunisierten) gestaffelten Steuerermässigungen für Bier aus unabhängigen Herstellungsbetrieben mit Jahresproduktion unter 55'000 hl (zum System der «Biersteuerstaffel» vgl. auch BBl 2005 5679 f.). – Ertrag (2005): 102 Mio. Franken.

d. *Automobile und ihre Bestandteile* (Bst. d): Der frühere «Automobilzoll» erfasst seit der Umwandlung auch inländische Produkte, die allerdings zum Steuerertrag (2005: rund 310 Millionen) kaum etwas beitragen. Für Einzelheiten vgl. das Automobilsteuergesetz (AStG) vom 21.6.1996 (SR 641.51). Der Satz beträgt 4% (AStG 13). – Die Automobilsteuer des Bundes ist nicht zu verwechseln mit den von den Kantonen erhobenen sog. Motorfahrzeugsteuern, bei denen es sich nicht um Verbrauchs-, sondern um *Besitzes*steuern handelt.

e. *Mineralölsteuer* (auf Erdöl, anderen Mineralölen, Erdgas usw. sowie Treibstoffen; Bst. e): Vgl. N 3 ff. zu BV 86; Mineralölsteuergesetz (MinöStG) vom 21.6.1996 (SR 641.61). Ertrag (2005): 2,957 Mia. Franken. – Zum Treibstoffsteuerzuschlag (Abs. 2) und seiner Zweckbindung vgl. N 6 zu BV 86. Ertrag (2005): 1,997 Mia. Franken.

Da der Bund seine Kompetenzen ausschöpft, verbleibt kein Raum für gleichgelagerte kantonale Steuern (vgl. auch N 1 zu BV 134).

3 Anders als bei der allgemeinen Verbrauchssteuer (BV 130) fehlen in BV 131 Hinweise oder Vorgaben betreffend die Steuersätze gänzlich. Die Festlegung obliegt dem Bundesgesetzgeber. Vorgaben ergeben sich aus anderen Verfassungsbestimmungen (vgl. insb. BV 86 Abs. 3, BV 112 Abs. 5, BV 127) und gegebenenfalls aus dem internationalen Recht.

Kantonsanteil an der Alkoholsteuer (Abs. 3)

4 Vgl. N 5 zu BV 105. Der den Kantonen zustehende Anteil hat starke Schwankungen erlebt (ursprünglich 100%, später 50%, zwischenzeitlich 5%; näher AUBERT, Comm., Art. 131, N 20). Seit 1985 liegt er bei 10% (sog. *«Alkoholzehntel»*). Der Kantonsanteil (heute rund 24 Mio. Franken) ist zweckgebunden, gemäss ursprünglicher Verfassungsrechtslage: zur Bekämpfung des Alkoholismus, des Suchtmittel-, Betäubungsmittel- und Medikamentenmissbrauchs (BV 1874 Art. 32bis Abs. 9 i.d.F. vom 8.6.1985; vgl. auch AlkG 45 Abs. 2), seit 2000: zur Bekämpfung der Ursachen und Wirkungen von «Suchtproblemen» generell (so dass nun theoretisch auch Massnahmen zu Gunsten von *workaholics* in Betracht kommen).

Literaturhinweise (vgl. auch die Hinweise bei BV 127)
BÖCKLI PETER, Indirekte Steuern und Lenkungssteuern, Basel/Stuttgart 1995; MÜLLER GEORG, Wirtschaftspolitik und Steuerrecht: Zur Verfassungsmässigkeit einer Staffelung der Biersteuer, Mélanges Junod, Basel 1997, 309 ff.

Art. 132 Stempelsteuer und Verrechnungssteuer*

¹ Der Bund kann auf Wertpapieren, auf Quittungen von Versicherungsprämien und auf anderen Urkunden des Handelsverkehrs eine Stempelsteuer erheben; ausgenommen von der Stempelsteuer sind Urkunden des Grundstück- und Grundpfandverkehrs.

² Der Bund kann auf dem Ertrag von beweglichem Kapitalvermögen, auf Lotteriegewinnen und auf Versicherungsleistungen eine Verrechnungssteuer erheben. *[Satz 2 neu:*¹ *Vom Steuerertrag fallen 10 Prozent den Kantonen zu.]*

1 Die in BV 132 vereinigten Steuererhebungskompetenzen gehen zurück:
   – auf das Jahr 1917: Stempelsteuer (BV 1874 Art. 41bis; ab 1958: Abs. 1 Bst. a);
   – auf das Jahr 1943/1951: Verrechnungssteuer (seit 1958: BV 1874 Art. 41bis Abs. 1 Bst. b; ursprünglich Bundesratsbeschluss vom 1.9.1943).

   Die in BV 1874 Art. 41bis Abs. 1 Bst. d (und in VE 96 Art. 122 Abs. 3) vorgesehene, aber nie erhobene sog. *Retorsionssteuer* (Sondersteuer zu Lasten im Ausland wohnhafter Personen zur Abwehr von Besteuerungsmassnahmen des Auslandes) wurde nicht in die neue Bundesverfassung übernommen (vgl. AB SD 1998 N 352, S 98). Gegebenenfalls käme eine Erhebung gestützt auf BV 54 bzw. 185 Abs. 3 in Betracht (vgl. AB SD 1998 S 98, Bundesrat Koller).

Stempelsteuer (Abs. 1)

2 *Rechtsnatur:* Abs. 1 begründet eine nicht verpflichtende («kann») Kompetenz des Bundes mit nachträglich derogatorischer Wirkung (konkurrierende Kompetenz) zur Erhebung einer sog. Stempelsteuer auf Urkunden des Handelsverkehrs (insb. Wertpapiere). Der Name hat historische Gründe. Heute hat die Abgabe nichts mehr mit dem Anbringen eines Stempels auf den besagten Urkunden zu tun (vgl. Botsch. BV, 352). Die Stempelsteuer ist eine *indirekte* Steuer, die an bestimmte Verkehrvorgänge anknüpft (LOCHER, Komm. aBV, Art. 41bis, N 18 f.; BEHNISCH, SG-Komm., Art. 132, N 6).

3 Da der Bund seine Kompetenzen nutzt, bleibt kein Raum für gleich gelagerte kantonale Steuern (vgl. N 3 zu BV 134; vgl. auch StG 3). Indes sichern die verfassungsrechtlichen «Ausnahmen» (Urkunden des Grundstück- und Grundpfandverkehrs) den Kantonen eigene Besteuerungsmöglichkeiten.

---

* Mit Übergangsbestimmung
1 Angenommen in der Volksabstimmung vom 28. Nov. 2004 (BB vom 3. Okt. 2003, BRB vom 26. Jan. 2005 – BBl 2002 2291, 2003 6591, 2005 951). – Der Bundesrat bestimmt das Inkrafttreten.

4   Die Liste der Steuerobjekte hat sich verschiedentlich geändert (z.B. 1965: Wegfall der Coupon-Besteuerung; Überblick bei AUBERT, Comm., Art. 132, N 4). Die jüngere Reformdiskussion ist von der Sorge um die Konkurrenzfähigkeit des Finanzplatzes Schweiz geprägt. Eine Reformvorlage (geschätzte Mindereinnahmen: 310 Millionen Franken) scheiterte im Rahmen der Referendumsabstimmung vom 16.5.2004 über das sog. «Steuerpaket». – Heute werden drei Arten von Stempelsteuern erhoben (StG 1):

- *Emissionsabgabe* (StG 5 ff.) auf bestimmte inländische Wertpapiere;
- *Umsatzabgabe* (StG 13 ff.) auf bestimmte inländische und ausländische Urkunden (z.B. Obligationen, Aktien, Anteilscheine von Anlagefonds);
- *«Versicherungsstempel»* (StG 21 ff.) auf bestimmte Prämienzahlungen.

5   *Umsetzung:* Die Verfassung äussert sich nicht näher zu den Modalitäten, so dass der Gesetzgeber über einen beträchtlichen Gestaltungsspielraum verfügt. Vgl. BG vom 27.6.1973 über die Stempelabgaben (StG; SR 641.10).

6   *Statistisches:* Ertrag (2005): 2,703 Mia. Franken. Der Kantonsanteil am Steuerertrag (20%; BV 1874 Art. 41bis Abs. 1) wurde 1985 aufgehoben.

Verrechnungssteuer (Abs. 2)

7   *Rechtsnatur:* Abs. 2 begründet eine nicht verpflichtende («kann») Kompetenz des Bundes (mit nachträglich derogatorischer Wirkung; vgl. N 1 zu BV 134; vgl. auch VStG 3) zur Erhebung einer sog. Verrechnungssteuer auf bestimmten Erträgen (bewegliches Kapitalvermögen, Lotteriegewinne, Versicherungsleistungen). Der Charakter der Abgabe erschliesst sich beim Blick auf die unterschiedlichen Bezeichnungen in den vier Landessprachen (Verrechnungssteuer, *impôt anticipé, imposta preventiva, taglia antizipada):* Es handelt sich um eine besonders gelagerte *direkte* Steuer (Quellensteuer; vgl. BEHNISCH, SG-Komm., Art. 132, N 13 ff.), die im Wesentlichen eine *Sicherungsfunktion* erfüllen soll (Förderung der Steuerehrlichkeit; *imposta preventiva),* aber auch *fiskalischen Zwecken* dient (vor allem in Bezug auf im Ausland ansässige natürliche und juristische Personen, soweit nicht Doppelbesteuerungsabkommen greifen; zur doppelten Funktion vgl. BEHNISCH, SG-Komm., Art. 132, N 13 ff.; AUBERT, Comm., Art. 132, N 11 ff.). – Ähnlichen Zwecken dient das *Zinsbesteuerungsabkommen* mit der EG (Abkommen vom 26.10.2004 «über Regelungen, die den in der Richtlinie 2003/48/EG des Rates im Bereich der Besteuerung von Zinserträgen festgelegten Regelungen gleichwertig sind»; SR 0.641.926.81). Der Umsetzung dient das Zinsbesteuerungsgesetz (vom 17.12.2004, ZBstG; SR 641.91).

8   *Funktionsweise:* Steuerpflichtig ist der *Schuldner* (z.B. Bank) der von der Steuer erfassten Erträge, nicht der Gläubiger (VStG 10; *impôt anticipé).* Der Schuldner ist verpflichtet, die steuerbare Leistung um den Steuerbetrag zu kürzen (Überwälzung auf den Empfänger, VStG 14). Der Empfänger der (um die Steuer gekürzten) Leistung kann unter bestimmten Voraussetzungen (insb. ordnungsgemässe Deklaration der Erträge; VStG 23, 25) vom Staat die Rückerstattung der ihm vom Schuldner abgezogenen Verrechnungssteuer verlangen (VStG 1, 21 ff.). Der Staat kann den Rückerstattungsanspruch durch *Verrechnung* mit der Steuerschuld tilgen (VStG 31).

3. Titel: Bund, Kantone und Gemeinden Nr. 1 BV **Art. 133**

9   *Umsetzung:* Die nähere Ausgestaltung bleibt dem Gesetzgeber überlassen. Für Einzelheiten vgl. das BG vom 13.10.1965 über die Verrechnungssteuer (VStG; SR 642.21). Der Normalsatz (Kapitalerträge, Lotteriegewinne) beträgt heute 35% (VStG 13).

10 *Kantonsanteil an der Verrechnungssteuer:* Mit der am 28.11.2004 (im Rahmen des NFA) beschlossenen Ergänzung von Abs. 2 durch einen zweiten Satz (noch nicht in Kraft) wird nun definitiv festgeschrieben, dass der Anteil der Kantone – die den Vollzug des VStG besorgen und dafür eine Art Aufwandvergütung (oder «Provision», so VStG 2) erhalten – 10% beträgt. BV 196 Ziff. 16 wird im Gegenzug aufgehoben. – Der *Ertrag* der Steuer variiert von Jahr zu Jahr recht stark. 2005: 4 Mia.; 2004: 2,628 Mia.; 2001: 852 Mio.; 2000: 6,2 Mia.; 1999: 1,66 Mia. Franken).

Literaturhinweise

BAUER-BALMELLI MAJA, Der Sicherungszweck der Verrechnungssteuer, Zürich 2001; PFUND ROBERT/ZWAHLEN BERNHARD, Die eidgenössische Verrechnungssteuer, Basel 1985; RICHLI PAUL, Verfassungsgrundsätze für die Umsatzsteuer und die Stempelabgabe, ASA 58 (1989/90), 401 ff.; STOCKAR CONRAD, Geschichte der Stempelabgaben, Bern 1985; DERS., Übersicht und Fallbeispiele zu den Stempelabgaben und zur Verrechnungssteuer, 3. Aufl., Basel 2000; ZWEIFEL MARTIN/ATHANAS PETER/BAUMER-BALMELLI MAJA (Hrsg.), Kommentar zum Schweizerischen Steuerrecht, Band II/2, VStG; Band II/3, StG, Basel usw. 2005/2006.

Art. 133 Zölle

Die Gesetzgebung über Zölle und andere Abgaben auf dem grenzüberschreitenden Warenverkehr ist Sache des Bundes.

1   Die Zollhoheit des Bundes geht auf das Jahr 1848 zurück (BV 1848 Art. 23; BV 1874 Art. 28). Die Schweizerische Eidgenossenschaft bildet eine Zollunion. Die Zollgrenzen stimmen nicht exakt mit den Landesgrenzen überein. Zum Zollgebiet gehören auch (als sog. Zollanschlussgebiete) das Fürstentum Liechtenstein und die deutsche Gemeinde Büsingen am Hochrhein (Verträge vom 29.3.1923, SR 0.631.112.514, bzw. vom 23.11.1964, SR 0.631.112.136), nicht jedoch das Zollausschlussgebiet Samnaun und Sampuoir (vgl. Verfügung des EFZD vom 5.10.1959, SR 631.111.2, gestützt auf Bundesratsbeschlüsse vom 29.4.1892, 15.6.1892 und 3.3.1911).

2   Zölle sind *indirekte* Steuern, die auf dem grenzüberschreitenden Warenverkehr erhoben werden. Wie die Verbrauchssteuern werden auch Zölle wirtschaftlich typischerweise auf die Endverbraucher überwälzt.

3   Ursprünglich waren die Kantone an den Zollerträgen beteiligt (BV 1848 Art. 26; anders dann BV 1874 Art. 30: Bundeskasse). Über lange Jahre waren die Zollerträge die Haupteinnahmequelle des Bundes. Dies hat sich mit der fortschreitenden Handelsliberalisierung geändert. Einfuhrzölle brachten dem Bund im Jahr 2004 dennoch immerhin 1,054 Mia. Franken ein. Ausfuhrzölle (ZTG 5) sind ohne praktische Bedeutung.

4   *Rechtsnatur:* BV 133 begründet eine (nicht verpflichtende) *Gesetzgebungskompetenz* des Bundes in Bezug auf (Einfuhr- und Ausfuhr-)Zölle und verwandte Abgaben. Im Unterschied zu

den Steuern gemäss BV 130–132 handelt es sich um eine *ausschliessliche* Bundeskompetenz (vgl. VALLENDER, SG-Komm., Art. 133, N 10; AUBERT, Comm., Art. 134, N 4) – dies nicht schon wegen der gewählten Formulierung («ist Sache des Bundes»), sondern aus historischen und systematischen Gründen (vgl. auch BV 134, wo die Zölle nicht erwähnt sind und nicht erwähnt werden mussten).

5 *Umsetzung:* BV 133 formuliert keine inhaltlichen Vorgaben (anders noch BV 1874 Art. 29: Zollerhebungsgrundsätze). Dem Gesetzgeber steht es somit grundsätzlich frei, welche Zwecke er mit der Zollerhebung verfolgen will. Kontrovers ist, ob BV 133 eine stillschweigende Ermächtigung beinhaltet, (nötigenfalls) vom Grundsatz der Wirtschaftsfreiheit abzuweichen (verneinend VALLENDER, SG-Komm., Art. 133, N 13, m.w.H.). Eine solche ergibt sich jedenfalls aus BV 101 Abs. 2 und BV 104 Abs. 2. In Betracht kommen somit:

– *Fiskalzölle* (oder Finanzzölle), die dem Staat als Einnahmequelle dienen;
– *wirtschaftslenkende Zölle*, die in erster Linie den Gang der Wirtschaft beeinflussen bzw. die Binnenwirtschaft schützen sollen (Schutzzölle); Beispiele finden sich im Landwirtschaftsbereich (zum Instrument des Zollkontingents vgl. BGE 128 II 34, 38);
– *gemischte* Zölle.

Zu berücksichtigen sind allgemeine Vorgaben (BV 2, 94 Abs. 3). In jüngerer Zeit wird die Erhebung von Zöllen immer mehr beschränkt durch völkerrechtliche Abkommen, die eine Senkung und Disziplinierung (WTO) oder gar eine gänzliche Beseitigung (EFTA, FHA Schweiz-EG) von Zöllen verlangen. Abbild der Regelungslage ist bis zu einem gewissen Grad die Liste der «beliebtesten» Schmuggelware (EZV, Mitteilung vom 7.2.2006): Agrarprodukte und Nahrungsmittel (25% aller Fälle), Uhren und Schmuck (9%), Kleider (7%).

6 Die ausführende Gesetzgebung findet sich hauptsächlich im:

– *Zollgesetz* vom 18.3.2005 (ZG; SR 631.0), das am 1.5.2007 in Kraft trat und sich in Struktur und Systematik an den Zollkodex der EG anlehnt;
– *Zolltarifgesetz* vom 9.10.1986 (ZTG, SR 632.10), dessen Anhänge (weder in AS noch SR) über die Tarife Aufschluss geben (näher: www.ezv.admin.ch; www.tares.ch).

Die Schweiz erhebt traditionell Gewichtszölle (ZTG 2). Ein Systemwechsel zum international gängigeren Wertzoll wird in Erwägung gezogen (womit die Frage hinfällig würde, ob es mit BV 8 Abs. 3 vereinbar ist, dass Herrenbekleidung, soweit noch durch Zölle erfasst, fiskalisch stärker belastet wird als die durchschnittlich weniger schwere Damenbekleidung).

Literaturhinweise

ARPAGAUS REMO, Zollrecht, SBVR XII, 2. Aufl. Basel 2007 (im Erscheinen); KARL PETER, Neues Zollgesetz in der Schweiz, ST 2004, 525 ff.; RHINOW RENÉ A., Komm. aBV, Art. 28–30.

Art. 134 Ausschluss kantonaler und kommunaler Besteuerung

Was die Bundesgesetzgebung als Gegenstand der Mehrwertsteuer, der besonderen Verbrauchssteuern, der Stempelsteuer und der Verrechnungssteuer bezeichnet oder für steuerfrei erklärt, dürfen die Kantone und Gemeinden nicht mit gleichartigen Steuern belasten.

1 *Funktion:* Die auf das Jahr 1958 zurückgehende (BV 1874 Art. 41bis Abs. 2) Bestimmung dient nicht der Begründung, sondern der Absicherung von anderweitig fundierten (vgl. BV 130–132) Bundeskompetenzen (analog bereits BV 1874 Art. 41bis Abs. 2 und Art. 41ter Abs. 2). Zugleich lässt BV 134 Rückschlüsse auf die Rechtsnatur der besagten (Steuererhebungs-)Kompetenzen des Bundes zu: Es handelt sich jeweils um *konkurrierende* Kompetenzen (entgegen gelegentlichen Stellungnahmen in der steuerrechtlichen Literatur; vgl. OBERSON/GUILLAUME, VRdCH, 1228). Die Kantone sind zur Erhebung entsprechender Steuern befugt, dies jedoch nur, wenn und soweit die *Bundesgesetzgebung* Raum dafür lässt. Wie BV 134 verdeutlicht, kann die Nutzung der Bundeskompetenz auch darin bestehen, dass der Bund bestimmte Verkehrsvorgänge bzw. Objekte für *steuerfrei* erklärt (vgl. auch Botsch. BV, 355). – Wirtschaftlich gesehen geht es nicht nur um eine Frage der bundesstaatlichen Kompetenzordnung, sondern auch um die Gesamtsteuerbelastung, um bundesrechtlichen Schutz gegen kantonale (oder kommunale) Zugriffe auf Steuersubstrat.

2 *«gleichartige Steuern»:* Der Ausschluss der Kantone betrifft nur *gleichartige* Steuern. Die Auslegung dieses Schlüsselbegriffs bereitet Schwierigkeiten und hat immer wieder zu Kontroversen in Praxis und Lehre geführt. Der Begriff kann nicht abstrakt definiert werden, sondern nur je mit Blick auf die Natur der einzelnen «geschützten» direkten und indirekten Steuern des Bundes (vgl. VALLENDER, SG-Komm., Art. 134, N 6; LOCHER, Komm. aBV, Art. 41bis, N 74); abzustellen ist auf die das Steuerrechtsverhältnis charakterisierenden Elemente (Steuerobjekt, Bemessungsgrundlage, Erhebungsart).

3 *Abgrenzungsprobleme* zeigen sich vor allem im Zusammenhang mit der *Mehrwertsteuer* (BV 130), die (im Unterschied zu ihrer Vorgängerin, der WUST) auch Dienstleistungen erfasst, weniger bei der Verrechnungs- oder der Stempelsteuer (BV 132; vgl. immerhin BGer, 2.12.1983, ASA 53, 431, betreffend Stempelabgaben), dies nicht zuletzt dank einlässlicher gesetzlicher Regelung (vgl. StG 1, 3, 6, 14, 22; VStG 71). Die Rechtsprechung des Bundesgerichts ist eher «kantonsfreundlich» (bzw. mehr «fiskus-» als «bürgerfreundlich»). – *Kasuistik* (vgl. auch VALLENDER, SG-Komm., Art. 134, N 4 ff.; OBERSON/GUILLAUME, VRdCH, 1229; Botsch. BV, 356):

- BGE 96 I 560, 582 f. (Genossenschaft Migros): Zulässigkeit einer kantonalen Minimalsteuer, die bei einer nicht gewinnorientierten Genossenschaft am Umsatz anknüpft (noch vor Einführung der MWST).
- BGE 122 I 213 betreffend die Genfer Armensteuer *(droit des pauvres)*, einer Billetsteuer auf Unterhaltungsveranstaltungen, deren Ertrag für soziale Zwecke zu verwenden ist. Gemäss Bundesgericht handelt es sich nicht um eine gleichartige Steuer (in vielem zustimmend VALLENDER, Steuer-Revue 1997, 1 ff.; kritisch WALDBURGER, AJP 1997, 83 f.).

- BGE 125 I 449 betreffend Berner Abfallabgabe (Entsorgungsabgabe): keine der MWST gleichgeartete Steuer.

MWSTG 2 Satz 2 erklärt nunmehr «Billettsteuern und Handänderungssteuern» explizit für *nicht* gleichartig (kritisch VALLENDER, SG-Komm., Art. 134, N 21).

Literaturhinweise (vgl. auch die Hinweise bei BV 130–132)

BLUMENSTEIN ERNST/LOCHER PETER, System des Steuerrechts, 6. Aufl., Zürich 2002; OBERSON XAVIER/GUILLAUME PIERRE-ALAIN, Le régime financier dans le droit des cantons, VRdCH, 1225 ff.; VALLENDER KLAUS A., Die Genfer Armensteuer (...), Steuer-Revue 1997, 1 ff.; WALDBURGER ROBERT, Vereinbarkeit der Genfer Armensteuer mit der Mehrwertsteuer, AJP 1997, 83 f.

Art. 135 Finanzausgleich

¹ Der Bund fördert den Finanzausgleich unter den Kantonen.

² Er berücksichtigt bei der Gewährung von Bundesbeiträgen die Finanzkraft der Kantone und die Berggebiete.

Art. 135[1] Finanz- und Lastenausgleich
[bei Drucklegung noch nicht in Kraft]

¹ Der Bund erlässt Vorschriften über einen angemessenen Finanz- und Lastenausgleich zwischen Bund und Kantonen sowie zwischen den Kantonen.

² Der Finanz- und Lastenausgleich soll insbesondere:

a. die Unterschiede in der finanziellen Leistungsfähigkeit zwischen den Kantonen verringern;

b. den Kantonen minimale finanzielle Ressourcen gewährleisten;

c. übermässige finanzielle Lasten der Kantone auf Grund ihrer geografisch-topografischen oder soziodemografischen Bedingungen ausgleichen;

d. die interkantonale Zusammenarbeit mit Lastenausgleich fördern;

e. die steuerliche Wettbewerbsfähigkeit der Kantone im nationalen und internationalen Verhältnis erhalten.

³ Die Mittel für den Ausgleich der Ressourcen werden durch die ressourcenstarken Kantone und den Bund zur Verfügung gestellt. Die Leistungen der ressourcenstarken Kantone betragen mindestens zwei Drittel und höchstens 80 Prozent der Leistungen des Bundes.

---

1 Angenommen in der Volksabstimmung vom 28. Nov. 2004 (BB vom 3. Okt. 2003, BRB vom 26. Jan. 2005 – BBl 2002 2291, 2003 6591, 2005 951). – Der Bundesrat bestimmt das Inkrafttreten.

3. Titel: Bund, Kantone und Gemeinden Nr. 1 BV **Art. 135**

1 Der aus dem Jahr 1958 stammende Finanzausgleichsartikel (BV 1874 Art. 42ter; vgl. auch Art. 41ter Abs. 5 Bst. b) wurde praktisch unverändert in die neue BV überführt, obwohl der Reformbedarf allgemein anerkannt war.

2 *NFA:* Grund dafür war das mehr oder weniger parallel vorangetriebene umfassende *Reformprojekt NFA* (ursprünglich: «Neuer Finanzausgleich», später umbenannt in: «Neugestaltung des Finanzausgleichs und der Aufgaben zwischen Bund und Kantonen»). Die wichtigsten Etappen sind (vgl. BIAGGINI, Finanzausgleich, 55 ff.; BBl 2007 659 ff.):

- 1991: Wirkungsanalyse Finanzausgleich (Eidgenössische Finanzverwaltung);
- 1994–1996: Einsetzung der (paritätisch zusammengesetzten) Projektorganisation Bund–Kantone durch den Bundesrat; Erarbeitung von «Grundzügen» einer Finanzausgleichsreform (Bericht vom 1.2.1996); Vernehmlassung;
- 1996–1999: erweiterte paritätische Projektorganisation; Vertiefung und Konkretisierung der Grundzüge (Bericht vom 31.3.1999); Vernehmlassung;
- 2001: 1. NFA-Botschaft des Bundesrates (vom 14.11.2001; BBl 2002 2291 ff.) mit Anträgen betreffend Verfassungsänderungen (BB NFA) und betreffend ein neues Finanz- und Lastenausgleichsgesetz;
- 2003 (3.10.): Verabschiedung von BB NFA und FiLaG durch die BVers;
- 2004 (28.11.): Volksabstimmung über die Verfassungsänderungen (BB NFA); Gutheissung durch Volk (64,4% Ja) und Stände (20½ zu 2½ Ständestimmen);
- 2005 (7.9.): 2. NFA-Botschaft (Ausführungsgesetzgebung zur NFA, Bundesebene; BBl 2005 6029 ff.);
- 2005: Verabschiedung der (interkantonalen) Rahmenvereinbarung (IRV) für die interkantonale Zusammenarbeit mit Lastenausgleich vom 24.6.2005 (abgedruckt in BIAGGINI/EHRENZELLER, 3. Aufl., Nr. 53a);
- 2006 (6.10.): Verabschiedung des BG über die Schaffung und die Änderung von Erlassen zur Neugestaltung des Finanzausgleichs und der Aufgabenteilung zwischen Bund und Kantonen (NFA), BBl 2006 8341;
- 2006 (8.12.): 3. NFA-Botschaft zu den BB über die Festlegung des Ressourcen-, Lasten- und Härteausgleichs sowie zum BG über die Änderung von Erlassen im Rahmen des Übergangs zur NFA (BBl 2007 645 ff.);
- 2007 (22.6.2007): Verabschiedung der genannten Erlasse durch die Bundesversammlung (BBl 2007 4673, 4711, 4713, Referendumsvorlagen); Erlass ausführender Verordnungen durch den Bundesrat;
- 1.1.2008 (geplant): Inkrafttreten des BB NFA und des Ausführungsrechts.

Erläutert wird im Folgenden BV 135 i.d.F. vom 28.11.2004 (noch nicht in Kraft). Zu Abs. 2 i.d.F. vom 18.4.1999 vgl. N 10 und 16.

3 *Verfahren:* Die gut zwei Dutzend zu ändernden Verfassungsbestimmungen (Erlass bzw. Änderung von BV 5a, 43a, 46, 47, 48, 48a, 58, 62, 66, 75a, 83, 86, 112, 112a, 112b, 112c, 123, 128, 132, 135, 197 Ziff. 2, 3, 4, 5; Aufhebung von BV 42 Abs. 2, 60 Abs. 2, 196 Ziff. 10 und 16) wurden (aus vorab politisch-taktischen Gründen) zu einem «Gesamtpaket»

geschnürt (BB NFA), welches nur gesamthaft gutgeheissen oder abgelehnt werden konnte. Um nicht mit dem Grundsatz der Einheit der Materie in Konflikt zu geraten (BV 194 Abs. 2) wurde der BB NFA formal als *Totalrevisionsvorlage* im Sinne von BV 193 behandelt (vgl. 1. Botsch. NFA, BBl 2002 2323). Die Beteiligten verhielten sich allerdings fast durchweg so, wie wenn es sich um eine etwas breiter angelegte Teilrevision gehandelt hätte. Der BB NFA führt weder zu einer Neudatierung der Verfassungsurkunde noch zu einer Umnummerierung. Das Vorgehen ist rechtlich nicht über jeden Zweifel erhaben, zumal die Revisionsvorschriften (BV 192 ff.) die «Zwischenform» der umfangreichen, aber thematisch begrenzten «Paketrevision» – darum handelt es sich der Sache nach – nicht vorsehen (vgl. N 2 ff. zu BV 192).

4   Ein *Hauptziel* der Reform ist es, das heute selbst für Spezialisten kaum mehr durchschaubare Geflecht des bundesstaatlichen Finanzausgleichs (mit vielen unkoordinierten Einzelmassnahmen) zu vereinfachen und zugleich besser steuerbar und effektiver zu machen. Die heute rund drei Dutzend finanziellen Ausgleichsgefässe werden auf drei reduziert: den sog. Ressourcenausgleich und den sog. Lastenausgleich, letzterer mit zwei Untertypen (BV 135 Abs. 2 i.d.F. vom 28.11.2004; FiLaG 5 ff.); hinzu kommt ein (befristeter) Härteausgleich (FiLaG 19). An die Stelle von zweckgebundenen Beiträgen des Bundes (vgl. BV 135 Abs. 2 i.d.F. vom 18.4.1999) sollen, wo möglich, frei verfügbare Mittel treten. Von der Reform verspricht man sich auch einen gewissen Abbau der Steuerbelastungsunterschiede (vgl. 1. Botsch. NFA, BBl 2002 2514, wonach sich der Abstand zwischen den beiden seinerzeitigen Polen auf der Steuerskala, ZG und JU, um rund 20% reduzieren soll). Eine praktisch bedeutsame Rolle spielte (im Vorfeld der Abstimmung) und spielt die sog. *Globalbilanz*, aus der die erwarteten finanziellen Auswirkungen je Kanton ersichtlich werden (vgl. 1. Botsch. NFA, BBl 2002 2491 ff.; BBl 2007 686 ff.). Bemerkenswerterweise lehnten nicht alle mutmasslichen «Nettozahler»-Kantone die NFA-Vorlage ab (namentlich nicht der betragsmässig am stärksten betroffene Kanton ZH), sondern nur die drei als besonders «steuergünstig» geltenden Kantone SZ, NW, ZG (letzterer mit 83,7%).

5   *Aufgabenentflechtung:* Neben der grundlegenden Reform des bundesstaatlichen Finanzausgleichssystems wurde auch eine umfangreiche Aufgabenentflechtung beschlossen. In der Mehrzahl der Fälle kommt es zu einer «Kantonalisierung» von Staatsaufgaben, in immerhin sieben Bereichen zu einer Zentralisierung beim Bund (insb. Nationalstrassen). Zur Sicherung gewisser Mindeststandards soll der Bund bei bestimmten «kantonalisierten» Aufgabenbereichen die Möglichkeit behalten, in Gestalt von Rahmenregelungen *rechtliche Vorgaben* zu machen. Die Aufgabenentflechtung setzt somit primär ökonomisch an («Finanzierungslogik»), weniger bei der verfassungsrechtlich-bundesstaatlichen Kompetenzaufteilung («Kompetenzlogik»). Ursprünglich versprach man sich beträchtliche Effizienzgewinne im Umfang von 2 bis 2,5 Mia. Franken ohne Leistungsabbau (so noch der Bericht vom 31.3.1999). In jüngeren offiziellen Stellungnahmen werden die Erwartungen betreffend Einsparungspotenzial und gesamtwirtschaftliche Auswirkungen stark gedämpft (vgl. z.B. BBl 2005 6287 f.). Angestrebt wird jetzt in erster Linie eine aus Bundessicht «haushaltneutrale» Lösung, bei welcher der Bundesanteil am Ressourcen- und Lastenausgleich durch den Wegfall von Subventionen im Verhältnis Bund–Kantone kompensiert werden soll (vgl. BBl 2005 6060).

6 Die NFA-Reform ist nicht nur finanzpolitisch, sondern auch *staats- und verfassungspolitisch* von hochrangiger Bedeutung, da auch bereichsübergreifende Neuerungen betreffend das allgemeine Verhältnis von Bund und Kantonen beschlossen wurden: Subsidiaritätsprinzip (BV 5a, 43a), Eigenständigkeitsgarantie (BV 46, 47), Instrumente der Zwangskooperation (BV 48a). – Auf die (vom Bundesrat auf Anstoss der Kantone beantragte) Einführung einer speziellen Kompetenzgerichtsbarkeit wurde verzichtet (vgl. N 2 zu BV 190).

Gesetzgebungsauftrag (Abs. 1 i.d.F. vom 28.11.2004)

7 Der *Finanzausgleich* im engeren Sinn umfasst «alle finanziellen Transfers, welche der Umverteilung zwischen den Kantonen sowie dem Ausgleich übermässiger struktureller Lasten dienen»; im weiteren Sinn werden auch die Transfers zwischen Bund und Kantonen, die mit der Aufgaben- und Einnahmenverteilung zusammenhängen, miterfasst (BBl 2002 2543). Der (durch die Bundesversammlung in Abs. 1 eingefügte) Begriff *Lastenausgleich* soll die angestrebte Trennung vom Ressourcenausgleich (FiLaG 5 ff.) unterstreichen.

8 *Horizontaler und vertikaler Ausgleich:* Es kann unterschieden werden zwischen einem horizontalen Ausgleich (zwischen den Kantonen) und einem vertikalen Ausgleich (zwischen Bund und Kantonen). – Die Gesetzgebungskompetenz des Abs. 1 erstreckt sich auf beide Formen. Nicht erwähnt ist die dritte Ebene (Gemeinden). Der *inner*kantonale Finanz- und Lastenausgleich ist eine Angelegenheit der Kantone (BV 3, 47, 51). Der bundesstaatliche Finanz- und Lastenausgleich kann aber auch die Stellung der Gemeinden berühren (auf die der Bund aufgrund von BV 50 Rücksicht zu nehmen hat; vgl. SuG 19 und 20a i.d.F. vom 6.10.2006, BBl 2006 8347, noch nicht in Kraft).

9 *Rechtsnatur:* Abs. 1 begründet eine *verpflichtende* Kompetenz des Bundes betreffend die Regelung des bundesstaatlichen Finanz- und Lastenausgleichs. Während der ursprüngliche Finanzausgleichsartikel (BV 1874 Art. 42ter, BV 135 i.d.F. vom 18.4.1999) nur eine Förderungskompetenz des Bundes begründete (und nur den *horizontalen* Ausgleich ausdrücklich ansprach), präsentiert sich die Kompetenzlage beim revidierten BV 135 Abs. 1 (i.d.F. vom 28.11.2004) komplexer. Soweit die Ausführungsgesetzgebung des Bundes abschliessenden Charakter hat, bleibt für kantonales Recht kein Raum (vgl. N 11 vor BV 42). BV 135 Abs. 1 will den Kantonen im Bereich des Finanz- und Lastenausgleichs aber nicht jede Regelungsmöglichkeit nehmen. Jedenfalls in Fragen des horizontalen interkantonalen Lastenausgleichs verbleiben den Kantonen weiterhin gewisse (mehr oder weniger parallele) Regelungskompetenzen. Umgekehrt fehlt den Kantonen für bestimmte Fragen des *vertikalen* Ausgleichs (insb. finanzielle Verpflichtungen des Bundes) von vornherein die Regelungskompetenz, hat die Kompetenz des Bundes somit ausschliesslichen Charakter.

10 *Struktur:* Die Bestimmung folgt einem verbreiteten Muster. Adressat ist der *Bund* (nicht die Kantone). BV 135 auferlegt dem Bundesgesetzgeber die Verfolgung bestimmter *Ziele* (N 11 und N 13 ff.), verzichtet aber darauf, ihm den Einsatz konkreter Instrumente vorzuschreiben (vgl. N 17). Darin unterscheidet sich der revidierte BV 135 von der ursprünglichen Fassung (vom 18.4.1999), dessen Abs. 2 bestimmt, dass die Gewährung von Bundesbeiträgen in den Dienst des Finanzausgleichs zu stellen ist. Ein erklärtes (wenn auch in der Verfassungsurkunde nicht ausdrücklich genanntes) Hauptziel der NFA-Reform ist gerade die *Entkoppelung* von Finanzausgleich und Bundessubventionen (vgl. FiLaG 6 Abs. 2 und 9 Abs. 4). Der altbekannte Finanzkraft-Index (vgl. Art. 2 des BG vom 19.6.1959 über den Finanzausgleich unter den

Kantonen; SR 613.1, AS 1959 931, 1974 139) und die periodisch erlassenen Verordnungen des Bundesrates (zuletzt vom 9.11.2005 für die Jahre 2006 und 2007; SR 613.11, AS 2005 5133) werden durch ein neues System abgelöst, in welchem die Bundesversammlung alle vier Jahre Eckwerte für den Finanzausgleich festlegt (N 12).

11 *Vorgaben:* Der vom Bund zu regelnde Finanz- und Lastenausgleich soll *«angemessen»* sein. Der (durch die Bundesversammlung eingefügte) unbestimmte Begriff (der bisher in BV 46 Abs. 3 figurierte, dort jedoch eliminiert wird) hat eine doppelte Stossrichtung: Einerseits wird ein (allerdings nicht näher bestimmtes) Mindestmass an bundesrechtlich geordnetem Ausgleich gefordert, andererseits lässt die Bestimmung anklingen (wiederum ohne eine exakte Grenze zu ziehen), dass auch kein «übertriebener» Ausgleich stattfinden soll, der an der Leistungsbereitschaft ressourcenstarker Kantone zehren würde (vgl. auch N 21). – Weitere Vorgaben resultieren aus den Zielsetzungen des Abs. 2 und den Begrenzungen des Abs. 3 (Finanzierung), weiter etwa aus BV 47 (i.d.F. vom 28.11.2004, noch nicht in Kraft; vgl. auch BV 46 Abs. 3 i.d.F. vom 18.4.1999, Änderung beschlossen, noch nicht in Kraft).

12 Der *Umsetzung* des Gesetzgebungsauftrags dient vor allem das BG vom 3.10.2003 über den Finanz- und Lastenausgleich (FiLaG; SR 613.2, mit Ausnahme von Art. 20 noch nicht in Kraft), das sich auf BV 135 sowie (eigenartigerweise) auf BV 47, 48 und 50 stützt (vgl. auch N 19 vor BV 42). Gemäss FiLaG 5 und 9 legt die Bundesversammlung die Mittel für den Ressourcen- bzw. die beiden Typen des Lastenausgleichs in der Form des referendumspflichtigen BB jeweils für vier Jahre fest (vgl. N 16 und 22). Die Mittel sind den Kantonen *ohne Zweckbindung* auszurichten (FiLaG 6 Abs. 2 und 9 Abs. 4) – nach Verteilungskriterien, die teils durch das Gesetz vorgegeben (FiLaG 5 ff.), teils durch den Bundesrat (vgl. FiLaG 6 Abs. 1, 9 Abs. 3) festgelegt werden.

Zielsetzungen (Abs. 2 i.d.F. vom 28.11.2004)

13 Abs. 2 statuiert fünf Zielvorgaben. Adressat ist der Bund. Den Kantonen auferlegt Abs. 2 keine Pflichten. – Zu den Zielen im Einzelnen:

14 *Verringerung der Unterschiede in der finanziellen Leistungsfähigkeit zwischen den Kantonen* (Bst. a): Anzustreben ist die Verringerung, nicht die Einebnung der Unterschiede. Mit der «finanziellen Leistungsfähigkeit» sind die fiskalisch *ausschöpfbaren* Ressourcen eines Kantons gemeint. Abzustellen ist nicht auf die effektiven Steuereinnahmen oder Steuerbelastungen, sondern auf das (jährlich neu zu ermittelnde) Ressourcen*potenzial* (vgl. BBl 2002 2544), das gemäss FiLaG 3 auf der Grundlage der steuerbaren Einkommen und der Vermögen natürlicher Personen sowie der steuerbaren Gewinne juristischer Personen zu berechnen ist. Kantone, deren Ressourcenpotenzial pro Kopf über dem schweizerischen Durchschnitt liegt, gelten als ressourcenstark, die übrigen gelten als ressourcenschwach.

15 *Gewährleistung minimaler finanzieller Ressourcen* (Bst. b): Angesprochen sind hier die finanziell schwächsten Kantone. Bei der Verringerung der Unterschiede (Bst. a) ist ein Minimalziel zu erreichen. Gemäss der (von der Bundesversammlung ebenfalls am 3.10.2003 verabschiedeten) Konkretisierung in FiLaG 6 Abs. 3 soll die finanzielle Mindestausstattung (massgebende eigene Ressourcen plus Leistungen aus dem Ressourcenausgleich) 85% des schweizerischen Durchschnitts erreichen. Die Rangfolge der Kantone darf durch den Ressourcenausgleich nicht verändert werden (FiLaG 6 Abs. 1). – Zur Finanzierung des Ressourcenausgleichs vgl. N 21).

16 *Geografisch-topografischer und soziodemografischer Lastenausgleich* (Bst. c): Ziel ist der – wie das Adjektiv «übermässig» verdeutlicht: *partielle* – Ausgleich *bestimmter*, zum Teil unbeeinflussbarer *Sonderlasten*.

- Der *geografisch-topografische* Lastenausgleich soll Kantonen zugute kommen, die durch ihre Lage übermässig belastet sind. Kennzeichen für eine hohe Belastung sind gemäss FiLaG 7: ein überdurchschnittlich starker Anteil an hoch gelegenen produktiven Flächen und Siedlungsgebieten, disperse Siedlungsstrukturen, eine geringe Bevölkerungsdichte. – Mit angesprochen sind (in modernisierter Form) die in BV 135 Abs. 2 i.d.F. vom 18.4.1999 (und BV 50 Abs. 3) explizit genannten «Berggebiete».

- Der *soziodemografische* Lastenausgleich hat zum Ziel, besondere Belastungen, die durch Bevölkerungsstruktur oder Zentrumsfunktionen eines Kantons bedingt sind, abzumildern. Den Hintergrund bildet hier die in jüngerer Zeit vor allem in Städten zu beobachtende sog. «A-Problematik» (überdurchschnittlich hoher Anteil an Armen, älteren Menschen, Arbeitslosen, Ausgesteuerten, Abhängigen, Ausländern usw.; vgl. FiLaG 8, BBl 2002 2543). Das Gesetz verlangt überdies ausdrücklich, dass der besonderen Belastung der Kernstädte von grossen Agglomerationen Rechnung getragen wird (vgl. auch BV 50 Abs. 3), ohne allerdings eine konkrete Vorgabe zu machen.

Wie beim Ressourcenausgleich (N 22) legt die Bundesversammlung durch einen dem Referendum unterstehenden BB alle vier Jahre für die beiden Lastenausgleichsgefässe je einen Grundbeitrag fest (FiLaG 9). Anders als der Ressourcenausgleich wird der Lastenausgleich vollständig durch den Bund finanziert. Der bundesrätliche Entwurf (vom 8.12.2006) des BB über die Festlegung der Grundbeiträge sieht vor, dass von den Finanzausgleichsmitteln des Bundes (rund 2,5 Mia. Franken pro Jahr) 27,5% dem Lastenausgleich, 72,5% dem Ressourcenausgleich zugute kommen sollen. Die Grundbeiträge für den geografisch-topografischen bzw. den soziodemografischen Lastenausgleich sollen in der ersten Vierjahresperiode je rund 341 Mio. Franken pro Jahr betragen. Voraussichtlich werden drei Kantone beim Lastenausgleich leer ausgehen, während einige bei beiden Gefässen profitieren (vgl. 3. Botsch. NFA, BBl 2007 756 Anhang 10) – Nachtrag: Die Bundesversammlung ist dem Bundesrat gefolgt (BB vom 22.6.2007, BBl 2007 4711).

17 *Förderung der interkantonalen Zusammenarbeit mit Lastenausgleich* (Bst. d): Mit dem interkantonalen Lastenausgleich sollen Leistungen abgegolten werden, welche die Bewohner eines Kantons in einem anderen Kanton beziehen, ohne voll dafür aufzukommen (vgl. BBl 2002 2544). Typisches Beispiel ist die finanzielle Abgeltung von sog. Zentrumsleistungen (z.B. im kulturellen Bereich). Das traditionelle Instrument ist der interkantonale Vertrag (BV 48). – Der Finanz- und Lastenausgleich ist in der Weise auszugestalten (d.h. die Gesetzgebungskompetenz gemäss Abs. 1 so auszuüben), dass die interkantonale Zusammenarbeit mit Lastenausgleich *gefördert* wird. BV 135 äussert sich nicht zu den Instrumenten. Auf Gesetzesstufe hält der Bund die Kantone an, eine interkantonale Rahmenvereinbarung zu erarbeiten, in der Grundsätze und gewisse Modalitäten der interkantonalen Zusammenarbeit festgelegt werden (FiLaG 13) – gewissermassen im Sinne eines «Allgemeinen Teils», der das Aushandeln spezieller Zusammenarbeitsverträge erleichtert. Eine solche Rahmenvereinbarung wurde unter der Federführung der Konferenz der Kantonsregierungen ausgearbeitet (vgl. BBl 2002 2357 ff.; vgl. vorne N 2). BV 48a sieht sodann Instrumente vor, die es unter bestimm-

ten Voraussetzungen erlauben, kooperationsunwillige Kantone in bestimmten Aufgabenbereichen zur horizontalen Zusammenarbeit *zu zwingen* (zu Allgemeinverbindlicherklärung und Beteiligungspflicht näher N 3 zu BV 48a; vgl. auch FiLaG 14 ff.) – was gewiss mehr als (blosse) Förderung i.S.v. BV 135 Abs. 2, aber dank BV 48a verfassungsrechtlich abgestützt ist (kritisch zum Instrumentarium RHINOW, in: Frey, 63 ff.). Der Bund hat darauf zu achten, dass ein allfälliger Einsatz der Zwangsmittel nicht dazu führt, dass sich die Politikgestaltung faktisch auf die Bundesebene verlagert und die bundesstaatliche Kompetenzordnung (BV 3) ausgehöhlt wird.

18 *Erhaltung der steuerlichen Wettbewerbsfähigkeit der Kantone* (Bst. e): Die Tragweite der im bundesrätlichen Entwurf noch nicht enthaltenen fünften Zielvorgabe ist nicht restlos klar. Der Beitrag, den das bundesstaatliche Finanz- und Lastenausgleichssystem für die steuerliche Wettbewerbsfähigkeit der Kantone leisten kann, ist naturgemäss begrenzt, so dass Bst. e als *Zielvorgabe* wenig normative Substanz aufweist. Es dürfte dem Verfassungsgeber wohl eher darum gegangen sein, ein (vor allem referendumspolitisch bedeutsames) Grundsatzbekenntnis zum (Steuer-)«Wettbewerbsföderalismus» abzugeben und zu signalisieren, dass der Abbau von Disparitäten (vgl. N 4) nicht über eine (dem Bund heute verwehrte, vgl. N 7 zu BV 129) materielle Steuerharmonisierung angestrebt werden soll.

19 *Härteausgleich:* Um für ressourcenschwache Kantone (N 14) den Übergang vom alten zum neuen Ausgleichssystem abzufedern, hat der Bundesgesetzgeber, ohne durch BV 135 dazu aufgefordert zu sein (und in Durchbrechung der Reform-Maxime der Haushaltsneutralität), einen befristeten *Härteausgleich* beschlossen (FiLaG 19; näher BBl 2007 695 ff.). Dafür sollen anfänglich rund 430 Mio. Franken jährlich bereitstehen, die zu zwei Dritteln vom Bund, zu einem Drittel von den Kantonen aufzubringen sind (vgl. den bundesrätlichen Entwurf vom 8.12.2006 für einen BB über die Festlegung des Härteausgleichs, BBl 2007 763 f.). Der Härteausgleich ist auf maximal 28 Jahre befristet. Nach acht Jahren reduziert er sich sukzessive. Zum komplexen Berechnungsprozedere (in 10 Schritten) vgl. 3. Botsch. NFA, BBl 2007 701 ff. Dank des Härteausgleichs werden einige Kantone beim NFA-Start voraussichtlich zu den «Nettoempfängern» statt zu den «Nettozahlern» gehören. – Nachtrag: Die Bundesversammlung ist dem Bundesrat gefolgt (BB vom 22.6.2007, BBl 2007 4713).

Finanzierung des Ressourcenausgleichs (Abs. 3)

20 *Funktion:* Abs. 3 verankert eine besonders sensible (ursprünglich nur auf Gesetzesstufe vorgesehene, vgl. E-FAG 4, BBl 2002 2567) *Finanzierungsvorgabe* (inhaltlich leicht modifiziert) in der Verfassungsurkunde. – Die Finanzierung des Lastenausgleichs regelt der Gesetzgeber (vgl. N 16).

21 *Inhalt:* Die Mittel für den Ressourcenausgleich sind von Verfassungsrechts wegen nicht allein durch den Bund, sondern auch durch die ressourcenstarken Kantone (voraussichtlich acht: ZG, ZH, SZ, NW, BS, GE, TI, BL) aufzubringen. Praktisch bedeutsamer als dieser Grundsatz sind die (relativen) Begrenzungen der kantonalen Beiträge nach unten (mindestens zwei Drittel) und nach oben (höchstens 80% der Leistungen des Bundes; gemäss ursprünglichen Plänen: höchstens 100%, vgl. BBl 2002 2474, 2567). Eine weitere (konkretisierungsbedürftige) verfassungsrechtliche Begrenzung ergibt sich durch Abs. 2 Bst. a, wonach der Finanzausgleich (nur) eine finanzielle Mindestausstattung gewährleisten soll. Im Übrigen sind die res-

sourcenstarken Kantone auf politische (Schutz-)Mechanismen verwiesen, zu denen auch das fakultative Referendum gehört (FiLaG 5 Abs. 1 i.V.m. BV 141), das allerdings von mindestens acht Kantonen getragen sein muss.

22 *Umsetzung:* Für den Start des neuen Finanzausgleichs (2008) ist ein Verhältnis von 70% vorgesehen. Gemäss bundesrätlichem Entwurf (vom 8.12.2006) für den BB über die Festlegung der Grundbeiträge des Ressourcen- und Lastenausgleichs soll der Grundbeitrag des Bundes für die erste Vierjahresperiode knapp 1,8 Milliarden Franken pro Jahr betragen, jener der ressourcenstarken Kantone 70% davon, d.h. knapp 1,26 Milliarden Franken (vgl. BBl 2007 761). – Nachtrag: Die Bundesversammlung ist dem Bundesrat gefolgt (BB vom 22.6.2007, BBl 2007 4711).

Literaturhinweise (vgl. auch die Hinweise vor BV 126)

BIAGGINI GIOVANNI, Der neue Finanzausgleich in der Schweiz, in: Peter Bussjäger (Hrsg.), Finanzausgleich und Finanzverfassung auf dem Prüfstand, Wien 2006, 55 ff.; DERS., Föderalismus im Wandel, ZÖR 2002, 359 ff.; FREY RENÉ L. (Hrsg.), Föderalismus – zukunftstauglich?!, Zürich 2005; JÖRG ALEXANDER, Finanzverfassung und Föderalismus in Deutschland und in der Schweiz, Baden-Baden 1998; MÄCHLER AUGUST, Föderalismus in der Krise: Geleitete Zusammenarbeit als Ausweg?, ZSR 2004 I, 571 ff.; PIPPIG ANNA, Verfassungsrechtliche Grundlagen des Finanzausgleichs, Zürich 2002; REICH MARKUS, Grundzüge der föderalistischen Finanzverfassung, VRdCH, 1199 ff.; REY ALFRED (Hrsg.), Der neue Schweizer Finanzausgleich, Solothurn 1999; VALLENDER KLAUS A., Leitlinien der Bundesfinanzordnung, AJP 1999, 687 ff.; ZIMMERLI ULRICH, Bund – Kantone – Gemeinden, BTJP 1999, 35 ff.

4. Titel: Volk und Stände

1 Im Zentrum des 4. Titels steht das (die schweizerische Verfassungsordnung im internationalen Vergleich prägende) Instrumentarium der *direkten Demokratie: Volksinitiative* (BV 138–139b), *obligatorisches* und *fakultatives Referendum* (BV 140–141a). Für die Volksrechte sind auch Bestimmungen anderer Titel von Bedeutung, so namentlich BV 34 (grundrechtliche Absicherung), BV 39 und 40 (Ausübung), BV 164 und 165 (Begriff des Gesetzes, Dringlichkeit). Die Wahlen zur Bundesversammlung sind im 5. Titel geregelt (BV 149 und 150). Im Verhältnis zum 6. Titel (Revision der Verfassung: BV 192 ff.) bestehen einige Redundanzen. Der Ausführung dient in erster Linie das BG vom 17.12.1976 über die politischen Rechte (BPR; SR 161.1), zum Teil auch das Parlamentsgesetz vom 13.12.2002 (SR 171.10).

2 *Terminologie:* Der Begriff «Volk» bezieht sich hier (anders als in BV 1 oder BV 149) auf die Stimmberechtigten. Von «Ständen» spricht die Bundesverfassung (wenn auch nicht mit letzter Konsequenz; vgl. BV 45), wenn die Kantone in ihrer Eigenschaft als (Mitentscheidungs-)Organe des Bundes angesprochen sind (Botsch. BV, 358); die früher als «Halbkantone» (vgl. N 8 zu BV 1) bezeichneten Gliedstaaten (OW, NW, BS, BL, AR, AI) besitzen nur je eine halbe Standesstimme (BV 142). Für die im 4. Titel figurierenden direktdemokratischen Mitwirkungsmöglichkeiten der Bürgerinnen und Bürger hat sich in Literatur und Praxis der Sammelbegriff «Volksrechte» eingebürgert, der in der Verfassungsurkunde selbst jedoch fehlt (vgl. immerhin BV 2 und BV 148: «Rechte des Volkes», sowie BB vom 4.10.2003 «über die Änderung der Volksrechte»). Die BV verwendet den (etwas weiter gefassten) Begriff der «politischen Rechte» (BV 136; vgl. auch BV 34); dieser schliesst neben der Beteiligung an Abstimmungen, Volksinitiativen und Referenden auch die Beteiligung an Wahlen ein. Für die Rechtsträger verwendet die Verfassung meist den Begriff *«Stimmberechtigte»* (vgl. z.B. BV 138, BV 143) und nicht den in anderen Verfassungsordnungen üblichen Begriff «Wahlberechtigte». Wenn die *Gesamtheit* der Stimmberechtigten angesprochen ist, ist gewöhnlich vom *«Volk»* die Rede (vgl. z.B. BV 142). Das Wort «Demokratie/demokratisch» wird in der Bundesverfassung nur beiläufig verwendet (Präambel, BV 51, BV 54).

3 *Geschichtliches:* Die Bundesverfassung von 1848 errichtete, was oft vergessen wird, auf Bundesebene eine fast rein *repräsentative Demokratie* (auf der Grundlage des allgemeinen Männerwahlrechts und des Mehrheitswahlverfahrens). Von den heute systemprägenden direktdemokratischen Instrumenten gehen nur zwei auf die Bundesstaatsgründung zurück, nämlich das obligatorische Verfassungsreferendum (erstmals 1866) und die (unspezifische) Volksinitiative auf Revision der Bundesverfassung, die vorerst ohne praktische Bedeutung blieb. Ein wichtiger Impulsgeber für den schrittweise erfolgenden Auf- und Ausbau der Volksrechte war (und ist) die Entwicklung in den Kantonen, die man als eigentliche Experimentierlaboratorien der direkten Demokratie bezeichnen kann. Wichtige Ausbauetappen im Bund waren:
- 1874: Einführung des fakultativen (Gesetzes-)Referendums (BV 1874 Art. 89; vgl. heute BV 141), als eine Art Kompensation für Kompetenzverschiebungen von den Kantonen zum Bund (im Rahmen der damaligen Totalrevision).

- 1891: Einführung der *Volksinitiative auf Teilrevision* der BV in der Form des *ausgearbeiteten Entwurfs* (BV 1874 Art. 121; heute BV 139).
- 1921: Einführung des *fakultativen Staatsvertragsreferendums* (BV 1874 Art. 89 Abs. 3, ursprüngliche Fassung; vgl. heute BV 141).
- 1949: Direktdemokratische Disziplinierung des sog. *Dringlichkeitsrechts* (BV 1874 Art. 89bis; vgl. heute BV 165).
- 1977: *Erweiterung* des fakultativen *Staatsvertragsreferendums* und Einführung des *obligatorischen* Referendums betreffend den Beitritt zu supranationalen Gemeinschaften und Organisationen für kollektive Sicherheit (BV 1874 Art. 89 Abs. 3–5; heute BV 140 und 141).
- 2003: *Verfeinerung* des Staatsvertragsreferendums (BV 141); Ersetzung der Verfassungsinitiative in der Form der allgemeinen Anregung durch die *allgemeine Volksinitiative* (BV 139a, nicht in Kraft; Schicksal ungewiss).

Verschiedene Ausbauvorschläge wurden von Volk und Ständen abgelehnt, so unter anderem die Einführung des (in einzelnen Kantonen bestehenden) konstruktiven Gesetzesreferendums (2000), des Rüstungsreferendums (1987) oder der Volkswahl der Mitglieder des Bundesrates (1900 und 1942).

4   *Bedeutung für das politische System:* Von den weltweit 728 Volksabstimmungen, die im Zeitraum zwischen 1900 und 1993 auf nationaler Ebene durchgeführt wurden, entfielen 357 auf die Schweiz (DAVID BUTLER/AUSTIN RANNEY, Referendums Around the World, 1994); gemäss Aufstellung der Bundeskanzlei ist man mittlerweile bei 542 eidgenössischen Abstimmungsvorlagen angelangt (Stand Januar 2007; vgl. auch TRECHSEL, 460). Die Volksrechte bewirken, dass die Stimmberechtigten auch zwischen den Parlamentswahlen direkten Einfluss auf den Gang der Politik nehmen können; dies im Rahmen von jährlich drei bis vier eidgenössischen Abstimmungsterminen (mit gewöhnlich 1–5 Vorlagen; im Mai 2003: 9). Die *Stimmbeteiligung* schwankt stark. Im Zeitraum 1971–2003 lag sie durchschnittlich bei etwas über 40% (bei den Nationalratswahlen in jüngerer Zeit zwischen 42% und 46%). Die Extremwerte lieferten einerseits (nicht zufällig) die polarisierende Abstimmung vom 6.12.1992 über den EWR-Beitritt mit rund 78%, andererseits (ausgerechnet) die Abstimmung vom 9.2.2003 über die Reform der Volksrechte mit gerade 28,7% (BBl 2003 3111; im Kanton Wallis sogar lediglich 14,75%) und die Abstimmung vom 21.5.2006 über die Neuordnung der Verfassungsbestimmungen zur Bildung mit 27,2%. Die vergleichsweise geringe Stimm- und Wahlbeteiligung mag zwar unerfreulich sein, ist jedoch nicht als krisenhaft zu taxieren. Es kommt darin auch ein noch immer beträchtliches Vertrauen der Bürgerinnen und Bürger in die Institutionen zum Ausdruck. Nur gegen einen kleinen Bruchteil aller referendumspflichtigen Parlamentsbeschlüsse wird das Referendum ergriffen; in rund 57% der Fälle wurde die Referendumsvorlage in der Volksabstimmung angenommen (vgl. BBl 2001 4814 f.). Über 70% der Abstimmungen sind auf obligatorische Vorlagen (inkl. Volksinitiativen) zurückzuführen. In mehr als drei Viertel der Fälle ging die Abstimmung hier im Sinne der Bundesbehörden aus. Insgesamt folgen die Stimmberechtigten bei rund sieben von zehn Vorlagen den Bundesbehörden (AUBERT, Comm., Art. 141 N 16; vgl. auch N 8 zu BV 142).

5 *Indirekte Wirkungen:* Auch wenn die Erfolgsquote bei den zur Abstimmung gelangenden Volksinitiativen gering ist (rund 10%) und nur gegen einen kleinen Bruchteil der referendumspflichtigen Parlamentsbeschlüsse das Referendum ergriffen wird, sind die Mitwirkungsrechte des Volkes von grösster Bedeutung für das Funktionieren der verfassungsrechtlichen Institutionen und des politischen Systems. Grund dafür sind die vielschichtigen *indirekten Wirkungen* (eingehend RHINOW, Grundzüge, 325 ff.; LINDER, Schweizerische Demokratie, 241 ff.). Referendum und Volksinitiative (typischerweise als «Bremse» bzw. «Motor» der Rechtsentwicklung wirkend) haben massgeblich Anteil an der allmählichen Herausbildung der heutigen schweizerischen *Konkordanzdemokratie*, welche nach möglichst breit abgestützten Kompromisslösungen sucht.

6 *Direkte Demokratie und Aussenpolitik:* Besonders auffallend sind im internationalen Vergleich die ausgedehnten Mitwirkungsrechte des Volkes in Fragen der *Aussenpolitik*, sonst oft eine Domäne der Regierungen. Es gibt wohl weltweit keinen anderen Staat, dessen Aussen- bzw. Vertragspolitik (die auf Aussenstehende mitunter etwas zögerlich wirken mag) derart stark demokratisch abgestützt ist. Gegenstand von Volksabstimmungen waren u.a.:

- 1920 (6.5.): Genehmigung des Beitritts der Schweiz zum Völkerbund.
- 1986 (16.3.): Ablehnung des Beitritts zur UNO (Stimmenverhältnis 3 zu 1).
- 1992 (17.5.): Genehmigung des Beitritts zu IWF und Weltbank.
- 1992 (6.12.): Ablehnung des Beitritts zum Europäischen Wirtschaftsraum.
- 2000 (21.5.): Genehmigung der sog. Bilateralen Verträge I mit der EG/EU.
- 2001 (4.3.): Ablehnung der Volksinitiative «Ja zu Europa!».
- 2002 (3.3.): Gutheissung des Beitritts zur UNO (Volksinitiative).
- 2005 (5.6.): Genehmigung der Abkommen zu «Schengen» und «Dublin».
- 2005 (25.9.): Genehmigung der FZA-Ausdehnung (zehn neue EU-Staaten).
- 2006 (26.11.): Gutheissung des BG vom 24.3.2006 über die Zusammenarbeit mit den Staaten Osteuropas (und damit indirekt der «Kohäsionsmilliarde» zu Gunsten neuer EU-Mitgliedstaaten).

Trotz ausgebauter direkter Demokratie bewirkt die Verlagerung rechtlicher Regelungen auf die internationale Ebene auch in der Schweiz eine Stärkung der Exekutive und eine Schwächung der Legislative (und damit der Einflussnahmemöglichkeiten der Stimmberechtigten). – Zur Frage der Auswirkungen eines allfälligen EU-Beitritts auf das Instrumentarium der direkten Demokratie vgl. z.B. Europabericht 2006, BBl 2006 6941 ff.; THÜRER, SZIER 2005, 21 ff.

7 *Verantwortung und Engagement:* Die Volksrechte machen die Staatsleitung und das Regieren nicht einfacher. Die Referendumsdemokratie verlangt von den politischen Behörden eine hohe Bereitschaft, permanent Überzeugungsarbeit zu leisten. Umgekehrt scheint bei den Schweizer Stimmberechtigten ein nicht geringes Mass an Lernbereitschaft und Verantwortungsbewusstsein zu bestehen. Ein Beispiel, mit dem man nicht nur ausländische Beobachter beeindrucken kann, ist die Mehrwertsteuer-Volksabstimmung vom 28.11.1993: Vor die Wahl gestellt, ob beim Wechsel von der alten Warenumsatzsteuer (WuSt) zur MWST der Normalsatz bei 6,2% bleiben oder auf 6,5% angehoben werden soll, entschieden sich die Stimmberechtigten im Verhältnis von 58% zu 42% für den höheren Satz. Die «Fähigkeit und Bereit-

schaft [des Einzelnen] zur politischen Autonomie» (TSCHANNEN, Staatsrecht, 380) – als zentrale Funktionsbedingung der Demokratie – ist nicht *per se* vorhanden, weshalb die Verfassung dem staatlichen Engagement im Bildungsbereich zu Recht einen hohen Stellenwert beimisst (vgl. BV 41 Abs. 1 Bst. f und g, BV 61a ff.). Neuere ökonomische Untersuchungen kommen zum Schluss, dass ausgebaute direktdemokratische Mitwirkungsrechte die Lebenszufriedenheit der Bürgerinnen und Bürger erhöhen (vgl. ALOIS STUTZER, Eine ökonomische Analyse menschlichen Wohlbefindens, Zürich 2003, 151 ff.).

8 *Problem der Chancengleichheit:* Die direkte Demokratie kostet Geld. Nach neueren Schätzungen dürften pro gesammelte Unterschrift Unkosten zwischen 2 und 6 Franken anfallen, so dass für die Lancierung einer eidgenössischen Volksinitiative mit einem Betrag zwischen 200'000 und 600'000 Franken zu rechnen ist, bei einem Referendum etwa mit der Hälfte. Manche Komitees entrichten den Unterschriftensammlern ein Entgelt pro beglaubigte Unterschrift. Hinzu kommen die Kosten des eigentlichen Abstimmungskampfes (vgl. LINDER, Schweizerische Demokratie, 273; TSCHANNEN, Stimmrecht, 291 f.). Dass nicht allen politisch aktiven Kreisen Mittel im selben Umfang zu Verfügung stehen, ist unbestritten. Inwieweit diese Tatsache unter dem Aspekt des Rechtsgleichheitsgebotes (BV 8), der Chancengleichheit (BV 2 Abs. 3) und der freien, unverfälschten Willensbildung (BV 34) staatliche Massnahmen als ratsam, ja geboten erscheinen lässt, ist heute verfassungsrechtlich noch kaum geklärt. Auf politischer Ebene wurden verschiedentlich, wenn auch bisher ohne Erfolg, Vorschläge gemacht, die darauf abzielten, eine gewisse Transparenz in Bezug auf Herkunft und Umfang der Mittel herzustellen (vgl. etwa den Bericht der SPK-N vom 21.2.2003, BBl 2003 3916 ff., zur parlamentarischen Initiative A. Gross, «Abstimmungskampagnen. Offenlegung höherer Beiträge»). Zu den Aufwendungen des Bundes im Zusammenhang mit Volksabstimmungen und allgemeiner Informationstätigkeit vgl. BBl 2005 4397 f.; spezielle Kredite wurden im Hinblick auf folgende Abstimmungen gesprochen: EWR: 6 Mio., Bilaterale I: 1,6 Mio., UNO-Beitritt: 1,2 Mio. Franken.

9 *Volksrechte und repräsentative Demokratie:* Angesichts des umfangreichen direktdemokratischen Instrumentariums neigt man in der Schweiz dazu, die Bedeutung der *parlamentarisch-repräsentativen Strukturen*, auf denen die Verfassungsordnung des Bundes aufbaut, zu unterschätzen. Die Instrumente der direkten Demokratie sind als *Korrektiv* und *Ergänzung* zum parlamentarischen Handeln (oder Nichthandeln) entstanden. Sie wären ohne parlamentarisch-institutionellen «Unterbau» nicht funktionsfähig.

10 *Rechtsstaatliche Einbindung:* Die Frage nach den rechtsstaatlichen Grenzen der Demokratie findet in Rechtslehre und Rechtsprechung (vgl. BGE 129 I 217; BGE 129 I 232) gewöhnlich die nötige Aufmerksamkeit; dies im Unterschied zur politischen Praxis, wo man gelegentlich dazu neigt, das «Volk» (als «Souverän») über Rechtsstaatlichkeit und Grundrechte zu stellen.

11 *Einbahnstrasse?* Beim Weg von der repräsentativen zur halbdirekten Demokratie schweizerischer Prägung scheint es sich mehr oder weniger um eine «Einbahnstrasse» zu handeln: Volksrechte wurden eingeführt, weiterentwickelt, gegebenenfalls an veränderte Verhältnisse angepasst (z.B. 1977: Erhöhung der Unterschriftenzahlen nach Einführung des Frauenstimmrechts), doch kam es bisher noch zu keiner Reform, bei der ein Volksrecht ersatzlos abgeschafft worden wäre (vgl. N 12 sowie N 1 zu BV 139a). Vorschläge für Erweiterungen der direkten Demokratie sind daher stets sorgfältig auf ihre Auswirkungen auf das politische Sys-

tem hin zu prüfen. Volk und Stände lehnten schon mehrfach eine Ausweitung der eigenen Rechte ab (N 3).

12 *Nachführung und Reform der Volksrechte:* Der Titel «Volk und Stände» war Gegenstand zum einen der «Verfassungsnachführung» (Vorlage A), zum anderen der vom Bundesrat gleichzeitig vorgelegten Reformvorlage «Volksrechte» (Vorlage B; vgl. Botsch. BV, 436 ff.). Letztere scheiterte im Sommer 1999 in den Räten, dies nicht zuletzt wegen der Verknüpfung der inhaltlichen Neuerungen mit einer Erhöhung der Unterschriftenzahlen. Nach dem Nationalrat trat am 30.8.1999 auch der Ständerat, trotz grundsätzlicher Bejahung des Reformbedarfs, auf die (Totalrevisions-)Vorlage nicht ein (AB 1999 S 609 ff.), womit die Konsequenzen des BV 1874 Art. 120 (heute BV 193: Volksabstimmung, allenfalls Neuwahl beider Räte) vermieden werden konnten. Ausgehend von einer Parlamentarischen Initiative der SPK-S («Beseitigung von Mängeln der Volksrechte»; vgl. Bericht vom 2.4.2001, BBl 2001 4803 ff.) verabschiedete die Bundesversammlung am 4.10.2002 eine reduzierte eigene (Partialrevisions-)Vorlage (BBl 2002 6485; BBl 2001 4839 ff.), welche von Volk und Ständen in der Volksabstimmung vom 9.2.2003 gutgeheissen wurde. Auf eine Erhöhung der Unterschriftenzahlen sowie auf die Einführung einer Kantonsinitiative wurde verzichtet (N 2 zu BV 138; AB 2002 N 398 ff.; zu weiteren geprüften, aber verworfenen Neuerungen vgl. BBl 2001 4828 ff.). Die direkt anwendbaren Teile der Reformvorlage stehen seit dem 1.8.2003 in Kraft (AS 2003 1952). Die Bestimmung über die allgemeine Volksinitiative (BV 139a) und einige damit verbundene Anpassungen (BV 139b Abs. 1, BV 140 Abs. 2 Bst. a.bis und Bst. b, BV 156 Abs. 3 Bst. b und c) sind noch nicht in Kraft. Wegen der (durchaus absehbaren) Umsetzungsschwierigkeiten (vgl. N 1 zu BV 139a) zeichnet sich die Abschaffung des neuen Instruments – vor der förmlichen Einführung! – ab (vgl. AB 2006 N 1972; AB 2007 S 219: Nichteintreten auf die Ausführungsgesetzgebung).

Literaturhinweise

AUBERT JEAN-FRANÇOIS, Considérations sur la réforme des droits populaires fédéraux, ZSR 1994 I 295 ff.; BIAGGINI GIOVANNI, Ausgestaltung und Entwicklungsperspektiven des demokratischen Prinzips in der Schweiz, in: Hartmut Bauer u.a. (Hrsg.), Demokratie in Europa, Tübingen 2005, 107 ff.; GRISEL ETIENNE, Initiative et référendum populaires, 3. Aufl., Bern 2004; DERS., Les droits populaires au niveau fédéral, VRdCH, 383 ff.; KRIESI HANSPETER, Direct Democratic Choice, Lanham 2005; LINDER WOLF, Schweizerische Demokratie, 2. Aufl., Bern usw. 2005; LOMBARDI ALDO, Volksrechte und Bundesbehörden in der neuen Bundesverfassung, AJP 1999, 706 ff.; RHINOW RENÉ, Grundprobleme der schweizerischen Demokratie, ZSR 1984 II, 111 ff.; TANQUEREL THIERRY, Les fondements démocratiques de la Constitution, VRdCH, 301 ff.; THÜRER DANIEL, Verfassungsfragen rund um einen Beitritt der Schweiz zur Europäischen Union, SZIER 2005, 21 ff.; TRECHSEL ALEXANDER H., Volksabstimmungen, in: Klöti et al., 459 ff.; TSCHANNEN PIERRE, Stimmrecht und politische Verständigung, Bern 1995.

1. Kapitel: Allgemeine Bestimmungen

Art. 136 Politische Rechte

¹ Die politischen Rechte in Bundessachen stehen allen Schweizerinnen und Schweizern zu, die das 18. Altersjahr zurückgelegt haben und die nicht wegen Geisteskrankheit oder Geistesschwäche entmündigt sind. Alle haben die gleichen politischen Rechte und Pflichten.

² Sie können an den Nationalratswahlen und an den Abstimmungen des Bundes teilnehmen sowie Volksinitiativen und Referenden in Bundesangelegenheiten ergreifen und unterzeichnen.

1 Die Bestimmung führt im Wesentlichen BV 1874 Art. 74 nach. Neu wird das – früher weite (ursprünglich den Kantonen überlassene, BV 1848 Art. 63; BV 1874 Art. 74) – Feld der Ausschlussgründe durch die BV selbst klar begrenzt (N 4).

2 Die Zusammensetzung der Aktivbürgerschaft erfuhr mehrere Änderungen. Den Ausgangspunkt bildete 1848 das *allgemeine* (Männer-)Wahl- und Stimmrecht (mit Stimmrechtsalter 20). 1966 wurde die Verfassungsgrundlage für die Ausdehnung auf Auslandschweizer geschaffen (vgl. N 6 zu BV 40; BG vom 19.12.1975 über die politischen Rechte der Auslandschweizer). Erst 1971 wurde im Bund das *Frauenstimm- und -wahlrecht* eingeführt (im Verhältnis 2:1 bei 15½ gegen 6½ Ständestimmen, nachdem 1959 ein erster Anlauf gescheitert war). 1991 erfolgte die Ausdehnung auf die 18- und 19-Jährigen (nachdem dieser Schritt in der Volksabstimmung vom 18.2.1979 noch verworfen worden war). Die Bevölkerungszunahme und die Einführung des Frauenstimmrechts waren Anlass für die 1977 beschlossene Erhöhung der Unterschriftenzahlen für Referenden (50'000 statt 30'000) und Volksinitiativen (100'000 statt 50'000). Verschiedene Kantone hatten das Frauenstimmrecht schon vor 1971 eingeführt; die übrigen sollten bald folgen – mit Ausnahme des (Landsgemeinde-)Kantons Appenzell Innerrhoden, den schliesslich das Bundesgericht im Aufsehen erregenden Urteil *Rohner* zur Einführung zwingen musste (BGE 116 Ia 359; dazu GIOVANNI BIAGGINI, Die Einführung des Frauenstimmrechts im Kanton Appenzell I.Rh. kraft bundesgerichtlicher Verfassungsinterpretation, recht 1992, 65 ff.).

3 *Funktion:* In Botsch. BV, 358, als «Grundsatzbestimmung» bezeichnet, dient BV 136 in erster Linie dazu, *Inhalt und Träger* der politischen Rechte im Bund näher zu bestimmen. – Zum Begriff der *politischen Rechte* und zu ihrer grundrechtlichen Absicherung vgl. N 2 vor BV 136 und N 5 zu BV 34. Zum aktuellen Umfang im Bund vgl. Abs. 2 (N 8).

4 *Voraussetzungen:* BV 136 nennt *abschliessend* drei Voraussetzungen, denen je ein gewisser (letztlich nicht vermeidbarer) Schematismus eigen ist:
– *Schweizer Bürgerrecht.* Die gelegentlich diskutierte Einführung des Stimmrechts für Ausländer (die von Abstimmungsvorlagen gewöhnlich nicht weniger betroffen sind als Schweizer) bedürfte einer BV-Revision;

- *vollendetes 18. Altersjahr.* Entscheidend ist nicht die politische Urteilskraft, sondern ein formales Kriterium. Anders als in vielen ausländischen Verfassungsordnungen kennt man im Bund beim passiven Wahlrecht keine höheren Altersgrenzen (BV 143);
- *keine Entmündigung wegen Geisteskrankheit oder Geistesschwäche.* BV 136 hebt die seit 1978 geltende (bundes-)gesetzliche Regel auf Verfassungsstufe (BPR 2, aufgehoben durch BG vom 21.6.2002). Gemeint sind die Fälle, die durch ZGB 369 – eine Art «Vorweg-Konkretisierung» von BV 136 – erfasst werden. Andere Bevormundungsfälle dürfen für die politischen Rechte der Betroffenen keine Folgen haben.

Das gesetzliche Erfordernis der Eintragung im Stimmregister (BPR 4; zu Besonderheiten beim passiven Wahlrecht vgl. N 5 zu BV 143) ist durch BV 39 gedeckt, in Bezug auf die Auslandschweizer durch BV 40.

5   *Statistisches:* Die Zahl der Stimmberechtigten beträgt heute gut 4,86 Mio., darunter rund 110'000 eingetragene Auslandschweizer (vgl. N 3 zu BV 40). Der Anteil der Stimmberechtigten an der Gesamtbevölkerung (rund 7,5 Mio.) liegt bei rund 65 Prozent.

6   *«in Bundessachen»:* Die Regelung der politischen Rechte in kantonalen (und kommunalen) Angelegenheiten bleibt den Kantonen überlassen (BV 39). In Bezug auf Alter und Ausschlussgründe ist eine gewisse Sogwirkung der «Bundeslösung» (BV 136) nicht zu übersehen.

7   Die *demokratische Gleichheit* wird in Abs. 1 gleich doppelt betont: einmal allgemein (Satz 2), einmal, historisch bedingt (N 2), geschlechtsbezogen (Satz 1). Die «gleichen Pflichten» – weder BV noch BPR kennen Pflichten – werden aus «Gründen der Symmetrie» erwähnt (so Botsch. BV, 359), was, so ist zu hoffen, nicht zu einer neuen Maxime der Legistik wird. Praxis und Lehre erachten das Statuieren einer Stimmpflicht in *eidgenössischen* Angelegenheiten durch einen *Kanton* für zulässig (vgl. KLEY, SG-Komm., Art. 136, N 7), obwohl sich dies schlecht mit der Idee der (bundesweiten) demokratischen Gleichheit und mit dem Wortlaut von Abs. 2 («können») verträgt. Zu verfassungsimmanenten Relativierungen der Gleichheit vgl. N 16 zu BV 149.

8   *Abs. 2:* Die Aufzählung hat keine eigenständige Bedeutung. Die Rechte im Einzelnen ergeben sich aus gesonderten Verfassungsbestimmungen (i.V.m. der näher ausführenden Gesetzgebung, insb. BPR); für die Nationalratswahlen: BV 149; für Abstimmungen des Bundes: BV 140–142; für das Ergreifen bzw. Unterzeichnen von Volksinitiativen und Referenden: BV 138–139a und BV 141. – Zum Grund für das Fehlen der Ständeratswahlen N 6 zu BV 150.

Art. 137   Politische Parteien

Die politischen Parteien wirken an der Meinungs- und Willensbildung des Volkes mit.

1   Die Bestimmung, die in der BV 1874 keine Vorläuferin hat, geht auf einen Vorschlag des Bundesrates im Rahmen der Reformvorlage «Volksrechte» (N 12 vor BV 136) zurück (VE 96 Art. 127bis Abs. 1), den die Bundesversammlung in die «nachgeführte» Verfassung transferierte, um die wichtige Rolle der Parteien im politischen Prozess zu verdeutlichen.

2 Als *politische Parteien* bezeichnet man frei gebildete privatrechtliche Vereinigungen, deren hauptsächlicher Zweck darin besteht, sich mit Kandidaten an Wahlen zu beteiligen und in Legislativen und Exekutiven Einsitz zu nehmen, um dort eine bestimmte politische Richtung zu vertreten. In der Schweiz kommt die Mitwirkung an der Meinungs- und Willensbildung des Volkes im Zusammenhang mit Sachentscheidungen hinzu (Volksabstimmungen über Referenden und Initiativen). Obschon auch hierzulande Anzeichen einer «Parteienstaatlichkeit» feststellbar sind (vgl. RHINOW, 84 ff.), fehlte bis vor kurzem eine bundesrechtliche Legaldefinition. Die (Parlaments-)Verordnung vom 13.12.2002 über das Parteienregister (SR 161.15) bestimmt nunmehr lapidar: «Als politische Partei [...] gilt ein Verein, der auf Grund seiner Statuten vornehmlich politische Zwecke verfolgt.» (Art. 2; vgl. BGE 129 II 305, 309).

3 *Funktion und Inhalt:* BV 137 hat, wenn überhaupt, nur geringe normative Substanz. Aus der «verfassungsrechtlichen Verankerung» der Parteien lassen sich keine Rechte oder Pflichten ableiten; es sei denn für die Behörden im Sinne einer (allerdings vagen) Rücksichtnahmepflicht, als deren gesetzlichen Ausdruck man etwa den neu redigierten BPR 10 (i.d.F. vom 21.6.2002) ansehen kann (der vom Bundesrat verlangt, bei der Festlegung der Regeln zur Bestimmung der Abstimmungstage u.a. den Bedürfnissen der Parteien Rechnung zu tragen). Aus BV 137 erwächst den politischen Parteien insb. keine Mitwirkungspflicht. Der Indikativ («wirken mit») ist, entgegen sonstigem juristischem Sprachgebrauch, für einmal nicht befehlend gemeint, sondern in erster Linie konstatierend-beschreibend (allenfalls «einladend»).

4 *Fehlen einer besonderen Parteienfreiheit:* Die Bundesverfassung kennt, wie schon ihre Vorgängerinnen, keine besondere Parteienfreiheit. Die politischen Parteien stehen unter dem Schutz der *Vereinsfreiheit* (BV 23; vgl. BGE 96 I 219, 224), unter Umständen auch weiterer Grundrechte (z.B. BV 8, 16, 22, 34).

5 *Parteiengesetzgebung:* Das freiheitlich-demokratisch ausgestaltete Vereinsrecht (ZGB 60 ff.) liess bisher eine Spezialgesetzgebung entbehrlich erscheinen. Allgemein widmet die Gesetzgebung den politischen Parteien wenig Aufmerksamkeit. Selbst bei der Regelung der Nationalratswahlen (die als Proporzwahlen ohne Parteien gar nicht durchführbar wären) wurde der Begriff «Partei» lange Zeit gemieden – wenn auch nicht mit letzter Konsequenz (vgl. BPR 39 i.d.F. vom 18.3.1994: «Parteistimmen»; vgl. jetzt BPR 24 und 56, wo sogar vom «Vorstand der kantonalen Partei» die Rede ist). Seit kurzem wird bei der Bundeskanzlei ein Parteienregister geführt (BPR 76a). Die Registrierung ist Voraussetzung für gewisse administrative Erleichterungen im Vorfeld der Nationalratswahlen (BPR 24 i.d.F. vom 21.6.2002).

6 *Parteienfinanzierung:* Eine direkte staatliche Parteienfinanzierung gibt es auf Bundesebene nicht, auf kantonaler Ebene nur vereinzelt und in bescheidenem Rahmen (vgl. BGE 124 I 55 ff. betreffend Wahlkampfkostenerstattung in FR; vgl. auch den bundesrätlichen Bericht über die Unterstützung der Parteien, BBl 1989 I 125 ff.). Umgekehrt besteht im Bereich der Parteifinanzen heute kaum staatliche Kontrolle. BV 137 bietet keine Grundlage für eine staatliche Parteienfinanzierung. Doch darf daraus (und aus dem Verzicht auf den vom Bundesrat im Rahmen der Reform der Volksrechte vorgeschlagenen Gesetzgebungsauftrag, VE 96 Art. 127bis Abs. 1) nicht gefolgert werden (ebenso AUBERT, Comm., Art. 137, N 4 ff.), dass der Bund überhaupt keine Kompetenz für den Erlass von Vorschriften betreffend Unterstützung der Parteien besitzt (z.B. in Form einer Wahlkampfkostenerstattung). – Auf Bundesebene haben die *Fraktionen* der Bundesversammlung, die als Parlamentsorgane klar von den

Parteien unterschieden werden müssen (vgl. N 3 zu BV 154), gesetzliche Ansprüche auf gewisse finanzielle Leistungen (vgl. PRG 12, SR 171.21).

7 *Parteienverbote* sind heute keine (mehr) in Kraft (zu früheren Verboten vgl. N 17 zu BV 23). Das Bundesrecht kennt nicht einmal ein spezifisches Verbotsverfahren, sondern nur das allgemeine vereinsrechtliche Prozedere der gerichtlichen Auflösung auf (behördliche) Klage hin (ZGB 78).

Literaturhinweise (vgl. auch die Hinweise vor BV 136)

BALMELLI TIZIANO, Le financement des partis politiques et des campagnes électorales, Fribourg 2001; LADNER ANDREAS, Politische Parteien, in: Klöti et al., 317 ff.; RHINOW RENÉ, Parteienstaatlichkeit – Krisensymptome des demokratischen Verfassungsstaates?, VVDStRL 44 (1986), 84 ff.; SCHIESS RÜTIMANN PATRICIA, Art. 137 BV, die politische Gleichheit und das Parteienregister, ZBl 2006, 505 ff.; SCHMID GERHARD, Politische Parteien, Verfassung und Gesetz, Basel/Frankfurt a.M. 1981.

2. Kapitel: Initiative und Referendum

1 Das 2. Kapitel befasst sich mit den Mitwirkungsmöglichkeiten der Stimmberechtigten bei *Sachentscheidungen* des Bundes (Instrumentarium der direkten Demokratie). Zu den politischen Rechten vgl. auch BV 34, 39, 136, 149 und 150. – Zur Reform der Volksrechte vgl. N 12 vor BV 136.

2 *Initiative:* Gemeint ist die *Volks*initiative (zum anders gelagerten Initiativrecht anderer Organe vgl. BV 160). Diese verschafft einer bestimmten Zahl von Stimmberechtigten (d.h. einem blossen *Teil* des Volkes) das Recht, eine Volksabstimmung über eine bestimmte Frage zu verlangen. Das Schicksal der Volksinitiative entscheidet sich typischerweise an der *Urne*, nicht (wie z.B. in Österreich) im Parlament. Die Volksinitiative ist, wie FRITZ FLEINER treffend formulierte, nicht nur ein «Antrag aus dem Volk, sondern auch ein solcher an das Volk» (BuStR, 398). Auf Bundesebene bestehen zwei Haupttypen:

– Volksinitiative auf *Totalrevision* der *Bundesverfassung* (BV 138);
– Volksinitiative auf *Teilrevision* (auch: Partialrevision) der *Bundesverfassung* (BV 139), und zwar in der (beliebten) Form des *ausgearbeiteten Entwurfs* (BV 139 i.d.F. vom 9.2.2003) und in der (unattraktiven) Form der *allgemeinen Anregung* (BV 139 i.d.F. vom 18.4.1999, Aufhebung am 9.2.2003 beschlossen, noch in Kraft; vgl. N 1 zu BV 139a).

Zur Abgrenzung von Total- und Teilrevision: vgl. N 4 ff. zu BV 192.

3 *Referendum:* Der Begriff bezeichnet im schweizerischen Sprachgebrauch einerseits ein Volksrecht (Recht, eine Abstimmung über eine Sachvorlage zu verlangen bzw. dazu an der Urne Stellung nehmen zu können), andererseits die damit verbundene Abstimmung. Die BV unterscheidet *obligatorische* und *fakultative* Referenden (BV 140–141a) mit je mehreren Unterformen. Auf Bundesebene kennt man keine bloss konsultativen Referenden. Gegenstand ist stets entweder ein Akt der *Bundesversammlung* (BB, BG; Ausnahme: gegensätzliche Beschlüsse der beiden Räte betreffend BV-Totalrevision, vgl. BV 140 Abs. 2 Bst. c) oder eine

Volksinitiative, nie jedoch ein Akt der Regierung. Gemeinsam ist allen Formen, dass die Durchführung der Volksabstimmung nicht (wie vielfach in anderen Verfassungsordnungen) im Belieben von Parlament oder Regierung liegt, sondern vom Aktivwerden der Stimmberechtigten (allenfalls der Kantone) abhängt (BV 141) oder aber von Verfassungsrechts wegen vorgegeben ist (BV 140). Der (vorbelastete) Begriff «Plebiszit» sollte im Kontext von BV 138 ff. vermieden werden.

Art. 138 Volksinitiative auf Totalrevision der Bundesverfassung

¹ 100 000 Stimmberechtigte können innert 18 Monaten seit der amtlichen Veröffentlichung ihrer Initiative eine Totalrevision der Bundesverfassung vorschlagen.[1]
² Dieses Begehren ist dem Volk zur Abstimmung zu unterbreiten.

1 *Ursprung:* Das Institut der Volksinitiative auf Revision der Bundesverfassung geht auf die Bundesstaatsgründung zurück. In der BV 1848 wurde allerdings noch nicht zwischen Total- und Teilrevision unterschieden. BV 1848 Art. 113 sah für «die Revision» ein mehrstufiges Verfahren vor, ähnlich dem heute in BV 193 für die Totalrevision vorgesehenen Verfahren: Vorabstimmung betreffend das «Ob»; bejahendenfalls: Neuwahl der Räte usw. Die eigentliche Geburtsstunde der Volksinitiative auf *Totalrevision* ist die Revision des 3. Abschnitts der BV 1874 im Jahr 1891 (mit welcher zugleich die Volksinitiative auf *Partialrevision* eingeführt wurde; vgl. N 1 zu BV 139).

2 *Entwicklung:* Die heutige Unterschriftenzahl geht auf das Jahr 1977 zurück (vgl. N 2 zu BV 136, N 11 vor BV 136). Mit dem BB über die Änderung der Volksrechte (AS 2003 1949) wurde die zuvor nur gesetzlich festgelegte Sammelfrist von 18 Monaten (mit Wirkung ab 1.8.2003) verfassungsrechtlich fixiert. – Die im Rahmen der Volksrechtsreform vom Ständerat zunächst gutgeheissene (und vom Bundesrat unterstützte) Ausdehnung des Initiativrechts auf acht Kantone fand im Nationalrat keine Mehrheit (vgl. AB 2002 N 404 ff., S 530 ff.).

3 *Praxis:* Das Verfahren der Totalrevision ist (nicht ohne Grund) recht schwerfällig. Seit 1891 ist nur eine Volksinitiative auf Totalrevision zustande gekommen: die am 5.9.1934 (von der Nationalen Tatgemeinschaft) eingereichte sog. *Frontisten-Initiative* (vgl. Bericht des Bundesrates an die Bundesversammlung vom 8.11.1934 über das Volksbegehren auf Totalrevision der Bundesverfassung, BBl 1934 III 593 ff.). Obwohl das Begehren einzig die Totalrevision verlangte (und keine inhaltliche Richtlinie enthielt), war die (korporatistisch-autoritäre) Stossrichtung angesichts der treibenden Kräfte klar (vgl. KÖLZ, Verfassungsgeschichte II, 760 f.). Die Volksinitiative wurde in der Vorabstimmung vom 8.9.1935 mit rund 512'000 gegen rund 196'000 Stimmen deutlich verworfen (BBl 1935 II 445). – Noch unter dem alten Regime (N 1) wurde in der Vorabstimmung vom 31.10.1880 ein Revisionsbegehren abgelehnt, das nicht auf eine Totalrevision, sondern (nur) auf die Einführung des Banknotenmonopols zielte

---

1 Angenommen in der Volksabstimmung vom 9. Febr. 2003, in Kraft seit 1. Aug. 2003 (BB vom 4. Okt. 2002, BRB vom 25. März 2003, BB vom 19. Juni 2003 – AS 2003 1949 1953; BBl 2001 4803 6080, 2002 6485, 2003 3111 3954 3960).

(BBl 1880 IV 499; die Bundesversammlung hatte das Begehren auf die Frage reduziert: «Soll eine Revision der Bundesverfassung stattfinden?»; vgl. BBl 1880 III 693 ff.; vgl. auch N 1 zu BV 99). Eine am 11.3.2002 lancierte Volksinitiative «für die vollständige Erneuerung der Bundesverfassung durch das neue Parlament (initiative frühling)» scheiterte im Sammelstadium (BBl 2003 6811, BBl 2002 2685).

Voraussetzungen (Abs. 1)

4   Zum Begriff der *Stimmberechtigten* vgl. N 2 vor BV 136. Zum Begriff der *Totalrevision* (in Abgrenzung zur Teilrevision) vgl. N 4 ff. zu BV 192. – Die Zahl von 100'000 Unterschriften entspricht rund 2,06% der Stimmberechtigten insgesamt (rund 4,86 Mio., BBl 2006 1062). In den Kantonen liegt die Quote meist höher (BE: 4,32%; UR: 2,34%; grosszügiger z.B. ZH: 0,73%).

5   Zu den einzelnen *Verfahrensschritten:* Die Regelung im BPR enthält keine spezifischen Bestimmungen für die Volksinitiative auf Totalrevision. Es kommen die allgemeinen (auf die Partialrevision zugeschnittenen) Regeln zur Anwendung (BPR 68 ff.; vgl. HANGARTNER/KLEY, 324), soweit nicht die Eigenart der Totalrevisionsinitiative Abweichungen erfordert: Formierung eines Initiativkomitees, Vorprüfung der Unterschriftenliste durch die Bundeskanzlei, Veröffentlichung von Titel und Text im Bundesblatt (auf Verlangen auch in rätoromanischer Sprache, vgl. BBl 2002 2688), Einreichung und Feststellung des Zustandekommens, allfälliger Rückzug (zulässig wohl auch hier bis zur Festsetzung der Volksabstimmung durch den Bundesrat, BPR 73 Abs. 2), Volksabstimmung (BV 138 Abs. 2); bei einer Zustimmung des Volkes (kein Ständemehr erforderlich): Verfahren nach BV 193 Abs. 3 (siehe dort N 8 f.).

6   Nicht klar geregelt ist die *Phase zwischen dem Zustandekommen und der Volksabstimmung* (BV 138 Abs. 2). ParlG 96 scheint der Bundesversammlung eine bloss formale Rolle zuzuweisen. Aus den Materialien geht indes hervor, dass die Bundesversammlung befugt sein soll, eine *Abstimmungsempfehlung* abzugeben (SPK-N, Bericht ParlG, BBl 2001 3572; anders noch GVG 1962 Art. 25). Behandlungs- oder Abstimmungsfristen sind im Gesetz nicht vorgesehen (ParlG 96), was wohl so zu deuten ist, dass ohne Verzug vorzugehen ist (und die in ParlG 97 ff., 103 vorgesehenen Fristen nicht ausgeschöpft werden dürfen). Keine letzte Klarheit besteht in Bezug auf die *Gültigkeitsprüfung* (vgl. N 8).

Inhalt des Begehrens und Frage der Gültigkeitsprüfung

7   *Inhalt:* Einigkeit besteht darin, dass das Begehren keine ausformulierte Verfassungsvorlage enthalten darf (vgl. AUBERT, Comm., Art. 138, N 13). Unzutreffend ist allerdings der häufig gezogene Umkehrschluss, die Volksinitiative auf Totalrevision sei daher in die Form der allgemeinen Anregung zu kleiden (so z.B. LOMBARDI, SG-Komm., Art. 138, N 10; vgl. auch Botsch. BV, 360; wie hier: HANGARTNER/KLEY, 323; anders *de constitutione ferenda* Art. 84 der Modellstudie EJPD von 1985). Dies wird deutlich, wenn man sich vertieft mit der (kontrovers diskutierten) Frage nach dem zulässigen Inhalt befasst:

   – Ein Teil der Lehre hält es für zulässig, dass die Initianten ihren Vorstoss «mit *Direktiven zur angestrebten neuen Verfassungsordnung* verbinden» (so TSCHANNEN, Staatsrecht, 538; vgl. auch LOMBARDI, SG-Komm., Art. 138, N 11; AUBERT, Comm., Art. 138, N 13).

- Ein anderer Teil der Lehre ist der Auffassung, dass die Initianten in der Initiative *nicht* angeben dürfen, nach welchen Gesichtspunkten die Totalrevision vorzunehmen ist (HANGARTNER/KLEY, 321, 337; GRISEL, Initiative et référendum, 186 F.).

Die zweite Position verdient den Vorzug: Die Zulassung von Direktiven würde bewirken, dass die Mitglieder der neu gewählten Räte (BV 193 Abs. 3) an inhaltliche Weisungen gebunden wären und in Bezug auf einen zentralen Verhandlungsgegenstand (Ausarbeitung der neuen Bundesverfassung) kein freies Mandat mehr ausüben könnten. Dieses grundlegende Prinzip des modernen Parlamentarismus (zum Instruktionsverbot vgl. N 2 BV 161) kann zwar durchaus Relativierungen erleiden (z.B. Pflicht zur Umsetzung von Gesetzgebungsaufträgen). Für solche Relativierungen muss sich allerdings eine Grundlage in der Bundesverfassung selbst finden. Dies ist bei BV 138 nicht der Fall: Die einzige aus der Verfassung ersichtliche Verpflichtung betrifft das «Ob» (es muss eine Vorlage ausgearbeitet werden), nicht das «Wie» (Inhalt). Die Bundesversammlung und ihre neu gewählten Mitglieder müssen insoweit rechtlich frei bleiben; entsprechend darf das Initiativbegehren nicht mit Direktiven versehen sein (weshalb der Begriff der «allgemeinen Anregung», wie er mit Blick auf die Teilrevision entwickelt wurde, im Zusammenhang mit BV 138 nicht passt). – Im Ergebnis darf der Initiativtext wohl nicht viel mehr sagen als: «Die unterzeichnenden Stimmberechtigten verlangen die Totalrevision der Bundesverfassung.» (für ein Beispiel: BBl 2002 2687; vgl. vorne N 3). Die Initianten sind indes nicht gehindert (und besitzen viele Möglichkeiten), ihre Zielsetzungen öffentlich kundzutun, wohl auch auf dem Unterschriftenbogen – nicht aber im Begehren selbst. – Eine *politische* Rückbindung resultiert aus der Neuwahl der Räte, die nach der positiven Vorabstimmung durchzuführen ist (BV 193).

8 *Gültigkeitsprüfung:* Auch wenn BV 138 selbst sich nicht ausdrücklich dazu äussert, ist die Bundesversammlung zur Prüfung der Gültigkeit befugt und verpflichtet (vgl. BV 173 Abs. 1 Bst. f). Ein Begehren, das inhaltliche Vorgaben enthält, widerspricht den verfassungsrechtlichen (Form-)Vorgaben (N 7) und ist insoweit als ungültig einzustufen. Im Sinne des Verhältnismässigkeitsgrundsatzes (BV 5; vgl. auch BV 139 Abs. 3) ist neben der *Ungültigerklärung* (vgl. HANGARTNER/KLEY, 321) auch eine Streichung allfälliger Direktiven in Betracht zu ziehen, nicht jedoch (so aber wohl GRISEL, Initiative et référendum, 187) die Konversion in eine andere Form der Volksinitiative (allgemeine Anregung, BV 139 i.d.F. vom 18.4.1999, bzw. allgemeine Volksinitiative, BV 139a, nicht in Kraft).

Abstimmungsverfahren (Abs. 2)

9 Bei der *obligatorischen Abstimmung* mit Volksmehr handelt es sich um einen Anwendungsfall von BV 140 Abs. 2. Das Volk kann nicht (wie in einigen Kantonen; z.B. KV/SO 139; KV/SH 116; KV/SG 114) gleichzeitig darüber entscheiden, ob das Parlament oder ein Verfassungsrat die neue Verfassung auszuarbeiten hat. Die weiteren Schritte erfolgen «auf dem Weg der Gesetzgebung» (BV 192 Abs. 2), liegen somit in der Zuständigkeit der Bundesversammlung (deutlicher als heute: BV 1874 Art. 85 Ziff. 14 und Art. 120).

10 Wird die Initiative angenommen, so müssen beide Räte (BV 193 Abs. 3) – und im Anschluss daran auch der Bundesrat (vgl. BV 175) – neu gewählt werden. Das Institut der Totalrevisionsinitiative ermöglicht somit die in der Bundesverfassung sonst nicht vorgesehene «Abberufung» von Parlament und Regierung. – Mit der (noch ausstehenden) Inkraftsetzung von

BV 156 Abs. 3 Bst. c wird der Gesetzgeber verpflichtet, sicherzustellen, dass die Umsetzung eines vom Volk gutgeheissenen Bundesbeschlusses zur Einleitung einer Totalrevision auch bei Uneinigkeit der Räte zustande kommt (vgl. N 12 zu BV 156). Wie man die Ausarbeitung eines Verfassungstexts erzwingen kann, ist allerdings schwer zu sehen. – Volk und Stände sind bei der abschliessenden Abstimmung über die totalrevidierte Verfassung frei.

Literaturhinweise: siehe vor BV 136

Art. 139[1]   Formulierte Volksinitiative auf Teilrevision der Bundesverfassung

1 100 000 Stimmberechtigte können innert 18 Monaten seit der amtlichen Veröffentlichung ihrer Initiative in der Form eines ausgearbeiteten Entwurfs eine Teilrevision der Bundesverfassung verlangen.

2 Verletzt die Initiative die Einheit der Form, die Einheit der Materie oder zwingende Bestimmungen des Völkerrechts, so erklärt die Bundesversammlung sie für ganz oder teilweise ungültig.

3 Die Initiative wird Volk und Ständen zur Abstimmung unterbreitet. Die Bundesversammlung empfiehlt die Initiative zur Annahme oder zur Ablehnung. Sie kann der Initiative einen Gegenentwurf gegenüberstellen.

1   Die Partialrevisionsinitiative in der Form des ausgearbeiteten Entwurfs geht auf eine von oppositionellen Kräften (Katholisch-Konservative, Linke) und von Teilen des Freisinns angestossene Behördenvorlage zurück, die in der Volksabstimmung vom 5.7.1891 (Stimmenverhältnis 3:2; 18 zu 4 Ständestimmen) gutgeheissen wurde (BV 1874 Art. 121; vgl. AUBERT, BuStR I, 73 f., mit Hinweisen zu den teils «demagogischen» ersten Initiativen). Das oft genutzte Instrument (vgl. N 3) wurde 1977 (Verdoppelung der Unterschriftenzahl) und 1987 (Ermöglichung des doppelten Ja zu Initiative und Gegenentwurf, BV 1874 Art. 121bis) modifiziert und dann (mit einigen Anpassungen) in die neue BV überführt (BV 139alt Abs. 1–3, 5 und 6).

2   Im Rahmen der Reform der Volksrechte (N 12 vor BV 136) wurde die Partialrevisionsinitiative in der Form des ausgearbeiteten Entwurfs mit einem eigenen Verfassungsartikel bedacht (BV 139 i.d.F. vom 9.2.2003) und nochmals leicht angepasst (Nennung der Sammelfrist, Abs. 1; Gegenentwurfsmodalitäten, Abs. 3). Die Regelung betreffend das Abstimmungsverfahren bei Initiative und Gegenentwurf wurde ausgegliedert (BV 139alt Abs. 6 i.V.m. BV 139b Abs. 2 und 3, künftig BV 139b allein). Die Erhöhung der Unterschriftenzahl und die Einführung einer Kantonsinitiative (acht Stände), beide vom Bundesrat beantragt (VE 96 Art. 129, Vorlage B), fanden im Parlament keine Zustimmung.

---

1   Angenommen in der Volksabstimmung vom 9. Febr. 2003, in Kraft seit 1. Aug. 2003 (BB vom 4. Okt. 2002, BRB vom 25. März 2003, BB vom 19. Juni 2003 – AS 2003 1949 1953; BBl 2001 4803 6080, 2002 6485, 2003 3111 3954 3960). [Siehe auch die noch in Kraft stehenden Abs. 1-4 und Abs. 6 erster Satz von Art. 139 in der Fassung vom 18. April 1999.]

3   *Statistisches:* Seit 1891 wurden über 250 Volksinitiativen eingereicht, etwas über 100 wurden zurückgezogen, vier für ungültig erklärt (N 12, 13 und 14). Die Erfolgsquote von Verfassungsinitiativen (Volksabstimmung) liegt bei rund 10%. Seit 1891 fanden 15 Initiativen bei Volk und Ständen Zustimmung (zuletzt jene betreffend lebenslange Verwahrung, 2004, BV 123a, und betreffend gentechnikfreie Landwirtschaft, 2005, BV 197 Ziffer 2), darunter vier auf Empfehlung der Bundesversammlung (vgl. GRISEL, Initiative et référendum, 228) – zuletzt die 1.-August-Initiative (1990; heute BV 110 Abs. 3) und die UNO-Beitritts-Initiative (2002; BV 197 Ziff. 1). Neben den bereits genannten Initiativen sind wegen ihrer besonderen Bedeutung zu erwähnen: die Volksinitiativen betreffend *Verhältniswahl* beim Nationalrat (1918; BV 1874 Art. 73, heute BV 149) und betreffend den *Schutz des Alpengebiets* vor den negativen Auswirkungen des Durchgangsverkehrs (1994; BV 1874 Art. 36sexies; heute BV 84). – Zu den (nicht zu unterschätzenden) *indirekten Wirkungen* vgl. N 5 vor BV 136.

4   *Initiativpraxis:* Gegenstand einer Volksinitiative kann grundsätzlich jedes Anliegen sein, das sich in eine Verfassungsnorm kleiden lässt (N 5). In der Praxis dient die Volksinitiative nicht selten als Vehikel für eher «exotische» Anliegen von zweifelhafter Verfassungswürdigkeit. Die Aussicht auf Erfolg (ja nur schon auf das Erreichen der nötigen Unterschriftenzahl) ist allerdings gering. Beispiele (alle im Sammelstadium gescheitert): Volksinitiative «für eine Schweizer Armee mit Tieren (Brieftaubeninitiative)» (BBl 1995 III 119 ff.), Volksinitiative «zur Hundekotentfernung auf öffentlichem Grund» (BBl 1986 II 710 ff.), Volksinitiative «zur Abschaffung der Sommerzeit» (BBl 1982 II 969). – Bereits im Sammelstadium scheiterte auch die Volksinitiative «zur Rettung unserer Jugend: Wiedereinführung der Todesstrafe für Personen, die mit Drogen handeln» (BBl 1983 IV 106 ff.). Die im Frühjahr 1997 von einer «Jungpartei» erwogene Lancierung einer Todesstrafen-Initiative wurde auf Druck der Mutterpartei noch vor Anmeldung der Initiative gestoppt. – Häufig angesprochene Themenbereiche waren in jüngerer Zeit die Sozialpolitik, die Verkehrs- und Energiepolitik, die Aussenpolitik sowie die Ausländer- und Asylpolitik (die zur Abstimmung gelangten Ausländer- bzw. Asylinitiativen wurden durchweg abgelehnt, wenn auch zum Teil sehr knapp; vgl. N 8 zu BV 142). Eher wenig präsent sind föderalistische und rechtsstaatliche Anliegen.

Gegenstand und Voraussetzungen (Abs. 1)

5   *Gegenstand* kann sein: Erlass, Änderung oder Aufhebung einer oder mehrerer Verfassungsbestimmungen (in den Schranken des Abs. 2). Zur Bundesverfassung (Verfassungsurkunde) gehören auch die Übergangsbestimmungen. – Zur Abgrenzung gegenüber der Totalrevision: N 4 ff. zu BV 193.

6   *Voraussetzungen:* Die Zahl von 100'000 Unterzeichnern entspricht etwas mehr als 2% der Stimmberechtigten (N 4 zu BV 138; auf Ebene der Kantone ähnlich BE: 2,16%; UR: 2,34%; grosszügiger ZH: 0,73%). Die (1976 gesetzlich festgelegte, nunmehr konstitutionalisierte) Sammelfrist von 18 Monaten beginnt mit der Veröffentlichung von Titel und Text (vgl. auch N 5 zu BV 138) im Bundesblatt nach erfolgter Vorprüfung der Unterschriftenliste durch die Bundeskanzlei (näher BPR 69; vgl. auch BGer, 30.3.1998, ZBl 1999, 527 f., betreffend Änderung des Titels einer Volksinitiative). Die Unterschriftenlisten müssen vor Fristablauf gesamthaft und mit der Stimmrechtsbescheinigung der nach kantonalem Recht zuständigen (üblicherweise: kommunalen) Amtsstelle versehen (BPR 70 i.V.m. 62) eingereicht werden (vgl.

BGE 131 II 449, 456). Die Bundeskanzlei stellt förmlich fest, ob die Volksinitiative die vorgeschriebene Zahl gültiger Unterschriften aufweist (BPR 72). Den Tiefstwert unter den zustande gekommenen Volksinitiativen weist mit 100'038 gültigen Unterschriften (von 102'326 eingereichten) das Volksbegehren «für demokratische Einbürgerungen» (BBl 2006 8957) auf. Seit Einführung der Sammelfrist erreicht im Schnitt eine von drei Volksinitiativen das Ziel nicht (GRISEL, Initiative et référendum, 168).

7 *«Adressaten»* des Begehrens sind: «postalisch» die Bundeskanzlei (Einreichung: BPR 71; ParlG 72), verfahrensmässig die Bundesversammlung, bei der die Volksinitiative mit der Einreichung (nicht erst bei Eingang der bundesrätlichen Botschaft) anhängig ist (ParlG 72); in der Sache: Volk und Stände in ihrer Eigenschaft als Verfassungsgeber (vgl. Abs. 3). Der *Bundesrat* ist von Gesetzes wegen am Verfahren beteiligt und insb. verpflichtet, der Bundesversammlung spätestens ein Jahr nach Einreichung der Volksinitiative (18 Monate im Fall eines Gegenentwurfs) eine Botschaft und den Entwurf eines Bundesbeschlusses zu unterbreiten (ParlG 97).

8 *Rechtsanspruch:* Die Initianten haben das verfassungsmässig verbürgte Recht, dass ihre Volksinitiative «so wie sie lautet» (ParlG 99) zur Abstimmung gebracht wird (vgl. Abs. 3). Die Bundesversammlung hat nur eng begrenzte Reaktionsmöglichkeiten (vgl. N 16, 22). Die Volksabstimmung verhindern kann sie nur, indem sie eine zustande gekommene Volksinitiative für ungültig erklärt, was nur unter qualifizierten Voraussetzungen möglich ist (vgl. N 9 ff.).

Schranken des Initiativrechts: (Teil-)Ungültigkeit (Abs. 2)

9 Abs. 2 nennt drei *Ungültigkeitsgründe:* Verletzung der Einheit der Form, der Einheit der Materie und von zwingenden Bestimmungen des Völkerrechts (zur Relevanz der Revisionsschranken im Fall von Behördenvorlagen vgl. N 4 zu BV 194). Staatspraxis und Rechtslehre gestehen der Bundesversammlung darüber hinaus die Befugnis zu, Initiativen wegen «offensichtliche(r) faktische(r) Undurchführbarkeit» (BBl 2006 741) für ungültig zu erklären (vgl. N 14; kritisch AUBERT, Comm., Art. 139, N. 10). «Ewigkeitsklauseln» nach dem Muster der italienischen Verfassung von 1947 (Art. 139) oder des deutschen Grundgesetzes (Art. 79 Abs. 3) sind der schweizerischen Bundesverfassung fremd. Kein Grund für eine Ungültigerklärung war bisher die Unvereinbarkeit mit dem *nicht* zwingenden («einfachen») Völkerrecht (vgl. z.B. BBl 2006 8958: Einbürgerungs-Initiative; BBl 1998 I 274: Verkehrshalbierungs-Initiative; BBl 1954 I 739: Rheinau-Initiative; Überblick bei LOMBARDI, SG-Komm., Vorb. zu Art. 138–142, N 11 ff.; vgl. auch RHINOW, Grundzüge, 77, 564; hinten N 17).

10 *Rechtsnatur der Gültigkeitsprüfung:* Es handelt sich um eine *rein juristische* Kontrolle, nicht um «einen politischen Entscheid» (so aber merkwürdigerweise SPK-S, Bericht zur Parlamentarischen Initiative «Beseitigung von Mängeln der Volksrechte», BBl 2001 4830). Dass die primär politisch denkende und agierende Bundesversammlung das letzte Wort hat (N 15), ist nicht unproblematisch. Die Einschaltung des Bundesgerichts wurde immer wieder diskutiert (vgl. Botsch. BV, 401; BBl 2001 4830), aber bisher stets verworfen.

11 *Wahrung der Einheit der Form:* Die Initiative muss unverändert in den Verfassungstext Eingang finden können, d.h. *ausschliesslich ausformulierte* Begehren auf *Änderung des Verfassungstexts* enthalten. Das Verbot der Formenvermischung – das in der Praxis kaum eine Rolle

spielt – rechtfertigt sich im Wesentlichen durch die je nach Form unterschiedliche Ausgestaltung des Verfahrens. Eine andere Frage ist, ob die verfassungsrechtlich vorgesehene Sanktion immer angemessen ist (vgl. TSCHANNEN, ZBl 2002, 25 ff.).

12 *Wahrung der Einheit der Materie:* Die Einheit der Materie gilt als gewahrt, «wenn zwischen den einzelnen Teilen [...] ein sachlicher Zusammenhang besteht», wie die eingängige, aber im Grunde wenig aussagekräftige Konkretisierung des Verfassungsgrundsatzes in BPR 75 Abs. 2 statuiert (vgl. auch BBl 2006 740). Die Handhabung des Grundsatzes, der auch für Behördenvorlagen gilt (vgl. N 5 zu BV 194), bereitet etwelche Mühe. Lehre und Praxis behelfen sich mit der Bildung von Fallgruppen (vgl. HANGARTNER, SG-Komm., Art. 139, N 27 f.; GRISEL, Initiative et référendum, 248 ff.; BGE 129 I 366, 372). Das Erfordernis ist nicht Selbstzweck; es steht im Dienst der freien Willensbildung und unverfälschten Stimmabgabe (vgl. N 22 zu BV 34; dort auch Hinweise zur Rechtsprechung des Bundesgerichts betreffend kantonale Volksinitiativen) und soll nicht zuletzt verhindern, dass die Initianten «durch Verknüpfung mehrerer Postulate in einem Begehren die erforderliche Unterschriftenzahl leichter erreichen können» (Botsch. BV, 455). Praxis und Lehre haben den Grundsatz bisher fast durchweg grosszügig (d.h. zu Gunsten der Initiative) ausgelegt. Wegen fehlender Einheit der Materie für ungültig erklärt wurden einzig:

 – 1977: die Volksinitiative «gegen Teuerung und Inflation» (BBl 1977 III 919);
 – 1995: die Volksinitiative «für weniger Militärausgaben und mehr Friedenspolitik» (BBl 1995 III 570, BB vom 20.6.1995). Die unerwartete Praxisverschärfung seitens der Bundesversammlung löste eine lebhafte Debatte (vgl. AUBERT, Comm., Art. 139, N 14; RICHLI, Mélanges Aubert, 267 ff.; GRISEL, Initiative et référendum, 248 ff.) und viel Kritik aus. Solange die Bundesversammlung sich selbst gegenüber grosszügig bleibt (vgl. N 5 zu BV 194), wird man die Kritik als berechtigt ansehen müssen.

13 *Keine Verletzung zwingender Bestimmungen des Völkerrechts:* Im Jahr 1996 erklärte die Bundesversammlung – ohne unmittelbare Stütze im Verfassungstext – die Volksinitiative «für eine vernünftige Asylpolitik», wie vom Bundesrat beantragt, wegen Verletzung von Völkerrecht zwingenden Charakters *(ius cogens)* für ungültig (BBl 1996 I 1355; BBl 1994 III 1493 ff.: Unvereinbarkeit mit dem Non-Refoulement-Prinzip; vgl. auch N 12 zu BV 25). Im Rahmen der «Verfassungsnachführung» wurde der weithin akzeptierte (anders etwa GRISEL, Initiative et référendum, 258) ungeschriebene Ungültigkeitsgrund kodifiziert. Zu weiteren Fällen der Ungültigerklärung ist es seit 1996 nicht gekommen. – Entgegen dem insoweit ungenauen Wortlaut des Abs. 2 geht es jeweils nicht um eine *aktuelle*, sondern lediglich um eine drohende Völkerrechtsverletzung, bildet die Initiative doch erst «werdendes» Recht. Ob Völkerrecht «zwingend» (i.s.v. Abs. 2) ist oder nicht, hängt nicht von der (Un-)Kündbarkeit eines Vertrags ab, sondern von einem *materiellen* Kriterium: Gemeint sind Normen, die wegen ihres *fundamentalen Inhalts unbedingte Geltung* beanspruchen (vgl. auch den Versuch einer «Legaldefinition» in VRK 53, SR 0.111). Als *Beispiele* für zwingendes Völkerrecht (i.s.v. BV 139 Abs. 2) werden genannt: das Genozid-, Sklaverei- und Folterverbot, der Kern des humanitären Kriegsvölkerrechts, die notstandsfesten Garantien der EMRK und des UNO-Paktes II (vgl. Botsch. BV, 433; BBl 2006 8962, Botschaft zur Volksinitiative «für demokratische Einbürgerungen»; BBl 2004 3292, Botschaft zur Volksinitiative «Für einen zeitgemässen Tierschutz [Tierschutz-Ja!]»; HANGARTNER, SG-Komm., Art. 139, N 29, mit weiteren Hinwei-

sen). – Viele Fragen rund um die junge Schranke sind noch nicht abschliessend geklärt. So fragt es sich etwa, ob BV 139 Abs. 2 lediglich auf den weltweit unbestrittenen *ius-cogens*-Bestand verweist (der sehr schmal ist) oder ob es den schweizerischen Behörden gegebenenfalls erlaubt ist, andere Normen des Völkerrechts, die zwar als elementar gelten (vgl. THÜRER, Komm. aBV, Bundesverfassung und Völkerrecht, N 16 ff.), aber vielleicht den Status von *ius cogens* noch nicht erlangt haben *(ius cogens* «im Werden») oder heute bloss regional als unantastbar angesehen werden (z.B. das Verbot der Todesstrafe in Europa), als *«zwingend»* i.S.v. BV 139 (bzw. BV 193 und 194) einzustufen. Die zweitgenannte («grosszügigere») Lesart, die den schweizerischen Verfassungsbegriff «zwingendes Völkerrecht» nicht schematisch mit *ius cogens* gleichsetzt, verdient den Vorzug (vgl. BIAGGINI, AJP 1999, 728; ablehnend HANGARTNER, SG-Komm., Art. 139, N 29, der dann allerdings die EMRK *tel quel* als europäisches *ius cogens* anerkennen möchte, vgl. a.a.O., Art. 191, N 28, und dem EU-Recht im Falle eines Beitritts der Schweiz im Ergebnis die gleiche Wirkung wie dem *ius cogens* zuzumessen scheint, a.a.O., N 30 und 39; zu Recht anders Europabericht 2006, BBl 2006 6942).

14 *Undurchführbarkeit:* Die «offensichtliche faktische Undurchführbarkeit» gilt (zu Recht) weiterhin als «ungeschriebene materielle Schranke der Verfassungsrevision» (vgl. BBl 2006 741, BBl 2006 7632; nicht erwähnt in BBl 2007 248; vgl. auch Botsch. BV, 445). Dass ein Hinweis auf dieses Kriterium im Verfassungstext fehlt, erklärt sich vor allem mit den grossen Schwierigkeiten (vor denen man kapituliert hat), den Ungültigkeitsgrund prägnant zu fassen. Auch wenn der Bundesrat von «konstanter Praxis» (BBl 2006 741) spricht, findet sich genau besehen nur ein Präzedenzfall, über dessen rechtliche Einordnung man durchaus unterschiedlicher Meinung sein kann (vgl. AB 1955 N 438, 479, S 153, 187; GRISEL, Initiative et référendum, 253 f.): die Ende 1954 eingereichte Volksinitiative «Vorübergehende Herabsetzung der militärischen Ausgaben (Rüstungspause)», die eine Halbierung der Militärausgaben für 1955, spätestens 1956, forderte, worüber man ordentlicherweise in der Juni-Session 1955 hätte Beschluss fassen müssen (was zeitlich nicht mehr möglich war). – Einigkeit besteht darin, dass *praktische* Schwierigkeiten bei der Umsetzung einer Initiative *nicht* genügen, weshalb die Bundesversammlung die (am 12.3.2000 verworfene) Verkehrshalbierungsinitiative trotz fraglicher praktischer Realisierbarkeit zu Recht als gültig eingestuft hat (BBl 1998 269; BBl 1999 5041). Keine Rolle spielt, ob das Begehren «unvernünftig, unzweckmässig oder kostspielig» ist (BBl 1992 VI 473, Volksinitiative «für eine Schweiz ohne neue Kampfflugzeuge»). – Für einen Anwendungsfall auf kantonaler Ebene vgl. BGE 128 I 190, 201 ff., wo das Bundesgericht die Ungültigkeiterklärung der Volksinitiative «pour un projet de stade raisonnable» guthiess (zu Recht kritisch AUBERT, Comm., Art. 139, N 12).

15 *Zuständigkeit und Verfahren:* Der Entscheid obliegt (abschliessend) der Bundesversammlung (vgl. auch BV 173). Zuvor wird die Gültigkeitsfrage auch vom Bundesrat geprüft, der im Rahmen seiner Botschaft an die Bundesversammlung (ParlG 97) Antrag stellt. Die Gültigkeitsprüfung bedingt eine *Auslegung* des Initiativtexts. Herangezogen werden die Grundsätze, die das Bundesgericht für die Beurteilung kantonaler Volksinitiativen entwickelt hat (vgl. z.B. BBl 1997 IV 528 f.). Die Initiative ist nach den anerkannten Interpretationsgrundsätzen auszulegen (vgl. z.B. BGE 129 I 392, 395, mit Hinweisen): Auszugehen ist grundsätzlich vom Wortlaut der Initiative; der subjektive Wille der Initianten ist nicht ausschlaggebend, immerhin dürfen die der Volksinitiative beigefügte Begründung sowie sonstige Meinungsäusserungen

der Initianten mitberücksichtigt werden. Die Initiative ist nach Möglichkeit so auszulegen, dass sie mit übergeordnetem Recht (hier: Völkerrecht) vereinbar erscheint (vgl. BBl 1997 IV 528, Volksinitiative «für eine Regelung der Zuwanderung»). Die blosse Möglichkeit, dass eine spätere Anwendung der vorgeschlagenen Norm in besonders gelagerten Einzelfällen zu einem unzulässigen Ergebnis führen könnte, ist kein Grund, die Initiative für ungültig zu erklären. Gegen den Entscheid der Bundesversammlung besteht kein Rechtsmittel.

16 *Sanktion:* Die neue BV sieht neben der althergebrachten Sanktion der *Ungültigkeitserklärung* – die bisher vier Volksinitiativen traf (vgl. N 12, 13 und 14) – neu die Möglichkeit der blossen *Teilungültigkeitserklärung* vor. Zur Abstimmung zu bringen sind (nur, aber immerhin) die gültigen Teile. Auf kantonaler Ebene wird das dem Gedanken der Verhältnismässigkeit verpflichtete Institut (vgl. BGE 125 I 21, 44) bereits länger praktiziert, ja den Kantonen im Sinne des schonenden Umgangs mit den Volksrechten sogar auferlegt (vgl. insb. BGE 105 Ia 362, 365, zurückhaltender noch BGE 98 Ia 637, 645). Nach den vom Bundesgericht für kantonale Volksinitiativen entwickelten Grundsätzen kommt eine Teilungültigkeitserklärung indes nur in Betracht, «sofern vernünftigerweise anzunehmen ist, die Unterzeichner der Initiative hätten den gültigen Teil auch unterzeichnet, wenn er ihnen allein unterbreitet worden wäre. Dies ist dann der Fall, wenn der verbleibende Teil der Initiative nicht von untergeordneter Bedeutung ist, sondern noch ein sinnvolles Ganzes im Sinne der ursprünglichen Stossrichtung ergibt, so dass die Initiative nicht ihres wesentlichen Gehaltes beraubt wird» (BGE 125 I 21, 44, Teilungültigkeitserklärung der Urner Quoteninitiative; vgl. auch BGE 128 I 190, 204). – Trotz einleuchtender Grundidee ist das Institut nicht unproblematisch (ebenso AUBERT, Comm., Art. 139, N 16). Regelmässig geht es um subtile Rechtsfragen. Das Fehlen einer richterlichen Überprüfungsmöglichkeit (N 15) erweist sich hier als besonders unbefriedigend. – Auf Bundesebene besteht noch keine Praxis. Der erste Fall wird möglicherweise noch länger auf sich warten lassen, zumal der kantonale Hauptanwendungsfall (Unvereinbarkeit mit Bundesrecht) auf Bundesebene nicht greift. Die *Aufspaltung* eines Begehrens, das die Einheit der Materie verletzt, ist im Bund nicht vorgesehen (anders im Kanton Genf; vgl. BGE 129 I 381, 387 ff.) und nach heutigem Recht *nicht zulässig* (vgl. HÄFELIN/HALLER, 524; GRISEL, Initiative et référendum, 250; a.M. HANGARTNER, SG-Komm., Art. 139, N 38). Der in der Literatur als einziges Beispiel einer Aufspaltung genannte Fall (1920) ereignete sich unter anderen rechtlichen Rahmenbedingungen (BBl 1921 III 335; LOMBARDI, SG-Komm., Art. 194, N 4; vgl. auch N 23 zu BV 34).

17 *Weitere Schranken?* In der Rechtslehre wurden verschiedentlich weitere (ungeschriebene) Schranken postuliert (Überblick bei GRISEL, Initiative et référendum, 191 ff., 255 ff.; HANGARTNER/KLEY, 200 ff.; TSCHANNEN, Staatsrecht, 533 ff.; WILDHABER, Komm. aBV, Art. 118, N 23 ff.; vgl. auch N 13 zu BV 5a), unter anderem:

- Unabänderlichkeit von tragenden Grundwerte bzw. «Fundamentalnormen» der Bundesverfassung (hier stellt sich, praktisch gesehen, in erster Linie die Frage der Einheit der Materie);
- Ungültigkeit wegen Formenmissbrauchs, z.B. bei verkappten Gesetzesinitiativen (befürwortend GRISEL, Initiative et référendum, 197 ff., 243 f.: *unité de rang);*
- Ungültigkeit infolge Rückwirkung, infolge Einzelakt-Charakter u.a.m.

Die *Bundesversammlung* ist solchen Vorschlägen bisher *zu Recht nicht gefolgt*. Bejaht wurde die Gültigkeit u.a. in folgenden Fällen:
- Volksinitiative «für die 10. AHV-Revision ohne Erhöhung des Rentenalters», obwohl die Initiative direkt auf den Text des AHV-Gesetzes einwirken wollte (BBl 1997 II 653; a.M. GRISEL, Initiative et référendum, 198);
- sog. F/A-18-Initiative (welche die vom Parlament beschlossene Beschaffung von Militärflugzeugen verhindern wollte), obwohl die Initiative im Ergebnis einem in der Bundesverfassung nicht vorgesehenen (punktuellen) Ausgabenreferendum gleichkam (BBl 1992 VI 471);
- Volksinitiative «40 Waffenplätze sind genug – Umweltschutz auch beim Militär» (1993 abgelehnt), obwohl mit einer rückwärtsgerichteten Übergangsbestimmung versehen;
- Volksinitiative «pro Tempo 130/100» (1989 abgelehnt), obwohl es um eine Materie der Verordnungsstufe ging;
- Volksinitiative «für eine Schweiz ohne Armee und für eine umfassende Friedenspolitik» (abgelehnt am 26.11.1989), obwohl es um «eine staatsgestaltende Grundentscheidung» ging (BBl 1988 I 971);
- sog. Rothenthurm-Initiative (angenommen am 6.12.1987; BV 1874 Art. 24sexies), ungeachtet einzelfallbezogener Regelungen (BBl 1988 I 572);
- sog. Rheinau-Initiative (BBl 1954 I 721, BBl 1954 II 533), obwohl es um Fragen ging, die typischerweise in den Geschäftskreis der Exekutive fallen (Widerruf einer vom Bundesrat erteilten Wasserrechtskonzession).

Da die Aufzählung der Ungültigkeitsgründe in Abs. 2 nicht erschöpfend ist (vgl. N 14), bleibt die Frage der Anerkennung weiterer ungeschriebener Ungültigkeitsgründe dennoch von Bedeutung (so auch Botsch. BV, 448, zurückhaltender allerdings a.a.O., 446). Zum Prüfstein könnte der Fall der Unvereinbarkeit einer Volksinitiative mit einem *rechtlich oder faktisch unkündbaren* völkerrechtlichen Vertrag von erheblicher Tragweite werden (vgl. WILDHABER, Mélanges Aubert, 299; HÄFELIN/HALLER, 514; BIAGGINI, AJP 1999, 728, Fn. 38). Im Rahmen der Reform der Volksrechte verzichtete man, angesichts der sich zeigenden Regelungsschwierigkeiten, bewusst auf eine verfassungstextliche Normierung; die Frage sollte der künftigen Praxis überlassen bleiben (BBl 2001 4828). Im Fall der sog. Verwahrungsinitiative wurde die Chance für eine Klärung (i.S. einer differenzierenden Lösung) nicht genutzt (zu den Folgen vgl. N 1 zu BV 123a). In den Botschaften zur Volksinitiative «für demokratische Einbürgerungen» (BBl 2006 8962) und zur Volksinitiative «Für einen zeitgemässen Tierschutz (Tierschutz-Ja!)» (BBl 2004 3292) vertritt der Bundesrat die Auffassung, dass (blosse) völkerrechtliche Verpflichtungen, selbst wenn sie für die Schweiz von überragender Bedeutung sind und eine Aufkündigung nicht in Frage kommt, nicht mit zwingendem Völkerrecht gleichzustellen sind. Damit dürfte kaum das letzte Wort gesprochen sein. Bei einem allfälligen Übergang zu strengeren Gültigkeitsanforderungen gilt es zu bedenken, dass eine Ad-hoc-Verschärfung von Regeln nicht unproblematisch ist; dies erst recht, wenn es um schwierige Rechtsfragen geht und die Entscheidung (abschliessend) von einer politischen Behörde zu treffen ist. Je feiner die rechtliche Prüfung, desto drängender wird die Ermöglichung einer richterlichen (Nach-)Kontrolle.

Behandlung in der Bundesversammlung (Abs. 3), Abstimmung

18   Abs. 3 bringt (wenn auch nicht sehr deutlich) einen zentralen Charakterzug der Volksinitiative schweizerischer Prägung zum Ausdruck: Die Initiative *muss*, sofern und soweit gültig, zur Abstimmung gebracht werden («so wie sie lautet»: ParlG 99). Die Bundesversammlung hat (abgesehen von Abs. 2) keine Handhabe, die Volksabstimmung zu verhindern.

19   *Behandlungsfristen:* Um eine schleppende Behandlung durch Regierung und Parlament zu verhindern, legt das Gesetz Behandlungsfristen fest, die mit dem Einreichen zu laufen beginnen (ParlG 97). – Zum Verfahren in der Bundesversammlung vgl. auch SPK-N, Bericht ParlG, BBl 2001 3573 ff.

20   *Möglichkeit des Rückzugs:* Die Volksabstimmung verhindern kann hingegen das *Initiativkomitee* (das gemäss BPR 68 i.d.F. vom 21.6.1996 mindestens 7, höchstens 27 Stimmberechtigte umfasst), und zwar durch schriftliche Rückzugserklärung vor Festsetzung der Volksabstimmung durch den Bundesrat (BPR 73; VPR 25). – Mehr als ein Viertel der seit 1891 eingereichten Volksinitiativen wurde zurückgezogen (vgl. GRISEL, Initiative et référendum, 173).

21   *Abstimmung:* Die Festsetzung des Abstimmungstermins obliegt dem Bundesrat in den Schranken von BPR 74 (Regel: innert zehn Monaten nach Schlussabstimmung in den Eidgenössischen Räten). Auf eine Regelung des Vorgehens bei mehreren Volksinitiative zum gleichen Gegenstand (vgl. VE 96, Vorlage B, Art. 131f; Botsch. BV, 479) wurde verzichtet. – Die *Abstimmungsfrage* lautet gewöhnlich: «Wollen Sie die Volksinitiative [Titel] annehmen?». Zur Formulierung der Frage bei einer Abstimmung über Volksinitiative und Gegenentwurf vgl. N 3 zu BV 139b und BPR 76.

22   *Abstimmungsempfehlung:* Die Bundesversammlung hat zwar grundsätzlich keinen direkten Einfluss auf die Initiative (N 8). Ihre Rolle ist dennoch nicht rein passiv (vgl. auch N 23). Sie hat nicht nur das *Recht*, sondern auch die *Pflicht*, zur Initiative inhaltlich Stellung zu nehmen. Die Volksinitiative wird den Stimmberechtigten entweder zur Annahme oder – dies der Regelfall – zur Ablehnung empfohlen. Die Empfehlung ist Teil des jeweiligen «Bundesbeschlusses über die Volksinitiative [...]» (gewöhnlich Art. 2). – Über die Rolle des Bundesrates schweigt sich Abs. 3 aus. Es wird allgemein erwartet (und ist auch Usanz), dass der Bundesrat die vom Parlament favorisierte Lösung mitträgt, selbst wenn diese ohne sein Zutun oder gegen seinen Willen beschlossen wurde. Verfassungsrechtlich problematisch ist es aber, den Bundesrat förmlich zu verpflichten, die Position der Bundesversammlung (aktiv) zu vertreten, wie dies nun von Nationalrat via Gesetzesänderung (indirekter Gegenentwurf zur Volksinitiative «Volkssouveränität statt Behördenpropaganda») angestrebt wird (vgl. BBl 2006 9259, 9271; AB 2006 N 1959; vgl. auch N 1 zu BV 34).

Sog. Gegenentwurf der Bundesversammlung (Abs. 3)

23   Der Bundesversammlung steht es frei (so schon BV 1874 Art. 121 i.d.F. vom 5.7.1891), zum Thema der Volksinitiative eine *eigene Verfassungsvorlage* auszuarbeiten und diese der Initiative als «Gegenentwurf» (wie die Verfassung formell gesehen nicht ganz korrekt sagt) gegenüberzustellen. Dies kann aus eigenem Antrieb oder auf Antrag des Bundesrates geschehen (ParlG 97). Zur Abstimmung kommt stets ein Gegenentwurf der *Bundesversammlung*, nicht des Bundesrates (weshalb der Hinweis im «Bundesbüchlein» zur Volksabstimmung vom

8.2.2004, beim Gegenentwurf zur Avanti-Initiative handle es sich um den «Gegenentwurf von Bundesrat und Parlament» irreführend ist).

24 *Zulässigkeit:* Obwohl der neue Verfassungswortlaut (BV 139 Abs. 3 i.d.F. vom 9.2.2003) offener formuliert ist als die ursprüngliche Fassung (BV 139alt Abs. 5 Satz 3 i.d.F. vom 18.4.1999) macht das *Gesetz* die Zulässigkeit des Gegenentwurfs weiterhin davon abhängig, dass die Bundesversammlung die Volksinitiative *zur Ablehnung* empfiehlt (ParlG 102; eine Aufhebung der Bedingung steht zur Diskussion, vgl. BBl 2006 5281). Im Fall einer «Doppelabstimmung» über Initiative und Gegenentwurf kommt das Verfahren gemäss BV 139b zur Anwendung (Möglichkeit des «doppelten Ja» mit Stichfrage). Im Fall eines Rückzugs der Initiative (N 20) wird nur über den Gegenentwurf abgestimmt. – Der Gegenentwurf muss – nicht zuletzt mit Blick auf die Garantie der freien Willensbildung und unverfälschten Stimmabgabe (BV 34 Abs. 2) – *denselben Regelungsgegenstand* betreffen wie die Volksinitiative (vgl. ParlG 101: «zur gleichen Verfassungsfrage»). In Bezug auf Zielrichtung bzw. Instrumente kann der Gegenentwurf selbstredend von der Volksinitiative abweichen.

25 *Praxis:* Einige bedeutende Verfassungsbestimmungen gehen auf behördliche Gegenentwürfe zurück, so z.B. die Verfassungsbestimmung über die Gleichberechtigung von Mann und Frau (1981, heute BV 8 Abs. 3) oder die Neuordnung des Staatsvertragsreferendums (1977). Bis Ende 2005 verabschiedete die Bundesversammlung knapp drei Dutzend Gegenentwürfe, die in gut der Hälfte aller Fälle zum Rückzug der Volksinitiative führten (näher GRISEL, Initiative et référendum, 276). Etwas mehr als die Hälfte der Gegenentwürfe wurde von Volk und Ständen gutgeheissen. In zwei Fällen zogen Volk und Stände die Volksinitiative dem Gegenentwurf vor (Spielbankenverbot, 1920; Preisüberwachung, 1982), dies trotz des damals noch geltenden Verbots des «doppelten Ja». Seit dem 1987 beschlossenen Systemwechsel (vgl. N 1 zu BV 139b) hat die Häufigkeit (und «Attraktivität») von Gegenentwürfen tendenziell abgenommen. In den beiden seitherigen «Doppel-Ja»-Abstimmungen (24.9.2000 und 22.9.2002) scheiterten Initiative *und* Gegenentwurf. In der Volksabstimmung vom 8.2.2004 wurde der behördliche Gegenentwurf zur (zurückgezogenen) sog. Avanti-Initiative abgelehnt.

26 *Sog. indirekter Gegenentwurf:* Vom direkten Gegenentwurf ist der – häufig genutzte (LOMBARDI, SG-Komm., Art. 139, N 55: in rund 30% der Fälle) – *indirekte* Gegenvorschlag (BPR 74) zu unterscheiden, der *unterhalb der Verfassungsstufe* ansetzt und gewöhnlich in die Form des Bundesgesetzes gekleidet ist, das (nur) dem *fakultativen* Referendum unterliegt (BV 141). Ein *enger sachlicher Zusammenhang* zur «auslösenden» Volksinitiative muss dann gegeben sein (mit entsprechenden Konsequenzen für die Ausübung des parlamentarischen Initiativ- bzw. Antragsrechts, BV 160), wenn der indirekte Gegenentwurf dazu dienen soll, die ordentlichen *Behandlungsfristen* zu verlängern (ParlG 97 Abs. 2 und ParlG 105 Abs. 1; vgl. auch BPR 74 Abs. 2). Es gilt als zulässig, das Inkrafttreten des Gesetzes von der Ablehnung der Volksinitiative abhängig zu machen (GRISEL, Initiative et référendum, 279; zur Zulässigkeit einer «Hinfälligkeitsklausel» vgl. auch BGE 112 Ia 391, 396). Für die Ansetzung einer allfälligen (Referendums-)Abstimmung über den indirekten Gegenvorschlag nennen weder BV 139 noch das Gesetz einen bestimmten Zeitpunkt. Zu wahren ist jedoch auch hier (wie allgemein) der Anspruch auf freie Willensbildung und unverfälschte Stimmabgabe (BV 34 Abs. 2; zur kontroversen Frage vgl. AUBERT, BuStR I, 457 f.; AUER, ZBJV 1986, 213 ff.;

HANGARTNER/KLEY, 366; WILDHABER, Komm. aBV, Art. 121/122, N 136 ff.). Das System des «doppelten Ja» (BV 139b) kommt nicht zur Anwendung.

Literaturhinweise (vgl. auch die Hinweise vor BV 136)
ALBRECHT CHRISTOPH, Gegenvorschläge zu Volksinitiativen, St. Gallen 2003; AUER ANDREAS, Contre-projet indirect, procédure à une phase et clause référendaire conditionnelle, ZBJV 1986, 209 ff.; BIAGGINI GIOVANNI, Völkerrechtlich problematische Initiativen, NZZ Nr. 112 vom 16.5.2007, S. 17; HUGENSCHMIDT CRISPIN, Einheit der Materie, Basel 2001; HURST ROBERT, Der Grundsatz der Einheit der Materie, Zürich 2002; KAYSER MARTIN, Grundrechte als Schranke der schweizerischen Verfassungsgebung, Zürich 2001; LOMBARDI ALDO, Volksrechte und Bundesbehörden in der neuen Bundesverfassung, AJP 1999, 706 ff.; NOBS ROGER, Volksinitiative und Völkerrecht, Zürich/St. Gallen 2006; RICHLI PAUL, Wie weiter mit der Einheit der Materie?, Mélanges J.-F. Aubert, Basel usw. 1996, 267 ff.; TSCHANNEN PIERRE, Die Formen der Volksinitiative und die Einheit der Form, ZBl 2002, 2 ff.; WILDHABER LUZIUS, Neues zur Gültigkeit von Initiativen, Mélanges J.-F. Aubert, Basel usw. 1996, 293 ff.

Art. 139alt[1] Volksinitiative auf Teilrevision der Bundesverfassung

¹ 100 000 Stimmberechtigte können eine Teilrevision der Bundesverfassung verlangen.

² Die Volksinitiative auf Teilrevision der Bundesverfassung kann die Form der allgemeinen Anregung oder des ausgearbeiteten Entwurfs haben.

³ Verletzt die Initiative die Einheit der Form, die Einheit der Materie oder zwingende Bestimmungen des Völkerrechts, so erklärt die Bundesversammlung sie für ganz oder teilweise ungültig.

⁴ Ist die Bundesversammlung mit einer Initiative in der Form der allgemeinen Anregung einverstanden, so arbeitet sie die Teilrevision im Sinn der Initiative aus und unterbreitet sie Volk und Ständen zur Abstimmung. Lehnt sie die Initiative ab, so unterbreitet sie diese dem Volk zur Abstimmung; das Volk entscheidet, ob der Initiative Folge zu geben ist. Stimmt es zu, so arbeitet die Bundesversammlung eine entsprechende Vorlage aus.

⁵ ...

⁶ Volk und Stände stimmen gleichzeitig über die Initiative und den Gegenentwurf ab.
...

1 Die *Abschaffung* der wenig genutzten Partialrevisionsinitiative in der Form der *allgemeinen Anregung* ist beschlossen (Volksabstimmung vom 9.2.2003; vgl. N 12 vor BV 136), soll aber erst vollzogen werden, wenn das neue Instrument der allgemeinen Volksinitiative (BV 139a, nicht in Kraft) durch Erlass des nötigen Ausführungsrechts funktionsfähig ist (zu den diesbe-

1 Bis auf weiteres bleiben diese Bestimmungen in Kraft und damit die Initiative in der Form der allgemeinen Anregung möglich (siehe Ziff. II des BB vom 19. Juni 2003 – AS 2003 1953).

züglichen Schwierigkeiten vgl. N 1 zu BV 139a). Bis dahin bleiben wesentliche Teile von BV 139 i.d.F. vom 18.4.1999 in Kraft. Das «ästhetische Verfassungsärgernis zweier gleichzeitig nebeneinander bestehender Verfassungsartikel mit identischer Nummerierung» – so die (selbstkritischen?) amtlichen Erläuterungen zum Vorentwurf für den BB über das vollständige Inkrafttreten der Volksrechtsreform – wäre durchaus vermeidbar gewesen.

2 *Statistisches:* Insgesamt wurden 11 Verfassungsinitiativen in der Form der allgemeinen Anregung eingereicht (detaillierte Übersicht bei GRISEL, Initiative et référendum, 214 ff.), erstmals 1937 (Volksinitiative zur «Neuordnung des Alkoholwesens»), zuletzt die Volksinitiative «für eine volle Freizügigkeit in der beruflichen Vorsorge» (eingereicht 1989, zurückgezogen 1994) und die Volksinitiative «zur Abschaffung der direkten Bundessteuer» (eingereicht 1993, zurückgezogen 1996, BBl 1993 IV 272). In vier Fällen kam es zu einer Vorabstimmung, wobei das Volk durchweg ablehnte (1941, 1951, 1966, zuletzt 1976). Fünf Initiativen wurden zurückgezogen. Die Volksinitiative zur «Schulkoordination» wurde am 25.9.1972 zu Gunsten der – am 4.3.1973 knapp verworfenen – Bildungsartikel abgeschrieben (BBl 1972 II 1060; BBl 1973 I 1197). Der eidgenössischen Volksinitiative «Schaffung eines Zivildienstes» (sog. Münchensteiner-Initiative) stimmte die Bundesversammlung am 18.9.1973 zu (BBl 1973 II 582), das Scheitern der Umsetzung wegen Uneinigkeit der Räte konnte nur knapp vermieden werden (BB vom 5.5.1977 über die Einführung eines zivilen Ersatzdienstes, BBl 1977 II 436, in der Volksabstimmung vom 4.12.1977 abgelehnt). – Direkte Wirkungen (Verfassungsänderungen) blieben aus, doch sind vereinzelt indirekte Wirkungen zu verzeichnen (BG vom 17.12.1993 über die Freizügigkeit in der beruflichen Alters-, Hinterlassenen- und Invalidenvorsorge, Freizügigkeitsgesetz, FZG; SR 831.42).

3 *Kurze Charakterisierung:* Auf eine detaillierte Kommentierung wird hier verzichtet. Die «allgemeine Anregung» *(Abs. 2)* ist das Gegenstück zum «ausgearbeiteten Entwurf» (vgl. N 11 zu BV 139). Tertium non datur. Das Begehren wird typischerweise den Charakter einer «generellen Leitidee» (Botsch. BV, 361) aufweisen, darf aber durchaus (nach der regelmässig grosszügigen Praxis) auch Details ansprechen (vgl. WILDHABER, Komm. aBV, Art. 121/122, N 45 ff.). Wegen des Verbots der Formenvermischung darf die Volksinitiative keine ausformulierte Textänderung beinhalten.

4 Zu *Abs. 1* vgl. N 2 zu BV 139. – Zu *Abs. 3* vgl. N 9 ff. zu BV 139. – Zum Verfahren *(Abs. 4)* und seinen Tücken vgl. GRISEL, Initiative et référendum, 218 ff. Die Möglichkeit eines Gegenentwurfs ist nicht vorgesehen (anders im Fall der allgemeinen Volksinitiative; vgl. BV 139b). – Der aufgehobene *Abs. 5* betraf die Form des ausgearbeiteten Entwurfs (vgl. BV 139 i.d.F. vom 9.2.2003). – Zu *Abs. 6* vgl. N 1 zu BV 139b. BV 139b Abs. 1 soll Abs. 6 ersetzen; die per 1.8.2003 aufgehobenen Teile wurden durch BV 139b Abs. 2 und 3 abgelöst.

Literaturhinweise: siehe vor BV 136

Art. 139a[1] Allgemeine Volksinitiative [bei Drucklegung noch nicht in Kraft]

[1] 100 000 Stimmberechtigte können innert 18 Monaten seit der amtlichen Veröffentlichung ihrer Initiative in der Form einer allgemeinen Anregung die Annahme, Änderung oder Aufhebung von Verfassungs- oder Gesetzesbestimmungen verlangen.

[2] Verletzt die Initiative die Einheit der Form, die Einheit der Materie oder zwingende Bestimmungen des Völkerrechts, so erklärt die Bundesversammlung sie für ganz oder teilweise ungültig.

[3] Ist die Bundesversammlung mit der Initiative einverstanden, so setzt sie diese durch eine entsprechende Änderung der Bundesverfassung oder der Bundesgesetzgebung um.

[4] Die Bundesversammlung kann der Änderung im Sinne der Initiative einen Gegenentwurf gegenüberstellen. Die Änderung der Bundesverfassung und der Gegenentwurf werden Volk und Ständen zur Abstimmung unterbreitet, die Änderung der Bundesgesetzgebung und der Gegenentwurf werden dem Volk zur Abstimmung unterbreitet.

[5] Lehnt die Bundesversammlung die Initiative ab, so legt sie diese dem Volk zur Abstimmung vor. Wird die Initiative angenommen, so setzt die Bundesversammlung sie durch eine entsprechende Änderung der Bundesverfassung oder der Bundesgesetzgebung um.

1 Die im Rahmen der Reform der Volksrechte (N 12 vor BV 136) beschlossene *allgemeine Volksinitiative* soll die wenig attraktive und selten genutzte Partialrevisionsinitiative in der Form der *allgemeinen Anregung* (vgl. N 3 zu BV 139alt i.d.F. vom 18.4.1999) ablösen. Bei der Beschreibung der Vorzüge (insb. Konsistenz der Rechtsordnung; vgl. Botsch. BV, 457) und der Einschätzung der künftigen praktischen Bedeutung war wohl etwas viel Zweckoptimismus am Werk, wie die (durchaus vorhersehbaren) Schwierigkeiten und Verzögerungen bei der gesetzgeberischen Umsetzung von BV 139a zeigen (vgl. Vernehmlassungsvorlage vom 17.11.2004; Botschaft vom 31.5.2006, BBl 2006 5261). Die Aussage, die allgemeine Volksinitiative «ersetz(e) die praktisch bedeutungslose Verfassungsinitiative in der Form der allgemeinen Anregung» (Botsch. BV, 457), könnte sich im nachhinein als ungewollte Prophezeiung (in Bezug auf die Bedeutungslosigkeit auch des neuen Instruments) entpuppen; es sei denn, das neue Volksrecht werde, ohne dass man BV 139a je in Kraft gesetzt hätte, wieder abgeschafft (zu entsprechenden Plänen vgl. AB 2006 N 1972) – ein in mehrfacher Hinsicht präzedenzloser Fall. Vgl. N 12 vor BV 136 (am Ende).

2 *Charakteristika:* Die wesentliche Neuerung besteht darin, dass ein Initiativbegehren auch auf die *Gesetzesebene* abzielen kann (und z.B. die Aufhebung eines Gesetzes auch nach Ablauf der Referendumsfrist verlangen kann). Die allgemeine Volksinitiative gehört gleichwohl nicht

---

1 Angenommen in der Volksabstimmung vom 9. Febr. 2003 (BB vom 4. Okt. 2002, BRB vom 25. März 2003 – AS 2003 1949; BBl 2001 4803 6080, 2002 6485, 2003 3111). Dieser Art. ist noch nicht in Kraft.

zu dem in allen Kantonen bekannten Typus der Gesetzesinitiative, denn das letzte Wort betreffend die Normstufe, auf der das Begehren verwirklicht werden soll, liegt nicht bei den Urhebern der Initiative, sondern bei der Bundesversammlung (Abs. 3). Diese hat mehrere Möglichkeiten, auf eine zustande gekommene (Abs. 1) und für gültig befundene (Abs. 2) allgemeine Initiative zu reagieren:

- Sie kann direkt die Umsetzung der Initiative an die Hand nehmen, wenn sie mit dem Begehren einverstanden ist (Abs. 3).
- Sie kann die Initiative ablehnen (Abs. 5); sie riskiert dann allerdings, vom Volk zur Umsetzung des Anliegens gezwungen zu werden.
- Sie kann dieses Risiko minimieren, indem sie einen Gegenentwurf beschliesst (Abs. 4), was mit sich bringt, dass auch das Anliegen der Initiative in ausformulierte Form gebracht werden muss (vgl. hinten N 9).

Bei der *Umsetzung* besitzt die Bundesversammlung zwangsläufig einen gewissen Spielraum. Die Probleme, die man von der Partialrevisionsinitiative in der Form der allgemeinen Anregung her kennt (BV 139alt i.d.F. vom 18.4.1999; vgl. GRISEL, Initiative et référendum, 218 ff.), können auch hier auftreten. Die neue *Beschwerde* an das Bundesgericht «wegen Missachtung von Inhalt und Zweck einer allgemeinen Volksinitiative durch die Bundesversammlung» (BV 189 Abs. 1bis) soll die initiativgetreue Umsetzung durch die *à contre cœur* handelnde Bundesversammlung sicherstellen. Dem Bundesgericht wird hier eine alles andere als einfache juristische Aufgabe in einer politisch heiklen Situation aufgebürdet.

Gegenstand und Voraussetzungen (Abs. 1)

3 Die *Voraussetzungen* entsprechen jenen in BV 139 (siehe dort N 6).

4 *Allgemeine Anregung:* Die allgemeine Volksinitiative darf keinen verbindlich ausformulierten Text enthalten; es soll jedoch möglich sein, lediglich die ersatzlose Aufhebung bestimmter Gesetzesbestimmungen zu verlangen (BBl 2001 4821). In Fortführung der grosszügigen Praxis zur Verfassungsinitiative in der Form der allgemeinen Anregung (vgl. N 3 zu BV 139alt) sollte es auch unter BV 139a nicht ausgeschlossen sein, dass das Begehren relativ präzis formuliert wird (vgl. BBl 2001 4823; Botsch. BV, 459).

5 *Verfassungs- oder Gesetzesbestimmungen* (Annahme, Änderung oder Aufhebung): Die Konjunktion «oder» schliesst nicht aus, dass die Initiative zugleich auf zwei Ebenen abzielt bzw. umgesetzt wird (vgl. BBl 2001 4834). Hingegen wollte man mit BV 139a nicht «durch die Hintertür» eine Art Verwaltungsinitiative einführen (Botsch. BV, 458). Gegenstand der allgemeinen Volksinitiative sollen Normen (Rechtssätze), nicht Einzelakte sein. Allerdings sieht BV 139a für letzteren Fall bewusst keine Sanktion vor. Vielmehr soll das Anliegen gegebenenfalls auf Verfassungsstufe umgesetzt werden (Verfassungsbestimmung mit individuell-konkretem Charakter; vgl. BBl 2001 4823, 4833; kritisch GRISEL, Initiative et référendum, 200).

Schranken des Initiativrechts: (Teil-)Ungültigkeit (Abs. 2)

6 Abs. 2 stimmt wörtlich mit BV 139 Abs. 2 überein. Siehe dort N 9 ff.

7 Auch wenn die allgemeine Volksinitiative auf die Gesetzesebene abzielen kann, wird die Bundesverfassung (bewusst) nicht als Schranke aufgeführt: Verlangt die Volksinitiative eine nicht

verfassungskonforme Gesetzesänderung, so besteht ja die – als Vorzug des neuen Instruments gepriesene (vgl. Botsch. BV, 459) – Möglichkeit, die Verfassung entsprechend zu ändern.

Direkte Umsetzung bei «Einverständnis» (Abs. 3)

8 Der wohl eher seltene Fall hat zur Konsequenz, dass über die Volksinitiative nicht abgestimmt wird, sondern nur, wenn überhaupt, über das *Ergebnis der Umsetzung*, je nach eingeschlagenem Weg obligatorisch (Verfassungsänderung) oder bloss fakultativ (Änderung der Bundesgesetzgebung). Im Unterschied zur Partialrevisionsinitiative (BV 139) wird somit das Verfahren nicht zwingend mit einer Volksabstimmung abgeschlossen.

Gegenentwurf (Abs. 4)

9 Die bei der Vorgängerin der allgemeinen Volksinitiative (Partialrevisionsinitiative in Form der allgemeinen Anregung, BV 139alt) nicht vorgesehene Option des Gegenentwurfs (zu Begriff und Grundidee des Instituts vgl. N 23 ff. zu BV 139) wirft viele zusätzliche Regelungsfragen auf (vgl. BBl 2006 5263), die der Verfassungstext nicht beantwortet, so dass der Gesetzgeber gefordert ist (vgl. BBl 2006 5273 ff.). Der Entscheid zu Gunsten eines Gegenentwurfs verdoppelt die redaktionelle Arbeit, da ein Gegenentwurf stets eines *ausformulierten* «Gegenstücks» bedarf. Dass ein Gegenentwurf nur zulässig sein soll, wenn die Bundesversammlung mit der Volksinitiative «grundsätzlich einverstanden» ist (so BBl 2006 5287), findet im Verfassungswortlaut keine direkte Stütze (anders denn auch BBl 2001 4835).

10 *Abstimmungsverfahren:* Stehen die Rechtsänderung im Sinne der Volksinitiative und der Gegenentwurf auf *Verfassungsstufe*, so kommt das Abstimmungsverfahren gemäss BV 139b zur Anwendung. Stehen Normen der *Gesetzesstufe* einander gegenüber, so kommt es zu einem – dem Bundesrecht bisher fremden – *obligatorischen* Gesetzesreferendum mit Volksmehr (vgl. BV 140 Abs. 2 Bst. a bis); im Fall des Rückzugs der Initiative mutiert der Gegenentwurf von einer obligatorischen zu einer fakultativen Referendumsvorlage (was dem Initiativkomitee eine neuartige taktische Option verschafft).

Vorabstimmung (Volksmehr) bei Ablehnung (Abs. 5)

11 Lehnt die Bundesversammlung die Initiative ab, so kommt es (wie bei der «Vorgängerin», BV 139alt) zu einer «Vorabstimmung», bei der alleine das Volksmehr entscheidet (vgl. auch BV 140 Abs. 2 Bst. b). Ob es im Fall der Annahme der Initiative zu einer zweiten Abstimmung kommt, hängt von der gewählten Normstufe (Bundesverfassung oder Bundesgesetz) ab. Für den Fall der Uneinigkeit der Räte («Nullentscheid») bei Umsetzung einer vom Volk angenommenen allgemeinen Volksinitiative soll der Gesetzgeber eine Lösung vorsehen (BV 156 Abs. 3 Bst. b, noch nicht in Kraft). Gemäss bundesrätlichem Entwurf (E-ParlG 104 Abs. 6 und 104e; dazu BBl 2006 5286) sollen die in den Beschlüssen der letzten Beratung angenommenen (voneinander abweichenden) Erlassentwürfe der beiden Räte als Umsetzungserlasse gelten und miteinander der Volksabstimmung unterbreitet werden (mit Stichfrage). Ein allfälliger Gegenentwurf entfällt. Die Stimmberechtigten werden zum Schiedsrichter zwischen den uneinigen Räten.

Literaturhinweise (vgl. auch die Hinweise vor BV 136)
Parlamentarische Initiative «Beseitigung von Mängeln der Volksrechte». Bericht der SPK-S vom 2.4.2001, BBl 2001 4803; Botschaft über die Einführung der allgemeinen Volksinitiative und über weitere Änderungen der Bundesgesetzgebung über die politischen Rechte vom 31.5.2006, BBl 2006 5261.

Art. 139b[1] Verfahren bei Initiative und Gegenentwurf

[¹ Die Stimmberechtigten stimmen gleichzeitig ab über
a. die Volksinitiative oder die ihr entsprechende Änderung und
b. den Gegenentwurf der Bundesversammlung.]

² Sie können beiden Vorlagen zustimmen. In der Stichfrage können sie angeben, welcher Vorlage sie den Vorrang geben, falls beide angenommen werden.

³ Erzielt bei angenommenen Verfassungsänderungen in der Stichfrage die eine Vorlage mehr Volks- und die andere mehr Standesstimmen, so tritt die Vorlage in Kraft, bei welcher der prozentuale Anteil der Volksstimmen und der prozentuale Anteil der Standesstimmen in der Stichfrage die grössere Summe ergeben.

1   Das – durch das Baselbieter Modell inspirierte – System des «doppelten Ja» mit Stichfrage geht zurück auf das Jahr 1987 (BV 1874 Art. 121bis, in Kraft seit 5.4.1988; vgl. auch BGE 131 I 126, 132; zu Entstehungsgeschichte und Systemwahl kritisch GRISEL, Initiative et référendum, 280 ff.). Es kam erstmals in der Volksabstimmung vom 24.9.2000 («Solar-Initative»), sodann am 22.9.2002 («Gold-Initiative») zur Anwendung. In beiden Fällen wurden sowohl die Volksinitiative als auch der Gegenentwurf abgelehnt. – Bis zum Inkrafttreten von Abs. 1 kommt der vorerst weitergeltende BV 139alt Abs. 6 (i.d.F. vom 18.4.1999) zur Anwendung.

System des «doppelten Ja» (Abs. 1 und 2)

2   *«Gleichzeitig»:* Die Gleichzeitigkeit wird heute dadurch sichergestellt, dass die drei Fragen auf dem gleichen Stimmzettel figurieren (BPR 76). Die «Doppelabstimmung» mit Stichfrage entfällt, wenn die Volksinitiative rechtzeitig zurückgezogen wird (vgl. N 20 zu BV 139; BPR 73).

3   *Abstimmungsfragen* (am Beispiel der Volksabstimmung vom 22.9.2002):
    – «Volksinitiative: Wollen Sie die Volksinitiative [Titel] annehmen?»
    – «Gegenentwurf: Wollen Sie den Gegenentwurf der Bundesversammlung [Titel] annehmen?»

---

1   Angenommen in der Volksabstimmung vom 9. Febr. 2003, Abs. 2 und 3 in Kraft seit 1. Aug. 2003 (BB vom 4. Okt. 2002, BRB vom 25. März 2003, BB vom 19. Juni 2003 – AS 2003 1949 1953; BBl 2001 4803 6080, 2002 6485, 2003 3111 3954 3960). Abs. 1 tritt zu einem späteren Zeitpunkt in Kraft.

– «Stichfrage: Falls sowohl die Volksinitiative [Titel] als auch der Gegenentwurf [Titel] von Volk und Ständen angenommen werden: Soll die Volksinitiative oder der Gegenentwurf in Kraft treten?»

Im Fall der Einführung der *allgemeinen* Volksinitiative könnten sich auch zwei *Gesetzesvorlagen* gegenüberstehen (N 10 zu BV 139a). Da allein das Volksmehr entscheidet (BV 140 Abs. 2), käme Abs. 3 hier nicht zur Anwendung.

«Überkreuzen» von Volks- und Ständemehr (Stichfrage, Abs. 3)

4 *Abs. 3* geht davon aus, dass auch bei der Stichfrage Volks- und Ständemehr zu ermitteln sind (bei Verfassungsvorlagen). Für den (bisher theoretisch gebliebenen) Fall eines Auseinanderklaffens von Volks- und Ständemehr galten früher (BV 1874 Art. 121bis Abs. 3; Schlussbestimmungen Ziff. II Bst. c Abs. 3; BPR 76 i.d.F. vom 8.10.1999) beide Vorlagen als verworfen (obwohl in diesem Fall der *status quo* keine Mehrheit auf sich vereint). Abs. 3 (in Kraft seit dem 1.8.2003) sieht eine innovationsfreundlichere *«Prozentlösung»* vor. *Beispiel:* Vereinigt die Volksinitiative in der Stichfrage 52% der Stimmen und 11 Ständestimmen auf sich (52% + 47,8% = 99,8%), so ist der Gegenentwurf angenommen (48% + 52,2% = 100,2%). (Das Beispiel in BBl 2001 4836 wirft Rätsel auf, denn es operiert mit einer rechnerisch unmöglichen Verteilung der Ständestimmen im Verhältnis 40 zu 60). – Mit dem Inkrafttreten des direkt anwendbaren Abs. 3 ist BPR 76 Abs. 3 Satz 2 hinfällig geworden.

5 Die «Prozentlösung» gibt im Ergebnis den kleinen Kantonen etwas mehr Gewicht (vgl. BBl 2001 6090). Sie wurde von den Räten bewusst der vom Bundesrat ursprünglich beantragten Lösung (Abstellen auf die Volksstimmen; Botsch. BV, 479) vorgezogen. Dass die gewählte Lösung das «droit de veto» der Kantone in Frage stelle (so GRISEL, Initiative et référendum, 285), trifft nicht zu, da die Stichfrage überhaupt nur Bedeutung erlangt, wenn Volk und Stände beide Vorlagen annehmen.

Literaturhinweise: siehe vor BV 136

Art. 140 Obligatorisches Referendum

¹ Volk und Ständen werden zur Abstimmung unterbreitet:

a. die Änderungen der Bundesverfassung;

b. der Beitritt zu Organisationen für kollektive Sicherheit oder zu supranationalen Gemeinschaften;

c. die dringlich erklärten Bundesgesetze, die keine Verfassungsgrundlage haben und deren Geltungsdauer ein Jahr übersteigt; diese Bundesgesetze müssen innerhalb eines Jahres nach Annahme durch die Bundesversammlung zur Abstimmung unterbreitet werden.

² Dem Volk werden zur Abstimmung unterbreitet:

a. die Volksinitiativen auf Totalrevision der Bundesverfassung;

[a.^bis *die Gesetzesvorlage samt Gegenentwurf der Bundesversammlung zu einer allgemeinen Volksinitiative;[1]]*
b. die Volksinitiativen auf Teilrevision der Bundesverfassung in der Form der allgemeinen Anregung, die von der Bundesversammlung abgelehnt worden sind; *[Bst. b i.d.F. vom 9.2.2003: die von der Bundesversammlung abgelehnten allgemeinen Volksinitiativen;[2]]*
c. die Frage, ob eine Totalrevision der Bundesverfassung durchzuführen ist, bei Uneinigkeit der beiden Räte.

1 Die Bestimmung fasst eine Reihe früher verstreuter Regelungen unterschiedlichen Alters (vgl. N 3 vor BV 136) zusammen (vgl. BV 1874 Art. 89 Abs. 5, 89bis Abs. 3, 120 Abs. 1, 121 Abs. 5, 123). Die einzelnen Fälle des obligatorischen Referendums sind fast durchweg Gegenstand besonderer Verfassungsnormen, weshalb die Bedeutung von BV 140 eng begrenzt ist (vgl. immerhin Abs. 1 Bst. b). Die im Rahmen der Reform der Volksrechte (N 12 vor BV 136) beschlossenen Änderungen sind noch nicht in Kraft.

2 *Statistisches:* Seit Bundesstaatsgründung fanden mehr als 350 Doppelmehr-Referenden (Abs. 1) statt (mit wenigen Ausnahmen i.S.v. Bst. a). Dagegen sind Referenden mit blossem Volksmehr (Abs. 2) mit bisher 6 Fällen sehr selten (2 i.S.v. Bst. a: 1880 und 1935; 4 i.S.v. Bst. b, vgl. N 2 zu BV 139alt).

Allgemeines

3 Als *«obligatorisch»* bezeichnet man Referenden, die *von Amtes wegen* durchzuführen sind, d.h. keines besonderen Anstosses in Form eines Referendumsbegehrens (vgl. BV 141, Einleitungssatz) bedürfen. Die Festlegung des Abstimmungstermins obliegt dem Bundesrat (vgl. N 2 zu BV 142).

4 *Referendumsklausel:* Die Bundesversammlung ist verpflichtet, die erfassten Akte mit einer entsprechenden Klausel zu versehen (z.B. «Dieser Beschluss untersteht der Abstimmung des Volkes und der Stände»).

5 Die Art des Referendums allein sagt nichts über den Rang der daraus hervorgehenden Norm(en) (vgl. THÜRER, SG-Komm., Art. 140, N 20).

Obligatorische Referenden mit Doppelmehr (Abs. 1)

6 Abs. 1 verweist im Wesentlichen auf andere Normen. Eigenständige Bedeutung hat der (auf 1977 zurückgehende) Bst. b, der in zwei Fällen ein obligatorisches (Staatsvertrags-) Referendum vorsieht (N 7).

---

1 Angenommen in der Volksabstimmung vom 9. Febr. 2003 (BB vom 4. Okt. 2002, BRB vom 25. März 2003, BB vom 19. Juni 2003 – AS 2003 1949 1953; BBl 2001 4803 6080, 2002 6485, 2003 3111 3954 3960). – Bst. a^bis tritt zu einem späteren Zeitpunkt in Kraft.

2 Angenommen in der Volksabstimmung vom 9. Febr. 2003 (BB vom 4. Okt. 2002, BRB vom 25. März 2003, BB vom 19. Juni 2003 – AS 2003 1949 1953; BBl 2001 4803 6080, 2002 6485, 2003 3111 3954 3960). – Die revidierte Fassung tritt zu einem späteren Zeitpunkt in Kraft.

- *Verfassungsänderungen* (Bst. a): vgl. BV 192 ff. (Revision der BV); vgl. auch BV 53 (Bestandesänderungen), BV 139 (Verfassungsinitiativen), BV 141a (Möglichkeit der Integration von Verfassungsänderungen in den Genehmigungsbeschluss gemäss Bst. b). – Eine Art vereinfachtes Verfahren der Verfassungsänderung sieht BV 159 Abs. 4 vor.
- *Extrakonstitutionelles Dringlichkeitsrecht* (Bst. c): vgl. N 10 ff. zu BV 165. Bst. c stellt klar, dass nur «überjährige» BB dem Referendum unterstehen.

7   *Obligatorisches Staatsvertragsreferendum* (Bst. b): Das auf 1977 zurückgehende Instrument greift in zwei Fällen:

- *Beitritt zu Organisationen für kollektive Sicherheit:* Leitidee solcher Organisationen ist das gemeinsame Vorgehen gegen einen (Mitglied-)Staat, der das Gewaltverbot missachtet (Einbindung potenzieller Aggressoren). Als klassisches Anwendungsbeispiel für Bst. b dient meist der Beitritt zur Organisation der Vereinten Nationen (UNO). Der UNO-Beitritt der Schweiz wurde indes auf anderem Wege eingeleitet (Volksinitiative) und beschlossen (3.3.2002; vgl. BV 197 Ziff. 1). Ob auch ein allfälliger Beitritt zur NATO unter Bst. b fällt, ist umstritten (bejahend z.B. AUBERT, Comm., Art. 140, N 11; SCHINDLER, Komm. aBV, Art. 89 Abs. 5, N 3; verneinend GRISEL, Initiative et référendum, 302).
- *Beitritt zu supranationalen Gemeinschaften:* Als Prototyp gelten die (heute unter dem Dach der Europäischen Union vereinten) Europäischen Gemeinschaften. Merkmale der «Supranationalität» sind: von Vorgaben der Mitgliedstaaten unabhängige Organe; Mehrheitsentscheidungen; direkt anwendbares, gegebenenfalls auch für Private unmittelbar verbindliches Recht; relativ weit reichende Kompetenzen (vgl. THÜRER, SG-Komm., Art. 140, N 16). – Obwohl das Abkommen über den Europäischen Wirtschaftsraum (EWR) einzelne supranationale Elemente aufwies, handelte es sich nicht um einen Anwendungsfall von BV 1874 Art. 89 Abs. 5 (vgl. auch THÜRER, SG-Komm., Art. 140, N 18; a.M. GRISEL, Initiative et référendum, 303; vgl. auch N 9).

Der Wortlaut erfasst nur den Beitritt. *Änderungen* im Bereich der fraglichen Organisation unterliegen dem obligatorischen Referendum nur, wenn sie derart erheblich sind, dass sie einem Neubeitritt gleichkommen (so auch THÜRER, SG-Komm., Art. 140, N 19). Der Austritt wird in Bst. b nicht erfasst. – Der bisher einzige echte Anwendungsfall war die Volksabstimmung vom 16.3.1986 über den UNO-Beitritt (deutlich verworfen). Vgl. auch hinten N 9.

Obligatorische Referenden mit blossem Volksmehr (Abs. 2)

8   Mit Ausnahme von Bst. a[bis] handelt es sich um grundlegende verfahrensleitende Entscheidungen, die selbst noch keine Rechtsänderung bewirken.

   a.   *Vorabstimmung über Volksinitiativen auf BV-Totalrevision* (Bst. a): vgl. BV 138 Abs. 2 und BV 193 Abs. 2 (seit 1874: ein Anwendungsfall).

   a.[bis] *obligatorisches Gesetzesreferendum* (Bst. a[bis] i.d.F. vom 9.2.2003, nicht in Kraft): vgl. BV 139a Abs. 4. Im Fall des Rückzugs der Volksinitiative soll das obligatorische zu einem fakultativen Referendum mutieren (vgl. N 10 zu BV 139a). Ein Gesetz, das gemäss Bst. a[bis] beschlossen wurde, steht im Rang nicht über den sonstigen Gesetzen.

   b.   *Vorabstimmung bei Volksinitiativen* (Bst. b): vgl. BV 139alt Abs. 4 (i.d.F. vom 18.4.1999) bzw. BV 139a Abs. 5 (nicht in Kraft) (seit 1891: vier Anwendungsfälle).

645

c. *Vorabstimmung über BV-Totalrevision bei Uneinigkeit der Räte* (Bst. c): vgl. BV 193 Abs. 2 (bisher kein Anwendungsfall; bei der Vorlage B [Volksrechte] des bundesrätlichen Totalrevisionsprojekts wurde ein Präzedenzfall vermieden, da der Ständerat trotz grundsätzlicher Bejahung des Reformbedarfs dem Nichteintretensbeschluss des Nationalrats folgte, AB 1999 S 609 ff.).

Abschliessender Charakter?

9   Es ist umstritten, ob die Bundesversammlung ein obligatorisches Referendum auch für weitere Fälle, insb. für weitere völkerrechtliche Verträge, vorsehen kann. Unter der BV 1874 wurden drei (auswärtige) Vorlagen dem obligatorischen Referendum unterstellt (zwei davon vor 1977):
– BB betreffend den Beitritt der Schweiz zum Völkerbund (vom Volk und von 10 3/2 Ständen angenommen am 16.5.1920).
– BB über die beiden (Freihandels-)Abkommen vom 22.7.1972 zwischen der Schweiz und der EWG bzw. den EGKS-Mitgliedstaaten (BBl 1972 II 1034; SR 0.632.401, 0.632.402) (vom Volk und allen Ständen angenommen am 3.12.1972).
– BB über den Europäischen Wirtschaftsraum (EWR) (vom Volk und von 14 4/2 Ständen abgelehnt in der Volksabstimmung vom 6.12.1992).

Es gibt gute Gründe, das obligatorische Referendum nicht dem Belieben der Bundesversammlung anheimzustellen, d.h. die frühere Praxis unter der neuen BV nicht fortzuführen. Verschiedene Hinweise in den Materialien weisen – bedauerlicherweise – in die gegenteilige Richtung (vgl. Botsch. BV, 364; AB 1998 S 121, Votum Frick: «kein qualifiziertes Schweigen»; vgl. auch AB 2004 S 729). Mithin ist davon auszugehen, dass es auch weiterhin zulässig ist, im Einzelfall ausnahmsweise weitere Verträge dem obligatorischen Referendum zu unterstellen. Zu verlangen ist aber, dass es sich um einen Vertrag von *ausserordentlicher* Bedeutung handelt, der den in Abs. 1 Bst. b ausdrücklich genannten Kategorien nahe kommt (vgl. auch RHINOW, Grundzüge, 579: «aus staatspolitischen Gründen»), zumal auch in den Materialien der Ausnahmecharakter betont wird (AB 1998 N 54, S 121; vgl. auch LOMBARDI/THÜRER, SG-Komm., Art. 140, N 5 f.; strenger HANGARTNER/KLEY, 472: abschliessende Auflistung). Rechtsdogmatisch ist das gewillkürte obligatorische Referendum ein Fall ungeschriebenen Verfassungsrechts. – Im Fall des BB vom 17.12.2004 betreffend Assoziierung an «Schengen» und «Dublin» wurde die Diskussion geführt (AB 2004 S 728). Die Bundesversammlung sah richtigerweise von einer Unterstellung unter das obligatorische Referendum ab.

Literaturhinweise: siehe vor BV 136

Art. 141 Fakultatives Referendum

¹ Verlangen es 50 000 Stimmberechtigte oder acht Kantone innerhalb von 100 Tagen seit der amtlichen Veröffentlichung des Erlasses, so werden dem Volk zur Abstimmung vorgelegt:[1]
a. Bundesgesetze;
b. dringlich erklärte Bundesgesetze, deren Geltungsdauer ein Jahr übersteigt;
c. Bundesbeschlüsse, soweit Verfassung oder Gesetz dies vorsehen;
d. völkerrechtliche Verträge, die:
 1. unbefristet und unkündbar sind;
 2. den Beitritt zu einer internationalen Organisation vorsehen;
 3.[2] wichtige rechtsetzende Bestimmungen enthalten oder deren Umsetzung den Erlass von Bundesgesetzen erfordert.

² ...[3]

1 Die ursprüngliche Fassung (vom 18.4.1999) führte Regelungen unterschiedlichen Alters nach (BV 1874 Art. 89 Abs. 2 von 1874; Art. 89 Abs. 3 und 4 von 1921/1977; Art. 89bis Abs. 2 von 1949). Im Rahmen der Reform der Volksrechte erfuhr BV 141 verschiedene Anpassungen (per 1.8.2003):
 – Verankerung der davor nur gesetzlich geregelten (BPR 59) Sammelfrist (bis 1997: 90 Tage) auf Verfassungsstufe;
 – Erweiterung des Staatsvertragsreferendums (Abs. 1 Bst. d Ziff. 3);
 – Aufhebung von Abs. 2: Die Befugnis, weitere Verträge dem fakultativen Referendum – nicht direkt der Volksabstimmung – zu unterstellen, wurde von der Bundesversammlung kaum genutzt (zwei Beispiele bei THÜRER, SG-Komm., Art. 141, N 31); zu Volksabstimmungen kam es nicht.

Die Unterschriftenzahl (ursprünglich 30'000, seit 1977: 50'000) wurde entgegen den Absichten des Bundesrates (Botsch. BV, 448 ff.) nicht erhöht. Verzichtet wurde auf die vom Bundesrat vorgeschlagene Einführung eines fakultativen Verwaltungs- und Finanzreferendums (Botsch. BV, 466 ff.; vgl. hinten N 11 f. sowie N 9 zu BV 167). Anders als BV 140 hat BV 141

---

1 Angenommen in der Volksabstimmung vom 9. Febr. 2003, in Kraft seit 1. Aug. 2003 (BB vom 4. Okt. 2002, BRB vom 25. März 2003, BB vom 19. Juni 2003 – AS 2003 1949 1953; BBl 2001 4803 6080, 2002 6485, 2003 3111 3954 3960).
2 Angenommen in der Volksabstimmung vom 9. Febr. 2003, in Kraft seit 1. Aug. 2003 (BB vom 4. Okt. 2002, BRB vom 25. März 2003, BB vom 19. Juni 2003 – AS 2003 1949 1953; BBl 2001 4803 6080, 2002 6485, 2003 3111 3954 3960).
3 Aufgehoben in der Volksabstimmung vom 9. Febr. 2003 (BB vom 4. Okt. 2002, BRB vom 25. März 2003, BB vom 19. Juni 2003 – AS 2003 1949; BBl 2001 4803 6080, 2002 6485, 2003 3111 3954 3960).

nicht weitgehend rekapitulierenden Charakter. – Zur Bedeutung der Neuordnung der Beschlussformen (GVG 4 ff. i.d.F. vom 18.10.1999; heute ParlG 22 ff.) vgl. N 1 ff. zu BV 163.

2   *Statistisches:* Von 1971 bis 2001 wurden 864 referendumspflichtige Vorlagen verabschiedet; davor waren es knapp über 1000 in rund 100 Jahren (BBl 2001 4813). Die Gesamtzahl erhöht sich Jahr für Jahr um gut 30 bis 60. Bei durchschnittlich 94% der Vorlagen verstrich die Referendumsfrist ungenutzt. Die meisten der bisher gut 150 Referendumsabstimmungen betrafen den Fall des heutigen Bst. a (Gesetzesreferendum). In rund 57% der Fälle wurde die Referendumsvorlage in der Volksabstimmung angenommen (vgl. BBl 2001 4814). – Ein *Kantonsreferendum* kam erstmals im Jahr 2003 (d.h. 129 Jahre nach dessen Einführung) zustande; es wurde von 11 Kantonen (10 Parlamente, 1 Regierung) ergriffen (daneben kam auch das Volksreferendum zustande) und war erfolgreich (Ablehnung des sog. «Steuerpakets», BG vom 20.06.2003, BBl 2001 2983, in der Volksabstimmung vom 16.5.2004).

Titel und Einleitungssatz

3   Als *«fakultativ»* bezeichnet man Referenden, die eines besonderen Anstosses bedürfen, d.h. *nicht* von Amtes wegen durchzuführen sind. Die Bundesversammlung ist verpflichtet, referendumspflichtige Beschlüsse mit einer entsprechenden Klausel («Dieses Gesetz/dieser Beschluss untersteht usw. ...») zu versehen. Die amtliche Veröffentlichung der Referendumsvorlagen erfolgt im *Bundesblatt*, in aller Regel kurz nach Ende der Session, in welchem der Erlass von der Bundesversammlung verabschiedet wurde (Beispiel für ein Abwarten mir der Publikation: BBl 2006 8195; vgl. N 18 zu BV 99). Seit einer Teilrevision von BPR 59 (i.d.F. vom 13.12.2002) beginnt die Frist nicht mehr bei jedem – noch so geringfügigen – Publikationskorrigendum neu zu laufen (vgl. SPK-N, Bericht ParlG, 3614). Im Fall des totalrevidierten RTVG (vom 24.3.2006, BBl 2006 3587) entschied man sich gleichwohl für einen Neubeginn der Frist (BBl 2006 6301). – Die Festsetzung des Abstimmungstermins obliegt dem Bundesrat (vgl. N 2 zu BV 142).

4   *Volksreferendum:* 50'000 Stimmberechtigte entsprechen heute rund 1,03% der Aktivbürgerschaft (vgl. BBl 2006 1062). Zu den Modalitäten vgl. BPR 59 ff. Die Unterschriftenlisten müssen vor Fristablauf mit der Stimmrechtsbescheinigung der nach kantonalem Recht zuständigen Amtsstelle versehen (BPR 70 i.V.m. 62) eingereicht werden (vgl. BGE 131 II 449, 456). Anders als im Fall der Volksinitiative ist die Bildung eines Komitees nicht zwingend. Einer Zusammenrechnung der Unterschriften, die von unterschiedlichen Gegnerkreisen gesammelt wurden, steht nichts im Weg.

5   *Kantonsreferendum:* Die Mindestzahl wurde 1874 nicht zufällig auf acht festgelegt, war doch die durch den Siebner-Sonderbund ausgelöste Krise von 1847 noch in frischer Erinnerung. Kantone mit halber Standesstimme (BV 142 Abs. 4) zählen ganz (vgl. AUBERT, Comm., Art. 141, N 2; GRISEL, Initiative et référendum, 315). Der erste und einzige Präzedenzfall datiert von 2003 (vgl. N 2). Eine bundesgesetzliche Regelung der Modalitäten besteht erst seit dem 1.4.1997 (BPR 59a, 67 ff.). Sofern das kantonale Recht nichts anderes bestimmt, gilt das Kantonsparlament als zuständig.

Fakultatives Gesetzesreferendum (Abs. 1 Bst. a)

6   Zum Begriff des Gesetzes vgl. BV 164 und ParlG 22. – Dem fakultativen Referendum unterstehen gleichermassen: neu erlassene Gesetze, Teilrevisionen, die Aufhebung einzelner Gesetzesbestimmungen oder ganzer Gesetze. Nicht erfasst werden Verordnungen der Bundesversammlung (BV 163 Abs. 1).

7   Aus (referendums- oder abstimmungs-)«taktischen» Gründen werden in der Praxis mitunter (grössere) Reformvorhaben auf zwei oder mehr Vorlagen aufgeteilt und je einzeln dem Referendum unterstellt (vgl. z.B. die drei am 3.10.2003 verabschiedeten Vorlagen betreffend Änderung des BüG). Dies ist nicht unproblematisch, aber wohl zulässig, solange eine willkürliche «Zerstückelung» unterbleibt und der Anspruch auf freie, unverfälschte Willensbildung und Stimmabgabe (BV 34 Abs. 2) gewahrt wird. Entsprechendes gilt für das Zusammenfügen von Reformen zu einer Referendumsvorlage. Die Ablehnung des (heterogenen) sog. Steuerpakets am 16.5.2004 (vgl. N 2) dürfte die Lust des Parlaments am «Paketschnüren» fürs Erste etwas gedämpft haben.

8   Das *aufschiebend* wirkende (d.h. das Inkrafttreten hindernde) Gesetzesreferendum (suspensives Referendum) gehört zu den systemprägenden Elementen der schweizerischen Verfassungsordnung (zu den konkordanzfördernden Wirkungen vgl. N 5 vor BV 136). Für *dringliche* Bundesgesetze ist das Referendum ein *nachträgliches* (Bst. b). Die Funktion eines nachträglichen *aufhebenden* Referendums könnte die allgemeine Volksinitiative übernehmen (vgl. N 4 BV 139a). – Auch in jüngerer Zeit waren wiederholt gesellschaftspolitisch bedeutsame Gesetze Gegenstand einer Referendumsabstimmung (und, damit einhergehend, einer breiten politischen Auseinandersetzung): BG über die eingetragene Partnerschaft (angenommen am 5.6.2005); Mutterschaftsversicherung (angenommen am 26.9.2004); Einführung der sog. Fristenlösung beim Schwangerschaftsabbruch (angenommen am 2.6.2002).

Referendum bei Dringlichkeitsgesetzgebung (Abs. 1 Bst. b)

9   Zu den Voraussetzungen und Rahmenbedingungen vgl. BV 165. – Das nachträgliche Referendum wirkt *resolutiv* (aufhebendes oder abrogatives Referendum). «Unterjährige» Erlasse sind, wie Bst. b deutlich macht, nicht dem Referendum unterstellt (vgl. N 6 zu BV 165).

10 Die Zahl der dringlichen Bundesgesetze ist ab Ende der 1980er Jahre gestiegen (ein Liste mit den aktuellen Fällen findet sich in der SR unter Nr. 105). Das nachträgliche Referendum wurde bisher selten ergriffen (laut GRISEL, Initiative et référendum, 325: in 5 Fällen; vgl. zuletzt beim BG vom 21.6.2002 betreffend Finanzierungsfragen im KVG-Bereich, BBl 2002 4465) und war noch seltener erfolgreich (zuletzt: Ablehnung des BB vom 13.12.1996 über die Finanzierung der Arbeitslosenversicherung am 28.9.1997).

Beschlussesreferendum (Abs. 1 Bst. c)

11 *Vorgeschichte:* Auch nachdem das GVG 1962 den damaligen (referendumspflichtigen) allgemeinverbindlichen Bundesbeschluss (BV 1874 Art. 89) per Legaldefinition im Wesentlichen auf Akte *rechtsetzender* Natur eingegrenzt hatte, sahen einzelne Bundesgesetze vor, dass gegen bestimmte Beschlüsse *nicht-rechtsetzender* Art das Referendum ergriffen werden konnte (vgl. etwa Art. 3 des früheren SBB-Gesetzes vom 23.7.1944, BS 7 195). *De facto* lief auch die Einkleidung des BG (früher BB) vom 19.12.1986 betreffend das Konzept BAHN

2000 (SR 742.100) oder des BB vom 17.3.1989 über die «Vereinbarung betreffend Nichtrealisierung des Kernkraftwerks Kaiseraugst» (BBl 1988 III 1253; BBl 1989 I 1035) in die Form eines allgemeinverbindlichen BB (BV 1874 Art. 89) auf ein punktuelles Verwaltungsreferendum hinaus. – Die neue Bundesverfassung gibt dieser Figur nun eine klarere (wenn auch nicht durchwegs befriedigende, vgl. N 12) *Grundlage* und grenzt sie zugleich ein.

12 *Anwendungsfälle:* Bst. c stellt klar, dass die Bundesversammlung die Referendumsmöglichkeit nicht nach Gutdünken (einzelfallweise), sondern nur gestützt auf eine besondere rechtliche Grundlage eröffnen kann. Ein Beschlussesreferendum ist heute *verfassungsrechtlich* vorgesehen in:

- BV 53 Abs. 3: Gebietsveränderungen zwischen den Kantonen;
- BV 48a Abs. 2 (noch nicht in Kraft): AVE von interkantonalen Verträgen;

sowie *gesetzlich* vorgesehen in:

- KEG 48 (SR 732.1): Beschluss der Bundesversammlung über die Genehmigung einer kernenergierechtlichen Rahmenbewilligung;
- ParlG 28: Grundsatz- und Planungsbeschlüsse *von grosser Tragweite;*
- ParlG 29: Einzelakte der Bundesversammlung (vgl. N 22 zu BV 173), «für welche die notwendige gesetzliche Grundlage weder in der Bundesverfassung noch in einem Bundesgesetz besteht».

Während ParlG 28 die Figur des (mit der Aufhebung von BV 141 Abs. 2 auf Verfassungsebene verschwundenen) «fakultativ-fakultativen» Referendums weiterführt, ermöglicht ParlG 29 im Ergebnis ein mehr oder weniger «gewillkürtes» Referendum neuer Art (zur Problematik vgl. N 24 zu BV 173; vgl. auch KLEY, ius.full 2003, 197). Da es in den Fällen von ParlG 28 und 29 nicht automatisch zu einer Volksabstimmung kommt, sollte man nicht von einem Plebiszit (im französischen Sinne) sprechen. – Zu den Bestrebungen, ein *Finanzreferendum* einzuführen, vgl. N 9 zu BV 167.

13 Bei Parlamentsbeschlüssen betreffend die Genehmigung von Akten anderer Instanzen (BV 53; KEG 48) stellt sich die Frage, ob auch eine allfällige *Verweigerung* in die Form eines referendumspflichtigen BB zu kleiden ist (sofern die Bundesversammlung die Sache nicht per Nichteintretensbeschluss erledigt). Trotz aller Problematik, die der Figur des «negativen» Referendums innewohnt (allgemein GRISEL, Initiative et référendum, 383), wäre dies im besonders gelagerten Fall der Gebietsveränderung (BV 53) überlegenswert (zögernd AUBERT, Comm., Art. 53, N 14).

Fakultatives Staatsvertragsreferendum (Abs. 1 Bst. d)

14 Mit zunehmender Internationalisierung des Rechts (vgl. z.B. H. KOLLER, Globalisierung und Internationalisierung des Wirtschaftsrechts, ZSR 1999 II, 313 ff.) wächst das Bedürfnis nach demokratischer Legitimierung völkerrechtlicher Verträge. Die Einführung und (schrittweise) Ausdehnung des Staatsvertragsreferendums (1921, 1977, 2003) ist eine Reaktion auf diese Entwicklung.

15 Die Frage der Referendumspflichtigkeit stellt sich von vornherein nur bei Verträgen, die der *parlamentarischen Genehmigung* bedürfen, d.h. nicht von der Exekutive in eigener Kompetenz abgeschlossen werden können (vgl. N 13 zu BV 166). Entgegen dem Verfassungswortlaut knüpft das Referendum am Genehmigungsbeschluss, nicht am Vertrag an (präziser insofern BV 141a). – Zum Begriff des völkerrechtlichen Vertrags (BV 166) und zur Abgrenzung gegenüber «weicheren» völkerrechtlichen Instrumenten vgl. VPB 68.83 (2004).

16 *Unbefristete, unkündbare Verträge (Ziff. 1):* Die beiden Kriterien müssen *kumulativ* gegeben sein. Auch ein Vertrag ohne ausdrückliche Kündigungsklausel kann sich, genauer besehen, als kündbar erweisen; keine Kündbarkeit i.S.v. BV 141 begründen indes ausserordentliche Beendigungsgründe des allgemeinen Völkerrechts (wie die *clausula rebus sic stantibus*; vgl. VRK 42 ff., SR 0.111; THÜRER, SG-Komm., Art. 141, N 22). Ein typischer Anwendungsfall sind Verträge betreffend den Grenzverlauf.

17 *Beitritt zu einer internationalen Organisation (Ziff. 2):* Merkmale einer internationalen Organisation sind (vgl. THÜRER, SG-Komm., Art. 141, N 25; KNUT IPSEN, Völkerrecht, 5. Aufl., München 2004, 444 ff.): Grundlage im Völkerrecht; Staaten oder andere Völkerrechtssubjekte als Mitglieder; eigene Organe mit von den Mitgliedstaaten unabhängigem Willen; eigene Völkerrechtspersönlichkeit. Zwei *qualifizierte* Typen internationaler Organisationen werden von BV 140 erfasst. – *Änderungen* im Bereich der internationalen Organisation unterliegen dem Referendum dann, wenn sie derart erheblich sind, dass sie einem Neubeitritt gleichkommen (Botsch. BV, 366). Der *Austritt* wird in Ziffer 2 nicht erfasst (vgl. N 20).

18 *«Gesetzeswesentliche» völkerrechtliche Verträge (Ziff. 3):* Durch die auf Vorschläge der SPK-S zurückgehende Neufassung (BBl 2001 4826, 4837) wurde der Anwendungsbereich (mit Wirkung per 1.8.2003) beträchtlich erweitert (zuvor: «eine multilaterale Rechtsvereinheitlichung herbeiführen»). Grundidee der Regelung ist, «dass die Volksrechte im Bereich der Staatsverträge möglichst in gleicher Weise zum Tragen kommen sollten wie in der innerstaatlichen Gesetzgebung» (sog. Parallelismus; VPB 68.83 (2004), Ziff. 6):

– Verträge mit *wichtigen rechtsetzenden* Bestimmungen: «Rechtsetzend» meint: Normen, «die in unmittelbar verbindlicher und generell-abstrakter Weise Pflichten auferlegen, Rechte verleihen oder Zuständigkeiten festlegen» (ParlG 22). Diese Eigenschaft fehlt bei Vereinbarungen rechtsgeschäftlicher Natur. Nicht entscheidend ist, ob eine Bestimmung direkt anwendbar (*self-executing*) ist oder nicht. – Zum Kriterium der Wichtigkeit vgl. N 3 ff. zu BV 164; VPB 68.83 [2004], Ziff. 6.

– Verträge, deren *Umsetzung den Erlass von Bundesgesetzen erfordert:* Massgebend sind wiederum die Kriterien gemäss BV 164. Referendumspflichtig ist ein Vertrag insb. dann, wenn Individuen im Rahmen der Umsetzung Pflichten auferlegt bzw. Rechte eingeräumt werden (vgl. BBl 2003 6289, 7136, 7318, 8247; VPB 68.83 [2004], Ziff. 6), aber auch dann, wenn ein Vertrag den Erlass gesetzlicher Bestimmungen über die Organisation, die Zuständigkeit oder die Aufgaben von Behörden oder von Verfahrensbestimmungen erfordert (enger noch VE 96, Art. 131 Abs. 1 Bst. d, Vorlage B) oder vorsieht, dass Personal der Europäischen Kommission «auf schweizerischem Hoheitsgebiet Kontrollen und Überprüfungen» vornehmen darf (vgl. BBl 2004 270).

Als nicht referendumspflichtig gelten Verträge, die keine zusätzlichen, neuartigen Verpflichtungen für die Schweiz begründen (VPB 68.83 [2004]; BBl 2003 6475; AB 2003 N 2043, S 1044). Zur (grundsätzlich übereinstimmenden) Praxis von Bundesrat und Bundesversammlung vgl. VPB 69.75 (2005). – Die Kompetenz des Bundesrates, Staatsverträge provisorisch anzuwenden (vgl. RVOG 7b), wird durch die Ausdehnung des Referendums nicht eingeschränkt.

19 Die (gelegentlich praktizierte) *Zusammenfassung* mehrerer Abkommen in einem Genehmigungsbeschluss muss den Anspruch auf freie, unverfälschte Willensbildung und Stimmabgabe (BV 34 Abs. 2) respektieren.

20 Die *Kündigung* von völkerrechtlichen Verträgen ist grundsätzlich Sache des Bundesrates (BV 184), mithin nicht referendumsfähig (vgl. GRISEL, Initiative et référendum, 351; für die Möglichkeit eines Referendums bei Verträgen mit grosser politischer Tragweite sprechen sich aus: THÜRER/ISLIKER, SG-Komm. Art. 166 Abs. 2, N 50; EHRENZELLER, Aussenpolitik, 544).

21 *Praxis:* Das 1921 eingeführte, später modifizierte fakultative Staatsvertragsreferendum hatte bisher nur wenige, dafür umso bedeutsamere Volksabstimmungen zur Folge (bis Ende 2006 insgesamt 7; vor 1977 bei 3 von 45 referendumspflichtigen Verträgen; vgl. LOMBARDI/THÜRER, SG-Komm., Art. 140, N 4), darunter insb.:

– 17.5.1992: Genehmigung des Beitritts zu IWF und Weltbank.
– 21.5.2000: Genehmigung der sog. Bilateralen Verträge I mit der EG/EU.
– 5.6.2005: Genehmigung der Abkommen zu «Schengen» und «Dublin».
– 25.9.2005: Ausdehnung des FZA auf zehn neue EU-Mitgliedstaaten.

Abgelehnt wurden bisher zwei Vorlagen: 1923 betreffend das Abkommen mit Frankreich vom 7.8.1921 über Handelsbeziehungen und Grenzverkehr im Gebiet von Hochsavoyen, Pays de Gex und Genf (BBl 1922 I 595); 1976 betreffend ein Darlehen von 200 Mio. Franken. an die International Development Association (BBl 1975 II 186). – Nicht zustande kam das Referendum gegen den Beitritt der Schweiz zur Welthandelsorganisation WTO (vgl. BBl 1995 II 669). – Nicht referendumspflichtig war nach damaligem Recht der Beitritt der Schweiz zur EMRK.

Literaturhinweise (vgl. auch die Hinweise vor BV 136 und bei BV 166)

COTTIER THOMAS ET AL., Der Staatsvertrag im schweizerischen Verfassungsrecht, Bern 2001; KLEY ANDREAS, Erlassformen der Bundesversammlung, ius.full 2003, 190 ff.; KLEY ANDREAS/FELLER RETO, Die Erlassformen der Bundesversammlung im Lichte des neuen Parlamentsgesetzes, ZBl 2004, 229 ff.; SPK-S, Bericht vom 2.4.2001 zur Parlamentarischen Initiative «Beseitigung von Mängeln der Volksrechte», BBl 2001 4803 ff.

Art. 141a[1] Umsetzung von völkerrechtlichen Verträgen

¹ Untersteht der Genehmigungsbeschluss eines völkerrechtlichen Vertrags dem obligatorischen Referendum, so kann die Bundesversammlung die Verfassungsänderungen, die der Umsetzung des Vertrages dienen, in den Genehmigungsbeschluss aufnehmen.

² Untersteht der Genehmigungsbeschluss eines völkerrechtlichen Vertrags dem fakultativen Referendum, so kann die Bundesversammlung die Gesetzesänderungen, die der Umsetzung des Vertrages dienen, in den Genehmigungsbeschluss aufnehmen.

1 Die neuartige Regelung geht zurück auf die Reform der Volksrechte (N 12 vor BV 136). Entgegen dem Antrag der SPK-S (vgl. BBl 2001 4827) beschlossen die Räte die Einführung der jetzigen «Paketlösung». Eine ähnliche Regelung war bereits in der Vorlage des Bundesrates enthalten (VE 96 Art. 131c, Vorlage B; vgl. Botsch. BV, 475 f.). – Zum Begriff des völkerrechtlichen Vertrags: BV 166; zum Staatsvertragsreferendum: BV 140 und BV 141.

Allgemeines

2 *Regelungshintergrund:* Mit der Ausdehnung des Staatsvertragsreferendums auf prinzipiell alle völkerrechtlichen Verträge mit «gesetzeswesentlichem» Inhalt (N 18 zu BV 141) hat die schon zuvor bestehende «Gefahr widersprüchlicher Volksentscheide» (Botsch. BV, 443) weiter zugenommen. Die Möglichkeit, die erforderlichen Gesetzesänderungen in den Genehmigungsbeschluss aufzunehmen, d.h. ein *Gesamtpaket* zu bilden, soll dieser Gefahr entgegenwirken. Für die Stimmberechtigten erhöht sich die Transparenz.

3 *Parallelisierung:* Anders als frühere Vorschläge geht BV 141a von einer Parallelisierung nach Massgabe des Referendumstyps aus.

   – *obligatorisches* Staatsvertragsreferendum: Einbezug von (ohnehin dem obligatorischen Referendum unterstehenden) Verfassungsänderungen;
   – *fakultatives* Staatsvertragsreferendum: Einbezug von (sonst ebenfalls dem *fakultativen* Referendum unterstehenden) Gesetzesänderungen.

   Ein «Überkreuzen» (obligatorisch/fakultativ) ist nicht zulässig.

4 BV 141a begründet *Ermächtigungen*, nicht Verpflichtungen (Botsch. BV, 476).

5 *«der Umsetzung des Vertrags dienen»* (Grenzen der Ermächtigung): Der schon im Antrag des Bundesrates enthaltene Passus soll sicherstellen, dass nicht nur die «zwingend notwendige Ausführungsgesetzgebung» (Botsch. BV, 476), sondern auch allfällige weiter gehende Änderungen integriert werden können, die innerstaatlich begründet sind (flankierende oder kompensatorische Massnahmen). Die subtile Abgrenzung zwischen «notwendig» und «nicht notwendig» wird vermieden. An ihre Stelle tritt die nicht minder subtile Abgrenzung zwischen

---

[1] Angenommen in der Volksabstimmung vom 9. Febr. 2003, in Kraft seit 1. Aug. 2003 (BB vom 4. Okt. 2002, BRB vom 25. März 2003, BB vom 19. Juni 2003 – AS 2003 1949 1953; BBl 2001 4803 6080, 2002 6485, 2003 3111 3954 3960).

«dienend» und «nicht dienend», die den politischen Konsens fördern mag, aber unter dem Aspekt der freien und unverfälschten Willensbildung nicht unproblematisch ist (vgl. auch SAXER, AJP 2005, 828 ff.). Die einbezogenen Bestimmungen müssen auf die Implementierung der internationalen Verpflichtung ausgerichtet sein, d.h. nicht bloss «aus Anlass» des Vertrags ergehen (z.B. im Sinne eines «Gegengeschäfts»).

6 BV 141a beinhaltet (entgegen GRISEL, Initiative et référendum, 352) kein Bekenntnis zu einer dualistischen Konzeption des Verhältnisses von Völkerrecht und Landesrecht (vgl. N 28 zu BV 5). Denn auch in einem monistischen System bedarf Völkerrecht mitunter einer gesetzgeberischen Umsetzung.

7 Eine Dringlichkeitsklausel (vgl. BV 165) ist in BV 141a nicht vorgesehen.

Einbezug von Verfassungsänderungen (Abs. 1)

8 In den *Anwendungsbereich* von Abs. 1 fallen nur Verträge, die nach den *allgemeinen Regeln* (vgl. BV 140) dem obligatorischen Referendum unterstehen. Dass der Abschluss eines dem fakultativen Referendum unterstehenden Vertrags Verfassungsänderungen erfordert oder angezeigt erscheinen lässt, gibt der Bundesversammlung kein Recht, den Vertrag dem obligatorischen Referendum zu unterstellen, um BV 141a zur Anwendung bringen zu können.

9 Die Ermächtigung gemäss BV 141a Abs. 1 entbindet nicht von der Einhaltung anderer verfassungsrechtlicher Vorgaben (insb. Wahrung der Einheit der Materie; dazu SAXER, AJP 2005, 832 f.). Problematisch daher (vor BV 141a) der BB vom 9.10.1992 über den Europäischen Wirtschaftsraum (EWR), BBl 1992 VI 56 (kritisch auch GRISEL, Initiative et référendum, 391).

10 Als möglichen Anwendungsfall dürfte der Verfassungsgeber vor allem einen allfälligen EU-Beitritt vor Augen gehabt haben. Ob angesichts der komplexen Folgefragen (vgl. DANIEL THÜRER, Verfassungsfragen rund um einen Beitritt der Schweiz zur Europäischen Union, SZIER 2005, 21 ff.) ein Vorgehen nach BV 141a Abs. 1 praktisch und rechtlich in Betracht kommt, erscheint allerdings sehr fraglich (vgl. auch SAXER, AJP 2005, 827).

Einbezug von Gesetzesänderungen (Abs. 2)

11 Die Anwendung von Abs. 2 setzt einen Vertrag voraus, der dem fakultativen Referendum untersteht (vgl. N 15 zu BV 141). Nicht zulässig wäre es, einen nicht dem Referendum unterstehenden Vertrag durch «Anhängen» eines Gesetzes referendumspflichtig zu machen (vgl. auch N 8).

12 Bei der späteren *Auslegung* der integrierten Gesetzesbestimmungen spricht eine starke (aber nicht unumstössliche) Vermutung dafür, dass die Bundesversammlung völkerrechtskonform legiferieren wollte. Die spätere Änderung, Ergänzung oder Aufhebung integrierter Gesetzesbestimmungen folgt den üblichen Regeln des Gesetzgebungsverfahrens.

13 *Praxis:* Die Bundesversammlung scheint an der neuen Möglichkeit rasch Gefallen gefunden zu haben; vgl. die BB (alle vom 17.12.2004) betreffend:
 – Genehmigung und Umsetzung der Abkommen über die Assoziierung an «Schengen» und «Dublin» – mit zum Teil umfangreichen Änderungen von 9 Bundesgesetzen (BBl 2004 7149–7181), gutgeheissen in der Volksabstimmung vom 5.6.2005.

- Genehmigung und Umsetzung des Abkommens mit der EG über die Zinsbesteuerung (BBl 2004 7185): Art. 2 des BB schliesst ein ganzes Bundesgesetz mit 26 Artikeln ein (ZBstG, SR 641.91), was aber im konkreten Fall nicht problematisch erscheint (ebenso Saxer, AJP 2005, 830).
- Genehmigung und Umsetzung des Protokolls über die Ausdehnung des FZA auf die neuen EU-Mitgliedstaaten: Der in der Volksabstimmung vom 25.9.2005 gutgeheissene BB umfasst Änderungen von nicht weniger als 16 Bundesgesetzen (BBl 2004 7125–7139). Der Bundesrat hatte ursprünglich nur 11 davon als «dienend» eingestuft und vier Vorlagen separat unterbreitet (BBl 2004 5929). Das Vorgehen sprengt die Grenzen des BV 141a (kritisch auch Saxer, AJP 2005, 830 f.).

Vgl. auch BB vom 7.10.2005 über die Genehmigung und die Umsetzung des Abkommens zwischen der Schweiz und dem Europäischen Polizeiamt «Europol» (BBl 2005 5971) mit Änderungen des StGB; BB vom 7.10.2005 über die Genehmigung und die Umsetzung des Strafrechtsübereinkommens und des Zusatzprotokolls des Europarates über Korruption (BBl 2005 5967) mit Änderungen von UWG und StGB. – Es ist zu hoffen, dass die Staatspraxis das oft als wichtige Neuerung gepriesene (Botsch. BV, 475), aber durchaus problematische Instrument dosiert einsetzt. Der Schaden, den ein überdehnter Gebrauch der «Paketlösung» gemäss BV 141a über kurz oder lang anrichten könnte, darf nicht unterschätzt werden; die praktischen Risiken, welche die doppelte Referendumsmöglichkeit (hergebrachtes Modell) birgt (Gefahr von widersprüchlichen Entscheiden), sollten umgekehrt nicht überschätzt werden.

Literaturhinweise (vgl. auch die Hinweise vor BV 136 und bei BV 141)

Cottier Thomas/Achermann Alberto/Wüger Daniel/Zellweger Valentin, Der Staatsvertrag im schweizerischen Verfassungsrecht, Bern 2001; Saxer Urs, Die Umsetzung völkerrechtlicher Verträge im Verfahren gemäss Art. 141a BV: auch ein Problem der Volksrechte, AJP 2005, 821 ff.

Art. 142 Erforderliche Mehrheiten

¹ Die Vorlagen, die dem Volk zur Abstimmung unterbreitet werden, sind angenommen, wenn die Mehrheit der Stimmenden sich dafür ausspricht.

² Die Vorlagen, die Volk und Ständen zur Abstimmung unterbreitet werden, sind angenommen, wenn die Mehrheit der Stimmenden und die Mehrheit der Stände sich dafür aussprechen.

³ Das Ergebnis der Volksabstimmung im Kanton gilt als dessen Standesstimme.

⁴ Die Kantone Obwalden, Nidwalden, Basel-Stadt, Basel-Landschaft, Appenzell Ausserrhoden und Appenzell Innerrhoden haben je eine halbe Standesstimme.

1   Die Regelung geht im Kern auf die Bundesstaatsgründung zurück (vgl. BV 1848 Art. 113 Abs. 2 und 114; BV 1874 Art. 120 Abs. 2 und 121 i.d.F. vom 29.5.1874 bzw. Art. 120 Abs. 2, 121 Abs. 5 und 123 i.d.F. vom 5.7.1891).

Allgemeines

2 *Abstimmungstermin:* Die potenziellen Abstimmungstermine sind bereits auf Jahre hinaus bestimmt (vgl. www.admin.ch, Rubrik: Volksrechte). Bei Volksinitiativen sieht das Gesetz Fristen vor (BPR 74: grundsätzlich innert zehn Monaten nach Schlussabstimmung in den Räten), bei Referenden nicht; der Bundesrat (dem die Festsetzung des Termins obliegt; vgl. BPR 58 und 59c) verfügt hier über ein gewisses Ermessen. Es ist nicht ausgeschlossen, gleichzeitig verlangte Referendumsabstimmungen zeitlich zu staffeln (so z.B. geschehen im Fall der Vorlagen betreffend Assoziierung an «Schengen» und «Dublin» bzw. betreffend Ausdehnung des FZA, beide von den Räten verabschiedet am 17.12.2004, Referenden eingereicht am 31.3.2005; Abstimmung am 5.6.2005 bzw. 25.9.2005). Gegen die Ansetzung des Abstimmungstermins steht kein Rechtsmittel zur Verfügung (VPB 64.100 [2000], Entscheid des Bundesrates vom 17. Mai 2000 i.S. W.).

3 *Abstimmungspraxis:* Die Stimmberechtigten werden heute gewöhnlich drei bis vier Mal pro Jahr an die Urnen gerufen (bzw. zur brieflichen Stimmabgabe aufgerufen). Gewöhnlich ist über mehrere eidgenössische Vorlagen zu entscheiden – meist sind es zwei bis vier, gelegentlich bloss eine (so z.B. am 17.6.2007; 21.5.2006; 25.9.2005; 21.5.2000; 18.4.1999), im Mai 2003 waren es nicht weniger als neun (worunter sieben Volksinitiativen). Oft kommen kantonale und kommunale Vorlagen hinzu. – Zur Stimmbeteiligung vgl. N 4 vor BV 136.

4 Zur Möglichkeit von *Doppelabstimmungen* (über Volksinitiative und Gegenentwurf, mit Stichfrage) vgl. BV 139, BV 139a und BV 139b.

5 *Variantenabstimmungen* waren und sind in der Verfassung nicht vorgesehen, der Praxis aber nicht ganz fremd (vgl. N 1 zu BV 130; kritisch dazu AUBERT, ZSR 1994 I 300; zustimmend GRISEL, Initiative et référendum, 386 f.). Im Zusammenhang mit der Totalrevision der Bundesverfassung wurde auf Gesetzesstufe temporär die Möglichkeit von Variantenabstimmungen sowie von vorgezogenen Abstimmungen über Grundsatzfragen (mit oder ohne Varianten) geschaffen (GVG 1962 Art. 30bis und Art. 30ter i.d.F. vom 19.12.1997; AS 1998 1418). Die Regelungen wurden nicht genutzt und nicht weitergeführt. Die vom Bundesrat im Rahmen der Reform der Volksrechte zur Diskussion gestellte Ermöglichung von Abstimmungen über Alternativen (VE 96 Art. 131d, Vorlage B) wurde von den Räten nicht übernommen (vgl. BBl 2001 4828).

6 *Beteiligungsquoren* (Gültigkeit der Abstimmung nur bei Erreichen einer minimalen Stimmbeteiligung) und *Zustimmungsquoren* (Scheitern der Vorlage, wenn nicht ein bestimmter Mindestanteil der Gesamtzahl der Stimmberechtigten zustimmt) sind dem System der Volksrechte im Bund fremd.

7 *Bindungswirkung:* Das Verfassungsrecht des Bundes kennt keine blossen Konsultativabstimmungen. Das Ergebnis von Volksabstimmungen hat stets bindenden Charakter; dies gilt (ungeachtet des Umsetzungsspielraums) auch für *Vor*abstimmungen i.S.v. BV 140 Abs. 2. Eine rechtliche «Sperrwirkung» kommt dem Ergebnis von Volksabstimmungen nicht zu (weder dem positiven noch dem negativen). Der «Respekt vor dem Volkswillen» ist ein politisches Gebot (bzw. Gebot der Klugheit); der umgehenden Einleitung von Schritten zur «Korrektur» eines Abstimmungsverdikts steht rechtlich nichts im Weg.

8 *Knappe Ergebnisse* in Volksabstimmungen sind seltener als gemeinhin vermutet. Eine gewisse Häufung ist in den 1870er und 1970er Jahren sowie seit 2001 zu verzeichnen (vgl. die unter www.bk.admin.ch zugängliche Liste der Bundeskanzlei). Die Volksinitiative «gegen Asylrechtsmissbrauch» (24.11.2002) erreichte das Ständemehr (10 5/2), wurde jedoch von 50,09 % der Stimmenden abgelehnt (Stimmendifferenz rund 4'200 Stimmen auf insgesamt 2,243 Mio. gültige Stimmen). Nur rund 24'000 Stimmen betrug die Stimmendifferenz bei der Abstimmung vom 6.12.1992 über den Beitritt der Schweiz zum Vertrag über den Europäischen Wirtschaftsraum (EWR); das Ständemehr wurde dort indes deutlich verfehlt (6 2/2 zu 14 4/2).

Volksmehr (Abs. 1)

9 Zu den Anwendungsfällen vgl. BV 140 Abs. 2 und BV 141.

10 *Mehrheit der Stimmenden:* Das Volksmehr ist erreicht, wenn die Vorlage die (absolute) Mehrheit der gültigen Stimmen auf sich vereint. Ungültige und leere Stimmzettel werden bei der Berechnung des Mehrs nicht mitgezählt (so ausdrücklich BPR 13). Im äusserst unwahrscheinlichen, aber demokratietheoretisch interessanten Fall der Stimmengleichheit ist die Vorlage gescheitert.

Volks- und Ständemehr (doppeltes Mehr) (Abs. 2)

11 *Funktion:* Das Erfordernis des *doppelten Mehrs* gibt den bevölkerungsschwachen Kantonen ein stärkeres Gewicht und bewirkt neben einer Disziplinierung der Bundesgewalt auch, was staatspolitisch und staatstheoretisch noch bedeutsamer ist, eine Relativierung des demokratischen Mehrheitsprinzips. Rein rechnerisch wiegt die Stimme eines Appenzellers (AI) heute 38 Mal (bei Bundesstaatsgründung 11 Mal) mehr als die eines Zürchers (vgl. FLEINER/MISIC, VRdCH, 435). – Zu den Anwendungsfällen vgl. BV 140 Abs. 1.

12 *Volks- und Ständemehr:* Zusätzlich zur Mehrheit der Stimmenden (N 9) muss hier die Mehrheit der Stände gegeben sein. Diese errechnet sich auf der Grundlage von Abs. 3 und 4. Es müssen mindestens 12 (von 23) Standesstimmen erreicht werden. Im – bisher zwei Mal eingetretenen (1866: Glaubens- und Kultusfreiheit; 1975: Konjunkturartikel) – Fall eines Gleichstands («Ständepatt»; bis 1978: 11 zu 11) gilt die Vorlage als abgelehnt. Daran vermöchte auch ein klares Volksmehr nichts zu ändern (Relativierung des demokratischen Mehrheitsprinzips gleichsam als «Preis des Föderalismus»).

13 *Auseinanderklaffen von Volks- und Ständemehr.* Der Fall tritt selten ein:

- *Trotz* Erreichen des *Ständemehrs* scheiterte am 24.11.2002 die Volksinitiative «gegen Asylrechtsmissbrauch» ganz knapp (N 8). Dieses Schicksal teilten eine Behördenvorlage betreffend Zivilschutz (3.3.1957; die «Neuauflage» ohne Obligatorium für Frauen wurde 1959 angenommen) und eine Volksinitiative «für die Proporzwahl des Nationalrates» (23.10.1910; eine spätere Volksinitiative hatte 1918 Erfolg).

- *Trotz* Erreichen des *Volksmehrs* scheiterten acht Vorlagen am verpassten Ständemehr: 1866 (Festsetzung von Mass und Gewicht), 1955 (Mieterschutz-Initiative; bei gleichzeitiger Ablehnung des Gegenentwurfs), 1970 (Finanzordnung des Bundes), 1973 (Bildungswesen), 1975 (Konjunkturartikel), 1983 (Energieartikel), am 12.6.1994 gleich zwei Vorlagen (Kulturförderungsartikel; erleichterte Einbürgerung für junge Ausländer).

Delikat ist nur die zweite Konstellation. Die theoretische Sperrminorität (minimaler Stimmenanteil aller Stimmberechtigten, die für das verwerfende Ständemehr in den 11 1/2 kleinsten Kantonen erforderlich ist) beträgt heute rund 9% (LINDER, Schweizerische Demokratie, 185, gestützt auf Germann). – Die bisherigen Fälle wecken keine prinzipiellen Bedenken: Fast durchweg handelte es sich um Behördenvorlagen, die dem Bund zusätzliche Kompetenzen verschaffen wollten. Das Ständemehr hat hier seine «föderalistische Aufgabe erfüllt, ohne das Prinzip der Demokratie schwerwiegend zu beeinträchtigen» (so zutreffend Botsch. BV, 464), zumal das Volksmehr in keinem der acht Fälle mehr als 56% betrug.

Ermittlung des Ständemehrs (Abs. 3 und 4)

14 *Methode:* Die BV 1848 überliess die Methode der Bestimmung der Standesstimme den Kantonen (Art. 114). Seit der «Demokratisierung» des Ständemehrs im Rahmen der Totalrevision von 1874 sind die Kantone nicht mehr befugt, die Festlegung der Standestimme dem Kantonsparlament zuzuweisen. Als Standesstimme gilt seither von Bundesverfassungsrechts wegen das Ergebnis der *Volksabstimmung* im jeweiligen Kanton. Der Begriff «Ständemehr» steht somit für ein kollektives Mitwirkungsrecht besonderer Art, das nicht in der Verfügungsgewalt der kantonalen Parlamente oder Regierungen (oder Parteien) liegt, sondern durch die Stimmberechtigten ausgeübt wird (die es gewohnt sind, nicht nur in kantonalen, sondern auch in nationalen Kategorien zu denken und zu entscheiden). – Stimmengleichstand in einem Kanton bedeutet, dass der fragliche Kanton als ablehnend gezählt wird (ein Beispiel für den seltenen Fall bei AUBERT, Comm., Art. 142, N 4).

15 Die halbe Standesstimme der sechs historischen «Halbkantone» (vgl. N 8 zu BV 1) hat eigenständigen Charakter, wird also nicht mit der allenfalls gegenläufigen halben Stimme des jeweils anderen «Halbkantons» «verrechnet».

16 Die Modifizierung des Ständemehrs wurde wiederholt angeregt und geprüft (so etwa im Rahmen der Reform der Volksrechte, vgl. Botsch. BV, 367). Eine Reform der traditionsreichen Regel erscheint nicht vordringlich.

5. Titel: Bundesbehörden

1   Der Begriff «Bundesbehörden» umfasst die Bundesversammlung, den Bundesrat und die Bundesverwaltung sowie die Gerichte des Bundes (nicht jedoch die Stimmberechtigten bzw. Volk und Stände). Im Zentrum des 5. Titels stehen die drei als *«oberste»* Behörden bezeichneten Bundesorgane:
– Bundesversammlung: 2. Kapitel (BV 148–173);
– Bundesrat: 3. Kapitel (BV 174–187);
– Bundesgericht: 4. Kapitel (BV 188–191c).

Die Bestimmungen des 1. Kapitels gelten grundsätzlich für alle drei obersten Bundesbehörden; sie betreffen mitunter auch weitere Bundesorgane.

2   Die Gliederung des 5. Titels unterstreicht die Entscheidung des Verfassungsgebers, sich bei der Behördenorganisation vom *Grundsatz der Gewaltenteilung* leiten zu lassen. Dieses fundamentale Organisationsprinzip des liberalen Verfassungsstaates diente freilich dem Verfassungsgeber (wie schon 1848 und 1874) nur als allgemeine Richtschnur. Der Gewaltenteilungsgrundsatz wird in der Bundesverfassung mit gutem Grund nicht sklavisch umgesetzt. Auch hat der Verfassungsgeber bewusst darauf verzichtet, den Begriff in die Verfassungsurkunde aufzunehmen (vgl. KOLLER, Grundsätze, 32; anders etliche Kantonsverfassungen, vgl. z.B. KV/ZH 3; KV/BE 66; KV/TG § 10). – Das Bundesgericht stuft das (durch sämtliche Kantonsverfassungen explizit oder implizit garantierte Prinzip) der Gewaltenteilung (vgl. BV 51) als verfassungsmässiges Recht ein. Sein Inhalt ergibt sich aus dem kantonalen Recht (BGE 130 I 1, 5).

Gewaltenteilung: Grundidee

3   Hinter dem teils rechtsstaatlich, teils demokratisch motivierten Grundsatz der Gewaltenteilung steht die Grundidee der *Verhinderung von Machtmissbrauch* durch *Machtbegrenzung und -kontrolle*. Zu diesem Zweck soll die staatliche Macht auf eine Mehrzahl von Machtträgern aufgeteilt werden, die einander wechselseitig kontrollieren und im Zaume halten. Diesen Grundgedanken hat MONTESQUIEU treffend auf die Formel gebracht: «il faut ... que le pouvoir arrête le pouvoir» (De l'esprit des lois, 1748, XI 4). Die (Auf-)Teilung der Staatsgewalt kann so zu einem Garanten individueller und politischer Freiheit werden. In der hergebrachten Gewaltenteilungslehre wird diese Grundidee mit der Lehre von den *Staatsfunktionen* verknüpft. Die drei hauptsächlichen Staatsfunktionen – *Rechtsetzung* (vgl. BV 164), *Vollzug* (administrative Rechtsanwendung; vgl. BV 174, 182) und *Rechtsprechung* (richterliche Rechtsanwendung; vgl. BV 188) – sollen auf voneinander unabhängige *Staatsorgane* (bzw. Organgruppen) – Legislative, Exekutive, Judikative – aufgeteilt werden (Verknüpfung von Funktionenlehre und organisatorischer Gewaltenteilung; kritisch RIKLIN, Machtteilung, 421). Diese *organisatorisch-funktionelle* Gewaltenteilung wird sodann mit der Idee der personellen oder *subjektiven Gewaltentrennung* verknüpft, wonach eine Person nicht mehreren Gewalten angehören soll. In die Idee der Gewaltenteilung eingewoben ist schliesslich auch die Idee der *Gewaltenhemmung* durch wechselseitige Kontroll- und Interventionsmöglichkeiten (vgl. auch MAHON,

VRdCH, 1013 f.; TSCHANNEN, Staatsrecht, 362 ff.; zur Gewaltenteilung als «umfassende Ordnungsidee» HALLER/KÖLZ, 192). – Verwaltung und Medien erfüllen im demokratischen Rechtsstaat wichtige Funktionen; sie als «vierte Gewalt» einzustufen, ist indes nicht angemessen.

4   In der *Staatspraxis* wird dieses zu Unrecht häufig MONTESQUIEU zugeschriebene (theoretische) «Gewaltenteilungsschema» – MONTESQUIEU verwendet das Wort *séparation des pouvoirs* nur beiläufig (XI 6) – nicht mit letzter Konsequenz verwirklicht. Dies wäre auch wenig ratsam, denn bei schematischer Umsetzung drohen unweigerlich Blockierungen; die staatliche Handlungsfähigkeit wäre stark gefährdet. Im Übrigen könnte der theoretische Ansatz ohnehin nicht vollumfänglich in die Praxis umgesetzt werden. Denn die verschiedenen Funktionen greifen vielfältig ineinander. Rechtsetzung und Rechtsanwendung lassen sich nicht so kategorisch scheiden, wie es das klassische «Idealschema» will. Aus praktischer Notwendigkeit kann man nicht umhin, die Exekutive an der Ausübung der Rechtsetzungsfunktion zu beteiligen, sowohl bei der Gesetzesvorbereitung als auch bei der konkretisierenden Umsetzung und näheren Ausführung durch Vorschriften in Verordnungsform. Ohne die rechtsschöpfende richterliche Rechtsfortbildung würde die Rechtsordnung unweigerlich erstarren. Im Weiteren gibt es zahlreiche staatliche Tätigkeiten, die sich einer klaren Einordnung entziehen (z.B. Wahlen, Planung, Kontrolle). Überaus wichtige Politikfelder wie die Budgetgewalt oder die auswärtigen Angelegenheiten (Aushandeln und Abschluss von Verträgen) liegen quer zu den klassischen Staatsfunktionen und verlangen ein arbeitsteiliges Zusammenwirken der Gewalten (Gewaltenkooperation). Keine der drei «Staatsgewalten» kann sich auf ihre «Stammfunktion» beschränken, wenn die Verfassungsordnung funktionstüchtig bleiben soll. Dies verdeutlichen die Zuständigkeitskataloge der beiden «politischen» Behörden (Bundesversammlung, Bundesrat): Die Zuständigkeiten verlaufen über weite Strecken parallel (vgl. BV 163 ff. und 180 ff.). Ausgehend vom «Idealschema» werden derartige Verschränkungen und Relativierungen mitunter als «Durchbrechungen» des Gewaltenteilungsgrundsatzes bezeichnet (z.B. HÄFELIN/HALLER, 414). Dies ist wenig hilfreich.

5   Die «hohe Schule» der Verfassungsgebung und Staatskunst besteht darin, das grundlegende rechtsstaatlich-demokratische Anliegen der *Machtbegrenzung* mit dem ebenfalls fundamentalen Anliegen der Gewährleistung staatlicher *Handlungsfähigkeit* zu verbinden. In der Demokratie schweizerischer Prägung gilt es zudem, die Idee der Gewaltenteilung mit der direktdemokratischen Partizipation der Stimmberechtigten zu verknüpfen. Neben die traditionellen Formen der vorab rechtsstaatlich-gewaltenteiligen Kontrolle tritt in der Schweiz die direktdemokratische Kontrolle. Die Gewaltenteilung ist mit einer kräftigen Prise «Rousseau» gewürzt.

6   In der neueren Gewaltenteilungslehre wird ein «kooperatives Gewaltenteilungsverständnis» (MASTRONARDI, SG-Komm., Vorbem. zu Art. 143–191, N 28) favorisiert und der Gedanke des *arbeitsteiligen Zusammenwirkens* in den Vordergrund gerückt. Etwas genauer besehen haben entsprechende Überlegungen regelmässig das Verhältnis von Legislative und Exekutive (bzw. Parlament und Regierung) zum Gegenstand. Im Wesentlichen ausgeklammert bleibt gewöhnlich die Judikative; dies mit gutem Grund, denn aus rechtsstaatlicher Sicht ist die Sicherung richterlicher Unabhängigkeit unabdingbar (vgl. BV 30 und 191c). Allerdings droht dabei etwas aus dem Blick zu geraten, dass auch Legislative und Judikative arbeitsteilig zusammenwirken – bei der *Weiterentwicklung des Rechts*. Umgekehrt wird von den Verfechtern eines

kooperativen Gewaltenteilungsverständnisses tendenziell unterschätzt, dass die Kooperation auch zu einer Vermischung und Verwischung von Verantwortlichkeiten führen kann, was der Grundidee des Gewaltenteilungsprinzips – begrenzte, kontrollierte Machtausübung (und dies setzt Zurechenbarkeit voraus) – letztlich zuwiderläuft.

Gewaltenteilung und Bundesverfassung

7 Während die *personelle* Gewaltentrennung im Bund streng verwirklicht ist (hauptsächlich durch Statuieren von sog. Unvereinbarkeiten; vgl. N 5 zu BV 144), wird die organisatorisch-funktionelle Gewaltenteilung, wonach jedes der drei Hauptorgane sich auf «seine» Stammfunktion konzentrieren soll, mit gutem Grund mannigfach relativiert (Gewaltenverschränkung).

- *Bundesversammlung:* Neben der Gesetzgebung (unter Vorbehalt des Referendums) obliegt ihr u.a. der Erlass wichtiger Einzelakte (vgl. N 22 zu BV 173); umgekehrt besitzt sie kein «Rechtsetzungsmonopol».
- *Bundesrat:* Neben dem Gesetzesvollzug (BV 182) obliegen ihm wichtige Aufgaben in den Bereichen Staatsleitung (BV 174), Planung (BV 180), Rechtsetzung (BV 182), auswärtige Beziehungen (BV 184); dabei hat er parlamentarische (Entscheidungs- und Beteiligungs-)Rechte zu wahren.
- *Bundesgericht:* Das Bundesgericht übt nicht nur (letztinstanzlich) die Rechtsprechungsfunktion aus, sondern ist auch verwaltend (BV 188) und vereinzelt rechtsetzend tätig (vgl. z.B. PVBger, SR 172.220.114).

Häufig sind die Zuständigkeiten in einer Weise verteilt, dass ein Zusammenwirken notwendig ist (insb. Aussenpolitik, Bundeshaushalt). Zur Überlagerung durch die (direkt-)demokratischen Rechte des Volkes vgl. BV 136 ff. (vgl. auch BV 148). Unter dem Aspekt der Gewaltenhemmung fällt auf, dass die (demokratisch am stärksten legitimierte) Bundesversammlung der richterlichen Kontrolle weitgehend entzogen ist (vgl. BV 189 Abs. 4, BV 190).

8 Bei näherem Hinsehen werden gewisse *Vorbehaltsbereiche* sichtbar:

- *Gesetzesvorbehalt* gemäss BV 164 (unter Vorbehalt der polizeilichen Generalklausel, BV 36 Abs. 1 bzw. des Notverordnungsrechts, BV 185);
- verfassungsrechtliche *Richtervorbehalte* (BV 31 Abs. 3).

Noch wenig geklärt ist, ob bzw. inwieweit man in der Schweiz von einem (Regierungs- oder) Verwaltungsvorbehalt (i.S. eines unantastbaren «Kernbereichs» der Exekutive) sprechen kann (vorsichtig bejahend Hangartner, ZBl 1990, 481).

9 Insgesamt erweist sich die Verfassungsordnung des Bundes unter dem Aspekt der Gewaltenteilung als ein historisch gewachsenes, nicht systematisch durchkonstruiertes System von organisatorisch und personell geteilten, aber kooperierenden Gewalten. Den beliebten «Ableitungen» aus *«dem»* Grundsatz der Gewaltenteilung ist mit grösster Vorsicht zu begegnen.

Literaturhinweise (vgl. auch die Hinweise vor BV 148, BV 174 und BV 188)

Hangartner Yvo, Parlament und Regierung, ZBl 1990, 473 ff.; Lombardi Aldo, Volksrechte und Bundesbehörden in der neuen Bundesverfassung, AJP 1999, 706 ff.; Mahon Pascal, Le principe de la séparation des pouvoirs, VRdCH, 1011 ff.; Riklin Alois, Machtteilung, Darmstadt 2006; Sägesser Thomas (Hrsg.), Die Bundesbehörden, Bern 2000 (mit Beiträgen u.a.

von Aldo Lombardi und Martin Graf); SÄGESSER THOMAS, Die Bestimmungen über die Bundesbehörden in der neuen Bundesverfassung, LeGes 1999/1, 11 ff.; SEILER HANSJÖRG, Gewaltenteilung, Bern 1994.

1. Kapitel: Allgemeine Bestimmungen

Art. 143 Wählbarkeit

In den Nationalrat, in den Bundesrat und in das Bundesgericht sind alle Stimmberechtigten wählbar.

1   Die Bestimmung geht im Kern auf die Bundesstaatsgründung zurück (BV 1848 Art. 64, 84, 97; vgl. BV 1874 Art. 75, 96, 108).

Inhalt und Tragweite

2   *«Wählbarkeit»:* Fähigkeit einer Person, rechtsgültig in ein Amt gewählt werden zu können. Die Wählbarkeitsvoraussetzungen müssen im Zeitpunkt der Wahl gegeben sein (ebenso MAHON, Comm., Art. 143, N 3; anders SÄGESSER, Bundesbehörden, Art. 143, N 6, 14). Der Ausschluss von einer Wahl bereits in der Phase der Kandidatur bedeutet einen Eingriff in das grundrechtlich geschützte passive Wahlrecht (BV 34), der aber u.U. gerechtfertigt sein kann (z.B. aus Gründen der Rechtssicherheit oder der Praktikabilität; vgl. die Überlegungen bei SÄGESSER, Bundesbehörden, Art. 143, N 15) Wenn feststeht, dass ein im Zeitpunkt des formellen Wahlanmeldeschlusses (vgl. BPR 21) noch bestehende Wählbarkeitshindernis im Zeitpunkt der Wahl weggefallen sein wird (z.B. Vollendung des 18. Altersjahrs in der Zwischenzeit), so darf eine Kandidatur nicht für ungültig erklärt werden (anders SÄGESSER, Bundesbehörden, Art. 143, N 14). – Die *gleichzeitige* Kandidatur für den *Nationalrat* in mehreren Wahlkreisen (d.h. Kantonen) ist durch Gesetz ausgeschlossen (BPR 27). Diese auf das Jahr 1939 zurückgehende Regelung – eine Reaktion auf die erfolgreiche Mehrfachkandidatur des Migros-Gründers Gottlieb Duttweiler im Jahr 1935 – will der «Stimmenfängerei» vorbeugen und erscheint grundsätzlich gerechtfertigt.

3   *Abgrenzung:* Die Wählbarkeit ist zu unterscheiden von der *Unvereinbarkeit* (vgl. BV 144). Das Vorliegen eines Unvereinbarkeitsgrundes hindert die Gültigkeit der Wahl nicht, doch ist der Antritt eines Amtes (u.U. die Fortführung) vom Wegfall des Unvereinbarkeitsgrundes abhängig. Vgl. auch Urteil des BGer vom 27. April 2006, 1P.104/2006, erschienen in ZBl 2007 (Erw. 2).

4   *Anwendungsbereich:* BV 143 regelt die Wählbarkeit für die obersten Behörden des Bundes mit Ausnahme des Ständerates; hier gilt aufgrund von BV 150 kantonales Recht. – Nicht erwähnt wird (obwohl zu den «Magistratspersonen» gehörend) der Bundeskanzler (vgl. BV 179).

5   *Allgemeines passives Wahlrecht:* Die einzige Wählbarkeitsvoraussetzung ist die *Stimmberechtigung in Bundesangelegenheiten.* Diese setzt voraus (BV 136): Schweizer Bürgerrecht, zurückgelegtes 18. Altersjahr, keine Entmündigung wegen Geisteskrankheit oder Geistesschwäche. Im Unterschied zu einzelnen Kantonen (z.B. GE) sieht BV 143 mithin davon ab, für die Wählbarkeit ein höheres Alter als das allgemeine politische Mündigkeitsalter vorzusehen. Eine obere Alters-

limite ist nicht vorgesehen (vgl. aber N 4 BV 145). *Nicht* vorausgesetzt ist die Eintragung im Stimmregister (MAHON, Comm., Art. 143, N 2); diese ist gemäss Gesetzgebung hingegen erforderlich, um die politischen Rechte *aktiv* ausüben zu können. Ein Wohnsitz im Wahlkreis wird nicht vorausgesetzt (auch nicht: ein Wohnsitz in der Schweiz; vgl. BV 40), weder bei der Kandidatur noch nach erfolgter Wahl (vgl. immerhin RVOG 59; BGG 12).

6   Das *frühere*, auf den sog. Kulturkampf zurückgehende (und wohl kaum mit UNO-Pakt II Art. 25 Bst. c, SR 0.103.2, zu vereinbarende) *Wählbarkeitserfordernis des «weltlichen Standes»* (BV 1874 Art. 75) wurde anlässlich der Totalrevision der Bundesverfassung auf Antrag der beiden Verfassungskommissionen ersatzlos gestrichen (anders noch VE 96 Art. 133). Der Einzug reformierter Pfarrer in den Nationalrat wurde durch die Regelung kaum beeinträchtigt, da man die Voraussetzung in der Praxis im Sinne eines Unvereinbarkeitsgrunds handhabte, der sich angesichts kirchenrechtlicher Konsequenzen faktisch einseitig zu Lasten katholischer Priester auswirkte (vgl. AUBERT, BuStR II, 639). Eine Aufstellung der Bundeskanzlei verzeichnet in der Geschichte des Nationalrats 22 (ehemalige) Angehörige des geistlichen Standes (worunter ein Katholik). – Vgl. auch BBl 2006 8788 betreffend eine (nicht gewährleistete, AB 2007 S 9) Regelung in KV/GE 141 (Wählbarkeitsvoraussetzung der «laïcité» für Mitglieder des Rechnungshofes).

7   BV 143 verbietet es dem Gesetzgeber, für die Wahl ins *Bundesgericht* eine abgeschlossene juristische Ausbildung zu verlangen (a.M. SÄGESSER, Bundesbehörden, Art. 143, N 12). Zulässig ist dies nur für Mitglieder anderer Gerichte des Bundes (vgl. z.B. MStP 14 Abs. 2 für Richter und Ersatzrichter des Militärkassationsgerichts). VGG 5 und SGG 5 begnügen sich mit den Anforderungen gemäss BV 143 (anders noch die frühere Verordnung vom 3.2.1993 über Organisation und Verfahren Eidgenössischer Rekurs- und Schiedskommissionen, AS 1993 879: Präsidenten und vollamtliche Richter mussten «rechtskundig» sein, die übrigen Richter rechts- oder fachkundig). – *Praxis:* Obwohl für die Wahl ins Bundesgericht die Stimmberechtigung genügt, wurden seit Bundesstaatsgründung nur Personen mit juristischen Kenntnissen (wenn auch nicht durchweg mit juristischem Abschluss) gewählt.

8   Die Kontroverse um die Anwendbarkeit der früheren *Nebenstrafe* der *Amtsunfähigkeit* bzw. des Ausschlusses von der Wählbarkeit für zwei bis zehn Jahre (StGB Art. 51 a.F.) auf die in BV 143 angesprochenen Personengruppen (bejahend TSCHANNEN, Staatsrecht, 411; verneinend SÄGESSER, Bundesbehörden, Art. 143, N 10) dürfte mit der Reform des AT StGB beendet sein. Die Nebenstrafe der Amtsunfähigkeit wurde abgeschafft; das «Berufsverbot» (StGB 67 i.d.F. vom 13.12.2002) dürfte kaum greifen (a.M. RHINOW, Grundzüge, 382).

9   *Vorläufige Einstellung im Amt:* Erteilen die Räte die Ermächtigung zur strafrechtlichen Verfolgung von durch die Bundesversammlung gewählten Behördenmitgliedern und Magistratspersonen wegen strafbarer Handlungen, die sich auf deren amtliche Tätigkeit oder Stellung beziehen, so beschliessen sie auch über die *vorläufige Einstellung im Amt* (VG 14 Abs. 4).

10 Vgl. auch N 11 zu BV 149 und N 11 zu BV 150 (betreffend Rechtsfolgen bei Weigerung, den in ParlG 3 vorgesehenen Eid zu leisten).

Literaturhinweise: siehe bei BV 149, BV 168, BV 175, BV 188

Art. 144 Unvereinbarkeiten

¹ Die Mitglieder des Nationalrates, des Ständerates, des Bundesrates sowie die Richterinnen und Richter des Bundesgerichts können nicht gleichzeitig einer anderen dieser Behörden angehören.

² Die Mitglieder des Bundesrates und die vollamtlichen Richterinnen und Richter des Bundesgerichts dürfen kein anderes Amt des Bundes oder eines Kantons bekleiden und keine andere Erwerbstätigkeit ausüben.

³ Das Gesetz kann weitere Unvereinbarkeiten vorsehen.

1   Die Bestimmung geht im Kern auf die Bundesstaatsgründung zurück (BV 1848 Art. 66, 70, 85, 97, damals noch ohne Unvereinbarkeit von Parlamentsmandat und Bundesrichteramt (!); vgl. BV 1874 Art. 77, 81, 97 und 108). Anders als BV 1874 Art. 77 verzichtet die neue BV darauf, eine Unvereinbarkeitsregel für das *Bundespersonal* aufzustellen, dies in der Absicht, eine liberalere Regelung auf Gesetzesstufe zu ermöglichen, für die sich dann aber keine Mehrheit fand (vgl. N 12; vgl. auch AUBERT, BuStR II, 639).

Unvereinbarkeit

2   *«Unvereinbarkeit»* meint: Unzulässigkeit des gleichzeitigen Innehabens *zweier* Ämter durch *eine* Person. Unvereinbarkeitsgründe sind mithin Umstände, die (wenn sie vorliegen) beseitigt werden müssen, damit eine gültig gewählte Person ihr Amt antreten bzw. weiterführen kann (vgl. TSCHANNEN, Staatsrecht, 411). Neben dem in BV 144 angesprochenen Hauptfall gibt es weitere Formen von Unvereinbarkeit, so insb. den in BV 144 nicht direkt angesprochenen Fall der familiären Unvereinbarkeit, wonach *zwei* Personen, die in gewissen familienrechtlichen Beziehungen zueinander stehen, nicht gleichzeitig *einer* Behörde angehören dürfen (Bundesrat: vgl. RVOG 61).

3   *Folgen:* Das Vorliegen eines Unvereinbarkeitsgrundes hat (anders als ein Wählbarkeitshindernis) nicht die Ungültigkeit der Wahl zur Folge. Die fragliche Person muss sich aber nach ihrer Wahl – allenfalls innerhalb einer bestimmten Frist (vgl. BPR 18, künftig ParlG 15) – für das eine oder andere Amt entscheiden und so den Unvereinbarkeitsgrund beseitigen. Für den Fall des Ausbleibens der Entscheidung kann das Gesetz Vermutungen aufstellen (vgl. z.B. BPR 18 Abs. 2, künftig ParlG 15 Abs. 2; zum Verfahren vgl. auch GRN 1 und 4; GRS 6).

4   Die Aufzählungen in Abs. 1 und 2 haben abschliessenden Charakter (anders SÄGESSER, Bundesbehörden, Art. 144, N 22). – Vgl. auch Abs. 3.

Personelle Gewaltenteilung (Abs. 1)

5   Diese Unvereinbarkeitsregel ist *gewaltenteilig* (institutionell) *motiviert* (vgl. N 3 vor BV 143). Es soll verhindert werden, dass die organisatorisch-funktionelle Gewaltenteilung auf personeller Ebene unterlaufen wird und sich Staatsmacht in einer Person konzentrieren kann. Anders als in BV 143 (Wählbarkeit) und BV 145 (Amtsdauer) wird hier auch das Bundesorgan *«Ständerat»* erfasst (Sicherung des Zweikammersystems). Die für parlamentarische Regierungssysteme typische Vereinbarkeit von Parlamentsmandat und Ministeramt besteht im Bund nicht. Die *Kandidatur* eines amtierenden Mitglieds des Bundesrates für den Nationalrat

ist indes grundsätzlich zulässig. Erfasst werden nicht nur die vollamtlichen, sondern auch die *nebenamtlichen* Richterinnen und Richter des Bundesgerichts (die bis zu einer Revision des OG im Jahre 1978 noch gleichzeitig der Bundesversammlung angehören durften; vgl. MAHON, Comm., Art. 144, N 7).

Sicherung der persönlichen Unabhängigkeit (Abs. 2)

6   *Funktion und Anwendungsbereich:* Die Unvereinbarkeitsregel des Abs. 2 will in erster Linie die Funktionstauglichkeit und Unabhängigkeit des Organs gegenüber äusseren Einflüssen sichern (vgl. MAHON, Comm., Art. 144, N 8). Interessenkollisionen sollen verhindert werden (Botsch. BV, 372), die Mandatsträger sollen ihre ganze Arbeitskapazität dem Amt widmen. Abs. 2 gilt *nicht* für die Mitglieder der Bundesversammlung (Ausdruck des Milizprinzips) und die *nebenamtlichen* Richterinnen und Richter des Bundesgerichts. Allfälligen Interessenkonflikten begegnet man hier mit anderen Mitteln (Offenlegung von Interessenbindungen, BV 161, ParlG 11; Ausstandsvorschriften, BGG 34).

7   *«kein anderes Amt des Bundes»:* Der Begriff ist weit zu verstehen, erfasst werden alle (Arbeits-)Tätigkeiten, unabhängig von der juristischen Form des Arbeitsverhältnisses, unabhängig vom Beschäftigungsgrad, unabhängig davon, ob es sich um einen Aufgabenträger inner- oder ausserhalb der Bundesverwaltung handelt (vgl. SÄGESSER, Bundesbehörden, Art. 144, N 30). Nicht von vornherein ausgeschlossen ist die Zulassung von Mitgliedschaften von Amtes wegen (z.B. im Zusammenhang mit der Auslagerung von Aufgaben auf verselbstständigte Verwaltungsträger), zumal die Einsitznahme hier nicht als «Privatperson» erfolgt, sondern als Funktionsträger (SÄGESSER, Bundesbehörden, Art. 144, N 35).

8   *Kein Amt «eines Kantons»:* Erfasst werden nebst der Arbeitstätigkeit auch politische Mandate (z.B. Mitgliedschaft im Kantonsparlament). Einflussnahmen im Verhältnis Bund und Kantone über derartige personelle Verflechtungen sollen verhindert werden.

9   *«keine andere Erwerbstätigkeit»* (vgl. auch RVOG 60), weder als Selbstständig- noch als Unselbstständigerwerbender: Bundesrat und Bundesgericht sind anders als die Bundesversammlung keine «Milizbehörden». Als grundsätzlich zulässig gilt die Verwaltung des eigenen Vermögens, «sofern dies keine fortlaufende Tätigkeit erfordert» (BURCKHARDT, Kommentar, 726), und die finanzielle Beteiligung an Unternehmen (EICHENBERGER, Komm. aBV, Art. 97, N 12 f.; LÜTHI, SG-Komm., Art. 144, N 5). Wegen möglicher Interessenkonflikte kann dies im Einzelfall jedoch problematisch sein. Zurzeit bestehen im Bund keine Vorschriften, welche die wirtschaftliche oder politische Tätigkeit der *Ehegatten* oder Lebenspartner von Magistratspersonen einschränken.

10 *Nebenbeschäftigungen:* Den ordentlichen Mitgliedern des *Bundesgerichts* können Nebenbeschäftigungen ohne Erwerbszweck bewilligt werden, sofern die uneingeschränkte Erfüllung der Amtspflichten, die Unabhängigkeit und das Ansehen des Gerichts dadurch nicht beeinträchtigt werden (BGG 7; vgl. BGerR 18 ff., SR 173.110.131). Dies ist mit BV 144 vereinbar.

Erfassung weiterer Personen und Funktionen (Abs. 3)

11 Unvereinbarkeitsregeln, die sich nicht aus der Verfassung selbst ergeben, müssen den einschlägigen Grundrechten Rechnung tragen (BV 8: Rechtsgleichheitsgebot; BV 27: Wirtschaftsfreiheit; BV 34: politische Rechte). Eine Ausdehnung der Regelung gemäss BV 144

Abs. 2 auf *ehemalige* Bundesräte wäre mit der Verfassung nicht vereinbar. Auf Gesetzesstufe werden die Unvereinbarkeiten präzisiert und nach mehreren Richtungen (Personen, Funktionen) erweitert:

- Ausdehnung der in BV 144 Abs. 2 genannten Unvereinbarkeiten auf Bundeskanzler oder Bundeskanzlerin (RVOG Abs. 1).

- Verbot der Ausübung bestimmter *leitender Funktionen* bei *Organisationen*, die einer *wirtschaftlichen Tätigkeit* nachgehen, für Mitglieder des Bundesrates und Bundeskanzler oder Bundeskanzlerin (RVOG 60 Abs. 2). – Nicht ausdrücklich erfasst werden auch hier andere mögliche Interessenkonflikte (vgl. vorne N 9). – Eine Tätigkeit für *gemeinnützige* Organisationen wird als grundsätzlich zulässig eingestuft (vgl. EICHENBERGER, Komm. aBV, Art. 97, N 12; VEB 30.17, 1961). Bejaht wurde auch die Zulässigkeit der Übernahme des (vom Charakter her ehrenamtlichen) Präsidiums eines privaten Vereins, der die Kandidatur einer Schweizer Stadt für die Olympischen Spiele vorantrieb (Association pour les Jeux Olympiques d'hiver 2006).

- Verbot der Ausübung einer amtlichen Funktion für einen *ausländischen Staat* (BGG 6 Abs. 3 bzw. RVOG 60 Abs. 3 für Mitglieder des Bundesgerichts, des Bundesrates sowie Bundeskanzler oder Bundeskanzlerin).

12 Gemäss ParlG 14 i.V.m. 174 dürfen der *Bundesversammlung* (National- und Ständerat) *nicht angehören* (ab dem 1. Tag der Wintersession 2007):

a./b. Richterinnen und Richter eidgenössischer Gerichte sowie generell die von ihr gewählten oder bestätigten Personen;

c. das Personal der zentralen und dezentralen Bundesverwaltung, der Parlamentsdienste und der eidgenössischen Gerichte, sofern spezialgesetzliche Bestimmungen nichts anderes vorsehen; eine Ausdehnung auf ausserparlamentarische Kommissionen mit Entscheidungsbefugnissen (z.B. Weko, EBK) wurde von der Bundesversammlung am 23.3.2007 beschlossen (vgl. ParlG 14 Bst. c, BBl 2007 2291, Referendumsvorlage; vgl. auch Botschaft vom 22.9.2006, BBl 2006 8009). – Mit der offenen Formulierung von BV 144 Abs. 3 hatte man eigentlich den Weg für eine differenzierende Regelung für das Bundespersonal ebnen wollen (vgl. N 1; ZIMMERLI, VRdCH, 1029). Formell erteilt BV 144 Abs. 3 dem Gesetzgeber jedoch keinen entsprechenden Öffnungsauftrag. Übergangsrechtlich legt der fortgeltende Art. 14a des Beamtengesetzes vom 30.6.1927 (vgl. AS 2000 411) fest, dass Bundesbeamte nicht zugleich Mitglied des Nationalrates sein können (Beispiele für in den Nationalrat gewählte Beamte, die auf Amt oder Beruf verzichten mussten, unter www.admin.ch, Rubrik «Präzedenzfälle»). Eine Lockerung ist bisher nicht erfolgt. Die Frage, ob die verfassungsrechtlich nicht (mehr) zwingend vorgegebene Regelung das grundrechtlich geschützte passive Wahlrecht (BV 34) nicht über Gebühr einschränkt, liegt auf der Hand. Verwirklicht ist heute die Gleichstellung von National- und Ständerat. Dass ein Mitglied des Ständerates zugleich Direktor eines Bundesamtes sein kann (Beispiel: Ständerat Piller, FR, 1992–1993), gehört der Vergangenheit an;

d. Mitglieder der Armeeleitung (z.B. Generalstabschef; BBl 2001 353; AB SD 1998 N 59); ihre Wahl obliegt dem Bundesrat (MG 116, SR 510.10);

e. Mitglieder der geschäftsleitenden Organe von Organisationen des öffentlichen oder privaten Rechts, die mit Verwaltungsaufgaben betraut sind (BV 178), sofern dem Bund eine beherrschende Stellung zukommt (z.B. Mitglieder der SUVA-Direktion, der SBB-Generaldirektion);

f. Personen, die den Bund in Organisationen des öffentlichen oder privaten Rechts vertreten, die mit Verwaltungsaufgaben betraut sind, sofern dem Bund eine beherrschende Stellung zukommt. Damit erledigt sich das früher viel diskutierte Problem der «Parlamentarierverwaltungsräte» in Regiebetrieben und anderen Aufgabenträgern (z.B. Verwaltungsräte von SUVA, Post, Swisscom; Stiftungsrat Pro Helvetia).

ParlG 14 Bst. e und f dienen der Vermeidung von Loyalitäts- und Interessenkonflikten, die entstehen, wenn Mitglieder der Bundesversammlung Organisationen bzw. Gremien angehören, bei denen die Bundesversammlung über die Finanzierung entscheidet oder die Oberaufsicht ausübt. Zur Tragweite vgl. SPK-N, Bericht ParlG, 3532 f. Vgl. auch die von den beiden Ratsbüros am 17.2.2006 verabschiedeten Auslegungsgrundsätze «Unvereinbarkeiten mit der Mitgliedschaft in den Eidgenössischen Räten» (BBl 2006 4043, mit einer nicht abschliessenden Liste der erfassten Organisationen), die im Kreis der Betroffenen nicht unerwartet Kritik auslösten (vgl. NZZ Nr. 24 vom 30.1.2007, S. 13).

13 *Ordensverbot:* Der Gewährleistung der Unabhängigkeit und des guten Funktionierens der Behörden dient auch das früher in der Verfassung selbst vorgesehene (BV 1874 Art. 12) *Ordensverbot*, das es Amts- bzw. Funktionsträgern des Bundes verwehrt, Titel und Orden ausländischer Behörden anzunehmen (vgl. ParlG 12; RVOG 60; BGG 6; VGG 6; SGG 6; BPG 21; MG 40a).

Unvereinbarkeitsregeln des kantonalen Rechts

14 BV 144 lässt es zu, dass die Kantone zum Schutz eigener Interessen Unvereinbarkeitsregeln erlassen (die aber allfällige bundesrechtlich geschützte Grundrechtspositionen zu beachten haben). So sehen einige Kantone vor, dass gar keine (z.B. KV/GR 22 Abs. 4) oder aber höchstens ein (KV/AG § 88 Abs. 2) oder zwei (z.B. KV/ZH 63 Abs. 3) Mitglieder der kantonalen Regierung in den Eidgenössischen Räten Einsitz nehmen dürfen.

15 Trifft die gewählte Person die von der Unvereinbarkeitsregel geforderte Entscheidung nicht, so darf das kantonale Recht als «Sanktion» den Verlust des kantonalen (Regierungs-)Amtes und wohl auch (wegen BV 150) den Verlust des Ständeratsmandates (AUBERT, Comm., Art. 150, N 9) vorsehen, nicht jedoch, weil Bundessache, den Verlust des Nationalratsmandates.

Literaturhinweise

BEELER WERNER, Personelle Gewaltentrennung und Unvereinbarkeiten in Bund und Kantonen, Zürich 1983; BUFFAT MALEK, Les incompatibilités, Lausanne 1987.

Art. 145 Amtsdauer

Die Mitglieder des Nationalrates und des Bundesrates sowie die Bundeskanzlerin oder der Bundeskanzler werden auf die Dauer von vier Jahren gewählt. Für die Richterinnen und Richter des Bundesgerichts beträgt die Amtsdauer sechs Jahre.

1   Die Bestimmung geht im Wesentlichen auf BV 1874 Art. 76, 96 und 105 i.d.F. vom 15.3.1931 zurück. Bis dahin hatte die Amtsdauer 3 Jahre betragen (Nationalrats- und Bundesratsmitglieder, Bundeskanzler). Die Amtsdauer der Mitglieder des Bundesgerichts war unter der BV 1874 nur auf Gesetzesstufe geregelt (vgl. OG 5, BS 3 531: 6 Jahre; vgl. früher BV 1848 Art. 96: 3 Jahre). – Eine parlamentarische Initiative, die eine Verlängerung der Amtsdauer des National- und des Bundesrates von vier auf fünf Jahre verlangte (06.415 Chevrier), fand in der SPK-N Unterstützung, nicht jedoch in der SPK-S (Beschluss vom 30.10.2006).

2   *Amtsdauer im Allgemeinen:* Zeitabschnitt, in der eine Person ein Amt bekleidet und die damit verbundenen Befugnisse ausüben darf und die damit verbundenen Pflichten erfüllen muss. Dem schweizerischen Verfassungsrecht ist die Verleihung von Ämtern auf Lebzeiten fremd. Die Amtsdauer deckt sich mit der *Amtsperiode* der jeweiligen Bundesbehörde (BV 149 Abs. 2 und, indirekt, BV 175 Abs. 2). Dass für die Mitglieder des Ständerates in BV 145 eine Regelung fehlt, ist kein Versehen, da die Festlegung der Amtsdauer in die Zuständigkeit der Kantone fällt (BV 150). Der Ständerat selbst kennt denn auch keine Amtsperiode (vgl. N 8 zu BV 150), doch ist aus praktischen Gründen eine Anlehnung an den Legislatur-Rhythmus des Nationalrates vorgesehen (vgl. z.B. GRS 10: Legislaturplanungskommission).

3   *Bundesgericht (Satz 2):* Die längere Amtsdauer der (ordentlichen wie der nebenamtlichen) Mitglieder des Bundesgerichts (Satz 2) soll zu grösserer Unabhängigkeit verhelfen (SPK-N/S, ZB-BV, 261). Für Mitglieder eines obersten Gerichts erscheint die Amtsdauer, rechtsvergleichend gesehen, eher knapp; Gefährdungen der richterlichen Unabhängigkeit (BV 30, 191c) können nicht ausgeschlossen werden. Eine sechsjährige Amtsdauer gilt auch für die Mitglieder des Bundesverwaltungs- und des Bundesstrafgerichts (VGG 9, SGG 9), nicht jedoch für die (ebenfalls von der Bundesversammlung gewählten) Mitglieder des Militärkassationsgerichts (vgl. MStP 14: 4 Jahre).

4   *Bedeutung der festen Amtsdauer:* Die Wahl erfolgt auf die gesamte Amtsdauer; eine Wahl auf nur einen Teil der Amtsperiode ist in BV 145 nicht vorgesehen. Weder BV 144 noch andere einschlägige Verfassungsnormen sehen die Möglichkeit vor, bei den genannten Ämtern eine obere Altersgrenze festzulegen. Der Bundesgesetzgeber hat dies für das Bundesgericht gleichwohl getan und entschieden, dass die Richter und Richterinnen am Ende des Jahres aus ihrem Amt ausscheiden, in dem sie das 68. Altersjahr vollenden (BGG 9 Abs. 2; vgl. Botsch. Bundesrechtspflege, BBl 2001 4281; zum Problem vgl. auch AB 1995 2767 f.). Der Wortlaut des BV 145 ist insofern ungenau, als *frei gewordene Stellen* (z.B. wegen vorzeitigen Rücktritts) lediglich für den *Rest* der Amtsperiode der jeweiligen Behörde wieder besetzt werden (so ausdrücklich BGG 9 Abs. 3; vgl. auch BV 1874 Art. 96 Abs. 3 für den Bundesrat). – Eine *Verkürzung* der Amtsdauer (und -periode) ist nur im Ausnahmefall des BV 193 Abs. 3 vorgesehen (mit Neuwahl auch des Ständerates). Zu einer Verkürzung der Amtsperiode des Nationalrates kam es beim Wechsel vom Majorz- zum Proporzsystem: Nach Gutheissung der Pro-

porzinitiative (1918; vgl. N 8 zu BV 149) stimmten Volk und Stände auch dem BB über eine vorgezogene Gesamterneuerung des Nationalrates zu. Diese fand daraufhin bereits im Oktober 1919 (und nicht erst im Oktober 1920) statt (vgl. KÖLZ, Quellenbuch II, 213 f.; AUBERT, Comm., Art. 145, N 7). – Die Frage der Zulässigkeit einer *Verlängerung* der Amtsdauer (in einer Kriegs- oder Notsituation) hat sich bisher glücklicherweise nicht gestellt (vgl. AUBERT, Comm., Art. 145, N 8).

5   *Keine Möglichkeit der vorzeitigen Abberufung (Unabsetzbarkeit):* Eine Abberufung (Absetzung) vor Ablauf der Amtsdauer ist nicht vorgesehen. Die Einführung eines Amtsenthebungsverfahrens für die von BV 145 erfassten Personenkategorien würde eine Verfassungsänderung bedingen. Die vor kurzem ins Auge gefasste Amtsenthebung eines Bundesrichters in der Form eines referendumspflichtigen BB (vgl. Bericht GPK-N und GPK-S vom 6.10.2003: Untersuchung von besonderen Vorkommnissen am Bundesgericht, BBl 2004 5647, 5687) wäre verfassungsrechtlich nicht haltbar gewesen. Auch im Falle eines Parteiverbots (vgl. N 17 zu BV 23) gibt es keine Handhabe, gewählte Mitglieder der verbotenen Partei aus der Bundesversammlung auszuschliessen (anders die Beschlüsse des Nationalrates im Jahr 1941 betreffend vier Ratsmitglieder der Fédération socialiste suisse nach dem landesweiten Verbot kommunistischer Parteien, AB 1941 N 171 ff.; anders auch, für das deutsche Recht, BVerfGE 2, 1 ff.). – Eine Amtsenthebung durch die Wahlbehörde (Bundesversammlung) ist für die Mitglieder des Bundesverwaltungs- und des Bundesstrafgerichts (VGG 10, SGG 10) im Falle vorsätzlicher oder grob fahrlässiger schwerer Verletzung von Amtspflichten oder des dauernden Verlusts der Fähigkeit, das Amt auszuüben, vorgesehen. BV 145 steht dem nicht entgegen. Gesondert zu prüfen ist, ob die Regelung als solche oder ihre Anwendung im Einzelfall mit der verfassungsrechtlich garantierten richterlichen Unabhängigkeit (BV 30, 191c; EMRK 6) vereinbar ist.

6   *Wiederwahl:* Die Bundesverfassung kennt keine Amtszeitbeschränkung, und es wäre unzulässig, sie auf Gesetzesstufe einzuführen. Die durchschnittliche Verweildauer im Nationalrat ist mit rund 8,5 Jahren (vgl. SÄGESSER, Bundesbehörden, Art. 145, N 66) im internationalen Vergleich gleichwohl nicht sehr hoch.

Literaturhinweise: siehe bei BV 149, BV 174, BV 178, BV 188

Art. 146 Staatshaftung

Der Bund haftet für Schäden, die seine Organe in Ausübung amtlicher Tätigkeiten widerrechtlich verursachen.

1 Die im Kern auf die Bundesstaatsgründung zurückgehende Bestimmung hat, anders als die Vorgängerinnen (BV 1874 Art. 117; BV 1848 Art. 110), einzig die *vermögensrechtliche* Verantwortlichkeit zum Gegenstand. Die strafrechtliche und die disziplinarische Verantwortlichkeit sind nur noch auf Gesetzesstufe verankert (Botsch. BV, 375). Verantwortlichkeit meint: für die Folgen eines Fehlverhaltens einstehen müssen.

Allgemeines

2 *Grundaussagen:* Gemäss BV 146 gilt die *ausschliessliche* Staatshaftung. Für Schäden, welche Organe des Bundes in Ausübung amtlicher Tätigkeiten widerrechtlich verursachen, kann nur der *Bund* belangt werden, nicht die fehlbare Person (AUBERT, Comm., Art. 146, N 3). Diese unterliegt (gegenüber dem Geschädigten) keiner direkten Verantwortlichkeit. Die Verfassung überlässt es dem Gesetzgeber, ob und inwieweit er einen Rückgriff des Staates auf die fehlbare Person (interne Haftung) vorsehen will (VG 7). Aus BV 146 geht weiter hervor, dass die vermögensrechtliche Haftung des Bundes als *Kausalhaftung* ausgestaltet ist. Ein Verschulden wird nicht vorausgesetzt.

3 *Funktion:* BV 146 normiert einen *Mindeststandard*. Der Gesetzgeber darf nicht strenger, aber sehr wohl grosszügiger sein und z.B. neben Schadenersatz auch Genugtuung vorsehen (vgl. VG 6). Der Gesetzgeber wird durch BV 146 nicht verpflichtet, aber auch nicht gehindert, Entschädigung bei *rechtmässigem* Staatshandeln vorzusehen.

4 Der *Ausführung* dient in erster Linie das BG vom 14.3.1958 über die Verantwortlichkeit des Bundes sowie seiner Behördemitglieder und Beamten (VG; SR 170.32). Daneben besteht eine Vielzahl von Spezialvorschriften (z.B. MG 135; BStP 122; TSG 32 ff.; BGE 126 II 63; BGE 123 II 577; VPB 68.118, 2004).

Voraussetzungen der Staatshaftung

5 BV 146 nennt als Voraussetzungen der Staatshaftung: Schaden, Verursachung (Kausalzusammenhang), Organ, amtliche Tätigkeit, Widerrechtlichkeit. Die Begriffe werden nicht näher bestimmt. Dies bleibt dem Gesetzgeber (vgl. VG) und insbesondere der Rechtsprechung überlassen. Eine Absicht des Verfassungsgebers, die Rechtsprechung auf dem Stand von 1999 einzufrieren, ist nicht erkennbar. Auf die Fein- und Eigenheiten der Staatshaftungspraxis kann hier nicht näher eingegangen werden. Vgl. BGE 132 II 449; BGE 132 II 312, 317 ff.; VPB 70.73 (2006), Entscheid der Eidgenössischen Rekurskommission für die Staatshaftung vom 15.2.2006; VPB 69.77 (2005); vgl. auch JAAG, SBVR I/3; GROSS.

6 Der Begriff *«Organ»* (des Bundes) wird in Staatshaftungsrecht und -praxis zu Recht weit verstanden. Neben Magistratspersonen (Mitglieder des Bundesrates, Bundeskanzler, Mitglieder und Ersatzmitglieder des Bundesgerichts) und dem Bundespersonal (unabhängig von der Rechtsnatur des Anstellungsverhältnisses) zählen dazu auch andere Personen, insoweit sie unmittelbar mit öffentlich-rechtlichen Aufgaben des Bundes betraut sind (näher VG 1). Trotz Streichung von VG 1 Abs. 1 Bst. a (per 1.12.2003) bleiben die Mitglieder der Eidgenössi-

schen Räte weiterhin nach dem VG vermögensrechtlich verantwortlich (so auch TSCHANNEN, Staatsrecht, 393). – Gemäss VG 19 haftet der Bund grundsätzlich nicht, wenn der Schaden durch Organe oder Angestellte von ausserhalb der Bundesverwaltung stehenden Organisationen verursacht wird, die mit öffentlich-rechtlichen Aufgaben des Bundes betraut sind. Der Bund muss dem Geschädigten allenfalls für den ungedeckten Betrag einstehen. Diese Regelung gilt als mit BV 146 vereinbar.

7 *«in Ausübung amtlicher Tätigkeiten»:* Die schädigende Handlung oder Unterlassung muss in einer sachlichen Beziehung zum Aufgabenbereich der fehlbaren Person stehen (funktioneller Zusammenhang; vgl. Botsch. BV, 375). Vgl. auch VPB 69.78 (2005) betreffend Abgrenzung zur blossen gewerblichen Verrichtung (privatrechtliche Haftung).

8 *«Widerrechtlichkeit»* (i.S.v. VG 3) setzt voraus (zusammenfassend BGE 132 II 312, 317 f.; BGE 123 577, 581 f.): die Verletzung eines von der Rechtsordnung geschützten Gutes (Rechtsgut), «sei es, dass ein absolutes Recht des Geschädigten verletzt (Erfolgsunrecht), sei es, dass eine reine Vermögensschädigung durch Verstoss gegen eine einschlägige Schutznorm bewirkt wird (Verhaltensunrecht; BGE 116 Ib 374 E. 4b)». Keine Widerrechtlichkeit liegt vor, wenn eine Amtspflicht ein bestimmtes Handeln gebietet und dieses fehlerfrei erfolgt (BGE 91 I 453). Ob Freiheitsrechte wie die Wirtschaftsfreiheit oder die Eigentumsgarantie eine Schutzwirkung zu Gunsten des Vermögens Privater entfalten und staatshaftungsrechtliche Ansprüche begründen können, liess das Bundesgericht in BGE 118 Ib 473, 477 offen (vgl. auch BGE 118 Ib 241, 151 betreffend BV 1874 Art. 4). Die Widerrechtlichkeit i.S.v. VG 3 kann bei Verletzung eines allgemeinen Rechtsgrundsatzes oder bei Überschreitung oder Missbrauch von Ermessen, u.U. auch im Fall einer Unterlassung gegeben sein (vgl. BGE 132 II 312, 318). Widerrechtlichkeit ist umgekehrt nicht automatisch zu bejahen, wenn sich ein Rechtsanwendungsakt (Verfügung, Urteil) später als unrichtig, gesetzwidrig oder willkürlich erweist (vgl. BGE 118 Ib 163; vgl. auch BGE 112 Ib 449), sondern erst dann, «wenn der Richter oder Beamte eine für die Ausübung seiner Funktion wesentliche Pflicht, eine wesentliche Amtspflicht, verletzt hat» (BGE 118 Ib 163). Bei reinen Tathandlungen genügt eine einfache Amtspflichtverletzung (vgl. VPB 68.118, 2004). – Die Rechtmässigkeit formell rechtskräftiger Verfügungen, Entscheide und Urteile kann in einem Verantwortlichkeitsverfahren nicht mehr überprüft werden (VG 12; VPB 69.77 [2005]; zur Frage möglicher Ausnahmen vgl. HÄFELIN/MÜLLER/UHLMANN, 482).

9 In einem Aufsehen erregenden Urteil vom 21.1.2000 (i.S. J.Spring gegen Schweizerische Eidgenossenschaft, BGE 126 II 145) verneinte das Bundesgericht eine Haftung des Bundes im Fall eines während des Zweiten Weltkriegs zurückgewiesenen und den deutschen Behörden übergebenen jüdischen Flüchtlings zufolge absoluter Verwirkung (VG 20). Die Flüchtlingspolitik der Schweiz während des Zweiten Weltkriegs sei nach damaligem Recht nicht völkerrechtswidrig gewesen; nur bei einer «eigentlichen Teilnahme an einem Genozid» wäre ein Absehen von der Verwirkung in Betracht gefallen. Angesichts der «ausserordentlichen Umstände des Falles» sprach das Bundesgericht dem Kläger trotz Unterliegen eine Parteientschädigung von Fr. 100'000 zu (exakt gleich viel, wie der Kläger als Genugtuung gefordert hatte).

10 *Reform:* BV 146 steht der im Rahmen der geplanten Reform des Staatshaftungsrechts angestrebten Annäherung an das Privatrecht (vgl. JAAG, ZSR 2003, II, 3 ff.) nicht entgegen.

Literaturhinweise

GROSS JOST, Schweizerisches Staatshaftungsrecht, 2. Aufl., Bern 2001; JAAG TOBIAS, Staats- und Beamtenhaftung, SBVR I/3, 2. Aufl., Basel 2006; DERS., Staatshaftung nach dem Entwurf für die Revision und Vereinheitlichung des Haftpflichtrechts, ZSR 2003 II, 3 ff.

Art. 147 Vernehmlassungsverfahren

Die Kantone, die politischen Parteien und die interessierten Kreise werden bei der Vorbereitung wichtiger Erlasse und anderer Vorhaben von grosser Tragweite sowie bei wichtigen völkerrechtlichen Verträgen zur Stellungnahme eingeladen.

1 Die Bestimmung hat keine direkte Entsprechung in der BV 1874. Diese verpflichtete den Bund nur *punktuell* zur «Anhörung» der Kantone und interessierter Kreise (vgl. insb. BV 1874 Art. 32 Abs. 2 und 3, ferner z.B. BV 1874 Art. Art. 27ter ff., Art. 34ter, Art. 34sexies). BV 147 konstitutionalisiert und definiert den Begriff *«Vernehmlassungsverfahren»* (i.S.v. Einladung zur Stellungnahme). – Der *Umsetzung* dient seit kurzem das BG vom 18.3.2005 über das Vernehmlassungsverfahren (Vernehmlassungsgesetz, VlG; SR 172.061), näher ausgeführt durch die Vernehmlassungsverordnung vom 17.8.2005 (VlV; SR 172.061.1). Davor gab es lediglich eine Regelung auf Verordnungsstufe (Verordnung des Bundesrates vom 17.6.1991 über das Vernehmlassungsverfahren; AS 1991 1632), ursprünglich sogar nur bundesrätliche Richtlinien.

2 *Funktion:* Das heute aus dem schweizerischen politischen System kaum mehr wegzudenkende Vernehmlassungsverfahren dient dazu, frühzeitig mögliche Widerstände gegen ein Vorhaben zu erkennen (nicht zuletzt mit Blick auf die Erarbeitung «referendumsfester» Lösungen), die politischen Realisierungschancen abzutasten und Aufschlüsse über die Akzeptanz im Vollzug zu erlangen. Daneben kann die Konsultation dazu beitragen, die Qualität des Ergebnisses zu steigern (Sachaufklärung, Erkenntnisse über mögliche Umsetzungs- und Vollzugsprobleme).

3 *Gegenstand:* Von Verfassungsrechts wegen muss das Vernehmlassungsverfahren bei drei Kategorien von Entscheiden durchgeführt werden:

- *«wichtige Erlasse» (Total- oder Teilrevision):* In Betracht kommen neben Gesetzen auch Bundesbeschlüsse (BV 163 Abs. 2) und Verordnungen (vgl. VlG 3); umgekehrt erscheint nicht jede Gesetzesänderung *per se* «wichtig» i.S.v. BV 147;

- *«andere Vorhaben von grosser Tragweite»:* Planungen, Berichte, Konzepte usw. (vgl. SÄGESSER, Bundesbehörden, Art. 147, N 122), die von grosser politischer, finanzieller, wirtschaftlicher, ökologischer, sozialer oder kultureller Bedeutung sind (vgl. auch VlG 3 Abs. 2);

- *«wichtige völkerrechtliche Verträge»:* dazu gehören jedenfalls Verträge, die dem Referendum unterliegen (BV 140, 141), u.U. auch weitere genehmigungsbedürftige Verträge (BV 166), in der Regel nicht Verträge, die der Bundesrat im vereinfachten Verfahren abschliessen darf (vgl. N 13 zu BV 166; SÄGESSER, Bundesbehörden, Art. 147, N 121).

Der behördliche Verzicht auf Durchführung eines Vernehmlassungsverfahrens unterliegt keiner richterlichen Überprüfung (AUBERT, Comm., Art. 147, N 12).

4 Bei *Volksinitiativen* in der Form des ausgearbeiteten Entwurfs (BV 139) erscheint – ungeachtet der Wichtigkeit – der Verzicht auf Durchführung eines Vernehmlassungsverfahrens denkbar (vgl. AUBERT, Comm., Art. 147, N 8).

5 *Fragestellung:* Der Zweck erfordert eine möglichst konkrete Fragestellung. Fragwürdig sind «Auswahlsendungen», die (wie die im Dezember 2006 eröffnete Vernehmlassung betreffend Ehegattenbesteuerung) eine Vielzahl von Optionen aufzeigen, ohne erkennen zu lassen, in welche Richtung die von der Regierung angestrebte Lösung gehen soll.

6 *Verpflichtete:* Die Pflicht zur Durchführung trifft nicht nur die typischerweise mit der Vorbereitung der Gesetzgebung (RVOG 7) betraute Regierung, sondern auch die Bundesversammlung, insb. bei parlamentarischen Initiativen, welche die Kriterien von BV 147 erfüllen (vgl. ParlG 112; VlG 1, 5, 6).

7 *Teilnehmer:* Zur Stellungnahme einzuladen sind
- die *Kantone* (vgl. auch die Spezialbestimmungen in BV 45 und 55);
- *die «politischen Parteien»* (vgl. N 2 zu BV 137); die gesetzliche Fokussierung auf die in der Bundesversammlung vertretenen Parteien (VlG 4) erscheint aus verfassungsrechtlicher Sicht problematisch (so auch AUBERT, Comm., Art. 147, N 9; weniger kritisch SÄGESSER, Bundesbehörden, Art. 147, N 103).
- *die «interessierten Kreise»;* diese variieren je nach Gegenstand der Vorlage; das Gesetz nennt ausdrücklich die «gesamtschweizerischen Dachverbände der Gemeinden, Städte und Berggebiete», die «gesamtschweizerischen Dachverbände der Wirtschaft» sowie «die weiteren, im Einzelfall interessierten Kreise» (VlG 4 Abs. 2).

Weiteren Organisation und Privatpersonen steht es – schon wegen BV 33 – frei, sich zu beteiligen und eine Stellungnahme einzureichen. – Das *Bundesgericht* (das Wert darauf legt, nicht zu den «übrigen Adressaten» zu zählen) sowie andere richterliche Behörden des Bundes werden zur Stellungnahme eingeladen, wenn die Vorlage die Prozessgesetzgebung betrifft (VlV 11).

8 *Verfahren:* Die (gemäss BV 147 bzw. VlG 4) obligatorisch «Einzuladenden» werden individuell angeschrieben und mit den Vernehmlassungsunterlagen (Vorlage, erläuternder Bericht, Begleitschreiben, Adressatenliste; vgl. VlV 7 Abs. 2) bedient (VlV 10). Die Vernehmlassungsunterlagen werden von der Bundeskanzlei in elektronischer Form öffentlich zugänglich gemacht (VlV 14). Die (grundsätzlich dem Bundesrat obliegende, VlG 5) *Vernehmlassungseröffnung* ist im Bundesblatt bekannt zu geben (VlV 13). Zum *Zeitpunkt* («bei der Vorbereitung») äussert sich die Verfassung nur vage (in Bezug auf völkerrechtliche Verträge gar nicht); dieser muss so gewählt werden, dass das Vernehmlassungsverfahren seinen Zweck (N 2) erreichen kann. Die Veröffentlichung von Vorentwürfen bereits im Stadium der (verwaltungsinternen) Ämterkonsultation (RVOV 4) wurde vom Bundesrat gestoppt (vgl. NZZ Nr. 39 vom 16.2.2006, S. 14); dies zu Recht, da die freie Meinungsbildung und Entscheidfindung im Bundesratskollegium erheblich beeinträchtigt werden können. Erfährt eine Vorlage im Verlauf der parlamentarischen Beratungen grundlegende Änderungen, so kann eine (zweite) Konsultation angezeigt sein, um zu verhindern, dass BV 147 seines Sinnes entleert wird.

9 BV 147 äussert sich nicht zur *Form* des Vernehmlassungsverfahrens. Üblich ist das *schriftliche* Verfahren (VlG 7 Abs. 1). Auch das (weniger transparente; vgl. BBl 1998 1971) *konferenzielle Verfahren* kann den Anforderungen des BV 147 genügen. Das Gesetz sieht diese Möglich-

keit nur noch bei Dringlichkeit vor (VlG 7 Abs. 3; VlV 17). Im Interesse der demokratisch gebotenen Transparenz sind die Stellungnahmen und die Protokolle von konferenziellen Vernehmlassungsverfahren *öffentlich zugänglich* zu machen (VlG 9: nach Ablauf der Vernehmlassungsfrist), ebenso die Zusammenstellung der Vernehmlassungsergebnisse (VlG 9: nach Kenntnisnahme durch den Bundesrat). Das Gesetz sieht eine ordentliche Frist von 3 Monaten vor. Die Möglichkeit der Verkürzung bei Dringlichkeit (VlG 7) ist mit BV 147 grundsätzlich vereinbar. Im Fall des neuen Anlaufs zur 11. AHV-Revision regte sich zu Recht Widerstand, als die Aufforderung erging, zu den Anfang Mai publizierten Vorschlägen bis zum Monatsende Stellung zu nehmen (vgl. NZZ Nr. 110 vom 13.5.2005).

10 *Auswertung:* Die Teilnehmer haben Anspruch darauf, dass ihre Eingaben zur Kenntnis genommen werden (vgl. BV 33 Abs. 2). Das Gesetz verpflichtet den Bund ausdrücklich dazu, die Stellungnahmen auszuwerten und zu gewichten (VlG 8; vgl. auch VlV 18), wobei ihm ein weites politisches Ermessen zusteht. Aus BV 147 fliesst keine Pflicht, Stellungnahmen inhaltlich zu berücksichtigen; eine solche kann sich indes aus anderen Normen ergeben (vgl. BV 44 Abs. 2, 55 Abs. 3, 62 Abs. 6; vgl. auch VlV 18, wonach die Stellungnahmen der Kantone besonders zu berücksichtigen sind, wenn es um Fragen der Umsetzung oder des Vollzugs von Bundesrecht geht). Es darf erwartet werden, dass der Bund auf substantielle Vorbringen eingeht und deren Nichtberücksichtigung angemessen begründet (vgl. ParlG 141 betreffend Anforderungen an bundesrätliche Botschaften).

11 *Bedeutung:* Die Wirkungen des Vernehmlassungsverfahrens sind umstritten. Mit Sicherheit handelt es sich nicht um ein blosses Ritual. Immer wieder kommt es zum Verzicht auf umstrittene Punkte (so z.B. bei der Patentrechtsrevision, vgl. NZZ Nr. 120 vom 26.5.2005, S. 13, oder der geplanten Ausserkurssetzung der Fünf-Rappen-Stücke, vgl. Medienmitteilung EFD vom 12.4.2006 «Der Fünfräppler bleibt – der Einräppler wird abgeschaft»), gelegentlich sogar zum Verzicht auf die ganze Vorlage, so z.B. in den Fällen des geplanten Stabilitätsgesetzes (vgl. N 3 zu BV 100), der geplanten Revision des Konsumenteninformationsgesetzes (SR 944.0; vgl. amtliche Medienmitteilung vom 21.12.2005) sowie der geplanten Revision des UWG im Hinblick auf die EURO 2008 («lex UEFA»; vgl. NZZ Nr. 273 vom 23.11.2006, S. 14). Gleichzeitig sind Klagen über das Vernehmlassungsverfahren verbreitet, so etwa über eine Inflation der Konsultationsverfahren, über die (mitunter fragliche) Repräsentativität der Eingaben und deren abnehmende Qualität, über die abnehmende Bereitschaft der Behörden, den Stellungnahmen Beachtung zu schenken. Das neue Gesetz strebt eine Verwesentlichung und bessere Koordination an, verpflichtet die Teilnehmer indes nicht, das Zustandekommen ihrer Eingabe darzulegen.

Literaturhinweise

BLASER JEREMIAS, Das Vernehmlassungsverfahren in der Schweiz, Opladen 2003; MURALT MÜLLER HANNA, Vernehmlassungsverfahren – helvetisches Ritual oder modernes partizipatorisches Instrument der Konkordanzdemokratie?, LeGes 1997/2, 17 ff.; SÄGESSER THOMAS, Vernehmlassungsgesetz, Bern 2006; SENTI MARTIN/SCHLÄPFER MARTINA, Die Wirksamkeit von Vernehmlassungseingaben, LeGes 2004/2, 49 ff.

2. Kapitel: Bundesversammlung

1   Die Eidgenössischen Räte nutzten die Gelegenheit der Totalrevision, um über das «Nachführungskonzept» hinaus (dem der VE 96 verpflichtet war) eine Reihe von jüngeren und älteren Reformvorhaben zu verwirklichen, u.a.:
    - Ausbau der Ratspräsidien (BV 152);
    - Stärkung der parlamentarischen Informationsrechte (BV 153 und 169);
    - Herauslösen der Parlamentsdienste aus der Bundeskanzlei (BV 155);
    - Neuordnung der Erlassformen (BV 163);
    - Präzisierung der Rollenverteilung in der Aussenpolitik (BV 166, 184);
    - Verankerung von Wirksamkeitsprüfungen und Aufträgen (BV 170, 171).

2   Die *Umsetzung* der Parlamentsreform wurde mit dem Inkrafttreten des neuen ParlG und der neuen Ratsreglemente (GRN, SR 171.13; GRS, SR 171.13) per 1.12.2003 (vorerst) abgeschlossen. Praktisch bedeutsam bleiben daneben Usanzen und Konventionen (z.B. Turnus bei den Ratspräsidien), die keine bindenden Rechtsregeln darstellen (und auch nicht auf dogmatischen Umwegen verrechtlicht werden sollten).

Literaturhinweise und Materialien (vgl. auch die Hinweise vor BV 143)

AUBERT JEAN-FRANÇOIS, Die schweizerische Bundesversammlung von 1848 bis 1998, Basel/Frankfurt a.M. 1998; EICHENBERGER KURT, Die oberste Gewalt im Bund, Zürich 1949; GRAF MARTIN, Gewaltenteilung und neue Bundesverfassung, ZBl 2000, 1 ff.; JEGHER ANNINA, Bundesversammlung und Gesetzgebung, Bern usw. 1999; LÜTHI RUTH, Das Parlament, in: Klöti et al., 125 ff.; PARLAMENTSDIENSTE (Hrsg.), Das Parlament, «oberste Gewalt des Bundes», Festschrift der Bundesversammlung zur 700-Jahr-Feier der Eidgenossenschaft, Bern 1991; SANTSCHY ANTOINE, Le droit parlementaire en Suisse et en Allemagne, Neuchâtel 1982; VON WYSS MORITZ, Maximen und Prinzipien des parlamentarischen Verfahrens, Zürich 2000; DERS., Die Bundesversammlung als oberste Gewalt des Bundes, in: Gächter/Bertschi, 251 ff.; ZIMMERLI ULRICH, Bundesversammlung, VRdCH, 1027 ff. – *Materialien:* SPK-N und SPK-S, «Bundesversammlung. Organisation, Verfahren, Verhältnis zum Bundesrat», Zusatzbericht vom 6.3.1997 (BBl 1997 III 245; SPK-N/S, ZB-BV) und Stellungnahme des Bundesrates dazu vom 9.6.1997 (BBl 1997 III 1484); SPK-N, Parlamentarische Initiative «Geschäftsverkehrsgesetz. Anpassungen an die neue BV», Bericht vom 7.5.1999 (BBl 1999 4809) und Stellungnahme des Bundesrates dazu vom 7.6.1999 (BBl 1999 5979); SPK-N, Parlamentarische Initiative «Parlamentsgesetz (PG)», Bericht vom 1.3.2001 (BBl 2001 3467; SPK-N, Bericht ParlG) und Stellungnahme des Bundesrates dazu vom 22.8.2001 (BBl 2001 5428); Expertenkommission «Kompetenzverteilung zwischen Bundesversammlung und Bundesrat» (Vorsitz Georg Müller), Schlussbericht vom 15.12.1995 (BBl 1996 II 428 ff.).

1. Abschnitt: Organisation

Art. 148 Stellung

¹ Die Bundesversammlung übt unter Vorbehalt der Rechte von Volk und Ständen die oberste Gewalt im Bund aus.

² Die Bundesversammlung besteht aus zwei Kammern, dem Nationalrat und dem Ständerat; beide Kammern sind einander gleichgestellt.

1   Die Bestimmung geht auf die Bundesstaatsgründung zurück (BV 1848 Art. 60). Der ausdrückliche Vorbehalt wurde 1874 eingefügt (BV 1874 Art. 71). Der Verfassungsbegriff «Kammern» ist neuen Datums (vor 2000: Abteilungen) und wird in der BV (und im ParlG) sonst nicht verwendet.

Stellung der Bundesversammlung im Gewaltengefüge (Abs. 1)

2   Die «Bundesversammlung» ist das aus zwei Kammern (N 1) zusammengesetzte Parlament des Bundes. Von der Bundesversammlung zu unterscheiden ist die *Vereinigte* Bundesversammlung, d.h. der aus den vereinigten Räten gebildete besondere Beschlusskörper (BV 157). Der Begriff «Eidgenössische Räte» (BV 1874 Art. 121) ist in der Verfassung nicht mehr präsent. Wenn die BV von den (beiden) «Räten» spricht (z.B. BV 151, 156, 159, 193) sind National- und Ständerat je als eigenständige Gremien angesprochen. Auch wenn der Ständerat (vgl. BV 150) das föderalistische Element in der Bundesversammlung verkörpert (TSCHANNEN, Staatsrecht, 421), handelt es sich, wie beim Nationalrat (vgl. BV 143, 144, 145, 149), um ein *Bundesorgan*. National- und Ständerat sind, entgegen ParlG 31, *nicht* «Organe» der Bundesversammlung, ebenso wenig die Vereinigte Bundesversammlung.

3   Die Bundesversammlung erfüllt die typischen *Funktionen* eines Parlaments. *Verfassungsrechtlich* gesehen: Verfassungs- und Gesetzgebung (wenn auch unter Vorbehalt des Referendums), Budgetfunktion (BV 167), Beteiligung an Staatsleitung (N 4) und Aussenpolitik (BV 166), Wahlen (BV 168), Kontrolle von Regierung und Verwaltung (BV 169); in einer mehr *staatstheoretischen* Perspektive (klassisch: WALTER BAGEHOT): Repräsentation, Meinungen und Anliegen aus dem Volk Gehör verschaffen *(expressive function)*, Öffentlichkeit sensibilisieren *(teaching function)*, Formung des politischen Willens.

4   *Tragweite:* Im Begriff *«oberste Gewalt»* kommt zum Ausdruck, dass die Bundesversammlung unter den «Staatsgewalten» am unmittelbarsten und stärksten demokratisch legitimiert ist. In zahlreichen Einzelnormen wird der Bundesversammlung denn auch eine (vorab demokratisch motivierte) *Vorrangstellung* eingeräumt, die in BV 148 gleichsam vorangekündigt wird: BV 168 (Wahlkörper für Bundesrat und Bundesgericht), BV 169 (Oberaufsicht über Bundesrat und Bundesgericht), BV 173 Abs. 1 Bst. i (Entscheidung über Kompetenzkonflikte), BV 173 Abs. 2 (Auffangkompetenz). Nicht Ausdruck einer Überordnung ist dagegen die Massgeblichkeit der Bundesgesetze gemäss BV 190 (siehe dort; ebenso TSCHANNEN, Staatsrecht, 466; vgl. auch MASTRONARDI, SG-Komm., Art. 148, N 8). – Der Begriff «oberste Gewalt» ist mit Vorsicht zu verwenden. Durchaus treffend heisst es in der deutschen und italienischen Fassung, dass die Bundesversammlung die oberste Gewalt *ausübt* (nicht: ist), d.h. insoweit nur gewis-

sermassen treuhänderisch tätig ist. Die Rolle als «oberste Gewalt» erfährt eine dreifache Einbindung und Relativierung (AUBERT, Comm., Art. 148, N 4):
- Verpflichtung zur *Wahrung des Rechts* (inkl. Völkerrecht; BV 5);
- Vorbehalt von *Volk und Ständen* (BV 140 und 141; vgl. auch BV 3);
- *Kompetenzen der übrigen Organe:* BV 148 verschafft der Bundesversammlung keine (Organ-)Kompetenzen (dazu BV 163 ff.), weder im Sinn einer Generalklausel noch im Sinn einer Auffang- oder Abrundungsnorm (dazu BV 173, 187). BV 148 verleiht der Bundesversammlung insbesondere nicht das Recht, sich über verfassungsrechtliche Kompetenzen anderer Organe hinwegzusetzen. BV 148 kann als Auslegungshilfe dienen (Botsch. BV, 377), begründet indes keine «Kompetenzvermutung» zu Gunsten des Parlaments.

Bedeutung kann BV 148 Abs. 1 allenfalls in den seltenen Fällen konkurrierender Befugnisse von Bundesversammlung und Bundesrat (BV 173 Abs. 1 Bst. a–c, BV 185) erlangen. Akte der Bundesversammlung gehen im Konfliktfall vor; die Bundesversammlung könnte unter Berufung auf BV 148 Abs. 1 einen bereits gefällten Beschluss des Bundesrates kassieren. Aber: «c'est très théorique» (AUBERT) und würde wohl selbst ohne BV 148 Abs. 1 gelten. Die Summe der Zuständigkeiten (BV 163 ff.) lässt immerhin deutlich werden, dass die Bundesversammlung massgeblich an der *Staatsleitung* (verstanden als oberste Leitung des Gemeinwesens) beteiligt ist. Die Staatsleitung obliegt – nach verbreiteter Vorstellung – Parlament und Regierung (BV 174, 180) gemeinsam, sozusagen «zu gesamter Hand» (vgl. RHINOW, Grundzüge, 377 f., unter Bezugnahme auf Friesenhahn; EICHENBERGER, passim; JENNY, passim). Die Volksrechte bewirken indes, dass Parlament und Regierung bei der Festlegung der politischen Agenda permanenter Konkurrenz ausgesetzt sind.

5 *Charakterisierung:* Die Bundesversammlung gehört zum Typus des (primär sachlichproblembezogen vorgehenden) «Arbeitsparlaments» und zeigt, rechtsvergleichend, eine *«individualistische» Prägung* mit relativ starker Stellung der einzelnen Abgeordneten im Organisations- und Verfahrensrecht (Initiativrecht, Antragsrecht, Vorstösse; vgl. BV 160, 171) und im Wahlrecht. Es besteht kein Fraktionszwang im engeren Sinn und eine eher schwach ausgeprägte Fraktionsdisziplin (nicht zuletzt als Folge der Ausgestaltung des Wahlrechts). Demgegenüber sind die *kollektiven Minderheitenrechte* spärlich (vgl. BV 151 Abs. 2; ParlG 76 Abs. 4; GRN 60; GRS 46; näher VON WYSS, Maximen, 43 ff., 233 ff.). So kann z.B. eine Parlamentarische Untersuchungskommission nur durch einfachen Bundesbeschluss, d.h. mit *Mehrheit* in beiden Räten, eingesetzt werden (ParlG 163). – In der Schweiz ist die Vorstellung, die Bundesversammlung sei ein *«Milizparlament»*, noch immer stark verwurzelt. Stellt man auf die zeitliche Beanspruchung durch ein Parlamentsmandat ab (vgl. RHINOW, Grundzüge, 400: im Durchschnitt 56% der Gesamtarbeitszeit; vgl. auch RIKLIN/MÖCKLI, 145 ff.), so hat sich die Bundesversammlung vom Milizstatus längst entfernt. Nicht zufällig spricht das Entschädigungsgesetz (PRG 1, SR 171.21) heute von einem *«Einkommen»*. Dessen Höhe – durchschnittlich Fr. 68'000 (NR) bzw. 77'000 (SR) – ist indes klarerweise nicht auf ein Vollamt ausgerichtet (vgl. RHINOW, Grundzüge, 400; BBl 2002 3987). Der «Milizcharakter» ist aber nicht ganz verloren gegangen. So nehmen die Ratsmitglieder ihr Parlamentsmandat teilzeitlich wahr und üben daneben weiterhin ihren mehr oder weniger «politikfernen» Hauptbe-

ruf aus (vgl. RHINOW, Grundzüge, 399: «Halbberufsparlament»). Damit einher geht das Phänomen der *Rollenkumulation* (Politik, Wirtschaft, Gesellschaft; vgl. RIKLIN/MÖCKLI, 146), welches auch problematische Seiten aufweist (zu Gegenmassnahmen vgl. N 12 zu BV 144: Unvereinbarkeiten, N 8 ff. zu BV 161: Offenlegung von Interessenbindungen), aber auch Vorzüge besitzt (bessere Nutzung der schmalen personellen Ressourcen im Kleinstaat, Rückbindung der Volksvertreter an die Wählerschaft, Relativierung der Sachkundenot; vgl. TSCHANNEN, Staatsrecht, 406). – Im Vergleich der OECD-Staaten hat die Schweiz das kostengünstigste nationale Parlament (vgl. NZZ Nr. 200 vom 28./29.2004, S. 14).

Zweikammersystem (Abs. 2)

6   Die Schweizerische Eidgenossenschaft kennt ein bundesstaatlich motiviertes, «vollkommenes» Zweikammersystem mit unterschiedlicher Repräsentationsgrundlage (vgl. MASTRONARDI, SG-Komm., Art. 148, N 10):

- *demokratisches Prinzip:* demokratische Gleichheit der Bürgerinnen und Bürger im *Nationalrat* (als Volksvertretung);
- *föderatives Prinzip:* föderalistische Gleichheit der Kantone im *Ständerat.* Der Begriff «Kantonsvertretung» (oder «Gliedstaatenkammer») ist angesichts des Instruktionsverbots (BV 161) missverständlich und sollte vermieden werden (vgl. auch N 3 zu BV 150).

Zu den Vorzügen des Zweikammersystems gehören, neben der bundesstaatlichen Funktion, die «Gewaltenteilung» innerhalb des Parlaments (Intraorgankontrolle), die Verhinderung übereilter Beschlüsse, die Förderung der Rationalität der Beratungen und der Qualität der Beschlüsse (AUBERT, Comm., Art. 148, N 8). Diese Vorteile wiegen die Nachteile (insb. Gefahr von Verzögerungen bei der Beschlussfassung) mehr als auf. Und drängt die Zeit, geht es gewöhnlich auch schnell (z.B. rund 2½ Monate von der bundesrätlichen Botschaft bis zur Genehmigung der sog. Bilateralen Verträge II samt Beschlussfassung über Gesetzesanpassungen in der Wintersession 2004).

7   *«einander gleichgestellt»:* Auch wenn die Gleichstellung der beiden Kammern nicht absolut verwirklicht ist (N 8), handelt es sich bei diesem Passus nicht um ein Lippenbekenntnis. Das schweizerische System darf, im Vergleich mit ausländischen Systemen, ohne zu zögern als «vollkommenes Zweikammersystem» (AUBERT, Comm., Art. 148, N 7: «bicamérisme parfait») bezeichnet werden: Die beiden Räte haben *dieselben Kompetenzen* (d.h. befassen sich mit denselben Geschäften), besitzen bei deren Ausübung *dieselben Befugnisse.* Sie beraten und beschliessen grundsätzlich *getrennt;* für Beschlüsse der Bundesversammlung ist stets die *Übereinstimmung* beider Räte erforderlich (BV 156 Abs. 2). – Ein gelegentlich diskutiertes Abrücken von der völligen Gleichstellung (vgl. SPK-N/S, ZB-BV, 262, 271) ist heute nicht mehrheitsfähig, ebenso wenig ein Abrücken vom Zweikammersystem.

8   *Relativierungen* ergeben sich bei den (wenigen) Geschäften, die in der Zuständigkeit der Vereinigten Bundesversammlung liegen, wo der Ständerat wegen der geringeren Abgeordnetenzahl weniger Gewicht hat (vgl. BV 157). Daneben kann ein Rat allein Informationen beschaffen oder Prüfungen veranlassen (MASTRONARDI, SG-Komm., Art. 148, N 10), seine eigene Geschäftsordnung erlassen (vgl. N 6 zu BV 156), eine Vorabstimmung betreffend Totalrevision der Bundesverfassung auslösen (BV 193). Ein Rat allein entscheidet über die Aufhebung der Sessionsteilnahmegarantie (ParlG 20; vgl. N 9 zu BV 162).

9 Trotz rechtlicher Gleichstellung weisen die beiden Räte markante *Unterschiede* hinsichtlich Ratskultur und Stil auf (für die Einschätzung eines ehemaligen Insiders vgl. RHINOW, Grundzüge, 373 f.). Im Ständerat, wo vom Sitzplatz aus gesprochen wird, ist die Atmosphäre ruhiger, sind die Debatten sachlicher. Abstimmungen mit Namensaufruf sind rar. Anders als im Nationalrat gibt es keine Simultanübersetzung. Auch treten die Fraktionen (BV 154) im Ständerat viel weniger in Erscheinung als im Nationalrat. Allgemein steht der Ständerat im Ruf, eine *chambre de réflexion* zu sein (kritisch TSCHANNEN, Staatsrecht, 422), er wird diesem Ruf allerdings nicht immer gerecht (vgl. N 7 zu BV 21). Im frühen Bundesstaat war der Ständerat zeitweise eine eher unattraktive «Nachwuchskammer» (nicht zuletzt wegen der kurzen Amtszeit von anfänglich häufig nur einem Jahr). Aufstrebende Politiker, die in den Ständerat gewählt wurden, trachteten danach, möglichst rasch in den Nationalrat zu wechseln (vgl. AUBERT, BVers 1848–1998, N 132), während heute ein Wechsel von der grossen Kammer ins «Stöckli» angestrebt wird. Als Folge der Zusammensetzung und der Wahlart (fast durchweg Majorz; vgl. BV 150) werden Anliegen der Regionen und Minderheiten tendenziell stärker gewichtet (so RHINOW, Grundzüge, 372), was aber nicht heisst, dass Anliegen kantonaler Regierungen (oder Direktorenkonferenzen) immer einen leichten Stand hätten (vgl. etwa die Kontroverse um die Reform der Krankenversicherung im Herbst 2005). Systembedingt haben die ländlichen (eher konservativen) Landesgegenden im Ständerat ein Übergewicht (vgl. N 2 zu BV 150).

Literaturhinweise (vgl. auch die Hinweise vor BV 143, vor BV 148 und bei BV 150)
HUBER-HOTZ ANNEMARIE, Das Zweikammersystem, Anspruch und Wirklichkeit, in: Parlamentsdienste (Hrsg.), Oberste Gewalt, 165 ff.; JENNY DAVID, Der Begriff der Staatsleitung und die schweizerische Bundesverfassung, Basel 1988; RIKLIN ALOIS/MÖCKLI SILVANO, Milizparlament?, in: Parlamentsdienste (Hrsg.), Oberste Gewalt, 145 ff.; SPENLÉ CHRISTOPH ANDRÉ, Das Kräfteverhältnis der Gliedstaaten im Gesamtgefüge des Bundesstaates unter besonderer Berücksichtigung des Konzepts des schweizerischen Zweikammersystems, Basel 1999; TRIVELLI LAURENT, Le bicamérisme, Lausanne 1975; VON WYSS MARTIN, Die Bundesversammlung als oberste Gewalt des Bundes, in: Gächter/Bertschi, 251 ff.

Art. 149 Zusammensetzung und Wahl des Nationalrates

¹ Der Nationalrat besteht aus 200 Abgeordneten des Volkes.

² Die Abgeordneten werden vom Volk in direkter Wahl nach dem Grundsatz des Proporzes bestimmt. Alle vier Jahre findet eine Gesamterneuerung statt.

³ Jeder Kanton bildet einen Wahlkreis.

⁴ Die Sitze werden nach der Bevölkerungszahl auf die Kantone verteilt. Jeder Kanton hat mindestens einen Sitz.

1 Die Bestimmung geht teils auf die Bundesstaatsgründung zurück (BV 1848 Art. 61 und 62; wortgleich BV 1874 Art. 72 und 73, ursprüngliche Fassung), teils auf Verfassungsrevisionen in den Jahren 1918 (Proporzwahl, Kantone als Wahlkreise), 1931 (Amtsdauer) und 1962 (feste Abgeordnetenzahl, vgl. N 4).

Zusammensetzung (Abs. 1)

2 Die *Mitglieder* des Nationalrates sind Abgeordnete des *ganzen Volkes;* sie repräsentieren nicht ihren Kanton, sondern die gesamte Nation, dies im Unterschied zu den Mitgliedern des Ständerates, welche gemäss BV 150 Abgeordnete ihres *Kantons* sind. Dieser Unterschied ist allerdings heute kaum von praktischer Bedeutung. Da bei den Nationalratswahlen die Kantone die Wahlkreise bilden (BV 149 Abs. 3), besteht faktisch eine besondere Beziehungsnähe zum Herkunftskanton. Zudem werden die Mitglieder des Ständerates heute überall direkt vom kantonalen Volk gewählt (vgl. N 6 zu BV 150).

3 Ungeachtet der geläufigen Bezeichnung als «Volksvertreter» sind die Mitglieder des Nationalrates nicht Vertreter im juristischen Sinn: weder ihres Wahlkreises (oder der Wählerschaft ihres Kantons) noch ihrer Wähler. Sie sind Repräsentanten der Nation (N 2) und unterstehen dem (verfassungsrechtlich ausdrücklich normierten) Instruktionsverbot des BV 161.

4 *Mitgliederzahl:* Früher wurde die Anzahl der Abgeordneten nach dem System der festen Verteilungszahl im Verhältnis zur Bevölkerungszahl bestimmt: ursprünglich 1 Abgeordneter pro 20'000 Einwohner (BV 1848 Art. 61, BV 1874 Art. 72), ab 1931: pro 22'000 Einwohner, ab 1950: pro 24'000 Einwohner. Die Abgeordnetenzahl variierte entsprechend der Bevölkerungsentwicklung (ursprünglich 111; 1920: 198; von da an jeweils knapp unter 200). Die *feste* Zahl von 200 Mitgliedern (1962, mit Wirkung ab 1963) wurde nicht zuletzt mit Rücksicht auf den auf 200 Sitze angelegten Nationalratssaal beschlossen. Zur Verteilung auf die Kantone vgl. Abs. 4.

5 Die *soziale* Zusammensetzung des Nationalrates ist kein exaktes Abbild der Gesamtbevölkerung; es handelt sich jedoch um das Ergebnis freier Willensbildung (vgl. RHINOW, Grundzüge, 377). Jede «Korrektur» käme einer Beschränkung des aktiven und passiven Wahlrechts gleich. Dies gilt auch für allfällige Geschlechterquoten (vgl. N 32 zu BV 8). Die 1995 eingereichte Volksinitiative «für eine gerechte Vertretung der Frauen in den Bundesbehörden», die im Wesentlichen eine paritätische Vertretung der beiden Geschlechter in den Räten und im Bundesrat anstrebte, scheiterte in der Volksabstimmung vom 12.3.2000 (BBl 2000 2990). Ein von der SPK-N ausgearbeiteter indirekter Gegenvorschlag (BBl 1998 4759), der auf den geschlechtergemischten Nationalrats-*Wahllisten* einen Frauenmindestanteil von einem Drittel vorsah, scheiterte in den Räten (AB 1998 N 1805, 1999 N 1820, S 479, 484). – Mit einem Frauenanteil von rund einem Viertel liegt die Schweiz nach einer Erhebung der Interparlamentarischen Union weltweit auf Platz 27 (NZZ Nr. 26 vom 1.2.2006, S. 14).

Wahlverfahren (Abs. 2)

6 *Wahlrechtsgrundsätze:* Von den in UNO-Pakt II Art. 25 (SR 0.103.2) genannten (und in BV 34 implizit garantierten) Grundsätzen werden einige direkt angesprochen (Periodizität: alle vier Jahre; Gleichheit: Grundsatz des Proporzes; Allgemeinheit: «vom Volk»), andere nicht (dazu BV 34 und 136).

7 *Direkte Wahl:* Ausgeschlossen sind indirekte Wahlen, d.h. zwei- oder mehrstufige Verfahren mit dazwischengeschalteten Instanzen (z.B. ein kantonales Parlament wie früher bei Ständeratswahlen üblich; N 6 zu BV 150) oder eigens bestellte Wahl(männer)gremien (wie man sie etwa aus der Zeit der Französischen Revolution oder von der Wahl des US-Präsidenten her

kennt). Die Wahl findet von Gesetzes wegen ordentlicherweise am zweitletzten (bis 1976: letzten) Sonntag im Oktober des Wahljahres statt (BPR 19).

8   *Wahlsystem:* Das ursprüngliche System der Majorzwahl wurde in der denkwürdigen Volksabstimmung vom 13.10.1918 durch das sog. *Proporzsystem* (Verhältniswahl) ersetzt (Gutheissung einer Volksinitiative auf Partialrevision der Bundesverfassung); dies nach zwei vergeblichen Anläufen mit Volksinitiativen (1900 und 1910). Der Systemwechsel zeitigte in der ersten (vorgezogenen; vgl. N 4 zu BV 145) Nationalratswahl (Oktober 1919) spürbare Auswirkungen: Die Zahl der freisinnigen Abgeordneten ging von 101 auf 60 zurück, jene der Sozialisten stieg von 22 auf 41, jene der «Agrarier» von 4 auf 29; nur jene der Katholisch-Konservativen blieb praktisch unverändert (AUBERT, Comm., Art. 149, N 9; vgl. auch, mit etwas anderer Zuordnung, KÖLZ, Verfassungsgeschichte, II, 730).

9   Eine *Ausnahme* gilt in den (heute: sechs) Kantonen, denen im Nationalrat nur je ein Sitz zusteht (UR, OW, NW, GL, AR, AI). Hier kommt das *Mehrheitswahlverfahren* (Majorzsystem) mit bloss einem Wahlgang (relatives Mehr) zur Anwendung (zur Möglichkeit der stillen Wahl – heute: OW und NW – vgl. BPR 47; BBl 2006 5302). Bei Stimmengleichheit entscheidet das Los (zur Problematik von Losentscheiden apodiktisch SPK-N, Bericht ParlG, 3588). – Die Ausnahme ist verfassungsrechtlich nicht weiter problematisch, da eine Proporzwahl (wie dem Verfassungsgeber bewusst gewesen sein muss) erst ab zwei zu vergebenden Mandaten sinnvoll durchgeführt werden kann.

10 *Grundidee und Ausgestaltung:* Die Proporzwahl ist eine *Listenwahl*. Die zu vergebenden Parlamentssitze sollen an die Listen *im Verhältnis zu deren Wählerstärken* gehen. Listen werden in aller Regel von politischen Parteien aufgestellt, deren Existenz im Proporzsystem stillschweigend vorausgesetzt wird. Die Verfassung legt nur den «Grundsatz des Proporzes» fest und überlässt die nähere Ausgestaltung dem Gesetzgeber. Der *Bundesgesetzgeber* entschied sich für das (auf der Methode d'Hondt beruhende) System des Basler Mathematikers Hagenbach-Bischoff (Methode der grössten Quotienten; BPR 40, 41), das bei der Verteilung der sog. Restmandate (2003: 46) tendenziell die grösseren politischen Parteien begünstigt. Das Instrument der Listenverbindung (BPR 31) nützt eher den kleinen Parteien. Ohne von der Verfassung dazu verpflichtet zu sein, traf der Gesetzgeber den – für die politische Praxis folgenreichen – Entscheid zu Gunsten des Systems der *veränderbaren* Listen (BPR 35): Die Wählerinnen und Wähler können Kandidaten *streichen* («latoisieren», so AUBERT, BVers 1848–1998, N 272) oder doppelt aufführen *(kumulieren)* sowie Kandidaten anderer Listen eintragen *(panaschieren).* Bei der Sitzverteilung wird auf die Parteistimmen abgestellt (Kandidatenstimmen plus allfällige Zusatzstimmen zufolge leerer Zeilen auf Parteilisten; vgl. BPR 37, 39). – Zum Wahlprozedere vgl. das anschauliche 33seitige Kreisschreiben des Bundesrates an die Kantonsregierungen über die Gesamterneuerungswahl des Nationalrates vom 21.10.2007 (BBl 2006 8721). Zur (im europäischen Vergleich chronisch tiefen) Wahlbeteiligung vgl. N 4 vor BV 136.

11 *Amtseid:* Gemäss ParlG 3 hat jedes Mitglied der Bundesversammlung vor seinem Amtsantritt den Eid oder das Gelübde abzulegen (zur Entstehung der neuen, knappen Formel vgl. SPK-N, Bericht ParlG, 3520 f.). Dass die Weigerung, den Eid oder das Gelübde zu leisten, nun (anders als früher; vgl. VEB 19/20.11) automatisch den *Verlust des Amtes* zur Folge haben soll (ParlG 3 Abs. 3: «verzichtet auf sein Amt»), stellt eine unverhältnismässige Beschränkung des (aktiven und passiven) Wahlrechts dar (betreffend Mitglieder des Ständerates: N 11 zu BV 150).

Gesamterneuerung und Legislatur (Abs. 2 Satz 2)

12 *Gesamterneuerung:* Eine zeitlich gestaffelte Erneuerung (z.B. nach dem Modell des amerikanischen Senats) ist verfassungsrechtlich ausgeschlossen.

13 Als *Legislaturperiode* bezeichnet man den Zeitabschnitt, in der das Legislativorgan seine Rechte wahrnehmen kann und seine Pflichten zu erfüllen hat. Im Bund kennt nur der Nationalrat eine Legislaturperiode (zum Ständerat vgl. N 8 zu BV 150). Ursprünglich dauerte sie 3 Jahre, die 1917 begonnene sogar nur 2 Jahre (vgl. vorne N 8). Am 15.3.1931 hiessen Volk und Stände eine Verlängerung der Amtsdauer des Nationalrates auf *vier Jahre* gut. Eine Verlängerung auf fünf Jahre wurde im Rahmen der Totalrevision (SPK-N/S, ZB-BV, 261 f.) und auch jüngst wieder abgelehnt (N 1 zu BV 145). Die Legislatur beginnt gemäss BPR 53 mit der konstituierenden Sitzung des neu gewählten Nationalrates am siebenten Montag nach der Wahl; sie endet mit der Konstituierung des neu gewählten Rates (BPR 57). Im Spätherbst 2007 endet die 47. Legislaturperiode (2003–2007). Die Legislaturperiode hat von Verfassungsrechts wegen eine *feste* Dauer (näher N 4 zu BV 145, N 9 zu BV 193).

Kantone als Wahlkreise (Abs. 3)

14 Die Entscheidung, die *Kantone als Wahlkreise* vorzusehen, trägt der föderalistischen Struktur des Landes Rechnung und hat den Vorzug, dass die Wahlen innerhalb klarer, gefestigter Wahlkreisgrenzen und mehrheitlich in überschaubarem Rahmen stattfinden. Im Unterschied zu Italien besteht für im Ausland wohnhafte Wahlberechtigte (BV 40) kein eigener Wahlkreis.

15 *Passives Wahlrecht:* Ein Wohnsitz im Wahlkreis wird nicht vorausgesetzt, weder bei der Kandidatur noch nach erfolgter Wahl. Die gleichzeitige Kandidatur in mehreren Kantonen ist durch Gesetz ausgeschlossen (BPR 27; vgl. N 2 zu BV 143).

16 *Verzerrung des Proporzes:* Da die Ergebnisse in den einzelnen Wahlkreisen (Kantonen) – nicht die nationalen Ergebnisse – als Berechnungsgrundlage für die Zuteilung der Mandate auf die Listen dienen (AUBERT, Comm., Art. 149, N 15: «proportionnelle parcellaire ou morcelée»), muss eine Partei in kleinen und mittleren Kantonen (mit weniger als 10 Sitzen) einen Wähleranteil von mindestens einem Zehntel (bei 9 Sitzen) oder gar von mindestens einem Drittel (bei 2 Sitzen) erzielen, um sicher einen Sitz zu gewinnen. Das natürliche Quorum («faktische Sperrklausel») liegt hier bei 10% und mehr. Stimmen für kleinere und mittlere Parteien bleiben wirkungslos. Das vom Proporzsystem angestrebte Ziel, die Erfolgswertgleichheit der Wählerstimmen zu gewährleisten (N 10 zu BV 34), wird weit verfehlt. Die Möglichkeit, Listenverbindungen einzugehen (BPR 31), mildert das Problem, ohne es zu lösen. Nur weil die für die Verzerrungen ursächlichen Vorgaben in der Verfassung selbst enthalten sind, kann man nicht von einer verfassungswidrigen Rechtslage sprechen. – Den Verzerrungen könnte man mit einer («technisch» grundsätzlich machbaren) Zuteilung der Sitze auf der Basis der *nationalen* (bundesweiten) Wählerstärke der Parteien oder durch eine Bildung von Wahlkreisverbänden (vgl. SPK-N/S, ZB-BV, 263) entgegenwirken; beide Methoden sind ihrerseits nicht unproblematisch und würden eine vorherige Verfassungsänderung erfordern (vgl. auch SÄGESSER, Bundesbehörden, Art. 149, N 147)

Sitzverteilung auf die Kantone (Abs. 4)

17 *Grundlage* der Berechnung ist nicht die Zahl der Wahlberechtigten, sondern die *Wohnbevölkerung* (Botsch. BV, 378; ausdrücklich noch BV 1874 Art. 72). Dadurch werden Kantone mit einem höheren Anteil an ausländischer Wohnbevölkerung etwas begünstigt. Die Verfassung legt die Berechnungsmethode nicht im Einzelnen fest. Das mehrstufige Verfahren gemäss BPR 17 bevorzugt tendenziell kleinere Kantone. Der Bundesrat stellt nach jeder Volkszählung fest, wie viele Sitze den einzelnen Kantonen zukommen (BPR 16 Abs. 2; zuletzt: Verordnung vom 3.7.2002, SR 161.12). Von Verfassungsrechts wegen ist jedem Kanton ein Sitz garantiert.

18 Die fünf bevölkerungsreichsten Kantone (ZH, BE, VD, AG, SG) stellen mehr als die Hälfte (105) der Abgeordneten. In zehn Kantonen liegt die Sitzzahl unter fünf (SZ: 4; ZG: 3; SH, JU: 2); die Zahl der Kantone mit nur einem Sitz (UR, OW, NW, GL, AR, AI) ist kontinuierlich gewachsen (GL seit 1975; AR seit 2003). – Umgekehrt geht im Ständerat die Hälfte der Sitze an Kantone mit einem Anteil von zusammen nur rund 20% an der schweizerischen Gesamtbevölkerung (vgl. N 2 zu BV 150).

Literaturhinweise (vgl. auch die Hinweise vor und bei BV 148)

KUPPER GASTON, Proportionalitätsprobleme bei Nationalratswahlen, Beiheft zur ZSR Nr. 19, Basel 1995; POLEDNA TOMAS, Wahlrecht im Bund, VRdCH, 363 ff.

Art. 150   Zusammensetzung und Wahl des Ständerates

¹ Der Ständerat besteht aus 46 Abgeordneten der Kantone.

² Die Kantone Obwalden, Nidwalden, Basel-Stadt, Basel-Landschaft, Appenzell Ausserrhoden und Appenzell Innerrhoden wählen je eine Abgeordnete oder einen Abgeordneten; die übrigen Kantone wählen je zwei Abgeordnete.

³ Die Wahl in den Ständerat wird vom Kanton geregelt.

1 Die Bestimmung geht im Wesentlichen auf die Bundesstaatsgründung zurück (BV 1848 Art. 69; vgl. auch BV 1874 Art. 80); anlässlich der Gründung des Kantons Jura (1979) wurde die Zahl der Abgeordneten auf 46 erhöht (Amtsantritt: 5.3.1979). – Zur Stellung des Ständerates vgl. N 7 zu BV 148.

Zusammensetzung (Abs. 1 und 2)

2 Die *Zahl der Abgeordneten* pro Kanton ist von der Bevölkerungszahl unabhängig. Die daraus resultierende massive Verzerrung der demokratischen Gleichheit rechtfertigt sich durch die föderalistische Staatsstruktur (BV 1; vgl. auch BGE 123 I 152, 173: «systembedingte Abweichung»). Wie aus Abs. 2 hervorgeht, stellen die historischen sog. «Halbkantone» (N 8 zu BV 1) – in geschichtlich motivierter Durchbrechung des Grundsatzes der Gleichheit der Kantone – nur je einen Abgeordneten («modifizierte» Gleichheit, Botsch. BV, 378). Vorschläge betreffend eine Abstufung der kantonalen Abordnungen nach Bevölkerungsgrösse wurden wiederholt debattiert (z.B. im Rahmen der Totalrevision), blieben aber ohne Erfolg (vgl. LANZ, SG-Komm., Art. 150, N 4). – Die Hälfte der Sitze geht an Kantone, die zusammen nur rund 20% der schweizerischen Gesamtbevölkerung ausmachen.

3 *Stellung:* Die Mitglieder des Ständerates werden als *«Abgeordnete der Kantone»* bezeichnet und nach kantonalen Vorschriften gewählt (Abs. 3). Sie sind gleichwohl Mitglieder einer *Bundes*behörde und haben in gleicher Weise wie die Mitglieder des Nationalrats im *Interesse der Eidgenossenschaft* zu handeln (vgl. AUBERT, Comm., Art. 149, N 3; vgl. auch ParlG 3). Sie unterliegen ebenfalls dem sog. Instruktionsverbot (BV 161), d.h. dürfen keinerlei Weisungen seitens «ihres» Kantons (Kantonsparlament, Regierung usw.) entgegennehmen. Der Sache nach sind die Mitglieder des Ständerates somit (wie jene des Nationalrates) «Volksvertreter», wenn auch nicht des Gesamtvolks (N 2 zu BV 149) oder «Schweizervolkes» (vgl. N 11 zu BV 1), sondern der jeweiligen Kantonsbevölkerung. – Unter der alten Verfassung war die Entschädigung der Mitglieder des Ständerates (Sessionstage, Jahrespauschale) Sache der Kantone (BV 1874 Art. 83); der Bund entrichtete Entschädigungen für Kommissions- und Fraktionssitzungen (vgl. LANZ, SG-Komm., Art. 150, N 1). Heute übernimmt der Bund die Entschädigung vollumfänglich (PRG; SR 171.21). Unter diesen (neuen) Rahmenbedingungen dürften zusätzliche kantonale Bezüge (im Lichte von BV 161) kaum noch zulässig sein.

4 Die *parteipolitische* Zusammensetzung unterscheidet sich (systembedingt) stark von jener des Nationalrates. Gemessen am Wähleranteil bei den Nationalratswahlen (2003) sind – als Folge der anderen Repräsentationsbasis (Kantone) und des Wahlsystems (N 9) – die CVP (14,4%) und die FDP (17,3%) im Ständerat «übervertreten» (15 bzw. 14 Sitze), die SVP (26,6%) und die SP (23,3%) «untervertreten» (9 bzw. 8 Sitze). Im Ständerat sind zurzeit (Ende 2006) nur die sog. «Bundesratsparteien» vertreten. Eine Opposition im herkömmlichen Sinn fehlt ganz!

Wahl (Abs. 3)

5 *Grundsatz und Schranken:* Dass die Regelung der Wahl Sache der Kantone ist, entbindet diese nicht von der Verpflichtung, das übergeordnete Recht zu beachten. Dieses belässt den Kantonen einen weiten Gestaltungsspielraum. *Bundesrechtliche* Schranken ergeben sich vor allem aus der Rechtsgleichheit (BV 8), aus der Gewährleistung der politischen Rechte (BV 34) sowie aus dem Instruktionsverbot (BV 161).

6 *Wahlorgan:* Alle Kantone kennen heute die *Volkswahl* (direkte Wahl). Das Bundesorgan «Ständerat» wird dadurch nicht zu einer Vertretung der «Staatsvölker der Kantone» (so indes HANGARTNER/KLEY, 602; kritisch auch TSCHANNEN, Staatsrecht, 421). Zulässig bleibt die – ursprünglich übliche (vgl. AUBERT, BuStR II, 645) – (indirekte) Wahl durch das kantonale Parlament (1920: noch in vier Kantonen, zuletzt im Kanton Bern bis 1977). Angesichts des Instruktionsverbots (BV 161) dürfte es nicht zulässig sein, die Wahl durch die kantonale Regierung vorzusehen. – Alle Kantone sehen die Urnenwahl vor, mit Ausnahme von AI, wo die Landsgemeinde zuständig ist (KV/AI Art. 20bis). Dies lässt sich zwar mit dem in BV 34 verankerten Grundsatz des geheimen Wahlrechts kaum vereinbaren; das Bundesgericht ist allerdings bereit, solche «gewissermassen systembedingt(en)» Defizite der Versammlungsdemokratie zu akzeptieren (BGE 121 I 138, 149). Wegen des schweizerischen Vorbehalts kommt UNO-Pakt II Art. 25 Bst. b (SR 0.103.2) nicht zum Zug.

7 *Aktives und passives Wahlrecht:* Im Allgemeinen ist das aktive und passive Wahlrecht gleich geregelt wie bei den Wahlen zu kantonalen Behörden (mit der Folge, dass die Frauen in den Kantonen BS, VD und GE schon vor 1971 an den Wahlen zum Ständerat teilnehmen konnten,

jene im Kanton AI erst nach 1990). Einzelne Kantone räumen den niedergelassenen Ausländern unter bestimmten Voraussetzungen das aktive Wahlrecht ein (vgl. KV/NE 37); der Gewährung auch des passiven Wahlrechts steht das Bundesrecht nicht entgegen (so auch AUBERT, Comm., Art. 150, N 6; anders AB 2001 S 480, Votum Reimann). – Abweichungen im Vergleich zur Nationalratswahl wären beispielsweise denkbar beim Wahlrecht der Auslandschweizer oder beim Wohnsitzerfordernis (als Wählbarkeitsvoraussetzung). Dass die Regelung der Wählbarkeit (passives Wahlrecht) Sache der Kantone ist, ergibt sich auch aus BV 143. – Eine *Beschränkung* des passiven Wahlrechts durch ein Wählbarkeitsalter von 27 Jahren (so GE) erscheint mit der Bundesverfassung vereinbar; ebenso eine Herabsetzung des Wahlalters (aktiv wie passiv) auf z.B. 17 Jahre. Grundsätzlich zulässig sind auch Amtszeitbeschränkungen. Dagegen ist es höchst zweifelhaft, ob eine *obere Altersgrenze* von 65 Jahren, wie sie der Kanton Glarus kennt (KV/GL 78 Abs. 5, «Lex Hefti»), mit der Bundesverfassung in Einklang steht (vgl. Bericht des Bundesrates über Altersschranken auf kantonaler und kommunaler Ebene für Mitglieder der Exekutive und der Legislative vom 21.4.2004, BBl 2004 2113, 2136; anders AUBERT, BuStR II, 1013 ad N 1285: verfassungskonform). Unzulässig ist eine Beschränkung des Wahlrechts auf Kantonsbürger (BV 37).

8   Auch *Amtsdauer* und *Wahltermin* richten sich nach kantonalem Recht. Der Ständerat kennt dementsprechend *keine Legislaturperiode* und keine Gesamterneuerung (Ausnahme: der bisher nie eingetretene Fall der Auflösung der Räte gemäss BV 193 Abs. 3). Dennoch hat auch der Ständerat eine Legislaturplanungskommission; diese wird, wie GRS 10 richtig sagt, «in der ersten Session einer Legislaturperiode des Nationalrates» als Spezialkommission zur Vorberatung des bundesrätlichen Berichts über die Legislaturplanung bestellt. – Alle Kantone kennen heute eine Amtsdauer von vier Jahren. Die Bundesverfassung sieht keine obere Begrenzung vor; eine kantonale Verfassungsbestimmung, die eine Wahl auf Lebzeiten vorsähe, wäre jedoch mit BV 51 nicht zu vereinbaren. Mittlerweile findet die Wahl praktisch überall gleichzeitig mit den Nationalratswahlen statt (Ausnahmen: ZG, AI; Mitte der 1960er Jahre: noch rund die Hälfte der Kantone; vgl. AUBERT, BuStR II, 1013).

9   *Wahlverfahren:* Mit einer Ausnahme (JU) sehen alle Kantone die Majorzwahl vor. Die Majorzkantone verlangen im ersten Wahlgang das absolute Mehr (vgl. HANGARTNER/KLEY, 610 f.; Ausnahme: GE). Eine Aufteilung des Kantonsgebietes in zwei Wahlkreise ist zulässig (a.M. SÄGESSER, Bundesbehörden, Art. 150, N 162). Von dieser Möglichkeit macht jedoch zurzeit kein Kanton Gebrauch. Alle Kantone mit zwei Sitzen verzichten auf eine gestaffelte Besetzung (gleichzeitige Wahl; vgl. AUBERT, Comm., Art. 150, N 7).

10 *Unvereinbarkeiten:* Die auch für die Mitglieder des Ständerates geltenden bundesrechtlichen Unvereinbarkeiten (BV 144) können von den Kantonen durch weitere Inkompatibilitäten zum Schutze kantonaler Interessen ergänzt werden (vgl. AUBERT, Comm., Art. 150, N 9). Vgl. N 14 zu BV 144.

11 *Amtseid:* Die Regelung, wonach die Weigerung, den Eid oder das Gelübde zu leisten, automatisch den *Verlust des Amtes* zur Folge haben soll (ParlG 3 Abs. 3: «verzichtet auf sein Amt»), erweist sich im Fall des Ständerats auch deshalb als unzulässig, weil die Regelung der Wahlen Sache der Kantone ist und es dem Bundesgesetzgeber nicht zusteht, darüber zu entscheiden, ob bzw. unter welchen Voraussetzungen ein Mitglied des Ständerates sein Mandat ausüben kann bzw. verliert (so auch HODEL, 288; FLEINER/GIACOMETTI, 508).

Literaturhinweise

BIAGGINI GIOVANNI/SAROTT CHASPER, The Swiss Council of States, in: Jörg Luther/Paolo Passaglia/Rolando Tarchi (eds.), A World of Second Chambers, Milano 2006, 721 ff.; HANGARTNER YVO, Altersgrenzen für öffentliche Ämter, ZBl 2003, 339 ff.; HEGER MATTHIAS, Deutscher Bundesrat und Schweizer Ständerat, Berlin 1990; HODEL THOMAS P., Der politische Eid in der Schweiz, Zürich 1993; JAAG TOBIAS, Die zweite Kammer im Bundesstaat, Zürich 1976.

Art. 151 Sessionen

¹ Die Räte versammeln sich regelmässig zu Sessionen. Das Gesetz regelt die Einberufung.

² Ein Viertel der Mitglieder eines Rates oder der Bundesrat können die Einberufung der Räte zu einer ausserordentlichen Session verlangen.

1   BV 151 bringt die seit Bundesstaatsgründung bestehende Regel, wonach sich die Räte «jährlich einmal zur ordentlichen Sitzung» zu versammeln haben (BV 1848 Art. 75; BV 1874 Art. 86), mit der Praxis in Einklang. Ursprünglich trat man nur einmal im Jahr zur Session zusammen (ab 1850: im Juli), unterbrach diese aber, um sie später (im Dezember, seit 1908 auch regelmässig im März und im Herbst) fortzusetzen. Das GVG 1962 (AS 1962 773) rückte von der fingierten Fortsetzung ab und offizialisierte (ohne vorherige Anpassung der BV) das System der vier jährlichen Sessionen.

Sessionen (Abs. 1)

2   *Session:* Periode, während der die Räte (allenfalls nur ein Rat; vgl. N 5) versammelt sind; in der Regel mehrere aufeinander folgende Sitzungstage (denkbar: nur ein Tag; vgl. AUBERT, Comm., Art. 151, N 1). Eine Pflicht zur Sitzungsteilnahme wird erst auf Gesetzesstufe ausgesprochen (ParlG 10). – Keine Sessionen kennt die Vereinigte Bundesversammlung (BV 157).

3   *«Regelmässig»* meint zweierlei: Zum einen «nach einer Regel» (d.h. unabhängig von politischen Konstellationen oder dem Beschluss einer Behörde), zum anderen «periodisch» im Sinne von «in gleichmässigen zeitlichen Abständen». Regelmässig impliziert: nicht dauernd. Sondersessionen (N 5) sollen nicht ausgeschlossen sein (SÄGESSER, Bundesbehörden, Art. 151, N 172). Die (gelegentlich bestrittene, vgl. Botsch. BV, 379) «Verfassungswürdigkeit» der Bestimmung ist zu bejahen, stellt sie doch sicher, dass die Einberufung des Parlaments nicht im Belieben von Politik oder Behörden steht.

4   Die Festlegung von *Häufigkeit und Dauer* bleibt dem Gesetzgeber überlassen, der die Frage delegieren kann (so jetzt ParlG 2 i.V.m. 33, im Unterschied zum GVG 1962). Die Einberufung obliegt den Büros des Nationalrates und des Ständerates (ParlG 33). Das eingespielte System sieht vier dreiwöchige Sessionen mit jeweils vier bis fünf Sitzungstagen pro Woche vor: Die Wintersession beginnt gewöhnlich am letzten Montag im November, die Frühjahrssession am ersten Montag im März, die Sommersession am ersten Montag im Juni, die Herbstsession am Montag nach dem Eidgenössischen Bettag. Zumindest was die Sessionen angeht, sind die Räte jeweils der (Jahres-)Zeit voraus. – Eine vom Ständerat im Herbst 2005 gutgeheissene

parlamentarische Initiative auf Änderung des Sessionsrhythmus (jeden Monat eine Woche) lehnte der Nationalrat ab (AB 2005 S 738, AB 2006 N 472).

5   *Sondersessionen:* Von den ordentlichen Sessionen zu unterscheiden sind zum einen die ausserordentlichen Sessionen (Abs. 2), zum andern die in BV 151 nicht ausdrücklich genannten, aber mit gemeinten sog. Sondersessionen. Diese dienen dem Abbau der Geschäftslast (so jetzt ausdrücklich ParlG 2 Abs. 2). Sondersessionen kann jeder Rat *für sich* beschliessen (wegen des höheren Zeitbedarfs für die Plenarberatungen typischerweise der Nationalrat). Es ist nicht zwingend, aber üblich, dass auch der andere Rat eine Sondersession abhält. Beispiele: Sondersessionen betreffend Reform der Bundesverfassung vom 19.–23.1.1998 und vom 27.–30.4.1998; betreffend Investitionsprogramm 28.–30.4.1997 (anders: Mai 2001, 11. AHV-Revision, Vorstösse; April 2002, BVG-Revision, Vorstösse: jeweils NR allein). Zu ordentlichen und ausserordentlichen Sessionen versammeln sich dagegen stets beide Räte.

6   *Bedeutung:* Die Sessionen prägen den Arbeitsrhythmus des Parlaments und sind für die Geschäftsbehandlung rechtlich relevant. So sollen Entwürfe zu Verfassungsänderungen und zu nicht dringlichen Bundesgesetzen «in der Regel nicht in der gleichen Session von beiden Räten erstmals beraten» werden (ParlG 85). Fraktionen und Ratsmitglieder können (anders als Kommissionen) Vorstösse nur während einer Session einreichen (ParlG 119). Die Strafverfolgungsgarantien bei Verbrechen oder Vergehen, welche nicht im Zusammenhang mit der amtlichen Stellung oder Tätigkeit eines Ratsmitglieds stehen, gelten nur während der Session (ParlG 20: Sessionsteilnahmegarantie). Anträge des Bundesrates zu parlamentarischen Vorstössen (Motionen, Postulate) und Antworten auf Interpellationen und Anfragen müssen in der Regel bis zur nächstfolgenden Session vorliegen (ParlG 121, 124, 125). Die Besetzung von Vakanzen im Bundesrat muss «in der Regel in der Session nach Erhalt des Rücktrittsschreibens oder nach dem unvorhergesehenen Ausscheiden eines Mitgliedes» vorgenommen werden (ParlG 133).

7   *Versammlungsort:* Die Bundesverfassung nennt den Sitz der Bundesversammlung bzw. ihren Versammlungsort nicht. Gemäss Gesetz ist es Bern (ParlG 32; zuvor lediglich per Beschluss geregelt; vgl. AUBERT, Comm., Art. 151, N 9). Als Versammlungsort dienten zunächst (1848–1856) das alte Casino (Nationalrat) und das Rathaus des Äusseren Standes (Ständerat), dann (1856–1902) das sog. Bundesratshaus (heute Bundeshaus West), bis schliesslich im Jahr 1902 der neu erstellte Zentraltrakt des Bundeshauses bezogen werden konnte. Durch einfachen Bundesbeschluss kann die Bundesversammlung (d.h. nicht die Büros allein) beschliessen, «ausnahmsweise» an einem anderen Ort zu tagen. In jüngerer Zeit versammelten sich die Räte dreimal ausserhalb Berns: im Herbst 1993 in *Genf;* im Frühjahr 2001 in *Lugano;* im Herbst 2006, während des Umbaus des Parlamentsgebäudes, in *Flims* (vgl. BB über die Session in Flem/Flims vom 29.9.2004, BBl 2004 5507).

Ausserordentliche Sessionen (Abs. 2)

8   *Funktion:* Ausserordentliche Sessionen dienen dazu, die Räte in die Lage zu versetzen, auf neue, ausserordentliche Ereignisse zu reagieren.

9   Die *Einberufung* ist als parlamentarisches *Minderheitenrecht* ausgestaltet (LANZ, SG-Komm., Art. 151, N 4). Die Durchführung kann auch vom Bundesrat verlangt werden. Der Anspruch gemäss Abs. 2 ist *nicht* an sachliche Voraussetzungen gebunden; eine Einschränkung per Ge-

setz – z.B. nur zum Zweck der *dringlichen Beschlussfassung* (dahingehend ein Minderheitsantrag zu ParlG 2; vgl. SPK-N, Bericht ParlG, 3519) – wäre verfassungsrechtlich problematisch. *«Unverzüglich» einzuberufen* ist die Bundesversammlung im Fall des BV 185 Abs. 4 (Aktivdienst-Aufgebot), von Gesetzes wegen (ParlG 33), wenn die Sicherheit der Bundesbehörden gefährdet ist oder der Bundesrat nicht in der Lage ist zu handeln.

10 Abgeschafft wurde mit der Totalrevision das nie genutzte (Botsch. BV, 380) Einberufungsrecht einer Mindestzahl von 5 Kantonen. Dafür können neu nicht nur 50 Mitglieder des Nationalrates, sondern auch 12 Mitglieder des Ständerates eine ausserordentliche Session verlangen (Gleichstellung der Räte); faktisch sind somit aktuell 2 der 4 Bundesratsparteien in der Lage (vgl. N 4 zu BV 150), je allein die Einberufung einer ausserordentlichen Session zu verlangen.

11 *Durchführung:* Zur ausserordentlichen Session sind (anders als bei der Sondersession) *zwingend beide Räte* einzuberufen, da die Räte in der Lage sein müssen, Beschlüsse zu fassen (getrennt, aber übereinstimmend; BV 156). Die Einberufung obliegt gemäss ParlG 33 *den Büros des Nationalrates und des Ständerates*. Die Büros *müssen* die Räte einberufen; in Bezug auf das «Ob» besteht kein Ermessen, wohl aber in Bezug auf Zeitpunkt und Dauer (sowie Traktanden). Die Räte bleiben die «Herren» ihrer Tagesordnung, müssen aber auf die Anliegen der «Initianten» Rücksicht nehmen, da sonst das Recht gemäss BV 151 Abs. 2 seines Gehaltes entleert würde (vgl. AUBERT, Comm., Art. 151, N 7). Das Recht gemäss Abs. 2 ermöglicht es somit einer Minderheit (u.U. einer einzelnen Fraktion), die Parlamentsagenda mitzubestimmen (vgl. SÄGESSER, Bundesbehörden, Art. 151, N 187).

12 *Statistisches:* Seit 1891 fanden 15 ausserordentliche Sessionen statt (10 auf Verlangen des Bundesrates, darunter jene von 1914 und von 1939 zwecks Erlangung von Sondervollmachten und Wahl des Generals), einige davon im Rahmen von bzw. im Anschluss an ordentliche Sessionen. Jüngere Beispiele:
- 2002 (26.9./3.10): BVG-Mindestzinssatz (AB 2002 N 1635, S 796).
- 2001 (16./17.11.): Zusammenbruch der Swissair, vom Bundesrat verlangt (AB 2001 N 1472, S 713; BB vom 17.11.2001 über die Finanzierung des Redimensionierungskonzeptes für die nationale Zivilluftfahrt).
- 1998 (21./22.–23.1.): Konsequenzen der Fusion UBS/SBV (AB 1998 N 154, S 82; im Rahmen einer Sondersession; keine Beschlüsse).
- 1986 (9.–11.10.): Energiepolitik nach Tschernobyl (AB 1986 N 1553, S 629).
- 1985 (6.–7./8.2.): Waldsterben (AB 1985 N 84, S 3; im Rahmen einer Sondersession, Überweisung von Vorstössen).

Literaturhinweise: siehe vor BV 143 und vor BV 148

Art. 152 Vorsitz

Jeder Rat wählt aus seiner Mitte für die Dauer eines Jahres eine Präsidentin oder einen Präsidenten sowie die erste Vizepräsidentin oder den ersten Vizepräsidenten und die zweite Vizepräsidentin oder den zweiten Vizepräsidenten. Die Wiederwahl für das folgende Jahr ist ausgeschlossen.

1 Die Bestimmung geht im Wesentlichen auf die Bundesstaatsgründung zurück (BV 1848 Art. 67 und 71; vgl. auch BV 1874 Art. 78 und 82).

2 *«aus seiner Mitte»:* Die Wählbarkeit wird mit gutem Grund begrenzt. Wegen des Verzichts auf die Nachführung der früheren «Kantonsklausel» (BV 1874 Art. 82 Abs. 2) ist es theoretisch nicht ausgeschlossen, dass im Ständerat beide Vertreter eines Kantons im Präsidium Einsitz nehmen.

3 *«für die Dauer eines Jahres»:* Vakanzen werden für den Rest des Amtsjahres besetzt (so zuletzt 2005 beim krankheitsbedingten Rücktritt des NR-Präsidenten).

4 *Wahl* (GRN 6 und 7): Wahlkörper ist der jeweilige Rat. Zeitpunkt: Im Nationalrat sofort nach der Konstituierung (Wintersession), dann, wie im Ständerat, zu Beginn jeder Wintersession. Die im internationalen Vergleich kurze Amtsdauer von lediglich einem Jahr ermöglicht eine bessere Berücksichtigung der Fraktionen (vgl. GRN 6) sowie der Landesgegenden und Sprachregionen; sie trägt dem Milizprinzip Rechnung und verhindert (in Verbindung mit den Wiederwahlbeschränkungen gemäss Satz 2) die Konzentration von Macht. Nachteile sind die fehlende Kontinuität in der Ratsführung, die Schwächung der Räte im Verhältnis zum Bundesrat und bei der Zusammenarbeit mit ausländischen Parlamenten (kritisch RHINOW, Grundzüge, 388).

5 Auch die *Wiederwahlbeschränkung* (Satz 2) dient der Machtbegrenzung und erleichtert eine angemessene Berücksichtigung der Fraktionen, Sprachregionen und Landesgegenden. Der Aufstieg vom zweiten zum ersten Vizepräsidenten und dann zum Ratsvorsitzenden ist die Regel, aber nicht zwingend vorgeschrieben, so dass (theoretisch) ein früherer Ratspräsident nach nur einem Jahr Unterbruch wieder zum Vorsitzenden gewählt werden könnte.

6 *Präsidium:* Der Ratspräsident und die beiden Vizepräsidenten (bis 1999: nur je einer) bilden das Präsidium des jeweiligen Rates. Die Präsidien werden in ParlG 31 zu den Organen der Bundesversammlung gezählt, eigenartigerweise jedoch nicht die Ratspräsidenten, denen jedoch ebenfalls Organstellung zukommt (missverständlich SPK-N, Bericht ParlG, 3541, wonach ParlG 31 «alle» Organe «abschliessend» aufzähle). Die beiden Präsidien bilden zusammen das Büro der Vereinigten Bundesversammlung (ParlG 39).

7 *Aufgabenkreis:* BV 152 äussert sich zu den Aufgaben der Genannten nur beiläufig in der Artikel-Überschrift («Vorsitz»). Konkrete Aufgaben und Befugnisse ergeben sich aus der ausführenden Gesetzgebung (ParlG, GRN, GRS). Im Wesentlichen sind dies: Planung, Koordination und Vorbereitung der Ratsarbeit, Pflege der Beziehungen zum anderen Rat und zum Bundesrat. Der Bundesrat hat die Ratspräsidien und die für die Aussenpolitik zuständigen Kommissionen regelmässig, frühzeitig und umfassend über wichtige aussenpolitische Entwicklungen zu informieren (ParlG 152). Den Präsidenten und Vizepräsidenten steht eine jährliche Zulage zu (PRG 11; VPRG 9).

8 *Aufgaben und Befugnisse* des *Präsidiums* (Kollegium) sind: Vermittlung und Entscheidung bei Uneinigkeit über den Umfang parlamentarischer Informationsrechte (ParlG 7, 150; vgl. auch N 22 zu BV 153); Ermächtigung zur Aufhebung des Post- und Fernmeldegeheimnisses bzw. zur Durchführung weiterer Ermittlungsmassnahmen in den Fällen von ParlG 18 (Beschluss der vereinigten Ratspräsidien; die Ermächtigung zur Strafverfolgung liegt in der Zuständigkeit der Bundesversammlung). – Beschlüsse des Präsidiums bedürfen der Zustimmung von mindestens zwei Mitgliedern (GRN 7, GRS 4).

9 Zu den Aufgaben und Befugnissen der *Ratspräsidenten* gehören insb.: Leitung der Verhandlungen des Rates; Festlegung der Tagesordnung im Rahmen der Sessionsplanung des Büros (GRN 6, GRS. 4; Anträge auf Abänderung der Tagesordnung sind selten); Bestimmung des Erstrates (ParlG 84; durch die beiden Präsidenten, nötigenfalls entscheidet das Los); Ausübung des Hausrechts in den Ratssälen (ParlG 69); Überprüfung der formalen Rechtmässigkeit (ParlG 71; GRN 23, GRS 19); Prüfung der Verhandlungsfähigkeit des Rates (GRN 38, GRS 31; teils von Amtes wegen, teils auf Antrag hin); Ordnungsruf, Verhängung von Disziplinarmassnahmen (ParlG 13; GRN 39, GRS 34); Vertretung des Rates nach aussen (GRN 6, GRS 4), wobei Auslandreisen auch schon zu diplomatischen Spannungen geführt haben (so 2005 mit China im Fall einer Taiwan-Reise des Ständeratspräsidenten). – Nur im Nationalrat: Aufteilung der Gesamtredezeit bei einer sog. organisierten Debatte (GRN 47). – Die beiden *Vizepräsidenten* (GRN 7, GRS 4) unterstützen den Präsidenten und nehmen mit ihm die Präsidiumsaufgaben wahr.

10 Dem *Präsidenten des Nationalrates* (im Verhinderungsfall: des Ständerates) kommt in einigen wenigen Fällen eine besondere Stellung zu:
– Einberufung der Räte, wenn die Sicherheit der Bundesbehörden gefährdet ist oder der Bundesrat nicht in der Lage ist zu handeln (ParlG 33).
– Vorsitz in der Vereinigten Bundesversammlung (BV 157, ParlG 39).

11 *Stichentscheid:* Gemäss ParlG 80 stimmt der Ratspräsident nicht mit, ausser wenn das qualifizierte Mehr gemäss BV 159 erforderlich ist. Bei Stimmengleichheit hat er den Stichentscheid. Bei *Wahlen* übt der Präsident sein Wahlrecht aus wie jedes andere Mitglied (implizit ParlG 132 i.V.m. 80; früher ausdrücklich BV 1874 Art. 78 Abs. 3 und Art. 82 Abs. 4; vgl. Botsch. BV, 380).

Literaturhinweise: siehe vor BV 143 und vor BV 148

Art. 153 Parlamentarische Kommissionen

1 Jeder Rat setzt aus seiner Mitte Kommissionen ein.

2 Das Gesetz kann gemeinsame Kommissionen vorsehen.

3 Das Gesetz kann einzelne Befugnisse, die nicht rechtsetzender Natur sind, an Kommissionen übertragen.

4 Zur Erfüllung ihrer Aufgaben stehen den Kommissionen Auskunftsrechte, Einsichtsrechte und Untersuchungsbefugnisse zu. Deren Umfang wird durch das Gesetz geregelt.

5. Titel: Bundesbehörden   Nr. 1 BV **Art. 153**

1   Die Bestimmung hat kein Pendant in der BV 1874. Die erstmalige verfassungsrechtliche Nennung trägt der Rolle und Bedeutung der Kommissionen als funktionsnotwendigen Bestandteilen des Parlaments Rechnung. – Eine der bedeutendsten Reformen im Bereich der Bundesversammlung war der Übergang zum System der *ständigen* (Sach-)Kommissionen im Jahr 1992. Zuvor oblag die Vorbereitung der Ratsgeschäfte im Wesentlichen den *ad hoc* eingesetzten Spezialkommissionen. Die Neuordnung hat der Bundesversammlung zu mehr Durchschlagskraft verholfen (Akkumulation von Wissen, Spezialisierung, kritischere Prüfung der Entwürfe des Bundesrates; vgl. RHINOW, Grundzüge, 389; LINDER, 203; LÜTHI, Kommissionen, 40 ff.), leistet aber auch einem gewissen Aktionismus Vorschub.

Einsetzung von Kommissionen (Abs. 1)

2   *Funktion und Bedeutung:* Kommissionen sind aus einer begrenzten Zahl von Abgeordneten bestehende Ausschüsse, die als Organe des Parlaments (ParlG 31) bestimmte Aufgaben erfüllen (insb. Vorbereitung der Ratsgeschäfte) und die Problemlösungskapazität des Parlaments erhöhen sollen (TSCHANNEN, Staatsrecht, 442). Obwohl die parlamentarischen Kommissionen im Bund kaum eigenständige Entscheidungsbefugnisse haben, kommt ihnen im Ratsbetrieb zentrale Bedeutung zu. Diese zeigt sich u.a. darin, dass

– die Kommissionen, anders als in ausländischen Systemen, direkt und ohne Vorgaben des Plenums an die Behandlung der Geschäfte gehen;

– Grundlage der Beratungen im Plenum der Antrag der vorberatenden Kommission ist (nicht der Beschluss des anderen Rates oder die Vorlage der Regierung);

– der Kommissionsantrag im Abstimmungsverfahren eine verfahrensmässig privilegierte Stellung geniesst (ParlG 79 Abs. 3; vgl. N 6 zu BV 159);

– dass über 90% der (Mehrheits-)Anträge der Kommissionen im Plenum Zustimmung finden (LÜTHI, Kommissionen, 64; LINDER/JEGHER, 47), was aber nicht schon mit einer «faktischen Verselbstständigung» gleichzusetzen ist (in diese Richtung aber KIENER, Informationsrechte, 85).

Die parlamentarischen Kommissionen sind zu unterscheiden von den *ausserparlamentarischen* Kommissionen (insb. Expertenkommmissionen, Behördenkommissionen) i.S.v. Art. 2 der Kommissionenverordnung (vom 3.6.1996; SR 172.31). Nicht zu den Kommissionen zählen die Fraktionen (N 2 zu BV 154).

3   *Aufgaben:* Die Verfassung äussert sich zu den Aufgaben nur punktuell (vgl. neben BV 153 auch BV 160 und 169), überlässt mithin dem Gesetzgeber und den in BV 153 direkt angesprochenen Räten einen weiten Gestaltungsspielraum. Vgl. ParlG 44 (insb. Vorberatung zugewiesener Geschäfte zuhanden des jeweiligen Rates; Beratung und Entscheidung delegierter Geschäfte; Verfolgung gesellschaftlicher und politischer Entwicklungen; Ausarbeitung von Vorschlägen). Die Kommissionen sind nicht auf «äussere» Anstösse angewiesen, haben insoweit ein «Selbstbefassungsrecht» (SPK-N, Bericht ParlG, 3548).

4   *Einsetzung:* Die Verfassung *verpflichtet* die Räte zur Einsetzung von Kommissionen, lässt aber offen, ob es sich um ständige oder nichtständige Kommissionen handeln soll, wie sie gewählt und zusammengesetzt sein sollen und welche Befugnisse und Instrumente ihnen zukommen sollen. Von der Verfassung vorausgesetzt wird das Bestehen von *Aufsichtskommissionen*

(BV 169 Abs. 2). Verschiedene Kommissionen sind heute gesetzlich (z.B. ParlG 40, 40a, 50, 52, 56) oder in den Ratesreglementen (GRN 10, GRS 7) vorgesehen; weitere können bei Bedarf eingesetzt werden (vgl. ParlG 39 Abs. 4; GRN 11, GRS 8).

5 *Wahl und Zusammensetzung:* Abs. 1 stellt klar, dass nur Mitglieder des jeweiligen Rats Kommissionsmitglieder sein können. Die Wahl obliegt heute dem jeweiligen Ratsbüro (ParlG 43 Abs. 1), wobei praktisch immer den Vorschlägen der Fraktionen gefolgt wird (vgl. VON WYSS, Maximen, 186; früher war zum Teil das Ratsplenum zuständig, vgl. AUBERT, BuStR II, 689). Im Nationalrat wird die Mitgliederzahl vom Büro festgelegt (GRN 9); sie beträgt gewöhnlich 25. Gemäss GRS 7 Abs. 2 haben die ständigen Kommissionen des Ständerates 13 Mitglieder (Ausnahme: Kommission für öffentliche Bauten mit fünf Mitgliedern). Die Zusammensetzung der Kommissionen und die Zuteilung der Kommissionspräsidien richten sich nach der Stärke der Fraktionen im jeweiligen Rat (der aktuelle Schlüssel findet sich unter www.parlament.ch); die Amtssprachen und Landesgegenden sind so weit möglich angemessen zu berücksichtigen (ParlG 43). Die Festlegung der Amtsdauer ständiger Kommissionen bleibt den Geschäftsreglementen überlassen; sie beträgt grundsätzlich 4 Jahre (vgl. ParlG 43; GRN 17, GRS 13; im Ständerat früher: 6 Jahre). Die Amtsdauer der Präsidenten ständiger Kommissionen beträgt 2 Jahre. Die Ratsmitglieder sind von Gesetzes wegen verpflichtet, an den Sitzungen der Kommissionen teilzunehmen (ParlG 10). Die Möglichkeit der vorzeitigen Abberufung eines Kommissionsmitglieds ist nicht vorgesehen (vgl. auch AUBERT, BuStR II, 689 f.). Eine Fraktion (BV 154) kann einen «Abweichler» nicht zum Rücktritt zwingen (vgl. N 6 zu 161).

6 *Instrumente* (vgl. BV 160; ParlG 45): Kommissionen können zur Erfüllung ihrer Aufgaben parlamentarische Initiativen, Vorstösse und Anträge einreichen, Berichte erstatten, aussenstehende Sachverständige beiziehen, Vertreter der Kantone und interessierter Kreise anhören, Besichtigungen vornehmen, aus ihrer Mitte Subkommissionen einsetzen.

7 *Verfahren und Vertraulichkeit:* Sitzungsort muss nicht zwingend Bern sein (zur älteren Praxis pointiert AUBERT, BuStR II, 691 f.). Das Verfahren richtet sich grundsätzlich nach den Verfahrensregeln des Rates, sofern Gesetz oder Geschäftsreglement nichts anderes vorsehen (vgl. z.B. GRN 16 bzw. GRS 12, wonach der Kommissionspräsident, anders als der Ratspräsident, mitstimmt). Im Unterschied zu den Beratungen des Ratsplenums sind die Beratungen der Kommissionen (auch von atypischen wie dem Büro) von Gesetzes wegen *vertraulich* (ParlG 47). Dies ist von der Verfassung her nicht zwingend vorgegeben, drängt sich indes von der Sache her auf (vgl. TSCHANNEN, Staatsrecht, 447, anders noch DERS., Stimmrecht, 423 f.), nicht zuletzt im Interesse sachbezogener (von parteipolitischen und Medienzwängen befreiter) Diskussion, ergebnisoffener Beratung und verbesserter Kompromissfindungschancen (vgl. RHINOW, Grundzüge, 389; zu den disziplinarischen Sanktionsmöglichkeiten vgl. ParlG 13; vgl. auch N 3 zu BV 162). Die Vorzüge der Vertraulichkeit wiegen die Nachteile auf. Eine andere Beurteilung mag angebracht sein, wenn und soweit eine Kommission abschliessend aussenwirksame Entscheidungen zu treffen befugt ist (Abs. 3; vgl. auch VON WYSS, SG-Komm., Art. 158, N 7). Bei einer Abkehr vom Vertraulichkeitsprinzip müsste damit gerechnet werden, dass die inhaltliche Diskussion in informelle Gremien ausgelagert wird, für die (im Unterschied zu Kommissionssitzungen, ParlG 64, ParlVV 4 ff.) keine Pflicht zur Erstellung eines Protokolls und keine Möglichkeit späterer Rekonstruktion der Diskussionen besteht. Einen

5. Titel: Bundesbehörden   Nr. 1 BV **Art. 153**

Ausgleich zur Vertraulichkeit schafft das der Kommissions*minderheit* zustehende Antragsrecht (ParlG 76 Abs. 4). Ein weiteres wichtiges Gegenstück ist die (ausdrückliche) Verpflichtung zur *Information der Öffentlichkeit* über die Ergebnisse der Kommissionsberatungen (ParlG 48; GRN 20; GRS 15). Die Kommissionen können öffentliche Anhörungen durchführen (ParlG 47).

8   *Teilnahmeberechtigung und -verpflichtung:* Die Mitglieder der Kommission sind zur Teilnahme verpflichtet. Der Initiant einer parlamentarischen Initiative kann während der Vorprüfung mit beratender Stimme an den Sitzungen der Kommission des eigenen Rates teilnehmen (ParlG 109). – Der Bundesrat (bzw. das zuständige Mitglied) ist bei Beratungsgegenständen, die der Bundesrat eingebracht oder zu welchen er Stellung genommen hat (ParlG 160), zur Teilnahme grundsätzlich *verpflichtet;* dies gilt auch (aus verfassungsrechtlichen Gründen) in weiteren Fällen (z.B. im Rahmen der Oberaufsicht, wenn der Bundesrat «zitiert» wird). Die nicht explizit geregelte Frage der Teilnahme*berechtigung* (generell bejahend RHINOW, Grundzüge, 364) bedarf wohl einer differenzierenden Antwort.

9   *Arten:* Die Verfassung erwähnt einzig die «besonderen Delegationen von Aufsichtskommissionen» (BV 169 Abs. 2). Das ParlG kennt zahlreiche Kommissionsarten, wobei nicht immer auf den ersten Blick klar wird, ob Gesetzesbestimmungen, die von «Kommissionen» sprechen, auf alle Kommissionen gleichermassen Anwendung finden. Kommissionen (im Sinne der Allgemeindefinition, N 2) sind auch die (in der Liste der Organe der Bundesversammlung separat aufgeführten) *Ratsbüros*, die *Koordinationskonferenz* (vgl. SPK-N, Bericht ParlG, 3544), die *Verwaltungsdelegation*, ferner auch (trotz einiger Besonderheiten) die *Einigungskonferenz*, die Subkommissionen und die Delegationen in internationalen parlamentarischen Versammlungen.

10 Die beiden *Ratsbüros* (ParlG 35) haben als Leitungsausschüsse wichtige Aufgaben im Zusammenhang mit der Sessionsplanung (GRN 9; GRS 6), bei der Wahl der (übrigen) Kommissionen und bei der Zuweisung der Geschäfte. Zur Zusammensetzung vgl. GRN 8 (sieben feste Mitglieder plus die Präsidenten der Fraktionen) bzw. GRS 5 (fünf feste Mitglieder).

11 Das ParlG und die Ratsreglemente unterscheiden zwischen *ständigen Kommissionen* und *Spezialkommissionen* (ParlG 42; GRN 10, GRS 7), die heute nur noch ausnahmsweise eingesetzt werden (Beispiele: Verfassungsreform, Finanzausgleich, Entlastungsprogramm 2004). Als *Delegationen* werden bestimmte gemeinsame Kommissionen bezeichnet (ParlG 38, 51, 53, 60; Alpentransit-Beschluss Art. 20, SR 742.104). In der Praxis pflegt man den *Aufsichtskommissionen* (FK, GPK; vgl. BV 169, ParlG 44, 50 ff.) die sog. *Legislativkommissionen* gegenüberzustellen (vgl. ETH-Gesetz 33; SR 414.110). National- und Ständerat kennen heute je zwölf *ständige* Kommissionen (GRN 10, GRS 7): Finanzkommission (FK), Geschäftsprüfungskommission (GPK), Aussenpolitische Kommission (APK), Kommission für Wissenschaft, Bildung und Kultur (WBK), Kommission für soziale Sicherheit und Gesundheit (SGK), Kommission für Umwelt, Raumplanung und Energie (UREK), Sicherheitspolitische Kommission (SiK), Kommission für Verkehr und Fernmeldewesen (KVF), Kommission für Wirtschaft und Abgaben (WAK), Staatspolitische Kommission (SPK), Kommission für Rechtsfragen (RK), Kommission für öffentliche Bauten (KöB). Weitere ständige Kommissionen finden sich unter den gemeinsamen Kommissionen (N 12). – In den Ratsreglementen ausdrücklich vorgesehen ist die Ein-

setzung von sog. Legislaturplanungskommissionen, die als nichtständige Kommissionen den bundesrätlichen Bericht über die Legislaturplanung vorberaten (GRN 13, GRS 10).

Gemeinsame Kommissionen (Abs. 2)

12 Gemeinsame Kommissionen haben im Bereich der Aufsicht langjährige Tradition: Die Finanzdelegation ist seit 1902 gesetzlich verankert (vgl. heute ParlG 51; FHG 28, 34, 54; FKG 14, 18; vgl. auch N 8 und 19 zu BV 167), die Geschäftsprüfungsdelegation seit 1992 (vgl. ParlG 53, BWIS 25; vgl. auch N 14 zu BV 169). BV 153 stellt die damit verbundene Relativierung des Zweikammerprinzips erstmals auf eine solide verfassungsrechtliche Grundlage. Das ParlG sieht weiter vor: die *Redaktionskommission* (ParlG 56) als ständige gemeinsame Kommission (früher «halbparlamentarisch», AUBERT, BuStR II, 688), die *Parlamentarische Untersuchungskommission* (ParlG 163 ff.) als *nichtständige* gemeinsame Kommission zur Klärung von Vorkommnissen von grosser Tragweite (vgl. N 16 zu BV 169). Den Charakter gemeinsamer Kommissionen besitzen auch: die *Koordinationskonferenz* (ParlG 37), die aus den Büros der beiden Räte gebildet wird; die *Verwaltungsdelegation* (ParlG 38) aus je drei von der Koordinationskonferenz gewählten Büro-Mitgliedern; die *Einigungskonferenz* (ParlG 91) als nur für kurze Zeit im Rahmen des Differenzbereinigungsverfahrens tätige, nichtständige gemeinsame Kommission (vgl. AUBERT, Comm., Art. 153, N 9; näher N 7 zu BV 156) aus je 13 Mitgliedern der vorberatenden Kommissionen. Auf spezialgesetzlicher Grundlage beruht die sog. NEAT-Aufsichtsdelegation (vgl. Alpentransit-Beschluss vom 4.10.1991; SR 742.104; vgl. auch N 14 zu BV 169).

13 *Zusammensetzung und Verfahren:* Die Verfassung *lässt offen*, wie die gemeinsamen Kommissionen zusammengesetzt und gewählt werden sollen (vgl. dazu ParlG 43 Abs. 2). In Bezug auf den Abstimmungsmodus legt ParlG 46 Abs. 2 fest, dass Beschlüsse gemeinsamer Kommissionen der Zustimmung der Mehrheit der stimmenden Mitglieder *aus jedem Rat* bedürfen (vgl. auch ParlG 37), sofern das Gesetz nichts anderes vorsieht. Ratsspezifisch unterschiedliche Meinungen kommen somit weiterhin zum Ausdruck. *Abweichungen:* Bei der Wahl des Generalsekretärs der Bundesversammlung entscheidet die absolute Mehrheit der stimmenden Mitglieder der Koordinationskonferenz (unter Vorbehalt der Bestätigung durch die Vereinigte Bundesversammlung). Die Verwaltungsdelegation (ParlG 38) und die Redaktionskommission (ParlG 56) entscheiden mit der Mehrheit ihrer stimmenden Mitglieder; ebenso die Parlamentarische Untersuchungskommission (ParlG 164), die Einigungskonferenz (ParlG 92) und die Finanzdelegation (ParlG 51). Eine (knappe) Mehrheit der Vertreter des einen Rates kann somit überstimmt werden; die daraus resultierende (geringfügige und «symmetrische») Relativierung des Zweikammerprinzips (BV 156) dürfte durch BV 153 gedeckt sein.

14 Sonderfälle bilden die *ständigen Kommissionen der Vereinigten Bundesversammlung* (vgl. N 4 zu BV 157), nämlich, nebst dem Büro, die Kommission für Begnadigungen und Zuständigkeitskonflikte (ParlG 40) sowie die Gerichtskommission (ParlG 40a; vgl. dazu VPB 69.3, 2005), weiter die (nichtständigen) Kommissionen der Vereinigten Bundesversammlung (ParlG 39) aus zwölf Mitgliedern des National- und fünf Mitgliedern des Ständerates, sodann die (aus Mitgliedern beider Räte zusammengesetzten) *Delegationen*, welche die Bundesversammlung in internationalen parlamentarischen Versammlungen oder im bilateralen Verkehr mit Parlamenten von Drittstaaten vertreten (ParlG 60; näher VpDel, SR 171.117).

15 Neben der Möglichkeit, gemeinsame Kommissionen einzusetzen, sieht das Gesetz auch die Möglichkeit *gemeinsamer Sitzungen* (zur Informationsbeschaffung oder zur Abklärung einer Frage) bzw. der *gemeinsamen Vorberatung* bestimmter Geschäfte (Geschäftsbericht, Staatsrechnung) vor (ParlG49).

Übertragung von Entscheidungsbefugnissen (Abs. 3)

16 *Funktion:* Die im Verfassungsentwurf des Bundesrates noch nicht enthaltene Bestimmung soll eine sichere Grundlage für gewisse schon unter der BV 1874 praktizierte «Durchbrechungen» des Entscheidungsmonopols der Ratsplenums schaffen (AUBERT, Comm., Art. 153, N 10). In Betracht kommen ständige wie nichtständige, gemeinsame wie nicht-gemeinsame Kommissionen und auch (entgegen SÄGESSER, Bundesbehörden, Art. 153, N 230) Legislativkommissionen, sofern die delegierten *Befugnisse* nicht rechtsetzender Natur sind.

17 *Voraussetzungen und Schranken:* Die Delegation darf nur durch Gesetz erfolgen (nicht fallweise durch Beschluss). Sie darf nur «einzelne Befugnisse» umfassen, und diese dürfen «nicht rechtsetzender Natur» sein. Aus dem ausdrücklichen Verbot der Übertragung von Rechtsetzungsbefugnissen darf nicht im Umkehrschluss gefolgert werden, dass alle übrigen Befugnisse der Räte delegierbar wären. Es gibt vielmehr auch weitere *nicht* delegierbare Befugnisse (so auch AUBERT, Comm., Art. 153, N 11; SÄGESSER, Bundesbehörden, Art. 153, N 234 f.; VON WYSS, Maximen, 193 ff.), namentlich die in BV 168 genannten Wahlen oder die Genehmigung von völkerrechtlichen Verträgen (BV 166), die Entscheidung über die Gültigkeit von Volksinitiativen (BV 139). Ein (ungeschriebenes) Kriterium hierbei ist die *Wichtigkeit* der fraglichen Befugnis. Die abschliessende Behandlung von Petitionen durch Kommissionen wurde wegen verfassungsrechtlicher Bedenken (Grundrechtsanspruch aus BV 33) nicht realisiert (vgl. SPK-N, Bericht ParlG, 3585). Denkbar (und u.U. sinnvoll) ist dagegen eine Delegation bestimmter Befugnisse in den Bereichen Oberaufsicht bzw. Parlamentsverwaltung (vgl. z.B. ParlG 43). Erörtert, aber nicht realisiert wurde (SPK-N, Bericht ParlG, BBl 2001, 3596) die Delegation von Begnadigungen und der Genehmigung des Geschäftsberichtes. – Weitere Delegationsschranken können aus anderen Verfassungsbestimmungen resultieren (vgl. VON WYSS, Maximen, 190 ff.).

18 Die Übertragung von Entscheidungsbefugnissen an eine *gemeinsame* Kommission erscheint unter dem Aspekt der Gleichbehandlung der Räte (Zweikammerprinzip) problematisch (vgl. VON WYSS, Maximen, 184), ist aber nicht *a priori* ausgeschlossen (vgl. FHG 28, 34: Zustimmung der Finanzdelegation zu dringlichen Nachträgen).

19 BV 153 sieht (anders als KV/BE 81 Abs. 2) kein Rückhol- oder Revokationsrecht betreffend einzelne Geschäfte vor (vgl. SÄGESSER, Bundesbehörden, Art. 153, N 238). Der Gesetzgeber könnte aber wohl diese und andere «Zwischenformen» (z.B. Delegation mit Genehmigungsvorbehalt) einführen. Ob dies ratsam wäre, ist eine andere Frage.

Informationsrechte und Untersuchungsbefugnisse (Abs. 4)

20 *Funktion:* Die im Verfassungsentwurf des Bundesrates noch nicht enthaltene (eng mit BV 169 Abs. 2 zusammenhängende) Bestimmung gehörte zu den besonders umstrittenen Punkten der Verfassungsreform (näher SÄGESSER, Bundesbehörden, 210 f.). Abs. 4 begründet nach dem Willen des Verfassungsgebers *verfassungsunmittelbare* Rechte der parlamentarischen

Kommissionen, wobei der genaue *Umfang* (ital. *estensione;* franz. *limites)* allerdings durch *Gesetz* zu regeln ist. Der (gewöhnlich überflüssige) Verweis auf das ausführende «Gesetz» erfüllt hier eine wichtige Funktion (ähnlich BV 155; siehe dort N 5 und AUBERT, Comm., Art. 155, N 9), denn es wird klargestellt, dass der Gesetzgeber befugt ist, den verfassungsmässigen Rechten der Kommissionen *Schranken zu setzen* (vgl. AUBERT, Comm., Art. 153, N 13). Der Gesetzgeber kann dazu u.U. sogar verpflichtet sein, da er neben den legitimen Informationsbedürfnissen auch andere verfassungsrechtliche Festlegungen abwägend *mit zu berücksichtigen* hat (insb. Persönlichkeitsschutz, Kollegialprinzip i.S.v. BV 177; vgl. auch SPK-N, Bericht ParlG, 3487).

21 *Umsetzung:* Das neue ParlG hat eine «kaskadenartige» Regelung geschaffen (zu den verfassungsrechtlichen Auseinandersetzungen im Vorfeld vgl. SPK-N, Bericht ParlG, 3485 ff.; Stellungnahme des Bundesrates vom 22.8.2001, BBl 2001 5424, 5433; SÄGESSER, AJP 2002, 382 ff.):

22 *Allen* Kommissionen (und Subkommissionen) stehen allgemeine Informationsrechte zu (ParlG 150). Diese umfassen das Recht:
– den Bundesrat zur Erteilung von Auskünften an Sitzungen einzuladen, von ihm Berichte zu verlangen und Unterlagen zur Einsicht zu erhalten;
– im Einverständnis mit dem Bundesrat Personen im Dienst des Bundes zu befragen.

Es besteht *kein Anspruch* auf Informationen, die der unmittelbaren Entscheidfindung des Bundesratskollegiums dienen (RVOG 15, RVOV 3) oder im Interesse des Staatsschutzes oder der Nachrichtendienste geheimzuhalten sind. Bei Uneinigkeit über den Umfang der Informationsrechte vermittelt und entscheidet das Ratspräsidium (das zur Vorbereitung ohne Einschränkungen Einsicht in die Unterlagen nehmen kann). Der Bundesrat kann, anstatt Einsicht zu gewähren, einen Bericht vorlegen, wenn der Informationsanspruch strittig ist und die Vermittlung des Ratspräsidiums erfolglos bleibt.

23 *Aufsichtskommissionen* (Finanz- und Geschäftsprüfungskommissionen der beiden Räte, ParlG 54) haben darüber hinaus (ParlG 153) das Recht:
– mit allen Behörden, Amtsstellen und übrigen Aufgabenträgern direkt zu verkehren und zweckdienliche Auskünfte und Unterlagen zu erhalten;
– von Personen und Amtsstellen ausserhalb der Bundesverwaltung Auskünfte einzuholen und Unterlagen zu erhalten. Das Recht zur Zeugnisverweigerung nach BZP 42 ist sinngemäss anwendbar.

Modalitäten: Der Bundesrat ist vorgängig über Befragungen von Personen, die ihm unterstellt sind, zu orientieren und gegebenenfalls vor der Befragung oder vor der Herausgabe von Unterlagen anzuhören. Die allgemeinen Grenzen (N 22) gelten auch hier. Bei Uneinigkeit entscheiden die Aufsichtskommissionen selbst endgültig über die Ausübung ihrer Informationsrechte. Vgl. BV 167, 169.

24 Den *Delegationen von Aufsichtskommissionen* (Finanz- bzw. Geschäftsprüfungsdelegation, ParlG 51, 53) können keine Geheimhaltungspflichten entgegengehalten werden (BV 169 Abs. 2); sie haben das Recht (ParlG 154):

- Unterlagen *einzusehen*, die der *unmittelbaren Entscheidfindung des Bundesrates dienen* (Anträge, Mitberichte usw.) oder im Interesse des Staatsschutzes oder der Nachrichtendienste *geheimgehalten* werden;
- Personen als Zeuginnen oder Zeugen einzuvernehmen (vgl. ParlG 155).

Modalitäten: Die Finanzdelegation erhält laufend und regelmässig sämtliche Beschlüsse des Bundesrates, einschliesslich Mitberichte (ParlG 154).

25 *Parlamentarische Untersuchungskommissionen* (ParlG 163; vgl. N 16 zu BV 169) haben im Rahmen ihres Mandats die gleichen Informationsrechte wie die Delegationen der Aufsichtskommissionen (ParlG 166; vgl. N 24).

26 Bei Uneinigkeit liegt das «letzte Wort» durchweg beim Parlament (AUBERT, Comm., Art. 153, N 13). Das schweizerische Bundesverfassungsrecht kennt einzelne stark abgeschirmte Bereiche, aber keinen Geheim- oder «Arkanbereich» von Regierung und Verwaltung (RHINOW, Grundzüge, 394).

27 *Korrelat zu dem Informationsrechten:* Die Kommissionen sind verpflichtet, geeignete Vorkehren für den Geheimnisschutz zu treffen (ParlG 150, 153). Die einzelnen Ratsmitglieder sind an das Amtsgeheimnis gebunden (ParlG 8).

28 *Besondere Fälle:* Die für die *Aussenpolitik* zuständigen Kommissionen müssen vom Bundesrat regelmässig, frühzeitig und umfassend über wichtige aussenpolitische Entwicklungen informiert werden (ParlG 152). Der Bundesrat ist verpflichtet, diese Kommissionen zu wesentlichen Vorhaben sowie zu den Richt- und Leitlinien zum Mandat für bedeutende internationale Verhandlungen zu konsultieren, bevor er dieses festlegt oder abändert; er muss diese Kommissionen über den Stand der Realisierung dieser Vorhaben und über den Fortgang der Verhandlungen informieren. – Der Bundesrat hat die Bundesversammlung von der *Vorbereitung von Verordnungen* in Kenntnis zu setzen. Die zuständige Kommission kann verlangen, dass ihr der Entwurf zu einer wichtigen Verordnung zur Konsultation unterbreitet wird (ParlG 151).

Literaturhinweise (vgl. auch vor BV 143 und vor BV 148 und bei BV 153)

KIENER REGINA, Die Informationsrechte der parlamentarischen Kommissionen, Bern 1994; LINDER WOLF/JEGHER ANNINA, Schweizerische Bundesversammlung: ein aktives Gesetzgebungsorgan, Bern 1998; LÜTHI RUTH, Die Legislativkommissionen der Schweizerischen Bundesversammlung, Bern 1997; SÄGESSER THOMAS, Parlamentarische Informations- und Konsultationsrechte, AJP 2002, 382 ff.; VON WYSS MORITZ, Die Bundesversammlung als oberste Gewalt des Bundes, in: Gächter/Bertschi, 251 ff.

Art. 154 Fraktionen

Die Mitglieder der Bundesversammlung können Fraktionen bilden.

1 Die Bestimmung hat kein Pendant in der BV 1874.

2 *Begriff und Bedeutung:* Fraktionen sind Zusammenschlüsse von Abgeordneten einer Partei (allenfalls unterschiedlicher Parteien ähnlicher Ausrichtung, vgl. N 5) zwecks Vorstrukturierung der Ratsarbeit und Bündelung der Kräfte (vgl. ParlG 62). Fraktionen sind feste und zentrale Bestandteile moderner Parlamente und wichtige Faktoren eines funktionierenden Ratsbetriebs, zugleich Bindeglieder zu den politischen Parteien (vgl. GRAF, SG-Komm., Art. 154, N 2). Ursprünglich informelle Zusammenschlüsse, wuchsen die Fraktionen auf Bundesebene nur allmählich in eine öffentlich-rechtliche Rechtsstellung hinein, zunächst auf Stufe Ratsreglement (GRN 1946 Art. 18 Abs. 2, BS 1, 211), später auf Gesetzesstufe (GVG-Teilrevision 1971, vorab um Fraktionsbeiträge ausschütten zu können), nunmehr erstmals auf Verfassungsstufe.

3 *Stellung:* Anders als die in der gesellschaftlichen Sphäre angesiedelten, privatrechtlich organisierten Parteien (N 2 zu BV 137) sind die Fraktionen *Organe der Bundesversammlung* (ParlG 31; dazu schon VPB 38.32, 1974). Äusserungen in den Fraktionen fallen unter den Immunitätsschutz gemäss BV 162. Der Taggeld-Anspruch der Ratsmitglieder entsteht auch bei Teilnahme an Sitzungen der Fraktion (PRG 3). – Nicht mit den Fraktionen zu verwechseln sind die *Parlamentarischen Gruppen* (ParlG 63) als sachbereichsbezogene, lose Zusammenschlüsse von Ratsmitgliedern. Die Gruppen müssen allen Ratsmitgliedern offen stehen; sie sind keine Organe der Bundesversammlung.

4 *Tragweite der verfassungsrechtlichen Verankerung:* Die normative Substanz von BV 154 ist gering. Aus BV 154 lässt sich einerseits ein – allerdings sehr vager – Auftrag (an den Gesetzgeber) ableiten, dem Rechtsinstitut der Fraktion juristische Gestalt zu geben. Der Verfassungswortlaut («können») stellt andererseits klar, dass keine Pflicht zur Bildung von Fraktionen besteht und für Ratsmitglieder daher von Verfassungsrechts wegen kein Zwang besteht, sich einer Fraktion anzuschliessen (Fraktionszwang i.e.S.). Der Gesetzgeber geht entsprechend von der Freiwilligkeit der Fraktionsbildung aus (vgl. ParlG 61 Abs. 3; Abs. 1 dürfte nur die Zusammensetzung betreffen). Einen Zusammenschluss fraktionsloser Ratsmitglieder (in einer «Fraktion der Fraktionslosen») zu verlangen, ist dem Gesetzgeber verwehrt. Die gesetzlich vorgesehenen Rechte (Privilegien) erzeugen einen starken indirekten Druck zur Fraktionsbildung. Daher sind die gesetzlichen Regelungen betreffend Fraktionsbildung, Zusammensetzung, Rechte usw. verfassungsrechtlich nicht ohne Belang (Rechtsgleichheit, politische Chancengleichheit).

5 *Fraktionsbildung:* Einer Fraktion können (nur) Mitglieder der Bundesversammlung angehören, nicht jedoch Mitglieder des Bundesrates; diese nehmen aber usanzgemäss regelmässig an den Sitzungen «ihrer» Fraktion teil, d.h. der Fraktion, der sie «nahe stehen», so die bildhafte Formulierung in Art. 7 der (bundesrätlichen) Verordnung über die politischen Rechte (vom 24.5.1978; VPR, SR 161.11), in der, neben Empirie, auch etwas Wunschdenken zum Ausdruck kommen mag. Die Verfassung äussert sich nicht zur Mindestzahl. Das Gesetz verlangt, dass einer Fraktion mindestens fünf Mitglieder aus *einem* der beiden Räte beitreten (zurzeit noch GVG 8septies; ab Wintersession 2007: ParlG 61 Abs. 2). Der Gesetzeswortlaut schliesst die Bildung *zweier* Fraktionen aus Angehörigen *einer* Partei aus (vgl. SPK-N, Bericht ParlG,

3561). Parteilose und Angehörige unterschiedlicher Parteien können eine Fraktion bilden, sofern sie eine «ähnliche politische Ausrichtung» haben (ParlG 61 Abs. 2; Verhinderung von sog. «Alibifraktionen»; offener noch GVG 8septies); sie können sich auch (entgegen dem ungenauen Gesetzeswortlaut) einer *bestehenden* Fraktion anschliessen (GRAF, SG-Komm., Art. 154, N 3). Die Bildung einer neuen Fraktion bedarf der Genehmigung der Koordinationskonferenz (ParlG 37), die sich bei der Auslegung des Ausdrucks «ähnliche politische Ausrichtung» Zurückhaltung zu auferlegen hat. Anlässlich einer Fraktionsspaltung kam es, noch unter dem alten Recht, zum Schiedsspruch einer nationalrätlichen Kommission betreffend Namengebung (vom 13.8.1974, VPB 38.83, 1974). *Fraktionsaustritt* oder *-wechsel* sind weder im ParlG noch in den Ratsreglementen speziell geregelt, als Ausdruck des freien Mandats (BV 161) jedoch zulässig.

6 Die wichtigsten *gesetzlichen Rechte* sind:
- das Recht, parlamentarische Initiativen, Vorstösse, Anträge und Wahlvorschläge einzureichen (vgl. BV 160; ParlG 62);
- der Anspruch auf einen *Bundesbeitrag* zur Deckung der Kosten des Sekretariats. Näher dazu das Parlamentsressourcengesetz (vom 18.3.1988, PRG; SR 171.21) sowie Art. 10 der zugehörigen Verordnung der Bundesversammlung (vom 18.3.1988, VPRG; SR 171.211: Grundbeitrag Fr. 92'000, Beitrag pro Mitglied Fr. 17'000). Die Mittel dürfen nicht an die Parteikassen abgeführt werden. Dass die Abgeltung von Leistungen, welche die Parteien «als notwendige Voraussetzung» für die Fraktionsarbeit erbringen, zulässig sein soll (so BBl 1989 III 1591; vgl. auch GRAF, SG-Komm., Art. 154, N 6), erscheint problematisch.

Die Fraktionspräsidenten nehmen Einsitz im Büro des Nationalrates (GRN 8) und damit in der Koordinationskonferenz (ParlG 37). Praktisch alle Organe werden nach Fraktionenproporz besetzt. Die *Zusammensetzung der Kommissionen* sowie die Zuteilung der Kommissionspräsidien richtet sich *nach der Stärke der Fraktionen* im jeweiligen Rat (ParlG 43; zur Berechnung vgl. GRN 15: analog zu BPR 40, 41; für die Gerichtskommission: ParlG 40a). Man kann sich fragen, ob es sich hierbei um einen förmlichen «Anspruch der Fraktionen» handelt (in diese Richtung SPK-N, Bericht ParlG, 3548, wo immerhin vermerkt wird, dass die gesetzliche Formulierung «einen gewissen Spielraum» zulasse). Prüfstein ist die Frage, welche Konsequenzen der Fraktionsaustritt oder -ausschluss eines Kommissionsmitglieds nach sich zieht (vgl. N 6 zu BV 161). – Die *Geschäftsreglemente* können weitere Rechte vorsehen (vgl. GRN 8, 9, 18). Bedeutsam ist die bevorzugte Stellung im Nationalrat in Bezug auf *Rederecht und Redezeit* (vgl. GRN 41, 43, 44, 47). Das GRS widmet den Fraktionen kaum Aufmerksamkeit (vgl. GRS 5, 14); im GRS 1986 fehlten sie ganz.

7 *Pflichten und Bindungen:* Noch wenig geklärt ist, welche Konsequenzen der öffentlichrechtliche Status der Fraktionen auf der Seite der rechtlichen Verpflichtungen hat. Wenn das Gesetz sagt: «Die Fraktionen beraten die Ratsgeschäfte vor.» (ParlG 62 Abs. 1), ist damit wohl eher eine Obliegenheit als eine erzwingbare Pflicht gemeint. Die Fraktionssekretariate (genauer: deren Personal) unterstehen dem Amtsgeheimnis (ParlG 62 i.V.m. 8). Als Organe der Bundesversammlung bewegen sich die Fraktionen in der staatlichen Sphäre. Es stellt sich die Frage, ob und inwieweit ihre Tätigkeit als «staatliches Handeln» (BV 5) bzw. «staatliche

Aufgabe» (BV 35) einzustufen ist und den entsprechenden Bindungen (Willkürverbot; Gleichbehandlung, auch von Mann und Frau, usw.) unterliegt. Da die Mitglieder der Bundesversammlung «ohne Weisungen» stimmen (BV 161), sind rechtsverbindliche Weisungen der Fraktion ausgeschlossen (zur *Fraktionsdisziplin* und ihren rechtlichen Grenzen vgl. auch N 6 zu BV 161). Auch die Fraktion selbst ist nicht an Weisungen der Partei gebunden (vgl. VPB 38.82 [1974], Justizabteilung).

8   Was die *innere Organisation* betrifft, steht den Fraktionen «grösste Autonomie» zu (so VPB 38.82 [1974], Justizabteilung). Man wird indes verlangen müssen, dass die Fraktionen – als Organe der obersten Behörde eines demokratischen Staates und Empfänger staatlicher Gelder – selbst auf demokratischen Prinzipien aufbauen. – Zu Funktion und Rechtsnatur der *Fraktionsreglemente* vgl. VON WYSS, Maximen, 67 ff.

Literaturhinweise (vgl. auch die Hinweise vor BV 143 und vor BV 148)

MÜNCH PETER, Wesen und Bedeutung der Parlamentsfraktion aus schweizerischer Sicht, AöR 1995, 382 ff.; VON WYSS MORITZ, Maximen und Prinzipien des parlamentarischen Verfahrens: eine Untersuchung über die Schweizerische Bundesversammlung, Zürich 2001.

Art. 155 Parlamentsdienste

Die Bundesversammlung verfügt über Parlamentsdienste. Sie kann Dienststellen der Bundesverwaltung beiziehen. Das Gesetz regelt die Einzelheiten.

1   Die Bestimmung hat keine Entsprechung in der BV 1874. Ursprünglich war es Aufgabe der Bundeskanzlei, die «Kanzleigeschäfte» der Bundesversammlung zu besorgen (BV 1874 Art. 105). Das Sekretariat der Bundesversammlung wurde in der zweiten Hälfte des 20. Jahrhunderts sukzessive ausgebaut (näher BBl 1988 III 80 ff.). Die verschiedenen Dienststellen waren fachlich der Bundesversammlung und ihren Organen unterstellt, blieben aber noch bis zum Inkrafttreten der neuen Bundesverfassung administrativ (budget- und personalrechtlich) der Bundeskanzlei zugeordnet.

2   *Parlamentsdienste (Satz 1):* Die Parlamentsdienste unterstützen die Bundesversammlung bei der Wahrnehmung ihrer Funktionen, insbesondere indem sie Sessionen und Sitzungen planen und organisieren, Sekretariatsgeschäfte, Übersetzungs- und Protokollierungsarbeiten besorgen, Ratsmitglieder, Präsidien und Kommissionen in Sach- und Verfahrensfragen beraten, Dokumentationen führen (ParlG 64). Der Name ist ein Erbe aus der Zeit in der Bundeskanzlei (N 1), die (anders als die Departemente) keine Ämter, sondern nur Dienste unter sich haben kann. Das (etwas merkwürdige) Wort «verfügt» soll signalisieren, dass es sich jetzt um *parlamentseigene* Dienste handelt (definitive Herauslösung aus der Bundeskanzlei). Die Leitung obliegt dem/der Generalsekretär/in der Bundesversammlung (ParlG 65; Wahl durch die Koordinationskonferenz, Bestätigung durch die Bundesversammlung, ParlG 37). Die Aufsicht wird durch die Verwaltungsdelegation ausgeübt (N 12 zu BV 153; ParlG 65). Für das Personal gilt das BPG, gegebenenfalls die Parlamentsverwaltungsverordnung (vgl. ParlVV 25; SR 171.115). Zu den Informationsrechten und weiteren Befugnissen vgl. ParlG 67 und 68. – Die Parlamentsdienste unterstehen dem Öffentlichkeitsgesetz (vgl. BGÖ 2 Abs. 1 Bst. c; SR 152.3).

3   *Beizug von Dienststellen der Bundesverwaltung (Satz 2):* Die verfassungsrechtliche *Ermächtigung* ist vor allem im Zusammenhang mit dem (zunehmend beliebten) Instrument der parlamentarischen Initiative (BV 160) von Bedeutung. *Regelungszweck* ist die Verhinderung einer «Aufblähung» der Parlamentsdienste zu einer Art «Parallelverwaltung» (wie man sie aus anderen Verfassungsordnungen kennt). Das Verb «beiziehen» verdeutlicht (vgl. Satz 1), dass es um einen *fallweisen* Beizug ohne eigentliche Weisungsbefugnisse geht (so auch SÄGESSER, Bundesbehörden, Art. 155, N 279) und die Leitungsgewalt des Bundesrates (BV 178) nicht angetastet werden soll.

4   *Tragweite:* Die Befugnis steht gemäss Verfassungswortlaut der *Bundesversammlung* zu. Angesprochen sind Dienststellen der *zentralen* Bundesverwaltung, aber auch *dezentralisierte* Verwaltungseinheiten (i.S.v. RVOG 2 bzw. RVOV 8). Das Gesetz überlässt die Entscheidung aus praktischen Gründen den einzelnen Parlamentsorganen (ParlG 68 i.V.m. 31; gemeint ist wohl: ohne Fraktionen). Diese Delegation ist verfassungsrechtlich nicht zu beanstanden. Die (nicht zu den Organen zählenden) Parlamentsdienste können nur beiziehen, wenn und soweit sie im *Auftrag* von Parlamentsorganen tätig sind (ParlG 68). Ob ein impliziter Auftrag genügt (so SPK-N, Anpassung GVG, BBl 1999 4820), ist zweifelhaft (zu Recht kritisch der Bundesrat, BBl 1999 5982); ein mehr oder weniger ausdrücklicher Auftrag sollte verlangt werden (anders SÄGESSER, Bundesbehörden, Art. 155, N 281).

5   *Probleme und Grenzen:* Der «gewaltenübergreifende» Beizug löst nicht nur (N 3), sondern verursacht auch Probleme (auch wenn diese nicht überschätzt werden sollten). So besteht die Gefahr von Loyalitätskonflikten. Auch kann die Erfüllung anderer Aufgaben beeinträchtigt werden. Der Beizug wurde schon unter der BV 1874 regelmässig praktiziert. Allerdings weigerte sich der Bundesrat während zweier Jahre, den Nationalrat bei der Ausarbeitung des MWSTG (vgl. N 2 zu BV 130) zu unterstützen (vgl. AUBERT, Comm., Art. 155, N 8). Der Widerstand des Bundesrates gegen den in seinen Augen zu weit gehenden Passus in BV 155 blieb ohne Erfolg (vgl. SÄGESSER, Bundesbehörden, 227). Eine nicht unbedeutende Rolle fällt dem auf den ersten Blick überflüssig scheinenden *Satz 3* zu, wonach das Gesetz «die Einzelheiten» regelt (franz. «les modalités», d.h. mehr als nur Details). Der unscheinbare Passus stellt klar, dass der aus BV 155 ableitbare Anspruch der Bundesversammlung nicht unbegrenzt besteht und dass es dem Gesetzgeber obliegt, Umfang und Grenzen unter Berücksichtigung der verfassungsrechtlichen Stellung und der legitimen Interessen der Exekutive zu bestimmen (vgl. auch AUBERT, Comm., Art. 155, N 9; anders SÄGESSER, Bundesbehörden, Art. 155, N. 288; zum ähnlich gelagerten BV 153 Abs. 4 siehe dort N 20). Das Gesetz sieht vor, dass der Beizug im Einvernehmen mit dem zuständigen Departement (bzw. Bundeskanzlei) erfolgt. Bei allfälligen Differenzen hat die Verwaltungsdelegation das letzte Wort (ParlG 68).

Literaturhinweise: siehe vor BV 143 und vor BV 148

2. Abschnitt: Verfahren

Art. 156 Getrennte Verhandlung

¹ Nationalrat und Ständerat verhandeln getrennt.

² Für Beschlüsse der Bundesversammlung ist die Übereinstimmung beider Räte erforderlich.

³ Das Gesetz sieht Bestimmungen vor, um sicherzustellen, dass bei Uneinigkeit der Räte Beschlüsse zu Stande kommen über:

a. die Gültigkeit oder Teilungültigkeit einer Volksinitiative;

[b. die Umsetzung einer vom Volk angenommenen allgemeinen Volksinitiative;]

[c. die Umsetzung eines vom Volk gutgeheissenen Bundesbeschlusses zur Einleitung einer Totalrevision der Bundesverfassung;]

d. den Voranschlag oder einen Nachtrag.[1]

1 Die beiden ersten Absätze der für das Zweikammersystem zentralen Bestimmung (Gleichberechtigung der Räte) gehen auf die Bundesstaatsgründung zurück (BV 1848 Art. 78 und 80 Satz 1; vgl. BV 1874 Art. 89 Abs. 1 und 92 Satz 1). *Abs. 3* wurde im Rahmen der Reform der Volksrechte (vgl. N 12 vor BV 136) angenommen. Der Einleitungssatz sowie Bst. a und Bst. d sind seit dem 1.8.2003 in Kraft, Bst. b und Bst. c noch nicht (vgl. N 1 zu BV 139a).

Getrennte Verhandlungen der beiden Räte (Abs. 1)

2 *Grundsatz:* Abs. 1 statuiert das Prinzip der – sowohl räumlich als auch zeitlich – getrennten Verhandlung, d.h. *Beratung* und *Beschlussfassung* (zu den Ausnahmen vgl. BV 157). Die typischen Etappen sind (ohne Kommissionsberatungen):

- Bestimmung des Erstrates durch die Ratspräsidenten (bei Geschäften mit Föderalismus-Bezug traditionellerweise der Ständerat), allenfalls durch das Los (ParlG 84; Beispiel von 1941 bei AUBERT, BuStR II, 696);

- *Verhandlung im Erstrat:* Eintreten, Detailberatung (Artikel für Artikel), Gesamtabstimmung im Erstrat.

- Weiterleitung an den *Zweitrat; Verhandlung* (Eintreten usw.);

- allfällige *Differenzbereinigung* (ParlG 89 ff.; vgl. N 7);

- *Schlussabstimmung* (ParlG 81; vgl. N 9).

Eintreten ist bei bestimmten Vorlagen obligatorisch (Behandlungspflicht; vgl. ParlG 74): Volksinitiativen (BV 139), Voranschläge und Rechnungen (BV 167), Geschäftsberichte, Ein-

---

1 Angenommen in der Volksabstimmung vom 9. Febr. 2003, Bst. a und d in Kraft seit 1. Aug. 2003 (BB vom 4. Okt. 2002, BRB vom 25. März 2003, BB vom 19. Juni 2003 – AS 2003 1949 1953; BBl 2001 4803 6080, 2002 6485, 2003 3111 3954 3960). Bst. b und c treten zu einem späteren Zeitpunkt in Kraft.

sprachen gegen Verträge der Kantone (BV 48, 55), Gewährleistung kantonaler Verfassungen (BV 51). Zu Besonderheiten bei der Gesamtabstimmung vgl. ParlG 74 Abs. 4, 5 (VON WYSS, Maximen, 177 f.). Das Scheitern in der Gesamtabstimmung, typischerweise aufgrund «unheiliger Allianzen» (Beispiel: Änderung der Armeeorganisation, AB 2006 N 1434), kommt einem Nichteintretensbeschluss gleich (vgl. N 8).

3 Für das *Verfahren* im Einzelnen vgl. ParlG 74 ff.; GRN 41 ff.; GRS 35 ff. Das parlamentarische Verfahren ist eine «Dauerbaustelle» (rund 20 Revisionen des GVG von 1962–1994; Totalrevision per 1.12.2003: ParlG, inzwischen mehrfach geändert). Es besteht ein Trend zur «Vergesetzlichung» (zuvor vieles nur auf Reglementsstufe). Das GRN unterscheidet fünf Beratungsformen: freie Debatte, organisierte Debatte, reduzierte Debatte, Kurzdebatte, schriftliches Verfahren (GRN 46 ff.). Man spricht Deutsch und Französisch, selten Italienisch oder Rätoromanisch (vgl. immerhin AB 2007 N, 21.6., Beratungen zum Sprachengesetz), im Nationalrat vom Rednerpult aus und mit Simultanübersetzung (d/f/i), im Ständerat vom eigenen Platz aus und ohne Übersetzung. Die Debatten sind im Amtlichen Bulletin (AB) dokumentiert (vollständig erst seit 1971; vgl. auch N 4 zu BV 158). Zur traditionell stark individualistischen Prägung des Verfahrens vgl. N 1 zu BV 160. Zur Geschichte des Parlamentsverfahrensrechts vgl. VON WYSS, Maximen, 7 ff.

4 *Einzelfragen:* Die Beratung im Zweitrat beginnt erst, wenn der Erstrat das Geschäft zu Ende beraten und die Gesamtabstimmung durchgeführt hat. Ausnahmsweise kann ein umfangreicher Erlassentwurf durch übereinstimmenden Beschluss beider Räte geteilt und dem andern Rat schon vor der Gesamtabstimmung in Teilen zugeleitet werden (vgl. ParlG 88). Prominentes Beispiel (noch unter der Geltung von BV 1874 und GVG) ist die Totalrevision der Bundesverfassung mit Aufteilung der Vorlage in zwei Teile und Beratung «über Kreuz» (Teil A1: VE 96 Art. 1 ff., d.h. Grundrechte usw.: Erstrat Ständerat; Teil A2: VE 96 Art. 127 ff., d.h. Volksrechte usw.: Erstrat Nationalrat). Das Gebot der getrennten Verhandlung schliesst die Bildung gemeinsamer Kommissionen nicht aus (vgl. N 12 zu BV 153).

Beschlussfassung (Abs. 2)

5 Auch Abs. 2 unterstreicht die Gleichberechtigung der beiden Räte. Der Begriff «Beschlüsse» (franz. *décisions*, ital. *decisioni*) in Abs. 2 ist weiter als der (Bundes-)«Beschluss» i.S.v. BV 163 Abs. 2 (franz. *arrêté*, ital. *decreto*).

6 Übereinstimmung ist erforderlich (zu einzelnen Ausnahmen: Abs. 3) bei allen *Beschlüssen*, die der *Bundesversammlung zuzurechnen* sind (insb. Erlasse i.S.v. BV 163, Auftrag i.S.v. BV 171 bzw. Motion i.S.v. ParlG 121), aber:
 - *nicht* beim *Ratsreglement* (als Beschluss *eines* Rates, gestützt auf ParlG 36); das Bundesgericht stufte die Ratsreglemente (unter dem gleichgearteten Regime des GVG) als Verordnungen ein (BGE 107 IV 185, 188);
 - *nicht* bei bestimmten *verfahrensleitenden (Zwischen-)Entscheiden* (wie Nichteintretensbeschluss, Ablehnung einer Vorlage in der Gesamtabstimmung, Rückweisung oder Sistierung eines Geschäfts); diese können auch bei fehlender Übereinstimmung wirksam werden (AUBERT, Comm., Art. 156, N 7; missverständlich VON WYSS, SG-Komm., Art. 156, N 3);

- *nicht* bei der Überweisung von Postulaten (ParlG 124; anders bei der Motion i.S.v. ParlG 121 bzw. beim Auftrag i.S.v. BV 171 als Instrument der Bundesversammlung, nicht eines einzelnen Rates); ein Rat (u.U. ein Ratsmitglied) allein kann Informationen beschaffen oder Prüfungen veranlassen (vgl. ParlG 7, 125; MASTRONARDI, SG-Komm., Art. 148, N 10).

Seit der jüngsten Parlamentsreform kann eine parlamentarische Initiative nur noch weiter verfolgt werden, wenn die zuständige Kommission des anderen Rates zustimmt oder, bei Ausbleiben der Zustimmung, wenn beide Räte zustimmen (ParlG 109; vgl. N 7 zu BV 160). Der Gesetzgeber hat die Pflicht, durch zweckmässige Ausgestaltung des parlamentarischen Verfahrens dafür zu sorgen, dass die Erzielung von Übereinstimmung möglich ist (vgl. ParlG 83 ff.). Diesem Zweck dient namentlich das Differenzbereinigungsverfahren (N 7).

7   *Differenzbereinigungsverfahren (ParlG 89 ff.):* Im Zweikammersystem mit voller Gleichberechtigung gehen abweichende Beschlüsse des einen Rates zur Beratung an den anderen Rat zurück, bis eine Einigung erreicht ist (zu einigen besonders gelagerten Fällen vgl. Abs. 3). Eine Schlussabstimmung kann sonst nicht durchgeführt werden (vgl. ParlG 81). Bestehen nach *drei* Detailberatungen in *jedem* Rat noch immer Differenzen, so wird eine gemeinsame Kommission, die sog. *Einigungskonferenz*, eingesetzt (vor der Teilrevision des GVG vom 4.10.1991 pendelte das Geschäft so lange zwischen den Räten hin und her – bis zu zehn Mal, so bei StGB 181, Nötigung –, bis ein Rat seinen Beschluss für endgültig erklärte). Die Einigungskonferenz ist paritätisch aus Mitgliedern der vorberatenden Kommissionen der beiden Räte zusammengesetzt und soll eine Verständigungslösung suchen (ParlG 91 f.). Den Vorsitz führt der Präsident der Kommission des Erstrates; er gibt gegebenenfalls den Stichentscheid (ParlG 92). Wird der Einigungsantrag in einem Rat verworfen (gegebenenfalls, weil das qualifizierte Mehr i.S.v. BV 159 Abs. 3 verfehlt wird), so wird der Erlassentwurf abgeschrieben (ParlG 93) und von der Geschäftsliste gestrichen. – *Statistisches:* Bis 1992 kam es zu 15 Einigungskonferenzen, seither zu 48 (Stand Ende 2005), die mit wenigen Ausnahmen (z.B. jene betreffend das Rüstungsprogramm 2004, vgl. AB 2005 N 394) erfolgreich waren, so auch die besonders bedeutsame vom 11.12.1998 betreffend die Totalrevision der Bundesverfassung, welche nicht weniger als 14 Differenzen zu bereinigen hatte (AB SD 1998 S 225). (Quelle: Dokumentationszentrale der Parlamentsdienste).

8   *Abgekürztes Verfahren (ParlG 95):* Dieses kommt zum Zug, wenn sich die abweichenden Beschlüsse auf einen Beratungsgegenstand *als Ganzes* beziehen (insb. Eintreten, Gesamtabstimmung, Genehmigung eines völkerrechtlichen Vertrages, Gewährleistung einer kantonalen Verfassung, Dringlichkeitsklausel u.a.m.; für Rückweisung bzw. Aussetzung des Verfahrens vgl. ParlG 87). In diesen Fällen ist (bereits) die *zweite Ablehnung* durch einen Rat *endgültig*. Eine Einigungskonferenz findet nicht statt.

9   Das Institut der *Schlussabstimmung* (ParlG 81) wurde 1902 eingeführt, um die Gleichberechtigung der beiden Räte zu untermauern (vgl. VON WYSS, Maximen, 164). Sie kommt bei Bundesgesetzen, Verordnungen der Bundesversammlung und bei Bundesbeschlüssen, die dem obligatorischen oder fakultativen Referendum unterstehen, zum Zug, nachdem die Vorlage durchberaten und der Wortlaut von der Redaktionskommission bereinigt (ParlG 56 ff.) worden ist. Die Schlussabstimmung erfolgt, nach Räten getrennt, traditionell am letzten Tag einer Session und schliesst das Verfahren formell ab. Stimmen beide Räte zu, so ist der Erlass

gültig zu Stande gekommen, ansonsten ist er gescheitert. Ein Scheitern in der Schlussabstimmung ist selten – gelegentlich wegen Zufälligkeiten (Abwesenheiten), manchmal wegen eines zwischenzeitlich eingetretenen Meinungswandels (darin liegt die innere Rechtfertigung des Instituts). Beispiele: BB über eine Sperrfrist für die Veräusserung nichtlandwirtschaftlicher Grundstücke im Nationalrat (AB 1991 N 2530, mit 87:85; ein Rückkommensantrag wurde gleichentags mit 87:84 abgelehnt); Konsumkreditgesetz im Ständerat, wegen einer «Verschwörung der letzten Stunde» (vgl. AB 1986 S 700; ältere Beispiele bei AUBERT, BuStR II, 701 ff.). – Für später festgestellte Mängel besteht eine begrenzte Korrekturmöglichkeit (ParlG 58: Berichtigung durch die Redaktionskommission; Beispiele: BV 61a Abs. 3; OR 328 Abs. 2).

Besonders gelagerte Fälle (Abs. 3)

10 *Funktion:* In bestimmten Fällen *muss*, selbst bei Uneinigkeit, ein Beschluss zustande kommen (da die Abschreibung der Vorlage keine Lösung wäre). Diesen Fällen ist der im Rahmen der Reform der Volksrechte geschaffene Abs. 3 gewidmet. Die Liste hat abschliessenden Charakter. Es wird ein *Gesetzgebungsauftrag* begründet (vgl. SPK-S, Bericht Volksrechte, 4837 f.).

11 Mit *Bst. a und Bst. d* werden zwei Differenzbereinigungsregelungen, die zuvor nur auf Gesetzesstufe vorgesehen waren (vgl. VON WYSS, SG-Komm., Art. 156, N 5), auf eine verfassungsrechtliche Grundlage gestellt:

– *Uneinigkeit* betreffend *Gültigkeit oder Teilungültigkeit von Volksinitiativen* (Bst. a): Bei abweichenden Beschlüssen der beiden Räte gilt die Volksinitiative beziehungsweise ihr strittiger Teil als gültig (ParlG 98 Abs. 2; in diesem Sinne schon GVG Art. 24 Abs. 2, AS 2000 273 275).

– Uneinigkeit betreffend *Voranschlag oder Nachtragskredite* (Bst. d): Bei Verwerfung des Einigungsantrags (ParlG 93) gilt der Beschluss der dritten Beratung, der den *tieferen* Betrag vorsieht, als angenommen (ParlG 94; in diesem Sinne schon GVG Art. 20 Abs. 4 in der seit 1.12.1998 geltenden Fassung, AS 1999 468, die geschaffen wurde, weil in den Jahren 1992 und 1997 beim Budget Einigungskonferenzen einberufen werden mussten; vgl. auch N 15 zu BV 167). Für ein Beispiel: Voranschlag der Eidgenossenschaft 2005, Pro Helvetia (AB 2004 N 2138, S 941; vgl. dazu auch N 7 zu BV 21).

12 Die beiden noch nicht in Kraft gesetzten Bst. b und Bst. c beauftragen den Gesetzgeber, Regelungen zu erlassen, welche die Verabschiedung eines *Normtextes* gewährleisten sollen:

– Uneinigkeit betreffend *Umsetzung* einer vom Volk angenommenen *allgemeinen Volksinitiative* (Bst. b). Vgl. BBl 2006 5286 und N 11 zu BV 139a. – Für den ähnlich gelagerten (nie eingetretenen) Fall bei der «alten» Volksinitiative in der Form der allgemeinen Anregung (BV 139alt) sieht ParlG 104 vor, dass die Beschlüsse der Räte aus der letzten Beratung Volk und Ständen als *Varianten* zur Abstimmung vorgelegt werden.

– Uneinigkeit bei der *Ausarbeitung einer neuen Bundesverfassung* (Bst. c) nach Vorabstimmung i.S.v. BV 193: Wie der Gesetzgeber sicherstellen soll, dass eine ganze Verfassungsurkunde zur Abstimmung gelangen kann, ist schwer zu sehen (vgl. auch GRISEL, Initiative et référendum, 189). Die Verfassung überfordert hier den Gesetzgeber schlichtweg. In der Botschaft vom 31.5.2006 über die Einführung der allgemeinen

Volksinitiative, die auch das vollständige Inkrafttreten des BB über die Reform der Volksrechte (und somit auch von Bst. c) zum Gegenstand hat (BBl 2006 5261 ff.), wird das Problem stillschweigend übergangen.

Literaturhinweise: siehe vor BV 143 sowie vor und bei BV 148

Art. 157 Gemeinsame Verhandlung

¹ Nationalrat und Ständerat verhandeln gemeinsam als Vereinigte Bundesversammlung unter dem Vorsitz der Nationalratspräsidentin oder des Nationalratspräsidenten, um:
a. Wahlen vorzunehmen;
b. Zuständigkeitskonflikte zwischen den obersten Bundesbehörden zu entscheiden;
c. Begnadigungen auszusprechen.

² Die Vereinigte Bundesversammlung versammelt sich ausserdem bei besonderen Anlässen und zur Entgegennahme von Erklärungen des Bundesrates.

1   Die Bestimmung geht im Wesentlichen (Abs. 1) auf die Bundesstaatsgründung zurück (BV 1848 Art. 80; BV 1874 Art. 92). Neuartig ist Abs. 2.

Anwendungsfälle (Abs. 1)

2   *Funktion:* Die *abschliessend* aufgezählten Fälle gemeinsamer Verhandlung betreffen Entscheidungen, bei denen man aus leicht nachvollziehbaren Gründen das Risiko von Differenzen zwischen den Räten vermeiden will: Wahlen (BV 168), Entscheidung von Zuständigkeitskonflikten (BV 173 Abs. 1 Bst. i), Begnadigungen (Art. 173 Abs. 1 Bst. k). Unter «Wahlen» versteht der Gesetzgeber auch die «Bestätigung von Wahlen» (ParlG 140). Die früher im GarG (Art. 5, 15; AS 1934 509) vorgesehenen weiteren Anwendungsfälle (deren Verfassungsmässigkeit fraglich war) finden in der Bundesverfassung keine Grundlage; sie wurden im Zuge der Schaffung des ParlG fallen gelassen (vgl. ParlG 172; SPK-N, Bericht ParlG, 3614).

3   *Rechtsnatur:* Die «Vereinigte Bundesversammlung» ist (entgegen ParlG 31) *nicht* ein Organ der Bundesversammlung. Gemeint ist eine *besondere Form des Verhandelns* (VON WYSS, SG-Komm., Art. 157, N 9), die von den Vorgaben des BV 156 abweicht und daher einer spezifischen Verfassungsgrundlage bedarf. Die verunglückte Bezeichnung hat sich eingebürgert (vgl. z.B. GVG 1962 Art. 37, AS 1962 773); sie wurde nun auch noch verfassungsrechtlich festgeschrieben (präziser BV 1874 Art. 92 und 98: «gemeinschaftliche Verhandlung», «vereinigte Räte») und vom Gesetzgeber prompt missverstanden (ParlG 31). Der Verfassungsgeber nimmt in Kauf, dass dem Nationalrat, wegen der zahlenmässigen Überlegenheit, bei einzelnen Geschäften ein grösseres Gewicht zukommt. Die Gleichstellung der beiden Kammern (N 7 zu BV 148) wird relativiert. Es genügt heute, wenn $5/8$ (1848: $7/10$) der Mitglieder des Nationalrates sich einig sind, um den Ständerat zu überstimmen.

4   *Organisation und Verfahren:* Die Einberufung obliegt der Koordinationskonferenz (ParlG 33 Abs. 2). Sitzungsort ist traditionellerweise der Nationalratssaal; die Mitglieder des Ständerates nehmen auf den nicht sonderlich bequemen Holzsitzen an der halbkreisförmigen Rückwand des Saales Platz. Wichtigstes Organ der Vereinigten Bundesversammlung ist das *Büro* (bestehend aus den Präsidien der beiden Räte; ParlG 39). Von Gesetzes wegen bestehen zwei ständige Kommissionen: die Kommission für Begnadigungen und Zuständigkeitskonflikte (ParlG 40) sowie die Gerichtskommission (ParlG 40a). Das Büro kann weitere Kommissionen einsetzen, die aus zwölf Mitgliedern des Nationalrates und aus fünf Mitgliedern des Ständerates bestehen (ParlG 39). Den Vorsitz in der Versammlung führt der Präsident des Nationalrates, oder, im Verhinderungsfall, die Präsidentin des Ständerates. Für das Verfahren gelten, vorbehältlich spezieller Vorschriften im ParlG, die Bestimmungen des GRN sinngemäss. Das Gesetz ermächtigt die Vereinigte Bundesversammlung (ParlG 41), sich zur Füllung von Lücken ein eigenes Reglement zu geben. Obwohl in BV 157 nicht erwähnt, erscheint dies gestützt auf eine inhärente Kompetenz als zulässig (ebenso AUBERT, Comm., Art. 157, N 9). – Das frühere Reglement der Bundesversammlung (AS 1977 231), das vor allem für Wahlen bedeutsam war, wurde mit Inkrafttreten des ParlG hinfällig (vgl. ParlG 130 ff.), jedoch erst mit Verspätung aus der SR eliminiert. In der Vereinigten Bundesversammlung entscheidet die Mehrheit der Stimmenden (BV 159 Abs. 2). Der frühere Losentscheid bei Wahlen wurde abgeschafft (vgl. SPK-N, Bericht ParlG, 3588), nachdem das Losverfahren bei einer Ersatzwahl am 11. März 1999 beinahe zum Zuge gekommen wäre (AB 1999 N 623; vgl. N 7 zu BV 175).

Besondere Anlässe und Erklärungen des Bundesrates (Abs. 2)

5   Die normative Substanz von Abs. 2 ist gering: Das Zweikammersystem wird hier (anders als in Abs. 1) nicht durchbrochen, zumal keine Beschlüsse zu fassen sind, mithin nicht i.S.v. BV 156 «verhandelt» wird. Die beiden Räte könnten sich auch ohne besondere Verfassungsgrundlage zu den in Abs. 2 genannten Anlässen versammeln (so denn auch schon seit 1974 GVG Art. 37bis, AS 1974 1051; vgl. jetzt ParlG 71). Der Bundesrat kann selbstverständlich Erklärungen auch vor nur einem Rat abgeben (vgl. GRN 33, GRS 28).

6   *Beispiele* sind die Sitzungen der Vereinigten Bundesversammlung
    – am 6.11.1998 aus Anlass des Jubiläumsjahres 1998 (AB 1998 N 2997);
    – am Sonntag 7.5 1995: Ausserordentliche Sitzung zum Gedenken an den 50. Jahrestag des Endes des Zweiten Weltkrieges (AB 1995 N 1719);
    – am 2./3.5.1991: Festsitzung zum «700-Jahr-Jubiläum der Schweizerischen Eidgenossenschaft» (AB 1991 N 833);
    – am 5.3.1997: Erklärung des Bundesrates betreffend Errichtung einer Schweizer Stiftung für Solidarität (AB 1997 N 649; vgl. N 18 zu BV 99).

Literaturhinweise: siehe vor BV 143 sowie vor und bei BV 148

Art. 158 Öffentlichkeit der Sitzungen

Die Sitzungen der Räte sind öffentlich. Das Gesetz kann Ausnahmen vorsehen.

1 Die Bestimmung geht auf die Bundesstaatsgründung zurück (BV 1848 Art. 82; BV 1874 Art. 94: «in der Regel öffentlich»).

Sitzungsöffentlichkeit (Satz 1)

2 *Funktion und Bedeutung:* Der Grundsatz der Öffentlichkeit ist ein traditionelles Element des Parlamentarismus und gehört zu den wesentlichen Funktionsvoraussetzungen einer modernen *Demokratie* (Transparenz, Verantwortlichkeit, nicht zuletzt mit Blick auf die periodisch wiederkehrenden Wahlen). – Zur Öffentlichkeit des Staatshandelns allgemein TSCHANNEN, Staatsrecht, 375 ff. Vgl. auch BV 180.

3 *Rechtsnatur und Anwendungsbereich:* BV 158 statuiert – klarer als BV 1874 Art. 94 – das *Rechtsgebot* der *Sitzungsöffentlichkeit*. Aus BV 158 i.V.m. 16 Abs. 3 (Informationsfreiheit) resultiert ein (einschränkbarer) *Grundrechtsanspruch* auf freie Informationsbeschaffung. BV 158 verlangt Sitzungsöffentlichkeit nur für die Sitzungen *der Räte* (unter Einschluss der gemeinsamen Verhandlung in der Form der Vereinigten Bundesversammlung, BV 157; vgl. AUBERT, Comm., Art. 158, N 4). In Bezug auf die Sitzungen der Ratsorgane (insb. der Kommissionen) entscheidet der Gesetzgeber. Die Gesetzgebung geht vom Grundsatz der *Vertraulichkeit* aus (so für Kommissionen ausdrücklich ParlG 47; dazu näher N 7 zu BV 153). – Die Räte werden vom Öffentlichkeitsgesetz nicht erfasst (anders die Parlamentsdienste: BGÖ 2, SR 152.3).

4 *Erscheinungsformen:* Die *unmittelbare* Sitzungsöffentlichkeit (ParlG 4) wird gewährleistet durch Zulassung von Publikum (Publikumsöffentlichkeit) und Medienberichterstattern (Medienöffentlichkeit; vgl. N 5). Der Besuch der (Publikums-)Tribüne kann bei grossem Andrang durch den Ratspräsidenten zeitlich beschränkt werden (GRN 61 und GRS 47, je Abs. 5). Eine *mittelbare* (zeitverschobene) Öffentlichkeit wird durch das sog. *Amtliche Bulletin* (bis 1962: Stenographisches Bulletin) der Bundesversammlung hergestellt. Darin werden (seit 1891, nach Überwindung beträchtlichen Widerstands; vgl. AUBERT, BVers 1848–1998, N 112) die Verhandlungen zugänglich gemacht (ParlG 4, ParlVV 1; vollständig erst seit 1971), neuerdings auch im Internet (www.parlament.ch). Die Parlamentsdienste sorgen für die Produktion eines protokollähnlichen audiovisuellen Signals des Beratungen, das den Radio- und Fernsehanstalten zur Verfügung gestellt wird (ParlVV 12 und 13).

5 *Akkreditierung von Medienschaffenden* (ParlG 5, ParlVV 11): Die von der Bundeskanzlei ausgestellten Akkreditierungen für Medienschaffende (vgl. Akkreditierungs-Verordnung der Bundeskanzlei vom 21.12.1990; SR 170.61) gelten auch für die Bundesversammlung. Den akkreditierten Medienschaffenden steht die Pressetribüne offen; sie haben ausserdem während der Session Zutritt zu den Vorräumen (GRN 61; GRS 47). Bei schwerwiegendem Missbrauch des Hausrechts kann die Verwaltungsdelegation Medienschaffenden die mit der Akkreditierung gewährten Vergünstigungen im Zuständigkeitsbereich der Bundesversammlung entziehen. – Zu den Vorräumen haben während der Session auch Personen mit Zutrittskarte gemäss ParlG 69 Zugang (GRN 61; GRS 47). Diese Personen und ihre Funktionen sind in ein öffentlich einsehbares Register einzutragen.

6 *Umfang:* Die Sitzungsöffentlichkeit gemäss BV 158 erfasst die *Beratungen* und *Beschlüsse*, nicht jedoch die *Stimmabgabe* der einzelnen Mitglieder bei Abstimmungen. Die Regelung der Öffentlichkeit der Stimmabgabe ist dem Gesetzgeber überlassen. Da die beiden Räte keinen gemeinsamen Nenner finden konnten, verweist ParlG 82 auf die Ratsreglemente. Eher grosszügig ist die Regelung betreffend Veröffentlichung der Abstimmungsdaten im NR (GRN 57); ziemlich restriktiv im SR (GRS 43 ff.), wo Abstimmungen mit Namensaufruf keine Tradition haben (vgl. VON WYSS, 23 ff.). – Bei *Wahlen* in der Bundesversammlung ist die Stimmabgabe von Gesetzes wegen *geheim* (ParlG 130).

Ausnahmen (Satz 2)

7 Seit 1999 darf eine geheime Beratung nur noch zum Schutze *wichtiger Sicherheitsinteressen* oder aus *Gründen des Persönlichkeitsschutzes* beschlossen werden (ParlG 4 Abs. 2 in Fortführung einer Teilrevision GVG). Antragsberechtigt sind: ein Sechstel der Mitglieder eines Rates beziehungsweise der Vereinigten Bundesversammlung, eine Kommission (Mehrheit) oder der Bundesrat. Die Beratung über den Antrag auf geheime Beratung selbst ist ebenfalls geheim (ParlG 4 Abs. 3). Der Beschluss des einen Rates bindet den anderen nicht (BV 156). Wer an geheimen Beratungen teilnimmt, hat über deren Inhalt Stillschweigen zu bewahren (ParlG 4 Abs. 4). – Gemäss GRN 61 bzw. GRS 47 hat, neben den Ratsmitgliedern, ein beschränkter Personenkreis Zutritt zum Ratssaal und zu den Vorräumen. Die Tribünen werden geräumt.

8 *Praxis:* Geheime Beratungen sind sehr selten. Beantragt (aber nach halbstündiger geheimer Beratung abgelehnt) wurde die geheime Beratung im Rahmen der Budgetdebatte 1990 betreffend den Bau des sog. Bundesratsbunkers (AB 1990 N 1097). Beispiele betreffend die Zeit des Zweiten Weltkrieges bei FLEINER/GIACOMETTI, 546, und SPK-N, Anpassung GVG, 4816 (Behandlung von Begnadigungsgesuchen von Landesverrätern).

Literaturhinweise (vgl. auch vor BV 143 sowie vor und bei BV 148)

VON WYSS MORITZ, Die Namensabstimmung im Ständerat, in: Isabelle Häner (Hrsg.), Beiträge für Alfred Kölz, Zürich usw. 2003, 23 ff.

Art. 159   Verhandlungsfähigkeit und erforderliches Mehr

¹ Die Räte können gültig verhandeln, wenn die Mehrheit ihrer Mitglieder anwesend ist.

² In beiden Räten und in der Vereinigten Bundesversammlung entscheidet die Mehrheit der Stimmenden.

³ Der Zustimmung der Mehrheit der Mitglieder jedes der beiden Räte bedürfen jedoch:
a. die Dringlicherklärung von Bundesgesetzen;
b. Subventionsbestimmungen sowie Verpflichtungskredite und Zahlungsrahmen, die neue einmalige Ausgaben von mehr als 20 Millionen Franken oder neue wiederkehrende Ausgaben von mehr als 2 Millionen Franken nach sich ziehen;

c.¹ die Erhöhung der Gesamtausgaben bei ausserordentlichem Zahlungsbedarf nach Artikel 126 Absatz 3.

⁴ Die Bundesversammlung kann die Beträge nach Absatz 3 Buchstabe b mit einer Verordnung der Teuerung anpassen.²

1 Die Bestimmung geht teils auf die Bundesstaatsgründung zurück (BV 1848 Art. 77, 78; vgl. BV 1874 Art. 87, 88), teils auf Partialrevisionen in den Jahren 1939/49 (BV 1874 Art. 89 bzw. 89bis: Dringlichkeitsrecht), 1995 (Art. 88: Ausgabenbremse) sowie 2001 (Abs. 3 Bst. c und Änderung von Abs. 4).

Verhandlungsfähigkeit (Abs. 1)

2 *Funktion:* Die Bestimmung bezweckt die Sicherung einer minimalen Legitimität der Verhandlungen (AUBERT, Comm., Art. 159, N 2; zum taktischen Einsatz des Anwesenheitsquorums – Verlassen des Ratssaals zur Verhinderung der Beschlussfassung – vgl. das Beispiel bei VON WYSS, Maximen, 207). Die Mehrheit der Ratsmitglieder beträgt im Nationalrat 101, im Ständerat 24, in der Vereinigten Bundesversammlung 125 (101+24; vgl. AUBERT, Comm., Art. 159, N 6). Bei Vakanzen verringern sich die Zahlen (vgl. RHINOW, Grundzüge, 393; BURCKHARDT, Kommentar, 699; a.M. FLEINER/GIACOMETTI, 546). Als anwesend zählt, wer sich im Ratssaal (wenn auch nicht unbedingt am eigenen Platz) befindet. Die Anwesenheit in den Vorzimmern oder in der Wandelhalle *(salle des pas perdus)* genügt nicht (ebenso AUBERT, Comm., Art. 159, N 6), auch wenn die Praxis dies zu tolerieren scheint (VON WYSS, SG-Komm., Art. 159, N 3).

3 *Anwendungsbereich:* Die Anwesenheit wird, wie sich aus den Materialien ergibt, nicht nur für die *Beschlussfassung* verlangt, sondern auch für die *Beratungen* (SPK-N/S, ZB-BV, 272; Botsch. BV, 385; vgl. auch VPB 53.1, 1989). Die Ratsreglemente verpflichten die Ratspräsidenten, vor Wahlen, vor Gesamt- und Schlussabstimmungen sowie vor Abstimmungen i.S.v. Abs. 3 die Verhandlungsfähigkeit zu prüfen. Eine Prüfung findet im Übrigen auf Antrag eines Ratsmitglieds statt (GRN 38, GRS 31; strenger noch GRS 1986).

4 *Rechtsfolgen:* Wird das Anwesenheitsquorum unterschritten, so kann nicht gültig verhandelt werden. Die Beratungen müssen unterbrochen werden. Die Praxis (soweit sie hiervon abweicht) hält vor der Verfassung nicht stand (vgl. auch AUBERT, Comm., Art. 159, N 8). Gleichwohl gefasste Beschlüsse wären ungültig (gemäss AUBERT, Comm., Art. 159, N 8, soll dies bisher nicht vorgekommen sein). Eine zeitweilige Unterschreitung des Anwesenheitsquorums dürfte durch die Gesamt- oder Schlussabstimmung geheilt werden (a.M. SÄGESSER, Bundesbehörden, Art. 159, N 322; bejahend für die BV 1874 AUBERT, Komm. aBV, Art. 87, N 7). Die Frage ist mehr von theoretischer als praktischer Bedeutung, da eine richterliche Überprüfung nicht möglich ist.

1 Angenommen in der Volksabstimmung vom 2. Dez. 2001 (BB vom 22. Juni 2001, BRB vom 4. Febr. 2002 – AS 2002 241; BBl 2000 4653, 2001 2387 2878, 2002 1209).

2 Angenommen in der Volksabstimmung vom 2. Dez. 2001 (BB vom 22. Juni 2001, BRB vom 4. Febr. 2002 – AS 2002 241; BBl 2000 4653, 2001 2387 2878, 2002 1209).

Regelfall: (absolute) Mehrheit der Stimmenden (Abs. 2)

5 *Anwendungsbereich und Tragweite:* Erfasst werden alle Entscheidungen der beiden Räte (auch bloss verfahrensleitende). Die Erwähnung der *Vereinigten Bundesversammlung* (BV 157) ist von entscheidender Bedeutung: Die Regel durchbricht die sonstige Gleichstellung der Räte und bewirkt, dass das zahlenmässige Übergewicht des Nationalrates durchschlagen kann. Gefordert ist die *absolute* Mehrheit der *gültigen* Stimmen. Erreicht werden muss mithin die erste ganze Zahl über der Hälfte der gültigen Stimmen. Ein blosses *relatives* Mehr genügt im parlamentarischen Verfahren nicht. Gegenteilige Äusserungen in der Literatur (z.B. VON WYSS, SG-Komm., Art. 159, N 9, vgl. immerhin N 6) sind auf ungenauen Begriffsgebrauch zurückzuführen (klärend AUBERT, Comm., Art. 159, N 4). Auch für Wahlen wird richtigerweise konsequent auf das absolute Mehr abgestellt (vgl. ParlG 37, 130, 136).

6 *Umsetzung:* Die gesetzliche Ordnung trägt den Anforderungen von Abs. 2 dadurch Rechnung, dass beim Vorliegen von *mehr als zwei Anträgen* zum selben Abstimmungsgegenstand mittels *Eventualabstimmung* ausgemehrt wird, bis zwei Anträge einander gegenübergestellt werden können (ParlG 79). – *Abstimmungsreihenfolge* (ParlG 78): Ausgehend von den Anträgen mit der kleinsten inhaltlichen Differenz ist schrittweise bis zu jenen mit der grössten Differenz aufzusteigen. Kann *keine klare Reihenfolge* bestimmt werden, so werden nacheinander die Anträge der Ratsmitglieder, dann die Anträge der Kommissionsminderheiten und schliesslich der Antrag des Bundesrates gegeneinander ausgemehrt. Das Resultat aus der letzten Abstimmung wird dem Antrag der *Kommissionsmehrheit* gegenübergestellt. Dieser geniesst somit verfahrensmässig eine privilegierte Stellung. Über unbestrittene Anträge wird nicht abgestimmt (ParlG 78 Abs. 4). Zum Stichentscheid des Ratspräsidenten (ParlG 80) vgl. N 11 zu BV 152. – Zu den Paradoxien der Mehrheitsregel und zur Bewältigung im Abstimmungsverfahren der Bundesversammlung vgl. VON WYSS, Maximen, 224 ff. (mwH).

7 *Konsequenzen:* Die Einführung von qualifizierten Mehrheiten oder von Mindestbeteiligungsquoren durch Gesetz oder Ratsreglement ist wegen BV 159 Abs. 2 *unzulässig* (vgl. auch AUBERT, Comm., Art. 159, N 11). Dies gilt für *alle* Entscheide, d.h. es wäre nicht verfassungskonform, für *Verfahrens*beschlüsse qualifizierte Mehrheiten vorzusehen (wie z.B. in GRN 1920 Art. 69, AS 1921 12: Zweidrittelsmehr für die Schliessung der Beratungen; so auch VON WYSS, Maximen, 203; vgl. auch AUBERT, BuStR II, 569 f.; a.M. seinerzeit BURCKHARDT, Kommentar, 700; FLEINER/GIACOMETTI, 555).

8 Diese Anforderungen gelten prinzipiell auch in den Organen (insb. Kommissionen) der Räte und der Vereinigten Bundesversammlung (vgl. VON WYSS, Maximen, 237), in den Fraktionen wegen der spezifischen Autonomie möglicherweise mit Abstrichen. Es erscheint daher problematisch, wenn die GPK es sich auferlegt, nach dem Konsensprinzip zu entscheiden (Handlungsgrundsätze vom 29.8./4.9.2003) oder wenn ParlG 154a Abs. 3 für eine Ermächtigung der Geschäftsprüfungsdelegation (betreffend Durchführung einer «parallelen» Disziplinar- oder Administrativuntersuchung im Schosse der Bundesverwaltung) ein Zweidrittelsmehr verlangt.

Ausnahme: (absolute) Mehrheit der Ratsmitglieder (Abs. 3)

9 *Funktion:* In den in Abs. 3 abschliessend (vgl. AUBERT, Comm., Art. 159, N 12) aufgezählten Fällen ist die Zustimmung der Mehrheit der Ratsmitglieder erforderlich. Stimmenthaltung und Abwesenheit wirken sich wie Nein-Stimmen aus. Obwohl häufig als «qualifiziertes Mehr» bezeichnet (z.B. SÄGESSER, Bundesbehörden, Art. 159, N 329), handelt es sich auch hier um einen Fall des *absoluten* (d.h. einfachen) Mehrs (Hälfte plus 1). Dieses wird hier indes anders berechnet, nämlich auf der Basis der Gesamtzahl der Ratsmitglieder (ebenso AUBERT, Comm., Art. 159, N 4, 13). Im Anwendungsbereich des Abs. 3 besteht kein Bedarf nach einem Stichentscheid (vgl. SPK-N, Bericht ParlG, 3568). Der Ratspräsident stimmt mit (ParlG 80 Abs. 2). Es wäre verfassungswidrig, ihm das Stimmrecht zu verweigern, da die absolute Mehrheit der Ratsmitglieder «nicht nur erforderlich ist, sondern auch genügt» (BBl 1939 I 970). Die Vereinigte Bundesversammlung wird hier zu Recht nicht erwähnt.

10 Die Verfassung nennt drei *Anwendungsfälle:* die *Dringlicherklärung* von Bundesgesetzen (Bst. a; vgl. BV 165), die sog. *«Ausgabenbremse»* (Bst. b; vgl. N 11) und die sog. «Schuldenbremse» (Bst. c; vgl. N 8 ff. zu BV 126).

11 *Ausgabenbremse (Abs. 3 Bst. b):* Erfasst werden bestimmte Entscheidungen, die *neue einmalige Ausgaben* von mehr als 20 Mio. Franken oder *neue wiederkehrende Ausgaben* von mehr als 2 Mio. Franken nach sich ziehen. Die genannten Begriffe gehören zum Vokabular des «gemeineidgenössischen» Finanzhaushaltsrechts, wie es sich in Gesetzgebungspraxis, höchstrichterlicher Rechtsprechung (insb. zum Finanzreferendum) und Rechtslehre entwickelt hat. Die Auslegung von Bst. b wird sich zweckmässigerweise an bewährter Rechtsprechung und Lehre orientieren, soweit der Verfassungsgeber nicht erkennbar davon abweichen wollte, was, soweit ersichtlich, nicht der Fall ist (vgl. auch SÄGESSER, Bundesbehörden, Art. 159, N 335; VPB 44.119, 1980).

- Eine *neue* Ausgabe liegt vor, «wenn der entscheidenden Behörde in Bezug auf den Umfang der Ausgabe, den Zeitpunkt ihrer Vornahme oder andere Modalitäten eine verhältnismässig grosse Handlungsfreiheit zusteht» (BGE 125 I 87, 91). Nicht erfasst werden *gebundene* Ausgaben, d.h. Ausgaben, die «durch einen Rechtssatz prinzipiell und dem Umfange nach vorgeschrieben oder zur Erfüllung der gesetzlich geordneten Verwaltungsaufgaben unbedingt erforderlich sind» (BGE 125 I 87, 90).

- Eine *wiederkehrende* Ausgabe liegt vor, wenn sie auf Dauer angelegt ist und von mehreren Zahlungen jede einzelne für sich allein sinnvoll ist. Als *einmalig* gilt eine Ausgabe auch dann, wenn mehrere zeitlich gestaffelte Zahlungen eine untrennbare Einheit bilden (vgl. SÄGESSER, Bundesbehörden, Art. 159, N 337; VON WYSS, SG-Komm., Art. 159, N 16).

- *Subventionsbestimmungen:* Die Praxis stellt auf die (Legal-)Definitionen im Subventionsgesetz ab (SuG 3, SR 616.1: Finanzhilfen, Abgeltungen).

- *Verpflichtungskredite* und *Zahlungsrahmen:* Die Staatspraxis stellt auf die (Legal-) Definitionen des FHG (SR 611.0) ab (dazu N 6, 7 zu BV 167).

Zu Anwendungsfragen vgl. z.B. AB 2000 N 991; AB 2003 S 229. Vgl. auch N 7 zu BV 156. – Da die Hürden nicht übermässig hoch sind, ist die Wirkung der Ausgabenbremse eher bescheiden (vgl. AUBERT, Comm., Art. 159, N 16).

Anpassung an die Teuerung (Abs. 4)

12 *Tragweite:* Abs. 4 normiert ein (im Vergleich zu BV 192 ff.) *vereinfachtes Verfahren der Verfassungs(text)änderung* (Parlamentsbeschluss ohne Referendum). Die Anpassung der Schwellenbeträge erfolgt in der Form einer (verfassungsunmittelbaren) Verordnung der Bundesversammlung (BV 163). Die Änderung von 2001 ist rein redaktioneller Natur (vgl. BBl 2000 4713).

***Literaturhinweise:** siehe vor BV 143 und 148 sowie bei BV 126, 148, 165*

Art. 160   Initiativrecht und Antragsrecht

¹ Jedem Ratsmitglied, jeder Fraktion, jeder parlamentarischen Kommission und jedem Kanton steht das Recht zu, der Bundesversammlung Initiativen zu unterbreiten.

² Die Ratsmitglieder und der Bundesrat haben das Recht, zu einem in Beratung stehenden Geschäft Anträge zu stellen.

1 BV 160 geht im Wesentlichen auf die Bundesstaatsgründung zurück (BV 1848 Art. 81 und 89; vgl. BV 1874 Art. 93 und 101). Erstmals werden auch die Fraktionen und die parlamentarischen Kommissionen schon auf Verfassungsstufe als Träger des Initiativrechts genannt. Die redaktionell nicht sonderlich geglückte Bestimmung ist für das politische System zentral und zugleich charakteristisch für ein stark «individualistisches» Parlamentsverständnis (vgl. N 5 zu BV 148; vgl. auch VON WYSS, Maximen, 11 ff., 83 ff.).

Initiativrecht (Abs. 1)

2 *Definition und Gegenstand:* Unter Initiativrecht versteht man das Recht, den *Entwurf zu einem Erlass* der Bundesversammlung (vgl. N 2 zu BV 163) einzureichen oder die *Ausarbeitung* eines Entwurfes vorzuschlagen (vgl. ParlG 115; etwas enger ParlG 107). Unterbreitet wird (entgegen dem etwas verunglückten Normtext) nicht eine Initiative, sondern ein Entwurf, gegebenenfalls ein Vorschlag in Form einer Anregung. – Bestimmte Typen von Geschäften sind aus verfassungsrechtlichen Gründen der Initiative des Bundesrates (BV 181) vorbehalten (insb. Budget und Staatsrechnung, BV 183; Genehmigung völkerrechtlicher Verträge, BV 184). Aus sachimmanenten Gründen nicht möglich ist die parlamentarische Initiative bei einigen (Einzel-)Akten, die von anderer Seite angestossen werden müssen (z.B. Gewährleistung einer Kantonsverfassung). Prinzipiell zulässig erscheint die auf einen *contrarius actus* (z.B. Entzug der Gewährleistung) abzielende parlamentarische Initiative.

3 *Rechtsnatur:* Dem in BV 160 ausdrücklich statuierten *Recht* (welches das Recht zur Begründung einschliesst) steht die *Pflicht* der Bundesversammlung gegenüber, einen förmlichen Beschluss zu fassen. BV 160 verschafft dem einzelnen Ratsmitglied ein individuelles Recht, das er *allein* ausüben kann (wenn auch zum Preis höherer «Verfahrenshürden», N 7 und 9). Der Gesetzgeber darf nicht ein Quorum (Mindestzahl von Unterzeichnern) vorsehen.

4 *Träger:* Der Kreis der Initiativberechtigten ist im internationalen Verfassungsvergleich sehr weit gezogen. Zu den in BV 160 Genannten kommt der Bundesrat (BV 181) hinzu (zur Kritik

an der systematischen Stellung vgl. AUBERT, Comm., Art. 160, N 3). Anders gelagert ist das auf eine Volksabstimmung hinführende Initiativrecht der Stimmberechtigten (BV 138 ff.). – Der politische Entscheidungsprozess kann auch mit anderen parlamentarischen Instrumenten angestossen werden (BV 171, ParlG 120 ff.). Dabei geht es jedoch nicht um eine Ausübung des Initiativrechts i.S.v. BV 160 (vgl. VON WYSS, SG-Komm., Art. 160, N 4). Die Bundesversammlung kann jedoch den Bundesrat zur Ausübung seines Initiativrechts verpflichten (Auftrag bzw. Motion).

5 *Arten:* Die Gesetzgebung unterscheidet zwischen *parlamentarischer* Initiative (Ratsmitglied, Fraktion, Kommission; ParlG 107 ff.) und *Standesinitiative* (ParlG 115 ff.). Das Initiativrecht des *Bundesrates* (BV 181) trägt keinen speziellen Namen.

6 *Form und Verfahren:* BV 160 äussert sich nicht zur Form. Die Anforderungen variieren je nach Art bzw. Träger (vgl. ParlG 107, 115). Der *Bundesrat* hat stets *ausformulierte Entwürfe* zu unterbreiten. Ein Rückzug der von ihm eingebrachten Vorlagen ist ihm generell verwehrt, während dies bei parlamentarischen und Standesinitiativen bis zu einem bestimmten Zeitpunkt möglich ist (ParlG 73). – Zum Verfahren im Einzelnen vgl. ParlG 107 ff. (parlamentarische Initiativen), ParlG 115 ff. (Standesinitiativen); ParlG 141 ff. (Modalitäten bei Vorlagen des Bundesrates).

7 Bei der *parlamentarischen Initiative* wurde im Rahmen der Parlamentsreform in die Vorprüfung (N 9) ein «Filter» eingebaut. Der Beschluss, einer Initiative Folge zu geben oder eine Kommissionsinitiative auszuarbeiten, bedarf der *Zustimmung* der zuständigen *Kommission des anderen Rates;* stimmt diese nicht zu, so wird der Initiative nur Folge gegeben, wenn *beide Räte* zustimmen. Wird einer Initiative Folge gegeben, so arbeitet die zuständige Kommission innert zwei Jahren eine Vorlage aus (ParlG 111). Die Kommission kann das zuständige Departement beiziehen (vgl. BV 155) und den Bundesrat beauftragen, zum Vorentwurf der Kommission (samt erläuterndem Bericht) ein Vernehmlassungsverfahren (BV 147) durchzuführen. Der Bundesrat erhält Gelegenheit, zum Erlassentwurf und zum Kommissionsbericht (der den Anforderungen an eine bundesrätliche Botschaft zu genügen hat, vgl. ParlG 141) Stellung zu nehmen, bevor der Erstrat die Beratung aufnimmt.

8 Das Verfahren bei *Standesinitiativen* wurde erstmals durch die GVG-Teilrevision von 1994 gesetzlich näher geregelt. Es ist jenem bei parlamentarischen Initiativen nachgebildet. Eine Besonderheit besteht darin, dass Standesinitiativen immer auch an den Zweitrat gelangen (ParlG 116 Abs. 3, 117 Abs. 2). Die Kommission des Erstrates hört bei der Vorprüfung eine Vertretung des Kantons an (ParlG 116 Abs. 4). Die Festlegung des für die Einreichung zuständigen Organs (gewöhnlich: das kantonale Parlament) und weiterer Modalitäten des Zustandekommens ist Sache des kantonalen Rechts.

9 *Inhaltliche und verfahrensmässige Einschränkungen:* Obwohl der Verfassungswortlaut diesbezüglich schweigt, schränkt die *Gesetzgebung* die Ausübung des Initiativrechts in mehrfacher Hinsicht ein:

– *Unzulässigkeit:* Initiativen von *Ratsmitgliedern und Fraktionen* sind grundsätzlich *unzulässig*, wenn das Anliegen als *Antrag* (Abs. 2) zu einem hängigen Erlassentwurf eingebracht werden kann (ParlG 108). Das geforderte Anführen der «Grundzüge» der Regelung (ParlG 107) bei nicht ausformulierten Initiativen soll verhindern, dass das Instrument als blosser Prüfungsauftrag missbraucht wird (SPK-N, Bericht ParlG, 3513).

- *Vorprüfung* (ParlG 109): Bei Initiativen von *Ratsmitgliedern und Fraktionen* sowie bei *Anträgen* für die Ausarbeitung einer *Kommissionsinitiative* muss eine Vorprüfung stattfinden. Beschliesst die zuständige Kommission zu beantragen, dass der Initiative keine Folge zu geben sei, und folgt der Rat diesem Antrag, so ist die Initiative *erledigt;* der Zweitrat wird nicht mit der Initiative befasst (ungeachtet der Tatsache, dass BV 160 die Bundesversammlung als Adressatin nennt). Für Standesinitiativen vgl. N 8.

- *Zweckmässigkeit* (ParlG 110): Initiativen von *Ratsmitgliedern und Fraktionen* sowie *Standesinitiativen* (ParlG 116) soll Folge gegeben werden, wenn der Weg der parlamentarischen Initiative zweckmässig ist (insb. wenn es um Parlamentsrecht geht oder ein Erlass rascher ausgearbeitet werden kann als auf dem Weg über eine Motion; vgl. SPK-N, Bericht ParlG, 3509 ff.).

- *Abschreibung* (ParlG 113) von Initiativen von *Ratsmitgliedern und Fraktionen:* Unterbreitet die Kommission ihren Erlassentwurf nicht innert zwei Jahren, so entscheidet der Rat, ob die Frist verlängert oder die Initiative abgeschrieben wird. Auch hier wird (anders als bei Standesinitiativen, ParlG 117) der Zweitrat nicht mit der Initiative befasst.

Gewiss will BV 160 das Initiativrecht nicht bedingungslos gewährleisten. Man kann sich dennoch fragen, ob alle genannten Beschränkungen vor der Verfassung standhalten.

10 *Praktische Bedeutung:* Die *parlamentarische Initiative* spielte bis in die 1960er Jahre hinein eine eher marginale Rolle. An ihrer Stelle kam die Motion zum Einsatz (die, anders als heute, nicht scharf von der Initiative geschieden wurde; vgl. AUBERT, BuStR II, 684 f., 1033 f.). Nach dem ersten Aufblühen schuf die 1970 verabschiedete GVG-Teilrevision eine einlässliche Verfahrensordnung für das Initiativrecht der Ratsmitglieder (GVG 21bis ff., AS 1970 1253), die später mehrfach modifiziert wurde. Seither hat die Zahl der eingereichten parlamentarischen Initiativen von Legislaturperiode zu Legislaturperiode stetig zugenommen: 29 (1971–1975), 144 (1987–1991), 190 (1991–1995), 261 (1995–1999), 282 (1999–2003; vgl. SPK-N, Bericht ParlG, 3509 und Legislaturrückblick 1999–2003, Anhang E). Die angenommenen Initiativen betrafen meist eher kleinere Neuerungen (für die sich die parlamentarische Initiative in der Regel gut eignet); es finden sich darunter aber auch verschiedene Verfassungsänderungen (vgl. insb. BB vom 16.12.2005 über die Neuordnung der Verfassungsbestimmungen zur Bildung, BBl 2005 7273, vgl. N 2 vor BV 61a) und so komplexe Erlasse wie das MWSTG (BG vom 2.9.1999; SR 641.20) und das BG vom 6.10.2000 über den Allgemeinen Teil des Sozialversicherungsrechts (ATSG; SR 830.1). Mitunter wird das Instrument dazu eingesetzt, den Bundesrat bei fehlender Reformfreudigkeit unter Druck zu setzen (bzw. zu halten). Ein illustratives Beispiel sind die parlamentarischen Initiativen Rhinow (90.231) und Petitpierre (90.228), ohne die der Bundesrat wohl kaum Ende 2001 seine Botschaft zur Staatsleitungsreform (BBl 2002 2095 ff.) verabschiedet hätte (die dann allerdings im März 2004 im Nationalrat vorläufig gestoppt wurde). ParlG 110 setzt dem taktischen Einsatz der parlamentarischen Initiative nunmehr gewisse Schranken (vgl. N 9). – Die *Standesinitiative* gilt als nicht besonders wirkungsvoll, erfreut sich aber seit den 1970er Jahren einer gewissen Beliebtheit (1970–2005: 289; Quelle: Dokumentationszentrale der Bundesversammlung; vgl. auch ADRIAN VATTER, Föderalismus, in: Klöti et al., 89).

Antragsrecht (Abs. 2)

11 *Definition:* Das Antragsrecht bezieht sich, anders als das Initiativrecht (Abs. 1), auf ein bereits *anhängig gemachtes Geschäft* (Ausnahme: Antrag auf Ausarbeitung einer Kommissionsinitiative, ParlG 109, 110). Die Modalitäten (Einreichung, Rückzug, Inhalt, Änderung) hängen von Inhalt und Verfahren des jeweiligen Beratungsgegenstandes ab. Das Antragsrecht schliesst (wie das Initiativrecht) das Recht auf Begründung ein. Ein Antrag kann während der Verhandlungen zurückgezogen oder abgeändert werden. Eventualbegehren sind zulässig (vgl. VON WYSS, Maximen, 153).

12 *Arten:* Traditionell wird unterschieden zwischen:
- *materiellen Anträgen* (ParlG 6), die den hängigen Gegenstand betreffen;
- *Ordnungsanträgen* (ParlG 76 Abs. 2), die das *Verfahren* betreffen (z.B. betreffend Rückkommen, Namensaufruf; vgl. GRN 51, 60). Ordnungsanträge können grundsätzlich jederzeit mündlich eingereicht werden und werden sofort behandelt (vgl. GRN 51; GRS 39; vgl. hinten N 15).

13 *Träger:* Abs. 2 nennt (nur) zwei Kategorien von Trägern:
- *Ratsmitglieder* (im Rat, dem sie angehören; vgl. AUBERT, Comm., Art. 160, N 16): Das Antragsrecht steht von Verfassungsrechts wegen dem *einzelnen* Ratsmitglied zu; der Gesetzgeber darf daher nicht (wie dies in manchen ausländischen Verfassungsordnungen geschieht) eine bestimmte Mindestzahl von Ratsmitgliedern vorsehen.
- *Bundesrat* (in beiden Räten): Die Wortwahl soll klarstellen, dass die Mitglieder des Bundesrates in den parlamentarischen Beratungen *im Namen des Kollegiums* auftreten (ohne dass das Mitglied dies bei jeder Gelegenheit ausdrücklich sagen müsste; vgl. AUBERT, Comm., Art. 160, N 16). Die *Ausübung* des Antragsrechts obliegt aus praktischen Gründen dem jeweiligen Vertreter des Bundesrates (ParlG 159 ff.); bei der Ausübung des formell eigenständigen Antragsrechts sind die Mitglieder des Bundesrates in das Kollegialprinzip (BV 177) eingebunden. – *Vertretungsbefugt* sind nach aktueller Gesetzgebung: im *Ratsplenum* die *Mitglieder* des Bundesrates (Departementsvorsteher), u.U. der/die *Bundeskanzler/in* (für Geschäfte der Bundeskanzlei, ParlG 161); in den *Kommissionen* gegebenenfalls auch Bundesbedienstete (ParlG 160 Abs. 2).

Über ein Antragsrecht verfügen auch die (in BV 160 Abs. 2 nicht erwähnten) *Kommissionen* (ParlG 45 i.V.m. ParlG 35) und *Fraktionen* (ParlG 62), ob bereits von Verfassungsrechts wegen (vgl. SÄGESSER, Bundesbehörden, Art. 160, N 353, AUBERT, Comm., Art. 160, N 16) kann dank ParlG 45 zurzeit offen bleiben. Anträge, die von der Kommissionsmehrheit abgelehnt worden sind, können im Rat als *Minderheitsanträge* eingereicht werden (ParlG 76 Abs. 4).

14 Der *sachliche Anwendungsbereich* des Antragsrechts kommt in Abs. 2 nicht klar zum Ausdruck. Sicher besteht es für alle Genannten im Ratsplenum. In Bezug auf die einzelnen Organe (ParlG 31: Präsidien, Büros, Kommissionen usw.) muss, ungeachtet des weiten Verfassungswortlauts, differenziert werden. Gemäss ParlG 76 Abs. 1 kann *jedes* Ratsmitglied zu einem hängigen Beratungsgegenstand Anträge nicht nur in seinem Rat, sondern auch in der *vorberatenden Kommission* einreichen, d.h. auch wenn es dieser *nicht* angehört (vgl. VON WYSS, Maximen, 93). Ob der Gesetzgeber schon von Verfassungsrechts wegen (BV 160 Abs. 2) zu dieser Regelung verpflichtet ist, erscheint fraglich (vgl. auch VON WYSS, Maximen,

154, wonach das Antragsrecht in der vorberatenden Kommission ein gesetzliches Surrogat für das zufolge ParlG 108 ausgeschlossene Initiativrecht ist). Mit dem Antragsrecht ist nicht nur ein Begründungsrecht, sondern wohl auch ein Teilnahmerecht verbunden (bejahend VON WYSS, Maximen, 155). – In der Koordinationskonferenz besitzt der Bundesrat gemäss Gesetz kein Antragsrecht, sondern nur ein Recht, mit beratender Stimme an den Sitzungen teilzunehmen (ParlG 37).

15 *Einschränkungen des Antragsrechts:* Verfassungsrechtlich unproblematisch erscheinen moderate formelle Beschränkungen betreffend die *Ausübung* des Antragsrechts. Als zulässig gilt die Festlegung von Formerfordernissen (Schriftlichkeit) und zeitlichen Beschränkungen (Zeitpunkt der Einreichung; vgl. GRN 50, GRS 38). Bei der Differenzbereinigung sind Rückkommensanträgen Grenzen gesetzt. Die Ratsreglemente sehen eine *Prüfung* von Anträgen bei der Einreichung «auf ihre formale Rechtmässigkeit» vor (GRN 50; GRS 38). Nicht ganz ernst gemeinte (Jux-)Anträge nicht zu den Beratungen zuzulassen, erscheint grundsätzlich zulässig (Beispiel: Antrag betreffend Unterstellung der Schweizer Grossbanken bzw. von Derivatgeschäften unter das Spielbankengesetz; AB 1998 N 1890 f.). – Das Gesetz sieht mitunter vor, dass bestimmte Anträge bestimmten Organen *vorbehalten* bleiben (z.B. ParlG 89 Abs. 3: gemeinsamer Rückkommensantrag der vorberatenden Kommissionen beider Räte). Dies mag sachlich einleuchten, erscheint aber im Lichte von Abs. 2 nicht unproblematisch.

Literaturhinweise (vgl. auch vor BV 143, vor und bei BV 148)

BAUMGARTNER SERGE, Die Standesinitiative, Basel 1980; LAMPRECHT ANDRAE, Die parlamentarische Initiative im Bund, Basel 1989; GRAF MARTIN, Motion und parlamentarische Initiative, in: Parlamentsdienste (Hrsg.), Oberste Gewalt, 203 ff.; SANTSCHY ANTOINE, Le droit d'amendement au sein des deux conseils de l'Assemblée fédérale, ZSR 1986 I, 503 ff.; VON WYSS MORITZ, Maximen und Prinzipien des parlamentarischen Verfahrens, Zürich 2000.

Art. 161 Instruktionsverbot

¹ Die Mitglieder der Bundesversammlung stimmen ohne Weisungen.
² Sie legen ihre Interessenbindungen offen.

1 Die Bestimmung geht auf die Bundesstaatsgründung zurück (BV 1848 Art. 79; BV 1874 Art. 91: «ohne Instruktionen»). Die Offenlegungspflicht für Ratsmitglieder wurde 1984 auf Gesetzesstufe eingeführt (GVG 3bis, AS 1984 768, 777) und mit der Verfassungsreform auf Verfassungsstufe gehoben.

Freies Mandat (Abs. 1)

2 *Funktion:* Abs. 1 will die *freie Mandatsausübung* sichern (Grundsatz des ungebundenen, freien Mandats). Historisch richtete sich das Instruktionsverbot vor allem gegen die Vormachtstellung der Kantone. BV 1848 Art. 79 markierte zugleich den Bruch mit der Tradition der (weisungsgebundenen) Tagsatzung. Eine Verpflichtung, «im Gesamtinteresse des Staates zu handeln», lässt sich aus BV 161 nicht ableiten (so aber VON WYSS, Maximen, 57; vgl. auch BURCKHARDT, Komm., 716). Interessenbindungen werden als grundsätzlich systemkonform angesehen (vgl. Abs. 2; vgl. auch BV 144). – Der Gewährleistung des freien Mandats dienen

auch die geheime Stimmabgabe bei Wahlen (ParlG 130) und das sog. Ordensverbot (vgl. ParlG 12; N 13 zu BV 144).

3   *Adressaten:* In die Pflicht genommen werden die *Ratsmitglieder*, insbesondere auch die Mitglieder des Ständerates (welche, wie die US-Senatoren, aber anders als die Mitglieder des deutschen Bundesrates, echte Abgeordnete, nicht «Vertreter» oder Delegierte ihrer Kantone sind; vgl. N 3 zu BV 150). In die Pflicht genommen werden auch die *Fraktionen* als Organe der Bundesversammlung (etwa beim Erlass von Fraktionsreglementen; vgl. N 8 zu BV 154; vgl. VON WYSS, Maximen, 67 ff.), weiter auch der *Bundesgesetzgeber*, die weiteren Organe der Rechtsetzung und die rechtsanwendenden Organe (auch auf kantonaler Ebene; vgl. N 5 zu BV 150; AUBERT, Comm., Art. 161, N 4).

4   *Tragweite:* «Stimmen» umfasst auch «wählen». Was das «Sprechen» betrifft (vgl. TSCHANNEN, Staatsrecht, 436), ist zu differenzieren: Das Weisungsverbot bezieht sich grundsätzlich auch auf Äusserungen in der vorausgehenden Beratung (vgl. SÄGESSER, Bundesbehörden, Art. 161, N 358), doch gibt es Ausnahmen (z.B. Kommissionsberichterstatter, Fraktionssprecher).

5   *Regelungszweck* ist die *Freistellung* von rechtlichen *Bindungen* und *juristischen Konsequenzen*. Nicht unterbinden will (und kann) BV 161 freiwillige «Bindungen» (z.B. Einordnung in die Fraktionsdisziplin, vgl. N 7), faktische Abhängigkeiten und damit einhergehende politische Konsequenzen (Drohung der Nicht-Nominierung bei der nächsten Wahl, Aufforderung zum Rücktritt). Mögen Wahlversprechen, Parteiprogramme, Fraktionsbeschlüsse für die Ratsmitglieder politisch bindend sein, juristisch sind sie es nicht.

6   Zur Frage der *Rechtsfolgen* äussert sich BV 161 nicht direkt. Allfällige Weisungen einer Behörde (kantonale Regierung, kantonales Parlament), der Stimmberechtigten des Wahlkreises oder der Fraktion wären juristisch gesehen nichtig (rechtlich inexistent) und rechtlich nicht durchsetzbar (AUBERT, Comm., Art. 161, N 4). Entsprechendes gilt für Direktiven der Partei an «ihre» Fraktion oder Ratsmitglieder (vgl. VON WYSS, SG-Komm., Art. 161, N 7). Die Abgeordneten sind nicht befugt, irgendwelche Verpflichtungen einzugehen. Die Missachtung allfälliger (freiwilliger) Abreden muss juristisch folgenlos bleiben. Gebunden sind die Abgeordneten nur an das Recht (BV 5, 35; vgl. auch ParlG 3 Abs. 4, Eidesformel: «die Verfassung und die Gesetze»). – Zulässig bleiben Sanktionen wie der (seltene) Ausschluss aus Partei oder Fraktion. Ein Partei- oder Fraktionsausschluss oder -austritt hat nicht den Mandatsverlust zur Folge. Entsprechende Verzichtsvereinbarungen zwischen einem Ratsmitglied und seiner Partei oder Fraktion wären nichtig. Ein Fraktionsaustritt oder -ausschluss führt auch nicht zum Verlust von Kommissionsmandaten des betreffenden Ratsmitglieds. Der gesetzlich geforderte «Fraktionsproporz» (ParlG 43 Abs. 3; vgl. auch N 6 zu BV 154) muss gegenüber BV 161 Abs. 1 zurücktreten (so im Ergebnis auch SPK-N, Bericht ParlG, 3548; anders AUBERT, Komm. aBV, Art. 91, N 10); er ist bei nächster Gelegenheit (Vakanzen; Ablauf der Amtsdauer) wiederherzustellen. Eine andere Beurteilung könnte allenfalls in dem vom Verfassungsgeber nicht bedachten (unwahrscheinlichen) Fall angezeigt sein, dass während laufender Legislatur Fraktionsaustritte oder -wechsel in grösserer Zahl auftreten und die Funktionsfähigkeit der Kommissionen (Vorbereitung der Ratsgeschäfte) und damit die Funktionsfähigkeit der Räte selbst ernstlich in Frage gestellt wären (vgl. VON WYSS, Maximen, 81).

7   Die sog. *Fraktionsdisziplin* ist (im internationalen Vergleich) wenig ausgeprägt (vgl. AUBERT, BVers 1848–1998, N 363; VON WYSS, Maximen, 72 ff.), traditionell am stärksten ist sie bei den Parteien an den Rändern des politischen Spektrums. Die schwache Fraktionsdisziplin ist nicht in erster Linie auf das freie Mandat zurückzuführen (das ja auch in anderen Demokratien gewährleistet ist), sondern vorab auf andere Faktoren wie Wahlsystem (z.B. veränderbare Listen bei der Proporzwahl, BPR 35), föderalistische Struktur der Parteien und Konkordanzdemokratie (in der die Regierung, anders als in parlamentarischen Regierungssystemen, nicht auf permanente Unterstützung im Parlament angewiesen ist).

Offenlegung der Interessenbindungen (Abs. 2)

8   *Gegenstand:* Abs. 2 handelt, entgegen dem Sachtitel, nicht von (unzulässigen) rechtlichen Bindungen (Instruktionsverbot), sondern von (grundsätzlich erlaubten) *Interessenbindungen*. In realistischer Einschätzung der Funktionen eines modernen Parlaments bringt der Verfassungsgeber hier zum Ausdruck, dass die in vielfältige interessenbestimmte Beziehungen eingebundenen Ratsmitglieder nicht nur Volksvertreter (BV 149, 150), sondern auch Interessen(gruppen)vertreter sind und es auch sein dürfen (vgl. auch, zur kantonalen Ebene: BGE 125 I 289, 292; BGE 123 I 97, 108). Aus Gründen der Transparenz sind jedoch Interessenbindungen *offenzulegen*, und zwar nicht nur (wie der franz. bzw. ital. Wortlaut denken lassen) Verbindungen zu Interessengruppen *(groupes d'intérêt, gruppi d'interesse),* sondern Interessenbindungen *allgemein* (z.B. auch betreffend Tätigkeiten für Bund oder Kantone).

9   *Tragweite:* Abs. 2 begründet zwar eine verfassungsunmittelbare Verpflichtung der Ratsmitglieder, bedarf jedoch, wenn das Regelungsziel erreicht werden soll, der gesetzgeberischen Umsetzung und Konkretisierung.

10 *Register der Interessenbindungen:* Gemäss ParlG 11 führen die Parlamentsdienste ein *öffentliches Register*, in welches die von den Ratsmitgliedern bei Amtsantritt und dann periodisch (Jahresbeginn) gemeldeten Angaben aufgenommen werden (Selbstdeklaration). Anzugeben sind: berufliche Tätigkeiten; Tätigkeiten in Führungs- und Aufsichtsgremien sowie Beiräten von schweizerischen und ausländischen Körperschaften, Anstalten und Stiftungen des privaten und des öffentlichen Rechts (z.B. auch das Führen des Sekretariats, vgl. SÄGESSER, Bundesbehörden, Art. 161, N 366); Beratungs- oder Expertentätigkeiten für Bundesstellen; dauernde Leitungs- oder Beratungstätigkeiten für schweizerische und ausländische Interessengruppen; Mitwirkung in Kommissionen und anderen Organen des Bundes (etwas weniger weit zuvor das GVG; vgl. SPK-N, Bericht ParlG, 3527). Die Offenlegungspflicht kann u.U. Grundrechtspositionen tangieren (z.B. aus BV 13, 15, 23, 27). Das in einer Demokratie fundamentale öffentliche Interesse der Transparenz dürfte allfällige Eingriffe im Allgemeinen rechtfertigen. – Bei Verletzung der Offenlegungspflicht sollen (gemäss SPK-N, Bericht ParlG, 3527) Disziplinarmassnahmen ergriffen werden können. Die Sanktionen gemäss ParlG 13 Abs. 1 scheinen freilich auf ParlG 11 nicht zu passen; jene gemäss ParlG 13 Abs. 2 (Verweis, Suspension in Kommissionen) greifen nur bei schwerwiegenden Verstössen gegen Ordnungs- und Verfahrensvorschriften. – Eine parlamentarische Initiative, die eine Ausdehnung der Offenlegungspflicht auf die finanziellen Verhältnisse verlangte (05.469), fand in der SPK-N keine Mehrheit (Medienmitteilung vom 14.9.2006).

11 *Offenlegung im Rahmen der Beratungen* (ParlG 11 Abs. 3): Ratsmitglieder, die durch einen Beratungsgegenstand in ihren persönlichen Interessen unmittelbar betroffen sind, müssen auf diese Interessenbindung hinweisen, wenn sie sich im Rat oder in einer Kommission äussern. Ausstandspflichten kennt das Parlamentsrecht des Bundes, von speziell gelagerten (justizähnlichen) Fällen abgesehen, *nicht* (anders z.B. KV/BL § 58, dazu BGE 125 I 289).

Literaturhinweise (vgl. auch vor BV 143, vor und bei BV 148)

HOMBERGER HANS ULRICH, «Die Mitglieder beider Räte stimmen ohne Instruktionen», Zürich 1973; REINERT PETER, Ausstand im Parlament, Zürich 1991; SCHMID GERHARD, Das freie Mandat der Mitglieder der Bundesversammlung, ZSR 1974 I, 476 ff.

Art. 162   Immunität

¹ Die Mitglieder der Bundesversammlung und des Bundesrates sowie die Bundeskanzlerin oder der Bundeskanzler können für ihre Äusserungen in den Räten und in deren Organen rechtlich nicht zur Verantwortung gezogen werden.

² Das Gesetz kann weitere Arten der Immunität vorsehen und diese auf weitere Personen ausdehnen.

1 Die Bestimmung hat keine Entsprechung in der BV 1874 und der BV 1848. Vorschriften betreffend Immunität bestanden (und bestehen) auf Gesetzesstufe (vgl. VG 2; GarG 1 ff., BS 1 152; jetzt ParlG 16 ff.).

2 *Definition und Funktion:* Immunität meint den unbedingten (absoluten) oder bedingten (relativen) Schutz vor Strafe und Strafverfolgung für (bestimmte) Amtsträger. Es handelt sich um ein *Privileg*, welches das zentrale rechtsstaatlich-demokratische Gebot der Gleichbehandlung (BV 8) in einem sensiblen Bereich stark relativiert (und angesichts der staatspolitischen Bedeutung richtigerweise in der Verfassung figuriert). Die Immunität dient in erster Linie dem Schutz des *ungestörten Funktionierens* der staatlichen Institutionen (vgl. VPB 69.2 [2005], Bundesamt für Justiz), reflexweise auch dem persönlichen Schutz des einzelnen Parlaments-, Regierungs- oder Gerichtsmitglieds.

Absolute Immunität (Abs. 1)

3 *Gegenstand:* Das «Wortprivileg» («Äusserungen in den Räten») bietet uneingeschränkten Schutz vor *strafrechtlicher* Verfolgung und Bestrafung, aber auch vor *zivilrechtlicher* Belangung («rechtlich nicht zur Verantwortung gezogen werden»). Typischerweise geht es um Straftatbestände wie Amtsgeheimnisverletzung (StGB 320) oder Ehrverletzungen (StGB 173 ff.). Nicht ausschliessen will BV 162 Abs. 1 *Disziplinarmassnahmen* wie sie ParlG 13 bei Verstössen gegen die Ordnungs- und Verfahrensvorschriften der Räte oder bei Amtsgeheimnisverletzungen vorsieht (Wortentzug, Ausschluss vom Rest der Sitzung, Verweis, vorübergehender Ausschluss aus Kommissionen; vgl. SPK-N, Bericht ParlG, 3528; vgl. auch VON WYSS, SG-Komm., Art. 162, N 6).

4   *Äusserungen:* Neben *mündlichen* sind auch *schriftliche* Äusserungen (z.B. in Berichten zuhanden der Räte oder eines Organs) und wohl auch das Abstimmungsverhalten erfasst (vgl. VON WYSS, SG-Komm., Art. 162, N 4), weshalb der Begriff «Redefreiheit» missverständlich ist. – Beispiel: Bejahung der absoluten Immunität der Mitglieder des Bundesrates und der Bundeskanzlerin betreffend Aussagen im Extremismusbericht vom 25.8.2004 (BBl 2004 5011, insb. 5042; vgl. AB 2005 N 1914, S 742; auf Geheiss der Eidgenössischen Datenschutzkommission muss das Bundesamt für Polizei den Extremismusbericht korrigieren und eine Richtigstellung im BBl publizieren (vgl. BGer, Urteil 1A.28/2007 vom 26.3.2007).

5   *«in den Räten und in deren Organen»:* Erfasst sind auch die Verhandlungen der Vereinigten Bundesversammlung (BV 157). Zu den Organen der Räte zählen auch die Fraktionen (vgl. ParlG 31). Der Schutz erstreckt sich gemäss Praxis zu Recht auch auf die blosse *Wiederholung* der Äusserung *ausserhalb* der Räte (vgl. AB 2005 N 319, S 560, NRin Hutter: Äusserungen betreffend Funktionstüchtigkeit von Russpartikelfiltern in einer Motion und in der Öffentlichkeit; vgl. auch die Fälle NR Hubacher, AB 1970 N 410 ff., S 249 ff.; NR Bäumlin, AB 1990 N 670 ff., S 536 ff.; NR Ziegler, AB 1991 N 1950 ff., S 1091 ff.; VON WYSS, SG-Komm., Art. 162, N 7).

6   *Schutzwirkung und geschützter Personenkreis:* Die absolute Immunität kann nicht aufgehoben werden. Abs. 1 entfaltet seine Schutzwirkung unmittelbar (von Verfassungsrechts wegen). Es schadet daher nicht, dass in ParlG 16 nur die Ratsmitglieder, nicht auch die weiteren privilegierten Personen (Mitglieder des Bundesrates, Bundeskanzler) genannt werden. Vieles spricht dafür, die Aufzählung der *absolut* geschützten Personen in Abs. 1 als *abschliessend* zu verstehen (vgl. AUBERT, Comm., Art. 162, N 8), so dass Mitglieder des Bundesgerichts, die sich in den Räten äussern (ParlG 162), nur (aber immerhin) in den Genuss der relativen Immunität (Abs. 2) kommen; eine Ausdehnung des Privilegs (absolute Immunität, Abs. 1) würde mithin eine Verfassungsänderung bedingen (a.M. SÄGESSER, Bundesbehörden, Art. 162, N 387; VON WYSS, SG-Komm., Art. 162, N 5). Der Schutz gemäss Abs. 1 gilt nicht für Bundesbedienstete und Sachverständige, die in den Kommissionen (ParlG 159 Abs. 2), u.U. in den Räten (ParlG 160 Abs. 2) zu Wort kommen.

Weitere Arten (Abs. 2)

7   *Anwendungsbereich:* Die Reichweite der Ermächtigung ist begrenzt, da bei Privilegien, die auf Gesetzesstufe eingeführt werden, das *Rechtsgleichheitsgebot* (BV 8) in Rechnung zu stellen ist. Die systematische Stellung der Bestimmung lässt vermuten, dass es hier nur um die Möglichkeit von Erweiterungen im Zusammenhang mit den Verhandlungen der Bundesversammlung (Funktionsschutz) geht. Im Rahmen der Verfassungsreform war man aber offensichtlich der Ansicht, dass die in Abs. 2 angesprochenen weiteren Arten von Immunität nicht zwingend einen Bezug zum parlamentarischen Verfahren aufweisen müssen (vgl. die vorbestehenden Regelungen im VG und im damaligen GarG; vgl. auch Botsch. BV, 388). Der Sache nach handelt es sich im Wesentlichen um aufhebbare (relative) Strafverfolgungsprivilegien. Diese sollen nicht vor Strafe bewahren, sondern den Zugriff der Strafverfolgungsbehörden «zur Unzeit» verhindern (vgl. VPB 69.2 [2005], Bundesamt für Justiz).

8   *Weitere Arten und Personen (Überblick).* Die Gesetzgebung sieht vor:
    - die *relative Immunität* der Ratsmitglieder (ParlG 17; vgl. N 10);
    - die *Sessionsteilnahmegarantie* für Ratsmitglieder (ParlG 20; vgl. N 9);
    - den relativen (durch die Bundesversammlung aufhebbaren) Schutz vor Strafverfolgung für die von der Bundesversammlung gewählten *Behördenmitglieder* und *Magistratspersonen* bei strafbaren Handlungen, die sich auf ihre *amtliche* Tätigkeit oder Stellung beziehen (VG 14);
    - den *relativen* Schutz für *Bundesbedienstete* bei strafbaren Handlungen, die sich auf ihre *amtliche* Tätigkeit oder Stellung beziehen (VG 15);
    - den *relativen* Schutz für Mitglieder des Bundesrates, des Bundesgerichts, des Verwaltungsgerichts, des Strafgerichts, den Bundeskanzler *während der Dauer ihres Amtes* bei Verbrechen und Vergehen, die *nicht* in Zusammenhang mit dem Amt stehen (RVOG 61a; BGG 11; VGG 12; SGG 11a; vgl. auch N 12). Wird die Zustimmung zur Strafverfolgung verweigert (vgl. z.B. Entscheid des Bundesrates betreffend BR Blocher, NZZ vom 13./14.3.2004, S. 16, betreffend Ehrverletzungsklage im Kanton Zürich aus dem Jahr 2003), so kann die Strafverfolgungsbehörde bei der Bundesversammlung Beschwerde einlegen.

    Zu den Folgen des Wechsels von einer Personenkategorie (Ratsmitglied) in eine andere (Bundesratsmitglied) vgl. VPB 69.2 (2005), Bundesamt für Justiz.

9   Die *Sessionsteilnahmegarantie* (ParlG 20) bietet Ratsmitgliedern Schutz vor Strafverfolgung wegen Verbrechen oder Vergehen, welche *nicht* im Zusammenhang mit der amtlichen Stellung oder Tätigkeit stehen, dies allerdings nur *während* der Session (Schutz vor Verfolgung «zur Unzeit»). Ein Strafverfahren kann nur eingeleitet werden mit der schriftlichen Zustimmung des betreffenden Ratsmitglieds oder mit Ermächtigung des *Rates*, dem es angehört. Vorbehalten bleiben die vorsorgliche Verhaftung wegen Fluchtgefahr oder der Fall des Ergreifens auf frischer Tat bei der Verübung eines Verbrechens (für besondere Fälle vgl. ParlG 20 Abs. 3, 4). In der Praxis spielt diese Garantie kaum eine Rolle (vgl. AUBERT, Comm., Art. 162, N 12). Der historische Hintergrund und Zweck des Instituts ist der Schutz gegen Instrumentalisierung des Strafverfolgungsapparates durch die Exekutive mit dem Ziel, unliebsame Parlamentarier von der Sitzungsteilnahme abzuhalten (vgl. SPK-N, Bericht ParlG, 3534). – Die Sessionsteilnahmegarantie wird ergänzt durch das sog. Wehrprivileg (MG 17).

10 Die *relative Immunität* gemäss ParlG 17 kommt zum Zug bei strafbaren Handlungen in Zusammenhang mit der *amtlichen Stellung oder Tätigkeit* eines Ratsmitglieds: Ein Strafverfahren kann nur mit der Ermächtigung der *Bundesversammlung*, d.h. der beiden getrennt beschliessenden Räte, eingeleitet werden (näher ParlG 17 Abs. 2–4). Das betreffende Ratsmitglied kann *nicht von sich aus* auf die Immunität verzichten (Funktionsschutz). Für die Aufhebung des Post- und Fernmeldegeheimnisses und bestimmte weitere Ermittlungsmassnahmen gegen ein Ratsmitglied verlangt ParlG 18 u.U. eine Ermächtigung der Ratspräsidien. Eine Verhaftung ohne Ermächtigung der Bundesversammlung ist unzulässig. Die zivilrechtliche Verantwortlichkeit wird nicht eingeschränkt. – *Zeugnisverweigerung:* Das Bundesgericht geht davon aus, dass ein Ratsmitglied die Zeugenaussage (betreffend in Ratsfunktion erlangte Informationen) nicht unter Berufung auf die relative Immunität verweigern darf (Urteil vom

31.5.1990). Die Räte gehen von einem «faktischen Zeugnisverweigerungsrecht» aus, da beim Versuch der Erzwingung der Aussage mittels Haft oder Bussandrohung eine Berufung auf die parlamentarische Immunität möglich sei, so dass die Bundesversammlung das letzte Wort habe (vgl. AB 1996 N 195 ff. und S 135 ff., betreffend NR M. Leuenberger).

11 *Vorgehen (relative Immunität):* Die Prüfung erfolgt in zwei Schritten:
- *Vorfrage:* Besteht ein Zusammenhang mit der amtlichen Stellung oder Tätigkeit? Bei *Verneinung* dieser (Rechts-)Frage kann die Strafverfolgung ohne Ermächtigung der Räte aufgenommen werden. Auf das Gesuch um Aufhebung der Immunität wird nicht eingetreten. – Andernfalls:
- *Hauptfrage:* Soll die Immunität aufgehoben werden oder nicht? Die Räte haben ein weites Ermessen, müssen aber berücksichtigen, dass die Immunität ein Privileg verschafft. Die Räte beurteilen dabei richtigerweise nicht, ob der Straftatbestand erfüllt ist; sie wägen vielmehr ab zwischen Funktionsfähigkeit und Strafverfolgungsinteresse und bilden sich zu diesem Zweck ein summarisches Urteil darüber, ob eine strafbare Handlung ernsthaft in Frage steht (Bericht RK-S, BBl 2000 646, 649).

Die Bundesversammlung hat in den vergangenen Jahren die Vorfrage (Zusammenhang mit dem Amt) in aller Regel grosszügig *bejaht* (z.B. Teilnahme an öffentlichen Diskussionen, an Sendungen von Radio und Fernsehen) und die Hauptfrage (Aufhebung der Immunität) regelmässig verneint (vgl. AUBERT, Comm., Art. 162, N 11). Zwei Versuche des Ständerates, die Praxis per Gesetzesänderung (Präzisierung des «Zusammenhangs» mit dem Amt) zu verschärfen, scheiterten am Widerstand des Nationalrats (vgl. BBl 1994 II 848 ff., AB 1995 N 1237 f.; BBl 2000 646, AB 2000 N 1170 f.).

12 *Kasuistik* (vgl. auch vorne N 4 f.; VON WYSS, SG-Komm., Art. 162, N 14):
- NR Ziegler (AB 1991 N 735 ff., S 601 ff.): Vorwürfe gegenüber einer Privatperson in einer Buchpublikation; Zusammenhang mit dem Amt verneint (was in der Sache vertretbar, aber als unerwartete Praxisverschärfung problematisch ist; kritisch auch AUBERT, BuStR II, 1012 ad N 1278). Das Strafverfahren endete mit einer Busse im Betrag von Fr. 14'000.
- NR Blocher (AB 1994 N 1012 ff., S 712 ff.): mit dem Ratsreglement nicht konforme Stimmabgabe für Sitznachbarin; Aufhebung abgelehnt.
- NR Scherrer (AB 1996 N 1468, S 865): Strafanzeige wegen Rassendiskriminierung (StGB 261bis) aufgrund von Aussagen in einer Fernsehsendung; Aufhebung abgelehnt.
- NR Keller (AB 1998 N 2760 ff., AB 1999 S 5 ff., N 639 ff., S 560 ff.): Aufruf zum Boykott «sämtliche(r) amerikanische(r) und jüdische(r) Waren, Restaurants und Ferienangebote» in einer Pressemitteilung; Zusammenhang bejaht. Der Nationalrat stimmte der Aufhebung der Immunität zu, der Ständerat lehnte ab (von der Geschäftsliste gestrichen).
- NR Giezendanner (AB 1998 N 718, S 579): Ehrverletzungsklage von Greenpeace Schweiz wegen der Bezeichnung als Terrororganisation in einem Faxschreiben an die Medien; Aufhebung abgelehnt.
- NR Blocher (AB 2001 N 1093, S 955): Vorwurf der Rassendiskriminierung; Aufhebung abgelehnt.

– NR Schlüer (AB 2007 N 566; S, 21.6.): Strafanzeige wegen Ehrverletzung usw. aufgrund von Äusserungen in der «Schweizerzeit»; Zusammenhang vom Nationalrat bejaht (mit 110:78; Aufhebung abgelehnt), vom Ständerat verneint (mit 20:7); hängig.

Aufgehoben wurde die Immunität von BRin Kopp in Bezug auf den Verdacht der Verletzung des Amtsgeheimnisses und der Begünstigung (vgl. BGE 116 IV 56, 62; AB 1989 N 98, S 67); am 15.3.1989 wählte die Vereinigte Bundesversammlung einen ausserordentlichen Bundesanwalt (AB 1989 N 667). Abgelehnt wurde die Aufhebung der Immunität in Bezug auf die Bundesräte Chevallaz (1983, betreffend Amtsmissbrauch), Friedrich (1983) und Petitpierre (1953, beide betreffend Verleumdung). Die Aufhebung der Immunität ist auch auf kantonaler Ebene selten (Beispiele: 2006: Regierungsrätin Fierz, ZH; 2001: Regierungsrat Aliesch, GR; 1986: acht Regierungsräte des Kantons Bern im Zusammenhang mit der sog. Finanzaffäre).

Literaturhinweise (vgl. auch vor BV 143, vor und bei BV 148)

GADIENT BRIGITTA, Die parlamentarische Immunität im Bund, in: Parlamentsdienste (Hrsg.), Oberste Gewalt, 281 ff.; LANZ-BAUR REGULA, Die parlamentarische Immunität in Bund und Kantonen der Schweizerischen Eidgenossenschaft, Zürich 1963; WALLIMANN-BORNATICO MARIANGELA, Die parlamentarische Immunität der Mitglieder des National- und Ständerates, ZBl 1988, 351 ff. – Vgl. auch RK-S, Bericht vom 13.8.1999, Revision der Gesetzesbestimmungen über die parlamentarische Immunität, BBl 2000 646 ff.

3. Abschnitt: Zuständigkeiten

1 Die Bestimmungen des 3. Abschnitts (BV 163–173) begründen (mit Ausnahme von BV 163) *Organzuständigkeiten*, nicht (Verbands-)Kompetenzen des Bundes (vgl. auch N 8 zu BV 164), was die Praxis nicht zu hindern scheint, Bundesgesetze gelegentlich auf BV 164 oder 173 abzustützen (vgl. N 19 vor BV 42). Nicht zufällig (vgl. N 7 vor BV 143) haben viele Zuständigkeiten der Bundesversammlung eine Entsprechung in den Zuständigkeiten des Bundesrates (BV 180 ff.). Die Abfolge widerspiegelt die Einschätzung des Verfassungsgebers betreffend die Wichtigkeit; eine förmliche Hierarchie lässt sich aber daraus nicht ableiten.

Art. 163 Form der Erlasse der Bundesversammlung

¹ Die Bundesversammlung erlässt rechtsetzende Bestimmungen in der Form des Bundesgesetzes oder der Verordnung.

² Die übrigen Erlasse ergehen in der Form des Bundesbeschlusses; ein Bundesbeschluss, der dem Referendum nicht untersteht, wird als einfacher Bundesbeschluss bezeichnet.

1 Die Bestimmung hat keine direkte Entsprechung in der BV 1874 (vgl. BV 1874 Art. 89). Das System der Erlassformen wurde im Rahmen Verfassungsreform gestützt auf Vorarbeiten einer Expertenkommission (Vorsitz: Georg Müller; BBl 1996 I 445 ff.) und der beiden SPK (SPK-N/S, ZB-BV, 274 ff.) grundlegend erneuert:

5. Titel: Bundesbehörden   Nr. 1 BV **Art. 163**

- Abschaffung des «allgemeinverbindlichen Bundesbeschlusses»;
- Bundesgesetz: auch für befristete und dringliche Erlasse (BV 163, 165);
- Verordnung als Handlungsform für die Bundesversammlung («Parlamentsverordnung») anstelle des früheren rechtsetzenden, *nicht*-referendumspflichtigen allgemeinverbindlichen Bundesbeschlusses (vgl. GVG 7, AS 1962 773; vgl. auch BV 1874 Art. 88 Abs. 3 i.d.F. vom 12.3.1995);
- Öffnung des referendumspflichtigen Bundesbeschlusses für Einzelakte (BV 163 i.V.m. BV 141 Abs. 1 Bst. c und BV 173 Abs. 1 Bst. h).

2 Der Begriff «Erlasse» umfasst (entgegen verbreitetem Sprachgebrauch) nicht nur Akte rechtsetzender Natur (N 5), sondern auch andere Akte (N 9). Das neue System beruht auf der doppelten Unterscheidung von:

- rechtsetzenden und nicht-rechtsetzenden Akten;
- referendumspflichtigen und nicht-referendumspflichtigen Akten.

Daraus ergibt sich das folgende viergliedrige «Schema»:

- *Bundesgesetz:* für referendumspflichtige rechtsetzende Akte.
- *Verordnung:* für *nicht*-referendumspflichtige rechtsetzende Akte.
- *Bundesbeschluss:* für referendumspflichtige *nicht*-rechtsetzende Akte.
- *Einfacher BB:* für *nicht*-referendumspflichtige *nicht*-rechtsetzende Akte.

3 BV 163 enthält allerdings keine vollständige, abschliessende Regelung der Erlassformen (so aber SÄGESSER, Bundesbehörden, Art. 163, N 390; SPK-N, Anpassung GVG, 4817). So erfasst Abs. 1 nicht alle rechtsetzenden Akte (z.B. Geschäftsreglemente der Räte, die zwar Verordnungscharakter haben, vgl. BGE 107 IV 185, 188, jedoch keine Verordnungen der Bundesversammlung sind). Vorlagen betreffend *Verfassungsänderungen* werden (ungeachtet BV 163 Abs. 2) in der Form des *Bundesbeschlusses* verabschiedet (ParlG 23). Umgekehrt erfasst BV 163 Abs. 2 keineswegs alle nicht-rechtsetzenden Akte (vgl. hinten N 12; AUBERT, Comm., Art. 163, N 3).

4 *Adressat und Umsetzung:* BV 163 spricht die Bundesversammlung an, nicht jedoch Bundesrat (vgl. BV 182), Bundesverwaltung und Bundesgericht. Dem Gesetzgeber ist es verwehrt, an BV 163 vorbei neue Formen zu schaffen. Zur gesetzgeberischen Umsetzung von BV 163 vgl. heute ParlG 22, 23, 29 (davor: GVG 4 ff., AS 1962 773; vgl. SPK-N, Bericht ParlG, 3535 ff.).

Rechtsetzende Bestimmungen (Bundesgesetz, Verordnung)

5 *Rechtsetzend:* Der Begriff wird nicht definiert, sondern vorausgesetzt. Der Verfassungsgeber hat sich für den Begriff «rechtsetzend» entschieden, obwohl er sich klar gewesen sein muss, dass eine scharfe Abgrenzung zwischen einem rechtsetzenden Akt (Rechtssatz) und einem Einzelakt letztlich nicht möglich ist, da die Grenzen fliessend sind (grundlegend RENÉ RHINOW, Rechtsetzung und Methodik, Basel 1979, 195 ff.; vgl. auch SPK-N, Anpassung GVG, 4818). In Praxis und Lehre behilft man sich mit der Arbeitshypothese, dass mit «rechtsetzend» Regelungen gemeint sind, die *generell* und *abstrakt* sind, d.h. für eine unbestimmte Zahl von Adressaten und für eine unbestimmte Zahl von Fällen gelten. Gemäss der früheren Legaldefinition in GVG 5 Abs. 2 (AS 1962 773) galten als rechtsetzend: «alle generellen und abstrakten

Normen, welche natürlichen oder juristischen Personen Pflichten auferlegen oder Rechte einräumen oder die Organisation, die Zuständigkeit oder die Aufgaben der Behörden oder das Verfahren regeln». Diese Legaldefinition wurde im Zuge der Gesetzesanpassungen an die neue BV per Ende 1999 ersatzlos gestrichen (SPK-N, Anpassung GVG, 4818). – Der «legaldefinitionslose» Zustand währte allerdings nicht lang. Nach kurzem Unterbruch bestimmt jetzt ParlG 22 Abs. 4 (vgl. SPK-N, Bericht ParlG, 3536): «Als rechtsetzend gelten Bestimmungen, die in unmittelbar verbindlicher und generell-abstrakter Weise Pflichten auferlegen, Rechte verleihen oder Zuständigkeiten festlegen.» Die Legaldefinition dürfte, wie G.MÜLLER (LeGes 2004/2, 161 f.) treffend sagt, «zum Scheitern verurteilt» sein. ParlG 22 Abs. 4 darf keinesfalls dahingehend ausgelegt werden, dass die Einkleidung von individuell-konkreten Anordnungen in die Form des Bundesgesetzes ausgeschlossen ist (so denn auch im Ergebnis SPK-N/S, ZB-BV, 277), ansonsten müsste man die Bestimmung als verfassungswidrig einstufen. Die Gesetzesform muss offen stehen für Regelungen betreffend Gründung und Organisation einer öffentlich-rechtlichen Anstalt oder öffentlichen Unternehmung des Bundes und für Subventionsermächtigungen, selbst wenn nur ein kleiner (faktisch geschlossener) Kreis angesprochen ist oder gar nur eine einzelne Institution namentlich als Empfänger bezeichnet wird. Der Rechtssatzbegriff darf insoweit nicht per Legaldefinition verkürzt werden. Es besteht somit im Allgemeinen kein Anlass (oder gar ein verfassungsrechtlicher Zwang), bei atypischen Regelungen den Umweg über einen (referendumspflichtigen) Bundesbeschluss gemäss Abs. 2 zu beschreiten (vgl. aber ParlG 29 Abs. 2; dazu N 24 zu BV 173). Unzulässig ist die Gesetzes- und Verordnungsform für Anordnungen mit dem Charakter eines «reinen» Einzelakts (bei denen man nicht mehr von «rechtsetzenden Bestimmungen» sprechen kann).

6 *Bundesgesetz:* vgl. BV 164 und 165.

7 *Verordnung:* Zur besseren Unterscheidung von der bundesrätlichen Verordnung führte ParlG 22 die Bezeichnung «Verordnung der Bundesversammlung» ein. Die Parlamentsverordnung ergeht im selben Verfahren wie ein Bundesgesetz. Der Unterschied zeigt sich in der *nachparlamentarischen* Phase (keine Referendumsmöglichkeit). In der Praxis dient die Verordnung als Erlassform für *nicht* dem Gesetzesvorbehalt (BV 164) unterliegende Regelungen, die man *nicht* dem Bundesrat überlassen will (BV 182), aber auch *nicht* in einem (dem Referendum ausgesetzten) Bundesgesetz unterbringen will, z.B.:

– Jahresbesoldung der Mitglieder des Bundesrates und anderer Magistratspersonen (Verordnung vom 6.10.1989, SR 172.121.1);

– Höhe der Fraktionsbeiträge sowie der Mahlzeiten- und Übernachtungsentschädigung für Ratsmitglieder (VPRG 10 bzw. 3, SR 171.211; die Höhe des Jahreseinkommens und des Taggeldes sind im PRG fixiert);

– Blutalkoholgrenzwerte im Strassenverkehr (Verordnung vom 21.3.2003, SR 741.13).

Die Parlamentsverordnung steht im Rang unter dem Bundesgesetz, aber über anderen Verordnungen. Anders als Bundesgesetze wird sie nicht durch BV 190 «immunisiert».

8 *Grenzen* werden der parlamentarischen «Verordnungsgewalt» nicht nur durch BV 164 Abs. 2 (und BV 5, 7 ff., 36) gezogen, sondern auch durch die verfassungsrechtlichen Kompetenzen anderer Organe (insb. Organisations- und Vollzugskompetenz des Bundesrates, BV 178, 182; Selbstverwaltungsgarantie zu Gunsten des Bundesgerichts, BV 188; anders wohl SÄGESSER,

Bundesbehörden, Art. 163, N 425). – Für Regelungen, die eine rasche Anpassung erfordern, eignet sich die Verordnung der Bundesversammlung nicht.

Bundesbeschluss als Form für die übrigen Erlasse (Abs. 2)

9 Die *«übrigen»*, d.h. *nicht*-rechtsetzenden (vgl. N 2) Erlasse ergehen in der Form des (referendumspflichtigen) Bundesbeschlusses (BB) oder des einfachen Bundesbeschlusses (einfacher BB). «Nicht-rechtsetzend» darf nicht gleichgesetzt werden mit individuell-konkret (so aber SUTTER-SOMM, SG-Komm., Art. 163, N 17), ebenso wenig wie «rechtsetzend» mit generell-abstrakt.

10 *(Referendumspflichtiger) BB:* Diese Beschlussform steht (gemäss BV 141 Abs. 1 Bst. c) zur Verfügung, wenn sie in der Verfassung oder auf Gesetzesstufe vorgesehen ist, was dem Gesetzgeber die Einführung eines punktuellen Verwaltungs- bzw. Finanzreferendums per Gesetz ermöglicht. – Die Verfassung nennt nur einen Fall des referendumspflichtigen BB ausdrücklich (BV 53 Abs. 3). Hinzu kommen die Beschlüsse über die Genehmigung von völkerrechtlichen Verträgen (BV 141 Abs. 1 Bst. d) sowie, demnächst, über die AVE von interkantonalen Verträgen (BV 48a Abs. 2, noch nicht in Kraft). Das Parlamentsgesetz sieht eine Referendumsmöglichkeit vor bei Grundsatz- und Planungsbeschlüssen von grosser Tragweite (ParlG 28) sowie bei bestimmten Einzelakten der Bundesversammlung (ParlG 29; zur Problematik N 22 ff. zu BV 173). Vgl. auch WRG 27 i.V.m. 24 (SR 721.80); KEG 48 Abs. 4 (SR 732.1); früher SBBG 1944 Art. 2 (BS 7, 195; anders heute SBBG 1998 Art. 4 Abs. 3). Vgl. auch N 12 zu BV 141.

11 *Einfacher (nicht-referendumspflichtiger) BB:* Diese Beschlussform ist keine «Auffangform» mehr (so auch G. MÜLLER, BTJP 1999, 255; anders noch GVG 1962 Art. 8). Sie kommt traditionell zum Einsatz bei Entscheidungen der Bundesversammlung betreffend: Ausgabenbeschlüsse (BV 167), Voranschlag und Staatsrechnung (BV 167), Genehmigung von völkerrechtlichen Verträgen (sofern nicht referendumspflichtig; BV 166 i.V.m. 140 und 141), Gewährleistung kantonaler Verfassungen (BV 51 i.V.m. 172), Gültigkeit von Volksinitiativen (BV 173 Abs. 1 Bst. f), Einsetzung einer PUK (ParlG 163 ff.), Einzelakte (vgl. ParlG 29) wie z.B. die Übertragung des Enteignungsrechts an Dritte (EntG 3). Mit der verfassungsrechtlich vorgegebenen Nomenklatur (Abs. 2 am Ende) nimmt man es nicht sonderlich genau, wird doch meist nur (ob einfach oder nicht) von einem BB gesprochen.

12 Es gibt (nicht-rechtsetzende) Akte der Bundesversammlung, die *weder* in der Form des einfachen *noch* in der Form des referendumspflichtigen BB ergehen (z.B. Wahlen; BBl 2003 8250; AUBERT, Comm., Art. 163, N 3, 27).

Literaturhinweise

AUER ANDREAS, Les actes de l'Assemblée fédérale et les droits populaires, LeGes 2000/3, 61 ff.; EHRENZELLER BERNHARD, Die neue Regelung der Erlassformen der Bundesversammlung, LeGes 2000/3, 13 ff.; GRAF MARTIN, Die Erlassformen der Bundesversammlung in der Totalrevision des Geschäftsverkehrsgesetzes, LeGes 2000/3, 71 ff.; JAAG TOBIAS, Die Abgrenzung zwischen Rechtssatz und Einzelakt, Zürich 1985; KLEY ANDREAS, Erlassformen der Bundesversammlung, ius.full 2003, 190 ff.; KLEY ANDREAS/FELLER RETO, Die Erlassformen der Bundesversammlung im Lichte des neuen Parlamentsgesetzes, ZBl 2004, 229 ff.; MAHON PASCAL,

L'Art. 163 de la Constitution et les «autres» actes de l'Assemblée fédérale, LeGes 2000/3, 41 ff.; MÜLLER GEORG, Elemente einer Rechtssetzungslehre, 2. Aufl., Zürich 2006; DERS., Formen der Rechtssetzung, BTJP 1999, 249 ff.; DERS., Der verfassungswidrige Bundesbeschluss – Nachlese zum Parlamentsgesetz, LeGes 2004/2, 159 ff.; ODERMATT LUZIAN, Erlassformen der Bundesverfassung für Rechtsetzungs- und Einzelakte, LeGes 2003/2, 107 ff.; SÄGESSER THOMAS, Neuordnung der Erlassformen der Bundesversammlung, AJP 1998, 677 ff.; SEILER HANSJÖRG, Rechtsetzung, Generell-Abstraktheit und staatliche Kompetenzordnung, Festschrift Yvo Hangartner, St. Gallen/Lachen 1998, 343 ff.

Art. 164 Gesetzgebung

¹ Alle wichtigen rechtsetzenden Bestimmungen sind in der Form des Bundesgesetzes zu erlassen. Dazu gehören insbesondere die grundlegenden Bestimmungen über:

a. die Ausübung der politischen Rechte;
b. die Einschränkungen verfassungsmässiger Rechte;
c. die Rechte und Pflichten von Personen;
d. den Kreis der Abgabepflichtigen sowie den Gegenstand und die Bemessung von Abgaben;
e. die Aufgaben und die Leistungen des Bundes;
f. die Verpflichtungen der Kantone bei der Umsetzung und beim Vollzug des Bundesrechts;
g. die Organisation und das Verfahren der Bundesbehörden.

² Rechtsetzungsbefugnisse können durch Bundesgesetz übertragen werden, soweit dies nicht durch die Bundesverfassung ausgeschlossen wird.

1   Die Bestimmung hat kein Pendant in der BV 1874. Zur bewegten Entstehungsgeschichte pointiert AUBERT, Comm., Art. 164, N 3 ff.

2   Zentrales Regelungsthema sind die (nicht delegierbaren) *Aufgaben* des Bundesgesetzgebers und das *Verhältnis von Gesetz und Verordnung*. – Diese Fragestellung hat in jüngerer Zeit auch in vielen Kantonsverfassungen Aufmerksamkeit gefunden (und zu teils unterschiedlichen Lösungsansätzen geführt). Vgl. z.B. KV/AG § 78; KV/BL § 63; KV/BE 69; KV/ZH 38.

Vorbehalt des Gesetzes (Abs. 1 Satz 1)

3   *Funktion:* Die Bundesversammlung ist bei der Wahl der Erlassform nicht frei: Für *alle wichtigen* rechtsetzenden Bestimmungen ist die Form des Bundesgesetzes zu wählen (allenfalls die Verfassungsstufe; vgl. AUBERT, Comm., Art. 164, N 13). Das Kriterium ist ein *inhaltliches* (Wichtigkeit). Daher ist in der Lehre häufig von einem *materiellen* Gesetzesbegriff die Rede. Besser wäre es, von einem materiellen *Gesetzesvorbehalt* zu sprechen (so insb. RHINOW, Grundzüge, 440; AUBERT, Comm., Art. 164, N 3). Zentrale Konsequenz ist, dass der Gesetzgeber die Regelung wichtiger Fragen nicht auf andere Instanzen übertragen darf (Delegationsverbot; BV 164 Abs. 2 i.V.m. mit Abs. 1). Die Regelung dient dem Schutz der politischen Rechte der Bürgerinnen und Bürger bzw. der Kantone (fakultatives Referendum, BV 141), aber auch dem

Schutz des Parlaments vor sich selbst (Selbstentäusserung). Der verfassungsrechtliche *Schlüsselbegriff der «Wichtigkeit»* (Satz 1; vgl. jetzt auch BV 141 Abs. 1 Bst. d Ziff. 3 i.d.F. vom 9.2.2003) wird in Satz 2 näher bestimmt (N 5). Im Interesse der Demokratie darf der Begriff nicht zu eng verstanden werden, im Interesse der Funktionsfähigkeit des staatlichen Entscheidungssystems aber auch nicht zu weit. Dies wird durch die Verwendung des Begriffs «grundlegend» in Abs. 1 Satz 2 verdeutlicht (der nach zutreffender herrschender Auffassung mit «wichtig» gleichgesetzt werden darf; eingehend AUBERT, Comm., Art. 164, N 15 ff.; RHINOW, BV 2000, 189; G. MÜLLER, LeGes 2003/3, 32; a.M. SÄGESSER, Bundesbehörden, Art. 164, N 485).

4 *Tragweite:* Die Bestimmung untersagt es dem Gesetzgeber nicht, auch weniger Wichtiges (oder Unwichtiges) in einem Bundesgesetz zu regeln (vgl. SPK-N/S, ZB-BV, 278; SUTTER-SOMM, SG-Komm., Art. 164, N 4; strenger der Vorschlag der Expertenkommission Müller, BBl 1996 II 449, wonach das Parlament verpflichtet werden sollte, «sich von weniger wichtigen Regelungen zu entlasten»). Vereinzelt fordert die Verfassung den Gesetzgeber sogar ausdrücklich dazu auf, sich um «Einzelheiten» zu kümmern (vgl. BV 126 Abs. 5, 155, 171). Der Bundesgesetzgeber ist nicht prinzipiell gehindert, Regelungen zu treffen, die keine generellabstrakte Struktur aufweisen (vgl. N 5 zu BV 163). Doch darf er nicht in Kompetenzen übergreifen, die anderen Organen zugewiesen sind (z.B. Organisationsbefugnisse des Bundesrates, vgl. BV 178; Selbstverwaltungsbefugnisse des Bundesgerichts, vgl. BV 188 Abs. 3).

Verfassungsrechtliche Konkretisierungshilfe (Abs. 1 Satz 2)

5 *Funktion:* Im Sinne einer Konkretisierungshilfe listet BV 164 Abs. 1 beispielhaft (d.h. nicht abschliessend) eine Reihe von Regelungsbereichen und Normkategorien auf (Bst. a–g). Die gut gemeinte Aufzählung verfehlt weitgehend ihren Zweck (kritisch auch AUBERT, Comm., Art. 164, N 8, 42). Denn nicht die angesprochenen Komplexe als Ganze müssen in Gesetzesform geregelt werden, sondern nur die jeweils «grundlegenden» Bestimmungen (Satz 2). Eine echte Konkretisierungshilfe würde zur Verfügung stehen, wenn BV 164 *Kriterien* für die *Ermittlung der «Wichtigkeit»* (bzw. des «grundlegenden» Charakters) einer Regelung nennen würde (wie man sie in der Rechtslehre entwickelt hat; vgl. N 6). Im Normtext von BV 164 sucht man solche vergeblich, weshalb als handfeste Normaussage einzig bleibt, dass es in den aufgeführten Rechtsgebieten «gesetzesbedürftige» Regelungen gibt. Insofern kann man in BV 164 Abs. 1 eine Bestätigung dafür sehen, dass der Gesetzesvorbehalt im Bund nicht nur für den Bereich der sog. Eingriffsverwaltung, sondern auch für die sog. Leistungsverwaltung und das Organisations- und Verfahrensrecht gilt. – Der Stand der Gesetzgebung in den aufgelisteten Bereichen im Zeitpunkt der Verfassungsreform (z.B. BPR, RVOG) liefert durchaus Indizien für das entstehungszeitliche Verständnis der Begriffe «wichtig» bzw. «grundlegend». Es wäre aber ein Fehlschluss anzunehmen, alle damals im Gesetz geregelten Fragen seien «grundlegend» und «wichtig» i.S. der Mindestanforderungen von BV 164 Abs. 1.

6 Wichtige *Orientierungs- und Konkretisierungshilfen* bieten die in der bisherigen Praxis und Lehre (vorab unter der BV 1874) entwickelten Kriterien (grundlegend G.MÜLLER, Inhalt, 111 ff.; vgl. DERS., Elemente, 131 ff.; EICHENBERGER, ZSR 1974 II, 7 ff.; BBl 1996 II 445; z.T. kritisch COTTIER, 167 ff.):

- Zahl der geregelten Verhaltensalternativen;
- Grösse des Adressatenkreises;
- Intensität der Regelung für die Betroffenen (insb. mit Blick auf deren Grundrechte);
- Bedeutung für die Ausgestaltung des politischen Systems;
- finanzielle Auswirkungen für Staat und Private;
- Umstrittenheit bzw. Akzeptierbarkeit in der Rechtsgemeinschaft;
- geltendes Recht als Ausdruck vorangegangener Wertungen.

Zu berücksichtigen sind Flexibilitätsbedürfnisse, allfällige Schwierigkeiten, dem Bestimmtheitsgebot Rechnung zu tragen (vgl. N 10 zu BV 5; N 12 zu BV 36), Möglichkeiten der Kompensation durch verfahrens- und organisationsrechtliche Vorkehrungen u.a.m. (vgl. BGE 131 II 13, 29 ff.). Die Frage der Wichtigkeit erfordert Bewertungen und Abwägungen, die nicht schematisch für alle Regelungsbereiche in gleicher Weise vorgenommen werden können. In der Praxis stuft man zu Recht auch Regelungen, die aus der Sicht des Einzelnen von grosser praktischer Bedeutung sind (wie z.B. den Blutalkoholgrenzwert im Strassenverkehr), als nicht wichtig und grundlegend i.S.v. BV 164 ein (vgl. Art. 1 der Verordnung der Bundesversammlung vom 21.3.2003, SR 741.13).

7 Die Liste des Abs. 1 ist nicht nur relativ arm an normativer Substanz, sie ist auch in mehr als einer Hinsicht redaktionell verunglückt.

   a. Zu den *politischen Rechten* im Bund vgl. BV 39, BV 136 ff.

   b. *Verfassungsmässige Rechte* (vgl. N 11 vor BV 7): Mit den «grundlegenden Bestimmungen» über «die Einschränkungen» sind Vorschriften gemeint, die i.S.v. BV 36 Abs. 1 zu «schwerwiegenden» Grundrechtseinschränkungen führen (vgl. auch BGE 130 I 26, 43). Dass der (weitere) Begriff «verfassungsmässige Rechte» (nicht «Grundrechte») gewählt wurde, ist *hier* ohne praktische Bedeutung.

   c. *Rechte und Pflichten:* Bst. c ist redaktionell doppelt verunglückt: Einerseits werden im Verhältnis *zwischen Privaten* traditionell grundsätzlich alle (nicht nur die grundlegenden) Bestimmungen über Rechte und Pflichten per Gesetz geregelt (z.B. ZGB, OR); Bst. c sollte nicht als Einladung (miss-)verstanden werden, von dieser Tradition abzurücken. Umgekehrt soll es im Staat-Bürger-Verhältnis nicht prinzipiell ausgeschlossen sein, dass Rechte (erst) auf Verordnungsstufe begründet werden.

   d. *Abgaben:* Das Verhältnis zur eng verwandten Regelung in BV 127 (Grundsätze der Besteuerung) bleibt zufolge unterschiedlicher Terminologie und Satzstruktur unklar. Im Sinne harmonisierender Auslegung sollten die «grundlegenden Bestimmungen» mit den «Grundzügen» der «Ausgestaltung» gleichgesetzt werden. Auch sollten hier wie da nicht nur die Steuern (so der dt. Wortlaut von BV 127), sondern grundsätzlich auch andere Abgaben in den Anwendungsbereich einbezogen werden. Im Übrigen ist (über den Wortlaut von Bst. d und BV 127 Abs. 1 hinaus) zu verlangen, dass – entsprechend bewährter Rechtsprechung zum abgabenrechtlichen Legalitätsprinzip (vgl. BGE 131 II 271, 278; BGE 128 II 247, 251) – der Kreis der Abgabepflichtigen sowie der Gegenstand und die Bemessungsgrundlagen im Gesetz selbst festgelegt werden (nicht nur die «grundlegenden Bestimmungen» bzw. «Grundzüge»; vgl. N 3 zu BV 127).

e. *Aufgaben und Leistungen:* Die Verfassung bringt zum Ausdruck, dass das Gesetzmässigkeitsprinzip im Bund auch für den Bereich der Leistungsverwaltung gilt (für die kantonale Ebene erstmals deutlich BGE 103 Ia 369, *Wäffler*). Rechtsprechung und Lehre gehen zu Recht davon aus, dass das Gesetzmässigkeitsprinzip hier im Allgemeinen weniger streng ist als im Bereich der sog. Eingriffsverwaltung (vgl. z.B. BGE 118 Ia 46, 61; TSCHANNEN/ZIMMERLI, 126 f.; HÄFELIN/MÜLLER/UHLMANN, 88).

f. Zu den Vollzugs- bzw. *Umsetzungspflichten* der Kantone vgl. BV 46.

g. *Organisation und Verfahren:* Die Bestimmung bringt hier zum Ausdruck, dass das Gesetzmässigkeitsprinzip im Bund auch für den Bereich des *Organisationsrechts* Geltung beansprucht. Auch hier sind die Anforderungen im Allgemeinen weniger streng als im Bereich der Eingriffsverwaltung. – Zum Begriff der «Bundesbehörden» vgl. N 1 vor BV 143.

8   BV 164 verschafft dem Bund *keine Verbandskompetenzen*. Trotzdem wird Abs. 1 in der Staatspraxis immer wieder als Kompetenzgrundlage herangezogen (vgl. N 19 vor BV 42). Immerhin kann BV 164 Abs. 1 als Indiz dafür dienen, dass die Bundesverfassung bestimmte Bundeskompetenzen *stillschweigend voraussetzt* (z.B. die nirgends ausdrücklich zugewiesene Kompetenz zur Regelung des Beschaffungswesens im Bund, vgl. N 10 vor BV 42).

Übertragung von Rechtsetzungsbefugnissen (Abs. 2)

9   *Funktion:* Abs. 2 verankert, erstmals in dieser Form, die Figur der Rechtsetzungsdelegation in der Verfassungsurkunde. Die Verfassung geht hier von der nicht durchweg zutreffenden Vorstellung aus, dass die *Rechtsetzung generell* – d.h. auch jenseits der (nicht delegierbaren) wichtigen Bestimmungen i.S.v. Abs. 1 – bei der *Bundesversammlung* (bzw. beim Gesetzgeber) angesiedelt ist. Dabei wird übersehen, dass auch andere Bundesbehörden über gewisse *originäre* Rechtsetzungsbefugnisse verfügen (Bundesrat: BV 182 Abs. 2, Vollzug, vgl. auch BV 84, 184, 185; Bundesgericht: BV 188, Selbstverwaltung), die nicht delegiert werden müssen; entsprechende «Delegationsklauseln», z.B. betreffend den Erlass von Vollzugsvorschriften (vgl. z.B. FHSG 23) haben deklaratorische Bedeutung (vgl. auch N 4 ff. zu BV 182). – Zur (teils ähnlich gelagerten) *Delegation von Verwaltungsaufgaben* vgl. BV 178 Abs. 3.

10 *Tragweite:* Der Bundesgesetzgeber kann die bei ihm liegenden Rechtsetzungsbefugnisse übertragen, soweit dies nicht durch die Bundesverfassung ausgeschlossen wird. Eine Verordnung, die mehr als nur Vollzugsvorschriften (i.S.v. BV 182) enthält, kann daher grundsätzlich nur *im Anschluss an ein Gesetz* ergehen, das eine Übertragung (ausdrücklich oder stillschweigend) vorsieht (Ausnahme: verfassungsunmittelbare Verordnungen, z.B. BV 184 Abs. 3, 185 Abs. 3). Die Übertragung kann in Form einer Regelungsermächtigung oder -verpflichtung geschehen (vgl. AUBERT, Comm., Art. 164, N 36).

11 *Übertragungs-Adressat* ist typischerweise, aber nicht zwingend, der Bundesrat. In Betracht kommen auch die Bundesversammlung (vgl. BV 163 Abs. 1) oder das Bundesgericht (bis Ende 2006 vielfach im Bereich des Schuldbetreibungs- und Konkursrechts). Die Verfassung schliesst die Weiterübertragung (sog. *Subdelegation*), z.B. an nachgeordnete Verwaltungseinheiten, nicht aus. RVOG 48 verlangt für die Subdelegation an Gruppen und Ämter eine Ermächtigung in einem Gesetz. Eine Delegation an *Private* ist entgegen verbreiteter Auffassung (vgl. z.B. VPB 52.6 [1988]; AUBERT, Comm., Art. 164, N 40) nicht kategorisch ausgeschlossen und, wenn auch nur in engen Grenzen, grundsätzlich ohne spezifische Verfas-

sungsgrundlage möglich (vgl. N 24 zu BV 178; vgl. auch SÄGESSER, Bundesbehörden, Art. 164, N 482). – Die Delegation an die Kantone ist nicht Gegenstand des BV 164 Abs. 2 (vgl. N 7 zu BV 46; so auch AUBERT, Comm., Art. 164, N 40).

12 *Grenzen:* Abs. 2 gibt zu erkennen, dass die Übertragung nicht voraussetzungslos zulässig ist. Die Übertragung muss *«durch Gesetz»* (d.h. durch einen referendumspflichtigen rechtsetzenden Erlass, vgl. BV 163 i.V.m. 141) erfolgen, und zwar durch eine hinreichend bestimmte Norm (vgl. N 10 zu BV 5). Ein *verfassungsrechtliches Delegationsverbot* ergibt sich insb. aus: BV 164 Abs. 1 (für alle wichtigen rechtsetzenden Bestimmungen), BV 36 Abs. 1 (für schwerwiegende Einschränkungen von Grundrechten), BV 31 Abs. 1 (Freiheitsentzug), BV 127 Abs. 1 (bestimmte Fragen des Abgabenrechts).

13 *Weitere (ungeschriebene) Voraussetzungen:* Das Bundesgericht hat in langjähriger Rechtsprechung (vor allem die kantonale Ebene betreffend) sog. *Delegationsgrundsätze* entwickelt (vgl. z.B. BGE 118 Ia 245, 247; BGE 118 Ia 305, 310), die zwei weitere (in BV 164 nicht erwähnte) Elemente umfassen:

– Beschränkung auf eine *bestimmte Materie* (keine Pauschaldelegation);
– Normierung der *Grundzüge im Gesetz.*

Man wird davon ausgehen dürfen, dass diese Kriterien in BV 164 mitgemeint sind (in diese Richtung BGE 130 I 26, 43 ff.). Räumt allerdings die (bundes-)gesetzliche Delegationsnorm dem Verordnungsgeber einen weiten Gestaltungsspielraum ein, so hat das Bundesgericht diesen Spielraum zu respektieren (BV 190). Die (höchst-)richterliche Prüfung beschränkt sich auf die Frage, «ob die Verordnung den Rahmen der dem Bundesrat im Gesetz delegierten Kompetenzen offensichtlich sprengt oder aus anderen Gründen gesetz- oder verfassungswidrig ist» (BGE 131 II 13, 26, m.H.; BGE 131 II 162, 166). Die Anforderungen an die *Bestimmtheit* der Delegationsnorm variieren je nach Sachgebiet und Regelungsgegenstand (vgl. N 10 zu BV 5; Botsch. BV, 390). Schwerwiegende Eingriffe in Grundrechte müssen stets im Gesetz selbst vorgesehen sein.

14 Der *Absicherung* von Abs. 2 dient ParlG 141 Abs. 2 Bst. b: Danach hat der Bundesrat in seinen Botschaften die in einem Gesetzesentwurf vorgesehenen Kompetenzdelegationen zu erläutern bzw. zu begründen.

Literaturhinweise

BEUSCH MICHAEL, Der Gesetzesbegriff der neuen Bundesverfassung (Art. 164 BV), in: Gächter/Bertschi, 227 ff.; COTTIER THOMAS, Die Verfassung und das Erfordernis der gesetzlichen Grundlage, 2. Aufl., Chur/Zürich 1991; EICHENBERGER KURT, Von der Rechtsetzungsfunktion im heutigen Staat, ZSR 1974 II, 7 ff.; FEUZ ROLAND, Materielle Gesetzesbegriffe, Bern 2002; MÜLLER GEORG, Elemente einer Rechtsetzungslehre, 2. Aufl., Zürich 2006; DERS., Die Umschreibung des Inhalts der Bundesgesetze und die Delegation von Rechtsetzungsbefugnissen, LeGes 2003/3, 29 ff.; DERS., Formen der Rechtsetzung, BTJP 1999, 249 ff.; DERS., Inhalt und Formen der Rechtsetzung als Problem der demokratischen Kompetenzordnung, Basel/Stuttgart 1979; WIEDERKEHR RENÉ, Die Wesentlichkeitstheorie gemäss Art. 164 BV im Lichte der Verwaltungspraxis, recht 2007, 25 ff.

Art. 165 Gesetzgebung bei Dringlichkeit

¹ Ein Bundesgesetz, dessen Inkrafttreten keinen Aufschub duldet, kann von der Mehrheit der Mitglieder jedes Rates dringlich erklärt und sofort in Kraft gesetzt werden. Es ist zu befristen.

² Wird zu einem dringlich erklärten Bundesgesetz die Volksabstimmung verlangt, so tritt dieses ein Jahr nach Annahme durch die Bundesversammlung ausser Kraft, wenn es nicht innerhalb dieser Frist vom Volk angenommen wird.

³ Ein dringlich erklärtes Bundesgesetz, das keine Verfassungsgrundlage hat, tritt ein Jahr nach Annahme durch die Bundesversammlung ausser Kraft, wenn es nicht innerhalb dieser Frist von Volk und Ständen angenommen wird. Es ist zu befristen.

⁴ Ein dringlich erklärtes Bundesgesetz, das in der Abstimmung nicht angenommen wird, kann nicht erneuert werden.

1 Die Figur des Dringlichkeitsrechts geht auf die BV 1874 zurück: Art. 89 Abs. 2 sah vor, dass Regelungen «dringlicher Natur» nicht dem Referendum unterliegen. Eine Teilrevision im Jahr 1939 (BV 1874 Art. 89 Abs. 3 i.d.F. vom 22.1.1939) statuierte für die Bundesversammlung drei Vorgaben (so wie heute BV 165 Abs. 1, vgl. N 4); das Referendum konnte aber weiterhin umgangen werden (1874 bis 1949: 214 dringliche BB). Erst die am 11.9.1949 knapp angenommene Volksinitiative «für die Rückkehr zur direkten Demokratie» (280'755 zu 272'599 Stimmen; 11 3/2 zu 8 3/2 Ständestimmen) bewirkte die Unterstellung des Dringlichkeitsrechts unter ein *nachträgliches Referendum* (BV 1874 Art. 89bis). Die Regelung von 1949 wurde mit kleinen redaktionellen Änderungen übernommen. Der zuvor ohne direkten Anhaltspunkt im Verfassungstext praktizierte Referendumsausschluss bei «unterjährigen» Vorlagen wurde in BV 140 und 141 verfassungsrechtlich festgeschrieben. – Eine Liste der aktuell geltenden dringlichen BG findet sich unter SR 105.

Allgemeine Anforderungen (Abs. 1)

2 *Funktion:* Die Dringlicherklärung eines Bundesgesetzes bewirkt, dass das *Referendum* nicht vorgängig, sondern erst *nachträglich* greift (bzw. bei «unterjährigen» Erlassen: entfällt; vgl. N 6). Der durch das sofortige Inkrafttreten ermöglichte Zeitgewinn beträgt etwa 6 bis 12 Monate. Der gebräuchliche Begriff «Notrecht» (vgl. SUTTER-SOMM, SG-Komm., Art. 165, N 8) ist unpassend, zumal das *parlamentarische* Verfahren bei BV 165 sich nicht vom ordentlichen Verfahren unterscheidet (wenn man von der Dringlichkeitsklausel absieht) und der Erlass die volle parlamentarisch-demokratische Legitimation erlangt. – Eine Alternative ist die (in Grenzen zulässige) rückwirkende Inkraftsetzung eines auf ordentlichem Weg beschlossenen Gesetzes. Beispiel: RVOG-Änderung vom 8.10.1999, nach Ablauf der Referendumsfrist (3.2.2000) per 1.1.2000 in Kraft getreten (AS 2000 289).

3 *Anwendungsbereich:* Die Dringlicherklärung ist nur bei Bundesgesetzen möglich (früher nur bei allgemeinverbindlichen Bundesbeschlüssen, BV 1874 Art. 89bis), nicht aber bei anderen Erlassformen, insb. nicht beim BB i.S.v. BV 141 Abs. 1 Bst. c und beim BB betreffend die Genehmigung völkerrechtlicher Verträge (BV 140 Abs. 1 Bst. b, 141 Abs. 1 Bst. d; zur Möglichkeit der vorläufigen Anwendung vgl. RVOG 7b; ParlG 152 Abs. 3bis; N 12 zu BV 166).

4 Bei beiden Typen des Dringlichkeitsrechts (Abs. 2 und 3) müssen drei *Voraussetzungen* erfüllt sein:
- *Dringlichkeit:* Neben der zeitlichen Dringlichkeit ist auch eine gewisse sachliche Dringlichkeit verlangt (vgl. Botsch. BV, 391; BGE 130 I 226, 232: mesure «nécessaire», «une certaine importance»). Ist die Dringlichkeit bloss die Folge einer zunächst zögerlichen Behandlung im Parlament, sollte BV 165 nicht zur Anwendung kommen dürfen. Vgl. auch FHG 18 Abs. 3 und dazu N 11 zu BV 126.
- *Befristung* (Abs. 1 und 3): Eine Maximalfrist wird nicht genannt, doch dürfte eine Geltungsdauer von 20 Jahren oder mehr kaum verfassungskonform sein (vgl. AUBERT, Comm., Art. 165, N 5). In der Praxis übersteigt die Geltungsdauer selten fünf Jahre. Vgl. immerhin den BB vom 9.10.1998 über die ärztliche Verschreibung von Heroin, in Kraft bis 31.12.2004 (AS 1998 2293, nun verlängert bis längstens 31.12.2009, AS 2004 4387); FMedG 42 Abs. 2, Änderung vom 3.10.2003, gültig bis 31.12.2008 (SR 105.814.9 bzw. 814.90). – Der (in Bezug auf Abs. 2 einleuchtende) Expertenvorschlag, auf die Befristung zu verzichten (BBl 1996 I 454 f.), fand in den Räten keine Mehrheit (kritisch G.MÜLLER, BTJP 1999, 257).
- *Beschluss-Quorum:* Zustimmung der Mehrheit der Mitglieder der beiden Räte (vgl. N 9 zu BV 159). Die Dringlicherklärung ist Gegenstand einer gesonderten Abstimmung (näher ParlG 77). Bei Nichterreichen des Quorums behilft man sich gelegentlich mit einer umgehenden Wiederholung der Abstimmung (vgl. AB 2000 N 1506 f.).

5 *Wirkung der Dringlicherklärung:* Das für dringlich erklärte BG *kann sofort* in Kraft gesetzt werden (typischerweise: «einen Tag nach der Verabschiedung», so z.B. KSFG 2; gelegentlich auch 10 bis 14 Tage, z.B. PRG 15a). Das dringliche BG wird in der AS veröffentlicht; im BBl erfolgt (gewöhnlich gleichzeitig) ein Verweis (z.B. BBl 2006 9845); Wirkungen kann es im Falle der ausserordentlichen Veröffentlichung bereits vorher entfalten (vgl. PublG 7, 8).

6 *«Unterjährige» dringliche Bundesgesetze:* Bei Geltungsdauer von bis zu einem Jahr bleibt das dringliche BG dem Referendum entzogen (BV 140 Abs. 1 Bst. c; 141 Abs. 1 Bst. b); es bedarf keiner Referendumsklausel. BV 165 und BV 141 sind nicht optimal aufeinander abgestimmt, da bei der Unterstellung unter das Referendum an die «Geltungsdauer» angeknüpft wird, beginnend mit dem *Inkrafttreten* (gewöhnlich nicht schon am Tag der Annahme in der Bundesversammlung); für das Ausserkrafttreten stellen BV 165 Abs. 2 und 3 dagegen auf das Datum der *Annahme* durch die Bundesversammlung ab.

7 Eine Pflicht des Gesetzgebers, dringliche BG so rasch als möglich auf dem ordentlichen Gesetzgebungsweg durch Erlasse mit gleichem oder ähnlichem Inhalt abzulösen (so SUTTER-SOMM, SG-Komm., Art. 165, N 6), lässt sich BV 165 nicht entnehmen.

Dringlichkeitsrecht mit Verfassungsgrundlage (Abs. 2)

8 Die *Referendumsfrist* (100 Tage) beginnt mit Veröffentlichung im BBl. Im Falle einer *Referendumsabstimmung* gilt:
- Bei *Ablehnung* tritt die Vorlage automatisch «ein Jahr nach Annahme durch die Bundesversammlung ausser Kraft»; eine Erneuerung ist ausgeschlossen (Abs. 4). Eine vor-

zeitige Aufhebung durch das zuständige Organ (Gesetzgeber, evtl. kraft Delegation: Bundesrat) ist möglich.
- Bei *Gutheissung* bleibt die Vorlage bis zum Ablauf der Geltungsdauer in Kraft; eine «dringliche» Erneuerung ist möglich, sofern die Voraussetzungen gemäss Abs. 1 wiederum erfüllt sind (Abs. 4 *e contrario*).

9 *Statistisches:* Von 1949 bis 1999 ergingen 74 «überjährige» und 18 «unterjährige» BB (mit steigender Tendenz seit Ende der 1980er Jahre; vgl. GRISEL, Initiative et référendum, 323) und fanden fünf Abstimmungen statt (alle in den 1990er Jahren, zuletzt betreffend den BB über die ärztliche Verschreibung von Heroin, AS 1998 2293). Von 2000 bis Ende 2006: 14 «überjährige», 2 «unterjährige» dringliche BG (vgl. etwa BBl 2006 9845; AS 2006 5767, 5785). Die letzte Abstimmung betraf das BG über die Anpassung der kantonalen Beiträge für die innerkantonalen stationären Behandlungen nach dem Bundesgesetz über die Krankenversicherung (AS 2002 1634, gutgeheissen in der Volksabstimmung 9.2.2003).

Dringlichkeitsrecht ohne Verfassungsgrundlage (Abs. 3)

10 Die Bestimmung sieht ein *nachträgliches obligatorisches* Referendum (mit Doppel-Mehr) vor, wenn ein («überjähriges») dringliches BG «keine Verfassungsgrundlage hat» (d.h. «sich nicht auf die Verfassung stützen» kann: BV 1874 Art. 89bis). – Die Pflicht zur *Befristung* ergibt sich bereits aus Abs. 1.

11 Im Begriff «Verfassungsgrundlage» klingt an, dass der Verfassungsgeber Fälle erfassen wollte, in denen dem Bund eine *Kompetenzgrundlage* oder die wegen eines Verfassungsvorbehalts erforderliche *Ermächtigung* (z.B. vom Grundsatz der Wirtschaftsfreiheit abzuweichen; vgl. BV 94 Abs. 4) fehlt. Wortlaut (und Entstehungskontext) legen nahe, dass ein dringliches BG i.S.v. Abs. 3 nicht dazu genutzt werden darf, um unverhältnismässige, diskriminierende usw. Grundrechtsbeschränkungen sofort in Kraft setzen zu können (ähnlich AUBERT, Comm., Art. 165, N 7; ungenau SUTTER-SOMM, SG-Komm., Art. 165, N 9).

12 *Statistisches:* Von 1949 bis Ende 2006 ergingen 13 «überjährige» BB/BG (11 davon zwischen 1964 und 1975, alle im Bereich der Wirtschaftspolitik, alle gutgeheissen) sowie 4 «unterjährige» BB/BG (1 betreffend Mietwesen, 1969; 2 betreffend Anteile der Kantone an Bundessteuern, 1975/7; seither nur noch der BB vom 13.12.1996 über befristete Sofortmassnahmen zur Entlastung des Rindfleischmarktes, in Kraft von 14.12.1996 bis 31.3.1997, AS 1996 3482).

Erneuerungsverbot (Abs. 4)

13 Das «Erneuerungsverbot» gilt gemäss Abs. 4 für Vorlagen, die in der Volksabstimmung abgelehnt wurden (vgl. AUBERT, Comm., Art. 165, N 9). Ausgeschlossen sein dürfte eine «Erneuerung» auf dem Dringlichkeitsweg wohl auch im (bisher theoretischen) Fall, dass die Volksabstimmung nicht durchgeführt werden muss, weil die Vorlage vor Durchführung der Volksabstimmung aufgehoben wird (vgl. SÄGESSER, Bundesbehörden, Art. 165, N 502). Dem Verbot unterstehen nicht nur textidentische Vorlagen, sondern auch solche mit praktisch demselben Inhalt (so auch AUBERT, Comm., Art. 165, N 8). – Nicht ausgeschlossen wird die «Erneuerung» einer «unterjährigen» bzw. vom Volk abgelehnten dringlichen Vorlage im *ordentlichen* Verfahren (z.T. abweichend SUTTER-SOMM, SG-Komm., Art. 165, N 6; Botsch. BV, 391). Eine andere Frage ist die politische Opportunität einer solchen «Erneuerung».

Literaturhinweise (vgl. auch die Hinweise bei BV 164)

AUER ANDREAS, Le droit fédéral d'urgence, Mélanges pour la Société suisse des juristes, Genève 1976, 1 ff.; BUSS PETER, Das Dringlichkeitsrecht im Bund, Basel 1982; GÄCHTER THOMAS, Demokratie und Dringlichkeit, Beiträge für Alfred Kölz, Zürich 2003, 75 ff.; MÜLLER GEORG, Formen der Rechtssetzung, BTJP 1999, 249 ff.; MÜLLER JÖRG PAUL, Gebrauch und Missbrauch des Dringlichkeitsrechts nach Art. 89bis BV, Bern 1977.

Art. 166 Beziehungen zum Ausland und völkerrechtliche Verträge

¹ Die Bundesversammlung beteiligt sich an der Gestaltung der Aussenpolitik und beaufsichtigt die Pflege der Beziehungen zum Ausland.

² Sie genehmigt die völkerrechtlichen Verträge; ausgenommen sind die Verträge, für deren Abschluss auf Grund von Gesetz oder völkerrechtlichem Vertrag der Bundesrat zuständig ist.

1   BV 166 wurzelt in Bestimmungen, die auf die Bundesstaatsgründung zurückgehen (BV 1848 Art. 74 Ziff. 5, Verträge, und Ziff. 14, Oberaufsicht; vgl. BV 1874 Art. 85 Ziff. 5 und 11). Die parlamentarische Beteiligung an der Gestaltung der Aussenpolitik (Abs. 1) und der Ausnahmen vom Genehmigungserfordernis (Abs. 2, zweiter Satzteil) widerspiegeln gelebte Verfassungspraxis (vgl. AUBERT, Comm., Art. 166, N 1; Botsch. BV, 392 ff.). Nach langen Jahren der Passivität, in der sich die Bundesversammlung im Wesentlichen damit begnügte, die vom Bundesrat abgeschlossenen Staatsverträge zu genehmigen (AUBERT, BuStR II, 1017 ad N 1317), kehrte sie gegen Ende des 20. Jahrhunderts zu einem aktiveren Rollenverständnis zurück, wie man es bereits in den Gründungsjahren des Bundesstaates gepflegt hatte (vgl. AUBERT, BVers 1848–1998, N 137), als es noch der Bundesversammlung oblag, auswärtige Staaten und Regierungen zu anerkennen (so ausdrücklich BV 1848 Art. 74 Ziff. 4; nicht mehr in BV 1874 Art. 85). – Auslösendes Moment waren nicht zuletzt die Verhandlungen über die Errichtung des Europäischen Wirtschaftsraums (Vertrag vom 2.5.1992) sowie die Einreichung des Gesuchs um Aufnahme von Beitrittsverhandlungen mit der EG (heute EU) durch den Bundesrat im Mai 1992 ohne vorherige Konsultation der Bundesversammlung (zur Chronologie BBl 2006 6848 f.).

2   Zum besseren Verständnis des neuen Verfassungswortlauts ist anzufügen, dass ein Antrag der beiden SPK, der die Bundesversammlung ermächtigen und verpflichten wollte, (mittels Bundesbeschluss) «die grundlegenden Ziele der Aussenpolitik» festzulegen (SPK-N/S, ZB-BV, 281, 313), abgelehnt wurde (AB SD 1998 N 79 ff., S 132 ff.; gegen diese «Akzentverschiebung» dezidiert die Stellungnahme des Bundesrates, BBl 1997 III 1484 ff., 1496 ff.). Die seit Bundesstaatsgründung unter den Zuständigkeiten der Bundesversammlung figurierenden «Kriegserklärungen und Friedensschlüsse» (BV 1848 Art. 74 bzw. BV 1874 Art. 85, je Ziff. 6) werden in der neuen Verfassung nicht mehr erwähnt.

Beteiligung an der Gestaltung der Aussenpolitik (Abs. 1)

3   *Einordnung:* Der «rechtsvergleichend wohl einzigartige» (EHRENZELLER, Festschrift Steinberger, 719) BV 166 Abs. 1 handelt vom *Verhältnis Parlament-Regierung* im Bereich der Aussenbe-

ziehungen. Gemäss BV 184 obliegt die Besorgung der auswärtigen Angelegenheiten (vgl. auch N 3 zu BV 54) dem Bundesrat. Er vertritt die Schweiz nach aussen und ist für Aushandlung, Unterzeichnung und Ratifikation völkerrechtlicher Verträge zuständig. Er hat dabei die «Mitwirkungsrechte der Bundesversammlung» zu wahren (wozu namentlich die Genehmigung völkerrechtlicher Verträge gehört, vgl. Abs. 2). Umgekehrt muss die Bundesversammlung die Befugnisse des Bundesrates respektieren; dieser verfügt über eine originäre aussenpolitische Handlungskompetenz (BV 184) mit erheblicher Gestaltungsfreiheit (vgl. EHRENZELLER, SG-Komm., Art. 166, N 17; ZIMMERLI, VRdCH, 1039), nicht etwa nur über eine parallele Kompetenz.

4   *Funktion:* Der Verfassungswortlaut («beteiligt sich») macht klar, dass der (unmittelbar demokratisch legitimierten) Bundesversammlung eine *massgebliche* – nicht bloss passive, aber auch nicht dominante – Rolle bei der Gestaltung der Aussenpolitik (zum Begriff N 4 zu BV 54) zukommen soll, im Sinne der Idee einer Staatsleitung «zu gesamter Hand» (Botsch. BV, 392; vgl. auch N 6 vor BV 143; EHRENZELLER, SG-Komm., Art. 166, N 12 ff.). Die Bundesverfassung setzt hier nicht nur einen neuen verfassungstextlichen Akzent (vgl. BIAGGINI, AJP 1999, 725 f.), sie geht damit zugleich klar auf Distanz zu einer starken staatstheoretischen Tradition in Europa, welche die Aussenpolitik als Domäne der Exekutive betrachtet.

5   *Möglichkeiten und Grenzen:* Mit der «Beteiligung» an der «Gestaltung der Aussenpolitik» ist die strategische Ebene angesprochen, nicht die Durchführung (vgl. AUBERT, Comm., Art. 166, N 9). BV 166 Abs. 1 befasst sich nicht mit dem Instrumentarium. Eine kaum genutzte (vgl. BORER, 415), gleichwohl bedeutsame (da präventiv wirkende) Möglichkeit der Einflussnahme ist die Verweigerung der Genehmigung völkerrechtlicher Verträge (Abs. 2; Beispiele: die vom Bundesrat 1976 unterzeichnete Europäische Sozialcharta, im Parlament 2004 endgültig ad acta gelegt, vgl. AB 2004 N 2168; das Luftverkehrsabkommen mit Deutschland, AB 2002 N 1022, Nichteintreten, und AB 2003 S 261, Ablehnung in der Gesamtabstimmung). Weiter kommt grundsätzlich ein Einsatz der Instrumente gemäss BV 163 (Rechtsetzungsakte und Beschlüsse), BV 167 (Voranschlag, Ausgabenbeschlüsse) und BV 171 (Aufträge) in Betracht. Von einer gewissen Bedeutung ist die Erörterung von aussenpolitisch relevanten Berichten. Die im Rahmen der Staatsleitungsreform diskutierte Einführung des Instituts der *Resolution* (vgl. Art. 161 der Vernehmlassungsvorlage vom November 1998) wurde nicht weiter verfolgt (vgl. Botsch. Staatsleitungsreform, BBl 2002 2121). Für den Bereich der Aussenpolitik noch nicht ausgelotet sind die Möglichkeiten und Grenzen des nun in ParlG 28 vorgesehenen parlamentarischen Grundsatzbeschlusses (von dem der Bundesrat begründet abweichen kann, ParlG 28 Abs. 4; vgl. auch SPK-N, Bericht ParlG, 3489 ff.). Ein vom Bundesrat (noch unter der BV 1874) als indirekter Gegenentwurf zur Volksinitiative «Ja zu Europa!» eingebrachter Bundesbeschluss über «Beitrittsverhandlungen der Schweiz mit der Europäischen Union» (vgl. BBl 1999 3837 ff.) – ein Grundsatzbeschluss *avant la lettre* – wurde im Nationalrat gutgeheissen (AB 2002 N 921), scheiterte aber im Ständerat (AB 2002 S 358, 623). – Wegen des speziellen Charakters der auswärtigen Beziehungen erweisen sich die genannten Instrumente (entgegen dem Optimismus in Teilen der Lehre) in der Praxis allerdings immer wieder als nicht sonderlich geeignete Mittel zur parlamentarischen Einflussnahme auf die Gestaltung der Aussenpolitik.

6 Auf *Gesetzesstufe* wird nicht zufällig auf Mittel wie *Information* und *Konsultation* gesetzt sowie auf einen regen Kontakt und Meinungsaustausch mit dem Bundesrat, vor allem im Schoss der beiden Aussenpolitischen Kommissionen, zunehmend auch der Sicherheitspolitischen Kommissionen (vgl. ParlG 152; RHINOW, Grundzüge, 379; vgl. auch N 28 zu BV 153; zur Mitwirkung in internationalen parlamentarischen Versammlungen und zur Pflege der Beziehungen zu ausländischen Parlamenten vgl. ParlG 24, 60 sowie die Verordnung der Bundesversammlung vom 3.10.2003 über parlamentarische Delegationen, VpDel; SR 171.117). – Diese bereits unter der BV 1874 *institutionalisierten Kooperationsmechanismen* (vgl. GVG-Teilrevision vom 4.10.1991, AS 1992 2344, insb. Art. 47bis a, für den sich der Bundesrat seinerzeit nicht recht erwärmen konnte, vgl. Stellungnahme vom 3.6.1991, BBl 1991 III 812 ff.) werden durch die neue Verfassungsformel (Abs. 1) bekräftigt, ohne dass die fraglichen gesetzlichen Regelungen dadurch änderungsresistent geworden wären. Die Stellungnahmen der Kommissionen haben keine Rechtsverbindlichkeit.

7 *Beaufsichtigung der Pflege der Beziehungen zum Ausland:* Die Verfassung spricht hier nicht in den Kategorien der «Oberaufsicht» (BV 169), sondern verwendet bewusst den direkteren Begriff «beaufsichtigt» (franz. *surveille,* ursprünglich vorgesehen: *veille;* ital. *vigila),* freilich ohne den Begriff genauer zu bestimmen (kritisch auch AUBERT, Comm., Art. 166, N 11; SÄGESSER, Bundesbehörden, Art. 166, N 526 f.), so dass die Klärung der verfassungskonkretisierenden Praxis (etwa im Rahmen von ParlG 152) überantwortet ist.

Genehmigung völkerrechtlicher Verträge (Abs. 2)

8 *Rechtsnatur:* Die Genehmigung ist, im Unterschied zur Unterzeichnung und zur Ratifikation (vgl. N 5 ff. zu BV 184), ein landesrechtlicher Akt im Rahmen des internen Entscheidungsverfahrens (vgl. auch EHRENZELLER, Aussenpolitik, 456 ff.). Rechtlich gesehen ist die Genehmigung nicht Auftrag, sondern *Ermächtigung* zur Ratifikation (so denn auch die traditionelle Schlussformel in Genehmigungsbeschlüssen). Der von der Bundesversammlung genehmigte Staatsvertrag wird erst mit dem Austausch der Ratifikationsurkunden für die Schweiz verbindlich und zum Bestandteil des Landesrechts (vgl. BGE 105 II 49, 57 f.; vgl. auch N 28 zu BV 5). – Die «Massgeblichkeit» (BV 190) eines Vertrags hängt nicht davon ab, ob er genehmigt wurde bzw. werden musste oder nicht (BGE 120 Ib 360, 365).

9 *Anwendungsbereich:* BV 166 erfasst völkerrechtliche Verträge (in früherer Verfassungsterminologie: Staatsverträge, vgl. z.B. BV 1874 Art. 8), d.h. Abkommen zwischen zwei oder mehreren Völkerrechtssubjekten, welche Rechtsbeziehungen (Rechte und/oder Pflichten) begründen (allenfalls beenden), die dem internationalen Recht unterstehen (AUBERT, Comm., Art. 166, N 12 ff.), d.h. nicht dem nationalen Recht einer Partei. Auf die Bezeichnung kommt es nicht an (Übereinkommen, Abkommen, Vereinbarung, Briefwechsel, Notenaustausch, Pakt, Charta, Statut, Akte, Protokoll usw.; vgl. VPB 68.83 [2004], BJ). – Nicht erfasst (und somit auch nicht möglicher Gegenstand eines Referendums, BV 141) sind andere Handlungsformen und Instrumente des völkerrechtlichen Verkehrs, bei denen es den Beteiligten am Willen fehlt, sich rechtlich zu verpflichten (einseitige Erklärungen, gemeinsame Absichtserklärungen mit bloss politischer Bindungswirkung usw.), wobei Bezeichnungen wie Memorandum of Understandig, Agreed Minutes, Gentlemen's Agreement (bloss) ein Indiz für fehlenden Bindungswillen darstellen (vgl. VPB 68.83 [2004], Ziff. 1). – BV 166 Abs. 2 handelt nicht von

der Frage, ob bzw. wie die Bundesversammlung eine Kündigung anstossen kann. – Vgl. auch N 8 zu BV 171: nachträgliche Genehmigung.

10 *Form:* Der Genehmigungsbeschluss ergeht, je nach Einordnung des Vertrags (BV 140, 141), als einfacher BB oder, mit entsprechender Referendumsklausel versehen, als dem fakultativen, allenfalls dem obligatorischen Referendum unterliegender BB (vgl. N 10 zu BV 163). Unter den Voraussetzungen des BV 141a können Verfassungs- bzw. Gesetzesänderungen in den Genehmigungsbeschluss integriert werden (vgl. N 2 ff. zu BV 141a). – Von der Genehmigung (in der Form eines spezifischen BB) zu unterscheiden ist die *vorgängige Ermächtigung* zum Vertragsschluss, die in einem Gesetz oder völkerrechtlichen Vertrag enthalten sein kann (vgl. N 13).

11 Das *Verfahren* ist, von einzelnen Ausnahmen abgesehen, das ordentliche gemäss ParlG 71 ff. (vgl. N 2 ff. zu BV 156). *Besonderheiten:* Beratungsgegenstand ist der vom Bundesrat eingebrachte Entwurf des Genehmigungsbeschlusses, der den Vertrag als Ganzes einschliesst. Anders als bei einem Gesetz können die einzelnen Bestimmungen von der Bundesversammlung nicht geändert werden, mithin auch nicht Gegenstand von Anträgen sein. Die Bundesversammlung ist im Wesentlichen auf Ablehnung oder Genehmigung beschränkt (theoretisch denkbar: Rückweisung an den Bundesrat verbunden mit dem Auftrag, Anpassungen auszuhandeln zu versuchen). Sie kann sodann, soweit der Vertrag dies zulässt, den Bundesrat zur Abgabe von Vorbehalten verpflichten (Botsch. BV, 393). Umstritten ist, inwieweit die Bundesversammlung im Rahmen des Genehmigungsbeschlusses festlegen kann, dass der fragliche Vertrag, obwohl seine Normen sich möglicherweise für eine unmittelbare Anwendung eignen (zu den Anforderungen vgl. N 28 zu BV 5), *nicht* direkt anwendbar sein soll, d.h. durch den Gesetzgeber umgesetzt und direkt durch die Gerichte konkretisiert werden soll. – Gemäss ParlG 95 zählt die Genehmigung eines völkerrechtlichen Vertrages zu den Anwendungsfällen des vereinfachten Differenzbereinigungsverfahrens: Die *zweite* Ablehnung der Genehmigung durch einen Rat ist endgültig (vgl. N 8 zu BV 156). Ob dies auch für Differenzen gilt, die sich nicht auf den Vertrag selbst beziehen, sondern auf die allenfalls in den Genehmigungsbeschluss integrierten umsetzenden Verfassungs- bzw. Gesetzesänderungen, bleibt unklar. Bei den BB betreffend die Bilateralen Abkommen II (vgl. auch N 13 zu BV 141a) erfolgte die Einigung jeweils spätestens in der zweiten Runde (AB 2004 S 861 ff., N 2101 f.).

12 *Vorläufige Anwendung:* Bei besonderer *Dringlichkeit* kann der Bundesrat zur Wahrung *wichtiger Landesinteressen* völkerrechtliche Verträge bereits vor der Genehmigung vorläufig anwenden (zu Voraussetzungen, Verfahren und Höchstdauer vgl. RVOG 7b; vgl. auch ParlG 152 Abs. 3bis). Die durch eine parlamentarische Initiative angestossene Neuordnung will eine restriktivere Praxis erwirken (kritisch dazu BBl 2004 1020, Stellungnahme des Bundesrates; grosszügiger noch VE 96 Art. 172; vgl. Botsch. BV, 417). Auslöser war die vorläufige Anwendung des Luftverkehrsabkommens mit Deutschland, dem später die Bundesversammlung die Genehmigung versagte (vgl. vorne N 5; VPB 68.83 [2004], Bundesamt für Justiz).

13 *Ausnahmen (vereinfachtes Verfahren):* Ähnlich wie bei der Rechtsetzung (vgl. BV 164 Abs. 2) bekräftigt die Verfassung nunmehr ausdrücklich, dass nicht jeder Vertrag zwingend das parlamentarische Verfahren durchlaufen muss. Der Bundesrat ist befugt, einen Vertrag *selbstständig*, d.h. ohne Genehmigung i.S.v. BV 166 Abs. 2, abzuschliessen, wenn ein Gesetz oder ein völkerrechtlicher Vertrag ihn dazu ermächtigt. Die Verfassung knüpft hier an die Tradition des «vereinfachten Verfahrens» an, das unter der BV 1874 (ohne direkte Stütze in der Ver-

fassung) entwickelt worden war und weit mehr als die Hälfte (wenn nicht zwei Drittel) der Verträge erfasste (vgl. AUBERT, BuStR II, 1017 f. ad N 1319; MONNIER, ZSR 1986 II, 228 ff.; BGE 120 Ib 360, 364; VPB 51.58 [1987]). Anders als vom Bundesrat beantragt (vgl. VE 96 Art. 156), begnügt sich BV 166 nicht damit, die bisherige Praxis zu sanktionieren: Neu muss eine gesetzliche oder vertragliche Ermächtigung vorliegen; die Berufung auf allgemeine verfassungsrechtliche Gesichtspunkte (fehlende Wichtigkeit, Gewaltenteilung usw.) genügt nicht mehr. – Für völkerrechtliche Verträge, die dem Referendum unterstehen (z.B. unkündbare Verträge, vgl. BV 141), scheidet das vereinfachte Verfahren aus.

14 *Umsetzung:* Eine allgemeine (sachgebietsunabhängige) Ermächtigungsklausel wurde per 1.1.2000 geschaffen (GVG 47bis b, AS 2000 273; vgl. heute RVOG 7a). Danach kann der Bundesrat «völkerrechtliche Verträge von beschränkter Tragweite» selbstständig abschliessen, wozu (gemäss nicht abschliessender Aufzählung) namentlich Verträge gehören, die (1) keine neuen Pflichten begründen oder (2) dem Vollzug von genehmigten Verträgen dienen oder (3) Gegenstände im Zuständigkeitsbereich des Bundesrates betreffen oder (4) sich in erster Linie an die Behörden richten bzw. administrativ-technische Fragen regeln. Der Bundesrat kann die Zuständigkeit zum Abschluss delegieren (näher RVOG 48a Abs. 1; Beispiele für Subdelegation in VPB 68.83 [2004], BJ; zu den Befugnissen der Verwaltungseinheiten vgl. VPB 70.69 [2006], DV/BJ). – Das vereinfachte Verfahren dient nicht zuletzt der Entlastung der Bundesversammlung. Die Pflicht zur jährlichen Berichterstattung ermöglicht eine parlamentarische *Kontrolle* (RVOG 48a; vgl. Bericht vom 17.5.2006 über die im Jahr 2005 abgeschlossenen internationalen Verträge, BBl 2006 4789). Die Bundesversammlung kann per Motion verlangen, dass der Bundesrat einen Vertrag *nachträglich* im ordentlichen Verfahren zur Genehmigung unterbreitet. Bei einer Nichtgenehmigung müsste der (völkerrechtlich gültige) Vertrag auf den nächstmöglichen Termin gekündigt werden. Im März 2004 hiess der Nationalrat eine Motion (03.037, AB 2004 N 204) gut, welche vom Bundesrat verlangte, nachträglich um Genehmigung eines «Operative Working Arrangements» zwischen den Strafverfolgungsbehörden des Bundes und der USA (vgl. BBl 2004 4216; VPB 68.83 [2004], BJ) zu ersuchen. Der Ständerat lehnte ab (AB 2004 S 172). Ein im Juli 2006 abgeschlossenes (weiter gehendes) Folgeabkommen wurde nicht nur der Bundesversammlung zur Genehmigung unterbreitet, sondern auch dem fakultativen Referendum (gemäss BV 141 Abs. 1 Bst. d Ziff. 3) unterstellt (vgl. Botschaft vom 6.9.2006, BBl 2006 7781; BBl 2007 4707).

Literaturhinweise (vgl. auch die Hinweise bei BV 5, BV 54, BV 184)

BIAGGINI GIOVANNI, Das Verhältnis der Schweiz zur internationalen Gemeinschaft, AJP 1999, 722 ff.; BORER THOMAS, Das Legalitätsprinzip und die auswärtigen Angelegenheiten, Basel/Frankfurt a.M. 1986; COTTIER THOMAS/ACHERMANN ALBERTO/WÜGER DANIEL/ZELLWEGER VALENTIN (Hrsg.), Der Staatsvertrag im schweizerischen Verfassungsrecht, Bern 2001; COTTIER THOMAS/GERMANN CHRISTOPHE, Die Partizipation bei der Aushandlung neuer völkerrechtlicher Bindungen, VRdCH, 77 ff.; EHRENZELLER BERNHARD, Legislative Gewalt und Aussenpolitik, Basel 1993; DERS., Aussenpolitische Handlungsfähigkeit und Verfassung, Festschrift für Helmut Steinberger, Berlin etc. 2002, 703 ff.; GRAF MARTIN, Mitwirkung der Bundesversammlung an der staatsleitenden Politikgestaltung, insbesondere durch Grundsatz- und Planungsbeschlüsse, in: Sägesser (Hrsg.), Bundesbehörden, 111 ff.; MOERI JACQUELINE, Die Kompetenzen der schweizerischen Bundesversammlung in den auswärtigen Angelegenheiten, St. Gallen 1990; MONNIER JEAN, Les principes et les règles constitutionelles de la politique étrangère suisse, ZSR 1986 II, 107 ff.; MÜLLER GEORG, Rechtsetzung und Staatsverträge, VRdCH, 1101 ff.; SPINNER BRUNO, Die Kompetenzdelegation beim Abschluss völkerrechtlicher Verträge, Zürich 1977; WILDHABER LUZIUS, Aussenpolitische Kompetenzordnung im schweizerischen Bundesstaat, in: Riklin et al., 121 ff.; ZIMMERLI ULRICH, Bundesversammlung, VRdCH, 1027 ff.

Art. 167 Finanzen

Die Bundesversammlung beschliesst die Ausgaben des Bundes, setzt den Voranschlag fest und nimmt die Staatsrechnung ab.

1 Die Bestimmung geht auf die Bundesstaatsgründung zurück (BV 1848 Art. 74; BV 1874 Art. 95, je Ziff. 10). – Die Jährlichkeit des Voranschlags und die Beschlussfassung über Anleihen figurieren nicht mehr im Verfassungstext.

2 Die *Bedeutung der Finanzen* und der Haushaltführung ist enorm *(Statistisches:* vgl. N 4 zu BV 126). Die Finanzkompetenzen gehören traditionell zu den politisch besonders bedeutsamen, zentralen Zuständigkeiten von Parlamenten. Die Bundesversammlung übt hier weit mehr als Oberaufsicht (BV 169) aus. Die Verfassung begnügt sich damit, neben Organzuständigkeiten (BV 167, 183) einige inhaltliche Vorgaben (BV 126; *Schuldenbremse)* sowie verfahrensmässige Hürden (BV 159 Abs. 3; *Ausgabenbremse)* festzulegen. Zentrale Regelungen finden sich auf *Gesetzesstufe*, vor allem in (erst relativ spät geschaffenen) Bundesgesetzen über den *Finanzhaushalt* (FHG 1968, AS 1969 291, abgelöst durch FHG 1989, AS 1990 985, seit 1.5.2006: BG vom 7.10.2005 über den eidgenössischen Finanzhaushalt, Finanzhaushaltgesetz, FHG; SR 611.0) und über die *Finanzkontrolle* (BG vom 28.6.1967 über die Eidgenössische Finanzkontrolle, FKG; SR 614.0; zuvor bestand ein bundesrätliches «Regulativ für die eidgenössische Finanzkontrolle», von der Bundesversammlung genehmigt am 2.4.1927; BS 6, 21).

Ausgaben

3 *Begriff:* Ausgaben sind (gemäss FHG 3; vgl. auch N 11 zu BV 159) Zahlungen an Dritte, die das Vermögen vermindern (laufende Ausgaben) oder Vermögenswerte schaffen, die unmittelbar Verwaltungszwecken dienen (Investitionsausgaben). Der Begriff «Ausgabe» umfasst sowohl das Eingehen von Verpflichtungen als auch die eigentlichen Zahlungen.

4 Jede Ausgabe des Bundes bedarf einer *doppelten Grundlage*, nämlich:
 – einer *gesetzlichen Grundlage* (vgl. BV 5) und, darüber hinaus,
 – einer *Ermächtigung* durch die Bundesversammlung (BV 167).

Die Ermächtigung erfolgt im Allgemeinen im Rahmen des Voranschlags (vgl. FHG 30), unter Umständen in Form eines selbstständigen Ausgabenbeschlusses (vgl. FHG 23; Verordnung der Bundesversammlung vom 18.6.2004 über die Verpflichtungskreditbegehren für Grundstücke und Bauten, SR 611.051; vgl. z.B. Immobilienbotschaft VBS 2006 vom 25.5.2005, BBl 2005 3635 ff.).

5 *Voranschlagskredit:* Zahlungen dürfen nur gestützt auf einen Zahlungskredit getätigt werden. Ein mit dem Voranschlag bewilligter Zahlungskredit heisst *Voranschlagskredit* (FHG 30, FHV 20) mit den Unterarten Aufwandkredit (laufende Ausgaben) und Investitionskredit (Investitionsausgaben). Der *Nachtragskredit* ist ein in Ergänzung des Voranschlags nachträglich bewilligter Voranschlagskredit (vgl. auch N 14). Als *Globalkredit* bezeichnet man einen Voranschlagskredit mit allgemein umschriebener Zweckbestimmung (z.B. für zentrale Materialbeschaffung durch Einkaufsstellen).

6 *Verpflichtungskredit:* Ein spezieller Kredit *(crédit d'engagement)* muss in der Regel eingeholt werden, wenn über das laufende Voranschlagsjahr hinaus wirkende finanzielle Verpflichtungen eingegangen werden sollen (FHG 21), z.B. für Bau- oder Beschaffungsvorhaben, Zusicherung von Beiträgen, die erst in späteren Jahren auszuzahlen sind. Der Verpflichtungskredit setzt den Höchstbetrag fest, bis zu dem der Bundesrat finanzielle Verpflichtungen eingehen darf. Der Mittelbedarf ist als Aufwand oder Investitionsausgabe in den jeweiligen Voranschlag einzustellen. Die Bewilligung von Verpflichtungskrediten erfolgt mit den Beschlüssen über den Voranschlag und seine Nachträge (FHG 23), gegebenenfalls gestützt auf eine besondere Botschaft des Bundesrates durch separaten Beschluss (vgl. N 4). – Der *Zusatzkredit* (FHG 27) dient der Ergänzung eines nicht ausreichenden Verpflichtungskredites.

7 Mit dem Verpflichtungskredit verwandt ist der *Zahlungsrahmen* (FHG 20). Dabei handelt es sich um einen für mehrere Jahre festgesetzten Höchstbetrag der Voranschlagskredite für bestimmte Ausgaben (längerfristige Ausgabensteuerung). Der Zahlungsrahmen stellt keine Kreditbewilligung dar.

8 *Dringlichkeitsverfahren* (FHG 28, 34): Dulden Ausgaben, für die im Voranschlag kein oder kein ausreichender Kredit bewilligt ist, oder die Ausführung eines Vorhabens *keinen Aufschub*, so kann der Bundesrat die Ausgabe schon vor der Bewilligung des Nachtragskredites (FHG 34) bzw. die Inangriffnahme oder Fortsetzung des Vorhabens schon vor der Bewilligung des erforderlichen Verpflichtungskredites beschliessen (FHG 28). Wenn möglich holt der Bundesrat vorgängig die Zustimmung der Finanzdelegation ein. Die dringlichen Ausgaben bzw. Verpflichtungen müssen der Bundesversammlung zur nachträglichen Genehmigung unterbreitet werden. Als Reaktion auf den «Fall Swissair» – bei dem im Oktober 2001 (d.h. noch unter dem FHG 1989) dringliche Kredite im Umfang von insgesamt mehr als 2 Mia. Franken gesprochen (und von der Bundesversammlung nachträglich bewilligt) wurden (vgl. Botschaft 2001 6439; BB vom 17.11.2001, BBl 2002 410) – beschloss der Nationalrat eine Beschneidung der Dringlichkeitskompetenzen der Finanzdelegation (rund 250 Mio. Franken maximal) und des Bundesrates (blosses Antragsrecht). Der Ständerat setzte sich mit Erfolg für die bewährte Ordnung ein, die jetzt im neuen FHG fortgeführt wird (AB 2005 S 576, 775, N 1343).

9 Obwohl immer wieder thematisiert, besteht im Bund kein (allgemeines) Finanzreferendum nach kantonalem Muster (vgl. N 11 zu BV 141; zum Stand in den Kantonen vgl. Oberson/Guillaume, VRdCH, 1239 ff.). Die Verfassung lässt es aber zu, auf Gesetzesstufe für finanzrelevante Beschlüsse die Form des (referendumspflichtigen) Bundesbeschlusses vorzusehen (BV 141 Abs. 1 Bst. c) und damit ein punktuelles Finanzreferendum zu ermöglichen (in diese Richtung auch das Vorgehen bei der Vereinbarung betreffend Nichtrealisierung des Kernkraftwerks Kaiseraugst vom 17.3.1989, BBl 1989 I 1035 f., die per BB dem Referendum unterstellt wurde). Den Charakter eines punktuellen Finanzreferendums kann auch die Volks-

initiative annehmen (so z.B. die sog. F/A-18-Initiative, BBl 1992 VI 471; N 17 zu BV 139). – Vgl. auch Pa.Iv. 03.401, Einführung eines Finanzreferendums, sowie die Vernehmlassungsvorlage der SPK-N vom 20.2.2007 (E-ParlG 25: Finanzen).

Festsetzung des Voranschlags (Budget)

10 *Gegenstand und Verfahren:* Der Voranschlag (FHG 29 ff.) enthält die Bewilligung der Ausgaben (Aufwände und Investitionsausgaben), die Schätzung der Erträge (inkl. Investitionseinnahmen) sowie die bewilligten Gesamtausgaben und die geschätzten Gesamteinnahmen (zu den Grössenordnungen vgl. N 4 zu BV 126), gegliedert nach Verwaltungseinheiten, Aufwand- und Ertragsarten sowie Ausgaben- und Einnahmenarten (Investitionsbereich). Der Voranschlag ist vom Bundesrat zu entwerfen (BV 183). Botschaft und Entwurf (nicht im BBl) müssen jährlich bis Ende August der Bundesversammlung unterbreitet werden (FHG 29); die Entwürfe für den Voranschlag der Bundesversammlung, der eidgenössischen Gerichte und der Eidgenössischen Finanzkontrolle sind unverändert aufzunehmen (ParlG 142). Eintreten ist obligatorisch (ParlG 74). Für Aufstellung (und Vollzug) des Voranschlags gelten von Gesetzes wegen die Grundsätze der Bruttodarstellung, der Vollständigkeit, der Jährlichkeit (heute nicht mehr verfassungsrechtlich zwingend) und der Spezifikation (FHG 31; zu Lockerungen im Rahmen des Führens mit Leistungsauftrag und Globalbudget, FLAG, vgl. FHG 42 ff.) sowie sinngemäss die *Rechnungslegungsgrundsätze* der Wesentlichkeit, Verständlichkeit und Stetigkeit (FHG 47; zum Ganzen näher FHV 19). Der Voranschlag wird – entgegen parlamentarischem Begriffsgebrauch (vgl. z.B. BBl 2005 511) – von der Bundesversammlung nicht bloss genehmigt, sondern in der Form des (nicht-referendumspflichtigen) *einfachen Bundesbeschlusses* (vgl. N 11 zu BV 163) *festgesetzt* (Beispiel in BBl 2006 1557; zu Besonderheiten bei der Differenzbereinigung vgl. N 15). Verwirft der Rat den BB in der Gesamtabstimmung, so gilt dies als Rückweisung an den Bundesrat (ParlG 74).

11 Der *Handlungsspielraum* der Bundesversammlung bei der Festsetzung des Voranschlags ist vergleichsweise bescheiden (vgl. KOLLER, passim). Die Bundesversammlung kann die einzelnen Positionen, im Rahmen ihres begrenzten Handlungsspielraums (N 15), zwar abändern (nach unten, aber auch nach oben). Die Bewilligung von gebundenen Ausgaben darf sie indes nicht verweigern (vgl. VPB 44.119, 1980). Mitunter sind Ausgaben schon per Gesetz ziffernmässig festgelegt (z.B. PRG 2). Keine Freiheit lassen gesetzlich vorgesehene Ausgaben, deren Höhe sich nach objektiven Kriterien bemisst. Ein gewisser Spielraum besteht, wenn im Gesetz zwar das «Ob», nicht aber das «Wie» der Aufgabenerfüllung bestimmt wird. Nur selten kann über Ausgaben gänzlich frei entschieden werden. Die Vergrösserung der Handlungsfreiheit des Parlamentes im Budgetprozess ist ein Daueranliegen. Im Jahr 2005 wurde die Idee, dem Bundesrat per Motion finanzielle Globalvorgaben zu erteilen, geprüft, aber verworfen (vgl. FK-S, Medienmitteilung vom 11.2.2005). Eine direkte Einflussnahme auf die bundesrätlichen Budgetweisungen würde die verfassungsrechtliche Zuständigkeitsordnung (BV 183) verletzen. Der koordinierten Änderung finanzrelevanter Bundesgesetze dienten mehrere sog. Entlastungsprogramme (vgl. z.B., als «Mantelerlass», das BG vom 17.6.2005 über das Entlastungsprogramm 2004, AS 2005 5427; Botschaft vom 22.12.2004, BBl 2005 759).

12 *Verpflichtungsgrad:* Voranschlagskredite beinhalten grundsätzlich eine (blosse) *Ermächtigung*. Der Bundesrat ist nicht verpflichtet, eine bewilligte Ausgabe zu tätigen. Nur vereinzelt hat die Kreditbewilligung «Auftragscharakter» (vgl. AUBERT, BuStR II, 668; STAUFFER, SG-Komm., Art. 167, N 20).

13 *Kreditsperrung:* Das (dringliche, befristete) BG vom 13.12.2002 über die Sperrung und die Freigabe von Krediten im Voranschlag der Schweizerischen Eidgenossenschaft (KSFG; SR 611.1) ermöglicht es der Bundesversammlung, im BB über den Voranschlag die bewilligten Kredite und Zahlungsrahmen teilweise zu sperren (statt sie zu kürzen). Der Bundesrat ist befugt, diese Kreditsperren ganz oder teilweise aufzuheben, wenn eine schwere Rezession dies erfordert (hier nur mit Genehmigung der Bundesversammlung, KSFG 1) oder wenn Zahlungen geleistet werden müssen, auf die ein gesetzlicher Anspruch besteht oder die verbindlich zugesichert worden sind (vgl. BB vom 16.12.2004; BBl 2005 511: Sperren im Betrag von rund 35 Mio. Franken). Das seit 1997 sechs Mal (auf bundesrätlichen Antrag) eingesetzte Instrument soll per 1.1.2008 ins Dauerrecht überführt werden (vgl. BBl 2007 307).

14 *Rechtsnatur:* Der Voranschlag begründet keine Rechte und Pflichten Dritter; insofern ist der Voranschlag ein Akt mit bloss «internen» Wirkungen im Verhältnis Parlament–Regierung bzw. Verwaltung (vgl. auch VPB 36.47, 1972). In der Lehre finden sich unterschiedlichste Einordnungen (als behördeninterne Weisung, Verwaltungsverordnung, Verwaltungsakt, individuelle Anordnung, Bündel von Anordnungen, legislativer Regierungsakt, Plan; Überblick bei KOLLER, Haushalt, 452 ff.). Jedenfalls fehlt der rechtsetzende Charakter (BGer, Urteil vom 30.11.1979, ZBl 1981, 93). Die Einnahmenbeschaffung bedarf besonderer Rechtsgrundlagen. Die Annahme des Voranschlags ist nicht Voraussetzung für die Erhebung von Steuern (AUBERT, BuStR II, 668). Auf der *Ausgabenseite* besteht die rechtliche Bedeutung des Voranschlags darin, dass in der erfassten Periode nur die bewilligten Ausgaben getätigt werden dürfen. Reichen die bewilligten Zahlungskredite nicht aus, so müssen Nachtragskredite eingeholt werden (N 5). Der Bundesrat unterbreitet den Eidgenössischen Räten die Nachtragskreditbegehren traditionell in der Sommersession (Nachtrag I) bzw. in der Wintersession (Nachtrag II).

15 *Staatspraxis:* Beim Voranschlag herrscht ein relativ starker «Einigungsdruck», da ein budgetloser Zustand (ohne förmlich verabschiedetes Budget) mit vielen Nachteilen verbunden ist. Die Bundesversammlung ist verfassungsrechtlich verpflichtet, den Bundesrat bis zur Verabschiedung des Voranschlags mit den unerlässlichen Mitteln auszustatten (vgl. KOLLER, Haushalt, 361). Fälle der nicht rechtzeitigen Budgetgenehmigung sind denn auch in der Geschichte des Bundesstaates selten. Ursache waren gewöhnlich äussere Umstände, nicht politische Gründe. Man behalf sich jeweils mit provisorischen Vorkehren (1872 und 1874: provisorische Genehmigung des bundesrätlichen Entwurfs; 1920 und 1926: provisorisches Budget auf der Basis des Vorjahres; 1975: Verabschiedung erst am 30.1.1975 wegen des Scheiterns der Finanzordnungs-Vorlage in der Volksabstimmung vom 8.12.1974; vgl. AUBERT, BuStR II, 670; vgl. auch KOLLER, Haushalt, 362). Nachdem in den Jahren 1992 und 1997 beim Budget Einigungskonferenzen einberufen werden mussten, wurde das GVG per 1.12.1998 durch eine Regelung ergänzt (vgl. heute ParlG 94), wonach bei Verwerfung des Einigungsantrags der Beschluss der dritten Beratung, der den tieferen Betrag vorsieht, als angenommen gilt. Die Regelung «privilegiert» faktisch den Rat, der für den tieferen Betrag eintritt (kritisch VON

Wyss, Maximen, 175). Mit der im Rahmen der Volksrechtsreform (vgl. N 12 vor BV 136) beschlossenen «Konstitutionalisierung» der Regel (BV 156 Abs. 3 Bst. d) sind verfassungsrechtliche Bedenken vom Tisch. Weil der Voranschlag in weitem Mass eine Konsequenz früher getroffener Entscheidungen ist (N 11), sind die Budgetberatungen über weite Strecken «entpolitisiert». Sie werden gleichwohl hin und wieder als Plattform für «politische Machtdemonstrationen» genutzt (z.B. Reduktion des Schweizer Beitrags an die UNESCO für das Jahr 1975, ausgeglichen durch eine Erhöhung im Folgejahr, AB 1974 S 617 ff., N 1735 ff., AB 1976 N 501 f.; Herabsetzung des Beitrags an den SNF für 1982 um 90'000 Franken wegen der Unterstützung eines Forschungsprojekts von NR Prof. Ziegler in diesem Umfang, AB 1981 N 1567 ff. und 1707, S 518 ff. und 542; Reduktion des Pro Helvetia-Budgets für 2005 um 1 Mio. Franken, AB 2004 N 2138, S 941; dazu N 7 zu BV 21).

Abnahme der Staatsrechnung

16   Die Bundesversammlung ist zuständig für die «Abnahme» (Genehmigung) der Staatsrechnung. Zu erstellen ist sie vom Bundesrat (BV 183; zur Konsolidierungspflicht vgl. FHG 55). Sie umfasst (FHG 5): die *Bundesrechnung* (bestehend aus dem Finanzkommentar, der Jahresrechnung des Bundes und der Rechnung bestimmter Institutionen und Verwaltungseinheiten) sowie die Jahresrechnungen von Verwaltungseinheiten der dezentralen Bundesverwaltung und der Fonds des Bundes mit Sonderrechnungen (näher FHG 2, 6 ff.). Die Rechnungslegung richtet sich im Interesse besserer Vergleichbarkeit neu nach den International Public Sector Accounting Standards (IPSAS; vgl. FHV 53 i.V.m. FHG 48, zu einzelnen Ausnahmen: FHV, Anhang 2). Das «Neue Rechnungsmodell» (NRM) findet ab dem Haushaltsjahr 2007 Anwendung. Die Staatsrechnung wird durch die Eidgenössische Finanzkontrolle (N 19) überprüft und zusammen mit dem Revisionsbericht der Bundesversammlung zugeleitet. Eintreten ist obligatorisch (ParlG 74). Die Beschlussfassung erfolgt in der Form des einfachen BB (gewöhnlich in der Sommersession).

17   *Wirkung:* Die Abnahme der Staatsrechnung verschafft dem Bundesrat (als Gesamtbehörde) Entlastung mit Blick auf seine politische Verantwortlichkeit (vgl. Botsch. BV, 394). Die zivil- und strafrechtliche Verantwortlichkeit der Mitglieder des Bundesrates wird nicht berührt (vgl. Aubert, Komm. aBV, Art. 85, N 146). Die Bedeutung der Staatsrechnung, die in der politischen Praxis bisher eher gering war, ist gewachsen, seit sie von Verfassungsrechts wegen als Referenzgrösse bei der Schuldenbremse dient (BV 126 Abs. 4; FHG 16; näher N 8 ff. zu BV 126). Mit der Staatsrechnung legt der Bundesrat auch Rechenschaft über die Stellenbestände ab (vgl. z.B. BBl 2005 512).

Finanzkontrolle

18   *Organisation:* Anders als in zahlreichen ausländischen Verfassungsordnungen und in einzelnen Kantonen (vgl. KV/VD 166; KV/GE 141, vgl. BBl 2006 8789; vgl. auch Hangartner, ZBl 2006, 453 ff.; BBl 1996 II 482) gibt es im Bund keinen eigenständigen Rechnungshof (Cour des comptes). Die Kontrolle über das Finanzgebaren des Bundes (Verwaltung, weitere Aufgabenträger) obliegt einerseits – als Ausfluss der allgemeinen Aufsicht (BV 178, 187) – dem Bundesrat, andererseits – als Ausfluss der Budgethoheit und der allgemeinen Oberaufsicht (BV 167, 169) – der Bundesversammlung. Letztere besitzt spezialisierte Organe, nämlich die *Finanzkommissionen* der beiden Räte und die gemeinsame *Finanzdelegation* (FinDel), die mit

besonderen Befugnissen und zum Teil sehr weitreichenden Informationsrechten ausgestattet ist (vgl. N 24 zu BV 153 und N 15 zu BV 169; ParlG 50 ff., 153 ff.; vgl. auch Reglement vom 8.11.1985, SR 171.126). Diese drei Organe werden durch ein ständiges Sekretariat unterstützt, das administrativ der Eidgenössischen Finanzkontrolle beigeordnet ist (FKG 18). Bundesrat und Bundesversammlung werden unterstützt durch die:

19 *Eidgenössische Finanzkontrolle:* Diese ist das «oberste Finanzaufsichtsorgan des Bundes» (FKG 1). Sie ist organisatorisch *verselbstständigt* und, obwohl administrativ dem Eidgenössischen Finanzdepartement beigeordnet, in ihrer Prüfungstätigkeit nur der Bundesverfassung und dem Gesetz verpflichtet, d.h. von Weisungen *unabhängig*. Ihre Stellung wurde mit einer Gesetzesrevision im Jahr 1999 gestärkt. An der Spitze steht ein Direktor (FKG 3), der durch den Bundesrat für eine Amtsdauer von sechs Jahren gewählt wird. Die Wahl bedarf der Genehmigung durch die Bundesversammlung. Die Eidgenössische Finanzkontrolle unterstützt die Bundesversammlung bei der Ausübung ihrer Finanz- und Oberaufsichtskompetenzen (BV 167, 169) und den Bundesrat bei der Ausübung seiner Aufsicht über die Bundesverwaltung. Von der Aufsicht ausgenommen sind die SNB (BV 99) und die SUVA. Weitere Sonderregelungen bedürfen einer ausdrücklichen gesetzlichen Grundlage (FHG 19). Die Eidgenössische Finanzkontrolle überprüft den gesamten Finanzhaushalt auf allen Stufen und die Erstellung der Staatsrechnung. Sie legt jährlich ihr Revisionsprogramm fest und bringt dieses der Finanzdelegation und dem Bundesrat zur Kenntnis (zu den Kriterien und zur Durchführung der Kontrollen vgl. FHG 5 ff.). Der zuhanden der Finanzdelegation und des Bundesrates erstellte Jahresbericht wird im Bundesblatt veröffentlicht (FKG 14; vgl. z.B. Bericht vom 13.2.2006, BBl 2006 4155); ebenso der jährliche Bericht der Finanzdelegation betreffend die Oberaufsicht über die Bundesfinanzen (ParlG 51; vgl. z.B. Bericht vom 28.2.2006, BBl 2006 4099).

Literaturhinweise (vgl. auch die Hinweise bei BV 126 und BV 183)

BRÜGGER PAUL, Zum Wesensgehalt der Unabhängigkeit oberster Finanzaufsichtsorgane, ZBl 2006, 1 ff.; DERS., 25 Jahre Finanzkontrollgesetz des Bundes, ZBl 1993, 93 ff.; HANGARTNER YVO, Der Rechnunsghof – ein neues staatsrechtliches Institut, ZBl 2006, 453 ff.; JENNY DAVID, Die finanzverfassungsrechtlichen Kompetenzen von Regierung, Parlament und Volk in der Schweiz, in: Jürgen Makswit/Friedrich Schoch (Hrsg.), Aktuelle Finanzordnung im internationalen und nationalen Recht, Berlin/New York 1986, 93 ff.; KOLLER HEINRICH, Der öffentliche Haushalt als Instrument der Staats- und Wirtschaftslenkung, Basel 1983; MASTRONARDI PHILIPPE/SCHEDLER KUNO, New Public Management in Staat und Recht, 2. Aufl., Bern 2004; NAWIASKY HANS, Rechtliche Bedeutung und rechtliche Wirkung des Voranschlags, ZBl 1945, 153 ff.; RICHLI PAUL, Legalitätsprinzip und Finanzhilfen, ZSR 1986 I, 79 ff.; SCHAERER BARBARA, Subventionen des Bundes zwischen Legalitätsprinzip und Finanzrecht, Chur/Zürich 1992; VALLENDER KLAUS A., Finanzhaushaltsrecht, Bern 1983.

5. Titel: Bundesbehörden Nr. 1 BV **Art. 168**

Art. 168 Wahlen

¹ Die Bundesversammlung wählt die Mitglieder des Bundesrates, die Bundeskanzlerin oder den Bundeskanzler, die Richterinnen und Richter des Bundesgerichts sowie den General.

² Das Gesetz kann die Bundesversammlung ermächtigen, weitere Wahlen vorzunehmen oder zu bestätigen.

1 Die Bestimmung geht auf die Bundesstaatsgründung zurück (BV 1848 Art. 74 Ziff. 3, zwei Funktionen mehr als heute; wie heute BV 1874 Art. 85 Ziff. 4).

2 Die Wahlzuständigkeiten der Bundesversammlung sind Ausdruck ihrer Stellung als «oberste Gewalt» (BV 148). Die Gewählten verfügen über eine indirekte (parlamentsvermittelte), aber gleichwohl sehr starke demokratische Legitimation. BV 168 ist redaktionell nicht ganz geglückt, da die Wahl des Bundesratspräsidenten und -vizepräsidenten (BV 176) weder durch Abs. 1 noch durch 2 erfasst wird.

Allgemeines (Abs. 1)

3 *Wahlkörper* ist die *Vereinigte* Bundesversammlung (BV 157).

4 Die Wahlen erfolgen auf feste *Amtsdauer* (vgl. N 2 zu BV 145); eine Ausnahme bildet der General (N 11). Der Zeitpunkt ergibt sich aus anderen Bestimmungen (vgl. BV 175 Abs. 2; BGG 132; MG 85).

5 *Wahlverfahren:* Die Verfassung äussert sich nicht näher zum Verfahren. Da es um «wichtige» Fragen i.S.v. BV 164 Abs. 1 geht, ist eine Regelung auf Gesetzesstufe erforderlich. Diese liegt mittlerweile vor (ParlG 130 ff., davor: Reglement der Vereinigten Bundesversammlung vom 8.12.1976, AS 1977 231). Der Gesetzgeber kann, je nach Kategorie, unterschiedliche Verfahren vorsehen (heute: Einzelwahl für den Bundesrat; «Listenwahl» mit veränderbarer Liste, vgl. ParlG 136, für das Bundesgericht). Das Gesetz legt fest, dass die Stimmabgabe bei Wahlen *geheim* erfolgt (ParlG 130; zur Diskussion betreffend offene Wahl vgl. SPK-N, Bericht ParlG, 3587). Erforderlich ist das absolute Mehr der Stimmenden (vgl. N 5 zu BV 159), wobei (gemäss ParlG 130) leere und ungültige Wahlzettel nicht gerechnet werden. Der im Reglement von 1976 noch vorgesehene Losentscheid bei Stimmengleichheit in der Stichwahl (Art. 4 Abs. 4, Art. 8 Abs. 6, AS 1977 231) wurde per 1.12.2003 abgeschafft (vgl. SPK-N, Bericht ParlG, 3588 «mit dem Demokratieprinzip schwerlich vereinbar»); dies wohl unter dem Eindruck der Bundesratsersatzwahl im März 1999, als man nur knapp einem Losentscheid entging (AB 1999 N 623; vgl. N 7 zu BV 175).

6 *Rechtsnatur:* Die Wahl ist ein mitwirkungsbedürftiger Akt; sie bedarf der *Annahme* durch die gewählte Person, was im März 1993 deutlich wurde, als der am 3.3. in den Bundesrat gewählte Francis Matthey die Wahl nach kurzer Bedenkzeit ablehnte. Gewählt wurde am 10.3.1993 Ruth Dreifuss (N 8 zu BV 175).

7 *Amtseid:* Die gewählten Personen sind gesetzlich dazu verpflichtet, im Anschluss an ihre Wahl vor der Vereinigten Bundesversammlung (bzw. beim Gericht; vgl. BGG 10, VGG 11, SGG 11) den Amtseid bzw. das Amtsgelübde zu leisten (ParlG 3 Abs. 2). Die Pflicht, die Verfassung und die Gesetze zu beachten und die Amtspflichten gewissenhaft zu erfüllen, besteht

unabhängig von Eidesleistung oder Amtsgelübde (weshalb sie vom Bundesgericht in der Rechtsprechung zum kantonalen Recht nicht als Gültigkeitsvoraussetzung für Amtshandlungen angesehen werden; vgl. BGE 116 Ia 8, 13, Aargau). Die in ParlG 3 Abs. 3 vorgesehene drakonische Sanktion («Wer sich weigert, den Eid oder das Gelübde zu leisten, verzichtet auf sein Amt») dürfte vor der Verfassung kaum standhalten (vgl. N 11 zu BV 149).

Einzelne Wahlzuständigkeiten (Abs. 1)

8 *Mitglieder des Bundesrates* (näher N 5 ff. zu BV 175).

9 *Bundeskanzler* (vgl. BV 179): Seit der Herauslösung der Parlamentsdienste aus der Bundeskanzlei (BV 155) ist der Bundeskanzler auch formell nur noch für die Exekutive tätig. An der Wahlzuständigkeit der Bundesversammlung wurde gleichwohl nichts geändert. Die (heute zwei) Stellvertreter des Bundeskanzlers (Vizekanzler; RVOG 31) werden vom Bundesrat gewählt (BPV 2). Anders als die BV 1874 (Art. 105) lässt die neue Verfassung den Zeitpunkt der Wahl offen; die weiterhin praktizierte Wahl gleichzeitig mit der Gesamterneuerung des Bundesrates ist mithin nicht mehr zwingend vorgegeben.

10 *Richterinnen und Richter des Bundesgerichts* (vgl. BV 188): Der Begriff umfasst auch die nebenamtlichen Richterinnen und Richter (vgl. auch BGG 1). Das Gesetz sieht vor (ParlG 135 ff.), dass die Gesamterneuerung (vor Beginn der neuen Amtsdauer) getrennt für Richter und nebenamtliche Richter stattfindet. Bei der Wiederwahl dient als Wahlzettel eine «Namensliste der sich wieder zur Verfügung stellenden Mitglieder, in der Reihenfolge ihres Amtsalters». Es können einzelne Kandidierende gestrichen werden. Wer das absolute Mehr verfehlt, kann in der Ergänzungswahl (mit gegebenenfalls mehreren Wahlgängen) antreten (näher ParlG 137). Die Vorbereitung der Wahl obliegt der Gerichtskommission (ParlG 40a). Zu Wählbarkeitsvoraussetzungen und Wahlpraxis vgl. N 7 zu BV 143 sowie BV 188. Vgl. auch VPB 68.114 (2004) betreffend Unzulässigkeit einer vorgezogenen Ersatzwahl (zu OG 1 und 5).

11 *General:* Der traditionsreiche Begriff setzte sich gegen die von VK-N und VK-S favorisierte Bezeichnung («Oberbefehlshaberin oder [...] Oberbefehlshaber der Armee») durch (AB SD 1998 N 88, S 134). Die Verfassung äussert sich weder zu Stellung und Aufgaben, noch zum Zeitpunkt der Wahl und zur Amtsdauer. Gemäss MG 85 ist der General (als Oberbefehlshaber der Armee, MG 84) zu wählen, sobald ein grösseres Truppenaufgebot vorgesehen oder erlassen ist; die Bundesversammlung entscheidet über seine «Verabschiedung» (MG 85). Der Bundesrat erteilt dem General den Auftrag (MG 86). Auch wenn weder Verfassung noch Gesetz Wählbarkeitsvoraussetzungen nennen (nicht einmal das Schweizer Bürgerrecht!), kommt nur ein eng begrenzter Personenkreis in Betracht. Die Entscheidung für den Begriff «General» (ein letztes Relikt nicht-geschlechtsneutraler Sprache im deutschen Verfassungstext) hindert die Vereinigte Bundesversammlung nicht, eine Frau zu wählen (in diesem Sinn die Voten in AB SD 1998 N 88).

Weitere Wahlen sowie Bestätigungen (Abs. 2)

12 Auf Gesetzesstufe vorgesehen ist (zum Verfahren vgl. ParlG 139, 140):
- die *Wahl* der Richterinnen und Richter des Bundesverwaltungs- und des Bundesstrafgerichts (VGG 5; SGG 5), Amtsdauer: sechs Jahre;
- die *Wahl* der Richter und Ersatzrichter des *Militärkassationsgerichts* (MStP 14), Amtsdauer: vier Jahre;
- die *Wahl* der *Präsidien* der eidgenössischen Gerichte (ParlG 138), dies jeweils auf zwei Jahre (vgl. BGG 14; VGG 15; SGG 14);
- die *Wahl* eines *ausserordentlichen Bundesanwalts* (VG 14 Abs. 6; Beispiel: AB 1989 N 667, Verfahren gegen Elisabeth Kopp; vgl. auch BGE 116 IV 56, 62).
- die *Bestätigung* der Wahl des Generalsekretärs der Bundesversammlung (Wahl: durch die Koordinationskonferenz, ParlG 37); erstmals im Jahr 2000 (Frau M. Wallimann-Bornatico; AB 2000 N 469).
- die *Bestätigung* der Wahl des Direktors der Eidgenössischen Finanzkontrolle (Wahl: durch den Bundesrat, FKG 3; vgl. N 19 zu BV 167); erstmals im Jahr 2001 (K. Grüter; AB 2001 N 2025).

Im Rahmen der (im März 2004 vom Nationalrat vorläufig gestoppten) Staatsleitungsreform schlägt der Bundesrat eine parlamentarische Bestätigung (en bloc) der «Delegierten Minister» vor (E-BV 175 Abs. 4; BBl 2002 2134 f.).

Literaturhinweise (vgl. auch vor BV 143 und 148, bei 148 und 175)

HUBER HANS, Die staatsrechtliche Stellung des Generals in der Schweiz, Diss. Bern 1927.

Art. 169 Oberaufsicht

¹ Die Bundesversammlung übt die Oberaufsicht aus über den Bundesrat und die Bundesverwaltung, die eidgenössischen Gerichte und die anderen Träger von Aufgaben des Bundes.

² Den vom Gesetz vorgesehenen besonderen Delegationen von Aufsichtskommissionen können keine Geheimhaltungspflichten entgegengehalten werden.

1 Die Bestimmung geht (samt dem Begriff «Oberaufsicht») auf die Bundesstaatsgründung zurück (BV 1848 Art. 74 Ziff. 14; vgl. BV 1874 Art. 85 Ziff. 11). Neu werden auch der Bundesrat und aussenstehende Aufgabenträger (BV 178, 187) ausdrücklich genannt. Der aus einer bewegten Debatte hervorgegangene Abs. 2 (N 24) gibt eine partielle Antwort auf die alte Streitfrage nach Umfang und Grenzen parlamentarischer Informationsrechte. – Zum Verhältnis Oberaufsicht–Gewaltenteilung vgl. MASTRONARDI, SG-Komm., Art. 169, N 3 ff.

Allgemeine Fragen (Abs. 1)

2 *Zu Begriff und Natur der Oberaufsicht:* Die parlamentarische Oberaufsicht zielt zum einen darauf ab, die Exekutive zur Rechenschaftsablage zu zwingen, zum andern soll sie das Vertrauen in Regierung und Verwaltung erhalten und stärken (vgl. TSCHANNEN, Staatsrecht, 467). Im Unterschied zur Aufsicht (vgl. BV 187) beschränkt sich die Oberaufsicht darauf, Informationen zu sammeln, Kritik zu formulieren, Empfehlungen auszusprechen, allenfalls gestützt auf das parlamentarische Instrumentarium (z.B. Motion, Initiative) Massnahmen anzustossen. Hingegen verschafft die Oberaufsicht *nicht* die Befugnis, Entscheide aufzuheben oder abzuändern (bekräftigt in ParlG 26 Abs. 4) oder anstelle der beaufsichtigten Instanz zu handeln (es sei denn gestützt auf besondere Kompetenzen wie z.B. BV 173 Abs. 1 Bst. a–c). Zwischen der Oberaufsichtsinstanz und den Beaufsichtigten besteht kein hierarchisches (Weisungs-)Verhältnis (vgl. AUBERT, Comm., Art. 169, N 2). Die parlamentarische Oberaufsicht ist (im Unterschied zur Verwaltungsaufsicht) kein Instrument der Verwaltungsführung. Sie umfasst Einsichtsrechte (vgl. Abs. 2), jedoch weder Konsultationen noch Mitentscheidungen (die Entscheidungsbefugnisse der FinDel bei dringlichen Krediten, vgl. FHG 28, 34, sind Ausfluss der parlamentarischen Budgethoheit, nicht Teil der Oberaufsichtsfunktion; vgl. N 8 zu BV 167). Die Ausübung der Oberaufsicht darf nicht dazu führen, dass die Bundesversammlung zu einer Art «Überregierung» wird (in diesem Sinn auch MASTRONARDI, SG-Komm., Art. 169, N 8). Da die gängige Einstufung der Oberaufsicht als Element der Staatsleitung (so z.B. MASTRONARDI, SG-Komm., Art. 169, N 4; SÄGESSER, Bundesbehörden, Art. 169, N 586; BBl 1996 V 423) leicht Missverständnisse wecken kann, ist eine Kennzeichnung als (unabdingbares) *Element demokratischer Kontrolle* (mit Blick auf die Geltendmachung politischer Verantwortlichkeit) vorzuziehen.

3 *Anwendungsbereich («Reichweite»):* Die parlamentarische Oberaufsicht erfasst den gesamten Wirkungskreis des Bundes. Es gibt keine Tätigkeit, die ihrer Natur nach der parlamentarischen Oberaufsicht entzogen wäre. Intensität und Modalitäten variieren indes: So reicht die parlamentarische Oberaufsicht über die Verwaltung und andere Träger von Bundesaufgaben nicht weiter als die Leitungs- und Aufsichtsbefugnisse des Bundesrates (BV 178, 187). Verfassungsrechtlich oder gesetzlich festgelegte Autonomiesphären sind zu respektieren. Dies gilt insbesondere bei bewusst «entpolitisierten» Aufgabenträgern (insb. SNB, verwaltungsunabhängige Behördenkommissionen; zu EBK, WeKo, ComCom vgl. WEBER/BIAGGINI, 45 ff.). Das (mehr nach betriebswirtschaftlichen als rechtlichen Kriterien gebildete) sog. «4-Kreise-Modell» (vgl. BBl 2006 8248; SPK-N, Bericht ParlG, 3538 f.) kann allenfalls gewisse Orientierungshilfen bieten.

4 *Zeitpunkt und Modalitäten:* Zwischen Bundesversammlung und Bundesrat war (und ist) umstritten, inwieweit «Oberaufsicht» nicht bloss «nachträglich», sondern auch «mitschreitend» ist bzw. sein darf (vgl. MASTRONARDI, SG-Komm., Art. 169, N 10 ff.). Verfassung und Gesetz verzichten darauf, die Oberaufsicht ausdrücklich als «mitschreitend» zu bezeichnen, weil man dies als selbstverständlich erachtete (vgl. AB SD 1998 N 90, S 127; SPK-N, Bericht ParlG, 3540). Es ist somit davon auszugehen, dass es den Aufsichtsorganen (auch ausserhalb des speziell gelagerten Finanzbereichs) nicht verwehrt ist, sich mit hängigen Geschäften zu befassen. Dies ist im Grundsatz sachlich begründet. Die Oberaufsicht kann sich, will sie wirksam sein, nicht damit begnügen, die periodisch erstellten Geschäftsberichte zu überprüfen;

dies gilt namentlich bei langfristigen Vorhaben. Insofern ist eine «begleitende» Oberaufsicht sinnvoll, u.U. nötig und grundsätzlich zuzulassen (vgl. PUK PKB, BBl 1996 V 424). Umgekehrt darf die Oberaufsicht nicht zu einer Verwischung von Verantwortlichkeiten führen (AUBERT, Comm., Art. 169, N 6 f.). Dass es bei dieser Gratwanderung in der Praxis gelegentlich zu Friktionen gekommen ist (und weiter kommen wird), darf nicht verwundern. Im Grossen und Ganzen hat sich aber ein beidseitig akzeptabler *modus vivendi* eingespielt.

5   Die *Kriterien der Oberaufsicht* werden in der Bundesverfassung nicht ausdrücklich genannt. Auf Gesetzesstufe wurden sie 1990 normiert (GVG 47sexies Abs. 2, AS 1990 1530; für die etwas anders gelagerte Finanzaufsicht schon 1967 im FKG). Neben der Rechtmässigkeit gehören dazu grundsätzlich auch: Zweckmässigkeit, Wirksamkeit (Zielkonformität der Wirkungen; vgl. BV 170), Ordnungsmässigkeit und Wirtschaftlichkeit (so jetzt ParlG 26 Abs. 3; zur unterschiedlichen Kontrollintensität je nach Adressat vgl. N 3, 7, 10, 13).

Oberaufsicht über Bundesrat und Bundesverwaltung (Abs. 1)

6   Der *Bundesrat* ist der primäre *Adressat* (und direkte Ansprechpartner) der parlamentarischen Oberaufsicht. Das Wort «und» zwischen «Bundesrat» und «Bundesverwaltung» soll zum Ausdruck bringen, dass die parlamentarische Oberaufsicht über die Bundesverwaltung grundsätzlich durch den Bundesrat *mediatisiert* wird (vgl. AUBERT, Comm., Art. 169, N 4, mit Hinweis auf die Materialien). Dies schliesst nicht aus, dass die mit der Oberaufsicht betrauten Organe der Bundesversammlung (z.B. GPK) direkte Kontakte mit Dienststellen der Verwaltung pflegen (z.B. Befragungen, Visiten, Inspektionen; vgl. ParlG 153). Förmlicher Adressat von Kritik und Empfehlungen ist aber nicht die Verwaltung, sondern der Bundesrat. In der Lehre ist mitunter von einer «Aufsicht über die Aufsicht» («surveillance de la surveillance»: AUBERT, Comm., Art. 169, N 4) die Rede. Diese Charakterisierung der «Ober»-Aufsicht trifft nur teilweise zu: Zwar ist es eine der zentralen Aufgaben der Bundesversammlung, zu überprüfen, wie der Bundesrat seine Aufsichtsfunktion (BV 187) ausübt. Doch ist die parlamentarische Oberaufsicht zugleich *weniger* und *mehr* als Aufsicht: Sie beinhaltet einerseits keine Möglichkeit direkter Korrekturen, erfasst andererseits über die bundesrätliche Aufsichtsfunktion hinaus auch dessen *Leitungs*funktion (dazu N 9 ff. zu BV 178). Sodann bestimmen die Oberaufsichtsorgane selber, welche Themen sie wann überprüfen wollen, unabhängig davon, ob und wie der Bundesrat seine Aufsichtsfunktion ausübt; die Oberaufsicht ist insofern selbstständig und nicht der bundesrätlichen Aufsicht «nachgeordnet» (vgl. MASTRONARDI, SG-Komm., Art. 169, N 6). – *Gegenstand* einer Untersuchung kann auch der *bundesrätliche Entscheidungsprozess* und die daran anschliessende Kommunikation sein (vgl. z.B. den Bericht der GPK-N vom 28.3.2006 betreffend die Untersuchung zu den Entscheiden des Bundesrats vom 23.11.2005 betreffend das Unternehmen Swisscom AG) oder auch das *Verhalten eines einzelnen Bundesratsmitglieds* (vgl. den Bericht der GPK-S vom 10.7.2006 betreffend die Untersuchung von öffentlichen Aussagen des Vorstehers des EJPD zu Gerichtsurteilen; die GPK-S stellt darin u.a. fest, dass die Kritik des Vorstehers EJPD an den Asylurteilen betreffend zwei Albaner «hinsichtlich der Wahrung der Unabhängigkeit der Justiz problematisch» war, Ziff. 6.3., und dass «der Unschuldsvermutung nicht Rechnung getragen» wurde, Ziff. 6.1.).

7 Der Begriff «Bundesverwaltung» umfasst auch *dezentralisierte* Verwaltungseinheiten, die über eine gewisse (mehr oder weniger weitreichende) Eigenständigkeit verfügen (vorne N 3). Die Verfassung verlangt, dass demokratische Kontrolle und Rückbindung auch hier sichergestellt bleiben (vgl. N 28 BV 178). Entsprechend ist auch eine unabhängige Aufsichtsbehörde wie die EBK «donc pas soustraite à la curiosité des parlementaires» (ANDRÉ GRISEL, La Commission fédérale des banques sous le regard du juriste, in: 50 Jahre eidgenössische Bankenaufsicht, Zürich 1985, 159). Zugleich darf die (Weisungs-)Unabhängigkeit von Fachaufsichtsinstanzen durch die parlamentarische Oberaufsicht nicht untergraben werden. Wie schwierig es ist, die Grenzen zwischen zulässiger parlamentarischer Kontrolle und problematischer Einflussnahme der Politik zu bestimmen, zeigen etwa die Diskussionen rund um eine (nicht weiter verfolgte) parlamentarische Initiative, welche die Kontrolle über die EBK (ver-)stärken wollte (vgl. Bericht WAK-S, BBl 1995 III 100 ff.; Stellungnahme des Bundesrates, BBl 1995 III 109 ff.).

8 Die Bundesverwaltung und der Bundesrat (heute nur noch vereinzelt) fungieren mitunter als *Beschwerdeinstanzen* in justizförmigen Verfahren (VwVG 44 ff., 72 ff.). Auch wenn ParlG 26 Abs. 4 nur *richterliche* Entscheidungen explizit von einer inhaltlichen Kontrolle ausnimmt (N 11), ist auch hier Enthaltsamkeit geboten (vgl. SÄGESSER, Bundesbehörden, Art. 169, N 595).

Oberaufsicht über die eidgenössischen Gerichte (Abs. 1)

9 Neben dem Bundesgericht gehören dazu (vgl. BV 191a): das *Bundesstrafgericht* und das *Bundesverwaltungsgericht* (wie zuvor die zahlreichen unabhängigen Rekurs- und Schiedskommissionen) sowie die *militärischen Gerichte*. Der Bundesversammlung obliegt allein die *Ober*aufsicht. Für die administrative Aufsicht über die Geschäftsführung des Bundesverwaltungs- und des Bundesstrafgerichts ist das Bundesgericht zuständig (BGG 15, 17; VGG 3; Aufsichtsreglement vom 11.9.2006, AufRBGer, SR 173.110.132).

10 *Gegenstand* der parlamentarischen Oberaufsicht sind – immer unter Respektierung der verfassungsrechtlichen Unabhängigkeits- (BV 191c) und Selbstverwaltungsgarantien (BV 188 Abs. 3) – der *ordnungsgemässe äussere Geschäftsgang* und die *Justizverwaltung* (Gewährleistung der Funktionsfähigkeit), unter Einschluss organisatorischer Fragen (z.B. Zusammensetzung der Gerichtskammern; zur Beilegung eines Konflikts am früheren EVG durch Vermittlung der Vorsitzenden zweier GPK-Subkommissionen vgl. Medienmitteilung des EVG vom 4.2.2005 bzw. der GPK vom 6.12.2004). Die Bundesversammlung hat das Bundesgericht per Verordnung dazu verpflichtet, ein Controlling-Verfahren einzurichten, welches dem Parlament als Grundlage für die Oberaufsicht und für die Festlegung der Richterzahl dienen soll (Art. 2 der Verordnung vom 23.6.2006 über die Richterstellen am Bundesgericht; SR 173.110.1). Was den Aspekt der Oberaufsicht angeht, erscheint die angerufene gesetzlich Grundlage (BBG 1 Abs. 5) ziemlich schmal und problematisch.

11 «Die inhaltliche Kontrolle richterlicher Entscheidungen ist ausgeschlossen» (so wörtlich ParlG 26 Abs. 4; vgl. Botsch. BV, 396). Dem steht nach Auffassung des Parlaments (SPK-N, Bericht ParlG, 3540) die langjährige Praxis der GPK nicht entgegen, im Rahmen der Oberaufsicht über die Gerichte nicht nur die administrative Geschäftsführung zu überprüfen, sondern auch «Funktionskontrollen» durchzuführen betreffend die Einhaltung elementarer Verfahrensgrundsätze (Rechtsverweigerungs- und Rechtsverzögerungsverbot, rechtsgleicher Zugang). Unter dem Aspekt der richterlichen Unabhängigkeit (vgl. BV 30, 191c) erscheint es

problematisch, wenn die GPKs es als zulässig ansehen, im Sinne einer «Tendenzkontrolle» Kritik an der Rechtsprechung (wenn auch nicht an Einzelentscheidungen) zu üben (vgl. SPK-N, Bericht ParlG, 3540).

Oberaufsicht über andere Träger von Bundesaufgaben (Abs. 1)

12 Zu den *anderen Trägern* von Aufgaben des Bundes gehören hier (anders als in BV 187, siehe dort N 5) auch die *Kantone*, wenn und soweit sie Bundesrecht umsetzen und vollziehen (ebenso AUBERT, Comm., Art. 169, N 14) und der *Bundesaufsicht* (vgl. N 15 ff. zu BV 49) unterstehen.

13 *Gegenstand* der Oberaufsicht ist die Art und Weise, wie der Bundesrat seine Aufsichtsfunktion (und eine allfällige Leitungsfunktion) wahrnimmt (N 9 zu BV 186, N 5 ff. zu BV 187). Die bundesrätlichen Befugnisse können je nach Aufgabenträger variieren (Kantone: vgl. BV 49). Die Oberaufsicht erreicht hier typischerweise nicht dieselbe Intensität wie jene im Verhältnis zu Bundesrat und Bundesverwaltung (N 6; vgl. ZIMMERLI/LIENHARD, 167 ff.).

Aufsichtsorgane

14 Die Oberaufsicht liegt in der Zuständigkeit (und Verantwortung) der Bundesversammlung (Plenum). Nach und nach wurden spezialisierte Organe geschaffen, gesetzlich verankert und mit besseren Instrumenten versehen:
– Nach der sog. «Mirage»-Affäre (N 17) wurden die *Geschäftsprüfungskommissionen* gesetzlich verankert und gestärkt (GVG 47ter, 47quater, AS 1966 1325; vgl. BBl 1965 I 1177 ff.); seit dem 1.1.1985 steht ihnen von Gesetzes wegen ein gemeinsames *ständiges Sekretariat* zur Verfügung (GVG 47septies, früher 47quinquies, AS 1984 768, 775). – Zum Instrument der Parlamentarischen Untersuchungskommission vgl. N 16 f.
– 1990 wurde die *parlamentarische Verwaltungskontrolle* (PVK) eingerichtet (GVG 47sexies, AS 1990 1530), welche im Auftrag der Geschäftsprüfungskommissionen Überprüfungen vornimmt.
– 1991 wurde im Rahmen des Alpentransit-Beschlusses (vom 4.10.1991; SR 742.104) eine (verfassungsrechtlich zulässige) Sonderlösung in Gestalt der *NEAT-Aufsichtsdelegation* getroffen; diese setzt sich aus Mitgliedern der FKs, GPKs und KVFs zusammen und hat, im Rahmen dieses Beschlusses, die Rechte und Pflichten gemäss ParlG 51, 154 und 155.
– 1992 wurde die sechsköpfige *Geschäftsprüfungsdelegation* (GPDel, vgl. N 24 zu BV 153) als gemeinsamer Ausschuss der beiden GPKs mit besonderen Aufgaben und Befugnissen geschaffen (GVG Art. 47quinquies, AS 1992, 641; vgl. jetzt ParlG 53), insb. betreffend Nachrichtendienste (vgl. z.B. die öffentlich zugänglich gemachte Zusammenfassung des Berichts vom 16.11.2005 betreffend «Das schweizerische Sicherheitsdispositiv und der Fall Mohamed Achraf»). Adressat ihrer Berichte und Anträge sind die GPKs (was die GPDel in der Praxis nicht zu hindern scheint, direkt mit «Erklärungen» an die Öffentlichkeit zu treten; vgl. z.B. die Medienmitteilung vom 31.1.2006 «Die Schweiz und ihr Luftraum: Benutzung für aussergerichtliche Gefangenentransporte»). Untersuchungen der Geschäftsprüfungsdelegation haben Vorrang vor Disziplinar- oder Administrativuntersuchungen des Bundes (so jetzt ausdrücklich ParlG 154a). – In

ihrem Bericht vom 11.1.2005 zur Parlamentarischen Initiative «Neuorganisation des Strategischen Nachrichtendienstes und Schaffung einer parlamentarischen Kontrollinstanz» (02.403) gelangte die SiK-N zum Schluss, dass die GPDel über ausreichende Kompetenzen verfüge (BBl 2005 3723).

- In mehreren Schritten wurden die parlamentarischen *Informationsrechte* ausgebaut und gestärkt; so im Jahr 1994 (GVG Art. 47quater Abs. 3bis, AS 1994, 360), zuletzt im Rahmen der Verfassungsreform (BV 169 Abs. 2) und beim Erlass des ParlG (Art. 150 ff.).

15 Im *Finanzbereich* (Haushaltführung) obliegt die Oberaufsicht den Finanzkommissionen der beiden Räte (ParlG 50). Entsprechend den weitreichenden Finanzkompetenzen der Bundesversammlung (BV 167) ist die «Finanzaufsicht» intensiver als die blosse Oberaufsicht (N 18 zu BV 167). Die gesetzliche Verankerung (GVG 1902, BS 1, 245) spezialisierter parlamentarischer Organe und ihr Ausbau erfolgten hier nicht zufällig wesentlich früher als im Bereich der «allgemeinen» Oberaufsicht. Der seit 1902 bestehenden (vgl. BBl 1966 II 710) sechsköpfigen gemeinsamen Finanzdelegation obliegt die nähere Prüfung und Überwachung des gesamten Finanzgebarens (ParlG 51). Die Finanzkommissionen haben gemäss ParlG 55 neu (wie die GPKs) jährlich Bericht zu erstatten (erstmals mit Bericht vom 10.2.2005 für 2004). Die Bundesversammlung wird bei der Haushaltkontrolle (wie der Bundesrat) durch die Eidgenössische Finanzkontrolle unterstützt (FKG 1; vgl. N 19 zu BV 167).

16 *Parlamentarische Untersuchungskommission (ParlG 163 ff.):* Die Bundesversammlung kann im Rahmen der Oberaufsicht (N 3) zur Ermittlung der Sachverhalte und zur Beschaffung weiterer Beurteilungsgrundlagen eine *gemeinsame* Parlamentarische Untersuchungskommission (PUK) beider Räte einsetzen, wenn *Vorkommnisse von grosser Tragweite* der Klärung bedürfen. Die Einsetzung erfolgt nach Anhörung des Bundesrates durch einfachen Bundesbeschluss (was jedem Rat ein «Veto» ermöglicht). Darin werden der Auftrag und die finanziellen Mittel der PUK festgelegt. Die PUK ist weder Strafverfolgungs- noch Disziplinarbehörde; sie würdigt ein Verhalten unter politischen Gesichtspunkten (zur Wirkung auf andere Verfahren und Abklärungen vgl. ParlG 171). – Bisherige Anwendungsfälle (alle noch unter dem nicht ganz identischen Regime gemäss GVG 55 ff., AS 1966 1325):

- PUK EJPD (Vorkommnisse im Eidgenössischen Justiz- und Polizeidepartement): Bericht vom 22.11.1989, BBl 1990 I 637 (Staatsschutz).
- PUK EMD (Vorkommnisse im Eidgenössischen Militärdepartement): Bericht vom 17.11.1990, BBl 1990 III 1293 (Nachrichtendienst).
- PUK PKB (Organisations- und Führungsprobleme bei der Pensionskasse des Bundes und Rolle des Eidgenössischen Finanzdepartements in Bezug auf die PKB): Bericht vom 7.10.1996, BBl 1996 V 153.

Abgelehnt wurde die Einsetzung einer PUK im Fall der Swissair-Krise (Nichteintreten des Nationalrates, AB 2002 N 885; vgl. Bericht der GPK-S vom 19.9.2002, BBl 2003 5403) sowie in Bezug auf die Beziehungen der schweizerischen Nachrichtendienste zu Südafrika zur Zeit des Apartheidregimes (vgl. AB 2004 N 1112; vgl. Bericht der GPDel vom 18.8.2003, BBl 2004 2267), ebenso im Juni 2007, wiederum in Bezug auf den Zusammenbruch der Swissair.

5. Titel: Bundesbehörden   Nr. 1 BV **Art. 169**

17   Als eine Art «PUK *avant la lettre*» (näher AUBERT, BuStR II, 692 ff.) untersuchte eine Arbeitsgemeinschaft zweier Kommissionen des National- und Ständerates die Vorkommnisse rund um massive Kostenüberschreitungen bei der geplanten Beschaffung von Kampfflugzeugen für die Armee (vgl. Bericht vom 1.9.1964, BBl 1964 II 273; beschafft wurden schliesslich 57 statt 100 Stück). Die sog. «Mirage»-Affäre löste eine Teilrevision des damaligen GVG aus, bei der man das Institut der Parlamentarischen Untersuchungskommission und deren besondere Befugnisse gesetzlich verankerte.

Instrumente der Oberaufsicht

18   Die Bundesverfassung äussert sich nur rudimentär zu den Instrumenten. Klassische Mittel mit allerdings begrenzter Wirkkraft sind Prüfung und Genehmigung der jährlichen «Geschäftsberichte» des Bundesrates (BV 187 Abs. 1 Bst. b; ParlG 49, 144) und des Bundesgerichts (ParlG 162) sowie die Abnahme der Staatsrechnung (BV 167). Zur Verfügung stehen sodann allgemeine Instrumente wie parlamentarische Initiative (BV 160), Auftrag (BV 171) bzw. parlamentarische Vorstösse (Motion, Postulat, Interpellation, Anfrage; ParlG 118 ff.; vgl. N 2 zu BV 171), Grundsatzentscheide und Beschlussfassung über Planungen (ParlG 28, 143 ff.).

19   *Informationsrechte:* Von eminenter Bedeutung sind die – abgestuften – parlamentarischen *Auskunfts- und Einsichtsrechte* und *Untersuchungsbefugnisse*, die den einzelnen Ratsmitgliedern (ParlG 7) und den Kommissionen (BV 153) zustehen (vgl. ParlG 150 ff.). Nicht zufällig räumen Verfassung und Gesetz den *Aufsichtskommissionen* (ParlG 153) und vor allem den gesetzlich vorgesehenen besonderen Delegationen von Aufsichtskommissionen (BV 169 Abs. 2, ParlG 154) sowie der PUK (ParlG 166) *qualifizierte* Informationsrechte ein (näher hinten N 23 sowie N 24 zu BV 153).

20   *«Sanktions»-Instrumente:* Aufsichtskommissionen und -delegationen (nicht nur die GPK) können im Bereich der Oberaufsicht *Empfehlungen* an die verantwortliche Behörde richten (ParlG 158). Letztere informiert die Aufsichtskommission oder -delegation über die Umsetzung der Empfehlung. Es besteht eine Antwort- und gegebenenfalls Begründungspflicht, nicht aber eine Befolgungspflicht (vgl. z.B. den Beschluss des Bundesrates vom 20.3.2000, der Empfehlung der GPK-N betreffend Weiterbetrieb des Casinos Mendrisio nicht zu folgen; vgl. SÄGESSER, Bundesbehörden, Art. 169, N 601). Empfehlung und Stellungnahme werden veröffentlicht, sofern keine schützenswerten Interessen entgegenstehen. Nicht zulässig sind eigentliche Weisungen (anders noch die Praxis des 19. Jahrhunderts; so auch noch SEILER, Gewaltenteilung, 658 ff.; zu Recht kritisch dazu MASTRONARDI, SG-Komm., Art. 169, N 50). Im Weiteren steht es den Aufsichtskommissionen zu, ihr Initiativrecht (BV 160) zu nutzen bzw. parlamentarische Vorstösse einzureichen (vgl. N 7 zu BV 171).

Geheimhaltungspflichten (Abs. 2)

21   *Besondere Delegationen von Aufsichtskommissionen:* Die Verfassung definiert weder den Begriff der «Aufsichtskommission» noch den (singulären) Begriff der «besonderen Delegationen». Der Gesetzgeber ist nicht völlig frei; er darf diesen Status insbesondere nicht einer Kommission mit zahlreichen Mitgliedern zuweisen, da sonst die Gefahr des Geheimnisbruchs zu gross wäre. Der Verfassungsgeber hatte die Geschäftsprüfungsdelegation (GPDel, ParlG 53) und die Finanzdelegation (FinDel, ParlG 51) vor Augen (vgl. N vorne 14; N 24 zu

BV 153; N 18 zu BV 167). BV 169 Abs. 2 schliesst weitere Fälle nicht aus. Als Unterausschüsse können die besonderen Delegationen *nicht direkt*, sondern nur über die Aufsichtskommissionen an die Räte gelangen (vgl. ParlG 51 Abs. 4 und 53 Abs. 4; anders im Fall von Empfehlungen an die verantwortliche Behörde, ParlG 158). – *Nicht* unter die Definition des BV 169 Abs. 2 fällt die Parlamentarische Untersuchungskommission. Angesichts des Werdegangs und besonderen Zwecks dieses Instituts (N 16) erscheint es indes zulässig, dass der Gesetzgeber die PUK mit denselben Rechten wie die «besonderen» Aufsichtsdelegationen ausstattet (vgl. jetzt ParlG 166).

22 Die GPK-Sektionen besitzen nicht den Status der «besonderen Delegation»; ebenso wenig (ungeachtet ihrer Bezeichnung) die *NEAT-Aufsichtsdelegation* (vgl. AB 2002 S 224; AUBERT, Comm., Art. 169, N 17), deren Mitglieder nicht nur aus Aufsichtskommissionen stammen (N 14).

23 *«keine Geheimhaltungspflichten» entgegenhalten:* Die Bestimmung steht in engem Zusammenhang mit den (abgestuften) *Informationsrechten* gemäss BV 153 (vgl. vorne N 19; N 24 zu BV 153). Die in Abs. 2 angesprochenen «besonderen Delegationen von Aufsichtskommissionen» (weitergehend noch der ursprüngliche Antrag der VK-N, BBl 1998 418: «Aufsichtskommissionen» als solche) besitzen zur Erfüllung ihrer Aufgaben von Verfassungsrechts wegen *Zugang* zu *allen* Informationen (vgl. ParlG 154 Abs. 2). Für die GPDel bedeutet dies einen Ausbau der Rechte im Vergleich zur Rechtslage unter der BV 1874 (vgl. GVG 47quinquies Abs. 5, AS 1992 641). – Abs. 2 erfasst nicht nur den Bundesrat, sondern auch (im Rahmen der Oberaufsicht, vgl. vorne N 12) *Kantone und Private* (SPK-N, Bericht ParlG, 3605 f.).

24 *Grenzen des Informationsanspruchs?* Abs. 2 wurde gegen den dezidierten, aber letztlich erfolglosen Widerstand des Bundesrates in den Verfassungstext aufgenommen (zur bewegten Entstehungsgeschichte vgl. SÄGESSER, Bundesbehörden, 333 ff.). Der Bundesrat befürchtete vor allem eine Beeinträchtigung des Kollegialprinzips (BV 177) und damit der Regierungsfunktion, insb. im Zusammenhang mit den Akten des sog. Mitberichtsverfahrens (vgl. RVOG 15, RVOV 3). Die Auseinandersetzungen fanden ihre Fortsetzung im Rahmen der Beratungen zum Parlamentsgesetz (vgl. SPK-N, Bericht ParlG, 3605; Stellungnahme BR ParlG, 5433; AB 2002 S 224). In der Literatur wird häufig von «unbeschränkten» Auskunfts- und Einsichtsrechten gesprochen (so z.B. SÄGESSER, Bundesbehörden, Art. 169, N 620). Dies trifft nur bedingt zu. Der Informationsanspruch gemäss BV 169 Abs. 2 ist zwar absolut formuliert, hat aber immanente Schranken:

– Über das qualifizierte Informationsrecht gemäss Abs. 2 verfügen die besonderen Delegationen nur zur *Erfüllung ihrer Aufgaben* im Rahmen der Oberaufsichtsfunktion, deren Ausübung nicht dazu führen darf, dass die Bundesversammlung zu einer Art «Überregierung» wird (N 2).

– BV 169 Abs. 2 darf nicht isoliert gelesen werden. Bei der Auslegung und Anwendung der Bestimmung (bzw. ihrer gesetzlichen Konkretisierungen) sind andere Verfassungsnormen (z.B. BV 7 ff., BV 177: Kollegialprinzip) zu berücksichtigen. Abs. 2 eröffnet zwar den «Zugriff» auf Mitberichte (vgl. ParlG 154; SÄGESSER, Bundesbehörden, Art. 169, N 622), doch heisst dies nicht zwangsläufig, dass der Zugriff zu jeder Zeit, beispielsweise bereits vor der fraglichen Bundesratssitzung, erfolgen kann (vgl. auch AUBERT, Comm., Art. 169, N 18).

So wichtig die Klärung offener rechtlicher Fragen ist: Noch wichtiger dürfte es sein, dass die Staatspraxis einen *modus vivendi* findet, welcher legitimen parlamentarischen Informationsbedürfnissen Rechung trägt, ohne die Arbeit der Regierung über Gebühr einzuengen. Nicht unterschätzt werden sollte schliesslich das Problem, dass mit den abgestuften Informationsrechten (entgegen der ausgeprägten Tradition der Gleichheit) unterschiedliche Kategorien von Ratsmitgliedern entstehen («Geheimnisträger» und andere).

Literaturhinweise (vgl. auch die Hinweise vor BV 143 und vor BV 148)
ALBRECHT MARTIN, Die parlamentarische Oberaufsicht im neuen Parlamentsgesetz, LeGes 2003/2, 31 ff.; BÄUMLIN RICHARD, Die Kontrolle des Parlaments über Regierung und Verwaltung, ZSR 1966 II, 165 ff.; BIAGGINI GIOVANNI, Verfassungsfragen der Behördenorganisation im Bereich der Finanzmarktaufsicht, Festschrift Dieter Zobl, Zürich 2004, 35 ff.; FRICK BRUNO, Begleitende und nachträgliche Oberaufsicht, in: Sägesser (Hrsg.), Bundesbehörden, 85 ff.; GRAF MARTIN, Gewaltenteilung und neue Bundesverfassung, ZBl 2000, 1 ff.; HEUSLER BERNHARD, Oberaufsicht und Kontrolle im schweizerischen Verfassungsrecht, Basel/Frankfurt a.M. 1993; KIENER REGINA, Die Informationsrechte der parlamentarischen Kommissionen, Bern 1994; MASTRONARDI PHILIPPE, Kriterien der demokratischen Verwaltungskontrolle, Basel/Frankfurt a.M. 1991; DERS., Gewaltenteilung unter NPM, ZBl 1999, 449 ff.; MÜLLER GEORG, Probleme der Abgrenzung der parlamentarischen Oberaufsicht im Bund, ZSR 1992 I, 389 ff.; RUCH ALEXANDER, Die parlamentarische Kontrolle der mittelbaren Verwaltung im Bund, ZBl 1992, 241 ff.; SEILER HANSJÖRG, Gewaltenteilung, Bern 1994; DERS., Praktische Fragen der parlamentarischen Oberaufsicht über die Justiz, ZBl 2000, 281 ff.; WEBER ROLF H./BIAGGINI GIOVANNI, Rechtliche Rahmenbedingungen für verwaltungsunabhängige Behördenkommissionen, Zürich 2002; VON WYSS MORITZ, Die Bundesversammlung als oberste Gewalt des Bundes, in: Gächter/Bertschi, 251 ff.; ZIMMERLI ULRICH/LIENHARD ANDREAS, «Privatisierung» und parlamentarische Oberaufsicht, in: Wolfgang Wiegand (Hrsg.), Rechtliche Probleme der Privatisierung, BTJP 1997, Bern 1998, 167 ff.

Art. 170 Überprüfung der Wirksamkeit

Die Bundesversammlung sorgt dafür, dass die Massnahmen des Bundes auf ihre Wirksamkeit überprüft werden.

1 Die neuartige Bestimmung hat keine Entsprechung in der BV 1874. Sie geht zurück auf Vorarbeiten der Expertenkommission «Kompetenzverteilung zwischen Bundesversammlung und Bundesrat» (vgl. BBl 1996 II 428, 477 ff.; AUBERT, Comm., Art. 170, N 1). In BV 170 widerspiegelt sich die Erkenntnis, dass der moderne (Hoch-)Leistungsstaat sich nicht nur über Partizipation und demokratische Entscheidungsprozesse legitimiert, sondern auch über die Wirkungen (inkl. Wirksamkeit) seiner Massnahmen (sog. Output-Legitimation). Zu Recht wird die reflexive Natur von Wirksamkeitsüberprüfungen betont: Diese sollen nicht zuletzt Lernprozesse auslösen (MASTRONARDI, SG-Komm., Art. 170, N 9).

2 *Gegenstand und Terminologie:* Der Verfassungsbegriff «Wirksamkeit» in BV 170 ist (wie sich aus den Materialien ergibt) in einem weiten Sinn zu verstehen (vgl. AB SD 1998 N 91 f.). Überprüft werden sollen:

- die *Wirksamkeit i.e.S. (efficacité):* Zu prüfen ist, ob (in welchem Ausmass) die Massnahme die erwartete Wirkung zeitigt, d.h. das vorgegebene Ziel erreicht («Urteil über die Zielkonformität von Wirkungen»: MASTRONARDI, SG-Komm., Art. 170, N 4);
- die *Wirtschaftlichkeit (Effizienz, efficience):* Zu prüfen ist, ob Kosten und Nutzen in einem günstigen Verhältnis stehen (vgl. FKG 5);
- die *Effektivität (effectivité):* Zu prüfen ist, in welchem Ausmass die getroffenen Massnahmen angewendet und respektiert werden.

Der deutsche Verfassungswortlaut verwendet nicht das gebräuchliche Fremdwort «Evaluation/evaluieren» (frz.: *évaluation de l'efficacité),* sondern das (mit Blick auf die Methodenfrage) etwas offenere Wort «Überprüfung/überprüfen».

3 *Rechtsnatur und Adressat:* BV 170 erteilt der Bundesversammlung einen Handlungsauftrag. Dies hindert andere Organe (z.B. den Bundesrat) nicht daran, Wirksamkeitsüberprüfungen an die Hand zu nehmen oder in Auftrag zu geben (aus anderen Verfassungsbestimmungen kann sich eine entsprechende Pflicht ergeben). Umgekehrt ist die Bundesversammlung nicht verpflichtet, Wirksamkeitsüberprüfungen selber durchzuführen. Sie kann z.B. (ParlG 27):
- verlangen, dass der Bundesrat Wirksamkeitsüberprüfungen durchführt bzw. durchführen lässt (z.B. via Postulat; vgl. JANETT, 145; vgl. auch N 6);
- die im Auftrag des Bundesrates durchgeführten Evaluationen prüfen;
- selber Wirksamkeitsüberprüfungen in Auftrag geben (vgl. N 5; zu den parlamentsinternen Zuständigkeiten und Verfahren vgl. ParlG 54).

Auf die Schaffung eines besonderen (unabhängigen) Evaluationsorgans hat der Verfassungsgeber bewusst verzichtet. – Ob BV 170 «implizit das *Verfassungsprinzip der Effektivität* staatlichen Handelns» statuiert (so MASTRONARDI, SG-Komm., Art. 170, N 17), erscheint fraglich. Jedenfalls verbietet BV 170 es den staatlichen Organen nicht, Massnahmen zu treffen oder Vorschriften zu erlassen, die eher symbolischer Natur sind.

4 *Reichweite:* Wie BV 169 (Oberaufsicht) vermittelt BV 170 keine Entscheidungs-, sondern nur Überprüfungs- bzw. Ermittlungsbefugnisse (MASTRONARDI, SG-Komm., Art. 170, N 8). Erfasst werden alle Massnahmen des Bundes (Handeln wie «Nichthandeln»), insb. auch *legislative* Massnahmen, d.h. (anders als bei der Oberaufsicht, BV 169) prinzipiell auch die Bundesversammlung, der Gesetzgeber, ja sogar der Verfassungsgeber. Erfasst werden auch Massnahmen, deren Umsetzung den Kantonen oder anderen Aufgabenträgern obliegt (AUBERT, Comm., Art. 170, N 9). Die Verfassung äussert sich bewusst nicht zu Methode und Zeitpunkt der Wirksamkeitsüberprüfungen (zu den Gefahren der Expertokratie AUBERT, Comm., Art. 170, N 8).

5 Als *permanente Hilfsorgane* bestehen die *Eidgenössische Finanzkontrolle* (FKG 1 ff., insb. für Wirtschaftlichkeitsprüfungen; vgl. N 19 zu BV 167) sowie die *Parlamentarische Verwaltungskontrolle* (PVK; vgl. Art. 10 der Parlamentsverwaltungsverordnung vom 3.10.2003, ParlVV, SR 171.115). Die PVK wird in erster Linie im Auftrag der GPK-N/S tätig, allenfalls im Auftrag anderer Kommissionen. Sie ist in der Bearbeitung ihrer Aufträge unabhängig (ParlVV 10 Abs. 5; vgl. MASTRONARDI, SG-Komm., Art. 170, N 14). Ihre Berichte werden veröffentlicht, sofern keine schützenswerten Interessen entgegenstehen.

6 Der *Bundesrat* ist gesetzlich dazu verpflichtet (ParlG 141), in Botschaften zu Erlassentwürfen u.a. die geplante Umsetzung, die geplante Auswertung dieser Umsetzung und das Verhältnis von Kosten und Nutzen zu erläutern. Eine Liste spezialgesetzlicher Evaluationsklauseln findet sich unter www.bj.admin.ch (Rubrik: Themen). Vgl. auch OV-EJPD 7 (SR 172.213.1).

Literaturhinweise

BUSSMANN WERNER, Evaluationen staatlicher Massnahmen erfolgreich begleiten und nutzen, Chur/Zürich 1995; BUSSMANN WERNER/KLÖTI ULRICH/KNOEPFEL PETER, Einführung in die Politikevaluation, Basel/Frankfurt a.M. 1997; DELLEY JEAN-DANIEL, L'évaluation législative, in: Parlamentsdienste (Hrsg.), Oberste Gewalt, 337 ff.; JANETT DANIEL, Die Evaluationsfunktion des Bundesparlaments – eine Zwischenbilanz, LeGes 2004/2, 137 ff.; MADER LUZIUS, L'évaluation législative, Lausanne 1985; MASTRONARDI PHILIPPE, Gesetzgebungsstrategie bei Unsicherheit, LeGes 1998/2, 69 ff.; DERS., Zur Legitimation des Staates durch die Wirkungen seines Handelns, LeGes 1996/1, 26 ff.; MORAND CHARLES-ALBERT, L'évaluation des effets des mesures étatiques, VRdCH, 1129 ff.; DERS., Formes et fonctions de l'évaluation législative, LeGes 1999/2, 79 ff.; NUSPLIGER KURT, Gewaltenteilung und wirkungsorientierte Verwaltungsführung, ZBl 1999, 465 ff.

Art. 171 Aufträge an den Bundesrat

Die Bundesversammlung kann dem Bundesrat Aufträge erteilen. Das Gesetz regelt die Einzelheiten, insbesondere die Instrumente, mit welchen die Bundesversammlung auf den Zuständigkeitsbereich des Bundesrates einwirken kann.

1 Die Bestimmung hat keine direkte Entsprechung in der BV 1874 (wenn man von Art. 102, letzter Satz, absieht, wonach der Bundesrat «besondere Berichte zu erstatten» hat, wenn die Bundesversammlung oder ein Rat dies verlangen). – Hauptanliegen der Bundesversammlung war es, durch Aufnahme von BV 171 in die neue BV den (schwelenden und immer wieder aufflackernden) Streit betreffend die Zulässigkeit der sog. «unechten» Motion zu klären und damit auch die Frage nach den Möglichkeiten und Grenzen eines Einwirkens der Bundesversammlung auf den Zuständigkeitsbereich des Bundesrates zu beantworten (vgl. RHINOW, BV 2000, 275 f.; MASTRONARDI, SG-Komm., Art. 171, N 12 ff.; SPK-N, Bericht ParlG, 3499 ff.). Unter der BV 1874 hatte der Nationalrat die Auffassung vertreten, die Bundesversammlung dürfe dem Bundesrat auch in dessen Zuständigkeitsbereich *verbindliche Weisungen* erteilen (vgl. GRN 1990 Art. 32 Abs. 1). Bundesrat und Bundesverwaltung (vgl. VPB 43.1, 1979) und ihnen folgend der Ständerat (vgl. GRS 1986 Art. 25 Abs. 1) lehnten diese Auffassung ab (vgl. MASTRONARDI, Kriterien, 244 ff.; SPK-N/S, ZB-BV, 291 ff.). Bei der Teilrevision des GVG 1962 im Jahre 1990 blieb die Frage offen. Die Haltung des Bundesrates war insofern nicht kohärent, als er immer wieder bereit war, verbindlich formulierte parlamentarische Vorstösse entgegenzunehmen (Beispiele bei SEILER, Gewaltenteilung, 517 ff.). Nach bewegter Diskussion wurde eine Kompromissformel (oder sollte man sagen: ein Formelkompromiss) gefunden: Die Verfassung formuliert einen Grundsatz, lässt jedoch eine ganze Reihe von Fragen offen bzw. reicht sie an den Gesetzgeber weiter (vgl. N 5). Die Verfassungsreform hat insoweit weder volle Klärung noch «Befriedung» herbeigeführt.

2 Die *verfassungsrechtliche* Figur des Auftrags (BV 171) wurde dem *vorbestehenden* (meist unter dem Titel «Vorstösse» zusammengefassten) gesetzlichen bzw. reglementarischen *Instrumentarium* gleichsam übergestülpt: Motion, Postulat, Interpellation, (Einfache) Anfrage (GVG 1962 Art. 22 ff., AS 1990 1642, heute: ParlG 118 ff.), 1997 ergänzt durch den FLAG-Auftrag (GVG 1962 Art. 22quater, AS 1997 2022; N 10 zu BV 167). Dies wirft die Frage nach dem gegenseitigen Verhältnis auf (N 7).

3 *Gegenstand:* BV 171 *Satz 1* hält in allgemeiner Weise fest, dass die *Bundesversammlung* – d.h. die beiden Räte (BV 148) in getrennter Beratung mit übereinstimmendem Beschluss (BV 156) – dem *Bundesrat* (nicht jedoch der Bundesverwaltung oder anderen Trägern von Bundesaufgaben oder gar den Gerichten) *Aufträge erteilen* kann. Zu (Rechts-)Form und Wirkungen äussert sich BV 171 Satz 1 nicht. Klar ist immerhin, dass es sich beim verfassungsrechtlichen «Auftrag» i.S.v. BV 171 (im Unterschied zum privatrechtlichen Auftrag) um einen *einseitigen* Akt handelt. Dem Bundesrat steht es nicht frei, einen Auftrag abzulehnen. Auch wenn man BV 171 durchaus als Ausdruck eines «kooperativen Gewaltenteilungsverständnisses» (N 6 vor BV 143) deuten kann (so z.B. MASTRONARDI, SG-Komm., Art. 171, N 9), ist das Instrument doch auch zugleich Ausdruck eines Machtgefälles («Zwangskooperation»).

4 *Bedeutung:* BV 171 stellt weiter klar (Satz 2):
 – dass der *Gesetzgeber* (d.h. nicht die Räte per Reglement) besondere Instrumente einzurichten hat (wobei man sich fragen kann, ob der Plural wörtlich zu nehmen ist; vgl. AUBERT, Comm., Art. 171, N 11);
 – dass er dabei nicht auf die Formen gemäss BV 163 beschränkt ist;
 – dass die Bundesversammlung mit diesen Instrumenten «auf den Zuständigkeitsbereich des Bundesrates einwirken» kann (allerdings ohne dass BV 171 Näheres über die Wirkung bzw. den Grad der Verbindlichkeit sagen würde).

5 *Handlungsspielraum:* Die redaktionell nicht vollauf geglückte Bestimmung – das Gesetz sollte nicht primär «Einzelheiten» (Satz 2), sondern das «Wichtige» (BV 164) regeln – belässt dem Gesetzgeber einen beträchtlichen Gestaltungsspielraum. Der Gesetzgeber ist nicht verpflichtet, eine «verbindliche» Einwirkung vorzusehen. Das Gesetz könnte es auch bei einer bloss politisch bindenden «Empfehlung» (i.S.v. GRS 1986 Art. 25 Abs. 2) bewenden lassen (anders wohl AUBERT, Comm., Art. 171, N 13; die Empfehlung wurde, entgegen der ursprünglichen Haltung des Ständerates, nicht in das ParlG aufgenommen; vgl. AB 2002 S 929 ff.). Er könnte auch das im Rahmen der Staatsleitungsreform zur Diskussion gestellte Instrument der Resolution einführen (vgl. auch MASTRONARDI, SG-Komm., Art. 171, N 14) oder ein Instrument mit «Richtlinienwirkung» schaffen (wie von der Expertenkommission Müller vorgeschlagen, BBl 1996 II 465). Umgekehrt darf dem Gesetzgeber angesichts von BV 171 nicht leichthin vorgeworfen werden, er missachte den Grundsatz der Gewaltenteilung (N 3 vor BV 143), wenn er stärkere Instrumente einrichtet. Eine Grenze markiert indes das in Satz 2 verwendete Verb: «einwirken» heisst nicht «mitentscheiden»; die Entscheidungskompetenz muss beim Bundesrat verbleiben (vgl. SÄGESSER, Bundesbehörden, Art. 171, N 666). Dies gilt namentlich, aber nicht nur, für Verwaltungsverfügungen oder Beschwerdeentscheide (vgl. ParlG 120 Abs. 3). – Der Auftrag ist (anders als die parlamentarische Initiative und ein Antrag i.S.v. BV 160) nicht von Verfassungsrechts wegen «individualistisch». Der Gesetzgeber könnte da-

her z.B. für die Motion (N 6) Unterschriftenquoren oder eine Kontingentierung vorsehen (vgl. auch VON WYSS, Maximen, 102). Ob dies sinnvoll wäre, ist eine andere Frage (vgl. SPK-N, Bericht ParlG, 3506 f.).

6 *Gesetzliche Konkretisierungen:* Im Zentrum steht das (schon unter der BV 1874 bekannte) Instrument der *Motion* (ParlG 120; vgl. GVG Art. 15, AS 1962 773, per 1.1.1991 abgelöst durch Art. 22, AS 1990 1642). Mit der Reform des Parlamentsrechts wurde das Verfahren der Motion teilweise neu geordnet. Neu kann der Motionstext im Zweitrat auf Antrag der Mehrheit der vorberatenden Kommission oder auf Antrag des Bundesrates abgeändert werden (ParlG 121 Abs. 4; vgl. SPK-N, BBl 2001, 3508). Weggefallen ist die Möglichkeit der Umwandlung einer Motion in ein Postulat (vgl. GVG 1962 Art. 22 Abs. 4; «Mostulat»). – Neben der Motion stellt das ParlG der Bundesversammlung zur Einwirkung auf (Planungs- und verwandte) Zuständigkeiten des Bundesrates (BV 180) auch den *einfachen Bundesbeschluss* zur Verfügung (Grundsatz- und Planungsbeschlüsse i.S.v. ParlG 28, 148; BB über die Ziele der Legislaturplanung, ParlG 146).

7 *Verhältnis zu den parlamentarischen Vorstössen* (ParlG 118 ff.): Nach verbreiteter Auffassung ist der «Auftrag» (i.S.v. BV 171) der *Oberbegriff* für die verschiedenen Arten der parlamentarischen Vorstösse und dient BV 171 somit als deren *Verfassungsgrundlage* (vgl. z.B. AB SD 1998 N 474 f., S 220 ff.; SÄGESSER, Bundesbehörden, Art. 171, N 651; vgl. auch TSCHANNEN, Staatsrecht, 460; RHINOW, BV 2000, 461; MASTRONARDI, SG-Komm., Art. 171, N 6). Diese Auffassung wird weder dem Verfassungswortlaut noch dem Sinn und Zweck von BV 171 gerecht. Das *Postulat* (ParlG 123; vgl. MASTRONARDI, SG-Komm., Art. 171, N 9) ist zwar mit dem Auftrag verwandt, kann aber von einem Rat allein beschlossen werden (ParlG 124 Abs. 2) und ist damit kein Anwendungsfall von BV 171, da es nicht von der Bundesversammlung ausgeht (vgl. N 3). Da das überwiesene Postulat für den Bundesrat lediglich einen Prüfungs- und Berichterstattungsauftrag entstehen lässt, erscheint eine spezifische Verfassungsgrundlage entbehrlich. Nicht durch BV 171 erfasst sind auch die *Frage-Instrumente* (Interpellation; Anfrage, früher Einfache Anfrage; im Nationalrat: Fragestunde, vgl. GRN 31). Gegenstand sind hier offensichtlich nicht «Aufträge» (a.M. SÄGESSER, Bundesbehörden, Art. 171, N 655), sondern *Fragen* betreffend Angelegenheiten des Bundes. Der «Auftragscharakter» erschöpft sich darin, dass der Bundesrat aufgefordert (und verpflichtet) ist, *Auskunft* zu geben. Als «reine Frageinstrumente» (TSCHANNEN, Staatsrecht, 462), die im Zusammenhang mit der Oberaufsicht stehen, bedürfen sie keiner zusätzlichen, spezifischen Verfassungsgrundlage. – Den Mitgliedern der Räte steht auch das Petitionsrecht zu; ob der Einsatz dieses Instruments sinnvoll ist, steht auf einem anderen Blatt (vgl. N 5 zu BV 33).

8 *Grad der Verbindlichkeit:* Für Aufträge in der Form der *Motion* differenziert das Gesetz wie folgt (ParlG 120):

- *Erlass:* Der Auftrag, den Entwurf zu einem Erlass der Bundesversammlung (BV 163) vorzulegen, ist *verbindlich* (Abs. 1).

- *Massnahme:* Der Auftrag, eine Massnahme zu treffen, für die der *Bundesrat zuständig* ist, ist insofern *nicht direkt verbindlich*, als der Bundesrat vor eine Handlungsalternative gestellt wird (Abs. 2): Er kann entweder die verlangte Massnahme treffen oder aber den Entwurf eines Erlasses unterbreiten, mit dem die Motion umgesetzt (und somit der Auftrag erfüllt) werden kann. – Für den Bereich der delegierten Angelegenheiten (z.B. Rechtsetzung; vgl. BV 164 Abs. 2) ergibt sich eine Art Rückholmechanismus (vgl. AUBERT, Comm., Art. 171, N 12).

Abgelehnt wurde anlässlich der gesetzlichen Konkretisierung das (von der SPK-N favorisierte) Modell der Richtlinien-Wirkung, welches dem Bundesrat etwas mehr Spielraum belassen hätte (vgl. SPK-N, Bericht ParlG, 3501 ff.). Eine Motion im Zuständigkeitsbereich des Bundesrates hätte danach als «Richtlinie» gewirkt, «von der nur in begründeten Fällen abgewichen werden darf» (vgl. SPK-N, Bericht ParlG, 3655; ähnlich zuvor der Spezialfall des FLAG-Auftrags, vgl. GVG 22quater Abs. 1, AS 1997 2022, vorne N 2). Das «Richtlinien-Modell» kommt hingegen zur Anwendung bei Grundsatz- und Planungsbeschlüssen sowie verwandten Aufträgen: «Weicht der Bundesrat von Aufträgen oder Grundsatz- und Planungsbeschlüssen ab, so hat er dies zu begründen.» (ParlG 28 Abs. 4). – Die gesetzlichen Konkretisierungen haben einige frühere Streitfragen geklärt. Zweifelsfragen bleiben, so z.B. die Frage der Wirkung von Motionen im auswärtigen Bereich (BV 184) oder in anderen Bereichen, in denen die in ParlG 120 Abs. 2 normierte (eigenständigkeitsschonende) Handlungsalternative nicht ohne weiteres spielen kann. Zum Einsatz der Motion i.S. eines Auftrags an den Bundesrat, einen selbstständig abgeschlossenen völkerrechtlichen Vertrag (RVOG 7a; vgl. N 13 zu BV 166) nachträglich der Bundesversammlung zur Genehmigung zu unterbreiten, vgl. VPB 68.83 (2004). – Eine Parlamentarische Initiative «Verbindliche Wirkung der Motion» (vgl. SPK-N, Bericht vom 12.1.2007, BBl 2007 1457) will durch Verschärfung der Berichterstattungs- und Begründungspflicht erreichen (Änderung von ParlG 122), dass der Bundesrat angenommene Motionen besser respektiert.

9 *Statistisches:* Die Zahl der parlamentarischen *Vorstösse* (N 2) hat kontinuierlich zugenommen (über 1000 jährlich). Von den über 1000 in der Legislatur 1999–2003 behandelten *Motionen* wurden knapp 100 an den Bundesrat überwiesen. Während der Ständerat Vorstösse rasch zu behandeln pflegt, erreichen die Pendenzenberge im Nationalrat regelmässig eine beträchtliche Höhe (vgl. NZZ Nr. 131 vom 8.6.2005, S. 15: rund 600). Die Kosten für die Beantwortung von 40 zufällig ausgewählten parlamentarischen Vorstössen des Jahres 1998 betrugen zwischen 1000 und 8000 Franken, im Schnitt rund 4000 Franken (vgl. PVK, Schlussbericht zuhanden der Koordinationsgruppe von GPK-N und GPK-S vom 25.2.1999, BBl 2000 3306 ff.).

Literaturhinweise (vgl. auch die Hinweise vor und bei BV 148)

GRAF MARTIN, Motion und parlamentarische Initiative, in: Parlamentsdienste (Hrsg.), Oberste Gewalt, 203 ff.; DERS., Gewaltenteilung und neue Bundesverfassung, ZBl 2000, 11 ff.; SCHMID SAMUEL, Aufträge an den Bundesrat, in: Sägesser (Hrsg.), Bundesbehörden, 95 ff.; WAGNER PATRIK, Die Motion nach eidgenössischem Parlamentsrecht, St.Gallen 1990.

Art. 172 Beziehungen zwischen Bund und Kantonen

¹ Die Bundesversammlung sorgt für die Pflege der Beziehungen zwischen Bund und Kantonen.
² Sie gewährleistet die Kantonsverfassungen.
³ Sie genehmigt die Verträge der Kantone unter sich und mit dem Ausland, wenn der Bundesrat oder ein Kanton Einsprache erhebt.

1 Die Bestimmung fasst verschiedene auf die Bundesstaatsgründung zurückgehende Regelungen zusammen (BV 1848 Art. 74 bzw. BV 1874 Art. 85, je Ziff. 5, 7, 8). Neu wird die (Mit-)Verantwortung der Bundesversammlung für die Beziehungen zwischen Bund und Kantonen – gemeint sind: *gute* Beziehungen (vgl. AUBERT, Comm., Art. 172, N 3) – betont (Abs. 1).

2 Die *dauerhafte Pflege der Beziehungen zu den Kantonen* (Abs. 1) obliegt in erster Linie dem Bundesrat (BV 186). Die Verfassung auferlegt der Bundesversammlung die Pflicht, sich ebenfalls zu engagieren. Auch wenn Abs. 1 sich weder zum Umfang der Verpflichtung noch zu den Instrumenten näher äussert, ist doch klar, dass mehr als blosse Oberaufsicht (BV 169) gemeint ist (vgl. AB SD 1998 S 134). Da die Verpflichtungen von Bundesrat und Bundesversammlung sich nicht decken, ist es ungenau, von parallelen oder konkurrierenden (Organ-)Kompetenzen (so z.B. Botsch. BV, 397; RUCH, SG-Komm., Art. 172, N 6) zu sprechen. – Zu den (überaus komplexen) Beziehungen zwischen Bund und Kantonen vgl. die Regelungen im 3. Titel («Bund, Kantone und Gemeinden»), insb. BV 42 ff., sowie BV 3 und BV 5a.

3 *Abs. 2:* Zum Institut der *Gewährleistung* vgl. BV 51. – BV 172 Abs. 2 legt einzig die Organkompetenz fest. Der Gewährleistungsbeschluss ergeht als einfacher BB (BV 163). Die Idee einer Kompetenzzuweisung an den Bundesrat (vgl. VE 77 Art. 97) oder den Ständerat wurde mit gutem Grund nicht weiterverfolgt. Eine förmliche Einsprachemöglichkeit anderer Kantone (analog zu BV 48, 56, 172 Abs. 3) besteht im Gewährleistungsverfahren nicht (anders JAAG, VRdCH, 487). Dies hindert einen Kanton nicht, der Bundesversammlung allfällige Bedenken anzumelden. – Da es um eine reine Rechtskontrolle geht, ist die Zuständigkeit eines primär politisch denkenden und handelnden Organs problematisch (vgl. N 5).

4 *Abs. 3* bezieht sich auf BV 48 (Verträge der Kantone unter sich) und BV 56 (Verträge der Kantone mit dem Ausland). Mit der Verfassungsreform wurde die (durch die Praxis unterlaufene) allgemeine Genehmigungspflicht abgeschafft und durch *Informationspflichten* ersetzt. Die Rechtsfigur der «Genehmigung» kommt nur noch im Streitfall zum Zuge. – Zum Einspracheverfahren vgl. RVOG 61c ff.; N 13 zu BV 48 und N 8 zu BV 56.

5 *Rechtsschutz* (Abs. 2 und 3): Die Möglichkeit einer Beschwerde gegen den Entscheid der Bundesversammlung ist nicht vorgesehen, doch ist nicht einzusehen, weshalb eine staatsrechtliche Klage (vgl. N 21 zu BV 189) von vornherein ausgeschlossen sein sollte.

Literaturhinweise (vgl. auch die Hinweise bei BV 48, 51, 56)
SCHWEIZER RAINER J., Die neue Bundesverfassung: die revidierte Bundesstaatsverfassung, AJP 1999, 666 ff.; ZIMMERLI ULRICH, Bund – Kantone – Gemeinden, BTJP 1999, 35 ff.

Art. 173 Weitere Aufgaben und Befugnisse

¹ Die Bundesversammlung hat zudem folgende Aufgaben und Befugnisse:
a. Sie trifft Massnahmen zur Wahrung der äusseren Sicherheit, der Unabhängigkeit und der Neutralität der Schweiz.
b. Sie trifft Massnahmen zur Wahrung der inneren Sicherheit.
c. Wenn ausserordentliche Umstände es erfordern, kann sie zur Erfüllung der Aufgaben nach den Buchstaben a und b Verordnungen oder einfache Bundesbeschlüsse erlassen.
d. Sie ordnet den Aktivdienst an und bietet dafür die Armee oder Teile davon auf.
e. Sie trifft Massnahmen zur Durchsetzung des Bundesrechts.
f. Sie befindet über die Gültigkeit zu Stande gekommener Volksinitiativen.
g. Sie wirkt bei den wichtigen Planungen der Staatstätigkeit mit.
h. Sie entscheidet über Einzelakte, soweit ein Bundesgesetz dies ausdrücklich vorsieht.
i. Sie entscheidet Zuständigkeitskonflikte zwischen den obersten Bundesbehörden.
k. Sie spricht Begnadigungen aus und entscheidet über Amnestie.

² Die Bundesversammlung behandelt ausserdem Geschäfte, die in die Zuständigkeit des Bundes fallen und keiner anderen Behörde zugewiesen sind.

³ Das Gesetz kann der Bundesversammlung weitere Aufgaben und Befugnisse übertragen.

1   Die Bestimmung listet «weitere» – teils durchaus bedeutsame – Zuständigkeiten der Bundesversammlung auf, die überwiegend auf die Bundesstaatsgründung zurückgehen (BV 1848 Art. 73, 74; BV 1874 Art. 84, 85). Neuartig sind Abs. 1 Bst. g und h. Entgegen ersten Überlegungen (insb. der SPK-N bzw. SPK-S) wurden die Bst. a–c nicht gestrichen.

Aufgaben und Befugnisse (Abs. 1)

2   *Rechtsnatur und Funktion:* BV 173 legt (Organ-)Kompetenzen der Bundesversammlung fest, verschafft mithin dem Bund keine (Verbands-)Zuständigkeiten (zur teils gegenläufigen Staatspraxis vgl. N 19 vor BV 42).

3   *Aufgaben und Befugnisse:* Um eine «Befugnis» handelt es sich, wenn die Bundesversammlung zum Handeln ermächtigt, aber nicht verpflichtet ist (im Grunde nur Bst. k). Eine «Aufgabe» hat einen gewissen Verpflichtungsgrad.

4   *Beschlussform:* Es stehen die Formen gemäss BV 163 zur Verfügung (zweifelnd in Bezug auf Bst. i und Bst. k AUBERT, Comm., Art. 163, N 3).

Wahrung der äusseren Sicherheit usw. (Bst. a)

5   *Rechtsnatur und Tragweite:* Für die Wahrung der äusseren Sicherheit, der Unabhängigkeit und der Neutralität sind sowohl die Bundesversammlung als auch der Bundesrat (BV 185) zu-

ständig. Massnahmen der Bundesversammlung gehen den Massnahmen des Bundesrates grundsätzlich vor (d.h. verdrängen diese im Kollisionsfall). Akte des völkerrechtlichen Verkehrs (BV 184) bleiben aber dem Bundesrat vorbehalten (vgl. SCHINDLER, Komm. aBV, Art. 85 Ziff. 6, N 69). Von «parallelen Kompetenzen zu sprechen, ist missverständlich. Es handelt sich um (mehr oder weniger) *konkurrierende* Zuständigkeiten (vgl. Botsch. BV, 399). Aus praktischer Sicht fällt zwangsläufig dem Bundesrat – als dem dauernd aktionsfähigen, insoweit funktionell besser geeigneten Organ – die aktive Rolle zu. BV 173 sichert der Bundesversammlung indes eine Reaktionsmöglichkeit und eine Art «Modifikations- und Annullationsrecht» (SAXER, SG-Komm., Art. 173, N 5). Die Anwendung von Bst. a setzt eine gewisse Gefährdungslage voraus; ausserordentliche Umstände müssen jedoch (anders als bei Bst. c) nicht gegeben sein.

6 Zu den einschlägigen (Schlüssel-)Begriffen der *äusseren Sicherheit* vgl. N 4 zu BV 57 (vgl. auch BV 2); der Unabhängigkeit der Schweiz vgl. N 19 zu BV 54 (vgl. auch Präambel; BV 2); der Neutralität der Schweiz vgl. N 5 zu BV 185.

7 *Massnahmen:* Es kommt prinzipiell die ganze Palette der Massnahmen, die der Bundesversammlung zur Verfügung stehen, in Betracht. Zu beachten sind die allgemeinen Rahmenbedingungen (insb. BV 5, BV 7 ff.). Bst. a bietet keine Grundlage für Massnahmen *contra legem* (vgl. SAXER, SG-Komm., Art. 173, N 13). Nur wenn *ausserordentliche Umstände* es erfordern (Bst. c, N 13), kann die Bundesversammlung *direkt* gestützt auf die Verfassung Verordnungen oder einfache Bundesbeschlüsse erlassen.

8 In der neuen Bundesverfassung nicht mehr eigens erwähnt sind «Kriegserklärungen und Friedensschlüsse» (BV 1874 Art. 85 Ziff. 6). Dazu näher SCHINDLER, Komm. aBV, Art. 85 Ziff. 6, N 72, AUBERT, BuStR II, 660.

Wahrung der inneren Sicherheit (Bst. b)

9 Zum Begriff der *inneren Sicherheit* vgl. N 7 zu BV 185 und N 4 zu BV 57 (vgl. auch BV 2, 58, 121). – Die *Verbandskompetenz* liegt im Wesentlichen bei den Kantonen. Der Bund verfügt über punktuelle Kompetenzen (vgl. N 6 zu BV 57), insbesondere wenn die Sicherheit seiner Organe oder die Gesamtsicherheit der Schweiz betroffen ist (vgl. RUCH, VRdCH, 898; vgl. auch BGE 117 Ia 202, 211 ff.; BGE 125 I 227, 246).

10 *Organkompetenzen:* Wie bei Bst. a besteht eine konkurrierende Zuständigkeit von Bundesrat (BV 185 Abs. 2) und Bundesversammlung (Botsch. BV, 399). Auch hier fällt dem Bundesrat die aktive Rolle zu (vgl. auch SAXER, SG-Komm., Art. 173 Abs. 1 Bst. b, N 25). Die früher bei den Zuständigkeiten der Bundesversammlung ausdrücklich erwähnte Bundesintervention (vgl. BV 52) lässt sich auf Bst. b abstützen (vgl. AUBERT, Comm., Art. 173, N 17).

11 *Massnahmen:* Es gilt sinngemäss das zu Bst. a Gesagte (N 7). Auch hier steht die Reaktions- und Kontrollmöglichkeit gegenüber dem Bundesrat im Vordergrund. In der Praxis ist die Bedeutung der Regelung gering. Die neuere Gesetzgebung (insb. BWIS) stellt spezifische Instrumente bereit.

Handlungsformen bei «ausserordentlichen Umständen» (Bst. c)

12 *Zweck und Bedeutung:* Wenn «ausserordentliche Umstände» vorliegen, kann die Bundesversammlung *verfassungsunmittelbare* Verordnungen oder einfache Bundesbeschlüsse erlassen, d.h. Erlassformen einsetzen, die *nicht* dem Referendum unterliegen («Notverordnungs- und Notverfügungsrecht»). Der Rückgriff auf Bst. c verschafft nicht nur Zeitgewinn (so auch das Dringlichkeitsrecht i.S.v. BV 165), sondern erlaubt es auch, in einer Krisenzeit Abstimmungskämpfe und Volksabstimmungen zu vermeiden, ohne auf parlamentarisch-demokratische Legitimation verzichten zu müssen (anders im Fall der Massnahmen des Bundesrates, BV 185). Die praktische Bedeutung des Instituts war und ist (wohl auch künftig) gering. Praktisch verschafft Bst. c vor allem eine Kontroll- und rasche Korrekturmöglichkeit gegenüber Massnahmen des Bundesrates (SAXER, SG-Komm., Art. 173, N 50), die den Massnahmen der Bundesversammlung (N 2 zu BV 148) weichen müssen.

13 *«Ausserordentliche Umstände»:* Die Verfassung verwendet den Begriff sonst nicht (vgl. immerhin BV 58: «ausserordentliche Lage»). Die konkurrierende bundesrätliche Kompetenz (BV 185) erlaubt den Rückgriff auf verfassungsunmittelbare Verordnungen und Verfügungen, «um eingetretenen oder unmittelbar drohenden schweren Störungen der öffentlichen Ordnung oder der inneren oder äusseren Sicherheit zu begegnen» (Abs. 3). Es ist davon auszugehen, dass die geschriebenen und ungeschriebenen Voraussetzungen des BV 185 Abs. 3 (siehe dort N 10 f.) auch im Fall des BV 173 Abs. 1 Bst. c gegeben sein müssen: konkret drohende Gefahr, erhebliche Bedrohung der zu wahrenden Güter, zeitliche und sachliche Dringlichkeit, fehlende Handlungsalternative (vgl. auch BV 36 Abs. 1 Satz 3; SÄGESSER, Bundesbehörden, Art. 173, N 697 ff.; stärker differenzierend SAXER, SG-Komm., Art. 173 Abs. 1 Bst. c, N 39 ff.).

14 *Massnahmen* nach Bst. c müssen (anders als Massnahmen des Bundesrates i.S.v. BV 185) nicht von Verfassungsrechts wegen befristet werden. Sie sind gleichwohl von der Sache her vorübergehenden Charakters. Mit dem Wegfall der «besonderen Umstände» ist auch die rechtliche Handlungsgrundlage nicht mehr gegeben. Wird eine Dauerregelung angestrebt, so muss die Massnahme in ordentliches Recht überführt werden (vgl. Botsch. BV, 399).

15 *Verhältnis zu Gesetz und Verfassung:* «Notverordnungen» der Bundesversammlung können als Grundlage für Grundrechtseinschränkungen dienen. Gemäss herrschender Auffassung sind nur «gesetzesergänzende» Massnahmen zulässig, nicht jedoch Massnahmen *contra legem* (vgl. immerhin SAXER, SG-Komm., Art. 173, N 42). Dem ist grundsätzlich beizupflichten, doch muss es der Bundesversammlung möglich sein, notfalls in kantonale Kompetenzen einzugreifen, d.h. insoweit sogar *contra constitutionem* zu entscheiden (grundsätzlich bejahend auch SAXER, SG-Komm., Art. 173 Abs. 1 Bst. c, N 46).

Anordnung des Aktivdienstes (Bst. d)

16 *Funktion:* Bst. d sichert die parlamentarisch-demokratische Abstützung des Armee-Einsatzes im besonders heiklen Fall des «Aktivdienstes» (der in der BV nicht näher definiert wird; dazu MG 76 und N 8 zu BV 58). – Bundeskompetenz und Armee-Auftrag ergeben sich aus BV 58. Vgl. auch BV 52. – Zum bundesrätlichen Truppenaufgebot in «dringlichen Fällen» vgl. N 13 zu BV 185.

Bundesaufsicht (Bst. e)

17 Zum Institut der Bundesaufsicht vgl. N 16 zu BV 49. – Die Ausübung der Bundesaufsicht obliegt in erster Linie dem Bundesrat (BV 186 Abs. 4). Die Bundesversammlung ist für «Massnahmen zur Durchsetzung des Bundesrechts» zuständig. Damit sind die eigentlichen Zwangsmassnahmen gemeint (sog. Bundesexekution; so auch SÄGESSER, Bundesbehörden, Art. 173, N 708). Die Delegation des Einsatzes von Instrumenten mit «Zwangscharakter» (z.B. Ersatzvornahme) an die Exekutive wird dadurch nicht von vornherein ausgeschlossen (vgl. N 21 zu BV 49). – Adressat der Massnahmen der Bundesversammlung ist der Kanton als solcher (vertreten durch die Regierung).

Prüfung der Gültigkeit von Volksinitiativen (Bst. f)

18 Vgl. N 15 zu BV 139. – Zur staatsrechtlichen Problematik der Parlaments-Zuständigkeit vgl. N 10 zu BV 139 (vgl. auch HANGARTNER, SG-Komm., Art. 173, N 73). Im Rahmen der Reform der Volksrechte wurde die Übertragung der Zuständigkeit an das Bundesgericht geprüft, aber verworfen (vgl. Botsch. BV, 443, 482 ff.; vgl. auch Botsch. BV, 412).

Mitwirkung bei wichtigen Planungen (Bst. g)

19 Für Planung und Koordination der Staatstätigkeiten ist in erster Linie der Bundesrat zuständig (BV 180, 183). Die Bundesversammlung – als an der «Staatsleitung» teilhabendes Organ (N 4 zu BV 148) – hat gemäss Bst. g das Recht und die Pflicht, bei den *wichtigen* Planungen der Staatstätigkeit mitzuwirken. Der Gesetzgeber hat mit gutem Grund die *Legislaturplanung,* bestehend aus den *Richtlinien der Regierungspolitik* und dem *Legislaturfinanzplan* (ParlG 146), sowie den jährlichen *Finanzplan* (ParlG 143) in den Rang mitwirkungsbedürftiger Geschäfte erhoben. Die Spezialgesetzgebung sieht weitere Fälle vor (z.B. NSG 11: allgemeine Linienführung der Nationalstrassen). Das ParlG ermöglicht es der Bundesversammlung, sich in der Form von Grundsatz- und Planungsbeschlüssen (N 20) zu weiteren wichtigen Planungen und Berichten zu äussern (vgl. ParlG 28, 148). Die Form des (referendumspflichtigen) BB kann nur gewählt werden, wenn Verfassung oder Gesetz dies vorsehen (BV 141 Abs. 1 Bst. c; vgl. z.B. ParlG 28).

20 *Art und Umfang* der Mitwirkung sowie der Verbindlichkeitsgrad der parlamentarischen Beschlüsse werden durch die Verfassung nicht genauer bestimmt und bedürfen daher näherer gesetzlicher Regelung (vgl. AUBERT, Comm., Art. 173, N 21). ParlG 28 nennt drei Formen der parlamentarischen Mitwirkung: Beratung und Kenntnisnahme von bundesrätlichen Planungsberichten; Erteilung von planungsbezogenen Aufträgen; Erlass von Grundsatz- und Planungsbeschlüssen. Grundsatz- und Planungsbeschlüsse sind «Vorentscheidungen, die festlegen, dass bestimmte Ziele anzustreben, Grundsätze und Kriterien zu beachten oder Massnahmen zu planen sind» (ParlG 28). Die ersten Erfahrungen waren ernüchternd: Der BB über die Legislaturplanung 2003–2007 kam nicht zustande (vgl. AB 2004 N 1095, 1102; S 284). Zur Teilrevision des ParlG vom 22.6.2007 vgl. SPK-N, Bericht vom 3.11.2005 zur Parlamentarischen Initiative «Legislaturplanung», BBl 2006 1837 ff.; BBl 2007 4535, Referendumsvorlage.

21 *Zur Verbindlichkeit:* Grundsatz- und Planungsbeschlüsse vermögen weder die Gesetzgebung zu ändern noch den Gesetzgeber zu binden (letztlich auch nicht die Bundesversammlung selbst, zumal sie ihre Beschlüsse abändern kann). Für den Bundesrat sind Parlamentsbe-

schlüsse verbindlich, doch ergibt sich aus dem vorläufigen Charakter jeder Planung eine Relativierung der Bindungswirkung (vgl. auch LANZ/MASTRONARDI, SG-Komm., Art. 173, N 75 ff.). ParlG 28 Abs. 4 trägt diesem Umstand in verfassungsrechtlich nicht zu beanstandender Weise Rechnung: Der Bundesrat darf von Grundsatz- und Planungsbeschlüssen (und von Aufträgen) abweichen, wird dann aber begründungspflichtig. Im Ergebnis besteht kaum mehr als eine *politische* Bindung (vgl. SPK-N, Bericht ParlG, BBl 2001 3496).

Einzelakte (Bst. h)

22 «*Einzelakt»:* Der in der Verfassung nicht näher definierte Begriff meint Rechtsanwendungsakte mit individuell-konkreter Regelungsstruktur. Diese sind abzugrenzen von den Akten der Rechtsetzung (vgl. N 5 zu BV 163) und den Grundsatz- und Planungsbeschlüssen (vgl. N 19 ff.; anders SÄGESSER, SG-Komm., Art. 173, N 102). *Rechtsform* ist (wie für andere nichtrechtsetzende Akte; vgl. BV 163) der einfache Bundesbeschluss (ParlG 29), allenfalls (soweit Verfassung oder Gesetz dies vorsehen) der referendumspflichtige BB (BV 141 Abs. 1 Bst. c). Beispiel: BB über die Genehmigung der Rahmenbewilligung für eine Kernanlage (KEG 12 ff., 48 Abs. 4). – Gestützt auf BV 173 Abs. 1 Bst. h i.V.m. BV 141 Abs. 1 Bst. c kann der Gesetzgeber ein punktuelles Finanzreferendum vorsehen (vgl. N 9 zu BV 167; SÄGESSER, Bundesbehörden, Art. 173, N 734).

23 Die *Zuständigkeit* der Bundesversammlung ergibt sich nicht schon aus der Verfassung, sondern erst in Verbindung mit einer spezialgesetzlichen Zuweisung. Der Verfassungswortlaut verzichtet darauf, ein materielles Kriterium zu nennen (anders der Vorschlag der Expertenkommission «Kompetenzverteilung», vgl. BBl 1996 II 456: Wichtigkeit).

24 *Umgehung des Erfordernisses der gesetzlichen Grundlage?* ParlG 29 Abs. 2 sieht vor, dass «Einzelakte der Bundesversammlung, für welche die notwendige gesetzliche Grundlage weder in der Bundesverfassung noch in einem Bundesgesetz besteht», in der Form des Bundesbeschlusses (i.S.v. BV 163 Abs. 2) «dem Referendum unterstellt» werden. Die Bestimmung ist bedenklich (kritisch auch G.MÜLLER, LeGes 2004/2, 159 ff.), weil sie die Bundesversammlung zu einer Aushöhlung des Gesetzmässigkeitsprinzips (Erfordernis der gesetzlichen Grundlage; vgl. BV 5) geradezu einlädt. Fehlt die Rechtsgrundlage für einen Einzelakt (und ist keine dringliche Situation i.S.v. BV 165 oder 173 Abs. 1 Bst. a–c gegeben), so hat sich die Bundesversammlung zunächst um die Schaffung der Rechtsgrundlage zu bemühen (und nicht den angestrebten Einzelakt per Referendumsklausel notdürftig demokratisch zu bemänteln). – Dem in SPK-N, Bericht ParlG, 3540, angeführten Beispiel nach zu schliessen, beruht ParlG 29 Abs. 2 auf einem verfehlten Verständnis des Rechtsetzungsbegriffs (wie er auch der zu eng geratenen Legaldefinition in ParlG 22 Abs. 4 zugrunde liegt): Der (mittlerweile abgelöste) BB vom 18.12.1998 über die Ausrichtung einer Finanzhilfe an das Verkehrshaus der Schweiz (AS 1999 1703) kann nämlich – obwohl es um eine singuläre Institution geht – ohne Mühe als Akt der Rechtsetzung i.S.v. BV 163 eingestuft werden (umso mehr als der BB die Rechtsstellung Dritter berührt und erst der ausführende Kreditbeschluss Einzelaktcharakter hat). Der Nachfolgeerlass erging denn auch bezeichnenderweise – nach dem Inkrafttreten des ParlG! – in der Form eines (befristeten) *Bundesgesetzes* (BG vom 19.12.2003 über die Ausrichtung von Finanzhilfen an das Verkehrshaus der Schweiz, SR 432.51; vgl. BBl 2003 6228, 6238; ähnlich das Vorgehen im Fall der Beteiligung des Bundes an der Sanierung der Compagnie

des Chemins de fer fribourgeois, BG vom 23.6.2000, SR 742.194, vgl. BBl 1999 9123, und am Verein Memoriav, BG vom 16.12.2005, SR 432.61, BBl 2005 3316). Bei richtigem Verständnis des Rechtsetzungsbegriffs sind solche Regelungen (entgegen SPK-N, Bericht ParlG, 3541) keineswegs dem Referendum entzogen, da auch solche «Einzelfall-Gesetze» durchaus Gesetze i.S.v. BV 163 Abs. 1 bzw. BV 141 Abs. 1 Bst. a sein können. Eine «Auffangbestimmung» (in Gestalt von ParlG 29 Abs. 2) braucht es nicht (anders ODERMATT, 109 f.). – Ob für ParlG 29 Abs. 2 Anwendungsfälle bleiben, ist zweifelhaft. Die beiden unter der BV 1874 gefassten verfassungsunmittelbaren BB «betreffend das Konzept Bahn 2000» vom 19.12.1986 (heute: BG; SR 742.100) und «über den Bau der schweizerischen Eisenbahn-Alpentransversale (Alpentransit-Beschluss)» vom 4.10.1991 (SR 742.01) enthalten Planungs-, Grundsatz- und teils auch rechtsetzende Elemente; sie wären heute bei BV 173 Abs. 1 Bst. g (Mitwirkung der Bundesversammlung) i.V.m. BV 141 Abs. 1 Bst. c (Referendum, soweit ein Gesetz dies vorsieht) bzw. ParlG 28 Abs. 3 (Grundsatz- und Planungsbeschlüsse «von grosser Tragweite») einzuordnen.

25 Die im Zusammenhang mit dem Fall Schubarth (vgl. N 14 zu BV 188) erwogene Amtsenthebung eines Mitglieds des Bundesgerichts per referendumspflichtigen Bundesbeschluss wäre klar verfassungswidrig gewesen und hätte – ungeachtet des (missverständlichen) Wortlauts – in ParlG 29 Abs. 2 keine Stütze finden können (vgl. auch G.MÜLLER, LeGes 2004/2, 160).

Entscheid über Zuständigkeitskonflikte (Bst. i)

26 *«Oberste Bundesbehörden»* sind die Bundesversammlung selbst (die durch Bst. i zur «Richterin» in eigener Sache gemacht wird), der Bundesrat und das Bundesgericht. – Kompetenzkonflikte zwischen Bund und Kantonen fallen in die Zuständigkeit des Bundesgerichts (BV 189).

27 *Bedeutung:* Die Kompetenz spielt eine untergeordnete Rolle. Bundesrat und Bundesgericht haben es bisher gewöhnlich verstanden, im Verfahren des Meinungsaustausches (VwVG 8; OG 96 und jetzt BGG 29) eine Lösung zu finden. Die Rechtsprechungszuständigkeiten des Bundesrates haben stark abgenommen. Im Übrigen macht es wenig Sinn, die Bundesversammlung als «Schiedsrichterin» anzurufen, wenn diese selbst Partei ist. – Vgl. immerhin den sog. Kruzifix-Fall (BGE 116 Ia 252, Comune di Cadro): Das Bundesgericht hatte die Beschwerde der Gemeinde Cadro (nach einem Meinungsaustausch) dem Bundesrat überwiesen, der die Beschwerde guthiess. Gegen diesen Entscheid legte die Gegenpartei Beschwerde bei der Bundesversammlung ein. Nach einem Meinungsaustausch, in welchem das Bundesgericht seine Haltung (Zuständigkeit des Bundesrates) bekräftigte (ein Zuständigkeitskonflikt i.e.S. lag mithin nicht vor), hob die Bundesversammlung die Entscheidung des Bundesrates «per difetto di competenza» auf und überwies den Fall an das Bundesgericht, welches die Autonomiebeschwerde der Gemeinde Cadro schliesslich abwies (vgl. AUBERT, BuStR II, 1030, 1041). Vgl. auch, ebenfalls speziell gelagert, BGE 117 Ia 233, Jura gegen Bern, betreffend Juraplebiszite (mit Zwischenspiel vor dem Bundesrat und der Bundesversammlung).

Begnadigung und Amnestie (Bst. k)

28 *Anwendungsbereich:* Bst. k betrifft Begnadigung und Amnestie im Bereich des Bundes(straf)rechts (vgl. StGB 381 und 384).

29 *Begnadigung:* Entscheidung zu Gunsten einer bestimmten Person, durch welche der Staat auf den Vollzug einer durch rechtskräftiges Urteil auferlegten Strafe ganz oder teilweise verzichtet oder die Strafe in mildere Strafarten umgewandelt wird (vgl. StGB 383; dazu WEDER, in: Donatsch u.a., Kommentar StGB). Zuständig ist die Vereinigte Bundesversammlung (BV 157). – *Massnahmen* gelten nach herrschender Auffassung als nicht begnadigungsfähig (VEST, SG-Komm., Art. 173, N 114; BBl 1999 2177). Dies erscheint verfassungsrechtlich nicht zwingend; wegen der relativ flexiblen Ausgestaltung des Massnahmenrechts ist die Frage indes kaum praxisrelevant. – Die *Rechtsnatur* der Begnadigung ist umstritten (vgl. AUBERT, Bundesstaatsrecht II, 703). Da die Begnadigung das Urteil nicht aufhebt (blosser Verzicht auf Strafvollzug; vgl. BGE 84 IV 142; BGE 80 IV 11), handelt es sich nicht um eine Massnahme richterlicher Natur, sondern um einen besonderen Staatsakt, bei welchem der zuständigen Behörde ein sehr weites Ermessen zusteht. Daraus und aus dem Umstand, dass kein Rechtsanspruch auf Begnadigung besteht, darf (entgegen BGE 107 Ia 105; vgl. auch BGE 117 Ia 86; BGE 95 I 546; kritisch G.MÜLLER, Festschrift Huber, 111 ff., 123) nicht gefolgert werden, dass bei Entscheiden betreffend Begnadigungsgesuche keine Begründungspflicht bestehe. – Die Bundesversammlung entscheidet durchschnittlich drei Fälle pro Jahr (VON WYSS, SG-Komm., Art. 157, N 8). Mit dem Ausbau der Bundesstrafgerichtsbarkeit könnte die Bedeutung steigen.

30 Durch die *Amnestie* wird «die strafrechtliche Verfolgung bestimmter Taten oder Kategorien von Tätern ausgeschlossen und der Erlass entsprechender Strafen ausgesprochen.» (StGB 384 Abs. 2). Es handelt sich um einen «Gegenakt» *(contrarius actus)*, der die Wirkungen eines Gesetzes für eine Vielzahl von Personen aufhebt, d.h. um eine Art «kollektives Verzeihen» (VEST, SG-Komm., Art. 173, N 117). Anders als bei der Begnadigung liegt hier der Verzicht nicht zuletzt auch im Interesse des Staates selbst (AUBERT, Comm., Art. 173, N 33). Die Amnestiekompetenz folgt der Gesetzgebungskompetenz (StGB 384 Abs. 1; VEST, SG-Komm., Art. 173, N 118), nicht der Gerichtsbarkeit (so indes FLEINER/GIACOMETTI, 856). Die Amnestie ergeht in der Form eines einfachen BB (vgl. AUBERT, Comm., Art. 173, N 34). Die Räte beraten und beschliessen getrennt (BV 156). Die meisten Amnestievorlagen, mit denen sich die Bundesversammlung zu befassen hatte, wurden verworfen (näher VEST, SG-Komm., Art. 173, N 118). – Nicht unter Bst. k fällt nach Lehre und Praxis die sog. *Steueramnestie* (vgl. AUBERT, Comm., Art. 173, N 30). Diese ist in die Gesetzesform zu kleiden (vgl. die geplante «kleine Steueramnestie» im Rahmen des BG über die Vereinfachung der Nachbesteuerung in Erbfällen und die Einführung der straflosen Selbstanzeige, Botschaft vom 18.10.2006, BBl 2006 8795, 8824), aus Kompetenzgründen allenfalls in der Form eines verfassungsändernden Beschlusses (vgl. AB 2003 S 409, AB 2004 N 182 betreffend (Standes-)Initiativen auf Änderung der Übergangsbestimmungen der BV; vgl. auch AUBERT, BuStR II, 1040 f. ad N 1467).

31 *Rehabilitierung:* Weil weder die Begnadigung noch eine Amnestie zum Ziel geführt hätten, wurde beim Erlass des BG vom 20.6.2003 über die Aufhebung von Strafurteilen gegen Flüchtlingshelfer zur Zeit des Nationalsozialismus (SR 371, in Kraft seit 1.1.2004; gestützt auf BV 60 Abs. 1 und 121 Abs. 1) ein besonderer Weg eingeschlagen. Das Gesetz «bezweckt, Strafurteile aufzuheben, deren Verhängung heute als schwerwiegende Verletzung der Gerechtigkeit empfunden wird» (Art. 1 Abs. 2). Es erklärt alle rechtskräftigen Urteile gegen Flüchtlingshelfer für aufgehoben (Art. 3) und alle Flüchtlingshelfer für vollständig rehabilitiert (Art. 4). Die Begnadigungskommission (ParlG 40) fungiert als «Rehabilitierungskommission»;

sie prüft und entscheidet auf Gesuch hin oder von Amtes wegen, ob ein konkretes Strafurteil unter das Gesetz fällt (Art. 6; zur Kombination von generell-abstrakter Regelung und individuell-konkretem Ansatz: RK-N, Bericht vom 29.10.2002, BBl 2002 7791).

Auffangkompetenz und gesetzliche Zuständigkeitserweiterung (Abs. 2 und 3)

32 *Funktion:* BV 173 verschafft der Bundesversammlung eine Auffangkompetenz (Abs. 2) und gibt dem Gesetzgeber die (begrenzte) Möglichkeit, der Bundesversammlung weitere Zuständigkeiten zuzuweisen (Abs. 3).

33 *Abs. 2:* Da die Behördenzuständigkeiten umfassend geregelt sind, hat Abs. 2 kaum praktische Bedeutung. Die bei AUBERT (Comm., Art. 173, N 37 ff.) genannten Beispiele (Vollmachtenbeschlüsse, Festlegung des eidgenössischen Wappens, vgl. BB vom 12.12.1889, SR 111) lassen sich auch anders einordnen. Die gängige Bezeichnung als «subsidiäre Generalkompetenz» (so MASTRONARDI, SG-Komm., Art. 173, N 121) könnte leicht zu Missverständnissen führen und ist besser zu vermeiden. Abs. 2 begründet keine generelle Zuständigkeitsvermutung zu Gunsten der Bundesversammlung (Botsch. BV, 402). Die Ermittlung der zuständigen Behörde erfolgt nach den üblichen Regeln der Verfassungsauslegung unter Berücksichtigung von Überlegungen zur Gewaltenteilung und zur Organeignung (vgl. TSCHANNEN, Staatsrecht, 466). – Abs. 2 begründet keine Bundeskompetenzen. Die Abstützung des Bundespersonalgesetzes (SR 172.220.1) auf BV 173 Abs. 2 geht fehl; im Fall des Zinsbesteuerungsgesetzes (ZBstG, SR 641.91) war die Anrufung von BV 173 Abs. 2 unnötig.

34 *Abs. 3* stellt klar, dass die Aufzählung der Zuständigkeiten der Bundesversammlung in BV 164 ff. nicht abschliessend ist. Der Gesetzgeber ist allerdings nicht frei, weitere Zuständigkeiten zu begründen. Er hat die verfassungsmässigen Zuständigkeiten der anderen Bundesbehörden sowie die Organeignung zu berücksichtigen. – Die praktische Bedeutung der Bestimmung ist heute gering, da die meisten «Kandidaten» im Katalog des BV 173 Abs. 1 aufgeführt sind (wichtige Planungen, Einzelakte).

35 Die früher recht bedeutsamen *Rechtsprechungsaufgaben* der Bundesversammlung sind auf ein Minimum geschrumpft (vgl. VwVG 79; ParlG 13 Abs. 3: Ratsplenum als «Einsprache»-Instanz bei Disziplinarmassnahmen des Ratspräsidenten bzw. Ratsbüros). Die frühere Zuständigkeit des Nationalrates für Wahlbeschwerden (vgl. z.B. VPB 68.64, Entscheid vom 1.12.2003) wurde per 1.1.2007 dem Bundesgericht übertragen (Aufhebung von BPR 82; vgl. BGG 82, 88). – Anders als bei Zuständigkeitskonflikten (BV 157) haben die Räte über Beschwerden getrennt zu beraten und zu beschliessen (vgl. BGE 117 Ia 233, 237). Dies wurde beim Erlass des Reglements der Bundesversammlung vom 8.12.1976 (AS 1977 231) übersehen, dessen Art. 12 bestimmte, dass eine gemeinsame Kommission beider Räte der Vereinigten Bundesversammlung Antrag zu stellen habe (vgl. AUBERT, BuStR II, 1041 ad N 1470).

Literaturhinweise (vgl. auch die Hinweise vor und bei BV 148)

Zu Bst. a–c: MOERI JACQUELINE, Die Kompetenzen der schweizerischen Bundesversammlung in den auswärtigen Angelegenheiten, St. Gallen 1990; PFANDER URS, Garantie innerer Sicherheit, Chur/Zürich 1991; RUCH ALEXANDER, Äussere und innere Sicherheit, VRdCH 889 ff.; SCHELBERT BEAT, Die rechtliche Bewältigung ausserordentlicher Lagen im Bund, Bern 1986; WALDE ANDREAS, Das Verhältnis von Bundesrat und Bundesversammlung im Bereich paralleler Kompetenzen, Basel 1987. – *Zu Bst. d:* WIEGANDT MARIUS, Der Einsatz der Armee, Bern 1999. – *Zu Bst. g:* FLÜCKIGER ALEXANDRE, Le régime juridique des plans, Bern 1996; GRAF MARTIN, Mitwirkung der Bundesversammlung an der staatsleitenden Politikgestaltung, in: Sägesser (Hrsg.), Bundesbehörden, 111 ff.; LANZ CHRISTOPH, Politische Planung und Parlament, Bern 1977. – *Zu Bst. h:* MÜLLER GEORG, Der verfassungswidrige Bundesbeschluss – Nachlese zum Parlamentsgesetz, LeGes 2004/2, 159 ff.; ODERMATT LUZIAN, Erlassformen der Bundesverfassung für Rechtsetzungs- und Einzelakte, LeGes 2003/2, 107 ff. – *Zu Bst. k:* CLERC FRANÇOIS, L'amnestie en Suisse, in: ders., Varia juridica, Fribourg 1981, 65 ff.; HESS-ODONI URS, Die Begnadigung – ein notwendiges Instrument der Strafjustiz, SJZ 2001, 413 ff.; MÜLLER GEORG, Reservate staatlicher Willkür, Festschrift für Hans Huber, Bern 1981, 111 ff.; VOKINGER HANS W., Amnestie und Begnadigung, SJZ 1975, 74 f.; WALLIMANN-BORNATICO MARIANGELA, Die Amnestie, SJZ 1985, 196 f.

3. Kapitel: Bundesrat und Bundesverwaltung

1   *Überblick:* Der Aufbau der Behördenorganisation im Bund folgt (wenn auch nicht sklavisch) den Leitbildern der allgemeinen Gewaltenteilungslehren (N 7 vor BV 143). Der Bundesrat bildet die *Spitze* der Exekutive i.S. der *vollziehenden* Gewalt; er hat überdies massgeblich Anteil an der *obersten Leitung* der Eidgenossenschaft (Staatsleitungsfunktion), wie sich aus der allgemeinen Charakterisierung des Bundesrates in BV 174 als «oberste leitende» Behörde ergibt. Der Katalog seiner Aufgaben und Befugnisse (BV 180–187) ist nicht zufällig mehr oder weniger symmetrisch zum entsprechenden Katalog betreffend die Bundesversammlung (BV 163–173) aufgebaut. Dem Bundesrat obliegt neben dem Vollzug der Gesetzgebung und des Budgets die Bestimmung der Ziele und Mittel der Regierungspolitik (BV 180). Er verfügt über ein umfassendes Initiativrecht (BV 181). Bei den im Parlament behandelten Gesetzesentwürfen handelt es sich meist um Regierungsvorlagen. Der Bundesrat besorgt die auswärtigen Angelegenheiten (BV 184), er muss dabei aber die Mitwirkungsrechte der Bundesversammlung (BV 166) wahren. Weiter obliegt ihm die Pflege der Beziehungen zu den Kantonen (inklusive Bundesaufsicht, BV 186). – Die *Bundesverwaltung* ist, ungeachtet der Erwähnung in der Kapitelüberschrift, lediglich der verlängerte Arm der Regierung, nicht eine gleichgeordnete Behörde oder gar eine eigenständige vierte Gewalt im Staat (vgl. N 2 BV 178).

2   *Bundesrat als Regierung:* Die verfassungsmässigen Zuständigkeiten (N 1) weisen den Bundesrat als *Regierung* des Bundes aus. Der Begriff selbst taucht in der Verfassung allerdings nur beiläufig in einer Wortzusammensetzung auf (BV 180). Erst auf Gesetzesstufe wird das staatsrechtliche Understatement abgelegt (RVOG 1: «Die Regierung»; vgl. auch RVOG 6 ff.). Zu den zentralen Merkmalen des Bundesrates gehört, dass es sich um ein aus – von Verfassungsrechts wegen: sieben (BV 175) – *gleichberechtigten* Mitgliedern bestehendes (nichtgeführtes) *Kollegialorgan* (BV 177) ohne eigentlichen Regierungschef handelt. Der jährlich wechselnde Bundespräsident, der im Bundesrat den Vorsitz führt (BV 176), ist blosser *primus inter pares*. Die Regierungsmitglieder werden von der Vereinigten Bundesversammlung (BV 157) *einzeln* auf eine *feste Amtsdauer* von vier (ursprünglich drei) Jahren gewählt (ohne Möglichkeit der vorzeitigen Abberufung) und verfügen somit – anders als die Regierungsmit-

glieder der meisten europäischen Systeme – *unabhängig voneinander* über eine unmittelbar parlamentsvermittelte *demokratische* Legitimation. Zu den Vorzügen (insb. Ausgleich, Machtbeschränkung, Stabilität, Kontinuität) und Nachteilen (konfliktträchtige Doppelrolle als Kollegiumsmitglied und Vorsteher eines Departements, Probleme bei der Realisierung politischer Verantwortlichkeit u.a.m.) dieser Lösung vgl. EHRENZELLER, SG-Komm., Art. 177, N 4 (vgl. auch N 7 zu BV 187).

3   *Regierung in der Konkordanzdemokratie:* Der Bundesrat setzt sich seit 1959 ununterbrochen aus Vertretern der vier grossen Parteien (FDP, CVP, SP, SVP) zusammen (vgl. N 18 zu BV 175). Die ausgeprägte Regierungsstabilität ist Ausdruck der – durch die Volksrechte mitgeprägten – Konkordanzdemokratie (vgl. N 5 vor BV 136). Es besteht indes weder eine formelle Koalitionsvereinbarung noch ein eigentliches Regierungsprogramm. In einem gewissen Kontrast zum Bild des starken Parlaments, das der Verfassungstext zeichnet (vgl. insb. BV 148: «oberste Gewalt»), stehen die verbreiteten Klagen über den *Bedeutungsverlust* der Bundesversammlung im Verhältnis zum Bundesrat und seiner Verwaltung. Ein Hauptgrund für die *Gewichtsverschiebungen* ist – neben der Internationalisierung von Politik und Recht – der faktische Vorsprung der Exekutive in Bezug auf Ressourcen und Information. Zwar handelt es sich dabei um ein allgemeines Phänomen in modernen Demokratien, doch wird es in der Schweiz stärker empfunden und lauter beklagt. Eine Reaktion darauf ist der (mitunter gegen heftigen Widerstand der Regierung beschlossene) Ausbau der parlamentarischen Planungs-, Steuerungs- und Aufsichtsinstrumente (vgl. BV 153 Abs. 4, 169 Abs. 2; ParlG 24, 150 ff.). Als neuralgische Stellen erweisen sich immer wieder die parlamentarische Kontrolle der Verwaltung (BV 169) und die Aussenpolitik (BV 166, 184), beides nicht zufällig Gegenstand umfangreicher neuerer Monografien (vgl. BERNHARD EHRENZELLER, Legislative Gewalt und Aussenpolitik, Basel/Frankfurt a.M. 1993; PHILIPPE MASTRONARDI, Kriterien der demokratischen Verwaltungskontrolle, Basel/Frankfurt a.M. 1991; eingehend auch HANSJÖRG SEILER, Gewaltenteilung, Bern 1994). – Bei allen Klagen von parlamentarischer Seite darf man nicht übersehen, dass das Regieren dem Bundesrat (im Vergleich mit ausländischen Regierungen) nicht leicht gemacht wird. Denn trotz überaus komfortabler rechnerischer Mehrheiten in beiden Räten (in der Legislaturperiode 2003–2007: über 80% im Nationalrat; 100% Ständerat!) muss der Bundesrat fast wie eine Minderheitsregierung permanent mit heftigem Widerstand rechnen und in intensiven Verhandlungsprozessen immer wieder anders zusammengesetzte, parteiübergreifende (und «referendumsresistente») Mehrheiten schmieden. Niederlagen im Parlament (oder in Volksabstimmungen) sind nicht selten, ziehen allerdings, anders als in parlamentarischen Regierungssystemen (N 5), keine direkten persönlichen Konsequenzen nach sich, selbst wenn es um zentrale Fragen geht.

4   Das *Verhältnis Regierung–Parlament* war in der Schweiz lange von grossem Vertrauen geprägt. Einen tiefen Einschnitt bedeuteten in der ersten Hälfte der 1960er Jahre die sog. Mirage-Affäre (N 17 zu BV 169) und Ende der 1980er Jahre die sog. Fichen-Affäre (vgl. PUK EJPD, Bericht von 22.11.1989, BBl 1990 I 637). Folgen waren u.a. ein Ausbau bei den parlamentarischen Informationsrechten und Aufsichtsinstrumenten sowie eine dichtere Kontrolle (vgl. N 1 zu BV 153, N 14 zu BV 169; ParlG 150 ff., 163 ff.; AUBERT, BVers 1848–1998, N 432 ff.). Die mehr oder weniger symmetrisch aufgebauten verfassungsrechtlichen Aufgaben- und Zuständigkeitskataloge (BV 163 ff. bzw. 180 ff.) machen die Notwendigkeit des *ar-*

beitsteiligen Zusammenwirkens augenfällig. Gegen ein den Realitäten des politischen Prozesses Rechnung tragendes «kooperatives Gewaltenteilungsverständnis» (N 6 vor BV 143) ist nichts einzuwenden, solange das aus rechtsstaatlich-demokratischer Sicht zentrale Anliegen der Klarheit bei der Zuordnung von Verantwortlichkeiten gewahrt bleibt.

5 *Einordnung des schweizerischen Regierungssystems:* Die Stellung der Exekutivspitze im Verfassungsgefüge ist ein wesentlicher Faktor bei der Charakterisierung von Regierungssystemen. In den westlichen demokratischen Verfassungsstaaten haben sich zwei Haupttypen herausgebildet:
- das *parlamentarische Regierungssystem*, das sich dadurch auszeichnet, dass die Regierung auf eine dauernde Unterstützung im Parlament (Regierungsmehrheit) angewiesen ist (Beispiele: GB, D, I). Geht das Vertrauen verloren, droht ein Regierungssturz; umgekehrt besteht gewöhnlich die Möglichkeit der Parlamentsauflösung (vorgezogene Neuwahlen);
- das *Präsidialsystem;* hier steht dem Parlament ein relativ unabhängiger, auf feste Amtszeit (allenfalls: volks-)gewählter Präsident als monokratische Spitze der Exekutive gegenüber (Hauptbeispiel: USA).

In der Staatenpraxis haben sich zahlreiche Variationen und Mischformen entwickelt (vgl. z.B. das aktuelle semi-präsidentielle System Frankreichs). Das *schweizerische* Regierungssystem entzieht sich einer Einordnung in die gängigen Typologien. Im Vergleich mit den parlamentarischen Regierungssystemen britischen oder kontinentaleuropäischen Zuschnitts haben Parlament und Regierung in der Schweiz je eine sehr eigenständige Stellung. Der Bundesrat ist nach erfolgter Wahl nicht vom Vertrauen der Bundesversammlung abhängig: Weder der Bundesrat noch einzelne Regierungsmitglieder können vorzeitig zum Rücktritt gezwungen werden. Anders als im amerikanischen Präsidialsystem ist die Exekutive nicht monokratisch aufgebaut. An der Spitze steht vielmehr ein siebenköpfiges Kollegium. Gelegentlich wird das schweizerische Regierungssystem (in Anlehnung an Regierungsformen der französischen Revolutionsepoche) als «Direktorialsystem» bezeichnet (vgl. MAHON, Comm., Remarques liminaires zum 5. Titel, N. 10; MASTRONARDI, Verfassungslehre, 268). Ob diese Bezeichnung heute hilfreich ist, muss bezweifelt werden. Wenn man nach den nächsten lebenden Verwandten des schweizerischen Regierungssystems Ausschau hält, so findet man sie wohl am ehesten – bei allen Unterschieden – in den USA (wenn man auf die Eigenständigkeit der ersten und zweiten Gewalt abstellt) oder in Liechtenstein (wenn man an die ausgebauten Volksrechte denkt und von den monarchischen Elementen absieht). Gewisse Parallelen zeigen sich im («Regierungs»-)System der EU.

6 *Regierungs- bzw. Staatsleitungsreform:* Die 1848 festgelegten Grundstrukturen des Regierungsorgans haben im Wesentlichen bis heute überdauert. Faktische Veränderungen (Internationalisierung von Politik und Recht, Wachstum der Bundesverwaltung, gesteigerte Koordinationsbedürfnisse), aber auch das Nebeneinander von Kollegial- und Departementalprinzip (BV 177) und die damit zusammenhängenden Probleme und Spannungen (Zuordnung von Verantwortlichkeit, «Departementalisierung») sowie die systemtypischen Rivalitäten im Verhältnis Parlament–Regierung (N 3, 4) haben den Ruf nach Reformen im Bereich des Regierungsorgans immer lauter werden lassen. In den 1990er Jahren wurden vor allem die Stärkung des Regierungskollegiums gegenüber den Departementen sowie die Entlastung der ein-

zelnen Bundesratsmitglieder in den Vordergrund gerückt. Der gelegentlich geforderte Wechsel zu einem «Konkurrenzsystem» wurde aus guten Gründen nicht weiterverfolgt (vgl. dazu die Studie der Expertenkommission «Führungsstrukturen des Bundes», Zur Frage der Wünschbarkeit des Übergangs zu einem parlamentarischen Regierungssystem, BBl 1993 III 1112 ff.). Die Reformvorschläge des Bundesrates (Botsch. Staatsleitungsreform, BBl 2002 2095 ff.) zielten auf Änderungen beim Regierungsorgan und die Einführung der Figur des Delegierten Ministers als Mitglied der «Bundesregierung» (Wahl durch den Bundesrat, Bestätigung durch die Bundesversammlung; vgl. E-BV 174, 175). Ein grundlegender Umbau der Staatsleitung wurde, ungeachtet der Projektbezeichnung, nicht intendiert. Der Ständerat favorisierte eine Erhöhung der Zahl der Bundesratsmitglieder auf neun (AB 2003 S 10). Die Staatsleitungsreform wurde indes im März 2004 im Nationalrat vorläufig gestoppt (Rückweisung an den Bundesrat, AB 2004 N 270). Stattdessen soll jetzt eine Verwaltungsreform vorangetrieben werden.

Literaturhinweise

BREITENSTEIN MARTIN, Reform der Kollegialregierung, Basel 1993; BRÜHL-MOSER DENISE, Die Schweizerische Staatsleitung im Spannungsfeld von nationaler Konsensfindung, Europäisierung und Internationalisierung, Bern 2007; EICHENBERGER KURT, Die staatsleitenden Behörden des Bundes, ZSR 1978 I, 477 ff.; JENNY DAVID, Der Begriff der Staatsleitung und die schweizerische Bundesverfassung, Basel 1988; KOLLER HEINRICH, Regierung und Verwaltung, VRdCH, 1131 ff.; MADER LUZIUS, Bundesrat und Bundesverwaltung, VRdCH, 1047 ff.; RHINOW RENÉ, Die Regierungsreform im Bund, Mélanges Jean-François Aubert, Basel/Frankfurt a.M. 1996, 87 ff.; SÄGESSER THOMAS, Regierungs- und Verwaltungsorganisationsgesetz (RVOG). Handkommentar, Bern 2007; DERS., Die Bestimmungen über die Bundesbehörden in der neuen Bundesverfassung, LeGes 1999/1, 11 ff.; ÜBERWASSER HEINER, Das Kollegialprinzip, Basel 1989. – *Materialien:* Arbeitsgruppe «Führungsstrukturen des Bundes», Zur Frage der Wünschbarkeit des Übergangs zu einem parlamentarischen Regierungssystem, BBl 1993 III 1112 ff.; Bundesrat, Botschaft zur Staatsleitungsreform vom 19.12.2001, BBl 2002 2095 ff.

1. Abschnitt: Organisation und Verfahren

Art. 174   Bundesrat

Der Bundesrat ist die oberste leitende und vollziehende Behörde des Bundes.

1   Die Bestimmung geht auf die Bundesstaatsgründung zurück (BV 1848 Art. 83; vgl. BV 1874 Art. 95). Die Umstellung der Adjektive – «leitend» vor «vollziehend» (in BV 1874 Art. 95 noch umgekehrt) – unterstreicht die Stellung des Bundesratskollegiums als Organ der *Staatsleitung.*

2   *Rechtsnatur:* BV 174 selbst begründet (ähnlich wie BV 148) keine Kompetenzen (so auch MAHON, Comm., Art. 174, N 5; a.M. EHRENZELLER, SG-Komm., Art. 174, N 4). Diese ergeben sich aus anderen Bestimmungen. Die Charakterisierung des Bundesrates als «oberste leitende» – nicht etwa «leidende» – Behörde (zu den Glücksgefühlen, die die Arbeit im Kollegium

bereiten kann, vgl. «Tages-Anzeiger» vom 24.7.2006, S. 3) kann bei der Auslegung anderer Verfassungsbestimmungen (z.B. BV 166/184) von Belang sein.

3 *Hauptfunktionen:* BV 174 umschreibt die Hauptfunktionen des Bundesrates (Staatsleitung, Vollziehung) in typisierender Weise, ohne dem Regierungskollegium eine Monopolstellung verschaffen zu wollen (vgl. auch Botsch. BV, 403; N 4, 7 vor BV 143). An anderer Stelle wird denn auch die *Bundesversammlung* mit staatsleitenden Aufgaben betraut (vgl. z.B. BV 166, 167, 173 Abs. 1 Bst. g). Als Träger wichtiger Sachentscheidungen fungieren das Volk bzw. Volk und Stände (BV 140, 141). *Vollzugsaufgaben* fallen auch weiteren, dem Bundesrat *nachgeordneten* Stellen zu (Bundesverwaltung, Bundeskanzlei, Organisationen ausserhalb der Bundesverwaltung; BV 178).

4 *Staatsleitungsfunktion:* Der Leitungsbegriff wird in der Bundesverfassung nicht näher bestimmt (vgl. auch N 10 zu BV 178). Angesprochen ist hier das «Regieren» als Funktion. Staatsleitendes Handeln soll «kreativ, vorausschauend und zukunftsgerichtet» sein (vgl. Botsch. BV, 403). Typische *Regierungsobliegenheiten* sind (vgl. RVOG 6 ff.; vgl. auch BV 180 ff.):

- laufende Beurteilung der Lage; Definition von Zielen und Prioritäten; Ergreifen der Initiative (Einleitung der erforderlichen Massnahmen);
- Vertretung des Bundes nach Innen und Aussen; Hinwirken auf die staatliche Einheit und den Zusammenhalt des Landes; Pflege der Kommunikation mit der Öffentlichkeit;
- Organisation, Führung und Beaufsichtigung der Verwaltung; Auswahl von Führungskräften;
- Erlass von Verordnungen und Abschluss völkerrechtlicher Verträge.

5 *Vollziehungsfunktion:* Der Bundesrat wird hier als Spitze der hierarchisch aufgebauten Verwaltung (BV 178) angesprochen. Er trägt die Verantwortung für die administrative Verwirklichung der Gesetze und Beschlüsse des Bundes und für die Durchsetzung der Urteile der richterlichen Behörden des Bundes (BV 182).

Literaturhinweise (vgl. auch die Hinweise vor BV 174)

BUSER WALTER, Der Bundesrat als oberste leitende Behörde der Eidgenossenschaft, Festschrift Kurt Eichenberger, Basel/Frankfurt a.M. 1982, 683 ff.

Art. 175 Zusammensetzung und Wahl

[1] Der Bundesrat besteht aus sieben Mitgliedern.

[2] Die Mitglieder des Bundesrates werden von der Bundesversammlung nach jeder Gesamterneuerung des Nationalrates gewählt.

[3] Sie werden aus allen Schweizerbürgerinnen und Schweizerbürgern, welche als Mitglieder des Nationalrates wählbar sind, auf die Dauer von vier Jahren gewählt.[1]

1 Angenommen in der Volksabstimmung vom 7. Febr. 1999 (BB vom 9. Okt. 1998, BRB vom 2. März 1999 – AS 1999 1239; BBl 1993 IV 554, 1994 III 1370, 1998 4800, 1999 2475 8768).

⁴ Dabei ist darauf Rücksicht zu nehmen, dass die Landesgegenden und Sprachregionen angemessen vertreten sind.¹

1   Die Bestimmung geht im Kern auf die Bundesstaatsgründung zurück (BV 1848 Art. 83, 84; vgl. BV 1874 Art. 95, 96). Die 1848 von der Tagsatzung in den Verfassungsentwurf eingefügte frühere «Kantonsklausel» – «nicht mehr als ein Mitglied aus dem nämlichen Kanton» (so BV 1874 Art. 96 Abs. 1 Satz 2) – wurde als Resultat der Volksabstimmung vom 7.2.1999 durch die heutige «Rücksichtnahmeklausel» (Abs. 4) abgelöst (und entsprechend dem Verfahren gemäss Ziff. III der SchlB in die neue Verfassung integriert).

Zusammensetzung (Abs. 1)

2   *Bedeutung:* Die verfassungsvergleichend unübliche ziffernmässige Festlegung der Zahl der Regierungsmitglieder in der erschwert änderbaren Verfassung (vgl. immerhin Art. 79 Verf. FL; vgl. auch Art. 213 EGV betreffend Zusammensetzung der Kommission) hat tief greifende Auswirkungen auf die Praxis der Regierungsbildung, denn die Anwendung der auch in anderen Systemen gebräuchlichen (regionalen, parteipolitischen usw.) Kriterien wird in ein starres (und zugleich enges) Korsett gepresst.

3   *Grösse des Kollegiums:* Die Zahl sieben gehört zu den Konstanten des schweizerischen Bundesverfassungsrechts, seit sich die Tagsatzung im Juni 1848 für die «Siebnerlösung» (und gegen die von der Revisionskommission bevorzugte «Fünferlösung») entschied. Über die «optimale Grösse» des Kollegiums (und über Zweckmässigkeit und Folgen einer Vergrösserung auf neun oder elf) lässt sich trefflich streiten (vgl. AB 1998 N 102 ff., 487 f.; BBl 2002 2095 ff.; N 6 vor BV 174; vgl. auch MADER, VRdCH, 1050; ÜBERWASSER, passim). Will man das in einem «Land der Minderheiten» unter verschiedenen Gesichtspunkten vorteilhafte Modell eines Gremiums gleichberechtigter Mitglieder beibehalten, so bildet die «Siebenzahl» wohl die obere Grenze, wenn Zusammenhalt und Kohärenz des Handelns nicht gefährdet werden sollen. – Abs. 1 präjudiziert die Zahl der Departemente nicht (vgl. N 17 zu BV 178).

4   *Verantwortlichkeit und sonstige Rechtsstellung:* Der Bundesrat (RVOG 4) und seine Mitglieder (RVOG 37) unterliegen *politischer Verantwortlichkeit;* diese bleibt allerdings mehr oder weniger sanktionslos, wenn man von der eher theoretischen Möglichkeit der Nichtwiederwahl absieht (der jüngste Fall, vgl. N 14 und 18, ist kein typisches Beispiel). Daneben besteht eine – durch Immunitäten begrenzte (VG 14 ff.; RVOG 61a; vgl. N 3 ff., 8 zu BV 162; VPB 69.2 [2005], BJ) – *strafrechtliche* Verantwortlichkeit (vgl. BGE 116 IV 56, Kopp), nicht jedoch eine disziplinarische Verantwortlichkeit (vgl. EHRENZELLER, SG-Komm., Art. 175, N 15; zur vermögensrechtlichen Verantwortlichkeit vgl. E. GRISEL, RDAF 1998, 113 ff.). – Zur *Rechtsstellung* der einzelnen Bundesratsmitglieder vgl. auch N 7 ff. zu BV 177 sowie das BG vom 6.10.1989 über Besoldung und berufliche Vorsorge der Magistratspersonen (SR 172.121). Die Wahl des Wohnsitzes ist grundsätzlich frei, doch muss der Amtssitz (Stadt Bern) «in kurzer Zeit» erreicht werden können (RVOG 59). Nach einer im Schoss der Konferenz der kantonalen Fi-

---

1   Angenommen in der Volksabstimmung vom 7. Febr. 1999 (BB vom 9. Okt. 1998, BRB vom 2. März 1999 – AS 1999 1239; BBl 1993 IV 554, 1994 III 1370, 1998 4800, 1999 2475 8768).

nanzdirektoren (FDK) getroffenen Übereinkunft sollen Mitglieder des Bundesrates mit blossem Wochenaufenthalt in Bern 30% ihres Bundesratseinkommens in Bern versteuern (vgl. «NZZ am Sonntag», 7.1.2007, S. 9).

Wahl (Abs. 2)

5   *Bedeutung:* Abs. 2 ist eine Schlüsselbestimmung für das schweizerische Regierungssystem. *Alle* Mitglieder des Regierungskollegiums werden vom Parlament *gewählt* (nicht bloss bestätigt oder durch andere Staatsorgane ernannt). Die Regierungsbildung liegt somit bei der Bundesversammlung. *Alle* Regierungsmitglieder verfügen über die *gleiche* – rechtsvergleichend: hohe – *demokratische Legitimation* (auch wenn diese nicht – wie in den Kantonen: Volkswahl der Regierungsmitglieder – direkt durch die Wahlberechtigten vermittelt wird). Dies ist mit zu berücksichtigen, wenn die Zuweisung (bzw. Delegation) von Entscheidungsbefugnissen an die Regierung bzw. einzelne Regierungsmitglieder beurteilt wird. – Die wiederholt geforderte Einführung der *Volkswahl* der Mitglieder des Bundesrates fand bisher (aus guten Gründen) keine Mehrheit (Ablehnung zweier Volksinitiativen in den Volksabstimmungen vom 4.11.1900 und 25.1.1942; zu weiteren Bestrebungen vgl. RHINOW, BV 2000, 284, 296). Zur Gewährleistung einer (regional, sprachlich usw.) einigermassen ausgewogenen Regierungszusammensetzung müssten komplexe Wahlregeln aufgestellt werden, die das politische System letztlich überfordern dürften.

6   Die *Gesamterneuerung* des Bundesratskollegiums findet traditionell in der zweiten Woche der Wintersession statt (Anfang Dezember). Dank BV 175 ist die Amtsperiode mit jener des Nationalrats synchronisiert (wenn auch leicht zeitverschoben; Beginn: 1.1.). Wahlkörper ist die *Vereinigte* Bundesversammlung (vgl. N 2 ff. zu BV 157). – Zur Gesamterneuerung des Nationalrates vgl. N 12 zu BV 149.

7   Das *Wahlverfahren* wird durch BV 175 nicht präjudiziert (wie hier MAHON, Comm., Art. 175, N 10; anders wohl SÄGESSER, N 756: Einzelwahl). Dass der Verfassungswortlaut die «Mitglieder des Bundesrates» nennt (und nicht das Kollegium, so noch BV 1874 Art. 85 Ziff. 4), bedeutet nicht, dass dem Wahlverfahren «enge verfassungsmässige Grenzen gesetzt» wären (so aber SPK-N, Bericht ParlG, 3514). – Das heute praktizierte (ParlG 132 Abs. 2) System der (geheimen) Einzelwahl beruht auf einer langen, bis 1848 zurückreichenden Tradition. Es verschafft der Bundesversammlung einen weiten Entscheidungsspielraum und den Gewählten eine breite Legitimation, schwächt aber die Idee der «Gesamtverantwortung» (vgl. auch EHRENZELLER, SG-Komm., Art. 175, N 13). Erforderlich ist das absolute Mehr (ParlG 130). Ab dem dritten Wahlgang werden keine neuen Kandidaturen mehr zugelassen (ParlG 130 Abs. 3). Das per 1.12.2003 aufgehobene Reglement der Vereinigten Bundesversammlung (AS 1977 231, 2004 3421) sah bei *Stimmengleichheit* eine *Stichwahl* vor und bei unentschiedenem Ausgang der Stichwahl den Entscheid durch das *Los*. Bei der Regelung der Nachfolge von BR Koller am 11.3.1999 wäre dieser Fall beinahe (erstmals) eingetreten (vgl. AB 1999 N 619 ff.; Stimmengleichheit im 3. Wahlgang: Metzler und Roos je 122; leichte Verschiebungen in der Stichwahl: Metzler 126, Roos 118). – Die periodisch erhobenen Forderungen nach Änderung des Verfahrens hatten bisher keinen Erfolg. Zur Diskussion um eine Reform des Wahlverfahrens vgl. AB 1996 N 573 ff., S 846 ff. (Listenwahl); SPK-N, Bericht ParlG, 3514 ff.; 03.464 Pa.Iv. Zisyadis (offene Wahl mit Namensaufruf, AB 2005 N 1485);

04.464 Pa.Iv. SVP (Listenwahl, veränderbare Listen, AB 2006 N 566); 05.444 Pa.Iv. Markwalder (unveränderbare Listen). – Ein Wechsel zum System der veränderbaren Listen hätte zweifelsohne beträchtliche praktische Konsequenzen, könnte indes grundsätzlich ohne vorgängige Verfassungsänderung eingeführt werden (ebenso EHRENZELLER, SG-Komm., Art. 168, N 6; AUBERT, Comm., Art. 168, N 4; SPK-N, Bericht ParlG, 3514 ff.). Eine separate Beurteilung erfordert ein (wenig ratsamer) Wechsel zu einer «Gesamtwahl» mittels unveränderbarer Listen (vgl. auch EHRENZELLER, SG-Komm., Art. 168, N 6).

8   Die Wahl in den Bundesrat kommt erst mit der Annahmeerklärung rechtsgültig zustande (VPB 69.2 [2005], BJ). Es besteht kein Amtszwang. Zur Nichtannahme der Wahl kam es zuletzt im Fall des SP-Politikers Matthey, der am 3.3.1993 anstelle der offiziellen Kandidatin seiner Partei (Brunner) gewählt worden war, jedoch nach sieben Tagen Bedenkzeit die Wahl (angesichts des starken öffentlichen Drucks wohl nicht ganz freiwillig) zu Gunsten einer Frau (BRin Dreifuss) ausschlug und auf die Bundesratskarriere verzichtete (AB 1993 N 665 ff.); frühere Fälle einer Wahlablehnung ereigneten sich in den Jahren 1855, 1875 und 1881.

9   *Vakanzen:* Anders als die BV 1874 äussert sich die neue Bundesverfassung nicht zur Frage, wie beim vorzeitigen Ausscheiden eines Bundesratsmitglieds (Rücktritt, Tod) zu verfahren ist. Die Regel, wonach die «in der Zwischenzeit ledig gewordenen Stellen […] bei der nächstfolgenden Sitzung der Bundesversammlung für den Rest der Amtsdauer wieder besetzt» werden (BV 1874 Art. 96 Abs. 3), wird auf Gesetzesstufe weitergeführt (ParlG 133), wenn auch nur noch im Sinne eines Grundsatzes («in der Regel»).

10 *Praxis des Rücktritts:* Faktisch bleibt es den einzelnen Bundesratsmitgliedern überlassen, den Zeitpunkt ihres Rücktritts zu bestimmen. Zu «unfreiwilligen» Rücktritten unter «politischem Druck» kam es nur sehr vereinzelt (1917: BR Hofmann; 1989: BRin Kopp). Auch die «Niederlage» in einer (Referendums-)Abstimmung – formal ohnehin eine Niederlage der Bundesversammlung, allenfalls des Bundesratskollegiums – ist nicht nur rechtlich, sondern auch politisch kein Rücktrittsgrund. Einzelne Ausnahmen bestätigen die Regel (1891: BR Welti; 1934: BR Haeberlin; zuletzt 1953: BR Weber). Die Demission während laufender Amtsperiode – mitunter sogar recht kurz vor dem Ende (so z.B. BR Stich: Ende August 1995; BR Koller und Cotti: Januar 1999; BRin Dreifuss: Ende 2002) – erfreut sich in jüngerer Zeit einer gewissen Beliebtheit. Auch wenn politisch-taktische Motive regelmässig dementiert werden, kommt die vorzeitige Demission der betroffenen Partei meist nicht ungelegen. Die erstmalige Wahl in den Bundesrat im Rahmen einer *Gesamterneuerung* ist mittlerweile eher die Ausnahme (vgl. immerhin BR Merz und Blocher, 2003). – Eine (minimale) Disziplinierung bewirkt (indirekt) ParlG 133: Das neu gewählte Mitglied hat sein Amt spätestens zwei Monate nach der Wahl anzutreten, dadurch lassen sich unangemessen früh eingereichte Rücktritte verhindern (SPK-N, Bericht ParlG, 3589). Nicht genutzt hat die Bundesversammlung bisher die ihr wohl zuzubilligende Möglichkeit, einen zur Unzeit erfolgenden Rücktritt zurückzuweisen (a.M. wohl EHRENZELLER, SG-Komm., Art. 175, N 19, wonach die Rücktrittserklärung nicht annahmebedürftig sei).

Wählbarkeit (Abs. 3)

11 Zu den *Wählbarkeitsvoraussetzungen* vgl. N 5 zu BV 143. – In der Wahlpraxis war die mehrjährige Zugehörigkeit zu den Eidgenössischen Räten lange eine Schlüsselqualifikation. In jüngerer Zeit kam es gelegentlich zur Wahl von «Aussenstehenden» (1993: Dreifuss; 1999: Metzler; 2002: Calmy-Rey); diese hatten und haben in «Bundesbern» nicht immer einen leichten Stand.

12 *«Wahlvorschlag»:* Das Gesetz sieht förmliche Wahlvorschläge nicht vor, schliesst sie aber auch nicht aus. Die Wahl ist in den ersten beiden Wahlgängen frei. Eine Bindung an die «offiziellen» (Fraktions-)Kandidaten besteht nicht. So hinderte der «Zweier-Vorschlag» der SVP die Vereinigte Bundesversammlung im Dezember 2000 nicht, eine dritte Person zu wählen. Es scheint sich einzubürgern, dass die «zuständige» Fraktion mehr als nur eine Person pro vakante Stelle präsentiert. Eine Verpflichtung dazu besteht nicht (Beispiel: Einer-Vorschlag der CVP-Fraktion im Juni 2006). Einer-Vorschläge werden manchmal als «undemokratisch» taxiert – rechtlich gesehen sind sie es nicht, solange der Wahlkörper in seiner Entscheidung frei bleibt (was dank BV 175 i.V.m. 143 und ParlG 132 gewährleistet ist).

13 Wegen der *festen Amtsdauer* von vier (bis 1931: drei) Jahren (vgl. auch N 1 zu BV 145) scheidet die Möglichkeit einer vorzeitigen Abberufung des Bundesratskollegiums oder einzelner Mitglieder aus. Nach herrschender Auffassung umfasst die Wahlzuständigkeit der Bundesversammlung auch die Kompetenz zur *Amtsenthebung* bei *weggefallener Wählbarkeit* oder Amtsfähigkeit (vgl. Botsch. BV, 405; EHRENZELLER, SG-Komm., Art. 175, N 18). Im Einzelnen ist jedoch vieles ungeklärt (insb. hinsichtlich des Verfahrens) und problematisch (zu Recht zurückhaltend MAHON, Comm., Art. 175, N 16). – Zum (bisher nicht eingetretenen) Fall der vorzeitigen Gesamterneuerung im Rahmen des Verfahrens betreffend Totalrevision der Bundesverfassung vgl. N 9 zu BV 193. – Die Einführung einer Abberufungsmöglichkeit wurde wiederholt gefordert (z.B. AB 1998 N 102 ff.), aber bisher aus guten Gründen (vgl. BBl 1993 III 1112 ff.) verworfen.

14 *Wiederwahl* ist zulässig – theoretisch nach wie vor unbeschränkt (weder Amtszeitbeschränkung noch Alterslimite). In jüngerer Zeit nimmt die Verweildauer tendenziell ab («Rekordhalter» ist BR Schenk, der von 1865–1896 im Amt war). Die (in der Wahlkompetenz eingeschlossene) Möglichkeit der *Nichtwiederwahl* eines wiederkandidierenden Regierungsmitglieds hat sich erst vor kurzem – nach jahrzehntelanger Pause (vgl. AUBERT, BuStR II, 709: zuletzt 1854 und 1872) – wieder realisiert («Abwahl» von BRin Metzler im Dezember 2003), dies im Zusammenhang mit einer Modifikation der «Zauberformel» (N 18) innerhalb des «Regierungslagers». Die ungewöhnliche Geschichte der politischen Emanzipation der Frau in der Schweiz wurde um eine denkwürdige Episode reicher: späte Einführung des Frauenstimmrechts im Bund (1971), noch später (1990) – und nur unter dem Druck des Bundesgerichts – im Kanton AI (BGE 116 Ia 359), bald darauf Wahl von Frau Metzler in die Regierung des Kantons AI und, nach einem «Kopf-an-Kopf-Rennen» (N 7), in den Bundesrat (1999), schliesslich «Abwahl» von Frau Metzler nach weniger als 5 Jahren Amtszeit (2003).

Rücksichtnahmegebot (Abs. 4)

15 *Rechtsnatur und Adressat:* Abs. 4 statuiert ein *verfassungsrechtliches Gebot*, das die Bundesversammlung (als Wahlkörper) verpflichtet, nicht jedoch das einzelne Parlamentsmitglied (das in seiner persönlichen Wahlentscheidung rechtlich frei bleibt). Die Verpflichtung ist gerichtlich nicht durchsetzbar, womit sie sich den Konventionalregeln *(constitutional conventions)* des britischen Verfassungsrechts annähert. Wegen des geringen normativen Gehalts sollte man besser von einer «Rücksichtnahmeklausel» als von einer «Konkordanzklausel» (so EHRENZELLER, SG-Komm., Art. 175, Titel vor N 21) sprechen.

16 *Zweck und Inhalt:* Das Hauptziel der (vorgezogenen Teil-)Revision von 1999 war eine wesentliche Lockerung der früheren «Kantonsklausel» (N 1), bei der ursprünglich auf das Bürgerrecht abgestellt wurde, später (GarG 9 i.d.F. vom 9.10.1986) auf den Ort der politischen Karriere, subsidiär auf den Wohnsitz. Seit der Revision gehören die unwürdigen Wohnsitzmanöver der letzten Minute (z.B. im Frühjahr 1993 bzw. 1998) der Vergangenheit an. Der Verpflichtungsinhalt wird mit *hochgradig unbestimmten Rechtsbegriffen* umschrieben. Eine gesetzliche Konkretisierung wurde und wird nicht angestrebt.

– *Landesgegenden (régions, regioni):* Der Begriff findet sich auch in BV 89 Abs. 5, 92 Abs. 2, 100 Abs. 2 und 103, doch lassen diese Bestimmungen keine klaren Rückschlüsse zu. – Am ehesten kann das Kriterium wohl «negativ» gefasst werden: Verhindert werden soll eine geografische «Klumpenbildung» (wie sie, kaum bemerkt, im August 2006 eintrat, als zu den beiden «Vertretern» Zürichs eine «Vertreterin» des östlichen Aargaus hinzukam, alle drei zudem Absolventen derselben Rechtsfakultät). – Die früher selbstverständliche Dauerpräsenz der grossen Kantone (ZH, BE, mit Abstrichen VD) weist in jüngerer Zeit vermehrt Lücken auf (Zürich 1989–1995; Bern 1980–1987; Waadt: seit 1998).

– *Sprachregionen (communautés linguistiques, componenti linguistiche):* Der Begriff ist als Verfassungsbegriff neu und nicht vorbelastet; die begriffliche Nähe zu den (vier) «Sprachgemeinschaften» (BV 70) ist nicht zu übersehen (frz.: Identität der Begriffe).

– *«angemessen vertreten»:* Die Wendung macht klar, dass es keine festen rechnerischen Quoten oder gar einen «Vertretungs»-Anspruch gibt.

«Vertreten sein» ist untechnisch zu verstehen. Es geht weder um Vertretung im herkömmlichen Rechtssinn noch um Repräsentation im staats- bzw. verfassungstheoretischen Sinn (vgl. N 3 zu BV 149). Die Mitglieder der Landesregierung sind denn auch nicht den Interessen «ihrer» Landesgegend oder Sprachregion verpflichtet, sondern dem Gesamtinteresse.

17 *Zur Wahlpraxis:* An der Tradition, wonach sich der Bundesrat aus 4–5 Deutschsprachigen und 2–3 «Lateinern» zusammensetzen soll (wodurch die lateinische Schweiz tendenziell überrepräsentiert ist), wollte man mit dem Verzicht auf die Kantonsklausel nichts ändern. Die neu gewonnene Flexibilität ermöglichte es, den Ende Juli 2006 ausgeschiedenen BR Deiss je nach Bedarf als «Vertreter» eines welschen Kantons (Fribourg) oder als Deutschschweizer zu zählen. Noch 2002 wurde die Vermutung geäussert, der «Grundsatz, wonach insbesondere die grossen Kantone (vorab Zürich) keine Doppelvertretung» haben sollten, gelte «als ungeschriebene Regel» weiter (EHRENZELLER, SG-Komm., Art. 175, N 22). Bereits bei den Gesamterneuerungswahlen von Dezember 2003 wurden aber zwei Mitglieder aus demselben Kanton (nämlich Zürich) ge-

wählt. Dieser bis vor kurzem nicht nur unzulässige, sondern fast undenkbare Sachverhalt gab bisher erstaunlicherweise nicht zu nennenswerten Diskussionen Anlass. – Die Religionszugehörigkeit, die früher eine bedeutsame Rolle spielte (vgl. MAHON, Comm., Art. 175, N 21), ist stark in den Hintergrund getreten. In den Vordergrund rückte dafür immer mehr die Geschlechtszugehörigkeit (vgl. N 8). Als erste Frau im Bundesrat amtierte Elisabeth Kopp (1984–1989), als zweite Ruth Dreifuss (1993–2002). Während der Amtszeit von Ruth Metzler (Frühjahr 1999 bis Ende 2003) bestand eine «Doppelvertretung» (Metzler sowie Dreifuss bzw. deren Nachfolgerin Micheline Calmy-Rey), die mit dem Amtsantritt von Doris Leuthard (August 2006) wiederhergestellt ist. Forderungen nach Fixierung einer Geschlechterquote hatten bisher keinen Erfolg (insb. Ablehnung der Volksinitiative «für eine gerechte Vertretung der Frauen in den Bundesbehörden (Initiative 3. März)» in der Volksabstimmung vom 12.3.2000).

18 *Von der freisinnigen Dominanz zur «Zauberformel»:* Die erste Bundesratswahl überhaupt fand am 16.11.1848 statt. Sechs der sieben Gewählten hatten zuvor der Revisionskommission (Einleitung, N 2) angehört. In den Anfängen des Bundesstaates stellte der «Freisinn» als dominierendes politisches Lager die Regierung alleine. Mit der Einführung der politischen «Kampfmittel» Referendum (1874) und Teilrevisionsinitiative (1891) wuchs der Druck, auch Vertreter anderer grösserer Parteien in das Regierungskollegium zu wählen.

- 1891: Wahl eines Vertreters der Katholisch-Konservativen, heute CVP;
- 1917/1919: nach einem kurzen liberalen Intermezzo (1917–1919) Wahl eines zweiten CVP-Vertreters (2003: Verlust des zweiten Sitzes);
- 1929: Wahl eines Vertreters der BGB (heute SVP) (2003: Wahl eines zweiten Vertreters);
- 1943: Wahl eines Vertreters der Sozialdemokratischen Partei (bis zum vorübergehenden Ausscheiden 1954); 1959 Wahl zweier SP-Vertreter.

Anlässlich der vierfachen Vakanz im Jahr 1959 verständigte man sich darauf, dass der Bundesrat sich fortan im Verhältnis 2:2:2:1 aus Vertretern der vier grossen Parteien (FDP, CVP, SP, SVP) zusammensetzen soll. Die dem Konkordanzdenken verpflichtete sog. *«Zauberformel» (formule magique)* ist eine blosse politische Übereinkunft ohne jede rechtliche Verbindlichkeit (vgl. RHINOW, Grundzüge, 409; zur Genese des Begriffs vgl. NZZ Nr. 276 vom 27.11.2005, S. 17) – und vielleicht gerade deshalb so dauerhaft? Obwohl immer wieder in Frage gestellt, ist es bis heute nicht gelungen, die «Zauberformel» zu «sprengen» (wie man bildhaft zu sagen pflegt), sondern lediglich, sie zu modifizieren (interne Sitzverschiebung von der CVP zur SVP im Dezember 2003 im Gefolge erneuter Stimmenverluste der CVP in den nationalen Wahlen von Oktober 2003). Die Relation lautet nach wie vor 2:2:2:1. Die «Zauberformel» trägt somit ihren Namen wohl nicht ganz zu Unrecht, denn ihre Änderung scheint magische Kräfte zu erfordern (oder eine Modifikation im System der Volksrechte; vgl. N 5 vor BV 136).

Literaturhinweise (vgl. auch die Hinweise vor BV 174)

ALTERMATT URS, Die Schweizer Bundesräte, ein biographisches Lexikon, 2. Aufl., Zürich 1992; GRISEL ETIENNE, La responsabilité patrimoniale des conseillers fédéraux, RDAF 1998, 113 ff.; MADER LUZIUS, Bundesrat und Bundesverwaltung, VRdCH, 1047 ff.; ÜBERWASSER HEINER, Das Kollegialprinzip, Basel 1989.

Art. 176   Vorsitz

¹ Die Bundespräsidentin oder der Bundespräsident führt den Vorsitz im Bundesrat.

² Die Bundespräsidentin oder der Bundespräsident und die Vizepräsidentin oder der Vizepräsident des Bundesrates werden von der Bundesversammlung aus den Mitgliedern des Bundesrates auf die Dauer eines Jahres gewählt.

³ Die Wiederwahl für das folgende Jahr ist ausgeschlossen. Die Bundespräsidentin oder der Bundespräsident kann nicht zur Vizepräsidentin oder zum Vizepräsidenten des folgenden Jahres gewählt werden.

1   Die Bestimmung geht auf die Bundesstaatsgründung zurück (BV 1848 Art. 86; vgl. BV 1874 Art. 98) und wurde nur redaktionell leicht angepasst. Über die Nachführung hinausweisende Anträge zur Stärkung des Präsidiums wurden in die Staatsleitungsreform (vgl. N 6 vor BV 174) verwiesen.

2   *Stellung und Funktion (Abs. 1):* Der Bundespräsident *führt nicht den* Bundesrat, sondern nur den *Vorsitz im* Bundesrat (etwas weiter geht RVOG 25: «leitet»). Die Wortwahl bringt zum Ausdruck, dass der Bundespräsident weder Staatsoberhaupt noch Regierungschef ist, sondern ungeachtet seines wohlklingenden Titels («Bundespräsident») im Grunde nur Vorsitzender des Bundesrates, also (Bundes-)Ratspräsident oder *Ratsvorsitzender.* Ein Staatsoberhaupt im hergebrachten Sinn fehlt in der Schweiz. Die Vertretung des Bundes nach innen und aussen obliegt dem Bundesrat als Kollegium (BV 174, 184, 186). Der Bundespräsident vertritt den Bundesrat (nicht die Eidgenossenschaft) nach innen und aussen (RVOG 28). Staatsbesuche werden vom Bundesrat *in corpore* empfangen. Da man schlecht die ganze Regierung auf Auslandreise schicken kann, stattet der Bundespräsident Gegenbesuche alleine ab. – *Protokollarisch* höchster Schweizer ist der (jährlich wechselnde) Präsident des Nationalrates (vgl. BV 152).

3   *Verhältnis zu den übrigen Ratsmitgliedern:* Der Bundespräsident besitzt keine materiellen Weisungsbefugnisse gegenüber seinen Regierungskollegen. Die Entscheidungen gehen vom Kollegium aus (BV 177). Der Bundespräsident ist blosser *primus inter pares.* Immerhin zählt seine Stimme bei Stimmengleichheit doppelt, ausgenommen bei Wahlen (RVOG 19).

4   Die *Aufgaben und Befugnisse* werden gesetzlich wie folgt konkretisiert:
   – *Verfahrens- und Geschäftsleitung* (RVOG 25): Vorbereitung der Verhandlungen des Bundesrates (inkl. Traktandierung); Sorge für die rechtzeitige, zweckmässige und koordinierte Anhandnahme und den Abschluss von Arbeiten; Sorge für Beaufsichtigung (vgl. auch RVOV 24 ff.);

- *Präsidialentscheide* (RVOG 27): vorsorgliche Massnahmen im Dringlichkeitsfall; Entscheid an Stelle des verhinderten Kollegiums (mit nachträglicher Genehmigung) bzw. über Angelegenheiten primär förmlicher Art;
- *Repräsentation des Bundesrates* (RVOG 28) im Inland und im Ausland, u.a. in Form der zur Tradition gewordenen Ansprachen zum Bundesfeiertag (vgl. KLEY, ZSR 2005 I 455 ff.) oder zum Jahreswechsel;
- *Pflege der Beziehungen mit den Kantonen* (RVOG 29) in gemeinsamen Angelegenheiten allgemeiner Art (zum föderalistischen Dialog vgl. N 4 zu BV 45).
- *Entscheid bei interdepartementalen Zuständigkeitskonflikten* (RVOG 47).
- *Legislaturplanung:* Verteidigung des Berichts in den Räten (ParlG 147).

Der Bundespräsident wird bei der Wahrnehmung seiner Aufgaben durch den Bundeskanzler unterstützt (BV 179; RVOG 30). Die Praxis nutzt die präsidialen Kompetenzen zurückhaltend (EHRENZELLER, SG-Komm., Art. 176, N 12).

5   *Wahl und Amtsdauer (Abs. 2):* Wahlkörper ist die *Vereinigte* Bundesversammlung (BV 157). Die Wahl erfolgt jeweils in der Wintersession für die Dauer eines Amtsjahres (das traditionell mit dem Kalenderjahr zusammenfällt). Die Wählbarkeit ist beschränkt auf Mitglieder des Bundesrates. In der Diskussion um die Stärkung des Bundespräsidiums werden regelmässig eine Verlängerung der Amtsdauer (auf zwei oder gar vier Jahre) und die Schaffung eines eigentlichen Präsidialdepartements angeregt.

6   Der *Ausschluss der unmittelbaren Wiederwahl (Abs. 3)* soll die Dominanz einer oder weniger Personen verhindern und das Gleichgewicht im Kollegium schützen (Botsch. BV, 406).

7   *Vizepräsidium (Abs. 2 und 3):* Die Verfassung äussert sich zu Stellung und Funktion nicht näher. Das Gesetz sieht vor, dass der Vizepräsident im Verhinderungsfall die Stellvertretung wahrnimmt und vom Bundespräsidenten mit bestimmten Präsidialaufgaben betraut werden kann (RVOG 27).

8   *Wahlpraxis:* In den ersten Jahrzehnten des Bundesstaates (bis 1918, mit Unterbrüchen) wurde das Bundespräsidium gekoppelt mit der Leitung des Politischen (d.h. Auswärtigen) Departements, dessen Vorsteher daher jährlich wechselte. Heute befolgt die Bundesversammlung, ohne dazu verfassungsrechtlich verpflichtet zu sein, ein striktes Rotationsprinzip nach Massgabe der (Amts-)*Anciennität* ausgehend vom Zeitpunkt der *Wahl.* Nur wer bereits unter dem Präsidium aller amtsälteren Kollegen «gedient» hat, soll Bundespräsident werden (vgl. MAHON, Comm., Art. 176, N 9). Gewöhnlich geht dem Präsidialjahr ein Amtsjahr als Vizepräsident voraus (Ausnahme: nach der «Abwahl» der Vizepräsidentin R. Metzler wurde J. Deiss 2004 direkt Bundespräsident). Da dies rechtlich nicht zwingend ist (und der Vizepräsident keinen Anspruch auf «Beförderung» hat), könnte ein abtretender Bundespräsident theoretisch nach einem Jahr Pause wieder zum Präsidenten gewählt werden.

Literaturhinweise (vgl. auch die Hinweise vor BV 174)

DE PRETTO RENATO, Bundesrat und Bundespräsident, Grüsch 1998; KLEY ANDREAS, Geschichte als nationale Selbstbehauptung: Die 1.-August-Reden der schweizerischen Bundespräsidenten, ZSR 2005 I, 455 ff.

Art. 177 Kollegial- und Departementalprinzip

¹ Der Bundesrat entscheidet als Kollegium.

² Für die Vorbereitung und den Vollzug werden die Geschäfte des Bundesrates nach Departementen auf die einzelnen Mitglieder verteilt.

³ Den Departementen oder den ihnen unterstellten Verwaltungseinheiten werden Geschäfte zur selbstständigen Erledigung übertragen; dabei muss der Rechtsschutz sichergestellt sein.

1   Die Bestimmung geht im Kern auf die Bundesstaatsgründung zurück (BV 1848 Art. 91; vgl. BV 1874 Art. 103), die mit einer Rechtsschutzgarantie gekoppelte Delegationsmöglichkeit (Abs. 3) auf die Teilrevision von 1914.

2   In der Sachüberschrift klingt das dem Regierungsorgan immanente Spannungsverhältnis an. Die Bundesratsmitglieder sind in «Personalunion»:
    – (gleichberechtigte) Angehörige des Regierungskollegiums und zugleich
    – Vorsteher eines Departements; in dieser Funktion unterstehen sie der Leitung und Aufsicht des Kollegiums, dem sie selber angehören.

    In der Praxis zeigt sich eine Tendenz zur «Departementalisierung» des Regierungshandelns. Die Stärkung des Regierungskollegiums gegenüber der departementalen Ebene gehört zu den Zentralthemen der jüngeren Reformdiskussion. – Zu den systemtypischen Problemen illustrativ PUK PKB, Organisations- und Führungsprobleme bei der Pensionskasse des Bundes und die Rolle des Eidgenössischen Finanzdepartements in Bezug auf die PKB, Bericht vom 7.10.1996, BBl 1996 V 153 ff., insb. 412 f.

Kollegialprinzip (principe de l'autorité collégiale) (Abs. 1)

3   *Gegenstand:* Abs. 1 ist der verfassungsrechtliche Sitz des traditionsreichen – in der neuen BV erstmals so bezeichneten (zuvor schon RVOG 12) – *Kollegialprinzips* (nicht, wie oft zu lesen ist, des «Kollegialitätsprinzips»). Die Tragweite von Abs. 1 ist im Wesentlichen klar und unbestritten, soweit es um die *Kernaussage* geht (N 4), hingegen unklar und umstritten, soweit es um die (in ihrer Tragweite überschätzten) rechtlichen *Implikationen* geht (insb. Verhaltensregeln für das *einzelne* Bundesratsmitglied; vgl. N 7 ff.).

4   *Kernaussage:* Wie sich bereits aus BV 174 ergibt, ist der Bundesrat eine Kollegialbehörde. BV 177 Abs. 1 fügt dem eine *Zuständigkeits- und Verfahrensregel* hinzu (ähnlich EHRENZELLER, SG-Komm., Art. 177, N 3: «Beratungs- und Entscheidungsregel»). Niemand – weder ein einzelnes Bundesratsmitglied noch ein Ausschuss (RVOG 23) – kann im Namen des Bundesrates Beschluss fassen über ein Geschäft, das in die Zuständigkeit des Gesamtbundesrates fällt: «Der Entscheid» muss stets «vom Bundesrat als Behörde» ausgehen (so BV 1874 Art. 103 Abs. 1). – Das Kollegialprinzip *(principe de l'autorité collégiale)* handelt von der *Kollegialregierung als Handlungseinheit*, nicht vom Umgang der Kollegiumsmitglieder miteinander, der natürlich kollegial sein darf, es aber nicht von Verfassungsrechts wegen sein muss und es auch nicht durchwegs war (im 19. und in der ersten Hälfte des 20. Jahrhunderts gab es Intrigen und Intimfeindschaften; vgl. z.B. ALTERMATT, 23).

5   *Anforderungen an die Beschlussfassung:* Von einem Entscheid des Kollegiums kann nur gesprochen werden, wenn die Willensbildung und Entscheidfindung gewissen Mindestanforderungen genügt: Die Kollegiumsmitglieder müssen ihren Standpunkt einbringen können; der Entscheid muss in einer gewissen Mindestbesetzung getroffen werden (von der in der Verfassung, anders als bei der Bundesversammlung, BV 159, nicht direkt die Rede ist). Der Absicherung dieser Anforderungen dienen gesetzliche Regeln über:
    - die *Entscheidvorbereitung* (vgl. insb. RVOG 15: Mitberichtsverfahren);
    - die *Verhandlungen des Bundesrates:* Entscheide von wesentlicher Bedeutung oder von politischer Tragweite (wozu auch sachlich Zweitrangiges gehören kann, vgl. BBl 1993 III 1064, 1069) dürfen gemäss RVOG 13 nur nach «gemeinsamer und gleichzeitiger Beratung» getroffen werden. Gelegenheit dazu bieten die *wöchentlichen Sitzungen* (gewöhnlich mittwochs, während der Sessionen früher montags, neuerdings freitags), allenfalls die nach Bedarf einberufenen sog. Klausursitzungen. – Ein vereinfachtes Verfahren für weniger wichtige Geschäfte ist verfassungsrechtlich nicht ausgeschlossen. – Die Verhandlungen des Bundesrates (inkl. Abstimmungsverhalten) und das Mitberichtsverfahren werden in RVOG 21 mit gutem Grund für *nicht öffentlich* erklärt; gelegentliche Indiskretionen lassen sich dadurch ebenso wenig verhindern wie durch die gesetzlich angedrohte (und hin und wieder eingeleitete) strafrechtliche Verfolgung (vgl. BGE 123 IV 236, A., B., C. und TA-Media AG). – Eine parlamentarische Initiative, welche die Offenlegung des Stimmenverhältnisses und des Stimmverhaltens verlangte (05.423), fand in der SPK-N keine Unterstützung (vgl. Mitteilung vom 25.11.2005).
    - die *Beschlussfähigkeit und -fassung:* RVOG 19 verlangt Anwesenheit von wenigstens vier Mitgliedern (so früher die Verfassung selbst: BV 1874 Art. 100) und die Stimmen von wenigstens drei Mitgliedern.

    Das Entscheidungsverfahren ist (bewusst) nur rudimentär geregelt. Der Bundesrat hat sich der gesetzlichen Verpflichtung, eine Organisationsverordnung zu erlassen (RVOG 24), bisher erfolgreich entzogen. Aus Verfassung und Gesetz wird nicht ersichtlich, dass das Kollegium bei vielen Geschäften gar nicht formell abstimmt (insb. wenn Gegenanträge fehlen) und dass man Konsens oder Vertagung anstrebt, wenn sich knappe Ergebnisse abzeichnen.

6   *Zulässigkeit der Delegation:* Abs. 3 sieht ausdrücklich die Möglichkeit einer Delegation an nachgeordnete Einheiten vor (N 14 ff.; vgl. auch N 5 zu BV 175). Um eine Delegation (von besonders gearteten Geschäften bzw. im Dringlichkeitsfall) geht es auch bei den Präsidialentscheiden (RVOG 26; N 4 zu BV 176), die daher richtigerweise im Namen des Bundespräsidenten, nicht des Bundesrates, ergehen (sollten).

7   *Verhaltensregeln als Ausfluss des Kollegialprinzips?* Sowohl in parlamentarischen Regierungssystemen (N 5 vor BV 174) als auch im Präsidialsystem US-amerikanischen Zuschnitts sind die einzelnen Minister in eine (mehr oder weniger rigorose) *Kabinettsdisziplin* (oder «Regierungsdisziplin») eingebunden. Bei Missachtung droht die Entlassung. Zu diesem an die *politische* Verantwortlichkeit anknüpfenden Mechanismus gibt es im grundlegend anders konstruierten schweizerischen Regierungssystem – auf feste Amtsdauer gewählte, gleichberechtigte Mitglieder, kein Regierungschef (N 2 vor BV 174) – keine direkte Entsprechung. Das Bedürfnis, eine gewisse Einheit des Regierungshandelns zu sichern, besteht aber auch in der

Schweiz (dies erst recht in Zeiten zunehmender «Departementalisierung», N 6 vor BV 174). Diese Rolle wird traditionell «dem» Kollegialprinzip zugewiesen. Dabei wird leicht übersehen, dass das Kollegialprinzip, so wie es in BV 177 (früher in BV 1874 Art. 103 bzw. BV 1848 Art. 91) als *Verfassungsprinzip* verankert ist, einen spezifischen (und eher engen) normativen Gehalt besitzt. Bei vielen Verhaltensregeln für Regierungsmitglieder, die man am Kollegialprinzip festmacht, ist der Bezug zu BV 177 Abs. 1 sehr lose, ja vielfach handelt es sich gar nicht um Rechtsregeln, sondern um Elemente eines ungeschriebenen *politisch-moralischen Verhaltenskodex*, der für das gedeihliche Zusammenwirken nützlich, aber durch BV 177 nicht vorgegeben ist.

8   Um einer übertriebenen Verrechtlichung der «Regierungsdisziplin» nicht Vorschub zu leisten, empfiehlt es sich, zu unterscheiden (so gut dies geht) zwischen Verhaltensregeln, die sich ohne grössere Umwege aus BV 177 Abs. 1 ableiten lassen, und anderen Verhaltensregeln. Zu ersteren gehören etwa:

- *Vorrang der Kollegiumsobliegenheiten:* BV 177 verlangt vom einzelnen Bundesratsmitglied, dass er der Wahrnehmung der Regierungsobliegenheiten (N 4 zu BV 174; RVOG 6) und der «Gesamtsicht» Vorrang gegenüber den Departementsgeschäften und der «Departementssicht» einräumt (vgl. EICHENBERGER, Komm. aBV, Art. 103 Abs. 1, N 2).
- Das *Antragsrecht* (BV 160), das es dem einzelnen Bundesratsmitglied erlaubt, situativ auf den Verlauf parlamentarischer Verhandlungen einzuwirken, muss in Sinn und Geist der Kollegiumsauffassung ausgeübt werden (Botsch. BV, 413; vgl. auch RVOG 12 Abs. 2).

Was Rechtsnatur und Tragweite der *nicht* direkt aus BV 177 ableitbaren Verhaltensregeln betrifft, ist zu berücksichtigen, dass es Instrumente unterhalb der Verfassungsstufe gibt, die es erlauben, die Einheit des Regierungshandelns zu fördern. So kann der Gesamtbundesrat als Ausfluss seiner (kollegialen) Leitungs- und Aufsichtsgewalt (N 10 zu BV 178) den einzelnen Mitgliedern (sei es in ihrer Funktion als Departementsvorsteher, sei es in ihrer Funktion als Mitglieder des Kollegiums) *Vorgaben* machen, ähnlich wie dies in parlamentarischen Regierungssystemen gewöhnlich ein Regierungschef tun kann (z.B. in Ausübung einer ihm zugestandenen «Richtlinienkompetenz», vgl. etwa Art. 65 Abs. 1 des deutschen Grundgesetzes). Solche – rechtlich verbindlichen – Vorgaben können ein einzelnes Geschäft betreffen oder den Charakter generell-abstrakter *Weisungen* annehmen. Eine festere rechtliche Form könnte solchen Vorgaben durch Festschreibung in einer *Organisationsverordnung* (vgl. RVOG 24) gegeben werden. Schliesslich ist es nicht ausgeschlossen, dass der *Gesetzgeber* – der für die Staatsleitung mitverantwortlich ist und an der Wahrung einer gewissen Einheitlichkeit des Regierungshandelns mit interessiert ist – gewisse Leitplanken setzt. In diesem Sinne bestimmt RVOG 12 Abs. 2: «Die Mitglieder des Bundesrates vertreten die Entscheide des Kollegiums» (was mehr ist als: «nicht bekämpfen») – nach innen (Departement) wie nach aussen (Bundesversammlung, politische Öffentlichkeit), und zwar auch dann, wenn der Kollegiumsentscheid nicht den eigenen (politischen) Überzeugungen entsprechen sollte. – Die Praxis lässt gewisse Ausnahmen von dieser Regel zu. Ein viel zitiertes Beispiel ist die mit Gewissensnot begründete Entbindung des Vorstehers EJPD (BR Furgler) von der Vertretung der bundesrätlichen Vorlage zur Liberalisierung des Schwangerschaftsabbruchs im Jahr 1974 (vgl. SÄGESSER, Handkommentar RVOG, Art. 12, N 29 ff.; EICHENBERGER, Komm. aBV, Art. 103, N 20).

9 Mit allgemeinen oder einzelfallbezogenen Festlegungen (N 8) werden Verhaltensregeln aus der politischen Sphäre («Regierungsdisziplin», N 7) in die Sphäre des Rechts geholt. Man kann darin «Konkretisierungen» von BV 177 erblicken (womit aber wenig gewonnen ist). Entscheidend ist, dass solche Festlegungen, soweit sie nicht durch BV 177 determiniert sind (vgl. N 8), wieder geändert werden können. Da es an wirksamen rechtlichen und anderen Sanktionsmechanismen weitgehend fehlt (und die Einführung gesetzlicher Sanktionen nicht ratsam erscheint, so zu Recht der Bundesrat im März 2006 in der Antwort auf zwei parlamentarische Vorstösse; vgl. AB 2006 N 586, S 239), handelt es sich im Allgemeinen um prekäre Formen der Verrechtlichung (die wohl überlegt sein wollen, wenn das Vertrauenskapital nicht unnötig gefährdet werden soll, auf das ein funktionstüchtiges Rechtssystem angewiesen ist). – Es ist nicht ausgeschlossen, dass zu den (vom Gesetzgeber oder vom Regierungskollegium) ausdrücklich beschlossenen Vorgaben gewisse unausgesprochene (aber mit gemeinte) Vorgaben hinzukommen. Bei der Annahme solcher *stillschweigender* Vorgaben ist indes Zurückhaltung geboten. Dies gilt z.B. mit Blick auf die (von RVOG 12 Abs. 2 nicht erfasste) Phase *vor* der bundesrätlichen Entscheidung: Ein öffentlicher Positionsbezug, der das Ringen um eine tragfähige Lösung sichtbar macht, erscheint nicht von vornherein ausgeschlossen (vgl. auch EHRENZELLER, SG-Komm., Art. 177, N 11). Im Übrigen ist es systemkonform und legitim, ja angesichts der kollektiven Verantwortung für Regierungsentscheidungen (RVOG 4) geboten, dass sich ein Kollegiumsmitglied für die Geschäfte, deren Vorbereitung (BV 177 Abs. 2) anderen Kollegiumsmitgliedern obliegt, früh interessiert, sich eine eigene Meinung bildet und diese in geeigneter Weise einbringt; inwieweit auch öffentlich, ist mehr eine Frage des politischen Stils als rechtlicher Vorgaben. – Kurz: Bei weitem nicht alles, was im politischen Alltag als «Verstoss gegen die Kollegialität» gebrandmarkt wird, stellt eine Verletzung von Rechtsnormen dar. Wenn überdies gesagt wird, es bestehe auch eine «Kollegialität» gegenüber Land und Volk, so handelt es sich um politische Rhetorik, die mit dem Kollegialprinzip i.S.v. BV 177 Abs. 1 nichts zu tun hat.

10 Die Charakterisierung des Kollegialprinzips (BV 177 Abs. 1) und seiner rechtlichen Tragweite mit Begriffen wie «solidarité», «homogénité» (MAHON, Comm., Art. 177, N 5) oder «Identifikationspflicht» (EHRENZELLER, SG-Komm., Vorb. zu Art. 174–187, N 13) erscheint nicht angemessen. Das Mittragen einmal getroffener Kollegiumsentscheide ist Rechtspflicht (N 8; RVOG 12). Was an «Identifikation» und «Solidarität» darüber hinausgeht, mag politischer Klugheit oder Notwendigkeit entsprechen, ist aber nicht (verfassungs-)rechtlich geschuldet. Wer eine «homogene», «solidarische» usw. Regierung haben möchte, muss bei der personellen Zusammensetzung ansetzen oder sich für eine Änderung der rechtlichen Rahmenbedingungen einsetzen.

Arbeitsteilung innerhalb der Exekutive (Abs. 2)

11 *Leitbild einer arbeitsteilig organisierten Verwaltung:* Abs. 2 geht (realistischerweise) davon aus, dass der Bundesrat als Kollegium überfordert wäre, wenn er, neben dem Entscheid über Bundesratsgeschäfte, auch die ganze Last der Vorbereitung und des Vollzugs zu tragen hätte. Der Bundesrat wird deshalb dazu angehalten, die Kollegiumsgeschäfte jeweils einem «federführenden» (RVOV 5) Departement zuzuweisen, dem auch die Antragstellung an den Bundesrat obliegt. Die Zuständigkeitsverteilung im Einzelnen ergibt sich aus der allgemeinen Or-

ganisationsgesetzgebung (RVOG und RVOV i.V.m. den Organisationsverordnungen der Departemente, SR 172.211.1–217.1) oder aus der Spezialgesetzgebung. Es erscheint prinzipiell zulässig, Vorbereitung und Vollzug bestimmter Geschäfte der Bundeskanzlei zu übertragen (insb. BPR; vgl. OV-BK, SR 172.210.10; vgl. auch N 3 f. zu BV 179), auch wenn der Verfassungswortlaut diesen Fall nicht vorsieht. Aus verfassungsrechtlicher Sicht grundsätzlich zulässig ist auch die Einsetzung von Ausschüssen des Bundesrates (RVOG 23 Abs. 2) oder von überdepartementalen Projektorganisationen für die Bearbeitung zeitlich beschränkter Geschäfte (vgl. RVOG 36, 56). Die Antragstellung an den Bundesrat sollte indes über das der Sache am nächsten stehende Departement erfolgen (vgl. Botsch. RVOG 1993, 1106).

12 *Departemente:* Die Zahl der Departemente beträgt traditionell sieben (vgl. N 17 zu BV 178). Das Gesetz überlässt die *Departementsverteilung* (RVOG 35 Abs. 3) dem Bundesrat. Sie erfolgt gewöhnlich nach Massgabe der Amts-Anciennität im Konsens (wobei die Parteiräson persönliche Präferenzen überspielen kann) und ist grundsätzlich *jederzeit änderbar* (RVOG 35 Abs. 4). Die Praxis hält sich im Interesse kontinuierlicher Regierungs- und Verwaltungsarbeit zurück. Eine grössere Rochade gab es zuletzt 1968 (Wechsel in drei Departementen). Erzwungene Departementswechsel sind nicht ausgeschlossen, aber selten (Beispiel: der nicht ganz freiwillige Wechsel von BR Ogi vom Verkehrs- und Energiewirtschafts- ins Militärdepartement, 1996).

13 *Bedeutung und Tragweite:* Ungeachtet des dienenden Charakters verschaffen die *Präparations-* und, in etwas geringem Mass, die *Vollzugsfunktion* dem zuständigen Departement eine gewichtige Stellung im Entscheidungs- und Rechtsverwirklichungsprozess. Hier liegt eine der Ursachen der vielfach beklagten «Departementalisierung» des Exekutivhandelns. An der Gesamtverantwortung des Bundesrates für die Kollegiumsgeschäfte ändert sich dadurch nichts. Entsprechend schliesst Abs. 2 es in keiner Weise aus, dass der Bundesrat, wenn es ihm opportun erscheint, dem mit der Vorbereitung betrauten Department präzise Vorgaben erteilt. Dies gilt sinngemäss auch für den Vollzug (zu den Instrumenten vgl. N 13 zu BV 178).

Departementalprinzip (Abs. 3)

14 *Zweck:* Abs. 3 liegt (wie Abs. 2) das Leitbild einer arbeitsteilig organisierten Verwaltung zugrunde. Die Übertragung von Geschäften an nachgeordnete Verwaltungseinheiten (insb. Departemente und Ämter) zur selbstständigen Erledigung ist die verfassungsrechtliche Regel, nicht mehr (wie noch in BV 1874 Art. 103 i.d.F. von 1914) die Ausnahme. Das Bild des alle Entscheidungen aus dem Zuständigkeitsbereich der Exekutive selber treffenden Kollegiums wird endgültig verabschiedet.

15 *Kriterien und Grenzen der Delegation:* Die imperative Formulierung «werden ... übertragen» (anders noch BV 1874 Art. 103 Abs. 2: «können») ist kein Freipass, sondern soll den Bundesrat in erster Linie dazu einladen, von der Möglichkeit der *Entlastung* durch Delegation untergeordneter Geschäfte vermehrt Gebrauch zu machen. Abs. 3 nennt weder Kriterien noch Grenzen, setzt aber stillschweigend voraus, dass die Delegation nach Massgabe der *Wichtigkeit* bzw. *Bedeutung des Entscheids* erfolgt (vgl. RVOG 47 Abs. 1) bzw. gegebenenfalls zu unterbleiben hat. Die Staatspraxis lässt die Delegation im Allgemeinen grosszügig zu. Auf die Frage, welche Geschäfte *auf keinen Fall delegiert* werden dürfen, gibt die Verfassung keine eindeutigen Antworten. Nicht delegierbar sind zweifelsohne die eigentlichen Regierungsob-

liegenheiten (vgl. RVOG 6; N 4 zu BV 174; Botsch. BV, 408) sowie das Vorschlagsrecht (BV 181).

16 *Adressaten:* Angesprochen sind sowohl der Bundesgesetzgeber als auch der Bundesrat (vgl. RVOG 47 Abs. 2; RVOV 28). Entsprechende Festlegungen finden sich in der Spezialgesetzgebung sowie in den Organisationsverordnungen für die Bundeskanzlei (SR 172.210.10) und die sieben Departemente (SR 172.211.1–172.217.1; vgl. früher die sog. Delegationsverordnung, AS 1990 606). – Ein «Delegationsautomatismus» (vgl. RVOG 47 Abs. 6 i.d.F. vom 17.6.2005) sorgt im Interesse des Individualrechtsschutzes dafür, dass Geschäfte des Bundesrates (vorbehältlich VGG 33 Bst. a und b) von Rechts wegen auf das in der Sache zuständige Departement übergehen, sofern Verfügungen zu treffen sind, die der Beschwerde an das Bundesverwaltungsgericht unterliegen.

17 *Geschäfte:* Der Begriff ist weit zu verstehen. Er erfasst nicht nur den Erlass von förmlichen (Verwaltungs-)Verfügungen im Einzelfall.

18 *Departemente und unterstellte Verwaltungseinheiten:* vgl. N 16 zu BV 178.

19 *«zur selbstständigen Erledigung»:* Abs. 3 sagt (bewusst) nichts zur «endgültigen» Erledigung (missverständlich Botsch. BV, 407). Eine sog. Evokation wird durch Abs. 3 nicht ausgeschlossen: Der Bundesrat kann grundsätzlich jederzeit einzelne Geschäfte zum Entscheid an sich ziehen, sofern der Rechtsschutz dadurch nicht verkürzt wird (vgl. RVOG 47 Abs. 4 und 5).

20 *Sicherstellung des Rechtsschutzes:* Der zweite Halbsatz hat seit dem Inkrafttreten von BV 29a (Rechtsweggarantie) keine eigenständige Bedeutung mehr, hält aber die Erinnerung wach an Zeiten, in denen die Rolle des Bundesrates als Beschwerdeinstanz bedeutsam war (vgl. N 20 zu BV 187).

Literaturhinweise (vgl. auch die Hinweise vor BV 174)

EHRENZELLER BERNHARD, Kollegialität und politische Verantwortlichkeit im schweizerischen Konkordanzsystem, ZBl 1999, 145 ff.; GUT WALTER, Das Kollegialitätsprinzip, ZBl 1989, 1 ff.; SALADIN PETER, Probleme des Kollegialitätsprinzips, ZSR 1985 I, 271 ff.

Art. 178   Bundesverwaltung

¹ Der Bundesrat leitet die Bundesverwaltung. Er sorgt für ihre zweckmässige Organisation und eine zielgerichtete Erfüllung der Aufgaben.

² Die Bundesverwaltung wird in Departemente gegliedert; jedem Departement steht ein Mitglied des Bundesrates vor.

³ Verwaltungsaufgaben können durch Gesetz Organisationen und Personen des öffentlichen oder des privaten Rechts übertragen werden, die ausserhalb der Bundesverwaltung stehen.

1 Die neue Bundesverfassung widmet der Bundesverwaltung erstmals in der Geschichte des Bundesstaats eine eigene Verfassungsbestimmung. Im Kern geht die Regelung auf die Bundesstaatsgründung zurück (BV 1848 Art. 93 Ziff. 12; BV 1874 Art. 102 Ziff. 12 und 103 Abs. 1). Die Bundesverwaltung hat seither einen beträchtlichen Zuwachs (Personalbestand der sog. all-

gemeinen Bundesverwaltung Ende 2006 knapp 32'400 Stellen, Vollzeitbasis; Tendenz rückläufig) und einen tief greifenden Wandel erlebt. Die traditionsreiche Übertragung von Vollzugsaufgaben auf Dritte (vgl. z.B. BV 1874 Art. 32 i.d.F. vom 6.7.1947) wird erstmals in allgemeiner Form verfassungsrechtlich thematisiert. – Die geltende Fassung entspricht wörtlich dem bundesrätlichen Entwurf (VE 96 Art. 166). Zur engagierten Debatte betreffend Abs. 3 vgl. N 26.

Gegenstand («Bundesverwaltung»)

2   *Stellung der Bundesverwaltung:* Die Einordnung von BV 178 im 3. Kapitel zeigt, dass es sich bei der Bundesverwaltung nicht um eine «vierte Gewalt» im Staat handelt. Sie ist Teil der Exekutive und steht unter der Leitung und Aufsicht des politisch verantwortlichen Bundesrates (Abs. 1 und BV 187).

3   *Verfassungsvorgaben:* BV 178 begnügt sich mit einigen grundlegenden Vorgaben (Leitungs- und Strukturprinzipien). Der Konkretisierung und Instrumentierung dienen in erster Linie das kurz vor der Verfassungsreform erlassene RVOG und das ausführende Verordnungsrecht (RVOV, SR 172.010.1; Organisationsverordnungen für die Departemente und die Bundeskanzlei, SR 172.210 ff.). BV 178 befasst sich *nicht* mit dem *Bundespersonal*. Die im März 2000 beschlossene Abschaffung des Beamtenstatus (BPG) erforderte (anders als in etlichen Kantonen) keine vorherige Änderung der Verfassung.

4   *Aufgaben:* Ebenso wenig befasst sich BV 178 mit den *Aufgaben* der Bundesverwaltung. Diese ergeben sich im Wesentlichen aus der Gesetzgebung, nur ganz vereinzelt direkt aus der BV (vgl. BV 155 Satz 2). Vereinfacht gesagt obliegt es der Bundesverwaltung, das Bundesrecht zu verwirklichen, soweit diese Aufgabe nicht den Kantonen (BV 46) oder anderen Verwaltungsträgern (BV 178 Abs. 3) oder anderen Staatsgewalten (Justiz, Parlament) übertragen ist. Zu den Aufgaben der Bundesverwaltung gehört nicht nur der verwaltungsmässige Gesetzesvollzug (BV 182 Abs. 2), sondern auch die Unterstützung des Bundesratskollegiums bei der Erfüllung seiner Regierungs- und Verwaltungsobliegenheiten (BV 177 Abs. 2). Die Verfassung pflegt Exekutivaufgaben jeweils in allgemeiner Weise dem Bundesrat zuzuweisen (vgl. BV 174, BV 180 ff.). Es ist von Fall zu Fall durch Auslegung zu ermitteln, ob es sich dabei um eine *nicht delegierbare* Aufgabe handelt (eigentliche Regierungsobliegenheit), die vom Kollegium *selbst* (BV 177 Abs. 1) wahrgenommen werden muss (z.B. Ausübung des Initiativrechts, BV 181), oder um eine grundsätzlich delegierbare sonstige Aufgabe, die der Verwaltung zur selbstständigen Erledigung übertragen werden kann (BV 177 Abs. 2).

5   *Zum Verfassungsbegriff der «Bundesverwaltung»:* Die Begriffsverwendung der Verfassung ist nicht einheitlich und auch nicht restlos klar. Die «Bundesverwaltung» im Sinn von BV 178 Abs. 1 (und BV 169, 187 Abs. 1 Bst. a) umfasst, entgegen dem ersten Anschein, auch die in einer eigenen Bestimmung geregelte *Bundeskanzlei* (BV 179; vgl. RVOG 2). Letztere zählt jedoch als allgemeine Stabsstelle der Regierung *nicht* zur departemental zu gliedernden «Bundesverwaltung» i.S.v. BV 178 Abs. 2. – Nicht Teil der Bundesverwaltung ist der an der Spitze der Exekutive stehende *Bundesrat* (BV 174; vgl. auch BV 169 und 187 sowie Titel vor BV 174). Hingegen gehört der Bundesrat zu den «Verwaltungsinstanzen», die an die Verfahrensgarantien des BV 29 gebunden sind. Als Vorsteher eines Departements stehen die einzelnen *Mitglieder* des Bundesrates hingegen an der Spitze einer *Verwaltungseinheit*. In *dieser* Funktion unterstehen sie – als Teil der Bundesverwaltung – der kollegialen Leitung und Aufsicht des Regierungsor-

gans (BV 178, 187), dem sie selber angehören. Diese Doppelrolle ist Grund für eine systemimmanente Schwäche des Kollegialsystems, die man jedoch um gewichtiger Vorzüge willen hinzunehmen bereit ist (vgl. PUK PKB, Bericht über die Organisation und Führungsprobleme bei der PKB und über die Rolle des EFD in Bezug auf die PKB vom 7.10.1996, BBl 1996 V 153 ff., insb. 412 f.). – Mühe bereitet die Abgrenzung der Bundesverwaltung von den *ausserhalb* der Bundesverwaltung stehenden *anderen* Trägern von Aufgaben des Bundes (vgl. auch N 22). Die verfassungsrechtliche Unterscheidung ist bedeutsam, weil die Bundesverwaltung der Leitung des Bundesrates untersteht (BV 178 Abs. 1), während die anderen Aufgabenträger zwar vom Bundesrat «beaufsichtigt» (BV 187 Abs. 1 Bst. a), jedoch nicht im herkömmlichen Sinn «geleitet» werden. Die üblichen Instrumente der Verwaltungsführung (vgl. N 13) stehen hier nicht durchweg zur Verfügung.

6 *Zentrale und dezentrale Bundesverwaltung:* Anders als die Bundesverfassung verwendet die neuere Organisationsgesetzgebung ein stärker ausdifferenziertes dreigliedriges Schema (vgl. RVOG 2, RVOV 6 ff.):

– *zentrale Bundesverwaltung:* in die Verwaltungshierarchie eingebundene Einheiten (Departemente, Gruppen und Ämter) unter Einschluss der i.S. des sog. New Public Management mit erhöhter Eigenständigkeit ausgestatteten Verwaltungseinheiten (FLAG-Ämter; vgl. RVOG 44);

– *dezentrale Bundesverwaltung:* selbstständige *Betriebe* und *Anstalten* (wie das Institut für geistiges Eigentum) sowie *Behördenkommissionen* (verwaltungsunabhängige Kollegialorgane wie EBK, WeKo, ComCom, ESBK; vgl. WEBER/BIAGGINI, 45 ff.). – Diese Verwaltungseinheiten sind administrativ einem Departement zugeordnet, verfügen jedoch materiell über eine gewisse (gesetzlich näher umschriebene) Eigenständigkeit;

– *ausserhalb* der Bundesverwaltung stehende Aufgabenträger (Abs. 3).

Das in der Reformdiskussion der 1990er Jahre geprägte (primär beschreibende) «Vier-Kreise-Modell» (vgl. Corporate-Governance-Bericht, BBl 2006 8249 f.; MADER, VRdCH, 1057) besticht nicht durch juristische Präzision und hat zu Recht keinen Eingang in Verfassung und Gesetzgebung gefunden.

7 Im *zweigliedrigen Schema*, das BV 178 zugrunde liegt, erfasst der Begriff «Bundesverwaltung» sowohl die Einheiten der zentralen als auch jene der dezentralen Bundesverwaltung. «Bundesverwaltung» ist also nicht mit «Bundeszentralverwaltung» gleichzusetzen (missverständlich Botsch. BV, 409). Die Organisationsgesetzgebung (vgl. RVOV, Anhang) rechnet einzelne *Anstalten* ungeachtet der gegebenen Rechtspersönlichkeit zur (dezentralen) *Bundesverwaltung* (z.B. EMPA, IGE), während andere ausgeklammert werden (z.B. Post, SUVA). Dies ist verfassungsrechtlich nicht zu beanstanden. Denn BV 178 geht nicht von der Vorstellung aus, dass alle mit Rechtspersönlichkeit ausgestatteten Verwaltungseinheiten automatisch ganz aus der Sphäre der bundesrätlichen Leitungsverantwortung ausscheiden.

8 Zur *Öffentlichkeit der Verwaltung* vgl. N 13 zu BV 180.

Die bundesrätliche Leitung der Bundesverwaltung (Abs. 1)

9   *Kollegiale Leitungsverantwortung:* Aus dem lapidaren ersten Satz ergibt sich zunächst, dass die Leitung der Bundesverwaltung eine *kollegiale Aufgabe* des (politisch verantwortlichen) Bundesrates ist (vgl. Botsch. BV, 408). Diese Gesamtleitung ist nicht delegierbar. Die Bezeichnung des Bundesrates als «oberste» leitende Behörde (BV 174) macht deutlich, dass – entsprechend dem Leitbild einer arbeitsteilig organisierten Verwaltung (BV 177 Abs. 2 und 3) – auch nachgeordnete Instanzen Leitungsaufgaben wahrnehmen (Departementsvorsteher, Direktoren von Gruppen und Ämtern; vgl. BV 178 Abs. 2; RVOG 35 und 45), dies allerdings immer nur für einen bestimmten *Teil* der Bundesverwaltung. – Der Bundesrat selbst wird nicht durch eine andere Stelle geleitet (vgl. N 2 zu BV 176 und N 2 zu BV 169).

10 *«Leiten»:* Staatspraxis und Rechtslehre gehen zu Recht von einem weiten Verständnis des in der Verfassung nicht näher definierten Begriffs aus: «Leiten» umfasst nicht nur die *Steuerung* durch Vorgaben, sondern auch das *Organisieren*, das *Koordinieren* (vgl. auch BV 180) sowie das begleitende und nachträgliche *Beaufsichtigen* (vgl. EICHENBERGER, Komm. aBV, Art. 102, N 26, 195; Botsch. BV, 421; zur Aufsichtsfunktion näher N 5 zu BV 187; zur anders strukturierten parlamentarischen *Ober*aufsicht vgl. N 2 zu BV 169). Das RVOG verwendet das kräftigere Wort «führen» (vgl. RVOG 8). Gemeint ist hier wie da: eine tatsächlich bestimmende und lenkende Rolle einnehmen (vgl. Botsch. RVOG 1993, 1065). Die Leitung erfolgt auf bestimmte *Ziele* hin, die der Bundesrat nicht frei, sondern nur unter Beachtung von Gesetz und Verfassung, festlegen kann. BV 178 Abs. 1 Satz 2 fordert in diesem Sinn die Sicherstellung einer *zielgerichteten* Aufgabenerfüllung. – Für weitere Facetten der Leitungsfunktion vgl. RVOG 36: Ziele und Prioritäten vorgeben, Zuständigkeiten und Mittel zuteilen, Leistungen beurteilen, gesetzte Ziele periodisch überprüfen, Mitarbeiter sorgfältig auswählen. Zur Koordination als Führungsaufgabe ersten Ranges vgl. Botsch. RVOG 1993, 1038; RVOG 33, 52, 53.

11 *Verwaltungshierarchie:* In der bundesrätlichen Leitungsfunktion kommt das Hierarchieprinzip – als grundlegendes Organisationsprinzip des demokratischen Verfassungsstaates (MOOR, Droit administratif III, 9 ff.; BIAGGINI, Theorie und Praxis, 48 ff.; HORST DREIER, Hierarchische Verwaltung im demokratischen Staat, Tübingen 1991) – zum Ausdruck. Die hierarchische Höchststellung kommt von Verfassungsrechts wegen dem demokratisch legitimierten (BV 175), politisch verantwortlichen (RVOG 4) Bundesrat zu. Seine Leitungs- und Aufsichtsbefugnisse sind das notwendige Gegenstück zur Verantwortlichkeit. Verantwortlich gemacht werden kann der Bundesrat (bzw. ein Mitglied) nicht für jedes Geschehen innerhalb der Verwaltung, sondern nur für Vorkommnisse und Mängel, die zurechenbar sind, d.h. auf eigenes Handeln, auf Billigung oder auf mangelnde Leitung und Aufsicht zurückgeführt werden können (vgl. Botsch. RVOG 1993, 1084). – Zum Gegenbegriff «unterstellt sein» (BV 177 Abs. 3) bzw. «unterstehen» (RVOG 2) BIAGGINI, SG-Komm., Art. 178, N 16.

12 *Umfang:* Die bundesrätliche Leitungsfunktion bezieht sich grundsätzlich auf alle Geschäftsbereiche, auch auf solche, die den Departementen oder den ihnen unterstellten Verwaltungseinheiten zur selbstständigen Erledigung übertragen sind (BV 177 Abs. 3). Bei isolierter Betrachtung könnte der Eindruck entstehen, BV 178 gehe vom Bild einer strikt hierarchisch organisierten, zentral gelenkten Verwaltung aus. «Leiten» i.s.v. BV 178 Abs. 1 meint jedoch nicht «durchgehend determinieren». Der Bundesrat kann und soll – im Interesse einer zweckmässigen, wirksamen, wirtschaftlichen Aufgabenerfüllung – Raum lassen für eine ge-

wisse *administrative Eigenständigkeit* nachgeordneter Stellen und für Impulse «von unten» (BV 177 Abs. 3; RVOG 44). Die Gesamtverantwortung des Bundesrates für das Verwaltungshandeln bleibt aber auch hier aktuell, wenn und soweit eine Verwaltungsbehörde nicht durch *Gesetz* mit Autonomie ausgestattet wird (wie im Fall der weisungsunabhängigen Behördenkommissionen; z.B. FMG 56, KG19) oder künftig im Fall der Finanzmarktaufsichtsanstalt (FINMAG 21; BBl 2007 4625, Referendumsvorlage).

13   *Leitungsinstrumentarium:* Die Verfassung verzichtet auf eine Nennung der Leitungsinstrumente. Sie erlaubt – und fordert grundsätzlich auch – den Einsatz der jeweils zweckmässigen Instrumente. In Betracht fallen:

–   *Rechtsverordnungen* (vgl. BV 182), die den gesetzlichen Auftrag zuhanden der für den Vollzug zuständigen Stelle konkretisieren;

–   *generelle Weisungen* (Verwaltungsverordnungen; vgl. N 3 zu BV 182);

–   *einzelfallbezogene Weisungen* (RVOG 47 Abs. 5), z.B. in Gestalt von Ziel- und Rahmenvorgaben (RVOG 14) zuhanden des vorbereitenden Departements (BV 177 Abs. 2);

–   allgemeine und allfällige besondere *Kontrollrechte* (vgl. N 9 zu BV 187);

–   das sog. *Selbsteintrittsrecht* (RVOG 47 Abs. 4), d.h. die Befugnis der übergeordneten Stelle, jederzeit einzelne Geschäfte zum Entscheid an sich zu ziehen; das Selbsteintrittsrecht entfällt, wenn die handelnde Instanz kraft Gesetz mit Autonomie ausgestattet ist;

–   der *Leistungsauftrag* gemäss RVOG 44;

–   das *Controlling* (in RVOV 21 definiert als «Führungsinstrument zur prozessbegleitenden Steuerung der Zielerreichung»).

Das Leitungsinstrumentarium ermöglicht es dem Bundesrat, die Tätigkeit der Departemente und nachgeordneter Stellen auf seine politischen Leitvorstellungen (BV 180) auszurichten. In diesem Sinn gibt es auch im schweizerischen Staatsrecht eine «Richtlinienkompetenz», die aber (anders als in Deutschland) nicht einer Einzelperson zusteht (Art. 65 Abs. 1 GG: Bundeskanzler), sondern dem Regierungskollegium (BV 177 Abs. 1 i.V.m. 178 Abs. 1).

14   *Bindungen:* Beim Einsatz der Leitungsinstrumente unterliegt der Bundesrat mannigfachen rechtlichen Bindungen (allgemein BV 5; RVOG 3). Dies gilt auch im Fall der grundsätzlich «uneingeschränkte(n) Weisungs-, Kontroll- und Selbsteintrittsrechte» (RVOG 38), die dem Bundesratskollegium (RVOG 8, 47 Abs. 4 und 5) bzw. den Departementsvorstehern (RVOG 38) zustehen.

15   *Organisationsverantwortung des Bundesrates* (BV 178 Abs. 1 Satz 2): Der Bundesrat hat für eine *zweckmässige Organisation* der Bundesverwaltung zu sorgen, wozu neben den Organisationsstrukturen (Organisation i.e.S.) auch die Abläufe (Prozesse) gehören. Die «Organisationsgewalt» steht allerdings entsprechend schweizerischer Verfassungstradition (vgl. Eichenberger, Komm. aBV, Art. 102, N 179) nicht dem Bundesrat allein zu. Die *grundlegenden* Bestimmungen über *Organisation* und Verfahren der Bundesbehörden sind vielmehr in der Form des Bundesgesetzes zu erlassen (BV 164 Abs. 1 Bst. g). BV 178 Abs. 1 Satz 2 setzt dem Gesetzgeber insofern gewisse Schranken, als dem Bundesrat von Verfassungsrechts wegen ein gewisser Handlungsspielraum (eigenständige Organisationsbefugnisse) verbleiben muss. Der Gesetzgeber soll im Bereich des Organisationsrechts nicht in die Details gehen, sondern sich auf Grundzüge beschränken (vgl. Botsch. BV, 408). Angesichts der bundesrätli-

chen Organisationsverantwortung (Abs. 1 Satz 2) erscheinen parlamentarische Forderungen, wonach in Bereichen wie Bildung oder Nachrichtendienste bestimmte Organisationsstrukturen zu verwirklichen seien, problematisch. Umgekehrt wäre eine Rückkehr zu dem bis 1997 geltenden System (Genehmigung der Zuweisung von Ämtern an die Departemente durch die Bundesversammlung, VwOG 1978 Art. 60) wohl verfassungsrechtlich nicht prinzipiell ausgeschlossen (wenn auch wenig ratsam). – Der Bundesrat seinerseits wird durch BV 178 nicht verpflichtet, die Organisation selbst bis ins Detail zu regeln (vgl. RVOG 37, 43 Abs. 4, 5: Organisationsbefugnisse der Departementsvorsteher und Amtsdirektoren). Mit der Aufgabe, eine zweckmässige Organisation zu gewährleisten, geht die Verpflichtung einher, die Organisationsstrukturen von Zeit zu Zeit zu überprüfen und gegebenenfalls an veränderte Verhältnisse und Bedürfnisse anzupassen (vgl. RVOG 8 Abs.1). Die Gesetzgebung erleichtert organisatorische Anpassungen heute wesentlich, denn der Bundesrat kann, anders als früher, jederzeit eine Neuordnung und Neuzuteilung von Bundesämtern vornehmen (vgl. RVOG 43). – Zu den nach dem vorläufigen Scheitern der Staatsleitungsreform (N 6 vor BV 174) eingeleiteten jüngsten Bestrebungen zu einer Verwaltungsreform vgl. www.efd.admin.ch (Rubrik Themen).

Departementalorganisation der Bundesverwaltung (Abs. 2)

16 *Gliederung in Departemente:* Die Bundesverwaltung (ohne Bundeskanzlei, vgl. N 5) ist in Departemente zu gliedern. Dies schliesst nicht aus, dass relativ eigenständige Einheiten gebildet werden, die lediglich administrativ einem Departement *zugeordnet* sind (sog. *dezentrale* Bundesverwaltung, vgl. N 6). Zulässig ist auch die Einsetzung überdepartementaler *Projektorganisationen* für die Bearbeitung zeitlich beschränkter Geschäfte (vgl. RVOG 36, 56).

17 Die *Zahl* der Departemente wird in der Verfassung *nicht ziffernmässig* festgelegt. Da das schweizerische Verfassungsrecht keine Regierungsmitglieder «ohne Portefeuille» (vgl. BV 177 Abs. 2) und keine «bundesratslosen» Departemente zulässt (vgl. Abs. 2, 2. Halbsatz; vgl. auch EICHENBERGER, Komm. aBV, Art.103 Abs. 1, N 4), beträgt die *Mindestzahl* der Departemente *sieben*. Verfassungsrechtlich nicht ausgeschlossen ist die Bildung von mehr als sieben Departementen (Botsch. BV, 408; a.M. SÄGESSER, N 810). Eine Erhöhung der heutigen Departementszahl bedürfte freilich einer Gesetzesänderung (vgl. RVOG 35).

18 *Entscheidungsbefugnisse des Bundesrates:* Die Verfassung gibt keine Gliederungsprinzipien vor und spricht sich über die Entscheidungsträger nicht näher aus. Das Gesetz überlässt die Benennung der Departemente (vgl. RVOV, Anhang) und deren Verteilung (N 12 zu BV 177) dem Bundesrat. Die Bildung von sechs Fachdepartementen und einem Präsidialdepartement ist verfassungsrechtlich zulässig (ebenso EICHENBERGER, Komm. aBV, Art. 103, N 5; vgl. Botsch. Staatsleitungsreform, BBl 2002 2115 ff.). Die Aufteilung der Verwaltungseinheiten auf die Departemente ist Sache des Bundesrates (RVOG 43; anders noch das Regime in VwOG 1978). Das Gesetz unterscheidet zwei logische Schritte (die auch *uno actu* erfolgen können):

- *Bildung* von Bundesämtern (die zu Recht als «die tragenden Verwaltungseinheiten» bezeichnet werden; RVOG 43);
- *Zuweisung* der Ämter an die Departemente, dies in der Rechtsform der Verordnung (für die aktuelle Gliederung vgl. den Anhang zur RVOV).

Mit Zustimmung des Kollegiums kann ein Departementsvorsteher Ämter zu *Gruppen* zusammenfassen (RVOG 43).

19 *Gesetzliche Vorgaben:* Das Gesetz überlässt es dem Bundesrat, Aufgabenkreis (RVOG 43) und Zuständigkeiten (RVOG 47) der einzelnen Verwaltungseinheiten festzulegen. Dies geschieht heute im Wesentlichen in den Organisationsverordnungen für die Departemente und für die Bundeskanzlei (SR 172.210 ff.), welche an die Stelle der Delegations- und der Aufgabenverordnung (vgl. AS 2001 277 f.) getreten sind. Bei der Ämter*bildung* muss der Bundesrat den Sachzusammenhang berücksichtigen. Bei der Ämter*zuweisung* sind die Kriterien «Führbarkeit», «Zusammenhang der Aufgaben» sowie «sachliche und politische Ausgewogenheit» zu beachten (RVOG 43). In jüngerer Zeit kam es wiederholt zu Zusammenlegungen und Umbenennungen, z.B. Zusammenlegung des Bundesamtes für Flüchtlinge (BFF) und des Bundesamtes für Zuwanderung, Integration und Auswanderung (IMES) zum Bundesamt für Migration (BFM) per 1.1.2005; Zusammenlegung des Bundesamtes für Umwelt, Wald und Landschaft (BUWAL) und des Bundesamtes für Wasser und Geologie (BWG) zum Bundesamt für Umwelt (BAFU) per 1.1.2006. – Jedes Departement umfasst von Gesetzes wegen ein Generalsekretariat, das als allgemeine departementale Stabsstelle fungiert (RVOG 2 und 41).

Auslagerung von Verwaltungsaufgaben (Abs. 3)

20 *Funktion:* Die Auslagerung von Verwaltungsaufgaben aus der (Zentral-)Verwaltung entspricht heute einem wachsenden Bedürfnis (vgl. LIENHARD, 62 ff., 391 ff.). In der Lehre wird unterschieden (JAAG, Dezentralisierung, 26):

- *Dezentralisierung:* Die Aufgabenerfüllung verbleibt bei einem *staatlichen* Aufgabenträger, der aber nicht zur Zentralverwaltung gehört.
- *Privatisierung:* Die Aufgabenerfüllung wird einer privaten Trägerschaft anvertraut.

Eine Zwischenform ist die Aufgabenerfüllung durch gemischtwirtschaftliche Unternehmen.

21 *Gegenstand:* BV 178 Abs. 3 handelt von der Auslagerung der *Aufgabenerfüllung* (kurz: Aufgabenauslagerung). Die Aufgabe bleibt eine *staatliche* Aufgabe (weshalb der Begriff «Aufgabenprivatisierung» vermieden werden sollte). Auch wenn das Verb «übertragen» an die Auslagerung einer bisher von der Bundesverwaltung wahrgenommenen Aufgabe denken lässt, ist es dem Gesetzgeber unbenommen, eine *neue* Aufgabe gleich zu Beginn einem Aufgabenträger ausserhalb der Bundesverwaltung zuzuweisen (vgl. RVOG 2). – Die heute ebenfalls vermehrt praktizierte *Privatisierung* von öffentlichen *Unternehmen* oder Verwaltungseinheiten ist nicht Gegenstand des Abs. 3. Dieser setzt jedoch stillschweigend voraus, dass *Privatisierungen* – ob bloss formell (Überführung von öffentlichen Unternehmen in eine Privatrechtsform) oder auch materiell (Überführung in das Eigentum Privater), ob ganz oder nur teilweise – auf Bundesebene grundsätzlich möglich sind (zu Begriff, Formen und Schranken der Privatisierung vgl. JAAG, Dezentralisierung, 26 f., 30 ff., BIAGGINI, Privatisierung, 71 ff.; LIENHARD, 55 f.; zur verfassungsrechtlichen Zulässigkeit einer Privatisierung der Swisscom AG vgl. BBl 2006 3807 ff.).

22 *Anwendungsbereich:* Abs. 3 erfasst, entgegen missverständlichen Aussagen in den Materialien (z.B. Botsch. BV, 408; AB SD 1998 N 111), nicht alle Fälle der Dezentralisierung. Es gibt Einheiten mit erhöhtem Grad an Eigenständigkeit (z.B. Behördenkommissionen, gewisse Anstalten), die noch zur (dezentralen) *Bundesverwaltung* im Sinn von Abs. 1 gehören (vgl. N 6 f.), also *nicht* «ausserhalb der Bundesverwaltung» (i.S.v. Abs. 3) stehen. Verwaltungsflexibilisierung und eigentliche Aufgabenauslagerung sind indes eng verwandt. Auch diese we-

niger weit gehenden Formen der Verselbstständigung unterliegen vergleichbaren Anforderungen (N 28). – Auch wenn in der Verfassung nicht ausdrücklich erwähnt, ist der Beizug von Experten (auf Mandatsbasis) zulässig (vgl. RVOG 58; zur Problematik GPK-S, Bericht vom 13.10.2006, Umfang, Wettbewerbsorientierung und Steuerung des Expertenbeizugs in der Bundesverwaltung).

23 *Begrenzte Aussagekraft:* Die Auslagerung von Verwaltungsaufgaben auf Organisationen «ausserhalb der Bundesverwaltung» wird in Abs. 3 *nicht erschöpfend* geregelt. Die Bestimmung nennt *eine* Voraussetzung ausdrücklich (Ermächtigung «durch Gesetz»). Weitere Anforderungen ergeben sich aus allgemeinen Überlegungen. So ist allgemein anerkannt, dass *nicht alle* Verwaltungsaufgaben für eine Auslagerung in Betracht kommen, wobei der Verlauf der Trennlinie allerdings im Einzelnen umstritten ist (vgl. BIAGGINI, Privatisierung, 104; MARCO GAMMA, Möglichkeiten und Grenzen der Privatisierung polizeilicher Gefahrenabwehr, Bern 2000, 12 ff., 137 ff.; KÄLIN u.a.; RAUBER). Zum nicht delegierbaren Kernbestand gehört die militärische Landesverteidigung. Hingegen ist nach heutiger Staatspraxis eine Auslagerung gewisser polizeilicher Aufgaben verfassungsrechtlich nicht von vornherein ausgeschlossen (z.B. zivile Flugsicherung, LFG 40, SR 748.0; vgl. auch Bundesrat, Bericht vom 2.12.2005 zu den privaten Sicherheits- und Militärfirmen, BBl 2006 623, 651 ff.; ferner die kontrovers aufgenommene Botschaft vom 18.1.2006 zu einem auch den Beizug privater Sicherheitsunternehmen vorsehenden Zwangsanwendungsgesetz, BBl 2006 2489 ff.).

24 *«Verwaltungsaufgaben»:* Der *Begriff* wird in der Bundesverfassung nicht näher definiert. Dazu zählt jedenfalls die traditionelle Administrativtätigkeit, gegebenenfalls auch in hoheitlichen Formen (inkl. Erlass von Verfügungen, vgl. z.B. KVG 80: Krankenkassen; zur Verfügungsbefugnis der Verbindung der Schweizer Ärztinnen und Ärzte, FMH, vgl. VPB 68.29, 2004). Weder der Verfassungswortlaut noch die Materialien geben eine klare Antwort auf die Frage, ob BV 178 Abs. 3 auch als Grundlage für eine Übertragung von *Rechtsetzungsbefugnissen* an *Private* dienen kann. Vor der Verfassungsreform galt Rechtsetzung durch Private in eng begrenztem Ausmass (rein sekundäre Regelungen technischer Natur) als zulässig (vgl. RHINOW, Komm. aBV, Art. 32, N 80 ff.), dies gestützt auf Spezialnormen wie BV 1874 Art. 32, die im heutigen BV 178 Abs. 3 nachgeführt werden (vgl. Botsch. BV, 408). Eine Fortsetzung dieser Praxis erscheint grundsätzlich zulässig. Der Umstand, dass für das besonders gelagerte Institut der Allgemeinverbindlicherklärung privater Vereinbarungen Verfassungsgrundlagen bestehen (BV 110: GAV; BV 109: Rahmenmietverträge) und als unabdingbar gelten (N 7 zu BV 110), ändert daran nichts. – Fasst man den Begriff «Verwaltungsaufgabe» enger (so z.B. KNAPP, Exécution, 1; SÄGESSER, N 814), so bleibt immer noch die Möglichkeit, sich auf BV 164 Abs. 2 abzustützen (a.M. MADER, VRdCH, 1065, der eine ausdrückliche verfassungsrechtliche Grundlage fordert). So oder so ist der Spielraum für die Übertragung von Rechtsetzungsbefugnissen an Private gering.

25 *Organisationen und Personen des öffentlichen oder des privaten Rechts:* BV 178 Abs. 3 äussert sich zu den möglichen Organisations- und Rechtsformen von aussenstehenden Aufgabenträgern nur in sehr allgemeiner Weise. Eine wichtige Rolle spielen in der Praxis die privatrechtliche (z.B. Rüstungsunternehmen, vgl. BGRB 5) und die spezialgesetzliche *Aktiengesellschaft* (z.B. die SBB, vgl. SBBG 2; SR 742.31; die Swisscom, TUG 2, vgl. BBl 2006 3763 ff.). In Frage kommen neben weiteren körperschaftlichen Formen (insb. Genossenschaft) auch öffentlich-rechtliche oder pri-

vatrechtliche *Stiftungen* (z.B. Stiftung Pro Helvetia) oder öffentlich-rechtliche *Anstalten* (z.B. SUVA, UVG 61; Schweizer Post, POG 2, zum Handlungsspielraum der Post vgl. VPB 70.86 und 70.87, 2006; vgl. auch BIAGGINI, Finanzmarktaufsicht, 35 ff.). Auch natürliche Personen kommen als Aufgabenträger grundsätzlich in Betracht; hier ist jedoch ganz besonders darauf zu achten, dass Gewähr für Kontinuität besteht.

26 *Gesetzesvorbehalt:* Die Übertragung von Verwaltungsaufgaben auf aussenstehende Aufgabenträger hat *«durch Gesetz»* zu erfolgen, d.h. nicht – wie von den beiden SPK und den Verfassungskommissionen beantragt – «auf dem Weg der Gesetzgebung». Diese durch den Expertenbericht Müller (BBl 1996 I 445 ff., 512) angeregte, schliesslich aber verworfene Lösung hätte es ermöglicht, in einem allgemeinen Gesetz (z.B. im RVOG) die Voraussetzungen für eine Auslagerung generell (z.B. in Form eines Kriterienkatalogs) zu umschreiben. Die konkrete Auslagerungsentscheidung hätte dann, im Rahmen dieser Kriterien, vom Bundesrat auf dem Verordnungsweg getroffen werden können (vgl. Zusatzbericht SPK, 295 f., 317). In den Räten setzte sich die der Maxime der Verfassungsnachführung verpflichtete Formulierung des Bundesrates durch (AB SD 1998 N 111 ff., 365, S 144, 195). Abs. 3 verlangt (entsprechend der Rechtslage unter der BV 1874) eine *bereichsspezifische* formellgesetzliche Auslagerungsermächtigung, die auf einen bestimmten Aufgabenbereich Bezug nimmt (AB SD 1998 S 144, 194; Botsch. BV, 409). Entsprechend bisheriger Praxis schliesst das Gesetzeserfordernis eine *Gesetzesdelegation* nicht aus (AB SD 1998 N 112, 365; Botsch. BV, 409). Die *Anforderungen* an die formellgesetzliche Grundlage hängen von der Art der auszulagernden Verwaltungstätigkeit ab und sind nicht durchgehend gleich hoch. Erhöhte Anforderungen gelten im Bereich der hoheitlich agierenden Verwaltung (vgl. LIENHARD, 395 f.). Gering sind die Anforderungen dagegen in der Regel im Bereich der Bedarfsverwaltung (Beschaffung und Betrieb der für die Verwaltungstätigkeit erforderlichen Hilfsmittel). Hier fragt es sich, ob überhaupt von einer «Übertragung» einer «Verwaltungsaufgabe» i.S.v. Abs. 3 zu sprechen ist (vgl. auch MAHON, Comm., Art. 178, N 12).

27 *Weitere verfassungsrechtliche Rahmenbedingungen:* Neben dem ausdrücklichen Gesetzesvorbehalt (Abs. 3) ist weiter zu beachten (vgl. JAAG, Verwaltungsaufgaben, 297 ff.; BIAGGINI, Auslagerung, 148 ff.):

- Die Auslagerung muss im *öffentlichen Interesse* liegen; die gewählte Lösung muss *geeignet* sein, das die Auslagerung rechtfertigende öffentliche Interesse zu verwirklichen (vgl. BV 5). – Der Gesetzgeber verfügt dabei über einen beträchtlichen Beurteilungs- und Prognosespielraum.

- Der *Rechtsschutz* muss sichergestellt sein (vgl. jetzt BV 29a).

- Die *Funktionstauglichkeit* des aussenstehenden Aufgabenträgers muss auf Dauer garantiert sein.

- Eine staatliche *Aufsicht* muss eingerichtet sein (vgl. BV 187 Abs. 1 Bst. a; Botsch. BV, 409); diese hat unter anderem zu gewährleisten, dass der Bundesrat Fehlentwicklungen rechtzeitig erkennen und korrigieren kann.

- Es muss gewährleistet sein, dass Aufgabenträger, die ausserhalb der Bundesverwaltung stehen, die *Grundrechte* respektieren (BV 35 Abs. 2).

Bei der *Auswahl* der privaten Aufgabenträger ist weiteren einschlägigen Normen (z.B. Wettbewerbsneutralität, BV 94) Rechnung zu tragen.

28 *Rahmenbedingungen für weniger weit gehende Formen verselbstständigter Aufgabenerfüllung:* Die traditionsreiche Aufgabenerfüllung durch relativ selbstständige Verwaltungseinheiten (dezentrale Bundesverwaltung; vgl. N 6) wird als grundsätzlich zulässig angesehen (vgl. EICHENBERGER, Komm. aBV, Art. 102, N 181; vgl. auch BV 178 Abs. 3: *minus in maiore*). Da die erhöhte Eigenständigkeit in einem Spannungsverhältnis zur allgemeinen Leitungsverantwortung des Bundesrates steht (Abs. 1), ist die Verselbstständigung an rechtliche *Voraussetzungen* zu knüpfen. Zu verlangen sind (ähnlich wie bei Abs. 3; vgl. WEBER/BIAGGINI, 138 ff.):

- ein rechtfertigendes *öffentliches Interesse* (BV 5);
- eine hinreichende *rechtliche Abstützung* der Verselbstständigung; vor allem bei *weisungsunabhängigen* Verwaltungsbehörden gelten erhöhte Anforderungen (bundesgesetzliche Grundlage; vgl. BV 164);
- die *Sicherstellung der Aufgabenerfüllung*, insb. durch geeignete *Aufsichtsstrukturen* und -mittel, die es erlauben, Probleme rechtzeitig zu erkennen, auf Fehlentwicklungen zu reagieren und eine minimale Kohärenz des Verwaltungshandelns zu gewährleisten;
- die Sicherstellung des *Rechtsschutzes* (vgl. BV 29a).

Literaturhinweise

BIAGGINI GIOVANNI, Verfassungsrechtliche Grenzen der Privatisierung, Rapports suisses présentés au XVème Congrès international de droit comparé, Zürich 1998, 67 ff.; DERS., Parlamentarisches Steuern neu erfinden? Gesetzgebung und Verwaltungsmodernisierung in der Schweiz, in: Franz Seitelberger (Hrsg.), Gesetzgebung und Verwaltungsmodernisierung, Salzburg 1998, 27 ff.; DERS., Rechtsstaatliche Anforderungen an die Auslagerung und an den ausgelagerten Vollzug staatlicher Aufgaben sowie Rechtsschutz, in: René Schaffhauser/Tomas Poledna (Hrsg.), Auslagerung und Privatisierung von staatlichen und kommunalen Einheiten, St. Gallen 2002, 143 ff.; DERS., Verfassungsfragen der Behördenorganisation im Bereich der Finanzmarktaufsicht, Festschrift Dieter Zobl, Zürich 2004, 35 ff.; DERS., Organisationsrecht, SBVR, 2. Aufl. (in Vorbereitung); BOLZ URS, Public Private Partnership (PPP) in der Schweiz, ZBl 2004, 561 ff.; FURRER CHRISTIAN, Bundesrat und Bundesverwaltung, Bern 1986; GERMANN RAIMUND E., Öffentliche Verwaltung in der Schweiz, Bern 1998; GUERY MICHAEL, Die Privatisierung der Sicherheit und ihre rechtlichen Grenzen, ZBJV 2006, 273 ff.; HÄSLER PHILIPP, Geltung der Grundrechte für öffentliche Unternehmen, Bern 2005; JAAG TOBIAS, Dezentralisierung und Privatisierung öffentlicher Aufgaben: Formen, Voraussetzungen und Rahmenbedingungen, in: Ders. (Hrsg.), Dezentralisierung und Privatisierung öffentlicher Aufgaben, Zürich 2000, 23 ff.; DERS., Privatisierung von Verwaltungsaufgaben, VVDStRL 54, 1995, 287 ff.; KÄLIN WALTER/LIENHARD ANDREAS/WYTTENBACH JUDITH, Auslagerung von sicherheitspolizeilichen Aufgaben, Beiheft zur ZSR Nr. 46, Basel 2007; KNAPP BLAISE, L'exécution de tâches publiques fédérales par des tiers, SBVR, Organisationsrecht, 1. Aufl., Basel/Frankfurt a.M. 1996; DERS., Gestion par objectifs, mandat de prestation et enveloppe budgétaire: Théorie et réalites, Festschrift Yvo Hangartner, St. Gallen/Lachen 1998, 415 ff.; KOLLER HEINRICH, Regierung und Verwaltung, VRdCH 1131 ff.; LENDI MARTIN, Politikberatung, Zürich 2005; LIENHARD ANDREAS, Staats- und verwaltungsrechtliche Leitplanken für das New Public Management in der

Schweiz, Bern 2005; MADER LUZIUS, Bundesrat und Bundesverwaltung, VRdCH 1047 ff.; MASTRONARDI PHILIPPE, Die Organisation der allgemeinen Bundesverwaltung, SBVR, Organisationsrecht, 1. Aufl., Basel/Frankfurt a.M. 1996; DERS., Grundbegriffe und allgemeine Grundsätze der Verwaltungsorganisation, SBVR, Organisationsrecht, 1. Aufl., Basel/Frankfurt a.M. 1996; MASTRONARDI PHILIPPE/SCHEDLER KUNO, New Public Management in Staat und Recht, 2. Aufl., Bern usw. 2004; MEYER CHRISTOPH, NPM als neues Verwaltungsmodell: staatsrechtliche Schranken und Beurteilung neuer Steuerungsinstrumente, Basel 1998; MOOR PIERRE, Droit administratif, Band III, Bern 1992; MÜLLER ANDREAS, Staats- und verwaltungsrechtliche Kriterien für die Privatisierung von Staatsaufgaben, AJP 1998, 65 ff.; RAUBER PHILIPP, Rechtliche Grundlagen der Erfüllung sicherheitspolizeilicher Aufgaben durch Private, Basel usw. 2006; SÄGESSER THOMAS, Regierungs- und Verwaltungsorganisationsgesetz. Handkommentar, Bern 2007; UEBERSAX PETER, Privatisierung der Verwaltung, ZBl 2001, 393 ff.; WEBER ROLF H./BIAGGINI GIOVANNI, Rechtliche Rahmenbedingungen für verwaltungsunabhängige Behördenkommissionen, Zürich 2002; WIEGAND WOLFGANG (Hrsg.), Rechtliche Probleme der Privatisierung, Bern 1998. – BUNDESRAT, Bericht zur Auslagerung und Steuerung von Bundesaufgaben (Corporate-Governance-Bericht) vom 13.9.2006, BBl 2006 8233 ff.

Art. 179 Bundeskanzlei

Die Bundeskanzlei ist die allgemeine Stabsstelle des Bundesrates. Sie wird von einer Bundeskanzlerin oder einem Bundeskanzler geleitet.

1 Die Bestimmung geht im Kern auf die Bundesstaatsgründung zurück (BV 1848 Art. 93; vgl. auch BV 1874 Art. 105), die Wurzeln der Institution reichen bis zur Mediationsakte von 1803 (vgl. ADAM, 163 ff.). Im Rahmen der Totalrevision wurden die Parlamentsdienste – den Anträgen der beiden SPK und der beiden VK gemäss (AB SD 1998 N 67 ff.) – aus der Bundeskanzlei herausgelöst und direkt der Bundesversammlung unterstellt (BV 155).

Stellung und Aufgaben der Bundeskanzlei (Satz 1)

2 *«allgemeine Stabsstelle»:* Die Bundeskanzlei besorgt nicht nur die ursprünglich im Zentrum stehenden *Kanzleigeschäfte* des Bundesrates (Protokollführung, Sekretariat, Weibeldienst usw.; BUSER, Komm. aBV, Art. 105, N 5 f.), sondern nimmt auch inhaltlich bedeutsame *Aufgaben unterstützender Natur* wahr (zum Ende der 1960er Jahre einsetzenden Ausbau vgl. Bericht Expertenkommission Hongler, November 1967; 1. Botsch. RVOG, BBl 1993 III 997, 1079 ff.). Als *«allgemeine Stabsstelle»* des Bundesrates berät und unterstützt die Bundeskanzlei das Kollegium und dessen Präsidium bei der Wahrnehmung der Regierungsobliegenheiten (insb. Planung, Vorbereitung, Koordination, Kontrolle, Information; vgl. RVOG 30 ff.; BUSER, Stabsstellen, 582).

3 *Aufgabenkreis der Bundeskanzlei im Einzelnen:* Die BV überlässt die nähere Umschreibung der Gesetzgebung. Diese weist der Bundeskanzlei (bzw. dem Bundeskanzler) namentlich die folgenden *(Stabs-)Aufgaben* zu (vgl. RVOG 30 ff.; RVOV 2, 5, 20, 21, 23; Organisationsverordnung für die Bundeskanzlei vom 5.5.1999, OV-BK; SR 172.210.10): Beratung und Unterstützung bei *Planung und Koordination auf Regierungsebene;* Mitwirkung bei *Vorbereitung und Durchführung der Verhandlungen* des Bundesrates; *Sicherstellung* der departements-

übergreifenden *Koordination* (eine wichtige Rolle kommt der vom Bundeskanzler geleiteten Generalsekretärenkonferenz zu, vgl. RVOG 53); *Sicherstellung* der *Information* nach aussen und nach innen; Beratung und Unterstützung bei *Führung und Beaufsichtigung der Bundesverwaltung;* Unterstützung des Bundesrates im *Verkehr mit der Bundesversammlung;* Vorbereitung des Geschäfts- und des Richtlinienberichts (BV 169, 180). – Die Verantwortung für die *Information* liegt beim Bundesrat (BV 180). Die formell erst vor kurzem eingeführte Funktion des *Bundesratssprechers* (RVOG 10a i.d.F. vom 24.3.2000), wird von einem leitenden Mitglied der Bundeskanzlei (idR Vizekanzler) ausgeübt. Die Bundeskanzlei ist Herausgeberin der *Gesetzessammlungen* (AS; SR), des *Bundesblattes* (PublV 30 Abs. 1, SR 170.512.1) und weiterer amtlicher Veröffentlichungen (z.B. Verwaltungspraxis der Bundesbehörden, VPB; vgl. OV-BK 5). Sie ist verantwortlich für die Veröffentlichung von Rechtsdaten des Bundes in elektronischer Form (PublG 16) und die Betreuung des Webportals des Bundes (www.admin.ch) und des Schweizer Portals (www.ch.ch). – Als Hilfsorgan im Bereich der Aufsicht fungierte früher die direkt dem Bundeskanzler unterstellte Dienststelle Verwaltungskontrolle des Bundesrates (VKB; OV-BK 9, aufgehoben am 21.8.2002, AS 2002 2827). – Die Bundeskanzlei erfüllt nach wie vor klassische *Kanzleiaufgaben* (vgl. OV-BK 7). Sie erbringt zentrale Sprach- und Übersetzungsdienstleistungen (OV-BK 4 Bst. e). Administrativ der Bundeskanzlei zugeordnet ist der Eidgenössische Datenschutzbeauftragte (vgl. RVOV, Anhang).

4 *Linienaufgaben:* BV 177 und 179 schliessen es nicht aus, der Bundeskanzlei in begrenztem Umfang Linienaufgaben mit entsprechenden Entscheidungsbefugnissen zuzuweisen. Der Bundeskanzlei obliegt heute insbesondere der *Vollzug* der Bundesgesetzgebung über die *politischen Rechte* (vgl. z.B. BPR 69 und 72; OV-BK 4 Bst. d).

5 *Weitere Stabsstellen:* Die Bezeichnung der Bundeskanzlei als «allgemeine» Stabsstelle signalisiert, dass Spielraum für die Bildung weiterer – *besonderer* – Stabsstellen der Regierung besteht (Botsch. BV, 409 f.). Aufgaben mit Stabscharakter üben zum Teil auch Ämter der Bundesverwaltung aus, insb. «Querschnittsämter» wie das Bundesamt für Justiz, die Finanzverwaltung oder das Personalamt. In den Departementen bestehen von Gesetzes wegen Generalsekretariate, die auf dieser tieferen Hierarchiestufe die Funktion einer allgemeinen Stabsstelle wahrnehmen (RVOG 2 und 41).

Stellung und Aufgaben des Bundeskanzlers (Satz 2)

6 *Stellung:* Der Bundeskanzler (bzw. von 2000 bis 2007 erstmals: die Bundeskanzlerin) stehen als «Stabschef des Bundesrates» (RVOG 30) an der Spitze der Bundeskanzlei. Der Bundeskanzler nimmt an den Verhandlungen des Bundesrates mit beratender Stimme teil (seit 1978 gesetzlich festgelegt; jetzt RVOG 18 Abs. 2). Angesichts des vielfältigen gesetzlichen Pflichtenhefts (RVOG 32) erfordert das anspruchsvolle Amt neben hervorragenden Managerqualitäten auch viel politisches Gespür und diplomatische Fähigkeiten.

7 *Wahl:* Der Bundeskanzler wird von der Vereinigten Bundesversammlung (vgl. BV 168 i.V.m. 157) nach den für die Mitglieder des Bundesrates geltenden Verfahrensregeln (ParlG 139) auf eine Amtsdauer von vier Jahren (BV 145) gewählt. Der Wahlzeitpunkt ist verfassungsrechtlich nicht mehr vorgegeben (anders noch BV 1874 Art. 105 Abs. 2: gleichzeitig mit jener des Bundesrates; so auch die heutige Praxis). Nicht einschlägig ist hier das Verfassungsgebot

der angemessenen Berücksichtigung der Landesgegenden und Sprachregionen (BV 175; vgl. auch BUSER, Komm. aBV, Art. 105, N 45).

8 *Magistratenstatus:* Als Magistratsperson untersteht der Bundeskanzler grundsätzlich denselben Verantwortlichkeits- und Unvereinbarkeitsregeln wie die Mitglieder des Bundesrates (VG 14; RVOG 60 f.); er geniesst dieselben Strafverfolgungsprivilegien (RVOG 61a). Besoldung und Ruhegehalt richten sich nach dem BG vom 6.10.1989 über Besoldung und berufliche Vorsorge der Magistratspersonen (SR 172.121) und der gleichnamigen ausführenden Verordnung der Bundesversammlung (vom 6.10.1989; SR 172.121.1). Anders als für die Mitglieder des Bundesrates entsteht der Anspruch auf ein volles Ruhegehalt erst nach acht Amtsjahren. – Keine Magistratspersonen sind die vom Bundesrat gewählten Vizekanzler (heute zwei), die den Bundeskanzler bei der Aufgabenerfüllung unterstützen und gegebenenfalls vertreten (RVOG 31 Abs. 2). – Seit der Reform von 1978 vertritt der Bundeskanzler die Geschäfte der Bundeskanzlei in den Räten und ihren Kommissionen selbst (vgl. heute ParlG 161). Er übt dabei in Vertretung des Bundesrates das Antragsrecht des Kollegiums aus (BV 160).

9 *Aufgaben:* Der Bundeskanzler ist «gewissermassen die rechte Hand» des Bundespräsidenten (Botsch. BV, 410). In Bezug auf die Bundeskanzlei hat der Bundeskanzler die gleiche Stellung (Leitung, Beaufsichtigung) wie die Mitglieder des Bundesrates innerhalb ihres Departementes (RVOG 31 Abs. 1). Die Bundeskanzlei untersteht wie die Bundesverwaltung insgesamt der übergeordneten Aufsicht des Bundesratskollegiums (vgl. BV 187 Abs. 1 Bst. a).

Literaturhinweise

ADAM ELISABETH, La chancellerie fédérale dans l'histoire, Festschrift François Couchepin, Schlieren 1995, 163 ff.; BUSER WALTER, Stabsstellen des Bundes und ihr Beitrag zur Entlastung des Bundesrates, Festschrift Leo Schürmann, Freiburg 1987, 581 ff.; FURRER CHRISTIAN, Bundesrat und Bundesverwaltung, Bern 1986, 82 ff.; SÄGESSER THOMAS, Regierungs- und Verwaltungsorganisationsgesetz (RVOG). Handkommentar, Bern 2007; WILI HANS-URS, Kanzler – Historische Streiflichter zum Werdegang eines Amtes, Festschrift François Couchepin, Schlieren 1995, 137 ff.

2. Abschnitt: Zuständigkeiten

1 Der Katalog der bundesrätlichen Aufgaben und Befugnisse ist nicht zufällig mehr oder weniger symmetrisch zum entsprechenden Abschnitt betreffend die Bundesversammlung (BV 163 ff.) aufgebaut (vgl. N 1 vor BV 174). Die Bestimmungen machen deutlich, dass der Bundesrat massgeblich Anteil an der obersten Leitung der Eidgenossenschaft (Staatsleitung) hat.

5. Titel: Bundesbehörden   Nr. 1 BV **Art. 180**

Art. 180   Regierungspolitik

¹ Der Bundesrat bestimmt die Ziele und die Mittel seiner Regierungspolitik. Er plant und koordiniert die staatlichen Tätigkeiten.

² Er informiert die Öffentlichkeit rechtzeitig und umfassend über seine Tätigkeit, soweit nicht überwiegende öffentliche oder private Interessen entgegenstehen.

1   Die Bestimmung ist neuartig, sie macht indes nur sichtbar, was auch schon früher zu den (Staats-)Leitungsaufgaben des Bundesrates gehörte (vgl. BV 1848 Art. 90; BV 1874 Art. 102, je Ziff. 1). Die Platzierung an der Spitze des 2. Abschnitts soll die Bedeutung der Aufgabe unterstreichen. – Eine ausdrückliche Verpflichtung des Bundesrates zu politischer Planung wurde erstmals 1970 im damaligen GVG normiert (vgl. jetzt ParlG 143 ff.).

Regierungspolitik, Planung, Koordination (Abs. 1)

2   *Regierungspolitik (politique gouvernementale):* Der nirgends näher definierte Begriff nimmt Bezug auf die Staatsleitungsfunktion (vgl. N 1 vor BV 174, N 4 zu BV 174). Die «Richtlinien», in die man die «Regierungspolitik» im Bund seit 1975 (für jeweils eine Legislatur) zu fassen pflegt (vgl. ParlG 146), sind nicht zu verwechseln mit einem eigentlichen Regierungsprogramm oder einer Koalitionsvereinbarung (die in der schweizerischen politischen Praxis nicht heimisch geworden ist). Das bemerkenswerte (vom Bundesrat standhaft verteidigte) Possessivpronomen *«seine»* (so schon RVOG 6 Abs. 1) steht in einem gewissen Kontrast zur Tatsache, dass es (neu) dem Parlament obliegt, über die Ziele der Legislaturplanung Beschluss zu fassen (einfacher Bundesbeschluss, ParlG 147), so dass die «Richtlinien der Regierungspolitik» nicht vom Bundesrat bestimmt, sondern ihm *vorgegeben* werden, sofern es nicht, wie beim ersten Durchgang nach neuem Modell, zu einem «Nullentscheid» kommt (vgl. AB 2004 N 939, 1095 ff.: nach 16 Stunden Debatte Ablehnung in der Gesamtabstimmung, Nichteintreten in der zweiten Runde; zu den Reformvorschlägen vgl. SPK-N, Bericht vom 3.11.2005 zur Parlamentarischen Initiative Legislaturplanung, BBl 2006 1837 ff.; zu Recht kritisch: Stellungnahme des Bundesrates vom 1.2.2006, BBl 2006 1858; Teilrevision ParlG vom 22.6.2007, BBl 2007 4535, Referendumsvorlage).

3   *Ziele und Mittel bestimmen:* Ziele und Massnahmen sind einander zuzuordnen (ParlG 146). Zentral ist das Festlegen von Prioritäten. Die Verfassung äussert sich nicht zu Instrumenten und Verfahren (vgl. N 7). Im Vordergrund stehen längerfristige Planungen: Gouverner, c'est prévoir. Müssen gesetzliche Grundlagen oder finanzielle Mittel bereitgestellt werden, so hat der Bundesrat sein Initiativrecht (BV 181, 183) entsprechend zu nutzen.

4   Eine *Pflicht zur Planung und Koordination* trifft alle Staatsorgane (ohne dass man dies ausdrücklich sagen müsste, vgl. N 6). Der in Abs. 1 Satz 2 angesprochene *Bundesrat* trägt nicht nur Verantwortung für den Bereich der Bundesexekutive (primär für die Regierungsebene: departementsübergreifend), sondern auch eine *gesamtstaatliche* Verantwortung (Tätigkeiten in der Eidgenossenschaft), freilich immer unter Wahrung der (Verbands- bzw. Organ-) Kompetenzen anderer Akteure (Kantone, Bundesversammlung). Wichtige rechtliche Schnittstellen sind in Bezug auf die *Kantone:* BV 44, 57 Abs. 2, 61a, 63a, 75, FHG 19 Abs. 3. – Die *Bundesversammlung* wirkt bei den *wichtigen* Planungen der Staatstätigkeit mit (BV 173

Abs. 1 Bst. g). Sie kann dem Bundesrat Planungsaufträge erteilen (BV 171), Schwerpunktänderungen vornehmen und selber Planungsbeschlüsse fassen (ParlG 28). – Planung (als ohnehin schwieriges Geschäft) wird im schweizerischen Verfassungssystem zusätzlich erschwert durch die schlecht berechenbaren Volksrechte (Referendum, Volksinitiative, BV 136 ff.).

5   *Koordination* meint das Abstimmen verschiedener Handlungsbeiträge auf ein gemeinsames Ziel hin (KLÖTI, Regierung, in: ders. et al., 153) und ist in der Planung mitenthalten. Zu den Instrumenten im Einzelnen vgl. insb. RVOG 52 ff.; zur Rolle der Bundeskanzlei vgl. N 3 zu BV 179; zur Rolle der Generalsekretärenkonferenz vgl. RVOG 53.

6   Durch *Planung* wird (ermittelt und) festgelegt, welche Ziele anzustreben, welche Grundsätze und Kriterien zu beachten bzw. welche Massnahmen vorzusehen sind (vgl. ParlG 28). Planung ist keine selbstständige Staatsaufgabe, sondern Ausfluss von Sachkompetenzen bzw. -aufgaben (vgl. LANZ/MASTRONARDI, SG-Komm., Art. 173, N 82). Der Grad der rechtlichen Verbindlichkeit kann variieren (vgl. SPK-N, Bericht ParlG, 3495 ff.). Abweichungen können eine spezielle Begründungspflicht auslösen (vgl. ParlG 28). Gesamtplanungen (wie die Richtlinien der Regierungspolitik) umfassen alle Politikbereiche des Bundes, Teilplanungen nur einzelne Politikbereiche oder Teile davon (RVOV 17).

7   *Instrumente der Planung:* Nach dem Verebben der Planungseuphorie der 1970er Jahre hat sich in mehreren Schritten das folgende Instrumentarium (Regierungsebene) herauskristallisiert (vgl. ParlG 143 ff.; RVOV 17 ff.).

–   *Legislaturplanung* (ParlG 146) bestehend aus den *Richtlinien der Regierungspolitik* und dem *Legislaturfinanzplan*. Die 1975 eingeführten Richtlinien der Regierungspolitik sollen einen umfassenden politischen Orientierungsrahmen für die Regierungstätigkeit geben (RVOV 18). Sie werden zu Beginn jeder Legislatur durch eine besondere Legislaturplanungskommission (GRN 13, GRS 10) vorberaten. – Zur Neuordnung im ParlG (Ziel: Stärkung der parlamentarischen Mitwirkung, Ermöglichung differenzierter Stellungnahme) und zu den ernüchternden ersten Erfahrungen vgl. SPK-N, Bericht ParlG, 3493 ff. und vorne N 2.

–   *Finanzplan* (ParlG 143): jährlicher Bericht des Bundesrates an die Bundesversammlung (zur Kenntnisnahme) über die drei dem Voranschlagsjahr folgenden Jahre (vgl. auch FHG 19).

–   *Jahresziele* des Bundesrates (ParlG 144; RVOV 19); diese bilden eine Grundlage u.a. für die Geschäftsplanung des Bundesrates, für das Controlling (RVOV 21) und für die Aufsicht (BV 187, RVOG 8, RVOV 24 ff.).

–   Periodische *Berichte zur Aussenpolitik* (ParlG 148; vgl. die Hinweise bei BV 54).

Der Bundesrat kann der Bundesversammlung weitere Planungen und Berichte zur Information oder zur Kenntnisnahme unterbreiten (ParlG 148); über Ziele oder Schlussfolgerungen kann in Form eines (allenfalls dem Referendum unterstellten) Bundesbeschlusses entschieden werden (vgl. ParlG 28). Sach- und Finanzplanungen sind zeitlich und inhaltlich so weit möglich aufeinander abzustimmen (vgl. auch ParlG 141). Zur Frage der Verbindlichkeit von Planungs- bzw. Grundsatzbeschlüssen vgl. N 21 zu BV 173; SPK-N, Bericht ParlG, 3495 ff. – Für eine Auflistung wichtiger jüngerer Planungen vgl. LANZ/MASTRONARDI, SG-Komm., Art. 173, N 77.

Information der Öffentlichkeit (Abs. 2)

8   *Rechtsnatur:* Abs. 2 begründet eine (objektive) *Handlungspflicht* des Bundesrates (die Information muss *aktiv* erfolgen). Einklagbare (subjektive) Ansprüche auf Informationszugang können aus anderen Verfassungsnormen (z.B. BV 13, 16) oder aus der Gesetzgebung resultieren.

9   *Gegenstand* ist die Information über die «Tätigkeit». Dazu gehören neben förmlichen Entscheidungen (BV 177 Abs. 1) auch Lagebeurteilungen, Planungen und sonstige Vorkehren (vgl. RVOG 10). *Adressatin* ist die *Öffentlichkeit.* RVOG 11 verpflichtet den Bundesrat, sich über die in der öffentlichen Diskussion vorgebrachten Meinungen und Anliegen zu informieren (Zweiweg-Kommunikation mit der Öffentlichkeit). Zur Information gegenüber der *Bundesversammlung:* vgl. BV 153, 169, ParlG 150 ff.; der *Kantone:* vgl. BV 45, 55, 186.

10 *Vorgaben und Instrumente:* Die Verfassung begnügt sich damit, einige mehr oder weniger selbstverständliche *Rahmenbedingungen* zu nennen: *rechtzeitig (en temps utile;* RVOG 10: «frühzeitig»), *umfassend (de manière détaillée, compiutamente;* ähnlich schon VwOG 8 bzw. RVOG 10, wo überdies die Kriterien «einheitlich» und «kontinuierlich» genannt werden). Die Verfassung verzichtet darauf, sich zu den *Instrumenten* zu äussern. Auch wenn Information mit gutem Grund als «Chefsache» angesehen wird, schliesst BV 180 eine Delegation nicht aus – beispielsweise an den (seit 1.9.2000 auch offiziell so betitelten) «Bundesratssprecher» (RVOG 10a: vgl. N 3 zu BV 179). Die Öffentlichkeitsarbeit auf Regierungsebene wird ergänzt durch jene auf Verwaltungsebene (Departemente, Ämter usw.). Insgesamt stehen rund 700 Personen im Dienst der Information; pro Jahr finden gegen 400 Medienkonferenzen statt (vgl. Oswald Sigg, in: NZZ Nr. 37 vom 14.2.2007, S. 18). Über die Gesamtkosten sollen ab Rechnungsjahr 2007 verlässliche Zahlen vorliegen. – Dass die Medien mit wohlformulierten Communiqués und «Presserohstoff» versorgt werden (vgl. auch Art. 9 der Akkreditierungs-Verordnung, SR 170.61), fördert die Präzision der Berichterstattung, leistet aber auch dem «Verlautbarungsjournalismus» Vorschub. – Die bundesrätliche «Strategie für eine Informationsgesellschaft in der Schweiz» (1998 beschlossen, 2006 revidiert) setzt Schwerpunkte bei der elektronischen Verwaltung (sog. eGovernment) und im Gesundheitswesen (sog. eHealth).

11 *Grenzen:* Allfällige öffentliche oder private Geheimhaltungsinteressen sind zu wahren (Abwägungsgebot). Zu denken ist an Interessen der inneren oder äusseren Sicherheit, an die ungestörte Meinungsbildung im Bundesrat, den Schutz der Privatsphäre oder von Geschäftsgeheimnissen usw.

12 Besondere Anforderungen stellt die Information im Vorfeld von *Volksabstimmungen* (vgl. auch N 8 vor BV 136). Diese darf die freie Willensbildung und unverfälschte Stimmabgabe nicht beeinträchtigen (vgl. N 17 zu BV 34; zu den Obliegenheiten des Bundesrates vgl. auch VPB 64.104, Entscheid des Bundesrates vom 17.5.2000 betreffend die Volksabstimmung vom 21.5.2000 über die Bilateralen Verträge). Die Redaktion des «Bundesbüchleins» (Abstimmungserläuterungen) obliegt dem Bundesrat (BPR 11), obwohl es darin um Vorlagen bzw. Abstimmungsempfehlungen der Bundesversammlung geht. Die von der SPK-N im März 2004 einstimmig ins Auge gefasste Zuweisung der Aufgabe an ein Organ der Bundesversammlung wurde von der SPK-S ebenso einstimmig abgelehnt (vgl. Medienmitteilung vom

25.5.2004). – Zu aktuellen Versuchen, den Bundesrat per Volksinitiative bzw. per Bundesgesetz zu disziplinieren, vgl. N 1 zu BV 34.

13 *Übergang zum Öffentlichkeitsprinzip:* Der mit dem Öffentlichkeitsgesetz (BG vom 17.12.2004 über das Öffentlichkeitsprinzip der Verwaltung, BGÖ; SR 152.3) jetzt auch im Bund vollzogene Paradigmenwechsel bedurfte keiner Verfassungsänderung. Eine Rückkehr zum früheren Grundsatz der Geheimhaltung mit Öffentlichkeitsvorbehalt ist heute wenig wahrscheinlich, aber verfassungsrechtlich nicht verbaut (anders die im VE 95 zur Diskussion gestellte Variante, Art. 154 Abs. 2; anders auch viele Kantone: vgl. KV/BE 17 und in der Folge z.B. KV/ZH 17; KV/SO 11; KV/FR 19; KV/BS 75; KV/VD 17; KV/NE 18). Zur Öffentlichkeit des Staatshandelns allgemein TSCHANNEN, Staatsrecht, 375 ff.

Literaturhinweise (vgl. auch die Hinweise bei BV 34 und vor BV 174)
HÄNER ISABELLE, Das Öffentlichkeitsprinzip im Bund und in den Kantonen, ZBl 2003, 281 ff.; MAHON PASCAL, L'information par les autorités, ZSR 1999 II, 199 ff.; SAXER URS, Behördliche Informationen im Spannungsfeld von Informationsbedürfnis und strafrechtlichem Vertraulichkeitsschutz, ZSR 2004 I, 233 ff.; DERS., Öffentlichkeitsinformationen von Behörden im Rechtsstaat, medialex 2004, 19 ff.; TSCHANNEN PIERRE, Amtliche Warnungen und Empfehlungen, ZSR 1999 II, 353 ff.

Art. 181 Initiativrecht

Der Bundesrat unterbreitet der Bundesversammlung Entwürfe zu ihren Erlassen.

1 Die Bestimmung geht auf die Bundesstaatsgründung zurück (BV 1848 Art. 90 Ziff. 4; BV 1874 Art. 102 Ziff. 4). Anders als VE 96 Art. 169 befasst sich BV 181 nicht mit dem Antragsrecht des Bundesrates (dazu BV 160).

2 *Initiativrecht:* Befugnis, eine Vorlage formell in den parlamentarischen Verhandlungs- und Beschlussfassungsprozess (BV 156 ff.) einzubringen.

3 *Träger:* BV 181 stellt klar, dass – neben den in BV 160 genannten Akteuren – auch die Spitze der Exekutive zu den Trägern des Initiativrechts gehört, was verfassungsvergleichend keine Selbstverständlichkeit ist (vgl. etwa die gegenteilige Rechtslage in den USA). Das Vorschlagsrecht ist ein nicht delegierbares Recht des *Kollegiums* (BV 177; zum Spezialfall des Handelns in einer ausserordentlichen Lage vgl. RVOG 26 und BIAGGINI, SG-Komm., Art. 181, N 6). In der Aufzählung der Initiativberechtigten fehlt das Bundesgericht. Angesichts der Selbstverwaltungsgarantie (BV 188) ist der Bundesrat gehalten, diesbezügliche *Anliegen des Bundesgerichts* der Bundesversammlung zu unterbreiten, auch wenn er damit nicht einig geht (vgl. EICHENBERGER, Komm. aBV, Art. 102, N 62; für Voranschlag, Rechnung und Geschäftsbericht vgl. nun das «Direktverfahren»: ParlG 162, BGG 3).

4 *Staatspolitische Bedeutung:* Die Regelung des Vorschlagsrechts (Initiativrecht) gehört zu den Kernfragen des Staatsrechts. Das Initiativrecht ist ein zentrales *Instrument* zur wirksamen Wahrnehmung der bundesrätlichen Staatsleitungs- und Regierungsobliegenheiten (vgl. N 4 zu BV 174). Es sichert ihm namentlich im Gesetzgebungsprozess eine Schlüsselstellung (zur regierungssystemprägenden Bedeutung vgl. EICHENBERGER, Komm. aBV, Art. 102, N 65). Ge-

setzesvorlagen werden in der Praxis gewöhnlich vom Bundesrat in den parlamentarischen Entscheidungsprozess eingebracht; dies häufig auch dann, wenn der eigentliche politische Anstoss aus dem Kreis des Parlaments stammt (z.B. Motion, vgl. N 6 zu BV 171). Der hohe Stellenwert des bundesrätlichen Vorschlagsrechts zeigt sich auch darin, dass das parlamentarische Initiativrecht zurückzustehen hat, wenn bereits ein entsprechender (meist bundesrätlicher) Erlassentwurf anhängig ist (ParlG 108).

5 *Befugnis* bzw. *Pflicht:* Die imperative Formulierung («unterbreitet») bringt den rechtlichen Handlungsspielraum des Bundesrates nicht hinreichend klar zum Ausdruck: Das Initiativrecht ist (wie die Überschrift erkennen lässt) zunächst eine *Befugnis* (vgl. Botsch. BR, 412). Eine *Verpflichtung*, das Initiativrecht auszuüben, besteht:
– wenn Verfassung oder Gesetz dies vorsehen, insb. im Fall des Voranschlags (BV 183) bzw. einer Volksinitiative (ParlG 97);
– wenn die Bundesversammlung per Auftrag (BV 171) bzw. Motion (ParlG 120 ff.) vom Bundesrat die Unterbreitung einer Vorlage verlangt.

Mit der Verabschiedung einer Vorlage zuhanden der Räte geht die *Verfahrensherrschaft* an die Bundesversammlung über. Die Entscheidung über den Erstrat oder über eine beschleunigte Behandlung liegt in der Kompetenz der dafür zuständigen Organe (ParlG 84 f.). Auf eine Vorlage einwirken kann der Bundesrat nur noch über das Antragsrecht gemäss BV 160; der Rückzug ist ihm von Gesetzes wegen verwehrt (ParlG 73 Abs. 3).

6 *Gegenstand des Initiativrechts:* Der Begriff «Erlasse» verweist auf die in BV 163 aufgezählten Beschlussformen. Das Initiativrecht beschränkt sich (entgegen dem italienischen Wortlaut) nicht auf Rechtsetzungsakte, sondern erfasst auch Erlasse nicht-rechtsetzender Natur. Auch wenn nicht ausdrücklich erwähnt (anders noch VE 96 Art. 169), sind selbstverständlich auch Entwürfe für Verfassungsänderungen mitgemeint.

7 *Form und Verfahren:* Der Begriff *«Entwürfe»*, der auf den Antrag der beiden SPK zurückgeht (vgl. SPK-N/S, ZB-BV, 296; anders VE 96 Art. 169: «Vorschläge») legt es nahe, vom Bundesrat zu verlangen, dass er einen *ausformulierten* Erlassentwurf unterbreitet. Insoweit besteht ein Unterschied zur Standesinitiative und zur Initiative aus dem Kreis des Parlaments (BV 160), wo auch die Form der *allgemeinen Anregung* vorgesehen ist (ParlG 107, 115). Die Erlassentwürfe des Bundesrates müssen stets von einer erläuternden Botschaft begleitet sein (ParlG 141). – Zur Frage, wie bei der *Ausarbeitung* von Vorlagen des Bundesrates vorzugehen ist, äussert sich BV 181 nicht. Der erste Anstoss kann von der Exekutive, vom Parlament (z.B. über eine Motion, ParlG 120) oder von dritter Seite kommen. Aus BV 147 ergibt sich die Pflicht, bei wichtigen Vorlagen ein *Vernehmlassungsverfahren* durchzuführen, *bevor* das Vorschlagsrecht ausgeübt wird. Im Übrigen ist der Bundesrat bei der Gestaltung des Verfahrens weitgehend frei. Er kann eine Vorlage im Schoss der Verwaltung ausarbeiten lassen (vgl. BV 177 Abs. 2) oder die Ausarbeitung eines Vorentwurfs einer eigens dazu eingesetzten Expertenkommission oder einzelnen Sachverständigen übertragen (vgl. RVOG 57; vgl. auch BV 1874 Art. 104) oder auch die Kantone einbeziehen (zum Vorgehen bei der NFA-Vorlage vgl. N 2 zu BV 135).

8 *Zur Praxis des Initiativrechts:* Auch wenn die Zahl der parlamentarischen Initiativen in jüngerer Zeit zugenommen hat (zuletzt rund 75 pro Jahr; vgl. auch GRAF, Motion, 212), geht die Initiative heute ganz überwiegend vom Bundesrat aus. Hauptgrund dafür ist, dass die Bundesversammlung auf Grund ihrer Struktur und Arbeitsweise für die Ausarbeitung komplexer (Rechtsetzungs-)Vorlagen nicht gerüstet ist. Die Stärken der Bundesversammlung liegen bei der Impulsgebung sowie bei der Kontrolle und punktuellen Korrektur der vom Bundesrat ausgearbeiteten (und zwangsläufig inhaltlich geprägten) Vorlagen. Die Stellung des Bundesrates im politischen Entscheidungsprozess darf umgekehrt nicht überbewertet werden. Der erste politische Anstoss für bundesrätliche Vorlagen geht häufig vom Parlament aus. Immer häufiger entstehen Vorlagen des Bundesrates im Zusammenhang mit – bzw. unter dem Druck von – eingereichten (oder auch bloss angekündigten) Volksinitiativen (BV 139) oder im Zusammenhang mit umsetzungsbedürftigen völkerrechtlichen Verträgen. Auch ist der Bundesrat bei der inhaltlichen Ausgestaltung seiner Vorlagen oft stark eingeengt. Die Bundesversammlung scheint zudem heute häufiger und intensiver auf die Gesetzgebung einzuwirken als früher (vgl. LINDER, Schweizerische Demokratie, 209; JEGHER, Einfluss, 205), wozu der 1992 vollzogene Wechsel zum System der ständigen Kommissionen wesentlich beigetragen haben dürfte.

Literaturhinweise (vgl. auch die Hinweise bei BV 160)

GRAF MARTIN, Motion und parlamentarische Initiative, in: Parlamentsdienste (Hrsg.), Oberste Gewalt, 203 ff.; GUT-WINTERBERGER URSULA, Der Anteil von Bundesversammlung, Bundesrat und Bundesverwaltung am Rechtsetzungsverfahren, Zürich 1986; JEGHER ANNINA, Bundesversammlung und Gesetzgebung, Bern 1999; LÜTHI RUTH, Das Parlament, in: Klöti et al., 125 ff.

Art. 182   Rechtsetzung und Vollzug

¹ Der Bundesrat erlässt rechtsetzende Bestimmungen in der Form der Verordnung, soweit er durch Verfassung oder Gesetz dazu ermächtigt ist.

² Er sorgt für den Vollzug der Gesetzgebung, der Beschlüsse der Bundesversammlung und der Urteile richterlicher Behörden des Bundes.

1 Die Bestimmung geht auf die Bundesstaatsgründung zurück (vgl. BV 1848 Art. 90; BV 1874 Art. 102, je Ziff. 5). Die Verordnungsgebung (Abs. 1) wird erstmals in genereller Weise geregelt. Die Regelung des Verhältnisses Gesetz–Verordnung gehört nicht zu den Glanzstücken der Totalrevision (N 5 und 7 zu BV 164). Die Praxis wird sich (mit Unterstützung der Lehre) zu arrangieren wissen.

Bundesrat als Verordnungsgeber (Abs. 1)

2 *Funktion:* Abs. 1 bekräftigt, dass neben dem Gesetzgeber auch der Bundesrat (Exekutivspitze) zum Erlass «rechtsetzender» Bestimmungen (zum Begriff vgl. N 5 zu BV 163) befugt ist (kein Monopol des Gesetzgebers).

3 Die *Form* der Verordnung (im schweizerischen Staatsrecht kein Monopol der Exekutive, vgl. BV 163 Abs. 1: Parlamentsverordnung) unterscheidet sich äusserlich wenig von der Form des Gesetzes (anderer Ingress, andere Schlussformel). Hauptunterschied ist das *Fehlen der Referendumsklausel.* – Ob man die dem Vollzug dienenden (gewöhnlich nicht förmlich publizier-

ten) sog. *Verwaltungsverordnungen* (Weisungen, Kreisschreiben usw.) als Rechtsnormen einstuft (vgl. BIAGGINI, ZBl 1997, 1 ff.) oder nicht (BGE 131 II 1, 11), ist aus der Sicht von BV 182 unerheblich, da sie jedenfalls in Abs. 2 eine Stütze finden.

4 *Grundlage:* Entsprechend dem nicht unumstrittenen Konzept des BV 164 bedürfen (wie BV 182 in Erinnerung ruft) auch Verordnungen des Bundesrates einer Grundlage in *Verfassung oder Gesetz*. Die Ermächtigung muss keine ausdrückliche sein. So schliesst die Aufgabe, die Gesetze zu vollziehen (Abs. 2) auch die Befugnis mit ein, die für den Vollzug erforderlichen Vorschriften zu erlassen. Solche Ausführungs- oder Vollzugsverordnungen dienen dazu, «die gesetzlichen Bestimmungen zu konkretisieren und gegebenenfalls untergeordnete Lücken zu füllen, soweit dies für den Vollzug des Gesetzes erforderlich ist» (BGE 126 II 283, 291). Sie müssen sich an den gesetzlichen Rahmen halten «und dürfen insbesondere keine neuen Vorschriften aufstellen, welche die Rechte der Bürger beschränken oder ihnen neue Pflichten auferlegen, selbst wenn diese Regeln mit dem Zweck des Gesetzes vereinbar wären» (a.a.O., 291). Einer förmlichen Ermächtigung zum Erlass von Vollzugsvorschriften (wie sie in den Schlussbestimmungen vieler Bundesgesetze anzutreffen ist) bedarf der Bundesrat nicht (ebenso TSCHANNEN, Staatsrecht, 577). Dass der Verfassungsgeber darauf verzichtet hat, den Begriff «Vollzugsbestimmungen» in Abs. 2 aufzunehmen (anders VE 95 Art. 156), ändert daran nichts.

5 *Verordnungen mit Grundlage in der Verfassung* (auch: verfassungsunmittelbare, «selbstständige» Verordnungen): Direkt gestützt auf die Verfassung kann der Bundesrat erlassen (ohne Einbezug der Übergangsbestimmungen; vgl. BV 196 Ziff. 2, 3, 8):
- Verordnungen zur Wahrung der Interessen des Landes (BV 184);
- Verordnungen zur Abwendung eingetretener oder unmittelbar drohender schwerer Störungen (BV 185: äussere und innere Sicherheit);
- Massnahmen zur Verlagerung des alpenquerenden Gütertransitverkehrs auf die Schiene (BV 84: Alpenquerender Transitverkehr).

Hinzu kommt die bereits erwähnte (N 4) Befugnis zum Erlass von (rein) vollziehenden Vorschriften, die sich (entgegen Botsch. BV, 415) nicht aus BV 182 Abs. 1 ergibt (wie hier MAHON, Comm., Art. 182, N 9) und auch nicht schon allein aus Abs. 2. Denn es bedarf noch des «Dazwischentretens» des Gesetzgebers. Erst der Erlass eines Gesetzes aktualisiert die in Abs. 2 «schlummernde» Vollzugskompetenz (weshalb man bei solchen Vollziehungsverordnungen nicht von «selbstständigen» Verordnungen sprechen sollte).

6 *Verordnungen auf der Grundlage gesetzlicher Ermächtigungen* (auch: «unselbstständige» Verordnungen): Zu den differenzierenden Anforderungen an Inhalt und Dichte der gesetzlichen Grundlage vgl. N 5 ff. zu BV 164.

7 *Inhaltlich* ist die Verordnung grundsätzlich die Form für Rechtsregeln, die nicht «wichtig» bzw. «grundlegend» i.S.v. BV 164 Abs. 1 sind. Je nach Regelungsgegenstand sowie Art und Inhalt der Rechtsgrundlage kann eine Verordnung des Bundesrates u.U. Rechtsregeln aufnehmen, die weit mehr sind als bloss sekundärer Natur – bis hin zu (im wörtlichen Sinn) *«gesetzesvertretenden»* Normen (so im Fall der sog. Polizeinotverordnungen gemäss BV 185 Abs. 3). Zu Voraussetzungen und Schranken der sog. Gesetzesdelegation vgl. N 9 ff. zu BV 164.

8   Das *Verfahren der Verordnungsgebung* ist in der BV nicht speziell geregelt. Wenn es eilt, können Verordnungen buchstäblich «über Nacht» erlassen und in Kraft gesetzt werden (für ein Beispiel vgl. BGE 114 Ib 17, 22). Anders als im Gesetzgebungsverfahren bestehen kaum Öffentlichkeitsgarantien. Unter Umständen besteht die Pflicht, ein Vernehmlassungsverfahren durchzuführen (vgl. N 3 zu BV 147). Der Bundesrat hat gemäss ParlG 141 in seinen Botschaften zu Gesetzesentwürfen die geplante Umsetzung zu erläutern. ParlG 151 räumt der zuständigen parlamentarischen Kommission das Recht ein zu verlangen, dass ihr der Entwurf zu einer wichtigen Verordnung des Bundesrates zur Konsultation vorgelegt wird (zu Recht kritisch TSCHANNEN, Staatsrecht, 582).

9   *Genehmigung von Verordnungen:* Lehre und Praxis gehen davon aus, dass es zulässig ist, Verordnungen des Bundesrates einer Genehmigung durch die Bundesversammlung zu unterwerfen (vgl. ParlG 95 Bst. h; SÄGESSER, Bundesbehörden, N 902 ff.). Beispiele: Verordnungen, die sich auf ZTG 13 (SR 632.10) oder auf das Zollpräferenzgesetz (BG vom 9.10.1981, SR 632.91) stützen; CO_2-Gesetz 7 Abs. 4 (vgl. BBl 2005 4915 f.; BBl 2007 3377). Die Rechtsfigur ist aus mehreren Gründen problematisch und nur mit grösster Zurückhaltung einzusetzen (vgl. auch TSCHANNEN, Staatsrecht, 583).

10 *«Subdelegation»:* Die Bundesverfassung äussert sich nicht ausdrücklich zur Frage, ob (bzw. unter welchen Voraussetzungen) der Bundesrat befugt ist, seine Rechtsetzungsbefugnisse an nachgeordnete Stellen (z.B. Departemente, Ämter) weiterzudelegieren. Die Staatspraxis lässt dies, unter Berücksichtigung der Tragweite der Regelung, prinzipiell zu (RVOG 48 Abs. 1), woran der Verfassungsgeber wohl nichts ändern wollte. Die (Weiter-)Übertragung an untergeordnete Verwaltungseinheiten (Gruppen, Ämter; vgl. N 6 zu BV 178) setzt gemäss RVOG 48 Abs. 2 eine bundesgesetzliche Ermächtigung voraus.

11 Zur *Auslagerung* von Rechtsetzungsbefugnissen vgl. N 24 zu BV 178.

12 Zur *Normenkontrolle* bei Verordnungen vgl. N 11 f. zu BV 190.

Vollzugsfunktion (Exekutive i.e.S.; Abs. 2)

13 Der Begriff *«Vollzug»* umfasst die gesamte Exekutivtätigkeit, d.h. nicht bloss die nichtrichterliche (administrative) *Rechtsanwendung* im konkreten Einzelfall durch förmliche Verfügung (VwVG 5), sondern auch einen breiten Fächer weiterer staatlicher Tätigkeiten ausführender Natur: vom formlosen Handeln (Realakt) bis hin zum Erlass von generellen Weisungen (Verwaltungsverordnungen) oder förmlichen Vorschriften (Vollziehungsverordnungen, vgl. N 4). BV 182 sagt nicht, wann welches Mittel zum Einsatz kommen soll.

14 *Gesetzgebung:* vgl. BV 163. – Die «Umsetzung» (und darin eingeschlossen: der administrative Vollzug) ist in vielen Bereichen Sache der Kantone (BV 46), was nicht ausschliesst, dass gewisse Vollzugsaufgaben (insb. Kontrolle) beim Bund (Bundesrat) verbleiben.

15 *Beschlüsse der Bundesversammlung:* Dazu zählen nicht nur (verfahrensabschliessende) förmliche Bundesbeschlüsse i.S.v. BV 163, sondern alle Beschlüsse, die ein Handeln erfordern (z.B. Aufträge gemäss BV 171). – Dass Abs. 2 eine rechtliche Verpflichtung des Bundesrates begründen soll, vor Volksabstimmungen die Position der Bundesversammlung zu vertreten (in diesem Sinne: SPK-N, Medienmitteilung vom 15.9.2006), d.h. eine gegebenenfalls abweichende eigene Position zu verleugnen, beruht auf einer allzu einseitig-isolierten Interpretation

von BV 182 Abs. 2 (die sich merkwürdigerweise auch der Bundesrat selbst schon zu eigen gemacht hat: VPB 64.104, Entscheid vom 17.5.2000 betreffend die Volksabstimmung vom 21.5.2000; vgl. auch N 1 zu BV 34 sowie VPB 71.1 [2007], Bundesamt für Justiz).

16 *Urteile richterlicher Behörden des Bundes* (vgl. BV 188, 191a): Vollzug meint hier Vollstreckung i.S. der Durchsetzung des (rechtskräftigen) Richterspruchs (Botsch. BV, 414). Zur Beschwerde an den Bundesrat im Falle «mangelhafter Vollstreckung» vgl. BGG 70; VGG 43. – Der Vollzug von Urteilen *kantonaler* richterlicher Behörden (vgl. BV 191b) obliegt den Kantonen.

17 *Natur der Verpflichtung:* BV 182 Abs. 2 nimmt den Bundesrat in die Verantwortung, verlangt jedoch nicht zwingend, dass er selber vollzieht («sorgt für»). So ist es zulässig, dass das Gesetz die Vollstreckung bundesgerichtlicher Urteile weitgehend den Kantonen überbindet (BGG 70; so auch OG 39).

Literaturhinweise (vgl. auch die Hinweise bei BV 164)

BIAGGINI GIOVANNI, Die vollzugslenkende Verwaltungsverordnung: Rechtsnorm oder Faktum?, ZBl 1997, 1 ff.; BUTLIGER MARCEL, Die Verordnungstätigkeit der Regierung, Bern 1993; MÜLLER GEORG, Formen der Rechtssetzung, BTJP 1999, 249 ff.

Art. 183 Finanzen

¹ Der Bundesrat erarbeitet den Finanzplan, entwirft den Voranschlag und erstellt die Staatsrechnung.

² Er sorgt für eine ordnungsgemässe Haushaltführung.

1 Die im Kern auf die Bundesstaatsgründung zurückgehende Bestimmung (BV 1848 Art. 90; BV 1874 Art. 102, je Ziff. 14) wurde im Rahmen der Totalrevision etwas modernisiert und ergänzt. Die wichtigsten ausführenden Vorschriften finden sich im BG vom 7.10.2005 über den eidgenössischen Finanzhaushalt (FHG, SR 611.0; vgl. auch FHV, SR 611.01; N 2 zu BV 167).

2 *Bundesrat und Bundesversammlung* wirken im Finanzbereich besonders eng zusammen. Als Gegenstück zu BV 167 (Finanzkompetenzen der Bundesversammlung) und in Konkretisierung von BV 180 (Planung als Regierungsobliegenheit) normiert Abs. 1 *Verpflichtungen* des Bundesrates:

- *Voranschlag* (Budget): Der *Entwurf* für den Voranschlag (N 10 zu BV 167) ist gemäss FHG 29 jährlich jeweils bis Ende August vorzulegen (für Einzelheiten vgl. FHG 29 ff.; ParlG 50, 142; FHV 18 ff.). Die Vorbereitung obliegt dem Eidgenössischen Finanzdepartement, dessen Vorsteher, anders als manch ausländischer Kollege, entsprechend dem Kollegialprinzip (BV 177) keine herausgehobenen Befugnisse besitzt.

- *Staatsrechnung:* Vgl. N 16 zu BV 167; FHG 4 ff.; ParlG 50, 142.

- *Finanzplan:* BV 183 konstitutionalisiert das Instrument des mehrjährigen Finanzplans (vgl. BV 180; ParlG 143, 146; FHG 19; FHV 4 ff.); im ersten Jahr einer Legislatur hat der *Legislaturfinanzplan* diese Funktion.

Das mit einer Selbstverwaltungsgarantie ausgestattete (BV 188 Abs. 3) *Bundesgericht* verabschiedet Voranschlag und Rechnung direkt zuhanden der Bundesversammlung (BGG 17; FHG 2; FHV 1); das Bundesverwaltungs- und das Bundesstrafgericht via Bundesgericht (VVG 3, SGG 3).

3 Die Verfassung äussert sich nicht ausdrücklich zu *Inhalt und Umfang* von Staatsrechnung bzw. Voranschlag. Eine begrenzte Dezentralisierung (ausgelagerte Einheiten) erscheint zulässig (Botsch. BV, 415), sofern ein Mindestmass an Kontrolle erhalten bleibt. FHG 5 unterscheidet bei der Staatsrechnung zwischen der

- *Bundesrechnung*, die neben der Jahresrechnung des Bundes auch die Rechnungen weiterer Institutionen (Bundesgericht, Bundesversammlung, inkl. Parlamentsdienste) sowie dezentraler Verwaltungseinheiten ohne eigene Rechnung umfasst (vgl. FHG 2), und den
- *Sonderrechnungen*, d.h. Jahresrechnungen von Verwaltungseinheiten der dezentralen Bundesverwaltung und der Fonds des Bundes, die eine eigene Rechnung führen (FHV 2: ETH-Bereich, Alkoholverwaltung, Fonds für Eisenbahngrossprojekte; vgl. auch BV 196 Ziff. 3 Abs. 3).

Zu den Rechnungslegungs-Standards vgl. N 16 zu BV 167. – Zu den Besonderheiten des «Führen(s) mit Leistungsauftrag und Globalbudget» (FLAG) vgl. RVOG 44 (i.d.F. vom 7.10.2005) und FHG 42 ff.

Ordnungsgemässe Haushaltführung (Abs. 2)

4 Die «Sorge für» ein korrektes Finanzgebaren konkretisiert eine schon aus BV 178 fliessende Verpflichtung des Bundesrates. Zu Kriterien und Instrumenten sowie zu den Aufgaben der Eidgenössischen Finanzkontrolle vgl. N 19 zu BV 167, FKG 1 ff. Zur Rolle der Bundesversammlung und ihrer Kommissionen (inkl. Finanzdelegation) vgl. N 18 zu BV 167 und N 15 zu BV 169, ParlG 50 f.

Literaturhinweise (vgl. auch die Hinweise bei BV 167)

BRÜGGER PAUL, Zum Wesensgehalt der Unabhängigkeit oberster Finanzaufsichtsorgane, ZBl 2006, 1 ff.; DERS., Evolution der Eidgenössischen Finanzkontrolle (EFK), ZBl 2000, 113 ff.; KOLLER HEINRICH, Der öffentliche Haushalt als Instrument der Staats- und Wirtschaftslenkung, Basel 1983.

Art. 184 Beziehungen zum Ausland

¹ Der Bundesrat besorgt die auswärtigen Angelegenheiten unter Wahrung der Mitwirkungsrechte der Bundesversammlung; er vertritt die Schweiz nach aussen.

² Er unterzeichnet die Verträge und ratifiziert sie. Er unterbreitet sie der Bundesversammlung zur Genehmigung.

³ Wenn die Wahrung der Interessen des Landes es erfordert, kann der Bundesrat Verordnungen und Verfügungen erlassen. Verordnungen sind zu befristen.

1 Die Bestimmung geht im Wesentlichen auf die Bundesstaatsgründung zurück (BV 1848 Art. 90 Ziff. 8; BV 1874 Art. 102 Ziff. 8).

Besorgung der auswärtigen Angelegenheiten (Abs. 1)

2   *Funktion:* Abs. 1 begründet eine *umfassende Organkompetenz* des Bundesrates im gesamten Bereich der auswärtigen Angelegenheiten (zum Begriff vgl. N 2 ff. zu BV 54). Das auswärtige Handeln ist an den verfassungsrechtlich vorgegebenen Zielen (BV 54 Abs. 2; vgl. auch BV 2; 101; 184 Abs. 3: Wahrung der Landesinteressen) auszurichten. Beschränkungen ergeben sich aus allgemeinen Normen (BV 5, 7 ff.) und aus den Mitwirkungsrechten der Bundesversammlung (insb. BV 166 Abs. 2, ParlG 152; dazu N 8 ff. zu BV 166, vgl. auch hinten N 8) und der Kantone (BV 55). Insgesamt verbleibt dem Bundesrat ein sehr beträchtlicher Gestaltungsspielraum (vgl. EHRENZELLER, SG-Komm., Art. 166, N 17; ZIMMERLI, VRdCH, 1039). Auch wenn man durchaus sagen kann, die Verfassung kenne im Bereich der auswärtigen Angelegenheiten «keine starre Kompetenzaufteilung zwischen Bundesversammlung und Bundesrat» (so Botsch. BV, 392), wäre es doch nicht korrekt, von einer «gemeinsamen Domäne» zu sprechen (so indes TSCHANNEN, Staatsrecht, 427). Die beiden obersten politischen Behörden des Bundes verfügen über je eigene Kompetenzen und Handlungsfelder (die sich nur zum Teil überschneiden). Die *operative* Führung der Aussenpolitik ist Sache des Bundesrates. Die Aufgaben der Bundesversammlung liegen vor allem im strategischen Bereich (vgl. TSCHANNEN, Staatsrecht, 427), was aber nicht heisst, dass die Festlegung der Strategie allein Sache der Bundesversammlung ist. Sie ist an der Gestaltung der Aussenpolitik «beteiligt» (BV 166 Abs. 1). Dies impliziert, dass dem Bundesrat von Verfassungsrechts wegen eine massgebliche Rolle bei der Gestaltung der Aussenpolitik zukommt (Lagebeurteilung, Konzeption, Initiierung, Koordination). Dabei handelt es sich (anders als bei der Durchführung) um eine nicht delegierbare Regierungsobliegenheit. In der Praxis zeigt sich immer wieder, dass der Bundesrat als Kollegium Mühe hat, eine kohärente und einheitliche Aussenpolitik zu gewährleisten (zur Aufsplitterung in Departemental- oder gar Ressortaussenpolitiken RHINOW, Grundzüge, 574).

3   Zu den *Instrumenten* äussert sich Abs. 1 nicht näher. Zur Verfügung stehen grundsätzlich *alle zweckdienlichen* Instrumente bzw. Handlungsformen (kein *numerus clausus):* sowohl förmliches als auch tatsächliches Handeln, sowohl einseitige als auch zwei- bzw. mehrseitige Akte (Verträge), sowohl Akte des völkerrechtlichen bzw. diplomatischen Verkehrs als auch interne Akte (z.B. Erlass innerstaatlicher Rechtsvorschriften). BV 184 erfasst u.a. (vgl. Botsch. BV, 416; vgl. auch SCHINDLER, Komm. aBV, Art. 102, N 101 ff.): das Aushandeln, Abschliessen, Unterzeichnen, Ratifizieren (vgl. Abs. 2), Suspendieren (vgl. VPB 69.115, 2005) und Beendigen völkerrechtlicher Verträge (vgl. VPB 70.69, 2006); das Ausarbeiten und Verabschieden der Mandate für internationale Konferenzen; das Entsenden und Instruieren von Vertretern bei internationalen Organisationen; den Entscheid über die Teilnahme an internationalen Kooperationsprogrammen (z.B. Partnerschaft für den Frieden); das Anbieten sog. Guter Dienste; die Anerkennung von Staaten (anders noch BV 1848 Art. 74 Ziff. 4: Bundesversammlung); die Aufnahme und den Abbruch diplomatischer Beziehungen (die im Gefolge des Sonderbundskrieges abgebrochenen Beziehungen zum Heiligen Stuhl wurden 1920 teilweise, 1991 weitgehend, 2004 vollständig normalisiert); das Ergreifen von Sanktionen; den (konsularischen und diplomatischen) Schutz schweizerischer Interessen. Das Netz der Auslandvertretungen umfasst über 100 Botschaften und Missionen sowie rund 40 Generalkonsulate. – Bei einigen Instrumenten ist der Bundesrat nicht abschliessend zuständig, d.h. auf die Mitwir-

kung anderer Instanzen (insb. Bundesversammlung) angewiesen (Genehmigung bestimmter Verträge, Erlass von Gesetzen).

4 *Vertretung der Schweiz nach aussen:* Angesprochen ist die Funktion des Bundesrates als formelles Staatsoberhaupt (vgl. auch N 2 zu BV 176). Es ist Sache des Bundesrates, gegenüber anderen Staaten oder internationalen Organisationen rechtsverbindliche Erklärungen abzugeben. Dazu gehören auch die in Abs. 2 speziell erwähnten völkerrechtlichen Akte der Unterzeichnung und der Ratifikation sowie die Kündigung völkerrechtlicher Verträge. Eine Delegation ist nicht ausgeschlossen (vgl. z.B. RVOG 48a, hinten N 10).

Unterzeichnung und Ratifikation von Verträgen (Abs. 2)

5 Zum Begriff des *völkerrechtlichen Vertrags* vgl. N 9 zu BV 166.

6 *Unterzeichnung:* die – gegebenenfalls bedingte (Ratifikationsvorbehalt) – schriftliche Zustimmung zu einem Vertrag (vgl. VRK 12; SR 0.111).

7 *Ratifikation:* völkerrechtliche Handlung, durch die ein Staat im internationalen Bereich seine Zustimmung bekundet, durch einen Vertrag gebunden zu sein (vgl. VRK 2 [1] b; SR 0.111). Früher wurden Genehmigung und Ratifizierung mitunter begrifflich gleichgesetzt (vgl. FLEINER, BuStR, 755). Ein von der Bundesversammlung genehmigter Staatsvertrag «wird mit dem Austausch der Ratifikationsurkunden für die Schweiz verbindlich und zum Bestandteil des Landesrechts» (BGE 106 Ib 182, 187).

8 Zum *Genehmigungserfordernis* vgl. N 8 ff. zu BV 166. Teil des Genehmigungsverfahrens ist auch ein allfälliges Referendum (BV 140, 141, 141a). Keiner Genehmigung bedürfen Verträge, für deren Abschluss der Bundesrat auf Grund von Gesetz oder völkerrechtlichem Vertrag zuständig ist (BV 166 Abs. 2; vgl. auch RVOG 7a). Die Genehmigung ist vor der Ratifikation einzuholen. Zur Möglichkeit der *vorläufigen* Anwendung (als durch Abs. 1 erfasster Fall der Besorgung auswärtiger Angelegenheiten) vor der parlamentarischen Genehmigung des Vertrags vgl. RVOG 7b (N 12 zu BV 166); vgl. auch VRK 25 (SR 0.111). – Zur Pflicht, bei «wichtigen» völkerrechtlichen Verträgen ein *Vernehmlassungsverfahren* durchzuführen, vgl. N 3 und 8 zu BV 147.

9 *Beendigung:* In Abs. 2 wird die Vertragskündigung nicht erwähnt. Die bundesrätliche Kompetenz gemäss Abs. 1 (Besorgung der auswärtigen Angelegenheiten, Vertretung der Schweiz nach aussen) schliesst diese Handlung des völkerrechtlichen Verkehrs ein. Eine andere – nach wie vor nicht abschliessend geklärte – Frage ist, inwieweit (und in welcher Form und mit welchem Grad der Verbindlichkeit) die Bundesversammlung in Sachen Vertragskündigung auf den Bundesrat einwirken kann (vgl. N 8 zu BV 171).

10 *Delegation und Berichterstattung:* Der Bundesrat kann die Zuständigkeit zum Abschluss völkerrechtlicher Verträge im Rahmen von RVOG 48a delegieren (vgl. auch VPB 70.69, 2006). Die Pflicht zur jährlichen Berichterstattung (RVOG 48a; vgl. BBl 2006 4789) ermöglicht eine nachträgliche parlamentarische *Kontrolle* der Praxis von Bundesrat und Verwaltung (N 14 zu BV 166).

Verfassungsunmittelbare Verordnungen und Verfügungen

11 *Gegenstand:* Abs. 3 bekräftigt die vom Bundesrat bereits unter der BV 1874 beanspruchte Befugnis, verfassungsunmittelbare Verordnungen und Verfügungen zu erlassen (vgl. SCHINDLER, Komm. aBV, Art. 102, N 99). Neu sind Verordnungen zu befristen. Eine Maximalfrist wird nicht genannt, was nicht heisst, dass die Fristen beliebig lang sein dürfen. – Ein Antrag der VK-N, die Verordnungen einer nachträglichen Genehmigung durch die Bundesversammlung zu unterstellen, blieb ohne Erfolg (AB SD 1998 N 115, 476 f.).

12 *Regelungszweck:* Anders als bei den Massnahmen gemäss BV 185 Abs. 3 geht es nicht um Gefahrenabwehr (im herkömmlichen Sinn), sondern um *aussenpolitische Interessenwahrung.* Entsprechend ist der Regelungsinhalt nicht auf polizeiliche Massnahmen beschränkt. – Ein direktes Gegenstück im Katalog der Zuständigkeiten der Bundesversammlung (BV 173) fehlt.

13 *Merkmale und Anforderungen:* Massnahmen gemäss Abs. 3 ergehen typischerweise «praeter legem et se substituent en quelque sorte à des lois qui n'existent justement pas» (BGE 131 III 652, 655, mit Blick auf SchKG 44). Beim Erlass verfassungsunmittelbarer Massnahmen ist der Bundesrat an *Verfassung und Gesetz* gebunden (vgl. VPB 60.88, 1996, Entscheid des Bundesrates vom 18.10.1995, Massnahmen gegenüber Libyen, gestützt auf BV 1874 Art. 102 Ziff. 8). Die Verfügung vom 16.11.2005, mit welcher der Bundesrat die Freigabe der im Rahmen eines Verfahrens nach SchKG durch die Walliser Behörden blockierten Bilder des Moskauer Puschkin-Museums erwirkte, stellt einen durch BV 184 Abs. 3 nicht gedeckten, unzulässigen Eingriff in ein gesetzlich geordnetes Verfahren dar (ebenso PETER, 66), so innovativ die *völkerrechtliche* Argumentation auch gewesen sein mag (vgl. ODENDAHL, 1175 ff.). – Verfassungsunmittelbare Verordnungen stellen (zusammen mit den Verfassungsbestimmungen, auf die sie sich stützen) eine ausreichende *Grundlage für Einschränkungen* von Grundrechten dar (vgl. BGE 132 I 229, 243; vgl. auch BGE 125 II 417, 428; BGE 123 IV 29, 34 f.; BGE 122 IV 258, 264), müssen aber ihrerseits «poursuivre un intérêt public prépondérant et respecter le principe de la proportionnalité» (BGE 131 III 652, 655). Anders als in BV 185 Abs. 3 wird die *sachliche* Dringlichkeit nur vage (Wahrung der Landesinteressen), die *zeitliche* Dringlichkeit (entgegen BGE 132 I 229, 242: «qu'elle soit [...] urgente») nicht angesprochen. Zeitliche (und sachliche) Dringlichkeit muss jedenfalls dann gegeben sein, wenn in Grundrechte eingegriffen wird (vgl. BV 36 Abs. 1 Satz 3). Regelungen, die «wichtig» (i.S.v. BV 164) sind, müssen so rasch als möglich in ordentliches Recht überführt werden. Soweit verfassungsunmittelbare Verordnungen und Verfügungen nebst aussenpolitischen auch polizeiliche und sicherheitspolitische Ziele verfolgen, sind die strengeren Anforderungen gemäss BV 185 Abs. 3 einschlägig (N 10 zu BV 185).

14 *Überprüfbarkeit:* Verfassungsunmittelbare Verordnungen sind einer Überprüfung durch das Bundesgericht prinzipiell zugänglich (vgl. N 11 zu BV 190). Wird die Verordnung durch «massgebendes» Völkerrecht (i.S.v. BV 190) abgedeckt, scheidet die Möglichkeit der konkreten Normenkontrolle aus. Bei Massnahmen in Ausführung von UNO-Sicherheitsrats-Resolutionen kann sich eine rechtsstaatlich bedenkliche Verkürzung des Rechtsschutzes ergeben (z.B. für natürliche Personen, die zu Unrecht auf Embargo-Listen figurieren).

15 *Praxis:* Als die Schweiz ab 1990 dazu überging, Sanktionen der internationalen Gemeinschaft systematisch nachzuvollziehen, erlangte das Instrument der aussenpolitisch motivierten verfassungsunmittelbaren Verordnung erhebliche praktische Bedeutung. Vgl. z.B. die (mehrfach geänderte) Verordnung vom 7.8.1990 über Wirtschaftsmassnahmen gegenüber der Republik Irak (SR 946.206, AS 1990 1316; dazu VPB 57.13, 1993); ähnliche Massnahmen galten von 1994 bis 1999 gegenüber Libyen (vgl. VPB 60.88, 1996) und von 1992–1996 und ab 1999 gegenüber der Bundesrepublik Jugoslawien bzw. Serbien und Montenegro (VPB 59.73, 1995), ab 1999 gegenüber Sierra Leone (SR 946.209), ab 2000 gegenüber Personen und Organisationen mit Verbindungen zu Usama bin Laden, der Gruppierung «Al-Qaïda» oder den Taliban (SR 946.203, AS 2000 1646). Durch den UNO-Beitritt hat sich die Schweiz zur Umsetzung von UNO-Sanktionen nun auch förmlich verpflichtet. Mit dem Inkrafttreten (1.1.2003) des BG vom 22.3.2002 über die Durchsetzung von internationalen Sanktionen *(Embargogesetz,* EmbG; SR 946.231) hat sich der Bedarf nach verfassungsunmittelbaren Verordnungen erheblich verringert. Verordnungen, die sich auf das EmbG stützen (für Beispiele: SR 946.231.10 ff.), müssen nicht zwingend befristet werden. Der Bundesrat ist an Verfassung und Gesetz gebunden. Massnahmen zur Wahrung der Landesinteressen nach BV 184 Abs. 3 bleiben vorbehalten (EmbG 1 Abs. 2).

16 *Beispiele* für Verordnungen, die sich (nur) auf BV 184 Abs. 3 stützen: Verordnung vom 18.5.2004 über die Einziehung eingefrorener irakischer Gelder und wirtschaftlicher Ressourcen und deren Überweisung an den Development Fund for Iraq (SR 946.206.1); Verordnung vom 3.7.2002 über die finanzielle Hilfe an vorübergehend im Ausland weilende Schweizer Staatsangehörige (SR 191.2). – *Beispiele* für eine auf BV 184 Abs. 3 gestützte *Verfügung:* BGE 132 I 229 (betreffend Sperrung von Vermögenswerten von Mobutu Sese Seko, Ex-Präsident von Zaire/Kongo, durch den Bundesrat, Zulässigkeit bejaht; vgl. auch BGE 131 III 652); BGE 129 II 193 (Verbot, ohne ausdrückliche Bewilligung in die Schweiz einzureisen; Verbot, in der Schweiz Organisationen zu gründen, zu vertreten oder zu unterstützen, die gewaltsam am Konflikt in Mazedonien teilnehmen oder die gewaltanwendenden Parteien dieses Konflikts unterstützen; Vereinbarkeit mit EMRK 8 bejaht). – *Ältere Beispiele* (vgl. auch SCHINDLER, Komm. aBV, Art. 102, N 110 ff.): Verbot der Herausgabe von Dokumenten an die USA im Fall Marc Rich (SJIR 1984, 161); Blockierung der Vermögenswerte des ehemaligen Präsidenten der Philippinen Marcos (EBK-Jahresbericht 1986, 25).

Literaturhinweise (vgl. auch die Hinweise bei BV 54, 141, 166, 185)

BORER THOMAS, Das Legalitätsprinzip und die auswärtigen Angelegenheiten, Basel/Frankfurt a.M. 1986; EHRENZELLER BERNHARD, Legislative Gewalt und Aussenpolitik, Basel/Frankfurt a.M. 1993; ODENDAHL KERSTIN, Immunität entliehener ausländischer staatlicher Kulturgüter, AJP 2006, 1175 ff.; PETER HANSJÖRG, Les tableaux du Musée Pouchkine de Moscou, Blätter für Schuldbetreibung und Konkurs 2006, 61 ff.; SÄGESSER THOMAS, Die vorläufige Anwendung völkerrechtlicher Verträge durch den schweizerischen Bundesrat, recht 2003, 85 ff.; SAXER URS/SUTTER PATRICK, Die Voranwendung internationaler Verträge durch den Bundesrat, AJP 2003, 1406 ff.

Art. 185   Äussere und innere Sicherheit

¹ Der Bundesrat trifft Massnahmen zur Wahrung der äusseren Sicherheit, der Unabhängigkeit und der Neutralität der Schweiz.

² Er trifft Massnahmen zur Wahrung der inneren Sicherheit.

³ Er kann, unmittelbar gestützt auf diesen Artikel, Verordnungen und Verfügungen erlassen, um eingetretenen oder unmittelbar drohenden schweren Störungen der öffentlichen Ordnung oder der inneren oder äusseren Sicherheit zu begegnen. Solche Verordnungen sind zu befristen.

⁴ In dringlichen Fällen kann er Truppen aufbieten. Bietet er mehr als 4000 Angehörige der Armee für den Aktivdienst auf oder dauert dieser Einsatz voraussichtlich länger als drei Wochen, so ist unverzüglich die Bundesversammlung einzuberufen.

1   Die Bestimmung geht im Wesentlichen auf die Bundesstaatsgründung zurück (BV 1848 Art. 90 Ziff. 9–11; BV 1874 Art. 102 Ziff. 9–11). Sie knüpft an die *Staatsziele* der Wahrung der *Unabhängigkeit* und der (äusseren und inneren) *Sicherheit des Landes* (BV 2) an. – BV 185 erteilt dem Bundesrat keine Ermächtigung, die Verfassung zu durchbrechen (Botsch. BV, 419). Staatsnotstand und «echtes Notrecht» (Botsch. BV, 419) werden durch die Bundesverfassung nicht explizit geregelt (ähnlich die US-Verfassung, anders zum Teil das deutsche Grundgesetz); mangels Vorhersehbarkeit der auftretenden Probleme entziehen sie sich letztlich einer verfassungsrechtlichen Normierung herkömmlichen Typs.

2   *Funktion:* Die Verfassung erteilt den beiden obersten politischen Bundesbehörden (Bundesversammlung: BV 173 Abs. 1 Bst. a; Bundesrat: BV 185) den – überwiegend bereits im Zweckartikel (BV 2) angelegten – wortgleichen Auftrag, bei Bedarf «Massnahmen zur Wahrung der äusseren Sicherheit, der Unabhängigkeit und der Neutralität der Schweiz» zu treffen (konkurrierende *Organkompetenzen;* vgl. auch N 5 zu BV 173). Massnahmen des Bundesrates treten gegenüber allfälligen Massnahmen der Bundesversammlung zurück (vgl. auch N 4 zu BV 148).

3   *Äussere Sicherheit:* vgl. N 8 zu BV 2, N 2 vor BV 57 und N 4 zu BV 57.

4   *Unabhängigkeit:* vgl. N 8 zu BV 2 und N 19 zu BV 54.

5   *Neutralität:* Der Begriff «Neutralität» sorgt in der öffentlichen Diskussion immer wieder für Verwirrung. Aus verfassungsrechtlicher Sicht ist die Situation ziemlich klar: Die Neutralität ist nicht ein Ziel (oder gar *das* Ziel) der schweizerischen Aussenpolitik (vgl. N 20 zu BV 54), sondern eines unter mehreren *Mitteln* zur Verwirklichung der in BV 2 und BV 54 Abs. 2 genannten übergeordneten (Staats-)Ziele (Botsch. BV, 399). BV 185 äussert sich (wie zuvor BV 1848 Art. 90 Ziff. 9; BV 1874 Art. 102 Ziff. 9; dazu SCHINDLER, Komm. aBV, Art. 8, N 27 f.) lediglich zur Frage der *Organ*kompetenz (ebenso BV 173): *Wenn* die Schweiz angesichts eines bewaffneten zwischenstaatlichen Konflikts neutral bleibt (was ihrer Stellung als dauernd neutraler Staat sowie langer Tradition entspricht), so obliegt die *Wahrung* der Neutralität sowohl dem Bundesrat als auch der Bundesversammlung (vgl. AUBERT, Comm., Art. 173, N 11), und im Dringlichkeitsfall ist es beiden Behörden gestattet, besondere Massnahmen zu treffen (BV 173 Abs. 1 Bst. c; BV 185 Abs. 3). Ob die Schweiz eine «aktive» oder «passive», «umfassende» oder «restriktive» Aussen- bzw. Neutralitätspolitik führen soll, wird durch BV 185

nicht präjudiziert und ist im Wesentlichen politisch zu entscheiden. – Zur *völkerrechtlichen* Seite der Neutralität und zur schweizerischen Neutralitäts*politik* vgl. die aus Anlass des UNO-Beitritts abgegebene *Neutralitätserklärung* (vgl. N 6 zu BV 197 Ziff. 1) sowie den bundesrätlichen Bericht über die Aussenpolitik der Schweiz in den 1990er Jahren (mit Anhang: Bericht zur Neutralität vom 29.11.1993, BBl 1994 I 153, 210 ff., mit Rückbesinnung auf den völkerrechtlichen Kern der Neutralität); weiter die Berichte vom 2.12.2005 («Die Neutralität auf dem Prüfstand im Irak-Konflikt», BBl 2005 6997 ff.), vom 28.6.2006 (Europabericht 2006, BBl 2006 6815, insb. 6918 f., 6979 ff.) und vom 15.6.2007 (Anhang 1 zum Aussenpolitischen Bericht 2007). – Die *völkerrechtlichen* Rechte und Pflichten neutraler Staaten (und diejenigen kriegführender Staaten) sind in den beiden *Haager Abkommen von 1907* betreffend Landkrieg (SR 0.515.21) und betreffend Seekrieg (SR 0.515.22) festgelegt, die durch Völkergewohnheitsrecht ergänzt werden (z.B. betreffend Luftkrieg). Der *neutrale* Staat darf sich an Konflikten zwischen anderen Staaten militärisch nicht beteiligen; er muss in der Lage sein, sein Hoheitsgebiet militärisch zu verteidigen. Ein *dauernd* neutraler Staat hat zusätzlich die (völkergewohnheitsrechtliche) Pflicht, sich so zu verhalten, dass er in einem künftigen Konflikt die Neutralitätspflichten einhalten kann (weshalb der Beitritt zu einem Militärbündnis mit dem Status nicht vereinbar ist). Ein EU-Beitritt ist neutralitätsrechtlich zulässig, solange die EU kein militärisches Verteidigungsbündnis darstellt und die Mitgliedstaaten nicht verpflichtet werden können, sich an militärischen Einsätzen zu beteiligen (BBl 2006 6979). Als mit dem Neutralitätsrecht grundsätzlich vereinbar gilt die Teilnahme am NATO-Programm «Partnerschaft für den Frieden». Nach herrschender Lehre und Praxis ist das Neutralitätsrecht auf Wirtschaftssanktionen grundsätzlich nicht anwendbar (vgl. BBl 1994 I 226), weshalb eine Beteiligung an Sanktionen, wie sie z.B. von der EU verhängt werden, prinzipiell zulässig ist (zu den Grenzen vgl. BBl 2006 6918 f.). Militärische Massnahmen, die der UNO-Sicherheitsrat gestützt auf Kapitel VII der UNO-Charta (SR 0.120) beschliesst bzw. autorisiert, gelten nicht als zwischenstaatliche Konflikte im Sinne des Neutralitätsrechts. Liegt jedoch (wie beim Irak-Konflikt von 2003) keine Resolution vor, so muss die Schweiz die Pflichten erfüllen, die mit ihrem Status als neutraler Staat verbunden sind. – Zum früher (aus neutralitätspolitischen Motiven) praktizierten «Einfrieren» des Aussenhandels mit Staaten, die mit Sanktionen der internationalen Gemeinschaft belegt wurden, auf dem Niveau des sog. *courant normal* vgl. BGE 100 Ib 318 (betreffend Süd-Rhodesien).

6 *Massnahmen:* Für die Erfüllung des Auftrags gemäss Abs. 1 stehen die im Rahmen der bestehenden Zuständigkeiten verfügbaren ordentlichen Instrumente bereit. Nur bei qualifizierten Gefährdungslagen (Abs. 3) kann der Bundesrat verfassungsunmittelbare Verordnungen und Verfügungen erlassen.

Wahrung der inneren Sicherheit (Abs. 2)

7 Die Sorge für die *innere Sicherheit* (zum Begriff vgl. N 4 zu BV 57) gehört zu den primären Zielen und Aufgaben des Staates (vgl. BV 2 und 57). Die *Verbandskompetenz* liegt im Wesentlichen bei den Kantonen; zu den punktuellen Kompetenzen des Bundes vgl. N 6 zu BV 57 (vgl. auch BGE 117 Ia 202, 211 ff.; BGE 125 I 227, 246). Wie bei den Materien des Abs. 1 besteht eine *konkurrierende* Zuständigkeit von Bundesrat und Bundesversammlung (Botsch. BV, 399). Auch hier fällt dem Bundesrat die aktive Rolle zu.

8   *Massnahmen:* Es gilt sinngemäss das zu Abs. 1 Gesagte (N 6). Die neuere Gesetzgebung (insb. BWIS) stellt spezifische Instrumente bereit; der vom Bundesrat am 15.6.2007 verabschiedete Entwurf für eine BWIS-Teilrevision will das gesetzliche Instrumentarium in nicht unproblematischer Weise erweitern. Ein Vorgehen gestützt auf Abs. 3 bleibt weiterhin möglich *(praeter legem,* vgl. N 10).

Verfassungsunmittelbare Verordnungen und Verfügungen

9   *Funktion:* Abs. 3 bildet die Grundlage für verfassungsunmittelbare Verordnungen und Verfügungen des Bundesrates im Bereich der äusseren (Abs. 1) und der inneren Sicherheit (Abs. 2).

10 *Anwendungsvoraussetzungen und -schranken:* Abs. 3 ermächtigt den Bundesrat, unter gewissen Voraussetzungen und unter Beachtung bestimmter Grenzen verfassungsunmittelbare Verordnungen und Verfügungen zu erlassen. Der Verfassungswortlaut nennt folgende Anforderungen:

– *sachliche* Dringlichkeit *(schwere* Störung der öffentlichen Ordnung oder der inneren oder äusseren Sicherheit);

– *zeitliche* Dringlichkeit (eingetretene oder unmittelbar drohende Störung);

– *Befristung* (im Fall der Verordnung); mit der Befristung soll nicht zuletzt verhindert werden, dass polizeilich motivierte verfassungsunmittelbare Verordnungen (wie unter der BV 1874 geschehen) über Jahre in Kraft bleiben (vgl. Bundesratsbeschlüsse vom 24.2.1948 betreffend politische Reden von Ausländern, AS 1948 119, und vom 29.12.1948 betreffend staatsgefährliches Propagandamaterial, AS 1948 1282, aufgehoben per 30.4. bzw.1.7.1998, AS 1998 1174, 1559; vgl. BGE 125 II 418, 419).

Praxis und Lehre verlangen überdies (vgl. BGE 122 IV 258, 262; Botsch. BV, 418 f.; BIAGGINI, ius.full 2002, 22 ff.), dass Massnahmen i.S.v. BV 185 Abs. 3:

– durch überwiegende öffentliche Interessen gerechtfertigt sind;

– verhältnismässig sind;

– nicht im Widerspruch zu Erlassen der Bundesversammlung stehen;

– die Rechtsgleichheit und den Grundsatz von Treu und Glauben wahren.

Diese (strengen) Anforderungen müssen auch dann erfüllt sein, wenn die Verordnung sich zusätzlich auf BV 184 Abs. 3 abstützt (ebenso HÄFELIN/HALLER, 552). Mit dem Wegfall der qualifizierten Gefährdungslage verlieren die getroffenen Massnahmen ihre *raison d'être* und sind auch formell ausser Kraft zu setzen. – Bei Andauern der regelungsbedürftigen Situation ist eine ausreichende Grundlage in einem formellen Gesetz zu schaffen (vgl. BGE 122 IV 258, 262). Die *Verlängerung* einer befristeten Verordnung auf dem Weg des BV 185 Abs. 3 kommt nur in Betracht, wenn auch im Zeitpunkt des Verlängerungsentscheids die sachliche und zeitliche Dringlichkeit zu bejahen ist; andernfalls käme es zu einer schleichenden Aushöhlung des verfassungsrechtlichen Befristungsgebots. Höchst fragwürdig ist daher die zweifache Verlängerung des «Al-Qaïda»-Verbots (Verordnung vom 7.11.2001; SR 122) kurz vor dem jeweiligen Auslaufen – zunächst um zwei Jahre (AS 2003 4485), später um drei weitere Jahre (bis zum 31.12.2008; AS 2005 5425) –, ohne dass im Zeitpunkt des Verlängerungsbeschlusses eine drohende schwere Störung der öffentlichen Ordnung erkennbar gewesen oder die Überführung ins ordentliche Recht entschieden vorangetrieben worden wäre.

11 *Eingetretene oder unmittelbar drohende schwere Störung:* Bei der Konkretisierung der unbestimmten Rechtsbegriffe, welche die in Abs. 3 vorausgesetzte qualifizierte Gefahrenlage umschreiben, bieten Praxis und Lehre zur polizeilichen Generalklausel i.S.v. BV 36 Abs. 1 Satz 3 eine Orientierungshilfe (vgl. N 16 ff. zu BV 36). – Der Begriff der «öffentlichen Ordnung» darf im vorliegenden Kontext nicht einfach gleichgesetzt werden mit dem hergebrachten polizeilichen Schutzgut der öffentlichen Ruhe und Ordnung (vgl. N 19 zu BV 36). Bei den ausserordentlichen Massnahmen gemäss BV 185 Abs. 3 geht es um den Schutz fundamentaler Rechtsgüter des Staates oder Privater.

12 *Überprüfbarkeit:* Verordnungen i.S.v. BV 185 Abs. 3 sind einer Überprüfung durch das Bundesgericht (in Form der konkreten Normenkontrolle) prinzipiell zugänglich (vgl. N 11 zu BV 190).

Truppenaufgebot in dringlichen Fällen (Abs. 4)

13 Die Kompetenz, Truppen aufzubieten, liegt nicht bei der Armeeleitung, sondern durchweg bei den *zivilen Behörden* des Bundes (vgl. N 9 zu BV 58). Für die Anordnung des Aktivdienstes (N 8 zu BV 58) und die entsprechenden Truppenaufgebote ist die Bundesversammlung zuständig (vgl. BV 173 Abs. 1 Bst. d). Im Dringlichkeitsfall kann der Bundesrat gestützt auf BV 185 Abs. 4 Truppenaufgebote erlassen. Ab einer gewissen Grösse bzw. Dauer ist unverzüglich eine ausserordentliche Session (BV 151 Abs. 2) einzuberufen, die es der Bundesversammlung ermöglichen soll, ihre Kompetenzen wahrzunehmen.

Literaturhinweise (vgl. auch die Hinweise bei BV 2, 52, 54, 57, 58, 173)

BELLANGER FRANÇOIS, Droit de nécessité et état d'exception, VRdCH 1261 ff.; BIAGGINI GIOVANNI, Die «Al-Qaïda»-Verordnung, ius.full, 2002, 22 ff.; MALINVERNI GIORGIO, L'indépendance de la Suisse dans un monde interdépendant, ZSR 1998 II, 1 ff.; RIKLIN ALOIS, Neutralität am Ende? 500 Jahre Neutralität der Schweiz, ZSR 2006 I, 583 ff.; RUCH ALEXANDER, Äussere und innere Sicherheit, VRdCH, 889 ff.; THÜRER DANIEL, Sicherheitspolitik und Neutralität, in: ders., Perspektive Schweiz (1995), Zürich 1998, 121 ff.

Art. 186 Beziehungen zwischen Bund und Kantonen

¹ Der Bundesrat pflegt die Beziehungen des Bundes zu den Kantonen und arbeitet mit ihnen zusammen.

² Er genehmigt die Erlasse der Kantone, wo es die Durchführung des Bundesrechts verlangt.

³ Er kann gegen Verträge der Kantone unter sich oder mit dem Ausland Einsprache erheben.

⁴ Er sorgt für die Einhaltung des Bundesrechts sowie der Kantonsverfassungen und der Verträge der Kantone und trifft die erforderlichen Massnahmen.

1 Die Bestimmung fasst (mit kleineren Änderungen: Abs. 3) mehrere auf die Bundesstaatsgründung zurückgehende Regeln und Grundsätze zusammen (BV 1848 Art. 90 bzw. BV 1874

Art. 102, je Ziff. 2, 3, 7 und 13) und bildet eine Art Gegenstück zu BV 172 (Rolle der Bundesversammlung).

Pflege der Beziehungen zu den Kantonen (Abs. 1)

2   *Zweck:* Die Bundesverfassung weist dem Bundesrat eine *Scharnierrolle* zu. Der Bundesrat hat die Beziehungen aktiv und permanent zu pflegen, während die Bundesversammlung für deren Pflege (bloss) zu sorgen hat (BV 172). Die allgemein gehaltenen (und sprachlich etwas verunglückten) Formeln sind Ausprägungen anderer Verfassungsnormen (vgl. BV 44, 174, 180). – Zur Mitwirkung der Kantone an aussenpolitischen Entscheiden: BV 55.

3   *Instrumente des Dialogs:* Der kontinuierlichen, systematischen Pflege der Beziehungen dienen u.a. die Mitwirkung des Bundes im Rahmen interkantonaler (Direktoren-)Konferenzen (z.B. EDK, FDK, KKJPD, BPUK), seit 1997 auch der sog. föderalistische Dialog (vgl. auch N 4 zu BV 45) zwischen Delegationen des Bundesrates und der Konferenz der Kantonsregierungen.

4   *Stilwandel:* Die Intensivierung des Dialogs scheint mit einem gewissen Stilwandel einherzugehen. Die Kreisschreiben des Bundesrates werden nicht mehr mit der Formel «Getreue, liebe Eidgenossen!» eingeleitet (so etwa noch jenes vom 29.5.1996 «über Probleme bei der Gesamterneuerungswahl des Nationalrates vom 22.10.1995», BBl 1996 II 1297), sondern mit der nüchternen Anrede: «Sehr geehrte Damen und Herren Präsidenten, Sehr geehrte Damen und Herren Regierungsräte» (vgl. etwa jenes zur Volksabstimmung vom 27.11.2005, BBl 2005 5787). Und der Bundesrat benützt «diesen Anlass» auch nicht mehr, «um Euch, getreue, liebe Eidgenossen, samt uns in Gottes Machtschutz zu empfehlen», sondern versichert die angesprochenen Damen und Herren bloss noch der «vorzüglichen Hochachtung» des Bundesrates.

Genehmigung kantonaler Erlasse (Abs. 2)

5   Das *Genehmigungserfordernis* – als Mittel der *Bundesaufsicht* – bedarf einer Grundlage in einem Bundesgesetz (vgl. N 25 zu BV 49; RVOG 61b i.d.F. vom 7.10.2005) und kann, wie Abs. 2 unterstreicht, nicht nach Belieben eingesetzt werden, sondern nur, wo dies zur Durchsetzung des Bundesrechts erforderlich ist. Der Einsatz milderer Mittel (z.B. blosse Pflicht zur Kenntnisgabe; vgl. LwG 178 Abs. 2; LMG 39) ist durch BV 49 Abs. 2 abgedeckt. – Zum Verfahren vgl. RVOG 61b und RVOV 27k ff. In nichtstreitigen Fällen erteilen die Departemente die Genehmigung, in streitigen Fällen entscheidet der Bundesrat, der eine Genehmigung allenfalls mit Vorbehalt erteilen kann.

6   *Erlasse der Kantone:* Angesprochen sind Gesetze und untergesetzliche Erlasse, nicht die Kantonsverfassung (vgl. BV 51, 172). Der genehmigte kantonale Erlass bleibt *kantonaler* Akt.

7   *Rechtswirkung:* Die Genehmigung ist gemäss RVOG 61b Gültigkeitsvoraussetzung, hat also *konstitutive*, nicht bloss deklaratorische Wirkung. Ob diese Lösung verfassungsrechtlich zwingend vorgegeben ist (so Ruch, SG-Komm., Art. 186, N 9), muss bezweifelt werden. – Die Genehmigung hindert die spätere richterliche *Überprüfung* im Anwendungsfall nicht (konkrete Normenkontrolle). Nach verbreiteter Auffassung soll hingegen die *Verweigerung* der Genehmigung für das Bundesgericht verbindlich sein (vgl. z.B. Ruch, SG-Komm., Art. 186, N 12). Eine Überprüfung auf dem Klageweg (BV 189 Abs. 2) sollte im Interesse der Kantone grundsätzlich zugelassen werden.

Einsprache gegen Verträge der Kantone (Abs. 3)

8   Abs. 3 trägt (mit BV 172) zur Konkretisierung von BV 48 und BV 56 bei, indem hier die *Rolle des Bundesrates* bei der Wahrnehmung der *Kontrollbefugnisse des Bundes* festgelegt wird. Zu den kantonalen Informationspflichten und zum Verfahren vgl. RVOG 61c, 62 (N 13 zu BV 48 und N 8 zu BV 56).

Bundesaufsicht (Abs. 4)

9   Abs. 4 weist dem Bundesrat in allgemein gehaltenen Worten eine Hauptrolle bei der Bundesaufsicht zu. Näher dazu sowie zu den Instrumenten und den rechtlichen Rahmenbedingungen und Grenzen N 15 ff. zu BV 49; VPB 69.1 (2005), BJ. – Wie Abs. 4 verdeutlicht, dienen als *Aufsichtsmassstab* nicht nur das gesamte Bundesrecht (inkl. Völkerrecht), sondern auch das interkantonale Recht und das kantonale Verfassungsrecht (als Folge der vom Bund übernommenen Gewährleistung). – Die Bundesaufsicht wird traditionell mit sehr grosser Zurückhaltung ausgeübt (vgl. BIAGGINI, 134 ff.).

Literaturhinweise (vgl. auch vor BV 42 und bei BV 44, 49, 172)

BIAGGINI GIOVANNI, Theorie und Praxis des Verwaltungsrechts im Bundesstaat, Basel usw. 1996; MEYER MARKUS, Die interkantonale Konferenz – ein Mittel der Kantone zur Zusammenarbeit auf Regierungsebene, Bern 2006.

Art. 187   Weitere Aufgaben und Befugnisse

¹ Der Bundesrat hat zudem folgende Aufgaben und Befugnisse:

a.   Er beaufsichtigt die Bundesverwaltung und die anderen Träger von Aufgaben des Bundes.

b.   Er erstattet der Bundesversammlung regelmässig Bericht über seine Geschäftsführung sowie über den Zustand der Schweiz.

c.   Er nimmt die Wahlen vor, die nicht einer anderen Behörde zustehen.

d.   Er behandelt Beschwerden, soweit das Gesetz es vorsieht.

² Das Gesetz kann dem Bundesrat weitere Aufgaben und Befugnisse übertragen.

1   Die Bestimmung geht im Kern auf die Bundesstaatsgründung zurück (BV 1848 Art. 90 Ziff. 6, 15, 16; BV 1874 Art. 102 Ziff. 6, 15, 16, 103 Abs. 2).

Funktion und Gegenstand (Abs. 1 Ingress und Abs. 2)

2   BV 187 fasst i.S. einer «Auffangbestimmung» (Botsch. BV, 423) verschiedene Aufgaben und Befugnisse zusammen und stellt klar (Abs. 2), dass der verfassungsrechtliche Zuständigkeitskatalog *nicht abschliessend* ist. Wortwahl und Aufbau entsprechen dem Pendant bei der Bundesversammlung (BV 173).

3   Das Begriffspaar *«Aufgaben und Befugnisse»* unterstreicht, dass mit «Zuständigkeiten» (Abschnittstitel vor BV 180) nicht nur eine *Berechtigung*, sondern vielfach auch eine *(Handlungs-)Verpflichtung* verbunden ist (vgl. auch EICHENBERGER, Komm. aBV, Art. 102, N 3). Bei den in Abs. 1 aufgelisteten Zuständigkeiten handelt es sich durchwegs um verpflichtende Auf-

gaben; der Wortlaut des Einleitungssatzes ist insofern ungenau. Einige der Aufgaben sind – jedenfalls teilweise – delegierbar (Bst. a und c), bei anderen handelt es sich um nicht delegierbare Kollegiumsobliegenheiten (Bst. b und d).

4 *Zuweisung weiterer Aufgaben und Befugnisse:* Gemäss BV 173 Abs. 2 ist die Bundesversammlung für die Behandlung von Geschäften zuständig, die keiner anderen Bundesbehörde zugewiesen sind. Dies hindert den Gesetzgeber nicht, dem Bundesrat gestützt auf BV 187 weitere Aufgaben und Befugnisse zu übertragen (vgl. Botsch. BV, 402). Der Gesetzgeber hat dabei die allgemeinen verfassungsrechtlichen Schranken zu beachten (so noch ausdrücklich BV 1874 Art. 102, Ingress; dazu EICHENBERGER, Komm. aBV, Art. 102, N 8), d.h. namentlich das Prinzip der *Gewaltenteilung* bzw. den Grundsatz der *Organeignung*, die bundesstaatliche Kompetenzaufteilung sowie Festlegungen in speziellen Verfassungsbestimmungen (Botsch. BV, 423). Dass Abs. 2 vom «Gesetz» spricht, schliesst eine Delegation an den Verordnungsgeber (in den Grenzen des BV 164) nicht aus (vgl. Botsch. BV, 423).

Aufsicht (Bundesverwaltung, andere Aufgabenträger) (Bst. a)

5 Aus dem Verfassungswortlaut geht zu wenig deutlich hervor, dass die *Rahmenbedingungen* in den beiden genannten Bereichen *verschieden* sind:
   – *Bundesverwaltung* (N 5 ff. zu BV 178): Sie wird vom Bundesrat nicht nur beaufsichtigt, sondern *auch geleitet* (vgl. N 10 zu BV 178).
   – *Aussenstehende Aufgabenträger* (N 20 ff. zu BV 178): Sie werden lediglich beaufsichtigt; eine Leitungsfunktion kommt dem Bundesrat hier *nicht* zu.

Bei den übrigen Aufgabenträgern muss, aus verfassungsrechtlicher Sicht, eine Grenze zwischen Leitung und Aufsicht gezogen werden, um zu verhindern, dass die Ausgliederung aus der Verwaltungshierarchie und die daraus resultierenden (vom Gesetzgeber gewollten) Gestaltungsspielräume über die Ausübung der (bundesrätlichen) Aufsichtsfunktion schleichend zunichte gemacht werden. Dabei begegnet man der Schwierigkeit, dass die Übergänge zwischen Leitung und Aufsicht letztlich fliessend sind (EICHENBERGER, Komm. aBV, Art. 102, N 194; vgl. auch N 10 zu BV 178). Die Staatspraxis behilft sich mit sibyllinischen Formeln (vgl. Botsch. BV, 422: «angemessene Aufsicht») und mit spezialgesetzlichen Lösungen (RVOG 8 Abs. 4, Aufsicht «nach Massgabe der besonderen Bestimmungen»), aus denen sachbereichsspezifische Aufsichtsregimes resultieren. Intensität und Mittel der Aufsicht werden somit in erster Linie durch den Gesetzgeber bestimmt. Dieser ist nicht gänzlich frei. Die Aufsichtsstrukturen und -instrumente müssen den Interessen, Bedürfnissen und Besonderheiten gerecht werden, die den fraglichen Aufgabenbereich prägen. Der Bundesrat bleibt hier grundsätzlich auf das jeweilige *gesetzliche* Instrumentarium verwiesen. – Soweit Aufgaben des Bundes von *kantonalen* Stellen wahrgenommen werden (BV 46), greifen die speziellen Bestimmungen über die Bundesaufsicht (N 15 ff. zu BV 49; a.M. wohl MAHON., Comm., Art. 187, N 6).

6 *Aufsichtsverantwortung des Bundesrates:* Bst. a nimmt das *Bundesratskollegium* in die Verantwortung (vgl. Botsch. BV, 421). Dieser Gesamtverantwortung kann sich der Bundesrat nicht durch Delegation entziehen. Entsprechend dem verfassungsrechtlichen Leitbild einer arbeitsteilig organisierten Verwaltung (vgl. BV 177, 178) ist die Beaufsichtigung (gesetzliche) Aufgabe *aller vorgesetzten Stellen* (vgl. RVOG 38, 45). Unterstützung leisten die *allgemeinen*

Stabsstellen auf Stufe Bundesrat (Bundeskanzlei; BV 179) und Departement (Generalsekretariate; RVOG 42), weiter auch die *Eidgenössische Finanzkontrolle* (vgl. FKG 1; N 19 zu BV 167), der Datenschutzbeauftragte sowie Querschnittsämter wie das Bundesamt für Justiz oder die Eidgenössische Finanzverwaltung. – Der Einbezug nachgeordneter Instanzen in die Ausübung der Aufsichtsfunktion erlaubt es dem Bundesrat, Prioritäten zu setzen und seine eigene Aufsichtstätigkeit auf die oberste Leitungsebene und auf bedeutende Probleme zu konzentrieren (vgl. Botsch. BV, 422; EICHENBERGER, Komm. aBV, Art. 102, N 196, 198). In diesem Sinn übt der Bundesrat hauptsächlich «Aufsicht über die Aufsicht» aus. Dies ist nicht zu verwechseln mit einer (blossen) Oberaufsicht, wie sie das Parlament ausübt (vgl. N 2 zu BV 169). Bei der bundesrätlichen Aufsicht über die Bundesverwaltung handelt es sich um *volle* Organ- und Dienstaufsicht (EICHENBERGER, Komm. aBV, Art. 102, N 199). – Nicht ausgeschlossen ist der Beizug externer Persönlichkeiten. Diese Möglichkeit ist (als Option) ausdrücklich vorgesehen im Fall einer besonderen *Administrativuntersuchung*, mit der abgeklärt werden soll, «ob ein Sachverhalt vorliegt, der im öffentlichen Interesse ein Einschreiten von Amtes wegen erfordert» (RVOV 27a; vgl. auch, beiläufig, ParlG 171).

7   *Probleme des Kollegialsystems:* Bei der Beaufsichtigung der obersten Verwaltungsebene (Departementsspitze) ist das Bundesratskollegium mit der Schwierigkeit konfrontiert, dass es die eigenen Mitglieder zu beaufsichtigen hat (N 2 zu BV 177, N 5 zu BV 178; EICHENBERGER, Komm. aBV, Art. 102, N 200; PUK EFD, Bericht vom 7.10.1996 über die Organisation und Führungsprobleme bei der PKB und über die Rolle des EFD in Bezug auf die PKB, BBl 1996 V 153 ff.).

8   Zu den *Kriterien* der Aufsicht äussert sich die BV nicht systematisch. Im Zentrum stehen die *Rechtmässigkeit* (BV 5 Abs. 1), die *Wirksamkeit* und die *Wirtschaftlichkeit* (vgl. Botsch. BV, 422; RVOG 3) bzw. die *Ordnungsmässigkeit* der Haushaltführung (BV 183); das Kriterium der *Zweckmässigkeit* (RVOG 3) muss zurücktreten, wenn und soweit die Gesetzgebung der Bundesverwaltung bzw. aussenstehenden Verwaltungsträgern Entscheidungsspielräume zugesteht. – Die *Evaluation* (BV 170) geht über die Aufsicht hinaus; ihre Ergebnisse dienen in erster Linie der künftigen Politikgestaltung.

9   Kennzeichen der Beaufsichtigung der *Bundesverwaltung:* Der Bundesrat ist zu einer *ständigen und systematischen* Beaufsichtigung der gesamten Bundesverwaltung verpflichtet (wie RVOG 8 Abs. 3 hervorhebt; vgl. auch EICHENBERGER, Komm. aBV, Art. 102, N 201). Aufsicht geht über eine bloss nachträgliche Kontrolle hinaus (Botsch. BV, 421). Idealerweise wird die Aufsicht in den bundesrätlichen Entscheidungsprozess eingebettet, so dass sie gleichsam begleitend «mitläuft». Eine Aufsicht, die systematisch sein will, muss darüber hinaus vorausahnend aktiv Bereiche ausleuchten, die nicht im üblichen Einzugsbereich des bundesrätlichen Entscheidungsprozesses liegen. Es gibt keine Bereiche, die der Aufsicht des Kollegiums grundsätzlich verschlossen wären (vgl. EICHENBERGER, Komm. aBV, Art. 102, N 199). Das heisst nicht, dass jede Amtsstelle und jeder einzelne Beamte ständig den Argusaugen des Bundesrates ausgesetzt ist. Die Beaufsichtigung kann nicht und soll nicht ständig flächendeckend präsent sein. Aber sie muss jederzeit aktualisiert werden können (vgl. EICHENBERGER, Komm. aBV, Art. 102, N 201). Anstösse dazu können aus der Verwaltung selbst kommen; oft kommen sie auch von aussen, beispielsweise in Form von Aufsichtsbeschwerden (VwVG 71), immer weniger häufig in Form von Verwaltungsbeschwerden (vgl. hinten N 20), ferner auch

(aus Sicht der Exekutivspitze: weniger erfreulich) über den «Umweg» der parlamentarischen Oberaufsicht oder der Medien. Die Aufsicht des Bundesrates über die Bundesverwaltung ist nicht nur Organ-, sondern auch Dienstaufsicht (vgl. MAHON, Comm., Art. 187, N 5 f.); das Bundespersonal untersteht disziplinarischer Verantwortlichkeit (vgl. BPG 2).

10 *Sonderfälle:* BV 187 Abs. 1 Bst. a verlangt nicht eine durchgehend gleiche Intensität der Beaufsichtigung. Die bundesrätliche Aufsicht (namentlich die Dienstaufsicht) ist zurückzunehmen, wenn und soweit eine Einheit der *dezentralen* Bundesverwaltung qua *Gesetz* mit Autonomie ausgestattet ist, wie dies vor allem bei den in ihrer materiellen Aufgabenerfüllung nicht an Weisungen gebundenen sog. Behördenkommissionen der Fall ist (vgl. N 6 zu BV 178; RVOG 8 Abs. 4; WEBER/BIAGGINI, 167 ff.; BIAGGINI, FS Zobl, 38 ff.). Wenn der Bundesrat hingegen von sich aus, d.h. nicht auf Grund gesetzlicher Vorgaben, die Aufsichtsintensität lockert, so muss er gewärtigen, sich wegen mangelnder Aufsicht verantworten zu müssen. – Zum besonders gelagerten Fall der *Bundesanwaltschaft* (geteilte Aufsicht) vgl. BStP 14 (administrativ: Aufsicht des Bundesrates) und BStP 17 (gerichtliche Polizei: Oberaufsicht der Beschwerdekammer des Bundesstrafgerichts). Die angestrebte einheitliche Aufsicht (ausgeübt durch EJPD und Bundesrat; vgl. Vernehmlassungsvorlage vom 16.5.2005; Medienmitteilung vom 26.4.2006) ist unter dem Aspekt der Unabhängigkeit gegenüber politischer Einflussnahme nicht unproblematisch.

11 Kennzeichen der Beaufsichtigung *aussenstehender Aufgabenträger:* Die Aufsicht folgt hier den in der Spezialgesetzgebung aufgestellten Regeln (N 5). Als Aufsichtsinstrumente fallen etwa in Betracht (vgl. VPB 54.36; KNAPP, Exécution, 44 ff.; ZIMMERLI/LIENHARD, Privatisierung, 197 f.): Genehmigung von Statuten und Reglementen; Genehmigung von Einzelakten oder Sachentscheiden; besondere Einsichts- und Auskunftsrechte; Einspruchsrechte von Behördenvertretern; Genehmigung von Budget und Jahresrechnung; Genehmigung des Geschäftsberichts; Ersatzvornahme; Abberufung von Führungskräften (vgl. z.B. POG 8). In neuerer Zeit stellt die Gesetzgebung vermehrt auf *aktienrechtliche Instrumente* ab, so z.B. im Fall der Swisscom (TUG 4), der SBB (SBBG 9 ff.) und der Rüstungsunternehmen des Bundes (BGRB 3). Vgl. den bundesrätlichen Bericht vom 13.9.2006 zur Auslagerung und Steuerung von Bundesaufgaben (Corporate-Governance-Bericht), BBl 2006 8233 ff.

12 *Externe Kontrollen:* Die von Bundesrat und verwaltungsinternen Stellen ausgeübte Aufsicht wird ergänzt durch *verwaltungsexterne Kontrollen.* – Zur *richterlichen* Verwaltungskontrolle vgl. BV 189, 191a. Nach heutiger Gesetzgebung handelt es sich oft nicht um eine blosse Rechts-, sondern auch um eine Angemessenheitskontrolle (vgl. VGG 37 i.V.m. VwVG 49 Bst. c; zur Problematik vgl. N 8 zu BV 191a). – Zur *parlamentarischen* Kontrolle (der die direkte Sanktionsmöglichkeit fehlt) vgl. BV 169. – Der Philosophie des sog. New Public Management entspricht es, vermehrt die Kontrollfunktion des «Marktes» (bzw. der «Kunden» staatlicher Dienstleistungen) zu aktivieren. Dem steht Bst. a nicht prinzipiell entgegen.

Berichterstattung an die Bundesversammlung (Bst. b)

13 *Pflicht zu regelmässiger Berichterstattung:* Die Praxis deutete die Vorgängerbestimmung (BV 1874 Art. 102 Ziff. 16) dahin, dass der Bundesrat *jährlich* zu berichten hat. Dies erscheint mit Blick auf die *Geschäftsführung* nach wie vor sinnvoll, mit Blick auf den Zustand der Schweiz nicht zwingend.

14 *Berichterstattung über die Geschäftsführung:* Der Geschäftsbericht dient (ähnlich wie die *Staatsrechnung;* N 17 zu BV 167) der Rechenschaftsablage des Bundesrates gegenüber der Bundesversammlung. Der jährlich zu unterbreitende Bericht (ParlG 144) soll über die Schwerpunkte der Tätigkeit des Bundesrates und der ihm unterstellten Verwaltungsbereiche im Geschäftsjahr orientieren und über die massgeblichen Jahresziele und Massnahmen informieren. Früher war der Geschäftsbericht ein ausführlicher Tätigkeitsbericht, heute steht ein eher knapper *Soll-Ist-Vergleich* zwischen den Planungsvorgaben und deren Umsetzung im Vordergrund (MASTRONARDI, SG-Komm., Art. 187, N 26). – Entsprechend der Rechenschaftsfunktion unterliegt der Geschäftsbericht der *Genehmigung* durch die Bundesversammlung (in der Form eines einfachen BB; ParlG 145). Die politische Décharge wurde dem Bundesrat bisher stets erteilt, wenn auch vereinzelt mit Nebengeräuschen. – Die Pflicht zur Berichterstattung erfasst den gesamten Verantwortungsbereich des Bundesrates, unter Einschluss der Aufsicht über aussenstehende Aufgabenträger (Bst. a). Die Geschäftsberichte verselbstständigter Einheiten (die früher zum Teil dem Parlament vorzulegen waren) unterliegen gewöhnlich nur noch der Genehmigung des Bundesrates (z.B. POG 9).

15 *Berichterstattung über den Zustand der Schweiz:* Verlangt ist nicht ein blosser Tätigkeitsbericht, sondern eine *übergreifende Lagebeurteilung* (vgl. auch MASTRONARDI, SG-Komm., Art. 187, N 22) zu Fragen der Politik, Wirtschaft und Gesellschaft («State of the Swiss Confederation»), die vor allem auch die Bürgerinnen und Bürger erreichen soll. Angesprochen ist hier die Staatsleitungsfunktion (vgl. N 4 zu BV 174; Botsch. BV, 422). Diese Form der Berichterstattung geriet zwischenzeitlich etwas in Vergessenheit. Auf Anstoss der GPK (dazu AB 1997 S 447) hat der Bundesrat 1995 begonnen, jeweils in der Dezembersession eine mündliche Präsidialerklärung (zu den sog. «Jahreszielen») abzugeben (vgl. z.B. AB 1999 N 2482, AB 2006 N 1751, S 1128).

16 *Besondere Berichte:* Die Bundesversammlung hat darüber hinaus die Möglichkeit, vom Bundesrat *besondere Berichte* zu verlangen (so noch ausdrücklich BV 1874 Art. 102 Ziff. 16; vgl. jetzt BV 171: Auftrag).

Wahlen (Bst. c)

17 *Funktion:* Bst. c begründet eine *Auffangkompetenz* des Bundesrates. Die Zuständigkeit anderer Behörden kann aus der BV (vgl. BV 168, 176, 188 Abs. 3 implizit: Gerichtspersonal) oder aus der Gesetzgebung hervorgehen (vgl. z.B. BGG 14: Wahl des Bundesgerichtspräsidiums durch die BVers; ParlG 37: Generalsekretär der Bundesversammlung). – Vom Bundesrat gewählt wurden bis Ende 2006 die Richterinnen und Richter der Eidgenössischen Rekurs- und Schiedskommissionen (VwVG 71b; vgl. jetzt VGG 5: Wahl der Bundesverwaltungsrichter durch die Bundesversammlung). Die Wahl von Richtern durch ein Exekutivorgan ist zwar in der Schweiz unüblich, jedoch mit der richterlichen Unabhängigkeit nicht per se unvereinbar (vgl. RHINOW/KOLLER/KISS, Öffentliches Prozessrecht, N 419; FROWEIN/PEUKERT, EMRK-Kommentar, 251).

18 Die *Übertragung* der Wahlkompetenz an nachgeordnete Stellen (z.B. Departemente, Ämter) ist grundsätzlich möglich (Botsch. BV, 422); im Fall der Delegation tritt an die Stelle einer Wahl gewöhnlich die Ernennung durch eine monokratische Instanz. BV 187 Abs. 1 Bst. c steht dem nicht entgegen, ebenso wenig einer Begründung von Anstellungsverhältnissen

durch Vertrag (gemäss BPG 8 heute der Regelfall). Die Besetzung von Spitzenpositionen der Verwaltung (z.B. Amtsdirektoren) gehört zu den grundsätzlich nicht delegierbaren Obliegenheiten des Kollegiums (Botsch. BV, 422; BBl 1993 III 1064).

19 *Sonderregelungen:* Das Gesetz kann vorsehen, dass eine Wahl, für die der Bundesrat zuständig ist, der *Bestätigung* durch die Bundesversammlung bedarf (so im Fall des Direktors der Finanzkontrolle, FKG 2). Im Fall der Schweizerischen Nationalbank (BV 99) wählt der Bundesrat die Mitglieder des Direktoriums *auf Vorschlag* des Bankrates (NBG 43). Vgl. auch N 13 zu BV 93 (SRG).

Behandlung von Beschwerden (Bst. d)

20 *Bedeutung:* Die ursprünglich umfangreichen Aufgaben des Bundesrates als Beschwerdeinstanz (vgl. KOLLER, 360 ff.) sind mit dem Auf- und Ausbau der (Verfassungs- und) Verwaltungsgerichtsbarkeit im Bund nach und nach verschwunden, zuletzt im Rahmen der *BV-Totalrevision* (Abschaffung der «kleinen» staatsrechtlichen Beschwerde wegen Verletzung bestimmter Grundrechte, früher VwVG 73, aufgehoben durch das BG vom 8.10.1999 über prozessuale Anpassungen an die neue BV, AS 2000 416) sowie im Rahmen der *Justizreform* und der Totalrevision der Bundesrechtspflege (vgl. insb. BGG 82, 88: eidgenössische Stimmrechtssachen; VGG 34: Beschwerden betreffend Spitallisten und Festlegung von Tarifen; vgl. BBl 2001 4390 f.). Heute bestehen, nicht zuletzt wegen der Rechtsweggarantie (BV 29a), nur noch vereinzelte *Restkompetenzen* (BBl 2001 4240 f.): Beschwerden gegen Verfügungen auf dem Gebiet der inneren und äusseren Sicherheit usw. (soweit das Völkerrecht keinen Anspruch auf gerichtliche Beurteilung einräumt); Beschwerden gegen erstinstanzliche Verfügungen über leistungsabhängige Lohnanteile des Bundespersonals (VwVG 72 i.d.F. vom 17.6.2005); Vollstreckungsbeschwerden (BGG 70; VGG 43; VPB 66.55, 2002; N 16 zu BV 182).

21 *Verfahren:* Das Verfahren richtet sich nach dem VwVG. Die Beschwerdeentscheide des Bundesrates sind endgültig, es sei denn, ein Bundesgesetz sehe die Beschwerde an die Bundesversammlung vor (VwVG 79 i.d.F. vom 8.10. 1999; vgl. N 35 zu BV 173). – Die *Aufsichtsbeschwerde* (VwVG 71) ist kein förmliches Rechtsmittel.

Literaturhinweise (vgl. auch die Hinweise vor BV 174 und bei BV 178)

BIAGGINI GIOVANNI, Verfassungsfragen der Behördenorganisation im Bereich der Finanzmarktaufsicht, Festschrift Dieter Zobl, Zürich 2004, 35 ff.; BUSER WALTER, Neue Aspekte der Verwaltungskontrolle, Festschrift Ulrich Häfelin, Zürich 1989, 429 ff.; KNAPP BLAISE, L'exécution de tâches publiques fédérales par des tiers, SBVR, Organisationsrecht, 1. Aufl., Basel/Frankfurt a.M. 1996; KOLLER HEINRICH, Die Verwaltungsrechtspflege des Bundesrates als Residuat, Festschrift Arnold Koller, Bern/Stuttgart/Wien 1993, 359 ff.; MASTRONARDI PHILIPPE, Die Organisation der allgemeinen Bundesverwaltung, SBVR, Organisationsrecht, 1. Aufl., Basel/Frankfurt a.M. 1996; SCHMID PETER, Die Verwaltungsbeschwerde an den Bundesrat, Bern/Stuttgart/Wien 1997; SCHWEIZER RAINER J., Grundsatzfragen der Administrativuntersuchung, in: Bernhard Ehrenzeller/Rainer J. Schweizer (Hrsg.), Administrativuntersuchungen in der öffentlichen Verwaltung und in privaten Grossunternehmen, St. Gallen 2004, 10 ff.; WEBER ROLF H./BIAGGINI GIOVANNI, Rechtliche Rahmenbedingungen für verwaltungsunabhängige Behördenkommissionen, Zürich 2002; ZIMMERLI ULRICH/LIENHARD ANDREAS, «Privatisierung» und parlamentarische Oberaufsicht, in: Wolfgang Wiegand (Hrsg.), Rechtliche Probleme der Privatisierung, Bern 1998, 167 ff.

4. Kapitel:[1] Bundesgericht und andere richterliche Behörden

Rechtsprechungsfunktion im System der Gewaltenteilung

1   Die *zentrale Aufgabe* des Bundesgerichts und der anderen richterlichen Behörden des Bundes und der Kantone (Judikative oder Justiz) ist die Wahrnehmung der Rechtsprechungsfunktion (zum Begriff vgl. N 2). Das gute Funktionieren der Judikative, insbesondere auch des *obersten* Gerichts, ist nicht nur eine wichtige Grundlage der Rechtsstaatlichkeit (Schutz der Rechte des Einzelnen, Wahrung des Rechts) und der Demokratie (Verwirklichung der vom Gesetzgeber getroffenen Entscheidungen), sondern auch ein wesentlicher Standortfaktor für die Wirtschaft (Rechtssicherheit).

2   *Rechtsprechung* meint die verbindliche Entscheidung von rechtlichen Streitigkeiten durch einen am Streit nicht unmittelbar beteiligten, unabhängigen Dritten (Richter) in einem förmlichen Verfahren, das einem verfassungsrechtlich definierten Standard zu genügen hat (näher BIAGGINI, VRdCH 1153 f.; vgl. auch TSCHANNEN, Staatsrecht, 500). Die Verfassung verwendet das Wort «Rechtsprechung/rechtsprechend» an mehreren Stellen (BV 122, 123, 188: Tätigkeit gerichtlicher Instanzen; BV 191c: richterliche Unabhängigkeit), ohne den Begriff näher zu bestimmen. Als Unterfall der Rechtsanwendung vollzieht sich die Rechtsprechung typischerweise in den folgenden, teils miteinander verwobenen Schritten: (1) Feststellen des relevanten Sachverhalts, (2) Ermitteln und Auslegen der einschlägigen Rechtsvorschriften, (3) deren Anwendung auf den zu beurteilenden Sachverhalt und schliesslich (4) Aussprechen dessen, was im fraglichen Fall rechtens ist, im zu begründenden Urteilsspruch. Als schwierig erweist sich die *Unterscheidung* von Rechtsprechung und *Verwaltung* (administrative Rechtsanwendung). Die Abgrenzung muss bei den strukturellen und prozeduralen Rahmenbedingungen ansetzen, unter denen die Organgruppen Justiz bzw. Verwaltung typischerweise handeln. Bei der administrativen Rechtsanwendung ist das handelnde Organ am fraglichen Rechtsverhältnis mehr oder weniger direkt beteiligt, so dass es das Recht (auch) «in eigener Sache» anwendet, während sich Rechtsprechung durch eine spezifische Distanz zur Streitsache auszeichnet. Die administrative Rechtsanwendung ist, mit wenigen Ausnahmen (z.B. Behördenkommissionen, vgl. N 6 zu BV 178), in eine Weisungshierarchie eingebunden. Ein Wesenszug der Judikative besteht darin, «dass sie nur eingreifen kann, wenn man sie ruft» (ALEXIS DE TOCQUEVILLE, Über die Demokratie in Amerika [erster Teil von 1835], Teil I, 6. Kapitel). Der Anstoss kommt stets von aussen *(ne eat iudex ex officio).* Die Justiz ist insoweit «passive Gewalt».

---

1   Angenommen in der Volksabstimmung vom 12. März 2000, in Kraft seit 1. Jan. 2007 (BB vom 8. Okt. 1999, BRB vom 17. Mai 2000, BB vom 8. März 2005 – AS 2002 3148, 2006 1059; BBl 1997 I 1, 1999 8633, 2000 2990, 2001 4202).

3 *Stellung der Judikative:* Die Bundesverfassung spricht im Zusammenhang mit der Justiz mit gutem Grund nicht von «Gewalt», denn die Justiz verfügt nicht über eigene Zwangsmittel; sie muss sich diese bei der Exekutive leihen (vgl. z.B. BGG 69, 70). Die *auctoritas*, nicht die *potestas* steht im Vordergrund. Die Rechtsprechungsaufgabe erfordert Distanz sowohl zur Legislative als auch zur Exekutive, weshalb die funktionelle Gewaltenteilung mit Bezug auf die Judikative deutlich ausgeprägt und die personelle Gewaltentrennung streng durchgeführt ist (BV 144). Gleichwohl ist auch die Rechtsprechung mit den anderen staatlichen Hauptfunktionen verschränkt. Die Streitentscheidung erfolgt nach Massgabe der von Legislative und Exekutive erlassenen Normen; umgekehrt dient die Rechtsprechung einer Fremdkontrolle der Exekutive, mitunter auch der Legislative (zur Normenkontrolle vgl. N 5).

4 *Rechtsmittel:* Förmliche Rechtsmittel begründen einen Anspruch auf Behandlung und Entscheidung: Die zuständige Rechtsmittelinstanz muss das form- und fristgerecht eingereichte Rechtsmittel an die Hand nehmen und die Streitsache entscheiden. Die weder an Fristen noch an besondere Formen gebundenen *Rechtsbehelfe* (insb. Aufsichtsbeschwerde i.S.v. VwVG 71) dagegen vermitteln keinen solchen Rechtsschutzanspruch. Im Bereich des *öffentlichen Rechts* bilden die *Beschwerde* (vgl. BGG 82, 113; VGG 31; VwVG 44) und die *Klage* (vgl. BGG 120, VGG 35) die Hauptformen, wobei im Rahmen der Klage ein erstinstanzliches Verfahren ausgelöst, d.h. *ursprüngliche* Gerichtsbarkeit ausgeübt wird. Mit dem Gesuch um *Revision* kann eine Instanz unter bestimmten Voraussetzungen veranlasst werden, ein Verfahren wieder aufzunehmen und eine frühere rechtskräftige Entscheidung umzustossen (vgl. z.B. BGG 121). Weitere Rechtsmittel sind das Begehren um *Erläuterung* einer unklaren Entscheidung und das Begehren um *Berichtigung* von Versehen (z.B. BGG 129). – Dem schweizerischen Justizsystem bisher fremd geblieben ist das sog. *Vorlageverfahren*, das darauf abzielt, im Rahmen eines Zwischenverfahrens Fragen unterer Instanzen betreffend Auslegung oder Gültigkeit von Normen höchstrichterlich klären zu lassen (vgl. immerhin ansatzweise BGG 23: Anrufung der Vereinigung der betroffenen Abteilungen bei Praxisänderungen und Präjudizien; vgl. auch N 17 zu BV 189; zum nicht realisierten VE 96 Art. 178a, Justizreform, vgl. Botsch. BV, 538).

5 *Konkurrenz- und Spannungslagen:* Die vornehmste Aufgabe der Rechtsprechung ist es, Gerechtigkeit im streitigen Einzelfall herzustellen (oder etwas vorsichtiger ausgedrückt: im Rahmen des Möglichen Ungerechtigkeit zu unterbinden). Der freiheitlich-demokratische Rechts- und Gesetzgebungsstaat schafft dafür günstige Voraussetzungen. Doch zeigen sich auch Spannungen. Im Verfassungsstaat helfen Grundrechtsnormen (BV 7 ff.) und Einrichtungen wie die Verfassungsgerichtsbarkeit (N 9), Spannungen zwischen dem eher statischen Gesetz und der sich fortentwickelnden Gerechtigkeitsidee aufzufangen. Eine wichtige Rolle spielen auch die zeitgemässe und die verfassungskonforme Gesetzesauslegung. Die *Auslegung und Anwendung* von Rechtsnormen (N 2, 6) ist kein mechanischer Vorgang, sondern eine wertende, (rechts-)schöpferische Tätigkeit. Richterliche Rechtsschöpfung oder *Rechtsfortbildung* ist in der rechtsstaatlichen Demokratie kein Fremdkörper und grundsätzlich zulässig, sofern bestimmte (nicht zuletzt durch die Verfassung gezogene) Grenzen beachtet werden. Dazu zählen namentlich auch die Grundsätze des Gesetzesvorrangs und des Gesetzesvorbehalts (vgl. BV 5; näher BIAGGINI, Verfassung und Richterrecht, 278 ff.). Die richterliche Bindung an das gesetzte Recht erstreckt sich (jedenfalls im Grundsatz) nur auf gültige, mit dem übergeordneten Recht in Einklang stehende Normen. Praxis und Lehre anerkennen ein entsprechen-

des *richterliches Prüfungsrecht* (Befugnis zur Normenkontrolle im konkreten Rechtsfall), soweit die Verfassung ein solches nicht ausdrücklich (BV 190: Bundesgesetze, Völkerrecht) oder stillschweigend ausschliesst. Die Normenkontrolle fällt nach zutreffender herrschender Auffassung in den Bereich der Rechtsprechung. Es handelt sich nicht um «negative» Gesetzgebung, sowenig die richterliche Aufhebung eines rechtswidrigen Verwaltungsaktes ein Akt der «negativen» Verwaltung ist. Im Grenzbereich zur Rechtsetzung bewegt sich auch die richterliche Rechtsfortbildung. Ungeachtet der fliessenden Übergänge zwischen Rechtsanwendung und Rechtsetzung (eingehend RHINOW, Rechtsetzung und Methodik, passim) handelt es sich bei dem aus richterlicher Rechtsfortbildung hervorgehenden *Richterrecht* um ein Produkt rechtsprechender, nicht rechtsetzender Tätigkeit. Rechtsfortbildung und Normenkontrollbefugnis versetzen den Richter in ein gewisses Konkurrenzverhältnis zu den rechtsetzenden Behörden und zum demokratischen Mehrheitsprinzip, ohne dass man deswegen gleich von einem *gouvernement des juges* sprechen muss.

6 *Auslegungsmethodik:* Es gehört zu den anspruchsvollsten Aufgaben der Rechtsprechung, die sich bietenden Möglichkeiten für eine gerechtigkeitsorientierte Auslegung und Fortbildung der Gesetzgebung zu nutzen, ohne demokratische und rechtsstaatliche Grenzen zu überschreiten (zu den Besonderheiten der Verfassungsauslegung vgl. Einleitung, N 18 ff.). Dabei bieten die sog. «anerkannten Regeln der Auslegung» (BGE 111 Ia 292, 297) dem Richter gerade in Problemfällen oft nur wenig Halt. Das Bundesgericht hat sich in jüngerer Zeit bemüht, die verschiedenen Auslegungsgesichtspunkte zu ordnen und formelhaft zusammenzufassen. Eine gängige Formel lautet:

> «Ziel der Auslegung ist die Ermittlung des Sinngehalts der Bestimmung. Ausgangspunkt jeder Auslegung ist der Wortlaut, doch kann dieser nicht allein massgebend sein. Vom Wortlaut kann abgewichen werden, wenn triftige Gründe für die Annahme bestehen, dass er nicht den wahren Sinn der Vorschrift wiedergibt. Solche Gründe können sich aus der Entstehungsgeschichte, aus Sinn und Zweck der Norm oder aus dem Zusammenhang mit anderen Gesetzesbestimmungen ergeben. Das Bundesgericht hat sich bei der Auslegung von Erlassen stets von einem Methodenpluralismus leiten lassen» (BGE 131 II 13, 31; vgl. auch BGE 125 II 326, 333; BGE 124 III 266, 268; BGE 123 III 24, 26; aus richterlicher Sicht WALTER, recht 1999, 157 ff.).

Methodenformeln dieser Art schaffen nur vordergründig Klarheit und sind, näher besehen, nicht frei von Widersprüchen (vgl. einerseits BGE 112 Ia 97, 104, wonach bei verhältnismässig jungen Gesetzen «der Wille des historischen Gesetzgebers nicht übergangen werden» darf; andererseits BGE 113 Ia 309, 314, wonach die Vorarbeiten «weder verbindlich noch für die Auslegung unmittelbar entscheidend» seien, da ein Gesetz «ein eigenständiges, vom Willen des Gesetzgebers unabhängiges Dasein» entfalte, sobald es in Kraft getreten ist). Immerhin ist der vom Bundesgericht gepflegte «Methodenpluralismus» (so erstmals BGE 110 Ib 1, 8) – genauer: Methodenpragmatismus – besser als sein Ruf, und das höchstrichterliche Gespür dafür, was die Rechtsprechung vermag und was alleinige «Sache des Gesetzgebers» ist (vgl. z.B. BGE 124 IV 274, 277), ist weit besser ausgebildet, als es die Methodenformeln erahnen lassen (näher BIAGGINI, Methodik, 27 ff.).

7   Zu schaffen macht der Justiz (nicht zuletzt dem Bundesgericht) heute die chronische *Überlastung* in vielen Rechtsprechungsbereichen (die auch den einen oder anderen Lapsus beim Rechnen erklären könnte; vgl. z.B. BGE 132 I 104, 111). Ein Hauptziel der auf Bundesebene per 1.1.2007 in Kraft gesetzten Justizreform (N 12) ist die Sicherung der Funktionsfähigkeit des Rechtsschutzsystems. Die Überlastung der Justiz hat vielfältige Gründe: Neben veränderten gesellschaftlichen Rahmenbedingungen und Erwartungshaltungen spielen auch die zunehmende Komplexität und die Internationalisierung der Rechtsordnung eine bedeutende Rolle. Im traditionell monistischen schweizerischen Rechtssystem (vgl. N 28 zu BV 5) können rechtsanwendende Organe aller Stufen unmittelbar mit Völkerrecht in Berührung kommen. Mit der fortschreitenden Öffnung des Verfassungsstaates stehen die nationalen Rechtsprechungsinstanzen immer mehr zugleich im Dienst des nationalen *und* des internationalen Rechts, was Loyalitätskonflikte hervorrufen kann, aber auch die Chance eröffnet, das internationale Recht im Sinn der Verfassungsidee fortzubilden.

Organisation der Rechtsprechung im Bundesstaat Schweiz

8   *Bundesstaatliche Dimension:* In der Schweiz liegt das Schwergewicht der Rechtsprechung auf der kantonalen Ebene. Die Rechtsprechung in *Zivil- und Strafsachen* samt Organisation des Gerichtswesens obliegt in erster Linie den Kantonen (vgl. N 6 zu BV 122; N 5 zu BV 123). Aufgabe kantonaler Gerichte ist auch die Beurteilung von Streitigkeiten aus dem Bereich des *kantonalen* und, soweit kantonal vollzogen (BV 46), des *eidgenössischen Verwaltungsrechts*. Das Bundesgericht ist Rechtsmittelinstanz; nur noch vereinzelt nimmt es erstinstanzliche Rechtsprechung wahr. Auf Bundesebene war die Ausübung der Rechtsprechung lange beim Bundesgericht konzentriert (vgl. BV 1874 Art. 106). Dem Bundesgericht können andere Gerichte des Bundes vorgeschaltet sein (wie BV 191a nun klarstellt). Die im Lauf der Zeit geschaffenen zahlreichen Spezialverwaltungsgerichte (sog. Rekurskommissionen; vgl. VwVG 71a ff. i.d.F. vom 4.10.1991, AS 1992 288) wurden per 1.1.2007 in einem Bundesverwaltungsgericht zusammengefasst (VGG 1 ff.). Bereits per 1.4.2004 nahm das im Rahmen der Justizreform geschaffene erstinstanzliche Bundesstrafgericht (BV 191a; SGG 1 ff.) seine Tätigkeit auf. Das Bundesgericht ist als *oberste* nationale Gerichtsinstanz (BV 188) Garant der Rechtmässigkeit und der Rechtseinheit. Die Wahrnehmung dieser Aufgabe wird allerdings dadurch erschwert, dass der Instanzenzug mitunter nicht bis zum Bundesgericht führt (wie BV 191 Abs. 3 i.d.F. vom 12.3.2000 verdeutlicht).

9   Die verschiedenen *Gerichtszweige oder Gerichtsbarkeiten* (vgl. BV 189 und 190 i.d.F. vom 18.4.1999) lassen sich vereinfacht wie folgt charakterisieren. In der *Zivilgerichtsbarkeit* werden streitige Privatrechtsverhältnisse beurteilt, typischerweise in Form des kontradiktorischen Zweiparteienprozesses. Die *Strafgerichtsbarkeit* befasst sich mit der Beurteilung von Straftaten auf öffentliche Anklage hin (zwecks Durchsetzung des staatlichen Strafanspruchs), in bestimmten Fällen auf Privatklage hin. Die *Verwaltungsgerichtsbarkeit* dient der Beurteilung öffentlich-rechtlicher Streitigkeiten im Verhältnis Bürger–Staat und zugleich der Kontrolle der Verwaltung. Im Rahmen der *Verfassungsgerichtsbarkeit* werden staatliche Akte in einem justizförmigen Verfahren auf ihre Übereinstimmung mit der Verfassung geprüft. Anknüpfungspunkt ist hier nicht das Rechtsgebiet, aus dem die Streitigkeit stammt, sondern der *Kontrollmassstab*. Die Verfassungsgerichtsbarkeit bildet im schweizerischen Justizsystem keinen ei-

genständigen Gerichtszweig. Fragen der Verfassungsmässigkeit können grundsätzlich vor allen Gerichten zur Sprache kommen (sog. diffuses System der Normenkontrolle; vgl. N 8 zu BV 190; BIAGGINI, ius.full 2006, 164 ff.). Bei der Verfassungsgerichtsbarkeit geht es – trotz einiger Besonderheiten, die mit ihrem Gegenstand, dem politiknahen Verfassungsrecht, zusammenhängen – um die Beurteilung rechtlicher Streitigkeiten in einem justizförmigen Verfahren mit gerichtsüblichen Argumentations- und Begründungsanforderungen, also um *Rechtsprechung* (N 1).

10   *Militärgerichtsbarkeit:* Einen eigenständigen Gerichtszweig bildet traditionell die – auf der Grundlage der einschlägigen Sachkompetenzen des Bundes geschaffene (BV 58 ff.) – Militärjustiz, ausgeübt durch die Militärgerichte erster Instanz (MStP 5 ff.), die Militärappellationsgerichte (MStP 9 ff.) und das Militärkassationsgericht (MStP 13 ff.). Ein Instanzenzug zum Bundesgericht besteht nicht. Die Schaffung einer Weiterzugsmöglichkeit wird durch BV 188 (wo das Bundesgericht jetzt ausdrücklich als «oberste» rechtsprechende Behörde des Bundes angesprochen wird) nicht ausgeschlossen. – Eine parlamentarische Initiative (04.465), welche die Abschaffung der Militärjustiz forderte, wurde im Juni 2006 vom Nationalrat abgelehnt (AB 2006 N 912).

11   Das *Bundesgericht* übt vielfältige verfassungsgerichtliche Funktionen aus (vgl. BV 188, 190), ist aber kein der Fachgerichtsbarkeit übergeordnetes Verfassungsgericht (wie das deutsche Bundesverfassungsgericht oder die italienische Corte Costituzionale), sondern (ähnlich dem US-amerikanischen Supreme Court) ein grundsätzlich in allen Gerichtsbarkeiten tätiges oberstes Gericht. Das 1917 geschaffene Eidgenössische Versicherungsgericht (EVG) mit Sitz in Luzern war bis vor kurzem eine «organisatorisch selbstständige Sozialversicherungsabteilung des Bundesgerichts» (OG 122, AS 1969 767, 788), *de facto* ein selbstständiges Spezialgericht mit eigener Leitungsstruktur (Präsidium, Gerichtsreglement; vgl. Botsch. Bundesrechtspflege, 4242). Mit der Justizreform wurde das EVG (in Gestalt von zwei sozialrechtlichen Abteilungen mit Standort Luzern) vollständig in das Bundesgericht integriert (BGG 4; BGerR 26 Abs. 2, SR 173.110.131). – Das Bundesgericht übt zu Recht eine gewisse *Zurückhaltung*, wenn es Fragen des kantonalen Rechts beurteilt (vgl. KÄLIN, Staatsrechtliche Beschwerde, 198 ff.). Umgekehrt haben kantonale Instanzen die *Einheitlichkeit* der Anwendung des Bundesrechts im Auge zu behalten und die diesbezügliche *Führungsrolle des Bundesgerichts* zu respektieren. Die Rechtsprechung steht nicht nur im Dienst der Gerechtigkeit (N 5), sondern auch im Dienst der Rechtseinheit (vgl. BV 1874 Art. 114; BIAGGINI, Theorie und Praxis, 191 ff.) und des bundesstaatlichen Friedens. Staatsrechtliche Streitigkeiten zwischen Bund und Kantonen werden allerdings selten vor dem Bundesgericht ausgetragen (vgl. N 13 zu BV 189). Dies stellt dem schweizerischen Föderalismus ein Reifezeugnis aus, hat aber auch mit der Präferenz für Verhandlungs- und Vermittlungslösungen (vgl. BV 44) und mit der «Immunisierung» der Bundesgesetzgebung durch BV 190 zu tun (vgl. insb. N 2 zu BV 190).

Justizreform (BB vom 8.10.1999, Bundesrechtspflegereform)

12   Am 12.3.2000 stimmten Volk und Stände dem Bundesbeschluss vom 8.10.1999 über die Reform der Justiz zu (BBl 1999 8633, AS 2002 3148; zur Geschichte BBl 2001 4218 ff.). Der BB trat gestaffelt in Kraft (N 4 zu BV 195):
   –   am 1.4.2003: BV 123 und 191a Abs. 1 (Strafgerichtsbarkeit);

- am 1.9.2005: BV 191a Abs. 2 und 3;
- am 1.1.2007: BV 29a, 122, 188–191, 191b, 191c; dies gleichzeitig mit den zum Teil parallel vorangetriebenen Reformen auf Gesetzesstufe (BGG, VGG; vgl. Expertenkommission für die Totalrevision der Bundesrechtspflege, Schlussbericht, 1997; Botschaft vom 28.2.2001 zur Totalrevision der Bundesrechtspflege, BBl 2001 4202 ff.).

Im Rahmen der Reformarbeiten wurde auch eine Modelldiskussion zur Struktur der Bundesgerichtsbarkeit geführt. Ideen wie die Schaffung dezentralisierter Bundesfachgerichte (mit einem übergeordneten Höchstgericht) oder die Schaffung eines eigenständigen (Bundes-) Verfassungsgerichts wurden jedoch nicht weiterverfolgt (Hinweise in Botsch. BV, 494; AB SD 1998 N 384 ff.). Ein dahingehender «Umbau» wäre heute nicht ohne vorherige Verfassungsänderung möglich (KISS/KOLLER, SG-Komm., Art. 188 [Justizreform], N 18).

13 Als *Hauptziele* der Justizreform nennt die Botsch. BV (494 ff.):
- Sicherung der Funktionsfähigkeit des *Bundesgerichts* (insb. Entlastung), das als nationales Höchstgericht spezifische Aufgaben zu erfüllen hat;
- Vereinfachung und Stärkung des *Rechtsschutzes* auf allen Gebieten und Ebenen, u.a. durch Vereinheitlichung des Zivil- und Strafprozessrechts.

Die hauptsächlichen *Mittel* sind: der Ausbau der richterlichen Vorinstanzen des Bundesgerichts (auf Bundes- und kantonaler Ebene, vgl. BV 191a und 191b); die Regulierung (Erschwerung) des Zugangs zum Bundesgericht (vgl. BV 191), u.a. durch Beschränkung der Direktprozesse vor Bundesgericht (vgl. früher insb. BV 1874 Art. 110–112) auf das unabdingbare Minimum. Letzteres hat zur Folge, dass das BG vom 4.12.1947 über den Bundeszivilprozess (BZP; SR 273) seine *raison d'être* verloren hat. Der BZP wurde – Albtraum eines jeden Gesetzes – zum blossen Lückenbüsser degradiert und dient nunmehr (mitunter gar nur «sinngemäss») vorab fremden (öffentlich-rechtlichen) Zwecken (vgl. BGG 55, 70, 120; VGG 44; VwVG 16, 19; ParlG 153, 155, 156, 166; DSG 33; KG 42; VStrR 41, 43; EntG 114). – Flankierend wurde eine verfassungsmässige Rechtsweggarantie geschaffen (BV 29a). Diese ist nicht primär durch das Bundesgericht, sondern durch untere Instanzen im Bund (BV 191a) und in den Kantonen (BV 191b) einzulösen. Weiter wurden die Selbstverwaltung (BV 188 Abs. 3) des Bundesgerichts gestärkt und das Prinzip der richterlichen Unabhängigkeit (BV 191c) ausdrücklich verankert. Ersatzlos abgeschafft wurde die Möglichkeit, dass die Kantone (mit Zustimmung der Bundesversammlung) Streitigkeiten aus dem kantonalen Verwaltungsrecht (in einer Art «Organleihe») dem Bundesgericht zur Beurteilung zuweisen können (BV 190 Abs. 2 i.d.F. vom 18.4.1999; BV 1874 Art. 114bis Abs. 4). – Der vom Bundesrat vorgeschlagene Ausbau der Verfassungsgerichtsbarkeit gegenüber Bundesgesetzen scheiterte im Parlament (N 1 zu BV 190). – Ob die ehrgeizigen Reformziele mit den beschlossenen Rechtsänderungen erreicht werden können, bleibt abzuwarten. Eine spürbare Entlastung des Bundesgerichts ist jedenfalls in der Anfangsphase nicht zu erwarten, weshalb die von der Bundesversammlung beschlossene Reduktion der Zahl der Bundesrichter von 41 auf 38 (vgl. Verordnung vom 23.6.2006, SR 173.110.1) zwar politisch nachvollziehbar, aber in der Sache wohl überhastet ist (zur erwogenen Senkung auf 36: vgl. BBl 2006 3503; bzw. auf 35: vgl. BBl 2006 3495).

Literaturhinweise (vgl. auch die Hinweise bei BV 188)

BIAGGINI GIOVANNI, Verfassung und Richterrecht, Basel/Frankfurt a.M. 1991; DERS., Rechtsprechung, VRdCH, 1153 ff.; DERS., Abstrakte und konkrete Normenkontrolle, ius.full 2006, 164 ff.; DERS., Methodik in der Rechtsanwendung, in: Anne Peters/Markus Schefer (Hrsg.), Grundprobleme der Auslegung aus Sicht des öffentlichen Rechts, Bern 2004, 27 ff.; EICHENBERGER KURT, Die richterliche Unabhängigkeit als staatsrechtliches Problem, Bern 1960; FISCHBACHER ALAIN, Verfassungsrichter in der Schweiz und in Deutschland, Zürich 2006; HALLER WALTER, Verfassungsfortbildung durch Richterrecht, ZSR 2005 I, 5 ff.; HÄFELIN ULRICH/HALLER WALTER/KELLER HELEN, Bundesgericht und Verfassungsgerichtsbarkeit nach der Justizreform, Supplement zur 6. Auflage des «Schweizerischen Bundesstaatsrechts», Zürich 2006; KÄLIN WALTER, Das Verfahren der staatsrechtlichen Beschwerde, 2. Aufl., Bern 1994; KÄLIN WALTER/ROTHMAYR CHRISTINE, Justiz, in: Klöti et al., 177 ff.; KLEY ANDREAS, Der richterliche Rechtsschutz gegen die öffentliche Verwaltung, Zürich 1995; KOLLER HEINRICH, Grundzüge der neuen Bundesrechtspflege und der vereinheitlichten Prozessrechts, ZBl 2006, 57 ff.; RAUSCH HERIBERT, Öffentliches Prozessrecht auf der Basis der Justizreform, 2. Auflage, Zürich usw. 2006; RHINOW RENÉ A., Rechtsetzung und Methodik, Basel/Stuttgart 1979; RHINOW RENÉ/KOLLER HEINRICH/KISS CHRISTINA, Öffentliches Prozessrecht und Justizverfassungsrecht des Bundes, Basel/Frankfurt a.M. 1996; WALTER HANS PETER, Der Methodenpluralismus des Bundesgerichts bei der Gesetzesauslegung, recht 1999, 157 ff.; ZIMMERLI ULRICH/KÄLIN WALTER/KIENER REGINA, Grundlagen des öffentlichen Verfahrensrechts, Bern 2004. – *Ausgewählte Materialien:* Expertenkommission Justizreform, Schlussbericht vom 22.3.1995; Botsch. BV, 487 ff. (Justizreform); Expertenkommission für die Totalrevision der Bundesrechtspflege, Schlussbericht, Juni 1997; Botschaft zur Totalrevision der Bundesrechtspflege vom 28.2.2001, BBl 2001 4202 ff. (zit. Botsch. Bundesrechtspflege); Zusatzbotschaft zur Botschaft zur Totalrevision der Bundesrechtspflege vom 28.9.2001, BBl 2001 6049 ff.

Art. 188[1] Stellung des Bundesgerichts

¹ Das Bundesgericht ist die oberste rechtsprechende Behörde des Bundes.
² Das Gesetz bestimmt die Organisation und das Verfahren.
³ Das Gericht verwaltet sich selbst.

1 Die aktuelle Bestimmung geht auf die Justizreform zurück (N 12 vor BV 188). Die beiden ersten Absätze wurden unverändert aus der totalrevidierten Bundesverfassung (i.d.F. vom 18.4.1999) übernommen. Die Selbstverwaltungsgarantie (Abs. 3) wurde etwas verstärkt. Der ursprüngliche Abs. 4 (Berücksichtigung der Amtssprachen bei der Richterwahl, AS 1999 2556) – im Rahmen der «Verfassungsnachführung» vom Parlament eingefügt – wurde im Zuge der Justizreform ohne Diskussion wieder gestrichen (vgl. RHINOW, BV 2000, 14); eine

---

1 Angenommen in der Volksabstimmung vom 12. März 2000, in Kraft seit 1. Jan. 2007 (BB vom 8. Okt. 1999, BRB vom 17. Mai 2000, BB vom 8. März 2005 – AS 2002 3148, 2006 1059; BBl 1997 I 1, 1999 8633, 2000 2990, 2001 4202).

eigentliche «Herabstufung» auf Gesetzesebene hat (entgegen verbreiteter Auffassung) nicht stattgefunden, da das neue Gesetz nicht die Bundesversammlung (Richterwahl), sondern das Bundesgericht (Bildung der Abteilungen) in die Pflicht nimmt (BGG 18 Abs. 2; anders noch OG 1 Abs. 2).

2 Das Bundesgericht wurde mit Gründung des Bundesstaates geschaffen (BV 1848 Art. 94–107). Es handelte sich allerdings zunächst um eine *nicht-permanente* Einrichtung mit punktuellen Zuständigkeiten auf den Gebieten des Privat- und des Strafrechts (BV 1848 Art. 101–104). Für die Beurteilung von Beschwerden betreffend die Verletzung der neu durch die Bundesverfassung garantierten (verfassungsmässigen) Rechte war das Bundesgericht nur dann zuständig, wenn die Bundesversammlung beschloss, die Sache nicht selbst zu entscheiden, sondern an das Bundesgericht zu überweisen (BV 1848 Art. 105), was bis 1874 nur ein einziges Mal geschah (Urteil vom 3.7.1852, *Dupré*, in: ZSR 1853, 41 ff.). Eine Bundesgerichtsbarkeit, die diesen Namen verdient, entstand erst mit der Totalrevision von 1874, als das Bundesgericht zu einem permanenten obersten Gericht ausgebaut (BV 1874 Art. 106) und mit der Rolle des Garanten der Rechtseinheit (BV 1874 Art. 114) sowie mit verfassungsrichterlichen Funktionen betraut wurde (gegenüber den Kantonen grundsätzlich umfassend, im Verhältnis zur Bundesgewalt begrenzt, vgl. insb. BV 1874 Art. 113 Abs. 3: «Massgeblichkeit» der Bundesgesetze; vgl. N 6 zu BV 190). Dank einer Ausnahmeklausel konnte der Bundesgesetzgeber die Beurteilung bestimmter Verfassungsverletzungen weiterhin in die Hände des Bundesrates (als Rechtsmittelinstanz) legen (BV 1874 Art. 113 Abs. 2), mit Weiterzugsmöglichkeit an die Bundesversammlung (BV 1874 Art. 85 Ziff. 12). Als Hauptgrund für diese Lösung wurde angeführt, dass in einigen Regelungsmaterien «die Rechtsverhältnisse noch schwankend» seien (BBl 1870 II 700), weshalb manchen Grundrechten neben der rechtlichen auch eine gesteigerte politische Bedeutung zukomme. Die Rechtsprechungszuständigkeit für die Niederlassungsfreiheit, die Glaubens- und Gewissensfreiheit und die Handels- und Gewerbefreiheit gingen erst nach und nach auf das Bundesgericht über, einzelne Grundrechte folgten erst Anfang 2000 (so insb. der Anspruch auf genügenden, unentgeltlichen Grundschulunterricht, BV 1874 Art. 27, heute BV 19). Durch Verfassungsänderung wurde im Jahr 1914 die Grundlage für eine zunächst begrenzte *Verwaltungsgerichtsbarkeit* im Bund geschaffen (BV 1874 Art. 114bis). Für viele Beschwerden blieb es vorerst beim verwaltungs*internen* Rechtsweg; noch heute führt der Rechtsweg bei gewissen Streitigkeiten zum Bundesrat (vgl. N 20 zu BV 187).

3 Der Sachtitel gibt den Inhalt der Bestimmung nur unzureichend wieder. Thema ist neben der *Stellung* auch die *Organisation*. Verschiedene wichtige Regelungen finden sich andernorts (Wahlen: BV 168; Wählbarkeit: BV 143; Unvereinbarkeiten: BV 144; Amtsdauer: BV 145; parlamentarische Oberaufsicht: BV 169). – Von grosser Bedeutung ist die Ausführungsgesetzgebung, insb. das BG vom 17.6.2005 über das Bundesgericht *(Bundesgerichtsgesetz*, BGG; SR 173.110), welches per 1.1.2007 das BG vom 16.12.1943 über die Organisation der Bundesrechtspflege (Bundesrechtspflegegesetz, OG; BS 3 531; abgedruckt in BIAGGINI/EHRENZELLER, 2. Aufl., Nr. 47 [Stand 1.7.2004], sowie auszugsweise in 3. Aufl., Nr. 47a) ablöste.

Stellung des Bundesgerichts (Abs. 1)

4 Mit der Kennzeichnung des Bundesgerichts als *«oberste rechtsprechende»* (BGG 1: «Recht sprechende») Behörde des Bundes (zum Begriff der Rechtsprechung vgl. N 2 vor BV 188) bringt die Verfassung zum Ausdruck, dass dem Bundesgericht gewisse *besondere Funktionen* zufallen:

- *letztinstanzliche* Gewährung von *Rechtschutz im Einzelfall;* für die im Verfahren vor kantonalen Instanzen unterlegene Partei ist das Bundesgericht nicht nur der letzte Hoffnungsträger, sondern gewöhnlich auch die erste und (wenn man vom EGMR absieht) einzige Instanz ausserhalb des Kantons und seiner Beengtheiten;
- Gewährleistung der *bundesstaatlichen Rechtseinheit* (Sicherstellung der einheitlichen Anwendung des Bundesrechts, inkl. Bundesverfassung);
- Klärung, Wahrung und *Weiterentwicklung des Rechts,* nicht zuletzt der Verfassung (Verfassungsfortbildung bis hin zur Anerkennung ungeschriebenen Verfassungsrechts);
- speziell als Verfassungsgericht: *Schutz der Essentialia* der schweizerischen Verfassungsordnung (insb. Gewährleistung eines offenen und fairen politischen Prozesses, Verwirklichung der Grundrechte, Sicherung einer gewissen bundesstaatlichen Homogenität).

5 *«Oberste»* rechtsprechende Behörde ist das Bundesgericht im Verhältnis:

- zu anderen rechtsprechenden Behörden des *Bundes* (vgl. BV 191a);
- zu *kantonalen* rechtsprechenden Behörden (BV 191b).

Die Kennzeichnung als oberstes Gericht verdeutlicht, dass es kein dem Bundesgericht übergeordnetes Verfassungsgericht gibt; für die Schaffung eines Verfassungsgerichts wäre eine Verfassungsänderung nötig. BV 188 macht eine *generelle* Aussage zur staatsrechtlichen Stellung des Bundesgerichts, nicht eine Aussage zum Verlauf des Instanzenzugs im Einzelfall. BV 188 verlangt nicht die durchgängige Letztinstanzlichkeit des Bundesgerichts (siehe jetzt auch BV 191 Abs. 3 i.d.F. vom 12.3.2000). Die bundesgerichtliche Garantenrolle für die Einheitlichkeit der Rechtsprechung (N 4) ist dort in Frage gestellt, wo andere Behörden abschliessend (d.h. ohne Möglichkeit des Weiterzugs an das Bundesgericht), Rechtsnormen (z.B. Grundrechte) auslegen und anwenden. Es ist eine bemerkenswerte, bisher zu wenig gewürdigte Leistung des Bundesgerichts, dass es sich bei den anderen letztinstanzlich rechtsanwendenden Behörden (inkl. Bundesversammlung und Bundesrat) Respekt zu verschaffen vermochte und heute in Auslegungsfragen eine allgemein anerkannte Leitfunktion wahrnimmt. – Die unter der BV 1874 mitunter bezweifelte Zulässigkeit einer mehrstufigen Bundesgerichtsbarkeit (vgl. HALLER, Komm. aBV, Art. 106, N 8 f.) ist nun jedenfalls für die Straf- und die Verwaltungsgerichtsbarkeit zu bejahen (vgl. BV 191a). Gegenüber der kantonalen Justiz besteht kein hierarchisches Verhältnis (vgl. HALLER, Komm. aBV, Art. 106, N 12; vgl. demgegenüber BGG 1 Abs. 2: Aufsicht über das Bundesstrafgericht und das Bundesverwaltungsgericht). In Fragen des kantonalen Rechts übt das Bundesgericht traditionell Zurückhaltung (vgl. KÄLIN, Staatsrechtliche Beschwerde, 198 ff.; BIAGGINI, VRdCH, 1164).

6   *Kein Rechtsprechungsmonopol* des Bundesgerichts: Die Bundesverfassung begründet weder ein Streitentscheidungsmonopol der Gerichte (oder gar des Bundesgerichts; vgl. BV 187 Abs. 1 Bst. d) noch ein staatliches Rechtsprechungsmonopol. Sie lässt Raum für nichtstaatliche – internationale, private, kirchliche – Gerichtsbarkeit sowie für nicht-richterliche Streitentscheidung durch verwaltungsinterne Instanzen oder politische Behörden. – *Private Schiedsgerichte* erfreuen sich seit je grosser Beliebtheit und Verbreitung, nicht zuletzt in internationalen Verhältnissen. Grundlage ist die *Privatautonomie*, deren Wirkungskreis auch die *Grenzen* der privaten Gerichtsbarkeit bestimmt (als nicht schiedsfähig gelten z.B. Personenstands- und familienrechtliche Prozesse). Private besitzen zwar Entscheidungsbefugnisse, nicht aber «rechtsprechende Gewalt». Für die zwangsweise Durchsetzung privater Schiedssprüche müssen staatliche Instanzen in Anspruch genommen werden. Auch private Schiedsgerichte müssen «hinreichende Gewähr für eine unparteiische und unabhängige Rechtsprechung» und ein faires Verfahren bieten (vgl. BGE 107 Ia 155, 158). Der Absicherung dieser Anforderungen dienen die im staatlichen Recht vorgesehenen Rechtsmittel an staatliche Gerichte (vgl. Konkordat über die Schiedsgerichtsbarkeit vom 27.3.1969, früher SR 279; IPRG 176 ff.).

7   Im Bereich der EMRK-Garantien ist das Bundesgericht wegen der Möglichkeit der Individualbeschwerde an den EGMR nicht mehr oberstes Gericht im vollen Sinn des Wortes, sondern nur noch oberstes Gericht «des Bundes», wie sich BV 188 Abs. 1 treffend ausdrückt. Das Bundesgericht ist allerdings, genau genommen, nicht nur die oberste rechtsprechende Behörde des Bundes, sondern der *Eidgenossenschaft*; dies jedenfalls soweit es um die Anwendung von Bundesrecht, Völkerrecht, interkantonalem Recht, kantonalen verfassungsmässigen Rechten und kantonalen Bestimmungen betreffend die politischen Rechte geht (vgl. BGG 95). Obwohl die Schweiz nicht EU-Mitglied ist, kann die Rechtsprechung des EuGH relevant sein (vgl. FZA 16 Abs. 2: Pflicht zur Berücksichtigung der vor dem 21.6.1999 ergangenen Rechtsprechung des EuGH; zum Einbezug späterer Urteile vgl. BGE 130 II 1, 10 ff.).

8   *Weitere Aufgaben:* BV 188 Abs. 1 schliesst es nicht aus, dem Bundesgericht in begrenztem Rahmen auch andere als Rechtsprechungsfunktionen zuzuweisen: nebst der eigenen Verwaltung (Abs. 3) etwa die Aufsicht über andere Gerichte (vgl. BGG 1 Abs. 2: Aufsicht über Bundesstrafgericht und Bundesverwaltungsgericht; N 4 zu BV 191a), u.U. auch (unter Wahrung von BV 164) Rechtsetzungsaufgaben (vgl. SchKG 15 in der bis Ende 2006 gültigen Fassung und die darauf gestützten Verordnungen, SR 281.31 ff.; vgl. jetzt aber BV 189 und dort N 16).

Organisation und Verfahren (Abs. 2)

9   BV 188 spricht vom Bundesgericht (Singular). Dies schliesst eine gewisse Dezentralisierung (z.B. zwei Sitze: BGG 4) nicht aus. BV 188 verzichtet im Interesse der Flexibilität (vgl. Botsch. BV, 520) darauf, organisatorische Strukturen oder ein bestimmtes Rechtsmittelsystem vorzugeben. Einige besonders wichtige Festlegungen finden sich in anderen Bestimmungen der Bundesverfassung (vgl. vorne N 3). Vieles bleibt dem Gesetzgeber überlassen, der die *wichtigen* Regelungen selber zu treffen hat (BV 164), während weniger Wichtiges auf tieferer Normstufe (z.B. Reglement) geregelt werden kann oder (in Anbetracht der Selbstverwaltungsgarantie, Abs. 3) gar muss (vgl. Botsch. BV, 527; Botsch. Bundesrechtspflege, 4828). Neben verfassungsrechtlichen (vgl. insb. BV 29, 30, 191c) sind dabei auch verschiedene völkerrechtliche Vorgaben (insb. EMRK 6) zu beachten.

10 In Bezug auf die *Organisation* hat der Gesetzgeber verschiedene Festlegungen selber getroffen (z.B. Sitz, BGG 4; Stellung der Richterinnen und Richter, BGG 5 ff.; Organe und ihre Aufgaben, BGG 13 ff.). Offen gelassen hat er u.a. die Zahl der Abteilungen (anders noch OG 12, AS 1992 288) sowie die konkrete Zahl der Richterinnen und Richter; diese ist innerhalb einer gesetzlichen Bandbreite (35–45 ordentliche Richter, zuzüglich höchstens zwei Drittel nebenamtliche Richter) von der Bundesversammlung per Verordnung festzulegen (Verordnung vom 23.6.2006, SR 173.110.1: 38 bzw. 19). Gemäss BGerR 26 (SR 173.110.131) besteht das Bundesgericht aus sieben Abteilungen (je zwei öffentlich-rechtliche, zivilrechtliche und sozialrechtliche sowie eine strafrechtliche Abteilung à vier bis sechs ordentliche Richter). Die interne Organisation des Gerichtsbetriebs ist (als Teil der Justizverwaltung) Sache des Bundesgerichts (N 15). Das Gesetz verlangt ausdrücklich, dass nicht nur die Verteilung der Geschäfte auf die Abteilungen (nach Rechtsgebieten), sondern auch die Bildung der Spruchkörper sowie der Einsatz der nebenamtlichen Richter durch Reglement (d.h. rechtssatzmässig) geregelt werden (BGG 22; vgl. BGerR 16, 29 ff., 40 ff.; weitmaschiger OG 12 ff.; vgl. Botsch. Bundesrechtspflege, 4246), um allfällige Manipulationsvorwürfe gar nicht erst aufkommen zu lassen (vgl. auch N 5 zu BV 30; MÜLLER, Gesetz und Verordnung, 24).

11 Mit *«Verfahren»* ist nicht nur das interne Entscheidverfahren des Gerichts gemeint (vgl. z.B. BGG 23: interne Koordination der Rechtsprechung; BGG 58: Urteilsberatung), sondern auch das Rechtsmittelverfahren (samt Sachurteilsvoraussetzungen: Beschwerdefristen, Beschwerdelegitimation usw., vgl. BGG 71 ff., 90 ff.) unter Einschluss der Schnittstellen zwischen dem Verfahren vor Bundesgericht und dem vorinstanzlichen Verfahren (vgl. insb. BGG 111: Einheit des Verfahrens). Das Rechtsmittelsystem ist nicht schon in der Verfassung festgelegt. Der Gesetzgeber kann eine sog. Einheitsbeschwerde einführen (vgl. Beschwerde in Zivilsachen, BGG 71 ff.; in Strafsachen, BGG 78 ff.; in öffentlich-rechtlichen Angelegenheiten, BGG 82 ff.), er könnte diesen Schritt aber auch wieder rückgängig machen. Das Institut der *dissenting opinion* ist nicht vorgesehen (vgl. immerhin die Wiedergabe einer abweichenden Meinung zu BGE 102 Ia 468 in ZBl 1977, 172 ff.). – Unter dem Regime des bis Ende 2006 geltenden OG wurden weit über 90% der Fälle im vereinfachten oder summarischen Verfahren (OG 36a und 36b) entschieden. Die als Regelfall (OG 17) vorgesehene öffentliche Urteilsberatung wurde kaum mehr praktiziert (vgl. N 18 zu BV 30).

12 *Bestellung der Richterinnen und Richter des Bundesgerichts:* Die *Wählbarkeit* richtet sich nach BV 143 (siehe dort N 2 ff.), die *Amtsdauer* nach BV 145 (sechs Jahre), *Wahlen und Wahlverfahren* nach BV 168 (siehe dort N 3 ff.) und ParlG 135 ff. Wahlkörper ist die Vereinigte Bundesversammlung (BV 157). Die Wahlen finden für die ordentlichen und die nebenamtlichen Richter getrennt statt. Die alle sechs Jahre durchzuführende (d.h. im Jahr 2008 wieder anstehende) Gesamterneuerung geschieht entweder durch *Wiederwahl* der sich erneut zur Verfügung stellenden Mitglieder (ParlG 136: ein Wahlgang, absolutes Mehr) oder, im Falle von Vakanzen oder der Nicht-Wiederwahl eines Mitglieds, durch eine *Ergänzungswahl* (ParlG 137). Der früher auch bei der Wahl zum Bundesgericht vorgesehene Losentscheid bei Stimmengleichheit in einer allfälligen Stichwahl (N 5 zu BV 168) wird im neuen ParlG nicht weitergeführt. Die Vorbereitung der Wahlen obliegt seit August 2003 der Gerichtskommission (ParlG 40a). Das Gerichtspräsidium (neu: nur noch eines für «Lausanne» und «Luzern» zusammen) wird von der Vereinigten Bundesversammlung auf zwei Jahre ge-

wählt (BGG 14). Das Gesamtgericht hat neu von Gesetzes wegen ein Vorschlagsrecht (BGG 15 Abs. 1 Bst. e). Bei der Bestellung des ersten Präsidiums unter dem Regime des BGG wurde, entgegen langjähriger Praxis, nicht auf die Anciennität abgestellt.

13 *Wahlpraxis:* Die Bundesversammlung pflegt, neben der persönlichen und fachlichen Qualifikation (vgl. N 7 zu BV 143), eine ganze Reihe von Kriterien zu berücksichtigen: verhältnismässige Vertretung der politischen Parteien (nicht nur der Bundesratsparteien); Vertretung der Amtssprachen (vgl. N 1); Geschlecht (vgl. KISS/KOLLER, SG-Komm., Art. 188, N 15). – Das System der periodischen Wiederwahl (nach einer für oberste Gerichte vergleichsweise kurzen Amtsdauer von sechs Jahren) ist unter dem Blickwinkel der richterlichen Unabhängigkeit nicht unproblematisch, zumal sich in jüngerer Zeit verschiedene Mitglieder des Bundesgerichts öffentlichen Anfeindungen und Nicht-Wiederwahl-Drohungen ausgesetzt sahen (so etwa nach einem Urteil betreffend Rassendiskriminierung, BGE 130 IV 111, nach den Einbürgerungs-Urteilen vom 9.7.2003, BGE 129 I 217 und 232, oder nach dem Kruzifix-Urteil von 1990, BGE 116 Ia 252). Anlässlich der Gesamterneuerung im Jahr 1990 endete der Versuch, einem bestimmten Bundesrichter einen «Denkzettel» zu verpassen, mit dessen Nicht-Wiederwahl; die «Panne» wurde eine Woche später mit der Wiederwahl korrigiert (AB 1990 N 2520 ff.; vgl. auch AB 2002 N 2198).

14 *Stellung der Mitglieder des Bundesgerichts:* Zu den Unvereinbarkeiten vgl. N 2 ff. zu BV 144 (vgl. auch BGG 6 ff.). Das Gesetz verleiht bestimmte Immunitäten (BGG 11; vgl. N 8 zu BV 162). Die Besoldung richtet sich nach dem BG vom 6.10.1989 über Besoldung und berufliche Vorsorge der Magistratspersonen (SR 172.121) und der gleichnamigen Parlamentsverordnung (SR 172.121.1; 80% der Besoldung eines Mitglieds des Bundesrates); der Anspruch auf das volle Ruhegehalt entsteht nach 15 Amtsjahren. Das BPG kommt nicht zur Anwendung (BPG 2 Abs. 2). In Kodifizierung bisheriger Praxis sieht das BGG (unter Missachtung von BV 143) vor, dass die Mitglieder des Bundesgerichts am Ende des Jahres aus dem Amt ausscheiden, in dem sie das 68. Altersjahr vollenden (BGG 9 Abs. 2). Die Möglichkeit einer vorzeitigen Abberufung ist in Verfassung und Gesetz nicht vorgesehen (anders im Fall der Mitglieder der beiden erstinstanzlichen Gerichte des Bundes; vgl. VGG 10 bzw. SGG 10), ebenso wenig eine disziplinarische Verantwortlichkeit (vgl. VPB 68.49, 2004, Ziff. 1.3, 1.4, BJ, Gutachten vom 14.8.2003). Höchst problematisch waren gewisse überhastete Reaktionen in der Bundesversammlung im Fall des Bundesrichters Schubarth (vgl. VPB 68.114, 2004, BJ; RHINOW, Grundzüge, 381 f.; SCHINDLER, AJP 2003, 1021 ff.), dessen Benehmen Anlass zu Kritik gegeben hatte (und der schliesslich per 31.1.2004 vorzeitig demissionierte). Die zwischenzeitlich erwogene Amtsenthebung per referendumspflichtigen Bundesbeschluss («Lex Schubarth»; vgl. VPB 68.49, 2004, Ziff. 3, BJ) wäre klar verfassungswidrig gewesen. Der vorzeitigen Wahl eines Nachfolgers standen OG 1 Abs. 1 und OG 5 Abs. 2 entgegen (vgl. VPB 68.114, 2004, BJ). Verfassungsrechtlich nicht unproblematisch (aber i.S. einer ultima ratio-Massnahme verständlich) war auch der Beschluss des Gesamtgerichts vom 17.2.2003, Bundesrichter Schubarth von seinen Rechtsprechungsaufgaben zu entbinden und ihn zur Demission aufzufordern. – Als ihrerseits nicht unproblematische «Sanktion» (vgl. N 3 zu BV 191c) bleibt die Nicht-Wiederwahl bei der Gesamterneuerung. Erfreulich ist, dass die Bundesversammlung den singulären Fall nicht zum Anlass nahm, in die damals laufende Revision der Bundesrechtspflege eine Abberufungsklausel zu integrieren.

Selbstverwaltungsgarantie (Abs. 3)

15 Die *Justizverwaltung* soll die sachlichen und personellen Voraussetzungen dafür schaffen (und erhalten), dass die Rechtsprechung ihre Aufgabe wahrnehmen kann (vgl. EICHENBERGER, Justizverwaltung, 32). Traditionelle Themen sind die Organisation des Gerichtsbetriebs samt den logistischen Diensten (Kanzlei, Archiv, Dokumentation, Bibliotheken, Sicherheit), die Geschäftszuteilung, das Personalwesen (vgl. KISS, Justizverfassung, 84; TSCHANNEN, Staatsrecht, 517). Die justizielle Selbstverwaltung dient der Sicherung der Unabhängigkeit (BV 191c) des Bundesgerichts gegenüber Legislative und Exekutive (vgl. Botsch., BV 527) und steht durchaus in Einklang mit der (modern verstandenen) Gewaltenteilungsidee (vgl. RHINOW, BV 2000, 200). Es war ein erklärtes Ziel der Justizreform, die Eigenständigkeit des Bundesgerichts im Bereich der Justizverwaltung zu stärken. Die ursprüngliche Fassung von Abs. 3 («Das Bundesgericht bestellt seine Verwaltung.») hatte dem Bundesgericht nur eine begrenzte Selbstverwaltungsgarantie eingeräumt; verfassungsrechtlich nicht abgesichert war die Autonomie im finanziellen Bereich (was den *Gesetzgeber* nicht hinderte, bereits vor dem 1.1.2007 den Direktverkehr zur Bundesversammlung betreffend Voranschlag, Rechnung, Geschäftsbericht vorzusehen, vgl. ParlG 142, 162). Die ausdrückliche Verankerung des Grundsatzes der Selbstverwaltung – wie zuvor schon in verschiedenen neueren Kantonsverfassungen (z.B. KV/AG § 96; KV/BL § 82) – zielt nicht zuletzt auf eine Stärkung der Autonomie in *finanzieller Hinsicht* (Finanzautonomie) ab, im Rahmen der gesetzlichen Vorgaben und der durch die Bundesversammlung festgesetzten finanziellen Bedingungen (Botsch. BV, 527 f.; KISS/KOLLER, SG-Komm., Art. 188 [Justizreform], N 29).

16 *Anwendungsbereich:* Die Garantie des Abs. 3 kommt (nur) dem Bundesgericht zugute. Im Interesse der richterlichen Unabhängigkeit (BV 191c) sind aber auch die übrigen Gerichte mit der erforderlichen Selbstständigkeit auszustatten (vgl. VPB 69.48, 2005). Diese muss indes nicht von Verfassungsrechts wegen so weit gehen wie jene des obersten Gerichts (vgl. VGG 14 ff., 27, 27a; SGG 13 ff., 23, 23a; vgl. auch das Reglement des Bundesgerichts vom 11.9.2006 betreffend die Aufsicht über das Bundesstrafgericht und das Bundesverwaltungsgericht, AufRBGer, SR 173.110.132).

17 *Elemente der Selbstverwaltung:* Das Bundesgericht ist im Rahmen von Verfassung und Gesetz (vgl. N 9 f.) grundsätzlich frei, sich zweckmässig zu organisieren und zu verwalten. Es lassen sich unterscheiden: *Organisationsautonomie* (inkl. Erlass von Reglementen und Bestellung der Organe); *Finanzautonomie* (selbstständiges Verfügen über die vom Parlament bewilligten Mittel; eigene Rechnung, was eine formelle Integration in die Staatsrechnung nicht ausschliesst; kein Korrekturrecht der Regierung betreffend Budgeteingaben, ParlG 142 Abs. 2); *Personalautonomie* (vgl. BGG 25: Anstellung des nötigen Personals; enger früher OG 7, BS 3 531).

18 *Organe:* Die Aufgaben der *Justizverwaltung* sind auf mehrere Organe verteilt (BGG 13 ff.; insb. Präsidium, Gesamtgericht, Abteilungspräsidentenkonferenz, Verwaltungskommission). Das Gesetz weist der Verwaltungskommission eine wichtige Stellung zu (BGG 17). Die Bestellung der Organe ist, mit Ausnahme des Präsidiums (vgl. N 12), Sache des Bundesgerichts.

19 Justizverwaltung ist keine aufsichtsfreie Funktion. Zu Möglichkeiten und Grenzen der *parlamentarischen Oberaufsicht* vgl. N 9 ff. zu BV 169; dort auch zur Problematik des dem Bundesgericht durch Parlamentsverordnung (vom 23.6.2006, SR 173.110.1) abverlangten Con-

trollingverfahrens, das nicht nur der Festlegung der Richterzahl (N 10) dienen soll, sondern auch als Grundlage für die Oberaufsicht (zu Recht kritisch JÖRG PAUL MÜLLER, Richterliche Unabhängigkeit steht zur Debatte, NZZ Nr. 120 vom 26.5.2006, S. 15; RAINER J. SCHWEIZER, Eine Reform zum Schaden des Bundesgerichts, NZZ Nr. 82 vom 7.4.2006, S. 16).

Literaturhinweise (vgl. auch die Hinweise vor BV 188 und bei BV 189, 191c)
BELLANGER FRANÇOIS/TANQUEREL THIERRY (Hrsg.), Les nouveaux recours fédéraux en droit public, Genf/Zürich/Basel 2006; EHRENZELLER BERNHARD/SCHWEIZER RAINER J. (Hrsg.): Die Reorganisation der Bundesrechtspflege, St. Gallen 2006; EICHENBERGER KURT, Justizverwaltung, Festschrift für den Aargauischen Juristenverein 1936–1986, Aarau 1986, 31 ff.; HALLER WALTER, Das Rechtsmittelsystem des Bundesgerichtsgesetzes im öffentlichen Recht, Jusletter 18.12.2006; KÄLIN WALTER, Das Verfahren der staatsrechtlichen Beschwerde, 2. Aufl., Bern 1994; KARLEN PETER, Das neue Bundesgerichtsgesetz, Basel 2006; KIENER REGINA/KUHN MATHIAS, Das neue Bundesgerichtsgesetz: eine (vorläufige) Würdigung, ZBl 2006, 141 ff.; MÜLLER GEORG, Gesetz und Verordnung in der Justizgesetzgebung, Festschrift für den Aargauischen Juristenverein 1936–1986, Aarau 1986, 19 ff.; NIGGLI MARCEL/UEBERSAX PETER/WIPRÄCHTIGER HANS (Hrsg.), Bundesgerichtsgesetz, Basler Kommentar, Basel usw. 2007 (im Erscheinen); PORTMANN URS (Hrsg.), La nouvelle Loi fédérale sur le Tribunal fédéral, Lausanne 2007; POUDRET JEAN-FRANÇOIS (unter Mitarbeit von Suzette Sandoz-Monod), Commentaire de la loi fédérale d'organisation judiciaire du 16 décembre 1943, Band I und II, Bern 1990, Band V, Bern 1992; SCHINDLER BENJAMIN, Wer wacht über die Wächter des Rechtsstaates?, AJP 2003, 1017 ff.; SCHUBARTH MARTIN, Bundesgericht, VRdCH, 1071 ff.; SEILER HANSJÖRG/VON WERDT NICOLAS/GÜNGERICH ANDREAS, Bundesgerichtsgesetz (BGG), Bern 2006; SPÜHLER KARL/DOLGE ANNETTE/VOCK DOMINIK, Kurzkommentar zum neuen Bundesgerichtsgesetz (BGG), Zürich/St. Gallen 2006; TSCHANNEN PIERRE (Hrsg.), Neue Bundesrechtspflege, BTJP 2006, Bern 2007.

Art. 189[1] Zuständigkeiten des Bundesgerichts

[1] Das Bundesgericht beurteilt Streitigkeiten wegen Verletzung:
a. von Bundesrecht;
b. von Völkerrecht;
c. von interkantonalem Recht;
d. von kantonalen verfassungsmässigen Rechten;
e. der Gemeindeautonomie und anderer Garantien der Kantone zu Gunsten von öffentlich-rechtlichen Körperschaften;
f. von eidgenössischen und kantonalen Bestimmungen über die politischen Rechte.

---

1   Angenommen in der Volksabstimmung vom 12. März 2000, in Kraft seit 1. Jan. 2007 (BB vom 8. Okt. 1999, BRB vom 17. Mai 2000, BB vom 8. März 2005 – AS 2002 3148, 2006 1059; BBl 1997 I 1, 1999 8633, 2000 2990, 2001 4202).

[¹ᵇⁱˢ Es beurteilt Beschwerden wegen Missachtung von Inhalt und Zweck einer allgemeinen Volksinitiative durch die Bundesversammlung.¹]
² Es beurteilt Streitigkeiten zwischen Bund und Kantonen oder zwischen Kantonen.
³ Das Gesetz kann weitere Zuständigkeiten des Bundesgerichts begründen.
⁴ Akte der Bundesversammlung und des Bundesrates können beim Bundesgericht nicht angefochten werden. Ausnahmen bestimmt das Gesetz.

1   BV 189, der die Hauptaufgaben des Bundesgerichts umschreibt, ging praktisch unverändert aus der Justizreform-Vorlage des Bundesrates hervor (Botsch. BV, 528 ff., 641). Die Bestimmung fasst die in BV 189 und 190 i.d.F. vom 18.4.1999 enthaltenen Aufzählungen zusammen, die ihrerseits auf die Festlegungen in BV 1874 Art. 110–114 und BV 1874 Art. 114bis (1914) zurückgehen. Das Schicksal von Abs. 1bis ist ungewiss (vgl. N 1 zu BV 139a).

Streitigkeiten nach Beschwerdegrund (Abs. 1)

2   Abs. 1 ist primär, wenn auch nicht ausschliesslich (vgl. Bst. e), aus der Perspektive des *Individualrechtsschutzes* formuliert (natürliche Personen und juristische Personen des Privatrechts). Für föderale Streitigkeiten vgl. Abs. 2.

3   *Streitigkeiten:* Anders als frühere Zuständigkeitskataloge (N 1) knüpft Abs. 1 nicht bei den traditionellen Rechtsmaterien (Zivil-, Straf- und Verwaltungsgerichtsbarkeit) oder bei den Rechtsmitteln an, sondern bei bestimmten *Rechtsverletzungen* (Beschwerdegründe, Rügemöglichkeiten), in denen sich die Überprüfungsbefugnisse des Bundesgerichts widerspiegeln. Die Verfassung lässt offen, wer beschwerdebefugt ist (z.T. anders BV 1874 Art. 113 Abs. 1 Ziff. 3). Das Rechtsmittelsystem wird nicht präjudiziert (N 11 zu BV 188).

4   Das Bundesgericht wird in BV 189 mit der Aufgabe der Wahrung des Rechts (Rechtskontrolle) betraut, genauer: mit der *Wahrung des Bundesrechts*, unter Einschluss des Völkerrechts (Bst. a–b), punktuell mit der *Wahrung (inter)kantonalen Rechts* (Bst. c–f). Eine Ausweitung der Überprüfungsbefugnisse (Kognition) – z.B. auf eine umfassende Sachverhaltskontrolle (vgl. BGG 95 Abs. 2) oder eine (punktuelle) Angemessenheitskontrolle (früher OG 104 Bst. c; zur Problematik N 8 zu BV 191a) – wird durch BV 189 nicht ausgeschlossen (vgl. Abs. 3). Nicht kategorisch ausgeschlossen ist auch eine Beschränkung der Kognition (reduzierte Rechtskontrolle) in besonders gelagerten Konstellationen, etwa bei Beschwerden gegen Entscheide über vorsorgliche Massnahmen oder im Fall der Verfassungsbeschwerde (vgl. BGG 98 bzw. BGG 116: Beschränkung auf die Rüge der Verletzung verfassungsmässiger Rechte).

5   *Schutz verfassungsmässiger Rechte:* In der Aufzählung (Abs. 1) scheint das Herzstück der Verfassungsgerichtsbarkeit vergessen worden zu sein: Erwähnt werden zwar die *kantonalen* verfassungsmässigen Rechte, nicht aber jene *des Bundes* (anders noch BV 1874 Art. 113; BV 189 i.d.F. vom 18.4.1999). Die Verletzung verfassungsmässiger Rechte des Bundes kann

---

1   Angenommen in der Volksabstimmung vom 9. Febr. 2003 (BB vom 4. Okt. 2002, BRB vom 25. März 2003 – AS 2003 1949; BBl 2001 4803 6080, 2002 6485, 2003 3111). Dieser Absatz ist noch nicht in Kraft.

indes – unter dem Titel «Bundesrecht» (Bst. a) – weiterhin gerügt werden, und zwar neu in *allen* Rechtsmitteln (BGG 95, BGG 116). Die Konkretisierung des weder in der Bundesverfassung noch in der Gesetzgebung näher definierten traditionsreichen Begriffs obliegt nach wie vor dem Bundesgericht. Gemäss Rechtsprechung zählen zu den verfassungsmässigen Rechten nicht nur die hergebrachten Grundrechte (der Bundesverfassung und der kantonalen Verfassungen), sondern auch weitere Verfassungsnormen, «die nicht ausschliesslich öffentliche Interessen, sondern auch Interessen und Schutzbedürfnisse des Einzelnen betreffen und deren Gewicht so gross ist, dass sie nach dem Willen des demokratischen Verfassungsgebers verfassungsrechtlichen Schutzes bedürfen» (BGE 131 I 366, 368, unter Berufung auf KÄLIN, Staatsrechtliche Beschwerde, 67). Entscheidend ist, neben dem Rechtsschutzbedürfnis, die *Justiziabilität* (BGE 131 I 366, 368). Als verfassungsmässige Rechte gelten (auf Bundesebene) der Vorrang des Bundesrechts vor dem kantonalen Recht (BV 49; vgl. z.B. BGE 130 I 82, 86), das Verbot der interkantonalen Doppelbesteuerung (BV 127 Abs. 3; vgl. z.B. BGE 130 I 205, 210), das abgaberechtliche Legalitätsprinzip (vgl. BGE 128 I 317, 321), das strafrechtliche Legalitätsprinzip (vgl. BGE 118 Ia 137, 139: *nulla poena sine lege),* die Gebührenfreiheit im Bereich der öffentlichen Strassen (BV 82 Abs. 3; vgl. BGE 122 I 279, 283; Botsch. BV 261) und die berufliche Freizügigkeit (BV 196 Ziff. 5; vgl. BGE 130 I 26, 57; N 11 zu BV 95) sowie (auf der Ebene des kantonalen Rechts) der Grundsatz der Gewaltenteilung (vgl. Abs. 1 Bst. d, dazu N 6). – Zu Besonderheiten im Zusammenhang mit kantonalen Verfassungen vgl. N 25 zu BV 51.

6 Zu den Rügemöglichkeiten im Einzelnen (ähnlich die Liste in BGG 95):

a. *Bundesrecht:* neben dem gesetzten Recht aller Stufen (Bundesverfassung, Bundesgesetze, Verordnungen aller Art) auch *ungeschriebenes* (Gewohnheits-, Richter-)Recht (vgl. BGE 119 Ia 59, 62 ff.) der Bundesebene, nach herrschender Auffassung (vgl. HALLER, SG-Komm., Art. 189 [Justizreform], N 6) nicht jedoch Verwaltungsverordnungen (differenzierend BIAGGINI, ZBl 1997, 1 ff.). Bst. a steht nicht zuletzt im Dienst der *einheitlichen Auslegung und Anwendung* des Bundeszivil-, -straf- und -verwaltungsrechts (deutlicher noch BV 1874 Art. 114) und des einheitlichen Schutzes der *verfassungsmässigen Rechte* des Bundes (N 5).

b. *Völkerrecht* meint das gesamte für die Schweiz geltende Völkerrecht (Völkervertragsrecht, Gewohnheitsrecht, allgemeine Rechtsgrundsätze; zu den Rechtsquellen vgl. Art. 38 des Statuts des Internationalen Gerichtshofs vom 26.6.1945, SR 0.193.501; zum Völkergewohnheitsrecht vgl. auch BGE 124 II 293, 331 f.). Die separate Nennung des Völkerrechts – sonst im «Bundesrecht» inbegriffen (vgl. N 19 zu BV 49) – wird in den Materialien vor allem mit dem Wunsch nach Klarstellung begründet sowie mit dem Anliegen, auch den Fall der Staatsverträge der Kantone (BV 56) zu erfassen (vgl. Botsch. BV, 529; MAHON, Comm., Art. 189, N 7). Private können sich nur auf völkerrechtliche Normen berufen, die *unmittelbar anwendbar (self-executing)* sind, d.h. «inhaltlich bestimmt und hinreichend klar [...], um im Einzelfall Grundlage eines Entscheides zu bilden» (BGE 124 II 293, 308; vgl. BGE 130 I 26, 30; BGE 126 I 240, 242, 246). Praktisch bedeutsam sind vor allem die *Garantien der EMRK*, die das Bundesgericht (seit BGE 101 Ia 67, 69) in verfahrensrechtlicher Hinsicht wie verfassungsmässige Rechte behandelt (vgl. jetzt BGG 116).

c. *interkantonales Recht:* Neben dem interkantonalen *Vertragsrecht* (und allfälligem ungeschriebenem Recht) auch das durch interkantonale Organe gesetzte Sekundärrecht (Botsch. BV, 529). Zur (Vor-)Rangfrage vgl. BV 48 Abs. 5 (i.d.F. vom 28.11.2004, noch nicht in Kraft). – Auch hier können Private nur Normen anrufen, die unmittelbar anwendbar *(self-executing)* sind (vgl. z.B. BGE 125 II 86, 95; BGE 115 Ia 212, 215).

d. *kantonale verfassungsmässige Rechte:* Diese bei Bundesstaatsgründung noch sehr wichtige Kategorie hat – ungeachtet der (kleinen) Renaissance kantonaler Grundrechtskataloge – stark an Bedeutung verloren. Bst. d schafft nicht zuletzt eine Möglichkeit, die gesteigerte Verantwortung wahrzunehmen, die dem Bund aus der Übernahme der Gewährleistung der kantonalen Verfassungen (BV 51) erwächst. – Da es um einen *bundes(verfassungs)rechtlichen* Begriff geht, liegt die Entscheidung über die Qualifizierung einer kantonalen Verfassungsnorm als verfassungsmässiges Recht beim Bund (Bundesgericht). Die Norm muss *justiziabel* sein und *Individualinteressen* schützen, die so gewichtig sind, dass besonderer verfassungsrichterlicher Schutz angezeigt ist (vgl. vorne N 5). Bestimmungen organisatorischer Natur oder bloss programmatischen Charakters erfüllen diese Anforderungen nicht (vgl. BGE 131 I 366, 369, betreffend KV/SO 60; BGE 103 Ia 394, 398 f., betreffend aKV/BL Art. 35). Hingegen gilt der (objektive) *Grundsatz der Gewaltenteilung* nicht nur als ein «durch sämtliche Kantonsverfassungen explizit oder implizit garantierte(s) Prinzip», sondern auch «als verfassungsmässiges Recht», dessen Inhalt sich «in erster Linie aus dem kantonalen Recht» ergibt (BGE 131 I 291, 297; vgl. auch N 17 zu BV 51). Die Anerkennung von *ungeschriebenen* kantonalen verfassungsmässigen Rechten, die nicht das Gewährleistungsverfahren (heute BV 51) durchlaufen haben, ist prinzipiell möglich.

e. *Gemeindeautonomie* (vgl. N 7 zu BV 50) und *verwandte Garantien* zu Gunsten von *öffentlich-rechtlichen Körperschaften* (z.B. Garantie des Gebiets, des Bestandes; vgl. z.B. BGE 131 I 91, betreffend Zwangsfusion; BGE 132 I 68, betreffend Weitergabe des Korporationsbürgerrechts). Angesprochen sind auch staatlich anerkannte Religionsgemeinschaften (Botsch. BV, 530; vgl. z.B. KV/ZH 130; BGE 108 Ia 82, 85; BGE 108 Ia 264, 268; zur Autonomie von Hochschulen vgl. N 12 zu BV 63a). – Zu Begriff und Schutz der *Gemeindeautonomie* vgl. BGE 129 I 410, 413; N 5 ff. zu BV 50. – Die in Bst. e genannten Garantien werden in der gesetzlichen Liste der Beschwerdegründe (BGG 95) nicht eigens erwähnt, doch ist die Beschwerdemöglichkeit nicht in Frage gestellt (wie der Blick auf BGG 89 Abs. 2 Bst. c zeigt). Das Bundesgericht nimmt Beschwerden an die Hand, wenn eine Gemeinde in ihrer Stellung als Trägerin hoheitlicher Befugnisse berührt ist und eine Verletzung ihrer Autonomie geltend macht; ob sie tatsächlich Autonomie besitzt, ist eine Frage der materiellen Beurteilung (vgl. BGE 128 I 7). – Bst. e handelt von Garantien *der Kantone* (unzutreffend insoweit die Bezugnahme auf «Garantien» der «Bundesverfassung» in BBl 2001 4330 und BGG 89).

f. *Bestimmungen* über die *politischen Rechte:* Die ausdrückliche Nennung verfolgt unterschiedliche Zwecke:

– *eidgenössische* Bestimmungen: Ein Ziel der Justizreform war die Erweiterung des Rechtsschutzes in *eidgenössischen* Angelegenheiten (Wahlen und Abstimmungen; vgl. BBl 2001 4221). Die bisher marginalen Kompetenzen des Bundesgerichts

(BPR 80) wurden etwas erweitert (Streichung von bundes- bzw. nationalrätlichen Zuständigkeiten bei Abstimmungs- bzw. Wahlbeschwerden, früher BPR 81, 82). Ausgeklammert bleibt die Überprüfung von Akten des Bundesrates und der Bundesversammlung (Abs. 4 sowie BGG 89; vgl. immerhin Abs. 1bis, nicht in Kraft, dazu N 7).

- *kantonale* Bestimmungen: Der Passus hat zur Folge, dass der Bundesgesetzgeber bzw. das Bundesgericht die freie Überprüfung der Anwendung *einfachen kantonalen* Rechts vorsehen bzw. praktizieren müssen (vgl. BGG 95 Bst. d, zuvor OG 85 Bst. a sowie die dazu ergangene Rechtsprechung, z.B. BGE 121 I 293).

Umsetzung der allgemeinen Volksinitiative (Abs. 1bis)

7 *Funktion:* Abs. 1bis (nicht in Kraft; vgl. N 1 zu BV 139a) überträgt dem Bundesgericht eine ungewohnte Aufgabe, um die es nicht zu beneiden ist: Zu überprüfen ist (in Abweichung von Abs. 4) das Handeln der *Bundesversammlung*, dies zudem in einer besonders konflikttächtigen Situation, nämlich inmitten eines Entscheidungsprozesses, in welchem das Parlament mehr oder weniger *à contre cœur* tätig werden muss. Ab welchem Punkt von einer «Missachtung von Inhalt und Zweck» der Volksinitiative zu sprechen ist, wird oft nicht leicht zu beurteilen sein (vgl. BGE 115 Ia 148 betreffend eine kantonale Volksinitiative). Die «Umsetzungsbeschwerde» (als Spezialfall der Beschwerde in öffentlich-rechtlichen Angelegenheiten) steht strukturell der abstrakten Normenkontrolle nahe, doch ist der Massstab gerade nicht eine Norm, sondern eine blosse «Normidee» in Gestalt einer allgemeinen Anregung.

8 Wortlaut und Regelungszweck sprechen dafür, die Beschwerdemöglichkeit nicht nur im Fall von BV 139a Abs. 5 (Umsetzung nach Annahme der Volksinitiative in der Vorabstimmung) zu bejahen, sondern auch in den Fällen von BV 139a Abs. 3 und 4 («freiwillige» Umsetzung; in diesem Sinn auch E-BGG 82 Bst. d und E-BGG 101a; BBl 2006 5339). Die vom Bundesrat bejahte Möglichkeit einer Beschwerde wegen *Rechtsverzögerung* (Missachtung von Behandlungsfristen) birgt mehr Probleme, als die knappen Ausführungen in der Botschaft (BBl 2006 5291 und 5294) erahnen lassen.

Bundesstaatliche Streitigkeiten (Abs. 2)

9 *Funktion:* In Bundesstaaten gehört die Beurteilung «föderaler» Streitigkeiten (zwischen Bund und Gliedstaaten bzw. zwischen Gliedstaaten) zu den typischen (und wichtigen) höchstrichterlichen Aufgaben (so auch BV 1874 Art. 113 Abs. 1 Ziff. 1; anders indes noch BV 1848 Art. 74 und 101: Beurteilung von Kompetenz- bzw. staatsrechtlichen Streitigkeiten durch die Bundesversammlung). Als Rechtsmittel steht die (staatsrechtliche) *Klage* zur Verfügung (BGG 120; früher OG 83).

10 *Anwendungsbereich:* Aus Wortlaut und Materialien geht hervor, dass Abs. 2 nebst zivilrechtlichen Streitigkeiten (so schon BV 1874 Art. 110) auch solche aus dem *ganzen Bereich* des *öffentlichen Rechts* erfasst (Botsch. BV, 531). Die Beschränkung auf «Kompetenzkonflikte», wie sie der Wortlaut von BV 1874 Art. 113 vorsah (vgl. auch OG 83; BGE 117 Ia 202) gehört schon seit dem 1.1.2000 (BV 189 i.d.F. vom 18.4.1999), sicher aber seit dem 1.1.2007 der Vergangenheit an (vgl. BGG 120 Abs. 1 Bst. b; VPB 69.1 [2005], Ziff. III.D.).

11 Über die *Tragweite* der Neufassung besteht noch keine letzte Klarheit. Schon unter der BV 1874 hatte der Bund das Instrument der staatsrechtlichen Klage für Zwecke der *Bundesaufsicht* «entdeckt» (vgl. BGE 117 Ia 202: Kassation eines kantonalen Gerichtsurteils durch das Bundesgericht). Bei Anwendung dieser Methode hätte sich, nebenbei bemerkt, mancher frühere Disput, z.B. im Nachgang zum Fextal-Entscheid des Bundesrates (vgl. N 25 zu BV 49), erübrigt. Unter den Begriff der «Streitigkeiten zwischen Bund und Kantonen» fallen umgekehrt auch Streitigkeiten betreffend die Allgemeinverbindlicherklärung eines Konkordats (BV 48a; FiLaG 14) oder betreffend den Einsatz von Aufsichtsmitteln durch den Bund. Die verbreitete Auffassung, wonach die Nicht-Genehmigung eines kantonalen Erlasses nicht vor das Bundesgericht gebracht werden könne (so z.B. TSCHANNEN, Staatsrecht, 355), mag unter dem Regime von BV 1874 Art. 113 und OG 83 («Kompetenzkonflikte») zutreffend gewesen sein. Unter dem Regime von BV 189 Abs. 2 und BGG 120 steht die staatsrechtliche Klage den Kantonen grundsätzlich zur Verfügung. – Zur (begrenzten) Tragweite von BV 189 Abs. 4 vgl. hinten N 21.

12 Als *Parteien* kommen nur der *Bund* (der im Prozess traditionsgemäss unter dem Namen «Schweizerische Eidgenossenschaft» auftritt) bzw. *Kantone* in Betracht, nicht jedoch Gemeinden oder einzelne Behörden (was in der Praxis gelegentlich übersehen wird; vgl. einzelne Parteibezeichnungen in N 15).

13 *Bindung an Bundesgesetze:* Das Bundesgericht ist auch im Anwendungsbereich des Abs. 2 an Bundesgesetze gebunden (BV 190). Die im Rahmen des Projekts NFA von Bundesrat und Kantonen angestrebte Einführung einer Klagemöglichkeit bei «Verletzung verfassungsmässiger Kompetenzen der Kantone durch ein Bundesgesetz» (E-BV 189 Abs. 2 Bst. a i.d.F. E-BB NFA; vgl. BBl 2002 2464) fand im Parlament keine Mehrheit.

14 *Bedeutung:* Staatsrechtliche Klagen eines *Kantons gegen den Bund oder umgekehrt* sind äusserst selten. Die amtliche Sammlung der Bundesgerichtsentscheide verzeichnet für die letzten fünfzig Jahre lediglich sieben Fälle. In vier Fällen klagte ein Kanton wegen eines Kompetenzkonflikts gegen die Eidgenossenschaft (BGE 125 II 152, SG; BGE 106 Ia 38, SG; BGE 103 Ia 329, GE; BGE 81 I 35, GE), in drei Fällen die Eidgenossenschaft gegen einen Kanton (BGE 117 Ia 202, BL; BGE 117 Ia 221, GE; BGE 108 Ib 392, BS). Etwas häufiger sind gerichtlich ausgetragene (staats- oder verwaltungsrechtliche) Streitigkeiten *zwischen Kantonen.*

15 *Kasuistik* (zu BV 189 Abs. 2 bzw. BV 1874 Art. 113 Abs. 1 Ziff. 1): BGE 131 I 266 (staatsrechtliche Klage i.S.v. OG 83 Bst. e zwischen Vormundschaftsbehörden zweier Kantone); BGE 130 I 156, *Canton de Genève contre Conseil fédéral ainsi que Commission fédérale de recours en matière de marchés publics* (!) (erfolglose Klage betreffend Zuständigkeit zum Erlass einer Kollisionsregel über anwendbares Recht und zuständige Behörde bei gemeinsamen Beschaffungen); BGE 129 I 419, *AG gegen SG* (negativer Kompetenzkonflikt betreffend Zuständigkeit für Kindesschutzmassnahmen); BGE 125 I 458, *VD contre GE* (erfolgreiche Klage betreffend Zuständigkeit zur Besteuerung von pendelnden Arbeitnehmern); BGE 125 II 152, *SG gegen Schweizerische Eidgenossenschaft* (erfolglose Klage betreffend Abgrenzung der Kompetenzen bei der Zulassung von Geldspielautomaten); BGE 120 Ib 512, *VS contre BE* (erfolglose Klage betreffend Verlauf der Kantonsgrenzen im Bereich der Plaine Morte); BGE 118 Ia 195, *BE contre JU* (erfolgreiche Klage betreffend Ungültigkeit einer kantonalen Volksinitiative, welche die territoriale Integrität des Nachbarkantons in Frage stellte); BGE 117 Ia 202,

Schweizerische Eidgenossenschaft gegen BL (erfolgreiche Klage betreffend Behandlung von Staatsschutzakten des Bundes); BGE 117 Ia 221, *GE contre Confédération suisse* (erfolglose Klage betreffend Behandlung von Staatsschutzakten des Bundes); BGE 108 Ib 392, *Schweizerische Eidgenossenschaft gegen BS* (erfolgreiche Klage betreffend Umfang der Gesetzgebungskompetenz des Bundes auf dem Gebiet des Zivilrechts bzw. auf dem Gebiet des Kantons- und Gemeindebürgerrechts der Frau bei Heirat); BGE 106 Ia 38, *Regierungsrat des Kantons St. Gallen gegen Eidgenössisches Departement des Innern* (!) (negativer Kompetenzkonflikt auf dem Gebiet der Lebensmittelpolizei); BGE 106 Ib 154, *VS gegen TI* (erfolgreiche Klage betreffend Grenzstreit am Nufenenpass; subsidiäre analoge Anwendung von Völkerrecht); BGE 103 Ia 329, *Conseil d'Etat du canton de Genève contre Confédération suisse* (Kompetenzkonflikt betreffend Bewilligung des geplanten KKW Verbois; erfolgreiche Berufung auf die kantonale Raumplanungskompetenz).

Weitere Zuständigkeiten (Abs. 3)

16 *Funktion:* Wie sich aus dem Regelungskontext ergibt, geht es hier um die Möglichkeit der Erweiterung der *Rechtsprechungs*-Zuständigkeiten (z.T. anders MAHON, Comm., Art. 189, N 2, 21). Anwendungsfälle sind (wegen der in Abs. 1 gewählten Regelungsmethode: Zuständigkeit in Funktion bestimmter Rügen) zum einen BGG 96 Bst. b (unrichtige Anwendung ausländischen Rechts), zum andern BGG 97 Abs. 2 (Sozialversicherungsrecht: erweiterte Sachverhaltsrügen). – Eine Zuweisung von *Rechtsetzungs*kompetenzen erscheint aus justizverfassungsrechtlicher Sicht (BV 188 ff.) zulässig, sofern sie mit Rechtsprechungs- (BV 189) oder anderen Justiz(selbstverwaltungs)aufgaben (BV 188 Abs. 3) zusammenhängen (Gerichtsorganisation, Aufsicht über andere Gerichte usw.; vgl. BGG 15, 22, 27, 42). Für die frühere Zuständigkeit des Bundesgerichts zum Erlass von Verordnungen betreffend das Schuldbetreibungs- und Konkurswesen (SchKG 15 Abs. 2 alte Fassung) bzw. das Enteignungsverfahren (EntG 15 Abs. 2 alte Fassung) lässt die neue Justizverfassung keinen Raum mehr. Die Übertragung an den Bundesrat (AS 2006 1247, 2262; BBl 2001 4357, 4443) war geboten.

17 *Möglichkeiten und Grenzen:* Die Einrichtung eines *Vorlageverfahrens* (vgl. N 4 vor BV 188) gestützt auf Abs. 3 wäre prinzipiell möglich, nicht hingegen die Begründung einer Zuständigkeit zur Abgabe gutachterlicher Stellungnahmen *(advisory opinions)*, wie man sie von anderen Höchstgerichten her kennt. – Die Entstehungsgeschichte von BV 139 (i.d.F. vom 9.2.2003) legt den Schluss nahe, dass die Gültigkeit von eidgenössischen Volksinitiativen von der Bundesversammlung *abschliessend* beurteilt wird (zur Ablehnung gegenteiliger Vorschläge des Bundesrates, VE 96 Art. 177a, vgl. SPK-S, Bericht Volksrechte, 4830), so dass die Einführung einer höchstrichterlichen Überprüfungsmöglichkeit einer Verfassungsänderung bedürfte. – Abs. 3 bietet in Anbetracht der Entstehungsgeschichte (vgl. Botsch. BV, 498) und von BV 191b keine Grundlage für die Wiederbelebung der Möglichkeit, *kantonale Administrativstreitigkeiten* dem Bundesgericht zuzuweisen (vgl. früher BV 190 Abs. 2 i.d.F. vom 18.4.1999; BV 1874 Art. 114bis Abs. 4). – An der Wiedereinführung der (bereits im Zuge der OG-Teilrevision vom 23.6.2000 weitgehend abgeschafften, AS 2000 2719) Möglichkeit zivilrechtlicher *Direktprozesse* vor Bundesgericht wäre der Gesetzgeber hingegen wohl nicht gehindert. Ob dies ratsam wäre, ist eine andere Frage.

Nicht anfechtbare Akte (Abs. 4)

18 *Funktion:* Abs. 4 zieht zwischen dem Bundesgericht und den beiden obersten politischen Behörden des Bundes eine Trennlinie. Diese ist allerdings durchlässig. Ausgeschlossen wird die «Anfechtung» von Akten der Bundesversammlung und des Bundesrates, nicht jedoch eine höchstrichterliche Kontrolle schlechthin, wie sich bei näherem Hinsehen zeigt (N 19 und 21).

19 *«Immunisierte» Akte:* Erfasst werden sowohl individuell-konkrete als auch generell-abstrakte Anordnungen, somit auch die (nicht schon durch BV 190 immunisierten) *Verordnungen* des Bundesrates und der Bundesversammlung. Inwieweit die «Immunisierung» auch die einzelnen *Organe* der Bundesversammlung (ParlG 31) erfasst, ist nicht restlos klar. Eine abstrakte Normenkontrolle könnte mithin nur gestützt auf die Ausnahmeklausel (Satz 2) eingeführt werden. *Nicht* ausgeschlossen wird indes die *vorfrageweise* Überprüfung einer Verordnung aus Anlass eines Anwendungsfalles (konkrete Normenkontrolle; vgl. N 11 zu BV 190; Botsch. BV, 531; BIAGGINI, ius.full 2006, 172 ff.).

20 *Ausnahmen:* Der Gesetzgeber wird durch Abs. 4 ermächtigt (nicht verpflichtet), Ausnahmen vorzusehen. Er ist dabei nicht frei. So hat der Gesetzgeber zu berücksichtigen, dass BV 190 Bundesgesetze für massgebend erklärt. Die Einführung der Normenkontrolle (z.B. in Gestalt einer Kompetenzgerichtsbarkeit, vgl. N 2 zu BV 190) auf dem «Umweg» des BV 189 Abs. 4 Satz 2 wäre unzulässig. BV 189 Abs. 4 Satz 1 bietet auch keinen Freipass zur Aushebelung der auf derselben Normstufe stehenden Rechtsweggarantie (BV 29a; ebenso TSCHANNEN, Staatsrecht, 502 f.; zu apodiktisch Botsch. BV, 531), deren Gehalt bei Auslegung und Anwendung von BV 189 ebenso zu berücksichtigen ist wie die sich aus EMRK 6 Ziff. 1 oder EMRK 13 ergebenden völkerrechtlichen Vorgaben. – Gewöhnlich lässt sich eine rechtsstaatlich befriedigende Lösung erzielen, indem Entscheidungszuständigkeiten bei nachgeordneten Stellen angesiedelt werden (Departemente usw.; vgl. BV 177 Abs. 3;. Botsch. BV, 532; AB SD 1998 N 1465, Votum Bundesrat Koller). – Eine (unechte) Ausnahme ist die Möglichkeit der Anfechtung bestimmter erstinstanzlicher Entscheide des Bundesrates beim *Bundesverwaltungsgericht* (VGG 33 Bst. a: Arbeitsverhältnis des Bundespersonals, früher OG 98 Bst. a; VGG 33 Bst. b: Entscheide betreffend Amtsenthebung gemäss NBG 41 und 45). – Für eine Ausnahme auf *Verfassungsstufe* vgl. Abs. 1bis (vorne N 7).

21 *Bejahung der Überprüfbarkeit im Streitverfahren Kanton–Bund (Abs. 2):* Nach der bis Ende 2006 geltenden Justizverfassung war es den Kantonen grundsätzlich möglich, auf dem Weg der staatsrechtlichen Klage direkt gegen eine bundesrätliche Verordnung vorzugehen (für ein Beispiel vgl. BGE 125 II 152: der Kanton St. Gallen hatte die Aufhebung von zwei Bestimmungen der fünf Monate zuvor erlassenen bundesrätlichen Verordnung vom 22.4.1998 über Geldspielautomaten, AS 1998 1518, verlangt). Gute Gründe sprechen dafür, dass diese Möglichkeit weiterhin besteht, und zwar auch dann, wenn in der Gesetzgebung keine «Ausnahme» i.S.v. Abs. 4 Satz 2 statuiert sein sollte (d.h. direkt gestützt auf Abs. 2). Dass man im Rahmen der Justizreform die früher mögliche direkte Klage eines Kantons gegen eine Verordnung des Bundesrates hätte abschaffen wollen, ist nicht ersichtlich. Der Ausschluss der «Anfechtung» zielt auf den (für das «individualistisch» geprägte schweizerische Rechtsschutzsystem typischen) Fall der von einer betroffenen Partei erhobenen *Beschwerde* (in diesem Sinne die Argumentation in Botsch. BV, 531 f.; vgl. auch BGE 129 II 193, 203 f.). – Lässt man die *Klage* eines Kantons gegen Akte des *Bundesrates* zu, so müsste auch eine Klage (i.S.v.

Abs. 2) gegen Akte der *Bundesversammlung* (soweit nicht durch BV 190 «immunisiert») grundsätzlich möglich sein (in diese Richtung auch MAHON, Comm., Art. 189, N 26; AUBERT, Comm., Art. 49, N 9 und Art. 53, N 14). Die Frage ist nicht rein akademischer Natur, wenn man an die mit BV 48a neu geschaffenen bundesrechtlichen Zwangsmittel denkt und an das nahe liegende Bedürfnis, die von der Bundesversammlung auf Antrag interessierter Kantone ausgesprochene Allgemeinverbindlicherklärung eines interkantonalen Vertrags oder eine von der Bundesversammlung verordnete «Beteiligungsverpflichtung» höchstrichterlich überprüfen zu lassen.

Literaturhinweise (vgl. auch die Hinweise vor und bei BV 188)

AUER ANDREAS, Die schweizerische Verfassungsgerichtsbarkeit, Basel 1984; BELLANGER FRANÇOIS/TANQUEREL THIERRY (Hrsg.), Les nouveaux recours fédéraux en droit public, Genf usw. 2006; BIAGGINI GIOVANNI, Die vollzugslenkende Verwaltungsverordnung: Rechtsnorm oder Faktum?, ZBl 1997, 1 ff.; DILL MARKUS, Die staatsrechtliche Beschwerde wegen Verletzung der Gemeindeautonomie, Bern 1996; HILLER CHRISTOPH, Die Stimmrechtsbeschwerde, Zürich 1990; KÄLIN WALTER, Verfassungsgerichtsbarkeit, VRdCH, 1167 ff.; DERS., Das Verfahren der staatsrechtlichen Beschwerde, 2. Aufl., Bern 1994; VETSCH URS, Die staatsrechtliche Beschwerde wegen Verletzung von Konkordaten, Bern 1970; ZIEGLER PHILIPP, Von der Rechtsmittelvielfalt zur Einheitsbeschwerde, Basel 2003.

Art. 190[1] Massgebendes Recht

Bundesgesetze und Völkerrecht sind für das Bundesgericht und die anderen rechtsanwendenden Behörden massgebend.

1   BV 190 (bis Ende 2006: BV 191) geht auf BV 1874 Art. 113 Abs. 3 zurück (vgl. auch BV 1874 Art. 114bis Abs. 3 aus dem Jahr 1914).

2   Verschiedene Versuche, die Verfassungsgerichtsbarkeit auf *Bundesgesetze* auszudehnen, scheiterten, so zuletzt:
  – im Rahmen der *Justizreform:* Nach eingehender, wechselvoller Debatte (AB SD 1998 S 107 ff., 197 ff., N 389 ff.; 1999 N 1011 ff., 2048 ff., 2130, S 606 f., 979 f.) verzichteten die Räte auf Antrag der Einigungskonferenz auf die Einführung der vom Bundesrat vorgeschlagenen *beschränkten* Form der Normenkontrolle (nur im konkreten *Anwendungsfall*, begrenzt auf die Rüge der Verletzung *verfassungsmässiger Rechte* bzw. unmittelbar anwendbaren Völkerrechts, *konzentriert* beim Bundesgericht; vgl. VE 96 Art. 178, Justizreform; dazu Botsch. BV, 505 ff.);
  – im Rahmen der *NFA-Reform* (N 6 zu BV 135): Die Räte lehnten die (nicht zuletzt von den Kantonen gewünschte) Kontrolle des Bundesgesetzgebers bei «Verletzung verfas-

---

1   Angenommen in der Volksabstimmung vom 12. März 2000, in Kraft seit 1. Jan. 2007 (BB vom 8. Okt. 1999, BRB vom 17. Mai 2000, BB vom 8. März 2005 – AS 2002 3148, 2006 1059; BBl 1997 I 1, 1999 8633, 2000 2990, 2001 4202).

sungsmässiger Kompetenzen der Kantone durch ein Bundesgesetz» ab (E-BV 189 Abs. 2 Bst. a; BBl 2002 2464; vgl. auch VE 96 Art. 178 Abs. 2, Justizreform, Botsch. BV, 511 f.).

Bundesgesetze bleiben somit bis auf weiteres «immunisiert».

3   Die *Erweiterung* der Verfassungsgerichtsbarkeit bleibt ein bedeutsames rechtsstaatliches Desiderat: Zwar sind bundesgesetzliche Bestimmungen, die klar ein verfassungsmässiges Recht verletzen, relativ selten (vgl. BGE 132 I 68, 78, betreffend ZGB 30 Abs. 2, 160 Abs. 1, 161 und 271; BGE 131 II 697, 705 und BGE 131 II 710, 719, beide betreffend StHG 11 Abs. 1 Satz 2). Es kommt indes immer wieder vor, dass eine Gesetzesnorm sich in einem speziellen *Anwendungsfall* als verfassungswidrig erweist oder im Lauf der Zeit verfassungswidrig *wird*, weil sich die Grundrechte weiter entwickeln. Dass ein Ausbau der Verfassungsgerichtsbarkeit, wie gelegentlich befürchtet wird, die «Politisierung» der Justiz befördere, steht keineswegs fest. Im Übrigen lässt sich die Gefahr durch geeignete Ausgestaltung der justiziellen Kontrolle minimieren. Ein Ausbau der Verfassungsgerichtsbarkeit oder die Schaffung eines eigentlichen Verfassungsgerichts sind umgekehrt kein Allheilmittel zur Sicherung des (tendenziell schwindenden) Respekts vor der Verfassung. – Zu den Gründen für und gegen die Erweiterung der Verfassungsgerichtsbarkeit vgl. z.B. Botsch. BV, 505 ff.; RENÉ A. RHINOW, Überprüfung der Verfassungsmässigkeit von Bundesgesetzen durch das Bundesgericht: Ja oder Nein?, in: Verfassungsgerichtsbarkeit, Schriftenreihe SAV, Band 3, Zürich 1988, 37 ff.; WALTER HALLER, Ausbau der Verfassungsgerichtsbarkeit?, ZSR 1978 I, 501 ff.; ANDREAS AUER, Grundlagen und aktuelle Probleme der schweizerischen Verfassungsgerichtsbarkeit, JöR (40), 1991/1992, 11 ff.; WALTER KÄLIN, Verfassungsgerichtsbarkeit in der Demokratie, Bern 1987.

Funktion: Begrenzung richterlicher Normenkontrollbefugnisse

4   *Gegenstand:* Die Bindung des Richters (und der übrigen rechtsanwendenden Behörden) an das Recht (BV 191c) besteht grundsätzlich nur bei *gültigen* Normen, die mit dem übergeordneten Recht in Einklang stehen. Entsprechend geht man in der Schweiz allgemein davon aus (vgl. z.B. TSCHANNEN, Staatsrecht, 191 f.), dass dem Richter, allenfalls auch weiteren Behörden (vgl. VPB 68.103 [2004], E. 6., Bundesrat), die Aufgabe zufällt, in einem Rechtsstreit *vorfrageweise* die *Gültigkeit* einer für den Fall einschlägigen Norm zu überprüfen (Vereinbarkeit mit übergeordnetem Recht) und ihr gegebenenfalls im konkreten Rechtsfall die Anwendung zu versagen. Ginge es allein nach der «Logik der Normenhierarchie», so müsste dieser Grundsatz durchgehend gelten. Es gibt jedoch Ausnahmen. Die wohl bekannteste und gewichtigste resultiert aus der (seit 1874 ausdrücklich normierten) «Massgeblichkeit» der Bundesgesetze (und des Völkerrechts). Gegenstand von BV 190 sind *bestimmte* Fragen der Normenkontrolle. Die Bestimmung handelt von der *Durchsetzung* der Normenhierarchie, *nicht* jedoch, wie man prima vista annehmen könnte, von der *Hierarchie der Normen* selbst (Rang bzw. Vorrang im Stufenbau der Rechtsordnung; vgl. N 8).

5   *«Normenkontrolle»* meint: Überprüfung einer Rechtsnorm auf *Vereinbarkeit mit übergeordneten* Rechtsnormen, sei es unabhängig von einem konkreten Anwendungsfall *(abstrakte* Normenkontrolle), sei es vorfrageweise bei Beurteilung eines Einzelfalls *(konkrete* Normenkontrolle). Die zur Kontrolle berufene Instanz (meist ein Gericht) tritt dabei zwangsläufig in eine gewisse Konkurrenz zu den rechtsetzenden Behörden. Zu den Grundfragen der Normen-

kontrolle (Kontrollorgan, Zeitpunkt, Verfahren, Objekt, Massstab, Intensität, Entscheidfolgen) vgl. BIAGGINI, ius.full 2006, 164 ff.

6 *«Massgebend»:* Für die rechtsanwendenden Behörden *bindend* («massgebend») sind nicht nur die in BV 190 speziell genannten Normkategorien (Bundesgesetze, Völkerrecht), sondern *prinzipiell alle* generell-abstrakten Normen, d.h. auch die von Exekutivbehörden erlassenen Verordnungen. Unter dem in allen Amtssprachen etwas missverständlichen Titel («Massgebendes Recht», «Droit applicable», «Diritto determinante») will BV 190 sagen: Bundesgesetze und völkerrechtliche Normen sind *stets* anzuwenden, dies *selbst dann*, wenn sie sich als *verfassungswidrig* erweisen sollten. Weder das Bundesgericht noch eine andere Behörde darf einem Bundesgesetz oder einer für die Schweiz verbindlichen völkerrechtlichen Norm unter Berufung auf ihre (angebliche oder erwiesene) Verfassungswidrigkeit die Anwendung versagen. «Die Korrektur einer allfälligen verfassungswidrigen bundesgesetzlichen Regelung ist nach dem Willen des Verfassungsgebers allein Sache des Gesetzgebers, nicht der Gerichte» (BGE 131 V 256, 259). Hingegen sind Gerichte grundsätzlich befugt (und verpflichtet), *Verordnungen* vorfrageweise auf ihre Gültigkeit zu überprüfen und ihnen bei Verfassungswidrigkeit die Anwendung zu versagen (d.h. die verfassungswidrige Bestimmung zu «verwerfen»).

7 *Regelungszwecke:* Bei der «Immunisierung» der Bundesgesetze stehen demokratische Erwägungen im Vordergrund (Botsch. BV, 428: damit «sich die richterliche nicht über die gesetzgebende Gewalt erhebe»); bei der «Immunisierung» des Völkerrechts ist es vor allem die Verlässlichkeit der Schweiz als Völkerrechtssubjekt und Vertragspartner.

8 *Adressaten:* Gebunden sind alle «rechtsanwendenden Behörden», d.h. nicht nur die Gerichte (inkl. Bundesgericht), sondern auch die Exekutivbehörden (inkl. Regierungen) und Parlamente (inkl. Bundesversammlung), wenn sie rechtsanwendend tätig sind (vgl. auch HALLER, Komm. aBV, Art. 113, N 148). BV 190 stellt die «Hierarchie der Rechtsnormen nicht in Frage» und schon gar nicht auf den Kopf: Die Regelung «betrifft ausschliesslich die Rechtsanwendung, entbindet den Gesetzgeber somit nicht von seiner Pflicht, die Verfassung zu beachten» (Botsch. BV, 428), ist mithin *kein Freibrief* für Verfassungswidrigkeiten.

9 Bei der *Auslegung des Gesetzes* ist der Wortlaut aus demokratischen wie aus rechtsstaatlichen Gründen von zentraler Bedeutung. Aus BV 190 resultiert indes keine Bindung des Interpreten an den Normwortlaut (BGE 131 II 217, 221). BV 190 «schliesst die Anwendung allgemein anerkannter Auslegungsprinzipien, besonders der Regel, dass Bundesgesetze verfassungskonform auszulegen sind, nicht aus» (BGE 129 II 249, 263; vgl. auch BGE 132 II 234, 236). Es ist vielmehr davon auszugehen, «que le législateur fédéral ne propose pas de solution incompatible avec la Constitution, à moins que le contraire ne résulte clairement de la lettre ou de l'esprit de la loi» (BGE 131 II 562, 567). Entsprechendes gilt mit Blick auf das Völkerrecht (N 29 ff. zu BV 5).

Erfasste und nicht erfasste Normen

10 Erfasst («immunisiert») werden:
- *Bundesgesetze»* (BV 163), unter Einschluss der dringlichen Bundesgesetze (BV 165), unabhängig davon, ob es zu einer Referendumsabstimmung (BV 141) gekommen ist oder nicht.
- *Völkerrecht* (vgl. BV 5 Abs. 4): Alle für die Schweiz verbindlichen völkerrechtlichen Normen (Verträge, Völkergewohnheitsrecht, allgemeine Rechtsgrundsätze, allfällige Rechtsetzungsakte internationaler Organisationen; vgl. DIETRICH SCHINDLER, Die Schweiz und das Völkerrecht, in: Riklin et al., 111; zu den Rechtsquellen des Völkerrechts vgl. auch Art. 38 des Statuts des Internationalen Gerichtshofs vom 26.6.1945, SR 0.193.501). Nicht entscheidend ist, ob ein Vertrag innerstaatlich der parlamentarischen Genehmigung (BV 166) bzw. dem Referendum (BV 140, 141) unterlag oder vom Bundesrat selbstständig abgeschlossenen wurde (BV 166 Abs. 2; vgl. Botsch. BV, 428; BGE 120 Ib 360, 366; enger zum Teil die ältere Praxis zu BV 1874 Art. 113 Abs. 3). – Strittig ist, ob bzw. inwieweit völkerrechtliche Verträge der *Kantone* «immunisiert» sind (vgl. MAHON, Comm., Art. 190, N 11, eher verneinend RHINOW, BV 2000, 372, HALLER, Komm. aBV, Art. 113, N 176).

11 *Nicht erfasst* (und somit grundsätzlich nicht «immunisiert») sind *kantonale* Erlasse (zu Besonderheiten bei Kantonsverfassungen vgl. N 25 zu BV 51; BGE 121 I 138, 146 f.) sowie *andere Erlasse des Bundes*, insb. Verordnungen der Bundesversammlung (BV 163) oder des Bundesrates (BV 182), unter Einschluss der sog. Notverordnungen (BV 173 Abs. 1 Bst. c, BV 184 Abs. 3, BV 185 Abs. 3) und von Verordnungen, welche durch die Bundesversammlung genehmigt wurden (vgl. BGE 116 Ib 410, 414). Vgl. immerhin N 12.

12 *Indirekte Wirkungen der «Immunisierung»:* Anders verhält es sich, wenn eine allfällige Verfassungswidrigkeit in einer Verordnung des Bundes oder in einem kantonalen Erlass (vgl. BGE 119 Ia 241, 246 ff.) durch einen «immunisierten» Erlass «gedeckt» wird. Den rechtsanwendenden Behörden (inkl. Bundesgericht) ist es diesfalls verwehrt, dem nachgeordneten Erlass wegen Verfassungswidrigkeit die Anwendung zu versagen, denn sonst würde die rechtsanwendende Instanz die im Bundesgesetz enthaltene Delegationsklausel (und damit BV 190) in Frage stellen (vgl. BGE 131 II 562, 566; BGE 131 II 13, 27). In den Worten des Bundesgerichts:

> «Das Bundesgericht kann [...] Verordnungen des Bundesrates vorfrageweise auf ihre Gesetzes- und Verfassungsmässigkeit prüfen. Bei unselbstständigen Verordnungen, die sich auf eine gesetzliche Delegation stützen, prüft es, ob sich der Bundesrat an die Grenzen der ihm im Gesetz eingeräumten Befugnisse gehalten hat. Soweit das Gesetz den Bundesrat nicht ermächtigt, von der Verfassung abzuweichen, befindet das Gericht auch über die Verfassungsmässigkeit der unselbstständigen Verordnung. Wird dem Bundesrat durch die gesetzliche Delegation ein sehr weiter Ermessensspielraum für die Regelung auf Verordnungsebene eingeräumt, so ist dieser Spielraum nach [BV 190] für das Bundesgericht verbindlich; das Gericht darf in diesem Fall bei der Prüfung der Verordnung nicht sein eigenes Ermessen an die Stelle desjenigen des Bundesrates setzen, sondern beschränkt sich auf die Prüfung, ob die Verordnung den Rahmen der dem Bundesrat im Gesetz delegierten Kompetenzen offensichtlich sprengt oder aus anderen

Gründen gesetz- oder verfassungswidrig ist» (BGE 131 II 162, 165, mit Hinweisen; vgl. auch BGE 131 II 735, 740, 742; BGE 129 II 249, 263; VPB 68.103, E.6.2., Entscheid des Bundesrates vom 21.4.2004; BGE 116 Ib 284, 298).

Die Existenz einer «parallelen» bundesgesetzlichen Regelung hindert das Bundesgericht nicht daran, verfassungswidrige Normen des *kantonalen* Rechts aufzuheben bzw. nicht anzuwenden (vgl. BGE 132 I 68, 76; BGE 130 II 509, 513; BGE 126 I 1, 5; BGE 110 Ia 7, 15; MAHON, Comm., Art. 190, N 14). Anders verhält es sich indes, «lorsque le contenu d'un acte normatif cantonal est imposé par une loi fédérale»; diesfalls ist auch die kantonale Norm massgebend (BGE 130 II 509, 513; vgl. auch BGE 130 I 26, 33).

Relativierungen der Massgeblichkeit von Bundesgesetzen

13 *Kein Prüfungsverbot:* BV 190 statuiert «ein Anwendungsgebot, kein Prüfungsverbot» (BGE 129 II 249, 263). Das Bundesgericht darf mithin auch Bundesgesetze auf ihre Verfassungsmässigkeit hin *untersuchen*, *Kritik* an problematischen Normen üben, auf Änderungsbedürfnisse aufmerksam machen. – *Beispiele* für höchstrichterliche Kritik: BGE 132 I 68, 78 betreffend ZGB 160, 161, 271 (Weitergabe des Bürgerrechts und des Familiennamens, Verstoss gegen BV 8); BGE 132 I 181 betreffend StGB 27bis (Quellenschutz, Ausnahmekatalog); BGE 131 II 271, 287 betreffend USG 32e (Bestimmtheitsgebot, Abgabenhöhe; Verstoss gegen BV 127); BGE 131 II 697, 705 betreffend StHG 11 Abs. 2 (Besteuerung nach wirtschaftlicher Leistungsfähigkeit; Eingriff in die kantonale Tarifautonomie).

14 Eine *später erlassene, unmittelbar anwendbare Verfassungsnorm* setzt sich, nach allgemein geteilter Auffassung (vgl. z.B. HANGARTNER, SG-Komm., Art. 191, N 11), in der Rechtsanwendung gegenüber einem früher ergangenen Bundesgesetz grundsätzlich durch, «es sei denn, die Funktionsfähigkeit der Rechtsordnung würde dadurch schwer beeinträchtigt» (Botsch. BV, 429; vgl. auch AUER, Verfassungsgerichtsbarkeit, 98 f.; VPB 58.2, 1994).

15 *Relativierungen im Einzelfall:* Rechtsprechung und Lehre haben Mittel und Wege gefunden, um gewisse Konsequenzen der rechtsstaatlich wenig befriedigenden «Immunisierung» der Bundesgesetze im Einzelfall abzumildern (vgl. AUER, Verfassungsgerichtsbarkeit, 85 ff.; BIAGGINI, Verfassung und Richterrecht, 426 ff.; KÄLIN, Staatsrechtliche Beschwerde, 11 ff.; HANGARTNER, SG-Komm., Art. 191, N 7). Ansatzpunkte sind:

– die *Methodenfigur der verfassungskonformen Auslegung* (N 9). Gemäss Bundesgericht findet die verfassungskonforme Auslegung indes «im klaren Wortlaut und Sinn einer Gesetzesbestimmung ihre Schranke» (so BGE 129 II 249, 263, wo sich das Bundesgericht unter Berufung auf BV 190 weigerte, eine mögliche Ungleichbehandlung von Schweizern gegenüber EU-Ausländern beim Familiennachzug zu korrigieren: a.a.O., 267);

– die (methodentheoretisch fragwürdige) Figur der *Gesetzeslücke* (welche leicht dazu benutzt werden kann, die Schranken zu unterlaufen, die der verfassungskonformen Auslegung gesetzt sind);

– das Abstellen auf *allgemeine Rechtsgrundsätze*, die im Einzelfall ein Abgehen vom Gesetz gebieten können (vgl. BIAGGINI, Verfassung und Richterrecht, 445 ff.), so z.B. der Grundsatz von Treu und Glauben (Vertrauensschutzprinzip), das Verbot des Rechtsmissbrauchs (vgl. THOMAS GÄCHTER, Rechtsmissbrauch im öffentlichen Recht, Zürich 2005), seltener: der Grundsatz der Gleichbehandlung im Unrecht (N 14 zu BV 8).

16 *Verhältnis Bundesgesetz–Völkerrecht:* Entgegen verbreiteter Auffassung lässt sich aus BV 190 keine Aussage über das Verhältnis Bundesgesetz–Völkerrecht entnehmen (ebenso Botsch. BV, 429; MAHON, Comm., Art. 190, N 9): Bundesgesetze sind, obwohl mitunter demokratisch stärker abgestützt, nicht etwa «massgebender» als das (durch BV 190 ja ebenfalls «immunisierte») Völkerrecht. Zu berücksichtigen ist weiter, dass das *Völkerrecht* im Konfliktfall dem Landesrecht (inkl. Bundesgesetze) grundsätzlich vorgeht (BV 5 Abs. 4). Dies gilt gemäss Bundesgericht insbesondere dann, wenn die völkerrechtliche Norm dem *Schutz der Menschenrechte* dient (BGE 125 II 417, 424 f., betreffend Einziehung von Propagandamaterial der Kurdischen Arbeiterpartei, sog. PKK-Urteil). Konsequenterweise müsste das Bundesgericht somit EMRK-widrigen Bestimmungen in Bundesgesetzen die Anwendung versagen (vgl. in diesem Sinn BGE 128 III 113, 116; BGE 117 Ib 367, 373); dies umso mehr, als das Bundesgericht sonst zur «blossen Durchlaufinstanz» auf dem Weg zum EGMR «degradiert» wird (so treffend Botsch. BV, 508). Ob das Bundesgericht der EMRK stets zum Durchbruch verhelfen wird, muss sich noch weisen (anders noch: BGE 120 II 384, 387). – Das (glücklicherweise nicht alltägliche) Problem des *grundrechtswidrigen Bundesgesetzes* wird durch den völkerrechtlich gewährleisteten *Menschenrechtsschutz* wesentlich entschärft, aber nicht vollauf beseitigt. Unbefriedigend bleibt die Situation vor allem bei Grundrechten wie dem allgemeinen Rechtsgleichheitsgebot (BV 8 Abs. 1 BV), der Eigentumsgarantie (BV 26) oder der Wirtschaftsfreiheit (BV 27), die durch die EMRK und die von der Schweiz ratifizierten Zusatzprotokolle nicht oder nicht voll abgedeckt werden.

17 *Fazit:* Auch wenn im Einzelnen noch vieles kontrovers ist (vgl. HANGARTNER, SG-Komm., Art. 191, N 30 ff.; BIAGGINI, Verfassung und Richterrecht, 426 ff.) – so z.B. das Verhältnis zwischen BV 190 und BV 36 Abs. 4 (Schutz grundrechtlicher Kerngehalte; vgl. SCHEFER, Kerngehalte, passim) – kann man heute festhalten, dass BV 190 den Bundesgesetzen *keine absolute*, sondern nur eine *relative* Immunität verschafft.

Exkurs: Normenkontrollbefugnisse im schweizerischen Recht

18 Die schweizerische Rechtsordnung besitzt ein hochkomplexes «System» der Normenkontrolle. Neben BV 190 («Immunisierungen») fallen ins Gewicht:
   – die föderalistisch-institutionelle Vielgestaltigkeit der Rechtsordnung;
   – die Entscheidung *gegen* ein (beim Bundesgericht) konzentriertes System der Normenkontrolle und somit für ein sog. diffuses (nicht: «konfuses») System, bei dem grundsätzlich jedes Gericht einer Norm wegen Unvereinbarkeit mit übergeordnetem Recht die Anwendung versagen kann;
   – die Einbettung der Normenkontrolle in die stark «individualistisch» geprägten Rechtsmittelverfahren (vgl. BIAGGINI, ius.full 2006, 164 ff.);
   – grosse Differenzierungsbedürfnisse hinsichtlich der *Entscheidungsfolgen* (näher RÜTSCHE, ZBl 2005, 281 ff., 288 ff.). Wird eine vorfrageweise überprüfte Norm als (verfassungs)rechtswidrig eingestuft und im Einzelfall nicht angewendet, so kann das Urteil eine grosse Breitenwirkung zeitigen (vgl. BGE 116 Ia 359 und dazu GIOVANNI BIAGGINI,

Die Einführung des Frauenstimmrechts im Kanton Appenzell I.Rh. kraft bundesgerichtlicher Verfassungsinterpretation, recht 1992, 65 ff.). Die Praxis sieht sich gelegentlich dazu veranlasst, die Anwendung einer verfassungswidrigen Regelung (vorläufig) zuzulassen, um drohenden Unsicherheiten und Regelungsdefiziten oder neuen Ungleichheiten vorzubeugen (vgl. z.B. BGE 129 I 185: Verzicht auf Kassation der Wahlen zum Zürcher Stadtparlament; BGE 117 V 318, Pensionskasse Solothurn).

Ohne hier auf Einzelheiten eingehen zu können, ist festzuhalten, dass die Rechtsprechungsformeln, mit denen das *Bundesgericht* seine eigenen Normenkontrollbefugnisse umschreibt, nicht ohne weiteres auf andere rechtsanwendende Behörden übertragen werden dürfen. So spricht einiges dafür, dass die Kontrollbefugnisse *unterer* Instanzen (insb. *kantonaler* Gerichte, generell: von Verwaltungsinstanzen) gegenüber Verordnungen des *Bundesrates* weniger weit gehen als jene des Bundesgerichts (vgl. BGE 104 Ib 412, 418), welches aufgrund seiner Stellung als oberstes Gericht (BV 188) eine gesteigerte Verantwortung für Rechtseinheit, Rechtssicherheit und Rechtsgleichheit trägt. In Bezug auf Bundesnormen hat sich im föderalistisch-diffusen System der konkreten Normenkontrolle eine Art *informelle* Konzentration auf Bundesebene eingespielt hat. – Komplexe Fragen stellen sich auch in Bezug auf die Normenkontrollbefugnisse (von Bundesinstanzen bzw. kantonalen Gerichts- und Verwaltungsinstanzen) gegenüber *kantonalen* Normen. Zur Bedeutung des (grundsätzlich von Amtes wegen zu beachtenden) Grundsatzes der derogatorischen Kraft des Bundesrechts vgl. N 12 zu BV 49 (vgl. auch BGE 130 I 82, 86).

Literaturhinweise (vgl. auch die Hinweise bei BV 5 und vor BV 188)

AUER ANDREAS, Die schweizerische Verfassungsgerichtsbarkeit, Basel/Frankfurt a.M. 1984; BIAGGINI GIOVANNI, Verfassung und Richterrecht, Basel/Frankfurt a.M. 1991; DERS., Abstrakte und konkrete Normenkontrolle, ius.full 2006, 164 ff.; KÄLIN WALTER, Das Verfahren der staatsrechtlichen Beschwerde, 2. Aufl., Bern 1994, 11 ff.; KAUFMANN OTTO K., Étoilauto S.A. c. Confédération, Mélanges Henri Zwahlen, Lausanne 1977, 139 ff.; OETER STEFAN, Die Beschränkung der Normenkontrolle in der schweizerischen Verfassungsgerichtsbarkeit, ZaöRV 1990, 545 ff.; RÜTSCHE BERNHARD, Rechtsfolgen von Normenkontrollen, ZBl 2005, 273 ff.; SCHERRER THOMAS, Geschichte und Auslegung des Massgeblichkeitsgebotes von Art. 190 BV, St.Gallen 2001; SCHIESSER FRIDOLIN, Die akzessorische Prüfung, Zürich 1984; SEILER HANSJÖRG, Das völkerrechtswidrige Bundesgesetz, SJZ 1992, 377; ZIMMERMANN ROBERT, Le contrôle préjudiciel en droit fédéral et dans les cantons suisses, Genève 1987.

Art. 191[1] Zugang zum Bundesgericht

¹ Das Gesetz gewährleistet den Zugang zum Bundesgericht.

² Für Streitigkeiten, die keine Rechtsfrage von grundsätzlicher Bedeutung betreffen, kann es eine Streitwertgrenze vorsehen.

³ Für bestimmte Sachgebiete kann das Gesetz den Zugang zum Bundesgericht ausschliessen.

⁴ Für offensichtlich unbegründete Beschwerden kann das Gesetz ein vereinfachtes Verfahren vorsehen.

1 Die aus der Justizreform hervorgegangene Bestimmung, die keinen direkten Vorläufer hat (vgl. immerhin BV 1874 Art. 113 Abs. 1 und BV 189 Abs. 1 i.d.F. vom 18.4.1999; BV 1874 Art. 111 und Art. 114bis Abs. 1), ist Ausdruck eines Kompromisses zwischen gegensätzlichen Anliegen (vgl. KISS/KOLLER, SG-Komm., Art. 191 [Justizreform], N 1 ff.):
- einerseits soll der «Gang nach Lausanne» – und damit aus dem eigenen Kanton hinaus (vgl. N 4 zu BV 188) – für grundsätzlich alle Rechtsschutz-Suchenden in grundsätzlich allen Streitverfahren möglich sein;
- andererseits soll das Bundesgericht, das als nationales Höchstgericht eine besondere Verantwortung für *Rechtseinheit und Rechtsfortbildung* (vgl. N 5 und 11 vor BV 188) trägt, bei Erfüllung dieser zentralen Aufgabe nicht durch eine Prozessflut behindert werden.

Die vom Bundesrat vorgeschlagene Regelung, welche den Zugang nur bei «Rechtsfragen von grundlegender Bedeutung» und im Fall «schwerwiegender Folgen» des Streitausgangs «für eine Partei» gewährleistet hätte (VE 96 Art. 178a; dazu Botsch. BV, 535 ff.), wurde im Parlament als zu restriktiv kritisiert und fand keine Mehrheit (vgl. AB 1999 S 608, 979, N 1011 ff., 2130; MAHON, Comm., Art. 191, N 3). – Bereits in der Vorbereitungsphase war die Einführung von eigentlichen *Annahme- oder Zulassungsverfahren* geprüft und verworfen worden (vgl. Expertenkommission Bundesrechtspflege, Zwischenbericht, März 1995, Schlussbericht Juni 1997; zu früheren Überlegungen vgl. BBl 1985 II 737, 766 ff.; ANDREAS AUER, Une procédure d'admission devant le juge constitutionnel fédéral?, SJZ 1986, 105 ff.).

Gewährleistung des Zugangs zum Bundesgericht (Abs. 1)

2 *Funktion:* Die Rechtsprechungstätigkeit der Gerichte findet in einem formalisierten («justizförmigen») Verfahren statt, das nur in Gang kommt und in ein Urteil zur Sachfrage mündet, wenn bestimmte (Sachurteils-)Voraussetzungen gegeben sind. In einem Rechtsmittelverfahren (Beschwerde) gehören dazu typischerweise: das Vorliegen eines anfechtbaren Akts, die Einhaltung eines bestimmten Instanzenzuges, die Zulässigkeit der vorgebrachten Rügen, die Legitimation der beschwerdeführenden Partei, die Wahrung von Form- und Fristerfordernissen, das Entrichten eines Kostenvorschusses. Diese Voraussetzungen haben aus der Sicht der

---

1 Angenommen in der Volksabstimmung vom 12. März 2000, in Kraft seit 1. Jan. 2007 (BB vom 8. Okt. 1999, BRB vom 17. Mai 2000, BB vom 8. März 2005 – AS 2002 3148, 2006 1059; BBl 1997 I 1, 1999 8633, 2000 2990, 2001 4202).

Rechtsschutz-Suchenden die Wirkung von Zugangshindernissen. Der Zugang zu oberen bzw. obersten Gerichten wird oft darüber hinaus durch spezifische Zugangsschranken erschwert oder ausgeschlossen (vgl. z.B. Abs. 2). Durch die Ausgestaltung dieser Schranken kann die Arbeitslast einer Gerichtsinstanz (und damit zugleich ihr «Profil») beeinflusst werden. BV 191 will den Gestaltungsspielraum des Bundesgesetzgebers in der Frage des Zugangs zum Bundesgericht bestimmen. Zu diesem Zweck werden einige mögliche Handlungsfelder bezeichnet (Abs. 2 ff.), im Übrigen aber wird der *grundsätzlich offene Zugang* zum nationalen Höchstgericht zur Richtschnur erhoben (Abs. 1).

3   *Adressat und Rechtsnatur:* Die in BV 191 vorausgesetzte Gesetzgebungskompetenz des Bundes muss vom Bundesgesetzgeber im Sinne von Abs. 1 ausgeübt werden. Wie aus den weiteren Absätzen hervorgeht, verfügt der Gesetzgeber dabei über einen erheblichen Gestaltungsspielraum. Abs. 1 begründet *keinen* Zugangs*anspruch*. Eine einklagbare Gerichtszugangsgarantie ergibt sich aus BV 29a. Die Rechtsweggarantie ist jedoch in aller Regel gerade *nicht* durch das Bundesgericht, sondern durch vorgelagerte Instanzen einzulösen (vgl. N 7 zu BV 29a). – Der Begriff *«Zugang»* ist im Übrigen nicht ganz wörtlich zu nehmen: Parteiverhandlungen und öffentliche Urteilsberatungen finden zwar statt (BGG 57 ff.; N 18 zu BV 30), sind aber nicht die Regel (N 11 zu BV 188).

Streitwertgrenzen (Abs. 2)

4   *Funktion:* Abs. 2 *ermächtigt* den Bundesgesetzgeber, unter bestimmten Voraussetzungen Streitwertgrenzen vorzusehen. Die ziffernmässige Festlegung eines Mindeststreitwerts ist eine traditionsreiche – wenn auch nicht sehr populäre (Ablehnung der OG-Teilrevision in der Referendumsabstimmung vom 1.4.1990) – Methode zur Regulierung des Zugangs zu Rechtsmittelinstanzen. Sie wird typischerweise im Bereich der vermögensrechtlichen Zivilstreitigkeiten, zunehmend auch im öffentlichen Recht eingesetzt. Die Ermächtigung gilt für alle Rechtsgebiete. Zur Höhe äussert sich die Verfassung nicht. – Streitwertgrenzen sind heute vorgesehen in BGG 74 (Fr. 15'000: arbeits- und mietrechtliche Fälle; Fr. 30'000: übrige vermögensrechtliche Zivilsachen) sowie in BGG 85 (Fr. 30'000: Staatshaftung, Fr. 15'000: öffentlichrechtliche Arbeitsverhältnisse). Die vom Bundesrat beantragte Streitwertgrenze bei Geldstrafen fand in der Bundesversammlung keine Mehrheit. Zur Berechnung vgl. BGG 51.

5   *Grenzen der Ermächtigung:* Der Zugang zum Bundesgericht muss offen stehen, falls die Streitigkeit eine «Rechtsfrage von grundsätzlicher Bedeutung» *(question juridique de principe)* aufwirft. Das Gesetz verzichtet bewusst (BBl 2001 4309) auf eine (Legal-)Definition dieses unbestimmten Rechtsbegriffs, delegiert mithin die Verantwortung für die Wahrung von BV 191 Abs. 1 an das Bundesgericht weiter. Solange die Praxis noch keine genauen Konturen zeigt, werden (potenzielle) Beschwerdeführer (BGG 42 Abs. 2) hilfsweise auf die in der bundesrätlichen Botschaft angeführten Kriterien abstellen können. Das Bundesgericht soll sich einer Sache annehmen (BBl 2001 4309 f.), wenn:

– eine vom Bundesgericht *noch nicht beurteilte* Frage von den Vorinstanzen gegensätzlich entschieden wird bzw. ein wegleitender Entscheid des Bundesgerichts angezeigt ist, um die einheitliche Anwendung von Bundesrecht oder internationalem Recht zu gewährleisten;

- Anlass besteht, die bisherige Rechtsprechung zu überprüfen;
- die Vorinstanz bewusst von der Bundesgerichtspraxis abgewichen ist.

Die «grundsätzliche Bedeutung» bemisst sich *nicht* danach, ob der Ausgang des Streits für eine Partei schwerwiegende Folgen hat (vgl. auch Botsch. BV, 537; in diese Richtung weist die Spezialregelung für die Internationale Rechtshilfe in BGG 84) und erst recht nicht nach der subjektiven Einschätzung einer Partei. Auch eine (behauptete) Verfassungsverletzung ist nicht zwangsläufig «grundsätzlich» im Sinn von Abs. 2 (ebenso KISS/KOLLER, SG-Komm., Art. 191 [Justizreform], N 18). – Wird die «Grundsätzlichkeit» der Rechtsfrage verneint, steht allenfalls das Auffangrechtsmittel der Verfassungsbeschwerde (BGG 113) zur Verfügung.

6   Der Bundesgesetzgeber ist nicht verpflichtet, aber auch nicht gehindert, *weitere Ausnahmen* von Streitwertgrenzen vorzusehen (vgl. BGG 74 Abs. 2). – Das Kriterium *«Rechtsfrage von grundsätzlicher Bedeutung»* spielt auch auf dem Gebiet des öffentlichen Beschaffungswesens eine Rolle (BGG 83 Bst. f Ziff. 2), erfüllt dort indes eine andere Funktion (zusätzliche Zugangshürde).

Ausschluss von Sachgebieten (Abs. 3)

7   *Funktion:* Abs. 3 ermöglicht dem Gesetzgeber eine Regulierung des Zugangs mittels Festlegung (Beschränkung) der *sachlichen* Zuständigkeiten des Bundesgerichts – mit der Wirkung, dass bestimmte Fragen *abschliessend* von untergeordneten Gerichten (z.B. vom Bundesverwaltungsgericht) beurteilt werden. Der Sachgebietsausschluss gilt auch dann (anders bei den Streitwertgrenzen, Abs. 2), wenn es um «Rechtsfragen von grundsätzlicher Bedeutung» oder um verfassungsmässige Rechte gehen sollte. Der Zugang zum Bundesgericht bei Verletzung *verfassungsmässiger Rechte* ist somit nicht (mehr) *verfassungs*rechtlich garantiert (anders, wenn auch nicht ausnahmslos, BV 1874 Art. 113; vgl. KÄLIN, Staatsrechtliche Beschwerde, 5), sondern allenfalls auf *Gesetzesstufe* (vgl. BGG 113 ff.: Verfassungsbeschwerde gegen Entscheide letzter kantonaler Instanzen). – Abs. 3 dispensiert nicht von der Beachtung der Rechtsweggarantie (BV 29a). Die Gesetzgebung muss daher, soweit nicht BV 29a Satz 2 greift, den Weg an ein *anderes* (eidgenössisches oder kantonales) Gericht vorsehen.

8   Der durch Abs. 3 geschaffene gesetzgeberische *Gestaltungsspielraum* ist erheblich, jedoch nicht unbegrenzt (Abs. 1). Wo die Grenzen im Einzelnen verlaufen, ist unklar. Als mögliche Anwendungsfälle wurden häufig die Ausländer- und die Asylgesetzgebung genannt. Zu berücksichtigen hat der Gesetzgeber namentlich das fundamentale rechtsstaatliche Anliegen der Gewährleistung einer *einheitlichen Anwendung des Bundesrechts* (unter Einschluss der Grundrechte). Der Gesetzgeber hat von der Ermächtigung vor allem im Bereich des öffentlichen Rechts ausgiebig Gebrauch gemacht (vgl. BGG 83, dessen Ausnahmen-Katalog sich freilich nicht nur auf BV 191 Abs. 3 bezieht; vgl. auch BGG 73). Soweit die Beschwerde an eine andere Instanz des *Bundes* offen steht (z.B. Bundesverwaltungsgericht), dürfte das Anliegen der einheitlichen Praxis gewahrt sein. Dies ist bei den gemäss BGG 83 ausgeschlossenen Sachgebieten jedoch nicht durchweg der Fall. Ob die vorgesehenen «Gegenausnahmen» (z.B. BGG 83 Abs. 1 Bst. f, g) und das Rechtsmittel der Verfassungsbeschwerde (BGG 113) geeignete Mittel sind, um in den betroffenen Bereichen die Einheitlichkeit der Rechtsanwendung zu gewährleisten, muss sich noch weisen. Zweifel sind angebracht. Das im Rahmen der Justizreform ursprünglich vorgesehene Vorlageverfahren (vgl. VE 96 Art. 178a Abs. 3;

Botsch. BV, 538) hätte das Problem entschärfen können; eine Einführung auf Gesetzesstufe (auf der Grundlage von BV 189 Abs. 3) ist nicht ausgeschlossen (im Ergebnis ebenso KISS/KOLLER, SG-Komm., Art. 191 [Justizreform], N 27).

Vereinfachtes Verfahren (Abs. 4)

9 *Rechtsnatur:* Beim «vereinfachten Verfahren» i.S.v. Abs. 4 handelt es sich *nicht* um eine Zugangsregelung bzw. -beschränkung, sondern um ein besonderes *Entscheidverfahren*. Der Verfassungsgeber hatte das Verfahren nach OG 36a (1991) vor Augen (AB 1999 N 1013; MAHON, Comm., Art. 191, N 19).

10 Die Verfassung überlässt die nähere Ausgestaltung dem Gesetzgeber. In Betracht kommen z.B. eine reduzierte Besetzung der Richterbank (z.B. Einzelrichter), reduzierte Anforderungen an die Begründung, ein reduzierter Schriftenwechsel usw. – *Unzulässig* wäre die Einführung eines an *inhaltliche* Kriterien anknüpfenden *Annahme-* oder *Zulassungs*verfahrens, wie es im Rahmen der Justizreform geprüft (vgl. Botsch. BV, 499), aber verworfen wurde. Angesichts der bewegten parlamentarischen Debatten zu BV 191 (N 1) liess der Bundesrat das im BGG-Vernehmlassungsentwurf vorgesehene *Vorprüfungsverfahren* (direkte Abschreibung bestimmter Beschwerden) fallen (BBl 2001 4221; zur Zulässigkeit differenzierend KISS/KOLLER, SG-Komm., Art. 191 [Justizreform], N 36).

11 Das BGG unterscheidet zwei Typen des vereinfachten Verfahrens. Das Gesetz nimmt dabei nicht nur auf die Konstellation gemäss BV 191 Abs. 4 («offensichtlich unbegründete Beschwerden») Bezug (zur Zulässigkeit der weiteren Fälle vgl. KISS/KOLLER, SG-Komm., Art. 191 [Justizreform], N 32).

- BGG 109 (Dreierbesetzung; summarische Begründung): Abweisung offensichtlich unbegründeter Beschwerden und Gutheissung offensichtlich begründeter Beschwerden (beides nur bei Einstimmigkeit). Daneben: Nichteintreten auf Beschwerden, bei denen sich keine Rechtsfrage von grundsätzlicher Bedeutung stellt u.Ä. (BGG 74, 83–85).

- BGG 108 (Einzelrichter; kurze Angabe des Unzulässigkeitsgrundes): Nichteintreten auf Beschwerden, die offensichtlich unzulässig sind, offensichtlich keine hinreichende Begründung enthalten bzw. querulatorisch oder rechtsmissbräuchlich sind.

Literaturhinweise: siehe vor und bei BV 188 sowie bei BV 189

Art. 191a[1] Weitere richterliche Behörden des Bundes

1 Der Bund bestellt ein Strafgericht; dieses beurteilt erstinstanzlich Straffälle, die das Gesetz der Gerichtsbarkeit des Bundes zuweist. Das Gesetz kann weitere Zuständigkeiten des Bundesstrafgerichts begründen.

2 Der Bund bestellt richterliche Behörden für die Beurteilung von öffentlich-rechtlichen Streitigkeiten aus dem Zuständigkeitsbereich der Bundesverwaltung.

3 Das Gesetz kann weitere richterliche Behörden des Bundes vorsehen.

1   Die auf die Justizreform zurückgehende Bestimmung hat kein direktes Pendant in der BV 1874 und in der BV i.d.F. vom 18.4.1999. Untere Gerichte im Bund sind indes nichts gänzlich Neues (vgl. die früheren Rekurskommissionen, VwVG 71a ff., AS 1992 288). Das Grundanliegen ist (ähnlich wie bei BV 191b) die Entlastung des Bundesgerichts bei gleichzeitiger Gewährleistung richterlichen Rechtsschutzes (BV 29a) durch Schaffung bzw. Ausbau richterlicher Vorinstanzen. – Abgeschafft wurden mit der Totalrevision BV die früheren Bundesassisen (BV 1874 Art. 112), die im 20. Jahrhundert nur zweimal zusammengetreten waren (1927: Fall Justh; 1933: Fall Nicole; vgl. Botsch. BV, 539). Mit Inkrafttreten der Justizreform gehört die traditionsreiche Entscheidung öffentlich-rechtlicher Streitigkeiten durch *Exekutivbehörden* (BIAGGINI, VRdCH, 1161 f.) weitestgehend der Vergangenheit an (vgl. auch N 20 zu BV 187).

2   Zu *Wahl* und *Stellung* der (Bundesstraf- und Bundesverwaltungs-)*Richter* äussert sich die Verfassung nicht näher. Der Bundesgesetzgeber hat die allgemeinen (justiz-)verfassungsrechtlichen Vorgaben (insb. BV 30, 191c) zu beachten. Das Gesetz sieht eine Amtsdauer von sechs Jahren vor. Für die Wahl ist (entgegen den Anträgen des Bundesrates) die Bundesversammlung zuständig (SGG 5, 9; VGG 5, 9; vgl. auch die von der Bundesversammlung erlassene Richterverordnung vom 13.12.2002; SR 173.711.2). Trotz einiger Sicherungen ist das im Gesetz vorgesehene (neuartige) Verfahren der Amtsenthebung (SGG 10; VGG 10) verfassungsrechtlich nicht unproblematisch.

Bundesstrafgericht (Abs. 1)

3   *Handlungsvorgaben:* Der Bund ist zur Schaffung eines erstinstanzlichen Bundesstrafgerichts verpflichtet. Wie sich aus den Materialien ergibt, muss dieses organisatorisch und personell vom Bundesgericht losgelöst sein (Botsch. BV, 539). In die Zuständigkeit des Bundesstrafgerichts fällt die Beurteilung jener Straffälle, die der Gerichtsbarkeit des Bundes zugewiesen sind. Früher fiel diese Aufgabe (soweit nicht an die Kantone delegiert, BStP 18) dem Bundesgericht selbst zu (vgl. OG 12 in der bis zum 31.3.2004 gültigen Fassung), was trotz (zum Teil auch wegen) der geringen Prozesszahl unter verschiedenen Aspekten problematisch war

---

1   Angenommen in der Volksabstimmung vom 12. März 2000, Abs. 1 in Kraft seit 1. April 2003 und die Abs. 2 und 3 seit 1. Sept. 2005 (BB vom 8. Okt. 1999, BRB vom 17. Mai 2000, BB vom 24. Sept. 2002 und 2. März 2005 – AS 2002 3148 3147, 2005 1475; BBl 1997 I 1, 1999 8633, 2000 2990, 2001 4202, 2004 4787).

(gemäss Botsch. BV, 497: sechs Fälle in den vorausgegangenen zwölf Jahren, darunter BGE 116 IV 56 i.S. Elisabeth Kopp und Mitbeteiligte betreffend Verletzung des Amtsgeheimnisses; vgl. auch BGE 122 IV 103 betreffend Widerhandlungen gegen das Kriegsmaterialgesetz; BGE 96 IV 56 i.S. Lebedinsky, Bührle und Mitbeteiligte betreffend verbotene Ausfuhr von Kriegsmaterial).

4 Zu *Stellung und Organisation* des Gerichts äussert sich BV 191a nicht näher. Gemäss BV 32 Abs. 3 (näher N 13 zu BV 32) muss bei Verurteilung die Möglichkeit des Weiterzugs an ein höheres Gericht möglich sein (vgl. BGG 80). Die Geschäftsführung des Bundesstrafgerichts unterliegt der Aufsicht des Bundesgerichts (BGG 1; AufRBGer, SR 173.110.132; vgl. auch N 8 zu BV 188; VPB 69.48, 2005) und der Oberaufsicht der Bundesversammlung (vgl. N 9 ff. zu BV 169). Der Umsetzung von BV 191a Abs. 1 dient das Bundesgesetz vom 4.10.2002 über das Bundesstrafgericht (Strafgerichtsgesetz, SGG; SR 173.71). Das Gericht mit Sitz in Bellinzona nahm seine Tätigkeit am 1.4.2004 auf (der Bundesrat hatte als Sitz Aarau vorgesehen; vgl. Zusatzbotschaft vom 28.9.2001, BBl 2001 6409 ff.). Das Verfahren richtet sich vorerst nach dem BG vom 15.6.1934 über die Bundesstrafrechtspflege (SR 312.0), soweit nicht das BG vom 22.3.1974 über das Verwaltungsstrafrecht (SR 313.0) anwendbar ist (SGG 30). Das Gesetz sieht einen Rahmen von 15–35 Richterstellen vor (SGG 1), der anfänglich nicht voll ausgeschöpft wurde (ab 1.5.2007: 15).

5 *«Straffälle»:* Die Verfassung überlässt die Festlegung der Zuständigkeiten dem Gesetzgeber. Der Umfang der Bundes(straf)gerichtsbarkeit ergibt sich aus StGB 336 ff. (welche mit Ausnahme von StGB 336 Abs. 1 Bst. f materiell den ursprünglichen StGB 340, 340bis und 343 entsprechen; näher WEDER, in: Donatsch u.a., Kommentar StGB, 17. Aufl., Zürich 2006, ad Art. 336 ff.). Der Umfang hat in jüngerer Zeit zugenommen. Die Zuständigkeit des Bundesstrafgerichts erstreckt sich auch auf *Verwaltungs*strafsachen des Bundes (SGG 26). BV 191a steht einer Delegation von Strafverfolgung und Aburteilung an die Kantone nicht entgegen.

6 *Weitere Zuständigkeiten:* Der Gestaltungsspielraum des Bundesgesetzgebers ist erheblich, aber nicht unbegrenzt. Es muss sich um Zuständigkeiten handeln, die mit dem gerichtlichen Charakter des Bundesstrafgerichts vereinbar sind. Gedacht wurde in erster Linie an die Aufgaben der früheren Anklagekammer des Bundesgerichts (vgl. jetzt SGG 28: Beschwerdekammer des Bundesstrafgerichts als Zwangsmassnahmengericht usw.). Anders als bei Straffällen (N 4) ist eine Weiterzugsmöglichkeit hier nicht zwingend. – Gestützt auf Satz 2 könnte der Gesetzgeber auch etwa den Weiterzug kantonaler Strafurteile an das Bundesstrafgericht ermöglichen.

Bundesverwaltungsgericht(e) (Abs. 2)

7 *Handlungsvorgaben:* Abs. 2 ist von begrenzter Bedeutung, da der Bund bereits wegen BV 29a verpflichtet ist, *richterliche Instanzen* (die den Anforderungen von BV 30, 191c genügen) zu bestellen. Bei den Ausnahmen gemäss BV 29a greift die Verpflichtung aus BV 191a Abs. 2 nicht (Botsch. BV, 524). Die Verfassung überlässt die nähere Ausgestaltung dem Gesetzgeber. Dieser entschied sich dafür, die bestehenden richterlichen Behörden im neu geschaffenen *Bundesverwaltungsgericht zusammenzufassen.* Dies ist ungeachtet der in Abs. 2 verwendeten Plural-Formulierung zulässig. Als Sitz wurde aus vorab regionalpolitischen Überlegungen *St. Gallen* bestimmt, nicht, wie vom Bundesrat beantragt, Fribourg (vgl. Zusatz-

botschaft vom 28.9.2001, BBl 2001 6409 ff.). Das Gericht nahm seine Tätigkeiten mit Inkrafttreten der Justizreform am 1.1.2007 auf, und zwar zunächst in Bern (vgl. Art. 3a des BG vom 21.6.2002, SR 173.72); der Umzug nach St. Gallen wird frühestens 2010 erfolgen.

8 *Stellung und Organisation:* Das Bundesverwaltungsgericht entscheidet teils als Beschwerdeinstanz, teils erstinstanzlich (Klage), teils als Vorinstanz des Bundesgerichts (BGG 75, 86), teils letztinstanzlich (BGG 83). Seine Geschäftsführung unterliegt der Aufsicht des Bundesgerichts (BGG 1; AufRBGer, SR 173.110.132; vgl. auch N 5 und 8 zu BV 188; VPB 69.48, 2005) und der Oberaufsicht der Bundesversammlung (BV 169). Vgl. im Übrigen das BG vom 17.6.2005 über das Bundesverwaltungsgericht (Verwaltungsgerichtsgesetz, VGG; SR 173.32) sowie das BG vom 18.3.2005 über den Aufbau des Bundesverwaltungsgerichts (SR 173.30). Das Gesetz setzt einen Rahmen von 50–70 Richterstellen (VGG 1). Mit 72 Richtern (auf knapp 62 Vollzeitstellen; Stand 22.2.2007) und rund 270 weiteren Mitarbeitern ist das Bundesverwaltungsgericht das grösste Gericht der Schweiz. Die *Zuständigkeiten* und das *Verfahren* richten sich nach VGG 31 ff. bzw. VGG 37 ff., wobei für das Verfahren (nicht durchweg sachgerecht) im Wesentlichen auf das aus Verwaltungsoptik formulierte VwVG verwiesen wird (insb. VwVG 44 ff.), das zum Teil auf den BZP weiterverweist (VwVG 16, 19). Die Gelegenheit, im Rahmen der Bundesrechtspflegereform eine massgeschneiderte Verfahrensordnung zu schaffen, wurde verpasst. Neben der Rechts- und Sachverhaltskontrolle steht dem Bundesverwaltungsgericht grundsätzlich auch die Angemessenheitskontrolle zu (VwVG 49), was unter Gewaltenteilungsaspekten nicht unproblematisch ist (kritisch BENJAMIN SCHINDLER, Gericht oder Oberverwaltungsbehörde?, NZZ Nr. 104 vom 6.5.2005, S. 15). Zurückhaltung kann auch bei der Überprüfung der Auslegung und Anwendung von unbestimmten Rechtsbegriffen angezeigt sein (so zu Recht BGE 131 II 680, 683 f.; kritisch YVO HANGARTNER, AJP 2006, 372). – Der «Modellinstanzenzug» verläuft nunmehr wie folgt: Verfügung; Beschwerde direkt an das Bundesverwaltungsgericht, falls nicht zuvor Einsprache möglich ist; Weiterzug an das Bundesgericht, soweit nicht eine der Ausnahmen (vgl. BGG 83) greift.

9 Anders als Abs. 1 äussert sich Abs. 2 nicht zur Frage, ob den richterlichen Behörden i.S.v. BV 191a (bzw. dem Bundesverwaltungsgericht) auch weitere Zuständigkeiten zugewiesen werden können. Ausgeschlossen erscheint dies nicht, doch ist ein hinreichender Rechtsprechungsbezug zu fordern. Die Frage stellt sich etwa im Zusammenhang mit dem im Rahmen einer Teilrevision des BWIS vorgesehenen Entscheid des Bundesverwaltungsgerichts betreffend «Einsatz von besonderen Mitteln der Informationsbeschaffung» oder betreffend «Schaffung einer Tarnidentität» (Art. 18d des bundesrätlichen Entwurfs vom 15.6.2007).

Weitere richterliche Behörden (Abs. 3)

10 Die Ermächtigung zur Schaffung weiterer richterlicher Behörden des Bundes bzw. – *minus in maiore* – von in Abs. 2 nicht vorgesehenen Rechtsmittelmöglichkeiten (z.B. Weiterzug von kantonalen Entscheiden an das Bundesverwaltungsgericht, vgl. VGG 33 Bst. i) hat bisher keine grosse Bedeutung erlangt, wenn man von (echten und unechten) Sonderfällen wie der Militärgerichtsbarkeit (vgl. N 10 vor BV 188) oder der unabhängigen Beschwerdeinstanz im Bereich der elektronischen Medien (vgl. N 17 ff. zu BV 93) absieht. – Wegen der in BV 122 und 123 (je Abs. 2) vorgesehenen Zuständigkeit der Kantone für die Rechtsprechung in Zivil- und Strafsachen bleibt für Abs. 3 kein weites Feld (vgl. N 6 zu BV 122). Aus der Entstehungs-

geschichte (Botsch. BV, 540; vgl. auch BBl 2001 4222) geht immerhin hervor, dass man die Schaffung eines Bundespatentgerichts oder eines erstinstanzlichen Bundeszivilgerichts für Streitigkeiten aus dem Immaterialgüterrecht im Auge hatte.

Literaturhinweise

KISS CHRISTINA, Das neue Bundesstrafgericht, AJP 2003, 141 ff.; SCHWEIZER RAINER J. (Hrsg.), Reform der Bundesgerichtsbarkeit, Zürich 1995; WEISSENBERGER PHILIPPE, Das Bundesverwaltungsgericht, AJP 2006, 1491 ff.

Art. 191b[1]   Richterliche Behörden der Kantone

¹ Die Kantone bestellen richterliche Behörden für die Beurteilung von zivilrechtlichen und öffentlich-rechtlichen Streitigkeiten sowie von Straffällen.
² Sie können gemeinsame richterliche Behörden einsetzen.

1   Die auf die Justizreform zurückgehende Bestimmung hat kein Pendant in der BV 1874 und in der BV i.d.F. vom 18.4.1999. Sie besitzt kaum normative Substanz. Denn die Kantone sind schon wegen der Rechtsweggarantie (BV 29a; vgl. auch BV 122 und 123, je Abs. 2) verpflichtet, in ihrem Bereich richterliche Behörden vorzusehen (Abs. 1). Und auf eine wohlmeinende Ermächtigung i.S.v. Abs. 2 sind die Kantone nicht angewiesen (vgl. N 3).

2   *Abs. 1:* Im Zivil- und Strafrechtsbereich ist die Bereitstellung von Gerichten schon lange Sache der Kantone (BV 1874 Art. 64 Abs. 3 und 64bis Abs. 2), im Anwendungsbereich der (früheren) Verwaltungsgerichtsbeschwerde seit dem 15.2.1992 (mit einer Übergangsfrist von fünf Jahren; vgl. OG 98a, AS 1992 288; zur Verfassungsmässigkeit vgl. VPB 49.36, 1985; verneinend SALADIN, Komm. aBV, Art. 3, N 105). Seit Inkrafttreten der Justizreform besteht die Verpflichtung im *gesamten* Bereich des öffentlichen Rechts (dies allerdings in erster Linie wegen BV 29a, Rechtsweggarantie). *Ausnahmen* sind nur im Rahmen von BV 29a zulässig (ebenso MAHON, Comm., Art. 191b, N 6). Der noch vor dem Inkrafttreten revidierte BGG 130 Abs. 3 (i.d.F. vom 23.6.2006; vgl. BBl 2006 3075) räumt den Kantonen (in verfassungsrechtlich fragwürdiger Weise) eine Übergangsfrist von zwei Jahren zur Gewährleistung der Rechtsweggarantie ein. – Die Kantone sind nicht verpflichtet, neue Gerichte zu schaffen, sie können auch (soweit nicht bereits geschehen) die Zuständigkeit bestehender Instanzen auf Streitigkeiten aus dem kantonalen Verwaltungsrecht ausdehnen. BV 191b verlangt keinen Instanzenzug und will vorgängige verwaltungsinterne Rechtsmittel nicht ausschliessen. Die Verpflichtung schränkt die kantonale Organisationsautonomie ein (BV 47). Die Einschränkung wiegt allerdings nicht schwer, zumal sie dem Selbstverständnis der Kantone als Gemeinwesen mit vollständiger Staatsorganisation (inkl. Justiz) entspricht. – Zu den Anforderungen an eine richterliche Behörde vgl. N 4 ff. zu BV 30.

1   Angenommen in der Volksabstimmung vom 12. März 2000, in Kraft seit 1. Jan. 2007 (BB vom 8. Okt. 1999, BRB vom 17. Mai 2000, BB vom 8. März 2005 – AS 2002 3148, 2006 1059; BBl 1997 I 1, 1999 8633, 2000 2990, 2001 4202).

3   *Abs. 2:* Neben den allgemeinen Regeln über die kantonale Organisations- bzw. Vertragsautonomie (BV 3, 47, 48) hat die im Parlament eingefügte (unechte) Ermächtigung keine eigenständige Bedeutung. Soweit ersichtlich sind die Kantone nicht aktiv geworden. Ob sich dies nach der Vereinheitlichung des Zivil- und des Strafprozessrechts ändern wird, bleibt abzuwarten.

Literaturhinweise (vgl. auch bei BV 122 und 123 und vor BV 188)

AUER CHRISTOPH, Auswirkungen der Reorganisation der Bundesrechtspflege auf die Kantone, ZBl 2006, 126 ff.; TOPHINKE ESTHER, Bedeutung der Rechtsweggarantie für die Anpassung der kantonalen Gesetzgebung, ZBl 2006, 88 ff.

Art. 191c[1]   Richterliche Unabhängigkeit

Die richterlichen Behörden sind in ihrer rechtsprechenden Tätigkeit unabhängig und nur dem Recht verpflichtet.

1   Die auf die Justizreform zurückgehende Bestimmung verankert das grundlegende rechtsstaatliche Prinzip der richterlichen Unabhängigkeit erstmals *ausdrücklich* in der Verfassungsurkunde (vgl. zuvor OG 21 Abs. 3, BS 3 531). Die praktisch sehr bedeutsamen *grundrechtlichen* Aspekte der richterlichen Unabhängigkeit – «Anspruch auf ein durch Gesetz geschaffenes, zuständiges, unabhängiges und unparteiisches Gericht» – sind bereits in BV 30 (siehe dort N 3 ff.) normiert (vgl. auch EMRK 6).

2   *Funktion und Tragweite:* Die *spezifische* – institutionell und grundrechtlich abgesicherte – *Unabhängigkeit* ist ein zentrales Merkmal der Justiz im modernen Verfassungsstaat. Die Unabhängigkeit ist *rechtsstaatliche Notwendigkeit* (vgl. Botsch. BV, 541), nicht etwa ein Privileg der Justiz oder des «Richterstandes» (den es in der Schweiz ohnehin nicht gibt). Das (Wieder-)Herstellen von Rechtsfrieden und Gerechtigkeit als zentrale Aufgabe der Justiz (vgl. BIAGGINI, VRdCH, 1153) setzt voraus «dass keine Umstände, welche ausserhalb des Prozesses liegen, in sachwidriger Weise zu Gunsten oder zu Lasten einer Partei auf das Urteil einwirken; es soll mit andern Worten verhindert werden, dass jemand als Richter tätig wird, der unter solchen Einflüssen steht und deshalb kein ‹rechter Mittler› (BGE 33 I 146) mehr sein kann» (BGE 114 Ia 50, 54; vgl. auch BGE 124 I 121, 124). Richterliche Behörden dürfen von keiner gerichtsfremden Person oder Institution Befehle oder Weisungen entgegennehmen. Der Spruchkörper als solcher wie die einzelnen Richter sind von jeder justizfremden Einbindung freizuhalten (vgl. TSCHANNEN, 503). Zu berücksichtigen ist auch, wie bei der Beurteilung der Gerichtsqualität (vgl. N 10 zu BV 30), das gesamte äussere Erscheinungsbild.

3   Angesprochen ist die *Unabhängigkeit* der Richter und Gerichte *gegenüber* (grundlegend EICHENBERGER, 43 ff.):

---

[1]   Angenommen in der Volksabstimmung vom 12. März 2000, in Kraft seit 1. Jan. 2007 (BB vom 8. Okt. 1999, BRB vom 17. Mai 2000, BB vom 8. März 2005 – AS 2002 3148, 2006 1059; BBl 1997 I 1, 1999 8633, 2000 2990, 2001 4202).

- den *anderen Staatsorganen* (Gewaltenteilungsaspekt), insbesondere den politischen Behörden (Parlament, Regierung). Die Tatsache allein, dass die Mitglieder einer richterlichen Behörde durch die Exekutive ernannt werden (so früher bei den eidgenössischen Rekurskommissionen; VwVG Art. 71b), stellt ihre Unabhängigkeit und Unparteilichkeit nicht in Frage (BIAGGINI, VRdCH, 1159). – In einer Demokratie muss es selbstverständlich möglich sein, die Rechtsprechungstätigkeit der Gerichte zu kritisieren. Die in jüngerer Zeit vermehrt auftretenden verbalen Angriffe («Urteilsschelten») und Druckversuche seitens gewählter Amtsträger (Drohung mit der Nichtwiederwahl) sind bedenklich und mit dem Grundsatz der richterlichen Unabhängigkeit unvereinbar (vgl. auch N 5 und 6);
- den *Prozessparteien* (Anspruch auf unparteilichen Richter; vgl. BV 30);
- den *gesellschaftlichen Kräften* (Verbände, Parteien, Medien usw.);
- den *übrigen richterlichen Behörden* (Ausnahme: Neubeurteilung aufgrund eines Urteils einer übergeordneten Instanz);
- den eigenen Emotionen: Richter sollen Rechtsstreitigkeiten mit der nötigen Nüchtern- und Gelassenheit, in Ruhe und mit Augenmass beurteilen (vgl. auch TSCHANNEN, Staatsrecht, 503).

Diese *Mehrdimensionalität der richterlichen Unabhängigkeit* widerspiegelt sich im Passus, wonach richterliche Behörden *nur* dem Recht verpflichtet sind (BV 191c am Ende). Die *Bindung an das Recht* (vgl. BV 5) ist im demokratischen Verfassungsstaat notwendiges Gegenstück der richterlichen Unabhängigkeit.

4 *«richterliche Behörden»:* Gemeint sind alle staatlichen Gerichte, ob auf Bundesebene (BV 188, 191a), ob auf kantonaler Ebene (BV 191b; vordergründig enger Botsch. BV, 541). Als Gericht kann eine Behörde nur dann gelten, wenn sie unabhängig ist und den übrigen Anforderungen gemäss BV 30 bzw. EMRK 6 genügt.

5 *«in ihrer rechtsprechenden Tätigkeit»*: Zum Begriff «rechtsprechend/Rechtsprechung» vgl. N 2 vor BV 188. Die für das schweizerische Verfassungsrecht typische *parlamentarische Oberaufsicht* über die Geschäftsführung der Gerichte (im Bund: BV 169; ParlG 26; BGG 3; VGG 3; SGG 3) muss das Prinzip der richterlichen Unabhängigkeit respektieren und sich der inhaltlichen Kontrolle (oder gar Aufhebung) einzelner richterlicher Entscheidungen enthalten (in diesem Sinne ParlG 26 Abs. 4; vgl. auch N 11 zu BV 169; vgl. auch VPB 68.49, 2005).

6 *Adressaten:* Entsprechend der Mehrdimensionalität (N 3) sind zur Beachtung und Verwirklichung der richterlichen Unabhängigkeit nicht nur Legislative und Exekutive (aller Stufen) verpflichtet, sondern auch die *Justiz* selbst (so z.B. das Bundesgericht bei der Ausübung der Aufsicht über Bundesverwaltungs- und Bundesstrafgericht, BGG 1) sowie die in Justiz und anderen Staatsgewalten tätigen *Amtsträger* (vgl. z.B. GPK-S, Bericht vom 10.7.2006 betreffend die Untersuchung von öffentlichen Aussagen des Vorstehers des EJPD zu Gerichtsurteilen; N 6 zu BV 169). Über die *Gesetzgebung* werden auch Privatpersonen (Prozessparteien und Dritte; vgl. z.B. StGB 322ter ff., Bestechung) und die Medien zur Wahrung der richterlichen Unabhängigkeit verpflichtet (vgl. auch BGE 116 Ia 14: Auswirkungen einer Pressekampagne auf die richterliche Unabhängigkeit).

7   Der *Sicherung* der richterlichen Unabhängigkeit dienen Vorschriften über personelle Unvereinbarkeiten und über Nebenbeschäftigungen (vgl. z.B. BGG 7; BGerR 18 ff., SR 173.110.131), die Wahl auf eine feste, längere Amtsdauer (vgl. BV 144, 145; BGG 6 ff.; VGG 6 ff.), eine gewisse Selbstverwaltung (auch im Verhältnis zu den übergeordneten Instanzen; vgl. VPB 69.48, 2005), eine angemessene Entlöhnung der Richter und eine ausreichende Ausstattung der Gerichte (wessen sich die politischen Behörden nicht immer hinreichend bewusst zu sein scheinen). – Die Möglichkeit einer vorzeitigen Amtsenthebung (vgl. VGG 10; SGG 10) ist aus der Sicht der richterlichen Unabhängigkeit höchst problematisch und nur unter restriktiven Voraussetzungen und mit verfahrensrechtlichen Sicherungen akzeptabel (vgl. VPB 68.49; ParlG 40a).

Literaturhinweise (vgl. auch die Hinweise vor BV 188, bei BV 30 und 169)

BIAGGINI GIOVANNI, Rechtsprechung, VRdCH, 1153 ff.; EICHENBERGER KURT, Die richterliche Unabhängigkeit als staatsrechtliches Problem, Bern 1960; KIENER REGINA, Richterliche Unabhängigkeit, Bern 2001; NAY GIUSEP, Das Bundesgericht in Wandel und Sorge um Unabhängigkeit, SJZ 2006, 567 ff.; SEILER HANSJÖRG, Praktische Fragen der parlamentarischen Oberaufsicht über die Justiz, ZBl 2000, 281 ff. – GPK-S, Bericht vom 28.6.2002, Parlamentarische Oberaufsicht über die eidgenössischen Gerichte, BBl 2002 7625.

6. Titel: Revision der Bundesverfassung und Übergangsbestimmungen

1. Kapitel: Revision

1   Die im Revisionskapitel zusammengefassten Regelungen betreffend das Verfahren der Verfassungsänderung gehen im Wesentlichen auf die Reform von 1891 zurück (BV 1874 Art. 118 ff.; BURCKHARDT, Kommentar, 808 ff.). Es bestehen verschiedene Berührungspunkte und Überschneidungen mit dem 4. Titel («Volk und Stände», insb. BV 138 ff.). Nicht erfasst wird die Verfassungsfortbildung ohne Textänderung; die Bildung und Fortentwicklung *ungeschriebenen Verfassungsrechts* bleibt weiterhin prinzipiell möglich (N 4 zu BV 188).

2   *Revisionspraxis:* In der kurzen Zeit seit Inkrafttreten der neuen Bundesverfassung (1.1.2000) haben Volk und Stände zahlreichen Verfassungsänderungen zugestimmt, welche über 50 Artikel betreffen (Stand 1.1.2007; teilweise noch nicht in Kraft). Die BV 1848 erfuhr in knapp 26 Geltungsjahren lediglich eine Änderung (1866), die BV 1874 in 125 Jahren über 140 Teilrevisionen.

Literaturhinweise (vgl. auch die Hinweise vor BV 136 und bei BV 139)
BELLANGER FRANÇOIS, Révision totale et partielle de la Constitution fédérale, VRdCH 1247 ff.

Art. 192   Grundsatz

¹ Die Bundesverfassung kann jederzeit ganz oder teilweise revidiert werden.
² Wo die Bundesverfassung und die auf ihr beruhende Gesetzgebung nichts anderes bestimmen, erfolgt die Revision auf dem Weg der Gesetzgebung.

1   Die Bestimmung geht im Kern auf die Bundesstaatsgründung zurück (BV 1848 Art. 111 und 112; BV 1874 Art. 118 und 119 i.d.F. vom 29.5.1874 bzw. Art. 118 ff. i.d.F. vom 5.7.1891).

Unterscheidung von Total- und Teilrevision (Abs. 1)

2   Die BV unterscheidet *zwei Typen* der Verfassungsrevision: die *Totalrevision* (BV 193; vgl. auch BV 138) und die Teilrevision (BV 194; vgl. auch BV 139). Einen dritten Typus kennt die BV nicht. Die Unterscheidung ist auch in den Kantonen geläufig, im internationalen Vergleich jedoch unüblich (Ausnahmen: Österreich, Art. 44 des Bundes-Verfassungsgesetzes; Spanien, Art. 168 der Verfassung von 1978). – Auf einer anderen Ebene bewegt sich die Frage der Zulässigkeit eines gestaffelten Abstimmens über eine totalrevidierte Verfassung (zu verschiedenen Möglichkeiten geteilter Abstimmungsverfahren LOMBARDI, SG-Komm., vor Art. 192–195, N 18 ff.).

3   *Notwendigkeit der Abgrenzung:* Bei beiden Verfahrenstypen gelten zwar am Ende dieselben Mehrheitserfordernisse (BV 142, 195). Die teils unterschiedlichen Verfahrensregeln (vgl. BV 138, 139, 193, 194) machen eine Abgrenzung gleichwohl erforderlich. In der Lehre wird regelmässig erörtert, ob dabei (mehr) auf formelle oder (mehr) auf materielle Kriterien ab-

zustellen sei (vgl. AUBERT, Comm., Art. 138, N 8), wobei meist die formellen Gesichtspunkte bevorzugt werden (TSCHANNEN, Staatsrecht, 524 ff.). Lange galt die Abgrenzungsfrage als eher akademisch. In jüngerer Zeit musste sich die (Behörden-)Praxis gleich mehrfach damit auseinandersetzen, wobei gewisse Orientierungsschwierigkeiten zutage traten (vgl. N 8), die zum Teil dem BV 192 ff. zugrunde liegenden System anzulasten sind.

4   Einander gegenüber stehen ein *gegenständlich begrenzter* Begriff der *Teilrevision* (BV 194) und ein von jeher *weiter* Begriff der *Totalrevision* (BV 193). Als *Schlüsselfigur* erweist sich der *Grundsatz der Einheit der Materie* (vgl. auch LOMBARDI, SG-Komm., Vorb. zu Art. 192–195, N 13).

5   Die *Totalrevision* kennzeichnet sich dadurch, dass die Räte bei Ausarbeitung neuer Normen keiner gegenständlichen Beschränkung unterliegen (Ausnahme: BV 193 Abs. 4), so dass *thematisch* der gesamte Verfassungsstoff und *formal* alle Regelungen der «alten» Verfassung zur Disposition stehen (RHINOW, Grundzüge, 346; vgl. auch Botschaft vom 25.5.1988 über die Volksinitiative «für eine Schweiz ohne Armee und für eine umfassende Friedenspolitik», BBl 1988 I 967). Die Räte sind indes nicht gehindert, Bestimmungen der alten Verfassung inhaltlich unverändert, ja wortgleich in die neue Verfassung zu übernehmen (so vielfach 1874 und vereinzelt 1998/9). – Bisher galt es als selbstverständlich, dass im Fall einer Totalrevision die bestehende durch eine neue (neu datierte) Verfassungsurkunde ersetzt wird (vgl. Botsch. BV, 431). Dies scheint unvermittelt dem Vergessen anheimgefallen zu sein (N 8).

6   Die *Teilrevision* ist, auch wenn sie *formal* mehr als eine einzelne Verfassungsbestimmung erfassen kann, stets *gegenständlich* begrenzt. Für ein Reformvorhaben, das den Grundsatz der Einheit der Materie sprengt, steht das Verfahren der Teilrevision von vornherein nicht zur Verfügung (BV 194). Aus *diesem* Grund – und nicht primär weil es um eine «materielle» Totalrevision gehen würde (anders Botsch. BV, 431) – kann eine tiefgreifende oder umfangreiche Reform im Bereich strukturprägender «Grundprinzipien» (z.B. Föderalismus, Demokratie) oder der Behördenorganisation nicht im Verfahren der Teilrevision angegangen werden. Hier steht nur das Verfahren der Totalrevision zur Verfügung: *Tertium non datur* (vgl. auch AUBERT, Comm., Art. 138, N 7 ff., Art. 192, N 2). Dies gilt auch dann, wenn das Reformvorhaben nicht die gesamte Verfassungsurkunde berührt. – Umgekehrt kann es sich am Ende der parlamentarischen Beratungen über eine Totalrevisionsvorlage herausstellen, dass die beschlossenen Neuerungen ein bescheideneres Ausmass erreichen als ursprünglich geplant und deshalb vielleicht sogar im Rahmen einer Teilrevision hätten beschlossen werden dürfen. Eine solche Totalrevision ist unter dem Regime von BV 192 ff. nicht unzulässig.

7   *Fazit:* Für die Abgrenzungsfrage ergibt sich aus dem Gesagten, dass *formale und gegenständliche* Gesichtspunkte massgebend sind. Der Begriff der «materiellen Totalrevision» ist wenig hilfreich und sollte vermieden werden.

8   Die *Behördenpraxis* scheint sich im «Korsett» der Revisionstypen nicht immer recht wohl zu fühlen. Dies zeigen einige mehr oder weniger geglückte (Ausweich-)«Manöver», aus denen der Wunsch spricht, Reformen mit Hilfe von «Paketrevisionen» angehen zu können – ausserhalb des durch die Einheit der Materie abgesteckten Rahmens, aber gewissermassen «unterhalb» der Totalrevisionsschwelle (kritisch auch AUBERT, Comm., Art. 192, N 2):

- *Reform der Volksrechte:* Die von der SPK-S erarbeitete Vorlage (N 12 vor BV 136) wurde, anders als die vom Bundesrat ursprünglich eingebrachte Reform (Totalrevision BV, Vorlage B), als Teilrevisions-Vorlage eingestuft und behandelt (kritisch GRISEL, Initiative et référendum, 391).
- *Staatsleitungsreform:* Die im März 2004 im Nationalrat vorläufig gestoppte Reform wurde vom Bundesrat als Teilrevisions-Vorlage eingebracht (vgl. Botschaft vom 19.12.2001, BBl 2002 2095 ff.).
- *Reform der «Bildungsverfassung»:* Trotz Themenvielfalt wurde die in der Volksabstimmung vom 21.5.2006 gutgeheissene Vorlage (vgl. N 2 vor BV 61a) als Teilrevisionsvorlage behandelt und verabschiedet.
- *Wirtschaftsartikel von 1947:* Zu diesem früheren «Sündenfall» (Teilrevisionsvorlage) vgl. RHINOW/SCHMID/BIAGGINI, 46.

Als *Totalrevisionsvorlage* eingebracht und behandelt wurden dagegen:
- *Justizreform* (Botsch. BV, 487 ff.; AB SD 1998 S 102): die endgültige Fassung (BB vom 8.10.1999) hätte nach verbreiteter (hier nicht geteilter) Auffassung auch als Teilrevision beschlossen werden können.
- Der *BB NFA* vom 3.10.2003 (BBl 2003 6591, angenommen in der Volksabstimmung vom 28.11.2004), offiziell als Totalrevisionsvorlage eingestuft (BBl 2002 2323), hatte (wie schon der BB zur Justizreform) keine Neudatierung der Urkunde, aber auch keine Umnummerierungen zur Folge. Die Beteiligten verhielten sich so, wie wenn es sich um eine etwas breiter angelegte Teilrevision gehandelt hätte.

Dass in beiden Fällen der Ingress des BB (BBl 1999 8633 bzw. 2003 6591) als Gegenstand die Änderung der 1999er-Bundesverfassung nennt, unterstreicht den zwitterhaften Charakter der Vorlagen.

Jederzeitige Revidierbarkeit (Abs. 1)

9 *Keine zeitlichen Schranken:* Dass die Verfassungsrevision keinen Sperr- oder Wartefristen unterliegt, erscheint heute selbstverständlich. Die ausdrückliche Erwähnung der jederzeitigen Revidierbarkeit (so schon BV 1848 Art. 111) ist ein Echo auf bewegte frühere Zeiten, in denen Total- und Teilrevision noch nicht klar auseinandergehalten wurden (vgl. AUBERT, Comm., Art. 192, N 4) und man sich von temporären Revisionssperren eine Stabilisierung der Verfassungsordnung versprach (vgl. KÖLZ, Verfassungsgeschichte I, 307 ff.). Entgegen dem Sachtitel von BV 192 handelt es sich nicht um einen blossen (relativierbaren) Grundsatz, sondern um eine feste Regel. Abs. 1 untersagt es dem Gesetzgeber, Karenzfristen für Volksinitiativen einzuführen. Der vielfach beschworene «Respekt» vor Entscheidungen des «Souveräns» (Volk und Stände) ist kein Rechtsgebot, allenfalls ein Gebot der politischen Klugheit.

10 Zu verfahrensmässigen und inhaltlichen Schranken vgl. BV 193 und 194.

Verfahren (Abs. 2)

11 Verfassungsrevisionen werden, unter Vorbehalt der Rechte von Volk und Ständen, durch die Bundesversammlung «auf dem Weg der Gesetzgebung» beschlossen *(Behördenvorlage)*. Das ordentliche Verfahren ist zweistufig:
- Beratung und Beschlussfassung durch die Bundesversammlung (zu den Initiativberechtigten: vgl. BV 160 und BV 181);
- Volksabstimmung; diese ist, anders als bei Gesetzen, stets obligatorisch (BV 140) und erfordert ein doppeltes Mehr (BV 195).

Ein zweiter Weg führt über die Volksinitiative (BV 139, 193, 194). – Die aus dem kantonalen Verfassungsrecht bekannte Institution des *Verfassungsrates* (zu Vor- und Nachteilen vgl. BBl 1985 III 114 ff.; AB 1991 N 1579; Botsch. BV, 96) ist in der Bundesverfassung nicht vorgesehen. Im Rahmen der Reform der Volksrechte wurde die Einführung kurz thematisiert (Botsch. BV, 486), aber angesichts der speziellen Konstellation im Bund mit guten Gründen verworfen.

12 *Verfassungsvergleichend* zeichnet sich das Verfahren aus durch *niedrige* Hürden im parlamentarischen Verfahren – das übliche Erfordernis des qualifizierten Mehrs *fehlt* – und durch vergleichsweise hohe (aber nicht unüberwindbare) demokratische Hürden im *nach*parlamentarischen Verfahren.

13 Abweichungen vom «Weg der Gesetzgebung»:
- *Teilrevision* (BV 194): Der Grundsatz der Einheit der Materie (der auch im Verfahren der Gesetzgebung zu beachten ist, BV 34) stellt bei Verfassungsänderungen höhere Anforderungen (BGE 123 I 63, 71 f.; vgl. auch AUBERT, Comm., Art. 192, N 5).
- *Totalrevision:* Das Ausmass der Abweichungen ist gering, wenn man von BV 193 Abs. 2 und 3 absieht (und geringer als in den Kantonen).
- *Volksinitiative:* Die Abweichungen sind zahlreich und bedeutsam (BV 138 ff.; BPR 68 ff.; ParlG 96 ff.). Besonderes Kennzeichen ist hier, dass die Verfassungsgebung mehr oder weniger «am Parlament vorbei» erfolgt («Antrag aus dem Volk an das Volk»). Vgl. N 18 zu BV 139.

Zur Frage der Zulässigkeit spezieller Abstimmungsverfahren im Kontext einer Totalrevision vgl. Botsch. BV, 97 ff.; LOMBARDI, SG-Komm., vor Art. 192–195, N 18 ff.; vgl. auch GVG Art. 30bis/ter i.d.F. vom 19.12.1997 (AS 1998 1418).

14 *Zusammenfassend* ergeben sich zwei zentrale Merkmale: Keine Verfassungsänderung ohne obligatorisches Doppelmehr-Referendum (BV 139 ff., 192 ff.); kein Verfassungsrecht neben der Verfassungsurkunde. Auch hier gilt freilich: Keine Regel ohne Ausnahme(n):
- *temporär:* das dringliche Bundesgesetz (i.S.v. BV 165 Abs. 3), das neben der Verfassungsurkunde steht und, falls «unterjährig», ohne obligatorisches Doppelmehr-Referendum ergeht;
- *permanent:* die Bildung von ungeschriebenem Verfassungsrecht (vgl. vorne N 1 vor BV 192; zu streng GRISEL, Initiative et référendum, 343 f.);

- *vereinfachtes Verfahren* (punktuell): Anpassung der «Schwellenbeträge» bei der sog. Schuldenbremse durch blosse (verfassungsunmittelbare) Verordnung der Bundesversammlung (BV 159 Abs. 4 i.V.m. BV 163). Vgl. auch früher BV 196 Ziff. 2 Abs. 3.

Zum «System» der Schranken der Verfassungsrevision

15 Die Verfassung nennt in BV 192 ff. und BV 139 drei Kategorien von Schranken (mit z.T. unterschiedlichem Anwendungsbereich). Zu wahren sind: die *Einheit der Materie* (BV 139, 194), die *Einheit der Form* (BV 139, 194) und die *zwingenden Bestimmungen des Völkerrechts* (BV 139, 193, 194). Vorgeschriebene *Rechtsfolge* bei einer Verletzung dieser Vorgaben ist im Fall der Volksinitiative die Ungültigerklärung durch die Bundesversammlung (näher N 9 ff. zu BV 139). Bei Behördenvorlagen fehlen (landesintern) Kontrollinstanz und Sanktion. – Zum Spezialfall der Bestandesänderung bei den Kantonen vgl. N 8 zu BV 53.

16 *Weitere Schranken* werden in BV 192 ff. nicht genannt. Bei Volksinitiativen anerkennen Praxis und Lehre als ungeschriebenen vierten Ungültigkeitsgrund die Undurchführbarkeit (vgl. N 14 zu BV 139). Die (ebenfalls vor allem im Zusammenhang mit der Volksinitiative) erörterte Frage, ob es weitere landesrechtliche *ungeschriebene* inhaltliche Schranken der Verfassungsrevision gibt, wird in der Lehre kontrovers beantwortet (Überblick bei HANGARTNER/KLEY, 200 ff.; WILDHABER, Komm. aBV, Art. 118, N 23 ff.; näher N 17 zu BV 139). Entsprechende Forderungen haben sich bisher in der Rechtspraxis nicht durchgesetzt – mit gutem Grund (vgl. auch F.FLEINER, BuStR, 398; BURCKHARDT, Komm., 815; AUBERT, BuStR I, 141 ff.). Dem schweizerischen Bundesverfassungsrecht ist die Kategorie des «verfassungswidrigen Verfassungsrechts» ebenso fremd wie eine «Ewigkeitsklausel» nach dem Muster der italienischen Verfassung von 1947 (Art. 139) oder des deutschen Grundgesetzes (Art. 79 Abs. 3).

17 *Rechtsanwendung:* Eine andere Frage ist, was bei einem allfälligen Konflikt zwischen Bundesverfassung und Völkerrecht auf der Ebene der *Rechtsanwendung* zu geschehen hat (allgemein N 30 zu BV 5).

Literaturhinweise: siehe vor BV 136 und vor BV 192

Art. 193 Totalrevision

¹ Eine Totalrevision der Bundesverfassung kann vom Volk oder von einem der beiden Räte vorgeschlagen oder von der Bundesversammlung beschlossen werden.

² Geht die Initiative vom Volk aus oder sind sich die beiden Räte uneinig, so entscheidet das Volk über die Durchführung der Totalrevision.

³ Stimmt das Volk der Totalrevision zu, so werden die beiden Räte neu gewählt.

⁴ Die zwingenden Bestimmungen des Völkerrechts dürfen nicht verletzt werden.

1 Die Bestimmung geht im Kern auf die Bundesstaatsgründung zurück (BV 1848 Art. 113; vgl. auch BV 1874 Art. 120). Vgl. auch BV 138 und 192.

Auslösung (Abs. 1) und inhaltliche Schranken (Abs. 4)

2 Zu Begriff, Verfahren und Schranken N 4 ff. zu BV 138, N 13 zu BV 139 und N 4 ff. zu BV 192. Vgl. auch Botsch. BV, 95 ff.; LOMBARDI, SG-Komm., vor Art. 192–195, N 18 ff.; HANGARTNER/KLEY, N 303 ff., 775. – Zu Paketrevisionen (vgl. N 8 zu BV 192) kritisch AUBERT, Comm., Art. 138, N 9, Art. 192, N 2 f.

3 Zu den *Initiativberechtigten* im Einzelnen vgl. BV 160 und BV 181. Die auf den ersten Blick etwas gewunden wirkende Formulierung («vorgeschlagen», «beschlossen») trägt dem Umstand Rechnung, dass – anders als bei der Teilrevision (BV 194) – ein Rat allein das Verfahren auslösen kann (Abs. 2).

4 *Praxis:* Zu den bisherigen Anwendungsfällen der *Volksinitiative* auf Totalrevision vgl. N 3 zu BV 138. Neben den *Totalrevisionsvorlagen* von 1872, 1874 und 1998 (Abstimmung: 18.4.1999) wurden im Verfahren der Totalrevision behandelt (vgl. N 8 zu BV 192): die bundesrätlichen Vorlagen B (vgl. N 12 vor BV 136) und C von 1996 (vgl. N 12 vor BV 188) sowie die NFA-Vorlage (BB vom 3.10.2003; vgl. N 1 zu BV 135).

Vorabstimmung (Abs. 2)

5 *Volksinitiative:* Zum bisher einzigen Fall einer Vorabstimmung (mit blossem Volksmehr, BV 140) vgl. N 3 zu BV 138 (abgelehnt am 8.9.1935).

6 *Uneinigkeit der Räte:* Massgebend ist die Grundsatzfrage («Ob»), über die im Rahmen des *Eintretens* entschieden wird. Die Uneinigkeit steht fest, wenn der ablehnende Rat seinen Beschluss im zweiten Durchgang bestätigt (vgl. N 8 zu BV 156; LOMBARDI, SG-Komm., Art. 193, N 11; ParlG 95). – Ein allfälliges Scheitern der Totalrevisionsvorlage im Rahmen oder nach der Detailberatung (fehlgeschlagene Differenzbereinigung, Scheitern in der Gesamt- oder Schlussabstimmung) zieht nicht die Folgen des Abs. 2 nach sich (vgl. AUBERT, Comm., Art. 193, N 3; LOMBARDI, SG-Komm., Art. 193, N 9).

7 *Praxis:* Die Uneinigkeit konnte bisher stets vermieden werden, so namentlich beim Totalrevisionsbeschluss von 1987 (BB vom 3.6.1987 über die Totalrevision der Bundesverfassung, BBl 1987 II 963), aber auch – ohne Probleme – anlässlich des Eintretens auf die Justizreform (1998) und die NFA-Vorlage (2002), im Fall der Reform der Volksrechte (1999) dank dem Einlenken des Ständerats (vgl. N 12 vor BV 136). – Über das Eintreten auf die bundesrätliche Vorlage zur «Verfassungsnachführung» (1998) konnten die Räte unbelastet entscheiden, da die Grundsatzfrage insoweit bereits 1987 entschieden war (vgl. auch AUBERT, Comm., Art. 193, N 4 mit Fn. 2).

Neuwahl der Räte bei gutheissender Vorabstimmung (Abs. 3)

8 *Zweck:* Die Regelung soll sicherstellen, dass ein revisionsfreundliches Parlament an die Ausarbeitung der neuen Verfassung (BV 192) herangeht, nicht das «alte» Parlament, das die Totalrevision zuvor blockiert hatte (Abs. 2). Zum (bisher theoretischen) Problem der Sicherstellung übereinstimmender Beschlüsse vgl. N 12 zu BV 156 (und dort Abs. 3 Bst. c, noch nicht in Kraft).

9 *Praxis und Folgen:* Es handelt sich um die einzige (bisher nie eingetretene) Konstellation, in der es zu *vorzeitigen Neuwahlen* im Bund und zu einer (sonst nicht bekannten) Gesamterneuerung des Ständerates kommt. Eine Gesamterneuerung des Bundesrates schliesst sich

zwingend an (BV 175). Das Institut der Totalrevisionsinitiative (BV 138) ermöglicht somit die in der BV sonst nicht vorgesehene «Abberufung» von Parlament und Regierung. Die Verfassung gibt keine Frist oder Zeitspanne für die Neuwahlen vor, doch müssen diese ohne Verzug durchgeführt werden. Der Nationalrat wird auf eine neue Amtsdauer von vier Jahren gewählt (BV 149). Die Amtsdauer der neu zu wählenden Ständeräte bestimmt sich nach kantonalem Recht (BV 150; HANGARTNER/KLEY, N 796; ungenau LOMBARDI, SG-Komm., Art. 193, N 12).

Literaturhinweise: siehe vor BV 136, bei BV 138, vor BV 192

Art. 194 Teilrevision

¹ Eine Teilrevision der Bundesverfassung kann vom Volk verlangt oder von der Bundesversammlung beschlossen werden.

² Die Teilrevision muss die Einheit der Materie wahren und darf die zwingenden Bestimmungen des Völkerrechts nicht verletzen.

³ Die Volksinitiative auf Teilrevision muss zudem die Einheit der Form wahren.

1   Die Bestimmung geht im Kern auf das Jahr 1891 zurück (BV 1874 Art. 121). Vgl. N 3 vor BV 136.

Verfahren (Abs. 1)

2   Das Verfahren der Teilrevision kennt *zwei Haupttypen:* das (ordentliche) Verfahren «auf dem Weg der Gesetzgebung» (BV 192; sog. *Behördenvorlage;* vgl. auch BV 192) und das – den Einfluss der Bundesversammlung stark zurückdrängende – Verfahren der *Volksinitiative* auf Teilrevision der Bundesverfassung (BV 139; siehe dort N 18). Bei Behördenvorlagen kann – anders als bei der Totalrevision (vgl. BV 193 Abs. 1) – ein Rat allein das Verfahren blockieren.

Schranken (Abs. 2 und 3)

3   *Abs. 2* nennt zwei *allgemeine* Schranken der Partialrevision: die Wahrung der *Einheit der Materie* (vgl. N 12 zu BV 139; N 22 zu BV 34; vgl. auch BGE 129 I 366, 371 ff.) und die Wahrung der *zwingenden Bestimmungen des Völkerrechts* (vgl. N 13 zu BV 139). Nicht angesprochen wird in BV 194 das Verhältnis zum *übrigen* Völkerrecht und zu allfälligen *weiteren* Schranken (vgl. N 17 zu BV 139; N 16 zu BV 192). Anders als bei Volksinitiativen (BV 139 Abs. 2) gibt es bei Behördenvorlagen keine gesonderte Beschlussfassung der Bundesversammlung betreffend Wahrung der Anforderungen gemäss Abs. 2.

4   *Anwendungsbereich:* Wie die innere Systematik des BV 194 zeigt, gelten die genannten Anforderungen auch bei *Behördenvorlagen* (BBl 2005 5518), unter Einschluss des Verfahrens gemäss BV 141a Abs. 1 (siehe dort N 9), und zwar grundsätzlich in *gleicher* Strenge (umstritten; wie hier HANGARTNER, SG-Komm., Art. 194, N 5; AUBERT, Comm., Art. 194, N 2; vgl. auch Botsch. BV, 455: «gleichermassen bei Volksinitiativen wie auch bei Behördenvorlagen»; für eine *weniger strenge* Handhabung des Grundsatzes bei Behördenvorlagen z.B. RHINOW, Grundzüge, 78, 335; GRISEL, Initiative et référendum, 265; vgl. auch N 22 zu BV 34).

5   Die *Praxis* der Bundesversammlung neigt (naturgemäss) dazu, den Grundsatz der Einheit der Materie «in eigener Sache» grosszügig zu handhaben. Gegen eine grosszügige Handhabung

ist nichts einzuwenden, sofern die Praxis kohärent ist (d.h. gegenüber Volksinitiativen gleichermassen grosszügig) und die grundrechtlich geschützte freie Willensbildung und unverfälschte Stimmabgabe (BV 34) nicht in Mitleidenschaft gezogen werden, wie dies beim Schnüren von «Grosspaketen» leicht der Fall ist. Das Bedürfnis nach «Ausrichtung auf eine gesamtheitliche Neuordnung» (BBl 2005 5518, mit Verweis auf BGE 129 I 366, 372, 379 f.) ist kein überzeugendes Argument, wenn es (wie im BB vom 15.12.2005 betreffend Neuordnung der Verfassungsbestimmungen zur Bildung; N 2 vor BV 61a) um so weit auseinander liegende Dinge geht wie die Harmonisierung des Schulwesens (BV 62) einerseits und die Institutionalisierung einer bundesrechtlich verordneten, stark über die Finanzen gesteuerten Zusammenarbeit im Hochschulbereich (BV 63a) andererseits.

6 *Volksinitiativen (Abs. 3):* Zum Grundsatz der Einheit der Form vgl. N 11 zu BV 139. Der Wortlaut nimmt Bezug auf die Volksinitiative gemäss BV 139 (ausgearbeiteter Entwurf) und, bis zu ihrer Ablösung, auf jene gemäss BV 139alt (allgemeine Anregung). Obwohl vom Wortlaut des BV 194 nicht erfasst, unterliegt auch die allgemeine Volksinitiative (BV 139a Abs. 2, nicht in Kraft) dem Erfordernis. – Behördenvorlagen ergehen in der Form des Bundesbeschlusses (BV 163).

Literaturhinweise: siehe bei BV 34 und 139, vor BV 136 und 192

Art. 195 Inkrafttreten

Die ganz oder teilweise revidierte Bundesverfassung tritt in Kraft, wenn sie von Volk und Ständen angenommen ist.

1 Die Regelung geht auf die Bundesstaatsgründung zurück (BV 1848 Art. 114; BV 1874 Art. 121 i.d.F. vom 29.5.1874 bzw. Art. 123 i.d.F. vom 5.7.1891).

2 Die – was den Fall der Teilrevision angeht: sprachlich verunglückte (vgl. auch betreffend den frz. Text AUBERT, Comm., Art. 195, N 2 f.) – Bestimmung bringt (wie schon die Präambel und BV 142) zum Ausdruck, dass neben dem Volk (Stimmberechtigte) auch die Kantone (Stände) Organe der Verfassungsgebung im Bund sind. Zur daraus resultierenden (gewollten) «Brechung» der demokratischen Gleichheit vgl. N 11 zu BV 142. Für Total- und Partialrevision gelten dieselben Mehrheitserfordernisse.

3 Die Festlegung des Abstimmungstermins (vgl. N 2 zu BV 142) und die verbindliche Feststellung des Abstimmungsergebnisses (sog. Erwahrungsbeschluss; im Bundesblatt zu veröffentlichen) obliegen dem Bundesrat. Dass die Erwahrung erst einige Wochen nach der Abstimmung erfolgt, hindert das sofortige Inkrafttreten nicht (BPR 15).

4 *Zulässigkeit abweichender Regelungen:* Interessanter als die in BV 195 genannte Regel sind die nach gefestigter Staatspraxis (vgl. BPR 15) grundsätzlich zulässigen Abweichungen (vgl. AUBERT, Comm., Art. 195, N 3). Bei Behördenvorlagen hat der Verfassungsgeber in jüngerer Zeit die Inkraftsetzung verschiedentlich an die *Bundesversammlung delegiert:*
   – *Bundesverfassung:* angenommen am 18.4.1999, in Kraft gesetzt per 1.1.2000 (vgl. Ziff. IV. Abs. 2 SchlB; siehe dort N 2);

- *Reform der Justiz:* Der am 12.3.2000 angenommene BB vom 8.10.1999 trat gestaffelt in Kraft: am 1.4.2003 (BV 123 und 191a; AS 2002 3147), am 1.9.2005 (BV 191a Abs. 2 und 3; AS 2005 1475) und am 1.1.2007 (restliche Teile, vgl. AS 2006 3148); zuletzt auf ziemlich verschlungenen Wegen, nämlich in Form eines bedingten, vorerst nicht förmlich publizierten Parlamentsbeschlusses (BB vom 8.3.2005, erwähnt in BBl 2005 2363, vgl. jetzt AS 2006 1059), der das vollständige Inkrafttreten an die Inkraftsetzung der ausführenden Gesetzgebung (BGG) koppelte und somit, ohne gehörige Abstützung im BB vom 8.10.1999 (AS 2002 3148), *de facto* an den Bundesrat weiterdelegierte (vgl. BGG 133 Abs. 2).
- *Reform der Volksrechte:* angenommen am 9.2.2003, teilweise in Kraft seit 1.8.2003 (AS 2003 1953); die Inkraftsetzung der übrigen Bestimmungen steht noch aus und ist mittlerweile fraglich (N 1 zu BV 139a).

Im BB NFA vom 3.10.2003 (angenommen am 28.11.2004, noch nicht in Kraft) wurde die Inkraftsetzung an den *Bundesrat* delegiert. Beim ausführenden FiLaG (SR 613.2), ohne welches der BB NFA sinnvollerweise nicht in Kraft gesetzt werden kann (N 9 zu BV 135), wird das vom Bundesrat zu bestimmende Inkrafttreten an eine «Berücksichtigung» des Stands der interkantonalen Zusammenarbeit mit Lastenausgleich gekoppelt (FiLaG 24 Abs. 3).

5   *Kuriositäten: Keine* aufgeschobene Inkraftsetzung war beim BB vom 16.12.2005 über die Neuordnung der Verfassungsbestimmungen zur Bildung vorgesehen (BBl 2005 7273), mit der eigenartigen Folge, dass zwei Bestimmungen des BB NFA, die mit dem BB «Bildungsverfassung» geändert wurden (BV 48a, 66), Geltung erlangten, lange bevor die «Ursprungsfassung» in Kraft tritt (vgl. N 2 zu BV 48a). Zu den Kuriositäten gehört auch, dass der von Volk und Ständen am 7.3.1993 gutgeheissene Bundesbeschluss «über die Aufhebung des Spielbankenverbots» gar nie in Kraft trat, weil die Ausführungsgesetzgebung erst zum 1.4.2000 bereit war und die Änderung von BV 1874 Art. 35 durch die neue Bundesverfassung «überholt» wurde (vgl. N 1 zu BV 106).

6   Abweichende Anordnungen können auch in *Volksinitiativen* enthalten sein. Ein Beispiel dafür ist die Volksinitiative «für einen arbeitsfreien Bundesfeiertag (1.-August-Initiative)», die vorsah, dass der Bundesrat den einschlägigen Verfassungsartikel (BV 1874 Art. 116bis; heute BV 110 Abs. 3) spätestens drei Jahre nach Annahme in Kraft setzt (BV 1874 ÜB Art. 20 Abs. 1).

Literaturhinweise: siehe vor BV 136 und vor BV 192

2. Kapitel: Übergangsbestimmungen

1. Wie ihre Vorgängerin von 1874 enthält auch die BV 1999 eine ganze Reihe von sog. Übergangsbestimmungen, die sich mit dem Wechsel von der alten zur neuen Ordnung befassen (intertemporales Recht) und meist nur zeitlich begrenzte Wirkungen entfalten. Für die Änderung dieser Bestimmungen ist das Verfahren gemäss BV 192 ff. massgeblich (vgl. das Vorgehen bei BV 196 Ziff. 13 und 14 im Jahr 2004: Fristverlängerung für Steuererhebung).

2. Eine befristete Norm (vgl. z.B. BV 196 Ziff. 6, 7) fällt bei Fristablauf ohne weiteres dahin. Übergangsbestimmungen enthalten allerdings vielfach nicht ziffernmässige Befristungen, sondern Voraussetzungen und Bedingungen, die mit unbestimmten Begriffen operieren (vgl. z.B. Ziff. 12 Abs. 1 «bis der Rechnungsausgleich im Wesentlichen erreicht ist»). Ob eine Norm noch gilt oder bereits hinfällig ist, kann leicht zweifelhaft sein (vgl. z.B. BV 196 Ziff. 10 i.d.F. vom 18.4.1999). Aus Gründen der Rechtssicherheit ist eine förmliche Bereinigung angezeigt. Diese unterbleibt in der Praxis häufig. Von den ursprünglichen Übergangsbestimmungen (BV 196) sind bereits etliche hinfällig geworden (so insb. BV 196 Ziff. 2, 4, 6, 8), ohne dass sich dies in der amtlichen Ausgabe der BV niedergeschlagen hätte. Was gesetzgebungstechnisch nicht befriedigt, kann immerhin didaktische und andere Vorzüge haben (vgl. N 1 zu Ziff. 2, N 1 zu Ziff. 6, N 1 zu Ziff. 8). Das Risiko, dass zwischen BV 195 und BV 197 (nach Annahme der neuen Verfassung beschlossene ÜB) dereinst eine Lücke klaffen könnte, besteht zwar theoretisch, ist jedoch (dank Normen wie Ziff. 13) zurzeit gering.

3. Die notorischen Schwierigkeiten beim (Durch-)Nummerieren der Übergangsbestimmungen (vgl. z.B. die amtliche Fussnote zu BV 1874 Art. 22 ÜB) halten auch unter der BV 1999 an: Mit der Annahme der Volksinitiative «für Lebensmittel aus gentechnikfreier Landwirtschaft (die einen Art. 197 Ziff. 2 als Übergangsbestimmung zu Art. 120 verlangte; gutgeheissen in der Volksabstimmung vom 27.11.2005) erhielt die ein Jahr zuvor im Rahmen des BB NFA als BV 197 Ziff. 2 beschlossene, aber noch nicht in Kraft gesetzte Übergangsbestimmung zu BV 62 (Schulwesen) unerwartet Konkurrenz. Die Bestimmung zur Gentechnik wird jetzt als BV 197 Ziff. 7 geführt (vgl. AS 2006 89), da die Ziff. 2–6 [recte 2–5] «reserviert» seien für die ÜB im Rahmen des BB NFA (so die Fussnote zu BV 197 Ziff. 7 in der SR, Stand August 2006). Nach Inkrafttreten des BB NFA droht somit in BV 197 eine (NFA- und gentechnikfreie) Lücke zwischen Ziff. 5 und Ziff. 7.

Art. 196[1] Übergangsbestimmungen gemäss Bundesbeschluss vom 18. Dezember 1998 über eine neue Bundesverfassung

1. Übergangsbestimmung zu Art. 84 (Alpenquerender Transitverkehr)

Die Verlagerung des Gütertransitverkehrs auf die Schiene muss zehn Jahre nach der Annahme der Volksinitiative zum Schutz des Alpengebietes vor dem Transitverkehr abgeschlossen sein.

1 Die Frist lief am 20.2.2004 ab. Vgl. N 6 zu BV 84.

2. Übergangsbestimmung zu Art. 85 (Pauschale Schwerverkehrsabgabe)

[1] Der Bund erhebt für die Benützung der dem allgemeinen Verkehr geöffneten Strassen auf in- und ausländischen Motorfahrzeugen und Anhängern mit einem Gesamtgewicht von je über 3,5 t eine jährliche Abgabe.

[2] Diese Abgabe beträgt:

		Fr.
a.	für Lastwagen und Sattelmotorfahrzeuge von	
	– über 3,5 bis 12 t	650
	– über 12 bis 18 t	2000
	– über 18 bis 26 t	3000
	– über 26 t	4000
b.	für Anhänger von	
	– über 3,5 bis 8 t	650
	– über 8 bis 10 t	1500
	– von über 10 t	2000
c.	für Gesellschaftswagen	650

[3] Die Abgabesätze können in der Form eines Bundesgesetzes angepasst werden, sofern die Strassenverkehrskosten dies rechtfertigen.

[4] Ausserdem kann der Bundesrat die Tarifkategorie ab 12 t nach Absatz 2 auf dem Verordnungsweg an allfällige Änderungen der Gewichtskategorien im Strassenverkehrsgesetz vom 19. Dezember 1958[2] anpassen.

[5] Der Bundesrat bestimmt für Fahrzeuge, die nicht das ganze Jahr in der Schweiz im Verkehr stehen, entsprechend abgestufte Abgabesätze; er berücksichtigt den Erhebungsaufwand.

1 [Neuer Titel] Angenommen in der Volksabstimmung vom 3. März 2002 (BB vom 5. Okt. 2001, BRB vom 26. April 2002 – AS 2002 885; BBl 2000 2453, 2001 1183 5731, 2002 3690).
2 SR 741.01.

⁶ Der Bundesrat regelt den Vollzug. Er kann für besondere Fahrzeugkategorien die Ansätze im Sinne von Absatz 2 festlegen, bestimmte Fahrzeuge von der Abgabe befreien und Sonderregelungen treffen, insbesondere für Fahrten im Grenzbereich. Dadurch dürfen im Ausland immatrikulierte Fahrzeuge nicht besser gestellt werden als schweizerische. Der Bundesrat kann für Übertretungen Bussen vorsehen. Die Kantone ziehen die Abgabe für die im Inland immatrikulierten Fahrzeuge ein.

⁷ Auf dem Weg der Gesetzgebung kann ganz oder teilweise auf diese Abgabe verzichtet werden.

⁸ Diese Bestimmung gilt bis zum Inkrafttreten des Schwerverkehrsabgabegesetzes vom 19. Dezember 1997.

1   Mit dem Inkrafttreten des Bundesgesetzes vom 19.12.1997 über eine leistungsabhängige Schwerverkehrsabgabe (SVAG; SR 641.81) per 1.1.2001 wurde BV 196 Ziffer 2 hinfällig (vgl. Abs. 8 sowie N 1 zu BV 85). Dass die Bestimmung weiterhin in der SR figuriert, hat (didaktisch) den «Vorzug», dass einige verfassungsrechtliche Anomalien dokumentiert bleiben: erleichtertes Verfassungsänderungsverfahren (Abs. 3); unbeschwerter Umgang des Verfassungsgebers mit dem Gesetzmässigkeitsprinzip (insb. Abs. 4 und Abs. 6).

3. Übergangsbestimmung zu Art. 87 (Eisenbahnen und weitere Verkehrsträger)

¹ Die Eisenbahngrossprojekte umfassen die Neue Eisenbahn-Alpentransversale (NEAT), BAHN 2000, den Anschluss der Ost- und Westschweiz an das europäische Eisenbahn-Hochleistungsnetz sowie die Verbesserung des Lärmschutzes entlang der Eisenbahnstrecken durch aktive und passive Massnahmen.

² Der Bundesrat kann zur Finanzierung der Eisenbahngrossprojekte:

a. den vollen Ertrag der pauschalen Schwerverkehrsabgabe nach Artikel 196 Ziffer 2 bis zur Inkraftsetzung der leistungs- oder verbrauchsabhängigen Schwerverkehrsabgabe nach Artikel 85 verwenden und dafür die Abgabesätze bis um höchstens 100 Prozent erhöhen;
b. höchstens zwei Drittel des Ertrags der leistungs- oder verbrauchsabhängigen Schwerverkehrsabgabe nach Artikel 85 verwenden;
c. Mineralölsteuermittel nach Artikel 86 Absatz 3 Buchstabe b verwenden, um 25 Prozent der Gesamtaufwendungen für die Basislinien der NEAT zu decken;
d. Mittel auf dem Kapitalmarkt aufnehmen, höchstens aber 25 Prozent der Gesamtaufwendungen für die NEAT, BAHN 2000 und den Anschluss der Ost- und Westschweiz an das europäische Eisenbahn-Hochleistungsnetz;

e.¹ die in Artikel 130 Absätze 1–3 festgelegten Sätze der Mehrwertsteuer um 0,1 Prozentpunkt erhöhen;

f. eine ergänzende Finanzierung durch Private oder durch internationale Organisationen vorsehen.

³ Die Finanzierung der Eisenbahngrossprojekte gemäss Absatz 1 erfolgt über einen rechtlich unselbständigen Fonds mit eigener Rechnung. Die Mittel aus den in Absatz 2 erwähnten Abgaben und Steuern werden über die Finanzrechnung des Bundes verbucht und im gleichen Jahr in den Fonds eingelegt. Der Bund kann dem Fonds Vorschüsse gewähren. Die Bundesversammlung erlässt das Fondsreglement in der Form einer Verordnung.

⁴ Die vier Eisenbahngrossprojekte gemäss Absatz 1 werden in der Form von Bundesgesetzen beschlossen. Für jedes Grossprojekt als Ganzes sind Bedarf und Ausführungsreife nachzuweisen. Beim NEAT-Projekt bilden die einzelnen Bauphasen Bestandteil des Bundesgesetzes. Die Bundesversammlung bewilligt die erforderlichen Mittel mit Verpflichtungskrediten. Der Bundesrat genehmigt die Bauetappen und bestimmt den Zeitplan.

⁵ Diese Bestimmung gilt bis zum Abschluss der Bauarbeiten und der Finanzierung (Rückzahlung der Bevorschussung) der in Absatz 1 erwähnten Eisenbahngrossprojekte.

1 Die im Vergleich zum Antrag des Bundesrates erheblich veränderte (vgl. AUBERT, Comm., Art. 87, N 11) Bestimmung geht auf das Jahr 1998 zurück (BV 1874 ÜB Art. 24, vorübergehend als Art. 23 gezählt, angenommen in der Volksabstimmung vom 29.11.1998); sie wurde in letzter Minute (kurz vor der Schlussabstimmung) in den Text der neuen BV integriert. – Eine Regelung auf Verfassungsstufe ist erforderlich, um bei der Finanzierung der vier (zum Teil schon in den 1980er Jahren beschlossenen) Eisenbahngrossprojekte (vgl. N 4) von bestimmten Verfassungsvorgaben (insb. BV 85, BV 130) vorübergehend (Abs. 5) abweichen zu können.

2 *Abs. 2: Bst. a* ist obsolet (vgl. N 1 zu BV 85).– *Bst. b und c* bilden die Grundlage für einen Transfer von Strassengeldern im Umfang von mehreren hundert Millionen Franken jährlich (vgl. N 7 zu BV 85, N 10 zu BV 86). Ein Finanztransfer dieses Ausmasses zum öffentlichen Verkehr wäre vor zwanzig Jahren noch undenkbar gewesen (vgl. AUBERT, Comm., Art. 87, N 15). Zum Infrastrukturfondsgesetz vom 6.10.2006 (IFG; Referendumsvorlage, BBl 2006 8433) vgl. N 11 zu BV 86.

3 *Abs. 3:* Das Fondsreglement erging in der Form einer verfassungsunmittelbaren, nicht dem Referendum unterstehenden Parlamentsverordnung (BB vom 9.10.1998; SR 742.140).

4 *Abs. 4:* Für die gesetzliche Regelung der einzelnen Projekte vgl. BG (früher BB) vom 19.12.1986 betreffend das Konzept BAHN 2000 (SR 742.100); BB vom 4.10.1991 über den Bau der schweizerischen Eisenbahn-Alpentransversale (Alpentransit-Beschluss; SR 742.104);

---

1 Angenommen in der Volksabstimmung vom 28. Nov. 2004, in Kraft seit 1. Jan. 2007 (BB vom 19. März 2004, BRB vom 26. Jan. 2005, BRB vom 2. Febr. 2006, – AS 2006 1057 1058; BBl 2003 1531, 2004 1363, 2005 951).

BG vom 24.3.2000 über die Lärmsanierung der Eisenbahnen (SR 742.144); BG vom 18. März 2005 über den Anschluss der Ost- und der Westschweiz an das europäische Eisenbahn-Hochleistungsnetz (HGV-Anschluss-Gesetz, HGVAnG; SR 742.140.3).

5 Gemäss Art. 3 des BG betreffend das Konzept BAHN 2000 (SR 742.100; i.d.F. vom 17.6.2005) hat der Bundesrat 2007 eine Vorlage für eine Gesamtschau über die weitere Entwicklung der Eisenbahngrossprojekte und deren Finanzierung vorzulegen.

4. Übergangsbestimmung zu Art. 90 (Kernenergie)

Bis zum 23. September 2000 werden keine Rahmen-, Bau-, Inbetriebnahme- oder Betriebsbewilligungen für neue Einrichtungen zur Erzeugung von Kernenergie erteilt.

1 Die Bestimmung ist durch Zeitablauf obsolet geworden (N 6 zu BV 90).

5. Übergangsbestimmung zu Art. 95 (Privatwirtschaftliche Erwerbstätigkeit)

Bis zum Erlass einer Bundesgesetzgebung sind die Kantone zur gegenseitigen Anerkennung von Ausbildungsabschlüssen verpflichtet.

1 Ziff. 5 gewährleistet (wie schon BV 1874 ÜB Art. 5) *ein verfassungsmässiges Recht* (BGE 130 I 26, 57; JACOBS, SG-Komm., Art. 95, N 22). Nach BGE 130 I 26, 58 wird «nicht nur die Anerkennung von Diplomen garantiert, sondern in allgemeiner Weise der gleiche Zugang zur Berufsausübung und das Verbot einer übermässigen, sachlich ungerechtfertigten Erschwerung der Berufsausübung, wie sie sich aus unterschiedlichen kantonalen Regelungen ergibt». Da eine direkte Berufung auf den nicht bloss als Gesetzgebungsauftrag formulierten BV 95 Abs. 2 Satz 2 möglich sein müsste, wird Ziff. 5 wohl kaum grosse Bedeutung erlangen (vgl. auch AUBERT, Comm., Art. 95, N 12).

6. Übergangsbestimmung zu Art. 102 (Landesversorgung)

¹ Der Bund stellt die Versorgung des Landes mit Brotgetreide und Backmehl sicher.
² Diese Übergangsbestimmung bleibt längstens bis zum 31. Dezember 2003 in Kraft.

1 Die Bestimmung ist schon vor Fristablauf *hinfällig* geworden zufolge Aufhebung des Getreidegesetzes per 1.7.2001 (verbunden mit der Integration der Brotgetreidelagerhaltung in das LVG; vgl. BG vom 24.3.2000, AS 2001 1539; vgl. auch N 7 zu BV 102). Die (vorläufige) Beibehaltung von Ziff. 6 in der SR kann als (späte) Reminiszenz an die lange Geschichte der schweizerischen Brotgetreidepolitik verstanden werden (zu dieser vgl. PIERRE MOOR, Agriculture, Lausanne 1985, 65 ff.; AUBERT, Komm. aBV, Art. 23bis, N 1 ff.).

7. Übergangsbestimmung zu Art. 103 (Strukturpolitik)

Die Kantone können während längstens zehn Jahren ab Inkrafttreten der Verfassung bestehende Regelungen beibehalten, welche zur Sicherung der Existenz bedeutender Teile eines bestimmten Zweigs des Gastgewerbes die Eröffnung von Betrieben vom Bedürfnis abhängig machen.

1   Die Ermächtigung, vom Grundsatz der Wirtschaftsfreiheit (Art. 94 Abs. 1 BV) abzuweichen, d.h. wettbewerbsverzerrende Massnahmen zu treffen, ist bis Ende 2009 befristet (vgl. auch N 8 zu BV 103). Sie gilt nur für die wenigen Kantone (vgl. GPK-N, Bericht vom 27.6.2000, BBl 2000 6043), die das zuvor in BV 1874 Art. 31ter Abs.1 verankerte Instrument beim Inkrafttreten der neuen Bundesverfassung *bereits kannten*. Die Neu- oder Wiedereinführung ist nicht zulässig. Die Ermächtigung gilt nur zur Verfolgung der ausdrücklich genannten Zwecke und erlaubt nur die Fortführung eines bestimmten Instruments (strukturpolitisch motivierte Bedürfnisklausel). – Eine andere Frage ist, ob es weiterhin zulässig ist, *gesundheitspolitisch* motivierte Bedürfnisklauseln vorzusehen, wie sie im Rahmen von BV 1874 Art. 32quater für alkoholführende Gaststätten als zulässig galten (vgl. RHINOW/SCHMID/BIAGGINI, 597 ff.). – Im einen wie im anderen Fall sind die Anforderungen gemäss BV 36 (insb. gesetzliche Grundlage, Verhältnismässigkeit) zu beachten.

8. Übergangsbestimmung zu Art. 106 (Glücksspiele)

¹ Artikel 106 tritt mit dem Inkrafttreten eines neuen Bundesgesetzes über Glücksspiele und Spielbanken in Kraft.

² Bis zu diesem Zeitpunkt gelten die nachfolgenden Bestimmungen:

a. Die Errichtung und der Betrieb von Spielbanken sind verboten.
b. Die Kantonsregierungen können unter den vom öffentlichen Wohl geforderten Beschränkungen den Betrieb der bis zum Frühjahr 1925 in den Kursälen üblich gewesenen Unterhaltungsspiele gestatten, sofern ein solcher Betrieb nach dem Ermessen der Bewilligungsbehörde zur Erhaltung oder zur Förderung des Fremdenverkehrs als notwendig erscheint und durch eine Kursaalunternehmung geschieht, welche diesem Zweck dient. Die Kantone können auch Spiele dieser Art verbieten.
c. Über die vom öffentlichen Wohl geforderten Beschränkungen wird der Bundesrat eine Verordnung erlassen. Der Einsatz darf 5 Franken nicht übersteigen.
d. Jede kantonale Bewilligung unterliegt der bundesrätlichen Genehmigung.
e. Ein Viertel der Roheinnahmen aus dem Spielbetrieb ist dem Bund abzuliefern, der diesen Anteil ohne Anrechnung auf seine eigenen Leistungen den Opfern von Elementarschäden sowie gemeinnützigen Fürsorgeeinrichtungen zuwenden soll.
f. Der Bund kann auch in Beziehung auf die Lotterien geeignete Massnahmen treffen.

1 Die Übergangsbestimmung wurde mit dem Inkrafttreten des Spielbankengesetzes (SBG; SR 935.52) am 1. April 2000 *hinfällig*. Die Fortführung von Ziffer 8 in der SR hält die Erinnerung an die lange Zeit der Prohibition und der sog. Kursaalspiele (Einsatz maximal 5 Franken) wach (vgl. N 1 zu BV 106).

9. Übergangsbestimmung zu Art. 110 Abs. 3 (Bundesfeiertag)

[1] Bis zum Inkrafttreten der geänderten Bundesgesetzgebung regelt der Bundesrat die Einzelheiten.

[2] Der Bundesfeiertag wird der Zahl der Feiertage nach Artikel 18 Absatz 2 des Arbeitsgesetzes[1] nicht angerechnet.

1 Der Gesetzgebungsauftrag (Abs. 1) ist noch immer nicht vollumfänglich erfüllt, weshalb die provisorische Ordnung gemäss Verordnung vom 30.5.1994 über den Bundesfeiertag (SR 116) nach wie vor in Kraft ist. Vgl. (zu Abs. 2) nun immerhin ArG 20a (i.d.F. vom 20.3.1998, in Kraft seit 1.8.2000; der Verweis in BV 196 Ziff. 9 Abs. 2 ist nicht mehr korrekt). Vgl. im Übrigen N 14 zu BV 110.

10. Übergangsbestimmung zu Art. 112[2] (Alters-, Hinterlassenen- und Invalidenversicherung)

Solange die eidgenössische Alters-, Hinterlassenen- und Invalidenversicherung den Existenzbedarf nicht deckt, richtet der Bund den Kantonen Beiträge an die Finanzierung von Ergänzungsleistungen aus.

1 Die Regelung wird im Rahmen des BB NFA auf eine dauerhafte Grundlage gestellt (BV 112a, noch nicht in Kraft). BV 196 Ziff. 10 wird aufgehoben.

11. Übergangsbestimmung zu Art. 113 (Berufliche Vorsorge)

Versicherte, die zur Eintrittsgeneration gehören und deswegen nicht über die volle Beitragszeit verfügen, sollen je nach Höhe ihres Einkommens innert 10 bis 20 Jahren nach Inkrafttreten des Gesetzes den gesetzlich vorgeschriebenen Mindestschutz erhalten.

1 Vgl. N 6 zu BV 113.

---

1 SR 822.11.
2 Aufhebung beschlossen in der Volksabstimmung vom 28. Nov. 2004 (BB vom 3. Okt. 2003, BRB vom 26. Jan. 2005 – BBl 2002 2291, 2003 6591, 2005 951). – Der Bundesrat bestimmt das Inkrafttreten.

12. Übergangsbestimmung zu Art. 126¹ (Haushaltführung)

¹ Die Ausgabenüberschüsse in der Finanzrechnung des Bundes sind durch Einsparungen zu verringern, bis der Rechnungsausgleich im Wesentlichen erreicht ist.

² Der Ausgabenüberschuss darf im Rechnungsjahr 1999 5 Milliarden Franken und im Rechnungsjahr 2000 2,5 Milliarden Franken nicht überschreiten; im Rechnungsjahr 2001 muss er auf höchstens 2 Prozent der Einnahmen abgebaut sein.

³ Wenn es die Wirtschaftslage erfordert, kann die Mehrheit der Mitglieder beider Räte die Fristen nach Absatz 2 durch eine Verordnung um insgesamt höchstens zwei Jahre erstrecken.

⁴ Bundesversammlung und Bundesrat berücksichtigen die Vorgaben nach Absatz 2 bei der Erstellung des Voranschlags und des mehrjährigen Finanzplans sowie bei der Behandlung aller Vorlagen mit finanziellen Auswirkungen.

⁵ Der Bundesrat nutzt beim Vollzug des Voranschlags die sich bietenden Sparmöglichkeiten. Dazu kann er bereits bewilligte Verpflichtungs- und Zahlungskredite sperren. Gesetzliche Ansprüche und im Einzelfall rechtskräftig zugesicherte Leistungen bleiben vorbehalten.

⁶ Werden die Vorgaben nach Absatz 2 verfehlt, so legt der Bundesrat fest, welcher Betrag zusätzlich eingespart werden muss. Zu diesem Zweck:

a. beschliesst er zusätzliche Einsparungen in seiner Zuständigkeit;
b. beantragt er der Bundesversammlung die für zusätzliche Einsparungen notwendigen Änderungen von Gesetzen.

⁷ Der Bundesrat bemisst den Gesamtbetrag der zusätzlichen Einsparungen so, dass die Vorgaben mit höchstens zweijähriger Verspätung erreicht werden können. Die Einsparungen sollen sowohl bei den Leistungen an Dritte als auch im bundeseigenen Bereich vorgenommen werden.

⁸ Die eidgenössischen Räte beschliessen über die Anträge des Bundesrates in derselben Session und setzen ihren Erlass nach Artikel 165 der Verfassung in Kraft; sie sind an den Betrag der Sparvorhaben des Bundesrates nach Absatz 6 gebunden.

⁹ Übersteigt der Ausgabenüberschuss in einem späteren Rechnungsjahr erneut 2 Prozent der Einnahmen, so ist er im jeweils folgenden Rechnungsjahr auf diesen Zielwert abzubauen. Wenn die Wirtschaftslage es erfordert, kann die Bundesversammlung die Frist durch eine Verordnung um höchstens zwei Jahre erstrecken. Im Übrigen richtet sich das Vorgehen nach den Absätzen 4–8.

¹⁰ Diese Bestimmung gilt so lange, bis sie durch verfassungsrechtliche Massnahmen zur Defizit- und Verschuldensbegrenzung abgelöst wird.

---

1   Es handelt sich um Art. 126 in der Fassung vom 18. April 1999.

1   Mit der am 2.12.2001 angenommenen Revision von BV 126 (siehe dort) dürfte die in Abs. 10 aufgestellte Bedingung erfüllt und die auf das Jahr 1998 zurückgehende Regelung (BV 196 Ziff. 12; BV 1874 ÜB Art. 23, sog. «Haushaltsziel 2001», vgl. BBl 1997 IV 203) hinfällig geworden sein.

13. Übergangsbestimmung zu Art. 128[1] (Dauer der Steuererhebung)

Die Befugnis zur Erhebung der direkten Bundessteuer ist bis Ende 2020 befristet.

1   Das ursprüngliche Ultimatum (Ziff. 13 Abs. 4 i.d.F. vom 18.4.1999) – Auslaufen per Ende 2006 – wurde von Volk und Ständen am 28.11.2004 verlängert (in Kraft seit 1.1.2007). Da BV 128 (mit Blick auf die Aufzählung in BV 128 Abs. 1) im Plural von «direkten Bundessteuern» spricht, müsste dies konsequenterweise auch in BV 196 Ziff. 13 geschehen.

2   Wenn die Geltungsdauer von Ziff. 13 abläuft, ohne dass rechtzeitig eine Verlängerung beschlossen wird, wird auch BV 128 hinfällig – und nicht etwa nur die Befristung (!), wie man im Parlament anlässlich der Beratungen zur neuen Bundesverfassung vereinzelt angenommen hat (AB SD 1998 N 346).

14. Übergangsbestimmung zu Art. 130[2] (Dauer der Steuererhebung)

Die Befugnis zur Erhebung der Mehrwertsteuer ist bis Ende 2020 befristet.

1   Das ursprüngliche Ultimatum (Ziff. 14 Abs. 4 i.d.F. vom 18.4.1999) – Auslaufen per Ende 2006 – wurde von Volk und Ständen am 28.11.2004 verlängert (in Kraft seit 1.1.2007). – Vgl. auch N 2 zu BV 196 Ziff. 13.

2   Mit der Aufhebung der ursprünglichen Fassung von Ziff. 14 verschwanden aus der Verfassungsurkunde so klangvolle Begriffe wie Vieh, Geflügel, Setzknollen und -zwiebeln, Stecklinge, Zeitschriften, Zeitungen, Bücher, Gewinnstreben, Wettbewerbsneutralität, Inkassogeschäft, Sozialfürsorge, Feingold, Kapitalverkehr, Vorsteuerabzug, Steuerhinterziehung und Steuergefährdung, ja ganze Berufsgruppen wie die Forstwirte, Gärtner, Kunstmaler und Bildhauer. – Das in der ursprünglichen Ziff. 14 in Aussicht gestellte Mehrwertsteuergesetz wurde am 2.9.1999 verabschiedet (MWSTG; SR 641.20) und trat am 1.1.2001 in Kraft. Auf diesen Zeitpunkt hin wurde der frühere Ziff. 14 Abs. 1 hinfällig. Der Bundesgesetzgeber war formell *nicht* an die Vorgaben der früheren Ziff. 14 gebunden, berücksichtigte diese aber im Allgemeinen (vgl. VALLENDER, SG-Komm., Art. 130, N 5).

---

1   Angenommen in der Volksabstimmung vom 28. Nov. 2004, in Kraft seit 1. Jan. 2007 (BB vom 19. März 2004, BRB vom 26. Jan. 2005, BRB vom 2. Febr. 2006, – AS 2006 1057 1058; BBl 2003 1531, 2004 1363, 2005 951).

2   Angenommen in der Volksabstimmung vom 28. Nov. 2004, in Kraft seit 1. Jan. 2007 (BB vom 19. März 2004, BRB vom 26. Jan. 2005, BRB vom 2. Febr. 2006, – AS 2006 1057 1058; BBl 2003 1531, 2004 1363, 2005 951).

15. Übergangsbestimmung zu Art. 131 (Biersteuer)

Die Biersteuer wird bis zum Erlass eines Bundesgesetzes nach dem bisherigen Recht erhoben.

1 Auf den Erlass des Biersteuergesetzes mussten die (referendumsfähigen) Liebhaber des Biers bis zum 6.10.2006 warten (in Kraft seit 1.7.2007, SR 641.411; N 2 zu BV 131).

16. Übergangsbestimmung zu Art. 132[1] (Kantonsanteil an der Verrechnungssteuer)

Bis zur Neuordnung des Finanzausgleichs unter den Kantonen beträgt der Kantonsanteil am Ertrag der Verrechnungssteuer 12 Prozent. Liegt der Satz der Verrechnungssteuer über 30 Prozent, so beträgt der Kantonsanteil 10 Prozent.

1 Die am 28.11.2004 (im Rahmen des BB NFA) beschlossene Aufhebung von BV 196 Ziff. 16 ist die Konsequenz der gleichzeitig beschlossenen Änderung von BV 132 Abs. 2 (Kantonsanteil: 10%; siehe dort N 10).

Art. 197[2] Übergangsbestimmungen nach Annahme der Bundesverfassung vom 18. April 1999

1. Beitritt der Schweiz zur UNO[3]

1 Die Schweiz tritt der Organisation der Vereinten Nationen bei.

2 Der Bundesrat wird ermächtigt, an den Generalsekretär der Organisation der Vereinten Nationen (UNO) ein Gesuch der Schweiz um Aufnahme in diese Organisation und eine Erklärung zur Erfüllung der in der UN-Charta[4] enthaltenen Verpflichtungen zu richten.

1 Die Bestimmung geht auf die im März 2000 eingereichte Volksinitiative «für den Beitritt der Schweiz zur Organisation der Vereinten Nationen (UNO)» zurück (BV 1874 ÜB Art. 24), die von der Bundesversammlung zur Annahme empfohlen wurde und in der Volksabstimmung vom 3.3.2002, bei deutlichem Volksmehr (54,6% Ja), die Hürde des Ständemehrs knapp überwand (12:11). – Am 16.3.1986 hatten Volk und Stände den UNO-Beitritt in einer (obli-

---

1 Aufhebung beschlossen in der Volksabstimmung vom 28. Nov. 2004 (BB vom 3. Okt. 2003, BRB vom 26. Jan. 2005 – BBl 2002 2291, 2003 6591, 2005 951). – Der Bundesrat bestimmt das Inkrafttreten.
2 Angenommen in der Volksabstimmung vom 3. März 2002 (BB vom 5. Okt. 2001, BRB vom 26. April 2002 – AS 2002 885; BBl 2000 2453, 2001 1183 5731, 2002 3690).
3 Angenommen in der Volksabstimmung vom 3. März 2002 (BB vom 5. Okt. 2001, BRB vom 26. April 2002 – AS 2002 885; BBl 2000 2453, 2001 1183 5731, 2002 3690).
4 SR 0.120.

gatorischen) Referendumsabstimmung (BV 1874 Art. 89 Abs. 5; heute BV 140) noch sehr deutlich verworfen (24,3% Ja; keine Ständestimme).

Beitritt zur UNO (Abs. 1)

2   *UNO:* Die United Nations Organization (UNO) wurde 1945 unter Führung der Siegermächte des Zweiten Weltkriegs in San Francisco gegründet. In der 111 Artikel umfassenden (Gründungs-)Charta vom 26. Juni 1945 (frz. Originalversion und dt. Übersetzung je unter SR 0.120) setzt sich die UNO (u.a.) zum Ziel, «künftige Geschlechter vor der Geissel des Krieges zu bewahren», den «Glauben an die Grundrechte des Menschen, an Würde und Wert der menschlichen Persönlichkeit, an die Gleichberechtigung von Mann und Frau sowie von allen Nationen, ob gross oder klein, erneut zu bekräftigen» (Präambel) und «den Weltfrieden und die internationale Sicherheit zu wahren» (Art. 1 Ziff. 1 der Charta). Die UNO beruht gemäss Art. 2 der Charta «auf dem Grundsatz der souveränen Gleichheit aller ihrer Mitglieder». Sie verpflichtet die Mitglieder, ihre internationalen Streitigkeiten durch friedliche Mittel so beizulegen, dass der Weltfriede, die internationale Sicherheit und die Gerechtigkeit nicht gefährdet werden. Zu den zentralen Verpflichtungen gehört das *Gewaltverbot* gemäss Art. 2 Ziff. 4 der Charta.

3   *Mitgliederkreis:* Die UNO umfasste zunächst rund 50 Mitgliedstaaten. Nach verschiedenen Wachstumsphasen (insb. Mitte der 1950er, Mitte der 1960er sowie erste Hälfte der 1990er Jahre, u.a. Liechtenstein, 1990) handelt es sich heute um *die* weltumspannende internationale Organisation schlechthin. Sie zählt, nach der Aufnahme Montenegros (2006), 192 Mitglieder. Die Schweiz wurde – nach Tuvalu (2000), aber vor Ost-Timor (2002) – als 190. Mitglied aufgenommen. Sie hatte zuvor (wie heute noch der Vatikan) den Status eines Beobachters, beteiligte sich aber bereits an vielen Aktivitäten der UNO, insb. in den Sonderorganisationen.

4   *Beitrittsvoraussetzungen und -verfahren* (Art. 4 der Charta): Mitglied können alle «friedliebenden Staaten werden, welche die Verpflichtungen aus dieser Charta übernehmen und […] fähig und willens sind, diese Verpflichtungen zu erfüllen». Die Aufnahme erfolgt auf Empfehlung des Sicherheitsrats durch Beschluss der Generalversammlung. Die Annahme von BV 197 Ziff. 1 Abs. 1 allein vermochte den Beitritt nicht herbeizuführen. Dieser wurde erst ein gutes halbes Jahr nach der Volksabstimmung mit dem (im Konsens ergangenen) Beschluss der Generalversammlung vom 10.9.2002 perfekt.

Der Weg zum Beitritt (Abs. 2)

5   Der eingeschlagene Weg – BV-Teilrevision per Volksinitiative (obwohl Bundesrat und Bundesversammlung den Beitritt seit Längerem befürworteten) – ist nicht nur unorthodox, sondern hat(te) auch rechtliche Implikationen:

– Der Beitritt erfolgte im Wesentlichen unter Ausschaltung der Bundesversammlung, die lediglich die bei Volksinitiativen übliche Abstimmungsempfehlung auszusprechen hatte (BB vom 5.10.2001, Art. 2, AS 2002 885). Reichlich merkwürdig nimmt sich daher die Abstützung dieses BB auf BV 173 Abs. 1 Bst. a und 185 Art. 1 aus (nebst BV 139 und Ziff. III SchlB), nicht minder merkwürdig ist der einleitende Hinweis in SR 0.120, wonach die UNO-Charta von der Bundesversammlung am 5.10.2001 «genehmigt» worden sei.

- Bei der (an Genehmigungsbeschlüsse erinnernden) «Ermächtigung» des Bundesrates (Abs. 2) handelt es sich in Tat und Wahrheit (vgl. Abs. 1) um einen verpflichtenden Auftrag (vgl. AUBERT, Comm., Art. 197, N 14).

- Ungeachtet der «technisch» bedingten Platzierung in den Übergangsbestimmungen, auferlegt BV 197 der Schweiz die fortdauernde verfassungsrechtliche Verpflichtung, Mitglied der UNO zu sein. Ein (heute eher hypothetischer) *Austritt* würde eine Verfassungsänderung, d.h. ein obligatorisches Referendum bedingen (a.M. THÜRER/BAUR, SG-Komm., Art. 197, N 16 ff.; AUBERT, Comm., Art. 197, N 12, 16), was im Fall eines Vorgehens gemäss BV 140 (Behördenvorlage) keineswegs selbstverständlich wäre (vgl. N 7 zu BV 140; THÜRER, SG-Komm., Art. 140, N 19).

6 *Beitrittsgesuch* (Wortlaut unter SR 0.120, Anhang, auch abgedruckt in BIAGGINI/EHRENZELLER, Nr. 5): Ungeachtet des Wortlauts von BV 197 Ziff. 1 («Schweiz») reichte der Bundesrat das Beitrittsgesuch (richtigerweise) im Namen der *Schweizerischen Eidgenossenschaft* ein. Das an Generalsekretär Kofi Annan gerichtete kurze Schreiben vom 20.6.2002 enthält:

- die *Erklärung*, dass die Schweiz die *Verpflichtungen* gemäss Charta anerkennt (vgl. auch BV 2, 54 Abs. 2) und zu erfüllen willens ist, sowie

- die sog. *Neutralitätserklärung* (die durch BV 173 und 185 getragen wird, indes durch BV 197 nicht verlangt wird): Das Schreiben ruft in Erinnerung, dass der Status der Schweiz als neutraler Staat im Völkerrecht verankert sei und dass aus Sicht der UNO die Neutralität eines Mitgliedstaats mit den Charta-Verpflichtungen vereinbar sei. Darauf folgt die Erklärung, dass die Schweiz auch als UNO-Mitglied neutral bleibe. – Da das klassische Neutralitätsrecht nach herrschender Auffassung nur auf zwischenstaatliche Konflikte Anwendung findet (vgl. THÜRER/BAUR, SG-Komm., Art. 197, N 32), stellt die Neutralitätserklärung das von der Charta geforderte Mittragen von UNO-Zwangsmassnahmen nicht in Frage.

7 *Folgen:* Die Schweiz war schon vor dem UNO-Beitritt Mitglied zahlreicher (Spezial- oder) Sonderorganisationen (wie ILO, FAO, WHO; vgl. SR 0.192.012), Vertragsstaat verschiedener im Schoss der UNO entstandener Abkommen (z.B. UNO-Menschenrechtspakte von 1966) und im Umfang von zuletzt rund 500 Mio. Franken/Jahr finanziell engagiert. Auch sah sich die Schweiz schon vor dem Beitritt veranlasst, vom UNO-Sicherheitsrat verhängte Sanktionen zu übernehmen, seit 1990 ausnahmslos (z.B. in Bezug auf Irak, Libyen; vgl. N 15 zu BV 184). Die «Vollmitgliedschaft» brachte, neben einer förmlichen Einbindung in die Verpflichtungen der Charta, zusätzliche Mitwirkungsrechte sowie eine (bescheidene) finanzielle Mehrbelastung mit sich (bei einem Beitragssatz von zunächst 1,274%, seit 2004 1,197 %: rund 80 Mio. Franken/Jahr; vgl. BBl 2006 5689). Der Beitritt setzte dem eigenartigen Zustand ein Ende, dass der zweite, europäische Sitz der UNO, errichtet 1946 in Genf («UNOG»; vgl. Abkommen vom 11.6./1.7.1946, SR 0.192.120.1), sich in einem Nichtmitgliedstaat befand. Damit nicht gleich alle Kuriosa ein Ende haben, wurde am 10.9.2002 am East River eine Flagge im altbewährten Schweizer Format aufgezogen, das sich vom internationalen Standard sichtlich abhebt.

8 Zu Positionen und Aktivitäten der Schweiz vgl. zuletzt den bundesrätlichen Bericht «über das Verhältnis der Schweiz zur UNO und zu den internationalen Organisationen mit Sitz in der Schweiz» (vom 31.5.2006; BBl 2006 5639). Die Schweiz engagierte sich u.a. stark für den (mit Resolution vom 15.3.2006 geschaffenen) neuen UNO-Menschenrechtsrat mit Sitz in Genf.

Literaturhinweise

HOTTELIER MICHEL, L'adhésion de la Suisse à l'Organisation des Nations Unies: aspects constitutionnels, Revue française de droit constitutionnel 2002, 485 ff.; SIMMA BRUNO (ed.), The Charter of the United Nations. A Commentary, Oxford etc. 1995; THÜRER DANIEL, Die Schweiz und die Vereinten Nationen, in: Riklin et al, 307 ff. – BUNDESRAT, Bericht 2006 über das Verhältnis der Schweiz zur UNO und zu den internationalen Organisationen mit Sitz in der Schweiz vom 31.5.2006, BBl 2006 5639; Botschaft vom 21.12.1981 über den Beitritt der Schweiz zur Organisation der Vereinten Nationen, BBl 1982 I 497; Botschaft vom 4.12.2000 über die Volksinitiative «Für den Beitritt der Schweiz zur Organisation der Vereinten Nationen (UNO)», BBl 2001 1183.

[2. Übergangsbestimmung zu Art. 62[1] (Schulwesen)]

Die Kantone übernehmen ab Inkrafttreten des Bundesbeschlusses vom 3. Oktober 2003[2] zur Neugestaltung des Finanzausgleichs und der Aufgabenteilung zwischen Bund und Kantonen die bisherigen Leistungen der Invalidenversicherung an die Sonderschulung (einschliesslich der heilpädagogischen Früherziehung gemäss Art. 19 des Bundesgesetzes vom 19. Juni 1959[3] über die Invalidenversicherung), bis sie über kantonal genehmigte Sonderschulkonzepte verfügen, mindestens jedoch während drei Jahren.

1 Vgl. BV 62. Die ÜB war im Bundesrats-Entwurf noch nicht enthalten.

[3. Übergangsbestimmung zu Art. 83[4] (Nationalstrassen)]

Die Kantone erstellen die im Bundesbeschluss vom 21. Juni 1960[5] über das Nationalstrassennetz aufgeführten Nationalstrassen (Stand bei Inkrafttreten des Bundesbeschlusses vom 3. Oktober 2003[6] zur Neugestaltung des Finanzausgleichs und der

1 Angenommen in der Volksabstimmung vom 28. Nov. 2004 (BB vom 3. Okt. 2003, BRB vom 26. Jan. 2005 – BBl 2002 2291, 2003 6591, 2005 951). – Der Bundesrat bestimmt das Inkrafttreten.
2 AS ... (BBl 2003 6591). [Der Zeitpunkt wurde noch nicht festgelegt.]
3 SR 725.113.11.
4 Angenommen in der Volksabstimmung vom 28. Nov. 2004 (BB vom 3. Okt. 2003, BRB vom 26. Jan. 2005 – BBl 2002 2291, 2003 6591, 2005 951). – Der Bundesrat bestimmt das Inkrafttreten.
5 SR 725.113.11 (AS 1960 872, 1984 1118, 1986 35 2515, 1987 52, 1988 562, 2001 3090).
6 AS ... (BBl 2003 6591). [Der Zeitpunkt wurde noch nicht festgelegt.]

Aufgabenteilung zwischen Bund und Kantonen) nach den Vorschriften und unter der Oberaufsicht des Bundes fertig. Bund und Kantone tragen die Kosten gemeinsam. Der Kostenanteil der einzelnen Kantone richtet sich nach ihrer Belastung durch die Nationalstrassen, nach ihrem Interesse an diesen Strassen und nach ihrer finanziellen Leistungsfähigkeit.

1   Vgl. N 9 zu BV 83.

[4. Übergangsbestimmung zu Art. 112b[1] (Förderung der Eingliederung Invalider)]

Die Kantone übernehmen ab Inkrafttreten des Bundesbeschlusses vom 3. Oktober 2003[2] zur Neugestaltung des Finanzausgleichs und der Aufgabenteilung zwischen Bund und Kantonen die bisherigen Leistungen der Invalidenversicherung an Anstalten, Werkstätten und Wohnheime, bis sie über genehmigte Behindertenkonzepte verfügen, welche auch die Gewährung kantonaler Beiträge an Bau und Betrieb von Institutionen mit ausserkantonalen Platzierungen regeln, mindestens jedoch während drei Jahren.

1   Vgl. N 7 zu BV 112b. Die ÜB war im Bundesrats-Entwurf noch nicht enthalten. Vgl. AB 2002 S 870 ff.; AB 2003 N 1188 ff., S 765.

[5. Übergangsbestimmung zu Art. 112c[3] (Betagten- und Behindertenhilfe)]

Die bisherigen Leistungen gemäss Artikel 101bis des Bundesgesetzes vom 10. Dezember 1946[4] über die Alters- und Hinterlassenenversicherung an die Hilfe und Pflege zu Hause für Betagte und Behinderte werden durch die Kantone weiter ausgerichtet bis zum Inkrafttreten einer kantonalen Finanzierungsregelung für die Hilfe und Pflege zu Hause.

1   Vgl. N 6 zu BV 112c. Die ÜB war im Bundesrats-Entwurf noch nicht enthalten. Vgl. AB 2002 S 872; AB 2003 N 1188 ff.

---

1   Angenommen in der Volksabstimmung vom 28. Nov. 2004 (BB vom 3. Okt. 2003, BRB vom 26. Jan. 2005 – BBl 2002 2291, 2003 6591, 2005 951). – Der Bundesrat bestimmt das Inkrafttreten.
2   AS ... (BBl 2003 6591). [Der Zeitpunkt wurde noch nicht festgelegt.]
3   Angenommen in der Volksabstimmung vom 28. Nov. 2004 (BB vom 3. Okt. 2003, BRB vom 26. Jan. 2005 – BBl 2002 2291, 2003 6591, 2005 951). – Der Bundesrat bestimmt das Inkrafttreten.
4   SR 831.10.

[6.]

1 Eine Ziff. 6 existiert zurzeit nicht (vgl. N 3 vor BV 196 und Fn. zu Ziff. 7).

7. Übergangsbestimmung zu Art. 120[1] (Gentechnologie im Ausserhumanbereich)

Die schweizerische Landwirtschaft bleibt für die Dauer von fünf Jahren nach Annahme dieser Verfassungsbestimmung gentechnikfrei. Insbesondere dürfen weder eingeführt noch in Verkehr gebracht werden:

a. gentechnisch veränderte vermehrungsfähige Pflanzen, Pflanzenteile und Saatgut, welche für die landwirtschaftliche, gartenbauliche oder forstwirtschaftliche Anwendung in der Umwelt bestimmt sind;

b. gentechnisch veränderte Tiere, welche für die Produktion von Lebensmitteln und anderen landwirtschaftlichen Erzeugnissen bestimmt sind.

1 Die Bestimmung geht zurück auf die am 27.11.2005 angenommene Volksinitiative «für Lebensmittel aus gentechnikfreier Landwirtschaft» (dazu Botschaft vom 18.8.2004, BBl 2004 4937; vgl. auch BV 120). – Nach Auffassung der Initianten (vgl. BBl 2004 4941) soll das Moratorium dazu genutzt werden, um allfällige Risiken zu klären und die unkontrollierte Verbreitung und Resistenzentwicklung zu verhindern. Das Moratorium kann auch der Profilierung und Positionierung der schweizerischen Landwirtschaft als Erzeugerin von Produkten ohne gentechnisch veränderte Organismen (GVO) dienen.

2 Das *Verfassungsgebot*, gemäss welchem die schweizerische Landwirtschaft für fünf Jahre «gentechnikfrei» zu bleiben hat, wird durch *zwei Verbote* konkretisiert, die bei der Einfuhr bzw. beim Inverkehrbringen ansetzen, und zwar für:

a. bestimmte gentechnisch veränderte Pflanzen, Pflanzenteile und Saatgut;

b. bestimmte gentechnisch veränderte Tiere.

Der Initiativtext lässt offen, ob auch Futtermittel, Dünger, Pflanzenschutzmittel und Tierarzneimittel unter das Verbot fallen (verneinend BBl 2004 4941). Nicht erfasst werden (vgl. BBl 2004 4942): Lebensmittel (z.B. importierte gentechnisch veränderte Lebensmittel wie Mais und Soja), Pflanzen, die ausschliesslich als Zimmerpflanzen verwendet werden, Heimtiere, Zootiere und Versuchstiere, Medikamente (Forschung und Herstellung) sowie Freisetzungsversuche (vgl. GTG 11 i.V.m. 6 Abs. 2).

3 Für die Auslegung der Begriffe «gentechnisch verändert» und «Inverkehrbringen» können die Definitionen in GTG 5 Abs. 2 und 5 (SR 814.91) herangezogen werden (vgl. auch N 5 zu BV 119).

1 Angenommen in der Volksabstimmung vom 27. Nov. 2005 (BB vom 17. Juni 2005, BRB vom 19. Jan. 2006 – AS 2006 89; BBl 2003 6903, 2004 4937, 2005 4039, 2006 1061). Die Ziff. 2–6 [recte: 2–5; vgl. BBl 2003 6596] sind reserviert für die UeB zur Neugestaltung des Finanzausgleichs und der Aufgabenteilung zwischen Bund und Kantonen (NFA), angenommen in der Volksabstimmung vom 28. Nov. 2004.

4 Zu möglichen Problemen im Zusammenhang mit den schweizerischen WTO-Verpflichtungen vgl. BBl 2004 4948 f.

Datum des Inkrafttretens: 1. Januar 2000[1]

1 Das symbolträchtige Datum wurde im BB vom 28.9.1999 (AS 1999 2555) definitiv festgelegt. Nach der Volksabstimmung (18.4.1999) und vor dem Inkrafttreten (1.1.2000) passte die Bundesversammlung, wie in Ziff. III SchlB vorgesehen, zwei Teilrevisionen der BV 1874 formal an die neue Bundesverfassung an (vgl. N 1 zu Ziff. III SchlB).

2 Eine (im Vergleich zu den Reformen betreffend Justiz, Volksrechte und NFA) *rasche Inkraftsetzung* war möglich dank intensiver Vorarbeiten und verschiedener Übergangsregelungen (insb. Ziff. II SchlB).

---

[1] BB vom 28. Sept. 1999 (AS 1999 2555; BBl 1999 7922)

Schlussbestimmungen des Bundesbeschlusses vom 18. Dezember 1998

II

¹ Die Bundesverfassung der Schweizerischen Eidgenossenschaft vom 29. Mai 1874[1] wird aufgehoben.

² Die folgenden Bestimmungen der Bundesverfassung, die in Gesetzesrecht zu überführen sind, gelten weiter bis zum Inkrafttreten der entsprechenden gesetzlichen Bestimmungen:

a. Art. 32quater Abs. 6[2]

Das Hausieren mit geistigen Getränken sowie ihr Verkauf im Umherziehen sind untersagt.

b. Art. 36quinquies Abs. 1 erster Satz, 2 zweiter–letzter Satz und 4 zweiter Satz[3]

¹ Der Bund erhebt für die Benützung der Nationalstrassen erster und zweiter Klasse auf in- und ausländischen Motorfahrzeugen und Anhängern bis zu einem Gesamtgewicht von je 3,5 Tonnen eine jährliche Abgabe von 40 Franken. ...

² ... Der Bundesrat kann bestimmte Fahrzeuge von der Abgabe befreien und Sonderregelungen treffen, insbesondere für Fahrten im Grenzbereich. Dadurch dürfen im Ausland immatrikulierte Fahrzeuge nicht besser gestellt werden als schweizerische. Der Bundesrat kann für Übertretungen Bussen vorsehen. Die Kantone ziehen die Abgabe für die im Inland immatrikulierten Fahrzeuge ein und überwachen die Einhaltung der Vorschriften bei allen Fahrzeugen.

⁴ ... Das Gesetz kann die Abgabe auf weitere Fahrzeugkategorien, die nicht der Schwerverkehrsabgabe unterstehen, ausdehnen.

---

1 [BS 1 3; AS 1949 1511, 1951 606, 1957 1027, 1958 362 768 770, 1959 224 912, 1961 476, 1962 749 1637 1804, 1964 97, 1966 1672, 1969 1249, 1970 1649, 1971 325 905 907, 1972 1481 1484, 1973 429 1051 1455, 1974 721, 1975 1205, 1976 713 715 2003, 1977 807 1849 2228 2230, 1978 212 484 1578, 1979 678, 1980 380, 1981 1243 1244, 1982 138, 1983 240 444, 1984 290, 1985 150, 151 658 659 1025 1026 1648, 1987 282 1125, 1988 352, 1991 246 247 1122, 1992 1578 1579, 1993 3040 3041, 1994 258 263 265 267 1096 1097 1099 1101, 1995 1455, 1996 1490 1491 1492 2502, 1998 918 2031, 1999 741 743 1239 1341]
2 Art. 105.
3 Art. 86 Abs. 2.

c. Art. 121bis Abs. 1, 2 und Abs. 3 erster und zweiter Satz[1]

¹ Beschliesst die Bundesversammlung einen Gegenentwurf, so werden den Stimmberechtigten auf dem gleichen Stimmzettel drei Fragen vorgelegt. Jeder Stimmberechtigte kann uneingeschränkt erklären:
1. ob er das Volksbegehren dem geltenden Recht vorziehe;
2. ob er den Gegenentwurf dem geltenden Recht vorziehe;
3. welche der beiden Vorlagen in Kraft treten soll, falls Volk und Stände beide Vorlagen dem geltenden Recht vorziehen sollten.

² Das absolute Mehr wird für jede Frage getrennt ermittelt. Unbeantwortete Fragen fallen ausser Betracht.

³ Werden sowohl das Volksbegehren als auch der Gegenentwurf angenommen, so entscheidet das Ergebnis der dritten Frage. In Kraft tritt die Vorlage, die bei dieser Frage mehr Volks- und mehr Standesstimmen erzielt. ...

1   *Abs. 1:* Die für das Verständnis der neuen Bundesverfassung weiterhin wichtige («alte») BV 1874 ist abgedruckt bei GIOVANNI BIAGGINI/BERNHARD EHRENZELLER, Studienausgabe Öffentliches Recht, 3. Aufl., Zürich 2007, Nr. 4 (Stand 1999), und abrufbar unter www.bj.admin.ch. – Die formelle Aufhebung dient der Rechtsklarheit (vgl. BIEDERMANN, SG-Komm., Ziff. II–IV SchlB, N 7).
2   *Abs. 2 Bst. a:* Vgl. N 1 zu BV 105.
3   *Abs. 2 Bst. b:* Vgl. N 9 zu BV 86.
4   *Abs. 2 Bst. c:* Mit der Überführung der Regelung in BPR 76 (in Kraft seit 1. März 2000; AS 2000 411 413; BBl 1999 7922) wurde Bst. c hinfällig. – Vgl. nunmehr BV 139b Abs. 3 (in Kraft seit 1.8.2003).

III

Änderungen der Bundesverfassung vom 29. Mai 1874 werden von der Bundesversammlung formal an die neue Bundesverfassung angepasst. Der entsprechende Beschluss untersteht nicht dem Referendum.

1   Anpassungen erforderten zwei am 7.2.1999 beschlossene Änderungen der BV 1874 (vgl. BBl 1999 8768; BIEDERMANN, Übergangs- und Schlussbestimmungen, AJP 1999, 736 f.):
    – Abschaffung der sog. Kantonsklausel (BV 1874 Art. 96 Abs. 1 und Abs. 1bis; jetzt BV 175 Abs. 3 und 4);
    – Transplantationsmedizin (BV 1874 Art. 24decies; jetzt BV 119a).

1   Art. 139 Abs. 6.

2 Anpassungsbedarf bestand auch bei Volksinitiativen. Vgl. z.B. BB vom 13.12.2002 (BBl 2002 8152) betreffend die am 14.6.1999 eingereichte, am 18.5.2003 abgelehnte Volksinitiative «Gleiche Rechte für Behinderte».

IV

[1] Dieser Beschluss wird Volk und Ständen zur Abstimmung unterbreitet.
[2] Die Bundesversammlung bestimmt das Inkrafttreten.

1 Mit Beschluss vom 22.1.1999 (BPR 58) setzte der Bundesrat das Abstimmungsdatum auf den 18. April 1999 fest (vgl. BBl 1999 973). Der «Bundesbeschluss vom 18. Dezember 1998 über eine neue Bundesverfassung» war die einzige Bundesvorlage. Die Stimmbeteiligung war sehr bescheiden (35,89%). Zum Ergebnis der Volksabstimmung vgl. N 2 zu Titel und Datum.
2 Die Inkraftsetzung auf den symbolträchtigen 1. Januar 2000 erfolgte durch BB vom 28.9.1999 (AS 1999 2555).

Nr. 2 Konvention zum Schutze der Menschenrechte und Grundfreiheiten (EMRK) (Auszug)

vom 4. November 1950[1]

SR 0.101

Abgeschlossen in Rom am 4. November 1950.
Von der Bundesversammlung genehmigt am 3. Oktober 1974.[2]
Schweizerische Ratifikationsurkunde hinterlegt am 28. November 1974.
In Kraft getreten für die Schweiz am 28. November 1974.
Geändert durch das Protokoll Nr. 11 vom 11. Mai 1994.[3]

Vorbemerkungen

1 *Bedeutung:* Obwohl die EMRK «nur» einen europäischen Mindeststandard im Bereich der Menschenrechte und Grundfreiheiten sichern will (vgl. EMRK 53; zum Günstigkeitsprinzip vgl. BGE 122 II 142), war (und ist) die EMRK von grosser Bedeutung für den Schutz und die Fortentwicklung der Grundrechte in der Schweiz. Im Hinblick auf den vergleichsweise späten Beitritt (per 28.11.1974) – der nach damaliger Ordnung nicht dem Referendum unterstand – wurden zahlreiche Rechtsänderungen vorgenommen (u.a. Aufhebung der konfessionellen «Ausnahmeartikel», BV 1874 Art. 51 und Art. 52; siehe N 1 zu BV 15; Neuordnung des Fürsorgerischen Freiheitsentzugs, ZGB 397a ff.). Bei der Ratifikation gab die Schweiz verschiedene Vorbehalte und auslegende Erklärungen ab, mit denen der Anwendungsbereich einiger Konventionsgarantien (insb. EMRK 6) eingeschränkt wurde. Das *Bundesgericht* unterstrich schon bei der ersten sich bietenden Gelegenheit, dass die EMRK-Garantien «ihrer Natur nach einen verfassungsrechtlichen Inhalt» aufweisen, und stellte sie in verfahrensrechtlicher Hinsicht den verfassungsmässigen Rechten der Bundesverfassung gleich (BGE 101 Ia 67, 69). Trotz minutiöser Vorbereitung ging der schweizerische EMRK-Beitritt nicht ohne Anlaufschwierigkeiten vonstatten. Vor allem im Zusammenhang mit den (angelsächsisch geprägten) Verfahrensgarantien gemäss EMRK 5 und 6 traten immer wieder Probleme auf (Anspruch auf Haftprüfung; Verteidigungsrechte; Anspruch auf Zugang zu einem unabhängigen und unparteiischen Gericht; Problem der Vorbefassung; Recht auf ein faires Verfahren; vgl. die Hinweise bei BV 30, BV 31 und BV 32). Grosse Schwierigkeiten verursachte sodann der Umstand, dass der EGMR in seinem Urteil vom 29.4.1988 i.S. Belilos (Série A, Nr. 132; EuGRZ 1989, 21 ff.) eine von der Schweiz bei der Ratifizierung abgegebene auslegende Erklärung zu EMRK 6

---

1 AS 1974 2151; BBl 1974 I 1035. Bereinigte Übersetzung aus dem englischen und französischen Originaltext unter Berücksichtigung des Prot. Nr. 11 (zwischen Deutschland, Liechtenstein, Österreich und der Schweiz abgestimmte Fassung). Der französische Originaltext findet sich unter SR 0.101 in der französischen Ausgabe der SR.
2 Art. 1 Abs. 1 Bst. a des BB vom 3. Okt. 1974 (AS 1974 2148).
3 Siehe SR 0.101.09 Art. 1, 2 Ziff. 1–3.

Ziff. 1 als unzulässigen «Vorbehalt allgemeiner Art» einstufte. Die spätere «Verdeutlichung» der Erklärung durch den Bundesrat wurde vom Bundesgericht Ende 1992 für unwirksam erklärt (BGE 118 Ia 473, 488). Mit Botschaft vom 24.3.1999 beantragte der Bundesrat den förmlichen Rückzug der Vorbehalte und auslegenden Erklärungen der Schweiz zu EMRK 6 (BBl 1999 3685), weil sich diese teils als ungültig, teils als unnötig erwiesen hatten. Beide Räte stimmten der Vorlage einstimmig zu (vgl. AS 2002 1142; vgl. auch BGE 127 I 141, 143 f.).

2 *Künftige Bedeutung für die Praxis:* Im Rahmen der Totalrevision der Bundesverfassung wurde der *nationale* Grundrechtsschutz konsolidiert und textlich stark ausgebaut (vgl. BV 7 ff.). Ein erklärtes Ziel war es, den Grundrechtskatalog der neuen Bundesverfassung mindestens dem europäischen Schutzniveau anzupassen. Der Einfluss der EMRK ist denn auch deutlich spürbar (vgl. insb. BV 13 Abs. 1: Schutz der Privatsphäre; BV 29–32: allgemeine und besondere Verfahrensgarantien; vgl. auch BV 17 Abs. 3: Redaktionsgeheimnis, als direkte Reaktion auf das EGMR-Urteil vom 27.3.1996 in Sachen *Goodwin gegen Vereinigtes Königreich*, Rec. 1996-II, 483 ff.). In der schweizerischen Rechtspraxis drängen sich seither die Garantien der Bundesverfassung in den Vordergrund. Diese Tendenz wird sich mit dem Inkrafttreten der Rechtsweggarantie (BV 29a) noch verstärken. Der in der neueren Rechtsprechung des Bundesgerichts regelmässig anzutreffende Hinweis, dass die EMRK keinen weiter gehenden Schutz biete als die entsprechenden Garantien des Bundesverfassung, mag etwas floskelhaft klingen (vgl. z.B. BGE 132 I 49, 56, betreffend BV 22/EMRK 11). Er trifft in der Sache jedoch zu, wenn man von einzelnen Spezial- und Zweifelsfällen absieht. Die eine oder andere jüngere «Verurteilung» der Schweiz durch den EGMR hätte sich wohl vermeiden lassen, wenn man auf nationaler Ebenen den «eigenen» Grundrechten besser Rechnung getragen hätte (so etwa im Fall Hertel betreffend die freie Meinungsäusserung: BGE 120 II 76; EGMR-Urteil vom 25.8.1998, Rec. 1998-VI, 2298, BGE 125 III 185). – Dies bedeutet nicht, dass die EMRK in der Schweiz künftig ein Randdasein fristen müsste. Zum einen steht die Rechtsentwicklung auf internationaler Ebene nicht still: Neben der textlichen Erweiterung in Gestalt von Zusatzprotokollen (nicht ratifiziert hat die Schweiz das 1., 4. und 12. ZP, abgedruckt in BIAGGINI/EHRENZELLER, Öffentliches Recht, Nr. 9, 10, 11) ist vor allem die sich fortentwickelnde Strassburger Rechtsprechung im Auge zu behalten, die möglicherweise neue Schutzlücken im nationalen Recht aufdecken wird. Zum anderen gibt es nach wie vor Bereiche, die durch die nationalen Grundrechtsgarantien nicht abgedeckt werden. Hier kann die EMRK praktische Wirkungen entfalten (vgl. insb. N 16 zu BV 190, BGE 125 II 417, 424 f.; zur unbewältigten Problematik EMRK-widriger eidgenössischer Volksinitiativen vgl. N 1 zu BV 123a; N 17 zu BV 139).

3 *Hinweise zu den Erläuterungen:* Die folgenden Anmerkungen zu den materiellen Garantien der EMRK (inkl. für die Schweiz relevante ZP) wollen in erster Linie eine Brücke zu den nationalen Garantien schlagen. Weiterführende Hinweise finden sich in der nachstehend aufgeführten Literatur. Urteile des EGMR betreffend die Schweiz sind auszugsweise abgedruckt im jeweils letzten Heft eines VPB-Jahrgangs (vgl. zuletzt VPB 70.105–118; VPB 69.129–143; VPB 68.171–177; VPB 67.138–143; VPB 66.106–129; VPB 65.19–147). Vgl. auch den jährlichen Bericht des Bundesrates über die Tätigkeiten der Schweiz im Europarat (zuletzt vom 31.5.2006, BBl 2006 5539) sowie die regelmässigen Rechtsprechungsberichte in Fachzeitschriften (z.B. SZIER, AJP, ius.full).

Literaturhinweise

Aus schweizerischer Sicht: FANZUN JON A., Die Grenzen der Solidarität. Schweizerische Menschenrechtspolitik im Kalten Krieg, Zürich 2005; HAEFLIGER ARTHUR/SCHÜRMANN FRANK, Die Europäische Menschenrechtskonvention und die Schweiz, 2. Aufl., Bern 1999; HOTTELIER MICHEL/MOCK HANSPETER/PUÉCHAVY MICHEL, La Suisse devant la Cour européenne des droits de l'homme, Bruxelles 2005; KELLER HELEN, Die offene Staatlichkeit: Schweiz, in: Armin von Bogdandy u.a. (Hrsg.), Ius Publicum Europaeum, Band I/2, Heidelberg usw. (im Erscheinen); VILLIGER MARK E., Handbuch der europäischen Menschenrechtskonvention, 2. Aufl., Zürich 1999; DERS., EMRK und UNO-Menschenrechtspakte, VRdCH, 647 ff. – *Aus der neueren Standardliteratur:* FROWEIN JOCHEN ABR./PEUKERT WOLFGANG, Europäische Menschenrechtskonvention: EMRK-Kommentar, 2. Aufl., Kehl a. Rhein 1996; GRABENWARTER CHRISTOPH, Europäische Menschenrechtskonvention, 2. Aufl., München/Wien 2005; GROTHE RAINER/MARAUHN THILO (Hrsg.), EMRK/GG – Konkordanzkommentar, Tübingen 2006; KARL WOLFRAM/MIEHSLER HERBERT/PETZOLD HERBERT (Hrsg.), Internationaler Kommentar zur Europäischen Menschenrechtskonvention, Loseblatt, Köln usw. 1994 ff.; MEYER-LADEWIG JENS, EMRK-Handkommentar, 2. Aufl., Baden-Baden 2006; PETERS ANNE, Einführung in die Europäische Menschenrechtskonvention, München 2003; PETTITI LOUIS-EDMOND/DECAUX EMMANUEL/IMBERT PIERRE-HENRI, La Convention européenne des droits de l'homme, 2. Aufl., Paris 1999; TRECHSEL STEFAN (with the assistance of SARAH J. SUMMERS), Human Rights in Criminal Proceedings, Oxford 2005; VAN DIJK PIETER/VAN HOOF GODEFRIDUS J.H., Theory and Practice of the ECHR, 3. Aufl., Den Haag 1998.

Art. 1 Verpflichtung zur Achtung der Menschenrechte

Die Hohen Vertragsparteien sichern allen ihrer Hoheitsgewalt unterstehenden Personen die in Abschnitt I bestimmten Rechte und Freiheiten zu.

Vgl. BV 35. – Die EMRK garantiert kein Recht auf Aufenthalt in einem Vertragsstaat (BGE 122 II 439).

Abschnitt I: Rechte und Freiheiten

Art. 2 Recht auf Leben

(1) Das Recht jedes Menschen auf Leben wird gesetzlich geschützt. Niemand darf absichtlich getötet werden, ausser durch Vollstreckung eines Todesurteils, das ein Gericht wegen eines Verbrechens verhängt hat, für das die Todesstrafe gesetzlich vorgesehen ist.

(2) Eine Tötung wird nicht als Verletzung dieses Artikels betrachtet, wenn sie durch eine Gewaltanwendung verursacht wird, die unbedingt erforderlich ist, um

a) jemanden gegen rechtswidrige Gewalt zu verteidigen;
b) jemanden rechtmässig festzunehmen oder jemanden, dem die Freiheit rechtmässig entzogen ist, an der Flucht zu hindern;
c) einen Aufruhr oder Aufstand rechtmässig niederzuschlagen.

Vgl. BV 10 Abs. 1.

Art. 3 Verbot der Folter

Niemand darf der Folter oder unmenschlicher oder erniedrigender Strafe oder Behandlung unterworfen werden.

Vgl. BV 10 Abs. 3 und BV 25 Abs. 3. – Vgl. auch BGE 131 I 462 ff. (konventionswidrige Nichteröffnung einer Strafuntersuchung): EMRK 3 verleiht einen Anspruch auf wirksame und vertiefte Untersuchung, wenn eine erniedrigende Behandlung durch Polizeibeamte in vertretbarer Weise behauptet wird.

Art. 4 Verbot der Sklaverei und der Zwangsarbeit

(1) Niemand darf in Sklaverei oder Leibeigenschaft gehalten werden.
(2) Niemand darf gezwungen werden, Zwangs- oder Pflichtarbeit zu verrichten.
(3) Nicht als Zwangs- oder Pflichtarbeit im Sinne dieses Artikels gilt
a) eine Arbeit, die üblicherweise von einer Person verlangt wird, der unter den Voraussetzungen des Artikels 5 die Freiheit entzogen oder die bedingt entlassen worden ist;
b) eine Dienstleistung militärischer Art oder eine Dienstleistung, die an die Stelle des im Rahmen der Wehrpflicht zu leistenden Dienstes tritt, in Ländern, wo die Dienstverweigerung aus Gewissensgründen anerkannt ist;
c) eine Dienstleistung, die verlangt wird, wenn Notstände oder Katastrophen das Leben oder das Wohl der Gemeinschaft bedrohen;
d) eine Arbeit oder Dienstleistung, die zu den üblichen Bürgerpflichten gehört.

Vgl. BV 59. – Vgl. auch BGE 118 Ia 348 (Zivilschutzdienst ist nicht Zwangsarbeit i.S.v. EMRK 4). BGE 123 I 59 (Feuerwehrpflicht als Bürgerpflicht).

Art. 5 Recht auf Freiheit und Sicherheit

(1) Jede Person hat das Recht auf Freiheit und Sicherheit. Die Freiheit darf nur in den folgenden Fällen und nur auf die gesetzlich vorgeschriebene Weise entzogen werden:

a) rechtmässiger Freiheitsentzug nach Verurteilung durch ein zuständiges Gericht;

b) rechtmässige Festnahme oder rechtmässiger Freiheitsentzug wegen Nichtbefolgung einer rechtmässigen gerichtlichen Anordnung oder zur Erzwingung der Erfüllung einer gesetzlichen Verpflichtung;

c) rechtmässige Festnahme oder rechtmässiger Freiheitsentzug zur Vorführung vor die zuständige Gerichtsbehörde, wenn hinreichender Verdacht besteht, dass die betreffende Person eine Straftat begangen hat, oder wenn begründeter Anlass zu der Annahme besteht, dass es notwendig ist, sie an der Begehung einer Straftat oder an der Flucht nach Begehung einer solchen zu hindern;

d) rechtmässiger Freiheitsentzug bei Minderjährigen zum Zweck überwachter Erziehung oder zur Vorführung vor die zuständige Behörde;

e) rechtmässiger Freiheitsentzug mit dem Ziel, eine Verbreitung ansteckender Krankheiten zu verhindern, sowie bei psychisch Kranken, Alkohol- oder Rauschgiftsüchtigen und Landstreichern;

f) rechtmässige Festnahme oder rechtmässiger Freiheitsentzug zur Verhinderung der unerlaubten Einreise sowie bei Personen, gegen die ein Ausweisungs- oder Auslieferungsverfahren im Gange ist.

(2) Jeder festgenommenen Person muss in möglichst kurzer Frist[1] in einer ihr verständlichen Sprache mitgeteilt werden, welches die Gründe für ihre Festnahme sind und welche Beschuldigungen gegen sie erhoben werden.

(3) Jede Person, die nach Absatz 1 Buchstabe c von Festnahme oder Freiheitsentzug betroffen ist, muss unverzüglich einem Richter oder einer anderen gesetzlich zur Wahrnehmung richterlicher Aufgaben ermächtigten Person vorgeführt werden; sie hat Anspruch auf ein Urteil innerhalb angemessener Frist oder auf Entlassung während des Verfahrens. Die Entlassung kann von der Leistung einer Sicherheit für das Erscheinen vor Gericht abhängig gemacht werden.

(4) Jede Person, die festgenommen oder der die Freiheit entzogen ist, hat das Recht zu beantragen, dass ein Gericht innerhalb kurzer Frist über die Rechtmässigkeit des Freiheitsentzugs entscheidet und ihre Entlassung anordnet, wenn der Freiheitsentzug nicht rechtmässig ist.

(5) Jede Person, die unter Verletzung dieses Artikels von Festnahme oder Freiheitsentzug betroffen ist, hat Anspruch auf Schadensersatz.

Vgl. BV 31 und BV 32.

---

1 Redaktionelle Änderung auf Grund der Übersetzungskonferenz der deutschsprachigen Länder (D, FL, A und CH).

Art. 6   Recht auf ein faires Verfahren

(1) Jede Person hat ein Recht darauf, dass über Streitigkeiten in Bezug auf ihre zivilrechtlichen Ansprüche und Verpflichtungen oder über eine gegen sie erhobene strafrechtliche Anklage von einem unabhängigen und unparteiischen, auf Gesetz beruhenden Gericht in einem fairen Verfahren, öffentlich und innerhalb angemessener Frist verhandelt wird. Das Urteil muss öffentlich verkündet werden; Presse und Öffentlichkeit können jedoch während des ganzen oder eines Teiles des Verfahrens ausgeschlossen werden, wenn dies im Interesse der Moral, der öffentlichen Ordnung oder der nationalen Sicherheit in einer demokratischen Gesellschaft liegt, wenn die Interessen von Jugendlichen oder der Schutz des Privatlebens der Prozessparteien es verlangen oder – soweit das Gericht es für unbedingt erforderlich hält – wenn unter besonderen Umständen eine öffentliche Verhandlung die Interessen der Rechtspflege beeinträchtigen würde.

(2) Jede Person, die einer Straftat angeklagt ist, gilt bis zum gesetzlichen Beweis ihrer Schuld als unschuldig.

(3) Jede angeklagte Person hat mindestens folgende Rechte:

a) innerhalb möglichst kurzer Frist in einer ihr verständlichen Sprache in allen Einzelheiten über Art und Grund der gegen sie erhobenen Beschuldigung unterrichtet zu werden;

b) ausreichende Zeit und Gelegenheit zur Vorbereitung ihrer Verteidigung zu haben;

c) sich selbst zu verteidigen, sich durch einen Verteidiger ihrer Wahl verteidigen zu lassen oder, falls ihr die Mittel zur Bezahlung fehlen, unentgeltlich den Beistand eines Verteidigers zu erhalten, wenn dies im Interesse der Rechtspflege erforderlich ist;

d) Fragen an Belastungszeugen zu stellen oder stellen zu lassen und die Ladung und Vernehmung von Entlastungszeugen unter denselben Bedingungen zu erwirken, wie sie für Belastungszeugen gelten;

e) unentgeltliche Unterstützung durch einen Dolmetscher zu erhalten, wenn sie die Verhandlungssprache des Gerichts nicht versteht oder spricht.

Vgl. BV 29 (BGE 132 I 42; BGE 131 I 274), BV 29a, BV 30 (BGE 132 I 134; BGE 132 I 140; BGE 131 I 25; BGE 131 I 116; BGE 130 I 325; BGE 128 I 291) und BV 32 (BGE 132 I 127; BGE 131 I 275; BGE 131 I 191) sowie EMRK 7 (BGE 128 I 351), EMRK 13 (BGE 130 I 395; BGE 129 II 199) und UNO-Pakt II Art. 14 (BGE 126 I 160; BGE 123 II 518). – Mit Inkrafttreten der Rechtsweggarantie (BV 29a) am 1.1.2007 besteht ein (verfassungsmässiger) Anspruch auf Beurteilung durch ein unabhängiges und unparteiisches Gericht nicht nur bei zivilrechtlichen Ansprüchen und Verpflichtungen (vgl. BGE 132 V 6; BGE 131 I 469, mwH) und bei strafrechtlichen Anklagen (vgl. BGE 130 I 271 mwH), sondern bei *allen* Rechtsstreitigkeiten (vgl. N 4 ff. zu BV 29a).

Art. 7 Keine Strafe ohne Gesetz

(1) Niemand darf wegen einer Handlung oder Unterlassung verurteilt werden, die zur Zeit ihrer Begehung nach innerstaatlichem oder internationalem Recht nicht strafbar war. Es darf auch keine schwerere als die zur Zeit der Begehung angedrohte Strafe verhängt werden.

(2) Dieser Artikel schliesst nicht aus, dass jemand wegen einer Handlung oder Unterlassung verurteilt oder bestraft wird, die zur Zeit ihrer Begehung nach den von den zivilisierten Völkern anerkannten allgemeinen Rechtsgrundsätzen strafbar war.

Vgl. BV 5 und StGB 1 *(nulla poena sine lege)*. – Vgl. auch BGE 131 IV 76.

Art. 8 Recht auf Achtung des Privat- und Familienlebens

(1) Jede Person hat das Recht auf Achtung ihres Privat- und Familienlebens, ihrer Wohnung und ihrer Korrespondenz.

(2) Eine Behörde darf in die Ausübung dieses Rechts nur eingreifen, soweit der Eingriff gesetzlich vorgesehen und in einer demokratischen Gesellschaft notwendig ist für die nationale oder öffentliche Sicherheit, für das wirtschaftliche Wohl des Landes, zur Aufrechterhaltung der Ordnung, zur Verhütung von Straftaten, zum Schutz der Gesundheit oder der Moral oder zum Schutz der Rechte und Freiheiten anderer.

Vgl. BV 10 und BV 13. – Vgl. auch BGE 133 II 6, 10; BGE 131 I 272, 275; BGE 131 II 265, 269; BGE 130 I 369, 373 f.; BGE 130 II 281, 288; BGE 126 II 428, 430. Zur Frage staatlicher Schutzpflichten im Zusammenhang mit von Dritten verursachten Gefährdungen vgl. BGE 126 II 300, 314; BGE 129 II 420, 431.

Art. 9 Gedanken-, Gewissens- und Religionsfreiheit

(1) Jede Person hat das Recht auf Gedanken-, Gewissens- und Religionsfreiheit; dieses Recht umfasst die Freiheit, seine Religion oder Weltanschauung zu wechseln, und die Freiheit, seine Religion oder Weltanschauung einzeln oder gemeinsam mit anderen öffentlich oder privat durch Gottesdienst, Unterricht oder Praktizieren von Bräuchen und Riten zu bekennen.

(2) Die Freiheit, seine Religion oder Weltanschauung zu bekennen, darf nur Einschränkungen unterworfen werden, die gesetzlich vorgesehen und in einer demokratischen Gesellschaft notwendig sind für die öffentliche Sicherheit, zum Schutz der öffentlichen Ordnung, Gesundheit oder Moral oder zum Schutz der Rechte und Freiheiten anderer.

Vgl. BV 15. – Vgl. auch BGE 129 I 76; BGE 123 I 296, 302 (Kopftuchverbot).

Art. 10   Freiheit der Meinungsäusserung

(1) Jede Person hat das Recht auf freie Meinungsäusserung. Dieses Recht schliesst die Meinungsfreiheit und die Freiheit ein, Informationen und Ideen ohne behördliche Eingriffe und ohne Rücksicht auf Staatsgrenzen zu empfangen und weiterzugeben. Dieser Artikel hindert die Staaten nicht, für Radio-, Fernseh- oder Kinounternehmen eine Genehmigung vorzuschreiben.

(2) Die Ausübung dieser Freiheiten ist mit Pflichten und Verantwortung verbunden; sie kann daher Formvorschriften, Bedingungen, Einschränkungen oder Strafdrohungen unterworfen werden, die gesetzlich vorgesehen und in einer demokratischen Gesellschaft notwendig sind für die nationale Sicherheit, die territoriale Unversehrtheit oder die öffentliche Sicherheit, zur Aufrechterhaltung der Ordnung oder zur Verhütung von Straftaten, zum Schutz der Gesundheit oder der Moral, zum Schutz des guten Rufes oder der Rechte anderer, zur Verhinderung der Verbreitung vertraulicher Informationen oder zur Wahrung der Autorität und der Unparteilichkeit der Rechtsprechung.

> Vgl. BV 16 und BV 17. – Vgl. auch BGE 132 I 181 (Quellenschutz). – In jüngerer Zeit hat sich mehrfach gezeigt, dass der EGMR an Beschränkungen der Meinungsäusserungsfreiheit einen strengeren Massstab anlegt als das Bundesgericht. Vgl. die Urteile i.S. Hertel (N 15 zu BV 16), i.S. Stoll und i.S. Dammann (N 9 zu BV 17).

Art. 11   Versammlungs- und Vereinigungsfreiheit

(1) Jede Person hat das Recht, sich frei und friedlich mit anderen zu versammeln und sich frei mit anderen zusammenzuschliessen; dazu gehört auch das Recht, zum Schutz seiner Interessen Gewerkschaften zu gründen und Gewerkschaften beizutreten.

(2) Die Ausübung dieser Rechte darf nur Einschränkungen unterworfen werden, die gesetzlich vorgesehen und in einer demokratischen Gesellschaft notwendig sind für die nationale oder öffentliche Sicherheit, zur Aufrechterhaltung der Ordnung oder zur Verhütung von Straftaten, zum Schutz der Gesundheit oder der Moral oder zum Schutz der Rechte und Freiheiten anderer. Dieser Artikel steht rechtmässigen Einschränkungen der Ausübung dieser Rechte für Angehörige der Streitkräfte, der Polizei oder der Staatsverwaltung nicht entgegen.

> Vgl. BV 22, BV 23 und BV 28. – Vgl. auch BGE 132 I 49; BGE 132 I 256; BGE 127 I 173; BGE 124 I 116; BGE 124 I 271; BGE 111 II 251.

Art. 12 Recht auf Eheschliessung

Männer und Frauen im heiratsfähigen Alter haben das Recht, nach den innerstaatlichen Gesetzen, welche die Ausübung dieses Rechts regeln, eine Ehe einzugehen und eine Familie zu gründen.

> Vgl. BV 14. – Vgl. auch BGE 131 II 269; BGE 129 III 663; BGE 128 III 116; BGE 126 II 430; BGE 119 II 267; BGE 119 Ia 477 und BGE 115 Ia 248.

Art. 13 Recht auf wirksame Beschwerde

Jede Person, die in ihren in dieser Konvention anerkannten Rechten oder Freiheiten verletzt worden ist, hat das Recht, bei einer innerstaatlichen Instanz eine wirksame Beschwerde zu erheben, auch wenn die Verletzung von Personen begangen worden ist, die in amtlicher Eigenschaft gehandelt haben.

> Vgl. BV 29a. – Vgl. auch BGE 131 I 15; BGE 131 I 463; BGE 130 I 392; BGE 129 II 202.

Art. 14 Diskriminierungsverbot

Der Genuss der in dieser Konvention anerkannten Rechte und Freiheiten ist ohne Diskriminierung insbesondere wegen des Geschlechts, der Rasse, der Hautfarbe, der Sprache, der Religion, der politischen oder sonstigen Anschauung, der nationalen oder sozialen Herkunft, der Zugehörigkeit zu einer nationalen Minderheit, des Vermögens, der Geburt oder eines sonstigen Status zu gewährleisten.

> Vgl. BV 8 Abs. 2. – Vgl. auch BGE 130 II 146; BGE 129 I 398; BGE 126 II 438. Die Anwendung von EMRK 14 setzt voraus, dass der Sachverhalt in den Anwendungsbereich einer Konventionsgarantie fällt (sog. Akzessorietät). Anders als das (von der Schweiz nicht unterzeichnete) 12. ZP beinhaltet EMRK 14 kein allgemeines Gleichheitsgebot (BGE 120 Ib 149). Gemäss Rechtsprechung des EGMR ist eine Ungleichbehandlung diskriminierend i.S.v. EMRK 14, wenn sie keine objektive und vernünftige Rechtfertigung hat («si elle manque de justification objective et raisonnable», «no objective and reasonable justification»), d.h. wenn sie kein legitimes Ziel («but légitime», «legitimate aim») verfolgt oder wenn zwischen den eingesetzten Mitteln und dem angestrebten Ziel kein angemessenes Verhältnis besteht («rapport raisonnable de proportionnalité entre les moyens employés et le but visé», «reasonable relationship of proportionality between the means employed and the aim sought to be realised»). Vgl. z.B. Urteil vom 29.4.2002, *Pretty*, Rec. 2002-III, Rz 88 f.

Art. 15 Abweichen im Notstandsfall

(1) Wird das Leben der Nation durch Krieg oder einen anderen öffentlichen Notstand bedroht, so kann jede Hohe Vertragspartei Massnahmen treffen, die von den in dieser Konvention vorgesehenen Verpflichtungen abweichen, jedoch nur, soweit es die Lage unbedingt erfordert und wenn die Massnahmen nicht im Widerspruch zu den sonstigen völkerrechtlichen Verpflichtungen der Vertragspartei stehen.

(2) Aufgrund des Absatzes 1 darf von Artikel 2 nur bei Todesfällen infolge rechtmässiger Kriegshandlungen und von Artikel 3, Artikel 4 (Absatz 1) und Artikel 7 in keinem Fall abgewichen werden.

(3) Jede Hohe Vertragspartei, die dieses Recht auf Abweichung ausübt, unterrichtet den Generalsekretär des Europarats umfassend über die getroffenen Massnahmen und deren Gründe. Sie unterrichtet den Generalsekretär des Europarats auch über den Zeitpunkt, zu dem diese Massnahmen ausser Kraft getreten sind und die Konvention wieder volle Anwendung findet.

Art. 16 Beschränkungen der politischen Tätigkeit ausländischer Personen

Die Artikel 10, 11 und 14 sind nicht so auszulegen, als untersagten sie den Hohen Vertragsparteien, die politische Tätigkeit ausländischer Personen zu beschränken.

Art. 17 Verbot des Missbrauchs der Rechte

Diese Konvention ist nicht so auszulegen, als begründe sie für einen Staat, eine Gruppe oder eine Person das Recht, eine Tätigkeit auszuüben oder eine Handlung vorzunehmen, die darauf abzielt, die in der Konvention festgelegten Rechte und Freiheiten abzuschaffen oder sie stärker einzuschränken, als es in der Konvention vorgesehen ist.

Art. 18 Begrenzung der Rechtseinschränkungen

Die nach dieser Konvention zulässigen Einschränkungen der genannten Rechte und Freiheiten dürfen nur zu den vorgesehenen Zwecken erfolgen.

[Art. 19–Art. 59: hier nicht abgedruckt; siehe SR 0.101]

Nr. 3 — Protokoll Nr. 6 zur Konvention zum Schutz der Menschenrechte und Grundfreiheiten über die Abschaffung der Todesstrafe (Auszug)

vom 28. April 1983[1]

SR 0.101.06

Abgeschlossen in Strassburg am 28. April 1983.
Von der Bundesversammlung genehmigt am 20. März 1987.[2]
Schweizerische Ratifikationsurkunde hinterlegt am 13. Oktober 1987.
In Kraft getreten für die Schweiz am 1. November 1987.
Geändert durch das Protokoll Nr. 11 vom 11. Mai 1994.[3]

Art. 1 Abschaffung der Todesstrafe

Die Todesstrafe ist abgeschafft. Niemand darf zu dieser Strafe verurteilt oder hingerichtet werden.

Vgl. BV 10 Abs. 1.

Art. 2 Todesstrafe in Kriegszeiten

Ein Staat kann in seinem Recht die Todesstrafe für Taten vorsehen, die in Kriegszeiten oder bei unmittelbarer Kriegsgefahr begangen werden; diese Strafe darf nur in den Fällen, die im Recht vorgesehen sind, und in Übereinstimmung mit dessen Bestimmungen angewendet werden. Der Staat übermittelt dem Generalsekretär des Europarats die einschlägigen Rechtsvorschriften.

Vgl. BV 10 Abs. 1 sowie Protokoll Nr. 13 (→ Nr. 5).

[Art. 3–Art. 9: hier nicht abgedruckt; siehe SR 0.101.06]

---

1   Übersetzung. Der Originaltext findet sich unter der gleichen Nummer in der französischen Ausgabe der SR.
2   AS 1987 1806.
3   Siehe SR 0.101.09 Art. 2 Ziff. 6.

Nr. 4 Protokoll Nr. 7 zur Konvention zum Schutz der Menschenrechte und Grundfreiheiten (Auszug)

vom 22. November 1984[1]

SR 0.101.07

Abgeschlossen in Strassburg am 22. November 1984.
Von der Bundesversammlung genehmigt am 20. März 1987.[2]
Schweizerische Ratifikationsurkunde hinterlegt am 24. Februar 1988.
In Kraft getreten für die Schweiz am 1. November 1988.
Geändert durch das Protokoll Nr. 11 vom 11. Mai 1994.[3]

Art. 1 Verfahrensrechtliche Schutzvorschriften in bezug auf die Ausweisung ausländischer Personen

(1) Eine ausländische Person, die sich rechtmässig im Hoheitsgebiet eines Staates aufhält, darf aus diesem nur aufgrund einer rechtmässig ergangenen Entscheidung ausgewiesen werden; ihr muss gestattet werden,

a) Gründe vorzubringen, die gegen ihre Ausweisung sprechen,
b) ihren Fall prüfen zu lassen und
c) sich zu diesem Zweck vor der zuständigen Behörde oder einer oder mehreren von dieser Behörde bestimmten Personen vertreten zu lassen.

(2) Eine ausländische Person kann ausgewiesen werden, bevor sie ihre Rechte nach Absatz 1 Buchstaben a, b und c ausgeübt hat, wenn eine solche Ausweisung im Interesse der öffentlichen Ordnung erforderlich ist oder aus Gründen der nationalen Sicherheit erfolgt.

Vgl. den Vorbehalt der Schweiz sowie BV 70. – Der Anspruch auf eine wirksame Beschwerde (EMRK 13) bleibt davon unberührt (BGE 129 II 200).

Art. 2 Rechtsmittel in Strafsachen

(1) Wer von einem Gericht wegen einer Straftat verurteilt worden ist, hat das Recht, das Urteil von einem übergeordneten Gericht nachprüfen zu lassen. Die Ausübung dieses Rechts und die Gründe, aus denen es ausgeübt werden kann, richten sich nach dem Gesetz.

---

1 Übersetzung. Der Originaltext findet sich unter der gleichen Nummer in der französischen Ausgabe der SR.
2 AS 1988 1596.
3 Siehe SR 0.101.09 Art. 2 Ziff. 7.

(2) Ausnahmen von diesem Recht sind für Straftaten geringfügiger Art, wie sie durch Gesetz näher bestimmt sind, oder in Fällen möglich, in denen das Verfahren gegen eine Person in erster Instanz vor dem obersten Gericht stattgefunden hat oder in denen eine Person nach einem gegen ihren Freispruch eingelegten Rechtsmittel verurteilt worden ist.

Vgl. BV 32 Abs. 3. – Vgl. auch BGE 128 I 239; BGE 124 I 94; BGE 122 I 37.

Art. 3   Recht auf Entschädigung bei Fehlurteilen

Ist eine Person wegen einer Straftat rechtskräftig verurteilt und ist das Urteil später aufgehoben oder die Person begnadigt worden, weil eine neue oder eine neu bekannt gewordene Tatsache schlüssig beweist, dass ein Fehlurteil vorlag, so muss sie, wenn sie aufgrund eines solchen Urteils eine Strafe verbüsst hat, entsprechend dem Gesetz oder der Übung des betreffenden Staates entschädigt werden, sofern nicht nachgewiesen wird, dass das nicht rechtzeitige Bekanntwerden der betreffenden Tatsache ganz oder teilweise ihr zuzuschreiben ist.

Art. 4   Recht, wegen derselben Sache nicht zweimal vor Gericht gestellt oder bestraft zu werden

(1) Niemand darf wegen einer Straftat, wegen der er bereits nach dem Gesetz und dem Strafverfahrensrecht eines Staates rechtskräftig verurteilt oder freigesprochen worden ist, in einem Strafverfahren desselben Staates erneut verfolgt oder bestraft werden.

(2) Absatz 1 schliesst die Wiederaufnahme des Verfahrens nach dem Gesetz und dem Strafverfahrensrecht des betreffenden Staates nicht aus, falls neue oder neu bekannt gewordene Tatsachen vorliegen oder das vorausgegangene Verfahren schwere, den Ausgang des Verfahrens berührende Mängel aufweist.

(3) Von diesem Artikel darf nicht nach Artikel 15 der Konvention abgewichen werden.

Vgl. BGE 128 II 367; BGE 123 II 466.

Art. 5 Gleichberechtigung der Ehegatten

Hinsichtlich der Eheschliessung, während der Ehe und bei Auflösung der Ehe haben Ehegatten untereinander und in ihren Beziehungen zu ihren Kindern gleiche Rechte und Pflichten privatrechtlicher Art. Dieser Artikel verwehrt es den Staaten nicht, die im Interesse der Kinder notwendigen Massnahmen zu treffen.

Vgl. BV 8 sowie den Vorbehalt der Schweiz zu Art. 5.

[Art. 6–Art. 10: hier nicht abgedruckt; siehe SR 0.101.07]

Vorbehalte und Erklärungen: Schweiz[1]

Vorbehalt zu Art. 1:

Erfolgte die Ausweisung durch Beschluss des Bundesrates gestützt auf Artikel 70 der Bundesverfassung[2] wegen Gefährdung der inneren und äusseren Sicherheit der Schweiz, so werden den Betroffenen auch nach vollzogener Ausweisung keine Rechte nach Absatz 1 eingeräumt.

Vorbehalt zu Art. 5:

Die Anwendung der Bestimmungen des Artikels 5 des 7. Zusatzprotokolls nach Inkrafttreten der revidierten Bestimmungen des Zivilgesetzbuches vom 5. Oktober 1984[3] erfolgt unter Vorbehalt einerseits der Regelung betreffend den Familiennamen (Art. 160 ZGB und Art. 8a SchlT ZGB) und anderseits der Regelung des Erwerbs des Bürgerrechtes (Art. 161, 134 Abs. 1, 149 Abs. 1 ZGB und Art. 8b SchlT ZGB). Artikel 5 findet weiter Anwendung unter Vorbehalt gewisser Übergangsbestimmungen des Ehegüterrechts (Art. 9, 9a, 9c, 9d, 9e, 10 und 10a SchlT ZGB).

---

1 Art. 1 Abs. 1 des BB vom 20. März 1987, AS 1988 1596. – Vorbehalte anderer Vertragsstaaten sind hier nicht abgedruckt.
2 Heute: Art. 121 Abs. 2 der Bundesverfassung vom 18.4.1999 (SR 101).
3 SR 210; AS 1986 122.

Nr. 5   Protokoll Nr. 13 zur Konvention zum Schutz der Menschenrechte und Grundfreiheiten über die vollständige Abschaffung der Todesstrafe (Auszug)

vom 3. Mai 2002[1]

SR 0.101.093

Abgeschlossen in Wilna am 3. Mai 2002.
Schweizerische Ratifikationsurkunde hinterlegt am 3. Mai 2002.
In Kraft getreten für die Schweiz am 1. Juli 2003.

Art. 1   Abschaffung der Todesstrafe

Die Todesstrafe ist abgeschafft. Niemand darf zu dieser Strafe verurteilt oder hingerichtet werden.

Art. 2   Verbot des Abweichens

Von diesem Protokoll darf nicht nach Artikel 15 der Konvention abgewichen werden.

[Art. 3–Art. 8: hier nicht abgedruckt; siehe SR 0.101.093]

---

[1] AS 2003 2577. Übersetzung. Der Originaltext findet sich unter der gleichen Nummer in der französischen Ausgabe der SR.

Nr. 6 Internationaler Pakt über wirtschaftliche, soziale und kulturelle Rechte (Auszug)

vom 16. Dezember 1966

SR 0.103.1

Abgeschlossen in New York am 16. Dezember 1966.
Von der Bundesversammlung genehmigt am 13. Dezember 1991.[1]
Schweizerische Beitrittsurkunde hinterlegt am 18. Juni 1992.
In Kraft getreten für die Schweiz am 18. September 1992.

Literaturhinweise

KÄLIN WALTER/KÜNZLI JÖRG, Universeller Menschenrechtsschutz, Basel usw. 2005; KÄLIN WALTER/MALINVERNI GIORGIO/NOWAK MANFRED, Die Schweiz und die UNO-Menschenrechtspakte, 2. Aufl., Basel usw. 1999; SCHILLING THEODOR, Internationaler Menschenrechtsschutz, Tübingen 2004; VILLIGER MARK E., EMRK und UNO-Menschenrechtspakte, VRdCH, 647 ff.

Teil I

Art. 1

(1) Alle Völker haben das Recht auf Selbstbestimmung. Kraft dieses Rechts entscheiden sie frei über ihren politischen Status und gestalten in Freiheit ihre wirtschaftliche, soziale und kulturelle Entwicklung.

(2) Alle Völker können für ihre eigenen Zwecke frei über ihre natürlichen Reichtümer und Mittel verfügen, unbeschadet aller Verpflichtungen, die aus der internationalen wirtschaftlichen Zusammenarbeit auf der Grundlage des gegenseitigen Wohles sowie aus dem Völkerrecht erwachsen. In keinem Fall darf ein Volk seiner eigenen Existenzmittel beraubt werden.

(3) Die Vertragsstaaten, einschliesslich der Staaten, die für die Verwaltung von Gebieten ohne Selbstregierung und von Treuhandgebieten verantwortlich sind, haben entsprechend der Charta der Vereinten Nationen die Verwirklichung des Rechts auf Selbstbestimmung zu fördern und dieses Recht zu achten.

---

1 AS 1993 724. Der französische Originaltext findet sich unter SR 0.103.1.

Teil II

Art. 2

(1) Jeder Vertragsstaat verpflichtet sich, einzeln und durch internationale Hilfe und Zusammenarbeit, insbesondere wirtschaftlicher und technischer Art, unter Ausschöpfung aller seiner Möglichkeiten Massnahmen zu treffen, um nach und nach mit allen geeigneten Mitteln, vor allem durch gesetzgeberische Massnahmen, die volle Verwirklichung der in diesem Pakt anerkannten Rechte zu erreichen.

(2) Die Vertragsstaaten verpflichten sich, zu gewährleisten, dass die in diesem Pakt verkündeten Rechte ohne Diskriminierung hinsichtlich der Rasse, der Hautfarbe, des Geschlechts, der Sprache, der Religion, der politischen oder sonstigen Anschauung, der nationalen oder sozialen Herkunft, des Vermögens, der Geburt oder des sonstigen Status ausgeübt werden.

(3) Entwicklungsländer können unter gebührender Berücksichtigung der Menschenrechte und der Erfordernisse ihrer Volkswirtschaft entscheiden, inwieweit sie Personen, die nicht ihre Staatsangehörigkeit besitzen, die in diesem Pakt anerkannten wirtschaftlichen Rechte gewährleisten wollen.

Vgl. BV 8, 35, 41. – Das Bundesgericht geht davon aus, dass die Bestimmungen des Paktes im Allgemeinen «programmatischen Charakter haben, sich an den Gesetzgeber richten und grundsätzlich keine subjektiven und justiziablen Rechte des Einzelnen begründen» (BGE 125 III 277, 281; vgl. auch BGE 123 II 478; BGE 122 I 103). So verneinte das Bundesgericht die unmittelbare Anwendbarkeit von Art. 2 Abs. 2, Art. 9 und 13 Abs. 2 Bst. c (vgl. BGE 121 V 246; BGE 120 Ia 1, 11 f.). Eine unmittelbare Anwendung einzelner Bestimmungen ist indes nicht ausgeschlossen (vgl. BGE 125 III 281 betreffend Art. 8 Abs. 1 Bst. d, Recht auf Streik; offen gelassen).

Art. 3

Die Vertragsstaaten verpflichten sich, die Gleichberechtigung von Mann und Frau bei der Ausübung aller in diesem Pakt festgelegten wirtschaftlichen, sozialen und kulturellen Rechte sicherzustellen.

Vgl. BV 8. – Vgl. auch BGE 121 V 232 (Rentenalter).

Art. 4

Die Vertragsstaaten erkennen an, dass ein Staat die Ausübung der von ihm gemäss diesem Pakt gewährleisteten Rechte nur solchen Einschränkungen unterwerfen darf, die gesetzlich vorgesehen und mit der Natur dieser Rechte vereinbar sind und deren ausschliesslicher Zweck es ist, das allgemeine Wohl in einer demokratischen Gesellschaft zu fördern.

Art. 5

(1) Keine Bestimmung dieses Paktes darf dahin ausgelegt werden, dass sie für einen Staat, eine Gruppe oder eine Person das Recht begründet, eine Tätigkeit auszuüben oder eine Handlung zu begehen, die auf die Abschaffung der in diesem Pakt anerkannten Rechte und Freiheiten oder auf weitergehende Beschränkungen dieser Rechte und Freiheiten, als in dem Pakt vorgesehen, hinzielt.

(2) Die in einem Land durch Gesetz, Übereinkommen, Verordnungen oder durch Gewohnheitsrecht anerkannten oder bestehenden grundlegenden Menschenrechte dürfen nicht unter dem Vorwand beschränkt oder ausser Kraft gesetzt werden, dass dieser Pakt derartige Rechte nicht oder nur in einem geringen Ausmass anerkenne.

Teil III

Art. 6

(1) Die Vertragsstaaten erkennen das Recht auf Arbeit an, welches das Recht jedes einzelnen auf die Möglichkeit, seinen Lebensunterhalt durch frei gewählte oder angenommene Arbeit zu verdienen, umfasst, und unternehmen geeignete Schritte zum Schutz dieses Rechts.

(2) Die von einem Vertragsstaat zur vollen Verwirklichung dieses Rechts zu unternehmenden Schritte umfassen fachliche und berufliche Beratung und Ausbildungsprogramme sowie die Festlegung von Grundsätzen und Verfahren zur Erzielung einer stetigen wirtschaftlichen, sozialen und kulturellen Entwicklung und einer produktiven Vollbeschäftigung unter Bedingungen, welche die politischen und wirtschaftlichen Grundfreiheiten des einzelnen schützen.

Vgl. BV 41 Abs. 1 Bst. d, BV 63, BV 64a und BV 100.

Art. 7

Die Vertragsstaaten erkennen das Recht eines jeden auf gerechte und günstige Arbeitsbedingungen an, durch die insbesondere gewährleistet wird
a) ein Arbeitsentgelt, das allen Arbeitnehmern mindestens sichert
   i) angemessenen Lohn und gleiches Entgelt für gleichwertige Arbeit ohne Unterschied; insbesondere wird gewährleistet, dass Frauen keine ungünstigeren Arbeitsbedingungen als Männer haben und dass sie für gleiche Arbeit gleiches Entgelt erhalten,
   ii) einen angemessenen Lebensunterhalt für sie und ihre Familien in Übereinstimmung mit diesem Pakt;

b) sichere und gesunde Arbeitsbedingungen;
c) gleiche Möglichkeiten für jedermann, in seiner beruflichen Tätigkeit entsprechend aufzusteigen, wobei keine anderen Gesichtspunkte als Beschäftigungsdauer und Befähigung ausschlaggebend sein dürfen;
d) Arbeitspausen, Freizeit, eine angemessene Begrenzung der Arbeitszeit, regelmässiger bezahlter Urlaub sowie Vergütung gesetzlicher Feiertage.

Vgl. BV 8, BV 41 Abs. 1 Bst. d, BV 110.

Art. 8

(1) Die Vertragsstaaten verpflichten sich, folgende Rechte zu gewährleisten:
a) das Recht eines jeden, zur Förderung und zum Schutz seiner wirtschaftlichen und sozialen Interessen Gewerkschaften zu bilden oder einer Gewerkschaft eigener Wahl allein nach Massgabe ihrer Vorschriften beizutreten. Die Ausübung dieses Rechts darf nur solchen Einschränkungen unterworfen werden, die gesetzlich vorgesehen und in einer demokratischen Gesellschaft im Interesse der nationalen Sicherheit oder der öffentlichen Ordnung oder zum Schutz der Rechte und Freiheiten anderer erforderlich sind;
b) das Recht der Gewerkschaften, nationale Vereinigungen oder Verbände zu gründen, sowie deren Recht, internationale Gewerkschaftsorganisationen zu bilden oder solchen beizutreten;
c) das Recht der Gewerkschaften, sich frei zu betätigen, wobei nur solche Einschränkungen zulässig sind, die gesetzlich vorgesehen und in einer demokratischen Gesellschaft im Interesse der nationalen Sicherheit oder der öffentlichen Ordnung oder zum Schutz der Rechte und Freiheiten anderer erforderlich sind;
d) das Streikrecht, soweit es in Übereinstimmung mit der innerstaatlichen Rechtsordnung ausgeübt wird.

(2) Dieser Artikel schliesst nicht aus, dass die Ausübung dieser Rechte durch Angehörige der Streitkräfte, der Polizei oder der öffentlichen Verwaltung rechtlichen Einschränkungen unterworfen wird.

(3) Keine Bestimmung dieses Artikels ermächtigt die Vertragsstaaten des Übereinkommens der Internationalen Arbeitsorganisation von 1948[1] über die Vereinigungsfreiheit und den Schutz des Vereinigungsrechts, gesetzgeberische Massnahmen zu treffen oder Gesetze so anzuwenden, dass die Garantien des obengenannten Übereinkommens beeinträchtigt werden.

Vgl. BV 23, BV 28. – Zur Frage der unmittelbaren Anwendbarkeit von Abs. 1 Bst. d (Recht auf Streik) vgl. BGE 125 III 277, 281 f. (offen gelassen).

1   SR 0.822.719.7.

Art. 9

Die Vertragsstaaten erkennen das Recht eines jeden auf Soziale Sicherheit an; diese schliesst die Sozialversicherung ein.

Vgl. BV 41 Abs. 1 Bst. a und Abs. 2, BV 111 ff.

Art. 10

Die Vertragsstaaten erkennen an,
1. dass die Familie als die natürliche Kernzelle der Gesellschaft grösstmöglichen Schutz und Beistand geniessen soll, insbesondere im Hinblick auf ihre Gründung und solange sie für die Betreuung und Erziehung unterhaltsberechtigter Kinder verantwortlich ist. Eine Ehe darf nur im freien Einverständnis der künftigen Ehegatten geschlossen werden;
2. dass Mütter während einer angemessenen Zeit vor und nach der Niederkunft besonderen Schutz geniessen sollen. Während dieser Zeit sollen berufstätige Mütter bezahlten Urlaub oder Urlaub mit angemessenen Leistungen aus der Sozialen Sicherheit erhalten;
3. dass Sondermassnahmen zum Schutz und Beistand für alle Kinder und Jugendlichen ohne Diskriminierung aufgrund der Abstammung oder aus sonstigen Gründen getroffen werden sollen. Kinder und Jugendliche sollen vor wirtschaftlicher und sozialer Ausbeutung geschützt werden. Ihre Beschäftigung mit Arbeiten, die ihrer Moral oder Gesundheit schaden, ihr Leben gefährden oder voraussichtlich ihre normale Entwicklung behindern, soll gesetzlich strafbar sein. Die Staaten sollen ferner Altersgrenzen festsetzen, unterhalb derer die entgeltliche Beschäftigung von Kindern gesetzlich verboten und strafbar ist.

Vgl. BV 8, BV 11, BV 41 Abs. 1 Bst. c, f, g, BV 110, BV 116.

Art. 11

(1) Die Vertragsstaaten erkennen das Recht eines jeden auf einen angemessenen Lebensstandard für sich und seine Familie an, einschliesslich ausreichender Ernährung, Bekleidung und Unterbringung, sowie auf eine stetige Verbesserung der Lebensbedingungen. Die Vertragsstaaten unternehmen geeignete Schritte, um die Verwirklichung dieses Rechts zu gewährleisten, und erkennen zu diesem Zweck die entscheidende Bedeutung einer internationalen, auf freier Zustimmung beruhenden Zusammenarbeit an.

(2) In Anerkennung des grundlegenden Rechts eines jeden, vor Hunger geschützt zu sein, werden die Vertragsstaaten einzeln und im Wege internationaler Zusammenarbeit die erforderlichen Massnahmen, einschliesslich besonderer Programme, durchführen

a) zur Verbesserung der Methoden der Erzeugung, Haltbarmachung und Verteilung von Nahrungsmitteln durch volle Nutzung der technischen und wissenschaftlichen Erkenntnisse, durch Verbreitung der ernährungswissenschaftlichen Grundsätze sowie durch die Entwicklung oder Reform landwirtschaftlicher Systeme mit dem Ziel einer möglichst wirksamen Erschliessung und Nutzung der natürlichen Hilfsquellen;
b) zur Sicherung einer dem Bedarf entsprechenden gerechten Verteilung der Nahrungsmittelvorräte der Welt unter Berücksichtigung der Probleme der Nahrungsmittel einführenden und ausführenden Länder.

Vgl. BV 12, BV 41 Abs. 1 Bst. e, BV 54 Abs. 2. – Vgl. auch BGE 122 I 103.

Art. 12

(1) Die Vertragsstaaten erkennen das Recht eines jeden auf das für ihn erreichbare Höchstmass an körperlicher und geistiger Gesundheit an.

(2) Die von den Vertragsstaaten zu unternehmenden Schritte zur vollen Verwirklichung dieses Rechts umfassen die erforderlichen Massnahmen

a) zur Senkung der Zahl der Totgeburten und der Kindersterblichkeit sowie zur gesunden Entwicklung des Kindes;
b) zur Verbesserung aller Aspekte der Umwelt- und der Arbeitshygiene;
c) zur Vorbeugung, Behandlung und Bekämpfung epidemischer, endemischer, Berufs- und sonstiger Krankheiten;
d) zur Schaffung der Voraussetzungen, die für jedermann im Krankheitsfall den Genuss medizinischer Einrichtungen und ärztlicher Betreuung sicherstellen.

Vgl. BV 12, BV 41 Abs. 1 Bst. b, BV 110, BV 118. – Vgl. auch BGE 123 I 138.

Art. 13

(1) Die Vertragsstaaten erkennen das Recht eines jeden auf Bildung an. Sie stimmen überein, dass die Bildung auf die volle Entfaltung der menschlichen Persönlichkeit und des Bewusstseins ihrer Würde gerichtet sein und die Achtung vor den Menschenrechten und Grundfreiheiten stärken muss. Sie stimmen ferner überein, dass die Bildung es jedermann ermöglichen muss, eine nützliche Rolle in einer freien Gesellschaft zu spielen, dass sie Verständnis, Toleranz und Freundschaft unter allen Völkern und allen rassischen, ethnischen und religiösen Gruppen fördern sowie die Tätigkeit der Vereinten Nationen zur Erhaltung des Friedens unterstützen muss.

(2) Die Vertragsstaaten erkennen an, dass im Hinblick auf die volle Verwirklichung dieses Rechts

a) der Grundschulunterricht für jedermann Pflicht und allen unentgeltlich zugänglich sein muss;

b) die verschiedenen Formen des höheren Schulwesens einschliesslich des höheren Fach- und Berufsschulwesens auf jede geeignete Weise, insbesondere durch allmähliche Einführung der Unentgeltlichkeit, allgemein verfügbar und jedermann zugänglich gemacht werden müssen;
c) der Hochschulunterricht auf jede geeignete Weise, insbesondere durch allmähliche Einführung der Unentgeltlichkeit, jedermann gleichermassen entsprechend seinen Fähigkeiten zugänglich gemacht werden muss;
d) eine grundlegende Bildung für Personen, die eine Grundschule nicht besucht oder nicht beendet haben, so weit wie möglich zu fördern oder zu vertiefen ist;
e) die Entwicklung eines Schulsystems auf allen Stufen aktiv voranzutreiben, ein angemessenes Stipendiensystem einzurichten und die wirtschaftliche Lage der Lehrerschaft fortlaufend zu verbessern ist.

(3) Die Vertragsstaaten verpflichten sich, die Freiheit der Eltern und gegebenenfalls des Vormunds oder Pflegers zu achten, für ihre Kinder andere als öffentliche Schulen zu wählen, die den vom Staat gegebenenfalls festgesetzten oder gebilligten bildungspolitischen Mindestnormen entsprechen, sowie die religiöse und sittliche Erziehung ihrer Kinder in Übereinstimmung mit ihren eigenen Überzeugungen sicherzustellen.

(4) Keine Bestimmung dieses Artikels darf dahin ausgelegt werden, dass sie die Freiheit natürlicher oder juristischer Personen beeinträchtigt, Bildungseinrichtungen zu schaffen und zu leiten, sofern die in Absatz 1 niedergelegten Grundsätze beachtet werden und die in solchen Einrichtungen vermittelte Bildung den vom Staat gegebenenfalls festgesetzten Mindestnormen entspricht.

Vgl. BV 15, BV 19, BV 41 Abs. 1 Bst. f, BV 61a ff. – Vgl. auch BGE 129 I 41. Das Bundesgericht verneint die unmittelbare Anwendbarkeit von Abs. 2 Bst. b (BGE 126 I 242) und Bst. c (BGE 120 Ia 10; BGE 126 I 244; BGE 130 I 121).

Art. 14

Jeder Vertragsstaat, der zu dem Zeitpunkt, da er Vertragspartei wird, im Mutterland oder in sonstigen seiner Hoheitsgewalt unterstehenden Gebieten noch nicht die Grundschulpflicht auf der Grundlage der Unentgeltlichkeit einführen konnte, verpflichtet sich, binnen zwei Jahren einen ausführlichen Aktionsplan auszuarbeiten und anzunehmen, der die schrittweise Verwirklichung des Grundsatzes der unentgeltlichen allgemeinen Schulpflicht innerhalb einer angemessenen, in dem Plan festzulegenden Zahl von Jahren vorsieht.

Art. 15

(1) Die Vertragsstaaten erkennen das Recht eines jeden an
a) am kulturellen Leben teilzunehmen;
b) an den Errungenschaften des wissenschaftlichen Fortschritts und seiner Anwendung teilzuhaben;
c) den Schutz der geistigen und materiellen Interessen zu geniessen, die ihm als Urheber von Werken der Wissenschaft, Literatur oder Kunst erwachsen.

(2) Die von den Vertragsstaaten zu unternehmenden Schritte zur vollen Verwirklichung dieses Rechts umfassen die zur Erhaltung, Entwicklung und Verbreitung von Wissenschaft und Kultur erforderlichen Massnahmen.

(3) Die Vertragsstaaten verpflichten sich, die zu wissenschaftlicher Forschung und schöpferischer Tätigkeit unerlässliche Freiheit zu achten.

(4) Die Vertragsstaaten erkennen die Vorteile an, die sich aus der Förderung und Entwicklung internationaler Kontakte und Zusammenarbeit auf wissenschaftlichem und kulturellem Gebiet ergeben.

Vgl. BV 20, BV 21, BV 64, BV 69, BV 70.

[Art. 16–Art. 31: hier nicht abgedruckt; siehe SR 0.103.1]

Nr. 7 Internationaler Pakt über bürgerliche und politische Rechte (Auszug)

vom 16. Dezember 1966

SR 0.103.2

Abgeschlossen in New York am 16. Dezember 1966.
Von der Bundesversammlung genehmigt am 13. Dezember 1991.[1]
Schweizerische Beitrittsurkunde hinterlegt am 18. Juni 1992.
In Kraft getreten für die Schweiz am 18. September 1992

Literaturhinweise

KÄLIN WALTER/KÜNZLI JÖRG, Universeller Menschenrechtsschutz, Basel usw. 2005; KÄLIN WALTER/MALINVERNI GIORGIO/NOWAK MANFRED, Die Schweiz und die UNO-Menschenrechtspakte, 2. Aufl., Basel usw. 1999; NOWAK MANFRED, U.N. Covenant on Civil and Political Rights, CCPR Commentary, 2. Aufl., Kehl 2005; SCHILLING THEODOR, Internationaler Menschenrechtsschutz, Tübingen 2004; VILLIGER MARK E., EMRK und UNO-Menschenrechtspakte, VRdCH, 647 ff.

Teil I

Art. 1

(1) Alle Völker haben das Recht auf Selbstbestimmung. Kraft dieses Rechts entscheiden sie frei über ihren politischen Status und gestalten in Freiheit ihre wirtschaftliche, soziale und kulturelle Entwicklung.

(2) Alle Völker können für ihre eigenen Zwecke frei über ihre natürlichen Reichtümer und Mittel verfügen, unbeschadet aller Verpflichtungen, die aus der internationalen wirtschaftlichen Zusammenarbeit auf der Grundlage des gegenseitigen Wohles sowie aus dem Völkerrecht erwachsen. In keinem Fall darf ein Volk seiner eigenen Existenzmittel beraubt werden.

(3) Die Vertragsstaaten, einschliesslich der Staaten, die für die Verwaltung von Gebieten ohne Selbstregierung und von Treuhandgebieten verantwortlich sind, haben entsprechend den Bestimmungen der Charta der Vereinten Nationen die Verwirklichung des Rechts auf Selbstbestimmung zu fördern und dieses Recht zu achten.

---

1 AS 1993 747. Der französische Originaltext findet sich unter SR 0.103.2.

Teil II

Art. 2

(1) Jeder Vertragsstaat verpflichtet sich, die in diesem Pakt anerkannten Rechte zu achten und sie allen in seinem Gebiet befindlichen und seiner Herrschaftsgewalt unterstehenden Personen ohne Unterschied wie insbesondere der Rasse, der Hautfarbe, des Geschlechts, der Sprache, der Religion, der politischen oder sonstigen Anschauung, der nationalen oder sozialen Herkunft, des Vermögens, der Geburt oder des sonstigen Status zu gewährleisten.

(2) Jeder Vertragsstaat verpflichtet sich, im Einklang mit seinem verfassungsmässigen Verfahren und mit den Bestimmungen dieses Paktes die erforderlichen Schritte zu unternehmen, um die gesetzgeberischen oder sonstigen Vorkehrungen zu treffen, die notwendig sind, um den in diesem Pakt anerkannten Rechten Wirksamkeit zu verleihen, soweit solche Vorkehrungen nicht bereits getroffen worden sind.

(3) Jeder Vertragsstaat verpflichtet sich,

a) dafür Sorge zu tragen, dass jeder, der in seinen in diesem Pakt anerkannten Rechten oder Freiheiten verletzt worden ist, das Recht hat, eine wirksame Beschwerde einzulegen, selbst wenn die Verletzung von Personen begangen worden ist, die in amtlicher Eigenschaft gehandelt haben;

b) dafür Sorge zu tragen, dass jeder, der eine solche Beschwerde erhebt, sein Recht durch das zuständige Gerichts-, Verwaltungs- oder Gesetzgebungsorgan oder durch eine andere, nach den Rechtsvorschriften des Staates zuständige Stelle feststellen lassen kann, und den gerichtlichen Rechtsschutz auszubauen;

c) dafür Sorge zu tragen, dass die zuständigen Stellen Beschwerden, denen stattgegeben wurde, Geltung verschaffen.

Vgl. hinten Art. 26 sowie BV 8, BV 29a, BV 35. – Vgl. auch BGE 126 II 394; BGE 123 II 608, 618.

Art. 3

Die Vertragsstaaten verpflichten sich, die Gleichberechtigung von Mann und Frau bei der Ausübung aller in diesem Pakt festgelegten bürgerlichen und politischen Rechte sicherzustellen.

Vgl. BV 8. – Vgl. auch BGE 121 V 232.

Art. 4

(1) Im Falle eines öffentlichen Notstandes, der das Leben der Nation bedroht und der amtlich verkündet ist, können die Vertragsstaaten Massnahmen ergreifen, die ihre Verpflichtungen aus diesem Pakt in dem Umfang, den die Lage unbedingt erfordert, ausser Kraft setzen, vorausgesetzt, dass diese Massnahmen ihren sonstigen völkerrechtlichen Verpflichtungen nicht zuwiderlaufen und keine Diskriminierung allein wegen der Rasse, der Hautfarbe, des Geschlechts, der Sprache, der Religion oder der sozialen Herkunft enthalten.

(2) Auf Grund der vorstehenden Bestimmung dürfen die Artikel 6, 7, 8 (Absätze 1 und 2), 11, 15, 16 und 18 nicht ausser Kraft gesetzt werden.

(3) Jeder Vertragsstaat, der das Recht, Verpflichtungen ausser Kraft zu setzen, ausübt, hat den übrigen Vertragsstaaten durch Vermittlung des Generalsekretärs der Vereinten Nationen unverzüglich mitzuteilen, welche Bestimmungen er ausser Kraft gesetzt hat und welche Gründe ihn dazu veranlasst haben. Auf demselben Wege ist durch eine weitere Mitteilung der Zeitpunkt anzugeben, in dem eine solche Massnahme endet.

Art. 5

(1) Keine Bestimmung dieses Paktes darf dahin ausgelegt werden, dass sie für einen Staat, eine Gruppe oder eine Person das Recht begründet, eine Tätigkeit auszuüben oder eine Handlung zu begehen, die auf die Abschaffung der in diesem Pakt anerkannten Rechte und Freiheiten oder auf weitergehende Beschränkungen dieser Rechte und Freiheiten, als in dem Pakt vorgesehen, hinzielt.

(2) Die in einem Vertragsstaat durch Gesetze, Übereinkommen, Verordnungen oder durch Gewohnheitsrecht anerkannten oder bestehenden grundlegenden Menschenrechte dürfen nicht unter dem Vorwand beschränkt oder ausser Kraft gesetzt werden, dass dieser Pakt derartige Rechte nicht oder nur in einem geringen Ausmasse anerkenne.

Zum Günstigkeitsprinzip vgl. BGE 126 II 328; BGE 122 II 142.

Teil III

Art. 6

(1) Jeder Mensch hat ein angeborenes Recht auf Leben. Dieses Recht ist gesetzlich zu schützen. Niemand darf willkürlich seines Lebens beraubt werden.

(2) In Staaten, in denen die Todesstrafe nicht abgeschafft worden ist, darf ein Todesurteil nur für schwerste Verbrechen auf Grund von Gesetzen verhängt werden, die zur Zeit der Begehung der Tat in Kraft waren und die den Bestimmungen dieses

Paktes und der Konvention über die Verhütung und Bestrafung des Völkermordes nicht widersprechen. Diese Strafe darf nur auf Grund eines von einem zuständigen Gericht erlassenen rechtskräftigen Urteils vollstreckt werden.

(3) Erfüllt die Tötung den Tatbestand des Völkermordes, so ermächtigt dieser Artikel die Vertragsstaaten nicht, sich in irgendeiner Weise einer Verpflichtung zu entziehen, die sich nach den Bestimmungen der Konvention über die Verhütung und Bestrafung des Völkermordes übernommen haben.

(4) Jeder zum Tode Verurteilte hat das Recht, um Begnadigung oder Umwandlung der Strafe zu bitten. Amnestie, Begnadigung oder Umwandlung der Todesstrafe kann in allen Fällen gewährt werden.

(5) Die Todesstrafe darf für strafbare Handlungen, die von Jugendlichen unter 18 Jahren begangen worden sind, nicht verhängt und an schwangeren Frauen nicht vollstreckt werden.

(6) Keine Bestimmung dieses Artikels darf herangezogen werden, um die Abschaffung der Todesstrafe durch einen Vertragsstaat zu verzögern oder zu verhindern.

Vgl. BV 10 Abs. 1 sowie die Protokolle Nr. 6 (→ Nr. 3) und Nr. 13 (→ Nr. 5) zur EMRK.

Art. 7

Niemand darf der Folter oder grausamer, unmenschlicher oder erniedrigender Behandlung oder Strafe unterworfen werden. Insbesondere darf niemand ohne seine freiwillige Zustimmung medizinischen oder wissenschaftlichen Versuchen unterworfen werden.

Vgl. BV 10 Abs. 3 und BV 25 Abs. 3 sowie EMRK 3.

Art. 8

(1) Niemand darf in Sklaverei gehalten werden; Sklaverei und Sklavenhandel in allen ihren Formen sind verboten.

(2) Niemand darf in Leibeigenschaft gehalten werden.

(3) a) Niemand darf gezwungen werden, Zwangs- oder Pflichtarbeit zu verrichten;

b) Buchstabe a ist nicht so auszulegen, dass er in Staaten, in denen bestimmte Straftaten mit einem mit Zwangsarbeit verbundenen Freiheitsentzug geahndet werden können, die Leistung von Zwangsarbeit auf Grund einer Verurteilung durch ein zuständiges Gericht ausschliesst;

c) als «Zwangs- oder Pflichtarbeit» im Sinne dieses Absatzes gilt nicht

   i) jede nicht unter Buchstabe b genannte Arbeit oder Dienstleistung, die normalerweise von einer Person verlangt wird, der auf Grund einer rechtmässigen Gerichtsentscheidung die Freiheit entzogen oder die aus einem solchen Freiheitsentzug bedingt entlassen worden ist;

ii) jede Dienstleistung militärischer Art sowie in Staaten, in denen die Wehrdienstverweigerung aus Gewissensgründen anerkannt wird, jede für Wehrdienstverweigerer gesetzlich vorgeschriebene nationale Dienstleistung;
iii) jede Dienstleistung im Falle von Notständen oder Katastrophen, die das Leben oder das Wohl der Gemeinschaft bedrohen;
iv) jede Arbeit oder Dienstleistung, die zu den normalen Bürgerpflichten gehört.

Vgl. EMRK 4.

Art. 9

(1) Jedermann hat ein Recht auf persönliche Freiheit und Sicherheit. Niemand darf willkürlich festgenommen oder in Haft gehalten werden. Niemand darf seine Freiheit entzogen werden, es sei denn aus gesetzlich bestimmten Gründen und unter Beachtung des im Gesetz vorgeschriebenen Verfahrens.

(2) Jeder Festgenommene ist bei seiner Festnahme über die Gründe der Festnahme zu unterrichten und die gegen ihn erhobenen Beschuldigungen sind ihm unverzüglich mitzuteilen.

(3) Jeder, der unter dem Vorwurf einer strafbaren Handlung festgenommen worden ist oder in Haft gehalten wird, muss unverzüglich einem Richter oder einer anderen gesetzlich zur Ausübung richterlicher Funktionen ermächtigten Amtsperson vorgeführt werden und hat Anspruch auf ein Gerichtsverfahren innerhalb angemessener Frist oder auf Entlassung aus der Haft. Es darf nicht die allgemeine Regel sein, dass Personen, die eine gerichtliche Aburteilung erwarten, in Haft gehalten werden, doch kann die Freilassung davon abhängig gemacht werden, dass für das Erscheinen zur Hauptverhandlung oder zu jeder anderen Verfahrenshandlung und gegebenenfalls zur Vollstreckung des Urteils Sicherheit geleistet wird.

(4) Jeder, dem seine Freiheit durch Festnahme oder Haft entzogen ist, hat das Recht, ein Verfahren vor einem Gericht zu beantragen, damit dieses unverzüglich über die Rechtmässigkeit der Freiheitsentziehung entscheiden und seine Entlassung anordnen kann, falls die Freiheitsentziehung nicht rechtmässig ist.

(5) Jeder, der unrechtmässig festgenommen oder in Haft gehalten worden ist, hat einen Anspruch auf Entschädigung.

Vgl. BV 31 und EMRK 5. – Vgl. auch BGE 125 I 115; BGE 123 I 38.

Art. 10

(1) Jeder, dem seine Freiheit entzogen ist, muss menschlich und mit Achtung vor der dem Menschen innewohnenden Würde behandelt werden.

(2) a) Beschuldigte sind, abgesehen von aussergewöhnlichen Umständen, von Verurteilten getrennt unterzubringen und so zu behandeln, wie es ihrer Stellung als Nichtverurteilte entspricht;

b) jugendliche Beschuldigte sind von Erwachsenen zu trennen, und es hat so schnell wie möglich ein Urteil zu ergehen.

(3) Der Strafvollzug schliesst eine Behandlung der Gefangenen ein, die vornehmlich auf ihre Besserung und gesellschaftliche Wiedereingliederung hinzielt. Jugendliche Straffällige sind von Erwachsenen zu trennen und ihrem Alter und ihrer Rechtsstellung entsprechend zu behandeln.

Vgl. BV 7, BV 10 sowie den Vorbehalt zu Abs. 2 Bst. b (Rückzug vom Bundesrat am 4.4.2007 beschlossen). – Vgl. auch BGE 123 I 233; BGE 122 I 226.

Art. 11

Niemand darf nur deswegen in Haft genommen werden, weil er nicht in der Lage ist, eine vertragliche Verpflichtung zu erfüllen.

Vgl. BV 7 und BV 10 (BV 1874 Art. 59 Abs. 3). – Vgl. auch BGE 130 I 171.

Art. 12

(1) Jedermann, der sich rechtmässig im Hoheitsgebiet eines Staates aufhält, hat das Recht, sich dort frei zu bewegen und seinen Wohnsitz frei zu wählen.

(2) Jedermann steht es frei, jedes Land einschliesslich seines eigenen zu verlassen.

(3) Die oben erwähnten Rechte dürfen nur eingeschränkt werden, wenn dies gesetzlich vorgesehen und zum Schutz der nationalen Sicherheit, der öffentlichen Ordnung (ordre public), der Volksgesundheit, der öffentlichen Sittlichkeit oder der Rechte und Freiheiten anderer notwendig ist und die Einschränkungen mit den übrigen in diesem Pakt anerkannten Rechten vereinbar sind.

(4) Niemand darf willkürlich das Recht entzogen werden, in sein eigenes Land einzureisen.

Vgl. BV 10, BV 24 sowie den Vorbehalt zu Abs. 1. – Vgl. auch BGE 123 II 472, 478; BGE 122 II 433, 442.

Art. 13

Ein Ausländer, der sich rechtmässig im Hoheitsgebiet eines Vertragsstaates aufhält, kann aus diesem nur auf Grund einer rechtmässig ergangenen Entscheidung ausgewiesen werden, und es ist ihm, sofern nicht zwingende Gründe der nationalen Sicherheit entgegenstehen, Gelegenheit zu geben, die gegen seine Ausweisung sprechenden Gründe vorzubringen und diese Entscheidung durch die zuständige Behörde oder durch eine oder mehrere von dieser Behörde besonders bestimmte Personen nachprüfen und sich dabei vertreten zu lassen.

Vgl. BV 10, 13, 25, 121; Art. 1 Prot. Nr. 7 EMRK. – Vgl. auch BGE 122 II 442.

Art. 14

(1) Alle Menschen sind vor Gericht gleich. Jedermann hat Anspruch darauf, dass über eine gegen ihn erhobene strafrechtliche Anklage oder seine zivilrechtlichen Ansprüche und Verpflichtungen durch ein zuständiges, unabhängiges, unparteiisches und auf Gesetz beruhendes Gericht in billiger Weise und öffentlich verhandelt wird. Aus Gründen der Sittlichkeit, der öffentlichen Ordnung (ordre public) oder der nationalen Sicherheit in einer demokratischen Gesellschaft oder wenn es im Interesse des Privatlebens der Parteien erforderlich ist oder – soweit dies nach Auffassung des Gerichts unbedingt erforderlich ist – unter besonderen Umständen, in denen die Öffentlichkeit des Verfahrens die Interessen der Gerechtigkeit beeinträchtigen würde, können Presse und Öffentlichkeit während der ganzen oder eines Teils der Verhandlung ausgeschlossen werden; jedes Urteil in einer Straf- oder Zivilsache ist jedoch öffentlich zu verkünden, sofern nicht die Interessen Jugendlicher dem entgegenstehen oder das Verfahren Ehestreitigkeiten oder die Vormundschaft über Kinder betrifft.

(2) Jeder wegen einer strafbaren Handlung Angeklagte hat Anspruch darauf, bis zu dem im gesetzlichen Verfahren erbrachten Nachweis seiner Schuld als unschuldig zu gelten.

(3) Jeder wegen einer strafbaren Handlung Angeklagte hat in gleicher Weise im Verfahren Anspruch auf folgende Mindestgarantien:

a) Er ist unverzüglich und im einzelnen in einer ihm verständlichen Sprache über Art und Grund der gegen ihn erhobenen Anklage zu unterrichten;

b) er muss hinreichend Zeit und Gelegenheit zur Vorbereitung seiner Verteidigung und zum Verkehr mit einem Verteidiger seiner Wahl haben;

c) es muss ohne unangemessene Verzögerung ein Urteil gegen ihn ergehen;

d) er hat das Recht, bei der Verhandlung anwesend zu sein und sich selbst zu verteidigen oder durch einen Verteidiger seiner Wahl verteidigen zu lassen; falls er keinen Verteidiger hat, ist er über das Recht, einen Verteidiger in Anspruch zu nehmen, zu unterrichten; fehlen ihm die Mittel zur Bezahlung eines Verteidi-

gers, so ist ihm ein Verteidiger unentgeltlich zu bestellen, wenn dies im Interesse der Rechtspflege erforderlich ist;
e) er darf Fragen an die Belastungszeugen stellen oder stellen lassen und das Erscheinen und die Vernehmung der Entlastungszeugen unter den für die Belastungszeugen geltenden Bedingungen erwirken;
f) er kann die unentgeltliche Beiziehung eines Dolmetschers verlangen, wenn er die Verhandlungssprache des Gerichts nicht versteht oder spricht;
g) er darf nicht gezwungen werden, gegen sich selbst als Zeuge auszusagen oder sich schuldig zu bekennen.

(4) Gegen Jugendliche ist das Verfahren in einer Weise zu führen, die ihrem Alter entspricht und ihre Wiedereingliederung in die Gesellschaft fördert.

(5) Jeder, der wegen einer strafbaren Handlung verurteilt worden ist, hat das Recht, das Urteil entsprechend dem Gesetz durch ein höheres Gericht nachprüfen zu lassen.

(6) Ist jemand wegen einer strafbaren Handlung rechtskräftig verurteilt und ist das Urteil später aufgehoben oder der Verurteilte begnadigt worden, weil eine neue oder eine neu bekannt gewordene Tatsache schlüssig beweist, dass ein Fehlurteil vorlag, so ist derjenige, der auf Grund eines solchen Urteils eine Strafe verbüsst hat, entsprechend dem Gesetz zu entschädigen, sofern nicht nachgewiesen wird, dass das nicht rechtzeitige Bekanntwerden der betreffenden Tatsache ganz oder teilweise ihm zuzuschreiben ist.

(7) Niemand darf wegen einer strafbaren Handlung, wegen der er bereits nach dem Gesetz und dem Strafverfahrensrecht des jeweiligen Landes rechtskräftig verurteilt oder freigesprochen worden ist, erneut verfolgt oder bestraft werden.

Vgl. BV 29, 29a, 30, 32; EMRK 6 sowie die Vorbehalte zu Abs. 1 und 5 (Rückzug vom Bundesrat am 4.4.2007 beschlossen). – Vgl. auch BGE 131 II 173; BGE 131 I 350, 359; BGE 131 IV 40; BGE 128 I 239.

Art. 15

(1) Niemand darf wegen einer Handlung oder Unterlassung verurteilt werden, die zur Zeit ihrer Begehung nach inländischem oder nach internationalem Recht nicht strafbar war. Ebenso darf keine schwerere Strafe als die im Zeitpunkt der Begehung der strafbaren Handlung angedrohte Strafe verhängt werden. Wird nach Begehung einer strafbaren Handlung durch Gesetz eine mildere Strafe eingeführt, so ist das mildere Gesetz anzuwenden.

(2) Dieser Artikel schliesst die Verurteilung oder Bestrafung einer Person wegen einer Handlung oder Unterlassung nicht aus, die im Zeitpunkt ihrer Begehung nach den von der Völkergemeinschaft anerkannten allgemeinen Rechtsgrundsätzen strafbar war.

Vgl. BV 5 und EMRK 7.

Art. 16

Jedermann hat das Recht, überall als rechtsfähig anerkannt zu werden.

Art. 17

(1) Niemand darf willkürlichen oder rechtswidrigen Eingriffen in sein Privatleben, seine Familie, seine Wohnung und seinen Schriftverkehr oder rechtswidrigen Beeinträchtigungen seiner Ehre und seines Rufes ausgesetzt werden.

(2) Jedermann hat Anspruch auf rechtlichen Schutz gegen solche Eingriffe oder Beeinträchtigungen.

> Vgl. BV 13 und EMRK 8. – Vgl. auch BGE 126 I 61; BGE 122 I 187.

Art. 18

(1) Jedermann hat das Recht auf Gedanken-, Gewissens- und Religionsfreiheit. Dieses Recht umfasst die Freiheit, eine Religion oder eine Weltanschauung eigener Wahl zu haben oder anzunehmen, und die Freiheit, seine Religion oder Weltanschauung allein oder in Gemeinschaft mit anderen, öffentlich oder privat durch Gottesdienst, Beachtung religiöser Bräuche, Ausübung und Unterricht zu bekunden.

(2) Niemand darf einem Zwang ausgesetzt werden, der seine Freiheit, eine Religion oder eine Weltanschauung seiner Wahl zu haben oder anzunehmen, beeinträchtigen würde.

(3) Die Freiheit, seine Religion oder Weltanschauung zu bekunden, darf nur den gesetzlich vorgesehenen Einschränkungen unterworfen werden, die zum Schutz der öffentlichen Sicherheit, Ordnung, Gesundheit, Sittlichkeit oder der Grundrechte und -freiheiten anderer erforderlich sind.

(4) Die Vertragsstaaten verpflichten sich, die Freiheit der Eltern und gegebenenfalls des Vormunds oder Pflegers zu achten, die religiöse und sittliche Erziehung ihrer Kinder in Übereinstimmung mit ihren eigenen Überzeugungen sicherzustellen.

> Vgl. BV 15 und EMRK 9. – Vgl. auch BGE 129 I 76.

Art. 19

(1) Jedermann hat das Recht auf unbehinderte Meinungsfreiheit.

(2) Jedermann hat das Recht auf freie Meinungsäusserung; dieses Recht schliesst die Freiheit ein, ohne Rücksicht auf Staatsgrenzen Informationen und Gedankengut jeder Art in Wort, Schrift oder Druck, durch Kunstwerke oder andere Mittel eigener Wahl sich zu beschaffen, zu empfangen und weiterzugeben.

(3) Die Ausübung der in Absatz 2 vorgesehenen Rechte ist mit besonderen Pflichten und einer besonderen Verantwortung verbunden. Sie kann daher bestimmten, gesetzlich vorgesehenen Einschränkungen unterworfen werden, die erforderlich sind

a) für die Achtung der Rechte oder des Rufs anderer;
b) für den Schutz der nationalen Sicherheit, der öffentlichen Ordnung (ordre public), der Volksgesundheit oder der öffentlichen Sittlichkeit.

Vgl. BV 16 und BV 17 sowie EMRK 10. – Vgl. auch BGE 130 I 375, 379.

Art. 20

(1) Jede Kriegspropaganda wird durch Gesetz verboten.

(2) Jedes Eintreten für nationalen, rassischen oder religiösen Hass, durch das zu Diskriminierung, Feindseligkeit oder Gewalt aufgestachelt wird, wird durch Gesetz verboten.

Vgl. hinten (Vorbehalte und Erklärungen der Schweiz).

Art. 21

Das Recht, sich friedlich zu versammeln, wird anerkannt. Die Ausübung dieses Rechts darf keinen anderen als den gesetzlich vorgesehenen Einschränkungen unterworfen werden, die in einer demokratischen Gesellschaft im Interesse der nationalen oder der öffentlichen Sicherheit, der öffentlichen Ordnung (ordre public), zum Schutz der Volksgesundheit, der öffentlichen Sittlichkeit oder zum Schutz der Rechte und Freiheiten anderer notwendig sind.

Vgl. BV 22 und EMRK 11. – Vgl. auch BGE 127 I 174.

Art. 22

(1) Jedermann hat das Recht, sich frei mit anderen zusammenzuschliessen sowie zum Schutz seiner Interessen Gewerkschaften zu bilden und ihnen beizutreten.

(2) Die Ausübung dieses Rechts darf keinen anderen als den gesetzlich vorgesehenen Einschränkungen unterworfen werden, die in einer demokratischen Gesellschaft im Interesse der nationalen oder der öffentlichen Sicherheit, der öffentlichen Ordnung (ordre public), zum Schutz der Volksgesundheit, der öffentlichen Sittlichkeit oder zum Schutz der Rechte und Freiheiten anderer notwendig sind. Dieser Artikel steht gesetzlichen Einschränkungen der Ausübung dieses Rechts für Angehörige der Streitkräfte oder der Polizei nicht entgegen.

(3) Keine Bestimmung dieses Artikels ermächtigt die Vertragsstaaten des Übereinkommens der Internationalen Arbeitsorganisation von 1948[1] über die Vereinigungsfreiheit und den Schutz des Vereinigungsrechts, gesetzgeberische Massnahmen zu treffen oder Gesetze so anzuwenden, dass die Garantien des obengenannten Übereinkommens beeinträchtigt werden.

Vgl. BV 23 und BV 28 sowie EMRK 11. – Vgl. auch BGE 125 III 282.

Art. 23

(1) Die Familie ist die natürliche Kernzelle der Gesellschaft und hat Anspruch auf Schutz durch Gesellschaft und Staat.

(2) Das Recht von Mann und Frau, im heiratsfähigen Alter eine Ehe einzugehen und eine Familie zu gründen, wird anerkannt.

(3) Eine Ehe darf nur im freien und vollen Einverständnis der künftigen Ehegatten geschlossen werden.

(4) Die Vertragsstaaten werden durch geeignete Massnahmen sicherstellen, dass die Ehegatten gleiche Rechte und Pflichten bei der Eheschliessung, während der Ehe und bei Auflösung der Ehe haben. Für den nötigen Schutz der Kinder im Falle einer Auflösung der Ehe ist Sorge zu tragen.

Vgl. BV 14 und EMRK 12.

Art. 24

(1) Jedes Kind hat ohne Diskriminierung hinsichtlich der Rasse, der Hautfarbe, des Geschlechts, der Sprache, der Religion, der nationalen oder sozialen Herkunft, des Vermögens oder der Geburt das Recht auf diejenigen Schutzmassnahmen durch seine Familie, die Gesellschaft und den Staat, die seine Rechtsstellung als Minderjähriger erfordert.

(2) Jedes Kind muss unverzüglich nach seiner Geburt in ein Register eingetragen werden und einen Namen erhalten.

(3) Jedes Kind hat das Recht, eine Staatsangehörigkeit zu erwerben.

Vgl. BV 11 sowie das Übereinkommen vom 20.11.1989 über die Rechte des Kindes (SR 0.107).

---

[1] SR 0.822.719.7.

Art. 25

Jeder Staatsbürger hat das Recht und die Möglichkeit, ohne Unterschied nach den in Artikel 2 genannten Merkmalen und ohne unangemessene Einschränkungen
a) an der Gestaltung der öffentlichen Angelegenheiten unmittelbar oder durch frei gewählte Vertreter teilzunehmen;
b) bei echten, wiederkehrenden, allgemeinen, gleichen und geheimen Wahlen, bei denen die freie Äusserung des Wählerwillens gewährleistet ist, zu wählen und gewählt zu werden;
c) unter allgemeinen Gesichtspunkten der Gleichheit zu öffentlichen Ämtern seines Landes Zugang zu haben.

Vgl. BV 8 und BV 34 sowie den Vorbehalt zu Bst. b (BGE 121 146, 148, Landsgemeinde). – Vgl. auch BGE 129 I 185, 192; BGE 125 I 298; BGE 123 I 103.

Art. 26

Alle Menschen sind vor dem Gesetz gleich und haben ohne Diskriminierung Anspruch auf gleichen Schutz durch das Gesetz. In dieser Hinsicht hat das Gesetz jede Diskriminierung zu verbieten und allen Menschen gegen jede Diskriminierung, wie insbesondere wegen der Rasse, der Hautfarbe, des Geschlechts, der Sprache, der Religion, der politischen oder sonstigen Anschauung, der nationalen oder sozialen Herkunft, des Vermögens, der Geburt oder des sonstigen Status, gleichen und wirksamen Schutz zu gewährleisten.

Vgl. BV 8 sowie den Vorbehalt der Schweiz (BGE 123 II 479). – Vgl. auch BGE 121 V 231.

Art. 27

In Staaten mit ethnischen, religiösen oder sprachlichen Minderheiten darf Angehörigen solcher Minderheiten nicht das Recht vorenthalten werden, gemeinsam mit anderen Angehörigen ihrer Gruppe ihr eigenes kulturelles Leben zu pflegen, ihre eigene Religion zu bekennen und auszuüben oder sich ihrer eigenen Sprache zu bedienen.

Vgl. BV 8, BV 15, BV 16, BV 18, BV 21.

[Art. 28–Art. 53: hier nicht abgedruckt; siehe SR 0.103.2]

Vorbehalte und Erklärungen (Auszug)
Schweiz[1]

Artikel 10 Absatz 2 Buchstabe b:

Die Trennung zwischen jugendlichen Beschuldigten und Erwachsenen wird nicht ausnahmslos gewährleistet.

[Rückzug vom Bundesrat am 4.4.2007 beschlossen.]

Artikel 12 Absatz 1:

Das Recht, sich frei zu bewegen und seinen Wohnsitz frei zu wählen, steht unter dem Vorbehalt der Bundesgesetzgebung über die Ausländer, wonach Aufenthalts- und Niederlassungsbewilligungen nur für den Kanton gelten, der sie ausgestellt hat.

Artikel 14 Absatz 1:

Der Grundsatz der Öffentlichkeit der Verhandlungen ist nicht anwendbar auf Verfahren, die sich auf Streitigkeiten über zivilrechtliche Rechte und Pflichten oder auf die Stichhaltigkeit einer strafrechtlichen Anklage beziehen und die nach kantonalen Gesetzen vor einer Verwaltungsbehörde stattfinden. Der Grundsatz der Öffentlichkeit der Urteilsverkündung ist anwendbar unter Vorbehalt der Bestimmungen der kantonalen Gesetze über den Zivil- und Strafprozess, die vorsehen, dass das Urteil nicht an einer öffentlichen Verhandlung eröffnet, sondern den Parteien schriftlich mitgeteilt wird.

Die Garantie eines gerechten Prozesses bezweckt in Bezug auf Streitigkeiten über zivilrechtliche Rechte und Pflichten nur, dass eine letztinstanzliche richterliche Prüfung der Akte oder Entscheidungen der öffentlichen Gewalt über solche Rechte oder Pflichten stattfindet. Unter dem Begriff «letztinstanzliche richterliche Prüfung» ist eine auf die Rechtsanwendung beschränkte richterliche Prüfung, die kassatorischer Natur ist, zu verstehen.

[Rückzug vom Bundesrat am 4.4.2007 beschlossen.]

---

1   Art. 1 Abs. 1 des BB vom 13. Dez. 1991 (AS 1993 747).

Artikel 14 Absatz 3 Buchstaben d und f: [1]

...

Artikel 14 Absatz 5:

Vorbehalten bleibt die Bundesgesetzgebung über die Organisation der Rechtspflege im Gebiete des Strafrechts, wenn sie im Fall der erstinstanzlichen Beurteilung durch das höchste Gericht eine Ausnahme vom Recht vorsieht, einen Schuldspruch oder eine Verurteilung von einer höheren Instanz überprüfen zu lassen.

[Rückzug vom Bundesrat am 4.4.2007 beschlossen.]

Artikel 20:

Die Schweiz behält sich vor, keine neuen Vorkehren zum Verbot der Kriegspropaganda zu ergreifen, wie es von Artikel 20 Paragraph 1 vorgeschrieben ist.

Artikel 25 Buchstabe b:

Die Bestimmungen des kantonalen und kommunalen Rechts, welche vorsehen oder zulassen, dass Wahlen an Versammlungen nicht geheim durchgeführt werden, bleiben vorbehalten.

Artikel 26:

Die Gleichheit aller Menschen vor dem Gesetz und ihr Anspruch ohne Diskriminierung auf gleichen Schutz durch das Gesetz werden nur in Verbindung mit anderen in diesem Pakt enthaltenen Rechten gewährleistet.

---

1 AS 2003 4080, 2004 1375. Der ursprüngliche Vorbehalt lautete: «Die Garantie der Unentgeltlichkeit des Beistandes eines amtlichen Verteidigers und eines Dolmetschers befreit die begünstigte Person nicht endgültig von der Zahlung der entsprechenden Kosten.»

Bundesgesetz über das Bundesgericht (Bundesgerichtsgesetz, BGG) (Auszug)

vom 17. Juni 2005

SR 173.110

Vorbemerkung

Das Bundesgerichtsgesetz ersetzt das BG vom 16.12.1943 über die Organisation der Bundesrechtspflege (Bundesrechtspflegegesetz, OG). Es wurde (wie das VGG und die letzten Teile des Bundesbeschlusses über die Justizreform) auf den 1.1.2007 in Kraft gesetzt (vgl. N 12 vor BV 188). Wiedergegeben sind hier die für den Bereich des öffentlichen Rechts besonders bedeutsamen Teile. – *Literatur:* vgl. die Hinweise vor BV 188 sowie bei BV 188 und BV 189.

Die Bundesversammlung der Schweizerischen Eidgenossenschaft,

gestützt auf die Artikel 188–191c der Bundesverfassung, nach Einsicht in die Botschaft des Bundesrates vom 28. Februar 2001[1],

beschliesst:

3. Kapitel: Das Bundesgericht als ordentliche Beschwerdeinstanz

3. Abschnitt: Beschwerde in öffentlich-rechtlichen Angelegenheiten

Art. 82 Grundsatz

Das Bundesgericht beurteilt Beschwerden:
a. gegen Entscheide in Angelegenheiten des öffentlichen Rechts;
b. gegen kantonale Erlasse;
c. betreffend die politische Stimmberechtigung der Bürger und Bürgerinnen sowie betreffend Volkswahlen und -abstimmungen.

---

1   BBl 2001 4202.

Art. 83 Ausnahmen

Die Beschwerde ist unzulässig gegen:
a. Entscheide auf dem Gebiet der inneren oder äusseren Sicherheit des Landes, der Neutralität, des diplomatischen Schutzes und der übrigen auswärtigen Angelegenheiten, soweit das Völkerrecht nicht einen Anspruch auf gerichtliche Beurteilung einräumt;
b. Entscheide über die ordentliche Einbürgerung;
c. Entscheide auf dem Gebiet des Ausländerrechts betreffend:
   1. die Einreise,
   2. Bewilligungen, auf die weder das Bundesrecht noch das Völkerrecht einen Anspruch einräumt,
   3. die vorläufige Aufnahme,
   4. die Ausweisung gestützt auf Artikel 121 Absatz 2 der Bundesverfassung und die Wegweisung,
   5. Ausnahmen von den Höchstzahlen;
d. Entscheide auf dem Gebiet des Asyls, die:
   1. vom Bundesverwaltungsgericht getroffen worden sind,
   2. von einer kantonalen Vorinstanz getroffen worden sind und eine Bewilligung betreffen, auf die weder das Bundesrecht noch das Völkerrecht einen Anspruch einräumt;
e. Entscheide über die Verweigerung der Ermächtigung zur Strafverfolgung von Behördenmitgliedern oder von Bundespersonal;
f. Entscheide auf dem Gebiet der öffentlichen Beschaffungen:
   1. wenn der geschätzte Wert des zu vergebenden Auftrags den massgebenden Schwellenwert des Bundesgesetzes vom 16. Dezember 1994[1] über das öffentliche Beschaffungswesen oder des Abkommens vom 21. Juni 1999[2] zwischen der Schweizerischen Eidgenossenschaft und der Europäischen Gemeinschaft über bestimmte Aspekte des öffentlichen Beschaffungswesens nicht erreicht,
   2. wenn sich keine Rechtsfrage von grundsätzlicher Bedeutung stellt;
g. Entscheide auf dem Gebiet der öffentlich-rechtlichen Arbeitsverhältnisse, wenn sie eine nicht vermögensrechtliche Angelegenheit, nicht aber die Gleichstellung der Geschlechter betreffen;
h. Entscheide auf dem Gebiet der internationalen Amtshilfe;
i. Entscheide auf dem Gebiet des Militär-, Zivil- und Zivilschutzdienstes;

---

[1] SR 172.056.1.
[2] SR 0.172.052.68.

j. Entscheide auf dem Gebiet der wirtschaftlichen Landesversorgung, die bei zunehmender Bedrohung oder schweren Mangellagen getroffen worden sind;
k. Entscheide betreffend Subventionen, auf die kein Anspruch besteht;
l. Entscheide über die Zollveranlagung, wenn diese auf Grund der Tarifierung oder des Gewichts der Ware erfolgt;
m. Entscheide über die Stundung oder den Erlass von Abgaben;
n. Entscheide auf dem Gebiet der Kernenergie betreffend:
 1. das Erfordernis einer Freigabe oder der Änderung einer Bewilligung oder Verfügung,
 2. die Genehmigung eines Plans für Rückstellungen für die vor Ausserbetriebnahme einer Kernanlage anfallenden Entsorgungskosten,
 3. Freigaben;
o. Entscheide über die Typengenehmigung von Fahrzeugen auf dem Gebiet des Strassenverkehrs;
p.[1] Entscheide des Bundesverwaltungsgerichts auf den Gebieten des Fernmeldeverkehrs und von Radio und Fernsehen betreffend:
 1. Konzessionen, die Gegenstand einer öffentlichen Ausschreibung waren,
 2. Streitigkeiten nach Artikel 11a des Fernmeldegesetzes vom 30. April 1997[2];
q. Entscheide auf dem Gebiet der Transplantationsmedizin betreffend:
 1. die Aufnahme in die Warteliste,
 2. die Zuteilung von Organen;
r. Entscheide auf dem Gebiet der Krankenversicherung, die das Bundesverwaltungsgericht gestützt auf Artikel 34[3] des Verwaltungsgerichtsgesetzes vom 17. Juni 2005[4] getroffen hat;
s. Entscheide auf dem Gebiet der Landwirtschaft betreffend:
 1. die Milchkontingentierung,
 2. die Abgrenzung der Zonen im Rahmen des Produktionskatasters;
t. Entscheide über das Ergebnis von Prüfungen und anderen Fähigkeitsbewertungen, namentlich auf den Gebieten der Schule, der Weiterbildung und der Berufsausübung.

---

1 Fassung gemäss Art. 106 Ziff. 3 des BG vom 24. März 2006 über Radio und Fernsehen, in Kraft seit 1. April 2007 (SR 784.40).
2 SR 784.10.
3 Berichtigt von der Redaktionskommission der BVers (Art. 58 Abs. 1 ParlG – SR 171.10).
4 SR 173.32.

Art. 84 Internationale Rechtshilfe in Strafsachen

1 Gegen einen Entscheid auf dem Gebiet der internationalen Rechtshilfe in Strafsachen ist die Beschwerde nur zulässig, wenn er eine Auslieferung, eine Beschlagnahme, eine Heraugabe von Gegenständen oder Vermögenswerten oder eine Übermittlung von Informationen aus dem Geheimbereich betrifft und es sich um einen besonders bedeutenden Fall handelt.

2 Ein besonders bedeutender Fall liegt insbesondere vor, wenn Gründe für die Annahme bestehen, dass elementare Verfahrensgrundsätze verletzt worden sind oder das Verfahren im Ausland schwere Mängel aufweist.

Art. 85 Streitwertgrenzen

1 In vermögensrechtlichen Angelegenheiten ist die Beschwerde unzulässig:
a. auf dem Gebiet der Staatshaftung, wenn der Streitwert weniger als 30 000 Franken beträgt;
b. auf dem Gebiet der öffentlich-rechtlichen Arbeitsverhältnisse, wenn der Streitwert weniger als 15 000 Franken beträgt.

2 Erreicht der Streitwert den massgebenden Betrag nach Absatz 1 nicht, so ist die Beschwerde dennoch zulässig, wenn sich eine Rechtsfrage von grundsätzlicher Bedeutung stellt.

Art. 86 Vorinstanzen im Allgemeinen

1 Die Beschwerde ist zulässig gegen Entscheide:
a. des Bundesverwaltungsgerichts;
b. des Bundesstrafgerichts;
c. der unabhängigen Beschwerdeinstanz für Radio und Fernsehen;
d. letzter kantonaler Instanzen, sofern nicht die Beschwerde an das Bundesverwaltungsgericht zulässig ist.

2 Die Kantone setzen als unmittelbare Vorinstanzen des Bundesgerichts obere Gerichte ein, soweit nicht nach einem anderen Bundesgesetz Entscheide anderer richterlicher Behörden der Beschwerde an das Bundesgericht unterliegen.

3 Für Entscheide mit vorwiegend politischem Charakter können die Kantone anstelle eines Gerichts eine andere Behörde als unmittelbare Vorinstanz des Bundesgerichts einsetzen.

Art. 87 Vorinstanzen bei Beschwerden gegen Erlasse

¹ Gegen kantonale Erlasse ist unmittelbar die Beschwerde zulässig, sofern kein kantonales Rechtsmittel ergriffen werden kann.

² Soweit das kantonale Recht ein Rechtsmittel gegen Erlasse vorsieht, findet Artikel 86 Anwendung.

Art. 88 Vorinstanzen in Stimmrechtssachen

¹ Beschwerden betreffend die politische Stimmberechtigung der Bürger und Bürgerinnen sowie betreffend Volkswahlen und -abstimmungen sind zulässig:
a. in kantonalen Angelegenheiten gegen Akte letzter kantonaler Instanzen;
b. in eidgenössischen Angelegenheiten gegen Verfügungen der Bundeskanzlei und Entscheide der Kantonsregierungen.

² Die Kantone sehen gegen behördliche Akte, welche die politischen Rechte der Stimmberechtigten in kantonalen Angelegenheiten verletzen können, ein Rechtsmittel vor. Diese Pflicht erstreckt sich nicht auf Akte des Parlaments und der Regierung.

Art. 89 Beschwerderecht

¹ Zur Beschwerde in öffentlich-rechtlichen Angelegenheiten ist berechtigt, wer:
a. vor der Vorinstanz am Verfahren teilgenommen hat oder keine Möglichkeit zur Teilnahme erhalten hat;
b. durch den angefochtenen Entscheid oder Erlass besonders berührt ist; und
c. ein schutzwürdiges Interesse an dessen Aufhebung oder Änderung hat.

² Zur Beschwerde sind ferner berechtigt:
a. die Bundeskanzlei, die Departemente des Bundes oder, soweit das Bundesrecht es vorsieht, die ihnen unterstellten Dienststellen, wenn der angefochtene Akt die Bundesgesetzgebung in ihrem Aufgabenbereich verletzen kann;
b. das zuständige Organ der Bundesversammlung auf dem Gebiet des Arbeitsverhältnisses des Bundespersonals;
c. Gemeinden und andere öffentlich-rechtliche Körperschaften, wenn sie die Verletzung von Garantien rügen, die ihnen die Kantons- oder Bundesverfassung gewährt;
d. Personen, Organisationen und Behörden, denen ein anderes Bundesgesetz dieses Recht einräumt.

³ In Stimmrechtssachen (Art. 82 Bst. c) steht das Beschwerderecht ausserdem jeder Person zu, die in der betreffenden Angelegenheit stimmberechtigt ist.

4. Kapitel: Beschwerdeverfahren
1. Abschnitt: Anfechtbare Entscheide

Art. 90 Endentscheide

Die Beschwerde ist zulässig gegen Entscheide, die das Verfahren abschliessen.

Art. 91 Teilentscheide

Die Beschwerde ist zulässig gegen einen Entscheid, der:
a. nur einen Teil der gestellten Begehren behandelt, wenn diese Begehren unabhängig von den anderen beurteilt werden können;
b. das Verfahren nur für einen Teil der Streitgenossen und Streitgenossinnen abschliesst.

Art. 92 Vor- und Zwischenentscheide über die Zuständigkeit und den Ausstand

[1] Gegen selbständig eröffnete Vor- und Zwischenentscheide über die Zuständigkeit und über Ausstandsbegehren ist die Beschwerde zulässig.

[2] Diese Entscheide können später nicht mehr angefochten werden.

Art. 93 Andere Vor- und Zwischenentscheide

[1] Gegen andere selbständig eröffnete Vor- und Zwischenentscheide ist die Beschwerde zulässig:
a. wenn sie einen nicht wieder gutzumachenden Nachteil bewirken können; oder
b. wenn die Gutheissung der Beschwerde sofort einen Endentscheid herbeiführen und damit einen bedeutenden Aufwand an Zeit oder Kosten für ein weitläufiges Beweisverfahren ersparen würde.

[2] Auf dem Gebiet der internationalen Rechtshilfe in Strafsachen sind Vor- und Zwischenentscheide nicht anfechtbar. Vorbehalten bleiben Beschwerden gegen Entscheide über die Auslieferungshaft sowie über die Beschlagnahme von Vermögenswerten und Wertgegenständen, sofern die Voraussetzungen von Absatz 1 erfüllt sind.

[3] Ist die Beschwerde nach den Absätzen 1 und 2 nicht zulässig oder wurde von ihr kein Gebrauch gemacht, so sind die betreffenden Vor- und Zwischenentscheide durch Beschwerde gegen den Endentscheid anfechtbar, soweit sie sich auf dessen Inhalt auswirken.

Art. 94 Rechtsverweigerung und Rechtsverzögerung

Gegen das unrechtmässige Verweigern oder Verzögern eines anfechtbaren Entscheids kann Beschwerde geführt werden.

2. Abschnitt: Beschwerdegründe

Art. 95 Schweizerisches Recht

Mit der Beschwerde kann die Verletzung gerügt werden von:
a. Bundesrecht;
b. Völkerrecht;
c. kantonalen verfassungsmässigen Rechten;
d. kantonalen Bestimmungen über die politische Stimmberechtigung der Bürger und Bürgerinnen und über Volkswahlen und -abstimmungen;
e. interkantonalem Recht.

Art. 96 Ausländisches Recht

Mit der Beschwerde kann gerügt werden:
a. ausländisches Recht sei nicht angewendet worden, wie es das schweizerische internationale Privatrecht vorschreibt;
b. das nach dem schweizerischen internationalen Privatrecht massgebende ausländische Recht sei nicht richtig angewendet worden, sofern der Entscheid keine vermögensrechtliche Sache betrifft.

Art. 97 Unrichtige Feststellung des Sachverhalts

[1] Die Feststellung des Sachverhalts kann nur gerügt werden, wenn sie offensichtlich unrichtig ist oder auf einer Rechtsverletzung im Sinne von Artikel 95 beruht und wenn die Behebung des Mangels für den Ausgang des Verfahrens entscheidend sein kann.

[2] Richtet sich die Beschwerde gegen einen Entscheid über die Zusprechung oder Verweigerung von Geldleistungen der Militär- oder Unfallversicherung, so kann jede unrichtige oder unvollständige Feststellung des rechtserheblichen Sachverhalts gerügt werden.[1]

---

1 Fassung gemäss Ziff. IV 1 des BG vom 16. Dez. 2005, in Kraft seit 1. Jan. 2007 (AS 2006 2003; BBl 2005 3079).

Art. 98 Beschränkte Beschwerdegründe

Mit der Beschwerde gegen Entscheide über vorsorgliche Massnahmen kann nur die Verletzung verfassungsmässiger Rechte gerügt werden.

3. Abschnitt: Neue Vorbringen

Art. 99

[1] Neue Tatsachen und Beweismittel dürfen nur so weit vorgebracht werden, als erst der Entscheid der Vorinstanz dazu Anlass gibt.

[2] Neue Begehren sind unzulässig.

4. Abschnitt: Beschwerdefrist

Art. 100 Beschwerde gegen Entscheide

[1] Die Beschwerde gegen einen Entscheid ist innert 30 Tagen nach der Eröffnung der vollständigen Ausfertigung beim Bundesgericht einzureichen.

[2] Die Beschwerdefrist beträgt zehn Tage:
a. bei Entscheiden der kantonalen Aufsichtsbehörden in Schuldbetreibungs- und Konkurssachen;
b. bei Entscheiden auf dem Gebiet der internationalen Rechtshilfe in Strafsachen;
c. bei Entscheiden über die Rückgabe eines Kindes nach dem Übereinkommen vom 25. Oktober 1980[1] über die zivilrechtlichen Aspekte internationaler Kindesentführung.

[3] Die Beschwerdefrist beträgt fünf Tage:
a. bei Entscheiden der kantonalen Aufsichtsbehörden in Schuldbetreibungs- und Konkurssachen im Rahmen der Wechselbetreibung;
b. bei Entscheiden der Kantonsregierungen über Beschwerden gegen eidgenössische Abstimmungen.

[4] Bei Entscheiden der Kantonsregierungen über Beschwerden gegen die Nationalratswahlen beträgt die Beschwerdefrist drei Tage.

[5] Bei Beschwerden wegen interkantonaler Kompetenzkonflikte beginnt die Beschwerdefrist spätestens dann zu laufen, wenn in beiden Kantonen Entscheide getroffen worden sind, gegen welche beim Bundesgericht Beschwerde geführt werden kann.

---

1 SR 0.211.230.02.

⁶ Wenn der Entscheid eines oberen kantonalen Gerichts mit einem Rechtsmittel, das nicht alle Rügen nach den Artikeln 95–98 zulässt, bei einer zusätzlichen kantonalen Gerichtsinstanz angefochten worden ist, so beginnt die Beschwerdefrist erst mit der Eröffnung des Entscheids dieser Instanz.

⁷ Gegen das unrechtmässige Verweigern oder Verzögern eines Entscheids kann jederzeit Beschwerde geführt werden.

Art. 101 Beschwerde gegen Erlasse

Die Beschwerde gegen einen Erlass ist innert 30 Tagen nach der nach dem kantonalen Recht massgebenden Veröffentlichung des Erlasses beim Bundesgericht einzureichen.

5. Abschnitt: Weitere Verfahrensbestimmungen

Art. 102 Schriftenwechsel

¹ Soweit erforderlich stellt das Bundesgericht die Beschwerde der Vorinstanz sowie den allfälligen anderen Parteien, Beteiligten oder zur Beschwerde berechtigten Behörden zu und setzt ihnen Frist zur Einreichung einer Vernehmlassung an.

² Die Vorinstanz hat innert dieser Frist die Vorakten einzusenden.

³ Ein weiterer Schriftenwechsel findet in der Regel nicht statt.

Art. 103 Aufschiebende Wirkung

¹ Die Beschwerde hat in der Regel keine aufschiebende Wirkung.

² Die Beschwerde hat im Umfang der Begehren aufschiebende Wirkung:
a. in Zivilsachen, wenn sie sich gegen ein Gestaltungsurteil richtet;
b. in Strafsachen, wenn sie sich gegen einen Entscheid richtet, der eine unbedingte Freiheitsstrafe oder eine freiheitsentziehende Massnahme ausspricht; die aufschiebende Wirkung erstreckt sich nicht auf den Entscheid über Zivilansprüche;
c. in Verfahren auf dem Gebiet der internationalen Rechtshilfe in Strafsachen, wenn sie sich gegen eine Schlussverfügung oder gegen jede andere Verfügung richtet, welche die Übermittlung von Auskünften aus dem Geheimbereich oder die Herausgabe von Gegenständen oder Vermögenswerten bewilligt.

³ Der Instruktionsrichter oder die Instruktionsrichterin kann über die aufschiebende Wirkung von Amtes wegen oder auf Antrag einer Partei eine andere Anordnung treffen.

Art. 104 Andere vorsorgliche Massnahmen

Der Instruktionsrichter oder die Instruktionsrichterin kann von Amtes wegen oder auf Antrag einer Partei vorsorgliche Massnahmen treffen, um den bestehenden Zustand zu erhalten oder bedrohte Interessen einstweilen sicherzustellen.

Art. 105 Massgebender Sachverhalt

[1] Das Bundesgericht legt seinem Urteil den Sachverhalt zugrunde, den die Vorinstanz festgestellt hat.

[2] Es kann die Sachverhaltsfeststellung der Vorinstanz von Amtes wegen berichtigen oder ergänzen, wenn sie offensichtlich unrichtig ist oder auf einer Rechtsverletzung im Sinne von Artikel 95 beruht.

[3] Richtet sich die Beschwerde gegen einen Entscheid über die Zusprechung oder Verweigerung von Geldleistungen der Militär- oder Unfallversicherung, so ist das Bundesgericht nicht an die Sachverhaltsfeststellung der Vorinstanz gebunden.[1]

Art. 106 Rechtsanwendung

[1] Das Bundesgericht wendet das Recht von Amtes wegen an.

[2] Es prüft die Verletzung von Grundrechten und von kantonalem und interkantonalem Recht nur insofern, als eine solche Rüge in der Beschwerde vorgebracht und begründet worden ist.

Art. 107 Entscheid

[1] Das Bundesgericht darf nicht über die Begehren der Parteien hinausgehen.

[2] Heisst das Bundesgericht die Beschwerde gut, so entscheidet es in der Sache selbst oder weist diese zu neuer Beurteilung an die Vorinstanz zurück. Es kann die Sache auch an die Behörde zurückweisen, die als erste Instanz entschieden hat.

[3] Erachtet das Bundesgericht eine Beschwerde auf dem Gebiet der internationalen Rechtshilfe in Strafsachen als unzulässig, so fällt es den Nichteintretensentscheid innert 15 Tagen seit Abschluss eines allfälligen Schriftenwechsels.

---

[1] Fassung gemäss Ziff. IV 1 des BG vom 16. Dez. 2005, in Kraft seit 1. Jan. 2007 (AS 2006 2003; BBl 2005 3079).

6. Abschnitt: Vereinfachtes Verfahren

Art. 108 Einzelrichter oder Einzelrichterin

¹ Der Präsident oder die Präsidentin der Abteilung entscheidet im vereinfachten Verfahren über:
a. Nichteintreten auf offensichtlich unzulässige Beschwerden;
b. Nichteintreten auf Beschwerden, die offensichtlich keine hinreichende Begründung (Art. 42 Abs. 2) enthalten;
c. Nichteintreten auf querulatorische oder rechtmissbräuchliche Beschwerden.

² Er oder sie kann einen anderen Richter oder eine andere Richterin damit betrauen.

³ Die Begründung des Entscheids beschränkt sich auf eine kurze Angabe des Unzulässigkeitsgrundes.

Art. 109 Dreierbesetzung

¹ Die Abteilungen entscheiden in Dreierbesetzung über Nichteintreten auf Beschwerden, bei denen sich keine Rechtsfrage von grundsätzlicher Bedeutung stellt oder kein besonders bedeutender Fall vorliegt, wenn die Beschwerde nur unter einer dieser Bedingungen zulässig ist (Art. 74 und 83–85). Artikel 58 Absatz 1 Buchstabe b findet keine Anwendung.

² Sie entscheiden ebenfalls in Dreierbesetzung bei Einstimmigkeit über:
a. Abweisung offensichtlich unbegründeter Beschwerden;
b. Gutheissung offensichtlich begründeter Beschwerden, insbesondere wenn der angefochtene Akt von der Rechtsprechung des Bundesgerichts abweicht und kein Anlass besteht, diese zu überprüfen.

³ Der Entscheid wird summarisch begründet. Es kann ganz oder teilweise auf den angefochtenen Entscheid verwiesen werden.

7. Abschnitt: Kantonales Verfahren

Art. 110 Beurteilung durch richterliche Behörde

Soweit die Kantone nach diesem Gesetz als letzte kantonale Instanz ein Gericht einzusetzen haben, gewährleisten sie, dass dieses selbst oder eine vorgängig zuständige andere richterliche Behörde den Sachverhalt frei prüft und das massgebende Recht von Amtes wegen anwendet.

Art. 111 Einheit des Verfahrens

¹ Wer zur Beschwerde an das Bundesgericht berechtigt ist, muss sich am Verfahren vor allen kantonalen Vorinstanzen als Partei beteiligen können.

² Bundesbehörden, die zur Beschwerde an das Bundesgericht berechtigt sind, können die Rechtsmittel des kantonalen Rechts ergreifen und sich vor jeder kantonalen Instanz am Verfahren beteiligen, wenn sie dies beantragen.

³ Die unmittelbare Vorinstanz des Bundesgerichts muss mindestens die Rügen nach den Artikeln 95–98 prüfen können. Vorbehalten bleiben kantonale Rechtsmittel im Sinne von Artikel 100 Absatz 6.

Art. 112 Eröffnung der Entscheide

¹ Entscheide, die der Beschwerde an das Bundesgericht unterliegen, sind den Parteien schriftlich zu eröffnen. Sie müssen enthalten:
a. die Begehren, die Begründung, die Beweisvorbringen und Prozesserklärungen der Parteien, soweit sie nicht aus den Akten hervorgehen;
b. die massgebenden Gründe tatsächlicher und rechtlicher Art, insbesondere die Angabe der angewendeten Gesetzesbestimmungen;
c. das Dispositiv;
d. eine Rechtsmittelbelehrung einschliesslich Angabe des Streitwerts, soweit dieses Gesetz eine Streitwertgrenze vorsieht.

² Wenn es das kantonale Recht vorsieht, kann die Behörde ihren Entscheid ohne Begründung eröffnen. Die Parteien können in diesem Fall innert 30 Tagen eine vollständige Ausfertigung verlangen. Der Entscheid ist nicht vollstreckbar, solange nicht entweder diese Frist unbenützt abgelaufen oder die vollständige Ausfertigung eröffnet worden ist.

³ Das Bundesgericht kann einen Entscheid, der den Anforderungen von Absatz 1 nicht genügt, an die kantonale Behörde zur Verbesserung zurückweisen oder aufheben.

⁴ Für die Gebiete, in denen Bundesbehörden zur Beschwerde berechtigt sind, bestimmt der Bundesrat, welche Entscheide ihnen die kantonalen Behörden zu eröffnen haben.

5. Kapitel: Subsidiäre Verfassungsbeschwerde

Vorbemerkung

Das Kapitel über die «Subsidiäre Verfassungsbeschwerde» geht zurück auf die Vorarbeiten einer Arbeitsgruppe unter der Leitung des Vorstehers EJPD, welche ihre Vorschläge (vom 16.3.2004) im Rahmen eines Berichts vom 18.3.2004 an die Rechtskommission des Nationalrats (Redaktion: Bundesamt für Justiz) unterbreitete und erläuterte. Mit der Einführung der Verfassungsbeschwerde sollen Rechtsschutzlücken im Bereich der verfassungsmässigen Rechte (zu denen hier auch völkerrechtliche Grundrechtsgarantien zu zählen sind) vermieden werden. Im Bericht werden die folgenden Merkmale hervorgehoben.

– Die Verfassungsbeschwerde soll dort zur Verfügung stehen, wo die ordentlichen Einheitsbeschwerden ausgeschlossen sind (Fälle unterhalb der Streitwertgrenze bzw. im Ausschlussbereich).
– Sie soll nur gegen kantonale Entscheide ergriffen werden können.
– Für die Legitimation sollen die gleichen Anforderungen gelten wie bei der heutigen staatsrechtlichen Beschwerde *(rechtlich* geschütztes Interesse). Die Vereinigten Abteilungen des Bundesgerichts haben am 30.4.2007 entschieden, die zu OG 88 entwickelte restriktive Legitimationspraxis im Bereich des Willkürverbots (BGE 126 I 81) weiterzuführen (vgl. N 10 zu BV 9).
– Es ist möglich (und u.U. angezeigt), in einer Streitsache sowohl ordentliche Beschwerde als auch Verfassungsbeschwerde zu erheben (z.B. unterhalb der Streitwertgrenze, wenn sowohl das Vorliegen einer Rechtsfrage von grundsätzlicher Bedeutung als auch die Verletzung eines verfassungsmässigen Rechts behauptet wird). Zur Vermeidung von Doppelspurigkeiten und Abgrenzungsschwierigkeiten wird diesfalls verlangt, dass nur eine Rechtsschrift eingereicht wird (BGG 119). Es wird nur ein Verfahren (mit einem Kostenspruch) durchgeführt.

Die Vorschläge der Arbeitsgruppe sind, mit minimen redaktionellen Anpassungen, geltendes Recht geworden. Es zeichnen sich zahlreiche klärungsbedürftige Fragen ab. Die spärlichen Materialien geben wenig Aufschluss.

Art. 113 Grundsatz

Das Bundesgericht beurteilt Verfassungsbeschwerden gegen Entscheide letzter kantonaler Instanzen, soweit keine Beschwerde nach den Artikeln 72–89 zulässig ist.

Art. 114 Vorinstanzen

Die Vorschriften des dritten Kapitels über die kantonalen Vorinstanzen (Art. 75 bzw. 86) gelten sinngemäss.

Art. 115 Beschwerderecht

Zur Verfassungsbeschwerde ist berechtigt, wer:
a. vor der Vorinstanz am Verfahren teilgenommen hat oder keine Möglichkeit zur Teilnahme erhalten hat; und
b. ein rechtlich geschütztes Interesse an der Aufhebung oder Änderung des angefochtenen Entscheids hat.

Art. 116 Beschwerdegründe

Mit der Verfassungsbeschwerde kann die Verletzung von verfassungsmässigen Rechten gerügt werden.

Art. 117 Beschwerdeverfahren

Für das Verfahren der Verfassungsbeschwerde gelten die Artikel 90–94, 99, 100, 102, 103 Absätze 1 und 3, 104, 106 Absatz 2 sowie 107–112 sinngemäss.

Art. 118 Massgebender Sachverhalt

[1] Das Bundesgericht legt seinem Urteil den Sachverhalt zugrunde, den die Vorinstanz festgestellt hat.

[2] Es kann die Sachverhaltsfeststellung der Vorinstanz von Amtes wegen berichtigen oder ergänzen, wenn sie auf einer Rechtsverletzung im Sinne von Artikel 116 beruht.

Art. 119 Gleichzeitige ordentliche Beschwerde

[1] Führt eine Partei gegen einen Entscheid sowohl ordentliche Beschwerde als auch Verfassungsbeschwerde, so hat sie beide Rechtsmittel in der gleichen Rechtsschrift einzureichen.

[2] Das Bundesgericht behandelt beide Beschwerden im gleichen Verfahren.

[3] Es prüft die vorgebrachten Rügen nach den Vorschriften über die entsprechende Beschwerdeart.

6. Kapitel: Klage

Art. 120

[1] Das Bundesgericht beurteilt auf Klage als einzige Instanz:
a. Kompetenzkonflikte zwischen Bundesbehörden und kantonalen Behörden;
b. zivilrechtliche und öffentlich-rechtliche Streitigkeiten zwischen Bund und Kantonen oder zwischen Kantonen;
c. Ansprüche auf Schadenersatz und Genugtuung aus der Amtstätigkeit von Personen im Sinne von Artikel 1 Absatz 1 Buchstaben a–c des Verantwortlichkeitsgesetzes vom 14. März 1958[1].

[2] Die Klage ist unzulässig, wenn ein anderes Bundesgesetz eine Behörde zum Erlass einer Verfügung über solche Streitigkeiten ermächtigt. Gegen die Verfügung ist letztinstanzlich die Beschwerde an das Bundesgericht zulässig.

[3] Das Klageverfahren richtet sich nach dem BZP[2].

[Art. 121–Art. 133: hier nicht abgedruckt; siehe SR 173.110]

---

1 SR 170.32.
2 SR 273.

Sachregister

A

Abfallbewirtschaftung 48a 9, **74** 3, **96** 10,
s. auch Umweltschutz
Abgaben, öffentliche s. Steuern
bzw. Kausalabgaben
Abrüstung 54 10
Abstammung 38 9
Abstimmung 34 5, **142**,
s. auch Politische Rechte
- Abstimmungsfreiheit
  s. Politische Rechte
- Abstimmungsmehrheiten,
  erforderliche s. dort
- Abstimmungspraxis **142** 3
- Abstimmungstermin **142** 2
- Beteiligungs- und Zustimmungsquoren **142** 6
- Bindungswirkung **142** 7
- Doppelabstimmungen **142** 4
- Variantenabstimmungen **142** 5

Abstimmungsmehrheiten, erforderliche
- Ständemehr, Ermittlung **142** 14 ff.
- Volks- und Ständemehr **142** 11 ff.
- Volksmehr **142** 9 f.

Abwasserreinigung 48a 9, **74** 3, **96** 10,
s. auch Umweltschutz
Adoption 38 9, **119** 18
Agglomeration
- Begriff **50** 10
- Agglomerationspolitik **50** 12, **75** 2
- Agglomerationsverkehr **48a** 9,
  Vorbem. **81 – 88** 1

Akteneinsichtsrecht s. Gehör, rechtliches
Alkohol 104 3, **105**
- Absinthverbot **105** 1
- Abweichungen vom Grundsatz
  der Wirtschaftsfreiheit **105** 2
- Alkoholsteuer
  s. Verbrauchssteuern, besondere
- Alkoholwerbung s. Gesundheitsschutz
- Begriff **105** 3

Allgemeinverbindlicherklärung
- Gesamtarbeitsverträge s. Arbeit
- interkantonale Verträge **48** 3, **48a**
  3 ff., **62** 13, **63a** 17, **123** 7, **141** 12,
  163 10, **189** 21
- Rahmenmietverträge s. Mietwesen

Alpenschutz Einleitung 8, 13, **84** 2 ff.
- Alpengebiet, Begriff **84** 4
- Transitverkehr, alpenquerender s. dort
- Verhältnis zur allgemeinen
  Umweltschutzkompetenz **84** 2

Alter 8 24, **41** 4, **136** 2, 4, **143** 5, **145** 4,
s. auch Alters-, Hinterlassenen- und
Invalidenversicherung bzw. -vorsorge
Alters-, Hinterlassenen- und Invalidenversicherung 112, **196 Ziff. 10**
- Ergänzungsleistungen **112a**
- Existenzbedarf, angemessene
  Deckung **112** 4
- Finanzierung **112** 5 f.
- Versicherungsobligatorium **112** 4

Alters-, Hinterlassenen- und Invalidenvorsorge 111, Anhang UNO-Pakt I 9
- berufliche Vorsorge s. dort
- Drei-Säulen-System **111** 2

Amnestie
s. Bundesversammlung, Vereinigte
Amtsdauer Bundesbehörden 145,
s. auch Bundesgericht, Bundeskanzlei,
Bundesrat, Nationalrat
- Amtsenthebung **145** 5
- Begriff **145** 2
- feste Amtsdauer, Bedeutung **145** 4
- Wiederwahl **145** 6

**Amtshilfe, zwischen Bund und
Kantonen** s. Föderalismus
Amtssprachen 4 3, **18** 6, **70** 3 ff.,
s. auch Sprache
- Amtssprachen Kantone **70** 8
- Gleichstellung **70** 5
- Minderheitenschutz s. Sprache
- Pflichten Kantone **70** 9 ff.

Anfrage s. Vorstoss, parlamentarischer
Angelegenheiten, auswärtige 54
- Anerkennung von Staaten **184** 3
- Aussenpolitik s. dort
- Aussenwirtschaft s. dort
- Begriff **54** 2 ff.
- Besorgung durch den Bundesrat
  Vorbem. **174 – 187** 1, **184** 2 ff.
- Diplomatischer Dienst und
  Konsularwesen s. dort
- Frieden s. dort
- Gute Dienste s. Dienste, Gute

- Hilfe, internationale s. dort
- Interessenwahrung, aussenpolitische s. dort
- Kantone **54** 8, 22 ff.
- Kompetenz, Art und Wirkung **54** 5 ff.
- Krieg s. dort
- Menschenrechte s. dort
- Neutralität s. dort
- Sanktionen, internationale s. dort
- Staatsvertrag s. Vertrag, völkerrechtlicher
- Unabhängigkeit s. dort
- Verhältnis zwischen Bundesrat und Bundesversammlung **184** 2
- Vertrag, völkerrechtlicher s. dort
- Vertretung der Schweiz durch den Bundesrat **184** 4
- Zielsetzungen **54** 17 ff.

Angemessenheit staatlichen Handelns s. Verhältnismässigkeitsprinzip

Antragsrecht, parlamentarisches 160, **171** 5,
s. auch Bundesversammlung, Verfahren
- Anwendungsbereich, sachlicher **160** 14
- Einschränkungen **160** 15
- materielle Anträge und Ordnungsanträge **160** 12
- Träger **160** 13

Anwendbarkeit, direkte 5 28, **141** 18, **189** 6, **Anhang UNO-Pakt I 2**,
s. auch Vertrag, völkerrechtlicher

Arbeit 110, **Anhang UNO-Pakt I 7, 12**
- Arbeitnehmerschutz s. dort
- Arbeitslosigkeit s. Arbeitsmarktregulierung bzw. Arbeitslosenversicherung
- Arbeitsmarkt s. Arbeitsmarktregulierung
- Arbeitsvermittlung **49** 13, **110** 6
- Bundesfeiertag s. dort
- Gesamtarbeitsverträge, Allgemeinverbindlicherklärung **48a** 3, **110** 7 ff., **178** 24
- Nachtarbeit **110** 4
- Recht auf **41** 3
- Sonntagsarbeit **110** 4
- Sozialziel **41** 3, **Anhang UNO-Pakt I 6, 7**
- Verhältnis zwischen Arbeitgeber- und Arbeitnehmerseite **110** 5

Arbeitnehmerschutz 104 3, **110**
- Begriff und Inhalt **110** 4

Arbeitslosenversicherung 41 4, **114**
- Finanzierung **114** 6
- Leistungsziel **114** 4
- Mittelverwendung **114** 4
- Obligatorium **114** 4

Arbeitsmarktregulierung 100 3, 9,
s. auch Konjunkturpolitik
- Arbeitsbeschaffungsreserven **Vorbem. 42 – 135** 15, **100** 11 f.
- Arbeitslosigkeit, Bekämpfung **100** 2, 5, s. auch Arbeitslosenversicherung

Archive, Zugänglichkeit 16 10,
s. auch Meinungs- und Informationsfreiheit

Armee
- Aktivdienstanordnung durch den Bundesrat **185** 13
- Aktivdienstanordnung durch die Bundesversammlung **173** 16
- Auftrag **58** 6 ff.
- Ausbildung **60** 3
- Ausrüstung **60** 3
- Bestand **58** 4
- Einsatzarten **58** 8 ff.
- Formationen, kantonale **60** 4
- Friedenserhaltung s. Frieden
- Kantone **58** 10
- Kriegsverhinderung s. Krieg
- Landesverteidigung **58** 2, 6
- Militärdienstpflicht s. Militärdienst
- Milizprinzip **Einleitung** 16, **58** 5, **59** 3
- Oberbefehlshaber s. General
- Organisation **60** 3
- Sicherheit, äussere **58** 2, **185** 13
- Sicherheit, innere **57** 3, 6, **58** 6 f., **185** 13, s. auch Bundesintervention
- Verhältnis zum Natur- und Heimatschutz **74** 6
- Wehrpflicht, allgemeine s. dort

Artenschutz s. Natur- und Heimatschutz

Asyl
- Asylgesetzgebung **Vorbem. 42 – 135** 16, **121** 11 ff.
- Auslieferungsverbot s. dort
- Ausschaffungsverbot s. dort
- Flüchtlingsbegriff **121** 12

- Fürsorgeleistungen Asylsuchende **49** 13
- Verfahren **70** 4

Aufenthalt und Niederlassung 121, Anhang UNO-Pakt II 13
- Bewilligungskategorien **121** 10
- Bewilligungspflicht **121** 10
- Freizügigkeitsabkommen mit der EU **121** 4, 10
- Niederlassungsfreiheit s. dort

Aufgaben
- Bund **Vorbem. 42 – 135** 21, **42**
- Kantone **Vorbem. 42 – 135** 21
- öffentliche **Vorbem. 42 – 135** 7
- Regelungs- bzw. Handlungspflichten **Vorbem. 42 – 135** 6, 14, 21, **42** 2
- staatliche **5a** 8f., **35** 9 ff., **Vorbem. 42 – 135** 7
- Subsidiarität **5a**, **42** 5
- Verbundaufgaben **Vorbem. 42 – 135** 21

Aufgabenerfüllung, Gebot bedarfsgerechter und wirtschaftlicher 43a 11

Aufträge, parlamentarische an den Bundesrat 169 18, **171**, **181** 5
- Gegenstand **171** 3
- Motion s. Vorstoss, parlamentarischer
- Verbindlichkeitsgrade **171** 8
- Verhältnis zu parlamentarischen Vorstössen **171** 7

Aus- und Weiterbildung
s. Bildung bzw. Weiterbildung

Ausgabenbremse
s. Haushaltführung und Finanzen

Ausländer- und Asylpolitik 121 2, **139** 4

Ausländerrecht Vorbem. 42 – 135 16, **121**
- Aufenthalt und Niederlassung s. dort
- Auslieferungsverbot s. dort
- Ausweisung, politische s. Ausweisung ins Ausland
- Ein- und Ausreise **121** 9
- Integrationsförderung **121** 9
- Register s. Register, amtliches
- Zwangsmassnahmen **57** 9

Auslandsbeziehungen
s. Angelegenheiten, auswärtige

Auslandschweizer
- Auslandschweizerorganisationen **40** 5
- Begriff **40** 2
- Förderungsauftrag Bund **40** 4
- Gesetzgebungsauftrag **40** 6 ff.
- Militär- und Ersatzdienst **40** 7, **59** 4
- politische Rechte **39** 7, 9, **40** 6, **136** 2
- Sozialversicherung **40** 9
- Statistisches **40** 3
- Unterstützungsleistungen **40** 8

Auslegung
- allgemein **Einleitung** 18 ff.
- grundrechtskonforme **36** 8
- Methodenpluralismus bzw. Methodenpragmatismus **Vorbem. 188 – 191c** 6
- verfassungskonforme **Vorbem. 188 – 191c** 5, **190** 9, 15
- völkerrechtskonforme **5** 29, **56** 4
- zeitgemässe **Vorbem. 188 – 191c** 5
- Ziel der Auslegung **Vorbem. 188 – 191c** 6

Auslieferungsverbot
- Begriff **25** 4
- Flüchtlinge **25** 10 ff., **121** 13, **139** 13, s. auch Asyl
- Schweizerinnen und Schweizer **25** 7 ff.

Ausnahmegericht, Verbot 30 11

Ausschaffungsverbot 25 5, 10 ff., s. auch Asyl

Aussenpolitik s. auch Angelegenheiten, auswärtige
- allgemein **Vorbem. 54 – 56** 2 f., **54** 4, 10, **139** 4
- Bund **44** 8, **45** 7, **55** 2
- Bundesrat **166** 3, **184** 2 ff.
- Bundesversammlung, Beteiligung an der Gestaltung **166** 3 ff., **Vorbem. 174 – 187** 3
- Kantone **43** 3, s. auch Kantone, Mitwirkungsrechte

Aussenverfassung Vorbem. 54 – 56 3, s. auch Angelegenheiten, auswärtige

Aussenwirtschaft 54 14, 21, **94** 14, **100** 3, 9, s. auch Angelegenheiten, auswärtige
- Aussenwirtschaftsfreiheit **27** 10
- Aussenwirtschaftspolitik s. dort

Aussenwirtschaftspolitik 101
- Freihandel **101** 2
- Mitwirkungsrechte der Kantone **101** 3
- Verhältnis zur Wirtschaftsfreiheit bzw. Abweichung vom Grundsatz **101** 2, 5

Äussere Sicherheit
s. auch Angelegenheiten, auswärtige
- allgemein **2** 8, **Vorbem. 57 – 61** 2, **57** 1
- Armee s. dort
- Begriff **57** 4
- Bundeskompetenz **57** 5
- Massnahmen des Bundesrates **185** 1 ff., 9 ff., s. auch Äussere Sicherheit, Verordnungen und Verfügungen des Bundesrates
- Massnahmen der Bundesversammlung **173** 5 ff.
- Truppenaufgebot s. Armee
- Verordnungen und Verfügungen des Bundesrates s. Äussere Sicherheit, Verordnungen und Verfügungen des Bundesrates

Äussere Sicherheit, Verordnungen und Verfügungen des Bundesrates 185 9 ff.,
s. auch Dringlichkeitsrecht
- Anwendungsvoraussetzungen und Schranken **185** 10
- Befristung **185** 10
- Dringlichkeit, Begriff **185** 10
- Gefährdungslage, qualifizierte **185** 10 f.
- öffentliche Ordnung, Begriff **185** 11
- Überprüfbarkeit **185** 12
- Verlängerung **185** 10

Aussperrung s. Streik und Aussperrung
Ausweisung ins Ausland 25 3,
Anhang UNO-Pakt II 13
- Ausländerinnen und Ausländer **25** 9
- Ausweisung, politische **121** 14
- Ausweisungsverbot **25** 7 ff.
- Schweizerinnen und Schweizer **25** 7 ff.

Automobilsteuer s. Verbrauchssteuern, besondere
Autonomie der Kantone s. Kantonsautonomie

B

Bahnverkehr s. Eisenbahnen
Banken- und Börsenwesen 98
- Banken- und Börsengesetzgebung **46** 5
- Bankgeheimnis **98** 10
- Begriffe **98** 2, 6
- Bewilligungssystem **98** 7
- Eidgenössische Bankenkommission als Aufsichtsbehörde **98** 8 ff.
- Kantonalbank **98** 2, 4

Baugesetzgebung 49 14
Bedürftige, Unterstützung s. Sozialhilfe
Begnadigung s. Bundesversammlung, Vereinigte
Begräbnis, schickliches 7 7
Behinderung
- Begriff **112c** 3
- Betagten- und Behindertenhilfe, häusliche **112c**, **197 Ziff. 5**
- Diskriminierungsverbot **8** 36 f.
- Grundschulunterricht **19** 11, **62** 9 ff.
- Wehrdienst **59** 7

Behörden 35 17
Behördenbeschwerde 49 18, 25
Berggebiete 50 11, **75** 8, **103** 7, **135** 16
Beruf s. auch Erwerbstätigkeit, privatwirtschaftliche
- Ausübungsfreiheit **27** 4, 9, **95** 5, 11, **196 Ziff. 5** 1
- Freizügigkeit, berufliche
  s. Erwerbstätigkeit, privatwirtschaftliche
- Wahlfreiheit **27** 4, 9
- Zugangsfreiheit **27** 4, 9, **95** 11, **196 Ziff. 5** 1

Berufliche Vorsorge 111 1 f., **113**, **196 Ziff. 11**
- Eintrittsgeneration, Problem der **113** 3, 6
- Finanzierung **113** 4
- Gleichstellung von Mann und Frau **113** 3
- Leistungsziel **113** 3
- Teilobligatorium **113** 3
- Übergangsbestimmung **113** 6

Berufsbildung
s. auch **Anhang UNO-Pakt I 6**
- Förderungskompetenz **63** 5 f.
- Gesetzgebungskompetenz **62** 5, **63** 2 ff.

Berufsverbände 97 9
Beschaffungswesen, öffentliches
Vorbem. 42 – 135 10, **54** 15, **110** 4
Bestandesänderung Kantone
s. Kantone, Bestand und Gebiet
Besteuerung s. auch Steuern
- Ausschluss kantonaler und kommunaler Besteuerung **134**
- Grundsätze s. Besteuerung, Grundsätze der
- konfiskatorische **26** 22, 43
Besteuerung, Grundsätze der
127, **130** 7, **164** 7, s. auch Steuern
- Allgemeinheit der Besteuerung, Grundsatz der **127** 10
- Besteuerung nach der wirtschaftlichen Leistungsfähigkeit, Grundsatz der **127** 12, **130** 11
- Gleichmässigkeit der Besteuerung, Grundsatz der **127** 11
- interkantonale Doppelbesteuerung, Verbot s. Doppelbesteuerung
- Legalitätsprinzip, steuerrechtliches **Vorbem. 7 – 36** 11, **127** 2 ff., **164** 7, **189** 5
- Rechtsgleichheitsgebot **127** 7 f., 11
- Steuergerechtigkeit **127** 12 f., **129** 9
Bestimmtheitsgebot 5 10, **36** 9 f., 11 ff.
Betäubungsmittelverkehr 57 7,
s. auch Gesundheitsschutz
Bevölkerungsschutz s. Zivilschutz
Bevölkerungsverteidigung s. Armee
Bewegungsfreiheit s. Persönliche Freiheit
Biersteuer s. Verbrauchssteuern, besondere
Bildung s. auch Schule bzw. Grundschulunterricht, Anspruch auf
- allgemein **Vorbem. 61a – 72** 1
- Berufsbildung s. dort
- Bildungsraum Schweiz **Einleitung** 17, **61a** 1, **Anhang UNO-Pakt I 13**
- Bildungsverfassung **Vorbem. 61a – 72** 2, **62** 16, **63a** 8
- Bildungswesen **48** 9, 11, **48a** 2, **48a** 7, 11, **Vorbem. 61a – 72** 1
- Chancengleichheit s. dort
- Kompatibilität, internationale **61a** 3
- Kooperation und Koordination **61a** 6 ff., s. auch Föderalismus
- Qualitätssicherung **61a** 3
- Recht auf **41** 3, **63a** 4
- Schulwesen s. Schule
- Sozialziel **41** 3, **Anhang UNO-Pakt I 13**
- Weiterbildung s. dort
- Zugang zu staatlichen Bildungseinrichtungen **27** 9, s. auch Hochschule bzw. Schule
Binnenmarkt s. Markt bzw. Wirtschaftsraum
Börse s. Banken- und Börsenwesen
Boykott s. Sanktionen, internationale
Briefverkehr, Achtung des
s. Privatsphäre, Schutz der
Bund
- allgemein **Präambel**
- Aufgaben s. dort
Bund und Kantone
- Amts- und Rechtshilfe s. Föderalismus
- Beziehungspflege s. Bundesversammlung, Zuständigkeiten
- Bundesaufsicht s. dort
- Bundesintervention s. dort
- Finanz- und Lastenausgleich s. dort
- Föderalismus s. dort
- Selbsthilfe, Verbot **44** 10
- Streitigkeiten und Konfliktbewältigung **44** 10 ff.
- Unterstützung, Rücksicht und Beistand s. Föderalismus
- Verhältnis **Vorbem. 42 – 135** 20
- Zusammenwirken **Vorbem. 42 – 135** 4, s. auch Föderalismus
Bundesaufsicht 47 4, **49** 11, 15 ff., **52** 4, **62** 8, **75** 4, **173** 17, **186** 5, 9
- Aufgabendelegation **49** 21
- Aufsichtsmittel **49** 24 ff.
- Bundesexekution s. dort
- Ersatzvornahme **49** 24 f., **54** 16, **173** 17
- Finanzzwang **49** 25
- Organkompetenz **49** 21
- Rahmenbedingungen, rechtliche **49** 26
- Selbsteintritt **49** 25
- Subsidiarität **49** 26
- Umfang **49** 20
- Verfahren und Rechtsschutz **49** 27

Sachregister B

Bundesbehörden, Begriff
Vorbem. 143 – 191c 1
Bundesbeschluss
- einfacher **163** 2, 9, 11
- referendumspflichtiger
  48 10, **48a** 1, 12, **163** 2, 9 f.

Bundesexekution 49 21, 25, **52** 10, **173** 17
Bundesfeiertag 110 1, 12 ff., **196 Ziff. 9**
Bundesgarantien Vorbem. 51 – 53, 51 1,
s. auch Kantone, Bestand und Gebiet
Bundesgericht, massgebendes Recht 190,
s. auch Bundesgericht, Verfassungsgerichtsbarkeit
- Adressaten **190** 8
- Anwendungsgebot **190** 13
- Auslegung, verfassungskonforme
  s. Auslegung
- Bundesgesetze **190** 10
- Massgeblichkeit, erfasste
  Normkategorien **190** 6
- nicht erfasste Normen **190** 11
- Regelungszweck **190** 7
- Verfassungsnorm, später erlassene
  190 14
- Verhältnis Bundesgesetz – Völkerrecht
  190 16
- Völkerrecht **190** 10
- Wirkungen, indirekte **190** 12

Bundesgericht, Stellung, Organisation,
Verfahren und Verwaltung
Vorbem. 143 – 191c 1, 8, 11
- Aufsicht über andere Gerichte **188** 8
- Bindung an das Recht **190** 4
- Eintretensvoraussetzungen, Beschwerdevoraussetzungen **191** 2
- Entlastung **191** 2, **191a** 1
- Entstehung und Entwicklung **188** 2
- Finanzautonomie **188** 15, 17
- Funktionen **188** 4
- Justizverwaltung **188** 15 ff.
- massgebendes Recht s. Bundesgericht,
  massgebendes Recht
- Oberaufsicht, parlamentarische s. dort
- oberstes Gericht, Stellung **Vorbem.**
  188 – 191c 11, **188** 4 ff., **190** 18
- Organisation **188** 10
- Organisationsautonomie **188** 17
- Personalautonomie **188** 17
- Präsidium **188** 12

- Rechtseinheit, Garant für
  s. Rechtseinheit
- Rechtsetzungsbefugnisse
  164 9, **188** 8, **189** 16
- Richterinnen und Richter s. Bundesgericht, Richterinnen und Richter
- Selbstverwaltungsgarantie **Vorbem.**
  188 – 191c 13, **188** 1, 8 f., 15 ff., **189** 16
- Verfahren **188** 11
- Verfahren, vereinfachtes **191** 9 ff.
- Verhältnis zu kantonalen Gerichten
  Vorbem. 188 – 191c 11
- Zugang s. Bundesgericht, Zugang
- Zuständigkeiten s. Bundesgericht,
  Zuständigkeiten

Bundesgericht, Richterinnen und Richter
- Abberufung **188** 14
- Amtsdauer **145** 3, **188** 3, 12, s. auch
  Unabhängigkeit, richterliche
- Immunitäten **188** 14
- Unvereinbarkeiten **144**, **188** 3, 14,
  s. auch dort
- Verantwortlichkeit, disziplinarische
  (keine) **188** 14
- Wahl **168**, **188** 3, 12
- Wählbarkeit **143** 1 ff., 7, **188** 3, 12
- Wahlpraxis, Kriterien **188** 13

Bundesgericht, Verfassungsgerichtsbarkeit Vorbem. 188 – 191c 5, 9, 13,
190 2, **191** 7, s. auch Bundesgericht,
massgebendes Recht
- Ausbau der Verfassungsgerichtsbarkeit **190** 3
- Justiziabilität von Normen **189** 5,
  Anhang UNO-Pakt I 2
- Normenkontrolle allgemein s. dort
- Normenkontrolle, Ausnahmen
  s. Bundesgericht, massgebendes Recht
- Verfassungsbeschwerde **Anhang BGG**
  113 – 119
- verfassungsmässige Rechte,
  Bundesrecht **Vorbem. 7 – 36** 11, **189** 5
- verfassungsmässige Rechte,
  kantonales Recht **189** 5 f.

Bundesgericht, Zugang 191
- Begriff Zugang **191** 3
- Gewährleistung des Zugangs **191** 2 ff.
- Grundsatz des offenen Zugangs **191** 2

953

- Grundsätzlichkeit der Rechtsfrage **191** 5
- Sachgebietsausschluss **191** 7
- Schranken **191** 2
- Streitwertgrenzen **191** 4 ff.

Bundesgericht, Zuständigkeiten 189
- allgemeine Volksinitiative, Umsetzung **189** 7 ff.
- Angemessenheitskontrolle **189** 4
- bei unrichtiger Anwendung ausländischen Rechts **189** 16
- bei Verletzung der Gemeindeautonomie und weiterer Garantien **189** 6
- bei Verletzung von Bestimmungen über politische Rechte **189** 6
- bei Verletzung von Bundesrecht **189** 4, 6
- bei Verletzung von kantonalem und interkantonalem Recht **189** 4, 6
- bei Verletzung von verfassungsmässigen Rechten s. Bundesgericht, Verfassungsgerichtsbarkeit
- bei Verletzung von Völkerrecht **189** 6
- Beschwerdegründe **189** 2 ff.
- bundesstaatliche Streitigkeiten **189** 8 ff.
- Kognition **189** 4
- nicht anfechtbare Akte, Bundesrat und Bundesversammlung **189** 18 ff.
- Rechtskontrolle **189** 4
- Streitigkeiten, Begriff **189** 3

Bundesgesetz 163 2, **190** 10,
s. auch Gesetzgebung

Bundesintervention 49 25, **52** 4, 7 ff., **57** 6, **173** 10, s. auch Innere Sicherheit
- Abgrenzung zur Bundesaufsicht **52** 7
- Eingriffspflicht, Voraussetzungen **52** 8
- Gefahrenbegriff **52** 8
- Kostentragung **52** 14
- Militär, Ordnungsdienst **52** 6, 8, 11, 13, **57** 4, **58** 6
- Subsidiarität **52** 5, 8
- Verhältnismässigkeit **52** 4 f.
- Ziel **52** 10

Bundeskanzlei 177 11, **178** 5, **179**, **187** 6
- Aufgaben **179** 3 ff.
- Bundeskanzlerin/Bundeskanzler s. dort
- Stellung 179 2
  Bundeskanzlerin/Bundeskanzler 176 4
- Amtsdauer **145**, **179** 7
- Aufgaben **179** 9

- Immunität **162** 4, 6, 8
- Magistratenstatus **179** 8
- Stellung **179** 6
- Vizekanzler **179** 8
- Wahl **168** 9, **179** 7

Bundespräsidentin/Bundespräsident
Vorbem. 174 – 187 2, **176**
- Amtsdauer **176** 5
- Aufgaben und Befugnisse **176** 4
- Stellung und Funktion **176** 2
- Verhältnis zu den übrigen Ratsmitgliedern **176** 3
- Vizepräsidium **176** 7
- Wahl **176** 5
- Wahlpraxis **176** 7
- Wiederwahlausschluss **176** 6

Bundesrat Vorbem. 143 – 191c 1,
Vorbem. 174 – 187 1 ff., s. auch Regierungssystem
- Verhältnis zur Bundesversammlung **Vorbem. 174 – 187** 3 f., 6, s. auch Kommissionen, parlamentarische bzw. Oberaufsicht, parlamentarische

Bundesrat, Organisation und Verfahren
- Amtsdauer **145**, **175** 6, 13
- Amtsenthebung bzw. Abberufung **175** 13, **193** 9
- Anzahl der Bundesräte **175** 2 f.
- Arbeitsteilung innerhalb der Exekutive **177** 11 ff., 14, **187** 6
- Bundespräsidentin/Bundespräsident s. dort
- Departementalprinzip Bundesrat s. dort
- Departemente s. Departemente Bundesverwaltung
- Departementsvorsteher **177** 8, **178** 5, s. auch Departemente Bundesverwaltung bzw. Departementalprinzip Bundesrat
- Immunität **162**, **175** 4
- Kollegialprinzip Bundesrat s. dort
- Oberaufsicht, parlamentarische s. dort
- Rücktritt **175** 10
- Unvereinbarkeiten **144**, s. auch dort
- Verantwortlichkeit, politische, strafrechtliche, disziplinarische und vermögensrechtliche **175** 4, **178** 11, 15,
  s. auch Immunität

Sachregister B

- Vorsitz s. Bundespräsidentin/Bundespräsident
- Wahl der Mitglieder des Bundesrates s. Bundesratswahl
- Zauberformel **175** 14, 18

Bundesrat, Zuständigkeiten
- Angelegenheiten, auswärtige s. dort
- Auffangkompetenz **187** 2 ff.
- Aufgaben und Befugnisse, allgemein **Vorbem. 174 – 187** 1
- Aufsicht bei der Bundesverwaltung und anderer Aufgabenträger **187** 5 ff.
- Aussenpolitik s. dort
- äussere Sicherheit, Massnahmen zur Wahrung s. Äussere Sicherheit bzw. Äussere Sicherheit, Verordnungen und Verfügungen des Bundesrates
- Berichterstattung an die Bundesversammlung **169** 18, **187** 13 ff.
- Beschwerdebehandlung, Restkompetenz **187** 20 f., **188** 2, **191a** 1
- Beziehungen zwischen Bund und Kantonen **Vorbem. 174 – 187** 1, **186** 2 ff.
- Bundesaufsicht **Vorbem. 174 – 187** 1, **186** 5, 9
- Finanzen s. Haushaltführung und Finanzen
- Genehmigung kantonaler Erlasse **186** 5 ff.
- Initiativrecht s. Initiativrecht Bundesrat bzw. Initiativrecht, parlamentarisches
- innere Sicherheit, Massnahmen zur Wahrung s. Innere Sicherheit
- Neutralität, Massnahmen zur Wahrung s. Neutralität
- Rechtsetzungsbefugnisse s. Verordnungen des Bundesrates
- Regierungspolitik s. Regierungspolitik Bundesrat
- Staatsleitungsfunktion **Vorbem. 174 – 187** 1 f., **174** 1, 3 ff., **180** 2
- Unabhängigkeit, Massnahmen zur Wahrung s. Unabhängigkeit
- Verordnungen des Bundesrates s. dort
- Verträge der Kantone, Einsprache **186** 8
- Vertretung des Bundes **174** 4
- Verwaltung, Organisation, Führung und Beaufsichtigung **174** 4, **178** 2, 9 ff., s. auch Bundesverwaltung
- völkerrechtliche Verträge, Abschluss s. Vertrag, völkerrechtlicher
- Vollzugsfunktion s. Vollzugsfunktion Bundesrat
- Wahlen durch den Bundesrat **187** 17 ff.

Bundesratswahl Vorbem. 174 – 187 2, **175** 5 ff.
- Annahmeerklärung **175** 8
- Gesamterneuerung **175** 6, 10, **193** 9
- Rücksichtnahmeklausel, Bundesversammlung **175** 15 ff.
- Vakanzen **175** 9
- Volkswahl **Vorbem. 136 – 142** 3, **175** 5
- Wählbarkeitsvoraussetzungen **143**, **175** 11
- Wahlkörper **175** 6
- Wahlverfahren **175** 7
- Wahlvorschlag **175** 12
- Wiederwahl **175** 14

Bundesrecht, derogatorische Kraft
s. Bundesrecht, Vorrang

Bundesrecht, Umsetzung
46, **47** 5, **48** 5, **61a** 4
- Anwendung in Kantonen **47** 8
- Gestaltungsfreiraum **46** 11 ff.
- Programmvereinbarungen **46** 8 ff.
- Vollzugsföderalismus s. Föderalismus

Bundesrecht, Vorrang Vorbem.
7 – 36 11, **48** 17, **49**, **189** 5, **190** 18
- Begriff **49** 3
- Kompetenzkonflikt s. Kompetenz
- Normkonflikt s. dort

Bundesrechtspflegereform s. Justizreform

Bundesstaat 1 1 ff., 14, **3** 3, **Vorbem.**
42 – 135 1 ff.

Bundessteuer, direkte
Vorbem. 42 – 135 11, **Vorbem.**
126 – 135 1, **127** 12, **128**, **196 Ziff. 13**
- Einkommenssteuer **127** 12, **128** 3, 6
- Gewinnsteuer **128** 3, 6
- kalte Progression, Ausgleich **128** 8
- Kantonsanteil **128** 10
- Quellensteuer **128** 6
- Rücksichtnahmepflicht **128** 7

955

- Steuererhebungskompetenz Bund **128** 1, 3 ff.
- Vollzug **128** 9

Bundesstrafgericht Vorbem.
188 – 191c 8, **188** 5, 8, **191a** 3 ff.
- Amtsdauer Richterinnen und Richter **191a** 2
- Aufsicht des Bundesgerichts **191a** 4
- Geschäftsführung **191a** 4
- Oberaufsicht, parlamentarische s. dort
- Richterstellung **191a** 2
- Richterwahl **191a** 2
- Stellung und Organisation **191a** 4
- Verfahren **191a** 4
- Zuständigkeit **191a** 3, 5 f.

Bundestreue, Grundsatz der 44 2
Bundesverfassung s. Verfassung
Bundesversammlung Vorbem.
143 – 191c 1, s. auch Nationalrat bzw. Ständerat
- Abstimmungsempfehlung Revision BV **138** 6
- Charakterisierung **148** 5
- Funktionen **148** 3, s. auch Bundesversammlung, Zuständigkeit
- Milizsystem **148** 5, **152** 4
- oberste Gewalt, Begriff und Relativierung **148** 4, **168** 2
- Organisation s. Bundesversammlung, Organisation
- Unvereinbarkeiten **144**, **148** 5, s. auch dort
- Vereinigte Bundesversammlung s. Bundesversammlung, Vereinigte
- Verfahren s. Bundesversammlung, Verfahren
- Zuständigkeit s. Bundesversammlung, Zuständigkeit

Bundesversammlung, Organisation
- Fraktionen s. Fraktionen, parlamentarische
- Kommissionen, parlamentarische s. dort
- Parlamentsdienste **155**
- Sessionen s. Sessionen, Räte
- Stellung im Gewaltengefüge **148** 2 ff.
- Vorsitz, Räte s. dort

- Wahl National- und Ständerat s. Nationalratswahl bzw. Ständeratswahl
- Zusammensetzung von National- und Ständerat s. Nationalrat bzw. Ständerat
- Zweikammersystem s. dort

Bundesversammlung, Vereinigte 148 2, **157**
- Begnadigung und Amnestie **157** 2, **173** 28 ff.
- Bundesrat, Erklärungen **157** 5
- Mehr, erforderliches **159** 5
- Organisation **157** 4 ff.
- Rechtsnatur **157** 3
- Verfahren **157** 4 ff.
- Wahlen s. Wahlzuständigkeit der Bundesversammlung
- Zuständigkeitskonflikte, Entscheide **148** 4, **157** 2, **173** 26 ff.

Bundesversammlung, Verfahren
- Antragsrecht s. Antragsrecht, parlamentarisches
- Beschlussfassung **156** 5 ff.
- besondere Fälle **156** 10 ff.
- Differenzbereinigungsverfahren **153** 12, **156** 2, 7
- Initiativrecht, parlamentarisches s. dort
- Instruktionsverbot, parlamentarisches s. dort
- Medien- und Publikumsöffentlichkeit **158** 4
- Medienschaffende, Akkreditierung **158** 5, s. auch Meinungs- und Informationsfreiheit
- Mehr, erforderliches **159** 5
- Minderheitenrechte, parlamentarische **151** 9, **153** 7
- Offenlegung von Interessenbindungen s. Interessenbindungen, Offenlegungspflicht Parlamentsmitglieder
- Schlussabstimmung **156** 2, 9
- Sitzungsöffentlichkeit, Umfang und Ausnahmen **158** 2 ff., s. auch Öffentlichkeit, Grundsatz der
- Verhandlung, gemeinsame s. Bundesversammlung, Vereinigte
- Verhandlung, getrennte **156** 2 ff.
- Verhandlungsfähigkeit **159** 2 ff.

Sachregister

Bundesversammlung, Zuständigkeiten
- Aktivdienstanordnung s. Armee
- Auffangkompetenz **148** 4, **173** 32 ff.
- Aufträge an den Bundesrat
  s. Aufträge, parlamentarische
  an den Bundesrat **169** 18
- Aussenpolitik s. dort
- äussere Sicherheit, Massnahmen
  zur Wahrung s. Äussere Sicherheit
- ausserordentliche Zustände,
  Handlungsformen **173** 12 ff.,
  s. auch Notverordnungs- und
  Notverfügungsrecht
- Begnadigung und Amnestie
  s. Bundesversammlung, Vereinigte
- Beziehungen zwischen Bund und
  Kantonen **172** 2
- Bundesaufsicht s. dort
- Einzelakte, Entscheide über **173** 22 ff.
- Erlassformen s. Erlassformen,
  Bundesversammlung
- Finanzen s. Haushaltführung und
  Finanzen
- Gesetzgebung s. dort
- innere Sicherheit, Massnahmen
  zur Wahrung s. Innere Sicherheit
- interkantonale Verträge, Genehmigung
  im Streitfall **172** 4
- kantonale Verträge mit dem Ausland,
  Genehmigung im Streitfall **172** 4
- Kantonsverfassungen, Gewährleistung
  s. Kantonsverfassung
- Neutralität, Massnahmen zur Wahrung
  s. Neutralität
- Notverordnungs- und Notverfügungsrecht s. dort
- Oberaufsicht s. Oberaufsicht,
  parlamentarische
- Rechtsprechung **173** 35
- Staatsleitung und Planung, Beteiligung
  148 3 f., **173** 19 ff., **174** 3, **180** 4
- Unabhängigkeit, Massnahmen
  zur Wahrung s. Unabhängigkeit
- Verfassungsgebung **148** 3
- Völkerrechtliche Verträge, Genehmigung s. Vertrag, völkerrechtlicher
- Volksinitiativen, Gültigkeitsprüfung
  173 18, s. auch Volksinitiative
- Wahlen s. Wahlzuständigkeit der
  Bundesversammlung
- Wirksamkeitsüberprüfung s. Wirksamkeitsüberprüfung, parlamentarische
- Zuständigkeitskonflikte, Entscheide
  s. Bundesversammlung, Vereinigte

Bundesverwaltung Vorbem. 174 – 187 1, **178**
- Arbeitssprachen **70** 7
- Aufgaben **178** 4
- Auslagerung von Verwaltungsaufgaben s. unten dezentrale Bundesverwaltung bzw. Privatisierung
- Begriff **169** 7, **178** 5
- Departemente Bundesverwaltung
  s. dort
- dezentrale Bundesverwaltung
  63a 6, **178** 6 f., 20, 22 ff., **187** 10
- Gesetzesvollzug **178** 4
- Leitung durch den Bundesrat
  s. Bundesrat, Zuständigkeiten
- Oberaufsicht, parlamentarische s. dort
- Privatisierung **178** 20 ff.,
  s. auch Privatpersonen
- Stellung **178** 2
- Unterstützung des Bundesrates **178** 4
- Verwaltungsaufgaben, Begriff **178** 24
- Verwaltungshierarchie **178** 11
- zentrale Bundesverwaltung, **178** 6 f.

**Bundesverwaltungsgericht Vorbem.
188 – 191c** 8, **188** 5, 8, **189** 20, **191a** 7 ff.
- Amtsdauer Richterinnen und Richter
  191a 1
- Aufsicht des Bundesgerichts **191a** 8
- Geschäftsführung **191a** 8
- Oberaufsicht, parlamentarische s. dort
- Richterstellung **191a** 2
- Richterwahl **191a** 2
- Stellung und Organisation **191a** 8
- Verfahren **191a** 8
- Zuständigkeit **191a** 8 f.

Bürger, Bürgerinnen 2 12
Bürgergemeinden und Korporationen 37 8
Bürgerrechte, allgemein 37
- allgemein **Vorbem. 7 – 36** 2
- Ehrenbürgerrecht **37** 5
- Gemeindebürgerrecht **37** 2, **38** 2, **50** 1
- Gleichbehandlungsgebot und
  Ausnahmen **37** 6 ff.

- Kantonsbürgerrecht **37** 2, **38** 3
- Schweizer Bürgerrecht **37** 2, **38** 3
- Verhältnis zu politischen Rechten **37** 2

Bürgerrechte, Erwerb und Verlust 38
- Abstammung s. dort
- Adoption s. dort
- Ausländerinnen und Ausländer **38** 12 ff.
- Bürgerrechtsverlust **38** 7, 11
- Einbürgerung s. dort
- Gesetzgebungskompetenz **38** 7 ff.
- Heirat s. dort
- ius sanguinis und ius soli **38** 3
- Staatenlose s. dort
- Wiedereinbürgerung s. Einbürgerung

C

Chancengleichheit
- Bildung und Schule **19** 3, **62** 6, **63** 6, **66** 2
- Bürgerinnen und Bürger **2** 12, **Vorbem. 136 – 142** 8

D

Daten, statistische s. Statistik
Datenschutz 13 2, 11 ff., **38** 16, **65** 5
Delegation
- Rechtsetzung, allgemein **164** 9 ff.
- Rechtsetzung, Delegationsgrundsätze **164** 13
- Verwaltungsaufgaben **164** 9

Demokratie
- allgemein **Präambel, 51** 12, **54** 20, **Vorbem. 136 – 142** 2, **Vorbem. 188 – 191c** 1
- direkte, Instrumentarium s. Volksrechte
- halb-direkte **Einleitung** 10, **Vorbem. 136 – 142** 11
- Konkordanzdemokratie **Vorbem. 136 – 142** 5, **161** 7, **Vorbem. 174 – 187** 3
- Rechtsstaat, Verhältnis zum **Vorbem. 136 – 142** 10
- repräsentative **Vorbem. 136 – 142** 9

Demonstrationsfreiheit 16 3, **22** 6, **36** 21,
s. auch Meinungs- und Informationsfreiheit bzw. Versammlungsfreiheit

Departementalprinzip Bundesrat
Vorbem. 174 – 187 2, 6, **177**
- Delegation, Kriterien und Grenzen **177** 15

Departemente Bundesverwaltung
- Anzahl **177** 12, **178** 17
- Auslagerung von Verwaltungsaufgaben s. Bundesverwaltung
- Bildung und Ämterzuweisung **178** 18 f.
- Präparations- und Vollzugsfunktion **177** 13
- Verteilung **177** 11 f.
- Vorstand s. Bundesrat, Organisation und Verfahren

Deutsch 4, 70
Dialog, zwischen Bund und Kantonen
s. Föderalismus
Dienste, Gute 54 20, **184** 3,
s. auch Angelegenheiten, auswärtige
Differenzierungsverbot 8 32,
s. auch Rechtsgleichheit
Diplomatischer Dienst und Konsularwesen
37 2, **40** 4, 8, **54** 4, 12, **57** 6, **184** 3,
s. auch Angelegenheiten, auswärtige

Diskriminierung
- Definition **8** 19
- Diskriminierung, indirekte **8** 20
- Diskriminierungsverbot s. dort
- Merkmale, verpönte **8** 23 ff.
- Rechtfertigung, qualifizierte **8** 22

Diskriminierungsverbot Einleitung
8, **8** 18 ff., **70** 2, **Anhang EMRK 14**,
Anhang UNO-Pakt I 2, 10,
Anhang UNO-Pakt II 2, 26
- Kerngehaltsschutz der Rechtsgleichheit **8** 16

Doppelbesteuerung
- Begriff **127** 16
- interkantonale Doppelbesteuerung, Verbot **Vorbem. 7 – 36** 11, **127** 1, 14 ff., **189** 5
- Kollisionsregeln **127** 14, 17
- Steuerhoheit, kantonale s. Steuern
- virtuelle **127** 16

Dringlichkeitsrecht 165, **173** 12, **190** 10,
s. auch Äussere Sicherheit, Verordnungen
und Verfügungen des Bundesrates
- Anforderungen, allgemeine **165** 2 ff.
- Anwendungsbereich **165** 3
- Befristung **165** 4
- Beschluss-Quorum **165** 4
- Bundesgesetze, unterjährige **165** 6
- Dringlicherklärung, Wirkung **165** 5
- Dringlichkeit, zeitliche und sachliche **165** 4
- Erneuerungsverbot **165** 13
- extrakonstitutionelles **100** 1, **140** 6, **165** 10 ff.
- mit Verfassungsgrundlage **165** 8 f.
- ohne Verfassungsgrundlage s. oben Dringlichkeitsrecht, extrakonstitutionelles
- Referendum, nachträgliches **141** 9 f., **165** 2

Drittwirkung 8 33, **35** 5, 7, 18
- direkte **8** 18, **35** 13, 18
- Eigentumsgarantie **35** 19
- Glaubens- und Gewissensfreiheit **15** 13, **35** 19
- indirekte **7** 10, **35** 18
- Koalitionsfreiheit **28** 6, **35** 19
- Medienfreiheit **17** 7, **35** 19
- Persönliche Freiheit **35** 19
- Streik- und Aussperrungsfreiheit **28** 16
- Vereinigungsfreiheit **23** 6

Dualismus 5 28, s. auch Völkerrecht

E

Egalisierungsgebot 8 32,
s. auch Gleichberechtigung bzw. Gleichstellung
Ehe, Recht auf 14 2 ff., **Anhang EMRK 12**
Eidgenossenschaft Präambel, 1 1 ff., **48** 12, **Vorbem. 54 – 56** 3
Eidgenössische Bankenkommission
s. Banken- und Börsenwesen
Eidgenössische Technische Hochschulen
s. Hochschule
Eigentumsgarantie 26, **190** 16
- Bestandesgarantie **26** 9, 18 ff.
- Besteuerung, konfiskatorische
s. Besteuerung
- Drittwirkung **35** 19
- Eigentumsbegriff **26** 12 ff.
- Einschränkungen **26** 20 ff.
- Enteignung s. dort
- Grundrechtsträger **26** 17
- Institutsgarantie **26** 9, 23, 40 ff.
- Kerngehalt **26** 23, **36** 24
- Staatshaftung **146** 8
- Verfahrensgarantien **26** 7
- Verhältnis zu anderen Grundrechtsbestimmungen **26** 8
- Wertgarantie **26** 9, **27** ff.

Eigentumspolitik 26 6
Eigenverantwortung s. Verantwortung
Einbürgerung
- allgemein **38** 2
- Anforderungen **38** 4, 13
- Diskriminierungsverbot **38** 4, 16
- Eignung **38** 13
- Einbürgerungsbewilligung **38** 14
- erleichterte **37** 3, **38** 3, 10, 18
- Gebühren **38** 13
- Kinder **38** 18
- ordentliche **37** 3, **38** 4
- Verfahren s. Einbürgerungsverfahren
- Wiedereinbürgerung **38** 7, 11
- Willkürverbot **38** 4, 16
- Wohnsitzfristen **38** 10, 13

Einbürgerungsverfahren 38 14
- Gemeindeversammlung **38** 16
- Rechtsmittel **38** 16
- Urnenabstimmung **38** 15 ff., **29** 3
- Verfahrensgarantien **38** 4, 16

Eingriffsverwaltung 164 5, 7
Einheit der Form 139 9, 11, **192** 15
Einheit der Materie 34 22, **Vorbem. 61a – 72** 2, **135** 2, **139** 9, 12, 16, **141a** 9, **192** 4, 6, 8, 15, **194** 3, 5,
s. auch Politische Rechte
Einheit der Nation (und Vielfalt) **Präambel** 8, 9
Einheitsbeschwerde 188 11
Einzelermächtigung, Prinzip der 3 5 ff., **Vorbem. 42 – 135** 9, **42** 2,
s. auch Kompetenz
Eisenbahnen Vorbem. 42 – 135 16, **87**, **196 Ziff. 3**
- Eisenbahnverkehr **87** 5 ff.

- Konzessionspflicht und Bewilligungssystem **87** 7
- Schweizerische Bundesbahnen **87** 6

Elektrizität s. Energie

EMRK
- Beitritt der Schweiz **Anhang Vorbem. EMRK** 1
- Grundrechtskatalog, Anpassung an die EMRK **Anhang Vorbem. EMRK** 2
- künftige Bedeutung für die Praxis **Anhang Vorbem. EMRK** 2
- Verhältnis zu verfassungsmässigen Rechten **Anhang Vorbem. EMRK** 1
- Vorbehalte der Schweiz **Anhang Vorbem. EMRK** 1
- Zusatzprotokolle **Anhang Vorbem. EMRK** 2

Energie s. auch Wasser
- Brenn- bzw. Treibstoffe **91** 10
- elektrische, Transport und Lieferung **91** 2 ff.
- Elektrizitätsmarkt **91** 6
- Energiepolitik s. dort
- Kernenergie s. dort
- Raumplanung **75** 4
- Rohrleitungsanlagen **91** 8 ff., **94** 14

Energiepolitik Vorbem. 42 – 135 15, **50** 1, **89**, **139** 4
- Energieabgaben **89** 2
- Energietechniken, Entwicklung **89** 6, 8
- Energieverbrauch **89** 1, 7
- Verhältnis von Bund und Kantonen **89** 9 ff.
- Verhältnis zur Wirtschaftsfreiheit **89** 1
- Zielvorgaben **89** 4

Enteignung s. auch Eigentumsgarantie
- Entschädigung **26** 24 ff., 36 ff.
- formelle **26** 20, 24 ff.
- materielle **26** 20, 30 ff., **75** 2

Entwicklung, nachhaltige
s. Nachhaltigkeit

Entwicklungshilfe s. Hilfe, internationale

Entwicklungspolitik 54 20, **101** 4

Enumerationsprinzip
s. Einzelermächtigung, Prinzip der

Erdbeben 57 2

Erforderlichkeit staatlichen Handelns
s. Verhältnismässigkeitsprinzip

Erlassformen, Bundesversammlung 163
- Bundesbeschluss, einfacher und referendumspflichtiger
s. Bundesbeschluss
- Bundesgesetz s. dort
- Erlassbegriff **163** 2
- Rechtssatz, Begriff s. dort
- Verordnung s. Parlamentsverordnung

Errungenschaften Präambel

Ersatzabgaben s. Kausalabgaben

Ersatzdienst, ziviler
- Dauer **59** 5
- Ersatzabgabe **59** 5, 7
- Erwerbsausfall **59** 5, 8
- Rechtsgleichheit **59** 5, 7
- Unterstützung **59** 5, 9,
s. auch Militärversicherung

Erwachsenenbildung s. Weiterbildung

Erwerbstätigkeit, privatwirtschaftliche 27, **95**, **196 Ziff. 5**,
s. auch Wirtschaftsfreiheit bzw. Beruf
- Anerkennung von Diplomen **95** 11, **196 Ziff. 5** 1
- Ausübung **95** 3 ff.
- Begriff **27** 4, 8, 9, **95** 4
- Freizügigkeit, berufliche **95** 10 ff.
- Wirtschaftsraum, einheitlicher
s. Wirtschaftsraum

Europäische Menschenrechtskonvention s. EMRK

Europäische Union 54 22
- Beitritt der Schweiz **55** 1
- Freizügigkeitsabkommen
s. Aufenthalt und Niederlassung

Exekutive s. Bundesrat bzw. Bundesverwaltung

Existenzsicherung, Recht auf 12 1, **41** 6,
s. auch Hilfe in Notlagen, Recht auf

Exportförderung 101 2

F

Fachhochschule s. Hochschule
Fahrende 37 4, **39** 6
Falschmünzerei 57 7
Familie
- Familie, Recht auf **14** 5 ff.,
  Anhang UNO-Pakt II 23
- Familienausgleichskasse,
  Eidgenössische **116** 4
- Familienförderung **41** 3
- Familienleben, Achtung des **13** 6,
  s. auch Privatsphäre, Schutz der
- Familiennachzug **13** 7
- Familienzulagen **116**,
  Anhang UNO-Pakt I 10
- Schutz der Familie **116** 1 f.,
  Anhang UNO-Pakt I 10
- Sozialziel **41** 3,
  Anhang UNO-Pakt I 10

Fernmeldeverkehr, Achtung des
s. Privatsphäre, Schutz der
Fernmeldewesen s. Post- und Fernmeldewesen
Feuerwehr 57 3
Film
- Begriff **71** 3
- Bundeskompetenz **69** 1
- Filmangebot, Vielfalt und Qualität **71** 7
- Filmkultur und –produktion, Förderung
  Vorbem. 42 – 135 14, **71** 1, 4 ff.
- Förderungsmassnahmen, Verhältnis zur Filmfreiheit **71** 2, 7

Finanz- und Effektenmärkte
s. Banken- und Börsenwesen
Finanz- und Lastenausgleich 135
- Aufgabenentflechtung **135** 5
- Etappen des Reformprojekts NFA **135** 2
- Finanzausgleich, Begriff **135** 7
- Finanzierung **135** 20 ff.
- Härteausgleich **135** 4, 19
- interkantonaler **Vorbem. 42 – 135** 5,
  48a 4, 6, 9, 11, **135** 9, 17
- Lastenausgleich, Begriff **135** 7
- Lastenausgleich, geografisch-topografischer und soziodemografischer **135** 16
- Ressourcenausgleich **135** 4

- Umsetzung des Gesetzgebungsauftrags **135** 12
- Zielsetzungen **135** 13 ff.
- zwischen Bund und Kantonen **Vorbem. 42 – 135** 5, 21, **43a** 1, **46** 8, 14, **47** 9, **135**

Finanzen, Zuständigkeit Bundesversammlung
s. Haushaltführung und Finanzen
Finanzordnung, bundesstaatliche
Vorbem. 42 – 135 1, **Vorbem. 126 – 135**
Finanzsektor 95 3
Fischerei und Jagd Vorbem. 73 – 80 1, 79
Fiskalische Äquivalenz, Prinzip der 43a 6 ff.
Flugwesen
- Flugbetrieb und Flugplätze **87** 14
- Flugsicherung **57** 7, **87** 14

Föderalismus
- allgemein **Einleitung** 8, 10, 16,
  Vorbem. 42 – 135 3, 20, **44** 1
- Amts- und Rechtshilfe **44** 9
- Dialog **44** 3, 10
- Föderalismusreform
  Vorbem. 42 – 135 5
- kooperativer **44** 3, 5 f., 9, **48** 2 f., **61a** 4
- Partnerschaftlichkeit und Toleranz **47** 3
- Rücksicht und Beistand **44** 8 f.,
  46 11, **47** 4, **52** 12
- Unterstützung **44** 3, 5 f.
- Vollzugsföderalismus **Vorbem. 42 – 135** 20, **43a** 8, **46** 3, **49** 6, 16
- Vorzüge **Vorbem. 42 – 135** 3
- Zwangskooperation
  48a 3 ff., **69** 4, **135** 6

Folterverbot 10 2, 25 ff., **25** 13, **36** 4, 25,
Anhang EMRK 3, Anhang UNO-Pakt II 6,
s. auch Persönliche Freiheit
Form, Einheit der s. Einheit der Form
Forschung s. auch Hochschule
- allgemein **Vorbem. 61a – 72** 1
- Forschungsanstalten Bund **64** 10
- Forschungsförderung
  63a 11, **64** 1, 3 ff., **66** 7
- Forschungsfreiheit s. Wissenschaftsfreiheit
- Innovation, Begriff **64** 6
- Nationalfonds, Schweizerischer
  64 7, **66** 7
- Qualitätssicherung **64** 1, 9

Fortpflanzungsmedizin und Gentechnologie im Humanbereich 119
- Begriffe **119** 4 f.
- Datenzugang **119** 18
- Embryonen- und Samenspende **119** 15
- Keim- und Erbgut **119** 7 f., 12
- Klonverbot **119** 12
- Leihmutterschaft **119** 15
- Missbrauchsschutz **119** 2 ff.
- Stammzellen, embryonale **119** 9, 12, s. auch Forschung

Fraktionen, parlamentarische 137 6, **154**,
s. auch Parteien, politische
- Antragsrecht s. Antragsrecht, parlamentarisches
- Begriff **154** 2
- Fraktionsbildung **154** 5
- Fraktionsdisziplin **148** 5, **154** 7, **161** 5, 7
- Fraktionszwang **148** 5, **154** 4
- Immunität s. Immunität, parlamentarische
- Initiativrecht s. Initiativrecht, parlamentarisches
- Instruktionsverbot s. Instruktionsverbot, parlamentarisches
- Offenlegung von Interessenbindungen s. Interessenbindungen, Offenlegungspflicht Parlamentsmitglieder
- Organstellung **154** 3
- Rechte und Pflichten **154** 6 ff.

Französisch 4, **70**
Freihandel s. Aussenwirtschaftspolitik
Freiheit
- allgemein **2** 7
- persönliche s. Persönliche Freiheit

Freiheitsentziehung, fürsorgerische 49 13, **Anhang Vorbem. EMRK** 1
Freiheitsentzug 31, **Anhang EMRK 5**, **Anhang UNO-Pakt II 9**
- Anrufung eines Gerichts **31** 16 ff.
- Aufklärungspflicht **31** 5 ff.
- Belehrungspflicht **31** 5 ff.
- Gesetzmässigkeit **31** 4
- Haftprüfung **31** 17, **Anhang Vorbem. EMRK** 1, s. auch Verwahrung, Sexual- und Gewalttäter
- Untersuchungshaft s. dort

Freiheitsrechte Vorbem.
7 – 36 7, **35** 6, **36** 4, 26, **93** 13
Frieden s. auch Angelegenheiten, auswärtige
- Friedenserhaltung, Armee **58** 6
- Friedensförderung **54** 14, 20, **58** 8 f.
- Friedensschluss **54** 7, **166** 2, **173** 8
- konfessioneller s. Religion

Frühenglisch s. Schule
Fuss- und Wanderwege 88

G

Gastwirtschaftsgewerbe 94 15, **105** 1
Gebäudeversicherung, staatliche 94 16
Gebietsänderung Kantone s. Kantone, Bestand und Gebiet
Gebühren s. Kausalabgaben
Geeignetheit staatlichen Handelns
s. Verhältnismässigkeitsprinzip
Gegenentwurf (Volksinitiative)
139 1, 7, 21 ff., **139a** 2, 9 ff., **139b**, **142** 13
- Beispiele **8** 1, **69** 1, **81** 1, **83** 1, **88** 1, **89** 1, 2, **97** 1, **104** 1, **110** 5, **116** 4, **117** 1, **119** 1, **120** 1, **124** 1, **149** 5, **166** 5

Gehör, rechtliches
s. auch Verfahrensgarantien
- allgemein **29** 7, 17 ff., **36** 4, **38** 16, **49** 27
- Akteneinsichtsrecht **29** 21, **36** 4
- Äusserungsrecht **29** 20
- Beweis und Beweiswürdigung, Recht auf **29** 22
- Entscheidbegründung, Recht auf **29** 25, **38** 16
- Orientierung, Recht auf **29** 19
- Prüfung, Recht auf **29** 23
- Verbeiständung, Recht auf **29** 24

Geld- und Kreditwesen 100 9
Geld- und Währungspolitik 99, **100** 3
- Banknotenmonopol **99** 1, 3 ff., 12
- Bargeldmonopol **99** 6
- Begriffe **99** 4 ff.
- Goldreserven **99** 18 f., **112** 6, s. auch Alters-, Hinterlassenen- und Invalidenversicherung
- Münzregal **99** 1, 3 ff.

- Nationalbank, Schweizerische **99** 1, 8 ff.
- Reingewinnverteilung **99** 17
- Währungsreserven **99** 1, 15 ff.

Gemeindeautonomie 50
- allgemein **36** 4, **Vorbem. 50** 2
- Autonomiebeschwerde **50** 1, **189** 6
- Begriff und Tragweite **50** 5 f.

Gemeinden
- allgemein **Vorbem. 42 – 135** 20
- Autonomie s. Gemeindeautonomie
- Gemeindebürgerrecht
  s. Bürgerrechte, allgemein
- Körperschaft **Vorbem. 50** 1
- Rücksichtnahmepflichten Bund **50** 8 ff.

Gemeingebrauch
- gemeinverträglicher **82** 8
- gesteigerter **27** 16

Gemeinschaften, supranationale 140 7

General 168 4, 11, s. auch Armee

Generalklausel, polizeiliche 5 11, **36** 12, 16 ff.

Generationen, künftige Präambel, 73 3,
s. auch Nachhaltigkeit

**Gentechnologie, Ausserhumanbereich
104** 3, **120, 197 Ziff. 7**
- Keim- und Erbgut, nichtmenschliches **120** 4
- Missbrauchsschutz **120** 2 f.
- Organismus, Begriff **120** 5
- Vielfalt, genetische **120** 6
- Würde der Kreatur **120** 6

Gentechnologie, Humanbereich
s. Fortpflanzungsmedizin und Gentechnologie
im Humanbereich

Gerechtigkeit Vorbem. 188 – 191c 6, 11

Gericht 30, 35 17
- Ausnahmegericht, Verbot s. dort
- Ausstandsregeln **30** 7
- geistliches bzw. kirchliches Gericht
  30 12, **72** 8
- Gerichtsbarkeit s. dort
- Gerichtsberichterstattung s. dort
- Gerichtsöffentlichkeit
  s. Öffentlichkeitsgrundsatz
- Gesetzmässigkeit **30** 5
- internationales **54** 14
- Militärgericht s. dort
- ordnungsgemässe Bestellung
  und Zusammensetzung **30** 5

- Rechtsprechung s. dort
- Richter s. dort
- Spezialverwaltungsgericht,
  Rekurskommission **Vorbem.
  188 –191c** 8
- Unabhängigkeit und Unparteilichkeit
  30 7, **191c** 1, **Anhang Vorbem.
  EMRK** 1, **Anhang EMRK 6**,
  s. auch Unabhängigkeit, richterliche
- Verfahrensgarantien s. dort
- Vorbefassung, richterliche s. dort
- Zuständigkeit, örtliche, sachliche und
  zeitliche **30** 6

Gerichte des Bundes
- Bundesgericht s. dort
- Bundesstrafgericht s. dort
- Bundesverwaltungsgericht s. dort
- Eidgenössisches Versicherungsgericht s. Versicherungsgericht,
  Eidgenössisches

Gerichtsbarkeit
- internationale **188** 6
- kirchliche **188** 6
- Militärgerichtsbarkeit s. dort
- nicht-staatliche **188** 6
- private **188** 6
- Schiedsgerichtsbarkeit s. dort
- Strafgerichtsbarkeit s. dort
- Verfassungsgerichtsbarkeit s. Bundesgericht, Verfassungsgerichtsbarkeit bzw.
  Bundesgericht, massgebendes Recht
- Verwaltungsgerichtsbarkeit s. dort
- Zivilgerichtsbarkeit s. dort

Gerichtsberichterstattung 30 16

Gesamtarbeitsvertrag 28 5, **110**

Gesamtwirtschaftspolitik
s. Konjunkturpolitik

Geschlechterquote s. Quotenregelung

Gesetzesbindung s. Legalitätsprinzip

Gesetzeslücke 190 15

Gesetzesreferendum
- fakultatives **141** 2, 6 ff.
- nachträgliches s. Dringlichkeitsrecht
- obligatorisches **140** 8

Gesetzesvorbehalt 5 8, 9, 14, **36** 9, 13 ff., **164** 3,
Vorbem. 188 – 191c 5

Gesetzesvorrang 5 7, 12,
Vorbem. 188 – 191c 5

Gesetzgebung 164
- bei Dringlichkeit s. Dringlichkeitsrecht
- Gesetzesvorbehalt s. dort
- Rechtsetzungsdelegation s. Delegation
- Wichtigkeit, Begriff und Kriterien **164** 3 ff.

Gesetzliche Grundlage
(Grundrechtseinschränkung) **36** 1, 8, 9 ff.,
s. auch Legalitätsprinzip
- Bestimmtheitsgebot s. dort
- Gefahrenlage, qualifizierte **36** 9, 16 f., s. auch Generalklausel, polizeiliche
- Gesetz im formellen Sinn **36** 9
- Gesetz im materiellen Sinn **36** 10, 14
- Vorbehalt des Gesetzes s. Gesetzesvorbehalt
- Vorbehalt des Rechtssatzes **36** 9

Gesetzmässigkeitsprinzip s. Legalitätsprinzip

Gesundheit
- Begriff **118** 5
- Gesundheitspolitik **118** 2
- Gesundheitsschutz s. dort
- Gesundheitswesen s. dort
- Polizeigut **36** 19, **105** 4, s. auch Gesundheitsschutz
- Sozialziel **41** 3, **118** 4, **Anhang UNO-Pakt I 12**

Gesundheitsschutz 118, Anhang UNO-Pakt I 12
- Betäubungsmittel **118** 11
- Chemikalien, gesundheitsgefährdende **118** 13
- Heilmittel, gesundheitsgefährdende **118** 10
- Krankheiten, übertragbare, bösartige und stark verbreitete **118** 15 ff.
- Lebensmittel, gesundheitsgefährdende **118** 9
- Organismen, gesundheitsgefährdende **118** 12
- Strahlen, ionisierende **118** 17
- Tabak- und Alkoholwerbung **27** 29, **118** 9

Gesundheitswesen 118 2
- Fortpflanzungsmedizin s. Fortpflanzungsmedizin und Gentechnologie im Humanbereich
- Komplementärmedizin **117** 1
- Spitzenmedizin und Spezialkliniken **48a** 9, **63a** 18, **118** 2, **119a** 8
- Transplantationsmedizin s. dort

Gewährleistung (Kantonsverfassung)
s. Kantonsverfassung, Gewährleistung

Gewaltenhemmung
s. Gewaltenteilung, Grundsatz der

Gewaltenteilung, Grundsatz der
- allgemein **Einleitung** 12, **51** 12, 17, **52** 4, **Vorbem. 143 – 191c** 2, **171** 5, **Vorbem. 174 – 187** 1, **187** 4, **188** 15
- Gewaltenhemmung **Vorbem. 143 – 191c** 3, 7
- Gewaltenkooperation **Vorbem. 143 – 191c** 4, 6, **171** 3, **Vorbem. 174 – 187** 4
- Gewaltenverschränkung **Vorbem. 143 – 191c** 7
- Grundidee **Vorbem. 143 – 191c** 3
- Handlungsfähigkeit des Staates, Verhältnis **Vorbem. 143 – 191c** 4 f.
- Kantonsverfassungen **Vorbem. 143 – 191c** 2, **189** 5 f.
- Machtbegrenzung und -kontrolle **Vorbem. 143 – 191c** 3, 5
- organisatorisch-funktionelle Gewaltenteilung **Vorbem. 143 – 191c** 3, 7, **Vorbem. 188 – 191c** 3
- subjektive, personelle Gewaltentrennung **Vorbem. 143 – 191c** 3, 7, **Vorbem. 188 – 191c** 2, s. auch Unvereinbarkeiten

Gewässerschutz s. Wasser
Gewerbesteuern s. Steuern
Gewissensfreiheit s. Glaubens- und Gewissensfreiheit

Glaubens- und Gewissensfreiheit 15, Anhang EMRK 9, Anhang UNO-Pakt I 13, Anhang UNO-Pakt II 18, 27
- Bürgerpflichten **15** 19
- Drittwirkung **15** 13, **35** 19
- Einschränkungen **15** 18, **36** 23
- Grundrechtsträger **15** 16 f.
- Kerngehalt **15** 20
- Kultusfreiheit s. dort
- Kultussteuern **15** 11
- Neutralitätsgebot **15** 12 ff.

**Glaubensgemeinschaften,
Verhältnis zum Staat** s. Kirche
Gleichbehandlung
- allgemein **8**
- Bürgerinnen und Bürger
  s. Bürgerrechte, allgemein
- Gemeinden **50** 9
- Geschlechter **38** 8, s. auch Gleichberechtigung bzw. Gleichstellung
- Kantone **1** 9 ff., **44** 2, s. auch Gleichberechtigung bzw. Gleichstellung
- Konkurrenten s. dort
- Privatpersonen **35** 13

**Gleichberechtigung bzw.
Gleichstellung**
- Kantone **4** 4 f., **48a** 6
- Mann und Frau **8** 27 ff., **43** 3,
  **Anhang ZP 7 EMRK 5,
  Anhang UNO-Pakt I 3,
  Anhang UNO-Pakt II 3,**
  s. auch Lohn

Gleichheit, demokratische Einleitung 17,
Vorbem. 136 – 142 8, **136** 7
Glücksspiele und Lotterien 106, 196 Ziff. 8
- Abweichungen vom Grundsatz
  der Wirtschaftsfreiheit **106** 2
- Begriffe **106** 3 f.
- Geschicklichkeitsautomaten **106** 10 f.
- Spielbanken s. dort

Goldreserven s. Geld- und Währungspolitik
Gott Präambel
Grenzwachtkorps 58 5
Grundlage, gesetzliche
s. Gesetzliche Grundlage

Grundrechte
- Abwehrfunktion **35** 4
- allgemein **Vorbem. 7 – 36** 1
- Bindung s. Grundrechtsbindung
- Drittwirkung s. dort
- Einschränkungen s. Grundrechtseinschränkungen
- Freiheitsrechte s. dort
- Funktionen **35** 4
- Grundrechtskatalog **Einleitung** 8, 12,
  Vorbem. 7 – 36 4, 7,
  Anhang Vorbem. EMRK 2
- Grundrechtsschichten, justiziable,
  programmatische, flankierende **35** 6
- Grundrechtsträger s. dort
- Kantonsverfassung
  Vorbem. 7 – 36 12, **49** 10
- Kodifikation ungeschriebener
  Grundrechte **Vorbem. 7 – 36** 5
- Schutz s. Grundrechtsschutz
- soziale Grundrechte s. Sozialrechte
- unverzichtbare und unverjährbare **10** 7
- Wirkung zwischen Privatpersonen
  s. Drittwirkung

Grundrechtsbindung 35 9 ff., 12, 14
- Privatpersonen **35** 10, 15 ff., **38** 15,
  s. auch Drittwirkung

Grundrechtseinschränkungen 36
- Einwilligung des Betroffenen **36** 9
- Grundlage, gesetzliche
  s. Gesetzliche Grundlage
- Interesse, öffentliches
  s. Öffentliches Interesse
- Kerngehaltsgarantie s. dort
- Kognition **36** 8
- Verhältnismässigkeit
  s. Verhältnismässigkeitsprinzip

Grundrechtsschutz
- Dritter **36** 21
- vor sich selbst **36** 22

Grundrechtsträger Vorbem. 7 – 36 9
- Eigentumsgarantie **26** 17
- Glaubens- und Gewissensfreiheit **15** 16 f.
- Grundschulunterricht, Anspruch auf **19** 6
- Koalitionsfreiheit **28** 9
- Kunstfreiheit **21** 5
- Leben, Recht auf **10** 5
- Meinungs- und Informationsfreiheit **16** 5
- Niederlassungsfreiheit **24** 6
- Persönliche Freiheit **10** 5
- Petitionsrecht **33** 5
- Politische Rechte **34** 4
- Rechtsgleichheit **8** 6
- Rechtsweggarantie **29a** 5
- Vereinigungsfreiheit **23** 11
- Versammlungsfreiheit **22** 11
- Wirtschaftsfreiheit **27** 18 ff.
- Wissenschaftsfreiheit **20** 11

Grundsätze, rechtsstaatliche
s. Handeln, rechtsstaatliches
Grundsatznormen, objektive 35 4
Grundschulunterricht, allgemein
s. auch Schule
- Grundschule, Definition **19** 8
- Grundschulunterricht, Anspruch auf s. dort
- Obligatorium **62** 6
- staatliche Leitung bzw. Aufsicht **62** 6
- Unentgeltlichkeit **62** 6
- Zugang **62** 6

Grundschulunterricht, Anspruch auf 19, Anhang UNO-Pakt I 13, s. auch Schule
- einschränkende Konkretisierungen **19** 12 ff., **36** 4
- Grundrechtsträger **19** 6
- Kantone **43** 3

Grundstückerwerb, Personen im Ausland Vorbem. 50 3, **54** 14
Grundversorgung Einleitung 17, **43a** 9 f., **92** 1, 2, 9 ff.

H

Haftrichter 30 8, **31** 12
Haftung des Staates s. Staatshaftung
Halbkantone 1 8, **Vorbem. 136 – 142** 1, **142** 15, **150** 2
Handeln
- faktisches **36** 5
- rechtsstaatliches, Grundsätze **5**, **49** 26, **65** 5
- staatliches **9** 5, **10** 27, **26** 27, **35** 4, 9, 11, **36** 3 f., s. auch Verhältnismässigkeitsprinzip

Harmonisierung, Begriff 75a 6, **129** 1
Haushalt 73 1, **100** 3
Haushaltführung und Finanzen 126, **148** 3, **167**, **183**, **196 Ziff. 12**
- Ausgaben und Einnahmen, Begriffe **126** 6, **167** 3
- Ausgabenbeschluss **163** 11, **167** 3
- Ausgabenbremse **159** 10 ff., **167** 2

- Defizit, strukturelles des Bundeshaushalts **126** 9
- Dringlichkeitsverfahren **167** 8
- Eidgenössische Finanzkontrolle **167** 19, **169** 15, **170** 5
- Finanzaufsicht, Bundesversammlung **167** 18 f.
- Finanzplan, Bundesrat **183** 2
- Finanzreferendum, punktuelles **167** 9
- Globalkredit **167** 5
- Haushaltführung, ordnungsgemässe **183** 4
- Haushaltsgleichgewicht **126** 5 ff.
- Kompensationspflicht **126** 11
- Kreditsperrung **167** 13
- Nachtragskredit **167** 5
- Schuldenbremse **126** 2, 8 ff., **159** 10, **167** 2, 17
- Staatsrechung **163** 11, **167** 16 f., **169** 18, **183** 2 f.
- statistische Angaben **126** 4
- Verpflichtungskredit **167** 6
- Voranschlag, Budget **148** 3, **163** 11, **167** 4, 10 ff., **183** 2
- Voranschlagskredit **167** 5
- Zahlungsrahmen **167** 7
- Zusatzkredit **167** 6

Heirat 14, **38** 9 f.
Hilfe in Notlagen, Recht auf 12, Anhang UNO-Pakt I 11, 12
- Einschränkungen **36** 4
- Kerngehalt **12** 8, **36** 25
- Subsidiarität **12** 5

Hilfe, internationale 54 11, **Anhang UNO-Pakt I 11**, s. auch Angelegenheiten, auswärtige
Hochschule 48 10 f., 14, **48a** 8 f., s. auch Bildung bzw. Schule bzw. Forschung
- Anerkennung von Abschlüssen s. Schule
- Ausbildungsbeiträge **66**
- Autonomie **63a** 12, **189** 6
- Begriff **63a** 2
- Chancengleichheit s. dort
- Eidgenössische Technische Hochschulen **63a** 6
- Fachhochschule **63a** 2
- Hochschulförderung **63a** 8 ff.

Sachregister

- Hochschulwesen **62** 5, 16
- Koordination, gesamtschweizerische **63a** 11 ff.
- Qualitätssicherung **63a** 11, 16 f.
- Rechtsgleichheit **63a** 4
- Stipendien und Studiendarlehen s. Stipendienwesen
- universitäre Hochschule **63a** 2
- Zugang **63a** 4, 16
- Zuständigkeit Bund **63a** 5 ff.

Hunde, gefährliche 57 2, **74** 5

I

Immunität, parlamentarische 162
- absolute **162** 3 ff.
- Definition **162** 2
- Kasuistik **162** 12
- relative **162** 8, 10
- Sessionsteilnahmegarantie s. Sessionen, Räte
- Verhältnis zum Gleichbehandlungsgebot **162** 2, 7

Inflation und Deflation
s. Konjunkturpolitik

Informationsfreiheit
s. Meinungs- und Informationsfreiheit

Infrastrukturplanung 50 8

Initiativrecht
- Bundesrat s. Initiativrecht Bundesrat
- parlamentarisches s. Initiativrecht, parlamentarisches
- Volk s. Politische Rechte bzw. Volksinitiative

Initiativrecht Bundesrat 160 5 f., **Vorbem. 174 – 187** 1, **178** 4, **181**
- Begriff **181** 2
- Form und Verfahren **181** 7
- Gegenstand **181** 6
- Praxis **181** 8

Initiativrecht, parlamentarisches 160, **169** 18, **171** 5
- Bedeutung, praktische **160** 10
- Begriff **160** 2
- Einschränkungen **160** 9
- Kantone s. Standesinitiative

- Träger **160** 4
- Verfahren **160** 7

Innere Sicherheit
s. auch Land und Bevölkerung, Sicherheit
- allgemein **2** 8, **Vorbem. 42 – 135** 10, **Vorbem. 57 – 61** 2, **57** 1
- Armee s. dort
- Begriff **57** 4
- Bundesintervention s. dort
- Bundeskompetenzen **57** 6 ff., **72** 11
- Kantone **43** 3, **185** 7
- Koordinationspflicht Bund und Kantone **57** 10 ff.
- Massnahmen des Bundesrates **185** 1, 7 ff., s. auch Innere Sicher-heit, Verordnungen und Verfügungen des Bundesrates
- Massnahmen der Bundesversammlung **173** 9 ff.
- Staatsschutz s. dort
- Truppenaufgebot s. Armee
- Verordnungen und Verfügungen des Bundesrates s. Innere Sicherheit, Verordnungen und Verfügungen des Bundesrates

Innere Sicherheit, Verordnungen und Verfügungen des Bundesrates 185 9 ff., s. auch Dringlichkeitsrecht
- Anwendungsvoraussetzungen und Schranken **185** 10
- Befristung **185** 10
- Dringlichkeit, Begriff **185** 10
- Gefährdungslage, qualifizierte **185** 10 f.
- Öffentliche Ordnung, Begriff **185** 11
- Überprüfbarkeit **185** 12
- Verlängerung **185** 10

Instruktionsverbot (freies Mandat) **138** 7, **149** 3, **150** 2, 5 f., **161**
- Adressaten **161** 4
- freies Mandat, Grundsatz **45** 3, **161** 2
- Rechtsfolgen bei Verletzungen **161** 6

Interesse
- faktisches **26** 15
- fiskalisches **5** 16, **26** 22, **36** 19
- kulturelles **36** 19
- öffentliches **5** 15 ff., s. auch Öffentliches Interesse (Grundrechtseinschränkungen)

- ökologisches **36** 19
- soziales **36** 19
- wissenschaftliches **36** 19

Interessenbindungen, Offenlegungspflicht Parlamentsmitglieder 148 5, **161**
- Gegenstand **161** 8
- Grundrechte **161** 10
- Register **161** 10

Interessenwahrung, aussenpolitische 184, s. auch Sanktionen, internationale
- Begriff der Dringlichkeit **184** 13
- Freiheitsrechte, Einschränkung **184** 13
- Praxis **184** 15
- Verordnungen und Verfügungen des Bundesrates, verfassungsunmittelbare **184** 11 ff.

Interkantonales Recht
s. Kantone, interkantonale Verträge

Internationalisierung der Rechtsordnung Vorbem. 188 – 191c 7

Internet 93 5

Interpellation s. Vorstoss, parlamentarischer

Invalidität 41 4, **48a** 9, **112** 3, s. auch Alters-, Hinterlassenen- und Invalidenvorsorge bzw. –versicherung
- Förderung der Eingliederung von Invaliden **112 b**, **197 Ziff. 4**

Italienisch 4, 70

J

Jagd s. Fischerei und Jagd
Judikative s. Rechtsprechung
Jugend
- Förderung Jugendlicher s. Kinder und Jugendliche
- Jugendsport **62** 3, **68** 6
- Sozialziel **41** 3

Justizreform Vorbem. 188 – 191c 7 f., 11, **188** 1, **190** 2, **191** 1, **191a** 1, **191b** 1, **191c** 1, **195** 4
- Hauptziele **Vorbem. 188 – 191c** 7, 13, **189** 6

K

Kantone s. auch Bund und Kantone bzw. Föderalismus
- allgemein **Präambel**
- Aufgaben s. dort
- Autonomie s. Kantonsautonomie
- Bestand und Gebiet s. Kantone, Bestand und Gebiet
- Beziehungen zum Ausland s. Kantone, Beziehungen zum Ausland
- Eidgenossenschaft **1** 1 ff.
- Eigenständigkeit s. Kantone, Eigenständigkeit
- Halbkantone s. dort
- Kantonsbürgerrecht s. Bürgerrechte, allgemein
- Kantonsregierung s. dort
- Kantonsverfassung s. dort
- Mitwirkungsrechte auf Bundesebene s. Kantone, Mitwirkungsrechte
- Souveränität **Einleitung** 8, **3** 1 ff., 12, 19 ff., **Vorbem. 42 – 135** 3, **48** 4
- Staatlichkeit **47** 2
- Umsetzung des Bundesrechts s. Bundesrecht, Umsetzung
- verfassungsmässige Ordnung **52** 3 ff., s. auch Bundesintervention
- verfassungsmässige Rechte s. Bundesgericht, Verfassungsgerichtsbarkeit
- Vernehmlassungsverfahren **147** 7
- Verträge mit dem Ausland s. Kanntone, Beziehungen zum Ausland
- Verträge unter Kantonen s. Kantone, interkantonale Verträge

Kantone, Bestand und Gebiet 53
- Abtretung ans Ausland **53** 3
- allgemein **Vorbem. 42 – 135** 20
- Bestandesänderung, einzelne Formen **53** 7
- Bestandesänderung, Verfahren **53** 7 ff., 12
- Bestandesgarantie **53** 4
- Bundesgarantie **53** 2 ff.
- Gebietsänderung, Verfahren **53** 12 ff., **141** 12, **163** 10

- Gebietsgarantie **53** 5
- Grenzbereinigung **53** 5, 14 ff.
- Grenzstreitigkeiten **53** 5
- Integrität, territoriale **53** 3
- Kantonsgründung **53** 7, 11
- Sezession **53** 2
- Statusänderung **53** 10
- Teilung **53** 7
- Zusammenschluss **53** 7, 11
- Zustimmungserfordernisse Bestandesänderungen **53** 8
- Zustimmungserfordernisse Gebietsänderungen **53** 12

Kantone, Beziehungen zum Ausland 56
- Schranken, bundesverfassungsrechtliche **56** 7 ff.
- Verträge mit dem Ausland **44** 12, **54** 9, **56** 3 ff., **189** 6, **190** 10
- Vertragsschlusskompetenz **56** 3
- Verkehr, amtlicher mit ausländischen Behörden **56** 9 ff.
- Zusammenarbeit, grenzüberschreitende **56** 2

Kantone, Eigenständigkeit Vorbem. 42 – 135 20, **47**, **48** 4, **49** 22, **122** 6, **135** 6
- Wahrung der Eigenständigkeit durch den Bund **47** 2 ff.

Kantone, interkantonale Verträge 44 12, **189** 6
- Allgemeinverbindlicherklärung s. dort
- Begriff **48** 5
- Beteiligungspflicht Kantone **48a**
- Bilateralität und Multilateralität **48** 6
- Bund, Beteiligung **48** 9 ff.
- Drittkantone **48** 8, 12
- Informationspflicht gegenüber Bund **48** 13, **56** 1, **172** 4
- Inhalte **48** 5, 12
- kooperativer Föderalismus, horizontaler s. Föderalismus
- Organe, gemeinsame **48** 11
- Organisationen und Einrichtungen, gemeinsame **48** 7
- Sekundärrecht, interkantonales **48** 14 ff.
- Streitigkeiten, Beilegung und Verfahren **48** 8
- Verfahren **48** 13,

- Verhältnis zu kantonalem Recht **48** 16 ff.
- Vertragsautonomie und ihre Schranken **48** 4 ff., **191b** 3

Kantone, Mitwirkungsrechte Vorbem. 42 – 135 4, 45
- Anhörungsrecht **45** 3 ff., **55** 4, 8
- aussenpolitische Entscheide, Vorbereitung **45** 3, **55** 2 ff., s. auch Aussenwirtschaftspolitik
- Berücksichtigungspflicht Bund **55** 4, 9
- Informationspflicht Bund **45** 5 ff., **55** 4, 7
- Initiativrecht, parlamentarisches s. Standesinitiative
- Kantonsreferendum, fakultatives s. dort
- Ständemehr s. dort
- Ständeratswahl s. Ständerat
- Standesinitiative s. dort
- Willensbildung im Bund **45** 2, **62** 18

Kantonsautonomie 37 8, **43** 2, **46** 7
- Aufgabenautonomie **Vorbem. 42 – 135** 4, **47** 1 f., 6 ff., **48** 4
- Finanzautonomie **Vorbem. 42 – 135** 4, **47** 1 f., 6 ff.
- Organisationsautonomie **Vorbem. 42 – 135** 4, **47** 1 f., 5 ff., **48** 4, 14, **49** 22, **Vorbem. 50** 3, **64a** 4, **65** 8, **75** 3, **122** 6, **191b** 2 f.
- Verfassungsautonomie **Vorbem. 42 – 135** 4, **52** 3
- Vertragsautonomie s. Kantone, interkantonale Verträge

Kantonsreferendum, fakultatives 45 3 f., **141** 2, 5

Kantonsregierung
- Regierungssystem **51** 16

Kantonsverfassung 51
- Anforderungen **51** 11 ff.
- demokratische Legitimation **51** 12
- Gewährleistung durch die Bundesversammlung s. Kantonsverfassung, Gewährleistung
- Inhalt, minimaler **51** 7
- Überprüfung durch Bundesgericht **51** 25
- Verfassungsreferendum **51** 13
- Verfassungsrevision **51** 14
- Veröffentlichung **51** 24

Kantonsverfassung, Gewährleistung 51
- allgemein **Vorbem. 51 – 53** 2, **52** 3
- Bundesversammlung **163** 11, **172** 3, **189** 6
- Rechtsfolgen **51** 22
- Verfahren **51** 1, 18 ff.

Kartelle 96 5 ff.,
s. auch Wettbewerbspolitik

Kausalabgaben s. auch Steuern
- Ersatzabgaben **127** 5 f.
- Gebühren **127** 5 f.
- Kostendeckungs- und Äquivalenzprinzip bei Gebühren **127** 6
- Vorzugslasten **127** 5 f.

Kernenergie 90, 196 Ziff. 4
- Bewilligungssystem **90** 3, **94** 14
- Entsorgung und Lagerung radioaktiver Abfälle **90** 3, 5

Kerngehaltsgarantie 36 1, 24 ff.
- Bundesgericht, massgebliches Recht **190** 17
- Eigentumsgarantie **26** 23, **36** 24
- Glaubens- und Gewissensfreiheit **15** 20
- Hilfe in Notlagen, Recht auf **12** 8, **36** 25
- Leben, Recht auf **10** 12, **36** 25
- Medienfreiheit **17** 16
- Menschenwürde, Kerngehaltsbestimmung **36** 24
- persönliche Freiheit **10** 24
- Privatsphäre, Schutz der **36** 26
- Rechtsgleichheit **8** 16
- Sprachenfreiheit **18** 6
- Verhältnis zum Schutzbereich **36** 25
- Wirtschaftsfreiheit **27** 29

Kinder und Jugendliche
- Arbeit mit Kindern und Jugendlichen, ausserschulische **67** 3 ff.
- Förderung **67** 2 ff.
- Schutz der **Einleitung** 8, **11**, **Anhang UNO-Pakt I 10**, **Anhang UNO-Pakt II 24**
- Sozialziel **41** 3, **67** 2, **Anhang UNO-Pakt I 10**

Kirche
- Anerkennung, öffentlichrechtliche **72** 7
- Gerichtsbarkeit, kirchliche s. Gerichtsbarkeit

- Kirchenhoheit, kantonale **43** 3, **Vorbem. 61a – 72** 1, **72** 5 ff.
- Kirchensteuern s. Steuern
- Verhältnis zum Staat **72**

Koalitionsfreiheit 28, Anhang EMRK 11, Anhang UNO-Pakt I 8, Anhang UNO-Pakt II 22, s. auch Arbeit
- Einschränkungen **28** 10 ff.
- Drittwirkung **28** 6, **35** 19
- Grundrechtsträger **28** 9
- Streik und Aussperrung s. dort

Kollegialprinzip Bundesrat 169 24, **Vorbem. 174 – 187** 2, 6, **176** 3, **177**
- Beschlussfassung und Entscheidungsverfahren **177** 5 f.
- Delegation von Geschäften **177** 6
- Gegenstand und Kernaussage **177** 3 f.
- Verhaltensregeln **177** 7 ff.
- Verhandlungen des Bundesrats **177** 5

Kollektive Sicherheit Vorbem. 57 – 61 2
- Organisationen für kollektive Sicherheit **140** 7

Kommissionen, ausserparlamentarische 153 2

Kommissionen, parlamentarische 153
- Antragsrecht s. Antragsrecht, parlamentarisches
- Aufgaben **153** 3
- Aufsichts- und Legislativkommissionen **153** 11, 23 f., **169** 19 ff.
- Begriff und Bedeutung **153** 2
- Delegation von Entscheidungsbefugnissen **153** 17 ff.
- Geschäftsprüfungskommission **169** 14
- Informationsrechte **153** 20 ff., **169** 14, 19, 23
- Initiativrecht s. Initiativrecht, parlamentarisches
- Instrumente **153** 6
- Kommissionen, gemeinsame **153** 12 ff.
- Kommissionsarten **153** 9
- ständige Kommissionen und Spezialkommissionen **153** 11
- Untersuchungsbefugnisse **153** 20 ff.
- Untersuchungskommission, parlamentarische **148** 5, **153** 12, **169** 14, 16 f., 21

- Vereinigte Bundesversammlung, ständige Kommissionen **153** 14
- Verfahren und Vertraulichkeit **153** 7
- Wahl und Zusammensetzung **153** 5

Kompetenz
- ausdrückliche bzw. stillschweigende **Vorbem. 42 – 135** 10
- Auslegung **Vorbem. 42 – 135** 16, **42** 2
- ausschliessliche **39** 2, **Vorbem. 42 – 135** 11
- Begriff **Vorbem. 42 – 135** 6
- Bund **5a** 6 f., **42, 54 ff.**
- Einzelermächtigung **Vorbem. 42 – 135** 9, **42** 2
- fragmentarische **Vorbem. 42 – 135** 12
- Grundsatzgesetzgebungskompetenz **Vorbem. 42 – 135** 12
- implizite und inhärente **Vorbem. 42 – 135** 10
- Kantone **Einleitung** 17, **3** 5 ff.
- Kompetenzkonflikt **49** 7 f.
- Kompetenztragweite, Ermittlung der **Vorbem. 42 – 135** 16
- konkurrierende **39** 2, **Vorbem. 42 – 135** 11
- Organkompetenz **Vorbem. 42 – 135** 9
- parallele Kompetenz **Vorbem. 42 – 135** 11
- Staatsfunktionen, nach **Vorbem. 42 – 135** 13
- umfassende **Vorbem. 42 – 135** 12
- Verbandskompetenz **Vorbem. 42 – 135** 9
- verpflichtende bzw. ermächtigende **Vorbem. 42 – 135** 14
- Verwaltungskompetenz **Vorbem. 42 – 135** 13

Kompetenzausübung, schonende 44 8, s. auch Subsidiaritätsprinzip, bundesstaatliches

Konfessionen 72 4

Konjunkturpolitik 50 1, **94** 14, **99** 3, **100, Anhang UNO-Pakt I** 6
- Arbeitsmarktregulierung s. dort
- Aussenwirtschaft s. dort
- Begriff **100** 2
- Finanzpolitik, konjunkturgerechte **100** 8 f.Geld- und Kreditwesen s. dort
- Instrumente **100** 11 ff.
- Preisniveaustabilität **100** 5
- Stabilität, konjunkturelle **100** 2, 5

Konkordat s. Kantone, Verträge

Konkubinat 13 8

Konkurrenten (wirtschaftliche)
- direkte Konkurrenten **27** 24
- Gleichbehandlung **27** 4, 23 ff., **94** 2, 6

Konsularwesen s. Diplomatischer Dienst und Konsularwesen

Konsumentenschutz Vorbem. 42 – 135 15, **97**
- Begriff **97** 4 ff.
- Konsumentenorganisationen **97** 6, 8
- Rechtsschutz **97** 7 ff.

Kooperation
- zwischen Bund und Kantonen s. Föderalismus
- zwischen Staatsgewalten s. Gewaltenteilung, Grundsatz der

Körperschaft
- Gebietskörperschaft **Vorbem. 50** 1, s. auch Gemeinden
- öffentlich-rechtliche **Vorbem. 50** 1
- Selbstverwaltungskörperschaft **Vorbem. 50** 1

Korporationen s. Bürgergemeinden und Korporationen

Kranken- und Unfallversicherung 98 12, **117**
- Begriffe Krankheit und Unfall **117** 4
- Durchführung **117** 6
- Finanzierung **117** 5
- Versicherungsobligatorium **117** 7

Krankheit 41 4
- Krankheiten, übertragbare, bösartige und stark verbreitete s. Gesundheitsschutz

Krieg
- Kriegserklärung **54** 7, **166** 2, **173** 8
- Kriegsmaterial s. Waffen und Kriegsmaterial
- Kriegsverhinderung, Armee **58** 6

Kultur
- allgemein **Vorbem. 61a – 72** 1
- Begriff **69** 2
- Kultureinrichtungen **48a** 9

971

- Kulturförderung s. Kunst- und Kulturförderung
- Kulturpolitik **69** 1
- Vielfalt s. dort

Kultusfreiheit 15 1, s. auch Glaubens- und Gewissensfreiheit

Kundgebungsfreiheit
s. Demonstrationsfreiheit

Kunst- und Kulturförderung
21 7, **69** 1, 5 ff., **Anhang UNO-Pakt I 15**
- Filmförderung s. Film

Kunstfreiheit 21, Anhang UNO-Pakt I 15, Anhang UNO-Pakt II 27
- Einschränkungen **21** 8 ff.
- Grundrechtsträger **21** 5
- Kunst, Definition **21** 4

L

Land und Bevölkerung, Sicherheit Vorbem. 57 – 61 2, **57** 3,
s. auch Innere Sicherheit
- Armee s. dort
- Bevölkerungsschutz s. Zivilschutz
- Delegation von Sicherheitsaufgaben an Private **57** 9
- Feuerwehr s. dort
- Landessicherheit **57** 3
- Polizei s. dort

Landeskirchen s. Kirche

Landessprachen 4, 70 1 f.,
s. auch Sprache

Landesvermessung s. Vermessung

Landesversorgung
57 3, **91** 1, **102, 104** 3 , **104** 7, **196 Ziff. 6**
- Abweichungen vom Grundsatz der Wirtschaftsfreiheit **94** 14,**102** 6
- Landesverteidigung, wirtschaftliche **102** 3
- Pflichtlagerhaltung **102** 4
- Übergangsbestimmung **102** 7

Landesverteidigung
- militärische s. Armee
- wirtschaftliche s. Landesversorgung

Landschaften s. Natur- und Heimatschutz

Landsgemeinde
34 12, **39** 7, **51** 13 ff., **150** 6

Landwirtschaft 73 1, **94** 14, **104**
- Abweichungen vom Grundsatz der Wirtschaftsfreiheit **104** 6, 9, 11
- Begriff **104** 2
- Berührungspunkte zu anderen Bestimmungen **104** 3
- Direktzahlungen und weitere Bundesaufgaben **104** 12
- Förderung, subsidiäre **104** 8 ff.
- Landwirtschaftspolitik des Bundes **104** 6 ff.

Leben, Recht auf 10 8 ff.,
Anhang EMRK 2, Anhang UNO-Pakt II 6
- Einschränkungen **10** 11
- Grundrechtsträger **10** 5
- Kerngehaltsgarantie **10** 12, **36** 25
- Todesstrafe **10** 2, 12, **36** 25, **139** 4, **Anhang EMRK 2, Anhang ZP 6 EMRK 1**, **2, Anhang UNO-Pakt II 6**
- ungeborenes Leben, Schutz **10** 9, **119** 11

Lebensgrundlagen, natürliche
2 13, **73** 1, **104** 7, s. auch Nachhaltigkeit

Lebensmittel 97 6, **118** 7 ff.
- Lebensmittelhandel **95** 3
- Lebensmittelkontrolle **46** 12

Lebensraum s. Umwelt

Legalitätsprinzip 5 7 ff., **36** 11, **46** 7,
49 21, 25, **51** 17, **82** 9, **173** 24, **Anhang EMRK 7**,
Anhang UNO-Pakt II 15
- steuerrechtliches s. Besteuerung, Grundsätze der

Legislaturperiode 145 2, **149** 12 f., **150** 8,
173 19 f., **180** 2, 7, **183** 2 s. auch Amtsdauer

Leistungsverwaltung 164 5

Lenkungsabgaben Vorbem. 126 – 135 1,
s. auch Umweltschutz

Lohn
- Lohngleichheit **8** 33 f., **35** 19, **Anhang UNO-Pakt I 7**
- Minimallohn **41** 3

Lotterien s. Glücksspiele und Lotterien

Luftfahrt 49 5, 13, **87** 14 ff.

Lufthoheit 58 5

Luftverunreinigung s. Umweltschutz

M

Macht
- Kontrolle und Begrenzung **35** 2,
  s. auch Verfassungsfunktionen bzw.
  Gewaltenteilung, Grundsatz der

Mädchenhandel 57 7

Majorzsystem
- Nationalratswahl, Ausnahme **149** 9

Mandat, freies s. Instruktionsverbot

Markt, Marktwirtschaft
94 7, 10, 11, **102** 3, **104** 1, 6
- Binnenmarkt **Vorbem. 7 – 36** 10,
  24 3, **27** 4, 21 ff., **94** 1, **95**,
  s. auch Wirtschaftsraum
- Marktbeherrschung bzw.
  Marktmacht **96** 9
- Marktöffnung **91** 6, 7, **92** 2, **95** 9, **104** 5
- Marktzugang, freier und gleichberechtigter **27** 9, **95** 5, 7 ff.
  s. auch Wirtschaftsraum

Materie, Einheit der
s. Einheit der Materie

Medien, elektronische 93 9,
s. auch Internet

**Medienfreiheit 17, Anhang EMRK 10,
Anhang UNO-Pakt II 19**
- Einschränkungen **17** 8
- Drittwirkung **17** 7, **35** 19
- Indiskretionen, Sanktionierung **17** 9
- Kerngehalt **17** 16
- Pressefreiheit **17** 3
- Quellenschutz **17** 13, **36** 23,
  Anhang EMRK 10
- Radio- und Fernsehfreiheit **17** 4, **93** 7
- Redaktionsgeheimnis **Einleitung**
  8, **17** 10 ff., **Anhang Vorbem. EMRK** 2
- Zensurverbot s. dort

Medizin
- Fortpflanzungsmedizin s. Fortpflanzungsmedizin und Gentechnologie im Humanbereich
- Komplementärmedizin
  s. Gesundheitswesen
- Spitzenmedizin s. Gesundheitswesen
- Transplantationsmedizin s. dort

Mehrheitswahl s. Majorzsystem

Mehrwertsteuer 130, 196 Ziff. 14,
s. auch Steuern
- Ausgestaltung **130** 7
- Ausschluss kantonaler und kommunaler Besteuerung **134** 3
- Begriff **130** 5
- Erhöhung zugunsten der AHV
  130 10
- Gesetzgebung **46** 5
- Steuersatz **130** 8 ff.
- Teilzweckbindung **130** 11

Meinungs- und Informationsfreiheit
16, 158 3, **Anhang EMRK 10,
Anhang UNO-Pakt II 19, 27**
- Einschränkungen **16** 12 ff.,
  Anhang EMRK 10
- Grundrechtsträger **16** 5
- Informationsfreiheit als Teilgehalt **16** 8
- öffentlicher Grund **16** 4
- Öffentlichkeitsprinzip **16** 11
- Vermummungsverbot s. dort

**Mensch, Tier und Umwelt, Sicherheit
Vorbem. 57 – 61** 2

Menschenrechte
- allgemein **Vorbem.
  7 – 36** 9, **54** 19 f., **190** 16
- EMRK **Anhang
  Vorbem. EMRK** 1, s. auch dort
- Stärkung **54** 14

Menschenwürde
s. auch **Anhang UNO-Pakt II 10, 11**
- allgemein **Vorbem. 7 – 36** 7, 7
- Auslegungshilfe **7** 9 f.
- Forschung und Medizin **20** 14, **64** 4,
  119 11, **119a** 2, 9, **120** 6
- Hilfe in Notlagen **12** 2
- Kerngehaltsbestimmung **36** 24
- persönliche Freiheit, Verhältnis **10** 17

Messwesen 125
- Begriff **125** 2
- Umsetzung **125** 4

Mietwesen 109
- Mieterschutz **109** 3
- Missbrauchsbegriff **109** 4
- Rahmenmietverträge, Allgemeinverbindlichkeitserklärung
  48a 3, **109** 6 ff., **178** 24

Militärdienst
s. auch Armee bzw. Wehrpflicht
- allgemein **37** 2, **59** 2, **Anhang EMRK 4**
- Auslandschweizer s. dort
- Dauer **59** 4
- Ersatzabgabe **59** 7
- Ersatzdienst, ziviler s. dort
- Erwerbsausfall **59** 8
- Rechtsgleichheit **59** 4, 6 f.
- Schweizerinnen **59** 6
- Unterstützungspflicht **59** 9, s. auch Militärversicherung

Militärgericht 30 11, **169** 9, **Vorbem. 188 – 191c** 10

Militärgerichtsbarkeit Vorbem. 188 – 191c 10, **191a** 10

Militärversicherung 59 9

Minderheitssprachen 18 14

Mineralölsteuer s. Verbrauchssteuern, besondere

Monarchie Einleitung 16, **51** 16

Monismus Einleitung 14, **5** 28, **141a** 6, s. auch Völkerrecht

Monopol 27 12
- kantonales s. Regale, kantonale
- rechtliches, Bund **87** 2, **91** 3

Motion s. Vorstoss, parlamentarischer

Münzwesen Vorbem. 42 – 135 18

Musikförderung
s. Kunst- und Kulturförderung

Mutterschaft 41 4

Mutterschaftsversicherung Einleitung 13, **59** 8, **116**, **Anhang UNO-Pakt I 10**

N

Nachhaltigkeit 2 10, **Vorbem. 73 – 80** 1, **73**, **104** 6, s. auch Umwelt
- Begriff **73** 3
- internationale Ebene **73** 2

Nation Einleitung 15, **Präambel** 9

Nationalbank, Schweizerische
s. Geld- und Währungspolitik

Nationalfonds, Schweizerischer
s. Forschung

Nationalrat 148 2, **149**
- Amtsdauer **145**
- Antragsrecht s. Antragsrecht, parlamentarisches
- Fraktionen s. Fraktionen, parlamentarische
- freies Mandat, Grundsatz s. Instruktionsverbot, parlamentarisches
- Immunität s. Immunität, parlamentarische
- Informationsrechte der Ratsmitglieder **169** 19
- Initiativrecht s. Initiativrecht, parlamentarisches
- Instruktionsverbot s. Instruktionsverbot, parlamentarisches
- Kommissionen s. Kommissionen, parlamentarische
- Mehr, erforderliches s. Bundesversammlung, Verfahren
- Mitgliederzahl **149** 4
- Offenlegung von Interessenbindungen s. Interessenbindungen, Offenlegungspflicht Parlamentsmitglieder
- Sessionen s. Sessionen, Räte
- Unvereinbarkeiten **144**, s. auch dort
- Verhandlungsfähigkeit s. Bundesversammlung, Verfahren
- Vorsitz s. Vorsitz, Räte
- Wahl und Wählbarkeit s. Nationalratswahl
- Zusammensetzung **149** 2 ff.

Nationalratswahl 39 10, **136** 8, **137** 5, **149**
- Amtseid **149** 11
- direkte Wahl **149** 7
- Kantone als Wahlkreise **149** 14 ff.
- Proporzsystem s. dort
- Sitzverteilung auf Kantone **149** 17 f.
- Sperrklausel, faktische s. dort
- Wählbarkeit **143**
- Wahlrechtsgrundsätze **149** 6
- Wahlverfahren **149** 10

Nationalsprachen s. Landessprachen

Nationalstrassen 49 23, **83**, **197 Ziff. 3**
- Bau, Betrieb und Unterhalt **83** 7 ff.
- Begriff **83** 5
- Finanzierung **83** 8

- Nationalstrassenabgabe **86** 1, 7 ff.
- Nationalstrassennetz **83** 3
- Oberaufsicht Bund **83** 6

Natur- und Heimatschutz 49 5,
Vorbem. 73 – 80 1, **78**, **104** 3, 7
- Artenschutz und Biotopschutz **78** 5, **79** 3
- Begriff **78** 2
- Bundeskompetenz **69** 1
- Moorschutz **74** 6 f., 9
- Naturdenkmal **74** 4
- Rücksichtnahme- bzw. Schonungspflicht **74** 6
- Verhältnis zum Umweltschutz **78** 2
- Verhältnis zur Landesverteidigung **74** 6

Neutralität
- gegenüber dem Ausland **54** 18, 20, **58** 3, **185** 2, 5
- konfessionelle **Präambel**, **15** 14, **19** 9, **72** 6, s. auch Schule
- Massnahmen zur Wahrung, Bundesrat **185** 2 ff.
- Massnahmen zur Wahrung, Bundesversammlung **173** 5 ff.
- Neutralitätspolitik **185** 5, **197 Ziff. 1** 6
- Pflichten, völkerrechtliche **185** 5

New Public Management 46 9, **178** 6, **187** 12
**Niederlassungsfreiheit 24,
Anhang UNO-Pakt II 12,**
s. auch Aufenthalt und Niederlassung
- Ausländerinnen und Ausländer **24** 7
- Bürgerrechte **78** 2
- Einschränkungen **24** 9 ff.
- Grundrechtsträger **24** 6

Normenhierarchie 5 12, **49** 2, 9, **190** 4
**Normenkontrolle Vorbem.
188 – 191c** 5, **190** 4, s. auch Bundesgericht, massgebendes Recht bzw. Bundesgericht, Verfassungsgerichtsbarkeit
- abstrakte **36** 8, **49** 8, **51** 20, 25, **189** 7, 19, **190** 5
- Begriff **190** 5
- diffuses System **Vorbem. 188 – 191c** 9, **190** 18
- Einbettung ins Rechtsmittelverfahren **190** 18
- konkrete **49** 8, **51** 25, **189** 19, **190** 5 f., 12, 18
- Kontrollbefugnisse unterer Instanzen **190** 18

Normkonflikt 49 7 f.,
s. auch Bundesrecht, Vorrang
Nothilfe s. Hilfe in Notlagen, Recht auf
Notverordnungs- und Notverfügungsrecht
- Bundesrat s. Äussere bzw. Innere Sicherheit, Verordnungen und Verfügungen des Bundesrates
- Bundesversammlung **173** 12 ff., s. auch Dringlichkeitsrecht

O

**Oberaufsicht, parlamentarische
48** 3 f., **167** 18, **169**, s. auch Kommissionen, parlamentarische
- Anwendungsbereich **169** 3, **Vorbem. 174 – 187** 4
- Aufsichtskommissionen s. Kommissionen, parlamentarische
- Begriff **169** 2
- Einsichtsrechte **169** 2
- Geheimhaltungspflichten **169** 21 ff.
- Geschäftsprüfungskommission s. Kommissionen, parlamentarische
- Informationsrechte **169** 19
- Instrumente **169** 18 ff.
- Oberaufsicht, Kriterien **169** 5
- Organe **169** 14 ff.
- Parlamentarische Untersuchungskommission s. Kommissionen, parlamentarische
- über Bundesrat und Bundesverwaltung **169** 6 ff.
- über die eidgenössischen Gerichte **169** 9 ff., **188** 3, 19, **191a** 4, 8, **191c** 5

Öffentliches Interesse (Grundrechtseinschränkung) **36**,
s. auch Interesse, öffentliches
- Definition **36** 18

Öffentlichkeitsgrundsatz s. auch
Meinungs- und Informationsfreiheit
- Gerichtsöffentlichkeit und ihre Ausnahmen **30** 16 ff.
- Medien- und Publikumsöffentlichkeit s. Bundesversammlung, Verfahren
- Parlamentsverhandlung s. Bundesversammlung, Verfahren
- Urteilsberatung **30** 18, **188** 11

Opferhilfe 43 3, **124**
- Hilfeleistungen **124** 5
- Opferbegriff **124** 3
- Reform **124** 7
- Subsidiarität **124** 5

Opposition 150 4

Ordnung
- internationale **2** 14, **Vorbem. 54 – 56** 3, **54** 20
- öffentliche **57** 4, **72** 11

Ordnungsprinzipien, fundamentale **35** 4
Organisation, internationale 141 17, **184** 3
Organspenden
s. Transplantationsmedizin
Ortsbild s. Natur- und Heimatschutz
Ortsnamen 50 12

P

Pacta sunt servanda 5 27
Parlament s. Bundesversammlung
Parlamentsdienste
s. Bundesversammlung, Organisation
Parlamentsreform Vorbem. 148 – 173 1 f.,
s. auch Bundesversammlung
Parlamentsverordnung, Begriff 163 7,
s. auch Erlassformen, Bundesversammlung
Parteien, politische 137, s. auch
Proporzsystem bzw. Ständerat bzw. Fraktionen
- Begriff **137** 2
- Finanzierung **137** 6
- Grundrechtsschutz **137** 4
- Parteienförderung **34** 14
- Parteienverbote **23** 17, **137** 7, **145** 5
- Vernehmlassungsverfahren **147** 7

Partnerschaft, gleichgeschlechtliche bzw. eingetragene 13 8, **14** 8 f., **38** 10, **119** 14

Personenbeförderungsregal
s. Post- und Fernmeldewesen
Persönliche Freiheit 10 16 ff.,
Anhang EMRK 8, Anhang UNO-Pakt II 10, 11, 12, 13
- Bewegungsfreiheit **10** 2, 16, 19
- Drittwirkung **35** 19
- Einschränkungen **10** 24, **36** 14, 21
- Folterverbot s. dort
- Grundrechtsträger **10** 5
- Kerngehalt **10** 24
- Leben, Recht auf **10** 2
- postmortaler Persönlichkeitsschutz **10** 18, 24, **36** 23
- Privatsphäre, Schutz der s. dort
- Sterben, Recht auf **10** 23
- Unversehrtheit, körperliche und geistige **10** 2, 16, 20 f. s. auch Opferhilfe

Petitionsrecht 33
- Adressat **33** 6
- Einschränkungen **33** 9
- Grundrechtsträger **33** 5
- Kenntnisnahme, Pflicht zur **33** 10 ff.
- Sprache **70** 4

Planungs- und Baurecht 49 5
Plebiszit Vorbem. 138 – 142 3, **141** 12
Politische Rechte 34, 136, 164 7,
Anhang UNO-Pakt II 25
- Abstimmungs- und Wahlfreiheit **34** 1, **51** 13
- Ausübung s. Politische Rechte, Ausübung
- Begriff **34** 5, **Vorbem. 136 – 142** 2
- Einschränkungen **36** 4, **39** 11
- Grundrechtsträger **34** 4
- Initiativrecht **34** 5, 23, s. auch Volksinitiative
- Rechtsgleichheit s. dort
- Rechtsschutz **34** 7
- Referendumsrecht **34** 5, s. auch Referendum, fakultatives und obligatorisches
- Sanktionierung von Verletzungen **34** 8
- Stimmabgabe, unverfälschte **34** 15 ff., **139** 9, 24, 26, **141** 7, 19, **180** 12
- Voraussetzungen, Bund **136** 4
- Wahlrecht, aktives **34** 5
- Wahlrecht, passives **34** 5, **143** 2, 5, **144** 12

- Wahlrechtsgleichheit **34** 10
- Willensbildung, freie **34** 15 ff., **Vorbem. 136 – 142** 8, **139** 9, 24, 26, **141** 7, 19, **141a** 5, **180** 12

Politische Rechte, Ausübung 39, **164** 7
- Abstimmung s. dort
- Ausländerinnen und Ausländer **150** 7
- Auslandschweizer s. dort
- Doppelbürger **39** 10
- Frauen **37** 8, **136** 2
- Gesetzgebungskompetenz, eidgenössische Angelegenheiten **39** 2 f.
- Gesetzgebungskompetenz, kantonale und kommunale Angelegenheiten **39** 4
- Landsgemeinde s. dort
- Stimmabgabe, briefliche **39** 7
- Stimmabgabe, elektronische **34** 25, **39** 7
- Wartefristen, kantonale **39** 11 ff.
- Wohnsitzprinzip **39** 5 ff.

Polizei 57 3
- Bahnpolizei **87** 5
- Polizeigüter s. dort
- Polizeihoheit, kantonale **43** 3, **57** 5 f.
- Polizeirecht **36** 16

Polizeigüter 36 19
- Gesundheit s. dort
- Ruhe und Ordnung s. dort
- Sicherheit s. dort
- Sittlichkeit s. dort
- Treu und Glauben im Geschäftsverkehr s. Treu und Glauben

Popularbeschwerde 93 18

Post- und Fernmeldewesen 35 11, **92**
- Aufsicht **92** 8
- Auftragselemente **92** 11
- Fernmeldewesen **Vorbem. 42 – 135** 10, **92** 5 ff.
- Grundversorgung **92** 1 f., 9 ff.
- Personenbeförderungsregal **87** 4, 10, **Vorbem. 89 – 93** 1, **92** 4
- Post- und Fernmelderegal **92** 3 ff., **94** 14
- Post- und Fernmeldeverkehr, Achtung des s. Privatsphäre, Schutz der
- Postwesen **92** 4, 7 ff.
- Privatisierung **92** 10
- Radio und Fernsehen s. dort
- Tarifgestaltung **92** 1, 11, **96** 10
- Telefon und Funk **92** 1
- Verhältnis zur Wirtschaftsfreiheit **92** 3

Postulat s. Vorstoss, parlamentarischer

Postverkehr, Achtung des
s. Privatsphäre, Schutz der

Preisüberwachung s. Wettbewerbs-politik

Presse
- Presseförderung **17** 7, **39** 2, **70** 15, **93** 16, **96** 5, **103** 4
- Pressefreiheit s. Medienfreiheit
- Pressevielfalt **92** 11, **93** 16

Privatpersonen 5 6
- Grundrechtsbindung **35** 13
- Träger staatlicher Aufgaben **35** 13, **57** 9, s. auch Bundesverwaltung

Privatrecht s. Zivilrecht und Zivilprozessrecht

Privatschule s. Schule

Privatsphäre, Schutz der 13,
Anhang Vorbem. EMRK 2, **Anhang EMRK 8**,
Anhang UNO-Pakt II 13, **17**
- Brief-, Post- und Fernmeldeverkehr, Achtung des **13** 10
- Datenschutz s. dort
- Familienleben, Achtung des s. Familie
- Familiennachzug s. Familie
- Kerngehalt **36** 26
- Privatleben, Achtung des **13** 5
- Verhältnis zur persönlichen Freiheit **13** 2
- Wohnung **13** 9

Privatversicherungswesen 98 12 f.

Proporzsystem 34 11
- Erfolgswertgleichheit der Stimmen **149** 16
- Grundidee **149** 10
- Listenverbindung **149** 16
- Nationalrat **149** 8
- System veränderbarer Listen **149** 10

Q

Quotenregelung 8 32, **149** 5, **175** 17

977

R

Radio- und Fernsehen 92 1, **93**
- Bundeskompetenz **69** 1, **93** 3 ff.
- Definition **93** 4
- Empfangsgebühr **93** 4
- Konzessionssystem **93** 8, **94** 14
- Leistungsauftrag **93** 9 ff.
- Programmaufsicht **93** 14, 17 ff.
- Programmautonomie **93** 10, 14
- Radio- und Fernsehfreiheit
  s. Medienfreiheit
- Rücksichtnahmepflicht **93** 16
- Sachgerechtigkeits- und Vielfaltsgebot **93** 10
- Unabhängigkeit **93** 12 f.
- Verhältnis zur Meinungs- und Informationsfreiheit bzw. Medienfreiheit **93** 10, 18
- Werbeverbote **93** 16, 19,
  s. auch Gesundheitsschutz

Rätoromanisch 4, **18** 8, 14, **70** 1, 4, 6
Raumfahrt s. Verkehr
Raumplanung Vorbem. 42 – 135 12, **Vorbem. 73 – 80** 1, **73** 1, **75**, **81** 8, **104** 3, 7
- Begriff **75** 4
- Kooperation und Rücksichtnahme, Bund und Kantone **75** 7 ff.,
  s. auch Föderalismus

Rayonverbot 57 9
Rechte
- verfassungsmässige s. Bundesgericht, Verfassungsgerichtsbarkeit
- Volk **2** 7
- wohlerworbene **26** 13

Rechtsanwendung, Begriff Vorbem. 188 – 191c 2
Rechtseinheit Vorbem. 188 – 191c 8, 11, **188** 2, 4 f., **190** 18, **191** 8
Rechtsfortbildung s. Rechtsprechung
Rechtsgleichheit s. auch **Anhang**
UNO-Pakt II 25, **27**
- allgemein **5** 8, **8**, **190** 16
- Differenzierungsverbot s. dort
- Diskriminierungsverbot s. dort
- Einschränkungen **36** 4
- Gleichberechtigung von Mann und Frau s. Gleichberechtigung bzw. Gleichstellung
- Kerngehaltsschutz, Diskriminierungsverbot **8** 16
- politische Rechte **34** 2, **Vorbem. 136 – 142** 8, **136** 7
- Praxisänderung **8** 13
- Rechtsanwendung **8** 12, **36** 11
- Rechsetzung **8** 10
- Steuern s. Besteuerung, Grundsätze der
- Träger **8** 6

Rechtsgrundsätze, allgemeine 190 15
Rechtsgrundsätze, rechtsstaatliche
s. Handeln, rechtsstaatliches
Rechtsharmonisierung 48a 9, **62** 15
Rechtshilfe
- internationale, in Strafsachen **54** 14
- zwischen Bund und Kantonen
  s. Föderalismus

Rechtsmittel
- Aufsichtsbeschwerde **Vorbem. 188 – 191c** 4
- Begehren um Berichtigung von Versehen **Vorbem. 188 – 191c** 4
- Begehren um Erläuterung **Vorbem. 188 – 191c** 4
- Beschwerde **Vorbem. 188 – 191c** 4
- förmliches **Vorbem. 188 – 191c** 4
- Klage **Vorbem. 188 – 191c** 4
- Rechtsbehelf **Vorbem. 188 – 191c** 4
- Revision **Vorbem. 188 – 191c** 4
- Vorlageverfahren **Vorbem. 188 – 191c** 4, **189** 17, **191** 8

Rechtsprechung s. auch Gericht bzw. Strafrecht und Strafprozessrecht bzw. Zivilrecht und Zivilprozessrecht bzw. Bundesgericht, Verfassungsgerichtsbarkeit
- Abgrenzung zur Verwaltung **Vorbem. 188 – 191c** 2
- Auslegung von Rechtsnormen s. Auslegung
- Begriff **Vorbem. 188 – 191c** 2
- Judikative, Stellung **Vorbem. 188 – 191c** 3, s. auch Gewaltenteilung, Grundsatz der
- Justizreform s. dort

- Normenkontrolle s. dort
- Organisation, bundesstaatliche
  Vorbem. 188 – 191c 8
- Rechtsanwendung, Begriff s. dort
- Rechtsfortbildung, richterliche **Vorbem. 188 – 191c** 5, **188** 4, s. auch Auslegung
- Rechtsmittel s. dort
- Überlastung, Gerichte
  Vorbem. 188 – 191c 7

Rechtssatz, Begriff 163 5 ff.
Rechtssicherheit 5 8, **36** 11, **49** 8, **62** 10, **Vorbem. 188 – 191c** 1
Rechtsstaatlichkeit 5 1 ff., **Vorbem. 188 – 191c** 1, s. auch Handeln, rechtsstaatliches
Rechtsweggarantie 29a, 30 4, **187** 20, **Vorbem. 188 – 191c** 13, **189** 20, **191** 3, 7, **191a** 1, **191b** 1, **Anhang Vorbem. EMRK** 2, **Anhang EMRK 6, 13, Anhang UNO-Pakt II 2, Anhang UNO-Pakt II 14**
- actes de gouvernement **29a** 6, 10
- Ausnahmen **29a** 9 f., **36** 4
- Grundrechtsträger **29a** 5

Referendum, allgemein Vorbem. 138 – 142 3
- fakultatives s. Referendum, fakultatives
- nachträgliches s. Dringlichkeitsrecht
- obligatorisches s. Referendum, obligatorisches
- suspensives **141** 8

Referendum, fakultatives Vorbem. 136 – 142 1, 3, **141**, s. auch Politische Rechte
- Begriff **141** 3
- bei Dringlichkeitsgesetzgebung s. Dringlichkeitsrecht
- Beschlussreferendum **141** 11 ff.
- Gesetzesreferendum, fakultatives s. Gesetzesreferendum
- Kantonsreferendum, fakultatives s. dort
- Staatsvertragsreferendum, fakultatives s. Staatsvertragsreferendum
- Volksreferendum **141** 4

Referendum, obligatorisches Vorbem. 136 – 142 1, **140**, s. auch Verfassungs- revision bzw. Politische Rechte
- Begriff **140** 3
- Gesetzesreferendum, obligatorisches s. Gesetzesreferendum

- mit Doppelmehr **140** 6 ff.
- mit Volksmehr **140** 8
- Staatsvertragsreferendum, obligatorisches s. Staatsvertragsreferendum

Regale, kantonale 79 2, **94** 15
Regierungsform, schweizerische Vorbem. 174 – 187 6
Regierungspolitik Bundesrat 180
- Begriff **180** 2
- Information der Öffentlichkeit **180** 8 ff.
- Planungs- und Koordinationspflicht **180** 4 ff.
- Planungsinstrumente **180** 7
- Ziel- und Mittelbestimmung
  Vorbem. 174 – 187 1, **174** 4, **180** 3

Regierungssystem
- parlamentarisches
  Vorbem. 174 – 187 3, 5, **177** 7 f.
- Präsidialsystem
  Vorbem. 174 – 187 5, **177** 7
- Regierungssystem, schweizerisches
  Vorbem. 174 – 187 5
- semi-präsidentielles System
  Vorbem. 174 – 187 5

Regionalpolitik 75 8
Register, amtliche 65
- Ausländerrecht **65** 7
- Strafrecht **65** 7
- Zivilrecht **65** 7

Rehabilitierung 173 31, s. auch Bundesversammlung, Vereinigte

Religion
- Religionsfreiheit s. Glaubens- und Gewissensfreiheit
- Religionsfrieden, Wahrung des **72** 10 ff.
- Religionsgemeinschaften, Verhältnis zum Staat s. Kirche

Richter s. auch Gericht
- Amtsdauer **30** 9
- Amtsenthebung **30** 9
- Haftrichter s. dort
- nebenamtlicher **30** 9
- Richterbestellung **30** 9
- Untersuchungsrichter s. dort
- verfassungsmässiger **30** 1

Richterrecht s. Rechtsprechung
Rückschiebungsverbot s. Ausschaffungsverbot bzw. Auslieferungsverbot
Rügeprinzip 49 11
Ruhe und Ordnung
- Polizeigut **36** 19

S

Sanktionen, internationale,
s. auch Angelegenheiten, auswärtige
- Boykott **54** 10, **184** 15
- Embargo **54** 14, **184** 15

Sans-papiers 62 6
Schächtverbot 72 2, **80** 1 f., 6
Schiedsgerichtsbarkeit 48 5, **188** 6
Schifffahrt 87 11 ff.
Schokolade (Legaldefinitionen) **118** 9
Schöpfung Präambel
Schuldbetreibungs- und Konkurswesen 49 21, **122** 1, **189** 16
Schuldenbremse
s. Haushaltführung und Finanzen
Schuldverhaft 10 19
Schule s. auch Bildung bzw. Grundschulunterricht bzw. Hochschule
- Anerkennung von Abschlüssen **62** 12, **63a** 8, 16
- Bundesgesetzgebungskompetenz, bedingte **62** 11 ff.
- Chancengleichheit s. dort
- Fremdsprache **70** 13
- Grundschulunterricht s. Grundschulunterricht, allgemein
- Harmonisierung **Einleitung** 17, **62** 12 ff., **129** 1
- Neutralität, konfessionelle **62** 6
- Privatschule **62** 4, 6
- Schulbetrieb, geordneter **36** 21
- Schulhoheit, kantonale **43** 3, **62** 3 ff., **68** 6
- Schuljahresbeginn **62** 16 ff.
- Schulpflicht **62** 12
- Schulwesen **48a** 9, **Vorbem. 61a – 72** 1, **63a** 17
- Schweizerschule **40** 4

- Sonderschulung **62** 9 ff., **197 Ziff. 2**
- Sportunterricht **62** 3, 6, **68** 1, 6
- Zugang **62** 12

Schutzpflicht, grundrechtliche 35 7,
s. auch Grundrechte
Schweigen, qualifiziertes 49 13
Schweizerische Eidgenossenschaft
s. Eidgenossenschaft
Schweizervolk Präambel, 1 1, 11 ff.
Schwerverkehrsabgabe, leistungsabhängige 82 8, **83** 8, **85**, **196 Ziff. 2**
- Begriff Schwerverkehr **85** 4
- Internalisierung externer Kosten **85** 3
- Rechtsnatur der Abgabe **85** 6
- Verursacherprinzip **85** 3
- Zweckbindung **85** 7 f.

Seilbahnen 87 10
Selbstbestimmung, informationelle 65 5
Self-executing s. Anwendbarkeit, direkte
Sessionen, Räte 151
- ausserordentliche Sessionen **151** 8 ff.
- Begriff **151** 2
- Häufigkeit und Dauer **151** 4
- Sessionsteilnahmegarantie **151** 6, **162** 8 f.
- Sondersessionen **151** 3, 5
- Versammlungsort **151** 7

Sicherheit
- allgemein **2** 8
- äussere s. Äussere Sicherheit
- Begriff **Vorbem. 57 – 61** 2
- innere s. Innere Sicherheit
- kollektive s. Kollektive Sicherheit
- Land und Bevölkerung s. dort
- öffentliche **36** 19, **57** 4
- soziale s. Soziale Sicherheit
- wirtschaftliche s. Wirtschaftliche Sicherheit

Sittlichkeit
- Polizeigut **36** 19

Solidarität Einleitung 16, **6** 3,
Vorbem. 54 – 56 3, **54** 18
Sommerzeit 125 5
Sonderopfer 26 32
Sonderschulung s. Schule
Souveränität, kantonale s. Kantone

**Soziale Sicherheit Vorbem.
108 – 120** 1, **115** 1, **111 – 117, 118** 2
- Alter s. dort
- Arbeitslosigkeit s. Arbeitsmarktregulierung bzw. Arbeitslosenversicherung
- Invalidität s. dort und auch Alters-, Hinterlassenen- und Invalidenvorsorge bzw. –versicherung
- Krankheit s. dort und auch Kranken- und Unfallversicherung
- Mutterschaft s. dort und auch Mutterschaftsversicherung
- Sozialziel **41** 3 f., **Vorbem. 57 – 61** 2, **57** 3, **Anhang UNO-Pakt I 9**
- Unfall s. Kranken- und Unfallversicherung
- Verwaisung s. dort und auch Alters-, Hinterlassenen- und Invalidenvorsorge bzw. –versicherung
- Verwitwung s. dort und auch Alters-, Hinterlassenen- und Invalidenvorsorge bzw. –versicherung

Sozialhilfe 115
- Bedürftige, Begriff **115** 3
- Kantonale Verpflichtungen **115** 4
- Vergleich zur Nothilfe **115** 4
- Wohnsitz- bzw. Aufenthaltskanton, Zuständigkeit **115** 5

Sozialpolitik 41 2, **139** 4
Sozialrechte Vorbem. 7 – 36 3, **12** 2, **19** 3, **35** 6, **36** 4
Sozialstaat Einleitung 10, **2** 9, **41** 2
Sozialziele 41, Anhang UNO-Pakt I 2
- allgemein **Vorbem. 7 – 36** 3
- Arbeit s. dort
- Auslegungshilfe **41** 2
- Bildung s. dort
- Einklagbarkeit **41** 6
- Familie s. dort
- Gesundheit s. dort
- Handlungsauftrag **41** 2
- Kantone **43** 3
- Jugend s. dort
- Sicherheit, soziale s. Soziale Sicherheit
- Wohnen s. dort

Sperrklausel, faktische 149 16

Spielbanken 106 2, 5 ff.
- Beaufsichtigung **106** 7
- Begriff **106** 5
- Konzessionssystem **106** 5 ff.
- Spielbankenabgabe **106** 8 f., **112** 5, **Vorbem. 126 – 135** 1

Sport
- Begriff **68** 2
- Förderung **68** 1, 3 ff.
- Jugendsport s. Jugend
- Sportschule, Eidgenössische **68** 5
- Sportunterricht s. Schule

Sprache
- Amtssprachen s. dort
- Bundesunterstützung zuhanden Kantone **70** 14 f.
- Landessprachen s. dort
- Minderheiten und deren Schutz **70** 2, 8 f.
- Sprachenfreiheit s. dort
- Sprachengesetz **62** 15
- Sprachenpolitik **18** 7
- Sprachenvielfalt s. Vielfalt
- Unterrichtssprache s. Unterricht
- Verständigungsförderung **70** 12 f.

Sprachenfreiheit 18, Anhang UNO-Pakt II 27
- Einschränkungen **18** 6 ff.
- Kerngehalt **18** 6
- Territorialitätsprinzip **18** 13 ff., **70** 11
- Verhältnis zu anderen Bestimmungen **18** 2 f.
- Zuwanderung **18** 10

Staatenbündnis 54 7
Staatenlose 38 12, 18,
s. auch Bürgerrechte, Erwerb und Verlust
Staatsangehörigkeit
s. Bürgerrechte, allgemein
Staatsaufgabe s. Aufgaben
Staatsfunktionen, Lehre von den Vorbem. 143 – 191c 3
Staatshaftung 146
- Ausschliesslichkeit **146** 2
- Organbegriff **146** 6
- Rückgriff des Staates **146** 2
- Voraussetzungen **146** 5 ff.
- Widerrechtlichkeit **146** 8

Staatsnotstand 185 1,
s. auch Äussere bzw. Innere Sicherheit
Staatsorgane Vorbem. 143 – 191c 3
Staatsrechnung
s. Haushaltführung und Finanzen
Staatsschutz 57 6
Staatssymbolik Einleitung 15,
Vorbem. 1 – 6 3, **110** 12
Staatsvertrag s. Vertrag, völkerrechtlicher
Staatsvertragsreferendum
- fakultatives **Vorbem. 136 – 142** 3, **141** 1, 14 ff., **141a** 3, 11, **184** 8
- obligatorisches **Vorbem. 136 – 142** 3, **140** 6 f., **141a** 3, 8, **184** 8

Staatsziele 2 2 ff.
Stabilität, konjunkturelle s. Konjunkturpolitik
Städte, Begriff 50 10
Stände Vorbem. 136 – 142 2
Ständemehr 45 3 f.
Ständerat 148 2, **150**
- Abgeordnete, Stellung **150** 3
- Altersschranken **51** 23
- Amtdauer **150** 8
- Antragsrecht s. Antragsrecht, parlamentarisches
- Fraktionen s. Fraktionen, parlamentarische
- freies Mandat, Grundsatz s. dort
- Immunität s. Immunität, parlamentarische
- Informationsrechte der Ratsmitglieder **169** 19
- Initiativrecht s. Initiativrecht, parlamentarisches
- Instruktionsverbot s. Instruktionsverbot, parlamentarisches
- Kommissionen s. Kommissionen, parlamentarische
- Mehr, erforderliches s. Bundesversammlung, Verfahren
- Offenlegung von Interessenbindungen s. Interessenbindungen, Offenlegungspflicht Parlamentsmitglieder
- Sessionen s. Sessionen, Räte
- Unvereinbarkeiten **144, 150** 10, s. auch dort
- Verhandlungsfähigkeit s. Bundesversammlung, Verfahren
- Vorsitz s. Vorsitz, Räte
- Wahl s. Ständeratswahl
- Zusammensetzung **149** 2, **150** 2 ff.

Ständeratswahl 39 4, **45** 3, **150** 5 ff.
- Amtseid **150** 11
- Gesamterneuerung **193** 9
- Schranken, bundesrechtliche **150** 5
- Wahlorgan **150** 6
- Wahlrecht, aktives und passives **150** 7
- Wahlverfahren **150** 9

Standesinitiative 45 3 f., **160** 8, 10,
s. auch Initiativrecht, parlamentarisches
Standesstimme 1 8, **45** 4, **53** 10, **Vorbem. 136 – 142** 1, **142** 12, 14 f.,
s. auch Abstimmungsmehrheiten, erforderliche

Statistik
- Begriff **65** 2
- Datenerhebung **65** 3 ff.
- Datenschutz s. dort
- Registerrecht s. Register, amtliche

Stätte, historische
s. Natur- und Heimatschutz
Stauanlagen, Sicherheit
Vorbem. 57 – 61 2, **76** 5
Stempelsteuer 132
- Ausschluss kantonaler und kommunaler Besteuerung **134** 3
- Emissionsabgabe **132** 4
- Umsatzabgabe **132** 4
- Versicherungsstempel **132** 4

Steuerharmonisierung
Vorbem. 42 – 135 18,
Vorbem. 126 – 135 1, **129**
- Begriff s. Harmonisierung, Begriff
- Berücksichtigungsgebot **129** 3
- Gegenstand **129** 4, 6 f.
- Pauschalbesteuerung **129** 9
- Steuerabkommen über ungerechtfertigte Vergünstigungen **129** 8 ff.
- Umsetzung **129** 5
- vertikale und horizontale Harmonisierung **129** 3

Steuern s. auch Kausalabgaben
- Alkoholsteuer s. Verbrauchssteuern, besondere
- Automobilsteuer s. Verbrauchssteuern, besondere **82** 2
- Begriff **127** 5

- Besteuerung, Grundsätze der s. dort
- Besteuerung, konfiskatorische s. Besteuerung
- Biersteuer s. Verbrauchssteuern, besondere
- Bundessteuer, direkte s. dort
- direkte und indirekte Steuern, Begriffe **128** 3
- Doppelbesteuerung s. dort
- Einkommenssteuer s. Bundessteuer, direkte
- Gemeinden **50** 1, **129**
- Gesetzgebung **49** 14
- Gewerbesteuer **27** 11
- Gewinnsteuer s. Bundessteuer, direkte
- historische Entwicklung **Vorbem. 126 – 135** 1
- Kirchensteuer **72** 7
- Mehrwertsteuer s. dort
- Mineralölsteuer s. Verbrauchssteuern, besondere
- Motorfahrzeugsteuer **82** 2, 8
- Pauschalbesteuerung nach dem Aufwand (Ausländer) **129** 9
- Quellensteuer s. Bundessteuer, direkte
- Schwerverkehrabgabe, leistungsabhängige s. dort
- Stempelsteuer s. dort
- Steuerharmonisierung s. dort
- Steuerhoheit, kantonale **111** 5 f., **127** 14
- Tabaksteuer s. Verbrauchssteuern, besondere **112** 5
- Treibstoffverbrauchssteuer s. dort
- Umsatzsteuer s. Mehrwertsteuer
- Verbrauchssteuer, allgemeine s. Mehrwertsteuer
- Verbrauchssteuern, besondere s. dort
- Verrechnungssteuer s. dort
- Zölle s. dort

Steuerwettbewerb, Kantone
s. Finanz- und Lastenausgleich
Stimmabgabe
s. Politische Rechte, Ausübung
Stipendienwesen 54 14, **66** 4 f.
Strafgerichtsbarkeit 123 5, **191b** 1
Strafrecht und Strafprozessrecht 123
- Begriffe **123** 3
- Opferhilfe s. dort

- Organisation der Gerichte **123** 5
- Rechtsprechung in Strafsachen **123** 5, **Vorbem. 188 – 191c** 2, 8
- Strafgerichtsbarkeit s. dort
- Straf- und Massnahmenvollzug **48a** 9, **123** 1, 5 ff.
- Strafverfahren s. dort
- Strafverfolgung **57** 7
- Umsetzung des Gesetzgebungsauftrags **123** 4
- Vereinheitlichung **123** 1
- Verwahrung s. dort

Strafregister s. Register, amtliches
Strafverfahren 32, Anhang EMRK 5, 6, Anhang UNO-Pakt II 14,
s. auch Verfahrensgarantien
- Rechtsmittelgarantie **32** 13 ff., **Anhang ZP 7 EMRK 2**, s. auch Rechtsweggarantie
- Unschuldsvermutung s. dort
- Unterrichtung, Anspruch auf **32** 7 f.
- Verteidigungs- und Aufklärungsrechte **32** 9 ff., **Anhang Vorbem. EMRK** 1

Strahlenschutz s. Gesundheitsschutz
Strassen
- Nationalstrassen s. dort
- Strassenhoheit, kantonale **43** 3, **82** 5

Strassenverkehr Vorbem. 81 – 88 1, **82**
- Automobilsteuer s. Steuern
- Begriff **82** 2
- Durchgangsstrassen **82** 7
- Gebührenfreiheit **82** 8 ff., **189** 5
- Grundrechtseinschränkungen **82** 4
- Motorfahrzeugsteuer s. Steuern
- Oberaufsicht Bund **82** 6
- Parkieren **82** 8

Streik und Aussperrung 28 11 ff.
Streik- und Aussperrungsfreiheit 28 8, 15 f., **Anhang UNO-Pakt I 2, 8,**
s. auch Koalitionsfreiheit
- Drittwirkung **28** 16
- Einschränkungen **28** 20 ff.
- Neutralitätsgebot **28** 19

Strukturpolitik, regionale und sektorale 94 14, **100** 2, **103**, **196 Ziff. 7**
- Abgrenzung von der Konjunktur- und Infrastrukturpolitik **103** 2

– Abweichung vom Grundsatz
  der Wirtschaftsfreiheit **103** 3, 6,
  196 Ziff. 7 1
– Begriffe **103** 2, 4
– Instrumente **103** 7
– Subsidiarität **103** 4
– Übergangsbestimmung **103** 8
Subsidiarität 6 3
**Subsidiaritätsprinzip, bundesstaatliches 5a,
Vorbem. 42 – 135** 20, **43a** 2, **95** 3, **135** 6
**Subventionsverhältnisse,
bundesstaatliche 46** 9, **49** 25
Supranationalität, Begriff 140 7

T

Tabaksteuer s. Verbrauchssteuern, besondere
Tabakwerbung s. Gesundheitsschutz
Tarifautonomie 28 8
Telefon und Funk s. Post- und Fernmeldewesen
Teuerung s. Konjunkturpolitik
Tier- und Pflanzenwelt, Schutz
s. Natur- und Heimatschutz
Tierschutz Vorbem. 73 – 80 1, **80**, **118** 3
– Schächtverbot s. dort
– Tierhaltung und Tierpflege **80** 6
– Tierhandel und Tiertransporte **80** 6
– Tierversuche **80** 6
– Verhältnis zu anderen Bestim-
  mungen **80** 3, 6, **104** 3
Todesstrafe s. Leben, Recht auf
Tourismusförderung 103 7, s. auch
Strukturpolitik, regionale und sektorale
Transitverkehr, alpenquerender
84, **196 Ziff. 1**, s. auch Alpenschutz
– Auswirkungen **84** 3
– Begriff **84** 5
– Transitstrassen-Kapazität,
  Einfrierung **84** 10
– Verlagerung des Gütertransit-
  verkehrs **84** 6 ff.
**Transplantationsmedizin 119a,
SchlB des BB vom 18.12.1998 III** 1
– Begriffe **119a** 5 f.
– Berührungspunkte mit anderen
  Bestimmungen **119a** 2
– Handelsverbot **119a** 10

– Unentgeltlichkeitsprinzip **119a** 10
– Verteilungsproblematik **119a** 4, 9
– Xenotransplantation **119a** 8, 10
Treibstoffverbrauchssteuer 86
Treu und Glauben
– allgemeiner Grundsatz **5** 22 ff., **9** 13,
  49 8, **54** 5, **64a** 4, **96** 12, **190** 15
– Treu und Glauben im Geschäftsverkehr
  (Polizeigut) **36** 19, **98** 2, **125** 2
– zwischen Bund und Kantonen **44** 3
Turnunterricht s. Schule

U

**Übergangsbestimmungen
Vorbem. 196 - 197**, **196**, **197**
Umwelt
– Boden **74** 4
– Fischerei und Jagd s. dort
– Klima **74** 4
– Luft **74** 4
– Nachhaltigkeit s. dort
– Natur- und Heimatschutz s. dort
– Pflanzen s. Natur- und Heimatschutz
– Raumplanung s. dort
– Tierschutz s. dort
– Tierwelt s. Natur- und Heimatschutz
– Umweltschutz s. dort
– Wald s. dort
– Wasser s. dort
**Umweltschutz Vorbem.
73 – 80** 1, **74**, **81** 8, **84** 2 f., **104** 3, **118** 3
– Begriff und Umfang **74** 4
– Einwirkungen, direkte und indirekte **74** 5
– Einwirkungen, schädliche
  bzw. lästige **74** 5
– Handlungsinstrumente **74** 6
– Lärmschutz **74** 1, 4
– Lenkungsabgaben **74** 6
– Luftverunreinigung **74** 4
– Verhältnis zum Natur- und
  Heimatschutz **78** 2
– Vorsorge- und Verursacherprinzip
  Einleitung 8, **74** 9 ff.
Unabhängigkeit
– allgemein **Einleitung** 14, **2** 8,
  Vorbem. 54 – 56 3, **54** 18 ff., **58** 3

Sachregister

- Massnahmen zur Wahrung **173** 5 ff., **185** 1 ff.
- richterliche s. Unabhängigkeit, richterliche

Unabhängigkeit, richterliche 30 2, **145** 3, 5, **169** 11, **Vorbem. 188 – 191c** 2, 13, **188** 13, 15 f., **191c**,

s. auch Gewaltenteilung, Grundsatz der
- Adressaten **191c** 6
- Begriff richterlicher Behörden **191c** 4
- Funktion und Tragweite **191c** 2
- Sicherungsmechanismen **191c** 7
- Unabhängigkeit gegenüber anderen Staatsorganen **191c** 3, s. auch Gewaltenteilung, Grundsatz der
- Unabhängigkeit gegenüber gesellschaftlichen Kräften **191c** 3
- Unabhängigkeit gegenüber Prozessparteien **191c** 3, s. auch Gericht

Unfall 41 4, s. auch Kranken- und Unfallversicherung
Universität s. Hochschule
UNO
- Beitritt der Schweiz **197 Ziff. 1** 2 ff.
- Beitrittsvoraussetzungen und -verfahren **197 Ziff. 1** 4
- Mitgliederkreis **197 Ziff. 1** 3
- Neutralitätserklärung der Schweiz **197 Ziff. 1** 6, s. auch Neutralität
- UNO-Charta **197 Ziff. 1** 2

UNO-Pakt I, Internationaler Pakt über wirtschaftliche, soziale und kulturelle Rechte
- Anwendbarkeit, direkte **Anhang UNO-Pakt I** 2
- Justiziabilität **Anhang UNO-Pakt I** 2

UNO-Pakt II, Internationaler Pakt über bürgerliche und politische Rechte s. **Anhang UNO-Pakt II**
Unschuldsvermutung 32 4 ff.
Unternehmen, öffentliches 35 11, **96** 7, **98** 5
Unterricht s. auch Schule bzw. Bildung
- Unterrichtsfreiheit **20** 10
- Unterrichtssprache **18** 8, **70** 3, 9

Untersuchungshaft
- Dauer **31** 14
- Haftprüfung **31** 13
- Haftrichter s. dort

Untersuchungskommission, Parlamentarische s. Kommissionen, parlamentarische

Untersuchungsrichter 30 8, **123** 4
Unvereinbarkeiten 143 3, **144**,

s. auch Bundesgericht, Bundesrat, Nationalrat, Ständerat, Gewaltenteilung, Grundsatz der
- Begriff **144** 2
- Folgen **144** 3
- kantonales Recht **144** 14 f.
- Ordensverbot **144** 13
- Unabhängigkeit, Sicherung persönlicher **144** 6 ff.
- weitere Unvereinbarkeiten **144** 11 ff.

Unversehrtheit, geistige und körperliche s. Persönliche Freiheit

V

Verantwortung
- allgemein **Präambel, Vorbem. 42 – 135** 8, **80** 3
- Eigenverantwortung **Einleitung** 16, **6**, **41** 4, **118** 4

Verantwortlichkeit Vorbem. 143 – 191c 6, **146**, **158** 2, **162**, **167** 17, **169** 2, 4, **Vorbem. 173 – 187** 2, 4, 6, **175** 4, **177** 7 f., **178** 2, 9, 11, **179** 8, **187** 9, **188** 14
Verbandsaufsicht 49 22, s. auch Bundesaufsicht
Verbandsbeschwerderecht Vorbem. 73 – 80 1, **78** 8
- ideelle Verbandsbeschwerde **49** 18

Verbrauchssteuern, besondere 131, **133** 2
- Alkoholsteuer **131** 1 f.
- Ausschluss kantonaler und kommunaler Besteuerung **134**
- Automobilsteuer **82** 2, **131** 1 f.
- Biersteuer **131** 1 f., **196 Ziff. 15**
- Kantonsanteil an der Alkoholsteuer **131** 4
- Mineralölsteuer **131** 1 f.
- Tabaksteuer **112** 5, **131** 1 f.
- Verhältnis zur allgemeinen Verbrauchssteuer **131** 1

Verbrechen, organisiertes 57 7
Vereinigungsfreiheit 23, **Anhang EMRK 11**, **Anhang UNO-Pakt I 8**, **Anhang UNO-Pakt II 22**
- Drittwirkung **23** 6
- Einschränkungen **23** 15

- Grundrechtsträger **23** 11
- Verhältnis zu anderen Bestimmungen **23** 3

Verfahren, faires s. Verfahrensgarantien

Verfahrensgarantien
- allgemeine **29**, **Anhang Vorbem. EMRK** 1 f., **Anhang EMRK 6**, **Anhang UNO-Pakt II 14**
- bei Freiheitsentzug s. Freiheitsentzug
- Einschränkungen **36** 4
- Formalismus, überspitzter **29** 7, 14
- Gehör, rechtliches s. dort
- gerichtliche **30**, **Anhang Vorbem. EMRK**, **Anhang UNO-Pakt II 14** 1 f., s. auch Gericht
- Rechtsbeistand, unentgeltlicher **29** 31
- Rechtspflege, unentgeltliche **29** 7, 27 ff.
- rechtsungleiche Behandlung im Verfahren, Verbot der **29** 15
- Rechtsverweigerung, Verbot der **29** 7, 12
- Rechtsverzögerung, Verbot der **29** 7, 13
- Strafverfahren s. dort

Verfassung
- Änderung s. Verfassungsrevision
- Aufhebung **SchlB des BB vom 18.12.1998 II** 1
- Begriff **51** 4 ff.
- Entstehungsgeschichte **Einleitung** 3 ff.
- Geltungskraft, erhöhte **Einleitung** 11, **51** 4
- Funktionen s. Verfassungsfunktionen
- Inkrafttreten **195**
- Kantone s. Kantonsverfassung
- Nachführung der Verfassung **Einleitung** 4
- Revidierbarkeit, jederzeitige **192** 9 f.
- Revision s. Verfassungsrevision
- Verfassungsfortbildung **Einleitung** 22, **Vorbem. 192 -195** 1
- Verfassungsreform s. dort

Verfassungsbeschwerde s. Bundesgericht, Verfassungsgerichtsbarkeit

Verfassungsfunktionen
- Gestaltungs- und Steuerfunktion **Einleitung** 11, **51** 4
- Integrations- bzw. Einheitsstiftungsfunktion **Einleitung** 11, 15
- Legitimationsfunktion **Einleitung** 11
- Machtbegrenzungs- und Freiheitsgewährleistungsfunktion **Einleitung** 11, **51** 4
- Ordnungs- und Organisationsfunktion **Einleitung** 11, **51** 4
- Orientierungsfunktion **Einleitung** 11

Verfassungsgericht 188 5, **190** 3

Verfassungsgerichtsbarkeit s. Bundesgericht, Verfassungsgerichtsbarkeit bzw. Bundesgericht, massgebendes Recht

Verfassungsmässige Rechte
s. Bundes-gericht, Verfassungsgerichtsbarkeit

Verfassungsnation Einleitung 15

Verfassungsrat 192 11

Verfassungsreform Einleitung 3 ff.

Verfassungsrevision 140 6
- Behandlung in der Bundesversammlung **192** 11
- Behördenvorlage **192** 11, **194** 2, 4, **195** 4
- Einheit der Form s. dort
- Einheit der Materie s. dort
- Erwahrungsbeschluss **195** 3
- Inkrafttreten s. Verfassung
- Referendum und Ausnahmen **192** 11, 14
- Reformpakete **192** 8
- Revisionsschranken **192** 15 ff.
- Teilrevision s. Verfassungsrevision, Teilrevision
- Total- und Teilrevision, Abgrenzung **Vorbem. 138 – 142** 2, **192** 2 ff.
- Totalrevision s. Verfassungsrevision, Totalrevision
- Verfahren **192** 11 ff.
- Volksinitiative s. Volksinitiative auf Teil- bzw. Totalrevision der BV
- zwingendes Völkerrecht **192** 15

Verfassungsrevision, Teilrevision
192 6, **194**, s. auch Volksinitiative auf Teilrevision der BV
- Einheit der Materie s. dort
- Revisionsschranken **194** 3 ff.
- Verfahren **194** 2
- zwingendes Völkerrecht **194** 3

Verfassungsrevision, Totalrevision
192 5, **193**, s. auch Volksinitiative auf Totalrevision der BV
- Auslösung **193** 2 ff.
- Neuwahl der Räte **193** 8 f.
- Revisionsschranken **193** 2 ff.
- Vorabstimmung **193** 5 ff.

Verfassungsvorbehalt 3 5 ff., **27** 31

Verhältnismässigkeitsprinzip 5 19 ff.
- Angemessenheit staatlichen Handelns (Verhältnismässigkeit i.e.S.) **5** 21, **36** 23
- besondere Rechtsverhältnisse (Sonderstatus) **36** 23
- Erforderlichkeit staatlichen Handelns **5** 21, **36** 23
- Geeignetheit staatlichen Handelns **5** 21, **36** 23
- Grundrechtseinschränkungen **36** 1, 17, 23 ff.

Verhältniswahl s. Proporzsystem

Verkehr 75 2, **Vorbem. 81 – 88** 1
- Agglomerationsverkehr s. Agglomeration
- Eisenbahnverkehr s. Eisenbahnen
- Fussgängerverkehr **Vorbem. 81 – 88** 1, s. auch Strassenverkehr
- Gütertransitverkehr s. Transitverkehr, alpenquerender
- Luftfahrt s. dort
- öffentlicher Verkehr, Begriff **Vorbem. 81 – 88** 1
- Raumfahrt **Vorbem. 81 – 88** 1, 87 18
- Raumplanung **75** 4
- Schifffahrt s. dort
- Schwerverkehrsabgabe, leistungsabhängige s. dort
- Seilbahnen s. dort
- Strassenverkehr s. dort
- Transitverkehr, alpenquerender s. dort

- Verkehrspolitik s. dort
- Wahl des Verkehrsmittels, Freiheit **Vorbem. 81 – 88** 1

Verkehrspolitik 43a 8, **Vorbem. 81 – 88** 1, **139** 4

Vermessung 75a
- Amtliche Vermessung **75a** 1, 4 f.
- Harmonisierung der Landesinformation **75a** 6
- Landesvermessung **75a** 2 f.

Vermummungsverbot 16 14, **49** 13

Vernehmlassungsverfahren 45 7, **147**
- Auswertung **147** 10
- Begriff **147** 1
- Form **147** 9
- Funktion **147** 2
- Gegenstand **147** 3
- Verfahren **147** 8

Verordnung
- Bundesratsverordnung s. Verordnungen des Bundesrates
- Parlamentsverordnung s. dort

Verordnungen des Bundesrates
182, 190 18, s. auch Interessenwahrung, aussenpolitische
- Ausführungs- bzw. Vollziehungsverordnung **182** 4
- Polizeinotverordnung **182** 7
- selbständige Verordnung **182** 5
- unselbständige Verordnung **182** 6, **190** 12
- Verfahren **182** 8
- Verwaltungsverordnung **182** 13

Verrechnungssteuer 132
- Ausschluss kantonaler und kommunaler Besteuerung **134** 3
- Kantonsanteil **132** 10, **196 Ziff. 16**
- Umsetzung **132** 9

Versammlungsfreiheit 22,
Anhang EMRK 11,
Anhang UNO-Pakt II 21
- Bewilligung **22** 13
- Einschränkungen **22** 12 ff., **36** 23
- Grundrechtsträger **22** 11
- öffentlicher Grund, Nutzung **22** 7

Versicherung
- Alters-, Hinterlassenen- und Invalidenversicherung s. dort
- Kranken- und Unfallversicherung s. dort
- Privatversicherungswesen s. dort
- Versicherungsaufsicht **46** 5

Versicherungsgericht, Eidgenössisches Vorbem. 188 – 191c 11

Vertrag, völkerrechtlicher s. auch Völkerrecht
- Abschluss durch den Bundesrat **174** 4, **184** 3
- allgemein **48** 10, **54** 7 f., 12, 15, 23, **55** 2, **56** 4,
- Anwendung, vorläufige **166** 12, **184** 8
- Beendigung **184** 9
- Begriff **141** 15
- Delegation der Abschlusskompetenz **184** 10
- Genehmigung durch die Bundesversammlung bzw. Ausnahmen **153** 17, **163** 10, **166** 8 ff., **184** 8
- Kündigung durch den Bundesrat **141** 16, 20, **166** 9, **184** 3
- Ratifikation durch den Bundesrat **166** 8, **184** 3, 7
- Referendum s. Staatsvertragsreferendum
- Umsetzung **141a**
- Unterzeichnung durch den Bundesrat **166** 8, **184** 3, 6

Vertrauensschutz s. Treu und Glauben

Verwahrung, Sexual- und Gewaltstraftäter 123a
- Begriffe **123a** 3
- menschenrechtskonforme Umsetzung **123a** 1
- Überprüfungsvoraussetzungen **123a** 4
- Vereinbarkeit mit der EMRK **123a** 1
- Verwahrungsinitiative **139** 17

Verwaisung 41 4, s. auch Alters-, Hinterlassenen- und Invalidenvorsorge bzw. -versicherung

Verwaltungsgerichtsbarkeit Vorbem. 188 – 191c 9, **188** 2

Verwaltungsverordnung 49 3, **189** 6

Verwitwung 41 4, s. auch Alters-, Hinterlassenen- und Invalidenvorsorge bzw. –versicherung

Vielfalt
- kulturelle und sprachliche **44** 8, **69** 2, **70** 2, 12
- Land **2** 11, **57** 3

Volk s. auch Schweizervolk
- Mitwirkungsrechte s. Volksrechte
- Stimmberechtigte, Gesamtheit **Vorbem. 136 – 142** 2

Völkerrecht
- allgemein **5** 26 ff., **Vorbem. 7 – 36** 12, **43** 3, **48** 12, **Vorbem. 54 – 56** 2, **190** 10
- humanitäres **54** 14, s. auch Angelegenheiten, auswärtige bzw. Menschenrechte
- Verhältnis zum Landesrecht **5** 29, **141a** 6, **190** 16, s. auch Monismus bzw. Dualismus
- Vertrag, völkerrechtlicher s. dort
- zwingende Bestimmungen **5** 30, **Vorbem. 54 – 56** 2, **139** 9, 13, **192** 15, **194** 3

Volksinitiative 45 4, **Vorbem. 136 – 142** 1, s. auch Politische Rechte
- Begriff **Vorbem. 138 – 142** 2
- Volksinitiative, allgemeine s. dort
- Volksinitiative auf Teilrevision der BV, allgemeine Anregung s. dort
- Volksinitiative auf Teilrevision der BV, ausgearbeiteter Entwurf s. dort
- Volksinitiative auf Totalrevision der BV s. dort

Volksinitiative, allgemeine 139a
- allgemein **Vorbem. 136 – 142** 3, **Vorbem. 138 – 142** 2
- Beschwerde an das Bundesgericht **139a** 3
- Bundesversammlung, Reaktionsmöglichkeiten **139a** 2
- Charakteristika, Gegenstand **139a** 2, 4 ff.
- Gegenentwurf, Bundesversammlung **139a** 9 f.

- Revisionsschranken, Ungültigkeitsgründe **139a** 6
- Umsetzung **139a** 2, 8, s. auch Bundesgericht, Zuständigkeiten
- Verfahren bei Initiative und Gegenentwurf s. Volksinitiative auf Teilrevision der BV, Verfahren bei Initiative und Gegenentwurf
- Vorabstimmung bei Ablehnung **139a** 11
- Voraussetzungen **139a** 3

Volksinitiative auf Teilrevision der BV, allgemeine Anregung 139alt
- Statistisches **139alt** 2
- Verhältnis zum ausgearbeiteten Entwurf **139alt** 3
- Verhältnis zur allgemeinen Volksinitiative **139alt** 1, **139a** 1

Volksinitiative auf Teilrevision der BV, ausgearbeiteter Entwurf 139
- Abstimmung **139** 21
- Abstimmungsempfehlung **139** 22
- allgemein **Vorbem. 136 – 142** 3, **Vorbem. 138 – 142** 2
- Behandlung in der Bundesversammlung **139** 18 ff.
- Einheit der Form s. dort
- Einheit der Materie s. dort
- Gegenentwurf, Bundesversammlung **139** 23 ff.
- Gegenentwurf, indirekter **139** 26
- Gegenstand **139** 5
- Gültigkeitsprüfung, Zuständigkeit und Verfahren **139** 15, **153** 17
- Revisionsschranken, ungeschriebene **139** 17
- Revisionsschranken, Ungültigkeitsgründe **139** 9 ff.
- Rückzug **139** 20, 24 f.
- Undurchführbarkeit **139** 14
- Ungültig- bzw. Teilungültigerklärung **139** 16
- Verfahren bei Initiative und Gegenentwurf s. Volksinitiative auf Teilrevision der BV, Verfahren bei Initiative und Gegenentwurf
- Vernehmlassungsverfahren **147** 4

- Völkerrecht, zwingende Bestimmungen s. Völkerrecht
- Voraussetzungen **139** 6

Volksinitiative auf Teilrevision der BV, Verfahren bei Initiative und Gegenentwurf 139 2, **139b**
- Stichfrage und Prozentlösung **139b** 4
- System des doppelten Ja **139b** 1 ff.

Volksinitiative auf Totalrevision der BV 138
- Abstimmungsverfahren **138** 9
- allgemein **Vorbem. 138 – 142** 2
- Gültigkeitsprüfung **138** 6, 8
- Inhalt **138** 7
- Räte, Neuwahl **138** 10
- Verfahren **138** 1, 3, 5 ff.
- Voraussetzungen **138** 2, 4

Volksrechte Einleitung 16, **45** 4, **Vorbem. 136 – 142** 1 f., s. auch Politische Rechte
- Auf- und Ausbau **Vorbem. 136 – 142** 3
- Aussenpolitik **Vorbem. 136 – 142** 6
- Chancengleichheit **Vorbem. 136 – 142** 8
- Reform **Vorbem. 136 – 142** 12, **139** 2, **139a** 1, **140** 1, **141** 1, **141**a 1, **142** 5, **173** 18, **192** 8, **195** 4

Vollzugsföderalismus s. Föderalismus
Vollzugsfunktion Bundesrat 182
- Begriff **182** 13
- Vollzug des Budgets **Vorbem. 174 – 187** 1
- Vollzug der Gesetzgebung **Vorbem. 174 – 187** 1, **174** 3, 5, **182** 13 ff.
- Vollzug von Bundesversammlungsbeschlüssen **182** 15
- Vollzug von Urteilen richterlicher Bundesbehörden **182** 16

Vorbefassung, richterliche 30 8, **Anhang Vorbem. EMRK** 1, s. auch Gericht
Voreingenommenheit s. Gericht
Vorsitz, Räte 152
- Aufgaben **152** 7 ff.
- Dauer **152** 1
- Wahl **152** 4
- Wiederwahlbeschränkung **152** 5

Vorsorge s. auch Alters-, Hinterlassenen- und Invalidenvorsorge
- berufliche s. Berufliche Vorsorge
- individuelle **111** 7 f.

Vorstoss, parlamentarischer 171 1,
- Anfrage **169** 18, **171** 2, 7
- Interpellation **169** 18, **171** 2, 7
- Motion **169** 18, **171** 2, 6, **181** 4 f.
- Postulat **169** 18, **171** 2, 7

Vorzugslasten s. Kausalabgaben

W

Waffen und Kriegsmaterial 54 14, **107**
- Begriffe **107** 3, 7
- Kriegsmaterial, Ein-, Aus- und Durchfuhr **107** 6 ff.
- Missbrauchsbekämpfung, Waffen **107** 3

Waffenplätze
- Raumplanung **75** 4

Wählbarkeit s. Politische Rechte
Wahlen s. Politische Rechte
Wahlrecht s. Politische Rechte
Wahlzuständigkeit der Bundesversammlung 157 2, **168**
- Amtseid der Gewählten **168** 7
- Bundeskanzler s. Bundeskanzlerin/ Bundeskanzler
- Bundesrat s. Bundesratswahl
- General s. dort
- Richterinnen und Richter des Bundesgerichts s. Bundesgericht, Richterinnen und Richter
- Wahlkörper für Bundesrat und Bundesgericht **148** 4
- Wahlverfahren **168** 5
- weitere Wahlen und Bestätigungen **168** 12

Wald Vorbem. 42 – 135 12, **77**
- Begriff **77** 2
- Erhaltung und Schutz **77** 3 ff.
- Funktionen des Waldes **77** 3

Warenverkehr, grenzüberschreitender
s. Zölle

Wasser Vorbem. 42 – 135 12,
Vorbem. 73 – 80 1, **74** 4, **76**
- Energieerzeugung **76** 4, **Vorbem. 89 – 93** 1
- gebrannte s. Alkohol
- Gewässerschutz **76** 5, **104** 3
- Grundwasser **76** 4
- Stauanlagen, Sicherheit s. dort
- Wasserhoheit, kantonale **43** 3, **76** 7
- Wasserversorgung **43a** 10
- Wasservorkommen, allgemeiner Schutz **76** 3
- Wasservorkommen, Nutzung **76** 3

Wehrpflicht, allgemeine, s. auch Armee
- allgemein **58** 5, **59** 2 ff.
- Auslandschweizer s. dort
- Ersatzdienst, ziviler s. dort
- Militärdienst s. dort

Weiterbildung
s. auch **Anhang UNO-Pakt I 6**, 15
- Anerkennung von Abschlüssen **64a** 4
- Begriff **64a** 3
- Erwachsenenbildung **64a** 1
- Förderung **64a** 5 f.
- Qualitätssicherung **64a** 4

Werke, öffentliche 81
- Begriff **81** 2 ff.
- bundeseigene Werke, Errichtung und Betrieb **81** 8
- Bundeskompetenz, Natur und Tragweite **81** 5 ff.

Wettbewerb
- Begriff **96** 3
- Wettbewerb, freier s. Wirtschaftsordnung, Grundsätze der
- Wettbewerb, unlauterer **96** 1, 12 ff.
- Wettbewerbspolitik s. dort
- Wettbewerbsrecht s. dort
- Wettbewerbsneutralität s. dort

Wettbewerbsneutralität 27 4, 23, 32 ff., **94** 2, 5, 6, **96** 4, **103** 6, **130** 7, s. auch Wirtschaftsfreiheit, Massnahmen

Wettbewerbspolitik 96
- Kartelle s. dort
- Preisüberwachung **96** 8 ff.
- Verhältnis zur Wirtschaftsfreiheit **27** 6, **96** 1, 4

/ Sachregister W

Wettbewerbsrecht
- Verhältnis zur Wissenschaftsfreiheit **20** 14

Wetten s. Glücksspiele und Lotterien

Willensnation Einleitung 15

Willkürverbot 9 3 ff., **35** 13, **36** 4
- Durchsetzung, gerichtliche **9** 10
- Kognition, gerichtliche **9** 9
- Rechtsanwendung **9** 8
- Rechtsetzung **9** 7
- Verhältnis zur Rechtsgleichheit **9** 11

Wirksamkeitsüberprüfung, parlamentarische 170
- Abgrenzung zur Oberaufsicht **170** 4
- Adressat **170** 3
- Begriff der Wirksamkeit **170** 2
- Eidgenössische Finanzkontrolle s. Haushaltsführung und Finanzen
- Parlamentarische Verwaltungskontrolle **170** 5
- Rechtsnatur **170** 3
- Reichweite **170** 4

Wirtschaftliche Sicherheit 2 8, **Vorbem. 57 – 61** 2, **57** 3, **94** 10

Wirtschaftsförderung 64 6

Wirtschaftsfreiheit 27, Vorbem. 94 – 107 1, **94** 3 ff., **190** 16, s. auch Arbeit
- Abweichungen s. Wirtschaftsfreiheit, Grundsatz
- Berufswahl-, Berufszugangs- und Berufsausübungsfreiheit s. Beruf
- Einschränkung **27** 28
- Binnenmarktfunktion s. Wirtschaftsraum
- Grundrechtsträger **27** 18 ff.
- Grundsatz der Wirtschaftsfreiheit s. Wirtschaftsfreiheit, Grundsatz
- Kerngehalt **27** 29
- Konkurrenten, Gleichbehandlung der s. Konkurrenten
- Massnahmen, grundsatzkonforme und –widrige **27** 5, **94** 2, 4 ff., **96** 4
- öffentlicher Grund **27** 16
- Staatshaftung **146** 8
- Unternehmen, öffentliches s. dort
- Verhältnis zu anderen Grundrechtsbestimmungen **27** 3
- Wettbewerbsgarantie, negative **27** 6, **96** 4

Wirtschaftsfreiheit, Grundsatz 94, s. auch Wirtschaftsfreiheit
- Abweichungen vom Grundsatz **41** 2, **71** 2, **Vorbem. 94 – 107** 3, **94** 13 ff., **101** 2, 5, **102** 6, **103** 3, 6, **104** 6, 9, 11, **105** 2, **106** 2, **133** 5, **196 Ziff. 7** 1
- Massnahmen, grundsatzkonforme und –widrige **27** 5, **94** 2, 4 ff., **96** 4

Wirtschaftsordnung, Grundsätze der 94
- Konkurrenten, Gleichbehandlung der s. Konkurrenten
- Rahmenbedingungen, günstige **94** 11 f.
- Staatsfreiheit der Wirtschaft **94** 2, **98** 5
- Subsidiarität im Verhältnis Staat und Wirtschaft **94** 10 f.
- Wettbewerb, freier **94** 2
- Wettbewerbsneutralität s. Wirtschaftsfreiheit, Massnahmen
- Wirtschaftsfreiheit, Grundsatz der s. Wirtschaftsfreiheit
- Wohlfahrt s. dort

Wirtschaftspolitik Vorbem. 94 – 107 3
- Aussenwirtschaftspolitik s. dort
- Konjunkturpolitik s. dort
- Strukturpolitik, regionale und sektorale s. dort

Wirtschaftsraum
- Bedeutung **61a** 2
- einheitlicher **27** 21, **46** 5, **95** 6 ff.
- Verhältnis zum Föderalismus **95** 8

Wirtschaftsverbände 97 9

Wirtschaftsverfassung Vorbem. 94 – 107 1 f.

Wissenschaftsfreiheit 20, Anhang UNO-Pakt I 15
- Einschränkungen **20** 12 ff.
- Grundrechtsträger **20** 11
- Quellen, Zugang zu **20** 6
- Verhältnis zur persönlichen Freiheit **20** 14
- wissenschaftliche Lehre **20** 9

Wohlfahrt 2 6, **Vorbem.**
54 – 56 3, **54** 19, **94** 8 ff.
Wohnbau- und Wohneigentums-
förderung 108
- Baurationalisierung **108** 4, 6
- Landerschliessung **75** 3, **108** 4, 6
- soziale Verpflichtung **108** 7

Wohnen
- Mietwesen s. dort
- Sozialziel **41** 3, **Anhang**
  UNO-Pakt I 11, s. auch Wohnbau-
  und Wohneigentumsförderung
- Wohnung, Recht auf **41** 3
- Wohnung, Schutz der **13** 9

Wohnsitz
- Bürgerrecht **37** 6
- politischer s. Politische Rechte,
  Ausübung
- Wohnsitzpflicht **24** 9 ff.
- Wohnsitzprinzip, politische Rechte
  s. Politische Rechte, Ausübung
- Wohnsitzrichter **30** 13 ff.

X

Xenotransplantation 119a 8, 10,
s. auch Transplantationsmedizin

Z

Zauberformel s. Bundesrat,
Organisation und Verfahren
Zeitgesetz 125 5
Zensurverbot 16 12, **17** 14 ff., **20** 12,
36 25, s. auch Medienfreiheit
Zeugnisverweigerungsrecht 17 13,
s. auch Medienfreiheit
Zivilgerichtsbarkeit
Vorbem. 188 – 191c 9, **191b** 2

Zivilrecht und Zivilprozessrecht
Vorbem. 42 – 135 16, **104** 3, **110** 2, **122**
- Begriff und Abgrenzung **122** 3 f.
- Gesetzgebungskompetenz im Zivil-
  und Zivilprozessrecht **122** 2 ff.
- Internationales Privatrecht **54** 14
- Organisation der Gerichte **122** 6
- Rechtsprechung in Zivilsachen **122** 6,
  Vorbem. 188 – 191c 2, 8
- Umsetzung des Gesetzgebungs-
  auftrags **122** 5

Zivilschutz s. auch **Anhang EMRK 4**
- Abgrenzung zum zivilen Ersatzdienst **59** 5
- Bevölkerungsschutz **57** 3, **61** 2 f.,
  s. auch Land und Bevölkerung,
  Sicherheit
- Erwerbsausfall **61** 5
- Katastrophen **61** 2
- Konflikte, bewaffnete **61** 2
- Kulturgüterschutz **61** 3
- Notlagen **61** 2
- Obligatorium **61** 4
- Unterstützung **61** 5

Zölle 133
- Abweichungen vom Grundsatz
  der Wirtschaftsfreiheit **133** 5
- allgemein **Vorbem. 42 – 135** 16
- Gesetzgebung **46** 5
- Zoll- und Handelsvertrag **54** 7
- Zolldienst **58** 5
- Zollgebiet **133** 1

Zusammenhalt, innerer 2 11
Zuständigkeiten s. Kompetenzen
Zwangskörperschaft 23 10
Zwangsmedikation 7 9, **36** 21, 26
Zwangssterilisation 124 2
Zweikammersystem 148 2, 6 ff.,
s. auch Nationalrat bzw. Ständerat
- demokratisches und föderatives
  Prinzip **148** 6
- Gleichstellung der Kammern
  148 7 f., **151** 10, **153** 18,
  156 1, 5, **157** 3, **159** 5
- Unterschiede der Kammern **148** 9
- Vorzüge **148** 6